第一批需严格执行的

Jiaotong Yunshu Xinxihua Biaozhun Huibian

交通运输信息化标准汇编

（第一分册）

本社汇编

人民交通出版社

图书在版编目(CIP)数据

交通运输信息化标准汇编/人民交通出版社编.—北京:人民交通出版社,2011.9

ISBN 978-7-114-09379-1

I.①交… II.①交… III.①交通运输—信息技术—标准—汇编—中国 IV.①U495-65

中国版本图书馆 CIP 数据核字(2011)第 179688 号

第一批需严格执行的

书　　名:交通运输信息化标准汇编(第一分册)

著 作 者:本社汇编

责任编辑:李　萍　李　农

出版发行:人民交通出版社

地　　址:(100011)北京市朝阳区安定门外外馆斜街 3 号

网　　址:http://www.ccpress.com.cn

销售电话:(010)59757969,59757973

总 经 销:人民交通出版社发行部

经　　销:各地新华书店

印　　刷:北京市密东印刷有限公司

开　　本:880×1230　1/16

印　　张:34.25

字　　数:990 千

版　　次:2011 年 9 月　第 1 版

印　　次:2011 年 9 月　第 1 次印刷

书　　号:ISBN 978-7-114-09379-1

总 定 价:700.00 元(共五册)

交通运输部办公厅文件

厅科技字〔2011〕79号

关于印发第一批需严格执行的交通运输信息化标准目录的通知

各省、自治区、直辖市、新疆生产建设兵团及计划单列市、经济特区交通运输厅(局、委),部属各单位,部内各单位,各有关单位:

信息化标准是确保交通运输行业信息化建设规范有序,支撑信息资源共享和交换,提升信息化服务效能,确保网络信息安全的基础技术手段。部高度重视交通运输信息化标准体系建设工作,组织编制了交通信息基础数据元、信息资源核心元数据、集装箱电子数据交换、电子收费等一批交通运输信息化基础性国家和行业标准,对于行业信息化发展起到了重要的规范和引领作用。为切实加强信息化标准贯彻应用和监督实施力度,部组织研究确定了第一批需严格执行的交通运输信息化标准目录(见附件1),现印发你们,并将有关事项通知如下:

一、在交通运输信息化建设中,要切实提高相关标准的执行力度,标准目录所列标准应视同强制性标准予以执行。

二、自本通知发布之日起,交通运输行业信息系统建设工程或产品研发,应在设计、开发环节严格遵循标准,并在验收交付阶段开展相关标准的符合性审查或测评工作,不符合标准要求的应不予验收。标准符合性审查和测评工作按照谁主管、谁负责的原则予以开展,并由标准归口的标准化技术委员会予以技术支持。

三、对于正在使用且涉及行业信息共享交换的信息系统,请各单位组织标准应用和符合性检查,并将检查结果,于2011年10月底前报送至部科技司。

四、部将不定期组织对部属单位和各省在交通运输信息化建设中贯彻实施标准的情况进行抽查。对贯彻实施标准情况好的单位,我部将确立为交通运输信息化标准应用示范单位,予以支持和鼓励;抽查结果不合格的单位应尽快整改,连续两次抽查结果不合格的单位将列入重点跟踪检查单位,并予以通报批评。

五、从事交通信息系统建设、应用、开发或服务的企事业单位应根据部有关政策,制定相应的信息化工程管理制度,在信息化工程的设计、施工、验收各环节上,对标准的执行情况进行自查,发现问题,及时纠正,确保标准的有效应用。

六、进一步做好宣传贯彻工作,部每年进行至少3次全行业交通运输信息化标准,特别是重要的新颁标准的宣贯培训工作;每年组织至少2次有关交通运输信息标准化的专题研讨和技术交流;进一步发挥交通运输信息化标准服务网站的功能,完善交通运输信息化标准查询系统,方便标准的获取、应用和意见反馈,推动其成为交通运输信息标准化工作的动态交流平台。

七、各单位应发挥主观能动性,结合工作实际,研究制定交通运输信息化标准宣贯方案,因地制宜、形式多样地开展宣贯培训工作,广泛宣传标准的地位、作用、意义,确保标准中的各项要求得到准确理解、掌握和执行,提高各有关方面贯彻执行标准的自觉性。

八、有关标准化技术委员会及标准编制单位应做好服务工作,积极配合各单位、各地信息化标准宣贯培训,协助制定工作方案和培训计划,编制好宣贯、培训教材。部组成了行业信息化标准咨询专家组,提供标准宣贯、实施咨询指导。

九、目录标准宣贯、实施的意见、建议,可向部科技司提出。部将根据有关情况,不断调整、完善需严格执行的交通运输信息化标准目录,并予以发布。

附件:第一批需严格执行的国家及行业交通运输信息化标准(2011-V1.0)

中华人民共和国交通运输部

二〇一一年四月十二日

附件

第一批需严格执行的国家及行业交通运输信息化标准(2011-V1.0)

序号	标准名称	标准号	主要起草单位	归口管理部门
1	交通信息基础数据元　第1部分:总则	JT/T 697.1—2007	中交水运规划设计院有限公司	交通运输部信息通信和导航标准化技术委员会
2	交通信息基础数据元　第2部分:公路信息基础数据元	JT/T 697.2—2007	北京市路政局等	交通运输部信息通信和导航标准化技术委员会
3	交通信息基础数据元　第3部分:港口信息基础数据元	JT/T 697.3—2007	交通运输部水运科学研究院等	交通运输部信息通信和导航标准化技术委员会
4	交通信息基础数据元　第4部分:航道信息基础数据元	JT/T 697.4—2007	交通运输部科学研究院等	交通运输部信息通信和导航标准化技术委员会
5	交通信息基础数据元　第5部分:船舶信息基础数据元	JT/T 697.5—2007	中交水运规划设计院有限公司	交通运输部信息通信和导航标准化技术委员会
6	交通信息基础数据元　第6部分:船员信息基础数据元	JT/T 697.6—2008	中交水运规划设计院有限公司	交通运输部信息通信和导航标准化技术委员会
7	交通信息基础数据元　第7部分:道路运输信息基础数据元	JT/T 697.7—2007	交通运输部科学研究院等	交通运输部信息通信和导航标准化技术委员会
8	交通信息基础数据元　第8部分:水路运输信息基础数据元	JT/T 697.8—2008	交通运输部水运科学研究院等	交通运输部信息通信和导航标准化技术委员会
9	交通信息基础数据元　第9部分:建设项目信息基础数据元	JT/T 697.9—2009	北京市交通委员会等	交通运输部信息通信和导航标准化技术委员会
10	交通信息基础数据元　第10部分:交通统计信息基础数据元	JT/T 697.10—2009	交通运输部科学研究院等	交通运输部信息通信和导航标准化技术委员会
11	交通信息基础数据元　第11部分:船舶检验信息基础数据元	JT/T 697.11—2009	中国船级社等	交通运输部信息通信和导航标准化技术委员会
12	交通信息基础数据元　第12部分:船载客货信息基础数据元	JT/T 697.12—2009	中交水运规划设计院有限公司	交通运输部信息通信和导航标准化技术委员会
13	交通信息基础数据元　第13部分:收费公路信息基础数据元	JT/T 697.13—2009	北京市交通委员会等	交通运输部信息通信和导航标准化技术委员会
14	交通信息资源核心元数据	JT/T 747—2009	中交水运规划设计院有限公司	交通运输部信息通信和导航标准化技术委员会
15	公路水路交通信息资源业务分类	JT/T 748—2009	中交水运规划设计院有限公司	交通运输部信息通信和导航标准化技术委员会
16	交通信息资源标识符编码规则	JT/T 749—2009	中交水运规划设计院有限公司	交通运输部信息通信和导航标准化技术委员会
17	交通科技信息资源共享平台系统建设要求	JT/T 734—2009	交通运输部科学研究院	交通运输部信息通信和导航标准化技术委员会

续上表

序号	标 准 名 称	标 准 号	主要起草单位	归口管理部门
18	交通科技信息资源共享平台信息资源建设要求 第1部分:核心元数据	JT/T 735.1—2009	交通运输部科学研究院	交通运输部信息通信和导航标准化技术委员会
19	交通科技信息资源共享平台信息资源建设要求 第2部分:分类与编码	JT/T 735.2—2009	交通运输部科学研究院	交通运输部信息通信和导航标准化技术委员会
20	交通科技信息资源共享平台信息资源建设要求 第3部分:数据元	JT/T 735.3—2009	交通运输部科学研究院	交通运输部信息通信和导航标准化技术委员会
21	道路运输管理与服务系统数据交换接口	JT/T 785—2010	交通运输部科学研究院	交通运输部信息通信和导航标准化技术委员会
22	长江电子航道图制作规范 第1部分:术语	JT/T 765.1—2009	长江航运信息中心、长江航道局	交通运输部信息通信和导航标准化技术委员会
23	长江电子航道图制作规范 第2部分:数据传输	JT/T 765.2—2009	长江航运信息中心、长江航道局	交通运输部信息通信和导航标准化技术委员会
24	长江电子航道图制作规范 第3部分:显示准则	JT/T 765.3—2009	长江航运信息中心、长江航道局	交通运输部信息通信和导航标准化技术委员会
25	长江电子航道图制作规范 第4部分:数据有效性检验	JT/T 765.4—2009	长江航运信息中心、长江航道局	交通运输部信息通信和导航标准化技术委员会
26	长江电子航道图制作规范 第5部分:数据保护	JT/T 765.5—2009	长江航运信息中心、长江航道局	交通运输部信息通信和导航标准化技术委员会
27	集装箱代码、识别和标记	GB/T 1836—1997	交通运输部科学研究院等	全国集装箱标准化技术委员会
28	集装箱在船舶上的信息 箱位坐标代码	GB/T 17272.1—1998	交通运输部科学研究院等	全国集装箱标准化技术委员会
29	集装箱在船舶上的信息 电传数据代码	GB/T 17272.2—1998	交通运输部科学研究院等	全国集装箱标准化技术委员会
30	集装箱 设备数据交换(CEDEX)一般通信代码	GB/T 17273—2006	交通运输部科学研究院等	全国集装箱标准化技术委员会
31	物流信息分类与代码	GB/T 23831—2009	交通运输部公路科学研究院	全国物流信息管理标委会TC267
32	包装—用于发货、运输和收货标签的一维条码和二维条码	GB/T 19946—2005/ISO 15394:2000	交通运输部公路科学研究院	交通运输部
33	物流公共信息平台应用开发指南 第1部分:基础术语	GB/T 22263.1—2008	交通运输部公路科学研究院	全国物流信息管理标委会TC267
34	智能运输系统 数据字典要求	GB/T 20606—2006	交通运输部公路科学研究院	全国智能运输标准化技术委员会

续上表

序号	标 准 名 称	标 准 号	主要起草单位	归口管理部门
35	智能运输系统　体系结构　服务	GB/T 20607—2006	交通运输部公路科学研究院	全国智能运输标准化技术委员会
36	智能交通系统通用术语	GB/T 20839—2007	交通运输部公路科学研究院	全国智能运输标准化技术委员会
37	交通管理信息属性分类与编码　城市道路	GB/T 21379—2008	交通运输部公路科学研究院	全国智能运输标准化技术委员会
38	交通管理地理信息实体标识编码规则　城市道路	GB/T 21381—2008	交通运输部公路科学研究院	全国智能运输标准化技术委员会
39	电子收费　专用短程通信　第1部分:物理层	GB/T 20851.1—2007	交通运输部公路科学研究院等	全国智能运输标准化技术委员会
40	电子收费　专用短程通信　第2部分:数据链路层	GB/T 20851.2—2007	交通运输部公路科学研究院等	全国智能运输标准化技术委员会
41	电子收费　专用短程通信　第3部分:应用层	GB/T 20851.3—2007	交通运输部公路科学研究院等	全国智能运输标准化技术委员会
42	电子收费　专用短程通信　第4部分:设备应用	GB/T 20851.4—2007	交通运输部公路科学研究院等	全国智能运输标准化技术委员会
43	电子收费　专用短程通信　第5部分:物理层主要参数测试方法	GB/T 20851.5—2007	交通运输部公路科学研究院等	全国智能运输标准化技术委员会
44	智能运输系统　电子收费　系统框架模型	GB/T 20135—2006	交通运输部公路科学研究院等	全国智能运输标准化技术委员会
45	道路交通信息服务　信息分类与编码	GB/T 21394—2008	交通运输部公路科学研究院等	全国智能运输标准化技术委员会
46	道路交通信息采集　信息分类与编码	GB/T 20133—2006	交通运输部公路科学研究院等	全国智能运输标准化技术委员会

出 版 说 明

为切实加强信息化标准贯彻应用和监督实施力度，交通运输部组织研究确定了第一批需严格执行的交通运输信息化标准目录，并于 2011 年 4 月 20 日下发了《关于印发第一批需严格执行的交通运输信息化标准目录的通知 》(厅科技字〔2011〕79 号)。这 46 本标准是确保交通运输行业信息化建设规范有序，支撑信息资源共享和交换，提升信息化服务效能，确保网络信息安全的基础技术手段，对于交通运输行业信息化建设具有重要的规范和引导作用，各有关单位要严格执行。

在交通运输信息化过程中，从业人员发现，需要的标准找不到或者很零散的问题。为方便大家使用，我司委托人民交通出版社对第一批需严格执行的国家及行业交通运输信息化标准进行了汇编，其汇编后的书名定为《交通运输信息化标准汇编(第一批)》。本套标准汇编按照厅科技字〔2011〕79 号文交通运输信息化标准目录的顺序编排，共有五个分册，希望各单位尽快贯彻第一批标准汇编的内容，将交通运输行业的信息化工作落到实处，为交通运输行业的信息化工作打好基础。

交通运输部科技司

2011 年 8 月

总 目 次

ICS 35.240.60
R 07
备案号:

JT

中华人民共和国交通行业标准

JT/T 697.1—2007

交通信息基础数据元
第1部分:总则

Basic data element of transportation information
Part 1:General principles

2007-09-17 发布 2007-12-01 实施

中华人民共和国交通运输部 发布

目　次

前　言

JT/T 697《交通信息基础数据元》拟分为以下13部分:

——第1部分:总则;

——第2部分:公路信息基础数据元;

——第3部分:港口信息基础数据元;

——第4部分:航道信息基础数据元;

——第5部分:船舶信息基础数据元;

——第6部分:船员信息基础数据元;

——第7部分:道路运输信息基础数据元;

——第8部分:水路运输信息基础数据元;

——第9部分:建设项目信息基础数据元;

——第10部分:交通统计信息基础数据元;

——第11部分:船舶检验信息基础数据元;

——第12部分:船载客货信息基础数据元;

——第13部分:收费公路信息基础数据元。

本部分为JT/T 697的第1部分。

本部分由交通部科技教育司提出。

本部分由交通部信息通信及导航标准化技术委员会归口。

本部分主要起草单位:中交水运规划设计院。

本部分主要起草人:唐菁、马晓峰、陈韬、胡国丹、陈永剑。

交通信息基础数据元

第1部分:总则

1 范围

本部分规定了交通信息基础数据元的分类方法、数据元编制规则、数据元值域引用代码编制规则。

本部分适用于交通行业信息基础数据元的编制。

2 规范性引用文件

下列文件中的条款通过在本部分中引用而成为本部分的条款。凡是注日期的引用文件,其随后所有的修订单(不包括勘误的内容)或修订版均不适用于本准则,然而,鼓励根据本部分达成协议的各方研究是否可使用这些文件的最新版本。凡是不注日期的引用文件,其最新版本适用于本部分。

GB/T 2659 世界各国和地区名称代码(GB/T 2659—2000,ISO 3166—1: 1997,EQV)

JTG B01 公路工程技术标准

GB/T 19488 电子政务数据元

3 术语和定义

下列术语和定义适用于本部分。

3.1

数据元 data element

通过定义、标识、表示以及允许值等一系列属性描述的数据单元。在特定的语意环境中被认定为是不可再分的最小的数据单元。

3.2

数据元分类 classification of data element

根据交通行业管理对象和管理业务基础信息及内容的属性或特征,将数据元按业务领域进行区分和归类,并建立起一定的分类体系和排列顺序。

3.3

面分类法 method of faceted classification

把给定的分类对象,依据其本身固有的各种属性,分成相互之间没有隶属关系的面,每个面中都包含了一组类目。即按选定的若干属性(或特征),将分类对象依每一属性(或特征)划分为一组独立的类目,每一组类目构成一个“面”。再按一定的顺序将各个“面”平行排列。使用时,根据需要将有关“面”中的相应类目按“面”的指定排列顺序组配在一起,形成一个新的复合类目。

3.4

线分类法 method of systematic classification

也称层级分类法,它是将初始的分类对象,按选定的属性作为划分基础,按选定的若干属性(或特征)将分类对象逐次地分为若干层级,每个层级又划分为若干类目,并排列成一个有层次的逐级展开的分类体系。同一分支的同层级类目之间构成并列关系,不同层级类目之间构成隶属关系。

3.5

数据元值域 value domain of data element

允许值的集合。交通信息基础数据元的值域允许采用三种代码标准,第一种是国际或国家已经发布的标准,第二种是交通部已经发布的行业标准,第三种是本标准各部分制定的代码标准。

3.6

注册机构　registration authority

被授权注册数据元或其他对象的机构。

4　数据元分类方法

交通信息基础数据元按其所属的业务领域采用面分类法对类别进行分类,每个类别下设置的一级、二级和三级分类采用面分类与线分类相结合的分类方法进行分类。各级分类随着交通信息化建设的发展不断补充完善。当某些数据元需要同时应用于不同业务领域时,以业务侧重和已有标准优先考虑的原则,通过引用主要业务的数据元属性实现相同数据元在不同业务领域的应用。

5　数据元编制规则

5.1　数据元属性

5.1.1　数据元属性包括编号(分类编号)、数据元名称、英文名称、中文全拼、版本、注册机构、定义、数据元类型、数据格式、值域、状态、计量单位、备注等内容。

5.1.2　每个数据元的属性内容只列出不为空的属性项。数据元属性约束条件规定见表1。

表　1

数据元属性	约　束	出 现 次 数	数据元属性	约　束	出 现 次 数
分类编号	M	1:1	数据元类型	M	1:1
数据元名称	M	1:1	数据格式	O	0:1
英文名称	O	0:1	值域	M	1:1
中文全拼	M	1:1	计量单位	O	0:1
版本	M	1:1	状态	M	1:1
注册机构	M	1:1	备注	O	0:1
定义	M	1:1			

注1:M——必备;O——可选。

2:"0:1"——不出现或出现一次;"1:1"——出现且仅出现一次。

5.1.3　数据元属性"状态"为字符型,规定为"标准"。

5.2　数据元分类编号结构

5.2.1　数据元分类编号为数据元的特征号,它反映该数据元在数据元集中的排列位置,长度为十一位,分类编号结构如图1所示。

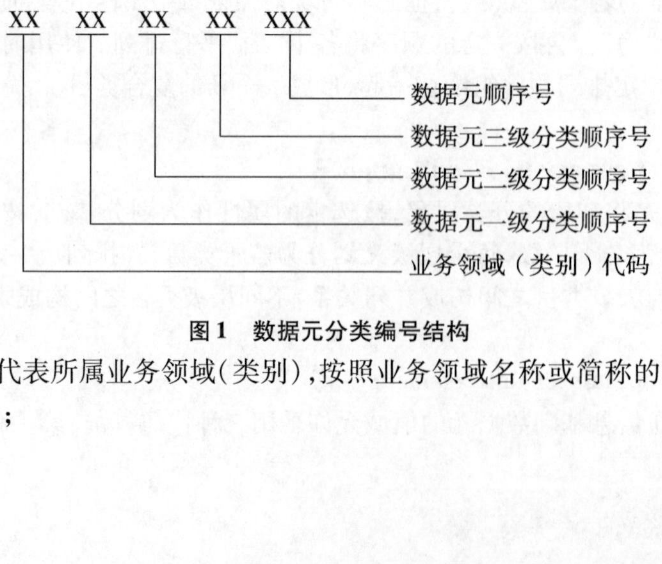

图1　数据元分类编号结构

第一、二位为字母,代表所属业务领域(类别),按照业务领域名称或简称的汉语拼音第一个字母缩写组成,具体规定见表2;

表 2

业务领域	字母代码	业务领域	字母代码
公路	GL	水路运输	SY
港口	GK	交通统计	TJ
航道	HD	建设项目	JX
船舶	CB	船舶检验	CJ
船员	CY	船载客货	CZ
道路运输	DY	收费公路	SG

第三、四位为数字,代表数据元所属一级分类顺序号;

第五、六位为数字,代表数据元所属二级分类顺序号;

第七、八位为数字,代表数据元所属三级分类顺序号;

第九、十、十一位为数字,代表某一级分类下的数据元的序号,从 001 开始顺序编码。

5.2.2 一、二、三级分类顺序号从左向右顺序排列,每级分类顺序号从 01 开始,某级无分类时,则该级编号为 00,该级分类名称为空。

5.3 数据元命名规则

参照 GB/T 19488,数据元名称的命名应遵守以下 3 个方面的规则:

5.3.1 唯一性规则

规则 1:在一定语境下数据元名称应该唯一,名称中一般包括对象类词、特性词、表示词和限定词。

如:在数据元"安检类型代码"中,"安检"为对象词,"类型"是该数据元的特性词,"代码"是该数据元的表示词。

5.3.2 语义规则

规则 2:对象词表示数据元所属的事物或概念,它表示某一语境下一个活动或对象,它是数据元中占支配地位的部分。

规则 3:数据元名称中应该有一个且仅有一个对象词。

规则 4:特性词是表示数据元的对象类的显著的、有区别的特征。

规则 5:数据元名称中应有一个且仅有一个特性词。

规则 6:表示词是数据元名称中描述数据元表示形成的一个成分。它描述了数据元有效值集合的格式。

规则 7:数据元名称中应有一个且仅有一个表示词。

规则 8:当需要描述一个数据元,并使其在特定的语境中唯一时,可以使用限定词、对象词、特性词或表示词进行限定。限定词是可选的。

5.3.3 语法规则

规则 9:对象词应处于名称的第一(最左)位置。

规则 10:特性词应处于第二位置。

规则 11:表示词应处于最后位置。

规则 12:限定词可以附加到对象类词、特性词和表示词上。限定词应位于被限定成分的前面,限定名称的顺序的不同不能用于区别不同的数据元。

规则 13:当表示词与特性词有重复或部分重复时,此时,可以从名称中将冗余词删除。

5.4 数据元名称

数据元名称为该数据元的单个或多个中文字词的指称。

5.5 中文全拼

数据元中文全拼为该数据元的汉字名称的汉语拼音全拼,每个字的全拼之间用"-"间隔。

汉语拼音 l 与韵母 ü 组合拼音时，表示为：lv（吕）；汉语拼音其他声母与韵母 ü 组合拼音时，使用 u，如：qu（区）。

5.6 英文名称

数据元英文名称为该数据元的英文指称，每个单词之间用“-”间隔，该属性无强制性列举要求，为可选内容。

5.7 版本

数据元的版本号。本系列标准所规定的数据元，无特殊说明时，其版本均为 V1.0。

5.8 注册机构

本系列标准所规定的数据元，其注册机构均为交通部。

5.9 定义

表达一个数据元的本质特性，并区别于所有其他数据元的陈述。

5.10 数据元类型

数据元类型为该数据元的数据类型，分为字符型、数字型、日期型等。

5.11 数据格式

数据格式为该数据元从业务的角度规定的数据元值的格式需求，包括所允许的最大和/或最小字符长度、数据元内容的表示格式等（一个汉字占两个字符）。数据格式中使用的字符含义如下：

a） a = 字母字符；

b） n = 数字字符；

c） an = 字母数字字符；

d） m（m = 为自然数） = 定长 m 个字符（字符集默认为 GB 2312）；

e） ul = 长度不确定的文本；
= 从最小长度到最大长度，前面附加最小长度，后面附加最大长度；

f） YYYYMMDDhhmmss = “YYYY”表示年份，“MM”表示月份，“DD”表示日期，“hh”表示小时，“mm”表示分钟，“ss”表示秒，可以视具体实际情况组合使用；

g） , = 区分数字字符个数与小数点后数字位数的分隔符，即“,”前为数字字符个数，“,”后为小数点后数字字符个数。

示例 1：an5 表示定长五个字母数字字符。

示例 2：an3..8 表示最大长度为 8，最小长度为 3 的不定长字符。

示例 3：n..8,4 表示该数值最大长度为 8 位数字字符、小数点后 4 位数。

5.12 值域

值域是交通信息基础数据元值域引用代码的集合。

值域为该数据元内容的代码取值，根据数据元的类型、数据格式而决定的数据元允许值的集合。该集合可以通过以下方式给出：

——通过名称给出，即直接指出值域的名称，比如数据元“两字母国家代码”的值域是 GB/T 2659 全部两字母代码；

——通过参考资料给出，比如数据元“产品条码”的值域是已经在物品编码中心注册的所有产品的条形码；

——通过一一列举的方式给出所有可能的取值以及每一个值对应的实例或含义，以列表形式表示；

——通过规则间接给出，比如数据元“隧道代码”的值域是“公路隧道代码”，而“公路隧道代码”采用 JTG B01 的规定；公路隧道编号以其所在省级行政区划的路线为基础，自路线起点至终点顺序编制；位于上、下行路段上的公路隧道分别单独编号。代码结构如图 2 所示。

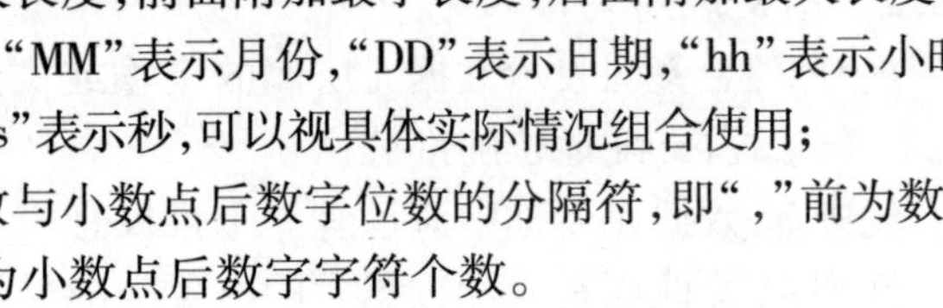

图 2 公路隧道代码

5.13 计量单位

数据元计量单位属于数值型的数据元值的计量单位。

5.14 备注

数据元备注是对该数据元的补充描述或说明。

6 数据元值域引用代码编制规则

6.1 代码

交通信息基础数据元中值域代码集合的每个代码名称允许最多对应两种代码。数据元值域采用以下三种代码：

第一种是国际或国家已经发布的标准,如 GB /T 7407 中所规定的“中国及世界主要海运贸易港口代码”等;

第二种是交通部已经发布的行业标准,如 JT/T 412 中所规定的“国道主要控制点代码”等;

第三种是本标准各部分制定的代码。

6.2 代码集标识方法

代码集标识编制方法为“DM _代码名的拼音缩写标识《代码汉字名称》”。当遇有代码名的拼音缩写相同情况时,通过适当增加代码名中某字的拼音全拼的办法予以区别。代码集标记主要用于交通信息基础数据元查询系统中数据元值域引用。

示例:颜色代码集的代码标识为:DM _ YSDM

ICS 35.240.60
R 07
备案号:

JT

中华人民共和国交通行业标准

JT/T 697.2—2007

交通信息基础数据元
第2部分:公路信息基础数据元

Basic data element of transportation information
Part 2: Basic data element of highway information

2007-09-17 发布 2007-12-01 实施

中华人民共和国交通运输部 发布

目　次

前　言

JT/T 697《交通信息基础数据元》拟分为以下13部分:

——第1部分:总则;

——第2部分:公路信息基础数据元;

——第3部分:港口信息基础数据元;

——第4部分:航道信息基础数据元;

——第5部分:船舶信息基础数据元;

——第6部分:船员信息基础数据元;

——第7部分:道路运输信息基础数据元;

——第8部分:水路运输信息基础数据元;

——第9部分:建设项目信息基础数据元;

——第10部分:交通统计信息基础数据元;

——第11部分:船舶检验信息基础数据元;

——第12部分:船载客货信息基础数据元;

——第13部分:收费公路信息基础数据元。

本部分为JT/T 697的第2部分。

本部分由交通部科技教育司提出。

本部分由交通部信息通信及导航标准化技术委员会归口。

本部分主要起草单位:中交水运规划设计院、北京市路政局。

本部分主要起草人:唐菁、马晓峰、侯小明、刘春杰、陈韬、胡国丹、马建南、陈永剑。

交通信息基础数据元
第 2 部分:公路信息基础数据元

1 范围

本部分规定了公路信息基础数据元编制原则和分类、公路信息基础数据元及数据元值域代码集。

本部分适用于交通行业建立公路数据库的技术属性数据、公路管理统计数据和有关信息系统所涉及的公路数据的采集、交换与共享。其他涉及公路相关信息数据项需引用标准的信息系统或文件也可参照本部分执行。

2 规范性引用文件

下列文件中的条款通过在本部分中引用而成为本部分的条款。凡是注日期的引用文件,其随后所有的修订单(不包括勘误的内容)或修订版均不适用于本准则,然而,鼓励根据本部分达成协议的各方研究是否可使用这些文件的最新版本。凡是不注日期的引用文件,其最新版本适用于本部分。

GB/T 919—2002　公路等级代码

GB/T 920—2002　公路路面等级与面层类型代码

GB/T 2260　中华人民共和国行政区划代码

GB 11708　桥梁命名编号和编码规则

GB 18306—2001　中国地震动参数区划图

GB/T 18731　干线公路定位规则

JT/T 132—2003　公路数据库编目编码规则

JT/T 697.1　交通信息基础数据元　第 1 部分:总则

JTG B01—2003　公路工程技术标准

3 数据元编制原则和分类

3.1 编制原则

公路信息基础数据元的分类方法、数据元编制规则、数据元值域引用代码编制规则应符合 JT/T 697.1 的规定。

3.2 分类

3.2.1 根据JT/T 697.1 的规定,公路的代号为 GL。

3.2.2 根据公路管理对象和管理业务信息的基本内容和属性,公路信息基础数据元划分为八大类:综合统计、路线概况、路基、路面、主要构筑物、沿线设施、交通量、沿线环境等,具体分类如表 1。

表 1　公路信息基础数据元分类表

分类编号	名　称	章　条	分类编号	名　称	章　条
GL01	**综合信息**	**4.1**	GL020400	车道特征	4.2.4
GL02	**路线概况**	**4.2**	GL020500	公路用地	4.2.5
GL020100	路线现状	4.2.1	GL020600	平曲线	4.2.6
GL020200	分离式路段	4.2.2	GL020700	纵曲线	4.2.7
GL020300	技术等级	4.2.3	GL020800	纵坡	4.2.8

表 1(续)

分类编号	名称	章条	分类编号	名称	章条
GL020900	横断面	4.2.9	GL030400	路基边坡	4.3.4
GL021000	路肩	4.2.10	**GL04**	**路面**	**4.4**
GL021100	断链	4.2.11	**GL05**	**主要构筑物**	**4.5**
GL021200	重复里程	4.2.12	GL050100	公路桥梁概况	4.5.1
GL021300	断头路段	4.2.13	GL050200	隧道概况	4.5.2
GL021400	养护里程	4.2.14	GL050300	涵洞概况	4.5.3
GL021500	晴雨通车里程	4.2.15	GL050400	公路渡口	4.5.4
GL021600	城管路段	4.2.16	**GL06**	**沿线设施**	**4.6**
GL021700	公路交叉路口	4.2.17	GL060100	交通管理设施	4.6.1
GL021800	绿化	4.2.18	GL060200	交通安全设施	4.6.2
GL021801	可绿化里程	4.2.18.1	GL060300	公路服务设施	4.6.3
GL021802	已绿化信息	4.2.18.2	GL060400	公路养护设施	4.6.4
GL021900	GBM 工程里程	4.2.19	GL060500	地下管线设施	4.6.5
GL022000	文明样板路里程	4.2.20	**GL07**	**交通量**	**4.7**
GL03	**路基**	**4.3**	**GL08**	**沿线环境**	**4.8**
GL030100	路基现状	4.3.1	GL080100	公路定位控制点	4.8.1
GL030200	路基防护	4.3.2	GL080200	公路沿线地形	4.8.2
GL030300	路基排水	4.3.3	GL080300	公路设线类型	4.8.3

4 公路信息基础数据元

4.1 综合信息

4.1.1 管理单位名称

编号:GL010000001

数据元名称:管理单位名称

中文全拼:guan-li-dan-wei-ming-cheng

定义:公路或高速公路管理单位的正式名称。

数据元类型:字符型

数据格式:an..100

4.1.2 行政区划代码

编号:GL010000002

数据元名称:行政区划代码

中文全拼:xing-zheng-qu-hua-dai-ma

定义:国家标准行政区划代码。

数据元类型:数字型

数据格式:n6

值域:见 5.1 中表 2 序号 1

4.1.3 行政等级

编号:GL010000003

数据元名称:行政等级

中文全拼:xing-zheng-deng-ji

定义 :路线所属行政等级。

数据元类型:字符型

数据格式:a1

值域:见表2序号2

4.1.4 普通公路路况评定等级

编号:GL010000004

数据元名称:普通公路路况评定等级

中文全拼:pu-tong-gong-lu-lu-kuang-ping-ding-deng-ji

定义:普通公路路况评定的等级。

数据元类型:数字型

数据格式:n1

值域:见5.2

4.1.5 高速公路路况评定等级

编号:GL010000005

数据元名称:高速公路路况评定等级

中文全拼:gao-su-gong-lu-lu-kuang-ping-ding-deng-ji

定义:高速公路路况评定的等级。

数据元类型:数字型

数据格式:n1

值域:见5.3

4.2 路线概况

4.2.1 路线现状

4.2.1.1 路线代码

编号:GL020100001

数据元名称:路线代码

中文全拼:lu-xian-dai-ma

定义:载有路线线路代码、所属行政区划代码等相关信息,用以标识路线的代码。

数据元类型:字符型

数据格式:an10

值域:见表2序号3

4.2.1.2 路线全称

编号:GL020100002

数据元名称:路线全称

中文全拼:lu-xian-quan-cheng

定义:交通部、省交通厅(局)、公路局(处)规定的路线名称。

数据元类型:字符型

数据格式:an..60

4.2.1.3 路线简称

编号:GL020100003

数据元名称:路线简称

中文全拼:lu-xian-jian-cheng

定义:按照交通部、省交通厅(局)、公路局(处)规定的路线名称的简称。

数据元类型:字符型

数据格式:an..10

4.2.1.4 路线起点桩号

编号:GL020100004

数据元名称:路线起点桩号

中文全拼:lu-xian-qi-dian-zhuang-hao

定义:路线起始点位置的里程桩号。

数据元类型:数字型

数据格式:n..7,3

计量单位:千米(km)

备注:精确到0.001km

4.2.1.5 路线起点名称

编号:GL020100005

数据元名称:路线起点名称

中文全拼:lu-xian-qi-dian-ming-cheng

定义:县级(含)以上路线的起始点名称及具体乡镇地名。

数据元类型:字符型

数据格式:an..60

4.2.1.6 路线止点桩号

编号:GL020100006

数据元名称:路线止点桩号

中文全拼:lu-xian-zhi-dian-zhuang-hao

定义:路线终止位置的里程桩号。

数据元类型:数字型

数据格式:n..7,3

计量单位:千米(km)

备注:精确到0.001km

4.2.1.7 路线止点名称

编号:GL020100007

数据元名称:路线止点名称

中文全拼:lu-xian-zhi-dian-ming-cheng

定义:县级(含)以上路线的终止点名称及具体乡镇地名。

数据元类型:字符型

数据格式:an..60

4.2.1.8 路段地方名称

编号:GL020100008

数据元名称:路段地方名称

中文全拼:lu-duan-di-fang-ming-cheng

定义:路线中某一路段的地方名称。

数据元类型:字符型

数据格式:an..60

4.2.1.9 路段起点桩号

编号:GL020100009
数据元名称:路段起点桩号
中文全拼:lu-duan-qi-dian-zhuang-hao
定义:路线中某一路段起始点位置的里程桩号。
数据元类型:数字型
数据格式:n..7,3
计量单位:千米(km)
备注:精确到0.001km

4.2.1.10 路段起点名称

编号:GL020100010
数据元名称:路段起点名称
中文全拼:lu-duan-qi-dian-ming-cheng
定义:县级(含)以上路段的起始点名称及具体乡镇地名。
数据元类型:字符型
数据格式:an..60

4.2.1.11 路段止点桩号

编号:GL020100011
数据元名称:路段止点桩号
中文全拼:lu-duan-zhi-dian-zhuang-hao
定义:路线中某一路段止点位置的里程桩号。
数据元类型:数字型
数据格式:n..7,3
计量单位:千米(km)
备注:精确到0.001km

4.2.1.12 路段止点名称

编号:GL020100012
数据元名称:路段止点名称
中文全拼:lu-duan-zhi-dian-ming-cheng
定义:县级(含)以上路段的终止点名称及具体乡镇地名。
数据元类型:字符型
数据格式:an..60

4.2.1.13 通车日期

编号:GL020100013
数据元名称:通车日期
中文全拼:tong-che-ri-qi
定义:路段正式建成通车日期。
数据元类型:日期型
数据格式:YYYYMMDD

4.2.2 分离式路段

4.2.2.1 主路起点桩号

编号:GL020200001
数据元名称:主路起点桩号
中文全拼:zhu-lu-qi-dian-zhuang-hao

定义:分离式路段上行方向的起始点桩号。上行为路线桩号递增的方向。

数据元类型:数字型

数据格式:n..7,3

计量单位:千米(km)

备注:精确到0.001km

4.2.2.2 主路止点桩号

编号:GL020200002

数据元名称:主路止点桩号

中文全拼:zhu-lu-zhi-dian-zhuang-hao

定义:沿路线桩号递增方向的右侧路段分离式路段主路的终止点桩号,即上行路段终止点桩号。

数据元类型:数字型

数据格式:n..7,3

计量单位:千米(km)

备注:精确到0.001km

4.2.2.3 下行路段起点桩号

编号:GL020200003

数据元名称:下行路段起点桩号

中文全拼:xia-xing-lu-duan-qi-dian-zhuang-hao

定义:沿路线桩号递增方向的左侧路段分离式路段中下行路段的起始点桩号,即下行路段起始点桩号。

数据元类型:数字型

数据格式:n..7,3

计量单位:千米(km)

备注:精确到0.001km

4.2.2.4 下行路段止点桩号

编号:GL020200004

数据元名称:下行路段止点桩号

中文全拼:xia-xing-lu-duan-zhi-dian-zhuang-hao

定义:沿路线桩号递增方向的左侧路段分离式路段中下行路段的终止点桩号,即下行路段终止点桩号。

数据元类型:数字型

数据格式:n..7,3

计量单位:千米(km)

备注:精确到0.001km

4.2.3 技术等级

4.2.3.1 技术等级

编号:GL020300001

数据元名称:技术等级

中文全拼:ji-shu-deng-ji

定义:根据 JTG B01—2003 的规定,按公路使用性能和相应的交通量划分的技术等级。

数据元类型:数字型

数据格式:n2

值域:见表2序号4

4.2.3.2 计算行车速度

编号:GL020300002

数据元名称:计算行车速度

中文全拼:ji-suan-xing-che-su-du

定义:公路几何设计所采用的车速。

数据元类型:数字型

数据格式:n3

计量单位:千米/小时(km/h)

4.2.3.3 选线地形

编号:GL020300003

数据元名称:选线地形

中文全拼: xuan-xian-di-xing

定义:公路几何设计所涉及的地形。

数据元类型:数字型

数据格式:n2

值域:见表2序号5

4.2.4 车道特征

4.2.4.1 车道数

编号:GL020400001

数据元名称:车道数

中文全拼:che-dao-shu

定义:公路设计的车道数。

数据元类型:数字型

数据格式:n2

计量单位:条

4.2.5 公路用地

4.2.5.1 公路用地

编号:GL020500001

数据元名称:公路用地

中文全拼:gong-lu-yong-di

定义:指公路管理条例和 JTG B01—2003 规定的公路用地范围。

数据元类型:数字型

数据格式:n..8,2

计量单位:米(m)

备注:精确到0.01m

4.2.6 平曲线

4.2.6.1 转角

编号:GL020600001

数据元名称:转角

中文全拼:zhuan-jiao

定义:路线转弯或交点处后视线的延长线与前视线的夹角。

数据元类型:字符型

数据格式:a10

计量单位:度（°）

备注:转角向右为正,向左为负,精确到0.01″。

4.2.6.2　前缓和曲线起点桩号

编号:GL020600002

数据元名称:前缓和曲线起点桩号

中文全拼:qian-huan-he-qu-xian-qi-dian-zhuang-hao

定义:公路缓和曲线实际起始点里程桩号。

数据元类型:数字型

数据格式:n..7,3

计量单位:千米(km)

备注:精确到0.001km

4.2.6.3　圆曲线起点桩号

编号:GL020600003

数据元名称:圆曲线起点桩号

中文全拼:yuan-qu-xian-qi-dian-zhuang-hao

定义:公路圆曲线实际起始点里程桩号。

数据元类型:数字型

数据格式:n..7,3

计量单位:千米(km)

备注:精确到0.001km

4.2.6.4　圆曲线止点桩号

编号:GL020600004

数据元名称:圆曲线止点桩号

中文全拼:yuan-qu-xian-zhi-dian-zhuang-hao

定义:公路圆曲线实际终止点里程桩号。

数据元类型:数字型

数据格式:n..7,3

计量单位:千米(km)

备注:精确到0.001km

4.2.6.5　后缓和曲线止点桩号

编号:GL020600005

数据元名称:后缓和曲线止点桩号

中文全拼:hou-huan-he-qu-xian-zhi-dian-zhuang-hao

定义:公路缓和曲线终点里程桩号。

数据元类型:数字型

数据格式:n..7,3

计量单位:千米(km)

备注:精确到0.001km

4.2.6.6　平曲线半径

编号:GL020600006

数据元名称:平曲线半径

中文全拼:ping-qu-xian-ban-jing

定义:路线转向处平曲线的半径值。

数据元类型:数字型

数据格式:n..8,2

计量单位:米(m)

备注:精确到0.01m

4.2.6.7 缓和曲线长度

编号:GL020600007

数据元名称:缓和曲线长度

中文全拼:huan-he-qu-xian-chang-du

定义:公路缓和曲线实际长度。

数据元类型:数字型

数据格式:n..6,2

计量单位:米(m)

备注:精确到0.01m

4.2.6.8 超高值

编号:GL020600008

数据元名称:超高值

中文全拼:chao-gao-zhi

定义:公路平曲线上为减少汽车行驶的离心力影响而设置的横向坡度。

数据元类型:数字型

数据格式:n..3,2

计量单位:%

备注:精确到0.01%

4.2.6.9 加宽值

编号:GL020600009

数据元名称:加宽值

中文全拼:jia-kuan-zhi

定义:公路在平曲线半径小于250m时,在弯道内外侧设置的路面加宽值。

数据元类型:数字型

数据格式:n..3,2

计量单位:米(m)

备注:精确到0.01m

4.2.7 纵曲线

4.2.7.1 竖曲线起点桩号

编号:GL020700001

数据元名称:竖曲线起点桩号

中文全拼:shu-qu-xian-qi-dian-zhuang-hao

定义:在公路纵坡的变坡处设置的竖向曲线的起始点桩号。

数据元类型:数字型

数据格式:n..7,3

计量单位:千米(km)

备注:精确到0.001km

4.2.7.2 竖曲线起点标高

编号:GL020700002

数据元名称:竖曲线起点标高

中文全拼:shu-qu-xian-qi-dian-biao-gao

定义:在公路纵坡的变坡处设置的竖向曲线的起点标高。

数据元类型:数字型

数据格式:n..6,2

计量单位:米(m)

备注:精确到0.01m

4.2.7.3 竖曲线半径

编号:GL020700003

数据元名称:竖曲线半径

中文全拼:shu-qu-xian-ban-jing

定义:在公路纵坡的变坡处设置的竖向曲线的半径值。

数据元类型:数字型

数据格式:n..8,2

计量单位:米(m)

备注:精确到0.01m

4.2.7.4 竖曲线顶点桩号

编号:GL020700004

数据元名称:竖曲线顶点桩号

中文全拼:shu-qu-xian-ding-dian-zhuang-hao

定义:公路纵坡的最高处的里程桩号。

数据元类型:数字型

数据格式:n..7,3

计量单位:千米(km)

备注:精确到0.001km

4.2.7.5 竖曲线顶点标高

编号:GL020700005

数据元名称:竖曲线顶点标高

中文全拼:shu-qu-xian-ding-dian-biao-gao

定义:公路纵坡最高处的标高。

数据元类型:数字型

数据格式:n..6,2

计量单位:米(m)

备注:精确到0.01m

4.2.7.6 竖曲线止点桩号

编号:GL020700006

数据元名称:竖曲线止点桩号

中文全拼:shu-qu-xian-zhi-dian-zhuang-hao

定义:在公路纵坡的变坡处设置的竖向曲线的终止点桩号。

数据元类型:数字型

数据格式:n..7,3

计量单位:千米(km)

备注:精确到0.001km

4.2.7.7 竖曲线止点标高

编号:GL020700007

数据元名称:竖曲线止点标高

中文全拼:shu-qu-xian-zhi-dian-biao-gao

定义:在公路纵坡的变坡处设置的竖向曲线的终止点标高。

数据元类型:数字型

数据格式:n..6,2

计量单位:米(m)

备注:精确到0.01m

4.2.8 纵坡

4.2.8.1 纵坡

编号:GL020800001

数据元名称:纵坡

中文全拼:zong-po

定义:路线纵断面上同一坡段两点间的高差与其水平距离的比值。

数据元类型:数字型

数据格式:n..5,2

计量单位:%

备注:精确到0.01%

4.2.9 横断面

4.2.9.1 中央分隔带宽

编号:GL020900001

数据元名称:中央分隔带宽

中文全拼:zhong-yang-fen-ge-dai-kuan

定义:用于分隔上下行公路或分隔机动车道与非机动车道的构造物或设施的宽度。

数据元类型:数字型

数据格式:n..4,2

计量单位:米(m)

备注:精确到0.01m

4.2.9.2 路面横向坡度

编号:GL020900002

数据元名称:路面横向坡度

中文全拼:lu-mian-heng-xiang-po-du

定义:公路路面横向的倾斜度。

数据元类型:数字型

数据格式:n..4,2

计量单位:%

备注:精确到0.01%

4.2.9.3 行车道宽

编号:GL020900005

数据元名称:行车道宽

中文全拼:xing-che-dao-kuan

定义:公路中的供机动车行驶的车道宽。

数据元类型:数字型
数据格式:n..4,2
计量单位:米(m)
备注:精确到0.01m

4.2.9.4 行车道数

编号:GL020900006
数据元名称:行车道数
中文全拼:xing-che-dao-shu
定义:符合 JTG B01—2003 规定的设计行车道数。
数据元类型:数字型
数据格式:n1
计量单位:条

4.2.9.5 路缘带宽

编号:GL020900007
数据元名称:路缘带宽
中文全拼:lu-yuan-dai-kuan
定义:路面提供安全行车所必需的、并能引导驾驶员视线的侧向余宽。
数据元类型:数字型
数据格式:n..4,2
计量单位:米(m)
备注:精确到0.01m

4.2.10 路肩

4.2.10.1 路肩类型

编号:GL021000001
数据元名称:路肩类型
中文全拼:lu-jian-lei-xing
定义:指按无路肩、土路肩、硬路肩划分的路肩类型。
数据元类型:数字型
数据格式:n1
值域:见5.1中表2序号6

4.2.10.2 路肩宽度

编号:GL021000002
数据元名称:路肩宽度
中文全拼:lu-jian-kuan-du
定义:路肩的实际宽度。
数据元类型:数字型
数据格式:n..3,2
计量单位:米(m)
备注:精确到0.01m

4.2.10.3 路肩坡度

编号:GL021000003
数据元名称:路肩坡度
中文全拼:lu-jian-po-du

定义:路肩的横向倾斜度。
数据元类型:数字型
数据格式:n..3,2
计量单位:%
备注:精确到0.01%

4.2.11 断链

4.2.11.1 断链桩号

编号:GL021100001
数据元名称:断链桩号
中文全拼:duan-lian-zhuang-hao
定义:路线上记载断链值的里程桩号。
数据元类型:数字型
数据格式:n..7,3
计量单位:千米(km)
备注:精确到0.001km

4.2.11.2 断链值

编号:GL021100002
数据元名称:断链值
中文全拼:duan-lian-zhi
定义:断链路段新终止点里程减旧终止点里程之正负差值。
数据元类型:数字型
数据格式:n..7,3
计量单位:千米(km)
备注:精确到0.001km

4.2.12 重复里程

编号:GL021200001
数据元名称:重复里程
中文全拼:chong-fu-li-cheng
定义:两条或两条以上的路线重叠,并共用同一路段公路的里程。
数据元类型:数字型
数据格式:n..7,3
计量单位:千米(km)
备注:精确到0.001km

4.2.13 断头路段

4.2.13.1 断头路段起点桩号

编号:GL021300001
数据元名称:断头路段起点桩号
中文全拼:duan-tou-lu-duan-qi-dian-zhuang-hao
定义:公路路线上已规划但尚未修建完成的路段起始点位置的里程桩号。
数据元类型:数字型
数据格式:n..7,3
计量单位:千米(km)
备注:精确到0.001km

4.2.13.2 断头路段止点桩号

编号:GL021300002

数据元名称:断头路段止点桩号

中文全拼:duan-tou-lu-duan-zhi-dian-zhuang-hao

定义:公路路线上已规划但尚未修建完成的路段终止点位置的里程桩号。

数据元类型:数字型

数据格式:n..7,3

计量单位:千米(km)

备注:精确到0.001km

4.2.14 养护里程

4.2.14.1 养护路段起点桩号

编号:GL021400001

数据元名称:养护路段起点桩号

中文全拼:yang-hu-lu-duan-qi-dian-zhuang-hao

定义:由公路管养单位所养护或委托其他单位、人员养护的路线(路段)里程的起始点位置的里程桩号。

数据元类型:数字型

数据格式:n..7,3

计量单位:千米(km)

备注:精确到0.001km

4.2.14.2 养护路段止点桩号

编号:GL021400002

数据元名称:养护路段止点桩号

中文全拼:yang-hu-lu-duan-zhi-dian-zhuang-hao

定义:由公路管养单位所养护或委托其他单位、人员养护的路线(路段)里程的终止点位置的里程桩号。

数据元类型:数字型

数据格式:n..7,3

计量单位:千米(km)

备注:精确到0.001km

4.2.15 晴雨通车里程

4.2.15.1 晴雨通车路段起点桩号

编号:GL021500001

数据元名称:晴雨通车路段起点桩号

中文全拼:qing-yu-tong-che-lu-duan-qi-dian-zhuang-hao

定义:晴天、雨天均能通行汽车的路段起始点位置的里程桩号。

数据元类型:数字型

数据格式:n..7,3

计量单位:千米(km)

备注:精确到0.001km

4.2.15.2 晴雨通车路段止点桩号

编号:GL021500002

数据元名称:晴雨通车路段止点桩号

中文全拼:qing-yu-tong-che-lu-duan-zhi-dian-zhuang-hao

定义:晴天、雨天均能通行汽车的路段终止点位置的里程桩号。

数据元类型:数字型

数据格式:n..7,3

计量单位:千米(km)

备注:精确到0.001km

4.2.16 城管路段

4.2.16.1 城市名称

编号:GL021600001

数据元名称:城市名称

中文全拼:cheng-shi-ming-cheng

定义:城管路段所在的城市名称。

数据元类型:字符型

数据格式:an..60

4.2.16.2 城管路段起点桩号

编号:GL021600002

数据元名称:城管路段起点桩号

中文全拼:cheng-guan-lu-duan-qi-dian-zhuang-hao

定义:城管路段起始点位置的里程桩号。

数据元类型:数字型

数据格式:n..7,3

计量单位:千米(km)

备注:精确到0.001km

4.2.16.3 城管路段止点桩号

编号:GL021600003

数据元名称:城管路段止点桩号

中文全拼:cheng-guan-lu-duan-zhi-dian-zhuang-hao

定义:城管路段终止点位置的里程桩号。

数据元类型:数字型

数据格式:n..7,3

计量单位:千米(km)

备注:精确到0.001km

4.2.17 公路交叉路口

4.2.17.1 交叉路口代码

编号:GL021700003

数据元名称:交叉路口代码

中文全拼:jiao-cha-lu-kou-dai-ma

定义:交叉路口的代码。

数据元类型:字符型

数据格式:an10

值域:见5.1中表2序号7

4.2.17.2 交叉口桩号

编号:GL021700002

数据元名称:交叉口桩号
中文全拼:jiao-cha-kou-zhuang-hao
定义:交叉口所在的位置和里程桩号。
数据元类型:数字型
数据格式:n..7,3
计量单位:千米(km)
备注:精确到0.001m

4.2.17.3 交叉种类
编号:GL021700005
数据元名称:交叉种类
中文全拼:jiao-cha-zhong-lei
定义:根据相交公路的管理等级来确定的公路交叉种类。
数据元类型:字符型
数据格式:a2
值域:见5.1中表2序号8

4.2.17.4 交叉形式
编号:GL021700006
数据元名称:交叉形式
中文全拼:jiao-cha-xing-shi
定义:按公路交叉的类型等特征进行的分类。
数据元类型:数字型
数据格式:n2
值域:见5.1中表2序号9

4.2.18 绿化

4.2.18.1 可绿化里程

4.2.18.1.1 可绿化路段起点桩号
编号:GL021801001
数据元名称:可绿化路段起点桩号
中文全拼:ke-lv-hua-lu-duan-qi-dian-zhuang-hao
定义:适宜绿化的路线(路段)起始点位置的里程桩号。
数据元类型:数字型
数据格式:n..7,3
计量单位:千米(km)
备注:精确到0.001km

4.2.18.1.2 可绿化路段止点桩号
编号:GL021801002
数据元名称:可绿化路段止点桩号
中文全拼:ke-lv-hua-lu-duan-zhi-dian-zhuang-hao
定义:适宜绿化的路线(路段)终止点位置的里程桩号。
数据元类型:数字型
数据格式:n..7,3
计量单位:千米(km)
备注:精确到0.001km

4.2.18.2 已绿化信息

4.2.18.2.1 绿化种类

编号:GL021802001

数据元名称:绿化种类

中文全拼:lv-hua-zhong-lei

定义:公路绿化所种植的植物的种类。

数据元类型:数字型

数据格式:n1

值域:见5.1中表2序号10

4.2.18.2.2 种植日期

编号:GL021802002

数据元名称:种植日期

中文全拼:zhong-zhi-ri-qi

定义:公路绿化工程建成或种植各类植物的日期。

数据元类型:日期型

数据格式:YYYYMMDD

4.2.19 GBM工程里程

4.2.19.1 GBM工程路段起点桩号

编号:GL021900001

数据元名称:GBM工程路段起点桩号

中文全拼:GBM-gong-cheng-lu-duan-qi-dian-zhuang-hao

定义:公路标准化、美化工程路线(路段)起始点位置的里程桩号。

数据元类型:数字型

数据格式:n..7,3

计量单位:千米(km)

备注:精确到0.001km

4.2.19.2 GBM工程路段止点桩号

编号:GL021900002

数据元名称:GBM工程路段止点桩号

中文全拼:GBM-gong-cheng-lu-duan-zhi-dian-zhuang-hao

定义:公路标准化、美化工程路线(路段)里程终止点位置的里程桩号。

数据元类型:数字型

数据格式:n..7,3

计量单位:千米(km)

备注:精确到0.001km

4.2.20 文明样板路里程

4.2.20.1 文明样板路路段起点桩号

编号:GL022000001

数据元名称:文明样板路路段起点桩号

中文全拼:wen-ming-yang-ban-lu-lu-duan-qi-dian-zhuang-hao

定义:文明样板路路线(路段)的起始点位置的里程桩号。

数据元类型:数字型

数据格式:n..7,3

计量单位:千米(km)

备注:精确到0.001km

4.2.20.2 文明样板路路段止点桩号

编号:GL022000002

数据元名称:文明样板路路段止点桩号

中文全拼:wen-ming-yang-ban-lu-lu-duan-zhi-dian-zhuang-hao

定义:文明样板路路线(路段)里程的终止点位置的里程桩号。

数据元类型:数字型

数据格式:n..7,3

计量单位:千米(km)

备注:精确到0.001km

4.3 路基

4.3.1 路基现状

4.3.1.1 路基横断面形式

编号:GL030100001

数据元名称:路基横断面形式

中文全拼:lu-ji-heng-duan-mian-xing-shi

定义:公路路基横断面的整体或分离的形式。

数据元类型:数字型

数据格式:n1

值域:见5.1中表2序号11

4.3.1.2 路基类型

编号:GL030100002

数据元名称:路基类型

中文全拼:lu-ji-lei-xing

定义:根据当地地形设计的地形、地质、水文等情况选用的路基横断面填挖方形式。

数据元类型:数字型

数据格式:n1

值域:见5.1中表2序号12

4.3.1.3 路基宽度

编号:GL030100003

数据元名称:路基宽度

中文全拼:lu-ji-kuan-du

定义:公路行车道与路肩宽度之和。

数据元类型:数字型

数据格式:n..5,2

计量单位:米(m)

备注:精确到0.01m

4.3.1.4 路基地质类型

编号:GL030100004

数据元名称:路基地质类型

中文全拼:lu-ji-di-zhi-lei-xing

定义:路基所属地区的地质和土壤的分类。

数据元类型:数字型

数据格式:n2

值域:见5.1中表2序号13

4.3.2 路基防护

4.3.2.1 路基防护工程类型

编号:GL030200001

数据元名称:路基防护工程类型

中文全拼:lu-ji-fang-hu-gong-cheng-lei-xing

定义:路基边坡防护工程的分类。

数据元类型:数字型

数据格式:n1

值域:见5.1中表2序号14

4.3.2.2 路基防护工程材料

编号:GL030200002

数据元名称:路基防护工程材料

中文全拼:lu-ji-fang-hu-gong-cheng-cai-liao

定义:公路路基工程中所使用的工程材料。

数据元类型:字符型

数据格式:an..30

4.3.3 路基排水

4.3.3.1 排水类型

编号:GL030300001

数据元名称:排水类型

中文全拼:pai-shui-lei-xing

定义:排水设施的分类。

数据元类型:数字型

数据格式:n1

值域:见5.1中表2序号15

4.3.3.2 排水形式

编号:GL030300002

数据元名称:排水形式

中文全拼:pai-shui-xing-shi

定义:根据公路及构筑物的排水方式进行的分类。

数据元类型:数字型

数据格式:n2

值域:见5.1中表2序号16

4.3.3.3 排水工程材料

编号:GL030300003

数据元名称:排水工程材料

中文全拼:pai-shui-gong-cheng-cai-liao

定义:用于砌筑排水设施的材料。

数据元类型:数字型

数据格式:n2

值域:见 5.1 中表 2 序号 17

4.3.4 路基边坡

4.3.4.1 边坡高度

编号:GL030400001

数据元名称:边坡高度

中文全拼:bian-po-gao-du

定义:公路路基边坡的高度。

数据元类型:数字型

数据格式:n..4,2

计量单位:米(m)

备注:精确到 0.01m

4.3.4.2 边坡坡度

编号:GL030400002

数据元名称:边坡坡度

中文全拼:bian-po-po-du

定义:公路边坡的高度与宽度之比。

数据元类型:数字型

数据格式:n..3,1

计量单位:%

备注:精确到 0.1%

4.4 路面

4.4.1 面层类型

编号:GL040000001

数据元名称:面层类型

中文全拼:mian-ceng-lei-xing

定义:根据 JTG B01—2003 的规定,指公路面层铺筑材料的类型。

数据元类型:数字型

数据格式:n2

值域:见 5.1 中表 2 序号 18

4.4.2 面层工程材料

编号:GL040000002

数据元名称:面层工程材料

中文全拼:mian-ceng-gong-cheng-cai-liao

定义:路面面层上层所选用的铺筑材料。

数据元类型:数字型

数据格式:n2

值域:见 5.1 中表 2 序号 17

4.4.3 面层厚度

编号:GL040000003

数据元名称:面层厚度

中文全拼:mian-ceng-hou-du

定义:与路面面层的下层一起直接承受车辆荷载,并将其传送到基层的路面上层的结构层厚度。

数据元类型:数字型

数据格式:n..3,1
计量单位:厘米(cm)
备注:精确到0.1cm

4.4.4 基层工程材料

编号:GL040000004
数据元名称:基层工程材料
中文全拼: ji-ceng-gong-cheng-cai-liao
定义:路面面层下层所选用的铺筑材料。
数据元类型:数字型
数据格式:n2
值域:见5.1中表2序号17

4.4.5 基层厚度

编号:GL040000005
数据元名称:基层厚度
中文全拼:ji-ceng-hou-du
定义:设在面层以下和底基层以上的结构层厚度。
数据元类型:数字型
数据格式:n..3,1
计量单位:厘米(cm)
备注:精确到0.1cm

4.4.6 底基层工程材料

编号:GL040000006
数据元名称:底基层工程材料
中文全拼: di-ji-ceng-gong-cheng-cai-liao
定义:路面底基层所选用的铺筑材料。
数据元类型:数字型
数据格式:n2
值域:见5.1中表2序号17

4.4.7 底基层厚度

编号:GL040000007
数据元名称:底基层厚度
中文全拼: di-ji-ceng-hou-du
定义:当基层分为两层或两层以上时,其最下面的结构层厚度。
数据元类型:数字型
数据格式:n..3,1
计量单位:厘米(cm)
备注:精确到0.1cm

4.4.8 垫层工程材料

编号:GL040000008
数据元名称:垫层工程材料
中文全拼: dian-ceng-gong-cheng-cai-liao
定义:路面垫层所选用的不同铺筑材料。
数据元类型:数字型

数据格式:n2

值域:见 5.1 中表 2 序号 17

4.4.9　垫层厚度

编号:GL040000009

数据元名称:垫层厚度

中文全拼: dian-ceng-hou-du

定义:设在基层以下的结构层厚度。

数据元类型:数字型

数据格式:n..3,1

计量单位:厘米(cm)

备注:精确到 0.1cm

4.4.10　竣工日期

编号:GL040000010

数据元名称:竣工日期

中文全拼: jun-gong-ri-qi

定义:公路路面的竣工验收日期。

数据元类型:日期型

数据格式:YYYYMMDD

4.4.11　路面宽度

编号:GL040000011

数据元名称:路面宽度

中文全拼:lu-mian-kuan-du

定义:公路上供车辆行驶的路面宽度。

数据元类型:数字型

数据格式:n..4,2

计量单位:米(m)

备注:精确到 0.01m

4.4.12　PCI 值

编号:GL040000012

数据元名称:PCI 值

中文全拼: PCI-zhi

定义:路面状况指数值,由路面破损率计算得出,代表了路面的破损状况。

数据元类型:数字型

数据格式:n3

4.4.13　代表弯沉

编号:GL040000013

数据元名称:代表弯沉

中文全拼: dai-biao-wan-chen

定义:路基或路面在规定荷载作用下产生垂直变形的数据。

数据元类型:数字型

数据格式:n3

计量单位:毫米(mm)

4.4.14 平整度

编号:GL040000014

数据元名称:平整度

中文全拼: ping-zheng-du

定义:路表面纵向的凹凸量的偏差值。

数据元类型:数字型

数据格式:n..3,1

计量单位:米/千米(m/km)

备注:精确到0.1m/km

4.4.15 抗滑系数

编号:GL040000015

数据元名称:抗滑系数

中文全拼:kang-hua-xi-shu

定义:路面抗滑能力的测定指标。

数据元类型:数字型

数据格式:n..3,1

4.5 主要构筑物

4.5.1 公路桥梁概况

4.5.1.1 桥梁代码

编号:GL050100001

数据元名称:桥梁代码

中文全拼:qiao-liang-dai-ma

定义:符合 GB 11708 规定的公路桥梁及公路与铁路两用桥梁的规范代码。

数据元类型:字符型

数据格式:an15

值域:见5.1中表2序号19

4.5.1.2 桥梁名称

编号:GL050100002

数据元名称:桥梁名称

中文全拼:qiao-liang-ming-cheng

定义:符合 GB 11708 规定的公路桥梁及公路与铁路两用桥梁的规范全称。

数据元类型:字符型

数据格式:an..60

4.5.1.3 桥梁中心桩号

编号:GL050100003

数据元名称:桥梁中心桩号

中文全拼:qiao-liang-zhong-xin-zhuang-hao

定义:桥梁中心点的里程桩号。

数据元类型:数字型

数据格式:n..7,3

计量单位:千米(km)

备注:精确到0.001km

4.5.1.4 桥梁性质

编号:GL050100004
数据元名称:桥梁性质
中文全拼:qiao-liang-xing-zhi
定义:按桥梁的上下部结构采用的建筑材料及使用年限进行的分类。
数据元类型:数字型
数据格式:n1
值域:见5.1中表2序号20

4.5.1.5 桥梁跨径分类

编号:GL050100005
数据元名称:桥梁跨径分类
中文全拼:qiao-liang-kua-jing-fen-lei
定义:桥梁跨径的类型
数据元类型:数字型
数据格式:n1
值域:见5.1中表2序号21

4.5.1.6 跨越地物类型

编号:GL050100006
数据元名称:跨越地物类型
中文全拼:kua-yue-di-wu-lei-xing
定义:桥梁所跨的自然或人工固定物体的类型。
数据元类型:数字型
数据格式:n1
值域:见5.1中表2序号22

4.5.1.7 跨越地物名称

编号:GL050100007
数据元名称:跨越地物名称
中文全拼:kua-yue-di-wu-ming-cheng
定义:桥梁所跨的自然或人工固定物体的名称。
数据元类型:字符型
数据格式:an..60

4.5.1.8 主桥上部结构形式

编号:GL050100008
数据元名称:主桥上部结构形式
中文全拼:zhu-qiao-shang-bu-jie-gou-xing-shi
定义:桥梁支座以上部分的承重构件形式。
数据元类型:数字型
数据格式:n2
值域:见5.1中表2序号23

4.5.1.9 设计荷载等级

编号:GL050100009
数据元名称:设计荷载等级
中文全拼:she-ji-he-zai-deng-ji
定义:桥梁设计时所采用的车辆荷载标准等级。

数据元类型:数字型
数据格式:n1
值域:见5.4

4.5.1.10 桥梁技术状况评定等级
编号:GL050100010
数据元名称:桥梁技术状况评定等级
中文全拼:qiao-liang-ji-shu-zhuang-kuang-ping-ding-deng-ji
定义:对桥梁使用技术状况进行评定所评定的等级。
数据元类型:数字型
数据格式:n1
值域:见5.1中表2序号24

4.5.1.11 立交桥类别
编号:GL050100011
数据元名称:立交桥类别
中文全拼:li-jiao-qiao-lei-bie
定义:公路立交桥类别。
数据元类型:数字型
数据格式:n1
值域:见5.5

4.5.1.12 通航等级
编号:GL050100012
数据元名称:通航等级
中文全拼:tong-hang-deng-ji
定义:桥梁所跨通航河道按其通航标准所划分的级别。
数据元类型:数字型
数据格式:n1

4.5.1.13 桥梁全长
编号:GL050100013
数据元名称:桥梁全长
中文全拼:qiao-liang-quan-chang
定义:两岸桥台翼墙尾端尖的距离或桥面系行车道长度。
数据元类型:数字型
数据格式:n..6,2
计量单位:米(m)
备注:精确到0.01m

4.5.1.14 多跨径总长
编号:GL050100014
数据元名称:多跨径总长
中文全拼:duo-kua-jing-zong-chang
定义:多孔桥梁中各孔跨径的累计长度。
数据元类型:数字型
数据格式:n..6,2
计量单位:米(m)

备注:精确到0.01m

4.5.1.15 单孔最大跨径

编号:GL050100015

数据元名称:单孔最大跨径

中文全拼:dan-kong-zui-da-kua-jing

定义:多孔桥中最大孔径的跨越长度,单孔桥梁即为该桥主跨径。

数据元类型:数字型

数据格式:n..6,2

计量单位:米(m)

备注:精确到0.01m

4.5.1.16 桥面全宽

编号:GL050100016

数据元名称:桥面全宽

中文全拼:qiao-mian-quan-kuan

定义:桥梁内外沿之间的宽度。

数据元类型:数字型

数据格式:n..4,2

计量单位:米(m)

备注:精确到0.01m

4.5.1.17 桥面净宽

编号:GL050100017

数据元名称:桥面净宽

中文全拼:qiao-mian-jing-kuan

定义:公路桥面行车道宽或其与两侧人行道宽之和。

数据元类型:数字型

数据格式:n..4,2

计量单位:米(m)

备注:精确到0.01m

4.5.1.18 桥梁孔数

编号:GL050100018

数据元名称:桥梁孔数

中文全拼:qiao-liang-kong-shu

定义:公路上单孔桥或多孔桥中的孔洞数。

数据元类型:数字型

数据格式:n2

计量单位:孔

4.5.1.19 前引桥长

编号:GL050100019

数据元名称:前引桥长

中文全拼:qian-yin-qiao-chang

定义:公路桥梁沿公路前进方向的前部分引桥长度。

数据元类型:数字型

数据格式:n..6,2

计量单位:米(m)

备注:精确到0.01m

4.5.1.20 后引桥长

编号:GL050100020

数据元名称:后引桥长

中文全拼:hou-yin-qiao-chang

定义:公路桥梁沿公路前进方向的后部分引桥长度。

数据元类型:数字型

数据格式:n..6,2

计量单位:米(m)

备注:精确到0.01m

4.5.1.21 桥下净高

编号:GL050100021

数据元名称:桥下净高

中文全拼:qiao-xia-jing-gao

定义:为满足桥下通航、通车需要规定的桥底表面与下方水面或地面之间的距离。

数据元类型:数字型

数据格式:n..6,2

计量单位:米(m)

备注:精确到0.01m

4.5.1.22 桥墩类型

编号:GL050100022

数据元名称:桥墩类型

中文全拼: qiao-dun-lei-xing

定义:桥墩基础按材料、施工方式、结构等所划分的类别。

数据元类型:数字型

数据格式:n2

值域:见5.1中表2序号25

4.5.1.23 桥台类型

编号:GL050100023

数据元名称:桥台类型

中文全拼: qiao-tai-lei-xing

定义:桥台基础按材料、施工方式、结构等所划分的类别。

数据元类型:数字型

数据格式:n2

值域:见5.1中表2序号26

4.5.1.24 桥面铺装类型

编号:GL050100024

数据元名称:桥面铺装类型

中文全拼: qiao-mian-pu-zhuang-lei-xing

定义:使用沥青、水泥等材料铺装在桥面上保护层的建筑材料类型。

数据元类型:数字型

数据格式:n2

值域:见 5.1 中表 2 序号 17

4.5.1.25 伸缩缝类型

编号:GL050100025

数据元名称:伸缩缝类型

中文全拼:shen-suo-feng-lei-xing

定义:为适应材料胀缩变形而在桥梁上部结构上设置的间隙缝的类型。

数据元类型:数字型

数据格式:n1

值域:见 5.1 中表 2 序号 27

4.5.1.26 支座类型

编号:GL050100026

数据元名称:支座类型

中文全拼:zhi-zuo-lei-xing

定义:桥梁上部结构与下部结构间所设的支承构件的类型。

数据元类型:数字型

数据格式:n1

值域:见 5.1 中表 2 序号 28

4.5.1.27 设计抗震等级

编号:GL050100027

数据元名称:设计抗震等级

中文全拼:she-ji-kang-zhen-deng-ji

定义:桥梁设计时选用的抗震烈度等级。

数据元类型:数字型

数据格式:n1

值域:见 5.6

4.5.1.28 弯坡斜特征

编号:GL050100028

数据元名称:弯坡斜特征

中文全拼:wan-po-xie-te-zheng

定义:与桥梁的平、纵曲线以及与被交道交角状况等有关的桥梁特征。

数据元类型:数字型

数据格式:n1

值域:见 5.1 中表 2 序号 29

4.5.1.29 桥梁竣工日期

编号:GL050100029

数据元名称:桥梁竣工日期

中文全拼:qiao-liang-jun-gong-ri-qi

定义:桥梁竣工验收的日期。

数据元类型:日期型

数据格式:YYYYMMDD

4.5.1.30 总造价

编号:GL050100030

数据元名称:总造价

中文全拼:zong-zao-jia

定义:建造桥梁投入的资金总额。

数据元类型:数字型

数据格式:n..8,2

计量单位:万元

备注:精确到0.01万元

4.5.1.31 桥梁设计单位名称

编号:GL050100031

数据元名称:桥梁设计单位名称

中文全拼:qiao-liang-she-ji-dan-wei-ming-cheng

定义:桥梁设计单位的全称。

数据元类型:字符型

数据格式:an..100

4.5.1.32 桥梁施工单位名称

编号:GL050100032

数据元名称:桥梁施工单位名称

中文全拼:qiao-liang-shi-gong-dan-wei-ming-cheng

定义:桥梁建设施工单位的全称。

数据元类型:字符型

数据格式:an..100

4.5.1.33 桥梁监理单位名称

编号:GL050100033

数据元名称:桥梁监理单位名称

中文全拼:qiao-liang-jian-li-dan-wei-ming-cheng

定义:桥梁建设监理单位的全称。

数据元类型:字符型

数据格式:an..100

4.5.2 隧道概况

4.5.2.1 隧道代码

编号:GL050200001

数据元名称:隧道代码

中文全拼:sui-dao-dai-ma

定义:公路隧道的代码。

数据元类型:字符型

数据格式:an15

值域:见5.1中表2序号30

4.5.2.2 隧道名称

编号:GL050200002

数据元名称:隧道名称

中文全拼:sui-dao-ming-cheng

定义:公路隧道的全称。

数据元类型:字符型

数据格式:an..60

4.5.2.3　隧道中心桩号

编号:GL050200003

数据元名称:隧道中心桩号

中文全拼:sui-dao-zhong-xin-zhuang-hao

定义:位于隧道中心处的里程桩号。

数据元类型:数字型

数据格式:n..7,3

计量单位:千米(km)

备注:精确到0.001km

4.5.2.4　隧道分类

编号:GL050200004

数据元名称:隧道分类

中文全拼:sui-dao-fen-lei

定义:隧道按其长度进行的分类。

数据元类型: 数字型

数据格式:n1

值域:见5.1中表2序号31

4.5.2.5　隧道长度

编号:GL050200005

数据元名称:隧道长度

中文全拼:sui-dao-chang-du

定义:由隧道进口至出口洞门端墙墙面之间的距离。

数据元类型:数字型

数据格式:n..5,1

计量单位:米(m)

备注:精确到0.1m

4.5.2.6　隧道净宽

编号:GL050200006

数据元名称:隧道净宽

中文全拼:sui-dao-jing-kuan

定义:隧道洞身内角间的净宽值,为行车道宽与两侧硬路肩宽度之和。

数据元类型:数字型

数据格式:n..4,2

计量单位:米(m)

备注:精确到0.01m

4.5.2.7　隧道净高

编号:GL050200007

数据元名称:隧道净高

中文全拼:sui-dao-jing-gao

定义:隧道穹顶与路中线之间的净高值。

数据元类型:数字型

数据格式:n..4,2

计量单位:米(m)

备注:精确到0.01m

4.5.2.8 人行道宽

编号:GL050200008

数据元名称:人行道宽

中文全拼:ren-xing-dao-kuan

定义:隧道道内人行道的宽度。

数据元类型:数字型

数据格式:n..3,2

计量单位:米(m)

备注:精确到0.01m

4.5.2.9 洞口形式

编号:GL050200009

数据元名称:洞口形式

中文全拼:dong-kou-xing-shi

定义:隧道两端洞口的洞门构造形式。

数据元类型:数字型

数据格式:n1

值域:见5.1中表2序号32

4.5.2.10 断面形式

编号:GL050200010

数据元名称:断面形式

中文全拼:duan-mian-xing-shi

定义:隧道洞口衬砌的内轮廓形式。

数据元类型:数字型

数据格式:n1

值域:见5.1中表2序号33

4.5.2.11 衬砌工程材料

编号:GL050200011

数据元名称:衬砌工程材料

中文全拼:chen-qi-gong-cheng-cai-liao

定义:隧道内墙上衬砌的工程材料种类。

数据元类型:数字型

数据格式:n2

值域:见5.1中表2序号17

4.5.2.12 隧道路面面层类型

编号:GL050200012

数据元名称:隧道路面面层类型

中文全拼:sui-dao-lu-mian-mian-ceng-lei-xing

定义:隧道内路面面层材料的类型。

数据元类型:数字型

数据格式:n2

值域:见5.1中表2序号18

4.5.2.13 隧道排水类型

编号:GL050200013
数据元名称:隧道排水类型
中文全拼:sui-dao-pai-shui-lei-xing
定义:隧道内外各种排水设施的类型。
数据元类型:数字型
数据格式:n1
值域:见5.1中表2序号34

4.5.2.14 安全通道数量

编号:GL050200014
数据元名称:安全通道数量
中文全拼:an-quan-tong-dao-shu-liang
定义:隧道内安全通道的总数。
数据元类型:数字型
数据格式:n1
计量单位:条

4.5.2.15 隧道照明

编号:GL050200015
数据元名称:隧道照明
中文全拼:sui-dao-zhao-ming
定义:隧道内的照明情况。
数据元类型:数字型
数据格式:n1
值域:见5.1中表2序号35

4.5.2.16 隧道通风

编号:GL050200016
数据元名称:隧道通风
中文全拼:sui-dao-tong-feng
定义:隧道内净化空气的方式。
数据元类型:数字型
数据格式:n1
值域:见5.1中表2序号36

4.5.2.17 隧道设施

编号:GL050200017
数据元名称:隧道设施
中文全拼:sui-dao-she-shi
定义:隧道内通信、监控、检测、消防等设施的类别。
数据元类型:数字型
数据格式:n1
值域:见5.7

4.5.2.18 隧道竣工日期

编号:GL050200018
数据元名称:隧道竣工日期
中文全拼:sui-dao-jun-gong-ri-qi

定义:隧道的竣工验收日期。
数据元类型:日期型
数据格式:YYYYMMDD

4.5.2.19 隧道设计单位名称
编号:GL050200019
数据元名称:隧道设计单位名称
中文全拼:sui-dao-she-ji-dan-wei-ming-cheng
定义:隧道设计单位的全称。
数据元类型:字符型
数据格式:an..100

4.5.2.20 隧道施工单位名称
编号:GL050200020
数据元名称:隧道施工单位名称
中文全拼:sui-dao-shi-gong-dan-wei-ming-cheng
定义:隧道建设施工单位的全称。
数据元类型:字符型
数据格式:an..100

4.5.2.21 隧道监理单位名称
编号:GL050200021
数据元名称:隧道监理单位名称
中文全拼:sui-dao-jian-li-dan-wei-ming-cheng
定义:隧道建设监理单位的全称。
数据元类型:字符型
数据格式:an..100

4.5.3 涵洞概况

4.5.3.1 涵洞代码
编号:GL050300001
数据元名称:涵洞代码
中文全拼:han-dong-dai-ma
定义:涵洞的代码。
数据元类型:数字型
数据格式:an15
值域:见5.1中表2序号37

4.5.3.2 涵洞中心桩号
编号:GL050300002
数据元名称:涵洞中心桩号
中文全拼:han-dong-zhong-xin-zhuang-hao
定义:涵洞沿线路轴线中线中心点里程号。
数据元类型:数字型
数据格式:n..7,3
计量单位:千米(km)
备注:精确到0.001m

4.5.3.3 涵洞类型

编号:GL050300003

数据元名称:涵洞类型

中文全拼:han-dong-lei-xing

定义:涵洞及通道构造类型。

数据元类型:数字型

数据格式:n1

值域:见5.1中表2序号38

4.5.3.4 涵洞跨径

编号:GL050300004

数据元名称:涵洞跨径

中文全拼:han-dong-kua-jing

定义:公路涵洞的结构或构件支承间的水平距离。

数据元类型:数字型

数据格式:n..3,2

计量单位:米(m)

备注:精确到0.01m

4.5.3.5 涵洞净高

编号:GL050300005

数据元名称:涵洞净高

中文全拼:han-dong-jing-gao

定义:公路涵洞底与地面之间的距离。

数据元类型:数字型

数据格式:n..3,2

计量单位:m

备注:精确到0.01m

4.5.3.6 涵洞全长

编号:GL050300006

数据元名称:涵洞全长

中文全拼:han-dong-quan-chang

定义:公路涵洞进出口墙面之间的全长。

数据元类型:数字型

数据格式:n..5,2

计量单位:m

备注:精确到0.01m

4.5.3.7 涵洞全宽

编号:GL050300007

数据元名称:涵洞全宽

中文全拼:han-dong-quan-kuan

定义:涵洞的总宽度。

数据元类型:数字型

数据格式:n..4,2

计量单位:m

备注:精确到0.01m

4.5.4 公路渡口

4.5.4.1 渡口代码

编号:GL050400001

数据元名称:渡口代码

中文全拼:du-kou-dai-ma

定义:公路渡口的代码。

数据元类型:字符型

数据格式:an15

值域:见5.1中表2序号39

4.5.4.2 渡口名称

编号:GL050400002

数据元名称:渡口名称

中文全拼:du-kou-ming-cheng

定义:公路渡口的全称。

数据元类型:字符型

数据格式:an..60

4.5.4.3 渡口桩号

编号:GL050400003

数据元名称:渡口桩号

中文全拼:du-kou-zhuang-hao

定义:在路线前进方向上的渡口码头前沿的里程桩号。

数据元类型:数字型

数据格式:n..7,3

计量单位:千米(km)

备注:精确到0.001km

4.5.4.4 渡口分类

编号:GL050400004

数据元名称:渡口分类

中文全拼:du-kou-fen-lei

定义:公路渡口渡运方式的分类。

数据元类型:数字型

数据格式:n1

值域:见5.1中表2序号40

4.5.4.5 渡船分类

编号:GL050400005

数据元名称:渡船分类

中文全拼:du-chuan-fen-lei

定义:渡运车辆的船舶分类。

数据元类型:数字型

数据格式:n1

值域:见5.1中表2序号41

4.5.4.6 渡船数量

编号:GL050400006

数据元名称:渡船数量

中文全拼:du-chuan-shu-liang

定义:渡口所拥有的渡船数量。

数据元类型:数字型

数据格式:n3

计量单位:艘

4.5.4.7 码头数量

编号:GL050400007

数据元名称:码头数量

中文名称:ma-tou-shu-liang

定义:一个渡口各种码头数量之和。

数据元类型:数字型

数据格式:n2

4.5.4.8 最大渡运量

编号:GL050400008

数据元名称:最大渡运量

中文全拼:zui-da-du-yun-liang

定义:每小时渡口所能通过的最大车数。

数据元类型:数字型

数据格式:n6

4.5.4.9 渡运时间

编号:GL050400009

数据元名称:渡运时间

中文全拼:du-yun-shi-jian

定义:渡船单程航行渡过渡口所用的平均时间。

数据元类型:数字型

数据格式:n..3,2

计量单位:小时(h)

备注:精确到0.01h

4.5.4.10 渡口长度

编号:GL050400010

数据元名称:渡口长度

中文全拼:du-kou-chang-du

定义:渡口桩号与对岸路线起始点桩号间的距离。

数据元类型:数字型

数据格式:n..7,3

计量单位:米(m)

备注:精确到0.001m

4.6 沿线设施

4.6.1 交通管理设施

4.6.1.1 交通管理设施位置桩号

编号:GL060100001

数据元名称:交通管理设施位置桩号

中文全拼:jiao-tong-guan-li-she-shi-wei-zhi-zhuang-hao
定义:公路交通管理设施所处位置的公路里程号。
数据元类型:数字型
数据格式:n..7,3
计量单位:千米(km)
备注:精确到0.001km

4.6.1.2 交通管理设施种类

编号:GL060100002
数据元名称:交通管理设施种类
中文全拼:jiao-tong-guan-li-she-shi-zhong-lei
定义:公路沿线防护、服务、安全、管理、养护等设施的类型。
数据元类型:数字型
数据格式:n2
值域:见5.1中表2序号42

4.6.1.3 交通管理设施结构形式

编号:GL060100003
数据元名称:交通管理设施结构形式
中文全拼:jiao-tong-guan-li-she-shi-jie-gou-xing-shi
定义:指公路交通管理设施的构造形式。
数据元类型:数字型
数据格式:n2
值域:见5.1中表2序号43

4.6.1.4 交通管理设施位置

编号:GL060100004
数据元名称:交通管理设施位置
中文全拼:jiao-tong-guan-li-she-shi-wei-zhi
定义:交通管理设施相对于公路的空间位置。
数据元类型:数字型
数据格式:n1
值域:见5.1中表2序号44

4.6.2 交通安全设施

4.6.2.1 交通安全设施

4.6.2.1.1 交通安全设施分类

编号:GL060201001
数据元名称:交通安全设施分类
中文全拼:jiao-tong-an-quan-she-shi-fen-lei
定义:交通安全设施的功能分类。
数据元类型:数字型
数据格式:n1
值域:见5.8

4.6.2.2 路面标线(GL060202)

4.6.2.2.1 标线分类

编号:GL060202001

数据元名称:标线分类
中文全拼:biao-xian-fen-lei
定义:对公路路面上的交通标线颜色和线划形式进行的分类。
数据元类型:数字型
数据格式:n1
值域:见5.1中表2序号45

4.6.2.2.2 标线宽度

编号:GL060202002
数据元名称:标线宽度
中文全拼:biao-xian-kuan-du
定义:单道标线的宽度。
数据元类型:数字型
数据格式:n..6,2
计量单位:米(m)
备注:精确到0.01m

4.6.2.2.3 标线数量

编号:GL060202003
数据元名称:标线数量
中文全拼:biao-xian-shu-liang
定义:同一种交通标线的数量。
数据元类型:数字型
数据格式:n1
计量单位:道

4.6.2.2.4 标线材料

编号:GL060202004
数据元名称:标线材料
中文全拼:biao-xian-cai-liao
定义:路面交通标线所使用的材料。
数据元类型:数字型
数据格式:n1
值域:见5.9

4.6.2.2.5 护栏类型

编号:GL060202005
数据元名称:护栏类型
中文全拼:hu-lan-lei-xing
定义:护栏的结构形式的类型。
数据元类型:数字型
数据格式:n1
值域:见5.1中表2序号46

4.6.2.2.6 防眩设施分类

编号:GL060202006
数据元名称:防眩设施分类
中文全拼:fang-xuan-she-shi-fen-lei

定义:按防眩设施的结构类型或设置方式的分类。
数据元类型:数字型
数据格式:n1
值域:见5.1中表2序号47

4.6.3 公路服务设施

4.6.3.1 服务设施位置桩号

编号:GL060300001
数据元名称:服务设施位置桩号
中文全拼:fu-wu-she-shi-wei-zhi-zhuang-hao
定义:公路服务设施所处线路处的中心桩号。
数据元类型:数字型
数据格式:n..7,3
计量单位:千米(km)
备注:精确到0.001km

4.6.3.2 服务设施种类

编号:GL060300002
数据元名称:服务设施种类
中文全拼:fu-wu-she-shi-zhong-lei
定义:公路服务设施的类别形式。
数据元类型:数字型
数据格式:n2
值域:见5.1中表2序号42

4.6.4 公路养护设施

4.6.4.1 养护设施分类

编号:GL060400001
数据元名称:养护设施分类
中文全拼:yang-hu-she-shi-fen-lei
定义:养护设施的类别。
数据元类型:数字型
数据格式:n2
值域:见5.1中表2序号42

4.6.5 地下管线设施

4.6.5.1 管线设施种类

编号:GL060500001
数据元名称:管线设施种类
中文全拼:guan-xian-she-shi-zhong-lei
定义:地下管线设施的类别形式。
数据元类型:数字型
数据格式:n2
值域:见5.1中表2序号42

4.6.5.2 距路中距离

编号:GL060500002
数据元名称:距路中距离

中文全拼:ju-lu-zhong-ju-li

定义:公路沿线各种地下设施距离路中线的垂直长度。

数据元类型:数字型

数据格式:n..4,2

计量单位:米(m)

备注:精确到0.01m

4.6.5.3 下埋深度

编号:GL060500003

数据元名称:下埋深度

中文全拼:xia-mai-shen-du

定义:公路沿线各种地下设施距离路基的高度。

数据元类型:数字型

数据格式:n..4,2

计量单位:米(m)

备注:精确到0.01m

4.6.5.4 管理单位

编号:GL060500004

数据元名称:管理单位

中文全拼:guan-li-dan-wei

定义:地下管线设施的管理单位名称。

数据元类型:字符型

数据格式:an..100

4.6.5.5 埋置长度

编号:GL060500005

数据元名称:埋置长度

中文全拼:mai-zhi-chang-du

定义:地下管线设施沿公路前进方向的长度。

数据元类型:数字型

数据格式:n..7,3

计量单位:米(m)

备注:精确到0.001m

4.6.5.6 设置日期

编号:GL060500006

数据元名称:设置日期

中文全拼:she-zhi-ri-qi

定义:地下管线的建成日期。

数据元类型:日期型

数据格式:YYYYMMDD

4.6.5.7 产权单位

编号:GL060500007

数据元名称:产权单位

中文全拼:chan-quan-dan-wei

定义:地下管线设施所属单位名称。

数据元类型:字符型

数据格式:an..100

4.7 交通量

4.7.1 观测站名称

编号:GL070000001

数据元名称:观测站名称

中文全拼:guan-ce-zhan-ming-cheng

定义:公路交通量观测站的全称。

数据元类型:字符型

数据格式:an..100

4.7.2 观测站桩号

编号:GL070000002

数据元名称:观测站桩号

中文全拼:guan-ce-zhan-zhuang-hao

定义:交通量各类观测站(点)所在公路沿线位置的里程桩号。

数据元类型:数字型

数据格式:n..7,3

计量单位:千米(km)

备注:精确到0.001km

4.7.3 年均日交通量折算值

编号:GL070000003

数据元名称:年均日交通量折算值

中文全拼:nian-jun-ri-jiao-tong-liang-zhe-suan-zhi

定义:各种汽车、车辆按一定系数折算成小客车的年平均日交通量。

数据元类型:数字型

数据格式:n6

计量单位:辆/日

4.7.4 大型货车绝对值

编号:GL070000004

数据元名称:大型货车绝对值

中文全拼:da-xing-huo-che-jue-dui-zhi

定义:载重大于7t的载货汽车年平均日交通量。

数据元类型:数字型

数据格式:n6

计量单位:辆/日

4.7.5 中型货车绝对值

编号:GL070000005

数据元名称:中型货车绝对值

中文全拼:zhong-xing-huo-che-jue-dui-zhi

定义:载重大于2.5t小于7t的载货汽车年平均日交通量。

数据元类型:数字型

数据格式:n6

计量单位:辆/日

4.7.6　小型货车绝对值

编号:GL070000006

数据元名称:小型货车绝对值

中文全拼:xiao-xing-huo-che-jue-dui-zhi

定义:载重小于2.5t的载货汽车年平均日交通量。

数据元类型:数字型

数据格式:n6

计量单位:辆/日

4.7.7　拖挂车绝对值

编号:GL070000007

数据元名称:拖挂车绝对值

中文全拼:tuo-gua-che-jue-dui-zhi

定义:拖拉车(包括集装箱车)年平均日交通量。

数据元类型:数字型

数据格式:n6

计量单位:辆/日

4.7.8　大型客车绝对值

编号:GL070000008

数据元名称:大型客车绝对值

中文全拼:da-xing-ke-che-jue-dui-zhi

定义:多于12座的客车年平均日交通量。

数据元类型:数字型

数据格式:n6

计量单位:辆/日

4.7.9　小型客车绝对值

编号:GL070000009

数据元名称:小型客车绝对值

中文全拼:xiao-xing-ke-che-jue-dui-zhi

定义:小型客车(小轿车、吉普车、面包车、摩托车)年平均日交通量。

数据元类型:数字型

数据格式:n6

计量单位:辆/日

4.7.10　大拖拉机绝对值

编号:GL070000010

数据元名称:大拖拉机绝对值

中文全拼:da-tuo-la-ji-jue-dui-zhi

定义:功率大于8.82kW(12马力)的大型拖拉机年平均日交通量。

数据元类型:数字型

数据格式:n6

计量单位:辆/日

4.7.11　小拖拉机绝对值

编号:GL070000011

数据元名称:小拖拉机绝对值

中文全拼:xiao-tuo-la-ji-jue-dui-zhi

定义:功率小于等于 8.82kW(12 马力)的小型拖拉机年平均日交通量。

数据元类型:数字型

数据格式:n6

计量单位:辆/日

4.7.12 人力车绝对值

编号:GL070000012

数据元名称:人力车绝对值

中文全拼:ren-li-che-jue-dui-zhi

定义:人力车的年平均日交通量。

数据元类型:数字型

数据格式:n6

计量单位:辆/日

4.7.13 畜力车绝对值

编号:GL070000013

数据元名称:畜力车绝对值

中文全拼:chu-li-che-jue-dui-zhi

定义:畜力车(单匹、双匹及双匹以上)的年平均日交通量。

数据元类型:数字型

数据格式:n6

计量单位:辆/日

4.7.14 自行车绝对值

编号:GL070000014

数据元名称:自行车绝对值

中文全拼:zi-xing-che-jue-dui-zhi

定义:自行车年平均日交通量。

数据元类型:数字型

数据格式:n6

计量单位:辆/日

4.7.15 交通量调查日期

编号:GL070000015

数据元名称:交通量调查日期

中文全拼:jiao-tong-liang-diao-cha-ri-qi

定义:交通量调查的时间。

数据元类型:日期型

数据格式:YYYYMMDD

4.8 沿线环境

4.8.1 公路定位控制点

4.8.1.1 控制点名称

编号:GL080100001

数据元名称:控制点名称

中文全拼:kong-zhi-dian-ming-cheng

定义:控制路线走向和路网结点、路线起讫点和途经大中城市或主要行政村镇的主要控制点所在地名的规范全称。

数据元类型:字符型

数据格式:an..100

4.8.1.2 控制点代码

编号:GL080100002

数据元名称:控制点代码

中文全拼:kong-zhi-dian-dai-ma

定义:符合 GB/T 18731 规定的公路主要控制点代码。

数据元类型:数字型

数据格式:n1

值域:见 5.1 中表 2 序号 48

4.8.1.3 控制点桩号

编号:GL080100003

数据元名称:控制点桩号

中文全拼:kong-zhi-dian-zhuang-hao

定义:公路主要控制点、参照点等定位点沿线位置的里程桩号。

数据元类型:数字型

数据格式:n..7,3

计量单位:千米(km)

备注:精确到 0.001km

4.8.1.4 控制点 X 坐标

编号:GL080100004

数据元名称:控制点 X 坐标

中文全拼:kong-zhi-dian-X-zuo-biao

定义:指符合规定的公路主要控制点直角坐标系中 X 坐标。

数据元类型:数字型

数据格式:n..9,3

备注:精确到 0.001m

4.8.1.5 控制点 Y 坐标

编号:GL080100005

数据元名称:控制点 Y 坐标

中文全拼:kong-zhi-dian-Y-zuo-biao

定义:指符合规定的公路主要控制点直角坐标系中 Y 坐标。

数据元类型:数字型

数据格式:n..9,3

备注:精确到 0.001m

4.8.1.6 控制点 Z 坐标

编号:GL080100006

数据元名称:控制点 Z 坐标

中文全拼:kong-zhi-dian-Z-zuo-biao

定义:指符合规定的公路主要控制点直角坐标系中 Z 坐标。

数据元类型:数字型

数据格式:n..9,3

备注:精确到0.001m

4.8.2 公路沿线地形

4.8.2.1 沿线地貌

编号:GL080200001

数据元名称:沿线地貌

中文全拼:yan-xian-di-mao

定义:公路沿线地表高低起伏的自然形态。

数据元类型:数字型

数据格式:n2

值域:见5.1中表2序号49

4.8.2.2 沿线地物

编号:GL080200002

数据元名称:沿线地物

中文全拼:yan-xian-di-wu

定义:公路沿线两侧的自然地物或人工构造物。

数据元类型:数字型

数据格式:n2

值域:见5.1中表2序号50

4.8.3 公路设线类型

4.8.3.1 设线类型

编号:GL080300001

数据元名称:设线类型

中文全拼:she-xian-lei-xing

定义:按照路线行走地形的路段特征进行的分类。

数据元类型:数字型

数据格式:n1

值域:见5.1中表2序号51

4.8.3.2 路线走向

编号:GL080300002

数据元名称:路线走向

中文全拼:lu-xian-zou-xiang

定义:路线的总体走向及其变化状态的描述。

数据元类型:字符型

数据格式:a2

值域:见5.1中表2序号52

5 公路信息基础数据元值域代码集

5.1 公路信息基础数据元值域引用代码

公路信息基础数据元值域引用代码见表2。

5.2 普通公路路况评定等级代码

代码标识为:DM _ PTGLLKPDDJDM,代码见表3。

表2 公路信息基础数据元值域引用代码

序 号	名 称	代码标识	引用标准
1	行政区划代码	DM _ XZQHDM	GB/T 2260 根据交通行业管理业务的需要，补充新疆生产建设兵团行政区代码为660000。
2	公路行政等级代码	DM _ GLXZDJDM	GB/T 919—2002 的表1
3	公路路线标识代码	DM _ GLLXBSDM	GB 917.1—2000 的6.1.1
4	公路技术等级代码	DM _ GLJSDJDM	JT/T 132 的表4
5	公路沿线地形代码	DM _ GLYXDXDM	JT/T 132 的表67
6	路肩类型代码	DM _ LJLXDM	JT/T 132—2003 的表5
7	公路交叉路口代码	DM _ GLJCXLKDM	JT/T 132 的5.1.6.2
8	公路交叉种类代码	DM _ GLJCZLDM	JT/T 132—2003 的表7
9	公路交叉形式分类代码	DM _ GLJCXSFLDM	JT/T 132—2003 的表8
10	公路绿化种类和形式代码	DM _ GLLHZLHXSDM	JT/T 132—2003 的表10
11	路基断面形式代码	DM _ LJDMXSDM	JT/T 132—2003 的表11
12	公路路基类型代码	DM _ GLLJLXDM	JT/T 132—2003 的表12
13	公路路基地质分类代码	DM _ GLLJDZFLDM	JT/T 13—2003 的表13
14	公路路基防护工程类型代码	DM _ GLLJFHGCLXDM	JT/T 132—2003 的表14
15	公路路基排水类型代码	DM _ GLLJPSLXDM	JT/T 132—2003 的表15
16	公路排水形式代码	DM _ GLPSXSDM	JT/T 132—2003 的表16
17	公路工程材料种类代码	DM _ GLGCCLZLDM	JT/T 132—2003 的表17
18	公路面层类型代码	DM _ GLJSDJDM	GB/T 920—2003 的表18
19	公路桥梁代码	DM _ GLQLDM	JT/T 132 的5.4.1.1.2
20	公路桥梁性质代码	DM _ GLQLXZDM	JT/T 132—2003 的表20
21	桥梁跨径分类代码	DM _ GLQLKJFLDM	JT/T 132—2003 的表23
22	公路桥梁跨越地物代码	DM _ GLQLKYDWDM	JT/T 132—2003 的表21
23	公路梁上部结构形式代码	DM _ GLQLSBJGXSDM	JT/T 132—2003 的表24
24	桥梁技术等级状况评定代码	DM _ GLQLJSDJZKPDDM	JT/T 132—2003 的表19
25	公路桥墩类型代码	DM _ GLQDLXDM	JT/T 132—2003 的表25
26	公路桥台类型代码	DM _ GLQTLXDM	JT/T 132—2003 的表26
27	桥梁伸缩缝类型代码	DM _ GLQLSSFLXDM	JT/T 132—2003 的表28
28	桥梁支座类型代码	DM _ QLZZLXDM	JT/T 132—2003 的表29
29	弯坡斜特征代码	DM _ WPXTZDM	JT/T 132—2003 的表34
30	公路隧道代码	DM _ SDDM	JT/T 132 的5.4.3.1.2
31	公路隧道分类代码	DM _ GLSDFLDM	JT/T 132—2003 的表37
32	公路隧道洞口形式代码	DM _ GLSDDKXSDM	JT/T 132—2003 的表38
33	隧道断面形式代码	DM _ GLSDDMXSDM	JT/T 132—2003 的表39

表 2(续)

序 号	名 称	代码标识	引用标准
34	公路隧道排水类型代码	DM _ GLSDPSLXDM	JT/T 132—2003 的表 40
35	公路隧道照明状况代码	DM _ GLSDZMZKDM	JT/T 132—2003 的表 41
36	公路隧道通风方式代码	DM _ GLSDTFFSDM	JT/T 132—2003 的表 42
37	公路涵洞代码	DM _ GLHDDM	JT/T 132 的 5.4.2.1.2
38	涵洞形式分类代码	DM _ HDXSFLDM	JT/T 132—2003 的表 38
39	公路渡口代码	DM _ GLDKDM	JT/T 132 的 5.4.4.1.2
40	公路渡口分类代码	DM _ GLDKFLDM	JT/T 132—2003 的表 44
41	渡运车辆船舶分类代码	DM _ DYCLCBFLDM	JT/T 132—2003 的表 45
42	公路沿线设施分类代码	DM _ GLYSFLDM	JT/T 132—2003 的表 46
43	公路交通管理设施结构代码	DM _ GLJTGLSHJGDM	JT/T 132—2003 的表 49
44	公路沿线设施位置代码	DM _ GLYXSSWZDM	JT/T 132—2003 的表 56
45	公路交通标线分类代码	DM _ GLTBXFLDM	JT/T 132—2003 的表 51
46	公路护栏型式分类代码	DM _ GLHLXSFLDM	JT/T 132—2003 的表 54
47	防眩设施分类代码	DM _ FXSSFLDM	JT/T 132—2003 的表 55
48	公路主要控制点分类代码	DM _ GLZYKZDFLDM	JT/T 132—2003 的表 63
49	公路沿线地貌代码	DM _ GLYXDMDM	JT/T 132—2003 的表 65
50	公路沿线地物代码	DM _ GLYXDWDM	JT/T 132—2003 的表 66
51	公路行走位置代码	DM _ GLXZWZDM	JT/T 132—2003 的表 68
52	公路路线走向代码	DM _ GLLXZXDM	JT/T 132—2003 的表 69

表 3 普通公路路况评定等级代码

代 码	名 称	代 码	名 称
1	优	3	次
2	良	4	差

5.3 高速公路路况评定等级代码

代码标识为:DM _ GSGLLKPDDJDM,代码见表 4。

表 4 高速公路路况评定等级代码

代 码	名 称	代 码	名 称
1	优	4	次
2	良	5	差
3	中		

5.4 公路桥梁车辆设计荷载标准分级代码

代码标识为:DM _ GLQLCLSJHZBZFJDM,根据 JTG B01—2003 的规定编制,代码见表 5。

表 5 公路桥梁车辆设计荷载标准分级代码

代 码	名 称	说 明
1	公路-I 级	
2	公路-II 级	
9	其他	原汽-15 级及汽-15 级以下

5.5 公路立交桥类别代码

代码标识为:DM _ GLLJQLBDM,代码见表6。

表6 公路立交桥类别代码

代 码	名 称	代 码	名 称	代 码	名 称
1	互通式立交	2	分离式立交	8	不是立交桥

5.6 桥梁地震动峰值加速度代码

代码标识为:DM _ GLQLDZDFZJSDDM,根据 GB 18306—2001 的规定编制,代码见表7。

表7 桥梁地震动峰值加速度系数(g)代码

代 码	名 称	代 码	名 称
1	<0.05	5	0.20
2	0.05	6	>0.30
3	0.10	7	≥0.40
4	0.15		

5.7 隧道机电设施分类代码

代码标识为:DM _ GLSDJDSSFLDM,代码见表8。

表8 隧道机电设施分类代码

代 码	名 称	代 码	名 称
1	监控设备	5	照明设施
2	通信设备	6	防雷设施
3	检测设施	7	消防设施
4	通风设施	8	无设备

5.8 交通安全设施分类代码

代码标识为:DM _ JTAQSSFLDM,代码见表9。

表9 交通安全设施分类代码

代 码	名 称	代 码	名 称
1	路面标线	5	防眩设施
2	护栏	6	隔离栅
3	轮廓标	7	隔音墙
4	照明设施		

5.9 路面标线材料分类代码

代码标识为:DM _ LMBXCLFLDM,代码见表10。

表10 路面标线材料分类代码

代 码	名 称	代 码	名 称
1	常温型(冷用)	3	熔融型
2	加热型	9	其他

ICS 35.240.60
R 07
备案号：

JT

中华人民共和国交通行业标准

JT/T 697.3—2007

交通信息基础数据元
第3部分：港口信息基础数据元

Basic data element of transportation information
Part 3: Basic data element of port information

2007-09-17 发布　　2007-12-01 实施

中华人民共和国交通运输部　发布

目　次

前　　言

JT/T 697《交通信息基础数据元》拟分为以下13部分：

——第1部分：总则；

——第2部分：公路信息基础数据元；

——第3部分：港口信息基础数据元；

——第4部分：航道信息基础数据元；

——第5部分：船舶信息基础数据元；

——第6部分：船员信息基础数据元；

——第7部分：道路运输信息基础数据元；

——第8部分：水路运输信息基础数据元；

——第9部分：建设项目信息基础数据元；

——第10部分：交通统计信息基础数据元；

——第11部分：船舶检验信息基础数据元；

——第12部分：船载客货信息基础数据元；

——第13部分：收费公路信息基础数据元。

本部分为JT/T 697的第3部分。

本部分由交通部科技教育司提出。

本部分由交通部信息通信及导航标准化技术委员会归口。

本标准主要起草单位：中交水运规划设计院、交通部水运科学研究院。

本标准主要起草人：唐菁、刘艳琴、马晓峰、张立丽、陈韬、胡国丹、陈永剑。

交通信息基础数据元
第3部分:港口信息基础数据元

1 范围

本部分规定了港口信息基础数据元编制原则和分类、港口信息基础数据元及数据元值域代码集。

本部分适用于交通行业建立港口数据库的主要技术指标和有关信息系统所涉及的港口数据的采集、交换与共享。其他涉及港口相关信息数据项需引用标准的信息系统或文件也可参照本部分执行。

2 规范性引用文件

下列文件中的条款通过在本标准中引用而成为本标准的条款。凡是注日期的引用文件,其随后所有的修订单(不包括勘误的内容)或修订版均不适用于本准则,然而,鼓励根据本标准达成协议的各方研究是否可使用这些文件的最新版本。凡是不注日期的引用文件,其最新版本适用于本标准。

GB/T 2260 中华人民共和国行政区划代码
GB/T 2659 世界各国和地区名称代码(GB/T 2659—2000,ISO 3166—1:1997,EQV)
GB/T 16831 地理点位置的纬度、经度和高程的标准表示法
JT/T 19 运输货物分类和代码
JT/T 24 中国港口代码
JT/T 470 海上运输航线代码
JT/T 697.1—2007 交通信息基础数据元 第1部分:总则
JT/T 697.4 - 2007 交通信息基础数据元 第4部分:航道信息基础数据元

3 数据元编制原则和分类

3.1 编制原则

港口信息基础数据元的分类方法、数据元编制规则、数据元值域引用代码编制规则应符合 JT/T 697.1 的规定。

3.2 分类

3.2.1 根据 JT/T 697.1 的规定,港口代号为 GK。

3.2.2 根据港口管理对象以及管理业务信息的基本内容和属性,港口信息基础数据元划分为五大类:港口概况、港域情况、港口营运情况、参与方情况。具体分类见表1:

表1 港口信息基础数据元分类表

分类编号	分类	章条	分类编号	分类	章条
GK01	**港口概况**	**4.1**	GK010600	疏港公路	4.1.6
GK010100	港口基础信息	4.1.1	GK010700	进港航道	4.1.7
GK010200	仓库堆场	4.1.2	**GK02**	**港域情况**	**4.2**
GK010300	码头泊位	4.1.3	GK020100	气象条件	4.2.1
GK010400	港口铁路	4.1.4	GK020101	风况	4.2.1.1
GK010500	运输管道	4.1.5	GK020102	气温	4.2.1.2

表1(续)

分类编号	名　称	章　条	分类编号	名　称	章　条
GK020103	降水	4.2.1.3	GK030100	港口生产信息	4.3.1
GK020104	雾况	4.2.1.4	GK030101	港口货物吞吐量	4.3.1.1
GK020200	水文条件	4.2.2	GK030102	港口旅客吞吐量	4.3.1.2
GK020201	潮汐	4.2.2.1	GK030103	港口集装箱吞吐量	4.3.1.3
GK020202	潮流	4.2.2.2	GK030200	港口作业情况	4.3.2
GK020203	波浪	4.2.2.3	GK030201	装卸设备及能力	4.3.2.1
GK020204	冰况	4.2.2.4	GK030202	港务船舶	4.3.2.2
GK020300	地质及地震	4.2.3	GK030300	港口服务	4.3.3
GK020301	地质	4.2.3.1	**GK04**	**航线**	**4.4**
GK020302	地震	4.2.3.2	**GK05**	**参与方情况**	**4.5**
GK020400	锚地	4.2.4	GK050100	参与方信息	4.5.1
GK020500	无线电通信和信号	4.2.5	GK050200	交易参考信息	4.5.2
GK020600	防波堤	4.2.6	GK050300	参与方联系信息	4.5.3
GK03	**港口营运情况**	**4.3**			

4　港口信息基础数据元

4.1　港口概况(GK01)

4.1.1　港口基础信息

4.1.1.1　港口名称

编号:GK010100001

数据元名称:港口名称

中文全拼:gang-kou-ming-cheng

定义:港口的规范化汉字名称。

数据元类型:字符型

数据格式:an..100

4.1.1.2　港口代码

编号:GK010100002

数据元名称:港口代码

中文全拼:gang-kou-dai-ma

定义:唯一标识港口名称的编码。

数据元类型:字符型

数据格式:an..6

值域:见5.1

4.1.1.3　国家或地区名称

编号:GK010100003

数据元名称:国家或地区名称

中文全拼:guo-jia-huo-di-qu-ming-cheng

定义:国家或其他具有特别地理政治意义地区的名称。

数据元类型:字符型

数据格式:an..100

4.1.1.4 国家或地区代码

编号:GK010100004

数据元名称:国家或地区代码

中文全拼:guo-jia-huo-di-qu-dai-ma

定义:国家或其他具有特别地理政治意义地区的编码。

数据元类型:字符型

数据格式:an2..3

值域:见5.2

4.1.1.5 行政区划名称

编号:GK010100005

数据元名称:行政区划名称

中文全拼:xing-zheng-qu-hua-ming-cheng

定义:港口所在行政区划的名称。

数据元类型:字符型

数据格式:an..30

4.1.1.6 行政区划代码

编号:GK010100006

数据元名称:行政区划代码

中文全拼:xing-zheng-qu-hua-dai-ma

定义:港口所在行政区划的代码。

数据元类型:数字型

数据格式:n6

值域:见5.3

4.1.1.7 港口所在地海区

编号:GK010100007

数据元名称:港口所在地海区

中文全拼:gang-kou-suo-zai-di-hai-qu

定义:港口所在地所属海区的名称。

数据元类型:字符型

数据格式:an..100

4.1.1.8 港口所在港湾

编号:GK010100008

数据元名称:港口所在港湾

中文全拼:gang-kou-suo-zai-gang-wan

定义:具有天然掩护的自然港湾,可供船舶停泊或临时避风的地方名称。

数据元类型:字符型

数据格式:an..100

备注:例如,渤海湾

4.1.1.9 港口码头最大水深

编号:GK010100009

数据元名称:港口码头最大水深

中文全拼:gang-kou-ma-tou-zui-da-shui-shen

定义:本港内码头泊位前沿最深水位。

数据元类型:数字型

数据格式:n..8,2

计量单位:米(m)

4.1.1.10 河流名称

编号:GK0101000010

数据元名称:河流名称

中文全拼:he-liu-ming-cheng

定义:港口所在河流、湖泊、水库、渠道和运河的名称。

数据元类型:字符型

数据格式:an..50

4.1.1.11 河流名称代码

编号:GK010100011

数据元名称:河流名称代码

中文全拼:he-liu-ming-cheng-dai-ma

定义:港口所在河流、湖泊、水库、渠道和运河等名称的代码。

数据元类型:数字型

数据格式:a1..2

值域:见5.4

4.1.1.12 距河口里程

编号:GK010100012

数据元名称:距河口里程

中文全拼:ju-he-kou-li-cheng

定义:港口距河口(支流河口或入海河口)的距离。

数据元类型:数字型

数据格式:n..10,2

计量单位:千米(km)

4.1.1.13 港口地理位置纬度

编号:GK010100013

数据元名称:港口地理位置纬度

中文全拼:gang-kou-di-li-wei-zhi-wei-du

定义:根据GB/T 16831确定的港口所在地的地理位置纬度坐标。

数据元类型:字符型

数据格式:an..14

4.1.1.14 港口地理位置经度

编号:GK010100014

数据元名称:港口地理位置经度

中文全拼:gang-kou-di-li-wei-zhi-jing-du

定义:根据GB/T 16831确定的港口所在地的地理位置经度坐标。

数据元类型:字符型

数据格式:an..14

4.1.1.15 所辖港区名称

编号:GK010100015
数据元名称:所辖港区名称
中文全拼:suo-xia-gang-qu-ming-cheng
定义:港界范围的陆域和水域名称。
数据元类型:字符型
数据格式:an..100
备注:例如,浪头港区。

4.1.1.16 港区地理位置纬度

编号:GK010100016
数据元名称:港区地理位置纬度
中文全拼:gang-qu-di-li-wei-zhi-wei-du
定义:根据 GB/T 16831 确定的港区所在地的地理位置纬度坐标。
数据元类型:字符型
数据格式:an..14

4.1.1.17 港区地理位置经度

编号:GK010100017
数据元名称:港区地理位置经度
中文全拼:gang-qu-di-li-wei-zhi-jing-du
定义:根据 GB/T 16831 确定的港区所在地的地理位置经度坐标。
数据元类型:字符型
数据格式:an..14

4.1.1.18 港区总面积

编号:GK010100018
数据元名称:港区总面积
中文全拼:gang-qu-zong-mian-ji
定义:港界范围以内的陆域和水域面积之和。
数据元类型:数字型
数据格式:n..18
计量单位:平方米(m^2)

4.1.1.19 内陆域面积

编号:GK010100019
数据元名称:内陆域面积
中文全拼:nei-lu-yu-mian-ji
定义:港界范围以内的陆上区域所占面积。
数据元类型:数字型
数据格式:n..10
计量单位:平方米(m^2)

4.1.1.20 水域范围

编号:GK010100020
数据元名称:水域范围
中文全拼:shui-yu-fan-wei
定义:港界范围以内的水上区域范围。
数据元类型:字符型

数据格式:..ul

备注:例如,水域界线自黄白嘴灯塔经大三山灯塔、礁灯桩至沙鱼嘴,所引联线为大连港水域。

4.1.1.21 水域面积

编号:GK010100021

数据元名称:水域面积

中文全拼:shui-yu-mian-ji

定义:港界范围以内的水上区域所占面积。

数据元类型:数字型

数据格式:n..18

计量单位:平方米(m^2)

4.1.1.22 港区自然岸线长度

编号:GK010100022

数据元名称:港区自然岸线长度

中文全拼:gang-qu-zi-ran-an-xian-chang-du

定义:港区陆域与水域毗邻地段的实际长度。

数据元类型:数字型

数据格式:n..10

计量单位:米(m)

4.1.1.23 港区码头岸线长度

编号:GK010100023

数据元名称:港区码头岸线长度

中文全拼:gang-qu-ma-tou-an-xian-chang-du

定义:港口码头生产沿岸的总长度。

数据元类型:数字型

数据格式:n..10

计量单位:米(m)

4.1.1.24 港区地面坡度最大值

编号:GK010100024

数据元名称:港区地面坡度最大值

中文全拼:gang-qu-di-mian-po-du-zui-da-zhi

定义:根据地形条件,考虑地面排水、车辆和搬运机具通行要求,结合高程设计确定的坡度最大值。

数据元类型:数字型

数据格式:n..3

4.1.1.25 港口管理机构

编号:GK010100025

数据元名称:港口管理机构

中文全拼:gang-kou-guan-li-ji-gou

定义:在现行港口体制下的港务局和港务监督机构的规范化汉字名称。

数据元类型:字符型

数据格式:an..100

4.1.1.26 办理外贸运输业务开始时间

编号:GK010100026

数据元名称:办理外贸运输业务开始时间

中文全拼:ban-li-wai-mao-yun-shu-ye-wu-kai-shi-shi-jian

定义:本港口开始办理外贸运输业务的时间。

数据元类型:日期型

数据格式:YYYYMM

4.1.1.27 通信渠道限定符代码

编号:GK010100027

数据元名称:通信渠道限定符代码

中文全拼:tong-xin-qu-dao-xian-ding-fu-dai-ma

定义:指定港口管理机构所使用的通信渠道类型。

数据元类型:字符型

数据格式:a2

值域:见5.5

备注:例如,TE = 电话

4.1.1.28 通信号

编号:GK010100028

数据元名称:通信号

中文全拼:tong-xin-hao

定义:指定通信渠道的通信信息。

数据元类型:字符型

数据格式:..ul

4.1.1.29 港口门户网站

编号:GK010100029

数据元名称:港口门户网站

中文全拼:gang-kou-men-hu-wang-zhan

定义:港口企业在互联网(Internet)上的标识域名,是企业的网络商标。

数据元类型:字符型

数据格式:an..60

4.1.1.30 海关名称

编号:GK010100030

数据元名称:海关名称

中文全拼:hai-guan-ming-cheng

定义:负责本港进出关境的监督国家管理机关,即口岸海关的名称。

数据元类型:字符型

数据格式:an..100

4.1.1.31 检验检疫机构名称

编号:GK010100031

数据元名称:检验检疫机构名称

中文全拼:jian-yan-jian-yi-ji-gou-ming-cheng

定义:负责本港进出关境的检验检疫的国家管理机关名称。

数据元类型:字符型

数据格式:an..100

4.1.1.32 边防名称

编号:GK010100032

数据元名称:边防名称
中文全拼:bian-fang-ming-cheng
定义:负责本港进出关境的边防站的机构名称。
数据元类型:字符型
数据格式:an..100

4.1.1.33 港口腹地

编号:GK010100033
数据元名称:港口腹地
中文全拼:gang-kou-fu-di
定义:港口吞吐货物和旅客集散所及的地区范围。
数据元类型:字符型
数据格式:..ul

4.1.1.34 港口基础信息备注

编号:GK010100034
数据元名称:港口基础信息备注
中文全拼:gang-kou-ji-chu-xin-xi-bei-zhu
定义:港口基础信息的备注信息。
数据元类型:字符型
数据格式:..ul

4.1.2 仓库堆场

4.1.2.1 库场名称

编号:GK010200001
数据元名称:库场名称
中文全拼:ku-chang-ming-cheng
定义:港口水运货物集散服务的周转库场的规范化汉字名称。
数据元类型:字符型
数据格式:an..100

4.1.2.2 库场位置类型

编号:GK010200002
数据元名称:库场位置类型
中文全拼:ku-chang-wei-zhi-lei-xing
定义:仓库或堆场的位置的类型。
数据元类型:字符型
数据格式:n2
值域:见5.6

4.1.2.3 库场面积

编号:GK010200003
数据元名称:库场面积
中文全拼:ku-chang-mian-ji
定义:某港区内,仓库、堆场的实际面积。
数据元类型:数字型
数据格式:n..18
计量单位:平方米(m^2)

4.1.2.4 库场容量

编号:GK010200004

数据元名称:库场容量

中文全拼:ku-chang-rong-liang

定义:库场在同一时间内的最大安全堆存货物的容量。

数据元类型:数字型

数据格式:n..18

计量单位:吨(t)

4.1.2.5 库场容积

编号:GK010200005

数据元名称:库场容积

中文全拼:ku-chang-rong-ji

定义:生产用库场的容积。

数据元类型:数字型

数据格式:n..18

计量单位:吨(t)

4.1.2.6 仓库名称

编号:GK010200006

数据元名称:仓库名称

中文全拼:cang-ku-ming-cheng

定义:港口水运货物集散服务的仓库规范化汉字名称。

数据元类型:字符型

数据格式:an..100

4.1.2.7 仓库分类代码

编号:GK010200007

数据元名称:仓库分类代码

中文全拼:cang-ku-fen-lei-dai-ma

定义:按仓库性质分类的编码。

数据元类型:数字型

数据格式:n2

值域:见5.7

4.1.2.8 仓库用途代码

编号:GK010200008

数据元名称:仓库用途代码

中文全拼:cang-ku-yong-tu-dai-ma

定义:专供通过港口的货物进行临时或短期存放保管的仓库的用途编码。

数据元类型:数字型

数据格式:n2

值域:见5.8

4.1.2.9 仓库建筑形式代码

编号:GK010200009

数据元名称:仓库建筑形式代码

中文全拼:cang-ku-jian-zhu-xing-shi-dai-ma

定义:按仓库的外观建筑形式的分类。

数据元类型:数字型

数据格式:n1

值域:见5.9

4.1.2.10　仓库结构形式代码

编号:GK0102000010

数据元名称:仓库结构形式代码

中文全拼:cang-ku-jie-gou-xing-shi-dai-ma

定义:仓库结构形式的编码。

数据元类型:数字型

数据格式:n3

值域:见5.10

4.1.2.11　仓库面积

编号:GK010200011

数据元名称:仓库面积

中文全拼:cang-ku-mian-ji

定义:仓库内部实际使用面积。

数据元类型:数字型

数据格式:n..18

计量单位:平方米(m^2)

4.1.2.12　仓库容积

编号:GK010200012

数据元名称:仓库容积

中文全拼:cang-ku-rong-ji

定义:仓库的容积。

数据元类型:数字型

数据格式:n..18

计量单位:立方米(m^3)

4.1.2.13　所属企业

编号:GK010200013

数据元名称:所属企业

中文全拼:suo-shu-qi-ye

定义:仓库所属企业的规范化汉字描述。

数据元类型:字符型

数据格式:an..100

4.1.2.14　堆场名称

编号:GK010200014

数据元名称:堆场名称

中文全拼:dui-chang-ming-cheng

定义:港口水运货物集散服务的周转堆场的规范化汉字名称。

数据元类型:字符型

数据格式:an..100

4.1.2.15　堆场分类代码

编号:GK010200015
数据元名称:堆场分类代码
中文全拼:dui-chang-fen-lei-dai-ma
定义:按堆场性质分类的编码。
数据元类型:数字型
数据格式:n2
值域:见5.7

4.1.2.16 堆场用途代码

编号:GK010200016
数据元名称:堆场用途代码
中文全拼:dui-chang-yong-tu-dai-ma
定义:专供通过港口货物进行临时或短期存放保管的堆场的用途编码。
数据元类型:数字型
数据格式:n2
值域:见5.11

4.1.2.17 堆场面积

编号:GK010200017
数据元名称:堆场面积
中文全拼:dui-chang-mian-ji
定义:堆场内部的实际使用面积。
数据元类型:数字型
数据格式:n..18
计量单位:平方米(m^2)

4.1.2.18 堆场容积

编号:GK010200018
数据元名称:堆场容积
中文全拼:dui-chang-rong-ji
定义:堆场安全堆存货物的容积。
数据元类型:数字型
数据格式:n..18
计量单位:吨(t)

4.1.2.19 所属企业

编号:GK010200019
数据元名称:所属企业
中文全拼:suo-shu-qi-ye
定义:堆场所属企业的规范化汉字描述。
数据元类型:字符型
数据格式:an..100

4.1.2.20 集装箱堆场堆存能力

编号:GK010200020
数据元名称:集装箱堆场堆存能力
中文全拼:ji-zhuang-xiang-dui-chang-dui-cun-neng-li
定义:集装箱堆场的堆存能力。

数据元类型:数字型

数据格式:n..18

计量单位:TEU

4.1.2.21　非生产用库场总面积

编号:GK010200021

数据元名称:非生产用库场总面积

中文全拼:fei-sheng-chan-yong-ku-chang-zong-mian-ji

定义:非生产用库场的总面积。

数据元类型:数字型

数据格式:n..18

计量单位:平方米(m^2)

4.1.2.22　圆筒散粮仓容积

编号:GK010200022

数据元名称:圆筒散粮仓容积

中文全拼:yuan-tong-san-liang-cang-rong-ji

定义:用于存储散粮的圆筒形仓库的容积。

数据元类型:数字型

数据格式:n..18

计量单位:立方米(m^3)

4.1.2.23　圆筒散粮仓容量

编号:GK010200023

数据元名称:圆筒散粮仓容量

中文全拼:yuan-tong-san-liang-cang-rong-liang

定义:存储散粮的圆筒形粮仓的实际容量。

数据元类型:数字型

数据格式:n..18

计量单位:吨(t)

4.1.2.24　油库容积

编号:GK010200024

数据元名称:油库容积

中文全拼:you-ku-rong-ji

定义:储存原油及成品油油库的容积。

数据元类型:数字型

数据格式:n..18

计量单位:立方米(m^3)

4.1.2.25　油库容量

编号:GK010200025

数据元名称:油库容量

中文全拼:you-ku-rong-liang

定义:储存原油及成品油油库的容量。

数据元类型:数字型

数据格式:n..18

计量单位:吨(t)

4.1.2.26 油罐容积

编号:GK010200026

数据元名称:油罐容积

中文全拼:you-guan-rong-ji

定义:储存各种油品储油罐的容积。

数据元类型:数字型

数据格式:n..18

计量单位:立方米(m^3)

4.1.2.27 油罐容量

编号:GK010200027

数据元名称:油罐容量

中文全拼:you-guan-rong-liang

定义:储存各种油品储油罐的容量。

数据元类型:数字型

数据格式:n..18

计量单位:吨(t)

4.1.2.28 外借库场总面积

编号:GK010200028

数据元名称:外借库场总面积

中文全拼:wai-jie-ku-chang-zong-mian-ji

定义:为解决库场不足,而向其他机构借用库场的实际面积。

数据元类型:数字型

数据格式:n..18

计量单位:平方米(m^2)

4.1.2.29 仓库堆场备注

编号:GK010200029

数据元名称:仓库堆场备注

中文全拼:cang-ku-dui-chang-bei-zhu

定义:仓库堆场需要说明的信息。

数据元类型:字符型

数据格式:..ul

4.1.3 码头泊位

4.1.3.1 港口码头名称

编号:GK010300001

数据元名称:港口码头名称

中文全拼:gang-kou-ma-tou-ming-cheng

定义:用于停靠船舶,是货物装卸的水工建筑物,即码头的规范化汉字名称。

数据元类型:字符型

数据格式:an..100

4.1.3.2 港口码头代码

编号:GK010300002

数据元名称:港口码头代码

中文全拼:gang-kou-ma-tou-dai-ma

定义:用于停靠船舶,是货物装卸的水工建筑物,即码头的规范化汉字名称的编码。

数据元类型:字符型

数据格式:an..30

4.1.3.3 码头形式

编号:GK010300003

数据元名称:码头形式

中文全拼:ma-tou-xing-shi

定义:码头的形式。

数据元类型:数字型

数据格式:n2

值域:见5.12

4.1.3.4 码头所在港区名称

编号:GK010300004

数据元名称:码头所在港区名称

中文全拼:ma-tou-suo-zai-gang-qu-ming-cheng

定义:泊位所属港区的规范化汉字名称。

数据元类型:字符型

数据格式:an..100

4.1.3.5 所在港区编号

编号:GK010300005

数据元名称:所在港区编号

中文全拼:suo-zai-gang-qu-bian-hao

定义:泊位所在港区的编号。

数据元类型:字符型

数据格式:an4

4.1.3.6 所属企业名称

编号:GK010300006

数据元名称:所属企业名称

中文全拼:suo-shu-qi-ye-ming-cheng

定义:码头所属企业的规范化汉字名称。

数据元类型:字符型

数据格式:an..100

4.1.3.7 码头用途代码

编号:GK010300007

数据元名称:码头用途代码

中文全拼:ma-tou-yong-tu-dai-ma

定义:码头的用途分类代码。

数据元类型:数字型

数据格式:n2..3

值域:见5.13

4.1.3.8 码头泊位个数

编号:GK010300008

数据元名称:码头泊位个数

中文全拼:ma-tou-bo-wei-ge-shu

定义:码头泊位的实际数量。

数据元类型:数字型

数据格式:n..3

计量单位:个

4.1.3.9 码头设计货物吞吐量

编号:GK010300009

数据元名称:码头设计货物吞吐量

中文全拼:ma-tou-she-ji-huo-wu-tun-tu-liang

定义:码头设计能够最多完成货物装卸任务的最大吞吐量。

数据元类型:数字型

数据格式:n..7,2

计量单位:万吨

4.1.3.10 码头设计旅客吞吐量

编号:GK010300010

数据元名称:码头设计旅客吞吐量

中文全拼:ma-tou-she-ji-lv-ke-tun-tu-liang

定义:码头设计能够上下旅客的最大吞吐量。

数据元类型:数字型

数据格式:n..7,2

计量单位:万人次

4.1.3.11 码头前沿设计水深

编号:GK010300011

数据元名称:码头前沿设计水深

中文全拼:ma-tou-qian-yan-she-ji-shui-shen

定义:码头前沿当地水位零点以下的设计水深。

数据元类型:数字型

数据格式:n..5,1

计量单位:米(m)

4.1.3.12 码头前沿实际测量水深

编号:GK010300012

数据元名称:码头前沿实际测量水深

中文全拼:ma-tou-qian-yan-shi-ji-ce-liang-shui-shen

定义:码头前沿当地水位零点以下的实际水深。

数据元类型:数字型

数据格式:n..5,1

计量单位:米(m)

4.1.3.13 码头前沿底高程

编号:GK010300013

数据元名称:码头前沿底高程

中文全拼:ma-tou-qian-yan-di-gao-cheng

定义:码头前沿底部的实际海拔高度。

数据元类型:数字型

数据格式:n..5,1

计量单位:米(m)

4.1.3.14 码头年货物通过能力

编号:GK010300014

数据元名称:码头年货物通过能力

中文全拼:ma-tou-nian-huo-wu-tong-guo-neng-li

定义:码头所有泊位在一年内装卸、存储及疏运各环节相互适应时能够通过货物的额定数量

数据元类型:数字型

数据格式:n..7,2

计量单位:万吨/年

4.1.3.15 码头年旅客通过能力

编号:GK010300015

数据元名称:码头年旅客通过能力

中文全拼:ma-tou-nian-lv-ke-tong-guo-neng-li

定义:码头所有泊位在一年内运送旅客的额定人数。

数据元类型:数字型

数据格式:n..7,2

计量单位:万人次/年

4.1.3.16 码头年集装箱通过能力

编号:GK010300016

数据元名称:码头年集装箱通过能力

中文全拼:ma-tou-nian-ji-zhuang-xiang-tong-guo-neng-li

定义:码头所有泊位在一年内装卸、存储及疏运各环节相互适应时能够通过集装箱的额定数量。

数据元类型:数字型

数据格式:n..7,2

计量单位:万 TEU/年

4.1.3.17 码头泊位名称

编号:GK010300017

数据元名称:码头泊位名称

中文全拼:ma-tou-bo-wei-ming-cheng

定义:停系靠船舶,进行货物装卸和上下旅客地段的规范化汉字名称。

数据元类型:字符型

数据格式:an..100

4.1.3.18 码头泊位代码

编号:GK010300018

数据元名称:码头泊位代码

中文全拼:ma-tou-bo-wei-dai-ma

定义:停系靠船舶,进行货物装卸和上下旅客地段的名称编码。

数据元类型:字符型

数据格式:an..30

4.1.3.19 泊位拥有形式

编号:GK010300019

数据元名称:泊位拥有形式

中文全拼:bo-wei-yong-you-xing-shi

定义:泊位属企业自有还是租赁。

数据元类型:字符型

数据格式:n1

值域:见5.14

4.1.3.20 泊位用途代码

编号:GK010300020

数据元名称:泊位用途代码

中文全拼:bo-wei-yong-tu-dai-ma

定义:按泊位装卸货物类型划分的用途的编码。

数据元类型:字符型

数据格式:n1..2

值域:见5.15

4.1.3.21 泊位服务类型代码

编号:GK010300021

数据元名称:泊位服务类型代码

中文全拼:bo-wei-fu-wu-lei-xing-dai-ma

定义:按泊位的服务类型分类的编码。

数据元类型:字符型

数据格式:n1

值域:见5.16

4.1.3.22 码头泊位长度

编号:GK010300022

数据元名称:码头泊位长度

中文全拼:ma-tou-bo-wei-chang-du

定义:用于停系船舶,进行货物装卸和上下旅客地段的实际长度,包括固定的、浮动的各种型式码头的泊位长度。

数据元类型:数字型

数据格式:n..10

计量单位:米(m)

4.1.3.23 泊位占用率

编号:GK010300023

数据元名称:泊位占用率

中文全拼:bo-wei-zhan-yong-lv

定义:船舶停靠码头泊位作业小时数占码头泊位日历日小时数的比值。

数据元类型:数字型

数据格式:n..4,2

备注:其值为百分比

4.1.3.24 泊位作业率

编号:GK010300024

数据元名称:泊位作业率

中文全拼:bo-wei-zuo-ye-lv

定义:码头泊位作业小时数占码头泊位日历日小时数的比值。

数据元类型:数字型

数据格式:n..4,2

备注:其值为百分比

4.1.3.25 码头泊位备注

编号:GK010300025

数据元名称:码头泊位备注

中文全拼:ma-tou-bo-wei-bei-zhu

定义:码头泊位的备注信息。

数据元类型:字符型

数据格式:..ul

4.1.3.26 公用码头泊位长度

编号:GK010300026

数据元名称:公用码头泊位长度

中文全拼:gong-yong-ma-tou-bo-wei-chang-du

定义:公用码头泊位的实际长度。

数据元类型:数字型

数据格式:n..10

计量单位:米(m)

4.1.3.27 公用码头泊位个数

编号:GK010300027

数据元名称:公用码头泊位个数

中文全拼:gong-yong-ma-tou-bo-wei-ge-shu

定义:港区内拥有的公用码头泊位的实际数量。

数据元类型:数字型

数据格式:n..3

计量单位:个

4.1.3.28 万吨级泊位长度

编号:GK010300028

数据元名称:万吨级泊位长度

中文全拼:wan-dun-ji-bo-wei-chang-du

定义:万吨级泊位的实际长度。

数据元类型:数字型

数据格式:n..10

计量单位:米(m)

4.1.3.29 万吨级泊位数量

编号:GK010303029

数据元名称:万吨级泊位数量

中文全拼:wan-dun-ji-bo-wei-shu-liang

定义:港口范围内万吨级泊位的实际个数。

数据元类型:数字型

数据格式:n..6

计量单位:个

4.1.3.30 港作码头长度

编号:GK010300030

数据元名称:港作码头长度

中文全拼:gang-zuo-ma-tou-chang-du

定义:港区范围内港作码头的实际长度。

数据元类型:数字型

数据格式:n..10

计量单位:米(m)

4.1.3.31　港作码头泊位个数

编号:GK010300031

数据元名称:港作码头泊位个数

中文全拼:gang-zuo-ma-tou-bo-wei-ge-shu

定义:港区范围内港作码头泊位个数。

数据元类型:数字型

数据格式:n..6

计量单位:个

4.1.3.32　浮筒泊位个数

编号:GK010300032

数据元名称:浮筒泊位个数

中文全拼:fu-tong-bo-wei-ge-shu

定义:港区范围内浮筒泊位的实际个数。

数据元类型:数字型

数据格式:n..6

计量单位:个

4.1.3.33　万吨级浮筒泊位个数

编号:GK010300033

数据元名称:万吨级浮筒泊位个数

中文全拼:wan-dun-ji-fu-tong-bo-wei-ge-shu

定义:可供万吨级船舶靠离进行装卸作业的浮筒泊位的实际个数。

数据元类型:数字型

数据格式:n..6

计量单位:个

4.1.3.34　浮筒泊位靠泊能力

编号:GK010300034

数据元名称:浮筒泊位靠泊能力

中文全拼:fu-tong-bo-wei-kao-bo-neng-li

定义:在码头所在航道的设计低水位时,泊位所能靠泊并进行装卸货物、上下旅客等正常作业的最大满载船舶的载重吨级。

数据元类型:数字型

数据格式:n..8,2

计量单位:吨(t)

4.1.4　港区铁路

4.1.4.1　铁路名称

编号:GK010400001

数据元名称:铁路名称

中文全拼:tie-lu-ming-cheng

定义:港口铁路的规范化汉字名称。

数据元类型:字符型

数据格式:an..100

4.1.4.2 铁路属性

编号:GK010400002

数据元名称:铁路属性

中文全拼:tie-lu-shu-xing

定义:按港区铁路的所属机构划分的的属性类别。

数据元类型:字符型

数据格式:n1

值域:见5.17

4.1.4.3 港区铁路总延米

编号:GK010400003

数据元名称:港区铁路总延米

中文全拼:gang-qu-tie-lu-zong-yan-mi

定义:港区铁路延线的总长度。

数据元类型:数字型

数据格式:n..8,2

计量单位:米(m)

4.1.4.4 港区铁路装卸线长度

编号:GK010400004

数据元名称:港区铁路装卸线长度

中文全拼:gang-qu-tie-lu-zhuang-xie-xian-chang-du

定义:专供货物装卸用的铁路线的长度。

数据元类型:数字型

数据格式:n..2

计量单位:延米

4.1.4.5 港区铁路设计年输送能力

编号:GK010400005

数据元名称:港区铁路设计年输送能力

中文全拼:gang-qu-tie-lu-she-ji-nian-shu-song-neng-li

定义:港口铁路专用线的年输送能力设计值。

数据元类型:数字型

数据格式:n..10

计量单位:万吨

4.1.4.6 港区铁路年实际输送能力

编号:GK010400010

数据元名称:港区铁路年实际接和卸能力

中文全拼:gang-qu-tie-lu-nian-shi-ji-jie-he-xie-neng-li

定义:港区铁路年实际接货和卸货的能力。

数据元类型:数字型

数据格式:n..10

计量单位:万吨

4.1.4.7 港区调车场数量

编号:GK010400011

数据元名称:港区调车场数量

中文全拼:gang-qu-diao-che-chang-shu-liang

定义:货物列车分解、集结停留、编组所用线路的数量。

数据元类型:数字型

数据格式:n..2

计量单位:股

4.1.4.8 港区调车场全长

编号:GK010400012

数据元名称:港区调车场全长

中文全拼:gang-qu-diao-che-chang-quan-chang

定义:调车场的总长度。

数据元类型:数字型

数据格式:n..8

计量单位:米(m)

4.1.4.9 港区铁路备注

编号:GK010400013

数据元名称:港区铁路备注

中文全拼:gang-qu-tie-lu-bei-zhu

定义:港口铁路的备注信息。

数据元类型:字符型

数据格式:..ul

4.1.5 运输管道

4.1.5.1 管道名称

编号:GK010500001

数据元名称:管道名称

中文全拼:guan-dao-ming-cheng

定义:港口管道的规范化汉字名称。

数据元类型:字符型

数据格式:an..100

4.1.5.2 运输管道长度

编号:GK010500002

数据元名称:运输管道长度

中文全拼:yun-shu-guan-dao-chang-du

定义:港口用于输送散装原油、成品油、石油气等铺设的管道总延展长度。

数据元类型:数字型

数据格式:n..8

计量单位:米(m)

4.1.5.3 运输管道通过能力

编号:GK010500003

数据元名称:运输管道通过能力

中文全拼:yun-shu-guan-dao-tong-guo-neng-li

定义:一定时期内港口运输管道最大可能通过油或气的数量。

数据元类型:数字型

数据格式:n..10,2

计量单位:立方米/年

4.1.5.4 运输管道备注

编号:GK010500004

数据元名称:运输管道备注

中文全拼:yun-shu-guan-dao-bei-zhu

定义:港口运输管道需要说明的信息。

数据元类型:字符型

数据格式:..ul

4.1.6 疏港公路

4.1.6.1 疏港公路名称

编号:GK010600001

数据元名称:疏港公路名称

中文全拼:shu-gang-gong-lu-ming-cheng

定义:疏港公路的规范化汉字名称。

数据元类型:字符型

数据格式:an..100

4.1.6.2 疏港公路长度

编号:GK010600002

数据元名称:疏港公路长度

中文全拼:shu-gang-gong-lu-chang-du

定义:疏港公路的千米数。

数据元类型:字符型

数据格式:an..30

计量单位:千米(km)

4.1.6.3 疏港公路等级

编号:GK010600003

数据元名称:疏港公路等级

中文全拼:shu-gang-gong-lu-deng-ji

定义:疏港公路的等级。

数据元类型:数字型

数据格式:n1

值域:见5.18

4.1.6.4 疏港公路备注

编号:GK010600004

数据元名称:疏港公路备注

中文全拼:shu-guan-gong-lu-bei-zhu

定义:港口疏港公路需要说明的信息。

数据元类型:字符型

数据格式:..ul

4.1.7 进港航道

4.1.7.1 进港航道名称

编号:GK020700001

数据元名称:进港航道名称

中文全拼:jin-gang-hang-dao-ming-cheng

定义:进出港航道的规范化汉字名称。

数据元类型:字符型

数据格式:an..100

4.1.7.2 进出港航道类别代码

编号:GK020700002

数据元名称:进出港航道类别代码

中文全拼:jin-chu-gang-hang-dao-lei-bie-dai-ma

定义:说明进出港航道属性类别的代码。

数据元类型:数字型

数据格式:n2

值域:见5.19

4.1.7.3 航道性质

编号:GK020700003

数据元名称:航道性质

中文全拼:hang-dao-xing-zhi

定义:航道的性质分类。

数据元类型:数字型

数据格式:n3

值域:见5.20

4.1.7.4 航道起点名称

编号:GK020700004

数据元名称:航道起点名称

中文全拼:hang-dao-qi-dian-ming-cheng

定义:航道某一特定起算点的位置。航道起点所在地区的有代表意义的地名、建筑物名称等可用于标识航段起点的中文名称。

数据元类型:字符型

数据格式:an..100

4.1.7.5 航道讫点名称

编号:GK020700005

数据元名称:航道讫点名称

中文全拼:hang-dao-qi-dian-ming-cheng

定义:航道讫点所在地区的有代表意义的地名、建筑物名称等可用于标识航段讫点的中文名称。

数据元类型:字符型

数据格式:an..100

4.1.7.6 航道底质

编号:GK020700006

数据元名称:航道底质

中文全拼:hang-dao-di-zhi

定义:航道底部的土质特性。

数据元类型:字符型

数据格式:an..60

备注:例如:流塑淤泥、软塑淤泥松散沙土等。

4.1.7.7 航道通过能力

编号:GK020500007

数据元名称:航道通过能力

中文全拼:hang-dao-tong-guo-neng-li

定义:单位时间内,某一控制断面可能通过的最大运输量。

数据元类型:数字型

数据格式:n..7,2

计量单位:万吨/年

4.1.7.8 转折点角度

编号:GK020700008

数据元名称:转折点角度

中文全拼:zhuan-zhe-dian-jiao-du

定义:航道的转折点角度数。

数据元类型:数字型

数据格式:n..5,2

计量单位:度(°)

4.1.7.9 进出港航道满载通航最大船舶吨级

编号:GK020700009

数据元名称:进出港航道满载通航最大船舶吨级

中文全拼:jin-chu-gang-hang-dao-man-zai-tong-hang-zui-da-chuan-bo-dun-ji

定义:进出港航道能够满载通航的最大船舶吨级。

数据元类型:数字型

数据格式:n..8

计量单位:吨(t)

4.1.7.10 进港航道备注

编号:GK020700010

数据元名称:进港航道备注

中文全拼:jin-gang-hang-dao-bei-zhu

定义:进港航道的备注信息。

数据元类型:字符型

数据格式:..ul

4.2 港域情况

4.2.1 气象条件

4.2.1.1 风况

4.2.1.1.1 港区常风向

编号:GK020101001

数据元名称:港区常风向

中文全拼:gang-qu-chang-feng-xiang

定义:一个地区气候统计中出现风向频率最高的风向,又称盛行风向。风向是风的来向。

数据元类型:字符型

数据格式:a1..3

值域:见5.22

4.2.1.1.2　港区风况频率

编号:GK020101002

数据元名称:港区风况频率

中文全拼:gang-qu-feng-kuang-pin-lv

定义:在港区范围内某一类风况出现的频率。

数据元类型:数字型

数据格式:n..5,1

备注:其值为百分比

4.2.1.1.3　港区强风向

编号:GK020101003

数据元名称:港区强风向

中文全拼:gang-qu-qiang-feng-xiang

定义:港区风向统计中风力大、频率高的风向。

数据元类型:字符型

数据格式:a1..3

值域:见5.22

4.2.1.1.4　港区多年平均风速

编号:GK020101004

数据元名称:港区多年平均风速

中文全拼:gang-qu-duo-nian-ping-jun-feng-su

定义:多年各风速值之和除以风速值个数而得的风速平均值。风速是单位时间内风的行程。

数据元类型:数字型

数据格式:n..4,1

计量单位:米/秒(m/s)

4.2.1.1.5　港区最大风速

编号:GK020101005

数据元名称:港区最大风速

中文全拼:gang-qu-zui-da-feng-su

定义:港区历史统计时间里,风速的最大值。

数据元类型:数字型

数据格式:n..5,1

计量单位:米/秒(m/s)

4.2.1.1.6　台风风向

编号:GK020101006

数据元名称:台风风向

中文全拼:tai-feng-feng-xiang

定义:台风风向统计中出现频率高的风的来向。

数据元类型:字符型

数据格式:a1..3

值域:见5.22

4.2.1.1.7 台风风力

编号:GK020101007

数据元名称:台风风力

中文全拼:tai-feng-feng-li

定义:台风风力统计中出现频率最高的风的强度。

数据元类型:数字型

数据格式:n..4,1

计量单位:米/秒(m/s)

4.2.1.1.8 年台风次数

编号:GK020101008

数据元名称:年台风次数

中文全拼:nian-tai-feng-ci-shu

定义:年统计中产生台风的数量。

数据元类型:数字型

数据格式:n..2

计量单位:次/年

4.2.1.1.9 历史最大风力

编号:GK020101009

数据元名称:历史最大风力

中文全拼:li-shi-zui-da-feng-li

定义:历史上风力统计中出现的最大风的强度。

数据元类型:数字型

数据格式:n..4,1

计量单位:米/秒(m/s)

4.2.1.1.10 风况备注

编号:GK020101010

数据元名称:风况备注

中文全拼:feng-kuang-bei-zhu

定义:风况的备注信息。

数据元类型:字符型

数据格式:..ul

4.2.1.2 气温

4.2.1.2.1 年平均气温

编号:GK020102001

数据元名称:年平均气温

中文全拼:nian-ping-jun-qi-wen

定义:统计时间内港区内全年气温的平均值。

数据元类型:数字型

数据格式:n..5,1

计量单位:摄氏度(℃)

4.2.1.2.2 最热月平均气温

编号:GK020102002

数据元名称:最热月平均气温
中文全拼:zui-re-yue-ping-jun-qi-wen
定义:统计时间内发生的最高气温。
数据元类型:数字型
数据格式:n..5,1
计量单位:摄氏度(℃)

4.2.1.2.3 最冷月平均气温

编号:GK020102003
数据元名称:最冷月平均气温
中文全拼:zui-leng-yue-ping-jun-qi-wen
定义:统计时间内发生的最低气温。
数据元类型:数字型
数据格式:n..5,1
计量单位:摄氏度(℃)

4.2.1.2.4 历年最高气温

编号:GK020102004
数据元名称:历年最高气温
中文全拼:li-nian-zui-gao-qi-wen
定义:统计时间内发生的最高气温。
数据元类型:数字型
数据格式:n..5,1
计量单位:摄氏度(℃)

4.2.1.2.5 历年最低气温

编号:GK020102005
数据元名称:历年最低气温
中文全拼:li-nian-zui-di-qi-wen
定义:统计时间内发生的最低气温。
数据元类型:数字型
数据格式:n..5,1
计量单位:摄氏度(℃)

4.2.1.2.6 年均最高气温

编号:GK020102006
数据元名称:年均最高气温
中文全拼:nian-jun-zui-gao-qi-wen
定义:历年最高气温的平均值。
数据元类型:数字型
数据格式:n..5,1
计量单位:摄氏度(℃)

4.2.1.2.7 年均最低气温

编号:GK020102007
数据元名称:年均最低气温
中文全拼:nian-jun-zui-di-qi-wen
定义:历年最低气温的平均值。

数据元类型:数字型
数据格式:n..5,1
计量单位:摄氏度(℃)

4.2.1.2.8 极端年最高气温

编号:GK020102008
数据元名称:极端年最高气温
中文全拼:ji-duan-nian-zui-gao-qi-wen
定义:近30年的最高气温平均值。
数据元类型:数字型
数据格式:n..5,1
计量单位:摄氏度(℃)

4.2.1.2.9 极端年最低气温

编号:GK020102009
数据元名称:极端年最低气温
中文全拼:ji-duan-nian-zui-di-qi-wen
定义:近30年的最低气温平均值。
数据元类型:数字型
数据格式:n..5,1
计量单位:摄氏度(℃)

4.2.1.2.10 气温备注

编号:GK020102010
数据元名称:气温备注
中文全拼:qi-wen-bei-zhu
定义:气温的备注信息。
数据元类型:字符型
数据格式:..ul

4.2.1.3 降水

4.2.1.3.1 年均降水量

编号:GK020103001
数据元名称:年均降水量
中文全拼:nian-jun-jiang-shui-liang
定义:全年降水量统计的平均值。
数据元类型:数字型
数据格式:n..7,1
计量单位:毫米(mm)

4.2.1.3.2 年最大降水量

编号:GK020103002
数据元名称:年最大降水量
中文全拼:nian-zui-da-jiang-shui-liang
定义:全年降水量统计的最大值。
数据元类型:数字型
数据格式:n..7,1
计量单位:毫米(mm)

4.2.1.3.3 年最少降水量

编号:GK020103003

数据元名称:年最少降水量

中文全拼:nian-zui-shao-jiang-shui-liang

定义:全年降水量统计的最小值。

数据元类型:数字型

数据格式:n..7,1

计量单位:毫米(mm)

4.2.1.3.4 最长连续降水天数

编号:GK020103004

数据元名称:最长连续降水天数

中文全拼:zui-chang-lian-xu-jiang-shui-tian-shu

定义:一次降水从开始到终止的连续日数。港口工程中统计降水日数的目的在于分析它对码头吞吐能力和对工程施工进展的影响。

数据元类型:数字型

数据格式:n..3

计量单位:天

4.2.1.3.5 最大积雪深度

编号:GK020103005

数据元名称:最大积雪深度

中文全拼:zui-da-ji-xue-shen-du

定义:统计时间内积雪的最大深度。

数据元类型:数字型

数据格式:n..2

计量单位:厘米(cm)

4.2.1.3.6 年均降雪天数

编号:GK020103006

数据元名称:年均降雪天数

中文全拼:nian-jun-jiang-xue-tian-shu

定义:全年降雪天数统计的平均值。

数据元类型:数字型

数据格式:n..3

计量单位:天

4.2.1.3.7 降雪开始日期

编号:GK020103007

数据元名称:降雪开始日期

中文全拼:jiang-xue-kai-shi-ri-qi

定义:开始降雪的统计年月日。

数据元类型:日期型

数据格式:YYYYMMDD

4.2.1.3.8 年降雪最多天数

编号:GK020103008

数据元名称:年降雪最多天数

中文全拼:nian-jiang-xue-zui-duo-tian-shu

定义:全年降雪最多的统计天数。

数据元类型:数字型

数据格式:n..3

计量单位:天

4.2.1.3.9 年降雪最少天数

编号:GK020103009

数据元名称:年降雪最少天数

中文全拼:nian-jiang-xue-zui-shao-tian-shu

定义:全年降雪最少的统计天数。

数据元类型:数字型

数据格式:n..3

计量单位:天

4.2.1.3.10 年平均降水天数

编号:GK020103010

数据元名称:年平均降水天数

中文全拼:nian-ping-jun-jiang-shui-tian-shu

定义:统计时间内每年平均降水天数。

数据元类型:数字型

数据格式:n..3

计量单位:天

4.2.1.3.11 年降水量最多月份

编号:GK020103011

数据元名称:年降水量最多月份

中文全拼:nian-jiang-shui-liang-zui-duo-yue-fen

定义:全年降水量统计降水最多的月份。

数据元类型:数字型

数据格式:n..2

4.2.1.3.12 年降水量最少月份

编号:GK020103012

数据元名称:年降水量最少月份

中文全拼:nian-jiang-shui-liang-zui-shao-yue-fen

定义:全年降水量统计降水最少的月份。

数据元类型:数字型

数据格式:n..2

4.2.1.3.13 极端年最多降水量

编号:GK020103013

数据元名称:极端年最多降水量

中文全拼:ji-duan-nian-zui-duo-jiang-shui-liang

定义:近30年最多降水量中的最高值。

数据元类型:数字型

数据格式:n..7,1

计量单位:毫米(mm)

4.2.1.3.14 极端年最少降水量

编号:GK020103014

数据元名称:极端年最少降水量

中文全拼:ji-duan-nian-zui-shao-jiang-shui-liang

定义:近30年最少降水量中的最少值。

数据元类型:数字型

数据格式:n..7,1

计量单位:毫米(mm)

4.2.1.3.15 年暴雨天数

编号:GK020103015

数据元名称:年暴雨天数

中文全拼:nian-bao-yu-tian-shu

定义:全年暴雨统计天数。

数据元类型:数字型

数据格式:n..3

计量单位:天

4.2.1.3.16 降水备注

编号:GK020103016

数据元名称:降水备注

中文全拼:jiang-shui-bei-zhu

定义:降水的备注信息。

数据元类型:字符型

数据格式:..ul

4.2.1.4 雾况

4.2.1.4.1 雾日发生季节

编号:GK020104001

数据元名称:雾日发生季节

中文全拼:wu-ri-fa-sheng-ji-jie

定义:一年中雾日发生的季节。三个月为一季,一年分春夏秋冬四季。雾影响港口作业、船舶航行,在水运规划设计中需要统计雾影响作业的时间。

数据元类型:字符型

数据格式:an..35

4.2.1.4.2 能见度等级代码

编号:GK020104002

数据元名称:能见度等级代码

中文全拼:neng-jian-du-deng-ji-dai-ma

定义:人的正常视力在当时的天气条件下所能见到的最大距离的等级编码。

数据元类型:数字型

数据格式:n1

值域:见5.21

4.2.1.4.3 年均降雾天数

编号:GK020104003

数据元名称:年均降雾天数

中文全拼:nian-jun-jiang-wu-tian-shu
定义:全年降雾天数统计的平均值。
数据元类型:数字型
数据格式:n..3
计量单位:天

4.2.1.4.4 年降雾最多天数
编号:GK020104004
数据元名称:年降雾最多天数
中文全拼:nian-jiang-wu-zui-duo-tian-shu
定义:全年降雾最多的统计天数。
数据元类型:数字型
数据格式:n..3
计量单位:天

4.2.1.4.5 年最多雾日年份
编号:GK020104005
数据元名称:年最多雾日年份
中文全拼:nian-zui-duo-wu-ri-nian-fen
定义:发生雾日持续时间最长的年份。
数据元类型:日期型
数据格式:YYYY

4.2.1.4.6 年最少雾日年份
编号:GK020104006
数据元名称:年最少雾日年份
中文全拼:nian-zui-shao-wu-ri-nian-fen
定义:发生雾日持续时间最短的年份。
数据元类型:日期型
数据格式:YYYY

4.2.1.4.7 年降雾最少天数
编号:GK020104007
数据元名称:年降雾最少天数
中文全拼:nian-jiang-wu-zui-shao-tian-shu
定义:全年降雾最少的统计天数。
数据元类型:数字型
数据格式:n..3
计量单位:天

4.2.1.4.8 年降雾影响作业天数
编号:GK020104008
数据元名称:年降雾影响作业天数
中文全拼:nian-jiang-wu-ying-xiang-zuo-ye-tian-shu
定义:全年降雾统计影响作业的天数。
数据元类型:数字型
数据格式:n..3
计量单位:天

4.2.1.4.9　雾况备注

编号:GK020104009

数据元名称:雾况备注

中文全拼:wu-kuang-bei-zhu

定义:雾况的备注信息。

数据元类型:字符型

数据格式:..ul

4.2.2　水文条件

4.2.2.1　潮汐

4.2.2.1.1　水位特征值

编号:GK020201001

数据元名称:水位特征值

中文全拼:shui-wei-te-zheng-zhi

定义:具有某种特征含义的水位。

数据元类型:字符型

数据格式:an..30

备注:例如,吴淞零点

4.2.2.1.2　潮汐类型

编号:GK020201002

数据元名称:潮汐类型

中文全拼:chao-xi-lei-xing

定义:潮汐按周期不同所划分的类型。潮汐有半日潮、日潮和混合潮三种类型。

数据元类型:字符型

数据格式:an..30

4.2.2.1.3　年最高潮位

编号:GK020201003

数据元名称:年最高潮位

中文全拼:nian-zui-gao-chao-wei

定义:全年最高潮水位置。

数据元类型:数字型

数据格式:n..8,2

计量单位:米(m)

4.2.2.1.4　历年最高潮位时间

编号:GK020201004

数据元名称:历年最高潮位时间

中文全拼:li-nian-zui-gao-chao-wei-shi-jian

定义:发生历年最高潮位的日期。

数据元类型:日期型

数据格式:YYYYMMDD

4.2.2.1.5　年最低潮位时间

编号:GK020201005

数据元名称:年最低潮位时间

中文全拼:nian-zui-di-chao-wei-shi-jian

定义:发生全年最低潮位时间。

数据元类型:日期型

数据格式:YYYYMMDD

4.2.2.1.6　历年最低潮位日期

编号:GK020201006

数据元名称:历年最低潮位日期

中文全拼:li-nian-zui-di-chao-wei-ri-qi

定义:发生历年最低潮位的日期。

数据元类型:日期型

数据格式:YYYYMMDD

4.2.2.1.7　多年平均潮位

编号:GK020201007

数据元名称:多年平均潮位

中文全拼:duo-nian-ping-jun-chao-wei

定义:受潮汐影响而多年产生周期性涨落的水位平均值。

数据元类型:数字型

数据格式:n..8,2

计量单位:米(m)

4.2.2.1.8　历年平均最高潮位

编号:GK020201008

数据元名称:历年平均最高潮位

中文全拼:li-nian-ping-jun-zui-gao-chao-wei

定义:历史上全年最高潮水位置统计的平均值。

数据元类型:数字型

数据格式:n..8,2

计量单位:米(m)

4.2.2.1.9　历年平均最低潮位

编号:GK020201009

数据元名称:历年平均最低潮位

中文全拼:li-nian-ping-jun-zui-di-chao-wei

定义:历史上全年最低潮水位置统计的平均值。

数据元类型:数字型

数据格式:n..8,2

计量单位:米(m)

4.2.2.1.10　历年最大潮差

编号:GK020201010

数据元名称:历年最大潮差

中文全拼:li-nian-zui-da-chao-cha

定义:潮位在一个涨落周期内,相邻的高潮位与低潮位之差的历年最大值。

数据元类型:数字型

数据格式:n..8,2

计量单位:米(m)

4.2.2.1.11　历年最大潮差时间

编号:GK020201011
数据元名称:历年最大潮差时间
中文全拼:li-nian-zui-da-chao-cha-shi-jian
定义:历年发生最大潮差的日期。
数据元类型:日期型
数据格式:YYYYMMDD

4.2.2.1.12 历年最小潮差

编号:GK020201012
数据元名称:历年最小潮差
中文全拼:li-nian-zui-xiao-chao-cha
定义:潮位在一个涨落周期内,相邻的高潮位与低潮位之差的历年最小值。
数据元类型:数字型
数据格式:n..8,2
计量单位:米(m)

4.2.2.1.13 历年最小潮差时间

编号:GK020201013
数据元名称:历年最小潮差时间
中文全拼:li-nian-zui-xiao-chao-cha-shi-jian
定义:发生历年最小潮差的日期。
数据元类型:日期型
数据格式:YYYYMMDD

4.2.2.1.14 平均潮差

编号:GK020201014
数据元名称:平均潮差
中文全拼:ping-jun-chao-cha
定义:潮位在几个涨落周期内,相邻的高潮位与低潮位之差。
数据元类型:数字型
数据格式:n..8,2
计量单位:米(m)

4.2.2.1.15 潮位基面

编号:GK020201015
数据元名称:潮位基面
中文全拼:chao-wei-ji-mian
定义:以某一点的高度值作为潮位起算面,即潮位基面。
数据元类型:数字型
数据格式:n..8,2
计量单位:米(m)

4.2.2.1.16 丰水期水位

编号:GK020201016
数据元名称:丰水期水位
中文全拼:feng-shui-qi-shui-wei
定义:丰水期内一定时段某一观测点的水位。
数据元类型:数字型

数据格式:n..8,2

计量单位:米(m)

4.2.2.1.17　枯水期水位

编号:GK020201017

数据元名称:枯水期水位

中文全拼:ku-shui-qi-shui-wei

定义:枯水期内一定时段某一观测点的水位。

数据元类型:数字型

数据格式:n..8,2

计量单位:米(m)

4.2.2.1.18　潮汐备注

编号:GK020201018

数据元名称:潮汐备注

中文全拼:chao-xi-bei-zhu

定义:潮汐的备注信息。

数据元类型:字符型

数据格式:..ul

4.2.2.2　潮流

4.2.2.2.1　潮流性质

编号:GK020202001

数据元名称:潮流性质

中文全拼:chao-liu-xing-zhi

定义:说明潮流类型的信息。

数据元类型:字符型

数据格式:an..30

4.2.2.2.2　平均涨潮历时

编号:GK020202002

数据元名称:平均涨潮历时

中文全拼:ping-jun-zhang-chao-li-shi

定义:潮面从低潮面上升至高潮面所经历的平均时间间隔。

数据元类型:数字型

数据格式:n..2

计量单位:小时(h)

4.2.2.2.3　平均落潮历时

编号:GK020202003

数据元名称:平均落潮历时

中文全拼:ping-jun-luo-chao-li-shi

定义:潮面从高潮面下降至低潮面所经历的平均时间间隔。

数据元类型:数字型

数据格式:n..2

计量单位:小时(h)

4.2.2.2.4　实测最大涨潮流速

编号:GK020202004

数据元名称:实测最大涨潮流速

中文全拼:shi-ce-zui-da-zhang-chao-liu-su

定义:潮面从低潮面上升至高潮面的过程中的最大流速。

数据元类型:数字型

数据格式:n..8,2

计量单位:米/秒(m/s)

4.2.2.2.5 最大落潮流速

编号:GK020202005

数据元名称:最大落潮流速

中文全拼:zui-da-luo-chao-liu-su

定义:潮面从高潮面下降至低潮面过程中的最大流速。

数据元类型:数字型

数据格式:n..8,2

计量单位:米/秒(m/s)

4.2.2.2.6 涨潮流向

编号:GK020202006

数据元名称:涨潮流向

中文全拼:zhang-chao-liu-xiang

定义:说明涨潮时的潮流流向。

数据元类型:字符型

数据格式:an..30

备注:例如,北-东北偏北

4.2.2.2.7 落潮流向

编号:GK020202007

数据元名称:落潮流向

中文全拼:luo-chao-liu-xiang

定义:说明落潮时的潮流流向。

数据元类型:字符型

数据格式:an..30

备注:例如,南西偏南—南

4.2.2.2.8 潮流备注

编号:GK020202008

数据元名称:潮流备注

中文全拼:chao-liu-bei-zhu

定义:潮流的备注信息。

数据元类型:字符型

数据格式:..ul

4.2.2.3 波浪

4.2.2.3.1 年均海浪浪高

编号:GK020203001

数据元名称:年均海浪浪高

中文全拼:nian-jun-hai-lang-lang-gao

定义:全年海浪浪高统计的平均值。

数据元类型:数字型

数据格式:n..5,1

计量单位:米(m)

4.2.2.3.2 最大海浪浪高

编号:GK020203002

数据元名称:最大海浪浪高

中文全拼:zui-da-hai-lang-lang-gao

定义:统计的最大海浪浪高。

数据元类型:数字型

数据格式:n..5,1

计量单位:米(m)

4.2.2.3.3 浪向类型代码

编号:GK020203003

数据元名称:浪向类型代码

中文全拼:lang-xiang-lei-xing-dai-ma

定义:按波浪浪向频率划分的浪向种类的编码。

数据元类型:数字型

数据格式:n1

值域:见5.23

4.2.2.3.4 浪向

编号:GK020203004

数据元名称:浪向

中文全拼:lang-xiang

定义:水域内,波浪方向的编码。

数据元类型:字符型

数据格式:a1..3

计量单位:见5.22

4.2.2.3.5 波浪频率

编号:GK020203005

数据元名称:波浪频率

中文全拼:bo-lang-pin-lv

定义:某一浪向出现的频率。

数据元类型:数字型

数据格式:n..5,1

备注:其值为百分比

4.2.2.3.6 无浪频率

编号:GK020203006

数据元名称:无浪频率

中文全拼:wu-lang-pin-lv

定义:水域内,出现无浪的频率。

数据元类型:数字型

数据格式:n..5,1

备注:其值为百分比

4.2.2.3.7 波浪平均波高

编号:GK020203007

数据元名称:波浪平均波高

中文全拼:bo-lang-ping-jun-bo-gao

定义:从定点连续观测记录中取一定时段的波,计算其所有波高的算术平均值。

数据元类型:数字型

数据格式:n..5,1

计量单位:米(m)

4.2.2.3.8 波浪最大波高

编号:GK020203008

数据元名称:波浪最大波高

中文全拼:bo-lang-zui-da-bo-gao

定义:相邻波峰与波谷的最大高度差。

数据元类型:数字型

数据格式:n..5,1

计量单位:米(m)

4.2.2.3.9 波浪特点

编号:GK020203009

数据元名称:波浪特点

中文全拼:bo-lang-te-dian

定义:港区水域内,波浪的特征描述。

数据元类型:字符型

数据格式:..ul

4.2.2.3.10 波浪备注

编号:GK020203010

数据元名称:波浪备注

中文全拼:bo-lang-bei-zhu

定义:波浪的备注信息。

数据元类型:字符型

数据格式:..ul

4.2.2.4 冰况

4.2.2.4.1 冰况

编号:GK020204001

数据元名称:冰况

中文全拼:bing-kuang

定义:在寒冷季节,江河湖海水域从开始结冰之日起,到冰全部消失时止的一段时间的概况说明。

数据元类型:字符型

数据格式:..ul

4.2.2.4.2 年均冰冻天数

编号:GK020204002

数据元名称:年均冰冻天数

中文全拼:nian-jun-bing-dong-tian-shu

定义:全年冰冻天数统计的平均值。

数据元类型:数字型

数据格式:n..3

计量单位:天

4.2.2.4.3 每年初冰时间

编号:GK020204003

数据元名称:每年初冰时间

中文全拼:mei-nian-chu-bing-shi-jian

定义:每年冰冻开始的时间。

数据元类型:日期型

数据格式:YYYYMMDD

4.2.2.4.4 每年终冰时间

编号:GK020204004

数据元名称:每年终冰时间

中文全拼:mei-nian-zhong-bing-shi-jian

定义:冰冻解除的统计年月日。

数据元类型:日期型

数据格式:YYYYMMDD

4.2.2.4.5 平均冰期

编号:GK020204005

数据元名称:平均冰期

中文全拼:ping-jun-bing-qi

定义:冰期的多年平均值。冰期是在寒冷季节,江河湖海水域从开始结冰之日起,到冰全部消失时止的一段时间。

数据元类型:数字型

数据格式:n..3

计量单位:天

4.2.2.4.6 最长冰期

编号:GK020204006

数据元名称:最长冰期

中文全拼:zui-chang-bing-qi

定义:冰期持续的最长时间。

数据元类型:数字型

数据格式:n..3

计量单位:天

4.2.2.4.7 最短冰期

编号:GK020204007

数据元名称:最短冰期

中文全拼:zui-duan-bing-qi

定义:冰期持续的最短时间。

数据元类型:数字型

数据格式:n..3

计量单位:天

4.2.2.4.8 盛冰期

编号:GK020204008
数据元名称:盛冰期
中文全拼:sheng-bing-qi
定义:冰量较大的时期。
数据元类型:字符型
数据格式:an..60

4.2.2.4.9 冰厚度

编号:GK020204009
数据元名称:冰厚度
中文全拼:bing-hou-du
定义:港区水域内,冰的厚度。
数据元类型:数字型
数据格式:n..3
计量单位:厘米(cm)

4.2.2.4.10 流冰出现时间

编号:GK020204010
数据元名称:流冰出现时间
中文全拼:liu-bing-chu-xian-shi-jian
定义:河面上有冰块随水流漂动的现象出现的时间。
数据元类型:字符型
数据格式:an..60
备注:例如,1、2 月份

4.2.2.4.11 浮冰流向

编号:GK020204011
数据元名称:浮冰流向
中文全拼:fu-bing-liu-xiang
定义:漂浮冰块的流向。
数据元类型:字符型
数据格式:an..60
备注:例如,东南东 - 南 - 南西

4.2.2.4.12 流冰速度

编号:GK020204012
数据元名称:流冰速度
中文全拼:liu-bing-su-du
定义:漂浮冰块流动的速度。
数据元类型:数字型
数据格式:n..5,1
计量单位:米/秒(m/s)

4.2.2.4.13 平均冰量

编号:GK020204013
数据元名称:平均冰量
中文全拼:ping-jun-bing-liang
定义:海面结冰面积占港湾或整个能见海面面积百分数的多年平均值。

数据元类型:数字型

数据格式:n..5,1

4.2.2.4.14 密集度

编号:GK020204014

数据元名称:密集度

中文全拼:mi-ji-du

定义:漂浮冰块面积占其分布面积的百分数。

数据元类型:数字型

数据格式:n..5

4.2.2.4.15 冰冻影响作业天数

编号:GK020204015

数据元名称:冰冻影响作业天数

中文全拼:bing-dong-ying-xiang-zuo-ye-tian-shu

定义:冰冻影响作业统计的日期数。

数据元类型:数字型

数据格式:n..3

计量单位:天

4.2.2.4.16 冰况备注

编号:GK020204016

数据元名称:冰况备注

中文全拼:bing-kuang-bei-zhu

定义:冰况的备注信息。

数据元类型:字符型

数据格式:..ul

4.2.3 地质及地震

4.2.3.1 地质

4.2.3.1.1 工程地质

编号:GK020301001

数据元名称:工程地质

中文全拼:gong-cheng-di-zhi

定义:港区的地质构造、土的物理和力学性质及地下水情况。

数据元类型:字符型

数据格式:an..100

4.2.3.1.2 地质备注

编号:GK020301002

数据元名称:地质备注

中文全拼:di-zhi-bei-zhu

定义:地质的备注信息。

数据元类型:字符型

数据格式:..ul

4.2.3.2 地震

4.2.3.2.1 地震基本烈度

编号:GK020302001

数据元名称:地震基本烈度

中文全拼:di-zhen-ji-ben-lie-du

定义:场区在今后若干年内可能遭遇到的最大地震烈度。

数据元类型:字符型

数据格式:..ul

计量单位:级

4.2.3.2.2 地震备注

编号:GK020302002

数据元名称:地震备注

中文全拼:di-zhen-bei-zhu

定义:地震情况的备注说明信息。

数据元类型:字符型

数据格式:..ul

4.2.4 锚地

4.2.4.1 锚地名称

编号:GK020400001

数据元名称:锚地名称

中文全拼:mao-di-ming-cheng

定义:专供船舶(船队)在水上停泊及进行各种作业的水域,即锚地的规范化汉字名称。

数据元类型:字符型

数据格式:an..100

4.2.4.2 锚地类型

编号:GK020400002

数据元名称:锚地类型

中文全拼:mao-di-lei-xing

定义:锚地的类别形式。

数据元类型:数字型

数据格式:n1

值域:见5.24

4.2.4.3 锚地停泊方式

编号:GK020400003

数据元名称:锚地停泊方式

中文全拼:mao-di-ting-bo-fang-shi

定义:利用锚或浮筒使船舶在锚地安全停泊的方式。

数据元类型:字符型

数据格式:an..30

备注:船舶在锚地停泊的方式有两种,即浮筒系泊和双浮筒系泊两种。

4.2.4.4 锚地位置

编号:GK020400004

数据元名称:锚地位置

中文全拼:mao-di-wei-zhi

定义:港区水域内,锚地的所在位置。

数据元类型:字符型

数据格式:an..60

4.2.4.5 锚位长度

编号:GK020400005

数据元名称:锚位长度

中文全拼:mao-wei-chang-du

定义:锚位沿水流方向的长度。

数据元类型:数字型

数据格式:n..6

计量单位:米(m)

4.2.4.6 锚位宽度

编号:GK020400006

数据元名称:锚位宽度

中文全拼:mao-wei-kuan-du

定义:取船宽的并排停泊最多船舶数减一倍宽作为锚位的宽度。

数据元类型:数字型

数据格式:n..6

计量单位:米(m)

4.2.4.7 锚位半径

编号:GK020400007

数据元名称:锚位半径

中文全拼:mao-wei-ban-jing

定义:船舶回旋的最大半径。

数据元类型:数字型

数据格式:n..5

计量单位:米(m)

4.2.4.8 锚地面积

编号:GK020400008

数据元名称:锚地面积

中文全拼:mao-di-mian-ji

定义:港区水域内,锚地范围的实际面积。

数据元类型:数字型

数据格式:n..6,2

计量单位:平方米(m^2)

4.2.4.9 锚地水深

编号:GK020400009

数据元名称:锚地水深

中文全拼:mao-di-shui-shen

定义:锚地范围内,最浅处当地海图零点以下的水深。

数据元类型:数字型

数据格式:n..3

计量单位:米(m)

4.2.4.10 浮筒个数

编号:GK020400010

数据元名称:浮筒个数

中文全拼:fu-tong-ge-shu

定义:锚地范围内浮筒的数量。

数据元类型:数字型

数据格式:n..4

计量单位:个

4.2.4.11 锚泊艘数

编号:GK020400011

数据元名称:锚泊艘数

中文全拼:mao-bo-sou-shu

定义:锚地能够停泊的最大船舶数量。

数据元类型:数字型

数据格式:n..3

计量单位:艘

4.2.4.12 锚地系泊能力

编号:GK020400012

数据元名称:锚地系泊能力

中文全拼:mao-di-xi-bo-neng-li

定义:锚地能够停泊的最大船舶载重吨级。

数据元类型:数字型

数据格式:n..3

计量单位:吨级

4.2.4.13 锚地备注

编号:GK020400013

数据元名称:锚地备注

中文全拼:mao-di-bei-zhu

定义:锚地的备注信息。

数据元类型:字符型

数据格式:..ul

4.2.5 无线电通信和信号

4.2.5.1 台名

编号:GK020500001

数据元名称:台名

中文全拼:tai-ming

定义:江、海岸无线电台(包括港口话台和专用话台)电台的呼号,或港口地理名称后面加“RADIO”(台),或单位名称,或其他识别。

数据元类型:字符型

数据格式:an..100

4.2.5.2 位置

编号:GK020500002

数据元名称:位置

中文全拼:wei-zhi

定义:江、海岸无线电台的地理位置坐标。

数据元类型:字符型

数据格式:an..30

4.2.5.3 呼号

编号:GK020500003

数据元名称:呼号

中文全拼:hu-hao

定义:呼号由两个字符和一个字母组成,或由两个字符和一个字母组成,后接不超过三位数字(紧接在字母后面的数字"0"或"1"除外)。

数据元类型:字符型

数据格式:an..10

4.2.5.4 频道号

编号:GK020500004

数据元名称:频道号

中文全拼:pin-dao-hao

定义:将指定的通信频率进行编号形成的号码。

数据元类型:字符型

数据格式:an..10

4.2.5.5 发射频率

编号:GK020500005

数据元名称:发射频率

中文全拼:fa-she-pin-lv

定义:无线通信时信号载波频率。

数据元类型:字符型

数据格式:an..35

计量单位:兆赫/千兆(MHz/kHz)

4.2.5.6 守听频率

编号:GK020500006

数据元名称:守听频率

中文全拼:shou-ting-pin-lv

定义:值班人员长时间监听的频率。

数据元类型:字符型

数据格式:an..35

计量单位:兆赫/千兆(MHz/kHz)

4.2.5.7 发射种类

编号:GK020500007

数据元名称:发射种类

中文全拼:fa-she-zhong-lei

定义:电台通信时的通信格式。

数据元类型:字符型

数据格式:an..35

4.2.5.8 功率

编号:GK020500008

数据元名称:功率

中文全拼:gong-lv
定义:电台的功率。
数据元类型:数字型
数据格式:n..8,2
计量单位:千瓦(kW)

4.2.5.9 发射天线方向
编号:GK020500009
数据元名称:发射天线方向
中文全拼:fa-she-tian-xian-fang-xiang
定义:发射天线的方向。
数据元类型:字符型
数据格式:an..35

4.2.5.10 工作时间
编号:GK020500010
数据元名称:工作时间
中文全拼:gong-zuo-shi-jian
定义:江、海岸电台开放的各电路工作时间,由上级通信主管部门核定。
数据元类型:字符型
数据格式:an..10

4.2.5.11 通报通话表时间
编号:GK020500011
数据元名称:通报通话表时间
中文全拼:tong-bao-tong-hua-biao-shi-jian
定义:通报(话)表时间。
数据元类型:字符型
数据格式:an..70

4.2.5.12 开放业务
编号:GK020500012
数据元名称:开放业务
中文全拼:kai-fang-ye-wu
定义:电台开放的业务范围。
数据元类型:字符型
数据格式:an..70

4.2.5.13 海上业务移动通信标识
编号:GK020500013
数据元名称:海上业务移动通信标识
中文全拼:hai-shang-ye-wu-yi-dong-tong-xin-biao-zhi
定义:海上业务移动通信标识。
数据元类型:数字型
数据格式:n..10

4.2.5.14 电路设置
编号:GK020500014
数据元名称:电路设置

中文全拼:dian-lu-she-zhi

定义:对电台工作方式进行设置。

数据元类型:字符型

数据格式:an..10

4.2.5.15 值守频率

编号:GK020500015

数据元名称:值守频率

中文全拼:zhi-shou-pin-lv

定义:值班人员长时间守候监听的频率。

数据元类型:字符型

数据格式:an..50

计量单位:千赫/兆赫(kHz/MHz)

4.2.5.16 工作频率

编号:GK020500016

数据元名称:工作频率

中文全拼:gong-zuo-pin-lv

定义:正在通信的信号载波频率。

数据元类型:字符型

数据格式:an..50

计量单位:千赫/兆赫(kHz/MHz)

4.2.5.17 值守时间

编号:GK020500017

数据元名称:值守时间

中文全拼:zhi-shou-shi-jian

定义:值班人员守候监听的时间。

数据元类型:字符型

数据格式:an..10

4.2.5.18 无线电通信和信号备注

编号:GK020500018

数据元名称:无线电通信和信号备注

中文全拼:wu-xian-dian-tong-xin-he-xin-hao-bei-zhu

定义:无线电通信和信号的备注信息。

数据元类型:字符型

数据格式:..ul

4.2.6 防波堤

4.2.6.1 防波堤地理位置

编号:GK020600001

数据元名称:防波堤地理位置

中文全拼:fang-bo-di-di-li-wei-zhi

定义:港口的防护建筑物,用来防护港口水域免受波浪、泥沙和冰的侵入,即防波堤的地理位置。

数据元类型:字符型

数据格式:..ul

4.2.6.2 防波堤长度

编号:GK020600002

数据元名称:防波堤长度

中文全拼:fang-bo-di-chang-du

定义:港口防波堤的实际长度。

数据元类型:数字型

数据格式:n..8

计量单位:米(m)

4.2.6.3 满载通航船舶吨位

编号:GK020600003

数据元名称:满载通航船舶吨位

中文全拼:man-zai-tong-hang-chuan-bo-dun-wei

定义:满载通航的船舶吨位。船舶吨位表示某一船舶内部容积或载重量大小的数量。

数据元类型:数字型

数据格式:n..8

计量单位:吨(t)

4.2.6.4 减载通航船舶吨位

编号:GK020600004

数据元名称:减载通航船舶吨位

中文全拼:jian-zai-tong-hang-chuan-bo-dun-wei

定义:减载通航的船舶吨位。

数据元类型:数字型

数据格式:n..8

计量单位:吨(t)

4.2.6.5 防波堤备注

编号:GK020600005

数据元名称:防波堤备注

中文全拼:fang-bo-di-bei-zhu

定义:防波堤的备注信息。

数据元类型:字符型

数据格式:..ul

4.3 港口营运情况

4.3.1 港口生产信息

4.3.1.1 港口货物吞吐量

4.3.1.1.1 港口货物吞吐量统计时间

编号:GK030101001

数据元名称:港口货物吞吐量统计时间

中文全拼:gang-kou-huo-wu-tun-tu-liang-tong-ji-shi-jian

定义:港口货物吞吐量的统计时间。

数据元类型:日期型

数据格式:YYYYMMDD

4.3.1.1.2 货类代码

编号:GK030101002

数据元名称:货类代码

中文全拼:huo-lei-dai-ma

定义:按货物本身特性划分的类别编码。

数据元类型:数字型

数据格式:n4

值域:见5.25

4.3.1.1.3 货类名称

编号:GK030101003

数据元名称:货类名称

中文全拼:huo-lei-ming-cheng

定义:按货物本身特性划分的类别的规范化汉字名称。

数据元类型:字符型

数据格式:an..100

4.3.1.1.4 内外贸标识

编号:GK030101004

数据元名称:内外贸标识

中文全拼:nei-wai-mao-biao-zhi

定义:港口货物内外贸性质的标识。

数据元类型:数字型

数据格式:n2

值域:见5.26

4.3.1.1.5 进出港标识

编号:GK030101005

数据元名称:进出港标识

中文全拼:jin-chu-gang-biao-zhi

定义:港口货物进出港性质的标识。

数据元类型:数字型

数据格式:n1

值域:见5.27

4.3.1.1.6 货物吞吐量

编号:GK030101006

数据元名称:货物吞吐量

中文全拼:huo-wu-tun-tu-liang

定义:报告期内经由水路进、出港区范围并经过装卸的货物数量。货物吞吐量包括邮件、办理托运手续的行李、包裹以及补给的船舶的燃料、物料和淡水。

数据元类型:数字型

数据格式:n..18

计量单位:吨(t)

4.3.1.1.7 液体散货吞吐量

编号:GK030101007

数据元名称:液体散货吞吐量

中文全拼:ye-ti-san-huo-tun-tu-liang

定义:一切不使用包装的液体货物,即液体散货的吞吐量。如石油及其大部分产品,各种矿物油及植物油。

数据元类型:数字型

数据格式:n..8

计量单位:万吨

4.3.1.1.8 干散货吞吐量

编号:GK030101008

数据元名称:干散货吞吐量

中文全拼:gan-san-huo-tun-tu-liang

定义:指散粮、散糖、散肥、散盐、煤炭、矿石,各种金属矿石(粉)和非金属矿石(粉)、散装叶粒等货物,即干散货的吞吐量。这些货物一般按船舶吃水计算货物吨数。

数据元类型:数字型

数据格式:n..8

计量单位:万吨

4.3.1.1.9 件杂货吞吐量

编号:GK030101009

数据元名称:件杂货吞吐量

中文全拼:jian-za-huo-tun-tu-liang

定义:各种加以包装或不加包装自然成件的货物(钢材,袋装货除外),即件杂货的吞吐量。

数据元类型:数字型

数据格式:n..8

计量单位:万吨

4.3.1.1.10 滚装车辆数量

编号:GK030101010

数据元名称:滚装车辆数量

中文全拼:gun-zhuang-che-liang-shu-liang

定义:进出港区范围自行驶上、驶下运输船舶的汽车数量。

数据元类型:数字型

数据格式:n..8

计量单位:万辆

4.3.1.1.11 滚装车辆重量

编号:GK030101011

数据元名称:滚装车辆重量

中文全拼:gun-zhuang-che-liang-zhong-liang

定义:进出港区范围自行驶上、驶下运输船舶的汽车重量。

数据元类型:数字型

数据格式:n..8

计量单位:吨(t)

4.3.1.2 港口旅客吞吐量

4.3.1.2.1 港口旅客吞吐量统计时间

编号:GK030102001

数据元名称:港口旅客吞吐量统计时间

中文全拼:gang-kou-lv-ke-tun-tu-liang-tong-ji-shi-jian

定义:港口旅客吞吐量的统计时间。

数据元类型:日期型

数据格式:YYYYMMDD

4.3.1.2.2　国内和国际航线标识

编号:GK030102002

数据元名称:国内和国际航线标识

中文全拼:guo-nei-he-guo-ji-hang-xian-biao-zhi

定义:是国内航线、国际航线还是国内支线。

数据元类型:数字型

数据格式:n1

值域:见5.28

4.3.1.2.3　旅客发送量

编号:GK030102003

数据元名称:旅客发送量

中文全拼:lv-ke-fa-song-liang

定义:指报告期内经由水路乘船离开港区范围的旅客数量。

数据元类型:数字型

数据格式:n..10

计量单位:人次

4.3.1.2.4　旅客到达量

编号:GK030102004

数据元名称:旅客到达量

中文全拼:lv-ke-dao-da-liang

定义:指报告期内经由水路乘船进入港区范围的旅客数量。

数据元类型:数字型

数据格式:n..10

计量单位:人次

4.3.1.2.5　旅客吞吐量

编号:GK030102005

数据元名称:旅客吞吐量

中文全拼:lv-ke-tun-tu-liang

定义:指报告期内经由水路乘船进、出港区范围的旅客数量。旅客数量不包括免票儿童、船员人数、轮渡和港区内短途客运的旅客人数。

数据元类型:数字型

数据格式:n..10

计量单位:人次

4.3.1.3　港口集装箱吞吐量

4.3.1.3.1　港口集装箱吞吐量统计时间

编号:GK030103001

数据元名称:港口集装箱吞吐量统计时间

中文全拼:gang-kou-ji-zhuang-xiang-tun-tu-liang-tong-ji-shi-jian

定义:港口集装箱吞吐量的统计时间。

数据元类型:日期型

数据格式:YYYYMMDD

4.3.1.3.2　空重箱标识

编号:GK030103002

数据元名称:空重箱标识

中文全拼:kong-zhong-xiang-biao-zhi

定义:集装箱的空箱、重箱性质的标识。

数据元类型:字符型

数据格式:a1

值域:E 表示空箱,F 表示重箱。

4.3.1.3.3 集装箱种类代码

编号:GK030103003

数据元名称:集装箱种类代码

中文全拼:ji-zhuang-xiang-zhong-lei-dai-ma

定义:集装箱种类编码。

数据元类型:字符型

数据格式:an..6

值域:20′,40′,超标箱,冷藏箱。

4.3.1.3.4 集装箱吞吐量

编号:GK030103004

数据元名称:集装箱吞吐量

中文全拼:ji-zhuang-xiang-tun-tu-liang

定义:统计时间内的集装箱吞吐量。

数据元类型:数字型

数据格式:n..20,2

计量单位:TEU

4.3.1.3.5 货物重量

编号:GK030103005

数据元名称:货物重量

中文全拼:huo-wu-zhong-liang

定义:集装箱内装载货物的重量。

数据元类型:数字型

数据格式:n..18

计量单位:吨(t)

4.3.2 港口作业情况

4.3.2.1 装卸设备及能力

4.3.2.1.1 机械名称

编号:GK030201001

数据元名称:机械名称

中文全拼:ji-xie-ming-cheng

定义:港口机械的规范化名称。

数据元类型:字符型

数据格式:an..100

4.3.2.1.2 型号规格

编号:GK030201002

数据元名称:型号规格

中文全拼:xing-hao-gui-ge

定义:港口机械的型号规格。

数据元类型:字符型

数据格式:an..20

4.3.2.1.3 机械类型

编号:GK030201003

数据元名称:机械类型

中文全拼:ji-xie-lei-xing

定义:港口机械的分类。

数据元类型:字符型

数据格式:an..18

4.3.2.1.4 机械长度

编号:GK030201004

数据元名称:机械长度

中文全拼:ji-xie-chang-du

定义:实有输送机械和专用机械附属的输送带的长度。

数据元类型:数字型

数据格式:n..4

计量单位:米(m)

4.3.2.1.5 装卸设备名称

编号:GK030201005

数据元名称:装卸设备名称

中文全拼:zhuang-xie-she-bei-ming-cheng

定义:港口装卸作业中所使用带动力的各种生产用装卸起重搬运输送和专用机械设备的规范化汉字名称。

数据元类型:字符型

数据格式:an..100

4.3.2.1.6 装卸设备数量

编号:GK030201006

数据元名称:装卸设备数量

中文全拼:zhuang-xie-she-bei-shu-liang

定义:港口装卸作业中所使用带动力的各种生产用装卸起重搬运机械设备的数量。

数据元类型:数字型

数据格式:n..4

计量单位:台

4.3.2.1.7 装卸设备及能力备注

编号:GK030201007

数据元名称:装卸设备及能力备注

中文全拼:zhuang-xie-she-bei-ji-neng-li-bei-zhu

定义:装卸设备及能力的备注信息。

数据元类型:字符型

数据格式:..ul

4.3.2.2 港务船舶

4.3.2.2.1 港作船舶总数量

编号:GK030202001

数据元名称:港作船舶总数量

中文全拼:gang-zuo-chuan-bo-zong-shu-liang

定义:港内现有的各种港口作业船舶的数量之和。

数据元类型:数字型

数据格式:n6

计量单位:艘

4.3.2.2.2 拖船单船最大功率

编号:GK030202002

数据元名称:拖船单船最大功率

中文全拼:tuo-chuan-dan-chuan-zui-da-gong-lv

定义:拖船单船的最大功率。

数据元类型:数字型

数据格式:n..6

计量单位:千瓦(kW)

4.3.2.2.3 拖船总功率

编号:GK030202003

数据元名称:拖船总功率

中文全拼:tuo-chuan-zong-gong-lv

定义:拖船的总功率。

数据元类型:数字型

数据格式:n..6

计量单位:千瓦(kW)

4.3.2.2.4 驳船数量

编号:GK030202004

数据元名称:驳船数量

中文全拼:bo-chuan-shu-liang

定义:驳船的数量。

数据元类型:数字型

数据格式:n..6

计量单位:艘

4.3.2.2.5 驳船净吨

编号:GK030202005

数据元名称:驳船净吨

中文全拼:bo-chuan-jing-dun

定义:驳船载货吨位数,即以驳船有效容积计算的吨位数量。

数据元类型:数字型

数据格式:n..18.2

计量单位:吨位

4.3.2.2.6 供应船数量

编号:GK030202006

数据元名称:供应船数量

中文全拼:gong-ying-chuan-shu-liang

定义:供应船的数量。

数据元类型:数字型

数据格式:n..6

计量单位:艘

4.3.2.2.7 其他类型船舶名称

编号:GK030202007

数据元名称:其他类型船舶名称

中文全拼:qi-ta-lei-xing-chuan-bo-ming-cheng

定义:其他类型船舶的名称。

数据元类型:字符型

数据格式:an..100

4.3.2.2.8 其他类型船舶数量

编号:GK030202008

数据元名称:其他类型船舶数量

中文全拼:qi-ta-lei-xing-chuan-bo-shu-liang

定义:其他类型船舶的实际数量。

数据元类型:数字型

数据格式:n..6

计量单位:艘

4.3.2.2.9 港务船舶备注

编号:GK030202009

数据元名称:港务船舶备注

中文全拼:gang-wu-chuan-bo-bei-zhu

定义:港务船舶的备注信息。

数据元类型:字符型

数据格式:..ul

4.3.3 港口服务

4.3.3.1 服务类型

编号:GK030300001

数据元名称:服务类型

中文全拼:fu-wu-lei-xing

定义:港口提供服务的类型。

数据元类型:字符型

数据格式:an..60

备注:例如,船舶代理、货运代理、供应、港口查验、引航等。

4.3.3.2 服务类型概况

编号:GK030300002

数据元名称:服务类型概况

中文全拼:fu-wu-lei-xing-gai-kuang

定义:港口提供服务的类型的概要说明。

数据元类型:字符型

数据格式:..ul

4.4 航线

4.4.1 航线名称

编号:GK040000001

数据元名称:航线名称

中文全拼:hang-xian-ming-cheng

定义:海上运输航线的名称。由航线起点和终点组合标识。

数据元类型:字符型

数据格式:an..30

4.4.2 航线代码

编号:GK040000002

数据元名称:航线代码

中文全拼:hang-xian-dai-ma

定义:海上运输航线的名称代码。由航线起点代码和终点代码组合标识。

数据元类型:字符型

数据格式:a5..6

值域:见5.29

4.4.3 航线途经航区

编号:GK040000003

数据元名称:航线途经航区

中文全拼:hang-xian-tu-jing-hang-qu

定义:海上运输航线途经的世界海洋航区。

数据元类型:字符型

数据格式:an..70

4.5 参与方情况

4.5.1 参与方信息

4.5.1.1 参与方类别代码

编号:GK050100001

数据元名称:参与方类别代码

中文全拼:can-yu-fang-lei-bie-dai-ma

定义:区分与港口作业相关参与方的类别代码。

数据元类型:字符型

数据格式:a2

值域:见5.30

4.5.1.2 参与方机构名称

编号:GK050100002

数据元名称:参与方机构名称

中文全拼:can-yu-fang-ji-gou-ming-cheng

定义:该参与方机构的注册名称。

数据元类型:字符型

数据格式:an..100

4.5.2 交易参考信息

4.5.2.1 交易参考标识符

编号:GK050200001

数据元名称:交易参考标识符

中文全拼:jiao-yi-can-kao-biao-zhi-fu

定义:说明商业交易的参考号。

数据元类型:字符型

数据格式:an..30

4.5.2.2 交易参考类型

编号:GK050200002

数据元名称:交易参考类型

中文全拼:jiao-yi-can-kao-lei-xing

定义:用于说明标识商业交易参考号的类型。

数据元类型:字符型

数据格式:an..60

4.5.3 参与方联系信息

4.5.3.1 参与方详细地址

编号:GK050300001

数据元名称:参与方详细地址

中文全拼:can-yu-fang-xiang-xi-di-zhi

定义:参与方所在地的地址。

数据元类型:字符型

数据格式:an..60

4.5.3.2 参与方邮政编码

编号:GK050300002

数据元名称:参与方邮政编码

中文全拼:can-yu-fang-you-zheng-bian-ma

定义:参与方联系通信的邮政编码。

数据元类型:字符型

数据格式:n6

备注:符合《中国地址邮政编码簿》。

4.5.3.3 参与方联系人

编号:GK050300003

数据元名称:参与方联系人

中文全拼:can-yu-fang-lian-xi-ren

定义:参与方联系人姓名。

数据元类型:字符型

数据格式:a..30

4.5.3.4 参与方联系人电话

编号:GK050300004

数据元名称:参与方联系人电话

中文全拼:can-yu-fang-lian-xi-ren-dian-hua

定义:参与方联系人电话。

数据元类型:字符型

数据格式:an..18

4.5.3.5 联系人传真号码

编号:GK050300005
数据元名称:联系人传真号码
中文全拼:lian-xi-ren-chuan-zhen-hao-ma
定义:联系人的传真号码。
数据元类型:字符型
数据格式:an..18

4.5.3.6 联系人电子邮件

编号:GK050300006
数据元名称:联系人电子邮件
中文全拼:lian-xi-ren-dian-zi-you-jian
定义:联系人的电子邮件。
数据元类型:字符型
数据格式:an..50

4.5.3.7 参与方国家代码

编号:GK050300007
数据元名称:参与方国家代码
中文全拼:can-yu-fang-guo-jia-dai-ma
定义:参与方所在地世界各国家名称的代码。
数据元类型:字符型
数据格式:a2..3
值域:见5.2

4.5.3.8 参与方国家名称

编号:GK050300008
数据元名称:参与方国家名称
中文全拼:can-yu-fang-guo-jia-ming-cheng
定义:参与方所在地国家名称。
数据元类型:字符型
数据格式:an..60

5 港口信息基础数据元值域

5.1 港口代码

代码标识为:DM _ GKDM,采用JT/T 24。

5.2 世界各国和地区名称代码

代码标识为:DM _ SJGGHDQMCDM,采用GB/T 2659。

5.3 中国行政区划代码

代码标识为:DM _ XZQHDM,行政区划代码采用GB/T 2260的规定,根据交通行业管理业务的需要,补充新疆生产建设兵团行政区划代码为660000。

5.4 河流名称代码

代码标识为:DM _ HLMCDM,按照JT/T 697.4-2007的6.2。

5.5 通信渠道限定符

代码标识为:DM _ TXQDXDF,代码见表2。

5.6 库场位置代码

代码标识为:DM _ KCWZDM,代码见表3。

表 2　通信渠道限定符

代　码	名　称	代　码	名　称
AA	线路交换	IM	内部邮箱
AB	国际航空电信协会分配的电信号	MA	邮政
AC	国际航空无线电通信协会分配的电信号	PB	邮政信箱号
AD	AT&T 邮箱	PS	包交换
AE	外部设备	SW	环球用户金融电信协会 S. W. I. F. T.
CA	电报挂号	TE	电话
EI	EDI 传输	TG	电报
EM	电子邮件	TL	用户电报
EX	分机	TM	远程邮件
FT	文件传送访问方式	TT	图文电视
FX	电传	TX	TWX
GM	通用电子信箱服务(GEIS)邮箱	XF	X.400
IE	IBM 信息交换		

表 3　库场位置代码

代　码	名　称	代　码	名　称
10	仓库	20	堆场
11	前方仓库	21	前方堆场
12	后方仓库	22	后方堆场
19	其他	29	其他

5.7　仓库堆场分类代码

代码标识为:DM _ CKDCFLDM,代码见表 4。

表 4　仓库堆场分类代码

代　码	名　称	代　码	名　称
00	集装箱拆装库	71	地下油库(油罐)
01	圆桶仓	72	地上油罐
10	普通仓库	80	堆场
20	冷藏仓库	81	普通堆场
30	危险品仓库	82	集装箱堆场
40	货棚	83	简易堆场
50	水上仓库	84	危险品堆场
60	趸船	99	其他
70	油库(油罐)		

5.8　仓库用途代码

代码标识为:DM _ CKYTDM,代码见表 5。

表5　仓库用途代码

代　码	名　称	代　码	名　称
01	散粮仓库	06	油库
02	散水泥仓库	07	危险品库
03	散装化肥仓库	08	件杂货仓库
04	煤库	09	其他生产性仓库
05	矿库	10	其他非生产性仓库

5.9　仓库建筑形式代码

代码标识为:DM _ CKJZXSDM,代码见表6。

表6　仓库建筑形式代码

代　码	名　称	代　码	名　称
1	普通仓	3	罐仓
2	简仓	9	其他

5.10　仓库堆场结构形式代码

代码标识为:DM _ CKDCJGXSDM,代码见表7。

表7　仓库堆场结构形式代码

代　码	名　称	代　码	名　称
101	钢筋混凝土结构	110	其他结构
102	金属结构	201	水泥混凝土场面结构
103	木结构	202	沥青混凝土场面结构
104	砖、木结构	203	铺砌混凝土
105	木、竹结构	204	铺砌石料
106	钢筋混凝土、钢混合结构	205	三合土等场面处理
107	钢筋混凝土、钢、砖结构	206	天然地面(或虽整平但未处理)

5.11　堆场用途代码

代码标识为:DM _ DCYTDM,代码见表8。

表8　堆场用途代码

代　码	名　称	代　码	名　称
01	集装箱堆场	06	危险货物堆场
02	冷藏箱堆场	07	危险货物集装箱堆场
03	拆装箱堆场	08	其他生产性堆场
04	件杂货堆场	09	其他非生产性堆场
05	干散货堆场		

5.12　码头形式代码

代码标识为:DM _ MTXSDM,代码见表9。

表9　码头形式代码

代　码	名　称	代　码	名　称
01	顺岸码头	09	连片式码头
02	突堤码头	10	直立式码头
03	离岸式码头	11	斜坡式码头
04	引桥式码头	12	半直立式码头
05	墩式码头	13	半斜坡式码头
06	开敞式码头	14	浮码头
07	实体式码头	15	缆车码头
08	透空式码头	90	其他

5.13 码头用途代码

代码标识为:DM _ MTYTDM,代码见表10。

表10 码头用途代码

代码	名称	代码	名称
100	旅客运输码头	260	石油码头
200	货物运输码头	270	木材码头
210	件杂货码头	280	危险品码头
220	散货码头	300	多用途码头
230	散粮码头	310	集装箱码头
240	煤炭码头	320	滚装码头
250	矿石码头	900	其他

5.14 拥有形式代码

代码标识为:DM _ YYXSDM,代码见表11。

表11 拥有形式代码

代码	名称	代码	名称	代码	名称
1	自有	2	租赁	9	其他

5.15 泊位用途代码

代码标识为:DM _ BWYTDM,代码见表12。

表12 泊位用途代码

代码	名称	代码	名称
10	通用散货泊位	42	化肥泊位
12	金属矿石泊位	43	煤炭泊位
13	非金属矿石泊位	44	集装箱泊位
14	矿建材料泊位	45	木材泊位
15	散化肥、散煤、散量等泊位	46	钢铁泊位
19	其他散货	49	其他
20	通用件杂货泊位	50	客货泊位
27	一般件杂货泊位	60	客泊位
28	超重、超长、超大件货泊位	61	普通客运泊位
29	滚装货船舶位	62	国际客运泊位
29	其他件杂货	63	客滚船舶位
30	专用泊位(一)	64	客船渡泊位
31	原油泊位	65	车船渡泊位
32	成品油泊位	69	其他
33	石脑油泊位	70	非生产性泊位
34	液化气等其他化工产品泊位	71	工作船舶位
35	水煤浆泊位	72	供应船舶位
36	食油泊位	73	修船泊位
39	其他	79	其他
40	专用泊位(二)	90	其他
41	粮食泊位		

5.16 泊位服务类型代码

代码标识为:DM _ BWFWLXDM,代码见表13。

表13 泊位服务类型代码

代　码	名　称	代　码	名　称
1	公用泊位	2	企业专用泊位

5.17 铁路属性代码

代码标识为:DM _ TLSXDM,代码见表14。

表14 铁路属性代码

代　码	名　称	代　码	名　称
1	港埠企业铁路	4	中外合资企业铁路
2	货主码头铁路	9	其他
3	铁路部门铁路		

5.18 疏港公路等级代码

代码标识为:DM _ SGGLDJDM,代码见表15。

表15 疏港公路等级代码

代　码	名　称	代　码	名　称
1	疏港一级公路	4	疏港四级公路
2	疏港二级公路	8	疏港高速公路
3	疏港三级公路	9	其他

5.19 进出港航道类别代码

代码标识为:DM _ JCGHDLBDM,代码见表16。

表16 进出港航道类别代码

代　码	名　称	代　码	名　称
00	港内航道	15	狭长形小海湾的口门外航道
01	防波堤口门内航道	16	河口拦门沙浅段航道
02	港区内航道	17	湾口拦门沙浅段航道
10	港外航道	18	海上开敞航道
11	防波堤口门外航道	19	天然河流上的航道
12	入海河口口门内航道	20	人工运河上的航道
13	入海河口口门外航道	21	湖泊航道
14	狭长形小海湾的口门内航道	22	水库区航道

5.20 航道性质代码

代码标识为:DM _ HDXZDM,代码见表17。

表 17　航道性质代码

代　码	名　称	代　码	名　称
000	等级航道	300	地方航道
100	主航道	400	专用航道
110	单行航道	500	海船进江航道
120	双行航道	600	常年通航航道
130	经济航道	700	季节通航航道
131	缓流航道	800	限制性航道
132	短捷航道	900	其他
200	国家航道		

5.21　能见度等级代码

代码标识为:DM _ NJDDJBDM,代码见表 18。

表 18　能见度等级代码

代　码	能见度(英制)	能见度(公制)
0	<0.03n mile	<50m
1	0.03 n mile ~0.1 n mile	50m ~ 200m
2	0.1 n mile ~0.25 n mile	200m ~ 500m
3	0.25 n mile ~0.5 n mile	500m ~ 1 000m
4	0.5 n mile ~1 n mile	1 000m ~ 2 000m
5	1 n mile ~2 n mile	2 000m ~ 4 000m
6	2 n mile ~5 n mile	4 000m ~ 10 000m
7	5 n mile ~11 n mile	10 000m ~ 20 000m
8	11 n mile ~27 n mile	20 000m ~ 50 000m
9	27 n mile 或 27 n mile 以上	50 000m 或 50 000m 以上

5.22　方向代码

代码标识为:DM _ FXDM,代码见表 19。

表 19　方 向 代 码

代　码	名　称	代　码	名　称
E	东	SE	东南
S	南	SW	西南
W	西	NW	西北
N	北	NE	东北
ESE	东南偏东	SSE	东南偏南
SSW	西南偏南	WSW	西南偏西
WNW	西北偏西	NNW	西北偏北
NNE	东北偏北	ENE	东北偏东

5.23　浪向类型代码

代码标识为:DM _ LXLXDM,代码见表 20。

表 20　浪向类型代码

代　码	名　称	代　码	名　称
1	常浪向	3	次浪向
2	次常浪向	4	强浪向

5.24　锚地类型代码

代码标识为:DM _ MDLXDM,代码见表 21。

表 21　锚地类型代码

代　码	名　称	代　码	名　称
1	过驳锚地	4	待驳锚地
2	避风锚地	5	引航锚地
3	检疫锚地	9	其他

5.25　运输货物分类代码

代码标识为:DM _ YSHWFLDM,采用 JT/T 19。

5.26　内外贸标识代码

代码标识为:DM _ NWMBSDM,代码见表 22。

表 22　内外贸标识代码

代　码	名　称	代　码	名　称
10	内贸	21	转口
11	转口	22	过境
20	外贸	90	转口(内、外贸合计)

5.27　进出港标识代码

代码标识为:DM _ JCGBSDM,代码见表 23。

表 23　进出港标识代码

代　码	名　称	代　码	名　称
1	进港	2	出港

5.28　国内和国际航线标识代码

代码标识为:DM _ GNHGJHXBSDM,代码见表 24。

表 24　国内和国际航线标识代码

代　码	名　称	代　码	名　称	代　码	名　称
1	国内航线	2	国际航线	3	内支线

5.29　运输航线代码

代码标识为:DM _ YSHXDM,采用 JT/T 470。

5.30　参与方类别代码

代码标识为:DM _ CYFLBDM,代码见表 25。

表 25　参与方类别代码

代　码	名　称	代　码	名　称
BY	买方	CR	空设备返回方
CA	承运人	CS	集装承运方
CC	索赔人	CV	船舶接收人
CG	承运人代理	CX	收货人代理
CH	转运承运人	CY	代办人
CL	集装箱发送方	CZ	发货人
CM	海关	DC	拆件人
CN	收货人	DP	交货方
EO	设备所有人	GG	仓库
EP	设备发出方	GO	货主
EZ	基础服务经营者	GP	包装者
FW	货运代理	GS	货主代理
GA	公路运送方	NI	通知方
GD	生产者		

ICS 35.240.60
R 07
备案号：

JT

中华人民共和国交通行业标准

JT/T 697.4—2007

交通信息基础数据元
第4部分：航道信息基础数据元

Basic data element of transportation information
Part 4: Basic data element of waterway information

2007-09-11 发布 2007-12-01 实施

中华人民共和国交通运输部 发布

目　次

前　言

JT/T 697《交通信息基础数据元》拟分为以下 13 部分：

——第 1 部分：总则；

——第 2 部分：公路信息基础数据元；

——第 3 部分：港口信息基础数据元；

——第 4 部分：航道信息基础数据元；

——第 5 部分：船舶信息基础数据元；

——第 6 部分：船员信息基础数据元；

——第 7 部分：道路运输信息基础数据元；

——第 8 部分：水路运输信息基础数据元；

——第 9 部分：建设项目信息基础数据元；

——第 10 部分：交通统计信息基础数据元；

——第 11 部分：船舶检验信息基础数据元；

——第 12 部分：船载客货信息基础数据元；

——第 13 部分：收费公路信息基础数据元。

本部分为 JT/T 697 的第 4 部分。

本部分由交通部科技教育司提出。

本部分由交通部信息通信及导航标准化技术委员会归口。

本部分主要起草单位：中交水运规划设计院、交通部科学研究院。

本部分主要起草人：唐菁、马晓峰、岑晏青、黄莉莉、陈韬、胡国丹、崔应寿、陈永剑。

交通信息基础数据元

第4部分:航道信息基础数据元

1 范围

本部分规定了航道信息基础数据元编制原则和分类、航道信息基础数据元及数据元值域代码集。

本部分适用于交通行业建立航道数据库的主要技术指标和有关信息系统所涉及的航道数据的采集、交换与共享。其他涉及航道相关信息数据项需引用标准的信息系统或文件也可参照本部分执行。

2 规范性引用文件

下列文件中的条款通过在本部分中引用而成为本部分的条款。凡是注日期的引用文件,其随后所有的修订单(不包括勘误的内容)或修订版均不适用于本准则,然而,鼓励根据本部分达成协议的各方研究是否可使用这些文件的最新版本。凡是不注日期的引用文件,其最新版本适用于本部分。

GB/T 2260　中华人民共和国行政区划代码

GB 5863　内河助航标志

GB 50139　内河通航标准

JT/T 697.1　交通信息基础数据元　第1部分:总则

JT/T 697.3—2007　交通信息基础数据元　第3部分:港口信息基础数据元

JTJ/T 204　航道工程基本术语标准

JTJ 287　内河航道维护技术规范

3 术语和定义

下列术语和定义适用于本部分。

3.1

航段　waterway reach

内河航道上的一段。在下列情况内河航道划分成航段:

a) 当航道所在水系发生变化;

b) 当航道现状技术等级或定级技术等级发生变化;

c) 当航道所在省级行政区域发生变化;

d) 当省级航道管理机构发生变化;

e) 当航道所在水域类型发生变化;

f) 当出现重复航段;

g) 当航段维护类别发生变化;

h) 当航标配布类别发生变化;

i) 在主控点处,划分的航段里程原则上不小于1km。

3.2

枢纽　hinge

根据水资源综合利用要求,在河流、运河、渠道上建设的用途不同,又互相协调的一组水工建筑物的综合体。一般包括挡水、泄水、通航、发电和引水建筑物。

4 数据元编制原则和分类

4.1 数据元编制原则

航道信息基础数据元的分类方法、数据元编制规则、数据元值域引用代码编制规则应符合 JT/T 697.1 的规定。

4.2 分类

4.2.1 根据 JT/T 697.1 的规定,航道代码为 HD。

4.2.2 根据航道管理对象和管理业务信息的基本内容和属性,航道信息基础数据元划分为六大类:航道、枢纽、过河(海)建筑物、临河(海)设施、航标、航道管理机构及养护力量。具体分类如表 1 所示。

表 1 航道信息基础数据元分类

分类编号	名称	章条	分类编号	名称	章条
HD01	**航道**	**5.1**	HD020205	升船机	5.2.2.5
HD010100	航道概况	5.1.1	HD020206	可通航节制闸	5.2.2.6
HD010200	航段地理位置	5.1.2	HD020207	套闸	5.2.2.7
HD010300	航段基本信息	5.1.3	**HD03**	**过河(海)建筑物**	**5.3**
HD010400	航段辅助信息	5.1.4	HD0301	水上过河(海)建筑物	5.3.1
HD010500	航道维护信息	5.1.5	HD030101	水上过河(海)建筑物基本信息	5.3.1.1
HD010600	航道标牌	5.1.6	HD030102	桥梁	5.3.1.2
HD010700	控制桩	5.1.7	HD030103	渡槽	5.3.1.3
HD010800	界河航段	5.1.8	HD030200	水下过河(海)建筑物	5.3.2
HD010900	分叉辅航段	5.1.9	**HD04**	**临河(海)设施**	**5.4**
HD011000	瓶颈区段	5.1.10	HD040100	临河(海)设施基本信息	5.4.1
HD011100	主要浅滩	5.1.11	HD040200	临河(海)设施位置信息	5.4.2
HD011200	航道断面	5.1.12	HD040300	码头	5.4.3
HD02	**枢纽**	**5.2**	HD040400	抽排水站	5.4.4
HD020100	枢纽基本信息	5.2.1	HD040500	临河(海)船厂	5.4.5
HD0202	通航建筑物	5.2.2	**HD05**	**航标**	**5.5**
HD020201	通航建筑物基本信息	5.2.2.1	**HD06**	**航道管理机构及养护力量**	**5.6**
HD020202	通航建筑物货物通过量	5.2.2.2	HD060100	航道管理机构基本信息	5.6.1
HD020203	通航建筑物旅客通过量	5.2.2.3	HD060200	航道管理机构及养护力量联系人	5.6.2
HD020204	船闸	5.2.2.4	HD060300	航道管理机构拥有的设备数据	5.6.3

5 航道信息基础数据元

5.1 航道

5.1.1 航道概况

5.1.1.1 内河航道编码

编号:HD010100001

数据元名称:内河航道编码

中文全拼:nei-he-hang-dao-bian-ma

定义:用于唯一标识内河航道的编码。

数据元类型:数字型

数据格式:n10

值域:见6.1

5.1.1.2 航道名称

编号:HD010100002

数据元名称:航道名称

中文全拼:hang-dao-ming-cheng

定义:根据航道所在河流名称或历史沿用名称而命名的航道名称。

数据元类型:字符型

数据格式:an..100

5.1.1.3 航道概况介绍

编号:HD010100003

数据元名称:航道概况介绍

中文全拼:hang-dao-gai-kuang-jie-shao

定义:航道基本情况的文字介绍。

数据元类型:字符型

数据格式:..ul

5.1.2 航段地理位置

5.1.2.1 内河航段所在河流名称

编号:HD010200001

数据元名称:内河航段所在河流名称

中文全拼:nei-he-hang-duan-suo-zai-he-liu-ming-cheng

定义:内河航道所在河流、湖泊、水库、渠道和运河的名称,库区或湖区航道指水库或湖泊名称。

数据元类型:字符型

数据格式:an..60

5.1.2.2 内河航段所在河流代码

编号:HD010200002

数据元名称:内河航段所在河流代码

中文全拼:nei-he-hang-duan-suo-zai-he-liu-dai-ma

定义:用于标识内河航段所在河流的编码,对于没有河流代码的河流,河流代码可用河流、水库或湖泊所在水系代码代替。

数据元类型:字符型

数据格式:a2

值域:见6.2

5.1.2.3 航段起点名称

编号:HD010200003

数据元名称:航段起点名称

中文全拼:hang-duan-qi-dian-ming-cheng

定义:航段起点所在地区的具有代表意义的地名、建筑物名称等可用于标识航段起点的中文名称。

数据元类型:字符型

数据格式:an..100

5.1.2.4 内河航段起点分界点类别

编号:HD010200004

数据元名称:内河航段起点分界点类别

中文全拼:nei-he-hang-duan-qi-dian-fen-jie-dian-lei-bie

定义:内河航段起点的分界点类别,指起点是哪种行政区域发生变化的分界点。

数据元类型:数字型

数据格式:n1

值域:见 6.3

5.1.2.5 航段起点经度

编号:HD010200005

数据元名称:航段起点经度

中文全拼:hang-duan-qi-dian-jing-du

定义:航段起点的经度,采用 WGS-84 坐标系。

数据元类型:数字型

数据格式:an..14

5.1.2.6 航段起点纬度

编号:HD010200006

数据元名称:航段起点纬度

中文全拼:hang-duan-qi-dian-wei-du

定义:航段起点的纬度,采用 WGS-84 坐标系。

数据元类型:数字型

数据格式:an..14

5.1.2.7 航段终点名称

编号:HD010200007

数据元名称:航段终点名称

中文全拼:hang-duan-zhong-dian-ming-cheng

定义:航段终点所在地区的有代表意义的地名、建筑物名称等可用于标识航段终点的中文名称。

数据元类型:字符型

数据格式:an..100

5.1.2.8 内河航段终点分界点类别

编号:HD010200008

数据元名称:内河航段终点分界点类别

中文全拼:nei-he-hang-duan-zhong-dian-fen-jie-dian-lei-bie

定义:内河航段终点的分界点类别,指终点是哪种行政区域发生变化的分界点。

数据元类型:数字型

数据格式:n1

值域:见 6.3

5.1.2.9 航段终点经度

编号:HD010200009

数据元名称:航段终点经度

中文全拼:hang-duan-zhong-dian-jing-du

定义:航段终点的经度,采用 WGS-84 坐标系。

数据元类型:数字型

数据格式:an..14

5.1.2.10 航段终点纬度

编号:HD010200010

数据元名称:航段终点纬度

中文全拼:hang-duan-zhong-dian-wei-du

定义:航段终点的纬度,采用 WGS-84 坐标系。

数据元类型:数字型

数据格式:an..14

5.1.2.11 航段起点距航道起点里程

编号:HD010200011

数据元名称:航段起点距航道起点里程

中文全拼:hang-duan-qi-dian-ju-hang-dao-qi-dian-li-cheng

定义:航段起点距离航道起点的航道里程值。

数据元类型:数字型

数据格式:n..6,2

计量单位:千米(km)

5.1.2.12 航段终点距航道起点里程

编号:HD010200012

数据元名称:航段终点距航道起点里程

中文全拼:hang-duan-zhong-dian-ju-hang-dao-qi-dian-li-cheng

定义:航段终点距离航道起点的航道里程值。

数据元类型:数字型

数据格式:n..6,2

计量单位:千米(km)

5.1.2.13 航段所在行政区划

编号:HD010200013

数据元名称:航段所在行政区划

中文全拼:hang-duan-suo-zai-xing-zheng-qu-hua

定义:航段所在行政区域的行政区划代码。

数据元类型:数字型

数据格式:n6

值域:见 6.4

5.1.3 航段基本信息

5.1.3.1 航段长度

编号:HD010300001

数据元名称:航段长度

中文全拼:hang-duan-chang-du

定义:航段的实际长度,即从某一特定起算点开始,沿航道中心线量算至另一点的长度值。湖泊、水库航道里程(库区航道)按固定航线计算。

数据元类型:数字型

数据格式:n..6,2

计量单位:千米(km)

5.1.3.2 航道水深

编号:HD010300002

数据元名称:航道水深

中文全拼:hang-dao-shui-shen

定义:在最低通航水位时,航道宽度范围内从水面到底部的最小垂直距离。就局部区段而言,通常指航道内最浅处从水面到底部的垂直距离。

数据元类型:数字型

数据格式:n..5,1

计量单位:米(m)

5.1.3.3 航道宽度

编号:HD010300003

数据元名称:航道宽度

中文全拼:hang-dao-kuan-du

定义:在最低通航水位时,航道设计水深处垂直于航道中心线的航道两底边线之间的水平距离。就局部区段而言,通常指航道最窄处的水平距离。库区航道的宽度按库区航道的设标宽度计算,若库区航道没有设标宽度,则按航道管理部门的航道管理宽度计算。

数据元类型:数字型

数据格式:n..5,1

计量单位:米(m)

5.1.3.4 航道最小弯曲半径

编号:HD010300004

数据元名称:航道最小弯曲半径

中文全拼:hang-dao-zui-xiao-wan-qu-ban-jing

定义:航段内航道中心线上最小的圆弧半径。当航道比较直时,则不需要填写此指标。

数据元类型:数字型

数据格式:n..6,1

计量单位:米(m)

5.1.3.5 内河航道现状技术等级

编号:HD010300005

数据元名称:内河航道现状技术等级

中文全拼:nei-he-hang-dao-xian-zhuang-ji-shu-deng-ji

定义:内河航段按照 GB 50139 确定的技术等级。

数据元类型:数字型

数据格式:n1

值域:见 6.5

5.1.3.6 内河航道地方现状技术等级

编号:HD010300006

数据元名称:内河航道地方现状技术等级

中文全拼:nei-he-hang-dao-di-fang-xian-zhuang-ji-shu-deng-ji

定义:内河航道所在地方的现状技术等级。

数据元类型:字符型

数据格式:an..50

备注:当地方航道管理部门有地方规定的 1 ~ 7 级以外其他航道现状技术等级时,其"航段现状技术等级"指标则填写"8 七级以下航道"。

5.1.3.7 内河航道定级技术等级

编号:HD010300007

数据元名称:内河航道定级技术等级

中文全拼:nei-he-hang-dao-ding-ji-ji-shu-deng-ji

定义:内河航道按主管部门批准后所获得的定级技术等级。

数据元类型:数字型

数据格式:n1

值域:见6.5

备注:依据1994年航道定级工作后经各级政府和各有关部门批准的航道等级

5.1.3.8 内河航道地方定级技术等级

编号:HD010300008

数据元名称:内河航道地方定级技术等级

中文全拼:nei-he-hang-dao-di-fang-ding-ji-ji-shu-deng-ji

定义:内河航道所在地方的定级技术等级。

数据元类型:字符型

数据格式:an..50

备注:当地方航道管理部门有地方规定的1~7级以外其他航道定级技术等级时,其"航段定级技术等级"指标则填写"8 七级以下航道"。

5.1.3.9 内河航道规划目标年

编号:HD010300009

数据元名称:内河航道规划目标年

中文全拼:nei-he-hang-dao-gui-hua-mu-biao-nian

定义:要达到内河航道规划等级的年份。

数据元类型:字符型

数据格式:an..50

5.1.3.10 内河航道规划技术等级

编号:HD010300010

数据元名称:内河航道规划技术等级

中文全拼:nei-he-hang-dao-gui-hua-ji-shu-deng-ji

定义:内河航道规划管理部门在一定规划期内确定的航道规划技术等级。

数据元类型:数字型

数据格式:n1

值域:见6.5

5.1.3.11 内河航段属性

编号:HD010300011

数据元名称:内河航段属性

中文全拼:nei-he-hang-duan-shu-xing

定义:内河航段自身拥有的特性。

数据元类型:数字型

数据格式:n1

值域:见6.6

5.1.3.12 航段最低通航水位保证率

编号:HD010300012

数据元名称:航段最低通航水位保证率

中文全拼:hang-duan-zui-di-tong-hang-shui-wei-bao-zheng-lv

定义:在一个或多个水文年的统计年限内,水位高于和等于最低通航水位的天数占总天数的百分比。

数据元类型:数字型

数据格式:n..4,1

备注:其值为百分比

5.1.3.13 航段河床底质

编号:HD010300013

数据元名称:航段河床底质

中文全拼:hang-duan-he-chuang-di-zhi

定义:航道河床岩土的具体情况。

数据元类型:字符型

数据格式:..ul

5.1.3.14 航段上枢纽数目

编号:HD010300014

数据元名称:航段上枢纽数目

中文全拼:hang-duan-shang-shu-niu-shu-mu

定义:航段上枢纽的数目。

数据元类型:数字型

数据格式:n4

5.1.3.15 航段上过河(海)建筑物数目

编号:HD010300015

数据元名称:航段上过河(海)建筑物数目

中文全拼:hang-duan-shang-guo-he-hai-jian-zhu-wu-shu-mu

定义:航段上过河(海)建筑物的数目。

数据元类型:数字型

数据格式:n4

计量单位:个

5.1.3.16 航段上临河(海)设施数目

编号:HD010300016

数据元名称:航段上临河(海)设施数目

中文全拼:hang-duan-shang-lin-he-hai-she-shi-shu-mu

定义:航段上临河(海)设施的数目。

数据元类型:数字型

数据格式:n4

计量单位:个

5.1.3.17 航段上浅滩数目

编号:HD010300017

数据元名称:航段上浅滩数目

中文全拼:hang-duan-shang-qian-tan-shu-mu

定义:航段上浅滩的数目。

数据元类型:数字型

数据格式:n4

计量单位:个

5.1.4 航段辅助信息

5.1.4.1 航段管理机构名称

编号:HD010400001

数据元名称:航段管理机构名称

中文全拼:hang-duan-guan-li-ji-gou-ming-cheng

定义:对航道行使维护管理职能的单位名称。

数据元类型:字符型

数据格式:an..100

计量单位:个

5.1.4.2 航段管理机构所属行政区域

编号:HD010400002

数据元名称:航段管理机构所属行政区域

中文全拼:hang-duan-guan-li-ji-gou-suo-shu-xing-zheng-qu-yu

定义:负责本航段管理机构所属的行政区划代码或管理部门名称。

数据元类型:字符型

数据格式:an..100

值域:见6.4

计量单位:个

备注:地方航道管理机构所属行政区域填写航道管理机构归属的省(自治区、直辖市)、地市(地区、州、盟)、县(区、旗)的行政区划代码,部直属航道管理机构填写对应的管理机构名称。

5.1.4.3 内河航段设计最高通航水位

编号:HD010400003

数据元名称:内河航段设计最高通航水位

中文全拼:nei-he-hang-duan-she-ji-zui-gao-tong-hang-shui-wei

定义:内河航道设计所采用的允许标准船舶或船队正常通航的最高水位。基准面为黄海,如果基准面不是黄海,需转换成黄海基准面。

数据元类型:数字型

数据格式:n..5,1

计量单位:米(m)

5.1.4.4 航段设计最低通航水位

编号:HD010400004

数据元名称:航段设计最低通航水位

中文全拼:hang-duan-she-ji-zui-di-tong-hang-shui-wei

定义:航道设计所采用的允许标准船舶或船队正常通航的最低水位。

数据元类型:数字型

数据格式:n..5,1

计量单位:米(m)

5.1.4.5 航段设计最低通航水位保证率

编号:HD010400005

数据元名称:航段设计最低通航水位保证率

中文全拼:hang-duan-she-ji-zui-di-tong-hang-shui-wei-bao-zheng-lv

定义:在一个或多个水文年的统计年限内,水位高于和等于设计最低通航水位的天数占总天数的百分比。

数据元类型:数字型
数据格式:n..4,1
备注:其值为百分比

5.1.4.6 内河航段设计最高通航水位重现期
编号:HD010400006
数据元名称:内河航段设计最高通航水位重现期
中文全拼:nei-he-hang-duan-she-ji-zui-gao-tong-hang-shui-wei-chong-xian-qi
定义:根据多年水文资料统计计算,内河航段设计最高通航水位可能再次出现的平均间隔年数。
数据元类型:数字型
数据格式:n..4
计量单位:年

5.1.4.7 内河航段内河代表船型总长
编号:HD010400007
数据元名称:内河航段内河代表船型总长
中文全拼:nei-he-hang-duan-nei-he-dai-biao-chuan-xing-zong-chang
定义:内河航段上通过的内河代表船型的总长值。
数据元类型:数字型
数据格式:n..5,1
计量单位:米(m)

5.1.4.8 内河航段内河代表船型型宽
编号:HD010400008
数据元名称:内河航段内河代表船型型宽
中文全拼:nei-he-hang-duan-nei-he-dai-biao-chuan-xing-xing-kuan
定义:内河航段上通过的内河代表船型的型宽值。
数据元类型:数字型
数据格式:n..5,1
计量单位:米(m)

5.1.4.9 内河航段内河代表船型设计吃水
编号:HD010400009
数据元名称:内河航段内河代表船型设计吃水
中文全拼:nei-he-hang-duan-nei-he-dai-biao-chuan-xing-she-ji-chi-shui
定义:内河航段设计的内河代表船型的吃水值。
数据元类型:数字型
数据格式:n..5,1
计量单位:米(m)

5.1.4.10 内河航段内河代表船队长度
编号:HD010400010
数据元名称:内河航段内河代表船队长度
中文全拼:nei-he-hang-duan-nei-he-dai-biao-chuan-dui-chang-du
定义:内河航段上通过的代表船队的长度。
数据元类型:数字型
数据格式:n..5,1
计量单位:米(m)

5.1.4.11　内河航段内河代表船队宽度

编号:HD010400011

数据元名称:内河航段内河代表船队宽度

中文全拼:nei-he-hang-duan-nei-he-dai-biao-chuan-dui-kuan-du

定义:内河航段上通过的代表船队的宽度。

数据元类型:数字型

数据格式:n..5,1

计量单位:米(m)

5.1.4.12　内河航段内河代表船队设计吃水

编号:HD010400012

数据元名称:内河航段内河代表船队设计吃水

中文全拼:nei-he-hang-duan-nei-he-dai-biao-chuan-dui-she-ji-chi-shui

定义:内河航段上通过的代表船队的设计吃水。

数据元类型:数字型

数据格式:n..5,1

计量单位:米(m)

5.1.4.13　沿海航段海船代表船型总长

编号:HD010400013

数据元名称:沿海航段海船代表船型总长

中文全拼:yan-hai-hang-duan-hai-chuan-dai-biao-chuan-xing-zong-chang

定义:沿海航段上通过的海船代表船型的总长值。

数据元类型:数字型

数据格式:n..5,1

计量单位:米(m)

5.1.4.14　沿海航段海船代表船型型宽

编号:HD010400014

数据元名称:沿海航段海船代表船型型宽

中文全拼:yan-hai-hang-duan-hai-chuan-dai-biao-chuan-xing-xing-kuan

定义:沿海航段上通过的海船代表船型的型宽值。

数据元类型:数字型

数据格式:n..5,1

计量单位:米(m)

5.1.4.15　沿海航段海船代表船型设计吃水

编号:HD010400015

数据元名称:沿海航段海船代表船型设计吃水

中文全拼:yan-hai-hang-duan-hai-chuan-dai-biao-chuan-xing-she-ji-chi-shui

定义:沿海航段设计的通过海船代表船型的吃水值。

数据元类型:数字型

数据格式:n..5,1

计量单位:米(m)

5.1.4.16　航段海船代表船型载重吨

编号:HD010400016

数据元名称:航段海船代表船型载重吨

中文全拼:hang-duan-hai-chuan-dai-biao-chuan-xing-zai-zhong-dun

定义:在航段内通航的海船代表船型载重吨。

数据元类型:数字型

数据格式:n..8,2

计量单位:吨(t)

5.1.4.17 沿海航段乘潮通航海船载重吨

编号:HD010400017

数据元名称:沿海航段乘潮通航海船载重吨

中文全拼:yan-hai-hang-duan-cheng-chao-tong-hang-hai-chuan-zai-zhong-dun

定义:沿海航段上乘潮时,通航的代表海船的载重吨。

数据元类型:数字型

数据格式:n..7,2

计量单位:总载重量吨(DWT)

5.1.4.18 内河航段单向通过能力

编号:HD010400018

数据元名称:内河航段单向通过能力

中文全拼:nei-he-hang-duan-dan-xiang-tong-guo-neng-li

定义:单位时间内(通常为一年)内河航段某一控制断面单方向可能通过的最大货运量。

数据元类型:数字型

数据格式:n..7,2

计量单位:万吨/年

5.1.5 航道维护信息

5.1.5.1 内河航道维护类别

编号:HD010500001

数据元名称:内河航道维护类别

中文全拼:nei-he-hang-dao-wei-hu-lei-bie

定义:内河航段的维护现状按照 JTJ 287 确定的维护类别。

数据元类型:数字型

数据格式:n1

值域:见6.7

5.1.5.2 航道航标配布类别

编号:HD010500002

数据元名称:航道航标配布类别

中文全拼:hang-dao-hang-biao-pei-bu-lei-bie

定义:根据航道条件与运输需要,对发光航标和不发光航标的布设范围及设标密度的控制等问题所做的分类。

数据元类型:数字型

数据格式:n1

值域:见6.8

5.1.5.3 内河航道维护技术等级

编号:HD010500003

数据元名称:内河航道维护技术等级

中文全拼:nei-he-hang-dao-wei-hu-ji-shu-deng-ji

定义:内河航段通过维护以后的技术等级,按 GB 50139 确定的技术等级。

数据元类型:数字型

数据格式:n1

值域:见 6.5

5.1.5.4 航道计划维护水深

编号:HD010500004

数据元名称:航道计划维护水深

中文全拼:hang-dao-ji-hua-wei-hu-shui-shen

定义:航段计划维护达到的最小水深值。

数据元类型:数字型

数据格式:n..5,1

计量单位:米(m)

5.1.5.5 航道计划维护航宽

编号:HD010500005

数据元名称:航道计划维护航宽

中文全拼:hang-dao-ji-hua-wei-hu-hang-kuan

定义:航段计划维护达到的最小航宽值。

数据元类型:数字型

数据格式:n..5,1

计量单位:米(m)

5.1.5.6 航道计划维护最小弯曲半径

编号:HD010500006

数据元名称:航道计划维护最小弯曲半径

中文全拼:hang-dao-ji-hua-wei-hu-zui-xiao-wan-qu-ban-jing

定义:航段计划维护达到的最小弯曲半径。

数据元类型:数字型

数据格式:n..5,1

计量单位:米(m)

5.1.5.7 航道计划维护标准水深保证率。

编号:HD010500007

数据元名称:航道计划维护标准水深保证率

中文全拼:hang-dao-ji-hua-wei-hu-biao-zhun-shui-shen-bao-zheng-lv

定义:某年度航段计划维护达到的标准水深的保证率,按 JTJ 287 的规定统计计算。

数据元类型:数字型

数据格式:n..4,1

5.1.5.8 航道实际维护水深

编号:HD010500008

数据元名称:航道实际维护水深

中文全拼:hang-dao-shi-ji-wei-hu-shui-shen

定义:航段实际维护达到的最小水深值。

数据元类型:数字型

数据格式:n..5,1

计量单位:米(m)

5.1.5.9　航道实际维护航宽

编号:HD010500009

数据元名称:航道实际维护航宽

中文全拼:hang-dao-shi-ji-wei-hu-hang-kuan

定义:航段实际维护达到的最小航宽值。

数据元类型:数字型

数据格式:n..5,1

计量单位:米(m)

5.1.5.10　航道实际维护弯曲半径

编号:HD010500010

数据元名称:航道实际维护弯曲半径

中文全拼:hang-dao-shi-ji-wei-hu-wan-qu-ban-jing

定义:航段实际维护达到的最小弯曲半径。

数据元类型:数字型

数据格式:n..6,1

计量单位:米(m)

5.1.5.11　航道实际维护标准水深保证率

编号:HD010500011

数据元名称:航道实际维护标准水深保证率

中文全拼:hang-dao-shi-ji-wei-hu-biao-zhun-shui-shen-bao-zheng-lv

定义:航段实际维护达到的标准水深的保证率。按 JTJ 287 的规定计算。

数据元类型:数字型

数据格式:n..4,1

计量单位:百分比(%)

5.1.5.12　航道实际维护工程量

编号:HD010500012

数据元名称:航道实际维护工程量

中文全拼:hang-dao-shi-ji-wei-hu-gong-cheng-liang

定义:航道每月实际维护完成的工程量。

数据元类型:数字型

数据格式:n..6,1

计量单位:立方米(m^3)

5.1.6　航道标牌

5.1.6.1　标牌管理单位名称

编号:HD010600001

数据元名称:标牌管理单位名称

中文全拼:biao-pai-guan-li-dan-wei-ming-cheng

定义:对航道标牌行使管理维护职能的管理单位名称。

数据元类型:字符型

数据格式:an..100

5.1.6.2　标牌名称

编号:HD010600002

数据元名称:标牌名称

中文全拼:biao-pai-ming-cheng

定义:航道标牌的名称。

数据元类型:字符型

数据格式:an..100

5.1.6.3 标牌作用

编号:HD010600003

数据元名称:标牌作用

中文全拼:biao-pai-zuo-yong

定义:航道设置标牌的主要作用。

数据元类型:字符型

数据格式:..ul

5.1.6.4 标牌内容

编号:HD010600004

数据元名称:标牌内容

中文全拼:biao-pai-nei-rong

定义:航道标牌上标识的内容。

数据元类型:字符型

数据格式:..ul

5.1.6.5 标牌设置时间

编号:HD010600005

数据元名称:标牌设置时间

中文全拼:biao-pai-she-zhi-shi-jian

定义:航道标牌设置的时间。

数据元类型:日期型

数据格式:YYYY

5.1.6.6 标牌岸别

编号:HD010600006

数据元名称:标牌岸别

中文全拼:biao-pai-an-bie

定义:标牌设在岸的类别。

数据元类型:数字型

数据格式:n1

值域:见6.9

5.1.6.7 设标地点名称

编号:HD010600007

数据元名称:设标地点名称

中文全拼:she-biao-di-dian-ming-cheng

定义:航道标牌设置地点的地名。

数据元类型:字符型

数据格式:an..100

5.1.6.8 设置地经度

编号:HD010600008

数据元名称:设置地经度

中文全拼:she-zhi-di-jing-du

定义:航道设置标牌位置的经度,采用 WGS-84 坐标系。

数据元类型:数字型

数据格式:an..14

5.1.6.9 设置地纬度

编号:HD010600009

数据元名称:设置地纬度

中文全拼:she-zhi-di-wei-du

定义:航道设置标牌位置的纬度,采用 WGS-84 坐标系。

数据元类型:数字型

数据格式:an..14

5.1.7 控制桩

5.1.7.1 控制桩经度

编号:HD010700001

数据元名称:控制桩经度

中文全拼:kong-zhi-zhuang-jing-du

定义:航道控制桩设置处的经度,采用 WGS-84 坐标系。

数据元类型:数字型

数据格式:an..14

5.1.7.2 控制桩纬度

编号:HD010700002

数据元名称:控制桩纬度

中文全拼:kong-zhi-zhuang-wei-du

定义:航道控制桩设置处的纬度,采用 WGS-84 坐标系。

数据元类型:数字型

数据格式:an..14

5.1.7.3 控制桩高程

编号:HD010700003

数据元名称:控制桩高程

中文全拼:kong-zhi-zhuang-gao-cheng

定义:航道控制桩设置处的高程值。

数据元类型:数字型

数据格式:n..8,2

计量单位:米(m)

5.1.8 界河航段

5.1.8.1 界河航段分界类别

编号:HD010800001

数据元名称:界河航段分界类别

中文全拼:jie-he-hang-duan-fen-jie-lei-bie

定义:界河航段与国界、省界、市界或县界的分界类别。

数据元类型:字符型

数据格式:n1

值域:见 6.10

5.1.8.2　界河航段相邻国家名称

编号:HD010800002

数据元名称:界河航段相邻国家名称

中文全拼:jie-he-hang-duan-xiang-lin-guo-jia-ming-cheng

定义:当界河航段类别为国界时,相邻国家的中文名称。

数据元类型:字符型

数据格式:an..60

5.1.8.3　界河航段相邻行政区划

编号:HD010800003

数据元名称:界河航段相邻行政区划

中文全拼:jie-he-hang-duan-xiang-lin-xing-zheng-qu-hua

定义:当界河航段类别为省界、市界或者县界时,相邻的行政区域的行政区划代码。

数据元类型:字符型

数据格式:n6

值域:见6.4

5.1.8.4　界河航段管理机构名称

编号:HD010800004

数据元名称:界河航段管理机构名称

中文全拼:jie-he-hang-duan-guan-li-ji-gou-ming-cheng

定义:对界河航段行使维护管理职能的单位名称。

数据元类型:字符型

数据格式:an..100

5.1.8.5　界河航段管理机构所属行政区域

编号:HD010800005

数据元名称:界河航段管理机构所属行政区域

中文全拼:jie-he-hang-duan-guan-li-ji-gou-suo-shu-xing-zheng-qu-yu

定义:负责界河航段管理的机构所属的行政区划代码或管理部门名称。

数据元类型:字符型

数据格式:an..100

值域:见6.4

备注:地方航道管理机构所属行政区域填写航道管理机构归属的省(自治区、直辖市)、地市(地区、州、盟)、县(区、旗)的行政区划代码,部直属航道管理机构填写对应的管理机构名称。

5.1.9　分叉辅航段

5.1.9.1　分叉辅航段起点名称

编号:HD010900001

数据元名称:分叉辅航段起点名称

中文全拼:fen-cha-fu-hang-duan-qi-dian-ming-cheng

定义:分叉辅航段的起点名称。

数据元类型:字符型

数据格式:an..100

5.1.9.2　分叉辅航段终点名称

编号:HD010900002

数据元名称:分叉辅航段终点名称

中文全拼:fen-cha-fu-hang-duan-zhong-dian-ming-cheng

定义:分叉辅航段的终点名称。

数据元类型:字符型

数据格式:an..100

5.1.9.3 分叉辅航段里程

编号:HD010900003

数据元名称:分叉辅航段里程

中文全拼:fen-cha-fu-hang-duan-li-cheng

定义:分叉辅航段的实际里程。

数据元类型:数字型

数据格式:n..6,2

计量单位:千米(km)

5.1.9.4 分叉辅航段维护类别

编号:HD010900004

数据元名称:分叉辅航段维护类别

中文全拼:fen-cha-fu-hang-duan-wei-hu-lei-bie

定义:分叉辅航段按 JTJ 287 确定的维护类别。

数据元类型:数字型

数据格式:n1

值域:见 6.7

5.1.9.5 分叉辅航段现状技术等级

编号:HD010900005

数据元名称:分叉辅航段现状技术等级

中文全拼:fen-cha-fu-hang-duan-xian-zhuang-ji-shu-deng-ji

定义:分叉辅航段现状按 GB 50139 确定的技术等级。

数据元类型:数字型

数据格式:n1

值域:见 6.5

5.1.9.6 分叉辅航段定级技术等级

编号:HD010900006

数据元名称:分叉辅航段定级技术等级

中文全拼:fen-cha-fu-hang-duan-ding-ji-ji-shu-deng-ji

定义:依据 1994 年航道定级工作后经各级政府和各有关部门批准的航道等级。当分叉辅航段没有定级技术等级时,规划技术等级可视为定级技术等级。若无规划技术等级则航段没有定级技术等级。

数据元类型:数字型

数据格式:n1

值域:见 6.5

5.1.9.7 分叉辅航段航标配布类别

编号:HD010900007

数据元名称:分叉辅航段航标配布类别

中文全拼:fen-cha-fu-hang-duan-hang-biao-pei-bu-lei-bie

定义:分叉辅航段上根据航段条件与运输需要,对发光航标和不发光航标的布设范围及设标密度的控制等问题所做的分类。

数据元类型:字符型

数据格式:n1

值域:见6.8

5.1.10 瓶颈区段

5.1.10.1 瓶颈区段起点名称

编号:HD011000001

数据元名称:瓶颈区段起点名称

中文全拼:ping-jing-qu-duan-qi-dian-ming-cheng

定义:瓶颈区段的起点名称。

数据元类型:字符型

数据格式:an..100

5.1.10.2 瓶颈区段终点名称

编号:HD011000002

数据元名称:瓶颈区段终点名称

中文全拼:ping-jing-qu-duan-zhong-dian-ming-cheng

定义:瓶颈区段的终点名称。

数据元类型:字符型

数据格式:an..100

5.1.10.3 瓶颈区段起点距航道起点里程

编号:HD011000003

数据元名称:瓶颈区段起点距航道起点里程

中文全拼:ping-jing-qu-duan-qi-dian-ju-hang-dao-qi-dian-li-cheng

定义:瓶颈区段起点距航道起点的里程值。

数据元类型:数字型

数据格式:n..6,2

5.1.10.4 瓶颈区段里程

编号:HD011000004

数据元名称:瓶颈区段里程

中文全拼:ping-jing-qu-duan-li-cheng

定义:瓶颈区段从起点到终点的实际里程。

数据元类型:数字型

数据格式:n..4,2

计量单位:千米(km)

5.1.10.5 瓶颈区段最小水深

编号:HD011000005

数据元名称:瓶颈区段最小水深

中文全拼:ping-jing-qu-duan-zui-xiao-shui-shen

定义:在最低通航水位时,瓶颈区段航道内最浅处从水面到底部的垂直距离。

数据元类型:数字型

数据格式:n..5,1

计量单位:米(m)

5.1.10.6 瓶颈区段最小宽度

编号:HD011000006

数据元名称:瓶颈区段最小宽度

中文全拼:ping-jing-qu-duan-zui-xiao-kuan-du

定义:在最低通航水位时,瓶颈区段航道最窄处的水平距离。

数据元类型:数字型

数据格式:n..5,1

计量单位:米(m)

5.1.10.7 瓶颈区段最小弯曲半径

编号:HD011000007

数据元名称:瓶颈区段最小弯曲半径

中文全拼:ping-jing-qu-duan-zui-xiao-wan-qu-ban-jing

定义:在最低通航水位时,瓶颈区段内航道中心线上最小的圆弧半径。

数据元类型:数字型

数据格式:n..5,1

计量单位:米(m)

5.1.11 主要浅滩

5.1.11.1 浅滩名称

编号:HD011100001

数据元名称:浅滩名称

中文全拼:qian-tan-ming-cheng

定义:浅滩的名称。

数据元类型:字符型

数据格式:an..100

5.1.11.2 浅滩起点距航道起点里程

编号:HD011100002

数据元名称:浅滩起点距航道起点里程

中文全拼:qian-tan-qi-dian-ju-hang-dao-qi-dian-li-cheng

定义:浅滩起点距航道起点的里程。

数据元类型:数字型

数据格式:n..6,2

计量单位:千米(km)

5.1.11.3 浅滩滩长

编号:HD011100003

数据元名称:浅滩滩长

中文全拼:qian-tan-tan-chang

定义:浅滩从起点到终点的长度。

数据元类型:数字型

数据格式:n..5,1

计量单位:米(m)

5.1.11.4 浅滩控制断面航道最小水深

编号:HD011100004

数据元名称:浅滩控制断面航道最小水深

中文全拼:qian-tan-kong-zhi-duan-mian-hang-dao-zui-xiao-shui-shen

定义:在最低通航水位时,浅滩控制断面内航道最浅处从水面到底部的垂直距离。

数据元类型:数字型
数据格式:n..5,1
计量单位:米(m)

5.1.11.5 浅滩控制断面航道最小宽度

编号:HD011100005
数据元名称:浅滩控制断面航道最小宽度
中文全拼:qian-tan-kong-zhi-duan-mian-hang-dao-zui-xiao-kuan-du
定义:在最低通航水位时,浅滩控制断面内航道最窄处的水平距离。
数据元类型:数字型
数据格式:n..5,1
计量单位:米(m)

5.1.11.6 浅滩段最小弯曲半径

编号:HD011100006
数据元名称:浅滩段最小弯曲半径
中文全拼:qian-tan-duan-zui-xiao-wan-qu-ban-jing
定义:在最低通航水位时,浅滩控制断面内航道中心线上最小的圆弧半径。
数据元类型:数字型
数据格式:n..6,1
计量单位:米(m)

5.1.11.7 浅滩分类

编号:HD011100007
数据元名称:浅滩分类
中文全拼:qian-tan-fen-lei
定义:浅滩按构成成分的分类。
数据元类型:数字型
数据格式:n1
值域:见6.11

5.1.11.8 浅滩最大流速

编号:HD011100008
数据元名称:浅滩最大流速
中文全拼:qian-tan-zui-da-liu-su
定义:浅滩处航道的最大流速。
数据元类型:数字型
数据格式:n..5,1
计量单位:米/秒(m/s)

5.1.11.9 浅滩最大流速相应比降

编号:HD011100009
数据元名称:浅滩最大流速相应比降
中文全拼:qian-tan-zui-da-liu-su-xiang-ying-bi-jiang
定义:浅滩最大流速处对应的航段的水面高差与航段里程之比。
数据元类型:数字型
数据格式:n..6,1

5.1.12 航道断面

5.1.12.1 航道断面名称

编号:HD011200001

数据元名称:航道断面名称

中文全拼:hang-dao-duan-mian-ming-cheng

定义:航段断面的名称。航道断面指垂直航道中心线从上至下切开的断面。

数据元类型:字符型

数据格式:an..100

5.1.12.2 断面距航道起点里程

编号:HD011200002

数据元名称:断面距航道起点里程

中文全拼:duan-mian-ju-hang-dao-qi-dian-li-cheng

定义:断面与航道中心线的交点距离航道起点的航道实际里程。

数据元类型:数字型

数据格式:n..6,2

计量单位:千米(km)

5.1.12.3 断面位置经度

编号:HD011200003

数据元名称:断面位置经度

中文全拼:duan-mian-wei-zhi-jing-du

定义:断面与航道中心线交点的经度,采用 WGS-84 坐标系。

数据元类型:数字型

数据格式:an..14

5.1.12.4 断面位置纬度

编号:HD011200004

数据元名称:断面位置纬度

中文全拼:duan-mian-wei-zhi-wei-du

定义:断面与航道中心线交点的纬度,采用 WGS-84 坐标系。

数据元类型:数字型

数据格式:an..14

5.1.12.5 断面处航道水深

编号:HD011200005

数据元名称:断面处航道水深

中文全拼:duan-mian-chu-hang-dao-shui-shen

定义:在最低通航水位时,航道宽度范围内从水面到底部的最小垂直距离。就局部区段而言,通常指航道内最浅处从水面到底部的垂直距离。

数据元类型:数字型

数据格式:n..5,1

计量单位:米(m)

备注:图 1 中 H 为航道水深,B 为航道宽度。

5.1.12.6 断面处航道宽度

编号:HD011200006

数据元名称:断面处航道宽度

中文全拼:duan-mian-chu-hang-dao-kuan-du

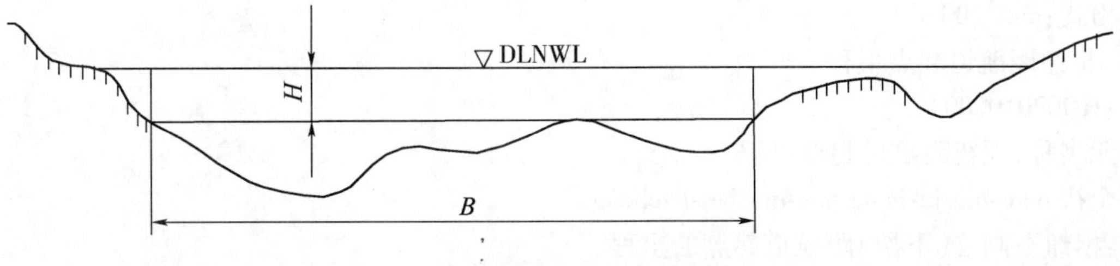

图 1　天然和渠化河流航道横断面图

定义：在最低通航水位时，航道设计水深处垂直于航道中心线的航道两底边线之间的水平距离。就局部区段而言，通常指航道最窄处的水平距离。库区航道的宽度按库区航道的设标宽度计算，若库区航道没有设标宽度，则按航道管理部门的航道管理宽度计算。

数据元类型：数字型

数据格式：n..5,1

计量单位：米(m)

备注：图 2 中 B_b 为航道宽度

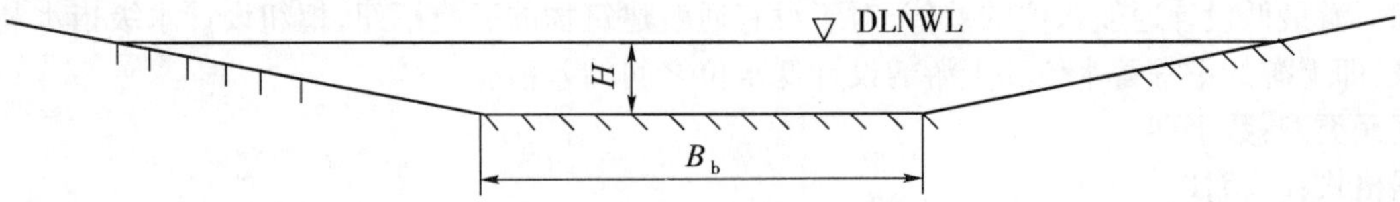

图 2　限制性航道横断面图

5.2　枢纽

5.2.1　枢纽基本信息

5.2.1.1　枢纽名称

编号：HD020100001

数据元名称：枢纽名称

中文全拼：shu-niu-ming-cheng

定义：枢纽的名称。

数据元类型：字符型

数据格式：an..100

5.2.1.2　枢纽建成年份

编号：HD020100002

数据元名称：枢纽建成年份

中文全拼：shu-niu-jian-cheng-nian-fen

定义：枢纽建成年份。

数据元类型：日期型

数据格式：YYYY

5.2.1.3　枢纽管理单位名称

编号：HD020100003

数据元名称：枢纽管理单位名称

中文全拼：shu-niu-guan-li-dan-wei-ming-cheng

定义：对枢纽行使管理维护职能的单位的名称。当枢纽有通航建筑物且枢纽管理单位与通航建筑物管理单位不同时，指枢纽管理单位。尚未竣工验收的新建枢纽则没有此数据元。

数据元类型：字符型

数据格式:an..100

5.2.1.4 枢纽距航道起点里程

编号:HD020100004

数据元名称:枢纽距航道起点里程

中文全拼:shu-niu-ju-hang-dao-qi-dian-li-cheng

定义:枢纽下闸首(下游)距航道起点的里程。

数据元类型:数字型

数据格式:n..6,2

计量单位:千米(km)

5.2.1.5 枢纽设计水级

编号:HD020100005

数据元名称:枢纽设计水级

中文全拼:shu-niu-she-ji-shui-ji

定义:对于有通航建筑物的通航枢纽,枢纽设计水级指通航建筑物的设计水级,即上游最高设计通航水位和下游最低设计通航水位的差值;对于没有通航建筑物的通航枢纽,枢纽设计水级指水利枢纽的设计水级,即上游的正常蓄水位和下游的设计低水位之间的差值。

数据元类型:数字型

数据格式:n..5,1

计量单位:米(m)

5.2.1.6 枢纽最低回水里程

编号:HD020100006

数据元名称:枢纽最低回水里程

中文全拼:shu-niu-zui-di-hui-shui-li-cheng

定义:枢纽在最低通航水位时对应的回水里程。

数据元类型:数字型

数据格式:n..6,2

计量单位:千米(km)

5.2.1.7 枢纽最高回水里程

编号:HD020100007

数据元名称:枢纽最高回水里程

中文全拼:shu-niu-zui-gao-hui-shui-li-cheng

定义:枢纽在最高通航水位时对应的回水里程。在缺乏最高通航水位所对应的枢纽回水里程数据情况下,可用水库正常蓄水位所对应的枢纽回水里程代替。

数据元类型:数字型

数据格式:n..6,2

计量单位:千米(km)

5.2.1.8 枢纽位置经度

编号:HD020100008

数据元名称:枢纽位置经度

中文全拼:shu-niu-wei-zhi-jing-du

定义:枢纽坝轴线与枢纽中心线交点的经度,采用 WGS-84 坐标系。

数据元类型:数字型

数据格式:an..14

5.2.1.9 枢纽位置纬度

编号:HD020100009

数据元名称:枢纽位置纬度

中文全拼:shu-niu-wei-zhi-wei-du

定义:枢纽坝轴线与枢纽中心线交点的纬度,采用 WGS-84 坐标系。

数据元类型:数字型

数据格式:an..14

5.2.2 通航建筑物

5.2.2.1 通航建筑物基本信息

5.2.2.1.1 通航建筑物管理单位名称

编号:HD020201001

数据元名称:通航建筑物管理单位名称

中文全拼:tong-hang-jian-zhu-wu-guan-li-dan-wei-ming-cheng

定义:对通航建筑物行使管理维护职能的单位的名称。

数据元类型:字符型

数据格式:an..100

计量单位:米(m)

5.2.2.1.2 通航建筑物类型

编号:HD020201002

数据元名称:通航建筑物类型

中文全拼:tong-hang-jian-zhu-wu-lei-xing

定义:通航建筑物的种类。

数据元类型:数字型

数据格式:n1

值域:见 6.12

5.2.2.1.3 通航建筑物通航船舶吨级

编号:HD020201003

数据元名称:通航建筑物通航船舶吨级

中文全拼:tong-hang-jian-zhu-wu-tong-hang-chuan-bo-dun-ji

定义:通航建筑物设计通过的最大单船船舶载重吨。

数据元类型:数字型

数据格式:n..8,2

计量单位:吨(t)

5.2.2.1.4 通航建筑物货物年单向设计通过能力

编号:HD020201004

数据元名称:通航建筑物货物年单向设计通过能力

中文全拼:tong-hang-jian-zhu-wu-huo-wu-nian-dan-xiang-she-ji-tong-guo-neng-li

定义:通航建筑物设计每年的货物通过能力。当通航建筑物只有货物双向通过能力技术资料时,可以将货物双向通过能力除以 2 作为单向通过能力。

数据元类型:数字型

数据格式:n..8,2

计量单位:万吨/年

5.2.2.1.5 通航建筑物上游引航道长度

编号:HD020201005

数据元名称:通航建筑物上游引航道长度

中文全拼:tong-hang-jian-zhu-wu-shang-you-yin-hang-dao-chang-du

定义:从上闸首上游边界到引航道口门的距离。对于多线船闸,指最小上游引航道长度。

数据元类型:数字型

数据格式:n..5,1

计量单位:米(m)

5.2.2.1.6 通航建筑物下游引航道长度

编号:HD020201006

数据元名称:通航建筑物下游引航道长度

中文全拼:tong-hang-jian-zhu-wu-xia-you-yin-hang-dao-chang-du

定义:从下闸首下游边界到引航道口门的距离。对于多线船闸,指最小下游引航道长度。

数据元类型:数字型

数据格式:n..5,1

计量单位:米(m)

5.2.2.1.7 通航建筑物上游设计最高通航水位

编号:HD020201007

数据元名称:通航建筑物上游设计最高通航水位

中文全拼:tong-hang-jian-zhu-wu-shang-you-she-ji-zui-gao-tong-hang-shui-wei

定义:通航建筑物上游允许代表船舶或船队正常通航的最高水位。

数据元类型:数字型

数据格式:n..5,1

计量单位:米(m)

5.2.2.1.8 通航建筑物上游设计最低通航水位

编号:HD020201008

数据元名称:通航建筑物上游设计最低通航水位

中文全拼:tong-hang-jian-zhu-wu-shang-you-she-ji-zui-di-tong-hang-shui-wei

定义:通航建筑物上游允许代表船舶或船队正常通航的最低水位。

数据元类型:数字型

数据格式:n..5,1

计量单位:米(m)

5.2.2.1.9 通航建筑物下游设计最高通航水位

编号:HD020201009

数据元名称:通航建筑物下游设计最高通航水位

中文全拼:tong-hang-jian-zhu-wu-xia-you-she-ji-zui-gao-tong-hang-shui-wei

定义:通航建筑物下游允许代表船舶或船队正常通航的最高水位。

数据元类型:数字型

数据格式:n..5,1

计量单位:米(m)

5.2.2.1.10 通航建筑物下游设计最低通航水位

编号:HD020201010

数据元名称:通航建筑物下游设计最低通航水位

中文全拼:tong-hang-jian-zhu-wu-xia-you-she-ji-zui-di-tong-hang-shui-wei

定义:通航建筑物下游允许代表船舶或船队正常通航的最低水位。

数据元类型:数字型

数据格式:n..5,1

计量单位:米(m)

5.2.2.1.11　通航建筑物使用情况

编号:HD020201011

数据元名称:通航建筑物使用情况

中文全拼:tong-hang-jian-zhu-wu-shi-yong-qing-kuang

定义:通航建筑物目前的实际使用情况代码。

数据元类型:数字型

数据格式:n1

值域:见6.13

5.2.2.1.12　通航建筑物上桥梁净高

编号:HD020201012

数据元名称:通航建筑物上桥梁净高

中文全拼:tong-hang-jian-zhu-wu-shang-qiao-liang-jing-gao

定义:通航建筑物上建有的桥梁通航孔两侧墩柱间通航净宽范围内,从桥梁底部最低点至设计最高通航水位间的垂直距离。

数据元类型:数字型

数据格式:n..5,1

计量单位:米(m)

5.2.2.2　通航建筑物货物通过量

5.2.2.2.1　通航建筑物当年上行货物通过量

编号:HD020202001

数据元名称:通航建筑物当年上行货物通过量

中文全拼:tong-hang-jian-zhu-wu-dang-nian-shang-xing-huo-wu-tong-guo-liang

定义:当年通航建筑物的上行货物通过量。

数据元类型:数字型

数据格式:n..8,2

计量单位:万吨

5.2.2.2.2　通航建筑物当年下行货物通过量

编号:HD020202002

数据元名称:通航建筑物当年下行货物通过量

中文全拼:tong-hang-jian-zhu-wu-dang-nian-xia-xing-huo-wu-tong-guo-liang

定义:当年通航建筑物的下行货物通过量。

数据元类型:数字型

数据格式:n..8,2

计量单位:万吨

5.2.2.3　通航建筑物旅客通过量

5.2.2.3.1　通航建筑物当年上行旅客通过量

编号:HD020203001

数据元名称:通航建筑物当年上行旅客通过量

中文全拼:tong-hang-jian-zhu-wu-dang-nian-shang-xing-lv-ke-tong-guo-liang

定义:当年通航建筑物的上行旅客通过量。

数据元类型:数字型

数据格式:n..8,2

计量单位:万人

5.2.2.3.2 通航建筑物当年下行旅客通过量

编号:HD020203002

数据元名称:通航建筑物当年下行旅客通过量

中文全拼:tong-hang-jian-zhu-wu-dang-nian-xia-xing-lv-ke-tong-guo-liang

定义:当年通航建筑物的下行旅客通过量。

数据元类型:数字型

数据格式:n..8,2

计量单位:万人

5.2.2.4 船闸

5.2.2.4.1 船闸名称

编号:HD020204001

数据元名称:船闸名称

中文全拼:chuan-zha-ming-cheng

定义:船闸的名称。

数据元类型:字符型

数据格式:an..100

5.2.2.4.2 船闸属性

编号:HD020204002

数据元名称:船闸属性

中文全拼:chuan-zha-shu-xing

定义:船闸的属性。

数据元类型:数字型

数据格式:n1

值域:见 6.14

5.2.2.4.3 船闸级别

编号:HD020204003

数据元名称:船闸级别

中文全拼:chuan-zha-ji-bie

定义:船闸按其设计最大船舶吨级分类的级别。

数据元类型:数字型

数据格式:n1

值域:见 6.15

5.2.2.4.4 船闸有效长度

编号:HD020204004

数据元名称:船闸有效长度

中文全拼:chuan-zha-you-xiao-chang-du

定义:闸室内可供船舶安全停泊的有效水域长度。有效水域长度为上游边界和下游边界之间的距离,其中上游边界应取下列最下游界面:

a) 帷墙的下游面;

b） 上闸首门龛的下游边缘；

c） 采用头部输水时镇静段长的一端；

d） 其他伸向下游构件占用闸室长度的下游边缘。

下游边界应取下列最上游界面：

a） 下闸首门龛的上游边缘；

b） 双向水头采用头部输水时镇静段长的一端；

c） 防撞装置的上游面；

d） 其他伸向上游构件占用闸室长度的上游边缘。

数据元类型:数字型

数据格式:n..5,1

计量单位:米(m)

5.2.2.4.5 船闸有效宽度

编号:HD020204005

数据元名称:船闸有效宽度

中文全拼:chuan-zha-you-xiao-kuan-du

定义:闸室两侧闸墙面间的最小净宽度。

数据元类型:数字型

数据格式:n..5,1

计量单位:米(m)

5.2.2.4.6 船闸闸首口门宽度

编号:HD020204006

数据元名称:船闸闸首口门宽度

中文全拼:chuan-zha-zha-shou-kou-men-kuan-du

定义:船闸闸首两边墩内侧墙面间的最小净宽度。

数据元类型:数字型

数据格式:n..5,1

计量单位:米(m)

5.2.2.4.7 船闸闸槛最小水深

编号:HD020204007

数据元名称:船闸闸槛最小水深

中文全拼:chuan-zha-zha-kan-zui-xiao-shui-shen

定义:又称门槛最小水深,为设计最低通航水位至门槛顶部的最小垂直距离。

数据元类型:数字型

数据格式:n..5,1

计量单位:米(m)

5.2.2.4.8 船闸设计单位

编号:HD020204008

数据元名称:船闸设计单位

中文全拼:chuan-zha-she-ji-dan-wei

定义:船闸设计单位的名称。

数据元类型:字符型

数据格式:an..100

5.2.2.4.9 船闸施工单位

编号:HD020204009
数据元名称:船闸施工单位
中文全拼:chuan-zha-shi-gong-dan-wei
定义:船闸施工单位的名称。
数据元类型:字符型
数据格式:an..100

5.2.2.4.10 船闸监理单位
编号:HD020204010
数据元名称:船闸监理单位
中文全拼:chuan-zha-jian-li-dan-wei
定义:船闸施工监理单位的名称。
数据元类型:字符型
数据格式:an..100

5.2.2.4.11 船闸管理单位
编号:HD020204011
数据元名称:船闸管理单位
中文全拼:chuan-zha-guan-li-dan-wei
定义:对船闸行使管理维护职能的单位的名称。
数据元类型:字符型
数据格式:an..100

5.2.2.4.12 船闸造价
编号:HD020204012
数据元名称:船闸造价
中文全拼:chuan-zha-zao-jia
定义:船闸总造价。
数据元类型:数字型
数据格式:n..7,2
计量单位:万元

5.2.2.5 升船机

5.2.2.5.1 升船机型式
编号:HD020205001
数据元名称:升船机型式
中文全拼:sheng-chuan-ji-xing-shi
定义:升船机按使用型式的不同分类。
数据元类型:字符型
数据格式:n1
值域:见6.16

5.2.2.5.2 升船机厢(架)长
编号:HD020205002
数据元名称:升船机厢(架)长
中文全拼:sheng-chuan-ji-xiang-jia-chang
定义:当升船机的型式是湿运型式时,厢长指承船厢的有效长度,可参照船闸长度;当升船机的型式是干运型式时,架长指承船架的有效长度。

数据元类型:数字型

数据格式:n..5,1

计量单位:米(m)

5.2.2.5.3 升船机厢(架)宽度

编号:HD020205003

数据元名称:升船机厢(架)宽度

中文全拼:sheng-chuan-ji-xiang-jia-kuan-du

定义:当升船机的型式是湿运型式时,厢长指承船厢的有效宽度,可参照船闸宽度;当升船机的型式是干运型式时,架宽指承船架的有效宽度。

数据元类型:数字型

数据格式:n..5,1

计量单位:米(m)

5.2.2.5.4 升船机水深

编号:HD020205004

数据元名称:升船机水深

中文全拼:sheng-chuan-ji-shui-shen

定义:当升船机型式是湿运型式时,升船机才有水深项,指升船机的承船厢的设计水深。

数据元类型:数字型

数据格式:n..5,1

计量单位:米(m)

5.2.2.6 可通航节制闸

5.2.2.6.1 可通航节制闸通航孔个数

编号:HD020206001

数据元名称:可通航节制闸通航孔个数

中文全拼:ke-tong-hang-jie-zhi-zha-tong-hang-kong-ge-shu

定义:可通航节制闸的通航孔个数。

数据元类型:数字型

数据格式:n..2

计量单位:个

5.2.2.6.2 可通航节制闸口门宽

编号:HD020206002

数据元名称:可通航节制闸口门宽

中文全拼:ke-tong-hang-jie-zhi-zha-kou-men-kuan

定义:可通航节制闸闸首两边墩内侧墙面间的最小净宽度。

数据元类型:数字型

数据格式:n..5,1

计量单位:米(m)

5.2.2.6.3 可通航节制闸门槛水深

编号:HD020206003

数据元名称:可通航节制闸门槛水深

中文全拼:ke-tong-hang-jie-zhi-zha-men-kan-shui-shen

定义:设计最低通航水位至可通航节制闸门槛顶部的最小垂直距离。

数据元类型:数字型

数据格式:n..5,1

计量单位:米(m)

5.2.2.6.4 可通航节制闸口门净高

编号:HD020206004

数据元名称:可通航节制闸口门净高

中文全拼:ke-tong-hang-jie-zhi-zha-kou-men-jing-gao

定义:可通航节制闸闸首的顶部到航道水面的最小净高度。

数据元类型:数字型

数据格式:n..5,1

计量单位:米(m)

5.2.2.7 套闸

5.2.2.7.1 套闸有效长度

编号:HD020207001

数据元名称:套闸有效长度

中文全拼:tao-zha-you-xiao-chang-du

定义:船舶通过套闸时,闸室内可供船舶安全停泊的水域长度,有效长度为上游边界和下游边界之间的距离。

数据元类型:数字型

数据格式:n..5,1

计量单位:米(m)

5.2.2.7.2 套闸口门宽

编号:HD020207002

数据元名称:套闸口门宽

中文全拼:tao-zha-kou-men-kuan

定义:套闸两边墩内侧墙面间的最小净宽度。

数据元类型:数字型

数据格式:n..5,1

计量单位:米(m)

5.2.2.7.3 套闸门槛水深

编号:HD020207003

数据元名称:套闸门槛水深

中文全拼:tao-zha-men-kan-shui-shen

定义:设计最低通航水位至套闸门槛顶部的最小垂直距离。

数据元类型:数字型

数据格式:n..5,1

计量单位:米(m)

5.3 过河(海)建筑物

5.3.1 水上过河(海)建筑物

5.3.1.1 水上过河(海)建筑物基本信息

5.3.1.1.1 水上过河(海)建筑物名称

编号:HD030101001

数据元名称:水上过河(海)建筑物名称

中文全拼:shui-shang-guo-he-hai-jian-zhu-wu-ming-cheng

定义:水上过河(海)建筑物的名称。
数据元类型:字符型
数据格式:an..100

5.3.1.1.2 水上过河(海)建筑物管理单位名称
编号:HD030101002
数据元名称:水上过河(海)建筑物管理单位名称
中文全拼:shui-shang-guo-he-hai-jian-zhu-wu-guan-li-dan-wei-ming-cheng
定义:对水上过河(海)建筑物行使管理维护职能的单位的名称。
数据元类型:字符型
数据格式:an..100

5.3.1.1.3 水上过河(海)建筑物建成年份
编号:HD030101003
数据元名称:水上过河(海)建筑物建成年份
中文全拼:shui-shang-guo-he-hai-jian-zhu-wu-jian-cheng-nian-fen
定义:水上过河(海)建筑物建成后正式交付使用的年份。对于改建的水上过河(海)建筑物,指改造工程正式验收的年份。
数据元类型:日期型
数据格式:YYYY

5.3.1.1.4 水上过河(海)建筑物距航道起点里程
编号:HD030101004
数据元名称:水上过河(海)建筑物距航道起点里程
中文全拼:shui-shang-guo-he-hai-jian-zhu-wu-ju-hang-dao-qi-dian-li-cheng
定义:水上过河(海)建筑物中心点距航道起点的里程。
数据元类型:数字型
数据格式:n..6,2
计量单位:千米(km)

5.3.1.1.5 水上过河(海)建筑物审批单位
编号:HD030101005
数据元名称:水上过河(海)建筑物审批单位
中文全拼:shui-shang-guo-he-hai-jian-zhu-wu-shen-pi-dan-wei
定义:水上过河(海)建筑物建造的审批单位名称。
数据元类型:字符型
数据格式:an..100

5.3.1.1.6 水上过河(海)建筑物审批文号
编号:HD030101006
数据元名称:水上过河(海)建筑物审批文号
中文全拼:shui-shang-guo-he-hai-jian-zhu-wu-shen-pi-wen-hao
定义:水上过河(海)建筑物通过审批的审批文号。
数据元类型:字符型
数据格式:an..30

5.3.1.1.7 水上过河(海)建筑物审批时间
编号:HD030101007
数据元名称:水上过河(海)建筑物审批时间

中文全拼:shui-shang-guo-he-hai-jian-zhu-wu-shen-pi-shi-jian

定义:水上过河(海)建筑物建造通过审批的时间。

数据元类型:日期型

数据格式:YYYYMM

5.3.1.1.8　水上过河(海)建筑物种类

编号:HD030101008

数据元名称:水上过河(海)建筑物种类

中文全拼:shui-shang-guo-he-hai-jian-zhu-wu-zhong-lei

定义:水上过河(海)建筑物的种类。

数据元类型:数字型

数据格式:n1

值域:见6.17

5.3.1.1.9　水上过河(海)建筑物通航净空高度

编号:HD030101009

数据元名称:水上过河(海)建筑物通航净空高度

中文全拼:shui-shang-guo-he-hai-jian-zhu-wu-tong-hang-jing-kong-gao-du

定义:在水上过河(海)建筑物的通航孔两侧墩柱间通航净宽范围内,从建筑物梁底最低点至设计最高通航水位间的垂直距离。

数据元类型:数字型

数据格式:n..5,1

计量单位:米(m)

5.3.1.2　桥梁

5.3.1.2.1　桥梁通航孔数

编号:HD030102001

数据元名称:桥梁通航孔数

中文全拼:qiao-liang-tong-hang-kong-shu

定义:桥梁能够用来通航船舶的桥孔孔数。

数据元类型:数字型

数据格式:n..2

计量单位:个

5.3.1.2.2　桥梁通航孔通航净空宽度

编号:HD030102002

数据元名称:桥梁通航孔通航净空宽度

中文全拼:qiao-liang-tong-hang-kong-tong-hang-jing-kong-kuan-du

定义:在桥梁通航孔两侧墩柱的内空范围内,可供船舶或船队安全航行的有效宽度。

数据元类型:数字型

数据格式:n..5,1

计量单位:米(m)

备注:图3中的 B_M 为桥梁净宽

5.3.1.2.3　桥梁通航孔上底宽

编号:HD030102003

数据元名称:桥梁通航孔上底宽

中文全拼:qiao-liang-tong-hang-kong-shang-di-kuan

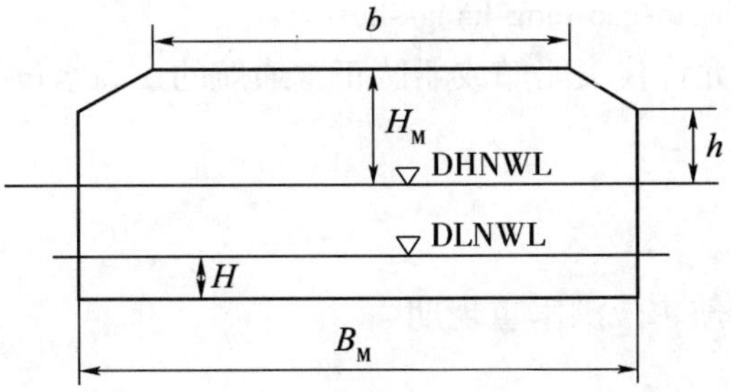

图3 桥梁横断面图

H_M-通航净空高度；B_M-通航净空宽度；h-通航净空侧高；b-通航净空上底宽；H-航道规划水深；DHNWL-设计最高通航水位；DLNWL-设计最低通航水位

定义：桥梁主通航孔通航净空范围内桥梁上底的宽度。

数据元类型：数字型

数据格式：n..5,1

计量单位：米(m)

备注：图3中的 b 为桥梁的上底宽

5.3.1.2.4 桥梁通航孔侧高

编号：HD030102004

数据元名称：桥梁通航孔侧高

中文全拼：qiao-liang-tong-hang-kong-ce-gao

定义：桥梁主通航孔通航净空范围内从设计最高通航水位到桥梁上底的高度值。

数据元类型：数字型

数据格式：n..5,1

计量单位：米(m)

备注：图3中的 h 为桥梁的侧高

5.3.1.2.5 桥梁桥面宽度

编号：HD030102005

数据元名称：桥梁桥面宽度

中文全拼：qiao-liang-qiao-mian-kuan-du

定义：桥梁沿河流方向的桥面宽度，即垂直于桥梁中心线的桥面宽度。

数据元类型：数字型

数据格式：n..5,1

计量单位：米(m)

5.3.1.2.6 桥梁主通航孔梁底高程

编号：HD030102006

数据元名称：桥梁主通航孔梁底高程

中文全拼：qiao-liang-zhu-tong-hang-kong-liang-di-gao-cheng

定义：桥梁主通航孔通航净空范围内桥梁最低点的高程值。

数据元类型：数字型

数据格式：n..8,2

计量单位：米(m)

5.3.1.2.7 桥梁设计最高通航水位

编号：HD030102007

数据元名称：桥梁设计最高通航水位

中文全拼:qiao-liang-she-ji-zui-gao-tong-hang-shui-wei

定义:桥梁设计所采用的允许代表船舶或船队正常通航的最高水位。

数据元类型:数字型

数据格式:n..5,1

计量单位:米(m)

5.3.1.2.8 桥梁设计最高通航水位洪水重现期

编号:HD030102008

数据元名称:桥梁设计最高通航水位洪水重现期

中文全拼:qiao-liang-she-ji-zui-gao-tong-hang-shui-wei-hong-shui-chong-xian-qi

定义:根据多年水文资料统计计算,设计最高通航水位可能再次出现的平均间隔年数。

数据元类型:数字型

数据格式:n..4

计量单位:年

5.3.1.2.9 桥梁结构型式

编号:HD030102009

数据元名称:桥梁结构型式

中文全拼:qiao-liang-jie-gou-xing-shi

定义:根据桥梁空间结构型式进行分类。

数据元类型:数字型

数据格式:n1

值域:见6.18

5.3.1.2.10 桥梁用途分类

编号:HD030102010

数据元名称:桥梁用途分类

中文全拼:qiao-liang-yong-tu-fen-lei

定义:桥梁根据使用桥梁的交通工具类型和型式进行分类。

数据元类型:数字型

数据格式:n1

值域:见6.19

5.3.1.2.11 桥梁位置经度

编号:HD030102011

数据元名称:桥梁位置经度

中文全拼:qiao-liang-wei-zhi-jing-du

定义:桥梁中心点的经度,采用WGS-84坐标系。

数据元类型:数字型

数据格式:an..14

5.3.1.2.12 桥梁位置纬度

编号:HD030102012

数据元名称:桥梁位置纬度

中文全拼:qiao-liang-wei-zhi-wei-du

定义:桥梁中心点的纬度,采用WGS-84坐标系。

数据元类型:数字型

数据格式:an..14

5.3.1.3 渡槽

5.3.1.3.1 渡槽通航孔数

编号:HD030103001

数据元名称:渡槽通航孔数

中文全拼:du-cao-tong-hang-kong-shu

定义:渡槽能够用来通航船舶的通航孔个数。

数据元类型:数字型

数据格式:n..2

计量单位:个

5.3.1.3.2 渡槽通航孔通航净空宽度

编号:HD030103002

数据元名称:渡槽通航孔通航净空宽度

中文全拼:du-cao-tong-hang-kong-tong-hang-jing-kong-kuan-du

定义:在渡槽通航孔两侧墩柱的内空范围内,可供船舶或船队安全航行的有效宽度。

数据元类型:数字型

数据格式:n..5,1

计量单位:米(m)

备注:图3中 B_M 为渡槽净宽

5.3.1.3.3 渡槽通航孔上底宽

编号:HD030103003

数据元名称:渡槽通航孔上底宽

中文全拼:du-cao-tong-hang-kong-shang-di-kuan

定义:在渡槽通航孔两侧墩柱的内空范围内,可供船舶或船队安全航行的渡槽上底宽度。

数据元类型:数字型

数据格式:n..5,1

计量单位:米(m)

备注:图3中的 b 为上底宽

5.3.1.3.4 渡槽通航孔侧高

编号:HD030103004

数据元名称:渡槽通航孔侧高

中文全拼:du-cao-tong-hang-kong-ce-gao

定义:在渡槽通航孔两侧墩柱的内空范围内,可供船舶或船队安全航行的设计通航水位到渡槽上底的高度值。

数据元类型:数字型

数据格式:n..5,1

计量单位:米(m)

备注:图3中的 h 为侧高

5.3.1.3.5 渡槽宽度

编号:HD030103005

数据元名称:渡槽宽度

中文全拼:du-cao-kuan-du

定义:渡槽沿河流方向的宽度,即垂直于渡槽中心线的渡槽净宽。

数据元类型:数字型

数据格式:n..5,1

计量单位:米(m)

5.3.1.3.6 渡槽设计最高通航水位

编号:HD030103006

数据元名称:渡槽设计最高通航水位

中文全拼:du-cao-she-ji-zui-gao-tong-hang-shui-wei

定义:渡槽设计所采用的允许代表船舶或船队正常通航的最高水位。

数据元类型:数字型

数据格式:n..5,1

计量单位:米(m)

5.3.1.3.7 渡槽设计最高通航水位洪水重现期

编号:HD030103007

数据元名称:渡槽设计最高通航水位洪水重现期

中文全拼:du-cao-she-ji-zui-gao-tong-hang-shui-wei-hong-shui-chong-xian-qi

定义:根据多年水文资料统计计算,设计最高通航水位可能再次出现的平均间隔年数。

数据元类型:数字型

数据格式:n..4

计量单位:年

5.3.1.3.8 渡槽位置经度

编号:HD030103008

数据元名称:渡槽位置经度

中文全拼:du-cao-wei-zhi-jing-du

定义:渡槽中心点的经度,采用 WGS-84 坐标系。

数据元类型:数字型

数据格式:an..14

5.3.1.3.9 渡槽位置纬度

编号:HD030103009

数据元名称:渡槽位置纬度

中文全拼:du-cao-wei-zhi-wei-du

定义:渡槽中心点的纬度,采用 WGS-84 坐标系。

数据元类型:数字型

数据格式:an..14

5.3.2 水下过河(海)建筑物

5.3.2.1 水下过河(海)建筑物名称

编号:HD030200001

数据元名称:水下过河(海)建筑物名称

中文全拼:shui-xia-guo-he-hai-jian-zhu-wu-ming-cheng

定义:水下过河(海)建筑物的名称。

数据元类型:字符型

数据格式:an..60

5.3.2.2 水下过河(海)建筑物管理单位名称

编号:HD030200002

数据元名称:水下过河(海)建筑物管理单位名称

中文全拼:shui-xia-guo-he-hai-jian-zhu-wu-guan-li-dan-wei-ming-cheng

定义:对水下过河(海)建筑物行使管理维护职能的单位的名称。

数据元类型:字符型

数据格式:an..100

5.3.2.3 水下过河(海)建筑物建成年份

编号:HD030200003

数据元名称:水下过河(海)建筑物建成年份

中文全拼:shui-xia-guo-he-hai-jian-zhu-wu-jian-cheng-nian-fen

定义:水下过河(海)建筑物建成后正式交付使用的年份。对于改建的水下过河建筑物,指改造工程正式验收的年份。

数据元类型:日期型

数据格式:YYYY

计量单位:年

5.3.2.4 水下过河(海)建筑物距航道起点里程

编号:HD030200004

数据元名称:水下过河(海)建筑物距航道起点里程

中文全拼:shui-xia-guo-he-hai-jian-zhu-wu-ju-hang-dao-qi-dian-li-cheng

定义:水下过河(海)建筑物中心点距航道起点的里程。

数据元类型:数字型

数据格式:n..6,2

计量单位:千米(km)

5.3.2.5 水下过河(海)建筑物审批单位

编号:HD030200005

数据元名称:水下过河(海)建筑物审批单位

中文全拼:shui-xia-guo-he-hai-jian-zhu-wu-shen-pi-dan-wei

定义:水下过河(海)建筑物建设审批单位的名称。

数据元类型:字符型

数据格式:an..100

5.3.2.6 水下过河(海)建筑物审批文号

编号:HD030200006

数据元名称:水下过河(海)建筑物审批文号

中文全拼:shui-xia-guo-he-hai-jian-zhu-wu-shen-pi-wen-hao

定义:水下过河(海)建筑物通过审批的审批文号。

数据元类型:字符型

数据格式:an..30

5.3.2.7 水下过河(海)建筑物审批时间

编号:HD030200007

数据元名称:水下过河(海)建筑物审批时间

中文全拼:shui-xia-guo-he-hai-jian-zhu-wu-shen-pi-shi-jian

定义:水下过河(海)建筑物通过审批的时间。

数据元类型:日期型

数据格式:YYYYMM

5.3.2.8 水下过河(海)建筑物种类

编号:HD030200008
数据元名称:水下过河(海)建筑物种类
中文全拼:shui-xia-guo-he-hai-jian-zhu-wu-zhong-lei
定义:水下过河(海)建筑物的种类。
数据元类型:数字型
数据格式:n1
值域:见6.20

5.3.2.9 水下过河(海)建筑物顶部设置深度

编号:HD030200009
数据元名称:水下过河(海)建筑物顶部设置深度
中文全拼:shui-xia-guo-he-hai-jian-zhu-wu-ding-bu-she-zhi-shen-du
定义:水下过河(海)建筑物在规划航道底标高以下的设置深度。
数据元类型:数字型
数据格式:n..5,1
计量单位:米(m)

5.4 临河(海)设施

5.4.1 临河(海)设施基本信息

5.4.1.1 临河(海)设施名称

编号:HD040100001
数据元名称:临河(海)设施名称
中文全拼:lin-he-hai-she-shi-ming-cheng
定义:临河(海)设施的名称。
数据元类型:字符型
数据格式:an..100

5.4.1.2 临河(海)设施类型

编号:HD040100002
数据元名称:临河(海)设施类型
中文全拼:lin-he-hai-she-shi-lei-xing
定义:临河(海)设施的具体类型。
数据元类型:数字型
数据格式:n1
值域:见6.21

5.4.1.3 临河(海)设施起点距航道起点里程

编号:HD040100003
数据元名称:临河(海)设施起点距航道起点里程
中文全拼:lin-he-hai-she-shi-qi-dian-ju-hang-dao-qi-dian-li-cheng
定义:临河(海)设施起点距航道起点的里程。
数据元类型:数字型
数据格式:n..6,2
计量单位:千米(km)

5.4.1.4 临河(海)设施建成年份

编号:HD040100004
数据元名称:临河(海)设施建成年份

中文全拼:lin-he-hai-she-shi-jian-cheng-nian-fen

定义:临河(海)设施的建成年份。

数据元类型:日期型

数据格式:YYYY

5.4.1.5 临河(海)设施管理单位名称

编号:HD040100005

数据元名称:临河(海)设施管理单位名称

中文全拼:lin-he-hai-she-shi-guan-li-dan-wei-ming-cheng

定义:对临河(海)设施行使管理维护职能的单位的名称。

数据元类型:字符型

数据格式:an..100

5.4.1.6 临河(海)设施审批单位

编号:HD040100006

数据元名称:临河(海)设施审批单位

中文全拼:lin-he-hai-she-shi-shen-pi-dan-wei

定义:临河(海)设施建造审批单位的名称。

数据元类型:字符型

数据格式:an..100

5.4.1.7 临河(海)设施审批文号

编号:HD040100007

数据元名称:临河(海)设施审批文号

中文全拼:lin-he-hai-she-shi-shen-pi-wen-hao

定义:临河(海)设施建造通过审批的审批文号。

数据元类型:字符型

数据格式:an..30

5.4.1.8 临河(海)设施审批时间

编号:HD040100008

数据元名称:临河(海)设施审批时间

中文全拼:lin-he-hai-she-shi-shen-pi-shi-jian

定义:临河(海)设施建造通过审批的时间。

数据元类型:日期型

数据格式:YYYYMM

5.4.2 临河(海)设施位置信息

5.4.2.1 临河(海)设施起点经度

编号:HD040200001

数据元名称:临河(海)设施起点经度

中文全拼:lin-he-hai-she-shi-qi-dian-jing-du

定义:临河(海)设施起点处的经度,采用 WGS-84 坐标系。

数据元类型:数字型

数据格式:an..14

5.4.2.2 临河(海)设施起点纬度

编号:HD040200002

数据元名称:临河(海)设施起点纬度

中文全拼:lin-he-hai-she-shi-qi-dian-wei-du

定义:临河(海)设施起点处的纬度,采用 WGS-84 坐标系。

数据元类型:数字型

数据格式:an..14

5.4.2.3　临河(海)设施终点经度

编号:HD040200003

数据元名称:临河(海)设施终点经度

中文全拼:lin-he-hai-she-shi-zhong-dian-jing-du

定义:临河(海)设施终点处的经度,采用 WGS-84 坐标系。

数据元类型:数字型

数据格式:an..14

5.4.2.4　临河(海)设施终点纬度

编号:HD040200004

数据元名称:临河(海)设施终点纬度

中文全拼:lin-he-hai-she-shi-zhong-dian-wei-du

定义:临河(海)设施终点处的纬度,采用 WGS-84 坐标系。

数据元类型:数字型

数据格式:an..14

5.4.2.5　临河(海)设施占用岸线长度

编号:HD040200005

数据元名称:临河(海)设施占用岸线长度

中文全拼:lin-he-hai-she-shi-zhan-yong-an-xian-chang-du

定义:临河(海)设施所占用的沿岸的水边线长度,包括临河设施的过渡距离和安全距离。

数据元类型:数字型

数据格式:n..5,1

计量单位:米(m)

5.4.2.6　临河(海)设施所在航道岸别

编号:HD040200006

数据元名称:临河(海)设施所在航道岸别

中文全拼:lin-he-hai-she-shi-suo-zai-hang-dao-an-bie

定义:临河(海)设施位于航道的岸别。

数据元类型:字符型

数据格式:n1

值域:见 6.9

5.4.3　码头泊位

按照 JT/T 697.3—2007 的 4.1.3.2。

5.4.4　抽排水站

5.4.4.1　抽排水站瞬时最大流量

编号:HD040400001

数据元名称:抽排水站瞬时最大流量

中文全拼:chou-pai-shui-zhan-shun-shi-zui-da-liu-liang

定义:抽排水站瞬时抽排水的最大流量值。

数据元类型:数字型

数据格式:n..5,2

计量单位:吨(t)

5.4.4.2 抽排水站水泵型号

编号:HD040400002

数据元名称:抽排水站水泵型号

中文全拼:chou-pai-shui-zhan-shui-beng-xing-hao

定义:排水站使用水泵的型号。

数据元类型:字符型

数据格式:an..50

5.4.4.3 抽排水站水泵数量

编号:HD040400003

数据元名称:抽排水站水泵数量

中文全拼:chou-pai-shui-zhan-shui-beng-shu-liang

定义:抽排水站拥有水泵的数量。

数据元类型:数字型

数据格式:n..3

计量单位:个

5.4.5 临河(海)船厂

5.4.5.1 临河(海)船厂年造船总吨位

编号:HD040500001

数据元名称:临河(海)船厂年造船总吨位

中文全拼:lin-he-hai-chuan-chang-nian-zao-chuan-zong-dun-wei

定义:临河(海)船厂每年的造船总吨位。

数据元类型:数字型

数据格式:n..9,2

计量单位:吨(t)

5.4.5.2 临河(海)船厂最大船舶吨位

编号:HD040500002

数据元名称:临河(海)船厂最大船舶吨位

中文全拼:lin-he-hai-chuan-chang-zui-da-chuan-bo-dun-wei

定义:临河(海)船厂建造的最大船舶吨位。

数据元类型:数字型

数据格式:n..7,2

计量单位:吨(t)

5.5 航标

5.5.1 航标管理单位名称

编号:HD050000001

数据元名称:航标管理单位名称

中文全拼:hang-biao-guan-li-dan-wei-ming-cheng

定义:对航标行使管理维护职能的管理单位名称。

数据元类型:字符型

数据格式:an..100

5.5.2 海区航标所属海区名称

编号:HD050000002
数据元名称:海区航标所属海区名称
中文全拼:hai-qu-hang-biao-suo-shu-hai-qu-ming-cheng
定义:根据海区航标所在水域位置确定的其归属的海区名称。
数据元类型:字符型
数据格式:an..100

5.5.3 航标名称标号

编号:HD050000003
数据元名称:航标名称标号
中文全拼:hang-biao-ming-cheng-biao-hao
定义:航标的名称、标号。
数据元类型:字符型
数据格式:an..60

5.5.4 航标标志类别

编号:HD050000004
数据元名称:航标标志类别
中文全拼:hang-biao-biao-zhi-lei-bie
定义:根据功能划分的航标类别。
数据元类型:数字型
数据格式:n3
值域:见6.22

5.5.5 航标所在岸别

编号:HD050000005
数据元名称:航标所在岸别
中文全拼:hang-biao-suo-zai-an-bie
定义:岸标设置处位于航道两岸的岸别。
数据元类型:数字型
数据格式:n1
值域:见6.9

5.5.6 标体颜色

编号:HD050000006
数据元名称:标体颜色
中文全拼:biao-ti-yan-se
定义:航标标体的颜色。
数据元类型:字符型
数据格式:an..50

5.5.7 航标光色

编号:HD050000007
数据元名称:航标光色
中文全拼:hang-biao-guang-se
定义:航标灯灯光的颜色。
数据元类型:字符型
数据格式:an..50

5.5.8 标灯灯质

编号:HD050000008

数据元名称:标灯灯质

中文全拼:biao-deng-deng-zhi

定义:航标标灯的灯质,主要包括对航标标灯的颜色、闪光类型等内容的描述。

数据元类型:字符型

数据格式:an..100

5.5.9 标灯能源

编号:HD050000009

数据元名称:标灯能源

中文全拼:biao-deng-neng-yuan

定义:航标标灯能量的来源。

数据元类型:数字型

数据格式:n2

值域:见6.23

5.5.10 航标构造

编号:HD050000010

数据元名称:航标构造

中文全拼:hang-biao-gou-zao

定义:航标的结构型式。

数据元类型:字符型

数据格式:an..35

备注:例如,锥形顶柱

5.5.11 设标水深

编号:HD050000011

数据元名称:设标水深

中文全拼:she-biao-shui-shen

定义:根据不同水位时期对水深的要求,航标所标示的航道范围内应有的最小水深。

数据元类型:数字型

数据格式:n..5,1

计量单位:米(m)

5.5.12 标志视距

编号:HD050000012

数据元名称:标志视距

中文全拼:biao-zhi-shi-ju

定义:当航标只受地球曲率、大气折射、目标或者灯标的海拔高度和观察者眼高限制时,理论上能被观察者看到的最大距离。

数据元类型:数字型

数据格式:n..5,2

计量单位:千米(km)

5.5.13 航标标灯灯光射程

编号:HD050000013

数据元名称:航标标灯灯光射程

中文全拼:hang-biao-biao-deng-deng-guang-she-cheng

定义:由光的光强、大气透射率及观测者眼睛的阈值三个因素所决定的航标标灯灯光最大可见距离。

数据元类型:数字型

数据格式:n..5,2

计量单位:千米(km)

5.5.14 锚链长度

编号:HD050000014

数据元名称:锚链长度

中文全拼:mao-lian-chang-du

定义:浮标锚链的长度。

数据元类型:数字型

数据格式:n..5,1

计量单位:米(m)

5.5.15 设标时间

编号:HD050000015

数据元名称:设标时间

中文全拼:she-biao-shi-jian

定义:航标最初设置的时间。

数据元类型:日期型

数据格式:YYYYMM

5.5.16 最近维护时间

编号:HD050000016

数据元名称:最近维护时间

中文全拼:zui-jin-wei-hu-shi-jian

定义:航标最近一次进行维护的时间。

数据元类型:日期型

数据格式:YYYYMM

5.5.17 设标地点经度

编号:HD050000017

数据元名称:设标地点经度

中文全拼:she-biao-di-dian-jing-du

定义:设标地点的经度,采用 WGS-84 坐标系。

数据元类型:字符型

数据格式:an..14

5.5.18 设标地点纬度

编号:HD050000018

数据元名称:设标地点纬度

中文全拼:she-biao-di-dian-wei-du

定义:设标地点的纬度,采用 WGS-84 坐标系。

数据元类型:字符型

数据格式:an..14

5.5.19 航标遥测号码

编号:HD050000019

数据元名称:航标遥测号码

中文全拼:hang-biao-yao-ce-hao-ma

定义:对航标进行遥控遥测的号码。

数据元类型:字符型

数据格式:an..20

5.6 航道管理机构及养护力量

5.6.1 航道管理机构基本信息

5.6.1.1 航道管理机构名称

编号:HD060100001

数据元名称:航道管理机构名称

中文全拼:hang-dao-guan-li-ji-gou-ming-cheng

定义:对航道行使维护管理职能的单位的名称。

数据元类型:字符型

数据格式:an..100

5.6.1.2 航道管理机构所属行政区域

编号:HD060100002

数据元名称:航道管理机构所属行政区域

中文全拼:hang-dao-guan-li-ji-gou-suo-shu-xing-zheng-qu-yu

定义:负责航道管理的机构所属的行政区划代码或管理部门名称。

数据元类型:字符型

数据格式:an..100

值域:见6.4

备注:地方航道管理机构所属行政区域指航道管理机构归属的省(自治区、直辖市)、地市(地区、州、盟)、县(区、旗)的行政区划代码,部直属航道管理机构则填写其对应的管理部门。

5.6.1.3 航道管理机构级别

编号:HD060100003

数据元名称:航道管理机构级别

中文全拼:hang-dao-guan-li-ji-gou-ji-bie

定义:航道管理机构的级别。

数据元类型:数字型

数据格式:n1

值域:见6.24

5.6.1.4 航道管理机构航道管理人员数

编号:HD060100004

数据元名称:航道管理机构航道管理人员数

中文全拼:hang-dao-guan-li-ji-gou-hang-dao-guan-li-ren-yuan-shu

定义:航道管理机构的航道管理人员人数。

数据元类型:数字型

数据格式:n..4

计量单位:人

5.6.1.5 航道管理机构通讯地址

编号:HD060100005

数据元名称:航道管理机构通讯地址

中文全拼:hang-dao-guan-li-ji-gou-tong-xun-di-zhi
定义:航道管理机构的通讯地址。
数据元类型:字符型
数据格式:an..60

5.6.1.6 航道管理机构邮政编码

编号:HD060100006
数据元名称:航道管理机构邮政编码
中文全拼:hang-dao-guan-li-ji-gou-you-zheng-bian-ma
定义:航道管理机构的邮政编码。
数据元类型:数字型
数据格式:n6

5.6.1.7 航道管理机构法人代表

编号:HD060100007
数据元名称:航道管理机构法人代表
中文全拼:hang-dao-guan-li-ji-gou-fa-ren-dai-biao
定义:航道管理机构法人代表的姓名。
数据元类型:字符型
数据格式:an..30

5.6.2 航道管理机构及养护力量联系人

5.6.2.1 航道管理机构联系人姓名

编号:HD060200001
数据元名称:航道管理机构联系人姓名
中文全拼:hang-dao-guan-li-ji-gou-lian-xi-ren-xing-ming
定义:航道管理机构指定的联系人姓名。
数据元类型:字符型
数据格式:an..30

5.6.2.2 航道管理机构联系人部门

编号:HD060200002
数据元名称:航道管理机构联系人部门
中文全拼:hang-dao-guan-li-ji-gou-lian-xi-ren-bu-men
定义:联系人工作部门名称。
数据元类型:字符型
数据格式:an..100

5.6.2.3 航道管理机构联系人职务职称

编号:HD060200003
数据元名称:航道管理机构联系人职务职称
中文全拼:hang-dao-guan-li-ji-gou-lian-xi-ren-zhi-wu-zhi-cheng
定义:航道管理机构联系人的职务、职称。
数据元类型:字符型
数据格式:an..50

5.6.2.4 航道管理机构联系人办公室电话

编号:HD060200004
数据元名称:航道管理机构联系人办公室电话

中文全拼:hang-dao-guan-li-ji-gou-lian-xi-ren-ban-gong-shi-dian-hua

定义:航道管理机构联系人办公室的电话号码。

数据元类型:字符型

数据格式:an..20

5.6.3 航道管理机构拥有的设备数据

5.6.3.1 航道管理机构拥有的设备类型

编号:HD060300001

数据元名称:航道管理机构拥有的设备类型

中文全拼:hang-dao-guan-li-ji-gou-yong-you-de-she-bei-lei-xing

定义:航道管理机构拥有的设备的类型,主要包括挖泥船、泥驳、吹泥船、航标船、拖轮、打捞船、住宿船和测量船等反映管理机构基本管理能力的设备。

数据元类型:数字型

数据格式:n2

值域:见6.25

5.6.3.2 航道管理机构拥有的设备型号

编号:HD060300002

数据元名称:航道管理机构拥有的设备型号

中文全拼:hang-dao-guan-li-ji-gou-yong-you-de-she-bei-xing-hao

定义:航道管理机构拥有设备的详细型号。

数据元类型:字符型

数据格式:an..50

5.6.3.3 航道管理机构所拥有设备的制造单位

编号:HD060300003

数据元名称:航道管理机构所拥有设备的制造单位

中文全拼:hang-dao-guan-li-ji-gou-suo-yong-you-she-bei-de-zhi-zao-dan-wei

定义:航道管理机构所拥有设备的制造单位名称。

数据元类型:字符型

数据格式:an..100

5.6.3.4 航道管理机构拥有的设备原价值

编号:HD060300004

数据元名称:航道管理机构拥有的设备原价值

中文全拼:hang-dao-guan-li-ji-gou-yong-you-de-she-bei-yuan-jia-zhi

定义:航道管理机构所拥有设备在购买时的价格。

数据元类型:数字型

数据格式:n..8,2

计量单位:万元

5.6.3.5 航道管理机构拥有的设备生产能力数值

编号:HD060300005

数据元名称:航道管理机构拥有的设备生产能力数值

中文全拼:hang-dao-guan-li-ji-gou-yong-you-de-she-bei-sheng-chan-neng-li-shu-zhi

定义:航道管理机构拥有的设备生产能力的数值。

数据元类型:数字型

数据格式:n..7,2

5.6.3.6 航道管理机构拥有的设备生产能力单位

编号:HD060300006

数据元名称:航道管理机构拥有的设备生产能力单位

中文全拼:hang-dao-guan-li-ji-gou-yong-you-de-she-bei-sheng-chan-neng-li-dan-wei

定义:航道管理机构拥有的设备生产能力的单位。

数据元类型:字符型

数据格式:an..20

5.6.3.7 航道管理机构拥有的设备购置时间

编号:HD060300007

数据元名称:航道管理机构拥有的设备购置时间

中文全拼:hang-dao-guan-li-ji-gou-yong-you-de-she-bei-gou-zhi-shi-jian

定义:航道管理机构拥有的设备的购置时间。

数据元类型:日期型

数据格式:YYYYMM

5.6.3.8 航道管理机构拥有的设备使用状况

编号:HD060300008

数据元名称:航道管理机构拥有的设备使用状况

中文全拼:hang-dao-guan-li-ji-gou-yong-you-de-she-bei-shi-yong-zhuang-kuang

定义:航道管理机构的设备当前的使用状况。

数据元类型:字符型

数据格式:..ul

5.6.3.9 航道管理机构拥有的设备使用单位

编号:HD060300009

数据元名称:航道管理机构拥有的设备使用单位

中文全拼:hang-dao-guan-li-ji-gou-yong-you-de-she-bei-shi-yong-dan-wei

定义:航道管理机构拥有的设备使用单位的名称。

数据元类型:字符型

数据格式:an..100

5.6.3.10 航道管理机构拥有的购买设备经费来源

编号:HD060300010

数据元名称:航道管理机构拥有的购买设备经费来源

中文全拼:hang-dao-guan-li-ji-gou-yong-you-de-gou-mai-she-bei-jing-fei-lai-yuan

定义:购置设备的经费来源。

数据元类型:字符型

数据格式:an..50

6 航道信息基础数据元值域代码集

6.1 内河航道代码

6.1.1 代码标识为:DM _ NHHDDM。

6.1.2 内河航道代码是唯一标识内河航道的编码,按照内河航道流经地区的不同分为:跨省航道、跨地市航道、跨县航道及县内航道四种。

6.1.3 航道编码共有十位,前六位为航道分类判断及行政区划代码,代码按6.4,后四位为同等级航道顺序号,结构方式为:

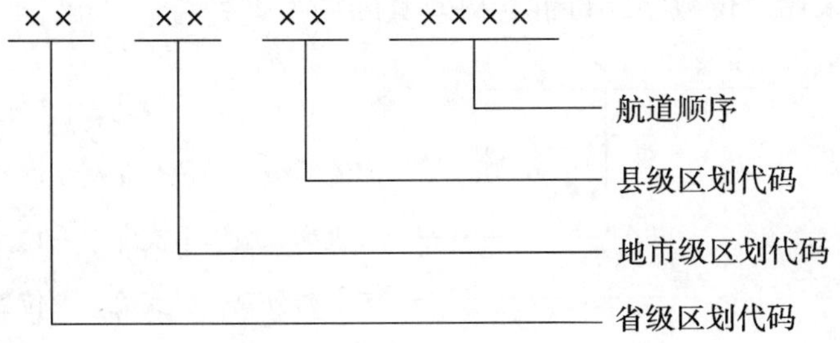

6.2 水系代码

代码标识为:DM _ SXDM。代码见表2。

表2 水系代码

代码	名称	代码	名称	代码	名称
A	黑龙江流域	FA	长江上游干流区间	J	云南、西藏、新疆国际河流诸河流域
AA	黑龙江干流	FB	长江中下游干流区间	JA	元江—红河流域
AB	松花江流域	FC	雅砻江流域	JB	澜沧江—湄公河流域
AC	乌苏里江流域	FD	岷江流域	JC	怒江—伊洛瓦底江流域
AD	东北地区其他国际河流	FE	嘉陵江流域	JD	雅鲁藏布江—布拉马普特拉河流域
B	辽河流域	FF	乌江流域	JE	狮泉河—印度河流域
BA	辽河干流	FG	洞庭湖水系	JF	额尔齐斯河流域
BB	大凌河及辽东沿海诸河流域	FH	汉江流域	K	内流区
C	海滦河流域	FJ	鄱阳湖水系	KA	乌裕尔河内流区
CA	滦河流域	FK	太湖流域	KB	呼伦贝尔内流区
CB	海河流域	G	东南沿海诸河流域	KC	白城内流区
CC	华北地区沿海诸河流域	GA	钱塘江流域	KD	扶余内流区
D	黄河流域	GB	瓯江流域	KE	霍林河内流区
DA	黄河上游干流区间	GC	闽江流域	KF	西辽河内流区
DB	黄河中下游干流区间	GD	闽东、粤东及台湾沿海诸河流域	KG	内蒙古内流区
DC	汾河流域	GE	韩江流域	KH	鄂尔多斯内流区
DD	渭河流域	H	珠江流域	KJ	河西走廊—阿拉善河内流区
E	淮河流域	HA	西江流域	KK	柴达木内流区
EA	淮河干流	HB	北江流域	KL	准葛尔内流区
EB	沂沭泗流域	HC	东江流域	KM	中亚(伊犁河、额敏河)内流区
EC	里下河地区沿海诸河流域	HD	珠江三角洲河网区	KN	塔里木内流区
F	长江流域	HE	粤桂琼沿海诸河流域	KP	西藏内流区

全国河流名称代码采用六位数字字母混合码。其结构如下：

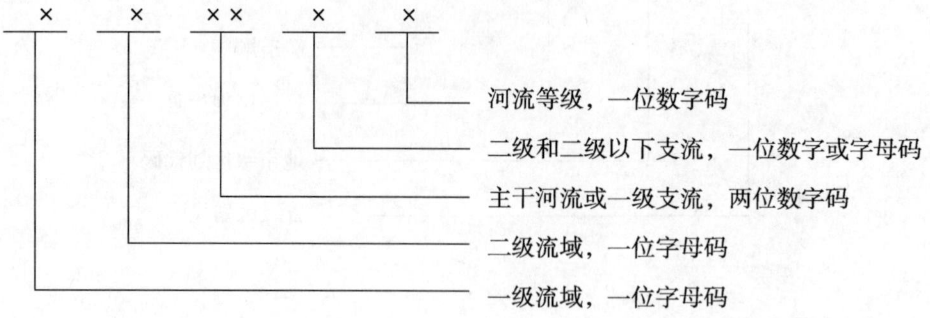

——代码第一位为字母码，表示一级流域和内流区，从字母 A 开始顺序排列；

——代码第二位为字母码，表示二级流域和内流区，从字母 A 开始顺序排列；

——代码第三、四位为数字码，其中：

01～09 表示流域中的主干河流；

10～99 表示一级支流；

——代码第五位为数字或字母码，表示二级和二级以下支流，从 1～9，再从 A 开始顺序排列；

——代码第六位为数字码，其中：

1～5 分别表示 1～5 级河流；

6 表示扩充的六级河流；

9 表示京杭大运河。

6.3 内河航段分界点类别代码

代码标识为：DM _ NHHDFJDLBDM，代码见表 3。

表 3 内河航段分界点类别代码

代 码	名 称	说 明
1	省界	当航段分界点是省、自治区、直辖市的行政区域发生变化的点时，其类别为省界。当分界点既是省界点又是市界点和县界点，则为省界点
2	市界	当航段分界点是地市、地区、州、盟的行政区域发生变化的点时，其类别为市界。当分界点既是市界点又是县界点，则为市界点
3	县界	当航段分界点是县、区、旗的行政区域发生变化的点时，其类别为县界

6.4 行政区划代码

代码标识为：DM _ XZQHDM，行政区划代码采用 GB/T 2260 的规定，根据交通行业管理业务的需要，补充新疆生产建设兵团行政区划代码为 660000。

6.5 内河航段技术等级代码

代码标识为：DM _ NHHDJSDJDM，代码根据 GB 50139 编制，代码见表 4。

表 4 内河航段技术等级代码

代 码	名 称	代 码	名 称
1	一级航道	5	五级航道
2	二级航道	6	六级航道
3	三级航道	7	七级航道
4	四级航道	8	七级以下航道

6.6 内河航段属性代码

代码标识为:DM _ NHHDSXDM,代码见表5。

表5 内河航段属性代码

代 码	名 称	说 明
1	天然河流及渠化河段航道	江、河、湖、海等天然水域中的航道,以及位于渠化河段内的航道
2	限制性航道	由于航道狭窄、断面系数小等原因,对船舶航行有明显的限制作用的航道,包括运河、通航渠道、狭窄的设闸航道、水网地区航道以及具有前述特征的滩险航道
3	宽浅河流航道	宽深比很大、水流较平缓、枯水水深明显小于同等级航道的天然河流航道,仅适用于黑龙江水系
4	山区急流河段航道	比降陡、滩礁多、流速多在3m/s以上的山区河流航道
5	湖泊航道	在湖区内,航线起点和终点具有固定码头设施,并常年通航的固定航线定义为湖泊航道
6	水库航道	在水库内,航线起点和终点具有固定码头设施,并常年通航的固定航线定义为水库航道

6.7 内河航段维护类别代码

代码标识为:DM _ NHHDWHLBDM,代码根据JTJ 287编制,代码见表6。

表6 内河航段维护类别代码

代 码	名 称	说 明
1	一类维护	满足下列条件之一的航段为一类维护:①昼夜通航的一至四级航道;②昼夜通航的五至七级山区航道,其年通过货运量超过100万吨;③昼夜通航的五至七级平原航道,其年通过货运量超过300万吨;④昼夜通航的五至七级运河、水网航道,其年通过货运量超过500万吨;⑤通航500吨级及其以上海船的潮汐河口航道;⑥年通过客运量超过100万人次的旅游航道
2	二类维护	条件介于一类维护和三类维护之间的航道
3	三类维护	季节性通航的七级航道和七级以下的等外航道
4	未进行维护	没有进行维护的航道

6.8 航标配布类别代码

代码标识为:DM _ HBPBLBDM,代码根据GB 5863编制,代码见表7。

表7 标配布类别代码

代码	名称	说明
1	一类航标配布	配布的航标夜间全部发光。白天,船舶能从一座标志看到次一座标志;夜间,船舶能从一盏标灯看到次一盏标灯
2	二类航标配布	发光航标和不发光分段配布。在昼夜通航的河段上配布发光航标,其标志配布与一类航标配布相同;在夜间不通航的河段上配布不发光航标,其标志配布密度与三类航标配布相同
3	三类航标配布	航标配布的密度比较稀,不要求从一座标志看到次一座标志,但每一座标志所表示的功能与次一座标志的功能应互相连贯,指引船舶在白天安全航行
4	重点航标配布	只在航行困难的河段和个别地点配布航标。优良河段一般仅标示出碍航物。根据需要与条件配布发光航标或不发光航标。船舶需借助于驾驶人员的经验利用航标和其他物标航行
5	未配布	尚未配布任何航标
6	海标配布	航段上有海标配布

6.9 航道岸别代码

代码标识为:DM _ HDABDM,代码见表8。

表8 航道岸别代码

代码	名称	说明
1	左岸	按水流方向确定河流的上、下游,面向河流下游,左手一侧为左岸
2	右岸	按水流方向确定河流的上、下游,面向河流下游,右手一侧为右岸
3	左右两岸	

6.10 界河航段类别代码

代码标识为:DM _ JHHDLBDM,代码见表9。

表9 界河航段类别代码

代码	名称	说明
1	国界	当界河航段与国界重合时,界河航段类别为国界
2	省界	当界河航段与省、自治区、直辖市的省界重合时,界河航段类别为省界。当界河航段既与省界又与市界和县界重合时,类别为省界
3	市界	当界河航段与地市、地区、州、盟的市界重合时,界河航段类别为市界。当界河航段既与市界又与县界重合时,类别为市界
4	县界	当界河航段与县、区、旗的县界重合时,界河航段类别为县界

6.11 浅滩按构成成分分类代码

代码标识为:DM _ QTAGCCFFLDM,代码见表10。

表 10　浅滩按构成成分分类代码

代　码	名　称	说　明
1	泥质浅滩	河床主要由黏土或淤泥组成的浅滩
2	沙质浅滩	河床主要由沙粒组成的浅滩
3	卵石浅滩	河床主要由砾、卵石组成的浅滩
4	石质浅滩	河床主要由岩石组成的浅滩
5	沙、卵石浅滩	河床由沙粒、砾、卵石组成的浅滩
…	…	
9	其他	

6.12　通航建筑物种类代码

代码标识为:DM _ THJZWZLDM,代码见表 11。

表 11　通航建筑物种类代码

代　码	名　称	代　码	名　称
1	船闸	4	可通航节制闸
2	升船机	9	其他
3	套闸		

6.13　通航建筑物使用情况代码

代码标识为:DM _ THJZWSYQKDM,代码见表 12。

表 12　通航建筑物使用情况代码

代　码	名　称	代　码	名　称	代　码	名　称
1	正常使用	2	不能正常使用	3	不能使用

6.14　船闸属性代码

代码标识为:DM _ CZSXDM,代码见表 13。

表 13　船闸属性代码

代　码	名　称	代　码	名　称
1	一线船闸	3	三线船闸
2	二线船闸	9	其他

6.15　船闸级别代码

代码标识为:DM _ CZJBDM,代码根据 GB 50139 编制,代码见表 14。

表 14　船闸级别代码

代　码	名　称	说　明
1	一级船闸	设计最大船舶吨级为 3 000t
2	二级船闸	设计最大船舶吨级为 2 000t
3	三级船闸	设计最大船舶吨级为 1 000t
4	四级船闸	设计最大船舶吨级为 500t
5	五级船闸	设计最大船舶吨级为 300t
6	六级船闸	设计最大船舶吨级为 100t
7	七级船闸	设计最大船舶吨级为 50t
8	其他	设计最大船舶吨级小于 50t

6.16 升船机型式代码

代码标识为:DM _ SCJXSDM,代码见表15。

表15 升船机型式代码

代　码	名　称	说　明
1	湿运	船舶置于带水的承船厢中过坝运输的方式
2	干运	船舶置于无水的承船设备上过坝运输的方式

6.17 水上过河(海)建筑物种类代码

代码标识为:DM _ SSGHJZWZLDM,代码见表16。

表16 水上过河建筑物种类代码

代　码	名　称	代　码	名　称
1	桥梁	4	架空管道
2	渡槽	5	索道
3	架空电线(缆)	9	其他

6.18 过河(海)桥梁空间结构型式代码

代码标识为:DM _ GHQLKJJGXSDM,代码见表17。

表17 过河桥梁空间结构型式代码

代　码	名　称	代　码	名　称
1	拱式桥	4	索拉桥
2	梁式桥	9	其他
3	桁架桥		

6.19 过河(海)桥梁按用途分类代码

代码标识为:DM _ GHQLAYTFLDM,代码见表18。

表18 过河桥梁按用途分类代码

代　码	名　称	代　码	名　称
1	铁路桥	5	机耕桥
2	高速公路桥	6	人行桥
3	普通公路桥	…	…
4	公铁两用桥	9	其他

6.20 水下过河(海)建筑物种类代码

代码标识为:DM _ SXGHJZWZLDM,代码见表19。

表 19　水下过河建筑物种类代码

代　码	名　称	代　码	名　称
1	管道	…	…
2	电线(缆)	9	其他
3	隧道		

6.21　临河(海)设施类型代码

代码标识为:DM _ LHSSLXDM,代码见表 20。

表 20　临河设施类型代码

代　码	名　称	代　码	名　称
1	港口设施	5	水文观测井
2	抽排水站	6	加油站
3	护岸工程	…	…
4	临河船厂	9	其他

6.22　航标按功能分类代码

代码标识为:DM _ NHHBAGNFLDM,代码根据 JTJ/T 204 编制,代码见表 21。

表 21　内河航标按功能分类代码

代　码	名　称	说　明
1	航行标志	标示航道方向、界限和碍航物的标志
101	过河标	标示过河航道的起点或者终点的标志
102	沿岸标	标示沿岸航道的方向,指示船舶继续沿着本岸航行的标志
103	导标	在同一垂直面上,由两座或两座以上构成一条方位线,一般设置于狭窄航道上作为指向的助航设施,又称叠标
104	过渡导标	标示一方为导标指示的狭窄航道,另一方面为较宽阔的沿岸航道或过河航道的标志
105	首尾导标	由前后鼎立的三座标示组成两条导线,分别标示上、下游狭窄航道方向的标志
106	侧面标	沿在浅滩、礁石、沉船或其他碍航物靠近航道一侧,标示航道的侧面界限,或设在水网地区优良航道两岸,标示岸形、突嘴或不通航的汊港的标志
107	左右通航标	设在航道中个别河心碍航物或者航道开始分岔处,标示该标两侧都是通航航道的标志
108	示位标	设在湖泊、水库、水网地区或其他宽阔水域,标示岛屿、浅滩、礁石及通航河口等特定位置,供船舶定位或确定航向标志

表 21(续)

代码	名称	说明
109	泛滥标	标示被洪水淹没的岸线或岛屿轮廓的标志
110	桥涵标	标示船舶通航桥孔的标志
…	…	
199	其他	
2	信号标志	为航行船舶揭示有关航道信息的标志
21	通行信号标	用以控制上行或下行的船舶单向顺序通航或禁止通航的信号标志
22	鸣笛标	指示船舶鸣笛的信号标志
23	界限标	标志通航控制河段的上、下界限或标示船闸室内允许船舶安全停靠的两端界限的信号标志
24	水深信号标	揭示浅滩航道最小水深的信号标志
25	横流标	标示航道内有横流,警告船舶注意的信号标志
26	节制闸标	标示前方是节制闸,防止船舶因误入而发生危险的信号标志
…	…	
29	其他	
3	专用标志	为标示沿、跨航道的各种建筑物或为标示特定水域所设置的标志,其主要功能不是为了助航的标志统称为专用标志
31	管线标	指示跨河管线(即管道、电缆、电线等)的专用标志
32	专用标	标示锚地、渔场、娱乐区、游泳场、水文测量、水下钻探、疏浚作业等特定水域或标示取水口、排水口、泵房以及其他航道界限外的水工构筑物的专用标志
…	…	
39	其他	
…	…	
9	其他	

6.23 航标标灯能源代码

代码标识为:DM _ HBBDNYDM,代码见表 22。

表 22 航标标灯能源代码

代码	名称	代码	名称
01	交流电	05	太阳能
02	锌空电池	06	蓄电池组
03	风力发电	…	…
04	空气干电池	99	其他

6.24 航道管理机构级别代码

代码标识为:DM _ HDGLJGJBDM,代码见表 23。

表 23 航道管理机构级别代码

代码	名称	代码	名称
0	国家级	2	地市级
1	省级	3	县级

6.25 航道管理机构主要设备类型代码

代码标识为:DM _ HDGLJGZYSBLXDM,代码见表24。

表24　航道管理机构主要设备类型代码

代　　码	名　　称	代　　码	名　　称
01	挖泥船	09	炸礁船
02	泥驳	10	冲沙船
03	吹泥船	11	爆破船
04	航标船	12	供油船
05	拖船	13	绞锚艇
06	打捞船	14	航政艇
07	住宿船	…	…
08	测量船	99	其他

ICS 35.240.60
R 07
备案号：

JT

中华人民共和国交通行业标准

JT/T 697.5—2007

交通信息基础数据元
第5部分：船舶信息基础数据元

Basic data element of transportation information
Part 5: Basic data element of vessel information

2007-09-11 发布　　2007-12-01 实施

中华人民共和国交通运输部　发布

目　次

前　言

JT/T 697《交通信息基础数据元》拟分为以下13部分：

——第1部分：总则；

——第2部分：公路信息基础数据元；

——第3部分：港口信息基础数据元；

——第4部分：航道信息基础数据元；

——第5部分：船舶信息基础数据元；

——第6部分：船员信息基础数据元；

——第7部分：道路运输信息基础数据元；

——第8部分：水路运输信息基础数据元；

——第9部分：建设项目信息基础数据元；

——第10部分：交通统计信息基础数据元；

——第11部分：船舶检验信息基础数据元；

——第12部分：船载客货信息基础数据元；

——第13部分：收费公路信息基础数据元。

本部分为JT/T 697的第5部分。

本部分由交通部科技教育司提出。

本部分由交通部信息通信及导航标准化技术委员会归口。

本部分主要起草单位：中交水运规划设计院。

本部分主要起草人：唐菁、陈韬、胡国丹、陈永剑、马晓峰。

交通信息基础数据元
第5部分:船舶信息基础数据元

1 范围

本部分规定了船舶信息基础数据元编制原则和分类、船舶信息基础数据元及数据元值域代码集。

本部分适用于交通水上安全管理工作中所涉及的主要技术指标和数据项。其他涉及船舶相关信息数据项的采集、交换与共享需引用标准的信息系统或文件也可参照本部分执行。

2 规范性引用文件

下列文件中的条款通过在本部分中引用而成为本部分的条款。凡是注日期的引用文件,其随后所有的修订单(不包括勘误的内容)或修订版均不适用于本准则,然而,鼓励根据本部分达成协议的各方研究是否可使用这些文件的最新版本。凡是不注日期的引用文件,其最新版本适用于本部分。

GB/T 1836　集装箱代码、识别和标记

GB/T 2260　中华人民共和国行政区划代码

GB/T 2659　世界各国和地区名称代码(GB/T 2659—2000,ISO 3166-1: 1997,EQV)

GB/T 12406　表示货币和资金的代码

GB/T 7407　中国及世界主要海运贸易港口代码

JT/T 24　中国港口代码

JT/T 697.1—2007　交通信息基础数据元　第1部分:总则

国际海事组织 IMO A.600 (15)号决议案:"IMO 船舶编码方案"

《船舶与海上设施法定检验规则》

海船检[2002]532号 《关于公布各省、自治区、直辖市船舶检验机构名称的通知》(中华人民共和国海事局)

海计建[2006]562号 《关于印发海事机构业务应用编码的通知》(中华人民共和国海事局)

3 数据元编制原则和分类

3.1 编制原则

船舶信息基础数据元的分类方法、数据元编制规则、数据元值域引用代码编制规则应符合 JT/T 697.1 的规定。

3.2 分类

3.2.1 根据JT/T 697.1 的规定,船舶的代号为 CB。

3.2.2 根据船舶管理对象和管理业务信息的基本内容和属性,船舶信息基础数据元划分为三大类:基本信息、登记信息、动态信息。具体分类如表1。

表1 船舶信息基础数据元分类

分类编号	名称	章节	分类编号	名称	章节
CB01	**基本信息**	**4.1**	**CB02**	**登记信息**	**4.2**
CB010100	船舶登记	4.1.1	CB020100	所有权登记	4.2.1
CB010200	船舶基本动态	4.1.2	CB020200	变更登记	4.2.2
CB010300	相关证书	4.1.3	CB020300	停靠地点登记	4.2.3
CB010400	最低配员	4.1.4	CB020400	光船租赁登记	4.2.4

表1(续)

分类编号	名称	章节	分类编号	名称	章节
CB020500	抵押权登记	4.2.5	CB030400	船舶查验	4.3.4
CB020600	废钢船登记	4.2.6	CB030500	船舶签证	4.3.5
CB020700	高速船登记	4.2.7	CB030600	拖载驳船签证	4.3.6
CB020800	注销登记	4.2.8	CB030700	定期签证	4.3.7
CB020900	最低配员	4.2.9	CB030800	船舶动态	4.3.8
CB021000	海事机构	4.2.10	CB030900	港内动态	4.3.9
CB021100	船检机构	4.2.11	CB031000	船舶滞留	4.3.10
CB021200	船舶代理机构	4.2.12	CB031100	港务费	4.3.11
CB03	**动态信息**	**4.3**	CB031200	重点跟踪船舶	4.3.12
CB030100	国际国内安检	4.3.1	CB031300	重点监护船舶	4.3.13
CB030200	进口岸申请	4.3.2	CB031400	安全诚信船舶	4.3.14
CB030300	定期出口许可证	4.3.3			

4 船舶信息基础数据元

4.1 基本信息

4.1.1 船舶登记

4.1.1.1 船舶登记号

编号:CB010100001

数据元名称:船舶登记号

中文全拼:chuan-bo-deng-ji-hao

定义:船舶管理部门在办理船舶所有权登记时授予的所有权登记号码。

数据元类型:字符型

数据格式:an16

值域:见5.1

4.1.1.2 中文船名

编号:CB010100002

数据元名称:中文船名

中文全拼:zhong-wen-chuan-ming

定义:使用中文表述的船舶名称。

数据元类型:字符型

数据格式:an..100

4.1.1.3 英文船名

编号:CB010100003

数据元名称:英文船名

中文全拼:ying-wen-chuan-ming

定义:使用英文或汉语拼音表述的船舶名称。

数据元类型:字符型

数据格式:an..200

4.1.1.4 曾用中文船名

编号:CB010100004

数据元名称:曾用中文船名

中文全拼:ceng-yong-zhong-wen-chuan-ming

注册机构:交通部

定义:最近一个曾使用中文表述的船舶名称。

数据元类型:字符型

数据格式:an..100

4.1.1.5 曾用英文名

编号:CB010100005

数据元名称:曾用英文船名

中文全拼:ceng-yong-ying-wen-chuan-ming

定义:最近一个曾使用英文表述的船舶名称。

数据元类型:字符型

数据格式:an..200

4.1.1.6 船舶呼号

编号:CB010100006

数据元名称:船舶呼号

中文全拼:chuan-bo-hu-hao

定义:国际海事组织用于对船舶进行呼叫的代号,是主管机关授予每一个通信站点(船舶、飞行器、救生工具等)的一组字母和数字,通常有4~5个字符。中国籍的船舶第一个字母是B,由无线电委员会授予。

数据元类型:字符型

数据格式:an4..5

4.1.1.7 IMO 编号

编号:CB010100007

数据元名称:IMO 编号

中文全拼:IMO-bian-hao

定义:按照国际海事组织 A.600 决议授予 100 总吨及以上自航海船的编号。

数据元类型:字符型

数据格式:an10

4.1.1.8 航区代码

编号:CB010100008

数据元名称:航区代码

中文全拼:hang-qu-dai-ma

定义:航行的地区范围编码。

数据元类型:字符型

数据格式:an2

值域:见5.3

4.1.1.9 船籍港代码

编号:CB010100009

数据元名称:船籍港代码

中文全拼:chuan-ji-gang-dai-ma

定义:对船舶行使登记管理权的海事机构所在行政地区的编码。

数据元类型:数字型

数据格式:n4

值域:见 5.4

4.1.1.10 船籍港名称

编号:CB010100010

数据元名称:船籍港名称

中文全拼:chuan-ji-gang-ming-cheng

定义:对该船舶行使登记管理权的海事机构所在行政地区的名称。

数据元类型:字符型

数据格式:an..100

4.1.1.11 原船籍港

编号:CB010100011

数据元名称:原船籍港

中文全拼:yuan-chuan-ji-gang

定义:最近上一个对该船舶行使登记管理权的海事机构所在行政地区的名称。

数据元类型:字符型

数据格式:an..100

4.1.1.12 初次登记号

编号:CB010100012

数据元名称:初次登记号

中文全拼:chu-ci-deng-ji-hao

定义:船舶初次办理船舶所有权登记时,由船舶管理部门授予的所有权登记号码。

数据元类型:字符型

数据格式:an16

值域:见 5.1

4.1.1.13 船舶种类

编号:CB010100013

数据元名称:船舶种类

中文全拼:chuan-bo-zhong-lei

定义:将船舶按用途划分的船舶种类的编码或代码。

数据元类型:字符型

数据格式:n4

值域:见 5.5

4.1.1.14 船体材料代码

编号:CB010100014

数据元名称:船体材料代码

中文全拼:chuan-ti-cai-liao-dai-ma

定义:船体制造使用的材料编码。

数据元类型:字符型

数据格式:n2

值域:见 5.6

4.1.1.15 船体颜色

编号:CB010100015

数据元名称:船体颜色
中文全拼:chuan-ti-yan-se
定义:船体颜色的编码。
数据元类型:数字型
数据格式:n2
值域:见5.7

4.1.1.16 烟囱颜色
编号:CB010100016
数据元名称:烟囱颜色
中文全拼:yan-cong-yan-se
定义:船上烟囱的颜色编码。
数据元类型:数字型
数据格式:n2
值域:见5.7

4.1.1.17 船舶价值
编号:CB010100017
数据元名称:船舶价值
中文全拼:chuan-bo-jia-zhi
定义:船舶的价值。
数据元类型:数字型
数据格式:n..8,2
计量单位:万元

4.1.1.18 船舶建造日期
编号:CB010100018
数据元名称:船舶建造日期
中文全拼:chuan-bo-jian-zao-ri-qi
定义:船舶建造完工的日期。
数据元类型:日期型
数据格式:YYYYMMDD

4.1.1.19 造船地点
编号:CB010100019
数据元名称:造船地点
中文全拼:zao-chuan-di-dian
定义:建造船舶的地点。
数据元类型:字符型
数据格式:an..100

4.1.1.20 造船地点英文名称
编号:CB010100020
数据元名称:造船地点英文名称
中文全拼:zao-chuan-di-dian-ying-wen-ming-cheng
定义:船舶建造地点的英文名称。
数据元类型:字符型
数据格式:an..100

4.1.1.21　改建地点

编号:CB010100021

数据元名称:改建地点

中文全拼:gai-jian-di-dian

定义:船舶改建地点。

数据元类型:字符型

数据格式:an..100

4.1.1.22　英文改建地点

编号:CB010100022

数据元名称:英文改建地点

中文全拼:ying-wen-gai-jian-di-dian

定义:用英文表示船舶改建的地点。

数据元类型:字符型

数据格式:an..100

4.1.1.23　船舶改建日期

编号:CB010100023

数据元名称:船舶改建日期

中文全拼:chuan-bo-gai-jian-ri-qi

定义:船舶改建完工日期。

数据元类型:日期型

数据格式:YYYYMMDD

4.1.1.24　造船厂名称

编号:CB010100024

数据元名称:造船厂名称

中文全拼:zao-chuan-chang-ming-cheng

定义:造船厂的名称。

数据元类型:字符型

数据格式:an..100

4.1.1.25　造船厂英文名称

编号:CB010100025

数据元名称:造船厂英文名称

中文全拼:zao-chuan-chang-ying-wen-ming-cheng

定义:造船厂的英文名称。

数据元类型:字符型

数据格式:an..100

4.1.1.26　船舶建成日期

编号:CB010100026

数据元名称:船舶建成日期

中文全拼:chuan-bo-jian-cheng-ri-qi

定义:船舶建造完工的日期。

数据元类型:日期型

数据格式:YYYYMMDD

4.1.1.27　船舶总长(标准)

编号:CB010100027

数据元名称:船舶总长

中文全拼:chuan-bo-zong-chang

定义:船舶最前端至最后端之间包括外板和两端永久性固定突出物(如顶推装置等)在内的水平距离。

数据元类型:数字型

数据格式:n..20,4

计量单位:米(m)

4.1.1.28 船舶型宽(标准)

编号:CB010100028

数据元名称:船舶型宽

中文全拼:chuan-bo-xing-kuan

定义:船体型表面之间垂直于中线面的最大水平距离。

数据元类型:数字型

数据格式:n..20,4

计量单位:米(m)

4.1.1.29 船舶型深

编号:CB010100029

数据元名称:船舶型深

中文全拼:chuan-bo-xing-shen

定义:在船长中点处,沿船舷由平板龙骨上缘量至上层连续甲板横梁上缘的垂直距离;对甲板转角为圆弧形的船舶,则由平板龙骨上缘量至横梁上缘延伸线与肋骨外缘延伸线的交点。

数据元类型:数字型

数据格式:n..20,4

计量单位:米(m)

4.1.1.30 总吨

编号:CB010100030

数据元名称:总吨

中文全拼:zong-dun

定义:船舶登记证上记载的吨位数,即根据《船舶与海上设施法定检验规则》规定进行丈量确定的船舶总容积计算的吨位数量。

数据元类型:数字型

数据格式:n..20,4

计量单位:吨位

4.1.1.31 净吨

编号:CB010100031

数据元名称:净吨

中文全拼:jing-dun

定义:船舶载货的吨位数,即根据《船舶与海上设施法定检验规则》规定进行丈量确定的船舶有效容积计算的吨位数量。

数据元类型:数字型

数据格式:n..20,4

计量单位:吨位

4.1.1.32 载重吨
编号:CB010100032
数据元名称:载重吨
中文全拼:zai-zhong-dun
定义:船舶在比重1.025的海水中,相应于所勘划的夏季载重线的排水量与该船空船排水量之差。
数据元类型:数字型
数据格式:n..20,4
计量单位:吨(t)

4.1.1.33 主机种类代码
编号:CB010100033
数据元名称:主机种类代码
中文全拼:zhu-ji-zhong-lei-dai-ma
定义:船舶主机种类的编码。
数据元类型:数字型
数据格式:n2
值域:见5.8

4.1.1.34 主机数量
编号:CB010100034
数据元名称:主机数量
中文全拼:zhu-ji-shu-liang
定义:船舶主机的数量。
数据元类型:数字型
数据格式:n2
计量单位:个

4.1.1.35 主机功率
编号:CB010100035
数据元名称:主机功率
中文全拼:zhu-ji-gong-lv
定义:船舶主机的功率。
数据元类型:数字型
数据格式:n..7,2
计量单位:千瓦(kW)

4.1.1.36 推进器种类代码
编号:CB010100036
数据元名称:推进器种类代码
中文全拼:tui-jin-qi-zhong-lei-dai-ma
定义:船舶推进器种类名称的代码。
数据元类型:数字型
数据格式:n2
值域:见5.9

4.1.1.37 推进器数量
编号:CB010100037
数据元名称:推进器数量

中文全拼:tui-jin-qi-shu-liang

定义:船舶推进器的数量。

数据元类型:数字型

数据格式:n2

计量单位:个

4.1.1.38 箱位

编号:CB010100038

数据元名称:箱位

中文全拼:xiang-wei

定义:船上用于承载集装箱的标准箱位数量。

数据元类型:数字型

数据格式:n..5

计量单位:TEU

4.1.1.39 客位

编号:CB010100039

数据元名称:客位

中文全拼:ke-wei

定义:船上用于载运旅客的客位数量。

数据元类型:数字型

数据格式:n..5

计量单位:个

4.1.1.40 车位

编号:CB010100040

数据元名称:车位

中文全拼:che-wei

定义:船上用于载运车辆的车位数量。

数据元类型:数字型

数据格式:n..5

计量单位:辆

4.1.2 船舶基本动态

4.1.2.1 国籍代码

编号:CB010200001

数据元名称:国籍代码

中文全拼:guo-ji-dai-ma

定义:船舶具有的属于某国家的关系编码。

数据元类型:字符型

数据格式:an2..3

值域:见 5.10

4.1.2.2 航速

编号:CB010200002

数据元名称:航速

中文全拼:hang-su

定义:船舶航行的速度。

数据元类型:数字型

数据格式:n..18,2

计量单位:节(kn)或海里/小时(n mile/h)

4.1.2.3　连桅高

编号:CB010200003

数据元名称:连桅高

中文全拼:lian-wei-gao

定义:船上连桅的高度。

数据元类型:数字型

数据格式:n..18,2

计量单位:米(m)

4.1.2.4　乘客定额

编号:CB010200004

数据元名称:乘客定额

中文全拼:cheng-ke-ding-e

定义:船上最大允许承载乘客的数量。

数据元类型:数字型

数据格式:n..5

计量单位:位

4.1.2.5　龙骨以上高度

编号:CB010200005

数据元名称:龙骨以上高度

中文全拼:long-gu-yi-shang-gao-du

定义:船舶龙骨以上至桅杆的高度。

数据元类型:数字型

数据格式:n..5

计量单位:米(m)

4.1.2.6　夏季满载吃水

编号:CB010200006

数据元名称:夏季满载吃水

中文全拼:xia-ji-man-zai-chi-shui

定义:在夏季船舶处于满载排水量状态时的平均吃水。

数据元类型:数字型

数据格式:n..5

计量单位:米(m)

4.1.2.7　海船内河船标识

编号:CB010200007

数据元名称:海船内河船标识

中文全拼:hai-chuan-nei-he-chuan-biao-zhi

定义:对海船和内河船进行区别的标记。

数据元类型:数字型

数据格式:n1

值域: 0-内河船;1-海船

4.1.2.8 最低安全配员人数

编号:CB010200008

数据元名称:最低安全配员人数

中文全拼:zui-di-an-quan-pei-yuan-ren-shu

定义:船上最低安全配员人数。

数据元类型:数字型

数据格式:n..5

计量单位:人

4.1.2.9 救生设备所供人员总数

编号:CB010200009

数据元名称:救生设备所供人员总数

中文全拼:jiu-sheng-she-bei-suo-gong-ren-yuan-zong-shu

定义:船上提供的救生设备能救助的人员总数。

数据元类型:数字型

数据格式:n..5

计量单位:人

4.1.2.10 航线类型

编号:CB010200010

数据元名称:航线类型

中文全拼:hang-xian-lei-xing

定义:船舶航行的航线类别。

数据元类型:数字型

数据格式:n1

值域:见5.11

4.1.2.11 上一港

编号:CB010200011

数据元名称:上一港

中文全拼:shang-yi-gang

定义:船舶航运途径的上一港口的名称。

数据元类型:字符型

数据格式:an..100

4.1.2.12 上一港代码

编号:CB010200012

数据元名称:上一港代码

中文全拼:shang-yi-gang-dai-ma

定义:船舶航运途径的上一港口的编码。

数据元类型:字符型

数据格式:an..6

值域:见5.12

4.1.2.13 下一港

编号:CB010200013

数据元名称:下一港

中文全拼:xia-yi-gang

定义:船舶航运途径的下一港口的名称。
数据元类型:字符型
数据格式:an..100

4.1.2.14 下一港代码

编号:CB010200014
数据元名称:下一港代码
中文全拼:xia-yi-gang-dai-ma
定义:船舶航运途径的下一港口的编码。
数据元类型:字符型
数据格式:an..6
值域:见5.12

4.1.2.15 艏吃水

编号:CB010200015
数据元名称:艏吃水
中文全拼:shou-chi-shui
定义:船舶的前部吃水。
数据元类型:数字型
数据格式:n..10,2
计量单位:米(m)

4.1.2.16 艉吃水

编号:CB010200016
数据元名称:艉吃水
中文全拼:wei-chi-shui
定义:船舶的后部吃水。
数据元类型:数字型
数据格式:n..10,2
计量单位:米(m)

4.1.2.17 集装箱货量

编号:CB010200017
数据元名称:集装箱货量
中文全拼:ji-zhuang-xiang-huo-liang
定义:集装箱装载货物质量。
数据元类型:数字型
数据格式:n..18,2
计量单位:吨(t)

4.1.2.18 滚装车辆数

编号:CB010200018
数据元名称:滚装车辆数
中文全拼:gun-zhuang-che-liang-shu
定义:自行驶上、驶下运输船舶的汽车数量。
数据元类型:数字型
数据格式:n..10
计量单位:辆

4.1.2.19 滚装车辆载货量

编号:CB0102000209

数据元名称:滚装车辆载货量

中文全拼:gun-zhuang-che-liang-zai-huo-liang

定义:滚装车辆装载货物的质量。

数据元类型:数字型

数据格式:n..10,2

计量单位:吨(t)

4.1.2.20 进出港标志

编号:CB010200020

数据元名称:进出港标志

中文全拼:jin-chu-gang-biao-zhi

定义:表示进港、出港特征的记号。

数据元类型:数字型

数据格式:n1

值域:0-进港;1-出港

4.1.2.21 进出港时间

编号:CB010200021

数据元名称:进出港时间

中文全拼:jin-chu-gang-shi-jian

定义:船舶进出港时间。

数据元类型:日期时间型

数据格式:YYYYMMDDhhmmss

4.1.2.22 经营航线

编号:CB010200022

数据元名称:经营航线

中文全拼:jing-ying-hang-xian

定义:已经开办营运业务的航线的名称。

数据元类型:字符型

数据格式:an..10

4.1.2.23 IC 卡号

编号:CB010200023

数据元名称:IC 卡号

中文全拼:IC-ka-hao

定义:为船舶发放的 IC 卡编号。

数据元类型:数字型

数据格式:n4

4.1.2.24 条形码

编号:CB010200024

数据元名称:条形码

中文全拼:tiao-xing-ma

定义:标记船舶的条形码。

数据元类型:字符型

数据格式:an40

4.1.2.25　货币单位

编号:CB010200025

数据元名称:货币单位

中文全拼:huo-bi-dan-wei

定义:表示货币单位的代码。

数据元类型:字符型

数据格式:an3

值域:见5.13

4.1.2.26　船舶港务费

编号:CB010200026

数据元名称:港务费

中文全拼:gang-wu-fei

定义:船舶在港的港务费用。

数据元类型:数字型

数据格式:n..20,4

计量单位:元

4.1.2.27　付款方式

编号:CB010200027

数据元名称:付款方式

中文全拼:fu-kuan-fang-shi

定义:付款的方式。

数据元类型:数字型

数据格式:n1

值域:见5.14

4.1.2.28　航次

编号:CB010200028

数据元名称:航次

中文全拼:hang-ci

定义:船舶航行的班次编号。

数据元类型:字符型

数据格式:an..10

4.1.2.29　船长姓名

编号:CB010200029

数据元名称:船长姓名

中文全拼:chuan-zhang-xing-ming

定义:船长的姓名。

数据元类型:字符型

数据格式:an..30

4.1.2.30　船员人数

编号:CB010200030

数据元名称:船员人数

中文全拼:chuan-yuan-ren-shu

定义:船上船员的人数。
数据元类型:数字型
数据格式:n..3
计量单位:人

4.1.3 相关证书

4.1.3.1 船公司名称

编号:CB010300001
数据元名称:船公司名称
中文全拼:chuan-gong-si-ming-cheng
定义:船公司名字的称谓。
数据元类型:字符型
数据格式:an..100

4.1.3.2 船舶证书代码

编号:CB010300002
数据元名称:船舶证书代码
中文全拼:chuan-bo-zhen-shu-dai-ma
定义:由船舶管理部门海事机构或船检机构核发的船舶证书的编号。
数据元类型:数字型
数据格式:n4
值域:见5.15

4.1.3.3 登记日期

编号:CB010300003
数据元名称:登记日期
中文全拼:deng-ji-ri-qi
定义:船舶证书登记的日期。
数据元类型:日期型
数据格式:YYYYMMDD

4.1.3.4 审核原因

编号:CB010300004
数据元名称:审核原因
中文全拼:shen-he-yuan-yin
定义:船舶办证审核的原因。
数据元类型:字符型
数据格式:..ul

4.1.3.5 邮政编码

编号:CB010300005
数据元名称:邮政编码
中文全拼:you-zheng-bian-ma
定义:船公司或机构所在地的邮政编码。
数据元类型:数字型
数据格式:n6
备注:符合《中国地址邮政编码簿》

4.1.3.6 联系电话

编号:CB010300006

数据元名称:联系电话

中文全拼:lian-xi-dian-hua

定义:船公司(船舶所有人、船舶经营人、船舶管理人)的联系电话。

数据元类型:字符型

数据格式:an..20

4.1.3.7 船舶登记机构代码

编号:CB010300007

数据元名称:船舶登记机构代码

中文全拼:chuan-bo-deng-ji-ji-gou-dai-ma

定义:核发船舶证书,办理船舶登记和最低配员证书的机构编码。

数据元类型:数字型

数据格式:n4

值域:见5.2

4.1.3.8 证书有效日期

编号:CB010300008

数据元名称:证书有效日期

中文全拼:zheng-shu-you-xiao-ri-qi

定义:证书的有效截止日期。

数据元类型:日期型

数据格式:YYYYMMDD

4.1.3.9 经营人

编号:CB010300009

数据元名称:经营人

中文全拼:jing-ying-ren

定义:船舶经营人的名字。

数据元类型:字符型

数据格式:an..30

4.1.3.10 经营人英文名

编号:CB010300010

数据元名称:经营人英文名

中文全拼:jing-ying-ren-ying-wen-ming

定义:船舶经营人的英文名。

数据元类型:字符型

数据格式:an..30

4.1.3.11 经营人地址

编号:CB010300011

数据元名称:经营人地址

中文全拼:jing-ying-ren-di-zhi

定义:经营人的所在地址。

数据元类型:字符型

数据格式:an..60

4.1.3.12 经营人英文地址

编号:CB010300012
数据元名称:经营人英文地址
中文全拼:jing-ying-ren-ying-wen-di-zhi
定义:经营人所在地的英文名称。
数据元类型:字符型
数据格式:an..60

4.1.3.13 法定代表人

编号:CB010300013
数据元名称:法人代表
中文全拼:fa-ren-dai-biao
定义:法定代表人的名字。
数据元类型:字符型
数据格式:an..30

4.1.3.14 最近年检日期

编号:CB010300014
数据元名称:最近年检日期
中文全拼: zui-jin-nian-jian-ri-qi
定义:船舶最近一次的年检日期。
数据元类型:日期型
数据格式:YYYYMMDD

4.1.4 最低配员

4.1.4.1 船长数目

编号:CB010400001
数据元名称:船长数目
中文全拼:chuan-zhang-shu-mu
定义:船长的人数。
数据元类型:数字型
数据格式:n3
计量单位:人

4.1.4.2 大副数目

编号:CB010400002
数据元名称:大副数目
中文全拼:da-fu-shu-mu
定义:大副的人数。
数据元类型:数字型
数据格式:n3
计量单位:人

4.1.4.3 二副数目

编号:CB010400003
数据元名称:二副数目
中文全拼:er-fu-shu-mu
定义:二副的人数。
数据元类型:数字型

数据格式:n3

计量单位:人

4.1.4.4 三副数目

编号:CB010400004

数据元名称:三副数目

中文全拼:san-fu-shu-mu

定义:三副的人数。

数据元类型:数字型

数据格式:n3

计量单位:人

4.1.4.5 水手数目

编号:CB010400005

数据元名称:水手数目

中文全拼:shui-shou-shu-mu

定义:水手的人数。

数据元类型:数字型

数据格式:n4

计量单位:人

4.1.4.6 驾驶员数目

编号:CB010400006

数据元名称:驾驶员数目

中文全拼:jia-shi-yuan-shu-mu

定义:驾驶员的人数。

数据元类型:数字型

数据格式:n3

计量单位:人

4.1.4.7 轮机长数目

编号:CB010400007

数据元名称:轮机长数目

中文全拼:lun-ji-zhang-shu-mu

定义:轮机长的人数。

数据元类型:数字型

数据格式:n3

计量单位:人

4.1.4.8 大管轮数目

编号:CB010400008

数据元名称:大管轮数目

中文全拼:da-guan-lun-shu-mu

定义:大管轮的人数。

数据元类型:数字型

数据格式:n3

计量单位:人

4.1.4.9 二管轮数目

编号:CB010400009
数据元名称:二管轮数目
中文全拼:er-guan-lun-shu-mu
定义:二管轮的人数。
数据元类型:数字型
数据格式:n3
计量单位:人

4.1.4.10 三管轮数目
编号:CB010400010
数据元名称:三管轮数目
中文全拼:san-guan-lun-shu-mu
定义:三管轮的人数。
数据元类型:数字型
数据格式:n3
计量单位:人

4.1.4.11 轮机员数目
编号:CB010400011
数据元名称:轮机员数目
中文全拼:lun-ji-yuan-shu-mu
定义:轮机员的人数。
数据元类型:数字型
数据格式:n3
计量单位:人

4.1.4.12 机工数目
编号:CB010400012
数据元名称:机工数目
中文全拼:ji-gong-shu-mu
定义:机工的人数。
数据元类型:数字型
数据格式:n3
计量单位:人

4.1.4.13 客船客运部人员数目
编号:CB010400013
数据元名称:客船客运部人员数目
中文全拼:ke-chuan-ke-yun-bu-ren-yuan-shu-mu
定义:客船客运部人员的人数。
数据元类型:数字型
数据格式:n3
计量单位:人

4.1.4.14 GMDSS 一等无线电电子员数目
编号:CB010400014
数据元名称:GMDSS 一等无线电电子员数目
中文全拼:GMDSS-yi-deng-wu-xian-dian-dian-zi-yuan-shu-mu

定义:GMDSS 一等无线电电子员的人数。

数据元类型:数字型

数据格式:n3

计量单位:人

4.1.4.15 GMDSS 二等无线电电子员数目

编号:CB010400015

数据元名称:GMDSS 二等无线电电子员数目

中文全拼:GMDSS-er-deng-wu-xian-dian-dian-zi-yuan-shu-mu

定义:GMDSS 二等无线电电子员的人数。

数据元类型:数字型

数据格式:n3

计量单位:人

4.1.4.16 GMDSS 通用操作员数目

编号:CB010400016

数据元名称:GMDSS 通用操作员数目

中文全拼:GMDSS-tong-yong-cao-zuo-yuan-shu-mu

定义:GMDSS 通用操作员的人数。

数据元类型:数字型

数据格式:n3

计量单位:人

4.1.4.17 GMDSS 限用操作员数目

编号:CB010400017

数据元名称:GMDSS 限用操作员数目

中文全拼:GMDSS-xian-yong-cao-zuo-yuan-shu-mu

定义:GMDSS 限用操作员的人数。

数据元类型:数字型

数据格式:n3

计量单位:人

4.1.4.18 一等报务员数目

编号:CB010400018

数据元名称:一等报务员数目

中文全拼:yi-deng-bao-wu-yuan-shu-mu

定义:一等报务员的人数。

数据元类型:数字型

数据格式:n3

计量单位:人

4.1.4.19 二等报务员数目

编号:CB010400019

数据元名称:二等报务员数目

中文全拼:er-deng-bao-wu-yuan-shu-mu

定义:二等报务员的人数。

数据元类型:数字型

数据格式:n3

计量单位:人

4.1.4.20 限用报务员数目

编号:CB010400020

数据元名称:限用报务员数目

中文全拼:xian-yong-bao-wu-yuan-shu-mu

定义:限用报务员的人数。

数据元类型:数字型

数据格式:n3

计量单位:人

4.1.4.21 通用无线电话务员数目

编号:CB010400021

数据元名称:通用无线电话务员数目

中文全拼:tong-yong-wu-xian-dian-hua-wu-yuan-shu-mu

定义:通用无线电话务员的人数。

数据元类型:数字型

数据格式:n3

计量单位:人

4.1.4.22 限用无线电话务员数目

编号:CB010400022

数据元名称:限用无线电话务员数目

中文全拼:xian-yong-wu-xian-dian-hua-wu-yuan-shu-mu

定义:限用无线电话务员的人数。

数据元类型:数字型

数据格式:n3

计量单位:人

4.1.4.23 驾机员数目

编号:CB010400023

数据元名称:驾机员数目

中文全拼:jia-ji-yuan-shu-mu

定义:驾机员的人数。

数据元类型:数字型

数据格式:n3

计量单位:人

4.1.4.24 通用报务员数目

编号:CB010400024

数据元名称:通用报务员数目

中文全拼:tong-yong-bao-wu-yuan-shu-mu

定义:通用报务员的人数。

数据元类型:数字型

数据格式:n3

计量单位:人

4.2 登记信息

4.2.1 所有权登记

4.2.1.1 船舶所有人
编号:CB020100001
数据元名称:船舶所有人
中文全拼:chuan-bo-suo-you-ren
定义:表示船舶归属权的所有(法)人。
数据元类型:字符型
数据格式:an..30

4.2.1.2 船舶所有人英文名
编号:CB020100002
数据元名称:船舶所有人英文名
中文全拼:chuan-bo-suo-you-ren-ying-wen-ming
定义:用英文表示船舶归属权的所有(法)人。
数据元类型:字符型
数据格式:an..30

4.2.1.3 船舶所有人地址
编号:CB020100003
数据元名称:船舶所有人地址
中文全拼:chuan-bo-suo-you-ren-di-zhi
定义:船舶所有(法)人的所在地。
数据元类型:字符型
数据格式:an..60

4.2.1.4 英文所有人地址
编号:CB020100004
数据元名称:英文所有人地址
中文全拼:ying-wen-suo-you-ren-di-zhi
定义:用英文表示船舶所有法人的所在地。
数据元类型:字符型
数据格式:an..60

4.2.1.5 取得日期
编号:CB020100005
数据元名称:取得日期
中文全拼:qu-de-ri-qi
定义:取得船舶所有权证书的日期。
数据元类型:日期型
数据格式:YYYYMMDD

4.2.1.6 取得方式
编号:CB020100006
数据元名称:取得方式
中文全拼:qu-de-fang-shi
定义:取得所有权证书的方式。
数据元类型:字符型
数据格式:a..10

4.2.1.7 办理日期

编号:CB020100007

数据元名称:办理日期

中文全拼:ban-li-ri-qi

定义:办理船舶所有权证书的日期。

数据元类型:日期型

数据格式:YYYYMMDD

4.2.1.8 船舶共有情况

编号:CB020100008

数据元名称:船舶共有情况

中文全拼:chuan-bo-gong-you-qing-kuang

定义:船舶共有情况的说明。

数据元类型:字符型

数据格式:..ul

4.2.2 变更登记

4.2.2.1 申请书编号

编号:CB020200001

数据元名称:申请书编号

中文全拼:shen-qing-shu-bian-hao

定义:申请变更时的申请书的编号。

数据元类型:数字型

数据格式:n12

值域:见5.16

4.2.2.2 变更项目名称

编号:CB020200002

数据元名称:变更项目名称

中文全拼:bian-geng-xiang-mu-ming-cheng

定义:变更项目的名称。

数据元类型:字符型

数据格式:an..20

4.2.2.3 变更前内容

编号:CB020200003

数据元名称:变更前内容

中文全拼:bian-geng-qian-nei-rong

定义:变更前的内容说明。

数据元类型:字符型

数据格式:..ul

4.2.2.4 变更后内容

编号:CB020200004

数据元名称:变更后内容

中文全拼:bian-geng-hou-nei-rong

定义:变更后有关内容说明。

数据元类型:字符型

数据格式:..ul

4.2.3 停靠地点登记

4.2.3.1 停靠地点名称

编号:CB020300001

数据元名称:停靠地点名称

中文全拼:ting-kao-di-dian-ming-cheng

定义:船舶停靠地点的名称。

数据元类型:字符型

数据格式:an..100

4.2.3.2 停靠港口代码

编号:CB020300002

数据元名称:停靠港口代码

中文全拼:ting-kao-gang-kou-dai-ma

定义:表示船舶停靠港口的编码。

数据元类型:字符型

数据格式:an..6

值域:见5.12

4.2.4 光船租赁登记

4.2.4.1 船舶出租人

编号:CB020400001

数据元名称:船舶出租人

中文全拼:chuan-bo-chu-zu-ren

定义:在约定的时间内,以收取租金的方式提供其他法人使用船舶的法人,即船舶出租人。

数据元类型:字符型

数据格式:an..30

4.2.4.2 英文出租人

编号:CB020400002

数据元名称:英文出租人

中文全拼:ying-wen-chu-zu-ren

定义:船舶出租人的英文名称。

数据元类型:字符型

数据格式:an..30

4.2.4.3 原登记港代码

编号:CB020400003

数据元名称:原登记港代码

中文全拼:yuan-deng-ji-gang-dai-ma

定义:原来对船舶进行管理登记的港口代码。

数据元类型:字符型

数据格式:an..6

值域:见5.12

4.2.4.4 出租人地址

编号:CB020400004

数据元名称:出租人地址

中文全拼:chu-zu-ren-di-zhi

定义:船舶出租人所在地。

数据元类型:字符型

数据格式:an..60

4.2.4.5 船舶承租人

编号:CB020400005

数据元名称:船舶承租人

中文全拼:chuan-bo-cheng-zu-ren

定义:在约定的时间内,以支付租金的方式使用其他法人船舶的法人,即船舶承租人。

数据元类型:字符型

数据格式:an..30

4.2.4.6 承租人英文名称

编号:CB020400006

数据元名称:承租人英文名称

中文全拼:cheng-zu-ren-ying-wen-ming-cheng

定义:以英文表示承租人姓名。

数据元类型:字符型

数据格式:an..30

4.2.4.7 承租人地址

编号:CB020400007

数据元名称:承租人地址

中文全拼:cheng-zu-ren-di-zhi

定义:船舶承租人所在地地址。

数据元类型:字符型

数据格式:an..60

4.2.4.8 承租人国籍代码

编号:CB020400008

数据元名称:承租人国籍代码

中文全拼:cheng-zu-ren-guo-ji-dai-ma

定义:承租法人的国籍编码。

数据元类型:字符型

数据格式:an2..3

值域:见5.10

4.2.4.9 租赁契约号

编号:CB020400009

数据元名称:租赁契约号

中文全拼:zu-lin-qi-yue-hao

定义:租赁契约的编号。

数据元类型:字符型

数据格式:a..30

4.2.4.10 租金

编号:CB020400010

数据元名称:租金

中文全拼:zu-jin

定义:租赁资金金额表示。

数据元类型:数字型

数据格式:an..10

计量单位:根据币种选择货币的单位。

4.2.4.11 租期

编号:CB020400011

数据元名称:租期

中文全拼:zu-qi

定义:允许船舶租用的期限。

数据元类型:字符型

数据格式:n..3

计量单位:月

4.2.4.12 英文租期

编号:CB020400012

数据元名称:英文租期

中文全拼:ying-wen-zu-qi

定义:用英文表示允许船舶租用的期限。

数据元类型:字符型

数据格式:n..3

计量单位:月

4.2.4.13 起租日期

编号:CB020400013

数据元名称:起租日期

中文全拼:qi-zu-ri-qi

定义:船舶租赁起始日期。

数据元类型:日期型

数据格式:YYYYMMDD

4.2.4.14 租船终止日期

编号:CB020400014

数据元名称:租船终止日期

中文全拼:zu-chuan-zhong-zhi-ri-qi

定义:船舶租赁终止日期。

数据元类型:日期型

数据格式:YYYYMMDD

4.2.5 抵押权登记

4.2.5.1 船舶抵押人

编号:CB020500001

数据元名称:船舶抵押人

中文全拼:chuan-bo-di-ya-ren

定义:船舶的抵押(法)人。

数据元类型:字符型

数据格式:an..30

4.2.5.2 英文船舶抵押人

编号:CB020500002
数据元名称:英文船舶抵押人
中文全拼:ying-wen-chuan-bo-di-ya-ren
定义:船舶的抵押(法)人的英文名称。
数据元类型:字符型
数据格式:an..30

4.2.5.3 抵押人地址

编号:CB020500003
数据元名称:抵押人地址
中文全拼:di-ya-ren-di-zhi
定义:船舶抵押(法)人的地址。
数据元类型:字符型
数据格式:an..60

4.2.5.4 抵押人邮编

编号:CB020500004
数据元名称:抵押人邮编
中文全拼:di-ya-ren-you-bian
定义:抵押人所在地的邮政编码。
数据元类型:数字型
数据格式:n6

4.2.5.5 抵押人电话

编号:CB020500005
数据元名称:抵押人电话
中文全拼:di-ya-ren-dian-hua
定义:抵押人的电话号码。
数据元类型:字符型
数据格式:an..20

4.2.5.6 船舶抵押权人

编号:CB020500006
数据元名称:船舶抵押权人
中文全拼:chuan-bo-di-ya-quan-ren
定义:船舶抵押权人。
数据元类型:字符型
数据格式:an..30

4.2.5.7 船舶抵押权人英文名称

编号:CB020500007
数据元名称:船舶抵押权人英文名称
中文全拼:chuan-bo-di-ya-quan-ren-ying-wen-ming-cheng
定义:船舶抵押权人的英文名称。
数据元类型:字符型
数据格式:an..30

4.2.5.8 抵押权人地址

编号:CB020500008

数据元名称:抵押权人地址
中文全拼:di-ya-quan-ren-di-zhi
定义:抵押权人的地址。
数据元类型:字符型
数据格式:an..60

4.2.5.9　抵押权人邮编
编号:CB020500009
数据元名称:抵押权人邮编
中文全拼:di-ya-quan-ren-you-bian
定义:抵押权法人的邮政编码。
数据元类型:数字型
数据格式:n6

4.2.5.10　抵押权人电话
编号:CB020500010
数据元名称:抵押权人电话
中文全拼:di-ya-quan-ren-dian-hua
定义:抵押权法人的电话号码。
数据元类型:字符型
数据格式:an..20

4.2.5.11　抵押数额
编号:CB020500011
数据元名称:抵押数额
中文全拼:di-ya-shu-e
定义:抵押资金的数额。
数据元类型:数字型
数据格式:n..20,4

4.2.5.12　债券数额
编号:CB020500012
数据元名称:债券数额
中文全拼:zhai-quan-shu-e
定义:债券的数额。
数据元类型:数字型
数据格式:n..20,4

4.2.5.13　利息率
编号:CB020500013
数据元名称:利息率
中文全拼:li-xi-lv
定义:银行或金融机构对抵押资金计算的利息率。
数据元类型:数字型
数据格式:n..11,4

4.2.5.14　受偿起始日期
编号:CB020500014
数据元名称:受偿起始日期

中文全拼:shou-chang-qi-shi-ri-qi
定义:受偿起始日期。
数据元类型:日期型
数据格式:YYYYMMDD

4.2.5.15 受偿终止日期

编号:CB020500015
数据元名称:受偿终止日期
中文全拼:shou-chang-zhong-zhi-ri-qi
定义:受偿终止日期。
数据元类型:日期型
数据格式:YYYYMMDD

4.2.5.16 原有抵押情况

编号:CB020500016
数据元名称:原有抵押情况
中文全拼:yuan-you-di-ya-qing-kuang
定义:原有抵押情况说明。
数据元类型:字符型
数据格式:..ul

4.2.6 废钢船登记

4.2.6.1 轻吨

编号:CB020600001
数据元名称:轻吨
中文全拼:qing-dun
定义:废钢船登记的轻吨数。
数据元类型:数字型
数据格式:n..18,4
计量单位: 吨(t)

4.2.6.2 取得所有权日期

编号:CB020600002
数据元名称:取得所有权日期
中文全拼:qu-de-suo-you-quan-ri-qi
定义:取得废钢船所有权的日期。
数据元类型:日期型
数据格式:YYYYMMDD

4.2.6.3 船舶拆解地点

编号:CB020600003
数据元名称:船舶拆解地点
中文全拼:chuan-bo-chai-jie-di-dian
定义:船舶被拆解的地点名称。
数据元类型:字符型
数据格式:an..60

4.2.6.4 拆解单位

编号:CB020600004

数据元名称:拆解单位
中文全拼:chai-jie-dan-wei
定义:对船舶进行拆解的单位名称。
数据元类型:字符型
数据格式:an..100

4.2.6.5 改装日期
编号:CB020600005
数据元名称:改装日期
中文全拼:gai-zhuang-ri-qi
定义:对船舶进行改装的完工日期。
数据元类型:日期型
数据格式:YYYYMMDD

4.2.6.6 改装地点
编号:CB020600006
数据元名称:改装地点
中文全拼:gai-zhuang-di-dian
定义:对船舶进行改装的地点。
数据元类型:字符型
数据格式:an..100

4.2.7 高速船登记

4.2.7.1 船体编号
编号:CB020700001
数据元名称:船体编号
中文全拼:chuan-ti-bian-hao
定义:高速船船体的编号。
数据元类型:字符型
数据格式:a20

4.2.7.2 建造型号
编号:CB020700002
数据元名称:建造型号
中文全拼:jian-zao-xing-hao
定义:高速船建造的型号。
数据元类型:字符型
数据格式:a10

4.2.7.3 航区航线
编号:CB020700003
数据元名称:航区航线
中文全拼:hang-qu-hang-xian
定义:高速船行驶航区的航线名称。
数据元类型:字符型
数据格式:an..60

4.2.7.4 基地港代码
编号:CB020700004

数据元名称:基地港代码
中文全拼:ji-di-gang-dai-ma
定义:作为基地的港口名称代码。
数据元类型:字符型
数据格式:an..6
值域:见5.12

4.2.7.5 至避难处所最大距离

编号:CB020700005
数据元名称:至避难处所最大距离
中文全拼:zhi-bi-nan-chu-suo-zui-da-ju-li
定义:从船舶所在位置到避难处所的最大距离。
数据元类型:数字型
数据格式:n..16
计量单位:米(m)

4.2.7.6 最大人数

编号:CB020700006
数据元名称:最大人数
中文全拼:zui-da-ren-shu
定义:高速船最多可以乘载的人数。
数据元类型:数字型
数据格式:n..16
计量单位:人

4.2.7.7 配备的船员数

编号:CB020700007
数据元名称:配备的船员数
中文全拼:pei-bei-de-chuan-yuan-shu
定义:高速船要求配备的船员人数。
数据元类型:数字型
数据格式:n..16
计量单位:人

4.2.7.8 营运限制

编号:CB020700008
数据元名称:营运限制
中文全拼:ying-yun-xian-zhi
定义:高速船其他营运限制说明。
数据元类型:字符型
数据格式:..ul

4.2.8 注销登记

4.2.8.1 抵押证书编号

编号:CB020800001
数据元名称:抵押证书编号
中文全拼:di-ya-zheng-shu-bian-hao
定义:抵押证书的编号。

数据元类型:字符型

数据格式:an17

值域:见 5.17

4.2.8.2 注销原因

编号:CB020800002

数据元名称:注销原因

中文全拼:zhu-xiao-yuan-yin

定义:船舶注销的原因。

数据元类型:字符型

数据格式:..ul

4.2.8.3 注销单位

编号:CB020800003

数据元名称:注销单位

中文全拼:zhu-xiao-dan-wei

定义:对船舶进行注销的单位名称。

数据元类型:字符型

数据格式:an..100

4.2.8.4 债务纠纷说明

编号:CB020800004

数据元名称:债务纠纷说明

中文全拼:zhai-wu-jiu-fen-shuo-ming

定义:债务纠纷的说明。

数据元类型:字符型

数据格式:..ul

4.2.8.5 所有权证书编号

编号:CB020800005

数据元名称:所有权证书编号

中文全拼:suo-you-quan-zheng-shu-bian-hao

定义:所有权证书的编号。

数据元类型:字符型

数据格式:an17

值域:见 5.17

4.2.9 最低配员

4.2.9.1 国籍证书编号

编号:CB020900001

数据元名称:国籍证书编号

中文全拼:guo-ji-zheng-shu-bian-hao

定义:国籍证书的编号。

数据元类型:数字型

数据格式:n10

值域:见 5.19

4.2.9.2 机舱自动化程度

编号:CB020900002

数据元名称:机舱自动化程度
中文全拼:ji-cang-zi-dong-hua-cheng-du
定义:机舱自动化程度描述。
数据元类型:字符型
数据格式:an..60

4.2.9.3 救生设备装备

编号:CB020900003
数据元名称:救生设备装备
中文全拼:jiu-sheng-she-bei-zhuang-bei
定义:救生设备装备的说明。
数据元类型:字符型
数据格式:..ul

4.2.9.4 操作员配备

编号:CB020900004
数据元名称:操作员配备
中文全拼:cao-zuo-yuan-pei-bei
定义:操作员配备的情况说明。
数据元类型:字符型
数据格式:..ul

4.2.10 海事机构

4.2.10.1 海事机构全称

编号:CB021000001
数据元名称:海事机构全称
中文全拼:hai-shi-ji-gou-quan-cheng
定义:海事机构名字的完整称谓。
数据元类型:字符型
数据格式:an..100

4.2.10.2 海事机构简称

编号:CB021000002
数据元名称:海事机构简称
中文全拼:hai-shi-ji-gou-jian-cheng
定义:海事机构名字的简单称谓。
数据元类型:字符型
数据格式:an..100

4.2.10.3 海事机构代码

编号:CB021000003
数据元名称:海事机构代码
中文全拼:hai-shi-ji-gou-dai-ma
定义:海事机构的编码。
数据元类型:数字型
数据格式:n6
值域:见5.20

4.2.10.4 上级机构代码

编号:CB021000004
数据元名称:上级机构代码
中文全拼:shang-ji-ji-gou-dai-ma
定义:海事机构的上级机构编码。
数据元类型:数字型
数据格式:n6
值域:见 5.20

4.2.11 船检机构

4.2.11.1 检验机构名称

编号:CB021100001
数据元名称:检验机构名称
中文全拼:jian-yan-ji-gou-ming-cheng
定义:对船舶行驶检验职能的机构的名称。
数据元类型:字符型
数据格式:an..100

4.2.11.2 检验机构符号

编号:CB021100002
数据元名称:检验机构符号
中文全拼:jian-yan-ji-gou-fu-hao
定义:标志检验机构的符号。
数据元类型:字符型
数据格式:a3

4.2.11.3 检验机构代码

编号:CB021100003
数据元名称:检验机构代码
中文全拼:jian-yan-ji-gou-dai-ma
定义:对船舶行驶检验职能的机构编码。
数据元类型:字符型
数据格式:n4
值域:见 5.21

4.2.12 船舶代理机构

4.2.12.1 船舶代理机构名称

编号:CB021200001
数据元名称:船舶代理机构名称
中文全拼:chuan-bo-dai-li-ji-gou-ming-cheng
定义:船舶代理机构的名称。
数据元类型:字符型
数据格式:an..100

4.2.12.2 船舶代理机构英文名称

编号:CB021200002
数据元名称:船舶代理机构英文名称
中文全拼:chuan-bo-dai-li-ji-gou-ying-wen-ming-cheng
定义:船舶代理机构的英文名称。

数据元类型:字符型

数据格式:an..100

4.2.12.3 船舶代理机构地址

编号:CB021200003

数据元名称:船舶代理机构地址

中文全拼: chuan-bo-dai-li-ji-gou-di-zhi

定义:船舶代理机构的地址。

数据元类型:字符型

数据格式:an..60

4.2.12.4 船舶代理机构英文地址

编号:CB021200004

数据元名称:船舶代理机构英文地址

中文全拼: chuan-bo-dai-li-ji-gou-ying-wen-di-zhi

定义:船舶代理机构地址的英文名。

数据元类型:字符型

数据格式:an..60

4.2.12.5 船舶代理机构联系人

编号:CB021200005

数据元名称:船舶代理机构联系人

中文全拼: chuan-bo-dai-li-ji-gou-lian-xi-ren

定义:船舶代理机构地址的联系人。

数据元类型:字符型

数据格式:an..30

4.2.12.6 代理类型

编号:CB021200006

数据元名称:代理类型

中文全拼:dai-li-lei-xing

定义:船舶代理公司所代理业务的类型。

数据元类型:字符型

数据格式:..ul

4.2.12.7 代理批文

编号:CB021200007

数据元名称:代理批文

中文全拼:dai-li-pi-wen

定义:代理批文号码。

数据元类型:字符型

数据格式:an..40

4.3 动态信息

4.3.1 国际国内安检

4.3.1.1 安检类型名称

编号:CB030100001

数据元名称:安检类型名称

中文全拼:an-jian-lei-xing-ming-cheng

定义:对船舶进行安全检查的类型名称。
数据元类型:字符型
数据格式:an30

4.3.1.2 安检编号
编号:CB030100002
数据元名称:安检编号
中文全拼:an-jian-bian-hao
定义:对船舶进行安检的编号代码。
数据元类型:字符型
数据格式:an16
值域:见5.22

4.3.1.3 安检项目代码
编号:CB030100003
数据元名称:安检项目
中文全拼:an-jian-xiang-mu
定义:对船舶进行安全检查的项目名称编码。
数据元类型:字符型
数据格式:n4
值域:见5.23

4.3.1.4 出具报告机构
编号:CB030100004
数据元名称:出具报告机构
中文全拼:chu-ju-bao-gao-ji-gou
定义:出具安检报告的机构名称。
数据元类型:字符型
数据格式:an..100

4.3.1.5 所有人或经营人情况
编号:CB030100005
数据元名称:所有人或经营人情况
中文全拼:suo-you-ren-huo-jing-ying-ren-qing-kuang
定义:所有人或经营人情况说明。
数据元类型:字符型
数据格式:..ul

4.3.1.6 解除滞留日期
编号:CB030100006
数据元名称:解除滞留日期
中文全拼:jie-chu-zhi-liu-ri-qi
定义:对船舶解除滞留的日期。
数据元类型:日期型
数据格式:YYYYMMDD

4.3.1.7 船长证书号码
编号:CB030100007
数据元名称:船长证书号码

中文全拼:chuan-zhang-zheng-shu-hao-ma

定义:船长证书号码。

数据元类型:字符型

数据格式:an..30

4.3.1.8 检查地点

编号:CB030100008

数据元名称:检查地点

中文全拼:jian-cha-di-dian

定义:船舶安全检查的地点。

数据元类型:字符型

数据格式:an..100

4.3.1.9 检查港名称

编号:CB030100009

数据元名称:检查港名称

中文全拼:jian-cha-gang-ming-cheng

定义:检查船舶的港口的名称。

数据元类型:字符型

数据格式:an..60

4.3.1.10 检查员

编号:CB030100010

数据元名称:检查员

中文全拼:jian-cha-yuan

定义:检查船舶人员的姓名。

数据元类型:字符型

数据格式:an..30

4.3.1.11 检查日期

编号:CB030100011

数据元名称:检查日期

中文全拼:jian-cha-ri-qi

定义:船舶安全检查的日期。

数据元类型:日期型

数据格式:YYYYMMDD

4.3.1.12 检查时间

编号:CB030100012

数据元名称:检查时间

中文全拼:jian-cha-shi-jian

定义:船舶安全检查的时间。

数据元类型:日期时间型

数据格式:YYYYMMDDhhmmss

4.3.1.13 缺陷说明

编号:CB030100013

数据元名称:缺陷说明

中文全拼:que-xian-shuo-ming

定义:船舶安全检查后的缺陷说明。
数据元类型:字符型
数据格式:..ul

4.3.1.14 处理意见

编号:CB030100014
数据元名称:处理意见
中文全拼:chu-li-yi-jian
定义:对船舶安全检查后进行处理的意见。
数据元类型:字符型
数据格式:..ul

4.3.1.15 初查复查标志

编号:CB030100015
数据元名称:初查复查标志
中文全拼:chu-cha-fu-cha-biao-zhi
定义:安全初查复查标志。
数据元类型:数字型
数据格式:n1
值域:0-初查;1-复查

4.3.1.16 意见名称代码

编号:CB030100016
数据元名称:意见名称代码
中文全拼:yi-jian-ming-cheng-dai-ma
定义:安全检查的意见名称编码。
数据元类型:数字型
数据格式:n2
值域:见5.24

4.3.1.17 安检标志

编号:CB030100017
数据元名称:安检标志
中文全拼:an-jian-biao-zhi
定义:表示安全检查属于国轮或外轮的记号。
数据元类型:数字型
数据格式:n1
值域:0-国轮;1-外轮

4.3.2 进口岸申请

4.3.2.1 顺序号

编号:CB030200001
数据元名称:顺序号
中文全拼:shun-xu-hao
定义:船舶进口岸时的顺序号编码。
数据元类型:字符型
数据格式:an25
值域:见5.26

4.3.2.2 出发港

编号:CB030200002

数据元名称:出发港

中文全拼:chu-fa-gang

定义:船舶进出港口的名称。

数据元类型:字符型

数据格式:an..100

4.3.2.3 出发港代码

编号:CB030200003

数据元名称:出发港代码

中文全拼:chu-fa-gang-dai-ma

定义:船舶始发的港口的代码。

数据元类型:字符型

数据格式:an..6

值域:见5.12

4.3.2.4 船舶出发日期

编号:CB030200004

数据元名称:船舶出发日期

中文全拼:chuan-bo-chu-fa-ri-qi

定义:船舶开出始发港的时间。

数据元类型:日期型

数据格式:YYYYMMDD

4.3.2.5 船舶预到日期

编号:CB030200005

数据元名称:船舶预到日期

中文全拼:chuan-bo-yu-dao-ri-qi

定义:船舶预计到达目标港口的日期。

数据元类型:日期型

数据格式:YYYYMMDD

4.3.2.6 预到泊位

编号:CB030200006

数据元名称:预到泊位

中文全拼:yu-dao-bo-wei

定义:船舶预计到达停靠的泊位。

数据元类型:字符型

数据格式:an..100

4.3.2.7 预离日期

编号:CB030200007

数据元名称:预离日期

中文全拼:yu-li-ri-qi

定义:船舶预计离开港口的日期。

数据元类型:日期型

数据格式:YYYYMMDD

4.3.2.8 进港艏吃水

编号:CB030200008

数据元名称:进港艏吃水

中文全拼:jin-gang-shou-chi-shui

定义:进港时船舶前部吃水深度。

数据元类型:数字型

数据格式:n..10,2

计量单位:米(m)

4.3.2.9 进港艉吃水

编号:CB030200009

数据元名称:进港艉吃水

中文全拼:jin-gang-wei-chi-shui

定义:进入港后船舶后部吃水深度。

数据元类型:数字型

数据格式:n..10,2

计量单位:米(m)

4.3.2.10 出港最大吃水

编号:CB030200010

数据元名称:出港最大吃水

中文全拼:chu-gang-zui-da-chi-shui

定义:船舶驶出港口出口时最大吃水深度。

数据元类型:数字型

数据格式:n..10,2

计量单位:米(m)

4.3.2.11 进口旅客总数

编号:CB030200011

数据元名称:进口旅客总数

中文全拼:jin-kou-lv-ke-zong-shu

定义:船舶入关进入港口旅客的总数。

数据元类型:数字型

数据格式:n1..5

计量单位:人

4.3.2.12 进口中国籍男旅客

编号:CB030200012

数据元名称:进口中国籍男旅客

中文全拼:jin-kou-zhong-guo-ji-nan-lv-ke

定义:船上所载中国籍男旅客的人数。

数据元类型:数字型

数据格式:n1..5

计量单位:人

4.3.2.13 进口中国籍女旅客

编号:CB030200013

数据元名称:进口中国籍女旅客

中文全拼:jin-kou-zhong-guo-ji-nv-lv-ke
定义:船上所载中国籍女旅客的人数。
数据元类型:数字型
数据格式:n1..5
计量单位:人

4.3.2.14 进口外国籍男旅客

编号:CB030200014
数据元名称:进口外国籍男旅客
中文全拼:jin-kou-wai-guo-ji-nan-lv-ke
定义:船上所载外国籍男旅客的人数。
数据元类型:数字型
数据格式:n1..5
计量单位:人

4.3.2.15 进口外国籍女旅客

编号:CB030200015
数据元名称:进口外国籍女旅客
中文全拼:jin-kou-wai-guo-ji-nv-lv-ke
定义:船上所载外国籍女旅客的人数。
数据元类型:数字型
数据格式:n1..5
计量单位:人

4.3.2.16 出口旅客总数

编号:CB030200016
数据元名称:出口旅客总数
中文全拼:chu-kou-lv-ke-zong-shu
定义:船舶出关驶出港口时所载旅客的总数。
数据元类型:数字型
数据格式:n1..5
计量单位:人

4.3.2.17 出口中国籍男旅客

编号:CB030200017
数据元名称:出口中国籍男旅客
中文全拼:chu-kou-zhong-guo-ji-nan-lv-ke
定义:船舶出关驶出港口时所载的中国籍男旅客的人数。
数据元类型:数字型
数据格式:n1..5
计量单位:人

4.3.2.18 出口中国籍女旅客

编号:CB030200018
数据元名称:出口中国籍女旅客
中文全拼:chu-kou-zhong-guo-ji-nv-lv-ke
定义:船舶出关驶出港口时所载的中国籍女旅客的人数。
数据元类型:数字型

数据格式:n1..5

计量单位:人

4.3.2.19 出口外国籍男旅客

编号:CB030200019

数据元名称:出口外国籍男旅客

中文全拼:chu-kou-wai-guo-ji-nan-lv-ke

定义:船舶出关驶出港口时所载的外国籍男旅客的人数。

数据元类型:数字型

数据格式:n1..5

计量单位:人

4.3.2.20 出口外国籍女旅客

编号:CB030200020

数据元名称:出口外国籍女旅客

中文全拼:chu-kou-wai-guo-ji-nv-lv-ke

定义:船舶出关驶出港口时所载的外国籍女旅客的人数。

数据元类型:数字型

数据格式:n1..5

计量单位:人

4.3.2.21 进口载货名称

编号:CB030200021

数据元名称:进口载货名称

中文全拼:jin-kou-zai-huo-ming-cheng

定义:船舶进口载货的名称。

数据元类型:字符型

数据格式:an..100

4.3.2.22 进口载货吨数

编号:CB030200022

数据元名称:进口载货吨数

中文全拼:jin-kou-zai-huo-dun-shu

定义:船舶进口载货的吨数。

数据元类型:数字型

数据格式:n..10,2

计量单位:吨(t)

4.3.2.23 进口危险货物吨数

编号:CB030200023

数据元名称:进口危险货物吨数

中文全拼:jin-kou-wei-xian-huo-wu-dun-shu

定义:进口危险货物吨数。

数据元类型:数字型

数据格式:n..10,2

计量单位:吨(t)

4.3.2.24 进口普通货物吨数

编号:CB030200024

数据元名称:进口普通货物吨数

中文全拼:jin-kou-pu-tong-huo-wu-dun-shu

定义:进口普通货物吨数。

数据元类型:数字型

数据格式:n..10,2

计量单位:吨(t)

4.3.2.25 出口载货名称

编号:CB030200025

数据元名称:出口载货名称

中文全拼:chu-kou-zai-huo-ming-cheng

定义:出口所载货物的名称。

数据元类型:字符型

数据格式:an..100

4.3.2.26 出口载货吨数

编号:CB030200026

数据元名称:出口载货吨数

中文全拼:chu-kou-zai-huo-dun-shu

定义:出口载货吨数。

数据元类型:数字型

数据格式:n..10,2

计量单位:吨(t)

4.3.2.27 出口普通货物吨数

编号:CB030200027

数据元名称:出口普通货物吨数

中文全拼:chu-kou-pu-tong-huo-wu-dun-shu

定义:出口普通货物的质量。

数据元类型:数字型

数据格式:n..10,2

计量单位:吨(t)

4.3.2.28 出口危险货物吨数

编号:CB030200028

数据元名称:出口危险货物吨数

中文全拼:chu-kou-wei-xian-huo-wu-dun-shu

定义:出口危险货物的质量。

数据元类型:数字型

数据格式:n..10,2

计量单位:吨(t)

4.3.2.29 审批时间

编号:CB030200029

数据元名称:审批时间

中文全拼:shen-pi-shi-jian

定义:审批船舶进出口岸的时间。

数据元类型:日期时间型

数据格式:YYYYMMDDhhmmss

4.3.2.30 航行作业性质

编号:CB030200030

数据元名称:航行作业性质

中文全拼:hang-xing-zuo-ye-xing-zhi

定义:船舶航行作业的性质描述。

数据元类型:字符型

数据格式:an..30

4.3.2.31 航行作业区段

编号:CB030200031

数据元名称:航行作业区段

中文全拼:hang-xing-zuo-ye-qu-duan

定义:航行作业的区段范围的简单描述。

数据元类型:字符型

数据格式:an..50

4.3.3 定期出口许可证

4.3.3.1 船舶定期许可证顺序号

编号:CB030300001

数据元名称:船舶定期许可证顺序号

中文全拼:chuan-bo-ding-qi-xu-ke-zheng-shun-xu-hao

定义:船舶定期出口许可证的顺序号。

数据元类型:字符型

数据格式:an26

值域:见5.26

4.3.3.2 许可单位

编号:CB030300002

数据元名称:许可单位

中文全拼:xu-ke-dan-wei

定义:行使批准定期出口许可权的单位代码。

数据元类型:字符型

数据格式:an16

4.3.3.3 许可证号

编号:CB030300003

数据元名称:许可证号

中文全拼:xu-ke-zheng-hao

定义:船舶定期出口许可证号码。

数据元类型:字符型

数据格式:an16

4.3.3.4 起始港

编号:CB030300004

数据元名称:起始港

中文全拼:qi-shi-gang

定义:船舶定期出口许可证所规定起始港的名称。

数据元类型:字符型
数据格式:an..100

4.3.3.5 起始港代码

编号:CB030300005
数据元名称:起始港代码
中文全拼:qi-shi-gang-dai-ma
定义:船舶出口起始港的代码。
数据元类型:字符型
数据格式:an..6
值域:见5.12

4.3.3.6 到达港

编号:CB030300006
数据元名称:到达港
中文全拼:dao-da-gang
定义:船舶出口所到达港的名称。
数据元类型:字符型
数据格式:an..100

4.3.3.7 到达港代码

编号:CB030300007
数据元名称:到达港代码
中文全拼:dao-da-gang-dai-ma
定义:船舶出口所到达港的代码。
数据元类型:字符型
数据格式:an..6
值域:见5.12

4.3.3.8 起始港英文名称

编号:CB030300008
数据元名称:起始港英文名称
中文全拼:qi-shi-gang-ying-wen-ming-cheng
定义:船舶起始港的英文名称。
数据元类型:字符型
数据格式:an..100

4.3.3.9 到达港英文名称

编号:CB030300009
数据元名称:到达港英文名称
中文全拼:dao-da-gang-ying-wen-ming-cheng
定义:船舶到达港的英文名称。
数据元类型:字符型
数据格式:an..100

4.3.3.10 开始有效期

编号:CB030300010
数据元名称:开始有效期
中文全拼:kai-shi-you-xiao-qi

定义:出口许可证有效期的开始时间。
数据元类型:日期型
数据格式:YYYYMMDD

4.3.3.11 有效期结束时间

编号:CB030300011
数据元名称:有效期结束时间
中文全拼:you-xiao-qi-jie-shu-shi-jian
定义:出口许可证有效期的结束时间。
数据元类型:日期型
数据格式:YYYYMMDD

4.3.3.12 出口许可证签发单位

编号:CB030300012
数据元名称:出口许可证签发单位
中文全拼:chu-kou-xu-ke-zheng-qian-fa-dan-wei
定义:出口许可证签发单位名称。
数据元类型:字符型
数据格式:an..100

4.3.3.13 出口许可证签发日期

编号:CB030300013
数据元名称:出口许可证签发日期
中文全拼:chu-kou-xu-ke-zheng-qian-fa-ri-qi
定义:许可证签发日期。
数据元类型:日期型
数据格式:YYYYMMDD

4.3.4 船舶查验

4.3.4.1 查验顺序号

编号:CB030400001
数据元名称:查验顺序号
中文全拼:cha-yan-shun-xu-hao
定义:用于查验的顺序号编码。
数据元类型:字符型
数据格式:an26
值域:见5.26

4.3.4.2 上一港许可证

编号:CB030400002
数据元名称:上一港许可证
中文全拼:shang-yi-gang-xu-ke-zheng
定义:船舶在上一港口的许可证。
数据元类型:字符型
数据格式:an..24

4.3.4.3 船舶查验申办人

编号:CB030400003
数据元名称:船舶查验申办人

中文全拼:chuan-bo-cha-yan-shen-ban-ren

定义:申请办理船舶查验的人员。

数据元类型:字符型

数据格式:an..30

4.3.4.4 过境客

编号:CB030400004

数据元名称:过境客

中文全拼:guo-jing-ke

定义:过境旅客的数量。

数据元类型:数字型

数据格式:n5

计量单位:人

4.3.4.5 移泊时间

编号:CB030400005

数据元名称:移泊时间

中文全拼:yi-bo-shi-jian

定义:移动泊位的时间。

数据元类型:日期时间型

数据格式:YYYYMMDDhhmmss

4.3.4.6 驳船数量

编号:CB030400006

数据元名称:驳船数量

中文全拼:bo-chuan-shu-liang

定义:驳船的数量。

数据元类型:数字型

数据格式:n..5

计量单位:艘

4.3.4.7 拖船数量

编号:CB030400007

数据元名称:拖船数量

中文全拼:tuo-chuan-shu-liang

定义:拖船的数量。

数据元类型:数字型

数据格式:n..5

计量单位:艘

4.3.4.8 加载驳船数量

编号:CB030400008

数据元名称:加载驳船数量

中文全拼:jia-zai-bo-chuan-shu-liang

定义:加载驳船的数量。

数据元类型:数字型

数据格式:n..5

计量单位:艘

4.3.4.9　减载驳船数量

编号:CB030400009

数据元名称:减载驳船数量

中文全拼:jian-zai-bo-chuan-shu-liang

定义:减载驳船的数量。

数据元类型:数字型

数据格式:n..5

计量单位:艘

4.3.4.10　驳船港务费

编号:CB030400010

数据元名称:驳船港务费

中文全拼:bo-chuan-gang-wu-fei

定义:驳船港务费用数额。

数据元类型:数字型

数据格式:n..18,2

计量单位:元

4.3.4.11　定期查验顺序号

编号:CB030400011

数据元名称:定期查验顺序号

中文全拼:ding-qi-cha-yan-shun-xu-hao

定义:对船舶进出进行定期查验的顺序编号。

数据元类型:字符型

数据格式:an26

值域:见5.26

4.3.5　船舶签证

4.3.5.1　签证顺序号

编号:CB030500001

数据元名称:签证顺序号

中文全拼:qian-zheng-shun-xu-hao

定义:船舶进出签证的顺序号编码。

数据元类型:字符型

数据格式:an26

值域:见5.26

4.3.5.2　签证时间

编号:CB030500002

数据元名称:签证时间

中文全拼:qian-zheng-shi-jian

定义:船舶获得签证的时间。

数据元类型:日期时间型

数据格式:YYYYMMDDhhmmss

4.3.5.3　船舶签证申办人

编号:CB030500003

数据元名称:船舶签证申办人

中文全拼:chuan-bo-qian-zheng-shen-ban-ren

定义:申请办理船舶签证的人员。

数据元类型:字符型

数据格式:an..30

4.3.5.4 签证人

编号:CB030500004

数据元名称:签证人

中文全拼:qian-zheng-ren

定义:签发船舶签证的办公人员。

数据元类型:字符型

数据格式:an..30

4.3.5.5 驳船净吨总和

编号:CB030500005

数据元名称:驳船净吨总和

中文全拼: bo-chuan-jing-dun-zong-he

定义:驳船载货吨位数,即以驳船有效容积计算的吨位总和。

数据元类型:数字型

数据格式:n..18,2

4.3.5.6 定期签证顺序号

编号:CB030500006

数据元名称:定期签证顺序号

中文全拼: ding-qi-qian-zheng-shun-xu-hao

定义:船舶办理定期签证的顺序号。

数据元类型:字符型

数据格式:an..20

备注: 已审批的定期签证顺序号。

4.3.5.7 集装箱种类代码

编号:CB030500007

数据元名称:集装箱种类代码

中文全拼: ji-zhuang-xiang-zhong-lei-dai-ma

定义:按集装箱尺寸分类的编码。

数据元类型:数字型

数据格式:n3

值域:见5.27

4.3.5.8 空箱数量

编号:CB030500008

数据元名称:空箱数量

中文全拼: kong-xiang-shu-liang

定义:空箱的数量。

数据元类型:数字型

数据格式:n5

计量单位:TEU

4.3.5.9 重箱数量

编号:CB030500009
数据元名称:重箱数量
中文全拼: zhong-xiang-shu-liang
定义:装有货物箱子的数量。
数据元类型:数字型
数据格式:n5
计量单位:TEU

4.3.6 拖载驳船签证

4.3.6.1 拖船签证顺序号

编号:CB030600001
数据元名称:拖船签证顺序号
中文全拼:tuo-chuan-qian-zheng-shun-xu-hao
定义:拖船进出时签证顺序号。
数据元类型:字符型
数据格式:an26
值域:见5.26

4.3.6.2 驳船签证顺序号

编号:CB030600002
数据元名称:驳船签证顺序号
中文全拼:bo-chuan-qian-zheng-shun-xu-hao
定义:驳船进出时的签证顺序号。
数据元类型:字符型
数据格式:an26
值域:见5.26

4.3.7 定期签证

4.3.7.1 送签人姓名

编号:CB030700001
数据元名称:送签人姓名
中文全拼:song-qian-ren-xing-ming
定义:送签人的姓名。
数据元类型:字符型
数据格式:an..30

4.3.7.2 距离单位

编号:CB030700002
数据元名称:距离单位
中文全拼:ju-li-dan-wei
定义:距离的计量单位名称。
数据元类型:字符型
数据格式:an4

4.3.7.3 签证开始时间

编号:CB030700003
数据元名称:签证开始时间
中文全拼:qian-zheng-kai-shi-shi-jian

定义:签证开始的时间。
数据元类型:日期时间型
数据格式:YYYYMMDDhhmmss

4.3.7.4 签证结束时间

编号:CB030700004
数据元名称:签证结束时间
中文全拼:qian-zheng-jie-shu-shi-jian
定义:签证结束的时间。
数据元类型:日期时间型
数据格式:YYYYMMDDhhmmss

4.3.7.5 签证人姓名

编号:CB030700005
数据元名称:签证人姓名
中文全拼:qian-zheng-ren-xing-ming
定义:签证人的姓名。
数据元类型:字符型
数据格式:an..30

4.3.7.6 签证时间

编号:CB030700006
数据元名称:签证时间
中文全拼:qian-zheng-shi-jian
定义:签证的时间。
数据元类型:日期时间型
数据格式:YYYYMMDDhhmmss

4.3.7.7 平均客量

编号:CB030700007
数据元名称:平均客量
中文全拼:ping-jun-ke-liang
定义:平均一次运载旅客数量。
数据元类型:数字型
数据格式:n5
计量单位:人

4.3.7.8 平均货量

编号:CB030700008
数据元名称:平均货量
中文全拼:ping-jun-huo-liang
定义:平均一次运载货物质量。
数据元类型:数字型
数据格式:n..20,4
计量单位:吨(t)

4.3.7.9 签证审批人员

编号:CB030700009
数据元名称:签证审批人员

中文全拼:qian-zheng-shen-pi-ren-yuan

定义:签证审批人员的姓名。

数据元类型:字符型

数据格式:an..30

4.3.7.10 签证审批时间

编号:CB030700010

数据元名称:签证审批时间

中文全拼:qian-zheng-shen-pi-shi-jian

定义:签证审批时间。

数据元类型:日期时间型

数据格式:YYYYMMDDhhmmss

4.3.7.11 签证审核人员

编号:CB030700011

数据元名称:签证审核人员

中文全拼:qian-zheng-shen-he-ren-yuan

定义:签证审核人员的姓名。

数据元类型:字符型

数据格式:an..30

4.3.7.12 签证审核时间

编号:CB030700012

数据元名称:签证审核时间

中文全拼:qian-zheng-shen-he-shi-jian

定义:签证审核时间。

数据元类型:日期时间型

数据格式:YYYYMMDDhhmmss

4.3.7.13 轮机长姓名

编号:CB030700013

数据元名称:轮机长姓名

中文全拼:lun-ji-zhang-xing-ming

定义:轮机长的姓名。

数据元类型:字符型

数据格式:an..30

4.3.7.14 航行作业性质

编号:CB030700014

数据元名称:航行作业性质

中文全拼:hang-xing-zuo-ye-xing-zhi

定义:航行作业性质的说明。

数据元类型:字符型

数据格式:..ul

4.3.7.15 航行作业区段

编号:CB030700015

数据元名称:航行作业区段

中文全拼:hang-xing-zuo-ye-qu-duan

定义:航行作业区段的说明。

数据元类型:字符型

数据格式:..ul

4.3.8 船舶动态

4.3.8.1 滞留号码

编号:CB030800001

数据元名称:滞留号码

中文全拼:zhi-liu-hao-ma

定义:滞留船舶的号码。

数据元类型:字符型

数据格式:an26

4.3.8.2 确报时间

编号:CB030800002

数据元名称:确报时间

中文全拼:que-bao-shi-jian

定义:准确报告时间。

数据元类型:日期时间型

数据格式:YYYYMMDDhhmmss

4.3.8.3 确报顺序号

编号:CB030800003

数据元名称:确报顺序号

中文全拼:que-bao-shun-xu-hao

定义:准确报告进出的顺序号。

数据元类型:字符型

数据格式:an26

值域:见5.26

4.3.8.4 进口查验签证标志

编号:CB030800004

数据元名称:进口查验签证标志

中文全拼:jin-kou-cha-yan-qian-zheng-biao-zhi

定义:进口查验签证标志。

数据元类型:字符型

数据格式:n1

值域:0-签证;1-查验

4.3.8.5 出口查验签证标志

编号:CB030800005

数据元名称:出口查验签证标志

中文全拼:chu-kou-cha-yan-qian-zheng-biao-zhi

定义:表示出口查验签证的记号。

数据元类型:字符型

数据格式:n1

值域:0-签证;1-查验

4.3.8.6 移位顺序号

编号:CB030800006

数据元名称:移位顺序号

中文全拼:yi-wei-shun-xu-hao

定义:移位的顺序号。

数据元类型:字符型

数据格式:an14

4.3.8.7 移位时间

编号:CB030800007

数据元名称:移位时间

中文全拼:yi-wei-shi-jian

定义:移位的时间。

数据元类型:日期时间型

数据格式:YYYYMMDDhhmmss

4.3.8.8 移位位置

编号:CB030800008

数据元名称:移位位置

中文全拼:yi-wei-wei-zhi

定义:移位的位置号。

数据元类型:字符型

数据格式:an..4

4.3.8.9 进港港务费金额

编号:CB030800009

数据元名称:进港港务费金额

中文全拼:jin-gang-gang-wu-fei-jin-e

定义:进港港务费金额。

数据元类型:数字型

数据格式:n..20,4

计量单位:元

4.3.8.10 出港港务费金额

编号:CB0308000010

数据元名称:出港港务费金额

中文全拼:chu-gang-gang-wu-fei-jin-e

定义:出港港务费金额。

数据元类型:数字型

数据格式:n..20,4

计量单位:元

4.3.9 港内动态

4.3.9.1 港内顺序号

编号:CB030900001

数据元名称:港内顺序号

中文全拼:gang-nei-shun-xu-hao

定义:在港内按顺序排列的号码。

数据元类型:字符型

数据格式:an15

值域:见5.28

4.3.9.2 当前状态

编号:CB030900002

数据元名称:当前状态

中文全拼:dang-qian-zhuang-tai

定义:船舶当前的状态编码。

数据元类型:数字型

数据格式:n1

值域:靠泊0;离泊1;移泊2;过境3

4.3.9.3 当前位置

编号:CB030900003

数据元名称:当前位置

中文全拼:dang-qian-wei-zhi

定义:船舶当前停泊所处的位置。

数据元类型:字符型

数据格式:an..4

4.3.9.4 计划位置

编号:CB030900004

数据元名称:计划位置

中文全拼:ji-hua-wei-zhi

定义:预先拟定的停泊位置。

数据元类型:字符型

数据格式:an..4

4.3.9.5 计划位置时间

编号:CB030900005

数据元名称:计划位置时间

中文全拼:ji-hua-wei-zhi-shi-jian

定义:预先拟定停泊位置的时间。

数据元类型:日期时间型

数据格式:YYYYMMDDhhmmss

4.3.9.6 计划完成时间

编号:CB030900006

数据元名称:计划完成时间

中文全拼:ji-hua-wan-cheng-shi-jian

定义:预先拟定完成作业的时间。

数据元类型:日期时间型

数据格式:YYYYMMDDhhmmss

4.3.9.7 方位

编号:CB030900007

数据元名称:方位

中文全拼:fang-wei

定义:船舶在港内所处的方向位置。

数据元类型:数字型
数据格式:n..10,2

4.3.9.8 距泊位距离

编号:CB030900008
数据元名称:距泊位距离
中文全拼:ju-bo-wei-ju-li
定义:船舶在港内距停泊位置的距离。
数据元类型:数字型
数据格式:n..10,2
计量单位:米(m)

4.3.9.9 吃水

编号:CB030900009
数据元名称:吃水
中文全拼:chi-shui
定义:船舶在港内吃水深度。
数据元类型:数字型
数据格式:n..10,2
计量单位:米(m)

4.3.9.10 护航船

编号:CB030900010
数据元名称:护航船
中文全拼:hu-hang-chuan
定义:护航船名称。
数据元类型:字符型
数据格式:an..100

4.3.9.11 引航员

编号:CB030900011
数据元名称:引航员
中文全拼:yin-hang-yuan
定义:在港内,引领船舶航行的船员的姓名。
数据元类型:字符型
数据格式:an..30

4.3.9.12 引航员登轮时间

编号:CB030900012
数据元名称:引航员登轮时间
中文全拼:yin-hang-yuan-deng-lun-shi-jian
定义:引航员登上轮船的时间。
数据元类型:日期时间型
数据格式:YYYYMMDDhhmmss

4.3.9.13 引航员登轮地点

编号:CB030900013
数据元名称:引航员登轮地点
中文全拼:yin-hang-yuan-deng-lun-di-dian

定义:引航员登上轮船的地点。

数据元类型:字符型

数据格式:an..60

4.3.9.14　引航员离轮时间

编号:CB030900014

数据元名称:引航员离轮时间

中文全拼:yin-hang-yuan-li-lun-shi-jian

定义:引航员离开轮船的时间。

数据元类型:日期时间型

数据格式:YYYYMMDDhhmmss

4.3.9.15　引航员离轮地点

编号:CB030900015

数据元名称:引航员离轮地点

中文全拼:yin-hang-yuan-li-lun-di-dian

定义:引航员离开轮船的地点。

数据元类型:字符型

数据格式:an..60

4.3.10　船舶滞留

4.3.10.1　停靠地点

编号:CB031000001

数据元名称:停靠地点

中文全拼:ting-kao-di-dian

定义:船舶滞留停靠的地点名称。

数据元类型:字符型

数据格式:an..100

4.3.10.2　滞留时间

编号:CB031000002

数据元名称:滞留时间

中文全拼:zhi-liu-shi-jian

定义:船舶滞留的时间。

数据元类型:日期时间型

数据格式:YYYYMMDDhhmmss

4.3.10.3　滞留原因

编号:CB031000003

数据元名称:滞留原因

中文全拼:zhi-liu-yuan-yin

定义:船舶滞留的原因。

数据元类型:字符型

数据格式:..ul

4.3.10.4　批准机关名称

编号:CB031000004

数据元名称:批准机关名称

中文全拼:pi-zhun-ji-guan-ming-cheng

定义:批准船舶滞留的机关名称。
数据元类型:字符型
数据格式:an..100

4.3.10.5 解除时间

编号:CB031000005
数据元名称:解除时间
中文全拼:jie-chu-shi-jian
定义:解除船舶滞留的时间。
数据元类型:日期时间型
数据格式:YYYYMMDDhhmmss

4.3.10.6 延误时间

编号:CB031000006
数据元名称:延误时间
中文全拼:yan-wu-shi-jian
定义:由于船舶滞留造成延误的时间。
数据元类型:日期时间型
数据格式:YYYYMMDDhhmmss

4.3.11 港务费

4.3.11.1 费率名称

编号:CB031100001
数据元名称:费率名称
中文全拼:fei-lv-ming-cheng
定义:港务费的费率名称。
数据元类型:字符型
数据格式:an..20

4.3.11.2 费率数值

编号:CB031100002
数据元名称:费率数值
中文全拼:fei-lv-shu-zhi
定义:港务费的费率的数值。
数据元类型:数字型
数据格式:n..12,4

4.3.11.3 发票印刷号

编号:CB031100003
数据元名称:发票印刷号
中文全拼:fa-piao-yin-shua-hao
定义:港务费的发票的印刷号。
数据元类型:字符型
数据格式:n14
备注: 14 位发票号

4.3.11.4 发票类型标记

编号:CB031100004
数据元名称:发票类型标记

中文全拼:fa-piao-lei-xing-biao-ji
定义:表示发票类型的记号。
数据元类型:字符型
数据格式:n1
值域:0-国内航行;1-国际航行

4.3.11.5 港务费总额
编号:CB031100005
数据元名称:港务费总额
中文全拼:gang-wu-fei-zong-e
定义:港务费的总额。
数据元类型:数字型
数据格式:n..20,4
计量单位:元

4.3.11.6 载货托驳标志
编号:CB031100006
数据元名称:载货托驳标志
中文全拼:zai-huo-tuo-bo-biao-zhi
定义:表示载货托驳特征的记号。
数据元类型:数字型
数据格式:n1
值域:载货0;拖驳1

4.3.11.7 制单人
编号:CB031100007
数据元名称:制单人
中文全拼:zhi-dan-ren
定义:制作单据人的姓名。
数据元类型:字符型
数据格式:an..30

4.3.11.8 制单日期
编号:CB031100008
数据元名称:制单日期
中文全拼:zhi-dan-ri-qi
定义:港务费制作单据的日期。
数据元类型:日期型
数据格式:YYYYMMDD

4.3.11.9 大写港务费总额
编号:CB031100009
数据元名称:大写港务费总额
中文全拼:da-xie-gang-wu-fei-zong-e
定义:港务费总额的大写方式。
数据元类型:字符型
数据格式:an120

4.3.12 重点跟踪船舶

4.3.12.1 跟踪原因代码

编号:CB031200001

数据元名称:跟踪原因代码

中文全拼:gen-zong-yuan-yin-dai-ma

定义:跟踪原因编码。

数据元类型:字符型

数据格式:a2

值域:见5.25

4.3.12.2 跟踪原因说明

编号:CB031200002

数据元名称:跟踪原因说明

中文全拼:gen-zong-yuan-yin-shuo-ming

定义:跟踪原因的说明。

数据元类型:字符型

数据格式:..ul

4.3.12.3 发布单位

编号:CB031200003

数据元名称:发布单位

中文全拼:fa-bu-dan-wei

定义:发布重点跟踪船舶信息的机构。

数据元类型:数字型

数据格式:n6

值域:见5.20

4.3.12.4 列入时间

编号:CB031200004

数据元名称:列入时间

中文全拼:lie-ru-shi-jian

定义:列入重点跟踪的时间。

数据元类型:日期时间型

数据格式:YYYYMMDDhhmmss

4.3.12.5 跟踪范围

编号:CB031200005

数据元名称:跟踪范围

中文全拼:gen-zong-fan-wei

定义:重点跟踪的范围。

数据元类型:字符型

数据格式:..ul

4.3.12.6 解除时间

编号:CB031200006

数据元名称:解除时间

中文全拼:jie-chu-shi-jian

定义:解除重点跟踪的时间。

数据元类型:日期时间型

数据格式:YYYYMMDDhhmmss

4.3.13 重点监护船舶

4.3.13.1 船舶护航区域 1

编号:CB031300001

数据元名称:船舶护航区域 1

中文全拼:chuan-bo-hu-hang-qu-yu-1

定义:说明护卫航行地区范围 1。

数据元类型:字符型

数据格式:..ul

4.3.13.2 船舶护航区域 2

编号:CB031300002

数据元名称:船舶护航区域 2

中文全拼:chuan-bo-hu-hang-qu-yu-2

定义:说明护卫航行地区范围 2。

数据元类型:字符型

数据格式:..ul

4.3.13.3 VTS 监视情况 1

编号:CB031300003

数据元名称:VTS 监视情况 1

中文全拼:VTS-jian-shi-qing-kuang-1

定义:VTS 系统监视情况 1 说明。

数据元类型:字符型

数据格式:..ul

4.3.13.4 VTS 监视情况 2

编号:CB031300004

数据元名称:VTS 监视情况 2

中文全拼:VTS-jian-shi-qing-kuang-2

定义:VTS 系统监视情况 2 说明。

数据元类型:字符型

数据格式:..ul

4.3.13.5 锚地情况

编号:CB031300005

数据元名称:锚地情况

中文全拼:mao-di-qing-kuang

定义:船舶抛锚地方的情况。

数据元类型:字符型

数据格式:..ul

4.3.14 安全诚信船舶

4.3.14.1 初选意见

编号:CB031400001

数据元名称:初选意见

中文全拼:chu-xuan-yi-jian

定义:安全诚信船舶初选意见说明。

数据元类型:字符型

数据格式:..ul

4.3.14.2 评选意见

编号:CB031400002

数据元名称:评选意见

中文全拼:ping-xuan-yi-jian

定义:安全诚信船舶评选意见说明。

数据元类型:字符型

数据格式:..ul

5 船舶信息基础数据元值域代码集

5.1 船舶登记号代码

代码标识为:DM _ CBDJHDM,代码为组合码,代码结构如下:

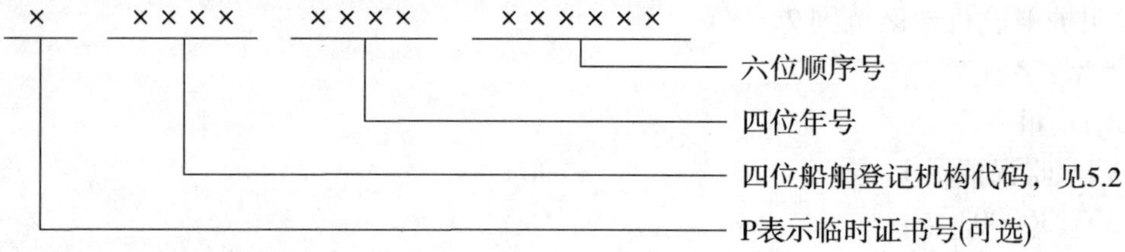

5.2 船舶登记机构代码

代码标识为:DM _ CBDJJGDM,代码采用海事机构代码的前四位,代码见表2。

表2 船舶登记机构代码

代 码	代码名称	代 码	代码名称	代 码	代码名称
0000	交通部海事局	0504	日照海事局	0704	温州海事局
0100	上海海事局	0600	江苏海事局	0705	台州海事局
0200	天津海事局	0601	南京海事局	0706	上虞海事处
0300	辽宁海事局	0602	张家港海事局	0707	杭州湾海事处
0301	大连海事局	0603	南通海事局	0800	福建海事局
0302	丹东海事局	0604	镇江海事局	0801	福州海事局
0303	锦州海事局	0606	江阴海事局	0802	宁德海事局
0304	葫芦岛海事局	0607	扬州海事局	0803	莆田海事局
0400	河北海事局	0608	常州海事处	0804	泉州海事局
0401	秦皇岛海事局	0609	泰州海事处	0900	广东海事局
0402	黄骅海事局	0610	常熟海事处	0901	广州海事局
0403	唐山海事局	0611	太仓海事处	0902	东莞海事局
0500	山东海事局	0700	浙江海事局	0903	珠海海事局
0501	青岛海事局	0701	宁波海事局	0904	惠州海事局
0502	济南海事局	0702	嘉兴海事局	0905	河源海事局
0503	威海海事局	0703	舟山海事局	0906	汕尾海事局

表2(续)

代　码	代码名称	代　码	代码名称	代　码	代码名称
0907	江门海事局	1008	贵港海事局	1212	芜湖海事局
0908	阳江海事局	1009	梧州海事局	1213	重庆奉节海事处
0909	中山海事局	1100	海南海事局	1214	重庆巫山海事处
0910	佛山海事局	1101	海口海事局	1300	黑龙江海事局
0911	肇庆海事局	1102	清澜海事局	1301	哈尔滨海事局
0912	云浮海事局	1103	三亚海事局	1302	佳木斯海事局
0913	清远海事局	1104	八所海事局	1303	黑河海事局
0914	韶关海事局	1105	洋浦海事局	1304	齐齐哈尔海事局
0915	梅州海事局	1200	长江海事局	1305	牡丹江海事局
0916	茂名海事局	1201	重庆海事局	1400	深圳海事局
0917	潮州海事局	1202	重庆江津海事处	1500	营口海事局
0918	揭阳海事局	1203	万州海事局	1501	盘锦海事局
1000	广西海事局	1204	重庆涪陵海事处	1600	烟台海事局
1001	南宁海事局	1205	宜昌海事局	1700	连云港海事局
1002	北海海事局	1206	荆州海事局	1701	盐城海事局
1003	防城港海事局	1207	岳阳海事局	1800	厦门海事局
1004	钦州海事局	1208	武汉海事局	1801	漳州海事局
1005	柳州海事局	1209	黄石海事局	1900	汕头海事局
1006	河池海事局	1210	九江海事局	2000	湛江海事局
1007	桂林海事局	1211	安庆海事局		

5.3 航区代码

代码标识为:DM _ HQDM,代码见表3。

表3 航区代码

代　码	名　称	代　码	名　称
03	沿海	14	近海
06	遮蔽	15	远海
07	库区	16	内河 AJ
10	内河 A	17	内河 BJ
11	内河 B	18	内河 CJ
12	内河 C		

5.4 船籍港代码

代码标识为:DM _ CJGDM,代码由四位数字码组成,前两位为省级海事机构代码,后两位为地区顺序号,代码见表4。

表4 船籍港代码

代 码	名 称	代 码	名 称	代 码	名 称	代 码	名 称
0000	北京	0523	滨州	0622	连云港	0658	灌云
0100	上海	0524	东风	0623	盐城	0659	灌南
0200	天津	0525	羊口	0624	苏州	0660	海安
0301	大连	0531	石岛	0625	无锡	0661	如东
0302	丹东	0532	龙眼	0626	徐州	0662	通州
0303	锦州	0541	岚山	0627	淮安	0663	兴化
0304	葫芦岛	0542	蓬莱	0628	宿迁	0664	姜堰
0305	营口	0543	龙口	0629	高淳	0665	泰兴
0306	盘锦	0544	长岛	0630	溧水	0666	沭阳
0307	沈阳	0545	莱州	0631	丹阳	0667	泗阳
0308	鞍山	0546	济宁	0632	高邮	0668	泗洪
0309	抚顺	0547	枣庄	0633	宝应	0669	盐都
0310	本溪	0548	泰安	0634	仪征	0701	宁波
0311	阜新	0549	荷泽	0635	吴江	0702	嘉兴
0312	辽阳	0550	德州	0636	昆山	0703	舟山
0313	铁岭	0551	临沂	0638	宜兴	0704	温州
0401	秦皇岛	0552	淄博	0639	武进	0705	台州
0402	黄骅	0553	莱芜	0640	金坛	0706	上虞
0403	唐山	0554	聊城	0641	溧阳	0707	杭州
0404	承德	0601	南京	0642	睢宁	0710	镇海
0405	张家口	0602	张家港	0643	邳州	0711	余姚
0406	保定	0603	南通	0644	新沂	0712	慈溪
0407	石家庄	0604	镇江	0645	沛县	0713	鄞州
0408	邢台	0606	江阴	0646	丰县	0714	奉化
0409	邯郸	0607	扬州	0647	涟水	0715	椒江
0410	衡水	0608	常州	0648	洪泽	0716	黄岩
0411	沧州	0609	泰州	0649	金湖	0717	临海
0412	京唐	0610	常熟	0650	盱眙	0718	仙居
0501	青岛	0611	太仓	0651	响水	0719	天台
0502	济南	0614	高港	0652	滨海	0720	温岭
0503	威海	0615	江都	0653	阜宁	0721	路桥
0504	日照	0617	启东	0654	射阳	0722	永嘉
0505	烟台	0618	海门	0655	建湖	0723	瓯海
0521	潍坊	0620	靖江	0656	大丰	0724	鹿城
0522	东营	0621	如皋	0657	东台	0725	龙湾

表4(续)

代 码	名 称	代 码	名 称	代 码	名 称	代 码	名 称
0726	乐清	0916	茂名	0953	丰顺	1054	鸡喇
0727	瑞安	0917	潮州	0954	松口	1055	柳城
0728	文成	0918	揭阳	0955	惠来	1056	象州
0729	泰顺	0921	新塘	0956	汕头	1057	武宣
0730	苍南	0922	番禺	0957	澄海	1058	来宾
0731	平阳	0923	五和	0958	南澳	1061	大化
0732	湖州	0924	高明	0959	潮阳	1062	东兰
0733	金华	0925	南海	0960	湛江	1063	天峨
0734	丽水	0926	三水	0961	吴川	1071	阳朔
0735	衢州	0927	顺德	0962	雷州	1072	平乐
0736	绍兴	0928	鹤山	0963	遂溪	1081	桂平
0801	福州	0929	新会	0964	廉江	1082	平南
0802	宁德	0930	三埠	1001	南宁	1091	昭平
0803	莆田	0931	广海	1002	北海	1092	贺州
0804	泉州	0932	恩平	1003	防城港	1093	苍梧
0805	厦门	0933	虎门	1004	钦州	1094	藤县
0806	漳州	0934	石龙	1005	柳州	1100	海南
0807	南平	0935	封开	1006	河池	1101	海口
0808	三明	0936	德庆	1007	桂林	1102	清澜
0809	龙岩	0937	四会	1008	贵港	1103	三亚
0901	广州	0938	金利	1009	梧州	1104	八所
0902	东莞	0939	都城	1011	横县	1105	洋浦
0903	珠海	0940	南江口	1012	邕宁	1301	哈尔滨
0904	惠州	0941	博罗	1013	崇左	1302	佳木斯
0905	河源	0942	英德	1014	隆安	1303	黑河
0906	汕尾	0943	阳山	1015	平果	1304	齐齐哈尔
0907	江门	0944	连州	1016	田东	1305	牡丹江
0908	阳江	0945	水东	1017	田阳	1400	深圳
0909	中山	0946	博贺	1018	百色	1700	连云港
0910	佛山	0947	高州	1021	铁山	2101	长春
0911	肇庆	0948	阳春	1022	合浦	2103	四平
0912	云浮	0949	陆丰	1031	防城	2104	辽源
0913	清远	0950	新港	1051	三江	2105	通化
0914	韶关	0951	乐昌	1052	融安	2106	白山
0915	梅州	0952	大埔	1053	融水	2107	白城

表 4（续）

代 码	名 称	代 码	名 称	代 码	名 称	代 码	名 称
2108	松原	3101	呼伦贝尔	3321	秭归	3512	武穴
2109	延边	3102	兴安	3322	三峡	3513	湖口
2501	周口	3103	通辽	3323	枝城	3514	彭泽
2502	信阳	3104	赤峰	3324	枝江	3601	安康
2503	开封	3105	呼和浩特	3325	沙市	3602	汉中
2504	洛阳	3106	包头	3326	巴东	3603	榆林
2505	三门峡	3107	巴彦淖尔	3402	长沙	3604	渭南
2506	濮阳	3108	伊克昭	3403	湘潭	3605	延安
2507	济源	3109	乌海	3404	株洲	3606	商洛
2508	驻马店	3110	阿拉善	3405	衡阳	3607	西安
2509	商丘	3201	太原	3406	常德	3608	咸阳
2510	焦作	3202	忻州	3407	邵阳	3609	宝鸡
2511	安阳	3203	吕梁	3408	张家界	3610	铜川
2512	南阳	3204	临汾	3409	益阳	3701	银川
2513	漯河	3205	运城	3410	怀化	3702	石嘴山
2514	郑州	3301	宜昌	3411	湘西	3703	吴忠
2515	平顶山	3302	荆州	3412	永州	3800	青海
2516	新乡	3303	武汉	3413	娄底	3901	成都
2801	合肥	3304	黄冈	3414	郴州	3902	德阳
2802	阜阳	3305	咸宁	3415	岳阳	3903	眉山
2803	亳州	3306	恩施	3416	华容	3904	巴中
2804	宿州	3307	十堰	3417	临湘	3905	攀枝花
2805	淮北	3308	襄樊	3418	洪湖	3906	遂宁
2806	蚌埠	3309	荆门	3419	城陵矶	3907	绵阳
2807	淮南	3310	孝感	3501	赣州	3908	凉山州
2808	六安	3311	随州	3502	吉安	3909	广安
2809	巢湖	3312	天门	3503	九江	3910	南充
2810	滁州	3313	潜江	3504	抚州	3911	泸州
2811	马鞍山	3314	仙桃	3505	景德镇	3912	达州
2812	宣城	3315	鄂州	3506	鹰潭	3913	宜宾
2813	池州	3316	黄石	3507	宜春	3914	广元
2814	黄山	3317	公安	3508	南昌	3915	乐山
2815	芜湖	3318	郝穴	3509	上饶	3916	内江
2816	安庆	3319	石首	3510	萍乡	3917	雅安
2817	铜陵	3320	监利	3511	新余	3918	资阳

表4(续)

代码	名称	代码	名称	代码	名称	代码	名称
3919	自贡	4011	合川	4202	玉溪	4218	文山
3920	甘孜州	4012	石柱	4203	昭通	4301	乌鲁木齐
3921	阿坝州	4013	长寿	4204	迪庆	4302	昌吉
4000	重庆	4014	巴南	4205	曲靖	4303	石河子
4001	万州	4101	贵阳	4206	临沧	4304	博乐
4002	涪陵	4102	遵义	4207	丽江	4305	伊宁
4003	巫山	4103	黔东南	4208	保山	4306	阿勒泰
4004	奉节	4104	铜仁	4209	德宏	4307	库尔勒
4005	云阳	4105	毕节	4210	思茅	4308	阿克苏
4006	忠县	4106	黔西南	4211	西双版纳	4501	陇南
4007	丰都	4107	六盘水	4212	怒江	4502	临夏
4008	江津	4108	黔南	4213	大理	4503	兰州
4009	永川	4109	安顺	4216	红河	4504	白银
4010	彭水	4201	昆明	4217	楚雄		

5.5 船舶种类代码

代码标识为：DM _ CBZLDM，代码由四位组成，前两位为大类码，后两位为小类码，代码见表5。

表5 船舶种类代码

代码	名称	英文名称	代码	名称	英文名称
0100	客船类		0204	散装水泥运输船	CEMENT CARRIER
0101	普通客船	COMMON PASSENGER VESSEL	0205	集装箱船	CONTAINER
0102	客货船	PASSENGER-CARGO	0206	滚装船	ROLL-ON/ROLL-OFF
0103	客渡船	PASSENGER FERRY	0207	多用途船	MULTI-PURPOSE CARGO SHIP
0104	车客渡船	CAR FERRY	0208	木材船	TIMBER CARRIER
0105	旅游客船	TOURING SHIP	0209	水产品运输船	FISH CARRIER
0106	高速客船	HIGH SPEED PASSENGER	0210	重大件运输船	LARGE EQUIPMENT CARRIER
0107	客驳船	PASSENGER-BARGE	0211	驳船	BARGE
0108	滚装客船	RO-RO PASSENGER	0212	汽车渡船	CAR FERRY
0109	客箱船	PASSENGER-CONTAINER	0213	挂桨机船	SLURRY CARRIER
0110	火车渡船(客)	TRAIN FERRY	0214	冷藏船	REFRIGERATOR SHIP
0111	地效翼船	WING IN GROUND SHIP	0215	火车渡船	TRAIN FERRY
0200	普通货船类		0216	矿散油船	ORE/BULK/OIL CARRIER
0201	干货船	DRY CARGO SHIP	0217	半潜船	SEMI-SUMBERSIBLE VESSEL
0202	杂货船	GENERAL CARGO SHIP	0218	粮食船	GRAIN VESSEL
0203	散货船	BULK CARRIER	0300	液货船类	

表5(续)

代码	名称	英文名称	代码	名称	英文名称
0301	油船	OIL TANKER	0502	破冰船	ICE BREAKER
0302	散装化学品船	CHEMICAL TANKER	0503	航标船	BEACON VESSEL
0303	散装化学品船/油船	CHEMICAL /OIL TANKER	0504	油污水处理船	SMEARY-WATER-TREATING BOAT
0304	液化气船	LIQUEFIED GAS CARRIER	0505	供给船	SUPPLY BOAT
0305	散装沥青船	BITUMEN CARRIER	0506	垃圾处理船	GARBAGE-DISPOSING SHIP
0306	油驳	OIL BARGE	0600	拖船类	
0400	工程船类		0601	拖船	TUG BOAT
0401	工程船	ENGINEERING SHIP	0602	推轮	TUG BOAT
0402	测量船	INSTRUMENTATION SHIP	0900	其他类	
0403	采沙船	EXCAVATING SAND SHIP	0901	交通艇	TRAFFIC BOAT
0404	挖泥船	DREDGER	0902	引航船	PILOT BOAT
0405	疏浚船	DREDGER	0903	救助船	RESCUE BOAT
0406	打捞船	SALVAGE SHIP	0904	浮船坞	FLOATING DOCK
0407	打桩船	PILE DRIVING BARGE	0905	公务船	OFFICIAL BOAT
0408	起重船	FLOATING CRANE SHIP	0906	摩托艇	MOTORCYCLE BOAT
0409	搅拌船	MIXER	0907	帆船	SAILBOAT
0410	布缆船	CABLE LAYER	0908	趸船	PONTOON
0411	钻井船	DRILLING SHIP	0909	游艇	YACHT
0412	打桩起重船	PILE DRIVER CRANE SHIP	0910	特种用途船	SPECIAL PURPOSE SHIP
0413	吹泥船	SUCTION DREDGER	0911	水上平台	PLATFORM ON WATER
0414	起重驳	AIDS CARRIER	0912	水下观光船	AQUATIC PLAT
0500	工作船类		0913	科学调查船	SCIENCE RESEARCH SHIP
0501	工作船	WORKING SHIP	0914	勘探船	EXPLORING SHIP

5.6 船体材料代码

代码标识为:DM _ CTCLDM,代码见表6。

表6 船体材料代码

代码	名称	代码	名称
01	钢质	05	玻璃钢
02	木质	06	橡胶
03	水泥	07	增强纤维
04	铝合金	99	其他

5.7 颜色代码

代码标识为:DM _ YSDM,代码见表7。

表7 颜色代码

代 码	名 称	代 码	名 称
01	红色	08	灰色
02	黑色	09	青色
03	绿色	10	橙色
04	蓝色	11	紫色
05	白色	12	棕色
06	黄色		

5.8 船舶主机种类代码

代码标识为:DM _ CBZJZLDM,代码见表8。

表8 船舶主机种类代码

代 码	名 称	代 码	名 称
01	内燃机	03	蒸汽机
02	气轮机	99	其他

5.9 船舶推进器种类代码

代码标识为:DM _ CBTJQZLDM,代码见表9。

表9 船舶推进器种类代码

代 码	名 称	代 码	名 称
01	螺旋桨	03	空气动力
02	喷水	99	其他

5.10 世界各国和地区名称代码

代码标识为:DM _ SJGGHDQMCDM,采用 GB/T 2659。

5.11 航线类型代码

代码标识为:DM _ HXLXDM,代码见表10。

表10 航线类型代码

代 码	名 称	代 码	名 称
1	内河	4	港澳
2	沿海	5	长江
3	国际		

5.12 港口代码

代码标识为:DM _ GKDM ,国内港口代码按照 JT/T 24—2002,国外港口代码按照 GB/T 7407。

5.13 货币代码

代码标识为:DM _ HBDM,采用 GB/T 12406。

5.14 付款方式代码

代码标识为:DM _ FKFSDM,代码见表11。

表11 付款方式代码

代 码	名 称	代 码	名 称
1	现金	3	支票
2	转账	4	托收

5.15 船舶证书代码

代码标识为:DM _ CBZSDM,代码为四位数字码,其结构如下,代码见表12。

× × ××

——顺序号

——证书核发机关:1-海事机构;2-船检机构

——证书分类代码:0-内河;1-沿海;2-国际;3-港澳

表12 船舶证书代码

代 码	名 称	代 码	名 称
0101	船舶国籍证书	1206	海上船舶防止散装运输有毒物质污染证书
0102	船舶最低安全配员证书	1207	海上船舶防止生活污水污染证书
0103	符合证明副本	1208	海上船舶危险品适装证书
0104	安全管理证书	1209	海上船舶散装运输危险化学品适装证书
0105	油污损害民事责任保险文书	1210	海上船舶散装运输液化气体适装证书
0106	高速客船操作安全证书	1211	海上高速船安全证书
0201	内河船舶吨位证书	1212	海上适拖证书
0202	内河船舶载重线证书	1213	海上浮船坞安全证书
0203	内河船舶适航证书	1214	沿海小船检验证书
0204	内河船舶乘客定额证书	1215	海上船舶免除证书
0205	内河船舶防止油污证书	2101	船舶国籍证书
0206	内河船舶散装运输危险化学品适装证书	2102	船舶最低安全配员证书
0207	内河船舶散装运输液化气体适装证书	2103	符合证明副本
0208	内河船舶装运危险货物适装/推或拖证书	2104	安全管理证书
0209	内河高速船安全证书	2105	油污损害民事责任保险文书
0210	内河浮船坞安全证书	2106	高速客船操作安全证书
0211	内河船舶免除证书	2201	国际吨位证书(1969)
1101	船舶国籍证书	2202	国际载重线证书
1102	船舶最低安全配员证书	2203	客船/货船安全证书
1103	符合证明副本	2204	乘客定额证书
1104	安全管理证书	2205	货船构造安全证书
1105	油污损害民事责任保险或其他财务保证证书	2206	货船设备安全证书
1106	高速客船操作安全证书	2207	货船无线电安全证书
1201	海上船舶吨位证书	2208	国际防止油污染证书
1202	海上船舶载重线证书	2209	国际防止散装运输有毒液体物质污染证书
1203	海上客船/货船适航证书	2210	国际防止生活污水污染证书
1204	海上船舶乘客定额证书	2211	国际防止大气污染证书
1205	海上船舶防止油污证书	2212	国际防污底系统证书

表 12(续)

代 码	名 称	代 码	名 称
2213	国际压载水管理证书	2221	适拖证书
2214	危险货物适装证明	2222	国际船舶保安证书
2215	国际船舶散装运输化学品适装证书	2223	免除证书
2216	国际船舶散装运输液化气适装证书	3101	登记证书(澳门)
2217	散装货物适装证书	3102	香港籍牌照(香港)
2218	高速船安全证书	3103	适航证书(澳门)
2219	船舶航行安全证书	3104	本地船只验船证书(香港)
2220	特殊用途船安全证书		

5.16 申请书编号代码

代码标识为:DM _ SQSBHDM,代码为组合码,代码结构如下:

×××× ×××× ××××

四位顺序号

四位年号

四位船舶登记机构代码，见5.2

5.17 证书编号代码

代码标识为:DM _ ZSBHDM,代码为组合码,代码结构如下:

××× ×××× ×××× ××××××

六位顺序号

四位年号

四位船舶登记机构代码，见5.2

三位证书类型代码见5.18

5.18 证书类型代码

代码标识为:DM _ ZSLXDM,代码见表13。

表 13 证书类型代码

代 码	名 称	代 码	名 称
DY	抵押权证书	GZ	光船租赁证书
FGC	废钢船证书	SYQ	所有权证书
GSC	高速船证书		

5.19 国籍证书编号代码

代码标识为:DM _ GJZSBHDM,代码为组合码,代码结构如下:

×××× ××××××

六位顺序号

四位船舶登记机构代码，见5.2

5.20 海事机构代码

代码标识为:DM _ HSJGDM,代码采用海计建[2006]562 号《关于印发海事机构业务应用编码的通知》中附件《海事机构名称、编码编制规则》。

5.21 检验机构代码

代码标识为:DM _ JYJGDM,代码采用海船检[2002]532 号《关于公布各省、自治区、直辖市船舶检验机构名称的通知》中附件《各省、自治区、直辖市船舶检验机构名称一览表》。

5.22 安检编号代码

代码标识为: DM _ AJBHDM,代码为组合码,代码结构如下:

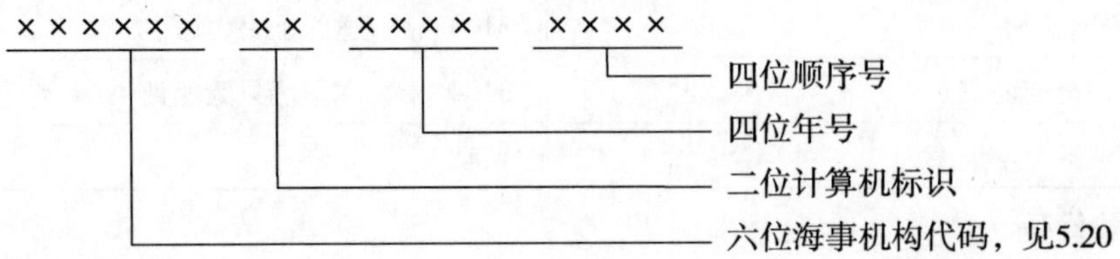

5.23 安全检查项目名称代码

代码标识为:DM _ AQJCXMMCDM,根据海事信息系统数据字典编制代码,代码见表 14。

表 14 安全检查项目名称代码

代码	名　称	代码	名　称
0100	船舶证书及有关文书	0601	救生艇、筏、浮具的配备及标识
0101	国籍证书	0610	救生(助)艇(艇体、艇机等)
0110	船舶法定检验证书(簿)	0611	救生(助)艇属具
0111	船舶起重设备法定检验(簿)	0613	救生(助)艇的存放
0120	符合证明(DOC)副本	0620	气胀式救生筏
0121	安全管理证书(SMC)	0625	刚性救生筏
0130	最低安全配员证书	0626	救生舢板、浮具
0140	油污损害民事责任保险或其他财务保证证书	0628	救生筏的存放
0150	高速客船安全操作证书	0629	海上撤离系统
0160	船舶签证簿	0630	艇筏降落与回收装置
0170	法定值班日志、记录	0631	救生艇筏登乘装置
0180	证明、报告、手册、资料、说明书(通用)	0636	直升飞机降落和搭乘区域
0199	其他	0640	船用烟火信号
0200	船员证书和值班	0641	抛绳设备
0210	船员适任证书	0650	救生圈及属具
0220	海船船员专业培训合格证书	0651	救生衣
0230	船员特殊培训合格证书	0652	浸水保温服
0240	船舶配员	0653	抗暴露服
0250	船员服务簿	0654	保温用具
0260	休息时间	0660	救生艇筏用双向无线电话装置
0299	其他	0661	船令广播系统
0600	救生设备	0695	训练手册

表 14(续)

代码	名　　称	代码	名　　称
0696	检查与维护记录	1010	通用警报
0699	其他	1020	火警警报
0700	消防设备	1030	操舵系统警报
0710	结构防火	1040	轮机员住所警报
0711	惰性气体系统	1050	惰性气体系统警报
0715	探火系统	1060	机械控制警报
0725	固定灭火系统	1070	UMS-警报
0727	释放操作说明	1080	锅炉警报
0730	移动消防器材	1099	其他
0735	消防员装备	1100	货物
0740	消防泵(包括应急消防泵)	1110	货物积载/系固
0741	消防管系、配备及消防栓、水龙、水枪	1120	谷类
0746	高压燃油管的双层管保护	1130	危险货物适装/积载/包装
0745	通风、防火挡板、阀门、速闭装置	1132	散装危险液体化学品
0750	国际通岸接头	1135	散装液化气体
0765	防火控制图	1138	散装团体货物装载/卸载/积载手册
0799	其他	1140	其他货物(木材等)
0800	事故预防	1150	装卸设备
0820	机器及部件的防护	1170	危险货物规则
0830	管、线(绝缘)	1199	其他
0899	其他	1200	载重线
0900	结构、稳性及相关设备	1210	超载
0910	甲板	1220	载重线及吃水标志
0911	船体外板	1230	栏杆、天桥
0912	舱壁	1240	货舱口及其他舱口
0913	横梁、肋骨、肋板	1250	舱盖
0920	水密门/液压和其他关闭装置	1260	窗、舷窗
0946	稳性/强度/装载信息及仪器	1270	门
0950	滚装客船破舱稳性 A/A_{max} 比率	1275	通风筒、空气管、外罩
0983	引水梯、舷梯	1280	机器处所开口
0985	走廊低位照明	1282	人孔/舱底开口
0988	安全通道及逃生设施	1285	船舶压载系统
0990	(油船、散货船)加强检验计划及检验报告	1288	甲板泄水及货舱排水设备
0999	其他	1299	其他
1000	警报信号	1300	系泊设备

表 14（续）

代码	名　称	代码	名　称
1310	系泊设备	1611	功能性要求
1320	锚设备	1620	主用设备
1330	拖带设备	1621	中频无线电设备
1399	其他	1623	中频/高频无线电设备
1400	主动力及辅助设备	1625	国际海事卫星船舶地球站
1410	主推进动力设备	1635	维护和双套设备
1415	轴系	1651	VHF 无线电话
1416	螺旋桨	1655	海上安全信息接收设备
1417	推力轴承	1671	卫星应急示位标
1420	辅机	1673	VHF 应急示位标
1421	发电机组（包括应急发电机）	1675	船舶雷达应答器
1422	一般电器设备	1677	备用电源
1423	应急照明、蓄电池、配电板	1680	无线电日志
1430	操舵装置	1699	其他
1440	舱底排水设备	1700	危险品安全及防污染（通用）
1450	机舱的清洁	1705	船上油污应急计划
1460	无人机舱	1710	油类记录簿
1470	防护/危险机器部位保护装置	1720	对排油的控制
1480	隔热布置及材料	1730	油污水处理设备 15ppm 报警装置
1499	其他	1731	污油、油污水收集设施
1500	航行安全	1740	排油监控系统
1524	电气助航设备	1750	油水界面探测器
1541	磁罗经	1760	标准排放接头
1542	应急操舵通信	1770	包装（包装危险货物）
1550	号灯、号型、声响信号、信号旗	1771	标志和标签（包装危险货物）
1551	白昼信号灯	1772	单证（包装危险货物）
1560	海图	1773	积载、隔离（包装危险货物）
1570	航海出版物/航行资料	1791	生活污水处理
1575	测深设备	1792	垃圾处理告示
1581	舵角指示器	1793	垃圾管理计划
1582	转速表	1794	垃圾记录簿
1590	船舶自动识别系统（AIS）	1795	垃圾处理
1591	航行数据记录仪（VDR）	1799	其他
1599	其他	1800	油船、化学品船和液化气体船
1600	无线电	1810	货物区域分隔

表14(续)

代码	名　称	代码	名　称
1815	通往起居处所、机器处所和控制站的空气进口/开口	2010	应变部署表与个人应变卡
		2011	演习记录
1816	驾驶室门和窗	2020	消防演习
1820	货泵舱/货物操作处所	2022	救生演习
1825	货物区域安全(通风、开口、电气设备等)	2025	弃船演习
1830	货物转驳	2030	破损控制
1835	货舱透气系统	2040	驾驶台设备操纵
1836	温度控制	2041	GMDSS 设备操作
1840	测试设备	2045	货物操作
1850	货油区域消防系统	2050	机器设备操作
1860	人员防护	2051	应急操舵演习
1870	(散装液体化学品、液化气体货物)特殊要求	2052	防污染设备操作
1880	货物资料	2053	应急舱底水排放操作
1885	液货舱开口	2054	速闭系统操作
1886	应急拖带装置	2055	机舱应急逃生
1887	洗舱设备	2057	包装类危险货物和有害物质处理
1899	其他	2060	机器处所的油类和含油混合物处理
1900	防污染(油船、化学品船和液化气体船)	2070	液货船货物处所的装卸和洗舱程序
1910	货物记录簿	2075	垃圾处理
1915	船上留存油类	2080	避碰规则
1920	油类与压载水的分隔	2090	手册、说明书及其他资料
1925	油船的泵吸、管路和排放布置	2099	其他
1930	专用压载舱、清洁压载舱、原油洗舱	2500	ISM/NSM/安全制度
1935	原油洗舱操作和设备手册	2510	安全和环境保护方针
1940	双层壳结构	2515	公司的责任和权力
1945	静压平衡装载	2520	指定人员
1950	程序和布置手册	2525	船长的责任和权力
1955	高效扫舱	2530	资源和人员
1960	残余物排放系统	2535	船上操作方案的制定
1965	禁止散装有毒液体污液的排放	2540	应急准备
1970	货物加热系统(B 类物质)	2545	不符合规定情况、事故和险情的报告和分析
1975	通风程序/设备	2550	船舶和设备的维护
1980	污染报告	2555	文件
1999	其他	2560	公司审核、复查和评价
2000	操作性检查	2565	发证、审核和监督

表14（续）

代码	名　称	代码	名　称
2590	季节性安全措施	2770	系索、地令、天令及其他系固附属设备
2599	其他	2799	其他
2600	散货船——附加安全措施	2800	高速客船——附加安全措施
2610	舱壁强度	2810	高速客船操作安全证书
2620	货物手册的签注	2815	广播和信息系统
2630	三角标志	2820	座位及安全带
2640	货物密度声明	2825	噪声等级控制
2650	装载仪	2830	方向控制系统
2699	其他	2835	拖弋装置
2700	滚装船舶——附加安全措施	2840	艇及遥控装置
2710	安全开航限制条件	2845	报警和安全系统
2715	货物系固手册	2850	夜航设备
2720	承运车辆的最大重量和尺度、车载货物品种	2855	操纵舱室的布置
2725	艏部、艉部及侧面水密门及安全操作程序	2860	稳定系统（操作性）
2730	航行、停泊和作业巡检制度	2865	撤离演习（操作性）
2740	船长开航前声明	2899	其他
2745	船长决策支持系统	9900	其他
2750	装车处所通风和通风控制	9910	国旗
2755	装车处所消防系统	9920	船名
2760	装车处所电路系统	9999	其他
2765	装货/车处所的疏排水系统		

5.24　安全检查意见名称代码

代码标识为：DM _ AQJCYJMCDM，根据海事信息系统数据字典编制代码，代码见表15。

表15　安全检查意见名称代码

代　码	名　称	代　码	名　称
00	无缺陷	18	三个月纠正（NSM）
06	船籍港纠正	20	修船时纠正
10	缺陷已纠正	30	禁止离港
15	下一港纠正	60	船员记分
16	十四天内纠正	70	通知船舶检验管理机构
17	开航前纠正	99	其他（文字说明）

5.25　跟踪原因代码

代码标识为：DM _ GZYYDM，代码见表16。

表16　跟踪原因代码

代　码	名　称	代　码	名　称
01	滞留	06	协查
04	肇事	99	其他
05	违章		

5.26 顺序号代码

代码标识为：DM _ SXHDM，代码为组合码，代码结构如下：

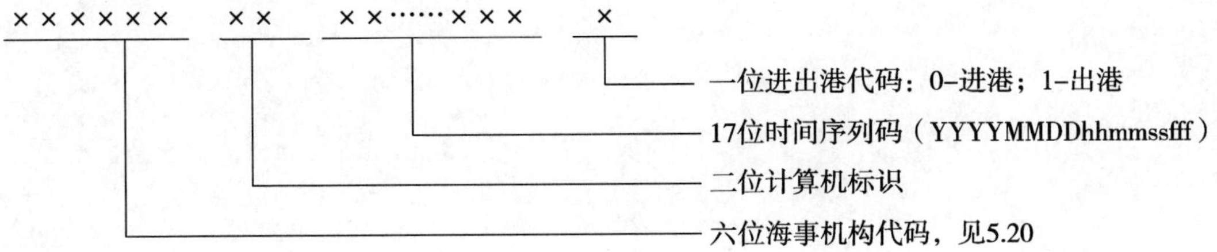

5.27 集装箱尺寸类型代码

代码标识为：DM _ JZXCCLXDM，代码采用 GB/T 1836。

5.28 港内顺序号代码

代码标识为：DM _ GNSXHDM，代码为组合码，由 14 位日期时间序列码（YYYYMMDDhhmmss）和一位顺序号组成。

ICS 35.240.60
R 07
备案号:

JT

中华人民共和国交通行业标准

JT/T 697.6—2008

交通信息基础数据元 第6部分:船员信息基础数据元

Basic data element of transportation information
Part 6: Basic data element of sailor information

2008-09-05 发布 2008-12-01 实施

中华人民共和国交通运输部 发布

目　次

前　言

JT/T 697《交通信息基础数据元》分为13部分：

——第1部分：总则；

——第2部分：公路信息基础数据元；

——第3部分：港口信息基础数据元；

——第4部分：航道信息基础数据元；

——第5部分：船舶信息基础数据元；

——第6部分：船员信息基础数据元；

——第7部分：道路运输信息基础数据元；

——第8部分：水路运输信息基础数据元；

——第9部分：建设项目信息基础数据元；

——第10部分：交通统计信息基础数据元；

——第11部分：船舶检验信息基础数据元；

——第12部分：船载客货信息基础数据元；

——第13部分：收费公路信息基础数据元。

本部分为JT/T 697 的第6部分。

本部分由交通运输部科技教育司提出。

本部分由交通部信息通信及导航标准化技术委员会归口。

本部分主要起草单位：中交水运规划设计院有限公司。

本部分主要起草人：唐菁、马晓峰、陈韬、胡国丹、陈永剑、李伟、李大泽。

交通信息基础数据元
第6部分:船员信息基础数据元

1 范围

本部分规定了船员信息基础数据元编制原则和分类、船员信息基础数据元及数据元值域代码集。

本部分适用于交通行业建立船员数据库的主要技术指标和有关信息系统所涉及的船员数据的采集、交换与共享。其他涉及船员相关信息数据项需引用标准的信息系统或文件也可参照本部分执行。

2 规范性引用文件

下列文件中的条款通过本标准的引用而成为本标准的条款。凡是注日期的引用文件,其随后所有的修改单(不包括勘误的内容)或修订版均不适用于本标准,然而,鼓励根据本标准达成协议的各方研究是否可使用这些文件的最新版本。凡是不注日期的引用文件,其最新版本适用于本标准。

GB/T 2260　中华人民共和国行政区划代码

GB/T 2261.1　个人基本信息分类与代码　第1部分:人的性别代码

GB/T 4658　学历代码

GB/T 7407　中国及世界主要海运贸易港口代码

JT/T 24　中国港口代码

JT/T 697.1　交通信息基础数据元　第1部分:总则

JT/T 697.5—2007　交通信息基础数据元　第5部分:船舶信息基础数据元

海计建[2006]562号　《关于印发海事机构业务应用编码的通知》(中华人民共和国海事局)

3 数据元编制原则和分类

3.1 编制原则

船员信息基础数据元的分类方法、数据元编制规则、数据元值域引用代码编制规则应符合JT/T 697.1的规定。

3.2 分类

3.2.1 根据JT/T 697.1的规定,船员的代码为CY。

3.2.2 根据船员管理对象和管理业务信息的基本内容和属性,船员信息基础数据元划分为六大类:基本信息、培训、考试、办证、海员证、船员服务等,具体分类与分类编号见表1。

表1　船员信息基础数据元分类表

分类编号	名称	章条	分类编号	名称	章条
CY01	**基本信息**	**4.1**	CY010700	适任证书基本信息	4.1.7
CY010100	船员基本信息	4.1.1	CY010800	服务簿	4.1.8
CY010200	保安员基本信息	4.1.2	CY010900	船员业务审查	4.1.9
CY010300	船员奖励	4.1.3	CY011000	劳动合同	4.1.10
CY010400	违章处罚	4.1.4	CY011100	体检	4.1.11
CY010500	任解职	4.1.5	**CY02**	**培训**	**4.2**
CY010600	单位及档案转换	4.1.6	CY020100	培训机构	4.2.1

表1(续)

分类编号	名　　称	章　　条	分类编号	名　　称	章　　条
CY020200	教员信息	4.2.2	CY040100	空白证书	4.4.1
CY020300	培训项目	4.2.3	CY040200	船员培训合格证	4.4.2
CY020400	开班申请	4.2.4	CY040300	办理服务簿	4.4.3
CY020500	培训监督	4.2.5	CY040400	办理适任证书	4.4.4
CY020600	培训考试成绩	4.2.6	**CY05**	**海员证**	**4.5**
CY03	**考试**	**4.3**	CY050100	办证信息	4.5.1
CY030100	读卡机	4.3.1	CY050200	批件、批文	4.5.2
CY030200	适任证申考	4.3.2	CY050300	注销作废	4.5.3
CY030300	适任证考场信息	4.3.3	**CY06**	**船员服务**	**4.6**
CY030400	适任证考生信息	4.3.4	CY060100	服务机构	4.6.1
CY030500	适任证书评估	4.3.5	CY060200	专职人员	4.6.2
CY04	**办证**	**4.4**	CY060300	服务协议	4.6.3

4　船员信息基础数据元

4.1　基本信息

4.1.1　船员基本信息

4.1.1.1　船员姓名

编号:CY010100001

数据元名称:船员姓名

中文全拼:chuan - yuan - xing - ming

定义:船员的姓名。

数据元类型:字符型

数据格式:an..30

4.1.1.2　船员身份证号码

编号:CY010100002

数据元名称:船员身份证号码

中文全拼:chuan - yuan - shen - fen - zheng - hao - ma

定义:船员的身份证号码。

数据元类型:字符型

数据格式:an18

4.1.1.3　性别代码

编号:CY010100003

数据元名称:性别代码

中文全拼:xing - bie - dai - ma

定义:船员的性别代码。

数据元类型:数字型

数据格式:n1

值域:见5.1

4.1.1.4　船员注册号

编号:CY010100004

数据元名称:船员注册号

中文全拼:chuan - yuan - zhu - ce - hao

定义:海事机构登记船员基本信息时,为所登记的基本信息数据而注册的唯一编码。

数据元类型:字符型

数据格式:an18

4.1.1.5　船员卡ID号

编号:CY010100005

数据元名称:船员卡ID号

中文全拼:chuan - yuan - ka - ID - hao

定义:由海事机构发放的船员卡标识号,是船员卡制作时的唯一编码。

数据元类型:字符型

数据格式:an..20

4.1.1.6　服务簿号码

编号:CY010100006

数据元名称:服务簿号码

中文全拼:fu - wu - bu - hao - ma

定义:船员服务簿的号码。

数据元类型:字符型

数据格式:an18

4.1.1.7　船员出生日期

编号:CY010100007

数据元名称:船员出生日期

中文全拼:chuan - yuan - chu - sheng - ri - qi

定义:船员的出生日期。

数据元类型:日期型

数据格式:YYYYMMDD

4.1.1.8　船员出生地点代码

编号:CY010100008

数据元名称:船员出生地点代码

中文全拼:chuan - yuan - chu - sheng - di - dian - dai - ma

定义:船员出生地点的行政区划代码。

数据元类型:字符型

数据格式:n6

值域:见5.2

4.1.1.9　船员服务单位

编号:CY010100009

数据元名称:船员服务单位

中文全拼:chuan - yuan - fu - wu - dan - wei

定义:船员所服务单位的名称。

数据元类型:字符型

数据格式:an..100

4.1.1.10 学历代码

编号:CY010100010

数据元名称:学历代码

中文全拼:xue – li – dai – ma

定义:船员学历的代码。

数据元类型:字符型

数据格式:n2

值域:见5.3

4.1.1.11 专业代码

编号:CY010100011

数据元名称:专业代码

中文全拼:zhuan – ye – dai – ma

定义:船员所学专业的代码。

数据元类型:数字型

数据格式:n1

值域:见5.4

4.1.1.12 船员毕业日期

编号:CY010100012

数据元名称:船员毕业日期

中文全拼:chuan – yuan – bi – ye – ri – qi

定义:船员毕业的日期。

数据元类型:日期型

数据格式:YYYYMMDD

4.1.1.13 毕业证号

编号:CY010100013

数据元名称:毕业证号

中文全拼:bi – ye – zheng – hao

定义:船员毕业证的号码。

数据元类型:字符型

数据格式:an15

4.1.1.14 所属机构代码

编号:CY010100014

数据元名称:所属机构代码

中文全拼:suo – shu – ji – gou – dai – ma

定义:船员所属海事机构的代码。

数据元类型:字符型

数据格式:n6

值域:见5.5

4.1.1.15 船员家庭住址

编号:CY010100015

数据元名称:船员家庭住址

中文全拼:chuan – yuan – jia – ting – zhu – zhi

定义:船员的家庭住址。

数据元类型:字符型

数据格式:an..100

4.1.1.16 船员联系电话

编号:CY010100016

数据元名称:船员联系电话

中文全拼:chuan – yuan – lian – xi – dian – hua

定义:船员的联系电话。

数据元类型:字符型

数据格式:an..18

4.1.1.17 船员职务代码

编号:CY010100017

数据元名称:船员职务代码

中文全拼:chuan – yuan – zhi – wu – dai – ma

定义:船员所担任职务的代码。

数据元类型:字符型

数据格式:n..2

值域:见5.6

4.1.2 保安员基本信息

4.1.2.1 保安员证书号码

编号:CY010200001

数据元名称:保安员证书号码

中文全拼:bao – an – yuan – zheng – shu – hao – ma

定义: 保安员的证书号码。

数据元类型:字符型

数据格式:an..24

值域:六位签发机构代码 + ISPS(国际船舶和港口设施保安规则) + 二位年份 + 四位顺序号

4.1.2.2 保安员证书签发日期

编号:CY010200002

数据元名称:保安员证书签发日期

中文全拼:bao – an – yuan – zheng – shu – qian – fa – ri – qi

定义:保安员证书签发的日期。

数据元类型:日期型

数据格式:YYYYMMDD

4.1.2.3 保安员证书签发机构代码

编号:CY010200003

数据元名称:保安员证书签发机构代码

中文全拼:bao – an – yuan – zheng – shu – qian – fa – ji – gou – dai – ma

定义:签发保安员证书的海事机构代码。

数据元类型:字符型

数据格式:n6

值域:见5.5

4.1.2.4 保安员证书签发官员

编号:CY010200004

数据元名称:保安员证书签发官员
中文全拼:bao – an – yuan – zheng – shu – qian – fa – guan – yuan
定义:签发保安员证书的官员姓名。
数据元类型:字符型
数据格式:an..30

4.1.2.5 保安员证书注销日期
编号:CY010200005
数据元名称:保安员证书注销日期
中文全拼:bao – an – yuan – zheng – shu – zhu – xiao – ri – qi
定义:保安员证书被注销的日期。
数据元类型:日期型
数据格式:YYYYMMDD

4.1.2.6 保安员证书注销原因
编号:CY010200006
数据元名称:保安员证书注销原因
中文全拼:bao – an – yuan – zheng – shu – zhu – xiao – yuan – yin
定义:保安员证书被注销的原因。
数据元类型:字符型
数据格式:..ul

4.1.2.7 保安员证书注销人
编号:CY010200007
数据元名称:保安员证书注销人
中文全拼:bao – an – yuan – zheng – shu – zhu – xiao – ren
定义:注销保安员的人员姓名。
数据元类型:字符型
数据格式:an..30

4.1.2.8 保安员证书顺序号
编号:CY010200008
数据元名称:保安员证书顺序号
中文全拼:bao – an – yuan – zheng – shu – shun – xu – hao
定义:为方便保安员空白证书管理而虚拟产生的空白证印刷号码。
数据元类型:字符型
数据格式:an20

4.1.3 船员奖励

4.1.3.1 奖励日期
编号:CY010300001
数据元名称:奖励日期
中文全拼:jiang – li – ri – qi
定义: 船员获得奖励的时间。
数据元类型:日期型
数据格式:YYYYMMDD

4.1.3.2 奖励原因
编号:CY010300002

数据元名称:奖励原因
中文全拼:jiang – li – yuan – yin
定义:船员获得奖励原因。
数据元类型:字符型
数据格式:..ul

4.1.3.3 奖励措施
编号:CY010300003
数据元名称:奖励措施
中文全拼:jiang – li – cuo – shi
定义:船员受到奖励的具体措施。
数据元类型:字符型
数据格式:..ul

4.1.3.4 奖励登记日期
编号:CY010300004
数据元名称:奖励登记日期
中文全拼:jiang – li – deng – ji – ri – qi
定义:对船员奖励进行登记的时间。
数据元类型:日期型
数据格式:YYYYMMDD

4.1.3.5 奖励经办人
编号:CY010300005
数据元名称:奖励经办人
中文全拼:jiang – li – jing – ban – ren
定义:颁发船员奖励的经办人员姓名。
数据元类型:字符型
数据格式:an..30

4.1.4 违章处罚

4.1.4.1 处罚日期
编号:CY010400001
数据元名称:处罚日期
中文全拼:chu – fa – ri – qi
定义:船员接受处罚的时间。
数据元类型:日期型
数据格式:YYYYMMDD

4.1.4.2 处罚地点
编号:CY010400002
数据元名称:处罚地点
中文全拼:chu – fa – di – dian
定义:船员接受处罚的地点。
数据元类型:字符型
数据格式:an..100

4.1.4.3 违章情况
编号:CY010400003

数据元名称:违章情况
中文全拼:wei - zhang - qing - kuang
定义:船员违章的具体情况。
数据元类型:字符型
数据格式:..ul

4.1.4.4 处罚措施
编号:CY010400004
数据元名称:处罚措施
中文全拼:chu - fa - cuo - shi
定义:对船员违章行为采取处罚的措施。
数据元类型:字符型
数据格式:..ul

4.1.4.5 处理机构代码
编号:CY010400005
数据元名称:处理机构代码
中文全拼:chu - li - ji - gou - dai - ma
定义:对船员进行处罚的海事机构的代码。
数据元类型:字符型
数据格式:n6
值域:见5.5

4.1.4.6 处罚编号
编号:CY010400006
数据元名称:处罚编号
中文全拼:chu - fa - bian - hao
定义:对船员进行违章处罚登记的编号。
数据元类型:字符型
数据格式:an..20

4.1.4.7 处罚登记日期
编号:CY010400007
数据元名称:处罚登记日期
中文全拼:chu - fa - deng - ji - ri - qi
定义:对船员进行违章处罚的登记时间。
数据元类型:日期型
数据格式:YYYYMMDD

4.1.4.8 违章处罚经办人
编号:CY010400008
数据元名称:违章处罚经办人
中文全拼:wei - zhang - chu - fa - jing - ban - ren
定义:对船员进行违章处罚处理的人员姓名。
数据元类型:字符型
数据格式:an..30

4.1.4.9 执法证号
编号:CY010400009

数据元名称:执法证号
中文全拼:zhi - fa - zheng - hao
定义:对船员进行违章处罚时执法证件号码。
数据元类型:字符型
数据格式:an..30

4.1.4.10 处罚登记机构代码

编号:CY010400010
数据元名称:处罚登记机构代码
中文全拼:chu - fa - deng - ji - ji - gou - dai - ma
定义:对船员进行违章处罚登记的海事机构的代码。
数据元类型:字符型
数据格式:n6
值域:见 5.5

4.1.4.11 处罚截至日期

编号:CY010400011
数据元名称:处罚截至日期
中文全拼:chu - fa - jie - zhi - ri - qi
定义:船员处罚的截止日期。
数据元类型:日期型
数据格式:YYYYMMDD

4.1.4.12 计分分值

编号:CY010400012
数据元名称:计分分值
中文全拼: ji - fen - fen - zhi
定义:船员接受处罚的计算分值数。
数据元类型:数字型
数据格式:n2

4.1.4.13 累计分值

编号:CY010400013
数据元名称:累计分值
中文全拼: lei - ji - fen - zhi
定义:船员多次接受处罚后将每次的计算分值进行累计的合计分值数。
数据元类型:数字型
数据格式:n3

4.1.5 任解职

4.1.5.1 上船任职日期

编号:CY010500001
数据元名称:上船任职日期
中文全拼:shang - chuan - ren - zhi - ri - qi
定义:船员上船任职的日期。
数据元类型:日期型
数据格式:YYYYMMDD

4.1.5.2 上船任职港口代码
编号:CY010500002
数据元名称:上船任职港口代码
中文全拼:shang – chuan – ren – zhi – gang – kou – dai – ma
定义：船员上船任职港口的代码。
数据元类型:字符型
数据格式:an6
值域:见5.7

4.1.5.3 任职职务代码
编号:CY010500003
数据元名称:任职职务代码
中文全拼:ren – zhi – zhi – wu – dai – ma
定义：船员所担任职务的代码。
数据元类型:字符型
数据格式:an..2
值域:见5.6

4.1.5.4 任职船名
编号:CY010500004
数据元名称:任职船名
中文全拼:ren – zhi – chuan – ming
定义：船员所任职的船舶名称。
数据元类型:字符型
数据格式:an..30

4.1.5.5 当值船长
编号:CY010500005
数据元名称:当值船长
中文全拼:dang – zhi – chuan – zhang
定义：船员所任职船舶的当值船长姓名。
数据元类型:字符型
数据格式:an..30

4.1.5.6 解职离船日期
编号:CY010500006
数据元名称:解职离船日期
中文全拼:jie – zhi – li – chuan – ri – qi
定义：船员解职离船的日期。
数据元类型:日期型
数据格式:YYYYMMDD

4.1.5.7 解职离船港口代码
编号:CY010500007
数据元名称:解职离船港口代码
中文全拼:jie – zhi – li – chuan – gang – kou – dai – ma
定义：船员解职离船地点的港口代码。
数据元类型:字符型

数据格式:an6

值域:见5.7

4.1.5.8 核准资历公司

编号:CY010500008

数据元名称:核准资历公司

中文全拼:he－zhun－zi－li－gong－si

定义:核准船员资历的船舶公司名称。

数据元类型:字符型

数据格式:an..100

4.1.5.9 任解职申办日期

编号:CY010500009

数据元名称:任解职申办日期

中文全拼:ren－jie－zhi－shen－ban－ri－qi

定义:船员申请任解职的时间。

数据元类型:日期型

数据格式:YYYYMMDD

4.1.5.10 任解职申办人

编号:CY010500010

数据元名称:任解职申办人

中文全拼:ren－jie－zhi－shen－ban－ren

定义:申请任解职的船员姓名。

数据元类型:字符型

数据格式:an..30

4.1.5.11 任解职经办人

编号:CY010500011

数据元名称:任解职经办人

中文全拼:ren－jie－zhi－jing－ban－ren

定义:办理船员任解职业务的管理人员姓名。

数据元类型:字符型

数据格式:an..30

4.1.6 单位及档案转换

4.1.6.1 原服务单位名称

编号:CY010600001

数据元名称:原服务单位名称

中文全拼:yuan－fu－wu－dan－wei－ming－cheng

定义:船员原任职单位的名称。

数据元类型:字符型

数据格式:an..100

4.1.6.2 单位转换管理机构代码

编号:CY010600002

数据元名称:单位转换管理机构代码

中文全拼:dan－wei－zhuan－huan－guan－li－ji－gou－dai－ma

定义:处理船员单位转换业务的海事管理机构的代码。

数据元类型:字符型

数据格式:n6

值域:见 5.5

4.1.6.3 新服务单位名称

编号:CY010600003

数据元名称:新服务单位名称

中文全拼:xin - fu - wu - dan - wei - ming - cheng

定义:船员任职新单位的名称。

数据元类型:字符型

数据格式:an..100

4.1.6.4 档案转出日期

编号:CY010600004

数据元名称:档案转出日期

中文全拼:dang - an - zhuan - chu - ri - qi

定义:船员档案转出的日期。

数据元类型:日期型

数据格式:YYYYMMDD

4.1.6.5 档案转出机构代码

编号:CY010600005

数据元名称:档案转出机构代码

中文全拼:dang - an - zhuan - chu - ji - gou - dai - ma

定义:船员档案转出的海事机构的代码。

数据元类型:字符型

数据格式:n6

值域:见 5.5

4.1.6.6 档案接收机构代码

编号:CY010600006

数据元名称:档案接收机构代码

中文全拼:dang - an - jie - shou - ji - gou - dai - ma

定义:接收船员档案的海事机构的代码。

数据元类型:字符型

数据格式:n6

值域:见 5.5

4.1.6.7 转出人员

编号:CY010600007

数据元名称:转出人员

中文全拼:zhuan - chu - ren - yuan

定义:负责办理船员档案转出人员的姓名。

数据元类型:字符型

数据格式:an..30

4.1.6.8 转换结束日期

编号:CY010600008

数据元名称:转换结束日期

中文全拼:zhuan – huan – jie – shu – ri – qi

定义：船员档案及单位转换工作结束的日期。

数据元类型:日期型

数据格式:YYYYMMDD

4.1.6.9 接收人员

编号:CY010600009

数据元名称:接收人员

中文全拼:jie – shou – ren – yuan

定义：接收船员档案人员的姓名。

数据元类型:字符型

数据格式:an..30

4.1.7 适任证书基本信息

4.1.7.1 适任证书号码

编号:CY010700001

数据元名称:适任证书号码

中文全拼:shi – ren – zheng – shu – hao – ma

定义：船员适任证书的号码。

数据元类型:字符型

数据格式:an17(海船船员);an18(内河船员)

4.1.7.2 适任证书证书印刷号

编号:CY010700002

数据元名称:适任证书证书印刷号

中文全拼:shi – ren – zheng – shu – zheng – shu – yin – shua – hao

定义：船员适任证书的印刷号。

数据元类型:字符型

数据格式:an10

4.1.7.3 适任证书证书类别代码

编号:CY010700003

数据元名称:适任证书证书类别代码

中文全拼:shi – ren – zheng – shu – zheng – shu – lei – bie – dai – ma

定义：船员适任证书类别的代码。

数据元类型:字符型

数据格式:a1

值域:见5.8

4.1.7.4 适任证书证书等级代码

编号:CY010700004

数据元名称:适任证书证书等级代码

中文全拼:shi – ren – zheng – shu – zheng – shu – deng – ji – dai – ma

定义：船员适任证书等级的代码。

数据元类型:数字型

数据格式:n2

值域:见5.9

4.1.7.5 适任证书证书职务代码

编号:CY010700005

数据元名称:适任证书证书职务代码

中文全拼:shi－ren－zheng－shu－zheng－shu－zhi－wu－dai－ma

定义:船员适任证书职务的代码。

数据元类型:字符型

数据格式:an..2

值域:见5.6

4.1.7.6 适任证书证书种类代码

编号:CY010700006

数据元名称:适任证书证书种类代码

中文全拼:shi－ren－zheng－shu－zheng－shu－zhong－lei－dai－ma

定义:船员适任证书种类的代码。

数据元类型:字符型

数据格式:an..4

值域:见5.10

4.1.7.7 适任证书签发机构代码

编号:CY010700007

数据元名称:适任证书签发机构代码

中文全拼:shi－ren－zheng－shu－qian－fa－ji－gou－dai－ma

定义:签发船员适任证书的海事机构代码。

数据元类型:字符型

数据格式:n6

值域:见5.5

4.1.7.8 适任证书签发日期

编号:CY010700008

数据元名称:适任证书签发日期

中文全拼:shi－ren－zheng－shu－qian－fa－ri－qi

定义:签发船员适任证书的日期。

数据元类型:日期型

数据格式:YYYYMMDD

4.1.7.9 适任证书签发官员姓名

编号:CY010700009

数据元名称:适任证书签发官员姓名

中文全拼:shi－ren－zheng－shu－qian－fa－guan－yuan－xing－ming

定义:签发船员适任证书的官员姓名。

数据元类型:字符型

数据格式:an..30

4.1.7.10 适任证书等级与职务限用

编号:CY010700010

数据元名称:适任证书等级与职务限用

中文全拼:shi－ren－zheng－shu－deng－ji－yu－zhi－wu－xian－yong

定义:船员适任证书所规定的该船员等级与职务适用的范围。

数据元类型:字符型

数据格式:an..100

4.1.7.11 适任证书注销原因

编号:CY010700011

数据元名称:适任证书注销原因

中文全拼:shi－ren－zheng－shu－zhu－xiao－yuan－yin

定义:注销适任证书的原因。

数据元类型:字符型

数据格式:an..300

4.1.7.12 适任证书注销日期

编号:CY010700012

数据元名称:适任证书注销日期

中文全拼:shi－ren－zheng－shu－zhu－xiao－ri－qi

定义:注销船员适任证书的日期时间。

数据元类型:日期型

数据格式:YYYYMMDD

4.1.7.13 适任证书有效期

编号:CY010700013

数据元名称:适任证书有效期

中文全拼:shi－ren－zheng－shu－you－xiao－qi

定义:船员适任证书的有效期限。

数据元类型:日期型

数据格式:YYYYMMDD

4.1.8 服务簿

4.1.8.1 服务簿印刷号

编号:CY010800001

数据元名称:服务簿印刷号

中文全拼:fu－wu－bu－yin－shua－hao

定义:船员服务簿的印刷号。

数据元类型:字符型

数据格式:an10

4.1.8.2 服务簿签发机关代码

编号:CY010800002

数据元名称:服务簿签发机关代码

中文全拼:fu－wu－bu－qian－fa－ji－guan－dai－ma

定义:签发船员服务簿的海事机构的代码。

数据元类型:字符型

数据格式:n6

值域:见5.5

4.1.8.3 服务簿签发日期

编号:CY010800003

数据元名称:服务簿签发日期

中文全拼:fu－wu－bu－qian－fa－ri－qi

定义：签发船员服务簿的日期。

数据元类型:日期型

数据格式:YYYYMMDD

4.1.8.4 服务簿签发官员

编号:CY010800004

数据元名称:服务簿签发官员

中文全拼:fu－wu－bu－qian－fa－guan－yuan

定义：签发船员服务簿的官员姓名。

数据元类型:字符型

数据格式:an..30

4.1.8.5 服务簿注销原因

编号:CY010800005

数据元名称:服务簿注销原因

中文全拼:fu－wu－bu－zhu－xiao－yuan－yin

定义：船员服务簿被注销的原因。

数据元类型:字符型

数据格式:an..300

4.1.8.6 服务簿注销日期

编号:CY010800006

数据元名称:服务簿注销日期

中文全拼:fu－wu－bu－zhu－xiao－ri－qi

定义：船员服务簿被注销的日期。

数据元类型:日期型

数据格式:YYYYMMDD

4.1.8.7 服务簿注销人

编号:CY010800007

数据元名称:服务簿注销人

中文全拼:fu－wu－bu－zhu－xiao－ren

定义：注销船员服务簿的办公人员的姓名。

数据元类型:字符型

数据格式:an..30

4.1.9 船员业务审查

4.1.9.1 一审人

编号:CY010900001

数据元名称:一审人

中文全拼:yi－shen－ren

定义：申请开班,申请适任证,办理适任证、海员证、合格证申请等业务的一审人员姓名。

数据元类型:字符型

数据格式:an..30

4.1.9.2 一审结果

编号:CY010900002

数据元名称:一审结果

中文全拼:yi－shen－jie－guo

定义：申请开班，申请适任证，办理适任证、海员证、合格证申请等业务的一审结果。

数据元类型：字符型

数据格式：a8

值域：一审待审、二审退回、一审正审

4.1.9.3 一审意见

编号：CY010900003

数据元名称：一审意见

中文全拼：yi - shen - yi - jian

定义：申请开班，申请适任证，办理适任证、海员证、合格证申请等业务的一审意见。

数据元类型：字符型

数据格式：an..100

4.1.9.4 一审日期

编号：CY010900004

数据元名称：一审日期

中文全拼：yi - shen - ri - qi

定义：申请开班，申请适任证，办理适任证、海员证、合格证申请等业务的一审时间。

数据元类型：日期型

数据格式：YYYYMMDD

4.1.9.5 二审人

编号：CY010900005

数据元名称：二审人

中文全拼：er - shen - ren

定义：申请开班，申请适任证，办理适任证、海员证、合格证申请等业务的二审人员姓名。

数据元类型：字符型

数据格式：an..30

4.1.9.6 二审结果

编号：CY010900006

数据元名称：二审结果

中文全拼：er - shen - jie - guo

定义：申请开班，申请适任证，办理适任证、海员证、合格证申请等业务的二审结果。

数据元类型：字符型

数据格式：a..8

值域：同意、不同意、二审待审、二审正审

4.1.9.7 二审意见

编号：CY010900007

数据元名称：二审意见

中文全拼：er - shen - yi - jian

定义：申请开班，申请适任证，办理适任证、海员证、合格证申请等业务的二审意见。

数据元类型：字符型

数据格式：an..100

4.1.9.8 二审日期

编号：CY010900008

数据元名称：二审日期

中文全拼:er - shen - ri - qi

定义:申请开班,申请适任证,办理适任证、海员证、合格证申请等业务的二审日期。

数据元类型:日期型

数据格式:YYYYMMDD

4.1.9.9 审批结果代码

编号:CY010900009

数据元名称:审批结果代码

中文全拼:shen - pi - jie - guo - dai - ma

定义:申请开班,申请适任证,办理适任证、海员证、合格证申请等业务的审批结果代码。

数据元类型:数字型

数据格式:n1

值域:见5.11

4.1.9.10 审批意见

编号:CY010900010

数据元名称:审批意见

中文全拼:shen - pi - yi - jian

定义:申请开班,申请适任证,办理适任证、海员证、合格证申请等业务的审批意见。

数据元类型:字符型

数据格式:an..100

4.1.9.11 受理人数

编号:CY010900011

数据元名称:受理人数

中文全拼:shou - li - ren - shu

定义:申请开班,申请适任证,办理适任证、海员证、合格证申请等业务的人数。

数据元类型:数字型

数据格式:n10

计量单位:人

4.1.10 劳动合同

4.1.10.1 合同号

编号:CY011000001

数据元名称:合同号

中文全拼:he - tong - hao

定义:船员的劳动合同号。

数据元类型:字符型

数据格式:an..60

4.1.10.2 合同代号

编号:CY011000002

数据元名称:合同代号

中文全拼:he - tong - dai - hao

定义:船员劳动合同的代号。

数据元类型:字符型

数据格式:an15

值域:六位海事机构代码 + 四位年份 + 五位序号

4.1.10.3 合同生效日期

编号:CY011000003

数据元名称:合同生效日期

中文全拼:he - tong - sheng - xiao - ri - qi

定义:劳动合同生效的日期。

数据元类型:日期型

数据格式:YYYYMMDD

4.1.10.4 合同截至日期

编号:CY011000004

数据元名称:合同截至日期

中文全拼:he - tong - jie - zhi - ri - qi

定义:劳动合同截止的日期。

数据元类型:日期型

数据格式:YYYYMMDD

4.1.10.5 合同期效

编号:CY011000005

数据元名称:合同期效

中文全拼:he - tong - qi - xiao

定义:劳动合同的有效期限。

数据元类型:数字型

数据格式:n2

计量单位:月

4.1.10.6 合同签约单位

编号:CY011000006

数据元名称:合同签约单位

中文全拼:he - tong - qian - yue - dan - wei

定义:与船员签署合同的单位名称。

数据元类型:字符型

数据格式:an..100

4.1.11 体检

4.1.11.1 体检日期

编号:CY011100001

数据元名称:体检日期

中文全拼:ti - jian - ri - qi

定义:船员的体检日期。

数据元类型:日期型

数据格式:YYYYMMDD

4.1.11.2 体检医院

编号:CY011100002

数据元名称:体检医院

中文全拼:ti - jian - yi - yuan

定义:船员进行体检的医院名称。

数据元类型:字符型

数据格式:an..100

备注:缩略表达 TJYY

4.1.11.3 左耳电测听力

编号:CY011100003

数据元名称:左耳电测听力

中文全拼:zuo - er - dian - ce - ting - li

定义:船员左耳的电测听力。

数据元类型:字符型

数据格式:an10

备注:缩略表达 DCTLZ

4.1.11.4 右耳电测听力

编号:CY011100004

数据元名称:右耳电测听力

中文全拼:you - er - dian - ce - ting - li

定义:船员右耳的电测听力。

数据元类型:字符型

数据格式:an10

备注:缩略表达 DCTLY

4.1.11.5 左耳自然听力

编号:CY011100005

数据元名称:左耳自然听力

中文全拼:zuo - er - zi - ran - ting - li

定义:船员左耳的自然听力。

数据元类型:字符型

数据格式:an10

备注:缩略表达 ZRTLZ

4.1.11.6 右耳自然听力

编号:CY011100006

数据元名称:右耳自然听力

中文全拼:you - er - zi - ran - ting - li

定义:船员右耳的自然听力。

数据元类型:字符型

数据格式:an10

备注:缩略表达 ZRTLY

4.1.11.7 左眼裸眼视力

编号:CY011100007

数据元名称:左眼裸眼视力

中文全拼:zuo - yan - luo - yan - shi - li

定义:船员左眼的裸眼视力。

数据元类型:字符型

数据格式:an10

备注:缩略表达 LYSLZ

4.1.11.8　右眼裸眼视力

编号:CY011100008

数据元名称:右眼裸眼视力

中文全拼:you - yan - luo - yan - shi - li

定义: 船员右眼的裸眼视力。

数据元类型:字符型

数据格式:an10

备注:缩略表达 LYSLY

4.1.11.9　左眼矫正视力

编号:CY011100009

数据元名称:左眼矫正视力

中文全拼:zuo - yan - jiao - zheng - shi - li

定义: 船员左眼的矫正视力。

数据元类型:字符型

数据格式:an10

备注:缩略表达 JZSLZ

4.1.11.10　右眼矫正视力

编号:CY011100010

数据元名称:右眼矫正视力

中文全拼:you - yan - jiao - zheng - shi - li

定义: 船员右眼的矫正视力。

数据元类型:字符型

数据格式:an10

备注:缩略表达 JZSLY

4.1.11.11　辨色力

编号:CY011100011

数据元名称:辨色力

中文全拼:bian - se - li

定义: 船员的辨色力。

数据元类型:字符型

数据格式:an10

备注:缩略表达 BSL

4.1.11.12　暗适应

编号:CY011100012

数据元名称:暗适应

中文全拼:an - shi - ying

定义: 船员的暗适应能力。

数据元类型:字符型

数据格式:an10

备注:缩略表达 ASY

4.1.11.13　水平视野

编号:CY011100013

数据元名称:水平视野
中文全拼:shui - ping - shi - ye
定义: 船员的水平视野。
数据元类型:字符型
数据格式:an10
备注:缩略表达 SYSP

4.1.11.14 垂直视野

编号:CY011100014
数据元名称:垂直视野
中文全拼:chui - zhi - shi - ye
定义: 船员的垂直视野。
数据元类型:字符型
数据格式:an10
备注:缩略表达 SYCZ

4.1.11.15 立体视觉

编号:CY011100015
数据元名称:立体视觉
中文全拼:li - ti - shi - jue
定义: 船员的立体视觉。
数据元类型:字符型
数据格式:an10
备注:缩略表达 LTSJ

4.1.11.16 其他眼疾

编号:CY011100016
数据元名称:其他眼疾
中文全拼:qi - ta - yan - ji
定义: 船员所患有的其他眼科疾病。
数据元类型:字符型
数据格式:an10
备注:缩略表达 QTYJ

4.1.11.17 语言能力

编号:CY011100017
数据元名称:语言能力
中文全拼:yu - yan - neng - li
定义: 船员的语言能力。
数据元类型:字符型
数据格式:an10
备注:缩略表达 YYNL

4.1.11.18 身高

编号:CY011100018
数据元名称:身高
中文全拼:shen - gao
定义: 船员的身高。

数据元类型:字符型

数据格式:an10

备注:缩略表达 SG

4.1.11.19 体重

编号:CY011100019

数据元名称:体重

中文全拼:ti - zhong

定义: 船员的体重。

数据元类型:字符型

数据格式:an10

计量单位:千克(kg)

备注:缩略表达 TZ

4.1.11.20 皮肤

编号:CY011100020

数据元名称:皮肤

中文全拼:pi - fu

定义: 船员的皮肤体检结果。

数据元类型:字符型

数据格式:an10

备注:缩略表达 PF

4.1.11.21 脊柱

编号:CY011100021

数据元名称:脊柱

中文全拼:ji - zhu

定义: 船员脊柱的体检结果。

数据元类型:字符型

数据格式:an10

备注:缩略表达 JZ

4.1.11.22 四肢

编号:CY011100022

数据元名称:四肢

中文全拼:si - zhi

定义: 船员四肢的体检结果。

数据元类型:字符型

数据格式:an10

备注:缩略表达 SZ

4.1.11.23 外科其他

编号:CY011100023

数据元名称:外科其他

中文全拼:wai - ke - qi - ta

定义: 船员外科体检的其他方面结果。

数据元类型:字符型

数据格式:an10

备注:缩略表达 WKQT

4.1.11.24　呼吸音

编号:CY011100024

数据元名称:呼吸音

中文全拼:hu－xi－yin

定义:船员的呼吸音体检结果。

数据元类型:字符型

数据格式:an10

备注:缩略表达 HXY

4.1.11.25　胸部透视

编号:CY011100025

数据元名称:胸部透视

中文全拼:xiong－bu－tou－shi

定义:船员体检胸部透视结果。

数据元类型:字符型

数据格式:an10

备注:缩略表达 XBXTS

4.1.11.26　职业禁忌症

编号:CY011100026

数据元名称:职业禁忌症

中文全拼:zhi－ye－jin－ji－zheng

定义:船员的职业禁忌病。

数据元类型:字符型

数据格式:an100

备注:缩略表达 ZYJJZ

4.1.11.27　肝脏

编号:CY011100027

数据元名称:肝脏

中文全拼:gan－zang

定义:船员肝脏的检验结果。

数据元类型:字符型

数据格式:an10

备注:缩略表达 GZ

4.1.11.28　脾脏

编号:CY011100028

数据元名称:脾脏

中文全拼:pi－zang

定义:船员脾脏检验结果。

数据元类型:字符型

数据格式:an10

备注:缩略表达 PZ

4.1.11.29　甲状腺

编号:CY011100029

数据元名称:甲状腺

中文全拼:jia – zhuang – xian

定义:船员的甲状腺检验结果。

数据元类型:字符型

数据格式:an10

备注:缩略表达 JZX

4.1.11.30 B 超

编号:CY011100030

数据元名称:B 超

中文全拼:B – chao

定义:船员的 B 超检查结果。

数据元类型:字符型

数据格式:an100

备注:缩略表达 BXCSBJC

4.1.11.31 消化系统禁忌症

编号:CY011100031

数据元名称:消化系统禁忌症

中文全拼:xiao – hua – xi – tong – jin – ji – zheng

定义:船员消化系统所患有的禁忌症。

数据元类型:字符型

数据格式:an10

备注:缩略表达 XHXTJJZ

4.1.11.32 血压

编号:CY011100032

数据元名称:血压

中文全拼:xue – ya

定义:船员的血压检查结果。

数据元类型:字符型

数据格式:an10

备注:缩略表达 XY

4.1.11.33 心电图

编号:CY011100033

数据元名称:心电图

中文全拼:xin – dian – tu

定义:船员的心电图检查结果。

数据元类型:字符型

数据格式:an10

备注:缩略表达 XDT

4.1.11.34 心血管禁忌症

编号:CY011100034

数据元名称:心血管禁忌症

中文全拼:xin – xue – guan – jin – ji – zheng

定义:船员心血管所患有的禁忌症。

数据元类型:字符型

数据格式:an100

备注:缩略表达 XXGJJZ

4.1.11.35 泌尿生殖系统禁忌症

编号:CY011100035

数据元名称:泌尿生殖系统禁忌症

中文全拼:mi - niao - sheng - zhi - xi - tong - jin - ji - zheng

定义:船员泌尿生殖系统所患有的禁忌症。

数据元类型:字符型

数据格式:an100

备注:缩略表达 MNSZJJZ

4.1.11.36 精神系统禁忌症

编号:CY011100036

数据元名称:精神系统禁忌症

中文全拼:jing - shen - xi - tong - jin - ji - zheng

定义:船员精神系统所患有的禁忌症。

数据元类型:字符型

数据格式:an100

备注:缩略表达 JSJJZ

4.1.11.37 既往病史

编号:CY011100037

数据元名称:既往病史

中文全拼:ji - wang - bing - shi

定义:船员的既往病史。

数据元类型:字符型

数据格式:an..100

备注:缩略表达 JWBS

4.1.11.38 血型

编号:CY011100038

数据元名称:血型

中文全拼:xue - xing

定义:船员的血型。

数据元类型:字符型

数据格式:an5

备注:缩略表达 XX

4.1.11.39 五官医师

编号:CY011100039

数据元名称:五官医师

中文全拼:wu - guan - yi - shi

定义:为船员做五官检查的医师姓名。

数据元类型:字符型

数据格式:an..30

备注:缩略表达 WGYS

4.1.11.40 外科医师

编号:CY011100040

数据元名称:外科医师

中文全拼:wai－ke－yi－shi

定义：为船员做外科检查的医师姓名。

数据元类型:字符型

数据格式:an..30

备注:缩略表达 WKYS

4.1.11.41 呼吸系统医师

编号:CY011100041

数据元名称:呼吸系统医师

中文全拼:hu－xi－xi－tong－yi－shi

定义：为船员做呼吸系统检查的医师姓名。

数据元类型:字符型

数据格式:an..30

备注:缩略表达 HXYS

4.1.11.42 消化系统医师

编号:CY011100042

数据元名称:消化系统医师

中文全拼:xiao－hua－xi－tong－yi－shi

定义：为船员做消化系统检查的医师姓名。

数据元类型:字符型

数据格式:an..30

备注:缩略表达 XHYS

4.1.11.43 心血管医师

编号:CY011100043

数据元名称:心血管医师

中文全拼:xin－xue－guan－yi－shi

定义：为船员做心血管系统检查的医师姓名。

数据元类型:字符型

数据格式:an..30

备注:缩略表达 XXGYS

4.1.11.44 泌尿医师

编号:CY011100044

数据元名称:泌尿医师

中文全拼:mi－niao－yi－shi

定义：为船员做泌尿系统检查的医师姓名。

数据元类型:字符型

数据格式:an..30

备注:缩略表达 MNYS

4.1.11.45 精神医师

编号:CY011100045

数据元名称:精神医师

中文全拼:jin - shen - yi - shi

定义: 为船员做精神系统检查的医师姓名。

数据元类型:字符型

数据格式:an..30

备注:缩略表达 JSYS

4.1.11.46 结论医师

编号:CY011100046

数据元名称:结论医师

中文全拼:jie - lun - yi - shi

定义: 为船员做体检结论的医师姓名。

数据元类型:字符型

数据格式:an..30

备注:缩略表达 JLYS

4.2 培训

4.2.1 培训机构

4.2.1.1 培训机构名称

编号:CY020100001

数据元名称:培训机构名称

中文全拼:pei - xun - ji - gou - ming - cheng

定义:船员培训机构的中文名称。

数据元类型:字符型

数据格式:an..100

4.2.1.2 管理机构代码

编号:CY020100002

数据元名称:管理机构代码

中文全拼:guan - li - ji - gou - dai - ma

定义:管理培训单位的海事机构的代码。

数据元类型:数字型

数据格式:n6

值域:见 5.5

4.2.1.3 培训地点

编号:CY020100003

数据元名称:培训地点

中文全拼:pei - xun - di - dian

定义:船员参加培训的地点。

数据元类型:字符型

数据格式:an..60

4.2.1.4 培训机构地址

编号:CY020100004

数据元名称:培训机构地址

中文全拼:pei - xun - ji - gou - di - zhi

定义:培训机构所在地的地址。

数据元类型:字符型

数据格式:an..60

4.2.1.5 法人代表

编号:CY020100005

数据元名称:法人代表

中文全拼:fa - ren - dai - biao

定义:培训机构的法人代表姓名。

数据元类型:字符型

数据格式:an..30

4.2.1.6 联系方式

编号:CY020100006

数据元名称:联系方式

中文全拼:lian - xi - fang - shi

定义:培训机构的联系方式。

数据元类型:字符型

数据格式:an..20

4.2.2 教员信息

4.2.2.1 教员代号

编号:CY020200001

数据元名称:教员代号

中文全拼:jiao - yuan - dai - hao

定义:培训教员的代号。

数据元类型:字符型

数据格式:a6

4.2.2.2 教员姓名

编号:CY020200002

数据元名称:教员姓名

中文全拼:jiao - yuan - xing - ming

定义:培训教员的姓名。

数据元类型:字符型

数据格式:an..30

4.2.2.3 教员身份证号码

编号:CY020200003

数据元名称:教员身份证号码

中文全拼:jiao - yuan - shen - fen - zheng - hao - ma

定义:培训教员的身份证号。

数据元类型:字符型

数据格式:an18

4.2.2.4 教员性别代码

编号:CY020200004

数据元名称:教员性别

中文全拼:jiao - yuan - xing - bie

定义:培训教员的性别代码。

数据元类型:数字型

数据格式:n1

值域:见5.1

4.2.2.5 教员出生日期

编号:CY020200005

数据元名称:教员出生日期

中文全拼:jiao - yuan - chu - sheng - ri - qi

定义:培训教员的出生日期。

数据元类型:日期型

数据格式:YYYYMMDD

4.2.2.6 教员出生地点代码

编号:CY020200006

数据元名称:教员出生地点代码

中文全拼:jiao - yuan - chu - sheng - di - dian - dai - ma

定义:培训教员出生地点的行政区划代码。

数据元类型:字符型

数据格式:an6

值域:见5.2

4.2.2.7 教员所属单位名称

编号:CY020200007

数据元名称:教员所属单位代码

中文全拼:jiao - yuan - suo - shu - dan - wei - ming - cheng

定义:培训教员所属培训单位的名称。

数据元类型:字符型

数据格式:an..100

4.2.2.8 教员学历代码

编号:CY020200008

数据元名称:教员学历代码

中文全拼:jiao - yuan - xue - li - dai - ma

定义:培训教员学历的代码。

数据元类型:字符型

数据格式:n2

值域:见5.3

4.2.2.9 教师授课项目

编号:CY020200009

数据元名称:教师授课项目

中文全拼:jiao - shi - shou - ke - xiang - mu

定义:培训教师所负责授课的具体项目代码。

数据元类型:字符型

数据格式:an..3

值域:见5.12

4.2.3 培训项目

4.2.3.1 培训项目代码

编号:CY020300001

数据元名称:培训项目代码
中文全拼:pei – xun – xiang – mu – dai – ma
定义:船员培训项目的代码。
数据元类型:字符型
数据格式:an..3
值域:见5.12

4.2.3.2 培训类别

编号:CY020300002
数据元名称:培训类别
中文全拼:pei – xun – lei – bie
定义:培训项目所属的类别。
数据元类型:字符型
数据格式:an..8
值域:理论、实操

4.2.3.3 理论课时

编号:CY020300003
数据元名称:理论课时
中文全拼:li – lun – ke – shi
定义:培训中理论学习的课时数。
数据元类型:数字型
数据格式:n..10

4.2.3.4 实操课时

编号:CY020300004
数据元名称:实操课时
中文全拼:shi – cao – ke – shi
定义:培训中实际操作的课时数。
数据元类型:数字型
数据格式:n..10

4.2.3.5 培训课程代码

编号:CY020300005
数据元名称:培训课程代码
中文全拼:pei – xun – ke – cheng – dai – ma
定义:培训课程的代码。
数据元类型:字符型
数据格式:an..3
值域:见5.13

4.2.3.6 培训证书有效期

编号:CY020300006
数据元名称:有效期
中文全拼:pei – xun – zheng – shu – you – xiao – qi
定义:培训项目的合格证书有效期限。
数据元类型:数字型
数据格式:n2

计量单位:月

4.2.3.7 印刷跳号

编号:CY020300007

数据元名称:印刷跳号

中文全拼:yin – shua – tiao – hao

定义:指培训项目对应的空白证书胶贴的印刷跳号。

数据元类型:字符型

数据格式:an..20

4.2.3.8 培训考试成绩线

编号:CY020300008

数据元名称:培训考试成绩线

中文全拼:pei – xun – kao – shi – cheng – ji – xian

定义:考评的最低合格成绩。

数据元类型:字符型

数据格式:an6

值域:分数、合格、不合格

4.2.4 开班申请

4.2.4.1 开班申请书编号

编号:CY020400001

数据元名称:开班申请书编号

中文全拼:kai – ban – shen – qing – shu – bian – hao

定义:培训班开班申请书的编号。

数据元类型:字符型

数据格式:an..21

值域:六位发证海事机构代码+一位证书种类编码+四位年份+二位月份+四位序号+"—"+DM_CYPXXMDM《船员培训项目代码》(表8)

4.2.4.2 培训开班受理机构代码

编号:CY020400002

数据元名称:培训开班受理机构代码

中文全拼:pei – xun – kai – ban – shou – li – ji – gou – dai – ma

定义:受理培训班开班申请的海事机构代码。

数据元类型:字符型

数据格式:n6

值域:见5.5

4.2.4.3 培训开班申办人

编号:CY020400003

数据元名称:培训开班申办人

中文全拼:pei – xun – kai – ban – shen – ban – ren

定义:申请培训开班的人员姓名。

数据元类型:字符型

数据格式:an..30

4.2.4.4 培训开班申请人联系电话

编号:CY020400004

数据元名称:培训开班申请人联系电话

中文全拼:pei – xun – kai – ban – shen – qing – ren – lian – xi – dian – hua

定义:办理开班的申请人联系电话。

数据元类型:字符型

数据格式:an..18

4.2.4.5 培训期数

编号:CY020400005

数据元名称:培训期数

中文全拼:pei – xun – qi – shu

定义:申请开班的期数。

数据元类型:字符型

数据格式:an..13

4.2.4.6 学员人数

编号:CY020400006

数据元名称:学员人数

中文全拼:xue – yuan – ren – shu

定义:培训的人数。

数据元类型:数字型

数据格式:n..10

计量单位:人

4.2.4.7 试卷份数

编号:CY020400007

数据元名称:试卷份数

中文全拼:shi – juan – fen – shu

定义:试卷的份数。

数据元类型:数字型

数据格式:n..10

计量单位:份

4.2.4.8 预定开班日期

编号:CY020400008

数据元名称:预定开班日期

中文全拼:yu – ding – kai – ban – ri – qi

定义:预定开班的日期时间。

数据元类型:日期型

数据格式:YYYYMMDD

4.2.4.9 预定结业日期

编号:CY020400009

数据元名称:预定结业日期

中文全拼:yu – ding – jie – ye – ri – qi

定义:参加培训人员预定结业的时间。

数据元类型:日期型

数据格式:YYYYMMDD

4.2.4.10 预定考试日期

编号:CY020400010

数据元名称:预定考试日期

中文全拼:yu - ding - kao - shi - ri - qi

定义:预定考试的时间。

数据元类型:日期型

数据格式:YYYYMMDD

4.2.4.11 预定考试地点

编号:CY020400011

数据元名称:预定考试地点

中文全拼:yu - ding - kao - shi - di - dian

定义:预定考试的地点。

数据元类型:字符型

数据格式:an..60

4.2.4.12 预定评估开始日期

编号:CY020400012

数据元名称:预定评估开始日期

中文全拼:yu - ding - ping - gu - kai - shi - ri - qi

定义:预定开始评估的时间。

数据元类型:日期型

数据格式:YYYYMMDD

4.2.4.13 预定评估结束日期

编号:CY020400013

数据元名称:预定评估结束日期

中文全拼:yu - ding - ping - gu - jie - shu - ri - qi

定义:预定评估结束的时间。

数据元类型:日期型

数据格式:YYYYMMDD

4.2.4.14 预定评估地点

编号:CY020400014

数据元名称:预定评估地点

中文全拼:yu - ding - ping - gu - di - dian

定义:预定评估的地点。

数据元类型:字符型

数据格式:an..60

4.2.4.15 培训开始日期

编号:CY020400015

数据元名称:培训开始日期

中文全拼:pei - xun - kai - shi - ri - qi

定义:开始培训的时间。

数据元类型:日期型

数据格式:YYYYMMDD

4.2.4.16 申请培训课程类别

编号:CY020400016

数据元名称:申请培训课程类别

中文全拼:shen – qing – pei – xun – ke – cheng – lei – bie

定义:培训课程的类别。

数据元类型:字符型

数据格式:an..8

值域:理论、实操

4.2.4.17 附送材料

编号:CY020400017

数据元名称:附送材料

中文全拼:fu – song – cai – liao

定义:培训附送的材料。

数据元类型:字符型

数据格式:an..100

4.2.4.18 受理人

编号:CY020400018

数据元名称:受理人

中文全拼:shou – li – ren

定义:受理开班申请的人员姓名。

数据元类型:字符型

数据格式:an..30

4.2.4.19 受理日期

编号:CY020400019

数据元名称:受理日期

中文全拼:shou – li – ri – qi

定义:受理开班申请的时间。

数据元类型:日期型

数据格式:YYYYMMDD

4.2.4.20 开班发布日期

编号:CY020400020

数据元名称:开班发布日期

中文全拼:kai – ban – fa – bu – ri – qi

定义:发布开班的时间。

数据元类型:日期型

数据格式:YYYYMMDD

4.2.4.21 受理培训人数

编号:CY020400021

数据元名称:受理培训人数

中文全拼:shou – li – pei – xun – ren – shu

定义:受理开班申请所欲培训的人数。

数据元类型:数字型

数据格式:n..10

4.2.5　培训监督

4.2.5.1　培训检查日期

编号:CY020500001

数据元名称:培训检查日期

中文全拼:pei – xun – jian – cha – ri – qi

定义:对培训进行检查的日期。

数据元类型:日期型

数据格式:YYYYMMDD

4.2.5.2　不合格项目

编号:CY020500002

数据元名称:不合格项目

中文全拼:bu – he – ge – xiang – mu

定义:对培训进行检查后,查出的不合格的项目名称。

数据元类型:字符型

数据格式:an..100

4.2.5.3　培训监督人

编号:CY020500003

数据元名称:培训监督人

中文全拼:pei – xun – jian – du – ren

定义:对培训进行监督的人员姓名。

数据元类型:字符型

数据格式:an..30

4.2.5.4　监督机构代码

编号:CY020500004

数据元名称:监督机构代码

中文全拼:jian – du – ji – gou – dai – ma

定义:对培训进行监督的海事机构代码。

数据元类型:字符型

数据格式:n6

值域:见5.5

4.2.6　培训考试成绩

4.2.6.1　成绩

编号:CY020600001

数据元名称:成绩

中文全拼:cheng – ji

定义:参加考试人员的考试成绩。

数据源类型:字符型

数据格式:an..6

值域:考试分数、合格、不合格

4.2.6.2　理论成绩

编号:CY020600002

数据元名称:理论成绩

中文全拼:li – lun – cheng – ji

定义:参加考试人员的理论成绩。
数据源类型:字符型
数据格式:an..6
值域:考试分数、合格、不合格

4.2.6.3 评估成绩

编号:CY020600003
数据元名称:评估成绩
中文全拼:ping – gu – cheng – ji
定义:参加考试人员的评估成绩。
数据源类型:字符型
数据格式:an..6
值域:合格、不合格

4.2.6.4 成绩核对人

编号:CY020600004
数据元名称:成绩核对人
中文全拼:cheng – ji – he – dui – ren
定义:核对考试成绩的人员姓名。
数据源类型:字符型
数据格式:an..30

4.2.6.5 成绩核对日期

编号:CY020600005
数据元名称:成绩核对日期
中文全拼:cheng – ji – he – dui – ri – qi
定义:核对考试成绩的日期。
数据源类型:日期型
数据格式:YYYYMMDD

4.3 考试

4.3.1 读卡机

4.3.1.1 读卡机类型

编号:CY030100001
数据元名称:读卡机类型
中文全拼:du – ka – ji – lei – xing
定义:读卡机的类型。
数据元类型:字符型
数据格式:an..5

4.3.1.2 读卡代号

编号:CY030100002
数据元名称:读卡代号
中文全拼:du – ka – dai – hao
定义:答题卡上的相关参数代号。
数据元类型:字符型
数据格式:an..100

4.3.1.3 答案

编号:CY030100003

数据元名称:答案

中文全拼:da - an

定义:考卷的标准答案。

数据元类型:字符型

数据格式:an..80

4.3.1.4 读卡分数

编号:CY030100004

数据元名称:读卡分数

中文全拼:du - ka - fen - shu

定义:通过读卡机检测后得到的分数。

数据元类型:数字型

数据格式:n3

4.3.2 适任证申考

4.3.2.1 办证工作单编号

编号:CY030200001

数据元名称:办证工作单编号

中文全拼:ban - zheng - gong - zuo - dan - bian - hao

定义:申办适任证书的工作单编号。

数据元类型:字符型

数据格式:an..17

4.3.2.2 受理机构代码

编号:CY030200002

数据元名称:受理机构代码

中文全拼:shou - li - ji - gou - dai - ma

定义:受理适任证书办理业务的海事机构的代码。

数据元类型:字符型

数据格式:n6

值域:见5.5

4.3.2.3 申办单位名称

编号:CY030200003

数据元名称:申办单位名称

中文全拼:shen - ban - dan - wei - ming - cheng

定义:申办适任证书的单位。

数据元类型:字符型

数据格式:an..100

4.3.2.4 申办职务代码

编号:CY030200004

数据元名称:申办职务代码

中文全拼:shen - ban - zhi - wu - dai - ma

定义:申办适任的船员职务代码。

数据元类型:字符型

数据格式:an..2

值域:见5.6

4.3.2.5 证书类别代码

编号:CY030200005

数据元名称:证书类别代码

中文全拼:zheng - shu - lei - bie - dai - ma

定义:适任证书类别的代码。

数据元类型:字符型

数据格式:a1

值域:见5.8

4.3.2.6 受理申考人数

编号:CY030200006

数据元名称:受理申考人数

中文全拼:shou - li - shen - kao - ren - shu

定义:受理申考适任证书的人数。

数据元类型:数字型

数据格式:n..10

计量单位:人

4.3.2.7 申考人

编号:CY030200007

数据元名称:申考人

中文全拼:shen - kao - ren

定义:申请办理适任证的人员姓名。

数据元类型:字符型

数据格式:an..30

4.3.2.8 申考受理人

编号:CY030200008

数据元名称:申考受理人

中文全拼:shen - kao - shou - li - ren

定义:受理办证的人员姓名。

数据元类型:字符型

数据格式:an..30

4.3.2.9 申考受理日期

编号:CY030200009

数据元名称:申考受理日期

中文全拼:shen - kao - shou - li - ri - qi

定义:受理办理适任证书的时间。

数据元类型:日期型

数据格式:YYYYMMDD

4.3.2.10 办证批准人

编号:CY030200010

数据元名称:办证批准人

中文全拼:ban - zheng - pi - zhun - ren

定义:批准办理适任证书的人员姓名。
数据元类型:字符型
数据格式:an..30

4.3.2.11 批准日期
编号:CY030200011
数据元名称:批准日期
中文全拼:pi-zhun-ri-qi
定义:批准办理适任证书的时间。
数据元类型:日期型
数据格式:YYYYMMDD

4.3.2.12 考试期数
编号:CY030200012
数据元名称:考试期数
中文全拼:kao-shi-qi-shu
定义:适任证考试的期数。
数据元类型:数字型
数据格式:n2

4.3.2.13 考试类别
编号:CY030200013
数据元名称:考试类别
中文全拼:kao-shi-lei-bie
定义:考试的类别。
数据元类型:字符型
数据格式:an..8
值域:全国考试、区域考试

4.3.2.14 初考人数
编号:CY030200014
数据元名称:初考人数
中文全拼:chu-kao-ren-shu
定义:属于首次参加考试的人员总数。
数据元类型:数字型
数据格式:n..10
计量单位:人

4.3.2.15 补考人数
编号:CY030200015
数据元名称:补考人数
中文全拼:bu-kao-ren-shu
定义:属于补考的人数。
数据元类型:数字型
数据格式:n..10
计量单位:人

4.3.2.16 申考形式代码
编号:CY030200016

数据元名称:申考形式代码

中文全拼:shen - kao - xing - shi - dai - ma

定义:申请考试形式的代码。

数据元类型:字符型

数据格式:an9

值域:见 5.14

4.3.2.17 申请等级代码

编号:CY030200017

数据元名称:申请等级代码

中文全拼:shen - qing - deng - ji - dai - ma

定义:申请办理适任证书等级的代码。

数据元类型:数字型

数据格式:n2

值域:见 5.9

4.3.2.18 考试科目代码

编号:CY030200018

数据元名称:考试科目代码

中文全拼:kao - shi - ke - mu - dai - ma

定义:考试科目的代码。

数据元类型:字符型

数据格式:an2

值域:见 5.15

4.3.2.19 评估项目代码

编号:CY030200019

数据元名称:评估项目代码

中文全拼:ping - gu - xiang - mu - dai - ma

定义:船员办理适任证评估项目的代码。

数据元类型:字符型

数据格式:an2

值域:见 5.16

4.3.2.20 考试地点

编号:CY030200020

数据元名称:考试地点

中文全拼:kao - shi - di - dian

定义:考试地点的地址。

数据元类型:字符型

数据格式:an..60

4.3.2.21 申考航区代码

编号:CY030200021

数据元名称:申考航区代码

中文全拼:shen - kao - hang - qu - dai - ma

定义:报考的航区代码。

数据元类型:数字型

数据格式:n2

值域:见 5.17

4.3.3 适任证考场信息

4.3.3.1 考场编号

编号:CY030300001

数据元名称:考场编号

中文全拼:kao－chang－bian－hao

定义:考场的编号。

数据元类型:字符型

数据格式:an..10

4.3.3.2 考场名称

编号:CY030300002

数据元名称:考场名称

中文全拼:kao－chang－ming－cheng

定义:考场的名称。

数据元类型:字符型

数据格式:an..100

4.3.3.3 考试日期

编号:CY030300003

数据元名称:考试日期

中文全拼:kao－shi－ri－qi

定义:船员考试的时间。

数据元类型:日期型

数据格式:YYYYMMDD

4.3.3.4 主考官

编号:CY030300004

数据元名称:主考官

中文全拼:zhu－kao－guan

定义:考试主考官的姓名。

数据元类型:字符型

数据格式:an..30

4.3.3.5 监考安排批准人

编号:CY030300005

数据元名称:监考安排批准人

中文全拼:jian－kao－an－pai－pi－zhun－ren

定义:批准监考安排的人员姓名。

数据元类型:字符型

数据格式:an..30

4.3.3.6 监考安排批准日期

编号:CY030300006

数据元名称:监考安排批准日期

中文全拼:jian－kao－an－pai－pi－zhun－ri－qi

定义:监考安排通过批准的时间。

数据元类型:日期型
数据格式:YYYYMMDD

4.3.3.7 座位行
编号:CY030300007
数据元名称:座位行
中文全拼:zuo - wei - hang
定义:考场座位的行数。
数据元类型:数字型
数据格式:n2

4.3.3.8 座位列
编号:CY030300008
数据元名称:座位列
中文全拼:zuo - wei - lie
定义:考场座位的列数。
数据元类型:数字型
数据格式:n2

4.3.3.9 座位号
编号:CY030300009
数据元名称:座位号
中文全拼:zuo - wei - hao
定义:考场座位的编号。
数据元类型:字符型
数据格式:an4

4.3.4 适任证考生信息

4.3.4.1 准考证号码
编号:CY030400001
数据元名称:准考证号码
中文全拼:zhun - kao - zheng - hao - ma
定义:考生的准考证号码。
数据元类型:字符型
数据格式:an10

4.3.4.2 试卷编码
编号:CY030400002
数据元名称:试卷编码
中文全拼:shi - juan - bian - ma
定义:试卷的编码。
数据元类型:字符型
数据格式:an3

4.3.4.3 成绩登记人
编号:CY030400003
数据元名称:成绩登记人
中文全拼:cheng - ji - deng - ji - ren
定义:负责登记成绩的人员的姓名。

数据元类型:字符型

数据格式:an..30

4.3.4.4 成绩核对人

编号:CY030400004

数据元名称:成绩核对人

中文全拼:cheng – ji – he – dui – ren

定义:负责核对考试成绩的人员的姓名。

数据元类型:字符型

数据格式:an..30

4.3.4.5 成绩核对日期

编号:CY030400005

数据元名称:成绩核对日期

中文全拼:cheng – ji – he – dui – ri – qi

定义:考试成绩核对的日期。

数据元类型:日期型

数据格式:YYYYMMDD

4.3.5 适任证书评估

4.3.5.1 评估地点名称

编号:CY030500001

数据元名称:评估地点名称

中文全拼:ping – gu – di – dian – ming – cheng

定义:适任证书评估地点的名称。

数据元类型:字符型

数据格式:an..60

4.3.5.2 评估地点地址

编号:CY030500002

数据元名称:评估地点地址

中文全拼:ping – gu – di – dian – di – zhi

定义:适任证书评估地点的详细地址。

数据元类型:字符型

数据格式:an..60

4.3.5.3 评估开始日期

编号:CY030500003

数据元名称:评估开始日期

中文全拼:ping – gu – kai – shi – ri – qi

定义:适任证评估的开始时间。

数据元类型:日期型

数据格式:YYYYMMDD

4.3.5.4 评估结束日期

编号:CY030500004

数据元名称:评估结束日期

中文全拼:ping – gu – jie – shu – ri – qi

定义:适任证书评估的结束时间。

数据元类型:日期型
数据格式:YYYYMMDD

4.4 办证

4.4.1 空白证书

4.4.1.1 调拨登记号

编号:CY040100001
数据元名称:调拨登记号
中文全拼:diao – bo – deng – ji – hao
定义:空白证书调拨的登记号。
数据元类型:字符型
数据格式:an..10

4.4.1.2 证书名称

编号:CY040100002
数据元名称:证书名称
中文全拼: zheng – shu – ming – cheng
定义:空白证书的名称。
数据元类型:字符型
数据格式:an..100

4.4.1.3 证书种类

编号:CY040100003
数据元名称:证书种类
中文全拼: zheng – shu – zhong – lei
定义:空白证书的种类名称。
数据元类型:字符型
数据格式:a..30

4.4.1.4 调往单位

编号:CY040100004
数据元名称:调往单位
中文全拼:diao – wang – dan – wei
定义:空白证书调往的单位名称。
数据元类型:字符型
数据格式:an..100

4.4.1.5 调拨数量

编号:CY040100005
数据元名称:调拨数量
中文全拼:diao – bo – shu – liang
定义:调拨空白证书的数量。
数据元类型:数字型
数据格式:n..10

4.4.1.6 调拨批准人

编号:CY040100006
数据元名称:调拨批准人
中文全拼: diao – bo – pi – zhun – ren

定义:批准调拨的人员姓名。
数据元类型:字符型
数据格式:an..30

4.4.1.7 领用人

编号:CY040100007
数据元名称:领用人
中文全拼: ling - yong - ren
定义:领用空白证书的人员的姓名。
数据元类型:字符型
数据格式:an..30

4.4.1.8 出库日期

编号:CY040100008
数据元名称:出库日期
中文全拼: chu - ku - ri - qi
定义:空白证书出库的日期。
数据元类型:日期型
数据格式:YYYYMMDD

4.4.1.9 调拨经办人

编号:CY040100009
数据元名称:调拨经办人
中文全拼:diao - bo - jing - ban - ren
定义:调拨空白证书经手人的姓名。
数据元类型:字符型
数据格式:an..30

4.4.1.10 入库登记号

编号:CY040100010
数据元名称:入库登记号
中文全拼:ru - ku - deng - ji - hao
定义:空白证书的入库登记号。
数据元类型:字符型
数据格式:an..10

4.4.1.11 印刷号

编号:CY040100011
数据元名称:印刷号
中文全拼:yin - shua - hao
定义:空白证书的印刷号。
数据元类型:字符型
数据格式:an..10

4.4.1.12 库存数量

编号:CY040100012
数据元名称:库存数量
中文全拼: ku - cun - shu - liang
定义:空白证书库存的数量。

数据元类型:数字型

数据格式:n..10

4.4.1.13 作废数量

编号:CY040100013

数据元名称:作废数量

中文全拼: zuo - fei - shu - liang

定义:空白证书作废的数量。

数据元类型:数字型

数据格式:n..10

4.4.1.14 入库数量

编号:CY040100014

数据元名称:入库数量

中文全拼:ru - ku - shu - liang

定义:空白证书入库的数量。

数据元类型:数字型

数据格式:n..10

4.4.1.15 入库日期

编号:CY040100015

数据元名称:入库日期

中文全拼:ru - ku - ri - qi

定义:空白证书入库的日期。

数据元类型:日期型

数据格式:YYYYMMDD

4.4.1.16 入库经办人

编号:CY040100016

数据元名称:入库经办人

中文全拼:ru - ku - jing - ban - ren

定义:办理空白证书入库的经办人姓名。

数据元类型:字符型

数据格式:an..30

4.4.1.17 使用数量

编号:CY040100017

数据元名称:使用数量

中文全拼: shi - yong - shu - liang

定义:空白证书使用的数量。

数据元类型:数字型

数据格式:n..10

4.4.1.18 使用批准人

编号:CY040100018

数据元名称:使用批准人

中文全拼: shi - yong - pi - zhun - ren

定义:批准使用空白证书的人员姓名。

数据元类型:字符型

数据格式:an..30

4.4.1.19 领用日期

编号:CY040100019

数据元名称:领用日期

中文全拼: ling－yong－ri－qi

定义:领用空白证书的日期。

数据元类型:日期型

数据格式:YYYYMMDD

4.4.1.20 实际出库数量

编号:CY040100020

数据元名称:实际出库数量

中文全拼: shi－ji－chu－ku－shu－liang

定义:空白证书实际出库的数量。

数据元类型:数字型

数据格式:n..10

4.4.1.21 预领数量

编号:CY040100021

数据元名称:预领数量

中文全拼:yu－ling－shu－liang

定义:预备领取空白证书的数量。

数据元类型:数字型

数据格式:n..10

4.4.1.22 使用工作单号

编号:CY040100022

数据元名称:使用工作单号

中文全拼: shi－yong－gong－zuo－dan－hao

定义:使用空白证书的工作单号。

数据元类型:字符型

数据格式:an..17

4.4.1.23 作废号码

编号:CY040100023

数据元名称:作废号码

中文全拼:zuo－fei－hao－ma

定义:被作废空白证书的号码。

数据元类型:字符型

数据格式:an..20

4.4.1.24 作废注销交证单位

编号:CY040100024

数据元名称:作废注销交证单位

中文全拼: zuo－fei－zhu－xiao－jiao－zheng－dan－wei

定义:交出空白证书用于作废注销的单位名称。

数据元类型:字符型

数据格式:an..100

4.4.1.25 销毁日期

编号:CY040100025

数据元名称:销毁日期

中文全拼: xiao – hui – ri – qi

定义:空白证书的销毁日期。

数据元类型:日期型

数据格式:YYYYMMDD

4.4.1.26 作废注销批准人

编号:CY040100026

数据元名称:作废注销批准人

中文全拼: zuo – fei – zhu – xiao – pi – zhun – ren

定义:批准空白证书作废销毁的人员姓名。

数据元类型:字符型

数据格式:an..30

4.4.1.27 销毁人

编号:CY040100027

数据元名称:销毁人

中文全拼: xiao – hui – ren

定义:销毁空白证书的人员姓名。

数据元类型:字符型

数据格式:an..30

4.4.1.28 制证工作单号

编号:CY040100028

数据元名称:制证工作单号

中文全拼:zhi – zheng – gong – zuo – dan – hao

定义:制作船员证书的工作单号码。

数据元类型:字符型

数据格式:an..17

4.4.1.29 续领号码

编号:CY040100029

数据元名称:续领号码

中文全拼:xu – ling – hao – ma

定义:续领空白证书的号码。

数据元类型:字符型

数据格式:an..10

4.4.2 船员培训合格证

4.4.2.1 办证工作单编号

编号:CY040200001

数据元名称:办证工作单编号

中文全拼: ban – zheng – gong – zuo – dan – bian – hao

定义:船员合格证办证工作单的编号。

数据元类型:字符型

数据格式:an17

4.4.2.2 申请形式代码

编号:CY040200002

数据元名称:申请形式代码

中文全拼: shen - qing - xing - shi - dai - ma

定义:申办船员合格证的形式代码。

数据元类型:字符型

数据格式:an..3

值域:见5.18

4.4.2.3 受理机构代码

编号:CY040200003

数据元名称:受理机构代码

中文全拼: shou - li - ji - gou - dai - ma

定义:接受办理船员合格证业务的海事机构代码。

数据元类型:字符型

数据格式:n6

值域:见5.5

4.4.2.4 受理人

编号:CY040200004

数据元名称:受理人

中文全拼: shou - li - ren

定义:办理船员合格证的人员姓名。

数据元类型:字符型

数据格式:an..30

4.4.2.5 受理日期

编号:CY040200005

数据元名称:受理日期

中文全拼: shou - li - ri - qi

定义:接受办理船员合格证业务的时间。

数据元类型:日期型

数据格式:YYYYMMDD

4.4.2.6 批准人

编号:CY040200006

数据元名称:批准人

中文全拼: pi - zhun - ren

定义:批准办理船员合格证的人员姓名。

数据元类型:字符型

数据格式:an..30

4.4.2.7 批准日期

编号:CY040200007

数据元名称:批准日期

中文全拼:pi - zhun - ri - qi

定义:批准船员合格证的时间。

数据元类型:日期型

数据格式:YYYYMMDD

4.4.2.8 制证人

编号:CY040200008

数据元名称:制证人

中文全拼:zhi - zheng - ren

定义:船员合格证的制作人员姓名。

数据元类型:字符型

数据格式:an..30

4.4.2.9 制证日期

编号:CY040200009

数据元名称:制证日期

中文全拼:zhi - zheng - ri - qi

定义:船员合格证的制作日期。

数据元类型:日期型

数据格式:YYYYMMDD

4.4.2.10 核对人

编号:CY040200010

数据元名称:核对人

中文全拼:he - dui - ren

定义:核对办证业务的人员姓名。

数据元类型:字符型

数据格式:an..30

4.4.2.11 核对日期

编号:CY040200011

数据元名称:核对日期

中文全拼:he - dui - ri - qi

定义:核对办证业务的时间。

数据元类型:日期型

数据格式:YYYYMMDD

4.4.2.12 发证人

编号:CY040200012

数据元名称:发证人

中文全拼:fa - zheng - ren

定义:发放船员合格证的人员姓名。

数据元类型:字符型

数据格式:an..30

4.4.2.13 发证日期

编号:CY040200013

数据元名称:发证日期

中文全拼:fa - zheng - ri - qi

定义:发放船员合格证的日期。

数据元类型:日期型

数据格式:YYYYMMDD

4.4.2.14　受理人数

编号:CY040200014

数据元名称:受理人数

中文全拼:shou - li - ren - shu

定义:接受办理船员合格证的人数。

数据元类型:数字型

数据格式:n..10

4.4.2.15　母本号码

编号:CY040200015

数据元名称:母本号码

中文全拼:mu - ben - hao - ma

定义:船员合格证的母本号码。

数据元类型:字符型

数据格式:an12

4.4.2.16　领证日期

编号:CY040200016

数据元名称:领证日期

中文全拼:ling - zheng - ri - qi

定义:领取船员合格证的日期。

数据元类型:日期型

数据格式:YYYYMMDD

4.4.2.17　领证人

编号:CY040200017

数据元名称:领证人

中文全拼:ling - zheng - ren

定义:领取船员合格证的人员姓名。

数据元类型:字符型

数据格式:an..30

4.4.2.18　母本印刷号

编号:CY040200018

数据元名称:母本印刷号

中文全拼:mu - ben - yin - shua - hao

定义:船员合格证母本的印刷号。

数据元类型:字符型

数据格式:an..10

4.4.2.19　胶贴印刷号

编号:CY040200019

数据元名称:胶贴印刷号

中文全拼:jiao - tie - yin - shua - hao

定义:船员合格证的胶贴印刷号

数据元类型:字符型

数据格式:an..10

4.4.2.20 签发机关名称

`编号:CY040200020

数据元名称:签发机关名称

中文全拼:qian - fa - ji - guan - ming - cheng

定义:签发船员合格证的机关名称。

数据元类型:字符型

数据格式:an..100

4.4.2.21 注销原因

编号:CY040200021

数据元名称:注销原因

中文全拼:zhu - xiao - yuan - yin

定义:注销船员合格证的原因。

数据元类型:字符型

数据格式:..ul

4.4.2.22 注销日期

编号:CY040200022

数据元名称:注销日期

中文全拼:zhu - xiao - ri - qi

定义:注销船员合格证的时间。

数据元类型:日期型

数据格式:YYYYMMDD

4.4.2.23 注销人

编号:CY040200023

数据元名称:注销人

中文全拼:zhu - xiao - ren

定义:注销船员合格证的人员姓名。

数据元类型:字符型

数据格式:an..30

4.4.3 办理服务簿

4.4.3.1 原签发日期

编号:CY040300001

数据元名称:原签发日期

中文全拼: yuan - qian - fa - ri - qi

定义:原始服务簿的签发时间。

数据元类型:日期型

数据格式:YYYYMMDD

4.4.3.2 原签发机关代码

编号:CY040300002

数据元名称:原签发机关代码

中文全拼:yuan - qian - fa - ji - guan - dai - ma

定义:原始服务簿签发的海事机构的代码。

数据元类型:字符型

数据格式:an6

值域:见5.5

4.4.3.3 原签发人

编号:CY040300003

数据元名称:原签发人

中文全拼:yuan - qian - fa - ren

定义:签发原始服务簿的办公人员姓名。

数据元类型:字符型

数据格式:an..30

4.4.3.4 原服务簿号码

编号:CY040300004

数据元名称:原服务簿号码

中文全拼:yuan - fu - wu - bu - hao - ma

定义:原始服务簿的号码。

数据元类型:字符型

数据格式:a18

4.4.3.5 签注日期

编号:CY040300005

数据元名称:签注日期

中文全拼: qian - zhu - ri - qi

定义:服务簿签注的日期。

数据元类型:日期型

数据格式:YYYYMMDD

4.4.4 办理适任证书

4.4.4.1 核对人

编号:CY040400001

数据元名称:核对人

中文全拼: he - dui - ren

定义:核对办理适任证书的人员姓名。

数据元类型:字符型

数据格式:an..30

4.4.4.2 核对日期

编号:CY040400002

数据元名称:核对日期

中文全拼: he - dui - ri - qi

定义:核对适任证书的日期。

数据元类型:日期型

数据格式:YYYYMMDD

4.4.4.3 申办等级代码

编号:CY040400003

数据元名称:申办等级代码

中文全拼:shen - ban - deng - ji - dai - ma

定义:申请办理适任证书的等级代码。

数据元类型:数字型

数据格式:n2

值域:见5.9

4.4.4.4 申办职务代码

编号:CY040400004

数据元名称:申办职务代码

中文全拼:shen－ban－zhi－wu－dai－ma

定义:申请办理职务的代码。

数据元类型:字符型

数据格式:an..2

值域:见5.6

4.4.4.5 受理材料

编号:CY040400005

数据元名称:受理材料

中文全拼: shou－li－cai－liao

定义:申请办理所提交的材料。

数据元类型:字符型

数据格式:an..120

4.4.4.6 批准适任证书号码

编号:CY040400006

数据元名称:批准适任证书号码

中文全拼: pi－zhun－shi－ren－zheng－shu－hao－ma

定义:经批准后办理的适任证书的号码。

数据元类型:字符型

数据格式:an17(海船船员);an18(内河船员)

4.4.4.7 准考证号码

编号:CY040400007

数据元名称:准考证号码

中文全拼:zhun－kao－zheng－hao－ma

定义:申请办理适任证书的人员准考证号码。

数据元类型:字符型

数据格式:an17

4.4.4.8 专业培训证号码

编号:CY040400008

数据元名称:专业培训证号码

中文全拼: zhuan－ye－pei－xun－zheng－hao－ma

定义:申请办证人员的专业培训证号码。

数据元类型:字符型

数据格式:an12

4.4.4.9 特殊培训证号码

编号:CY040400009

数据元名称:特殊培训证号码

中文全拼:te－shu－pei－xun－zheng－hao－ma

定义:申请办证人员的特殊培训证号码。

数据元类型:字符型

数据格式:an12

4.4.4.10 职务限用

编号:CY040400010

数据元名称:职务限用

中文全拼: zhi - wu - xian - yong

定义:说明申办适任证的职务限用范围。

数据元类型:字符型

数据格式:an..140

4.4.4.11 GMDSS 职务代码

编号:CY040400011

数据元名称:GMDSS 职务代码

中文全拼: GMDSS - zhi - wu - dai - ma

定义:船员所担任全球海上遇险与安全系统无线电系统中的职务代码。

数据元类型:字符型

数据格式:an..2

值域:见 5.6

4.4.4.12 有效期

编号:CY040400012

数据元名称:有效期

中文全拼: you - xiao - qi

定义:申请办理的有效期限。

数据元类型:数字型

数据格式:n2

计量单位:月

4.5 海员证

4.5.1 办证信息

4.5.1.1 批文号

编号:CY050100001

数据元名称:批文号

中文全拼:pi - wen - hao

定义:办理海员证的批文号。

数据元类型:字符型

数据格式:an15

4.5.1.2 证审批件号

编号:CY050100002

数据元名称:证审批件号

中文全拼:zheng - shen - pi - jian - hao

定义:对船员进行政治审查的批件号码。

数据元类型:字符型

数据格式:an15

4.5.1.3 原海员证号码

编号:CY050100003

数据元名称:原海员证号码

中文全拼:yuan - hai - yuan - zheng - hao - ma

定义:申请办证人员的原始海员证号码。

数据元类型:字符型

数据格式:an19

4.5.1.4 外派合同号

编号:CY050100004

数据元名称:外派合同号

中文全拼:wai - pai - he - tong - hao

定义:申请办证人员的外派合同号。

数据元类型:字符型

数据格式:an15

4.5.1.5 申办有效期代码

编号:CY050100005

数据元名称:申办有效期代码

中文全拼:shen - ban - you - xiao - qi - dai - ma

定义:申请办证人员申办海员证的有效时间。

数据元类型:字符型

数据格式:a1

值域:见5.19

4.5.1.6 批准海员证号码

编号:CY050100006

数据元名称:批准海员证号码

中文全拼:pi - zhun - hai - yuan - zheng - hao - ma

定义:批准办理的海员证号码。

数据元类型:字符型

数据格式:an19

4.5.1.7 海员证有效截至日期

编号:CY050100007

数据元名称:海员证有效截至日期

中文全拼:hai - yuan - zheng - you - xiao - jie - zhi - ri - qi

定义:海员证有效日期的截止日期。

数据元类型:日期型

数据格式:YYYYMMDD

4.5.1.8 遗失通报

编号:CY050100008

数据元名称:遗失通报

中文全拼:yi - shi - tong - bao

定义:海员证遗失后进行的通报。

数据元类型:字符型

数据格式:..ul

4.5.1.9 批办有效期代码

编号:CY050100009

数据元名称:批办有效期代码

中文全拼:pi - ban - you - xiao - qi - dai - ma

定义:证审批文批准办理海员证的有效期代码。

数据元类型:字符型

数据格式:a1

值域:见 5.19

4.5.1.10 受理机构代码

编号:CY050100010

数据元名称:受理机构代码

中文全拼:shou - li - ji - gou - dai - ma

定义:接受办理海员证业务的海事机构的代码。

数据元类型:字符型

数据格式:n6

值域:见 5.5

4.5.1.11 延期原因

编号:CY050100011

数据元名称:延期原因

中文全拼:yan - qi - yuan - yin

定义:海员证延期的原因。

数据元类型:字符型

数据格式:. . ul

4.5.1.12 延期截至日期

编号:CY050100012

数据元名称:延期截至日期

中文全拼:yan - qi - jie - zhi - ri - qi

定义:海员证延期的截止日期。

数据元类型:日期型

数据格式:YYYYMMDD

4.5.1.13 海员证印刷号

编号:CY050100013

数据元名称:海员证印刷号

中文全拼:hai - yuan - zheng - yin - shua - hao

定义:海员证的印刷号码。

数据元类型:字符型

数据格式:an10

4.5.1.14 海员证胶贴印刷号

编号:CY050100014

数据元名称:海员证胶贴印刷号

中文全拼:hai - yuan - zheng - jiao - tie - yin - shua - hao

定义:海员证胶帖的印刷号码。

数据元类型:字符型

数据格式:an10

4.5.1.15 签发日期

编号:CY050100015

数据元名称:签发日期

中文全拼:qian - fa - ri - qi

定义:海员证的签发日期。

数据元类型:日期型

数据格式:YYYYMMDD

4.5.2 批件、批文

4.5.2.1 证审批准机关全称

编号:CY050200001

数据元名称:证审批准机关全称

中文全拼:zheng - shen - pi - zhun - ji - guan - quan - cheng

定义:证审批件批准机关的名称。

数据元类型:字符型

数据格式:an..100

4.5.2.2 证审批准机关简称

编号:CY050200002

数据元名称:证审批准机关简称

中文全拼:zheng - shen - pi - zhun - ji - guan - jian - cheng

定义:证审批件批准机关的简称。

数据元类型:字符型

数据格式:an..60

4.5.2.3 证审机关所属海事机构代码

编号:CY050200003

数据元名称:证审机关所属海事机构代码

中文全拼:zheng - shen - ji - guan - suo - shu - hai - shi - ji - gou - dai - ma

定义:证审批件批准机关所属的海事机构代码。

数据元类型: 字符型

数据格式:n6

值域:见5.5

4.5.2.4 机构类别

编号:CY050200004

数据元名称:机构类别

中文全拼:ji - gou - lei - bei

定义:证审批准机关所属机构的类别说明。

数据元类型:字符型

数据格式:a..25

4.5.2.5 文号格式

编号:CY050200005

数据元名称:文号格式

中文全拼:wen - hao - ge - shi

定义:批件、批文的文号格式。

数据元类型:字符型

数据格式:an..50

4.5.2.6 批文代号

编号:CY050200006

数据元名称:批文代号

中文全拼:pi－wen－dai－hao

定义:批文的代号。

数据元类型:字符型

数据格式:an..15

4.5.2.7 批文文号

编号:CY050200007

数据元名称:批文文号

中文全拼:pi－wen－wen－hao

定义:批准文件的简要标识,由批文机关代字、批文年份和批文序号组成。

数据元类型:字符型

数据格式:an..60

4.5.2.8 批文审批结果

编号:CY050200008

数据元名称:批文审批结果

中文全拼:pi－wen－shen－pi－jie－guo

定义:批文办理的结果。

数据元类型:字符型

数据格式:a6

4.5.2.9 批文签发日期

编号:CY050200009

数据元名称:批文签发日期

中文全拼:pi－wen－qian－fa－ri－qi

定义:签发批文的日期。

数据元类型:日期型

数据格式:YYYYMMDD

4.5.2.10 批文收文日期

编号:CY050200010

数据元名称:批文收文日期

中文全拼:pi－wen－shou－wen－ri－qi

定义:收到批文的日期。

数据元类型:日期型

数据格式:YYYYMMDD

4.5.2.11 批文批准人数

编号:CY050200011

数据元名称:批文批准人数

中文全拼:pi－wen－pi－zhun－ren－shu

定义:批文中批准办理海员证的人数。

数据元类型:数字型

数据格式:n..10

4.5.2.12　批件所批属性代码

编号:CY050200012

数据元名称:批件所批属性代码

中文全拼:pi – jian – suo – pi – shu – xing – dai – ma

定义:批件批准办理的海员证的属性代码。

数据元类型:字符型

数据格式:a1

值域:见5.20

4.5.2.13　受理机构代码

编号:CY050200013

数据元名称:受理机构代码

中文全拼:shou – li – ji – gou – dai – ma

定义:受理证审批文的海事机构代码。

数据元类型:字符型

数据格式:n6

值域:见5.5

4.5.2.14　审查批件文号

编号:CY050200014

数据元名称:审查批件文号

中文全拼:shen – cha – pi – jian – wen – hao

定义:海员证批件审查的文号,由发文机关代字、发文年份和发文序号组成。

数据元类型:字符型

数据格式:an..60

4.5.2.15　审查机构代码

编号:CY050200015

数据元名称:审查机构代码

中文全拼:shen – cha – ji – gou – dai – ma

定义:审查批文的海事机构代码。

数据元类型:字符型

数据格式:n6

值域:见5.5

4.5.2.16　审查批件签发日期

编号:CY050200016

数据元名称:审查批件签发日期

中文全拼:shen – cha – pi – jian – qian – fa – ri – qi

定义:经审查后批件的签发日期。

数据元类型:日期型

数据格式:YYYYMMDD

4.5.2.17　审查批件收文日期

编号:CY050200017

数据元名称:审查批件收文日期

中文全拼:shen – cha – pi – jian – shou – wen – ri – qi

定义:收到审查批件的日期。

数据元类型:日期型

数据格式:YYYYMMDD

4.5.2.18 审查批件批准人数

编号:CY050200018

数据元名称:审查批件批准人数

中文全拼:shen – cha – pi – jian – pi – zhun – ren – shu

定义:审查批件中所批准办理海员证的人数。

数据元类型:数字型

数据格式:n5

计量单位:人

4.5.2.19 批件办证截至日期

编号:CY050200019

数据元名称:批件办证截至日期

中文全拼:pi – jian – ban – zheng – jie – zhi – ri – qi

定义:批件批准的办理海员证的最后截止日期。

数据元类型:日期型

数据格式:YYYYMMDD

4.5.2.20 审查截至日期

编号:CY050200020

数据元名称:审查截至日期

中文全拼:shen – cha – jie – zhi – ri – qi

定义:批件审查的截止日期。

数据元类型:日期型

数据格式:YYYYMMDD

4.5.3 注销作废

4.5.3.1 海员证注销原因

编号:CY050300001

数据元名称:海员证注销原因

中文全拼:hai – yuan – zheng – zhu – xiao – yuan – yin

定义:注销海员证的原因说明。

数据元类型:字符型

数据格式:an..100

4.5.3.2 海员证注销日期

编号:CY050300002

数据元名称:海员证注销日期

中文全拼:hai – yuan – zheng – zhu – xiao – ri – qi

定义:注销海员证的日期。

数据元类型:日期型

数据格式:YYYYMMDD

4.5.3.3 海员证注销人

编号:CY050300003

数据元名称:海员证注销人

中文全拼:hai – yuan – zheng – zhu – xiao – ren

定义:办理注销船员海员证的人员姓名。
数据元类型:字符型
数据格式:an..30

4.5.3.4 通报代号
编号:CY050300004
数据元名称:通报代号
中文全拼:tong - bao - dai - hao
定义:海员证作废通报的代号。
数据元类型:字符型
数据格式:an..15

4.5.3.5 通报文号
编号:CY050300005
数据元名称:通报文号
中文全拼:tong - bao - wen - hao
定义:海员证作废通报的文号。
数据元类型:字符型
数据格式:an..60

4.5.3.6 通报日期
编号:CY050300006
数据元名称:通报日期
中文全拼:tong - bao - ri - qi
定义:海员证作废通报的日期。
数据元类型:日期型
数据格式:YYYYMMDD

4.6 船员服务

4.6.1 服务机构

4.6.1.1 服务机构编号
编号:CY060100001
数据元名称:服务机构编号
中文全拼:fu - wu - ji - gou - bian - hao
定义:海事管理机关赋予船员服务机构的全国统一编号。
数据元类型:字符型
数据格式:an5

4.6.1.2 服务机构名称
编号:CY060100002
数据元名称:服务机构名称
中文全拼:fu - wu - ji - gou - ming - cheng
定义:船员供职服务的机构名称。
数据元类型:字符型
数据格式:an..100

4.6.1.3 法定代表人姓名
编号:CY060100003
数据元名称:法定代表人姓名

中文全拼:fa - ding - dai - biao - ren - xing - ming

定义:船员供职服务机构法定代表人的姓名。

数据元类型:字符型

数据格式:an..30

4.6.1.4 服务机构地址

编号:CY060100004

数据元名称:服务机构地址

中文全拼:fu - wu - ji - gou - di - zhi

定义:船员供职服务机构的地址。

数据元类型:字符型

数据格式:an..60

4.6.1.5 服务机构类型代码

编号:CY060100005

数据元名称:服务机构类型代码

中文全拼:fu - wu - ji - gou - lei - xing - dai - ma

定义:船员服务机构类型的代码。

数据元类型:字符型

数据格式:a1

值域:见 5.21

4.6.1.6 服务范围

编号:CY060100006

数据元名称:服务范围

中文全拼:fu - wu - fan - wei

定义:船员服务机构的服务范围。

数据元类型:字符型

数据格式:..ul

4.6.1.7 初次批准日期

编号:CY060100007

数据元名称:初次批准日期

中文全拼:chu - ci - pi - zhun - ri - qi

定义:服务机构初次获得服务资格的日期。

数据元类型:日期型

数据格式:YYYYMMDD

4.6.1.8 最新批准日期

编号:CY060100008

数据元名称:最新批准日期

中文全拼:zui - xin - pi - zhun - ri - qi

定义:服务机构最新获得服务资格的日期。

数据元类型:日期型

数据格式:YYYYMMDD

4.6.1.9 有效截至日期

编号:CY060100009

数据元名称:有效截至日期

中文全拼:you - xiao - jie - zhi - ri - qi

定义:服务机构许可证有效的截止日期。

数据元类型:日期型

数据格式:YYYYMMDD

4.6.1.10 变更日期

编号:CY060100010

数据元名称:变更日期

中文全拼:bian - geng - ri - qi

定义:服务机构变更日期。

数据元类型:日期型

数据格式:YYYYMMDD

4.6.1.11 核查日期

编号:CY060100011

数据元名称:核查日期

中文全拼:he - cha - ri - qi

定义:服务机构中期核查日期。

数据元类型:日期型

数据格式:YYYYMMDD

4.6.1.12 服务机构状态代码

编号:CY060100012

数据元名称:服务机构状态代码

中文全拼:fu - wu - ji - gou - zhuang - tai - dai - ma

定义:服务机构所处状态的代码。

数据元类型:字符型

数据格式:a1

值域:0 - 注销;1 - 有效;2 - 整改

4.6.1.13 办公面积

编号:CY060100013

数据元名称:办公面积

中文全拼:bang - gong - mian - ji

定义:服务机构的办公面积。

数据元类型:数字型

数据格式:n4

计量单位:平方米(m^2)

4.6.1.14 专职人员人数

编号:CY060100014

数据元名称:专职人员人数

中文全拼:zhuan - zhi - ren - yuan - ren - shu

定义:服务机构中专职人员人数。

数据元类型:数字型

数据格式:n3

计量单位:人

4.6.2 专职人员

4.6.2.1 专职人员身份证件号码

编号:CY060200001

数据元名称:专职人员身份证件号码

中文全拼:zhuan – zhi – ren – yuan – shen – fen – zheng – jian – hao – ma

定义:船员服务机构专职人员的身份证件号码。

数据元类型:字符型

数据格式:an18

4.6.2.2 专职人员姓名

编号:CY060200002

数据元名称:专职人员姓名

中文全拼:zhuan – zhi – ren – yuan – xing – ming

定义:船员服务机构专职人员的姓名。

数据元类型:字符型

数据格式:an..30

4.6.2.3 专职人员证书类别代码

编号:CY060200003

数据元名称:专职人员证书类别代码

中文全拼:zhuan – zhi – ren – yuan – zheng – shu – lei – bie – dai – ma

定义:船员服务机构专职人员所持证书类别的代码。

数据元类型:字符型

数据格式:an1

值域:见5.8

4.6.2.4 专职人员证书等级代码

编号:CY060200004

数据元名称:专职人员证书等级代码

中文全拼:zhuan – zhi – ren – yuan – zheng – shu – deng – ji – dai – ma

定义:船员服务机构专职人员所持证书等级。

数据元类型:数字型

数据格式:n2

值域:见5.9

4.6.2.5 专职人员证书号码

编号:CY060200005

数据元名称:专职人员证书号码

中文全拼:zhuan – zhi – ren – yuan – zheng – shu – hao – ma

定义:船员服务机构专职人员所持证书的号码。

数据元类型:字符型

数据格式:an15

4.6.2.6 专职人员联系电话

编号:CY060200006

数据元名称:专职人员联系电话

中文全拼:zhuan – zhi – ren – yuan – lian – xi – dian – hua

定义:船员服务机构专职人员的联系电话

数据元类型:字符型

数据格式:an..18

4.6.2.7 专职人员状态代码

编号:CY060200007

数据元名称:专职人员状态代码

中文全拼:zhuan - zhi - ren - yuan - zhuang - tai - dai - ma

定义:专职人员的任职状态。

数据元类型:字符型

数据格式:a1

值域:1 - 在职; 0 - 离职

4.6.3 服务协议

4.6.3.1 服务协议编号

编号:CY060300001

数据元名称:服务协议编号

中文全拼:fu - wu - xie - yi - bian - hao

定义:船员服务机构服务协议的编号。

数据元类型:字符型

数据格式:an12

4.6.3.2 服务协议甲方

编号:CY060300002

数据元名称:服务协议甲方

中文全拼:fu - wu - xie - yi - jia - fang

定义:船员服务机构服务协议的甲方。

数据元类型:字符型

数据格式:an..100

4.6.3.3 服务协议乙方

编号:CY060300003

数据元名称:服务协议乙方

中文全拼:fu - wu - xie - yi - yi - fang

定义:船员服务机构服务协议的乙方。

数据元类型:字符型

数据格式:an..100

4.6.3.4 服务协议丙方

编号:CY060300004

数据元名称:服务协议丙方

中文全拼:fu - wu - xie - yi - bing - fang

定义:船员服务机构服务协议的丙方。

数据元类型:字符型

数据格式:an..100

4.6.3.5 船员服务项目代码

编号:CY060300005

数据元名称:船员服务项目代码

中文全拼:chuan - yuan - fu - wu - xiang - mu - dai - ma

定义:船员服务机构对船员服务的项目代码。

数据元类型:字符型

数据格式:an2

值域:见 5.22

4.6.3.6 服务协议类型

编号:CY060300006

数据元名称:服务协议类型

中文全拼:fu – wu – xie – yi – lei – xing

定义:服务协议的类型。

数据元类型:字符型

数据格式:an2

值域:G – 管理服务协议;P – 配员服务协议

4.6.3.7 协议船员证件号码

编号:CY060300007

数据元名称:协议船员证件号码

中文全拼:xie – yi – chuan – yuan – zheng – jian – hao – ma

定义:与船员服务机构签订协议船员证件的号码。

数据元类型:字符型

数据格式:an..20

4.6.3.8 协议船员劳动报酬

编号:CY060300008

数据元名称:协议船员劳动报酬

中文全拼:xie – yi – chuan – yuan – lao – dong – bao – chou

定义:与船员服务机构签订协议船员的协议劳动报酬。

数据元类型:数字型

数据格式:n5

4.6.3.9 协议船员劳动时间

编号:CY060300009

数据元名称:协议船员劳动时间

中文全拼:xie – yi – chuan – yuan – lao – dong – shi – jian

定义:与船员服务机构签订协议船员的协议劳动时间期限。

数据元类型:字符型

数据格式:an..8

4.6.3.10 协议船员休假约定

编号:CY060300010

数据元名称:协议船员休假约定

中文全拼:xie – yi – chuan – yuan – xiu – jia – yue – ding

定义:与船员服务机构签订协议船员的协议休假约定的说明。

数据元类型:字符型

数据格式:..ul

4.6.3.11 协议船员遣返约定

编号:CY060300011

数据元名称:协议船员遣返约定

中文全拼:xie - yi - chuan - yuan - qian - fan - yue - ding
定义:与船员服务机构签订协议船员的协议遣返约定的说明。
数据元类型:字符型
数据格式:..ul

4.6.3.12 协议船员保险约定
编号:CY060300012
数据元名称:协议船员保险约定
中文全拼:xie - yi - chuan - yuan - bao - xian - yue - ding
定义:与船员服务机构签订协议船员的协议保险约定的说明。
数据元类型:字符型
数据格式:..ul

4.6.3.13 协议船员违约约定
编号:CY060300013
数据元名称:协议船员违约约定
中文全拼:xie - yi - chuan - yuan - wei - yue - yue - ding
定义:与船员服务机构签订协议船员的协议违约约定的说明。
数据元类型:字符型
数据格式:..ul

4.6.3.14 协议签订日期
编号:CY060300014
数据元名称:协议签订日期
中文全拼:xie - yi - qian - ding - ri - qi
定义:船员与船员服务机构签订协议的日期时间。
数据元类型:日期型
数据格式:YYYYMMDD

4.6.3.15 协议有效期
编号:CY060300015
数据元名称:协议有效期
中文全拼:xie - yi - you - xiao - qi
定义:船员与船员服务机构签订协议的有效期截止日期。
数据元类型:日期型
数据格式:YYYYMMDD

4.6.3.16 协议状态代码
编号:CY060300016
数据元名称:协议状态代码
中文全拼:xie - yi - zhuang - tai - dai - ma
定义:船员与船员服务单位签订协议的状态代码。
数据元类型:字符型
数据格式:a1
值域:1 - 有效;0 - 无效

5 船员基础数据元值域代码集

5.1 性别代码

代码标识为:DM_XBDM,采用 GB/T 2261.1。

5.2 行政区划代码

代码标识为:DM_XZQHDM,采用 GB/T 2260。

5.3 学历代码

代码标识为:DM_XLDM ,采用 GB/T 4658。

5.4 船员专业代码

代码标识为:DM_CYZYDM,代码见表 2。

表 2 船员专业代码

代 码	名 称	代 码	名 称
海船船员		内河船员	
1	船舶驾驶	1	驾驶
2	轮机管理	2	轮机
3	海上通信	3	报(话)务员
4	航海技术	4	电机
5	轮机工程	5	政工
7	其他	6	业务(或服务)
		7	其他

5.5 海事机构代码

代码标识为:DM_ HSJGDM,代码采用海计建[2006]562 号《关于印发海事机构业务应用编码的通知》中附件《海事机构名称、编码编制规则》。

5.6 船员职务代码

代码标识为:DM_CYZWDM,代码见表 3。

表 3 船员职务代码

代 码	名 称	代 码	名 称
海船船员			
11	船长	32	GMDSS 二级无线电电子员
12	大副	33	GMDSS 通用操作员
13	二副	34	GMDSS 限用操作员
14	三副	55	水手
15	值班水手	59	机工
21	轮机长	61	政委
22	大管轮	65	服务员
23	二管轮	66	厨工
24	三管轮	68	渔工
25	值班机工	69	保证工程师
31	GMDSS 一级无线电电子员	70	其他
内河船员			
10	船长	11	大副

表3(续)

代　　码	名　称	代　　码	名　称
12	二副	20	轮机长
13	三副	21	大管轮
14	驾驶员	22	二管轮
15	驾机员	23	三管轮
16	正驾长	24	轮机员
17	副驾长	25	机工
18	水手		

5.7　港口代码

代码标识为:DM_GKDM ,采用 JT/T 24。

5.8　船员适任证书类别代码

代码标识为:DM_CYSRZSLBDM,代码见表4。

表4　船员适任证书类别代码

代　　码	名　　称	说　　明
B	丙类适任证书	海船
D	丁类适任证书	海船
J	甲类适任证书	海船
Y	乙类适任证书	海船
N	内河适任证书	内河

5.9　船员适任证书等级代码

代码标识为:DM_CYSRZSDJDM,代码见表5。

表5　船员适任证书等级代码

代　码	名　　称	代　码	名　　称
海 船 船 员		内 河 船 员	
11	3000 总吨及以上	11	一等——1600 总吨以上\一等非机动船:200 总吨及以上
12	500 至 3000 总吨	12	二等——600 总吨以上至 1600 总吨以下\二等非机动船:未满 200 总吨
13	未满 500 总吨	13	三等——200 总吨以上至 600 总吨以下
14	500 总吨及以上	14	四等——50 总吨以上至 200 总吨以下
21	3000kW 及以上	15	五等——50 总吨以下
22	750 ~ 3000kW	21	一等——1500kW 以上
23	未满 750kW	22	二等——441kW 以上至 1500kW 以下
24	750kW 及以上	23	三等——147kW 以上至 441kW 以下
31	GMDSS 无线电电子员/GMDSS 操作员	24	四等——147kW 以下
		25	五等——36.8kW 以下

5.10 船员适任证书种类代码

代码标识为:DM_CYSRZSZLDM,代码见表6。

表6 船员适任证书种类代码

代 码	名 称	代 码	名 称
J111	无限航区3000总吨及以上船舶船长	Y122	近洋航区500总吨至3000总吨及以上船舶大副
J112	无限航区3000总吨及以上船舶大副	Y123	近洋航区500总吨至3000总吨及以上船舶二副
J113	无限航区3000总吨及以上船舶二副	Y124	近洋航区500总吨至3000总吨及以上船舶三副
J114	无限航区3000总吨及以上船舶三副	Y145	无限航区500总吨及以上船舶值班水手
J211	无限航区主推动力装置3000kW及以上船舶的轮机长	Y211	近洋航区主推动力装置3000kW及以上船舶轮机长
J212	无限航区主推动力装置3000kW及以上船舶的大管轮	Y212	近洋航区主推动力装置3000kW及以上船舶大管轮
J213	无限航区主推动力装置3000kW及以上船舶的二管轮	Y213	近洋航区主推动力装置3000kW及以上船舶二管轮
J214	无限航区主推动力装置3000kW及以上船舶的三管轮	Y214	近洋航区主推动力装置3000kW及以上船舶三管轮
J311	GMDSS一级无线电电子员	Y221	近洋航区主推动力装置750~3000kW及以上船舶轮机长
J312	GMDSS二级无线电电子员	Y222	近洋航区主推动力装置750~3000kW及以上船舶大管轮
J323	GMDSS通用操作员	Y223	近洋航区主推动力装置750~3000kW及以上船舶二管轮
Y111	近洋航区3000总吨及以上船舶船长	Y224	近洋航区主推动力装置750~3000kW及以上船舶三管轮
Y112	近洋航区3000总吨及以上船舶大副	Y245	无限航区主推动力装置750kW及以上船舶值班机工
Y113	近洋航区3000总吨及以上船舶二副	B111	沿海航区3000总吨及以上船舶船长
Y114	近洋航区3000总吨及以上船舶三副	B112	沿海航区3000总吨及以上船舶大副
Y121	近洋航区500总吨至3000总吨及以上船舶船长	B113	沿海航区3000总吨及以上船舶二副

表6(续)

代　码	名　　称	代　码	名　称
B114	沿海航区3000总吨及以上船舶三副	D135	近岸航区未满500总吨船舶值班水手
B121	沿海航区500总吨至3000总吨及以上船舶船长	D231	近岸航区主推动力装置未满750kW船舶轮机长
B122	沿海航区500至3000总吨及以上船舶大副	D232	近岸航区主推动力装置未满750kW船舶大管轮
B123	沿海航区500至3000总吨及以上船舶二副	D233	近岸航区主推动力装置未满750kW船舶二管轮
B124	沿海航区500至3000总吨及以上船舶三副	D234	近岸航区主推动力装置未满750kW船舶三管轮
B145	沿海航区500总吨及以上船舶值班水手	D235	近岸航区主推动力装置未满750kW船舶值班机工
B211	沿海航区主推动力装置3000kW及以上船舶轮机长	N110	一等船长
B212	沿海航区主推动力装置3000kW及以上船舶大管轮	N111	一等大副
B213	沿海航区主推动力装置3000kW及以上船舶二管轮	N112	一等二副
B214	沿海航区主推动力装置3000kW及以上船舶三管轮	N113	一等三副
B221	沿海航区主推动力装置750～3000kW及以上船舶轮机长	N120	二等船长
B222	沿海航区主推动力装置750～3000kW以上船舶大管轮	N121	二等大副
B223	沿海航区主推动力装置750～3000kW及以上船舶二管轮	N122	二等二副
B224	沿海航区主推动力装置750～3000kW及以上船舶三管轮	N123	二等三副
B245	沿海航区主推动力装置750kW及以上船舶值班机工	N130	三等船长
B324	GMDSS限用操作员	N131	三等大副
D131	近岸航区未满500总吨船舶船长	N132	三等二副
D132	近岸航区未满500总吨船舶大副	N134	三等驾驶员
D133	近岸航区未满500总吨船舶二副	N140	四等船长
D134	近岸航区未满500总吨船舶三副	N141	四等大副

表 6(续)

代 码	名 称	代 码	名 称
N142	四等二副	N213	一等三管轮
N144	四等驾驶员	N220	二等轮机长
N154	五等驾驶	N221	二等大管轮
N155	五等驾机员	N222	二等二管轮
N157	游艇驾驶员	N223	二等三管轮
N158	乡镇机动渡船驾机员	N230	三等轮机长
N159	乡镇机动渡船渡工	N231	三等大管轮
N166	一等正驾长	N232	三等二管轮
N167	一等副驾长	N234	三等轮机员
N176	二等正驾长	N240	四等轮机长
N177	二等副驾长	N241	四等大管轮
N210	一等轮机长	N242	四等二管轮
N211	一等大管轮	N244	四等轮机员
N212	一等二管轮	N254	五等驾机员

5.11 船员业务审查审批结果代码

代码标识为:DM_CYYWSCSPJGDM,代码见表7。

表 7 船员业务审查审批结果代码

代 码	名 称	代 码	名 称
1	通过同意	3	退回修改
2	不通过不同意	9	其他

5.12 船员培训项目代码

代码标识为:DM_CYPXXMDM,代码见表8。

表 8 船员培训项目代码

代 码	名 称	说 明	代 码	名 称	说 明
海船船员					
A01	油船船员安全知识特殊培训		A06	液化气船船员安全知识特殊培训	
A02	油船船员安全操作特殊培训		A07	液化气船船员安全操作特殊培训	
A03	油船船员原油洗舱特殊培训		A08	滚装客船船员特殊培训	
A04	化学品船船员安全知识特殊培训		A09	客船船员特殊培训	
A05	化学品船船员安全操作特殊培训		A10	船员大型船舶操作特殊培训	

表 8(续)

代 码	名 称	说 明	代 码	名 称	说 明
A11	高速船船员特殊培训		C21	精通业务和知识更新培训	
A12	船舶装载散装固体危险和有害物质作业船员特殊培训		C22	轮补电	培训证书仍有效,对已有系统数据有统计意义
A13	船舶装载包装危险和有害物质作业船员特殊培训		C39	港澳航线培训	
B01	熟悉和基本安全培训		TA	特殊培训再有效签证	
B02	精通救生艇筏和救助艇培训		Z01	油船船员安全知识再有效培训	
B03	精通快速救助艇培训		Z02	油船船员安全操作再有效培训	
B04	高级消防培训		Z03	油船船员原油洗舱再有效培训	
B05	精通急救培训		Z04	化学品船船员安全知识再有效培训	
B06	船上医护培训		Z05	化学品船船员安全操作再有效培训	
B07	雷达观测与标绘和雷达模拟器培训		Z06	液化气船船员安全知识再有效培训	
B08	自动雷达标绘仪		Z07	液化气船船员安全操作再有效培训	
B09	保安员培训		Z08	客船及滚装客船船员再有效培训	
C06	GMDSS 无线电电子员培训		Z09	客船船员再有效培训	
C07	GMDSS 通用操作员培训		Z11	高速船船员再有效培训	
C08	GMDSS 限用操作员培训		Z12	船舶装载散装固体危险和有害物质作业船员再有效培训	培训证书仍有效,对已有系统数据有统计意义
C09	普通船员(水手)岗前职业培训		Z13	船舶装载包装危险和有害物质作业船员再有效培训	培训证书仍有效,对已有系统数据有统计意义
C10	普通船员(机工)岗前职业培训				

表8(续)

代码	名称	说明	代码	名称	说明
内河船员					
I	基本安全培训		Z	海船船员内河航线培训	
T	拖轮培训		G	港澳航线培训	
C	客船培训		D	乡镇机动渡船培训	
R	滚装客船培训		D	乡镇人工渡船培训	
B	内河散装液化气船培训		F	非机动船培训	
B	内河散装化学品船培训		M	摩托艇培训	
O	油船培训		Y	游艇培训	
J	内河载运包装危险货物船培训		HB	高速船B培训	
HA	高速船A培训		W	强制培训	
E	延伸航线培训		S	适任证再有效知识更新培训	

5.13 船员培训课程代码

代码标识为:DM_CYPXKCDM,代码见表9。

表9 船员培训课程代码

代码	名称	代码	名称
海船船员			
L01	油轮安全知识理论	L15	个人安全与社会责任理论
L02	油轮安全操作理论	L16	个人求生技能理论
L03	原油洗舱理论	L17	基本急救理论
L04	化学品船船员安全知识理论	L18	精通救生艇和救助艇理论
L05	化学品船安全操作理论	L19	精通快速救生艇理论
L06	液化气船船员安全知识理论	L20	高级消防理论
L07	液化气船安全操作理论	L21	精通急救理论
L08	滚装客船培训理论	L22	高级医护理论
L09	客船船员培训理论	L23	电力拖动理论
L10	船员大型船舶理论	L24	雷达观测理论
L11	高速船培训理论	L25	雷达观测与模拟器理论
L12	船舶装载散装固体危险和有害物质作业船员特殊培训理论	L26	雷达模拟器理论
L13	船舶装载包装危险和有害物质作业培训理论	L27	雷达操作应用理论
L14	防火和灭火理论	L28	雷达定位与导航理论

表9(续)

代　码	名　称	代　码	名　称
L29	雷达基本原理理论	S12	船舶装载散装固体危险和有害物质作业船员特殊培训实操
L30	自动雷达标绘理论	S13	船舶装载包装危险和有害物质作业培训实操
L31	自动雷达标绘理论	S14	防火和灭火实操
L32	GMDSS 通信业务理论	S15	个人安全与社会责任实操
L33	GMDSS 英语理论	S16	个人求生技能实操
S01	油轮安全知识实操	S17	基本急救实操
S02	油轮安全操作实操	S18	精通救生艇和救助艇实操
S03	原油洗舱实操	S19	精通快速救助艇实操
S04	化学品船船员安全知识实操	S20	高级消防实操
S05	化学品船安全操作实操	S21	精通急救实操
S06	液化气船船员安全知识实操	S22	高级医护实操
S07	液化气船安全操作实操	S23	雷达标绘实操
S08	滚装客船培训实操	S25	雷达观测与模拟器实操
S09	客船船员培训实操	S31	自动雷达标绘实操
S10	船员大型船舶实操	S32	GMDSS 实操
S11	高速船培训实操		
内 河 船 员			
01	基本安全培训理论课程	22	航道与引航
02	基本安全培训实操课程	23	港澳航线培训理论课程
03	拖轮培训理论课程	24	港澳航线培训实操课程
04	拖轮培训实操课程	25	乡镇机动渡船培训理论课程
05	客船培训理论课程	26	乡镇机动渡船培训实操课程
06	客船培训实操课程	27	乡镇人工渡船培训理论课程
07	滚装客船培训理论课程	28	乡镇人工渡船培训实操课程
08	滚装客船培训实操课程	29	非机动船培训理论课程
09	内河散装液化气船培训理论课程	30	非机动船培训实操课程
10	内河散装液化气船培训实操课程	31	摩托艇培训理论课程
11	内河散装化学品船培训理论课程	32	摩托艇培训实操课程
12	内河散装化学品船培训实操课程	33	游艇培训理论课程
13	油船培训理论课程	34	游艇培训实操课程
14	油船培训实操课程	35	高速船 B 培训理论课程
15	内河载运包装危险货物船培训理论课程	36	高速船 B 培训实操课程
16	内河载运包装危险货物船培训实操课程	37	法规综合知识培训
17	高速船培训理论课程	38	避碰与信号
18	高速船培训实操课程	39	海船进江实际操作
19	延伸航线培训理论课程	40	适任证再有效知识更新培训理论课程
20	延伸航线培训实操课程	41	适任证再有效知识更新培训实操课程
21	职务与法规		

5.14 船员适任申考形式代码

代码标识为:DM_CYSRSKXSDM,代码见表10。

表10 船员适任申考形式代码

代 码	名 称	代 码	名 称
海船船员		内河船员	
A	换海船证	001100001	初级
B	补考	001100002	升等
C	换证抽考	001100003	升职
D	吨位提高	001100004	定职
G	功率提高	001100005	适任再有效
H	航区扩大	001100006	延伸航线(航区)考试
S	航区扩大及功率提高		
T	航区扩大及吨位提高		
W	本科抽考		
X	转运输船		
Y	学生考试		
Z	职务晋升		

5.15 船员适任证书考试科目代码

代码标识为:DM_CYSRZSKSKMDM,代码见表11。

表11 船员适任证书考试科目代码

代 码	名 称	成 绩 线	代 码	名 称	成 绩 线
海船船员					
01	船长业务	70	56	轮机自动化	70
02	航海英语	69.5	57	轮机维护与修理	70
03	航海学	70	58	船舶管理(轮机)	70
04	船舶值班与避碰	80	59	船舶电气	70
05	船舶操纵	70	60	机工业务	70
06	航海气象与海洋学	70	61	动力锅炉	70
07	海上货物运输	70	62	蒸汽轮机基础	70
08	船舶管理(驾驶)	70	63	蒸汽轮机机工业务	70
09	船舶结构与设备	70	64	燃气动力装置	70
10	水手业务	70	65	燃气轮机基础	70
51	轮机长业务	70	66	燃气轮机机工业务	70
52	轮机英语	69.5	80	通信英语	70
53	轮机工程基础	70	81	海上无线电通信	70
54	主推进动力装置	70	82	无线电电子学	70
55	船舶辅机	70			

表 11(续)

代　码	名　称	成绩线	代　码	名　称	成绩线
内河船员					
11	船舶操纵	60	21	船舶动力装置	60
12	避碰与信号	80	22	船舶辅机	60
13	职务与法规	60	23	机舱管理	60
14	航道与引航	60	24	船舶电气	60
15	船艺	60	25	轮机基础理论	60
16	造船轮机大意	60	26	造船大意	60
17	驾驶常识	60	27	轮机管理	60
18	船舶驾驶	60	28	轮机基础	60
19	船舶管理	60	29	轮机实操	60
20	轮机常识	60	31	驾驶实操	60

5.16 船员适任证书评估项目代码

代码标识为:DM_CYSRZSPGXMDM,代码见表 12。

表 12　船员适任证书评估项目代码

代　码	名　称	成绩线	代　码	名　称	成绩线
01	航次计划	合格/不合格	54	动力装置测试分析与操作	合格/不合格
02	海上搜救与海事案例分析	合格/不合格	55	自动控制实验	合格/不合格
03	航海英语听力与会话	合格/不合格	56	动力设备操作	合格/不合格
04	货物积载与系固	合格/不合格	57	金工工艺	合格/不合格
05	气象传真天气图分析	合格/不合格	58	船舶电工工艺和电气测试	合格/不合格
06	海图作业	合格/不合格	59	船舶电站操作	合格/不合格
07	航线设计	合格/不合格	60	机工值班	合格/不合格
08	船舶定位	合格/不合格	61	蒸汽轮机操作	合格/不合格
09	航海仪器的正确使用	合格/不合格	62	蒸汽轮机机工值班	合格/不合格
10	测罗经差	合格/不合格	63	燃气轮机操作	合格/不合格
11	水手工艺	合格/不合格	64	燃气轮机机工值班	合格/不合格
12	水手值班	合格/不合格	80	GMDSS 设备操作	合格/不合格
51	轮机模拟器	合格/不合格	81	GMDSS 设备维修	合格/不合格
52	轮机英语听力与会话	合格/不合格	82	通信英语听力与会话	合格/不合格
53	动力设备拆装	合格/不合格			

5.17 航区代码

代码标识为:DM_HQDM ,采用 JT/T 697.5—2007 的 5.3。

5.18 船员证件申请形式代码

代码标识为:DM_CYZJSQXSDM,代码见表 13。

表 13 船员证件申请形式代码

代码	名称	说明	代码	名称	说明
海船船员			内河船员		
1	培训发证		S1	考试发证	适用于适任证
2	补办		S2	遗失补发	适用于适任证
3	考试发证		S3	到期换发	适用于适任证
4	到期换证		S4	污损换发	适用于适任证
5	职务签证		S5	晋升	适用于适任证
6	合格证签发		S6	降职	适用于适任证
7	到期签证		S7	降等	适用于适任证
8	签发		S8	定职	适用于适任证
9	简办		S9	再有效审验	适用于适任证
A	以旧换新		S10	05 法规过渡期换证	适用于适任证
B	取消限制		F1	新办	适用于服务簿
D	丁类换证		F2	污损换发	适用于服务簿
H	学生换证		F3	遗失补发	适用于服务簿
S	换海船证		F4	正常换发	适用于服务簿
W	污损补办		P1	签发	适用于培训办证
Y	遗失补办		P2	遗失补发	适用于培训办证
Z	换值班证		P3	污损换发	适用于培训办证
			P4	再有效	适用于培训办证

5.19 船员海员证有效期代码

代码标识为:DM_CYHYZYXQDM,代码见表 14。

表 14 船员海员证有效期代码

代码	名称	代码	名称
A	5 年	E	12 个月
B	3 年	F	6 个月
C	2 年	G	3 个月
D	18 个月		

5.20 海员证批件属性代码

代码标识为:DM_HYZPJSXDM,代码见表 15。

表 15 海员证批件属性代码

代码	名称	代码	名称
B	非自航船	M	商船
C	商船外派劳务	N	非船员
F	渔船	S	渔船外派劳务
G	非商船		

5.21 服务机构类型代码

代码标识为:DM_FWJGLXDM,代码见表16。

表16 船员服务机构类型代码

代码	名称	代码	名称
J	甲类服务机构	N	内河服务机构
Y	乙类服务机构	O	其他

5.22 服务项目代码

代码标识为:DM_FWXMDM,代码见表17。

表17 船员服务项目代码

代码	名称	代码	名称
10	代理培训、考试、办证	30	船舶配员服务
20	代理船员管理		

ICS 35.240.180
R 07
备案号：

JT

中华人民共和国交通行业标准

JT/T 697.7—2007

交通信息基础数据元
第7部分：道路运输信息基础数据元

Basic data element of transportation information
Part7: Basic data element of road transportation information

2007-12-29 发布　　　　2008-04-01 实施

中华人民共和国交通运输部　发布

目　次

前　言

JT/T 697《交通信息基础数据元》拟分为以下13部分：

——第1部分：总则；

——第2部分：公路信息基础数据元；

——第3部分：港口信息基础数据元；

——第4部分：航道信息基础数据元；

——第5部分：船舶信息基础数据元；

——第6部分：船员信息基础数据元；

——第7部分：道路运输信息基础数据元；

——第8部分：水路运输信息基础数据元；

——第9部分：建设项目信息基础数据元；

——第10部分：交通统计信息基础数据元；

——第11部分：船舶检验信息基础数据元；

——第12部分：船载客货信息基础数据元；

——第13部分：收费公路信息基础数据元。

本部分为 JT/T 697 的第7部分。

本部分由交通部科技教育司提出。

本部分由交通部信息通信及导航标准化技术委员会归口。

本部分主要起草单位：交通部科学研究院、中交水运规划设计院。

本部分主要起草人：钟朝晖、沈志纲、眭凌、华晓江、唐菁、秦涤。

交通信息基础数据元
第7部分:道路运输信息基础数据元

1 范围

本部分规定了道路运输基本信息及道路运输管理业务信息等基础数据元分类及编制原则、基础数据元及数据元值域代码集。

本部分适用于各级交通主管部门与各级道路运输管理机构电子政务系统的设计、开发和应用,适用于各级交通主管部门与各级道路运输管理机构间横向与纵向的数据采集、交换与共享。道路运输企业应用系统开发以及行业间的数据交换与共享等其他应用可参照本部分执行。

2 规范性引用文件

下列文件中的条款通过本部分的引用而成为本部分的条款。凡是注日期的引用文件,其随后所有的修改单(不包括勘误的内容)或修订版均不适用于本部分,然而,鼓励根据本部分达成协议的各方研究是否可使用这些文件的最新版本。凡是不注日期的引用文件,其最新版本适用于本部分。

GB/T 2260—2002　中华人民共和国行政区划代码
GB/T 2261.1—2003　个人基本信息分类与代码　第1部分:人的性别代码
GB/T 2261.3—2003　个人基本信息分类与代码　第3部分:健康状况代码
GB/T 2261.4—2003　个人基本信息分类与代码　第4部分:从业状况(个人身份)代码
GB/T 2659—2000　世界各国和地区名称代码
GB/T 3304—1991　中国各民族名称的罗马字母拼写法和代码
GB/T 4658—2006　学历代码
GB/T 6565—1999　职业分类与代码
GB/T 8561—2001　专业技术职务代码
GB/T 8563.1—2005　奖励、纪律处分信息分类与代码　第1部分:奖励代码
GB/T 8563.3—2005　奖励、纪律处分信息分类与代码　第3部分:纪律处分代码
GB/T 10114—2003　县级以下行政区划代码编制规则
GB/T 11714—1995　全国组织机构代码编制规则
GB/T 12402—2000　经济类型分类与代码
GB/T 12403—1990　干部职务名称代码
GB/T 12406—1996　表示货币和资金的代码
GB/T 16835—1997　高等院校本科、专科专业名称代码
GB/T 17295—1998　国际贸易用计量单位代码
JT/T 200—2004　汽车客运站级别划分和建设要求
JT/T 309—1997　汽车客运站(点)代码
JT/T 415—2006　道路运输电子政务平台　编目编码规则
JT/T 697.1　交通信息基础数据元　第1部分:总则
GA 482—2004　中华人民共和国机动车驾驶证

3 数据元编制原则和分类

3.1 编制原则

道路运输基础数据元的分类方法、数据元编制规则、数据元值域引用代码编制规则应符合 JT/T 697.1 的规定。

3.2 分类

3.2.1 根据 JT/T 697.1 的规定,道路运输的代号为 DY。

3.2.2 根据道路运输行业及道路运输管理业务的基本内容和属性,道路运输信息基础数据元划分为五大类:道路运输基本信息、道路运输行政许可信息、道路运输日常管理信息、道路运输行政处罚信息、道路运输规费征收信息等,具体分类见表 1。

表 1 道路运输信息基础数据元集分类表

分类编号	名　　称	章　条
DY01	道路运输基本信息	4.1
DY0101	道路运输管理机构信息	4.1.1
DY0102	道路运输管理人员信息	4.1.2
DY010201	管理人员基本信息	4.1.2.1
DY010202	执法证信息	4.1.2.2
DY0103	道路运输管理业务申请人及违法案件当事人等相关人员信息	4.1.3
DY010301	道路运输管理业务申请人及相关人员信息	4.1.3.1
DY010302	道路运输违法案件当事人及相关人员信息	4.1.3.2
DY0104	道路运输经营业户信息	4.1.4
DY010401	道路运输经营业户基本信息	4.1.4.1
DY010402	道路运输经营业户专项信息	4.1.4.2
DY0105	道路运输车辆基础信息	4.1.5
DY0106	道路运输从业人员信息	4.1.6
DY010601	从业人员基本信息	4.1.6.1
DY010602	从业人员驾驶证信息	4.1.6.2
DY010603	从业人员专业技术证书信息	4.1.6.3
DY0107	道路运输设备基本信息	4.1.7
DY0108	道路运输管理业务办理流程信息	4.1.8
DY0109	道路运输管理业务办理文书信息	4.1.9
DY0110	道路运输管理业务办理依据信息	4.1.10
DY0111	道路运输管理业务办理公示信息	4.1.11
DY0112	道路运输救济程序信息	4.1.12
DY011201	听证信息	4.1.12.1
DY011202	行政复议信息	4.1.12.2
DY011203	诉讼信息	4.1.12.3
DY02	道路运输行政许可信息	4.2
DY0201	道路运输行政许可通用信息	4.2.1

表1(续)

分类编号	名　　称	章　　条
DY0202	道路运输行政许可申请信息	4.2.2
DY020201	行政许可申请基本信息	4.2.2.1
DY020202	行政许可申请专项信息	4.2.2.2
DY0203	道路运输行政许可受理信息	4.2.3
DY0204	道路运输行政许可审查信息	4.2.4
DY0205	道路运输行政许可决定信息	4.2.5
DY0206	道路运输行政许可证牌发放及相关信息	4.2.6
DY03	道路运输日常管理信息	4.3
DY0301	道路运输经营业户管理信息	4.3.1
DY030101	道路运输企业质量信誉等级评定信息	4.3.1.1
DY030102	道路客运站站级核定信息	4.3.1.2
DY030103	道路客货运输企业等级登记信息	4.3.1.3
DY0302	道路运输车辆管理信息	4.3.2
DY030201	车辆年度审验信息	4.3.2.1
DY030202	车辆技术等级评定信息	4.3.2.2
DY030203	车辆二级维护登记信息	4.3.2.3
DY030204	车辆交通责任事故登记信息	4.3.2.4
DY030205	车辆承运人责任险登记信息	4.3.2.5
DY030206	客车等级类型划分及等级评定信息	4.3.2.6
DY030207	车辆异动变更信息	4.3.2.7
DY0303	道路运输从业人员管理信息	4.3.3
DY030301	从业人员资格申请与认证信息	4.3.3.1
DY030302	从业人员异动变更信息	4.3.3.2
DY030303	从业人员诚信和计分考核信息	4.3.3.3
DY030304	从业人员交通事故登记信息	4.3.3.4
DY030305	从业人员继续教育培训信息	4.3.3.5
DY030306	从业人员奖励信息	4.3.3.6
DY0304	道路运输证件管理信息	4.3.4
DY030401	证照通用信息	4.3.4.1
DY030402	证照补换信息	4.3.4.2
DY0305	客运班线管理	4.3.5
DY0306	道路运输票证管理	4.3.6
DY030601	票证基本信息	4.3.6.1
DY030602	票证入库信息	4.3.6.2
DY030603	票证结存信息	4.3.6.3

表1(续)

分类编号	名　　称	章　条
DY030604	票证领取发放信息	4.3.6.4
DY030605	票证核销信息	4.3.6.5
DY0307	道路运输档案变更信息	4.3.7
DY0308	道路运输状态管理信息	4.3.8
DY04	道路运输行政处罚信息	4.4
DY0401	道路运输行政处罚立案信息	4.4.1
DY0402	道路运输行政处罚调查取证信息	4.4.2
DY040201	道路运输行政处罚询问及笔录信息	4.4.2.1
DY040202	道路运输行政处罚勘验及结果信息	4.4.2.2
DY040203	违法车辆暂扣信息	4.4.2.3
DY040204	抽样取证及证据登记保存信息	4.4.2.4
DY040205	鉴定及结果信息	4.4.2.5
DY040206	违法行为调查报告信息	4.4.2.6
DY040207	违法行为通知及反馈处理信息	4.4.2.7
DY0403	道路运输行政处罚决定信息	4.4.3
DY0404	道路运输行政处罚执行信息	4.4.4
DY0405	道路运输行政处罚结案信息	4.4.5
DY05	道路运输规费征收管理信息	4.5
DY0501	规费征收规则信息	4.5.1
DY0502	规费征收信息	4.5.2
DY0503	规费退费信息	4.5.3
DY0504	缴讫证补换信息	4.5.4

4　道路运输信息基础数据元集

4.1　道路运输基本信息

4.1.1　道路运输管理机构信息

4.1.1.1　管理机构名称

编号:DY010100001

数据元名称:管理机构名称

中文全拼:guan-li-ji-gou-ming-cheng

定义:经国家相关法律、法规授权,负责履行道路运输管理与服务职能的道路运输管理机构的名称

数据元类型:字符型

数据格式:an..100

值域:见表2序号1

4.1.1.2　管理机构代码

编号:DY010100002

数据元名称:管理机构代码

中文全拼:guan-li-ji-gou-dai-ma

定义:用于标识道路运输管理机构的代码

数据元类型:字符型

数据格式:n8

值域:见表2序号1

4.1.1.3 管理机构类型

编号:DY010100003

数据元名称:管理机构类型

中文全拼:guan-li-ji-gou-lei-xing

定义:道路运输管理机构在办理具体业务时履行的道路运输管理职能类型的名称

数据元类型:字符型

数据格式:an..16

值域:见5.2

4.1.1.4 管理机构类型代码

编号:DY010100004

数据元名称:管理机构类型代码

中文全拼:guan-li-ji-gou-lei-xing-dai-ma

定义:用于标识道路运输管理机构类型的代码

数据元类型:字符型

数据格式:n1

值域:见5.2

4.1.1.5 管理机构行政区划名称

编号:DY010100005

数据元名称:管理机构行政区划名称

中文全拼:guan-li-ji-gou-xing-zheng-qu-hua-ming-cheng

定义:道路运输管理机构注册地所在的县级以上行政区划的名称

数据元类型:字符型

数据格式:an..100

值域:见表2序号2

4.1.1.6 管理机构行政区划代码

编号:DY010100006

数据元名称:管理机构行政区划代码

中文全拼:guan-li-ji-gou-xing-zheng-qu-hua-dai-ma

定义:用于标识道路运输管理机构行政区划的代码

数据元类型:字符型

数据格式:n6

值域:见表2序号2

4.1.1.7 管理机构应急值班电话

编号:DY010100007

数据元名称:管理机构应急值班电话

中文全拼:guan-li-ji-gou-ying-ji-zhi-ban-dian-hua

定义:道路运输管理机构向社会公布的、用于发生道路运输突发事件时联系该机构值班人的电话号码

数据元类型:字符型

数据格式:an..18

4.1.1.8　管理机构投诉电话

编号:DY010100008

数据元名称:管理机构投诉电话

中文全拼:guan-li-ji-gou-tou-su-dian-hua

定义:道路运输管理机构向社会公布的、用于对其管辖范围内的道路运输经营业户及从业人员经营行为或执法人员的执法行为进行社会监督和投诉的电话号码

数据元类型:字符型

数据格式:an..18

4.1.1.9　管理机构网址

编号:DY010100009

数据元名称:管理机构网址

中文全拼:guan-li-ji-gou-wang-zhi

定义:道路运输管理机构在因特网上的门户网站的网址

数据元类型:字符型

数据格式:an..50

4.1.1.10　管理机构负责人

编号:DY010100010

数据元名称:管理机构负责人

中文全拼:guan-li-ji-gou-fu-ze-ren

定义:道路运输管理机构负责人的姓名

数据元类型:字符型

数据格式:an..30

4.1.1.11　管理机构联系电话

编号:DY010100011

数据元名称:管理机构联系电话

中文全拼:guan-li-ji-gou-lian-xi-dian-hua

定义:道路运输管理机构对社会公布的联系电话号码

数据元类型:字符型

数据格式:an..18

4.1.1.12　管理机构传真

编号:DY010100012

数据元名称:管理机构传真

中文全拼:guan-li-ji-gou-chuan-zhen

定义:道路运输管理机构对社会公布的传真号码

数据元类型:字符型

数据格式:an..18

4.1.1.13　管理机构通信地址

编号:DY010100013

数据元名称:管理机构通信地址

中文全拼:guan-li-ji-gou-tong-xin-di-zhi

定义:道路运输管理机构的邮政通信地址

数据元类型:字符型

数据格式:an..100

4.1.1.14　管理机构邮政编码

编号:DY010100014

数据元名称:管理机构邮政编码

中文全拼:guan-li-ji-gou-you-zheng-bian-ma

定义:道路运输管理机构的邮政编码

数据元类型:字符型

数据格式:n6

4.1.1.15　管理机构电子信箱

编号:DY010100015

数据元名称:管理机构电子信箱

中文全拼:guan-li-ji-gou-dian-zi-xin-xiang

定义:道路运输管理机构用于对外联系的电子信箱地址

数据元类型:字符型

数据格式:an..50

4.1.1.16　管理机构内设部门名称

编号:DY010100016

数据元名称:管理机构内设部门名称

中文全拼:guan-li-ji-gou-nei-she-bu-men-ming-cheng

定义:道路运输管理机构的内设部门的名称

数据元类型:字符型

数据格式:an..50

4.1.1.17　管理机构内设部门负责人

编号:DY010100017

数据元名称:管理机构内设部门负责人

中文全拼:guan-li-ji-gou-nei-she-bu-men-fu-ze-ren

定义:道路运输管理机构的内设部门的负责人的姓名

数据元类型:字符型

数据格式:an..30

4.1.1.18　管理机构内设部门职责

编号:DY010100018

数据元名称:管理机构内设部门职责

中文全拼:guan-li-ji-gou-nei-she-bu-men-zhi-ze

定义:道路运输管理机构规定的内设部门的业务管理范围

数据元类型:字符型

数据格式:..ul

4.1.1.19　管理机构内设部门联系电话

编号:DY010100019

数据元名称:管理机构内设部门联系电话

中文全拼:guan-li-ji-gou-nei-she-bu-men-lian-xi-dian-hua

定义:道路运输管理机构的内设部门对外公布的联系电话号码

数据元类型:字符型

数据格式:an..18

4.1.2 道路运输管理人员信息

4.1.2.1 管理人员基本信息

4.1.2.1.1 管理人员姓名

编号:DY010201001

数据元名称:管理人员姓名

中文全拼:guan-li-ren-yuan-xing-ming

定义:依据我国相关法律法规规定行使道路运输管理职能的道路运输管理机构工作人员的姓名

数据元类型:字符型

数据格式:a..30

4.1.2.1.2 管理人员类别

编号:DY010201002

数据元名称:管理人员类别

中文全拼:guan-li-ren-yuan-lei-bie

定义:对道路运输管理业务及该业务具体办理环节的工作职责进行分类所形成的管理人员的执法工作类别的名称

数据元类型:字符型

数据格式:an..20

值域:见5.3

4.1.2.1.3 管理人员类别代码

编号:DY010201003

数据元名称:管理人员类别代码

中文全拼:guan-li-ren-yuan-lei-bie-dai-ma

定义:用于标识道路运输管理人员类别的代码

数据元类型:字符型

数据格式:n3

值域:见5.3

4.1.2.1.4 管理人员性别

编号:DY010201004

数据元名称:管理人员性别

中文全拼:guan-li-ren-yuan-xing-bie

定义:道路运输管理人员的性别

数据元类型:字符型

数据格式:a..6

值域:见表2序号3

4.1.2.1.5 管理人员性别代码

编号:DY010201005

数据元名称:管理人员性别代码

中文全拼:guan-li-ren-yuan-xing-bie-dai-ma

定义:用于标识道路运输管理人员性别的代码

数据元类型:字符型

数据格式:n1

值域:见表2序号3

4.1.2.1.6 管理人员出生日期

编号:DY010201006

数据元名称:管理人员出生日期

中文全拼:guan-li-ren-yuan-chu-sheng-ri-qi

定义:道路运输管理人员的出生日期

数据元类型:日期型

数据格式:YYYYMMDD

4.1.2.1.7 管理人员身份证件类别

编号:DY010201007

数据元名称:管理人员身份证件类别

中文全拼:guan-li-ren-yuan-shen-fen-zheng-jian-lei-bie

定义:道路运输管理人员身份证件类别的名称

数据元类型:字符型

数据格式:a..20

值域:见5.4

4.1.2.1.8 管理人员身份证件类别代码

编号:DY010201008

数据元名称:管理人员身份证件类别代码

中文全拼:guan-li-ren-yuan-shen-fen-zheng-jian-lei-bie-dai-ma

定义:用于标识道路运输管理人员身份证类别的代码

数据元类型:字符型

数据格式:n1

值域:见5.4

4.1.2.1.9 管理人员身份证件号码

编号:DY010201009

数据元名称:管理人员身份证件号码

中文全拼:guan-li-ren-yuan-shen-fen-zheng-jian-hao-ma

定义:道路运输管理人员身份证件的号码

数据元类型:字符型

数据格式:an..18

4.1.2.1.10 管理人员照片

编号:DY010201010

数据元名称:管理人员照片

中文全拼:guan-li-ren-yuan-zhao-pian

定义:道路运输管理人员的照片

数据元类型:二进制

数据格式:jpeg

4.1.2.1.11 管理人员民族

编号:DY010201011

数据元名称:管理人员民族

中文全拼:guan-li-ren-yuan-min-zu

定义:道路运输管理人员民族的名称

数据元类型:字符型

数据格式:a..10

值域:见表2序号4

4.1.2.1.12 管理人员民族代码

编号:DY010201012

数据元名称:管理人员民族代码

中文全拼:guan-li-ren-yuan-min-zu-dai-ma

定义:用于标识道路运输管理人员民族的代码

数据元类型:字符型

数据格式:n2

值域:见表2序号4

4.1.2.1.13 管理人员籍贯

编号:DY010201013

数据元名称:管理人员籍贯

中文全拼:guan-li-ren-yuan-ji-guan

定义:道路运输管理人员籍贯的名称

数据元类型:字符型

数据格式:an..100

4.1.2.1.14 管理人员学历

编号:DY010201014

数据元名称:管理人员学历

中文全拼:guan-li-ren-yuan-xue-li

定义:道路运输管理人员学历的名称

数据元类型:字符型

数据格式:an..10

值域:见表2序号5

4.1.2.1.15 管理人员学历代码

编号:DY010201015

数据元名称:管理人员学历代码

中文全拼:guan-li-ren-yuan-xue-li-dai-ma

定义:用于标识道路运输管理人员学历的代码

数据元类型:字符型

数据格式:n2

值域:见表2序号5

4.1.2.1.16 管理人员职务

编号:DY010201016

数据元名称:管理人员职务

中文全拼:guan-li-ren-yuan-zhi-wu

定义:道路运输管理人员的职务

数据元类型:字符型

数据格式:an..12

值域:见表2序号6

4.1.2.1.17 管理人员职务代码

编号:DY010201017

数据元名称:管理人员职务代码
中文全拼:guan-li-ren-yuan-zhi-wu-dai-ma
定义:用于标识道路运输管理人员职务的代码
数据元类型:字符型
数据格式:an4
值域:见表2序号6

4.1.2.1.18 管理人员专业技术职务
编号:DY010201018
数据元名称:管理人员专业技术职务
中文全拼:guan-li-ren-yuan-zhuan-ye-ji-shu-zhi-wu
定义:道路运输管理人员的专业技术职务系列和等级的名称
数据元类型:字符型
数据格式:an..20
值域:见表2序号7

4.1.2.1.19 管理人员专业技术职务代码
编号:DY010201019
数据元名称:管理人员专业技术职务代码
中文全拼:guan-li-ren-yuan-zhuan-ye-ji-shu-zhi-wu-dai-ma
定义:用于标识道路运输管理人员专业技术职务的代码
数据元类型:字符型
数据格式:n3
值域:见表2序号7

4.1.2.1.20 管理人员健康状况
编号:DY010201020
数据元名称:管理人员健康状况
中文全拼:guan-li-ren-yuan-jian-kang-zhuang-kuang
定义:道路运输管理人员的健康状况
数据元类型:字符型
数据格式:a..20
值域:见表2序号8

4.1.2.1.21 管理人员健康状况代码
编号:DY010201021
数据元名称:管理人员健康状况代码
中文全拼:guan-li-ren-yuan-jian-kang-zhuang-kuang-dai-ma
定义:用于标识道路运输管理人员健康状况的代码
数据元类型:字符型
数据格式:n2
值域:见表2序号8

4.1.2.1.22 管理人员毕业院校
编号:DY010201022
数据元名称:管理人员毕业院校
中文全拼:guan-li-ren-yuan-bi-ye-yuan-xiao
定义:道路运输管理人员取得学历的学校名称

数据元类型:字符型

数据格式:an..100

4.1.2.1.23　管理人员毕业日期

编号:DY010201023

数据元名称:管理人员毕业日期

中文全拼:guan-li-ren-yuan-bi-ye-ri-qi

定义:道路运输管理人员取得学历的毕业日期

数据元类型:日期型

数据格式:YYYYMMDD

4.1.2.1.24　管理人员所学专业

编号:DY010201024

数据元名称:管理人员所学专业

中文全拼:guan-li-ren-yuan-suo-xue-zhuan-ye

定义:道路运输管理人员取得学历时所学习的专业名称

数据元类型:字符型

数据格式:an..30

值域:见表2序号9

4.1.2.1.25　管理人员所学专业代码

编号:DY010201025

数据元名称:管理人员所学专业代码

中文全拼:guan-li-ren-yuan-suo-xue-zhuan-ye-dai-ma

定义:用于标识道路运输管理人员所学专业的代码

数据元类型:字符型

数据格式:n..6

值域:见表2序号9

4.1.2.1.26　管理人员参加工作日期

编号:DY010201026

数据元名称:管理人员参加工作日期

中文全拼:guan-li-ren-yuan-can-jia-gong-zuo-ri-qi

定义:道路运输管理人员参加工作的日期

数据元类型:日期型

数据格式:YYYYMMDD

4.1.2.1.27　管理人员工作单位

编号:DY010201027

数据元名称:管理人员工作单位

中文全拼:guan-li-ren-yuan-gong-zuo-dan-wei

定义:道路运输管理人员所在工作单位的名称

数据元类型:字符型

数据格式:an..100

4.1.2.1.28　管理人员通信地址

编号:DY010201028

数据元名称:管理人员通信地址

中文全拼:guan-li-ren-yuan-tong-xin-di-zhi

定义:道路运输管理人员的通信地址

数据元类型:字符型

数据格式:an..100

4.1.2.1.29 管理人员邮政编码

编号:DY010201029

数据元名称:管理人员邮政编码

中文全拼:guan-li-ren-yuan-you-zheng-bian-ma

定义:道路运输管理人员通信地址的邮政编码

数据元类型:字符型

数据格式:n6

4.1.2.1.30 管理人员联系电话

编号:DY010201030

数据元名称:管理人员联系电话

中文全拼:guan-li-ren-yuan-lian-xi-dian-hua

定义:道路运输管理人员的联系电话号码

数据元类型:字符型

数据格式:an..18

4.1.2.1.31 管理人员移动电话

编号:DY010201031

数据元名称:管理人员移动电话

中文全拼:guan-li-ren-yuan-yi-dong-dian-hua

定义:道路运输管理人员的移动电话号码

数据元类型:字符型

数据格式:an..11

4.1.2.1.32 管理人员培训开始日期

编号:DY010201032

数据元名称:管理人员培训开始日期

中文全拼:guan-li-ren-yuan-pei-xun-kai-shi-ri-qi

定义:道路运输管理人员接受培训的开始日期

数据元类型:日期型

数据格式:YYYYMMDD

4.1.2.1.33 管理人员培训学习内容

编号:DY010201033

数据元名称:管理人员培训学习内容

中文全拼:guan-li-ren-yuan-pei-xun-xue-xi-nei-rong

定义:道路运输管理人员接受培训的主要内容

数据元类型:字符型

数据格式:..ul

4.1.2.1.34 管理人员培训学习成绩

编号:DY010201034

数据元名称:管理人员培训学习成绩

中文全拼:guan-li-ren-yuan-pei-xun-xue-xi-cheng-ji

定义:道路运输管理人员参加培训结业考试的成绩

数据元类型:字符型

数据格式:an..50

4.1.2.1.35　管理人员培训结业日期

编号:DY010201035

数据元名称:管理人员培训结业日期

中文全拼:guan-li-ren-yuan-pei-xun-jie-ye-ri-qi

定义:道路运输管理人员参加培训的结业日期

数据元类型:日期型

数据格式:YYYYMMDD

4.1.2.1.36　管理人员培训结业证书编号

编号:DY010201036

数据元名称:管理人员培训结业证书编号

中文全拼:guan-li-ren-yuan-pei-xun-jie-ye-zheng-shu-bian-hao

定义:道路运输管理人员培训结业后取得结业证书的号码

数据元类型:字符型

数据格式:an..20

4.1.2.1.37　管理人员获奖日期

编号:DY010201037

数据元名称:管理人员获奖日期

中文全拼:guan-li-ren-yuan-huo-jiang-ri-qi

定义:道路运输管理人员受到各类机构奖励的日期

数据元类型:日期型

数据格式:YYYYMMDD

4.1.2.1.38　管理人员奖励机构名称

编号:DY010201038

数据元名称:管理人员奖励机构名称

中文全拼:guan-li-ren-yuan-jiang-li-ji-gou-ming-cheng

定义:给予道路运输管理人员奖励机构的名称

数据元类型:字符型

数据格式:an..100

4.1.2.1.39　管理人员获奖原因

编号:DY010201039

数据元名称:管理人员获奖原因

中文全拼:guan-li-ren-yuan-huo-jiang-yuan-yin

定义:道路运输管理人员获得奖励的原因

数据元类型:字符型

数据格式:..ul

4.1.2.1.40　管理人员获奖类型

编号:DY010201040

数据元名称:管理人员获奖类型

中文全拼:guan-li-ren-yuan-huo-jiang-lei-xing

定义:道路运输管理人员奖励机构给予道路运输管理人员奖励的方式

数据元类型:字符型

数据格式:an..30

值域:见表2序号10

4.1.2.1.41 管理人员获奖类型代码

编号:DY010201041

数据元名称:管理人员获奖类型代码

中文全拼:guan-li-ren-yuan-huo-jiang-lei-xing-dai-ma

定义:用于标识道路运输管理人员奖励方式的代码

数据元类型:字符型

数据格式:n4

值域:见表2序号10

4.1.2.1.42 管理人员纪律处分日期

编号:DY010201042

数据元名称:管理人员纪律处分日期

中文全拼:guan-li-ren-yuan-ji-lv-chu-fen-ri-qi

定义:道路运输管理人员受到纪律处分的日期

数据元类型:日期型

数据格式:YYYYMMDD

4.1.2.1.43 管理人员纪律处分机构名称

编号:DY010201043

数据元名称:管理人员纪律处分机构名称

中文全拼:guan-li-ren-yuan-ji-lv-chu-fen-ji-gou-ming-cheng

定义:给予道路运输管理人员纪律处分的机构名称

数据元类型:字符型

数据格式:an..100

4.1.2.1.44 管理人员纪律处分原因

编号:DY010201044

数据元名称:管理人员纪律处分原因

中文全拼:guan-li-ren-yuan-ji-lv-chu-fen-yuan-yin

定义:道路运输管理人员接受纪律处分的原因

数据元类型:字符型

数据格式:..ul

4.1.2.1.45 管理人员纪律处分类型

编号:DY010201045

数据元名称:管理人员纪律处分类型

中文全拼:guan-li-ren-yuan-ji-lv-chu-fen-lei-xing

定义:道路运输管理人员受到纪律处分的类型

数据元类型:字符型

数据格式:a..30

值域:见表2序号11

4.1.2.1.46 管理人员纪律处分类型代码

编号:DY010201046

数据元名称:管理人员纪律处分类型代码

中文全拼:guan-li-ren-yuan-ji-lv-chu-fen-lei-xing-dai-ma

定义:用于标识道路运输管理人员纪律处分类型的代码

数据元类型:字符型

数据格式:n2

值域:见表 2 序号 11

4.1.2.1.47 从事执法日期

编号:DY010201047

数据元名称:从事执法日期

中文全拼:cong-shi-zhi-fa-ri-qi

定义:道路运输行政执法人员从事道路运输行政行业执法工作的登记日期

数据元类型:日期型

数据格式:YYYYMMDD

4.1.2.2 执法证信息

4.1.2.2.1 执法证号

编号:DY010202001

数据元名称:执法证号

中文全拼:zhi-fa-zheng-hao

定义:由国务院交通主管部门或省级人民政府依法向通过考核认证的道路运输管理人员颁发的行政执法证件的号码

数据元类型:字符型

数据格式:an..12

4.1.2.2.2 执法证初领日期

编号:DY010202002

数据元名称:执法证初领日期

中文全拼:zhi-fa-zheng-chu-ling-ri-qi

定义:道路运输行政执法人员初次取得行政执法证的日期

数据元类型:日期型

数据格式:YYYYMMDD

4.1.2.2.3 执法证有效期起

编号:DY010202003

数据元名称:执法证有效期起

中文全拼:zhi-fa-zheng-you-xiao-qi-qi

定义:道路运输行政执法人员持有的行政执法证的有效起始日期

数据元类型:日期型

数据格式:YYYYMMDD

4.1.2.2.4 执法证有效期止

编号:DY010202004

数据元名称:执法证有效期止

中文全拼:zhi-fa-zheng-you-xiao-qi-zhi

定义:道路运输行政执法人员持有的行政执法证的有效截止日期

数据元类型:日期型

数据格式:YYYYMMDD

4.1.2.2.5 执法证发证机关

编号:DY010202005

数据元名称:执法证发证机关

中文全拼:zhi-fa-zheng-fa-zheng-ji-guan

定义:道路运输行政执法人员持有的行政执法证发证机关的名称

数据元类型:字符型

数据格式:an..100

4.1.2.2.6 执法证发证日期

编号:DY010202006

数据元名称:执法证发证日期

中文全拼:zhi-fa-zheng-fa-zheng-ri-qi

定义:道路运输行政执法人员持有的行政执法证的发放日期

数据元类型:日期型

数据格式:YYYYMMDD

4.1.2.2.7 执法证审验日期

编号:DY010202007

数据元名称:执法证审验日期

中文全拼:zhi-fa-zheng-shen-yan-ri-qi

定义:道路运输行政执法人员持有的行政执法证年度审验的日期

数据元类型:日期型

数据格式:YYYYMMDD

4.1.2.2.8 执法证审验年度

编号:DY010202008

数据元名称:执法证审验年度

中文全拼:zhi-fa-zheng-shen-yan-nian-du

定义:道路运输行政执法人员持有的行政执法证的审验年度

数据元类型:字符型

数据格式:n4

4.1.2.2.9 执法证审验结果

编号:DY010202009

数据元名称:执法证审验结果

中文全拼:zhi-fa-zheng-shen-yan-jie-guo

定义:道路运输行政执法人员持有的行政执法证的审验结果

数据元类型:字符型

数据格式:an..20

值域:

——合格

——不合格

——未审验

4.1.2.2.10 执法证审验结论

编号:DY010202010

数据元名称:执法证审验结论

中文全拼:zhi-fa-zheng-shen-yan-jie-lun

定义:道路运输行政执法人员持有的行政执法证的审验结论

数据元类型:字符型

数据格式:..ul

4.1.2.2.11　执法证补证日期

编号:DY010202011

数据元名称:执法证补证日期

中文全拼:zhi-fa-zheng-bu-zheng-ri-qi

定义:道路运输行政执法人员申请补发执法证的日期

数据元类型:日期型

数据格式:YYYYMMDD

4.1.2.2.12　执法证补证原因

编号:DY010202012

数据元名称:执法证补证原因

中文全拼:zhi-fa-zheng-bu-zheng-yuan-yin

定义:道路运输行政执法人员申请补发执法证的原因

数据元类型:字符型

数据格式:..ul

4.1.2.2.13　原执法证号

编号:DY010202013

数据元名称:原执法证号

中文全拼:yuan-zhi-fa-zheng-hao

定义:道路运输行政执法人员换发执法证前持有的行政执法证号码

数据元类型:字符型

数据格式:an..12

4.1.2.2.14　执法证换证日期

编号:DY010202014

数据元名称:执法证换证日期

中文全拼:zhi-fa-zheng-huan-zheng-ri-qi

定义:道路运输行政执法人员申请换发执法证的日期

数据元类型:日期型

数据格式:YYYYMMDD

4.1.2.2.15　执法证换证原因

编号:DY010202015

数据元名称:执法证换证原因

中文全拼:zhi-fa-zheng-huan-zheng-yuan-yin

定义:道路运输行政执法人员申请换发执法证的原因

数据元类型:字符型

数据格式:..ul

4.1.3　道路运输管理业务申请人及违法案件当事人等相关人员信息

4.1.3.1　道路运输管理业务申请人及相关人员信息

4.1.3.1.1　业务申请方

编号:DY010301001

数据元名称:业务申请方

中文全拼:ye-wu-shen-qing-fang

定义:申请办理某项道路运输行政许可或日常管理业务的单位名称或个人姓名

数据元类型:字符型

数据格式:an..100

4.1.3.1.2 业务申请方负责人

编号:DY010301002

数据元名称:业务申请方负责人

中文全拼:ye-wu-shen-qing-fang-fu-ze-ren

定义:道路运输管理业务申请单位负责人的姓名

数据元类型:字符型

数据格式:an..30

4.1.3.1.3 业务申请方负责人职务

编号:DY010301003

数据元名称:业务申请方负责人职务

中文全拼:ye-wu-shen-qing-fang-fu-ze-ren-zhi-wu

定义:道路运输管理业务申请单位负责人的职务名称

数据元类型:字符型

数据格式:an..12

值域:见表2序号6

4.1.3.1.4 业务申请方负责人职务代码

编号:DY010301004

数据元名称:业务申请方负责人职务代码

中文全拼:ye-wu-shen-qing-fang-fu-ze-ren-zhi-wu-dai-ma

定义:道路运输管理业务申请单位负责人的职务代码

数据元类型:字符型

数据格式:an..12

值域:见表2序号6

4.1.3.1.5 业务申请方通信地址

编号:DY010301005

数据元名称:业务申请方通信地址

中文全拼:ye-wu-shen-qing-fang-tong-xin-di-zhi

定义:道路运输管理业务申请方的通信地址

数据元类型:字符型

数据格式:an..100

4.1.3.1.6 业务申请方邮政编码

编号:DY010301006

数据元名称:业务申请方邮政编码

中文全拼:ye-wu-shen-qing-fang-you-zheng-bian-ma

定义:道路运输管理业务申请方通信地址的邮政编码

数据元类型:字符型

数据格式:n6

4.1.3.1.7 业务申请方联系电话

编号:DY010301007

数据元名称:业务申请方联系电话

中文全拼:ye-wu-shen-qing-fang-lian-xi-dian-hua

定义:道路运输管理业务申请方的联系电话号码

数据元类型:字符型

数据格式:an..18

4.1.3.1.8 业务申请方移动电话

编号:DY010301008

数据元名称:业务申请方移动电话

中文全拼:ye-wu-shen-qing-fang-yi-dong-dian-hua

定义:道路运输管理业务申请方的移动电话号码

数据元类型:字符型

数据格式:an..18

4.1.3.1.9 业务申请方电子邮箱

编号:DY010301009

数据元名称:业务申请方电子邮箱

中文全拼:ye-wu-shen-qing-fang-dian-zi-you-xiang

定义:道路运输管理业务申请方的电子邮箱地址

数据元类型:字符型

数据格式:an4

4.1.3.1.10 业务申请方经办人

编号:DY010301010

数据元名称:业务申请方经办人

中文全拼:ye-wu-shen-qing-fang-jing-ban-ren

定义:由申请方指派负责向道路运输管理机构申请并具体经办某项道路运输相关业务人员的姓名

数据元类型:字符型

数据格式:an..30

4.1.3.1.11 业务申请方经办人通信地址

编号:DY010301011

数据元名称:业务申请方经办人通信地址

中文全拼:ye-wu-shen-qing-fang-jing-ban-ren-tong-xin-di-zhi

定义:道路运输管理业务经办人的通信地址

数据元类型:字符型

数据格式:an..100

4.1.3.1.12 业务申请方经办人邮政编码

编号:DY010301012

数据元名称:业务申请方经办人邮政编码

中文全拼:ye-wu-shen-qing-fang-jing-ban-ren-you-zheng-bian-ma

定义:道路运输管理业务经办人通信地址的邮政编码

数据元类型:字符型

数据格式:n6

4.1.3.1.13 业务申请方经办人联系电话

编号:DY010301013

数据元名称:业务申请方经办人联系电话

中文全拼:ye-wu-shen-qing-fang-jing-ban-ren-lian-xi-dian-hua

定义:道路运输管理业务经办人的联系电话号码

数据元类型:字符型

数据格式:an..18

4.1.3.1.14 业务申请方经办人移动电话

编号:DY010301014

数据元名称:业务申请方经办人移动电话

中文全拼:ye-wu-shen-qing-fang-jing-ban-ren-yi-dong-dian-hua

定义:道路运输管理业务经办人的移动电话号码

数据元类型:字符型

数据格式:an..18

4.1.3.1.15 业务申请方经办人电子邮箱

编号:DY010301015

数据元名称:业务申请方经办人电子邮箱

中文全拼:ye-wu-shen-qing-fang-jing-ban-ren -dian-zi-you-xiang

定义:道路运输管理业务经办人的电子邮箱地址

数据元类型:字符型

数据格式:an4

4.1.3.2 道路运输违法案件当事人及相关人员信息

4.1.3.2.1 案件当事人的法定代表人

编号:DY010302001

数据元名称:案件当事人的法定代表人

中文全拼:an-jian-dang-shi-ren-de-fa-ding-dai-biao-ren

定义:道路运输违法案件当事人单位法定代表人的姓名

数据元类型:字符型

数据格式:an..30

4.1.3.2.2 案件当事人名称

编号:DY010302002

数据元名称:案件当事人名称

中文全拼:an-jian-dang-shi-ren-ming-cheng

定义:涉嫌道路运输违法行为的行政处罚相对人

数据元类型:字符型

数据格式:an..100

4.1.3.2.3 案件当事人性别

编号:DY010302003

数据元名称:案件当事人性别

中文全拼:an-jian-dang-shi-ren-xing-bie

定义:道路运输违法案件当事人的性别

数据元类型:字符型

数据格式:a..6

值域:见表2序号3

4.1.3.2.4 案件当事人性别代码

编号:DY010302004

数据元名称:案件当事人性别代码

中文全拼:an-jian-dang-shi-ren-xing-bie-dai-ma

定义:用于标识道路运输违法案件当事人性别的代码
数据元类型:字符型
数据格式:n1
值域:见表2序号3

4.1.3.2.5 案件当事人年龄

编号:DY010302005
数据元名称:案件当事人年龄
中文全拼:an-jian-dang-shi-ren-nian-ling
定义:道路运输违法案件当事人的年龄
数据元类型:数字型
数据格式:n..3
计量单位:周岁

4.1.3.2.6 案件当事人身份证件类别

编号:DY010302006
数据元名称:案件当事人身份证件类别
中文全拼:an-jian-dang-shi-ren-shen-fen-zheng-jian-lei-bie
定义:道路运输违法案件当事人身份证件类别的名称
数据元类型:字符型
数据格式:a..20
值域:见5.4

4.1.3.2.7 案件当事人身份证件类别代码

编号:DY010302007
数据元名称:案件当事人身份证件类别代码
中文全拼:an-jian-dang-shi-ren-shen-fen-zheng-jian-lei-bie-dai-ma
定义:道路运输违法案件当事人身份证件类别的代码
数据元类型:字符型
数据格式:n1
值域:见5.4

4.1.3.2.8 案件当事人身份证件编号

编号:DY010302008
数据元名称:案件当事人身份证件编号
中文全拼:an-jian-dang-shi-ren-shen-fen-zheng-jian-bian-hao
定义:道路运输违法案件当事人身份证件的号码
数据元类型:字符型
数据格式:n1

4.1.3.2.9 案件当事人住址

编号:DY010302009
数据元名称:案件当事人住址
中文全拼:an-jian-dang-shi-ren-zhu-zhi
定义:道路运输违法案件当事人的住址
数据元类型:字符型
数据格式:an..100

4.1.3.2.10 案件当事人邮政编码

编号:DY010302010
数据元名称:案件当事人邮政编码
中文全拼:an-jian-dang-shi-ren-you-zheng-bian-ma
定义:道路运输违法案件当事人住址的邮政编码
数据元类型:字符型
数据格式:n6

4.1.3.2.11 案件当事人工作单位名称

编号:DY010302011
数据元名称:案件当事人工作单位名称
中文全拼:an-jian-dang-shi-ren-gong-zuo-dan-wei-ming-cheng
定义:道路运输违法案件当事人所在工作单位的名称
数据元类型:字符型
数据格式:an..100

4.1.3.2.12 案件当事人工作单位地址

编号:DY010302012
数据元名称:案件当事人工作单位地址
中文全拼:an-jian-dang-shi-ren-gong-zuo-dan-wei-di-zhi
定义:道路运输违法案件当事人所在工作单位的地址
数据元类型:字符型
数据格式:n6

4.1.3.2.13 案件当事人联系电话

编号:DY010302013
数据元名称:案件当事人联系电话
中文全拼:an-jian-dang-shi-ren-lian-xi-dian-hua
定义:道路运输违法案件当事人联系电话的号码
数据元类型:字符型
数据格式:an..18

4.1.3.2.14 案件当事人职业

编号:DY010302014
数据元名称:案件当事人职业
中文全拼:an-jian-dang-shi-ren-zhi-ye
定义:道路运输违法案件当事人职业的名称
数据元类型:字符型
数据格式:an..30
值域:见表2序号12

4.1.3.2.15 案件当事人职业代码

编号:DY010302015
数据元名称:案件当事人职业代码
中文全拼:an-jian-dang-shi-ren-zhi-ye-dai-ma
定义:用于标识道路运输违法案件当事人职业的代码
数据元类型:字符型
数据格式:an..10
值域:见表2序号12

4.1.3.2.16 案件当事人职务

编号:DY010302016

数据元名称:案件当事人职务

中文全拼:an-jian-dang-shi-ren-zhi-wu

定义:道路运输违法案件当事人的职务

数据元类型:字符型

数据格式:an..12

值域:见表2序号6

4.1.3.2.17 案件当事人职务代码

编号:DY010302017

数据元名称:案件当事人职务代码

中文全拼:an-jian-dang-shi-ren-zhi-wu-dai-ma

定义:用于标识道路运输违法案件当事人职务的代码

数据元类型:字符型

数据格式:an4

值域:见表2序号6

4.1.3.2.18 案件委托代理人名称

编号:DY010302018

数据元名称:案件委托代理人名称

中文全拼:an-jian-wei-tuo-dai-li-ren-ming-cheng

定义:经道路运输违法案件当事人授权,代表该当事人参与案件审理人的姓名或单位的名称

数据元类型:字符型

数据格式:an..100

4.1.3.2.19 案件委托代理人性别

编号:DY010302019

数据元名称:案件委托代理人性别

中文全拼:an-jian-wei-tuo-dai-li-ren-xing-bie

定义:道路运输违法案件委托代理人的性别

数据元类型:字符型

数据格式:a..6

值域:见表2序号3

4.1.3.2.20 案件委托代理人性别代码

编号:DY010302020

数据元名称:案件委托代理人性别代码

中文全拼:an-jian-wei-tuo-dai-li-ren-xing-bie-dai-ma

定义:标识道路运输违法案件委托代理人性别的代码

数据元类型:字符型

数据格式:n1

值域:见表2序号3

4.1.3.2.21 案件委托代理人年龄

编号:DY010302021

数据元名称:案件委托代理人年龄

中文全拼:an-jian-wei-tuo-dai-li-ren-nian-ling

定义:道路运输违法案件委托代理人的年龄
数据元类型:数字型
数据格式:n..3
计量单位:周岁

4.1.3.2.22 案件委托代理人工作单位名称

编号:DY010302022
数据元名称:案件委托代理人工作单位名称
中文全拼:an-jian-wei-tuo-dai-li-ren-gong-zuo-dan-wei-ming-cheng
定义:道路运输违法案件委托代理人所在工作单位的名称
数据元类型:字符型
数据格式:an..100

4.1.3.2.23 案件委托代理人联系电话

编号:DY010302023
数据元名称:案件委托代理人联系电话
中文全拼:an-jian-wei-tuo-dai-li-ren-lian-xi-dian-hua
定义:道路运输违法案件委托代理人的联系电话
数据元类型:字符型
数据格式:an..18

4.1.3.2.24 案件委托代理人职业

编号:DY010302024
数据元名称:案件委托代理人职业
中文全拼:an-jian-wei-tuo-dai-li-ren-zhi-ye
定义:道路运输违法案件委托代理人职业的名称
数据元类型:字符型
数据格式:an..30
值域:见表2序号12

4.1.3.2.25 案件委托代理人职业代码

编号:DY010302025
数据元名称:案件委托代理人职业代码
中文全拼:an-jian-wei-tuo-dai-li-ren-zhi-ye-dai-ma
定义:用于标识道路运输违法案件委托代理人职业的代码
数据元类型:字符型
数据格式:an..10
值域:见表2序号12

4.1.3.2.26 案件当事人单位代表

编号:DY010302026
数据元名称:案件当事人单位代表
中文全拼:an-jian-dang-shi-ren-dan-wei-dai-biao
定义:经道路运输违法案件当事人委托,代表该当事人参加案件审理人员的姓名
数据元类型:字符型
数据格式:a..30

4.1.3.2.27 案件当事人单位代表职务

编号:DY010302027

数据元名称:案件当事人单位代表职务
中文全拼:an-jian-dang-shi-ren-dan-wei-dai-biao-zhi-wu
定义:道路运输违法案件当事人单位代表的职务名称
数据元类型:字符型
数据格式:an..12
值域:见表2序号6

4.1.3.2.28 案件当事人单位代表职务代码

编号:DY010302028
数据元名称:案件当事人单位代表职务代码
中文全拼:an-jian-dang-shi-ren-dan-wei-dai-biao-zhi-wu-dai-ma
定义:用于标识道路运输违法案件当事人单位代表职务的代码
数据元类型:字符型
数据格式:an4
值域:见表2序号6

4.1.4 道路运输经营业户信息

4.1.4.1 道路运输经营业户基本信息

4.1.4.1.1 经营业户名称

编号:DY010401001
数据元名称:经营业户名称
中文全拼:jing-ying-ye-hu-ming-cheng
定义:道路运输企业的名称或一名个体经营者的姓名
数据元类型:字符型
数据格式:an..100

4.1.4.1.2 企业组织机构代码证号

编号:DY010401002
数据元名称:企业组织机构代码证号
中文全拼:qi-ye-zu-zhi-ji-gou-dai-ma-zheng-hao
定义:用于标识道路运输企业的代码
数据元类型:字符型
数据格式:an9
值域:见表2序号13

4.1.4.1.3 总公司名称

编号:DY010401003
数据元名称:总公司名称
中文全拼:zong-gong-si-ming-cheng
定义:以分公司形式从事道路运输经营的企业所属总公司的名称
数据元类型:字符型
数据格式:an..100

4.1.4.1.4 母公司名称

编号:DY010401004
数据元名称:母公司名称
中文全拼:mu-gong-si-ming-cheng
定义:以子公司形式从事道路运输经营的企业的母公司名称

数据元类型:字符型

数据格式:an..100

4.1.4.1.5 经营业户通信地址

编号:DY010401005

数据元名称:经营业户通信地址

中文全拼:jing-ying-ye-hu-tong-xin-di-zhi

定义:道路运输经营业户的邮政通信地址

数据元类型:字符型

数据格式:an..100

4.1.4.1.6 经营业户邮政编码

编号:DY010401006

数据元名称:经营业户邮政编码

中文全拼:jing-ying-ye-hu-you-zheng-bian-ma

定义:道路运输经营业户的邮政编码

数据元类型:字符型

数据格式:n6

4.1.4.1.7 经营业户行政区划

编号:DY010401007

数据元名称:经营业户行政区划

中文全拼:jing-ying-ye-hu-xing-zheng-qu-hua

定义:道路运输经营业户注册地所在的县级以上行政区划的名称

数据元类型:字符型

数据格式:an..100

值域:见表2序号2

4.1.4.1.8 经营业户行政区划代码

编号:DY010401008

数据元名称:经营业户行政区划代码

中文全拼:jing-ying-ye-hu-xing-zheng-qu-hua-dai-ma

定义:用于标识道路运输经营业户行政区划的代码

数据元类型:字符型

数据格式:n6

值域:见表2序号2

4.1.4.1.9 经营业户经济类型

编号:DY010401009

数据元名称:经营业户经济类型

中文全拼:jing-ying-ye-hu-jing-ji-lei-xing

定义:道路运输经营业户经济类型的名称

数据元类型:字符型

数据格式:an..30

值域:见表2序号14

4.1.4.1.10 经营业户经济类型代码

编号:DY010401010

数据元名称:经营业户经济类型代码

中文全拼:jing-ying-ye-hu-jing-ji-lei-xing-dai-ma
定义:用于标识道路运输经营业户经济类型的代码
数据元类型:字符型
数据格式:n3
值域:见表2序号14

4.1.4.1.11 经营业户法定代表人姓名
编号:DY010401011
数据元名称:经营业户法定代表人姓名
中文全拼:jing-ying-ye-hu-fa-ding-dai-biao-ren-xing-ming
定义:道路运输企业的法定代表人的姓名
数据元类型:字符型
数据格式:an..30

4.1.4.1.12 经营业户法定代表人身份证件类别
编号:DY010401012
数据元名称:经营业户法定代表人身份证件类别
中文全拼:jing-ying-ye-hu-fa-ding-dai-biao-ren-shen-fen-zheng-jian-lei-bie
定义:道路运输企业的法定代表人身份证件类别的名称
数据元类型:字符型
数据格式:a..20
值域:见5.4

4.1.4.1.13 经营业户法定代表人身份证件类别代码
编号:DY010401013
数据元名称:经营业户法定代表人身份证件类别代码
中文全拼:jing-ying-ye-hu-fa-ding-dai-biao-ren-shen-fen-zheng-jian-lei-bie-dai-ma
定义:道路运输企业的法定代表人身份证件的类别代码
数据元类型:字符型
数据格式:n1
值域:见5.4

4.1.4.1.14 经营业户法定代表人身份证件号码
编号:DY010401014
数据元名称:经营业户法定代表人身份证件号码
中文全拼:jing-ying-ye-hu-fa-ding-dai-biao-ren-shen-fen-zheng-jian-hao-ma
定义:用于标识道路运输企业法定代表人身份证件类别的代码
数据元类型:字符型
数据格式:an..18

4.1.4.1.15 经营业户法定代表人照片
编号:DY010401015
数据元名称:经营业户法定代表人照片
中文全拼:jing-ying-ye-hu-fa-ding-dai-biao-ren-zhao-pian
定义:道路运输经营业户法定代表人的照片
数据元类型:二进制
数据格式:jpeg

4.1.4.1.16 经营业户负责人姓名

编号:DY010401016
数据元名称:经营业户负责人姓名
中文全拼:jing-ying-ye-hu-fu-ze-ren-xing-ming
定义:道路运输经营业户负责人的姓名
数据元类型:字符型
数据格式:an..30

4.1.4.1.17　经营业户联系电话

编号:DY010401017
数据元名称:经营业户联系电话
中文全拼:jing-ying-ye-hu-lian-xi-dian-hua
定义:道路运输经营业户用于对外联络的电话号码
数据元类型:字符型
数据格式:an..18

4.1.4.1.18　经营业户传真

编号:DY010401018
数据元名称:经营业户传真
中文全拼:jing-ying-ye-hu-chuan-zhen
定义:道路运输经营业户用于对外联络的传真号码
数据元类型:字符型
数据格式:an..18

4.1.4.1.19　经营业户移动电话

编号:DY010401019
数据元名称:经营业户移动电话
中文全拼:jing-ying-ye-hu-yi-dong-dian-hua
定义:道路运输经营业户用于对外联络的移动电话号码
数据元类型:字符型
数据格式:an..18

4.1.4.1.20　经营业户电子信箱

编号:DY010401020
数据元名称:经营业户电子信箱
中文全拼:jing-ying-ye-hu-dian-zi-xin-xiang
定义:道路运输经营业户用于对外联络的电子邮件地址
数据元类型:字符型
数据格式:an..50

4.1.4.1.21　经营业户网址

编号:DY010401021
数据元名称:经营业户网址
中文全拼:jing-ying-ye-hu-wang-zhi
定义:道路运输经营业户在因特网上门户网站的地址
数据元类型:字符型
数据格式:an..50

4.1.4.1.22　经营业户工商注册号

编号:DY010401022

数据元名称:经营业户工商注册号

中文全拼:jing-ying-ye-hu-gong-shang-zhu-ce-hao

定义:道路运输经营业户经工商管理机构批准注册后获得的工商营业执照的注册号

数据元类型:字符型

数据格式:an..15

4.1.4.1.23 经营业户工商注册发证日期

编号:DY010401023

数据元名称:经营业户工商注册发证日期

中文全拼:jing-ying-ye-hu-gong-shang-zhu-ce-fa-zheng-ri-qi

定义:道路运输经营业户的工商营业执照的发放日期

数据元类型:日期型

数据格式:YYYYMMDD

4.1.4.1.24 经营业户国税税务登记号

编号:DY010401024

数据元名称:经营业户国税税务登记号

中文全拼:jing-ying-ye-hu-guo-shui-shui-wu-deng-ji-hao

定义:国税部门为道路运输经营业户分配的税务登记编号

数据元类型:字符型

数据格式:an..20

4.1.4.1.25 经营业户国税发证日期

编号:DY010401025

数据元名称:经营业户国税发证日期

中文全拼:jing-ying-ye-hu-guo-shui-fa-zheng-ri-qi

定义:国税部门为道路运输经营业户颁发的税务登记证照的发放日期

数据元类型:日期型

数据格式:YYYYMMDD

4.1.4.1.26 经营业户地税税务登记号

编号:DY010401026

数据元名称:经营业户地税税务登记号

中文全拼:jing-ying-ye-hu-di-shui-shui-wu-deng-ji-hao

定义:地税部门为道路运输经营业户分配的税务登记编号

数据元类型:字符型

数据格式:an..20

4.1.4.1.27 经营业户地税发证日期

编号:DY010401027

数据元名称:经营业户地税发证日期

中文全拼:jing-ying-ye-hu-di-shui-fa-zheng-ri-qi

定义:地税部门为道路运输经营业户颁发的税务登记证照的发放日期

数据元类型:日期型

数据格式:YYYYMMDD

4.1.4.1.28 经营业户开户银行

编号:DY010401028

数据元名称:经营业户开户银行

中文全拼:jing-ying-ye-hu-kai-hu-yin-yang

定义:道路运输经营业户开户银行的名称

数据元类型:字符型

数据格式:an..100

计量单位:万元

4.1.4.1.29 经营业户银行账户

编号:DY010401029

数据元名称:经营业户银行账户

中文全拼:jing-ying-ye-hu-yin-hang-zhang-hu

定义:道路运输经营业户在开户银行的账户名称

数据元类型:字符型

数据格式:n..30

4.1.4.1.30 经营业户银行账号

编号:DY010401030

数据元名称:经营业户银行账号

中文全拼:jing-ying-ye-hu-yin-hang-zhang-hao

定义:道路运输经营业户在开户银行的账号

数据元类型:字符型

数据格式:n..30

4.1.4.1.31 经营业户注册资本

编号:DY010401031

数据元名称:经营业户注册资本

中文全拼:jing-ying-ye-hu-zhu-ce-zi-ben

定义:道路运输经营业户在工商管理机构登记的注册资本总额

数据元类型:数字型

数据格式:n..20,2

计量单位:万元

4.1.4.1.32 企业投资者名称

编号:DY010401032

数据元名称:企业投资者名称

中文全拼:qi-ye-tou-zi-zhe-ming-cheng

定义:道路运输企业投资人的姓名或投资机构的名称

数据元类型:字符型

数据格式:an..100

4.1.4.1.33 企业投资者国籍

编号:DY010401033

数据元名称:企业投资者国籍

中文全拼:qi-ye-tou-zi-zhe-guo-ji

定义:道路运输企业投资者的国籍名称

数据元类型:字符型

数据格式:a..40

值域:见表2序号15

4.1.4.1.34 企业投资者国籍代码

编号:DY010401034
数据元名称:企业投资者国籍代码
中文全拼:qi-ye-tou-zi-zhe-guo-ji-dai-ma
定义:道路运输企业投资者的国籍代码
数据元类型:字符型
数据格式:a3
值域:见表 2 序号 15

4.1.4.1.35 企业投资用货币名称

编号:DY010401035
数据元名称:企业投资用货币名称
中文全拼:qi-ye-tou-zi-yong-huo-bi-ming-cheng
定义:道路运输企业的投资者向该企业投资时使用的货币名称
数据元类型:字符型
数据格式:a..30
值域:见表 2 序号 16

4.1.4.1.36 企业投资用货币字母代码

编号:DY010401036
数据元名称:企业投资用货币字母代码
中文全拼:qi-ye-tou-zi-yong-huo-bi-zi-mu-dai-ma
定义:用于标识道路运输企业投资用货币的字母代码
数据元类型:字符型
数据格式:a3
值域:见表 2 序号 16

4.1.4.1.37 企业投资用货币数字代码

编号:DY010401037
数据元名称:企业投资用货币数字代码
中文全拼:qi-ye-tou-zi-yong-huo-bi-shu-zi-dai-ma
定义:用于标识道路运输企业投资用货币的数字代码
数据元类型:字符型
数据格式:n3
值域:见表 2 序号 16

4.1.4.1.38 企业投资用货币总额

编号:DY010401038
数据元名称:企业投资用货币总额
中文全拼:qi-ye-tou-zi-yong-huo-bi-zong-e
定义:道路运输企业投资者对该企业投入全部货币的总金额
数据元类型:数字型
数据格式:n..17,2
计量单位:万元

4.1.4.2 道路运输经营业户专项信息

4.1.4.2.1 基础设施名称

编号:DY010402001
数据元名称:基础设施名称

中文全拼:ji-chu-she-shi-ming-cheng

定义:道路运输经营企业用于道路运输经营的基础设施的名称

数据元类型:字符型

数据格式:an..100

值域:见5.5

4.1.4.2.2 基础设施代码

编号:DY010402002

数据元名称:基础设施代码

中文全拼:ji-chu-she-shi-dai-ma

定义:标识道路运输基础设施的代码

数据元类型:字符型

数据格式:n3

值域:见5.5

4.1.4.2.3 基础设施计量单位

编号:DY010402003

数据元名称:基础设施计量单位

中文全拼:ji-chu-she-shi-ji-liang-dan-wei

定义:道路运输基础设施的计量单位

数据元类型:字符型

数据格式:a..20

值域:见表2序号17

4.1.4.2.4 基础设施数量

编号:DY010402004

数据元名称:基础设施数量

中文全拼:ji-chu-she-shi-shu-liang

定义:道路运输经营企业的某道路运输基础设施的数量

数据元类型:数字型

数据格式:n..6

4.1.4.2.5 基础设施所有权形式

编号:DY010402005

数据元名称:基础设施所有权形式

中文全拼:ji-chu-she-shi-suo-you-quan-xing-shi

定义:道路运输经营企业的某一道路运输基础设施所有权形式的描述

数据元类型:字符型

数据格式:a6

值域:

——自建

——租用

——其他

4.1.4.2.6 客运站名称

编号:DY010402006

数据元名称:客运站名称

中文全拼:ke-yun-zhan-ming-cheng

定义:道路客运站的名称

数据元类型:字符型

数据格式:a..100

4.1.4.2.7 客运站代码

编号:DY010402007

数据元名称:客运站代码

中文全拼:ke-yun-zhan-dai-ma

定义:用于标识道路客运站的代码

数据元类型:字符型

数据格式:n9

值域:见表2序号18

4.1.4.2.8 客运站设计年度平均日旅客发送量

编号:DY010402008

数据元名称:客运站设计年度平均日旅客发送量

中文全拼:ke-yun-zhan-she-ji-nian-du-ping-jun-ri-lv-ke-fa-song-liang

定义:道路客运站设计年度的平均每天始发的旅客数量

数据元类型:数字型

数据格式:n..12

计量单位:万人次

4.1.4.2.9 客运站旅客最高聚集人数

编号:DY010402009

数据元名称:客运站旅客最高聚集人数

中文全拼:ke-yun-zhan-lv-ke-zui-gao-ju-ji-ren-shu

定义:设计年度中旅客发送量偏高期间内,每天最大同时在站人数的平均值

数据元类型:数字型

数据格式:n..12

计量单位:万人次

4.1.4.2.10 客运站日均发车班次

编号:DY010402010

数据元名称:客运站日均发车班次

中文全拼:ke-yun-zhan-ri-jun-fa-che-ban-ci

定义:设计年度中平均每天从车站发车的客运班车次数

数据元类型:数字型

数据格式:n..10,1

计量单位:班/日

4.1.4.2.11 客运站发车位数

编号:DY010402011

数据元名称:客运站发车位数

中文全拼:ke-yun-zhan-fa-che-wei-shu

定义:道路客运站同一时刻发出客运班车的停车位数

数据元类型:数字型

数据格式:n..6

计量单位:个

4.1.4.2.12　客运站服务方式

编号:DY010402012

数据元名称:客运站服务方式

中文全拼:ke-yun-zhan-fu-wu-fang-shi

定义:道路客运站的服务方式的名称

数据元类型:字符型

数据格式:a10

值域:

——公用型车站

——自用型车站

4.1.4.2.13　客运站规模类别

编号:DY010402013

数据元名称:客运站规模类别

中文全拼:ke-yun-zhan-gui-mo-lei-bie

定义:道路客运站按规模分类所属的类别名称

数据元类型:字符型

数据格式:a6

值域:

——等级站

——简易站

——招呼站

备注:按照 JT/T 200—2004《汽车客运站级别划分和建设要求》规定的内容

4.1.4.2.14　货运站名称

编号:DY010402014

数据元名称:货运站名称

中文全拼:huo-yun-zhan-ming-cheng

定义:道路货运站(场)的名称

数据元类型:字符型

数据格式:a..100

4.1.4.2.15　货运站代码

编号:DY010402015

数据元名称:货运站代码

中文全拼:huo-yun-zhan-dai-ma

定义:用于标识道路货运站(场)的代码

数据元类型:字符型

数据格式:n9

值域:见表 2 序号 19

4.1.4.2.16　货运站级别

编号:DY010402016

数据元名称:货运站级别

中文全拼:huo-yun-zhan-ji-bie

定义:由道路运输管理机构评定的道路货运站(场)货运站等级的名称

数据元类型:字符型

数据格式:a6

值域:见表 2 序号 20

4.1.4.2.17 货运站级别代码

编号:DY010402017

数据元名称:货运站级别代码

中文全拼:huo-yun-zhan-ji-bie-dai-ma

定义:用于标识货运站(场)级别的代码

数据元类型:字符型

数据格式:n1

值域:见表 2 序号 20

4.1.4.2.18 货运站高度

编号:DY010402018

数据元名称:货运站高度

中文全拼:huo-yun-zhan-gao-du

定义:货运站(场)从地面到该站(场)最高点的高度值

数据元类型:数字型

数据格式:n..5,2

计量单位:米(m)

4.1.4.2.19 货运站换算货物吞吐量

编号:DY010402019

数据元名称:货运站换算货物吞吐量

中文全拼:huo-yun-zhan-huan-suan-huo-wu-tun-tu-liang

定义:货运站(场)的换算货物吞吐量的值

数据元类型:数字型

数据格式:n..9,2

计量单位:吨(t)

4.1.4.2.20 货运站仓库面积

编号:DY010402020

数据元名称:货运站仓库面积

中文全拼:huo-yun-zhan-cang-ku-mian-ji

定义:货运站(场)库房面积减去外墙及固定设施所站面积的剩余面积

数据元类型:数字型

数据格式:n..9,2

计量单位:平方米(m^2)

4.1.4.2.21 货运站仓库有效面积

编号:DY010402021

数据元名称:货运站仓库有效面积

中文全拼:huo-yun-zhan-cang-ku-you-xiao-mian-ji

定义:货运站(场)仓库面积扣除必须的通道、墙距面积后所剩的面积

数据元类型:数字型

数据格式:n..9,2

计量单位:平方米(m^2)

4.1.4.2.22 道路运输站场建站日期

编号:DY010402022
数据元名称:道路运输站场建站日期
中文全拼:dao-lu-yun-shu-zhan-chang-jian-zhan-ri-qi
定义:道路客运站或道路货运站(场)开始建设的日期
数据元类型:日期型
数据格式:YYYYMMDD

4.1.4.2.23 道路运输站场竣工日期
编号:DY010402023
数据元名称:道路运输站场竣工日期
中文全拼:dao-lu-yun-shu-zhan-chang-jun-gong-ri-qi
定义:道路客运站或道路货运站(场)建设完成的日期
数据元类型:日期型
数据格式:YYYYMMDD

4.1.4.2.24 道路运输站场验收日期
编号:DY010402024
数据元名称:道路运输站场验收日期
中文全拼:dao-lu-yun-shu-zhan-chang-yan-shou-ri-qi
定义:道路客运站或道路货运站(场)的建设完成后验收的日期
数据元类型:日期型
数据格式:YYYYMMDD

4.1.4.2.25 道路运输站场投资规模
编号:DY010402025
数据元名称:道路运输站场投资规模
中文全拼:dao-lu-yun-shu-zhan-chang-tou-zi-gui-mo
定义:建设道路客运站或道路货运站(场)投入的人民币
数据元类型:数字型
数据格式:n..9,2
计量单位:万元

4.1.4.2.26 道路运输站场批准文号
编号:DY010402026
数据元名称:道路运输站场批准文号
中文全拼:dao-lu-yun-shu-zhan-chang-pi-zhun-wen-hao
定义:批准道路客运站或道路货运站(场)建设的批文和号码
数据元类型:字符型
数据格式:an..60

4.1.4.2.27 道路运输站场行政区划
编号:DY010402027
数据元名称:道路运输站场行政区划
中文全拼:dao-lu-yun-shu-zhan-chang-xing-zheng-qu-hua
定义:道路客运站或道路货运站(场)建站地所在县级以上行政区划的名称
数据元类型:字符型
数据格式:an..30
值域:见表2序号2

4.1.4.2.28　道路运输站场行政区划代码

编号:DY010402028

数据元名称:道路运输站场行政区划代码

中文全拼:dao-lu-yun-shu-zhan-chang-xing-zheng-qu-hua-dai-ma

定义:道路客运站或道路货运站(场)建站地所在县级以上行政区划的代码

数据元类型:字符型

数据格式:n6

值域:见表2序号2

4.1.4.2.29　道路运输站场地址

编号:DY010402029

数据元名称:道路运输站场地址

中文全拼:dao-lu-yun-shu-zhan-chang-di-zhi

定义:道路客运站或道路货运站(场)建站所在地的地址

数据元类型:字符型

数据格式:an..100

4.1.4.2.30　道路运输站场占地面积

编号:DY010402030

数据元名称:道路运输站场占地面积

中文全拼:dao-lu-yun-shu-zhan-chang-zhan-di-mian-ji

定义:道路客运站或道路货运站(场)的总面积

数据元类型:数字型

数据格式:n..9,2

计量单位:平方米(m^2)

4.1.4.2.31　道路运输站场建筑面积

编号:DY010402031

数据元名称:道路运输站场建筑面积

中文全拼:dao-lu-yun-shu-zhan-chang-jian-zhu-mian-ji

定义:道路客运站或道路货运站(场)的建筑面积

数据元类型:数字型

数据格式:n..9,2

计量单位:平方米(m^2)

4.1.4.2.32　道路运输站场平面图

编号:DY010402032

数据元名称:道路运输站场平面图

中文全拼:dao-lu-yun-shu-zhan-chang-ping-mian-tu

定义:道路客运站或道路货运站(场)的平面图

数据元类型:二进制

数据格式:jpeg

4.1.4.2.33　道路运输站场正面照片

编号:DY010402033

数据元名称:道路运输站场正面照片

中文全拼:dao-lu-yun-shu-zhan-chang-zheng-mian-zhao-pian

定义:道路客运站或道路货运站(场)的正面照片

数据元类型:二进制

数据格式:jpeg

4.1.4.2.34 道路运输站场侧面照片

编号:DY010402034

数据元名称:道路运输站场侧面照片

中文全拼:dao-lu-yun-shu-zhan-chang-ce-mian-zhao-pian

定义:道路客运站或道路货运站(场)的侧面照片

数据元类型:二进制

数据格式:jpeg

4.1.4.2.35 道路运输站场位置和特点

编号:DY010402035

数据元名称:道路运输站场位置和特点

中文全拼:dao-lu-yun-shu-zhan-chang-wei-zhi-he-te-dian

定义:道路客运站或道路货运站(场)所处地理位置和特点的描述

数据元类型:字符型

数据格式:an..200

4.1.4.2.36 机动车维修经营业户维修类别

编号:DY010402036

数据元名称:机动车维修经营业户维修类别

中文全拼:ji-dong-che-wei-xiu-jing-ying-ye-hu-wei-xiu-lei-bie

定义:机动车维修企业允许经营的维修类别的名称

数据元类型:字符型

数据格式:an..20

值域:见表2序号21

4.1.4.2.37 机动车维修经营业户维修类别代码

编号:DY010402037

数据元名称:机动车维修经营业户维修类别代码

中文全拼:ji-dong-che-wei-xiu-jing-ying-ye-hu-wei-xiu-lei-bie-dai-ma

定义:用于标识机动车辆维修企业维修类别的代码

数据元类型:字符型

数据格式:n1

值域:见表2序号21

4.1.4.2.38 机动车驾驶培训机构教室总面积

编号:DY010402038

数据元名称:机动车驾驶培训机构教室总面积

中文全拼:ji-dong-che-jia-shi-pei-xun-ji-gou-jiao-shi-zong-mian-ji

定义:机动车驾驶培训机构用于教学房屋的总面积

数据元类型:数字型

数据格式:n..9,2

计量单位:平方米(m^2)

4.1.4.2.39 机动车驾驶培训机构理论教室面积

编号:DY010402039

数据元名称:机动车驾驶培训机构理论教室面积

中文全拼:ji-dong-che-jia-shi-pei-xun-ji-gou-li-lun-jiao-shi-mian-ji
定义:机动车驾驶培训机构用于理论教学房屋的总面积
数据元类型:数字型
数据格式:n..9,2
计量单位:平方米(m^2)

4.1.4.2.40 机动车驾驶培训机构教学用训练场
编号:DY010402040
数据元名称:机动车驾驶培训机构教学用训练场
中文全拼:ji-dong-che-jia-shi-pei-xun-ji-gou-jiao-xue-yong-xun-lian-chang
定义:驾驶员培训机构仅供自用的非经营性训练场的面积
数据元类型:数字型
数据格式:n..9,2
计量单位:平方米(m^2)

4.1.4.2.41 是否经营性教练场
编号:DY010402041
数据元名称:是否经营性教练场
中文全拼:shi-fou-jing-ying-xing-jiao-lian-chang
定义:对经营性机动车驾驶培训教练场的标识
数据元类型:布尔型
数据格式:n1
值域:0:非经营性,1:经营性

4.1.4.2.42 机动车驾驶培训机构教练场面积
编号:DY010402042
数据元名称:机动车驾驶培训机构教练场面积
中文全拼:ji-dong-che-jia-shi-pei-xun-ji-gou-jiao-lian-chang-mian-ji
定义:机动车驾驶培训教练场占地的总面积
数据元类型:数字型
数据格式:n..9,2
计量单位:平方米(m^2)

4.1.5 道路运输车辆基础信息

4.1.5.1 车辆(挂车)号牌
编号:DY010500001
数据元名称:车辆(挂车)号牌
中文全拼:che-liang-(gua-che)-hao-pai
定义:道路运输车辆(挂车)的牌照号码
数据元类型:字符型
数据格式:an..12

4.1.5.2 车牌颜色
编号:DY010500002
数据元名称:车牌颜色
中文全拼:che-pai-yan-se
定义:道路运输车辆车牌颜色的名称
数据元类型:字符型

数据格式:a4
值域:见表 2 序号 22

4.1.5.3　车牌颜色代码

编号:DY010500003
数据元名称:车牌颜色代码
中文全拼:che-pai-yan-se-dai-ma
定义:用于标识道路运输车辆车牌颜色的代码
数据元类型:字符型
数据格式:n1
值域:见表 2 序号 22

4.1.5.4　车辆类型

编号:DY010500004
数据元名称:车辆类型
中文全拼:che-liang-lei-xing
定义:道路运输车辆类型的名称
数据元类型:字符型
数据格式:an..12
值域:见表 2 序号 23

4.1.5.5　车辆类型代码

编号:DY010500005
数据元名称:车辆类型代码
中文全拼:che-liang-lei-xing-dai-ma
定义:用于标识道路运输车辆类型的代码
数据元类型:字符型
数据格式:n2
值域:见表 2 序号 23

4.1.5.6　车辆厂牌

编号:DY010500006
数据元名称:车辆厂牌
中文全拼:che-liang-chang-pai
定义:道路运输车辆的车辆厂牌标识
数据元类型:字符型
数据格式:an..50

4.1.5.7　车辆厂牌型号

编号:DY010500007
数据元名称:车辆厂牌型号
中文全拼:che-liang-chang-pai-xing-hao
定义:道路运输车辆厂牌的型号
数据元类型:字符型
数据格式:an..50

4.1.5.8　车身颜色

编号:DY010500008
数据元名称:车身颜色

中文全拼:che-shen-yan-se

定义:道路运输车辆车身颜色的名称

数据元类型:字符型

数据格式:an..4

4.1.5.9　车辆发动机号

编号:DY010500009

数据元名称:车辆发动机号

中文全拼:che-liang-fa-dong-ji-hao

定义:道路运输车辆的发动机号码

数据元类型:字符型

数据格式:an..50

4.1.5.10　车辆车架号

编号:DY010500010

数据元名称:车辆车架号

中文全拼:che-liang-che-jia-hao

定义:道路运输车辆的车架号码

数据元类型:字符型

数据格式:an..50

4.1.5.11　车辆识别 VIN 码

编号:DY010500011

数据元名称:车辆识别 VIN 码

中文全拼:che-liang-shi-bie-VIN-ma

定义:道路运输车辆的识别 VIN 码

数据元类型:字符型

数据格式:an..17

4.1.5.12　车辆核定载客位

编号:DY010500012

数据元名称:车辆核定载客位

中文全拼:che-liang-he-ding-zai-ke-wei

定义:由道路运输管理机构核定的道路旅客运输车辆的最大载客人数

数据元类型:数字型

数据格式:n..6

计量单位:座

4.1.5.13　车辆(挂车)吨位

编号:DY010500013

数据元名称:车辆(挂车)吨位

中文全拼:che-liang-(gua-che)-dun-wei

定义:由道路运输管理机构核定的道路货物运输车辆的最大载货数量

数据元类型:数字型

数据格式:n..6,2

计量单位:吨(t)

4.1.5.14　车辆箱位

编号:DY010500014

数据元名称:车辆箱位
中文全拼:che-liang-xiang-wei
定义:道路货物运输车辆额定的箱位数
数据元类型:数字型
数据格式:n..6
计量单位:TEU

4.1.5.15 车辆罐体容积

编号:DY010500015
数据元名称:车辆罐体容积
中文全拼:che-liang-guan-ti-rong-ji
定义:道路货物运输车辆罐体检定的最大容积
数据元类型:数字型
数据格式:n..6,2
计量单位:立方米(m^3)

4.1.5.16 车辆燃料类型

编号:DY010500016
数据元名称:车辆燃料类型
中文全拼:che-liang-ran-liao-lei-xing
定义:道路运输车辆的发动机使用的燃料类型的名称
数据元类型:字符型
数据格式:a..30
值域:见表 2 序号 24

4.1.5.17 车辆燃料类型代码

编号:DY010500017
数据元名称:车辆燃料类型代码
中文全拼:che-liang-ran-liao-lei-xing-dai-ma
定义:用于标识道路运输车辆燃料类型的代码
数据元类型:数字型
数据格式:n1
值域:见表 2 序号 24

4.1.5.18 车辆发动机功率

编号:DY010500018
数据元名称:车辆发动机功率
中文全拼:che-liang-fa-dong-ji-gong-lv
定义:道路运输车辆发动机的功率
数据元类型:数字型
数据格式:n..4,1
计量单位:千瓦(kW)

4.1.5.19 车辆出厂日期

编号:DY010500019
数据元名称:车辆出厂日期
中文全拼:che-liang-chu-chang-ri-qi
定义:道路运输车辆的出厂日期

数据元类型:日期型

数据格式:YYYYMMDD

4.1.5.20　车辆购车日期

编号:DY010500020

数据元名称:车辆购车日期

中文全拼:che-liang-gou-che-ri-qi

定义:道路运输经营业户购买道路运输车辆的日期

数据元类型:日期型

数据格式:YYYYMMDD

4.1.5.21　车辆首次登记日期

编号:DY010500021

数据元名称:车辆首次登记日期

中文全拼:che-liang-shou-ci-deng-ji-ri-qi

定义:从事道路运输的车辆在公安交通管理部门第一次注册登记的日期

数据元类型:日期型

数据格式:YYYYMMDD

4.1.5.22　车辆落户日期

编号:DY010500022

数据元名称:车辆落户日期

中文全拼:che-liang-luo-hu-ri-qi

定义:道路运输车辆作为道路运输经营业户的固定资产进行登记的日期

数据元类型:日期型

数据格式:YYYYMMDD

4.1.5.23　车辆照片

编号:DY010500023

数据元名称:车辆照片

中文全拼:che-liang-zhao-pian

定义:道路运输车辆的左前方45°角的照片

数据元类型:二进制

数据格式:jpeg

4.1.5.24　车辆轴距

编号:DY010500024

数据元名称:车辆轴距

中文全拼:che-liang-zhou-ju

定义:道路运输车辆的轴距

数据元类型:数字型

数据格式:n..6

计量单位:毫米(mm)

4.1.5.25　车辆车长

编号:DY010500025

数据元名称:车辆车长

中文全拼:che-liang-che-chang

定义:道路运输车辆的车身长度

数据元类型:数字型
数据格式:n..6
计量单位:毫米(mm)

4.1.5.26　车辆高度
编号:DY010500026
数据元名称:车辆高度
中文全拼:che-liang-gao-du
定义:道路运输车辆的车身高度
数据元类型:数字型
数据格式:n..6
计量单位:毫米(mm)

4.1.5.27　车辆宽度
编号:DY010500027
数据元名称:车辆宽度
中文全拼:che-liang-kuan-du
定义:道路运输车辆的车身高度
数据元类型:数字型
数据格式:n..6
计量单位:毫米(mm)

4.1.5.28　车辆车轴数
编号:DY010500028
数据元名称:车辆车轴数
中文全拼:che-liang-che-zhou-shu
定义:道路运输车辆的车轴的数量
数据元类型:数字型
数据格式:n..2
计量单位:根

4.1.5.29　车辆后轴钢板弹簧片数
编号:DY010500029
数据元名称:车辆后轴钢板弹簧片数
中文全拼:che-liang-hou-zhou-gang-ban-tan-huang-pian-shu
定义:道路运输车辆的后轴钢板弹簧片的数量
数据元类型:数字型
数据格式:n..2
计量单位:片

4.1.5.30　车辆悬架形式
编号:DY010500030
数据元名称:车辆悬架形式
中文全拼:che-liang-xuan-jia-xing-shi
定义:道路运输车辆的悬架系统的形式名称
数据元类型:字符型
数据格式:an..8
值域:

——空气悬架

——钢板弹簧

4.1.5.31 车辆准牵引总质量

编号:DY010500031

数据元名称:车辆准牵引总质量

中文全拼:che-liang-zhun-qian-yin-zong-zhi-liang

定义:道路运输车辆的最大牵引总质量

数据元类型:数字型

数据格式:n..7

计量单位:吨(t)

4.1.6 道路运输从业人员信息

4.1.6.1 从业人员基本信息

4.1.6.1.1 从业人员姓名

编号:DY010601001

数据元名称:从业人员姓名

中文全拼:cong-ye-ren-yuan-xing-ming

定义:持有道路运输从业资格证的道路运输从业人员的中文姓氏名称

数据元类型:字符型

数据格式:an..30

4.1.6.1.2 从业人员性别

编号:DY010601002

数据元名称:从业人员性别

中文全拼:cong-ye-ren-yuan-xing-bie

定义:道路运输从业人员的性别

数据元类型:字符型

数据格式:a..6

值域:见表2序号3

4.1.6.1.3 从业人员性别代码

编号:DY010601003

数据元名称:从业人员性别代码

中文全拼:cong-ye-ren-yuan-xing-bie-dai-ma

定义:用于标识道路运输从业人员性别的代码

数据元类型:字符型

数据格式:n1

值域:见表2序号3

4.1.6.1.4 从业人员出生日期

编号:DY010601004

数据元名称:从业人员出生日期

中文全拼:cong-ye-ren-yuan-chu-sheng-ri-qi

定义:道路运输从业人员的出生日期

数据元类型:日期型

数据格式:YYYYMMDD

4.1.6.1.5 从业人员身份证件类别

编号:DY010601005

数据元名称:从业人员身份证件类别

中文全拼:cong-ye-ren-yuan-shen-fen-zheng-jian-lei-bie

定义:道路运输从业人员的身份证件类别的名称

数据元类型:字符型

数据格式:a..20

值域:见5.4

4.1.6.1.6 从业人员身份证件类别代码

编号:DY010601006

数据元名称:从业人员身份证件类别代码

中文全拼:cong-ye-ren-yuan-shen-fen-zheng-jian-lei-bie-dai-ma

定义:用于标识从业人员身份证件类别的代码

数据元类型:字符型

数据格式:n1

值域:见5.4

4.1.6.1.7 从业人员身份证件编号

编号:DY010601007

数据元名称:从业人员身份证件编号

中文全拼:cong-ye-ren-yuan-shen-fen-zheng-jian-bian-hao

定义:道路运输从业人员的身份证件的号码

数据元类型:字符型

数据格式:n1

4.1.6.1.8 从业人员照片

编号:DY010601008

数据元名称:从业人员照片

中文全拼:cong-ye-ren-yuan-zhao-pian

定义:道路运输从业人员的照片

数据元类型:二进制

数据格式:jpeg

4.1.6.1.9 从业人员民族

编号:DY010601009

数据元名称:从业人员民族

中文全拼:cong-ye-ren-yuan-min-zu

定义:道路运输从业人员所属民族的名称

数据元类型:字符型

数据格式:a..10

值域:见表2序号4

4.1.6.1.10 从业人员民族代码

编号:DY010601010

数据元名称:从业人员民族代码

中文全拼:cong-ye-ren-yuan-min-zu-dai-ma

定义:用于标识道路运输从业人员民族的代码

数据元类型:字符型

数据格式:n2

值域:见表 2 序号 4

4.1.6.1.11　从业人员籍贯

编号:DY010601011

数据元名称:从业人员籍贯

中文全拼:cong-ye-ren-yuan-ji-guan

定义:道路运输从业人员的籍贯

数据元类型:字符型

数据格式:an..100

4.1.6.1.12　从业人员联系电话

编号:DY010601012

数据元名称:从业人员联系电话

中文全拼:cong-ye-ren-yuan-lian-xi-dian-hua

定义:道路运输从业人员的联系电话号码

数据元类型:字符型

数据格式:an..18

4.1.6.1.13　从业人员移动电话

编号:DY010601013

数据元名称:从业人员移动电话

中文全拼:cong-ye-ren-yuan-yi-dong-dian-hua

定义:道路运输从业人员的移动电话号码

数据元类型:字符型

数据格式:an..18

4.1.6.1.14　从业人员通信地址

编号:DY010601014

数据元名称:从业人员通信地址

中文全拼:cong-ye-ren-yuan-tong-xin-di-zhi

定义:道路运输从业人员的邮政通信地址

数据元类型:字符型

数据格式:an..100

4.1.6.1.15　从业人员电子信箱

编号:DY010601015

数据元名称:从业人员电子信箱

中文全拼:cong-ye-ren-yuan-dian-zi-xin-xiang

定义:道路运输从业人员的电子邮件

数据元类型:字符型

数据格式:an..50

4.1.6.1.16　从业人员邮政编码

编号:DY010601016

数据元名称:从业人员邮政编码

中文全拼:cong-ye-ren-yuan-you-zheng-bian-ma

定义:道路运输从业人员通信地址的邮政编码

数据元类型:字符型

数据格式:n6

4.1.6.1.17 从业人员工作单位

编号:DY010601017

数据元名称:从业人员工作单位

中文全拼:cong-ye-ren-yuan-gong-zuo-dan-wei

定义:道路运输从业人员的工作单位名称

数据元类型:字符型

数据格式:an..100

4.1.6.1.18 从业人员学历

编号:DY010601018

数据元名称:从业人员学历

中文全拼:cong-ye-ren-yuan-xue-li

定义:道路运输从业人员的学历的名称

数据元类型:字符型

数据格式:an..20

值域:见表2序号5

4.1.6.1.19 从业人员学历代码

编号:DY010601019

数据元名称:从业人员学历代码

中文全拼:cong-ye-ren-yuan-xue-li-dai-ma

定义:用于标识道路运输从业人员学历的代码

数据元类型:字符型

数据格式:n2

值域:见表2序号5

4.1.6.1.20 从业人员专业技术职务

编号:DY010601020

数据元名称:从业人员专业技术职务

中文全拼:cong-ye-ren-yuan-zhuan-ye-ji-shu-zhi-wu

定义:道路运输从业人员的专业技术职务的名称

数据元类型:字符型

数据格式:an..20

值域:见表2序号7

4.1.6.1.21 从业人员专业技术职务代码

编号:DY010601021

数据元名称:从业人员专业技术职务代码

中文全拼:cong-ye-ren-yuan-zhuan-ye-ji-shu-zhi-wu-dai-ma

定义:用于标识道路运输从业人员专业技术职务的代码

数据元类型:字符型

数据格式:n3

值域:见表2序号7

4.1.6.1.22 从业人员健康状况

编号:DY010601022

数据元名称:从业人员健康状况

中文全拼:cong-ye-ren-yuan-jian-kang-zhuang-kuang

定义:道路运输从业人员健康状况的描述

数据元类型:字符型

数据格式:a..20

值域:见表2序号8

4.1.6.1.23 从业人员健康状况代码

编号:DY010601023

数据元名称:从业人员健康状况代码

中文全拼:cong-ye-ren-yuan-jian-kang-zhuang-kuang-dai-ma

定义:用于标识道路运输从业人员健康状况的代码

数据元类型:字符型

数据格式:n2

值域:见表2序号8

4.1.6.2 从业人员驾驶证信息

4.1.6.2.1 从业人员驾驶证号

编号:DY010602001

数据元名称:从业人员驾驶证号

中文全拼:cong-ye-ren-yuan-jia-shi-zheng-hao

定义:道路运输从业人员的驾驶证编号

数据元类型:字符型

数据格式:an..18

值域:见表2序号25

4.1.6.2.2 准驾车型

编号:DY010602002

数据元名称:准驾车型

中文全拼:zhun-jia-che-xing

定义:道路运输从业人员允许上路驾驶的车辆类型的名称

数据元类型:字符型

数据格式:an..14

值域:见表2序号26

4.1.6.2.3 准驾车型代码

编号:DY010602003

数据元名称:准驾车型代码

中文全拼:zhun-jia-che-xing-dai-ma

定义:用于标识道路运输从业人员准驾车辆的代码

数据元类型:字符型

数据格式:an..2

值域:见表2序号26

4.1.6.2.4 初次领取驾驶证日期

编号:DY010602004

数据元名称:初次领取驾驶证日期

中文全拼:chu-ci-ling-qu-jia-shi-zheng-ri-qi

定义:道路运输从业人员第一次领取驾驶证的时间

数据元类型:日期型

数据格式:YYYYMMDD

4.1.6.2.5 驾驶证有效期始

编号:DY010602005

数据元名称:驾驶证有效期始

中文全拼:jia-shi-zheng-you-xiao-qi-shi

定义:道路运输从业人员的驾驶证有效期开始日期

数据元类型:日期型

数据格式:YYYYMMDD

4.1.6.2.6 驾驶证有效期止

编号:DY010602006

数据元名称:驾驶证有效期止

中文全拼:jia-shi-zheng-you-xiao-qi-zhi

定义:道路运输从业人员的驾驶证有效期截止日期

数据元类型:日期型

数据格式:YYYYMMDD

4.1.6.2.7 驾驶证有效期限

编号:DY010602007

数据元名称:驾驶证有效期限

中文全拼:jia-shi-zheng-you-xiao-qi-xian

定义:道路运输从业人员驾驶证的有效期限

数据元类型:数字型

数据格式:n..2

计量单位:年

4.1.6.2.8 驾驶证发证机关

编号:DY010602008

数据元名称:驾驶证发证机关

中文全拼:jia-shi-zheng-fa-zheng-ji-guan

定义:道路运输从业人员的驾驶证颁发机关的名称

数据元类型:字符型

数据格式:an..100

4.1.6.3 从业人员专业技术证书信息

4.1.6.3.1 专业技术证书名称

编号:DY010603001

数据元名称:专业技术证书名称

中文全拼:zhuan-ye-ji-shu-zheng-shu-ming-cheng

定义:道路运输从业人员持有的专业技术资格证书的名称

数据元类型:字符型

数据格式:an..50

4.1.6.3.2 专业技术证书编号

编号:DY010603002

数据元名称:专业技术证书编号

中文全拼:zhuan-ye-ji-shu-zheng-shu-bian-hao

定义:道路运输从业人员专业技术证书的编号
数据元类型:字符型
数据格式:an..30

4.1.6.3.3　专业技术等级
编号:DY010603003
数据元名称:专业技术等级
中文全拼:zhuan-ye-ji-shu-deng-ji
定义:道路运输从业人员专业技术等级的名称
数据元类型:字符型
数据格式:an..18
值域:见表2序号27

4.1.6.3.4　专业技术等级代码
编号:DY010603004
数据元名称:专业技术等级代码
中文全拼:zhuan-ye-ji-shu-deng-ji-dai-ma
定义:用于标识道路运输从业人员专业技术等级的代码
数据元类型:字符型
数据格式:n1
值域:见表2序号27

4.1.6.3.5　专业技术等级证书发放日期
编号:DY010603005
数据元名称:专业技术等级证书发放日期
中文全拼:zhuan-ye-ji-shu-deng-ji-zheng-shu-fa-fang-ri-qi
定义:道路运输从业人员专业技术证书的发放日期
数据元类型:日期型
数据格式:YYYYMMDD

4.1.6.3.6　专业技术证书有效期始
编号:DY010603006
数据元名称:专业技术证书有效期始
中文全拼:zhuan-ye-ji-shu-zheng-shu-you-xiao-qi-shi
定义:道路运输从业人员专业技术证书有效期的开始日期
数据元类型:日期型
数据格式:YYYYMMDD

4.1.6.3.7　专业技术证书有效期止
编号:DY010603007
数据元名称:专业技术证书有效期止
中文全拼:zhuan-ye-ji-shu-zheng-shu-you-xiao-qi-zhi
定义:道路运输从业人员专业技术证书的有效期截止日期
数据元类型:日期型
数据格式:YYYYMMDD

4.1.6.3.8　专业技术证书有效期限
编号:DY010603008
数据元名称:专业技术证书有效期限

中文全拼:zhuan-ye-ji-shu-zheng-shu-you-xiao-qi-xian

定义:道路运输从业人员专业技术证书有效期限的年数

数据元类型:数字型

数据格式:n..2

4.1.6.3.9 专业技术证书发证机关

编号:DY010603009

数据元名称:专业技术证书发证机关

中文全拼:zhuan-ye-ji-shu-zheng-shu-fa-zheng-ji-guan

定义:道路运输从业人员专业技术证书颁发机关的名称

数据元类型:字符型

数据格式:an..100

4.1.7 道路运输设备基本信息

4.1.7.1 设备名称

编号:DY010700001

数据元名称:设备名称

中文全拼:she-bei-ming-cheng

定义:道路运输企业用于道路运输经营的设备名称

数据元类型:字符型

数据格式:an..50

值域:见5.6

4.1.7.2 设备代码

编号:DY010700002

数据元名称:设备代码

中文全拼:she-bei-dai-ma

定义:用于标识道路运输设备的代码

数据元类型:字符型

数据格式:n4

值域:见5.6

4.1.7.3 设备型号

编号:DY010700003

数据元名称:设备型号

中文全拼:she-bei-xing-hao

定义:道路运输设备的型号

数据元类型:字符型

数据格式:an..30

4.1.7.4 设备出厂编号

编号:DY010700004

数据元名称:设备出厂编号

中文全拼:she-bei-chu-chang-bian-hao

定义:道路运输设备的出厂编号

数据元类型:字符型

数据格式:an..30

4.1.7.5 设备生产厂家

编号:DY010700005
数据元名称:设备生产厂家
中文全拼:she-bei-sheng-chan-chang-jia
定义:道路运输设备的厂家名称
数据元类型:字符型
数据格式:an..100

4.1.7.6 设备出厂日期

编号:DY010700006
数据元名称:设备出厂日期
中文全拼:she-bei-chu-chang-ri-qi
定义:道路运输设备的出厂日期
数据元类型:日期型
数据格式:YYYYMMDD

4.1.7.7 设备购置日期

编号:DY010700007
数据元名称:设备购置日期
中文全拼:she-bei-gou-zhi-ri-qi
定义:道路运输经营业户购置某种道路运输设备的时间
数据元类型:日期型
数据格式:YYYYMMDD

4.1.7.8 设备购置价格

编号:DY010700008
数据元名称:设备购置价格
中文全拼:she-bei-gou-zhi-jia-ge
定义:道路运输经营业户购置某种道路运输设备的价格
数据元类型:数字型
数据格式:n..9,2
计量单位:元

4.1.7.9 设备使用年限

编号:DY010700009
数据元名称:设备使用年限
中文全拼:she-bei-shi-yong-nian-xian
定义:道路运输经营业户购置某种道路运输设备规定的使用年限
数据元类型:数字型
数据格式:n..2
计量单位:年

4.1.7.10 设备数量

编号:DY010700010
数据元名称:设备数量
中文全拼:she-bei-shu-liang
定义:道路运输经营业户购置某种道路运输设备的数量
数据元类型:数字型
数据格式:n..6

4.1.7.11　设备计量单位

编号:DY010700011

数据元名称:设备计量单位

中文全拼:she-bei-ji-liang-dan-wei

定义:道路运输设备数量计量单位的中文名称

数据元类型:字符型

数据格式:a..20

4.1.7.12　设备技术状况

编号:DY010700012

数据元名称:设备技术状况

中文全拼:she-bei-ji-shu-zhuang-kuang

定义:道路运输设备技术使用状况的具体描述

数据元类型:字符型

数据格式:an..100

4.1.7.13　设备保管人

编号:DY010700013

数据元名称:设备保管人

中文全拼:she-bei-bao-guan-ren

定义:道路运输设备保管人员的姓名

数据元类型:字符型

数据格式:an..30

4.1.7.14　设备计量检定单位

编号:DY010700014

数据元名称:设备计量检定单位

中文全拼:she-bei-ji-liang-jian-ding-dan-wei

定义:道路运输设备检定机构的名称

数据元类型:字符型

数据格式:an..100

4.1.7.15　设备计量检定证书号

编号:DY010700015

数据元名称:设备计量检定证书号

中文全拼:she-bei-ji-liang-jian-ding-zheng-shu-hao

定义:设备计量检定单位对经检定合格的道路运输设备发放的检定合格证书的编号

数据元类型:字符型

数据格式:an..20

4.1.7.16　设备计量检定日期

编号:DY010700016

数据元名称:设备计量检定日期

中文全拼:she-bei-ji-liang-jian-ding-ri-qi

定义:道路运输设备检定机构检定道路运输设备的日期

数据元类型:日期型

数据格式:YYYYMMDD

4.1.7.17　设备计量检定有效期

编号:DY010700017

数据元名称:设备计量检定有效期

中文全拼:she-bei-ji-liang-jian-ding-you-xiao-qi

定义:道路运输设备下次须送检的日期

数据元类型:日期型

数据格式:YYYYMMDD

计量单位:年

4.1.7.18 设备转让日期

编号:DY010700018

数据元名称:设备转让日期

中文全拼:she-bei-zhuan-rang-ri-qi

定义:道路运输设备所有权转让的日期

数据元类型:日期型

数据格式:YYYYMMDD

4.1.7.19 设备转让单位

编号:DY010700019

数据元名称:设备转让单位

中文全拼:she-bei-zhuan-rang-dan-wei

定义:在转让前拥有道路运输设备所有权的单位名称

数据元类型:字符型

数据格式:an..100

4.1.7.20 设备报废日期

编号:DY010700020

数据元名称:设备报废日期

中文全拼:she-bei-bao-fei-ri-qi

定义:道路运输管理机构办理道路运输设备报废登记的日期

数据元类型:日期型

数据格式:YYYYMMDD

4.1.7.21 设备报废原因

编号:DY010700021

数据元名称:设备报废原因

中文全拼:she-bei-bao-fei-yuan-yin

定义:道路运输设备报废原因的说明

数据元类型:字符型

数据格式:an..200

4.1.8 道路运输管理业务办理流程信息

4.1.8.1 业务名称

编号:DY010800001

数据元名称:业务名称

中文全拼:ye-wu-ming-cheng

定义:由道路运输管理机构依法办理的道路运输管理业务的名称

数据元类型:字符型

数据格式:a..30

值域:见5.7

4.1.8.2 业务代码

编号:DY010800002

数据元名称:业务代码

中文全拼:ye-wu-dai-ma

定义:用于标识道路运输管理业务的代码

数据元类型:字符型

数据格式:n5

值域:见5.7

4.1.8.3 业务编号

编号:DY010800003

数据元名称:业务编号

中文全拼:ye-wu-bian-hao

定义:用于标识道路运输管理机构受理业务的编号

数据元类型:字符型

数据格式:n24

值域:见5.8

4.1.8.4 业务办理环节

编号:DY010800004

数据元名称:业务办理环节

中文全拼:ye-wu-ban-li-huan-jie

定义:道路运输管理业务流程各办理环节的名称

数据元类型:字符型

数据格式:a..20

值域:见5.9

4.1.8.5 业务办理环节代码

编号:DY010800005

数据元名称:业务办理环节代码

中文全拼:ye-wu-ban-li-huan-jie-dai-ma

定义:用于标识道路运输管理业务办理环节的代码

数据元类型:字符型

数据格式:n4

值域:见5.9

4.1.8.6 业务办理期限

编号:DY010800006

数据元名称:业务办理期限

中文全拼:ye-wu-ban-li-qi-xian

定义:依据国家相关法律、法规和规章规定确定的某项道路运输管理业务须办结的日期

数据元类型:日期型

数据格式:YYYYMMDD

4.1.8.7 业务办结时间

编号:DY010800007

数据元名称:业务办结时间

中文全拼:ye-wu-ban-jie-shi-jian

定义:道路运输管理业务全部办理完毕的准确时间

数据元类型:日期时间型

数据格式:YYYYMMDDhhmm

4.1.8.8 业务办理状态

编号:DY010800008

数据元名称:业务办理状态

中文全拼:ye-wu-ban-li-zhuang-tai

定义:道路运输管理业务办理进展情况的描述

数据元类型:字符型

数据格式:a..8

值域:

——已办结

——未办理

——正在办理

4.1.8.9 业务是否延期

编号:DY010800009

数据元名称:业务是否延期

中文全拼:ye-wu-shi-fou-yan-qi

定义:道路运输管理业务是否按业务办理期限办结的描述

数据元类型:布尔型

数据格式:n1

值域:0:正常;1:延期

4.1.8.10 业务办理延期原因

编号:DY010800010

数据元名称:业务办理延期原因

中文全拼:ye-wu-ban-li-yan-qi-yuan-yin

定义:道路运输管理业务延期办结的原因及责任人等情况的记录

数据元类型:字符型

数据格式:..ul

4.1.8.11 业务环节办理期限

编号:DY010800011

数据元名称:业务环节办理期限

中文全拼:ye-wu-huan-jie-ban-li-qi-xian

定义:在道路运输业务办理期限内,道路运输管理机构规定的某业务办理环节须办结的日期

数据元类型:日期型

数据格式:YYYYMMDD

4.1.8.12 业务环节办结时间

编号:DY010800012

数据元名称:业务环节办结时间

中文全拼:ye-wu-huan-jie-ban-jie-shi-jian

定义:道路运输管理业务环节办理完毕的准确时间

数据元类型:日期时间型

数据格式:YYYYMMDDhhmm

4.1.8.13 业务环节办理状态

编号:DY010800013

数据元名称:业务环节办理状态

中文全拼:ye-wu-huan-jie-ban-li-zhuang-tai

定义:道路运输管理业务环节办理进展情况的描述

数据元类型:字符型

数据格式:a..8

值域:

——已办结

——未办理

——正在办理

4.1.8.14 业务环节是否延期

编号:DY010800014

数据元名称:业务环节是否延期

中文全拼:ye-wu-huan-jie-shi-fou-yan-qi

定义:道路运输管理业务环节是否按照业务环节办理期限办结的描述

数据元类型:布尔型

数据格式:n1

值域:0:正常;1:延期

4.1.8.15 业务环节办理延期原因

编号:DY010800015

数据元名称:业务环节办理延期原因

中文全拼:ye-wu-huan-jie-ban-li-yan-qi-yuan-yin

定义:道路运输管理业务环节延期办结的原因及责任人等情况的记录

数据元类型:字符型

数据格式:..ul

4.1.9 道路运输管理业务办理文书信息

4.1.9.1 文书类型

编号:DY010900001

数据元名称:文书类型

中文全拼:wen-shu-lei-xing

定义:道路运输管理机构在办理道路运输管理业务过程中使用某类文书的类型的名称

数据元类型:字符型

数据格式:a..50

值域:见5.10

4.1.9.2 文书类型代码

编号:DY010900002

数据元名称:文书类型代码

中文全拼:wen-shu-lei-xing-dai-ma

定义:用于标识道路运输管理业务文书类型的代码

数据元类型:字符型

数据格式:n2

值域:见5.10

4.1.9.3　文书编号

编号:DY010900003

数据元名称:文书编号

中文全拼:wen-shu-bian-hao

定义:用于标识道路运输管理机构在办理道路运输业务时使用的业务办理文书的编号

数据元类型:字符型

数据格式:an..50

4.1.9.4　文书备注

编号:DY010900004

数据元名称:文书备注

中文全拼:wen-shu-bei-zhu

定义:道路运输管理业务办理文书中除文书正文之外还需补充说明的内容描述

数据元类型:字符型

数据格式:..ul

4.1.9.5　文书签发日期

编号:DY010900005

数据元名称:文书签发日期

中文全拼:wen-shu-qian-fa-ri-qi

定义:道路运输管理机构签发道路运输管理业务办理文书的日期

数据元类型:日期型

数据格式:YYYYMMDD

4.1.9.6　文书送达方式

编号:DY010900006

数据元名称:文书送达方式

中文全拼:wen-shu-song-da-fang-shi

定义:道路运输管理业务办理文书的送达方式

数据元类型:字符型

数据格式:a..10

值域:见表2序号28

4.1.9.7　文书送达方式代码

编号:DY010900007

数据元名称:文书送达方式代码

中文全拼:wen-shu-song-da-fang-shi-dai-ma

定义:用于标识道路运输管理业务办理文书送达方式的代码

数据元类型:字符型

数据格式:n1

值域:见表2序号28

4.1.9.8　文书发出日期

编号:DY010900008

数据元名称:文书发出日期

中文全拼:wen-shu-fa-chu-ri-qi

定义:道路运输管理机构寄出道路运输管理业务办理文书的日期

数据元类型:日期型

数据格式:YYYYMMDD

4.1.9.9 文书送达地点

编号:DY010900009

数据元名称:文书送达地点

中文全拼:wen-shu-song-da-di-dian

定义:道路运输管理业务办理文书送达的具体地点

数据元类型:字符型

数据格式:an..100

4.1.9.10 文书收件人

编号:DY010900010

数据元名称:文书收件人

中文全拼:wen-shu-shou-jian-ren

定义:签收道路运输管理业务办理文书的人员姓名

数据元类型:字符型

数据格式:an..30

4.1.9.11 文书收件人身份

编号:DY010900011

数据元名称:文书收件人身份

中文全拼:wen-shu-shou-jian-ren-shen-fen

定义:道路运输管理业务办理文书收件人的身份类别

数据元类型:字符型

数据格式:an..20

值域:

——当事人

——申请人

——委托代理人

——亲属

4.1.9.12 文书收到时间

编号:DY010900012

数据元名称:文书收到时间

中文全拼:wen-shu-shou-dao-shi-jian

定义:文书收件人收到道路运输管理业务办理文书的准确时间

数据元类型:日期时间型

数据格式:YYYYMMDDhhmm

4.1.9.13 文书未送达原因

编号:DY010900013

数据元名称:文书未送达原因

中文全拼:wen-shu-wei-song-da-yuan-yin

定义:道路运输管理业务办理文书不能送达收件人的原因

数据元类型:字符型

数据格式:..ul

4.1.10 道路运输管理业务办理依据信息

4.1.10.1 业务办理依据法律法规名称

编号:DY011000001

数据元名称:业务办理依据法律法规名称

中文全拼:ye-wu-ban-li-yi-ju-fa-lv-fa-gui-ming-cheng

定义:道路运输管理机构在依法行使行政许可、日常监管和行政处罚等职能过程中所依据的相关法律、法规和规章的名称

数据元类型:字符型

数据格式:an..100

值域:见表2序号29

4.1.10.2 业务办理依据法律法规代码

编号:DY011000002

数据元名称:业务办理依据法律法规代码

中文全拼:ye-wu-ban-li-yi-ju-fa-lv-fa-gui-dai-ma

定义:用于标识道路运输管理相关法律法规的代码

数据元类型:字符型

数据格式:n5

值域:见表2序号29

4.1.10.3 业务办理法律法规依据

编号:DY011000003

数据元名称:业务办理法律法规依据

中文全拼:ye-wu-ban-li-fa-lv-fa-gui-yi-ju

定义:道路运输管理机构在办理各类道路运输管理业务过程中所依据的相关法律法规的条、款、项序号

数据元类型:字符型

数据格式:an..50

4.1.10.4 业务办理法律法规依据代码

编号:DY011000004

数据元名称:业务办理法律法规依据代码

中文全拼:ye-wu-ban-li-fa-lv-fa-gui-yi-ju-dai-ma

定义:用于标识业务办理法律法规依据的代码

数据元类型:字符型

数据格式:n10

值域:见5.11

4.1.10.5 业务办理法律法规依据内容

编号:DY011000005

数据元名称:业务办理法律法规依据内容

中文全拼:ye-wu-ban-li-fa-lv-fa-gui-yi-ju-nei-rong

定义:与业务办理法律法规依据对应的条、款、项规定的具体法律法规内容

数据元类型:字符型

数据格式:..ul

4.1.10.6 业务提交材料名称

编号:DY011000006

数据元名称:业务提交材料名称

中文全拼:ye-wu-ti-jiao-cai-liao-ming-cheng

定义:申请人在申请办理道路运输管理业务时提交的材料类别的名称

数据元类型:字符型

数据格式:an..100

值域:见5.12

4.1.10.7 业务提交材料代码

编号:DY011000007

数据元名称:业务提交材料代码

中文全拼:ye-wu-ti-jiao-cai-liao-dai-ma

定义:用于标识道路运输管理业务提交材料的代码

数据元类型:字符型

数据格式:n3

值域:见5.12

4.1.10.8 业务提交材料数量

编号:DY011000008

数据元名称:业务提交材料数量

中文全拼:ye-wu-ti-jiao-cai-liao-shu-liang

定义:道路运输管理业务办理过程中,申请人提交的业务提交材料的份数

数据元类型:数字型

数据格式:n..2

4.1.10.9 业务提交材料电子文档

编号:DY011000009

数据元名称:业务提交材料电子文档

中文全拼:ye-wu-ti-jiao-cai-liao-dian-zi-wen-dang

定义:道路运输管理业务办理过程中申请人提交的电子版材料

数据元类型:二进制

数据格式:jpeg

备注:包括扫描件、word、excel等

4.1.11 道路运输管理业务办理公示信息

4.1.11.1 公示内容

编号:DY011100001

数据元名称:公示内容

中文全拼:gong-shi-nei-rong

定义:道路运输管理机构在办理道路运输管理业务过程中依法公示的内容

数据元类型:字符型

数据格式:..ul

4.1.11.2 公示方式

编号:DY011100002

数据元名称:公示方式

中文全拼:gong-shi-fang-shi

定义:道路运输管理机构依法进行公示时采取的方式

数据元类型:字符型

数据格式:an..30

值域:见5.13

4.1.11.3 公示方式代码

编号:DY011100003

数据元名称:公示方式代码

中文全拼:gong-shi-fang-shi-dai-ma

定义:用于标识道路运输管理业务公示方式的代码

数据元类型:字符型

数据格式:n1

值域:见5.13

4.1.11.4 公示起始日期

编号:DY011100004

数据元名称:公示起始日期

中文全拼:gong-shi-qi-shi-ri-qi

定义:道路运输管理机构在办理道路运输管理业务过程中依法公示的起始日期

数据元类型:日期型

数据格式:YYYYMMDD

4.1.11.5 公示期限

编号:DY011100005

数据元名称:公示期限

中文全拼:gong-shi-qi-xian

定义:道路运输管理机构进行道路运输管理业务公示事项的公示截止日期

数据元类型:数字型

数据格式:n..3

计量单位:天

4.1.12 道路运输救济程序信息

4.1.12.1 听证信息

4.1.12.1.1 听证时间

编号:DY011201001

数据元名称:听证时间

中文全拼:ting-zheng-shi-jian

定义:听证机构对听证事项举行听证的准确时间

数据元类型:日期时间型

数据格式:YYYYMMDDhhmm

4.1.12.1.2 听证地址

编号:DY011201002

数据元名称:听证地址

中文全拼:ting-zheng-di-zhi

定义:听证机构对听证事项举行听证的详细地址

数据元类型:字符型

数据格式:an..100

4.1.12.1.3 听证方式

编号:DY011201003

数据元名称:听证方式

中文全拼:ting-zheng-fang-shi

定义:听证机构对听证事项举行听证方式的描述

数据元类型:布尔型

数据格式:n1

值域:0:不公开;1:公开

4.1.12.1.4 听证通知书日期

编号:DY011201004

数据元名称:听证通知书日期

中文全拼:ting-zheng-tong-zhi-shu-ri-qi

定义:听证机构就听证事项制作听证通知书的日期

数据元类型:日期型

数据格式:YYYYMMDD

4.1.12.1.5 会议内容记录

编号:DY011201005

数据元名称:会议内容记录

中文全拼:hui-yi-nei-rong-ji-lu

定义:听证机构记录员在听证事项听证过程中记录的会议内容

数据元类型:字符型

数据格式:..ul

4.1.12.1.6 听证会摘要

编号:DY011201006

数据元名称:听证会摘要

中文全拼:ting-zheng-hui-zhai-yao

定义:听证机构对听证事项听证会内容所作的摘要

数据元类型:字符型

数据格式:..ul

4.1.12.1.7 听证结论

编号:DY011201007

数据元名称:听证结论

中文全拼:ting-zheng-jie-lun

定义:听证机构在听证事项举行听证会后对听证事项所做出的结论意见

数据元类型:字符型

数据格式:..ul

4.1.12.1.8 听证处理意见

编号:DY011201008

数据元名称:听证处理意见

中文全拼:ting-zheng-chu-li-yi-jian

定义:听证机构根据听证事项的听证结论做出的处理意见

数据元类型:字符型

数据格式:..ul

4.1.12.1.9 听证报告日期

编号:DY011201009

数据元名称:听证报告日期

中文全拼:ting-zheng-bao-gao-ri-qi

定义:听证机构对听证事项形成听证报告的准确时间

数据元类型:日期时间型

数据格式:YYYYMMDDhhmm

4.1.12.1.10 听证处理情况

编号:DY011201010

数据元名称:听证处理情况

中文全拼:ting-zheng-chu-li-qing-kuang

定义:道路运输管理机构根据听证事项的听证结果做出相关处理的情况描述

数据元类型:字符型

数据格式:..ul

4.1.12.2 行政复议信息

4.1.12.2.1 行政复议机构名称

编号:DY011202001

数据元名称:行政复议机构名称

中文全拼:xing-zheng-fu-yi-ji-gou-ming-cheng

定义:依法对道路运输管理行政复议申请事项进行行政复议的机构名称

数据元类型:字符型

数据格式:an..100

4.1.12.2.2 行政复议日期

编号:DY011202002

数据元名称:行政复议日期

中文全拼:xing-zheng-fu-yi-ri-qi

定义:行政复议机构依法对行政复议申请事项实施行政复议程序的日期

数据元类型:日期型

数据格式:YYYYMMDD

4.1.12.2.3 行政复议结果

编号:DY011202003

数据元名称:行政复议结果

中文全拼:xing-zheng-fu-yi-jie-guo

定义:行政复议机构依法对行政复议申请事项进行行政复议后做出的处理意见

数据元类型:字符型

数据格式:..ul

4.1.12.2.4 行政复议处理情况

编号:DY011202004

数据元名称:行政复议处理情况

中文全拼:xing-zheng-fu-yi-chu-li-qing-kuang

定义:道路运输管理机构根据行政复议申请事项的行政复议结果做出相关处理的情况描述

数据元类型:字符型

数据格式:..ul

4.1.12.3 诉讼信息

4.1.12.3.1 诉讼机构

编号:DY011203001

数据元名称:诉讼机构
中文全拼:su-song-ji-gou
定义:依法审理有关道路运输管理业务的行政诉讼案件的人民法院的名称
数据元类型:字符型
数据格式:an..100
备注:通常为当地的人民法院

4.1.12.3.2 诉讼日期

编号:DY011203002
数据元名称:诉讼日期
中文全拼:su-song-ri-qi
定义:诉讼机构依法审理有关道路运输管理业务的行政诉讼案件的日期
数据元类型:日期型
数据格式:YYYYMMDD

4.1.12.3.3 诉讼结果

编号:DY011203003
数据元名称:诉讼结果
中文全拼:su-song-jie-guo
定义:诉讼机构依法对有关道路运输管理业务的行政诉讼案件审理后形成的结论描述
数据元类型:字符型
数据格式:..ul

4.1.12.3.4 诉讼处理情况

编号:DY011203004
数据元名称:诉讼处理情况
中文全拼:su-song-chu-li-qing-kuang
定义:道路运输管理机构根据有关业务行政诉讼案件的诉讼结果做出相关处理的情况描述
数据元类型:字符型
数据格式:..ul

4.2 道路运输行政许可信息

4.2.1 道路运输行政许可通用信息

4.2.1.1 申请经营范围

编号:DY020100001
数据元名称:申请经营范围
中文全拼:shen-qing-jing-ying-fan-wei
定义:申请人申请从事道路运输经营的业务范围名称
数据元类型:字符型
数据格式:an..30
值域:见表2序号30

4.2.1.2 申请经营范围代码

编号:DY020100002
数据元名称:申请经营范围代码
中文全拼:shen-qing-jing-ying-fan-wei-dai-ma
定义:用于标识申请人申请经营范围的代码
数据元类型:字符型

数据格式:n7

值域:见表2序号30

4.2.1.3 经营期限

编号:DY020100003

数据元名称:经营期限

中文全拼:jing-ying-qi-xian

定义:道路运输经营者获准从事某种道路运输经营的年限

数据元类型:数字型

数据格式:n..2

计量单位:年

4.2.1.4 经营期限自

编号:DY020100004

数据元名称:经营期限自

中文全拼:jing-ying-qi-xian-zi

定义:道路运输经营者获准从事某种道路运输经营的起始日期

数据元类型:日期型

数据格式:YYYYMMDD

4.2.1.5 经营期限至

编号:DY020100005

数据元名称:经营期限至

中文全拼:jing-ying-qi-xian-zhi

定义:道路运输经营者获准从事某种道路运输经营的截止日期

数据元类型:日期型

数据格式:YYYYMMDD

4.2.1.6 申请运输范围

编号:DY020100006

数据元名称:申请运输范围

中文全拼:shen-qing-yun-shu-fan-wei

定义:道路运输申请人申请运输范围的名称

数据元类型:字符型

数据格式:an..30

值域:见表2序号30

4.2.1.7 申请运输范围代码

编号:DY020100007

数据元名称:申请运输范围代码

中文全拼:shen-qing-yun-shu-fan-wei-dai-ma

定义:用于标识申请人申请道路运输范围的代码

数据元类型:字符型

数据格式:n7

值域:见表2序号30

4.2.2 道路运输行政许可申请信息

4.2.2.1 行政许可申请基本信息

4.2.2.1.1 道路运输经营主体

编号:DY020201001
数据元名称:道路运输经营主体
中文全拼:dao-lu-yun-shu-jing-ying-zhu-ti
定义:申请从事道路运输经营主体的名称
数据元类型:字符型
数据格式:an..100

4.2.2.1.2 行政许可申请事项

编号:DY020201002
数据元名称:行政许可申请事项
中文全拼:xing-zheng-xu-ke-shen-qing-shi-xiang
定义:行政许可事项申请人向道路运输管理机构提交的行政许可事项的名称
数据元类型:字符型
数据格式:an..100

4.2.2.1.3 行政许可申请日期

编号:DY020201003
数据元名称:行政许可申请日期
中文全拼:xing-zheng-xu-ke-shen-qing-ri-qi
定义:行政许可事项申请人向道路运输管理机构提交行政许可事项申请的日期
数据元类型:日期型
数据格式:YYYYMMDD

4.2.2.1.4 经营企业拟注册资金

编号:DY020201004
数据元名称:经营企业拟注册资金
中文全拼:jing-ying-qi-ye-ni-zhu-ce-zi-jin
定义:行政许可事项申请人申请开办道路运输企业时的拟注册资金金额
数据元类型:数字型
数据格式:n..9,2
计量单位:万元

4.2.2.1.5 经营状态变更日期

编号:DY020201005
数据元名称:经营状态变更日期
中文全拼:jing-ying-zhuang-tai-bian-geng-ri-qi
定义:道路运输经营业户经营状态变更的日期
数据元类型:日期型
数据格式:YYYYMMDD

4.2.2.1.6 行政许可变更事项

编号:DY020201006
数据元名称:行政许可变更事项
中文全拼:xing-zheng-xu-ke-bian-geng-shi-xiang
定义:行政许可申请人申请变更行政许可事项的名称
数据元类型:字符型
数据格式:an..50

4.2.2.1.7 行政许可变更内容

编号:DY020201007
数据元名称:行政许可变更内容
中文全拼:xing-zheng-xu-ke-bian-geng-nei-rong
定义:行政许可申请人申请行政许可事项变更的具体内容
数据元类型:字符型
数据格式:an..200

4.2.2.1.8 行政许可变更日期

编号:DY020201008
数据元名称:行政许可变更日期
中文全拼:xing-zheng-xu-ke-bian-geng-ri-qi
定义:行政许可申请人申请行政许可事项变更的日期
数据元类型:日期型
数据格式:YYYYMMDD

4.2.2.2 行政许可申请专项信息

4.2.2.2.1 现有高级营运客车数

编号:DY020202001
数据元名称:现有高级营运客车数
中文全拼:xian-you-gao-ji-ying-yun-ke-che-shu
定义:道路旅客运输申请人现有高级营运客车总数
数据元类型:数字型
数据格式:n..6
计量单位:辆

4.2.2.2.2 现有高级营运客车座位数

编号:DY020202002
数据元名称:现有高级营运客车座位数
中文全拼:xian-you-gao-ji-ying-yun-ke-che-zuo-wei-shu
定义:道路旅客运输申请人现有高级营运客车的座位数
数据元类型:数字型
数据格式:n..6
计量单位:座

4.2.2.2.3 现有中级营运客车数

编号:DY020202003
数据元名称:现有中级营运客车数
中文全拼:xian-you-zhong-ji-ying-yun-ke-che-shu
定义:道路旅客运输申请人现有的中级营运客车总数
数据元类型:数字型
数据格式:n..6
计量单位:辆

4.2.2.2.4 现有中级营运客车座位数

编号:DY020202004
数据元名称:现有中级营运客车座位数
中文全拼:xian-you-zhong-ji-ying-yun-ke-che-zuo-wei-shu
定义:道路旅客运输申请人现有的中级营运客车座位数

数据元类型:数字型
数据格式:n..6
计量单位:座

4.2.2.2.5 始发地客运站
编号:DY020202005
数据元名称:始发地客运站
中文全拼:shi-fa-di-ke-yun-zhan
定义:客运班线始发地客运站的名称
数据元类型:字符型
数据格式:an..50

4.2.2.2.6 始发地客运站代码
编号:DY020202006
数据元名称:始发地客运站代码
中文全拼:shi-fa-di-ke-yun-zhan-dai-ma
定义:用于标识客运班线始发地客运站的代码
数据元类型:字符型
数据格式:an..50
值域:见表2序号18

4.2.2.2.7 终到地客运站
编号:DY020202007
数据元名称:终到地客运站
中文全拼:zhong-dao-di-ke-yun-zhan
定义:客运班线终到地客运站的名称
数据元类型:字符型
数据格式:an..50

4.2.2.2.8 终到地客运站代码
编号:DY020202008
数据元名称:终到地客运站代码
中文全拼:zhong-dao-di-ke-yun-zhan-dai-ma
定义:用于标识客运班线终到地客运站的代码
数据元类型:字符型
数据格式:an..50
值域:见表2序号18

4.2.2.2.9 客运班线途经停靠站点
编号:DY020202009
数据元名称:客运班线途经停靠站点
中文全拼:ke-yun-ban-xian-tu-jing-ting-kao-zhan-dian
定义:客运车辆按照线路运营时途中允许停靠的道路客运站点名称
数据元类型:字符型
数据格式:an..200

4.2.2.2.10 客运班线途经主要地点
编号:DY020202010
数据元名称:客运班线途经主要地点

中文全拼:ke-yun-ban-xian-tu-jing-zhu-yao-di-dian

定义:客运班线沿途所经过的主要地点的行政区划名称

数据元类型:字符型

数据格式:an..200

4.2.2.2.11　客运班线途径干线公路

编号:DY020202011

数据元名称:客运班线途径干线公路

中文全拼:ke-yun-ban-xian-tu-jing-gan-xian-gong-lu

定义:客运班线沿途所经过的主要公路路线名称或者路线代码

数据元类型:字符型

数据格式:an..200

4.2.2.2.12　是否已经签订道路客运站进站意向书

编号:DY020202012

数据元名称:是否已经签订道路客运站进站意向书

中文全拼:shi-fou-yi-jing-qian-ding-dao-lu-ke-yun-zhan-jin-zhan-yi-xiang-shu

定义:对旅客运输线路申请人是否与道路客运站签订进站意向书的情况描述

数据元类型:布尔型

数据格式:n1

值域:0:未签意向书;1:已签意向书

4.2.2.2.13　客运班线营运里程

编号:DY020202013

数据元名称:客运班线营运里程

中文全拼:ke-yun-ban-xian-ying-yun-li-cheng

定义:客运班线从始发站到终点站之间的营运里程数

数据元类型:数字型

数据格式:n..6,1

计量单位:千米(km)

4.2.2.2.14　客运班线高速公路里程

编号:DY020202014

数据元名称:客运班线高速公路里程

中文全拼:ke-yun-ban-xian-gao-su-gong-lu-li-cheng

定义:客运班线经过高速公路的里程数

数据元类型:数字型

数据格式:n..6,1

计量单位:千米(km)

4.2.2.2.15　客运班线高速公路里程百分比

编号:DY020202015

数据元名称:客运班线高速公路里程百分比

中文全拼:ke-yun-ban-xian-gao-su-gong-lu-li-cheng-bai-fen-bi

定义:高速公路占总里程的百分比

数据元类型:数字型

数据格式:n..4,1

计量单位:百分比(%)

4.2.2.2.16 客运班线日发班次

编号:DY020202016

数据元名称:客运班线日发班次

中文全拼:ke-yun-ban-xian-ri-fa-ban-ci

定义:道路旅客运输班线每天的发车班次

数据元类型:数字型

数据格式:n..6,2

计量单位:班

4.2.2.2.17 客运班线申请经营年限

编号:DY020202017

数据元名称:客运班线申请经营年限

中文全拼:ke-yun-ban-xian-shen-qing-jing-ying-nian-xian

定义:道路运输行政许可申请人在申请客运班线时所申请的经营权年限

数据元类型:数字型

数据格式:n..2

计量单位:年

4.2.2.2.18 客运班车类别

编号:DY020202018

数据元名称:客运班车类别

中文全拼:ke-yun-ban-che-lei-bie

定义:道路客运班车的运输方式分类

数据元类型:字符型

数据格式:an..8

值域:

——普通

——直达

——其他

4.2.2.2.19 客运车辆购置状态

编号:DY020202019

数据元名称:客运车辆购置状态

中文全拼:ke-yun-che-liang-gou-zhi-zhuang-tai

定义:用于道路旅客运输车辆的购置状态

数据元类型:字符型

数据格式:an..4

4.2.2.2.20 客运班线经营方式

编号:DY020202020

数据元名称:客运班线经营方式

中文全拼:ke-yun-ban-xian-jing-ying-fang-shi

定义:道路旅客运输班线的经营方式的名称

数据元类型:字符型

数据格式:an..8

值域:

——公车公营

——承包

——挂靠

4.2.2.2.21 对开客运经营者名称

编号:DY020202021

数据元名称:对开客运经营者名称

中文全拼:dui-kai-ke-yun-jing-ying-zhe-ming-cheng

定义:对开某条道路客运线路的客运经营者的名称

数据元类型:字符型

数据格式:an..100

4.2.2.2.22 客运班线途径边境口岸

编号:DY020202022

数据元名称:客运班线途径边境口岸

中文全拼:ke-yun-ban-xian-tu-jing-bian-jing-kou-an

定义:国际道路旅客班线运输中所途径的边境口岸名称

数据元类型:字符型

数据格式:an..100

4.2.2.2.23 国际客运班线班次

编号:DY020202023

数据元名称:国际客运班线班次

中文全拼:guo-ji-ke-yun-ban-xian-ban-ci

定义:国际道路旅客运输班线的班次数

数据元类型:数字型

数据格式:n..5,1

计量单位:班/周

4.2.2.2.24 客运站拟投入运营的时间

编号:DY020202024

数据元名称:客运站拟投入运营的时间

中文全拼:ke-yun-zhan-ni-tou-ru-yun-ying-de-shi-jian

定义:道路客运站计划投入运营的日期

数据元类型:日期型

数据格式:YYYYMMDD

4.2.2.2.25 危货车辆是否配备有效通信工具

编号:DY020202025

数据元名称:危货车辆是否配备有效通信工具

中文全拼:wei-huo-che-liang-shi-fou-pei-bei-you-xiao-tong-xin-gong-ju

定义:对道路危险货物运输车辆是否配备危货专用运输车辆通信工具情况的描述

数据元类型:布尔型

数据格式:n1

值域:0:未配备;1:已配备

4.2.2.2.26 危货车辆是否安装行驶记录仪或定位系统

编号:DY020202026

数据元名称:危货车辆是否安装行驶记录仪或定位系统

中文全拼:wei-huo-che-liang-shi-fou-an-zhuang-xing-shi-ji-lu-yi-huo-ding-wei-xi-tong

定义:危货专用运输车辆行驶记录仪或定位系统的配备状态

数据元类型:布尔型

数据格式:n1

值域:0:未安装;1:已安装

4.2.2.2.27 危货车辆是否从事经营性运输

编号:DY020202027

数据元名称:危货车辆是否从事经营性运输

中文全拼:wei-huo-che-liang-shi-fou-cong-shi-jing-ying-xing-yun-shu

定义:对道路危险货物运输车辆是否是经营性道路危险货物运输的情况描述

数据元类型:布尔型

数据格式:n1

值域:0:非经营性;1:经营性

4.2.2.2.28 外国运输公司名称

编号:DY020202028

数据元名称:外国运输公司名称

中文全拼:wai-guo-yun-shu-gong-si-ming-cheng

定义:在中国设立常驻代表机构的道路境外运输企业的名称

数据元类型:字符型

数据格式:an..100

4.2.2.2.29 境外道路运输企业常驻代表机构的名称

编号:DY020202029

数据元名称:境外道路运输企业常驻代表机构的名称

中文全拼:jing-wai-dao-lu-yun-shu-qi-ye-chang-zhu-dai-biao-ji-gou-de-ming-cheng

定义:境外道路运输企业在中国设立的常驻代表机构的名称

数据元类型:字符型

数据格式:an..100

4.2.2.2.30 境外道路运输企业驻在期限

编号:DY020202030

数据元名称:境外道路运输企业驻在期限

中文全拼:jing-wai-dao-lu-yun-shu-qi-ye-zhu-zai-qi-xian

定义:境外道路运输企业在中国设立的常驻代表机构驻在期限

数据元类型:字符型

数据格式:n..2

计量单位:年

4.2.2.2.31 境外道路运输企业驻在地点

编号:DY020202031

数据元名称:境外道路运输企业驻在地点

中文全拼:jing-wai-dao-lu-yun-shu-qi-ye-zhu-zai-di-dian

定义:境外道路运输企业在中国设立的常驻代表机构的地点

数据元类型:字符型

数据格式:an..100

4.2.2.2.32 境外道路运输企业业务范围

编号:DY020202032

数据元名称:境外道路运输企业业务范围
中文全拼:jing-wai-dao-lu-yun-shu-qi-ye-ye-wu-fan-wei
定义:境外道路运输企业在中国设立的常驻代表机构的业务范围
数据元类型:字符型
数据格式:an..200

4.2.3 道路运输行政许可受理信息

4.2.3.1 管理机构是否受理申请
编号:DY020300001
数据元名称:管理机构是否受理申请
中文全拼:guan-li-ji-gou-shi-fou-shou-li-shen-qing
定义:道路运输管理机构是否接受行政许可事项申请人申请的描述
数据元类型:布尔型
数据格式:n1
值域:0:不受理;1:受理

4.2.3.2 行政许可受理日期
编号:DY020300002
数据元名称:行政许可受理日期
中文全拼:xing-zheng-xu-ke-shou-li-ri-qi
定义:道路运输管理机构受理申请人提交的道路运输行政许可事项申请的日期
数据元类型:日期型
数据格式:YYYYMMDD

4.2.3.3 提交材料补正通知日期
编号:DY020300003
数据元名称:提交材料补正通知日期
中文全拼:ti-jiao-cai-liao-bu-zheng-tong-zhi-ri-qi
定义:道路运输行政许可机构向申请人下达《申请材料补正通知》的日期
数据元类型:日期型
数据格式:YYYYMMDD

4.2.3.4 补正材料名称
编号:DY020300004
数据元名称:补正材料名称
中文全拼:bu-zheng-cai-liao-ming-cheng
定义:需要行政许可事项申请人补正的材料类别的名称
数据元类型:字符型
数据格式:an..50
值域:见5.12

4.2.3.5 补正材料代码
编号:DY020300005
数据元名称:补正材料代码
中文全拼:bu-zheng-cai-liao-dai-ma
定义:用于标识补正材料的代码
数据元类型:字符型
数据格式:n3

值域:见 5.12

4.2.3.6 行政许可应受理机构

编号:DY020300006

数据元名称:行政许可应受理机构

中文全拼:xing-zheng-xu-ke-ying-shou-li-ji-gou

定义:道路运输管理机构就不属于本机构受理范围的许可申请事项,向许可申请人提出的建议申请机构的名称

数据元类型:字符型

数据格式:an..100

4.2.3.7 行政许可不予受理决定日期

编号:DY020300007

数据元名称:行政许可不予受理决定日期

中文全拼:xing-zheng-xu-ke-bu-yu-shou-li-jue-ding-ri-qi

定义:道路运输行政许可机构向许可申请人做出不予受理决定的日期

数据元类型:日期型

数据格式:YYYYMMDD

4.2.4 道路运输行政许可审查信息

4.2.4.1 延长许可期限原因

编号:DY020400001

数据元名称:延长许可期限原因

中文全拼:yan-chang-xu-ke-qi-xian-yuan-yin

定义:道路运输行政许可机构延长行政许可决定期限的原因

数据元类型:字符型

数据格式:an..200

4.2.4.2 延长许可期限后的日期

编号:DY020400002

数据元名称:延长许可期限后的日期

中文全拼:yan-chang-xu-ke-qi-xian-hou-de-ri-qi

定义:道路运输行政许可机构延长行政许可决定期限后的许可期限日期

数据元类型:日期型

数据格式:YYYYMMDD

4.2.4.3 延长许可期限通知书日期

编号:DY020400003

数据元名称:延长许可期限通知书日期

中文全拼:yan-chang-xu-ke-qi-xian-tong-zhi-shu-ri-qi

定义:道路运输行政许可机构做出延长许可期限决定的日期

数据元类型:日期型

数据格式:YYYYMMDD

4.2.4.4 行政许可法定除外时间类型

编号:DY020400004

数据元名称:行政许可法定除外时间类型

中文全拼:xing-zheng-xu-ke-fa-ding-chu-wai-shi-jian-lei-xing

定义:在道路运输行政许可事项许可过程中,依法不包含在行政许可事项许可期限内的时间事

项类型

数据元类型:字符型

数据格式:an..10

值域:见5.14

4.2.4.5 行政许可法定除外时间类型代码

编号:DY020400005

数据元名称:行政许可法定除外时间类型代码

中文全拼:xing-zheng-xu-ke-fa-ding-chu-wai-shi-jian-lei-xing-dai-ma

定义:用于标识法定除外时间类型的代码

数据元类型:字符型

数据格式:n1

值域:见5.14

4.2.4.6 行政许可法定除外时间

编号:DY020400006

数据元名称:行政许可法定除外时间

中文全拼:xing-zheng-xu-ke-fa-ding-chu-wai-shi-jian

定义:在道路运输行政许可事项许可过程中依法不包含在行政许可事项许可期限内的时间事项类型所占用的时间天数

数据元类型:数字型

数据格式:n..3

计量单位:天

4.2.4.7 行政许可法定除外时间通知书日期

编号:DY020400007

数据元名称:行政许可法定除外时间通知书日期

中文全拼:xing-zheng-xu-ke-fa-ding-chu-wai-shi-jian-tong-zhi-shu-ri-qi

定义:道路运输行政许可机构做出法定除外时间通知的日期

数据元类型:日期型

数据格式:YYYYMMDD

4.2.4.8 行政许可征求意见机构

编号:DY020400008

数据元名称:行政许可征求意见机构

中文全拼:xing-zheng-xu-ke-zheng-qiu-yi-jian-ji-gou

定义:就道路运输行政许可事项向行政许可事项利益相关人或机构发出征求意见函或通知的道路运输管理机构的名称

数据元类型:字符型

数据格式:an..100

4.2.4.9 行政许可被征求意见人或机构

编号:DY020400009

数据元名称:行政许可被征求意见人或机构

中文全拼:xing-zheng-xu-ke-bei-zheng-qiu-yi-jian-ren-huo-ji-gou

定义:道路运输行政许可事项被征求意见的人或机构的名称

数据元类型:字符型

数据格式:an..100

4.2.4.10 行政许可征求意见日期

编号:DY020400010

数据元名称:行政许可征求意见日期

中文全拼:xing-zheng-xu-ke-zheng-qiu-yi-jian-ri-qi

定义:道路运输行政许可事项征求意见的日期

数据元类型:日期型

数据格式:YYYYMMDD

4.2.4.11 行政许可现场核查情况

编号:DY020400011

数据元名称:行政许可现场核查情况

中文全拼:xing-zheng-xu-ke-xian-chang-he-cha-qing-kuang

定义:道路运输行政许可事项审查过程中的现场核查情况记录

数据元类型:字符型

数据格式:..ul

4.2.4.12 行政许可材料核查情况

编号:DY020400012

数据元名称:行政许可材料核查情况

中文全拼:xing-zheng-xu-ke-cai-liao-he-cha-qing-kuang

定义:道路运输行政许可事项审查过程中的材料核查情况记录

数据元类型:字符型

数据格式:..ul

4.2.4.13 行政许可征求意见情况

编号:DY020400013

数据元名称:行政许可征求意见情况

中文全拼:xing-zheng-xu-ke-zheng-qiu-yi-jian-qing-kuang

定义:道路运输行政许可事项审查过程中的征求意见情况记录

数据元类型:字符型

数据格式:..ul

4.2.4.14 行政许可审查意见

编号:DY020400014

数据元名称:行政许可审查意见

中文全拼:xing-zheng-xu-ke-shen-cha-yi-jian

定义:道路运输行政许可机构对许可事项的审查意见

数据元类型:字符型

数据格式:an..200

4.2.4.15 行政许可审查日期

编号:DY020400015

数据元名称:行政许可审查日期

中文全拼:xing-zheng-xu-ke-shen-cha-ri-qi

定义:道路运输行政许可机构对许可事项的审查日期

数据元类型:日期型

数据格式:YYYYMMDD

4.2.4.16 行政许可函件名称

编号:DY020400016
数据元名称:行政许可函件名称
中文全拼:xing-zheng-xu-ke-han-jian-ming-cheng
定义:道路运输行政许可业务办理过程中收发的公文、函件的名称
数据元类型:字符型
数据格式:an..100

4.2.4.17 行政许可函件编号

编号:DY020400017
数据元名称:行政许可函件编号
中文全拼:xing-zheng-xu-ke-han-jian-bian-hao
定义:道路运输行政许可业务办理过程中收发的公文、函件的编号
数据元类型:字符型
数据格式:an..30

4.2.4.18 行政许可发函机构

编号:DY020400018
数据元名称:行政许可发函机构
中文全拼:xing-zheng-xu-ke-fa-han-ji-gou
定义:道路运输行政许可业务办理过程中发出公文、函件的机构名称
数据元类型:字符型
数据格式:an..100

4.2.4.19 行政许可收函机构

编号:DY020400019
数据元名称:行政许可收函机构
中文全拼:xing-zheng-xu-ke-shou-han-ji-gou
定义:道路运输行政许可业务办理过程中收到公文、函件的机构名称
数据元类型:字符型
数据格式:an..100

4.2.4.20 行政许可发函日期

编号:DY020400020
数据元名称:行政许可发函日期
中文全拼:xing-zheng-xu-ke-fa-han-ri-qi
定义:道路运输行政许可业务办理过程中发出公文、函件的日期
数据元类型:日期型
数据格式:YYYYMMDD

4.2.4.21 行政许可收函日期

编号:DY020400021
数据元名称:行政许可收函日期
中文全拼:xing-zheng-xu-ke-shou-han-ri-qi
定义:道路运输行政许可业务办理过程中收到公文、函件的日期
数据元类型:日期型
数据格式:YYYYMMDD

4.2.5 道路运输行政许可决定信息

4.2.5.1 行政许可批准意见

编号:DY020500001
数据元名称:行政许可批准意见
中文全拼:xing-zheng-xu-ke-pi-zhun-yi-jian
定义:道路运输行政许可机构对许可事项的具体审批意见
数据元类型:字符型
数据格式:an..200

4.2.5.2 不予许可原因

编号:DY020500002
数据元名称:不予许可原因
中文全拼:bu-yu-xu-ke-yuan-yin
定义:道路运输行政许可机构对申请人提出的行政许可申请事项依法不予许可的具体原因
数据元类型:字符型
数据格式:an..200

4.2.5.3 行政许可批准日期

编号:DY020500003
数据元名称:行政许可批准日期
中文全拼:xing-zheng-xu-ke-pi-zhun-ri-qi
定义:道路运输行政许可机构对许可事项的批准日期
数据元类型:日期型
数据格式:YYYYMMDD

4.2.5.4 行政许可决定意见

编号:DY020500004
数据元名称:行政许可决定意见
中文全拼:xing-zheng-xu-ke-jue-ding-yi-jian
定义:道路运输行政许可机构对许可事项的许可决定意见
数据元类型:字符型
数据格式:an..200

4.2.5.5 行政许可决定书发放日期

编号:DY020500005
数据元名称:行政许可决定书发放日期
中文全拼:xing-zheng-xu-ke-jue-ding-shu-fa-fang-ri-qi
定义:道路运输行政许可机构对许可事项发放许可决定书的日期
数据元类型:日期型
数据格式:YYYYMMDD

4.2.5.6 行政许可领证期限

编号:DY020500006
数据元名称:行政许可领证期限
中文全拼:xing-zheng-xu-ke-ling-zheng-qi-xian
定义:道路运输行政许可机构对许可事项做出许可决定后,依法作出的应发放道路运输经营许可证的期限
数据元类型:日期型
数据格式:YYYYMMDD

4.2.5.7 获准经营范围

编号:DY020500007
数据元名称:获准经营范围
中文全拼:huo-zhun-jing-ying-fan-wei
定义:申请人获准从事道路运输经营的业务范围名称
数据元类型:字符型
数据格式:an..30
值域:见表2序号30

4.2.5.8 获准经营范围代码

编号:DY020500008
数据元名称:获准经营范围代码
中文全拼:huo-zhun-jing-ying-fan-wei-dai-ma
定义:用于标识申请人获准经营范围的代码
数据元类型:字符型
数据格式:n7
值域:见表2序号30

4.2.5.9 获准运输范围

编号:DY020500009
数据元名称:获准运输范围
中文全拼:huo-zhun-yun-shu-fan-wei
定义:道路危险货物运输申请人获准的危险货物运输范围的名称
数据元类型:字符型
数据格式:an..30
值域:见表2序号30

4.2.5.10 获准运输范围代码

编号:DY020500010
数据元名称:获准运输范围代码
中文全拼:huo-zhun-yun-shu-fan-wei-dai-ma
定义:用于标识申请人获准的道路运输范围的代码
数据元类型:字符型
数据格式:n7
值域:见表2序号30

4.2.5.11 道路运输经营许可车辆数量

编号:DY020500011
数据元名称:道路运输经营许可车辆数量
中文全拼:dao-lu-yun-shu-jing-ying-xu-ke-che-liang-shu-liang
定义:道路运输行政许可机构在做出许可决定时,在许可内容中规定的道路运输车辆数量
数据元类型:数字型
数据格式:n..5
计量单位:辆

4.2.5.12 危险品货物运输许可车辆数量

编号:DY020500012
数据元名称:危险品货物运输许可车辆数量
中文全拼:wei-xian-pin-huo-wu-yun-shu-xu-ke-che-liang-shu-liang

定义:道路运输行政许可机构在做出许可决定时,在许可内容中规定的非经营性危险品货物运输车辆数量

数据元类型:数字型

数据格式:n..5

计量单位:辆

4.2.5.13 申请人承诺购车期限

编号:DY020500013

数据元名称:申请人承诺购车期限

中文全拼:shen-qing-ren-cheng-nuo-gou-che-qi-xian

定义:道路运输经营业户落实承诺车辆购置方案的日期

数据元类型:日期型

数据格式:YYYYMMDD

4.2.6 道路运输行政许可证牌发放及相关信息

4.2.6.1 许可证省简称

编号:DY020600001

数据元名称:许可证省简称

中文全拼:xu-ke-zheng-sheng-jian-cheng

定义:道路运输经营许可证或道路危险货物运输许可证中字别代码省的简称

数据元类型:字符型

数据格式:an..6

4.2.6.2 许可证地市简称

编号:DY020600002

数据元名称:许可证地市简称

中文全拼:xu-ke-zheng-di-shi-jian-cheng

定义:道路运输经营许可证或道路危险货物运输许可证中字别代码地市的简称

数据元类型:字符型

数据格式:an..6

4.2.6.3 许可证号

编号:DY020600003

数据元名称:许可证号

中文全拼:xu-ke-zheng-hao

定义:道路运输经营许可证或道路危险货物运输许可证的编号

数据元类型:字符型

数据格式:n12

4.2.6.4 道路运输证省简称

编号:DY020600004

数据元名称:道路运输证省简称

中文全拼:dao-lu-yun-shu-zheng-sheng-jian-cheng

定义:道路运输证字别代码中省的简称

数据元类型:字符型

数据格式:an..6

4.2.6.5 道路运输证地市简称

编号:DY020600005

数据元名称:道路运输证地市简称
中文全拼:dao-lu-yun-shu-zheng-di-shi-jian-cheng
定义:道路运输证字别代码中地市的简称
数据元类型:字符型
数据格式:an..6

4.2.6.6 道路运输证号

编号:DY020600006
数据元名称:道路运输证号
中文全拼:dao-lu-yun-shu-zheng-hao
定义:道路运输管理机构为道路运输车辆配发的道路运输证的编号
数据元类型:字符型
数据格式:n12

4.2.6.7 维修标志牌号码

编号:DY020600007
数据元名称:维修标志牌号码
中文全拼:wei-xiu-biao-zhi-pai-hao-ma
定义:道路运输行政许可机构为获得许可的机动车维修业户配发的机动车维修标志牌的号码
数据元类型:字符型
数据格式:an..20

4.2.6.8 班车客运标志牌编号

编号:DY020600008
数据元名称:班车客运标志牌编号
中文全拼:ban-che-ke-yun-biao-zhi-pai-bian-hao
定义:道路运输行政许可机构许可的班车客运标志牌的编号
数据元类型:字符型
数据格式:an..20

4.2.6.9 班线经营许可证明编号

编号:DY020600009
数据元名称:班线经营许可证明编号
中文全拼:ban-xian-jing-ying-xu-ke-zheng-ming-bian-hao
定义:道路旅客运输班线经营许可证明的编号
数据元类型:字符型
数据格式:an..20

4.2.6.10 班线经营许可证明日期

编号:DY020600010
数据元名称:班线经营许可证明日期
中文全拼:ban-xian-jing-ying-xu-ke-zheng-ming-ri-qi
定义:道路旅客运输班线经营许可证明的发放日期
数据元类型:日期型
数据格式:YYYYMMDD

4.2.6.11 包车客运标志牌编号

编号:DY020600011
数据元名称:包车客运标志牌编号

中文全拼:bao-che-ke-yun-biao-zhi-pai-bian-hao
定义:道路旅客运输包车客运标志牌的编号
数据元类型:字符型
数据格式:an..20

4.2.6.12 包车是否往返载客

编号:DY020600012
数据元名称:包车是否往返载客
中文全拼:bao-che-shi-fou-wang-fan-zai-ke
定义:道路旅客包车运输是否允许往返载客的描述
数据元类型:布尔型
数据格式:n1
值域:0:否;1:是

4.2.6.13 包车客运标志牌备注

编号:DY020600013
数据元名称:包车客运标志牌备注
中文全拼:bao-che-ke-yun-biao-zhi-pai-bei-zhu
定义:道路旅客运输包车客运标志牌的备注信息
数据元类型:字符型
数据格式:..ul

4.2.6.14 临时客运标志牌编号

编号:DY020600014
数据元名称:临时客运标志牌编号
中文全拼:lin-shi-ke-yun-biao-zhi-pai-bian-hao
定义:道路旅客运输临时客运标志牌的编号
数据元类型:字符型
数据格式:an..50

4.2.6.15 临时客运标志牌使用原因

编号:DY020600015
数据元名称:临时客运标志牌使用原因
中文全拼:lin-shi-ke-yun-biao-zhi-pai-shi-yong-yuan-yin
定义:道路旅客运输中使用临时客运标志牌的原因
数据元类型:字符型
数据格式:an..60
值域:见5.15

4.2.6.16 临时客运标志牌使用原因代码

编号:DY020600016
数据元名称:临时客运标志牌使用原因代码
中文全拼:lin-shi-ke-yun-biao-zhi-pai-shi-yong-yuan-yin-dai-ma
定义:用于标识道路旅客运输临时客运标志牌使用原因的代码
数据元类型:字符型
数据格式:n1
值域:见5.15

4.2.6.17 许可备案证明日期

编号:DY020600017

数据元名称:许可备案证明日期

中文全拼:xu-ke-bei-an-zheng-ming-ri-qi

定义:道路运输行政许可机构向申请人出具备案证明的日期

数据元类型:日期型

数据格式:YYYYMMDD

4.2.6.18 线路经营权合同签订日期

编号:DY020600018

数据元名称:线路经营权合同签订日期

中文全拼:xian-lu-jing-ying-quan-he-tong-qian-ding-ri-qi

定义:许可申请人或者客运线路许可后与许可机构签订经营权合同的日期

数据元类型:日期型

数据格式:YYYYMMDD

4.2.6.19 注销许可的原因

编号:DY020600019

数据元名称:注销许可的原因

中文全拼:zhu-xiao-xu-ke-de-yuan-yin

定义:许可机构依法注销申请人已获得许可的原因

数据元类型:字符型

数据格式:..ul

4.2.6.20 注销许可的日期

编号:DY020600020

数据元名称:注销许可的日期

中文全拼:zhu-xiao-xu-ke-de-ri-qi

定义:许可机构依法注销申请人已获得许可的日期

数据元类型:日期型

数据格式:YYYYMMDD

4.2.6.21 注销交通行政许可告知书日期

编号:DY020600021

数据元名称:注销交通行政许可告知书日期

中文全拼:zhu-xiao-jiao-tong-xing-zheng-xu-ke-gao-zhi-shu-ri-qi

定义:道路运输行政许可机构依法发出《注销交通行政许可告知书》的日期

数据元类型:日期型

数据格式:YYYYMMDD

4.3 道路运输日常管理信息

4.3.1 道路运输经营业户管理信息

4.3.1.1 道路运输企业质量信誉等级评定信息

4.3.1.1.1 企业质量信誉考核项目

编号:DY030101001

数据元名称:企业质量信誉考核项目

中文全拼:qi-ye-zhi-liang-xin-yu-kao-he-xiang-mu

定义:道路运输管理机构对道路运输企业进行质量信誉考核的具体内容

数据元类型:字符型

数据格式:an..50
值域:见5.16
4.3.1.1.2 企业质量信誉考核项目代码
编号:DY030101002
数据元名称:企业质量信誉考核项目代码
中文全拼:qi-ye-zhi-liang-xin-yu-kao-he-xiang-mu-dai-ma
定义:用于标识道路运输企业企业质量信誉考核项目的代码
数据元类型:字符型
数据格式:n2
值域:见5.16
4.3.1.1.3 企业质量信誉考核项目分值
编号:DY030101003
数据元名称:企业质量信誉考核项目分值
中文全拼:qi-ye-zhi-liang-xin-yu-kao-he-xiang-mu-fen-zhi
定义:道路运输企业质量信誉考核每个具体项目的评分
数据元类型:数字型
数据格式:n..2
4.3.1.1.4 企业质量信誉考核项目限值
编号:DY030101004
数据元名称:企业质量信誉考核项目限值
中文全拼:qi-ye-zhi-liang-xin-yu-kao-he-xiang-mu-xian-zhi
定义:道路运输企业质量信誉考核每个具体项目总分值的规定区间
数据元类型:数字型
数据格式:n..2
4.3.1.1.5 企业质量信誉考核累计分值
编号:DY030101005
数据元名称:企业质量信誉考核累计分值
中文全拼:qi-ye-zhi-liang-xin-yu-kao-he-lei-ji-fen-zhi
定义:道路运输企业质量信誉考核每个具体项目考核分值
数据元类型:数字型
数据格式:n..2
4.3.1.1.6 企业质量信誉考核年度
编号:DY030101006
数据元名称:企业质量信誉考核年度
中文全拼:qi-ye-zhi-liang-xin-yu-kao-he-nian-du
定义:道路运输企业质量信誉考核的年度
数据元类型:字符型
数据格式:n4
4.3.1.1.7 企业质量信誉考核日期
编号:DY030101007
数据元名称:企业质量信誉考核日期
中文全拼:qi-ye-zhi-liang-xin-yu-kao-he-ri-qi
定义:道路运输经营业户质量信誉等级评定的日期

数据元类型:日期型

数据格式:YYYYMMDD

4.3.1.1.8 企业质量信誉等级

编号:DY030101008

数据元名称:企业质量信誉等级

中文全拼:qi-ye-zhi-liang-xin-yu-deng-ji

定义:道路运输管理机构按照《道路运输企业质量信誉考核办法》及《机动车维修企业质量信誉考核办法(试行)》的规定,根据道路运输经营业户质量信息考核的成绩评定的企业质量信誉等级的名称

数据元类型:字符型

数据格式:a..8

值域:见表2序号31

4.3.1.1.9 企业质量信誉等级标识

编号:DY030101009

数据元名称:企业质量信誉等级标识

中文全拼:qi-ye-zhi-liang-xin-yu-deng-ji-biao-shi

定义:用于标识道路运输企业质量信誉等级的代码

数据元类型:字符型

数据格式:an..3

值域:见表2序号31

4.3.1.2 道路客运站站级核定信息

4.3.1.2.1 客运站级别

编号:DY030102001

数据元名称:客运站级别

中文全拼:ke-yun-zhan-ji-bie

定义:由道路运输管理机构评定的道路客运站等级的名称

数据元类型:字符型

数据格式:a6

值域:见表2序号32

4.3.1.2.2 客运站级别代码

编号:DY030102002

数据元名称:客运站级别代码

中文全拼:ke-yun-zhan-ji-bie-dai-ma

定义:标识道路客运站级别的代码

数据元类型:字符型

数据格式:n1

值域:见表2序号32

4.3.1.2.3 客运站站级核定日期

编号:DY030102003

数据元名称:客运站站级核定日期

中文全拼:ke-yun-zhan-zhan-ji-he-ding-ri-qi

定义:道路运输管理机构对道路客运站进行站级评定的日期

数据元类型:日期型

数据格式:YYYYMMDD

4.3.1.3 道路运输企业等级登记信息

4.3.1.3.1 企业等级

编号:DY030103001

数据元名称:企业等级

中文全拼:qi-ye-deng-ji

定义:道路运输企业等级评定机构依据交通行业标准对道路客货运输企业进行综合评定后确定的等级名称

数据元类型:字符型

数据格式:an..10

值域:见表2序号33

4.3.1.3.2 企业等级代码

编号:DY030103002

数据元名称:企业等级代码

中文全拼:qi-ye-deng-ji-dai-ma

定义:用于标识道路运输企业等级的代码

数据元类型:字符型

数据格式:n1

值域:见表2序号33

4.3.1.3.3 企业等级评定日期

编号:DY030103003

数据元名称:企业等级评定日期

中文全拼:qi-ye-deng-ji-ping-ding-ri-qi

定义:道路运输企业等级评定机构对道路客货运输企业进行等级评定的日期

数据元类型:日期型

数据格式:YYYYMMDD

4.3.2 道路运输车辆管理信息

4.3.2.1 车辆年度审验信息

4.3.2.1.1 车辆审验年度

编号:DY030201001

数据元名称:车辆审验年度

中文全拼:che-liang-shen-yan-nian-du

定义:道路运输管理机构对道路运输车辆进行年度审验的标识

数据元类型:字符型

数据格式:n4

4.3.2.1.2 车辆年度审验意见

编号:DY030201002

数据元名称:车辆年度审验意见

中文全拼:che-liang-nian-du-shen-yan-yi-jian

定义:道路运输管理机构对道路运输车辆年度审验的审查意见

数据元类型:字符型

数据格式:..ul

4.3.2.1.3 车辆年度审验结果

编号:DY030201003

数据元名称:车辆年度审验结果
中文全拼:che-liang-nian-du-shen-yan-jie-guo
定义:道路运输管理机构对道路运输车辆年度审验的结论
数据元类型:布尔型
数据格式:n1
值域:0:不合格;1:合格

4.3.2.1.4 车辆年度审验日期
编号:DY030201004
数据元名称:车辆年度审验日期
中文全拼:che-liang-nian-du-shen-yan-ri-qi
定义:道路运输管理机构对道路运输车辆年度审验的日期
数据元类型:日期型
数据格式:YYYYMMDD

4.3.2.1.5 车辆年度审验有效期至
编号:DY030201005
数据元名称:车辆年度审验有效期至
中文全拼:che-liang-nian-du-shen-yan-you-xiao-qi-zhi
定义:道路运输管理机构规定的本次道路运输车辆年度审验的有效期的截止日期
数据元类型:日期型
数据格式:YYYYMMDD

4.3.2.1.6 车辆下次年度审验日期
编号:DY030201006
数据元名称:车辆下次年度审验日期
中文全拼:che-liang-xia-ci-nian-du-shen-yan-ri-qi
定义:道路运输管理机构规定的道路运输车辆下次年度审验的日期
数据元类型:日期型
数据格式:YYYYMMDD

4.3.2.2 车辆技术等级评定信息

4.3.2.2.1 检测站名称
编号:DY030202001
数据元名称:检测站名称
中文全拼:jian-ce-zhan-ming-cheng
定义:机动车综合性能检测站的名称
数据元类型:字符型
数据格式:an..100

4.3.2.2.2 检测站编号
编号:DY030202002
数据元名称:检测站编号
中文全拼:jian-ce-zhan-bian-hao
定义:用于标识机动车综合性能检测站的编号
数据元类型:字符型
数据格式:n9
值域:见表2序号34

4.3.2.2.3 车辆检测结果

编号:DY030202003

数据元名称:车辆检测结果

中文全拼:che-liang-jian-ce-jie-guo

定义:机动车综合性能检测站对道路运输车辆进行综合性能检测后做出的结论

数据元类型:布尔型

数据格式:n1

值域:0:不合格;1:合格

4.3.2.2.4 车辆检测技术等级

编号:DY030202004

数据元名称:车辆检测技术等级

中文全拼:che-liang-jian-ce-ji-shu-deng-ji

定义:机动车综合性能检测站依据道路运输车辆的检测结果确定的车辆技术等级名称

数据元类型:字符型

数据格式:an..8

值域:见表2序号35

4.3.2.2.5 车辆检测技术等级代码

编号:DY030202005

数据元名称:车辆检测技术等级代码

中文全拼:che-liang-jian-ce-ji-shu-deng-ji-dai-ma

定义:用于标识道路运输车辆技术等级的代码

数据元类型:字符型

数据格式:n1

值域:见表2序号35

4.3.2.2.6 车辆检测日期

编号:DY030202006

数据元名称:车辆检测日期

中文全拼:che-liang-jian-ce-ri-qi

定义:道路运输车辆进行综合性能检测的日期

数据元类型:日期型

数据格式:YYYYMMDD

4.3.2.2.7 车辆技术等级

编号:DY030202007

数据元名称:车辆技术等级

中文全拼:che-liang-ji-shu-deng-ji

定义:依据机动车综合性能检测站的车辆检测结果,车辆技术等级评定机构对其车辆评定的技术等级名称

数据元类型:字符型

数据格式:an..8

值域:见表2序号35

4.3.2.2.8 车辆技术等级代码

编号:DY030202008

数据元名称:车辆技术等级代码

中文全拼:che-liang-ji-shu-deng-ji-dai-ma

定义:用于标识道路运输车辆技术等级的代码

数据元类型:字符型

数据格式:n1

值域:见表2序号35

4.3.2.2.9 车辆技术等级评定日期

编号:DY030202009

数据元名称:车辆技术等级评定日期

中文全拼:che-liang-ji-shu-deng-ji-ping-ding-ri-qi

定义:道路运输车辆技术等级评定机构做出车辆技术等级评定的日期

数据元类型:日期型

数据格式:YYYYMMDD

4.3.2.2.10 车辆下次技术等级评定日期

编号:DY030202010

数据元名称:车辆下次技术等级评定日期

中文全拼:che-liang-xia-ci-ji-shu-deng-ji-ping-ding-ri-qi

定义:道路运输管理机构规定的车辆下次进行技术等级评定的日期

数据元类型:日期型

数据格式:YYYYMMDD

4.3.2.3 车辆二级维护登记信息

4.3.2.3.1 车辆二级维护单位

编号:DY030203001

数据元名称:车辆二级维护单位

中文全拼:che-liang-er-ji-wei-hu-dan-wei

定义:负责对道路运输车辆进行二级维护作业的机动车维修企业的名称

数据元类型:字符型

数据格式:an..100

4.3.2.3.2 车辆二级维护合同号

编号:DY030203002

数据元名称:车辆二级维护合同号

中文全拼:che-liang-er-ji-wei-hu-he-tong-hao

定义:道路运输车辆的所有人与负责二级维护的机动车维修企业签订的二级维护合同的编号

数据元类型:字符型

数据格式:an..30

4.3.2.3.3 车辆二级维护发票号

编号:DY030203003

数据元名称:车辆二级维护发票号

中文全拼:che-liang-er-ji-wei-hu-fa-piao-hao

定义:二级维护单位依据二级维护合同的约定为道路运输车辆所有人开具的二级维护费用发票的号码

数据元类型:字符型

数据格式:an..30

4.3.2.3.4 车辆二级维护结算清单号

编号:DY030203004
数据元名称:车辆二级维护结算清单号
中文全拼:che-liang-er-ji-wei-hu-jie-suan-qing-dan-hao
定义:机动车维修企业为道路运输车辆所有人开具的结算清单号码
数据元类型:字符型
数据格式:an..30

4.3.2.3.5 车辆竣工出厂合格证号

编号:DY030203005
数据元名称:车辆竣工出厂合格证号
中文全拼:che-liang-jun-gong-chu-chang-he-ge-zheng-hao
定义:道路运输车辆二级维护竣工质量检验合格后由机动车修理厂开具的竣工出厂合格证号
数据元类型:字符型
数据格式:an..30

4.3.2.3.6 车辆本次二级维护日期

编号:DY030203006
数据元名称:车辆本次二级维护日期
中文全拼:che-liang-ben-ci-er-ji-wei-hu-ri-qi
定义:道路运输车辆本次完成二级维护的日期
数据元类型:日期型
数据格式:YYYYMMDD

4.3.2.3.7 车辆下次二级维护日期

编号:DY030203007
数据元名称:车辆下次二级维护日期
中文全拼:che-liang-xia-ci-er-ji-wei-hu-ri-qi
定义:道路运输车辆应进行下次二级维护的日期
数据元类型:日期型
数据格式:YYYYMMDD

4.3.2.3.8 车辆下次二级维护里程

编号:DY030203008
数据元名称:车辆下次二级维护里程
中文全拼:che-liang-xia-ci-er-ji-wei-hu-li-cheng
定义:道路运输车辆应进行下次二级维护的行驶里程限值
数据元类型:数字型
数据格式:n..6
计量单位:千米(km)

4.3.2.4 车辆交通责任事故登记信息

4.3.2.4.1 车辆事故发生日期

编号:DY030204001
数据元名称:车辆事故发生日期
中文全拼:che-liang-shi-gu-fa-sheng-ri-qi
定义:道路运输车辆发生交通责任事故的日期
数据元类型:日期型
数据格式:YYYYMMDD

4.3.2.4.2　车辆交通责任事故地点

编号:DY030204002

数据元名称:车辆交通责任事故地点

中文全拼:che-liang-jiao-tong-ze-ren-shi-gu-di-dian

定义:道路运输车辆发生交通责任事故的地点

数据元类型:字符型

数据格式:an..100

4.3.2.4.3　车辆事故类别

编号:DY030204003

数据元名称:车辆事故类别

中文全拼:che-liang-shi-gu-lei-bie

定义:道路运输车辆发生交通责任事故的类别

数据元类型:字符型

数据格式:an..10

值域:见表2序号36

4.3.2.4.4　车辆事故类别代码

编号:DY030204004

数据元名称:车辆事故类别代码

中文全拼:che-liang-shi-gu-lei-bie-dai-ma

定义:用于标识道路运输车辆交通责任事故类别的代码

数据元类型:字符型

数据格式:n1

值域:见表2序号36

4.3.2.4.5　车辆交通责任事故责任

编号:DY030204005

数据元名称:车辆交通责任事故责任

中文全拼:che-liang-jiao-tong-ze-ren-shi-gu-ze-ren

定义:道路运输车辆发生交通责任事故造成的责任类型

数据元类型:字符型

数据格式:an..30

值域:见表2序号37

4.3.2.4.6　车辆交通责任事故责任代码

编号:DY030204006

数据元名称:车辆交通责任事故责任代码

中文全拼:che-liang-jiao-tong-ze-ren-shi-gu-ze-ren-dai-ma

定义:用于标识道路运输车辆交通责任事故责任类型的代码

数据元类型:数字型

数据格式:n1

值域:见表2序号37

4.3.2.4.7　车辆损失情况

编号:DY030204007

数据元名称:车辆损失情况

中文全拼:che-liang-sun-shi-qing-kuang

定义:道路运输车辆发生交通责任事故造成车辆损坏情况的描述
数据元类型:字符型
数据格式:..ul

4.3.2.5 承运人责任险登记信息

4.3.2.5.1 承运人责任险投保日期
编号:DY030205001
数据元名称:承运人责任险投保日期
中文全拼:cheng-yun-ren-ze-ren-xian-tou-bao-ri-qi
定义:道路运输企业为其车辆投保承运人责任险的日期
数据元类型:日期型
数据格式:YYYYMMDD

4.3.2.5.2 承运人责任险投保金额
编号:DY030205002
数据元名称:承运人责任险投保金额
中文全拼:cheng-yun-ren-ze-ren-xian-tou-bao-jin-e
定义:道路运输企业为其车辆投保承运人责任险的金额
数据元类型:数字型
数据格式:n..9,2
计量单位:万元

4.3.2.5.3 承运人责任险保险机构
编号:DY030205003
数据元名称:承运人责任险保险机构
中文全拼:cheng-yun-ren-ze-ren-xian-bao-xian-ji-gou
定义:负责承保道路运输车辆承运人责任险的保险公司的名称
数据元类型:字符型
数据格式:an..100

4.3.2.5.4 承运人责任险保险单号
编号:DY030205004
数据元名称:承运人责任险保险单号
中文全拼:cheng-yun-ren-ze-ren-xian-bao-xian-dan-hao
定义:道路运输车辆承运人责任险的保单号
数据元类型:字符型
数据格式:an..40

4.3.2.5.5 承运人责任险有效期起
编号:DY030205005
数据元名称:承运人责任险有效期起
中文全拼:cheng-yun-ren-ze-ren-xian-you-xiao-qi-qi
定义:道路运输承运人责任险保单的生效日期
数据元类型:日期型
数据格式:YYYYMMDD

4.3.2.5.6 承运人责任险有效起止
编号:DY030205006
数据元名称:承运人责任险有效起止

中文全拼:cheng-yun-ren-ze-ren-xian-you-xiao-qi-zhi
定义:道路运输承运人责任险保单的有效截止日期
数据元类型:日期型
数据格式:YYYYMMDD

4.3.2.6　客车等级类型划分及等级评定信息

4.3.2.6.1　客车类型与等级
编号:DY030206001
数据元名称:客车类型与等级
中文全拼:ke-che-lei-xing-yu-deng-ji
定义:道路营运客车等级评定机构依据交通行业标准对其做出的类型划分与等级评定级别
数据元类型:字符型
数据格式:an..8
值域:见5.17

4.3.2.6.2　客车类型与等级代码
编号:DY030206002
数据元名称:客车类型与等级代码
中文全拼:ke-che-lei-xing-yu-deng-ji-dai-ma
定义:用于标识道路营运客车类型与等级的代码
数据元类型:数字型
数据格式:n2
值域:见5.17

4.3.2.6.3　客车类型划分与等级评定日期
编号:DY030206003
数据元名称:客车类型划分与等级评定日期
中文全拼:ke-che-lei-xing-hua-fen-yu-deng-ji-ping-ding-ri-qi
定义:道路营运客车类型划分与等级评定的日期
数据元类型:日期型
数据格式:YYYYMMDD

4.3.2.7　车辆异动变更信息

4.3.2.7.1　车辆异动变更类型
编号:DY030207001
数据元名称:车辆异动变更类型
中文全拼:che-liang-yi-dong-bian-geng-lei-xing
定义:道路运输车辆发生异动变更的类型名称
数据元类型:字符型
数据格式:an..8
值域:
——过户
——转籍
——营运状态变更
——其他

4.3.2.7.2　车辆异动后的业户名称
编号:DY030207002

数据元名称:车辆异动后的业户名称

中文全拼:che-liang-yi-dong-hou-de-ye-hu-ming-cheng

定义:道路运输车辆转籍或过户后所属业户名称

数据元类型:字符型

数据格式:an..100

4.3.2.7.3　车辆异动后的运管机构

编号:DY030207003

数据元名称:车辆异动后的运管机构

中文全拼:che-liang-yi-dong-hou-de-yun-guan-ji-gou

定义:道路运输车辆拟迁入道路运输管理机构的名称

数据元类型:字符型

数据格式:an..100

4.3.2.7.4　车辆异动日期

编号:DY030207004

数据元名称:车辆异动日期

中文全拼:che-liang-yi-dong-ri-qi

定义:道路运输车辆发生异动变更的日期

数据元类型:日期型

数据格式:YYYYMMDD

4.3.2.7.5　车辆恢复运输日期

编号:DY030207005

数据元名称:车辆恢复运输日期

中文全拼:che-liang-hui-fu-yun-shu-ri-qi

定义:道路运输车辆报停结束恢复正常运输的日期

数据元类型:日期型

数据格式:YYYYMMDD

4.3.2.7.6　车辆证照回收情况

编号:DY030207006

数据元名称:车辆证照回收情况

中文全拼:che-liang-zheng-zhao-hui-shou-qing-kuang

定义:过户后车主缴回道路运输证相关证照的情况

数据元类型:字符型

数据格式:an..50

4.3.3　道路运输从业人员管理信息

4.3.3.1　从业人员资格申请与认证信息

4.3.3.1.1　从业资格申请人交通事故情况

编号:DY030301001

数据元名称:从业资格申请人交通事故情况

中文全拼:cong-ye-zi-ge-shen-qing-ren-jiao-tong-shi-gu-qing-kuang

定义:道路运输驾驶员三年内是否发生重大以上交通责任事故情况的描述

数据元类型:字符型

数据格式:..ul

4.3.3.1.2　从业资格申请人资格审查意见

编号:DY030301002

数据元名称:从业资格申请人资格审查意见

中文全拼:cong-ye-zi-ge-shen-qing-ren-zi-ge-shen-cha-yi-jian

定义:道路运输管理机构对道路运输从业人员资格申请事项的审查意见

数据元类型:字符型

数据格式:an..100

4.3.3.1.3 申请的从业资格类别

编号:DY030301003

数据元名称:申请的从业资格类别

中文全拼:shen-qing-de-cong-ye-zi-ge-lei-bie

定义:从业人员申请的从业资格类别名称

数据元类型:字符型

数据格式:an..50

值域:见表2序号38

4.3.3.1.4 申请的从业资格类别代码

编号:DY030301004

数据元名称:申请的从业资格类别代码

中文全拼:shen-qing-de-cong-ye-zi-ge-lei-bie-dai-ma

定义:用于标识从业人员申请的道路运输从业资格类别的代码

数据元类型:字符型

数据格式:n3

值域:见表2序号38

4.3.3.1.5 从业资格考试日期

编号:DY030301005

数据元名称:从业资格考试日期

中文全拼:cong-ye-zi-ge-kao-shi-ri-qi

定义:道路运输从业资格申请人参加从业人员资格考试的日期

数据元类型:日期型

数据格式:YYYYMMDD

4.3.3.1.6 从业资格考试准考证号码

编号:DY030301006

数据元名称:从业资格考试准考证号码

中文全拼:cong-ye-zi-ge-kao-shi-zhun-kao-zheng-hao-ma

定义:道路运输从业资格申请人参加从业人员资格考试的准考证号码

数据元类型:字符型

数据格式:an..30

4.3.3.1.7 从业资格考试科目名称

编号:DY030301007

数据元名称:从业资格考试科目名称

中文全拼:cong-ye-zi-ge-kao-shi-ke-mu-ming-cheng

定义:道路运输从业资格培训和考试的课程科目名称

数据元类型:字符型

数据格式:an..100

4.3.3.1.8 从业资格考试科目成绩

编号:DY030301008

数据元名称:从业资格考试科目成绩

中文全拼:cong-ye-zi-ge-kao-shi-ke-mu-cheng-ji

定义:道路运输从业资格考试科目的成绩

数据元类型:数字型

数据格式:n..5,2

4.3.3.1.9 从业资格考试培训单位

编号:DY030301009

数据元名称:从业资格考试培训单位

中文全拼:cong-ye-zi-ge-kao-shi-pei-xun-dan-wei

定义:道路运输从业人员参加从业资格考前培训的单位名称

数据元类型:字符型

数据格式:an..50

4.3.3.1.10 从业资格考试考核员姓名

编号:DY030301010

数据元名称:从业资格考试考核员姓名

中文全拼:cong-ye-zi-ge-kao-shi-kao-he-yuan-xing-ming

定义:负责对道路从业人员资格进行考核的考核员姓名

数据元类型:字符型

数据格式:an..30

4.3.3.1.11 从业资格考试考核员人数

编号:DY030301011

数据元名称:从业资格考试考核员人数

中文全拼:cong-ye-zi-ge-kao-shi-kao-he-yuan-ren-shu

定义:每期负责对道路运输从业人员资格考试科目进行考核的考核员人数

数据元类型:字符型

数据格式:n1

4.3.3.1.12 从业资格证字

编号:DY030301012

数据元名称:从业资格证字

中文全拼:cong-ye-zi-ge-zheng-zi

定义:道路运输管理机构为从业人员配发的道路运输从业资格证照的字别代号

数据元类型:字符型

数据格式:an..14

4.3.3.1.13 从业资格证号

编号:DY030301013

数据元名称:从业资格证号

中文全拼:cong-ye-zi-ge-zheng-hao

定义:道路运输管理机构为从业人员配发的道路运输从业资格证照的编号

数据元类型:字符型

数据格式:n19

4.3.3.1.14 从业资格类别

编号:DY030301014

数据元名称:从业资格类别

中文全拼:cong-ye-zi-ge-lei-bie

定义:从业人员获得认可的从业资格类别名称

数据元类型:字符型

数据格式:an..50

值域:见表2序号38

4.3.3.1.15 从业资格类别代码

编号:DY030301015

数据元名称:从业资格类别代码

中文全拼:cong-ye-zi-ge-lei-bie-dai-ma

定义:用于标识从业人员获得认可的道路运输从业资格类别的代码

数据元类型:字符型

数据格式:n3

值域:见表2序号38

4.3.3.2 从业人员异动变更信息

4.3.3.2.1 变更后的运管机构名称

编号:DY030302001

数据元名称:变更后的运管机构名称

中文全拼:bian-geng-hou-de-yun-guan-ji-gou-ming-cheng

定义:道路运输从业人员转籍后所辖的道路运输管理机构的名称

数据元类型:字符型

数据格式:an..100

4.3.3.2.2 变更后的业户名称

编号:DY030302002

数据元名称:变更后的业户名称

中文全拼:bian-geng-hou-de-ye-hu-ming-cheng

定义:道路运输从业人员转籍后的从业单位名称

数据元类型:字符型

数据格式:an..100

4.3.3.3 从业人员诚信和计分考核信息

4.3.3.3.1 从业人员诚信和计分考核周期

编号:DY030303001

数据元名称:从业人员诚信和计分考核周期

中文全拼:cong-ye-ren-yuan-cheng-xin-he-ji-fen-kao-he-zhou-qi

定义:道路运输从业人员诚信和计分考核的周期

数据元类型:字符型

数据格式:an8

4.3.3.3.2 从业人员诚信和计分考核开始日期

编号:DY030303002

数据元名称:从业人员诚信和计分考核开始日期

中文全拼:cong-ye-ren-yuan-cheng-xin-he-ji-fen-kao-he-kai-shi-ri-qi

定义:道路运输从业人员诚信和计分考核的考核周期的开始日期

数据元类型:日期型

数据格式:YYYYMMDD

4.3.3.3.3 从业人员计分考核限值

编号:DY030303003

数据元名称:从业人员计分考核限值

中文全拼:cong-ye-ren-yuan-ji-fen-kao-he-xian-zhi

定义:道路运输从业人员在一个计分考核周期内违法行为累计计分的上限值

数据元类型:数字型

数据格式:n..2

4.3.3.3.4 从业人员计分日期

编号:DY030303004

数据元名称:从业人员计分日期

中文全拼:cong-ye-ren-yuan-ji-fen-ri-qi

定义:道路运输管理机构对从业人员违法行为计分的日期

数据元类型:日期型

数据格式:YYYYMMDD

4.3.3.3.5 从业人员计分项目

编号:DY030303005

数据元名称:从业人员计分项目

中文全拼:cong-ye-ren-yuan-ji-fen-xiang-mu

定义:道路运输从业人员考核计分的类型名称

数据元类型:字符型

数据格式:an..30

值域:见5.18

4.3.3.3.6 从业人员计分项目代码

编号:DY030303006

数据元名称:从业人员计分项目代码

中文全拼:cong-ye-ren-yuan-ji-fen-xiang-mu-dai-ma

定义:标识道路运输从业人员考核计分类型的代码

数据元类型:数字型

数据格式:n..6

值域:见5.18

4.3.3.3.7 从业人员计分分值

编号:DY030303007

数据元名称:从业人员计分分值

中文全拼:cong-ye-ren-yuan-ji-fen-fen-zhi

定义:道路运输从业人员某次违法行为计分的具体分值

数据元类型:数字型

数据格式:n..2

4.3.3.3.8 从业人员计分考核累计分值

编号:DY030303008

数据元名称:从业人员计分考核累计分值

中文全拼:cong-ye-ren-yuan-ji-fen-kao-he-lei-ji-fen-zhi

定义:道路运输从业人员在一个计分考核周期内,违法行为计分的累计分值

数据元类型:数字型

数据格式:n..3

4.3.3.3.9 从业人员计分考核计分人

编号:DY030303009

数据元名称:从业人员计分考核计分人

中文全拼:cong-ye-ren-yuan-ji-fen-kao-he-ji-fen-ren

定义:道路运输管理机构对从业人员违法行为执行计分的执法人员的姓名

数据元类型:字符型

数据格式:an..30

4.3.3.3.10 从业人员诚信考核等级

编号:DY030303010

数据元名称:从业人员诚信考核等级

中文全拼:cong-ye-ren-yuan-cheng-xin-kao-he-deng-ji

定义:道路运输管理机构根据从业人员计分累计分值评定的从业人员诚信等级

数据元类型:字符型

数据格式:an..8

值域:见表2序号31

4.3.3.3.11 从业人员诚信等级代码

编号:DY030303011

数据元名称:从业人员诚信等级代码

中文全拼:cong-ye-ren-yuan-cheng-xin-deng-ji-dai-ma

定义:用于标识道路运输从业人员诚信考核等级的代码

数据元类型:字符型

数据格式:an..3

值域:见表2序号31

4.3.3.3.12 从业人员诚信考核评定日期

编号:DY030303012

数据元名称:从业人员诚信考核评定日期

中文全拼:cong-ye-ren-yuan-cheng-xin-kao-he-ping-ding-ri-qi

定义:一个计分考核周期的道路运输从业人员诚信考核成绩评定的时间

数据元类型:日期型

数据格式:YYYYMMDD

4.3.3.4 从业人员交通事故登记信息

4.3.3.4.1 从业人员交通责任事故发生时间

编号:DY030304001

数据元名称:从业人员交通责任事故发生时间

中文全拼:cong-ye-ren-yuan-jiao-tong-ze-ren-shi-gu-fa-sheng-shi-jian

定义:道路运输从业人员交通责任事故发生的准确时间

数据元类型:日期型

数据格式:YYYYMMDDhhmm

4.3.3.4.2 从业人员交通责任事故发生地点

编号:DY030304002

数据元名称:从业人员交通责任事故发生地点
中文全拼:cong-ye-ren-yuan-jiao-tong-ze-ren-shi-gu-fa-sheng-di-dian
定义:道路运输从业人员发生交通责任事故的具体地点
数据元类型:字符型
数据格式:an..100

4.3.3.4.3　从业人员交通责任事故原因
编号:DY030304003
数据元名称:从业人员交通责任事故原因
中文全拼:cong-ye-ren-yuan-jiao-tong-ze-ren-shi-gu-yuan-yin
定义:道路运输从业人员发生交通责任事故的具体原因
数据元类型:字符型
数据格式:..ul

4.3.3.4.4　从业人员交通责任事故死亡人数
编号:DY030304004
数据元名称:从业人员交通责任事故死亡人数
中文全拼:cong-ye-ren-yuan-jiao-tong-ze-ren-shi-gu-si-wang-ren-shu
定义:道路运输从业人员发生交通责任事故造成的死亡人数
数据元类型:数字型
数据格式:n..3
计量单位:人

4.3.3.4.5　从业人员交通责任事故受伤人数
编号:DY030304005
数据元名称:从业人员交通责任事故受伤人数
中文全拼:cong-ye-ren-yuan-jiao-tong-ze-ren-shi-gu-shou-shang-ren-shu
定义:道路运输从业人员发生交通责任事故造成的受伤人员数量
数据元类型:数字型
数据格式:n..3
计量单位:人

4.3.3.4.6　从业人员交通责任事故责任
编号:DY030304006
数据元名称:从业人员交通责任事故责任
中文全拼:cong-ye-ren-yuan-jiao-tong-ze-ren-shi-gu-ze-ren
定义:道路运输从业人员发生交通责任事故造成的责任类型
数据元类型:字符型
数据格式:an..30
值域:见表2序号37

4.3.3.4.7　从业人员交通责任事故责任代码
编号:DY030304007
数据元名称:从业人员交通责任事故责任代码
中文全拼:cong-ye-ren-yuan-jiao-tong-ze-ren-shi-gu-ze-ren-dai-ma
定义:用于标识道路运输从业人员交通责任事故责任的代码
数据元类型:数字型
数据格式:n1

值域:见表 2 序号 37

4.3.3.4.8　从业人员交通责任事故经济损失

编号:DY030304008

数据元名称:从业人员交通责任事故经济损失

中文全拼:cong-ye-ren-yuan-jiao-tong-ze-ren-shi-gu-jing-ji-sun-shi

定义:道路运输从业人员交通责任事故造成的经济损失金额

数据元类型:数字型

数据格式:n..5,2

计量单位:万元

4.3.3.5　从业人员继续教育培训信息

4.3.3.5.1　从业人员培训日期

编号:DY030305001

数据元名称:从业人员培训日期

中文全拼:cong-ye-ren-yuan-pei-xun-ri-qi

定义:道路运输从业人员参加继续再教育培训的开始日期

数据元类型:日期型

数据格式:YYYYMMDD

4.3.3.5.2　从业人员培训学习内容

编号:DY030305002

数据元名称:从业人员培训学习内容

中文全拼:cong-ye-ren-yuan-pei-xun-xue-xi-nei-rong

定义:道路运输从业人员参加继续再教育培训学习的内容

数据元类型:字符型

数据格式:an..200

4.3.3.5.3　从业人员培训成绩

编号:DY030305003

数据元名称:从业人员培训成绩

中文全拼:cong-ye-ren-yuan-pei-xun-cheng-ji

定义:道路运输从业人员参加继续再教育培训学习后的考试成绩

数据元类型:数字型

数据格式:n..2

4.3.3.5.4　从业人员培训机构

编号:DY030305004

数据元名称:从业人员培训机构

中文全拼:cong-ye-ren-yuan-pei-xun-ji-gou

定义:道路运输从业人员参加继续再教育培训的组织培训机构的名称

数据元类型:字符型

数据格式:an..100

4.3.3.5.5　从业人员培训结业证书编号

编号:DY030305005

数据元名称:从业人员培训结业证书编号

中文全拼:cong-ye-ren-yuan-pei-xun-jie-ye-zheng-shu-bian-hao

定义:道路运输从业人员参加继续再教育培训结束后发放的培训结业证书的编号

数据元类型:字符型

数据格式:an..20

4.3.3.6 从业人员奖励信息

4.3.3.6.1 从业人员奖励机构

编号:DY030306001

数据元名称:从业人员奖励机构

中文全拼:cong-ye-ren-yuan-jiang-li-ji-gou

定义:对道路运输从业人员颁发奖励的政府部门或行业自律机构的名称

数据元类型:字符型

数据格式:an..50

4.3.3.6.2 从业人员获奖类型

编号:DY030306002

数据元名称:从业人员获奖类型

中文全拼:cong-ye-ren-yuan-huo-jiang-lei-xing

定义:道路运输从业人员获得政府部门或行业自律机构奖励的类型名称

数据元类型:字符型

数据格式:an..30

值域:见表2序号10

4.3.3.6.3 从业人员获奖类型代码

编号:DY030306003

数据元名称:从业人员获奖类型代码

中文全拼:cong-ye-ren-yuan-huo-jiang-lei-xing-dai-ma

定义:用于标识从业人员获奖类型的代码

数据元类型:字符型

数据格式:n4

值域:见表2序号10

4.3.3.6.4 从业人员获奖原因

编号:DY030306004

数据元名称:从业人员获奖原因

中文全拼:cong-ye-ren-yuan-huo-jiang-yuan-yin

定义:道路运输从业人员获得政府部门或行业自律机构获励的具体原因

数据元类型:字符型

数据格式:..ul

4.3.3.6.5 从业人员获奖日期

编号:DY030306005

数据元名称:从业人员获奖日期

中文全拼:cong-ye-ren-yuan-huo-jiang-ri-qi

定义:道路运输从业人员获得政府部门或行业自律机构获励的具体时间

数据元类型:日期型

数据格式:YYYYMMDD

4.3.4 道路运输证件管理信息

4.3.4.1 证照通用信息

4.3.4.1.1 证照有效期限自

编号:DY030401001

数据元名称:证照有效期限自

中文全拼:zheng-zhao-you-xiao-qi-xian-zi

定义:道路运输相关证照有效期的起始日期

数据元类型:日期型

数据格式:YYYYMMDD

4.3.4.1.2 证照有效期限至

编号:DY030401002

数据元名称:证照有效期限至

中文全拼:zheng-zhao-you-xiao-qi-xian-zhi

定义:道路运输相关证照有效期的截止日期

数据元类型:日期型

数据格式:YYYYMMDD

4.3.4.1.3 证照初次发放日期

编号:DY030401003

数据元名称:证照初次发放日期

中文全拼:zheng-zhao-chu-ci-fa-fang-ri-qi

定义:道路运输相关证照的初次发放日期

数据元类型:日期型

数据格式:YYYYMMDD

4.3.4.1.4 证照初次领取日期

编号:DY030401004

数据元名称:证照初次领取日期

中文全拼:zheng-zhao-chu-ci-ling-qu-ri-qi

定义:道路运输相关证照的初次领取日期

数据元类型:日期型

数据格式:YYYYMMDD

4.3.4.1.5 证照介质类型

编号:DY030401005

数据元名称:证照介质类型

中文全拼:zheng-zhao-jie-zhi-lei-xing

定义:制作道路运输相关证照所用的介质类型名称

数据元类型:字符型

数据格式:an..20

值域:

——纸质

——电子

——其他

4.3.4.2 证照补换信息

4.3.4.2.1 证照补换原因

编号:DY030402001

数据元名称:证照补换原因

中文全拼:zheng-zhao-bu-huan-yuan-yin

定义:申请补发或换发道路运输相关证照的原因

数据元类型:字符型

数据格式:an..10

值域:

——证照丢失

——证照污损

——经营状态变更

——证照信息变更

——证照到期

——证照改版

——其他

4.3.4.2.2 证照换证前号码

编号:DY030402002

数据元名称:证照换证前号码

中文全拼:zheng-zhao-huan-zheng-qian-hao-ma

定义:道路运输相关证照换发前的编号

数据元类型:字符型

数据格式:an..19

4.3.4.2.3 证照补换发日期

编号:DY030402003

数据元名称:证照补换发日期

中文全拼:zheng-zhao-bu-huan-fa-ri-qi

定义:道路运输相关证照补发或换发的具体时间

数据元类型:日期型

数据格式:YYYYMMDD

4.3.4.2.4 证照补换发领取日期

编号:DY030402004

数据元名称:证照补换发领取日期

中文全拼:zheng-zhao-bu-huan-fa-ling-qu-ri-qi

定义:补发或换发道路运输相关证照后的证照领取时间

数据元类型:日期型

数据格式:YYYYMMDD

4.3.5 客运班线管理

4.3.5.1 客运班线名称

编号:DY030500001

数据元名称:客运班线名称

中文全拼:ke-yun-ban-xian-ming-cheng

定义:道路运输管理机构规划的客运班线的名称

数据元类型:字符型

数据格式:an..100

4.3.5.2 客运班线代码

编号:DY030500002

数据元名称:客运班线代码

中文全拼:ke-yun-ban-xian-dai-ma

定义:用于标识道路旅客运输客运班线的代码

数据元类型:字符型

数据格式:an25

值域:见表 2 序号 39

4.3.5.3 是否农村客运班线

编号:DY030500003

数据元名称:是否农村客运班线

中文全拼:shi-fou-nong-cun-ke-yun-ban-xian

定义:对农村道路客运线路的标识

数据元类型:布尔型

数据格式:n1

值域:0:否;1:是

4.3.5.4 是否旅游客运班线

编号:DY030500004

数据元名称:是否旅游客运班线

中文全拼:shi-fou-lv-you-ke-yun-ban-xian

定义:对道路运输旅游线路的标识

数据元类型:布尔型

数据格式:n1

值域:0:否;1:是

备注:与经营区域组配使用

4.3.5.5 是否公交客运班线

编号:DY030500005

数据元名称:是否公交客运班线

中文全拼:shi-fou-gong-jiao-ke-yun-ban-xian

定义:对道路运输公交线路的标识

数据元类型:布尔型

数据格式:n1

值域:0:否;1:是

备注:与经营区域组配使用

4.3.5.6 客运班线经营区域

编号:DY030500006

数据元名称:客运班线经营区域

中文全拼:ke-yun-ban-xian-jing-ying-qu-yu

定义:道路旅客运输客运班线的经营区域类型的名称

数据元类型:字符型

数据格式:an..4

值域:见表 2 序号 40

备注:与线路性质组配使用

4.3.5.7 客运班线经营区域代码

编号:DY030500007

数据元名称:客运班线经营区域代码

中文全拼:ke-yun-ban-xian-jing-ying-qu-yu-dai-ma
定义:用于标识道路旅客运输客运班线经营区域类型的代码
数据元类型:字符型
数据格式:n1
值域:见表2序号40

4.3.5.8　客运班线类型
编号:DY030500008
数据元名称:客运班线类型
中文全拼:ke-yun-ban-xian-lei-xing
定义:道路旅客运输客运班线按经营区域和线路长度特性进行分类后的类型名称
数据元类型:字符型
数据格式:an..12
值域:见表2序号41

4.3.5.9　客运班线类型代码
编号:DY030500009
数据元名称:客运班线类型代码
中文全拼:ke-yun-ban-xian-lei-xing-dai-ma
定义:用于标识道路旅客运输客运班线类型的代码
数据元类型:字符型
数据格式:n1
值域:见表2序号41

4.3.5.10　客运班线始发地名称
编号:DY030500010
数据元名称:客运班线始发地名称
中文全拼:ke-yun-ban-xian-shi-fa-di-ming-cheng
定义:道路旅客运输客运班线始发地的名称
数据元类型:字符型
数据格式:an..100
值域:见5.19

4.3.5.11　客运班线始发地代码
编号:DY030500011
数据元名称:客运班线始发地代码
中文全拼:ke-yun-ban-xian-shi-fa-di-dai-ma
定义:用于标识道路旅客运输客运班线始发地的代码
数据元类型:字符型
数据格式:n6
值域:见5.19

4.3.5.12　客运班线终到地名称
编号:DY030500012
数据元名称:客运班线终到地名称
中文全拼:ke-yun-ban-xian-zhong-dao-di-ming-cheng
定义:道路旅客运输客运班线终到地的名称
数据元类型:字符型

数据格式:an..100

值域:见5.19

4.3.5.13 客运班线终到地代码

编号:DY030500013

数据元名称:客运班线终到地代码

中文全拼:ke-yun-ban-xian-zhong-dao-di-dai-ma

定义:用于标识道路旅客运输客运班线终到地的代码

数据元类型:字符型

数据格式:n6

值域:见5.19

4.3.5.14 客运班线途经主要地点

编号:DY030500014

数据元名称:客运班线途经主要地点

中文全拼:ke-yun-ban-xian-tu-jing-zhu-yao-di-dian

定义:道路旅客运输客运班线途中经过的主要地点名称

数据元类型:字符型

数据格式:..ul

4.3.5.15 客运班线里程

编号:DY030500015

数据元名称:客运班线里程

中文全拼:ke-yun-ban-xian-li-cheng

定义:道路旅客运输客运班线从始发地到终到地的行驶总里程

数据元类型:数字型

数据格式:n..6,1

计量单位:千米(km)

4.3.5.16 客运班线高速里程

编号:DY030500016

数据元名称:客运班线高速里程

中文全拼:ke-yun-ban-xian-gao-su-li-cheng

定义:道路旅客运输客运班线从始发地到终到地运营过程中行驶的高速公路里程

数据元类型:数字型

数据格式:n..6,1

计量单位:千米(km)

4.3.5.17 客运班线营运状态

编号:DY030500017

数据元名称:客运班线营运状态

中文全拼:ke-yun-ban-xian-ying-yun-zhuang-tai

定义:道路旅客运输客运班线当前实际运营情况

数据元类型:字符型

数据格式:an..8

值域:见表2序号42

4.3.5.18 客运班线营运状态代码

编号:DY030500018

数据元名称:客运班线营运状态代码
中文全拼:ke-yun-ban-xian-ying-yun-zhuang-tai-dai-ma
定义:用于标识客运班线营运状态的代码
数据元类型:字符型
数据格式:n1
值域:见表2序号42

4.3.6 道路运输票证管理

4.3.6.1 票证基本信息

4.3.6.1.1 票证名称

编号:DY030601001
数据元名称:票证名称
中文全拼:piao-zheng-ming-cheng
定义:用于道路运输管理的各种票据、证照、牌照的名称
数据元类型:字符型
数据格式:an..60
值域:见表2序号43

4.3.6.1.2 票证名称代码

编号:DY030601002
数据元名称:票证名称代码
中文全拼:piao-zheng-ming-cheng-dai-ma
定义:用于标识道路运输管理用票证名称的代码
数据元类型:字符型
数据格式:an..20
值域:见表2序号43

4.3.6.1.3 票证规格

编号:DY030601003
数据元名称:票证规格
中文全拼:piao-zheng-gui-ge
定义:道路运输管理用票证的样式
数据元类型:字符型
数据格式:an..100

4.3.6.1.4 票证每本数量

编号:DY030601004
数据元名称:票证每本数量
中文全拼:piao-zheng-mei-ben-shu-liang
定义:道路运输管理用纸制票证按本装订的每本张数
数据元类型:数字型
数据格式:n..4

4.3.6.1.5 票证票面金额

编号:DY030601005
数据元名称:票证票面金额
中文全拼:piao-zheng-piao-mian-jin-e
定义:道路运输管理用纸制定额票证其每张的票面金额

数据元类型:数字型
数据格式:n..9,2
计量单位:元

4.3.6.1.6 票证工本费

编号:DY030601006
数据元名称:票证工本费
中文全拼:piao-zheng-gong-ben-fei
定义:购买单位规格的道路运输管理用票证的费用
数据元类型:数字型
数据格式:n..9,2
计量单位:元

4.3.6.1.7 票证状态

编号:DY030601007
数据元名称:票证状态
中文全拼:piao-zheng-zhuang-tai
定义:库存的道路运输管理用票证的当前有效状态
数据元类型:字符型
数据格式:an..4
值域:见表2序号44

4.3.6.1.8 票证状态代码

编号:DY030601008
数据元名称:票证状态代码
中文全拼:piao-zheng-zhuang-tai-dai-ma
定义:用于标识道路运输管理用票证状态的代码
数据元类型:字符型
数据格式:an..4
值域:见表2序号44

4.3.6.1.9 票证组号

编号:DY030601009
数据元名称:票证组号
中文全拼:piao-zheng-zu-hao
定义:道路运输管理用票证的分组编号
数据元类型:字符型
数据格式:an..20

4.3.6.1.10 票证编号

编号:DY030601010
数据元名称:票证编号
中文全拼:piao-zheng-bian-hao
定义:用于标识道路运输管理用票证每一张的编号
数据元类型:字符型
数据格式:an..20

4.3.6.2 票证入库信息

4.3.6.2.1 票证入库始号

编号:DY030602001
数据元名称:票证入库始号
中文全拼:piao-zheng-ru-ku-shi-hao
定义:带有编号的道路运输管理用票证登记入库时的票证起始号码
数据元类型:字符型
数据格式:an..20

4.3.6.2.2 票证入库止号
编号:DY030602002
数据元名称:票证入库止号
中文全拼:piao-zheng-ru-ku-zhi-hao
定义:带有编号的道路运输管理用票证登记入库时的票证截止号码
数据元类型:字符型
数据格式:an..20

4.3.6.2.3 票证入库日期
编号:DY030602003
数据元名称:票证入库日期
中文全拼:piao-zheng-ru-ku-ri-qi
定义:道路运输管理用票证登记入库的日期
数据元类型:日期型
数据格式:YYYYMMDD

4.3.6.2.4 票证入库数量
编号:DY030602004
数据元名称:票证入库数量
中文全拼:piao-zheng-ru-ku-shu-liang
定义:道路运输管理用各类票证入库时的入库张数
数据元类型:数字型
数据格式:n..10

4.3.6.2.5 票证经办人
编号:DY030602005
数据元名称:票证经办人
中文全拼:piao-zheng-jing-ban-ren
定义:负责道路运输管理用各类票证入库具体办理工作的人员
数据元类型:字符型
数据格式:an..30

4.3.6.2.6 票证审核人
编号:DY030602006
数据元名称:票证审核人
中文全拼:piao-zheng-shen-he-ren
定义:负责道路运输管理用各类票证入库审核的人员
数据元类型:字符型
数据格式:an..30

4.3.6.3 票证结存信息

4.3.6.3.1 票证结存始号

编号:DY030603001

数据元名称:票证结存始号

中文全拼:piao-zheng-jie-cun-shi-hao

定义:在道路运输管理用票证的结存时点记录该票证结余号段的起始号码

数据元类型:字符型

数据格式:an..20

4.3.6.3.2　票证结存止号

编号:DY030603002

数据元名称:票证结存止号

中文全拼:piao-zheng-jie-cun-zhi-hao

定义:在道路运输管理用票证的结存时点记录该票证结余号段的截止号码

数据元类型:字符型

数据格式:an..20

4.3.6.3.3　票证结存日期

编号:DY030603003

数据元名称:票证结存日期

中文全拼:piao-zheng-jie-cun-ri-qi

定义:道路运输管理用票证的结存日期

数据元类型:日期型

数据格式:YYYYMMDD

4.3.6.3.4　票证结存数量

编号:DY030603004

数据元名称:票证结存数量

中文全拼:piao-zheng-jie-cun-shu-liang

定义:道路运输管理用票证的结存张数

数据元类型:数字型

数据格式:n..10

4.3.6.4　票证领取发放信息

4.3.6.4.1　票证领取始号

编号:DY030604001

数据元名称:票证领取始号

中文全拼:piao-zheng-ling-qu-shi-hao

定义:批量领取道路运输管理用票证时记录的票证起始编号

数据元类型:字符型

数据格式:an..20

4.3.6.4.2　票证领取止号

编号:DY030604002

数据元名称:票证领取止号

中文全拼:piao-zheng-ling-qu-zhi-hao

定义:批量领取道路运输管理用票证时记录的票证截止编号

数据元类型:字符型

数据格式:an..20

4.3.6.4.3　票证领取数量

编号:DY030604003
数据元名称:票证领取数量
中文全拼:piao-zheng-ling-qu-shu-liang
定义:批量领用道路运输管理用票证的总数量
数据元类型:数字型
数据格式:n..10

4.3.6.4.4 票证领取单位

编号:DY030604004
数据元名称:票证领取单位
中文全拼:piao-zheng-ling-qu-dan-wei
定义:领用道路运输管理用票证的具体部门
数据元类型:字符型
数据格式:an..100

4.3.6.4.5 票证领取人

编号:DY030604005
数据元名称:票证领取人
中文全拼:piao-zheng-ling-qu-ren
定义:领用道路运输管理用各类票证的具体经办人
数据元类型:字符型
数据格式:an..30

4.3.6.4.6 票证领取日期

编号:DY030604006
数据元名称:票证领取日期
中文全拼:piao-zheng-ling-qu-ri-qi
定义:领用道路运输管理用各类票证的日期
数据元类型:日期型
数据格式:YYYYMMDD

4.3.6.4.7 票证发放单位

编号:DY030604007
数据元名称:票证发放单位
中文全拼:piao-zheng-fa-fang-dan-wei
定义:负责道路运输管理用各类票证批量发放的具体部门
数据元类型:字符型
数据格式:an..100

4.3.6.4.8 票证发放人

编号:DY030604008
数据元名称:票证发放人
中文全拼:piao-zheng-fa-fang-ren
定义:负责道路运输管理用各类票证批量发放的具体经办人
数据元类型:字符型
数据格式:an..30

4.3.6.4.9 票证审核人

编号:DY030604009

数据元名称:票证审核人
中文全拼:piao-zheng-shen-he-ren
定义:负责道路运输管理用各类票证出库审核的人员
数据元类型:字符型
数据格式:an..30

4.3.6.5 票证核销信息

4.3.6.5.1 票证核销始号

编号:DY030605001
数据元名称:票证核销始号
中文全拼:piao-zheng-he-xiao-shi-hao
定义:核销的道路运输管理用各类票证的起始号
数据元类型:字符型
数据格式:an..20

4.3.6.5.2 票证核销止号

编号:DY030605002
数据元名称:票证核销止号
中文全拼:piao-zheng-he-xiao-zhi-hao
定义:核销的道路运输管理用各类票证的截止号
数据元类型:字符型
数据格式:an..20

4.3.6.5.3 票证核销日期

编号:DY030605003
数据元名称:票证核销日期
中文全拼:piao-zheng-he-xiao-ri-qi
定义:核销的道路运输管理用各类票证的具体时间
数据元类型:日期型
数据格式:YYYYMMDD

4.3.6.5.4 票证核销数量

编号:DY030605004
数据元名称:票证核销数量
中文全拼:piao-zheng-he-xiao-shu-liang
定义:核销的道路运输管理用各类票证的总数量
数据元类型:数字型
数据格式:n..6

4.3.6.5.5 票证核销金额

编号:DY030605005
数据元名称:票证核销金额
中文全拼:piao-zheng-he-xiao-jin-e
定义:核销的道路运输管理用各类票证票面总金额
数据元类型:数字型
数据格式:n..9,2
计量单位:元

4.3.6.5.6 票证核销单位

编号:DY030605006

数据元名称:票证核销单位

中文全拼:piao-zheng-he-xiao-dan-wei

定义:负责核销道路运输管理用各类票证的具体部门的名称

数据元类型:字符型

数据格式:an..100

4.3.6.5.7　票证核销负责人

编号:DY030605007

数据元名称:票证核销负责人

中文全拼:piao-zheng-he-xiao-fu-ze-ren

定义:道路运输管理用各类票证核销审核的负责人

数据元类型:字符型

数据格式:an..30

4.3.6.5.8　票证核销人

编号:DY030605008

数据元名称:票证核销人

中文全拼:piao-zheng-he-xiao-ren

定义:具体执行票证核销的经办人

数据元类型:字符型

数据格式:an..30

4.3.6.5.9　票证监销人

编号:DY030605009

数据元名称:票证监销人

中文全拼:piao-zheng-jian-xiao-ren

定义:对道路运输管理用各类票证核销执行情况进行监督的人员

数据元类型:字符型

数据格式:an..30

4.3.7　道路运输档案变更信息

4.3.7.1　档案变更事项

编号:DY030700001

数据元名称:档案变更事项

中文全拼:dang-an-bian-geng-shi-xiang

定义:道路运输经营业户、车辆、从业人员、线路、设备和设施等档案信息变更事项的名称

数据元类型:字符型

数据格式:an..50

4.3.7.2　档案变更前内容

编号:DY030700002

数据元名称:档案变更前内容

中文全拼:dang-an-bian-geng-qian-nei-rong

定义:档案事项变更前的内容

数据元类型:字符型

数据格式:a..200

4.3.7.3　档案变更日期

编号:DY030700003

数据元名称:档案变更日期

中文全拼:dang-an-bian-geng-ri-qi

定义:档案事项变更的日期

数据元类型:日期型

数据格式:YYYYMMDD

4.3.8 道路运输状态管理信息

4.3.8.1 业户状况

编号:DY030800001

数据元名称:业户状况

中文全拼:ye-hu-zhuang-kuang

定义:道路运输经营业户在道路运输经营过程中经营状况的描述

数据元类型:字符型

数据格式:an..10

值域:见表2序号45

4.3.8.2 业户状况代码

编号:DY030800002

数据元名称:业户状况代码

中文全拼:ye-hu-zhuang-kuang-dai-ma

定义:用于标识道路运输业户状况的代码

数据元类型:字符型

数据格式:n1

值域:见表2序号45

4.3.8.3 车辆状况

编号:DY030800003

数据元名称:车辆状况

中文全拼:che-liang-zhuang-kuang

定义:道路运输车辆在经营过程中对经营状况的描述

数据元类型:字符型

数据格式:an..10

值域:见表2序号46

4.3.8.4 车辆状况代码

编号:DY030800004

数据元名称:车辆状况代码

中文全拼:che-liang-zhuang-kuang-dai-ma

定义:用于标识道路运输机构类型的代码

数据元类型:字符型

数据格式:n2

值域:见表2序号46

4.3.8.5 从业人员状况

编号:DY030800005

数据元名称:从业人员状况

中文全拼:cong-ye-ren-yuan-zhuang-kuang

定义:道路运输从业人员在经营过程中对从业状况的描述

数据元类型:字符型

数据格式:an..10

值域:见表2序号47

4.3.8.6 从业人员状况代码

编号:DY030800006

数据元名称:从业人员状况代码

中文全拼:cong-ye-ren-yuan-zhuang-kuang-dai-ma

定义:用于标识道路运输从业人员状况的代码

数据元类型:字符型

数据格式:n4

值域:见表2序号47

4.3.8.7 班车线路状况

编号:DY030800007

数据元名称:班车线路状况

中文全拼:ban-che-xian-lu-zhuang-kuang

定义:道路客运班车线路在道路运输经营过程中对经营状况的描述

数据元类型:字符型

数据格式:an..8

值域:见表2序号42

4.3.8.8 班车线路状况代码

编号:DY030800008

数据元名称:班车线路状况代码

中文全拼:ban-che-xian-lu-zhuang-kuang-dai-ma

定义:用于标识道路客运班车线路状况的代码

数据元类型:字符型

数据格式:n1

值域:见表2序号42

4.3.8.9 基础设施状况

编号:DY030800009

数据元名称:基础设施状况

中文全拼:ji-chu-she-shi-zhuang-kuang

定义:道路运输基础设施在道路运输经营过程中对经营状况的描述

数据元类型:字符型

数据格式:an..8

值域:见5.20

4.3.8.10 基础设施状况代码

编号:DY030800010

数据元名称:基础设施状况代码

中文全拼:ji-chu-she-shi-zhuang-kuang-dai-ma

定义:用于标识道路运输基础设施经营状况的代码

数据元类型:字符型

数据格式:n1

值域:见 5.20

4.3.8.11 道路运输设备状况

编号:DY030800011

数据元名称:道路运输设备状况

中文全拼:dao-lu-yun-shu-she-bei-zhuang-kuang

定义:道路运输设备在道路运输经营过程中对经营状况的描述

数据元类型:字符型

数据格式:an..8

值域:见表 2 序号 48

4.3.8.12 道路运输设备状况代码

编号:DY030800012

数据元名称:道路运输设备状况代码

中文全拼:dao-lu-yun-shu-she-bei-zhuang-kuang-dai-ma

定义:用于标识道路运输设备状况的代码

数据元类型:字符型

数据格式:n1

值域:见表 2 序号 48

4.3.8.13 规费缴纳状态

编号:DY030800013

数据元名称:规费缴纳状态

中文全拼:gui-fei-jiao-na-zhuang-tai

定义:道路运输经营业户或运输车辆缴纳运输规费情况的描述

数据元类型:字符型

数据格式:an..8

值域:

——已缴

——未缴

——暂停缴费

——其他

4.3.8.14 违法行为处理状态

编号:DY030800014

数据元名称:违法行为处理状态

中文全拼:wei-fa-xing-wei-chu-li-zhuang-tai

定义:道路运输经营业户或道路运输从业人员违法行为处理情况的描述

数据元类型:字符型

数据格式:an..8

值域:

——已处理

——未处理

——正在处理

——其他

4.3.8.15 车辆二级维护状态

编号:DY030800015

数据元名称:车辆二级维护状态

中文全拼:che-liang-er-ji-wei-hu-zhuang-tai

定义:道路运输车辆二级维护的情况的描述

数据元类型:字符型

数据格式:an..8

值域:

——已维护

——未维护

——其他

4.3.8.16　车辆投保状态

编号:DY030800016

数据元名称:车辆投保状态

中文全拼:che-liang-tou-bao-zhuang-tai

定义:道路运输车辆投保情况的描述

数据元类型:字符型

数据格式:an..8

值域:

——已投保

——未投保

——投保未达标

——其他

4.3.8.17　证照状态

编号:DY030800017

数据元名称:证照状态

中文全拼:zheng-zhao-zhuang-tai

定义:道路运输证照的使用状态的描述

数据元类型:字符型

数据格式:an..8

值域:

——有效

——无效

——挂失

——其他

4.4　道路运输行政处罚信息

4.4.1　道路运输行政处罚立案信息

4.4.1.1　违法行为立案理由

编号:DY040100001

数据元名称:违法行为立案理由

中文全拼:wei-fa-xing-wei-li-an-li-you

定义:由道路运输违法案件当事人名称、案件发生时间和地点、违法类型、违法内容等五项数据元组成,用于描述拟立案调查的违法行为的基本情况

数据元类型:字符型

数据格式:..ul

4.4.1.2 案件来源

编号:DY040100002

数据元名称:案件来源

中文全拼:an-jian-lai-yuan

定义:道路运输行政处罚机构立案处理的道路运输违法案件的来源渠道

数据元类型:字符型

数据格式:an..30

值域:见表2序号49

4.4.1.3 案件来源代码

编号:DY040100003

数据元名称:案件来源代码

中文全拼:an-jian-lai-yuan-dai-ma

定义:用于标识案件来源的代码

数据元类型:字符型

数据格式:n1

值域:见表2序号49

4.4.1.4 案件行政处罚程序

编号:DY040100004

数据元名称:案件行政处罚程序

中文全拼:an-jian-xing-zheng-chu-fa-cheng-xu

定义:道路运输行政处罚机构处理其违法行为案件所采用的程序类型

数据元类型:字符型

数据格式:a8

值域:

——简易程序

——一般程序

4.4.1.5 行政处罚对象

编号:DY040100005

数据元名称:行政处罚对象

中文全拼:xing-zheng-chu-fa-dui-xiang

定义:道路运输行政处罚机构对其违法行为展开调查和执行处罚的实体对象

数据元类型:字符型

数据格式:a..8

值域:

——经营业户

——从业人员

——其他

4.4.1.6 案件发生时间

编号:DY040100006

数据元名称:案件发生时间

中文全拼:an-jian-fa-sheng-shi-jian

定义:道路运输违法案件当事人涉嫌违反道路运输法律、法规、规章的准确时间

数据元类型:日期时间型

数据格式:YYYYMMDDhhmm

4.4.1.7 案件发生地点

编号:DY040100007

数据元名称:案件发生地点

中文全拼:an-jian-fa-sheng-di-dian

定义:道路运输违法案件当事人涉嫌违反其法律、法规、规章的行为发生地点

数据元类型:字符型

数据格式:an..100

4.4.1.8 违法类型

编号:DY040100008

数据元名称:违法类型

中文全拼:wei-fa-lei-xing

定义:道路运输违法案件当事人涉嫌违反道路运输法律、法规、规章的具体条款标识

数据元类型:字符型

数据格式:an..50

值域:见5.18

4.4.1.9 违法类型代码

编号:DY040100009

数据元名称:违法类型代码

中文全拼:wei-fa-lei-xing-dai-ma

定义:用于标识道路运输违法行为的代码

数据元类型:字符型

数据格式:n11

值域:见5.18

4.4.1.10 违法内容

编号:DY040100010

数据元名称:违法内容

中文全拼:wei-fa-nei-rong

定义:道路运输违法案件当事人涉嫌违反道路运输法律、法规、规章的具体内容

数据元类型:字符型

数据格式:..ul

4.4.1.11 违法车辆车籍地运管机构

编号:DY040100011

数据元名称:违法车辆车籍地运管机构

中文全拼:wei-fa-che-liang-che-ji-di-yun-guan-ji-gou

定义:涉嫌违反道路运输法律、法规、规章的运输车辆车籍所在地的行政处罚机构的名称

数据元类型:字符型

数据格式:an..100

4.4.1.12 移动稽查设备编号

编号:DY040100012

数据元名称:移动稽查设备编号

中文全拼:yi-dong-ji-cha-she-bei-bian-hao

定义:道路运输行政处罚机构为移动稽查道路运输设备编制的号码或者设备的出厂编号

数据元类型:字符型

数据格式:an..30

4.4.1.13 违法行为立案日期

编号:DY040100013

数据元名称:违法行为立案日期

中文全拼:wei-fa-xing-wei-li-an-ri-qi

定义:道路运输行政处罚机构受理道路运输违法案件的日期

数据元类型:日期型

数据格式:YYYYMMDD

4.4.2 道路运输行政处罚调查取证信息

4.4.2.1 道路运输行政处罚询问及笔录信息

4.4.2.1.1 案件询问时间

编号:DY040201001

数据元名称:案件询问时间

中文全拼:an-jian-xun-wen-shi-jian

定义:道路运输行政处罚机构在调查取证的过程中进行询问的准确时间

数据元类型:日期时间型

数据格式:YYYYMMDDhhmm

4.4.2.1.2 案件询问地点

编号:DY040201002

数据元名称:案件询问地点

中文全拼:an-jian-xun-wen-di-dian

定义:道路运输行政处罚机构在调查取证的过程中进行询问的具体地点

数据元类型:字符型

数据格式:an..100

4.4.2.1.3 案件被询问人姓名

编号:DY040201003

数据元名称:案件被询问人姓名

中文全拼:an-jian-bei-xun-wen-ren-xing-ming

定义:道路运输行政处罚机构在调查取证过程中被询问人的姓名

数据元类型:字符型

数据格式:an..100

4.4.2.1.4 案件被询问人身份

编号:DY040201004

数据元名称:案件被询问人身份

中文全拼:an-jian-bei-xun-wen-ren-shen-fen

定义:道路运输行政处罚机构在调查取证过程中被询问人与道路运输违法案件的关系

数据元类型:字符型

数据格式:a..6

值域:

——当事人

——证明人

——其他

4.4.2.1.5 案件被询问人性别

编号:DY040201005

数据元名称:案件被询问人性别

中文全拼:an-jian-bei-xun-wen-ren-xing-bie

定义:道路运输违法案件当事人的性别

数据元类型:字符型

数据格式:a..6

值域:见表2序号3

4.4.2.1.6 案件被询问人性别代码

编号:DY040201006

数据元名称:案件被询问人性别代码

中文全拼:an-jian-bei-xun-wen-ren-xing-bie-dai-ma

定义:道路运输违法案件当事人的性别代码

数据元类型:字符型

数据格式:n1

值域:见表2序号3

4.4.2.1.7 案件被询问人年龄

编号:DY040201007

数据元名称:案件被询问人年龄

中文全拼:an-jian-bei-xun-wen-ren-nian-ling

定义:道路运输违法案件当事人的年龄

数据元类型:数字型

数据格式:n..3

计量单位:周岁

4.4.2.1.8 案件被询问人身份证件类别

编号:DY040201008

数据元名称:案件被询问人身份证件类别

中文全拼:an-jian-bei-xun-wen-ren-shen-fen-zheng-jian-lei-bie

定义:道路运输违法案件当事人的身份证件类别名称

数据元类型:字符型

数据格式:a..20

值域:见5.4

4.4.2.1.9 案件被询问人身份证件类别代码

编号:DY040201009

数据元名称:案件被询问人身份证件类别代码

中文全拼:an-jian-bei-xun-wen-ren-shen-fen-zheng-jian-lei-bie-dai-ma

定义:用于标识案件被询问人身份证件类别的代码

数据元类型:字符型

数据格式:n1

值域:见5.4

4.4.2.1.10 案件被询问人身份证件编号

编号:DY040201010

数据元名称:案件被询问人身份证件编号

中文全拼:an-jian-bei-xun-wen-ren-shen-fen-zheng-jian-bian-hao
定义:道路运输违法案件当事人的身份证件的号码
数据元类型:字符型
数据格式:n1

4.4.2.1.11　案件被询问人工作单位
编号:DY040201011
数据元名称:案件被询问人工作单位
中文全拼:an-jian-bei-xun-wen-ren-gong-zuo-dan-wei
定义:道路运输违法案件当事人的工作单位名称
数据元类型:字符型
数据格式:an..100

4.4.2.1.12　案件被询问人职务
编号:DY040201012
数据元名称:案件被询问人职务
中文全拼:an-jian-bei-xun-wen-ren-zhi-wu
定义:道路运输违法案件被询问人的职务
数据元类型:字符型
数据格式:an..12
值域:见表2序号6

4.4.2.1.13　案件被询问人职务代码
编号:DY040201013
数据元名称:案件被询问人职务代码
中文全拼:an-jian-bei-xun-wen-ren-zhi-wu-dai-ma
定义:用于标识案件被询问人职务的代码
数据元类型:字符型
数据格式:an4
值域:见表2序号6

4.4.2.1.14　案件被询问人联系电话
编号:DY040201014
数据元名称:案件被询问人联系电话
中文全拼:an-jian-bei-xun-wen-ren-lian-xi-dian-hua
定义:道路运输违法案件当事人的联系电话
数据元类型:字符型
数据格式:an..18

4.4.2.1.15　案件被询问人联系地址
编号:DY040201015
数据元名称:案件被询问人联系地址
中文全拼:an-jian-bei-xun-wen-ren-lian-xi-di-zhi
定义:道路运输违法案件当事人的通信地址
数据元类型:字符型
数据格式:an..100

4.4.2.1.16　案件被询问人邮政编码
编号:DY040201016

数据元名称:案件被询问人邮政编码

中文全拼:an-jian-bei-xun-wen-ren-you-zheng-bian-ma

定义:道路运输违法案件当事人的通信地址的邮政编码

数据元类型:字符型

数据格式:n6

4.4.2.1.17 案件询问问题

编号:DY040201017

数据元名称:案件询问问题

中文全拼:an-jian-xun-wen-wen-ti

定义:道路运输行政处罚机构调查取证过程中执法人员向违法案件当事人和证人提出的问题

数据元类型:字符型

数据格式:an..100

4.4.2.1.18 案件回答内容

编号:DY040201018

数据元名称:案件回答内容

中文全拼:an-jian-hui-da-nei-rong

定义:道路运输行政处罚机构调查取证的过程中当事人和证人回答询问人问题的具体内容

数据元类型:字符型

数据格式:..ul

4.4.2.2 道路运输行政处罚勘验及结果信息

4.4.2.2.1 案件勘验开始时间

编号:DY040202001

数据元名称:案件勘验开始时间

中文全拼:an-jian-kan-yan-kai-shi-shi-jian

定义:道路运输行政处罚机构调查取证过程中开始勘验的准确时间

数据元类型:日期时间型

数据格式:YYYYMMDDhhmm

4.4.2.2.2 案件勘验结束时间

编号:DY040202002

数据元名称:案件勘验结束时间

中文全拼:an-jian-kan-yan-jie-shu-shi-jian

定义:道路运输行政处罚机构调查取证过程中结束勘验的准确时间

数据元类型:日期时间型

数据格式:YYYYMMDDhhmm

4.4.2.2.3 案件勘验天气情况

编号:DY040202003

数据元名称:案件勘验天气情况

中文全拼:an-jian-kan-yan-tian-qi-qing-kuang

定义:道路运输行政处罚机构调查取证过程中进行勘验时的天气情况

数据元类型:字符型

数据格式:an..100

4.4.2.2.4 案件勘验场所

编号:DY040202004

数据元名称:案件勘验场所

中文全拼:an-jian-kan-yan-chang-suo

定义:道路运输行政处罚机构调查取证过程中进行勘验的具体地点名称

数据元类型:字符型

数据格式:an..100

4.4.2.2.5 案件勘验被邀请人姓名

编号:DY040202005

数据元名称:案件勘验被邀请人姓名

中文全拼:an-jian-kan-yan-bei-yao-qing-ren-xing-ming

定义:被道路运输行政处罚机构邀请参加道路运输违法案件勘验调查人的姓名

数据元类型:字符型

数据格式:an..100

4.4.2.2.6 案件勘验被邀请人工作单位名称

编号:DY040202006

数据元名称:案件勘验被邀请人工作单位名称

中文全拼:an-jian-kan-yan-bei-yao-qing-ren-gong-zuo-dan-wei-ming-cheng

定义:道路运输违法案件勘验调查被邀请人的工作单位名称

数据元类型:字符型

数据格式:an..100

4.4.2.2.7 案件勘验被邀请人职务

编号:DY040202007

数据元名称:案件勘验被邀请人职务

中文全拼:an-jian-kan-yan-bei-yao-qing-ren-zhi-wu

定义:道路运输违法案件勘验调查被邀请人的职务

数据元类型:字符型

数据格式:an..12

值域:见表2序号6

4.4.2.2.8 案件勘验被邀请人职务代码

编号:DY040202008

数据元名称:案件勘验被邀请人职务代码

中文全拼:an-jian-kan-yan-bei-yao-qing-ren-zhi-wu-dai-ma

定义:用于标识案件被邀请人职务的代码

数据元类型:字符型

数据格式:an4

值域:见表2序号6

4.4.2.2.9 案件勘验情况

编号:DY040202009

数据元名称:案件勘验情况

中文全拼:an-jian-kan-yan-qing-kuang

定义:道路运输行政处罚机构调查取证过程中进行勘验的情况说明

数据元类型:字符型

数据格式:..ul

4.4.2.2.10 案件勘验结果

编号:DY040202010
数据元名称:案件勘验结果
中文全拼:an-jian-kan-yan-jie-guo
定义:道路运输行政处罚机构调查取证过程中经勘验后形成的结论
数据元类型:字符型
数据格式:..ul

4.4.2.3 违法车辆暂扣信息

4.4.2.3.1 违法车辆暂扣凭证编号
编号:DY040203001
数据元名称:违法车辆暂扣凭证编号
中文全拼:wei-fa-che-liang-zan-kou-ping-zheng-bian-hao
定义:道路运输行政处罚机构依法暂扣涉嫌违法车辆的凭证编号
数据元类型:字符型
数据格式:an..30

4.4.2.3.2 违法暂扣车辆门锁状况
编号:DY040203002
数据元名称:违法暂扣车辆门锁状况
中文全拼:wei-fa-zan-kou-che-liang-men-suo-zhuang-kuang
定义:道路运输行政处罚机构调查取证的过程中暂扣车辆的门锁状况
数据元类型:字符型
数据格式:an..16

4.4.2.3.3 违法暂扣车辆轮胎状况
编号:DY040203003
数据元名称:违法暂扣车辆轮胎状况
中文全拼:wei-fa-zan-kou-che-liang-lun-tai-zhuang-kuang
定义:道路运输行政处罚机构调查取证的过程中暂扣车辆的轮胎状况
数据元类型:字符型
数据格式:an..16

4.4.2.3.4 违法暂扣车辆车灯状况
编号:DY040203004
数据元名称:违法暂扣车辆车灯状况
中文全拼:wei-fa-zan-kou-che-liang-che-deng-zhuang-kuang
定义:道路运输行政处罚机构调查取证的过程中暂扣车辆的车灯状况
数据元类型:字符型
数据格式:an..16

4.4.2.3.5 违法暂扣车辆玻璃状况
编号:DY040203005
数据元名称:违法暂扣车辆玻璃状况
中文全拼:wei-fa-zan-kou-che-liang-bo-li-zhuang-kuang
定义:道路运输行政处罚机构调查取证的过程中暂扣车辆的车窗玻璃状况
数据元类型:字符型
数据格式:an..16

4.4.2.3.6 违法暂扣车辆后视镜状况

编号:DY040203006

数据元名称:违法暂扣车辆后视镜状况

中文全拼:wei-fa-zan-kou-che-liang-hou-shi-jing-zhuang-kuang

定义:道路运输行政处罚机构调查取证的过程中暂扣车辆的后视镜状况

数据元类型:字符型

数据格式:an..16

4.4.2.3.7 违法车辆暂扣日期

编号:DY040203007

数据元名称:违法车辆暂扣日期

中文全拼:wei-fa-che-liang-zan-kou-ri-qi

定义:道路运输行政处罚机构执法监督过程中暂扣车辆的日期

数据元类型:日期型

数据格式:YYYYMMDD

4.4.2.3.8 违法车辆暂扣期限

编号:DY040203008

数据元名称:违法车辆暂扣期限

中文全拼:wei-fa-che-liang-zan-kou-qi-xian

定义:暂扣涉嫌道路运输违法行为车辆的天数

数据元类型:字符型

数据格式:n..3

计量单位:天

4.4.2.4 抽样取证及证据登记保存信息

4.4.2.4.1 违法证据物品名称

编号:DY040204001

数据元名称:违法证据物品名称

中文全拼:wei-fa-zheng-ju-wu-pin-ming-cheng

定义:道路运输行政处罚机构执法监督过程中保存证据材料(物品)的名称

数据元类型:字符型

数据格式:an..100

4.4.2.4.2 违法证据物品产地

编号:DY040204002

数据元名称:违法证据物品产地

中文全拼:wei-fa-zheng-ju-wu-pin-chan-di

定义:道路运输行政处罚机构执法监督过程中保存证据材料(物品)的生产厂家所在地区

数据元类型:字符型

数据格式:an..100

4.4.2.4.3 违法证据物品数量

编号:DY040204003

数据元名称:违法证据物品数量

中文全拼:wei-fa-zheng-ju-wu-pin-shu-liang

定义:道路运输行政处罚机构执法监督过程中保存证据材料(物品)的数量

数据元类型:数字型

数据格式:n..16

4.4.2.4.4　违法证据物品规格

编号:DY040204004

数据元名称:违法证据物品规格

中文全拼:wei-fa-zheng-ju-wu-pin-gui-ge

定义:道路运输行政处罚机构执法监督过程中保存证据材料(物品)的规格

数据元类型:字符型

数据格式:an..30

4.4.2.4.5　违法物品抽样取证日期

编号:DY040204005

数据元名称:违法物品抽样取证日期

中文全拼:wei-fa-wu-pin-chou-yang-qu-zheng-ri-qi

定义:道路运输行政处罚机构执法监督过程中抽样提取证据材料(物品)的日期

数据元类型:日期型

数据格式:YYYYMMDD

4.4.2.4.6　违法证据保存日期

编号:DY040204006

数据元名称:违法证据保存日期

中文全拼:wei-fa-zheng-ju-bao-cun-ri-qi

定义:道路运输行政处罚机构执法监督过程中保存证据材料(物品)的日期

数据元类型:日期型

数据格式:YYYYMMDD

4.4.2.5　鉴定及结果信息

4.4.2.5.1　案件鉴定内容

编号:DY040205001

数据元名称:案件鉴定内容

中文全拼:an-jian-jian-ding-nei-rong

定义:道路运输行政处罚机构调查取证过程中需要鉴定的具体内容

数据元类型:字符型

数据格式:..ul

4.4.2.5.2　案件鉴定目的

编号:DY040205002

数据元名称:案件鉴定目的

中文全拼:an-jian-jian-ding-mu-di

定义:道路运输行政处罚机构调查取证过程中进行鉴定的目的

数据元类型:字符型

数据格式:..ul

4.4.2.5.3　案件鉴定委托机关

编号:DY040205003

数据元名称:案件鉴定委托机关

中文全拼:an-jian-jian-ding-wei-tuo-ji-guan

定义:道路运输行政处罚机构调查取证过程中委托进行鉴定的机关名称

数据元类型:字符型

数据格式:an..100

4.4.2.5.4 案件鉴定人姓名

编号:DY040205004

数据元名称:案件鉴定人姓名

中文全拼:an-jian-jian-ding-ren-xing-ming

定义:负责道路运输违法案件调查取证过程中违法行为鉴定人员的姓名

数据元类型:字符型

数据格式:an..100

4.4.2.5.5 案件鉴定人职务

编号:DY040205005

数据元名称:案件鉴定人职务

中文全拼:an-jian-jian-ding-ren-zhi-wu

定义:负责道路运输违法案件调查取证过程中违法行为鉴定人员的职务

数据元类型:字符型

数据格式:an..100

值域:见表2序号6

4.4.2.5.6 案件鉴定人职务代码

编号:DY040205006

数据元名称:案件鉴定人职务代码

中文全拼:an-jian-jian-ding-ren-zhi-wu-dai-ma

定义:用于标识案件鉴定人职务的代码

数据元类型:字符型

数据格式:an..12

值域:见表2序号6

4.4.2.5.7 案件鉴定人专业技术职务

编号:DY040205007

数据元名称:案件鉴定人专业技术职务

中文全拼:an-jian-jian-ding-ren-zhuan-ye-ji-shu-zhi-wu

定义:负责道路运输违法案件调查取证过程中违法行为鉴定人员的专业技术系列及等级名称

数据元类型:字符型

数据格式:an..20

值域:见表2序号7

4.4.2.5.8 案件鉴定人专业技术职务代码

编号:DY040205008

数据元名称:案件鉴定人专业技术职务代码

中文全拼:an-jian-jian-ding-ren-zhuan-ye-ji-shu-zhi-wu-dai-ma

定义:用于标识案件鉴定人专业技术职务的代码

数据元类型:字符型

数据格式:n3

值域:见表2序号7

4.4.2.5.9 案件鉴定地点

编号:DY040205009

数据元名称:案件鉴定地点

中文全拼:an-jian-jian-ding-di-dian

定义:道路运输行政处罚机构调查取证过程中进行鉴定的具体地点

数据元类型:字符型

数据格式:an..100

4.4.2.5.10 案件鉴定意见

编号:DY040205010

数据元名称:案件鉴定意见

中文全拼:an-jian-jian-ding-yi-jian

定义:道路运输行政处罚机构调查取证过程中经鉴定形成的意见

数据元类型:字符型

数据格式:..ul

4.4.2.5.11 案件鉴定结论日期

编号:DY040205011

数据元名称:案件鉴定结论日期

中文全拼:an-jian-jian-ding-jie-lun-ri-qi

定义:道路运输行政处罚机构调查取证过程中形成鉴定结论的日期

数据元类型:日期型

数据格式:YYYYMMDD

4.4.2.6 违法行为调查报告信息

4.4.2.6.1 违法行为证据材料名称

编号:DY040206001

数据元名称:违法行为证据材料名称

中文全拼:wei-fa-xing-wei-zheng-ju-cai-liao-ming-cheng

定义:道路运输行政处罚机构执法监督过程中保存证据材料(物品)的名称

数据元类型:字符型

数据格式:an..20

值域:见表2序号50

4.4.2.6.2 违法行为证据材料代码

编号:DY040206002

数据元名称:违法行为证据材料代码

中文全拼:wei-fa-xing-wei-zheng-ju-cai-liao-dai-ma

定义:用于标识道路运输违法行为证据材料(物品)名称的代码

数据元类型:字符型

数据格式:n1

值域:见表2序号50

4.4.2.6.3 违法行为调查经过

编号:DY040206003

数据元名称:违法行为调查经过

中文全拼:wei-fa-xing-wei-diao-cha-jing-guo

定义:道路运输行政处罚机构调查道路运输违法案件经过的描述

数据元类型:字符型

数据格式:..ul

4.4.2.6.4 违法行为调查结论

编号:DY040206004

数据元名称:违法行为调查结论

中文全拼:wei-fa-xing-wei-diao-cha-jie-lun

定义:道路运输行政处罚机构调查道路运输违法案件的结论

数据元类型:字符型

数据格式:a12..14

值域:

——违法行为成立

——违法行为不成立

4.4.2.6.5 违法行为调查处理意见

编号:DY040206005

数据元名称:违法行为调查处理意见

中文全拼:wei-fa-xing-wei-diao-cha-chu-li-yi-jian

定义:道路运输行政处罚机构对道路运输违法案件作出调查后的处理意见

数据元类型:字符型

数据格式:..ul

4.4.2.6.6 违法行为调查报告日期

编号:DY040206006

数据元名称:违法行为调查报告日期

中文全拼:wei-fa-xing-wei-diao-cha-bao-gao-ri-qi

定义:道路运输违法案件调查人员制作《交通违法行为调查报告》的日期

数据元类型:日期型

数据格式:YYYYMMDD

4.4.2.6.7 案件报告审查意见

编号:DY040206007

数据元名称:案件报告审查意见

中文全拼:an-jian-bao-gao-shen-cha-yi-jian

定义:道路运输行政处罚机构案件负责人对《交通违法行为调查报告》的审查意见

数据元类型:字符型

数据格式:..ul

4.4.2.6.8 违法行为报告审查日期

编号:DY040206008

数据元名称:违法行为报告审查日期

中文全拼:wei-fa-xing-wei-bao-gao-shen-cha-ri-qi

定义:道路运输行政处罚机构对《交通违法行为调查报告》进行审查的日期

数据元类型:日期型

数据格式:YYYYMMDD

4.4.2.7 违法行为通知及反馈处理信息

4.4.2.7.1 违法行为通知日期

编号:DY040207001

数据元名称:违法行为通知日期

中文全拼:wei-fa-xing-wei-tong-zhi-ri-qi

定义:道路运输行政处罚机构对违法案件当事人发出《违法行为通知书》的日期

数据元类型:日期型

数据格式:YYYYMMDD

4.4.2.7.2 违法事实

编号:DY040207002

数据元名称:违法事实

中文全拼:wei-fa-shi-shi

定义:由道路运输违法案件当事人名称、案件发生时间、案件发生地点、违法行为四项数据元组成,描述违法案件经调查且当事人确认后的案件真实情况

数据元类型:字符型

数据格式:..ul

4.4.2.7.3 当事人是否申请陈述与申辩

编号:DY040207003

数据元名称:当事人是否申请陈述与申辩

中文全拼:dang-shi-ren-shi-fou-shen-qing-chen-shu-yu-shen-bian

定义:道路运输违法案件当事人在收到行政违法通知书后,依法选择申请或放弃申请陈述与申辩的情况

数据元类型:布尔型

数据格式:n1

值域:0:否;1:是

4.4.2.7.4 当事人陈述与申辩内容

编号:DY040207004

数据元名称:当事人陈述与申辩内容

中文全拼:dang-shi-ren-chen-shu-yu-shen-bian-nei-rong

定义:道路运输违法案件当事人在收到道路运输行政违法通知书后,依法做出陈述与申辩的内容

数据元类型:字符型

数据格式:..ul

4.4.2.7.5 当事人陈述与申辩日期

编号:DY040207005

数据元名称:当事人陈述与申辩日期

中文全拼:dang-shi-ren-chen-shu-yu-shen-bian-ri-qi

定义:道路运输违法案件当事人在收到道路运输行政违法通知书后,依法做出陈述与申辩的日期

数据元类型:日期时间型

数据格式:YYYYMMDDhhmm

4.4.2.7.6 当事人是否申请听证

编号:DY040207006

数据元名称:当事人是否申请听证

中文全拼:dang-shi-ren-shi-fou-shen-qing-ting-zheng

定义:道路运输违法案件当事人在收到行政违法通知书后,依法选择申请或放弃听证的情况

数据元类型:布尔型

数据格式:n1

值域:0:否;1:是

4.4.3 道路运输行政处罚决定信息

4.4.3.1 行政处罚决定日期

编号:DY040300001

数据元名称:行政处罚决定日期
中文全拼:xing-zheng-chu-fa-jue-ding-ri-qi
定义:道路运输行政处罚机构根据案件调查结果依法对违法案件当事人做出行政处罚的日期
数据元类型:日期型
数据格式:YYYYMMDD

4.4.3.2 行政处罚类型
编号:DY040300002
数据元名称:行政处罚类型
中文全拼:xing-zheng-chu-fa-lei-xing
定义:道路运输行政处罚机构对违法案件当事人做出行政处罚的类型
数据元类型:字符型
数据格式:an..20
值域:见表2序号51

4.4.3.3 行政处罚类型代码
编号:DY040300003
数据元名称:行政处罚类型代码
中文全拼:xing-zheng-chu-fa-lei-xing-dai-ma
定义:用于标识行政处罚类型的代码
数据元类型:字符型
数据格式:n2
值域:见表2序号51

4.4.3.4 行政处罚罚款金额
编号:DY040300004
数据元名称:行政处罚罚款金额
中文全拼:xing-zheng-chu-fa-fa-kuan-jin-e
定义:道路运输行政处罚机构根据处罚决定向违法案件当事人应收缴的罚款金额
数据元类型:数字型
数据格式:n..8,2
计量单位:元

4.4.3.5 证件暂扣凭证号
编号:DY040300005
数据元名称:证件暂扣凭证号
中文全拼:zheng-jian-zan-kou-ping-zheng-hao
定义:道路运输行政处罚机构强制暂扣违法案件当事人道路运输证件时出具的暂扣凭证的编号
数据元类型:字符型
数据格式:an..30

4.4.3.6 证件暂扣日期
编号:DY040300006
数据元名称:证件暂扣日期
中文全拼:zheng-jian-zan-kou-ri-qi
定义:道路运输行政处罚机构暂扣违法案件当事人道路运输证件的日期
数据元类型:日期型
数据格式:YYYYMMDD

4.4.3.7 证件暂扣期限

编号:DY040300007

数据元名称:证件暂扣期限

中文全拼:zheng-jian-zan-kou-qi-xian

定义:道路运输行政处罚机构暂扣道路运输违法案件当事人道路运输证件的截止日期

数据元类型:日期型

数据格式:YYYYMMDD

4.4.3.8 行政罚款收缴机构

编号:DY040300008

数据元名称:行政罚款收缴机构

中文全拼:xing-zheng-fa-kuan-shou-jiao-ji-gou

定义:道路运输行政处罚机构执法监督过程中收缴行政处罚罚金的机构名称

数据元类型:字符型

数据格式:an..100

4.4.3.9 行政罚款收缴机构银行名称

编号:DY040300009

数据元名称:行政罚款收缴机构银行名称

中文全拼:xing-zheng-fa-kuan-shou-jiao-ji-gou-yin-xing-ming-cheng

定义:行政罚款收缴机构指定的收缴处罚金的银行名称

数据元类型:字符型

数据格式:an..100

4.4.3.10 行政罚款收缴机构银行账户名称

编号:DY040300010

数据元名称:行政罚款收缴机构银行账户名称

中文全拼:xing-zheng-fa-kuan-shou-jiao-ji-gou-yin-xing-zhang-hu-ming-cheng

定义:行政罚款收缴机构指定的收缴处罚金的银行账户名称

数据元类型:字符型

数据格式:an..100

4.4.3.11 行政罚款收缴机构银行账号

编号:DY040300011

数据元名称:行政罚款收缴机构银行账号

中文全拼:xing-zheng-fa-kuan-shou-jiao-ji-gou-yin-xing-zhang-hao

定义:行政罚款收缴机构指定的收缴处罚金的银行账号

数据元类型:字符型

数据格式:n..30

4.4.3.12 案件补充调查结果

编号:DY040300012

数据元名称:案件补充调查结果

中文全拼:an-jian-bu-chong-diao-cha-jie-guo

定义:案件调查人员对道路运输违法案件补充调查的结果

数据元类型:字符型

数据格式:..ul

4.4.3.13 案件补充调查日期

编号:DY040300013

数据元名称:案件补充调查日期

中文全拼:an-jian-bu-chong-diao-cha-ri-qi

定义:道路运输违法案件调查人员做出补充调查结果的日期

数据元类型:日期型

数据格式:YYYYMMDD

4.4.4 道路运输行政处罚执行信息

4.4.4.1 行政处罚罚款缴纳方式

编号:DY040400001

数据元名称:行政处罚罚款缴纳方式

中文全拼:xing-zheng-chu-fa-fa-kuan-jiao-na-fang-shi

定义:行政处罚决定后采用的罚款收缴方式

数据元类型:字符型

数据格式:an..10

值域:

——当事人缴款

——委托缴款

4.4.4.2 行政处罚当场缴款原因

编号:DY040400002

数据元名称:行政处罚当场缴款原因

中文全拼:xing-zheng-chu-fa-dang-chang-jiao-kuan-yuan-yin

定义:道路运输行政处罚机构在处理违法案件过程中对违法当事人执行行政处罚时,当事人当场委托缴款的原因

数据元类型:字符型

数据格式:an..50

值域:见5.21

4.4.4.3 行政处罚当场缴款原因代码

编号:DY040400003

数据元名称:行政处罚当场缴款原因代码

中文全拼:xing-zheng-chu-fa-dang-chang-jiao-kuan-yuan-yin-dai-ma

定义:道路运输违法案件当事人当场委托缴款原因的代码

数据元类型:字符型

数据格式:n1

值域:见5.21

4.4.4.4 行政处罚当场缴款日期

编号:DY040400004

数据元名称:行政处罚当场缴款日期

中文全拼:xing-zheng-chu-fa-dang-chang-jiao-kuan-ri-qi

定义:道路运输违法案件当事人当场缴款的日期

数据元类型:日期型

数据格式:YYYYMMDD

4.4.4.5 行政处罚罚款收据号

编号:DY040400005

数据元名称:行政处罚罚款收据号

中文全拼:xing-zheng-chu-fa-fa-kuan-shou-ju-hao

定义:行政罚款收缴机构在收缴当事人行政处罚罚款时开具的罚款收据编号

数据元类型:字符型

数据格式:an..50

4.4.4.6 案件当事人是否申请延期分期缴纳罚款

编号:DY040400006

数据元名称:案件当事人是否申请延期分期缴纳罚款

中文全拼:an-jian-dang-shi-ren-shi-fou-shen-qing-yan-qi-fen-qi-jiao-na-fa-kuan

定义:道路运输违法案件当事人申请延期或分期缴纳罚款的情况

数据元类型:布尔型

数据格式:n1

值域:0:否;1:是

4.4.4.7 案件当事人申请延期分期罚款日期

编号:DY040400007

数据元名称:案件当事人申请延期分期罚款日期

中文全拼:an-jian-dang-shi-ren-shen-qing-yan-qi-fen-qi-fa-kuan-ri-qi

定义:道路运输违法案件当事人依法提出延期缴纳罚款申请的日期

数据元类型:日期型

数据格式:YYYYMMDD

4.4.4.8 案件当事人延期缴款期限

编号:DY040400008

数据元名称:案件当事人延期缴款期限

中文全拼:an-jian-dang-shi-ren-yan-qi-jiao-kuan-qi-xian

定义:道路运输行政处罚机构根据违法案件当事人延期缴纳罚款申请批准的延期缴纳罚款的截止日期

数据元类型:数字型

数据格式:n..4

计量单位:天

4.4.4.9 案件当事人分期罚款期数

编号:DY040400009

数据元名称:案件当事人分期罚款期数

中文全拼:an-jian-dang-shi-ren-fen-qi-fa-kuan-qi-shu

定义:道路运输行政处罚机构根据道路运输违法案件当事人分期缴纳罚款申请批准的分期缴纳罚款的期数

数据元类型:数字型

数据格式:n..2

计量单位:次

4.4.4.10 案件当事人分期罚款金额

编号:DY040400010

数据元名称:案件当事人分期罚款金额

中文全拼:an-jian-dang-shi-ren-fen-qi-fa-kuan-jin-e

定义:道路运输违法案件当事人分期缴纳罚款时每一期的罚金金额

数据元类型:数字型
数据格式:n..7
计量单位:元

4.4.4.11 案件当事人分期罚款缴纳日期
编号:DY040400011
数据元名称:案件当事人分期罚款缴纳日期
中文全拼:an-jian-dang-shi-ren-fen-qi-fa-kuan-jiao-na-ri-qi
定义:道路运输违法案件当事人分期缴纳罚款时每一期缴纳罚款的日期
数据元类型:日期型
数据格式:YYYYMMDD

4.4.4.12 案件强制执行类型
编号:DY040400012
数据元名称:案件强制执行类型
中文全拼:an-jian-qiang-zhi-zhi-xing-lei-xing
定义:强制执行机构采取的强制当事人履行义务的具体方式
数据元类型:字符型
数据格式:an..50
值域:见5.22

4.4.4.13 案件强制执行类型代码
编号:DY040400013
数据元名称:案件强制执行类型代码
中文全拼:an-jian-qiang-zhi-zhi-xing-lei-xing-dai-ma
定义:用于标识道路运输违法案件强制执行方式的代码
数据元类型:字符型
数据格式:n1
值域:见5.22

4.4.4.14 行政处罚罚款滞纳金金额
编号:DY040400014
数据元名称:行政处罚罚款滞纳金金额
中文全拼:xing-zheng-chu-fa-fa-kuan-zhi-na-jin-jin-e
定义:因道路运输违法案件当事人不及时缴纳行政罚款时,道路运输行政处罚机构依法做出追加罚款滞纳金处罚的金额
数据元类型:数字型
数据格式:n..5,2
计量单位:元

4.4.4.15 处罚机构申请法院强制执行日期
编号:DY040400015
数据元名称:处罚机构申请法院强制执行日期
中文全拼:chu-fa-ji-gou-shen-qing-fa-yuan-qiang-zhi-zhi-xing-ri-qi
定义:道路运输行政处罚机构依法向人民法院申请强制执行的日期
数据元类型:日期型
数据格式:YYYYMMDD

4.4.4.16 案件强制执行机构

编号:DY040400016

数据元名称:案件强制执行机构

中文全拼:an-jian-qiang-zhi-zhi-xing-ji-gou

定义:依法实施道路运输行政处罚强制执行措施的执法机构的名称

数据元类型:字符型

数据格式:an..100

4.4.4.17 案件强制执行日期

编号:DY040400017

数据元名称:案件强制执行日期

中文全拼:an-jian-qiang-zhi-zhi-xing-ri-qi

定义:案件强制执行机构依法实施道路运输行政处罚强制执行措施的日期

数据元类型:日期型

数据格式:YYYYMMDD

4.4.4.18 案件强制执行结果

编号:DY040400018

数据元名称:案件强制执行结果

中文全拼:an-jian-qiang-zhi-zhi-xing-jie-guo

定义:案件强制执行机构依法实施道路运输行政处罚强制执行措施的具体执行情况描述

数据元类型:字符型

数据格式:..ul

4.4.5 道路运输行政处罚结案信息

4.4.5.1 案件结案原因

编号:DY040500001

数据元名称:案件结案原因

中文全拼:an-jian-jie-an-yuan-yin

定义:道路运输行政处罚机构对其违法案件进行结案的原因

数据元类型:字符型

数据格式:a..12

值域:

——撤销

——正常执行完毕

——强制执行完毕

4.4.5.2 案件执行情况

编号:DY040500002

数据元名称:案件执行情况

中文全拼:an-jian-zhi-xing-qing-kuang

定义:道路运输行政处罚机构对其违法案件立案、调查取证、处罚决定与执行等全过程情况的说明

数据元类型:字符型

数据格式:..ul

4.4.5.3 案件结案日期

编号:DY040500003

数据元名称:案件结案日期

中文全拼:an-jian-jie-an-ri-qi

定义:道路运输行政处罚机构对其违法案件完成结案的日期

数据元类型:日期型

数据格式:YYYYMMDD

4.4.5.4 案件案卷页数

编号:DY040500004

数据元名称:案件案卷页数

中文全拼:an-jian-an-juan-ye-shu

定义:道路运输行政处罚机构完成违法案件结案后形成的卷宗页数

数据元类型:数字型

数据格式:n..4

计量单位:页

4.5 道路运输规费征收管理信息

4.5.1 规费征收规则信息

4.5.1.1 规费类别

编号:DY050100001

数据元名称:规费类别

中文全拼:gui-fei-lei-bie

定义:道路运输管理机构征收的道路运输费用类别的名称

数据元类型:字符型

数据格式:n1

值域:见表 2 序号 52

4.5.1.2 规费类别代码

编号:DY050100002

数据元名称:规费类别代码

中文全拼:gui-fei-lei-bie-dai-ma

定义:用以标识规费类别的代码

数据元类型:字符型

数据格式:a..10

值域:见表 2 序号 52

4.5.1.3 规费征收规则生效日期

编号:DY050100003

数据元名称:规费征收规则生效日期

中文全拼:gui-fei-zheng-shou-gui-ze-sheng-xiao-ri-qi

定义:道路运输管理机构制定的道路运输规费征收标准、费率等规则开始生效的日期

数据元类型:日期型

数据格式:YYYYMMDD

4.5.1.4 规费征收规则废止日期

编号:DY050100004

数据元名称:规费征收规则废止日期

中文全拼:gui-fei-zheng-shou-gui-ze-fei-zhi-ri-qi

定义:道路运输管理机构制定的道路运输规费征收标准、费率等规则被废止停用的日期

数据元类型:日期型

数据格式:YYYYMMDD

4.5.1.5 车辆吨(座)位区间

编号:DY050100005

数据元名称:车辆吨(座)位区间

中文全拼:che-liang-dun-(zuo)-wei-qu-jian

定义:道路运输车辆运输规费计征吨(座)位的取值范围描述

数据元类型:字符型

数据格式:an..50

4.5.1.6 车辆吨(座)位区间上限值

编号:DY050100006

数据元名称:车辆吨(座)位区间上限值

中文全拼:che-liang-dun-(zuo)-wei-qu-jian-shang-xian-zhi

定义:道路运输车辆按不同吨(座)位区间标准征收运输规费时的某区间上限值

数据元类型:数字型

数据格式:n..3

计量单位:吨(座)

4.5.1.7 车辆吨(座)位区间下限值

编号:DY050100007

数据元名称:车辆吨(座)位区间下限值

中文全拼:che-liang-dun-(zuo)-wei-qu-jian-xia-xian-zhi

定义:道路运输车辆按不同吨(座)位区间标准征收运输规费时的某区间下限值

数据元类型:数字型

数据格式:n..3

计量单位:吨(座)

4.5.1.8 车辆吨(座)位区间征费标准

编号:DY050100008

数据元名称:车辆吨(座)位区间征费标准

中文全拼:che-liang-dun-(zuo)-wei-qu-jian-zheng-fei-biao-zhun

定义:道路运输车辆按不同吨(座)位区间标准征收运输规费时的某区间规定的运输规费费率

数据元类型:数字型

数据格式:n..3,1

计量单位:元/吨(座)

4.5.1.9 营收总额

编号:DY050100009

数据元名称:营收总额

中文全拼:ying-shou-zong-e

定义:道路运输经营业户或营运车辆按营收缴纳道路运输规费时核定的营收总额

数据元类型:数字型

数据格式:n..8

计量单位:元

4.5.1.10 营收征费费率

编号:DY050100010

数据元名称:营收征费费率

中文全拼:ying-shou-zheng-fei-fei-lv

定义:按道路运输营业收入计征的运输规费费率
数据元类型:数字型
数据格式:n..3,1
计量单位:百分比(%)

4.5.1.11 规费定额征费标准
编号:DY050100011
数据元名称:规费定额征费标准
中文全拼:gui-fei-ding-e-zheng-fei-biao-zhun
定义:按道路运输管理机构核定的每月定额收入计征的运输规费费率
数据元类型:数字型
数据格式:n..8,1
计量单位:元

4.5.1.12 规费包缴方式
编号:DY050100012
数据元名称:规费包缴方式
中文全拼:gui-fei-bao-jiao-fang-shi
定义:一次性缴纳未来若干月份道路运输规费的缴费方式
数据元类型:字符型
数据格式:a..4
值域:

——半年
——全年
——其他

4.5.1.13 规费包缴征收费率
编号:DY050100013
数据元名称:规费包缴征收费率
中文全拼:gui-fei-bao-jiao-zheng-shou-fei-lv
定义:按不同包缴方式给予一定折扣后的道路运输车辆运输规费费率
数据元类型:数字型
数据格式:n..3,1
计量单位:百分比(%)

4.5.1.14 规费滞纳金征收费率
编号:DY050100014
数据元名称:规费滞纳金征收费率
中文全拼:gui-fei-zhi-na-jin-zheng-shou-fei-lv
定义:道路运输规费滞纳金征收的费率标准
数据元类型:数字型
数据格式:n..2
计量单位:百分比(%)

4.5.1.15 规费缴讫证补办手续费率
编号:DY050100015
数据元名称:规费缴讫证补办手续费率
中文全拼:gui-fei-jiao-qi-zheng-bu-ban-shou-xu-fei-lv

定义:补办道路运输规费缴讫证时交纳的手续费费率
数据元类型:数字型
数据格式:n..3
计量单位:百分比(%)

4.5.1.16 规费起征日期
编号:DY050100016
数据元名称:规费起征日期
中文全拼:gui-fei-qi-zheng-ri-qi
定义:道路运输规费开始征收的日期
数据元类型:日期型
数据格式:YYYYMMDD

4.5.1.17 规费滞纳金起算日
编号:DY050100017
数据元名称:规费滞纳金起算日
中文全拼:gui-fei-zhi-na-jin-qi-suan-ri
定义:开始计提道路运输规费滞纳金的日期
数据元类型:日期型
数据格式:YYYYMMDD

4.5.2 规费征收信息

4.5.2.1 应征规费
编号:DY050200001
数据元名称:应征规费
中文全拼:ying-zheng-gui-fei
定义:按交通主管部门相关规定,道路运输经营业户应缴纳的规费金额
数据元类型:数字型
数据格式:n..8,1
计量单位:元

4.5.2.2 应征规费滞纳金
编号:DY050200002
数据元名称:应征规费滞纳金
中文全拼:ying-zheng-gui-fei-zhi-na-jin
定义:按交通主管部门相关规定,道路运输经营业户应缴纳规费滞纳金的金额
数据元类型:数字型
数据格式:n..8,1
计量单位:元

4.5.2.3 应征规费总额
编号:DY050200003
数据元名称:应征规费总额
中文全拼:ying-zheng-gui-fei-zong-e
定义:按交通主管部门相关规定,道路运输经营业户应缴纳规费和滞纳金的汇总金额
数据元类型:数字型
数据格式:n..8,1
计量单位:元

4.5.2.4　规费减免申请额

编号:DY050200004

数据元名称:规费减免申请额

中文全拼:gui-fei-jian-mian-shen-qing-e

定义:按交通主管部门相关规定,道路运输经营业户提出减免其规费或滞纳金的金额

数据元类型:数字型

数据格式:n..8,1

计量单位:元

4.5.2.5　规费批准减免额

编号:DY050200005

数据元名称:规费批准减免额

中文全拼:gui-fei-pi-zhun-jian-mian-e

定义:按交通主管部门相关规定,道路运输管理机构主管人员同意减免的道路运输规费或滞纳金的金额

数据元类型:数字型

数据格式:n..8,1

计量单位:元

4.5.2.6　规费减免原因

编号:DY050200006

数据元名称:规费减免原因

中文全拼:gui-fei-jian-mian-yuan-yin

定义:道路运输管理机构同意减免道路运输规费或滞纳金的理由

数据元类型:字符型

数据格式:..ul

4.5.2.7　规费实征额

编号:DY050200007

数据元名称:规费实征额

中文全拼:gui-fei-shi-zheng-e

定义:道路运输管理机构实际征收道路运输规费的金额

数据元类型:数字型

数据格式:n..8,1

计量单位:元

4.5.2.8　规费滞纳金实征额

编号:DY050200008

数据元名称:规费滞纳金实征额

中文全拼:gui-fei-zhi-na-jin-shi-zheng-e

定义:道路运输管理机构实际征收的道路运输规费滞纳金的金额

数据元类型:数字型

数据格式:n..8,1

计量单位:元

4.5.2.9　规费实征总额

编号:DY050200009

数据元名称:规费实征总额

中文全拼:gui-fei-shi-zheng-zong-e

定义:道路运输管理机构实际征收的道路运输规费及滞纳金的汇总金额

数据元类型:数字型

数据格式:n..8,1

计量单位:元

4.5.2.10 规费缴讫证号码

编号:DY050200010

数据元名称:规费缴讫证号码

中文全拼:gui-fei-jiao-qi-zheng-hao-ma

定义:道路运输规费缴纳凭证(缴讫证或手工书写的收据)的编号

数据元类型:字符型

数据格式:an..50

4.5.2.11 规费缴纳日期

编号:DY050200011

数据元名称:规费缴纳日期

中文全拼:gui-fei-jiao-na-ri-qi

定义:道路运输经营业户缴纳道路运输规费的日期

数据元类型:日期型

数据格式:YYYYMMDD

4.5.2.12 规费缴讫日期

编号:DY050200012

数据元名称:规费缴讫日期

中文全拼:gui-fei-jiao-qi-ri-qi

定义:道路运输经营业户本次缴纳的道路运输规费的有效截止日期

数据元类型:日期型

数据格式:YYYYMMDD

4.5.3 规费退费信息

4.5.3.1 规费退费起始日期

编号:DY050300001

数据元名称:规费退费起始日期

中文全拼:gui-fei-tui-fei-qi-shi-ri-qi

定义:用于计算道路运输规费退费金额的开始日期

数据元类型:日期型

数据格式:YYYYMMDD

4.5.3.2 规费退费截止日期

编号:DY050300002

数据元名称:规费退费截止日期

中文全拼:gui-fei-tui-fei-jie-zhi-ri-qi

定义:用于计算道路运输规费退费金额的结束日期

数据元类型:日期型

数据格式:YYYYMMDD

4.5.3.3 规费退费金额

编号:DY050300003

数据元名称:规费退费金额
中文全拼:gui-fei-tui-fei-jin-e
定义:道路运输规费的实际退费金额
数据元类型:数字型
数据格式:n..8,1
计量单位:元

4.5.3.4 规费退费原因
编号:DY050300004
数据元名称:规费退费原因
中文全拼:gui-fei-tui-fei-yuan-yin
定义:道路运输经营业户申请道路运输规费退费的具体原因
数据元类型:字符型
数据格式:..ul

4.5.3.5 规费退费日期
编号:DY050300005
数据元名称:规费退费日期
中文全拼:gui-fei-tui-fei-ri-qi
定义:道路运输管理机构办理道路运输规费退费的日期
数据元类型:日期型
数据格式:YYYYMMDD

4.5.4 缴讫证补换信息

4.5.4.1 新缴讫证号码
编号:DY050400001
数据元名称:新缴讫证号码
中文全拼:xin-jiao-qi-zheng-hao-ma
定义:换发后的道路运输规费缴讫证的号码
数据元类型:字符型
数据格式:an..30

4.5.4.2 缴讫证补换日期
编号:DY050400002
数据元名称:缴讫证补换日期
中文全拼:jiao-qi-zheng-bu-huan-ri-qi
定义:道路运输规费缴讫证补换的具体办理日期
数据元类型:日期型
数据格式:YYYYMMDD

5 道路运输信息基础数据元值域与值域代码

5.1 道路运输信息基础数据元引用的值域与值域代码

道路运输信息基础数据元引用的值域与代码见表2。

表2 道路运输信息基础数据元引用的值域与值域索引表

序号	名　称	代码标识	引用标准
1	道路运输管理机构代码	DM _ DLYSGLJGDM	JT/T 415—2006 5.1.7
2	行政区划名称与代码	DM _ XZQHMCYDM	GB/T 2260—2002 的表 1
3	性别与代码	DM _ XBYDM	GB/T 2261.1—2003 的表 1
4	民族与数字代码	DM _ MZYSZDM	GB/T 3304—1991
5	学历与代码	DM _ XLYDM	GB/T 4658—2006 的表 1
6	干部职务名称与代码	DM _ ZYMCYDM	GB/T 12403—1990
7	专业技术职务与代码	DM _ JSZWYDM	GB/T 8561—2001 的表 1
8	健康状况与代码	DM _ JKZKYDM	GB/T 2261.3—2003 的表 1
9	高等院校本科、专科专业名称与代码	DM _ SXZYMCYDM	GB/T 16835—1997
10	奖励与代码	DM _ JLYDM	GB/T 8563.1—2005 的表 1
11	纪律处分与代码	DM _ JLCFYDM	GB/T 8563.3—2005 的表 1
12	职业分类与代码	DM _ ZYDM	GB/T 6565—1999
13	组织机构代码	DM _ ZZJGDM	GB/T 11714—1995
14	经济类型分类与代码	DM _ JJLXDM	GB/T 12402—2000
15	世界各国和地区名称与代码	DM _ TZZGJDM	GB/T 2659—2000
16	货币和资金名称与代码	DM _ TZHBZMDM	GB/T 12406—1996 的表 A1
17	计量单位代码	DM _ SHJLDWDM	GB/T 17295—1998
18	客运站(点)代码	DM _ KYZDM	JT/T 309—1997
19	货运站代码	DM _ HYZDM	JT/T 415—2006 5.3.12
20	货运站级别与代码	DM _ HYZJBDM	JT/T 415—2006 的表 28
21	维修类别与代码	DM _ WXLBDM	JT/T 415—2006 的表 30
22	车牌颜色与代码	DM _ CPYSDM	JT/T 415—2006 的表 42
23	车辆类型与代码	DM _ CLLXDM	JT/T 415—2006 的表 39
24	燃料类型与代码	DM _ RLLXDM	JT/T 415—2006 的表 35
25	驾驶证号	DM _ JSZH	GA 482—2004
26	车型与代码	DM _ ZJCXDM	JT/T 415—2006 的表 40
27	专业技术等级与代码	DM _ ZYJSDJDM	JT/T 415—2006 的表 85
28	文书送达方式与代码	DM _ WSSDFSDM	JT/T 415—2006 的表 63
29	法律法规分类与代码	DM _ FLFGDM	JT/T 415—2006 的表 59
30	经营范围与代码	DM _ JYFWDM	JT/T 415—2006 的表 14
31	质量信誉考核结果与代码	DM _ ZLXYKHDM	JT/T 415—2006 的表 23
32	客运站级别与代码	DM _ KYZJBDM	JT/T 415—2006 的表 26
33	企业等级与代码	DM _ QYDJDM	JT/T 415—2006 的表 24
34	检测站编号规则	DM _ JCZBH	JT/T 415—2006 5.3.13
35	车辆技术等级与代码	DM _ CLJSDJDM	JT/T 415—2006 的表 32

表 2(续)

序号	名　　称	代码标识	引用标准
36	事故类别与代码	DM _ SGLBDM	JT/T 415—2006 的表 8
37	事故责任类别与代码	DM _ SGZRLBYDM	JT/T 415—2006 的表 10
38	从业资格类别与代码	DM _ CYZGLBDM	JT/T 415—2006 的表 78
39	线路编码规则	DM _ XLBMGZ	JT/T 415—2006　5.2.9
40	经营区域与代码	DM _ JYQYDM	JT/T 415—2006 的表 17
41	班线类型与代码	DM _ BXLXDM	JT/T 415—2006 的表 18
42	线路营运状态与代码	DM _ BCXLZKDM	JT/T 415—2006 的表 19
43	证照类别与代码	DM _ ZZLBDM	JT/T 415—2006 的表 44
44	证照状态与代码	DM _ ZZZTDM	JT/T 415—2006 的表 45
45	业户经营状态与代码	DM _ YHZKDM	JT/T 415—2006 的表 22
46	车辆营运状态与代码	DM _ CLZKDM	JT/T 415—2006 的表 36
47	从业(个人身份)状况与代码	DM _ CYZKDM	GB/T 2261.4—2003
48	设备状态与代码	DM _ SBZKDM	JT/T 415—2006 的表 9
49	案件来源与代码	DM _ AJLYDM	JT/T 415—2006 的表 64
50	证据材料种类与代码	DM _ ZJCLDM	JT/T 415—2006 的表 62
51	处罚决定类型与代码	DM _ CFJDLXDM	JT/T 415—2006 的表 67
52	规费类别代码	DM _ GFLBDM	JT/T 415—2006 的表 71

5.2　道路运输管理机构类型代码

代码标识为:DM _ DLYSGLJGLXDM,代码见表 3。

表 3　道路运输管理机构类型代码

代码	名　　称	代码	名　　称
1	行政许可机构	4	复议机构
2	日常管理机构	5	听证机构
3	行政处罚机构	9	其他机构

5.3　道路运输管理人员类别代码

代码标识为:DM _ DLYSGLRYLBDM,代码见表 4。

表 4　道路运输管理人员类别代码

代码	名　　称	代码	名　　称
1	行政许可业务	2	从业资格认证业务
11	受理人	21	受理人
12	审查人	22	审查人
13	批准人	23	办理人
14	决定告知人	24	归档人
15	办理人	3	日常监管业务
16	归档人	31	受理人

表4(续)

代码	名　　称	代码	名　　称
32	审查人	46	报告撰写人
33	办理人	5	听证程序
34	归档人	51	主持人
4	行政处罚业务	52	书记员
41	案件调查人	53	听证联系人
42	案件负责人	9	其他人员
43	询问人	91	公示联系人
44	勘验人	92	复议联系人
45	书记员		

5.4　身份证件代码

代码标识为:DM _ SFZJDM,代码见表5。

表5　身份证件代码

代码	名　　称	代码	名　　称
1	居民身份证	5	港澳通行证
2	军官证	6	台胞证
3	护照	9	其他国家认可的有效证件
4	机动车驾驶证		

5.5　道路运输基础设施代码

代码标识为:DM _ DLYSJCSSDM,代码见表6。

表6　道路运输基础设施代码

代　码	名　　称	设施计量单位
1	客运站	
101	站前广场	平方米(m^2)
102	停车场	平方米(m^2)
103	发车位	个
104	候车厅	平方米(m^2)
105	重点旅客候车室	平方米(m^2)
106	售票厅	平方米(m^2)
107	行包托运厅	平方米(m^2)
108	综合服务处	平方米(m^2)
109	站务员室	平方米(m^2)
110	驾乘人员休息室	平方米(m^2)
111	调度室	平方米(m^2)
112	治安室	平方米(m^2)
113	广播室	平方米(m^2)

表6(续)

代码	名称	设施计量单位
114	医疗救护室	平方米(m^2)
115	无障碍通道	平方米(m^2)
116	残疾人服务设施	件
117	饮水室	平方米(m^2)
118	智能化系统用房	平方米(m^2)
119	盥洗室和旅客厕所	平方米(m^2)
120	办公用房	平方米(m^2)
121	汽车安全检验台	个
122	汽车尾气测试室	平方米(m^2)
123	车辆清洁、清洗台	个
124	汽车维修车间	平方米(m^2)
125	材料库	平方米(m^2)
126	配电室	平方米(m^2)
127	锅炉房	平方米(m^2)
128	门卫、传达室	平方米(m^2)
129	驾乘公寓	平方米(m^2)
130	餐厅	平方米(m^2)
131	商店	平方米(m^2)
2	货运站	
201	通用仓库	平方米(m^2)
202	专用仓库	平方米(m^2)
203	简易仓库	平方米(m^2)
204	集装箱堆场	平方米(m^2)
205	通用堆场	平方米(m^2)
206	停车场	平方米(m^2)
207	货物托运场所	平方米(m^2)
208	高货台	平方米(m^2)
209	检查口	平方米(m^2)
3	维修检测	
301	接待室面积	平方米(m^2)
302	生产厂房面积	平方米(m^2)
303	停车场面积	平方米(m^2)
4	机动车驾驶培训	
401	停车场面积	平方米(m^2)
402	龙门骨架吊杆	个

表6(续)

代　码	名　　称	设施计量单位
403	连续障碍	处
404	单边桥	处
405	直角转弯	处
406	侧方停车	处
407	上坡定点停车与坡道起步	处
408	限宽门	处
409	百米加减挡	处
410	起伏路	处
411	曲线行驶	处
5	危险货物运输	
501	停车场地	平方米(m^2)
502	剧毒、爆炸和Ⅰ类包装危险货物运输车辆专用停车区域	平方米(m^2)

5.6 道路运输设备代码

代码标识为:DM _ DLYSSBDM,代码见表7。

表7　道路运输设备类型代码

代　码	设 备 名 称	设备计量单位
1	客运站	
1001	旅客购票设备	
1002	候车休息设备	
1003	行包安全检查设备	
1004	安全消防设备	
1005	清洁清洗设备	
1006	广播通信设备	
1007	行包搬运与便民设备	
1008	采暖或制冷设备	
1009	宣传告示设备	
1010	汽车尾气排放测试设备	
1011	计算机售票系统设备	
1012	监控设备	
1013	生产管理系统设备	
1014	电子显示设备	
2	货运站	
2001	集装箱叉车	台
2002	正面吊运机	台
2003	集装箱轨道吊机	台

表7(续)

代 码	设 备 名 称	设备计量单位
2004	小型叉车	台
2005	直举升叉车	台
2006	搬运手推车	台
2007	货物传送带	台
2008	监控系统	套
2009	计算机管理系统	台
2010	其他设备	台
3	维修检测	
3001	通用设备情况	台
3002	专用设备情况	台
3003	主要检测设备情况	台
3004	汽车检测诊断设备	台(套)
3005	汽车发动机检测诊断设备	台(套)
3006	汽车发动机检修设备及工具	台(套)
3007	汽车发动机维修作业设备及工具	台(套)
3008	汽车发动机维修加工设备及工具	台(套)
3009	汽车底盘检测诊断设备及工具	台(套)
3010	汽车底盘维修作业设备及工具	台(套)
3011	汽车底盘维修加工设备及工具	台(套)
3012	汽车电气设备及车用辅助装置检修设备及工具	台(套)
3013	汽车电气设备及车用辅助装置维修作业设备及工具	台(套)
3014	汽车车身维修整形设备及工具	台(套)
3015	汽车维修喷涂电镀设备及工具	台(套)
3016	汽车清洗除尘设备及工具	台(套)
3017	汽车举升吊运设备及工具	台(套)
3018	汽车润滑加注设备及工具	台(套)
3019	汽车过盈配合件拆装设备及工具	台(套)
3020	汽车检测维修设备微机控制系统	台(套)
3021	摩托车及其他机动车检测维修设备及工具	台(套)
4	机动车驾驶培训	
4100	电化教学设备总数	—
4101	多媒体教学设备	台
4102	多媒体理论教学软件	台
4103	无纸化理论考试用计算机	台
4200	教学挂图总数	—

表7(续)

代 码	设 备 名 称	设备计量单位
4201	交通信号挂图	套
4300	程控电教板总数	—
4301	汽油机工作原理	块
4302	柴油机工作原理	块
4303	化油器式汽油机燃料供给系	块
4304	电控汽油喷射发动机燃料供给系	块
4305	柴油机燃料供给系	块
4306	发动机点火系	块
4307	发动机冷却系	块
4308	汽车气压制动系或汽车液压制动系	块
4309	离合器	块
4310	变速器	块
4311	自动变速器	块
4400	模型教具总数	—
4401	发动机机体解剖模型	台
4402	转向机构模型	台
4403	透明或实物解剖全车制动系统模型	台
4404	培训学时计算机计时管理系统	套
4405	教学磁板	套
4406	更换车轮工具(千斤顶和轮胎扳手)	套
4407	车用灭火器	具
4408	红外线桩考仪	套
4409	汽车驾驶模拟器	套
5	危险货物运输	
5001	环境保护设备	套
9	其他	

5.7 道路运输管理业务代码

代码标识为:DM _ DLYSGLYWDM,代码见表8。

表8 道路运输管理业务代码

代码	名 称	代码	名 称
1	行政许可业务	102	经营许可变更
101	行业准入	10210	许可事项变更许可
10110	开业	10220	许可信息变更报备
10120	设立子公司许可	103	经营状态变更
10130	设立分公司报备	10310	暂停经营

表 8(续)

代码	名　称	代码	名　称
10320	恢复经营	30282	车辆过户
104	行业退出	30283	车辆报废
10410	终止经营	30284	车辆新增
10420	撤消许可	30290	其他车辆管理信息
10430	吊销许可	303	从业人员
199	其他许可业务	30310	诚信考核
2	从业资格认证业务	30320	积分考核
201	从业资格认证	30330	交通事故登记
20110	初领	30340	继续教育培训
20120	增驾	30350	从业人员异动变更
20130	认证信息变更	30351	转籍
202	从业资格注消	30352	过户
20210	撤消资格	30353	注销
20220	吊销资格	30390	其他从业人员管理信息
20900	其他认证业务	304	规费
3	日常监管业务	30410	规费征收
301	道路运输经营业户	30420	规费退费
30110	质量信誉等级评定	30430	补发缴讫证
30120	客运站站级核定	30440	换发缴讫证
30130	企业等级登记	30490	其他规费业务
30190	其他业务管理信息	305	道路运输证照管理
302	运输车辆	30510	补证
30210	年审	30520	换证
30220	技术等级评定	30590	其他证照管理业务
30230	二级维护登记	399	其他日常管理业务
30240	交通事故登记	4	行政处罚业务
30250	车辆承运人责任险登记	40010	经营业户违法行为处理
30260	客车等级证定	40020	从业人员违法行为处理
30270	车辆报停	40030	运输车辆违法行为处理
30280	车辆异动变更	40090	其他违法行为处理
30281	车辆转籍		

5.8 道路运输管理业务编号规则

代码标识为:DM _ DLYSGLYWBHGZ,业务编号共由 24 位数字码组成。其中第 1 ~ 8 位,采用 DM _ DLYSGLJGDM 规定的道路运输管理机构代码,第 9 ~ 13 位采用 DM _ DLYSGLYWDM 规定的“业务代码”;第 14 ~ 21 位是业务受理时间,采用 YYYYMMDD 日期型标准格式;第 22 ~ 24 位是该业务在受理时的顺序号。编号结构如下:

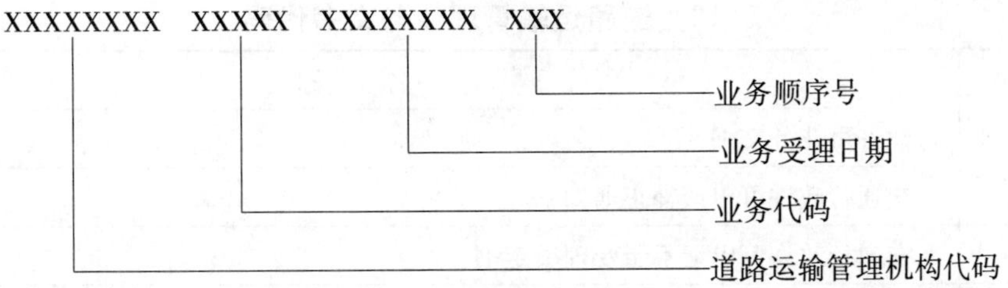

示例:对××市运输管理处(机构代码为11000020)2006年11月20日做的第23个行政许可开业业务进行编号,该业务的编号为:1100002010110200611 20023

5.9 道路运输管理业务办理环节代码

代码标识为:DM _ DLYSGLYWBLHJDM,代码见表9。

表9 道路运输管理业务办理环节代码

代码	名称	代码	名称
1	行政许可业务	3010	申请
1010	申请	3020	受理
1020	受理	3030	批准
1030	审查	3040	办理
1031	材料核查	3050	归档
1032	现场核查	4	行政处罚业务
1033	征求意见	4010	立案
1034	社会公示	4020	调查取证
1040	听证	4021	询问笔录
1050	决定	4022	勘察笔录
1060	决定告知	4023	车辆暂扣
1070	办理	4024	抽样取证
1080	复议登记与处理	4025	证据登记保存
1090	诉讼登记与处理	4026	鉴定
1100	归档	4027	撰写调查报告
2	从业资格认证业务	4028	违法通知
2010	申请	4030	听证
2020	资格审查	4040	处罚决定
2030	准考证核发	4050	处罚的执行
2040	成绩审核	4060	复议登记与处理
2050	资格证核发	4070	诉讼登记与处理
3	日常监管业务	4080	结案

5.10 道路运输管理业务文书代码

代码标识为:DM _ DLYSGLYWWSDM,代码见表10。

表10　道路运输管理业务文书代码

代　码	名　称
1	行政许可业务文书
101	交通行政许可申请补正通知书
102	交通行政许可申请不予受理决定书
103	交通行政许可申请受理通知书
104	交通行政许可申请书
105	不予交通行政许可决定书
106	交通行政许可(当场)决定书
107	交通行政许可期限法定除外时间通知书
108	交通行政许可征求意见通知书
109	延长交通行政许可期限通知书
110	注销交通行政许可告知书
111	交通行政许可决定书
112	道路危险货物运输行政许可决定书
113	道路旅客运输站经营行政许可决定书
114	道路旅客运输经营行政许可决定书
115	道路货物运输站(场)经营行政许可决定书
116	道路货物运输经营行政许可决定书
117	道路旅客运输班线经营行政许可决定书
118	道路旅客运输班线经营许可证明
119	中华人民共和国国际道路运输班线经营许可决定书
120	中华人民共和国国际道路运输经营许可决定书
121	中华人民共和国外国(境外)运输企业在中国设立常驻代表机构许可决定书
122	交通行政许可告知听证权利书
123	交通行政许可听证公告
199	其他道路运输行政许可文书
2	行政处罚执法文书
201	交通行政(当场)处罚决定书
202	询问笔录
203	勘验检查笔录
204	抽样取证凭证
205	鉴定意见书
206	证据登记保存清单
207	交通违法行为调查报告
208	交通违法行为通知书
209	交通行政处罚决定书

表 10（续）

代码	名称
210	交通行政处罚文书送达回证
211	听证会通知书
212	交通行政处罚案件听证会笔录
213	交通行政处罚案件听证会报告书
214	交通行政处罚结案报告
299	其他道路运输行政处罚文书

5.11 道路运输法律法规条款项编码规则

代码标识为：DM _ DLYSFLFGTKXBMGZ，代码结构如下：

XXX XX XX

- XX（第三段）——法律法规项
- XX（第二段）——法律法规款
- XXX（第一段）——法律法规条

示例：对《中国人民共和国道路运输条例》第 22 条第（一）款第（一）项进行编码，该法律法规条款的代码为：0220101

5.12 道路运输管理业务提交材料代码

代码标识 DM _ DLYSGLYWTJCLDM，代码见表 11。

表 11 道路运输管理业务提交材料代码

代码	名称
1	申请表单
101	道路货物运输经营申请表
102	道路旅客运输班线经营申请表
103	道路旅客运输经营申请表
104	道路旅客运输站经营申请表
105	道路危险货物运输从业人员从业资格考试申请表
106	道路危险货物运输经营申请表
107	道路危险货物运输申请表
108	道路运输站（场）经营申请表
109	国际道路运输经营许可申请表
110	机动车驾驶培训机构开业申请表
111	机动车驾驶培训教练员从业资格考试申请表
112	机动车维修技术人员从业资格考试申请表
113	机动车维修经营申请表
114	交通行政许可申请书
115	经营性道路客货运输驾驶员从业资格考试申请表
2	证照

表 11(续)

代　码	名　称
201	道路运输经营许可证(副本)
202	道路运输经营许可证(副本复印件)
203	道路运输经营许可证(正本)
204	道路运输经营许可证(正本复印件)
205	教练员证
206	教练员证(复印件)
207	机动车行驶证
208	机动车行驶证(复印件)
209	道路运输证
210	道路运输证(复印件)
211	法人营业执照(副本)
212	法人营业执照(副本复印件)
213	法人营业执照(正本)
214	法人营业执照(正本复印件)
215	申请人身份证明
216	申请人身份证明(复印件)
217	负责人身份证明
218	负责人身份证明(复印件)
219	经办人身份证明
220	经办人委托书
221	经办人身份证明(复印件)
222	投资人身份证明
223	投资人身份证明(复印件)
224	管理人员身份证明
225	管理人员身份证明(复印件)
226	管理人员专业证书
227	管理人员专业证书(复印件)
228	专业人员的身份证明
229	专业人员的专业证书
230	专业人员身份证明(复印件)
231	专业人员专业证书(复印件)
232	机动车驾驶证
233	机动车驾驶证(复印件)
234	技术职称证明
235	技术职称证明(复印件)

表 11(续)

代　码	名　称
236	道路运输驾驶员从业资格证件(复印件)
237	道路运输驾驶员从业资格证件
238	教练员证书
239	教练员证书(复印件)
3	其他
301	营运客车等级评定证明(复印件)
302	营运客车技术等级证书(车辆技术检测合格证)(复印件)
303	业务操作规程
304	安全生产管理制度
305	安全生产监督检查制度
306	安全生产操作规程
307	安全生产责任制度
308	维修管理制度文档
309	突发事件应急预案
310	道路运输应急预案
311	职业资格证明
312	工作经历证明
313	公安部门出具的连续3年内无重大以上交通责任事故的证明
314	企业章程文本
315	工商部门预审名称通知书
316	环境保护措施执行办法说明书
317	可行性研究报告
318	道路旅客运输线路、站点方案
319	道路旅客运输班线进站方案
320	道路旅客运输班线进站意向书
321	道路旅客运输班线经营可行性报告
322	道路旅客运输班线运输服务质量承诺书
323	客运站竣工验收证明
324	客运站站级验收证明
325	道路货物运输站(场)竣工验收证明
326	经营道路货运站(场)的土地、房屋的合法证明
327	货运站竣工验收证明
328	教练场地平面图
329	教练场地技术条件说明
330	教练场地使用权证明或产权证明及复印件

表 11(续)

代　码	名　称
331	教练场地租赁合同和出租方土地使用证明
332	机动车驾驶培训机构安全防护、消防设施配备情况
333	教学车辆购置证明
334	车辆技术条件、车型及数量证明
335	教学设备清单
336	教学设施清单
337	经营场地使用权及产权证明复印件
338	拟购置运输车辆的承诺书
339	停车场地土地使用权及产权证明复印件
340	投入车辆数量、类型、技术等级情况
341	维修检测设备及计量设备检定合格证明复印件
342	企业的董事长或总经理签署的申请书
343	企业委任常驻代表机构人员的授权书
344	企业委任常驻代表机构人员简历
345	企业委任常驻代表机构人员照片
346	企业近 3 年内无重大以上道路交通责任事故的证明
347	企业所在国家或地区有关商业登记当局出具的开业合法证明或营业注册副本
348	由所在国家金融机构出具的资本信用证明书
349	连锁经营的作业标准和管理手册
350	连锁经营服务网点符合机动车维修经营相应开业条件的承诺书
351	连锁经营协议书副本
399	其他材料

5.13　道路运输管理业务公示方式代码

代码标识为:DM _ DLYSGLYWGSFSDM,代码见表 12。

5.14　道路运输管理业务法定除外时间代码

代码标识为:DM _ DLYSGLYWFDCWSJDM,代码见表 13。

表 12　道路运输管理业务公示方式代码

代码	名　称
1	发布公告、通告
2	新闻媒体报道
3	网站发布
4	办公场所公示栏或电子显示屏
9	依法可采取得其他方式

表 13　道路运输管理业务法定除外时间代码

代码	名　称
1	听证时间
2	招标时间
3	拍卖时间
4	检验时间
5	检测时间
6	检疫时间
7	鉴定时间
8	专家评审时间
9	其他时间

5.15 道路旅客运输临时客运标志牌使用原因代码

代码标识为:DM _ DLLKYSLSKYBZPSYYYDM,代码见表14。

表14 道路旅客运输临时客运标志牌使用原因代码

代码	名称
1	原有正班车已经满载,需要开行加班车
2	因车辆抛锚、维护等原因,需要接驳或者顶班
3	正式班车客运标志牌正在制做或者不慎灭失的,等待领取
9	其他

5.16 道路运输经营业户质量信誉考核项目代码

代码标识为:DM _ DLYSJYYHZLXYKHXMDM,代码见表15。

表15 道路运输经营业户质量信誉考核项目代码

代码	名称	代码	名称
01	交通责任事故率	08	质量信誉档案
02	交通责任事故死亡率	09	企业稳定
03	交通责任事故伤人率	10	企业形象
04	经营违章率	11	科技设备应用
05	社会投诉率	12	省部级以上荣誉称号
06	规费缴纳	13	完成政府指令性运输任务
07	投保承运人责任险	90	其他

5.17 客车类型及等级代码

代码标识为:DM _ KCLXDJDM,代码见表16。

表16 客车类型等级代码

代码	名称	代码	名称
1	特大型客车等级	32	中型高一级
11	特大型高三级	33	中型中级
12	特大型高二级	34	中型普通级
13	特大型高一级	4	小型客车等级
14	特大型中级	41	小型高二级
15	特大型普通级	42	小型高一级
2	大型客车等级	43	小型中级
21	大型高三级	44	小型普通级
22	大型高二级	5	乘用车等级
23	大型高一级	51	乘用车高二级
24	大型中级	52	乘用车高一级
25	大型普通级	53	乘用车中级
3	中型客车等级	54	乘用车普通级
31	中型高二级	9	其他

5.18 道路运输违法行为编码规则

代码标识为:DM _ DLYSWFLXBMGZDM,违法行为代码由六位数字码组成。代码结构如下:

```
XXX XXXXXXX
 |     |
 |     └──────────法律法规条、款、项
 └────────────────法律法规
```

示例:某经营业户未为旅客投保承运人责任险。该行为触犯了《道路旅客运输管理规定》第87条第(一)款的规定,该违法行为的代码为:201870100

5.19 道路客运班线起讫点编码规则

代码标识为:DM _ DLKYBXQQDBMGZ,客运班线起讫点代码由11位数字码组成。前六位县级(含县)以上行政区划代码采用GB/T 2260—2002规定的行政区划代码,第7~9位三位代码按照GB/T 10114—2003的编码规则编制,第10~11位是该起点所在的行政村在本行政区域内的顺序号,代码结构如下:

```
XXXXXX  XXX  XX
  |      |    |
  |      |    └──────行政村顺序号
  |      └───────────县级以下行政区划代码
  └──────────────────县级(含县)以上行政区划代码
```

示例:某客运班线的起点是××市××县××乡××村。该班线的起点代码为:21011121101

如起点为县级(含县)以上行政区域,起点代码的后五位用“0”填充,如起点是乡(镇、街道),最后两位行政村顺序号用“0”填充。

5.20 道路运输基础设施状况代码

代码标识为:DM _ DLYSJCSSZKDM,代码见表17。

表17 道路运输基础设施状态代码

代码	名称	代码	名称
1	使用	4	改造
2	大修	5	关闭
3	小修	9	其他

5.21 道路运输行政处罚当场缴款原因代码

代码标识为:DM _ DLYSXZCFDCJKYYDM ,代码见表18。

表18 道路运输行政处罚当场缴款原因代码

代码	名称
1	罚款额低于20元
2	不当场收缴事后难以执行
3	公民主动申请当场缴款且罚款额低于50元
4	法人或者其他组织的委托代理人主动申请当场缴款且罚款额低于1000元
9	其他

5.22 道路运输行政处罚强制执行类型代码

代码标识为:DM _ DLYSXZCFQZZXLXDM,代码见表19。

表 19　道路运输行政处罚强制执行类型代码

代　　码	名　　称
1	每日按罚款数额的3%加处罚款(罚款滞纳金)
2	拍卖扣押的财物抵缴罚款
3	将冻结的存款按罚款金额强制划拨
4	法院强制执行
9	其他

第一批需严格执行的

Jiaotong Yunshu Xinxihua Biaozhun Huibian

交通运输信息化标准汇编

（第二分册）

本社汇编

人民交通出版社

图书在版编目(CIP)数据

交通运输信息化标准汇编/人民交通出版社编.—北京:人民交通出版社,2011.9

ISBN 978-7-114-09379-1

I.①交… II.①交… III.①交通运输—信息技术—标准—汇编—中国 IV.①U495-65

中国版本图书馆 CIP 数据核字(2011)第 179688 号

第一批需严格执行的

书　　名:交通运输信息化标准汇编(第二分册)

著 作 者:本社汇编

责任编辑:李　萍　李　农

出版发行:人民交通出版社

地　　址:(100011)北京市朝阳区安定门外外馆斜街 3 号

网　　址:http://www.ccpress.com.cn

销售电话:(010)59757969,59757973

总 经 销:人民交通出版社发行部

经　　销:各地新华书店

印　　刷:北京市密东印刷有限公司

开　　本:880×1230　1/16

印　　张:27.5

字　　数:802 千

版　　次:2011 年 9 月　第 1 版

印　　次:2011 年 9 月　第 1 次印刷

书　　号:ISBN 978-7-114-09379-1

总 定 价:700.00 元(共五册)

总 目 次

ICS 35.240.60
R 07
备案号:

JT

中华人民共和国交通行业标准

JT/T 697.8—2008

交通信息基础数据元
第8部分:水路运输信息基础数据元

Basic data element of transportation information
Part 8: Basic data element of water transportation information

2008-09-05 发布 2008-12-01 实施

中华人民共和国交通运输部 发布

目 次

前　言

JT/T 697《交通信息基础数据元》分为以下13部分：

——第1部分：总则；

——第2部分：公路信息基础数据元；

——第3部分：港口信息基础数据元；

——第4部分：航道信息基础数据元；

——第5部分：船舶信息基础数据元；

——第6部分：船员信息基础数据元；

——第7部分：道路运输信息基础数据元；

——第8部分：水路运输信息基础数据元；

——第9部分：建设项目信息基础数据元；

——第10部分：交通统计信息基础数据元；

——第11部分：船舶检验信息基础数据元；

——第12部分：船载客货信息基础数据元；

——第13部分：收费公路信息基础数据元。

本部分为JT/T 697的第8部分。

本部分由交通运输部科技教育司提出。

本部分由交通部信息通信及导航标准化技术委员会归口。

本部分主要起草单位：交通部水运科学研究院、中交水运规划设计院。

本部分主要起草人：白晶、唐菁、张立丽、马晓峰、徐继成、魏美英。

交通信息基础数据元
第8部分:水路运输信息基础数据元

1 范围

本部分规定了水路运输信息基础数据元编制原则和分类、水路运输信息基础数据元及数据元值域代码集。

本部分适用于交通行业建立水路运输管理数据库以及相关管理信息系统、电子数据交换等的规范设计与开发应用。交通行业其他管理系统应用开发涉及的水路运输信息数据元也可参照。

2 规范性引用文件

下列文件中的条款通过本标准的引用而成为本标准的条款。凡是注日期的引用文件,其随后所有的修订单(不包括勘误的内容)或修订版均不适用于本标准,然而,鼓励根据本标准达成协议的各方研究是否可使用这些文件的最新版本。凡是不注日期的引用文件,其最新版本适用于本标准。

GB/T 2260	中华人民共和国行政区划代码
GB/T 2261.1—2003	个人基本信息分类与代码　第1部分:人的性别代码
GB/T 2659	世界各国和地区名称代码(GB/T 2659—2000,eqv ISO 3166-1:1997)
GB/T 4658—2006	学历代码
GB/T 7408	数据元和交换格式　信息交换　日期和时间表示法(GB/T 7408—2005,ISO 8601:2000,IDT)
GB/T 8561—2001	专业技术职务代码
GB 11714	全国组织机构代码编制规则
GB/T 12402—2000	经济类型分类与代码
GB/T 12404—1997	单位隶属关系代码
GB/T 12406—1996	表示货币和资金的代码(ISO 4217:1990,IDT)
JT/T 626—2005	水上移动业务电台识别
JT/T 697.1	交通信息基础数据元　第1部分:总则
JT/T 697.3—2007	交通信息基础数据元　第3部分:港口信息基础数据元
JT/T 697.5—2007	交通信息基础数据元　第5部分:船舶信息基础数据元
JT/T 697.6—2007	交通信息基础数据元　第6部分:船员信息基础数据元

中华人民共和国交通部令　2001年第3号　国内船舶管理业规定

3 数据元编制原则和分类

3.1 编制原则

水路运输信息基础数据元的分类方法、数据元编制规则、数据元值域引用代码编制规则应符合JT/T 697.1的规定。

3.2 分类

3.2.1 根据JT/T 697.1的规定,水路运输代码为SY。

3.2.2 根据水路运输中航运管理对象和管理业务信息的基本内容和属性,水路运输信息基础数据元划分为七大类:机构人员信息、行政许可信息、监管信息、行政处罚、规费信息、应急管理、运输工具。具体分类与分类编号见表1。

表1 水路运输信息基础数据元分类

分类编号	名称	章条	分类编号	名称	章条
SY01	**机构人员信息**	4.1	SY030200	年度核查	4.3.2
SY010100	管理者信息	4.1.1	SY030300	质量管理	4.3.3
SY010200	经营者信息	4.1.2	SY030400	安全事故	4.3.4
SY010201	企业基本信息	4.1.2.1	SY030500	价格管理	4.3.5
SY010202	企业投资单位信息	4.1.2.2	SY04	**行政处罚**	4.4
SY010203	企业运力信息	4.1.2.3	SY040100	行政处罚案件	4.4.1
SY010204	企业经营许可信息	4.1.2.4	SY040200	调查处理	4.4.2
SY010300	人员信息	4.1.3	SY040300	行政处罚决定	4.4.3
SY010400	联系信息	4.1.4	SY05	**规费信息**	4.5
SY02	**行政许可信息**	4.2	SY050100	基本信息	4.5.1
SY020100	基本信息	4.2.1	SY050200	缴费信息	4.5.2
SY020200	申请	4.2.2	SY050300	返还信息	4.5.3
SY020300	受理	4.2.3	SY050400	减免信息	4.5.4
SY020400	审批	4.2.4	SY06	**应急管理**	4.6
SY020500	注销	4.2.5	SY060100	预案管理	4.6.1
SY020600	签发	4.2.6	SY060200	应急联络	4.6.2
SY020700	变更	4.2.7	SY060300	执法装备	4.6.3
SY020800	歇业、停业	4.2.8	SY07	**运输工具**	4.7
SY020900	登记备案	4.2.9	SY070100	船舶基本信息	4.7.1
SY021000	附件	4.2.10	SY070200	班轮信息	4.7.2
SY021100	日期信息	4.2.11	SY070300	运输信息	4.7.3
SY03	**监管信息**	4.3	SY070400	船舶营运证	4.7.4
SY030100	经营行为监管	4.3.1	SY070500	船舶技术指标	4.7.5

4 水路运输信息基础数据元

4.1 机构人员信息

4.1.1 管理者信息

4.1.1.1 组织机构代码

编号:SY010100001

数据元名称:组织机构代码

中文全拼:zu – zhi – ji – gou – dai – ma

定义:由全国组织机构代码管理中心为在中华人民共和国境内依法成立的机关、企业、事业单位、社会团体和民办非企业单位等机构赋予的一个全国范围内唯一的、始终不变的法定代码标识。

数据类型:字符型

数据格式:an9

值域:符合 GB 11714 中的组织机构代码编制规则

4.1.1.2　行政区划名称

见 JT/T 697.3—2007 的 4.1.1.5

4.1.1.3　行政区划代码

见 JT/T 697.3—2007 的 4.1.1.6

4.1.1.4　水路运输管理机构名称

编号:SY010100002

数据元名称:水路运输管理机构名称

中文全拼:shui－lu－yun－shu－guan－li－ji－gou－ming－cheng

定义:负责水路运输管理工作机构的中文全称。

数据元类型:字符型

数据格式:an..100

4.1.1.5　水路运输管理机构代码

编号:SY010100003

数据元名称:水路运输管理机构代码

中文全拼:shui－lu－yun－shu－guan－li－ji－gou－dai－ma

定义:负责水路运输管理工作的机构代码。

数据元类型:字符型

数据格式:an6

4.1.1.6　机构部门

编号:SY010100004

数据元名称:机构部门

中文全拼:ji－gou－bu－men

定义:水路运输管理机构内部的部门设置描述。

数据元类型:字符型

数据格式:..ul

4.1.1.7　部门标识

编号:SY010100005

数据元名称:部门标识

中文全拼:bu－men－biao－zhi

定义:水路运输管理机构内部的部门的唯一标识。

数据元类型:字符型

数据格式:an..30

4.1.1.8　上级部门

编号:SY010100006

数据元名称:上级部门

中文全拼:shang－ji－bu－men

定义:水路运输管理机构的上级行政机构名称。

数据元类型:字符型

数据格式:an..50

4.1.1.9　机构职能

编号:SY010100007

数据元名称:机构职能

中文全拼:ji－gou－zhi－neng

定义:水路运输管理机构的职能。

数据元类型:字符型

数据格式:..ul

4.1.1.10 隶属关系

编号:SY010100008

数据元名称:隶属关系

中文全拼:li - shu - guan - xi

定义:机构与上级行政机构的从属关系,或者称机构级别。

数据元类型:字符型

数据格式:a..30

值域:GB/T 12404—1997 中第 4 章单位隶属关系代码表的隶属关系名称列

4.1.1.11 人员编制

编号:SY010100009

数据元名称:人员编制

中文全拼:ren - yuan - bian - zhi

定义:水路运输管理机构人员编制情况。

数据元类型:字符型

数据格式:..ul

4.1.1.12 机构负责人

编号:SY010100010

数据元名称:机构负责人

中文全拼:ji - gou - fu - ze - ren

定义:水路运输管理机构及其登记机关或批准机关核发的有效证照或批文上的负责人的姓名。

数据元类型:字符型

数据格式:a..30

4.1.1.13 通信地址

编号:SY010100011

数据元名称:通信地址

中文全拼:tong - xin - di - zhi

定义:水路运输管理机构的邮政通信地址。

数据元类型:字符型

数据格式:an..60

4.1.1.14 邮政编码

编号:SY010100012

数据元名称:邮政编码

中文全拼:you - zheng - bian - ma

定义:国家和地区邮政编码。

数据元类型:字符型

数据格式:n6

4.1.2 经营者信息

4.1.2.1 企业基本信息

4.1.2.1.1 注册号

编号:SY010201001

数据元名称:注册号

中文全拼:zhu - ce - hao

定义:企业(包括个体工商户)在工商机关登记注册的营业执照上的唯一注册号。

数据元类型:字符型

数据格式:an..15

4.1.2.1.2 企业中文名称

编号:SY010201002

数据元名称:企业中文名称

中文全拼:qi - ye - zhong - wen - ming - cheng

定义:企业(包括个体工商户)在工商部门登记的规范化汉字全称。

数据元类型:字符型

数据格式:an..100

4.1.2.1.3 企业英文名称

编号:SY010201003

数据元名称:企业英文名称

中文全拼:qi - ye - ying - wen - ming - cheng

定义:企业(包括个体工商户)在工商部门登记的规范化英文全称。

数据元类型:字符型

数据格式:an..100

4.1.2.1.4 企业英文简称

编号:SY010201004

数据元名称:企业英文简称

中文全拼:qi - ye - ying - wen - jian - cheng

定义:企业英文全称的英文字母缩写。

数据元类型:字符型

数据格式:a..30

4.1.2.1.5 主管部门

编号:SY010201005

数据元名称:主管部门

中文全拼:zhu - guan - bu - men

定义:企业的主管单位名称。

数据元类型:字符型

数据格式:an..100

4.1.2.1.6 法人代表姓名

编号:SY010201006

数据元名称:法人代表姓名

中文全拼:fa - ren - dai - biao - xing - ming

定义:根据法人的内部规定担任某一职务或由法定代表人指派代表法人对外依法行使民事权利和义务的人的姓名。

数据元类型:字符型

数据格式:a..30

4.1.2.1.7 企业地址

编号:SY010201007

数据元名称:企业地址

中文全拼:qi - ye - di - zhi

定义:企业所在地的详细地址。

数据元类型:字符型

数据格式:an..60

4.1.2.1.8 经济类型名称

编号:SY010201008

数据元名称:经济类型名称

中文全拼:jing - ji - lei - xing - ming - cheng

定义:按不同资本(资金)来源和资本组合方式划分经济组织和其他组织机构的类别名称。

数据元类型:字符型

数据格式:a..30

值域:GB/T 12402—2000 中第 5 章经济类型分类与代码表的经济类型名称列

备注:当对企业经济类型进行划分时,该数据元也称为“企业类型”。

4.1.2.1.9 经济类型代码

编号:SY010201009

数据元名称:经济类型代码

中文全拼:jing - ji - lei - xing - dai - ma

定义:企业经济类型的分类代码。

数据元类型:字符型

数据格式:n3

值域:GB/T 12402—2000 中第 5 章经济类型分类与代码表的代码列

4.1.2.1.10 经营业务分类描述

编号:SY010201010

数据元名称:经营业务分类描述

中文全拼:jing - ying - ye - wu - fen - lei - miao - shu

定义:企业根据其从事的社会经济活动性质对各类单位进行的分类描述。

数据元类型:字符型

数据格式:an..50

备注:如航运企业、水路运输服务业、船舶管理业等。

4.1.2.1.11 注册资本

编号:SY010201011

数据元名称:注册资本

中文全拼:zhu - ce - zi - ben

定义:机构在登记管理机关依法登记的资本总额。

数据元类型:数字型

数据格式:n..18,6

计量单位:万元

4.1.2.1.12 总资产

编号:SY010201012

数据元名称:总资产

中文全拼:zong - zi - chan

定义:公司净资产和负债的总和。

数据元类型:数字型

数据格式:n..18,6

计量单位:万元

4.1.2.1.13 负债总额

编号:SY010201013

数据元名称:负债总额

中文全拼:fu-zhai-zong-e

定义:企业的全部负债,不仅包括长期负债,而且包括短期负债。

数据元类型:数字型

数据格式:n..18,6

计量单位:万元

4.1.2.1.14 固定资产

编号:SY010201014

数据元名称:固定资产

中文全拼:gu-ding-zi-chan

定义:企业使用期限超过一年的房屋、建筑物、机器、机械、运输工具以及其他与生产、经营有关的设备、器具、工具等的资金数额。

数据元类型:数字型

数据格式:n..18,6

计量单位:万元

4.1.2.1.15 投资金额

编号:SY010201015

数据元名称:投资金额

中文全拼:tou-zi-jin-e

定义:企业被投资的货币单位的数量。

数据元类型:数字型

数据格式:n..18,6

计量单位:万元

4.1.2.1.16 流动资金

编号:SY010201016

数据元名称:流动资金

中文全拼:liu-dong-zi-jin

定义:企业可以在一年内或者超过一年的一个生产周期内变现或者耗用的资产,包括现金及各种存款、短期投资,应收及预付款项、存货等的资金数额总计。

数据元类型:数字型

数据格式:n..18,6

计量单位:万元

4.1.2.1.17 自筹资金

编号:SY010201017

数据元名称:自筹资金

中文全拼:zi-chou-zi-jin

定义:企业筹集用于经营的预算外资金数额总计。

数据元类型:数字型

数据格式:n..18,6

计量单位:万元

4.1.2.1.18 集资金额

编号:SY010201018

数据元名称:集资金额

中文全拼:ji - zi - jin - e

定义:在企业内部或向社会筹集的用于企业开发投资的各种资金数额总计。

数据元类型:数字型

数据格式:n..18,6

计量单位:万元

4.1.2.1.19 贷款金额

编号:SY010201019

数据元名称:贷款金额

中文全拼:dai - kuan - jin - e

定义:企业向银行及非银行金融机构借入的用于经营的各种借款资金数额总计。

数据元类型:数字型

数据格式:n..18,6

计量单位:万元

4.1.2.1.20 货币名称

编号:SY010201020

数据元名称:货币名称

中文全拼:huo - bi - ming - cheng

定义:货币种类代码,价值交换的中介名称,根据发行它的有关国家或地区给出的名称确定。

数据元类型:字符型

数据格式:a..30

值域:GB/T 12406—1996 中表 A1 的货币列

4.1.2.1.21 货币字母代码

编号:SY010201021

数据元名称:货币字母代码

中文全拼:huo - bi - zi - mu - dai - ma

定义:有关国家或地区的货币的字母代码。

数据元类型:字符型

数据格式:a3

值域:GB/T 12406—1996 中表 A1 的字母型代码列

4.1.2.1.22 企业筹建日期

编号:SY010201022

数据元名称:企业筹建日期

中文全拼:qi - ye - chou - jian - ri - qi

定义:企业筹建批文的签发日期。

数据元类型:日期型

数据格式:YYYYMMDD

4.1.2.1.23 企业开业日期

编号:SY010201023

数据元名称:企业开业日期

中文全拼:qi - ye - kai - ye - ri - qi

定义:企业开业批文的签发日期。

数据元类型:日期型

数据格式:YYYYMMDD

4.1.2.1.24 注册地代码

编号:SY010201024

数据元名称:注册地代码

中文全拼:zhu - ce - di - dai - ma

定义:企业注册登记地代码。

数据元类型:字符型

数据格式:an..6

值域:国内注册地代码,采用 GB/T 2260 中六位数字码;国外注册地代码,采用 GB/T 2659 中的两位字母代码

4.1.2.1.25 国内符合证明(DOC)证件编号

编号:SY010201025

数据元名称:国内符合证明(DOC)证件编号

中文全拼:guo - nei - fu - he - zheng - ming - DOC - zheng - jian - bian - hao

定义:企业取得“符合证明”或“临时符合证明”的证书编号。

数据元类型:字符型

数据格式:an..30

4.1.2.1.26 国内符合证明(DOC)发证单位名称

编号:SY010201026

数据元名称:国内符合证明(DOC)发证单位名称

中文全拼:guo - nei - fu - he - zheng - ming - DOC - fa - zheng - dan - wei - ming - cheng

定义:国内“符合证明”的发证单位名称。

数据元类型:字符型

数据格式:an..100

4.1.2.1.27 分公司负责人

编号:SY010201027

数据元名称:分公司负责人

中文全拼:fen - gong - si - fu - ze - ren

定义:企业分公司负责人的姓名。

数据元类型:字符型

数据格式:a..30

4.1.2.1.28 总公司名称

编号:SY010201028

数据元名称:总公司名称

中文全拼:zong - gong - si - ming - cheng

定义:企业总公司的名称。

数据元类型:字符型

数据格式:an..100

4.1.2.1.29 经营班轮代码

编号:SY010201029
数据元名称:经营班轮代码
中文全拼:jing - ying - ban - lun - dai - ma
定义:企业是否经营班轮业务的代码。
数据元类型:字符型
数据格式:n1
值域:0-班轮;1-船舶运输;2-班轮及船舶运输

4.1.2.1.30 班轮种类标志
编号:SY010201030
数据元名称:班轮种类标志
中文全拼:ban - lun - zhong - lei - biao - zhi
定义:经营班轮的种类代码。
数据元类型:字符型
数据格式:n1
值域:1-国内;2-国际

4.1.2.1.31 国际海上运输船舶备案证明标志
编号:SY010201031
数据元名称:国际海上运输船舶备案证明标志
中文全拼:guo - ji - hai - shang - yun - shu - chuan - bo - bei - an - zheng - ming - biao - zhi
定义:是否取得《国际海上运输船舶备案证明书》的标志。
数据元类型:字符型
数据格式:n1
值域:0-否;1-是

4.1.2.1.32 法人代表职务
编号:SY010201032
数据元名称:法人代表职务
中文全拼:fa - ren - dai - biao - zhi - wu
定义:根据法人的内部规定担任某一职务的类别。
数据元类型:字符型
数据格式:an..30

4.1.2.1.33 法定代表人
编号:SY010201033
数据元名称:法定代表人
中文全拼:fa - ding - dai - biao - ren
定义:依法律或法人章程规定代表法人行使职权的负责人的姓名。
数据元类型:字符型
数据格式:a..30

4.1.2.1.34 法人国籍
编号:SY010201034
数据元名称:法人国籍
中文全拼:fa - ren - guo - ji
定义:法人的注册登记所在国。
数据元类型:字符型

数据格式:an..40
值域:GB/T 2659 中国家的中文简称

4.1.2.1.35 企业经营业务代码

编号:SY010201035
数据元名称:企业经营业务代码
中文全拼:qi – ye – jing – ying – ye – wu – dai – ma
定义:描述企业经营业务范围的代码。
数据元类型:字符型
数据格式:n1
值域:1-国内;2-国际;4-港澳线;8-台湾海峡两岸间

4.1.2.1.36 主要船员人数

编号:SY010201036
数据元名称:主要船员人数
中文全拼:zhu – yao – chuan – yuan – ren – shu
定义:企业(船舶)主要船员人数的描述。
数据元类型:数字型
数据格式:n..8
计量单位:人

4.1.2.1.37 经营规模

编号:SY010201037
数据元名称:经营规模
中文全拼:jing – ying – gui – mo
定义:企业的经营规模描述。
数据元类型:字符型
数据格式:..ul

4.1.2.1.38 信用等级

编号:SY010201038
数据元名称:信用等级
中文全拼:xin – yong – deng – ji
定义:企业的信用级别。
数据元类型:字符型
数据格式:an..10

4.1.2.1.39 信用评定机构

编号:SY010201039
数据元名称:信用评定机构
中文全拼:xin – yong – ping – ding – ji – gou
定义:进行信用等级评定的组织机构名称。
数据元类型:字符型
数据格式:an..100

4.1.2.1.40 货运代理量

编号:SY010201040
数据元名称:货运代理量
中文全拼:huo – yun – dai – li – liang

定义:在一定时段内代理运送的货物总量。
数据元类型:数字型
数据格式:n..20,4
计量单位:万吨

4.1.2.1.41 船舶代理量
编号:SY010201041
数据元名称:船舶代理量
中文全拼:chuan - bo - dai - li - liang
定义:在一定时段内从事水路船舶代理量。
数据元类型:数字型
数据格式:n..20
计量单位:艘次

4.1.2.1.42 客运代理量
编号:SY010201042
数据元名称:客运代理量
中文全拼:ke - yun - dai - li - liang
定义:在一定时段内从事水路客运代理量。
数据元类型:数字型
数据格式:n..20,4
计量单位:万人次

4.1.2.1.43 船舶管理量
编号:SY010201043
数据元名称:船舶管理量
中文全拼:chuan - bo - guan - li - liang
定义:在一定时段内管理船舶的艘数。
数据元类型:数字型
数据格式:n..20
计量单位:艘

4.1.2.1.44 货运量
编号:SY010201044
数据元名称:货运量
中文全拼:huo - yun - liang
定义:在一定时段内实际运送的货物总量。
数据元类型:数字型
数据格式:n..20
计量单位:吨(t)

4.1.2.1.45 客运量
编号:SY010201045
数据元名称:客运量
中文全拼:ke - yun - liang
定义:在一定时段内实际运送的旅客人数。
数据元类型:数字型
数据格式:n..20

计量单位:人

4.1.2.1.46 货运周转量

编号:SY010201046

数据元名称:货运周转量

中文全拼:huo – yun – zhou – zhuan – liang

定义:在一定时段内实际运送的每批货物重量分别乘以其运送里程的综合数。

数据元类型:数字型

数据格式:n..20,4

计量单位:万吨公里

4.1.2.1.47 客运周转量

编号:SY010201047

数据元名称:客运周转量

中文全拼:ke – yun – zhou – zhuan – liang

定义:在一定时段内实际运送的每位旅客乘车里程的综合数。

数据元类型:数字型

数据格式:n..20,4

计量单位:万人公里

4.1.2.1.48 营业收入

编号:SY010201048

数据元名称:营业收入

中文全拼:ying – ye – shou – ru

定义:在一定时段内提供劳务等日常活动中所形成的经济利益的总流入,包括主营业务收入或其他业务收入。

数据元类型:数字型

数据格式:n..20,4

计量单位:万元

4.1.2.1.49 营业成本

编号:SY010201049

数据元名称:营业成本

中文全拼:ying – ye – cheng – ben

定义:在一定时段内用于核算企业因提供劳务等日常活动而发生的实际成本。

数据元类型:数字型

数据格式:n..20,4

计量单位:万元

4.1.2.1.50 税后利润

编号:SY010201050

数据元名称:税后利润

中文全拼:shui – hou – li – run

定义:在一定时段内企业在缴纳所得税后的剩余利润。

数据元类型:数字型

数据格式:n..20,4

计量单位:万元

4.1.2.1.51 生产经营情况分析

编号:SY010201051

数据元名称:生产经营情况分析

中文全拼:sheng - chan - jing - ying - qing - kuang - fen - xi

定义:一定时间周期内,企业实际开展生产经营情况的分析结果。

数据元类型:字符型

数据格式:..ul

4.1.2.1.52 安全生产情况及措施

编号:SY010201052

数据元名称:安全生产情况及措施

中文全拼:an - quan - sheng - chan - qing - kuang - ji - cuo - shi

定义:实际开展业务的安全生产情况及措施描述。

数据元类型:字符型

数据格式:..ul

4.1.2.1.53 实际经营地址

编号:SY010201053

数据元名称:实际经营地址

中文全拼:shi - ji - jing - ying - di - zhi

定义:企业实际开展业务的经营办公地址。

数据元类型:字符型

数据格式:an..60

4.1.2.1.54 经营口岸

编号:SY010201054

数据元名称:经营口岸

中文全拼:jing - ying - kou - an

定义:企业从事各类经营活动的口岸名称。

数据元类型:字符型

数据格式:an..60

4.1.2.2 企业投资单位信息

4.1.2.2.1 投资单位名称

编号:SY010202001

数据元名称:投资单位名称

中文全拼:tou - zi - dan - wei - ming - cheng

定义:企业的投资单位(包括企业和自然人)的规范化汉字全称。

数据元类型:字符型

数据格式:an..100

4.1.2.2.2 投资单位经营范围

编号:SY010202002

数据元名称:投资单位经营范围

中文全拼:tou - zi - dan - wei - jing - ying - fan - wei

定义:投资机构登记机关或批准机关核发的有效证照或批文上登记的服务项目等,包括主营范围和兼营范围。

数据元类型:字符型

数据格式:..ul

4.1.2.2.3 批准日期

编号:SY010202003

数据元名称:批准日期

中文全拼:pi - zhun - ri - qi

定义:企业投资者持有股份的审批通过日期。

数据元类型:日期型

数据格式:YYYYMMDD

4.1.2.2.4 出资比例

编号:SY010202004

数据元名称:出资比例

中文全拼:chu - zi - bi - li

定义:出资单位完成投资后的出资比例。

数据元类型:数字型

数据格式:n..4,2

计量单位:%

4.1.2.2.5 主要股东情况

编号:SY010202005

数据元名称:主要股东情况

中文全拼:zhu - yao - gu - dong - qing - kuang

定义:取得公司主导权的股东构成情况描述。

数据元类型:字符型

数据格式:..ul

4.1.2.2.6 股东经历

编号:SY010202006

数据元名称:股东经历

中文全拼:gu - dong - jing - li

定义:企业法定代表人、股东及其他高级管理人员的身份信息。

数据元类型:字符型

数据格式:..ul

4.1.2.2.7 从事水路运输行业经历标志

编号:SY010202007

数据元名称:从事水路运输行业经历标志

中文全拼:cong - shi - shui - lu - yun - shu - hang - ye - jing - li - biao - zhi

定义:说明投资企业有无从事水路运输行业经历的标志。

数据元类型:字符型

数据格式:n1

值域:0-没有,1-有

4.1.2.2.8 出资方式

编号:SY010202008

数据元名称:出资方式

中文全拼:chu - zi - fang - shi

定义:为公司或企业投入股份的形式。

数据元类型:字符型

数据格式:an..50

4.1.2.2.9 出资额

编号:SY010202009

数据元名称:出资额

中文全拼:chu - zi - e

定义:为公司或企业投入股份的出资金额。

数据元类型:数字型

数据格式:n..18,6

计量单位:万元

4.1.2.3 企业运力信息

4.1.2.3.1 运力来源代码

编号:SY010203001

数据元名称:运力来源代码

中文全拼:yun - li - lai - yuan - dai - ma

定义:企业船舶来历说明。

数据元类型:字符型

数据格式:n1

值域:见5.1

4.1.2.3.2 运力规模

编号:SY010203002

数据元名称:运力规模

中文全拼:yun - li - gui - mo

定义:企业主要运力规模情况描述。

数据元类型:字符型

数据格式:..ul

4.1.2.4 企业经营许可信息

4.1.2.4.1 许可证编号

编号:SY010204001

数据元名称:许可证编号

中文全拼:xu - ke - zheng - bian - hao

定义:航运管理部门颁发给企业的经营国内水路运输、国际船舶运输等类型许可证的编号。

数据元类型:字符型

数据格式:an..60

备注:与数据元4.1.2.4.2连用。

4.1.2.4.2 证件类型

编号:SY010204002

数据元名称:证件类型

中文全拼:zheng - jian - lei - xing

定义:航运企业证件分类的规范化汉字名称。

数据元类型:字符型

数据格式:an..50

4.1.2.4.3 证件类型代码

编号:SY010204003

数据元名称:证件类型代码
中文全拼:zheng - jian - lei - xing - dai - ma
定义:航运企业证件分类的规范化代码。
数据元类型:字符型
数据格式:n1
值域:见5.2

4.1.2.4.4 航线分类[客]

编号:SY010204004
数据元名称:航线分类[客]
中文全拼:hang - xian - fen - lei - ke
定义:企业经营客运航线分类名称。
数据元类型:字符型
数据格式:an..100

4.1.2.4.5 航线分类[货]

编号:SY010204005
数据元名称:航线分类[货]
中文全拼:hang - xian - fen - lei - huo
定义:企业经营货运航线分类代码。
数据元类型:字符型
数据格式:an..11
值域:见5.6

4.1.2.4.6 企业经营范围[客]

编号:SY010204006
数据元名称:企业经营范围[客]
中文全拼:qi - ye - jing - ying - fan - wei - ke
定义:企业已经开办经营客运业务范围。
数据元类型:字符型
数据格式:..ul

4.1.2.4.7 企业经营范围[货]

编号:SY010204007
数据元名称:企业经营范围[货]
中文全拼:qi - ye - jing - ying - fan - wei - huo
定义:企业已经开办经营货运业务范围。
数据元类型:字符型
数据格式:..ul

4.1.2.4.8 企业兼营范围

编号:SY010204008
数据元名称:企业兼营范围
中文全拼:qi - ye - jian - ying - fan - wei
定义:企业兼顾经营的业务范围。
数据元类型:字符型
数据格式:..ul

4.1.2.4.9 经营项目

编号:SY010204009

数据元名称:经营项目

中文全拼:jing - ying - xiang - mu

定义:企业在申请登记前依据法律、行政法规等决定报经有关部门批准的许可经营项目。

数据元类型:字符型

数据格式:an..100

4.1.2.4.10 国际班轮业务种类

编号:SY010204010

数据元名称:国际班轮业务种类

中文全拼:guo - ji - ban - lun - ye - wu - zhong - lei

定义:企业经营国际班轮的业务种类的说明。

数据元类型:字符型

数据格式:an..30

4.1.2.4.11 国内班轮业务种类

编号:SY010204011

数据元名称:国内班轮业务种类

中文全拼:guo - nei - ban - lun - ye - wu - zhong - lei

定义:企业经营国内班轮的业务种类说明。

数据元类型:字符型

数据格式:an..30

4.1.2.4.12 企业状态

编号:SY010204012

数据元名称:企业状态

中文全拼:qi - ye - zhuang - tai

定义:航运企业的状态情况描述。

数据元类型:字符型

数据格式:an..50

4.1.2.4.13 企业状态代码

编号:SY010204013

数据元名称:企业状态代码

中文全拼:qi - ye - zhuang - tai - dai - ma

定义:描述航运企业的状态情况的代码。

数据元类型:字符型

数据格式:n1

值域:见5.4

4.1.3 人员信息

4.1.3.1 姓名

编号:SY010300001

数据元名称:姓名

中文全拼:xing - ming

定义:在户籍管理部门正式登记注册、人事档案中正式记载的姓氏名称。

数据元类型:字符型

数据格式:a..30

4.1.3.2　人员标识

编号:SY010300002

数据元名称:人员标识

中文全拼:ren - yuan - biao - zhi

定义:人员在信息系统或者人事系统的内部代码。

数据元类型:字符型

数据格式:an..20

4.1.3.3　职级

编号:SY010300003

数据元名称:职级

中文全拼:zhi - ji

定义:反映工作岗位的规范化名称。

数据元类型:字符型

数据格式:a..30

4.1.3.4　工作单位

编号:SY010300004

数据元名称:工作单位

中文全拼:gong - zuo - dan - wei

定义:人员所在机构的名称。

数据元类型:字符型

数据格式:an..100

4.1.3.5　工作部门

编号:SY010300005

数据元名称:工作部门

中文全拼:gong - zuo - bu - men

定义:从业人员所在机构的部门名称。

数据元类型:字符型

数据格式:an..100

4.1.3.6　身份证件类型

编号:SY010300006

数据元名称:身份证件类型

中文全拼:shen - fen - zheng - jian - lei - xing

定义:由特定机构颁发的可以证明个人身份的证件的名称。

数据元类型:字符型

数据格式:a..50

4.1.3.7　身份证件号码

编号:SY010300007

数据元名称:身份证件号码

中文全拼:shen - fen - zheng - jian - hao - ma

定义:身份证件上记载的、可唯一标识个人工作身份的号码。

数据元类型:字符型

数据格式:an..18

备注:与数据元 4.1.3.6 连用。

4.1.3.8　培训情况

编号:SY010300008

数据元名称:培训情况

中文全拼:pei – xun – qing – kuang

定义:人员参加相关培训情况的描述。

数据元类型:字符型

数据格式:..ul

4.1.3.9　从业状况

编号:SY010300009

数据元名称:从业状况

中文全拼:cong – ye – zhuang – kuang

定义:按人员管理规定划分的航运管理人员的从业类别说明。

数据元类型:字符型

数据格式:a..14

4.1.3.10　从业人员类别

编号:SY010300010

数据元名称:从业人员类别

中文全拼:cong – ye – ren – yuan – lei – bie

定义:从业人员的类别。

数据元类型:字符型

数据格式:an..50

4.1.3.11　性别代码

编号:SY010300011

数据元名称:性别代码

中文全拼:xing – bie – dai – ma

定义:人员的性别代码。

数据元类型:字符型

数据格式:n1

值域:GB/T 2261.1—2003 中表 1 的代码列

4.1.3.12　身份证号码

编号:SY010300012

数据元名称:身份证号码

中文全拼:shen – fen – zheng – hao – ma

定义:身份证上记载的、可唯一标识人员身份的号码。

数据元类型:字符型

数据格式:an..18

4.1.3.13　职务名称

编号:SY010300013

数据元名称:职务名称

中文全拼:zhi – wu – ming – cheng

定义:经专业技术职务任职资格评审委员会评审确认,或参加国家统一专业技术资格考试合格而取得的专业技术资格名称。

数据元类型:字符型

数据格式:a..30

值域:GB/T 8561—2001 中表 1 的职务系列名称列

4.1.3.14 职务代码

编号:SY010300014

数据元名称:职务代码

中文全拼:zhi - wu - dai - ma

定义:个人担任职务的代码。

数据元类型:字符型

数据格式:n3

值域:GB/T 8561—2001 中表 1 的代码列

4.1.3.15 技术等级代码

编号:SY010300015

数据元名称:技术等级代码

中文全拼:ji - shu - deng - ji - dai - ma

定义:系列技术等级代码。

数据元类型:字符型

数据格式:n3

值域:GB/T 8561—2001 中表 1 的系列等级名称代码

4.1.3.16 学历名称

编号:SY010300016

数据元名称:学历名称

中文全拼:xue - li - ming - cheng

定义:受教育者在教育机构接受科学、文化知识训练并获得国家教育行政部门认可的学历证书的经历的名称。

数据元类型:字符型

数据格式:a..16

值域:GB/T 4658—2006 中表 1 的学历列

备注:同义词“文化程度”。

4.1.3.17 资格证书编号

编号:SY010300017

数据元名称:资格证书编号

中文全拼: zi - ge - zheng - shu - bian - hao

定义:人员具备的从业资格证书编号。

数据元类型:字符型

数据格式:an..50

4.1.3.18 聘任日期

编号:SY010300018

数据元名称:聘任日期

中文全拼:pin - ren - ri - qi

定义:人员的聘任时间。

数据元类型:日期型

数据格式:YYYYMMDD

4.1.3.19 任职起始日期

编号:SY010300019
数据元名称:任职起始日期
中文全拼:ren - zhi - qi - shi - ri - qi
定义:从业人员的任职起始日期。
数据元类型:日期型
数据格式: YYYYMMDD

4.1.3.20 任职截至日期

编号:SY010300020
数据元名称:任职截至日期
中文全拼:ren - zhi - jie - zhi - ri - qi
定义:从业人员的任职截止日期。
数据元类型:日期型
数据格式: YYYYMMDD

4.1.3.21 户籍登记住址

编号:SY010300021
数据元名称:户籍登记住址
中文全拼:hu - ji - deng - ji - zhu - zhi
定义:户籍登记住址。
数据元类型:字符型
数据格式:an..60

4.1.4 联系信息

4.1.4.1 联系电话

编号:SY010400001
数据元名称:联系电话
中文全拼:lian - xi - dian - hua
定义:机构或人员联系电话号码。
数据元类型:字符型
数据格式:an..18

4.1.4.2 传真号码

编号:SY010400002
数据元名称:传真号码
中文全拼:chuan - zhen - hao - ma
定义:机构或人员的传真号码。
数据元类型:字符型
数据格式:an..18
备注:完整的传真号码包括国际区号、国内长途区号、本地电话号和分机号,之间用"-"分割。

4.1.4.3 电报挂号

编号:SY010400003
数据元名称:电报挂号
中文全拼:dian - bao - gua - hao
定义:机构或人员的电报挂号信息。
数据元类型:字符型
数据格式:an..18

4.1.4.4 电子信箱

编号:SY010400004

数据元名称:电子信箱

中文全拼:dian - zi - xin - xiang

定义:机构或人员的电子邮件的收发地址。

数据类型:字符型

数据格式:an..50

4.2 行政许可信息

4.2.1 基本信息

4.2.1.1 行政许可申报材料

编号: SY020100001

数据元名称: 行政许可申报材料

中文全拼:xing - zheng - xu - ke - shen - bao - cai - liao

定义:行政许可需要提交的申报材料描述。

数据元类型: 字符型

数据格式:..ul

4.2.1.2 行政许可类别

编号:SY020100002

数据元名称:行政许可类别

中文全拼:xing - zheng - xu - ke - lei - bie

定义:行政许可的类别描述。

数据元类型:字符型

数据格式:an..100

备注:行政许可类别包括国内水路运输经营资质许可、取得珠江干线跨省运输经营资质许可、国内沿海跨省液货危险品船运输企业审批等。

4.2.1.3 行政许可机构

编号:SY020100003

数据元名称:行政许可机构

中文全拼:xing - zheng - xu - ke - ji - gou

定义:执行行政许可职能的机构名称。

数据元类型:字符型

数据格式:an..50

4.2.1.4 行政许可联系部门

编号:SY020100004

数据元名称:行政许可联系部门

中文全拼:xing - zheng - xu - ke - lian - xi - bu - men

定义:执行行政许可职能的联系部门名称。

数据元类型:字符型

数据格式:an..50

4.2.1.5 行政许可依据

编号:SY020100005

数据元名称:行政许可依据

中文全拼:xing - zheng - xu - ke - yi - ju

定义:相应行政许可的执行依据描述。

数据元类型:字符型

数据格式:an..100

4.2.1.6 行政许可标准

编号:SY020100006

数据元名称:行政许可标准

中文全拼:xing－zheng－xu－ke－biao－zhun

定义:相应行政许可的执行标准描述。

数据元类型:字符型

数据格式:..ul

4.2.1.7 行政许可有效期限

编号:SY020100007

数据元名称:行政许可有效期限

中文全拼:xing－zheng－xu－ke－you－xiao－qi－xian

定义:行政许可的有效期限。

数据元类型:数字型

数据格式:n..2

计量单位:年

4.2.1.8 行政许可收费标准及依据

编号:SY020100008

数据元名称:行政许可收费标准及依据

中文全拼:xing－zheng－xu－ke－shou－fei－biao－zhun－ji－yi－ju

定义:行政许可的收费标准及依据描述。

数据元类型:字符型

数据格式:..ul

4.2.1.9 意见和建议

编号:SY020100009

数据元名称:意见和建议

中文全拼:yi－jian－he－jian－yi

定义:各级机构针对行政许可等业务或事件提出的意见和建议描述。

数据元类型:字符型

数据格式:..ul

4.2.1.10 证书名称

编号:SY020100010

数据元名称:证书名称

中文全拼:zheng－shu－ming－cheng

定义:与企业或船舶相关的证书名称。

数据元类型:字符型

数据格式:an..100

值域:证书名称包括无船承运业务经营资格登记证、船舶年审合格证、船舶国籍证等

4.2.1.11 证书编号

编号:SY020100011

数据元名称:证书编号

中文全拼:zheng - shu - bian - hao

定义:与证书名称相对应的证书编号。

数据元类型:字符型

数据格式:an..30

4.2.1.12　经营期限

编号:SY020100012

数据元名称:经营期限

中文全拼:jing - ying - qi - xian

定义:允许从事经营活动的时间限制。

数据元类型:数字型

数据格式:n..2

计量单位:年

4.2.1.13　批准机关及文号

编号:SY020100013

数据元名称:批准机关及文号

中文全拼:pi - zhun - ji - guan - ji - wen - hao

定义:证书的批准机关及文号。

数据元类型:字符型

数据格式:an..50

4.2.2　申请

4.2.2.1　申请理由

编号:SY020200001

数据元名称:申请理由

中文全拼:shen - qing - li - you

定义:企业或下级航管机构申报业务原因描述。

数据元类型:字符型

数据格式:..ul

4.2.2.2　申请人

编号:SY020200002

数据元名称:申请人

中文全拼:shen - qing - ren

定义:提出行政许可申请业务的个人姓名或企业名称。

数据元类型:字符型

数据格式:an..100

4.2.2.3　申请人许可证类别

编号:SY020200003

数据元名称:申请人许可证类别

中文全拼:shen - qing - ren - xu - ke - zheng - lei - bie

定义:提出行政许可申请业务的个人或企业持有的某类许可证的名称。

数据元类型:字符型

数据格式:an..100

4.2.2.4　申请人许可证号

编号:SY020200004

数据元名称:申请人许可证号

中文全拼:shen - qing - ren - xu - ke - zheng - hao

定义:与申请人许可证类别对应的许可证号码。

数据元类型:字符型

数据格式:an..60

4.2.2.5 申请业务类型

编号:SY020200005

数据元名称:申请业务类型

中文全拼:shen - qing - ye - wu - lei - xing

定义:申请的业务类型说明。

数据元类型:字符型

数据格式:an..50

备注:申请业务类型包括企业筹建、企业开业、企业变更、船舶新增、船舶变更、国际船舶转国内运输登记等。

4.2.2.6 申报种类

编号:SY020200006

数据元名称:申报种类

中文全拼:shen - bao - zhong - lei

定义:企业申报行政许可业务的类型说明。

数据元类型:字符型

数据格式:an..30

4.2.2.7 申请材料目录

编号:SY020200007

数据元名称:申请材料目录

中文全拼:shen - qing - cai - liao - mu - lu

定义:申请方提交的相关申请材料目录。

数据元类型:字符型

数据格式:..ul

4.2.2.8 申请人联系方式

编号:SY020200008

数据元名称:申请人联系方式

中文全拼:shen - qing - ren - lian - xi - fang - shi

定义:申请人的邮政通信地址或电话等联系方式。

数据元类型:字符型

数据格式:an..100

4.2.2.9 委托代理人

编号:SY020200009

数据元名称:委托代理人

中文全拼:wei - tuo - dai - li - ren

定义:受当事人、法定代理人、法定代表人的委托,并在授权范围内行使代理权的人。

数据元类型:字符型

数据格式:a..30

4.2.2.10 委托代理人联系方式

编号:SY020200010

数据元名称:委托代理人联系方式

中文全拼:wei－tuo－dai－li－ren－lian－xi－fang－shi

定义:委托代理人的邮政通信地址或电话等联系方式。

数据元类型:字符型

数据格式:an..100

4.2.2.11　主送机关

编号:SY020200011

数据元名称:主送机关

中文全拼:zhu－song－ji－guan

定义:报送规定的审批机关名称。

数据元类型:字符型

数据格式:an..100

4.2.2.12　申请书编号

编号:SY020200012

数据元名称:申请书编号

中文全拼:shen－qing－shu－bian－hao

定义:行政许可申请书的唯一标识。

数据元类型:字符型

数据格式:an..30

4.2.2.13　抄报单位

编号:SY020200013

数据元名称:抄报单位

中文全拼:chao－bao－dan－wei

定义:报送规定的抄报单位名称。

数据元类型:字符型

数据格式:an..100

4.2.2.14　业务编号

编号:SY020200014

数据元名称:业务编号

中文全拼:ye－wu－bian－hao

定义:申请业务的唯一代码。

数据元类型:字符型

数据格式:an..30

4.2.3　受理

4.2.3.1　受理编号

编号:SY020300001

数据元名称:受理编号

中文全拼:shou－li－bian－hao

定义:唯一标识受理各项业务情况的编号。

数据元类型:字符型

数据格式:an..12

4.2.3.2　受理类别名称

编号:SY020300002

数据元名称:受理类别名称

中文全拼:shou - li - lei - bie - ming - cheng

定义:行政许可受理类别的规范化汉字名称。

数据元类型:字符型

数据格式:an..30

4.2.3.3 受理类别代码

编号:SY020300003

数据元名称:受理类别代码

中文全拼:shou - li - lei - bie - dai - ma

定义:行政许可受理类别的标识。

数据元类型:字符型

数据格式:n2

4.2.3.4 受理机构名称

编号:SY020300004

数据元名称:受理机构名称

中文全拼:shou - li - ji - gou - ming - cheng

定义:受理行政许可业务的水路运输管理机构的规范化汉字名称。

数据元类型:字符型

数据格式:an..100

4.2.3.5 受理机构代码

编号:SY020300005

数据元名称:受理机构代码

中文全拼:shou - li - ji - gou - dai - ma

定义:受理行政许可业务的水路运输管理机构的规范化代码。

数据元类型:字符型

数据格式:an..6

4.2.4 审批

4.2.4.1 审批机构名称

编号:SY020400001

数据元名称:审批机构名称

中文全拼:shen - pi - ji - gou - ming - cheng

定义:行政许可的审批机构的名称。

数据元类型:字符型

数据格式:an..100

4.2.4.2 审批机构代码

编号:SY020400002

数据元名称:审批机构代码

中文全拼:shen - pi - ji - gou - dai - ma

定义:行政许可的审批机构的代码。

数据元类型:字符型

数据格式:an6

4.2.4.3 审批人员

编号:SY020400003
数据元名称:审批人员
中文全拼:shen – pi – ren – yuan
定义:执行审批职能的人员姓名。
数据元类型:字符型
数据格式:a..30

4.2.4.4 审批意见

编号:SY020400004
数据元名称:审批意见
中文全拼:shen – pi – yi – jian
定义:审批机构出具的审批意见。
数据元类型:字符型
数据格式:..ul

4.2.4.5 批准文号

编号:SY020400005
数据元名称:批准文号
中文全拼:pi – zhun – wen – hao
定义:批准公文的简要标识,由发文机关代字、发文年份和发文序号组成。
数据元类型:字符型
数据格式:an..30

4.2.4.6 批准机构名称

编号:SY020400006
数据元名称:批准机构名称
中文全拼:pi – zhun – ji – gou – ming – cheng
定义:批准机构的名称。
数据元类型:字符型
数据格式:an..100

4.2.4.7 批准机构代码

编号:SY020400007
数据元名称:批准机构代码
中文全拼:pi – zhun – ji – gou – dai – ma
定义:批准机构的代码。
数据元类型:字符型
数据格式:an6

4.2.5 注销

4.2.5.1 注销编号

编号:SY020500001
数据元名称:注销编号
中文全拼:zhu – xiao – bian – hao
定义:注销业务的标识代码。
数据元类型:字符型
数据格式:an..30

4.2.5.2 注销原因

编号:SY020500002

数据元名称:注销原因

中文全拼:zhu - xiao - yuan - yin

定义:注销的原因描述。

数据元类型:字符型

数据格式:. . ul

4.2.5.3 注销证明书编号

编号:SY020500003

数据元名称:注销证明书编号

中文全拼:zhu - xiao - zheng - ming - shu - bian - hao

定义:注销证明书的编号。

数据元类型:字符型

数据格式:an. . 30

4.2.6 签发

4.2.6.1 发证机关

编号:SY020600001

数据元名称:发证机关

中文全拼:fa - zheng - ji - guan

定义:某类证件的发证机关名称。

数据元类型:字符型

数据格式:an. . 100

4.2.6.2 发证机关代码

编号:SY020600002

数据元名称:发证机关代码

中文全拼:fa - zheng - ji - guan - dai - ma

定义:某类证件的发证机关唯一标识代码。

数据元类型:字符数字型

数据格式:an. . 10

备注:发证机关代码包括"交"、"长"等。

4.2.7 变更

4.2.7.1 变更编号

编号:SY020700001

数据元名称:变更编号

中文全拼:bian - geng - bian - hao

定义:经营或营运许可变更编号。

数据元类型:字符型

数据格式:an. . 30

4.2.7.2 变更原因

编号:SY020700002

数据元名称:变更原因

中文全拼:bian - geng - yuan - yin

定义:经营或营运许可变更原因。

数据元类型:字符型

数据格式:..ul

4.2.7.3 原经营范围

编号:SY020700003

数据元名称:原经营范围

中文全拼:yuan – jing – ying – fan – wei

定义:提交变更经营范围申请时,用于描述原有经营范围情况。

数据元类型:字符型

数据格式:..ul

4.2.7.4 要求变更经营范围

编号:SY020700004

数据元名称:要求变更经营范围

中文全拼:yao – qiu – bian – geng – jing – ying – fan – wei

定义:提交变更经营范围申请时,用于描述要求变更经营范围情况。

数据元类型:字符型

数据格式:..ul

4.2.7.5 变更记录

编号:SY020700005

数据元名称:变更记录

中文全拼: bian – geng – ji – lu

定义:变更情况记录。

数据元类型:字符型

数据格式:..ul

4.2.8 歇业、停业

4.2.8.1 歇业原因

编号:SY020800001

数据元名称:歇业原因

中文全拼:xie – ye – yuan – yin

定义:经营水路运输业的单位和个人要求歇业的原因。

数据元类型:字符型

数据格式:an..100

4.2.8.2 歇业时间

编号:SY020800002

数据元名称:歇业时间

中文全拼:xie – ye – shi – jian

定义:经营水路运输业的单位和个人要求歇业的时间周期。

数据元类型:字符型

数据格式:an..100

4.2.8.3 停业原因

编号:SY020800003

数据元名称:停业原因

中文全拼:ting – ye – yuan – yin

定义:经营水路运输业的单位和个人办理停业的原因。

数据元类型:字符型

数据格式:an..100

4.2.9 登记备案

4.2.9.1 登记或备案标识

编号:SY020900001

数据元名称:登记或备案标识

中文全拼:deng-ji-huo-bei-an-biao-zhi

定义:说明登记或备案的标识。

数据元类型:字符型

数据格式:an..6

4.2.9.2 备案类别

编号:SY020900002

数据元名称:备案类别

中文全拼:bei-an-lei-bie

定义:备案的类别说明。

数据元类型:字符型

数据格式:an..50

4.2.9.3 报备单位

编号:SY020900003

数据元名称:报备单位

中文全拼:bao-bei-dan-wei

定义:报备单位的规范化汉字全称。

数据元类型:字符型

数据格式:an..100

4.2.9.4 报备员

编号:SY020900004

数据元名称:报备员

中文全拼:bao-bei-yuan

定义:报备人员的姓名。

数据元类型:字符型

数据格式:a..30

4.2.9.5 归档人

编号:SY020900005

数据元名称:归档人

中文全拼:gui-dang-ren

定义:归档人员的姓名。

数据元类型:字符型

数据格式:a..30

4.2.9.6 登记内容

编号:SY020900006

数据元名称:登记内容

中文全拼:deng-ji-nei-rong

定义:登记内容说明。

数据元类型:字符型

数据格式:an..50

4.2.9.7 登记机关

编号:SY020900007

数据元名称:登记机关

中文全拼:deng - ji - ji - guan

定义:登记机构的名称。

数据元类型:字符型

数据格式:an..50

4.2.10 附件

4.2.10.1 文件编号

编号:SY021000001

数据元名称:文件编号

中文全拼:wen - jian - bian - hao

定义:附件文件的唯一标识编号。

数据元类型:字符型

数据格式:an..30

4.2.10.2 文件名称

编号:SY021000002

数据元名称:文件名称

中文全拼:wen - jian - ming - cheng

定义:提交的相关文件名称。

数据元类型:字符型

数据格式:..ul

4.2.11 日期信息

4.2.11.1 申请日期

编号:SY021100001

数据元名称:申请日期

中文全拼:shen - qing - ri - qi

定义:企业或下级航管机构提出各类申请的行文签发日期。

数据元类型:日期型

数据格式:YYYYMMDD

4.2.11.2 受理日期

编号:SY021100002

数据元名称:受理日期

中文全拼:shou - li - ri - qi

定义:受理各项业务的日期。

数据元类型:日期型

数据格式:YYYYMMDD

4.2.11.3 审批日期

编号:SY021100003

数据元名称:审批日期

中文全拼:shen - pi - ri - qi

定义:申请的各类业务通过审批的日期。

数据元类型:日期型
数据格式:YYYYMMDD

4.2.11.4 发证日期

编号:SY021100004
数据元名称:发证日期
中文全拼:fa - zheng - ri - qi
定义:某类证书的发证日期。
数据元类型:日期型
数据格式:YYYYMMDD

4.2.11.5 有效开始日期

编号:SY021100005
数据元名称:有效开始日期
中文全拼:you - xiao - kai - shi - ri - qi
定义:某类证书的有效开始日期。
数据元类型:日期型
数据格式:YYYYMMDD

4.2.11.6 有效终止日期

编号:SY021100006
数据元名称:有效终止日期
中文全拼:you - xiao - zhong - zhi - ri - qi
定义:某类证书的有效终止日期。
数据元类型:日期型
数据格式:YYYYMMDD

4.2.11.7 变更日期

编号:SY021100007
数据元名称:变更日期
中文全拼:bian - geng - ri - qi
定义:某类证件的变更日期。
数据元类型:日期型
数据格式:YYYYMMDD

4.2.11.8 换证日期

编号:SY021100008
数据元名称:换证日期
中文全拼:huan - zheng - ri - qi
定义:某类证件的换证日期。
数据元类型:日期型
数据格式:YYYYMMDD

4.2.11.9 报送日期

编号:SY021100009
数据元名称:报送日期
中文全拼:bao - song - ri - qi
定义:某类业务或材料等的报送日期。
数据元类型:日期型

数据格式:YYYYMMDD

4.2.11.10 登记日期

编号:SY021100010

数据元名称:登记日期

中文全拼:deng - ji - ri - qi

定义:进行登记的日期。

数据元类型:日期型

数据格式:YYYYMMDD

4.2.11.11 生效日期

编号:SY021100011

数据元名称:生效日期

中文全拼:sheng - xiao - ri - qi

定义:相关文件或证书等的生效日期。

数据元类型:日期型

数据格式:YYYYMMDD

4.2.11.12 失效日期

编号:SY021100012

数据元名称:失效日期

中文全拼:shi - xiao - ri - qi

定义:相关文件或证书等的失效日期。

数据元类型:日期型

数据格式:YYYYMMDD

4.3 监管信息

4.3.1 经营行为监管

4.3.1.1 违规日期

编号:SY030100001

数据元名称:违规日期

中文全拼:wei - gui - ri - qi

定义:发生违规现象或事件的日期。

数据元类型:日期型

数据格式:YYYYMMDD

4.3.1.2 违规内容

编号:SY030100002

数据元名称:违规内容

中文全拼:wei - gui - nei - rong

定义:船舶或企业出现的违规现象或行为的说明。

数据元类型:字符型

数据格式:..ul

4.3.1.3 检查单位

编号:SY030100003

数据元名称:检查单位

中文全拼:jian - cha - dan - wei

定义:发现违规现象或事件的检查单位的名称。

数据元类型:字符型

数据格式:an..100

4.3.1.4 检查人员姓名

编号:SY030100004

数据元名称:检查人员姓名

中文全拼:jian - cha - ren - yuan - xing - ming

定义:检查人员的姓名。

数据元类型:字符型

数据格式:a..30

4.3.1.5 检查人员执法证编号

编号:SY030100005

数据元名称:检查人员执法证编号

中文全拼:jian - cha - ren - yuan - zhi - fa - zheng - bian - hao

定义:检查人员的执法证编号。

数据元类型:字符型

数据格式:an..40

4.3.1.6 检查内容

编号:SY030100006

数据元名称:检查内容

中文全拼:jian - cha - nei - rong

定义:监督检查的范围和内容描述。

数据元类型:字符型

数据格式:an..100

备注:例如,船舶运输经营资质监督检查等。

4.3.1.7 检查结果

编号:SY030100007

数据元名称:检查结果

中文全拼:jian - cha - jie - guo

定义:监督检查的结果记录。

数据元类型:字符型

数据格式:..ul

4.3.1.8 检查日期

编号:SY030100008

数据元名称:检查日期

中文全拼:jian - cha - ri - qi

定义:对相关单位实行监督检查的时间。

数据元类型:日期型

数据格式:YYYYMMDD

4.3.1.9 整改要求

编号:SY030100009

数据元名称:整改要求

中文全拼:zheng - gai - yao - qiu

定义:对相关单位实行监督检查后,对不合格单位提出的整改要求说明。

数据元类型:字符型

数据格式:..ul

4.3.1.10 整改期限

编号:SY030100010

数据元名称:整改期限

中文全拼:zheng - gai - qi - xian

定义:针对达不到要求的现象或行为提出的整改期限要求。

数据元类型:字符型

数据格式:an..50

4.3.2 年度核查

4.3.2.1 年审年份

编号:SY030200001

数据元名称:年审年份

中文全拼:nian - shen - nian - fen

定义:审核周期等于一个日历年的时间单位。

数据元类型:日期型

数据格式:YYYY

4.3.2.2 年审有效期至

编号:SY030200002

数据元名称:年审有效期至

中文全拼:nian - shen - you - xiao - qi - zhi

定义:年度核查的有效期限终止日期。

数据元类型:日期型

数据格式:YYYYMMDD

4.3.2.3 审验日期

编号:SY030200003

数据元名称:审验日期

中文全拼:shen - yan - ri - qi

定义:年度核查的完成日期。

数据元类型:日期型

数据格式:YYYYMMDD

4.3.2.4 年审内容

编号:SY030200004

数据元名称:年审内容

中文全拼:nian - shen - nei - rong

定义:对企业、船舶、从业人员等执行年度审验的内容描述。

数据元类型:字符型

数据格式:..ul

4.3.2.5 年审结果

编号:SY030200005

数据元名称:年审结果

中文全拼:nian - shen - jie - guo

定义:年度核查的审核结果记录。

数据元类型:字符型

数据格式:n1

值域:1-待年审;2-合格;3-不合格;4-延期整改;5-取消资格

4.3.2.6 审查意见

编号:SY030200006

数据元名称:审查意见

中文全拼:shen - cha - yi - jian

定义:航运管理部门的年度核查意见。

数据元类型:字符型

数据格式:..ul

4.3.2.7 核对情况

编号:SY030200007

数据元名称:核对情况

中文全拼:he - dui - qing - kuang

定义:年度核查的核对情况记录,包括对船舶以及人员等进行年审的核对情况。

数据元类型:字符型

数据格式:an..100

4.3.2.8 审验机关

编号:SY030200008

数据元名称:审验机关

中文全拼:shen - yan - ji - guan

定义:年度核查的审验机关名称。

数据元类型:字符型

数据格式:an..100

4.3.3 质量管理

4.3.3.1 检查考评

4.3.3.1.1 考评项目

编号:SY030301001

数据元名称:考评项目

中文全拼:kao - ping - xiang - mu

定义:质量管理考评项目名称。

数据元类型:字符型

数据格式:an..50

4.3.3.1.2 考评内容要求

编号:SY030301002

数据元名称:考评内容要求

中文全拼:kao - ping - nei - rong - yao - qiu

定义:考评内容及要求。

数据元类型:字符型

数据格式:an..100

4.3.3.1.3 考评标准

编号:SY030301003

数据元名称:考评标准

中文全拼:kao - ping - biao - zhun

定义:考评者通过测量或通过与被考评团队约定所得到的衡量各项考评指标得分的基准。

数据元类型:字符型

数据格式:an..100

4.3.3.1.4 扣分标准

编号:SY030301004

数据元名称:扣分标准

中文全拼:kou - fen - biao - zhun

定义:考评扣分标准。

数据元类型:字符型

数据格式:an..100

4.3.3.1.5 考评备注

编号:SY030301005

数据元名称:考评备注

中文全拼:kao - ping - bei - zhu

定义:检查考评备注。

数据元类型:字符型

数据格式:..ul

4.3.3.2 检查考评反馈通知

4.3.3.2.1 被检查企业

编号:SY030302001

数据元名称:被检查企业

中文全拼:bei - jian - cha - qi - ye

定义:被检查企业的规范化汉字全称。

数据元类型:字符型

数据格式:an..50

4.3.3.2.2 责任部门

编号:SY030302002

数据元名称:责任部门

中文全拼:ze - ren - bu - men

定义:责任部门的名称。

数据元类型:字符型

数据格式:an..50

4.3.3.2.3 发出时间

编号:SY030302003

数据元名称:发出时间

中文全拼:fa - chu - shi - jian

定义:检查考评反馈通知发出时间。

数据元类型:日期型

数据格式:YYYYMMDD

4.3.3.2.4 货运质量合格率

编号:SY030302004

数据元名称:货运质量合格率

中文全拼:huo - yun - zhi - liang - he - ge - lv

定义:检查考评项目赋分值总和与检查考评项目的满分值总和的比值,其值为百分比。

数据元类型:字符型

数据格式:n..2

4.3.3.2.5 检查考评结论

编号:SY030302005

数据元名称:检查考评结论

中文全拼:jian - cha - kao - ping - jie - lun

定义:检查考评结论、存在的问题及要求。

数据元类型:字符型

数据格式:..ul

4.3.3.2.6 责任部门处理情况

编号:SY030302006

数据元名称:责任部门处理情况

中文全拼:ze - ren - bu - men - chu - li - qing - kuang

定义:责任部门的处理情况。

数据元类型:字符型

数据格式:..ul

4.3.3.2.7 主管部门处理情况

编号:SY030302007

数据元名称:主管部门处理情况

中文全拼:zhu - guan - bu - men - chu - li - qing - kuang

定义:主管部门的处理情况。

数据元类型:字符型

数据格式:..ul

4.3.3.2.8 企业领导人处理意见

编号:SY030302008

数据元名称:企业领导人处理意见

中文全拼:qi - ye - ling - dao - ren - chu - li - yi - jian

定义:企业领导人的处理意见。

数据元类型:字符型

数据格式:..ul

4.3.4 安全事故

4.3.4.1 事故名称

编号:SY030400001

数据元名称:事故名称

中文全拼:shi - gu - ming - cheng

定义:事故的规范化中文全称。

数据元类型:字符型

数据格式:an..50

4.3.4.2 事故编号

编号:SY030400002

数据元名称:事故编号

中文全拼:shi - gu - bian - hao

定义:事故的唯一标识。

数据元类型:字符型

数据格式:an..50

4.3.4.3 事故类别

编号:SY030400003

数据元名称:事故类别

中文全拼:shi - gu - lei - bie

定义:事故类别的规范化中文全称。

数据元类型:字符型

数据格式:an..50

4.3.4.4 事故类别代码

编号:SY030400004

数据元名称:事故类别代码

中文全称:shi - gu - lei - bie - dai - ma

定义:标识事故类型的代码。

数据元类型:字符型

数据格式:an..30

4.3.4.5 事故过程

编号:SY030400005

数据元名称:事故过程

中文全拼:shi - gu - guo - cheng

定义:事故情况的概要描述。

数据元类型:字符型

数据格式:..ul

4.3.4.6 事故发生地点

编号:SY030400006

数据元名称:事故发生地点

中文全拼:shi - gu - fa - sheng - di - dian

定义:事故发生的地点信息,包括省、市、港口等相关信息。

数据元类型:字符型

数据格式:an..100

4.3.4.7 事故发生位置

编号:SY030400007

数据元名称:事故发生位置

中文全拼:shi - gu - fa - sheng - wei - zhi

定义:事故发生的海域、内河区域以及地理位置坐标等信息。

数据元类型:字符型

数据格式:an..100

4.3.4.8 事故发生日期时间

编号:SY030400008

数据元名称:事故发生日期时间

中文全拼:shi - gu - fa - sheng - ri - qi - shi - jian

定义:发生事故的日期时间。

数据元类型:日期时间型

数据格式:YYYYMMDDhhmmss

4.3.4.9 事故处理结束日期时间

编号:SY030400009

数据元名称:事故处理结束日期时间

中文全拼:shi - gu - chu - li - jie - shu - ri - qi - shi - jian

定义:事故处理结束的日期时间。

数据元类型:日期时间型

数据格式:YYYYMMDDhhmmss

4.3.4.10 事故处理

编号:SY030400010

数据元名称:事故处理

中文全拼:shi - gu - chu - li

定义:事故处理情况说明。

数据元类型:字符型

数据格式:..ul

4.3.4.11 事故处理负责人

编号:SY030400011

数据元名称:事故处理负责人

中文全拼:shi - gu - chu - li - fu - ze - ren

定义:担任并承担事故处理工作的总体负责职务的人员姓名。

数据元类型:字符型

数据格式:a..30

4.3.4.12 事故损失

编号:SY030400012

数据元名称:事故损失

中文全拼:shi - gu - sun - shi

定义:事故损失情况描述,包括人、物、船、合计金额等。

数据元类型:字符型

数据格式:..ul

4.3.4.13 事故后果

编号:SY030400013

数据元名称:事故后果

中文全拼:shi - gu - hou - guo

定义:事故造成的后果描述。

数据元类型:字符型

数据格式:..ul

4.3.4.14 事故级别

编号:SY030400014

数据元名称:事故级别

中文全拼:shi - gu - ji - bie

定义:事故发生造成后果的严重程度。

数据元类型:字符型

数据格式:..ul

4.3.4.15 死亡人数

编号:SY030400015

数据元名称:死亡人数

中文全拼:si－wang－ren－shu

定义:事故发生导致直接或间接的死亡人员数量。

数据元类型:数字型

数据格式:n..5

计量单位:人

4.3.4.16 受伤人数

编号:SY030400016

数据元名称:受伤人数

中文全拼:shou－shang－ren－shu

定义:事故发生导致直接或间接的受伤人员数量。

数据元类型:数字型

数据格式:n..5

计量单位:人

4.3.4.17 环境影响

编号:SY030400017

数据元名称:环境影响

中文全拼:huan－jing－ying－xiang

定义:事故发生造成的环境影响程度描述,包括水污染、大气污染、放射性污染等方面。

数据元类型:字符型

数据格式:..ul

4.3.4.18 事故致因

编号:SY030400018

数据元名称:事故致因

中文全拼:shi－gu－zhi－yin

定义:导致事故发生的原因说明。

数据元类型:字符型

数据格式:..ul

4.3.5 价格管理

4.3.5.1 公布运价

编号:SY030500001

数据元名称:公布运价

中文全拼:gong－bu－yun－jia

定义:企业公布的运价金额。

数据元类型:数字型

数据格式:n..12,2

计量单位:元

4.3.5.2 实际运价

编号:SY030500002

数据元名称:实际运价
中文全拼:shi - ji - yun - jia
定义:实际的运价金额。
数据元类型:数字型
数据格式:n..12,2
计量单位:元

4.3.5.3 附加费
编号:SY030500003
数据元名称:附加费
中文全拼:fu - jia - fei
定义:附加费金额。
数据元类型:数字型
数据格式:n..12,2
计量单位:元

4.3.5.4 其他附加费
编号:SY030500004
数据元名称:其他附加费
中文全拼:qi - ta - fu - jia - fei
定义:其他附加费金额。
数据元类型:数字型
数据格式:n..12,2
计量单位:元

4.3.5.5 生效日期
编号:SY030500005
数据元名称:生效日期
中文全拼:sheng - xiao - ri - qi
定义:公布运价、多重运价或者协议运价等的生效日期。
数据元类型:日期型
数据格式:YYYYMMDD

4.3.5.6 有效期
编号:SY030500006
数据元名称:有效期
中文全拼:you - xiao - qi
定义:协议运价等的有效期限。
数据元类型:字符型
数据格式:an..30

4.3.5.7 运价备注
编号:SY030500007
数据元名称:运价备注
中文全拼:yun - jia - bei - zhu
定义:运价的备注信息。
数据元类型:字符型
数据格式:..ul

4.4 行政处罚

4.4.1 行政处罚案件

4.4.1.1 案由

编号:SY040100001

数据元名称:案由

中文全拼:an - you

定义:行政处罚案件的案由。

数据元类型:字符型

数据格式:an..50

4.4.1.2 当事人

编号:SY040100002

数据元名称:当事人

中文全拼:dang - shi - ren

定义:行政处罚案件的当事人姓名。

数据元类型:字符型

数据格式:a..30

4.4.1.3 立案日期

编号:SY040100003

数据元名称:立案日期

中文全拼:li - an - ri - qi

定义:行政处罚案件的立案日期。

数据元类型:日期型

数据格式:YYYYMMDD

4.4.1.4 结案日期

编号:SY040100004

数据元名称:结案日期

中文全拼:jie - an - ri - qi

定义:行政处罚案件的结案日期。

数据元类型:日期型

数据格式:YYYYMMDD

4.4.1.5 执法机关名称

编号:SY040100005

数据元名称:执法机关名称

中文全拼:zhi - fa - ji - guan - ming - cheng

定义:行政处罚案件的执法机构名称。

数据元类型:字符型

数据格式:an..100

4.4.1.6 复议机关名称

编号:SY040100006

数据元名称:复议机关名称

中文全拼:fu - yi - ji - guan - ming - cheng

定义:行政处罚案件的复议机构名称。

数据元类型:字符型

数据格式:an..100

4.4.1.7 复议结果

编号:SY040100007

数据元名称:复议结果

中文全拼:fu-yi-jie-guo

定义:行政处罚案件的复议结果。

数据元类型:字符型

数据格式:an..100

4.4.1.8 审判机关

编号:SY040100008

数据元名称:审判机关

中文全拼:shen-pan-ji-guan

定义:行政处罚案件的审判机构名称。

数据元类型:字符型

数据格式:an..100

4.4.1.9 审判结果

编号:SY040100009

数据元名称:审判结果

中文全拼:shen-pan-jie-guo

定义:行政处罚案件的审判结果。

数据元类型:字符型

数据格式:an..100

4.4.1.10 卷宗号

编号:SY040100010

数据元名称:卷宗号

中文全拼:juan-zong-hao

定义:行政处罚案件卷宗编号。

数据元类型:字符型

数据格式:an..50

4.4.1.11 目录号

编号:SY040100011

数据元名称:目录号

中文全拼:mu-lu-hao

定义:行政处罚案件卷宗编目号码。

数据元类型:字符型

数据格式:an..50

4.4.1.12 案卷号

编号:SY040100012

数据元名称:案卷号

中文全拼:an-juan-hao

定义:行政处罚案件卷宗的案卷编号。

数据元类型:字符型

数据格式:an..50

4.4.1.13 归档日期

编号:SY040100013

数据元名称:归档日期

中文全拼:gui - dang - ri - qi

定义:行政处罚案件卷宗的归档时间。

数据元类型:日期型

数据格式:YYYYMMDD

4.4.1.14 保管期限

编号:SY040100014

数据元名称:保管期限

中文全拼:bao - guan - qi - xian

定义:行政处罚案件卷宗的保管时间间隔。

数据元类型:字符型

数据格式:an..50

备注:参考 GB/T 7408 中的时间间隔表示法。

4.4.1.15 笔录日期

编号:SY040100015

数据元名称:笔录日期

中文全拼:bi - lu - ri - qi

定义:行政案件询问笔录的记录日期。

数据元类型:日期型

数据格式:YYYYMMDD

4.4.1.16 笔录地点

编号:SY040100016

数据元名称:笔录地点

中文全拼:bi - lu - di - dian

定义:行政案件询问笔录的记录地点。

数据元类型:字符型

数据格式:an..50

4.4.1.17 询问人

编号:SY040100017

数据元名称:询问人

中文全拼:xun - wen - ren

定义:行政案件询问人姓名。

数据元类型:字符型

数据格式:a..30

4.4.1.18 被询问人

编号:SY040100018

数据元名称:被询问人

中文全拼:bei - xun - wen - ren

定义:行政案件被询问人姓名。

数据元类型:字符型

数据格式:a..30

4.4.1.19 与案件关系

编号:SY040100019

数据元名称:与案件关系

中文全拼:yu - an - jian - guan - xi

定义:行政案件被询问人与案件的关系说明。

数据元类型:字符型

数据格式:..ul

4.4.2 调查处理

4.4.2.1 调查经过

编号:SY040200001

数据元名称:调查经过

中文全拼:diao - cha - jing - guo

定义:行政案件调查经过说明。

数据元类型:字符型

数据格式:..ul

4.4.2.2 证据材料

编号:SY040200002

数据元名称:证据材料

中文全拼:zheng - ju - cai - liao

定义:行政案件的证据材料说明。

数据元类型:字符型

数据格式:..ul

4.4.2.3 调查结论

编号:SY040200003

数据元名称:调查结论

中文全拼:diao - cha - jie - lun

定义:行政案件调查结论。

数据元类型:字符型

数据格式:..ul

4.4.2.4 案件调查人

编号:SY040200004

数据元名称:案件调查人

中文全拼:an - jian - diao - cha - ren

定义:案件的调查人姓名。

数据元类型:字符型

数据格式:a..30

4.4.2.5 案件负责人

编号:SY040200005

数据元名称:案件负责人

中文全拼:an - jian - fu - ze - ren

定义:案件负责人姓名。

数据元类型:字符型

数据格式:a..30

4.4.2.6 案件负责人意见

编号:SY040200006

数据元名称:案件负责人意见

中文全拼:an - jian - fu - ze - ren - yi - jian

定义:案件负责人对相关案件的意见。

数据元类型:字符型

数据格式:..ul

4.4.3 行政处罚决定

4.4.3.1 违法事实和证据

编号:SY040300001

数据元名称:违法事实和证据

中文全拼:wei - fa - shi - shi - he - zheng - ju

定义:违法事实和证据的描述。

数据元类型:字符型

数据格式:..ul

4.4.3.2 违法行为

编号:SY040300002

数据元名称:违法行为

中文全拼:wei - fa - xing - wei

定义:违犯国家法律、法规的行为或现象。

数据元类型:字符型

数据格式:..ul

备注:违法行为包括擅自设立水路运输企业、水路运输服务企业,或者未经批准擅自从事营业性运输或从事水路运输服务业务等。

4.4.3.3 违规条款

编号:SY040300003

数据元名称:违规条款

中文全拼:wei - gui - tiao - kuan

定义:违法行为触犯或违背相关法律法规的条款描述。

数据元类型:字符型

数据格式:..ul

4.4.3.4 处罚种类

编号:SY040300004

数据元名称:处罚种类

中文全拼:chu - fa - zhong - lei

定义:处罚的类型。

数据元类型:字符型

数据格式:..ul

4.4.3.5 处罚计算标准

编号:SY040300005

数据元名称:处罚计算标准

中文全拼:chu - fa - ji - suan - biao - zhun

定义:处罚计算标准的描述。

数据元类型:字符型

数据格式:..ul

4.4.3.6 处罚依据

编号:SY040300006

数据元名称:处罚依据

中文全拼:chu - fa - yi - ju

定义:行政处罚决定的处罚依据。

数据元类型:字符型

数据格式:..ul

4.4.3.7 处罚决定

编号:SY040300007

数据元名称:处罚决定

中文全拼:chu - fa - jue - ding

定义:行政处罚的处罚决定描述。

数据元类型:字符型

数据格式:..ul

4.4.3.8 处罚机关

编号:SY040300008

数据元名称:处罚机关

中文全拼:chu - fa - ji - guan

定义:执行行政处罚的执法机构名称。

数据元类型:字符型

数据格式:an..100

4.4.3.9 被处罚单位

编号:SY040300009

数据元名称:被处罚单位

中文全拼:bei - chu - fa - dan - wei

定义:被处罚的单位名称。

数据元类型:字符型

数据格式:an..100

4.4.3.10 处罚结果

编号:SY040300010

数据元名称:处罚结果

中文全拼:chu - fa - jie - guo

定义:执行行政处罚的处罚结果说明。

数据元类型:字符型

数据格式:an..100

4.4.3.11 告知事项

编号:SY040300011

数据元名称:告知事项

中文全拼:gao - zhi - shi - xiang

定义:行政处罚的告知事项。

数据元类型:字符型

数据格式:an..50

4.5 规费信息

4.5.1 基本信息

4.5.1.1 费种名称

编号:SY050100001

数据元名称:费种名称

中文全拼:fei - zhong - ming - cheng

定义:水路运输企业和其他从事营业性运输的单位、个人必须按照国家规定缴纳规费的规范化汉字全称。

数据元类型:字符型

数据格式:an..50

备注:费种包括水路运输管理费、船舶港务费、客货附加费、船舶吨税、其他税费等。

4.5.1.2 费种代码

编号:SY050100002

数据元名称:费种代码

中文全拼:fei - zhong - dai - ma

定义:费种名称的代码。

数据元类型:字符型

数据格式:an..20

4.5.1.3 费率

编号:SY050100003

数据元名称:费率

中文全拼:fei - lv

定义:百分比费率或者单位货物的价格。

数据元类型:数字型

数据格式:n..6,2

4.5.1.4 费率单位

编号:SY050100004

数据元名称:费率单位

中文全拼:fei - lv - dan - wei

定义:费率的计量单位。

数据元类型:字符型

数据格式:an..50

4.5.1.5 费率说明

编号:SY050100005

数据元名称:费率说明

中文全拼:fei - lv - shuo - ming

定义:费率的附加信息。

数据元类型:字符型

数据格式:an..100

4.5.1.6 征费标准

编号:SY050100006

数据元名称:征费标准

中文全拼:zheng - fei - biao - zhun

定义:规费的征收标准说明。

数据元类型:字符型

数据格式:an..50

4.5.1.7 收费单位

编号:SY050100007

数据元名称:收费单位

中文全拼:shou - fei - dan - wei

定义:收取费用的单位名称。

数据元类型:字符型

数据格式:an..100

4.5.1.8 征收范围

编号:SY050100008

数据元名称:征收范围

中文全拼:zheng - shou - fan - wei

定义:规费征收对象的范围说明。

数据元类型:字符型

数据格式:..ul

4.5.1.9 水路运输管理费

编号:SY050100009

数据元名称:水路运输管理费

中文全拼:shui - lu - yun - shu - guan - li - fei

定义:依据相关征费标准征收或者缴纳的水路运输管理费的金额。

数据元类型:数字型

数据格式:n..20,4

计量单位:元

4.5.1.10 港务费

编号:SY050100010

数据元名称:港务费

中文全拼:gang - wu - fei

定义:依据相关征费标准征收或者缴纳的港务费的金额。

数据元类型:数字型

数据格式:n..20,4

计量单位:元

4.5.1.11 船舶停泊费

编号:SY050100011

数据元名称:船舶停泊费

中文全拼:chuan - bo - ting - bo - fei

定义:依据相关征费标准征收或者缴纳的船舶停泊费的金额。

数据元类型:数字型

数据格式:n..20,4

计量单位:元

4.5.1.12 航道养护费

编号:SY050100012
数据元名称:航道养护费
中文全拼:hang - dao - yang - hu - fei
定义:依据相关征费标准征收或者缴纳的航道养护费的金额。
数据元类型:数字型
数据格式:n..20,4
计量单位:元

4.5.1.13 经手人
编号:SY050100013
数据元名称:经手人
中文全拼:jing - shou - ren
定义:经手人的姓名。
数据元类型:字符型
数据格式:a..30

4.5.2 缴费信息

4.5.2.1 缴费名称
编号:SY050200001
数据元名称:缴费名称
中文全拼:jiao - fei - ming - cheng
定义:缴费名称的规范化汉字全称。
数据元类型:字符型
数据格式:an..40

4.5.2.2 缴费日期
编号:SY050200002
数据元名称:缴费日期
中文全拼:jiao - fei - ri - qi
定义:缴费的日期。
数据元类型:日期型
数据格式:YYYYMMDD

4.5.2.3 缴费至日期
编号:SY050200003
数据元名称:缴费至日期
中文全拼:jiao - fei - zhi - ri - qi
定义:缴费周期的终止时间期限。
数据元类型:日期型
数据格式:YYYYMMDD

4.5.2.4 应缴规费
编号:SY050200004
数据元名称:应缴规费
中文全拼:ying - jiao - gui - fei
定义:依据相关规定应当缴纳的规费数量。
数据元类型:数字型
数据格式:n..12,2

计量单位:元

4.5.2.5　实缴规费

编号:SY050200005

数据元名称:实缴规费

中文全拼:shi－jiao－gui－fei

定义:实际缴纳的规费金额数量。

数据元类型:数字型

数据格式:n..12,2

计量单位:元

4.5.2.6　应缴滞纳金

编号:SY050200006

数据元名称:应缴滞纳金

中文全拼:ying－jiao－zhi－na－jin

定义:依据相关规定应当缴纳的滞纳金数量。

数据元类型:数字型

数据格式:n..12,2

计量单位:元

4.5.2.7　实缴滞纳金

编号:SY050200007

数据元名称:实缴滞纳金

中文全拼:shi－jiao－zhi－na－jin

定义:实际缴纳的滞纳金数量。

数据元类型:数字型

数据格式:n..12,2

计量单位:元

4.5.3　返还信息

4.5.3.1　返还标准

编号:SY050300001

数据元名称:返还标准

中文全拼:fan－huan－biao－zhun

定义:规费的返还标准。

数据元类型:字符型

数据格式:an..50

4.5.3.2　返还金额

编号:SY050300002

数据元名称:返还金额

中文全拼:fan－huan－jin－e

定义:返还金额数量。

数据元类型:数字型

数据格式:n..12,2

计量单位:元

4.5.4　减免信息

4.5.4.1　减免标准

编号:SY050400001
数据元名称:减免标准
中文全拼:jian - mian - biao - zhun
定义:规费的减免标准。
数据元类型:字符型
数据格式:an..50

4.5.4.2 减免金额

编号:SY050400002
数据元名称:减免金额
中文全拼:jian - mian - jin - e
定义:减免金额数量。
数据元类型:数字型
数据格式:n..12,2
计量单位:元

4.6 应急管理

4.6.1 预案管理

4.6.1.1 预案名称

编号:SY060100001
数据元名称:预案名称
中文全拼:yu - an - ming - cheng
定义:应急预案的名称。
数据元类型:字符型
数据格式:an..50

4.6.1.2 预案内容

编号:SY060100002
数据元名称:预案内容
中文全拼:yu - an - nei - rong
定义:应急预案的内容描述。
数据元类型:字符型
数据格式:..ul

4.6.1.3 预案处置机构

编号:SY060100003
数据元名称:预案处置机构
中文全拼:yu - an - chu - zhi - ji - gou
定义:应急预案的处置机构名称。
数据元类型:字符型
数据格式:an..50

4.6.1.4 预案类别

编号:SY060100004
数据元名称:预案类别
中文全拼:yu - an - lei - bie
定义:应急预案的类别说明。
数据元类型:字符型

数据格式:an..50

4.6.1.5 预案发布日期

编号:SY060100005

数据元名称:预案发布日期

中文全拼:yu－an－fa－bu－ri－qi

定义:应急预案的发布日期。

数据元类型:日期型

数据格式:YYYYMMDD

4.6.1.6 子预案名称

编号:SY060100006

数据元名称:子预案名称

中文全拼:zi－yu－an－ming－cheng

定义:应急预案相应的子预案名称。

数据元类型:字符型

数据格式:an..100

4.6.1.7 预案发布单位

编号:SY060100007

数据元名称:预案发布单位

中文全拼:yu－an－fa－bu－dan－wei

定义:应急预案的发布单位名称。

数据元类型:字符型

数据格式:an..100

4.6.1.8 预案备注

编号:SY060100008

数据元名称:预案备注

中文全拼:yu－an－bei－zhu

定义:应急预案的备注信息。

数据元类型:字符型

数据格式:an..50

4.6.2 应急联络

4.6.2.1 应急机构名称

编号:SY060200001

数据元名称:应急机构名称

中文全拼:ying－ji－ji－gou－ming－cheng

定义:应急组织机构的名称。

数据元类型:字符型

数据格式:an..100

4.6.2.2 应急机构类别

编号:SY060200002

数据元名称:应急机构类别

中文全拼:ying－ji－ji－gou－lei－bie

定义:应急组织机构的类别。

数据元类型:字符型

数据格式:an..50

备注:应急机构包括领导机构、办事机构、工作机构、专家机构等。

4.6.2.3 应急机构职责

编号:SY060200003

数据元名称:应急机构职责

中文全拼:ying－ji－ji－gou－zhi－ze

定义:应急组织机构的职责描述。

数据元类型:字符型

数据格式:..ul

4.6.2.4 应急联系人

编号:SY060200004

数据元名称:应急联系人

中文全拼:ying－ji－lian－xi－ren

定义:应急联系人的姓名。

数据元类型:字符型

数据格式:a..30

4.6.2.5 二十四小时联系方式

编号:SY060200005

数据元名称:二十四小时联系方式

中文全拼:er－shi－si－xiao－shi－lian－xi－fang－shi

定义:应急联系人的二十四小时联系方式。

数据元类型:字符型

数据格式:an..18

4.6.3 执法装备

4.6.3.1 装备名称

编号:SY060300001

数据元名称:装备名称

中文全拼:zhuang－bei－ming－cheng

定义:水路运输管理机构或人员使用的执法装备的名称。

数据元类型:字符型

数据格式:an..50

4.6.3.2 装备类型

编号:SY060300002

数据元名称:装备类型

中文全拼:zhuang－bei－lei－xing

定义:执法装备的类型描述。

数据元类型:字符型

数据格式:an..50

4.6.3.3 投入使用日期

编号:SY060300003

数据元名称:投入使用日期

中文全拼:tou－ru－shi－yong－ri－qi

定义:执法装备投入运行使用的时间。

数据元类型:日期型

数据格式:YYYYMMDD

4.6.3.4 执法装备厂家

编号:SY060300004

数据元名称:执法装备厂家

中文全拼:zhi - fa - zhuang - bei - chang - jia

定义:生产执法装备的厂名或执法装备的采购来源。

数据元类型:字符型

数据格式:an..100

4.6.3.5 购买日期

编号:SY060300005

数据元名称:购买日期

中文全拼:gou - mai - ri - qi

定义:执法装备的购买日期。

数据元类型:日期型

数据格式:YYYYMMDD

4.6.3.6 购买价格

编号:SY060300006

数据元名称:购买价格

中文全拼:gou - mai - jia - ge

定义:用于购买执法装备的货币金额的数量。

数据元类型:数字型

数据格式:n..18,2

计量单位:元

4.6.3.7 设备序列号

编号:SY060300007

数据元名称:设备序列号

中文全拼:she - bei - xu - lie - hao

定义:执法装备的设备序列号。

数据元类型:字符型

数据格式:an..20

4.6.3.8 规格型号

编号:SY060300008

数据元名称:规格型号

中文全拼:gui - ge - xing - hao

定义:执法装备的型号规格。

数据元类型:字符型

数据格式:an..20

4.6.3.9 产权单位

编号:SY060300009

数据元名称:产权单位

中文全拼:chan - quan - dan - wei

定义:执法装备的产权单位名称。

数据元类型:字符型

数据格式:an..100

4.6.3.10 装备存放处

编号:SY060300010

数据元名称:装备存放处

中文全拼:zhuang - bei - cun - fang - chu

定义:执法装备的存放地点。

数据元类型:字符型

数据格式:an..100

4.6.3.11 装备使用年限

编号:SY060300011

数据元名称:装备使用年限

中文全拼:zhuang - bei - shi - yong - nian - xian

定义:执法装备的使用年限说明,可以用时间期限描述或者有效期终止。

数据元类型:字符型

数据格式:an..50

4.6.3.12 装备完好程度

编号:SY060300012

数据元名称:装备完好程度

中文全拼:zhuang - bei - wan - hao - cheng - du

定义:执法装备的完好程度情况说明。

数据元类型:字符型

数据格式:an..20

4.7 运输工具

4.7.1 船舶基本信息

4.7.1.1 船舶经营人

见 JT/T 697.5—2007 的 4.1.3.9

4.7.1.2 经营人许可证号

编号:SY070100001

数据元名称:经营人许可证号

中文全拼:jing - ying - ren - xu - ke - zheng - hao

定义:航运管理部门核定的有经营资质的船舶经营人水路运输许可证号码。

数据元类型:字符型

数据格式:an..60

4.7.1.3 船舶经营人地址

见 JT/T 697.5—2007 的 4.1.3.11

4.7.1.4 船舶所有人

见 JT/T 697.5—2007 的 4.2.1.1

4.7.1.5 船舶所有人地址

见 JT/T 697.5—2007 的 4.2.1.3

4.7.1.6 船舶管理人

编号:SY070100002

数据元名称:船舶管理人

中文全拼:chuan－bo－guan－li－ren

定义:对船具有管理使用权的自然人或法人。

数据元类型:字符型

数据格式:an..100

4.7.1.7 管理人许可证号码

编号:SY070100003

数据元名称:管理人许可证号码

中文全拼:guan－li－ren－xu－ke－zheng－hao－ma

定义:《国内船舶管理业规定》为船舶经营人提供船舶海务管理、机务管理等服务的专业船舶管理企业的水路运输服务许可证号码。

数据元类型:字符型

数据格式:an..60

备注:与数据元4.7.1.6连用。

4.7.1.8 中文船名

见JT/T 697.5—2007的4.1.1.2

4.7.1.9 英文船名

见JT/T 697.5—2007的4.1.1.3

4.7.1.10 曾用中文船名

见JT/T 697.5—2007的4.1.1.4

4.7.1.11 曾用英文名

见JT/T 697.5—2007的4.1.1.5

4.7.1.12 船舶种类

见JT/T 697.5—2007的4.1.1.13

4.7.1.13 船舶登记号

见JT/T 697.5—2007的4.1.1.1

4.7.1.14 船检登记号

编号:SY070100004

数据元名称:船检登记号

中文全拼:chuan－jian－deng－ji－hao

定义:由海事局授予的船舶在全国范围内唯一的、始终不变的法定代码标识。

数据元类型:字符型

数据格式:an..20

4.7.1.15 船舶初始登记号

见JT/T 697.5—2007的4.1.1.12

4.7.1.16 船舶航区名称

编号:SY070100005

数据元名称:船舶航区名称

中文全拼:chuan－bo－hang－qu－ming－cheng

定义:船舶允许行驶航区的名称。

数据元类型:字符型

数据格式:an..50

值域:JT/T 697.5—2007的5.3中名称列

4.7.1.17 航区代码

见 JT/T 697.5—2007 的 4.1.1.8

4.7.1.18　船旗国

编号:SY070100006

数据元名称:船旗国

中文全拼:chuan－qi－guo

定义:船舶所有人根据有关船舶登记的法律规定,在一国船舶登记机关进行登记,依法取得船舶登记国对于船舶隶属于船舶登记国的法律上的确认和从属关系。船舶取得一国国籍后,可以悬挂该国旗帜在海上航行。

数据元类型:字符型

数据格式:an..50

值域:GB/T 2659 中世界各国和地区的中文全称名称

4.7.1.19　IMO 编号

见 JT/T 697.5—2007 的 4.1.1.7

4.7.1.20　船籍港名称

见 JT/T 697.5—2007 的 4.1.1.10

4.7.1.21　船籍港代码

见 JT/T 697.5—2007 的 4.1.1.9

4.7.1.22　船级社代码

编号:SY070100007

数据元名称:船级社代码

中文全拼:chuan－ji－she－dai－ma

定义:唯一从事船舶入级检验业务的专业机构的代码。

数据元类型:字符型

数据格式:an..4

4.7.1.23　船舶来历描述

编号:SY070100008

数据元名称:船舶来历描述

中文全拼:chuan－bo－lai－li－miao－shu

定义:船舶的来历情况描述。

数据元类型:字符型

数据格式:an..30

4.7.1.24　船舶来历代码

编号:SY070100009

数据元名称:船舶来历代码

中文全拼:chuan－bo－lai－li－dai－ma

定义:船舶的来历情况唯一标识代码。

数据元类型:字符型

数据格式:n1

值域:见 5.1

4.7.1.25　建造厂家

编号:SY070100010

数据元名称:建造厂家

中文全拼:jian－zao－chang－jia

定义:船舶的制造工厂名称。

数据元类型:字符型

数据格式:an..100

备注:同义语:造船厂名称,见 JT/T 697.5—2007 的 4.1.1.24。

4.7.1.26 船舶建成日期

见 JT/T 697.5—2007 中编号:CB010100026

4.7.1.27 船舶改建日期

见 JT/T 697.5—2007 的 4.1.1.23

4.7.1.28 船体材料代码

见 JT/T 697.5—2007 的 4.1.1.14

4.7.1.29 推进动力代码

编号:SY070100011

数据元名称:推进动力代码

中文全拼:tui - jin - dong - li - dai - ma

定义: 船舶的推进动力代码。

数据元类型:字符型

数据格式:n2

值域:见 JT/T 697.5—2007 的 5.8

4.7.1.30 推进方式代码

编号:SY070100012

数据元名称:推进方式代码

中文全拼:tui - jin - fang - shi - dai - ma

定义:船舶的推进方式代码。

数据元类型:字符型

数据格式:n2

值域:见 JT/T 697.5—2007 的 5.9

4.7.1.31 船舶总长

见 JT/T 697.5—2007 的 4.1.1.27

4.7.1.32 总吨

见 JT/T 697.5—2007 的 4.1.1.30

4.7.1.33 净吨

见 JT/T 697.5—2007 的 4.1.1.31

4.7.1.34 主机数量

见 JT/T 697.5—2007 的 4.1.1.34

4.7.1.35 主机功率

见 JT/T 697.5—2007 的 4.1.1.35

4.7.1.36 船舶状态代码

编号:SY070100013

数据元名称:船舶状态代码

中文全拼:chuan - bo - zhuang - tai - dai - ma

定义:标识船舶状态的代码。

数据元类型:字符型

数据格式:n1

值域:见5.5

4.7.1.37 船舶呼号

见JT/T 697.5—2007的4.1.1.6

4.7.1.38 船舶业务标志

编号:SY070100014

数据元名称:船舶业务标志

中文全拼:chuan - bo - ye - wu - biao - zhi

定义:船舶营运业务的标志,用于区分国际、国内或港澳线。

数据元类型:字符型

数据格式:an..30

4.7.1.39 船型标准标识

编号:SY070100015

数据元名称:船型标准标识

中文全拼:chuan - xing - biao - zhun - biao - zhi

定义:标识该船是否符合内河货运船舶船型主尺度系列标准。

数据元类型:布尔型

数据格式:二进制

4.7.1.40 载货量

编号:SY070100016

数据元名称:载货量

中文全拼:zai - huo - liang

定义:船舶能够装载货物的额定数量。

数据元类型:数字型

数据格式:n..8,2

计量单位:吨(t)

4.7.1.41 载客量

编号:SY070100017

数据元名称:载客量

中文全拼:zai - ke - liang

定义:船舶用于载运旅客的额定数量。

数据元类型:数字型

数据格式:n..5

计量单位:客位

4.7.1.42 载车量

编号:SY070100018

数据元名称:载车量

中文全拼:zai - che - liang

定义:船舶用于载运车辆的额定载车数量。

数据元类型:数字型

数据格式:n..5

计量单位:辆

4.7.1.43 载箱量

编号:SY070100019

数据元名称:载箱量

中文全拼:zai - xiang - liang

定义:船舶用于承载集装箱的额定载箱数量。

数据元类型:数字型

数据格式:n..10

计量单位:TEU

4.7.1.44 载气量

编号:SY070100020

数据元名称:载气量

中文全拼:zai - qi - liang

定义:船舶用于承载气体货物的额定数量。

数据元类型:数字型

数据格式:n..9,2

计量单位:立方米(m^3)

4.7.1.45 船舶满载吃水

编号:SY070100021

数据元名称:船舶满载吃水

中文全拼:chuan - bo - man - zai - chi - shui

定义:船舶处于满载排水量状态时的平均吃水。

数据元类型:数字型

数据格式:n..13,3

计量单位:米(m)

4.7.1.46 船舶 IC 卡号

见 JT/T 697.5—2007 的 4.1.2.23

4.7.1.47 船舶保安员

编号:SY070100022

数据元名称:船舶保安员

中文全拼:chuan - bo - bao - an - yuan

定义:由公司指定的承担船舶保安责任的船上人员的姓名。

数据元类型:字符型

数据格式:a..30

4.7.1.48 船检机构

见 JT/T 697.5—2007 的 4.2.11

4.7.1.49 船舶经营方式

编号:SY070100023

数据元名称:船舶经营方式

中文全拼:chuan - bo - jing - ying - fang - shi

定义:船舶的经营方式描述。

数据元类型:字符型

数据格式:an..50

备注:船舶经营方式包括自有、租赁等。与 JT/T 697.5—2007 中数据元 4.1.1.13 连用。

4.7.1.50 船舶数量

编号:SY070100024

数据元名称:船舶数量
中文全拼:chuan - bo - shu - liang
定义:某一类型或者所有类型船舶的数量。
数据元类型:数字型
数据格式:n..5
计量单位:艘
备注:与 JT/T 697.5—2007 中数据元 4.1.1.13 连用。

4.7.1.51　水上移动通信业务标识

编号:SY070100025
数据元名称:水上移动通信业务标识
中文全拼:shui - shang - yi - dong - tong - xin - ye - wu - biao - zhi
定义:船舶电台的水上移动通信业务标识。
数据元类型:数字型
数据格式:n9
值域:参照 JT/T 626—2005 中的 2.2

4.7.1.52　国际卫星移动业务船舶地球站业务识别码

编号:SY070100026
数据元名称:国际卫星移动业务船舶地球站业务识别码
中文全拼:guo - ji - wei - xing - yi - dong - ye - wu - chuan - bo - di - qiu - zhan - ye - wu - shi - bie - ma
定义:国际卫星移动业务船舶地球站业务识别码供用户端站用,即端站电话码、传真码、电传码、数据码等。
数据元类型:数字型
数据格式:n..9
值域:参照 JT/T 626—2005 中的 2.5

4.7.1.53　船舶通信导航设备名称

编号:SY070100027
数据元名称:船舶通信导航设备名称
中文全拼:chuan - bo - tong - xin - dao - hang - she - bei - ming - cheng
定义:船舶通信导航设备的规范化汉字全称。
数据元类型:字符型
数据格式:an..80

4.7.1.54　船舶通信导航设备类别

编号:SY070100028
数据元名称:船舶通信导航设备类别
中文全拼:chuan - bo - tong - xin - dao - hang - she - bei - lei - bie
定义:用于区别船舶通信导航设备种类的规范化汉字全称。
数据元类型:字符型
数据格式:an..100

4.7.1.55　船舶通信导航设备规格型号

编号:SY070100029
数据元名称:船舶通信导航设备规格型号
中文全拼:chuan - bo - tong - xin - dao - hang - she - bei - gui - ge - xing - hao

定义:标识船舶通信导航设备的质量标准、性能、规格及大小等属性的规范化全称。

数据元类型:字符型

数据格式:an..100

4.7.1.56 船舶通信导航设备数量

编号:SY070100030

数据元名称:船舶通信导航设备数量

中文全拼:chuan – bo – tong – xin – dao – hang – she – bei – shu – liang

定义:某一类或几类船舶通信导航设备的数量。

数据元类型:数字型

数据格式:n..2

备注:与数据元 4.7.1.53 连用。

4.7.1.57 国际船舶备案证明号码

编号:SY070100031

数据元名称:国际船舶备案证明号码

中文全拼:guo – ji – chuan – bo – bei – an – zheng – ming – hao – ma

定义:《国际船舶备案证明书》的编号。

数据元类型:字符型

数据格式:an..30

4.7.2 班轮信息

4.7.2.1 班轮航线名称

编号:SY070200001

数据元名称:班轮航线名称

中文全拼:ban – lun – hang – xian – ming – cheng

定义:班轮航线分类的规范化汉字名称。

数据元类型:字符型

数据格式:an..100

4.7.2.2 班轮航线代码

编号:SY070200002

数据元名称:班轮航线代码

中文全拼:ban – lun – hang – xian – dai – ma

定义:班轮航线分类代码,包括国际班轮公司航线和国内班轮公司航线。

数据元类型:字符型

数据格式:an..11

值域:国际班轮公司航线分类代码见 5.6。国内班轮公司航线分类代码包括:1-沿海;2-长江;3-其他内河

4.7.2.3 每月航班数

编号:SY070200003

数据元名称:每月航班数

中文全拼:mei – yue – hang – ban – shu

定义:班轮的每月航班数量。

数据元类型:数字型

数据格式:n..4,2

计量单位:班

4.7.2.4 班期数

编号:SY070200004

数据元名称:班期数

中文全拼:ban – qi – shu

定义:某一时间周期内班轮的班期数量。

数据元类型:数字型

数据格式:n..4

计量单位:班

4.7.2.5 撤销标志

编号:SY070200005

数据元名称:撤销标志

中文全拼:che – xiao – biao – zhi

定义:标记班轮是否被撤销的代码。

数据元类型:字符型

数据格式: n1

值域:0-未被撤销;1-已被撤销

4.7.2.6 挂靠港口顺序

编号:SY070200006

数据元名称:挂靠港口顺序

中文全拼:gua – kao – gang – kou – shun – xu

定义:班轮挂靠港口顺序描述。

数据元类型:字符型

数据格式:..ul

4.7.3 运输信息

4.7.3.1 承运人

编号:SY070300001

数据元名称:承运人

中文全拼:cheng – yun – ren

定义:承运或安排货物在指定的两地点之间运输的一方的规范化汉字全称。

数据元类型:字符型

数据格式:an..50

4.7.3.2 承运人标识

编号:SY070300002

数据元名称:承运人标识

中文全拼:cheng – yun – ren – biao – zhi

定义:承运或安排货物在指定的两地点之间运输的一方的标识。

数据元类型:字符型

数据格式:an..17

备注:用户或协会定义的代码。

4.7.3.3 运输分段

编号:SY070300003

数据元名称:运输分段

中文全拼:yun – shu – fen – duan

定义:给运输细目以特定含义的规范化汉字全称。

数据元类型:字符型

数据格式:an..50

备注:运输分段包括内陆运输、前程运输、干线运输、续运等。

4.7.3.4 运输分段限定符

编号:SY070300004

数据元名称:运输分段限定符

中文全拼:yun - shu - fen - duan - xian - ding - fu

定义:给运输细目以特定含义的限定符。

数据元类型:字符型

数据格式:n..3

值域:1-内陆运输;10-前程运输;20-干线运输;30-续运

4.7.3.5 运输状态

编号:SY070300005

数据元名称:运输状态

中文全拼:yun - shu - zhuang - tai

定义:指示货物动态。

数据元类型:字符型

数据格式:an..50

值域:出口;进口;转口

4.7.3.6 运输状态代码

编号:SY070300006

数据元名称:运输状态代码

中文全拼:yun - shu - zhuang - tai - dai - ma

定义:指示货物动态的代码。

数据元类型:字符型

数据格式: n1

值域:1-出口;2-进口;3-转口

4.7.4 船舶营运证

4.7.4.1 船舶营运证编号

编号:SY070400001

数据元名称:船舶营运证编号

中文全拼:chuan - bo - ying - yun - zheng - bian - hao

定义:船舶营业运输证的编号。

数据元类型:字符型

数据格式:an..30

值域:由四部分组成,发证机关代码+经营范围代码+(+发证(换证)年度+)+流水号。其中经营范围代码分为SJ(省际)和SN(省内)

备注:例如,交沪SJ(2002)007。

4.7.4.2 船舶核定的经营范围

编号:SY070400002

数据元名称:船舶核定的经营范围

中文全拼:chuan - bo - he - ding - de - jing - ying - fan - wei

定义:船舶核定的经营范围描述。

数据元类型:字符型

数据格式:..ul

4.7.4.3 船舶核定的经营范围代码

编号:SY070400003

数据元名称:船舶核定的经营范围代码

中文全拼:chuan - bo - he - ding - de - jing - ying - fan - wei - dai - ma

定义:船舶核定的经营范围的规范化唯一标识代码。

数据元类型:字符型

数据格式:an2

值域:见5.3

4.7.4.4 船舶营运证发证日期

编号:SY070400004

数据元名称:船舶营运证发证日期

中文全拼:chuan - bo - ying - yun - zheng - fa - zheng - ri - qi

定义:船舶营运证的发证日期。

数据元类型:日期型

数据格式:YYYYMMDD

4.7.4.5 有效日期

编号:SY070400005

数据元名称:有效日期

中文全拼:you - xiao - ri - qi

定义:船舶营运证的有效终止日期。

数据元类型:日期型

数据格式:YYYYMMDD

4.7.4.6 证件状态

编号:SY070400006

数据元名称:证件状态

中文全拼:zheng - jian - zhuang - tai

定义:船舶营运证件的有效性描述。

数据元类型:字符型

数据格式:an..30

4.7.4.7 船舶营运证件分类代码

编号:SY070400007

数据元名称:船舶营运证件分类代码

中文全拼:chuan - bo - ying - yun - zheng - jian - fen - lei - dai - ma

定义:船舶营运证件的类别代码。

数据元类型:字符型

数据格式:n1

值域:见5.7

4.7.4.8 船舶经营人许可证核定的经营范围

编号:SY070400008

数据元名称:船舶经营人许可证核定的经营范围

中文全拼:chuan – bo – jing – ying – ren – xu – ke – zheng – he – ding – de – jing – ying – fan – wei

定义:船舶经营人许可证核定的经营范围描述。

数据元类型:字符型

数据格式:..ul

4.7.5 船舶技术指标

4.7.5.1 船长

编号:SY070500001

数据元名称:船长

中文全拼:chuan – chang

定义:船体纵中剖面处沿满载设计水线自首端至尾端的水平距离(不包括壳板厚度)。

数据元类型:数字型

数据格式:n..20,4

计量单位:米(m)

4.7.5.2 船宽

编号:SY070500002

数据元名称:船宽

中文全拼:chuan – kuan

定义:不包括壳板在内的最大宽度(舷伸甲板宽度不计入)。

数据元类型:数字型

数据格式:n..20,4

计量单位:米(m)

4.7.5.3 满载水线长

编号:SY070500003

数据元名称:满载水线长

中文全拼:man – zai – shui – xian – chang

定义:船舶满载水线在船舶纵中剖面上的投影长度。

数据元类型:数字型

数据格式:n..20,4

计量单位:米(m)

4.7.5.4 甲板材料

编号:SY070500004

数据元名称:甲板材料

中文全拼:jia – ban – cai – liao

定义:船舶甲板使用材料的描述。

数据元类型:字符型

数据格式:an..50

4.7.5.5 甲板层数

编号:SY070500005

数据元名称:甲板层数

中文全拼:jia – ban – ceng – shu

定义:船舶甲板层数的描述。

数据元类型:数字型

数据格式:n..2

计量单位:层

4.7.5.6　空载排水量

编号:SY070500006

数据元名称:空载排水量

中文全拼:kong – zai – pai – shui – liang

定义:船舶本身加上船员和必要的给养物品三者重量的总和,是船舶最小限度的重量。

数据元类型:数字型

数据格式:n..20,4

计量单位:吨(t)

4.7.5.7　满载排水量

编号:SY070500007

数据元名称:满载排水量

中文全拼:man – zai – pai – shui – liang

定义:船舶载客、载货后吃水达到最高载重线时的重量,即船舶最大限度的重量。

数据元类型:数字型

数据格式:n..20,4

计量单位:吨(t)

4.7.5.8　实际排水量

编号:SY070500008

数据元名称:实际排水量

中文全拼:shi – ji – pai – shui – liang

定义:船舶每个航次载货后实际的排水量。

数据元类型:数字型

数据格式:n..20,4

计量单位:吨(t)

4.7.5.9　总载重吨

编号:SY070500009

数据元名称:总载重吨

中文全拼:zong – zai – zhong – dun

定义:船舶根据载重线标记规定所能装载的最大限度的重量,它包括船舶所载运的货物、船上所需的燃料、淡水和其他储备物料重量的总和。

数据元类型:数字型

数据格式:n..20,4

计量单位:吨(t)

4.7.5.10　净载重吨

编号:SY070500010

数据元名称:净载重吨

中文全拼:jing – zai – zhong – dun

定义:船舶所能装运货物的最大限度重量,又称载货重吨,即从船舶的总载重量中减去船舶航行期间需要储备的燃料、淡水及其他储备物品的重量所得的差数。

数据元类型:数字型

数据格式:n..20,4

计量单位:吨(t)

4.7.5.11 容积净吨

编号:SY070500011

数据元名称:容积净吨

中文全拼:rong - ji - jing - dun

定义:船舶可以用来装载货物的容积折合成的吨数。

数据元类型:数字型

数据格式:n..20,4

计量单位:吨(t)

5 水路运输信息基础数据元值域代码集

5.1 船舶来历代码

代码标识为:DM_CBLLDM,代码见表2。

表2 船舶来历代码

代 码	名 称	代 码	名 称
10	新造船舶	32	光租
20	购置	33	国外光租
21	国内购置	34	程租
22	国外购置	40	改造船舶
30	租赁船舶	90	其他
31	期租		

5.2 航运企业证件分类代码

代码标识为:DM_HYQYZJFLDM,代码见表3。

表3 航运企业证件分类代码

代 码	名 称	代 码	名 称
1	国际经营许可证	4	台湾海峡经营许可证
2	国内运输许可证	5	国内班轮公司登记证书
3	港澳经营许可证	6	国际班轮公司登记证书

5.3 经营范围分类代码

代码标识为:DM_JYFWFLDM,代码见表4。

表4 经营范围分类代码

代 码	名 称	代 码	名 称
10	国际	31	省际内河
11	近海和远洋	32	市际内河
12	国际内河	33	县际内河
20	沿海	34	县内内河
21	省际沿海	35	长江
22	市际沿海	36	珠江
23	县际沿海	40	特殊国内航线
24	县内沿海	41	港澳航线
30	内河	42	海峡两岸

5.4 企业状态代码

代码标识为:DM_QYZTDM,代码见表5。

表5 企业状态代码

代 码	名 称	代 码	名 称
0	营运中	8	停业
1	筹建	9	注销
7	歇业		

5.5 船舶状态代码

代码标识为:DM_CBZTDM,代码见表6。

表6 船舶状态代码

代 码	名 称	代 码	名 称
0	营运	2	报废
1	报停	9	注销

5.6 境外港口—中国大陆集装箱班轮航线代码

代码标识为:DM_JWGKZGDLJZXBLHXDM,参考JT/T 470,代码见表7。

表7 境外港口—中国大陆集装箱班轮航线代码

代 码	名 称	代 码	名 称
CN-USE	美东航线	CN-EA	东非航线
CN-USW	美西航线	CN-WA	西非航线
CN-EP	欧洲航线	CN-ZA	南非航线
CN-EW	西欧航线	CN-MPG	中东、波斯湾航线
CN-EN	北欧航线	CN-SEA	东南亚航线
CN-ANZ	澳新航线	CN-JP	日本航线
CN-AU	澳洲航线	CN-KR	韩国航线
CN-NZ	新西兰航线	CN-MO	澳门航线
CN-RSM	红海、地中海航线	CN-HK	香港航线
CN-MAE	地中海东航线	CN-CT	台湾航线
CN-MEN	地中海北航线	CN-MRT	中国沿海航线
CN-MAS	地中海南航线	CN-REU	其他航线
CN-AFR	非洲航线		

5.7 船舶营运证件分类代码

代码标识为:DM_CBYYZJFLDM,代码见表8。

表8 船舶营运证件分类代码

代 码	名 称	代 码	名 称
1	国际	5	县内
2	省际	6	港澳
3	市际	7	台湾海峡
4	县际	8	台湾海峡临时

参考文献

[1] 中华人民共和国国家标准. GB/T 19488.2　电子政务数据元 第2部分:公共数据元目录. 北京:中国标准出版社,2008.
[2] 中华人民共和国行业标准. JT/T 470　海上运输航线代码. 北京:人民交通出版社,2002.

ICS 35.240180
R 07
备案号：

JT

中华人民共和国交通行业标准

JT/T 697.9—2009

交通信息基础数据元
第9部分：建设项目信息基础数据元

Basic data element of transportation information
Part 9: Basic data element of construction project information

2009-02-18 发布　　2009-06-01 实施

中华人民共和国交通运输部　发布

目　次

前　言

JT/T 697《交通信息基础数据元》分为13部分：

——第1部分：总则；

——第2部分：公路信息基础数据元；

——第3部分：港口信息基础数据元；

——第4部分：航道信息基础数据元；

——第5部分：船舶信息基础数据元；

——第6部分：船员信息基础数据元；

——第7部分：道路运输信息基础数据元；

——第8部分：水路运输信息基础数据元；

——第9部分：建设项目信息基础数据元；

——第10部分：交通统计信息基础数据元；

——第11部分：船舶检验信息基础数据元；

——第12部分：船载客货信息基础数据元；

——第13部分：收费公路信息基础数据元。

本部分为JT/T 697的第9部分。

本部分由交通部科技教育司提出。

本部分由交通部信息通信及导航标准化技术委员会归口。

本部分主要起草单位：北京市交通信息中心、北京市路政局道路工程质量监督站、中交网科技有限公司、中交水运规划设计院有限公司。

本部分主要起草人：刘建峰、杜勇、张波、张永明、郭爱思、王学颖、徐亚娟、唐菁、汪祖云、王刚、黄建玲、梁华、王大成、刘婷。

交通信息基础数据元
第9部分:建设项目信息基础数据元

1 范围

本部分规定了交通建设项目信息基础数据元编制原则和分类、建设项目信息基础数据元及数据元值域代码集。

本部分适用于交通行业建立交通建设项目数据库的技术属性数据、建设项目管理统计数据和有关信息系统所涉及的建设项目数据的采集、交换与共享。其他涉及交通建设项目相关信息数据项需引用标准的信息系统或文件也可参照本部分执行。

2 规范性引用文件

下列文件中的条款通过在本部分中引用而成为本部分的条款。凡是注日期的引用文件,其随后所有的修改单(不包括勘误的内容)或修订版均不适用于本部分,然而,鼓励根据本部分达成协议的各方研究是否可使用这些文件的最新版本。凡是不注日期的引用文件,其最新版本适用于本部分。

GB 50139—2004　内河通航标准
JTG B01—2003　公路工程技术标准
JT/T 132—2003　公路数据库编目编码规则
JT/T 697.1　交通信息基础数据元　第1部分:总则
JT/T 697.4—2007　交通信息基础数据元　第4部分:航道信息基础数据元

3 数据元编制原则和分类

3.1 编制原则

建设项目信息基础数据元的分类方法、数据元编制规则、数据元值域引用代码编制规则应符合JT/T 697.1的规定。

3.2 分类

3.2.1 根据JT/T 697.1的规定,建设项目代码为JX。

3.2.2 根据建设项目管理对象和管理业务信息的基本内容和属性,建设项目信息基础数据元划分为四大类:项目基础信息、项目资金信息、项目工程情况信息和项目相关单位信息,具体分类见表1。

表1　建设项目信息基础数据元分类表

分类编号	名　称	章　条	分类编号	名　称	章　条
JX010000	**项目基础信息**	4.1	**JX03**	**项目工程情况信息**	4.3
JX02	**项目资金信息**	4.2	JX0301	工程基本情况信息	4.3.1
JX020100	项目资金来源情况信息	4.2.1	JX030101	公路路线工程基本情况信息	4.3.1.1
JX0202	项目资金使用情况信息	4.2.2	JX030102	公路独立桥梁工程基本情况信息	4.3.1.2
JX020201	公路项目资金使用情况信息	4.2.2.1	JX030103	公路独立隧道工程基本情况信息	4.3.1.3
JX020202	水运项目资金使用情况信息	4.2.2.2	JX030104	港口工程基本情况信息	4.3.1.4

表1(续)

分类编号	名　称	章　条	分类编号	名　称	章　条
JX030105	航道工程基本情况信息	4.3.1.5	JX030303	初步设计阶段	4.3.3.3
JX030106	航标工程基本情况信息	4.3.1.6	JX030304	施工图设计阶段	4.3.3.4
JX030107	航运枢纽及通航建筑物工程基本情况信息	4.3.1.7	JX030305	项目招投标阶段	4.3.3.5
JX0302	工程进展情况信息	4.3.2	JX030306	项目施工准备阶段	4.3.3.6
JX030201	公路路线工程进展情况信息	4.3.2.1	JX030307	项目实施阶段	4.3.3.7
JX030202	公路独立桥梁工程进展情况信息	4.3.2.2	JX030308	项目交、竣工阶段	4.3.3.8
JX030203	公路独立隧道工程进展情况信息	4.3.2.3	JX030309	项目后评价	4.3.3.9
JX030204	港口工程进展情况信息	4.3.2.4	**JX04**	**项目相关单位信息**	4.4
JX030205	航道工程进展情况信息	4.3.2.5	JX040100	单位基本信息	4.4.1
JX030206	航标工程进展情况信息	4.3.2.6	JX040200	质量责任登记信息	4.4.2
JX030207	航运枢纽及通航建筑物工程进展情况信息	4.3.2.7	JX040300	单位业绩信息	4.4.3
JX0303	项目阶段情况信息	4.3.3	JX040400	单位相关人员信息	4.4.4
JX030301	预可行性研究阶段	4.3.3.1	JX040500	企业信用信息	4.4.5
JX030302	工程可行性研究阶段	4.3.3.2			

4　建设项目信息基础数据元

4.1　项目基础信息

4.1.1　项目名称

编号:JX010000001

数据元名称:项目名称

中文全拼:xiang-mu-ming-cheng

定义:交通建设项目规范化汉字名称。

数据元类型:字符型

数据格式:an..60

4.1.2　所在区域

编号:JX010000002

数据元名称:所在区域

中文全拼:suo-zai-qu-yu

定义:建设项目所在省、自治区、直辖市的名称。

数据元类型:字符型

数据格式:an..30

4.1.3　建设地址

编号:JX010000003

数据元名称:建设地址

中文全拼:jian-she-di-zhi

定义:项目所在的具体建设地址。
数据元类型:字符型
数据格式:an..60

4.1.4 建设类别代码
编号:JX010000004
数据元名称:建设类别代码
中文全拼:jian-she-lei-bie-dai-ma
定义:项目建设主体工程的类别代码。
数据元类型:数字型
数据格式:n1
值域:见5.2

4.1.5 建设性质代码
编号:JX010000005
数据元名称:建设性质代码
中文全拼:jian-she-xing-zhi-dai-ma
定义:项目建设主体工程建设情况的分类代码。
数据元类型:数字型
数据格式:n1
值域:见5.3

4.1.6 建设依据
编号:JX010000006
数据元名称:建设依据
中文全拼:jian-she-yi-ju
定义:根据基本建设程序要求,需要提供的国家或地方政府颁布的与工程建设有关的批复文件或建设计划。
数据元类型:字符型
数据格式:an..1024

4.1.7 项目类别代码
编号:JX010000007
数据元名称:项目类别代码
中文全拼:xiang-mu-lei-bie-dai-ma
定义:建设项目所属公路或水运类别的代码。
数据元类型:数字型
数据格式:n1
值域:1-公路;2-水运

4.1.8 公路建设规模
编号:JX010000008
数据元名称:公路建设规模
中文全拼:gong-lu-jian-she-gui-mo
定义:公路建设项目的里程数。
数据元类型:数字型
数据格式:n..10,3
计量单位:千米(km)
备注:精确到0.001km

4.1.9 水运建设规模

编号:JX010000009

数据元名称:水运建设规模

中文全拼:shui-yun-jian-she-gui-mo

定义:水运建设项目的具体描述。

数据元类型:字符型

数据格式:an..1024

4.1.10 主要建设内容

编号:JX010000010

数据元名称:主要建设内容

中文全拼:zhu-yao-jian-she-nei-rong

定义:设计批复中需要完成的主要工程实体建设项目和数量的描述。例如,路基、路面、桥梁、隧道、交通工程、机电工程、绿化工程、环保工程、房建工程、水保工程、港口工程、航道工程、航标工程、航运枢纽及通航建筑物工程、投资概算等。

数据元类型:字符型

数据格式:an..4096

4.1.11 项目级别代码

编号:JX010000011

数据元名称:项目级别代码

中文全拼:xiang-mu-ji-bie-dai-ma

定义:建设项目的级别,分为国家重点、省重点、地(市)重点、其他。

数据元类型:数字型

数据格式:n1

值域:1-国家重点;2-省重点;3-地(市)重点;4-其他

4.1.12 计划下达机关

编号:JX010000012

数据元名称:计划下达机关

中文全拼:ji-hua-xia-da-ji-guan

定义:下达建设项目计划的政府主管部门的名称。

数据元类型:字符型

数据格式:an..100

4.1.13 计划下达文号

编号:JX010000013

数据元名称:计划下达文号

中文全拼:ji-hua-xia-da-wen-hao

定义:下达建设项目计划的文件编号。

数据元类型:字符型

数据格式:an..60

4.1.14 计划开工日期

编号:JX010000014

数据元名称:计划开工日期

中文全拼:ji-hua-kai-gong-ri-qi

定义:施工许可中计划开工的日期。

数据元类型:日期型
数据格式:YYYYMMDD

4.1.15 实际开工日期

编号:JX010000015
数据元名称:实际开工日期
中文全拼:shi-ji-kai-gong-ri-qi
定义:按第一次开工令开工的时间。
数据元类型:日期型
数据格式:YYYYMMDD

4.1.16 计划完工日期

编号:JX010000016
数据元名称:计划完工日期
中文全拼:ji-hua-wan-gong-ri-qi
定义:施工许可中计划完工的日期。
数据元类型:日期型
数据格式:YYYYMMDD

4.1.17 实际完工日期

编号:JX010000017
数据元名称:实际完工日期
中文全拼:shi-ji-wan-gong-ri-qi
定义:所有设计内容建设完成并通过交工验收的日期。
数据元类型:日期型
数据格式:YYYYMMDD

4.1.18 工程估算额

编号:JX010000018
数据元名称:工程估算额
中文全拼:gong-cheng-gu-suan-e
定义:预可行性研究阶段估量投资额。
数据元类型:数字型
数据格式:n..12,4
计量单位:万元
备注:精确到0.0001万元

4.1.19 工程概算额

编号:JX010000019
数据元名称:工程概算额
中文全拼:gong-cheng-gai-suan-e
定义:在初步设计阶段,由设计单位根据相关规定和定额等标准编制的工程项目投资额。
数据元类型:数字型
数据格式:n..9,4
计量单位:亿元
备注:精确到0.0001亿元

4.1.20 工程预算额

编号:JX010000020

数据元名称:工程预算额

中文全拼:gong-cheng-yu-suan-e

定义:在施工图设计阶段,由设计单位根据相关规定和定额等标准编制的工程项目具体投资额。

数据元类型:数字型

数据格式:n..9,4

计量单位:亿元

4.1.21 工程决算额

编号:JX010000021

数据元名称:工程决算额

中文全拼:gong-cheng-jue-suan-e

定义:(工程)项目实际完成的工程量、采用的单价和费用支出的投资额。

数据元类型:数字型

数据格式:n..9,4

计量单位:亿元

备注:精确到0.0001亿元

4.1.22 财务决算额

编号:JX010000022

数据元名称:财务决算额

中文全拼:cai-wu-jue-suan-e

定义:对建设项目进行年度基本建设财务决算额。

数据元类型:数字型

数据格式:n..12,4

计量单位:万元

备注:精确到0.0001万元

4.1.23 所在水系代码

编号:JX010000023

数据元名称:所在水系代码

中文全拼:suo-zai-shui-xi-dai-ma

定义:项目建设地点所在的水系代码。

数据元类型:字符型

数据格式:a2

值域:见表2序号1

备注:同JT/T 697.4—2007的6.2

4.1.24 所在海区代码

编号:JX010000024

数据元名称:所在海区代码

中文全拼:suo-zai-hai-qu-dai-ma

定义:项目建设地点所在的海区代码。

数据元类型:数字型

数据格式:n1

值域:1-渤海;2-黄海;3-东海;4-南海

备注:同JT/T 697.4—2007的6.2

4.1.25 行政等级

编号:GL010000003

数据元名称:行政等级

中文全拼:xing-zheng-deng-ji

定义:路线所属行政等级。

数据元类型:字符型

数据格式:a1

值域:见表2序号2

备注:同JT/T 697.2—2007的4.1.3

4.1.26 设计抗震基本烈度

编号:JX010000025

数据元名称:设计抗震基本烈度

中文全拼:she-ji-kang-zhen-ji-ben-lie-du

定义:设计过程中,项目所在地区今后百年内,在一般场地条件下可能遭遇的最大地震烈度,即现行的全国地震烈度区划图规定的烈度。

数据元类型:数字型

数据格式:n2

值域:1-1度;2-2度;3-3度;4-4度;5-5度;6-6度;7-7度;8-8度;9-9度;10-大于9度

4.1.27 桥涵设计洪水频率

编号:JX010000026

数据元名称:桥涵设计洪水频率

中文全拼:qiao-han-she-ji-hong-shui-pin-lv

定义:由有关技术标准规定作为桥涵设计依据的洪水频率,根据桥涵和公路的等级不同而不同。

数据元类型:数字型

数据格式:n2

4.1.28 环境影响评价结论

编号:JX010000027

数据元名称:环境影响评价结论

中文全拼:huan-jing-ying-xiang-ping-jia-jie-lun

定义:环境影响评价的结论。

数据元类型:字符型

数据格式:an..4096

4.2 项目资金信息

4.2.1 项目资金来源情况信息

4.2.1.1 年度

编号:JX020100001

数据元名称:年度

中文全拼:nian-du

定义:资金拨付的具体年度。

数据元类型:日期型

数据格式:YYYY

4.2.1.2 计划总投资

编号:JX020100002

数据元名称:计划总投资
中文全拼:ji-hua-zong-tou-zi
定义:建设项目的总计划投资额。
数据元类型:数字型
数据格式:n..9,4
计量单位:亿元

4.2.1.3 中央投资

编号:JX020100003
数据元名称:中央投资
中文全拼:zhong-yang-tou-zi
定义:建设项目的中央投资额。
数据元类型:数字型
数据格式:n..10
计量单位:万元

4.2.1.4 国家预算内资金

编号:JX020100004
数据元名称:国家预算内资金
中文全拼:guo-jia-yu-suan-nei-zi-jin
定义:建设项目本年度国家预算内资金额。
数据元类型:数字型
数据格式:n..12,2
计量单位:万元

4.2.1.5 部专项资金

编号:JX020100005
数据元名称:部专项资金
中文全拼:bu-zhuan-xiang-zi-jin
定义:建设项目本年度的部专项资金额。
数据元类型:数字型
数据格式:n..12,2
计量单位:万元

4.2.1.6 国内贷款

编号:JX020100006
数据元名称:国内贷款
中文全拼:guo-nei-dai-kuan
定义:建设项目本年度的国内贷款金额。
数据元类型:数字型
数据格式:n..12,2
计量单位:万元

4.2.1.7 利用外资

编号:JX020100007
数据元名称:利用外资
中文全拼:li-yong-wai-zi
定义:建设项目本年度的利用外资金额。

数据元类型:数字型

数据格式:n..12,2

计量单位:万元

4.2.1.8 地方自筹

编号:JX020100008

数据元名称:地方自筹

中文全拼:di-fang-zi-chou

定义:建设项目本年度的地方自筹金额。

数据元类型:数字型

数据格式:n..12,2

计量单位:万元

4.2.1.9 企事业单位资金

编号:JX020100009

数据元名称:企事业单位资金

中文全拼:qi-shi-ye-dan-wei-zi-jin

定义:建设项目本年度的企事业单位资金金额。

数据元类型:数字型

数据格式:n..12,2

计量单位:万元

4.2.1.10 社会资金

编号:JX020100010

数据元名称:社会资金

中文全拼:she-hui-zi-jin

定义:建设项目本年度的社会资金金额,该社会资金是指国家可调节和控制的、已用于或将用于社会再生产过程的、用货币表现的物资财富。

数据元类型:数字型

数据格式:n..12,2

计量单位:万元

4.2.1.11 其他资金

编号:JX020100011

数据元名称:其他资金

中文全拼:qi-ta-zi-jin

定义:建设项目本年度的除以上来源外的资金额。

数据元类型:数字型

数据格式:n..12,2

计量单位:万元

4.2.1.12 计划年度数

编号:JX020100012

数据元名称:计划年度数

中文全拼:ji-hua-nian-du-shu

定义:所有投资完成拨付的计划年数。

数据元类型:数字型

数据格式:n2

计量单位:年

4.2.2 项目资金使用情况信息

4.2.2.1 公路项目资金使用情况信息

4.2.2.1.1 建筑安装工程费用

编号:JX020201001

数据元名称:jian-zhu-an-zhuang-gong-cheng-fei-yong

中文全拼:建筑安装工程费用

定义:建筑安装工程费用,由直接费、间接费、利润、税金组成。

数据元类型:数字型

数据格式:n..10,4

计量单位:万元

4.2.2.1.2 直接费

编号:JX020201002

数据元名称:直接费

中文全拼:zhi-jie-fei

定义:直接用于工程的费用,由直接工程费和其他工程费组成。

数据元类型:数字型

数据格式:n..10,4

计量单位:万元

4.2.2.1.3 直接工程费

编号:JX020201003

数据元名称:直接工程费

中文全拼:zhi-jie-gong-cheng-fei

定义:施工过程中耗费的构成工程实体和有助于工程形成的各项费用,由人工费、材料费、施工机械使用费组成。

数据元类型:数字型

数据格式:n..10,4

计量单位:万元

4.2.2.1.4 其他工程费

编号:JX020201004

数据元名称:其他工程费

中文全拼:qi-ta-gong-cheng-fei

定义:直接工程费以外施工过程中发生的直接用于工程的费用,由冬季施工增加费、雨季施工增加费、夜间施工增加费、特殊地区施工增加费、行车干扰工程施工增加费、安全级文明施工措施费、临时设施费、施工辅助费、工地转移费组成。

数据元类型:数字型

数据格式:n..10,4

计量单位:万元

4.2.2.1.5 间接费

编号:JX020201005

数据元名称:间接费

中文全拼:jian-jie-fei

定义:由规费、企业管理费两项组成。

数据元类型:数字型

数据格式:n..10,4

计量单位:万元

4.2.2.1.6 规费

编号:JX020201006

数据元名称:规费

中文全拼:gui-fei

定义:法律、法规、规章、规程等规定施工企业应缴纳的费用,由养老保险费、失业保险费、医疗保险费、住房公积金、工伤保险费组成。

数据元类型:数字型

数据格式:n..10,4

计量单位:万元

4.2.2.1.7 企业管理费

编号:JX020201007

数据元名称:企业管理费

中文全拼:qi-ye-guan-li-fei

定义:企业正常运转所需的费用,由基本费用、主副食运费补贴、职工探亲路费、职工取暖补贴、财务费用组成。

数据元类型:数字型

数据格式:n..10,4

计量单位:万元

4.2.2.1.8 利润

编号:JX020201008

数据元名称:利润

中文全拼:li-run

定义:施工企业完成所承包工程应取得的盈利。

数据元类型:数字型

数据格式:n..10,4

计量单位:万元

4.2.2.1.9 税金

编号:JX020201008

数据元名称:税金

中文全拼:shui-jin

定义:国家税法规定应计入建筑安装工程造价内的营业税、城市维护建设税及教育费附加等。

数据元类型:数字型

数据格式:n..10,4

计量单位:万元

4.2.2.1.10 设备、工具、器具及家具购置费用

编号:JX020201010

数据元名称:设备、工具、器具及家具购置费用

中文全拼:she-bei-gong-ju-qi-ju-ji-jia-ju-gou-zhi-fei-yong

定义:为满足公路的运营、管理、养护需要,购置的达到固定资产标准的设备和虽低于固定资产标准但属于设计明确列入设备清单的设备的费用。

数据元类型:数字型

数据格式:n..10,4

计量单位:万元

4.2.2.1.11 工器具购置费

编号:JX020201011

数据元名称:工器具购置费

中文全拼:gong-qi-ju-gou-zhi-fei

定义:建设项目交付使用后,为满足初期正常运营应购置的第一套不构成固定资产的设备、仪器、仪表、工卡模具、器具、工作台等的费用。

数据元类型:数字型

数据格式:n..10,4

计量单位:万元

4.2.2.1.12 办公及生活用家具购置费

编号:JX020201012

数据元名称:办公及生活用家具购置费

中文全拼:ban-gong-ji-sheng-huo-yong-jia-ju-gou-zhi-fei

定义:保证新建、改建项目初期正常生产、使用和管理所必需购置的办公和生活用家具、用具的费用。

数据元类型:数字型

数据格式:n..10,4

计量单位:万元

4.2.2.1.13 工程建设其他费用

编号:JX020201013

数据元名称:工程建设其他费用

中文全拼:gong-cheng-jian-she-qi-ta-fei-yong

定义:工程建设中除建筑安装工程费用和设备、工具、器具及家具购置费用以外的直接用于工程的费用,由土地征用及拆迁补偿费、建设项目管理费、研究试验费、前期工作费、专项评价(估)费、施工机构迁移费、供电贴费、联合试运转费、生产人员培训费、建设期贷款利息组成。

数据元类型:数字型

数据格式:n..10,4

计量单位:万元

4.2.2.1.14 预备费

编号:JX020201014

数据元名称:预备费

中文全拼:yu-bei-fei

定义:由价差预备费和基本预备费组成。

数据元类型:数字型

数据格式:n..10,4

计量单位:万元

4.2.2.1.15 价差预备费

编号:JX020201015

数据元名称:价差预备费

中文全拼:jia-cha-yu-bei-fei

定义:设计文件编制年至工程竣工年期间,建筑安装工程费以及设备、工具、器具及家具购置费用、工程建设其他费用中由于政策、价格变化可能发生上浮而预留的费用及外资贷款汇率变动部分的费用。

数据元类型:数字型

数据格式:n..10,4

计量单位:万元

4.2.2.1.16 基本预备费

编号:JX020201016

数据元名称:基本预备费

中文全拼:ji-ben-yu-bei-fei

定义:在初步设计和概算中难以预料的工程和费用。

数据元类型:数字型

数据格式:n..10,4

计量单位:万元

4.2.2.2 水运项目资金使用情况信息

4.2.2.2.1 工程费用

编号:JX020202001

数据元名称:工程费用

中文全拼:gong-cheng-fei-yong

定义:用于项目工程的费用合计,由建筑工程费、设备购置费、安装工程费组成。

数据元类型:数字型

数据格式:n..10,4

计量单位:万元

4.2.2.2.2 建筑工程费

编号:JX020202002

数据元名称:建筑工程费

中文全拼:jian-zhu-gong-cheng-fei

定义:用于建筑工程的费用合计,由直接工程费、间接费、利润、税金和专项费用五部分组成。

数据元类型:数字型

数据格式:n..10,4

计量单位:万元

4.2.2.2.3 设备购置费

编号:JX020202003

数据元名称:设备购置费

中文全拼:she-bei-gou-zhi-fei

定义:根据设计提出的设备清单(包括网络、货板)按设备原价和运杂费计算的费用,其中应包括备品、备件的购置费。

数据元类型:数字型

数据格式:n..10,4

计量单位:万元

4.2.2.2.4 安装工程费

编号:JX020202004

数据元名称:安装工程费

中文全拼:an-zhuang-gong-cheng-fei

定义:用于安装工程的费用合计。

数据元类型:数字型

数据格式:n..10,4

计量单位:万元

4.2.2.2.5　其他费用

编号:JX020202005

数据元名称:其他费用

中文全拼:qi-ta-fei-yong

定义:用于其他事项的费用合计。

数据元类型:数字型

数据格式:n..10,4

计量单位:万元

4.2.2.2.6　土地专用及拆迁补偿费

编号:JX020202006

数据元名称:土地专用及拆迁补偿费

中文全拼:tu-di-zhuan-yong-ji-chai-qian-bu-chang-fei

定义:依据批准的设计文件规定的用地范围,按照《中华人民共和国土地管理法》等法律、法规规定应支付的土地专用及拆迁补偿等费用。

数据元类型:数字型

数据格式:n..10,4

计量单位:万元

4.2.2.2.7　建设单位管理费

编号:JX020202007

数据元名称:建设单位管理费

中文全拼:jian-she-dan-wei-guan-li-fei

定义:建设单位为工程建设项目从立项、筹建、建设、联合试运转、竣工验收、交付使用及后评估等工作所发生的管理费用。

数据元类型:数字型

数据格式:n..10,4

计量单位:万元

4.2.2.2.8　工程建设监理费

编号:JX020202008

数据元名称:工程建设监理费

中文全拼:gong-cheng-jian-she-jian-li-fei

定义:建设单位委托具有相应资质等级的水运工程建设监理单位,按工程建设监理办法进行全面监督与管理所发生的费用。

数据元类型:数字型

数据格式:n..10,4

计量单位:万元

4.2.2.2.9　工程质量监督费

编号:JX020202009

数据元名称:工程质量监督费

中文全拼:gong-cheng-zhi-liang-jian-du-fei

定义:工程质量监督部门依据国家有关法规、技术规范、规程和质量检验评定标准,对工程质量和建设行为以及规定应进行质量监督的生产单位生产的建筑构件实施质量监督管理所发生的费用。

数据元类型:数字型

数据格式:n..10,4

计量单位:万元

4.2.2.2.10 定额编制管理费

编号:JX020202010

数据元名称:定额编制管理费

中文全拼:ding-e-bian-zhi-guan-li-fei

定义:水运工程造价管理部门为组织定额的编制和管理所需要的工作经费。

数据元类型:数字型

数据格式:n..10,4

计量单位:万元

4.2.2.2.11 联合试运转费

编号:JX020202011

数据元名称:联合试运转费

中文全拼:lian-he-shi-yun-zhuan-fei

定义:新建、扩建工程项目,在竣工验收前按照设计规定的工程质量标准,进行单机重载试车,整个生产运行系统空载或重载联合试运转所发生的全部费用抵扣试车期间收入的差额。

数据元类型:数字型

数据格式:n..10,4

计量单位:万元

4.2.2.2.12 生产人员培训费

编号:JX020202012

数据元名称:生产人员培训费

中文全拼:sheng-chan-ren-yuan-pei-xun-fei

定义:工程竣工验收前,生产单位为保证生产的正常运行而安排的提前进港人员的经费和培训人员所需的培训费。

数据元类型:数字型

数据格式:n..10,4

计量单位:万元

4.2.2.2.13 办公和生活家具购置费

编号:JX020202013

数据元名称:办公和生活家具购置费

中文全拼:ban-gong-he-sheng-huo-jia-ju-gou-zhi-fei

定义:为保证新建或扩建项目初期正常生产、运行和管理所应购置的办公、生活家具和用具的费用。

数据元类型:数字型

数据格式:n..10,4

计量单位:万元

4.2.2.2.14 工器具及生产家具购置费

编号:JX020202014

数据元名称:工器具及生产家具购置费

中文全拼:gong-qi-ju-ji-sheng-chan-jia-ju-gou-zhi-fei

定义:为保证建设项目初期正常生产,所应购置的第一套不够固定资产标准的设备、仪器、生产工具和生产家具的费用。

数据元类型:数字型

数据格式:n..10,4

计量单位:万元

4.2.2.2.15 前期工作费

编号:JX020202015

数据元名称:前期工作费

中文全拼:qian-qi-gong-zuo-fei

定义:为建设项目编制可行性研究报告,进行环境预评估及投资估算,为可行性研究安排的勘察、测量、试验以及在初步设计之前进行设计、方案比选、工程咨询和评估等支付的费用。

数据元类型:数字型

数据格式:n..10,4

计量单位:万元

4.2.2.2.16 勘察设计费

编号:JX020202016

数据元名称:勘察设计费

中文全拼:kan-cha-she-ji-fei

定义:初步设计和施工图设计的勘察费,设计费(包括非标设计费),概算、预算编制费,但不包括临时工程设计费。

数据元类型:数字型

数据格式:n..10,4

计量单位:万元

4.2.2.2.17 研究试验费

编号:JX020202017

数据元名称:研究试验费

中文全拼: yan-jiu-shi-yan-fei

定义:为本建设项目提供或验证设计参数、数据资料等进行必要的研究试验,按设计要求在施工中应进行的试验、验证及支付科技成果、技术专利等的一次性技术转让费。

数据元类型:数字型

数据格式:n..10,4

计量单位:万元

4.2.2.2.18 扫海费

编号:JX020202018

数据元名称:扫海费

中文全拼:sao-hai-fei

定义:为保证船舶进出港安全,在工程竣工验收前,在港区水域、航道、锚泊地等扫海需要的费用。

数据元类型:数字型

数据格式:n..10,4

计量单位:万元

4.2.2.2.19 进口设备和材料的其他费

编号:JX020202019

数据元名称:进口设备和材料的其他费

中文全拼:jin-kou-she-bei-he-cai-liao-de-qi-ta-fei

定义:包括国内接运保管费、从属费用和技术合作费,按有关规定分别以内币或外币计列。
数据元类型:数字型
数据格式:n..10,4
计量单位:万元

4.2.2.2.20 施工期港航安全监督费
编号:JX020202020
数据元名称:施工期港航安全监督费
中文全拼:shi-gong-qi-gang-hang-an-quan-jian-du-fei
定义:施工期间用于港航安全监督的费用。
数据元类型:数字型
数据格式:n..10,4
计量单位:万元

4.2.2.2.21 断航费
编号:JX020202021
数据元名称:断航费
中文全拼:duan-hang-fei
定义:施工时因航道断航需要的费用。
数据元类型:数字型
数据格式:n..10,4
计量单位:万元

4.2.2.2.22 施工期航道维护费
编号:JX020202022
数据元名称:施工期航道维护费
中文全拼:shi-gong-qi-hang-dao-wei-hu-fei
定义:施工期内航道维护发生的费用。
数据元类型:数字型
数据格式:n..10,4
计量单位:万元

4.2.2.2.23 卧冬费
编号:JX020202023
数据元名称:卧冬费
中文全拼:wo-dong-fei
定义:各种船舶在烟台和黄河以北地区(包括烟台和黄河地区)施工时,因卧冬需要所增加的费用。
数据元类型:数字型
数据格式:n..10,4
计量单位:万元

4.2.2.2.24 疏浚测量费
编号:JX020202024
数据元名称:疏浚测量费
中文全拼:shu-jun-ce-liang-fei
定义:浚前、浚中、浚后的施工测量费。
数据元类型:数字型
数据格式:n..10,4

计量单位:万元

4.2.2.2.25 施工浮标抛撒及使用、维护费

编号:JX020202025

数据元名称:施工浮标抛撒及使用、维护费

中文全拼:shi-gong-fu-biao-pao-sa-ji-shi-yong-wei-hu-fei

定义:浮标的抛撒、使用及维护所发生的费用。

数据元类型:数字型

数据格式:n..10,4

计量单位:万元

4.2.2.2.26 浚前扫床费

编号:JX020202026

数据元名称:浚前扫床费

中文全拼:jun-qian-sao-chuang-fei

定义:新建工程因对水下情况不明,需在施工前扫床所发生的费用(不包括清理障碍物和扫床船舶的调遣费)。

数据元类型:数字型

数据格式:n..10,4

计量单位:万元

4.2.2.2.27 其他

编号:JX020202027

数据元名称:其他

中文全拼:qi-ta

定义:根据建设任务的需要,应在建设项目列支的其他费用,例如,施工机构迁移费、施工专用设备购置费、水资源费、工程保险费等。

数据元类型:数字型

数据格式:n..10,4

计量单位:万元

4.2.2.2.28 预留费用

编号:JX020202028

数据元名称:预留费用

中文全拼:yu-liu-fei-yong

定义:预留费用包括基本预备费和物价上涨费。

数据元类型:数字型

数据格式:n..10,4

计量单位:万元

4.2.2.2.29 基本预备费

编号:JX020202029

数据元名称:基本预备费

中文全拼:ji-ben-yu-bei-fei

定义:在初步设计和概算内难以预料的工程和费用。

数据元类型:数字型

数据格式:n..10,4

计量单位:万元

4.2.2.2.30　物价上涨费

编号:JX020202030

数据元名称:物价上涨费

中文全拼:wu-jia-shang-zhang-fei

定义:建设项目在建设期间,由于价格等变化,引起工程造价变化的投资增加额。

数据元类型:数字型

数据格式:n..10,4

计量单位:万元

4.2.2.2.31　建设期贷款利息

编号:JX020202031

数据元名称:建设期贷款利息

中文全拼:jian-she-qi-dai-kuan-li-xi

定义:建设项目投资中分年度使用国内贷款或国外贷款部分,在建设期内应归还的工程贷款利息。

数据元类型:数字型

数据格式:n..10,4

计量单位:万元

4.3　项目工程情况信息

4.3.1　工程基本情况信息

4.3.1.1　公路路线工程基本情况信息

4.3.1.1.1　路线全称

编号:GL020100002

数据元名称:路线全称

中文全拼:lu-xian-quan-cheng

定义:交通部、省交通厅(局)、公路局(处)规定的路线名称。

数据元类型:字符型

数据格式:an..60

备注:同 JT/T 697.2—2007 的 4.2.1.2

4.3.1.1.2　路线起点桩号

编号:GL020100004

数据元名称:路线起点桩号

中文全拼:lu-xian-qi-dian-zhuang-hao

定义:路线起始点位置的里程桩号。

数据元类型:数字型

数据格式:n..7,3

计量单位:千米(km)

备注:精确到0.001km,同 JT/T 697.2—2007 的 4.2.1.4

4.3.1.1.3　路线止点桩号

编号:GL020100006

数据元名称:路线止点桩号

中文全拼:lu-xian-zhi-dian-zhuang-hao

定义:路线终止位置的里程桩号。

数据元类型:数字型

数据格式:n..7,3

计量单位:千米(km)

备注:精确到0.001km, 同JT/T 697.2—2007的4.2.1.6

4.3.1.1.4 道路类型代码

编号:JX030101001

数据元名称:道路类型代码

中文全拼:dao-lu-lei-xing-dai-ma

定义:供各种车辆(无轨)和行人等通行的工程设施,按其使用特点分为公路、城市道路、林区道路、厂矿道路及乡村道路等。

数据元类型:数字型

数据格式:n1

值域:见5.4

4.3.1.1.5 技术等级

编号:GL020300001

数据元名称:技术等级

中文全拼:ji-shu-deng-ji

定义:根据JTG B01—2003的规定,按公路使用性能和相应的交通量划分的技术等级。

数据元类型:数字型

数据格式:n2

值域:见表2序号3

备注:同JT/T 697.2—2007的4.2.3.1

4.3.1.1.6 路线全长

编号:JX030101002

数据元名称:路线全长

中文全拼:lu-xian-quan-chang

定义:施工图纸中起点到终点的距离。

数据元类型:数字型

数据格式:n..7,3

计量单位:千米(km)

备注:精确到0.001km

4.3.1.1.7 计算行车速度

编号:GL020300002

数据元名称:计算行车速度

中文全拼:ji-suan-xing-che-su-du

定义:公路几何设计所采用的车速。

数据元类型:数字型

数据格式:n3

计量单位:千米/小时(km/h)

备注: 同JT/T 697.2—2007的4.2.3.2

4.3.1.1.8 净空

编号:JX030101003

数据元名称:净空

中文全拼:jing-kong

定义:为保证车辆、行人通行的安全,对公路和桥面上以及隧道中规定的高度和宽度范围内不允许有任何障碍物的空间界限,又称公路建筑限界。

数据元类型:字符型

数据格式:an..100

4.3.1.1.9 路基宽度

编号:JX030101004

数据元名称:路基宽度

中文全拼:lu-ji-kuan-du

定义:在一个横断面上两路肩外缘之间的宽度。

数据元类型:数字型

数据格式:n..6,2

计量单位:米(m)

备注:精确到0.01m

4.3.1.1.10 路面宽度

编号:GL040000011

数据元名称:路面宽度

中文全拼:lu-mian-kuan-du

定义:公路上供车辆行驶的路面宽度。

数据元类型:数字型

数据格式:n..4,2

计量单位:米(m)

备注:精确到0.01m,同JT/T 697.2—2007的4.4.11

4.3.1.1.11 面层类型

编号:GL040000001

数据元名称:面层类型

中文全拼:mian-ceng-lei-xing

定义:公路面层铺筑材料的类型。

数据元类型:数字型

数据格式:n2

备注: 同JT/T 697.2—2007的4.4.1

4.3.1.1.12 路面结构厚度

编号:JX030101005

数据元名称:路面结构厚度

中文全拼:lu-mian-jie-gou-hou-du

定义:面层、基层、底基层和垫层厚度之和。

数据元类型:数字型

数据格式:n..6,2

计量单位:厘米(cm)

备注:精确到0.01cm

4.3.1.1.13 面层厚度

编号:JX030101006

数据元名称:面层厚度

中文全拼:mian-ceng-hou-du

定义:路面结构的面层上表面至基层上表面间的距离。

数据元类型:数字型

数据格式:n..6,2

计量单位:厘米(cm)

备注:精确到0.01cm

4.3.1.1.14 基层厚度

编号:JX030101007

数据元名称:基层厚度

中文全拼:ji-ceng-hou-du

定义:路面结构的基层上、下表面间的距离。

数据元类型:数字型

数据格式:n..6,2

计量单位:厘米(cm)

备注:精确到0.01cm

4.3.1.1.15 车道数

编号:GL020400001

数据元名称:车道数

中文全拼:che-dao-shu

定义:公路设计的车道数。

数据元类型:数字型

数据格式:n2

计量单位:条

备注:同JT/T 697.2—2007的4.2.4.1

4.3.1.1.16 桥涵分类代码

编号:JX030101008

数据元名称:桥涵分类代码

中文全拼:qiao-han-fen-lei-dai-ma

定义:按照桥梁的总长和单孔跨径进行的分类。

数据元类型:数值型

数据格式:n1

值域:见5.5

4.3.1.1.17 交叉分类代码

编号:JX030101009

数据元名称:交叉分类代码

中文全拼:jiao-cha-fen-lei-dai-ma

定义:根据公路网规划、相交公路的功能、等级、交通量、地形和地质条件、经济与环境因素等对交叉进行的分类。

数据元类型:数值型

数据格式:n1

值域:见5.6

4.3.1.1.18 交通工程及沿线设施分类

编号:JX030101010

数据元名称:交通工程及沿线设施分类

中文全拼:jiao-tong-gong-cheng-ji-yan-xian-she-shi-fen-lei

定义:根据公路网规划、公路的功能、等级、交通量等对交通工程及沿线设施进行的分类,含安全设施、服务设施和管理设施。

数据元类型:数字型

数据格式:n1

值域:1-A;2-B;3-C;4-D

4.3.1.1.19　涵洞中心桩号

编号:JX030101011

数据元名称:涵洞中心桩号

中文全拼:han-dong-zhong-xin-zhuang-hao

定义:涵洞中心点的里程桩号。

数据元类型:数字型

数据格式:n..7,3

计量单位:千米(km)

备注:精确到0.001km

4.3.1.1.20　通道中心桩号

编号:JX030101012

数据元名称:通道中心桩号

中文全拼:tong-dao-zhong-xin-zhuang-hao

定义:通道中心点的里程桩号。

数据元类型:数字型

数据格式:n..7,3

计量单位:千米(km)

备注:精确到0.001km

4.3.1.2　公路独立桥梁工程基本情况信息

4.3.1.2.1　桥梁所属路线全称

编号:JX030102001

数据元名称:桥梁所属路线全称

中文全拼:qiao-liang-suo-shu-lu-xian-quan-cheng

定义:桥梁所属的路线全称。

数据元类型:字符型

数据格式:an..60

4.3.1.2.2　桥梁名称

编号:GL050100002

数据元名称:桥梁名称

中文全拼:qiao-liang-ming-cheng

定义:符合GB 11708规定的公路桥梁及公路与铁路两用桥梁的规范全称。

数据元类型:字符型

数据格式:an..60

备注:同JT/T 697.2—2007的4.5.1.2

4.3.1.2.3　桥梁结构类型代码

编号:JX030102002

数据元名称:桥梁结构类型代码

中文全拼:qiao-liang-jie-gou-lei-xing-dai-ma

定义:按桥梁的不同结构形式进行分类。
数据元类型:字符型
数据格式:n1
值域:1-梁桥;2-拱桥;3-斜拉桥;4-悬索桥

4.3.1.2.4　设计荷载等级

编号:GL050100009
数据元名称:设计荷载等级
中文全拼:she-ji-he-zai-deng-ji
定义:桥梁设计时所采用的车辆荷载标准等级。
数据元类型:数字型
数据格式:n1
备注:同 JT/T 697.2—2007 的 4.5.1.9

4.3.1.2.5　桥梁中心桩号

编号:GL050100003
数据元名称:桥梁中心桩号
中文全拼:qiao-liang-zhong-xin-zhuang-hao
定义:桥梁中心点的里程桩号。
数据元类型:数字型
数据格式:n..7,3
计量单位:千米(km)
备注:同 JT/T 697.2—2007 的 4.5.1.3

4.3.1.2.6　桥梁全长

编号:GL050100013
数据元名称:桥梁全长
中文全拼:qiao-liang-quan-chang
定义:两岸桥台翼墙尾端尖的距离或桥面系行车道长度。
数据元类型:数字型
数据格式:n..6,2
计量单位:米(m)
备注:精确到 0.01m,同 JT/T 697.2—2007 的 4.5.1.13

4.3.1.2.7　桥面全宽

编号:GL050100016
数据元名称:桥面全宽
中文全拼:qiao-mian-quan-kuan
定义:桥梁内外沿之间的宽度。
数据元类型:数字型
数据格式:n..4,2
计量单位:米(m)
备注:精确到 0.01m, 同 JT/T 697.2—2007 的 4.5.1.16

4.3.1.2.8　桥面净宽

编号:GL050100017
数据元名称:桥面净宽
中文全拼:qiao-mian-jing-kuan

定义:桥梁路面宽度或其与两侧人行道宽之和。

数据元类型:数字型

数据格式:n..6,2

计量单位:米(m)

备注:精确到0.01m,同JT/T 697.2—2007的4.5.1.17

4.3.1.2.9 上部结构形式

编号:JX030102003

数据元名称:上部结构形式

中文全拼:shang-bu-jie-gou-xing-shi

定义:桥梁支座以上(无铰拱起拱线或框架主梁底线以上)跨越桥孔部分的结构形式。

数据元类型:字符型

数据格式:an..60

4.3.1.2.10 下部墩结构形式

编号:JX030102004

数据元名称:下部墩结构形式

中文全拼:xia-bu-dun-jie-gou-xing-shi

定义:支承桥梁上部结构并将其荷载传递至地基的桥墩结构形式。

数据元类型:字符型

数据格式:an..60

4.3.1.2.11 下部台结构形式

编号:JX030102005

数据元名称:下部台结构形式

中文全拼:xia-bu-tai-jie-gou-xing-shi

定义:支承桥梁上部结构并将其荷载传递至地基的桥台结构形式。

数据元类型:字符型

数据格式:an..60

4.3.1.2.12 墩基础结构形式

编号:JX030102006

数据元名称:墩基础结构形式

中文全拼:dun-ji-chu-jie-gou-xing-shi

定义:将桥墩所承受的各种荷载传递到地基上的结构物形式。

数据元类型:字符型

数据格式:an..60

4.3.1.2.13 台基础结构形式

编号:JX030102007

数据元名称:台基础结构形式

中文全拼:tai-ji-chu-jie-gou-xing-shi

定义:将桥台所承受的各种荷载传递到地基上的结构物形式。

数据元类型:字符型

数据格式:an..60

4.3.1.2.14 跨径

编号:JX030102008

数据元名称:跨径

中文全拼:kua-jing
定义:结构或构件支撑间的水平距离。
数据元类型:数字型
数据格式:n..6,2
计量单位:米(m)
备注:精确到0.01m

4.3.1.2.15 桥孔数量

编号:JX030102009
数据元名称:桥孔数量
中文全拼:qiao-kong-shu-liang
定义:梁桥台间桥孔的个数。
数据元类型:数字型
数据格式:n..6,2
计量单位:个

4.3.1.3 公路独立隧道工程基本情况信息

4.3.1.3.1 隧道所属路线全称

编号:JX030103001
数据元名称:隧道所属路线全称
中文全拼:sui-dao-suo-shu-lu-xian-quan-cheng
定义:隧道所属的路线全称。
数据元类型:字符型
数据格式:an..60

4.3.1.3.2 隧道分类代码

编号:JX030103002
数据元名称:隧道分类代码
中文全拼:sui-dao-fen-lei-dai-ma
定义:根据隧道长度进行的分类。
数据元类型:数字型
数据格式:n1
值域:1-特长隧道;2-长隧道;3-中隧道;4-短隧道

4.3.1.3.3 隧道全长

编号:JX030103003
数据元名称:隧道全长
中文全拼:sui-dao-quan-chang
定义:进出口洞门端墙墙面之间的距离,即两端墙墙面与路面的交线同路线中线交点间的距离。
数据元类型:数字型
数据格式:n..6,2
计量单位:米(m)
备注:精确到0.01m

4.3.1.3.4 隧道宽度

编号:JX030103004
数据元名称:隧道宽度
中文全拼:sui-dao-kuan-du

定义:隧道行车道、路缘带和余宽的宽度总和。

数据元类型:数字型

数据格式:n..6,2

计量单位:米(m)

备注:精确到0.01m

4.3.1.3.5 围岩类别代码

编号:JX030103005

数据元名称:围岩类别代码

中文全拼:wei-yan-lei-bie-dai-ma

定义:根据稳定性将隧道围岩分为六类代码。

数据元类型:数字型

数据格式:n1

值域:1-Ⅰ;2-Ⅱ;3-Ⅲ;4-Ⅳ;5-Ⅴ;6-Ⅵ

4.3.1.3.6 开挖横断面面积

编号:JX030103006

数据元名称:开挖横断面面积

中文全拼:kai-wa-heng-duan-mian-mian-ji

定义:洞内开挖横断面面积。

数据元类型:数字型

数据格式:n..6,2

计量单位:平方米(m^2)

备注:精确到0.01 m^2

4.3.1.3.7 开挖实际方量

编号:JX030103007

数据元名称:开挖实际方量

中文全拼:kai-wa-shi-ji-fang-liang

定义:隧道开挖土石方总量。

数据元类型:数字型

数据格式:n..7,3

计量单位:立方米(m^3)

备注:精确到0.001 m^3

4.3.1.3.8 衬砌形式代码

编号:JX030103008

数据元名称:衬砌形式代码

中文全拼:chen-qi-xing-shi-dai-ma

定义:为控制和防止围岩的变形或坍落,确保围岩的稳定,或为处理涌水和漏水,或为隧道的内空整齐或美观等目的,将隧道的周边围岩覆盖起来的结构体形式。

数据元类型:数字型

数据格式:n1

值域:1-喷锚衬砌;2-整体式衬砌;3-复合式衬砌

4.3.1.3.9 通风方式

编号:JX030103009

数据元名称:通风方式

中文全拼:tong-feng-fang-shi

定义:将隧道内有害气体排出洞外的换气方式。

数据元类型:字符型

数据格式:an..60

4.3.1.3.10　洞门形式

编号:JX030103010

数据元名称:洞门形式

中文全拼:dong-men-xing-shi

定义:在隧道的洞口部位,为挡土、坡面防护等而设置的隧道结构物形式。

数据元类型:字符型

数据格式:an..60

4.3.1.3.11　洞内路面类型

编号:JX030103011

数据元名称:洞内路面类型

中文全拼:dong-nei-lu-mian-lei-xing

定义:洞内道路面层铺筑材料的类型。

数据元类型:字符型

数据格式:an..60

4.3.1.3.12　洞内路面结构厚度

编号:JX030103012

数据元名称:洞内路面结构厚度

中文全拼:dong-nei-lu-mian-jie-gou-hou-du

定义:洞内道路路面结构的厚度。

数据元类型:数字型

数据格式:n..6,2

计量单位:厘米(cm)

备注:精确到0.01cm

4.3.1.4　港口工程基本情况信息

4.3.1.4.1　码头结构类型代码

编号:JX030104001

数据元名称:码头结构类型代码

中文全拼:ma-tou-jie-gou-lei-xing-dai-ma

定义:码头设计的建筑结构类别。

数据元类型:数字型

数据格式:n2

值域:见5.7

4.3.1.4.2　码头靠泊能力

编号:JX030104002

数据元名称:码头靠泊能力

中文全拼:ma-tou-kao-bo-neng-li

定义:码头在设计低水位时,设计的码头泊位所能靠泊并进行装卸货物、上下旅客等正常作业的最大满载船舶载重吨级。

数据元类型:数字型

数据格式:n..6,2

计量单位:万吨

4.3.1.4.3　码头前沿水深

编号:JX030104003

数据元名称:码头前沿水深

中文全拼:ma-tou-qian-yan-shui-shen

定义:码头前沿当地水位零点以下的设计水深值。

数据元类型:数字型

数据格式:n..5,1

计量单位:米(m)

备注:精确到0.1m

4.3.1.4.4　工程泊位个数

编号:JX030104004

数据元名称:工程泊位个数

中文全拼:gong-cheng-bo-wei-ge-shu

定义:港区内该工程拥有的码头泊位的实际数量。

数据元类型:数字型

数据格式:n..3

计量单位:个

4.3.1.4.5　码头泊位长度

编号:JX030104005

数据元名称:码头泊位长度

中文全拼:ma-tou-bo-wei-chang-du

定义:码头用于停系船舶,进行货物装卸和上下旅客地段的实际长度。

数据元类型:数字型

数据格式:n..10

计量单位:米(m)

4.3.1.4.6　岸线总长度

编号:JX030104006

数据元名称:岸线总长度

中文全拼:an-xian-zong-chang-du

定义:码头岸线的长度,即码头建筑物靠船一侧的竖向平面与水平面的交线,也就是停靠船舶的沿岸长度。

数据元类型:数字型

数据格式:n..10

计量单位:米(m)

4.3.1.4.7　码头用途代码

编号:GK010300007

数据元名称:码头用途代码

中文全拼:ma-tou-yong-tu-dai-ma

定义: 码头的用途分类代码。

数据元类型:数字型

数据格式:n2..3

值域:见表2序号4

备注:同 JT/T 697.3—2007 的 4.1.3.7

4.3.1.4.8　码头年货物通过能力

编号:GK010300014

数据元名称:码头年货物通过能力

中文全拼:ma-tou-nian-huo-wu-tong-guo-neng-li

定义: 码头所有泊位在一年内装卸、存储、及疏运各环节相互适应时能够通过货物的额定数量。

数据元类型:数字型

数据格式:n..7,2

计量单位:万吨/年

备注:同义语“码头设计货物通过能力”,同 JT/T 697.3—2007 的 4.1.3.14

4.3.1.4.9　码头年旅客通过能力

编号:GK010300015

数据元名称:码头年旅客通过能力

中文全拼:ma-tou-nian-lv-ke-tong-guo-neng-li

定义: 码头所有泊位在一年内运送旅客的额定人数。

数据元类型:数字型

数据格式:n..7,2

计量单位:万人次/年

备注:同义语“码头旅客设计通过能力”,同 JT/T 697.3—2007 的 4.1.3.15

4.3.1.4.10　码头年集装箱通过能力

编号:GK010300016

数据元名称:码头年集装箱通过能力

中文全拼:ma-tou-nian-ji-zhuang-xiang-tong-guo-neng-li

定义: 码头所有泊位在一年内装卸、存储、及疏运各环节相互适应时能够通过集装箱的额定数量。

数据元类型:数字型

数据格式:n..7,2

计量单位:万 TEU/年

备注:同义语“码头集装箱设计通过能力”,同 JT/T 697.3—2007 的 4.1.3.16

4.3.1.4.11　仓库面积

编号:JX030104007

数据元名称:仓库面积

中文全拼:cang-ku-mian-ji

定义:码头用于存放货物的仓库建筑面积。

数据元类型:数字型

数据格式:n..18

计量单位:平方米(m^2)

4.3.1.4.12　堆场面积

编号:JX030104008

数据元名称:堆场面积

中文全拼:dui-chang-mian-ji

定义:码头用于存放货物的露天堆场的实际面积。

数据元类型:数字型

数据格式:n..18

计量单位:平方米(m^2)

4.3.1.4.13 港池底高程

编号:JX030104009

数据元名称:港池底高程

中文全拼:gang-chi-di-gao-cheng

定义:港池底部的实际海拔高度。

数据元类型:数字型

数据格式:n..5,1

计量单位:米(m)

备注:精确到0.1m

4.3.1.4.14 陆域纵深

编号:JX030104010

数据元名称:陆域纵深

中文全拼:lu-yu-zong-shen

定义:码头岸线至后方港界的距离。

数据元类型:数字型

数据格式: n..5,1

计量单位:米(m)

备注:精确到0.1m

4.3.1.4.15 泊位利用率

编号:JX030104011

数据元名称:泊位利用率

中文全拼:bo-wei-li-yong-lv

定义:运输船舶年占用泊位时间与年日历时间之比。

数据元类型:数字型

数据格式:n..4,2

计量单位:%

4.3.1.4.16 码头面顶部高程

编号:JX030104012

数据元名称:码头面顶部高程

中文全拼:ma-tou-mian-ding-bu-gao-cheng

定义:码头面的实际海拔高度。

数据元类型:数字型

数据格式:n..5,1

计量单位:米(m)

备注:精确到0.1m

4.3.1.4.17 码头前停泊水域长度

编号:JX030104013

数据元名称:码头前停泊水域长度

中文全拼:ma-tou-qian-ting-bo-shui-yu-chang-du

定义:码头前设计船型长度加富裕长度之和。

数据元类型:数字型

数据格式:n..10

计量单位:米(m)

4.3.1.4.18 码头前停泊水域宽度

编号:JX030104014

数据元名称:码头前停泊水域宽度

中文全拼:ma-tou-qian-ting-bo-shui-yu-kuan-du

定义:码头前设计船型宽度加富裕宽度之和。

数据元类型:数字型

数据格式:n..10

计量单位:米(m)

4.3.1.4.19 回旋水域长度

编号:JX030104015

数据元名称:回旋水域长度

中文全拼:hui-xuan-shui-yu-chang-du

定义:船舶在靠离码头、进出港口需要转头或改换航向时,而专设水域的长度。

数据元类型:数字型

数据格式:n..10

计量单位:米(m)

4.3.1.4.20 回旋水域宽度

编号:JX030104016

数据元名称:回旋水域宽度

中文全拼:hui-xuan-shui-yu-kuan-du

定义:船舶在靠离码头、进出港口需要转头或改换航向时,而专设水域的宽度。

数据元类型:数字型

数据格式:n..10

计量单位:米(m)

4.3.1.5 航道工程基本情况信息

4.3.1.5.1 整治河段起点距航道起点里程

编号:JX030105001

数据元名称:整治河段起点距航道起点里程

中文全拼:zheng-zhi-he-duan-qi-dian-ju-hang-dao-qi-dian-li-cheng

定义:整治河段起点距离航道起点的航道里程值。

数据元类型:数字型

数据格式:n..6,2

计量单位:千米(km)

备注:精确到0.01km

4.3.1.5.2 整治河段终点距航道起点里程

编号:JX030105002

数据元名称:整治河段终点距航道起点里程

中文全拼:zheng-zhi-he-duan-zhong-dian-ju-hang-dao-qi-dian-li-cheng

定义:整治河段终点距离航道起点的航道里程值。

数据元类型:数字型

数据格式:n..6,2

计量单位:千米(km)

备注:精确到0.01km

4.3.1.5.3 整治河段全长

编号:JX030105003

数据元名称:整治河段全长

中文全拼:zheng-zhi-he-duan-quan-chang

定义:整治河段的实际里程,即从某一特定起算点开始,沿航道中心线量算至另一点的里程数。

数据元类型:数字型

数据格式:n..6,2

计量单位:千米(km)

备注:精确到0.01km

4.3.1.5.4 整治滩险个数

编号:JX030105004

数据元名称:整治滩险个数

中文全拼:zheng-zhi-tan-xian-ge-shu

定义:整治河段上整治滩险的个数。

数据元类型:数字型

数据格式:n..4

计量单位:个

4.3.1.5.5 航道整治及疏浚前技术等级代码

编号:JX030105005

数据元名称:航道整治及疏浚前技术等级代码

中文全拼:hang-dao-zheng-zhi-ji-shu-jun-qian-ji-shu-deng-ji-dai-ma

定义:航道建设前航道技术等级。

数据元类型:数字型

数据格式:n1

值域:见表2序号5

4.3.1.5.6 航道整治及疏浚后技术等级代码

编号:JX030105006

数据元名称:航道整治及疏浚后技术等级代码

中文全拼:hang-dao-zheng-zhi-ji-shu-jun-hou-ji-shu-deng-ji-dai-ma

定义:航道进行整治或疏浚等建设后的航道技术等级。

数据元类型:数字型

数据格式:n1

值域:见表2序号5

4.3.1.5.7 整治后航道水深

编号:JX030105007

数据元名称:整治后航道水深

中文全拼:zheng-zhi-hou-hang-dao-shui-shen

定义:航道进行整治后的水深值,即航道宽度范围内从水面或某一基准面到底部的最小垂直距离,就局部区段而言,通常指航道内最浅处从水面到底部的垂直距离。河口航道因受潮汐影响,基准面通常采用理论最低潮面。

数据元类型:数字型

数据格式:n..5,1

计量单位:米(m)

备注:精确到0.1m

4.3.1.5.8　整治后航道宽度

编号:JX030105008

数据元名称:整治后航道宽度

中文全拼:zheng-zhi-hou-hang-dao-kuan-du

定义:航道进行整治后的航道宽度值,即整治后航道水深处垂直于航道中心线的航道两底边线之间的水平距离,就局部区段而言,通常指航道最窄处的水平距离。

数据元类型:数字型

数据格式:n..5,1

计量单位:米(m)

备注:精确到0.1m

4.3.1.5.9　整治后航道最小弯曲半径

编号:JX030105009

数据元名称:整治后航道最小弯曲半径

中文全拼:zheng-zhi-hou-hang-dao-zui-xiao-wan-qu-ban-jing

定义:航道进行整治后弯曲航道中心线上最小的圆弧半径。

数据元类型:数字型

数据格式:n..5,1

计量单位:米(m)

备注:精确到0.1m

4.3.1.5.10　浅滩整治水位

编号:JX030105010

数据元名称:浅滩整治水位

中文全拼:qian-tan-zheng-zhi-shui-wei

定义:在浅滩整治时,用以确定整治建筑物高度的水位。

数据元类型:数字型

数据格式:n..5,1

计量单位:米(m)

备注:精确到0.1m

4.3.1.5.11　整治线宽度

编号:JX030105011

数据元名称:整治线宽度

中文全拼:zheng-zhi-xian-kuan-du

定义:设计新河槽在整治水位时的宽度,即左右两侧整治线之间的水平距离。

数据元类型:数字型

数据格式:n..5,1

计量单位:米(m)

备注:精确到0.1m

4.3.1.5.12　航段设计最低通航水位

编号:HD010400004

数据元名称:航段设计最低通航水位

中文全拼:hang-duan-she-ji-zui-di-tong-hang-shui-wei

定义:航道设计所采用的允许标准船舶或船队正常通航的最低水位。

数据元类型:数字型

数据格式:n..5,1

计量单位:米(m)

备注:同 JT/T 697.4—2007 的 5.1.4.4

4.3.1.5.13　内河航段设计最高通航水位

编号:HD010400003

数据元名称:内河航段设计最高通航水位

中文全拼:nei-he-hang-duan-she-ji-zui-gao-tong-hang-shui-wei

定义:内河航道设计所采用的允许标准船舶或船队正常通航的最高水位。

数据元类型:数字型

数据格式:n..5,1

计量单位:米(m)

备注:同 JT/T 697.4—2007 的 5.1.4.3

4.3.1.5.14　航段设计最低通航水位保证率

编号:HD010400005

数据元名称:航段设计最低通航水位保证率

中文全拼:hang-duan-she-ji-zui-di-tong-hang-shui-wei-bao-zheng-lv

定义:在一个或多个水文年的统计年限内,水位高于和等于设计最低通航水位的天数占总天数的百分比。

数据元类型:数字型

数据格式:n..4,1

计量单位:%

备注:同 JT/T 697.4—2007 的 5.1.4.5

4.3.1.5.15　内河航段设计最高通航水位重现期

编号:HD010400006

数据元名称:内河航段设计最高通航水位重现期

中文全拼:nei-he-hang-duan-she-ji-zui-gao-tong-hang-shui-wei-chong-xian-qi

定义:根据多年水文资料统计计算,设计最高通航水位可能再次出现的平均间隔年数。

数据元类型:数字型

数据格式:n..4

计量单位:年

备注:同 JT/T 697.4—2007 的 5.1.4.6

4.3.1.5.16　上行船队允许最大流速

编号:JX030105012

数据元名称:上行船队允许最大流速

中文全拼:shang-xing-chuan-dui-yun-xu-zui-da-liu-su

定义:为保证船舶或船队正常航行,在上行航迹带上允许出现的最大流速。

数据元类型:数字型

数据格式:n..4,2

计量单位:米/秒(m/s)

4.3.1.5.17 上行船队允许最大比降

编号:JX030105013

数据元名称:上行船队允许最大比降

中文全拼:shang-xing-chuan-dui-yun-xu-zui-da-bi-jiang

定义:为保证船舶或船队正常航行,在上行航迹带上允许出现的最大水面比降。

数据元类型:数字型

数据格式: n..4,2

计量单位:%

4.3.1.5.18 内河航段单向通过能力

编号:HD010400018

数据元名称:内河航段单向通过能力

中文全拼:nei-he-hang-duan-dan-xiang-tong-guo-neng-li

定义:单位时间内(通常为一年)内河航段某一控制断面单方向可能通过的最大货运量。

数据元类型:数字型

数据格式:n..7,2

计量单位:万吨/年

备注:同 JT/T 697.4—2007 的 5.1.4.18

4.3.1.5.19 航道断面系数

编号:JX030105014

数据元名称:航道断面系数

中文全拼:hang-dao-duan-mian-xi-shu

定义:过水断面面积与通航船舶或船队的船中横刨面侵水面积之比。

数据元类型:数字型

数据格式:n..4,2

计量单位:%

4.3.1.5.20 航道整治建筑物结构型式代码

编号:JX030105015

数据元名称:航道整治建筑物结构型式代码

中文全拼:hang-dao-zheng-zhi-jian-zhu-wu-jie-gou-xing-shi-dai-ma

定义:用于整治航道的起导流、导沙、固滩、护岸等作用的建筑物的平台形态和作用类型。

数据元类型:数字型

数据格式:n1

值域:见 5.8

4.3.1.5.21 河床底质

编号:JX030105016

数据元名称:河床底质

中文全拼:he-chuang-di-zhi

定义:从疏浚工程角度具体说明航道河床岩土的具体情况。

数据元类型:字符型

数据格式:an..1024

4.3.1.6 航标工程基本情况信息

4.3.1.6.1 设标河段航道维护水深

编号:JX030106001

数据元名称:设标河段航道维护水深

中文全拼:she-biao-he-duan-hang-dao-wei-hu-shui-shen

定义:设标航段维护达到的最小水深值。

数据元类型:数字型

数据格式:n..5,1

计量单位:米(m)

4.3.1.6.2 设标河段航道维护宽度

编号:JX030106002

数据元名称:设标河段航道维护宽度

中文全拼:she-biao-he-duan-hang-dao-wei-hu-kuan-du

定义:设标航段维护达到的最小航宽值。

数据元类型:数字型

数据格式:n..5,1

计量单位:米(m)

4.3.1.6.3 设标河段航道维护最小弯曲半径

编号:JX030106003

数据元名称:设标河段航道维护最小弯曲半径

中文全拼:she-biao-he-duan-hang-dao-wei-hu-zui-xiao-wan-qu-ban-jing

定义:设标航段维护达到的最小弯曲半径。

数据元类型:数字型

数据格式:n..5,1

计量单位:米(m)

4.3.1.6.4 航道航标配布类别

编号:HD010500002

数据元名称:航道航标配布类别

中文全拼:hang-dao-hang-biao-pei-bu-lei-bie

定义:根据航道条件与运输需要,对发光航标和不发光航标的布设范围及设标密度的控制等问题所作的分类。

数据元类型:数字型

数据格式:n1

值域:表2序号6

备注:同JT/T 697.4—2007的5.1.5.2

4.3.1.6.5 航道宽度

编号:HD010300003

数据元名称:航道宽度

中文全拼:hang-dao-kuan-du

定义:最低通航水位时,航道设计水深处垂直于航道中心线的航道两底边线之间的水平距离。

数据元类型:数字型

数据格式:n..5,1

计量单位:米(m)

备注:同JT/T 697.4—2007的5.1.3.3

4.3.1.6.6 航道水深

编号:HD010300002

数据元名称:航道水深

中文全拼:hang-dao-shui-shen

定义:最低通航水位时,航道宽度范围内从水面到底部的最小垂直距离。

数据元类型:数字型

数据格式:n..5,1

计量单位:米(m)

备注:同 JT/T 697.4—2007 的 5.1.3.2

4.3.1.6.7 设标最小间距

编号:JX030106004

数据元名称:设标最小间距

中文全拼:she-biao-zui-xiao-jian-ju

定义:设标航段航标最小距离。

数据元类型:数字型

数据格式:n..5,1

计量单位:米(m)

4.3.1.6.8 航标最小安全航行距离

编号:JX030106005

数据元名称:航标最小安全航行距离

中文全拼:hang-biao-zui-xiao-an-quan-hang-xing-ju-li

定义:航标最小安全作用距离。

数据元类型:数字型

数据格式:n..5,1

计量单位:米(m)

4.3.1.6.9 设计视距

编号:JX030106006

数据元名称:设计视距

中文全拼:she-ji-shi-ju

定义:当航标只受地球曲率、大气折射、目标或者灯标的海拔高度和观察者眼高限制时,理论上能被观察者看到的最大距离。

数据元类型:数字型

数据格式:n..5,2

计量单位:米(m)

4.3.1.7 航运枢纽及通航建筑物工程基本情况信息

4.3.1.7.1 校核洪水位

编号:JX030107001

数据元名称:校核洪水位

中文全拼:jiao-he-hong-shui-wei

定义:当水库遇到大坝的校核洪水位时,在坝前达到的洪水位即为校核洪水位,是水库在正常运行情况下,允许临时达到的最高洪水位。

数据元类型:数字型

数据格式:n..5,1

计量单位:米(m)

4.3.1.7.2 设计洪水位

编号:JX030107002

数据元名称:设计洪水位

中文全拼:she-ji-hong-shui-wei

定义:遇到挡水建筑物(坝、闸)的设计洪水标准时,坝(闸)上游达到的最高水位。

数据元类型:数字型

数据格式:n..5,1

计量单位:米(m)

4.3.1.7.3 正常蓄水位

编号:JX030107003

数据元名称:正常蓄水位

中文全拼:zheng-chang-xu-shui-wei

定义:水库在正常运行情况下,挡水建筑物允许长期保持的最高库水位。

数据元类型:数字型

数据格式:n..5,1

计量单位:米(m)

4.3.1.7.4 汛期限制水位

编号:JX030107004

数据元名称:汛期限制水位

中文全拼:xun-qi-xian-zhi-shui-wei

定义:在汛期水库允许兴利蓄水的上限水位,也是水库在汛期预留所需防洪库容的下限水位。

数据元类型:数字型

数据格式:n..5,1

计量单位:米(m)

4.3.1.7.5 死水位

编号:JX030107005

数据元名称:死水位

中文全拼:si-shui-wei

定义:水库在正常运行的条件下,允许降落到的最低水位。

数据元类型:数字型

数据格式:n..5,1

计量单位:米(m)

4.3.1.7.6 总库容

编号:JX030107006

数据元名称:总库容

中文全拼:zong-ku-rong

定义:校核洪水位以下的水库蓄水容积,称为总库容。

数据元类型:数字型

数据格式:n..8,1

计量单位:万立方米

4.3.1.7.7 正常蓄水位以下库容

编号:JX030107007

数据元名称:正常蓄水位以下库容

中文全拼:zheng-chang-xu-shui-wei-yi-xia-ku-rong

定义:正常蓄水位以下的水库蓄水容积。

数据元类型:数字型

数据格式:n..8,1

计量单位:万立方米

4.3.1.7.8 调节库容

编号:JX030107008

数据元名称:调节库容

中文全拼:tiao-jie-ku-rong

定义:正常蓄水位与死水位之间的水库蓄水容积。

数据元类型:数字型

数据格式:n..8,1

计量单位:万立方米

4.3.1.7.9 死库容

编号:JX030107009

数据元名称:死库容

中文全拼:si-ku-rong

定义:水库死水位以下的水库蓄水容积。

数据元类型:数字型

数据格式:n..8,1

计量单位:万立方米

4.3.1.7.10 最小通航流量

编号:JX030107010

数据元名称:最小通航流量

中文全拼:zui-xiao-tong-hang-liu-liang

定义:设计所采用的允许标准船舶或船队正常通航的最小流量。

数据元类型:数字型

数据格式:n..6,1

计量单位:立方米/秒(m^3/s)

4.3.1.7.11 最小通航流量相应下游水位

编号:JX030107011

数据元名称:最小通航流量相应下游水位

中文全拼:zui-xiao-tong-hang-liu-liang-xiang-ying-xia-you-shui-wei

定义:最小通航流量下对应的水库下游的水位。

数据元类型:数字型

数据格式:n..5,1

计量单位:米(m)

4.3.1.7.12 最大通航流量

编号:JX030107012

数据元名称:最大通航流量

中文全拼:zui-da-tong-hang-liu-liang

定义:设计所采用的允许标准船舶或船队正常通航的最大流量。

数据元类型:数字型

数据格式:n..6,1

计量单位:立方米/秒(m^3/s)

4.3.1.7.13 最大通航流量相应下游水位

编号:JX030107013

数据元名称:最大通航流量相应下游水位

中文全拼:zui-da-tong-hang-liu-liang-xiang-ying-xia-you-shui-wei

定义:最大通航流量下对应的水库下游的水位。

数据元类型:数字型

数据格式:n..5,1

计量单位:米(m)

4.3.1.7.14 灌溉面积

编号:JX030107014

数据元名称:灌溉面积

中文全拼:guan-gai-mian-ji

定义:水库设计灌溉农田的面积。

数据元类型:数字型

数据格式:n..5,1

计量单位:万亩

4.3.1.7.15 移民人数

编号:JX030107015

数据元名称:移民人数

中文全拼:yi-min-ren-shu

定义:因建水库涉及的移民总人数。

数据元类型:数字型

数据格式:n..7

计量单位:人

4.3.1.7.16 淹没耕地面积

编号:JX030107016

数据元名称:淹没耕地面积

中文全拼:yan-mo-geng-di-mian-ji

定义:因建水库淹没的耕地总面积。

数据元类型:数字型

数据格式:n..5,1

计量单位:亩

4.3.1.7.17 坝型代码

编号:JX030107017

数据元名称:坝型代码

中文全拼:ba-xing-dai-ma

定义:拦截水流的建筑物按力学特点和结构特征进行分类的类型。

数据元类型:数字型

数据格式:n1

值域:1-重力坝;2-拱坝;3-土坝;4-其他

4.3.1.7.18 最大坝高

编号:JX030107018

数据元名称:最大坝高

中文全拼:zui-da-ba-gao

定义:大坝所有坝中最高的高度值。

数据元类型:数字型

数据格式:n..5,1

计量单位:米(m)

4.3.1.7.19 坝顶长

编号:JX030107019

数据元名称:坝顶长

中文全拼:ba-ding-chang

定义:坝顶部的总长度。

数据元类型:数字型

数据格式:n..5,1

计量单位:米(m)

4.3.1.7.20 孔数

编号:JX030107020

数据元名称:孔数

中文全拼:kong-shu

定义:泄水闸泄水孔的设计个数。

数据元类型:数字型

数据格式:n..5

计量单位:个

4.3.1.7.21 闸门宽度

编号:JX030107021

数据元名称:闸门宽度

中文全拼:zha-men-kuan-du

定义:泄水闸的设计宽度。

数据元类型:数字型

数据格式:n..5,1

计量单位:米(m)

4.3.1.7.22 闸门高度

编号:JX030107022

数据元名称:闸门高度

中文全拼:zha-men-gao-du

定义:泄水闸的设计高度。

数据元类型:数字型

数据格式:n..5,1

计量单位:米(m)

4.3.1.7.23 厂房长度

编号:JX030107023

数据元名称:厂房长度

中文全拼:chang-fang-chang-du
定义:厂房的设计长度。
数据元类型:数字型
数据格式:n..5,1
计量单位:米(m)

4.3.1.7.24 厂房宽度
编号:JX030107024
数据元名称:厂房宽度
中文全拼:chang-fang-kuan-du
定义:厂房的设计宽度。
数据元类型:数字型
数据格式:n..5,1
计量单位:米(m)

4.3.1.7.25 厂房高度
编号:JX030107025
数据元名称:厂房高度
中文全拼:chang-fang-gao-du
定义:厂房的设计高度。
数据元类型:数字型
数据格式:n..5,1
计量单位:米(m)

4.3.1.7.26 年单向设计货物通过能力
编号:JX030107026
数据元名称:年单向设计货物通过能力
中文全拼:nian-dan-xiang-she-ji-huo-wu-tong-guo-neng-li
定义:通航建筑物设计每年单向通过的货物总量。
数据元类型:数字型
数据格式:n..8,2
计量单位:万吨/年

4.3.1.7.27 年单向设计旅客通过能力
编号:JX030107027
数据元名称:年单向设计旅客通过能力
中文全拼:nian-dan-xiang-she-ji-lv-ke-tong-guo-neng-li
定义:通航建筑物设计每年单向通过的旅客总人数。
数据元类型:数字型
数据格式:n..8,2
计量单位:万人次/年

4.3.1.7.28 船闸有效长度
编号:HD020204004
数据元名称:船闸有效长度
中文全拼:chuan-zha-you-xiao-chang-du
定义:闸室内可供船舶安全停泊的有效水域长度。有效水域长度为上游边界和下游边界之间的距离,其中上游边界应取下列最下游界面:①帷墙的下游面;②上闸首门龛的下游边缘;③采用头部输水时镇静段长的一端；④其他伸向下游构件占用闸室长度的下游边缘。下游边界应取下列最上游界面：①下闸首门龛的上游边缘；②双向水头采用头部输水时镇静段长的一端；③防撞装置的上游面；④其他伸向上游构件占用闸室长度的上游边缘。

数据元类型：数字型

数据格式：n..5,1

计量单位：米(m)

备注：同 JT/T 697.4—2007 的 5.2.2.4.4

4.3.1.7.29 船闸有效宽度

编号：HD020204005

数据元名称：船闸有效宽度

中文全拼：chuan-zha-you-xiao-kuan-du

定义：闸室两侧闸墙面间的最小净宽度。

数据元类型：数字型

数据格式： n..5,1

计量单位：米(m)

备注：同 JT/T 697.4—2007 5.2.2.4.5

4.3.1.7.30 船闸闸槛最小水深

编号：HD020204007

数据元名称：船闸闸槛最小水深

中文全拼：chuan-zha-zha-kan-zui-xiao-shui-shen

定义：又称门槛最小水深，设计最低通航水位至门槛顶部的最小垂直距离。

数据元类型：数字型

数据格式：n..5,1

计量单位：米(m)

备注：同 JT/T 697.4—2007 的 5.2.2.4.7

4.3.1.7.31 船闸闸首口门宽度

编号：HD020204006

数据元名称：船闸闸首口门宽度

中文全拼：chuan-zha-zha-shou-kou-men-kuan-du

定义：船闸闸首两边墩内侧墙面间的最小净宽度。

数据元类型：数字型

数据格式：n..5,1

计量单位：米(m)

备注：同 JT/T 697.4—2007 的 5.2.2.4.6

4.3.1.7.32 船闸级数

编号：JX030107028

数据元名称：chuan-zha-ji-shu

中文全拼：船闸级数

定义：船闸顺水方向设计的闸室个数。

数据元类型：数字型

数据格式：n..2

计量单位：个

4.3.1.7.33 船闸线数
编号:JX030107029
数据元名称:船闸线数
中文全拼:chuan-zha-xian-shu
定义:船闸并列或分开设置的闸室个数。
数据元类型:数字型
数据格式:n..2
计量单位:个

4.3.1.7.34 船闸级别
编号:HD020204003
数据元名称:船闸级别
中文全拼:chuan-zha-ji-bie
定义:船闸按其设计最大船舶吨级分类的级别。
数据元类型:数字型
数据格式:n1
值域:见表2序号7
备注:同JT/T 697.4—2007的5.2.2.4.3

4.3.1.7.35 承船厢长
编号:JX030107030
数据元名称:承船厢长
中文全拼:cheng-chuan-xiang-chang
定义:承船厢的设计长度。
数据元类型:数字型
数据格式:n..4
计量单位:米(m)

4.3.1.7.36 承船厢宽
编号:JX030107031
数据元名称:承船厢宽
中文全拼:cheng-chuan-xiang-kuan
定义:承船厢的设计宽度。
数据元类型:数字型
数据格式:n..4
计量单位:米(m)

4.3.1.7.37 承船厢水深
编号:JX030107032
数据元名称:承船厢水深
中文全拼:cheng-chuan-xiang-shui-shen
定义:承船厢的设计水深。
数据元类型:数字型
数据格式:n..4
计量单位:米(m)

4.3.1.7.38 升船机型式
编号:HD020205001

数据元名称:升船机型式

中文全拼:sheng-chuan-ji-xing-shi

定义:升船机按使用型式的不同分类。

数据元类型:数字型

数据格式:n1

值域:见表2序号8

备注:同JT/T 697.4—2007的5.2.2.5.1

4.3.1.7.39 升船机厢(架)长

编号:HD020205002

数据元名称:升船机厢(架)长

中文全拼:sheng-chuan-ji-xiang-jia-chang

定义:当升船机的型式是湿运型式时,厢长指承船厢的有效长度,可参照船闸长度;当升船机的型式是干运型式时,架长指承船架的有效长度。

数据元类型:数字型

数据格式:n..5,1

计量单位:米(m)

备注:同JT/T 697.4—2007的5.2.2.5.2

4.3.1.7.40 升船机厢(架)宽度

编号:HD020205003

数据元名称:升船机厢(架)宽度

中文全拼:sheng-chuan-ji-xiang-jia-kuan-du

定义:当升船机的型式是湿运型式时,厢长指承船厢的有效宽度,可参照船闸宽度;当升船机的型式是干运型式时,架长指承船架的有效宽度。

数据元类型:数字型

数据格式:n..5,1

计量单位:米(m)

备注:同JT/T 697.4—2007的5.2.2.5.3

4.3.1.7.41 升船机水深

编号:HD020205004

数据元名称:升船机水深

中文全拼:sheng-chuan-ji-shui-shen

定义:当升船机型式是湿运型式时,升船机才有水深项,指升船机的承船厢的设计水深。

数据元类型:数字型

数据格式:n..5,1

计量单位:米(m)

备注:同JT/T 697.4—2007的5.2.2.5.4

4.3.1.7.42 可通航节制闸通航孔个数

编号:HD020206001

数据元名称:可通航节制闸通航孔个数

中文全拼:ke-tong-hang-jie-zhi-zha-tong-hang-kong-ge-shu

定义:可通航节制闸的通航孔个数。

数据元类型:数字型

数据格式: n..2

计量单位:个

备注:同 JT/T 697.4—2007 的 5.2.2.6.1

4.3.1.7.43 可通航节制闸口门宽

编号:HD020206002

数据元名称:可通航节制闸口门宽

中文全拼:ke-tong-hang-jie-zhi-zha-kou-men-kuan

定义:可通航节制闸闸首两边墩内侧墙面间的最小净宽度。

数据元类型:数字型

数据格式: n..4,1

计量单位:米(m)

备注:同 JT/T 697.4—2007 的 5.2.2.6.2

4.3.1.7.44 可通航节制闸门槛水深

编号:HD020206003

数据元名称:可通航节制闸门槛水深

中文全拼:ke-tong-hang-jie-zhi-zha-men-kan-shui-shen

定义:设计最低通航水位至可通航节制闸门槛顶部的最小垂直距离。

数据元类型:数字型

数据格式:n..5,1

计量单位:米(m)

备注:同 JT/T 697.4—2007 的 5.2.2.6.3

4.3.1.7.45 可通航节制闸口门净高

编号:HD020206004

数据元名称: 可通航节制闸口门净高

中文全拼:ke-tong-hang-jie-zhi-zha-kou-men-jing-gao

定义:可通航节制闸闸首的顶部到航道水面的最小净高度。

数据元类型:数字型

数据格式: n..5,1

计量单位:米(m)

备注:同 JT/T 697.4—2007 的 5.2.2.6.4

4.3.2 工程进展情况信息

4.3.2.1 公路路线工程进展情况信息

4.3.2.1.1 路基土石方设计数量

编号:JX030201001

数据元名称:路基土石方设计数量

中文全拼:lu-ji-tu-shi-fang-she-ji-shu-liang

定义:路基土石方工程的设计数量,包括土方路基、石方路基、软土地基、土工合成材料处治层等。

数据元类型:数字型

数据格式:n..12,4

计量单位:万立方米

备注:精确到 0.0001 万立方米

4.3.2.1.2 路基土石方完成数量

编号:JX030201002

数据元名称:路基土石方完成数量

中文全拼:lu-ji-tu-shi-fang-wan-cheng-shu-liang

定义:路基土石方工程实际完成数量,包括土方路基、石方路基、软土地基、土工合成材料处治层等。

数据元类型:数字型

数据格式:n..12,4

计量单位:万立方米

备注:精确到0.0001万立方米

4.3.2.1.3 路基排水工程设计数量

编号:JX030201003

数据元名称:路基排水工程设计数量

中文全拼:lu-ji-pai-shui-gong-cheng-she-ji-shu-liang

定义:路基排水工程设计数量。

数据元类型:数字型

数据格式:n..12,4

计量单位:万立方米

备注:精确到0.0001万立方米

4.3.2.1.4 路基排水工程完成数量

编号:JX030201004

数据元名称:路基排水工程完成数量

中文全拼:lu-ji-pai-shui-gong-cheng-wan-cheng-shu-liang

定义:路基排水工程实际完成数量。

数据元类型:数字型

数据格式:n..12,4

计量单位:万立方米

备注:精确到0.0001万立方米

4.3.2.1.5 路基防护工程设计数量

编号:JX030201005

数据元名称:路基防护工程设计数量

中文全拼:lu-ji-fang-hu-gong-cheng-she-ji-shu-liang

定义:路基防护工程设计的数量,含砌筑防护工程、挡土墙等。

数据元类型:数字型

数据格式:n..12,4

计量单位:万立方米

备注:精确到0.0001万立方米

4.3.2.1.6 路基防护工程完成数量

编号:JX030201006

数据元名称:路基防护工程完成数量

中文全拼:lu-ji-fang-hu-gong-cheng-wan-cheng-shu-liang

定义:路基防护工程实际完成的数量,含砌筑防护工程、挡土墙等。

数据格式:n..12,4

计量单位:万立方米

备注:精确到0.0001万立方米

4.3.2.1.7 路面基层设计数量

编号:JX030201007

数据元名称:路面基层设计数量

中文全拼:lu-mian-ji-ceng-she-ji-shu-liang

定义:路面工程所有基层设计的数量。

数据元类型:数字型

数据格式:n..12,4

计量单位:万平方米

备注:精确到0.0001万平方米

4.3.2.1.8　路面基层完成数量

编号:JX030201008

数据元名称:路面基层完成数量

中文全拼:lu-mian-ji-ceng-wan-cheng-shu-liang

定义:路面工程所有基层实际完成的数量。

数据元类型:数字型

数据格式:n..12,4

计量单位:万平方米

备注:精确到0.0001万平方米

4.3.2.1.9　路面面层设计数量

编号:JX030201009

数据元名称:路面面层设计数量

中文全拼:lu-mian-mian-ceng-she-ji-shu-liang

定义:路面工程所有面层设计的数量。

数据元类型:数字型

数据格式:n..12,4

计量单位:万平方米

备注:精确到0.0001万平方米

4.3.2.1.10　路面面层完成数量

编号:JX030201010

数据元名称:路面面层完成数量

中文全拼:lu-mian-mian-ceng-wan-cheng-shu-liang

定义:路面工程所有面层实际完成的数量。

数据元类型:数字型

数据格式:n..12,4

计量单位:万平方米

备注:精确到0.0001万平方米

4.3.2.1.11　桥涵设计数量

编号:JX030201011

数据元名称:桥涵设计数量

中文全拼:qiao-han-she-ji-shu-liang

定义:所有桥涵的设计数量,含路基工程和桥梁工程中的桥梁、涵洞与通道数量。

数据元类型:数字型

数据格式:n3

计量单位:座

4.3.2.1.12　桥涵完成数量

编号:JX030201012

数据元名称:桥涵完成数量

中文全拼:qiao-han-wan-cheng-shu-liang

定义:所有桥涵完成数量,含路基工程和桥梁工程中的桥梁与涵洞数量。

数据元类型:数字型

数据格式:n3

计量单位:座

4.3.2.1.13　隧道工程设计数量

编号:JX030201013

数据元名称:隧道工程设计数量

中文全拼:sui-dao-gong-cheng-she-ji-shu-liang

定义:所有隧道工程的设计数量。

数据元类型:数字型

数据格式:n3

计量单位:座

4.3.2.1.14　隧道工程完成数量

编号:JX030201014

数据元名称:隧道工程完成数量

中文全拼:sui-dao-gong-cheng-wan-cheng-shu-liang

定义:所有隧道工程的完成数量。

数据元类型:数字型

数据格式:n3

计量单位:座

4.3.2.1.15　交叉工程设计数量

编号:JX030201015

数据元名称:交叉工程设计数量

中文全拼:jiao-cha-gong-cheng-she-ji-shu-liang

定义:所有交叉工程的设计数量。

数据元类型:数字型

数据格式:n3

计量单位:处

4.3.2.1.16　交叉工程完成数量

编号:JX030201016

数据元名称:交叉工程完成数量

中文全拼:jiao-cha-gong-cheng -wan-cheng-shu-liang

定义:所有交叉工程完成数量。

数据元类型:数字型

数据格式:n3

计量单位:处

4.3.2.1.17　环保工程设计数量

编号:JX030201017

数据元名称:环保工程设计数量

中文全拼:huan-bao-gong-cheng-she-ji-shu-liang
定义:所有环保工程的设计数量。
数据元类型:数字型
数据格式:n3
计量单位:处

4.3.2.1.18 环保工程完成数量

编号:JX030201018
数据元名称:环保工程完成数量
中文全拼:huan-bao-gong-cheng-wan-cheng-shu-liang
定义:所有环保工程的完成数量。
数据元类型:数字型
数据格式:n3
计量单位:处

4.3.2.1.19 水保工程设计数量

编号:JX030201019
数据元名称:水保工程设计数量
中文全拼:shui-bao-gong-cheng-she-ji-shu-liang
定义:所有水保工程的设计数量。
数据元类型:数字型
数据格式:n3
计量单位:处

4.3.2.1.20 水保工程完成数量

编号:JX030201020
数据元名称:水保工程完成数量
中文全拼:shui-bao-gong-cheng-wan-cheng-shu-liang
定义:所有水保工程的完成数量。
数据元类型:数字型
数据格式:n3
计量单位:处

4.3.2.1.21 交通安全设施设计数量

编号:JX030201021
数据元名称:交通安全设施设计数量
中文全拼:jiao-tong-an-quan-she-shi-she-ji-shu-liang
定义:所有交通安全设施的设计数量。
数据元类型:数字型
数据格式:n3
计量单位:千米(km)

4.3.2.1.22 交通安全设施完成数量

编号:JX030201022
数据元名称:交通安全设施完成数量
中文全拼:jiao-tong-an-quan-she-shi-wan-cheng-shu-liang
定义:所有交通安全设施的完成数量。
数据元类型:数字型

数据格式:n3

计量单位:千米(km)

4.3.2.1.23　机电工程设计数量

编号:JX030201023

数据元名称:机电工程设计数量

中文全拼:ji-dian-gong-cheng-she-ji-shu-liang

定义:所有机电工程的设计数量。

数据元类型:数字型

数据格式:n3

计量单位:千米(km)

4.3.2.1.24　机电工程完成数量

编号:JX030201024

数据元名称:机电工程完成数量

中文全拼:ji-dian-gong-cheng-wan-cheng-shu-liang

定义:所有机电工程的完成数量。

数据元类型:数字型

数据格式:n3

计量单位:千米(km)

4.3.2.1.25　房屋建筑工程设计数量

编号:JX030201025

数据元名称:房屋建筑工程设计数量

中文全拼:fang-wu-jian-zhu-gong-cheng-she-ji-shu-liang

定义:房屋建筑工程设计建筑面积。

数据元类型:数字型

数据格式:n..12,4

计量单位:万平方米

4.3.2.1.26　房屋建筑工程完成数量

编号:JX030201026

数据元名称:房屋建筑工程完成数量

中文全拼:fang-wu-jian-zhu-gong-cheng-wan-cheng-shu-liang

定义:房屋建筑工程完成建筑面积。

数据元类型:数字型

数据格式:n..12,4

计量单位:万平方米

4.3.2.1.27　征地设计数量

编号:JX030201027

数据元名称:征地设计数量

中文全拼:zheng-di-she-ji-shu-liang

定义:计划征地数量。

数据元类型:数字型

数据格式:n..12,4

计量单位:亩

备注:精确到0.0001亩

4.3.2.1.28 征地完成数量

编号:JX030201028

数据元名称:征地完成数量

中文全拼:zheng-di-wan-cheng-shu-liang

定义:实际征地数量。

数据元类型:数字型

数据格式:n..12,4

计量单位:亩

备注:精确到0.0001亩

4.3.2.1.29 拆除建筑物设计数量

编号:JX030201029

数据元名称:拆除建筑物设计数量

中文全拼:chai-chu-jian-zhu-wu-she-ji-shu-liang

定义:计划拆除建筑物设计数量。

数据元类型:数字型

数据格式:n8

计量单位:平方米(m^2)

4.3.2.1.30 拆除建筑物完成数量

编号:JX030201030

数据元名称:拆除建筑物完成数量

中文全拼:chai-chu-jian-zhu-wu-wan-cheng-shu-liang

定义:实际拆除建筑物数量。

数据元类型:数字型

数据格式:n8

计量单位:平方米(m^2)

4.3.2.2 公路独立桥梁工程进展情况信息

4.3.2.2.1 桩基础工程设计数量

编号:JX030202001

数据元名称:桩基础工程设计数量

中文全拼:zhuang-ji-chu-gong-cheng-she-ji-shu-liang

定义:桩基础工程设计的数量。

数据元类型:数字型

数据格式:n..12,4

计量单位:万立方米

备注:精确到0.0001万立方米

4.3.2.2.2 桩基础工程完成数量

编号:JX030202002

数据元名称:桩基础工程完成数量

中文全拼:zhuang-ji-chu-gong-cheng-wan-cheng-shu-liang

定义:桩基础工程实际完成的数量。

数据元类型:数字型

数据格式:n..12,4

计量单位:万立方米

备注:精确到 0.0001 万立方米

4.3.2.2.3 下部工程设计数量

编号:JX030202003

数据元名称:下部工程设计数量

中文全拼:xia-bu-gong-cheng-she-ji-shu-liang

定义:施工图中下部工程设计数量。

数据元类型:数字型

数据格式:n..12,4

计量单位:万立方米

备注:精确到 0.0001 万立方米

4.3.2.2.4 下部工程完成数量

编号:JX030202004

数据元名称:下部工程完成数量

中文全拼:xia-bu-gong-cheng-wan-cheng-shu-liang

定义:竣工时下部工程完成数量。

数据元类型:数字型

数据格式:n..12,4

计量单位:万立方米

备注:精确到 0.0001 万立方米

4.3.2.2.5 上部工程设计数量

编号:JX030202005

数据元名称:上部工程设计数量

中文全拼:shang-bu-gong-cheng-she-ji-shu-liang

定义:施工图中上部工程设计数量。

数据元类型:数字型

数据格式:n..12,4

计量单位:万立方米

备注:精确到 0.0001 万立方米

4.3.2.2.6 上部工程完成数量

编号:JX030202006

数据元名称:上部工程完成数量

中文全拼:shang-bu-gong-cheng-wan-cheng-shu-liang

定义:竣工时上部工程完成数量。

数据元类型:数字型

数据格式:n..12,4

计量单位:万立方米

备注:精确到 0.0001 万立方米

4.3.2.2.7 桥面系设计数量

编号:JX030202007

数据元名称:桥面系设计数量

中文全拼:qiao-mian-xi-she-ji-shu-liang

定义:施工图中桥面系设计数量。

数据元类型:数字型

数据格式:n..12,4
计量单位:万元
备注:精确到0.0001万元

4.3.2.2.8 桥面系完成数量
编号:JX030202008
数据元名称:桥面系完成数量
中文全拼:qiao-mian-xi-wan-cheng-shu-liang
定义:竣工时桥面系实际完成的数量。
数据元类型:数字型
数据格式:n..12,4
计量单位:万元
备注:精确到0.0001万元

4.3.2.2.9 道路工程设计数量
编号:JX030202009
数据元名称:道路工程设计数量
中文全拼:dao-lu-gong-cheng-she-ji-shu-liang
定义:施工图中道路工程设计数量,包括主路、引道、匝道的数量。
数据元类型:数字型
数据格式:n..8,4
计量单位:千米(km)
备注:精确到0.0001 km

4.3.2.2.10 道路工程完成数量
编号:JX030202010
数据元名称:道路工程完成数量
中文全拼:dao-lu-gong-cheng-wan-cheng-shu-liang
定义:竣工时道路工程实际完成的数量,包括主路、引道、匝道的数量。
数据元类型:数字型
数据格式:n..8,4
计量单位:千米(km)
备注:精确到0.0001 km

4.3.2.2.11 防护工程设计数量
编号:JX030202011
数据元名称:防护工程设计数量
中文全拼:fang-hu-gong-cheng-she-ji-shu-liang
定义:施工图中防护工程设计数量。
数据元类型:数字型
数据格式:n..12,4
计量单位:万立方米
备注:精确到0.0001万立方米

4.3.2.2.12 防护工程完成数量
编号:JX030202012
数据元名称:防护工程完成数量
中文全拼:fang-hu-gong-cheng-wan-cheng-shu-liang

定义:竣工时防护工程实际完成的数量。
数据元类型:数字型
数据格式:n..12,4
计量单位:万立方米
备注:精确到0.0001万立方米

4.3.2.3 公路独立隧道工程进展情况信息

4.3.2.3.1 明洞工程设计数量

编号:JX030203001
数据元名称:明洞工程设计数量
中文全拼:ming-dong-gong-cheng-she-ji-shu-liang
定义:施工图中明洞工程设计数量。
数据元类型:数字型
数据格式:n..12,3
计量单位:米(m)
备注:精确到0.001m

4.3.2.3.2 明洞工程完成数量

编号:JX030203002
数据元名称:明洞工程完成数量
中文全拼:ming-dong-gong-cheng-wan-cheng-shu-liang
定义:竣工时明洞工程完成数量。
数据元类型:数字型
数据格式:n..12,3
计量单位:米(m)
备注:精确到0.001m

4.3.2.3.3 洞身工程设计数量

编号:JX030203003
数据元名称:洞身工程设计数量
中文全拼:dong-shen-gong-cheng-she-ji-shu-liang
定义:施工图中洞身工程设计数量。
数据元类型:数字型
数据格式:n..12,3
计量单位:米(m)
备注:精确到0.001 m

4.3.2.3.4 洞身工程完成数量

编号:JX030203004
数据元名称:洞身工程完成数量
中文全拼:dong-shen-gong-cheng-wan-cheng-shu-liang
定义:竣工时洞身工程完成数量。
数据元类型:数字型
数据格式:n..12,3
计量单位:米(m)
备注:精确到0.001m

4.3.2.3.5 洞门工程设计数量

编号:JX030203005

数据元名称:洞门工程设计数量

中文全拼:dong-men-gong-cheng-she-ji-shu-liang

定义:施工图中洞门工程设计数量。

数据元类型:数字型

数据格式:n3

计量单位:座

4.3.2.3.6 洞门工程完成数量

编号:JX030203006

数据元名称:洞门工程完成数量

中文全拼:dong- men-gong-cheng-wan-cheng-shu-liang

定义:竣工时洞门工程完成数量。

数据元类型:数字型

数据格式:n3

计量单位:座

4.3.2.3.7 洞内道路工程设计数量

编号:JX030202007

数据元名称:洞内道路工程设计数量

中文全拼:dong-nei-dao-lu-gong-cheng-shè-ji-shu-liang

定义:隧道内道路工程设计数量。

数据元类型:数字型

数据格式:n..12

计量单位:平方米(m^2)

4.3.2.3.8 洞内道路工程完成数量

编号:JX030202008

数据元名称:洞内道路工程完成数量

中文全拼:dong-nei-dao-lu-gong-cheng-wan-cheng-shu-liang

定义:隧道道路工程实际完成的数量。

数据元类型:数字型

数据格式:n..12

计量单位:平方米(m^2)

4.3.2.3.9 其他工程设计数量

编号:JX030203009

数据元名称:其他工程设计数量

中文全拼:qi-ta-gong-cheng-she-ji-shu-liang

定义:施工图中其他工程设计数量。

数据元类型:数字型

数据格式:n..12

计量单位:米(m)

4.3.2.3.10 其他工程完成数量

编号:JX030203010

数据元名称:其他工程完成数量

中文全拼:qi-ta-gong-cheng-wan-cheng-shu-liang
定义:竣工时其他工程完成数量。
数据元类型:数字型
数据格式:n..12
计量单位:米(m)

4.3.2.4 港口工程进展情况信息

4.3.2.4.1 进港航道工程量

编号:JX030204001
数据元名称:进港航道工程量
中文全拼:jin-gang-hang-dao-gong-cheng-liang
定义:完成的进港航道工程量。
数据元类型:数字型
数据格式:n..6,2
计量单位:万立方米

4.3.2.4.2 陆域回填工程量

编号:JX030204002
数据元名称:陆域回填工程量
中文全拼:lu-yu-hui-tian-gong-cheng-liang
定义:完成的陆域回填工程量。
数据元类型:数字型
数据格式: n..6,2
计量单位:万立方米

4.3.2.4.3 防波堤工程量

编号:JX030204003
数据元名称:防波堤工程量
中文全拼:fang-bo-di-gong-cheng-liang
定义:完成的防波堤工程量。
数据元类型:数字型
数据格式: n..6
计量单位:米(m)

4.3.2.4.4 进港航道疏浚工程量

编号:JX030204004
数据元名称:进港航道疏浚工程量
中文全拼:jin-gang-hang-dao-shu-jun-gong-cheng-liang
定义:完成的进港航道疏浚工程量。
数据元类型:数字型
数据格式: n..6,2
计量单位:万立方米

4.3.2.4.5 进港航道护岸工程量

编号:JX030204005
数据元名称:进港航道护岸工程量
中文全拼:jin-gang-hang-dao-hu-an-gong-cheng-liang
定义:完成的进港航道护岸工程量。

数据元类型:数字型

数据格式: n..6

计量单位:米(m)

4.3.2.4.6 码头基础工程量

编号:JX030204006

数据元名称:码头基础工程量

中文全拼:ma-tou-ji-chu-gong-cheng-liang

定义:完成的码头基础工程量。

数据元类型:数字型

数据格式:n..6,2

计量单位:万立方米

4.3.2.4.7 码头桩基工程量

编号:JX030204007

数据元名称:码头桩基工程量

中文全拼:ma-tou-zhuang-ji-gong-cheng-liang

定义:完成的码头桩基工程量。

数据元类型:数字型

数据格式:n..4

计量单位:根

4.3.2.4.8 码头上部结构

编号:JX030204008

数据元名称:码头上部结构

中文全拼:ma-tou-shang-bu-jie-gou

定义:完成的码头上部结构量

数据元类型:数字型

数据格式: n..6,1

计量单位:平方米(m^2)

4.3.2.4.9 码头设备安装

编号:JX030204009

数据元名称:码头设备安装

中文全拼:ma-tou-she-bei-an-zhuang

定义:完成的码头设备安装量。

数据元类型:数字型

数据格式:n..4

计量单位:台(套)

4.3.2.4.10 堆场工程量

编号:JX030204010

数据元名称:堆场工程量

中文全拼:dui-chang-gong-cheng-liang

定义:完成的堆场工程量。

数据元类型:数字型

数据格式: n..8

计量单位:平方米(m^2)

4.3.2.5 航道工程进展情况信息

4.3.2.5.1 航道工程量

编号:JX030205001

数据元名称:航道工程量

中文全拼:hang-dao-gong-cheng-liang

定义:完成的航道工程量。

数据元类型:数字型

数据格式:n..6

计量单位:千米(km)

4.3.2.5.2 疏浚(吹填)工程量

编号:JX030205002

数据元名称:疏浚(吹填)工程量

中文全拼:shu-jun-chui-tian-gong-cheng-liang

定义:完成的疏浚(吹填)工程量。

数据元类型:数字型

数据格式:n..6,2

计量单位:万立方米

4.3.2.5.3 筑坝工程量

编号:JX030205003

数据元名称:筑坝工程量

中文全拼:zhu-ba-gong-cheng-liang

定义:完成的筑坝工程量。

数据元类型:数字型

数据格式:n..6,2

计量单位:万立方米

4.3.2.5.4 炸礁工程量

编号:JX030205004

数据元名称:炸礁工程量

中文全拼:zha-jiao-gong-cheng-liang

定义:完成的炸礁工程量。

数据元类型:数字型

数据格式:n..6,2

计量单位:万立方米

4.3.2.5.5 护岸工程量

编号:JX030205005

数据元名称:护岸工程量

中文全拼:hu-an-gong-cheng-liang

定义:完成的护岸工程量。

数据元类型:数字型

数据格式:n..8

计量单位:米(m)

4.3.2.5.6 桥梁工程量

编号:JX030205006

数据元名称:桥梁工程量
中文全拼:qiao-liang-gong-cheng-liang
定义:完成的桥梁工程量。
数据元类型:数字型
数据格式:n..2
计量单位:座

4.3.2.5.7 混凝土浇筑量

编号:JX030205007
数据元名称:混凝土浇筑量
中文全拼:hun-ning-tu-jiao-zhu-liang
定义:完成的混凝土浇筑量。
数据元类型:数字型
数据格式:n..8
计量单位:万立方米

4.3.2.6 航标工程进展情况信息

4.3.2.6.1 配布航标

编号:JX030206001
数据元名称:配布航标
中文全拼:pei-bu-hang-biao
定义:完成的配布航标数。
数据元类型:数字型
数据格式:n..8
计量单位:个

4.3.2.7 航运枢纽及通航建筑物工程进展情况信息

4.3.2.7.1 船闸工程量

编号:JX030207001
数据元名称:船闸工程量
中文全拼:chuan-zha-gong-cheng-liang
定义:完成的船闸工程数。
数据元类型:数字型
数据格式: n..2
计量单位:个

4.3.2.7.2 船闸土石方开挖量

编号:JX030207002
数据元名称:船闸土石方开挖量
中文全拼:chuan-zha-tu-shi-fang-kai-wa-liang
定义:完成的船闸土石方开挖量。
数据元类型:数字型
数据格式:n..8
计量单位:立方米(m^3)

4.3.2.7.3 船闸土石方填筑量

编号:JX030207003
数据元名称:船闸土石方填筑量

中文全拼:chuan-zha-tu-shi-fang-tian-zhu-liang

定义:完成的船闸土石方填筑量。

数据元类型:数字型

数据格式: n..8

计量单位:立方米(m^3)

4.3.2.7.4 船闸混凝土浇筑量

编号:JX030207004

数据元名称:船闸混凝土浇筑量

中文全拼:chuan-zha-hun-ning-tu-jiao-zhu-liang

定义:完成的船闸混凝土浇筑量。

数据元类型:数字型

数据格式: n..8

计量单位:立方米(m^3)

4.3.2.7.5 电站工程量

编号:JX030207005

数据元名称:电站工程量

中文全拼:dian-zhan-gong-cheng-liang

定义:完成的电站工程数。

数据元类型:数字型

数据格式:n..2

计量单位:个

4.3.2.7.6 电站土石方开挖量

编号:JX030207006

数据元名称:电站土石方开挖量

中文全拼:dian-zhan-tu-shi-fang-kai-wa-liang

定义:完成的电站土石方开挖量。

数据元类型:数字型

数据格式: n..8

计量单位:立方米(m^3)

4.3.2.7.7 电站土石方填筑量

编号:JX030207007

数据元名称:电站土石方填筑量

中文全拼:dian-zhan-tu-shi-fang-tian-zhu-liang

定义:完成的电站土石方填筑量。

数据元类型:数字型

数据格式: n..8

计量单位:立方米(m^3)

4.3.2.7.8 电站混凝土浇筑量

编号:JX030207008

数据元名称:电站混凝土浇筑量

中文全拼:dian-zhan-hun-ning-tu-jiao-zhu-liang

定义:完成的电站混凝土浇筑量。

数据元类型:数字型

数据格式：n..8

计量单位：立方米(m^3)

4.3.2.7.9　桥梁工程量

编号:JX030207009

数据元名称:桥梁工程量

中文全拼:qiao-liang-gong-cheng-liang

定义:完成的桥梁座数。

数据元类型:数字型

数据格式：n..2

计量单位:座

4.3.2.7.10　桥梁混凝土浇筑量

编号:JX030207010

数据元名称:桥梁混凝土浇筑量

中文全拼:qiao-liang-hun-ning-tu-jiao-zhu-liang

定义:完成的桥梁混凝土浇筑量。

数据元类型:数字型

数据格式：n..8

计量单位:立方米(m^3)

4.3.2.7.11　桥梁土石方开挖量

编号:JX030207011

数据元名称:桥梁土石方开挖量

中文全拼:qiao-liang-tu-shi-fang-kai-wa-liang

定义:完成的桥梁土石方开挖量。

数据元类型:数字型

数据格式：n..8

计量单位:立方米(m^3)

4.3.2.7.12　桥梁土石方填筑量

编号:JX030207012

数据元名称:桥梁土石方填筑量

中文全拼:qiao-liang-tu-shi-fang-tian-zhu-liang

定义:完成的桥梁土石方填筑量。

数据元类型:数字型

数据格式：n..8

计量单位:立方米(m^3)

4.3.2.7.13　钢结构设备安装工程量

编号:JX030207013

数据元名称:钢结构设备安装工程量

中文全拼:gang-jie-gou-she-bei-an-zhuang-gong-cheng-liang

定义:完成的钢结构设备安装工程量。

数据元类型:数字型

数据格式：n..8

计量单位:万吨

4.3.2.7.14 大坝工程量

编号:JX030207014

数据元名称:大坝工程量

中文全拼:da-ba-gong-cheng-liang

定义:完成的大坝个数。

数据元类型:数字型

数据格式: n..2

计量单位:个

4.3.2.7.15 大坝土石方开挖量

编号:JX030207015

数据元名称:大坝土石方开挖量

中文全拼:da-ba-tu-shi-fang-kai-wa-liang

定义:完成的大坝土石方开挖量。

数据元类型:数字型

数据格式: n..8

计量单位:立方米(m^3)

4.3.2.7.16 大坝土石方填筑量

编号:JX030207016

数据元名称:大坝土石方填筑量

中文全拼:da-ba-tu-shi-fang-tian-zhu-liang

定义:完成的大坝土石方填筑量。

数据元类型:数字型

数据格式: n..8

计量单位:立方米(m^3)

4.3.2.7.17 大坝混凝土浇筑量

编号:JX030207017

数据元名称:大坝混凝土浇筑量

中文全拼:da-ba-hun-ning-tu-jiao-zhu-liang

定义:完成的大坝混凝土浇筑量。

数据元类型:数字型

数据格式: n..8

计量单位:立方米(m^3)

4.3.3 项目阶段情况信息

4.3.3.1 预可行性研究阶段

4.3.3.1.1 方案上报单位

编号:JX030301001

数据元名称:方案上报单位

中文全拼:fang-an-shang-bao-dan-wei

定义:上报单位的全称。

数据元类型:字符型

数据格式:an..100

4.3.3.1.2 规划方案申请文件编号

编号:JX030301002

数据元名称:规划方案申请文件编号

中文全拼:gui-hua-fang-an-shen-qing-wen-jian-bian-hao

定义:规划方案报送单位内部的文件编号。

数据元类型:字符型

数据格式:an..30

4.3.3.1.3 规划方案编制单位

编号:JX030301003

数据元名称:规划方案编制单位

中文全拼:gui-hua-fang-an-bian-zhi-dan-wei

定义:规划方案编制单位的全称。

数据元类型:字符型

数据格式:an..100

4.3.3.1.4 规划方案审批单位

编号:JX030301004

数据元名称:规划方案审批单位

中文全拼:gui-hua-fang-an-shen-pi-dan-wei

定义:规划方案审批单位的全称。

数据元类型:字符型

数据格式:an..100

4.3.3.1.5 环评报告申请文件编号

编号:JX030301005

数据元名称:环评报告申请文件编号

中文全拼:huan-ping-bao-gao-shen-qing-wen-jian-bian-hao

定义:申请批准环评报告单位的内部文件编号。

数据元类型:字符型

数据格式:an..30

4.3.3.1.6 环评报告编制单位

编号:JX030301006

数据元名称:环评报告编制单位

中文全拼:huan-ping-bao-gao-bian-zhi-dan-wei

定义:依据规定及合同负责编制环评报告的单位全称。

数据元类型:字符型

数据格式:an..100

4.3.3.1.7 环评报告审批单位

编号:JX030301007

数据元名称:环评报告审批单位

中文全拼:huan-ping-bao-gao-shen-pi-dan-wei

定义:环评报告审批部门的全称。

数据元类型:字符型

数据格式:an..100

4.3.3.1.8 立项报告申请文件编号

编号:JX030301008

数据元名称:立项报告申请文件编号

中文全拼:li-xiang-bao-gao-shen-qing-wen-jian-bian-hao

定义:立项报告申请单位的内部文件编号。

数据元类型:字符型

数据格式:an..30

4.3.3.1.9　立项报告编制单位

编号:JX030301009

数据元名称:立项报告编制单位

中文全拼:li-xiang-bao-gao-bian-zhi-dan-wei

定义:立项报告编制单位的全称。

数据元类型:字符型

数据格式:an..100

4.3.3.1.10　立项报告审批单位

编号:JX030301010

数据元名称:立项报告审批单位

中文全拼:li-xiang-bao-gao-shen-pi-dan-wei

定义:立项报告审批单位的全称。

数据元类型:字符型

数据格式:an..100

4.3.3.1.11　设计方案申请文件编号

编号:JX030301011

数据元名称:设计方案申请文件编号

中文全拼:she-ji-fang-an-shen-qing-wen-jian-bian-hao

定义:向上级主管单位进行设计方案申请的文件编号。

数据元类型:字符型

数据格式:an..30

4.3.3.1.12　设计方案编制单位

编号:JX030301012

数据元名称:设计方案编制单位

中文全拼:she-ji-fang-an-bian-zhi-dan-wei

定义:设计方案编制单位的全称。

数据元类型:字符型

数据格式:an..100

4.3.3.1.13　设计方案审批单位

编号:JX030301013

数据元名称:设计方案审批单位

中文全拼:she-ji-fang-an-shen-pi-dan-wei

定义:设计方案审批单位的全称。

数据元类型:字符型

数据格式:an..100

4.3.3.2　工程可行性研究阶段

4.3.3.2.1　可行性研究报告申请文件编号

编号:JX030302001

数据元名称:可行性研究报告申请文件编号

中文全拼:ke-xing-xing-yan-jiu-bao-gao-shen-qing-wen-jian-bian-hao

定义:可行性研究报告申请单位的内部文件编号。

数据元类型:字符型

数据格式:an..30

4.3.3.2.2 可行性研究报告编制单位

编号:JX030302002

数据元名称:可行性研究报告编制单位

中文全拼:ke-xing-xing-yan-jiu-bao-gao-bian-zhi-dan-wei

定义:可行性研究报告编制单位的全称。

数据元类型:字符型

数据格式:an..100

4.3.3.2.3 可行性研究报告审批单位

编号:JX030302003

数据元名称:可行性研究报告审批单位

中文全拼:ke-xing-xing-yan-jiu-bao-gao-shen-pi-dan-wei

定义:审批可行性研究报告的单位全称。

数据元类型:字符型

数据格式:an..100

4.3.3.2.4 可行性研究报告批准文件编号

编号:JX030302004

数据元名称:可行性研究报告批准文件编号

中文全拼:ke-xing-xing-yan-jiu-bao-gao-pi-zhun-wen-jian-bian-hao

定义:批准可行性研究报告的文件审批编号。

数据元类型:字符型

数据格式:an..30

4.3.3.3 初步设计阶段

4.3.3.3.1 土地预审报告文件文号

编号:JX030303001

数据元名称:土地预审报告文件文号

中文全拼:tu-di-yu-shen-bao-gao-wen-jian-wen-hao

定义:土地预审报告申请单位的文件编号。

数据元类型:字符型

数据格式:an..30

4.3.3.3.2 土地预审报告编制单位

编号:JX030303002

数据元名称:土地预审报告编制单位

中文全拼:tu-di-yu-shen-bao-gao-bian-zhi-dan-wei

定义:土地预审报告编制单位的全称。

数据元类型:字符型

数据格式:an..100

4.3.3.3.3 土地预审报告审批单位

编号:JX030303003

数据元名称:土地预审报告审批单位

中文全拼:tu-di-yu-shen-bao-gao-shen-pi-dan-wei

定义:审批土地预审报告的部门全称。

数据元类型:字符型

数据格式:an..100

4.3.3.3.4　设计阶段概算额

编号:JX030303004

数据元名称:设计阶段概算额

中文全拼:she-ji-jie-duan-gai-suan-e

定义:设计阶段的概算投资额。

数据元类型:数字型

数据格式:n..12,4

计量单位:万元

备注:精确到0.0001万元

4.3.3.3.5　主要材料类型代码

编号:JX030303005

数据元名称:主要材料类型代码

中文全拼:zhu-yao-cai-liao-lei-xing-dai-ma

定义:初步设计方案中,用于工程的主要成品、半成品料的类型。

数据元类型:数字型

数据格式:n1

值域:见5.9

4.3.3.3.6　材料用量

编号:JX030303006

数据元名称:材料用量

中文全拼:cai-liao-yong-liang

定义:初步设计方案中主要材料的用量。

数据元类型:数字型

数据格式:n..10,2

计量单位:立方米/吨(m^3/t)

4.3.3.3.7　占地面积

编号:JX030303007

数据元名称:占地面积

中文全拼:zhan-di-mian-ji

定义:初步设计方案中占地面积。

数据元类型:数字型

数据格式:n..8

计量单位:亩

4.3.3.3.8　初步设计编制单位

编号:JX030303008

数据元名称:初步设计编制单位

中文全拼:chu-bu-she-ji-bian-zhi-dan-wei

定义:初步设计编制单位的全称。

数据元类型:字符型

数据格式:an..100

4.3.3.3.9　初步设计审批单位

编号:JX030303009

数据元名称:初步设计审批单位

中文全拼:chu-bu-she-ji-shen-pi-dan-wei

定义:初步设计审批单位的全称。

数据元类型:字符型

数据格式:an..100

4.3.3.3.10　初步设计批准文件编号

编号:JX030303010

数据元名称:初步设计批准文件编号

中文全拼:chu-bu-she-ji-pi-zhun-wen-jian-bian-hao

定义:批准初步设计文件的文件审批编号。

数据元类型:字符型

数据格式 :an..30

4.3.3.3.11　上报概算

编号:JX030303011

数据元名称:上报概算

中文全拼:shang-bao-gai-suan

定义:根据初步设计而确定的工程建设费用。

数据元类型:数字型

数据格式:n..12,4

计量单位:万元

4.3.3.3.12　批复概算

编号:JX030303012

数据元名称:批复概算

中文全拼:pi-fu-gai-suan

定义:根据上报概算而批准的工程建设费用。

数据元类型:数字型

数据格式:n..15

计量单位:万元

4.3.3.4　施工图设计阶段

4.3.3.4.1　施工图编号

编号:JX030304001

数据元名称:施工图编号

中文全拼:shi-gong-tu-bian-hao

定义:设计单位根据设计需要对施工图纸进行的编号。

数据元类型:字符型

数据格式:an..30

4.3.3.4.2　施工图设计编制单位

编号:JX030304002

数据元名称:施工图设计编制单位

中文全拼:shi-gong-tu-she-ji-bian-zhi-dan-wei

定义:施工图设计编制单位的全称。

数据元类型:字符型

数据格式:an..100

4.3.3.4.3 施工图设计审批单位

编号:JX030304003

数据元名称:施工图设计审批单位

中文全拼:shi-gong-tu-she-ji-shen-pi-dan-wei

定义:审批项目施工图设计的单位全称。

数据元类型:字符型

数据格式:an..100

4.3.3.4.4 施工图纸名称

编号:JX030304004

数据元名称:施工图纸名称

中文全拼:shi-gong-tu-zhi-ming-cheng

定义:施工图纸封面名称。

数据元类型:字符型

数据格式:an..80

4.3.3.4.5 设计说明

编号:JX030304005

数据元名称:设计说明

中文全拼:she-ji-shuo-ming

定义:施工图纸的概况说明,包括设计依据、技术标准、地形地貌及工程地质条件、设计主要内容、施工规范及工程验收标准和施工注意事项等。

数据元类型:字符型

数据格式:an..1024

4.3.3.5 项目招投标阶段

4.3.3.5.1 项目法人

编号:JX030305001

数据元名称:项目法人

中文全拼:xiang-mu-fa-ren

定义:项目法人单位全称。

数据元类型:字符型

数据格式:an..100

4.3.3.5.2 项目负责人

编号:JX030305002

数据元名称:项目负责人

中文全拼:xiang-mu-fu-ze-ren

定义:项目负责人的姓名。

数据元类型:字符型

数据格式:an..30

4.3.3.5.3 咨询机构名称

编号:JX030305003

数据元名称:咨询机构名称

中文全拼:zi-xun-ji-gou-ming-cheng

定义:咨询机构的单位全称。

数据元类型:字符型

数据格式:an..100

4.3.3.5.4 咨询机构负责人

编号:JX030305004

数据元名称:咨询机构负责人

中文全拼:zi-xun-ji-gou-fu-ze-ren

定义:咨询机构中,负责机构各项工作的管理人员姓名。

数据元类型:字符型

数据格式:an..30

4.3.3.5.5 项目建设管理单位

编号:JX030305005

数据元名称:项目建设管理单位

中文全拼:xiang-mu-jian-she-guan-li-dan-wei

定义:项目建设管理单位的全称。

数据元类型:字符型

数据格式:an..100

4.3.3.5.6 项目建设管理单位负责人

编号:JX030305006

数据元名称:项目建设管理单位负责人

中文全拼:xiang-mu-jian-she-guan-li-dan-wei-fu-ze-ren

定义:项目管理单位负责人的姓名。

数据元类型:字符型

数据格式:an..30

4.3.3.5.7 招标代理机构名称

编号:JX030305007

数据元名称:招标代理机构名称

中文全拼:zhao-biao-dai-li-ji-gou-ming-cheng

定义:招标代理单位全称。

数据元类型:字符型

数据格式:an..100

4.3.3.5.8 招标代理机构负责人

编号:JX030305008

数据元名称:招标代理机构负责人

中文全拼:zhao-biao-dai-li-ji-gou-fu-ze-ren

定义:招标代理单位中,负责单位各项工作的管理人员姓名。

数据元类型:字符型

数据格式:an..30

4.3.3.5.9 招标方式

编号:JX030305009

数据元名称:招标方式

中文全拼:zhao-biao-fang-shi

定义:依据相关法律、法规或工程的具体情况,确定工程施工、监理、勘察、设计等单位的过程方式。

数据元类型:数字型

数据格式:n1

值域:1-公开招标;2-邀请招标

4.3.3.5.10 勘察中标单位

编号:JX030305010

数据元名称:勘察中标单位

中文全拼:kan-cha-zhong-biao-dan-wei

定义:通过招投标方式确定的勘察单位全称。

数据元类型:字符型

数据格式:an..100

4.3.3.5.11 签定勘察合同日期

编号:JX030305011

数据元名称:签定勘察合同日期

中文全拼:qian-ding-kan-cha-he-tong-ri-qi

定义:勘察单位与建设单位签定勘察合同的日期。

数据元类型:日期型

数据格式:YYYYMMDD

4.3.3.5.12 设计中标单位

编号:JX030305012

数据元名称:设计中标单位

中文全拼:she-ji-zhong-biao-dan-wei

定义:通过招投标方式确定的设计单位全称。

数据元类型:字符型

数据格式:an..100

4.3.3.5.13 签定设计合同日期

编号:JX030305013

数据元名称:签定设计合同日期

中文全拼:qian-ding-she-ji-he-tong-ri-qi

定义:设计单位与建设单位签定设计合同的日期。

数据元类型:日期型

数据格式:YYYYMMDD

4.3.3.5.14 监理中标单位

编号:JX030305014

数据元名称:监理中标单位

中文全拼:jian-li-zhong-biao-dan-wei

定义:通过招投标方式确定的监理单位全称。

数据元类型:字符型

数据格式:an..100

4.3.3.5.15 签定监理合同日期

编号:JX030305015

数据元名称:签定监理合同日期

中文全拼:qian-ding-jian-li-he-tong-ri-qi

定义:监理单位与建设单位签定监理合同的日期。
数据元类型:日期型
数据格式:YYYYMMDD

4.3.3.5.16 施工中标单位
编号:JX030305016
数据元名称:施工中标单位
中文全拼:shi-gong-zhong-biao-dan-wei
定义:通过招投标方式确定的施工单位全称。
数据元类型:字符型
数据格式:an..100

4.3.3.5.17 签定施工合同日期
编号:JX030305017
数据元名称:签定施工合同日期
中文全拼:qian-ding-shi-gong-he-tong-ri-qi
定义:施工单位与建设单位签定施工合同的日期。
数据元类型:日期型
数据格式:YYYYMMDD

4.3.3.5.18 试验检测中标单位
编号:JX030305018
数据元名称:试验检测中标单位
中文全拼:shi-yan-jian-ce-zhong-biao-dan-wei
定义:通过招投标方式确定的试验检测机构全称。
数据元类型:字符型
数据格式:an..100

4.3.3.5.19 签定试验检测合同日期
编号:JX030305019
数据元名称:签定试验检测合同日期
中文全拼:qian-ding- shi-yan-jian-ce-he-tong-ri-qi
定义:试验检测机构与建设单位签定试验检测合同的日期。
数据元类型:日期型
数据格式:YYYYMMDD

4.3.3.5.20 标段号
编号:JX030305020
数据元名称:标段号
中文全拼:biao-duan-hao
定义:通过招投标方式确定的项目合同段号,包括设计、监理、施工、试验检测标等。
数据元类型:字符型
数据格式:an..30

4.3.3.6 项目施工准备阶段

4.3.3.6.1 建设单位
编号:JX030306001
数据元名称:建设单位
中文全拼:jian-she-dan-wei

定义:根据上级主管部门下达的建设任务,依法负责建设项目的筹备、投资、实施、管理等全部或部分工作,以形成固定资产为目标的单位全称。

数据元类型:字符型

数据格式:an..100

4.3.3.6.2 项目管理人员资格

编号:JX030306002

数据元名称:项目管理人员资格

中文全拼:xiang-mu-guan-li-ren-yuan-zi-ge

定义:从事项目管理工作人员的技术职称或专业资格。

数据元类型:字符型

数据格式: an..100

4.3.3.6.3 监督手续办理日期

编号:JX030306003

数据元名称:监督手续办理日期

中文全拼:jian-du-shou-xu-ban-li-ri-qi

定义:监督站完成建设项目监督手续受理程序的日期。

数据元类型:日期型

数据格式:YYYYMMDD

4.3.3.6.4 施工许可批准日期

编号:JX030306004

数据元名称:施工许可批准日期

中文全拼:shi-gong-xu-ke-pi-zhun-ri-qi

定义:施工许可文件批准的日期。

数据元类型:日期型

数据格式:YYYYMMDD

4.3.3.6.5 监理单位

编号:JX030306005

数据元名称:监理单位

中文全拼:jian-li-dan-wei

定义:监理单位的名称。

数据元类型:字符型

数据格式:an..100

4.3.3.6.6 总监理工程师

编号:JX030306006

数据元名称:总监理工程师

中文全拼:zong-jian-li-gong-cheng-shi

定义:具有交通运输部监理工程师资格,经项目建设单位同意,在监理机构中负责项目工程全部监理工作的总负责人姓名。

数据元类型:字符型

数据格式:an..30

4.3.3.6.7 驻地监理工程师

编号:JX030306007

数据元名称:驻地监理工程师

中文全拼:zhu-di-jian-li-gong-cheng-shi

定义:具有交通运输部监理工程师资格,经总监理工程师授权,负责部分项目工程监理工作的驻地监理负责人姓名。

数据元类型:字符型

数据格式:an..30

4.3.3.6.8 监理工程师人数

编号:JX030306008

数据元名称:监理工程师人数

中文全拼:jian-li-gong-cheng-shi-ren-shu

定义:监理机构中具有交通运输部核准的公路工程监理工程师或专业监理工程师资格的人员人数。

数据元类型:数字型

数据格式:n3

计量单位:人

4.3.3.6.9 监理员人数

编号:JX030306009

数据元名称:监理员人数

中文全拼:jian-li-yuan-ren-shu

定义:除监理工程师外,监理机构中经培训的相关专业技术人员的人数。

数据元类型:数字型

数据格式:n3

计量单位:人

4.3.3.6.10 监理试验室负责人

编号:JX030306010

数据元名称:监理试验室负责人

中文全拼:jian-li-shi-yan-shi-fu-ze-ren

定义:监理机构在工程现场设置的工地临时试验检测机构负责人的姓名。

数据元类型:字符型

数据格式:an..30

4.3.3.6.11 监理实施细则批准日期

编号:JX030306011

数据元名称:监理实施细则批准日期

中文全拼:jian-li-shi-shi-xi-ze-pi-zhun-ri-qi

定义:批准监理实施细则的日期。

数据元类型:日期型

数据格式:YYYYMMDD

4.3.3.6.12 施工单位

编号:JX030306012

数据元名称:施工单位

中文全拼:shi-gong-dan-wei

定义:施工单位的全称。

数据元类型:字符型

数据格式:an..100

4.3.3.6.13　项目经理

编号:JX030306013

数据元名称:项目经理

中文全拼:xiang-mu-jing-li

定义:项目经理的姓名。

数据元类型:字符型

数据格式:an..30

4.3.3.6.14　施工单位试验室负责人

编号:JX030306014

数据元名称:施工单位试验室负责人

中文全拼:shi-gong-dan-wei-shi-yan-shi-fu-ze-ren

定义:施工单位在工程现场设置的工地临时试验检测机构负责人的姓名。

数据元类型:字符型

数据格式:an..30

4.3.3.6.15　技术负责人

编号:JX030306015

数据元名称:技术负责人

中文全拼:ji-shu-fu-ze-ren

定义:技术负责人姓名。

数据元类型:字符型

数据格式:an..10

4.3.3.6.16　质量负责人

编号:JX030306016

数据元名称:质量负责人

中文全拼:zhi-liang-fu-ze-ren

定义:质量负责人姓名。

数据元类型:字符型

数据格式:an..10

4.3.3.6.17　安全负责人

编号:JX030306017

数据元名称:安全负责人

中文全拼:an-quan-fu-ze-ren

定义:安全负责人的姓名。

数据元类型:字符型

数据格式:an..30

4.3.3.6.18　施工组织设计批准日期

编号:JX030306018

数据元名称:施工组织设计批准日期

中文全拼:shi-gong-zu-zhi-she-ji-pi-zhun-ri-qi

定义:批准施工组织设计的日期。

数据元类型:日期型

数据格式:YYYYMMDD

4.3.3.6.19 建设资金审计单位

编号:JX030306019

数据元名称:建设资金审计单位

中文全拼:jian-she-zi-jin-shen-ji-dan-wei

定义:对建设项目的资金使用情况进行审计的单位全称。

数据元类型:字符型

数据格式:an..100

4.3.3.6.20 建设资金审计结果

编号:JX030306020

数据元名称:建设资金审计结果

中文全拼:jian-she-zi-jin-shen-ji-jie-guo

定义:审计单位在对建设资金审计后,对被审计项目提出的意见、建议、要求、结论等。

数据元类型:字符型

数据格式:an..2048

4.3.3.7 项目实施阶段

4.3.3.7.1 合同金额

编号:JX030307001

数据元名称:合同金额

中文全拼:he-tong-jin-e

定义:在合同协议书上,合同双方依法共同确认的价款。

数据元类型:数字型

数据格式:n..12,4

计量单位:万元

4.3.3.7.2 已支付金额

编号:JX030307002

数据元名称:已支付金额

中文全拼:yi-zhi-fu-jin-e

定义:建设单位依据合同或相关文件,支付给服务方的价款。

数据元类型:数字型

数据格式:n..12,4

计量单位:万元

4.3.3.7.3 工程交工支付金额

编号:JX030307003

数据元名称:工程交工支付金额

中文全拼:gong-cheng-jiao-gong-zhi-fu-jin-e

定义:在工程交工时,建设单位依据合同或相关文件,应支付给服务方的价款。

数据元类型:数字型

数据格式:n..12,4

计量单位:万元

4.3.3.7.4 最终支付金额

编号:JX030307004

数据元名称:最终支付金额

中文全拼:zui-zhong-zhi-fu-jin-e

定义:在监理工程师确认承包人的遗留工程和缺陷工程已完成并达到规范标准后,建设单位与承包人最后一次结算价款。

数据元类型:数字型

数据格式:n..12,4

计量单位:万元

4.3.3.7.5 检查单位

编号:JX030307005

数据元名称:检查单位

中文全拼:jian-cha-dan-wei

定义:对质量、进度、安全、环保等项工作进行检查的交通主管部门或项目建设、管理单位全称。

数据元类型:字符型

数据格式:an..100

4.3.3.7.6 检查开始日期

编号:JX030307006

数据元名称:检查开始日期

中文全拼:jian-cha-kai-shi-ri-qi

定义:各项检查工作的开始日期。

数据元类型:日期型

数据格式:YYYYMMDD

4.3.3.7.7 检查结束日期

编号:JX030307007

数据元名称:检查结束日期

中文全拼:jian-cha-jie-shu-ri-qi

定义:各项检查工作的结束日期。

数据元类型:日期型

数据格式:YYYYMMDD

4.3.3.7.8 检查结果

编号:JX030307008

数据元名称:检查结果

中文全拼:jian-cha-jie-guo

定义:各项检查工作后,检查单位对被检项目形成的意见、建议、要求等。

数据元类型:字符型

数据格式:an..100

4.3.3.7.9 处理情况

编号:JX030307009

数据元名称:处理情况

中文全拼:chu-li-qing-kuang

定义:根据检查结果,被检查单位完成整改后的情况汇总。

数据元类型:字符型

数据格式:an..100

4.3.3.7.10 检查文件类型

编号:JX030307010

数据元名称:检查文件类型

中文全拼:jian-cha-wen-jian-lei-xing

定义:根据检查结果,检查单位或被检查单位形成的相关检查文件的种类,如报告、通知、意见、通报等。

数据元类型:字符型

数据格式:an..100

4.3.3.7.11 检查文件编号

编号:JX030307011

数据元名称:检查文件编号

中文全拼:jian-cha-wen-jian-bian-hao

定义:根据检查结果,检查单位或被检查单位形成的报告、意见、通知、通报等文件的编号。

数据元类型:字符型

数据格式:an..100

4.3.3.7.12 设计变更依据

编号:JX030307012

数据元名称:设计变更依据

中文全拼: she-ji-bian-geng-yi-ju

定义:设计变更所依据的规范、规程及相关文件等。

数据元类型:字符型

数据格式:an..1000

4.3.3.7.13 设计变更文件编号

编号:JX030307013

数据元名称:设计变更文件编号

中文全拼: she-ji-bian-geng-wen-jian-bian-hao

定义:设计变更文件的批准文号。

数据元类型:字符型

数据格式:an..10

4.3.3.7.14 设计变更费用

编号:JX030307014

数据元名称:设计变更费用

中文全拼: she-ji-bian-geng-fei-yong

定义:因设计变更而发生的工程费用。

数据元类型:数字型

数据格式:n..12,4

计量单位:万元

备注:精确到0.0001万元

4.3.3.7.15 设计变更内容

编号:JX030307015

数据元名称:设计变更内容

中文全拼: she-ji-bian-geng-nei-rong

定义:设计变更中增加、减少或变化的工程项目。

数据元类型:字符型

数据格式:an..3000

4.3.3.7.16　总承包单位

编号:JX030307016

数据元名称:总承包单位

中文全拼:zong-cheng-bao-dan-wei

定义:受业主委托,按照合同约定对工程项目的勘察、设计、采购、施工、试运行(竣工验收)等实行全过程或若干阶段的承包的企业全称。

数据元类型:字符型

数据格式:an..100

4.3.3.7.17　总承包单位资质

编号:JX030307017

数据元名称:总承包单位资质

中文全拼:zong-cheng-bao-dan-wei-zi-zhi

定义:总承包单位资质等级。

数据元类型:字符型

数据格式:an..40

4.3.3.7.18　分包依据

编号:JX030307018

数据元名称:分包依据

中文全拼:fen-bao-yi-ju

定义:签署分包合同时所依据的法律、法规或相关批准文件等。

数据元类型:字符型

数据格式:an..512

4.3.3.7.19　分包批准单位

编号:JX030307019

数据元名称:分包批准单位

中文全拼:fen-bao-pi-zhun-dan-wei

定义:分包批准单位的全称。

数据元类型:字符型

数据格式:an..100

4.3.3.7.20　分包单位

编号:JX030307020

数据元名称:分包单位

中文全拼:fen-bao-dan-wei

定义:分包单位的全称。

数据元类型:字符型

数据格式:an..100

4.3.3.7.21　分包单位资质

编号:JX030307021

数据元名称:分包单位资质

中文全拼:fen-bao-dan-wei-zi-zhi

定义:分包单位资质等级。

数据元类型:字符型

数据格式:an..40

4.3.3.7.22 分包内容

编号:JX030307022

数据元名称:分包内容

中文全拼:fen-bao-nei-rong

定义:分包具体项目的名称。

数据元类型:字符型

数据格式:an..300

4.3.3.7.23 厂家类型代码

编号:JX030307023

数据元名称:厂家类型代码

中文全拼:chang-jia-lei-xing-dai-ma

定义:为工程供应材料、设备、构配件等供应商类型。

数据元类型:数字型

数据格式:n1

值域:1-建筑材料;2-建筑设备;3-建筑构配件

4.3.3.7.24 厂家名称

编号:JX030307024

数据元名称:厂家名称

中文全拼:chang-jia-ming-cheng

定义:工程中材料、设备、构配件等供应商全称。

数据元类型:字符型

数据格式:an..100

4.3.3.7.25 生产标准

编号:JX030307025

数据元名称:生产标准

中文全拼:sheng-chan-biao-zhun

定义:工程中材料、设备、构配件等在生产、制造、装配、调试过程中应遵守的国家、行业或地方标准。

数据元类型:字符型

数据格式:an..300

4.3.3.7.26 产品规格

编号:JX030307026

数据元名称:产品规格

中文全拼:chan-pin-gui-ge

定义:产品合格证上的标注的产品主要尺寸。

数据元类型:字符型

数据格式:an..40

4.3.3.7.27 产品型号

编号:JX030307027

数据元名称:产品型号

中文全拼:chan-pin-xing-hao

定义:产品合格证上标注的用来识别物品的编号。

数据元类型:字符型

数据格式:an..40

4.3.3.7.28 材料报验申请编号

编号:JX030307028

数据元名称:材料报验申请编号

中文全拼:cai-liao-bao-yan-shen-qing-bian-hao

定义:材料报验申请上的文件编号。

数据元类型:字符型

数据格式:an..30

4.3.3.7.29 材料报验申请批准单位

编号:JX030307029

数据元名称:材料报验申请批准单位

中文全拼:cai-liao-bao-yan-shen-qing-pi-zhun-dan-wei

定义:批准在工程上使用某种材料的单位全称。

数据元类型:字符型

数据格式:an..100

4.3.3.7.30 合同工程开工令签署日期

编号:JX030307030

数据元名称:合同工程开工令签署日期

中文全拼:he-tong-gong-cheng-kai-gong-ling-qian-shu-ri-qi

定义:开工令的签署日期。

数据元类型:日期型

数据格式:YYYYMMDD

4.3.3.7.31 主要材料抽检总组数

编号:JX030307031

数据元名称:主要材料抽检总组数

中文全拼:zhu-yao-cai-liao-chou-jian-zong-zu-shu

定义:对施工单位申报的原材料、混合料进行试验的总组数。

数据元类型:数字型

数据格式:n..6

计量单位:组

4.3.3.7.32 主要材料抽检合格率

编号:JX030307032

数据元名称:主要材料抽检合格率

中文全拼:zhu-yao-cai-liao-chou-jian-he-ge-lv

定义:对施工单位申报的原材料、混合料试验的合格率。

数据元类型:数字型

数据格式:n..4,2

计量单位:%

4.3.3.7.33 工程实体质量抽检总组数

编号:JX030307033

数据元名称:工程实体质量抽检总组数

中文全拼:gong-cheng-shi-ti-zhi-liang-chou-jian-zong-zu-shu

定义:对工程实体质量的抽检总组数。

数据元类型:数字型

数据格式:n..6

计量单位:组

4.3.3.7.34　工程实体质量抽检合格率

编号:JX030307034

数据元名称:工程实体质量抽检合格率

中文全拼:gong-cheng-shi-ti-zhi-liang-chou-jian-he-ge-lv

定义:对工程实体质量的抽检合格率。

数据元类型:数字型

数据格式:n..4,2

计量单位:%

4.3.3.7.35　质量问题处理情况

编号:JX030307035

数据元名称:质量问题处理情况

中文全拼:zhi-liang-wen-ti-chu-li-qing-kuang

定义:质量事故应设立专门的台账,记录质量事故发生、处理和返工验收的过程和结果。

数据元类型:字符型

数据格式:an..3000

4.3.3.7.36　安全问题处理情况

编号:JX030307036

数据元名称:安全问题处理情况

中文全拼:an-quan-wen-ti-chu-li-qing-kuang

定义:安全事故应设立专门的台账,记录安全事故发生、处理和返工验收的过程和结果。

数据元类型:字符型

数据格式:an..3000

4.3.3.7.37　合同段质量评定结果

编号:JX030307037

数据元名称:合同段质量评定结果

中文全拼:he-tong-duan-zhi-liang-ping-ding-jie-guo

定义:监理单位对合同段进行质量评定的结果。

数据元类型:字符型

数据格式:an..1024

4.3.3.7.38　交工验收申请审批日期

编号:JX030307038

数据元名称:交工验收申请审批日期

中文全拼:jiao-gong-yan-shou-shen-pi-ri-qi

定义:根据检查结果,审批交工验收申请的日期。

数据元类型:日期型

数据格式:YYYYMMDD

4.3.3.7.39　缺陷责任终止证书签署日期

编号:JX030307039

数据元名称:缺陷责任终止证书签署日期

中文全拼:que-xian-ze-ren-zhong-zhi-zheng-shu-qian-shu-ri-qi

定义:缺陷责任终止证书签署日期。

数据元类型:日期型

数据格式:YYYYMMDD

4.3.3.7.40 最后支付证书签署日期

编号:JX030307040

数据元名称:最后支付证书签署日期

中文全拼:zui-hou-zhi-fu-zheng-shu-qian-shu-ri-qi

定义:最后支付证书签署日期。

数据元类型:日期型

数据格式:YYYYMMDD

4.3.3.7.41 室内试验总数

编号:JX030307041

数据元名称:室内试验总数

中文全拼:shi-nei-shi-yan-zong-shu

定义:在试验室内完成主要操作的试验项目数量。

数据元类型:数字型

数据格式:n..8

4.3.3.7.42 现场检测总数

编号:JX030307042

数据元名称:现场检测总数

中文全拼:xian-chang-jian-ce-zong-shu

定义:在施工现场完成主要操作的检测项目数量。

数据元类型:数字型

数据格式:n..8

4.3.3.7.43 标段自检质量评定结果

编号:JX030307043

数据元名称:标段自检质量评定结果

中文全拼:biao-duan-zi-jian-zhi-liang-ping-ding-jie-guo

定义:交工验收前施工单位自检质量评定结果。

数据元类型:字符型

数据格式:an..1000

4.3.3.7.44 质量事故类别

编号:JX030307044

数据元名称:质量事故类别

中文全拼:zhi-liang-shi-gu-lei-bie

定义:工程质量事故,系指由于勘测、设计、施工、监理、试验检测等责任过失而使工程在下述时限内遭受损毁或产生不可弥补的本质缺陷,因构造物倒塌造成人身伤亡或财产损失以及需加固、补强、返工处理的事故。

数据元类型:数字型

数据格式:n1

值域:1-质量问题;2-一般质量事故;3-重大质量事故

4.3.3.7.45 质量事故概况

编号:JX030307045

数据元名称:质量事故概况

中文全拼:zhi-liang-shi-gu-gai-kuang

定义:质量事故情况的总体描述,如时间、地点、损失情况等。

数据元类型:字符型

数据格式:an..1024

4.3.3.7.46 质量事故报告时限

编号:JX030307046

数据元名称:质量事故报告时限

中文全拼:zhi-liang-shi-gu-bao-gao-shi-xian

定义:质量事故发生后,事故发生单位在本时限内将事故的简要情况同时向建设单位、监理单位、质量监督站报告。

数据元类型:数字型

数据格式:n1

值域:1-2 天内;2-3 天内;3-2 小时内速报并在 12 小时内报出《公路工程重大质量事故快报》

4.3.3.7.47 质量事故处理

编号:JX030307047

数据元名称:质量事故处理

中文全拼:zhi-liang-shi-gu-chu-li

定义:质量事故最终处理结果和责任认定结果。

数据元类型:字符型

数据格式:an..1000

4.3.3.7.48 安全事故等级

编号:JX030307048

数据元名称:安全事故等级

中文全拼:an-quan-shi-gu-deng-ji

定义:根据生产安全事故(以下简称事故)造成的人员伤亡或者直接经济损失进行划分的标准。

数据元类型:数字型

数据格式:n1

值域:1-一般事故;2-较大事故;3-重大事故;4-特大事故

4.3.3.7.49 安全事故概况

编号:JX030307049

数据元名称:安全事故概况

中文全拼:an-quan-shi-gu-gai-kuang

定义:安全事故情况的总体描述,如时间、地点、损失情况等。

数据元类型:字符型

数据格式:an..1000

4.3.3.7.50 安全事故上报单位

编号:JX030307050

数据元名称:安全事故上报单位

中文全拼:an-quan-shi-gu-shang-bao-dan-wei

定义:按相关规定应有责任上报安全事故情况的单位全称。

数据元类型:字符型

数据格式:an..40

4.3.3.7.51　安全事故报告时限

编号:JX030307051

数据元名称:安全事故报告时限

中文全拼:an-quan-shi-gu-bao-gao-shi-xian

定义:安全事故发生后,事故发生单位在本时限内将事故的简要情况同时向建设单位、监理单位、质量监督站报告。

数据元类型:数字型

数据格式:n3

计量单位:小时(h)

4.3.3.7.52　安全事故报告文号

编号:JX030307052

数据元名称:安全事故报告文号

中文全拼:an-quan-shi-gu-bao-gao-wen-hao

定义:安全事故报告的文件编号。

数据元类型:字符型

数据格式:an..40

4.3.3.7.53　安全事故报告编制单位

编号:JX030307053

数据元名称:安全事故报告编制单位

中文全拼:an-quan-shi-gu-bao-gao-bian-zhi-dan-wei

定义:安全事故报告文件的编写单位。

数据元类型:字符型

数据格式:an..100

4.3.3.8　项目交、竣工阶段

4.3.3.8.1　交工验收合同段

编号:JX030308001

数据元名称:交工验收合同段

中文全拼:jiao-gong-yan-shou-he-tong-duan

定义:按规定程序通过交工验收的合同段全称。

数据元类型:字符型

数据格式:an..10

4.3.3.8.2　交工验收日期

编号:JX030308002

数据元名称:交工验收日期

中文全拼:jiao-gong-yan-shou-ri-qi

定义:合同段通过交工验收的日期。

数据元类型:日期型

数据格式:YYYYMMDD

4.3.3.8.3　交工验收工程质量评定结果

编号:JX030308003

数据元名称:交工验收工程质量评定结果

中文全拼:jiao-gong-yan-shou-gong-cheng-zhi-liang-ping-ding-jie-guo

定义:通过交工验收后,由监理单位和建设单位对合同段进行工程质量评定的结果。

数据元类型:数字型

数据格式:n..4,2

4.3.3.8.4 交工验收结论

编号:JX030308004

数据元名称:交工验收结论

中文全拼:jiao-gong-yan-shou-jie-lun

定义:通过交工验收后,由质量监督部门得出的合同段或项目的交工验收结论。

数据元类型:字符型

数据格式:an..1000

4.3.3.8.5 存在问题

编号:JX030308005

数据元名称:存在问题

中文全拼:cun-zai-wen-ti

定义:验收中发现的问题。

数据元类型:字符型

数据格式:an..1000

4.3.3.8.6 竣工验收组织单位

编号:JX030308006

数据元名称:竣工验收组织单位

中文全拼:jun-gong-yan-shou-zu-zhi-dan-wei

定义:组织建设工程竣工验收的单位全称。

数据元类型:字符型

数据格式:an..100

4.3.3.8.7 竣工验收参加单位

编号:JX030308007

数据元名称:竣工验收参加单位

中文全拼:jun-gong-yan-shou-can-jia-dan-wei

定义:建设工程竣工验收参加单位的全称。

数据元类型:字符型

数据格式:an..100

4.3.3.8.8 竣工验收日期

编号:JX030308008

数据元名称:竣工验收日期

中文全拼:jun-gong-yan-shou-ri-qi

定义:竣工验收委员会确定的竣工验收日期。

数据元类型:日期型

数据格式:YYYYMMDD

4.3.3.8.9 竣工验收工程质量评分

编号:JX030308009

数据元名称:竣工验收工程质量评分

中文全拼:jun-gong-yan-shou-gong-cheng-zhi-liang-ping-fen

定义:相关单位根据有关规定经计算确定的质量得分。

数据元类型:数字型

数据格式:n1

值域:1-交工验收工程质量得分;2-质量监督机构工程质量鉴定得分;3-竣工验收委员会对工程质量评定得分

4.3.3.8.10 竣工验收工程质量鉴定等级

编号:JX030308010

数据元名称:竣工验收工程质量鉴定等级

中文全拼:jun-gong-yan-shou- gong-cheng-zhi-liang-jian-ding-deng-ji

定义:由质量监督机构根据有关规定得出的质量等级。

数据元类型:数字型

数据格式:n1

值域:1-优良;2-合格;3-不合格

4.3.3.8.11 质量鉴定结果

编号:JX030308011

数据元名称:质量鉴定结果

中文全拼:zhi-liang-jian-ding-jie-guo

定义:质量监督机构做出的鉴定结果。

数据元类型:字符型

数据格式:an..1000

4.3.3.8.12 对建设单位的评价

编号:JX030308012

数据元名称:对建设单位的评价

中文全拼:dui-jian-she-dan-wei-de-ping-jia

定义:项目建设管理综合评价表中的审定意见。

数据元类型:数字型

数据格式:n1

值域:1-好;2-中;3-差

4.3.3.8.13 对设计单位的评价

编号:JX030308013

数据元名称:对设计单位的评价

中文全拼:dui-she-ji-dan-wei-de-ping-jia

定义:设计工作综合评定表的审定意见。

数据元类型:数字型

数据格式:n1

值域:1-好;2-中;3-差

4.3.3.8.14 对施工单位的评价

编号:JX030308014

数据元名称:对施工单位的评价

中文全拼:dui-shi-gong-dan-wei-de-ping-jia

定义:施工管理工作综合评定表的审定意见。

数据元类型:数字型

数据格式:n1

值域:1-好;2-中;3-差

4.3.3.8.15 对监理单位的评价

编号:JX030308015

数据元名称:对监理单位的评价

中文全拼:dui-jian-li-dan-wei-de-ping-jia

定义:监理工作综合评定表的审定意见。

数据元类型:数字型

数据格式:n1

值域:1-好;2-中;3-差

4.3.3.8.16 竣工验收建设项目综合评分

编号:JX030308016

数据元名称:竣工验收建设项目综合评分

中文全拼:jun-gong-yan-shou-jian-she-xiang-mu-zong-he-ping-fen

定义:竣工验收建设项目综合评定表中加权平均分。

数据元类型:数字型

数据格式:n..4,2

4.3.3.8.17 竣工验收建设项目综合等级

编号:JX030308017

数据元名称:竣工验收建设项目综合等级

中文全拼:jun-gong-yan-shou-jian-she-xiang-mu-zong-he-deng-ji

定义:竣工验收建设项目综合评定表中的等级。

数据元类型:数字型

数据格式:n1

值域:1-优良;2-合格;3-不合格

4.3.3.8.18 截流前验收日期

编号:JX030308018

数据元名称:截流前验收日期

中文全拼:jie-liu-qian-yan-shou-ri-qi

定义:航运枢纽工程建设进入截流阶段前进行的验收日期。

数据元类型:日期型

数据格式:YYYYMMDD

4.3.3.8.19 水库蓄水前验收日期

编号:JX030308019

数据元名称:水库蓄水前验收日期

中文全拼:shui-ku-xu-shui-qian-yan-shou-ri-qi

定义:航运枢纽工程建设进入水库蓄水阶段前进行的验收日期。

数据元类型:日期型

数据格式:YYYYMMDD

4.3.3.8.20 通航前验收日期

编号:JX030308020

数据元名称:通航前验收日期

中文全拼:tong-hang-qian-yan-shou-ri-qi

定义:航运枢纽工程建设进入通航阶段前进行的验收日期。

数据元类型:日期型

数据格式:YYYYMMDD

4.3.3.8.21　机组启动前验收日期

编号:JX030308021

数据元名称:机组启动前验收日期

中文全拼:ji-zu-qi-dong-qian-yan-shou-ri-qi

定义:航运枢纽工程建设进入机组启动阶段前进行的验收日期。

数据元类型:日期型

数据格式:YYYYMMDD

4.3.3.8.22　初步验收日期

编号:JX030308022

数据元名称:初步验收日期

中文全拼:chu-bu-yan-shou-ri-qi

定义:工程初步验收的日期。港口工程由该港口所在地港口行政管理部门组织相关部门进行初步验收,主要检查申请验收的工程是否具备竣工验收的条件,检查港口工程实体,提出港口工程初步验收意见;对航运枢纽工程以及技术复杂的其他航道工程,交通运输部负责竣工验收的,由省级交通主管部门、长江航务管理局或长江口航道管理局负责组织初步验收,省级交通主管部门负责竣工验收的,由省级交通主管部门确定初步验收单位。

数据元类型:日期型

数据格式:YYYYMMDD

4.3.3.8.23　试运行开始日期

编号:JX030308023

数据元名称:试运行开始日期

中文全拼:shi-yun-xing-kai-shi-ri-qi

定义:主体工程交工验收合格后,至竣工验收之前,检验工程效果和运行能力的开始日期,通常由主体工程最后一个单位工程交工验收合格之日起算。

数据元类型:日期型

数据格式:YYYYMMDD

4.3.3.8.24　竣工验收鉴定书签署日期

编号:JX030308024

数据元名称:竣工验收鉴定书签署日期

中文全拼:jun-gong-yan-shou-jian-ding-shu-qian-shu-ri-qi

定义:工程竣工验收合格的,竣工验收部门签署工程竣工验收鉴定书的日期。

数据元类型:日期型

数据格式:YYYYMMDD

4.3.3.8.25　竣工验收证书颁发日期

编号:JX030308025

数据元名称:竣工验收证书颁发日期

中文全拼:jun-gong-yan-shou-zheng-shu-ban-fa-ri-qi

定义:竣工验收部门颁发工程竣工验收鉴定书的日期。

数据元类型:日期型

数据格式:YYYYMMDD

4.3.3.9　项目后评价

4.3.3.9.1 项目后评价报告编制单位

编号:JX030309001

数据元名称:项目后评价报告编制单位

中文全拼:xiang-mu-hou-ping-jia-bao-gao-bian-zhi-dan-wei

定义:建设项目后评价报告的编制单位。

数据元类型:字符型

数据格式:an..100

4.3.3.9.2 项目后评价报告编号

编号:JX030309002

数据元名称:项目后评价报告编号

中文全拼:xiang-mu-hou-ping-jia-bao-gao-bian-hao

定义:建设项目后评价报告的文件编号。

数据元类型:字符型

数据格式:an..50

4.3.3.9.3 项目后评价结论

编号:JX030309003

数据元名称:项目后评价结论

中文全拼:xiang-mu-hou-ping-jia-jie-lun

定义:建设项目后评价报告中的结论。

数据元类型:字符型

数据格式:an..1024

4.4 项目相关单位信息

4.4.1 单位基本信息

4.4.1.1 单位名称

编号:JX040100001

数据元名称:单位名称

中文全拼:dan-wei-ming-cheng

定义:单位营业执照上的单位全称。

数据元类型:字符型

数据格式:an..100

4.4.1.2 单位网址

编号:JX040100002

数据元名称:单位网址

中文全拼:dan-wei-wang-zhi

定义:单位因特网上的网址。

数据元类型:字符型

数据格式:an..60

4.4.1.3 单位住址

编号:JX040100003

数据元名称:单位住址

中文全拼:dan-wei-zhu-zhi

定义:单位营业执照上的单位住址。

数据元类型:字符型

数据格式:an..60

4.4.1.4 单位通信地址

编号:JX040100004

数据元名称:单位通信地址

中文全拼:dan-wei-tong-xin-di-zhi

定义:单位营业执照上的单位通信地址。

数据元类型:字符型

数据格式:an..60

4.4.1.5 单位邮政编码

编号:JX040100005

数据元名称:单位邮政编码

中文全拼:dan-wei-you-zheng-bian-ma

定义:单位营业执照上的单位邮政编码。

数据元类型:数字型

数据格式:n6

4.4.1.6 单位法人代表

编号:JX040100006

数据元名称:单位法人代表

中文全拼:dan-wei-fa-ren-dai-biao

定义:单位营业执照上的单位法人代表。

数据元类型:字符型

数据格式:an..10

4.4.1.7 单位法人代码

编号:JX040100007

数据元名称:单位法人代码

中文全拼:dan-wei-fa-ren-dai-ma

定义:单位营业执照上的单位法人代码。

数据元类型:数字型

数据格式:n20

4.4.1.8 单位联系人

编号:JX040100008

数据元名称:单位联系人

中文全拼:dan-wei-lian-xi-ren

定义:单位联系人。

数据元类型:字符型

数据格式:an..10

4.4.1.9 单位联系电话

编号:JX040100009

数据元名称:单位联系电话

中文全拼:dan-wei-lian-xi-dian-hua

定义:单位联系电话。

数据元类型:数字型

数据格式:n20

4.4.1.10 单位传真号码

编号:JX040100010

数据元名称:单位传真号码

中文全拼:dan-wei-chuan-zhen-hao-ma

定义:单位传真号码。

数据元类型:数字型

数据格式:n20

4.4.1.11 单位电子邮箱

编号:JX040100011

数据元名称:单位电子邮箱

中文全拼:dan-wei-dian-zi-you-xiang

定义:单位电子邮箱。

数据元类型:字符型

数据格式:an..60

4.4.2 质量责任登记信息

4.4.2.1 质量目标

编号:JX040200001

数据元名称:质量目标

中文全拼:zhi-liang-mu-biao

定义:在工程开始前计划达到的质量标准和要求。

数据元类型:字符型

数据格式:an..1024

4.4.2.2 单位类型

编号:JX040200002

数据元名称:单位类型

中文全拼:dan-wei-lei-xing

定义:根据公路建设参建单位所从事的具体工作而进行的分类。

数据元类型:数字型

数据格式:n1

值域:1-勘察单位;2-设计单位;3-施工单位;4-监理单位;5-试验检测单位;6-专业分包单位

4.4.2.3 资质等级

编号:JX040200003

数据元名称:资质等级

中文全拼:zi-zhi-deng-ji

定义:国家建设主管部门对从事建设活动的合法企业和单位,按照其拥有的注册资本、专业技术人员、技术装备和已完成的工程业绩等条件,经审查合格后,划分的不同等级。

数据元类型:字符型

数据格式:an..100

4.4.2.4 岗位名称

编号:JX040200004

数据元名称:岗位名称

中文全拼:gang-wei-ming-cheng

定义:参加建设人员所从事的具体工作的名称。

数据元类型:字符型

数据格式:an..60

4.4.2.5 在岗时间

编号:JX040200005

数据元名称:在岗时间

中文全拼:zai-gang-shi-jian

定义:从事某一岗位的年限。

数据元类型:数字型

数据格式:n2

计量单位:年

4.4.2.6 身份证号

编号:JX040200006

数据元名称:身份证号

中文全拼:shen-fen-zheng-hao

定义:身份证号。

数据元类型:数字型

数据格式:n18

4.4.2.7 职称

编号:JX040200007

数据元名称:职称

中文全拼:zhi-cheng

定义:通过社会评审、考试或企业内部评审而取得的反映其专业水平和能力的等级称号。

数据元类型:数字型

数据格式:n1

值域:1-正高级(教授级);2-高级;3-中级;4-初级

4.4.2.8 执业资格

编号:JX040200008

数据元名称:执业资格

中文全拼:zhi-ye-zi-ge

定义:通过考试而取得的从事某一专业工作的资格。

数据元类型:字符型

数据格式:an..60

4.4.2.9 证书编号

编号:JX040200009

数据元名称:证书编号

中文全拼:zheng-shu-bian-hao

定义:所取得证书的号码。

数据元类型:字符型

数据格式:an..60

4.4.2.10 初审意见

编号:JX040200010

数据元名称:初审意见

中文全拼:chu-shen-yi-jian

定义:初审后的结果。

数据元类型:字符型

数据格式:an..60

4.4.2.11　审核意见

编号:JX040200011

数据元名称:审核意见

中文全拼:shen-he-yi-jian

定义:审核后的结果。

数据元类型:字符型

数据格式:an..60

4.4.2.12　总包单位确认意见

编号:JX040200012

数据元名称:总包单位确认意见

中文全拼:zong-bao-dan-wei-que-ren-yi-jian

定义:总包单位对审核结果的确认意见。

数据元类型:字符型

数据格式:an..60

4.4.3　单位业绩信息

4.4.3.1　已建项目

编号:JX040300001

数据元名称:已建项目

中文全拼:yi-jian-xiang-mu

定义:已完工的参建项目名称。

数据元类型:字符型

数据格式:an..100

4.4.3.2　项目内容

编号:JX040300002

数据元名称:项目内容

中文全拼:xiang-mu-nei-rong

定义:项目的具体参建内容。

数据元类型:字符型

数据格式:an..1000

4.4.3.3　获奖名称

编号:JX040300003

数据元名称:获奖名称

中文全拼: huo-jiang-ming-cheng

定义:所获奖项的名称。

数据元类型:字符型

数据格式:an..300

4.4.3.4　获奖等级

编号:JX040300004

数据元名称:获奖等级

中文全拼:huo-jiang-deng-ji

定义:工程获奖的等级。

数据元类型:数字型

数据格式:n1

值域:1-国家级;2-省部级;3-地区级;9-其他

4.4.3.5　获奖排名

编号:JX040300005

数据元名称:获奖排名

中文全拼:huo-jiang-pai-ming

定义:获奖排名。

数据元类型:字符型

数据格式:an..60

4.4.3.6　获奖日期

编号: JX040300006

数据元名称:获奖日期

中文全拼:huo-jiang-ri-qi

定义:获奖日期。

数据元类型:日期型

数据格式:YYYYMMDD

4.4.3.7　获奖证书颁发日期

编号: JX040300007

数据元名称:获奖证书颁发日期

中文全拼:huo-jiang-zheng-shu-ban-fa-ri-qi

定义:获奖证书的颁发日期。

数据元类型:日期型

数据格式:YYYYMMDD

4.4.4　单位相关人员信息

4.4.4.1　法人代表

编号:JX040400001

数据元名称:法人代表

中文全拼:fa-ren-dai-biao

定义:法人代表的姓名。

数据元类型:字符型

数据格式:an..10

4.4.4.2　董事长

编号: JX040400002

数据元名称:董事长

中文全拼:dong-shi-zhang

定义:董事长的姓名。

数据元类型:字符型

数据格式:an..10

4.4.4.3　董事

编号:JX040400003

数据元名称:董事

中文全拼:dong-shi

定义:各位董事的姓名。

数据元类型:字符型

数据格式:an..10

4.4.4.4 总经理

编号:JX040400004

数据元名称:总经理

中文全拼:zong-jing-li

定义:总经理姓名。

数据元类型:字符型

数据格式:an..10

4.4.4.5 副总经理

编号:JX040400005

数据元名称:副总经理

中文全拼:fu-zong-jing-li

定义:副总经理的姓名。

数据元类型:字符型

数据格式:an..10

4.4.4.6 经理

编号:JX040400006

数据元名称:经理

中文全拼:jing-li

定义:经理的姓名。

数据元类型:字符型

数据格式:an..10

4.4.4.7 副经理

编号:JX040400007

数据元名称:副经理

中文全拼:fu-jing-li

定义:副经理姓名。

数据元类型:字符型

数据格式:an..10

4.4.4.8 总工

编号:JX040400008

数据元名称:总工

中文全拼:zong-gong

定义:总工姓名。

数据元类型:字符型

数据格式:an..10

4.4.4.9 副总工

编号:JX040400009

数据元名称:副总工

中文全拼:fu-zong-gong

定义:副总工姓名。

数据元类型:字符型

数据格式:an..10

4.4.4.10 行政负责人

编号: JX040400010

数据元名称:行政负责人

中文全拼:xing-zheng-fu-ze-ren

定义:行政负责人姓名。

数据元类型:字符型

数据格式:an..10

4.4.5 企业信用信息

4.4.5.1 评价主体

编号:JX040500001

数据元名称:评价主体

中文全拼:ping-jia-zhu-ti

定义:根据有关资料对企业进行信用评价的单位名称。

数据元类型:字符型

数据格式:an..100

4.4.5.2 被评企业类型

编号:JX040500002

数据元名称:被评企业类型

中文全拼:bei-ping-qi-ye-lei-xing

定义:被纳入进行信用评价的企业类型。

数据元类型:数字型

数据格式:n1

值域:1-施工企业;2-勘查设计企业;3-监理企业;9-其他企业

4.4.5.3 信用等级

编号:JX040500003

数据元名称:信用等级

中文全拼:xin-yong-deng-ji

定义:依据对企业完成项目以后进行的有关信用的总体评价而划分的等级。

数据元类型:数字型

数据格式:n1

值域:1-AA;2-A;3-B;4-C;5-D

4.4.5.4 行为记录

编号: JX040500004

数据元名称:行为记录

中文全拼:xing-wei-ji-lu

定义:对企业在参加建设的过程中有关行为的记录。

数据元类型:数字型

数据格式:n1

值域:1-良好记录;2-严重不良记录;3-一般不良记录

4.4.5.5　缺陷责任评价

编号:JX040500005

数据元名称:缺陷责任评价

中文全拼:que-xian-ze-ren-ping-jia

定义:对施工企业在缺陷责任期内工作的评价。

数据元类型:字符型

数据格式:an..5000

4.4.5.6　竣工验收评价

编号:JX040500006

数据元名称:竣工验收评价

中文全拼:jun-gong-yan-shou-ping-jia

定义:竣工验收时评分与评价结果。

数据元类型:字符型

数据格式:an..5000

4.4.5.7　工程保修评价

编号:JX040500007

数据元名称:工程保修评价

中文全拼:gong-cheng-bao-xiu-ping-jia

定义:对施工企业保修工作的评价。

数据元类型:字符型

数据格式:an..5000

5　建设项目信息基础数据元值域代码集

5.1　建设项目信息基础数据元值域引用代码

交通建设信息基础数据元值域引用代码,见表2。

表2　交通建设信息基础数据元值域引用代码

序　号	名　称	代码标识	引用标准
1	水系代码	DM_SXDM	JT/T 697.4—2007 的表 2
2	公路行政等级代码	DM_GLXZDJDM	GB/T 919—2002 的表 1
3	公路技术等级代码	DM_GLJSDJDM	JT/T 132—2003 的表 4
4	码头用途代码	DM_ MTYTDM	JT/T697.3—2007 的表 10
5	内河航道技术等级代码	DM_NHHDJSDJDM	GB 50139—2004 的表 3.0.1
6	航标配布类别代码	DM_HBPBLBDM	JT/T 697.4—2007 的表 7
7	船闸级别代码	DM_CZJBDM	JT/T 697.4—2007 的表 14
8	升船机使用型式代码	DM_SCJSYXSDM	JT/T 697.4—2007 的表 15

5.2　建设类别代码

代码标识为:DM_JSLBDM,代码见表3。

表3　建设类别代码

代　码	名　称	代　码	名　称	代　码	名　称
1	公路工程	4	港口工程	7	航运枢纽及通航建筑物工程
2	独立桥梁工程	5	航道工程	9	其他
3	独立隧道工程	6	航标工程		

5.3　建设性质代码

代码标识为:DM_JSXZDM,代码见表4。

表 4　建设性质代码

代　码	名　称	代　码	名　称	代　码	名　称
1	新建	3	扩建	9	其他
2	改建	4	迁建		

5.4　道路类型代码

代码标识为:DM_DLLXDM,代码见表 5。

表 5　道路类型代码

代　码	名　称	代　码	名　称	代　码	名　称
1	公路	3	林区道路	5	乡村道路
2	城市道路	4	厂矿道路	9	其他

5.5　桥涵分类代码

代码标识为:DM_QHFLDM,代码见表 6。

表 6　桥涵分类代码

代　码	名　称	代　码	名　称	代　码	名　称
1	特大桥	3	中桥	5	涵洞
2	大桥	4	小桥	6	其他

5.6　交叉分类代码

代码标识为:DM_JCFLDM,代码见表 7。

表 7　交叉分类代码

代　码	名　称	代　码	名　称
1	互通式立体交叉	4	平面交叉
2	分离式立体交叉	9	其他

5.7　码头结构类型代码

代码标识为:DM_MTJGLXDM,代码见表 8。

表 8　码头结构类型代码

代　码	名　称	代　码	名　称	代　码	名　称
10	重力式码头	30	高桩码头	50	管桩码头
20	板桩码头	40	墩柱式码头	90	其他

5.8　航道整治建筑物结构型式代码

代码标识为:DM_HDZZJZWJGXSDM,代码见表 9。

表 9　航道整治建筑物结构型式代码

代　码	名　称	代　码	名　称	代　码	名　称
1	丁坝	3	锁坝	9	其他
2	顺坝	4	潜坝		

5.9　主要材料类型代码

代码标识为:DM_ZYCLLXDM,代码见表 10。

表 10　主要材料类型代码

代　码	名　称	代　码	名　称	代　码	名　称
1	土石方材料	3	沥青混合料	5	钢筋
2	无机结合料稳定材料	4	水泥混凝土	9	其他

参考文献

[1] GB 11708　公路桥梁命名编号和编码规则.
[2] JT/T 697.2—2007　交通信息基础数据元 第2部分:公路信息基础数据元.
[3] JT/T 697.3—2007　交通信息基础数据元 第3部分:港口信息基础数据元.
[4] 交通部行业标准 JTG B06—2007　公路工程基本建设项目概算预算编制办法.
[5] 交通部交水发[2004]247号　沿海港口建设工程概算预算编制规定.
[6] 交通部交基发[1998]112号　内河航运建设工程概算预算编制办法.

ICS 35.240.180
R 07
备案号:

JT

中华人民共和国交通行业标准

JT/T 697.10—2009

交通信息基础数据元
第10部分:交通统计信息基础数据元

Basic data element of transportation information
Part 10: Basic data element of transportation statistic information

2009-02-18 发布　　2009-06-01 实施

中华人民共和国交通运输部　发布

目　次

前　　言

JT/T 697《交通信息基础数据元》分为 13 部分：

——第 1 部分：总则；

——第 2 部分：公路信息基础数据元；

——第 3 部分：港口信息基础数据元；

——第 4 部分：航道信息基础数据元；

——第 5 部分：船舶信息基础数据元；

——第 6 部分：船员信息基础数据元；

——第 7 部分：道路运输信息基础数据元；

——第 8 部分：水路运输信息基础数据元；

——第 9 部分：建设项目信息基础数据元；

——第 10 部分：交通统计信息基础数据元；

——第 11 部分：船舶检验信息基础数据元；

——第 12 部分：船载客货信息基础数据元；

——第 13 部分：收费公路信息基础数据元。

本部分为 JT/T 697 的第 10 部分。

本部分由交通部科技教育司提出。

本部分由交通部信息通信及导航标准化技术委员会归口。

本部分主要起草单位：交通部科学研究院、中交水运规划设计院有限公司。

本部分主要起草人：黄莉莉、张翼、刘方、骆艳文、赵源、张若旗、刘宝云、唐菁等。

交通信息基础数据元
第10部分:交通统计信息基础数据元

1 范围

本部分规定了交通统计信息基础数据元编制原则和分类、交通统计信息基础数据元及数据元值域代码集。

本部分适用于交通行业建立交通统计数据库以及交通统计信息系统、电子数据交换等的规范设计与开发应用。交通行业其他管理系统应用开发涉及的交通统计信息基础数据元也可参照。

2 规范性引用文件

下列文件中的条款通过在本部分中引用而成为本部分的条款。凡是注日期的引用文件,其随后所有的修订单(不包括勘误的内容)或修订版均不适用于本准则,然而,鼓励根据本部分达成协议的各方研究是否可使用这些文件的最新版本。凡是不注日期的引用文件,其最新版本适用于本部分。

GB/T 920—2002 公路路面等级与面层类型代码

GB/T 2261.1—2003 个人基本信息分类与代码 第1部分:人的性别代码

GB/T 2659—2000 世界各国和地区名称代码

GB/T 4658—2006 学历代码

GB/T 6512—1998 运输方式代码

GB/T 6864—2003 中华人民共和国学位代码

GB/T 8561—2001 专业技术职务代码

GA 16.3—2003 道路交通事故信息代码

JT/T 19—2001 运输货物分类和代码

JT/T 415—2006 道路运输电子政务平台编目编码规则

JT/T 697.1 交通信息基础数据元 第1部分:总则

JT/T 697.2—2007 交通信息基础数据元 第2部分:公路信息基础数据元

JT/T 697.3—2007 交通信息基础数据元 第3部分:港口信息基础数据元

JT/T 697.4—2007 交通信息基础数据元 第4部分:航道信息基础数据元

JT/T 697.5—2007 交通信息基础数据元 第5部分:船舶信息基础数据元

JT/T 697.7—2007 交通信息基础数据元 第7部分:道路运输信息基础数据元

JT/T 697.8—2007 交通信息基础数据元 第8部分:水路运输信息基础数据元

JT/T 697.9—2009 交通信息基础数据元 第9部分:建设项目信息基础数据元

JT/T 697.13—2009 交通信息基础数据元 第13部分:收费公路信息基础数据元

3 数据元编制原则和分类

3.1 编制原则

交通统计信息基础数据元的分类方法、数据元编制规则、数据元值域引用代码编制规则应符合JT/T 697.1的规定。

统计数据元的属性除包括编号(分类编号)、数据元名称、中文全拼、版本、注册机构、定义、数据元类型、数据格式、值域、计量单位、备注等内容外,还包括"关系"属性,即某数据元与其他相关数据元之间关系的一种描述,包括派生关系、组成关系、替代关系和连用关系。连用关系描述了一个数据元与另外若干数据元一起使用的情况。

3.2 分类

3.2.1 根据 JT/T 697.1 的规定,交通统计代码为 TJ。

3.2.2 根据交通行业统计信息的内容和范围,交通统计信息基础数据元划分为八大类:交通基础设施、交通生产装备、交通运输生产、交通流和客货流调查、交通固定资产投资、交通安全与服务、交通科技和交通专用通信网统计。具体分类与分类编号见表 1。

表 1 交通统计信息基础数据元分类表

分类编号	名 称	章条	分类编号	名 称	章条
TJ01	**交通基础设施**	**4.1**	TJ010302	港口仓库堆场信息	4.1.3.2
TJ0101	公路基础设施	4.1.1	TJ010303	港口铁路专用线信息	4.1.3.3
TJ010101	公路里程信息	4.1.1.1	**TJ02**	**交通生产装备**	**4.2**
TJ010102	高速公路明细	4.1.1.2	TJ0201	公路运输装备	4.2.1
TJ010103	国、省、县道公路明细	4.1.1.3	TJ020101	公路旅客营运车辆拥有情况	4.2.1.1
TJ010104	乡、村、专用公路明细	4.1.1.4	TJ020102	公路货物营运车辆拥有情况	4.2.1.2
TJ010105	公路通达情况	4.1.1.5	TJ0202	水路运输装备	4.2.2
TJ010106	高速公路服务信息	4.1.1.6	TJ020201	水路运输工具拥有情况	4.2.2.1
TJ010107	公路桥梁信息	4.1.1.7	TJ020202	运输船舶信息	4.2.2.2
TJ010108	公路桥梁明细	4.1.1.8	TJ0203	港口装备	4.2.3
TJ010109	公路隧道信息	4.1.1.9	TJ020301	港务船舶信息	4.2.3.1
TJ010110	公路隧道明细	4.1.1.10	TJ020302	机车车辆信息	4.2.3.2
TJ010111	公路渡口信息	4.1.1.11	TJ020303	装卸机械信息	4.2.3.3
TJ010112	公路水毁情况	4.1.1.12	TJ0204	救捞系统船舶及飞机	4.2.4
TJ010113	公路标志标线情况	4.1.1.13	TJ020401	救捞系统船舶信息	4.2.4.1
TJ010114	普通公路技术状况	4.1.1.14	TJ020402	救捞系统救助飞机信息	4.2.4.2
TJ010115	高速公路技术状况	4.1.1.15	**TJ03**	**交通运输生产**	**4.3**
TJ010116	道路客货运站信息	4.1.1.16	TJ0301	公路运输生产	4.3.1
TJ010117	公路养护情况	4.1.1.17	TJ030101	全社会公路客货运输量信息	4.3.1.1
TJ010118	公路管养机构及职工情况	4.1.1.18	TJ030102	全社会公路集装箱运输量信息	4.3.1.2
TJ010119	公路应急储备物资及机具信息	4.1.1.19	TJ030103	营业性汽车运输效率和燃料消耗信息	4.3.1.3
TJ0102	水路基础设施	4.1.2	TJ030104	道路客运站调查信息	4.3.1.4
TJ010201	内河航道通航信息	4.1.2.1	TJ030105	公路客运企业运输量调查信息	4.3.1.5
TJ010202	内河航道维护里程及尺度信息	4.1.2.2	TJ030106	公路货运企业运输量调查信息	4.3.1.6
TJ010203	内河航道构造物信息	4.1.2.3	TJ030107	道路运输经营业户信息	4.3.1.7
TJ010204	航道设标情况	4.1.2.4	TJ030108	道路运输相关业务经营业户信息	4.3.1.8
TJ010205	主要过船建筑物技术状况	4.1.2.5	TJ030109	道路运输从业人员信息	4.3.1.9
TJ0103	港口基础设施	4.1.3	TJ030110	机动车维修业及汽车综合性能检测站信息	4.3.1.10
TJ010301	港口码头泊位信息	4.1.3.1	TJ030111	机动车驾驶员培训信息	4.3.1.11

表1(续)

分类编号	名　　称	章条	分类编号	名　　称	章条
TJ030112	道路客运线路班次信息	4.3.1.12	TJ0402	水上交通流和客货流调查位置	4.4.2
TJ030113	农村道路客运信息	4.3.1.13	TJ040201	水上交通流和客货流观测线信息	4.4.2.1
TJ030114	道路危险货物运输信息	4.3.1.14	TJ040202	水上交通流和客货流观测站点信息	4.4.2.2
TJ030115	国际道路运输信息	4.3.1.15	TJ0403	水上交通流和客货流调查主体	4.4.3
TJ030116	港澳台及外商投资道路运输业信息	4.3.1.16	TJ040301	水上交通流和客货流调查机构信息	4.4.3.1
TJ030117	道路运输车辆、业户及从业人员市场退出情况	4.3.1.17	TJ040302	水上交通流和客货流调查人信息	4.4.3.2
TJ0302	水路运输生产	4.3.2	TJ040303	水上交通流和客货流调查联系信息	4.4.3.3
TJ030201	全社会水路客货运输量信息	4.3.2.1	TJ0404	水上交通流和客货流调查内容	4.4.4
TJ030202	全社会水路集装箱运输量信息	4.3.2.2	TJ040401	船舶信息	4.4.4.1
TJ030203	营业性运输船舶燃料消耗情况	4.3.2.3	TJ040402	航行信息	4.4.4.2
TJ030204	水路客运企业运输量调查信息	4.3.2.4	TJ040403	进出港信息	4.4.4.3
TJ030205	水路货运企业运输量调查信息	4.3.2.5	TJ040404	水上运输装卸货物信息	4.4.4.4
TJ0303	港口生产	4.3.3	TJ040405	水上交通流和客货流报告信息	4.4.4.5
TJ030301	港口吞吐量信息	4.3.3.1	TJ0405	水上交通流和客货流调查统计数据	4.4.5
TJ030302	分国别分吨级分船种进出港船舶信息	4.3.3.2	TJ040501	水上交通流统计信息	4.4.5.1
TJ030303	分航线进出港旅客信息	4.3.3.3	TJ040502	水上客货流统计信息	4.4.5.2
TJ030304	分货类分泊位吞吐量信息	4.3.3.4	**TJ05**	**交通固定资产投资**	**4.5**
TJ030305	集装箱吞吐量信息	4.3.3.5	TJ0501	交通固定资产投资项目基本情况	4.5.1
TJ030306	分货类分运输方式集疏运情况	4.3.3.6	TJ0502	交通固定资产投资项目资金计划情况	4.5.2
TJ030307	分内外贸船舶在港停泊信息	4.3.3.7	TJ0503	交通固定资产投资项目建设规模和新增生产能力计划情况	4.5.3
TJ030308	分货类进、出、库存情况	4.3.3.8	TJ0504	交通固定资产投资额和新增固定资产情况	4.5.4
TJ0304	打捞生产	4.3.4	TJ0505	固定资产投资资金来源情况	4.5.5
TJ030401	打捞任务执行情况	4.3.4.1	TJ0506	交通固定资产投资项目解决通达(畅)情况	4.5.6
TJ030402	打捞拖航海洋工程生产完成情况	4.3.4.2	TJ0507	交通固定资产投资项目利用外资情况	4.5.7
TJ04	**交通流和客货流调查**	**4.4**	TJ0508	交通固定资产投资项目工程形象进度情况	4.5.8
TJ0401	公路交通量	4.4.1	**TJ06**	**交通安全与服务**	**4.6**
TJ040101	公路交通量调查情况	4.4.1.1	TJ0601	道路交通事故	4.6.1
TJ040102	公路交通量调查信息	4.4.1.2	TJ0602	水上交通事故	4.6.2
TJ040103	国省县乡公路汽车、机动车交通量比重信息	4.4.1.3	TJ060201	运输船舶水上交通事故	4.6.2.1

表1(续)

分类编号	名　称	章条	分类编号	名　称	章条
TJ060202	非运输船舶水上交通事故	4.6.2.2	TJ0705	交通科技项目人员及工作量投入情况	4.7.5
TJ0603	海上搜寻救助服务	4.6.3	TJ0706	交通科技项目资金使用情况	4.7.6
TJ060301	海上险情及搜救活动	4.6.3.1	TJ070601	资金投入情况	4.7.6.1
TJ060302	救助任务执行情况	4.6.3.2	TJ070602	资金支出情况	4.7.6.2
TJ060303	救助飞机飞行情况	4.6.3.3	TJ0707	交通科技项目执行情况	4.7.7
TJ060304	飞机救助任务情况	4.6.3.4	TJ0708	交通科技项目成果、效益及影响情况	4.7.8
TJ07	**交通科技**	**4.7**	TJ070801	研究报告及论文情况	4.7.8.1
TJ0701	交通科技机构概况	4.7.1	TJ070802	获得专利情况	4.7.8.2
TJ070101	交通科技机构基本信息	4.7.1.1	TJ070803	成果转让情况	4.7.8.3
TJ070102	交通科技活动人员信息	4.7.1.2	TJ070804	标准制定情况	4.7.8.4
TJ0702	交通科技机构科研建设	4.7.2	TJ070805	政策制度信息	4.7.8.5
TJ070201	交通科技机构科研建设投资额情况	4.7.2.1	TJ070806	人才信息	4.7.8.6
TJ070202	交通科研基本建设科研投资情况	4.7.2.2	TJ070807	其他成果、效益及影响情况	4.7.8.7
TJ070203	交通科研设备投资情况	4.7.2.3	TJ070808	科技成果鉴定情况	4.7.8.8
TJ0703	交通科技机构科研条件	4.7.3	TJ0709	交通科技可持续支持项目后续发展及产业化跟踪情况	4.7.9
TJ070301	实验室和研究中心数量信息	4.7.3.1	TJ0710	交通科技可持续支持项目后续流动研究项目情况	4.7.10
TJ070302	科研仪器设备数量信息	4.7.3.2	**TJ08**	**交通专用通信网统计**	**4.8**
TJ070303	馆藏资源数量信息	4.7.3.3	TJ0801	电台通信设备信息	4.8.1
TJ070304	实验室和研究中心情况	4.7.3.4	TJ0802	岸台业务信息	4.8.2
TJ0704	交通科技项目类型和研究目标	4.7.4			

4 交通统计信息基础数据元

4.1 交通基础设施

4.1.1 公路基础设施

4.1.1.1 公路里程信息

4.1.1.1.1 公路里程

编号:TJ010101001

数据元名称:公路里程

中文全拼:gong-lu-li-cheng

定义:公路的实际长度。

数据元类型:数字型

数据格式:n..10,3

计量单位:千米(km)

关系:与报告期及建设性质分类、公路行政等级分类、公路路面类型分类连用。

备注:公路的实际长度达到交通部JTG B01—2003规定的技术等级的公路(县、乡道中,含路基宽度不小于4.5m或路面宽度不小于3.5m路段的等外路线的里程;村道中,含路基宽度不小于4.5m或路面宽度不小于3.0m路段的等外路线的里程),均统计为公路里程。

4.1.1.1.2 报告期及建设性质分类代码

编号:TJ010101002

数据元名称:报告期及建设性质分类代码

中文全拼:bao-gao-qi-ji-jian-she-xing-zhi-fen-lei-dai-ma

定义:统计报告期以及建设性质的分类代码。

数据元类型:字符型

数据格式:n1

值域:见5.1

4.1.1.1.3 等级公路里程

编号:TJ010101003

数据元名称:等级公路里程

中文全拼:deng-ji-gong-lu-li-cheng

定义:公路技术等级是高速公路、一级、二级、三级和四级的公路里程。

数据元类型:数字型

数据格式:n..10,3

计量单位:千米(km)

关系:与报告期及建设性质分类、公路行政等级分类、公路技术等级分类、公路车道数连用。

4.1.1.1.4 等外公路里程

编号:TJ010101004

数据元名称:等外公路里程

中文全拼:deng-wai-gong-lu-li-cheng

定义:公路技术等级是等外公路的公路里程。

数据元类型:数字型

数据格式:n..10,3

计量单位:千米(km)

关系:与报告期及建设性质分类、公路行政等级分类连用。

4.1.1.1.5 公路车道数

采用JT/T 697.2—2007的4.2.4.1。

4.1.1.1.6 公路行政等级分类

采用JT/T 697.2—2007的4.1.3。

4.1.1.1.7 公路技术等级分类

采用JT/T 697.2—2007的4.2.3.1。

4.1.1.1.8 公路路面类型分类

采用JT/T 697.2—2007的4.2.4.1。

4.1.1.1.9　公路晴雨通车里程

编号:TJ010101005

数据元名称:公路晴雨通车里程

中文全拼:gong-lu-qing-yu-tong-che-li-cheng

定义:晴天、雨天均能通行汽车的公路长度。

数据元类型:数字型

数据格式:n..10,3

计量单位:千米(km)

关系:与报告期及建设性质分类、公路行政等级分类连用。

4.1.1.1.10　公路可绿化里程

编号:TJ010101006

数据元名称:公路可绿化里程

中文全拼:gong-lu-ke-lv-hua-li-cheng

定义:在公路用地范围内,能栽植和自然生长乔木、灌木或花草的路段。

数据元类型:数字型

数据格式:n..10,3

计量单位:千米(km)

关系:与公路行政等级分类连用。

备注:公路两侧一侧可绿化,另一侧不宜绿化的,计为可绿化里程。

4.1.1.1.11　公路已绿化里程

编号:TJ010101007

数据元名称:公路已绿化里程

中文全拼:gong-lu-yi-lv-hua-li-cheng

定义:按设计标准栽植了乔木、灌木或花草,成活率和保存率分别达到标准要求,生长正常的路段。

数据元类型:数字型

数据格式:n..10,3

计量单位:千米(km)

关系:与公路行政等级分类、公路绿化种类连用。

备注:公路两侧一侧已绿化,另一侧由于不宜绿化而未进行绿化的,计为已绿化里程。

4.1.1.1.12　以国土面积计算公路密度

编号:TJ010101008

数据元名称:以国土面积计算公路密度

中文全拼:yi-guo-tu-mian-ji-ji-suan-gong-lu-mi-du

定义:一定区域内单位国土面积所拥有的公路里程数。

数据元类型:数字型

数据格式:n..10,2

计量单位:千米/百平方千米($km/100km^2$)

4.1.1.1.13　以人口数量计算公路密度

编号:TJ010101009

数据元名称:以人口数量计算公路密度

中文全拼:yi-ren-kou-shu-liang-ji-suan-gong-lu-mi-du

定义:一定人口平均拥有的公路里程数。

数据元类型:数字型

数据格式:n..10,2

计量单位:千米/万人(km/万人)

4.1.1.1.14 公路绿化率

编号:TJ010101010

数据元名称:公路绿化率

中文全拼:gong-lu-lv-hua-lv

定义:已绿化公路里程占可绿化总里程的比重。

数据元类型:数字型

数据格式:n..5,2

计量单位:%

关系:与公路行政等级分类连用。

备注:反映现有公路已达到绿化标准的程度。

4.1.1.1.15 公路绿化种类

采用JT/T 697.2—2007的4.2.18.2.1。

4.1.1.1.16 公路绿化投入资金

编号:TJ010101011

数据元名称:公路绿化投入资金

中文全拼:gong-lu-lv-hua-tou-ru-zi-jin

定义:完成公路绿化工作投入的资金金额。

数据元类型:数字型

数据格式:n..10,2

计量单位:万元

关系:与公路行政等级分类连用。

4.1.1.2 高速公路明细

4.1.1.2.1 高速公路名称

采用JT/T 697.2—2007的4.2.1.2。

4.1.1.2.2 高速公路编号

采用JT/T 697.2—2007的4.2.1.1。

4.1.1.2.3 高速公路起点地名

采用JT/T 697.2—2007的4.2.1.9。

4.1.1.2.4 高速公路终点地名

采用JT/T 697.2—2007的4.2.1.10。

4.1.1.2.5 高速公路里程

编号:TJ010102001

数据元名称:高速公路里程

中文全拼:gao-su-gong-lu-li-cheng

定义:高速公路的总长度。

数据元类型:数字型

数据格式:n..10,3

计量单位:千米(km)

备注:全线通车的高速公路,按一条线路统计。

4.1.1.2.6 四车道高速公路里程

编号:TJ010102002

数据元名称:四车道高速公路里程

中文全拼:si-che-dao-gao-su-gong-lu-li-cheng

定义:四车道高速公路的总长度。

数据元类型:数字型

数据格式:n..10,3

计量单位:千米(km)

4.1.1.2.7 六车道高速公路里程

编号:TJ010102003

数据元名称:六车道高速公路里程

中文全拼:liu-che-dao-gao-su-gong-lu-li-cheng

定义:六车道高速公路的总长度。

数据元类型:数字型

数据格式:n..10,3

计量单位:千米(km)

4.1.1.2.8 八车道及以上高速公路里程

编号:TJ010102004

数据元名称:八车道及以上高速公路里程

中文全拼:ba-che-dao-ji-yi-shang-gao-su-gong-lu-li-cheng

定义:八车道及以上车道数高速公路的总长度。

数据元类型:数字型

数据格式:n..10,3

计量单位:千米(km)

4.1.1.2.9 高速公路通车时间

编号:TJ010102005

数据元名称:高速公路通车时间

中文全拼:gao-su-gong-lu-tong-che-shi-jian

定义:高速公路全线通车的时间。

数据元类型:日期型

数据格式:YYYYMMDD

4.1.1.3 国、省、县道公路明细

4.1.1.3.1 国、省、县道编号

采用JT/T 697.2—2007的4.2.1.1。

4.1.1.3.2 国、省、县道所在行政区划代码

采用JT/T 697.2—2007的4.1.2。

4.1.1.3.3 国、省、县道名称

采用JT/T 697.2—2007的4.2.1.2。

4.1.1.3.4 国、省、县道路段起点名称

采用JT/T 697.2—2007的4.2.1.9。

4.1.1.3.5 国、省、县道路段止点名称

采用JT/T 697.2—2007的4.2.1.10。

4.1.1.3.6 国、省、县道路段起点桩号

采用JT/T 697.2—2007的4.2.1.11。

4.1.1.3.7 国、省、县道路段止点桩号

采用 JT/T 697.2—2007 的 4.2.1.12。

4.1.1.3.8 国、省、县道路线里程

编号:TJ010103001

数据元名称:国、省、县道路线里程

中文全拼:guo-sheng-xian-dao-lu-xian-li-cheng

定义:国省县道路线的里程值。

数据元类型:数字型

数据格式:n..10,3

计量单位:千米(km)

4.1.1.3.9 国、省、县道路段技术等级

采用 JT/T 697.2—2007 的 4.2.3.1。

4.1.1.3.10 国、省、县道路段是否一幅高速

编号:TJ010103002

数据元名称:国、省、县道路段是否一幅高速

中文全拼:guo-sheng-xian-dao-lu-duan-shi-fou-yi-fu-gao-su

定义:国省县道的路段是否是一幅的高速公路。

数据元类型:布尔型

数据格式:n1

值域:0-否;1-是

4.1.1.3.11 国、省、县道路段行车道分类

采用 JT/T 697.2—2007 的 4.2.4.1。

4.1.1.3.12 国、省道路段路面类型

采用 JT/T 697.2—2007 的 4.4.1。

4.1.1.3.13 国、省、县道路基宽度

采用 JT/T 697.2—2007 的 4.3.1.3。

4.1.1.3.14 国、省、县道路面宽度

采用 JT/T 697.2—2007 的 4.4.11。

4.1.1.3.15 国、省道路段设计时速

采用 JT/T 697.2—2007 的 4.2.3.2。

4.1.1.3.16 国、省、县道修建年度

编号:TJ010103003

数据元名称:国、省、县道修建年度

中文全拼:guo-sheng-xian-dao-xiu-jian-nian-du

定义:国、省、县道通车的年份。

数据元类型:日期型

数据格式:YYYY

4.1.1.3.17 国、省、县道改建年度

编号:TJ010103004

数据元名称:国、省、县道改建年度

中文全拼:guo-sheng-xian-dao-gai-jian-nian-du

定义:国、省、县道最近一次改建通车年份。

数据元类型:日期型

数据格式:YYYY

4.1.1.3.18　国、省道路段断链类型

编号:TJ010103005

数据元名称:国、省道路段断链类型

中文全拼:guo-sheng-dao-lu-duan-duan-lian-lei-xing

定义:公路路线局部改线或分段测量等原因造成的桩号不连接的现象分类。

数据元类型:字符型

数据格式:n1

4.1.1.3.19　国、省、县道路段是否城管路段

编号:TJ010103006

数据元名称:国、省、县道路段是否城管路段

中文全拼:guo-sheng-xian-dao-lu-duan-shi-fou-cheng-guan-lu-duan

定义:国、省、县道的路段是否是城管路段。

数据元类型:布尔型

数据格式:n1

值域:0-否;1-是

4.1.1.3.20　国、省、县道路段是否断头路段

编号:TJ010103007

数据元名称:国、省、县道路段是否断头路段

中文全拼:guo-sheng-xian-dao-lu-duan-shi-fou-duan-tou-lu-duan

定义:国、省、县道的路段是否是断头路段。

数据元类型:布尔型

数据格式:n1

值域:0-否;1-是

4.1.1.3.21　国、省、县道重复路段路线编号

编号:TJ010103008

数据元名称:国、省、县道重复路段路线编号

中文全拼:guo-sheng-xian-dao-zhong-fu-lu-duan-lu-xian-bian-hao

定义:重复路段所在的路线的编号。

数据元类型:字符型

数据格式:an..10

备注:仅填写重复的路线中等级最高的路线编号。

4.1.1.3.22　国、省、县道重复路段起点桩号

采用JT/T 697.2—2007的4.2.1.11。

4.1.1.3.23　国、省、县道重复路段终点桩号

采用JT/T 697.2—2007的4.2.1.12。

4.1.1.3.24　国、省、县道养护里程

编号:TJ010103009

数据元名称:国、省、县道养护里程

中文全拼:guo-sheng-xian-dao-yang-hu-li-cheng

定义:国、省、县道被养护的长度。

数据元类型:数字型

数据格式:n..10,3

计量单位:千米(km)

4.1.1.3.25 国、省、县道晴雨通车里程

编号:TJ010103010

数据元名称:国、省、县道晴雨通车里程

中文全拼:guo-sheng-xian-dao-qing-yu-tong-che-li-cheng

定义:国、省、县道晴天、雨天均能通行汽车的长度。

数据元类型:数字型

数据格式:n..10,3

计量单位:千米(km)

4.1.1.3.26 国、省、县道可绿化里程

编号:TJ010103011

数据元名称:国、省、县道可绿化里程

中文全拼:guo-sheng-xian-dao-ke-lv-hua-li-cheng

定义:在国、省、县用地范围内,能栽植和自然生长乔木、灌木或花草的里程。

数据元类型:数字型

数据格式:n..10,3

计量单位:千米(km)

4.1.1.3.27 国、省、县道已绿化里程

编号:TJ010103012

数据元名称:国、省、县道已绿化里程

中文全拼:guo-sheng-xian-dao-yi-lv-hua-li-cheng

定义:国、省、县道上按设计标准栽植了乔木、灌木或花草,成活率和保存率分别达到标准要求,生长正常的路段长度。

数据元类型:数字型

数据格式:n..10,3

计量单位:千米(km)

4.1.1.3.28 国、省、县道沿线地貌

采用 JT/T 697.2—2007 的 4.8.2.1。

4.1.1.3.29 国、省、县道涵洞数量

编号:TJ010103013

数据元名称:国、省、县道涵洞数量

中文全拼:guo-sheng-xian-dao-han-dong-shu-liang

定义:国、省、县道上涵洞的数量。

数据元类型:数字型

数据格式:n..10

计量单位:个

4.1.1.4 乡、村、专用公路明细

4.1.1.4.1 乡、村、专用公路编号

采用 JT/T 697.2—2007 的 4.2.1.1。

4.1.1.4.2 乡、村、专用公路所在行政区划代码

采用 JT/T 697.2—2007 的 4.1.2。

4.1.1.4.3 乡、村、专用公路名称

采用 JT/T 697.2—2007 的 4.2.1.2。

4.1.1.4.4 乡、村、专用公路里程

编号:TJ010104001

数据元名称:乡、村、专用公路里程

中文全拼:xiang-cun-zhuan-yong-gong-lu-li-cheng

定义:乡、村、专用公路的里程数。

数据元类型:数字型

数据格式:n..10,3

计量单位:千米(km)

关系:与公路技术等级分类、车道数、公路路面类型分类连用。

4.1.1.4.5 乡、村、专用公路等级公路里程

编号:TJ010104002

数据元名称:乡、村、专用公路等级公路里程

中文全拼:xiang-cun-zhuan-yong-gong-lu-deng-ji-gong-lu-li-cheng

定义:乡、村、专用公路的非等外公路的里程数。

数据元类型:数字型

数据格式:n..10,3

计量单位:千米(km)

4.1.1.4.6 乡、村、专用公路晴雨通车里程

编号:TJ010104003

数据元名称:乡、村、专用公路晴雨通车里程

中文全拼:xiang-cun-zhuan-yong-gong-lu-qing-yu-tong-che-li-cheng

定义:乡、村、专用公路晴天、雨天均能通行汽车的长度。

数据元类型:数字型

数据格式:n..10,3

计量单位:千米(km)

4.1.1.4.7 乡、村、专用公路重复里程

编号:TJ010104004

数据元名称:乡、村、专用公路重复里程

中文全拼:xiang-cun-zhuan-yong-gong-lu-chong-fu-li-cheng

定义:乡、村、专用公路与其他道路重复的里程。

数据元类型:数字型

数据格式:n..10,3

计量单位:千米(km)

4.1.1.4.8 乡、村、专用公路可绿化里程

编号:TJ010104005

数据元名称:乡、村、专用公路可绿化里程

中文全拼:xiang-cun-zhuan-yong-gong-lu-ke-lv-hua-li-cheng

定义:在乡、村、专用公路用地范围内,能栽植和自然生长乔木、灌木或花草的里程。

数据元类型:数字型

数据格式:n..10,3

计量单位:千米(km)

4.1.1.4.9 乡、村、专用公路已绿化里程

编号:TJ010104006

数据元名称:乡、村、专用公路已绿化里程

中文全拼:xiang-cun-zhuan-yong-gong-lu-yi-lv-hua-li-cheng

定义:乡、村、专用公路上按设计标准栽植了乔木、灌木或花草,成活率和保存率分别达到标准要求,生长正常的路段长度。

数据元类型:数字型

数据格式:n..10,3

计量单位:千米(km)

4.1.1.4.10 乡、村、专用公路养护里程

编号:TJ010104007

数据元名称:乡、村、专用公路养护里程

中文全拼:xiang-cun-zhuan-yong-gong-lu-yang-hu-li-cheng

定义:乡、村、专用公路被养护的长度。

数据元类型:数字型

数据格式:n..10,3

计量单位:千米(km)

4.1.1.5 公路通达情况

4.1.1.5.1 乡镇数量

编号:TJ010105001

数据元名称:乡镇数量

中文全拼:xiang-zhen-shu-liang

定义:现有乡镇的数量。

数据元类型:数字型

数据格式:n..10

计量单位:个

关系:与通达现状分类连用。

4.1.1.5.2 建制村数量

编号:TJ010105002

数据元名称:建制村数量

中文全拼:jian-zhi-cun-shu-liang

定义:现有建制村的数量。

数据元类型:数字型

数据格式:n..10

计量单位:个

关系:与通达现状分类连用。

4.1.1.5.3 通达现状分类代码

编号:TJ010105003

数据元名称:通达现状分类代码

中文全拼:tong-da-xian-zhuang-fen-lei-dai-ma

定义:根据通达的现状情况进行分类的代码。

数据元类型:字符型

数据格式:n1

值域:见5.2

4.1.1.6 高速公路服务信息

4.1.1.6.1　高速公路路线编号

采用JT/T 697.2—2007的4.2.1.1。

4.1.1.6.2　高速公路路线名称

采用JT/T 697.2—2007的4.2.1.2。

4.1.1.6.3　高速公路管理经营单位名称

编号:TJ010106001

数据元名称:高速公路管理经营单位名称

定义:管理养护高速公路的具有独立法人资格的管理单位或经营企业的名称。

数据元类型:字符型

数据格式:an..100

4.1.1.6.4　高速公路服务设施位置桩号

采用JT/T 697.2—2007的4.6.3.1。

4.1.1.6.5　高速公路服务设施种类

采用JT/T 697.2—2007的4.6.3.2。

4.1.1.6.6　高速公路服务区名称

编号:TJ010106002

数据元名称:高速公路服务区名称

中文全拼:gao-su-gong-lu-fu-wu-qu-ming-cheng

定义:高速公路服务区的名称。

数据元类型:字符型

数据格式:an..100

4.1.1.6.7　高速公路服务区位置

编号:TJ010106003

数据元名称:高速公路服务区位置

中文全拼:gao-su-gong-lu-fu-wu-qu-wei-zhi

定义:高速公路服务区所在地理位置的描述。

数据元类型:字符型

数据格式:an..100

备注:填写"**(地名)-**(地名)方向"或"双向"。地名的要求为:国家高速公路填写高速公路通达起讫点城市名称。如:"京哈高速"的服务区位置填写"北京-哈尔滨方向"或"哈尔滨-北京方向";"鹤大高速"的服务区位置填写"鹤岗-大连方向"或"大连-鹤岗方向"。其他高速公路可参照国家高速公路执行。

4.1.1.6.8　高速公路服务区服务内容

编号:TJ010106004

数据元名称:高速公路服务区服务内容

中文全拼:gao-su-gong-lu-fu-wu-qu-fu-wu-nei-rong

定义:高速公路上提供的服务内容。

数据元类型:字符型

数据格式:an..100

备注:填写住宿、加油、汽车修理或餐饮等,也可选择多项。

4.1.1.6.9　高速公路出入口编号

编号:TJ010106005

数据元名称:高速公路出入口编号

中文全拼:gao-su-gong-lu-chu-ru-kou-bian-hao

定义:高速公路出入口的编号。

数据元类型:字符型

数据格式:an..20

备注:国家高速公路出入口编号按 JTG A03—2007 和交通部2007 年第30 号公告的规则填报。

4.1.1.6.10 高速公路出入口名称

编号:TJ010106006

数据元名称:高速公路出入口名称

中文全拼:gao-su-gong-lu-chu-ru-kou-ming-cheng

定义:高速公路出入口的名称。

数据元类型:字符型

数据格式:an..100

4.1.1.6.11 高速公路出入口连接路线编号

编号:TJ010106007

数据元名称:高速公路出入口连接路线编号

中文全拼:gao-su-gong-lu-chu-ru-kou-lian-jie-lu-xian-bian-hao

定义:出入口连接另一路线的编号。

数据元类型:字符型

数据格式:an..10

4.1.1.6.12 高速公路出入口连接路线桩号

编号:TJ010106008

数据元名称:高速公路出入口连接路线桩号

中文全拼:gao-su-gong-lu-chu-ru-kou-lian-jie-lu-xian-zhuang-hao

定义:出入口连接的另一路线的连接点桩号。

数据元类型:数字型

数据格式:n..7,3

计量单位:千米(km)

4.1.1.6.13 高速公路出口连接旅游景点

编号:TJ010106009

数据元名称:高速公路出口连接旅游景点

中文全拼:gao-su-gong-lu-chu-kou-lian-jie-lv-you-jing-dian

定义:出入口连接的旅游景点的名称。

数据元类型:字符型

数据格式:an..100

4.1.1.7 公路桥梁信息

4.1.1.7.1 桥梁数量

编号:TJ010107001

数据元名称:桥梁数量

中文全拼:qiao-liang-shu-liang

定义:公路上桥梁的座数。

数据元类型:数字型

数据格式:n..10

计量单位:座

关系:与报告期及建设性质分类,公路行政等级分类,桥梁按建筑材料和使用年限分类、立交桥类别、桥梁跨径分类连用。

4.1.1.7.2 桥梁全长

采用 JT/T 697.2—2007 的 4.5.1.13。

4.1.1.7.3 危桥数量

编号:TJ010107002

数据元名称:危桥数量

中文全拼:wei-qiao-shu-liang

定义:公路上危桥的座数。

数据元类型:数字型

数据格式:n..10

计量单位:座

关系:与报告期及建设性质分类、公路行政等级分类连用。

备注:JTG H11—2004 中的四类和五类等级的桥为危桥。

4.1.1.7.4 危桥长度

编号:TJ010107003

数据元名称:危桥长度

中文全拼:wei-qiao-chang-du

定义:公路上危桥的长度。

数据元类型:数字型

数据格式:n..10,2

计量单位:米(m)

关系:与报告期及建设性质分类、公路行政等级分类连用。

4.1.1.7.5 桥梁按建筑材料和使用年限分类代码

编号:TJ010107004

数据元名称:桥梁按建筑材料和使用年限分类代码

中文全拼:qiao-liang-an-jian-zhu-cai-liao-he-shi-yong-nian-xian-fen-lei-dai-ma

定义:桥梁按照建筑的材料以及桥梁的使用年限进行分类的代码。

数据元类型:字符型

数据格式:n1

值域:见 5.3

4.1.1.7.6 立交桥类别

采用 JT/T 697.2—2007 的 4.5.1.3。

4.1.1.7.7 桥梁跨径分类

采用 JT/T 697.2—2007 的 4.5.1.5。

4.1.1.8 公路桥梁明细

4.1.1.8.1 公路桥梁名称

采用 JT/T 697.2—2007 的 4.5.1.2。

4.1.1.8.2 公路桥梁代码

采用 JT/T 697.2—2007 的 4.5.1.1。

4.1.1.8.3 公路桥梁中心桩号

采用 JT/T 697.2—2007 的 4.5.1.3。

4.1.1.8.4 公路桥梁所属路线代码

采用 JT/T 697.2—2007 的 4.2.1.1。

4.1.1.8.5 公路桥梁所属路线名称

采用 JT/T 697.2—2007 的 4.2.1.2。

4.1.1.8.6 公路桥梁所属路线技术等级

采用 JT/T 697.2—2007 的 4.2.3.1。

4.1.1.8.7 公路桥梁全长

采用 JT/T 697.2—2007 的 4.5.1.13。

4.1.1.8.8 公路桥梁跨径总长

采用 JT/T 697.2—2007 的 4.5.1.14。

4.1.1.8.9 公路桥梁单孔最大跨径长

采用 JT/T 697.2—2007 的 4.5.1.15。

4.1.1.8.10 公路桥梁跨径组合

编号:TJ010108001

数据元名称:公路桥梁跨径组合

中文全拼:gong-lu-qiao-liang-kua-jing-zu-he

定义:公路桥梁跨径组合的描述。

数据元类型:字符型

数据格式:an..100

备注:填写格式为孔数×单跨长度的组合,按照沿路线前进方向(桩号从小到大),先边跨后主跨,再边跨的顺序填写。如路线前进起点的边跨共三跨,跨径均为80m,主跨为四跨连续梁,跨径均为120m,尾跨为两跨,跨径均为60m,该桥的跨径组合填报为3×80+4×120+2×60。

4.1.1.8.11 公路桥梁全宽

采用 JT/T 697.2—2007 的 4.5.1.16。

4.1.1.8.12 公路桥面净宽

采用 JT/T 697.2—2007 的 4.5.1.17。

4.1.1.8.13 桥梁跨径分类

采用 JT/T 697.2—2007 的 4.5.1.5。

4.1.1.8.14 桥梁使用年限分类

采用 TJ010106004。

4.1.1.8.15 公路桥梁主桥上部构造结构形式

采用 JT/T 697.2—2007 的 4.5.1.8。

4.1.1.8.16 桥梁设计荷载等级

采用 JT/T 697.2—2007 的 4.5.1.9。

4.1.1.8.17 桥梁抗震等级

采用 JT/T 697.2—2007 的 4.5.1.27。

4.1.1.8.18 桥梁跨越地物类型

采用 JT/T 697.2—2007 的 4.5.1.6。

4.1.1.8.19 桥梁跨越地物名称

采用 JT/T 697.2—2007 的 4.5.1.7。

4.1.1.8.20 公路桥梁通航等级

采用 JT/T 697.2—2007 的 4.5.1.12。

4.1.1.8.21 公路桥梁墩台防撞设施类型代码

编号:TJ010108002

数据元名称:公路桥梁墩台防撞设施类型代码

中文全拼:gong-lu-qiao-liang-dun-tai-fang-zhuang-she-shi-lei-xing-dai-ma

定义:墩台防撞设施的类型代码。

数据元类型:字符型

数据格式:n1

值域:见5.4

4.1.1.8.22 公路桥梁是否互通立交

编号:TJ010108003

数据元名称:公路桥梁是否互通立交

中文全拼:gong-lu-qiao-liang-shi-fou-hu-tong-li-jiao

定义:公路桥梁是否是互通立交。

数据元类型:布尔型

数据格式:n1

值域:0-否;1-是

4.1.1.8.23 公路桥梁建设单位名称

编号:TJ010108004

数据元名称:公路桥梁建设单位名称

中文全拼:gong-lu-qiao-liang-jian-she-dan-wei-ming-cheng

定义:桥梁建设单位的名称。

数据元类型:字符型

数据格式:an..100

4.1.1.8.24 公路桥梁设计单位名称

采用JT/T 697.2—2007的4.5.1.31。

4.1.1.8.25 公路桥梁施工单位名称

采用JT/T 697.2—2007的4.5.1.32。

4.1.1.8.26 公路桥梁监理单位名称

采用JT/T 697.2—2007的4.5.1.33。

4.1.1.8.27 公路桥梁修建年度

采用JT/T 697.2—2007的4.5.1.29。

4.1.1.8.28 公路桥梁建成通车日期

编号:TJ010108005

数据元名称:公路桥梁建成通车日期

中文全拼:gong-lu-qiao-liang-jian-cheng-tong-che-ri-qi

定义:公路桥梁的通车日期。

数据元类型:日期型

数据格式:YYYYMMDD

备注:填写该桥梁作为新建数纳入统计的年度。

4.1.1.8.29 公路桥梁管养单位性质代码

编号:TJ010108006

数据元名称:公路桥梁管养单位性质代码

中文全拼:gong-lu-qiao-liang-guan-yang-dan-wei-xing-zhi-dai-ma

定义:公路桥梁管养单位性质的代码。

数据元类型:字符型

数据格式:n1

值域:见5.5

4.1.1.8.30　公路桥梁管养单位名称

编号:TJ010108007

数据元名称:公路桥梁管养单位名称

中文全拼:gong-lu-qiao-liang-guan-yang-dan-wei-ming-cheng

定义:公路桥梁管养单位的名称。

数据元类型:字符型

数据格式:an..100

4.1.1.8.31　公路桥梁收费性质代码

编号:TJ010108008

数据元名称:公路桥梁收费性质代码

中文全拼:gong-lu-qiao-liang-shou-fei-xing-zhi-dai-ma

定义:公路桥梁收费性质的代码。

数据元类型:字符型

数据格式:n1

值域:见5.6

备注:如果桥梁单独收费,填写该桥梁的收费性质;如果桥梁未单独收费,填写桥梁所在线路的收费性质。

4.1.1.8.32　公路桥梁技术状况评定等级

采用JT/T 697.2—2007的4.5.1.10。

4.1.1.8.33　公路桥梁技术状况评定日期

编号:TJ010108009

数据元名称:公路桥梁技术状况评定日期

中文全拼:gong-lu-qiao-liang-ji-shu-zhuang-kuang-ping-ding-ri-qi

定义:公路桥梁技术状况的评定日期。

数据元类型:日期型

数据格式:YYYYMMDD

4.1.1.8.34　公路桥梁最近一次改造年度

编号:TJ010108010

数据元名称:公路桥梁最近一次改造年度

中文全拼:gong-lu-qiao-liang-zui-jin-yi-ci-gai-zao-nian-du

定义:公路桥梁最近一次的改造年份。

数据元类型:日期型

数据格式:YYYY

4.1.1.8.35　公路桥梁最近一次改造完工日期

编号:TJ010108011

数据元名称:公路桥梁最近一次改造完工日期

中文全拼:gong-lu-qiao-liang-zui-jin-yi-ci-gai-zao-wan-gong-ri-qi

定义:公路桥梁最近一次改造的完工日期。

数据元类型:日期型

数据格式:YYYYMMDD

4.1.1.8.36 公路桥梁最近一次改造部位代码

编号:TJ010108012

数据元名称:公路桥梁最近一次改造部位代码

中文全拼:gong-lu-qiao-liang-zui-jin-yi-ci-gai-zao-bu-wei-dai-ma

定义:公路桥梁最近一次改造部位的代码。

数据元类型:字符型

数据格式:n1

值域:见5.7

4.1.1.8.37 公路桥梁最近一次改造工程性质代码

编号:TJ010108013

数据元名称:公路桥梁最近一次改造工程性质代码

中文全拼:gong-lu-qiao-liang-zui-jin-yi-ci-gai-zao-gong-cheng-xing-zhi-dai-ma

定义:公路桥梁最近一次改造工程性质的代码。

数据元类型:字符型

数据格式:n1

值域:见5.8

4.1.1.8.38 公路桥梁最近一次改造是否部补助项目

编号:TJ010108014

数据元名称:公路桥梁最近一次改造是否部补助项目

中文全拼:gong-lu-qiao-liang-zui-jin-yi-ci-gai-zao-shi-fou-bu-bu-zhu-xiang-mu

定义:公路桥梁最近一次改造工程是否是部补助项目。

数据元类型:布尔型

数据格式:n1

值域:0-否;1-是

4.1.1.8.39 公路桥梁当前主要病害部位代码

编号:TJ010108015

数据元名称:公路桥梁当前主要病害部位代码

中文全拼:gong-lu-qiao-liang-dang-qian-zhu-yao-bing-hai-bu-wei-dai-ma

定义:公路桥梁当前发生主要病害的部位的名称代码。

数据元类型:字符型

数据格式:n1

值域:见5.7

备注:四、五类桥梁需要填写桥梁主要病害,按照主要病害的位置填写。

4.1.1.8.40 公路桥梁当前主要病害描述

编号:TJ010108016

数据元名称:公路桥梁当前主要病害描述

中文全拼:gong-lu-qiao-liang-dang-qian-zhu-yao-bing-hai-miao-shu

定义:公路桥梁当前主要病害的描述。

数据元类型:字符型

数据格式:an..100

4.1.1.8.41 公路桥梁交通管制措施代码

编号:TJ010108017

数据元名称:公路桥梁交通管制措施代码

中文全拼:gong-lu-qiao-liang-jiao-tong-guan-zhi-cuo-shi-dai-ma

定义:公路桥梁采取管制措施的代码。

数据元类型:字符型

数据格式:n1

值域:见5.9

备注:填写四、五类桥梁交通管制措施。

4.1.1.9 公路隧道信息

4.1.1.9.1 隧道数量

编号:TJ010109001

数据元名称:隧道数量

中文全拼:sui-dao-shu-liang

定义:公路上隧道的数量。

数据元类型:数字型

数据格式:n..10

计量单位:处

关系:与报告期及建设性质分类、公路行政等级分类、隧道分类连用。

4.1.1.9.2 隧道长度

采用JT/T 697.2—2007的4.5.2.5。

4.1.1.9.3 隧道分类

采用JT/T 697.2—2007的4.5.2.4。

4.1.1.10 公路隧道明细

4.1.1.10.1 公路隧道名称

采用JT/T 697.2—2007的4.5.2.2。

4.1.1.10.2 公路隧道代码

采用JT/T 697.2—2007的4.5.2.1。

4.1.1.10.3 公路隧道路线编号

采用JT/T 697.2—2007的4.2.1.1。

4.1.1.10.4 公路隧道路线名称

采用JT/T 697.2—2007的4.2.1.2。

4.1.1.10.5 公路隧道中心桩号

采用JT/T 697.2—2007的4.5.2.3。

4.1.1.10.6 公路隧道分类

采用JT/T 697.2—2007的4.5.2.4。

4.1.1.10.7 公路隧道长度

采用JT/T 697.2—2007的4.5.2.5。

4.1.1.10.8 公路隧道净宽

采用JT/T 697.2—2007的4.5.2.6。

4.1.1.10.9 公路隧道净高

采用JT/T 697.2—2007的4.5.2.7。

4.1.1.10.10 是否水下隧道

编号:TJ010110001

数据元名称:是否水下隧道

中文全拼:shi-fou-shui-xia-sui-dao

定义:公路隧道是否在水下通行。

数据元类型:布尔型

数据格式:n1

值域:0-否;1-是

4.1.1.10.11　公路隧道修建年度

编号:TJ010110002

数据元名称:公路隧道修建年度

中文全拼:gong-lu-sui-dao-xiu-jian-nian-du

定义:填写该隧道作为新建数纳入统计的年份。

数据元类型:日期型

数据格式:YYYY

4.1.1.10.12　公路隧道改建年度

编号:TJ010110003

数据元名称:公路隧道改建年度

中文全拼:gong-lu-sui-dao-gai-jian-nian-du

定义:填写最近一次作为改建数纳入统计的年份。

数据元类型:日期型

数据格式:YYYY

4.1.1.10.13　公路隧道建设单位名称

编号:TJ010110004

数据元名称:公路隧道建设单位名称

中文全拼:gong-lu-sui-dao-jian-she-dan-wei-ming-cheng

定义:公路隧道建设单位的名称。

数据元类型:字符型

数据格式:an..100

4.1.1.10.14　公路隧道设计单位名称

采用 JT/T 697.2—2007 的 4.5.2.19。

4.1.1.10.15　公路隧道施工单位名称

采用 JT/T 697.2—2007 的 4.5.2.20。

4.1.1.10.16　公路隧道监理单位名称

采用 JT/T 697.2—2007 的 4.5.2.21。

4.1.1.10.17　公路隧道建成通车时间

采用 JT/T 697.2—2007 的 4.5.2.18。

4.1.1.11　公路渡口信息

4.1.1.11.1　公路渡口数量

编号:TJ010111001

数据元名称:公路渡口数量

中文全拼:gong-lu-du-kou-shu-liang

定义:公路上渡口的数量。

数据元类型:数字型

数据格式:n..10

计量单位:处

4.1.1.11.2 机动公路渡口数量

编号:TJ010111002

数据元名称:机动公路渡口数量

中文全拼:ji-dong-gong-lu-du-kou-shu-liang

定义:公路上机动渡口的数量。

数据元类型:数字型

数据格式:n..10

计量单位:处

4.1.1.12 公路水毁情况

4.1.1.12.1 路基水毁体积

编号:TJ010112001

数据元名称:路基水毁体积

中文全拼:lu-ji-shui-hui-ti-ji

定义:路基发生水毁的体积。

数据元类型:数字型

数据格式:n..10,2

计量单位:立方米(m^3)

4.1.1.12.2 路基水毁长度

编号:TJ010112002

数据元名称:路基水毁长度

中文全拼:lu-ji-shui-hui-chang-du

定义:路基发生水毁的长度。

数据元类型:数字型

数据格式:n..10,2

计量单位:千米(km)

4.1.1.12.3 路基水毁损失金额

编号:TJ010112003

数据元名称:路基水毁损失金额

中文全拼:lu-ji-shui-hui-sun-shi-jin-e

定义:路基发生水毁造成的经济损失。

数据元类型:数字型

数据格式:n..10,2

计量单位:万元

4.1.1.12.4 路面水毁面积

编号:TJ010112004

数据元名称:路面水毁面积

中文全拼:lu-mian-shui-hui-mian-ji

定义:路面发生水毁的面积。

数据元类型:数字型

数据格式:n..10,2

计量单位:平方米(m^2)

关系:与路面材料分类连用。

4.1.1.12.5　路面水毁长度

编号:TJ010112005

数据元名称:路面水毁长度

中文全拼:lu-mian-shui-hui-chang-du

定义:路面发生水毁的长度。

数据元类型:数字型

数据格式:n..10,2

计量单位:千米(km)

关系:与路面材料分类连用。

4.1.1.12.6　路面水毁损失金额

编号:TJ010112006

数据元名称:路面水毁损失金额

中文全拼:lu-mian-shui-hui-sun-shi-jin-e

定义:路面发生水毁造成的经济损失金额。

数据元类型:数字型

数据格式:n..10,2

计量单位:万元

关系:与路面材料分类连用。

4.1.1.12.7　路面材料分类代码

编号:TJ010112007

数据元名称:路面材料分类代码

中文全拼:lu-mian-cai-liao-fen-lei-dai-ma

定义:路面材料的分类代码。

数据元类型:字符型

数据格式:n1

值域:见5.10

4.1.1.12.8　桥梁水毁长度

编号:TJ010112008

数据元名称:桥梁水毁长度

中文全拼:qiao-liang-shui-hui-chang-du

定义:桥梁发生水毁的长度。

数据元类型:数字型

数据格式:n..10,2

计量单位:延米

4.1.1.12.9　桥梁水毁座数

编号:TJ010112009

数据元名称:桥梁水毁座数

中文全拼:qiao-liang-shui-hui-zuo-shu

定义:桥梁发生水毁的座数。

数据元类型:数字型

数据格式:n..10

计量单位:座

4.1.1.12.10　桥梁水毁损失金额

编号:TJ010112010

数据元名称:桥梁水毁损失金额

中文全拼:qiao-liang-shui-hui-sun-shi-jin-e

定义:桥梁发生水毁造成的经济损失。

数据元类型:数字型

数据格式:n..10,2

计量单位:万元

4.1.1.12.11　涵洞水毁数量

编号:TJ010112011

数据元名称:涵洞水毁数量

中文全拼:han-dong-shui-hui-shu-liang

定义:涵洞发生水毁的数量。

数据元类型:数字型

数据格式:n..10

计量单位:道

4.1.1.12.12　涵洞水毁损失金额

编号:TJ010112012

数据元名称:涵洞水毁损失金额

中文全拼:han-dong-shui-hui-sun-shi-jin-e

定义:涵洞发生水毁造成的经济损失。

数据元类型:数字型

数据格式:n..10,2

计量单位:万元

4.1.1.12.13　护坡水毁体积

编号:TJ010112013

数据元名称:护坡水毁体积

中文全拼:hu-po-shui-hui-ti-ji

定义:护坡发生水毁的体积。

数据元类型:数字型

数据格式:n..10,2

计量单位:立方米(m^3)

4.1.1.12.14　护坡水毁数量

编号:TJ010112014

数据元名称:护坡水毁数量

中文全拼:hu-po-shui-hui-shu-liang

定义:护坡发生水毁的座数。

数据元类型:数字型

数据格式:n..10

计量单位:处

4.1.1.12.15　护坡水毁损失金额

编号:TJ010112015

数据元名称:护坡水毁损失金额

中文全拼:hu-po-shui-hui-sun-shi-jin-e
定义:护坡发生水毁造成的经济损失金额。
数据元类型:数字型
数据格式:n..10,2
计量单位:万元

4.1.1.12.16 驳岸挡墙水毁体积

编号:TJ010112016
数据元名称:驳岸挡墙水毁体积
中文全拼:bo-an-dang-qiang-shui-hui-ti-ji
定义:驳岸挡墙发生水毁的体积。
数据元类型:数字型
数据格式:n..10,2
计量单位:立方米(m^3)

4.1.1.12.17 驳岸挡墙水毁数量

编号:TJ010112017
数据元名称:驳岸挡墙水毁数量
中文全拼:bo-an-dang-qiang-shui-hui-shu-liang
定义:驳岸挡墙发生水毁位置的数量。
数据元类型:数字型
数据格式:n..10
计量单位:处

4.1.1.12.18 驳岸挡墙水毁损失金额

编号:TJ010112018
数据元名称:驳岸挡墙水毁损失金额
中文全拼:bo-an-dang-qiang-shui-hui-sun-shi-jin-e
定义:驳岸挡墙发生水毁造成的经济损失。
数据元类型:数字型
数据格式:n..10,2
计量单位:万元

4.1.1.12.19 坍塌方体积

编号:TJ010112019
数据元名称:坍塌方体积
中文全拼:tan-ta-fang-ti-ji
定义:发生坍塌方的体积。
数据元类型:数字型
数据格式:n..10,2
计量单位:立方米(m^3)

4.1.1.12.20 坍塌方数量

编号:TJ010112020
数据元名称:坍塌方数量
中文全拼:tan-ta-fang-shu-liang
定义:发生坍塌方的位置的数量。
数据元类型:数字型

数据格式:n..10

计量单位:处

4.1.1.12.21 坍塌方损失金额

编号:TJ010112021

数据元名称:坍塌方损失金额

中文全拼:tan-ta-fang-sun-shi-jin-e

定义:坍塌方造成的经济损失金额。

数据元类型:数字型

数据格式:n..10,2

计量单位:万元

4.1.1.12.22 公路水毁中断处数量

编号:TJ010112022

数据元名称:公路水毁中断处数量

中文全拼:gong-lu-shui-hui-zhong-duan-chu-shu-liang

定义:公路发生水毁中断位置的数量。

数据元类型:数字型

数据格式:n..10,2

计量单位:处

备注:同一条路线、不同路段的阻断信息分别填写;同一条路线内,同一个管理单位管辖范围内,因多处阻断致使路段之间不能连续通行的,可作为"一处"阻断统一填报。

4.1.1.12.23 公路水毁中断条数

编号:TJ010112023

数据元名称:公路水毁中断条数

中文全拼:gong-lu-shui-hui- zhong-duan-tiao-shu

定义:因水毁发生中断的公路数量。

数据元类型:数字型

数据格式:n..10

计量单位:条

4.1.1.12.24 国省道公路水毁中断处数量

编号:TJ010112024

数据元名称:国省道公路水毁中断处数量

中文全拼:guo-sheng-dao-gong-lu-shui-hui-zhong-duan-chu-shu-liang

定义:国省道发生水毁中断位置的数量。

数据元类型:数字型

数据格式:n..10

计量单位:处

4.1.1.12.25 国省道公路水毁中断条数

编号:TJ010112025

数据元名称:国省道公路水毁中断条数

中文全拼:guo-sheng-dao-gong-lu-shui-hui-zhong-duan-tiao-shu

定义:因水毁发生中断的国省道数量。

数据元类型:数字型

数据格式:n..10

计量单位:条

4.1.1.12.26　水毁损失金额合计

编号:TJ010112026

数据元名称:水毁损失金额合计

中文全拼:shui-hui-sun-shi-jin-e-he-ji

定义:因水毁造成的总的经济损失。

数据元类型:数字型

数据格式:n..10,2

计量单位:万元

4.1.1.13　公路标志标线情况

4.1.1.13.1　公路标志设置齐全里程

编号:TJ010113001

数据元名称:公路标志设置齐全里程

中文全拼:gong-lu-biao-zhi-she-zhi-qi-quan-li-cheng

定义:公路标志按照 GB 5768 设置的路段里程数。

数据元类型:数字型

数据格式:n..10,3

计量单位:千米(km)

关系:与公路技术等级分类、公路行政等级分类连用。

4.1.1.13.2　公路标志设置不齐全里程

编号:TJ010113002

数据元名称:公路标志设置不齐全里程

中文全拼:gong-lu-biao-zhi-she-zhi-bu-qi-quan-li-cheng

定义:公路标志未按照 GB 5768 设置的路段里程数。

数据元类型:数字型

数据格式:n..10,3

计量单位:千米(km)

关系:与公路技术等级分类、公路行政等级分类连用。

4.1.1.13.3　公路标线划设齐全里程

编号:TJ010113003

数据元名称:公路标线划设齐全里程

中文全拼:gong-lu-biao-xian-hua-she-qi-quan-li-cheng

定义:公路按照 GB 5768 划标线的路段里程数。

数据元类型:数字型

数据格式:n..10,3

计量单位:千米(km)

关系:与公路技术等级分类、公路行政等级分类连用。

4.1.1.13.4　公路标线划设不齐全里程

编号:TJ010113004

数据元名称:公路标线划设不齐全里程

中文全拼:gong-lu-biao-xian-hua-she-bu-qi-quan-li-cheng

定义:公路未按照 GB 5768 划标线的路段里程数。

数据元类型:数字型

数据格式:n..10,3

计量单位:千米(km)

关系:与公路技术等级分类、公路行政等级分类连用。

4.1.1.14 普通公路技术状况

4.1.1.14.1 公路养护质量指数分类代码

编号:TJ010114001

数据元名称:公路养护质量指数分类代码

中文全拼:gong-lu-yang-hu-zhi-liang-zhi-shu-fen-lei-dai-ma

定义:公路养护质量指数分类代码。

数据元类型:字符型

数据格式:n2

值域:见5.11

4.1.1.14.2 普通公路路况评定等级

采用JT/T 697.2—2007的4.1.4。

4.1.1.14.3 普通公路列养里程

编号:TJ010114002

数据元名称:普通公路列养里程

中文全拼:pu-tong-gong-lu-lie-yang-li-cheng

定义:经常性、季节性养护的除高速公路以外的普通公路里程。

数据元类型:数字型

数据格式:n..10,3

计量单位:千米(km)

备注:正在大修和改建的路段不参加评定。

4.1.1.14.4 普通公路实际评定里程

编号:TJ010114003

数据元名称:普通公路实际评定里程

中文全拼:pu-tong-gong-lu-shi-ji-ping-ding-li-cheng

定义:路况评定了等级的普通公路里程。

数据元类型:数字型

数据格式:n..10,3

计量单位:千米(km)

4.1.1.14.5 普通公路优良路率

编号:TJ010114004

数据元名称:普通公路优良路率

中文全拼:pu-tong-gong-lu-you-liang-lu-lv

定义:实际评定结果为优和良的普通公路里程所占的比例。

数据元类型:数字型

数据格式:n..5,2

计量单位:%

4.1.1.14.6 普通公路评定结果

编号:TJ010114005

数据元名称:普通公路评定结果

中文全拼:pu-tong-gong-lu-ping-ding-jie-guo

定义:相应管理等级路线对应指标按里程的加权平均值。

数据元类型:数字型

数据格式:n..7,2

4.1.1.15 高速公路技术状况

4.1.1.15.1 高速公路前进方向代码

编号:TJ010115001

数据元名称:高速公路前进方向代码

中文全拼:gao-su-gong-lu-qian-jin-fang-xiang-dai-ma

定义:高速公路里程桩号前进的方向代码。

数据元类型:字符型

数据格式:n1

值域:见5.12

4.1.1.15.2 高速公路路况评定等级

采用JT/T 697.2—2007的4.1.5。

4.1.1.15.3 高速公路评定里程

编号:TJ010115002

数据元名称:高速公路评定里程

中文全拼:gao-su-gong-lu-ping-ding-li-cheng

定义:路况评定了等级的里程。

数据元类型:数字型

数据格式:n..10,3

计量单位:千米(km)

4.1.1.15.4 高速公路优良路率

编号:TJ010115003

数据元名称:高速公路优良路率

中文全拼:gao-su-gong-lu-you-liang-lu-lv

定义:实际评定结果为优和良的高速公路里程所占的比例。

数据元类型:数字型

数据格式:n..5,2

计量单位:%

4.1.1.15.5 高速公路评定结果

编号:TJ010115004

数据元名称:高速公路评定结果

中文全拼:gao-su-gong-lu-ping-ding-jie-guo

定义:相应管理等级路线对应指标按里程的加权平均值。

数据元类型:数字型

数据格式:n..7,2

4.1.1.16 道路客货运站信息

4.1.1.16.1 客运站数量

编号:TJ010116001

数据元名称:客运站数量

中文全拼:ke-yun-zhan-shu-liang

定义:经道路运输管理机构核定并取得经营许可的客运站数量。

数据元类型:数字型

数据格式:n..10

计量单位:个

关系:与客运站级别连用。

4.1.1.16.2　配备危险品安全检测仪的客运站数量

编号:TJ010116002

数据元名称:配备危险品安全检测仪的客运站数量

中文全拼:pei-bei-wei-xian-pin-an-quan-jian-ce-yi-de-ke-yun-zhan-shu-liang

定义:配备了危险品安全检测仪的客运站的数量。

数据元类型:数字型

数据格式:n..10

计量单位:个

关系:与客运站级别连用。

4.1.1.16.3　客运站级别

采用 JT/T 697.7—2007 的 4.3.1.2.1。

4.1.1.16.4　客运站完成投资额

编号:TJ010116003

数据元名称:客运站完成投资额

中文全拼:ke-yun-zhan-wan-cheng-tou-zi-e

定义:报告期内,客运站完成的固定资产投资额。

数据元类型:数字型

数据格式:n..10,2

计量单位:万元

4.1.1.16.5　客运站完成政府投资额

编号:TJ010116004

数据元名称:客运站完成政府投资额

中文全拼:ke-yun-zhan-wan-cheng-zheng-fu-tou-zi-e

定义:报告期内,客运站完成的投资额中国家预算内资金、部专项资金及地方各级政府财政拨款。

数据元类型:数字型

数据格式:n..10,2

计量单位:万元

4.1.1.16.6　客运站站务人员数

编号:TJ010116005

数据元名称:客运站站务人员数

中文全拼:ke-yun-zhan-zhan-wu-ren-yuan-shu

定义:取得经营许可的客运站(包括等级站、简易站和招呼站)中从事乘务、售票、验票、广播、安全、问事、行包、小件寄存、服务等工作人员的人数。

数据元类型:数字型

数据格式:n..10

计量单位:人

4.1.1.16.7　客运站平均日发班次

编号:TJ010116006

数据元名称:客运站平均日发班次

中文全拼:ke-yun-zhan-ping-jun-ri-fa-ban-ci

定义:报告期内,本辖区内取得经营许可的客运站平均每日发出的班次数。

数据元类型:数字型

数据格式:n..10

计量单位:班次

关系:与客运站级别连用。

4.1.1.16.8 客运站平均日旅客发送量

编号:TJ010116007

数据元名称:客运站平均日旅客发送量

中文全拼:ke-yun-zhan-ping-jun-ri-lv-ke-fa-song-liang

定义:报告期内,本辖区内取得经营许可的客运站平均每日发送的旅客人数。

数据元类型:数字型

数据格式:n..10

计量单位:人次

关系:与客运站级别连用。

4.1.1.16.9 货运站数量

编号:TJ010116008

数据元名称:货运站数量

中文全拼:huo-yun-zhan-shu-liang

定义:经道路运输管理机构核定并取得经营许可的货运站数量。

数据元类型:数字型

数据格式:n..10

计量单位:个

关系:与货运站级别连用。

4.1.1.16.10 货运站级别

采用JT/T 697.7—2007的4.1.4.2.16。

4.1.1.16.11 货运站完成投资合计

编号:TJ010116009

数据元名称:货运站完成投资合计

中文全拼:huo-yun-zhan-wan-cheng-tou-zi-he-ji

定义:报告期内,货运站完成的固定资产投资额。

数据元类型:数字型

数据格式:n..10,2

计量单位:万元

4.1.1.16.12 货运站完成政府投资合计

编号:TJ010116010

数据元名称:货运站完成政府投资合计

中文全拼:huo-yun-zhan-wan-cheng-zheng-fu-tou-zi-he-ji

定义:报告期内,货运站完成的投资额中国家预算内资金、部专项资金及地方各级政府财政拨款的总和。

数据元类型:数字型

数据格式:n..10,2

计量单位:万元

4.1.1.16.13 货运站平均日换算货物吞吐量

编号:TJ010116011

数据元名称:货运站平均日换算货物吞吐量

中文全拼:huo-yun-zhan-ping-jun-ri-huan-suan-huo-wu-tun-tu-liang

定义:报告期内,本辖区内取得经营许可的等级货运站平均每日换算货物吞吐量。

数据元类型:数字型

数据格式:n..10,1

计量单位:万吨

关系:与货运站级别连用。

4.1.1.17 公路养护情况

4.1.1.17.1 公路养护里程

编号:TJ010117001

数据元名称:公路养护里程

中文全拼:gong-lu-yang-hu-li-cheng

定义:被养护的公路里程。

数据元类型:字符型

数据格式:n..10,3

关系:与报告期及建设性质分类、公路行政等级分类、养护资金来源、养护时间分类连用。

4.1.1.17.2 养护资金来源代码

编号:TJ010117002

数据元名称:养护资金来源代码

中文全拼:yang-hu-zi-jin-lai-yuan-dai-ma

定义:根据养护资金来源不同分类的代码。

数据元类型:字符型

数据格式:n1

值域:见5.13

4.1.1.17.3 养护时间分类代码

编号:TJ010117003

数据元名称:养护时间分类代码

中文全拼:yang-hu-shi-jian-fen-lei-dai-ma

定义:根据养护时间不同分类的代码。

数据元类型:字符型

数据格式:n1

值域:见5.14

4.1.1.17.4 断头路里程

编号:TJ010117004

数据元名称:断头路里程

中文全拼:duan-tou-lu-li-cheng

定义:断头路的里程。

数据元类型:数字型

数据格式:n..10,3

关系:与公路行政等级分类连用。

4.1.1.17.5　公路养护工程分类代码

编号:TJ010117005

数据元名称:公路养护工程分类代码

中文全拼:gong-lu-yang-hu-gong-cheng-fen-lei-dai-ma

定义:根据养护工程的工程量分类代码。

数据元类型:字符型

数据格式:n1

值域:见5.15

备注:高速公路的小修保养、中修工程、大修工程、改建工程按照车道里程折算成高速公路的全幅里程。折算方法为:实际养护里程×实际养护车道数/全幅车道数。新建工程项目和高速公路改建项目,按固定资产投资渠道统计填报。

4.1.1.17.6　公路养护投资额

编号:TJ010117006

数据元名称:公路养护投资额

中文全拼:gong-lu-yang-hu-tou-zi-e

定义:用于公路养护的投资额。

数据元类型:数字型

数据格式:n..10,2

计量单位:万元

关系:与公路养护工程分类连用。

4.1.1.17.7　从养路费中支出的公路养护投资额

编号:TJ010117007

数据元名称:从养路费中支出的公路养护投资额

中文全拼:cong-yang-lu-fei-zhong-zhi-chu-de-gong-lu-yang-hu-tou-zi-e

定义:从养路费中支出的用于公路养护的投资额。

数据元类型:数字型

数据格式:n..10,2

计量单位:万元

备注:本年投资中的养路费数应与本辖区用于公路养护的决算数保持一致。

4.1.1.17.8　完成养护的公路里程

编号:TJ010117008

数据元名称:完成养护的公路里程

中文全拼:wan-cheng-yang-hu-de-gong-lu-li-cheng

定义:报告期内完成了养护的公路里程。

数据元类型:数字型

数据格式:n..10,3

计量单位:千米(km)

关系:与公路养护工程分类连用。

4.1.1.18　公路管养机构及职工情况

4.1.1.18.1　干线公路管养单位所在行政区划代码

采用JT/T 697.2—2007的4.1.2。

4.1.1.18.2　农村公路管养单位所在行政区划代码

采用JT/T 697.2—2007的4.1.2。

4.1.1.18.3 公路养护工区(站、道班)数量

编号:TJ010118001

数据元名称:公路养护工区(站、道班)数量

中文全拼:gong-lu-yang-hu-gong-qu(zhan-dao-ban)-shu-liang

定义:填写交通主管部门、公路管理机构或地方政府负责管理的养护工区(站、道班)数量。

数据元类型:数字型

数据格式:n..10

计量单位:个

4.1.1.18.4 公路养护企业数量

编号:TJ010118002

数据元名称:公路养护企业数量

中文全拼:gong-lu-yang-hu-qi-ye-shu-liang

定义:填写养护运行机制改革后,按照《公司法》等相关法律成立的,具有独立法人资格的养护企业数量。

数据元类型:数字型

数据格式:n..10

计量单位:个

4.1.1.18.5 收费公路管养经营企业数量

编号:TJ010118003

数据元名称:收费公路管养经营企业数量

中文全拼:shou-fei-gong-lu-guan-yang-jing-ying-qi-ye-shu-liang

定义:经营性收费公路企业的个数。

数据元类型:数字型

数据格式:n..10

计量单位:个

备注:包括外商独资、中外合资、转让经营权和企业利用国内外贷款修建的公路,收费票据是税务票据。

4.1.1.18.6 公路职工人数

编号:TJ010118004

数据元名称:公路职工人数

中文全拼:gong-lu-zhi-gong-ren-shu

定义:公路管理机构及养护工区(站、道班)的人员数量。

数据元类型:数字型

数据格式:n..10

计量单位:人

备注:公路管理机构是省、地市级、县级公路局(处、段),即负责养护和管理国道、省道及部分重要县乡公路的管理机构。省交通厅、地市、县交通局机关的人员不纳入统计范围。

4.1.1.18.7 公路道班人数

编号:TJ010118005

数据元名称:公路道班人数

中文全拼:gong-lu-dao-ban-ren-shu

定义:公路养护基层单位道班的人员总数。

数据元类型:数字型

数据格式:n..10

计量单位:人

4.1.1.18.8　公路道班固定职工人数

编号:TJ010118006

数据元名称:公路道班固定职工人数

中文全拼:gong-lu-dao-ban-gu-ding-zhi-gong-ren-shu

定义:道班固定职工的人数。

数据元类型:数字型

数据格式:n..10

计量单位:人

4.1.1.18.9　公路管养道班合同制职工人数

编号:TJ010118007

数据元名称:公路管养道班合同制职工人数

中文全拼:gong-lu-guan-yang-dao-ban-he-tong-zhi-zhi-gong-ren-shu

定义:道班合同制职工的人数。

数据元类型:数字型

数据格式:n..10

计量单位:人

4.1.1.18.10　公路管养道班临时用工人数

编号:TJ010118008

数据元名称:公路管养道班临时用工人数

中文全拼:gong-lu-guan-yang-dao-ban-lin-shi-yong-gong-ren-shu

定义:道班临时用工的人数。

数据元类型:数字型

数据格式:n..10

计量单位:人

4.1.1.19　公路应急储备物资及机具信息

4.1.1.19.1　公路应急战备钢梁数量

编号:TJ010119001

数据元名称:公路应急战备钢梁数量

中文全拼:gong-lu-ying-ji-zhan-bei-gang-liang-shu-liang

定义:各地公路部门及其他公路管养部门(县乡公路管理处、高速公路公司、经营企业等)储备的公路应急战备钢梁数量。

数据元类型:数字型

数据格式:n..10,2

计量单位:组

4.1.1.19.2　公路应急储备编织袋数量

编号:TJ010119002

数据元名称:公路应急储备编织袋数量

中文全拼:gong-lu-ying-ji-chu-bei-bian-zhi-dai-shu-liang

定义:各地公路部门及其他公路管养部门储备的编织袋数量。

数据元类型:数字型

数据格式:n..10,2

计量单位:万只

4.1.1.19.3 公路应急储备融雪剂数量

编号:TJ010119003

数据元名称:公路应急储备融雪剂数量

中文全拼:gong-lu-ying-ji-chu-bei-rong-xue-ji-shu-liang

定义:各地公路部门及其他公路管养部门储备的融雪剂数量。

数据元类型:数字型

数据格式:n..10

计量单位:吨(t)

4.1.1.19.4 公路应急保障平板车数量

编号:TJ010119004

数据元名称:公路应急保障平板车数量

中文全拼:gong-lu-ying-ji-bao-zhang-ping-ban-che-shu-liang

定义:各地公路部门及其他公路管养部门储备的平板车数量。

数据元类型:数字型

数据格式:n..10,2

计量单位:辆

4.1.1.19.5 公路应急保障挖掘机数量

编号:TJ010119005

数据元名称:公路应急保障挖掘机数量

中文全拼:gong-lu-ying-ji-bao-zhang-wa-jue-ji-shu-liang

定义:各地公路部门及其他公路管养部门储备的挖掘机数量。

数据元类型:数字型

数据格式:n..10,2

计量单位:台

4.1.1.19.6 公路应急保障推土机数量

编号:TJ010119006

数据元名称:公路应急保障推土机数量

中文全拼:gong-lu-ying-ji-bao-zhang-tui-tu-ji-shu-liang

定义:各地公路部门及其他公路管养部门储备的推土机数量。

数据元类型:数字型

数据格式:n..10,2

计量单位:台

4.1.1.19.7 公路应急保障装载机数量

编号:TJ010119007

数据元名称:公路应急保障装载机数量

中文全拼:gong-lu-ying-ji-bao-zhang-zhuang-zai-ji-shu-liang

定义:各地公路部门及其他公路管养部门储备的装载机数量。

数据元类型:数字型

数据格式:n..10,2

计量单位:台

4.1.1.19.8 公路应急保障抽水机数量

编号:TJ010119008

数据元名称:公路应急保障抽水机数量
中文全拼:gong-lu-ying-ji-bao-zhang-chou-shui-ji-shu-liang
定义:各地公路部门及其他公路管养部门储备的抽水机数量。
数据元类型:数字型
数据格式:n..10,2
计量单位:台

4.1.1.19.9 公路应急保障发电机组数量
编号:TJ010119009
数据元名称:公路应急保障发电机组数量
中文全拼:gong-lu-ying-ji-bao-zhang-fa-dian-ji-zu-shu-liang
定义:各地公路部门及其他公路管养部门储备的发电机组数量。
数据元类型:数字型
数据格式:n..10,2
计量单位:套

4.1.2 水路基础设施

4.1.2.1 内河航道通航信息

4.1.2.1.1 内河航道通航里程
编号:TJ010201001
数据元名称:内河航道通航里程
中文全拼:nei-he-hang-dao-tong-hang-li-cheng
定义:内河航道能通航的里程数。
数据元类型:数字型
数据格式:n..10,3
计量单位:千米(km)
关系:与报告期及建设性质分类、内河航道现状技术等级、内河航段所在河流、内河航段属性连用。

4.1.2.1.2 内河航道现状技术等级
采用JT/T 697.4—2007的5.1.3.5。

4.1.2.1.3 内河航段所在河流代码
采用JT/T 697.4—2007的5.1.2.2。

4.1.2.1.4 内河航段属性
采用JT/T 697.4—2007的5.1.3.11。

4.1.2.2 内河航道维护里程及尺度信息

4.1.2.2.1 航道所在河流名称
采用JT/T 697.4—2007的5.1.2.1。

4.1.2.2.2 航道维护里程
编号:TJ010202001
数据元名称:航道维护里程
中文全拼:hang-dao-wei-hu-li-cheng
定义:航道日常被维护的里程数。
数据元类型:数字型
数据格式:n..10,3
计量单位:千米(km)
关系:与内河航道现状技术等级连用。

4.1.2.2.3 常年海船航道维护里程

编号:TJ010202002

数据元名称:常年海船航道维护里程

中文全拼:chang-nian-hai-chuan-hang-dao-wei-hu-li-cheng

定义:常年航行海船的航道被维护的里程数。

数据元类型:数字型

数据格式:n..10,3

计量单位:千米(km)

备注:常年海船航道包括目前常年通航3000t和3000t以上海船的航道里程。

4.1.2.2.4 航道未维护里程

编号:TJ010202003

数据元名称:航道未维护里程

中文全拼:hang-dao-wei-wei-hu-li-cheng

定义:航道日常没有被维护的里程数。

数据元类型:数字型

数据格式:n..10,3

计量单位:千米(km)

4.1.2.2.5 航道维护类别

采用JT/T 697.4—2007的5.1.5.1。

4.1.2.2.6 计划维护水深

采用JT/T 697.4—2007的5.1.5.4。

4.1.2.2.7 计划维护航宽

采用JT/T 697.4—2007的5.1.5.5。

4.1.2.2.8 计划维护弯曲半径

采用JT/T 697.4—2007的5.1.5.6。

4.1.2.2.9 计划维护标准水深保证率

采用JT/T 697.4—2007的5.1.5.7。

4.1.2.2.10 实际维护水深

采用JT/T 697.4—2007的5.1.5.8。

4.1.2.2.11 实际维护航宽

采用JT/T 697.4—2007的5.1.5.9。

4.1.2.2.12 实际维护弯曲半径

采用JT/T 697.4—2007的5.1.5.10。

4.1.2.2.13 实际维护标准水深保证率

采用JT/T 697.4—2007的5.1.5.11。

4.1.2.3 内河航道构造物信息

4.1.2.3.1 内河航道枢纽数量

编号:TJ010203001

数据元名称:内河航道枢纽数量

中文全拼:nei-he-hang-dao-shu-niu-shu-liang

定义:内河航道上枢纽的个数。

数据元类型:数字型

数据格式:n..10,2

计量单位:处

关系:与报告期及建设性质分类代码、内河航道现状技术等级连用。

4.1.2.3.2　具有通航设施的枢纽数量

编号:TJ010203002

数据元名称:具有通航设施的枢纽数量

中文全拼:ju-you-tong-hang-she-shi-de-shu-niu-shu-liang

定义:内河航道上具有通航设施的枢纽个数。

数据元类型:数字型

数据格式:n..10

计量单位:处

关系:与报告期及建设性质分类代码、内河航道现状技术等级连用。

4.1.2.3.3　过船建筑物数量

编号:TJ010203003

数据元名称:过船建筑物数量

中文全拼:guo-chuan-jian-zhu-wu-shu-liang

定义:内河航道上过船建筑物的数量。

数据元类型:数字型

数据格式:n..10

计量单位:座

4.1.2.3.4　整治建筑物数量

编号:TJ010203004

数据元名称:整治建筑物数量

中文全拼:zheng-zhi-jian-zhu-wu-shu-liang

定义:内河航道上整治建筑物的数量。

数据元类型:数字型

数据格式:n..10

计量单位:座

4.1.2.3.5　船闸数量

编号:TJ010203005

数据元名称:船闸数量

中文全拼:chuan-zha-shu-liang

定义:内河航道上船闸的个数。

数据元类型:数字型

数据格式:n..10

计量单位:座

关系:与报告期及建设性质分类、内河航道现状技术等级连用。

4.1.2.3.6　升船机数量

编号:TJ010203006

数据元名称:升船机数量

中文全拼:sheng-chuan-ji-shu-liang

定义:内河航道上升船机的个数。

数据元类型:数字型

数据格式:n..10

计量单位:座

关系:与报告期及建设性质分类、内河航道现状技术等级连用。

4.1.2.3.7 套闸数量

编号:TJ010205007

数据元名称:套闸数量

中文全拼:tao-zha-shu-liang

定义:内河航道上套闸的数量。

数据元类型:数字型

数据格式:n..10

计量单位:座

4.1.2.3.8 无故障船闸数量

编号:TJ010203008

数据元名称:无故障船闸数量

中文全拼:wu-gu-zhang-chuan-zha-shu-liang

定义:内河航道上能正常使用的船闸个数。

数据元类型:数字型

数据格式:n..10

计量单位:座

关系:与报告期及建设性质分类、内河航道现状技术等级连用。

4.1.2.3.9 无故障升船机数量

编号:TJ010203009

数据元名称:无故障升船机数量

中文全拼:wu-gu-zhang-sheng-chuan-ji-shu-liang

定义:内河航道上能正常使用的升船机个数。

数据元类型:数字型

数据格式:n..10

计量单位:座

关系:与报告期及建设性质分类、内河航道现状技术等级连用。

4.1.2.4 航道设标情况

4.1.2.4.1 设标里程

编号:TJ010204001

数据元名称:设标里程

中文全拼:she-biao-li-cheng

定义:内河航道上设有航标的里程。

数据元类型:数字型

数据格式:n..10

计量单位:千米(km)

关系:与航标配布类别连用。

4.1.2.4.2 航标配布类别

采用 JT/T 697.4—2007 的 5.1.5.2。

4.1.2.4.3 设标数量

编号:TJ010204002

数据元名称:设标数量

中文全拼:she-biao-shu-liang
定义:内河航道上设置航标的数量。
数据元类型:数字型
数据格式:n..10
计量单位:座

4.1.2.4.4 岸标数量

编号:TJ010204003
数据元名称:岸标数量
中文全拼:an-biao-shu-liang
定义:内河航道上设置岸标的数量。
数据元类型:数字型
数据格式:n..10
计量单位:座

4.1.2.4.5 浮标数量

编号:TJ010204004
数据元名称:浮标数量
中文全拼:fu-biao-shu-liang
定义:内河航道上设置浮标的数量。
数据元类型:数字型
数据格式:n..10
计量单位:座

4.1.2.4.6 信号标数量

编号:TJ010204005
数据元名称:信号标数量
中文全拼:xin-hao-biao-shu-liang
定义:内河航道上设置信号标的数量。
数据元类型:数字型
数据格式:n..10
计量单位:座

4.1.2.4.7 发光航标数量

编号:TJ010204006
数据元名称:发光航标数量
中文全拼:fa-guang-hang-biao-shu-liang
定义:内河航道上设置发光航标的数量。
数据元类型:数字型
数据格式:n..10
计量单位:座

4.1.2.4.8 航标维护计划工作量

编号:TJ010204007
数据元名称:航标维护计划工作量
中文全拼:hang-biao-wei-hu-ji-hua-gong-zuo-liang
定义:内河航道维护的计划工作量。
数据元类型:数字型

数据格式:n..10

计量单位:座天

4.1.2.4.9 航标维护实际业绩

编号:TJ010204008

数据元名称:航标维护实际业绩

中文全拼:hang-biao-wei-hu-shi-ji-ye-ji

定义:内河航道维护的实际业绩。

数据元类型:数字型

数据格式:n..10

计量单位:座天

4.1.2.4.10 航标维护计划正常率

编号:TJ010204009

数据元名称:航标维护计划正常率

中文全拼:hang-biao-wei-hu-ji-hua-zheng-chang-lv

定义:内河航道维护的计划正常率。

数据元类型:数字型

数据格式:n..5,2

计量单位:%

4.1.2.4.11 航标维护实际正常率

编号:TJ010204010

数据元名称:航标维护实际正常率

中文全拼:hang-biao-wei-hu-shi-ji-zheng-chang-lv

定义:内河航道维护的实际正常率。

数据元类型:数字型

数据格式:n..5,2

计量单位:%

4.1.2.5 主要过船建筑物技术状况

4.1.2.5.1 过船建筑物名称

采用 JT/T 697.4—2007 的 5.3.1.1.1。

4.1.2.5.2 过船建筑物所在河流及距河口里程

采用 JT/T 697.4—2007 的 5.3.1.1.4。

4.1.2.5.3 过船建筑物型式

采用 JT/T 697.4—2007 的 5.2.2.1.2。

4.1.2.5.4 过船建筑物水级

采用 JT/T 697.4—2007 的 5.2.1.5。

4.1.2.5.5 通航船舶吨级

采用 JT/T 697.4—2007 的 5.2.2.1.3。

4.1.2.5.6 闸室或承船厢有效长度

采用 JT/T 697.4—2007 的 5.2.2.4.4。

4.1.2.5.7 闸室或承船厢有效宽度

采用 JT/T 697.4—2007 的 5.2.2.4.5。

4.1.2.5.8 船闸闸槛最小水深

采用 JT/T 697.4—2007 的 5.2.2.4.7。

4.1.2.5.9 过船建筑物年设计单向通过能力

采用 JT/T 697.4—2007 的 5.2.2.1.4。

4.1.2.5.10 过船建筑物现有技术状况等级代码

编号:TJ010205001

数据元名称:过船建筑物现有技术状况等级代码

中文全拼:guo-chuan-jian-zhu-wu-xian-you-ji-shu-zhuang-kuang-deng-ji-dai-ma

定义:根据过船建筑物技术状况的情况进行分类的代码。

数据元类型:字符型

数据格式:n1

值域:见 5.16

4.1.2.5.11 上行运行闸次

编号:TJ010205002

数据元名称:上行运行闸次

中文全拼:shang-xing-yun-xing-zha-ci

定义:上行方向运行闸的次数。

数据元类型:数字型

数据格式:n..10

计量单位:次

4.1.2.5.12 上行过船艘次

编号:TJ010205003

数据元名称:上行过船艘次

中文全拼:shang-xing-guo-chuan-sou-ci

定义:上行方向通过船舶的艘数。

数据元类型:数字型

数据格式:n..10

计量单位:艘次

4.1.2.5.13 上行过货吨数

编号:TJ010205004

数据元名称:上行过货吨数

中文全拼:shang-xing-guo-huo-dun-shu

定义:上行方向通过货物的数量。

数据元类型:数字型

数据格式:n..10,1

计量单位:万吨

4.1.2.5.14 上行过客人次

编号:TJ010205005

数据元名称:上行过客人次

中文全拼:shang-xing-guo-ke-ren-ci

定义:上行方向通过的旅客人数。

数据元类型:数字型

数据格式:n..10

计量单位:万人次

4.1.2.5.15　下行运行闸次

编号:TJ010205006

数据元名称:下行运行闸次

中文全拼:xia-xing-yun-xing-zha-ci

定义:下行方向运行闸的次数。

数据元类型:数字型

数据格式:n..10

计量单位:次

4.1.2.5.16　下行过船艘次

编号:TJ010205007

数据元名称:下行过船艘次

中文全拼:xia-xing-guo-chuan-sou-ci

定义:下行方向通过船舶的艘数。

数据元类型:数字型

数据格式:n..10

计量单位:艘次

4.1.2.5.17　下行过货吨数

编号:TJ010205008

数据元名称:下行过货吨数

中文全拼:xia-xing-guo-huo-dun-shu

定义:下行方向通过货物的数量。

数据元类型:数字型

数据格式:n..10,1

计量单位:万吨

4.1.2.5.18　下行过客人次

编号:TJ010205009

数据元名称:下行过客人次

中文全拼:xia-xing-guo-ke-ren-ci

定义:下行方向通过的旅客人数。

数据元类型:数字型

数据格式:n..10

计量单位:万人次

4.1.2.5.19　修理天数

编号:TJ010205010

数据元名称:修理天数

中文全拼:xiu-li-tian-shu

定义:报告期内,过船建筑物修理的时间。

数据元类型:数字型

数据格式:n..10

计量单位:天

4.1.2.5.20　运行时间保证率

编号:TJ010205011

数据元名称:运行时间保证率

中文全拼:yun-xing-shi-jian-bao-zheng-lv

定义:过船建筑物运行时间占报告期总时间的百分比。

数据元类型:数字型

数据格式:n..5,2

计量单位:%

4.1.3 港口基础设施

4.1.3.1 港口码头泊位信息

4.1.3.1.1 港口管理单位

采用 JT/T 697.3—2007 的 4.1.1.25。

4.1.3.1.2 港口名称

采用 JT/T 697.3—2007 的 4.1.1.1。

4.1.3.1.3 港区名称

采用 JT/T 697.3—2007 的 4.1.1.15。

4.1.3.1.4 港口企业或码头单位

采用 JT/T 697.3—2007 的 4.1.3.6。

4.1.3.1.5 企业经济类型代码

编号:TJ010301001

数据元名称:企业经济类型代码

中文全拼:qi-ye-jing-ji-lei-xing-dai-ma

定义:企业按经济类型分类的代码。

数据元类型:字符型

数据格式:n3

值域:见 5.17

4.1.3.1.6 泊位名称

采用 JT/T 697.3—2007 的 4.1.3.17。

4.1.3.1.7 泊位代码

采用 JT/T 697.3—2007 的 4.1.3.18。

4.1.3.1.8 泊位属性代码

编号:TJ010301002

数据元名称:泊位属性代码

中文全拼:bo-wei-shu-xing-dai-ma

定义:根据泊位属性的不同进行分类的代码。

数据元类型:字符型

数据格式:n1

值域:见 5.18

4.1.3.1.9 泊位所在水系

采用 JT/T 697.3—2007 的 4.1.1.11。

4.1.3.1.10 泊位生产类型代码

编号:TJ010301003

数据元名称:泊位生产类型代码

中文全拼:bo-wei-sheng-chan-lei-xing-dai-ma

定义:根据泊位生产类型的不同而进行分类的代码。

数据元类型:字符型

数据格式:n2

值域:见 5.19

4.1.3.1.11 泊位服务类型

采用 JT/T 697.3—2007 的 4.1.3.21。

4.1.3.1.12 泊位结构形式

采用 JT/T 697.3—2007 的 4.1.3.3。

4.1.3.1.13 泊位主要用途

采用 JT/T 697.3—2007 的 4.1.3.7。

4.1.3.1.14 投产年份

编号:TJ010301004

数据元名称:投产年份

中文全拼:tou-chan-nian-fen

定义:泊位投产使用的年份。

数据元类型:日期型

数据格式:YYYY

4.1.3.1.15 设计前沿水深

采用 JT/T 697.3—2007 的 4.1.3.11。

4.1.3.1.16 实际前沿水深

采用 JT/T 697.3—2007 的 4.1.3.12。

4.1.3.1.17 泊位长度

采用 JT/T 697.3—2007 的 4.1.3.22。

4.1.3.1.18 泊位个数

采用 JT/T 697.3—2007 的 4.1.3.8。

4.1.3.1.19 设计靠泊能力

采用 JT/T 697.3—2007 的 4.1.3.34。

4.1.3.1.20 泊位设计年通过散装件杂货物数量

编号:TJ010301005

数据元名称:泊位设计年通过散装件杂货物数量

中文全拼:bo-wei-she-ji-nian-tong-guo-san-zhuang-jian-za-huo-wu-shu-liang

定义:散杂货物、件杂货物泊位的设计年通过能力。

数据元类型:数字型

数据格式:n..10,1

计量单位:万吨

备注:光板码头、驳岸等无固定设备的码头和浮筒不统计年综合通过能力。

4.1.3.1.21 泊位设计年通过集装箱数量

编号:TJ010301006

数据元名称:泊位设计年通过集装箱数量

中文全拼:bo-wei-she-ji-nian-tong-guo-ji-zhuang-xiang-shu-liang

定义:泊位运送集装箱的设计通过能力。

数据元类型:数字型

数据格式:n..10,1

计量单位:万 TEU/万吨

4.1.3.1.22 泊位设计年通过旅客数量

编号:TJ010301007

数据元名称:泊位设计年通过旅客数量

中文全拼:bo-wei-she-ji-nian-tong-guo-lv-ke-shu-liang

定义:泊位运送旅客的设计通过能力。

数据元类型:数字型

数据格式:n..10,1

计量单位:万人

4.1.3.1.23 泊位设计年通过汽车数量

编号:TJ010301008

数据元名称:泊位设计年通过汽车数量

中文全拼:bo-wei-she-ji-nian-tong-guo-qi-che-shu-liang

定义:泊位运送汽车的设计通过能力。

数据元类型:数字型

数据格式:n..10,1

计量单位:万标辆/万吨

4.1.3.1.24 泊位核查年通过散装件杂货物数量

编号:TJ010301009

数据元名称:泊位核查年通过散装件杂货物数量

中文全拼:bo-wei-he-cha-nian-tong-guo-san-zhuang-jian-za-huo-wu-shu-liang

定义:在能力核查中,泊位运送散装件杂货物的核定通过能力。

数据元类型:数字型

数据格式:n..10,1

计量单位:万吨

4.1.3.1.25 泊位核查年通过集装箱数量

编号:TJ010301010

数据元名称:泊位核查年通过集装箱数量

中文全拼:bo-wei-he-cha-nian-tong-guo-ji-zhuang-xiang-shu-liang

定义:在能力核查中,泊位运送集装箱的核定通过能力。

数据元类型:数字型

数据格式:n..10,1

计量单位:万 TEU/万吨

4.1.3.1.26 泊位核查年通过旅客数量

编号:TJ010301011

数据元名称:泊位核查年通过旅客数量

中文全拼:bo-wei-he-cha-nian-tong-guo-lv-ke-shu-liang

定义:在能力核查中,泊位运送旅客的核定通过能力。

数据元类型:数字型

数据格式:n..10,1

计量单位:万人

4.1.3.1.27 泊位核查年通过汽车数量

编号:TJ010301012

数据元名称:泊位核查年通过汽车数量

中文全拼:bo-wei-he-cha-nian-tong-guo-qi-che-shu-liang

定义:在能力核查中,泊位运送汽车的核定通过能力。

数据元类型:数字型

数据格式:n..10,1

计量单位:万标辆/万吨

4.1.3.1.28 泊位增减说明代码

编号:TJ010301013

数据元名称:泊位增减说明代码

中文全拼:bo-wei-zeng-jian-shuo-ming-dai-ma

定义:对泊位变化情况进行分类的代码,一个泊位的任一指标发生变化都视为该泊位变更。

数据元类型:字符型

数据格式:n2

值域:见5.20

4.1.3.1.29 生产用码头总延米

编号:TJ010301014

数据元名称:生产用码头总延米

中文全拼:sheng-chan-yong-ma-tou-zong-yan-mi

定义:生产用码头的总长度。

数据元类型:数字型

数据格式:n..10

计量单位:米(m)

备注:规模以上港口所有的设施、设备均纳入统计,包括经批准封存、国家征用、租借给其他单位使用,产权仍属港口或港口企业的设施、设备。不包括从其他单位租入、借入的设备以及未经验收尚未交付使用的设施、设备。

4.1.3.1.30 生产用码头泊位个数

编号:TJ010301015

数据元名称:生产用码头泊位个数

中文全拼:sheng-chan-yong-ma-tou-bo-wei-ge-shu

定义:生产用码头泊位的个数。

数据元类型:数字型

数据格式:n..10

计量单位:个

4.1.3.1.31 万吨级生产用码头泊位个数

编号:TJ010301016

数据元名称:万吨级生产用码头泊位个数

中文全拼:wan-dun-ji-sheng-chan-yong-ma-tou-bo-wei-ge-shu

定义:万吨级生产用码头泊位的个数。

数据元类型:数字型

数据格式:n..10

计量单位:个

4.1.3.1.32 非生产用码头总延米

编号:TJ010301017

数据元名称:非生产用码头总延米

中文全拼:fei-sheng-chan-yong-ma-tou-zong-yan-mi
定义:非生产用码头的总长度。
数据元类型:数字型
数据格式:n..10
计量单位:米(m)

4.1.3.1.33 非生产用码头泊位个数
编号:TJ010301018
数据元名称:非生产用码头泊位个数
中文全拼:fei-sheng-chan-yong-ma-tou-bo-wei-ge-shu
定义:非生产用码头泊位的个数。
数据元类型:数字型
数据格式:n..10
计量单位:个

4.1.3.1.34 供应船码头总延米
编号:TJ010301019
数据元名称:供应船码头总延米
中文全拼:gong-ying-chuan-ma-tou-zong-yan-mi
定义:供应船码头的总长度。
数据元类型:数字型
数据格式:n..10
计量单位:米(m)

4.1.3.1.35 供应船码头泊位个数
编号:TJ010301020
数据元名称:供应船码头泊位个数
中文全拼:gong-ying-chuan-ma-tou-bo-wei-ge-shu
定义:供应船码头泊位的个数。
数据元类型:数字型
数据格式:n..10
计量单位:个

4.1.3.1.36 工作船码头总延米
编号:TJ010301021
数据元名称:工作船码头总延米
中文全拼:gong-zuo-chuan-ma-tou-zong-yan-mi
定义:工作船码头的总长度。
数据元类型:数字型
数据格式:n..10
计量单位:米(m)

4.1.3.1.37 工作船码头泊位个数
编号:TJ010301022
数据元名称:工作船码头泊位个数
中文全拼:gong-zuo-chuan-ma-tou-bo-wei-ge-shu
定义:工作船码头泊位的个数。
数据元类型:数字型

数据格式:n..10

计量单位:个

4.1.3.1.38 浮筒泊位个数

编号:TJ010301023

数据元名称:浮筒泊位个数

中文全拼:fu-tong-bo-wei-ge-shu

定义:浮筒泊位的个数。

数据元类型:数字型

数据格式:n..10

计量单位:个

4.1.3.1.39 万吨级浮筒泊位个数

编号:TJ010301024

数据元名称:万吨级浮筒泊位个数

中文全拼:wan-dun-ji-fu-tong-bo-wei-ge-shu

定义:万吨级浮筒泊位的个数。

数据元类型:数字型

数据格式:n..10

计量单位:个

4.1.3.2 港口仓库堆场信息

4.1.3.2.1 生产用库场面积

采用 JT/T 697.3—2007 的 4.1.2.3。

4.1.3.2.2 生产用库场容量

采用 JT/T 697.3—2007 的 4.1.2.4。

4.1.3.2.3 生产用库场分类代码

编号:TJ010302001

数据元名称:生产用库场分类代码

中文全拼:sheng-chan-yong-ku-chang-fen-lei-dai-ma

定义:根据生产用库场的用途进行分类的代码。

数据元类型:字符型

数据格式:n1

值域:见 5.21

4.1.3.2.4 非生产用库场总面积

采用 JT/T 697.3—2007 的 4.1.2.3。

4.1.3.2.5 非生产用库场中机械库场面积

采用 JT/T 697.3—2007 的 4.1.2.3。

4.1.3.2.6 非生产用库场中材料库场面积

采用 JT/T 697.3—2007 的 4.1.2.3。

4.1.3.2.7 长期出租外借的仓库堆场总面积

采用 JT/T 697.3—2007 的 4.1.2.3。

4.1.3.2.8 长期出租外借的仓库面积

采用 JT/T 697.3—2007 的 4.1.2.3。

4.1.3.2.9 长期出租外借的堆场面积

采用 JT/T 697.3—2007 的 4.1.2.3。

4.1.3.3 港口铁路专用线信息

4.1.3.3.1 铁路专用线总延米

采用 JT/T 697.3—2007 的 4.1.4.3。

4.1.3.3.2 铁路专用线中装卸线

采用 JT/T 697.3—2007 的 4.1.4.4。

4.2 交通生产装备

4.2.1 公路运输装备

4.2.1.1 公路旅客营运车辆拥有情况

4.2.1.1.1 公路客运营运车辆总数

编号:TJ020101001

数据元名称:公路客运营运车辆总数

中文全拼:gong-lu-ke-yun-ying-yun-che-liang-zong-shu

定义:在公路运输管理部门注册登记的,年审合格的从事公路旅客运输的营业性运输工具的数量。

数据元类型:数字型

数据格式:n..10

计量单位:辆

关系:与载客汽车按标记客位分类、按车长分类、按等级分类、按经营范围分类、按燃料类型分类连用。

4.2.1.1.2 公路客运营运车辆的客位总数

编号:TJ020101002

数据元名称:公路客运营运车辆的客位总数

中文全拼:gong-lu-ke-yun-ying-yun-che-liang-de-ke-wei-zong-shu

定义:公路客运车辆的客位数量。

数据元类型:数字型

数据格式:n..10

计量单位:客位

关系:与载客汽车按标记客位分类、按车长分类、按等级分类、按经营范围分类、按燃料类型分类连用。

4.2.1.1.3 公路载客汽车数量

编号:TJ020101003

数据元名称:公路载客汽车数量

中文全拼:gong-lu-zai-ke-qi-che-shu-liang

定义:客运车辆中汽车的数量。

数据元类型:数字型

数据格式:n..10

计量单位:辆

关系:与载客汽车按标记客位分类、按车长分类、按等级分类连用。

4.2.1.1.4 公路载客汽车的客位数量

编号:TJ020101004

数据元名称:公路载客汽车的客位数量

中文全拼:gong-lu-zai-ke-qi-che-de-ke-wei-shu-liang

定义:公路客运载客汽车的客位数量。

数据元类型:数字型

数据格式:n..10

计量单位:客位

关系:与载客汽车按标记客位分类、按车长分类、按等级分类连用。

4.2.1.1.5 公路卧铺载客汽车数量

编号:TJ020101005

数据元名称:公路卧铺载客汽车数量

中文全拼:gong-lu-wo-pu-zai-ke-qi-che-shu-liang

定义:具有固定的躺卧设施,用于旅客运输的客车数量。

数据元类型:数字型

数据格式:n..10

计量单位:辆

关系:与载客汽车按标记客位分类、按车长分类、按等级分类连用。

4.2.1.1.6 公路卧铺载客汽车的客位数量

编号:TJ020101006

数据元名称:公路卧铺载客汽车的客位数量

中文全拼:gong-lu-wo-pu-zai-ke-qi-che-de-ke-wei-shu-liang

定义:公路客运卧铺载客汽车的客位数量。

数据元类型:数字型

数据格式:n..10

计量单位:客位

关系:与载客汽车按标记客位分类、按车长分类、按等级分类连用。

备注:统计时,一个铺位统计为一个客位。

4.2.1.1.7 其他载客机动车数量

编号:TJ020101007

数据元名称:其他载客机动车数量

中文全拼:qi-ta-zai-ke-ji-dong-che-shu-liang

定义:客运车辆中除汽车以外的机动车数量。

数据元类型:数字型

数据格式:n..10

计量单位:辆

关系:与载客汽车按标记客位分类、按车长分类、按等级分类连用。

4.2.1.1.8 其他个体载客机动车数量

编号:TJ020101008

数据元名称:其他个体载客机动车数量

中文全拼:qi-ta-ge-ti-zai-ke-ji-dong-che-shu-liang

定义:客运车辆中,除汽车以外的个体营运机动车的数量。

数据元类型:数字型

数据格式:n..10

计量单位:辆

4.2.1.1.9 其他载客机动车的客位数量

编号:TJ020101009

数据元名称:其他载客机动车的客位数量

中文全拼:qi-ta-zai-ke-ji-dong-che-de-ke-wei-shu-liang

定义:其他载客机动车的客位数量。
数据元类型:数字型
数据格式:n..10
计量单位:客位

4.2.1.1.10 机动车按标记客位分类代码
编号:TJ020101010
数据元名称:机动车按标记客位分类代码
中文全拼:ji-dong-che-an-biao-ji-ke-wei-fen-lei-dai-ma
定义:根据载客汽车标记的客位进行分类的代码。
数据元类型:字符型
数据格式:n1
值域:见5.22

4.2.1.1.11 载客汽车按车长分类的代码
编号:TJ020101011
数据元名称:载客汽车按车长分类代码
中文全拼:zai-ke-qi-che-an-che-chang-fen-lei-dai-ma
定义:根据载客汽车的车长进行分类的代码。
数据元类型:字符型
数据格式:n1
值域:见5.23

4.2.1.1.12 载客汽车按等级分类代码
编号:TJ020101012
数据元名称:载客汽车按等级分类代码
中文全拼:zai-ke-qi-che-an-deng-ji-fen-lei-dai-ma
定义:根据载客汽车的等级进行分类的代码。
数据元类型:字符型
数据格式:n1
值域:见5.24

4.2.1.1.13 载客汽车按经营范围分类代码
编号:TJ020101013
数据元名称:载客汽车按经营范围分类代码
中文全拼:zai-ke-qi-che-an-jing-ying-fan-wei-fen-lei-dai-ma
定义:根据载客汽车的经营范围进行分类的代码。
数据元类型:字符型
数据格式:n2
值域:见5.25

4.2.1.1.14 车辆按燃料类型分类代码
编号:TJ020101014
数据元名称:车辆按燃料类型分类代码
中文全拼:che-liang-an-ran-liao-lei-xing-fen-lei-dai-ma
定义:根据汽车使用燃料的不同进行分类的代码。
数据元类型:字符型
数据格式:n1

值域:见5.26

4.2.1.1.15 安装GPS的载客汽车数量

编号:TJ020101015

数据元名称:安装GPS的载客汽车数量

中文全拼:an-zhuang-GPS-de-zai-ke-qi-che-shu-liang

定义:安装了GPS的载客汽车的数量。

数据元类型:数字型

数据格式:n..10

计量单位:辆

4.2.1.1.16 安装行驶记录仪的载客汽车数量

编号:TJ020101016

数据元名称:安装行驶记录仪的载客汽车数量

中文全拼:an-zhuang-xing-shi-ji-lu-yi-de-zai-ke-qi-che-shu-liang

定义:安装了行驶记录仪的载客汽车的数量。

数据元类型:数字型

数据格式:n..10

计量单位:辆

4.2.1.2 公路货物营运车辆拥有情况

4.2.1.2.1 公路货物营运车数量

编号:TJ020102001

数据元名称:公路货物营运车数量

中文全拼:gong-lu-huo-wu-ying-yun-che-shu-liang

定义:在公路运输管理部门注册登记的、年审合格的、从事公路货物运输的营业性运输工具的数量。

数据元类型:数字型

数据格式:n..10

计量单位:辆

关系:与载货汽车按车型结构分类、载货汽车按经营范围分类、机动车按标记吨位分类连用。

4.2.1.2.2 公路货物营运车吨位

采用JT/T 697.7—2007的4.1.5.13。

4.2.1.2.3 个体营运载货车辆数量

编号:TJ020102002

数据元名称:个体营运载货车辆数量

中文全拼:ge-ti-ying-yun-zai-huo-che-liang-shu-liang

定义:在道路运输证中,“经济类型”项注明为“个体”的货车数量。

数据元类型:数字型

数据格式:n..10

计量单位:辆

关系:与载货汽车按车型结构分类、经营范围分类和机动车按标记吨位分类连用。

4.2.1.2.4 个体营运载货车辆吨位

采用JT/T 697.7—2007的4.1.5.13。

4.2.1.2.5 公路载货汽车数量

编号:TJ020102003

数据元名称:公路载货汽车数量

中文全拼:gong-lu-zai-huo-qi-che-shu-liang

定义:货运车辆中汽车的数量。

数据元类型:数字型

数据格式:n..10,2

计量单位:吨位

关系:与载货汽车按车型结构分类、经营范围分类和机动车按标记吨位分类连用。

4.2.1.2.6 机动车按标记吨位分类代码

编号:TJ020102004

数据元名称:机动车按标记吨位分类代码

中文全拼:ji-dong-che-an-biao-ji-dun-wei-fen-lei-dai-ma

定义:根据机动车的标记吨位进行分类的代码。

数据元类型:字符型

数据格式:n2

值域:见5.27

4.2.1.2.7 载货汽车按车型结构分类代码

编号:TJ020102005

数据元名称:载货汽车按车型结构分类代码

中文全拼:zai-huo-qi-che-an-che-xing-jie-gou-fen-lei-dai-ma

定义:根据载货汽车的车型结构进行分类的代码。

数据元类型:字符型

数据格式:n2

值域:见5.28

4.2.1.2.8 载货汽车按经营范围分类代码

编号:TJ020102006

数据元名称:载货汽车按经营范围分类代码

中文全拼:zai-huo-qi-che-an-jing-ying-fan-wei-fen-lei-dai-ma

定义:根据载货汽车的经营范围进行分类的代码。

数据元类型:字符型

数据格式:n3

值域:见5.29

4.2.1.2.9 安装GPS的载货汽车数量

编号:TJ020102007

数据元名称:安装GPS的载货汽车数量

中文全拼:an-zhuang-GPS-de-zai-huo-qi-che-shu-liang

定义:安装了GPS的载货汽车的数量。

数据元类型:数字型

数据格式:n..10

计量单位:辆

关系:与载货汽车按车型结构分类和经营范围分类连用。

4.2.1.2.10 安装GPS的载货汽车吨位

编号:TJ020102008

数据元名称:安装GPS的载货汽车吨位

中文全拼:an-zhuang-GPS-de-zai-huo-qi-che-dun-wei

定义:安装了 GPS 的载货汽车的吨位。
数据元类型:数字型
数据格式:n..10,2
计量单位:吨位
关系:与载货汽车按车型结构分类和经营范围分类连用。

4.2.1.2.11 安装行驶记录仪的载货汽车数量

编号:TJ020102009
数据元名称:安装行驶记录仪的载货汽车数量
中文全拼:an-zhuang-xing-shi-ji-lu-yi-de-zai-huo-qi-che-shu-liang
定义:安装了行驶记录仪的载货汽车的数量。
数据元类型:数字型
数据格式:n..10
计量单位:辆
关系:与载货汽车按车型结构分类和经营范围分类连用。

4.2.1.2.12 安装行驶记录仪的载货汽车吨位

编号:TJ020102010
数据元名称:安装行驶记录仪的载货汽车吨位
中文全拼:an-zhuang-xing-shi-ji-lu-yi-de-zai-huo-qi-che-dun-wei
定义:安装了行驶记录仪的载货汽车的吨位。
数据元类型:数字型
数据格式:n..10,2
计量单位:吨位
关系:与载货汽车按车型结构分类和经营范围分类连用。

4.2.1.2.13 其他载货机动车数量

编号:TJ020102011
数据元名称:其他载货机动车数量
中文全拼:qi-ta-zai-huo-ji-dong-che-shu-liang
定义:除载货汽车以外的其他载货机动车的数量。
数据元类型:数字型
数据格式:n..10
计量单位:辆

4.2.1.2.14 其他载货机动车吨位

编号:TJ020102012
数据元名称:其他载货机动车吨位
中文全拼:qi-ta-zai-huo-ji-dong-che-dun-wei
定义:除载货汽车以外的其他载货机动车的吨位。
数据元类型:数字型
数据格式:n..10,2
计量单位:吨位

4.2.1.2.15 其他个体载货机动车数量

编号:TJ020102013
数据元名称:其他个体载货机动车数量
中文全拼:qi-ta-ge-ti-zai-huo-ji-dong-che-shu-liang

定义:除载货汽车以外的其他个体载货机动车的数量。
数据元类型:数字型
数据格式:n..10
计量单位:辆

4.2.1.2.16 其他个体载货机动车吨位
编号:TJ020102014
数据元名称:其他个体载货机动车吨位
中文全拼:qi-ta-ge-ti-zai-huo-ji-dong-che-dun-wei
定义:除载货汽车以外的其他个体载货机动车的吨位。
数据元类型:数字型
数据格式:n..10,2
计量单位:吨位

4.2.1.2.17 轮胎式拖拉机数量
编号:TJ020102015
数据元名称:轮胎式拖拉机数量
中文全拼:lun-tai-shi-tuo-la-ji-shu-liang
定义:轮胎式拖拉机的数量。
数据元类型:数字型
数据格式:n..10
计量单位:辆

4.2.1.2.18 轮胎式拖拉机吨位
编号:TJ020102016
数据元名称:轮胎式拖拉机吨位
中文全拼:lun-tai-shi-tuo-la-ji-dun-wei
定义:轮胎式拖拉机的吨位。
数据元类型:数字型
数据格式:n..10,2
计量单位:吨位

4.2.1.2.19 个体轮胎式拖拉机数量
编号:TJ020102017
数据元名称:个体轮胎式拖拉机数量
中文全拼:ge-ti-lun-tai-shi-tuo-la-ji-shu-liang
定义:个体轮胎式拖拉机的数量。
数据元类型:数字型
数据格式:n..10
计量单位:辆

4.2.1.2.20 个体轮胎式拖拉机吨位
编号:TJ020102018
数据元名称:个体轮胎式拖拉机吨位
中文全拼:ge-ti-lun-tai-shi-tuo-la-ji-dun-wei
定义:个体轮胎式拖拉机的吨位。
数据元类型:数字型
数据格式:n..10,2

计量单位:吨位

4.2.1.2.21　营运挂车数量

编号:TJ020102019

数据元名称:营运挂车数量

中文全拼:ying-yun-gua-che-shu-liang

定义:营运挂车的数量。

数据元类型:数字型

数据格式:n..10

计量单位:辆

4.2.1.2.22　营运挂车吨位

编号:TJ020102020

数据元名称:营运挂车吨位

中文全拼:ying-yun-gua-che-dun-wei

定义:营运挂车的吨位。

数据元类型:数字型

数据格式:n..10,2

计量单位:吨位

4.2.2　水路运输装备

4.2.2.1　水路运输工具拥有情况

4.2.2.1.1　船舶艘数

编号:TJ020201001

数据元名称:船舶艘数

中文全拼:chuan-bo-sou-shu

定义:从事水上客、货运输活动的我国企业或私人拥有的营业性运输船舶的数量(含我国企业或私人拥有的悬挂外国旗的船舶)。

数据元类型:数字型

数据格式:n..10

计量单位:艘

关系:与船舶类型、航行区域连用。

备注:非运输船舶及农业、渔业生产船舶不统计。

4.2.2.1.2　船舶载货定额

编号:TJ020201002

数据元名称:船舶载货定额

中文全拼:chuan-bo-zai-huo-ding-e

定义:船舶在具体航次中所能承运的货物数量的最大限额,以及承运特殊货物或忌装货物的可能条件和数量限额。

数据元类型:数字型

数据格式:n..10

4.2.2.1.3　船舶总吨

采用 JT/T 697.5—2007 的 4.1.1.30。

4.2.2.1.4　船舶总载重量

采用 JT/T 697.5—2007 的 4.1.1.32。

4.2.2.1.5 船舶净载重量

采用 JT/T 697.5—2007 的 4.1.1.31。

4.2.2.1.6 船舶载客量

采用 JT/T 697.5—2007 的 4.1.1.39。

4.2.2.1.7 船舶标准箱位

采用 JT/T 697.5—2007 的 4.1.1.38。

4.2.2.1.8 船舶功率

采用 JT/T 697.5—2007 的 4.1.1.35。

4.2.2.1.9 船舶类型

采用 JT/T 697.5—2007 的 4.1.1.13。

4.2.2.1.10 航行区域

采用 JT/T 697.5—2007 的 4.1.1.8。

4.2.2.2 运输船舶信息

4.2.2.2.1 船舶经营人

采用 JT/T 697.5—2007 的 4.1.3.9。

4.2.2.2.2 船名

采用 JT/T 697.5—2007 的 4.1.1.2。

4.2.2.2.3 船舶类型

采用 JT/T 697.5—2007 的 4.1.1.13。

4.2.2.2.4 船旗国分类代码

编号:TJ020202001

数据元名称:船旗国分类代码

中文全拼:chuan-qi-guo-fen-lei-dai-ma

定义:根据船旗国是国内还是国外进行分类的代码。

数据元类型:字符型

数据格式:n1

值域:见 5.30

4.2.2.2.5 航行区域

采用 JT/T 697.5—2007 的 4.1.1.8。

4.2.2.2.6 船舶总长

采用 JT/T 697.5—2007 的 4.1.1.27。

4.2.2.2.7 船舶型宽

采用 JT/T 697.5—2007 的 4.1.1.28。

4.2.2.2.8 船舶吃水

采用 JT/T 697.5—2007 的 4.1.2.6。

4.2.2.2.9 航速

采用 JT/T 697.5—2007 的 4.1.2.2。

4.2.2.2.10 船舶建造年份

采用 JT/T 697.5—2007 的 4.1.1.26。

4.2.3 港口装备

4.2.3.1 港务船舶信息

4.2.3.1.1 港务船舶艘数

编号:TJ020301001

数据元名称:港务船舶艘数

中文全拼:gang-wu-chuan-bo-sou-shu

定义:规模以上港口港务船舶的数量。

数据元类型:数字型

数据格式:n..10

计量单位:艘

4.2.3.1.2 港务船舶总吨

采用 JT/T 697.5—2007 的 4.1.1.30。

4.2.3.1.3 港务船舶总载重量

采用 JT/T 697.5—2007 的 4.1.1.31。

4.2.3.1.4 港务船舶载客量

采用 JT/T 697.5—2007 的 4.1.1.39。

4.2.3.1.5 港务船舶功率

采用 JT/T 697.5—2007 的 4.1.1.35。

4.2.3.1.6 港务船舶类型

采用 JT/T 697.5—2007 的 4.1.1.13。

4.2.3.2 机车车辆信息

4.2.3.2.1 机车车辆台数

编号:TJ020302001

数据元名称:机车车辆台数

中文全拼:ji-che-che-liang-tai-shu

定义:规模以上港口拥有机车车辆的数量。

数据元类型:数字型

数据格式:n..10

计量单位:台

4.2.3.2.2 机车车辆功率

编号:TJ020302002

数据元名称:机车车辆功率

中文全拼:ji-che-che-liang-gong-lv

定义:规模以上港口拥有的机车车辆的额定功率。

数据元类型:数字型

数据格式:n..10,2

计量单位:千瓦(kW)

4.2.3.2.3 蒸汽机车台数

编号:TJ020302003

数据元名称:蒸汽机车台数

中文全拼:zheng-qi-ji-che-tai-shu

定义:规模以上港口拥有蒸汽机车车辆的数量。

数据元类型:数字型

数据格式:n..10

计量单位:台

4.2.3.2.4 蒸汽机车功率

编号:TJ020302004

数据元名称:蒸汽机车功率
中文全拼:zheng-qi-ji-che-gong-lv
定义:规模以上港口拥有蒸汽机车车辆的额定功率。
数据元类型:数字型
数据格式:n..10,2
计量单位:千瓦(kW)

4.2.3.2.5 内燃机车台数
编号:TJ020302005
数据元名称:内燃机车台数
中文全拼:nei-ran-ji-che-tai-shu
定义:规模以上港口拥有内燃机车车辆的数量。
数据元类型:数字型
数据格式:n..10
计量单位:台

4.2.3.2.6 内燃机车功率
编号:TJ020302006
数据元名称:内燃机车功率
中文全拼:nei-ran-ji-che-gong-lv
定义:规模以上港口拥有内燃机车车辆的额定功率。
数据元类型:数字型
数据格式:n..10,2
计量单位:千瓦(kW)

4.2.3.2.7 货车台数
编号:TJ020302007
数据元名称:货车台数
中文全拼:huo-che-tai-shu
定义:规模以上港口拥有的货车数量。
数据元类型:数字型
数据格式:n..10
计量单位:台

4.2.3.2.8 货车功率
编号:TJ020302008
数据元名称:货车功率
中文全拼:huo-che-gong-lv
定义:规模以上港口拥有货车的额定功率。
数据元类型:数字型
数据格式:n..10,2
计量单位:千瓦(kW)

4.2.3.3 装卸机械信息

4.2.3.3.1 装卸机械台数
编号:TJ020303001
数据元名称:装卸机械台数
中文全拼:zhuang-xie-ji-xie-tai-shu

定义:用于港口生产的带有动力的装卸机械的实际数量。
数据元类型:数字型
数据格式:n..10
计量单位:台
关系:与装卸机械分类连用。

4.2.3.3.2 装卸机械长度
编号:TJ020303002
数据元名称:装卸机械长度
中文全拼:zhuang-xie-ji-xie-chang-du
定义:用于港口生产的输送机械和专用机械附属的输送带的长度。
数据元类型:数字型
数据格式:n..10
计量单位:米(m)
关系:与装卸机械分类连用。

4.2.3.3.3 装卸机械分类代码
编号:TJ020303003
数据元名称:装卸机械分类代码
中文全拼:zhuang-xie-ji-xie-fen-lei-dai-ma
定义:根据装卸机械的用途进行分类的代码。
数据元类型:字符型
数据格式:n3
值域:见5.31

4.2.4 救捞系统船舶及飞机

4.2.4.1 救捞系统船舶信息

4.2.4.1.1 救捞系统船舶艘数
编号:TJ020401001
数据元名称:救捞系统船舶艘数
中文全拼:jiu-lao-xi-tong-chuan-bo-sou-shu
定义:救捞系统船舶的数量。
数据元类型:数字型
数据格式:n..10
计量单位:艘
关系:与救捞系统船舶分类连用。

4.2.4.1.2 救捞系统船舶总吨位
采用JT/T 697.5—2007的4.1.1.30。

4.2.4.1.3 救捞系统船舶功率
采用JT/T 697.5—2007的4.1.1.35。

4.2.4.1.4 救捞系统船舶起重能力
编号:TJ020401002
数据元名称:救捞系统船舶起重能力
中文全拼:jiu-lao-xi-tong-chuan-bo-qi-zhong-neng-li
定义:救捞系统船舶能吊起的重量。
数据元类型:数字型

数据格式:n..10

计量单位:吨(t)

关系:与救捞系统船舶分类连用。

4.2.4.1.5 救捞系统船舶载重能力

采用JT/T 697.5—2007的4.1.1.31。

4.2.4.1.6 救捞系统船舶分类

采用JT/T 697.5—2007的4.1.1.13。

4.2.4.2 救捞系统救助飞机信息

4.2.4.2.1 救助飞机数量

编号:TJ020402001

数据元名称:救助飞机数量

中文全拼:jiu-zhu-fei-ji-shu-liang

定义:各救助飞行队的飞机架数。

数据元类型:数字型

数据格式:n..10

计量单位:架

关系:与飞机类型、所属方式连用。

4.2.4.2.2 飞机类型代码

编号:TJ020402002

数据元名称:飞机类型代码

中文全拼:fei-ji-lei-xing-dai-ma

定义:根据飞机的结构和最大起飞重量的不同对飞机进行分类的代码。

数据元类型:字符型

数据格式:n1

值域:见5.32

4.2.4.2.3 飞机所属方式代码

编号:TJ020402003

数据元名称:飞机所属方式代码

中文全拼:fei-ji-suo-shu-fang-shi-dai-ma

定义:根据飞机是否属于救助飞行队进行分类的代码。

数据元类型:字符型

数据格式:n1

值域:见5.33

4.3 交通运输生产

4.3.1 公路运输生产

4.3.1.1 全社会公路客货运输量信息

4.3.1.1.1 全社会公路客运量

编号:TJ030101001

数据元名称:全社会公路客运量

中文全拼:quan-she-hui-gong-lu-ke-yun-liang

定义:报告期内,公路运输车辆实际运送的旅客人数。

数据元类型:数字型

数据格式:n..10

计量单位:万人

关系:与运输车辆所属单位营业性质连用。

4.3.1.1.2　全社会公路汽车客运量

编号:TJ030101002

数据元名称:全社会公路汽车客运量

中文全拼:quan-she-hui-gong-lu-qi-che-ke-yun-liang

定义:报告期内,汽车实际运送的旅客人数。

数据元类型:数字型

数据格式:n..10

计量单位:万人

关系:与运输车辆所属单位营业性质连用。

4.3.1.1.3　全社会公路旅客周转量

编号:TJ030101003

数据元名称:全社会公路旅客周转量

中文全拼:quan-she-hui-gong-lu-lv-ke-zhou-zhuan-liang

定义:报告期内,运输车辆实际运送的每位旅客与其相应运送距离的乘积之和。

数据元类型:数字型

数据格式:n..10

计量单位:万人公里

关系:与运输车辆所属单位营业性质连用。

4.3.1.1.4　全社会公路汽车旅客周转量

编号:TJ030101004

数据元名称:全社会公路汽车旅客周转量

中文全拼:quan-she-hui-gong-lu-qi-che-lv-ke-zhou-zhuan-liang

定义:报告期内,汽车实际运送的每位旅客与其相应运送距离的乘积之和。

数据元类型:数字型

数据格式:n..10

计量单位:万人公里

关系:与运输车辆所属单位营业性质连用。

4.3.1.1.5　全社会公路货运量

编号:TJ030101005

数据元名称:全社会公路货运量

中文全拼:quan-she-hui-gong-lu-huo-yun-liang

定义:报告期内,运输车辆实际运送的货物重量。

数据元类型:数字型

数据格式:n..10,1

计量单位:万吨

关系:与运输车辆所属单位营业性质、货物类别连用。

4.3.1.1.6　全社会公路汽车货运量

编号:TJ030101006

数据元名称:全社会公路汽车货运量

中文全拼:quan-she-hui-gong-lu-qi-che-huo-yun-liang

定义:报告期内,汽车实际运送的货物重量。

数据元类型:数字型

数据格式:n..10,1

计量单位:万吨

关系:与运输车辆所属单位营业性质连用。

4.3.1.1.7　全社会公路其他机动车货运量

编号:TJ030101007

数据元名称:全社会公路其他机动车货运量

中文全拼:quan-she-hui-gong-lu-qi-ta-ji-dong-che-huo-yun-liang

定义:报告期内,除汽车以外的机动车实际运送的货物重量。

数据元类型:数字型

数据格式:n..10,1

计量单位:万吨

关系:与运输车辆所属单位营业性质连用。

4.3.1.1.8　全社会公路轮胎式拖拉机货运量

编号:TJ03010108

数据元名称:全社会公路轮胎式拖拉机货运量

中文全拼:quan-she-hui-gong-lu-lun-tai-shi-tuo-la-ji-huo-yun-liang

定义:报告期内,轮胎式拖拉机实际运送的货物重量。

数据元类型:数字型

数据格式:n..10,1

计量单位:万吨

关系:与运输车辆所属单位营业性质连用。

4.3.1.1.9　全社会公路货物周转量

编号:TJ03010109

数据元名称:全社会公路货物周转量

中文全拼:quan-she-hui-gong-lu-huo-wu-zhou-zhuan-liang

定义:报告期内,运输车辆实际运送的每批货物重量与其相应运送距离的乘积之和。

数据元类型:数字型

数据格式:n..10,1

计量单位:万吨公里

关系:与运输车辆所属单位营业性质、货物类别连用。

4.3.1.1.10　全社会公路汽车货物周转量

编号:TJ030101010

数据元名称:全社会公路汽车货物周转量

中文全拼:quan-she-hui-gong-lu-qi-che-huo-wu-zhou-zhuan-liang

定义:报告期内,汽车实际运送的每批货物重量与其相应运送距离的乘积之和。

数据元类型:数字型

数据格式:n..10,1

计量单位:万吨公里

关系:与运输车辆所属单位营业性质连用。

4.3.1.1.11　全社会公路其他机动车货物周转量

编号:TJ030101011

数据元名称:全社会公路其他机动车货物周转量

中文全拼:quan-she-hui-gong-lu-qi-ta-ji-dong-che-huo-wu-zhou-zhuan-liang

定义:报告期内,除汽车以外的机动车实际运送的每批货物重量与其相应运送距离的乘积之和。

数据元类型:数字型

数据格式:n..10,1

计量单位:万吨公里

关系:与运输车辆所属单位营业性质连用。

4.3.1.1.12 全社会公路轮胎式拖拉机货物周转量

编号:TJ030101012

数据元名称:全社会公路轮胎式拖拉机货物周转量

中文全拼:quan-she-hui-gong-lu-lun-tai-shi-tuo-la-ji-huo-wu-zhou-zhuan-liang

定义:报告期内,轮胎式拖拉机实际运送的每批货物重量与其相应运送距离的乘积之和。

数据元类型:数字型

数据格式:n..10,1

计量单位:万吨公里

关系:与运输车辆所属单位营业性质连用。

4.3.1.1.13 运输车辆所属单位营业性质代码

编号:TJ030101013

数据元名称:运输车辆所属单位营业性质代码

中文全拼:yun-shu-che-liang-suo-shu-dan-wei-ying-ye-xing-zhi-dai-ma

定义:按运输车辆所属单位营业性质进行分类的代码。

数据元类型:字符型

数据格式:n2

值域:见5.34

4.3.1.1.14 货物类别

编号:TJ030101014

数据元名称:货物类别

中文全拼:huo-wu-lei-bie

定义:按货物本身特性划分的类别编码。

数据元类型:字符型

数据格式:n4

值域:采用JT/T 19—2001

4.3.1.2 全社会公路集装箱运输量信息

4.3.1.2.1 全社会公路集装箱箱运量

编号:TJ030102001

数据元名称:全社会公路集装箱箱运量

中文全拼:quan-she-hui-gong-lu-ji-zhuang-xiang-xiang-yun-liang

定义:报告期内,公路运输运送集装箱的实际数量。

数据元类型:数字型

数据格式:n..10

计量单位:个

关系:与集装箱国际标准箱型连用。

4.3.1.2.2 全社会公路集装箱货运量

编号:TJ030102002

数据元名称:全社会公路集装箱货运量

中文全拼:quan-she-hui-gong-lu-ji-zhuang-xiang-huo-yun-liang

定义:报告期内,公路运输运送集装箱的实际重量。

数据元类型:数字型

数据格式:n..10

计量单位:吨(t)

关系:与集装箱国际标准箱型连用。

备注:包括集装箱箱体的重量与箱内装载货物的重量。

4.3.1.2.3 集装箱国际标准箱型代码

编号:TJ030102003

数据元名称:集装箱国际标准箱型代码

中文全拼:ji-zhuang-xiang-guo-ji-biao-zhun-xiang-xing-dai-ma

定义:根据集装箱的尺寸进行分类的代码。

数据元类型:字符型

数据格式:n1

值域:见5.35

4.3.1.3 营业性汽车运输效率和燃料消耗信息

4.3.1.3.1 汽车工作率

编号:TJ030103001

数据元名称:汽车工作率

中文全拼:qi-che-gong-zuo-lv

定义:报告期内,汽车的工作车日在完好车日中所占的比重。

数据元类型:数字型

数据格式:n..5,2

计量单位:%

关系:与载客、载货汽车连用。

备注:用以反映载客汽车的利用程度。

4.3.1.3.2 汽车里程利用率

编号:TJ030103002

数据元名称:汽车里程利用率

中文全拼:qi-che-li-cheng-li-yong-lv

定义:报告期内,汽车载运行程在总行程中所占的比重。

数据元类型:数字型

数据格式:n..5,2

计量单位:%

关系:与载客、载货汽车连用。

4.3.1.3.3 汽车实载率

编号:TJ030103003

数据元名称:汽车实载率

中文全拼:qi-che-shi-zai-lv

定义:报告期内,汽车自载换算周转量占其总行程载客量的比重。

数据元类型:数字型

数据格式:n..5,2

计量单位:%

关系:与载客、载货汽车连用。

备注:用以反映总行程载客量利用程度。

4.3.1.3.4 换算周转量

编号:TJ030103004

数据元名称:换算周转量

中文全拼:huan-suan-zhou-zhuan-liang

定义:将旅客周转量按一定比例换算为货物周转量,然后与货物周转量相加成为一个包括客货运输的换算周转量指标。

数据元类型:数字型

数据格式:n..10,2

计量单位:百吨公里

关系:与载客、载货汽车以及汽油、柴油连用。

备注:反映了各种运输工具在报告期实际完成的旅客和货物的总周转量,是考核运输业的综合性的产量指标。载客汽车换算周转量按10人公里=1t·km折算。

4.3.1.3.5 燃料消耗总量

编号:TJ030103005

数据元名称:燃料消耗总量

中文全拼:ran-liao-xiao-hao-zong-liang

定义:营业性汽车消耗的燃料总量。

数据元类型:数字型

数据格式:n..10,2

计量单位:升(L)

关系:与载客、载货汽车以及汽油、柴油连用。

4.3.1.3.6 百车公里油耗总量

编号:TJ030103006

数据元名称:百车公里油耗总量

中文全拼:bai-che-gong-li-you-hao-zong-liang

定义:统计报告期内,车辆每行驶百公里的平均燃料消耗数量。

数据元类型:数字型

数据格式:n..10,2

计量单位:升(L)

关系:与载客、载货汽车以及汽油、柴油连用。

4.3.1.3.7 百吨公里油耗总量

编号:TJ030103007

数据元名称:百吨公里油耗总量

中文全拼:bai-dun-gong-li-you-hao-zong-liang

定义:统计报告期内,车辆装载的每吨货物每行驶百公里的平均燃料消耗数量。

数据元类型:数字型

数据格式:n..10,2

计量单位:升(L)

关系:与载客、载货汽车以及汽油、柴油连用。

4.3.1.4 道路客运站调查信息

4.3.1.4.1 客运站名称

采用JT/T 697.7—2007的4.1.4.2.6。

4.3.1.4.2 客运站所在地行政区划编码

采用JT/T 697.7—2007的4.1.2。

4.3.1.4.3 客运站经营许可证编号

编号:TJ030104001

数据元名称:客运站经营许可证编号

中文全拼:ke-yun-zhan-jing-ying-xu-ke-zheng-bian-hao

定义:按道路运政管理机构核发的《道路运输经营许可证》中的许可证编号填写。

数据元类型:字符型

数据格式:an..60

4.3.1.4.4 客运站级别代码

编号:TJ030104002

数据元名称:客运站级别代码

中文全拼:ke-yun-zhan-ji-bie-dai-ma

定义:根据车站设施和设备配置情况、地理位置和设计年度平均日旅客发送量等因素将车站划分的级别代码。

数据元类型:字符型

数据格式:n1

值域:见5.36

备注:按道路运政管理机构核发的《道路运输经营许可证》中的站场级别填写。车站等级划分为五个级别以及简易车站和招呼站。

4.3.1.4.5 客运班次总计

编号:TJ030104003

数据元名称:客运班次总计

中文全拼:ke-yun-ban-ci-zong-ji

定义:报告期内,客运站发出的实际班次数量。

数据元类型:数字型

数据格式:n..10

计量单位:班次

关系:与运输距离分类、客运班线按行驶区域分类连用。

4.3.1.4.6 客运站投入运力总计

编号:TJ030104004

数据元名称:客运站投入运力总计

中文全拼:ke-yun-zhan-tou-ru-yun-li-zong-ji

定义:报告期内,客运站发出的各班线、各班次旅客运输车辆的载客量之和。

数据元类型:数字型

数据格式:n..10

计量单位:客位

关系:与运输距离分类、客运班线按行驶区域分类连用。

备注:过路车不纳入统计。

4.3.1.4.7 客运站发送量总计

编号:TJ030104005

数据元名称:客运站发送量总计

中文全拼:ke-yun-zhan-fa-song-liang-zong-ji

定义:报告期内,客运站实际发送的旅客人数。

数据元类型:数字型

数据格式:n..10

计量单位:人

关系:与运输距离分类、客运班线按行驶区域分类连用。

备注:不足购票年龄免购客票的儿童不计算旅客运量。

4.3.1.4.8 运输距离分类代码

编号:TJ030104006

数据元名称:运输距离分类代码

中文全拼:yun-shu-ju-li-fen-lei-dai-ma

定义:按班线运输距离的远近进行分类的代码。

数据元类型:字符型

数据格式:n1

值域:见5.37

4.3.1.4.9 客运班线按行驶区域分类代码

编号:TJ030104007

数据元名称:客运班线按行驶区域分类代码

中文全拼:ke-yun-ban-xian-an-xing-shi-qu-yu-fen-lei-dai-ma

定义:按班线行驶的区域进行分类代码。

数据元类型:字符型

数据格式:n1

值域:见5.38

4.3.1.5 公路客运企业运输量调查信息

4.3.1.5.1 公路客运企业名称

采用JT/T 697.7—2007的4.1.4.1.1。

4.3.1.5.2 公路客运企业注册地行政区划编码

采用JT/T 697.7—2007的4.1.4.1.8。

4.3.1.5.3 公路客运企业经营许可证编号

采用JT/T 697.7—2007的4.2.6.3。

4.3.1.5.4 公路客运企业经营类别代码

编号:TJ030105001

数据元名称:公路客运企业经营类别代码

中文全拼:gong-lu-ke-yun-qi-ye-jing-ying-lei-bie-dai-ma

定义:根据公路客运企业经营内容的不同进行分类的代码。

数据元类型:字符型

数据格式:n1

值域:见5.27

4.3.1.5.5 客运企业拥有的客运车辆数

采用JT/T 697.7—2007的4.2.5.1.1。

4.3.1.5.6 客运企业拥有的客运车辆载客量

编号:TJ030105002

数据元名称:客运企业拥有的客运车辆载客量

中文全拼:ke-yun-qi-ye-yong-you-de-ke-yun-che-liang-zai-ke-liang

定义:报告期末,重点联系企业拥有的主要从事某一经营类别业务的载客量。

数据元类型:数字型

数据格式:n..10

计量单位:客位

4.3.1.5.7 班车客运班次

编号:TJ030105003

数据元名称:班车客运班次

中文全拼:ban-che-ke-yun-ban-ci

定义:报告期内,在营运班线上实际开行的班次数。

数据元类型:数字型

数据格式:n..10

计量单位:班次

关系:与运输距离分类、客运班线按行驶区域分类连用。

4.3.1.5.8 班车客运投入运力

编号:TJ030105004

数据元名称:班车客运投入运力

中文全拼:ban-che-ke-yun-tou-ru-yun-li

定义:报告期内,重点联系班车客运企业在各营运班线上开行车辆的载客量之和。

数据元类型:数字型

数据格式:n..10

计量单位:客位

关系:与运输距离分类、客运班线按行驶区域分类连用。

4.3.1.5.9 班车客运量

编号:TJ030105005

数据元名称:班车客运量

中文全拼:ban-che-ke-yun-liang

定义:报告期内,重点联系企业拥有的主要从事班车客运的车辆实际运送的旅客人数。

数据元类型:数字型

数据格式:n..10

计量单位:人

关系:与运输距离分类、客运班线按行驶区域分类、公路客运企业经营类别连用。

4.3.1.5.10 班车旅客周转量

编号:TJ030105006

数据元名称:班车旅客周转量

中文全拼:ban-che-lv-ke-zhou-zhuan-liang

定义:报告期内,重点联系企业拥有的主要从事班车客运的车辆,运送的每位旅客与其相应运送距离的乘积之和。

数据元类型:数字型

数据格式:n..10,2

计量单位:人公里

关系:与运输距离分类、客运班线按行驶区域分类、公路客运企业经营类别连用。

4.3.1.5.11 公路客运企业燃料消耗总计

编号:TJ030105007

数据元名称:公路客运企业燃料消耗总计

中文全拼:gong-lu-ke-yun-qi-ye-ran-liao-xiao-hao-zong-ji

定义:报告期内,重点联系企业拥有的主要从事某一经营类别业务的车辆消耗的燃油数量。

数据元类型:数字型

数据格式:n..10,2

计量单位:吨标准煤

关系:与公路客运企业经营类别连用。

4.3.1.5.12 公路客运企业汽油消耗总计

编号:TJ030105008

数据元名称:公路客运企业汽油消耗总计

中文全拼:gong-lu-ke-yun-qi-ye-qi-you-xiao-hao-zong-ji

定义:报告期内,重点联系企业拥有的主要从事某一经营类别业务的车辆消耗的汽油数量。

数据元类型:数字型

数据格式:n..10,2

计量单位:升(L)

关系:与公路客运企业经营类别连用。

4.3.1.5.13 公路客运企业柴油消耗总计

编号:TJ030105009

数据元名称:公路客运企业柴油消耗总计

中文全拼:gong-lu-ke-yun-qi-ye-chai-you-xiao-hao-zong-ji

定义:报告期内,重点联系企业拥有的主要从事某一经营类别业务的车辆消耗的柴油数量。

数据元类型:数字型

数据格式:n..10,2

计量单位:升(L)

关系:与公路客运企业经营类别连用。

4.3.1.5.14 公路客运企业液化石油气消耗总计

编号:TJ030105010

数据元名称:公路客运企业液化石油气消耗总计

中文全拼:gong-lu-ke-yun-qi-ye-LPG-xiao-hao-zong-ji

定义:报告期内,重点联系企业拥有的主要从事某一经营类别业务的车辆消耗的液化石油气数量。

数据元类型:数字型

数据格式:n..10,2

计量单位:立方米(m^3)

关系:与公路客运企业经营类别连用。

4.3.1.5.15 公路客运企业液化天然气消耗总计

编号:TJ030105011

数据元名称:公路客运企业液化天然气消耗总计

中文全拼:gong-lu-ke-yun-qi-ye-LNG-xiao-hao-zong-ji

定义:报告期内,重点联系企业拥有的主要从事某一经营类别业务的车辆消耗的液化天然气数量。

数据元类型:数字型

数据格式:n..10,2

计量单位:立方米(m^3)

关系:与公路客运企业经营类别连用。

4.3.1.5.16 公路客运企业车辆完好车日

编号:TJ030105012

数据元名称:公路客运企业车辆完好车日

中文全拼:gong-lu-ke-yun-qi-ye-che-liang-wan-hao-che-ri

定义:报告期内,重点联系企业拥有的主要从事某一经营类别业务的车辆总车日中,车辆技术状况完好、不需要进行修理或维护即可参加运输的车日,包括实际出车工作及由于各种非技术性原因而停驶的车日。

数据元类型:数字型

数据格式:n..10

计量单位:车日

关系:与公路客运企业经营类别连用。

4.3.1.5.17 公路客运企业车辆工作车日

编号:TJ030105013

数据元名称:公路客运企业车辆工作车日

中文全拼:gong-lu-ke-yun-qi-ye-che-liang-gong-zuo-che-ri

定义:报告期内,重点联系企业拥有的主要从事某一经营类别业务的车辆完好车日中,实际出车工作的车日。

数据元类型:数字型

数据格式:n..10

计量单位:车日

关系:与公路客运企业经营类别连用。

4.3.1.5.18 公路客运企业车辆总行程

编号:TJ030105014

数据元名称:公路客运企业车辆总行程

中文全拼:gong-lu-ke-yun-qi-ye-che-liang-zong-xing-cheng

定义:报告期内,重点联系企业拥有的主要从事某一经营类别业务的车辆,在实际工作中所行驶的总里程数,不包括为进行保养、修理而进出保修厂及试车的里程。

数据元类型:数字型

数据格式:n..10,3

计量单位:车公里

关系:与公路客运企业经营类别连用。

4.3.1.5.19 公路客运企业车辆实载率

编号:TJ030105015

数据元名称:公路客运企业车辆实载率

中文全拼:gong-lu-ke-yun-qi-ye-che-liang-shi-zai-lv

定义:报告期内,重点联系企业拥有的主要从事某一经营类别业务的车辆自载换算周转量占其总行程载客量的比重。

数据元类型:数字型

数据格式:n..5,2

计量单位:%

关系:与公路客运企业经营类别连用。

4.3.1.6 公路货运企业运输量调查信息

4.3.1.6.1 公路货运企业名称

采用JT/T 697.7—2007的4.1.4.1.1。

4.3.1.6.2 公路货运企业注册地行政区划编码

采用JT/T 697.7—2007的4.1.4.1.8。

4.3.1.6.3 公路货运经营许可证编号

采用JT/T 697.7—2007的4.2.6.3。

4.3.1.6.4 公路货运企业货运量

编号:TJ030106001

数据元名称:公路货运企业货运量

中文全拼:gong-lu-huo-yun-qi-ye-huo-yun-liang

定义:报告期内,重点联系企业拥有的货运车辆实际运送的货物重量。

数据元类型:数字型

数据格式:n..10

计量单位:吨(t)

关系:与车辆按标记吨位分类、货物类别连用。

4.3.1.6.5 公路货运企业货物周转量

编号:TJ030106002

数据元名称:公路货运企业货物周转量

中文全拼:gong-lu-huo-yun-qi-ye-huo-wu-zhou-zhuan-liang

定义:报告期内,重点联系企业拥有的货运车辆,实际运送的每批货物重量与其相应运送距离的乘积之和。

数据元类型:数字型

数据格式:n..10

计量单位:吨公里

关系:与车辆按标记吨位分类、货物类别连用。

4.3.1.6.6 公路货运企业燃料消耗总计

编号:TJ030106003

数据元名称:公路货运企业燃料消耗总计

中文全拼:gong-lu-huo-yun-qi-ye-ran-liao-xiao-hao-zong-ji

定义:报告期内,重点联系企业拥有的货运车辆消耗的燃油数量。

数据元类型:数字型

数据格式:n..10

计量单位:吨标准煤

4.3.1.6.7 公路货运企业汽油消耗总计

编号:TJ030106004

数据元名称:公路货运企业汽油消耗总计

中文全拼:gong-lu-huo-yun-qi-ye-qi-you-xiao-hao-zong-ji

定义:报告期内,重点联系企业拥有的主要从事某一经营类别业务的车辆消耗的汽油数量。

数据元类型:数字型

数据格式:n..10

计量单位:升(L)

4.3.1.6.8 公路货运企业柴油消耗总计

编号:TJ030106005

数据元名称:公路货运企业柴油消耗总计

中文全拼:gong-lu-huo-yun-qi-ye-chai-you-xiao-hao-zong-ji

定义:报告期内,重点联系企业拥有的主要从事某一经营类别业务的车辆消耗的柴油数量。

数据元类型:数字型

数据格式:n..10

计量单位:升(L)

4.3.1.6.9 公路货运企业车辆完好车日

编号:TJ030106006

数据元名称:公路货运企业车辆完好车日

中文全拼:gong-lu-huo-yun-qi-ye-che-liang-wan-hao-che-ri

定义:报告期内,重点联系企业拥有的货运车辆总车日中,车辆技术状况完好、不需要进行修理或维护即可参加运输的车日,包括实际出车工作及由于各种非技术性原因而停驶的车日。

数据元类型:数字型

数据格式:n..10

计量单位:车日

4.3.1.6.10 公路货运企业车辆工作车日

编号:TJ030106007

数据元名称:公路货运企业车辆工作车日

中文全拼:gong-lu-huo-yun-qi-ye-che-liang-gong-zuo-che-ri

定义:报告期内,重点联系企业拥有的货运车辆完好车日中实际出车工作的车日。

数据元类型:数字型

数据格式:n..10

计量单位:车公里

4.3.1.6.11 公路货运企业车辆总行程

编号:TJ030106008

数据元名称:公路货运企业车辆总行程

中文全拼:gong-lu-huo-yun-qi-ye-che-liang-zong-xing-cheng

定义:报告期内,重点联系企业拥有的货运车辆在实际工作中所行驶的总里程数,不包括为进行保养、修理而进出保修厂及试车的里程。

数据元类型:数字型

数据格式:n..5,2

计量单位:%

4.3.1.6.12 公路货运企业车辆实载率

编号:TJ030106009

数据元名称:公路货运企业车辆实载率

中文全拼:gong-lu-huo-yun-qi-ye-che-liang-shi-zai-lv

定义:报告期内,重点联系企业拥有的货运车辆自载换算周转量占其总行程载货量的比重。

数据元类型:数字型

数据格式:n..10

计量单位:辆

4.3.1.6.13 集装箱箱运量

编号:TJ030106010

数据元名称:集装箱箱运量

中文全拼:ji-zhuang-xiang-xiang-yun-liang

定义:报告期内,重点联系企业拥有的货运车辆运送集装箱的实际数量。

数据元类型:数字型

数据格式:n..10

计量单位:TEU

关系:与集装箱国际标准箱型连用。

4.3.1.6.14 集装箱货运量

编号:TJ030106011

数据元名称:集装箱货运量

中文全拼:ji-zhuang-xiang-huo-yun-liang

定义:报告期内,重点联系企业拥有的货运车辆运送集装箱的实际重量,包括集装箱箱体的重量与箱内装载货物的重量。

数据元类型:数字型

数据格式:n..10

计量单位:千米(km)

关系:与集装箱国际标准箱型连用。

4.3.1.7 道路运输经营业户信息

4.3.1.7.1 道路旅客运输经营业户数

编号:TJ030107001

数据元名称:道路旅客运输经营业户数

中文全拼:dao-lu-lv-ke-yun-shu-jing-ying-ye-hu-shu

定义:持有道路运输管理机构核发的道路运输经营许可证,从事道路旅客运输经营活动的企业和个体运输户的数量。

数据元类型:数字型

数据格式:n..10

计量单位:户

关系:与企业按拥有车辆数分类、公路客运企业经营类别连用。

4.3.1.7.2 道路货物运输经营业户数

编号:TJ030107002

数据元名称:道路货物运输经营业户数

中文全拼:dao-lu-huo-wu-yun-shu-jing-ying-ye-hu-shu

定义:持有道路运输管理机构核发的道路运输经营许可证,从事道路货物运输经营活动的企业和个体运输户的数量。

数据元类型:数字型

数据格式:n..10

计量单位:户

关系:与企业按拥有车辆数分类、公路货运企业经营类别连用。

4.3.1.7.3 道路客货运输兼营业户数

编号:TJ030107003

数据元名称:道路客货运输兼营业户数

中文全拼:dao-lu-ke-huo-yun-shu-jian-ying-ye-hu-shu

定义:持有道路运输管理机构核发的道路运输经营许可证,且经营许可证中核定的经营范围既包括道路旅客运输又包括道路货物运输的经营业户数。

数据元类型:数字型

数据格式:n..10

计量单位:户

关系:与企业按拥有车辆数分类连用。

4.3.1.7.4 公路货运企业经营类别代码

编号:TJ030107004

数据元名称:公路货运企业经营类别代码

中文全拼:gong-lu-huo-yun-qi-ye-jing-ying-lei-bie-dai-ma

定义:根据公路货运企业经营内容的不同进行分类的代码。

数据元类型:字符型

数据格式:n2

值域:见5.39

4.3.1.7.5 企业按拥有车辆数分类代码

编号:TJ030107005

数据元名称:企业按拥有车辆数分类代码

中文全拼:qi-ye-an-yong-you-che-liang-shu-fen-lei-dai-ma

定义:根据企业拥有的车辆数进行分类的代码。

数据元类型:字符型

数据格式:n1

值域:见5.40

4.3.1.7.6 道路运输经营许可证在册数

编号:TJ030107006

数据元名称:道路运输经营许可证在册数

中文全拼:dao-lu-yun-shu-jing-ying-xu-ke-zheng-zai-ce-shu

定义:道路运输管理机构核发的有效道路运输经营许可证张数。

数据元类型:数字型

数据格式:n..10

计量单位:张

4.3.1.7.7 个体经营旅客运输业户数

编号:TJ030107007

数据元名称:个体经营旅客运输业户数

中文全拼:ge-ti-jing-ying-lv-ke-yun-shu-ye-hu-shu

定义:持有道路运输管理机构核发的道路运输经营许可证,从事道路旅客运输经营活动的个体运输户的数量。

数据元类型:数字型

数据格式:n..10

计量单位:户

关系:与公路客运企业经营类别连用。

4.3.1.7.8 个体经营货物运输业户数

编号:TJ030107008

数据元名称:个体经营货物运输业户数

中文全拼:ge-ti-jing-ying-huo-wu-yun-shu-ye-hu-shu

定义:持有道路运输管理机构核发的道路运输经营许可证,从事道路货物运输经营活动的个体运输户的数量。

数据元类型:数字型

数据格式:n..10

计量单位:户

关系:与公路货运企业经营类别连用。

4.3.1.7.9 个体客货运输兼营业户数

编号:TJ030107009

数据元名称:个体客货运输兼营业户数

中文全拼:ge-ti-ke-huo-yun-shu-jian-ying-ye-hu-shu

定义:持有道路运输管理机构核发的道路运输经营许可证,且经营许可证中核定的经营范围既包括道路旅客运输,又包括道路货物运输的个体运输户数量。

数据元类型:数字型

数据格式:n..10

计量单位:户

4.3.1.8 道路运输相关业务经营业户信息

4.3.1.8.1 道路运输相关业务经营业户数

编号:TJ030108001

数据元名称:道路运输相关业务经营业户数

中文全拼:dao-lu-yun-shu-xiang-guan-ye-wu-jing-ying-ye-hu-shu

定义:持有道路运输管理机构核发的道路运输经营许可证,从事道路运输相关业务经营活动的业户数。

数据元类型:数字型

数据格式:n..10

计量单位:户

关系:与道路运输相关业务分类连用。

4.3.1.8.2 道路运输相关业务分类代码

编号:TJ030108002

数据元名称:道路运输相关业务分类代码

中文全拼:dao-lu-yun-shu-xiang-guan-ye-wu-fen-lei-dai-ma

定义:根据与道路运输相关的业务范围的不同进行分类的代码。

数据元类型:字符型

数据格式:n2

值域:见5.41

4.3.1.9 道路运输从业人员信息

4.3.1.9.1 道路运输从业人员数量

编号:TJ030109001

数据元名称:道路运输从业人员数量

中文全拼:dao-lu-yun-shu-cong-ye-ren-yuan-shu-liang

定义:在道路运输业中从事生产、经营和管理的人员数量。

数据元类型:数字型

数据格式:n..10

计量单位:人

关系:与道路运输从业人员分类连用。

4.3.1.9.2　道路运输从业人员持证上岗人数

编号:TJ030109002

数据元名称:道路运输从业人员持证上岗人数

中文全拼:dao-lu-yun-shu-cong-ye-ren-yuan-chi-zheng-shang-gang-ren-shu

定义:经考试合格并取得从业资格,在道路运输业中从事生产、经营和管理的持证上岗人员数。

数据元类型:数字型

数据格式:n..10

计量单位:人

关系:与道路运输从业人员分类连用。

4.3.1.9.3　道路运输从业人员分类代码

编号:TJ030109003

数据元名称:道路运输从业人员分类代码

中文全拼:dao-lu-yun-shu-cong-ye-ren-yuan-fen-lei-dai-ma

定义:根据道路运输从业人员工作内容的不同进行分类的代码。

数据元类型:字符型

数据格式:n2

值域:见5.42

4.3.1.10　机动车维修业及汽车综合性能检测站信息

4.3.1.10.1　机动车维修业户数

编号:TJ030110001

数据元名称:机动车维修业户数

中文全拼:ji-dong-che-wei-xiu-ye-hu-shu

定义:持有道路运输经营许可证,从事机动车维修业务经营活动的业户数量。

数据元类型:数字型

数据格式:n..10

计量单位:户

关系:与机动车维修经营业户维修类别连用。

4.3.1.10.2　机动车维修经营业户维修类别代码

采用JT/T 697.7—2007的4.1.4.2.37。

4.3.1.10.3　机动车维修完成主要工作量

编号:TJ030110002

数据元名称:机动车维修完成主要工作量

中文全拼:ji-dong-che-wei-xiu-wan-cheng-zhu-yao-gong-zuo-liang

定义:报告期内,各类机动车维修业户完成的主要维修工作量。

数据元类型:数字型

数据格式:n..10

计量单位:辆(台)次

4.3.1.10.4　机动车维修修理级别代码

编号:TJ030110003

数据元名称:机动车维修修理级别代码

中文全拼:ji-dong-che-wei-xiu-xiu-li-ji-bie-dai-ma

定义:根据机动车修理的工作量进行分类的代码。

数据元类型:字符型

数据格式:n1

值域:见5.43

4.3.1.10.5 汽车综合性能检测站数量

编号:TJ030110004

数据元名称:汽车综合性能检测站数量

中文全拼:qi-che-zong-he-xing-neng-jian-ce-zhan-shu-liang

定义:按照规定的程序、方法,通过一系列技术操作行为,对在用汽车综合性能进行检测(验)评价工作并提供检测数据、报告的社会化服务机构数量。

数据元类型:数字型

数据格式:n..10

计量单位:个

备注:汽车综合性能是在用汽车动力性、安全性、燃料经济性、使用可靠性、排气污染物和噪声以及整车装备完整性与状态、防雨密封性等技术性能的组合。

4.3.1.10.6 汽车综合性能检测站完成检测量

编号:TJ030110005

数据元名称:汽车综合性能检测站完成检测量

中文全拼:qi-che-zong-he-xing-neng-jian-ce-zhan-wan-cheng-jian-ce-liang

定义:报告期内,各类取得经营许可的汽车综合性能检测站完成的各类检测辆次数。

数据元类型:数字型

数据格式:n..10

计量单位:辆次

4.3.1.10.7 维修竣工检测量

编号:TJ030110006

数据元名称:维修竣工检测量

中文全拼:wei-xiu-jun-gong-jian-ce-liang

定义:车辆维修竣工出厂前,为保证维修质量进行的检测作业数量。

数据元类型:数字型

数据格式:n..10

计量单位:辆次

4.3.1.10.8 等级评定检测量

编号:TJ030110007

数据元名称:等级评定检测量

中文全拼:deng-ji-ping-ding-jian-ce-liang

定义:为了评价车辆的技术等级而对车辆进行的检测作业数量。

数据元类型:数字型

数据格式:n..10

计量单位:辆次

4.3.1.10.9 维修质量监督检测量

编号:TJ030110008

数据元名称:维修质量监督检测量

中文全拼:wei-xiu-zhi-liang-jian-du-jian-ce-liang

定义:维修行业管理部门为监督检查维修质量,对维修出厂后的车辆进行定期和不定期的抽检作业数量。

数据元类型:数字型

数据格式:n..10

计量单位:辆次

4.3.1.10.10 排放检测量

编号:TJ030110009

数据元名称:排放检测量

中文全拼:pai-fang-jian-ce-liang

定义:评价车辆污染排放状况进行的检测作业数量。

数据元类型:数字型

数据格式:n..10

计量单位:辆次

4.3.1.10.11 质量仲裁检测量

编号:TJ030110010

数据元名称:质量仲裁检测量

中文全拼:zhi-liang-zhong-cai-jian-ce-liang

定义:接受技术监督部门委托,对维修质量进行评定而进行的检测作业数量。

数据元类型:数字型

数据格式:n..10

计量单位:辆次

4.3.1.11 机动车驾驶员培训信息

4.3.1.11.1 机动车驾驶员培训业户数

编号:TJ030111001

数据元名称:机动车驾驶员培训业户数

中文全拼:ji-dong-che-jia-shi-yuan-pei-xun-ye-hu-shu

定义:持有道路运输经营许可证,且经营许可证中核定的经营范围包括机动车驾驶员培训业务,从事机动车驾驶员培训业务经营活动的业户数。

数据元类型:数字型

数据格式:n..10

计量单位:户

4.3.1.11.2 机动车驾驶员培训业户分类代码

编号:TJ030111002

数据元名称:机动车驾驶员培训业户分类代码

中文全拼:ji-dong-che-jia-shi-yuan-pei-xun-ye-hu-fen-lei-dai-ma

定义:根据机动车驾驶员培训业户经营项目的不同进行分类的代码。

数据元类型:字符型

数据格式:n5

值域:见5.44

4.3.1.11.3 教练员人数

编号:TJ030111003

数据元名称:教练员人数

中文全拼:jiao-lian-yuan-ren-shu
定义:从事机动车驾驶员培训的教练员人数。
数据元类型:数字型
数据格式:n..10
计量单位:人

4.3.1.11.4 教练员分类代码
编号:TJ030111004
数据元名称:教练员分类代码
中文全拼:jiao-lian-yuan-fen-lei-dai-ma
定义:根据教练员教学范围的不同进行分类的代码。
数据元类型:字符型
数据格式:n1
值域:见5.45

4.3.1.11.5 管理人员人数
编号:TJ030111005
数据元名称:管理人员人数
中文全拼:guan-li-ren-yuan-ren-shu
定义:从事机动车驾驶员培训管理工作的人员人数。
数据元类型:数字型
数据格式:n..10
计量单位:人

4.3.1.11.6 驾驶培训管理人员分类代码
编号:TJ030111006
数据元名称:驾驶培训管理人员分类代码
中文全拼:jia-shi-pei-xun-guan-li-ren-yuan-fen-lei-dai-ma
定义:根据管理人员管理范围的不同进行分类的代码。
数据元类型:字符型
数据格式:n1
值域:见5.46

4.3.1.11.7 培训人次
编号:TJ030111007
数据元名称:培训人次
中文全拼:pei-xun-ren-ci
定义:报告期内培训的总人次。
数据元类型:数字型
数据格式:n..10
计量单位:人次

4.3.1.11.8 培训合格人次
编号:TJ030111008
数据元名称:培训合格人次
中文全拼:pei-xun-he-ge-ren-ci
定义:报告期内,经过培训并考核通过的总的合格人次。
数据元类型:数字型

数据格式:n..10

计量单位:人次

4.3.1.11.9 从业资格培训人次

编号:TJ030111009

数据元名称:从业资格培训人次

中文全拼:cong-ye-zi-ge-pei-xun-ren-ci

定义:报告期内,经过培训并考核通过并取得从业资格的总人次。

数据元类型:数字型

数据格式:n..10

计量单位:人次

4.3.1.11.10 教学车辆

编号:TJ030111010

数据元名称:教学车辆

中文全拼:jiao-xue-che-liang

定义:教学车辆的总辆数。

数据元类型:数字型

数据格式:n..10

计量单位:辆

4.3.1.11.11 教学车辆分类代码

编号:TJ030111011

数据元名称:教学车辆分类代码

中文全拼:jiao-xue-che-liang-fen-lei-dai-ma

定义:根据教学车辆的不同进行分类的代码。

数据元类型:数字型

数据格式:n..10

值域:见5.47

备注:根据交通部令2006年第2号执行。

4.3.1.11.12 教学场地面积

编号:TJ030111012

数据元名称:教学场地面积

中文全拼:jiao-xue-chang-di-mian-ji

定义:教练场地(含租用的教练场)的面积。

数据元类型:数字型

数据格式:n..10

计量单位:平方米(m^2)

备注:包括场地驾驶教练场的面积、场内道路驾驶教练场的面积和实际道路驾驶教练路线的面积。

4.3.1.12 道路客运线路班次信息

4.3.1.12.1 客运线路条数

编号:TJ030112001

数据元名称:客运线路条数

中文全拼:ke-yun-xian-lu-tiao-shu

定义:已开通的客运线路条数。

数据元类型:数字型

数据格式:n..10

计量单位:条

关系:与运输距离分类、客运班线按行驶区域分类连用。

4.3.1.12.2 客运线路平均日发班次

编号:TJ030112002

数据元名称:客运线路平均日发班次

中文全拼:ke-yun-xian-lu-ping-jun-ri-fa-ban-ci

定义:报告期内,本辖区内的所有班车平均每日实际开行的班次数。

数据元类型:数字型

数据格式:n..10

计量单位:班次/日

关系:与运输距离分类、客运班线按行驶区域分类连用。

备注:县内班车往返一趟计算两个班次。两天一班计 1/2 个班次,三天一班计 1/3 个班次。

4.3.1.12.3 高速公路客运线路条数

编号:TJ030112003

数据元名称:高速公路客运线路条数

中文全拼:gao-su-gong-lu-ke-yun-xian-lu-tiao-shu

定义:本行政区域内的营运线路中,高速公路里程在 200km 以上或者高速公路里程占总里程 70% 以上的道路客运线路的数量。

数据元类型:数字型

数据格式:n..10

计量单位:条

关系:与运输距离分类连用。

4.3.1.12.4 高速公路客运线平均日发班次

编号:TJ030112004

数据元名称:高速公路客运线平均日发班次

中文全拼:gao-su-gong-lu-ke-yun-xian-ping-jun-ri-fa-ban-ci

定义:高速公路客运线路上平均每日实际开行的班次数。

数据元类型:数字型

数据格式:n..10

计量单位:班次/日

关系:与运输距离分类连用。

4.3.1.13 农村道路客运信息

4.3.1.13.1 通客运班车的乡镇数

编号:TJ030113001

数据元名称:通客运班车的乡镇数

中文全拼:tong-ke-yun-ban-che-de-xiang-zhen-shu

定义:本行政区域内,乡镇政府所在地已开通客运班车的乡镇数。

数据元类型:数字型

数据格式:n..10

计量单位:个

4.3.1.13.2 通客运班车的建制村数

编号:TJ030113002

数据元名称:通客运班车的建制村数

中文全拼:tong-ke-yun-ban-che-de-jian-zhi-cun-shu

定义:本行政区域内,距离客运班车运行起点、终点或中途停靠站点在两公里以内的建制村数。

数据元类型:数字型

数据格式:n..10

计量单位:个

4.3.1.13.3 农村客运站数量

编号:TJ030113003

数据元名称:农村客运站数量

中文全拼:nong-cun-ke-yun-zhan-shu-liang

定义:主要为农民出行服务,在乡镇、建制村建设的从事农村客运的客运站数量,其中包括等级客运站、简易站、招呼站等。

数据元类型:数字型

数据格式:n..10

计量单位:个

4.3.1.13.4 农村客运班线数量

编号:TJ030113004

数据元名称:农村客运班线数量

中文全拼:nong-cun-ke-yun-ban-xian-shu-liang

定义:县内或者毗邻县间至少有一端在乡村的客运班线数量。

数据元类型:数字型

数据格式:n..10

计量单位:条

备注:统计时,毗邻县间的客运班线由地市一级运输管理机构统计。

4.3.1.13.5 农村客运班线平均日发班次

编号:TJ030113005

数据元名称:农村客运班线平均日发班次

中文全拼:nong-cun-ke-yun-ban-xian-ping-jun-ri-fa-ban-ci

定义:报告期内,农村客运班线平均每日实际开行的班次数。

数据元类型:数字型

数据格式:n..10

计量单位:班次/日

4.3.1.13.6 农村客运车辆合计

编号:TJ030113006

数据元名称:农村客运车辆合计

中文全拼:nong-cun-ke-yun-che-liang-he-ji

定义:持有道路运输证,在农村客运班线上从事道路旅客运输经营活动的客运汽车数量。

数据元类型:数字型

数据格式:n..10

计量单位:辆

关系:与载客汽车按等级分类、按车长分类连用。

4.3.1.13.7 农村客运车辆客位合计

编号:TJ030113007

数据元名称:农村客运车辆客位合计
中文全拼:nong-cun-ke-yun-che-liang-ke-wei-he-ji
定义:持有道路运输证,在农村客运班线上从事道路旅客运输经营活动的客运汽车的客位数量。
数据元类型:数字型
数据格式:n..10
计量单位:客位
关系:与载客汽车按等级分类、按车长分类连用。

4.3.1.13.8 农村旅客运输客运量

编号:TJ030113008
数据元名称:农村旅客运输客运量
中文全拼:nong-cun-lv-ke-yun-shu-ke-yun-liang
定义:持有道路运输证,在农村客运班线上从事旅客运输的客运车辆完成的旅客运量。
数据元类型:数字型
数据格式:n..10
计量单位:万人

4.3.1.13.9 农村旅客运输周转量

编号:TJ030113009
数据元名称:农村旅客运输周转量
中文全拼:nong-cun-lv-ke-yun-shu-zhou-zhuan-liang
定义:持有道路运输证,在农村客运班线上从事旅客运输的客运车辆完成的旅客周转量。
数据元类型:数字型
数据格式:n..10
计量单位:万人公里

4.3.1.13.10 农村客运站完成投资

编号:TJ030113010
数据元名称:农村客运站完成投资
中文全拼:nong-cun-ke-yun-zhan-wan-cheng-tou-zi
定义:报告期内,农村客运站完成的固定资产投资额。
数据元类型:数字型
数据格式:n..10
计量单位:万元

4.3.1.13.11 农村客运站完成政府投资

编号:TJ030113011
数据元名称:农村客运站完成政府投资
中文全拼:nong-cun-ke-yun-zhan-wan-cheng-zheng-fu-tou-zi
定义:报告期内,农村客运站完成的投资额中国家预算内资金、部专项资金及地方各级政府财政拨款的总额。
数据元类型:数字型
数据格式:n..10
计量单位:万元

4.3.1.14 道路危险货物运输信息

4.3.1.14.1 道路危险货物运输业户数

编号:TJ030114001

数据元名称:道路危险货物运输业户数

中文全拼:dao-lu-wei-xian-huo-wu-yun-shu-ye-hu-shu

定义:经道路运输管理机构核准从事道路危险货物运输的业户数量。

数据元类型:数字型

数据格式:n..10

计量单位:户

关系:与道路运输危险货物运输业户分类、道路危险货物运输业户经营性质连用。

4.3.1.14.2 道路危险货物运输业户分类代码

编号:TJ030114002

数据元名称:道路危险货物运输业户分类代码

中文全拼:dao-lu-wei-xian-huo-wu-yun-shu-ye-hu-fen-lei-dai-ma

定义:根据运输危险货物种类的不同进行分类代码。

数据元类型:字符型

数据格式:n2

值域:见5.48

4.3.1.14.3 道路危险货物运输业户经营性质代码

编号:TJ030114003

数据元名称:道路危险货物运输业户经营性质代码

中文全拼:dao-lu-wei-xian-huo-wu-yun-shu-ye-hu-jing-ying-xing-zhi-dai-ma

定义:根据危险货物运输企业的营业性质进行分类的代码。

数据元类型:字符型

数据格式:n1

值域:见5.34

4.3.1.14.4 道路危险货物运输车辆数量

编号:TJ030114004

数据元名称:道路危险货物运输车辆数量

中文全拼:dao-lu-wei-xian-huo-wu-yun-shu-che-liang-shu-liang

定义:持有道路运输证,从事道路危险货物运输的专用载货汽车数量。

数据元类型:数字型

数据格式:n..10

计量单位:辆

关系:与业户经营性质、机动车按标记吨位分类、按车型结构分类连用。

4.3.1.14.5 道路危险货物运输车辆吨位

编号:TJ030114005

数据元名称:道路危险货物运输车辆吨位

中文全拼:dao-lu-wei-xian-huo-wu-yun-shu-che-liang-dun-wei

定义:持有道路运输证,从事道路危险货物运输的专用载货汽车吨位。

数据元类型:数字型

数据格式:n..10,2

计量单位:吨位

关系:与业户经营性质、机动车按标记吨位分类、载货汽车按车型结构分类连用。

4.3.1.14.6 安装GPS的危险货物运输车辆数量

编号:TJ030114006

数据元名称:安装 GPS 的危险货物运输车辆数量

中文全拼:an-zhuang-GPS-de-wei-xian-huo-wu-yun-shu-che-liang-shu-liang

定义:安装了 GPS 的持证的危险货物运输车辆数量。

数据元类型:数字型

数据格式:n..10

计量单位:辆

关系:与业户经营性质连用。

4.3.1.14.7　安装 GPS 的危险货物运输车辆吨位

编号:TJ030114007

数据元名称:安装 GPS 的危险货物运输车辆吨位

中文全拼:an-zhuang-GPS-de-wei-xian-huo-wu-yun-shu-che-liang-dun-wei

定义:安装了 GPS 的持证的危险货物运输车辆吨位。

数据元类型:数字型

数据格式:n..10,2

计量单位:吨位

关系:与业户经营性质连用。

4.3.1.14.8　安装行驶记录仪的危险货物运输车辆数量

编号:TJ030114008

数据元名称:安装行驶记录仪的危险货物运输车辆数量

中文全拼:an-zhuang-xing-shi-ji-lu-yi-de-wei-xian-huo-wu-yun-shu-che-liang-shu-liang

定义:安装了行驶记录仪的持证的危险货物运输车辆数量。

数据元类型:数字型

数据格式:n..10

计量单位:辆

关系:与业户经营性质连用。

4.3.1.14.9　安装行驶记录仪的危险货物运输车辆吨位

编号:TJ030114009

数据元名称:安装行驶记录仪的危险货物运输车辆吨位

中文全拼:an-zhuang-xing-shi-ji-lu-yi-de-wei-xian-huo-wu-yun-shu-che-liang-dun-wei

定义:安装了行驶记录仪持证的危险货物运输车辆吨位。

数据元类型:数字型

数据格式:n..10,2

计量单位:吨位

关系:与业户经营性质连用。

4.3.1.15　国际道路运输信息

4.3.1.15.1　国际道路运输客运量

编号:TJ030115001

数据元名称:国际道路运输客运量

中文全拼:guo-ji-dao-lu-yun-shu-ke-yun-liang

定义:从事国际旅客运输的中、外双方承运者在一个统计报告期限内(年报指本年度内,半年报指半年内),通过我国已开通汽车运输的边境口岸,共同完成的出境和入境客运量。

数据元类型:数字型

数据格式:n..10

计量单位:人次

备注:国际道路运输主要统计从事国际道路运输的中、外双方承运者,通过我国已开通汽车运输的边境口岸,共同完成的出境(指我国国境)旅客(货物)运量和周转量的情况,以及重点统计其中我方承运者完成的运量和周转量。如果与多个国家(或特别行政区)间开通了国际道路运输,则分国家(或特别行政区)填报有关数据。如新疆与哈萨克斯坦、吉尔吉斯斯坦、巴基斯坦、蒙古等国家分别开通了国际道路运输,则分别填写中哈、中吉、中巴、中蒙等有关数据。

4.3.1.15.2 国际道路运输客运量所占比重

编号:TJ030115002

数据元名称:国际道路运输客运量所占比重

中文全拼:guo-ji-dao-lu-yun-shu-ke-yun-liang-suo-zhan-bi-zhong

定义:出入境旅客运输量占各种运输方式所产生客运输量的比重。

数据元类型:数字型

数据格式:n..5,2

计量单位:%

4.3.1.15.3 国际道路运输出境客运量

编号:TJ030115003

数据元名称:国际道路运输出境客运量

中文全拼:guo-ji-dao-lu-yun-shu-chu-jing-ke-yun-liang

定义:从事国际旅客运输的中、外双方承运者在一个统计报告期限内(年报是本年度内,半年报是半年内),通过我国已开通汽车运输的边境口岸,共同完成的出境客运量。

数据元类型:数字型

数据格式:n..10,2

计量单位:人次

4.3.1.15.4 国际道路运输出境客运量所占比重

编号:TJ030115004

数据元名称:国际道路运输出境客运量所占比重

中文全拼:guo-ji-dao-lu-yun-shu-chu-jing-ke-yun-liang-suo-zhan-bi-zhong

定义:出境旅客运输量占各种运输方式所产生客运量的比重。

数据元类型:数字型

数据格式:n..5,2

计量单位:%

4.3.1.15.5 国际道路运输旅客周转量

编号:TJ030115005

数据元名称:国际道路运输旅客周转量

中文全拼:guo-ji-dao-lu-yun-shu-lv-ke-zhou-zhuan-liang

定义:从事国际旅客运输的中、外双方承运者在一个统计报告期限内(年报是本年度内,半年报是半年内),通过我国已开通汽车运输的边境口岸,共同完成的出境和入境客运周转量。

数据元类型:数字型

数据格式:n..10,2

计量单位:人公里

4.3.1.15.6 国际道路运输旅客周转量所占比重

编号:TJ030115006

数据元名称:国际道路运输旅客周转量所占比重

中文全拼:guo-ji-dao-lu-yun-shu-lv-ke-zhou-zhuan-liang-suo-zhan-bi-zhong

定义:出入境旅客运输周转量占各种运输方式所产生的客运输周转量的比重。

数据元类型:数字型

数据格式:n..5,2

计量单位:%

4.3.1.15.7 国际道路运输出境旅客周转量

编号:TJ030115007

数据元名称:国际道路运输出境旅客周转量

中文全拼:guo-ji-dao-lu-yun-shu-chu-jing-lv-ke-zhou-zhuan-liang

定义:从事国际旅客运输的中、外双方承运者在一个统计报告期限内(年报是本年度内,半年报是半年内),通过我国已开通汽车运输的边境口岸,共同完成的出境旅客周转量。

数据元类型:数字型

数据格式:n..10,2

计量单位:人公里

4.3.1.15.8 国际道路运输出境旅客周转量所占比重

编号:TJ030115008

数据元名称:国际道路运输出境旅客周转量所占比重

中文全拼:guo-ji-dao-lu-yun-shu-chu-jing-lv-ke-zhou-zhuan-liang-suo-zhan-bi-zhong

定义:出境旅客周转量占各种运输方式所产生的旅客周转量的比重。

数据元类型:数字型

数据格式:n..5,2

计量单位:%

4.3.1.15.9 国际道路运输客车出入境辆次

编号:TJ030115009

数据元名称:国际道路运输客车出入境辆次

中文全拼:guo-ji-dao-lu-yun-shu-ke-che-chu-ru-jing-liang-ci

定义:从事国际旅客运输的车辆出入境的次数。

数据元类型:数字型

数据格式:n..10,2

计量单位:辆次

备注:每出境或入境一次,统计为一个辆次。

4.3.1.15.10 国际客运 A 种许可证交换量

编号:TJ030115010

数据元名称:国际客运 A 种许可证交换量

中文全拼:guo-ji-ke-yun-A-zhong-xu-ke-zheng-jiao-huan-liang

定义:报告期内从事国际客运中、外双方交换 A 种许可证的数量。

数据元类型:数字型

数据格式:n..10

计量单位:张

4.3.1.15.11 国际客运 A 种许可证使用量

编号:TJ030115011

数据元名称:国际客运 A 种许可证使用量

中文全拼:guo-ji-ke-yun-A-zhong-xu-ke-zheng-shi-yong-liang

定义:口岸交通运输管理机构查验中、外双方承运者(含内地与香港澳门)使用A种许可证的数量。

数据元类型:数字型

数据格式:n..10

计量单位:张

4.3.1.15.12 国际客运B种许可证交换量

编号:TJ030115012

数据元名称:国际客运B种许可证交换量

中文全拼:guo-ji-ke-yun-B-zhong-xu-ke-zheng-jiao-huan-liang

定义:报告期内,从事国际客运中、外双方交换B种许可证的数量。

数据元类型:数字型

数据格式:n..10

计量单位:张

4.3.1.15.13 国际客运B种许可证使用量

编号:TJ030115013

数据元名称:国际客运B种许可证使用量

中文全拼:guo-ji-ke-yun-B-zhong-xu-ke-zheng-shi-yong-liang

定义:口岸交通运输管理机构查验中、外双方承运者(含内地与香港澳门)使用B种许可证的数量。

数据元类型:数字型

数据格式:n..10

计量单位:张

4.3.1.15.14 国际客运线路数量

编号:TJ030115014

数据元名称:国际客运线路数量

中文全拼:guo-ji-ke-yun-xian-lu-shu-liang

定义:中方道路运输管理机构批准核定的国际道路旅客运输线路条数。

数据元类型:数字型

数据格式:n..10

计量单位:条

4.3.1.15.15 国际客运班次

编号:TJ030115015

数据元名称:国际客运班次

中文全拼:guo-ji-ke-yun-ban-ci

定义:报告期内,从事国际旅客运输的中方承运者通过我国已开通汽车运输的边境口岸,完成的出境和入境班次。

数据元类型:数字型

数据格式:n..10

计量单位:班次

备注:往返一趟计算两个班次。

4.3.1.15.16 国际道路运输货运量

编号:TJ030115016

数据元名称:国际道路运输货运量

中文全拼:guo-ji-dao-lu-yun-shu-huo-yun-liang

定义:从事国际货物运输的中、外双方承运者,在一个统计报告期限内(年报是本年度内,半年报是半年内),通过我国已开通汽车运输的边境口岸,共同完成的出境和入境货运量。

数据元类型:数字型

数据格式:n..10

计量单位:吨(t)

4.3.1.15.17　国际道路运输货运量所占比重

编号:TJ030115017

数据元名称:国际道路运输货运量所占比重

中文全拼:guo-ji-dao-lu-yun-shu-huo-yun-liang-suo-zhan-bi-zhong

定义:出入境货物运输量占各种运输方式所产生的货物运输量的比重。

数据元类型:数字型

数据格式:n..5,2

计量单位:%

4.3.1.15.18　国际道路运输出境货运量

编号:TJ030115018

数据元名称:国际道路运输出境货运量

中文全拼:guo-ji-dao-lu-yun-shu-chu-jing-huo-yun-liang

定义:从事国际货物运输的中、外双方承运者,在一个统计报告期限内(年报是本年度内,半年报是半年内),通过我国已开通汽车运输的边境口岸,共同完成的出境货运量。

数据元类型:数字型

数据格式:n..10,2

计量单位:吨(t)

4.3.1.15.19　国际道路运输出境货运量所占比重

编号:TJ030115019

数据元名称:国际道路运输出境货运量所占比重

中文全拼:guo-ji-dao-lu-yun-shu-chu-jing-huo-yun-liang-suo-zhan-bi-zhong

定义:出境货物运输量占各种运输方式所产生的货物运输量的比重。

数据元类型:数字型

数据格式:n..5,2

计量单位:%

4.3.1.15.20　国际道路运输货物周转量

编号:TJ030115020

数据元名称:国际道路运输货物周转量

中文全拼:guo-ji-dao-lu-yun-shu-huo-wu-zhou-zhuan-liang

定义:从事国际货物运输的中、外双方承运者,在一个统计报告期限内(年报指本年度内,半年报指半年内),通过我国已开通汽车运输的边境口岸,共同完成的出境和入境货物周转量。

数据元类型:数字型

数据格式:n..10,2

计量单位:吨公里

4.3.1.15.21　国际道路运输货物周转量所占比重

编号:TJ030115021

数据元名称:国际道路运输货物周转量所占比重

中文全拼:guo-ji-dao-lu-yun-shu-huo-wu-zhou-zhuan-liang-suo-zhan-bi-zhong

定义:出入境货物周转量占各种运输方式所产生的货物周转量的比重。

数据元类型:数字型

数据格式:n..5,2

计量单位:%

4.3.1.15.22 国际道路运输出境货物周转量

编号:TJ030115022

数据元名称:国际道路运输出境货物周转量

中文全拼:guo-ji-dao-lu-yun-shu-chu-jing-huo-wu-zhou-zhuan-liang

定义:从事国际货物运输的中、外双方承运者,在一个统计报告期限内(年报是本年度内,半年报是半年内),通过我国已开通汽车运输的边境口岸,共同完成的出境货物周转量。

数据元类型:数字型

数据格式:n..10,2

计量单位:吨公里(t·km)

4.3.1.15.23 国际道路运输出境货物周转量所占比重

编号:TJ030115023

数据元名称:国际道路运输出境货物周转量所占比重

中文全拼:guo-ji-dao-lu-yun-shu-chu-jing-huo-wu-zhou-zhuan-liang-suo-zhan-bi-zhong

定义:出境货物周转量占各种运输方式所产生的货物周转量的比重。

数据元类型:数字型

数据格式:n..5,2

计量单位:%

4.3.1.15.24 国际道路运输货车出入境辆次

编号:TJ030115024

数据元名称:国际道路运输货车出入境辆次

中文全拼:guo-ji-dao-lu-yun-shu-huo-che-chu-ru-jing-liang-ci

定义:从事国际货物运输的车辆出入境的次数。

数据元类型:数字型

数据格式:n..10

计量单位:辆次

备注:每出境或入境一次,统计为一个辆次。

4.3.1.15.25 国际货运C种许可证交换量

编号:TJ030115025

数据元名称:国际货运C种许可证交换量

中文全拼:guo-ji-huo-yun-C-zhong-xu-ke-zheng-jiao-huan-liang

定义:报告期内从事国际货运中、外双方交换C种许可证的数量。

数据元类型:数字型

数据格式:n..10

计量单位:张

4.3.1.15.26 国际货运C种许可证使用量

编号:TJ030115026

数据元名称:国际货运C种许可证使用量

中文全拼:guo-ji-huo-yun-C-zhong-xu-ke-zheng-shi-yong-liang

定义:口岸交通运输管理机构查验中、外双方承运者(含内地与香港澳门)使用C种许可证的数量。

数据元类型:数字型

数据格式:n..10

计量单位:张

4.3.1.15.27 国际货运线路数量

编号:TJ030115027

数据元名称:国际货运线路数量

中文全拼:guo-ji-huo-yun-xian-lu-shu-liang

定义:中方道路运输管理机构批准核定的国际道路货物运输线路条数。

数据元类型:数字型

数据格式:n..10

计量单位:条

4.3.1.15.28 国际道路运输载客汽车数量

编号:TJ030115028

数据元名称:国际道路运输载客汽车数量

中文全拼:guo-ji-dao-lu-yun-shu-zai-ke-qi-che-shu-liang

定义:持有道路运输管理机构核发的道路运输证和国际汽车运输行车许可证(或国际汽车运输特别行车许可证),从事国际道路运输的中方载客汽车的数量。

数据元类型:数字型

数据格式:n..10

计量单位:辆

关系:与载客汽车按车长分类、按等级分类连用。

4.3.1.15.29 国际道路运输载客汽车客位数量

编号:TJ030115029

数据元名称:国际道路运输载客汽车客位数量

中文全拼:guo-ji-dao-lu-yun-shu-zai-ke-qi-che-ke-wei-shu-liang

定义:持有道路运输管理机构核发的道路运输证和国际汽车运输行车许可证(或国际汽车运输特别行车许可证),从事国际道路运输的中方载客汽车的客位数量。

数据元类型:数字型

数据格式:n..10

计量单位:客位

关系:与载客汽车按车长分类、按等级分类连用。

4.3.1.15.30 国际道路运输载货汽车数量

编号:TJ030115030

数据元名称:国际道路运输载货汽车数量

中文全拼:guo-ji-dao-lu-yun-shu-zai-huo-qi-che-shu-liang

定义:持有道路运输管理机构核发的道路运输证和国际汽车运输行车许可证(或国际汽车运输特别行车许可证),从事国际道路运输的中方载货汽车的数量。

数据元类型:数字型

数据格式:n..10

计量单位:辆

关系:与机动车按标记吨位分类连用。

4.3.1.15.31 国际道路运输载货汽车总吨

编号:TJ030115031

数据元名称:国际道路运输载货汽车总吨

中文全拼:guo-ji-dao-lu-yun-shu-zai-huo-qi-che-zong-dun

定义:持有道路运输管理机构核发的道路运输证和国际汽车运输行车许可证(或国际汽车运输特别行车许可证),从事国际道路运输的中方载货汽车的总吨。

数据元类型:数字型

数据格式:n..10

计量单位:客位

关系:与机动车按标记吨位分类连用。

4.3.1.15.32 国际道路运输业户数

编号:TJ030115032

数据元名称:国际道路运输业户数

中文全拼:guo-ji-dao-lu-yun-shu-ye-hu-shu

定义:持有《道路运输经营许可证》,取得国际道路运输经营许可的中方业户数量。

数据元类型:数字型

数据格式:n..10

计量单位:户

关系:与企业按拥有车辆数分类连用。

4.3.1.15.33 国际旅客运输业户

编号:TJ030115033

数据元名称:国际旅客运输业户

中文全拼:guo-ji-lv-ke-yun-shu-ye-hu

定义:持有《道路运输经营许可证》,取得国际旅客运输经营许可的中方业户数量。

数据元类型:数字型

数据格式:n..10

计量单位:户

关系:与企业按拥有车辆数分类连用。

4.3.1.15.34 国际货物运输业户

编号:TJ030115034

数据元名称:国际货物运输业户

中文全拼:guo-ji-huo-wu-yun-shu-ye-hu

定义:持有《道路运输经营许可证》,取得国际货物运输经营许可的中方业户数量。

数据元类型:数字型

数据格式:n..10

计量单位:户

关系:与企业按拥有车辆数分类连用。

4.3.1.16 港澳台及外商投资道路运输业信息

4.3.1.16.1 投资道路运输企业数量

编号:TJ030116001

数据元名称:投资道路运输企业数量

中文全拼:tou-zi-dao-lu-yun-shu-qi-ye-shu-liang

定义:港澳台及外商投资道路运输企业的数量。

数据元类型:数字型

数据格式:n..10

计量单位:个

关系:与港澳台及外商投资企业经济类型、世界各国和地区代码、道路运输企业经营范围连用。

4.3.1.16.2 合同投资额

编号:TJ030116002

数据元名称:合同投资额

中文全拼:he-tong-tou-zi-e

定义:统计时,按照港澳台及外商投资企业的登记注册类型分为独资企业合同投资额、合资企业合同投资额和合作企业合同投资额。

数据元类型:数字型

数据格式:n..10

计量单位:万元

关系:与港澳台及外商投资企业经济类型、世界各国和地区代码、道路运输企业经营范围连用。

4.3.1.16.3 实际投资额

编号:TJ030116003

数据元名称:实际投资额

中文全拼:shi-ji-tou-zi-e

定义:统计时按照港澳台及外商投资企业的登记注册类型分为独资企业实际投资额、合资企业实际投资额和合作企业实际投资额。

数据元类型:数字型

数据格式:n..10

计量单位:万元

关系:与港澳台及外商投资企业经济类型、世界各国和地区代码、道路运输企业经营范围连用。

4.3.1.16.4 投入客运车辆数量

编号:TJ030116004

数据元名称:投入客运车辆数量

中文全拼:tou-ru-ke-yun-che-liang-shu-liang

定义:主要统计持有道路运输证,从事道路旅客运输经营活动的载客汽车数量。

数据元类型:数字型

数据格式:n..10

计量单位:辆

关系:与港澳台及外商投资企业经济类型、世界各国和地区代码、载客汽车按车长分类连用。

4.3.1.16.5 投入货运车辆数量

编号:TJ030116005

数据元名称:投入货运车辆数量

中文全拼:tou-ru-huo-yun-che-liang-shu-liang

定义:主要统计持有道路运输证,从事道路货物运输经营活动的载货汽车数量。

数据元类型:数字型

数据格式:n..10

计量单位:辆

关系:与港澳台及外商投资企业经济类型、世界各国和地区代码连用。

4.3.1.16.6 投入厢式货车数量

编号:TJ030116006

数据元名称:投入厢式货车数量

中文全拼:tou-ru-xiang-shi-huo-che-shu-liang

定义:主要统计持有道路运输证,从事道路货物运输经营活动的厢式货车数量。

数据元类型:数字型

数据格式:n..10

计量单位:辆

关系:与港澳台及外商投资企业经济类型、世界各国和地区代码连用。

4.3.1.16.7 投入专用货车数量

编号:TJ030116007

数据元名称:投入专用货车数量

中文全拼:tou-ru-zhuan-yong-huo-che-shu-liang

定义:主要统计持有道路运输证,从事道路货物运输经营活动的专用货车数量。

数据元类型:数字型

数据格式:n..10

计量单位:辆

关系:与港澳台及外商投资企业经济类型、世界各国和地区代码连用。

4.3.1.16.8 投入集装箱车数量

编号:TJ030116008

数据元名称:投入集装箱车数量

中文全拼:tou-ru-ji-zhuang-xiang-che-shu-liang

定义:主要统计持有道路运输证,从事道路货物运输经营活动的集装箱车数量。

数据元类型:数字型

数据格式:n..10

计量单位:辆

关系:与港澳台及外商投资企业经济类型、世界各国和地区代码连用。

4.3.1.16.9 港澳台及外商投资企业经济类型代码

编号:TJ030116009

数据元名称:港澳台及外商投资企业经济类型代码

中文全拼:gang-ao-tai-ji-wai-shang-tou-zi-qi-ye-jing-ji-lei-xing-dai-ma

定义:按港澳台及外商投资企业经济类型的不同进行分类的代码。

数据元类型:字符型

数据格式:n3

值域:见5.17

备注:只取其中的710、720、730。

4.3.1.16.10 世界各国和地区代码

编号:TJ030116010

数据元名称:世界各国和地区代码

中文全拼:shi-jie-ge-guo-he-di-qu-dai-ma

定义:投资道路运输业的世界各国和地区的代码。

数据元类型:字符型

数据格式:an..3

值域:见5.49

4.3.1.16.11 道路运输企业经营范围代码

编号:TJ030116011

数据元名称:道路运输企业经营范围代码

中文全拼:dao-lu-yun-shu-qi-ye-jing-ying-fan-wei-dai-ma

定义:根据道路运输企业经营范围的不同进行分类的代码。

数据元类型:字符型

数据格式:an..5

值域:见5.50

4.3.1.17 道路运输车辆、业户及从业人员市场退出情况

4.3.1.17.1 报废车辆数量

编号:TJ030117001

数据元名称:报废车辆数量

中文全拼:bao-fei-che-liang-shu-liang

定义:被道路运输管理机构收回道路运输证的报废车辆数。

数据元类型:数字型

数据格式:n..10

计量单位:辆

备注:包括已经申请并被办理报废手续的客运车辆和货运车辆。

4.3.1.17.2 报废客运车辆数量

编号:TJ030117002

数据元名称:报废客运车辆数量

中文全拼:bao-fei-ke-yun-che-liang-shu-liang

定义:被道路运输管理机构收回道路运输证的报废的客运车辆数量。

数据元类型:数字型

数据格式:n..10

计量单位:辆

关系:与载客汽车按车长分类连用。

4.3.1.17.3 报废货运车辆数量

编号:TJ030117003

数据元名称:报废货运车辆数量

中文全拼:bao-fei-huo-yun-che-liang-shu-liang

定义:被道路运输管理机构收回道路运输证的报废的货运车辆数量。

数据元类型:数字型

数据格式:n..10

计量单位:辆

关系:与机动车按标记吨位分类连用。

4.3.1.17.4 检验不合格退出车辆数量

编号:TJ030117004

数据元名称:检验不合格退出车辆数量

中文全拼:jian-yan-bu-he-ge-tui-chu-che-liang-shu-liang

定义:因检验不合格被道路运输管理机构收回道路运输证的车辆数。

数据元类型:数字型

数据格式:n..10

计量单位:辆

备注:包括检验不合格被取消道路运输证的客运车辆和货运车辆。

4.3.1.17.5 检验不合格退出客运车辆数量

编号:TJ030117005

数据元名称:检验不合格退出客运车辆数量

中文全拼:jian-yan-bu-he-ge-tui-chu-ke-yun-che-liang-shu-liang

定义:因检验不合格被道路运输管理机构收回道路运输证的客运车辆数量。

数据元类型:数字型

数据格式:n..10

计量单位:辆

关系:与载客汽车按车长分类连用。

4.3.1.17.6 检验不合格退出货运车辆数量

编号:TJ030117006

数据元名称:检验不合格退出货运车辆数量

中文全拼:jian-yan-bu-he-ge-tui-chu-huo-yun-che-liang-shu-liang

定义:因检验不合格被道路运输管理机构收回道路运输证的货运车辆数量。

数据元类型:数字型

数据格式:n..10

计量单位:辆

关系:与机动车按标记吨位分类连用。

4.3.1.17.7 道路运输经营业户市场退出数量

编号:TJ030117007

数据元名称:道路运输经营业户市场退出数量

中文全拼:dao-lu-yun-shu-jing-ying-ye-hu-shi-chang-tui-chu-shu-liang

定义:被道路运输管理机构收回道路运输经营许可证的道路运输经营业户数。

数据元类型:数字型

数据格式:n..10

计量单位:户

4.3.1.17.8 道路旅客运输经营业户退出市场数量

编号:TJ030117008

数据元名称:道路旅客运输经营业户退出市场数量

中文全拼:dao-lu-lv-ke-yun-shu-jing-ying-ye-hu-tui-chu-shi-chang-shu-liang

定义:被道路运输管理机构收回道路运输经营许可证的从事旅客运输的经营业户数。

数据元类型:数字型

数据格式:n..10

计量单位:户

4.3.1.17.9 道路货物运输经营业户退出市场数量

编号:TJ030117009

数据元名称:道路货物运输经营业户退出市场数量

中文全拼:dao-lu-huo-wu-yun-shu-jing-ying-ye-hu-tui-chu-shi-chang-shu-liang

定义:被道路运输管理机构收回道路运输经营许可证的从事货物运输的运输经营业户数。

数据元类型:数字型

数据格式:n..10

计量单位:户

4.3.1.17.10　道路运输相关业务经营业户退出市场数量

编号:TJ030117010

数据元名称:道路运输相关业务经营业户退出市场数量

中文全拼:dao-lu-yun-shu-xiang-guan-ye-wu-jing-ying-ye-hu-tui-chu-shi-chang-shu-liang

定义:被道路运输管理机构收回道路运输经营许可证的从事相关业务的经营业户数。

数据元类型:数字型

数据格式:n..10

计量单位:户

关系:与道路运输相关业务分类连用。

4.3.1.17.11　取得从业资格证人员退出市场数量

编号:TJ030117011

数据元名称:取得从业资格证人员退出市场数量

中文全拼:qu-de-cong-ye-zi-ge-zheng-ren-yuan-tui-chu-shi-chang-shu-liang

定义:被道路运输管理机构收回从业资格证的人员数量。

数据元类型:数字型

数据格式:n..10

计量单位:人

4.3.1.17.12　取得道路旅客运输从业资格证人员退出市场数量

编号:TJ030117012

数据元名称:取得道路旅客运输从业资格证人员退出市场数量

中文全拼:qu-de-dao-lu-lv-ke-yun-shu-cong-ye-zi-ge-zheng-ren-yuan-tui-chu-shi-chang-shu-liang

定义:被道路运输管理机构收回从业资格证的从事旅客运输的人员数量。

数据元类型:数字型

数据格式:n..10

计量单位:人

4.3.1.17.13　取得道路货物运输从业资格证人员退出市场数量

编号:TJ030117013

数据元名称:取得道路货物运输从业资格证人员退出市场数量

中文全拼:qu-de-dao-lu-huo-wu-yun-shu-cong-ye-zi-ge-zheng-ren-yuan-tui-chu-shi-chang-shu-liang

定义:被道路运输管理机构收回从业资格证的从事货物运输的人员数量。

数据元类型:数字型

数据格式:n..10

计量单位:人

4.3.1.17.14　取得道路运输相关业务从业资格证人员退出市场数量

编号:TJ030117014

数据元名称:取得道路运输相关业务从业资格证人员退出市场数量

中文全拼:qu-de-dao-lu-yun-shu-xiang-guan-ye-wu-cong-ye-zi-ge-zheng-ren-yuan-tui-chu-shi-chang-shu-liang

定义:被道路运输管理机构收回从业资格证的从事相关业务的人员数量。

数据元类型:数字型

数据格式:n..10

计量单位:人

关系:与道路运输相关业务分类连用。

4.3.2 水路运输生产

4.3.2.1 全社会水路客货运输量信息

4.3.2.1.1 水路客运量

编号:TJ030201001

数据元名称:水路客运量

中文全拼:shui-lu-ke-yun-liang

定义:船舶实际运送的旅客人数。

数据元类型:数字型

数据格式:n..10

计量单位:万人

关系:与航行区域、运输船舶所属单位营业性质连用。

4.3.2.1.2 水路机动船客运量

编号:TJ030201002

数据元名称:水路机动船客运量

中文全拼:shui-lu-ji-dong-chuan-ke-yun-liang

定义:机动船实际运送的旅客人数。

数据元类型:数字型

数据格式:n..10

计量单位:万人

关系:与航行区域、运输船舶所属单位营业性质连用。

4.3.2.1.3 水路驳船客运量

编号:TJ030201003

数据元名称:水路驳船客运量

中文全拼:shui-lu-bo-chuan-ke-yun-liang

定义:驳船实际运送的旅客人数。

数据元类型:数字型

数据格式:n..10

计量单位:万人

关系:与航行区域、运输船舶所属单位营业性质连用。

4.3.2.1.4 水路旅客周转量

编号:TJ030201004

数据元名称:水路旅客周转量

中文全拼:shui-lu-lv-ke-zhou-zhuan-liang

定义:船舶实际运送的每位旅客与运送该旅客距离的乘积之和。

数据元类型:数字型

数据格式:n..10

计量单位:万人公里

关系:与航行区域、运输船舶所属单位营业性质连用。

4.3.2.1.5 水路机动船旅客周转量

编号:TJ030201005

数据元名称:水路机动船旅客周转量

中文全拼:shui-lu-ji-dong-chuan-lv-ke-zhou-zhuan-liang
定义:机动船实际运送的每位旅客与运送该旅客距离的乘积之和。
数据元类型:数字型
数据格式:n..10
计量单位:万人公里
关系:与航行区域、运输船舶所属单位营业性质连用。

4.3.2.1.6　水路驳船旅客周转量

编号:TJ030201006
数据元名称:水路驳船旅客周转量
中文全拼:shui-lu-bo-chuan-lv-ke-zhou-zhuan-liang
定义:驳船实际运送的每位旅客与运送该旅客距离的乘积之和。
数据元类型:数字型
数据格式:n..10
计量单位:万人公里
关系:与航行区域、运输船舶所属单位营业性质连用。

4.3.2.1.7　水路货运量

编号:TJ030201007
数据元名称:水路货运量
中文全拼:shui-lu-huo-yun-liang
定义:船舶实际运送的货物重量。
数据元类型:数字型
数据格式:n..10
计量单位:万吨
关系:与航行区域、运输船舶所属单位营业性质、运输船舶航行水系、货物类别连用。

4.3.2.1.8　水路机动船货运量

编号:TJ030201008
数据元名称:水路机动船货运量
中文全拼:shui-lu-ji-dong-chuan-huo-yun-liang
定义:机动船实际运送的货物重量。
数据元类型:数字型
数据格式:n..10
计量单位:万吨
关系:与航行区域、运输船舶所属单位营业性质连用。

4.3.2.1.9　水路驳船货运量

编号:TJ030201009
数据元名称:水路驳船货运量
中文全拼:shui-lu-bo-chuan-huo-yun-liang
定义:驳船实际运送的货物重量。
数据元类型:数字型
数据格式:n..10
计量单位:万吨
关系:与航行区域、运输船舶所属单位营业性质连用。

4.3.2.1.10 水路货物周转量

编号:TJ030201010

数据元名称:水路货物周转量

中文全拼:shui-lu-huo-wu-zhou-zhuan-liang

定义:船舶实际运送的每批货物重量与运送该批货物距离乘积之和。

数据元类型:数字型

数据格式:n..10

计量单位:万吨公里

关系:与航行区域、运输船舶所属单位营业性质、运输船舶航行水系、货物类别连用。

4.3.2.1.11 水路机动船货物周转量

编号:TJ030201011

数据元名称:水路机动船货物周转量

中文全拼:shui-lu-ji-dong-chuan-huo-wu-zhou-zhuan-liang

定义:机动船实际运送的每批货物重量与运送该批货物距离乘积之和。

数据元类型:数字型

数据格式:n..10

计量单位:万吨公里

关系:与航行区域、运输船舶所属单位营业性质连用。

4.3.2.1.12 水路驳船货物周转量

编号:TJ030201012

数据元名称:水路驳船货物周转量

中文全拼:shui-lu-bo-chuan-huo-wu-zhou-zhuan-liang

定义:驳船实际运送的每批货物重量与运送该批货物距离乘积之和。

数据元类型:数字型

数据格式:n..10

计量单位:万吨公里

关系:与航行区域、运输船舶所属单位营业性质连用。

4.3.2.1.13 运输船舶所属单位营业性质代码

编号:TJ030201013

数据元名称:运输船舶所属单位营业性质代码

中文全拼:yun-shu-chuan-bo-suo-shu-dan-wei-ying-ye-xing-zhi-dai-ma

定义:按运输船舶所属单位营业性质进行分类的代码。

数据元类型:字符型

数据格式:n1

值域:见5.34

4.3.2.1.14 运输船舶航行水系

采用JT/T 697.4—2007的5.1.2.2。

4.3.2.2 全社会水路集装箱运输量信息

4.3.2.2.1 全社会水路集装箱箱运量

编号:TJ030202001

数据元名称:全社会水路集装箱箱运量

中文全拼:quan-she-hui-shui-lu-ji-zhuang-xiang-xiang-yun-liang

定义:报告期内,水路运输运送集装箱的实际数量。

数据元类型:数字型
数据格式:n..10
计量单位:个
关系:与集装箱国际标准箱型连用。

4.3.2.2.2 全社会水路集装箱货运量

编号:TJ030202002
数据元名称:全社会水路集装箱货运量
中文全拼:quan-she-hui-shui-lu-ji-zhuang-xiang-huo-yun-liang
定义:报告期内,水路运输运送集装箱的实际重量。
数据元类型:数字型
数据格式:n..10
计量单位:吨(t)
关系:与集装箱国际标准箱型连用。
备注:包括集装箱箱体的重量与箱内装载货物的重量。

4.3.2.2.3 远洋运输集装箱箱运量

编号:TJ030202003
数据元名称:远洋运输集装箱箱运量
中文全拼:yuan-yang-yun-shu-ji-zhuang-xiang-xiang-yun-liang
定义:报告期内,远洋运输车辆运送集装箱的实际数量。
数据元类型:数字型
数据格式:n..10
计量单位:个
关系:与集装箱国际标准箱型连用。

4.3.2.2.4 远洋运输集装箱货运量

编号:TJ030202004
数据元名称:远洋运输集装箱货运量
中文全拼:yuan-yang-yun-shu-ji-zhuang-xiang-huo-yun-liang
定义:报告期内,远洋运输车辆运送集装箱的实际重量。
数据元类型:数字型
数据格式:n..10
计量单位:吨(t)
关系:与集装箱国际标准箱型连用。
备注:包括集装箱箱体的重量与箱内装载货物的重量。

4.3.2.3 营业性运输船舶燃料消耗情况

4.3.2.3.1 燃料消耗量

编号:TJ030203001
数据元名称:燃料消耗量
中文全拼:ran-liao-xiao-hao-liang
定义:船舶实际消耗的燃料数量。
数据元类型:数字型
数据格式:n..10
计量单位:吨(t)
关系:与船舶类型连用。

4.3.2.4　水路客运企业运输量调查信息

4.3.2.4.1　水路客运企业名称

采用 JT/T 697.8—2007 的 4.1.2.1.2,按经营许可证中的公司名称填写。

4.3.2.4.2　水路客运企业注册地行政区划编码

编号:TJ030204001

数据元名称:水路客运企业注册地行政区划编码

中文全拼:shui-lu-ke-yun-qi-ye-zhu-ce-di-xing-zheng-qu-hua-bian-ma

定义:水路客运企业注册地的县级以上行政区划的六位代码。

数据元类型:字符型

数据格式:n6

4.3.2.4.3　水路营运企业经营许可证编号

采用 JT/T 697.8—2007 的 4.1.2.4.1。

4.3.2.4.4　水路客运企业经营类别代码

编号:TJ030204002

数据元名称:水路客运企业经营类别代码

中文全拼:shui-lu-ke-yun-qi-ye-jing-ying-lei-bie-dai-ma

定义:经营许可证中的经营范围对应的经营类别代码。

数据元类型:字符型

数据格式:n1

值域:见 5.51

4.3.2.4.5　水路客运企业客运船舶艘数

编号:TJ030204003

数据元名称:水路客运企业客运船舶艘数

中文全拼:shui-lu-ke-yun-qi-ye-ke-yun-chuan-bo-sou-shu

定义:水路客运企业所拥有的客运船舶的艘数。

数据元类型:数字型

数据格式:n..10

计量单位:艘

关系:与船旗国分类连用。

4.3.2.4.6　水路客运企业客运船舶载客量

编号:TJ030204004

数据元名称:水路客运企业客运船舶载客量

中文全拼:shui-lu-ke-yun-qi-ye-ke-yun-chuan-bo-zai-ke-liang

定义:水路客运企业所拥有的客运船舶的载客量。

数据元类型:数字型

数据格式:n..10

计量单位:客位

关系:与船旗国分类连用。

4.3.2.4.7　水路客运企业客运量

采用 JT/T 697.8—2007 的 4.1.2.1.45。

4.3.2.4.8　水路客运企业旅客周转量

采用 JT/T 697.8—2007 的 4.1.2.1.47。

4.3.2.4.9 水路客运企业客运船舶航行区域分类代码

编号:TJ030204005

数据元名称:水路客运企业客运船舶航行区域分类代码

中文全拼:shui-lu-ke-yun-qi-ye-ke-yun-chuan-bo-hang-xing-qu-yu-fen-lei-dai-ma

定义:根据船舶航行区域的特点进行分类代码。

数据元类型:字符型

数据格式:n1

值域:见5.52

4.3.2.4.10 水路客运企业客运船舶燃料消耗

编号:TJ030204006

数据元名称:水路客运企业客运船舶燃料消耗

中文全拼:shui-lu-ke-yun-qi-ye-ke-yun-chuan-bo-ran-liao-xiao-hao

定义:报告期内,重点联系企业主要从事某一经营类别业务的客运船舶消耗的燃油数量。

数据元类型:数字型

数据格式:n..10

计量单位:吨标准煤

4.3.2.4.11 水路客运企业客运船舶汽油消耗

编号:TJ030204007

数据元名称:水路客运企业客运船舶汽油消耗

中文全拼:shui-lu-ke-yun-qi-ye-ke-yun-chuan-bo-qi-you-xiao-hao

定义:报告期内,重点联系企业主要从事某一经营类别业务的客运船舶消耗的汽油数量。

数据元类型:数字型

数据格式:n..10

计量单位:升(L)

4.3.2.4.12 水路客运企业客运船舶柴油消耗

编号:TJ030204008

数据元名称:水路客运企业客运船舶柴油消耗

中文全拼:shui-lu-ke-yun-qi-ye-ke-yun-chuan-bo-chai-you-xiao-hao

定义:报告期内,重点联系企业主要从事某一经营类别业务的客运船舶消耗的柴油数量。

数据元类型:数字型

数据格式:n..10

计量单位:升(L)

4.3.2.4.13 水路客运企业客运船舶煤油消耗

编号:TJ030204009

数据元名称:水路客运企业客运船舶煤油消耗

中文全拼:shui-lu-ke-yun-qi-ye-ke-yun-chuan-bo-mei-you-xiao-hao

定义:报告期内,重点联系企业主要从事某一经营类别业务的客运船舶消耗的煤油数量。

数据元类型:数字型

数据格式:n..10

计量单位:升(L)

4.3.2.4.14 水路客运企业客运船舶总时间

编号:TJ030204010

数据元名称:水路客运企业客运船舶总时间

中文全拼:shui-lu-ke-yun-qi-ye-ke-yun-chuan-bo-zong-shi-jian

定义:报告期内,重点联系企业主要从事某一经营类别业务的客运船舶每天在用运输船舶的累计数。

数据元类型:数字型

数据格式:n..10

计量单位:客位天

4.3.2.4.15 水路客运企业客运船舶营运时间

编号:TJ030204011

数据元名称:水路客运企业客运船舶营运时间

中文全拼:shui-lu-ke-yun-qi-ye-ke-yun-chuan-bo-ying-yun-shi-jian

定义:船舶总时间中,技术状况完好可以从事旅客运输工作的时间,包括航行、停泊和其他工作时间。

数据元类型:数字型

数据格式:n..10

计量单位:客位天

4.3.2.4.16 水路客运企业客运船舶载客量利用率

编号:TJ030204012

数据元名称:水路客运企业客运船舶载客量利用率

中文全拼:shui-lu-ke-yun-qi-ye-ke-yun-chuan-bo-zai-ke-liang-li-yong-lv

定义:报告期内,客运船舶完成的旅客周转量与其重载航程载客量的比值。

数据元类型:数字型

数据格式:n..5,2

计量单位:%

备注:重载航程载客量为:报告期内,每艘在用船舶在运输过程中重载航行里程与定额载客量的乘积之和。载客量利用率是旅客周转量占重载航程载客量的比例,此指标仅统计远洋客运企业和沿海客运企业。

4.3.2.5 水路货运企业运输量调查信息

4.3.2.5.1 水路货运企业名称

采用 JT/T 697.8—2007 的 4.1.2.1.2。

4.3.2.5.2 水路货运企业注册地行政区划编码

编号:TJ030205001

数据元名称:水路货运企业注册地行政区划编码

中文全拼:shui-lu-huo-yun-qi-ye-zhu-ce-di-xing-zheng-qu-hua-bian-ma

定义:水路货运企业注册地的县级以上行政区划的六位代码。

数据元类型:字符型

数据格式:n6

4.3.2.5.3 水路货运企业经营许可证编号

采用 JT/T 697.8—2007 的 4.1.2.4.1。

4.3.2.5.4 水路货运企业经营类别代码

编号:TJ030205002

数据元名称:水路货运企业经营类别代码

中文全拼:shui-lu-huo-yun-qi-ye-jing-ying-lei-bie-dai-ma

定义:按经营许可证中的经营范围填写。

数据元类型:字符型

数据格式:n1

值域:见5.51

4.3.2.5.5 水路货运企业货运船舶艘数

编号:TJ030205003

数据元名称:水路货运企业货运船舶艘数

中文全拼:shui-lu-huo-yun-qi-ye-huo-yun-chuan-bo-sou-shu

定义:报告期末,重点联系企业主要从事某一经营类别业务的货运船舶拥有数量。

数据元类型:数字型

数据格式:n..10

计量单位:艘

关系:与船旗国分类连用。

4.3.2.5.6 水路货运企业货运船舶载重量

采用JT/T 697.5—2007的4.1.1.32。

4.3.2.5.7 水路货运企业货运船舶箱位量

采用JT/T 697.5—2007的4.1.1.38。

4.3.2.5.8 水路货运企业货运量

采用JT/T 697.8—2007的4.1.2.1.44。

4.3.2.5.9 水路货运企业箱运量

编号:TJ030205004

数据元名称:水路货运企业箱运量

中文全拼:shui-lu-huo-yun-qi-ye-xiang-yun-liang

定义:报告期内,重点联系企业主要从事某一经营类别业务的货运船舶实际运送集装箱的数量。

数据元类型:数字型

数据格式:n..10

计量单位:TEU

关系:与船旗国分类、船舶航行区域分类连用。

4.3.2.5.10 水路货运企业货物周转量

采用JT/T 697.8—2007的4.1.2.1.46。

4.3.2.5.11 水路货运企业货运船舶燃料消耗

编号:TJ030205005

数据元名称:水路货运企业货运船舶燃料消耗

中文全拼:shui-lu-huo-yun-qi-ye-huo-yun-chuan-bo-ran-liao-xiao-hao

定义:报告期内,重点联系企业主要从事某一经营类别业务的货运船舶消耗的燃油数量。

数据元类型:数字型

数据格式:n..10

计量单位:吨标准煤

4.3.2.5.12 水路货运企业货运船舶汽油消耗

编号:TJ030205006

数据元名称:水路货运企业货运船舶汽油消耗

中文全拼:shui-lu-huo-yun-qi-ye-huo-yun-chuan-bo-qi-you-xiao-hao

定义:报告期内,重点联系企业主要从事某一经营类别业务的货运船舶消耗的汽油数量。

数据元类型:数字型

数据格式:n..10

计量单位:升(L)

4.3.2.5.13 水路货运企业货运船舶柴油消耗

编号:TJ030205007

数据元名称:水路货运企业货运船舶柴油消耗

中文全拼:shui-lu-huo-yun-qi-ye-huo-yun-chuan-bo-chai-you-xiao-hao

定义:报告期内,重点联系企业主要从事某一经营类别业务的货运船舶消耗的柴油数量。

数据元类型:数字型

数据格式:n..10

计量单位:升(L)

4.3.2.5.14 水路货运企业货运船舶煤油消耗

编号:TJ030205008

数据元名称:水路货运企业货运船舶煤油消耗

中文全拼:shui-lu-huo-yun-qi-ye-huo-yun-chuan-bo-mei-you-xiao-hao

定义:报告期内,重点联系企业主要从事某一经营类别业务的货运船舶消耗的煤油数量。

数据元类型:数字型

数据格式:n..10

计量单位:升(L)

4.3.2.5.15 水路货运企业货运船舶总时间

编号:TJ030205009

数据元名称:水路货运企业货运船舶总时间

中文全拼:shui-lu-huo-yun-qi-ye-huo-yun-chuan-bo-zong-shi-jian

定义:报告期内,重点联系企业主要从事某一经营类别业务的货运船舶每天在用运输船舶的累计数。

数据元类型:数字型

数据格式:n..10

计量单位:吨天

4.3.2.5.16 水路货运企业货运船舶营运时间

编号:TJ030205010

数据元名称:水路货运企业货运船舶营运时间

中文全拼:shui-lu-huo-yun-qi-ye-huo-yun-chuan-bo-ying-yun-shi-jian

定义:船舶总时间中,技术状况完好可以从事货物运输工作的时间。

数据元类型:数字型

数据格式:n..10

计量单位:吨天

备注:包括航行、停泊和其他工作时间。

4.3.2.5.17 水路货运企业货运船舶载重量利用率

编号:TJ030205011

数据元名称:水路货运企业货运船舶载重量利用率

中文全拼:shui-lu-huo-yun-qi-ye-huo-yun-chuan-bo-zai-zhong-liang-li-yong-lv

定义:报告期内,货运船舶完成的货物周转量与其重载航程载重量的比值。

数据元类型:数字型

数据格式:n..5,2

计量单位:%

备注:重载航程载重量为:报告期内,每艘在用船舶在运输过程中重载航行里程与总载重量的乘积之和。载重量利用率是货物周转量占重载航程载重量的比例。该指标仅统计远洋货运企业和沿海货运企业。

4.3.2.5.18 水路货运企业集装箱箱运量

编号:TJ030205012

数据元名称:水路货运企业集装箱箱运量

中文全拼:shui-lu-huo-yun-qi-ye-ji-zhuang-xiang-xiang-yun-liang

定义:报告期内,水路货运企业实际运送集装箱的数量。

数据元类型:数字型

数据格式:n..10

计量单位:TEU

关系:与集装箱国际标准箱型连用。

4.3.2.5.19 水路货运企业集装箱货运量

编号:TJ030205013

数据元名称:水路货运企业集装箱货运量

中文全拼:shui-lu-huo-yun-qi-ye-ji-zhuang-xiang-huo-yun-liang

定义:报告期内,水路货运企业实际运送集装箱的重量。

数据元类型:数字型

数据格式:n..10

计量单位:吨(t)

关系:与集装箱国际标准箱型连用。

4.3.3 港口生产

4.3.3.1 港口吞吐量信息

4.3.3.1.1 港口货物吞吐量

采用 JT/T 697.3—2007 的 4.3.1.1.6。

4.3.3.1.2 港口集装箱吞吐量

采用 JT/T 697.3—2007 的 4.3.1.3.4。

4.3.3.1.3 港口滚装汽车吞吐量

采用 JT/T 697.3—2007 的 4.3.1.1.10。

4.3.3.1.4 港口旅客吞吐量

采用 JT/T 697.3—2007 的 4.3.1.2.5。

4.3.3.1.5 利用自然岸坡完成船舶货物装卸量

采用 JT/T 697.3—2007 的 4.3.1.1.4。

4.3.3.1.6 内外贸标识

采用 JT/T 697.3—2007 的 4.3.1.1.4。

4.3.3.1.7 进出港标识

采用 JT/T 697.3—2007 的 4.3.1.1.5。

4.3.3.1.8 港口代码

采用 JT/T 697.3—2007 的 4.1.1.2。

4.3.3.1.9 港口所在水系

采用 JT/T 697.3—2007 的 4.1.1.11。

4.3.3.2 分国别分吨级分船种进出港船舶信息

4.3.3.2.1　进出港船舶数量

编号:TJ030302001

数据元名称:进出港船舶数量

中文全拼:jin-chu-gang-chuan-bo-shu-liang

定义:报告期内,进入(离开)港口的船舶的数量。

数据元类型:数字型

数据格式:n..10

计量单位:艘

关系:与世界各国和地区代码、内外贸标识、进出港船舶吨级分类、进出港标识、船旗国分类、船舶类型连用。

4.3.3.2.2　进出港船舶登记总吨

采用 JT/T 697.5—2007 的 4.1.1.30。

4.3.3.2.3　进出港船舶总载重量

采用 JT/T 697.5—2007 的 4.1.1.32。

4.3.3.2.4　进出港船舶船员数

采用 JT/T 697.5—2007 的 4.1.2.30。

4.3.3.2.5　进出港船舶吨级分类代码

编号:TJ030302002

数据元名称:进出港船舶吨级分类代码

中文全拼:jin-chu-gang-chuan-bo-dun-ji-fen-lei-dai-ma

定义:根据船舶吨级的大小进行分类代码。

数据元类型:字符型

数据格式:n1

值域:见 5.53

4.3.3.2.6　到港最大载重量船船名

采用 JT/T 697.5—2007 的 4.1.1.2。

4.3.3.2.7　到港最大载重量船国籍

采用 JT/T 697.5—2007 的 4.1.1.10。

4.3.3.2.8　到港最大载重量船总吨

采用 JT/T 697.5—2007 的 4.1.1.30。

4.3.3.2.9　到港最大载重量船总载重量

采用 JT/T 697.5—2007 的 4.1.1.32。

4.3.3.2.10　到港最大载重量船全长

采用 JT/T 697.5—2007 的 4.1.1.27。

4.3.3.2.11　到港最大载重量船吃水

采用 JT/T 697.5—2007 的 4.1.2.6。

4.3.3.2.12　到港最大载重量船到港日期

编号:TJ030302003

数据元名称:到港最大载重量船到港日期

中文全拼:dao-gang-zui-da-zai-zhong-liang-chuan-dao-gang-ri-qi

定义:到港最大载重量的船舶到港的时间。

数据元类型:日期型

数据格式:YYYYMMDD

4.3.3.3 分航线进出港旅客信息

4.3.3.3.1 旅客到达量

采用JT/T 697.3—2007的4.3.1.2.4。

4.3.3.3.2 旅客发送量

采用JT/T 697.3—2007的4.3.1.2.3。

4.3.3.3.3 旅客按国籍分类代码

编号:TJ030303001

数据元名称:旅客按国籍分类代码

中文全拼:lv-ke-an-guo-ji-fen-lei-dai-ma

定义:根据旅客所在地区进行分类的代码。

数据元类型:字符型

数据格式:n1

值域:见5.54

4.3.3.3.4 航线分类代码

编号:TJ030303002

数据元名称:航线分类代码

中文全拼:hang-xian-fen-lei-dai-ma

定义:根据航线行驶的水域进行分类的代码。

数据元类型:字符型

数据格式:n1

值域:见5.55

4.3.3.4 分货类分泊位吞吐量信息

4.3.3.4.1 货物吞吐量

采用JT/T 697.3—2007的4.3.1.1.6。

4.3.3.4.2 直接经岸货物吞吐量

编号:TJ030304001

数据元名称:直接经岸货物吞吐量

中文全拼:zhi-jie-jing-an-huo-wu-tun-tu-liang

定义:直接通过泊位的岸线装卸的货物数量。

数据元类型:数字型

数据格式:n..10

计量单位:吨(t)

关系:与内外贸标识、进出港标识连用。

4.3.3.4.3 外档过驳吞吐量

编号:TJ030304002

数据元名称:外档过驳吞吐量

中文全拼:wai-dang-guo-bo-tun-tu-liang

定义:通过船舶外档进行过驳作业的货物数量。

数据元类型:数字型

数据格式:n..10

计量单位:吨(t)

关系:与内外贸标识、进出港标识连用。

4.3.3.4.4 装卸平台过驳吞吐量

编号:TJ030304003

数据元名称:装卸平台过驳吞吐量

中文全拼:zhuang-xie-ping-tai-guo-bo-tun-tu-liang

定义:通过装卸平台装卸货物的数量。

数据元类型:数字型

数据格式:n..10

计量单位:吨(t)

关系:与内外贸标识、进出港标识连用。

4.3.3.4.5 锚地、浮筒过驳吞吐量

编号:TJ030304004

数据元名称:锚地、浮筒过驳吞吐量

中文全拼:mao-di-fu-tong-guo-bo-tun-tu-liang

定义:通过锚地、浮筒装卸货物的数量。

数据元类型:数字型

数据格式:n..10

计量单位:吨(t)

关系:与内外贸标识、进出港标识连用。

4.3.3.5 集装箱吞吐量信息

4.3.3.5.1 集装箱吞吐量箱量

采用 JT/T 697.3—2007 的 4.3.1.3.4。

4.3.3.5.2 空重箱标识

采用 JT/T 697.3—2007 的 4.3.1.3.2。

4.3.3.5.3 集装箱吞吐量重量

编号:TJ030305001

数据元名称:集装箱吞吐量重量

中文全拼:ji-zhuang-xiang-tun-tu-liang-zhong-liang

定义:报告期内,由水路进、出港区范围并经装卸的集装箱重量。

数据元类型:数字型

数据格式:n..10

计量单位:吨(t)

关系:与航线分类、集装箱国际标准箱型代码连用。

4.3.3.5.4 集装箱吞吐量货重

采用 JT/T 697.3—2007 的 4.3.1.3.5。

4.3.3.5.5 在港口拆装箱的集装箱吞吐量箱量

采用 JT/T 697.3—2007 的 4.3.1.3.4。

4.3.3.5.6 在港口拆装箱的集装箱吞吐量重量

编号:TJ030305002

数据元名称:在港口拆装箱的集装箱吞吐量重量

中文全拼:zai-gang-kou-chai-zhuang-xiang-de-ji-zhuang-xiang-tun-tu-liang-zhong-liang

定义:报告期内,由水路进、出港区范围并在港区范围拆、装箱装卸的集装箱重量。

数据元类型:数字型

数据格式:n..10

计量单位:吨(t)

关系:与航线分类、集装箱国际标准箱型代码连用。

4.3.3.5.7 在港口拆装箱的集装箱吞吐量货重

采用JT/T 697.3—2007的4.3.1.3.5。

4.3.3.6 分货类分运输方式集疏运情况

4.3.3.6.1 货物吞吐量

采用JT/T 697.3—2007的4.3.1.1.6。

4.3.3.6.2 货物运输方式分类代码

编号:TJ030306001

数据元名称:货物运输方式分类代码

中文全拼:huo-wu-yun-shu-fang-shi-fen-lei-dai-ma

定义:按货物运输使用的交通工具的不同进行分类的代码。

数据元类型:字符型

数据格式:n1

值域:见5.56

4.3.3.7 分内外贸船舶在港停泊信息

4.3.3.7.1 船舶平均每次在港停时

编号:TJ030307001

数据元名称:船舶平均每次在港停时

中文全拼:chuan-bo-ping-jun-mei-ci-zai-gang-ting-shi

定义:报告期内,平均每艘船舶每次在港停泊的时间。

数据元类型:数字型

数据格式:n..5,2

计量单位:天

关系:与内外贸标识、船旗国分类连用。

备注:凡在指定港口港区范围内的码头、浮筒、锚地上进行装卸货物,载重量在500吨级以上的运输船舶,均进行统计。但不包括路过及来港避风等未装卸货物的船舶。

4.3.3.7.2 船舶平均每装卸千吨货在港停时

编号:TJ030307002

数据元名称:船舶平均每装卸千吨货在港停时

中文全拼:chuan-bo-ping-jun-mei-zhuang-xie-qian-dun-huo-zai-gang-ting-shi

定义:报告期内,在港停泊船舶平均每装卸一千吨货物(百TEU)所占用生产性停泊和港方原因非生产性停泊的时间。

数据元类型:数字型

数据格式:n..5,2

计量单位:天

关系:与内外贸标识、船旗国分类连用。

4.3.3.7.3 船舶平均每艘船载重量

编号:TJ030307003

数据元名称:船舶平均每艘船载重量

中文全拼:chuan-bo-ping-jun-mei-sou-chuan-zai-zhong-liang

定义:报告期内,平均每艘在港停泊船舶的载重(箱)量。

数据元类型:数字型

数据格式:n..10

计量单位:吨(t)

关系:与内外贸标识、船旗国分类连用。

4.3.3.7.4 船舶平均每艘船装卸货物吨数

编号:TJ030307004

数据元名称:船舶平均每艘船装卸货物吨数

中文全拼:chuan-bo-ping-jun-mei-sou-chuan-zhuang-xie-huo-wu-dun-shu

定义:报告期内,平均每艘在港停泊船舶的装卸货物数量。

数据元类型:数字型

数据格式:n..10

计量单位:吨(t)

关系:与内外贸标识、船旗国分类连用。

4.3.3.7.5 船舶平均船时量

编号:TJ030307005

数据元名称:船舶平均船时量

中文全拼:chuan-bo-ping-jun-chuan-shi-liang

定义:报告期内,平均每艘在港停泊船舶每小时所装卸货物的数量。

数据元类型:数字型

数据格式:n..10

计量单位:吨/艘时

关系:与内外贸标识、船旗国分类连用。

4.3.3.7.6 船舶平均舱时量

编号:TJ030307006

数据元名称:船舶平均舱时量

中文全拼:chuan-bo-ping-jun-cang-shi-liang

定义:在港停泊船舶,平均每一舱口作业一小时所装卸货物吨数。

数据元类型:数字型

数据格式:n..10

计量单位:吨/舱时

关系:与内外贸标识、船旗国分类连用。

4.3.3.7.7 船舶停泊艘次

编号:TJ030307007

数据元名称:船舶停泊艘次

中文全拼:chuan-bo-ting-bo-sou-ci

定义:报告期内,船舶在港停泊艘次的实际数量。

数据元类型:数字型

数据格式:n..10

计量单位:艘次

关系:与内外贸标识、船旗国分类连用。

4.3.3.7.8 停泊船舶载重量

编号:TJ030307008

数据元名称:停泊船舶载重量

中文全拼:ting-bo-chuan-bo-zai-zhong-liang

定义:报告期内,船舶在港停泊的实际重量。

数据元类型:数字型

数据格式:n..10

计量单位:吨(t)

关系:与内外贸标识、船旗国分类连用。

4.3.3.7.9 船舶停泊总艘时

编号:TJ030307009

数据元名称:船舶停泊总艘时

中文全拼:chuan-bo-ting-bo-zong-sou-shi

定义:报告期内,船舶在港停泊的时间。

数据元类型:数字型

数据格式:n..10,2

计量单位:艘时

关系:与内外贸标识、船旗国分类连用。

4.3.3.7.10 平均每装卸千吨货(百 TEU)在港停时

编号:TJ030307010

数据元名称:平均每装卸千吨货(百 TEU)在港停时

中文全拼:ping-jun-mei-zhuang-xie-qian-dun-huo(bai-TEU)-zai-gang-ting-shi

定义:报告期内,在港停泊船舶装卸一千吨货物(百 TEU)所占用生产性停泊和港方原因非生产性停泊的时间。

数据元类型:数字型

数据格式:n..10,2

计量单位:艘时

关系:与内外贸标识、船旗国分类连用。

4.3.3.7.11 船舶在港停泊原因分类代码

编号:TJ030307011

数据元名称:船舶在港停泊原因分类代码

中文全拼:chuan-bo-zai-gang-ting-bo-yuan-yin-fen-lei-dai-ma

定义:根据船舶在港口停泊的原因进行分类的代码。

数据元类型:字符型

数据格式:n..3

值域:见 5.57

4.3.3.7.12 船舶作业舱时数

编号:TJ030307012

数据元名称:船舶作业舱时数

中文全拼:chuan-bo-zuo-ye-cang-shi-shu

定义:报告期内,在港停泊船舶各舱口实际作业小时数的总和。

数据元类型:数字型

数据格式:n..10,2

计量单位:艘时

关系:与内外贸标识、船旗国分类连用。

备注:一艘船舶开工一个舱口作业一小时,即计为一个作业舱时;如果开工两个舱口作业一小时,即计为两个作业舱时;其余类推。

4.3.3.7.13　船舶装卸货物吨数

编号:TJ030307013

数据元名称:船舶装卸货物吨数

中文全拼:chuan-bo-zhuang-xie-huo-wu-dun-shu

定义:报告期内,在港作业船舶实际装、卸的货物数量。

数据元类型:数字型

数据格式:n..10

计量单位:吨(t)

关系:与内外贸标识、船旗国分类连用。

4.3.3.8　分货类进、出、库存情况

4.3.3.8.1　期初堆存货物数量

编号:TJ030308001

数据元名称:期初堆存货物数量

中文全拼:qi-chu-dui-cun-huo-wu-shu-liang

定义:仓库、堆场在报告期之前堆存的货物数量。

数据元类型:数字型

数据格式:n..10

计量单位:吨(t)

关系:与货物类别、内外贸标识连用。

备注:凡报告期末库场最大安全堆存货物的数量,均纳入统计。

4.3.3.8.2　期初堆存货物数量(TEU)

编号:TJ030308002

数据元名称:期初堆存货物数量(TEU)

中文全拼:qi-chu-dui-cun-huo-wu-shu-liang(TEU)

定义:仓库、堆场在报告期之前堆存的货物数量换算成TEU。

数据元类型:数字型

数据格式:n..10,2

计量单位:TEU

关系:与货物类别、内外贸标识连用。

备注:凡报告期末库场最大安全堆存货物的数量,均纳入统计。

4.3.3.8.3　入库(场)货物数量

编号:TJ030308003

数据元名称:入库(场)货物数量

中文全拼:ru-ku-(chang)huo-wu-shu-liang

定义:报告期内,进入仓库、堆场堆存的货物数量。

数据元类型:数字型

数据格式:n..10

计量单位:吨(t)

关系:与货物类别、内外贸标识连用。

4.3.3.8.4　入库(场)货物数量(TEU)

编号:TJ030308004

数据元名称:入库(场)货物数量(TEU)

中文全拼:ru-ku-(chang)huo-wu-shu-liang(TEU)

定义:报告期内,进入仓库、堆场堆存的货物数量换算成TEU。
数据元类型:数字型
数据格式:n..10,2
计量单位:TEU
关系:与货物类别、内外贸标识连用。

4.3.3.8.5 出库(场)货物数量
编号:TJ030308005
数据元名称:出库(场)货物数量
中文全拼:chu-ku-(chang)-huo-wu-shu-liang
定义:报告期内,从仓库、堆场运走的货物数量。
数据元类型:数字型
数据格式:n..10
计量单位:吨(t)
关系:与货物类别、内外贸标识连用。

4.3.3.8.6 出库(场)货物数量(TEU)
编号:TJ030308006
数据元名称:出库(场)货物数量(TEU)
中文全拼:chu-ku-(chang)huo-wu-shu-liang(TEU)
定义:报告期内,从仓库、堆场运走的货物数量换算成TEU。
数据元类型:数字型
数据格式:n..10,2
计量单位:TEU
关系:与货物类别、内外贸标识连用。

4.3.3.8.7 期末结存货物数量
编号:TJ030308007
数据元名称:期末结存货物数量
中文全拼:qi-mo-jie-cun-huo-wu-shu-liang
定义:报告期末,仓库、堆场堆存的货物数量。
数据元类型:数字型
数据格式:n..10
计量单位:吨(t)
关系:与货物类别、内外贸标识连用。

4.3.3.8.8 期末结存货物数量(TEU)
编号:TJ030308008
数据元名称:期末结存货物数量(TEU)
中文全拼:qi-mo-jie-cun-huo-wu-shu-liang(TEU)
定义:报告期末,仓库、堆场堆存的货物数量换算成TEU。
数据元类型:数字型
数据格式:n..10,2
计量单位:TEU
关系:与货物类别、内外贸标识连用。

4.3.4 打捞生产

4.3.4.1 打捞任务执行情况

4.3.4.1.1 船舶值班待命艘天

编号:TJ030401001

数据元名称:船舶值班待命艘天

中文全拼:chuan-bo-zhi-ban-dai-ming-sou-tian

定义:平均每天值班待命的救助船舶的艘数。

数据元类型:数字型

数据格式:n..10

计量单位:艘天

4.3.4.1.2 打捞力量出动次数

编号:TJ030401002

数据元名称:打捞力量出动次数

中文全拼:da-lao-li-liang-chu-dong-ci-shu

定义:打捞力量总共出动的次数。

数据元类型:数字型

数据格式:n..10

计量单位:次

4.3.4.1.3 打捞船舶出动次数

编号:TJ030401003

数据元名称:打捞船舶出动次数

中文全拼:da-lao-chuan-bo-chu-dong-ci-shu

定义:打捞船舶总共出动的次数。

数据元类型:数字型

数据格式:n..10

计量单位:艘次

4.3.4.1.4 获救遇险人员人数

编号:TJ030401004

数据元名称:获救遇险人员人数

中文全拼:huo-jiu-yu-xian-ren-yuan-ren-shu

定义:成功获救的遇险人员的人数。

数据元类型:数字型

数据格式:n..3

计量单位:人

关系:与船旗国分类代码连用。

4.3.4.1.5 获救遇险船舶艘数

编号:TJ030401005

数据元名称:获救遇险船舶艘数

中文全拼:huo-jiu-yu-xian-chuan-bo-sou-shu

定义:成功救助遇险船舶的艘数。

数据元类型:数字型

数据格式:n..3

计量单位:艘

关系:与船旗国分类代码连用。

4.3.4.1.6 获救财产价值

编号:TJ030401006

数据元名称:获救财产价值

中文全拼:huo-jiu-cai-chan-jia-zhi

定义:成功获救的财产价值。

数据元类型:数字型

数据格式:n..10,2

计量单位:亿元

关系:与船旗国分类代码连用。

4.3.4.1.7 抢险打捞任务次数

编号:TJ030401007

数据元名称:抢险打捞任务次数

中文全拼:qiang-xian-da-lao-ren-wu-ci-shu

定义:抢险打捞沉船、沉物、遇难者遗体等任务的总次数。

数据元类型:数字型

数据格式:n..10

计量单位:次

4.3.4.1.8 打捞沉船艘数

编号:TJ030401008

数据元名称:打捞沉船艘数

中文全拼:da-lao-chen-chuan-sou-shu

定义:成功打捞沉船的艘数。

数据元类型:数字型

数据格式:n..3

计量单位:艘

关系:与船旗国分类代码连用。

4.3.4.1.9 打捞沉物件数

编号:TJ030401009

数据元名称:打捞沉物件数

中文全拼:da-lao-chen-wu-jian-shu

定义:成功打捞沉物的件数。

数据元类型:数字型

数据格式:n..10

计量单位:件

4.3.4.1.10 打捞沉物重量

编号:TJ030401010

数据元名称:打捞沉物重量

中文全拼:da-lao-chen-wu-zhong-liang

定义:成功打捞沉物的重量。

数据元类型:数字型

数据格式:n..10,2

计量单位:吨

4.3.4.1.11　打捞遇难人员人数

编号:TJ030401011

数据元名称:打捞遇难人员人数

中文全拼:da-lao-yu-nan-ren-yuan-ren-shu

定义:打捞遇难人员的人数。

数据元类型:数字型

数据格式:n..10

计量单位:人

4.3.4.1.12　其他抢险打捞任务次数

编号:TJ030401012

数据元名称:其他抢险打捞任务次数

中文全拼:qi-ta-qiang-xian-da-lao-ren-wu-ci-shu

定义:抢险打捞任务中,除去打捞沉船、沉物、遇难者遗体等任务的次数。

数据元类型:数字型

数据格式:n..10

计量单位:次

4.3.4.1.13　防污次数

编号:TJ030401013

数据元名称:防污次数

中文全拼:fang-wu-ci-shu

定义:为了防止污染出动的次数。

数据元类型:数字型

数据格式:n..10

计量单位:次

4.3.4.2　打捞拖航海洋工程生产完成情况

4.3.4.2.1　打捞总次数

编号:TJ030402001

数据元名称:打捞总次数

中文全拼:da-lao-zong-ci-shu

定义:打捞生产的总次数。

数据元类型:数字型

数据格式:n..10

计量单位:次

关系:与全部救助、国内救助和国外救助连用。

4.3.4.2.2　打捞有效次数

编号:TJ030402002

数据元名称:打捞有效次数

中文全拼:da-lao-you-xiao-ci-shu

定义:有效打捞生产的次数。

数据元类型:数字型

数据格式:n..10

计量单位:次

关系:与全部救助、国内救助和国外救助连用。

4.3.4.2.3 生产打捞沉船艘数

编号:TJ030402003

数据元名称:生产打捞沉船艘数

中文全拼:sheng-chan-da-lao-chen-chuan-sou-shu

定义:打捞生产打捞的沉船艘数。

数据元类型:数字型

数据格式:n..3

计量单位:艘

关系:与全部救助、国内救助和国外救助连用。

4.3.4.2.4 救助搁浅船舶艘数

编号:TJ030402004

数据元名称:救助搁浅船舶艘数

中文全拼:jiu-zhu-ge-qian-chuan-bo-sou-shu

定义:打捞成功救助搁浅船舶的艘数。

数据元类型:数字型

数据格式:n..3

计量单位:艘

关系:与全部救助、国内救助和国外救助连用。

4.3.4.2.5 打捞货物重量

编号:TJ030402005

数据元名称:打捞货物重量

中文全拼:da-lao-huo-wu-zhong-liang

定义:成功打捞货物的重量。

数据元类型:数字型

数据格式:n..10

计量单位:吨(t)

关系:与全部救助、国内救助和国外救助连用。

4.3.4.2.6 拖航运输次数

编号:TJ030402006

数据元名称:拖航运输次数

中文全拼:tuo-hang-yun-shu-ci-shu

定义:拖航运输的次数。

数据元类型:数字型

数据格式:n..10

计量单位:次

关系:与全部救助、国内救助和国外救助连用。

4.3.4.2.7 拖船运输次数

编号:TJ030402007

数据元名称:拖船运输次数

中文全拼:tuo-chuan-yun-shu-ci-shu

定义:拖航运输拖船舶的次数。

数据元类型:数字型

数据格式:n..10

计量单位:次

关系:与全部救助、国内救助和国外救助连用。

备注:包括拖船、拖平台和拖其他运输的次数。

4.3.4.2.8 拖船艘数

编号:TJ030402008

数据元名称:拖船艘数

中文全拼:tuo-chuan-sou-shu

定义:拖航运输拖船舶的艘数。

数据元类型:数字型

数据格式:n..3

计量单位:艘

关系:与全部救助、国内救助和国外救助连用。

4.3.4.2.9 拖平台运输次数

编号:TJ030402009

数据元名称:拖平台运输次数

中文全拼:tuo-ping-tai-yun-shu-ci-shu

定义:拖航运输拖平台的次数。

数据元类型:数字型

数据格式:n..10

计量单位:次

关系:与全部救助、国内救助和国外救助连用。

4.3.4.2.10 拖平台个数

编号:TJ030402010

数据元名称:拖平台个数

中文全拼:tuo-ping-tai-ge-shu

定义:拖航运输拖平台的个数。

数据元类型:数字型

数据格式:n..3

计量单位:个

关系:与全部救助、国内救助和国外救助连用。

4.3.4.2.11 拖其他运输次数

编号:TJ030402011

数据元名称:拖其他运输次数

中文全拼:tuo-qi-ta-yun-shu-ci-shu

定义:除拖船和拖平台的运输次数。

数据元类型:数字型

数据格式:n..10

计量单位:次

关系:与全部救助、国内救助和国外救助连用。

4.3.4.2.12 运输次数

编号:TJ030402012

数据元名称:运输次数

中文全拼:yun-shu-ci-shu

定义:运输的次数。
数据元类型:数字型
数据格式:n..10
计量单位:次
关系:与全部救助、国内救助和国外救助连用。

4.3.4.2.13 滚装运输次数

编号:TJ030402013
数据元名称:滚装运输次数
中文全拼:gun-zhuang-yun-shu-ci-shu
定义:滚装运输的次数。
数据元类型:数字型
数据格式:n..10
计量单位:次
关系:与全部救助、国内救助和国外救助连用。

4.3.4.2.14 海洋工程服务天数

编号:TJ030402014
数据元名称:海洋工程服务天数
中文全拼:hai-yang-gong-cheng-fu-wu-tian-shu
定义:海洋工程服务的天数。
数据元类型:数字型
数据格式:n..10
计量单位:天
关系:与全部救助、国内救助和国外救助连用。

4.3.4.2.15 平台守护天数

编号:TJ030402015
数据元名称:平台守护天数
中文全拼:ping-tai-shou-hu-tian-shu
定义:海洋工程服务平台守护的天数。
数据元类型:数字型
数据格式:n..10
计量单位:天
关系:与全部救助、国内救助和国外救助连用。

4.3.4.2.16 平台检验天数

编号:TJ030402016
数据元名称:平台检验天数
中文全拼:ping-tai-jian-yan-tian-shu
定义:海洋工程服务平台检验的天数。
数据元类型:数字型
数据格式:n..10
计量单位:天
关系:与全部救助、国内救助和国外救助连用。

4.3.4.2.17 平台安装天数

编号:TJ030402017

数据元名称:平台安装天数

中文全拼:ping-tai-an-zhuang-tian-shu

定义:海洋工程服务平台安装的天数。

数据元类型:数字型

数据格式:n..10

计量单位:天

关系:与全部救助、国内救助和国外救助连用。

4.3.4.2.18 船舶期租艘天

编号:TJ030402018

数据元名称:船舶期租艘天

中文全拼:chuan-bo-qi-zu-sou-tian

定义:平均每天进行船舶期租的艘数。

数据元类型:数字型

数据格式:n..10

计量单位:艘/天

关系:与全部救助、国内救助和国外救助连用。

4.3.4.2.19 吊大件天数

编号:TJ030402019

数据元名称:吊大件天数

中文全拼:diao-da-jian-tian-shu

定义:吊大件的天数。

数据元类型:数字型

数据格式:n..10

计量单位:天

关系:与全部救助、国内救助和国外救助连用。

4.3.4.2.20 其他综合业务

编号:TJ030402020

数据元名称:其他综合业务

中文全拼:qi-ta-zong-he-ye-wu

定义:除打捞、拖航、运输、海洋工程服务、吊大件的其他综合业务的次数。

数据元类型:数字型

数据格式:n..10

计量单位:次

关系:与全部救助、国内救助和国外救助连用。

4.4 交通流和客货流调查

4.4.1 公路交通量

4.4.1.1 公路交通量调查情况

4.4.1.1.1 省级调查管理机构数量

编号:TJ040101001

数据元名称:省级调查管理机构数量

中文全拼:sheng-ji-diao-cha-guan-li-ji-gou-shu-liang

定义:省级公路管理机构或省级高速公路管理机构的数量。

数据元类型:数字型

数据格式:n..10

计量单位:个

4.4.1.1.2 地(市)级调查管理机构数量

编号:TJ040101002

数据元名称:地(市)级调查管理机构数量

中文全拼:di-(shi)ji-diao-cha-guan-li-ji-gou-shu-liang

定义:地市级公路管理机构或高速公路管理处、管理公司的数量。

数据元类型:数字型

数据格式:n..10

计量单位:个

4.4.1.1.3 县乡级调查管理机构数量

编号:TJ040101003

数据元名称:县乡级调查管理机构数量

中文全拼:xian-xiang-ji-diao-cha-guan-li-ji-gou-shu-liang

定义:县乡级调查管理机构的数量。

数据元类型:数字型

数据格式:n..10

计量单位:个

4.4.1.1.4 国道调查站点数量

编号:TJ040101004

数据元名称:国道调查站点数量

中文全拼:guo-dao-diao-cha-zhan-dian-shu-liang

定义:调查国道的交通流量及其特性的站点数量。

数据元类型:数字型

数据格式:n..10

计量单位:个

关系:与交通量调查站类型连用。

4.4.1.1.5 省道调查站点数量

编号:TJ040101005

数据元名称:省道调查站点数量

中文全拼:sheng-dao-diao-cha-zhan-dian-shu-liang

定义:调查省道的交通流量及其特性的站点数量。

数据元类型:数字型

数据格式:n..10

计量单位:个

关系:与交通量调查站类型连用。

4.4.1.1.6 其他调查站点数量

编号:TJ040101006

数据元名称:其他调查站点数量

中文全拼:qi-ta-diao-cha-zhan-dian-shu-liang

定义:调查除国道和省道的以外公路的交通流量及其特性的站点数量。

数据元类型:数字型

数据格式:n..10

计量单位:个

关系:与交通量调查站类型连用。

4.4.1.1.7 交通量调查站类型代码

编号:TJ040101007

数据元名称:交通量调查站类型代码

中文全拼:jiao-tong-liang-diao-cha-zhan-lei-xing-dai-ma

定义:交通量调查站类型的代码。

数据元类型:字符型

数据格式:n..1

值域:见5.58

4.4.1.1.8 观测人员数量

编号:TJ040101008

数据元名称:观测人员数量

中文全拼:guan-ce-ren-yuan-shu-liang

定义:直接从事公路交通情况调查的工作人员数量。

数据元类型:数字型

数据格式:n..10

计量单位:人

备注:不包括管理人员和非常规调查的工作人员。

4.4.1.1.9 观测记录设备数量

编号:TJ040101009

数据元名称:观测记录设备数量

中文全拼:guan-ce-ji-lu-she-bei-shu-liang

定义:用来观测记录公路交通情况的设备数量。

数据元类型:数字型

数据格式:n..10

计量单位:台/套

4.4.1.1.10 年经费投入金额

编号:TJ040101010

数据元名称:年经费投入金额

中文全拼:nian-jing-fei-tou-ru-jin-e

定义:公路交通情况调查中投入的管理费、交通调查人员的工资、设备软件购置费、调查站房建设费、培训费等直接费和间接费总和。

数据元类型:数字型

数据格式:n..10,2

计量单位:万元

4.4.1.2 公路交通量调查信息

4.4.1.2.1 调查路线编号

采用JT/T 697.2—2007的4.2.1.1。

4.4.1.2.2 调查路线名称

采用JT/T 697.2—2007的4.2.1.2。

4.4.1.2.3 观测里程

编号:TJ040102001

数据元名称:观测里程

中文全拼:guan-ce-li-cheng

定义:调查站调查交通流量和特性的路段长度。

数据元类型:数字型

数据格式:n..10,3

计量单位:千米(km)

关系:与一般国道、国家高速、省道、地方高速、路段、小时及日交通量调查连用。

4.4.1.2.4 实际里程

编号:TJ040102002

数据元名称:实际里程

中文全拼:shi-ji-li-cheng

定义:当年进行车速调查的路线截止到年底的实际里程数。

数据元类型:数字型

数据格式:n..10,3

计量单位:千米(km)

4.4.1.2.5 汽车平均日交通量

编号:TJ040102003

数据元名称:汽车平均日交通量

中文全拼:qi-che-ping-jun-ri-jiao-tong-liang

定义:观测期间的交通量总数(日当量数)除以观测天数。

数据元类型:数字型

数据格式:n..10

计量单位:辆/日

关系:与货车按标记吨位分类、拖挂集装车、箱车货车、载客汽车按长度分类中的大型和小型客车、一般国道、国家高速、省道、地方高速、路段、小时及日交通量调查连用。

备注:未注明的交通量均为自然车辆数。当量数合计是将各类型自然车辆数按车辆换算系数换算成标准当量小客车的交通量。

4.4.1.2.6 汽车日平均当量数

编号:TJ040102004

数据元名称:汽车日平均当量数

中文全拼:qi-che-ri-ping-jun-dang-liang-shu

定义:观测期间汽车当量交通量总数除以观测天数。

数据元类型:数字型

数据格式:n..10

计量单位:辆/日

关系:与一般国道、国家高速、省道、地方高速、路段、小时及日交通量调查连用。

4.4.1.2.7 汽车日平均自然数

编号:TJ040102005

数据元名称:汽车日平均自然数

中文全拼:qi-che-ri-ping-jun-zi-ran-shu

定义:观测期间的汽车自然交通量总数除以观测天数。

数据元类型:数字型

数据格式:n..10

计量单位:辆/日

关系:与一般国道、国家高速、省道、地方高速、路段、小时及日交通量调查连用。

4.4.1.2.8 行驶量

编号:TJ040102006

数据元名称:行驶量

中文全拼:xing-shi-liang

定义:各线路"混合当量数合计"与辖区内对应线路总里程的乘积。

数据元类型:数字型

数据格式:n..10

计量单位:万车公里/日

关系:与一般国道、国家高速、省道、地方高速连用。

4.4.1.2.9 适应交通量

编号:TJ040102007

数据元名称:适应交通量

中文全拼:shi-ying-jiao-tong-liang

定义:道路所能适应的标准当量小客车的交通量。

数据元类型:数字型

数据格式:n..10

计量单位:辆/日

关系:与一般国道、国家高速、省道、地方高速连用。

备注:路线"适应交通量"等于各调查路段适应交通量与观测里程的加权平均值。

4.4.1.2.10 交通拥挤度

编号:TJ040102008

数据元名称:交通拥挤度

中文全拼:jiao-tong-yong-ji-du

定义:车流运行状态相对于畅行状态时的损失率。

数据元类型:数字型

数据格式:n..5,2

计量单位:%

关系:与一般国道、国家高速、省道、地方高速连用。

4.4.1.2.11 摩托车平均日交通量

编号:TJ040102009

数据元名称:摩托车平均日交通量

中文全拼:mo-tuo-che-ping-jun-ri-jiao-tong-liang

定义:观测期间的摩托车当量数除以观测天数。

数据元类型:数字型

数据格式:n..10

计量单位:辆/日

关系:与一般国道、省道、路段、小时及日交通量连用。

4.4.1.2.12 拖拉机日平均当量数

编号:TJ040102010

数据元名称:拖拉机日平均当量数

中文全拼:tuo-la-ji-ri-ping-jun-dang-liang-shu

定义:观测期间的拖拉机当量数除以观测天数。

数据元类型:数字型

数据格式:n..10

计量单位:辆/日

关系:与一般国道、省道、路段、小时及日交通量连用。

4.4.1.2.13 拖拉机日平均自然数

编号:TJ040102011

数据元名称:拖拉机日平均自然数

中文全拼:tuo-la-ji-ri-ping-jun-zi-ran-shu

定义:观测期间的自然数除以观测天数。

数据元类型:数字型

数据格式:n..10

计量单位:辆/日

关系:与一般国道、省道、路段、小时及日交通量连用。

4.4.1.2.14 非机动日平均当量数

编号:TJ040102012

数据元名称:非机动日平均当量数

中文全拼:fei-ji-dong-ri-ping-jun-dang-liang-shu

定义:观测期间的非机动车当量数除以观测天数。

数据元类型:数字型

数据格式:n..10

计量单位:辆/日

关系:与一般国道、省道、路段、小时及日交通量连用。

4.4.1.2.15 调查站名称

编号:TJ040102013

数据元名称:调查站名称

中文全拼:diao-cha-zhan-ming-cheng

定义:调查站的名称。

数据元类型:字符型

数据格式:n..100

4.4.1.2.16 调查站编号

编号:TJ040102014

数据元名称:调查站编号

中文全拼:diao-cha-zhan-bian-hao

定义:调查站的顺序编号。

数据元类型:字符型

数据格式:n27

备注:连续式交通量调查站编号 G(/S/X/Y/Z)xxx(x)Lxxxxxxxxx;间隙式交通量调查站编号 G(/S/X/Y/Z)xxx(x)Jxxxxxxxxx。

4.4.1.2.17 观测断面路基宽度

采用 JT/T 697.2—2007 的 4.3.1.3。

4.4.1.2.18 观测断面路面宽度

采用 JT/T 697.2—2007 的 4.4.11。

4.4.1.2.19 人力车路段日交通量

编号:TJ040102015

数据元名称:人力车路段日交通量

中文全拼:ren-li-che-lu-duan-ri-jiao-tong-liang

定义:某一路段上通过的人力车的交通量。

数据元类型:数字型

数据格式:n..10

计量单位:辆/日

4.4.1.2.20 蓄力车路段日交通量

编号:TJ040102016

数据元名称:蓄力车路段日交通量

中文全拼:xu-li-che-lu-duan-ri-jiao-tong-liang

定义:某一路段上通过的蓄力车的交通量。

数据元类型:数字型

数据格式:n..10

计量单位:辆/日

4.4.1.2.21 路段人和蓄力车日当量数

编号:TJ040102017

数据元名称:路段人和蓄力车日当量数

中文全拼:lu-duan-ren-he-xu-li-che-ri-dang-liang-shu

定义:某一路段上通过人力车和蓄力车的日当量数。

数据元类型:数字型

数据格式:n..10

计量单位:辆/日

4.4.1.2.22 路段人和蓄力车日自然数

编号:TJ040102018

数据元名称:路段人和蓄力车日自然数

中文全拼:lu-duan-ren-he-xu-li-che-ri-zi-ran-shu

定义:某一路段上通过人力车和蓄力车的日自然数。

数据元类型:数字型

数据格式:n..10

计量单位:辆/日

4.4.1.2.23 路段自行车日当量数

编号:TJ040102019

数据元名称:路段自行车日当量数

中文全拼:lu-duan-zi-xing-che-ri-dang-liang-shu

定义:某一路段上通过自行车的日当量数。

数据元类型:数字型

数据格式:n..10

计量单位:辆/日

4.4.1.2.24 路段自行车日自然数

编号:TJ040102020

数据元名称:路段自行车日自然数

中文全拼:lu-duan-zi-xing-che-ri-zi-ran-shu
定义:某一路段上通过自行车的日自然数。
数据元类型:数字型
数据格式:n..10
计量单位:辆/日

4.4.1.2.25 路段混合车辆日当量数合计

编号:TJ040102021
数据元名称:路段混合车辆日当量数合计
中文全拼:lu-duan-hun-he-che-liang-ri-dang-liang-shu-he-ji
定义:某一路段上通过混合动力车辆的日当量数。
数据元类型:数字型
数据格式:n..10
计量单位:辆/日

4.4.1.2.26 人力车小时交通量

编号:TJ040102022
数据元名称:人力车小时交通量
中文全拼:ren-li-che-xiao-shi-jiao-tong-liang
定义:一小时内人力车的交通量。
数据元类型:数字型
数据格式:n..10
计量单位:辆/日

4.4.1.2.27 蓄力车小时交通量

编号:TJ040102023
数据元名称:蓄力车小时交通量
中文全拼:xu-li-che-xiao-shi-jiao-tong-liang
定义:一小时内蓄力车的交通量。
数据元类型:数字型
数据格式:n..10
计量单位:辆/日

4.4.1.2.28 自行车小时交通量

编号:TJ040102024
数据元名称:自行车小时交通量
中文全拼:zi-xing-che-xiao-shi-jiao-tong-liang
定义:一小时内自行车的交通量。
数据元类型:数字型
数据格式:n..10
计量单位:辆/日

4.4.1.2.29 平均行程速度

编号:TJ040102025
数据元名称:平均行程速度
中文全拼:ping-jun-xing-cheng-su-du
定义:距离除以通过此距离的平均行程时间。
数据元类型:数字型

数据格式:n..10

计量单位:千米/小时(km/h)

备注:各路线交通量为该路线上各调查路段日交通量与观测里程的加权平均值。全省交通量为各路线报告期平均日交通量与观测里程的加权平均值。

4.4.1.2.30 平均行驶速度

编号:TJ040102026

数据元名称:平均行驶速度

中文全拼:ping-jun-xing-shi-su-du

定义:距离除以通过此距离的平均行驶时间。

数据元类型:数字型

数据格式:n..10

计量单位:千米/小时(km/h)

4.4.1.3 国省县乡公路汽车、机动车交通量比重信息

4.4.1.3.1 观测里程所占比重

编号:TJ040103001

数据元名称:观测里程所占比重

中文全拼:guan-ce-li-cheng-suo-zhan-bi-zhong

定义:辖区内,各行政等级进行比重调查的观测总里程除以该行政等级路网总里程。

数据元类型:数字型

数据格式:n..5,2

计量单位:%

关系:与道路等级分类连用。

4.4.1.3.2 汽车、机动车交通量

编号:TJ040103002

数据元名称:汽车、机动车交通量

中文全拼:qi-che-ji-dong-che-jiao-tong-liang

定义:在选定时间段内,通过道路某一地点、某一断面或某一条车道的交通实体数。

数据元类型:数字型

数据格式:n..10

计量单位:辆/日

关系:与道路等级分类连用。

4.4.1.3.3 汽车、机动车路线行驶量

编号:TJ040103003

数据元名称:汽车、机动车路线行驶量

中文全拼:qi-che-ji-dong-che-lu-xian-xing-shi-liang

定义:行政等级路网里程与其"汽车交通量"之乘积。

数据元类型:数字型

数据格式:n..10

计量单位:万车·公里/日

关系:与道路等级分类连用。

4.4.1.3.4 汽车、机动车路线行驶量所占比重

编号:TJ040103004

数据元名称:汽车、机动车路线行驶量所占比重

中文全拼:qi-che-ji-dong-che-lu-xian-xing-shi-liang-suo-zhan-bi-zhong

定义:行政等级路网行驶量除以四类公路全路网汽车行驶量。

数据元类型:数字型

数据格式:n..5,2

计量单位:%

关系:与道路等级分类连用。

4.4.1.3.5 全路网汽车、机动车行驶量合计

编号:TJ040103005

数据元名称:全路网汽车、机动车行驶量合计

中文全拼:quan-lu-wang-qi-che-ji-dong-che-xing-shi-liang-he-ji

定义:辖区内,各行政等级公路汽车行驶量的对应路网里程加权平均值。

数据元类型:数字型

数据格式:n..10

计量单位:万车·公里/日

4.4.1.3.6 全路网汽车、机动车交通量

编号:TJ040103006

数据元名称:全路网汽车、机动车交通量

中文全拼:quan-lu-wang-qi-che-ji-dong-che-jiao-tong-liang

定义:辖区内各行政等级公路汽车交通量的对应路网里程加权平均值。

数据元类型:数字型

数据格式:n..10

计量单位:辆/日

4.4.2 水上交通流和客货流调查位置

4.4.2.1 水上交通流和客货流观测线信息

4.4.2.1.1 观测线名称

编号:TJ040201001

数据元名称:观测线名称

中文全拼:guan-ce-xian-ming-cheng

定义:一般根据观测线所在地理位置命名的名称。

数据元类型:字符型

数据格式:an..50

4.4.2.1.2 观测线代码

编号:TJ040201002

数据元名称:观测线代码

中文全拼:guan-ce-xian-dai-ma

定义:用于唯一标识观测线的代码。

数据元类型:字符型

数据格式:an14

值域:见5.59

4.4.2.1.3 观测线起点经度

编号:TJ040201003

数据元名称:观测线起点经度

中文全拼:guan-ce-xian-qi-dian-jing-du

定义:位于海上的观测线起点经度,采用WGS—84坐标系。
数据元类型:字符型
数据格式:an..14

4.4.2.1.4 观测线起点纬度

编号:TJ040201004
数据元名称:观测线起点纬度
中文全拼:guan-ce-xian-qi-dian-wei-du
定义:位于海上的观测线起点纬度,采用WGS—84坐标系。
数据元类型:字符型
数据格式:an..14

4.4.2.1.5 观测线终点经度

编号:TJ040201005
数据元名称:观测线终点经度
中文全拼:guan-ce-xian-zhong-dian-jing-du
定义:位于海上的观测线终点经度,采用WGS—84坐标系。
数据元类型:字符型
数据格式:an..14

4.4.2.1.6 观测线终点纬度

编号:TJ040201006
数据元名称:观测线终点纬度
中文全拼:guan-ce-xian-zhong-dian-wei-du
定义:位于海上的观测线终点纬度,采用WGS—84坐标系。
数据元类型:字符型
数据格式:an..14

4.4.2.1.7 观测线长度

编号:TJ040201007
数据元名称:观测线长度
中文全拼:guan-ce-xian-chang-du
定义:位于海上的观测线端点间距离。
数据元类型:数字型
数据格式:n..8,2
计量单位:米(m)

4.4.2.1.8 观测线所在航道名称

编号:TJ040201008
数据元名称:观测线所在航道名称
中文全拼:guan-ce-xian-suo-zai-hang-dao-ming-cheng
定义:观测线所在航道名称。
数据元类型:字符型
数据格式:an..100

4.4.2.1.9 观测线航道里程

编号:TJ040201009
数据元名称:观测线航道里程
中文全拼:guan-ce-xian-hang-dao-li-cheng

定义:位于内河的观测线距所在航道起点的里程。
数据元类型:数字型
数据格式:n..10,3
计量单位:千米(km)

4.4.2.1.10 观测线所在航道宽度

编号:TJ040201010
数据元名称:观测线所在航道宽度
中文全拼:guan-ce-xian-suo-zai-hang-dao-kuan-du
定义:位于内河的观测线所在航道的航道宽度。
数据元类型:数字型
数据格式:n..5,1

4.4.2.1.11 观测线所在区域交通概况

编号:TJ040201011
数据元名称:观测线所在区域交通概况
中文全拼:guan-ce-xian-suo-zai-qu-yu-jiao-tong-gai-kuang
定义:观测线交通流基本情况介绍。
数据元类型:字符型
数据格式:..ul

4.4.2.1.12 代表航段长度

编号:TJ040201012
数据元名称:代表航段长度
中文全拼:dai-biao-hang-duan-chang-du
定义:位于内河观测线上下游,保持交通流特征一致的航道里程。
数据元类型:数字型
数据格式:n..8,2
计量单位:千米(km)

4.4.2.2 水上交通流和客货流观测站点信息

4.4.2.2.1 观测点名称

编号:TJ040202001
数据元名称:观测点名称
中文全拼:guan-ce-dian-ming-cheng
定义:观测点名称。
数据元类型:字符型
数据格式:an..100

4.4.2.2.2 观测点代码

编号:TJ040202002
数据元名称:观测点代码
中文全拼:guan-ce-dian-dai-ma
定义:观测点代码。
数据元类型:字符型
数据格式:n16
值域:见5.60

4.4.2.2.3　观测点经度

编号:TJ040202003

数据元名称:观测点经度

中文全拼:guan-ce-dian-jing-du

定义:观测点的经度,采用 WGS—84 坐标系。

数据元类型:字符型

数据格式:an..14

4.4.2.2.4　观测点纬度

编号:TJ040202004

数据元名称:观测点纬度

中文全拼:guan-ce-dian-wei-du

定义:观测点的经度,采用 WGS—84 坐标系。

数据元类型:字符型

数据格式:an..14

4.4.2.2.5　观测点所在航道名称

编号:TJ040202005

数据元名称:观测点所在航道名称

中文全拼:guan-ce-dian-suo-zai-hang-dao-ming-cheng

定义:位于内河的观测点所在航道名称,有关航道名称参见 JT/T 697.4 交通信息基础数据元 第 4 部分 航道信息基础数据元 5.1.1.2。

数据元类型:字符型

数据格式:an..100

4.4.2.2.6　观测点航道里程

编号:TJ040202006

数据元名称:观测点航道里程

中文全拼:guan-ce-dian-hang-dao-li-cheng

定义:位于内河的观测点距所载航道起点的里程。

数据元类型:数字型

数据格式:n..10,3

计量单位:千米(km)

4.4.2.2.7　观测点相对航道位置标志

编号:TJ040202007

数据元名称:观测点相对航道位置标志

中文全拼:guan-ce-dian-xiang-dui-hang-dao-wei-zhi-biao-zhi

定义:位于内河的观测点在航道左岸、右岸或水域中标志。

数据元类型:字符型

数据格式:n1

值域:0-左岸;1-右岸;2-水域中

4.4.2.2.8　观测站点范围

编号:TJ040202008

数据元名称:观测站点范围

中文全拼:guan-ce-dian-fan-wei

定义:观测站点范围描述。

数据元类型:字符型
数据格式:an..256

4.4.3 水上交通流和客货流调查主体

4.4.3.1 水上交通流和客货流调查机构信息

4.4.3.1.1 调查机构名称

编号:TJ040301001
数据元名称:调查机构名称
中文全拼:diao-cha-ji-gou-ming-cheng
定义:参与交通流调查的机构的名称。
数据元类型:字符型
数据格式:an..100

4.4.3.1.2 调查机构代码

编号:TJ040301002
数据元名称:调查机构代码
中文全拼:diao-cha-ji-gou-dai-ma
定义:参与交通流调查的机构的代码。
数据元类型:字符型
数据格式:an10
值域:见5.61

4.4.3.1.3 调查机构联系人姓名

编号:TJ040301003
数据元名称:调查机构联系人姓名
中文全拼:diao-cha-ji-gou-lian-xi-ren-xing-ming
定义:参与交通流调查的机构的联系人姓名。
数据元类型:字符型
数据格式:an..30

4.4.3.1.4 调查机构概况

编号:TJ040301004
数据元名称:调查机构概况
中文全拼:diao-cha-ji-gou-gai-kuang
定义:参与交通流调查的机构的基本情况介绍。
数据元类型:字符型
数据格式:..ul

4.4.3.2 水上交通流和客货流调查人信息

4.4.3.2.1 调查人姓名

编号:TJ040302001
数据元名称:调查人姓名
中文全拼:diao-cha-ren-xing-ming
定义:参与交通流调查的人的名称。
数据元类型:字符型
数据格式:an..30

4.4.3.2.2 调查人代码

编号:TJ040302002

数据元名称:调查人代码

中文全拼:diao-cha-ren-dai-ma

定义:参与交通流调查的人的代码。

数据元类型:字符型

数据格式:an14

值域:见5.62

4.4.3.3 水上交通流和客货流调查联系信息

4.4.3.3.1 调查办公电话

编号:TJ040303001

数据元名称:调查办公电话

中文全拼:diao-cha-ban-gong-dian-hua

定义:参与交通流调查的机构的联系人或调查人的办公电话。

数据元类型:字符型

数据格式:an..20

4.4.3.3.2 调查通信地址

编号:TJ040303002

数据元名称:调查通信地址

中文全拼:diao-cha-tong-xin-di-zhi

定义:参与交通流调查的机构或调查人的通信地址。

数据元类型:字符型

数据格式:an..60

4.4.3.3.3 调查邮政编码

编号:TJ040303003

数据元名称:调查邮政编码

中文全拼:diao-cha-you-zheng-bian-ma

定义:参与交通流调查的机构或调查人的邮政编码。

数据元类型:字符型

数据格式:n6

4.4.3.3.4 调查电子邮件地址

编号:TJ040303004

数据元名称:调查电子邮件地址

中文全拼:diao-cha-dian-zi-you-jian-di-zhi

定义:参与交通流调查的机构或调查人的电子邮件地址。

数据元类型:字符型

数据格式:an..120

4.4.4 水上交通流和客货流调查内容

4.4.4.1 船舶信息

4.4.4.1.1 船舶登记号

采用JT/T 697.5—2007的4.1.1.1。

4.4.4.1.2 初次登记号

采用JT/T 697.5—2007的4.1.1.12。

4.4.4.1.3 中文船名

采用JT/T 697.5—2007的4.1.1.2。

4.4.4.1.4 英文船名

采用 JT/T 697.5—2007 的 4.1.1.3。

4.4.4.1.5 IMO 编号

采用 JT/T 697.5—2007 的 4.1.1.7。

4.4.4.1.6 IC 卡号

采用 JT/T 697.5—2007 的 4.1.2.23。

4.4.4.1.7 航区代码

采用 JT/T 697.5—2007 的 4.1.1.8。

4.4.4.1.8 国籍代码

采用 JT/T 697.5—2007 的 4.1.2.1。

4.4.4.1.9 船籍港代码

采用 JT/T 697.5—2007 的 4.1.1.9。

4.4.4.1.10 海船内河船标识

采用 JT/T 697.5—2007 的 4.1.2.7。

4.4.4.1.11 船舶种类

采用 JT/T 697.5—2007 的 4.1.1.13。

4.4.4.1.12 船舶总长(标准)

采用 JT/T 697.5—2007 的 4.1.1.27。

4.4.4.1.13 船舶型宽(标准)

采用 JT/T 697.5—2007 的 4.1.1.28。

4.4.4.1.14 标准船分组代码

编号:TJ040401001

数据元名称:标准船分组代码

中文全拼:biao-zhun-chuan-fen-zu-dai-ma

定义:船舶按船长进行标准换算时的分组代码。

数据元类型:字符型

数据格式:n2

值域:见 5.63

4.4.4.1.15 船舶型深

采用 JT/T 697.5—2007 的 4.1.1.29。

4.4.4.1.16 总吨

采用 JT/T 697.5—2007 的 4.1.1.30。

4.4.4.1.17 净吨

采用 JT/T 697.5—2007 的 4.1.1.31。

4.4.4.1.18 载重吨

采用 JT/T 697.5—2007 的 4.1.1.32。

4.4.4.1.19 船舶主机功率

采用 JT/T 697.5—2007 的 4.1.1.35。

4.4.4.1.20 箱位

采用 JT/T 697.5—2007 的 4.1.1.38。

4.4.4.1.21 船舶客位

采用 JT/T 697.5—2007 的 4.1.1.39。

4.4.4.1.22 夏季满载吃水

采用 JT/T 697.5—2007 的 4.1.2.6。

4.4.4.1.23 最小干舷

编号:TJ040401002

数据元名称:最小干舷

中文全拼:zui-xiao-gan-xian

定义:船舶的基本干舷经船舶的形状要素修正后的干舷。

数据元类型:数字型

数据格式:n..16,2

计量单位:米(m)

4.4.4.1.24 船公司名称

采用 JT/T 697.5—2007 的 4.1.3.1。

4.4.4.2 航行信息

4.4.4.2.1 航向

编号:TJ040402001

数据元名称:航向

中文全拼:hang-xiang

定义:通过观测线时船舶的航向,是船舶航行方向与北极的夹角。

数据元类型:数字型

数据格式:n..3

计量单位:度(°)

4.4.4.2.2 航速

采用 JT/T 697.5—2007 的 4.1.2.2。

4.4.4.2.3 航线类别

采用 JT/T 697.5—2007 的 4.1.2.10。

4.4.4.2.4 通过时间

编号:TJ040402002

数据元名称:通过时间

中文全拼:tong-guo-shi-jian

定义:船舶通过观测线的时间。

数据元类型:日期时间型

数据格式:YYYYMMDDhhmmss

4.4.4.2.5 起始港

采用 JT/T 697.5—2007 的 4.3.3.4。

4.4.4.2.6 起始港代码

采用 JT/T 697.5—2007 的 4.3.3.5。

4.4.4.2.7 到达港

采用 JT/T 697.5—2007 的 4.3.3.6。

4.4.4.2.8 到达港代码

采用 JT/T 697.5—2007 的 4.3.3.7。

4.4.4.2.9 上一港

采用 JT/T 697.5—2007 的 4.1.2.11。

4.4.4.2.10 上一港代码

采用 JT/T 697.5—2007 的 4.1.2.12。

4.4.4.2.11 下一港

采用 JT/T 697.5—2007 的 4.1.2.13。

4.4.4.2.12 下一港代码

采用 JT/T 697.5—2007 的 4.1.2.14。

4.4.4.2.13 报告期内航次数

编号:TJ040402003

数据元名称:报告期内航次数

中文全拼:bao-gao-qi-nei-hang-ci-shu

定义:持定期签证/定期进出口检验证书的船舶在一个报告期内航行的次数。

数据元类型:数字型

数据格式:n..4

计量单位:次

4.4.4.2.14 航行作业区段

编号:TJ040402004

数据元名称:航行作业区段

中文全拼:hang-xing-zuo-ye-qu-duan

定义:定期签证/定期进出口检验证书允许的航行范围描述。

数据元类型:字符型

数据格式:n..50

4.4.4.2.15 船员人数

采用 JT/T 697.5—2007 的 4.1.2.30。

4.4.4.2.16 船舶运输方式

编号:TJ040402005

数据元名称:船舶运输方式

中文全拼:chuan-bo-yun-shu-fang-shi

定义:船舶的运输方式。

数据元类型:字符型

数据格式:n1

值域:0-单船;1-船队

4.4.4.3 进出港信息

4.4.4.3.1 进出港标志

采用 JT/T 697.5—2007 的 4.1.2.20。

4.4.4.3.2 进出港时间

采用 JT/T 697.5—2007 的 4.1.2.21。

4.4.4.3.3 艏吃水

采用 JT/T 697.5—2007 的 4.1.2.15。

4.4.4.3.4 艉吃水

采用 JT/T 697.5—2007 的 4.1.2.16。

4.4.4.3.5 进出港停泊地点

编号:TJ040403001

数据元名称:进出港停泊地点

中文全拼:jin-chu-gang-ting-bo-di-dian

定义:船舶进出港停泊的泊位或锚地的名称。

数据元类型:字符型

数据格式:an..100

4.4.4.4 水上运输装卸货物信息

4.4.4.4.1 运输旅客人数

编号:TJ040404001

数据元名称:运输旅客人数

中文全拼:yun-shu-lv-ke-ren-shu

定义:船舶运输的旅客人数。

数据元类型:数字型

数据格式:n..5

计量单位:人

4.4.4.4.2 上下旅客人数

编号:TJ040404002

数据元名称:上下旅客人数

中文全拼:shang-xia-lv-ke-ren-shu

定义:船舶在港停靠时上或下的旅客人数。

数据元类型:数字型

数据格式:n..5

计量单位:人

4.4.4.4.3 货物包装及装卸形式代码

编号:TJ040404003

数据元名称:货物包装及装卸形式代码

中文全拼:huo-wu-bao-zhuang-ji-zhuang-xie-xing-shi-dai-ma

定义:船舶运输、在港装载或卸载的货物包装及装卸形式代码。

数据元类型:字符型

数据格式:an2

值域:见5.64

4.4.4.4.4 货类代码

采用JT/T 697.3—2007的4.3.1.1.2。

4.4.4.4.5 货物种类名称

编号:TJ040404004

数据元名称:货物种类名称

中文全拼:huo-wu-zhong-lei-ming-cheng

定义:船舶运输、在港装载或卸载的货物种类名称。

数据元类型:字符型

数据格式:an..100

4.4.4.4.6 运输货物总质量

编号:TJ040404005

数据元名称:运输货物总质量

中文全拼:yun-shu-huo-wu-zong-zhi-liang

定义:船舶过闸或进出港时承载的所有货物质量之和。

数据元类型:数字型

数据格式:n..10

计量单位:吨(t)

4.4.4.4.7 运输货物质量

编号:TJ040404006

数据元名称:运输货物质量

中文全拼:yun-shu-huo-wu-zhi-liang

定义:船舶过闸或进出港时承载的某种包装形式的某货类的货物质量。

数据元类型:数字型

数据格式:n..10

计量单位:吨(t)

4.4.4.4.8 装卸货物总质量

编号:TJ040404007

数据元名称:装卸货物总质量

中文全拼:zhuang-xie-huo-wu-zong-zhi-liang

定义:船舶在港停泊时装载或卸载的所有货物质量之和。

数据元类型:数字型

数据格式:n..10

计量单位:吨(t)

4.4.4.4.9 装卸货物质量

编号:TJ040404008

数据元名称:装卸货物质量

中文全拼:zhuang-xie-huo-wu-zhi-liang

定义:船舶在港停泊时装载或卸载的某种包装形式的某货类的货物质量。

数据元类型:数字型

数据格式:n..10

计量单位:吨(t)

4.4.4.4.10 运输危险货物总质量

编号:TJ040404009

数据元名称:运输危险货物总质量

中文全拼:yun-shu-wei-xian-huo-wu-zong-zhi-liang

定义:船舶过闸或进出港时承载的所有危险货物质量之和。

数据元类型:数字型

数据格式:n..10

计量单位:吨(t)

备注:有关危险货物的判定按部直属海事有关规定。

4.4.4.4.11 装卸危险货物总质量

编号:TJ040404010

数据元名称:装卸危险货物总质量

中文全拼:zhuang-xie-wei-xian-huo-wu-zong-zhi-liang

定义:船舶在港停泊时装载或卸载的所有危险货物质量之和。

数据元类型:数字型

数据格式:n..10

计量单位:吨(t)

4.4.4.4.12　装卸集装箱货物质量

编号:TJ040404011

数据元名称:装卸集装箱货物质量

中文全拼:zhuang-xie-ji-zhuang-xiang-huo-wu-zhi-liang

定义:船舶在港停泊时装载或卸载的集装箱货物质量(不含箱重)。

数据元类型:数字型

数据格式:n..10

计量单位:吨(t)

4.4.4.4.13　集装箱种类代码

采用JT/T 697.5—2007的4.3.5.7。

4.4.4.4.14　装卸集装箱量

编号:TJ040404012

数据元名称:装卸集装箱量

中文全拼:zhuang-xie-ji-zhuang-xiang-liang

定义:船舶在港停泊时装载或卸载的集装箱量。

数据元类型:数字型

数据格式:n..10,2

计量单位:TEU

4.4.4.4.15　装卸空箱数

编号:TJ040404013

数据元名称:装卸空箱数

中文全拼:zhuang-xie-kong-xiang-shu

定义:空箱自然箱数。

数据元类型:数字型

数据格式:n..5

计量单位:箱

4.4.4.4.16　装卸重箱数

编号:TJ040404014

数据元名称:装卸重箱数

中文全拼:zhuang-xie-zhong-xiang-shu

定义:重箱自然箱数。

数据元类型:数字型

数据格式:n..5

计量单位:箱

4.4.4.4.17　滚装车辆标准车分类代码

编号:TJ040404015

数据元名称:滚装车辆标准车分类代码

中文全拼:gun-zhuang-che-liang-biao-zhun-che-fen-lei-dai-ma

定义:滚装车辆标准车折算分类代码。

数据元类型:字符型

数据格式:an4

值域:见5.65

4.4.4.4.18 装卸滚装车辆数

编号:TJ040404016

数据元名称:装卸滚装车辆数

中文全拼:zhuang-xie-gun-zhuang-che-liang-shu

定义:船舶在港停泊时装载或卸载的滚装车辆数。

数据元类型:数字型

数据格式:n10

计量单位:辆

4.4.4.4.19 装卸滚装车辆标准折算数

编号:TJ040404017

数据元名称:装卸滚装车辆标准折算数

中文全拼:zhuang-xie-gun-zhuang-che-liang-biao-zhun-zhe-suan-shu

定义:船舶在港停泊时装载或卸载的滚装车辆标准折算数。

数据元类型:数字型

数据格式:n..10,2

计量单位:标准车辆

4.4.4.4.20 装卸滚装车辆载货量

编号:TJ040404018

数据元名称:装卸滚装车辆载货量

中文全拼:zhuang-xie-gun-zhuang-che-liang-zai-huo-liang

定义:船舶在港停泊时装载或卸载的滚装车辆载货总质量。

数据元类型:数字型

数据格式:n..10

计量单位:吨(t)

4.4.4.5 水上交通流和客货流报告信息

4.4.4.5.1 报告种类代码

编号:TJ040405001

数据元名称:报告种类代码

中文全拼:bao-gao-zhong-lei-dai-ma

定义:报告种类的代码。

数据元类型:字符型

数据格式:n2

值域:见5.66

4.4.4.5.2 报告接受单位名称

编号:TJ040405002

数据元名称:报告接受单位名称

中文全拼:bao-gao-jie-shou-dan-wei-ming-cheng

定义:报告接受单位的名称。

数据元类型:字符型

数据格式:an..100

4.4.4.5.3 报告接受单位代码

编号:TJ040405003

数据元名称:报告接受单位代码

中文全拼:bao-gao-jie-shou-dan-wei-dai-ma

定义:报告接受单位的机构代码。

数据元类型:字符型

数据格式:an10

值域:见5.61

4.4.4.5.4 报告提交时间

编号:TJ040405004

数据元名称:报告提交时间

中文全拼:bao-gao-ti-jiao-shi-jian

定义:报告办理时间。

数据元类型:日期时间型

数据格式:YYYYMMDDhhmmss

4.4.4.5.5 前次报告种类代码

编号:TJ040405005

数据元名称:前次报告种类代码

中文全拼:qian-ci-bao-gao-zhong-lei-dai-ma

定义:船舶最近一次被接受的报告的种类代码。

数据元类型:字符型

数据格式:n2

值域:见5.66

4.4.4.5.6 前次报告接受单位名称

编号:TJ040405006

数据元名称:前次报告接受单位名称

中文全拼:qian-ci-bao-gao-jie-shou-dan-wei-ming-cheng

定义:最近一次接受船舶签证申请、进出口检验申请、进出港报告的单位名称。

数据元类型:字符型

数据格式:an..100

4.4.4.5.7 前次报告接受单位代码

编号:TJ040405007

数据元名称:前次报告接受单位代码

中文全拼:qian-ci-bao-gao-jie-shou-dan-wei-dai-ma

定义:最近一次接受船舶签证申请、进出口检验申请、进出港报告的单位机构代码。

数据元类型:字符型

数据格式:an10

值域:见5.61

4.4.4.5.8 船方报告人姓名

编号:TJ040405008

数据元名称:船方报告人姓名

中文全拼:chuan-fang-bao-gao-ren-xing-ming

定义:提交信息的船方代表姓名。

数据元类型:字符型

数据格式:an..30

4.4.4.5.9 报告记录人姓名

编号:TJ040405009

数据元名称:报告记录人姓名

中文全拼:bao-gao-ji-lu-ren-xing-ming

定义:接受报告的人员姓名。

数据元类型:字符型

数据格式:an..30

4.4.4.5.10 有效期开始时间

编号:TJ040405010

数据元名称:有效期开始时间

中文全拼:you-xiao-qi-kai-shi-shi-jian

定义:报告有效期的开始日期时间。

数据元类型:日期时间型

数据格式:YYYYMMDDhhmmss

4.4.4.5.11 有效期结束时间

编号:TJ040405011

数据元名称:有效期结束时间

中文全拼:you-xiao-qi-jie-shu-shi-jian

定义:报告有效期的结束日期时间。

数据元类型:日期时间型

数据格式:YYYYMMDDhhmmss

4.4.4.5.12 报告备注

编号:TJ040405012

数据元名称:报告备注

中文全拼:bao-gao-bei-zhu

定义:对报告的补充说明。

数据元类型:字符型

数据格式:an..250

4.4.4.5.13 观测气象

编号:TJ040405013

数据元名称:观测气象

中文全拼:guan-ce-qi-xiang

定义:观测时间内气象概况。

数据元类型:字符型

数据格式:an..100

4.4.4.5.14 观测风力

编号:TJ040405014

数据元名称:观测风力

中文全拼:guan-ce-feng-li

定义:观测时间内的风力范围描述。

数据元类型:字符型

数据格式:an..20

4.4.5 水上交通流和客货流调查统计数据

4.4.5.1 水上交通流统计信息

4.4.5.1.1 船舶交通量

编号:TJ040501001

数据元名称:船舶交通量

中文全拼:chuan-bo-jiao-tong-liang

定义:单位时间内通过观测线的自然船舶艘次数。

数据元类型:数字型

数据格式:n..10

计量单位:艘次

4.4.5.1.2 标准船舶交通量

编号:TJ040501002

数据元名称:标准船舶交通量

中文全拼:biao-zhun-chuan-bo-jiao-tong-liang

定义:按标准船换算的船舶交通量。标准船舶换算系数见表50。

数据元类型:数字型

数据格式:n..8,1

4.4.5.1.3 靠泊艘次

编号:TJ040501003

数据元名称:靠泊艘次

中文全拼:kao-bo-sou-ci

定义:单位时间内在观测站点范围内靠泊的自然船舶艘次。

数据元类型:数字型

数据格式:n..8,1

计量单位:艘次

4.4.5.1.4 船舶密度

编号:TJ040501004

数据元名称:船舶密度

中文全拼:chuan-bo-mi-du

定义:某区域某一瞬时单位面积船舶的艘数。

数据元类型:数字型

数据格式:n..8,2

计量单位:艘/平方公里

4.4.5.1.5 标准船舶密度

编号:TJ040501005

数据元名称:标准船舶密度

中文全拼:biao-zhun-chuan-bo-mi-du

定义:某区域某一瞬时单位面积船舶按标准折算的艘数。

数据元类型:数字型

数据格式:n..8,2

计量单位:艘/平方公里

4.4.5.1.6 交通流密度

编号:TJ040501006

数据元名称:交通流密度

中文全拼:jiao-tong-liu-mi-du

定义:交通流所在区域内的船舶密度。

数据元类型:数字型

数据格式:n..8,2

计量单位:艘/平方公里

4.4.5.1.7 船舶交通容量

编号:TJ040501007

数据元名称:船舶交通容量

中文全拼:chuan-bo-jiao-tong-rong-liang

定义:单位时间内可以通过某观测线的船舶艘次数的最大值。

数据元类型:数字型

数据格式:n..8,2

计量单位:艘

4.4.5.1.8 船舶交通拥挤度

编号:TJ040501008

数据元名称:船舶交通拥挤度

中文全拼:chuan-bo-jiao-tong-yong-ji-du

定义:某时刻观测线的船舶交通量与船舶交通容量的比。

数据元类型:数字型

数据格式:n..5,2

计量单位:%

4.4.5.2 水上客货流统计信息

4.4.5.2.1 通道货物承载量

编号:TJ040502001

数据元名称:通道货物承载量

中文全拼:tong-dao-huo-wu-cheng-zai-liang

定义:在一定时间范围内利用某段航道运输的货物总量。

数据元类型:数字型

数据格式:n..10

计量单位:吨(t)

4.4.5.2.2 货物通过量

编号:TJ040502002

数据元名称:货物通过量

中文全拼:huo-wu-tong-guo-liang

定义:在一定时间范围内通过某观测线的船舶运输的货物总量。

数据元类型:数字型

数据格式:n..10

计量单位:吨(t)

4.4.5.2.3 航道通过能力

编号:TJ040502003

数据元名称:航道通过能力

中文全拼:hang-dao-tong-guo-neng-li

定义:单位时间内航道某一控制断面可能通过的最大货运量。

数据元类型:数字型
数据格式:n..10,2
计量单位:万吨/年

4.4.5.2.4 货运饱和度
编号:TJ040502004
数据元名称:货运饱和度
中文全拼:huo-yun-bao-he-du
定义:在一定时间范围内航道某一控制断面的货物通过量与相应的航道通过能力的比。
数据元类型:数字型
数据格式:n..5,2
计量单位:%

4.4.5.2.5 船舶运输货物周转量
编号:TJ040502005
数据元名称:船舶运输货物周转量
中文全拼:chuan-bo-yun-shu-huo-wu-zhou-zhuan-liang
定义:单位时间内船舶运送的货物质量与运送距离的乘积的总和。
数据元类型:数字型
数据格式:n..10,2
计量单位:吨公里

4.5 交通固定资产投资

4.5.1 交通固定资产投资项目基本情况

4.5.1.1 交通固定资产投资项目名称
采用 JT/T 697.9—2009 的 4.1.1。

4.5.1.2 交通固定资产投资项目建设地址
采用 JT/T 697.9—2009 的 4.1.3。

4.5.1.3 交通固定资产投资项目建设地址邮政编码
编号:TJ050100001
数据元名称:交通固定资产投资项目建设地址邮政编码
中文全拼:jiao-tong-gu-ding-zi-chan-tou-zi-xiang-mu-jian-she-di-zhi-you-zheng-bian-ma
定义:交通固定资产投资项目建设地址的六位邮政编码。
数据元类型:字符型
数据格式:n6

4.5.1.4 交通固定资产投资项目建设单位名称
采用 JT/T 697.9—2009 的 4.3.3.6.1。

4.5.1.5 交通固定资产投资项目建设单位联系地址邮政编码
编号:TJ050100002
数据元名称:交通固定资产投资项目建设单位联系地址邮政编码
中文全拼:jiao-tong-gu-ding-zi-chan-tou-zi-xiang-mu-jian-she-dan-wei-lian-xi-di-zhi-you-zheng-bian-ma
定义:交通固定资产投资项目建设单位的通信地址。
数据元类型:字符型
数据格式:an..100

4.5.1.6 交通固定资产投资项目建设单位电话号码
编号:TJ050100003

数据元名称:交通固定资产投资项目建设单位电话号码

中文全拼:jiao-tong-gu-ding-zi-chan-tou-zi-xiang-mu-jian-she-dan-wei-dian-hua-hao-ma

定义:交通固定资产投资项目建设单位的联系电话。

数据元类型:字符型

数据格式:an..20

4.5.1.7　交通固定资产投资项目建设单位传真号

编号:TJ050100004

数据元名称:交通固定资产投资项目建设单位传真号

中文全拼:jiao-tong-gu-ding-zi-chan-tou-zi-xiang-mu-jian-she-dan-wei-chuan-zhen-hao

定义:交通固定资产投资项目建设单位的传真号。

数据元类型:字符型

数据格式:an..20

4.5.1.8　交通固定资产投资项目建设单位登记注册类型代码

编号:TJ050100005

数据元名称:交通固定资产投资项目建设单位登记注册类型代码

中文全拼:jiao-tong-gu-ding-zi-chan-tou-zi-xiang-mu-jian-she-dan-wei-deng-ji-zhu-ce-lei-xing-dai-ma

定义:划分企业登记注册类型的依据,是工商行政管理部门对企业登记注册的类型代码。

数据元类型:字符型

数据格式:n3

值域:见5.67

备注:按照国家统计局、国家工商行政管理局联合印发的[国统字(1998)200号]通知执行。

4.5.1.9　交通固定资产投资项目所属交通行业代码

编号:TJ050100006

数据元名称:交通固定资产投资项目所属交通行业代码

中文全拼:jiao-tong-gu-ding-zi-chan-tou-zi-xiang-mu-suo-shu-jiao-tong-hang-ye-dai-ma

定义:交通行业按交通建设项目及企事业单位的性质来划分的代码。

数据元类型:字符型

数据格式:n4

值域:见5.68

4.5.1.10　交通固定资产投资项目隶属关系代码

编号:TJ050100007

数据元名称:交通固定资产投资项目隶属关系代码

中文全拼:jiao-tong-gu-ding-zi-chan-tou-zi-xiang-mu-li-shu-guan-xi-dai-ma

定义:交通固定资产投资项目按建设单位或企业、事业、行政单位主管上级机关确定的隶属关系的代码。

数据元类型:字符型

数据格式:n1

值域:见5.69

4.5.1.11　交通固定资产投资项目报表种类代码

编号:TJ050100008

数据元名称:交通固定资产投资项目报表种类代码

中文全拼:jiao-tong-gu-ding-zi-chan-tou-zi-xiang-mu-bao-biao-zhong-lei-dai-ma

定义:交通固定资产投资项目统计报表的类别代码。

数据元类型:字符型

数据格式:n1

值域:见 5.70

4.5.1.12　交通固定资产投资项目建设性质

采用 JT/T 697.9—2009 的 4.1.5。

4.5.1.13　交通固定资产投资项目建设阶段代码

编号:TJ050100009

数据元名称:交通固定资产投资项目建设阶段代码

中文全拼:jiao-tong-gu-ding-zi-chan-tou-zi-xiang-mu-jian-she-jie-duan-dai-ma

定义:交通固定资产投资项目处在何种建设阶段的代码。

数据元类型:字符型

数据格式:n1

值域:见 5.71

4.5.1.14　交通固定资产投资项目级别

采用 JT/T 697.9—2009 的 4.1.11。

4.5.1.15　交通固定资产投资项目计划下达机关

采用 JT/T 697.9—2009 的 4.1.12。

4.5.1.16　交通固定资产投资项目计划年度

编号:TJ050100010

数据元名称:交通固定资产投资项目计划年度

中文全拼:jiao-tong-gu-ding-zi-chan-tou-zi-xiang-mu-ji-hua-nian-du

定义:建设项目的最近一年的正式计划下达年份。

数据元类型:日期型

数据格式:YYYY

4.5.1.17　交通固定资产投资项目计划文号

采用 JT/T 697.9—2009 的 4.1.13。

4.5.1.18　交通固定资产投资项目计划类别代码

编号:TJ050100011

数据元名称:交通固定资产投资项目计划类别代码

中文全拼:jiao-tong-gu-ding-zi-chan-tou-zi-xiang-mu-ji-hua-lei-bie-dai-ma

定义:计划按不同的使用方向分类的代码。

数据元类型:字符型

数据格式:n3

值域:见 5.72

4.5.1.19　交通固定资产投资项目计划建成时间

采用 JT/T 697.9—2009 的 4.1.16。

4.5.1.20　交通固定资产投资项目开工时间

采用 JT/T 697.9—2009 的 4.1.15。

4.5.1.21　交通固定资产投资项目本年全部投产时间

编号:TJ050100012

数据元名称:交通固定资产投资项目本年全部投产时间

中文全拼:jiao-tong-gu-ding-zi-chan-tou-zi-xiang-mu-ben-nian-quan-bu-tou-chan-shi-jian

定义:建设项目按计划规定的生产能力(或效益)在本年内全部建成,经验收合格或达到竣工验收标准正式移交生产或交付使用的时间。

数据元类型:日期型

数据格式:YYYYMM

备注:达到竣工验收标准是引进项目并按合同规定经过试生产考核达到验收标准,经双方签字确认。

4.5.1.22 交通固定资产投资项目投资来源代码

编号:TJ050100013

数据元名称:交通固定资产投资项目投资来源代码

中文全拼:jiao-tong-gu-ding-zi-chan-tou-zi-xiang-mu-tou-zi-lai-yuan-dai-ma

定义:按照建设项目投资者的级别进行分类的代码。

数据元类型:字符型

数据格式:n1

值域:见5.73

4.5.1.23 交通固定资产投资项目公路行政等级

采用JT/T 697.2—2007的4.1.3。

4.5.1.24 交通固定资产投资项目重要线路代码

编号:TJ050100014

数据元名称:交通固定资产投资项目重要线路代码

中文全拼:jiao-tong-gu-ding-zi-chan-tou-zi-xiang-mu-zhong-yao-xian-lu-dai-ma

定义:在重要线路上投资交通固定资产的项目名称代码。

数据元类型:字符型

数据格式:n3

值域:见5.74

备注:如果公路建设属于国道主干线、国家高速公路网或西部开发省际通道公路建设项目,则填写该项目名称。

4.5.1.25 交通固定资产投资项目码头泊位类别

采用JT/T 697.3—2007的4.1.3.20。

4.5.1.26 交通固定资产投资项目购置类别代码

编号:TJ050100015

数据元名称:交通固定资产投资项目购置类别代码

中文全拼:jiao-tong-gu-ding-zi-chan-tou-zi-xiang-mu-gou-zhi-lei-bie-dai-ma

定义:按照单纯购置项目的购置内容不同进行分类的代码。

数据元类型:字符型

数据格式:n1

值域:见5.75

4.5.2 交通固定资产投资项目资金计划情况

4.5.2.1 交通固定资产投资项目计划总投资

采用JT/T 697.9—2009的4.2.1.2。

4.5.2.2 交通固定资产投资项目中央计划总投资

采用JT/T 697.9—2009的4.2.1.3。

4.5.2.3 交通固定资产投资资金来源代码

编号:TJ050200001

数据元名称:交通固定资产投资资金来源代码

中文全拼:jiao-tong-gu-ding-zi-chan-tou-zi-zi-jin-lai-yuan-dai-ma

定义:按照固定资产投资的各种货币资金来源的不同进行分类的代码。

数据元类型:字符型

数据格式:n..3

值域:见5.76

4.5.3 交通固定资产投资项目建设规模和新增生产能力计划情况

4.5.3.1 新增生产能力(或工程效益)代码

编号:TJ050300001

数据元名称:新增生产能力(或工程效益)代码

中文全拼:xin-zeng-sheng-chan-neng-li(huo-gong-cheng-xiao)-yi-dai-ma

定义:通过固定资产投资而新增加的设计生产能力(或工程效益)。

数据元类型:字符型

数据格式:n3

备注:它是以实物形态表现的固定资产投资成果的指标,也是考核投资效果的重要依据之一。

4.5.3.2 新增生产能力(或工程效益)计量单位

编号:TJ050300002

数据元名称:新增生产能力(或工程效益)计量单位

中文全拼:xin-zeng-sheng-chan-neng-li(huo-gong-cheng-xiao-yi)-ji-liang-dan-wei

定义:建设项目新增生产能力(或工程效益)的计量单位。

数据元类型:字符型

数据格式:a..5

4.5.3.3 全部建设规模

编号:TJ050300003

数据元名称:全部建设规模

中文全拼:quan-bu-jian-she-gui-mo

定义:建设项目或工程设计文件中规定的全部设计能力(或工程效益)。

数据元类型:数字型

数据格式:n..10,3

备注:包括已经建成投产和尚未建成投产的工程的生产能力(或工程效益)。计量单位由新增生产能力(或工程效益)计量单位确定。

4.5.3.4 计划新增能力代码

编号:TJ050300004

数据元名称:计划新增能力代码

中文全拼:ji-hua-xin-zeng-neng-li-dai-ma

定义:报告期内计划建成投入生产或交付使用的生产能力(或工程效益)的代码。

数据元类型:数字型

数据格式:n..3

值域:见5.77

备注:计量单位由新增生产能力(或工程效益)计量单位确定。

4.5.3.5 本年施工规模代码

编号:TJ050300005

数据元名称:本年施工规模代码

中文全拼:ben-nian-shi-gong-gui-mo-dai-ma

定义:报告期内施工的单项工程的设计能力(或工程效益),即全部建设规模中在本年正式施工的部分。

数据元类型:数字型

数据格式:n..3

值域:见5.77

备注:计量单位由新增生产能力(或工程效益)计量单位确定。

4.5.3.6 本年新开工规模代码

编号:TJ050300006

数据元名称:本年新开工规模代码

中文全拼:ben-nian-xin-kai-gong-gui-mo-dai-ma

定义:报告期内新开工的单项工程的设计能力(或工程效益)的代码。

数据元类型:数字型

数据格式:n..3

值域:见5.77

备注:计量单位由新增生产能力(或工程效益)计量单位确定。

4.5.3.7 累计新增生产能力(或效益)代码

编号:TJ050300007

数据元名称:累计新增生产能力(或效益)代码

中文全拼:lei-ji-xin-zeng-sheng-chan-neng-li(huo-xiao-yi)-dai-ma

定义:交通固定资产投资项目自开工到报告期结束累计新增的生产能力(或效益)的代码。

数据元类型:数字型

数据格式:n..3

值域:见5.77

备注:计量单位由新增生产能力(或工程效益)计量单位确定。

4.5.3.8 交通固定资产投资项目硬化路面里程

编号:TJ050300008

数据元名称:交通固定资产投资项目硬化路面里程

中文全拼:jiao-tong-gu-ding-zi-chan-tou-zi-xiang-mu-ying-hua-lu-mian-li-cheng

定义:交通固定资产投资项目建设沥青混凝土路面、水泥混凝土路面、简易铺装路面及其他硬化路面(石质、砖质、混凝土预制块等)的里程。

数据元类型:数字型

数据格式:n..10,3

备注:计量单位由新增生产能力(或工程效益)计量单位确定。

4.5.3.9 本年新增生产能力(或效益)代码

编号:TJ050300009

数据元名称:本年新增生产能力(或效益)代码

中文全拼:ben-nian-xin-zeng-sheng-chan-neng-li(huo-xiao-yi)-dai-ma

定义:交通固定资产投资项目本报告期内新增的生产能力(或效益)的代码。

数据元类型:数字型

数据格式:n..3

值域:见5.77

备注:计量单位由新增生产能力(或工程效益)计量单位确定。

4.5.3.10 交通固定资产投资项目本年硬化路面里程

编号:TJ050300010

数据元名称:交通固定资产投资项目本年硬化路面里程

中文全拼:jiao-tong-gu-ding-zi-chan-tou-zi-xiang-mu-ben-nian-ying-hua-lu-mian-li-cheng

定义:交通固定资产投资项目本报告期内建设的硬化路面里程。

数据元类型:数字型

数据格式:n..10,3

计量单位:千米(km)

备注:计量单位由新增生产能力(或工程效益)计量单位确定。

4.5.4 交通固定资产投资额和新增固定资产情况

4.5.4.1 交通固定资产投资项目实际需要的投资

编号:TJ050400001

数据元名称:交通固定资产投资项目实际需要的投资

中文全拼:jiao-tong-gu-ding-zi-chan-tou-zi-xiang-mu-shi-ji-xu-yao-de-tou-zi

定义:在累计完成投资额已超过上级批准计划总投资的情况下,建设项目按总体设计规定的内容全部建成所需的投资。

数据元类型:数字型

数据格式:n..10

计量单位:万元

备注:实际需要总投资是累计完成投资与建完设计规定的工程内容尚需投资的和。

4.5.4.2 交通固定资产完成投资

编号:TJ050400002

数据元名称:交通固定资产完成投资

中文全拼:jiao-tong-gu-ding-zi-chan-wan-cheng-tou-zi

定义:报告期内建设项目累计完成的全部投资,是以货币表示的工作量指标,包括实际完成的建筑安装工程价值,设备、工具、器具的购置费,以及实际发生的其他费用。

数据元类型:数字型

数据格式:n..10

计量单位:万元

关系:与完成投资额按构成分类代码连用。

备注:没用到工程实体的建筑材料、工程预付款和没有进行安装的需要安装的设备等,都不能计入投资完成额。

4.5.4.3 完成投资额按构成分类代码

编号:TJ050400003

数据元名称:完成投资额按构成分类代码

中文全拼:wan-cheng-tou-zi-e-an-gou-cheng-fen-lei-dai-ma

定义:根据完成投资额的使用方向分类的代码。

数据元类型:字符型

数据格式:n2

值域:见5.78

4.5.4.4 交通固定资产投资项目新增固定资产

编号:TJ050400004

数据元名称:交通固定资产投资项目新增固定资产

中文全拼:jiao-tong-gu-ding-zi-chan-tou-zi-xiang-mu-xin-zeng-gu-ding-zi-chan

定义:报告期内交付使用的固定资产价值。

备注:包括报告期内建成投入生产或交付使用的工程投资和达到固定资产标准的设备、工具、器具的投资及有关摊入的费用。

4.5.4.5 施工项目个数

编号:TJ050400005

数据元名称:施工项目个数

中文全拼:shi-gong-xiang-mu-ge-shu

定义:交通固定资产投资项目施工的个数。

数据元类型:数字型

数据格式:n..10

计量单位:个

备注:属于增加固定资产价值的其他建设费用,随同交付使用的工程一并计入新增固定资产。

4.5.4.6 新开工项目个数

编号:TJ050400006

数据元名称:新开工项目个数

中文全拼:xin-kai-gong-xiang-mu-ge-shu

定义:报告期内新开工的项目数量。

数据元类型:数字型

数据格式:n..10

计量单位:个

4.5.4.7 建成项目个数

编号:TJ050400007

数据元名称:建成项目个数

中文全拼:jian-cheng-xiang-mu-ge-shu

定义:报告期内已经建成的项目的数量。

数据元类型:数字型

数据格式:n..10

计量单位:个

4.5.5 固定资产投资资金来源情况

4.5.5.1 交通固定资产投资资金来源合计

编号:TJ050500001

数据元名称:交通固定资产投资资金来源合计

中文全拼:jiao-tong-gu-ding-zi-chan-tou-zi-zi-jin-lai-yuan-he-ji

定义:交通固定资产投资项目自开工以来的资金来源合计数。

数据元类型:数字型

数据格式:n..10

计量单位:万元

4.5.5.2 交通固定资产投资上年末结余资金

编号:TJ050500002

数据元名称:交通固定资产投资上年末结余资金

中文全拼:jiao-tong-gu-ding-zi-chan-tou-zi-shang-nian-mo-jie-yu-zi-jin

定义:交通固定资产投资项目报告期前一年资金来源结余金额。

数据元类型:数字型

数据格式:n..10,2

计量单位:万元

关系:与交通固定资产投资资金来源连用。

4.5.5.3 交通固定资产投资本年资金来源小计

编号:TJ050500003

数据元名称:交通固定资产投资本年资金来源小计

中文全拼:jiao-tong-gu-ding-zi-chan-tou-zi-ben-nian-zi-jin-lai-yuan-xiao-ji

定义:交通固定资产投资项目本报告期内的资金来源金额。

数据元类型:数字型

数据格式:n..10,2

计量单位:万元

关系:与交通固定资产投资资金来源连用。

4.5.5.4 交通固定资产投资项目各项应付款

编号:TJ050500004

数据元名称:交通固定资产投资项目各项应付款

中文全拼:jiao-tong-gu-ding-zi-chan-tou-zi-xiang-mu-ge-xiang-ying-fu-kuan

定义:报告期内交通固定资产投资项目各项应付未付款的金额。

数据元类型:数字型

数据格式:n..10,2

计量单位:万元

关系:与完成投资额按构成分类代码连用。

4.5.5.5 交通固定资产投资已完工项目未到位资金

编号:TJ050500005

数据元名称:交通固定资产投资已完工项目未到位资金

中文全拼:jiao-tong-gu-ding-zi-chan-tou-zi-yi-wan-gong-xiang-mu-wei-dao-wei-zi-jin

定义:项目建成验收后,建设资金仍未到县级交通部门的资金。

数据元类型:数字型

数据格式:n..10

计量单位:万元

4.5.6 交通固定资产投资项目解决通达(畅)情况

4.5.6.1 项目建成后通达的乡镇数量

编号:TJ050600001

数据元名称:项目建成后通达的乡镇数量

中文全拼:xiang-mu-jian-cheng-hou-tong-da-de-xiang-zhen-shu-liang

定义:项目建成后,由未通达提高到已达未畅的乡(镇)的个数。

数据元类型:数字型

数据格式:n..10

计量单位:个

4.5.6.2 项目建成后通达的建制村数量

编号:TJ050600002

数据元名称:项目建成后通达的建制村数量

中文全拼:xiang-mu-jian-cheng-hou-tong-da-de-jian-zhi-cun-shu-liang

定义:项目建成后,由未通达提高到已达未畅的建制村的个数。

数据元类型:数字型

数据格式:n..10

计量单位:个

4.5.6.3 项目建成后通畅的乡镇数量

编号:TJ050600003

数据元名称:项目建成后通畅的乡镇数量

中文全拼:xiang-mu-jian-cheng-hou-tong-chang-de-xiang-zhen-shu-liang

定义:项目建成后,由已达未畅提高到通畅的乡(镇)的个数。

数据元类型:数字型

数据格式:n..10

计量单位:个

4.5.6.4 项目建成后通畅的建制村数量

编号:TJ050600004

数据元名称:项目建成后通畅的建制村数量

中文全拼:xiang-mu-jian-cheng-hou-tong-chang-de-jian-zhi-cun-shu-liang

定义:项目建成后,由已达未畅提高到通畅的建制村的个数。

数据元类型:数字型

数据格式:n..10

计量单位:个

4.5.7 交通固定资产投资项目利用外资情况

4.5.7.1 外资到位金额

编号:TJ050700001

数据元名称:外资到位金额

中文全拼:wai-zi-dao-wei-jin-e

定义:世界其他国家和地区投资交通建设项目的资金到位金额。

数据元类型:数字型

数据格式:n..10,2

计量单位:万元

关系:与世界各国和地区代码连用。

4.5.7.2 直接投资的外资金额

编号:TJ050700002

数据元名称:直接投资的外资金额

中文全拼:zhi-jie-tou-zi-de-wai-zi-jin-e

定义:世界其他国家和地区直接投资的资金到位金额。

数据元类型:数字型

数据格式:n..10,2

计量单位:万元

关系:与世界各国和地区代码连用。

4.5.8 交通固定资产投资项目工程形象进度情况

4.5.8.1 设计总工程量

编号:TJ050800001

数据元名称:设计总工程量

中文全拼:she-ji-zong-gong-cheng-liang

定义:设计文件、设计图纸、施工合同规定的项目全部设计工程量。

数据元类型:数字型
数据格式:n..10
关系:与水运工程项目分类、公路工程项目分类连用。
备注:计量单位根据水运工程项目、公路工程项目的不同而不同。

4.5.8.2　项目自开始建设累计完成工程量
编号:TJ050800002
数据元名称:项目自开始建设累计完成工程量
中文全拼:xiang-mu-zi-kai-shi-jian-she-lei-ji-wan-cheng-gong-cheng-liang
定义:项目自开始建设至报告期末累计完成的工程量。
数据元类型:数字型
数据格式:n..10
关系:与水运工程项目分类、公路工程项目分类连用。

4.5.8.3　项目本年计划完成工程量
编号:TJ050800003
数据元名称:项目本年计划完成工程量
中文全拼:xiang-mu-ben-nian-ji-hua-wan-cheng-gong-cheng-liang
定义:设计文件、设计图纸、施工合同规定的项目本年计划工程量。
数据元类型:数字型
数据格式:n..10
关系:与水运工程项目分类、公路工程项目分类连用。

4.5.8.4　自年初至本月底累计完成工程量
编号:TJ050800004
数据元名称:自年初至本月底累计完成工程量
中文全拼:zi-nian-chu-zhi-ben-yue-di-lei-ji-wan-cheng-gong-cheng-liang
定义:当年自年初开始至报告期末累计完成的工程量。
数据元类型:数字型
数据格式:n..10
关系:与水运工程项目分类、公路工程项目分类连用。

4.5.8.5　水运工程项目分类代码
编号:TJ050800005
数据元名称:水运工程项目分类代码
中文全拼:shui-yun-gong-cheng-xiang-mu-fen-lei-dai-ma
定义:根据水运工程项目的不同类型进行分类的代码。
数据元类型:字符型
数据格式:n..3
值域:见5.79

4.5.8.6　公路工程项目分类代码
编号:TJ050800006
数据元名称:公路工程项目分类代码
中文全拼:gong-lu-gong-cheng-xiang-mu-fen-lei-dai-ma
定义:根据公路工程项目的不同类型进行分类的代码。
数据元类型:字符型
数据格式:n..2

值域:见5.80

4.6 交通安全与服务

4.6.1 道路交通事故

4.6.1.1 道路交通事故次数

编号:TJ060100001

数据元名称:道路交通事故次数

中文全拼:dao-lu-jiao-tong-shi-gu-ci-shu

定义:道路交通事故发生的次数。

数据元类型:数字型

数据格式:n..10

计量单位:次

关系:与事故原因分类连用。

4.6.1.2 道路交通事故死亡人数

编号:TJ060100002

数据元名称:道路交通事故死亡人数

中文全拼:dao-lu-jiao-tong-shi-gu-si-wang-ren-shu

定义:道路交通事故死亡的人数。

数据元类型:数字型

数据格式:n..5

计量单位:人

关系:与事故原因分类连用。

4.6.1.3 道路交通事故受伤人数

编号:TJ060100003

数据元名称:道路交通事故受伤人数

中文全拼:dao-lu-jiao-tong-shi-gu-shou-shang-ren-shu

定义:道路交通事故受伤的人数。

数据元类型:数字型

数据格式:n..5

计量单位:人

关系:与事故原因分类连用。

4.6.1.4 道路交通事故经济损失

编号:TJ060100004

数据元名称:道路交通事故经济损失

中文全拼:dao-lu-jiao-tong-shi-gu-jing-ji-sun-shi

定义:道路交通事故导致的经济损失。

数据元类型:数字型

数据格式:n..6,1

计量单位:万元

关系:与事故原因分类连用。

4.6.1.5 道路交通事故原因分类代码

编号:TJ060100005

数据元名称:道路交通事故原因分类代码

中文全拼:dao-lu-jiao-tong-shi-gu-yuan-yin-fen-lei-dai-ma

定义:道路交通事故原因分类的代码。

数据元类型:字符型

数据格式:n2

值域:见5.81

4.6.2 水上交通事故

4.6.2.1 运输船舶水上交通事故

4.6.2.1.1 运输船舶水上交通事故件数

编号:TJ060201001

数据元名称:运输船舶水上交通事故件数

中文全拼:yun-shu-chuan-bo-shui-shang-jiao-tong-shi-gu-jian-shu

定义:运输船舶水上交通事故发生的件数。

数据元类型:数字型

数据格式:n..10

计量单位:件

关系:与运输船舶水上交通事故/险情分类、运输船舶企业分类、运输船舶分类连用。

4.6.2.1.2 运输船舶水上重大交通事故件数

编号:TJ060201002

数据元名称:运输船舶水上重大交通事故件数

中文全拼:yun-shu-chuan-bo-shui-shang-zhong-da-jiao-tong-shi-gu-jian-shu

定义:运输船舶水上重大交通事故发生的件数。

数据元类型:数字型

数据格式:n..3

计量单位:件

关系:与运输船舶企业分类、运输船舶分类连用。

4.6.2.1.3 运输船舶水上大交通事故件数

编号:TJ060201003

数据元名称:运输船舶水上大交通事故件数

中文全拼:yun-shu-chuan-bo-shui-shang-da-jiao-tong-shi-gu-jian-shu

定义:运输船舶水上大交通事故的件数。

数据元类型:数字型

数据格式:n..3

计量单位:件

关系:与运输船舶企业分类、运输船舶分类连用。

4.6.2.1.4 运输船舶水上交通事故受伤人数

编号:TJ060201004

数据元名称:运输船舶水上交通事故受伤人数

中文全拼:yun-shu-chuan-bo-shui-shang-jiao-tong-shi-gu-shou-shang-ren-shu

定义:运输船舶水上交通事故受伤人数。

数据元类型:字符型

数据格式:n..10

计量单位:人

4.6.2.1.5 运输船舶水上交通事故死亡失踪人数

编号:TJ060201005

数据元名称:运输船舶水上交通事故死亡失踪人数
中文全拼:yun-shu-chuan-bo-shui-shang-jiao-tong-shi-gu-si-wang-shi-zong-ren-shu
定义:因发生运输船舶水上交通事故而死亡失踪的人数。
数据元类型:数字型
数据格式:n..3
计量单位:人
关系:与运输船舶企业分类、运输船舶分类连用。

4.6.2.1.6 运输船舶沉没或全损艘数

编号:TJ060201006
数据元名称:运输船舶沉没或全损艘数
中文全拼:yun-shu-chuan-bo-chen-mo-huo-quan-sun-sou-shu
定义:运输船舶沉没或全损的艘数。
数据元类型:数字型
数据格式:n..3
计量单位:艘
关系:与运输船舶企业分类、运输船舶分类连用。

4.6.2.1.7 运输船舶沉没或全损总吨

编号:TJ060201007
数据元名称:运输船舶沉没或全损总吨
中文全拼:yun-shu-chuan-bo-chen-mo-huo-quan-sun-zong-dun
定义:运输船舶沉没或全损的总吨。
数据元类型:数字型
数据格式:n..3
计量单位:吨位
关系:与运输船舶企业分类、运输船舶分类连用。

4.6.2.1.8 运输船舶沉没或全损功率

编号:TJ060201008
数据元名称:运输船舶沉没或全损功率
中文全拼:yun-shu-chuan-bo-chen-mo-huo-quan-sun-gong-lv
定义:运输船舶沉没或全损的功率。
数据元类型:数字型
数据格式:n..10,2
计量单位:千瓦(kW)
关系:与运输船舶企业分类、运输船舶分类连用。

4.6.2.1.9 运输船舶水上交通事故直接经济损失

编号:TJ060201009
数据元名称:运输船舶水上交通事故直接经济损失
中文全拼:yun-shu-chuan-bo-shui-shang-jiao-tong-shi-gu-zhi-jie-jing-ji-sun-shi
定义:运输船舶水上交通事故导致的直接经济损失。
数据元类型:数字型
数据格式:n..6,1
计量单位:万元
关系:与运输船舶企业分类、运输船舶分类连用。

4.6.2.1.10　运输船舶企业分类代码

编号:TJ060201010

数据元名称:运输船舶企业分类代码

中文全拼:yun-shu-chuan-bo-qi-ye-fen-lei-dai-ma

定义:运输船舶企业分类代码。

数据元类型:字符型

数据格式:n1

值域:见5.82

4.6.2.1.11　运输船舶分类代码

编号:TJ060201011

数据元名称:运输船舶分类代码

中文全拼:yun-shu-chuan-bo-fen-lei-dai-ma

定义:运输船舶分类的代码。

数据元类型:字符型

数据格式:n1

值域:见5.83

4.6.2.1.12　运输船舶水上交通事故/险情分类代码

编号:TJ060201012

数据元名称:运输船舶水上交通事故/险情分类代码

中文全拼:yun-shu-chuan-bo-shui-shang-jiao-tong-shi-gu/xian-qing-fen-lei-dai-ma

定义:运输船舶水上交通事故/险情分类代码。

数据元类型:字符型

数据格式:n2

值域:见5.84

4.6.2.2　非运输船舶水上交通事故

4.6.2.2.1　非运输船舶水上交通事故件数

编号:TJ060202001

数据元名称:非运输船舶水上交通事故件数

中文全拼:fei-yun-shu-chuan-bo-shui-shang-jiao-tong-shi-gu-jian-shu

定义:非运输船舶水上交通事故发生的件数。

数据元类型:数字型

数据格式:n..10

计量单位:件

关系:与非运输船舶分类连用。

4.6.2.2.2　非运输船舶水上交通沉船艘数

编号:TJ060202002

数据元名称:非运输船舶水上交通沉船艘数

中文全拼:fei-yun-shu-chuan-bo-shui-shang-jiao-tong-chen-chuan-sou-shu

定义:非运输船舶水上交通沉船的艘数。

数据元类型:数字型

数据格式:n..3

计量单位:艘

关系:与非运输船舶分类连用。

4.6.2.2.3 非运输船舶水上交通死亡人数

编号:TJ060202003

数据元名称:非运输船舶水上交通死亡人数

中文全拼:fei-yun-shu-chuan-bo-shui-shang-jiao-tong-si-wang-ren-shu

定义:非运输船舶水上交通死亡的人数。

数据元类型:数字型

数据格式:n..3

计量单位:人

关系:与非运输船舶分类连用。

4.6.2.2.4 非运输船舶分类代码

编号:TJ060202004

数据元名称:非运输船舶分类的代码

中文全拼:fei-yun-shu-chuan-bo-fen-lei-dai-ma

定义:非运输船舶分类的代码。

数据元类型:字符型

数据格式:n1

值域:见5.85

4.6.3 海上搜寻救助服务

4.6.3.1 海上险情及搜救活动

4.6.3.1.1 船舶人员遇险次数

编号:TJ060301001

数据元名称:船舶人员遇险次数

中文全拼:chuan-bo-ren-yuan-yu-xian-ci-shu

定义:海上航行中船舶人员的遇险次数。

数据元类型:数字型

数据格式:n..10

计量单位:次

关系:与船舶人员遇险性质、遇险区域、遇险等级连用。

4.6.3.1.2 船舶人员遇险性质

编号:TJ060301002

数据元名称:船舶人员遇险性质

中文全拼:chuan-bo-ren-yuan-yu-xian-xing-zhi

定义:海上航行中船舶人员的遇险性质。

数据元类型:字符型

数据格式:n1

4.6.3.1.3 船舶人员遇险区域代码

编号:TJ060301003

数据元名称:船舶人员遇险区域代码

中文全拼:chuan-bo-ren-yuan-yu-xian-qu-yu-dai-ma

定义:海上航行中船舶人员遇险的区域代码。

数据元类型:字符型

数据格式:n1

值域:见5.86

4.6.3.1.4 船舶人员遇险等级代码

编号:TJ060301004

数据元名称:船舶人员遇险等级代码

中文全拼:chuan-bo-ren-yuan-yu-xian-deng-ji-dai-ma

定义:海上航行中船舶人员遇险等级的代码。

数据元类型:字符型

数据格式:n1

值域:见5.87

4.6.3.1.5 遇险人数

编号:TJ060301005

数据元名称:遇险人数

中文全拼:yu-xian-ren-shu

定义:海上航行发生险情的遇险人数。

数据元类型:数字型

数据格式:n..5

计量单位:人次

4.6.3.1.6 获救人数

编号:TJ060301006

数据元名称:获救人数

中文全拼:huo-jiu-ren-shu

定义:海上搜救的获救人数。

数据元类型:数字型

数据格式:n..5

计量单位:人次

4.6.3.1.7 死亡人数

编号:TJ060301007

数据元名称:死亡人数

中文全拼:si-wang-ren-shu

定义:海上航行发生险情的死亡人数。

数据元类型:数字型

数据格式:n..5

计量单位:人次

4.6.3.1.8 失踪人数

编号:TJ060301008

数据元名称:失踪人数

中文全拼:shi-zong-ren-shu

定义:海上航行发生险情的失踪人数。

数据元类型:数字型

数据格式:n..5

计量单位:人次

4.6.3.1.9 出动搜救船艇的艘次

编号:TJ060301009

数据元名称:出动搜救船艇的艘次

中文全拼:chu-dong-sou-jiu-chuan-ting-de-sou-ci
定义:海上险情出动搜救船艇的艘次。
数据元类型:数字型
数据格式:n..4
计量单位:艘次
关系:与出动搜救船艇的部门连用。

4.6.3.1.10 出动搜救船艇/飞机的部门代码

编号:TJ060301010
数据元名称:出动搜救船艇/飞机的部门代码
中文全拼:chu-dong-sou-jiu-chuan-ting/fei-ji-de-bu-men-dai-ma
定义:海上险情出动搜救船艇/飞机的部门代码。
数据元类型:字符型
数据格式:n1
值域:见5.88

4.6.3.2 救助任务执行情况

4.6.3.2.1 船舶值班待命艘天

采用4.3.4.1.1。

4.6.3.2.2 执行应急救助任务次数

编号:TJ060302001
数据元名称:执行应急救助任务次数
中文全拼:zhi-xing-ying-ji-jiu-zhu-ren-wu-ci-shu
定义:执行应急救助任务的次数。
数据元类型:数字型
数据格式:n..10
计量单位:次

4.6.3.2.3 救助力量出动次数

采用4.3.4.1.2。

4.6.3.2.4 救助船舶出动次数

采用4.3.4.1.3。

4.6.3.2.5 救助艇出动次数

编号:TJ060302002
数据元名称:救助艇出动次数
中文全拼:jiu-zhu-ting-chu-dong-ci-shu
定义:救助艇总共出动的次数。
数据元类型:数字型
数据格式:n..10
计量单位:艘次

4.6.3.2.6 救助飞机出动次数

编号:TJ060302003
数据元名称:救助飞机出动次数
中文全拼:jiu-zhu-fei-ji-chu-dong-ci-shu
定义:救助飞机总共出动的次数。
数据元类型:数字型

数据格式:n..10

计量单位:架次

4.6.3.2.7 应急救助队出动次数

编号:TJ060302004

数据元名称:应急救助队出动次数

中文全拼:ying-ji-jiu-zhu-dui-chu-dong-ci-shu

定义:应急救助队总共出动的次数。

数据元类型:数字型

数据格式:n..10

计量单位:队次

4.6.3.2.8 飞机救助飞行时间

编号:TJ060302005

数据元名称:飞机救助飞行时间

中文全拼:fei-ji-jiu-zhu-fei-xing-shi-jian

定义:救助飞机出动救助总的飞行时间。

数据元类型:数字型

数据格式:n..10,2

计量单位:小时(h)

4.6.3.2.9 获救遇险人员人数

采用4.3.4.1.4。

4.6.3.2.10 获救遇险船艘数

采用4.3.4.1.5。

4.6.3.2.11 获救财产价值

采用4.3.4.1.6。

4.6.3.2.12 防污次数

采用4.3.4.1.12。

4.6.3.3 救助飞机飞行情况

4.6.3.3.1 救助飞机飞行次数

编号:TJ060303001

数据元名称:救助飞机飞行次数。

中文全拼:jiu-zhu-fei-ji-fei-xing-ci-shu

定义:救助飞机飞行的总次数

数据元类型:数字型

数据格式:n..10

计量单位:架次

备注:各救助飞行队飞机救助(任务)飞行次数和训练飞行次数合计。

4.6.3.3.2 救助任务飞行次数

编号:TJ060303002

数据元名称:救助任务飞行次数

中文全拼:jiu-zhu-ren-wu-fei-xing-ci-shu

定义:救助飞机因实施救助活动而飞行的次数。

数据元类型:数字型

数据格式:n..10

计量单位:架次

4.6.3.3.3 训练飞行次数

编号:TJ060303003

数据元名称:训练飞行次数

中文全拼:xun-lian-fei-xing-ci-shu

定义:救助飞机训练飞行的次数。

数据元类型:数字型

数据格式:n..10

计量单位:架次

4.6.3.3.4 救助飞机飞行时间

编号:TJ060303004

数据元名称:救助飞机飞行时间

中文全拼:jiu-zhu-fei-ji-fei-xing-shi-jian

定义:救助飞机飞行的时间。

数据元类型:数字型

数据格式:n..10,2

计量单位:小时(h)

备注:各救助飞行队飞机救助(任务)飞行和训练飞行时间合计。

4.6.3.3.5 救助飞机海上飞行时间

编号:TJ060303005

数据元名称:救助飞机海上飞行时间

中文全拼:jiu-zhu-fei-ji-hai-shang-fei-xing-shi-jian

定义:救助飞机在海上飞行的时间。

数据元类型:数字型

数据格式:n..10,2

计量单位:小时(h)

4.6.3.3.6 救助飞机夜间飞行时间

编号:TJ060303006

数据元名称:救助飞机夜间飞行时间

中文全拼:jiu-zhu-fei-ji-ye-jian-fei-xing-shi-jian

定义:救助飞机在夜间飞行的时间。

数据元类型:数字型

数据格式:n..10,2

计量单位:小时(h)

4.6.3.3.7 救助任务飞行时间

编号:TJ060303007

数据元名称:救助任务飞行时间

中文全拼:jiu-zhu-ren-wu-fei-xing-shi-jian

定义:救助飞机执行救助任务飞行的时间。

数据元类型:数字型

数据格式:n..10,2

计量单位:小时(h)

4.6.3.3.8 训练飞行时间

编号:TJ060303008

数据元名称:训练飞行时间

中文全拼:xun-lian-fei-xing-shi-jian

定义:救助飞机训练飞行的时间。

数据元类型:数字型

数据格式:n..10,2

计量单位:小时(h)

4.6.3.3.9 出动搜救飞机的架次

编号:TJ060303009

数据元名称:出动搜救飞机的架次

中文全拼:chu-dong-sou-jiu-fei-ji-de-jia-ci

定义:海上险情出动搜救飞机的架次。

数据元类型:数字型

数据格式:n..3

计量单位:架次

关系:与出动搜救飞机的部门连用。

4.6.3.4 飞机救助任务情况

4.6.3.4.1 飞机编码及机组人员名单

编号:TJ060304001

数据元名称:飞机编码及机组人员名单

中文全拼:fei-ji-bian-ma-ji-ji-zu-ren-yuan-ming-dan

定义:飞机编码和机组人员名单,包括正、副驾驶员,绞车手,救生员等。

数据元类型:字符型

数据格式:..ul

4.6.3.4.2 活动区域

编号: TJ060304002

数据元名称:活动区域

中文全拼:huo-dong-qu-yu

定义:以机场为基点,飞机飞行经过区域的方位、距离等。

数据元类型:字符型

数据格式:..ul

4.6.3.4.3 开飞时刻

编号:TJ060304003

数据元名称:开飞时刻

中文全拼:kai-fei-shi-ke

定义:直升飞机螺旋桨开始转动时间,以北京时间几时几分表示。

数据元类型:时间型

数据格式:hhmm

4.6.3.4.4 结束时刻

编号:TJ060304004

数据元名称:结束时刻

中文全拼:jie-shu-shi-ke

定义:飞机滑行至机库内停放时间,以北京时间几时几分表示。

数据元类型:时间型

数据格式:hhmm

4.6.3.4.5　飞行架次

编号:TJ060304005

数据元名称:飞行架次

中文全拼:fei-xing-jia-ci

定义:每次飞行的飞机驾数与飞行次数乘积的合计。

数据元类型:数字型

数据格式:n..10

计量单位:架次

4.6.3.4.6　飞行时间

采用4.6.3.3.4。

4.6.3.4.7　救助任务

编号:TJ060304006

数据元名称:救助任务

中文全拼:jiu-zhu-ren-wu

定义:具体执行的救助任务,如海上人命救助、内陆人命救助、参与防止海洋污染任务等。

数据元类型:字符型

数据格式:..ul

4.6.3.4.8　被救人数

采用4.3.4.1.4。

4.7　交通科技

4.7.1　交通科技机构概况

4.7.1.1　交通科技机构基本信息

4.7.1.1.1　交通科技机构名称

编号:TJ070101001

数据元名称:交通科技机构名称

中文全拼:jiao-tong-ke-ji-ji-gou-ming-cheng

定义:交通科研机构单位公章的详细名称。

数据元类型:字符型

数据格式:an..100

4.7.1.1.2　组织机构代码

编号:TJ070101002

数据元名称:组织机构代码

中文全拼:zu-zhi-ji-gou-dai-ma

定义:组织机构代码证上的代码。

数据元类型:字符型

数据格式:an9

4.7.1.1.3　法人性质代码

编号:TJ070101003

数据元名称:法人性质代码

中文全拼:fa-ren-xing-zhi-dai-ma

定义:交通科研机构法人性质的代码。

数据元类型:字符型

数据格式:n1

值域:见5.89

4.7.1.1.4 机构代码

编号:TJ070101004

数据元名称:机构代码

中文全拼:ji-gou-dai-ma

定义:交通科研机构单位向科技部上报《科学研究与技术开发机构调查表》时填写的机构代码。

数据元类型:字符型

数据格式:n7

备注:对于上报科技部《科学研究与技术开发机构调查表》的单位,请按照科技部的要求填写该代码,保持与科技部统计报表机构代码的一致性。其他机构不填该代码。

4.7.1.1.5 所在地行政区划代码

采用JT/T 697.2—2007的4.1.2。

4.7.1.1.6 通信地址

编号:TJ070101005

数据元名称:通信地址

中文全拼:tong-xi-di-zhi

定义:交通科研机构的详细通信地址或机构负责人办公室所在地址。

数据元类型:字符型

数据格式:an..100

4.7.1.1.7 邮政编码

编号:TJ070101006

数据元名称:邮政编码

中文全拼:you-zheng-bian-ma

定义:交通科研机构通信地址的邮政编码。

数据元类型:字符型

数据格式:n6

4.7.1.1.8 主管单位

编号:TJ070101007

数据元名称:主管单位

中文全拼:zhu-guan-dan-wei

定义:交通科研机构的行政直接主管单位名称。

数据元类型:字符型

数据格式:an..100

备注:如果机构有双重领导,则填写最主要的一方;若无主管单位,请填“无”。

4.7.1.1.9 机构性质代码

编号:TJ070101008

数据元名称:机构性质代码

中文全拼:ji-gou-xing-zhi-dai-ma

定义:交通科研机构的单位性质代码。

数据元类型:字符型

数据格式:n1

值域:见5.90

4.7.1.2 交通科技活动人员信息

4.7.1.2.1 交通科技活动人数

编号:TJ070102001

数据元名称:交通科技活动人数

中文全拼:jiao-tong-ke-ji-huo-dong-ren-shu

定义:交通科研机构单位从业人员中在交通领域从事科技活动、科技服务及科技管理的人员数量。

数据元类型:数字型

数据格式:n..10

计量单位:人

关系:与人员编制、性别、学历、学位以及职称等级分类连用。

4.7.1.2.2 人员编制代码

编号:TJ070102002

数据元名称:人员编制代码

中文全拼:ren-yuan-bian-zhi-dai-ma

定义:为完成组织的功能,经过被授权的机关或部门批准的机关或单位内部人员的定额、人员结构比例及对职位(岗位)的分配代码。

数据元类型:字符型

数据格式:n1

值域:见5.91

4.7.2 交通科技机构科研建设

4.7.2.1 交通科技机构科研建设投资额情况

4.7.2.1.1 交通科技机构科研建设投资额

编号:TJ070201001

数据元名称:交通科技机构科研建设投资额

中文全拼:jiao-tong-ke-ji-ji-gou-ke-yan-jian-she-tou-zi-e

定义:包括报告期内科研基本建设投资完成额和科研经费中科研设备投资完成额两部分。

数据元类型:数字型

数据格式:n..10

计量单位:万元

4.7.2.2 交通科研基本建设科研投资情况

4.7.2.2.1 科研基本建设投资完成额

编号:TJ070202001

数据元名称:科研基本建设投资完成额

中文全拼:ke-yan-ji-ben-jian-she-tou-zi-wan-cheng-e

定义:交通科研机构从基本建设投资渠道获得,用于科研建设的投资额,包括科研业务用房及设施、科研设备购置费等。

数据元类型:数字型

数据格式:n..10

计量单位:万元

4.7.2.2.2 科研基本建设中科研业务用房及设施建设投资完成额

编号:TJ070202002

数据元名称:科研基本建设中科研业务用房及设施建设投资完成额

中文全拼:ke-yan-ji-ben-jian-she-zhong-ke-yan-ye-wu-yong-fang-ji-she-shi-jian-she-tou-zi-wan-cheng-e

定义:交通科研机构从基本建设投资渠道获得,用于科研业务用房及设施建设的投资完成额。

数据元类型:数字型

数据格式:n..10

计量单位:万元

4.7.2.2.3 科研基本建设中科研设备购置投资完成额

编号:TJ070202003

数据元名称:科研基本建设中科研设备购置投资完成额

中文全拼:ke-yan-ji-ben-jian-she-zhong-ke-yan-she-bei-gou-zhi-tou-zi-wan-cheng-e

定义:交通科研机构从基本建设投资渠道获得,用于科研办公设备和科研仪器设备等购置的投资完成额。

数据元类型:数字型

数据格式:n..10

计量单位:万元

4.7.2.2.4 科研基本建设中科研办公设备购置投资完成额

编号:TJ070202004

数据元名称:科研基本建设中科研办公设备购置投资完成额

中文全拼:ke-yan-ji-ben-jian-she-zhong-ke-yan-ban-gong-she-bei-gou-zhi-tou-zi-wan-cheng-e

定义:交通科研机构从基本建设投资渠道获得,用于科研日常办公所用的计算机、打印机、复印机、传真机、电话、办公桌等购置的投资完成额。

数据元类型:数字型

数据格式:n..10

计量单位:万元

4.7.2.2.5 科研基本建设中科研仪器设备购置投资完成额

编号:TJ070202005

数据元名称:科研基本建设中科研仪器设备购置投资完成额

中文全拼:ke-yan-ji-ben-jian-she-zhong-ke-yan-yi-qi-she-bei-gou-zhi-tou-zi-wan-cheng-e

定义:交通科研机构从基本建设投资渠道获得,专用于科研仪器和设备购置的投资完成额。

数据元类型:数字型

数据格式:n..10

计量单位:万元

4.7.2.2.6 科研基本建设中公路科研仪器设备购置投资完成额

编号:TJ070202006

数据元名称:科研基本建设中公路科研仪器设备购置投资完成额

中文全拼:ke-yan-ji-ben-jian-she-zhong-gong-lu-ke-yan-yi-qi-she-bei-gou-zhi-tou-zi-wan-cheng-e

定义:交通科研机构从基本建设投资渠道获得,专用于公路仪器设备购置的投资完成额。

数据元类型:数字型

数据格式:n..10

计量单位:万元

4.7.2.2.7 科研基本建设中水路科研仪器设备购置投资完成额

编号:TJ070202007

数据元名称:科研基本建设中水路科研仪器设备购置投资完成额

中文全拼:ke-yan-ji-ben-jian-she-zhong-shui-lu-ke-yan-yi-qi-she-bei-gou-zhi-tou-zi-wan-cheng-e

定义:交通科研机构从基本建设投资渠道获得,专用于水路仪器设备购置的投资完成额。

数据元类型:数字型

数据格式:n..10

计量单位:万元

4.7.2.2.8 科研基本建设中通用型仪器设备购置投资完成额

编号:TJ070202008

数据元名称:科研基本建设中通用型仪器设备购置投资完成额

中文全拼:ke-yan-ji-ben-jian-she-zhong-tong-yong-xing-yi-qi-she-bei-gou-zhi-tou-zi-wan-cheng-e

定义:交通科研机构从基本建设投资渠道获得,无法区分专属于公路还是专属于水路方面的科研仪器设备购置的投资完成额。

数据元类型:数字型

数据格式:n..10

计量单位:万元

4.7.2.2.9 科研基本建设中三十万元及以上的大型科研仪器设备购置投资完成额

编号:TJ070202009

数据元名称:科研基本建设中三十万元及以上的大型科研仪器设备购置投资完成额

中文全拼:ke-yan-ji-ben-jian-she-zhong-san-shi-wan-yuan-ji-yi-shang-de-da-xing-ke-yan-yi-qi-she-bei-gou-zhi-tou-zi-wan-cheng-e

定义:交通科研机构从基本建设投资渠道获得,用于30万元及以上大型科研仪器设备购置的投资完成额。

数据元类型:数字型

数据格式:n..10

计量单位:万元

4.7.2.2.10 科研基本建设中五万到三十万元的科研仪器设备购置投资完成额

编号:TJ070202010

数据元名称:科研基本建设中五万到三十万元的科研仪器设备购置投资完成额

中文全拼:ke-yan-ji-ben-jian-she-zhong-wu-wan-dao-san-shi-wan-yuan-de-ke-yan-yi-qi-she-bei-gou-zhi-tou-zi-wan-cheng-e

定义:交通科研机构从基本建设投资渠道获得,购置的五万(含)到30万元科研仪器设备购置投资完成额。

数据元类型:数字型

数据格式:n..10

计量单位:万元

4.7.2.2.11 科研基本建设中其他科研设备投资完成额

编号:TJ070202011

数据元名称:科研基本建设中其他科研设备投资完成额

中文全拼:ke-yan-ji-ben-jian-she-zhong-qi-ta-ke-yan-she-bei-tou-zi-wan-cheng-e

定义:交通科研机构从基本建设投资渠道获得,用于除科研办公和科研仪器以外的其他科研设备购置的投资完成额。

数据元类型:数字型

数据格式:n..10

计量单位:万元

4.7.2.2.12 科研基本建设中政府资金投资完成额

编号:TJ070202012

数据元名称:科研基本建设中政府资金投资完成额

中文全拼:ke-yan-ji-ben-jian-she-zhong-zheng-fu-zi-jin-tou-zi-wan-cheng-e

定义:由各级政府部门划拨给交通科研机构的科研基本建设资金完成额。

数据元类型:数字型

数据格式:n..10

计量单位:万元

4.7.2.2.13 科研基本建设中单位自筹资金投资完成额

编号:TJ070202013

数据元名称:科研基本建设中单位自筹资金投资完成额

中文全拼:ke-yan-ji-ben-jian-she-zhong-dan-wei-zi-chou-zi-jin-tou-zi-wan-cheng-e

定义:交通科研机构自筹用于自身科研基建的资金完成额。

数据元类型:数字型

数据格式:n..10

计量单位:万元

4.7.2.2.14 科研基本建设中其他资金来源的投资完成额

编号:TJ070202014

数据元名称:科研基本建设中其他资金来源的投资完成额

中文全拼:ke-yan-ji-ben-jian-she-zhong-qi-ta-zi-jin-lai-yuan-de-tou-zi-wan-cheng-e

定义:交通科研基本建设中除政府投资和自筹资金以外的科研投资完成额。

数据元类型:数字型

数据格式:n..10

计量单位:万元

4.7.2.3 交通科研设备投资情况

4.7.2.3.1 科研经费中科研设备投资完成额

编号:TJ070203001

数据元名称:科研经费中科研设备投资完成额

中文全拼:ke-yan-jing-fei-zhong-ke-yan-she-bei-tou-zi-wan-cheng-e

定义:各项科技项目经费中用于科研设备购置的投资完成额。

数据元类型:数字型

数据格式:n..10

计量单位:万元

4.7.2.3.2 科研经费中科研办公设备投资完成额

编号:TJ070203002

数据元名称:科研经费中科研办公设备投资完成额

中文全拼:ke-yan-jing-fei-zhong-ke-yan-ban-gong-she-bei-tou-zi-wan-cheng-e

定义:各项科技项目经费中用于办公设备购置的投资完成额。

数据元类型:数字型

数据格式:n..10

计量单位:万元

4.7.2.3.3 科研经费中科研仪器设备投资完成额

编号:TJ070203003

数据元名称:科研经费中科研仪器设备投资完成额

中文全拼:ke-yan-jing-fei-zhong-ke-yan-yi-qi-she-bei-tou-zi-wan-cheng-e

定义:各项科技项目经费中用于仪器设备购置的投资完成额。

数据元类型:数字型

数据格式:n..10

计量单位:万元

4.7.2.3.4 科研经费中公路科研仪器设备投资完成额

编号:TJ070203004

数据元名称:科研经费中公路科研仪器设备投资完成额

中文全拼:ke-yan-jing-fei-zhong-gong-lu-ke-yan-yi-qi-she-bei-tou-zi-wan-cheng-e

定义:各项科技项目经费中用于公路科研仪器设备购置的投资完成额。

数据元类型:数字型

数据格式:n..10

计量单位:万元

4.7.2.3.5 科研经费中水路科研仪器设备投资完成额

编号:TJ070203005

数据元名称:科研经费中水路科研仪器设备投资完成额

中文全拼:ke-yan-jing-fei-zhong-shui-lu-ke-yan-yi-qi-she-bei-tou-zi-wan-cheng-e

定义:各项科技项目经费中用于水路科研仪器设备购置的投资完成额。

数据元类型:数字型

数据格式:n..10

计量单位:万元

4.7.2.3.6 科研经费中通用型仪器设备投资完成额

编号:TJ070203006

数据元名称:科研经费中通用型仪器设备投资完成额

中文全拼:ke-yan-jing-fei-zhong-tong-yong-xing-yi-qi-she-bei-tou-zi-wan-cheng-e

定义:各项科技项目经费中用于通用型仪器设备购置的投资完成额。

数据元类型:数字型

数据格式:n..10

计量单位:万元

4.7.2.3.7 科研经费中三十万元及以上的科研仪器设备投资完成额

编号:TJ070203007

数据元名称:科研经费中三十万元及以上的科研仪器设备投资完成额

中文全拼:ke-yan-jing-fei-zhong-san-shi-wan-yuan-ji-yi-shang-de-ke-yan-yi-qi-she-bei-tou-zi-wan-cheng-e

定义:各项科技项目经费中用于30万元及以上的科研仪器设备购置的投资完成额。

数据元类型:数字型

数据格式:n..10

计量单位:万元

4.7.2.3.8 科研经费中五万到三十万元的科研仪器设备投资完成额

编号:TJ070203008

数据元名称:科研经费中五万到三十万元的科研仪器设备投资完成额

中文全拼:ke-yan-jing-fei-zhong-wu-wan-dao-san-shi-wan-yuan-de-ke-yan-yi-qi-she-bei-tou-zi-wan-cheng-e

定义:各项科技项目经费中用于五万(含)到30万元的科研仪器设备购置的投资完成额。

数据元类型:数字型

数据格式:n..10

计量单位:万元

4.7.2.3.9 科研经费中其他科研设备投资完成额

编号:TJ070203009

数据元名称:科研经费中其他科研设备投资完成额

中文全拼:ke-yan-jing-fei-zhong-qi-ta-ke-yan-she-bei-tou-zi-wan-cheng-e

定义:各项科技项目经费中用于除科研办公设备和科研仪器外其他科研设备购置的投资完成额。

数据元类型:数字型

数据格式:n..10

计量单位:万元

4.7.3 交通科技机构科研条件

4.7.3.1 实验室和研究中心数量信息

4.7.3.1.1 交通科技机构内设交通科研实验室总数

编号:TJ070301001

数据元名称:交通科技机构内设交通科研实验室总数

中文全拼:jiao-tong-ke-ji-ji-gou-nei-she-jiao-tong-ke-yan-shi-yan-shi-zong-shu

定义:交通科技机构内设交通科研实验室的总数。

数据元类型:数字型

数据格式:n..10

计量单位:个

4.7.3.1.2 交通科技机构内设国家(重点)实验室个数

编号:TJ070301002

数据元名称:交通科技机构内设国家(重点)实验室个数

中文全拼:jiao-tong-ke-ji-ji-gou-nei-she-guo-jia(zhong-dian)-shi-yan-shi-ge-shu

定义:交通科技机构内设国家(重点)实验室的个数。

数据元类型:数字型

数据格式:n..2

计量单位:个

4.7.3.1.3 交通科技机构内设行业(重点)实验室个数

编号:TJ070301003

数据元名称:交通科技机构内设行业(重点)实验室个数

中文全拼:jiao-tong-ke-ji-ji-gou-nei-she-hang-ye(zhong-dian)-shi-yan-shi-ge-shu

定义:交通科技机构内设行业(重点)实验室的个数。

数据元类型:数字型

数据格式:n..2

计量单位:个

4.7.3.1.4 交通科技机构内设省级(重点)实验室个数

编号:TJ070301004

数据元名称:交通科技机构内设省级(重点)实验室个数

中文全拼:jiao-tong-ke-ji-ji-gou-nei-she-sheng-ji(zhong-dian)-shi-yan-shi-ge-shu

定义:交通科技机构内设省级(重点)实验室的个数。

数据元类型:数字型

数据格式:n..2

计量单位:个

4.7.3.1.5 交通科技机构内设工程技术(研究)中心总数

编号:TJ070301005

数据元名称:交通科技机构内设工程技术(研究)中心总数

中文全拼:jiao-tong-ke-ji-ji-gou-nei-she-gong-cheng-ji-shu(yan-jiu)-zhong-xin-zong-shu

定义:交通科技机构内设工程技术(研究)中心的总数。

数据元类型:数字型

数据格式:n..2

计量单位:个

4.7.3.1.6 交通科技机构内设国家工程技术(研究)中心个数

编号:TJ070301006

数据元名称:交通科技机构内设国家工程技术(研究)中心个数

中文全拼:jiao-tong-ke-ji-ji-gou-nei-she-guo-jia-gong-cheng-ji-shu(yan-jiu)-zhong-xin-ge-shu

定义:交通科技机构内设国家工程技术(研究)中心的个数。

数据元类型:数字型

数据格式:n..2

计量单位:个

4.7.3.1.7 交通科技机构内设行业工程技术(研究)中心个数

编号:TJ070301007

数据元名称:交通科技机构内设行业工程技术(研究)中心个数

中文全拼:jiao-tong-ke-ji-ji-gou-nei-she-hang-ye-gong-cheng-ji-shu(yan-jiu)-zhong-xin-ge-shu

定义:交通科技机构内设行业工程技术(研究)中心的个数。

数据元类型:数字型

数据格式:n..2

计量单位:个

4.7.3.1.8 交通科技机构内设省级工程技术(研究)中心个数

编号:TJ070301008

数据元名称:交通科技机构内设省级工程技术(研究)中心个数

中文全拼:jiao-tong-ke-ji-ji-gou-nei-she-sheng-ji-gong-cheng-ji-shu(yan-jiu)-zhong-xin-ge-shu

定义:交通科技机构内设省级工程技术(研究)中心的个数。

数据元类型:数字型

数据格式:n..2

计量单位:个

4.7.3.2 科研仪器设备数量信息

4.7.3.2.1 科研仪器设备总数

编号:TJ070302001

数据元名称:科研仪器设备总数

中文全拼:ke-yan-yi-qi-she-bei-zong-shu

定义:专用于科研的仪器和设备的总数量。

数据元类型:数字型

数据格式:n..10

计量单位:台(套)

4.7.3.2.2 价值三十万元及以上的科研仪器设备总数

编号:TJ070302002

数据元名称:价值三十万元及以上的科研仪器设备总数

中文全拼:jia-zhi-san-shi-wan-yuan-ji-yi-shang-de-ke-yan-yi-qi-she-bei-zong-shu

定义:专用于科研且价值在三十万元及以上的仪器和设备的总量。

数据元类型:数字型

数据格式:n..10

计量单位:台(套)

4.7.3.2.3 价值五万到三十万元的科研仪器设备总数

编号:TJ070302003

数据元名称:价值五万到三十万元的科研仪器设备总数

中文全拼:jia-zhi-wu-wan-dao-san-shi-wan-yuan-de-ke-yan-yi-qi-she-bei-zong-shu

定义:专用于科研且价值在五万(含)到三十元万的仪器和设备的总量。

数据元类型:数字型

数据格式:n..10

计量单位:台(套)

4.7.3.3 馆藏资源数量信息

4.7.3.3.1 交通科技机构馆藏科研资源总数

编号:TJ070303001

数据元名称:交通科技机构馆藏科研资源总数

中文全拼:jiao-tong-ke-ji-ji-gou-guan-cang-ke-yan-zi-yuan-zong-shu

定义:交通科技机构拥有的图书资源总数。

数据元类型:数字型

数据格式:n..10

计量单位:册

4.7.3.3.2 交通科技机构馆藏科研资源期刊种类数

编号:TJ070303002

数据元名称:交通科技机构馆藏科研资源期刊种类数

中文全拼:jiao-tong-ke-ji-ji-gou-guan-cang-ke-yan-zi-yuan-qi-kan-zhong-lei-shu

定义:交通科技机构馆藏资源中拥有的期刊的种数。

数据元类型:数字型

数据格式:n..10

计量单位:种

4.7.3.4 实验室和研究中心情况

4.7.3.4.1 实验室和研究中心名称

编号:TJ070304001

数据元名称:实验室和研究中心名称

中文全拼:shi-yan-shi-he-yan-jiu-zhong-xin-ming-cheng

定义:交通科技机构拥有的省级及以上实验室和研究中心的名称。

数据元类型:字符型

数据格式:an..100

备注:主要统计国家(重点)、行业(重点)、省级(重点)的交通科研实验室和研究中心。

4.7.3.4.2　实验室和研究中心设立年份

编号:TJ070304002

数据元名称:实验室和研究中心设立年份

中文全拼:shi-yan-shi-he-yan-jiu-zhong-xin-she-li-nian-fen

定义:交通科技机构拥有的省级及以上实验室和研究中心设立的年份。

数据元类型:日期型

数据格式:YYYY

备注:主要统计国家(重点)、行业(重点)、省级(重点)的交通科研实验室和研究中心。

4.7.3.4.3　实验室和研究中心设立时级别和类型代码

编号:TJ070304003

数据元名称:实验室和研究中心设立时级别和类型代码

中文全拼:shi-yan-shi-he-yan-jiu-zhong-xin-she-li-shi-ji-bie-he-lei-xing-dai-ma

定义:交通科技机构拥有的省级及以上实验室和研究中心设立时的级别和类型代码。

数据元类型:字符型

数据格式:n1

值域:见5.92。

备注:主要统计国家(重点)、行业(重点)、省级(重点)的交通科研实验室和研究中心。

4.7.3.4.4　实验室和研究中心级别和类型是否变更

编号:TJ070304004

数据元名称:实验室和研究中心级别和类型是否变更

中文全拼:shi-yan-shi-he-yan-jiu-zhong-xin-ji-bie-he-lei-xing-shi-fou-bian-geng

定义:交通科技机构拥有的省级及以上实验室和研究中心级别和类型是否发生过变更。

数据元类型:布尔型

数据格式:n1

值域:0-否;1-是

备注:主要统计国家(重点)、行业(重点)、省级(重点)的交通科研实验室和研究中心。

4.7.3.4.5　实验室和研究中心变更后级别和类型

编号:TJ070304005

数据元名称:实验室和研究中心变更后级别和类型

中文全拼:shi-yan-shi-he-yan-jiu-zhong-xin-bian-geng-hou-ji-bie-he-lei-xing

定义:交通科技机构拥有的省级及以上实验室和研究中心变更后的级别和类型。

数据元类型:字符型

数据格式:n1

备注:主要统计国家(重点)、行业(重点)、省级(重点)的交通科研实验室和研究中心。

4.7.4　交通科技项目类型和研究目标

4.7.4.1　交通科技项目名称

编号:TJ070400001

数据元名称:交通科技项目名称

中文全拼:jiao-tong-ke-ji-xiang-mu-ming-cheng

定义:交通科技项目的名称。

数据元类型:字符型

数据格式:an..100

4.7.4.2　交通科技项目顺序号

编号:TJ070400002

数据元名称:交通科技项目顺序号

中文全拼:jiao-tong-ke-ji-xiang-mu-shun-xu-hao

定义:由九位数字构成,前四位为该项目的立项年份,后五位为该项目的顺序码。

数据元类型:字符型

数据格式:n9

备注:顺序码编写时,同一个填报单位在同一个立项年份内不允许重复。

4.7.4.3　交通科技项目来源代码

编号:TJ070400003

数据元名称:交通科技项目来源代码

中文全拼:jiao-tong-ke-ji-xiang-mu-lai-yuan-dai-ma

定义:交通科技项目的立项单位的代码。

数据元类型:字符型

数据格式:n2

值域:见5.93

4.7.4.4　交通科技项目类别(大类)代码

编号:TJ070400004

数据元名称:交通科技项目类别(大类)代码

中文全拼:jiao-tong-ke-ji-xiang-mu-lei-bie(da-lei)-dai-ma

定义:交通科技项目大的分类代码。

数据元类型:字符型

数据格式:n1

值域:见5.94

备注:如果某项研究在研究内容上同时存在新材料、新技术、新工艺、新产品时,可多选,其他情况单选。

4.7.4.5　交通科技项目类别(细类)代码

编号:TJ070400005

数据元名称:交通科技项目类别(细类)代码

中文全拼:jiao-tong-ke-ji-xiang-mu-lei-bie(xi-lei)-dai-ma

定义:交通科技项目小的分类代码。

数据元类型:字符型

数据格式:n2

值域:见5.95

备注:可根据实际情况多选。

4.7.4.6　交通科技研究目标代码

编号:TJ070400006

数据元名称:交通科技研究目标代码

中文全拼:jiao-tong-ke-ji-yan-jiu-mu-biao-dai-ma

定义:交通科技项目的研究目标代码。

数据元类型:字符型

数据格式:n2

值域:见5.96

4.7.4.7 交通科技项目其他参加单位名称

编号:TJ070400007

数据元名称:交通科技项目其他参加单位名称

中文全拼:jiao-tong-ke-ji-xiang-mu-qi-ta-can-jia-dan-wei-ming-cheng

定义:交通科技项目其他参加单位的名称。

数据元类型:字符型

数据格式:an..100

4.7.4.8 交通科技项目其他参加单位性质代码

编号:TJ070400008

数据元名称:交通科技项目其他参加单位性质代码

中文全拼:jiao-tong-ke-ji-xiang-mu-qi-ta-can-jia-dan-wei-xing-zhi-dai-ma

定义:交通科技项目其他参加单位的单位性质的代码。

数据元类型:字符型

数据格式:n1

值域:见5.90

4.7.5 交通科技项目人员及工作量投入情况

4.7.5.1 交通科技项目人员姓名

编号:TJ070500001

数据元名称:交通科技项目人员姓名

中文全拼:jiao-tong-ke-ji-xiang-mu-ren-yuan-xing-ming

定义:项目负责人和主要参加人员的姓名。

数据元类型:字符型

数据格式:an..100

4.7.5.2 交通科技项目人员性别代码

编号:TJ070500002

数据元名称:交通科技项目人员性别代码

中文全拼:jiao-tong-ke-ji-xiang-mu-ren-yuan-xing-bie-dai-ma

定义:项目负责人和主要参加人员的性别代码。

数据元类型:字符型

数据格式:n1

值域:见5.97

4.7.5.3 交通科技项目人员出生年

编号:TJ070500003

数据元名称:交通科技项目人员出生年

中文全拼:jiao-tong-ke-ji-xiang-mu-ren-yuan-chu-sheng-nian

定义:项目负责人和主要参加人员的出生年份。

数据元类型:日期型

数据格式:YYYY

4.7.5.4 交通科技项目人员学历代码

编号:TJ070500004

数据元名称:交通科技项目人员学历代码

中文全拼:jiao-tong-ke-ji-xiang-mu-ren-yuan-xue-li-dai-ma

定义:项目负责人和主要参加人员的学历代码。

数据元类型:字符型

数据格式:n1

值域:见5.98

4.7.5.5 交通科技项目人员学位代码

编号:TJ070500005

数据元名称:交通科技项目人员学位代码

中文全拼:jiao-tong-ke-ji-xiang-mu-ren-yuan-xue-wei-dai-ma

定义:项目负责人和主要参加人员的学位代码。

数据元类型:字符型

数据格式:n1

值域:见5.99

4.7.5.6 交通科技项目人员职称代码

编号:TJ070500006

数据元名称:交通科技项目人员职称代码

中文全拼:jiao-tong-ke-ji-xiang-mu-ren-yuan-zhi-cheng-dai-ma

定义:项目负责人和主要参加人员的职称代码。

数据元类型:字符型

数据格式:n1

值域:见5.100

4.7.5.7 交通科技项目人员职务

编号:TJ070500007

数据元名称:交通科技项目人员职务

中文全拼:jiao-tong-ke-ji-xiang-mu-ren-yuan-zhi-wu

定义:项目负责人和主要参加人员的职务。

数据元类型:字符型

数据格式:an..100

4.7.5.8 交通科技项目人员职业资格

编号:TJ070500008

数据元名称:交通科技项目人员职业资格

中文全拼:jiao-tong-ke-ji-xiang-mu-ren-yuan-zhi-ye-zi-ge

定义:经过专业机构认证并取得资格证书的职业资格名称。

数据元类型:字符型

数据格式:an..100

备注:如注册咨询师、注册会计师等。

4.7.5.9 交通科技项目人员专业

编号:TJ070500009

数据元名称:交通科技项目人员专业

中文全拼:jiao-tong-ke-ji-xiang-mu-ren-yuan-zhuan-ye

定义:项目负责人和主要参加人员的专业名称。

数据元类型:字符型

数据格式:an..100

4.7.5.10 交通科技项目人员计划投入工作量

编号:TJ070500010

数据元名称:交通科技项目人员计划投入工作量

中文全拼:jiao-tong-ke-ji-xiang-mu-ren-yuan-ji-hua-tou-ru-gong-zuo-liang

定义:项目负责人和主要参加人员计划投入项目的全时工作量。

数据元类型:数字型

数据格式:n..3

4.7.5.11 交通科技项目人员所属单位代码

编号:TJ070500011

数据元名称:交通科技项目人员所属单位代码

中文全拼:jiao-tong-ke-ji-xiang-mu-ren-yuan-suo-shu-dan-wei-dai-ma

定义:项目负责人和主要参加人员所属单位代码。

数据元类型:字符型

数据格式:n1

值域:见5.101

4.7.5.12 交通科技项目人员联系电话

编号:TJ070500012

数据元名称:交通科技项目人员联系电话

中文全拼:jiao-tong-ke-ji-xiang-mu-ren-yuan-lian-xi-dian-hua

定义:项目负责人的联系电话。

数据元类型:字符型

数据格式:an..18

4.7.6 交通科技项目资金使用情况

4.7.6.1 资金投入情况

4.7.6.1.1 计划投资额

编号:TJ070601001

数据元名称:计划投资额

中文全拼:ji-hua-tou-zi-e

定义:交通科技项目计划投资额。

数据元类型:数字型

数据格式:n..10

计量单位:万元

关系:与交通科技项目资金投入分类连用。

4.7.6.1.2 年度资金到位额

编号:TJ070601002

数据元名称:年度资金到位额

中文全拼:nian-du-zi-jin-dao-wei-e

定义:交通科技项目年度资金到位额。

数据元类型:数字型

数据格式:n..10

计量单位:万元

关系:与交通科技项目资金投入分类、交通科技项目类别(大类)代码连用。

4.7.6.1.3 累计资金到位额

编号:TJ070601003

数据元名称:累计资金到位额

中文全拼:lei-ji-zi-jin-dao-wei-e

定义:交通科技项目累计资金到位额。

数据元类型:数字型

数据格式:n..10

计量单位:万元

关系:与交通科技项目资金投入分类、交通科技项目类别(大类)代码连用。

4.7.6.1.4 交通科技项目资金投入(到位)分类代码

编号:TJ070601004

数据元名称:交通科技项目资金投入(到位)分类代码

中文全拼:jiao-tong-ke-ji-xiang-mu-zi-jin-tou-ru(dao-wei)-fen-lei-dai-ma

定义:交通科技项目资金投入(到位)分类的代码。

数据元类型:字符型

数据格式:n..3

值域:见5.102

4.7.6.2 资金支出情况

4.7.6.2.1 计划支出

编号:TJ070602001

数据元名称:计划支出

中文全拼:ji-hua-zhi-chu

定义:交通科技项目计划支出额。

数据元类型:数字型

数据格式:n..10

计量单位:万元

关系:与交通科技项目资金使用去向分类连用。

4.7.6.2.2 年度资金支出

编号:TJ070602002

数据元名称:年度资金支出

中文全拼:nian-du-zi-jin-zhi-chu

定义:交通科技项目年度资金支出额。

数据元类型:数字型

数据格式:n..10

计量单位:万元

关系:与交通科技项目资金使用去向分类、交通科技项目类别(大类)代码连用。

4.7.6.2.3 累计资金支出

编号:TJ070602003

数据元名称:累计资金支出

中文全拼:lei-ji-zi-jin-zhi-chu

定义:交通科技项目累计资金支出额。

数据元类型:数字型

数据格式:n..10

计量单位:万元

关系:与交通科技项目资金使用去向分类、交通科技项目类别(大类)代码连用。

4.7.6.2.4 交通科技项目资金使用去向分类代码

编号:TJ070602004

数据元名称:交通科技项目资金使用去向分类代码

中文全拼:jiao-tong-ke-ji-xiang-mu-zi-jin-shi-yong-qu-xiang-fen-lei-dai-ma

定义:交通科技项目资金使用去向分类的代码。

数据元类型:字符型

数据格式:n.2

值域:见5.103

4.7.7 交通科技项目执行情况

4.7.7.1 交通科技项目合同规定起始时间

编号:TJ070700001

数据元名称:交通科技项目合同规定起始时间

中文全拼:jiao-tong-ke-ji-xiang-mu-he-tong-gui-ding-qi-shi-shi-jian

定义:交通科技项目合同规定的起始年月。

数据元类型:日期型

数据格式:YYYYMM

4.7.7.2 交通科技项目合同规定截止时间

编号:TJ070700002

数据元名称:交通科技项目合同规定截止时间

中文全拼:jiao-tong-ke-ji-xiang-mu-he-tong-gui-ding-jie-zhi-shi-jian

定义:交通科技项目合同规定的截止年月。

数据元类型:日期型

数据格式:YYYYMM

4.7.7.3 交通科技项目进展情况代码

编号:TJ070700003

数据元名称:交通科技项目进展情况代码

中文全拼:jiao-tong-ke-ji-xiang-mu-jin-zhan-qing-kuang-dai-ma

定义:交通科技项目进展情况的代码。

数据元类型:字符型

数据格式:n1

值域:见5.104

4.7.7.4 交通科技项目拖延、停顿、撤销的主要原因代码

编号:TJ070700004

数据元名称:交通科技项目拖延、停顿、撤销的主要原因代码

中文全拼:jiao-tong-ke-ji-xiang-mu-tuo-yan-ting-dun-che-xiao-de-zhu-yao-yuan-yin-dai-ma

定义:交通科技项目发生拖延、停顿、撤销的主要原因的代码。

数据元类型:字符型

数据格式:n1

值域:见5.105

4.7.7.5 交通科技项目合同是否调整

编号:TJ070700005

数据元名称:交通科技项目合同是否调整

中文全拼:jiao-tong-ke-ji-xiang-mu-he-tong-shi-fou-tiao-zheng

定义:交通科技项目的合同是否进行过调整。

数据元类型:布尔型

数据格式:n1

值域:0-否;1-是

4.7.7.6 交通科技项目合同调整内容代码

编号:TJ070700006

数据元名称:交通科技项目合同调整内容代码

中文全拼:jiao-tong-ke-ji-xiang-mu-he-tong-tiao-zheng-nei-rong-dai-ma

定义:交通科技项目合同调整的内容分类代码。

数据元类型:字符型

数据格式:n1

值域:见5.106

4.7.7.7 交通科技项目验收情况

编号:TJ070700007

数据元名称:交通科技项目验收情况

中文全拼:jiao-tong-ke-ji-xiang-mu-yan-shou-qing-kuang

定义:项目是否在报告期内通过评审验收。

数据元类型:布尔型

数据格式:n1

值域:0-未验收;1-已验收

4.7.7.8 交通科技项目验收时间或预计验收时间

编号:TJ070700008

数据元名称:交通科技项目验收时间或预计验收时间

中文全拼:jiao-tong-ke-ji-xiang-mu-yan-shou-shi-jian-huo-yu-ji-yan-shou-shi-jian

定义:交通科技项目的验收时间或预计验收时间。

数据元类型:日期型

数据格式:YYYYMM

4.7.7.9 项目数量总计

编号:TJ070700009

数据元名称:项目数量总计

中文全拼:xiang-mu-shu-liang-zong-ji

定义:交通科技项目总数。

数据元类型:数字型

数据格式:n5

计量单位:个

4.7.7.10 开题的项目数量

编号:TJ070700010

数据元名称:开题的项目数量

中文全拼:kai-ti-de-xiang-mu-shu-liang

定义:开题的交通科技项目总数。

数据元类型:数字型

数据格式:n5

计量单位:个

4.7.7.11 结题的项目数量

编号:TJ070700011

数据元名称:结题的项目数量

中文全拼:jie-ti-de-xiang-mu-shu-liang

定义:结题的交通科技项目总数。

数据元类型:数字型

数据格式:n5

计量单位:个

4.7.7.12 按计划进度进行的项目数量

编号:TJ070700012

数据元名称:按计划进度进行的项目数量

中文全拼:an-ji-hua-jin-du-jin-xing-de-xiang-mu-shu-liang

定义:按计划进度进行的交通科技项目总数。

数据元类型:数字型

数据格式:n5

计量单位:个

4.7.7.13 进度超前的项目数量

编号:TJ070700013

数据元名称:进度超前的项目数量

中文全拼:jin-du-chao-qian-de-xiang-mu-shu-liang

定义:进度超前的交通科技项目总数。

数据元类型:数字型

数据格式:n5

计量单位:个

4.7.7.14 拖延、停顿、申请撤销的项目数量

编号:TJ070700014

数据元名称:拖延、停顿、申请撤销的项目数量

中文全拼:tuo-yan-ting-dun-shen-qing-che-xiao-de-xiang-mu-shu-liang

定义:拖延、停顿、申请撤销的交通科技项目总数。

数据元类型:数字型

数据格式:n5

计量单位:个

关系:与项目拖延、停顿、撤销的主要原因连用。

4.7.7.15 合同调整的数量

编号:TJ070700015

数据元名称:合同调整的数量

中文全拼:he-tong-tiao-zheng-de-shu-liang

定义:合同发生调整的交通科技项目总数。

数据元类型:数字型

数据格式:n5

计量单位:个

4.7.8 交通科技项目成果、效益及影响情况

4.7.8.1 研究报告及论文情况

4.7.8.1.1 形成研究报告数

编号:TJ070801001

数据元名称:形成研究报告数

中文全拼:xing-cheng-yan-jiu-bao-gao-shu

定义:通过该项目的研究所形成的研究总报告及各项分报告的数量。

数据元类型:数字型

数据格式:n..4

计量单位:篇

4.7.8.1.2 发表科技论文数

编号:TJ070801002

数据元名称:发表科技论文数

中文全拼:fa-biao-ke-ji-lun-wen-shu

定义:在全国性学报或学术刊物上、省部属大专院校对外发行的学报或学术刊物上发表的论文,以及向国外发表的论文数量。

数据元类型:数字型

数据格式:n..4

计量单位:篇

4.7.8.1.3 发表核心期刊论文数

编号:TJ070801003

数据元名称:发表核心期刊论文数

中文全拼:fa-biao-he-xin-qi-kan-lun-wen-shu

定义:在北大每年出版的《中国核心期刊要目总览》中列出的期刊上发表文章的数量。

数据元类型:数字型

数据格式:n..4

计量单位:篇

4.7.8.1.4 向国外发表论文数

编号:TJ070801004

数据元名称:向国外发表论文数

中文全拼:xiang-guo-wai-fa-biao-lun-wen-shu

定义:在各种国际性学术会议、讨论会、讲座上以外文或外文摘要形式发表的论文,以及编入国际会议文集的论文和在国际学术刊物(包括中国向国外及港、澳、台地区发行的科技学术刊物)上发表的论文数量。

数据元类型:数字型

数据格式:n..4

计量单位:篇

4.7.8.1.5 SCI、EI、ISTP 收录论文数

编号:TJ070801005

数据元名称:SCI、EI、ISTP 收录论文数

中文全拼:SCI-EI-ISTP-shou-lu-lun-wen-shu

定义:被科学引文索引(SCI)、工程索引(EI)、科技会议录索引(ISTP)三大科技文献检索系统收录的论文数量。

数据元类型:数字型

数据格式:n..4

计量单位:篇

4.7.8.1.6 出版著作数

编号:TJ070801006

数据元名称:出版著作数

中文全拼:chu-ban-zhu-zuo-shu

定义:经过正式出版部门编印出版的科技专著、大专院校教科书、科普著作。

数据元类型:数字型

数据格式:n..4

计量单位:本

4.7.8.1.7 出版著作字数

编号:TJ070801007

数据元名称:出版著作字数

中文全拼:chu-ban-zhu-zuo-zi-shu

定义:经过正式出版部门编印出版的科技专著、大专院校教科书、科普著作的字数。

数据元类型:数字型

数据格式:n..5

计量单位:万字

4.7.8.1.8 形成新产品、新材料、新工艺、新装置数

编号:TJ070801008

数据元名称:形成新产品、新材料、新工艺、新装置数

中文全拼:xing-cheng-xin-chan-pin-xin-cai-liao-xin-gong-yi-xin-zhuang-zhi-shu

定义:该课题已取得的,其形式属于新产品、新材料、新工艺、新装置的成果数量。

数据元类型:数字型

数据格式:n..4

计量单位:项

4.7.8.1.9 形成国家级重点新产品数

编号:TJ070801009

数据元名称:形成国家级重点新产品数

中文全拼:xing-cheng-guo-jia-ji-zhong-dian-xin-chan-pin-shu

定义:该课题形成国家级重点新产品的数量。

数据元类型:数字型

数据格式:n..4

计量单位:项

4.7.8.1.10 形成省级重点新产品数

编号:TJ070801010

数据元名称:形成省级重点新产品数

中文全拼:xing-cheng-sheng-ji-zhong-dian-xin-chan-pin-shu

定义:该课题形成省级重点新产品的数量。

数据元类型:数字型

数据格式:n..4

计量单位:项

4.7.8.2 获得专利情况

4.7.8.2.1 专利申请受理数

编号:TJ070802001

数据元名称:专利申请受理数

中文全拼:zhuan-li-shen-qing-shou-li-shu

定义:当年通过本科研形成的科技成果向专利管理部门提出申请并被受理的专利申请件数。

数据元类型:数字型

数据格式:n..4

计量单位:项

4.7.8.2.2 发明专利申请受理数

编号:TJ070802002

数据元名称:发明专利申请受理数

中文全拼:fa-ming-zhuan-li-shen-qing-shou-li-shu

定义:当年通过本科研形成的科技成果向专利管理部门提出申请并被受理的发明专利申请件数。

数据元类型:数字型

数据格式:n..4

计量单位:项

4.7.8.2.3 实用新型专利申请受理数

编号:TJ070802003

数据元名称:实用新型专利申请受理数

中文全拼:shi-yong-xin-xing-zhuan-li-shen-qing-shou-li-shu

定义:当年通过本科研形成的科技成果向专利管理部门提出申请并被受理的实用新型专利申请件数。

数据元类型:数字型

数据格式:n..4

计量单位:项

4.7.8.2.4 外观设计专利申请受理数

编号:TJ070802004

数据元名称:外观设计专利申请受理数

中文全拼:wai-guan-she-ji-zhuan-li-shen-qing-shou-li-shu

定义:当年通过本科研形成的科技成果向专利管理部门提出申请并被受理的外观设计专利申请件数。

数据元类型:数字型

数据格式:n..4

计量单位:项

4.7.8.2.5 国外专利申请受理数

编号:TJ070802005

数据元名称:国外专利申请受理数

中文全拼:guo-wai-zhuan-li-shen-qing-shou-li-shu

定义:当年通过本科研形成的科技成果向外国专利管理部门提出申请并被受理的专利申请件数。

数据元类型:数字型

数据格式:n..4

计量单位:项

4.7.8.2.6 专利授权数

编号:TJ070802006

数据元名称:专利授权数
中文全拼:zhuan-li-shou-quan-shu
定义:当年由专利管理部门授予专利权的专利件数。
数据元类型:数字型
数据格式:n..4
计量单位:项

4.7.8.2.7 发明专利授权数

编号:TJ070802007
数据元名称:发明专利授权数
中文全拼:fa-ming-zhuan-li-shou-quan-shu
定义:当年由专利管理部门授予发明专利权的专利件数。
数据元类型:数字型
数据格式:n..4
计量单位:项

4.7.8.2.8 实用新型专利授权数

编号:TJ070802008
数据元名称:实用新型专利授权数
中文全拼:shi-yong-xin-xing-zhuan-li-shou-quan-shu
定义:当年由专利管理部门授予实用新型专利权的专利件数。
数据元类型:数字型
数据格式:n..4
计量单位:项

4.7.8.2.9 外观设计专利授权数

编号:TJ070802009
数据元名称:外观设计专利授权数
中文全拼:wai-guan-she-ji-zhuan-li-shou-quan-shu
定义:当年由专利管理部门授予外观设计专利权的专利件数。
数据元类型:数字型
数据格式:n..4
计量单位:项

4.7.8.2.10 国外专利授权数

编号:TJ070802010
数据元名称:国外专利授权数
中文全拼:guo-wai-zhuan-li-shou-quan-shu
定义:当年由外国专利管理部门授予专利权的件数。
数据元类型:数字型
数据格式:n..4
计量单位:项

4.7.8.3 成果转让情况

4.7.8.3.1 成果转让合同数

编号:TJ070803001
数据元名称:成果转让合同数
中文全拼:cheng-guo-zhuan-rang-he-tong-shu

定义:该课题已取得的成果与技术的转让合同数量。
数据元类型:数字型
数据格式:n..4
计量单位:项

4.7.8.3.2 成果转让合同金额

编号:TJ070803002
数据元名称:成果转让合同金额
中文全拼:cheng-guo-zhuan-rang-he-tong-jin-e
定义:该课题签订的成果转让合同中所标示的转让金额的总额。
数据元类型:数字型
数据格式:n..10,2
计量单位:万元

4.7.8.4 标准制定情况

4.7.8.4.1 制定标准数

编号:TJ070804001
数据元名称:制定标准数
中文全拼:zhi-ding-biao-zhun-shu
定义:被国家或各级地方政府、交通行业或企业承认并采纳的标准数量。
数据元类型:数字型
数据格式:n..4
计量单位:个

4.7.8.4.2 制定国家标准数

编号:TJ070804002
数据元名称:制定国家标准数
中文全拼:zhi-ding-guo-jia-biao-zhun-shu
定义:被国家承认并采纳的标准数量。
数据元类型:数字型
数据格式:n..4
计量单位:个

4.7.8.4.3 制定行业标准数

编号:TJ070804003
数据元名称:制定行业标准数
中文全拼:zhi-ding-hang-ye-biao-zhun-shu
定义:被交通行业承认并采纳的标准数量。
数据元类型:数字型
数据格式:n..4
计量单位:个

4.7.8.4.4 制定地方标准数

编号:TJ070804004
数据元名称:制定地方标准数
中文全拼:zhi-ding-di-fang-biao-zhun-shu
定义:被地方政府承认并采纳的标准数量。
数据元类型:数字型

数据格式:n..4

计量单位:个

4.7.8.4.5 制定企业标准数

编号:TJ070804005

数据元名称:制定企业标准数

中文全拼:zhi-ding-qi-ye-biao-zhun-shu

定义:被企业承认并采纳的标准数量。

数据元类型:数字型

数据格式:n..4

计量单位:个

4.7.8.5 政策制度信息

4.7.8.5.1 出台规章制度数

编号:TJ070805001

数据元名称:出台规章制度数

中文全拼:chu-tai-gui-zhang-zhi-du-shu

定义:被各级交通主管部门采纳并以文件形式正式下发的规章制度数量。

数据元类型:数字型

数据格式:n..4

计量单位:项

4.7.8.5.2 出台政策建议数

编号:TJ070805002

数据元名称:出台政策建议数

中文全拼:chu-tai-zheng-ce-jian-yi-shu

定义:被各级交通主管部门采纳并以文件形式正式下发的政策措施数量。

数据元类型:数字型

数据格式:n..4

计量单位:项

4.7.8.6 人才信息

4.7.8.6.1 培养人才数

编号:TJ070806001

数据元名称:培养人才数

中文全拼:pei-yang-ren-cai-shu

定义:参与本项科研,并通过本项科研顺利获得博士、硕士学位的培养人才数量。

数据元类型:数字型

数据格式:n..4

计量单位:人

4.7.8.6.2 培养博士人数

编号:TJ070806002

数据元名称:培养博士人数

中文全拼:pei-yang-bo-shi-ren-shu

定义:参与本项科研,并通过本项科研顺利获得博士学位的培养人才数量。

数据元类型:数字型

数据格式:n..4

计量单位:人

4.7.8.6.3 培养硕士人数

编号:TJ070806003

数据元名称:培养硕士人数

中文全拼:pei-yang-shuo-shi-ren-shu

定义:参与本项科研,并通过本项科研顺利获得硕士学位的培养人才数量。

数据元类型:数字型

数据格式:n..4

计量单位:人

4.7.8.7 其他成果、效益及影响情况

4.7.8.7.1 建立试验基地数

编号:TJ070807001

数据元名称:建立试验基地数

中文全拼:jian-li-shi-yan-ji-di-shu

定义:通过该项目研究所建立的科学试验基地数量。

数据元类型:数字型

数据格式:n..4

计量单位:个

4.7.8.7.2 形成示范点数

编号:TJ070807002

数据元名称:形成示范点数

中文全拼:xing-cheng-shi-fan-dian-shu

定义:通过该项目研究所建立的示范点的数量。

数据元类型:数字型

数据格式:n..4

计量单位:个

4.7.8.7.3 建立数据库数

编号:TJ070807003

数据元名称:建立数据库数

中文全拼:jian-li-shu-ju-ku-shu

定义:通过该项目研究所建立的数据库数量。

数据元类型:数字型

数据格式:n..4

计量单位:个

4.7.8.7.4 建设网站数

编号:TJ070807004

数据元名称:建设网站数

中文全拼:jian-she-wang-zhan-shu

定义:通过该项目研究所建立的网站数量。

数据元类型:数字型

数据格式:n..4

计量单位:个

4.7.8.7.5 节约能源

编号:TJ070807005

数据元名称:节约能源

中文全拼:jie-yue-neng-yuan

定义:应用本科研成果前的能源消耗量减去应用本科研成果后的能源消耗量所得的差,占应用本科研成果前的能源消耗量的比例。

数据元类型:数字型

数据格式:n..5,2

计量单位:%

备注:如果项目成果尚未正式投入使用,请填写试验数据。

4.7.8.7.6 节约土地资源

编号:TJ070807006

数据元名称:节约土地资源

中文全拼:jie-yue-tu-di-zi-yuan

定义:应用本科研成果前的土地资源消耗量减去应用本科研成果后的土地资源消耗量所得的差,占应用本科研成果前的土地资源消耗量的比例。

数据元类型:数字型

数据格式:n..5,2

计量单位:%

备注:如果项目成果尚未正式投入使用,请填写试验数据。

4.7.8.7.7 降低污染物排放

编号:TJ070807007

数据元名称:降低污染物排放

中文全拼:jiang-di-wu-ran-wu-pai-fang

定义:应用本科研成果前的污染物排放量减去应用本科研成果后的污染物排放量所得的差,占应用本科研成果前的污染物排放量的比例。

数据元类型:数字型

数据格式:n..5,2

计量单位:%

备注:如果项目成果尚未正式投入使用,请填写试验数据。

4.7.8.7.8 降低生产或维护成本

编号:TJ070807008

数据元名称:降低生产或维护成本

中文全拼:jiang-di-sheng-chan-huo-wei-hu-cheng-ben

定义:应用本科研成果前的生产或维护成本减去应用本科研成果后的生产和维护成本所得的差,占应用本科研成果前的生产和维护成本的比例。

数据元类型:数字型

数据格式:n..5,2

计量单位:%

备注:如果项目成果尚未正式投入使用,请填写试验数据。

4.7.8.7.9 提高耐久性

编号:TJ070807009

数据元名称:提高耐久性

中文全拼:ti-gao-nai-jiu-xing

定义:应用本科研成果后的耐用时间减去应用本科研成果前的耐用时间所得的差,占应用本科研成果前的耐用时间的比例。

数据元类型:数字型

数据格式:n..5,2

计量单位:%

备注:如果项目成果尚未正式投入使用,请填写试验数据。

4.7.8.8 科技成果鉴定情况

4.7.8.8.1 科技成果鉴定编号

编号:TJ070808001

数据元名称:科技成果鉴定编号

中文全拼:ke-ji-cheng-guo-jian-ding-bian-hao

定义:科技成果经过权威部门鉴定后给予的编号。

数据元类型:字符型

数据格式:an8

4.7.8.8.2 科技成果名称

编号:TJ070808002

数据元名称:科技成果名称

中文全拼:ke-ji-cheng-guo-ming-cheng

定义:科技成果的名称。

数据元类型:字符型

数据格式:an..100

4.7.8.8.3 科技成果鉴定批准日期

编号:TJ070808003

数据元名称:科技成果鉴定批准日期

中文全拼:ke-ji-cheng-guo-jian-ding-pi-zhun-ri-qi

定义:科技成果的鉴定批准日期。

数据元类型:日期型

数据格式:YYYYMMDD

4.7.8.8.4 科技成果评价等级代码

编号:TJ070808004

数据元名称:科技成果评价等级代码

中文全拼:ke-ji-cheng-guo-ping-jia-deng-ji-dai-ma

定义:科技成果的评价等级代码。

数据元类型:字符型

数据格式:n1

值域:见5.107

4.7.8.8.5 科技成果登记日期

编号:TJ070808005

数据元名称:科技成果登记日期

中文全拼:ke-ji-cheng-guo-deng-ji-ri-qi

定义:科技成果的登记日期。

数据元类型:日期型

数据格式:YYYYMMDD

4.7.8.8.6 科技成果获奖情况代码

编号:TJ070808006

数据元名称:科技成果获奖情况代码

中文全拼:ke-ji-cheng-guo-huo-jiang-qing-kuang-dai-ma

定义:科技成果的获奖情况代码。

数据元类型:字符型

数据格式:an2

值域:见5.108

4.7.8.8.7 软件产品登记数

编号:TJ070808007

数据元名称:软件产品登记数

中文全拼:ruan-jian-chan-pin-deng-ji-shu

定义:经各省、自治区、直辖市信息产业主管部门批准,并核发国产软件产品登记号和软件产品登记证书,并报同级税务部门和信息产业部电子信息产品管理司备案的软件产品数量。

数据元类型:数字型

数据格式:n..4

计量单位:项

4.7.8.8.8 软件著作权登记数

编号:TJ070808008

数据元名称:软件著作权登记数

中文全拼:ruan-jian-zhu-zuo-quan-deng-ji-shu

定义:依照《中华人民共和国计算机软件保护条例》和《计算机软件著作权登记办法》的规定,向软件登记管理机构办理软件著作权的登记,并领取软件登记管理机构发放的登记证明文件的软件产品的数量。

数据元类型:数字型

数据格式:n..5

计量单位:项

4.7.8.8.9 研究成果是否得到推广应用

编号:TJ070808009

数据元名称:研究成果是否得到推广应用

中文全拼:yan-jiu-cheng-guo-shi-fou-de-dao-tui-guang-ying-yong

定义:科技成果是否得到了推广应用。

数据元类型:布尔型

数据格式:n1

值域:0-否;1-是

4.7.8.8.10 研究成果推广应用程度代码

编号:TJ070808010

数据元名称:研究成果推广应用程度代码

中文全拼:yan-jiu-cheng-guo-tui-guang-ying-yong-cheng-du-dai-ma

定义:科技成果的推广应用程度代码。

数据元类型:字符型

数据格式:n1

值域:见 5.109

4.7.8.8.11 科研成果得到推广应用的科技项目数量

编号:TJ070808011

数据元名称:科研成果得到推广应用的科技项目数量

中文全拼:ke-yan-cheng-guo-de-dao-tui-guang-ying-yong-de-ke-ji-xiang-mu-shu-liang

定义:科研成果得到推广应用的科技项目的数量。

数据元类型:数字型

数据格式:n..5

4.7.9 交通科技可持续支持项目后续发展及产业化跟踪情况

4.7.9.1 项目后续发展的主要目标代码

编号:TJ070900001

数据元名称:项目后续发展的主要目标代码

中文全拼:xiang-mu-hou-xu-fa-zhan-de-zhu-yao-mu-biao-dai-ma

定义:交通科技项目后续发展的主要目标的代码。

数据元类型:字符型

数据格式:n1

值域:见 5.110

4.7.9.2 项目后续发展研究方向情况代码

编号:TJ070900002

数据元名称:项目后续发展研究方向情况代码

中文全拼:xiang-mu-hou-xu-fa-zhan-yan-jiu-fang-xiang-qing-kuang-dai-ma

定义:交通科技项目后续发展研究方向情况的代码。

数据元类型:字符型

数据格式:n1

值域:见 5.111

4.7.9.3 后续发展环境情况代码

编号:TJ070900003

数据元名称:后续发展环境情况代码

中文全拼:hou-xu-fa-zhan-huan-jing-qing-kuang-dai-ma

定义:交通科技项目后续发展环境情况是一个综合指标,包括后续研究中的资金状况、科研仪器设备配备、研究人员配备、市场需求等各方面因素。

数据元类型:字符型

数据格式:n1

值域:见 5.112

4.7.9.4 后续发展中得到支持情况代码

编号:TJ070900004

数据元名称:后续发展中得到支持情况代码

中文全拼:hou-xu-fa-zhan-zhong-de-dao-zhi-chi-qing-kuang-dai-ma

定义:交通科技项目后续发展中得到支持情况的代码。

数据元类型:字符型

数据格式:n1

值域:见 5.113

4.7.9.5 后续发展中是否与其他单位合作

编号:TJ070900005

数据元名称:后续发展中是否与其他单位合作

中文全拼:hou-xu-fa-zhan-zhong-shi-fou-yu-qi-ta-dan-wei-he-zuo

定义:交通科技项目后续发展中是否与其他单位合作。

数据元类型:布尔型

数据格式:n1

值域:0-否;1-是

4.7.9.6 后续发展中产学研合作程度代码

编号:TJ070900006

数据元名称:后续发展中产学研合作程度代码

中文全拼:hou-xu-fa-zhan-zhong-chan-xue-yan-he-zuo-cheng-du-dai-ma

定义:交通科技项目后续发展中产学研合作程度的代码。

数据元类型:字符型

数据格式:n1

值域:见5.114

4.7.9.7 后续发展依托基地情况代码

编号:TJ070900007

数据元名称:后续发展依托基地情况代码

中文全拼:hou-xu-fa-zhan-yi-tuo-ji-di-qing-kuang-dai-ma

定义:交通科技项目后续发展依托基地情况的代码。

数据元类型:字符型

数据格式:n1

值域:见5.115

4.7.9.8 项目成果是否应用

编号:TJ070900008

数据元名称:项目成果是否应用

中文全拼:xiang-mu-cheng-guo-shi-fou-ying-yong

定义:交通科技项目成果是否得到应用。

数据元类型:布尔型

数据格式:n1

值域:0-否;1-是

4.7.9.9 项目成果应用转化形式代码

编号:TJ070900009

数据元名称:项目成果应用转化形式代码

中文全拼:xiang-mu-cheng-guo-ying-yong-zhuan-hua-xing-shi-dai-ma

定义:交通科技项目成果应用转化形式的代码。

数据元类型:字符型

数据格式:n1

值域:见5.116

4.7.9.10 项目成果未应用转化原因代码

编号:TJ070900010

数据元名称:项目成果未应用转化原因代码

中文全拼:xiang-mu-cheng-guo-wei-ying-yong-zhuan-hua-yuan-yin-dai-ma

定义:交通科技项目成果未应用转化原因的代码。

数据元类型:字符型

数据格式:n1

值域:见5.117

4.7.9.11　是否利用本项目成果孵化企业

编号:TJ070900011

数据元名称:是否利用本项目成果孵化企业

中文全拼:shi-fou-li-yong-ben-xiang-mu-cheng-guo-fu-hua-qi-ye

定义:交通科技项目是否利用本项目成果孵化企业。

数据元类型:布尔型

数据格式:n1

值域:0-否;1-是

4.7.9.12　是否利用项目成果创业

编号:TJ070900012

数据元名称:是否利用项目成果创业

中文全拼:shi-fou-li-yong-xiang-mu-cheng-guo-chuang-ye

定义:交通科技项目是否利用项目成果创业。

数据元类型:布尔型

数据格式:n1

值域:0-否;1-是

4.7.9.13　项目成果后续产业化是否已获得投资

编号:TJ070900013

数据元名称:项目成果后续产业化是否已获得投资

中文全拼:xiang-mu-cheng-guo-hou-xu-chan-ye-hua-shi-fou-yi-huo-de-tou-zi

定义:交通科技项目后续产业化是否已获得投资。

数据元类型:布尔型

数据格式:n1

值域:0-否;1-是

4.7.9.14　项目成果后续产业化是否有风险投资介入

编号:TJ070900014

数据元名称:项目成果后续产业化是否有风险投资介入

中文全拼:xiang-mu-cheng-guo-hou-xu-chan-ye-hua-shi-fou-you-feng-xian-tou-zi-jie-ru

定义:交通科技项目后续产业化是否有风险投资介入。

数据元类型:布尔型

数据格式:n1

值域:0-否;1-是

4.7.9.15　项目成果后续产业化国家投资所占比重

编号:TJ070900015

数据元名称:项目成果后续产业化国家投资所占比重

中文全拼:xiang-mu-cheng-guo-hou-xu-chan-ye-hua-guo-jia-tou-zi-suo-zhan-bi-zhong

定义:交通科技项目后续产业化国家投资所占的比重。

数据元类型:数字型

数据格式:n..5,2

计量单位:%

4.7.9.16 项目成果后续产业化地方政府投资所占比重

编号:TJ070900016

数据元名称:项目成果后续产业化地方政府投资所占比重

中文全拼:xiang-mu-cheng-guo-hou-xu-chan-ye-hua-di-fang-zheng-fu-tou-zi-suo-zhan-bi-zhong

定义:交通科技项目后续产业化地方政府投资所占的比重。

数据元类型:数字型

数据格式:n..5,2

计量单位:%

4.7.9.17 项目成果后续产业化自筹投资所占比重

编号:TJ070900017

数据元名称:项目成果后续产业化自筹投资所占比重

中文全拼:xiang-mu-cheng-guo-hou-xu-chan-ye-hua-zi-chou-tou-zi-suo-zhan-bi-zhong

定义:交通科技项目后续产业化自筹投资所占的比重。

数据元类型:数字型

数据格式:n..5,2

计量单位:%

4.7.9.18 项目成果后续产业化商业投资所占比重

编号:TJ070900018

数据元名称:项目成果后续产业化商业投资所占比重

中文全拼:xiang-mu-cheng-guo-hou-xu-chan-ye-hua-shang-ye-tou-zi-suo-zhan-bi-zhong

定义:交通科技项目后续产业化商业投资所占的比重。

数据元类型:数字型

数据格式:n..5,2

计量单位:%

4.7.9.19 项目成果后续产业化民间投资所占比重

编号:TJ070900019

数据元名称:项目成果后续产业化民间投资所占比重

中文全拼:xiang-mu-cheng-guo-hou-xu-chan-ye-hua-min-jian-tou-zi-suo-zhan-bi-zhong

定义:交通科技项目后续产业化民间投资所占的比重。

数据元类型:数字型

数据格式:n..5,2

计量单位:%

4.7.9.20 项目成果后续产业化阶段经费是否充足代码

编号:TJ070900020

数据元名称:项目成果后续产业化阶段经费是否充足代码

中文全拼:xiang-mu-cheng-guo-hou-xu-chan-ye-hua-jie-duan-jing-fei-shi-fou-chong-zu-dai-ma

定义:交通科技项目后续产业化阶段经费是否充足的代码。

数据元类型:字符型

数据格式:n1

值域:见5.118

4.7.9.21 项目结束时成果应用于市场情况代码

编号:TJ070900021

数据元名称:项目结束时成果应用于市场情况代码

中文全拼:xiang-mu-jie-shu-shi-cheng-guo-ying-yong-yu-shi-chang-qing-kuang-dai-ma

定义:交通科技项目结束时成果应用于市场情况的代码。

数据元类型:字符型

数据格式:n1

值域:见5.119

4.7.9.22 项目成果年度应用于市场情况代码

编号:TJ070900022

数据元名称:项目成果年度应用于市场情况代码

中文全拼:xiang-mu-cheng-guo-nian-du-ying-yong-yu-shi-chang-qing-kuang-dai-ma

定义:交通科技项目年度应用于市场情况的代码。

数据元类型:字符型

数据格式:n1

值域:见5.119

4.7.10 交通科技可持续支持项目后续流动研究项目情况

4.7.10.1 后续滚动项目的名称

编号:TJ071000001

数据元名称:后续滚动项目的名称

中文全拼:hou-xu-gun-dong-xiang-mu-de-ming-cheng

定义:交通科技可持续支持项目后续滚动项目的名称。

数据元类型:字符型

数据格式:an..100

4.7.10.2 后续滚动项目的承担单位

编号:TJ071000002

数据元名称:后续滚动项目的承担单位

中文全拼:hou-xu-gun-dong-xiang-mu-de-cheng-dan-dan-wei

定义:交通科技可持续支持项目后续滚动项目的承担单位。

数据元类型:字符型

数据格式:an..100

4.7.10.3 后续滚动项目开始年月

编号:TJ071000003

数据元名称:后续滚动项目开始年月

中文全拼:hou-xu-gun-dong-xiang-mu-kai-shi-nian-yue

定义:交通科技可持续支持项目后续滚动项目开始的年月。

数据元类型:日期型

数据格式:YYYYMM

4.7.10.4 后续滚动项目的类型代码

编号:TJ071000004

数据元名称:后续滚动项目的类型代码

中文全拼:hou-xu-gun-dong-xiang-mu-de-lei-xing-dai-ma

定义:交通科技可持续支持项目后续滚动项目的类型代码。

数据元类型:字符型

数据格式:n1

值域:见5.94

4.7.10.5 后续滚动项目的来源代码

编号:TJ071000005

数据元名称:后续滚动项目的来源代码

中文全拼:hou-xu-gun-dong-xiang-mu-de-lai-yuan-dai-ma

定义:交通科技可持续支持项目后续滚动项目的来源代码。

数据元类型:字符型

数据格式:n2

值域:见5.94

4.7.10.6 预计滚动项目投资总额

编号:TJ071000006

数据元名称:预计滚动项目投资总额

中文全拼:yu-ji-gun-dong-xiang-mu-tou-zi-zong-e

定义:交通科技可持续支持滚动项目预计投资的总额。

数据元类型:数字型

数据格式:n..10

计量单位:万元

4.7.10.7 与事业单位合作的个数

编号:TJ071000007

数据元名称:与事业单位合作的个数

中文全拼:yu-shi-ye-dan-wei-he-zuo-de-ge-shu

定义:交通科技可持续支持项目与事业单位合作的个数。

数据元类型:数字型

数据格式:n..3

计量单位:个

4.7.10.8 与大专院校合作的个数

编号:TJ071000008

数据元名称:与大专院校合作的个数

中文全拼:yu-da-zhuan-yuan-xiao-he-zuo-de-ge-shu

定义:交通科技可持续支持项目与大专院校合作的个数。

数据元类型:数字型

数据格式:n..3

计量单位:个

4.7.10.9 合作企业个数

编号:TJ071000009

数据元名称:合作企业个数

中文全拼:he-zuo-qi-ye-ge-shu

定义:交通科技可持续支持项目合作企业的个数。

数据元类型:数字型

数据格式:n..3

计量单位:个

4.8 交通专用通信网统计

4.8.1 电台通信设备信息

4.8.1.1 电台通信设备通信方式

编号:TJ080100001

数据元名称:电台通信设备通信方式

中文全拼:dian-tai-tong-xin-she-bei-tong-xin-fang-shi

定义:江海岸电台设备是用于发信还是收信。

数据元类型:字符型

数据格式:n1

值域:见5.120

4.8.1.2 电台设备型号

编号:TJ080100002

数据元名称:电台设备型号

中文全拼:dian-tai-she-bei-xing-hao

定义:电台设备的型号。

数据元类型:字符型

数据格式:an..100

关系:与电台通信设备通信方式、产品制造地的分类连用。

4.8.1.3 电台设备出厂年月

编号:TJ080100003

数据元名称:电台设备出厂年月

中文全拼:dian-tai-she-bei-chu-chang-nian-yue

定义:电台设备出厂的年月。

数据元类型:日期型

数据格式:YYYYMM

关系:与电台通信设备通信方式连用。

4.8.1.4 电台设备频率范围

编号:TJ080100004

数据元名称:电台设备频率范围

中文全拼:dian-tai-she-bei-pin-lv-fan-wei

定义:江海岸电台设备标称的可工作的频率范围。

数据元类型:数字型

数据格式:n..10

计量单位:kHz

关系:与电台通信设备通信方式连用。

4.8.1.5 电台设备工作电路

编号:TJ080100005

数据元名称:电台设备工作电路

中文全拼:dian-tai-she-bei-gong-zuo-dian-lu

定义:江海岸电台设备具体的工作电路。

数据元类型:字符型

数据格式:..ul

关系:与电台通信设备通信方式连用。

4.8.1.6 电台设备质量状况

编号:TJ080100006

数据元名称:电台设备质量状况

中文全拼:dian-tai-she-bei-zhi-liang-zhuang-kuang

定义:江海岸电台设备的主观评判状况,分为好、较好、可用和差四个档级。

数据元类型:字符型

数据格式:n1

关系:与电台通信设备通信方式连用。

4.8.1.7 电台设备使用天线程式

编号:TJ080100007

数据元名称:电台设备使用天线程式

中文全拼:dian-tai-she-bei-shi-yong-tian-xian-cheng-shi

定义:天线的类型和极化方式。

数据元类型:字符型

数据格式:an..100

关系:与电台通信设备通信方式连用。

4.8.1.8 电台设备使用天线工作频率

编号:TJ080100008

数据元名称:电台设备使用天线工作频率

中文全拼:dian-tai-she-bei-shi-yong-tian-xian-gong-zuo-pin-lv

定义:天线的适用范围。

数据元类型:数字型

数据格式:n..10

计量单位:kHz

关系:与电台通信设备通信方式连用。

4.8.1.9 电台设备使用天线服务区

编号:TJ080100009

数据元名称:电台设备使用天线服务区

中文全拼:dian-tai-she-bei-shi-yong-tian-xian-fu-wu-qu

定义:通信覆盖的区域。

数据元类型:字符型

数据格式:..ul

关系:与电台通信设备通信方式连用。

4.8.1.10 电台发信设备功率

编号:TJ080100010

数据元名称:电台发信设备功率

中文全拼:dian-tai-fa-xin-she-bei-gong-lv

定义:发信设备标称的可工作的功率。

数据元类型:数字型

数据格式:n..10

计量单位:kW

4.8.1.11 电台发信设备工作种类

编号:TJ080100011

数据元名称:电台发信设备工作种类
中文全拼:dian-tai-fa-xin-she-bei-gong-zuo-zhong-lei
定义:江海岸电台发信设备标称的可工作的工作种类。
数据元类型:字符型
数据格式:an..100

4.8.1.12 电台收信设备灵敏度

编号:TJ080100012
数据元名称:电台收信设备灵敏度
中文全拼:dian-tai-shou-xin-she-bei-ling-min-du
定义:收信设备标称的可工作的灵敏度。
数据元类型:数字型
数据格式:n..10
计量单位:kW

4.8.1.13 产品制造地分类代码

编号:TJ080100013
数据元名称:产品制造地分类代码
中文全拼:chan-pin-zhi-zao-di-fen-lei-dai-ma
定义:产品是国产还是进口的。
数据元类型:字符型
数据格式:n1
值域:见5.121

4.8.2 岸台业务信息

4.8.2.1 数选通信遇险报警数

编号:TJ080200001
数据元名称:数选通信遇险报警数
中文全拼:shu-xuan-tong-xin-yu-xian-bao-jing-shu
定义:岸台通过甚高频电路(VHF)第70频道接收到的全球海上遇险和安全系统(GMDSS)中的数字选择呼叫遇险报警信号的次数。
数据元类型:数字型
数据格式:n..10
计量单位:次
关系:与无线通信方式、报警类型连用。

4.8.2.2 无线通信遇险报警数

编号:TJ080200002
数据元名称:无线通信遇险报警数
中文全拼:wu-xian-tong-xin-yu-xian-bao-jing-shu
定义:岸台通过高频电路中分别位于4MHz、6MHz、8MHz、12MHz、16MHz上的电路和甚高频电路(VHF)第16频道或其他工作频道上接收到的无线电话遇险报警信息的次数。
数据元类型:数字型
数据格式:n..10
计量单位:次
关系:与无线通信方式、报警类型连用。

4.8.2.3 无线通信工作量次数

编号:TJ080200003

数据元名称:无线通信工作量次数

中文全拼:wu-xian-tong-xin-gong-zuo-liang-ci-shu

定义:岸台通过高频电路中分别位于4MHz、6MHz、8MHz、12MHz、16MHz上的电路和甚高频电路(VHF)第16频道或其他工作频道上进行遇险通信、常规通信和船舶报告,发播航行警告和气象预报的无线电话工作量的次数和分钟数。

数据元类型:数字型

数据格式:n..10

计量单位:次

关系:与无线通信方式、岸台业务分类连用。

4.8.2.4 无线通信工作量分钟数

编号:TJ080200004

数据元名称:无线通信工作量分钟数

中文全拼:wu-xian-tong-xin-gong-zuo-liang-fen-zhong-shu

定义:岸台通过高频电路中分别位于4MHz、6MHz、8MHz、12MHz、16MHz上的电路和甚高频电路(VHF)第16频道或其他工作频道上进行遇险通信的无线电话工作量的次数和分钟数。分钟数为实际电路工作时长。

数据元类型:数字型

数据格式:n..10

计量单位:分钟(min)

关系:与无线通信方式、岸台业务分类连用。

4.8.2.5 无线通信方式分类

编号:TJ080200005

数据元名称:无线通信方式分类

中文全拼:wu-xian-tong-xin-fang-shi-fen-lei

定义:无线电话、无线电报等方式。

数据元类型:字符型

数据格式:n1

值域:1-无线电话;2-无线电报

4.8.2.6 报警方式代码

编号:TJ080200006

数据元名称:报警方式代码

中文全拼:bao-jing-fang-shi-dai-ma

定义:岸台接收到的报警方式的代码。

数据元类型:字符型

数据格式:n2

值域:见5.122

4.8.2.7 岸台业务分类代码

编号:TJ080200007

数据元名称:岸台业务分类代码

中文全拼:gang-tai-ye-wu-fen-lei-dai-ma

定义:岸台业务分类的代码。

数据元类型:字符型
数据格式:n2
值域:见5.123

5 交通统计信息基础数据元值域代码集

5.1 报告期及建设性质分类代码

代码标识为:DM_BGQJJSXZFLDM,代码见表2。

表2 报告期及建设性质分类代码

代码	名称	代码	名称
1	上年到达数	3	本年改建变更数
2	本年新建数	4	本年到达数

5.2 通达现状分类代码

代码标识为:DM_TDXZFLDM,代码见表3。

表3 通达现状分类代码

代码	名称	说明
1	已通畅	凡在通达基础上,由路面类型为有铺装路面(沥青混凝土、水泥混凝土路面)、简易铺装路面(沥青贯入式、沥青碎石、沥青表面处治路面)和其他硬化路面[石质路面(含弹石、条石等)、混凝土预制块路面、砖铺路面等]的通达路线连通的乡(镇)、建制村才能算已通畅
2	已通达、未通畅	乡(镇)通达路线原则上应为四级及以上公路,对于工程艰巨、地质复杂、交通量小或通至人口较少乡镇的路线,路面宽度应不小于3.5m;建制村通达路线原则上按四级公路标准建设,对于工程艰巨、地质复杂、交通量小、占用耕地较多或通至人口较少建制村的路线,路面宽度应不小于3.0m;乡(镇)、建制村通达路线的路面类型不能为“无路面”。 通达路线必须通至乡镇、建制村的下列位置之一: (1)乡(镇)的通达位置 ①穿越乡(镇)政府所在的居民聚居区域; ②通至乡(镇)政府驻地; ③通至乡(镇)政府所在的居民聚居区域边缘,并与聚居区域内部的一条街道连接。 (2)建制村的通达位置 ①穿越建制村村委会所在的居民聚居区域; ②通至建制村的某个公众活动、服务场所,公众活动、服务场所仅指村委会、学校、敬老院、公共医疗机构; ③通至建制村村委会所在的居民聚居区域或某个人口较多的居民聚居区域边缘,并与聚居区域内部的一条道路连接
3	未通达	

5.3 桥梁按建筑材料和使用年限分类代码

代码标识为:DM_QLAJZCLHSYNXFLDM,代码见表4。

表4 桥梁按建筑材料和使用年限分类代码

代码	名称	说明
1	永久性	指上、下部结构均用耐久性材料(如钢、钢筋混凝土、石料等)建筑的供长期使用的桥梁
2	半永久性	指下部结构采用耐久性材料(如石料、混凝土等),上部结构采用木材建筑的桥梁
3	临时性	指上、下部结构均采用非耐久性材料(如木料)建造的或供短期使用的桥梁

5.4 桥梁墩台防撞设施类型代码

代码标识为:DM_QLDTFZSSLXDM,代码见表5。

表5 桥梁墩台防撞设施类型代码

代码	名 称	说 明
1	软防护	采取以航标等引导设施为主的防撞措施
2	硬防护	采取以防撞墩等设施为主的防撞措施
9	无防护	没有采取任何防撞措施

5.5 公路桥梁管养单位性质代码

代码标识为:DM_GLQLGYDWXZDM,代码见表6。

表6 公路桥梁管养单位性质代码

代码	名 称
1	公路交通部门养护管理
2	公路交通部门与其他部门共同养护管理
9	其他部门养护管理

5.6 收费性质代码

代码标识为:DM_SFXZDM,采用JT/T 697.13—2008的表14。

5.7 桥梁部位代码

代码标识为:DM_QLBWDM,代码见表7。

表7 桥梁部位代码

代码	名 称	说 明
1	桥面系	包括桥面铺装、伸缩缝、人行道、栏杆、桥头搭板等
2	支座	
3	上部承重结构	包括梁、拱、缆索、吊杆、加劲梁等上部受力构件
4	桥墩、桥台	包括墩帽、盖梁、横系梁、承台等
5	基础	
9	其他	包括调治构造物、翼墙、锥坡、照明设施、标识标线、护栏、其他附属设施等

5.8 改造工程性质代码

代码标识为:DM_GZGCXZDM,代码见表8。

表8 改造工程性质代码

代 码	名 称	代 码	名 称
1	小修	4	改建
2	中修	5	重建
3	大修		

5.9 桥梁管制措施代码

代码标识为:DM_QLGZCSDM,代码见表9。

表9 桥梁管制措施代码

代码	名称	说明
1	正常使用	无人看守,且无强制限行措施的桥梁,包括虽设置了限载、限速标识但不能保证相关车辆限制通过的桥梁
2	限制交通	已采取了隔离墩、门架等强制性措施,能够限制重车通行的桥梁
3	封闭交通	已采取了强制性措施封闭交通,待改造后继续使用的桥梁
4	废弃	已废弃不用的桥梁。这些桥梁一般已经存在替代桥梁,该桥仅作为文物或没有必要拆除

5.10 路面材料分类代码

代码标识为:DM_LMCLFLDM,采用GB/T 920—2002的表1。

5.11 公路养护质量指数分类代码

代码标识为:DM_GLYHZLZSFLDM,代码见表10。

表10 公路养护质量指数分类代码

代码	名称	代码	名称
10	公路养护质量指数(MQI)	13	桥隧构造物(BCI)
11	路面(PQI)	14	沿线设施状况(TCI)
12	路基(SCI)		

5.12 高速公路前进方向代码

代码标识为:DM_GSGLQJFXDM,代码见表11。

表11 高速公路前进方向代码

代码	名称	说明
1	上行	高速公路里程桩号从小到大的方向
2	下行	高速公路里程桩号从大到小的方向
3	上下行	

5.13 养护资金来源代码

代码标识为:DM_YHZJLYDM,代码见表12。

表12 养护资金来源代码

代码	名称	代码	名称
1	养路费	9	其他
2	通行费		

5.14 公路养护时间分类代码

代码标识为:DM_GLYHSJFLDM,代码见表13。

表13 公路养护时间分类代码

代码	名称	代码	名称
1	经常性	2	季节性

5.15 公路养护工程分类代码

代码标识为:DM_GLYHGCFLDM,代码见表14。

表14 公路养护工程分类代码

代码	名　称	说　明
1	小修保养	对公路及沿线设施进行经常性维护保养和修补轻微损坏部分的作业
2	中修工程	对公路及沿线设施的一般损坏进行修理加固,更换或局部改善,以恢复公路原有技术状况的工程
3	大修工程	对公路及沿线设施的较大损坏进行周期性的综合修理,以全面恢复到原技术标准的工程
4	改建工程	对公路及沿线设施进行改造,以局部或全面提高技术等级的工程项目。具体定量指标参照"公路养护工程管理办法"(交公路发【2001】327号)

5.16 过船建筑物技术状况等级代码

代码标识为:DM_GCJZWJSZKDJDM,代码见表15。

表15 过船建筑物技术状况等级代码

代　码	名　称	代　码	名　称
1	良好	3	不良
2	尚好	4	严重不良

5.17 企业按经济类型分类代码

代码标识为:DM_QYAJJLXFLDM,代码见表16。

表16 企业按经济类型分类代码

代　码	名　称	代　码	名　称
100	国有经济	600	股份制经济
110	国有单位独立(独资)经营	610	股份合作单位
140	国有单位联营	620	有限责任公司
200	集体经济	621	国有独资公司
210	集体单位独立(独资)经营	630	股份有限公司
240	集体单位联营	700	港、澳、台经济
300	私营经济	710	合资经营
310	私营独资单位	720	合作经营
320	私营合伙单位	730	独资经营
330	私营有限责任公司	740	港澳台商投资股份有限公司
350	私营股份有限公司	800	外商经济
400	个体经济	810	中外合资经济
500	联营经济	820	中外合作经营
510	国有与集体联营	830	外商独资经营
520	国有与私营联营	840	外商投资股份有限公司
530	集体与私营联营	900	其他经济

5.18 泊位属性代码

代码标识为:DM_BWSXDM,代码见表17。

表17 泊位属性代码

代码	名称	代码	名称
1	海轮泊位	2	内河泊位

5.19 泊位按生产类型分类代码

代码标识为:DM_BWASCLXFLDM,代码见表18。

表18 泊位按生产类型分类代码

代码	名称	说明
10	生产用泊位	
11	经营性生产泊位	
12	非经营性生产泊位	指某企业拥有或租用的,只为本企业装卸产品和原料而不对外经营装卸业务的泊位
20	非生产用泊位	

5.20 泊位变更类型代码

代码标识为:DM_BWBGLXDM,代码见表19。

表19 泊位变更类型代码

代码	名称	代码	名称
10	增加	21	报废减少
11	新建投产增加	22	重复统计减少
12	遗漏统计增加	23	其他减少
13	其他增加	30	变更
20	减少		

5.21 生产用库场分类代码

代码标识为:DM_SCYKCFLDM,代码见表20。

表20 生产用库场分类代码

代码	名称	代码	名称
1	仓库	5	煤场
2	圆筒仓	6	集装箱堆场
3	油库	7	化工库
4	堆场	9	其他

5.22 机动车按标记客位分类代码

代码标识为:DM_JDCABJKWFLDM,代码见表21。

表21 机动车按标记客位分类代码

代码	名称	说明
1	大型汽车	标记客位30座以上的载客汽车
2	中型汽车	标记客位16座~30座的载客汽车
3	小型汽车	标记客位15座及以下的载客汽车

5.23 载客汽车按车长分类代码

代码标识为:DM_ZKQCACCFLDM,代码见表22。

表22 载客汽车按车长分类代码

代码	名　称	说　明
1	特大型客车	12m < 车身长度≤13.7m
2	大型客车	9m < 车身长度≤12m
3	中型客车	6m < 车身长度≤9m
4	小型客车	3.5m < 车身长度≤6m

5.24 载客汽车按等级分类代码

代码标识为:DM_ZKQCADJFLDM,代码见表23。

表23 载客汽车按等级分类代码

代　码	名　称	代　码	名　称
1	高级	3	普通
2	中级		

5.25 载客汽车/公路客运企业按经营范围分类代码

代码标识为:DM_ ZKQC/GLKYQYAJYFWFLDM,代码见表24。

表24 载客汽车/公路客运企业按经营范围分类代码

代　码	名　称	代　码	名　称
10	班车客运客车	50	其他客车
20	出租客车	51	公共汽车
30	旅游客车	52	租赁客车
40	包车客车		

5.26 车辆按燃料类型分类代码

代码标识为:DM_CLARLLXFLDM,代码见表25。

表25 车辆按燃料类型分类代码

代码	名　称	说　明
1	汽油车	指发动机燃料类型为汽油的汽车
2	柴油车	指发动机燃料类型为柴油的汽车
3	双燃料车	指既可以使用汽油或柴油,也可以使用CNG、LPG等作为发动机燃料的汽车
9	其他燃料车	指使用汽油、柴油、CNG、LPG以外燃料的汽车

5.27 机动车按标记吨位分类代码

代码标识为:DM_JDCABJDWFLDM,代码见表26。

表26 机动车按标记吨位分类代码

代码	名　称	说　明
10	大型	标记吨位4t以上的机动车
11	重型	指载重标记吨位8t及以上的载货汽车、15t及以上的公路牵引车
20	中型	标记吨位2t以上至4t的机动车
30	小型	标记吨位2t及以下的机动车

5.28 载货汽车按车型结构分类代码

代码标识为:DM_ZHQCACXJGFLDM,代码见表27。

表 27 载货汽车按车型结构分类代码

代码	名称	说明
10	栏板货车	
20	厢式车	
21	冷藏保温车	指具有冷藏设备的厢式货柜、专门用于须保持一定温度物品运输的货车
30	集装箱车	指具有集装箱转锁装置用于运输集装箱的货车
40	罐车	指具有罐状结构、专门用于液体、粉状及流质物质运输的货车
50	槽车	
60	平板车	

5.29 载货汽车按经营范围分类代码

代码标识为:DM_ZHQCAJYFWFLDM,代码见表 28。

表 28 载货汽车按经营范围分类代码

代码	名称	说明
10	普通载货汽车	按其载重量分为轻型(小于 3.5t)、中型(大于 4t ~ 8t)和重型(大于 8t)货车
20	专用载货汽车	指具有特殊构造及附属设备从事专门用途的货运汽车
21	商品汽车运输车	指具有承载汽车的结构、专门用于运输商品汽车的货车
22	大型物件运输车	指专门用于大型物件运输的货车
23	危险货物运输车	指经道路运政管理机构核准从事公路危险货物运输的车辆

5.30 船旗国分类代码

代码标识为:DM_CQGFLDM,代码见表 29。

表 29 船旗国分类代码

代码	名称	代码	名称
1	中国旗	2	方便旗

5.31 装卸机械分类代码

代码标识为:DM_ZXJXFLDM,代码见表 30。

表 30 装卸机械分类代码

代码	名称	代码	名称
100	生产用装卸机械	135	搬运车
110	起重机械	136	缆车
111	固定式起重机	137	载重汽车
112	汽车起重机	140	专用机械
113	轮胎起重机	141	装船机
114	履带起重机	142	卸船机
115	门座起重机	143	推耙机
116	浮式起重机	144	装车机
117	桥式起重机	145	卸车机
118	门式起重机	146	堆料机
120	输送机械类	147	取料机
121	气力输送机	148	斗轮堆取料机
122	皮带输送机	149	推土机
130	装卸搬运机械	150	集装箱起重机
131	叉式装卸车	151	装油臂
132	单斗车	200	非生产用装卸机械
133	集装箱跨运车	210	机修厂用机械
134	牵引车		

5.32 飞机类型代码

代码标识为:DM_FJLXDM,代码见表31。

表31 飞机类型代码

代码	名称	说明
11	小型直升机	指各救助飞行队自有、租用的最大起飞重量在4t及以下的直升飞机架数合计
12	中型直升机	指各救助飞行队自有、租用的最大起飞重量在4t(不含)至9t(含)的直升飞机架数合计
13	大型直升机	指各救助飞行队自有、租用的最大起飞重量在9t(不含)以上的直升飞机架数合计
21	固定翼飞机	指各救助飞行队自有、租用的CESSNA208机型或相当于该机型的飞机架数合计

5.33 飞机所属方式代码

代码标识为:DM_FJSSFSDM,代码见表32。

表32 飞机所属方式代码

代码	名称	代码	名称
1	自有	9	其他
2	租用		

5.34 营业性质代码

代码标识为:DM_YYXZDM,代码见表33。

表33 营业性质代码

代码	名称	代码	名称
10	营业性	20	非营业性
11	个体		

5.35 集装箱国际标准箱型代码

代码标识为:DM_JZXGJBZXXDM,代码见表34。

表34 集装箱国际标准箱型代码

代码	名称	代码	名称
1	45 feet	4	20 feet
2	40 feet	5	10 feet
3	35 feet		

注:1 feet = 30.48cm。

5.36 客运站级别代码

代码标识为:DM_KYZJBDM,代码见表35。

表35 客运站级别代码

代码	名称	代码	名称
1	一级	4	四级
2	二级	5	五级
3	三级	9	简易站及招呼站

5.37 运输距离分类代码

代码标识为:DM_YSJLFLDM,代码见表36。

表 36　运输距离分类代码

代　码	名　　称	代　码	名　　称
1	运输距离 >800km 及以上	4	100km < 运输距离 ≤200km
2	400km < 运输距离 ≤800km	5	运输距离 ≤100km 以下
3	200km < 运输距离 ≤400km		

5.38　客运班线按行驶区域分类代码

代码标识为:DM_KYBXAXSQYFLDM,代码见表 37。

表 37　客运班线按行驶区域分类代码

代码	名　　称	说　　明
1	跨省线路	指起讫点在不同省内或起讫点虽在同一省内(包括自治区、直辖市)但穿越其他省的客运线路
2	跨地市线路	指起讫点在不同地市内(包括自治州、盟和地级市)或起讫点虽在同一地市内但穿越其他地市的客运线路
3	跨县线路	指起讫点在不同县内(包括自治县、旗和县级市)或起讫点虽在同一县内但穿越其他县的客运线路
4	县内线路	指整条线路均在同一县内(包括自治县、旗和县级市)的客运线路

5.39　公路货运企业经营类别代码

代码标识为:DM_GLHYQYJYLBDM,代码见表 38。

表 38　公路货运企业经营类别代码

代　码	名　　称	代　码	名　　称
10	普通货运	30	大型物件运输
20	货物专用运输	40	危险货物运输
21	集装箱运输	50	其他

5.40　企业按拥有车辆数分类代码

代码标识为:DM_QYAYYCLSFLDM,代码见表 39。

表 39　企业按拥有车辆数分类代码

代　码	名　　称	代　码	名　　称
1	车辆数 >100 辆及以上	3	10 辆 < 车辆数 ≤49 辆
2	50 辆 < 车辆数 ≤99 辆	4	车辆数 ≤10 辆以下

5.41　道路运输相关业务分类代码

代码标识为:DM_DLYSXGYWFLDM,代码见表 40。

表 40　道路运输相关业务分类代码

代　码	名　　称	代　码	名　　称
10	站(场)	41	客运代理
11	客运站	42	物流服务
12	货运站(场)	43	货运代办
20	机动车维修	44	信息配载
30	机动车驾驶员培训	45	车辆租赁
40	其他		

5.42 道路运输从业人员分类代码

代码标识为:DM_DLYSCYRYFLDM,代码见表41。

表41 道路运输从业人员分类代码

代码	名称	代码	名称
10	道路旅客运输经营从业人员	31	客运站经营从业人员
11	客运驾驶员	32	货运站(场)经营从业人员
12	乘务员	40	机动车维修经营从业人员数量
20	道路货物运输经营从业人员	41	技术负责人
21	道路货物运输驾驶员	42	质量检验员
22	危险货物运输驾驶员	43	其他维修技术人员
23	危险货物运输押运员	50	机动车驾驶员培训从业人员
24	危险货物运输装卸管理员	90	其他相关业务经营从业人员
30	站(场)经营从业人员数量		

5.43 机动车维修修理级别代码

代码标识为:DM_JDCWXXLJBDM,采用JT/T 415—2006的表41。

5.44 机动车驾驶员培训业户分类代码

代码标识为:DM_JDCJSYPXYHFLDM,采用JT/T 415—2006的表11、表14。

5.45 教练员分类代码

代码标识为:DM_JLYFLDM,采用JT/T 415—2006的表81。

5.46 驾驶培训管理人员分类代码

代码标识为:DM_JSPXGLRYFLDM,代码见表42。

表42 驾驶培训管理人员分类代码

代码	名称	代码	名称
1	理论教学负责人	4	结业考核人员
2	驾驶操作训练负责人	5	计算机管理人员
3	教学车辆管理人员		

5.47 教学车辆分类代码

代码标识为:DM_JXCLFLDM,采用JT/T 415—2006的表40。

5.48 道路危险货物运输业户分类代码

代码标识为:DM_DLWXHWYSYHFLDM,代码见表43。

表43 道路危险货物运输业户分类代码

代码	名称
1	运输爆炸品
2	运输气体
3	运输易燃液体
4	运输易燃固体、易于自燃的物质和遇水放出易燃气体的物质
5	运输氧化性物质和有机过氧化物
6	运输毒性物质和感染性物质
7	运输放射性物质
8	运输腐蚀性物质
9	运输杂类危险物质和物品

5.49 世界各国和地区代码

代码标识为:DM_SJGGHDQDM,采用 GB/T 2659。

5.50 道路运输企业经营范围代码

代码标识为:DM_DLYSQYJYFWDM,采用 JT/T 415—2006 的表 14。

5.51 水路企业经营类别代码

代码标识为:DM_SLQYJYLBDM,代码见表 44。

表 44 水路企业经营类别代码

代码	名称	代码	名称
1	远洋客(货)运	3	内河客(货)运
2	沿海客(货)运		

5.52 运输船舶航行区域分类代码

代码标识为:DM_YSCBHXQYFLDM,代码见表 45。

表 45 运输船舶航行区域分类代码

代码	名称	代码	名称
1	境内港口间	3	境外港口间
2	进出中国港口		

5.53 船舶按吨级分类代码

代码标识为:DM_CBADJFLDM,代码见表 46。

表 46 运输船舶按吨级分类代码

代码	名称	代码	名称
1	吨级≤499 总吨及以下	4	6 000 总吨<吨级≤9 999 总吨
2	500 总吨<吨级≤2 999 总吨	9	吨级≥10 000 总吨以上
3	3 000 总吨<吨级≤5 999 总吨		

5.54 旅客按国籍分类代码

代码标识为:DM_LKAGJFLDM,代码见表 47。

表 47 旅客按国籍分类代码

代码	名称	代码	名称
1	国内旅客	3	华侨
2	港澳台胞	4	外国人

5.55 航线分类代码

代码标识为:DM_HXFLDM,采用 JT/T 697.5—2007 的 5.11。

5.56 货物运输方式代码

代码标识为:DM_HWYSFSDM,采用 GB/T 6512—1998 的表 14。

5.57 船舶在港停泊原因分类代码

代码标识为:DM_CBZGTBYYFLDM,代码见表 48。

表48 船舶在港停泊原因分类代码

代码	名 称	说 明
100	生产性停泊	指船舶在运输生产工程中所必需的停泊,包括装卸作业、移泊、技术作业和其他生产性停泊
110	装卸作业	包括装卸前后张挂安全网、起放吊杆、开盖货舱、接卸输油管(臂),装卸货物,补给船用燃料、货料及淡水,扫舱、铺舱、隔舱及油轮加温等辅助作业。
120	移泊	
130	技术作业	
140	其他生产性停泊	
200	非生产性停泊	指由于运输、装卸组织工作不善,或因船舶到港不均衡,或货物不能按时集中等运输生产过程非必需的停泊,包括港方原因、船方原因、物资部门原因和其他原因
210	港方原因停泊	指因港口设备、劳动力不足,或调度不当等属于港方责任而造成的船舶等码头泊位、等工人、等库场、等拖驳船以及港口装卸机械设备故障等停泊
211	等码头停泊	指因港口设备、劳动力不足,或调度不当等属于港方责任而造成的船舶等码头的停泊
220	船方原因	指因船方责任造成的停泊,包括等货物积载图、等船员、等运行调度命令、船上装卸机具和照明发生故障等造成的停泊
230	船舶物资部门原因停泊	指由于物资部门责任,如货物不能按时集中或疏散,流向未定不能开工作业等造成的停泊
240	其他非生产性停泊	指除了港方原因、船方原因、物资部门原因等原因造成的非生产性停泊
300	自然因素停泊	指因自然因素影响而造成的停泊时间,包括因风、雨、雾等气象原因,因高温季节工人工间休息,候潮进出港等所造成的停泊,以及船舶到指定地点避风的停泊
310	气象性停泊	指因气象原因而造成的停泊

5.58 交通量调查站类型代码

代码标识为:DM_JTLDCZLXDM,代码见表49。

表49 交通量调查站类型代码

代 码	名 称	代 码	名 称
1	连续式调查站	9	其他类型调查站
2	间隙式调查站		

5.59 观测线代码

代码标识为:DM_GCXDM,观测线代码是唯一标识观测线的代码。

内河航道上的观测线代码格式为:

XXXXXXXXXX_YYY

顺序号

观测断面所在内河航道代码

其中观测断面所在内河航道代码参见 JT/T 697.4—2007《交通信息基础数据元 第4部分:航道信息基础数据元》6.1;顺序号,只与录入到系统中的顺序有关,与地理顺序无关。

海上观测线代码为:

0000000000_YYY

顺序号

其中顺序号,只与录入到系统中的顺序有关,与地理顺序无关。

5.60 观测点代码

代码标识为:DM_GCDDM,观测点代码是唯一标识观测点的代码。

内河航道上的观测点编码格式为:

XXXXXXXXXX_YYYYY

顺序号

观测断面所在内河航道代码

其中观测断面所在内河航道代码参见 JT/T 697.4—2007《交通信息基础数据元 第4部分:航道信息基础数据元》6.1;顺序号,只与录入到系统中的顺序有关,与地理顺序无关。

海上观测点代码为:

0000000000_YYYYY

顺序号

其中顺序号,只与录入到系统中的顺序有关,与地理顺序无关。

5.61 机构代码

代码标识为:DM_JGDM,机构代码是唯一标识调查机构的编码。按参与调查的机构的业务类别分为:海事业务管理机构、船闸业务管理机构、航道管理机构和其他机构四种。

海事业务管理机构的机构代码编码格式为:

HS XXXXXXXX

相应机构的海事业务应用编码

船闸业务管理机构的机构代码编码格式为:

CZ XX YY ZZ NN

船闸顺序号

船闸所在县级行政区划代码

船闸所在地市级行政区划代码

船闸所在省级行政区划代码

航道管理机构的机构代码编码格式为:

HD XX YY ZZ NN

航道管理机构顺序号

航道管理机构所在县级行政区划代码

航道管理机构所在地市级行政区划代码

航道管理机构所在省级行政区划代码

其他机构的机构代码为编码格式为：

```
QT  XX  YY  ZZ  NN
     |   |   |   |
     |   |   |   └── 机构顺序号
     |   |   └────── 机构所在县级行政区划代码
     |   └────────── 机构所在地市级行政区划代码
     └────────────── 机构所在省级行政区划代码
```

5.62 调查人代码

代码标识为：DM_DCRDM，调查人代码是唯一标识调查人的编码。其编码格式如下：

```
XXXXXXXXXX  YYYY
    |         |
    |         └── 机构内部人员顺序号
    └──────────── 所属机构代码
```

5.63 标准船分组代码

代码标识为：DM_BZCFZDM，标准船分组代码是按船舶总长（标准）进行分组时船舶所属标准船分组的编码，代码见表50。

表50 标准船分组代码

代码	名 称	换算系数	代码	名 称	换算系数
01	船长＜15m	0.25	05	90m≤船长＜150m	1.50
02	15m≤船长＜30m	0.30	06	150m≤船长＜180m	2.00
03	30m≤船长＜50m	0.50	07	船长≥180m	3.50
04	50m≤船长＜90m	1.00			

5.64 货物包装及装卸形式代码

代码标识为：DM_HWBZJZXXSDM，货物包装及装卸形式代码用以标识货物包装及装卸的形式，代码见表51。

表51 货物包装及装卸形式代码

代码	名称	说 明	代码	名称	说 明
01	散装件杂	包括液体散装货物、干散货物、件杂货物	03	滚装车载	滚装货物，含滚装集装箱
02	集装箱	集装箱货物，不含滚装集装箱货物	09	其他	

5.65 滚装车辆标准车分类代码

代码标识为：DM_GZCLBZCFLDM，滚装车辆标准车分类代码用以标识滚装车辆标准折算分类，代码见表52。

表52 滚装车辆标准车分类代码

代 码	名 称	折算系数	说 明
0000	机动车		
0100	货车		
0101	特大型货车	3.0	载质量＞14t
0102	大型货车	2.0	7t＜载质量≤14t，包括吊车
0103	中型货车	1.5	2t＜载质量≤7t
0104	小型货车	1.0	载质量≤2t

表 52（续）

代码	名称	折算系数	说明
0105	拖挂车	3.0	包括半挂车、平板拖车
0106	集装箱车	3.0	
0200	客车		
0201	大型客车	1.5	额定座位>19 座
0202	小型客车	1.0	额定座位≤19 座
0300	摩托车	1.0	包括轻骑、载货摩托车及载货（客）机动三轮车等
0400	拖拉机	4.0	

5.66 报告种类代码

代码标识为：DM_BGZLDM，报告种类代码用以标识报告的分类，代码见表 53。

表 53 报告种类代码

代码	名称	说明
11	人工观测船舶流报告	人工观测的船舶流记录
12	VTS 船舶流报告	借用 VTS 进行的船舶流记录
13	AIS 船舶流报告	借用 AIS 进行的船舶流记录
14	视频识别船舶流报告	借用视频识别进行的船舶流记录
21	过闸登记	船舶通过船闸前向船闸管理部门提交的过闸申请报告
31	进出港航次签证	国内船舶走国内航线进出港口时，向港口所在辖区的海事部门提交的航次签证申请报告
32	进出港定期签证	国内船舶走国内航线进出港口时，向港口所在辖区的海事部门提交的定期签证申请报告
33	进出港查验	国内船舶走国际航线或国外船舶进出港口时，向港口所在辖区的海事部门提交的查验申请报告
34	进出港定期查验	国内船舶走国际航线或国外船舶进出港口时，向港口所在辖区的海事部门提交的定期查验申请报告
35	进出港报告	船舶进出港口时向港口所在辖区的海事部门提交的进出港申请报告

5.67 企业与个体登记注册类型代码

代码标识为：DM_QYYGTDJZCLXDM，代码见表 54。

表 54 企业与个体登记注册类型代码

代码	名称	代码	名称
100	内资企业	149	其他联营企业
110	国有企业	150	有限责任公司
120	集体企业	151	国有独资公司
130	股份合作企业	159	其他有限责任公司
140	联营企业	160	股份有限公司其他有限责任公司
141	国有联营企业	170	私营企业股份有限公司
142	集体联营企业	171	私营独资企业私营企业
143	国有与集体联营企业	172	私营合伙企业私营独资企业

表 54(续)

代码	名　　称	代码	名　　称
173	私营有限责任公司	300	外商投资企业
174	私营股份有限公司	310	中外合资经营企业
190	其他企业	320	中外合作经营企业
200	港、澳、台商投资企业	330	外资企业
210	合资经营企业(港或澳、台资)	340	外商投资股份有限公司
220	合作经营企业(港或澳、台资)	400	个体经营
230	港、澳、台商独资经营企业	410	个体户
240	港、澳、台商投资股份有限公司	420	个人合伙

5.68 交通行业分类代码

代码标识为:DM_JTHYFLDM,代码见表55。

表 55 交通行业分类代码

代码	名　　称	说　　明
1000	水上运输业	
1100	航道	整治、疏浚航道,闸、坝建设,设置航标,建设航标站、监督站,购置船舶、设备等
1110	沿海港口出海航道	包括沿海港口及河口出海航道建设
1150	内河航道	
1200	港口	港区内码头、锚地、防波堤、仓库、堆场、铁路、公路、候船室等及其他辅助设施建设,以及购置港作船、装卸机械等
1210	沿海港口	包括纳入部沿海计划管理的长江下游港口项目
1250	内河港口	
1300	国际集装箱中转站	
1400	水上运输部门	水运管理部门及水运企业的建设,包括运输船舶购置
2000	公路运输业	
2100	公路线路基础设施	公路线路、桥梁、涵洞、隧道等建设
2110	公路线路	
2140	独立公路桥梁	
2170	独立隧道	
2200	公路场站基础设施	汽车客货运站场建设。包括停车场
2210	汽车客运站	

表 55(续)

代码	名　称	说　明
2240	汽车货运站	
2270	停车场	
2300	公路运输部门	公路管理部门及公路运输企业的建设,包括运输车辆购置
3000	支持系统	
3100	海事	海事单位的建设,包括船舶、飞机及设备购置
3200	救助、打捞	救助、打捞单位的建设,包括船舶、飞机及设备购置
3300	科研	交通部门科研单位,包括规划院,以及继续投资的原交通部门管理的科研单位建设项目
3400	教育	交通部门教育单位,包括继续投资的原交通部门管理的教育单位建设项目
3500	信息、通信	交通部门信息和通信项目建设
4000	交通部门其他	交通部门内其他企事业单位内部建设
4100	工业、建筑企业	交通部门内工业、建筑企业,包括勘察设计
4200	其他单位	交通部门内其他事业单位,包括新闻、出版、疗养、绿化等

5.69　交通固定资产投资项目隶属关系代码

代码标识为:DM_JTGDZCTZXMLSGXDM,代码见表 56。

表 56　交通固定资产投资项目隶属关系代码

代　码	名　　称	代　码	名　　称
1	中央	4	县(旗、县级市)
2	省(自治区、直辖市)	9	其他
3	地区(州、盟、省辖市)		

5.70　交通固定资产投资项目报表种类代码

代码标识为:DM_JTGDZCTZXMBBZLDM,代码见表 57。

表 57　交通固定资产投资项目报表种类代码

代　码	名　　称	代　码	名　　称
1	基本建设	4	其他投资
2	更新改造	5	农村公路
3	国有其他		

5.71　交通固定资产投资项目建设阶段代码

代码标识为:DM_JTGDZCTZXMJSJDDM,代码见表 58。

表 58 交通固定资产投资项目建设阶段代码

代码	名称	代码	名称
1	筹建	4	全部停缓建
2	本年正式施工	5	单纯购置
3	本年收尾		

5.72 交通固定资产投资项目计划类别代码

代码标识为:DM_JTGDZCTZXMJHLBDM,代码见表 59。

表 59 交通固定资产投资项目计划类别代码

代码	名称	代码	名称	代码	名称	代码	名称
100	中央计划	111	县乡公路(中)	124	农村客运站点	205	省农村公路
101	沿海港口	112	县际公路(西)	125	农村公路渡口、渡改桥	210	省农村客运站点
102	陆岛运输	113	国防公路	126	通村油路(东)	300	市(地)计划
103	内河航运	114	边防界河	127	通村油路(中)	305	市(地)农村公路
104	公路重点	115	海事	128	通乡油路(西)	310	市(地)农村客运站点
105	主枢纽	116	救捞	129	红色旅游	900	其他计划
106	公铁立交	117	教育科研	130	治超站点	905	其他农村公路
107	口岸交通	118	安保工程	131	国省道改造	910	其他农村客运站点
108	通达工程	121	杭甬运河碍航	132	公路信息建设		
109	路网改造	122	国家商品粮基地	199	中央其他计划		
110	农村公路(东)	123	革命圣地	200	省计划		

5.73 交通固定资产投资项目投资来源代码

代码标识为:DM_JTGDZCTZXMTZLYDM,代码见表 60。

表 60 交通固定资产投资项目投资来源代码

代码	名称	代码	名称
1	中央投资	3	地方投资
2	中央和地方合资	4	企事业单位投资

5.74 公路建设重点线路代码

代码标识为:DM_GLJSZDXLDM,代码见表 61。

表 61 公路建设重点线路代码

代码	名 称	代码	名 称	代码	名 称
100	国道主干线	315	大庆—广州	366	宁波—金华
101	同江—三亚	316	二连浩特—广州	367	温州—丽水
102	北京—福州	317	包头—茂名	368	宁德—上饶
103	北京—珠海	318	兰州—海口	369	新民—鲁北
104	二连浩特—河口	319	重庆—昆明	370	阜新—锦州
105	重庆—湛江	321	绥芬河—满洲里	371	淮安—徐州
111	绥芬河—满洲里	322	珲春—乌兰浩特	372	龙南—河源
112	丹东—拉萨	323	丹东—锡林浩特	373	集宁—阿荣旗
113	青岛—银川	324	荣城—乌海	374	晋城—新乡
114	连云港—霍尔果斯	325	青岛—银川	375	长沙—张家界
115	上海—成都	326	青岛—兰州	376	钦州—东兴
116	上海—瑞丽	327	连云港—霍尔果斯	377	昆明—磨憨
117	衡阳—昆明	328	南京—洛阳	378	哈尔滨—同江
200	西部省际通道	329	上海—西安	379	吉林—黑河
201	阿荣旗—北海	330	上海—成都	380	沈阳—吉林
202	银川—武汉	331	上海—重庆	381	黄骅—石家庄
203	兰州—磨憨	332	杭州—瑞丽	382	青岛—新河
204	阿勒泰—红其拉甫	333	上海—昆明	383	定边—武威
205	西宁—库尔勒	334	福州—银川	384	柳园—格尔木
206	合肥—西安	335	泉州—南宁	385	吐鲁番—和田及伊尔克什坦
207	长沙—重庆	336	厦门—成都	386	奎屯—阿勒泰
208	成都—樟木	337	汕头—昆明	387	奎屯—塔城
300	国家高速公路网	338	广州—昆明	388	清水河—伊宁
301	北京—上海	341	辽中地区环线	389	扬州—溧阳
302	北京—台北	342	成渝地区环线	390	南京—芜湖
303	北京—港澳	343	海南地区环线	391	合肥—安庆
304	北京—昆明	344	珠江三角洲地区环线	392	芜湖—合肥
305	北京—拉萨	345	杭州湾地区环线	393	大理—丽江
306	北京—乌鲁木齐	360	广州—澳门	394	十堰—天水
307	北京—哈尔滨	361	鹤岗—哈尔滨	395	南宁—友谊关
311	鹤岗—大连	362	集安—双辽	396	开远—河口
312	沈阳—海口	363	丹东—阜新	397	东莞—佛山
313	长春—深圳	364	常熟—台州	398	宁波—舟山
314	济南—广州	365	日照—兰考		

5.75 交通固定资产投资项目购置类别代码

代码标识为:DM_JTGDZCTZXMGZLBDM,代码见表 62。

表62 交通固定资产投资项目购置类别代码

代 码	名 称	代 码	名 称
1	运输船舶	4	飞机
2	工作(工程)船	5	设备、器具
3	运输车辆		

5.76 交通固定资产投资资金来源代码

代码标识为:DM_JTGDZCTZZJLYDM,代码见表63。

表63 交通固定资产投资资金来源代码

代码	名 称	代码	名 称	代码	名 称	代码	名 称
100	国家预算内资金	230	内河支出	611	养路费	630	县自筹
110	中央预算内	300	国内贷款	612	客货运附加	640	乡自筹
120	中央国债	310	开发银行贷款	613	通行费	650	村自筹
130	地方预算内	400	债券	614	转让经营权收入	660	其他自筹
140	地方国债	500	利用外资	615	水运规费	700	企事业单位资金
200	部专项资金	510	外商直接投资	616	地方机动财力	800	其他资金
210	车购税	600	地方自筹	617	其他资金	810	集资
220	港建费	610	省自筹	620	市(地)自筹		

5.77 交通新增生产能力(或工程效益)代码

代码标识为:DM_JTXZSCNLHGCXYDM,代码见表64。

表64 交通新增生产能力(或工程效益)代码

代 码	名 称	代 码	名 称
100	新增内河航道	130	改(扩)建码头泊位
101	新增一级航道	131	码头长度
102	新增二级航道	132	前沿设计水深
103	新增三级航道	133	靠泊能力
104	新增四级航道	134	货物通过能力
105	新增五级航道	135	集装箱通过能力
106	新增六级航道	136	车辆通过能力
107	新增七级航道	137	旅客通过能力
110	改善内河航道	138	旅客通过能力
111	改善一级航道	140	库场
112	改善二级航道	141	堆场建筑面积
113	改善三级航道	143	集装箱堆场集装箱位
114	改善四级航道	145	仓库建筑面积
115	改善五级航道	147	圆筒仓容积
116	改善六级航道	149	油库容积
117	改善七级航道	200	新建公路
120	新建码头泊位	201	新建高速公路
121	泊位数量	202	新建一级公路
122	码头长度	203	新建二级公路
123	前沿设计水深	204	新建三级公路
124	靠泊能力	205	新建四级公路
125	货物通过能力	206	新建等外公路
126	集装箱通过能力	210	改建公路
127	车辆通过能力	211	改建高速公路
128	旅客通过能力	212	改建一级公路

表 64(续)

代码	名称	代码	名称
213	改建二级公路	246	改建汽车客运站日通过能力
214	改建三级公路	246	新建汽车货运站数量
215	改建四级公路	247	新建汽车货运站建筑面积
216	改建等外公路	248	新建汽车货运站年通过能力
220	新建独立桥梁	249	改建汽车货运站数量
221	新建独立桥梁数量	250	改建汽车货运站建筑面积
222	新建独立桥梁长度	255	改建汽车货运站年通过能力
225	改建独立桥梁	251	新建停车场数量
226	改建独立桥梁数量	252	停车场使用面积
227	改建独立桥梁长度	253	车位数量
230	新建独立隧道	300	船舶购置
231	隧道数量	301	船舶数量
232	长度	302	载客量
240	新建汽车站场	303	载货量
241	新建汽车客运站数量	304	载箱量
242	新建汽车客运站建筑面积	305	拖船功率
243	新建汽车客运站日通过能力	310	车辆购置
244	改建汽车客运站数量	320	飞机购置
245	改建汽车客运站建筑面积		

5.78 完成投资额按构成分类代码

代码标识为:DM_WCTZEAGCFLDM,代码见表65。

表 65 完成投资额按构成分类代码

代码	名称	代码	名称
10	建筑工程	90	其他
20	安装工程	91	实际购置土地费
30	设备、工具、器具购置		

5.79 水运工程项目分类代码

代码标识为:DM_SYGCXMFLDM,代码见表66。

表 66 水运工程项目分类代码

代码	名称	代码	名称
100	沿海港口出海航道	220	陆域回填工程
110	航道工程	230	防波堤工程
120	土石方开挖工程	240	护岸工程
130	混凝土浇筑	250	码头工程
140	疏浚(吹填)工程	251	基础工程
150	筑坝工程	252	桩基工程
160	炸礁工程	253	上部结构
200	港口工程	254	设备安装
210	航道工程	260	堆场工程

5.80 公路工程项目分类代码

代码标识为:DM_GLGCXMFLDM,代码见表67。

表67 公路工程项目分类代码

代码	名称	代码	名称
10	路基	32	梁板预制
11	土石方	40	中桥、小桥
20	路面	50	涵洞、通道
21	路面底基层	60	隧道
22	路面基层	61	掘进
23	路面面层	62	衬砌
30	特大桥、大桥	70	防护工程
31	桩基		

5.81 事故原因分类代码

代码标识为:DM_SGYYFLDM,采用GA 16.3—2003。

5.82 运输船舶企业分类代码

代码标识为:DM_YSCBQYFLDM,代码见表68。

表68 运输船舶企业分类代码

代码	名称	代码	名称
1	中直运输船舶企业	3	乡镇、个体运输船舶
2	地方运输船舶企业	4	非五星旗运输船舶

5.83 运输船舶分类代码

代码标识为:DM_YSCBFLDM,代码见表69。

表69 运输船舶分类代码

代码	名称	代码	名称
1	货船	4	港作、工程、供给、交通运输船
2	客、渡运输船	5	其他运输船舶
3	危险品运输船		

5.84 事故险情分类代码

代码标识为:DM_SGXQFLDM,代码见表70。

表70 事故险情分类代码

代码	名称	代码	名称
01	碰撞	07	风灾
02	搁浅	08	自沉
03	触礁	09	机损
04	触损	10	伤病
05	浪损	99	其他
06	火灾/爆炸		

5.85 非运输船舶分类代码

代码标识为:DM_FYSCBFLDM,代码见表71。

表 71 非运输船舶分类代码

代码	名称	代码	名称
1	无证、无照非运输船	3	农(自)用非运输船
2	渔船	4	其他非运输船

5.86 船舶人员遇险区域代码

代码标识为:DM_CBRYYXQYDM,代码见表72。

表 72 船舶人员遇险区域代码

代码	名称	代码	名称
1	东海海区	5	江河干流
2	南海海区	6	支流、湖泊
3	黄海海区	7	其他
4	渤海海区		

5.87 船舶人员遇险等级代码

代码标识为:DM_CBRYYXDJDM,代码见表73。

表 73 船舶人员遇险等级代码

代码	名称	代码	名称
1	一般	3	重大
2	较大	4	特大

5.88 出动搜救船艇/飞机的部门代码

代码标识为:DM_CDSJCT/FJDBMDM,代码见表74。

表 74 出动搜救船艇/飞机的部门代码

代码	名称	代码	名称
1	海事	4	社会
2	救捞	5	渔船
3	军队	6	过往商船

5.89 法人性质代码

代码标识为:DM_FRXZDM,代码见表75。

表 75 法人性质代码

代码	名称	代码	名称
1	事业法人	2	企业法人

5.90 机构性质代码

代码标识为:DM_JGXZDM,代码见表76。

表 76 机构性质代码

代码	名称	代码	名称
1	事业性科研机构	5	政府部门
2	转制为企业的科研机构	6	工程建设(临时)指挥部
3	大专院校	9	其他
4	交通建设(或运输)企业		

5.91 人员编制代码

代码标识为:DM_RYBZDM,代码见表77。

表77 人员编制代码

代 码	名 称	代 码	名 称
1	事业编制	9	其他
2	企业编制		

5.92 省级及以上实验室和研究中心级别和类型代码

代码标识为:DM_SJJYSSYSHYJZXLBHLXDM,代码见表78。

表78 省级及以上实验室和研究中心级别和类型代码

代 码	名 称	代 码	名 称
1	国家(重点)实验室	4	国家工程技术(研究)中心
2	行业(重点)实验室	5	行业工程技术(研究)中心
3	省级(重点)实验室	6	省级工程技术(研究)中心

5.93 交通科技项目来源代码

代码标识为:DM_JTKJXMLYDM,代码见表79。

表79 交通科技项目来源代码

代 码	名 称	代 码	名 称
11	交通运输部	22	其他省级交通部门
12	部海事局	23	省级科技部门
13	部救捞局	29	其他省级政府部门
14	部长江航务管理局	31	市级交通局
15	部珠江航务管理局	32	其他市级交通部门
16	部长江口航道管理局	33	市级科技部门
17	科技部	39	其他市级政府部门
19	其他国家级政府部门	41	企业
21	省级交通厅(局、委)	99	其他

5.94 交通科技项目类别(大类)代码

代码标识为:DM_JTKJXMLBDLDM,代码见表80。

表80 交通科技项目类别(大类)代码

代 码	名 称	代 码	名 称
1	交通新材料研究	5	交通信息化研究
2	交通新技术研究	6	交通软科学研究
3	交通新工艺研究	7	交通标准规范研究
4	交通新产品研究	9	其他

5.95 交通科技项目类别(细类)代码

代码标识为:DM_JTKJXMLBXLDM,代码见表81。

表81 交通科技项目类别(细类)代码

代码	名　　称	代码	名　　称
01	公路	09	业务信息化
02	桥梁	10	政策法规
03	隧道	11	体制和机制
04	港口	12	标准规范
05	航道	13	战略规划
06	公路运输	14	交通经济运行分析及预测
07	水路运输	15	交通统计研究
08	政务信息化	99	其他

5.96 交通科技研究目标代码

代码标识为:DM_JTKJYJMBDM,代码见表82。

表82 交通科技研究目标代码

代码	名　　称	代码	名　　称
01	降低生产或养护成本	09	减灾防灾
02	提高生产效率	10	改善社会环境
03	提高耐久性	11	提高管理水平
04	提高安全性	12	提高服务品质
05	增加新功能	13	节约管理成本
06	节约能源/资源	14	提高工作效率
07	减少污染物排放	15	提高市场竞争力
08	更新生产、输送、储存和分配方法	99	其他

5.97 性别代码

代码标识为:DM_XBDM,采用GB/T 2261.1。

5.98 学历代码

代码标识为:DM_XLDM,采用GB/T 4658。

5.99 学位代码

代码标识为:DM_XWDM,采用GB/T 6864。

5.100 职称代码

代码标识为:DM_ZCDM,采用GB/T 8561。

5.101 项目人员所属单位代码

代码标识为:DM_XMRYSSDWDM,代码见表83。

表83 项目人员所属单位代码

代码	名　　称	代码	名　　称
1	本单位	3	外聘
2	合作单位		

5.102 交通科技项目资金投入(到位)分类代码

代码标识为:DM_JTKJXMZJTRDWFLDM,代码见表84。

表84 交通科技项目资金投入(到位)分类代码

代码	名　称	代码	名　称
100	政府拨款	132	市级科技管理部门拨款
110	国家拨款	133	其他市级政府部门
111	交通运输部拨款	140	市级以下政府拨款
112	科技部拨款	200	自有资金
113	其他国家级政府部门拨款	300	贷款
120	省级政府拨款	400	社会资金
121	省级交通部门拨款	410	国外资金
122	省级科技管理部门拨款	420	企业资金
123	其他省级政府部门	500	依托工程配套资金
130	市级政府拨款	510	单独立项资金
131	市级交通部门拨款	600	其他

5.103 交通科技项目资金使用去向分类代码

代码标识为:DM_JTKJXMZJSYQXFLDM,代码见表85。

表85 交通科技项目资金使用去向分类代码

代码	名　称	代码	名　称
10	人员支出费	33	试验相关业务支出费
20	科研仪器和设备支出费	34	会议相关业务支出费
30	相关业务支出费	35	差旅相关业务支出费
31	材料相关业务支出费	40	项目管理费
32	燃料及动力相关业务支出费	50	其他

5.104 项目进展情况代码

代码标识为:DM_XMJZQKDM,代码见表86。

表86 项目进展情况代码

代码	名　称	代码	名　称
1	按计划进度进行	4	停顿
2	进度超前	5	申请撤销
3	拖延		

5.105 项目拖延、停顿、撤销的主要原因代码

代码标识为:DM_XMTYTDCXDZYYYDM,代码见表87。

表 87 项目拖延、停顿、撤销的主要原因代码

代码	名　称	代码	名　称
1	技术变化	6	技术骨干变动
2	计划性调整	7	依托工程未按计划进行
3	设备、材料未落实	8	不可抗拒因素
4	资金未到位	9	其他
5	市场变化		

5.106 项目调整内容代码

代码标识为:DM_XMTZNRDM,代码见表 88。

表 88 项目调整内容代码

代码	名　称	代码	名　称
1	目标	4	资金投入
2	技术路线	5	计划进度
3	技术骨干	9	其他

5.107 科技成果评价等级代码

代码标识为:DM_KJCGPJDJDM,代码见表 89。

表 89 科技成果评价等级代码

代码	名　称	代码	名　称
1	国际领先	4	国内独有
2	国际先进	5	国内先进
3	国内领先	6	行业领先

5.108 科技成果获奖情况代码

代码标识为:DM_KJCGHJQKDM,代码见表 90。

表 90 科技成果获奖情况代码

代码	名　称	代码	名　称
11	国家最高科学技术奖	23	省部级二级
12	国家自然科学奖特等	24	省部级三级
13	国家自然科学奖一等	31	航海学会特等
14	国家自然科学奖二等	32	航海学会一等
15	国家技术发明奖特等	33	航海学会二等
16	国家技术发明奖一等	34	航海学会三等
17	国家技术发明奖二等	41	公路学会特等
18	国家科学进步奖特等	42	公路学会一等
19	国家科学进步奖一等	43	公路学会二等
1A	国家科学进步奖二等	44	公路学会三等
1B	中华人民共和国国际科学技术合作奖	91	其他级别政府科技奖
21	省部级特级	92	其他社会科技奖
22	省部级一级		

5.109 研究成果推广应用程度代码

代码标识为:DM_YJCGTGYYCDDM,代码见表91。

表91 研究成果推广应用程度代码

代码	名　称	代码	名　称
1	1～10家单位应用	3	51～100家单位应用
2	11～50家单位应用	4	100家以上单位应用

5.110 项目后续发展的主要目标代码

代码标识为:DM_XMHXFZDZYMBDM,代码见表92。

表92 项目后续发展的主要目标代码

代码	名　称	代码	名　称
1	完善理论	5	改善性能
2	加快产业化	6	减少成本
3	基于理论发展新的技术	9	其他
4	提高生产规模		

5.111 项目后续发展研究方向情况代码

代码标识为:DM_XMHXFZYJFXQKDM,代码见表93。

表93 项目后续发展研究方向情况代码

代码	名　称
1	继续在原方向上深化研究
2	根据国内外同领域研究发展趋势和市场变化,调整了研究方向

5.112 项目后续发展环境情况代码

代码标识为:DM_XMHXFZHJQKDM,代码见表94。

表94 项目后续发展环境情况代码

代码	名　称	代码	名　称
1	很大改善	3	未改善
2	部分改善	4	变差

5.113 项目后续发展中得到支持情况代码

代码标识为:DM_XMHXFZZDDZCQKDM,代码见表95。

表95 项目后续发展中得到支持情况代码

代码	名　称	代码	名　称
1	交通运输部计划	6	其他地方政府部门计划
2	科技部计划	7	行业协会支持
3	其他国家部门计划	8	企业支持
4	地方交通部门计划	9	其他方面支持
5	地方科技部门计划		

5.114 项目后续发展中产学研合作程度代码

代码标识为:DM_XMHXFZZCXYHZCDDM,代码见表96。

表 96　项目后续发展中产学研合作程度代码

代码	名　称	代码	名　称
1	紧密合作	3	松散合作
2	较紧密合作	4	未进行产学研合作

5.115　项目后续发展依托基地情况代码

代码标识为:DM_XMHXFZYTJDQKDM,代码见表 97。

表 97　项目后续发展依托基地情况代码

代码	名　称	代码	名　称
1	国家试验室或国家重点实验室	4	国家工程技术(研究)中心
2	行业重点实验室	9	其他
3	省级重点实验室		

5.116　项目成果应用转化形式代码

代码标识为:DM_XMCGYYZHXSDM,代码见表 98。

表 98　项目成果应用转化形式代码

代码	名　称	代码	名　称
1	自行用于科研	5	自行生产
2	提供其他单位用于科研	6	提供其他用户用于生产
3	用于国家大型工程项目	9	其他
4	技术服务		

5.117　项目成果未应用转化原因代码

代码标识为:DM_XMCGWYYZHYYDM,代码见表 99。

表 99　项目成果未应用转化原因代码

代码	名　称	代码	名　称
1	成果没有应用转化价值	4	无合适的合作单位
2	成果目前还不具备应用转化条件	9	其他
3	无足够的经费		

5.118　项目成果后续产业化阶段经费是否充足代码

代码标识为:DM_XMCGHXCYHJDJFSFCZDM,代码见表 100。

表 100　项目成果后续产业化阶段经费是否充足代码

代码	名　称	代码	名　称
1	充足	4	不足
2	比较充足	5	严重不足
3	一般		

5.119　项目成果应用于市场情况代码

代码标识为:DM_XMCGYYYSCQKDM,代码见表 101。

表 101　项目成果应用于市场情况代码

代码	名　称	代码	名　称
1	未形成产品	3	形成产品,市场已有同类产品
2	形成产品,且市场无同类产品	4	形成产品,市场已有大量同类产品

5.120 通信方式代码

代码标识为:DM_TXFSDM,代码见表102。

表102 通信方式代码

代码	名　称	代码	名　称
1	发信	9	其他
2	收信		

5.121 产品制造地分类代码

代码标识为:DM_CPZZDFLDM,代码见表103。

表103 产品制造地分类代码

代码	名　称	代码	名　称
1	国产	2	进口

5.122 报警方式代码

代码标识为:DM_BJFSDM,代码见表104。

表104 报警方式代码

代码	名　称	说　明
10	真实报警数	指岸台接收到的上述报警中,有真实船舶发生遇险紧急情况并发出遇险报警信息的次数
11	确认数	指岸台接收到的真实报警数中,通过该岸台发出的遇险报警信息收妥确认的次数
12	转发数	指岸台接收到的真实报警数中,通过该岸台转发的遇险报警信息的次数
20	误报警数	指岸台接收到的遇险报警信息中,发出遇险报警信息的电台并未处于遇险紧急情况,只是由于过失操作而致使电台无线电通信系统错误发出的遇险报警信息的次数

5.123 岸台业务分类代码

代码标识为:DM_ATYWFLDM,代码见表105。

表105 岸台业务分类代码

代码	名　称	代码	名　称
10	遇险通信	50	港口业务电话
20	航行警告	60	常规通信
30	气象预报	61	国内电话
40	船舶报告	62	国际电话

参考文献

[1] 中华人民共和国国家标准 GB/T 2260—2002　中华人民共和国行政区划代码.
[2] 中华人民共和国国家标准 GB5768—1999　道路交通标识和标线. 北京:中国标准出版社,1999.
[3] 中华人民共和国行业标准 JT/T 132—2003　公路数据库编目编码规则. 北京:人民交通出版社,2003.
[4] 中华人民共和国行业标准 JT/T 437—2001　港口主要统计指标分类与代码. 北京:人民交通出版社,2001.
[5] 中华人民共和国行业标准 JT/T 438—2001　水路运输主要统计指标分类与代码. 北京:人民交通出版社,2001.
[6] 中华人民共和国行业标准 JT/T 444—2001　公路运输主要统计指标分类与代码. 北京:人民交通出版社,2001.
[7] 中华人民共和国行业标准 JT/T 450—2001　交通固定资产投资主要统计指标分类与代码. 北京:人民交通出版社,2001.
[8] 中华人民共和国行业标准 JTG A03—2007　国家高速公路网命名和编码规则. 北京:人民交通出版社,2007.
[9] 中华人民共和国行业标准 JTG B01—2003　公路工程技术标准. 北京:人民交通出版社,2003.
[10] 中华人民共和国行业标准 JTG H11—2004　公路桥涵养护技术规范. 北京:人民交通出版社,2004.
[11] 国统字(1998)200 号　关于划分企业登记注册类型的规定.
[12] 交通部 2007 年第 30 号公告　国家高速公路网相关标识更换工作实施技术指南.
[13] 交通部令 2006 年第 2 号　机动车驾驶员培训管理规定.

R

第一批需严格执行的

Jiaotong Yunshu Xinxihua Biaozhun Huibian

交通运输信息化标准汇编

（第四分册）

本社汇编

人民交通出版社

图书在版编目(CIP)数据

交通运输信息化标准汇编/人民交通出版社编.—北京:人民交通出版社,2011.9

ISBN 978-7-114-09379-1

I.①交… II.①交… III.①交通运输—信息技术—标准—汇编—中国 IV.①U495-65

中国版本图书馆 CIP 数据核字(2011)第 179688 号

第一批需严格执行的

书　　名:**交通运输信息化标准汇编**(第四分册)

著 作 者:本社汇编

责任编辑:李　萍　李　农

出版发行:人民交通出版社

地　　址:(100011)北京市朝阳区安定门外外馆斜街 3 号

网　　址:http://www.ccpress.com.cn

销售电话:(010)59757969,59757973

总 经 销:人民交通出版社发行部

经　　销:各地新华书店

印　　刷:北京市密东印刷有限公司

开　　本:880×1230　1/16

印　　张:24.5

字　　数:728 千

版　　次:2011 年 9 月　第 1 版

印　　次:2011 年 9 月　第 1 次印刷

书　　号:ISBN 978-7-114-09379-1

总 定 价:700.00 元(共五册)

总 目 次

ICS 01.040.03;03.220.40
R 04
备案号:

JT

中华人民共和国交通行业标准

JT/T 765.1—2009

长江电子航道图制作规范
第1部分:术语

Developing standard for digital hydrographic chart of the Changjiang River
Part 1: Terms

2009-12-23 发布　　2010-04-01 实施

中华人民共和国交通运输部　发布

目　次

前　言

JT/T 765—2009《长江电子航道图制作规范》分为五个部分：

——第1部分：术语；

——第2部分：数据传输；

——第3部分：显示准则；

——第4部分：数据有效性检验；

——第5部分：数据保护。

本部分为JT/T 765—2009的第1部分。

本部分对应于国际海道组织（IHO）S-32《海道字典附录1 ECDIS相关术语》（HYDROGRAPHIC DICTIONARY, Appendix 1 Glossary of ECDIS Related Terms），本部分与S-32附录1的一致性程度为非等效。

本部分由交通部信息通信及导航标准化技术委员会提出并归口。

本部分起草单位：大连海事大学、长江航务管理局、长江航道局。

本部分主要起草人：赵德鹏、李源惠、但乃越、杜经农、朱业汉、杨大鸣、潘明阳、李邵喜、赵丽宁、胡景峰、郝江凌、李超、王德强、杨晓波、俞建林、万大彬、章娟、刘青、程大炜、曹成、顾网林、李海、董华。

长江电子航道图制作规范
第1部分：术语

1 范围

JT/T 765—2009 的本部分规定了长江电子航道图相关术语集。

本部分适用于长江电子航道图制作、系统开发、设计和应用，其他内河航道图系统也可参照使用。

2 术语和定义

2.1

所有其他信息 all other information

电子航道图显示与信息系统（ECDIS）中不属于标准显示内容的系统电子航道图（SENC）信息，也称为请求式信息。

2.2

应用简档 application profile

ECDIS 中的特定数据结构，为某种特定用途，如电子航道图（ENC）数据传输而定义。

2.3

区域 area

ECDIS 中的物标所处范围的二维几何图元。

2.4

属性 attribute

ECDIS 中物标的特性。由一组特定的属性编码、首字母缩略词、定义和可用值构成。在数据结构中，用编码来区分属性，首字母缩略词仅用于相关文件与产品规范的快速参考。

2.5

属性编码 attribute label/code

ECDIS 中属性的一个定长数值标记或二字节长的无符号整形编码。

2.6

自动改正 automatic correction

ECDIS 中半自动或全自动方式改正 ENC 或 SENC。

2.7

基础数据 base data

ECDIS 中不含有任何改正记录的数据生产方的数据。这些数据一经交换便成为应用方的目标数据。

2.8

制图物标 cartographic object

ECDIS 中的一种特征物标，包含某些制图表示的信息（如真实世界实体的文字信息）。

2.9

单元 cell

按地理区块划分的（ENC）数据基本单元。

2.10

单元许可证　cell permit

单元许可证是一个有64个字符的ASCII文本文件,其中英文字母应大写。单元许可证内包含了海图名字、过期时间以及用来解密海图数据的单元密钥。数据服务商对电子航道图进行加密后发送给数据用户,同时发送对应的单元许可证。用户对单元许可证进行解密得到单元密钥,最后用单元密钥来解密海图数据。一个单元许可证文件可包括一个或多个电子航道图的单元密钥。

2.11

链节点　chain node

一种以边、孤立节点和连接节点描述几何图形的数据结构。边和连接节点为拓扑式链接。节点在数据结构中被显式编码。

2.12

连接节点　connected node

作为边的起始节点或终止节点的节点。连接节点仅在链节点、平面图形和全拓扑数据结构中定义。

2.13

数据用户　data client

数据用户是电子航道图信息的使用者,从数据服务商那里接收加密后的信息。负责鉴别电子航道图的数字签名和按照规范定义的程序对电子航道图进行解密。鉴别和解密过程应通过客户的软件执行。ECDIS的使用者均是数据用户。

2.14

数据服务商　data server

数据服务商是加密电子航道图数据的提供者。

2.15

数据服务商证书　data server certificate

数据服务商证书是系统管理员颁发给数据服务商的数字证书,它由数据服务商的公开密钥以及系统管理员用自己的私有密钥对数据服务商的公开密钥签名后的返回值组成。

2.16

数字签名算法　digital signature algorithm(DSA)

该算法用作数字签名标准的一部分,它是一种公开密钥算法,不能用作加密,只用作数字签名。DSA使用公开密钥,为接收者验证数据的完整性和数据发送者的身份。它也可用于由第三方去确定签名和所签数据的真实性。DSA算法的安全性基于解离散对数的困难性,这类签字标准具有较大的兼容性和适用性,成为网络安全体系的基本构件之一。

2.17

数字化规则　digitizing conventions

编码规则　encoding conventions

ECDIS中,数据编码时所遵守的一组规则。

2.18

显示基础　display base

显示类别　display category

其他海图信息　other chart information

标准显示　standard display

在ECDIS中确立以下三种SENC物标类别:

a) 显示基础:始终显示的物标;

b) 标准显示:通过单一操作接通或取消显示的物标;

c） 所有其他信息：按需显示的物标。

2.19

边 edge

一维空间物标，由两个或多个坐标对（或两个连接节点）和任意插值参数所定位。如果缺少参数则插值默认为坐标对间的线段。在链节点、平面图和完全拓扑数据结构中，边应以连接节点的两端为基准，不能参照任何其他节点。

2.20

电子航道图数据库 electronic chart data base（ECDB）

在 ECDIS 中 ENC 数据的主数据库，由法定认可的航道测量机构以数字形式提供。

2.21

电子航道图显示与信息系统 electronic chart display and information system（ECDIS）

一种航行信息系统，通过集成显示来自 SENC 的航道图信息和导航传感器的位置信息或其他与航行有关信息，帮助航行人员做航线规则和航行监视。可将其视为符合 1974 年国际海上人命安全公约第 V 章第 19 条和第 27 条要求。

2.22

电子航道图系统 electronic chart system（ECS）

一种航行信息系统，能够在一个屏上显示船位和来自 ECS 数据库的航道图信息，但不满足 IMO 关于 ECDIS 性能所有要求，也不满足 SOLAS 第 V 章携带航行图的要求。

2.23

电子航道图 electronic navigational chart（ENC）

由法定认可航道测量机构发布的、在内容、结构和格式上标准化了的数据库。ENC 包含了为安全航行所必需的所有航道图信息，专供 ECDIS 使用的、还可能包含与纸质图有关的，且对安全航行来说是必需的其他附加信息（如航路指南）。

2.24

封装 encapsulation

在 ECDIS 中，字段、记录的识别及其分组和数据语法规则。

2.25

电子航道图处理系统 ENC processing system（EPS）

EPS 系统是整个电子航道图数据保护系统的核心，设备制造商在经过开发、测试，并且通过系统管理员指定的单位检验合格后，将其安装在数据用户（ECDIS 用户）的机器设备上，对数据服务商的 ENC 进行处理。

2.26

交换格式 exchange format

ECDIS 中为便于不同计算机系统之间交换数据而制定的、关于数据结构和组织的规定。

2.27

交换集 exchange set

ECDIS 中一组代表一个完整、单一目的（产品专用性）数据传输的文件。例如，《电子航道图产品规范》定义了一个包含一个类文件且至少包含一个数据集文件的交换集。

2.28

面 face

ECDIS 中二维空间物标。面是一个连续区域，是由包围它的一个或多个边组成的环所定义。面可能包含内孔（由边的闭合环组成）。这些内部边界应在外部边界之内，不允许其边界自身相交（除起始节点/终止节点外），不允许其边界与其他边界相交。只在完全拓扑数据结构中定义面。

2.29

特征 feature

ECDIS 中一个真实世界实体的表示。

2.30

特征物标 feature object

ECDIS 中具有真实世界实体非位置信息的物标。

2.31

特征记录 feature record

在 ECDIS 中,本部分数据结构针对特征物标(在数据模型中定义的特征物标在数据结构中编码为特征记录)所使用的术语。这种记录有地理、元、集合和制图四种类型。

2.32

完全拓扑 full topology

在 ECDIS 中,一种几何图形是由拓扑连接的节点、边和面描述的二维数据结构,即一种具有面的平面图。

2.33

几何图元 geometric primitive

ECDIS 中几何图形的基本表示单位:点、线和面。

2.34

孤立节点 isolated node

ECDIS 中表示点特征的几何位置为孤立的零维空间物标。孤立节点不能被用为起始节点或终止节点。

2.35

航海人员信息 mariner's information

在 ECDIS 中,由航行人员向 SENC 添加的信息。

2.36

制造商密钥 M_KEY

设备制造商对硬件标识(HW_ID)进行加密的密码。

2.37

节点 node

ECDIS 零维空间物标,由一个坐标对定位。节点或是孤立节点或是连接节点。

2.38

非海图符号 non-chart symbol

ECDIS 中对于本船位置和航迹等信息所用的符号。

2.39

非航道测量信息 non-HO information

ECDIS 中由非法定认可航道测量部门提供的、加在 SENC 上的信息。这类信息是航行人员信息从非航道测量部门获得的信息。

2.40

物标 object

ECDIS 中可识别的信息集。一个物标可有属性,也可与其他物标相关。

2.41

物标目录 object catalogue

物标分类的综合列表,包含物标类名称、缩写、代码和可用属性等内容。

2.42

物标类　object class

ECDIS 中有相同特性的物标的描述。

2.43

请求式信息　on-demand information

ECDIS 中非标准显示内容的 SENC 信息,也称为所有其他信息。

2.44

设备制造商　original equipment manufacturer(OEM)

生产 ECDIS 平台及配置硬件设备的制造商。

2.45

其他航行信息　other navigational information

ECDIS 中不包括在 SENC 中的航行信息,但可为 ECDIS 显示,如雷达信息。

2.46

超比例尺显示　overscale

ECDIS 中以大于编图比例尺的比例显示航道图数据。

2.47

本船安全等深线　own ship's safety contour

安全等深线　safety contour

ECDIS 中指由船主设定的、临近且深于本船吃水量的、航道图上特写的等深线。

2.48

平面图　planar graph

ECDIS 中一种几何图形是由拓扑连接的节点、边和面描述的二维数据结构,是边不能相交的链节点数据结构的特殊情形。在所有边相交处都由连接节点构成。

2.49

表示库　presentation library

ECDIS 中一组主要以数字形式定义的规范,由符号库、色彩表、查询表、查询规则组成。它把 SENC 的每个物标(组)及属性与 ECDIS 显示器上适当的表示方式联系起来。

2.50

产品规范　product specification

ECDIS 中为传递数据而编制的、由各种使用规则构成的、完整说明书的特定子集。

2.51

相对运动显示　relative motion display

ECDIS 中相对于固定在屏幕上的船位、移动显示航道图信息和雷达物标。

2.52

航行监视　route monitoring

ECDIS 中在定位仪的输入控制下,按照船舶的当前位置(无论是真实运动方式还是相对运动方式),自动显示的船位。

2.53

航行计划　route planning

航行计划是 ECDIS 的一个功能。该功能可显示拟定航行所需的区域、选择标注拟走航线、航线转向点和航行说明。

2.54

安全深度　safety depth

ECDIS 中由航行人员设定的深度,如船的吃水加上富余水深。ECDIS 使用这个深度,在显示器上突出显示那些小于或等于此深度的水深注记。

2.55

数据服务商自我签名密钥文件　self signed key(SSK)

数据服务商自我签名密钥文件。它由数据服务商的公开密钥以及数据服务商用私有密钥对公开密钥签名后的返回值组成。

2.56

系统管理员　scheme administrator(SA)

系统管理员是独立负责维护规范的运行,管理系统成员加入的系统管理者。具体控制数据保护规范的成员资格,确保参加者按照指定的程序进行操作,操纵整个加密规范的高层级别加密密钥,是给本数据保护规范的其他参与者发布证书的唯一实体。

2.57

制图线数据　spaghetti data

ECDIS 中所有点和线相互无关联的数据结构,即数据结构中不存在拓扑关系。

2.58

空间物标　spatial object

ECDIS 中包含有关真实世界实体位置信息的物标。

2.59

空间记录　spatial record

ECDIS 中空间物标在数据结构中编码。

2.60

补充性信息　supplementary information

航道测量机构提供的非航道图的信息,如航路指南和灯标表。

2.61

系统电子航道图　system electronic navigational chart(SENC)

ECDIS 中制造商内部数据格式的数据库,保证 ENC 及其改正信息无丢失的转换。这是 ECDIS 为显示海图和实现其他的导航功能而存取的数据库,它等效于改正至最新的纸质图。SENC 还包含从其他渠道来的信息。

2.62

更新信息　update information

ECDIS 中自动更新目标数据时所需的信息。更新信息包含一个或多个更新记录。

2.63

更新记录　update record

ECDIS 中包含更新指令的特征记录或空间记录的通用术语。

中文索引

A

B

C

D

F

G

H

J

K

L

M

P

Q

S

T

英文索引

A

B

C

D

E

F

G

I

M

N

O

P

R

S

U

ICS 35.240.70
R 07
备案号:

JT

中华人民共和国交通行业标准

JT/T 765.2—2009

长江电子航道图制作规范
第2部分:数据传输

Developing standard for digital hydrographic chart of the Changjiang River
Part 2: Data transfer

2009-12-23 发布　　2010-04-01 实施

中华人民共和国交通运输部　发布

目　次

前　言

JT/T 765—2009《长江电子航道图制作规范》分为五个部分：

——第 1 部分：术语；

——第 2 部分：数据传输；

——第 3 部分：显示准则；

——第 4 部分：数据有效性检验；

——第 5 部分：数据保护。

本部分为 JT/T 765—2009 的第 2 部分。

本部分对应于国际海道组织（IHO）S-57《IHO 数字海道测量数据传输标准》（IHO TRANSFER STANDARD for DIGITAL HYDROGRAPHIC DATA），本部分与 S-57 的一致性程度为非等效。

本部分的附录 A、附录 B、附录 C 和附录 D 为规范性附录。

本部分由交通部信息通信及导航标准化技术委员会提出并归口。

本部分起草单位：大连海事大学、长江航务管理局、长江航道局。

本部分主要起草人：赵德鹏、李源惠、但乃越、杜经农、朱业汉、杨大鸣、潘明阳、李邵喜、章娟、刘青、赵丽宁、胡景峰、郝江凌、李超、王德强、杨晓波、俞建林、万大彬、程大炜、曹成、顾网林、李海、董华。

长江电子航道图制作规范
第 2 部分:数据传输

1 范围

JT/T 765—2009 的本部分规定了长江电子航道图数据的制作和传输规则,包括数据模型、数据结构、物标目录和产品规范等内容。

本部分适用于长江电子航道图制作、系统开发、设计和应用,其他内河航道图系统也可参照使用。

2 规范性引用文件

下列文件对于本文件的应用是必不可少的。凡是注日期的引用文件,仅注日期的版本适用于本文件。凡是不注日期的引用文件,其最新版本(包括所有的修改单)适用于本文件。

GB/T 1988	信息技术　信息交换用七位编码字符集(eqv ISO/IEC 646:1991)
GB 13000.1	信息技术　通用多八位编码字符集(UCS)　第一部分:体系结构与基本多文种平面(ISO/IEC 10646-1:1993,IDT)
GB/T 15273.1	信息处理　八位单字节编码图形字符集　第一部分:拉丁字母一(ISO 8859-1:1987,IDT)
JT/T 765.1	长江电子航道图制作规范　第 1 部分:术语
ISO/IEC 2375:2003	信息技术　换码系列和编码字符集的注册规程
ISO 6093	信息处理　信息交换用字符串表示数据值规范
ISO/IEC 8211	信息技术　信息交换用数据描述文件规范

3 术语和定义

JT/T 765.1 确立的术语和定义适用于 JT/T 765—2009 的本部分。

4 数据封装方法

本部分所规定的封装电子航道图数据的技术方法符合 ISO/IEC 8211 要求。

5 产品制作要求

任何一类交换集应符合本部分的通用规则和特定的产品规范。电子航道图要素应优先使用附录 A 规定的物标、属性和属性值,电子航道图数据应符合附录 B 的规定,其编制应符合附录 C 的要求,对于附录 A 不能描述的要素,可定义新的物标、属性和属性值,但应符合附录 D 的要求。

6 理论数据模型

6.1 一般要求

本部分规定以特征物标和空间物标建立真实世界实体的模型,应反映出真实世界实体的描述特性和空间特性。

特征物标具有描述属性但不应有几何属性，空间物标具有几何属性也可有描述属性。一个特征物标可被一个或多个空间物标定位，也可独立存在，但每个空间物标应参照一个特征物标（见图1）。

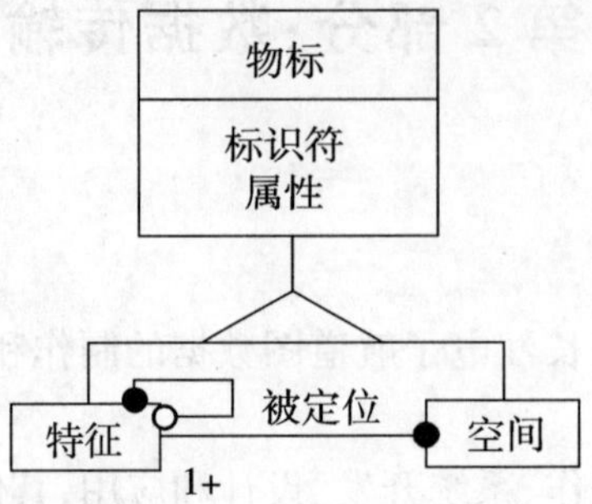

注1：1+表示至少为1。

注2：—●表示0或多。

注3：—○表示0或1。

图 1

6.2 模型实现

6.2.1 特征物标

特征物标有四种类型（见图2）：

a） 元物标：含有物标共有信息的特征物标；

b） 制图物标：含有制图（包括文字）表达信息的特征物标；

c） 地理物标：含有真实实体描述特性的特征物标；

d） 集合物标：描述物标间关系的特征物标。

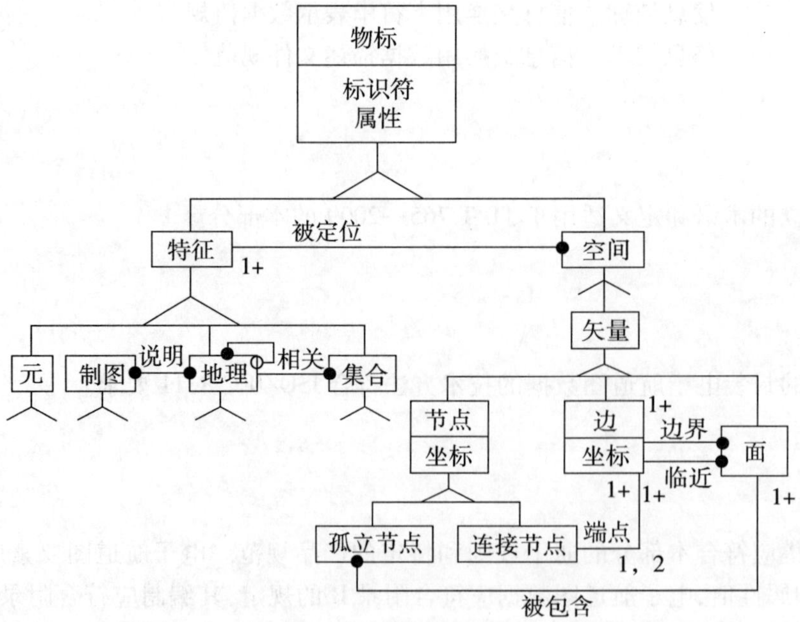

注1：1+表示至少为1。

注2：—●表示0或多。

注3：—○表示0或1。

注4：1,2表示1或2。

图 2

6.2.2 空间物标

6.2.2.1 矢量模型

空间物标包含矢量、栅格和矩阵类型。本部分不对栅格和矩阵类型作出定义。矢量模型采用二维平面观察法,此矢量物标可为零维、一维或二维,分别对应节点、边和面。第三维表示物标的属性。

图3中定义了如下关系:

a) 孤立节点被包含在面中;

b) 面包含孤立节点;

c) 边包围面;

d) 面被边包围;

e) 连接节点终止边;

f) 边被连接节点终止;

g) 边临近面。

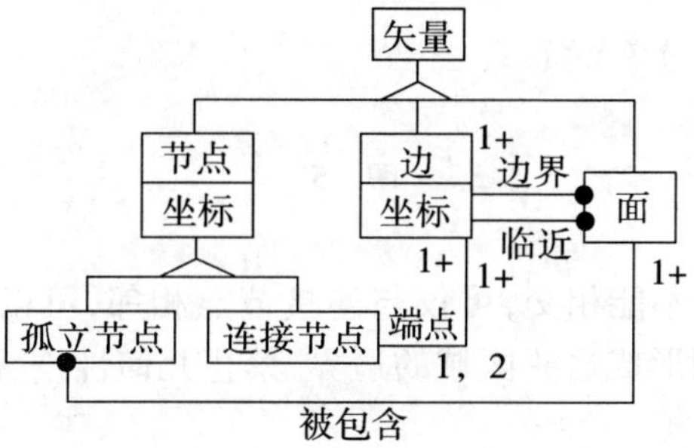

注1:1,2表示1或2。

注2:1+表示至少为1。

注3:—●表示0或多。

图 3

这些关系可用以描述如下四个拓扑级:

a) 制图线;

b) 链节点;

c) 平面图;

d) 完全拓扑。

这些拓扑级的拓扑关系在6.2.2.2~6.2.2.5中叙述,在各示例图(见图4~图6)中的点表示、线表示和区域表示关系是整个数据模型图(见图2)中的被定位关系的特殊表述。

6.2.2.2 制图线

在制图线模型(见图4)中,点表示被编码成孤立节点,线表示被编码成相连接的边序列,区域表示被编码成边的闭合环。若要求逻辑一致性,重合的边应具有恒等几何性。

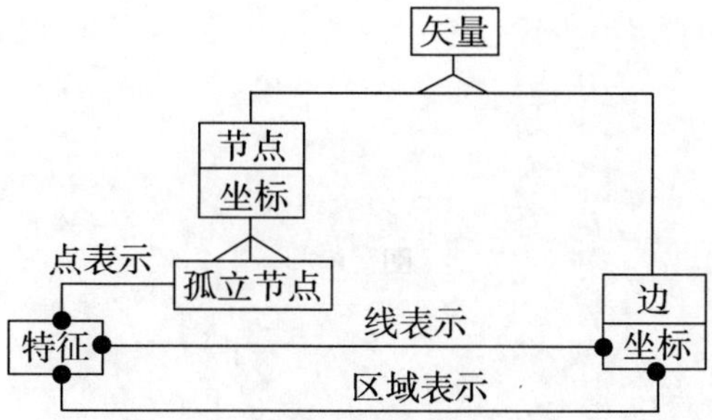

注:—●表示0或多。

图 4

6.2.2.3 链节点

在链节点模型(见图5)中,点表示被编码成孤立节点或连接节点,线表示被编码成边和连接节点序列,区域表示被编码成从公共连接节点起始和终止的边的闭合环,禁止线性几何重叠。

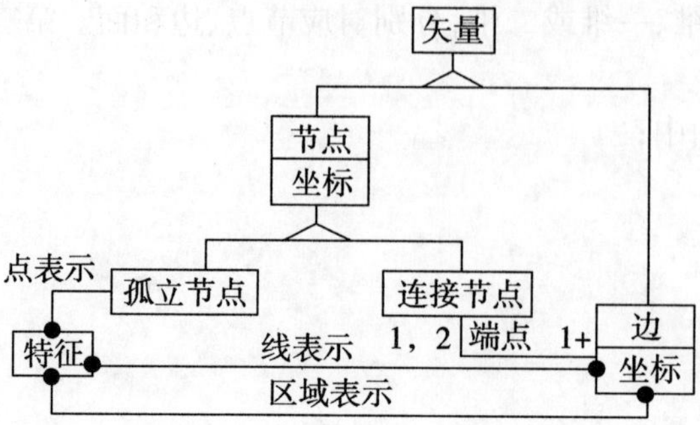

注1:—●表示0或多。

注2:1,2表示1或2。

注3:1+表示至少为1。

图 5

6.2.2.4 平面图

在平面图模型(见图5)中,边不能相交,可仅与连接节点相邻,可以共用矢量物标,但应保证相接的边共用连接节点,相邻的区域共用形成这些区域的边界,禁止几何性重叠。

6.2.2.5 完全拓扑

在完全拓扑模型(见图6)中,孤立节点可以参照包含它的面,而边则应参照其左和右侧的区域。点表示被编码成孤立节点或连接节点,线表示被编码成边和连接节点序列,面表示被编码成界面,禁止几何性重叠。

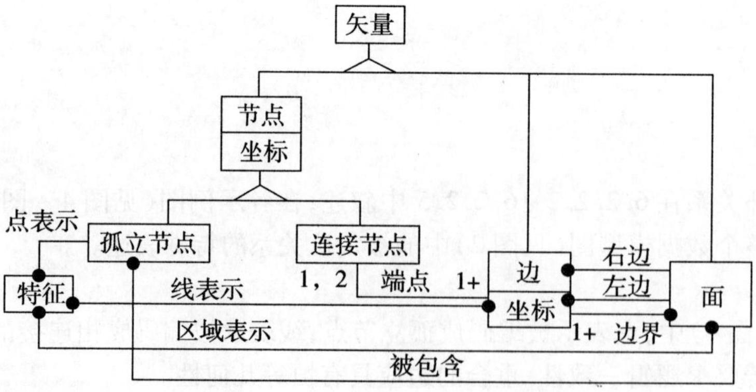

注1:—●表示0或多。

注2:1,2表示1或2。

注3:1+表示至少为1。

图 6

6.3 显示

信息的显示独立于信息存储,通过规定不同的显示模式,实现同一数据的多种显示风格而不需要改变其存储结构和内容。

7 数据结构

7.1 数据结构概述

7.1.1 模型到结构的转换

7.1.1.1 一般要求

本部分规定了数据结构的构成(如记录和字段),并对构成及内容的规则和限制进行描述,实现与应用无关的从模型到结构的转换。

7.1.1.2 数据模型和数据结构的关系

数据模型和数据结构的关系如下:

a) 特征物标转换为特征记录;

b) 元特征物标转换为元特征记录;

c) 制图特征物标转换为制图特征记录;

d) 地理特征物标转换为地理特征记录;

e) 集合特征物标转换为集合特征记录;

f) 空间物标转换为空间记录;

g) 矢量物标转换为矢量记录;

h) 孤立节点物标转换为孤立节点矢量记录;

i) 连接节点物标转换为连接节点矢量记录;

j) 边物标转换为边矢量记录;

k) 面物标转换为面矢量记录或(环状)边矢量记录;

l) 属性转换为特征或空间属性字段;

m) 特征物标之间关系转换为集合特征记录或指针字段;

n) 特征物标与空间物标之间关系转换为指针字段。

7.1.1.3 交换集

一个数据交换包含多条物标记录,记录应分组到不同的文件中,构成交换集。要求如下:

a) 一个交换集由一个或多个文件组成;

b) 一个文件由一个或多个记录组成;

c) 一个记录由一个或多个字段组成;

d) 一个字段由一个或多个子字段组成。

其等级见图7。

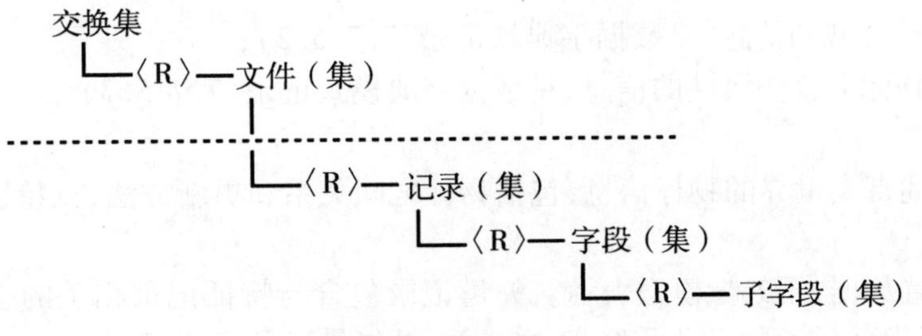

注1:<R>表示允许重复。

注2:点线下部是数据结构(见7.7),点线上部是对应用或产品的规定。

图 7

数据结构的最底层是子字段，子字段应只包括一个基本数据项。格式化的子字段不可分割。

本部分的数据结构分为 ASCII 码和二进制码两种形式，特定的交换所使用的方式在相关的产品规范中定义。

7.1.2 记录

7.1.2.1 一般要求

本部分定义了建立一个交换集的一组记录，共分为五类：

a) 数据集描述(元数据)记录；

b) 目录记录；

c) 数据字典记录；

d) 特征记录；

e) 空间记录。

7.1.2.2 ~7.1.2.6 给出了这些记录的概述(见 7.7)。记录、字段和子字段的确切使用在产品规范中做进一步定义。例如，产品规范可禁止使用某些记录、字段和子字段。

7.1.2.2 数据集描述记录

数据集描述(元数据)记录包含下列信息：

a) 识别交换信息的一般用途和特性的信息，见数据集通用信息记录(7.7.3.1)；

b) 关于坐标系、投影、水平基准面、垂直基准面、数据源比例尺、深度度量单位和高度度量单位的信息，见数据集地理参照记录(7.7.3.2)；

c) 数据集来源信息，见数据集历史记录(7.7.3.3)；

d) 空间记录中定位数据精度的信息，见数据集精度记录(7.7.3.4)。

上述信息定义了数据集的缺省值。在特征记录层，这些缺省值可以被元特征记录或物标属性等更详尽的信息代替，见 7.1.3。

7.1.2.3 目录记录

目录记录包含下列信息：

a) 解码器在整个交换集查找到并引用文件所需要的信息，见目录目次记录(7.7.4.1)；

b) 交换集中个体记录之间特殊关系的信息，见目录交叉参照记录(7.7.4.2)。

本部分规定可使用 ASCII 和二进制两种编码方式。在目录目次记录中规定所使用的方式。为了确保解译正确，目录目次记录总是采用 ASCII 方式进行编码。

7.1.2.4 数据字典记录

数据字典记录包含对在一个交换集中所使用的物标、属性以及属性值的描述。如果在一个数据集中只使用物标目录中的物标，则不必使用这些记录。如果在一个数据集中使用了非物标目录中的物标，则在这些记录中应对它们进行描述，见 7.2.3。数据字典记录包含下列信息：

a) 定义物标种类和属性的信息，见数据字典定义记录(7.7.5.1)；

b) 关于属性值定义域的信息，见数据字典域记录(7.7.5.2)；

c) 能够识别某物标类合法属性的信息，见数据字典模式记录(7.7.5.3)。

7.1.2.5 特征记录

特征记录包含描述真实世界的物标信息，包括物标之间关系和更新方法，见特征记录(7.7.6)。

7.1.2.6 空间记录

空间记录包含位置数据，用矢量模型表示。矢量记录包含与特征记录相关的坐标几何，包括空间属性、拓扑关系以及更新指令。矢量记录可为点、边或面，见矢量记录(7.7.7.1)。

7.1.3 元数据

在一个数据集中可提供三个级别的元数据。这三个级别的定义及当不同级别的元数据发生冲突时的适用规则如下：

a） 在数据集描述记录(7.1.2.2)中定义的元信息为数据集所包含的记录提供了缺省值，数据集的描述信息在文件中定义还是在交换集中定义，取决于所使用的产品规范；

b） 由元物标定义的信息优先于数据集描述记录所定义的缺省值，元物标在附录A中定义并编码为特征物标；

c） 个体物标的属性所定义的信息优先于元物标所定义的信息，也优先于从数据集描述记录中导出的信息。

7.1.4 特殊应用的规则

7.1.4.1 产品规范

本部分包含两个产品规范——电子航道图产品规范(见附录B)和物标目录数据字典产品规范(见附录D)。同一交换集中所有数据所依据的产品规范应一致。

7.1.4.2 应用简档

产品规范基本部分定义数据结构的子集，称之为应用简档。所有产品规范应优先使用应用简档。例如，一个产品规范可定义两个应用简档，一个用于提供原始数据，另一个用于数据的更新。

应用简档分为以下三种：

a） EN{1}组成基本电子航道图(ENC)的数字数据，用以组成系统电子航道图(SENC)；

b） ER{2}修正SENC的数字数据；

c） DD{3}组成物标目录中机器可读版本的数字数据。

在交换集制作中，内容应与规定的应用简档一致。

对于在应用简档中未标注的记录、字段和子字段，如果其在产品规范中未作相应的规定，则应是可选的。当省略字段中的子字段时，在数据记录中应说明省略的子字段(见7.2.1)。

7.2 通用编码协议

7.2.1 省略结构

对给定的应用简档，一个交换集中的某些记录、字段和子字段是可选的，见B.6。编码者可以从交换集中省略这些结构，规定如下：

a） 省略记录：在交换集中不需要专门的方法解释；

b） 省略字段：在交换集中不需要专门的方法解释；

c） 省略子字段：在相关的产品规范中定义，解释的方法取决于子字段的类型，见表1。

表1

子字段类型	ASCII数据格式(见7.7.2.2.2)	二进制数据格式(见7.7.2.2.2)
固定长度	通常由子字段所占的空间应填满空格	把二进制值的所有位设置成1
可变长度	只需要对子字段的分隔符编码	未用

7.2.2 记录标识符

7.2.2.1 名字(NAME)

记录标识符作为数据结构中的基本标识符，用以保持拓扑关系和在更新信息中确定信息地址。交换集中的每个记录均应具有标识符。在每个记录的首字段，应使用记录名(RCNM)和记录标识号(RCID)两个子字段编码。

串接RCNM和RCID形成记录的标识(关键字)，称之为名字(NAME)子字段，作为外部指针。在二进制方式中，NAME 是长 40 位的位串（RCNM 和 RCID 子字段的二进制串接）。单个子字段的值应由解码者从位串中分解实现。

记录被分组到不同的文件中，见 7.1.1。在包含该记录的文件中，NAME 子字段应唯一。

表示特征物标之间的关系并不使用 NAME 子字段，而使用特征物标标识符（见 7.4.3）。

7.2.2.2　记录名（RCNM）

本部分所使用的记录名见表 2。

表 2

记录名	ASCII 值	二进制值
数据集通用信息	DS	{10}
数据集地理参照	DP	{20}
数据集历史	DH	{30}
数据集精度	DA	{40}
目录目次	CD	[a]
目录交叉参照	CR	{60}
数据字典定义	ID	{70}
数据字典域	IO	{80}
数据字典模式	IS	{90}
待征	FE	{100}
孤立节点	VI	{110}
连接节点	VC	{120}
边	VE	{130}
面	VF	{140}

[a] 在目录目次记录中只允许 ASCII 数据类型。

7.2.2.3　记录标识号（RCID）

记录标识号的范围从 $1 \sim (2^{32}-2)$。

7.2.3　非物标目录编码和数值的使用

优先使用附录 A 中的物标类别、属性和属性值对交换集中的特征进行编码。当不能使用附录 A 中的值对特征进行描述时，编码者可定义新的物标类别、属性和属性值，但应满足下面的条件：

a）　在附录 A 中没有满足使用需要的物标类别或属性定义；

b）　物标和属性所用代码和缩写词与附录 A 中所用代码和缩写词有明显区别；

c）　附录 A 中未定义物标和属性的代码范围在 16 388 ~ 65 534 之间；

d）　附录 A 中未定义物标和属性的缩写词应符合 GB/T 1988 的小写字符；

e）　附录 A 中未定义的物标在数据字典定义、数据字典域和数据字典模式记录中做文字性说明。

7.2.4　字符集的使用

所有非二进制数据元素（例如数字、日期和字符串等）应使用缺省的字符集，缺省的字符集符合 ISO/IEC 8211。对一些文本串子字段可使用备用字符集，为此定义两种文本串的范围类型：基本文字（用以对字母标识符等编码）和一般文字来处理某些属性值（例如包括重音符号和特殊字符的地名）。

定义了三个词汇级（见表 3），用以对文本串范围编码。

表3

词汇级	字 符 集
级别0	ASCII 文本,GB/T 1988
级别1	GB/T 15273.1,如西欧拉丁语
级别2	通用字符集 UCS-2 系列补充级别1(无组合字符),GB 13000.1 的基本多文种平面,如:包括拉丁字母表、希腊语、希伯来语、阿拉伯语、汉语、日语等

一般文字可在词汇级别0、1 或 2 上编码,只用在特征记录属性(ATTF)字段和特征记录国家属性(NATF)字段中的字符型子字段。所有其他字符型子字段均应编码为基本文字,基本文字应在词汇级别0上编码。

ATTF 字段的一般文字可为级别0或1,NATF 字段可使用所有三个级别,产品规范可限制某些词汇级的使用。字段所使用的词汇级应清楚地编码在数据集结构信息(DSSI)字段的两个子字段——ATTF 词汇级(AALL)和 NATF 词汇级(NALL)中。这两个子字段的缺省值为0。

7.2.5 字段和子字段的结束符

变长子字段应由单元结束符(UT)终结,变长字段应由字段结束符(FT)终结。

当字段使用备用字符集时,应在字段所规定的词汇级对 UT 和 FT 进行编码。每个级别的结束符定义见表4。

表4

词汇级	UT	FT
级别0	(1/15)	(1/14)
级别1	(1/15)	(1/14)
级别2	(0/0)(1/15)	(0/0)(1/14)

7.2.6 浮点值

二进制格式的浮点值应编码为整数值。编码方法如下:

$$整数值 = 浮点值 \times 乘数因子 \tag{1}$$

对于坐标和水深值,乘数因子应定义为全局的(见7.3.2和7.3.3);对于其他浮点值,乘数因子应以字段为基础定义。

7.2.7 介质和长度限定

介质类型和长度的限定应在相关产品规范中定义。

7.2.8 数据质量

数据质量包括:数据来源、数据精度和数据的现势性,即反映最新数据的程度。

数据质量可作为元信息并编码成三个不同级别(见7.1.3)。数据质量信息具有应用特定性,其编码规则由相关产品规范定义。

7.3 元记录编码协议

7.3.1 拓扑结构

一个数据集中只能使用一种拓扑级别的矢量数据结构(见7.7.7.1)。

若数据结构被定义为制图线,则数据集中只有孤立节点和边类型的矢量记录。

当数据结构被定义成链节点、平面图或完全拓扑结构时,连接节点类型是唯一允许的矢量记录。

当数据结构被定义为完全拓扑结构时,面类型是唯一允许的矢量记录。

7.3.2 坐标度量单位和投影

7.3.2.1 坐标度量单位

坐标度量方法及对应度量单位见表5,在一个数据集中只应使用一种度量单位。

表5

度量方法	度量单位	度量方法	度量单位
纬度/经度坐标	弧度(rad)	图上坐标	毫米(mm)
东/北坐标	米(m)		

7.3.2.2 投影和登记控制

当度量单位(纬度/经度除外)变换到地理位置(参照地球表面)时,应对下列数据进行编码:

a) 所使用的航道图/地图投影,包括相应的参数(最多四个参数),投影方式及相应参数的允许值定义见表6。

b) 九个以内登记点(已知度量单位坐标和地理位置的点),对每个登记控制点,应规定度量单位值和地理位置,控制点的地理位置应以纬度/经度或东/北坐标形式编码。

表6

投影方式	投影值	参数1	参数2	参数3	参数4
阿尔勃特等面积投影	ALA {1}	中央经线	靠近赤道的标准纬线	远离赤道的标准纬线	原点纬线
等面积方位投影	AZA {2}	相切经度	相切纬度	—	—
等距方位投影	AZD {3}	相切经度	相切纬度	—	—
日晷投影	GNO {4}	相切经度	相切纬度	—	—
HOTINE 斜墨卡托投影(改正不对称正态)	HOM {5}	投影原点经度	投影原点纬度	投影原点处斜X轴方位角	投影原点处比例因子
兰勃特正形圆锥投影	LCC {6}	中央经线	靠近赤道的标准纬线	远离赤道的标准纬线	原点纬线
兰勃特等面积投影	LEA {7}	中央经线	—	—	—
墨卡托投影	MER {8}	中央经线	真比例尺之纬度	原点纬线	—
斜轴墨卡托投影	OME {9}	大圆基准点的经度	大圆基准点的纬度	大圆基准点处的方位角	—
正射投影	ORT {10}	相切经度	相切纬度	—	—
极点立体投影	PST {11}	中央经线	真比例尺之纬度	—	—
多圆锥投影	POL {12}	中央经线	—	—	—
横轴墨卡托投影	TME {13}	中央经线	中央比例因子	原点纬线	—
斜立体投影	OST {14}	原点经线	原点纬线	原点处比例因子	—

7.3.3 三维水深乘数因子

二进制方式下，三维水深值编码成整数，乘数因子用以把浮点三维水深值转换成整数值（反之亦然）。除产品规范中已有规定外，该因子可由编码者定义并置于三维水深乘数因子（SOMF）子字段，SOMF 子字段作用于三维坐标（SG3D）字段的三维水深数值（VE3D）子字段，转换算法见 7.2.6。

7.3.4 校验和

可用的校验算法在附录 B 中规定。

7.4 特征记录编码协议

7.4.1 概述

特征物标类的实例在数据结构中被作为一个特征记录使用。特征物标类在附录 A 中规定。

物标目录能识别的物标类有四类：

a） 元类；

b） 制图类；

c） 地理类；

d） 关联类。

每个类别在结构中被用作一个特征记录并以相同的方式编码。

特征记录包括下列字段：

a） 记录标识符字段；

b） 物标标识符字段；

c） 属性字段；

d） 指针控制字段；

e） 指针字段。

指针控制字段只用于数据更新（见 7.8）。

除水深外，每个特征物标类的实例应有一个特征记录，而水深可将除深度外的其他特征属性和有相同属性值的水深合成到一个特征记录中（见 7.5.4）。

7.4.2 特征记录标识符字段

7.4.2.1 物标几何图元（PRIM）子字段

物标几何图元（PRIM）子字段用以规定已编码物标的几何图元，允许值如下：

a） P{1}点；

b） L{2}线；

c） A{3}区域；

d） N{255}不参照任何几何结构的物标。

物标类别所允许的几何图元由相关产品规范定义。

应使用 PRIM 子字段以确保特征物标所参照的空间记录解译正确，数值 N 为不参照任何空间记录的特征物标（例如关联特征物标记录）。

所有水深的几何图元（包括水深组）应为 P（点）。

7.4.2.2 组（GRUP）子字段

组（GRUP）子字段是用以把特征字段物标分离到各个组中。组的定义取决于产品规范（见附录 B）。假如特征物标不属于某组，则此子字段应为空（见 7.2.1）。

7.4.2.3 物标代码(OBJL)子字段

附录A中物标类别的数值代码编码在物标代码(OBJL)子字段中。

7.4.3 特征物标标识符字段

7.4.3.1 长名字段

特征物标标识符字段包括下列子字段：

a) 生产机构(AGEN)；

b) 特征标识号(FIDN)；

c) 特征标识区分号(FIDS)。

长名(LNAM)字段为AGEN、FIDN和FIDS子字段的组合，用作特征物标(特征物标标识符)的关键字。在对特征物标之间关系编码时，LNAM子字段作为外部指针使用。特征物标标识符的其他应用(如特征物标在世界范围的唯一性标识)可在相关产品规范中规定。

在ASCII方式下，LNAM是含17个字符的字符串(即AGEN、FIDN和FIDS子字段的串接)。FIDN和FIDS子字段应用0填充满。

在二进制方式下，LNAM是一个长为64位的位串(即AGEN，FIDN和FIDS子字段的二进制)。单一子字段值应由译码者从位串中分解出来。

7.4.3.2 生产机构(AGEN)子字段

生产机构(AGEN)子字段取值为机构名的两个首字母缩写和一个整型值。若生产机构没有缩写字母，则AGEN子字段应编码成省略的子字段值(见7.2.1)。

7.4.3.3 特征物标标识号(FIND)和区分号(FIDS)子字段

特征物标标识的范围是1～($2^{32}-2$)，特征物标标识区分号的范围是从1～($2^{16}-2$)，两个子字段均用于为一个特征物标创建唯一的关键字。FIDN和FIDS子字段的使用没有限定，应由编码者定义。

7.4.4 特征记录属性字段

特征物标的属性应编码在ATTF字段中(见7.7.6.4)，属性值应编码在属性代码(ATTL)子字段中。在ASCII和二进制两种方式下，ATVL子字段应为以子字段结束符(1/15)结束的字符串，ATTF字段中的一般文字可以使用词汇级别0和1(见7.2.4)。

在一个特征记录中，不允许有重复属性。

7.4.5 特征记录国家属性字段

特征物标的国家属性应编码在NATF字段(见7.7.6.5)中，国家属性的数字属性代码编码在ATTL子字段中。在ASCII和二进制方式下，ATVL子字段应是具有适当子字段结束符(见7.2.5)的字符串，NATF字段中的一般文字可以使用所有的词汇级别。

在一个特征记录中，不允许有重复国家属性。

7.4.6 特征记录指向特征物标的指针字段

特征记录到特征物标指针(FFPT)字段用以建立特征物标的关系。指针字段的主要部分是LNAM子字段，LNAM子字段包含所参照特征物标的关键字，关系指示符(RIND)子字段用以描述关系(主或从属关系)或给关系加入一个堆栈顺序。

7.4.7 特征记录指向空间记录的指针字段

7.4.7.1 概述

特征记录到空间记录指针(FSPT)字段用以将特征记录链接到其几何结构。

指针字段的主要部分是 NAME 子字段,NAME 包含所参照空间记录的关键字,方位(ORNT)子字段、用法指示符(USAG)子字段和掩码指示符(MASK)子字段用以正确解译所参照的空间记录。

特征记录的几何图元确定指针字段的使用,地理、制图和元指针记录可以是几何图元中的点、线和区域,各种几何图元的特征记录只参照矢量模型的空间记录。

7.4.7.2 点状特征的特征记录指向空间记录的指针字段

在链节点、平面图和完全拓扑的数据结构中,点状特征可参照孤立连接节点;在制图线数据结构中,点状特征只可以参照孤立节点。

点状特征记录应参照一个矢量记录,但水深除外,水深用特殊的方法编码(见 7.5.4.2)。

ORNT、USAG 和 MASK 子字段应置成数值类型 N{255}。

7.4.7.3 线状特征的特征记录指向空间记录的指针字段

线状特征编码应有顺序地参照组成线状记录的矢量记录。

线状特征边的方向标识在 ORNT 子字段,见图 8。其允许值如下:

a) F{1}正向;

b) R{2}反向;

c) N{255}与方向无关。

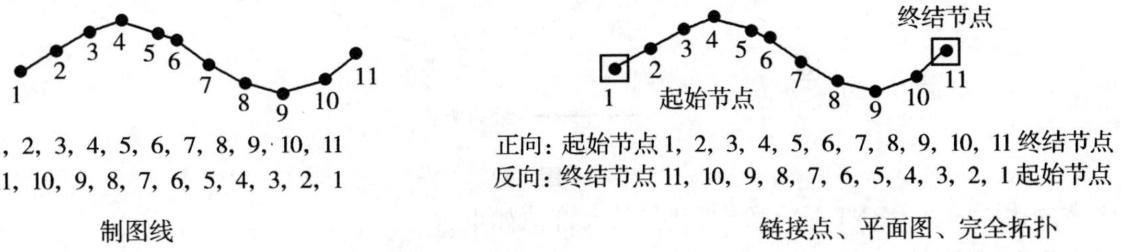

图 8

USAG 设置成 N{255},MASK 规定是否屏蔽所参照的边,见图 9。其允许值如下:

a) M{1}屏蔽;

b) S{2}显示;

c) N{255}与掩码无关。

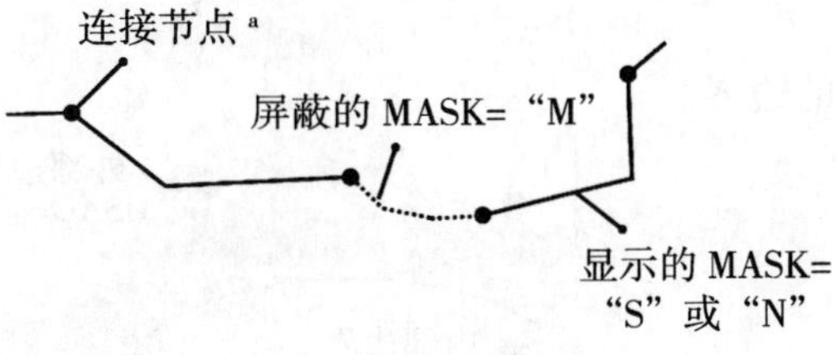

a 在制图线数据结构中不使用连接节点。

图 9

7.4.7.4 区域特征的特征记录指向空间记录的指针字段

7.4.7.4.1 一般要求

在完全拓扑数据结构中,区域被编码为一个或多个面。特征记录参照这些面,而这些面依次参照其边界。在制图线数据结构中,把区域编码为闭合的边集;而在链节点和平面图数据结构中,把区域编码为闭合的和连接节点集。

区域和面边界的闭合应明确,不允许隐含闭合。对制图线数据结构,应区别起始边界的起始点与结束边界的结束点;对链节点和平面图数据结构,构成区域的起始和结束应交会在一个公共连接节点;对完全拓扑数据结构,构成面的起始和结束应交会在一个公共连接节点。

区域特征编码应顺序地参照组成区域边界的矢量记录,先进行外部边界编码,再进行内部边界编码。

7.4.7.4.2　区域边界的方向

区域外部边界应以顺时针方向编码,区域里面的边界应以逆时针方向编码。编码者应指明坐标使用的方向(正向或反向),从而为区域生成顺时针方向(外部边界)的坐标或逆时针方向(内部边界)的坐标,见图10和图11。

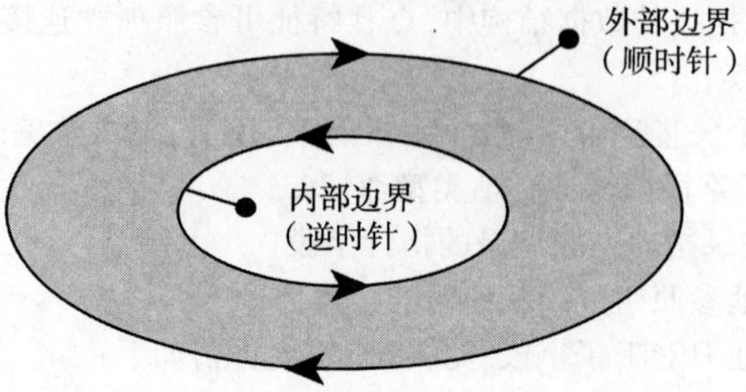

图　10

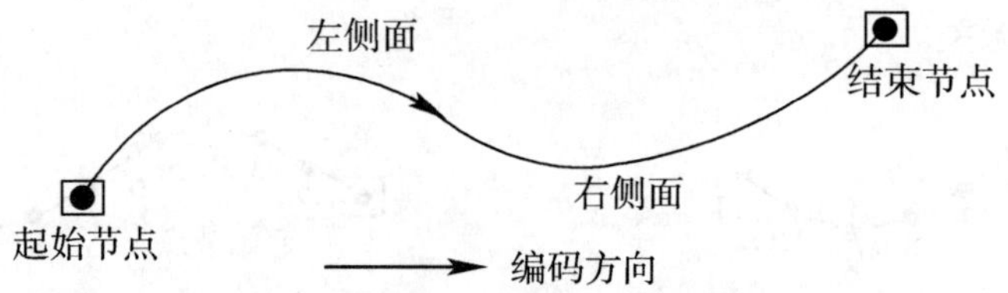

图　11

区域的边方向在ORNT子字段中指明,其允许值如下:

a)　F{1}正向;

b)　R{2}反向。

7.4.7.4.3　内部边界和外部边界

在区域包括一个外部边界和一个或多个内部不相交边界的情形下,USAG子字段用以区分内部与外部边界,见图12。此子字段也用以表示外部边界是数据范围的一部分,其允许值如下:

a)　E{1}外部边界;

b)　I{2}内部边界;

c)　C{3}被数据界限分割的边界。

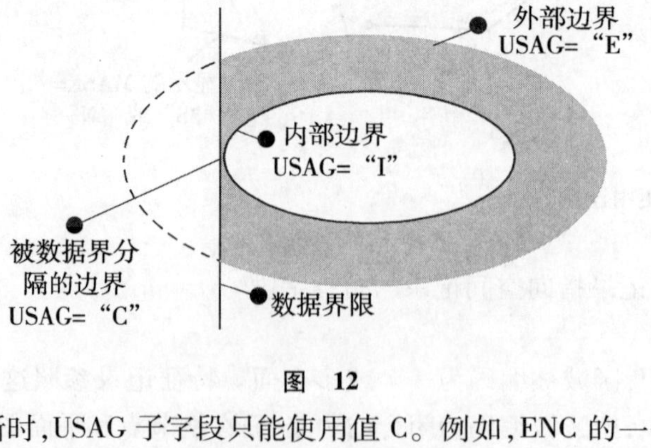

图　12

当特征被数据界限切断时,USAG子字段只能使用值C。例如,ENC的一个元边界,见B.6。当区域特征界限与数据界限重合时,USAG子字段应编码为外部边界(E)。

7.4.7.4.4　区域边界的屏蔽

MASK规定是否屏蔽区域边界的显示,其允许值如下:

a)　M{1}屏蔽;

b） S{2}显现；

c） N{255}与掩码无关。

7.5 空间矢量记录编码协议

7.5.1 矢量记录标识符字段

矢量记录标识符中的 RCNM 子字段，其允许值如下：

a） VI{110}孤立节点；

b） VC{120}连接节点；

c） VE{130}边；

d） VF{140}面。

7.5.2 矢量记录属性字段

矢量记录的属性应编码在矢量记录属性（ATTV）字段中，物标目录的数字属性代码子字段编码在 ATTL 子字段中。在 ASCII 和二进制方式下，属性值（ATVL）子字段应是由子字段结束符（1/15）终结的字符串。

在一个矢量记录中，不能有重复属性。

7.5.3 矢量记录指针字段

7.5.3.1 一般要求

矢量记录指针（VRPT）字段应用于链节点、平面图和完全拓扑的数据结构。对于孤立节点和面矢量记录，此字段应用于完全拓扑结构。连接节点矢量记录和制图线数据结构中不使用此字段。

7.5.3.2 孤立节点的矢量记录指针字段

在完全拓扑数据结构中，孤立节点可参照其所在的面，只能使用“包含着面”为拓扑指示符（TOPI）子字段编码，其值为 F{5}，ORNT，USAG 和 MASK 子字段应设置成 N{255}。

7.5.3.3 边的矢量记录指针字段

在链节点、平面图和完全拓扑数据结构中，边的起始和结束点明确地编码为连接节点。边应参照连接节点，自身闭合的边应参照同一连接节点两次。

在完全拓扑数据结构中，边也应参照其左右两侧面。

所有参照应强制规定，以保证拓扑结构正确。

指针类型由 TOPI 子字段标识，边矢量记录，其允许值如下：

a） B{1}起始节点；

b） E{2}终止节点；

c） S{3}左侧面；

d） D{4}右侧面。

所有值与编码方向有关，见图 11，应按上面的顺序（起始节点、结束节点、左侧面、右侧面）进行参照。ORNT、USAG 和 MASK 子字段应设置成 N{255}。

7.5.3.4 面的矢量记录指针字段

面矢量记录只能参照边，其方法与区域特征参照边一样。边的方向编码在 ORNT 子字段中。USAG 子字段规定了一条边是面的内部边界或外部边界，或与数据界限重合。MASK 子字段规定了所参照的线边是否需要屏蔽。

对于面矢量记录的 ORNT 子字段、USAG 子字段和 MASK 子字段，其允许值如下：

a） ORNT F{1}正向；

R{2}反向。

b） USAG E{1}外部边界；

I{2}内部边界；

C{3}被数据范围所分割的边界。

c） MASK M{1}屏蔽；

S{2}显现；

N{255}与掩码无关。

TOPI 子字段应设置成 N{255}。

对于完全拓扑数据结构，面对边的参照应强制规定，以保证拓扑结构正确。

7.5.4 坐标字段

7.5.4.1 一般要求

矢量数据的空间构成编码在坐标字段中，其允许值如下：

a） 二维坐标字段；

b） 三维坐标字段（水深数组）；

c） 弧或曲线坐标字段。

一个矢量记录中只能存在一种类型的坐标字段，取决于矢量记录的编码类型。

水深只被作为孤立节点的特殊情形，需要单独编码。

面矢量记录没有坐标字段，仅参照边矢量记录（见 7.5.3.4）。

允许使用不同的度量单位存储坐标值（见 7.3.2）。

7.5.4.2 水深坐标字段

空间属性和属性值相同的水深可编组到一个矢量记录中，水深的坐标应编码在三维坐标 SG3D 字段中。此字段中，*Y* 坐标、*X* 坐标和水深是重复的三元组，水深被设置为第三个分量。

7.5.4.3 孤立节点坐标字段

孤立节点的坐标应编码在二维坐标（SG2D）字段中，由单一的坐标对组成。

7.5.4.4 连接节点坐标字段

连接节点应编码在 SG2D 字段中，由一个单一的坐标对组成。

7.5.4.5 边坐标字段

可使 SG2D 字段或弧或曲线定义（ARCC）字段对边的坐标编码。在一个记录中，SG2D 和 ARCC 字段只能任选其一。SG2D 字段含可有重复的由直线隐含连接的坐标对，ARCC 字段提供定义四种可推导的弧或曲线的方法。

在链节点、平面图和完全拓扑数据结构中，边的起始和结束节点明确地编码为连接节点。连接节点不是边的一部分，边通过矢量记录指针直接参照其起始和结束节点。边坐标字段的起始和结束点通过隐含的直线连接到连接节点。两个连接节点之间的直线编码应参照这两个连接节点（VRTP），但没有坐标几何特性（例如，没有 SG2D 或 ARCC 坐标字段）。

弧或曲线表示方式分为弧表示方式和曲线表示方式两种类型。类型在弧或曲线类型（ATYP）子字段编码，其允许值如下：

a） C{1}三点圆心弧：用三点描述，起始点（STPT）、中心点（CTPT）和结束点（ENPT）。起始点形成起始矢量以及定义半径的点。弧应围绕中心点从起始点顺时针绘制到矢量结束，弧线的 ENPT 应置于弧上，见图 13。

b） E{2}椭圆弧：用五点描述，STPT、CTPT、ENPT、在椭圆长半轴（CDPM）上的连接点（CDP）和椭圆短半轴（CDPR）上的连接点 CDP。椭圆弧应围绕中心点，并通过长短半轴的两端 CDP，从起始点顺时针绘制到矢量结束，弧线的 STPT 和 ENPT 应置于弧上，见图 14。

c) U{3}均匀B样条:使用一个ARCC字段来描述特性,使用一个或多个CT2D字段来描述所有控制点。

d) B{4}分段贝塞尔:使用一个ARCC字段来描述特性,使用一个或多个CT2D字段来描述所有控制点。

e) N{5}不均匀比例B样条:使用一个ARCC字段描述每个多项式集的特性,使用一个或多个CT2D字段描述特定集的控制点且在FSPT字段使用多个指向边的矢量记录指针,把数据集组成一个完整的表达式。

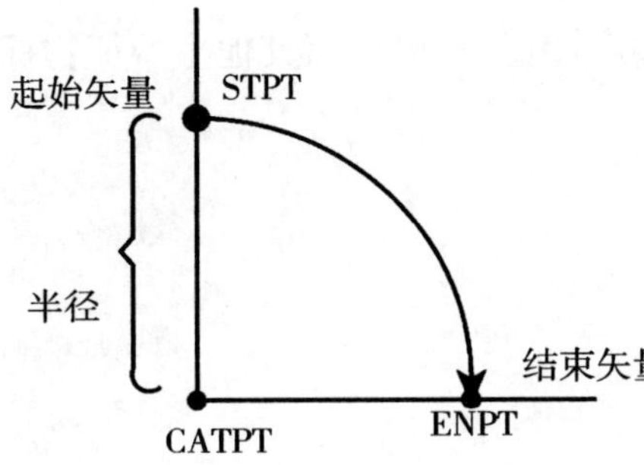

图 13

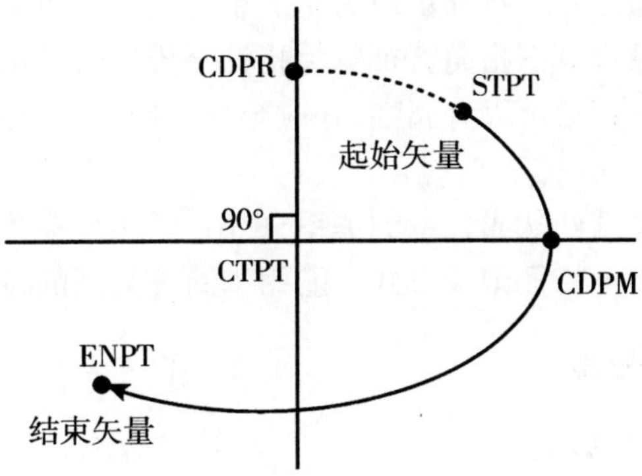

图 14

7.6 关系编码

7.6.1 一般要求

记录之间的关系用以下三种方法编码:

a) 使用目录交叉参照记录;

b) 使用集合物标特征记录;

c) 定义指定的主特征记录。

关系编码的其他规则可由相关产品规范定义。

7.6.2 目录交叉参照记录

目录交叉参照记录可用以链接交换集中的任何类型的记录。两条记录的区分靠NAM1和NAM2子字段中的外部指针实现,见7.2.2。关系的准确特性只能使用注释(COMT)子字段来指明。

在一个目录交叉参照字段中,只能编码一种关系。

7.6.3 集合特征记录

集合特征记录应参照特征物标,不应参照任何空间记录,PRIM子字段应置成N{255}。对关系的编码使用特征记录指向特征物标的指针字段,此字段包含一个特征物标的LNAM外部指针(见7.4.3)。一个集合特征记录应至少参照两个其他特征记录,不应参照其自身。集合特征记录也可参照其他集合特征物标。

RIND子字段用以指明关系的特性,其允许值如下:

a) M{1}主关系;

b) S{2}从属关系;

c) P{3}等同关系。

可以在相关产品规范中定义其他的值。

每个集合特征记录只能有一个主关系(M),此集合特征记录所有其他关系均是从属关系(S)。假如某个关系被定义为等同关系(P),则从此集合特征记录映射的关系也应定义为等同关系(P)。

集合特征记录参照的所有特征物标以同样的方式相互关联(例如由集合对象类型所定义的关系)。

集合对象可赋予属性。在附录A中定义了每个集合物标类别的允许属性,应在相应的附录B中定义这些属性的用法和含义。

7.6.4 指定的主特征记录

通过指定一个特征记录为主关系对具有等级关系的特征物标进行编码。对每个集合的从属物标,该主特征记录应具有指向特征物标指针字段的特征记录(见7.4.3)。

主特征记录可以有属性,并应至少参照一个空间记录(见7.4);可以参照其他主特征物标,但不应参照其自身。

从主关系到从属关系的关系,RIND子字段应为数值S{2}。

指定的主特征记录方式不能用于同等关系的编码。

7.7 结构应用

7.7.1 一般要求

记录和字段的结构应符合ISO/IEC 8211的要求,并在附录B中规定。

7.7.2 正文格式

7.7.2.1 树形结构图

数据结构以树形结构图描述(图15),它包括物理结构的名称、连接和重复项。树形结构图应按前序遍历顺序进行(自上而下,左侧分支优先)解释,见图16。

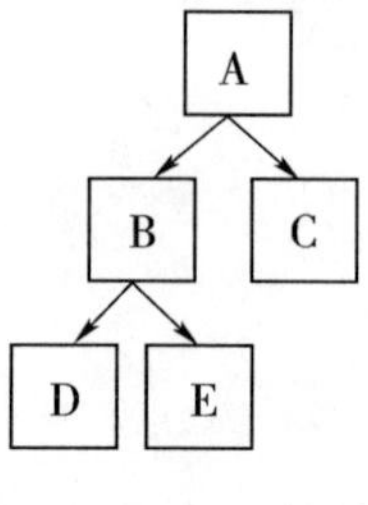

图 15

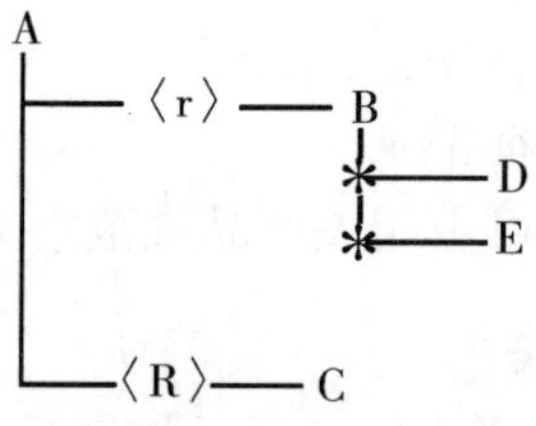

注1:〈r〉表示一个子树的重复因子(缺省值 $r=1$)。

注2:〈R〉表示不限定重复。

注3:* 表示子树D或E其中之一。

图 16

树形结构图应对每一字段标明ISO/IEC 8211字段标识、字段结构指示和字段名称。

树形结构图允许重复字段,在一条记录内字段重复次数取决于所编码的数据。在某些情况下,可以省略不需要的字段(见7.2.1),但记录的前序遍历顺序应与该种记录类型的一般树形结构图中所示的相同。

7.7.2.2 字段表

7.7.2.2.1 字段表说明

字段表定义子字段名称、标记、格式、域及子字段内容和说明,其示例见表7。标记应符合ISO/IEC 8211的要求,在数据描述记录中规定,以 * 打头的标记表示该子字段及其后继子字段在该字段内重复;格式应符合ISO/IEC 8211 ASCII或二进制(Bin)数据格式的要求,允许使用的格式见表8;域是本部分的ASCII定义域,见表9;子字段内容和说明给出所需要的值及其值域。

表 7

子字段名称	标记	格式		域	子字段内容和说明
		ASCII	Bin		
记录名	RCNM	A(2)	b11	an	DS{10}[b]
记录标识号	RCID	A(10)	b14	dg	值域 1 ~ (2^{32} −2)
交换目的	EXPP	A(1)	b11	an	N{1}——新的数据集 R{2}——原有数据集的修订版
预期用途	INTU	A( )	[a]	bt	用以说明已被编译的数据的预期用途的字符串(见附录 B)
数据集名称	DSNM	A( )	[a]	bt	指明数据集名称的字符串(见附录 B)
版本号	EDTN	A( )	[a]	bt	指明版本的字符串(见附录 B)

[a] 此处没有二进制格式,只有 ASCII 格式。

[b] 所需的 ASCII 值置于括号内,二进制值在大括号内。

7.7.2.2.2 数据格式

子字段数据格式由 ISO/IEC 8211 确定,允许使用的数据格式见表 8。

表 8

格　　式	精度 = w	数 据 类 型
A	[a]	字符数据
I	[a]	隐式说明
R	[a]	显式说明
B	[b]	二进制位串
@		子字段标记是已知长度的二维数组或表的行标题
b1w	1,2,4[c]	无符号整数
b2w	1,2,4[c]	有符号整数

[a] X(n)表示子字段有固定长度 n(字节),X( )表示子字段的长度可变,它由特定的定界符决定(见 7.2.5)。

[b] 固定位长的子字段的长度应以字节为单位,如果需要的话,固定位长的子字段的最后一个字节的右边应以二进制 0 填充。

[c] 在二进制表格中,数值数据的表格受 ISO/IEC 8211 二进制格式精度的限定,如下所列:

1) 精度是数据项的字节宽度;
2) w 是精度的允许值;
3) 无符号整数是一个二进制整数;
4) 有符号整数是二位补码二进制整数。

二进制值和多字节字符代码,应以最小有效字节放在首位(LSBF)的次序存储。

7.7.2.2.3 本部分允许采用的 ASCII 数据域

ASCII 数据的域由域代码描述,见表 9。

表 9

域代码	域 说 明
bt	基本正文(见 7.2.4)
gt	通用正文(见 7.2.4)
dg	数字:0 ~ 9,右对齐,左侧补 0,如 A(2)3
date	表中的日期子字段:格式为 YYYYMMDD,如 19960101
int	整数:ISO 6093 NR1,空格, + , - ,0 ~ 9,右对齐,左侧补 0,如 I(5)应表示为 00015
real	实数:ISO 6093 NR2,空格, + , - ,。,0 ~ 9
an	字母数字;A ~ Z,a ~ z,0 ~ 9, * ,?
hex	十六进制数:A ~ F,0 ~ 9

7.7.3 数据集描述记录

7.7.3.1 数据集通用信息记录结构

7.7.3.1.1 数据集通用信息记录

数据集通用信息记录见图 17。

```
数据集通用信息记录      字段结构                       字段名称
     └──────────────0001 (1)                   ISO/IEC 8211 记录标识符
                     └──────DSID (16)           数据集标识字段
                             └────── DSSI (11)  数据集结构信息字段
```

图 17

7.7.3.1.2 数据集标识字段结构

数据集标识(DSID)字段结构见表 10。

表 10

子字段名称	标记	格式		域	子字段内容和说明
		ASCII	Bin		
记录名	RCNM	A(2)	b11	an	DS{10}
记录标识号	RCID	I(10)	b14	int	值域 1 ~ (2^{32} - 2)
交换目的	EXPP	A(1)	b11	an	N{1}——数据集是新的 R{2}——数据集已有数据集的修订
预期用途	INTU	I(1)	b11	itn	说明编译数据的预期用途的数值(见附录 B)
数据集名称	DSNM	A( )		bt	说明数据集名称的字符串(见附录 B)
版本号	EDTN	A( )		bt	说明版本的字符串(见附录 B)
更新号	UPDN	A(8)		bt	说明修订次数的字符串(见附录 B)
更新应用日期	UADT	A(8)		date	所有修订内容在此日期或以前应进行(见附录 B)
发行日期	ISDT	A(8)		date	数据生产者生产可用数据的日期(见附录 B)
S-57 版本号	STED	R(4)		real	03.0 或 03.1
产品规范	PRSP	A(3)	b11	an	ENC{1}电子航道图 ODD{2}物标目录数据字典 (见 7.1.4.4)

表 10(续)

子字段名称	标记	格式		域	子字段内容和说明
		ASCII	Bin		
产品规范描述	PSDN	A( )		bt	标识一个非标准产品规范的字符串(见 7.1.4.1)
产品规范版本号	PRED	A( )		bt	产品规范的版本字串(见 7.1.4.1)
应用简档标识	PROF	A(2)	b11	an	EN{1}新的 ENC ER{2}ENC 修订版 DD{3}数据字典 (见 7.1.4.2)
生产机构	AGEN	A(2)	b12	an	机构代码
注释	COMT	A( )		bt	字符串

7.7.3.1.3 数据集结构信息字段结构

数据集结构信息(DSSI)字段结构见表 11。

表 11

子字段名称	标记	格式		域	子字段内容和说明
		ASCII	Bin		
数据结构	DSTR	A(2)	b11	an	CS{1}制图线 CN{2}链节点 PG{3}平面图形 FT{4}完全拓扑 NO{255}与拓扑不相关 (见 7.3.1 和第 6 章)
ATTF 词汇级	AALL	I(1)	b11	int	用于 ATTF 字段的词汇级(见 7.2.4)
NATE 词汇级	NALL	I(1)	b11	int	用于 NATF 字段的词汇级(见 7.2.4)
元记录数	NOMR	I( )	b14	int	数据集中的元记录数
制图记录数	NOCR	I( )	b14	int	数据集中的制图记录数
地理记录数	NOGR	I( )	b14	int	数据集中的地理记录数
集合记录数	NOLR	I( )	b14	int	数据集中的集合记录数
孤立节点数	NOIN	I( )	b14	int	数据集中的孤立节点数
连接节点数	NOCN	I( )	b14	int	数据集中的连接节点数
边数	NOED	I( )	b14	int	数据集中的边数
面数	NOFA	I( )	b14	int	数据集中的面数

7.7.3.2 数据集地理参照记录结构

7.7.3.2.1 数据集地理参照记录

数据集地理参照记录见图 18。

```
数据集地理参照记录    字段结构                                        字段名称
   └──────────────0001 (1)                                    ISO/IEC 8211 记录标识符
                     └────────DSPM(12)                        数据集参数字段
                                  └──────── DSPR (9)          数据集投影字段
                                               └──────── DSRC (*8) 数据集登记控制字段
```

图 18

7.7.3.2.2 数据集参数字段结构

数据集参数(DSPM)字段结构见表12。

表12

子字段名称	标记	格式		域	子字段内容和说明
		ASCII	Bin		
记录名	RCNM	A(2)	b11	an	DP{20}
记录标识号	RCID	I(10)	b14	int	范围:1～(2^{32}－2)
水深基准面	HDAT	I(3)	b11	int	从属性 VERDAT 中读取的值(见附录 A)
垂直基准面	VDAT	I(2)	b11	int	从属性 VERDAT 中读取的值(见附录 A)
深度基准面	SDAT	I(2)	b11	int	从属性 VERDAT 中读取的值(见附录 A)
数据编辑比例尺	CSCL	I( )	b14	int	编辑比例尺系数。例如1:25 000 编码为25 000
深度度量单位	DUNI	I(2)	b11	int	从属性 DUNITS 中读取的值(见附录 A)
高度度量单位	HUNI	I(2)	b11	int	从属性 HUNITS 中读取的值(见附录 A)
位置精度单位	PUNI	I(2)	b11	int	从属性 PUNITS 中读取的值(见附录 A)
坐标单位	COUN	A(2)	b11	an	坐标度量单位 LL{1}纬度/经度单位 EN{2}东/北单位 UC{3}航道图/地图单位 (见7.3.2.1)
坐标乘数因子	COMF	I( )	b14	int	坐标值由浮点变为整数的乘数因子(见7.3.3)
三维水深乘数因子	SOMF	I( )	b14	int	三维水深值由浮点变为整数的乘数因子(见7.3.3)
注释	COMT	A( )		bt	字符串

7.7.3.2.3 数据集投影字段结构

数据集投影(DSPR)字段结构见表13。

表13

子字段名称	标记	格式		域	子字段内容和说明
		ASCII	Bin		
投影	PROJ	A(3)	b11	an	表6 规定的投影代码(见7.3.2.2)
投影参数1	PRP1	R( )	b24[a]	real	由 PROJ 的值定义(见7.3.2.2)
投影参数2	PRP2	R( )	b24[a]	real	由 PROJ 的值定义(见7.3.2.2)
投影参数3	PRP3	R( )	b24[a]	real	由 PROJ 的值定义(见7.3.2.2)
投影参数4	PRP4	R( )	b24[a]	real	由 PROJ 的值定义(见7.3.2.2)
东偏移	FEAS	R( )	b24[a]	real	以米为单位的投影东偏移(见7.3.2.2)
北偏移	FNOR	R( )	b24[a]	real	以米为单位的投影北偏移(见7.3.2.2)
浮点化整因子	FPMF	I( )	b14	int	投影参数值由浮点变为整数的参数(见7.2.6)
注释	COMT	A( )		bt	字符串

[a] 用 FPMF 子字段把整数(b24)转换为浮点数(见7.2.6)。

7.7.3.2.4 数据集登记控制字段结构

数据集登记控制(DSRC)字段结构见表14。

表 14

子字段名称	标记	格式		域	子字段内容和说明
		ASCII	Bin		
登记点标识符	* RPID	A(1)	b11	dg	范围:1 ~9(见 7.3.2.2)
登记点纬度或北距	RYCO	R( )	b24[a]	real	登记点纬度或北距,纬度以弧度为单位,北距以米为单位(见 7.3.2.2)
登记点纬度或东距	RXCO	R( )	b24[a]	real	登记点纬度或东距,纬度以弧度为单位,东距以米为单位(见 7.3.2.2)
登记点坐标单位	CURP	A(2)	b11	an	LL{1}经度或纬度;EN{2}东距或北距
浮点化整因子	FPMF	I( )	b14	int	将 RYCO 和 RXCO 由浮点变为整数的参数
登记点 *X* 值	RXVL	R( )	b24	real	登记点的单位 *X* 值。浮点到整数的转换由 DSPM 字段的 COMF 子字段字义(见 7.3.2.2)
登记点 *Y* 值	RYVL	R( )	b24	real	登记点的单位 *Y* 值。浮点到整数的转换由 DSPM 字段的 COMF 子字段字义(见 7.3.2.2)
注释	COMT	A( )		bt	字符串

[a] 用 FPMF 子字段把整数(b24)转换为浮点数(见 7.2.6)。

7.7.3.3 数据集历史记录结构

数据集历史记录结构见图 19。

```
数据集历史记录      字段结构              字段名称
     └──────────0001 (1)            ISO/IEC 8211 记录标识符
                   └──────DSHT(8)   数据集历史字段
```

图 19

数据集历史记录(DSHT)字段结构见表 15。

表 15

子字段名称	标记	格式		域	子字段内容和说明
		ASCII	Bin		
记录名	RCNM	A(2)	b11	an	DH{30}
记录标识号	RCID	I(10)	b14	int	范围:1 ~ (2^{32} −2)
生产机构代码	PRCO	A(2)	b12	an	机构代码
最早资料日期	ESDT	A(8)		date	覆盖区域内的最早资料日期
最新资料日期	LSDT	A(8)		date	覆盖区域内的最新资料日期
数据采集标准	DCRT	A( )		bt	说明数据采集标准的字符串
编辑日期	CODT	A(8)		date	编辑日期
注释	COMT	A( )		bt	字符串

7.7.3.4 数据集精度记录结构

数据集精度记录结构见图 20。

```
数据集精度记录      字段结构              字段名称
     └──────────0001 (1)            ISO/IEC 8211 记录标识符
                   └──────DSAC(7)   数据集精度字段
```

图 20

数据集精度(DSAC)字段结构见表16。

表 16

子字段名称	标记	格式		域	子字段内容和说明
		ASCII	Bin		
记录名	RCNM	A(2)	b11	an	DA{40}
记录标识号	RCID	I(10)	b14	int	范围:1 ~ (2^{32} -2)
绝对位置精度	PACC	R( )	b14[a]	real	位置精度的最佳估计。期望本输入值为二维误差半径
绝对水平或垂直测量精度	HACC	R( )	b14[a]	real	水平或垂直测量精度的最佳估计。误差可以为正或负。该子字段只能用于说明高度或垂直精度
绝对水深精度	SACC	R( )	b14[a]	real	水深精度的最佳估计。误差可以为正或负。该子字段只能用于说明水深的垂直精度
浮点化整因子	FPMF	I( )	b14	int	精度值的化整参数(见7.2.6)
注释	COMT	A( )		bt	字符串

[a] 用FPMF子字段把整数(b24)转换为浮点数(见7.2.6)。

7.7.4 目录记录

7.7.4.1 目录目次记录结构

目录目次记录结构见图21。

```
目录目次记录      字段结构          字段名称
  └──────────0001 (1)          ISO/IEC 8211 记录标识符
                └──────DATD(12)  目录目次字段
```

图 21

目录目次(CATD)字段结构见表17。

表 17

子字段名称	标记	格式		域	子字段内容和说明
		ASCII	Bin		
记录名	RCNM	A(2)		an	CD
记录标识号	RCID	I(10)		int	范围:1 ~ (2^{32} -2)
文件名	FILE	A()		bt	文件名(见附录B)
文件长名	LFIL	A()		bt	表示文件长名的字串(见附录B)
卷标	VOLM	A( )		bt	说明存放FILE子字段所指的文件的交换介质卷标的字符串(见附录B)
实现方法	IMPL	A(3)		an	ASC:文件是本部分ASCII文件; BIN:文件是一个本部分二进制文件; 交换集中非ISO/IEC8211文件的编码可以由产品规范定义
最南纬度	SLAT	R( )		real	FILE子字段所指文件中数据区的最南纬度。以弧度为单位,南纬为负

表 17(续)

子字段名称	标记	格式		域	子字段内容和说明
		ASCII	Bin		
最西纬度	WLON	R( )		real	FILE 子字段所指文件中数据区的最西纬度。以弧度为单位,西经为负
最北纬度	NLAT	R( )		real	FILE 子字段所指文件中数据区的最北纬度。以弧度为单位,北纬为负
最东纬度	ELON	R( )		real	FILE 子字段所指文件中数据区的最东纬度。以弧度为单位,东经为负
CRC	CRCS	A( )		hex	FILE 子字段所指文件的循环冗余码校验(见 7.3.4)
注释	COMT	A( )		bt	字符串

7.7.4.2 目录交叉参照记录结构

目录交叉参照记录结构见图 22。

```
目录交叉参照记录    字段结构                     字段名称
    └──────────── ISO/IEC 8211               记录标识符
                     └────── 〈R〉CATX (*5)    目录交叉参照字段
```

图 22

目录交叉参照(CATX)字段结构见表 18。

表 18

子字段名称	标记	格式		域	子字段内容和说明
		ASCII	Bin		
记录名	*RCNM	A(2)	b11	an	CR{60}
记录标识号	RCID	I(10)	b14	int	范围:1 ~ (2^{32} −2)
名称 1	NAM1	A(12)	b(40)	an	外部指针(见 7.2.2)
名称 2	NAM2	A(12)	b(40)	an	外部指针(见 7.2.2)
注释	COMT	A( )	di(0)	bt	字符串

7.7.5 数据字典记录

7.7.5.1 数据字典定义记录结构

数据字典定义记录结构见图 23。

```
数据字典定义记录    字段结构                      字段名称
    └──────────── 0001 (1)                    ISO/IEC 8211 记录标识符
                     └────── DDDF(10)         数据字典定义字段
                                └────── DDDR (*2)  数据字典定义参照字段
```

图 23

7.7.5.1.1 数据字典定义字段结构

数据字典定义(DDDF)字段结构见表 19。

表 19

子字段名称	标记	格式		域	子字段内容和说明
		ASCII	Bin		
记录名	RCNM	A(2)	b11	an	ID{70}
记录标识号	RCID	I(10)	b14	int	范围:1 ~ (2^{32} -2)
物标或属性类型	OATY	A(1)	b11	an	M{1}元物标 $ {2}图元物标 G{3}地理物标 C{4}集合物标 F{5}要素属性 N{6}要素国家属性 S{7}空间属性
域值定义	DEFN	A( )		bt	物标或属性的定义
授权机构*	AUTH	A(2)	b12	an	机构代码
注释	COMT	A( )		bt	字符串

7.7.5.1.2 数据字典定义参照字段结构

数据字典定义参照(DDDR)字段结构见表 20。

表 20

子字段名称	标记	格式		域	子字段内容和说明
		ASCII	Bin		
参照类型	*RFTP	A(2)	b11	an	I1{1}INT1:海图用 INT1、符号、缩略语和词汇 M4{2}M-4:海图规范和用于国际海图的 IHO 规则
参照值	RFVL	A( )		bt	在 RFTP 子字段中所定义的参照值字串

7.7.5.2 数据字典域记录结构

7.7.5.2.1 数据字典域记录

数据字典域记录见图 24。

```
数据字典域记录   字段结构                                  字段名称
      └──────────0001 (1)                               ISO/IEC 8211 记录标识符
                    └──────DDDI(8)                       数据字典域标识符字段
                              └──〈R〉DDOM (5)            数据字典域字段
                                       └──── DDRF ( *2)  数据字典域引用字段
```

图 24

7.7.5.2.2 数据字典域标识符字段结构

数据字典域标识符(DDDI)字段结构见表 21。

表 21

子字段名称	标记	格式		域	子字段内容和说明
		ASCII	Bin		
记录名	RCNM	A(2)	b11	an	DA{40}
记录标识号	RCID	I(10)	b14	int	范围:1 ~ (2^{32} -2)
属性代码	ATLB	I(5)	b12	int	有效的属性代码

表 21(续)

子字段名称	标记	格式		域	子字段内容和说明
		ASCII	Bin		
属性域类型	ATDO	A(1)	b11	an	E{1}枚举型 L{2}列表型 F{3}浮点型 I{4}整型 A{5}ASCII 码串型 S{6}自由文本格式型
属性域值测量单位	ADMU	A( )		bt	属性域值的测量单位字串
属性域格式	ADFT	A( )		bt	说明属性格式的字串
授权机构	AUTH	A(2)	b12	an	机构代码
注释	COMT	A( )		bt	字符串

7.7.5.2.3　数据字典域字段结构

数据字典域(DDOM)字段结构见表 22。

表 22

子字段名称	标记	格式		域	子字段内容和说明
		ASCII	Bin		
有效范围或值	RAVA	A(1)	b11	an	M{1}DVAL 包含最大值 N{2}DVAL 包含最小值 V{3}DVAL ATDO 的域的特定单个值
域值	DVAL	A( )		bt	RAVA 和 ATDO 子字段所定义的值字串
域值简要说明	DVSD	A( )		bt	域值的简要说明字串
域值定义	DEFN	A( )		bt	域值的定义字串
授权机构	AUTH	A(2)	b12	an	机构代码

7.7.5.2.4　数据字典域参照字段结构

数据字典域参照(DDRF)字段结构见表 23。

表 23

子字段名称	标记	格式		域	子字段内容和说明
		ASCII	Bin		
参照类型	* RFTP	A(2)	b11	an	I1{1}INT1:国际海图 1,海图所有符号、缩语和词汇 M{2}M-4:IHO 国际海图规范
参照值	RFVL	A( )		bt	RFTP 子字段所定义的参照值字串

7.7.5.3　数据字典模式记录结构

7.7.5.3.1　数据字典模式记录

数据字典模式记录见图 25。

```
数据字典模式记录                                  字段名称
     └────0001 (1)                                ISO/IEC 8211 记录标识符
              └───DDSI (3)                        数据字典模式标识符字段
                      └── DOSC ( *3)              数据字典模式字段
```

图　25

7.7.5.3.2 数据字典模式标识符字段结构

数据字典模式标识符(DDSI)字段结构见表24。

表24

子字段名称	标记	格式		域	子字段内容和说明
		ASCII	Bin		
记录名	RCNM	A(2)	b11	an	IS{90}
记录标识号	RCID	I(10)	b14	int	范围:1～(2^{32}－2)
物标代码	OBLB	I(5)	b12	int	有效的物标代码

7.7.5.3.3 数据字典模式字段结构

数据字典模式(DDSC)字段结构见表25。

表25

子字段名称	标记	格式		域	子字段内容和说明
		ASCII	Bin		
属性代码	* ATLB	I(5)	b12	int	有效的属性代码
属性集	ASET	A(1)	b11	an	A{1}属性集 A B{2}属性集 B C{3}属性集 C
授权机构	AUTH	A(2)	b12	an	机构代码

7.7.6 特征记录结构

7.7.6.1 特征记录

特征记录见图26。

```
特征记录      字段结构                 字段名称
  └──────────0001(1)                 ISO/IEC 8211 记录标识符
               └FRID(7)              特征记录标识符字段
                 ├FOID(3)            特征物标标识符字段
                 ├〈R〉ATTF( *2)      特征记录属性字段
                 ├〈R〉NATF( *2)      特征记录国家属性字段
                 ├FFPC(3)            特征记录到特征物标指针控制字段
                 ├〈R〉FFPT( *3)      特征记录到特征物标指针字段
                 ├PSPC(3)            特征记录到空间记录指针控制字段
                 └〈R〉FSPT( *4)      特征记录到空间记录指针字段
```

图 26

7.7.6.2 特征记录标识符字段结构

特征记录标识符(FRID)字段结构见表26。

表26

子字段名称	标记	格式		域	子字段内容和说明
		ASCII	Bin		
记录名	RCNM	A(2)	b11	an	DA{40}
记录标识号	RCID	I(10)	b14	int	范围:1～(2^{32}－2)

表 26(续)

子字段名称	标记	格式		域	子字段内容和说明
		ASCII	Bin		
物标几何图示	PRIM	A(1)	b11	an	P{1}点 L{2}线 A{3}区域 N{255}物标不直接参照任何空间对象 (见 7.4.2.1)
组	GRUP	I(3)	b11	int	范围:1 ~254,255 为无分组(二进制)(见附录 B)
物标代码	OBJL	I(5)	b12	int	有效的物标代码
记录版本号	RVER	I(3)	b12	int	包含记录版本的系列数(见 7.8.4.2.1)
记录更新指令	RUIN	A(1)	b11	an	I{1}插入 D{2}删除 M{3}修改 (见 7.8.4.2.2)

7.7.6.3 特征物标标识符字段结构

特征物标标识符(FOID)字段结构见表 27。

表 27

子字段名称	标记	格式		域	子字段内容和说明
		ASCII	Bin		
生产机构	AGEN	A(2)	b12	an	机构代码(见 7.4.3)
特征标识号	FIND	I(10)	b14	int	范围:1 ~ $(2^{32}-2)$(见 7.4.3.3)
特征标识区分	FIDS	I(5)	b12	int	范围:1 ~ $(2^{16}-2)$(见 7.4.3.3)

7.7.6.4 特征记录属性字段结构

特征记录属性(ATTF)字段结构见表 28。

表 28

子字段名称	标记	格式		域	子字段内容和说明
		ASCII	Bin		
属性代码	*ATTL	I(5)	b12	int	有效的属性代码
属性值	ATVL	A( )		gt	一个包含 ATTL 中属性编码所描述的域的合法值的字串

7.7.6.5 特征记录国家属性字段结构

特征记录国家属性(NATF)字段结构见表 29。

表 29

子字段名称	标记	格式		域	子字段内容和说明
		ASCII	Bin		
属性代码	*ATTL	I(5)	b12	int	有效的国家属性代码
属性值	ATVL	A( )		gt	一个包含 ATTL 中属性/编码所描述的域的合法值的字串

7.7.6.6 特征记录到特征物标指针控制字段结构

特征记录到特征物标控制指针(FFPC)字段结构见表30。

表30

子字段名称	标记	格式		域	子字段内容和说明
		ASCII	Bin		
特征物标指针更新指令	FFUI	A(1)	b11	an	I{1}插入 D{2}删除 M{3}修改 (见7.8.4.2.3)
特征物标指针变址	FFIX	I( )	b12	int	目标记录的FFPT字段中的编址记录指针中变址(位置)(见7.8.4.2.3)
特征物标指针数	NFPT	I( )	b12	int	更新记录的FFPT字段中记录指针的数量(见7.8.4.2.3)

7.7.6.7 特征记录到特征物标指针字段结构

特征记录到特征物标指针(FFPT)字段结构见表31。

表31

子字段名称	标记	格式		域	子字段内容和说明
		ASCII	Bin		
长名	* LNAM	A(17)	b(64)	an	外部指针(见7.4.3)
关系指示符	RIND	A( )	b11	an	M{1}主 S{2}从属 P{3}同级 其他值可由相关产品规范定义 (见7.6.3和7.6.4)
注释	COMT	A(0)		bt	字符串

7.7.6.8 特征记录到空间记录指针控制字段结构

特征记录到空间记录指针控制(FSPC)字段结构见表32。

表32

子字段名称	标记	格式		域	子字段内容和说明
		ASCII	Bin		
特征向空间记录指针更新指令	FSUI	A(1)	b11	an	I{1}插入 D{2}删除 M{3}修改 (见7.8.4.2.4)
特征的空间指针变址	FSIX	I( )	b12	int	目标记录的FSPT字段中的编址记录指针中变址(位置)(见7.8.4.2.4)
特征空间记录指针数	NSPT	I( )	b12	int	更新记录的FSPT字段中记录指针的数量(见7.8.4.2.4)

7.7.6.9 特征记录到空间记录指针字段结构

特征记录到空间记录指针(FSPT)字段结构见表33。

表 33

子字段名称	标记	格式		域	子字段内容和说明
		ASCII	Bin		
名字	*NAME	A(12)	b(40)	an	外部指针(见 7.2.2)
方位	ORNT	A(1)	b11	an	F{1}正向 R{2}反向 N{255}NULL
用法指示符	USAG	A(1)	b11	an	E{1}外部 I{2}内部 C{3}由数据界限分割的外部边界 N{255}NULL
掩码指示符	MASK	A(1)	b11	an	M{1}屏蔽 S{2}显示 N{255}NULL

7.7.7 空间记录结构

7.7.7.1 矢量记录结构

7.7.7.1.1 矢量记录

矢量记录见图 27。

```
矢量记录      字段结构                              字段名称
└──────────0001(1)                                 ISO/IEC 8211 记录标识符
           └────VRID(4)                            矢量记录标识符字段
                ├─〈R〉ATTV(2)                      矢量记录属性字段
                ├─VRPC(3)                          矢量记录指针控制字段
                ├─〈R〉VRPT( *5)                    矢量记录指针字段
                ├─SGCC(3)                          坐标控制字段
                ├─可选择坐标
                ├─ *〈R〉SG2D( *2)2                 D 坐标字段
                ├─ *〈R〉SG3D( *3)3                 D 坐标字段
                └─ *〈R〉ARCC(5)                    弧/曲线定义字段
                         ├─可选择弧/曲线定义
                         ├─ *〈R〉AR2D(3 *2)        弧坐标字段
                         ├─ *〈R〉EL2D(5 *2)        椭圆坐标字段
                         └─ *〈R〉CT2D              曲线坐标字段
```

图 27

7.7.7.1.2 矢量记录标识符字段结构

矢量记录标识符(VRID)字段结构见表 34。

表 34

子字段名称	标记	格式		域	子字段内容和说明
		ASCII	Bin		
记录名	RCNM	A(2)	b11	an	VI{110}孤立节点 VC{120}连接节点 VE{130}边 VF{140}面

表 34(续)

子字段名称	标记	格式		域	子字段内容和说明
		ASCII	Bin		
记录标识号	RCID	I(10)	b14	int	范围:1 ~ (2^{32} −2)
记录版本号	RVER	I(3)	b12	int	包含记录编辑版本的序列号(见 7.8.4.3.1)
记录更新指令	RUIN	A(1)	b11	an	I{1}插入 D{2}删除 M{3}修改 (见 7.8.4.3.2b)

7.7.7.1.3 矢量记录属性字段结构

矢量记录属性(ATTV)字段结构见表 35。

表 35

子字段名称	标记	格式		域	子字段内容和说明
		ASCII	Bin		
属性代码	* ATTL	I(5)	b12	int	有效的属性代码
属性值	ATVL	A( )		bt	ATTL 中的属性代码指定的定义域有效值字符串

7.7.7.1.4 矢量记录指针控制字段结构

矢量记录指针控制(VRPC)字段结构见表 36。

表 36

子字段名称	标记	格式		域	子字段内容和说明
		ASCII	Bin		
矢量记录指针更新指令	VPUI	A(1)	b11	an	I{1}插入 D{2}删除 M{3}修改 (见 7.8.4.3.2b)
矢量记录指针变址	VPIX	I( )	b12	int	目标记录的 VRPT 字段中的矢量记录指针变址(位置)(见 7.8.4.3.2b)
矢量记录指针数	NVPT	I( )	b12	int	更新记录的 VRPT 字段中的矢量记录指针变址(位置)(见 7.8.4.3.2b)

7.7.7.1.5 矢量记录指针字段结构

矢量记录指针(VRPT)字段结构见表 37。

表 37

子字段名称	标记	格式		域	子字段内容和说明
		ASCII	Bin		
名字	* NAME	A(12)	b(40)	an	外部指针(见 7.2.2)
方位	ORNT	A(1)	b11	an	F{1}正向 R{2}反向 N{255}NULL (见 7.5.3)

表 37(续)

子字段名称	标记	格式		域	子字段内容和说明
		ASCII	Bin		
用法指示符	USAG	A(1)	b11	an	E{1}外部 T{2}内部 C{3}由数据界限分割的外部边界 N{255}NULL (见 7.5.3)
拓扑指示符	TOPI	A(1)	b11	an	B{1}起始节点 E{2}终止节点 S{3}左面 D{4}右面 F{5}包含面 N{255}NULL (见 7.5.3)
掩码指示符	MASK	A(1)	b11	an	M{1}屏蔽 S{2}显示 N{255}NULL (见 7.5.3)

7.7.7.1.6 坐标控制字段结构

坐标控制(SGCC)字段结构见表 38。

表 38

子字段名称	标记	格式		域	子字段内容和说明
		ASCII	Bin		
坐标更新指令	CCUI	A(1)	b11	an	I{1}插入 D{2}删除 M{3}修改 (见 7.8.4.3.3)
坐标变址	CCIX	I( )	b12	int	目标记录的坐标字段中的编址坐标的变址(位置)(见 7.8.4.3.3)
坐标数	CCNC	I( )	b12	int	更新记录的坐标字段中的坐标数(见 7.8.4.3.3)

7.7.7.1.7 二维坐标字段结构

二维坐标(SG2D)字段结构见表 39。

表 39

子字段名称	标记	格式		域	子字段内容和说明
		ASCII	Bin		
Y 轴坐标	* YCOO	R( )	b24	real	*Y* 坐标。格式由附录 B 描述
X 轴坐标	XCOO	R( )	b24	real	*X* 坐标。格式由附录 B 描述

7.7.7.1.8 三维坐标字段结构

三维坐标(SG3D)字段结构见表 40。

表 40

子字段名称	标记	格式		域	子字段内容和说明
		ASCII	Bin		
Y 轴坐标	* YCOO	R( )	b24	real	*Y* 坐标。格式由附录 B 描述
X 轴坐标	XCOO	R( )	b24	real	*X* 坐标。格式由附录 B 描述
三维水深值	VE3D	R( )	b24	real	第三维的值，内容和格式由附录 B 描述

7.7.7.1.9　弧或曲线定义字段结构

弧或曲线定义（ARCC）字段结构见表 41。

表 41

子字段名称	标记	格式		域	子字段内容和说明
		ASCII	Bin		
弧或曲线类型	ATYP	A(1)	b11	an	C{1}三点中心弧 E{2}椭圆弧 U{3}均匀 B 样条插值 B{4}分段贝塞尔插值 N{5}不均匀合理 B 样条插值
结构表面	SURF	A(1)	b11	an	E{1}椭圆面，应在投影到二维平面上前对物标重构 P{2}平面，不管是否使用了投影，都应在投影到二维表面后再对物标重构
曲线阶次	ORDR	I(1)	b11	int	多项式方程的最大幂数值 范围：1 ~ 9
插入点分辨率	RESO	R( )	b14[a]	real	沿线轨迹上插入点之间的间隔。其值的单位为地图单位（毫米）
浮点化整因子	FPMF	I(0)	b14	int	插入点分辨率值由浮点数化为整数的参数（见 7.2.6）

[a] 用 FPMF 子字段把整数（b14）转换为浮点数（见 7.2.6 条）。

7.7.7.1.10　弧坐标字段结构

弧坐标（AR2D）字段结构见表 42。

表 42

子字段名称	标记	格式		域	子字段内容和说明
		ASCII	Bin		
起始点	STPT	@			ISO/IEC 8211 笛卡儿标记
中心点	CTPT	@			ISO/IEC 8211 笛卡儿标记
结束点	ENPT	@			ISO/IEC 8211 笛卡儿标记
Y 轴坐标	* YCOO	R( )	b24	real	*Y* 坐标。格式由附录 B 描述
X 轴坐标	XCOO	R( )	b24	real	*X* 坐标。格式由附录 B 描述

7.7.7.1.11　椭圆坐标字段结构

椭圆坐标（EL2D）字段结构见表 43。

表 43

子字段名称	标记	格式		域	子字段内容和说明
		ASCII	Bin		
起始点	STPT	@			ISO/IEC 8211 笛卡儿标记
中心点	CTPT	@			ISO/IEC 8211 笛卡儿标记
结束点	ENPT	@			ISO/IEC 8211 笛卡儿标记
椭圆长半轴	CDPM	@			ISO/IEC 8211 笛卡儿标记
椭圆短半轴	CDPR	@			ISO/IEC 8211 笛卡儿标记
Y 轴坐标	* YCOO	R( )	b24	real	*Y* 坐标。格式由附录 B 描述
X 轴坐标	XCOO	R( )	b24	real	*X* 坐标。格式由附录 B 描述

7.7.7.1.12　曲线坐标字段结构

曲线坐标(CT2D)字段结构见表 44。

表 44

子字段名称	标记	格式		域	子字段内容和说明
		ASCII	Bin		
Y 轴坐标	* YCOO	R( )	b24	real	*Y* 坐标。格式由附录 B 描述
X 轴坐标	XCOO	R( )	b24	real	*X* 坐标。格式由附录 B 描述

7.8　改正

7.8.1　一般要求

本条对数据改正方式作出规定。通过改正数据中的记录、字段或子字段,更新已发布的数据,而不需要重新发布整个数据集。

可以改正的最高结构是记录,改正文件的过程应由相应的产品规范定义。

7.8.2　改正数据流程

改正数据宜按如下基本流程操作:

数据生产者对基础数据将变化的信息进行改正编辑,并发布包含改正记录的改正信息,应用者收到改正信息后进行改正处理,把改正信息应用到目标数据中,见图 28。

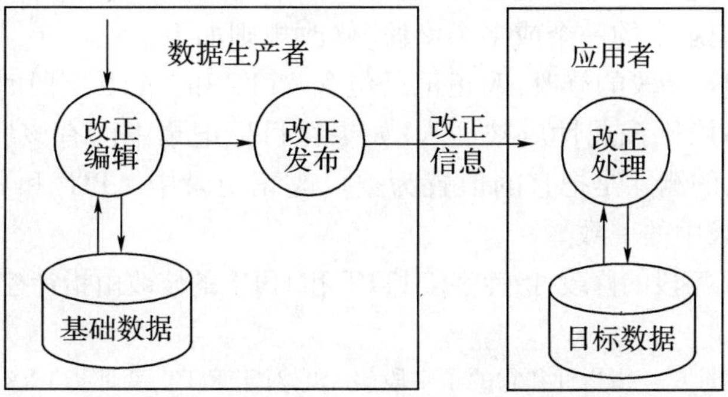

图　28

7.8.3 改正方法中的结构一致性

7.8.3.1 一般要求

基础数据中的数据结构构成的原始一致性应保留在目标数据中。

7.8.3.2 改正方法中的记录一致性

创建记录时,应定义记录的 NAME,且以后每次对该记录进行改正时均应使用原名。

7.8.3.3 改正方法的属性一致性

属性由记录的名称和唯一的属性代码结合起来标识。

7.8.3.4 改正方法中的指针一致性

指针字段(FFPT、FSPT 和 VRPT)中的单个指针[1)]由其所在记录的名称和变址共同定义。变址表明指针在指针字段中的位置。对于只有一个指针的指针字段,变址为1;对于多于一个指针的指针字段,变址大于1。如果一个指针字段拥有多于一个指针,变址等于或大于1。如果一个特征或矢量记录包含重复指针字段(例如,在一个特征记录中有两个或多个 FSPT 字段),变址连续递增。

7.8.3.5 改正方法中的坐标一致性

单个坐标由其所在的矢量记录的名称和坐标变址[2)]共同定义。变址指示坐标在矢量记录坐标字段中的位置(见7.5.4),对于只有一对坐标的矢量记录(如连接节点或孤立节点),变址为1;对于多于一对坐标的矢量记录(如边和水深),变址大于1;如果一个矢量记录包含重复坐标字段(例如,在一个边的矢量记录中有两个或多个 SG2D 字段),变址连续递增。

在从基础数据转换为目标数据的过程中,不能增加或删除坐标字段中的坐标对。

7.8.4 改正记录

7.8.4.1 一般要求

改正记录是用于特征或矢量记录的类术语,RUIN 子字段中包含删除或修改指示符。改正记录可以包含附加字段。特征记录包含 FFPC 字段和 FSPC;矢量记录包含 VRPC 和 SGCC。

7.8.4.2 改正特征记录的方法

7.8.4.2.1 特征记录记录版本子字段

记录版本号(RVER)子字段标明记录的版本号。改正记录的版本号应高于要改正的目标记录的版本号。改正操作完成后,目标记录的版本号应改为新修改的改正记录的版本号。

7.8.4.2.2 特征记录记录修改指令子字段

RUIN 子字段标明应在目标记录上进行的操作,其允许值如下:

a) I{1}插入:应插入特征记录,RVER 子字段应为1;
b) D{2}删除:应删除特征记录,该记录不能包含其他的字段,只能用 FRID;
c) M{3}修改:应修改特征记录,该记录应包含其他字段以提供详细的改正信息。M 表示此次改正操作应修改目标记录中的一个或多个字段,修改规则如下:
    1) ATTF 和 NATF 字段的修改:改正记录包含 ATTF 和 NATF 字段时,它应说明:如果目标记录中没有该属性,则该属性应被插入;如果在目标记录中已有该属性,则应用改正记录中的值替代,属性的删除是把它的值置为空。改正记录中 ATTF 和 NATF 字可用的词汇级别,应与目标记录中的一致。
    2) FFPT 和 FSPT 字段的修改:指针字段 FFPT 和 FSPT 的修改由指针控制字段 FFPC 和 FSPC 控制。

1) 在改正方法中,指针变址总是指指针和它的子字段(例如,对于 FFPT,变址指 LNAM 和 RIND 子字段)。

2) 在改正方法中,坐标是(SG2D)、(AR2D)、(EL2D)和(CT2D)字段的坐标对(YCOO,XCOO)或(SG3D)字段的三维坐标(YCOO,XCOO,VE3D)。

7.8.4.2.3 特征记录到特征物标指针控制字段

FFPC 字段控制着 FFPT 字段的改正。FFPC 字段包含三个子字段：

a) FFUI：特征物标指针修改指令子字段；

其允许值如下：

1) I{1}插入：改正记录 FFPT 中的特征记录到特征物标指针应插入目标记录的 FFPT 中，插入从 FFIX 子字段指定的变址的前一个位置开始，插入的指针数由 NFPT 子字段给出；

2) D{2}删除：特征记录到特征物标指针应从目标记录的 FFPT 中删除。删除由 FFIX 字段指定的变址开始，删除的指针数由 NFPT 子字段给出；

3) M{3}修改：改正记录 FFPT 中的特征记录到特征物标的指针应替代目标记录的 FFPT 中编址指针。替代由 FFIX 子字段指定的变址开始，应替代的指针数由 NFPT 子字段给出。

b) FFIX：特征物标指针变址子字段；

c) NFPT：特征物标指针数子字段。

FFIX 子字段给出在目标记录 FFPT 中编址的特征记录到特征物标指针位置。

NFPT 子字段给出改正记录 FFPT 字段中特征记录到特征物标指针的数量。

FFPC 字段在改正记录中不能重复。对非连续指针（例如，包含多指针的 FFPT 字段的第一个和最后一个指针）的改正可以通过多个改正记录或替换目标记录中所有特征记录到特征物标指针实现。

7.8.4.2.4 特征记录到空间记录指针控制字段

FSPC 字段控制着 FSPT 的改正。FSPC 字段包含三个子字段：

a) FSUI：特征到空间记录指针修改指令子字段；

b) FSIX：特征到空间记录指针变址子字段；

c) NSPT：特征到空间记录指针数子字段。

FSUI 子字段，其允许值如下：

a) I{1}插入：改正记录 FSPT 中的特征到空间记录指针应插入目标记录的 FSPT 中。插入从 FFIX 子字段指定的变址的前一个位置开始，插入的指针数由 NFPT 子字段给出。

b) D{2}删除：特征到空间记录指针应从目标记录的 FSPT 中删除。删除由 FSIX 字段指定的变址开始，删除的指针数由 NSPT 子字段给出。

c) M{3}修改：改正记录 FSPT 中特征到空间记录指针应替代目标记录中的 FSPT 字段的编址指针。替代由 FFIX 子字段指定的变址开始，应替代的指针数由 NSPT 子字段给出。

FSIX 子字段给出在目标记录 FSPT 中编址的特征到空间记录指针位置。

NSPT 子字段给出改正记录 FSPT 字段中特征到空间记录指针的数量。

FSPC 字段在改正记录中不能重复。对非连续指针（例如，包含许多指针的 FSPT 字段的第一个和最后一个指针）的改正可以通过多个改正记录或替换目标记录中所有特征到空间记录指针实现。

7.8.4.3 矢量记录改正的结构

7.8.4.3.1 记录版本号子字段

RVER 子字段标明记录的版本号。改正记录的版本号应高于要改正的目标记录的版本号。改正操作完成后，目标记录的版本号应改为新修改的改正记录的版本号。

7.8.4.3.2 记录修改指令子字段

RUIN 子字段标明应在目标记录上进行的操作。其允许值如下：

a) I{1}插入：应插入矢量记录，RVER 子字段应为 1。

b) D{2}删除：应删除矢量记录，该记录不能包含其他的字段，只能用 VRID；

c) M{3}修改：应修改矢量记录，该记录应包含其他字段以提供详细改正信息。M 表示此次改正操作应修改目标记录中的一个或多个字段，修改规则如下：

1) ATTV 字段的修改：改正记录包含 ATTV 字段时，它应说明，如果目标记录中没有该属性，则该属性应被插入;如果在目标记录中已有该属性,则应用改正记录中值代替;属性的删除是把它的值置为空。

2) VRPT 字段的修改:VRPT 的修改由矢量记录指针控制字段 VRPC 控制。

VRPC 字段包含三个子字段:

- VPUI:矢量记录指针修改指令子字段;
- VPIX:矢量记录指针变址子字段;
- NVPT:矢量记录指针数子字段。

矢量记录指针修改指令(VPUI)子字段,其允许值如下:

a) I{1}插入:改正记录 VRPT 中的矢量记录指针应插入目标记录的 VRPT 中。插入从 VPIX 子字段指定的变址的前一个位置开始,插入的指针数由 NVPT 子字段给出;

b) D{2}删除:矢量记录指针应从目标记录的 VRPT 中删除。删除由 VPIX 字段指定的变址开始,删除的指针数由 NVPT 子字段给出;

c) M{3}修改:改正记录 VRPT 中的矢量记录指针应替代目标字段中的 VRPT 字段的编址指针。替代由 VPIX 子字段指定的变址开始,应替代的指针数由 NVPT 子字段给出。

VPIX 子字段给出在目标记录 VRPT 中编址的矢量记录指针位置(见 7.8.3.4)。

NVPT 子字段给出改正记录 VRPT 字段中矢量记录指针的数量。

VRPC 字段在改正记录中不能重复。对非连续指针(例如,包含许多指针的 VRPT 字段的第一个和最后一个指针)的改正可以通过多个改正记录或替换目标记录中所有空间记录指针实现。

7.8.4.3.3 坐标控制字段

SGCC 字段控制矢量记录的坐标字段(SG2D 和 SG3D)的改正。SGCC 字段包含三个子字段:

a) CCUI:坐标更新指令子字段;

b) CCIX:坐标变址子字段;

c) CCNC:坐标数子字段。

CCUI 子字段,其允许值如下:

a) I{1}插入:改正记录坐标字段中的坐标应插入目标记录的坐标字段。插入从 CCIX 子字段指定的变址的前一个位置开始,插入的坐标数由 CCNC 子字段给出;

b) D{2}删除:坐标应从目标记录的坐标字段中删除。删除由 CCIX 字段指定的变址开始,删除的坐标数由 CCNC 子字段给出;

c) M{3}修改:改正记录坐标字段中的坐标应替代目标字段中的坐标字段的编址坐标。替代由 CCIX 子字段指定的变址开始,应替代的指针数由 CCNC 子字段给出。

CCIX 子字段给出在目标记录的坐标字段中编址的坐标位置(见 7.8.3.5)。

CCNC 子字段给出改正记录中坐标字段的坐标数。

SGCC 字段在改正记录中不能重复。对非连续指针(例如,包含许多坐标的 SG2D 字段的第一个和最后一个指针)的改正可以通过多个改正记录或替换目标记录中所有坐标实现。

附　录　A
（规范性附录）
物 标 目 录

A.1　引言

物标目录以第6章描述的理论模型为基础，将客观世界实体划分为有限的实体类型（如灯标、沉船和建筑物区等），称为特征物标类。特征物标类的一个实例可归结为一个特征物标，可赋予一系列属性并为这些属性赋值。一个特定的客观世界实体通过适当的特征物标类、属性和属性值来编码。

A.2给出了每个特征物标类的说明，包括每个物标类的定义和该物标类可用的属性列表。对于特征物标的每种实例，一个特定属性只能使用一次。对于某些应用，有些属性可能被强制指定给特定的物标类（见附录B）。

A.3对A.2中的属性进行描述，包括属性的定义、适用范围、允许值表及其定义。

A.2　物标

A.2.1　物标格式

每类物标用如下标准格式指定，如果分项后没有进一步解释，则该分项可省略：

a）　物标类：物标类名称；

b）　缩写词：物标类的六个字符代码；

c）　代码：数据编码用整数代码；

d）　每一物标类都定义有一组相关属性集，并分为三个子集：

　1）　属性A：该子集中的属性定义某个物标的个体特性；

　2）　属性B：该子集中的属性提供有关使用的信息，例如，用于显示或信息系统；

　3）　属性C：该子集中的属性提供有关物标的管理信息及描述数据；

　在每一个子集中列出属于该组属性的缩写列表；

e）　定义：给出了必要的物标类的定义及其出处；

f）　参考：给出所参考的文献；

g）　附注：提供更进一步的说明和注释；

h）　区别于：列出了与之相关但又各自独立的物标类。

A.2.2　物标列表

A.2.2.1　地理物标

地理物标列表见表A.1。

表A.1

代码	地理物标类中文名称	地理物标类英文名称	缩写
1	行政管理区	Administration area(Named)	ADMARE
2	机场	Airport/airfield	AIRARE
3	锚位	Anchora berth	ACHBRT
4	锚泊区	Anchorage area	ACHARE
5	方位立标	Beacon, cardinal	BCNCAR

表 A.1(续)

代码	地理物标类中文名称	地理物标类英文名称	缩写
6	孤立危险物立标	Beacon, isolated danger	BCNISD
7	侧面立标	Beacon, lateral	BCNLAT
8	安全水域立标	Beacon, safe water	BCNSAW
9	专用/通用立标	Beacon, special purpose/general	BCNSPP
10	泊位	Berth	BERTHS
11	桥梁	Bridge	BRIDGE
12	单体建筑	Building, single	BUISGL
13	建筑物区	Built-up area	BUAARE
14	方位浮标	Buoy, cardinal	BOYCAR
15	设施浮标	Buoy, installation	BOYINB
16	孤立危险物浮标	Buoy, isolated danger	BOYISD
17	侧面浮标	Buoy, lateral	BOYLAT
18	安全水域浮标	Buoy, safe water	BOYSAW
19	专用/通用浮标	Buoy, special purpose/general	BOYSPP
20	电缆区	Cable area	CBLARE
21	架空电缆	Cable, overhead	CBLOHD
23	渠道	Canal	CANALS
24	渠堤	Canal bank	CANBNK
25	货物过驳区	Cargo transhipment area	CTSARE
26	长堤	Causeway	CAUSWY
27	警告区	Caution area	CTNARE
28	检查站	Check point	CHKPNT
33	控制点	Control point	CTRPNT
34	传送装置	Conveyor	CONVYR
35	起重机	Crane	CRANES
37	关税区	Custom zone	CUSZNE
38	水坝	Dam	DAMCON
39	昼标	Daymark	DAYMAR
40	深水航道中心线	Deep water route center line	DWRTCL
41	深水航道部分	Deep water route part	DWRTPT
42	深度范围	Depth area	DEPARE
43	等深线	Depth contour	DEPCNT
44	距离标志	Distance mark	DISMAR
45	船坞区	Dock area	DOCARE
46	疏浚区	Dredged area	DRGARE

表 A.1(续)

代码	地理物标类中文名称	地理物标类英文名称	缩写
47	干船坞	Dry dock	DRYDOC
48	倾废场	Dumping ground	DMPGRD
49	堤	Dyke	DYKCON
51	航道	Fairwy	FAIRWY
52	栅栏线	Fence line	FNCLNE
53	轮渡航路	Ferry route	FERYRT
54	渔业区	Fishery zone	FSHZNE
55	捕鱼设备	Fishing facility	FSHFAC
56	渔场	Fishing ground	FSHGRD
57	浮船坞	Floating dock	FLODOC
58	雾号	Fog signal	FOGSIG
59	防御工事	Fortified structure	FORSTC
60	自由港区	Freeport area	FRPARE
61	门	Gate	GATCON
63	行政港区	Harbour area(administrative)	HRBARE
64	港口设备	Harbour facility	HRBFAC
65	报废船	Hulk	HULKES
67	废物焚烧场	Incineration area	ICNARE
68	近岸交通区	Inshore traffic zone	ISTZNE
69	湖泊	Lake	LAKARE
70	湖岸	Lake shore	LAKSHR
71	陆地区	Land area	LNDARE
72	地面高程	Land elevation	LNDELV
73	地面地带	Land region	LNDRGN
74	陆标	Landmark	LNDMRK
75	灯标	Light	LIGHTS
76	灯浮	Light float	LITFLT
77	灯船	Light vessel	LITVES
78	局部磁力异常	Local magnetic anomaly	LOCMAG
79	船闸	Lock basin	LOKBSN
80	储木池	Log pond	LOGPON
81	磁差	Magnetic variation	MAGVAR
83	军事演习区	Military practice area	MIPARE
84	系泊绞缆设施	Mooring/Warping facility	MORFAC
85	导航线	Navigation line	NAVLNE

表 A.1(续)

代码	地理物标类中文名称	地理物标类英文名称	缩写
86	障碍物	Obstruction	OBSTRN
89	油障	Oil barrier	OILBAR
90	桩	Pile	PILPNT
91	引航员登船点	Pilot boarding place	PILBOP
92	管道区	Pipe line area	PIPARE
93	架空管道	Pipe line, overhead	PIPOHD
95	浮码头	Pontoon	PONTON
96	警戒区	Precautionary area	PRCARE
97	生产/仓储区	Production/storage area	PRDARE
98	支架/桥墩	Pylon/bridge support	PYLONS
99	雷达线	Radar line	RADLNE
100	雷达有效作用距离	Radar range	RADRNG
101	雷达反射器	Radar reflector	RADRFL
102	雷达站	Radar station	RADSTA
103	雷达应答器	Radar transponder beacon	RTPBCN
104	无线电呼叫点	Radio calling-in point	RDOCAL
105	无线电台	Radio station	RDOSTA
106	铁路	Railway	RAILWY
107	急流	Rapids	RAPIDS
108	推荐航道中心线	Recommended route center line	RCRTCL
109	推荐航线	Recommended track	RECTRC
110	推荐航道分道	Recommended traffic lane part	RCTLPT
111	救助站	Rescue station	RSCSTA
112	受限区域	Restricted area	RESARE
113	反射器	Retro-reflector	RETRFL
114	河流	River	RIVERS
115	河岸	River bank	RIVBNK
116	道路	Road	ROADWY
117	跑道	Runway	RUNWAY
118	沙纹	Sand waves	SNDWAV
122	岸线建筑物	Shore line construction	SLCONS
123	交通信号站	Signal station, traffic	SISTAT
124	告警信号站	Signalstation, warning	SISTAW
125	筒仓/罐	Silo/tank	SILTNK
126	坡顶线	Slope top line	SLOTOP

表 A.1(续)

代码	地理物标类中文名称	地理物标类英文名称	缩写
127	倾斜地面	Sloping ground	SLOGRD
128	小型船用设备	Small craft facility	SMCFAC
129	水深	Sounding	SOUNDG
130	喷泉	Spring	SPRING
131	广场	Square	SQUARE
133	潜水艇航道	Submarine transit lane	SUBTLN
134	扫测区	Swept area	SWPARE
144	顶标	Top mark	TOPMAR
145	分道通航分隔线	Traffic separation line	TSELNE
146	分道通航制边界	Traffic separation scheme boundary	TSSBND
147	分道通航制交汇处	Traffic separation scheme crossing	TSSCRS
148	分道通航制分道	Traffic separation scheme lane part	TSSLPT
149	分道通航制环形道	Traffic separationscheme roundabout	TSSRON
150	分道通航分隔带	Traffic separation zone	TSEZNE
151	隧道	Tunnel	TUNNEL
152	双向航道分道	Two-way route part	TWRTPT
153	暗礁/适淹礁	Underwater/awash rock	UWTROC
154	未测区	Unsurveyed area	UNSARE
155	植被	Vegetation	VEGATN
156	紊流	Water turbulence	WATTUR
157	瀑布	Waterfall	WATFAL
158	海草/巨型海藻	Weed/Kelp	WEDKLP
159	沉船	Wreck	WRECKS
17053	桥梁区	Bridge area	BRGARE
17054	供给站	Bunker station	BUNSTA
17055	通信区	Communication area	COMARE
26001	停泊区	Berth area	BERARE
26002	岸线	Bank line	BNKLNE
26003	跨江建筑物	Bestraddle river construction	BTRCTR
26004	江底电缆	Cable, subriver	CBLSUR
26006	淡水养殖场	Freshwater fame	FSWFAM
26007	港航管理机构	Harbor administration	HABADM
26008	船闸航道	Lock basin route	LCBSRT
26009	江上平台	Offriver platform	OFRPLF
26010	江上作业区	Offriver production area	ORPARE

表 A.1(续)

代码	地理物标类中文名称	地理物标类英文名称	缩写
26011	江底/陆地管道	Pipe line,submarine/on land	PIPSRL
26012	江床区	Riverbed area	RBDARE
26013	整治建筑物	Regulation construction	REGSTR
26014	江区/命名水域	River area	RIVARE
26016	升船机	Ship lift	SHPLFT
26017	水利设备	Water conservancy	WATCON
26018	水文测量设备	Water measure conservancy	WATMEA
26019	滩险	Shoal and rapids	SHLRPS
26020	趸船	Wharfboat	WHAFBT

A.2.2.2 元物标

元物标列表见表 A.2。

表 A.2

代码	元物标类中文名称	元物标类英文名称	缩写
300	数据精度	Accuracy of data	M_ACCY
301	数据编辑比例尺	Compilation scale of data	M_CSCL
302	覆盖范围	Coverage	M_COVR
303	数据水平基准面	Horizontal datum of data	M_HDAT
304	水平基准面变换参数	Horizontal datum shift parameters	M_HOPA
305	航海出版物信息	Nautical publication information	M_NPUB
306	航行标志系统	Navigational system of marks	M_NSYS
307	产品信息	Production information	M_PROD
308	数据质量	Quality of data	M_QUAL
309	水深基准面	Sounding datum	M_SDAT
310	测量可靠性	Survey reliability	M_SREL
311	数据度量单位	Units of measurement of data	M_UNIT
312	数据垂直基准面	Vertical datum of data	M_VDAT

A.2.2.3 组合物标

组合物标列表见表 A.3。

表 A.3

代码	组合物标类中文名称	组合物标类英文名称	缩写
400	集合	Aggregation	C_AGGR
401	关联	Association	C_ASSO
402	上下关系	Stacked on/stacked under	C_STAC

A.2.2.4 制图物标

制图物标列表见表 A.4。

表 A.4

代码	制图物标类中文名称	制图物标类英文名称	缩写
500	制图区	Cartographic area	$AREAS
501	制图线	Cartographic line	$LINES
502	制图符号	Cartographic symbol	$CSYMB
503	罗经圈	Compass	$COMPS
504	文本	Text	$TEXTS

A.2.3 地理物标类

A.2.3.1 行政管理区

缩写:ADMARE

代码:1

属性 A:JRSDTN;NATION;NOBJNM;OBJNAM;

属性 B:INFORM;NINFOM;NTXTDS;PICREP;SCAMAX;SCAMIN;TXTDSC;UPDMSG;

属性 C:RECDAT;RECIND;SORDAT;SORIND。

定义:一个限定的实施行政管理的区域。

区别于:地面地带、渔业区。

A.2.3.2 机场

缩写:AIRARE

代码:2

属性 A:CATAIR;CONDTN;CONVIS;NOBJNM;OBJNAM;STATUS;

属性 B:INFORM;NINFOM;NTXTDS;PICREP;SCAMAX;SCAMIN;TXTDSC;UPDMSG;

属性 C:RECDAT;RECIND;SORDAT;SORIND。

定义:用于飞机起降和移动的区域,至少有一条跑道。

参考:INT 1:ID 17;M-4:366。

区别于:跑道。

A.2.3.3 锚位

缩写:ACHBRT

代码:3

属性 A: CATACH; CLSDNG; COMCTN; DATEND; DATSTA; NOBJNM; OBJNAM; PEREND; PERSTA; RADIUS;RESTRN;STATUS;

属性 B:INFORM;NINFOM;NTXTDS;PICREP;SCAMAX;SCAMIN;TXTDSC;UPDMSG;

属性 C:RECDAT;RECIND;SORDAT;SORIND。

定义:锚位是指单一船或海上飞机等可以锚泊的指定区域。

参考:INT 1:IN 11.1-2;M-4:431.2。

附注:锚位通常用带中心点的圆圈定义。

区别于:锚泊区、泊位、系泊绞缆设施。

A.2.3.4 锚泊区

缩写:ACHARE

代码:4

属性 A:CATACH;CLSDNG;COMCTN;DATEND;DATSTA;NOBJNM;OBJNAM;PEREND;PERSTA;RESTRN;STATUS;

属性 B:INFORM;NINFOM;NTXTDS;SCAMAX;SCAMIN;TXTDSC;UPDMSG;

属性 C:RECDAT;RECIND;SORDAT;SORIND。

定义:锚泊区是船舶锚泊或可以锚泊的区域(IHO S-32,130)。

参考:INT 1:IN 12.1-9;M-4:4313。

区别于:锚位、系泊绞缆设施。

A.2.3.5 方位立标

缩写:BCNCAR

代码:5

属性 A:BCNSHP;CATCAM;COLOUR;COLPAT;CONDTN;CONVIS;CONRAD;DATEND;DATSTA;ELEVAT;HEIGHT;MARSYS;NATCON;NOBJNM;OBJNAM;PEREND;PERSTA;STATUS;VERACC;VERDAT;VERLEN;

属性 B:INFORM;NINFOM;NTXTDS;PICREP;SCAMAX;SCAMIN;TXTDSC;UPDMSG;

属性 C:RECDAT;RECIND;SORDAT;SORIND。

定义:立标是一种专用视觉航标,是航行或海道测量的助航标志(IHO S-32,420)。方位立标和罗经圈一起使用,使航行者能确定最佳可航行航道。它可置于东、西、南、北四象限之一,并在标志点处标出方位信标(UKHO NP735)。

参考:INT 1:IQ 130.3;M-4:461。

附注:顶标、灯标、雾号、雷达反射器和反射器是独立的物标。

区别于:昼标、侧面立标、安全水域立标、孤立危险物立标、专用/通用立标。

A.2.3.6 孤立危险物立标

缩写:BCNISD

代码:6

属性 A: BCNSHP; COLOUR; COLPAT; CONDTN; CONRAD; CONVIS; DATEND; DATSTA; ELEVAT; HEIGHT; MARSYS; NATCON; NOBJNM; OBJNAM; PEREND; PERSTA; STATUS; VERACC; VERDAT; VERLEN;

属性 B:INFORM;NINFOM;NTXTDS;PICREP;SCAMAX;SCAMIN;TXTDSC;UPDMSG;

属性 C:RECDAT;RECIND;SORDAT;SORIND。

定义:立标是一种专用视觉航标,是航行或海道测量的助航标志(IHO S-32,420)。孤立危险物立标是设在一个受限区域的孤立危险物上的立标,其周围水域可航(UKHO NP735)。

参考:INT 1:IQ 130.4;M-4:463.1。

附注:顶标、灯标、雾号、雷达反射器和反射器为独立的物标。

区别于:昼标、侧面立标、安全水域立标、方位立标、专用/通用立标。

A.2.3.7 侧面立标

缩写:BCNLAT

代码:7

属性 A:BCNSHP;CATLAM;COLOUR;COLPAT;CONDTN;CONRAD;CONVIS;DATEND;DATSTA;ELEVAT;HEIGHT;MARSYS;NATCON;NOBJNM;OBJNAM;PEREND;PERSTA,STATUS;VERACC;VERDAT;VERLEN;

属性 B:INFORM;NINFOM;NTXTDS;PICREP;SCAMAX;SCAMIN;TXTDSC;UPDMSG;

属性 C:RECDAT;RECIND;SORDAT;SORIND。

定义:立标是一种专用视觉航标,是航行或海道测量的助航标志(IHO S-32,420)。侧面立标用于指示可航航路是左侧还是右侧。它们通常用于管理良好的航道并且连同浮标的规定方向一起使用(UKHO NP735)。

参考:INT 1:IQ 91-92;130.1;

附注:顶标、灯标、雾号、雷达反射器和反射器为独立的物标。

区别于:昼标、方位立标、安全水域立标、孤立危险物立标、专用/通用立标。

A.2.3.8 安全水域立标

缩写:BCNSAW

代码:8

属性 A:BCNSHP;COLOUR;COLPAT;CONDTN;CONRAD;CONVIS;DATEND;DATSTA;ELEVAT;HEIGHT;MARSYS;NATCON;NOBJNM;OBJNAM;PEREND;PERSTA;STATUS;VERACC;VERDAT;VERLEN;

属性 B:INFORM;NINFOM;NTXTDS;PICREP;SCAMAX;SCAMIN;TXTDSC;UPDMSG;

属性 C:RECDAT;RECIND;SORDAT;SORIND。

定义:安全水域立标是一种专用视觉航标,是航行或海道测量的助航标志(IHO S-32,420)。安全水域立标用于标示其周围水域可航(UKHO NP735)。

参考:INT 1:IQ 130.5;M-4:456.4。

附注:顶标、灯标、雾号、雷达反射器和反射器为独立的物标。

区别于:昼标、方位立标、侧面立标、孤立危险物立标、专用/通用立标。

A.2.3.9 专用/通用立标

缩写:BCNSPP

代码:9

属性 A:BCNSHP;CATSPM;COLOUR;COLPAT;CONDTN;CONRAD;CONVIS;DATEND;DATSTA;ELEVAT;HEIGHT;MARSYS;NATCON;NOBJNM;OBJNAM;PEREND;PERSTA;STATUS;VERACC;VERDAT;VERLEN;

属性 B:INFORM;NINFOM;NTXTDS;PICREP;SCAMAX;SCAMIN;TXTDSC;UPDMSG;

属性 C:RECDAT;RECIND;SORDAT;SORIND。

定义:立标是一种专用视觉航标,是航行或海道测量的助航标志(IHO S-32,420)。专用立标主要用于标示航道图、航行指南、航行通告中明显出现的区域或特征(UKHO NP735)。通用立标是一种形状或用途不太明确的立标。

参考:INT 1:IQ 130.6;M-4:456.4。

附注:顶标、灯标、雾号、雷达反射器和反射器为独立的物标。

区别于:昼标、侧面立标、安全水域立标、孤立危险物立标、方位立标、距离标志。

A.2.3.10 泊位

缩写:BERTHS

代码:10

属性 A:CLSDNG;COMCTN;DATEND;DATSTA;DRVAL1;NOBJNM;OBJNAM;PEREND;PERSTA;QUASOU;SOUACC;STATUS;TRSHGD;VERDAT;

属性 B:INFORM;NINFOM;NTXTDS;PICREP;SCAMIN;TXTDSC;UPDMSG;

属性 C:RECDAT;RECIND;SORDAT;SORIND。

定义:泊位是码头上船只可以停靠的有名称或编号的地方(IHO S-32,470)。

参考:INT 1:IF 19;M-4:321.1。

区别于:锚位、系泊绞缆设施、岸线建筑物。

A.2.3.11 桥梁

缩写:BRIDGE

代码:11

属性 A:CATBRG;COLOUR;COLPAT;COMCTN;CONDTN;CONRAD;CONVIS;DATEND;DATSTA;HORACC;HORCLR;NATCON;NOBJNM;OBJNAM;VERACC;VERCCL;VERCLR;VERCOP;VERDAT;

属性 B:INFORM;NINFOM;NTXTDS;PICREP;SCAMAX;SCAMIN;TXTDSC;UPDMSG;

属性 C:RECDAT;RECIND;SORDAT;SORIND。

定义:架设在凹地或障碍物(如水面、铁路等)上方以供通行的结构物(IHO S-32,544)。

参考:INT 1:ID 20,21,22,23.1-6,24;M-4:381.1-3。

附注:桥梁可以包括其陆地和水面上的部分。桥墩编码为 PYLONS。

区别于:支架/桥墩。

A.2.3.12　单体建筑

缩写:BUISGL

代码:12

属性 A:BUISHP;COLOUR;COLPAT;CONDTN;CONRAD;CONVIS;ELEVAT;FUNCTN;HEIGHT;NATCON;NOBJNM;OBJNAM;STATUS;VERACC;VERDAT;VERLEN;

属性 B:INFORM;NINFOM;NTXTDS;PICREP;SCAMAX;SCAMIN;TXTDSC;UPDMSG;

属性 C:RECDAT;RECIND;SORDAT;SORIND。

定义:单体建筑是相对永久性的结构,有屋顶,通常有围墙。它为一些特殊用途而设计,应着重给予标明。

参考:INT 1:ID 5-6,13;IE 10.1,10.3,11,13-18,28-30.1;IF 51,60-63;M-4:325.1-3;328.1;362.2;370.3,5;372.1;373.1-4;375.1,2;487.3。

附注:该物标类用于对具有特定用途或公众服务的单体建筑进行编码。

区别于:建筑物区、陆标、救助站。

A.2.3.13　建筑物区

缩写:BUAARE

代码:13

属性 A:CATBUA;CONDTN;CONRAD;CONVIS;HEIGHT;NOBJNM;OBJNAM;VERACC;VERDAT;

属性 B:INFORM;NINFOM;NTXTDS;PICREP;SCAMAX;SCAMIN;TXTDSC;UPDMSG;

属性 C:RECDAT;RECIND;SORDAT;SORIND。

定义:建筑物区指包括建筑物群及其附属道路或铁路支线的集聚区域。

参考:INT 1:ID 1-4;M-4:370.3-4;370.6-7。

区别于:单体建筑、道路、广场。

A.2.3.14　方位浮标

缩写:BOYCAR

代码:14

属性 A:BOYSHP;CATCAM;COLOUR;COLPAT;CONRAD;DATEND;DATSTA;MARSYS;NATCON;NOBJNM;OBJNAM;PEREND;PERSTA;STATUS;VERACC;VERLEN;

属性 B:INFORM;NINFOM;NTXTDS;PICREP;SCAMAX;SCAMIN;TXTDSC;UPDMSG;

属性 C:RECDAT;RECIND;SORDAT;SORIND。

定义:浮标是一种系泊于特定区域水底的漂浮物,用于助航或其他目的(IHO S-32,565)。方位浮标和罗经圈一起使用,使航行者能确定最佳可航行航道。它可置于东、西、南、北四象限之一,并在标志点处标出方位信标(UKHO NP735)。

参考:INT 1:IQ 130.3;M-4:461;462.5;462.6。

附注:顶标、灯标、雾号、雷达反射器和反射器是独立物标。

区别于:侧面浮标、安全水域浮标、孤立危险物浮标、专用/通用浮标、系泊绞缆设施。

A.2.3.15 设施浮标

缩写:BOYINB

代码:15

属性 A:BOYSHP;CATINB;COLOUR;COLPAT;CONRAD;DATEND;DATSTA;MARSYS;NATCON;NOBJNM;OBJNAM;PEREND;PERSTA;PRODCT;STATUS;VERACC;VERLEN;

属性 B:INFORM;NINFOM;NTXTDS;PICREP;SCAMAX;SCAMIN;TXTDSC;UPDMSG;

属性 C:RECDAT;RECIND;SORDAT;SORIND。

定义:浮标是一种系泊于特定区域水底的漂浮物,用于助航或其他目的(IHO S-32,565)。设施浮标是用于(油或气体)油船装(卸)货的浮标(IHO M-4)。

参考:INT 1:IL 16;M-4:445.4。

区别于:专用/通用浮标、系泊绞缆设施、江上平台。

A.2.3.16 孤立危险物浮标

缩写:BOYISD

代码:16

属性 A:BOYSHP;COLOUR;COLPAT;CONRAD;DATEND;DATSTA;MARSYS;NATCON;NOBJNM;OBJNAM;PEREND;PERSTA;STATUS;VERACC;VERLEN;

属性 B:INFORM;NINFOM;NTXTDS;PICREP;SCAMAX;SCAMIN;TXTDSC;UPDMSG;

属性 C:RECDAT;RECIND;SORDAT;SORIND。

定义:浮标是一种系泊于特定区域水底的漂浮物,用于助航或其他目的(IHO S-32,565)。孤立危险物浮标是系泊于一个受限区域的孤立危险物之上或上空的浮标。其周围水域可航(UKHO NP735)。

参考:INT 1:IQ 130.4;M-4:461。

附注:顶标、灯标、雾号、雷达反射器和反射器是独立的物标。

区别于:侧面浮标、安全水域浮标、方位浮标、专用/通用浮标、系泊绞缆设施。

A.2.3.17 侧面浮标

缩写:BOYLAT

代码:17

属性 A:BOYSHP;CATLAM;COLOUR;COLPAT;CONRAD;DATEND;DATSTA;MARSYS;NATCON;NOBJNM;OBJNAM;PEREND;PERSTA;STATUS;VERACC;VERLEN;

属性 B:INFORM;NINFOM;NTXTDS;PICREP;SCAMAX;SCAMIN;TXTDSC;UPDMSG;

属性 C:RECDAT;RECIND;SORDAT;SORIND。

定义:浮标是一种系泊于特定区域水底的漂浮物,用于助航或其他目的(IHO S-32,565)。侧面浮标用于指示可航航路是左侧还是右侧。它们通常用于管理良好的航道并且连同浮标的规定方向一起使用(UKHO NP735)。

参考:INT 1:IQ 130.1;M-4:461。

附注:顶标、灯标、雾号、雷达反射器和反射器是独立的物标。

区别于:方位浮标、安全水域浮标、孤立危险物浮标、专用/通用浮标、系泊绞缆设施。

A.2.3.18 安全水域浮标

缩写:BOYSAW

代码:18

属性 A:BOYSHP;COLOUR;COLPAT;CONRAD;DATEND;DATSTA;MARSYS;NATCON;NOBJNM;OBJNAM;PEREND;PERSTA;STATUS;VERACC;VERLEN;

属性 B:INFORM;NINFOM;NTXTDS;PICREP;SCAMAX;SCAMIN;TXTDSC;UPDMSG;

属性 C:RECDAT;RECIND;SORDAT;SORIND。

定义:浮标是一种系泊于特定区域水底的漂浮物,用于助航或其他目的(IHO S-32,565)。安全水域浮标用以指示其周围是可航水域(UKHO NP735)。

参考:INT 1:IQ 130.5;M-4:461。

附注:安全水域可以用作中心线、中心航道或靠岸指示标,或指示通过固定桥梁的最佳点。

顶标、灯标、雾号、雷达反射器和反射器是独立的物标。

区别于:方位浮标、侧面浮标、孤立危险物浮标、专用/通用浮标、系泊绞缆设施。

A.2.3.19　专用/通用浮标

缩写:BOYSPP

代码:19

属性 A:BOYSHP;CATSPM;COLOUR;COLPAT;CONRAD;DATEND;DATSTA;MARSYS;NATCON;NOBJNM;OBJNAM;PEREND;PERSTA;STATUS;VERACC;VERLEN;

属性 B:INFORM;NINFOM;NTXTDS;PICREP;SCAMAX;SCAMIN;TXTDSC;UPDMSG;

属性 C:RECDAT;RECIND;SORDAT;SORIND。

定义:浮标是一种系泊于特定区域水底的漂浮物,用于助航或其他目的(IHO S-32,565)。专用浮标主要用于标示航道图、航行指南、航行通告中明显出现的区域或特征(UKHO NP735)。通用浮标是一种形状或用途不太明确的浮标。

参考:INT 1:IQ 130.6;M-4:461。

附注:顶标、灯标、雾号、雷达反射器和反射器是独立的物标。

区别于:方位浮标、侧面浮标、孤立危险物浮标、安全水域浮标、系泊绞缆设施。

A.2.3.20　电缆区

缩写:CBLARE

代码:20

属性 A:CATCBL;DATEND;DATSTA;NOBJNM;OBJNAM;RESTRN;STATUS;

属性 B:INFORM;NINFOM;NTXTDS;SCAMAX;SCAMIN;TXTDSC;UPDMSG;

属性 C:RECDAT;RECIND;SORDAT;SORIND。

定义:电缆区指有一条或多条江底电缆的区域。

参考:INT1:IL 30.2,31.2;M-4:439.3;443.2。

区别于:架空电缆、江底电缆。

A.2.3.21　架空电缆

缩写:CBLOHD

代码:21

属性 A:CATCBL;CONDTN;CONRAD;CONVIS;DATEND;DATSTA;ICEFAC;NOBJNM;OBJNAM;STATUS;VERACC;VERCLR;VERCSA;VERDAT;

属性 B:INFORM;NINFOM;NTXTDS;SCAMAX;SCAMIN;TXTDSC;UPDMSG;

属性 C:RECDAT;RECIND;SORDAT;SORIND。

定义:电缆是指综合导线或多股相互绝缘的导线缠绕成的多芯导线,具有坚固的防水外套(IHO S-32,589)。架空电缆是指由电线杆或塔架架起的通过航道上方或在航道附近的电缆。

参考:INT 1:ID 25,26,27;M-4:382;382.1-2。

附注:电缆支架的编码为 PYLONS。

区别于:电缆区、江底电缆、传送装置、支架/桥墩。

A.2.3.22　渠道

缩写:CANALS

代码:23

属性 A:CATCAN;CONDTN;DATEND;DATSTA;HORACC;HORCLR;HORWID;NOBJNM;OBJNAM;STATUS;

属性 B:INFORM;NINFOM;NTXTDS;SCAMAX;SCAMIN;TXTDSC;UPDMSG;

属性 C:RECDAT;RECIND;SORDAT;SORIND。

定义:渠道是一个人工水道,其中无水流或由人为控制水流,用于航行、排水或土地灌溉。

参考:INT 1:IF 40;M-4:361.6。

附注:渠道描述渠道所占地域,而物标渠堤则定义渠道的堤坝。

区别于:渠堤、河流、湖泊、潮流。

A.2.3.23 渠堤

缩写:CANBNK

代码:24

属性 A:CONRAD;DATEND;DATSTA;NOBJNM;OBJNAM;

属性 B:INFORM;NINFOM;NTXTDS;PICREP;SCAMIN;TXTDSC;UPDMSG;

属性 C:RECDAT;RECIND;SORDAT;SORIND。

定义:渠堤是陆地地面和渠道水面的分界线。

参考:INT 1:IF 40;M-4:361.6。

区别于:渠道、湖岸、河岸、岸线建筑物。

A.2.3.24 货物过驳区

缩写:CTSARE

代码:25

属性 A:DATEND;DATSTA;NOBJNM;OBJNAM;PEREND;PERSTA;STATUS;

属性 B:INFORM;NINFOM;NTXTDS;SCAMAX;SCAMIN;TXTDSC;UPDMSG;

属性 C:RECDAT;RECIND;SORDAT;SORIND。

定义:指定的用于在船只之间转载货物的水域(IHO S-32,5593)。

参考:INT 1:IN 64;M-4:449.4。

附注:货物过驳通常称作 Buoyering,该区域也叫做 Buoyering Area 或 Cargo Transfer Area。

区别于:船坞区、行政港区、港口设备。

A.2.3.25 长堤

缩写:CAUSWY

代码:26

属性 A:CONDTN;NATCON;NOBJNM;OBJNAM;STATUS;VERLEN;

属性 B:INFORM;NINFOM;NTXTDS;SCAMAX;SCAMIN;TXTDSC;UPDMSG;

属性 C:RECDAT;RECIND;SORDAT;SORIND。

定义:长堤是一段高出地面的通过低洼、泥泞地段或水域的通道(IHO S-32,662)。

参考:INT 1:IF 3;M-4:313.3。

区别于:水坝、道路。

A.2.3.26 警告区

缩写:CTNARE

代码:27

属性 A:DATEND;DATSTA;PEREND;PERSTA;

属性 B:INFORM;NINFOM;NTXTDS;SCAMAX;SCAMIN;TXIDSC;

属性 C:RECDAT;RECIND;SORDAT;SORIND。

定义:警告区是一个航海者应清楚了解的影响航行安全的区域。

参考:INT 1:IM 29.2;

附注:该物标类应该标识出危险区、风险区、管辖区、通告区。它们均不直接与某一物标相关。

区别于:沉船、暗礁/适淹礁、障碍物、未测区。

A.2.3.27 检查站

缩写:CHKPNT

代码:28

属性 A:CATCHP;NOBJNM;OBJNAM;STATUS;

属性 B:INFORM;NINFOM;NTXTDS;SCAMAX;SCAMIN;TXTDSC;UPDMSG;

属性 C:RECDAT;RECIND;SORDAT;SORIND。

定义:检查站是官方设立的货物及人员登记、申报、检查的地方。

附注:物标检查站不包括像建筑物或其他装置等设施。

区别于:关税区。

A.2.3.28 控制点

缩写:CTRPNT

代码:33

属性 A:CATCTR;DATEND;DATSTA;ELEVAT;NOBJNM;OBJNAM;VERACC;VERDAT;

属性 B:INFORM;NINFOM;NTXTDS;PICREP;SCAMAX;SCAMIN;TXTDSC;UPDMSG;

属性 C:RECDAT;RECIND;SORDAT;SORIND。

定义:控制点是地面上用作测量基准的点(具有垂直和水平位置),也叫做控制站(IHO S-32,1026)。

参考:INT 1:IB 20-24;M-4:304.1-3;305.1;306。

A.2.3.29 传送装置

缩写:CONVYR

代码:34

属性 A:CATCON;COLOUR;COLPAT;CONDTN;CONRAD;CONVIS;DATEND;DATSTA;HEIGHT;LIFCAP;NOBJNM;OBJNAM;PRODCT;STATUS;VERACC;VERCLR;VERDAT;VERLEN;

属性 B:INFORM;NINFOM;NTXTDS;PICREP;SCAMAX;SCAMIN;TXTDSC;UPDMSG;

属性 C:RECDAT;RECIND;SORDAT;SORIND。

定义:传输装置是通过传送带或传送链来运送货物或人员的机械装置。

参考:INT 1:ID 25;M-4:382.3。

附注:传送装置支架编码为 PYLONS。

区别于:架空电缆、支架/桥墩。

A.2.3.30 起重机

缩写:CRANES

代码:35

属性 A:CATCRN;COLOUR;COLPAT;CONDTN;CONRAD;CONVIS;HEIGHT;LIFCAP;NOBJNM;OBJNAM;ORIENT;RADIUS;STATUS;VERACC;VERCLR;VERDAT;VERLEN;

属性 B:INFORM;NINFOM;NTXTDS;PICREP;SCAMAX;SCAMIN;TXTDSC;UPDMSG;

属性 C:RECDAT;RECIND;SORDAT;SORIND。

定义:用于吊起、移动、吊落物品的一种机械。它利用吊杆或架空轨道进行吊运作业。

参考:INT 1:IF 53.1-3;M-4:328.3。

附注:人字起重机或移动式起重机的位置是指其静止位置。

A.2.3.31 关税区

缩写:CUSZNE

代码:37

属性 A:NATION;

属性 B:INFORM;NINFOM;NTXTDS;SCAMAX;SCAMIN;TXTDSC;UPDMSG;

属性 C:RECDAT;RECIND;SORDAT;SORIND。

定义:关税区是国家海关法规有效的区域。

参考:INT 1:IN 48;M-4:440.2。

区别于:检查站、自由港区。

A.2.3.32 水坝

缩写:DAMCON

代码:38

属性 A:CATDAM;COLOUR ;COLPAT;CONDTN;CONRAD;CONVIS;DATEND;DATSTA;HEIGHT;NATCON;NOBJNM;OBJNAM;VERACC;VERDAT;VERLEN;

属性 B:INFORM;NINFOM;NTXTDS;SCAMAX;SCAMIN;TXTDSC;UPDMSG;

属性 C:RECDAT;RECIND;SORDAT;SORIND。

定义:水坝是为控制水流、提高水位或防止洪水而修建的堤坝(IHO S-32,1196)。

参考:INT 1:IF 44;M-4:364.2。

区别于:长堤、堤、道路。

A.2.3.33 昼标

缩写:DAYMAR

代码:39

属性 A:CATSPM;COLOUR;COLPAT;DATEND;DATSTA;ELEVAT;HEIGHT;NATCON;NOBJNM;OBJNAM;PEREND;PERSTA;STATUS;TOPSHP;VERACC;VERDAT;VERLEN;

属性 B:INFORM;NINFOM;NTXTDS;SCAMAX;SCAMIN;TXTDSC;UPDMSG;

属性 C:RECDAT;RECIND;SORDAT;SORIND。

定义:昼标是在白天便于识别的助航标志。在要求距离内应能看到但其自身不能被看到的结构物上加上昼标,提高了该助航标志的可视度。根据助航用途的不同,标有不同的颜色和形状(IHO S-32,1248)。

参考:INT 1:IQ 101;M-4:456.2。

区别于:侧面立标、安全水域立标、孤立危险物立标、方位立标、专用/通用立标、顶标。

A.2.3.34 深水航道中心线

缩写:DWRTCL

代码:40

属性 A:CATTRK;DATEND;DATSTA;DRVAL1;DRVAL2;NOBJNM;OBJNAM;ORIENT;QUASOU;SOUACC;STATUS;TECSOU;TRAFIC;VERDAT;

属性 B:INFORM;NINFOM;NTXTDS;SCAMAX;SCAMIN;TXTDSC;UPDMSG;

属性 C:RECDAT;RECIND;SORDAT;SORIND。

定义:深水航道是指在指定区域的有限范围内,区域经过精确测量,江底及水下碍航物处于最小显示水深之下的航道(IHO S-32,1280)。深水航道中心线指深水航道的中心线,该航道的宽度没有明确给出。

参考:INT 1:IM 27.3;M-4:435.3。

附注:详细信息见 IHO 技术决议 A1.17。

区别于:深水航道部分。

A.2.3.35 深水航道部分

缩写:DWRTPT

代码:41

属性 A: DATEND; DATSTA; DRVAL1; DRVAL2; NOBJNM; OBJNAM; ORIENT; QUASOU; RESTRN; SOUACC;STATUS;TECSOU;TRAFIC;VERDAT;

属性 B:INFORM;NINFOM;NTXTDS;SCAMAX;SCAMIN;TXTDSC;UPDMSG;

属性 C:RECDAT;RECIND;SORDAT;SORIND。

定义:深水航道是指在指定区域的有限范围内,江底及水下障碍物最浅,水深经过精确测量的航道(IHO S-32,1280)。

参考:INT 1:IM 27.3;M-4:435;435.3;436.3。

附注:一个完整的深水航道根据其形状的不同,可由一个或几个部分组成。航道部分的方向由相对于深水航道方向那部分航道的中心线确定。详细信息可见 IHO 技术建议 A1.17。

区别于:深水航道中心线、双向航道。

A.2.3.36 深度范围

缩写:DEPARE

代码:42

属性 A:DRVAL1;DRVAL2;QUASOU;SOUACC;VERDAT;

属性 B:INFORM;NINFOM;NTXTDS;SCAMAX;SCAMIN;TXTDSC;UPDMSG;

属性 C:RECDAT;RECIND;SORDAT;SORIND。

定义:深度范围是具有确定水深范围的水域。

附注:潮间区被编码为深度范围,它不必包括水深。深度范围的值由属性 DRVAL1 和 DRVAL2 确定。

区别于:等深线、疏浚区、水深、障碍物、江区/命名水域、未测区、沉船。

A.2.3.37 等深线

缩写:DEPCNT

代码:43

属性 A:VALDCO;VERDAT;

属性 B:INFORM;NINFOM;NTXTDS;SCAMAX;SCAMIN;TXTDSC;UPDMSG;

属性 C:RECDAT;RECIND;SORDAT;SORIND。

定义:等深线是等水深的连线。

参考:INT 1:II 15,30,31;M-4:402.2;410;411;411.2;413;413.2。

附注:干出等深线用负值编码。

区别于:水深、深度范围、岸线。

A.2.3.38 距离标志

缩写:DISMAR

代码:44

属性 A:CATDIS;DATEND;DATSTA;NOBJNM;OBJNAM;

属性 B:INFORM;NINFOM;NTXTDS;SCAMAX;SCAMIN;TXTDSC;UPDMSG;

属性 C:RECDAT;RECIND;SORDAT;SORIND。

定义:距离标志指从一个或以固定可视物或以无特定器具的确定位置为起始点量取的距离。通常见于渠道。

参考:INT 1:IF 40;M-4:361.3;307。

区别于:专用立标。

A.2.3.39 船坞区

缩写:DOCARE

代码:45

属性 A:CATDOC;CONDTN;DATEND;DATSTA;HORACC;HORCLR;NOBJNM;OBJNAM;STATUS;

属性 B:INFORM;NINFOM;NTXTDS;SCAMAX;SCAMIN;TXTDSC;UPDMSG;

属性 C:RECDAT;RECIND;SORDAT;SORIND。

定义:船坞区是为系泊船只而人工围造的区域,有的船坞区有闸门调节水位。

参考:INT 1:IF 27,28;M-4:326.3-4。

区别于:行政港区、货物过驳区、泊位、港口设备、门、浮船坞、干船坞。

A.2.3.40 疏浚区

缩写:DRGARE

代码:46

属性 A:DRVAL1;DRVAL2;NOBJNM;OBJNAM;QUASOU;RESTRN;SOUACC;TECSOU;VERDAT;

属性 B:INFORM;NINFOM;NTXTDS;SCAMAX;SCAMIN;TXTDSC;

属性 C:RECDAT;RECIND;SORDAT;SORIND。

定义:江床经过人工疏浚以增加水深的区域(IHO S-32,1462)。

参考:INT 1:II 20-23;M-4:414.1-2;414.4。

区别于:深度范围、倾废场、扫测区。

A.2.3.41 干船坞

缩写:DRYDOC

代码:47

属性 A:CONDTN;DRVAL1;HORACC;HORCLR;HORLEN;HORWID;NOBJNM;OBJNAM;QUASOU;SOUACC;STATUS;VERDAT;

属性 B:INFORM;NINFOM;NTXTDS;SCAMAX;SCAMIN;TXTDSC;UPDMSG;

属性 C:RECDAT;RECIND;SORDAT;SORIND。

定义:可将船浮起再将水排出而露出船底(以供修理)的有闸门的人工水池(IHO S-32,1426)。船坞是修造船舶的大型水工建筑物。干船坞是船坞的一种,由于采用最广,习惯上常把干船坞简称船坞。

附注:INT 1:IF 25;M-4:326.1。

区别于:浮船坞、门、船坞区、岸线建筑物。

A.2.3.42 倾废场

缩写:DMPGRD

代码:48

属性 A:CATDPG;NOBJNM;OBJNAM;RESTRN;STATUS;

属性 B:INFORM;NINFOM;NTXTDS;SCAMAX;SCAMIN;TXTDSC;UPDMSG;

属性 C:RECDAT;RECIND;SORDAT;SORIND。

定义:准许倾倒废弃物,或其他(爆炸性、化学废料等)更危险有害物的江区(IHO M-4)。

参考:INT 1:IN 23-24,62.1-2;M-4:442.1-4;446。

区别于:疏浚区、废物焚烧场。

A.2.3.43 堤

缩写:DYKCON

代码:49

属性 A:CONDTN;CONRAD;DATEND;DATSTA;HEIGHT;NATCON;VERACC;VERDAT;VERLEN;

属性 B:INFORM;NINFOM;NTXTDS;SCAMAX;SCAMIN;TXTDSC;UPDMSG;

属性 C:RECDAT;RECIND;SORDAT;SORIND。

定义:堤是人工建筑的用以蓄水或阻水的结构物(IHO S-32,1361)。

参考:INT 1:IF 1;M-4:313.1。

区别于:水坝、倾斜地面、坡顶线。

A.2.3.44 航道

缩写:FAIRWY

代码:51

属性 A:DATEND;DATSTA;DRVAL1;NOBJNM;OBJNAM;ORIENT;QUASOU;RESTRN;SOUACC;STATUS;TRAFIC;VERDAT;

属性 B:INFORM;NINFOM;NTXTDS;SCAMAX;SCAMIN;TXTDSC;UPDMSG;

属性 C:RECDAT;RECIND;SORDAT;SORIND。

定义:航道是河流、港口里的供较大船舶航行的主要水道部分,通常也指船舶进出港时应行驶的航道,也称为船道。沿海、江河、湖泊、水库、渠道和运河内可供船舶、排筏在不同水位期通航的水域。

参考:JTJ/T 204-96。

区别于:深水航道中心线、深水航道部分、分道通航制分道。

A.2.3.45 栅栏线

缩写:FNCLNE

代码:52

属性 A:CATFNC;COLOUR;COLPAT;CONDTN;CONRAD;CONVIS;ELEVAT;HEIGHT;NATCON;NOBJNM;OBJNAM;STATUS;VERACC;VERDAT;VERLEN;

属性 B:INFORM;NINFOM;NTXTDS;SCAMAX;SCAMIN;TXTDSC;UPDMSG;

属性 C:RECDAT;RECIND;SORDAT;SORIND。

定义:人为设立的障碍,用作围墙、界线或防护目的。

A.2.3.46 轮渡航路

缩写:FERYRT

代码:53

属性 A:CATFRY;DATEND;DATSTA;NOBJNM;OBJNAM;PEREND;PERSTA;STATUS;

属性 B:INFORM;NINFOM;NTXTDS;SCAMAX;SCAMIN;TXTDSC;UPDMSG;

属性 C:RECDAT;RECIND;SORDAT;SORIND。

定义:用于渡船从一岸横渡到另一岸的一段航路。

参考:INT 1:IM 50,51;M-4:438.1,438.2。

A.2.3.47 渔业区

缩写:FSHZNE

代码:54

属性 A:NATION;NOBJNM;OBJNAM;STATUS;

属性 B:INFORM;NINFOM;NTXTDS;SCAMAX;SCAMIN;TXTDSC;UPDMSG;

属性 C:RECDAT;RECIND;SORDAT;SORIND。

定义:捕捞鱼类等水产品的区域。

区别于:行政管理区、渔场、受限区域。

A.2.3.48 捕鱼设备

缩写:FSHFAC

代码:55

属性 A:CATFIF;NOBJNM;OBJNAM;PEREND;PERSTA;STATUS;VERACC;VERLEN;

属性 B:INFORM;NINFOM;NTXTDS;SCAMAX;SCAMIN;TXTDSC;UPDMSG;

属性 C:RECDAT;RECIND;SORDAT;SORIND。

定义:在浅水区用于捕鱼的一种工具,对船舶航行通常是一种障碍,它的安放位置常随季节变化。

参考:INT 1:IK 44.1-2,45;M-4:447.1-3。

区别于:海水养殖场、障碍物。

A.2.3.49 渔场

缩写:FSHGRD

代码:56

属性 A:NOBJNM;OBJNAM;PEREND;PERSTA;STATUS;

属性 B:INFORM;NINFOM;NTXTDS;SCAMAX;SCAMIN;TXTDSC;UPDMSG;

属性 C:RECDAT;RECIND;SORDAT;SORIND。

定义:经常进行捕鱼的江区(IHO S-32,1814)。

区别于:渔业区。

A.2.3.50 浮船坞

缩写:FLODOC

代码:57

属性 A:COLOUR;COLPAT;CONDTN;CONRAD;CONVIS;DATEND;DATSTA;DRVAL1;HORACC;HORCLR;HORLEN;HORWID;LIFCAP;NOBJNM;OBJNAM;STATUS;VERACC;VERDAT;VERLEN;

属性 B:INFORM;NINFOM;NTXTDS;PICREP;SCAMAX;SCAMIN;TXTDSC;UPDMSG;

属性 C:RECDAT;RECIND;SORDAT;SORIND。

定义:船坞的一种,这种船坞有一个或多个浮筒,可以把浮筒部分沉入水中托住船只,然后排出筒中的水使船底离开水面(IHO S-32,1427)。浮船坞简称浮坞,是一种两端开敞,横断面呈槽形的特殊船体。

参考:INT 1:IF 26;M-4:326.2。

区别于:干船坞、船坞区。

A.2.3.51 雾号

缩写:FOGSIG

代码:58

属性 A:CATFOG;DATEND;DATSTA;NOBJNM;OBJNAM;SIGFRQ;SIGGEN;SIGGRP;SIGPER;SIGSEQ;STATUS;VALMXR;

属性 B:INFORM;NINFOM;NTXTDS;SCAMAX;SCAMIN;TXTDSC;UPDMSG;

属性 C:RECDAT;RECIND;SORDAT;SORIND。

定义:在低能见度期间,由船只或助航设备发出的警告信号,也指发出这种信号的设备。在雾情多发河段设置观察与揭示雾情的台站。

参考:INT 1:IR 110-16,20-22;M-4:452-452.8。

区别于:告警信号站。

A.2.3.52 防御工事

缩写:FORSTC

代码:59

属性 A:CATFOR;CONDTN;CONRAD;CONVIS;HEIGHT;NATCON;NOBJNM;OBJNAM;VERACC;VERDAT;VERLEN;

属性 B:INFORM;NINFOM;NTXTDS;PICREP;SCAMAX;SCAMIN;TXTDSC;UPDMSG

属性 C:RECDAT;RECIND;SORDAT;SORIND。

定义:用于某地军事防御的一种设施。

参考:INT 1:IE 34.1-3;M-4:379.1 -2。

附注:防御工事经常被废弃、拆除或用于非军事目的。一般包括从大型的城堡、要塞到小的瞭望台

(IHO M-4)。

区别于:单体建筑。

A.2.3.53 自由港区

缩写:FRPARE

代码:60

属性 A:NOBJNM;OBJNAM;STATUS;

属性 B:INFORM;NINFOM;NTXTDS;SCAMAX;SCAMIN;TXTDSC;UPDMSG;

属性 C:RECDAT;RECIND;SORDAT;SORIND。

定义:在港内可免除进出口关税(除非货物进入国内),以便于货物重新装载,运往其他国家(IHO S-32,1927)。

区别于:关税区、生产/仓储区。

A.2.3.54 门

缩写:GATCON

代码:61

属性 A:CATGAT;CONDTN;DRVAL1;HORACC;HORCLR;NATCON;NOBJNM;OBJNAM;QUASOU;SOUACC;STATUS;VERACC;VERCLR;VERDAT;

属性 B:INFORM;NINFOM;NTXTDS;SCAMAX;SCAMIN;TXTDSC;UPDMSG;

属性 C:RECDAT;RECIND;SORDAT;SORIND。

定义:一种能旋转、推拉、升降以封堵出入口或通道的结构物。

参考:INT 1:IF 27,41.1-2,42-43;M-4:326.3;326.5;326.6;326.7。

附注:此物标类用于对控制水流的闸门进行编码。

区别于:干船坞、浮船坞。

A.2.3.55 行政港区

缩写:HRBARE

代码:63

属性 A:NOBJNM;OBJNAM;STATUS;

属性 B:INFORM;NINFOM;NTXTDS;SCAMAX;SCAMIN;TXTDSC;UPDMSG;

属性 C:RECDAT;RECIND;SORDAT;SORIND。

定义:港务部门行使管理职能的区域。

参考:INT 1:IN 49;M-4:430.1。

区别于:船坞区。

A.2.3.56 港口设备

缩写:HRBFAC

代码:64

属性 A:CATHAF;CONDTN;DATEND;DATSTA;NATCON;NOBJNM;OBJNAM;PEREND;PERSTA;STATUS;

属性 B:INFORM;NINFOM;NTXTDS;SCAMAX;SCAMIN;TXTDSC;UPDMSG;

属性 C:RECDAT;RECIND;SORDAT;SORIND。

定义:港口用于服务业务或商贸活动的公共设施。

参考:INT 1:IF 10,50,52;IU 1.1;M-4:320.1-2;321.5;328.2。

区别于:小型船用设备。

A.2.3.57 报废船

缩写:HULKES

代码:65

属性 A: CATHLK; COLOUR; COLPAT; CONDTN; CONRAD; CONVIS; HORACC; HORLEN; HORWID; NOBJNM; OBJNAM; VERACC; VERLEN;

属性 B: INFORM; NINFOM; NTXTDS; PICREP; SCAMAX; SCAMIN; TXTDSC; UPDMSG;

属性 C: RECDAT; RECIND; SORDAT; SORIND。

定义:永久废弃的船。

参考:INT 1:IF 34。

区别于:沉船。

A.2.3.58 废物焚烧场

缩写:ICNARE

代码:67

属性 A: NOBJNM; OBJNAM; PEREND; PERSTA; RESTRN; STATUS;

属性 B: INFORM; NINFOM; NTXTDS; SCAMAX; SCAMIN; TXTDSC; UPDMSG;

属性 C: RECDAT; RECIND; SORDAT; SORIND。

定义:官方指定的水域,用于焚烧由专门船只运来的化学废弃物(IHO S-32,2408)。

参考:INT 1:IN 65; M-4:449.3。

区别于:倾废场。

A.2.3.59 近岸交通区

缩写:ISTZNE

代码:68

属性 A: CATTSS; DATEND; DATSTA; RESTRN; STATUS;

属性 B: INFORM; NINFOM; NTXTDS; SCAMAX; SCAMIN; TXTDSC; UPDMSG;

属性 C: RECDAT; RECIND; SORDAT; SORIND。

定义:在分道通航制靠岸的边界和邻接海岸之间指定区域的制定航线方法确定的交通区,应遵循国际海上避碰规则条款的使用(IHO S-32,2457)。

参考:INT 1:IM 25.1; M-4:435.1。

区别于:分道通航制交汇处、分道通航制分道、分道通航制环行道、分道通航分隔带、警戒区。

A.2.3.60 湖泊

缩写:LAKARE

代码:69

属性 A: ELEVAT; NOBJNM; OBJNAM; VERACC; VERDAT;

属性 B: INFORM; NINFOM; NTXTDS; SCAMAX; SCAMIN; TXTDSC; UPDMSG;

属性 C: RECDAT; RECIND; SORDAT; SORIND。

定义:完全由陆地包围的大的水域(IHO S-32,2629)。

参考:INT 1:IC 23; M-4:353.6。

区别于:渠道、深度范围、湖岸、河流。

A.2.3.61 湖岸

缩写:LAKSHR

代码:70

属性 A: NOBJNM; OBJNAM;

属性 B: INFORM; NINFOM; NTXTDS; SCAMAX; SCAMIN; TXTDSC; UPDMSG;

属性 C: RECDAT; RECIND; SORDAT; SORIND。

定义:湖水水面与陆地地面之间的分界线。

参考:INT 1:IC 23;M-4:365,353.6。

区别于:渠岸、湖泊、河岸、岸线建筑物。

A.2.3.62 陆地区

缩写:LNDARE

代码:71

属性 A:CONDTN;NOBJNM;OBJNAM;STATUS;

属性 B:INFORM;NINFOM;NTXTDS;SCAMAX;SCAMIN;TXTDSC;UPDMSG;

属性 C:RECDAT;RECIND;SORDAT;SORIND。

定义:相对于江水的地球表面固体部分(IHO S-32,2635)。

参考:INT 1:IK 10;M-4:21.1。

区别于:渠道、深度范围、湖泊、地面地带、河流、江床区、岸线建筑物、植被。

A.2.3.63 地面高程

缩写:LNDELV

代码:72

属性 A:CONVIS;ELEVAT;NOBJNM;OBJNAM;VERACC;VERDAT;

属性 B:INFORM;NINFOM;NTXTDS;SCAMAX;SCAMIN;TXTDSC;UPDMSG;

属性 C:RECDAT;RECIND;SORDAT;SORIND。

定义:地面上的点或面到指定的垂直基准面的垂直距离(IHO S-32,1590)。

参考:INT 1:IC 10-13;M-4:351;352.1-2。

附注:该物标类用于编码点高和陆地等高线。

区别于:坡顶线。

A.2.3.64 地面地带

缩写:LNDRGN

代码:73

属性 A:CATLND;NATQUA;NATSUR;NOBJNM;OBJNAM;WATLEV;

属性 B:INFORM;NINFOM;NTXTDS;SCAMAX;SCAMIN;TXTDSC;UPDMSG;

属性 C:RECDAT;RECIND;SORDAT;SORIND。

定义:陆地上的自然风景区,由其地理特征所确定,以其专有名称为人所知。

参考:INT 1:IC 24,26,33;M-4:312.1-4;355。

区别于:陆地区、植被、江区/命名水域、滩险。

A.2.3.65 陆标

缩写:LNDMRK

代码:74

属性 A:CATLMK;COLOUR;COLPAT;CONDTN;CONRAD;CONVIS;ELEVAT;FUNCTN;HEIGHT;NATCON;NOBJNM;OBJNAM;STATUS;VERACC;VERDAT;VERLEN;

属性 B:INFORM;NINFOM;NTXTDS;PICREP;SCAMAX;SCAMIN;TXTDSC;UPDMSG;

属性 C:RECDAT;RECIND;SORDAT;SORIND。

定义:在固定位置的突出物标,用于指示位置或方向(IHO S-32,2643)。

参考:INT 1:ID 5-6,13;IE 10.1-20,22-30.1,30.3-4,31;IL 11;IQ 100;M-4:373.6;374.1;374.4;374.5;374.6;374.7;375.1-2;375.4;445.6;456.2;487.3。

区别于:专用/通用立标、单体建筑、昼标、支架/桥墩、顶标。

A.2.3.66 灯标

缩写:LIGHTS

代码:75

属性 A:CATLIT;COLOUR;DATEND;DATSTA;EXCLIT;HEIGHT;LITCHR;LITVIS;MARSYS;MLTYLT;NOBJNM;OBJNAM;ORIENT;PEREND;PERSTA;SECTR1;SECTR2;SIGGRP;SIGPER;SIGSEQ;STATUS;VERACC;VALNMR;VERDAT;

属性 B:INFORM;NINFOM;NTXTDS;SCAMAX;SCAMIN;TXTDSC;UPDMSG;

属性 C:RECDAT;RECIND;SORDAT;SORIND。

定义:指发光或装有灯的助航设备(IHO S-32,2766)。

参考:INT 1:IP 1-30.3,40-65;M-4:470;473.5;475;475.7;476;478.5。

附注:灯标可以固定在浮标、立标、塔等之上。它们是独立的物标。

区别于:方位立标、孤立危险物立标、侧面立标、安全水域立标、专用/通用立标、方位浮标、设施浮标、孤立危险物浮标、侧面浮标、安全水域浮标、专用/通用浮标、灯船、灯浮。

A.2.3.67 灯浮

缩写:LITFLT

代码:76

属性 A:COLOUR;COLPAT;CONRAD;CONVIS;DATEND;DATSTA;HORACC;HORLEN;HORWID;NATCON;NOBJNM;OBJNAM;PEREND;PERSTA;STATUS;VERACC;VERLEN;

属性 B:INFORM;NINFOM;NTXTDS;PICREP;SCAMAX;SCAMIN;TXTDSC;UPDMSG;

属性 C:RECDAT;RECIND;SORDAT;SORIND。

定义:一种船形的航标,用以代替急流中的发光浮标或需较大高度的发光浮标(IHO S-32,2821)。

参考:INT 1:IQ 30-31;M-4:462.8。

附注:灯标可以固定在浮标、立标、塔等之上。它们是独立的物标。

区别于:方位浮标、设施浮标、孤立危险物浮标、侧面浮标、安全水域浮标、专用/通用浮标、灯船。

A.2.3.68 灯船

缩写:LITVES

代码:77

属性 A:COLOUR;COLPAT;CONRAD;CONVIS;DATEND;DATSTA;HORACC;HORLEN;HORWID;NATCON;NOBJNM;OBJNAM;PEREND;PERSTA;STATUS;VERACC;VERLEN;

属性 B:INFORM;NINFOM;NTXTDS;PICREP;SCAMAX;SCAMIN;TXTDSC;UPDMSG;

属性 C:RECDAT;RECIND;SORDAT;SORIND。

定义:系泊于制图点用作助航设备的具有特殊标志的船。夜间它发出特定的一种或几种光。通常装备有其他设备,如雾号、水底声信号和无线电信标来助航(IHO S-32,2829)。灯船是具有船形(主甲板以上有灯架和其他附属建筑)的浮动助航标志,标体涂有规定的颜色,装有满足灯光射程要求的发光装置,供船舶利用其显示目标,确定航向(水运工程测量规范)。

参考:INT 1:IP 16;M-4:474.1-3;474.5-6。

附注:灯船的灯、雾号等是独立的物标,与浮标、立标等处理相同。

区别于:方位立标、孤立危险物立标、侧面立标、安全水域立标、专用/通用立标、方位浮标、设施浮标、孤立危险物浮标、侧面浮标、安全水域浮标、专用/通用浮标、灯浮。

A.2.3.69 局部磁力异常

缩写:LOCMAG

代码:78

属性 A:NOBJNM;OBJNAM;VALLMA;

属性 B:INFORM;NINFOM;NTXTDS;SCAMAX;SCAMIN;TXTDSC;UPDMSG;

属性 C:RECDAT;RECIND;SORDAT;SORIND。

定义:由局部磁力变化在相对较小的区域里引起的地球磁场异常(IHO S-32,2874,2984)。

参考:INT 1:IB 82.1-2;M-4:274。

附注:与正常磁差的差值存储于属性 VALLMA 中。

区别于:磁差。

A.2.3.70 船闸

缩写:LOKBSN

代码:79

属性 A:DATEND;DATSTA;HORACC;HORCLR;HORLEN;HORWID;NOBJNM;OBJNAM;STATUS;

属性 B:INFORM;NINFOM;NTXTDS;SCAMAX;SCAMIN;TXTDSC;UPDMSG;

属性 C:RECDAT;RECIND;SORDAT;SORIND。

定义:水道上的一个通船闸,允许船只从一个水位通向另一个水位(IHO S-32,2881)。过船建筑物为使船舶通过航道上有集中水位差的区段而设置的水工建筑物。船闸是设有上、下闸首和闸室的过船建筑物(水运工程测量规范)。

参考:INT 1:IF 41.1;M-4:326.6。

附注:闸门以独立的物标门编码(GATCON)。

区别于:门。

A.2.3.71 储木池

缩写:LOGPON

代码:80

属性 A:NOBJNM;OBJNAM;STATUS;

属性 B:INFORM;NINFOM;NTXTDS;SCAMAX;SCAMIN;TXTDSC;UPDMSG;

属性 C:RECDAT;RECIND;SORDAT;SORIND。

定义:在水面上由漂浮的木头围起的用以存储原木的水域。

参考:INT 1:IN 61;M-4:449.2。

附注:也叫做圆木场(Booming ground)。

A.2.3.72 磁差

缩写:MAGVAR

代码:81

属性 A:DATEND;DATSTA;RYRMGV;VALACM;VALMAG;

属性 B:INFORM;NINFOM;SCAMAX;SCAMIN;

属性 C:RECDAT;RECIND;SORDAT;SORIND。

定义:在某一位置地磁北与地理北(真北)之间的夹角,以磁北偏真北向东或向西的角度表示。

参考:INT 1:IB 64-66,71;M-4:261;272.1,3。

区别于:局部磁力异常。

A.2.3.73 军事演习区

缩写:MIPARE

代码:83

属性 A:CATMPA;DATEND;DATSTA;NOBJNM;OBJNAM;PEREND;PERSTA;RESTRN;STATUS;

属性 B:INFORM;NINFOM;NTXTDS;SCAMAX;SCAMIN;TXTDSC;UPDMSG;

属性 C:RECDAT;RECIND;SORDAT;SORIND。

定义:用于进行军事演习的区域,也称做练习区(IHO S-32,1722)。

参考:INT 1:IN 30-33;M-4:441.1-6。

区别于:警告区、受限区域、潜艇航道。

A.2.3.74 系泊绞缆设施

缩写:MORFAC

代码:84

属性 A: BOYSHP; CATMOR; COLOUR; COLPAT; CONDTN; CONRAD; CONVIS; DATEND; DATSTA; HEIGHT; NATCON; NOBJNM; OBJNAM; PEREND; PERSTA; STATUS; VERACC; VERDAT; VERLEN; VERLEN;

属性 B:INFORM;NINFOM;NTXTDS;PICREP;SCAMAX;SCAMIN;TXTDSC;UPDMSG;

属性 C:RECDAT;RECIND;SORDAT;SORIND。

定义:用于系泊船只的设备或装置(IHO S-32,3322)。

参考:INT 1:IF 20,21,22;IG 181;IQ 40-43;M-4:327.1-2,3;431.5-6。

区别于:专用/通用浮标。

A.2.3.75 导航线

缩写:NAVLNE

代码:85

属性 A:CATNAV;DATEND;DATSTA;ORIENT;PEREND;PERSTA;STATUS;

属性 B:INFORM;NINFOM;NTXTDS;SCAMAX;SCAMIN;TXTDSC;UPDMSG;

属性 C:RECDAT;RECIND;SORDAT;SORIND。

定义:一条由连接两个助航标志一直延伸到航行相关水域的直线构成的线。

参考:INT 1:IM 1-3;M-4:433-433.5。

附注:船只航行时应使用的那部分导航线称为推荐航线。导航线的距离范围取决于助航标志的可见度。属性方向(ORIENT)确定的导航线方向是从水域量向助航标志。推荐航线是船只航行时应使用的那部分导航线(见图 A.1)。

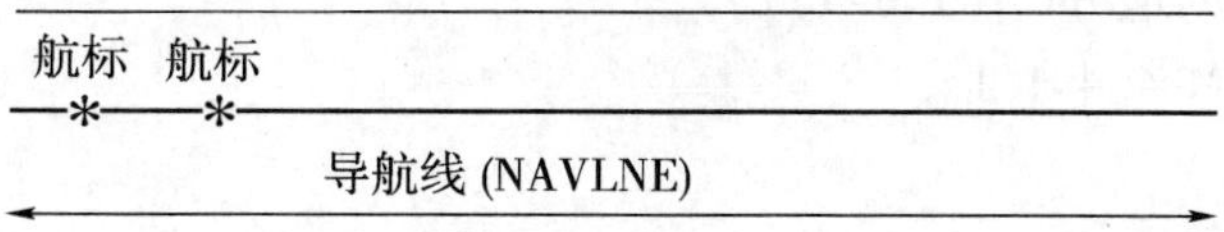

图 A.1

区别于:推荐航路、推荐航线。

A.2.3.76 障碍物

缩写:OBSTRN

代码:86

属性 A: CATOBS; CONDTN; EXPSOU; HEIGHT; NATCON; NATQUA; NATSUR; NOBJNM; OBJNAM; PRODCT;QUASOU;SOUACC;STATUS;TECSOU;VALSOU;VERACC;VERDAT;VERLEN;VERLEN;

属性 B:INFORM;NINFOM;NTXTDS;SCAMAX;SCAMIN;TXTDSC;UPDMSG;

属性 C:RECDAT;RECIND;SORDAT;SORIND。

定义:指任何妨碍或阻止航行,特别是妨碍船只通行或对航行构成危险的物体。碍航物常用于指孤立的航行危险物(IHO S-32,3503)。

参考:INT 1:IK 1,31,40-43,46.1-2;IL 21,23;IQ 42;M-4:422.8-9;431.6;445.1;447.5。

区别于:沉船、捕鱼设备、江水养殖场、深度范围、暗礁/适淹礁、紊流。

A.2.3.77 油障

缩写:OILBAR

代码:89

属性 A:CATOLB;CONDTN;DATEND;DATSTA;NOBJNM;OBJNAM;STATUS;

属性 B:INFORM;NINFOM;NTXTDS;SCAMAX;SCAMIN;TXTDSC;UPDMSG;

属性 C:RECDAT;RECIND;SORDAT;SORIND。

定义:控制水面上油流动的构筑物。

参考:INT 1:IF 29.1-2。

A.2.3.78 桩

缩写:PILPNT

代码:90

属性 A:CATPLE;COLOUR;COLPAT;CONDTN;CONVIS;DATEND;DATSTA;HEIGHT;NOBJNM;OBJNAM;VERACC;VERDAT;VERLEN;

属性 B:INFORM;NINFOM;NTXTDS;SCAMAX;SCAMIN;TXTDSC;UPDMSG;

属性 C:RECDAT;RECIND;SORDAT;SORIND。

定义:插入江底的用圆木或钢、木头、混凝土等构筑的结构物,用作江洋环境的支撑、防波堤孤立桩(IHO S-32,3840)。

参考:INT 1:IF 22;M-4:327.3。

区别于:方位立标、孤立危险物立标、侧面立标、安全水域立标、专用/通用立标、系泊绞缆设施。

A.2.3.79 引航员登船点

缩写:PILBOP

代码:91

属性 A: CATPIL; COMCHA; DATEND; DATSTA; NOBJNM; NPLDST; OBJNAM; PEREND; PERSTA; PILDST;STATUS;

属性 B:INFORM;NINFOM;NTXTDS;SCAMAX;SCAMIN;TXTDSC;UPDMSG;

属性 C:RECDAT;RECIND;SORDAT;SORIND。

定义:引航员登船引航的地方(IHO M-4)。

参考:INT 1:IT 1.1-4;M-4:491.1。

A.2.3.80 管道区

缩写:PIPARE

代码:92

属性 A:CATPIP;CONDTN;DATEND;DATSTA;NOBJNM;OBJNAM;PRODCT;RESTRN;STATUS;

属性 B:INFORM;NINFOM;NTXTDS;SCAMAX;SCAMIN;TXTDSC;UPDMSG;

属性 C:RECDAT;RECIND;SORDAT;SORIND。

定义:拥有一条或多条管线的区域。

参考:INT 1:IL 40.2,41.2;M-4:439.3;444.2。

区别于:架空管道、江底/陆地管道。

A.2.3.81 架空管道

缩写:PIPOHD

代码:93

属性 A:CATPIP;CONDTN;CONRAD;CONVIS;DATEND;DATSTA;NOBJNM;OBJNAM;PRODCT;STATUS;VERACC;VERCLR;VERDAT;

属性 B:INFORM;NINFOM;NTXTDS;SCAMAX;SCAMIN;TXTDSC;UPDMSG;

属性 C:RECDAT;RECIND;SORDAT;SORIND。

定义:用于传输物资的管路,目前主要用于传输油和气体(IHO S-32,3857)。架空管道是由支柱支撑的通过可航水域上方或在可航水域附近的管线。

参考:INT 1:ID 28;M-4:383。

区别于:管道区、江底/陆地管道。

A.2.3.82 浮码头

缩写:PONTON

代码:95

属性 A: CONDTN; CONRAD; CONVIS; DATEND; DATSTA; NATCON; NOBJNM; OBJNAM; PEREND; PERSTA;STATUS;VERACC;VERLEN;

属性 B:INFORM;NINFOM;NTXTDS;SCAMAX;SCAMIN;TXTDSC;UPDMSG;

属性 C:RECDAT;RECIND;SORDAT;SORIND。

定义:一种漂浮结构物,通常是矩形的,用于码头端或桥架(IHO S-32,3947)。

参考:INT 1:IF 16;M-4:326.9。

区别于:桥、系泊绞缆设施、岸线建筑物。

A.2.3.83 警戒区

缩写:PRCARE

代码:96

属性 A:DATEND;DATSTA;RESTRN;STATUS;

属性 B:INFORM;NINFOM;NTXTDS;SCAMAX;SCAMIN;TXTDSC;UPDMSG;

属性 C:RECDAT;RECIND;SORDAT;SORIND。

定义:一种特定区域内航线制定方法,在这个区域里,船舶航行需特别注意,并推荐了船舶流向(IHO S-32,3982)。

参考:INT 1:IM 16,24;M-4:435.2。

区别于:警告区、近岸交通区、受限区域、所有的分道通航制物。

A.2.3.84 生产/仓储区

缩写:PRDARE

代码:97

属性 A:CATPRA;CONDTN;CONRAD;CONVIS;DATEND;DATSTA;ELEVAT;HEIGHT;NOBJNM;OBJNAM;PRODCT;STATUS;VERACC;VERDAT;VERLEN;

属性 B:INFORM;NINFOM;NTXTDS;PICREP;SCAMAX;SCAMIN;TXTDSC;UPDMSG;

属性 C:RECDAT;RECIND;SORDAT;SORIND。

定义:陆地上用于开发或存储自然资源的区域。

参考:INT 1:IE 35.1-2,36;IF 52;M-4:367.1-2。

区别于:自由港区、江上作业区。

A.2.3.85 支架/桥墩

缩写:PYLONS

代码:98

属性 A: CATPYL; COLOUR; COLPAT; CONDTN; CONRAD; CONVIS; DATEND; DATSTA; HEIGHT; NATCON;NOBJNM;OBJNAM;VERACC;VERDAT;VERLEN;VERLEN;

属性 B:INFORM;NINFOM;NTXTDS;PICREP;SCAMAX;SCAMIN;TXTDSC;UPDMSG;

属性 C:RECDAT;RECIND;SORDAT;SORIND。

定义:一种垂直支撑结构,例如钢架或钢筋混凝土结构,用以支撑电缆、桥梁等。

参考:INT 1:ID 26;M-4:382.1。

A.2.3.86 雷达线

缩写:RADLNE

代码:99

属性 A:NOBJNM;OBJNAM;ORIENT;STATUS;

属性 B:INFORM;NINFOM;NTXTDS;SCAMAX;SCAMIN;TXTDSC;UPDMSG;

属性 C:RECDAT;RECIND;SORDAT;SORIND。

定义:在能见度较低时船只可以由江岸雷达站引导的航线,也叫雷达引导航线(IHO S-32,4146)。

参考:INT 1:IM 32.1-2;M-4:487.2。

区别于:雷达有效作用距离、推荐航线。

A.2.3.87 雷达有效作用距离

缩写:RADRNG

代码:100

属性 A:COMCHA;DATEND;DATSTA;NOBJNM;OBJNAM;STATUS;

属性 B:INFORM;NINFOM;NTXTDS;SCAMAX;SCAMIN;TXTDSC;UPDMSG;

属性 C:RECDAT;RECIND;SORDAT;SORIND。

定义:雷达监测站的覆盖范围。在此范围内船只可请求岸站雷达帮助,特别在能见度不良时。

参考:INT 1:IM 31;M-4:487.1。

附注:很多大型港口都有覆盖其港区入口的雷达监测系统,为船只提供导航,特别用在能见度不良时。系统的最大有效距离形成一个或一系列的弧线(IHO M-4)。

区别于:雷达线。

A.2.3.88 雷达反射器

缩写:RADRFL

代码:101

属性 A:HEIGHT;STATUS;VERACC;VERDAT;

属性 B:INFORM;NINFOM;NTXTDS;SCAMAX;SCAMIN;TXTDSC;UPDMSG;

属性 C:RECDAT;RECIND;SORDAT;SORIND。

定义:一种能够或专门反射雷达信号的设备(IHO S-32,4147)。雷达反射器通常是四面体或五角形的反射器以加强雷达响应反射。

参考:INT 1:IS 4;M-4:465.1-2。

附注:物标雷达反射器仅编码反射器本身。如果其他物标,诸如顶标、浮标、立标等由于其结构是雷达明显可见的话,则应使用 CONRAD 属性。

区别于:反射器。

A.2.3.89 雷达站

缩写:RADSTA

代码:102

属性 A:CATRAS;COMCHA;DATEND;DATSTA;HEIGHT;NOBJNM;OBJNAM;STATUS;VERACC;VALMXR;VERDAT;

属性 B:INFORM;NINFOM;NTXTDS;SCAMAX;SCAMIN;TXTDSC;UPDMSG;

属性 C:RECDAT;RECIND;SORDAT;SORIND。

定义:一个具有发射高频无线电波,并检测由固体物标反射回来的信号以判定这些目标的位置的发射装置的台站。

参考:INT 1:IM 30;IS 1;M-4:485.1;487.3。

附注:物标雷达站仅指技术设备本身,不包括其放置的建筑物或结构物,如天线架、塔楼、建筑物、雷达屏蔽器等。它们是不同的物标。

区别于:雷达线、雷达有效作用距离、雷达应答器。

A.2.3.90　雷达应答器

缩写:RTPBCN

代码:103

属性 A:CATRTB;DATEND;DATSTA;NOBJNM;OBJNAM;RADWAL;SECTR1;SECTR2;SIGGRP;SIGSEQ;STATUS;VALMXR;

属性 B:INFORM;NINFOM;NTXTDS;SCAMAX;SCAMIN;TXTDSC;UPDMSG;

属性 C:RECDAT;RECIND;SORDAT;SORIND。

定义:以雷达频率发射编码信号,使询问主体据此判定该应答器的方位和距离,也叫做雷康(IHO S-32,4137)。

参考:INT 1:IS 2-3;M-4:486.1;

附注:物标雷达应答器仅指技术设备本身,不包括其放置的结构物(如立标、灯船、塔)。

区别于:雷达线、雷达有效作用距离、雷达站。

A.2.3.91　无线电呼叫点

缩写:RDOCAL

代码:104

属性 A:CATCOM;COMCTN;COMCHA;DATEND;DATSTA;NOBJNM;OBJNAM;ORIENT;PEREND;PERSTA;TRAFIC;STATUS;DIRIMP;

属性 B:INFORM;NINFOM;NTXTDS;PICREP;SCAMIN;TXTDSC;UPDMSG;

属性 C:RECDAT;RECIND;SORDAT;SORIND。

定义:也叫做无线电报告点,设立于某些繁忙的水道和港口辅助交通管制,要求船在通过这些点或设定的线时用 VHF 向交通控制中心报告(IHO M-4)。

参考:INT 1:IM 40;M-4:488。

附注:属性方向 ORIENT(方位)为该点的通行方向的编码。

区别于:无线电台、引航员登船点。

A.2.3.92　无线电台

缩写:RDOSTA

代码:105

属性 A:CALSGN;CATROS;COMCHA;DATEND;DATSTA;ESTRNG;NOBJNM;OBJNAM;ORIENT;PEREND;PERSTA;SIGFRQ;STATUS;

属性 B:INFORM;NINFOM;NTXTDS;SCAMAX;SCAMIN;TXTDSC;UPDMSG;

属性 C:RECDAT;RECIND;SORDAT;SORIND。

定义:具有发射无线电波的设备的场所。无线电台可以是固定的或移动的,也可能配有无线电接收机。在英语中,也叫 w/t 站(IHO S-32,4191)。

参考:INT 1:IS 10-16;M-4:480.1;481.1-3;482;483;484。

附注:无线电台的发射信号可以为航船提供位置线(IHO M-4)。

区别于:雷达报告点、雷达站。

A.2.3.93　铁路

缩写:RAILWY

代码:106

属性 A:CONDTN;HEIGHT;NOBJNM;OBJNAM;STATUS;VERACC;

属性 B:INFORM;NINFOM;NTXTDS;SCAMAX;SCAMIN;TXTDSC;UPDMSG;

属性 C:RECDAT;RECIND;SORDAT;SORIND。

定义:一种单线或双线平行铁轨,上面可行驶火车或有轨电车。

参考:INT 1:ID 13;M-4:328;362.1-2。

区别于:道路、隧道。

A.2.3.94 急流

缩写:RAPIDS

代码:107

属性 A:NOBJNM;OBJNAM;VERACC;VERLEN;

属性 B:INFORM;NINFOM;NTXTDS;SCAMAX;SCAMIN;TXTDSC;UPDMSG;

属性 C:RECDAT;RECIND;SORDAT;SORIND。

定义:在江床斜面上不断流而足以形成瀑布的加速流动的河流部分。通常指两个以上的急流(IHO S-32,4228)。

参考:INT 1:IC 22;M-4:353.5。

区别于:非重力流、调和预测潮流、非调和预测潮流、潮流表数据、时序潮流、紊流、瀑布。

A.2.3.95 推荐航道中心线

缩写:RCRTCL

代码:108

属性 A:CATTRK;DATEND;DATSTA;DRVAL1;DRVAL2;NOBJNM;OBJNAM;ORIENT;PEREND;PERSTA;QUASOU;SOUACC;STATUS;TECSOU;TRAFIC;VERDAT;

属性 B:INFORM;NINFOM;NTXTDS;SCAMAX;SCAMIN;TXTDSC;UPDMSG;

属性 C:RECDAT;RECIND;SORDAT;SORIND。

定义:推荐航道是一条便于船舶航行没有确定宽度的航道,通常以中心线浮标标示(IHO S-32,4448)。推荐航道中心线指推荐航路的中心线。

参考:INT 1:IM 28.1;M-4:435.4。

附注:推荐航道规定的航行规则是针对海道因素以外的避碰和防污。该规则由国家或国际机构规定,而不是由航道测量部门规定(IHO M-4)。

区别于:推荐航道分道、推荐航线。

A.2.3.96 推荐航线

缩写:RECTRC

代码:109

属性 A:CATTRK;DATEND;DATSTA;DRVAL1;DRVAL2;NOBJNM;OBJNAM;ORIENT;PEREND;PERSTA;QUASOU;SOUACC;STATUS;TECSOU;TRAFIC;VERDAT;

属性 B:INFORM;NINFOM;NTXTDS;SCAMAX;SCAMIN;TXTDSC;UPDMSG;

属性 C:RECDAT;RECIND;SORDAT;SORIND。

定义:推荐给所有船舶或只推荐给某船舶的航线(IHO S-32,5576)。

参考:INT 1:IM 3-4,5.1,5.2,6;M-4:432.1;434。

附注:推荐航线包括针对海道因素在内的确保在浅水中能安全航行的所有通道。这种航线的选择一般由海员根据船舶吃水、潮况、适用的助航设备等因素自行作出决定(IHO M-4)。推荐航线是船舶用以航行的导航线的一部分(见图 A.2)。

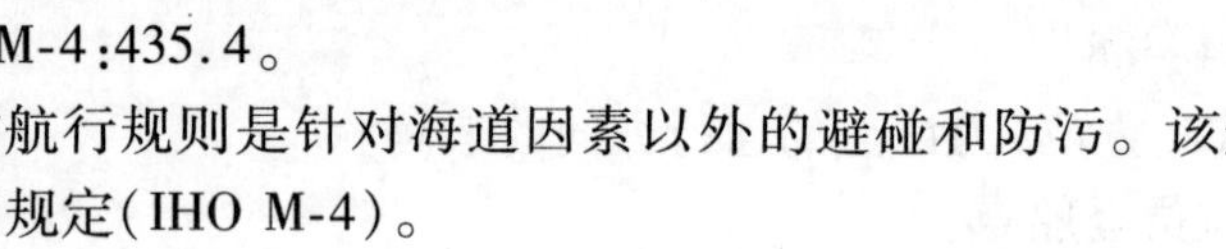

图 A.2

在双向推荐航线中,只用属性 ORINT 定义一个方向值,另一个可以推算出来(即,ORIENT + 180°)。

区别于:导航线、推荐航道中心线、推荐航道分道。

A.2.3.97 推荐航道分道

缩写:RCTLPT

代码:110

属性 A:DATEND;DATSTA;ORIENT;STATUS;

属性 B:INFORM;NINFOM;NTXTDS;SCAMAX;SCAMIN;TXTDSC;UPDMSG;

属性 C:RECDAT;RECIND;SORDAT;SORIND。

定义:IMO 采纳的定线措施的一个基本部分。有些航道测量部门与当地交通管理部门协商,为了给交叉通行指示最佳航道或为减少对遇情况等,在诸如从外部进口航道驶向内港的区域等处增设了推荐航行方向(IHO M-4)。

参考:M-4:435;435.5。

附注:物标推荐航道分道指明推荐交通流向,如:两个通航分道(分道航行制——TSS)之间,在某通航分道入口处;在某深水航道附近完整的推荐航道分道根据其形状由一个或多个部分组成。推荐航道分道的方向由相对于其常用方向分道的中线的方向确定。

A.2.3.98 救助站

缩写:RSCSTA

代码:111

属性 A:CATRSC;DATEND;DATSTA;NOBJNM;OBJNAM;PEREND;PERSTA;STATUS;

属性 B:INFORM;NINFOM;NTXTDS;SCAMAX;SCAMIN;TXTDSC;UPDMSG;

属性 C:RECDAT;RECIND;SORDAT;SORIND。

定义:存放救生设备的地方(IHO M-4)。

参考:INT 1:IT 12-14;IQ 124;M-4:493;493.1-2。

附注:该物标编码在该处提供的服务设施。存放这些设施的建筑物应单独编码。

区别于:专用/通用立标、单体建筑。

A.2.3.99 受限区域

缩写:RESARE

代码:112

属性 A:CATREA;DATEND;DATSTA;NOBJNM;OBJNAM;PEREND;PERSTA;RESTRN;STATUS;

属性 B:INFORM;NINFOM;NTXTDS;SCAMAX;SCAMIN;TXTDSC;UPDMSG;

属性 C:RECDAT;RECIND;SORDAT;SORIND。

定义:由某专门机构规定,该区域中,航行应受到某些特殊条件的限制(IHO S-32,4366)。

参考:INT 1:IL 3;IN 2.1-2,20-22,25-26,31,34;M-4:431.4;439.2-4;441.8;445.2;448.1-2;449.5。

区别于:锚泊区、电缆区、警告区、倾废场、深度范围、航道、疏浚区、深水航道部分、军事演习区、管道区、扫测区。

A.2.3.100 反射器

缩写:RETRFL

代码:113

属性 A:COLOUR;COLPAT;HEIGHT;MARSYS;STATUS;VERACC;VERDAT;

属性 B:INFORM;NINFOM;NTXTDS;SCAMAX;SCAMIN;TXTDSC;UPDMSG;

属性 C:RECDAT;RECIND;SORDAT;SORIND。

定义:一种在夜间区分不发光物体的方法,用反射材料制成不同的形状置于标志上反射光线(UKHO NP735)。

附注:安装反射器的主体是单独的物标。

区别于:方位立标、孤立危险物立标、侧面立标、安全水域立标、专用/通用立标、方位浮标、设施浮标、孤立危险物浮标、侧面浮标、安全水域浮标、专用/通用浮标、雷达反射器。

A.2.3.101 河流

缩写:RIVERS

代码:114

属性 A:NOBJNM;OBJNAM;STATUS;

属性 B:INFORM;NINFOM;NTXTDS;SCAMAX;SCAMIN;TXTDSC;UPDMSG;

属性 C:RECDAT;RECIND;SORDAT;SORIND。

定义:相对较大的自然水流(IHO S-32,4405)。

参考:INT 1:IC 20,21;M-4:353.1-4。

附注:物标河流指河流的河水部分,物标河岸指河岸。

区别于:渠道、湖泊、河岸、江区/命名水域、潮流。

A.2.3.102 河岸

缩写:RIVBNK

代码:115

属性 A:NOBJNM;OBJNAM;

属性 B:INFORM;NINFOM;NTXTDS;PICREP;SCAMIN;TXTDSC;UPDMSG;

属性 C:RECDAT;RECIND;SORDAT;SORIND。

定义:河流水面和陆地地面的分界线。

参考:INT 1:IC 20,21;M-4:353.1-4。

区别于:渠岸、湖岸、河流、岸线建筑物。

A.2.3.103 道路

缩写:ROADWY

代码:116

属性 A:CATROD;CONDTN;NATCON;NOBJNM;OBJNAM;STATUS;

属性 B:INFORM;NINFOM;NTXTDS;SCAMAX;SCAMIN;TXTDSC;UPDMSG;

属性 C:RECDAT;RECIND;SORDAT;SORIND。

定义:用于车辆通行的开阔路面。

参考:INT 1:ID 10-12;M-4:365.1-3。

区别于:长堤、铁路、广场。

A.2.3.104 跑道

缩写:RUNWAY

代码:117

属性 A:CATRUN;CONDTN;CONVIS;NATCON;NOBJNM;OBJNAM;PEREND;PERSTA;STATUS;

属性 B:INFORM;NINFOM;NTXTDS;SCAMAX;SCAMIN;TXTDSC;UPDMSG;

属性 C:RECDAT;RECIND;SORDAT;SORIND。

定义:陆地机场里划定的矩形区域,用于飞机起落时沿其长线滑行(IHO S-32,4465);直升机可以起落的场地(IHO S-32,2232)。

参考:INT 1:ID 17;M-4:366。

区别于:机场区。

A.2.3.105 沙纹

缩写:SNDWAV

代码:118

属性 A:VERACC;VERLEN;

属性 B:INFORM;NINFOM;NTXTDS;SCAMAX;SCAMIN;TXTDSC;UPDMSG;

属性 C:RECDAT;RECIND;SORDAT;SORIND。

定义:在浅水中由沙组成的很大的波浪状的流动沉积物。波长可达 100m,波幅可达 20m。

参考:INT 1:IJ 14;M-4:428.1。

区别于:江床区。

A.2.3.106 岸线建筑物

缩写:SLCONS

代码:122

属性 A: CATSLC; COLOUR; COLPAT; CONDTN; CONRAD; CONVIS; DATEND; DATSTA; HEIGHT; HORACC; HORCLR; HORLEN; HORWID; NATCON; NOBJNM; OBJNAM; STATUS; VERACC; VERDAT; VERLEN;WATLEV;

属性 B:INFORM;NINFOM;NTXTDS;SCAMAX;SCAMIN;TXTDSC;UPDMSG;

属性 C:RECDAT;RECIND;SORDAT;SORIND。

定义:建于水域和陆地之间的固定(非漂浮)人工建造物,例如人工岸线。

参考:INT 1:IF 2,4,5,6,12-15,18,23,33;M-4:313.2-4;321.1-4;322.1-2;324.1。

区别于:渠岸、湖岸、陆地区、河岸。

A.2.3.107 交通信号站

缩写:SISTAT

代码:123

属性 A:CATSIT;COMCHA;DATEND;DATSTA;DIRIMP;NOBJNM;OBJNAM;PEREND;PERSTA;STATUS;

属性 B:INFORM;NINFOM;NTXTDS;SCAMAX;SCAMIN;TXTDSC;

属性 C:RECDAT;RECIND;SORDAT;SORIND。

定义:信号站是在岸上向江上的船舶发射信号的地方(IHO S-32,4742)。交通信号站调控交通状况(IHO M-4)。

参考:INT 1:IT 21-25.2;M-4:495.1-5。

附注:该物标类指信号站的功能,而不是其坐落的建筑物。

区别于:告警信号站。

A.2.3.108 告警信号站

缩写:SISTAW

代码:124

属性 A:CATSIW;COMCHA;DATEND;DATSTA;NOBJNM;OBJNAG;PEREND;PERSTA;STATUS;

属性 B:INFORM;NINFOM;NTXTDS;SCAMAX;SCAMIN;TXTDSC;UPDMSG;

属性 C:RECDAT;RECIND;SORDAT;SORIND。

定义:信号站在岸上向江上的船舶发射信号的地方(IHO S-32,4742)。

参考:INT 1:IT 20,26,28-36;M-4:490.3;494.1-2;496.1-3;497。

附注:该物标类指信号站的功能,而不是其坐落的建筑物。

区别于:交通信号站。

A.2.3.109 筒仓/罐

缩写:SILTNK

代码:125

属性 A:BUISHP;CATSIL;COLOUR;COLPAT;CONDTN;CONRAD;CONVIS;ELEVAT;HEIGHT;NATCON;NOBJNM;OBJNAM;PRODCT;STATUS;VERACC;VERDAT;VERLEN;

属性 B:INFORM;NINFOM;NTXTDS;PICREP;SCAMAX;SCAMIN;TXTDSC;UPDMSG;

属性 C:RECDAT;RECIND;SORDAT;SORIND。

定义:一种封闭的容器,用于储存物品。

参考:INT 1:IE 2,32-33;M-4:340.2;376.2-3。

区别于:陆标、生产/仓储区。

A.2.3.110 坡顶线

缩写:SLOTOP

代码:126

属性 A:CATSLO;COLOUR;CONRAD;CONVIS;ELEVAT;NATCON;NATQUA;NATSUR;NOBJNM;OBJNAM;VERACC;VERDAT;

属性 B:INFORM;NINFOM;NTXTDS;SCAMAX;SCAMIN;TXTDSC;UPDMSG;

属性 C:RECDAT;RECIND;SORDAT;SORIND。

定义:一个斜坡的顶线标记,如山脉线或两个不同坡度间的分界线。

参考:INT 1:IC 3;ID 14,15;M-4:312.1;363.2;364.1。

区别于:地面高程、倾斜地面。

A.2.3.111 倾斜地面

缩写:SLOGRD

代码:127

属性 A:CATSLO;COLOUR;CONRAD;CONVIS;NATCON;NATQUA;NATSUR;NOBJNM;OBJNAM;

属性 B:INFORM;NINFOM;NTXTDS;SCAMAX;SCAMIN;TXTDSC;UPDMSG;

属性 C:RECDAT;RECIND;SORDAT;SORIND。

定义:一个倾斜的表面(IHO S-32,4776)。

A.2.3.112 小型船用设备

缩写:SMCFAC

代码:128

属性 A:CATSCF;NOBJNM;OBJNAM;PEREND;PERSTA;STATUS;

属性 B:INFORM;NINFOM;NTXTDS;PICREP;SCAMAX;SCAMIN;TXTDSC;UPDMSG;

属性 C:RECDAT;RECIND;SORDAT;SORIND。

定义:通常为小型船舶或游船提供服务的设施。

参考:INT 1:IU 2,3-4,6-13,15-31;

附注:该物标类仅指其服务功能,其所在建筑物应单独编码。

区别于:单体建筑、港口设备、岸线建筑物。

A.2.3.113 水深

缩写:SOUNDG

代码:129

属性 A:EXPSOU;NOBJNM;OBJNAM;QUASOU;SOUACC;STATUS;TECSOU;VERDAT;

属性 B:INFORM;NINFOM;NTXTDS;SCAMAX;SCAMIN;TXTDSC;UPDMSG;

属性 C:RECDAT;RECIND;SORDAT;SORIND。

定义:按某一垂直基准面折算成的所测水深或水深地点(如干出高度)。

参考:INT 1:II 10-15;M-4:403.1;410;412-412.4;413.1;417.3。

附注:水深值以空间记录结构的三维坐标编码。干出高度(干出水深)用负值表示。

区别于:深度范围、沉船、暗礁/适淹礁、障碍物。

A.2.3.114 喷泉

缩写:SPRING

代码:130

属性 A:NOBJNM;OBJNAM;

属性 B:INFORM;NINFOM;NTXTDS;SCAMAX;SCAMIN;TXTDSC;UPDMSG;

属性 C:RECDAT;RECIND;SORDAT;SORIND。

定义:从地面或江底自然冒出的水流或其他物质。位于江底的称为江底喷泉(IHO S-32,4939)。

参考:INT 1:IJ 15;M-4:428.3。

A.2.3.115 广场

缩写:SQUARE

代码:131

属性 A:CONDTN;NATCON;NOBJNM;OBJNAM;STATUS;

属性 B:INFORM;NINFOM;NTXTDS;SCAMAX;SCAMIN;TXTDSC;UPDMSG;

属性 C:RECDAT;RECIND;SORDAT;SORIND。

定义:在建筑物区内由道路包围的开阔区。

区别于:道路、建筑物区、单体建筑。

A.2.3.116 潜水艇航道

缩写:SUBTLN

代码:133

属性 A:NOBJNM;OBJNAM;RESTRN;

属性 B:INFORM;NINFOM;NTXTDS;SCAMAX;SCAMIN;TXTDSC;UPDMSG;

属性 C:RECDAT;RECIND;SORDAT;SORIND。

定义:潜水艇可以航行的水上或水下区域。

参考:INT 1:IN 33;M-4:441.5。

区别于:军事演习区。

A.2.3.117 扫测区

缩写:SWPARE

代码:134

属性 A:DRVA1;QUASOU;SOUACC;TECSOU;VERDAT;

属性 B:INFORM;NINFOM;NTXTDS;SCAMAX;SCAMIN;TXTDSC;UPDMSG;

属性 C:RECDAT;RECIND;SORDAT;SORIND。

定义:已确定在指定深度没有航行障碍物的区域(IHO S-32,5248)。

参考:INT 1:II 24;M-4:415.1;415.2。

区别于:深度范围、疏浚区、未测区。

A.2.3.118 顶标

缩写:TOPMAR

代码:144

属性 A:COLOUR;COLPAT;HEIGHT;MARSYS;STATUS;TOPSHP;VERACC;VERDAT;VERLEN;

属性 B:INFORM;NINFOM;NTXTDS;PICREP;SCAMAX;SCAMIN;TXTDSC;UPDMSG;

属性 C:RECDAT;RECIND;SORDAT;SORIND。

定义:置于浮标或立标顶上的具有特定形状的结构物,用以帮助区分不同的航标(IHO S-32,5548)。

参考:INT 1:IQ 9;M-4:463.1。

附注:顶标的标体是独立的物标。

区别于：方位立标、孤立危险物立标、侧面立标、安全水域立标、专用/通用立标、方位浮标、设施浮标、孤立危险物浮标、侧面浮标、安全水域浮标、专用/通用浮标、昼标。

A.2.3.119　分道通航分隔线

缩写：TSELNE

代码：145

属性 A：CATTSS；DATEND；DATSTA；STATUS；

属性 B：INFORM；NINFOM；NTXTDS；SCAMAX；SCAMIN；TXTDSC；UPDMSG；

属性 C：RECDAT；RECIND；SORDAT；SORIND。

定义：分道通航制是一个旨在通过隔离对向航行的船舶来减少拥挤区和/或交通汇集区内船舶碰撞危险的通行方案（IHO S-32，5585）。分道通航分隔线是分隔交通通道的线，分道通航中，有船舶对向航行，还有特定船舶同向航行。

参考：INT 1：IM 12；M-4：435.1。

区别于：分道通航制边界、分道通航制交汇处、分道通航制分道、分道通航制环行道、分道通航分隔带。

A.2.3.120　分道通航制边界

缩写：TSSBND

代码：146

属性 A：CATTSS；DATEND；DATSTA；STATUS；

属性 B：INFORM；NINFOM；NTXTDS；SCAMAX；SCAMIN；TXTDSC；UPDMSG；

属性 C：RECDAT；RECIND；SORDAT；SORIND。

定义：分道通航制是一个旨在通过隔离对向航行的船舶来减少拥挤区和/或交通汇集区内船舶碰撞危险的通行方案（IHO S-32，5585）。分道通航制边界是通航分道部分或分道通航制外线的边界。

参考：M-4：436。

区别于：分道通航分隔线、分道通航制交汇处、分道通航制分道、分道通航制环行道、分道通航分隔带。

A.2.3.121　分道通航制交汇处

缩写：TSSCRS

代码：147

属性 A：CATTSS；DATEND；DATSTA；RESTRN；STATUS；

属性 B：INFORM；NINFOM；NTXTDS；SCAMAX；SCAMIN；TXTDSC；UPDMSG；

属性 C：RECDAT；RECIND；SORDAT；SORIND。

定义：分道通航制是一个旨在通过隔离对向航行的船舶来减少拥挤区和/或交通汇集区内船舶碰撞危险的通行方案（IHO S-32，5585）。分道通航制交汇处是通航分道的交汇区。

参考：INT 1：IM 23；M-4：435.1。

区别于：分道通航分隔线、分道通航制边界、分道通航制分道、分道通航制环行道、分道通航分隔带。

A.2.3.122　分道通航制分道

缩写：TSSLPT

代码：148

属性 A：CATTSS；DATEND；DATSTA；ORIENT；RESTRN；STATUS；

属性 B：INFORM；NINFOM；NTXTDS；SCAMAX；SCAMIN；TXTDSC；UPDMSG；

属性 C：RECDAT；RECIND；SORDAT；SORIND。

定义：分道通航制是一个旨在通过隔离对向航行的船舶来减少拥挤区和/或交通汇集区内船舶碰撞危险的通行方案（IHO S-32，5585）。通航分道是确定范围内的单向通行区。分道通航制分道是规定了交通流向方向的通航分道。

附注:根据分道的形状,整个通航分道可以由一个或多个部分组成。

区别于:推荐航道分道、分道通航分隔线、分道通航制边界、分道通航制交汇处、分道通航制环行道、分道通航分隔带。

A.2.3.123 分道通航制环形道

缩写:TSSRON

代码 149

属性 A:CATTSS;DATEND;DATSTA;RESTRN;STATUS;

属性 B:INFORM;NINFOM;NTXTDS;SCAMAX;SCAMIN;TXTDSC;UPDMSG;

属性 C:RECDAT;RECIND;SORDAT;SORIND。

定义:分道通航制是一个旨在通过隔离对向航行的船舶来减少拥挤区和/或交通汇集区内船舶碰撞危险的通行方案(IHO S-32,5585)。分道通航制环形道是一种分道通航制,在其中,船舶围绕规定的点或区域以逆时针方向航行(IHO S-32,4448)。

参考:INT 1:IM 21;M-4:435.1。

区别于:分道通航分隔线、分道通航制边界、分道通航制交汇处、分道通航制分道、分道通航分隔带。

A.2.3.124 分道通航分隔带

缩写:TSEZNE

代码:150

属性 A:CATTSS;DATEND;DATSTA;STATUS;

属性 B:INFORM;NINFOM;NTXTDS;SCAMAX;SCAMIN;TXTDSC;UPDMSG;

属性 C:RECDAT;RECIND;SORDAT;SORIND。

定义:分道通航制是一个旨在通过隔离对向航行的船舶来减少拥挤区和/或交通汇集区内船舶碰撞危险的通行方案(IHO S-32,5585)。分道通航分隔带是分隔交通通道的区域带,在通航分道中,船舶可能对向航行,或特定类型的船舶同向航行。

参考:INT 1:IM 13,20.1;M-4:435.1。

区别于:分道通航分隔线、分道通航制边界、分道通航制交汇处、分道通航制分道、分道通航制环行道。

A.2.3.125 隧道

缩写:TUNNEL

代码:151

属性 A:BURDEP;CONDTN;HORACC;HORCLR;NOBJNM;OBJNAM;STATUS;VERACC;VERCLR;

属性 B:INFORM;NINFOM;NTXTDS;PICREP;SCAMAX;SCAMIN;TXTDSC;UPDMSG;

属性 C:RECDAT;RECIND;SORDAT;SORIND。

定义:两端通向地面,穿过江底,或贴于江床,或穿过地下,或穿过高山的通道。

参考:INT 1:ID 16;M-4:363.1。

区别于:铁路、道路。

A.2.3.126 双向航道分道

缩写:TWRTPT

代码:152

属性 A:CATTRK;DATEND;DATSTA;DRVAL1;DRVAL2;ORIENT;QUASOU;SOUACC;STATUS;TECSOU;TRAFIC;VERDAT;

属性 B:INFORM;NINFOM;NTXTDS;SCAMAX;SCAMIN;TXTDSC;UPDMSG;

属性 C:RECDAT;RECIND;SORDAT;SORIND。

定义:双向航道是在规定的界限内建立的双向航行航道,以确保船只安全通过难航区或危险区(IHO S-32,5712)。双向航道分道是双向航道中只能沿一个方向航行的区域。

参考:INT 1:IM 28.2;M-4:435.6。

附注:根据其形状,双向航道可由一个或多个部分组成。双向航道分道的方向由双向航道分道的中心线及其常用方向确定。

区别于:深水航道部分、推荐航道分区、分道通航制分道。

A.2.3.127 暗礁/适淹礁

缩写:UWTROC

代码:153

属性 A:EXPSOU;NATSUR;NATQUA;NOBJNM;OBJNAM;QUASOU;SOUACC;STATUS;TECSOU;VALSOU;VERDAT;VERLEN;WATLEV;

属性 B:INFORM;NINFOM;NTXTDS;SCAMAX;SCAMIN;TXTDSC;UPDMSG;

属性 C:RECDAT;RECIND;SORDAT;SORIND。

定义:在干出、适淹或水下状态的石质固体。

参考:INT 1:IK 12,13,14-16;M-4:421.5-5。

区别于:障碍物、水深、沉船。

A.2.3.128 未测区

缩写:UNSARE

代码:154

属性 B:INFORM;NINFOM;NTXTDS;SCAMAX;SCAMIN;TXTDSC;UPDMSG;

属性 C:RECDAT;RECIND;SORDAT;SORIND。

定义:没有经过水深测量的区域。

参考:M-4:417.8。

A.2.3.129 植被

缩写:VEGATN

代码:155

属性 A:CATVEG;CONVIS;ELEVAT;HEIGHT;NOBJNM;OBJNAM;VERACC;VERDAT;VERLEN;

属性 B:INFORM;NINFOM;NTXTDS;SCAMAX;SCAMIN;TXTDSC;UPDMSG;

属性 C:RECDAT;RECIND;SORDAT;SORIND。

定义:聚集或单独的植物。

参考:INT 1:IC 14,30,31.1-8,32;M-4:312.4;354.1-2,4。

区别于:江床区、海草/巨型海藻。

A.2.3.130 紊流

缩写:WATTUR

代码:156

属性 A:CATWAT;NOBJNM;OBJNAM;

属性 B:INFORM;NINFOM;NTXTDS;SCAMAX;SCAMIN;TXTDSC;UPDMSG;

属性 C:RECDAT;RECIND;SORDAT;SORIND。

定义:水的扰动造成了紊流,它是由波浪、水流、潮流、风、小块浅滩及障碍物等任意组合产生的。

参考:INT 1:IH 44,45;IK 17;M-4:423.1;423.2;423.3。

A.2.3.131 瀑布

缩写:WATFAL

代码:157

属性 A:CONVIS;NOBJNM;OBJNAM;VERACC;VERLEN;

属性 B:INFORM;NINFOM;NTXTDS;SCAMAX;SCAMIN;TXTDSC;UPDMSG;

属性 C:RECDAT;RECIND;SORDAT;SORIND。

定义:江床陡跌处突然下降的水流。著名的瀑布如尼亚加拉瀑布。

参考:INT 1:IC 22;M-4:353.5。

区别于:急流。

A.2.3.132 海草/巨型海藻

缩写:WEDKLP

代码:158

属性 A:CATWED;NOBJNM;OBJNAM;

属性 B:INFORM;NINFOM;NTXTDS;SCAMAX;SCAMIN;TXTDSC;UPDMSG;

属性 C:RECDAT;RECIND;SORDAT;SORIND。

定义:海草是带状海底藻类植物的通称。巨型海藻是巨大的、剑状或藤蔓状的褐色的海藻(IHO S-32,2611)。

参考:INT 1:IJ 13.1,13.2;M-4:428.2。

附注:巨型海藻常暗示有水下礁石(IHO M-4)。

区别于:江床区、植被。

A.2.3.133 沉船

缩写:WRECKS

代码:159

属性 A: CATWRK; CONRAD; CONVIS; EXPSOU; HEIGHT; NOBJNM; OBJNAM; QUASOU; SOUACC; STATUS;TECSOU;VALSOU;VERACC;VERDAT;VERLEN;WATLEV;

属性 B:INFORM;NINFOM;NTXTDS;PICREP;SCAMAX;SCAMIN;TXTDSC;UPDMSG;

属性 C:RECDAT;RECIND;SORDAT;SORIND。

定义:搁浅或沉没的船只的残骸(IHO S-32,6027)。

参考:INT 1:IK 20-30;M-4:422-422.8。

区别于:深度范围、报废船、障碍物、水深、暗礁/适淹礁。

A.2.3.134 桥梁区

缩写:BRGARE

代码:17053

属性 A:COMCTN;NOBJNM;OBJNAM;

属性 B:INFORM;NINFOM;NTXTDS;PICREP;SCAMIN;TXTDSC;UPDMSG;

属性 C:RECDAT;RECIND;SORDAT;SORIND。

定义:包括桥梁本身及桥梁交通规则适用的整个地区。

区别于:桥梁。

A.2.3.135 供给站

缩写:BUNSTA

代码:17054

属性 A:BUNVES;CATBUN;COMCTN;NOBJNM;OBJNAM;

属性 B:INFORM;NINFOM;NTXTDS;PICREP;SCAMIN;TXTDSC;UPDMSG;

属性 C:RECDAT;RECIND;SORDAT;SORIND。

定义:一个能够为船舶提供燃料、淡水和压载水的站点。

A.2.3.136　通信区

缩写:COMARE

代码:17055

属性 A:CATCOM;COMCHA;DATEND;DATSTA;NOBJNM;OBJNAM;STATUS;

属性 B:INFORM;NINFOM;NTXTDS;PICREP;SCAMIN;TXTDSC;UPDMSG;

属性 C:RECDAT;RECIND;SORDAT;SORIND。

定义:只是一个区域,在该区域船舶应该汇报信息并可以获得信息。

A.2.3.137　停泊区

缩写:BERARE

代码:26001

属性 A:CATBRT;CLSDNG;COMCTN;DATEND;DATSTA;NOBJNM;OBJNAM;PEREND;PERSTA;RESTRN;STATUS;

属性 B:INFORM;NINFOM;NTXTDS;SCAMAX;SCAMIN;TXTDSC;UPDMSG;

属性 C:RECDAT;RECIND;SORDAT;SORIND。

定义:船舶停泊或临时停泊的区域。

区别于:锚位、锚泊区、系泊绞缆设施。

A.2.3.138　岸线

缩写:BNKLNE

代码:26002

属性 A:CATBNK;COLOUR;CONRAD;CONVIS;ELEVAT;NOBJNM;OBJNAM;VERACC;VERDAT;

属性 B:INFORM;NINFOM;NTXTDS;PICREP;SCAMAX;SCAMIN;TXTDSC;UPDMSG;

属性 C:RECDAT;RECIND;SORDAT;SORIND。

定义:水和岸的交汇线。

区别于:渠岸、湖岸、河岸、岸线建筑物。

A.2.3.139　跨江建筑物

缩写:BTRCTR

代码:26003

属性 A: CATBTR; COLOUR; COLPAT; CONDTN; CONRAD; CONVIS; DATEND; DATSTA; HEIGHT; HORACC;HORCLR;NATCON;NOBJNM;OBJNAM;VERACC;VERCCL;VERCLR;VERCOP;VERDAT;

属性 B:INFORM;NINFOM;PICREP;SCAMAX;SCAMIN;TXTDSC;UPDMSG;

属性 C:RECDAT;RECIND;SORDAT;SORIND。

定义:跨江两岸所建的建筑物。

A.2.3.140　江底电缆

缩写:CBLSUR

代码:26004

属性 A: BURDEP; CATCBL; CONDTN; DATEND; DATSTA; DRVAL1; DRVAL2; NOBJNM; OBJNAM; STATUS;VERDAT;

属性 B:INFORM;NINFOM;NTXTDS;SCAMAX;SCAMIN;TXTDSC;UPDMSG;

属性 C:RECDAT;RECIND;SORDAT;SORIND。

定义:密封、绝缘的用于在江底传导电流的电线或电线束。

参考:INT 1:IL 30.1,31.1,32;M-4:443.1;443.3;443.7。

区别于:架空电缆、电缆区。

A.2.3.141 淡水养殖场

缩写:FSWFAM

代码:26006

属性 A:CATFFA;DATEND;DATSTA;EXPSOU;NOBJNM;OBJNAM;PEREND;PERSTA;QUASOU;RESTRN;SOUACC;STATUS;VALSOU;VERACC;VERDAT;VERLEN;VERLEN;

属性 B:INFORM;NINFOM;NTXTDS;SCAMAX;SCAMIN;TXTDSC;UPDMSG;

属性 C:RECDAT;RECIND;SORDAT;SORIND。

定义:由笼子、网、筏和浮子或立杆围成的用于人工养殖鱼、贝等的水域,也叫做渔场。

区别于:捕鱼设备、障碍物。

A.2.3.142 港航管理机构

缩写:HABADM

代码:26007

属性 A:CATHAB;CONDTN;CONRAD;CONVIS;JRSDTN;NATION;NATCON;NOBJNM;OBJNAM;

属性 B:INFORM;NINFOM;NTXTDS;PICREP;SCAMAX;SCAMIN;TXTDSC;UPDMSG;

属性 C:RECDAT;RECIND;SORDAT;SORIND。

定义:对内河、航道、航标、船闸及其他设施进行监测、养护以及从事航道建设施工的单位。

A.2.3.143 船闸航道

缩写:LCBSRT

代码:26008

属性 A:CATLCB;DATEND;DATSTA;DRVAL1;NOBJNM;OBJNAM;ORIENT;QUASOU;RESTRN;SOUACC;STATUS;TRAFIC;VERDAT;

属性 B:INFORM;NINFOM;NTXTDS;SCAMAX;SCAMIN;TXTDSC;UPDMSG;

属性 C:RECDAT;RECIND;SORDAT;SORIND。

定义:用于引导船舶进出闸的人工航道。

A.2.3.144 江上平台

缩写:OFRPLF

代码:26009

属性 A:CATORP;COLOUR;COLPAT;CONDTN;CONRAD;CONVIS;DATEND;DATSTA;HEIGHT;NATCON;NOBJNM;OBJNAM;PRODCT;STATUS;VERACC;VERDAT;VERLEN;

属性 B:INFORM;NINFOM;NTXTDS;PICREP;SCAMAX;SCAMIN;TXTDSC;UPDMSG;

属性 C:RECDAT;RECIND;SORDAT;SORIND。

定义:一种固定或漂浮的用于采集水下资源(如石油或天然气)的江上结构物(IHO S-32,3895)。

参考:INT 1:IL 2,10,11-15,17;M-4:445.2;445.3;445.4;445.6。

区别于:设施浮标、江上作业区。

A.2.3.145 江上作业区

缩写:ORPARE

代码:26010

属性 A:CATPRA;CONDTN;CONRAD;CONVIS;DATEND;DATSTA;HEIGHT;NOBJNM;OBJNAM;PRODCT;RESTRN;STATUS;VERACC;VERLEN;

属性 B:INFORM;NINFOM;NTXTDS;SCAMAX;SCAMIN;TXTDSC;UPDMSG;

属性 C:RECDAT;RECIND;SORDAT;SORIND。

定义:具有江上作业设备的区域。

参考:INT 1:IL 4;

区别于:江上平台。

A.2.3.146 江底/陆地管道

缩写:PIPSRL

代码:26011

属性 A: BURDEP; CATPIP; CONDTN; DATEND; DATSTA; DRVAL1; DRVAL2; NOBJNM; OBJNAM; PRODCT;STATUS;VERACC;VERDAT;VERLEN;

属性 B:INFORM;NINFOM;NTXTDS;SCAMAX;SCAMIN;TXTDSC;UPDMSG;

属性 C:RECDAT;RECIND;SORDAT;SORIND。

定义:管道是用于传输物资的管路,目前主要传输油和气体(IHO S-32,3857)。江底/陆地管道是置于或/埋入江底或陆地的管线。

参考:INT 1;ID 29;IL 40.1,41.1,42,44;M-4:377;444.1;444.4-5;444.7。

附注:管路很易受抛锚或拖网的损坏,同时,它们对航行有潜在的危险(IHO M-4)。

区别于:管道区、架空管道。

A.2.3.147 江床区

缩写:RBDARE

代码:26012

属性 A:COLOUR;NATQUA;NATSUR;NOBJNM;OBJNAM;WATLEV;

属性 B:INFORM;NINFOM;NTXTDS;SCAMAX;SCAMIN;TXTDSC;UPDMSG;

属性 C:RECDAT;RECIND;SORDAT;SORIND。

定义:江底自然性质一致的区域。江底自然性质包括其物质构成和物理属性,也被称做底质。

附注:一般地,不可能用江床区的实际范围来定义它。江床区的性质可以在一个点上表示。

区别于:沙纹、江区/命名水域、海草/巨型海藻。

A.2.3.148 整治建筑物

缩写:REGSTR

代码:26013

属性 A: CATREG; COLOUR; COLPAT; CONDTN; CONRAD; CONVIS; DATEND; DATSTA; HEIGHT; HORACC; HORCLR; HORLEN; HORWID; NATCON ; NOBJNM; OBJNAM; STATUS; VERACC; VERDAT; VERLEN;

属性 B:INFORM;NINFOM;NTXTDS;SCAMAX;SCAMIN;TXTDSC;UPDMSG;

属性 C:RECDAT;RECIND;SORDAT;SORIND。

定义:用于整治航道的起束水、导流、导沙、固滩和护岸等作用的建筑物。

参考:JTJ/T 204—96。

区别于:渠岸、岸线、湖岸、陆地区、河岸。

A.2.3.149 江区/命名水域

缩写:RIVARE

代码:26014

属性 A:CATRIV;NOBJNM;OBJNAM;

属性 B:INFORM;NINFOM;NTXTDS;SCAMAX;SCAMIN;TXTDSC;UPDMSG;

属性 C:RECDAT;RECIND;SORDAT;SORIND。

定义:江河中确定的地理部分或其他可航水域,可以由其范围内的适当命名确定。

附注:每一江区的定义都有别于其他江区。较小的江区可能位于大的江区之内。

区别于:深度范围。

A.2.3.150　升船机

缩写:SHPLFT

代码:26016

属性 A: CATSLF; COLOUR; COLPAT; CONDTN; CONRAD; CONVIS; DATEND; DATSTA; HEIGHT; HORACC; HORCLR; HORLEN; HORWID; NATCON; NOBJNM; OBJNAM; STATUS; VERACC; VERDAT; VERLEN; VERLEN;

属性 B:INFORM;NINFOM;NTXTDS;SCAMAX;SCAMIN;TXTDSC;UPDMSG;

属性 C:RECDAT;RECIND;SORDAT;SORIND。

定义:用机械方法升降船舶的一种通航建筑物,用于克服航道中的集中水位落差,将船舶自一水位河段提升或下降至另一水位河段。在修船厂、造船厂中,有的将升降船舶的设备也叫做升船机。

参考:JTJ/T 204—96。

区别于:船闸。

A.2.3.151　水利设备

缩写:WATCON

代码:26017

属性 A: CATWCN; COLOUR; COLPAT; CONDTN; CONRAD; CONVIS; DATEND; DATSTA; HEIGHT; NATCON;NOBJNM;OBJNAM;STATUS;VERACC;VERDAT;VERLEN;

属性 B:INFORM;NINFOM;NTXTDS;PICREP;SCAMAX;SCAMIN;TXTDSC;UPDMSG;

属性 C:RECDAT;RECIND;SORDAT;SORIND。

定义:与水利建设相关的设备与设施。

区别于:公共建筑、建筑物区、陆标、救助站。

A.2.3.152　水文测量设备

缩写:WATMEA

代码:26018

属性 A: CATMEA; COLOUR; COLPAT; CONDTN; CONRAD; CONVIS; DATEND; DATSTA; HEIGHT; NOBJNM;OBJNAM;STATUS;VERACC;VERDAT;VERLEN;

属性 B:INFORM;NINFOM;NTXTDS;PICREP;SCAMAX;SCAMIN;TXTDSC;UPDMSG;

属性 C:RECDAT;RECIND;SORDAT;SORIND。

定义:测量河流水位、流速、流态等水文特征的设备。

区别于:公共建筑、建筑物区、陆标、救助站。

A.2.3.153　滩险

缩写:SHLRPS

代码:26019

属性 A:CATSHL;NOBJNM;OBJNAM;

属性 B:INFORM;NINFOM;NTXTDS;SCAMAX;SCAMIN;TXTDSC;UPDMSG;

属性 C:RECDAT;RECIND;SORDAT;SORIND。

定义:河流中航行条件差,船舶通航困难的急滩、险滩、浅滩的总称。

参考:JTJ/T 204—96。

区别于:深度范围、江区/命名水域。

A.2.3.154　趸船

缩写:WHAFBT

代码:26020

属性 A: CATWBT; COLOUR; COLPAT; CONDTN; CONRAD; CONVIS; HORACC; HORLEN; HORWID;

NOBJNM;OBJNAM;VERACC;VERLEN;

属性 B:INFORM;NINFOM;NTXTDS;PICREP;SCAMAX;SCAMIN;TXTDSC;UPDMSG;

属性 C:RECDAT;RECIND;SORDAT;SORIND。

定义:无动力装置的船,固定在岸边、码头,以供船舶停靠,上下旅客,装卸货物。

A.2.4 元物标类

A.2.4.1 数据精度

缩写:M_ACCY

代码:300

属性 A:HORACC;POSACC;SOUACC;VERACC;

属性 B:INFORM;NINFOM;NTXTDS;TXTDSC;UPDMSG;

属性 C:RECDAT;RECIND;SORDAT;SORIND。

定义:一个在其内数据的总体精度最佳估算值均匀一致的区域。例如,总体精度应考虑数据源精度、图比例尺、数字化精度等因素。

区别于:数据质量、测量可靠性。

A.2.4.2 数据编辑比例尺

缩写:M_CSCL

代码:301

属性 A:CSCALE;

属性 B:INFORM;NINFOM;NTXTDS;TXTDSC;

属性 C:RECDAT;RECIND;SORDAT;SORIND。

定义:以一致的比例尺原始编辑数据的区域。例如,它定义数字化时使用的纸航道图的比例尺。

A.2.4.3 覆盖范围

缩写:M_COVR

代码:302

属性 A:CATCOV;

属性 B:INFORM;NINFOM;

属性 C:RECDAT;RECIND;SORDAT;SORIND。

定义:描述空间物标的覆盖范围的地理区域。

附注:该物标用以说明物标的覆盖范围。

A.2.4.4 数据水平基准面

缩写:M_HDAT

代码:303

属性 A:HORDAT;

属性 B:INFORM;NINFOM;NTXTDS;TXTDSC;UPDMSG;

属性 C:RECDAT;RECIND;SORDAT;SORIND。

定义:具有统一水平基准面的数据区。

区别于:水平基准面变换参数。

A.2.4.5 水平基准面变换参数

缩写:M_HOPA

代码:304

属性 A:HORDAT;SHIPAM;

属性 B:INFORM;NINFOM;NTXTDS;SCAMAX;SCAMIN;TXTDSC;UPDMSG;

属性 C:RECDAT;RECIND;SORDAT;SORIND。

定义:特定大地基准面与数据基准面之间存在统一变换的区域。

区别于:数据水平基准面。

A.2.4.6 航海出版物信息

缩写:M_NPUB

代码:305

属性 B:INFORM;NINFOM;NTXTDS;PICREP;PUBREF;TXTDSC;

属性 C:RECDAT;RECIND;SORDAT;SORIND。

定义:用以说明数据的附加航海信息和出版说明。

附注:用于定义航路指南中相应章节相关的地理区域。

A.2.4.7 航行标志系统

缩写:M_NSYS

代码:306

属性 A:MARSYS;ORIENT;

属性 B:INFORM;NINFOM;NTXTDS;SCAMIN;SCAMAX;TXTDSC;UPDMSG;

属性 C:RECDAT;RECIND;SORDAT;SORIND。

定义:特定的航行标志系统,且/或常用浮标方向适用的区域。

参考:INT 1:IQ 130-130.6;M-4:461.1-4。

A.2.4.8 产品信息

缩写:M_PROD

代码:307

属性 A:AGENCY;CPDATE;NATION;NMDATE;PRCTRY;

属性 B:INFORM;NINFOM;NTXTDS;TXTDSC;UPDMSG;

属性 C:RECDAT;RECIND;SORDAT;SORIND。

定义:同类数据产品参数适用的区域。

A.2.4.9 数据质量

缩写:M_QUAL

代码:308

属性 A:CATQUA;CATZOC;DRVAL1;DRVAL2;POSACC;SOUACC;SUREND;SURSTA;TECSOU;VERDAT;

属性 B:INFORM;NINFOM;NTXTDS;TXTDSC;UPDMSG;

属性 C:RECDAT;RECIND;SORDAT;SORIND。

定义:具有相同数据质量评价的区域。

区别于:数据精度、测量可靠性。

A.2.4.10 水深基准面

缩写:M_SDAT

代码:309

属性 A:VERDAT;

属性 B:INFORM;NINFOM;NTXTDS;TXTDSC;UPDMSG;

属性 C:RECDAT;RECIND;SORDAT;SORIND。

定义:相同水深基准面区域。

区别于:数据垂直基准面。

A.2.4.11 测量可靠性

缩写:M_SREL

代码:310

属性 A:QUAPOS;QUASOU;SCVAL1;SCVAL2;SDISMN;SDISMX;SPDMAX;SURATH;SUREND;SURSTA;SURTYP;TECSOU;

属性 B:INFORM;NINFOM;NTXTDS;TXTDSC;UPDMSG;

属性 C:RECDAT;RECIND;SORDAT;SORIND。

定义:一个对源测量信息进行过评价的区域。

参考:M-4:170.2;178。

区别于:数据精度、数据质量。

A.2.4.12 数据度量单位

缩写:M_UNIT

代码:311

属性 A:DUNITS;HUNITS;PUNITS;

属性 B:INFORM;NINFOM;NTXTDS;TXTDSC;UPDMSG;

属性 C:RECDAT;RECIND;SORDAT;SORIND。

定义:深度/高度的一致性度量单位。

A.2.4.13 数据垂直基准面

缩写:M_VDAT

代码:312

属性 A:VERDAT;

属性 B:INFORM;NINFOM;NTXTDS;TXTDSC;UPDMSG;

属性 C:RECDAT;RECIND;SORDAT;SORIND。

定义:相同垂直基准面区域。

区别于:水深基准面。

A.2.5 组合物标

A.2.5.1 集合

缩写:C_AGGR

代码:400

属性 A:NOBJNM;OBJNAM;

属性 B:INFORM;NINFOM;NTXTDS;PICREP;SCAMAX;SCAMIN;TXTDSC;UPDMSG;

属性 C:RECDAT;RECIND;SORDAT;SORIND。

定义:标识两个或多个物标的集合。该集合可以是命名的。

附注:集合可以通过“是……的一部分”、“由……组成”等方式把若干物标组合成高级的物标。例如:可以通过集合关系由分道通航制分道和边界等组合为一个交通带。

区别于:关联、上下关系。

A.2.5.2 关联

缩写:C_ASSO

代码:401

属性 A:NOBJNM;OBJNAM;

属性 B:INFORM;NINFOM;NTXTDS;PICREP;SCAMAX;SCAMIN;TXTDSC;UPDMSG;

属性 C:RECDAT;RECIND;SORDAT;SORIND。

定义:定义两个或多个物标之间的关联关系。关联可以是命名的。

附注:诸如用于表示一个浮标标记一艘沉船。

区别于:集合、上下关系。

A.2.5.3 上下关系

缩写:C_STAC

代码:402

属性 B:INFORM;NINFOM;NTXTDS;PICREP;SCAMAX;SCAMIN;TXTDSC;UPDMSG;

属性 C:RECDAT;RECIND;SORDAT;SORIND。

定义:层叠物标之间的上下次序(如,桥梁在道路之上)。

附注:物标之间的层叠上下次序在特征物标指针文件的特征记录中说明。

区别于:集合、关联。

A.2.6 制图物标类

A.2.6.1 制图区

缩写:$AREAS

代码:500

属性 A:COLOUR;ORIENT;$SCODE;$TINTS;

属性 B:INFORM;NINFOM;NTXTDS;PICREP;SCAMAX;SCAMIN;TXTDSC;UPDMSG;

属性 C:RECDAT;RECIND;SORDAT;SORIND。

定义:要求使用某些制图符号表示的区域。

A.2.6.2 制图线

缩写:$LINES

代码:501

属性 A:$SCODE;

属性 B:INFORM;NINFOM;NTXTDS;PICREP;SCAMAX;SCAMIN;TXTDSC;UPDMSG;

属性 C:RECDAT;RECIND;SORDAT;SORIND。

定义:带有某些制图符号表示的线。

A.2.6.3 制图符号

缩写:$CSYMB

代码:502

属性 A:ORIENT;$SCALE;$SCODE;

属性 B:INFORM;NINFOM;NTXTDS;PICREP;SCAMAX;SCAMIN;TXTDSC;UPDMSG;

属性 C:RECDAT;RECIND;SORDAT;SORIND。

定义:带有某种符号的点。

A.2.6.4 罗经圈

缩写:$COMPS

代码:503

属性 A:$CSIZE;VALACM;VALMAG;RYRMGV;

属性 B:INFORM;NINFOM;NTXTDS;PICREP;SCAMAX;SCAMIN;TXTDSC;UPDMSG;

属性 C:RECDAT;RECIND;SORDAT;SORIND。

定义:划分为0°~360°的用以指示测量方向的有刻度的圆。其0°指向可以是真北或磁北(IHO S-32,942)。

附注:该物标用于表示以图形方式给出所需的磁北和(或)真北所需的参数。

A.2.6.5 文本

缩写:$TEXTS

代码:504

属性 A:$CHARS;COLOUR;$JUSTH;$JUSTV;$NTXST;$SPACE;$TXSTR;

属性 B:INFORM;NINFOM;NTXTDS;PICREP;SCAMAX;SCAMIN;TXTDSC;UPDMSG;

属性 C:RECDAT;RECIND;SORDAT;SORIND。

定义:用某些制图符号表示的字符串。

附注:可以用于要求用特殊位置和显示特性以图形形式表示的所有字符串。文本的旋转和弯曲可以由相应的空间物标中的两个或多个 x、y 坐标对表示。

A.3 物标属性

A.3.1 物标属性格式

每个属性用如下标准格式指定,如果分项后没有进一步解释,则该项可省略:

a) 属性:属性名称。

b) 缩写词:属性的六字符代码。

c) 代码:数据编码的整数代码。

d) 属性类型:表示属性类型的单字符代码。

属性类型如下:

1) 枚举型(E):期望输入值从预定的属性值表中选择;

2) 列表型(L):期望输入值是从预定的属性值表中选出的一个或多个值。当用多于一个数值时,它们应用逗点分开,但在特殊情况时,也可用分隔符(/);

3) 若已知物标不同属性间存在相互依赖性,如桥梁(BRIDGE)的属性结构性质(NATCON)可以有混凝土与铁钢含义而属性颜色(COLOUR)有红与绿含义;即使已知桥梁的混凝土部分是红色而铁钢部分是绿色,但物标目录无法指出这种关系,则应在相应的产品规范中予以说明(见附录 B);

4) 浮点型(F):期望输入是具有限定范围、分辨率、单位和格式的浮点数值;

5) 整数型(I):期望输入是具有限定范围、单位和格式的整数值;

6) 编码字符串(A):期望输入是在指定格式中的 ASCII 字符串。信息按照规定的代码系统编码;

7) 任意字符型(S):期望输入是自由格式字母数字混合字符串。可以是正文或图形文件的文件名。

e) 期望输入:

根据属性类型期望输入按下列方法定义:

1) 对 E 和 L 类型属性,应给出带有相互关联、特殊规定和确切含义的一组标识号列表;

2) 对 A、F、I 和 S 类属性,期望输入与其类型定义相同。

如物标类别未知,则用零长度属性值编码,例如颜色 COLOUR ▽(其中▽为分区分隔符)。

f) 定义:属性的定义或在 E 或 L 属性类型情况下,每个属性值的定义。

g) 参考:给出的参考文献。

h) 最小值:浮点和整数类型属性期望输入的最小值。

i) 最大值:浮点和整数类型属性期望输入的最大值。

j) 备注:提供更进一步的说明和注释。

k) 根据不同属性类型,在标题项目中提供下列信息:

1) 说明:对字符串类型属性(S),说明字符串的组成;对整数(I)和浮点型(F)类型属性,说明输入的单位和分辨率;

2) 格式:指示推荐的标准输入样板。所有被认为需要强制性格式的属性由强制性术语(mandatory)表明。对于其他属性,格式或隐含在有效属性值定义域中,或随属性及其数据类型可变范围;

l) 示例:代码输入的例子。

A.3.2 物标属性列表

A.3.2.1 特征物标属性

特征物标属性列表见表 A.5。

表 A.5

代码	特征物标属性中文名称	特征物标属性英文名称	缩写
1	产品责任机构	Agency responsible for production	AGENCY
2	立标形状	Beacon shape	BCNSHP
3	建筑物形状	Building shape	BUISHP
4	浮标形状	Buoy shape	BOYSHP
5	埋置深度	Buried depth	BURDEP
6	呼叫信号	Call sign	CALSGN
7	机场类	Category of airport/airfield	CATAIR
8	锚地类	Category of anchorage	CATACH
9	桥梁类	Category of bridge	CATBRG
10	建筑物区类	Category of built-up area	CATBUA
11	电缆类	Category of cable	CATCBL
12	渠道类	Category of canal	CATCAN
13	方位标志类	Category of cardinal mark	CATCAM
14	检查站类	Category of checkpoint	CATCHP
16	控制点类	Category of control point	CATCTR
17	传送装置类	Category of conveyor	CATCON
18	有效作用范围类	Category of coverage	CATCOV
19	起重机类	Category of crane	CATCRN
20	水坝类	Category of dam	CATDAM
21	距离标志类	Category of distance mark	CATDIS
22	船坞区类	Category of dock	CATDOC

表 A.5(续)

代码	特征物标属性中文名称	特征物标属性英文名称	缩写
23	倾废场类	Category of dumping ground	CATDPG
24	栅栏类	Category of fenceline	CATFNC
25	渡口类	Category of ferry	CATFRY
26	捕鱼设备类	Category of fishing facility	CATFIF
27	雾号类	Category of fog signal	CATFOG
28	防御工事类	Category of fortified structure	CATFOR
29	门类	Category of gate	CATGAT
30	港口设施类	Category of harbour facility	CATHAF
31	报废船类	Category of hulk	CATHLK
33	设施浮标类	Category of installation buoy	CATINB
34	地面地带类	Category of land region	CATLND
35	陆标类	Category of landmark	CATLMK
36	侧面标志类	Category of lateral mark	CATLAM
37	灯标类	Category of light	CATLIT
39	军事演习区类	Category of military practice area	CATMPA
40	系泊绞缆设施类	Category of mooring/warping facility	CATMOR
41	导航线类	Category of navigation line	CATNAV
42	障碍物类	Category of obstruction	CATOBS
44	油障类	Category of oil barrier	CATOLB
45	桩类	Category of pile	CATPLE
46	引航员登船点类	Category of pilot boarding place	CATPIL
47	管道/导管类	Category of pipeline/pipe	CATPIP
48	生产区域类	Category of production area	CATPRA
49	桥塔类	Category of pylon	CATPYL
50	数据质量类	Category of quality of data	CATQUA
51	雷达站类	Category of radar station	CATRAS
52	雷达应答信标类	Category of radar transponder beacon	CATRTB
53	无线电台类	Category of radio station	CATROS
54	推荐航线类	Category of recommended track	CATTRK
55	救助站类	Category of rescue station	CATRSC
56	受限区域类	Category of restricted area	CATREA

表 A.5(续)

代码	特征物标属性中文名称	特征物标属性英文名称	缩写
57	道路类	Category of road	CATROD
58	跑道类	Category of runway	CATRUN
60	岸线建筑物类	Category of shoreline construction	CATSLC
61	交通信号站类	Category of signal station, traffic	CATSIT
62	告警信号站类	Category of signal station, warning	CATSIW
63	筒仓/罐类	Category of silo/tank	CATSIL
64	斜坡类	Category of slope	CATSLO
65	小型船用设施类	Category of small craft facility	CATSCF
66	专用标志类	Category of special purpose mark	CATSPM
67	分道通航制类	Category of traffic separation scheme	CATTSS
68	植被类	Category of vegetation	CATVEG
69	紊流类	Category of water turbulence	CATWAT
70	海草/巨型海藻类	Category of weed/kelp	CATWED
71	沉船类	Category of wreck	CATWRK
72	数据置信度区类	Category of zone of confidence in data	CATZOC
73	字符间距	Character spacing	$SPACE
74	字符说明	Character specification	$CHARS
75	颜色	Colour	COLOUR
76	彩色图案	Colour pattern	COLPAT
77	通信频道	Communication channel	COMCHA
78	罗经花尺寸	Compass size	$CSIZE
79	汇编日期	Compilation data	CPDATE
80	编辑比例尺	Compilation scale	CSCALE
81	状态	Condition	CONDTN
82	雷达可视	Conspicuous, radar	CONRAD
83	视觉可见	Conspicuous, visually	CONVIS
85	终止日期	Date end	DATEND
86	开始日期	Date start	DATSTA
87	深度范围值 1	Depth range value 1	DRVAL1
88	深度范围值 2	Dapth range value 2	DRVAL2
89	深度单位	Depth units	DUNITS
90	高度/海拔	Elevation	ELEVAT
91	预计传输范围	Estimated range of transmission	ESTRNG
92	灯质状态	Exhibition condition of light	EXCLIT
93	水深说明	Exposition of sounding	EXPSOU

表 A.5(续)

代码	特征物标属性中文名称	特征物标属性英文名称	缩写
94	功能	Function	FUNCTN
95	高度	Height	HEIGHT
96	高度/长度单位	Height/length units	HUNITS
97	水平精度	Horizontal accuracy	HORACC
98	水平净空	Horizontal clearance	HORCLR
99	水平长度	Horizontal length	HORLEN
100	水平宽度	Horizontal width	HORWID
101	冰况系数	Ice factor	ICEFAC
102	信息	Information	INFORM
103	管辖区域	Jurisdiction	JRSDTN
104	水平对齐	Justification-horizontal	$JUSTH
105	垂直对齐	Justification-vertical	$JUSTV
106	起重能力	Lifting capacity	LIFCAP
107	灯质	Light characteristic	LITCHR
108	灯标能见度	Light visibility	LITVIS
109	航行标志系统	Marks navigational-system of	MARSYS
110	灯光组	Multiplicity of lights	MLTYLT
111	国籍	Nationality	NATION
112	建筑结构性质	Nature of construction	NATCON
113	表面性质	Nature of surface	NATSUR
114	表面性质限定术语	Nature of surface qualifying terms	NATQUA
115	航海通告日期	Notice to mariners date	NMDATE
116	物标名称	Object name	OBJNAM
117	方位	Orientation	ORIENT
118	定期终止日期	Periodic date end	PEREND
119	定期开始日期	Periodic date start	PERSTA
120	图示显示	Pictorial representation	PICREP
121	引航区域	Pilot district	PILDST
122	生产国家	Producing country	PRCTRY
123	产品	Product	PRODCT
124	出版物参考	Publication reference	PUBREF
125	水深质量	Quality of sounding measurement	QUASOU
126	雷达波长	Radar wave length	RADWAL
127	半径	Radius	RADIUS
128	记录日期	Recording date	RECDAT

表 A.5(续)

代码	特征物标属性中文名称	特征物标属性英文名称	缩写
129	记录表示法	Recording indication	RECIND
130	磁差参考年份	Reference year for magnetic variation	RYRMGV
131	限制	Restriction	RESTRN
132	最大比例尺	Scale maximum	SCAMAX
133	最小比例尺	Scale minimum	SCAMIN
134	比例值 1	Scale value one	SCVAL1
135	比例值 2	Scale value two	SCVAL2
136	扇形界限 1	Sector limit one	SECTR1
137	扇形界限 2	Sector limit two	SECTR2
138	偏移参数	Shift parameters	SHIPAM
139	信号频率	Signal frequency	SIGFRQ
140	信号生成	Signal generation	SIGGEN
141	信号组	Signal group	SIGGRP
142	信号周期	Signal period	SIGPER
143	信号时序	Signal sequence	SIGSEQ
144	水深精度	Sounding accuracy	SOUACC
145	最大测深间距	Sounding distance-maximum	SDISMX
146	最小测深间距	Sounding distance-minimum	SDISMN
147	数据来源日期	Source date	SORDAT
148	数据来源表示	Source indication	SORIND
149	状况	Status	STATUS
150	测量机构	Survey authority	SURATH
151	测量结束日期	Survey date-end	SUREND
152	测量开始日期	Survey dae-start	SURSTA
153	测量类型	Survey type	SURTYP
154	符号缩放系数	Symbol scaling factor	$SCALE
155	符号代码	Symbolization code	$SCODE
156	水深测量技术	Technique of sounding measurement	TECSOU
157	正文串	Text string	$TXSTR
158	正文描述	Textual description	TXTDSC
170	色调	Tint	$TINTS
171	顶标/昼标形状	Topmark/daymark shape	TOPSHP
172	交通流	Traffic flow	TRAFIC
173	磁差年变率	Value of annual change in magnetic variation	VALACM
174	等深线值	Value of depth contour	VALDCO

表 A.5(续)

代码	特征物标属性中文名称	特征物标属性英文名称	缩写
175	局部地磁力异常值	Value of local magnetic anomaly	VALLMA
176	磁差值	Value of magnetic variation	VALMAG
177	最大作用距离	Value of maximum range	VALMXR
178	标定作用距离	Value of nominal range	VALNMR
179	水深值	Value of sounding	VALSOU
180	垂直精度	Vertical accuracy	VERACC
181	竖向净空	Vertical clearance	VERCLR
182	封闭竖向净空	Vertical clearance,closed	VERCCL
183	开启竖向净空	Vertical clearance,open	VERCOP
184	安全竖向净空	Vertical clearance safe	VERCSA
185	垂直基准面	Vertical datum	VERDAT
186	垂直高度	Vertical length	VERLEN
187	水位效应	Water level effect	WATLEV
189	位置精度单位	Positional accuracy units	PUNITS
17065	供给船可用性	Bunker vessel, availability	BUNVES
17067	供给站类	Category of bunker station	CATBUN
17069	通信类	Category of communication	CATCOM
17055	危险货物类	Class of dangerous cargo	CLSDNG
17073	通信	Communication	COMCTN
17056	冲击方向	Direction of impact	DIRIMP
17076	转载货物	Transshipping goods	TRSHGD
30000	更新信息	Update message	UPDMSG
26001	岸线类	Category of bank	CATBNK
26002	停泊区类	Category of berth	CATBRT
26003	跨江建筑物类	Category of bestraddle river construction	CATBTR
26004	淡水养殖场类	Category of fresh fame	CATFFA
26005	港航管理机构类	Category of harbor administration	CATHAB
26006	船闸航道类	Category of lock basin route	CATLCB
26007	水文测量设备类	Category of water measure conservancy	CATMEA
26008	整治建筑物类	Category of regulation construction	CATREG
26009	江区类	Category of river area	CATRIV
26010	江上平台类	Category of offriver platform	CATORP
26011	升船机类	Category of ship lift	CATSLF
26012	水利设备类	Category of water conservancy	CATWCN
26013	滩险类	Category of shoal and rapids	CATSHL
26014	趸船类	Category of wharfboat	CATWBT
26015	最大测点间距	Sounding point distance-maximum	SPDMAX

A.3.2.2 国家语言属性

国家语言属性列表见表 A.6。

表 A.6

代码	特征物标属性中文名称	特征物标属性英文名称	缩写
300	用国家语言表示的信息	Information in national language	NINFOM
301	用国家语言表示的物标名称	Object name in national language	NOBJNM
302	用国家语言表示的引航区	Polit district in national language	NPLDST
303	用国家语言表示的文本串	Text string in national language	$NTXST
304	用国家语言表示的正文	Textual description in national language	NTXTDS

A.3.2.3 空间和元物标属性

空间和元物标属性列表见表 A.7。

表 A.7

代码	空间和元物标属性中文名称	空间和元物标属性英文名称	缩写
400	水平基准面	Horizontal datum	HORDAT
401	位置精度	Positional accuracy	POSACC
402	位置性质	Quality of position	QUAPOS

A.3.3 特征物标属性

A.3.3.1 产品责任机构

缩写:AGENCY

代码:1

类型:A

定义:本属性认定生产数据的机构或代理。

说明:机构从 ISO3166 得到字母代码进行编码。

格式:C2(强制)。

A.3.3.2 立标形状

缩写:BCNSHP

代码:2

类型:E

期望输入:见表 A.8。

表 A.8

标识号	含　义	INT 1	M-4	定　义
1	桩、杆、秆、竿、柱	IQ 90	456.1	一根细长的木材或金属杆,底部埋入地下用做航标或航标支座(IHO S-32,4960)
2	柳条	IQ 92	456.1	无根的树木插入或埋入江底作为航标用
3	立标塔	IQ 110	456.4	高 10m 级的坚固结构物航标
4	格状立标	IQ111	456.4	由条形金属或木材组成十字形或交织形的建造物,用做航标或航标支座
5	大立标			高大又沉重的木材或钢质、木质、水泥等型材打入江底用做航标或航标支座(IHO,S-32,3840)

表 A.8(续)

标识号	含　义	INT 1	M-4	定　义
6	堆石标	IQ 100	456.2	专为助航而垒起的一个石堆，通常是圆锥体或角锥形体(IHO S-32,601)
7	浮动立标		459.1	带有永久浸没在水中浮室的高大似船桅的立标，立标浮体底端柔性联结在或用锚链系在江底

备注：立标形状描述立标的几何形状特征。

A.3.3.3　建筑物形状

缩写：BUISHP

代码：3

类型：E

期望输入：见表 A.9。

表 A.9

标识号	含　义	INT 1	M-4	定　义
5	高层建筑			多楼层的建筑物
6	角锥形			一种多面体，其一面是多边形，其他面为共顶角的三角形
7	圆柱形			形似圆柱的实心几何体，由方向固定的直线并以其中一点绘出的封闭曲线，特别是圆所形成的
8	球形			形似圆球，是从中心到表面所有点等距的物体
9	立方体形			六面为相等正方形；正六面体

备注：属性建筑物形状编码某些建筑物的特殊形状。值 2、3 和 4(塔、塔尖和圆顶/穹顶)被移到陆标属性类(CATLMK)中。

A.3.3.4　浮标形状

缩写：BOYSHP

代码：4

类型：E

期望输入：见表 A.10。

表 A.10

标识号	含　义	INT 1	M-4	定　义
1	锥形(纺锤形、尖顶式形)	IQ 20	462.2	水线以上浮体的上部，或高大结构物的顶端具有近似于尖端向上的尖顶圆锥形状或外观
2	罐形(圆柱形)	IQ 21	462.3	具有圆柱形状水线以上浮体的上部，或高大结构物的顶端，或平面端在上近似于圆柱体的截锥体
3	球形	IQ 22	462.4	水线以上浮体的上部，或高大结构物的顶端具有球体形状
4	标柱形	IQ 23	462.5	水线以上浮体的上部，或高大结构物的顶端是狭窄的垂直结构、标柱形或网络结构塔架
5	椽子形	IQ 24	462.6	水线以上浮体的上部，或高大结构物的顶端具有杆的形状，或具有非常长的圆柱体形状，直立浮动

表 A.10(续)

标识号	含义	INT 1	M-4	定义
6	圆桶形(大桶)	IQ 25	462.7	水线以上浮体的上部,或高大结构物的顶端具有圆桶状或圆柱形状,横向浮动
7	超级浮标	IQ 26	462.9	一般直径大于5m的特大浮标
8	标志船			

备注:主要的形状均由国际航标协会(IALA)系统中推荐。

A.3.3.5 埋置深度

缩写:BURDEP

代码:5

类型:F

定义:物标埋置在江床以下的深度。

参考:INT1:IL 42,M-4:A 44.5;

最小值:0

A.3.3.6 呼叫信号

缩写:CALSGN

代码:6

类型:S

定义:无线电台的指定呼叫信号。

A.3.3.7 机场类

缩写:CATAIR

代码:7

类型:L

期望输入:见表 A.11。

表 A.11

标识号	含义	INT 1	M-4	定义
1	军用机场			大型军用机场通常设有指挥塔、飞机库及能容纳和释放旅客和货物的设备
2	民用机场			大型机场通常设有指挥塔、飞机库以及能容纳和释放旅客和货物的设备
3	军用直升机机场			由军队控制的直升机降落场所
4	民用直升机机场			直升机降落场所,通常在建筑物的顶上
5	滑翔机机场			为滑翔机的起降划出的地域
6	小型飞机机场			为小型飞机的起降划出的地域
8	应急机场			为飞机或直升机应急起降划出的地域

A.3.3.8 锚地类

缩写:CATACH

代码:8

类型:L

期望输入:见表 A.12。

表 A.12

标识号	含　义	INT 1	M-4	定　义
1	无限制的锚地	IN 12.4	431.3	船舶锚泊或可以锚泊的区域(IHO S-32,130)
2	深水锚地	IN 12.5	431.3	深吃水船舶锚泊或可以锚泊的区域
3	油轮锚地	IN 12.7	431.3	油轮锚泊或可以锚泊的区域
4	易爆物锚地	IN 12.7	431.3	为装卸爆炸物安排的船舶锚泊区域(IHO S-32,1732)
5	检疫锚地	IN 12.8	431.3	满足检疫规则的船舶锚泊所在区域(IHO S-32,4117)
6	海上飞机锚地	IN 14	449.6	海上飞机锚泊或可以锚泊的区域
7	小型船锚地			游艇或小型船锚泊或可以锚泊的区域
8	小型船系泊区	IQ 44	431.7	游艇和小型船停泊的区域
9	当日锚地(24h)	IN 12.6	431.2	在 24h 内船舶停泊或可以停泊的区域
10	限定时间周期的锚地			对船舶锚泊有时间周期限制而非特定时间限制的区域
11	拖轮锚地			
12	非拖轮锚地			
13	非危险货锚地			
14	临时抛锚区			

A.3.3.9　桥梁类

缩写:CATBRG

代码:9

类型:L

期望输入:见表 A.13。

表 A.13

标识号	含　义	INT 1	M-4	定　义
1	永固式桥	ID 22	381.1	桥梁具有持久的水平和垂直排列
2	敞空式桥	ID 23.1	381.3	当用于陆路交通时,桥梁是闭合的;当其下允许船舶通过时,桥梁是开启的。现代的敞空式桥(移动式的)均为开合式、垂直起吊式或平旋式
3	平旋式桥	ID 23.2	381.3	绕垂直轴水平转动让出空间使船舶通过的可移动桥(或桥距)
4	吊桥	ID 23.3	381.3	移动式桥(或它的跨距),能被垂直吊起以使船舶从下面通过(IHO S-32,5-47)
5	开合桥	ID 23.4	381.3	配重桥,在垂直平面内围绕一端或两端中心轴转动,也称平衡桥(IHO S-32,545)
6	浮桥	ID 23.5	381.3	固定的浮桥,由许多浮筒支托
7	牵引桥	ID 23.6	381.3	部分或全部跨距,可以提升或拉向一边以供船舶通过的桥梁的通称(IHO S-32,546)

表 A.13(续)

标识号	含　义	INT 1	M-4	定　义
8	传送带桥	ID 24	381.2	水道的两侧有用大梁系统连接的塔架桥梁,在其上运行车辆
9	步行桥			仅用于人行交通的桥
10	高架桥			由一系列横梁、跨索或大梁(钢质、木质或混凝土的)支托在塔架或桥墩上的长桥,用于承载道路、铁路等
11	水道桥			用于支承引排水的人造架高渠道的桥
12	悬索桥			固定式桥或有车行道或桁架。该桥悬挂在两根或更多钢缆上,钢缆通过塔架由后牵索紧固在坚实的基础上
13	过街天桥			市区内横过街道的人行天桥
14	天桥			横跨轨道的桥型建筑物
15	铁路桥			
16	公路桥			
17	双层桥			
18	铁索桥			只用铁索构成的桥,上铺木板供行人和车辆通行
19	亭桥			一端带有亭子的桥梁
20	涵洞			铁路、公路路基下的过水建筑物

A.3.3.10　建筑物区类

缩写:CATBUA

代码:10

类型:E

期望输入:见表 A.14。

表 A.14

标识号	含　义	INT 1	M-4	定　义
1	市区	ID 1	370.3-4	主要由人造建筑物占有的区域,用于住宅、商业和工业目的
2	住宅区	ID 2,3	370.5,7	在远方地区的小规模住所群
3	村庄	ID 4	370.6	通常指小于市镇在农村地区的房屋群
4	市镇			比村庄大,但又构不成城市的具有相当住宅和其他建筑物群的地方
5	都市			大型的市镇,由大量永久性的公众居住并具有所有必需的服务设施
6	度假村			较小住房群(农舍、汽车家庭等),主要以季节性居住为基础

A.3.3.11　电缆类

缩写:CATCBL

代码:11

类型:E

期望输入:见表 A.15。

表 A.15

标识号	含　义	INT 1	M-4	定　义
1	电力线	ID 26;IL 31.1	382.1	用于供电的电缆
3	传输线			多根不绝缘的缆线,通常用钢质网络塔架支托。这些特征一般比正常的电力线更加明显
4	电话线	ID 27	382.2	传输电话信号的电缆
5	电报线	ID 27	382.2	传输电报信号的电缆
6	系缆/链			用于扣紧系泊浮标或其他浮动结构的缆索或链条
7	光缆			光导纤维是一种传输光束的细微而柔韧的媒质。光导纤维电缆由一捆纤维组成,简称为光缆

A.3.3.12　渠道类

缩写:CATCAN

代码:12

类型:E

期望输入:见表 A.16。

表 A.16

标识号	含　义	INT 1	M-4	定　义
1	运输			用于航行作为运输系统的一部分的水道
2	下水道			用于排放围绕地面过量水的水道
3	灌溉			用于灌溉目的的渠道
4	取水口			

A.3.3.13　方位标志类

缩写:CATCAM

代码:13

类型:E

期望输入:见表 A.17。

表 A.17

标识号	含　义	INT 1	M-4	定　义
1	北方位标	IQ 130.3		四象限(北、东、南和西)以真方位 NW-NE、NE-SE、SE-SW、SW-NW 为界,方位标志是按其所在象限而命名的。方位标志的名称表明应从标志的名称一侧通过
2	东方位标	IQ 130.3		
3	南方位标	IQ 130.3		
4	西方位标	IQ 130.3		

备注:方位标志没有特殊的形状,但通常是柱状或杆状的。它们总是涂有黄黑相间的横纹,其显著的双锥形顶标总是黑色的(这种顶标均编码为独立的 TOPMAR 物标)。方位标志也可有闪白光专用系统。如果装有这种灯光,则应编码为独立的 LIGHTS 物标。

A.3.3.14　检查站类

缩写:CATCHP

代码:14

类型:E

期望输入:见表 A.18。

表 A.18

标识号	含　义	INT 1	M-4	定　义
1	海关			一种办公机构,特别在各港口,实施征收或管理关税

A.3.3.15 控制点类

缩写:CATCTR

代码: 16

类型:E

期望输入:见表 A.19。

表 A.19

标识号	含　义	INT 1	M-4	定　义
1	三角点			地面上多次有效的点,其地理坐标已用大地测量仪器以测角法确定。三角点是一被选定的点,已被标定为测点标志,或者它是显著的自然或人造的物标,也可称三角测点或三角网测点(IHO S-32,5546)
2	观测点			测量员使用天文学的方法确定精确位置的点(IHO S-32)
3	固定点			位置被精确确定并被标绘出的点(IHO S-32)
4	基准点			一个永久的、稳定的物标含有相对于某基准的已知标高,用做潮汐观察的参考平面或用做水准测量的控制点(IHO S-32,462)
5	界标			区别已勘测边界线位置的标志(IHO S-32,462)
6	水平控制,主测点			永久标定控制点网络中的测点。这些标定点的地理位置的建立使之具有第三等级或更高的精度
7	水平控制,副测点			区域性的控制点网络中的测点,用于岸线标绘图、水深标志、视距测量工作等。其地理位置可以建成比主要控制点稍低等级
8	小三角点			一、二级小三角点
9	推方位点			
10	图根点			在等级点下加密的三角点和导线点
11	辅助点			航道测量中用于测量控制的辅助坐标点
12	导线点			
13	GPS 控制点			利用 GPS 确定的等级控制系统
14	水准点			在高程控制测量时埋设的高程控制点标志
15	细部坐标点			用于描述被测量物体细部特征的坐标点
16	测流断面点			测流垂线点的位置
17	大断面方向点			水文大断面在岸上的方向桩
18	比降点			
19	坐标网格点			图上每隔 100mm 绘出的坐标网线交叉点,图廓线上的坐标网线

A.3.3.16 传送装置类

缩写:CATCON

代码:17

类型:E

期望输入:见表 A.20。

表 A.20

标识号	含　义	INT 1	M-4	定　义
1	架空缆索(电话的)	ID 25	382.3	通过高架的缆索支托的吊桶或缆车等方法输送物资或人员的传送设备
2	输送带			通过移动带方法输送物资或人员的传送设备

A.3.3.17 有效作用范围类

缩写:CATCOV

代码:18

类型:E

期望输入:见表 A.21。

表 A.21

标识号	含　义	INT 1	M-4	定　义
1	有效作用范围			空间物标的连续作用范围区域
2	无有效作用范围			不含有空间物标的区域

A.3.3.18 起重机类

缩写:CATCRN

代码:19

类型:E

期望输入:见表 A.22。

表 A.22

标识号	含　义	INT 1	M-4	定　义
2	集装箱起重机/门吊	IF 53.2	328.3	高速、岸基起重机,用于特殊结构的集装箱的吊起吊落操作
3	人字起重架	IF 53.3	328.3	一种三角架结构,用于在船坞和港内固定桅杆或船上装卸重物
4	移动式起重机	IF 53.1	328.3	安装在铁轨(轨道)上,为装卸货物且能移动的起重机,通常平行于码头工作面
5	A 形框架			一种形似 A 的起重机。它们通常设在河堤或岸边用于从车上吊起圆木放入水中(CHS)
6	龙门吊			有架空轨道的起重机/地面上有轨道的起重机
7	天吊			有架空轨道的起重机/地面上有轨道的起重机
8	浮吊			载有起重机的浮动平台,它可以在港口内移至任何需要的地方,或是靠泊,或是移到锚地使货物转船

A.3.3.19 水坝类

缩写:CATDAM

代码:20

类型:E

期望输入:见表 A.23。

表 A.23

标识号	含义	INT 1	M-4	定义
1	堰	IF 44	364.2	竖立跨越河流的堰以升高水位。在河中或沿着岸边设置的栅柱篱笆用于捕鱼。该词目前限于较小的工事,较大的均称坝(IHO S-32,5967)
2	坝	IF 43	326.7	阻止或限制任何事物运动的障碍物;特别是为阻止水并提高水位形成水库或防止洪水所建(IHO S-32,1196)
3	防洪闸			跨越航道开启式的水闸。当需要时,将其关闭以控制洪水
4	滚水坝			为提高水位横截河流而建的一种堤坝式建筑物

A.3.3.20 距离标志类

缩写:CATDIS

代码:21

类型:E

期望输入:见表 A.24。

表 A.24

标识号	含义	INT 1	M-4	定义
1	无实物距离标志	IF 40		这样的点,该点给出从原点沿着地形到该点距离的信息,但在该点不存在特定的标志
2	杆形可视标志	IF 40		从起始点沿着已知地形到某点的距离信息已知,并用杆形标志标记该点
3	板形可视标志	IF 40		从起始点沿着已知地形到某点的距离信息已知,并用板形标志标记该点
4	形状不定可视标志	IF 40		从起始点沿着已知地形到某点的距离已知并在该点实际标示,但标志的形状未知或未给出

A.3.3.21 船坞区类

缩写:CATDOC

代码:22

类型:E

期望输入:见表 A.25。

表 A.25

标识号	含义	INT 1	M-4	定义
1	潮汐型	IF 28	326.4	通海的船坞,坞中的水平面受潮汐的影响
2	非潮汐型(湿坞)	IF 27	326.3	可以根据需要关闭坞门使坞内保持任何水位的船坞(IHO S-32,1429)

A.3.3.22 倾废场类

缩写:CATDPG

代码:23

类型:L

期望输入:见表 A.26。

表 A.26

标识号	含　义	INT 1	M-4	定　义
2	化学品废物倾倒场	IN 24	442.1-3	江上倾倒化学废品的区域
3	核废物倾倒场			江上倾倒核废品的区域
4	爆炸废物倾倒场	IN 23.1-2	442.1-3	江上倾倒爆炸废物的区域
5	抛泥场	IN 62.1-2	446.1-2	江上倾倒疏浚物质的区域(也称为倾废场)
6	船舶抛弃场			废弃船舶沉船的江上区域

A.3.3.23 栅栏类

缩写:CATFNC

代码:24

类型:E

期望输入:见表 A.27。

表 A.27

标识号	含　义	INT 1	M-4	定　义
1	栅栏			人造障碍物用于外围或边界线或保护用途
3	树篱			连续生长的灌木丛植物作为栅栏、界线或防风墙
4	砖墙			由砖石或石块建筑成的栅栏
5	长城及砖石城墙 城门和城楼			
6	土城墙			
7	栏杆			各种类型、材质的栏杆
8	铁丝网			
9	污水箅子			街道旁的污水箅子

A.3.3.24 渡口类

缩写:CATFRY

代码:25

类型:E

期望输入:见表 A.28。

表 A.28

标识号	含　义	INT 1	M-4	定　义
1	自由轮渡	IM 50	438.1	可以划定航线的轮渡,随气候、潮汐和交通而变化(IHO M-4)
2	缆渡	IM 51	438.2	由缆索引导的固定航线轮渡(IHO M-4)
3	火车轮渡			火车凭借巨型渡轮,将整列车厢运过江河湖海
4	汽车轮渡			
5	人渡			

备注:属性渡口类不是编码渡船的种类,而是渡船的运用性种类。缆度是指渡船跟随着缆索引导的固定航线行驶。缆渡可能阻碍其他交通流。

A.3.3.25 捕鱼设备类

缩写:CATFIF

代码:26

类型:E

期望输入:见表 A.29。

表 A.29

标识号	含 义	INT 1	M-4	定 义
1	鱼栅	IK 44.1	447.1	杆或栅置于浅水中以标示捕鱼场或用以捕鱼(IHO S-32,1818)
2	渔网	IK 44.2;45	447.2-3	一种捕鱼装置(通常是可移动的)(IHO S-32,1819)
3	渔梁	IK 44.2	447.2	桩或碎石的栅栏设置在河里或岸边用于捕鱼(IHO S-32,5967)

A.3.3.26 雾号类

缩写:CATFOG

代码:27

类型:E

期望输入:见表 A.30。

表 A.30

标识号	含 义	INT 1	M-4	定 义
1	爆响雾笛	IR 10	452.1	引发爆炸性弹药产生的信号
2	低音雾笛	IR 11	452.2	用压缩空气通常发出强有力的低音的雾笛,往往以突然降低的短暂声音结束,称作哼哼声
3	雾笛	IR 12	452.3	雾笛使用压缩空气并有各种不同的类型,它们的音调和功率存在显著的差别
4	电雾笛	IR 13	452.4	通过电气振动膜片发音的雾笛(IHO S-32,3371)
5	舌簧笛	IR 13	452.4	舌簧笛用压缩空气发出微弱的高音
6	汽笛	IR 13	452.4	在压缩空气或蒸汽作用下的号角膜片发声(IHO S-32,5717)
7	雾钟	IR 14	452.5	短程振铃声。该器具可以自动、手动或波动操作
8	雾哨	IR 15	452.6	由空气通过孔径的喷射产生特殊的声音。该器具可以自动、手动或以波浪作用在浮标上使空气强加于管中而启动
9	雾锣	IR 16	452.7	当敲击时圆片振动而产生声音。该器具可以自动、手动或波动操作
10	号角	IR 13	452.4	号角是用压缩空气或电气振动膜片发声,存在着不同的类型,它们的声调和功率有显著的区别

备注:属性雾号类编码各种产生信号的方式。号角是电雾笛、舌簧笛和汽笛的通用术语。

A.3.3.27 防御工事类

缩写:CATFOR

代码:28

类型:E

期望输入:见表 A.31。

表 A.31

标识号	含　义	INT 1	M-4	定　义
1	城堡	IE 34.2	379.1-2	大型防御建筑物或结构
2	堡垒	IE 34.1	379.1-2	能防御敌人的加强型围墙建筑物或地点
3	炮台	IE 34.3	379.2	加强型结构,在其上装有大炮
4	碉堡	IE 34.2	379.1-2	加固的水泥结构以防御敌人的炮火,具有壁孔供射击之用
5	马铁罗塔			防御的圆形堡垒
6	多面堡			简易外围工事或野战工事,通常是方形或多边形且无侧翼防御
7	旧碉堡			
8	旧地堡			

A.3.3.28 门类

缩写:CATGAT

代码:29

类型:E

期望输入:见表 A.32。

表 A.32

标识号	含　义	INT 1	M-4	定　义
2	防洪闸	IF 43	326.7	用于控制洪水的开敞闸门
3	坞门	IF 42	326.5	用于关闭船闸、湿和干坞入口的钢结构物(IHO S-32,602)
4	闸门	IF 41.1-2	326.6	在船闸两端巨大而笨重的绞式闸门(IHO S-32,2882)
5	堤坝闸门			在堤坝上开敞的闸门
6	水闸			
7	分水闸			
8	进水闸			
9	节制闸			
10	挡潮闸			
11	水闸房屋			

A.3.3.29 港口设施类

缩写:CATHAF

代码:30

类型:L

期望输入:见表 A.33。

表 A.33

标识号	含　义	INT 1	M-4	定　义
1	滚装码头	IF 50	321.5	用于滚装轮渡的码头
3	渡轮码头			用于旅客和车辆轮渡的码头
4	渔港	IF 10	320.1	具有渔船设备的港口
5	游艇码头/小船停泊区	IU 1.1	320.2	具有小船和游艇设备的港口(IHO S-32,5343)
6	海军基地			海军艇船控制中心
7	油码头			散装液体货物装卸码头
8	客运码头			装运和卸载旅客的码头
9	船厂			建造或修理船舶的场所(IHO S-32,4686)
10	集装箱码头			集装箱船舶的码头
11	散货码头			装卸散货诸如铁矿石、煤等的码头
12	航道码头			
13	海事码头			
14	公安码头			
15	航道基			

备注:值 2(储木场)已被移到产品类属性(CATPRA)。

A.3.3.30　报废船类

缩写:CATHLK

代码:31

类型:L

期望输入:见表 A.34。

表 A.34

标识号	含　义	INT 1	M-4	定　义
1	水上饭店			永久锚泊的浮动结构物,诸如旧船,用作饭店
2	历史古船			有历史意义的船舶,永久锚泊作为旅游的吸引力
3	博物馆			永久锚泊的浮动结构物,诸如旧船,用作博物馆
4	膳宿供应			永久锚泊的浮动结构物,诸如旧船,用于膳宿供应
5	浮动防波堤			永久锚泊的浮动结构物,通常是由旧船改建的,用作防波堤

A.3.3.31　设施浮标类

缩写:CATINB

代码:33

类型:E

期望输入:见表 A.35。

表 A.35

标识号	含　义	INT 1	M-4	定　义
1	悬链锚泊(CALM)	IL 16	445.4	用器具或更多的锚系泊一个大型浮筒使其始终浮在水面上。系泊缆索和货油软管从位于浮标上的转盘引出,当船舶随风和流摇摆时,该浮标不会翻转
2	单浮筒系泊(SBM 或 SPM)	IL 16	445.4	在港内入口处或海上油、气田处油轮装卸的系泊结构物。结构物的大小能界于大型系泊浮筒与有人操作浮动结构物之间,也称作单点系泊(SPM)(IHO S-32)

A.3.3.32　地面地带类

缩写:CATLND

代码:34

类型:L

期望输入:见表 A.36。

表 A.36

标识号	含　义	INT 1	M-4	定　义
1	沼地			泥沼地的一种,特别是低洼区,全部或部分为水所覆盖并主要生长似草植物、青草、薹属植物、芦苇
2	湿地	IC 33	312.2	潮湿地区,受到频繁的洪水或潮水淹没,经常呈海绵状的土地,但并非总是淹在水下。其特点是生长非木质的植物和没有树
3	泽地/泥沼地			含有腐烂植物的潮湿呈海绵状地面,含有死水(呆滞水),软得不能承受任何重物(IHO S-32,504)
4	荒地			一片未开垦的荒原,泥炭地通常被低矮的杂树丛覆盖着,但可能有散布着的小的开口水眼
5	山脉区			一系列毗邻的和排列有序的山脉或山岭
6	低洼地			比毗邻地区高度更低的相对平坦的低地
7	峡谷地			相对狭窄、边缘陡峭、深沉的凹地,其底通常有一连续的斜坡(IHO S-32,638)
8	稻田			一片种植作物的土地,周期性用水淹没(例如水稻田)
9	农业用地			用于土壤耕作、家畜繁殖等的区域,而一般是耕作
10	大草原/大草地			相对平坦的自然放牧的大片区域
11	公园			为增添光彩或消遣,或维持其自然状态作为公共财产或地区的一片土地
12	沼泽地	IC 33	312.2	浸透了水呈海绵状的地面。这里可能有浅水覆盖,通常有大量的植物呈现在表面上(IHO S-32,2646)
13	塌方			大量泥土从山上或悬崖边滑下,已经这样落下的泥土(IHO S-32,2646)

表 A.36(续)

标识号	含　义	INT 1	M-4	定　义
14	熔岩流	IC 26	355	由岩石浆冷却后所形成的物质(IHO S-32,2680)
15	盐田	IC 24	353.7	用于自然蒸发海水以得盐的盐水池(IHO S-32,4494)
16	冰堆石			由冰川堆积起来的聚集松散物质
17	火山口			盆状的空穴,在火山顶或火山边(IHO S-32,1115)。也可以是由陨石冲击所形成的空穴
18	岩洞			自然的地下洞室或洞室系列通向地球表面
19	岩石柱或尖峰			单独的或达到顶点的任何高塔型或尖顶型岩石(IHO S-32,3852)
20	珊瑚礁			
21	坑穴			地表凹下部分,坑口有较明显的边缘
22	台田			又称砤田,是土壤盐、碱成分较重的地区,挖成排碱沟渠的农田
23	沙地			
24	沙砾地、戈壁滩			沙和砾石混合分布的沙砾地
25	小草丘地			长有草类或灌木的小丘成群分布的地区
26	龟裂地			表面土质为黏土的低洼地段,干燥后龟裂成坚硬的块状地区

备注:地面地带类属性编码描述地貌的一般术语。

A.3.3.33　陆标类

缩写:CATLMK

代码:35

类型:L

期望输入:见表 A.37。

表 A.37

标识号	含　义	INT 1	M-4	定　义
1	堆石标	IQ 100	456.2	通常是圆锥形或角锥形堆起的石丘作为陆标或指定为测量中的重要参考点(IHO S-32,601)
2	墓地	IE 19	373.6	埋葬死人的区域
3	烟囱	IE 22	374.1	垂直的结构物,为排出烟和气体的通道或管道(摘要)
4	盘形天线	IE 31	375.4	为接收和传送无线电高频信号的抛物面天线(IHO S-32,1400)
5	旗杆(旗竿)	IE 27	374.1	升起旗帜的杆或竿
6	废气燃烧烟道	IE 23,IL 11	374.1,445.6	用于燃烧废油或气体的高大结构物,位于炼油厂并能看到火焰(IHO S-32,1836)

表 A.37(续)

标识号	含　义	INT 1	M-4	定　义
7	桅杆			笔直竖立的木材或空心的圆柱体
8	风向标	IE 24	374.4	安装得使它能随风摆动以指示风向
9	纪念碑			竖立或保存的建筑物作为对某人或某事的纪念
10	圆柱(柱状物)			圆柱形的或略有锥度的物体,垂直竖立,长度比直径大得多
11	装饰纪念牌			一个金属板块,通常是装饰品,为纪念某人或某事而竖立的纪念牌
12	方尖柱碑			通常是石块或水泥的有锥度的杆,断面为方形或长方形具有角锥形的顶端
13	雕像			用大理石或铜等做成的人、动物或幻想的形象
14	十字架	IE 12		十字架形的墓碑或结构物
15	圆顶	IE 30.4	487.3	圆顶状结构物,用于保护雷达装置的天线
16	雷达天线	IE 30.3	487.3	通过一种搜索方式引导雷达波束的装置
17	塔	IE 20	374.3	相当高的结构物,可以用作观测、支架、储藏或通信等
18	风车	IE 25.1-2	374.5	连接在塔状建筑物上的风力驱动的叶片系统(不包括风力发电装置)
19	风力发动机	IE 26	374.6	使用风动力的现代化结构物
20	塔尖/ 伊斯兰教教寺	IE 10.3,17		高大的圆锥形或角锥形的结构物,通常建于屋顶上或塔形建筑物上,特别在教堂或伊斯兰教教寺
21	陆地上的 大岩石或巨石			
22	水塔烟囱			烟囱同时建有贮水部分
23	地下建筑物的 地表入口			地铁地道及防空洞等
24	地下建筑物的天窗			
25	烽火台			古代遗留的燃烧烟火的高台建筑物
26	水井			各种水井:自流井、温泉井、咸水井、苦水井
27	泉			
28	钻孔			机钻探的孔位
29	道路中桩点			设计放样的固定桩
30	避雷针			指独立的避雷针,建筑物上的不表示
31	石垄			人工堆积而成狭长石圈
32	土堆			
33	坡度标			路旁或堤上表示坡度的标志
34	路标			指示道路通达情况
35	指路牌			
36	瞭望台			
37	防汛亭台			

A.3.3.34 侧面标志类

缩写:CATLAM

代码:36

类型:E

期望输入:见表 A.38。

表 A.38

标识号	含 义	INT 1	M-4	定 义
1	左侧标	IQ 91-92,130.1	456.	标示航道左边界或按浮标系统的常规走向行驶时的建议航线
2	右侧标	IQ 91-92,130.1	456.1	标示航道右边界或按浮标系统的常规走向行驶时的建议航向
3	推荐航道左侧标	IQ 130.1		设在航道分岔处,当进入浮标系统的常规走向时,推荐航道或主航路是由改型的左侧标标示
4	推荐航道右侧标	IQ 130.1		设在航道分岔处,当进入浮标系统的常规走向时,推荐航道或主航路是由改型的右侧标标示
5	界限浮标			

备注:国际浮标系统分两区——A 和 B,它们的侧面标志是不同的。浮标系统区是用独立的属性(MARSYS)编码的。当这些标志安装顶标、反射器和/或灯光时,应以单独物标编码。

A.3.3.35 灯标类

缩写:CATLIT

代码:37

类型:L

期望输入:见表 A.39。

表 A.39

标识号	含 义	INT 1	M-4	定 义
1	指向灯	IP 30.1-3	475.7	灯标在很狭窄角度的扇形区发光,旨在标示应遵循的方向(IHO S-32,2778)
4	导向灯	IP 20.1-3	475.6	一座灯标与另一座灯标合并使用以形成应遵从的航行线(IHO S-32,2794)
5	航空灯	IP 60	476.1	航空灯是为航空导航而设置的,它比一般航海灯标功率大,在远离海岸处可看到(IHO M-4 476.1)
6	航空障碍灯	IP 61	476.2	标示对航空有危险的障碍物的灯标(IHO S-32,2769)
7	探雾灯	IP 62	477	用于自动确定能见度状况的灯标,保证音响信号的开启或关闭(IHO S-32,1885)
8	泛光灯	IP 63	478.2	为一宽光束灯,用于照明建筑物或某一区域
9	条形灯	IP 64	478.5	指光源为长条形的灯标,一般为横向,长度可达几米(IHO M-4 478.5)
10	辅灯	IP 42	471.8	设在主灯支柱上或其附近的辅助灯,在航海中有特定的用途(ALRS)

表 A.39(续)

标识号	含　义	INT 1	M-4	定　义
11	聚光灯			强有力的灯光能集中照明一个小的区域
12	前灯			这些术语用于号灯,描述从海上观察到的灯标在导标上的位置
13	后灯			这些术语用于号灯,描述从海上观察到的灯标在导标上的位置
14	低灯			这些术语用于号灯,描述从海上观察到的灯标在导标上的位置
15	高灯			这些术语用于号灯,描述从海上观察到的灯标在导标上的位置
16	波纹作用灯	IP 31	475.8	一种短射程型的定向灯(最远达2km)。钠光灯在屏幕上呈现黄底色,处在中心线上的观察者能从屏幕上看到一条垂直的黑线(IHO M-4 475.8)
17	应急灯			一种可作为主灯的备用灯,当主灯熄灭时它将发光
18	方位灯		478.1	无需罗经能通过此灯标获得近似方位(IHO M-4 478.1)
19	水平灯组			一组具有相同特性和几乎相同位置的、水平设置的灯
20	垂直灯组			一组具有相同特性和几乎相同位置的、垂直设置的灯

备注:江上灯标(主要用于江上航行)没有包括在表 A.39 中。除灯标类属性另有指明以外,所有灯标均被认为是江上灯标。原2、3号(后桅高灯、前低灯)废弃不用。

A.3.3.36　军事演习区类

缩写:CATMPA

代码:39

类型:L

期望输入:见表 A.40。

表 A.40

标识号	含　义	INT 1	M-4	定　义
2	鱼雷演习区			进行鱼雷演习的区域
3	潜艇演习区	IN 33	441.5	进行潜艇演习的区域
4	射击危险区	IN 30	441.2-3	进行炸弹和导弹演习的区域(IHO M-4 441)
5	布雷训练区	IN 32	441.4	进行布雷的演练区域
6	小型军用射击靶场			作为手枪、步枪和机枪等射击的靶场

备注:原1号(普通演习区)废弃不用。

A.3.3.37　系泊绞缆设施类

缩写:CATMOR

代码:40

类型:E

期望输入:见表 A.41。

表 A.41

标识号	含　义	INT 1	M-4	定　义
1	系船墩	IF 20	327.1	一柱体或柱体群,可以支撑一个甲板,用于系泊或绞船(IHO S-32,1433)
2	系船桩	IF 21	327.2	一柱体或柱体群,船舶可以围绕它旋转进行罗经校正
3	系缆桩			设在码头或系船墩上的小型立柱,用于系固船舶的缆绳
4	系船坝			系船坝是岸坝的一部分,指定用于靠泊等待通过的船舶,具备为大小船舶使用的系缆桩和系泊设备
5	桩或柱	IF 22		一根粗长的圆木或一段钢材、木材、混凝土等,被打入江底,作为一种系泊设备(IHO S-32,3840)
6	链/索/缆	IQ 42	431.6	用于连接两个独立的物体,例如浮筒和桩或两个浮筒之间,作为系泊设备之用
7	系船浮筒	IQ 40-43	431.5	用各种永久锚泊系固在江底的浮筒。船舶用锚链或系泊缆绳可系在浮筒上(IHO S-32,575)
8	绞车			一种简单的交通工具,用电机带动缆绳,车的起点和终点都有专职人员看守和发射信号
9	绞关			在急流滩险河段辅助船舶航行的设施
10	过河缆			牵引浮动设施横渡河流的机械设备
11	船闸靠船墩			供过闸船舶靠泊使用的构筑物

A.3.3.38　导航线类

缩写:CATNAV

代码:41

类型:E

期望输入:见表 A.42。

表 A.42

标识号	含　义	INT 1	M-4	定　义
1	安全线	IM 2	433	标示出安全和危险区的界限或者安全通过一个航行危险物的一条直线(IHO S-32,826)
2	叠标线	IM 2		通过两个或两个以上固定标志的线
3	导航线指向一推荐航线	IM 1,3	433	通过两个或两个以上清晰确定的物标的一条线,按此路线,船舶能在一定的距离内安全行驶(IHO S-32,3696)

A.3.3.39　障碍物类

缩写:CATOBS

代码:42

类型:E

期望输入:见表 A.43。

表 A.43

标识号	含　义	INT 1	M-4	定　义
1	水中隐树/桩墩	IK 43	327.5	树枝杆或折断的桩柱埋置在江底、河底或湖底,水面看不见,对船舶航行构成危险(IHO S-32,4794)
2	井盖	IL 21,23	445.1	一种水下结构物,高出江底一定距离封盖在临时废弃或停产的油井或气井上(IHO S-32,5976)
3	扩散器	IL 43		在排水口上的构筑物,液体通过它排出。这些构筑物通常突出排水口之上并能成为航行障碍物
4	木笼	IL 43		一种设置在水中永久的构筑物,在木框架内装以岩石或圆石,用作锚定木栅堰或支撑其他建筑物。例如淹没的排水口、扩散器等,它们可以总是干出、淹没或者覆盖或不覆盖
5	鱼礁	IK 46	447.5	私人建立的捕鱼区域,通常是消遣的捕鱼者,伪装成自然礁石或沉船来诱鱼。这些礁石是由倾倒的混合废料所构成的,可以是很小范围或沿着某等深线延伸相当距离,也称养鱼礁
6	险恶区	IK 1	420.1	对航行有众多不明危险物的地区,这个区域对航海人员提出一个警告,所有危险物未经逐一确定,航行通过这个区域可能有危险。一般在航行图上用于编码危险线后面的区域
7	险恶地	IK 31	422.8	在这个区域之上可以安全航行,但是应避免抛锚、拖底或捕捞
8	浮冰防栅			锚泊在江底的浮栅,用于改变浮冰移动路线,达到防止水闸、管道口等建筑物受阻,防止桥墩和其他建筑物受损
9	锚泊索具	IQ 42	431.6	诸如锚具、混凝土沉石、锚链和缆索等设备,用于固定浮动构筑物,例如系船设施和系船浮筒等
10	栏木			漂浮的障碍物,用于保护河口(IHO S-32,505)
11	鱼栅			指捕鱼用的木栅、竹栅或系网捕鱼的桩等有碍航行的设备
12	独立石			

A.3.3.40　油障类

缩写:CATOLB

代码:44

类型:E

期望输入:见表 A.44。

表 A.44

标识号	含　义	INT 1	M-4	定　义
1	阻油器(高压管)	IF 29.2		一条有小孔的管子,空气从孔中吹出到水面时形成一道阻止油蔓延的屏
2	围油栏	IF 29.1		一种浮动的管状结构,挂有帘幕(2m)延伸到水面以下,能阻止油的蔓延

A.3.3.41　桩类

缩写:CATPLE

代码:45

类型:E

期望输入:见表 A.45。

表 A.45

标识号	含　义	INT 1	M-4	定　义
1	桩			一根细长木桩或金属杆插入江底,作为标志或支撑(IHO S-32,4960)
3	柱	IF 22	327.3	一根细长木桩或金属杆插入江底,作为标志或支撑(IHO S-32,4960)
4	三脚架			一种单一的结构物,由三根或更多根桩柱(重木段、钢材或混凝土)固定在一起,并打入地面或江底(IHO S-32,3840)

备注:属性第 2 号(沉木)已被移到属性障碍物类。

A.3.3.42　引航员登船点类

缩写:CATPIL

代码:46

类型:E

期望输入:见表 A.46。

表 A.46

标识号	含　义	INT 1	M-4	定　义
1	由引航巡逻艇登船	IT 1.1-3	491.1	引航员从引航艇登船
2	由直升机登船	IT 1.4	491.2	引航员从岸上乘直升机登船
3	引航员从岸上来	IT 1.1-3	491.1	引航员根据请求乘船从岸上来登船

A.3.3.43　管道/导管类

缩写:CATPIP

代码:47

类型:E

期望输入:见表 A.47。

表 A.47

标识号	含　义	INT 1	M-4	定　义
2	排泄管道	IL 41.1	444.2,4	排到海里或河里的管道,通常是下水道或排水管
3	抽吸管道	IL 41.1	444.2,4	从河里或其他水域取水的管道,用以驱动磨坊或向灌溉渠、自来水厂供水等等(IHO S-32,2468)
4	下水道	IL 41.1	444.2,4	污水系统管道,排送水或污水到处理区域
5	鼓泡系统			内有热水冒泡的水下管道,以防止周围的水结冰
6	供给管道	IL 40.1	444	用于气体或液体物品供给的管道

备注:值 1(普通管道)废弃不用。

A.3.3.44　生产区域类

缩写:CATPRA

代码:48

类型:E

期望输入:见表 A.48。

表 A.48

标识号	含　义	INT 1	M-4	定　义
1	采石场	IE 35.1-2	367.1	从地岩中开采建筑石料、石灰石等的场地
2	矿山	IE 36	367.2	开采地下资源的表面采掘地
3	仓储区			原材料、设备或其他供应物资的储存地
4	电站区			固定的工厂,将某些能源(水力、火力蒸汽、化学能、核能等)大规模转变成电能的设备
5	炼油区		367	一个处理装置系统,用于把原油转变成燃油、润滑油和其他石油衍生产品
6	储木场	IF 52	328.2	用于堆放建筑木料加工或细木工艺使用的木材的场所
7	工厂区			生产制造产品的工厂建筑物区
8	油罐群		376.2	几个大容量储存罐的区域,一般用于储存原油或石油制品
9	风车区			设有众多风力发动机的区域
10	渣滓堆/废品堆			矿场和工厂的废物堆
11	饲养场			大型饲养场
12	温室			以采光覆盖材料作为全部或部分围护结构材料,可在冬季或其他不适宜露地植物生长的季节供栽培植物的建筑
13	菜窖			根据冬天地下温度高于地表温度的原理,在地面下挖的一个两米多深比较方正的土坑
14	花房			用以养花的建筑
15	盐井			开采食盐的盐井
16	石油井			储有石油的矿井
17	天然气井			储有天然气的矿井

表 A.48(续)

标识号	含　义	INT 1	M-4	定　义
18	露天采掘场			露天开采煤、铁、砂石等产品的场地
19	乱掘场			无规则的挖掘沙、石、黏土的场所
20	粪池			居民地外用以积肥的大粪坑、氨水池、沼气池
21	采砂区			
22	过驳区			

A.3.3.45　桥塔类

缩写:CATPYL

代码:49

类型:E

期望输入:见表 A.49。

表 A.49

标识号	含　义	INT 1	M-4	定　义
1	电力传输线塔/杆			一种直立建筑物,例如,由钢架结构或预应力混凝土结构组成,以支撑电力传送电缆或电线
2	电话/电报线塔/杆			用于支撑电话或电报线的铁塔或立柱
3	架空索道/高架塔			支撑运送汽车、桶或其他悬吊运输工具的钢缆的铁塔或塔座
4	桥梁塔/塔台			用以悬吊桥面的塔座、桥台或塔台
5	桥墩			用以支撑桥孔跨度的柱形结构或墩
6	支柱			各种建筑物、构筑物的支柱
7	特著电杆			
8	电线架			由两根以上杆柱合架的电杆
9	风讯杆			用于悬挂风强度等级信号的标杆
10	信号杆			用于固定信号标志的标杆
11	微波塔			

A.3.3.46　数据质量类

缩写:CATQUA

代码:50

类型:E

期望输入:见表 A.50。

表 A.50

标识号	含　义	INT 1	M-4	定　义
1	数据质量 A			见表 A.51
2	数据质量 B			
3	数据质量 C			
4	数据质量 D			
5	数据质量 E			
6	未确定质量			

定义:数据质量类的定义见表 A.51。

表 A.51　数据质量类的定义

精度类	位置精度[a]	测深技术	覆盖	基准面
A	5m	测声仪/扫海	完全的[b]	WGS-84
B	20m	测声仪/激光/扫测	完全的[b]	转换到 WGS-84[d]
C	50m	测声仪/导航线	系统的[c]	转换到 WGS-84[d]
D	500m	测深绳	无系统的	其他基准面
E	未知	未知	无系统的	未知基准面

[a] 指定为 2 倍标准差(drms)的精度。精度是指相对于所给数据的基准面而言的。精度是在数据产生中累积误差的最大值。它应考虑到测量误差、转换误差、数字化误差等等。

[b] 完全覆盖定义为使用系统控制测量的 100% 覆盖,它给出完全的江底范围或者完全覆盖一个指定的深度并且对所有接触点的勘测。

[c] 系统的是指用控制测量,但是没有达到完全覆盖。

[d] 各种基准面转换到 WGS-84 或从 WGS-84 转换的参数,可从 IHO 出版物 S-60 查到(涉及 WGS-84 的基准面转换用户手册)。

A.3.3.47　雷达站类

缩写:CATRAS

代码:51

类型:E

期望输入:见表 A.52。

表 A.52

标识号	含　义	INT 1	M-4	定　义
1	雷达监视站	IM 30	487	用于交通监视的雷达站(IHO S-32,4144)
2	江岸雷达站	IS 1	485.1	一个岸基站,航海人员可以通过无线电联系获得船位
3	VTS 站			

A.3.3.48　雷达应答信标类

缩写:CATRTB

代码:52

类型:E

期望输入:见表 A.53。

表 A.53

标识号	含　义	INT 1	M-4	定　义
1	雷达指向标(连续发射雷达信标)	IS 2	486.1	连续发射信号的雷达指向标,在雷达屏幕上出现一辐射线,这条线表明了指向标的方向。雷达指向标最初设计为航海人员使用。名字 ramark 从词组 radar marker 得来(IHO S-32,4208)
2	雷康(雷达应答标)	IS 3.1-6	486.2-4	一种雷达信标,能反射回来一组提供识别该信标的编码信号以及距离和方位。在雷达屏幕上接收到的第一位置的字符表明距离和方位。名字 racon 从词组 radar beacon 得到(IHO S-32,4132)
3	导向雷康/雷达应答标	IS 3.3		用于(至少与一个其他雷达标结合在一起)指示一条导航线的雷达信标

A.3.3.49 无线电台类

缩写:CATROS

代码:53

类型:L

期望输入:见表 A.54。

表 A.54

标识号	含　义	INT 1	M-4	定　义
1	环射(全向)海上或海空无线电指向标	IS 10	481.1	无需人操作能向水平四周发射的无线电台,用船上无线电测向仪能确定它的方位(IHO S-32,802)
2	定向无线电指向标	IS 11	481.2	一种特殊类型的无线电信标台,它的发射能用以提供确定的导航线作为导航使用(IHO S-32,1378)
3	旋转型无线电指向标	IS 12	481.1	一种特殊类型的无线电信标台,做匀速旋转运动,发射波束,用一般听音接收机和秒表可以决定信标台的方向。也指旋转环状天线型无线电指向标(IHO S-32,4444)
4	康索尔航标	IS 13	481.3	一种远程定位指向标
5	无线电测向台	IS 14	483	一种无线电台,能通过接收其他无线电台发射的信号决定发射台的方位(IHO S-32,4174)
6	提供 QTG 服务的海岸无线电台	IS 15	484	准备提供 QTG 服务的无线电台,即根据船舶要求发射无线电信号,船舶可以测定它的方位(IHO S-32,4108)
7	航空无线电指向标	IS 16	482	为航空用途而设计的无线电信标
8	台卡			一种高精度、近中距离无线电助航设备,用于沿岸和接近陆地的航行
9	罗兰 C			一低频电子定位系统,使用 100kHz 脉冲发射
10	差分 GPS			发射 DGPS 改正信号的无线电台
11	道朗			一种电子定位系统,主要用于飞机
12	奥米伽			一种远程无线电助航设备,在 VLF 频道工作。这个系统由八个岸上基台组成
13	塞雷的斯			一种测距定位系统,在 42 ~ 450MHz 频率范围内工作,测距能达 400km
14	才卡			一种低频电子定位系统,使用 100kHz 脉冲发射
15	AIS 站			

A.3.3.50 推荐航线类

缩写:CATTRK

代码:54

类型:E

期望输入:见表 A.55。

表 A.55

标识号	含 义	INT 1	M-4	定 义
1	基于固定标志系统	IM 3	434.1-2	一条直的航线(通称推荐航线、叠标或导航线),它至少由两个建筑物(通常是立标或昼标)和/或天然特征物组成,它们可能装有灯标和/或顶标。建筑物/特征物被安置得当观测成一直线时,船舶能按照这一已知方位安全航行
2	不基于固定标志系统	IM 4	434.1-2	没有基于串联建筑物或特征物标的航线,通称推荐航线或建议航线

A.3.3.51 救助站类

缩写:CATRSC

代码:55

类型:L

期望输入:见表 A.56。

表 A.56

标识号	含 义	INT 1	M-4	定 义
1	有救生船的救助站	IT 12	493	持有江上救生设备的地方;救生船的类型从快速船、长距离艇到可充气的近岸艇(IHO M-4)
2	有火箭的救助站	IT 12	493	火箭——烟火信号弹,用于发信号或救生目的(IHO S-32,4418)
4	沉船海员避护所	IT 14;IQ 124	456.4	在海上遇险或遇难的避难或保护处所
5	潮间带行人避护所	IT 14;IQ 124	456.4	遭受过大和突然潮或潮流危险区内的避难所或庇护处
6	泊地停靠的救生船	IT 13	493.2	供救生艇系泊并准备使用的地方
7	救助无线电台			用于紧急情况的无线电台
8	急救设备			
9	水上巡航救助基地(水上服务区)			有急救设备可用之地

备注:原第 3 号废弃不用。

A.3.3.52 受限区域类

缩写:CATREA

代码:56

类型:L

期望输入:见表 A.57。

表 A.57

标识号	含　义	INT 1	M-4	定　义
1	沿岸安全带	IL 3		围绕近岸设施的区域,船舶未经许可禁止驶入;在安全带内有专门保护设施的规则,要求所有国家的船舶遵守(IHO S-32,4471)
4	自然保护区	IN 22		为了保护其中的植物、动物、自然景物等而控制的一片土地
5	鸟类禁猎区	IN 22		鸟类被饲养和保护的地区
6	狩猎畜养场	IN 22		私人为运动或食用的追猎野生动物或鸟类而保持不受干扰的地方
7	海豹禁猎区	IN 22		海豹受保护的地方
8	消磁观测场	IN 25	448.1-3	一个区域,通常直径大约两链,在这里可测量船舶的磁场,该区水底没有感应设备和电缆,并有电缆从观测场伸向岸上的控制站
9	军事区	IN 31		海军、陆军或航空演习举行的地方(IHO S-32,3264)
10	历史沉船区	IN 26	449.5	存在着某一历史重要性沉船的区域,保护沉船免受未经批准的潜水、打捞或倾倒的干扰(包括抛锚)
12	航行标志安全带	IN 29.1	435.7	某一助航标志的周围,禁止船舶驶入的区域
14	水雷区	IN 34	441.8	为防御或演习目的埋设或保留着爆炸性水雷的区域
18	游泳场			人们可以游泳的区域,船舶运行受到限制
19	待泊区			为船舶等待进港而设立的区域
20	搜索区			进行海上搜索的区域
21	疏浚区	IN 63	446.4	进行疏浚施工的区域
22	鱼类禁捕区			鱼类被保护的地方
23	生态保护区			为了保护植物和生物相互之间关系及它们的环境而受控制的一片土地
24	无伴流区			在此区域内船舶应减速航行,以减小船舶产生的伴流
25	转向区			船舶转向或调头区
26	划水区			划水运动区,船舶航行受限
27	鱼类保护区			人工划定的保护鱼类的水上区域
28	哺乳动物保护区			人工划定的保护水生或陆生哺乳动物的水上区域或沼泽地
29	环保监测点			
30	控制河段			
31	横驶区			

备注:具有官方法定地位的每一种受限区域,规定了其限制的类型。例如:狩猎畜养场的限制可以是禁止进入,锚泊禁止区域的限制是禁止锚泊。

值2、3、15、16和17被移到属性限制(RESTRW)中;11被物标类近岸交通带(ISTZNE)替代;13用物标类警告区(CTNARE)来编码。

A.3.3.53 道路类

缩写:CATROD

代码:57

类型:E

期望输入:见表A.58。

表A.58

标识号	含义	INT 1	M-4	定义
1	高速公路	ID 10	365.1	有分车道并限制驶入的主干道,专门为快速机动车通行而建造和控制
2	主干公路	ID 11	365.2	硬面的道路,主要的通道
3	支线公路	ID 11	365.2	用于区域交通的次要道路
4	小路/人行道	ID 12	365.3	粗糙的小道或通道/建成或踩成的人行小路
5	大街道	ID 12	365.3	在城市里作为贯穿交通的主要道路
6	小街道			在城市里作为局部交通的次要道路
7	交叉口			道路等交叉的地方
8	高架公路			城市中在道路上架设的空中公路供高速汽车通过
9	简易公路			路基不太坚固、路面经过简单修筑的公路,一般铺以砂、碎石、矿渣等,一年大部分时间可通行汽车,而雨后不能通车
10	大车路			路基未经修筑或简单修筑能通行大车的道路,某些地区也可通行汽车。拖拉机路也用此表示
11	乡村路			乡村中主要的、一般不能通行大车的道路,它是我国南方连接集、乡、农场等大居民地,行人经常来往的主要道路,一般路面不宽,有的地区多用石块或石板铺成
12	内部道路			公园、工厂、机关、学校内部有铺装材料的主要道路
13	小路			乡村中供单人单骑的道路。绝壁的人行栈道按连接道路等级,分别以乡村路或小路表示
14	立体交叉路			公路和铁路立体相交处
15	阶梯路			用水泥和砖石砌成的阶梯式的人行路
16	纤道			河流上供民船拉纤的道路
17	漫水路段			洪水期间,水位上涨时会被淹没的路段
18	徒步场			人或车辆涉水通过的场所
19	明洞			为防止塌方、雪崩和泥石流破坏而修建的隧道建筑

A.3.3.54 跑道类

缩写:CATRUN

代码:58

类型:E

期望输入:见表 A.59。

表 A.59

标识号	含　义	INT 1	M-4	定　义
1	飞机跑道			一段水平延伸的地面,供飞机起飞降落使用
2	直升机起降台			直升机能起降的一个平台

A.3.3.55　岸线建筑物类

缩写:CATSLC

代码:60

类型:E

期望输入:见表 A.60。

表 A.60

标识号	含　义	INT 1	M-4	定　义
1	防波堤	IF 4.1-3	322.1	为保护岸区、港口、锚地或港池防止涌浪的建筑物(IHO S-32,5-42)
2	排流堤	IF 6.1-3	313.4	一种低矮的墙壁式建筑物,用坚固材料做成,从陆地向海延伸,作为特殊的用途,如防止岸边被冲蚀(IHO S-32,2525 和 IHO 海图说明书)
3	突堤	IF 12	321.3	防波堤的一种形式,船舶可沿其避风侧停靠;有的可能完全建在人工港内,使船舶可在其两侧停靠
4	突码头	IF 14	321.2,4	一种伸向水域的狭长建筑物,可供船舶停靠,用作散步等(IHO S-32,3833)
5	栈桥式码头	IF 15	321.2	为娱乐休闲目的而建造的突码头
6	顺岸码头	IF 13	321.1	供船舶停靠的建筑物(IHO S-32,5985)
7	导流堤	IF 5	322.2	一道墙或堤,常淹没于水中,用于引导或限制河流或潮流的流动,或者提高防冲刷作用(IHO S-32,5586)
8	堆石堤			一层碎岩石、卵石、圆石或足够大小的碎石,用于阻止水流或波浪作用的冲蚀力
9	护岸			石头或其他材料的覆面层,长期的或临时的,沿着水流、河流或运河边缘铺设,稳定岸堤并且保护岸堤防止水流的冲蚀作用(IHO S-32,4397)
10	堤	IF 2	313.2	一道堤坝或墙,沿着岸边防止波浪的作用
11	登岸阶梯	IF 18		岸边的阶梯,连接在不同水平面岸和水面
12	跳板	IF 23		一种斜面结构物,或用于不同水位时,小船、登陆船或渡船的登陆场所,或用于引在支架上的船。它可能装有栏杆(IHO S-32,4209)
13	船台滑道	IF 23	324.1	制备的并且通常是加强的倾斜面,其上面设置龙骨墩木和舭墩木,用以支撑建造中的船舶(IHO S-32,4775)

表 A.60(续)

标识号	含　义	INT 1	M-4	定　义
14	碰垫			一种防护结构物,设计成能缓冲船舶的碰撞,并防止船舶受损坏
15	固定面码头			由水泥、砖和木头等构成的码头。码头下的水不能随意流动
16	敞开面码头			由柱子或其他结构物支撑的码头。码头下的水能随意流动
17	原木斜面			一种斜面,用于将要运输的原木推入水中或将要加工的原木从水中拖出
18	防汛墙			岸边的一种墙体和岸坡重叠组合的设施
19	有栏杆的垂直式的人工岸			用石块、水泥等修筑的岸
20	无栏杆的斜坡式的人工岸			坡度小于70°的人工岸
21	重力式码头			由胸墙、墙身、抛石基床、墙后回填体或减压抛石棱体等构成
22	斜坡式码头			多建在洪水季和枯水季水位变幅大的河段,岸坡较长,设有固定斜坡道和趸船,趸船随水位变化沿斜坡道方向移动,或只设固定斜坡道
23	高桩码头			包括基桩和桩台两部分。基桩在地基表面以上的长度较长,它既是码头的基础,又是主要受力构件;桩台构成码头顶面,所承受的荷载和外力通过基桩传给地基
24	防洪堤			
25	子堤			

备注:属性岸线建筑物类编码岸线建筑物的用途。

A.3.3.56　交通信号站类

缩写:CATSIT

代码:61

类型:L

期望输入:见表 A.61。

表 A.61

标识号	含　义	INT 1	M-4	定　义
1	港口管理台站	IT 23	495.1	在港内管理船舶的信号台
2	进出港台站			管理船舶进港和出港的信号台
3	国际港口交通台站	IN 21	495.5	显示国际港口交通信号的信号台
4	系泊台站			管理系泊时船舶的信号台
5	船坞台站			管理船舶进、出船坞的信号台

表 A.61(续)

标识号	含　义	INT 1	M-4	定　义
6	船闸台站	IT 24	495.2	管理船舶进、出船闸的信号台
7	拦洪坝台站			管理想要通过拦洪坝的船舶的信号台
8	过桥台站	IT 25.1	495.3	管理想要通过桥下的船舶的信号台
9	疏浚台站			指明疏浚作业正在进行的信号台
10	交通控制灯	IT 22	495.1	安置在水路中的虚拟信号灯,指示船舶航行
11	航道信号台			

A.3.3.57　告警信号站类

缩写:CATSIW

代码:62

类型:L

期望输入:见表 A.62。

表 A.62

标识号	含　义	INT 1	M-4	定　义
1	危险信号	IT 35	490.1	对航行存在危险的信号或信息
2	海上障碍物信号			警告存在海上障碍物的信号或信息
3	电缆信号			警告存在电缆的信号或信息
4	军事演习信号	IT 36	490.1	警告在军事演习区域内有活动的信号或信息
5	遇险信号	IT 26	497	能接收或发射遇险信号的信号台
6	天气信号	IT 29	494.1	显示视觉信号,表明气象预报(IHO S-32,4740)。
7	风暴信号	IT 28	494.1	通报风暴情况的信号或信息
8	冰况信号	IT 30	494.1	通报冰情的信号或信息
9	时间信号	IT 31	494.2	标志一特定时间或时间间隔的精确信号。它主要用于确定时钟的误差。这些信号常由天文台通过无线电或电报发送,但有一些港口使用视觉信号(IHO S-32,4735)
10	潮汐信号	IT 33	496.2	通报某一地区的潮汐情况的信号或信息(IHO S-32,4734)
11	潮流信号	IT 34	496.3	通报某一地区潮流情况的信号或信息(IHO S-32,4733)
12	验潮仪	IT 32.2	496.1	测量潮高的装置。能用视觉观察到放在遮蔽处的一根刻度的标杆;或者用一套精密记录仪画出相对于时间的潮高连续图表记录。这种仪器通常是由一根通海的管子中的浮子驱动的,通海的是一个小孔,它能滤掉水的波动(IHO S-32,1984)
13	潮标	IT 32.1	496.1	直接显示水位在海图基准面或当地基准面上高度的目视标尺
14	潜水			通报有潜水活动的信号或信息
15	水位仪	IT 33	496.2	
16	雾台			

A.3.3.58 筒仓/罐类

缩写:CATSIL

代码:63

类型:E

期望输入:见表 A.63。

表 A.63

标识号	含义	INT 1	M-4	定义
1	一般粮仓	IE 33	376.3	一普通的圆柱形塔,用于储存饲料或谷物
2	一般储液罐	IE 32	376.1-2	储存液体的固定结构物(IHO S-32,5290)
3	谷物仓库			储存谷物的建筑物,通常是高框架,金属或混凝土结构,内部有特殊的分隔仓室
4	水塔			用于储存水的、具有高架容器的塔

A.3.3.59 斜坡类

缩写:CATSLO

代码:64

类型:E

期望输入:见表 A.64。

表 A.64

标识号	含义	INT 1	M-4	定义
1	路堑	ID 14	363.2	通过高地的开凿地段,用作道路或运河等
2	路堤	ID 15	364.1	一人工高地,用土、石等建造,作为支撑道路、铁路或类似物,或作为拦水坝
3	沙丘	IC 8	312.3	在海岸或沙漠中,由漂移物质构成土堆、山脊或小山(IHO S-32,1496)
4	小丘			一小的孤立高地,比山小(IHO S-32,2262)
5	冻土高地			在冻土区形成的拱顶形小丘,由于冰冻的地下水的静水压力使冻土层抬高
6	陡岸	IC 3	312.1	从水面或周围地面上突然升起相当距离的土地(IHO S-32,829)
7	岩屑堆			岩石的碎片在山的一侧或山脚下,形成一陡峭的石坡
8	滑道			船厂修造船舶所使用的下水滑道
9	斜坡			天然或人工修筑的坡或坎,其坡度在70°以下的表示为斜坡
10	滑坡、冲沟			斜坡受自然或人为影响,在重力作用下,沿山坡下滑地段,地面被雨水激流充实而形成的大小沟渠
11	滑槽			在山谷或山地斜坡上架设或挖凿槽子,直通山脚或河流,用以运送木材、矿石等

A.3.3.60 小型船用设施类

缩写:CATSCF

代码:65

类型:L

期望输入:见表 A.65。

表 A.65

标识号	含　义	INT 1	M-4	定　义
1	游客码头	IU 2		为旅游船而设的泊位
2	航海俱乐部	IU 4		航海者的俱乐部,一般和其他小船设施在一起
3	吊艇绞车	IU 6		把小艇吊离水面的绞车
4	帆具厂	IU 8		帆具制造和修理的地方
5	小船修造厂	IU 9		岸上制造、储存和修理小船的地方
6	公共旅馆	IU 10		一公共房屋,能提供食物、饮料和住宿
7	餐馆	IU 11		提供食物的商业企业
8	供应商	IU 12		从事船舶供应品的商人
9	食品供应点	IU 13		提供食物和其他用品的地方
10	医疗点	IU 15		有医生提供治疗的地方
11	药房	IU 16		配药的地方
12	水龙头	IU 17		提供淡水的地方
13	燃料站	IU 18		提供燃料油的地方
14	电力站	IU 19		有电力供应接头的地方
15	罐装煤气	IU 20		提供罐装煤气的地方
16	淋浴	IU 21		提供淋浴的地方
17	洗衣店	IU 22		有洗衣设备的地方
18	公共厕所	IU 23		有公用厕所的地方
19	邮箱	IU 24		能寄邮件的地方
20	公用电话	IU 25		有公用的电话的地方
21	垃圾箱	IU 26		能倾倒垃圾的地方
22	停车场	IU 27		能停车的地方
23	小船和拖车停靠处	IU 28		岸上能停放小船和/或拖车的地方
24	旅行车场址	IU 29		旅行车停放处或提供食宿的地方
25	野营基地	IU 30		旅游者能安顿帐篷和露营的地方
26	污水排放站			污水能排出船外的地方
27	应急电话			提供只能在应急时使用电话的地方
28	小艇上岸/下水地方	IF 17;IU 7		小艇能上岸或下水的地方
29	旅游船系泊地	IU 3		供旅游船用的靠边的系泊地
30	擦洗泊位			用于小船靠泊后倾侧修理的泊位
31	野餐场所			人们能吃野餐的地方
32	机械车间			能对发动机或其他船舶设备进行维修的地方
33	警戒或安检服务			对船舶进行安全检查或将船舶存放在牢固锁定的地方

A.3.3.61 专用标志类

缩写:CATSPM

代码:66

类型:L

期望输入:见表 A.66。

表 A.66

标识号	含 义	INT 1	M-4	定 义
1	射击危险区标志	IQ 125	441.2	通常在海上,用于指示射击危险区的标志
2	目标标志	IQ 51		由某事物指向的任一物体。照片上的一个地面点的特殊标记或装置,帮助识别之用(IHO S-32,5309)
3	标志船	IQ 52		标示船位的标志,在军事演习期间用作靶的
4	消磁区标志	IQ 54	448.3	用以指示消磁区域的标志
5	驳船标志	IQ 53		
6	电缆标志	IQ 55,123	443.6;458	
7	废品场地标志	IQ 56	446.3	用以指出废品场地的界限的标志(IHO S-32,4931)
8	排出口标志	IQ 57	444.4	用以指示排出口位置或离开陆地的地点
9	海洋资料探测系统(ODAS)	IQ 58	462.9	海洋数据采集系统(IHO S-32,5953)
10	记录标志	IQ 59		用于科学目的记录数据的标志
11	水上飞机锚地标志	IQ 60		用于指示水上飞机锚地的标志
12	娱乐区标志	IQ 62		用于指示娱乐区的标志
13	私有标志	IQ 70		私人持有的标志
14	锚泊标志		431.5	指示锚泊或系泊的标志
15	大型自动助航浮标(LANBY)	IQ 26	474.4-5	用以替代灯船的大型浮标在那里无法建造一个近海灯塔(IHO S-32,2656)
16	导标	IQ 120	458	助航标志或其他标志器,能指示应遵循的路径。在交叉点处,导标标识一条引航线
17	测距标志	IQ 122	458	组成一个叠标的一个标志,表示已测距离的一端
18	通告标志	IQ 126	456.8	一个通告牌或标识号,向海员指出有关信息
19	分道通航制标志	IQ 61		指示分道通航制的标志
20	禁止下锚标志			指示禁止下锚的区域标志
21	禁止系泊标志			指示禁止系泊的标志
22	禁止追越标志			指示禁止追越的标志
23	禁止双向通行标志			指示单向通行航线的标志
24	减少伴流标志			指示船舶应不产生过量伴流的标志
25	限速标志		456.2	指示限定的最大航速标志
26	停止标志			指示当交通管制灯显示红灯时,船舶应停止的标志
27	一般警告标志			指示在该标志附近应特别注意的标志

表 A.66(续)

标识号	含　义	INT 1	M-4	定　义
28	鸣笛标志			指示船舶应该鸣放汽笛或号角的标志
29	限制垂直净空标志			指示可以通过的最小垂直净空距离的标志
30	最大船舶吃水标志			指示允许船舶最大吃水的标志
31	限制横向间距标志			指示可以通过的最小横向间距的标志
32	强流警告标志			强流警告的标志
33	允许靠泊标志			指示允许停靠的标志
34	架空电力电缆标志			指示架空电力电缆的标志
35	航道边缘坡度标志			指示疏浚航道边坡梯度的标志
36	电话标志			指示有电话的标志
37	渡船交汇标志			指示渡船航线与船舶航线交汇的标志,经常与鸣笛标志一起使用
39	管道标志			用于指示水下管道位置或管道从此点连接到陆地的标志
40	锚地标志			指示锚地区域的标志
41	安全导航标志	IQ 21	458	用于指示安全导航线的标志
42	控制标志			指示在该地段存在着限制或要求的标志
43	潜水标志			指示在邻近处可能有人潜水的标志
44	避难地标志	IQ 124		提供或指示安全场所的标志
45	险恶地标志			指示险恶地的标志
46	游艇标志			为游艇人员使用而设的标志
47	直升机机场标志			指示该区域直升机可以降落的标志
50	禁止入内标志			指示禁止进入的标志
51	正在作业标志			指示工程(通常是建筑)作业正在进行的标志
52	用途不明标志			
53	井口标志	IL 23		指示一个处理或能够处理油或天然气的凿孔(IHO S-32,5971)
54	渠道分道标志			
55	水上养殖区标志			
56	人造礁标志			
57	过河标			标示过河航道的起点和终点的标志
58	沿岸标			标示沿岸航道的方向,指示船舶继续沿着本岸航行的标志
59	过渡导标			标示一方为导标指示的狭窄航道,另一方为较宽的沿岸航道或过河航道的标志
60	首尾导标			由前后鼎立的三座标志组成两条导线,分别标示上、下游狭窄航道的方向的标志

表 A.66(续)

标识号	含　义	INT 1	M-4	定　义
61	侧面标			设在浅滩、礁石、沉船或其他碍航物靠近航道一侧,标示航道的侧面界限,或设在水网地区优良航道两岸,标示岸形、突嘴或不通航的汊港的标志
62	左右通航标			设在航道中个别河心碍航物或航道开始分岔处,标示该标两侧都是通航的标志
63	示位标			设在湖泊、水库、水网地区或其他宽阔水域,标示岛屿、浅滩、礁石及通航河口等特定位置,供船舶定位或确定航向的标志
64	泛滥标			标示被洪水淹没的岸线或岛屿轮廓的标志
65	桥涵标			标示船舶通航桥孔的标志
66	信号标志			用以控制通航、揭示水深、警告有横流等,起信号作用的标志
67	通行信号标			用以控制上行或下行的船舶单向顺序通航或禁止通航的信号标志
68	界限标			标示通航控制河段的上、下界限,或标示船闸闸室允许船舶安全停靠的两端界限的信号标志
69	水深信号标			揭示浅滩航道最小水深的信号标志
70	横流标			标志航道内有横流,警告船舶注意的信号标志
71	水底管线标			
72	架空管线标			
73	独标			
74	独角标			
75	航区连接线			
76	里程数			

备注:指示标志可以是立标、浮标、信号杆或采取其他形式。38 号值应使用物标交通信号站(SISTAT)来编码。

A.3.3.62　分道通航制类

缩写:CATTSS

代码:67

类型:E

期望输入:见表 A.67。

表 A.67

标识号	含　义	INT 1	M-4	定　义
1	IMO 采纳			规定的分道通航制,已被采纳作为国际海事组织的定线方案
2	非 IMO 采纳			规定的分道通航制,未被采纳作为国际海事组织的定线方案

A.3.3.63　植被类

缩写:CATVEG

代码:68

类型:L

期望输入:见表 A.68。

表 A.68

标识号	含　义	INT 1	M-4	定　义
1	草			草木,属于有绿叶的植物群供家畜等食用
3	灌木丛			灌木或带有中等长度树干的灌木丛
4	落叶性树林			每年脱落它们的叶子的树林
5	针叶树林			常青树群的树木叶子,通常呈锥形姿态,包括水松、杉松和红松
6	普通树林(包括杂树林)	IC 30	354.1	在一片土地上稠密生长的树木
7	红树林	IC 32	312.4	若干种热带树或灌木之一,产生许多支撑根并沿着低矮岸边向浅水中生长(IHO S-32,3064)
10	混合作物			混合耕作的庄稼
11	芦苇			有结实秆的各种水生或沼泽植物
12	苔、藓			任一 MUSIC 类小型隐花植物,密集成群生长在沼泽地、树上、石头上等
13	普通树	IC 31	354.2	多年生木质植物,具有自身支撑的主干或树干
14	常绿树	IC 31.2	354.2	全年保持其叶饰的树
15	针叶树	IC 31.3	354.2	呈锥形、针状叶或片状叶的常绿树
16	棕榈树	IC 31.4	354.2	热带或副热带树,灌木或蔓藤,具有高大无分枝的圆柱形树干。树顶长满了一丛或大量打褶的扇形叶或坚实外层且常带多刺叶柄(茎状物)的毛状叶
17	聂帕榈树	IC 31.5	354.2	(也称 Nypa 棕榈)一种罕有的棕榈树,有规律性的分枝包括相等或差不多相等的叶顶间隔而形成树杈
18	大麻黄	IC 31.6	354.2	(也称强壮树、澳大利亚松、铁木、木麻黄属树、沼泽橡树、哨声松树)树的特点是细长,绿色分枝经常下垂,有深槽并按间隔长着轮生的杈叶
19	桉树	IC 31.8	354.2	一类通常是非常巨大的树(高 90m)
20	落叶树	IC 31.1	354.2	每年,通常在冬季有部分叶饰脱落的树
21	红树	IC 32	312.4	若干热带树或灌木种类之一,产生许多支根并沿着低矮海岸向浅水中生长(IHO S-32,3064)
22	垂枝大麻黄树	IC 31.7	354.2	各种热带或副热带的树
23	防护林带			人工种植的排列较整齐的防护林带
24	行树			沿道路、沟渠、土堤等成行排列的树木

表 A.68(续)

标识号	含　义	INT 1	M-4	定　义
25	疏林			树木比较稀疏的林地,林中树冠边缘之间的平均距离为平均树冠直径的2~5倍
26	竹林			各种竹子生长茂密的林地
27	经济林			包括乔木类(如油桐、桑柞、橡胶、椰子和各种果树林)和灌林类(如茶树、油菜、葡萄等)
28	成树林			

备注:值2、8和9号废弃不用。

A.3.3.64　紊流类

缩写:CATWAT

代码:69

类型:E

期望输入:见表A.69。

表 A.69

标识号	含　义	INT 1	M-4	定　义
1	拍岸浪	IK 17	423.2	遇到岸、礁石等破碎的波浪。拍岸浪可以粗糙地分为三种类型,尽管这种分类可能重叠
2	涡流	IH 45	423.3	水的旋回运动,通常形成于海流经过障碍物、两相反流向的相邻海流之间或沿着恒定海流的边缘(IHO S-32,1560)
3	溢流	IH 44	423.1	短的破碎浪,当一强海流从浅滩上经过或其他水下障碍物或遇到逆流或风时产生(IHO S-32,3631)
4	潮激	IH 44	423.1	形成在水面上的小波浪,是由于相反的潮流相遇或潮流横越不规则的海底所致(IHO S-32,3631)
5	爆波(浪)			在水下临岸暗礁或岩石上形成的波浪,有时(在非常平静的天气或在平潮时)近乎是涌,但在其他情况下猛烈地破碎,并产生一片危险的碎波海面
6	回流			同主流方向相反,做回转倒流的水流
7	横流			由一岸横向另一岸流动的水流
8	旺水			紧接障碍地下出现的回流、跑水、漫流水的局部水域
9	跌水			水流经水下石梁所阻向下倾斜如门槛的水流
10	泡水			水之激而上冲,四散翻涌,宛若锅内开水沸腾
11	浪花			较泡水微弱的翻花水流
12	剪刀水			滩口两岸水流受挑流作用而向河中收束的水梗
13	旋水			
14	弯道螺旋流			在弯道中,水质点沿着一条螺旋状的路线前进,流速分布极不规则
15	加堰水			

A.3.3.65 海草/巨型海藻类

缩写:CATWED

代码:70

类型:E

期望输入:见表 A.70。

表 A.70

标识号	含　义	INT 1	M-4	定　义
1	巨型海藻	IJ 1312	428.2	巨大植物,往往无根,有 60m,它以固着器或长达 10m 的卷缠绕住岩石。充满气体的气泡在海藻叶子上起到漂浮作用保持海藻正好在水面下
2	海藻	IJ 1312	425.5	海藻类海植物的通名,生长成狭长的带状物(IHO S-32)
3	海草			任一种似草的海藻类。大叶藻是最有名海草的一种(IHO S-32,4565)
4	马尾藻			某种类型的海藻,通常大面积浮动(IHO S-32,4501)

A.3.3.66 沉船类

缩写:CATWRK

代码:71

类型:E

期望输入:见表 A.71。

表 A.71

标识号	含　义	INT 1	M-4	定　义
1	非危险沉船	IK 29	422.6	对水面航行无危险的沉船(南京长江大桥上游大于 6.5m,下游大于 12.5m)
2	危险沉船	IK 28	422.5	对水面航行有危险的沉船
3	散布的沉船残骸(险恶地)	IK 31	422.8	(险恶地)从其上通过对航行是安全的区域,但应避免抛锚、触底或底拖网
4	露桅沉船	IK 25	422.2	表明该沉船在水深基准面以上只能见其桅
5	部分船体或上层建筑裸露的沉船	IK 24	422.2	表明该沉船在水深基准面以上只能见船身的某一部分或上层建筑
6	深度不明沉船			不明确深度的沉船
7	概位沉船			

A.3.3.67 数据置信度区类

缩写:CATZOC

代码:72

类型:E

期望输入:见表 A.72。

表 A.72

标识号	含　义	INT 1	M-4	定　义
1	A1 置信度区			见表 A.73
2	A2 置信度区			
3	B 置信度区			
4	C 置信度区			
5	D 置信度区			
6	U 置信度区(未评估的数据)			

定义:数据置信度区类的定义见表 A.73。

表 A.73　数据置信度区类定义

1	2	3	4	5
ZOC[a]	位置精度[b]	深度精度[c]	水底覆盖面	典型测量特性[e]
A1	5m	$0.5+1\%d$	整个水底经过声透射或扫测。所有显著水底特征[d]经过探测,深度经过测量	控制/系统高精度测量基于 WGS84,使用 DGPS 或至少三条采用多波束或机械扫测的高质量位置线
A2	20m	$1.0+2\%d$	整个水底经过声透射或扫测。所有显著水底特征经过探测,深度经过测量	控制/系统测量达到标准精度,使用声呐的现代回声探测仪或机械扫测
B	50m	$1.0+2\%d$	未达到全部水底探测,期望不存在未标绘出的对水面航行有危险的水底特征,但可能存在	控制/系统测量达到标准精度
C	500m	$2.0+5\%d$	未达到全部区域探测,预期深度会出现较大异常	低精度测量或数据收集,是在某些时机(如航行中测深)进行的
D	比 C 差	比 C 差	未达到全部区域探测,预期深度会出现较大异常	低质量数据或由于缺乏信息而不能评价数据质量

[a] 置信度区的划分表示数据在该置信度区所满足的位置精度、深度精度和水底覆盖面的最小标准。数据可以根据元物标数据质量(M_QUAL)的属性作进一步划分如下:
1) 利用 POSACC 和 SOUACC 属性表示数据的精度比规定的相应置信度区的位置精度或深度精度高;
2) 对于净深度确知而实际河床深度不知的扫测区,只要扫测深度和位置精度符合相应置信度区的标准,则给予较高级别的置信度区 A1 或 A2。这种情况下,深度范围值 1(DRVAL1)可以用以指定扫测深度,位置精度标准用于扫测区的边界;
3) SURSTA、SUREND 和 TECSOU 可以用于指示测量的起讫日期和测深技术。

[b] 标绘水深的位置精度相对于给定基准面在 95% CI(2.45σ),它是累积误差,包括测量、转换和数字化误差等。不必精确计算 B、C 和 D 置信度区的位置精度,可以基于设备类型、核准方法和以前的精度进行估算。

[c] 标绘水深的深度精度,记为 $a+(b\times d)/100$,在 95% CI(2.0σ),其中 d 为以米为单位的临界深度。不必精确计算 B、C 和 D 置信度区的深度精度,可以基于设备类型、核准方法和以前的精度进行估算。

[d] 显著水底特征是指高出标绘深度的以上部分,划分如下:
1) 深度小于 10m,大于 1/10 深度的为显著水底特征;
2) 深度在 10m 和 30m 之间,大于 1m 的为显著水底特征;
3) 深度大于 30m,大于 1/10 深度且 2m 以上(含 2m)的为显著水底特征。

[e] 控制/系统(高精度)测量(A1、A2 和 B 置信度区)是指在可以转换到 WGS-84 的大地基准面上,由多条计划测量线组成的测量。

A.3.3.68 字符间距

缩写：$SPACE

代码:73

类型:E

期望输入:见表 A.74。

表 A.74

标识号	含 义	INT 1	M-4	定 义
1	扩大/压缩			字符串加宽或缩减以撑满行首尾之间的位置
2	标准			字符间距根据使用的版面确定

A.3.3.69 字符说明

缩写：$CHARS

代码:74

类型:A

期望输入:SEWBB,其中:

a) S 字体 = U:普通字体。

b) T:泰晤士罗马字体。

c) E 磅值:

1) 4:细体;

2) 5:中体;

3) 6:粗体。

d) W 字幅:

1) 1:直体;

2) 2:斜体。

e) BB 字号 = XX(以十二点活字点号为大小)。

A.3.3.70 颜色

缩写:COLOUR

代码:75

类型:L

期望输入:见表 A.75。

表 A.75

标识号	含 义	INT 1	M-4	定 义
1	白	IP 11.1	450.2-3	
2	黑			
3	红	IP 11.2	450.2-3	
4	绿	IP 11.3	450.2-3	
5	蓝	IP 11.4	250.2-3	
6	黄	IP 11.6	450.2-3	
7	灰			
8	棕			
9	琥珀	IP 11.8	450.2-3	

表 A.75(续)

标识号	含　义	INT 1	M-4	定　义
10	紫	IP 11.5	450.2-3	
11	橙黄	IP 11.7	450.2-3	
12	洋红			
13	粉红色			

A.3.3.71　彩色图案

缩写:COLPAT

代码:76

类型:L

期望输入:见表 A.76。

表 A.76

标识号	含　义	INT 1	M-4	定　义
1	横条纹			不同颜色的水平直带或直条彩纹
2	竖条纹			不同颜色的竖直直带或直条彩纹
3	斜条纹			对角有不同颜色的直带或直条(即非水平的或垂直的)
4	正方形			经常称为方格板,用交替颜色形成方块类似于棋盘或图样板。图案可以是直的成对角线的
5	条纹(方向未知)			未知方向不同颜色的直条或直纹
6	边界条纹			显示在物标外边界的彩色条纹,也可以形成里面图案的边界或素色的边界

A.3.3.72　通信频道

缩写:COMCHA

代码:77

类型:A

期望输入:输入特定的 VHF 频道。

定义:分配给特定无线电频率、各频率或波段的频道号。

参考:INT 1:IM 40;M-4:488。

说明:属性通信频道编码用于各种 VHF 频道编码。每一 VHF 频道应以二位数字和最多两个字母(A～Z)来表示,可对多 VHF 频道同时编码。

格式:(××);(××);……

A.3.3.73　罗经花尺寸

缩写:$CSIZE

代码:78

类型:F

期望输入:罗经的半径

说明:单位为毫米。

定义:规定绘制罗经花的显示半径。

A.3.3.74　汇编日期

缩写:CPDATE

代码:79

类型:A

定义:汇编数据完成的日期。

说明:汇编日期的编码用二位数表明日期(DD),二位数表明月份(MM)以及四位数表明年份(YYYY)。

格式:YYYY MM DD(强制)。

A.3.3.75 编辑比例尺

缩写:CSCALE

代码:80

类型:I

定义:原始编辑数据的比例尺。

最小值:0。

说明:表明比例的模数。

示例 A.1:

1:75 000 比例编码为 75 000。

备注:例如,用于 ENC 编辑纸航道图的比例尺。本属性仅与元物标数据语编辑比例尺(M_CSCL)一起使用,它用于定义等编辑比例尺的多边形。CACALE 应不与属性 SCAMIN 和 SCMAX 相混淆。

A.3.3.76 状态

缩写:CONDTN

代码:81

类型:E

期望输入:见表 A.77。

表 A.77

标识号	含 义	INT 1	M-4	定 义
1	建造中	IF 30	329.1	正在进行建造的建筑物
2	废弃的	ID 8,IF 33.1-2	378.1-2	建筑物处于损坏或变坏的状态中,由于疏忽或乱用引起的,需要修理的损坏了的建筑物(IHO S-32,4456)
3	改造中	IF 31	329.2	海洋的某一区域正在进行改造成陆地,通常用倾倒泥土或其他物质的方法
4	无侧翼的	IE 25.2	374.5	透平机叶片均已丢失的风车或风力发动机
5	计划建造的			计划应进行建造的地区

备注:属性状态编码房屋及其他建筑物的各种状态。缺省状态应是已完成、未损坏和工作正常。因此本属性只被用以表示除正常以外的任何一种物标状态。

A.3.3.77 雷达可视

缩写:CONRAD

代码:82

类型:E

期望输入:见表 A.78。

表 A.78

标识号	含　义	INT 1	M-4	定　义
1	雷达显见	IS 5	485.2	反回一强大的雷达回波的物标(IHO S-32,4142)
2	雷达不显见			不反回特别强大的雷达回波的物标
3	雷达显见(有雷达反射器)			一个有雷达反射器的物标,能反射强的雷达回波

A.3.3.78 视觉可见

缩写:CONVIS

代码:83

类型:E

期望输入:表 A.79。

表 A.79

标识号	含　义	INT 1	M-4	定　义
1	视觉显见	340.1		适用于一个物标不论是天然的或人造的都能从海上清楚而显著的看到时的术语(IHO S-32,984)
2	视觉不显见			一个从海上能看到的物标,但不显著

A.3.3.79 终止日期

缩写:DATEND

代码:85

类型:A

说明:终止日期应使用四位数年度(YYYY)、二位数月份(MM)(例如四月份 = 04)、二位数日期(DD)进行编码。

格式:YYYY MM DD(强制)

备注:属性终止日期表明物标(如浮筒)存在的最后日期。本属性用于指出在规定的未来日期物标将被移去或撤除。参见定期终止日期。

A.3.3.80 开始日期

缩写:DATSTA

代码:86

类型:A

说明:开始日期应使用四位数年度(YYYY)、二位数月份(MM)(例如四月份 = 04)、二位数日期(DD)进行编码。

格式:YYYY MM DD(强制)

备注:属性开始日期指示一个物标(例如浮标)将出现的最早日期。本属性用于指出在规定的未来日期一个物标将被设置或配备。参见定期开始日期。

A.3.3.81 深度范围值 1

缩写:DRVAL1

代码:87

类型:F

定义:在规定区域内的最小深度值。

参考:INT 1:II 21;IM 6;M-4:414;432.4;434.3-4。

备注:属性 DRVAL1 编码深度范围的最小(最浅)值(例如深度区域的)。如该区域干出时,其值是负数。

A.3.3.82 深度范围值2

缩写:DRVAL2

代码:88

类型:F

定义:在规定区域内的最大深度值。

参考:INT 1:II 21;IM 6;M-4:414;432.4;43.3-4。

备注:属性 DRVAL2 编码深度范围的最大(最深)值(例如深度区域)。如该区域干出时,其值是负数。

A.3.3.83 深度单位

缩写:DUNITS

代码:89

类型:E

期望输入:见表 A.80。

表 A.80

标识号	含义	INT 1	M-4	定义
1	米			深度以米表示(长度的国际单位制的单位)
2	6英尺及英尺			深度以(深度的)六英尺单位及英尺表示
3	英尺			深度以英尺表示(英国度量衡法定标准的长度)
4	6英尺及分数			深度以(深度的)六英尺单位及其分数表示

A.3.3.84 高度/海拔

缩写:ELEVAT

代码:90

类型:F

定义:物标的地平面高度,测量于规定的垂直基准面。

参考:INT 1:TC 10-13;IH 20;M-4:3521-2;302;405。

最小值:0

A.3.3.85 预计传输范围

缩写:ESTRNG

代码:91

类型:F

定义:非光学电磁传输的预计有效距离。

最小值:0

说明:单位为米。

备注:预计有效距离假定传输是在真空中和标准5m高天线。这将提示航海者是否可能在某距离处从具有本属性的物标上收到传输信号。

A.3.3.86 灯质状态

缩写:EXCLIT

代码:92

类型:E

期望输入:见表 A.81。

表 A.81

标识号	含义	INT 1	M-4	定义
1	灯质固定灯			在整个 24h 显示不改变灯质的灯
2	昼灯	IP 51	473.4	仅在白天显示的灯
3	雾灯	IP 52	473.5	在雾天或能见度降低状况下显示的灯
4	夜灯			仅在夜间显示的灯

A.3.3.87 水深说明

缩写:EXPSOU

代码:93

类型:E

期望输入:见表 A.82。

表 A.82

标识号	含义	INT 1	M-4	定义
1	在周围水深区的深度范围内			水深相当于周围水深区的深度范围,即水深不比周围水深区的最小深度浅,也不比周围水深区的最大深度深
2	浅于周围水深区的深度范围			水深比周围水深区的最小深度浅
3	深于周围水深区的深度范围			水深比周围水深区的最大深度深

备注:本属性指出物标的水深值不在围绕水深区的深度范围内。这些物标可能对航行有潜在危险。

A.3.3.88 功能

缩写:FUNCTN

代码:94

类型:L

期望输入:见表 A.83。

表 A.83

标识号	含义	INT 1	M-4	定义
2	港务局长办公室	IF 60	325.1	负责船舶系泊和锚泊、征收港务费等工作的地方官员的办公室(IHO S-32,1993)
3	海关	IF 61	325.2	负责执行海关规则的办公室
4	保健站	IF 62.1	325.3	负责执行健康法规和卫生检查的办公室
5	医院	IF 62.2	325.3	为生病或受伤者提供医药或外科手术的公共设施或部门
6	邮局	IF 63	372.1	主要负责收集传递和分发邮件的公用部门、代办处或组织
7	旅馆			为付费的游客提供住宿、膳食和其他服务的舒适或豪华的部门

表 A.83(续)

标识号	含 义	INT 1	M-4	定 义
8	火车站	ID 13	362.2	有平台的建筑物,是火车到达装卸和离开的场所
9	警察局			地方警察部队的办公处
10	水上警察局			地方水上警察部队总部
11	引航站	IT 3	491.4	引航办公室或部门;该地方可以提供引航的服务(IHO S-32,3845)
12	引航瞭望台	IT 2	491.3	岸上一座醒目的结构物里有人员值班瞭望(IHO S-32,2917)
13	银行			为保管、存储、借贷或发行钱币的办公室
14	地区管理总部			对一个行政管理区域负有责任的执行官员(首长、经理等)的岗位
15	转运棚/仓库	IF 51	328.1	用作储藏货物或商品的建筑物或建筑物的一部分
16	工厂			有生产制造设备的建筑物或建筑物区;一个车间
17	电站			一座固定的工厂,有大规模的将某种形式的能源(诸如水力、蒸汽、化学或核能)转换成为电能的设备
18	办公楼	IG 72		为事务管理的建筑物
19	教育机构			涉及教育的建筑物(例如学校、学院、大学等)
20	教堂	IE 10.1	373.1-2	基督教徒举行宗教仪式的场所
21	小教堂	IE 11		基督教徒的礼拜堂,不是教区、大教堂或教堂,特别是隶属于私人房屋或慈善机关
22	寺庙	IE 13	373.2	
23	宝塔	IE 14	373.3	印度或佛教的寺庙或神圣的建筑物
24	神道殿堂	IE 15	373.3	神道礼拜的建筑物
25	佛教的寺庙	IE 16	373.3	
26	清真寺	IE 17	373.4	伊斯兰教的寺院
27	伊斯兰教教堂	IE 18	373.5	
28	瞭望			监视海上或沿岸事件(IHO S-32,2917)
29	通信			播发和/或接收电子通信信号
30	电视台			播发电视信号
31	无线电台			播发无线电信号
32	雷达			用发射、反射定时无线电流探测、定位或跟踪物和测量高度的一种方法、系统或技术(IHO S-32,4158)
33	灯架			支承一个灯器
34	微波站			使用微波广播和接收信号
35	冷却			驱散热量

表 A.83(续)

标识号	含　义	INT 1	M-4	定　义
36	观察			能观察周围事物的地方,但不是经常保持看守的(IHO S-32,2917)
37	报时球			呈球形的可视时间信号
38	时钟			可视的时间信号(IHO S-32,5536)
39	控制			用于控制航空铁路或海上交通
40	飞艇停泊			一种系固飞艇的设备
41	体育车			
42	公共汽车站			
43	散热			释放热量
44	蒸馏			加热液体使其变成蒸气,再使蒸气冷却凝成液体,从而除去其中的杂质
45	跳伞			
46	棚房			指有顶、四周无墙或仅有简陋墙壁的建筑物
47	吊楼			建在河边的,下面有支柱的悬空房子
48	陡坎房屋			建在陡坎或河岸边的房基用砖石砌成的房屋
49	廊房			走廊式楼房,下面可以通行,或只有顶盖的
50	架空的房屋			下面有支柱的架空房屋
51	建筑物间的悬空建筑			两座大楼间上层贯通的架空结构,过街楼也用此表示
52	露天舞台、检阅台			高出地面的正规平台
53	露天货栈			露天堆放物资的专用场地
54	厕所			建筑物外的独立厕所,简陋的不表示
55	喷水池			公园及公共场所专供喷水的池子
56	变电所			变换电压,传输和分配电能
57	彩门、牌坊、牌楼			
58	宣传橱窗、广告牌			
59	岗亭、岗楼、岗墩			固定的交通岗亭、警卫亭(楼)等
60	钟楼、城楼、鼓楼			钟楼、城楼、鼓楼、要塞
61	土地庙			供有偶像或牌位的各种小庙
62	车站及附属设施站台			
63	汽车站			指城市以外无房屋建筑物的客车车站
64	水泵房			

备注:值 1 废弃不用。

A.3.3.89　高度

缩写:HEIGHT

代码:95

类型:F

定义:从特定的垂直基准面测量到物标最高点的垂直距离值。

参考:INT 1:IC 14;IE 4;IK 10-11;M-4:302,352.4,421.1-2。

最小值:0

备注:高度决不能用于漂浮的物体。

A.3.3.90 高度/长度单位

缩写:HUNITS

代码:96

类型:E

期望输入:见表 A.84。

表 A.84

标识号	含义	INT 1	M-4	定义
1	米			高度/长度用米表示(长度的国际单位)
2	英尺			高度/长度用英尺表示(长度的英制单位)

备注:以属性编码为高度和长度的测量单位,而不是深度。深度单位属性编码用(DUNITS)。

A.3.3.91 水平精度

缩写:HORACC

代码:97

类型:F

定义:横向净空和距离的水平精度的最佳估计。

最小值:0

说明:单位为米。

备注:预期输入的是二元误差的半径。误差设正和负。正负符号不应被编码。

A.3.3.92 水平净空

缩写:HORCLR

代码:98

类型:F

定义:物标的宽度,如能够安全通行的运河或隧道的宽度。它可能与物标总的物理宽度相同,也可能不相同。

参考:INT 1:ID 21;M-4:380.3。

最小值:0

说明:单位为米。

A.3.3.93 水平长度

缩写:HORLEN

代码:99

类型:F

定义:两线性轴的较长轴的量度。

最小值:0

说明:单位为米。

A.3.3.94 水平宽度

缩写:HORWID

代码:100

类型:F

定义:两线性轴的较短轴的量度。

最小值:0

说明:单位为米。

A.3.3.95 冰况系数

缩写:ICEFAC

代码:101

类型:F

定义:由于冰的堆积,架空电缆的垂直净空最大的偏差量值。

最小值:0

A.3.3.96 信息

缩写:INFORM

代码:102

类型:S

定义:关于物标的原文信息。

参考:INT 1:IA 16;M-4:242.3-5。

备注:此属性应该用于保持原纸航道图所表示的告警性和解释性的注释信息。在 INFORM 属性中可能没有正文格式,如需要正文格式则应使用属性 TXTDSC。

A.3.3.97 管辖区域

缩写:JRSDTN

代码:103

类型:E

期望输入:见表 A.85。

表 A.85

标识号	含　义	INT 1	M-4	定　义
1	国际			覆盖多于一个国家区域
2	国家			由单一的国家管理和控制的区域
3	国家下属地区			比这个国家所在地小的区域

A.3.3.98 水平对齐

缩写:$JUSTH

代码:104

类型:E

期望输入:见表 A.86。

表 A.86

标识号	含　义	INT 1	M-4	定　义
1	居中			正文串居中心
2	右对齐			正文串最后字符靠右端
3	左对齐			正文串第一个字符靠左侧

A.3.3.99 垂直对齐

缩写:$JUSTV

代码:105

类型:E

期望输入:见表 A.87。

表 A.87

标识号	含　义	INT 1	M-4	定　义
1	底对齐			正文串靠底部
2	居中			
3	顶对齐			正文串位置靠顶部

A.3.3.100　起重能力

缩写:LIFCAP

代码:106

类型:F

定义:物标的标定安全起重力。

参考:INT 1:IF 53.1-2;M-4:328.3。

最小值:0

说明:国际单位为吨;分辨率为0.1t。

A.3.3.101　灯质

缩写:LITCHR

代码:107

类型:E

期望输入:见表 A.88。

表 A.88

标识号	含　义	INT 1	M-4	定　义
1	定光	IP 10.1		在任何设定方向连续表示定常的强度和颜色的信号灯(IHO S-32,2780)
2	闪光	IP 10.4		有节奏的灯光,在一个周期中明的持续时间比暗的持续时间短,并且所有灯光出现的持续时间相等(IHO S-32,2783)
3	长闪光	IP 10.5		定期重复显示,持续时间不少于2s 的单闪光(IHO S-32,2796)
4	快闪光	IP 10.6		交替的灯光显示不中断的很快的有规律的明和暗闪光(IHO S-32,2803)
5	甚快闪光	IP 10.7		闪光重复频率每分钟不少于80 次,但不超过160 次的闪光
6	超快闪光	IP 10.8		闪光重复频率每分钟不少于160 次的闪光
7	等明暗光	IP 10.3		明暗持续时间相等的闪光(IHO S-32,2779)
8	明暗光	IP 10.2		有节奏的灯光,在一个周期内明的持续时间比暗的持续时间长,并且所有暗的持续时间相等(IHO S-32,2801)
9	联快闪光	IP 0.6		快闪光序列被规则重复的定长持续时间间断的灯光(IHO S-32,2790)

表 A.88(续)

标识号	含　　义	INT 1	M-4	定　　义
10	联甚快闪光	IP 10.7		非常快的明暗交替灯光,定长的持续时间有规则地间断的灯光(IHO S-32,2792)
11	联超快闪光	IP 10.8		超快闪光(每分钟160次以上),定长的持续时间有规则地间断的灯光(IHO S-32,2791)
12	莫尔斯光	IP 10.9		有节奏的灯光,显示两个明显不同持续时间的亮光组成莫尔斯码代表一个字母或字母组
13	定闪光	IP 10.1		
14	闪长闪光			
15	明暗闪光			
16	定长闪光			
17	明暗互闪光			
18	长互闪光			
19	互闪光			
20	互联闪光			
21	快闪加长闪			
22	甚快闪加长闪			
23	超快闪加长闪			
24	互光			在任何设定方向上有规律按顺序周期性地显示两种或两种以上颜色的信号灯光(IHO S-32,2770)
25	定光和互闪光			
26	联明暗光			在一个周期中连续熄灭两次或两次以上,明的时间长于暗的时间的灯光。(2)系连续熄灭两次的光
27	混合联明暗光			在一个周期中相继出现几个不同熄灭次数的联明暗光。(2+3)系在一个周期中相继出现连续熄灭两次和三次的光
28	单闪光			灯光颜色不变,在一个周期中只显单次闪光,明的时间比暗的时间短的灯光
29	联闪光			在一个周期中以两次或两次以上的闪光组成一个组,并有规则地重复的灯光。(3)系连续发三次的闪光
30	混合联闪光			在一个周期中相继出现几个不同闪光次数的闪光组的联闪光
31	连续快闪光			颜色不变,每分钟发50~80次闪光的灯光。我国规定快闪光为每分钟60次
32	间断快闪光			有间断的快闪光。连续快闪次数后作有规律的中断
33	连续甚快闪光			颜色不变,明暗次数每分钟80~160次的灯光。我国规定甚快闪光为每分钟120次

表 A.88(续)

标识号	含　义	INT 1	M-4	定　义
34	间断甚快闪光			有间断的甚快闪光
35	连续超快闪光			颜色不变,每分钟发闪光 160 次以上的灯光,一般为 240～300 次
36	间断超快闪光			有间断的超快闪光
37	互明暗光			两种不同颜色的灯光互相交替着,每隔一定时间熄灭一次,明的时间比暗的时间长或暗明相等
38	单闪和定光			

备注:以上性质的选集,在 IHO 出版物 M-4:471.2 条有详细说明和插图表示。

原第 21～24 号的灯质含义不再使用,水平和垂直的灯光配置在编码时使用属性灯标类(CATLIT)和灯的多样性(MLTYLT)。

A.3.3.102　灯标能见度

缩写:LITVIS

代码:108

类型:L

期望输入:见表 A.89。

表 A.89

标识号	含　义	INT 1	M-4	定　义
1	高光强灯	IP 61.1	476.2	非航海用灯。比航海用灯有较大的功率并且在远岸即可看见(常用于航空灯)
2	低光强灯	IP 61.2	476.2	非航海用灯。比航海用灯功率低
3	弱光强灯	IP 45	475.3	可能发生部分被遮蔽而使灯光视强度减弱
4	光增强灯	IP 46	475.5	光弧中的灯光被增强(例如比其他光弧有较长的射程)
5	未增强灯			光弧中的灯光未增强(例如与其他光弧相比射程较短)
6	故意限制能见灯	IP 44	475.3	光弧灯光强度被故意减弱,例如减少它对建筑物区的作用
7	遮蔽灯	IP 43	475.3	指被遮蔽范围的光弧,在该光弧范围内的海面上不能看到灯光(IHO S-32,3492)
8	部分遮蔽灯			此含义说明部分光弧被遮蔽
9	不发光灯			

备注:属性灯标能见距离根据灯光的强度和易于识别程度对灯光的特定可见度进行编码。

A.3.3.103　航行标志系统

缩写:MARSYS

代码:109

类型:E

期望输入：见表 A.90。

表 A.90

标识号	含　义	INT 1	M-4	定　义
1	国际航标协会(IALA)A	IQ 130	461	航行标志遵循(IALA)A
2	国际航标协会(IALA)B	IQ 130	461	航行标志遵循(IALA)B
9	无体系			航行标志不遵循任何指定的体系
10	其他体系	461		航行标志遵循除(IALA)以外的指定体系

备注：值 3～8 号废弃不用。

A.3.3.104　灯光组

缩写：MLTYLT

代码：110

类型：I

定义：几个具有相同性质的灯光以同一地点组合存在。

最小值：2

A.3.3.105　国籍

缩写：NATION

代码：111

类型：A

定义：属性国籍表示特定物标的国籍。

说明：国籍按 ISO 3166 标准，用一个 2 字符代码编码。

格式：C2(强制)

A.3.3.106　建筑结构性质

缩写：NATCON

代码：112

类型：L

期望输入：见表 A.91。

表 A.91

标识号	含　义	INT 1	M-4	定　义
1	砖石结构	IF 4.3	322.1	用砖或石建造的结构
2	混凝土结构	IF 4.3	322.1	用混凝土建造的结构，砂、砾石材料与水泥混合变成坚硬物，用于道路、基础设施等
3	散石结构	IF 4.2	322.1	用大石块或混凝土块建造的结构，通常松散地放置，防止波浪或水的扰动
4	硬表面结构	ID 11	365.2	用坚固材料建造的路面，该术语通常适用于道路用沥青或混凝土铺面的
5	表面未处理结构	ID 12	365.3	无特别保护措施的建筑，该术语通常适用于无坚固材料路面的道路
6	木质结构			用木材建造的结构
7	金属结构			用金属建造的结构

表 A.91(续)

标识号	含　　义	INT 1	M-4	定　　义
8	玻璃钢结构			用塑胶材料和玻璃纤维加强建造的结构
9	油漆结构	IQ 101	456.2	用油漆涂布在其他建筑物或自然物上建成的结构
10	竹质结构			用竹子建造的结构
11	土坯结构			用土坯建造的结构
12	秫秸结构			用秫秸建造的结构

A.3.3.107　表面性质

缩写:NATSUR

代码:113

类型:L

期望输入:见表 A.92。

表 A.92

标识号	含　　义	INT 1	M-4	定　　义
1	泥	IJ 2,20		软湿土壤
2	黏土	IJ 3		(颗粒直径小于0.002mm)硬、黏土,烘烤时会变硬
3	泥沙	IJ 4		(颗粒直径0.002mm～0.0625mm)在手中干了很易摩擦掉
4	沙	IC 6,IJ 1,20	312.2	(颗粒直径0.0625mm～2.0mm)岩石磨损或击碎的细小颗粒
5	石	IC 7,IJ 5,20	312.2;425.5-6	岩石碎片的总的术语,大小从砾石、圆砾到圆石和大岩石块(IHO S-32,5059)
6	砾石	IJ 6,20		(颗粒直径2.0mm～4.0mm)带粗砂的小石头
7	卵石	IJ 7		(颗粒直径4.0mm～64.0mm)在水中翻滚成圆滑的小石头
8	中石	IJ 8		(颗粒直径64mm～256mm)被水磨损成滑状的石头用于铺路
9	岩石	IJ 9,21		任何自然原因形成的与地壳成为一个整体,是自然界固有的坚硬的材料(IHO S-32,4415)
11	熔岩			从火山口流出的流体或半流体物质。熔化的岩石冷却后形成的。部分海床是由火山岩组成的(IHO S-32,2680)
14	珊瑚	IJ 10,22	425.5;426.3	许多种珊瑚是由坚硬的钙质骨骼堆积而成(IHO S-32,1061)
17	贝壳	IJ 11	425.5～6	各种水中居住动物的外甲(IHO S-32,527)
18	圆石			直径为256mm或更大的圆岩石

备注:属性表面性质编码组成此表或水底材质的一般性质。

混合底质:如水底由混合的物质组成,则主要成分首先给出,例如细沙与泥和贝壳混合应按4、1、17表示。泥、沙、石、岩石是用于一般描述的术语。黏土、淤泥、砾石、卵石、中石是与颗粒大小有关的专门术语。原10、12、13、15、16号废弃不用。

A.3.3.108　表面性质限定术语

缩写:NATQUA

代码:114

类型:L

期望输入:见表 A.93。

表 A.93

标识号	含　义	INT 1	M-4	定　义
1	精细	IJ 30	425.5-6	属于最小尺寸的连续统一体,作为特定的表面性质术语
2	中等	IJ 31	425.5-6	属于中等尺寸的连续统一体,作为特定的表面性质术语
3	粗糙	IJ 32	425.5-6	属于最大尺寸的连续统一体,作为特定的表面性质术语
4	破碎	IJ 33	425.5-6	碎裂的或成片状
5	黏性	IJ 34	425.5-6	具有黏着的或胶状的特性
6	柔软	IJ 35	425.5-6	不坚硬或不坚固的
7	刚性	IJ 36	425.5-6	不可塑的,厚实的不流动的
8	熔岩	IJ 37	425.5-6	由火山喷出物质构成的(或含有)
9	石灰质	IJ 38	425.5-6	由钙或钙碳酸盐组成的(或含有)(IHO S-32,603)
10	坚硬	IJ 39	425.5-6	坚实的,通常指水底硬地壳没有被松散的沉淀物覆盖的区域(IHO S-32,2194)

备注:属性表面性质限定术语编码自然表面物质的不同形态的性质包括大小、结构和密度。

A.3.3.109　航海通告日期

缩写:NMDATE

代码:115

类型:A

说明:一个二位数日期(DD)、一个二位数月份(MM)和一个四位数年份(YYYY)。

格式:YYYY MM DD(强制)

A.3.3.110　物标名称

缩写:OBJNAM

代码:116

类型:S

定义:一个物标专用的名称。

参考:INT 1:1D 7;IF 19;IN 12.2-3;M-4:371,323.1-2,431.2-3,431.5。

A.3.3.111　方位

缩写:ORIENT

代码:117

类型:F

定义:从真北线量到物标主轴线的角距。

参考:INT 1:IM 1-4,40;IP 20.1-2,21,30.1-2;IS 3.5,11;M-4:433.2-6,434.1-2,475.6-8,487.2,488。

最小值:0

最大值:360

说明:国际单位为度;分辨率为0.01°。

A.3.3.112 定期终止日期

缩写:PEREND

代码:118

类型:A

定义:季节性物标的有效期的结束日期(例如一个浮标)参见终止日期。

参考:INT 1:IQ 71;M-4:460.5。

说明:属性定期终止日期的编码,用四位数表示年份(YYYY)、二位数表示月份(MM)(例如四月份=04)、二位数表示日期(DD)。当没有特定的年份要求即物标每年同样时间被撤掉,则字段的年份部分被四个问号(????)所填充。

格式:YYYY MM DD(强制)

A.3.3.113 定期开始日期

缩写:PERSTA

代码:119

类型:A

定义:季节性物标的有效期开始日期(例如一个浮标),见开始日期。

参考:INT 1:IQ 71;M-4:460.5。

说明:属性定期开始日期的编码,用四位数表示年份(YYYY)、二位数表示月份(MM)(例如四月份=04)、二位数表示日期(DD)。当没有特定的年份要求即物标每年同样时间被撤掉,则字段的年份部分被四个问号(????)所填充。

格式:YYYY MM DD(强制)

A.3.3.114 图示显示

缩写:PICREP

代码:120

类型:S

定义:表示物标是否有可用的图示显示。

参考:INT 1:IE 3.1-2;M-4:456.5,457.3。

说明:用字符串编码外部图形文件的文件名(像素/矢量)。

备注:图示可是素描图或照片。

A.3.3.115 引航区域

缩写:PILDST

代码:121

类型:S

定义:指定的引航服务作业区域。

参考:INT 1:IT 1.2;M-4:491.1-2。

A.3.3.116 生产国家

缩写:PRCTRY

代码:122

类型:A

定义:对数据产品负责的国家。

说明:国家(C2)按 ISO 3166 以两个字母编码。

格式:C2(强制)

示例 A.2:

DK(Denmark)为丹麦。

A.3.3.117 产品

缩写:PRODCT

代码:123

类型:L

期望输入:见表 A.94。

表 A.94

标识号	含 义	INT 1	M-4	定 义
1	油	IE 32,IL 40.1-2	376.1-2,444.1	不溶于水的稠滑液体,通常是与储存罐有关的石油基物质
2	气	IE 32,IL 40.1-2	376.1-2,444.1	物质的分子能自由移动,通常是与储存罐有关的燃料气体
3	水	IL 40.1	444.4	无色、无味的液体,是氢和氧的化合物
4	石			一般指岩石的碎块(IHO S-32,5059)
5	煤			一种坚硬黑色的矿石,能作为燃料
6	矿石			固体矿物或岩石,从中可得到金属
7	化学品	IE 32	376.1-2,444.1	通过或使用化学过程获得的物质
8	饮用水			适宜于人类消耗的水
9	奶乳			由雌性哺乳动物分泌的白色液体作为它们的仔的食物
10	铝土矿			一种矿石,从中可获得铝
11	焦炭			一种固体物质,是当瓦斯和焦油从煤矿中提取后获得的,用作燃料
12	铁锭			长方形铸铁块
13	盐			氯化钠,从海水蒸发或从矿中提炼获得
14	砂			岩石压碎或磨损后形成的极小颗粒
15	木材			为用于建筑和木制品而准备的木材
16	木屑/木片			锯木材时得到的粉末碎屑或碎片,用于制造层压板
17	废金属			废弃的金属,可用于再加工
18	液态天然气			
19	液化石油气			
20	葡萄酒			
21	水泥			
22	谷物			
23	牲畜			
24	蔬菜			
25	鲜花			
26	黏土			
27	粮油			

备注:属性产品编码各种能被转运、储存或开采的物质。

A.3.3.118 出版物参考

缩写:PUBREF

代码:124

类型:S

定义:航海出版物的参考。

说明:字符串编码所参考的航海出版物中特定一段。

A.3.3.119 水深质量

缩写:QUASOU

代码:125

类型:L

期望输入:见表 A.95。

表 A.95

标识号	含　　义	INT 1	M-4	定　　义
1	已知深度			已知从航道图基准面到水底的深度
2	未知深度	IK 40	422.9	未知从航道图基准面到水底的深度
3	可疑水深	II 2	417,424.4	深度可能小于所示水深(IHO S-32,4840)
4	不可靠水深	II 14	412.4	深度不太可靠
5	未测到底水深	II 13	412.3	测深时此深度尚未测到水底(IHO S-32,4848)
6	已知最浅深度	IK 26-27	422.3-4	特征点以上最浅深度已知(IHO S-32,2705)
7	未知最浅深度(给出安全富余量)	IK 30	422.7	特征点以上最浅深度未知,但已具有安全富余量
8	报告水深值(未经测量)	II 3.1	417,424.5	深度值来源于报告,但未经完全测量
9	报告水深值(未经核实)	II 4		深度值来源于报告,但未经核实
10	维护水深	II 23	414.2	航道深度由人工维护,通常是通过疏浚(IHO S-32,3057)
11	不定期维护			水深可能由于人为力量而改变,但不是常规的维护

备注:属性水深质量表示水深值的可靠程度。

A.3.3.120 雷达波长

缩写:RADWAL

代码:126

类型:A

定义:电磁波谱的雷达频带中电磁波的两个连续波峰(或其他相同的相位点)之间的距离。

参考:INT 1:IS 3.1-4;M-4:486.3-4。

说明:波长和频带编码以字符表示。如果有两个频带编码,就应用逗号分开。

国际单位为米。分辨率为0.01m。

格式:V.VV—B,V.VV—B,V.VV—B

V.VV 为波长值编码,B 为频带编码,每一分隔用连字号—连接。

示例 A.3：

雷达应答器信标的波长 3cm(X)—频带，应表示为 0.03—X。

备注：属性雷达应答器信标编码雷达应答器信标发射的特定波长。雷达应答器信标一般用 3cm(X)—频带或 10cm(S)—频带，航海频带以外的波长仍可用。

A.3.3.121 半径

缩写：RADIUS

代码：127

类型：F

定义：从中心延伸到圆形或球形物标的周边的矢量。

参考：INT 1：IN 11.2。

最小值：0

说明：单位为米。

A.3.3.122 记录日期

缩写：RECDAT

代码：128

类型：A

定义：特定物标或制图元获得、编辑的日期。

参考：INT 1：II 22；M-4：414.1。

说明：记录日期编码用二位数表示日期(DD)、二位数表示月份(MM)、四位数表示年份(YYYY)。

格式：YYYY MM DD(强制)

A.3.3.123 记录表示法

缩写：RECIND

代码：129

类型：A

定义：编码和数据输入的程序。

说明：

a) 国家(C2)：按照 ISO3166 规定的二字母码；

b) 机构(C2)：图形字符串不超过两个字符。例如中国航海航保部 C1；

c) 程序(C4)：

  1) 数字化 = digi；

  2) 扫描 = scan；

  3) 字母、数字输入 = alph。

格式：C2，C2，C4(强制)

示例 A.4：

DK，DI，digi。

A.3.3.124 磁差参考年份

缩写：RYRMGV

代码：130

类型：A

定义：磁差值的参考年份。

参考：INT 1：IB 68.1，70-71；M-4：270。

说明：磁差参考年份用四位数(YYYY)编码。

格式：YYYY(强制)

A.3.3.125 限制

缩写:RESTRN

代码:131

类型:L

期望输入:见表 A.96。

表 A.96

标识号	含 义	INT 1	M-4	定 义
1	禁止抛锚	IN 20		区域内不允许抛锚
2	限制抛锚			管理当局指定的特定区域,在此区域内按照一些特定条件限制抛锚
3	禁止捕捞	IN 21		区域内不允许捕捞
4	限制捕捞			管理当局指定的特定区域,在此区域内按照一些特定条件限制捕捞
5	禁止拖网			区域内不允许拖网作业
6	限制拖网			管理当局指定的特定区域,在此区域内按照一些特定条件限制拖网作业
7	禁止进入	IN 2.2		区域内禁止航行和(或)抛锚(IHO S-32,4044)
8	限制进入			管理当局指定的特定区域,在此区域内按照一些特定条件限制航行
9	禁止疏浚			区域内不允许疏浚作业
10	限制疏浚			管理当局指定的特定区域,在此区域内按照一些特定条件限制疏浚作业
11	禁止潜水			区域内不允许潜水作业
12	限制潜水			管理当局指定的特定区域,在此区域内按照一些特定条件限制潜水作业
13	无伴流			航海者应调整船速,减少船行波和尾流,以防冲刷或扰动系泊的船只
14	避航区	IM 29.1		由 IMO 指定的避让区域,作为一种定线措施
15	禁止建造			
16	禁止卸载			
17	限制卸载			
18	禁止工业或矿石勘探/开发			
19	限制工业或矿石勘探/开发			
20	禁止钻井			
21	限制钻井			
22	禁止移动历史古迹			

表 A.96(续)

标识号	含　义	INT 1	M-4	定　义
23	禁止货物转载（驳运）			
24	禁止拖曳			
25	禁止停顿			区域内不允许停顿
26	禁止停泊			区域内不允许停泊
27	限速			区域内按照限定的速度航行
28	禁止追越			区域内不允许追越
29	禁止通行			区域内不允许通行
30	限制停泊			管理当局指定的特定区域,在此区域内按照一些特定条件限制停泊
31	禁止调头			区域内不允许调头
32	限制停顿			管理当局指定的特定区域,在此区域内按照一些特定条件限制停顿
33	水道水位受限			管理当局指定的特定区域,在此区域内水位受到限制
34	水道宽度受限			管理当局指定的特定区域,在此区域内水道宽度受到限制
35	禁止游泳			

备注:各受限区域,官方法定状况定义为限制的种类。例如运动保护限制可能是禁止进入区,禁止抛锚限制就是禁止抛锚区。

关于受限区域的完整资料实际包含在指南或其他出版物中,可能被属性 TXTDSC 编码。简单的注释在属性 INFORM 中给出。

A.3.3.126　最大比例尺

缩写:SCAMAX

代码:132

类型:I

定义:物标可能使用的最大比例尺,如用于 ECDIS 显示。

最小值:1

说明:所用的比例模量,如 1:25 000,编码为 25 000。分辨率为 1。

示例 A.5:

如果某个最大比例尺定为 1:25 000(编码为 25 000)则较大比例尺可以是 1:20 000(编码为 20 000)。

A.3.3.127　最小比例尺

缩写:SCAMIN

代码:133

类型:I

定义:物标使用的最小比例尺,例如用于 ECDIS 显示。

最小值:1

说明:使用的比例模数,如 1:1 250 000,编码为 1 250 000;分辨率为 1。

示例 A.6：

如果某个最小比例尺定为1:1 250 000（编码为1 250 000），则较小比例尺可为1:2 000 000（编码为2 000 000）。

A.3.3.128 比例值1

缩写：SCVAL1

代码：134

类型：I

定义：在源图资料中使用的测量比例范围的最大比例尺。

最小值：1

说明：用比例模数表示。

示例 A.7：

比例尺1:25 000编码为25 000。

A.3.3.129 比例值2

缩写：SCVAL2

代码：135

类型：I

定义：在源图资料中使用的测量比例范围的最大比例尺。

最小值：1

说明：用比例模数表示。

示例 A.8：

比例尺1:25 000编码为25 000。

A.3.3.130 扇形界限1

缩写：SECTR1

代码：136

类型：F

定义：扇形是从圆心画出到圆周的两条直线之间的圆的一部分。扇形界限1规定为扇形的第一界限。扇形界限1和扇形界限2的顺序是绕中心物标（如灯光）顺时针方向确定的。

参考：INT 1：IP 40；M-4：475，475.1。

最小值：0

最大值：360

说明：国际单位为度；分辨率为0.01°。

备注：给予邻接扇形的共同界限值应相同。方位的取向是从海那一边到中心物标。这符合灯标表出版物中所使用的方法。

一般性述语如向岸（to shore）不能使用；应对特定的方位编码。如果灯标扇形界限定义为朝向岸（to the shore），它应用一个值来编码，以保证当界限被画出时，它将完全落在岸上。

A.3.3.131 扇形界限2

缩写：SECTR2

代码：137

类型：F

定义：扇形是从圆心画出到圆周的两条直线之间的圆的一部分。扇形界限2规定为扇形的第二界限。扇形界限1和扇形界限2的顺序是绕中心物标（如灯光）顺时针方向确定的。

参考：INT 1：IP 40；M-4：475，475.1。

最小值：0

最大值：360

说明:国际单位为度;分辨率为0.01°。

备注:给予邻接扇形的共同界限值应相同。方位的取向是从海那一边到中心物标。这符合灯标表出版物中所使用的方法。

一般性述语如向岸(to shore)不能使用;应对特定的方位编码。如果灯标扇形界限定义为朝向岸(to the shore),它应用一个值来编码,以保证当界限被画出时,它将完全落在岸上。

A.3.3.132 偏移参数

缩写:SHIPAM

代码:138

类型:A

定义:从一个大地基准向另一个基准转换时的经纬度偏移量。

说明:Lat:纬度偏移参数,从特定的水平基准到数据的水平基准。单位:度,南为负值。

Lon:经度偏移参数,从特定的水平基准到数据的水平基准。单位:度,西为负值。

格式:Lat,Lon

示例 A.9:

a) 特定基准上的位置:20°40′.36(N) 085°20′.05(E);

b) 偏移参数(-0.03,0.07):-0.03(S)0.07(E);

c) 数据的基准面位置:20°40′.33(N) 085°20′.12(E)。

A.3.3.133 信号频率

缩写:SIGFRQ

代码:139

类型:I

定义:某一信号的频率。

说明:国际单位为Hz(赫兹);分辨率为1Hz(赫兹)。

A.3.3.134 信号生成

缩写:SIGGEN

代码:140

类型:E

期望输入:见表A.97。

表 A.97

标识号	含　义	INT 1	M-4	定　义
1	自动的			信号生成是由自动调整的机械装置激起的,例如计时器或光感应器
2	波浪作用	IR 21-22	454.1-2	信号是由海水表面运动而生成的,例如浮标上的钟
3	手动			信号是由人工操作机械生成的,例如手拉汽笛
4	风力作用			信号是空气运动生成的,如风驱动汽笛

备注:属性信号生成用于编码生成雾号的机理。

A.3.3.135 信号组

缩写:SIGGRP

代码:141

类型:A

定义:信号的数量,在整个连续周期里的信号或摩尔斯码的组合数。

参考:INT 1:IP 10.2-9;IR 20,22;M-4:453,453.1-4,471.2。

说明:灯标的信号组用括号分开单独的组来编码。一组信号可以是单个数字、一个用十分开的数字链、四个字母以内的一个序列或一个字母加一个数字。定光灯没有信号组。

如果一个灯质没有给出特定的信号组，那么，就用一对空括号来表示。

格式：(C)(C)……

示例 A.10：

灯质	信号组合
VQ(6) + LFI	(6)(1)
FI + LFI(2 + 3)	(1)(2 + 3)
F1(2) + LFI(3)	(2)(3)
FFI	( )(1)
MO(AA)	(AA)
AIF(2W + 1R)	(2 + 1)
AILFIWR	(2)
FOCW	( )(1)
AIOc(4)WR	(4)

A.3.3.136 信号周期

缩写：SIGPER

代码：142

类型：F

定义：整个明暗间隔循环所占用的时间。

参考：INT 1；IP 12；IR 20，22；M-4：463.5，471.5。

最小值：0

说明：单位为秒。

A.3.3.137 信号时序

缩写：SIGSEQ

代码：143

类型：A

定义：被明暗间隔所占用的时间序列，所有灯质除明暗光以外的时序均被明暗时间间隔所占据。

说明：单位为秒；分辨率为 0.1s。

格式：LL. L + (EE. E) ；(EE. E) + LL. L

示例 A.11：

00.8 + (02.2) + 00.8 + (05.2)

上述例子编码的信号时序为两明两暗的间隔。对于明暗光灯标，信号时序是指用固定的格式编码暗(E)和明(L)的间隔值。

(02.2) + 00.8 + (05.2) + 00.8

以上例子是用两暗两明的时间间隔信号时序编码的。

备注：对所有灯质的信号时序，除明暗光以外用固定格式编码明(L)和暗(E)的间隔值。

A.3.3.138 水深精度

缩写：SOUACC

代码：144

类型：F

期望输入：一元误差的最大值。误差设正和负。正负符号不应编码。

定义：水深数据精确度的最佳评估。

最小值：0

A.3.3.139 最大测深间距

缩写：SDISMX

代码:145

类型:I

定义:一次测量的主要测深线的最大间隔。

说明:单位为米。

A.3.3.140 最小测深间距

缩写:SDISMN

代码:146

类型:I

定义:一次测量的主要测深线的最小间隔。

说明:单位为米。

A.3.3.141 数据来源日期

缩写:SORDAT

代码:147

类型:A

定义:数据来源的制作日期,例如测量日期。

说明:记录日期的编码用二位数表示日期(DD)、二位数表示月份(MM)、四位数表示年份(YYYY)。

格式:YYYY MM DD(强制)

A.3.3.142 数据来源表示

缩写:SORIND

代码:148

类型:A

定义:关于物标来源的信息。

说明:

a) 国家(C2):(强制)。ISO 3166 两字码;

b) 机构(C2)(强制)。两个字母;

c) 来源(C5):图形,如标绘纸、纸图 = graph;报告,如沉船报告 = report;

d) 标识码(C……):如纸航道图代码。

格式:C2,C2,C5,C……

示例 A.12:

DK,DI,graph, chart196

A.3.3.143 状况

缩写:STATUS

代码:149

类型:L

期望输入:见表 A.98。

表 A.98

标识号	含 义	INT 1	M-4	定 义
1	永久的			意指寿命或功用是无限期的
2	偶然的	IP 50	473.2	在特定场合起作用,发生无规律
3	推荐的	IN 10	431.1	它的存在是值得置信的、肯定的和可使用的
4	不用的	IL 14,44	444.7	不打算再使用的

表 A.98(续)

标识号	含　义	INT 1	M-4	定　义
5	周期的/间歇的	IC 21,IQ 71	353.3,460.5	间断性的再现
6	备用的	IN 12.9		为某些专门的用途而备置的
7	临时的	IP 54		意指仅持续一段时间
8	私有的	IQ 70		非公共所有或管理的
9	强制性的			强迫的;被迫的
11	熄灭的			不再发光的
12	发光的			用探照灯、灯管等照亮的
13	历史的			历史上著名的;有历史影响的
14	公共的			全体社会所属的、可得的、可用的和共享的,但并不限制私人使用
15	同步的			发生在同一个时间,在时间上一致,同时代的或同时发生的
16	有人看守的			在一段时间里有人查看或观察注意任何移动或变化
17	无人看守的			通常是自动操纵,不应任何常驻人员管理
18	疑存的			一个据报的物标但是尚未明确地决定其存在
19	直立的			
20	斜坡的			
21	未加固的			
22	加固的			
23	有栏杆的			
24	垂直有栏杆的			
25	斜坡无栏杆的			
26	独立的			
27	狭长的			
28	岸上的			
29	船上的			
30	岸线上的			
31	岸线下的			
32	沟渠是一般的			
33	沟渠有堤岸的			
34	沟渠有沟堑的			

A.3.3.144　测量机构

缩写:SURATH

代码:150

类型:S

定义:负责测量的主管机关。例如,RAN 海道测量服务机构、墨尔本港务局。

备注:属性测量机构编码原始资料测量机构的名称。

A.3.3.145 测量结束日期

缩写:SUREND

代码:151

类型:A

说明:测量结束日期用四位数表示年份(YYYY)、两位数表示月份(MM)(例如四月份=04)、两位数表示日期(DD)。当不需要或不知道特定的月份和日期时,这些字段部分用问号填充。

格式:YYYY MM DD(强制)

A.3.3.146 测量开始日期

缩写:SURSTA

代码:152

类型:A

说明:测量开始日期用四位数表示年份(YYYY)、两位数表示月份(MM)(例如四月份=04)、两位数表示日期(DD)。当不需要或不知道特定的月份和日期时,这些字段部分用问号填充。

格式:YYYY MM DD(强制)

A.3.3.147 测量类型

缩写:SURTYP

代码:153

类型:L

期望输入:见表A.99。

表A.99

标识号	含　义	INT 1	M-4	定　义
1	勘察/草测			与精选比例尺正规给出的相比较,其测量的精度和详细程度均较低(IHO S-32,5219)
2	控制测量			通常根据指南进行的全面测量
3	检查测量			主要针对水下障碍物和危险物的测量
4	航行测量			通过船舶在航行中获得水深的测量
5	遥测、遥感			用遥感技术对地形地物进行定位和划界的测量

A.3.3.148 符号缩放系数

缩写:$SCALE

代码:154

类型:F

期望输入:与标准符号大小相关的缩放系数。

A.3.3.149 符号代码

缩写:$SCODE

代码:155

类型:A

期望输入:见相应可用的应用简档。

A.3.3.150 水深测量技术

缩写:TECSOU

代码:156

类型:L

期望输入:见表 A.100。

表 A.100

标识号	含　义	INT 1	M-4	定　义
1	回声测深仪测定			用确定水深的仪器测定水深,通过测量仪发射声波或超声波信号到水底返回的回声信号的时间间隔(IHO S-32,1547)
2	侧向扫描声呐测定			声呐以固定声波进入水中,在垂直于行进方向上扫描水底并产生一个水底轮廓的记录,水深通过计算记录来获得
3	多波束扫测			深度的测定是通过宽幅扇形回声测深仪以多波束扫描,测量船舶下方与航迹横截面的水深(IHO S-32,3339)
4	潜水员探摸			水深是由潜水员熟练的潜水作业探摸到的
5	测深锤(水铊绳)测深			一根标有丈量标记的水铊绳系有测深锤,用以测量水深(IHO S-32,2698)
6	扫海拖索	II 24, IK 2,27,42	415, 422.3,422.9	有两艘汽艇拖一组系有浮标的钢索,在给定区域内确定某一水深没有航行危险物,或用同样的技术确定最小水深(IHO S-32,6013)
7	激光测距测深			深度是用仪器发射同步激光脉冲,测出距离和测出发射与接收反射脉冲的时间(IHO S-32,2763)
8	垂直回声测深系统扫测			用一套装在测量船设置的横杆上的多波束换能器系统在指定的区域内进行扫测
9	电磁传感器探测			用一个仪器比较电磁信号来确定深度(IHO S-32,1571)
10	摄影测量法			对摄影照片运用数学技术确定深度
11	卫星成像测定			由安置在船上的人造卫星仪器确定深度(IHO S-32,4509)
12	水准测量方法			用水准测量技术找出一个点相对于一个基准面的高度来确定深度(IHO S-32,2741)
13	侧向扫描声呐扫测			用拖曳旁侧向扫描声呐在给定区域内确定某一航行深度没有航行危险物(IHO S-32,4710)
14	计算机生成			用计算机建立水底数学模型来确定水深
15	杆测			
16	水下测量机器人			

A.3.3.151　正文串

缩写:$TXSTR

代码:157

类型:S

期望输入:图表符号的显示内容。

A.3.3.152　正文描述

缩写:TXTDSC

代码:158

类型:S

说明:该字符串编码用英语记录正文的外部文本文件名。

备注:属性用国家语言的正文描述表示一个内容包含从有关的航路指南或航海出版物中摘录文本的正文文件是否有效。

A.3.3.153　色调

缩写:$TINTS

代码:170

类型:E

期望输入:见表 A.101。

表 A.101

标识号	含　义	INT 1	M-4	定　义
1	深蓝			
2	浅蓝			
3	淡蓝			

备注:属性色调用于表示多边形应用颜色色调填满的平面。

A.3.3.154　顶标/昼标形状

缩写:TOPSHP

代码:171

类型:E

期望输入:见表 A.102。

表 A.102

标识号	含　义	INT 1	M-4	定　义
1	尖向上锥形			由一顶点向一个圆平面画无数直线,所构成的立体形状
2	尖向下锥形			
3	球体形			所有与一个中心点等距离的点构成的曲面立体形,球体普遍用于 IALA 顶标
4	双球体			两个黑球体,普遍用于 IALA 顶标
5	圆柱形			由一直线围绕一点按固定方向画出的封闭曲面构成的立体几何形状
6	牌形			通常是矩形体,由木材或金属制成,用于与自然背景相区别的日间标志,实际的昼标常用油漆涂在牌上
7	X 形(圣·安德路十字)			像大写字母 X 一样的形体或横截面,作为 IALA 顶标的 X 形体,应是三维形态,它最少由三根交叉杆制成
8	竖直十字形(圣·乔治十字)			由一根垂直的和一根水平的杆件构成的十字,即形似十字形
9	顶上立方体			以一顶点向上直立的立方体

表 A.102(续)

标识号	含　义	INT 1	M-4	定　义
10	顶点相对双锥体			顶尖相对的二个锥体,一个在另一个上面
11	顶点相背双锥体			底面相对的两个锥体,一个在另一个上面,顶尖一个向上,一个向下
12	菱形(钻石形)			一个平面图形,四边相等,对角相等(两个锐角和两个钝角),即两侧对称的平行四边形
13	顶点朝上双锥体			
14	顶点朝下双锥体			
15	顶向上扫帚形(扫帚或杆形)			扫帚形:一捆细枝或杆; 杆形:一根杆安置在浮标顶上、岩石或浅滩上当作航行标志(IHO S-32,3734)。
16	顶向下扫帚形(扫帚或杆形)			
17	旗			挂在短杆上的一面旗
18	球体在菱形体上			一个球体安置在一个菱形体上
19	正方形			等边等角的四边平面图形
20	平放长方形			长方形相对的两条长边水平放置
21	竖放长方形			长方形相对的两条长边垂直放置
22	直立梯形			梯形竖立在它的一条长平行边上
23	倒立梯形			梯形竖立在它的一条短平行边上
24	尖向上三角形			
25	尖向下三角形			
26	圆形			一个完全圆形的平面形状,它的周边上每一点到其中心点距离均相等
27	双十字(一个在另一个之上)			两个竖立十字,通常以一个在另一个之上设置
28	T 形			像大写字母 T 一样的形体
29	圆上方的尖朝上三角形			一个三角形顶尖向上安置在一个圆形上方
30	竖直十字在圆上			一个竖立十字安置在一个圆形之上

表 A.102(续)

标识号	含　义	INT 1	M-4	定　义
31	菱形在圆上			一个菱形安置在一个圆形上方
32	圆在三角形顶尖上			一个圆形安置在三角形顶尖的上方
33	其他形状(见INFORM)			

参考:INT 1:IQ 9;M-4:463.1(IALA 体系)。

A.3.3.155　交通流

缩写:TRAFIC

代码:172

类型:E

期望输入:见表 A.103。

表 A.103

标识号	含　义	INT 1	M-4	定　义
1	驶进			交通流的总方向朝向港口或类似目的地
2	驶出			交通流的总方向离开港口或类似出发地
3	单向			交通流的总方向只有一个
4	双向			有两个相反方向的交通流

参考:INT 1:IM 40;M-4:488。

A.3.3.156　磁差年变率

缩写:VALACM

代码:173

类型:F

定义:磁差值的每年变化。

参考:INT 1:IB 68.1,71;M-4:272.1。

说明:单位为度。

区别于:磁差值。

备注:正量表示磁差偏东,负量表示磁差偏西。

A.3.3.157　等深线值

缩写:VALDCO

代码:174

类型:F

定义:水底深度等值的深度。

参考:INT 1:II 30;M-4:410,411。

备注:干出等值线用负值表示。

A.3.3.158 局部磁力异常值

缩写:VALLMA

代码:175

类型:F

定义:与正常磁差的偏差量。

参考:INT 1:IB 82,1-2;M-4:274。

说明:单位为度。

备注:偏差量设正和负值,正负符号无须编码。

A.3.3.159 磁差值

缩写:VALMAG

代码:176

类型:F

参考:INT 1:IB 68.1,71;M-4:272.1。

说明:单位为度。

区别于:磁差年变率。

备注:正量表示磁差偏东,负量表示磁差偏西。

A.3.3.160 最大作用距离

缩写:VALMXR

代码:177

类型:F

定义:一个物标能被看见或一个信号能被发现的极限距离。

最小值:0

说明:单位为米。

备注:此属性不适用于灯标。应该用标定作用距离属性。

A.3.3.161 标定作用距离

缩写:VALNMR

代码:178

类型:F

定义:一个物标能被看见或一个信号能被发现的标称距离。

参考:INT 1:IB 45,IP 14;M-4:451.1,471.7。

最小值:0

说明:单位为米。

备注:标定作用距离一般指在气象能见度为10n mile时的均质大气层中的灯光射程(IHO S-32)。

A.3.3.162 水深值

缩写:VALSOU

代码:179

类型:F

定义:相对于航道图基准面的水深测量值。

参考:INT 1:II 10,11,14,15;M-4:410,412,413.1。

备注:干出高度用负值表示。

A.3.3.163 垂直精度

缩写:VERACC

代码:180

类型:F

期望输入:一维误差。误差设正和负,正负符号无须编码。

定义:对高度、垂直距离和净空高度的垂直精度的最佳估计。不包括水深测量。

最小值:0

A.3.3.164 竖向净空

缩写:VERCLR

代码:181

类型:F

定义:从水平面量至架空物标的垂直间距。

参考:INT 1:ID 25-28;M-4:380,380.1,382,383。

最小值:0

备注:属于带高压电的电缆,为了避免高压放电,需要外加2m~5m的富余量。如果知道认可的安全净空高度(在英国称为安全架空净高)就应标明实际净空高度减去安全量,参见安全竖向净空。

A.3.3.165 封闭竖向净空

缩写:VERCCL

代码:182

类型:F

定义:处于封闭状态的物标的竖向净空(例如关闭的吊桥),是从水平面量至架空物标。

参考:INT 1:ID 23.3;M-4:380,380.1,381.3。

最小值:0

A.3.3.166 开启竖向净空

缩写:VERCOP

代码:183

类型:F

定义:处于开启状态的物标的竖向净空(例如开启的吊桥)是从水平面量至架空物标。

参考:INT 1:ID 23.3;M-4:380,380.2,381.3。

最小值:0

A.3.3.167 安全竖向净空

缩写:VERCSA

代码:184

类型:F

定义:在跨越航道建筑物的通航孔两侧墩柱的内空范围内,从建筑物梁底最低点至设计最高通航水位间的垂直距离

参考:INT 1:ID 26;M-4:382.1;JTJ/T 204—96。

最小值:0

备注:属于带高压电的电缆,引用的竖向净空应减去2m~5m以防电缆放电,如果知道认可的安全竖向净空(在英国称为安全架空净高),就应标明际净空高度减去安全量,参见竖向净空。

A.3.3.168 垂直基准面

缩写:VERDAT

代码:185

类型:E

期望输入:见表A.104。

表 A.104

标识号	含　义	INT 1	M-4	定　义
1	平均大潮低潮面			(LMWS)大潮低潮时的潮位平均高度,也称大潮低潮面(IHO S-32,3150)
2	平均大潮低低潮面			(MLLWS)大潮低低潮时的潮位平均高度(IHO S-32,3146)
3	平均海面			(MSL)一个验潮站19年时间所有阶段的潮汐的海平面的平均高度,通常是测自一个固定的参考平面的每小时高度读数来确定的
4	最低低潮面			一个任意的水平面,符合当地观测到的最低潮面或较低潮面
5	平均低潮面			(MLW)19年周期的所有低潮面的平均高度
6	最低大潮低潮面			
7	近似平均大潮低潮面			
9	大潮低潮面			
10	近似最低天文潮面			
11	接近最低低潮面			
12	平均低低潮面			(MLLW)19年周期的当地低低潮位的平均高度
13	低水位			在限定的区域内采用一个近似平均低水位,不考虑以后更好的测定,主要用于港口和内河工程。用于内陆(无潮汐)水域,它通常定义为每日平均水位下落低于此低水位的时间应少于5%,而且在通航季节不超过0.2m。通常采用一个单一的水平面作为整个湖泊的低水位基准面。在一条河流,低水位基准面是一个坡面,它近似于在低水期的河流表面
14	近似平均低潮面			
15	近似平均低低潮面			
16	平均高潮面			(MHW)19年周期的当地所有高潮位的平均高度(IHO S-32,3141)
17	平均大潮高潮面			(MHWS)大潮高潮的平均高度。也称大潮高潮面(IHO S-32,3144)
18	高潮面			在一个潮汐周期里,当地水面达到的最高潮位,也叫高潮(IHO S-32,2251)。当用于内陆(无潮汐)水域,它通常定义为每日平均水位超越此水位的时间应少于5%
19	近似平均海面			
20	大潮高潮面			
21	平均高高潮面			(MHHW)19年周期的当地高高潮位的平均高度(IHO S-32,3140)

表 A.104(续)

标识号	含　义	INT 1	M-4	定　义
22	分点大潮低潮面			接近分点时的大潮低潮面
23	最低天文潮面			(LAT)在一般气象情况和综合天文条件下预测可能出现的最低潮面(IHO S-32,2936)
24	当地基准面			由当地港口当局规定的任意基准面,当局根据此基准面测量潮高
26	平均水平面			在有效期间的记录中所有每小时水平面的平均值
27	大潮低低潮面			(LLWLT)在19年逐年观测中最低低潮位的平均值
28	大潮高高潮面			(HHWLT)在19年逐年观测中最高高潮位的平均值
29	接近最高高潮面			
30	最高天文潮面			
31	黄海基准面			
32	吴淞基准面			

备注:此属性用于规定高程和水深参考的基准面。当垂直基准面不知道时,例如在水闸以上的水域,可用当地基准面值,进一步的细节编码可用 INFORM。

A.3.3.169　垂直高度

缩写:VERLEN

代码:186

类型:F

定义:一个物标的全部垂直高度。

参考:INT 1:IE 5;IL 21.3;M-4:303。

最小值:0

备注:对漂浮物标,垂直高度是从水平面至物标最高点的垂直距离。对固定物标,垂直高度是从水底或地面至物标最高点的垂直距离。对上、下物标,垂直高度是从一物标的最低点至另一物标最高点的垂直距离。

A.3.3.170　水位效应

缩写:WATLEV

代码:187

类型:E

期望输入:见表 A.105。

表 A.105

标识号	含　义	INT 1	M-4	定　义
1	高潮时部分淹没	IF 33.2	378.1	高潮时部分淹没:在高潮时部分淹没和部分干出
2	高出	IF 6.1,IK 10	313.4,421.1	在一般气象情况下高潮时不淹没
3	水下/淹没	IF 6.3,IK 13	421.4	在一般气象情况和任何时间的水位都保持淹没
4	干出	IF 6.2,IK 11	421.2	该措辞意在表示一个礁石的范围或其他底部的凸出物处于周期性的露出水面和淹没在水面下,也称干出或淹没(IHO S-32,1111)

表 A.105(续)

标识号	含　义	INT 1	M-4	定　义
5	适淹	IK 12	421.3	在一般气象情况下,低潮时齐平或被波浪冲刷(IHO S-32,308)
6	洪水泛滥淹没			洪水期被淹没的区域,不包括潮水

备注:属性水位效应编码周围的水对物标的影响。

A.3.3.171　位置精度单位

缩写:PUNITS

代码:189

类型:E

期望输入:见表 A.106。

表 A.106

标识号	含　义	INT 1	M-4	定　义
1	米			
2	弧度			
3	毫米			
4	英尺			
5	锚链			也称为锚链长度,以船舶锚链长度作为度量的单位,现在一般约为600ft。英国海军为608ft,准确的为0.1n mile。美国海军为720ft,但不常用(IHO S 32,589)

A.3.3.172　供给船可用性

缩写:BUNVES

代码:17065

类型:E

期望输入:见表 A.107。

表 A.107

标识号	含　义	INT 1	M-4	定　义
1	供给船可用			
2	无供给船可用			

A.3.3.173　供给站类

缩写:CATBUN

代码:17067

类型:L

期望输入:见表 A.108。

表 A.108

标识号	含　义	INT 1	M-4	定　义
1	柴油			
2	水			
3	压载水			

A.3.3.174 通信类

缩写:CATCOM

代码:17069

类型:L

期望输入:见表 A.109。

表 A.109

标识号	含　义	INT 1	M-4	定　义
2	VTS 扇形水域			VTS 中心的服务区域
3	船闸			船闸处船舶报告点
4	桥梁			活动桥处船舶报告点
5	海关			为船舶提供服务的海关报告点
6	港口			港口的报告点

A.3.3.175 危险货物类

缩写:CLSDNG

代码:17055

类型:E

期望输入:见表 A.110。

表 A.110

标识号	含　义	INT 1	M-4	定　义
1	爆炸品			
2	压缩气体和液化气体			
3	易燃液体			
4	易燃固体、自然物品和遇湿易燃物品			
5	氧化剂和有机过氧化物			
6	毒害品和感染性物品			
7	放射性物品			
8	腐蚀品			
9	杂类			

A.3.3.176 通信

缩写:COMCTN

代码:17073

类型:S

期望输入:各种通信种类,例如 电话或传真、电子邮件、广播系统等。

A.3.3.177 冲击方向

缩写:DIRIMP

代码:17056

类型:L

期望输入:见表 A.111。

表 A.111

标识号	含　义	INT 1	M-4	定　义
1	逆流			
2	顺流			
3	左岸流			
4	右岸流			

A.3.3.178　转载货物

缩写:TRSHGD

代码:17076

类型:L

期望输入:见表 A.112。

表 A.112

标识号	含　义	INT 1	M-4	定　义
1	集装箱			
2	散货			
3	油			
4	燃料			
5	化学品			
6	液体货			
7	易爆品			
8	鱼			
9	汽车			
10	杂货			

A.3.3.179　更新信息

缩写:UPDMSG

代码:30000

类型:S

定义:关于物标的文本更新信息。

备注:更新信息属性用以告知航海者更新的原因或关于物标的特殊警告。

A.3.3.180　岸线类

缩写:CATBNK

代码:26001

类型:E

期望输入:见表 A.113。

表 A.113

标识号	含 义	INT 1	M-4	定 义
1	陡坡岸	IC 3	312.1	以岩石或大地峭壁为背景的海岸,它的雷达反射信号强,并沿着海岸线由峭壁变成低矮的海岸的相当远处,便于用视觉辨认
2	平坦岸	IC 5	312.2	没有明显地貌的平面海岸
3	沙滩岸	IC 6	312.2	由沙构成的岸线区域,即松弛的物质由小的但易于区别的直径在 0.062 5mm ~ 2 000mm 间可分离的颗粒组成的(IHO S-32,5059)
4	坚硬岸	IC 7	312.2	由岩石或碎块构成的岸线区域,尺寸从卵石和砾石到圆石或大岩石块(IHO S-32,5059)
5	粗砾岸	IC 7	312.2	由圆块的经常是大于 16mm 的扁平水磨碎石构成的岸线区域(IHO S-32,4683)
6	红树林	IC 32	312.4	一种或多种热带树或灌木类植物,长有许多支柱根并沿着低矮海岸向浅水处生长(IHO S-32,3064)
7	沼泽岸	IC 33	312.2	由浸透水的海绵状陆地构成的岸线。它可能有一层浅水覆盖,通常有相当大量的植物出现在表面上(IHO S-32,5240)
8	珊瑚礁			通常是巨大的延伸礁,主要由珊瑚及其衍生物组成(IHO S-32,1063)
9	加固堤防			
10	未加固的堤防			
11	冲滩区			

A.3.3.181 停泊区类

缩写:CATBRT

编码:26002

类型:L

期望输入:见表 A.114。

表 A.114

标识号	含 义	INT 1	M-4	定 义
1	停泊区			人工划定的用于船舶停泊的水上区域
2	临时停泊区			人工划定的用于船舶临时性停泊的水上区域

A.3.3.182 跨江建筑物类

缩写:CATBTR

代码:26003

类型:E

期望输入:见表 A.115。

表 A.115

标识号	含　义	INT 1	M-4	定　义
1	过江缆车			
2	过河缆线			

A.3.3.183　淡水养殖场类

缩写:CATFFA

代码:26004

类型:E

期望输入:见表 A.116。

表 A.116

标识号	含　义	INT 1	M-4	定　义
1	甲壳类	IK 47,48.2	447.4,6	硬壳动物,例如蟹或虾
2	牡蛎/蛏类	IK 47,48.2	447.4,6	可食用的双壳软体动物
3	鱼	IK 47,48.2	447.4,6	生活在水中,有鳃的脊椎冷血动物

A.3.3.184　港航管理机构类

缩写:CATHAB

代码:26005

类型:E

期望输入:见表 A.117。

表 A.117

标识号	含　义	INT 1	M-4	定　义
1	地方港口管理部门			
2	地方海事管理部门			
3	交通部长江航务管理局			
4	长江海事管理部门			
5	长江航道管理部门			
6	长江公安管理部门			

A.3.3.185　船闸航道类

缩写:CATLCB

代码:26006

类型:E

期望输入:见表 A.118。

表 A.118

标识号	含　义	INT 1	M-4	定　义
1	船闸上引航道			船闸上游用于引导船舶进出闸的人工航道
2	船闸下引航道			船闸下游用于引导船舶进出闸的人工航道

A.3.3.186　水文测量设备类

缩写:CATMEA

代码:26007

类型:E

期望输入:见表 A.119。

表 A.119

标识号	含　义	INT 1	M-4	定　义
1	水尺			直接观读江河、湖泊、水库、灌渠水位的标尺
2	水文观测站			测量河流水位、流速、流态等水文特征的站点

A.3.3.187　整治建筑物类

缩写:CATREG

代码:26008

类型:L

期望输入:见表 A.120。

表 A.120

标识号	含　义	INT 1	M-4	定　义
1	丁坝			坝根与岸或其他建筑物相接,坝头伸至整治线,与水流流向成较大交角,起挑流、束水作用的整治建筑物
2	矶头			在中国,短的丁坝称作矶头,又称垛或堆
3	护岸			用抗冲材料直接铺护在河岸坡面上,可布置为长距离连续式,也可布置在丁坝或矶头之间防止顺流或回流淘刷
4	顺坝			坝根与岸或其他建筑物相接,与水流流向成较小偏角,起引导水流作用的整治建筑物
5	锁坝			连接汊道两岸的横向建筑物
6	桩坝			用钢筋混凝土筑成,用水冲钻或振动打桩机打桩;由于抗冲能力大,可用于河道主流区
7	潜坝			坝顶终年潜没于水下的建筑物
8	鱼嘴			在江心洲的头部修筑的状似鱼嘴,起分流、导流、分沙、固滩等作用的建筑物
9	丁顺坝			丁坝坝头与顺坝坝根连接,顺坝部分的长度大于丁坝部分长度的组合坝
10	格坝			连接顺坝与岸的横向建筑物
11	谷坊			横筑于溪沟内拦截沙、石的建筑物
12	溪沟拦石坝			横筑于溪沟内用于拦石的栏栅式或其他透水建筑物
13	溪口导石坝			在溪沟出口靠干流上游一侧构筑的引导内沙、石进入滩下深沱的建筑物
14	河口导流坝			建于支流与干流的汇流嘴,用以减小汇流角和控导水流、泥沙,治理河口浅滩的建筑物
15	导堤			在潮汐河口或进出港航道的一侧或两侧修建的,能节约水流或具有拦沙作用的纵向建筑物
16	底墙			设于江床中的桩柱上挂板所构成的整治建筑物

表 A.120(续)

标识号	含　义	INT 1	M-4	定　义
17	抛石坝			用块石抛筑而成的整治建筑物,又称堆石坝
18	桩板坝			在打入江床中的桩柱上挂板所构成的整治建筑物
19	沙袋填心坝			以沙袋填心、块石护面的建筑物
20	护滩带			
21	鱼骨坝			
22	护堤			

A.3.3.188　江区类

缩写:CATRIV

代码:26009

类型:L

期望输入:见表 A.121。

表 A.121

标识号	含　义	INT 1	M-4	定　义
1	礁			处在水面或接近水面的岩石,可能对水面航行构成危险
2	峡谷			相对狭窄,两侧陡峭的深洼地,底部一般有连续的斜坡,是在一些大陆陡坡上发展而来的
3	狭水道			海湾、海峡、河流等可航行的狭窄部分(IHO S-32)
4	圆丘			一形状为圆形的相当小的孤立的高地
5	山脊			a)　一条长两侧陡峭的狭窄高地; b)　一条长、窄高地,常常分隔海盆; c)　全球范围连续的较大的中部海洋山脉系统,也称中部海洋山脉
6	高原			相当广阔的平坦或近乎平坦的区域,一侧或多侧突然下落
7	支脉			一从属的高地、山脉或从一大的地貌向外往上突出部分
8	大陆架			毗邻陆地(或围绕岛屿四周)从低水位线延伸到某一深度(倾斜度朝海洋深处明显增加)的地带
9	凹谷			一条宽阔的通道,类似马鞍形状,在山脉或邻近锥形山之间
10	边沿			一缓慢下倾的无特征的表面,主要由沉积物构成其基础,位于较陡峭斜坡的基部
11	边缘地			一接近大陆的,通常由大陆架占据或邻接的,它的极其不规则的水深大大超过大陆架的这些特征
12	大陆边缘			一般由大陆架、斜坡和高地组成的地带,把大陆和深海平原或深海海底分开
13	悬崖			一伸出且相当陡峭的斜坡或逐渐下斜的区域,也称陡坡

表 A.121(续)

标识号	含　义	INT 1	M-4	定　义
14	断裂带			海底不规则地形的广阔线形区带,边缘陡峭或对称的山脉、峡谷或悬崖为其特征
15	山凹			山脉或高地的一裂缝
16	平顶山			水底山具有相当平滑的平顶,也称桌面山(IHO S-32)
17	山丘			小的孤立高地(见深海丘陵)
18	壕沟			一环状洼地,它可能不连续,位于许多锥形山、岛和其他孤立高地的基部
19	峰			一凸出的高地,或是尖顶的或是顶峰面积有限
20	小山			a)　从水底逐渐地并且通常平滑地隆起的广阔高地; b)　全球范围的连续的较大的中部海洋山脉系统,也称中部海洋山脉
21	陆架外缘			在大陆架朝海边缘的,沿着它的倾斜度有显著增加,也称大陆架阻断
22	斜坡			从大陆架边缘到大陆高处或朝海方向的坡度减小点处的斜坡
23	台地			一相对平坦的水平的或逐渐倾斜的表面,有时是长而狭窄的,它的周围一侧是上升的陡坡,在相对一侧是下降的陡坡
24	谷地			一相对较浅的、宽广的洼地,它的底部通常有一连续的梯度,也称水下谷地
25	运河			用于航行的人工开掘的水路渠道
26	湖			全部被陆地包围的广阔水域(IHO S-32,2629)
27	河			一相对大的自然水流
28	沙滩			有粗砂或细砂构成的干出滩
29	河段			
30	岩滩			由坚硬的岩石层组成的干出滩,珊瑚滩亦用此表示
31	沙砾滩			指由砾石或是沙、砾、混合的干出滩
32	乱石滩			经风化后的块状乱石;危防护堤岸用人共抛堆的四角堆乱石也用此表示
33	从草滩			指杂草丛生或芦苇丛生的干出滩
34	贝类养殖滩			在干出滩上人工养殖贝类的地段
35	红树滩			指生长红树令的干出滩,一般不能通行
36	岩石滩			有岩石构成的干出滩
37	明礁			与小岛表示方法相同

A.3.3.189 江上平台类

缩写:CATORP

代码:26010

类型:L

期望输入:见表 A.122。

表 A.122

标识号	含 义	INT 1	M-4	定 义
1	油井架/钻井平台	IL 10	445.2	临时的活动建筑物,可以固定或移动,作为油、气田的勘探场所(IHO S-32)
2	生产平台	IL 10	445.2	表示一个长期的离岸建筑的术语,上面有控制油或气的流量装置。它不包括全部的水下建筑物(IHO S-32,4037)
3	观测/勘探平台	IL 13		在此平台上能观察、注意和记录周围环境或事件,以便进行科学研究(IHO S-32,3493/3500)。
4	铰接式装卸输油平台			一种金属桁架结构的塔台,其一端浮起,另一端用万向节连接在水底的混凝土基础上。该平台可能备有直升机平台、应急膳食供应设备和粗绳索或水龙管回收装置
5	单锚系泊平台	IL 12	445.2,4	顶部是一个固定框架或者用管子连接的浮体装置,其下端用万向节与安置在水底的大型钢质或混凝土基础系固在一起,其上端用链条或钢索与系泊浮筒相连接
6	系泊平台			固定于水底的平台并装有可供船舶系泊的转盘
7	人工岛	IL 15		一种人工建筑体,通常是为勘探或开发水上资源、水上科学研究、潮汐观测等而建造的(IHO S-32,240)
8	浮式采油、储油、卸油船(FPSO)	IL 17		一种油/气设施,由系泊的油轮/驳船组成,在那里产品被抽取、储存和输出
9	生活平台			主要用于吃饭、睡觉和娱乐目的的平台
10	导航、通信和控制浮筒(NCCB)			一种移动的结构物,浮筒上有控制室、电源和储存设备,用一条柔韧管线和链缆系附在水底

A.3.3.190 升船机类

缩写:CATSLF

代码:26011

类型:L

期望输入:见表 A.123。

表 A.123

标识号	含 义	INT 1	M-4	定 义
1	垂直升船机			装载船舶的承船厢可垂直升、降的升船机
2	斜面升船机			装载船舶的承船厢或承船车沿斜坡轨道移动的升船机
3	水坡式升船机			由推水机推动推水板,使载运船舶的楔形水体沿U形斜坡水槽升降的升船机

A.3.3.191 水利设备类

缩写:CATWCN

代码:26012

类型:L

期望输入:见表A.124。

表A.124

标识号	含义	INT 1	M-4	定义
1	倒虹吸			通过铁路、公路、河流等自路下或水下穿过的水利设施
2	输水槽			人工架设的引水渡槽或高架水渠
3	沟渠			人工修建,供引水或排水的水道;当地高出地面0.5m以上,按有堤岸沟渠表示
4	地下灌渠及出水口			水渠修建于地下,相隔一定距离从出水口流出地面供灌溉的渠道
5	干沟			经常无水、只有在雨后短暂时间内有积水,一种未完成或废弃的渠道
6	阀门			大型突出阀门
7	水轮泵			安装在河边的固定而独立的机械设备
8	抽水机站			安装在河边的固定而独立的机械设备

A.3.3.192 滩险类

缩写:CATSHL

代码:26013

类型:L

期望输入:见表A.125。

表A.125

标识号	含义	INT 1	M-4	定义
1	浅滩			天然河流中航道自然水深有时不能满足设计标准或维护要求的区段
2	浅段			在运河、通航渠道、水网航道以及海港航道中,航槽发生淤积,水深不能满足设计标准或维护要求的区段
3	急滩			天然河流中比降陡、水流急,船舶自航上驶困难的区段
4	险滩			天然河流中航槽弯窄、流态险恶、威胁船舶安全航行的区段
5	滩群			多个紧相连接又互相影响的滩险的总称

A.3.3.193 趸船类

缩写:CATWBT

代码:26014

类型:L

期望输入:见表A.126。

表 A.126

标识号	含　义	INT 1	M-4	定　义
1	跳趸			支撑船舶跳板的浮具
2	泵船			
3	航道趸船			
4	海事趸船			
5	公安趸船			

A.3.3.194　最大测点间距

缩写:SPDMAX

代码:26015

类型:L

期望输入:见表 A.127。

表 A.127

标识号	含　义	INT 1	M-4	定　义
1	图上 10mm			
2	图上 15mm			

A.3.4　国家语言属性

A.3.4.1　用国家语言表示的信息

缩写:NINFOM

代码:300

类型:S

参考:INT 1:IA 16;M-4:242.3-5。

说明:文本 Text(C……)文本信息用国家语言字符。

格式:C……

备注:属性用国家语言的信息是关于物标用规定的国家语言编码任何文本信息。此属性应该用于注记纸航道图上显示的告诫和解释性的信息。

A.3.4.2　用国家语言表示的物标名称

缩写:NOBJNM

代码:301

类型:S

参考:INT 1:ID 7;IF 19;IN 12.2-3;M-4:371,323.1-2,431.2-3,431.5。

说明:物标名称(C……)一串国家语言字符。

格式:C……

备注:属性用国家语言表示的物标名称是用规定的国家语言来编码物标的各个名称。

A.3.4.3　用国家语言表示的引航区

缩写:NPLDST

代码:302

类型:S

参考:INT 1:IT 1.2;M-4:491.1-2。

说明:引航区域(C……)一串国家语言字符。

格式:C……

备注:属性用国家语言表示的引航地区,是用指定的国家语言来编码某引航站负责的引航区域。

A.3.4.4 用国家语言表示的文本串

缩写:$NTXST

代码:303

类型:S

期望输入:用国家语言来显示图表符号的内容。

A.3.4.5 用国家语言表示的正文

缩写:NTXTDS

代码:304

类型:S

说明:一串用国家语言编码一个包括原文的外部文件的文件名。

备注:属性用国家语言表示的正文描述表示一个包含从有关航路指南或航海出版物中摘录文本的正文文件是否有效。

A.3.5 空间和元物标属性[1)]

A.3.5.1 水平基准面

缩写:HORDAT

代码:400

类型:E

期望输入:见表 A.128。

表 A.128

标识号	含　义	INT 1	M-4	定　义
1	全球地心坐标系			
2	全球地心坐标系			
3	欧洲坐标系 1950			
4	波茨坦基面			
5	BJZ54(1954 北京坐标系)			
6	当地基准面			
7	1980 西安地理坐标系			
8	2000 国家地理坐标系			

参考:INT 1:IS 50。

备注:此标准没有提供总的机制允许从个别的当地基准面转换到全球地心坐标系统(WGS-84)或者反之。所有以上目录中的大部分水平基准面的地理坐标应转换到全球地心坐标系统(WGS-84),所需的资料都包括在关于基准转换涉及到 WGS-84 的用户手册,此书由美国国防测绘机构提供。

A.3.5.2 位置精度

缩写:POSACC

代码:401

1) 某些属性被用于限定物标的位置。

位置(x,y)的精度和质量,以及平面测量的参考基准面的属性均被看作为空间物标的属性。

在每个根据本部分编码的数据集里,空间物标属性被包含在空间记录属性字段里(见第 7 章)。

类型:F

期望输入:期望输入是二维误差的最大值。误差设正和负。加/减符号无需编码。

定义:一个位置精确度的最佳评估。

最小值:0

说明:单位为米。

A.3.5.3 位置性质

缩写:QUAPOS

代码:402

类型:E

期望输入:见表 A.129。

表 A.129

标识号	含义	INT 1	M-4	定义
1	已经测量的	IC 1 310.1		位置是通过测量确定的,在地面之上或之下的相对位置。不言而喻,测量是规范的,并附有日期(IHO S-32,5192)
2	未经测量的	IC 2,II 25	311,410	测量数据不存在或很差(IHO S-32,5732)
3	未详细测量的(草测)	II 25	410	位置数据质量很差(IHO S-32,5732)
4	近似的(不精确的)	IB 7,33,IC 12,II 31	305.1,351.4,411.2	位置被认为低于三级精度,通常认为在正确地理位置的30.5m以内。也可以适用于没有保持固定位置的物标(IHO S-32,213,3967)
5	位置可疑	II 1	424.3	已得报告某物标位置,但被认为是疑问的
6	不可靠的			某物标的位置是从有问题的和不可靠的资料中获得的
7	报告未测量的			报告的物标位置由正式测量以外的某些方法确认,例如对同一物标的独立报告
8	报告未证实的	II 3.1-2,4		报告的物标位置未经证实
9	估计的			物标的最可能位置,是由不完备的资料或精度有问题的资料确定的(IHO S-32,3960)
10	确切已知的			某位置有确切的涵义,例如锚位或者其他确切定义的物标
11	计算的			位置经过数据计算

附 录 B
(规范性附录)
电子航道图产品规范

B.1 引言

本部分规定的电子航道图(ENC)产品规范包括两个应用简档:EN 应用简档,用于生成系统电子航道图(SENC);ER 应用简档,用于更新 SENC。

B.2 一般信息

B.2.1 航行用途

ENC 数据的编辑适用于多种航行用途。被编辑的单一电子航道图的航海用途表示在 DSID 字段的 INTU 子字段和八位数据集文件名的第三位中。根据不同的航海用途进行编码:1 为概要图;2 为一般图;3 为沿海(江)图;4 为近岸图;5 为港口图;6 为锚泊图。

B.2.2 单元

应将给定的地理区域分成单元。每个单元应有唯一的文件名。

单元的地理范围应由 ENC 制作者选择,单元文件不应超过五兆字节。

单元应为矩形。单元边界的坐标用十进制度数编码在目录目次(CATD)字段中。

每个单元应用 M_COVR 元物标完全覆盖。含有数据的区域应将元物标 M_COVR 的属性 CATCOV 编码为 1,未含有数据的区域应将 CATCOV 编码为 2。

具有同一航海用途的单元可重叠,单元中的数据不应重叠。在重叠区域只有一个单元可内含数据,其他单元应由元物标 M_COVR 用 CATCOV = 2 来覆盖重叠区。这条规则在多生产单位情形下同样适用。当点或线特征物标位于具有相同航海用途的两个单元的数据覆盖范围边界时,其只能是其中一个单元的一部分。

当一个特征物标存在于几个单元里时,其几何图形应在每个单元边界被分割开,且其完整的属性描述应在每个单元内重复。

B.2.3 拓扑(结构)

ENC 数据应用链节点的拓扑来编码,见 6.2.2.3。

B.3 物标与属性

B.3.1 特征物标标识符

每个特征物标应有一个全球唯一的标识符,称为特征物标标识符。它由特征物标标识符字段(FOID)的子字段内容的二进制码连接构成。对于 ENC 而言,特征物标标识符可用以区别同一物标的多种实例。例如:同一物标可以出现在不同用途中,或者一个物标被单元结构细化。在这些情况下,同一物标的每一种情况可以有相同的标识符。

特征物标标识符不允许重复使用,即使一个特征被删除了。

B.3.2 标准物标分类和属性

附录 A 中规定的物标分类、属性和属性值可以在 ENC 中使用。

B.3.3 ENC 允许使用的物标及其几何图元(见表 B.1)

表 B.1

序号	物标	几何图元	序号	物标	几何图元
1	ACHARE	P,A	44	FERYRT	L,A
2	ACHBRT	P,A	45	FLODOC	L,A
3	ADMARE	A	46	FNCLNE	L
4	AIRARE	P,A	47	FOGSIG	P
5	BCNCAR	P	48	FORSTC	P,L,A
6	BCNISD	P	49	FRPARE	A
7	BCNLAT	P	50	FSHFAC	P,L,A
8	BCNSAW	P	51	FSHGRD	A
9	BCNSPP	P	52	FSHZNE	A
10	BERTHS	P,L,A	53	GATCON	P,L,A
11	BOYCAR	P	54	HRBARE	A
12	BOYINB	P	55	HRBFAC	P,A
13	BOYISD	P	56	HULKES	P,A
14	BOYLAT	P	57	ICNARE	P,A
15	BOYSAW	P	58	ISTZNE	A
16	BOYSPP	P	59	LAKARE	A
17	BRIDGE	P,L,A	60	LNDARE	P,L,A
18	BUAARE	P,A	61	LNDELV	P,L
19	BUISGL	P,A	62	LNDMRK	P,L,A
20	CANALS	L,A	63	LNDRGN	P,A
21	CAUSWY	L,A	64	LIGHTS	P
22	CBLARE	A	65	LITFLT	P
23	CBLOHD	L,	66	LITVES	P
24	CHKPNT	P,A	67	LOCMAG	P,L,A
25	CONVYR	L,A	68	LOGPON	P,A
26	CRANES	P,A	69	LOKBSN	A
27	CTNARE	P,A	70	MAGVAR	P,L,A
28	CTRPNT	P	71	MIPARE	P,A
29	CTSARE	P,A	72	MORFAC	P,L,A
30	CUSZNE	A	73	NAVLNE	L
31	DAMCON	P,L,A	74	OBSTRN	P,L,A
32	DAYMAR	P	75	OILBAR	L
33	DEPARE	L,A	76	PILBOP	P,A
34	DEPCNT	L	77	PILPNT	P
35	DISMAR	P	78	PIPARE	P,A
36	DOCARE	A	79	PIPOHD	L
37	DRGARE	A	80	PONTON	L,A
38	DRYDOC	A	81	PRCARE	P,A
39	DMPGRD	P,A	82	PRDARE	P,A
40	DYKCON	L,A	83	PYLONS	P,A
41	DWRTCL	L	84	RADLNE	L
42	DWRTPT	A	85	RADRNG	A
43	FAIRWY	A	86	RADRFL	P

表 B.1(续)

序号	物标	几何图元	序号	物标	几何图元
87	RADSTA	P	125	VEGATN	P,L,A
88	RAILWY	L	126	WATFAL	P,L
89	RAPIDS	P,L,A	127	WATTUR	P,L,A
90	RCRTCL	L	128	WEDKLP	P,A
91	RCTLPT	P,A	129	WRECKS	P,A
92	RDOCAL	P,L	130	C_AGGR	N,N,N
93	RDOSTA	P	131	C_ASSO	N,N,N
94	RECTRC	L,A	132	M_ACCY	A
95	RESARE	A	133	M_COVR	A
96	RETRFL	P	134	M_CSCL	A
97	RIVERS	L,A	135	M_HOPA	A
98	ROADWY	P,L,A	136	M_NPUB	P,A
99	RSCSTA	P	137	M_NSYS	A
100	RTPBCN	P	138	M_QUAL	A
101	RUNWAY	P,L,A	139	M_SDAT	A
102	SILTNK	P,A	140	M_SREL	L,A
103	SISTAT	P	141	M_VDAT	A
104	SISTAW	P	142	BERARE	A
105	SLCONS	P,L,A	143	BNELNE	L
106	SLOTOP	L	144	BRGARE	A
107	SLOGRD	P,A	145	BTRCTR	P
108	SMCFAC	P,A	146	BUNSTA	P
109	SOUNDG	P	147	CBLSUR	L
110	SNDWAV	P,L,A	148	COMARE	A
111	SPRING	P	149	HABADM	P,A
112	SUBTLN	A	150	LCBSRT	A
113	SWPARE	A	151	FSWFAM	P,L,A
114	TOPMAR		152	OFRPLF	P,A
115	TSELNE	P	153	ORPARE	P,A
116	TSEZNE	L	154	PIPSRL	P,L
117	TSSBND	A	155	RBDARE	P,L,A
118	TSSCRS	A	156	REGSTR	P,L,A
119	TSSLPT	A	157	RIVARE	P,A
120	TSSRON	A	158	SHPLFT	P
121	TUNNEL	P,L,A	159	WATCON	L
122	TWRTPT	A	160	WATMEA	P
123	UNSARE	A	161	SHLRPS	P,A
124	UWTROC	P			

注:P=点,L=线,A=区域,N=没有。如物标类没有出现在目录中则意味着禁止使用该物标类。

B.3.4 元物标

可用的元物标有三个:M_COVR、M_QUAL 和 M_NSYS。应最大限度使用元物标,以减少单个物标的属性。在一个基本数据集中,有些元物标是必备的。这些物标类应提供一个包含数据单元的完整且无重叠的覆盖范围,元物标 M_COVR 应覆盖不包含地理数据的单元部分。

B.3.5 地理物标和元物标属性

B.3.5.1 缺省属性值

在基本数据设置中(EN 应用简档),当一个属性编码出现但是属性值缺省时,表明制造者认为这个属性值是未知的,而在修改数据集中(ER 应用简档),则表明:

a) 如果它出现在原始数据集中,则该属性值应被删除;

b) 如果它没有出现在原始数据集中,应插入一个未知属性值;

c) 以上两种情况缺省的属性值按本部分 7.2.1 记叙的方法来编码。

B.3.5.2 必备属性

物标类所必备属性见表 B.2。

表 B.2

物　标	属　性	备　注
ADMARE	JRSDTN	
BCNCAR	BCNSHP　CATCAM　COLOUR	
BCNISD	BCNSHP　COLOUR	
BCNLAT	BCNSHP　CATLAM　COLOUR	
BCNSAW	BCNSHP　COLOUR	
BCNSPP	BCNSHP　CATSPM　COLOUR	
BERTHS	OBJNAM	
BOYCAR	BOYSHP　CATCAM　COLOUR	
BOYINB	BOYSHP　COLOUR	
BOYISD	BOYSHP　COLOUR	
BOYLAT	BOYSHP　CATLAM　COLOUR	
BOYSAW	BOYSHP　COLOUR	
BOYSPP	BOYSHP　CATSPM　COLOUR	
BRIDGE	CATBRG	当在可航水域上方时
	VERCLR	当为固定桥梁时
	无	当在不可航水域的上方时
	VERCCL　CVERCOP	当其他情形时
CBLOHD	VERCSA	当在可航水域上方时
	VERCLR	当如果未知时
	无	当其他情形时
CONVYR	VERCLR	当在可航水域上方时
	无	当其他情形时

表 B.2(续)

物　标	属　性	备　注
CTNARE	INFORM　TXTDSC	至少二者之一
CUSZNE	NATION	
DAYMAR	COLOUR　TOPSHP	
DEPARE	DRVAL1　DRVAL2	
DEPCNT	VALDCO	
DRGARE	DRVAL1	
DWRTCL	ORIENT　TRAFIC　CATTRK	
DWRTPT	ORIENT　TRAFIC　DRVAL1	
FERYRT	CATFRY	
FOGSIG	CATFOG	
FSHZNE	NATION	
GATCON	HORCLR	如果在编辑比例尺下可行
LIGHTS	COLOUR　LITCHR	航空障碍物灯标或雾探测灯标除外
	CATLIT	如果是航空障碍物灯标或雾探测灯标
	SECTR1　SECTR2	如果是弧光
	SIGPER　SIGGRP	如果不是定光灯
	ORIENT	如果是定向的或光栅效应
LITFLT	COLOUR	
LITVES	COLOUR	
LNDELV	ELEVAT	
LNDMRK	CATLMK　CONVIS	
LNDRGN	CATLND　OBJNAM	至少二者之一
LOCMAG	VALLMA	
MAGVAR	RYRMGV　VALACM　VALMAG	
MORFAC	CATMOR	
NAVLNE	CATNAV　ORIENT	
OBSTRN	VALSOU　WATLEV	
PIPOHD	VERCLR	当在可航水域上方时
	无	当其他情形时
PRCARE	INFORM　TXTDSC	至少二者之一
PRDARE	CATPRA	
PYLONS	CATPYL	
RADLNE	ORIENT	
RCRTCL	CATTRK	
RCTLPT	ORIENT	

表 B.2(续)

物　标	属　性	备　注
RDOCAL	ORIENT　TRAFIC	
RECTRC	ORIENT　TRAFIC　CATTRK	
RESARE	CATREA　RESTRN	至少二者之一
RTPBCN	CATRTB	
SISTAT	CATSIT	
SISTAW	CATSIW	
SMCFAC	CATSCF	
SWPARE	DRVAL1	
TOPMAR	TOPSHP	
TSSLPT	ORIENT	航道会合点除外
TWRTPT	ORIENT　TRAFIC	
UWTROC	VALSOU　WATLEV	
VEGATN	CATVEG	
WATTUR	CATWAT	
WRECKS	WATLEV	
	CATWRK　VALSOU	至少二者之一
M_ACCY	HORACC　VERACC　POSACC　SOUACC	至少四者之一
M_COVR	CATCOV	
M_CSCL	CSCALE	
M_HOPA	HORDAT　SHIPAM	
M_NSYS	MARSYS 或 ORIENT	
M_QUAL	CATZOC	
M_SDAT	VERDAT	
M_VDAT	VERDAT	
注:没有必备属性的物标类不列在表中。属性 COLPAT 是多于一种颜色的物标所必备的(LLGHTS 除外)。		

B.3.5.3　禁止属性

所有物标禁止使用属性 CATQUA、DUNITS、HUNITS、PUNITS、RECDAT、RECIND 和 SCAMAX。

属性 HORDAT 只允许用于元物标 M_HOPA。

B.3.5.4　数字属性值

浮点或整数属性值不能用无效零来填充。

例如:一个信号周期为 2.5s 的 SIGPER 的值应是 2.5 而不是 02.500。

B.3.5.5　文本属性值

用于 ATTF 字段的词汇级值应是 0 级(GB/T 1988)或 1 级(ISO8859-1),词汇级 0、1 或 2 级可用于 NATF 字段,在本部分 7.10 定义的格式控制字符(CO)则禁用。

B.3.5.6　元物标数据分层

表 B.3 给出了元物标数据的分层,包含下列情况:

a)　取代元物标属性的单独属性;

b) 取代数据集子字段的元物标属性(见 B.6.3.2 和 B.6.4.2)。

当没有元物标属性时,一个单独属性可以取代数据集子字段。

如果某属性与元物标或同等数据集子字段所定义的通用值相同,则该属性禁止用作单个物标的属性。如果某元物标给出的信息与同等数据集子字段所给值一样,则该元物标禁止使用。

表 B.3

字段	子字段	元物标类	元物标属性	地理或空间物标属性
DSID	AGEN	禁止使用 M_PROD		
DSID	UADT	禁止使用 M_PROD		
DSID	ISDT	禁止使用 M_PROD		
DSPM	HDAT	禁止使用 M_HDAT		禁止使用 HORDAT
DSPM	VDAT	M_VDAT	VERDAT	VERDAT
DSPM	SDAT	M_SDAT	VERDAT	VERDAT
DSPM	CSCL	M_CSCL	CSCALE	
DSPM	DUNI	禁止使用 M_UNIT		禁止使用 DUNITS
DSPM	HUNI	禁止使用 M_UNIT		禁止使用 HUNITS
DSPM	PUNI	禁止使用 M_UNIT		禁止使用 PUNITS
		M_ACCY	HORACC	HORACC
		M_ACCY	POSACC	POSACC
		M_ACCY	SOUACC	SOUACC
		M_ACCY	VERACC	VERACC
		M_NSYS	MARSYS	MARSYS
		M_NSYS	ORIENT	单物标的属性 ORIENT 不能取代元物标属性
		M_QUAL	CATZOC	POSACC、SOUACC 和 TECSOU
		M_QUAL	SOUACC	SOUACC
		M_QUAL	POSACC	POSACC
		M_SREL	SURATH	SORIND
		M_SREL	SUREND	SORDAT
		M_SREL	SURSTA	SORDAT
		M_SREL	TECSOU	TECSOU

B.3.6 制图物标

禁止使用制图物标。

B.3.7 时变物标

航道图 ENC 不包含磁差、潮汐、潮流和海流方面的信息,深度信息只能按 ENC 提供的水深资料显示。

B.3.8 几何图形

边只能用 SG2D 字段编码,不能使用 ARCC 字段(曲线)。对线性特征使用的编码点密度在编辑比例尺下不应大于0.3mm。

在某种情况下,边的符号化可能取消。这由空间记录指针FSPT字段的MASK子字段的值{1}来实现。如果USAG子字段中的值被设置为{3}(外部边界被数据极限所截取),那么MASK子字段应被设置为{255},(NULL)。其他情况下,MASK子字段应被设置为{2}。

B.3.9 关联方式

确定物标间联系的方法有两种,指定的主特征记录和聚合(C_AGGR)关联(C_ASSO)类集合物标。

目录交叉参照记录禁止使用,集合物标类(C_STAC)禁止使用。

所有分层联系(主到从属)编码,应用一个指定的主特征记录编码,该记录在FFPT字段的特征记录的RIND子字段中带有指向从属物标的指针,值为{2}。

所有使用集合物标的关联或聚合关系被假定为同位体。

这些集合特征记录中的RIND子字段应是{3}。

B.3.10 分组

B.3.10.1 一般要求

ENC定义了两个组,地表面特征物标定义在第一组,其他特征物标定义在第二组。

组数编码在FRID字段里的GRUP子字段中。

B.3.10.2 第一组

被元物标M_COVR(CATCOV = 1)覆盖的区域应完全被一组没有互相重叠的地面物标所覆盖。这些物标组成第一组,共有七个物标,分别是DEPARD、DRGARE、FLODOC、HULKES、LNDARE、PONTON和UNSARE。

B.3.10.3 第二组(所有其他物标)

所有不在第一组的特征物标被列在第二组。

B.3.11 语言和字符

B.3.11.1 语言

语言交流宜使用中文,英语作为补充选择。当中文文本国家属性(NINFOM,NOBJNM,NPLDST)存在时,英语翻译文本则存在于国际属性(INFORM,OBJNAM,PILDST)中。国际属性中存在的地理名字不必翻译。

B.3.11.2 二级词汇使用

如果本国语言用0级或1级词汇不能表达,宜采用下面的规则:

a) 本国语言正确的拼法用词汇级2被编码在NATF字段里;

b) 翻译文本,包括音译或意译的本国地理名字,用词汇0级或1级编码到ATTF字段里。可能的话,国际标准也适用于非拉丁字母翻译。

属性PUBREF和SURATH应永远用本国语言,其值应按照以上的国际属性所叙述的规则编码到ATTF字段里。

B.4 制图框架

B.4.1 水平基准面

水平基准面应采用WGS-84基准面,DSPM字段的HDAT子字段的值应为{2},非WGS-84水平基准面应转换成WGS-84基准面(M_HOPA)。

B.4.2 垂直和水深基准面

高程和水深所用的各种基准面缺省值在 DSPM 字段中 VDAT 子字段和水深基准面(SDAT)子字段来编码。

B.4.3 投影

不能使用数据集投影(DSPR)字段。坐标应以地理坐标(纬度和经度)编码。

B.4.4 度量单位

ENC 中使用的单位是:

a) 位置:经纬线用十进制度数(转换成整数值);

b) 深度:米;

c) 高度:米;

d) 距离:海里、公里或米。

深度单位和高度单位用 DSPM 字段中 DUNI 和 HUNI 子字段来编码。

经纬线值从小数度数转换成整数通过用 DSPM 字段中的 COMF 子字段值实现。整数值被编码在 Y 轴坐标(YCOO)子字段和 X 轴坐标(XCOO)子字段中。小数的位数由数据生产者选择并在整个数据集中有效。

例如:如果生产者决定选择 0.000 1°分辨率,则 COMF 值是 10 000。某一经度 = 34.567 8°转换成的 XCOO 值 = 经度值 × COMF 值 = 34.567 8 × 10 000 = 345 678。被转换的坐标整数值用二进制编码。

深度从十进制米数转换到整数值通过 DSPM 字段中的 SOMF 子字段值实现。整数值用 VE3D 子字段来编码。水深不能用大于 1dm 的分辨率来编码,SOMF 值应用二进制 10 编码。

对于更新单元文件(见 B.6.4),由于不包含 DSPM 字段,不存在 COMF 和 SOMF,此时,应使用原来基本单元文件的 COMF 和 SOMF 值。

B.5 数据准备

B.5.1 执行过程

应在 ENC 中使用本部分的二进制实现方法。CATD 字段中 IMPL 子字段应在数据集文件中置为 BIN。

B.5.2 压缩算法

禁止使用压缩算法。

B.5.3 加密

为防止未授权使用,ENC 数据可能用加密算法加以保护。

B.5.4 交换集

B.5.4.1 交换集内容

本部分主要部分定义的记录分为两个文件类型:目录文件和数据集文件。

一个交换集由一个且只有一个目录文件和至少一个数据集文件构成。文本和图形文件也可以包含在 ENC 交换集里。这些文件可以由数据生产者设置在一个交换集里以提供例如航路指南或沿岸航行指南的附加信息。这些文件应用 ASCII 码文本格式或 TIF 格式。其他格式的文件(包括可以处理文本或图形文件的应用文件)经生产者和接收者之间私人协议包括在一个交换集里。

一个交换集可以内含一个自述(README)文件,给出一般性信息。

目录文件相当于交换集的目次表。

每一数据集文件含有用于一个单元的数据(见B.2.2),包括:

a) 数据集专用的数据描述信息;

b) 真实世界实体的描述和位置。

文本和图形文件与ISO/IEC 8211标准不一致且没有在本部分中详细说明。这些文件对本生产规范是专用的。

B.5.4.2 卷册命名

一个交换集可以分成几个媒体盘卷,每个媒体盘卷在交换集中应唯一被识别。一个单独文件不能分成多盘卷。单一的盘卷应命名为:VSSXNN,其中:

a) V是必备的第一个字符;

b) SS是交换集里指定卷的顺序号;

c) X是必备的分障符号;

d) NN是交换集里媒体卷的总数。

示例B.1:

有三卷交换集的第一卷命名为V01X03。

B.5.4.3 目录结构

交换集里每一卷应有一个根目录叫做ENC-ROOT。交换集的目录文件应在交换集中第一卷的ENC-ROOT目录里。第一卷中ENC-ROOT目录也可以包含一个ASCII码自述文件。次级目录和子目录可以在交换集里任何一卷根目录下定义。

对交换集中的每一文件而言,目次文件应含文件所在卷的卷名及该卷柜对根目录的完整路径名。

一个子目录内不宜超过64个文件。

B.5.5 数据集

可以生成四种数据集:

a) 新数据集:以前从未生产过某地区用于相同航行目的ENC数据;

b) 更新集:改变现有数据集中的一些信息;

c) 再版数据集:包括所有的截止到再版日期的应用于原始数据集的更新数据,再版数据集不包含任何以前由更新方式发布的新信息;

d) 新版数据集:包括以前没有由更新发布的新信息。

每一新数据集、再版数据集或新版数据集称为一个基本单元文件。

一个数据集内含一个基本单元文件的更新,叫一个更新单元文件。

B.5.6 文件命名

B.5.6.1 一般要求

本部分中所有文件的文件名可包含A~Z大写字母,数字1~9和下画线字符。文件名长可达八位,扩展名三位,二者的分隔符应是点。子目录名长可达八位。

B.5.6.2 自述文件

自述文件应命名为README.TXT。

B.5.6.3 目录文件

交换集的目录文件应命名为CATALOG.EEE。

EEE是该数据集使用的本部分的版本号,如:030表示版本(3.0),其他文件不可以命名为CATALOG。

B.5.6.4 数据集文件

数据集文件按照下面的规定来命名,见图 B.1。

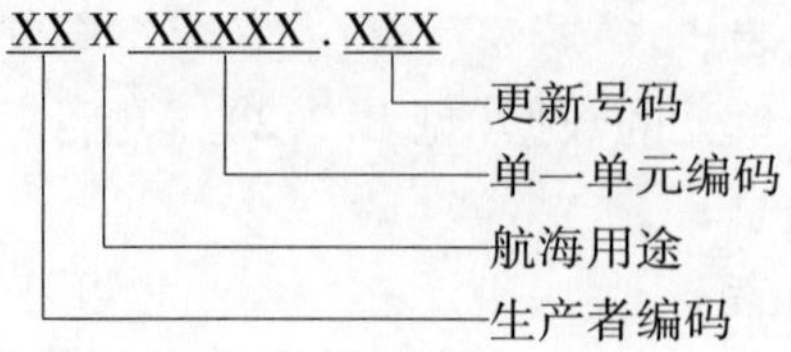

图 B.1

主要部分由一个八字节标识符构成:

a) 二位字节标识生产者 C2;

b) 第三个字节表示航海用途(见 B.2.1);

c) 第四到第八字节用于单元编码,可由生产者任意给出唯一的文件名;如果不用数字字符,则只能用大写字母。

一个有效的基本单元文件应由它的名字在世界范围被唯一确认,并且有扩展名 000,这个扩展名用于更新(见 B.5.7)。

更新单元文件与原基本单元文件同名,它的扩展号大于或等于 001。它将覆盖作用在与基本单元文件相同的地理区域。

B.5.6.5 文本和图形文件

文本和图形文件应按照下面给出的规定来命名,见图 B.2。

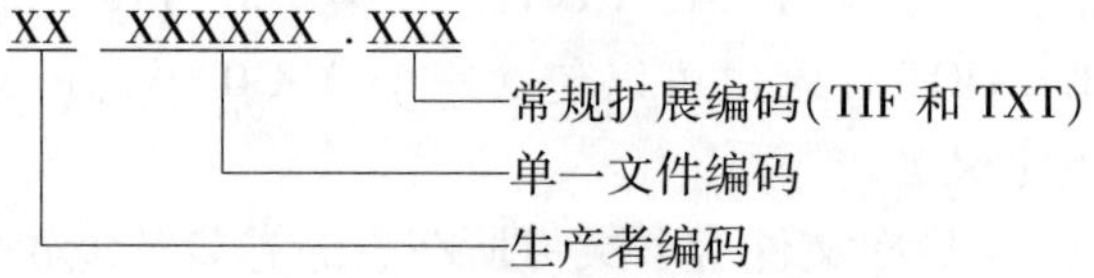

图 B.2

主要部分由一个八个字节标识符构成:

a) 第一、二位字节标识生产者 C2;

b) 第三到第八位字节,由生产者提供的唯一文件名,能用任何方式给出;如果数字以外的字符被使用,只能用大写字母。

扩展名用于识别文件类型。它应是这些文件类型的常用扩展名,如:TXT 为 ASCII 文件,TIF 为图形文件。这三个字节在 CATD 字段里的 IMPL 子字段中表示。其他格式文件,如通过私下协议提供,也应按照相同的一般命名公约并且用适当的文件扩展名表示其文件格式。

B.5.7 更新

为了保证数据更新无遗漏地以正确的顺序收编到 SENC 中去,DSID 字段中的文件扩展名和一些子字段应按下面方法使用:

a) 文件扩展名:每一新数据集、再版或新版数据集应有一个 000 扩展名。对更新单元文件,扩展名是更新的号码,范围从 001 ~ 999。这些号码应不能省略且按顺序使用。号码 001 是一个新数据集或新版后但不是在再版后的第一次更新。更新顺序不被再版中断。在再版后,随后的更新可以合并到由该再版生成的 SENC 或者保持不断更新的由源数据生成的 SENC 中;

b) 版本号:当一个数据集最初生成时,版本号设为 1。版本号每出新版增加 1。再版的版本号不变;

c) 更新号:一个新数据集的更新号定为 0。与新数据集相关的第一个更新单元文件的更新号是 1。更新号每连续的更新增加 1,直到有新版。新版应用更新号 0,数据集的再版应有数据的最后更新号。对于一个更新单元文件,其文件扩展名与更新号一致;

d) 更新使用日期:这个日期只能用于基本单元文件(例如:新数据集、再版或新版),不能用于更新

单元文件。所有标准在此日期或以前的更新都应由生产者来完成;

e) 出版日期:数据制作者提供可用数据的日期。

表B.4为管理文件扩展名EDTN、UPDN、UADT和ISDT子字段方法示例。

表B.4

事项	文件扩展	新版号码	更新号码	更新适用日期	出版日期
新数据集	.000	1	0	20080104	20080104
更新1	.001	1	1	禁止	20080121
更新2	.002	1	2	禁止	20080225
…					
更新31	.031	1	31	禁止	20080905
再版数据集	.000	1	31	20080905	20080910
更新32	.032	1	32	prohibited	20081023
…					
更新45	.045	1	45	禁止	20081112
新版数据集	.000	2	0	20081201	20081201
2版更新1	.001	2	1	禁止	20090429
……	……	……	……	……	……

每一数据集的再版和新版应与它所取代的基本单元文件名相同。

为了删除一个数据集,应创建一个更新单元文件,它只包括带有DSID字段的数据集通用信息记录。EDTN子字段应置0。这条信息只能用于删除一个基本单元文件。

为了通知航海人员有新版数据集可用,一个更新单元将被生成,它只包括带有DSID字段的数据集通用信息记录,而EDTN子字段应比现版值高一号。为了更正正文,图形或应用文件,一个同名新文件被生成。当指向一个正文、图形或应用文件的物标被删除或更新从而使之不再参考这个文件时,ECDIS软件在删除该文件前应该检测是否还有其他物标参考该文件。

一个交换集可以包含用于同一数据单元的基本单元文件和更新单元文件。在此情形下,更新单元文件应根据上次对基本单元文件所作更新所得的正确顺序号进行后续更新。每一特征记录或矢量记录的版本在FRID字段或VRID字段中的RVER子字段标出。记录每更新一次,版本号加1。

B.5.8 媒体

数据应有效地制作在CD-ROM或U磁盘上,还可以通过协议有效地制作在任何其他物理媒体上。

数据可以通过电信线路提供。

B.5.9 错误检测

B.5.9.1 完整性检查

文件完整性检查基于CRC-32算法(一个32位的循环冗余校验法)。

B.5.9.2 执行过程

每一数据集的检验和存放在CATD字段的CRC(CRCS)子字段里。它们使在收到数据时能对交换集里每一文件的完整性进行检查。收到文件的CRC计算值应和传输过来的CRC值一致。

CRC值以ASCII码形式,记录成一个最低有效字节的十六进制数。

B.5.9.3 处理技术

编码由如下算法确定:

$$G(X)=X^{32}+X^{26}+X^{23}+X^{22}+X^{16}+X^{12}+X^{11}+X^{10}+X^{8}+X^{7}+X^{5}+X^{4}+X^{2}+X+1$$

处理技术适用于出现在交换集里的相应文件。

文件的 CRC 值由下面处理技术确定：

a） 数据的第一个 32 位(二进制)是求补的；

b） 数据的 n 位被认为是 $n-1$ 次项多项式 $M(X)$ 的系数；

c） $M(X)$ 是系数乘上 X^{32} 除以 $G(X)$，结果为小于 31 次的余数项 $R(X)$；

d） $R(X)$ 的系数被认为是 32 位顺序；

e） 位顺序是求补的，结果是 CRC。

CRC 的十六进制格式被转换成 ASCII 码字符并储存在 CATD 字段里。

B.6 应用简档

B.6.1 概述

B.6.1.1 目录和数据集文件

这些文件由记录和字段构成，每一基本或更新单元文件中的数据顺序如下：

数据集文件：

a） 数据集通用信息记录。

b） 数据集地理参考记录(适用于 EN 简档)。

c） 矢量记录：

  1） 孤立节点(SG3D)；

  2） 孤立节点(SG2D)；

  3） 连接节点；

  4） 边。

d） 特征记录：

  1） 元特征；

  2） 地理特征(以属到主排序)；

  3） 集合特征。

这种记录顺序将使转入软件能检测出子记录的存在，只要父记录有一次参考到它(例如：它可能已读到子记录，所以就知道它是否存在)。

B.6.1.2 记录

没有出现在下面树形结构图中的记录和字段禁止使用。文件中的记录顺序应与这些树形结构图中的顺序相同。文件名和记录的名字的组合应是一个世界范围唯一的记录标识符。

B.6.1.3 字段

对于基本单元文件，某些字段可以重复〈R〉表示，它们的内容也可以重复(表示)。为了减少数据量，编码者应重复使用子字段，而不是生成多个字段。

B.6.1.4 子字段

必备的子字段应用非空值来填充，禁止子字段应作为缺省子字段值来编码(见 7.2.1)，缺省属性值的确切含义(见 B.3.5.1)。

在后面的表格中，必备的子字段在用法列中用 M 表示，禁止子字段用 P 表示。如果列中没有值，则表明这个子字段是可选的。当一个子字段值是预先规定的，它表示在值列。注释列包含一般注释和表示子字段是 ASCII 码还是二进制码。

B.6.2 目录文件

B.6.2.1 目录文件结构

EN 和 ER 应用简档的目录文件结构相同，见图 B.3。

```
目录文件      字段结构                              字段名称
  └──────── 〈R〉                                   目录目次记录
              └──────── 0001                         ISO/IEC 8211 记录标识符
                          └──────── 〈1〉 CATD        目录目次字段
```

图 B.3

B.6.2.2 目录目次字段

目录目次(CATD)字段见表 B.5。

表 B.5

标识	子字段名	用法	值	注　　释
RCNM	记录名	M	CD	
RCID	记录标识号	M		
FILE	文件名	M		从 ENC_ROOT 目录起的全路径
LFIL	文件长名			
VOLM	卷标	M		文件出现的卷名
IMPL	实现方法	M	ASC	适于目录文件
SLAT	最南端纬度			数据集文件必备
WLON	最西端精度			数据集文件必备
NLAT	最北端纬度			数据集文件必备
ELON	最东端精度			数据集文件必备
CRCS	CRC	M		除自述文件和目录文件以外
COMT	注释			
注:所有子字段值为 ASCII 码。				

B.6.3 EN 应用简档

B.6.3.1 基本单元文件结构

EN 应用简档适用于任何基本单元文件(例如:新数据集、数据集的再版和新版),见图 B.4。

```
基本单元文件  字段结构                        字段名称
  ├──────── 〈1〉                             数据集通用信息记录
  │           └─0001                         ISO/IEC 8211 记录标识符
  │               └─〈1〉 DSID                数据集标识字段
  │                     └─〈1〉 DSSI          数据集结构信息字段
  ├──────── 〈R〉 矢量记录
  │           └─0001                         ISO/IEC 8211 记录标识符
  │               └─〈1〉 VRID                矢量记录标识字段
  │                     ├─〈R〉 ATTV*         矢量记录属性字段
  │                     ├─〈R〉 VRPT*         矢量记录指针控制字段
  │                     └─ or ┬─〈R〉 SG2D*   2D 坐标字段
  │                           └─〈R〉 SG3D*   3D 坐标(水深数组)字段
  └──────── 〈R〉 特征记录
              └─0001                         ISO/IEC 8211 记录标识符
                  └─〈1〉 FRID                特征记录标识字段
                        ├─〈1〉 FOID          特征物标标识字段
                        ├─〈R〉 ATTF*         特征记录属性字段
                        ├─〈R〉 NATF*         特征记录国家属性字段
                        ├─〈R〉 FFPT*         特征记录到特征物标指针字段
                        └─〈R〉 FSPT*         特征记录到空间记录指针字段
```

图 B.4

B.6.3.2 字段内容

B.6.3.2.1 数据集标识字段

数据集标识(DSID)字段见表B.6。

表B.6

标识	子字段名	用法	值	注　释
RCNM	记录名	M	{10}	= DS,二进制
RCID	记录标识号	M		二进制
EXPP	交换目的	M	{1}	数据集是新的,二进制
INTU	预期用途	M	{1}-{6}	航海用途,见B.2.1,二进制
DSNM	数据集名称	M		有扩展的二进制文件名,不包括路径,ASCII
EDTN	版本号	M		见B.5.7, ASCII
UPDN	更新号	M		ASCII
UADT	更新应用日期	M		ASCII
ISDT	发行日期	M		ASCII
STED	S-57版本号	M	03.0或03.1	ASCII
PRSP	产品规范	M	{1}	= ENC, binary
PSDN	产品规范描述	P		空的, ASCII
PRED	产品规范版本号	M	2.0	ASCII
PROF	应用简档标识	M	{1}	= EN, 二进制
AGEN	生产机构	M		二进制
COMT	注释			ASCII
注:子字段值用规定的ASCII或者二进制进行编码。				

B.6.3.2.2 数据集结构字段

数据集结构(DSSI)字段见表B.7。

表B.7

标识	子字段名	用法	值	注　释
DSTR	数据结构	M	{2}	= 链节点
AALL	ATTF词汇级	M	{0}或{1}	
NALL	NATF词汇级	M	{0},或{1},或{2}	
NOMR	元记录数	M		
NOCR	制图记录数	M	{0}	制图记录不容许
NOGR	地理记录数	M		
NOLR	集合记录数	M		
NOIN	孤立节点数	M		
NOCN	连接节点数	M		
NOED	边数	M		
NOFA	面数	M	{0}	面不容许在链节点中
注:所有子字段值均为二进制编码。				

B.6.3.2.3 数据集参数字段

数据集参数(DSPM)字段见表B.8。

表B.8

标识	子字段名	用法	值	注　释
RCNM	记录名	M	{20}	= DP, 二进制
RCID	记录标识号	M		二进制
HDAT	水平基准面	M	{2}	= WGS-84, 二进制
VDAT	垂直基准面	M		二进制
SDAT	水深基准面	M		二进制
CSCL	数据编辑比例	M		二进制
DUNI	深度度量单位	M	{1}	=米, 二进制
HUNI	高度计算单位	M	{1}	=米, 二进制
PUNI	位置精度单位	M	{1}	=米, 二进制
COUN	坐标单位	M	{1}	=经/纬度, 二进制
COMF	坐标乘数因子	M		二进制,见B.4.4
SOMF	三维水深乘数因子	M	{10}	二进制,见B.4.4
COMT	注释			ASCII
注:子字段值用规定的ASCII或者二进制进行编码。				

B.6.3.2.4 矢量记录标识字段

矢量记录标识符(VRID)字段见表B.9。

表B.9

标识	子字段名	用法	值	注　释
RCNM	记录名	M	{110} 或{120} 或{130}	= VI,孤立节点 = VC,连接节点 = VE,边
RCID	记录标识符号	M		
RVER	记录版本	M		
RUIN	记录更新指令	M	{1}	= 插入
注:所有子字段值为二进制编码。				

B.6.3.2.5 矢量记录属性字段

矢量记录属性(ATTV)字段见表B.10。

表B.10

标识	子字段名	用法	值	注　释
ATTL	属性代码	M		二进制编码,用于一个属性
ATVL	属性值	M		ASCII码缺省属性值 = 属性相关但其值未知
注:子字段值用规定的ASCII或者二进制进行编码。				

B.6.3.2.6 矢量记录指针字段

矢量记录指针(VRPT)字段见表B.11。

表 B.11

标识	子字段名	用法	值	注　释
NAME	名字	M		
ORNT	方位	M	{255}	= 无
USAG	用法指示符	M	{255}	= 无
TOPI	拓扑指示符	M	{1} 或{2}	= 起初节点 = 终止节点
MASK	掩码指示符	M	{255}	= 无
注:所有子字段值为二进制编码。				

B.6.3.2.7　二维坐标字段

二维坐标(SG2D)字段见表 B.12。

表 B.12

标识	子 字 段 名	用法	值	注　释
YCOO	*Y* 轴坐标	M		纬度(见 B.4.4)
XCOO	*X* 轴坐标	M		经度(见 B.4.4)
注:所有子字段值为二进制编码。				

B.6.3.2.8　三维坐标(加深度)字段

三维坐标(加深度)(SG3D)字段见表 B.13。

表 B.13

标识	子 字 段 名	用法	值	注　释
YCOO	*Y* 轴坐标	M		纬度(见 B.4.4)
XCOO	*X* 轴坐标	M		经度(见 B.4.4)
VE3D	三维水深值	M		水深值(见 B.4.4)
注:所有子字段值为二进制编码。				

B.6.3.2.9　特征记录标识字段

特征记录标识符(FRID)字段见表 B.14。

表 B.14

标识	子 字 段 名	用法	值	注　释
RCNM	记录名	M	{100}	= FE
RCID	记录标识号	M		
PRIM	物标几何图元	M	{1} 或{2} 或{3} 或{255}	= 点 = 线 = 区域 = 无几何形状
GRUP	组	M	{1} 或{2}	第一组,见 B.3.10 第二组,见 B.3.10.3
OBJL	物标标记	M		物标组用二进制码
RVER	记录版本	M		
RUIN	记录更新指令	M	{1}	= 插入
注:所有子字段值为二进制编码。				

B.6.3.2.10 特征物标标识字段

特征物标标识(FOID)字段见表B.15。

表B.15

标识	子字段名	用法	值	注释
AGEN	生产机构	M		
FIND	特征标识号	M		
FIDS	特征标识区分	M		
注:所有子字段值为二进制编码。				

B.6.3.2.11 特征记录属性字段

特征记录属性(ATTF)字段见表B.16。

表B.16

标识	子字段名	用法	值	注释
ATTL	属性代码	M		二进制码适用于一个属性的通用字符
ATVL	属性值			ASCII 码缺省属性值 = 属性相关但其值未知
注:子字段值用规定的 ASCII 或者二进制进行编码。				

B.6.3.2.12 特征记录国家属性字段

特征记录国家属性(NATF)字段见表B.17。

表B.17

标识	子字段名	用法	值	注释
ATTL	属性代码	M		二进制码适用于一个属性的通用字符
ATVL	属性值			ASCII 码缺省属性值 = 属性相关但其值未知
注:子字段值用规定的 ASCII 或者二进制进行编码。				

B.6.3.2.13 特征记录至物标指针字段

特征记录至特征物标指针(FFPT)字段见表B.18。

表B.18

标识	子字段名	用法	值	注释
LNAM	长名	M		二进制
RIND	关系指示符	M	{2} 或{3}	=从属,二进制 =同级,二进制
COMT	注释			ASCII
注:子字段值用规定的 ASCII 或者二进制进行编码。				

B.6.3.2.14 特征记录至空间记录指针字段

特征记录至空间记录指针(FSPT)字段见表B.19。

表B.19

标识	子字段名	用法	值	注释
NAME	名字	M		
ORNT	方位	M	{1} 或{2} 或{255}	=正向 =逆向 =无

表 B.19(续)

标识	子字段名	用法	值	注释
USAG	用法指示符	M	{1} 或{2} 或{3} 或{255}	=外部 =内部 =外部边界被数据界限 =无
MASK	掩码指示符	M		=屏蔽 =显示 =无
注:所有子字段值为二进制编码。				

B.6.4 ER 文档

B.6.4.1 更新单元文件结构

更新单元文件见图 B.5。

```
更新单元文件   字段结构                              字段名称
    ├──────〈1〉                                    数据集通用信息记录
    │        └── 0001                              ISO/IEC 8211 记录标识符
    │              └──〈1〉DSID                     数据集标识字段
    │                    └──〈1〉DSSI               数据集结构信息字段
    ├──────〈1〉                                    数据集地理参照记录
    │        └── 0001                              ISO/IEC 8211 记录标识符
    │              └──〈1〉DSPM                     数据集参数文件
    ├──────〈R〉                                    矢量记录
    │        └── 0001                              ISO/IEC 8211 记录标识符
    │              └──〈1〉VRID                     矢量记录标识字段
    │                    ├──〈R〉ATTV*              矢量记录属性字段
    │                    ├──〈R〉VRPT*              矢量记录指针控制字段
    │                    ├──〈1〉SGCC               坐标控制字段
    │                    └──or ─┬〈R〉SG2D*         2D 坐标字段
    │                           └〈R〉SG3D*         3D 坐标(水深数组)字段
    └──────〈R〉特征记录
             └── 0001                              ISO/IEC 8211 记录标识符
                   └──〈1〉FRID                     特征记录标识字段
                         ├──〈1〉FOID               特征物标标识字段
                         ├──〈R〉ATTF*              特征记录属性字段
                         ├──〈R〉NATF*              特征记录本国属性字段
                         ├──〈R〉FFPT*              特征记录到特征物标指针字段
                         └──〈R〉FSPT*              特征记录到空间记录指针字段
```

图 B.5

B.6.4.2 字段内容(ER)

B.6.4.2.1 数据集标识字段

数据集标识(DSID)字段见表 B.20。

表 B.20

标识	子字段名	用法	值	注释
RCNM	记录名	M	{10}	= DS, 二进制
RCID	记录标识号	M		二进制
EXPP	交换目的	M	{2}	数据集是修订版,二进制
INTU	预期用途	M	{1}~{6}	航海用途,见 B.2.1,二进制

表 B.20(续)

标识	子字段名	用法	值	注释
DSNM	数据集名称	M		文件扩展名包括路径 ASCII
EDTN	版本号	M		见 B.5.7,ASCII
UPDN	更新号	M		ASCII
UADT	更新应用日期	P		空的,ASCII
ISDT	发行日期	M		ASCII
STED	S-57 版本号	M	03.0 或 03.1	ASCII
PRSP	产品规范	M	{1}	=ENC,二进制
PSDN	产品规范描述	P		空的,ASCII
PRED	产品规范版本号	M	2.0	ASCII
PROF	应用简档标识	M	{2}	=ER,二进制
AGEN	生产机构	M		二进制
COMT	注释			ASCII
注:子字段值用规定的 ASCII 或者二进制进行编码。				

B.6.4.2.2 数据集结构字段

数据集结构(DSSI)字段见表 B.21。

表 B.21

标识	子字段名	用法	值	注释
DSTR	数据结构	M	{2}	= 链节点
AALL	ATTF 词汇级	M	{0} 或{1}	
NALL	NATF 词汇级	M	{0} 或{1} 或{2}	
NOMR	元记录数	M		
NOCR	制图记录数	M	{0}	制图记录不允许
NOGR	地理记录数	M		
NOLR	集合记录数	M		
NOIN	孤立节点数	M		
NOCN	连接节点数	M		
NOED	边数	M		
NOFA	面数	M	{0}	面不允许在链节点结构中
注:所有子字段值为二进制编码。				

B.6.4.2.3 矢量记录标识字段

矢量记录标识符(VRID)字段见表 B.22。

表 B.22

标识	子字段名	用法	值	注释
RCNM	记录名	M	{110} 或 {120} 或 {130}	= VI，孤立节点 = VC，连接节点 = VE，边
RCID	记录标识号	M		
RVER	记录版本	M		
RUIN	记录更新指令	M	{1} 或 {2} 或 {3}	= 插入 = 删除 = 修改
注：所有子字段值为二进制编码。				

B.6.4.2.4　矢量属性字段

矢量属性(ATTV)字段见表 B.23。

表 B.23

标识	子字段名	用法	值	注释
ATTL	属性代码	M		二进制码适于属性的通用
ATVL	属性值			ASCII 码，缺省属性值 = 属性相关但其值未知(见 B.3.5.1)
注：所有子字段值为 ASCII 码。				

B.6.4.2.5　矢量记录指针控制字段

矢量记录指针控制(VRPC)字段见表 B.24。

表 B.24

标识	子字段名	用法	值	注释
VPUI	矢量记录指针更新指令	M	{1} 或 {2} 或 {3}	= 插入 = 删除 = 修改
VPIX	矢量记录指针变址	M		
NVPT	矢量记录指针号	M		
注：所有子字段值为二进制编码。				

B.6.4.2.6　矢量记录指针字段

矢量记录指针(VRPT)字段见表 B.25。

表 B.25

标识	子字段名	用法	值	注释
NAME	名字	M		
ORNT	方位	M	{255}	= 无
USAG	用法指示符	M	{255}	= 无
TOPI	拓扑指示符	M	{1} 或 {2}	= 起始节点 = 终止节点
MASK	掩码指示符	M	{255}	= 无
注：所有子字段值为二进制编码。				

B.6.4.2.7 坐标控制字段

坐标控制(SGCC)字段见表 B.26。

表 B.26

标识	子字段名	用法	值	注释
CCUI	坐标更新指令	M	{1} 或{2} 或{3}	= 插入 = 删除 = 修改
CCIX	坐标变址	M		
CCNC	坐标数	M		
注:所有子字段值为二进制编码。				

B.6.4.2.8 二维坐标字段

二维坐标(SG2D)字段见表 B.27。

表 B.27

标识	子字段名	用法	值	注释
YCOO	Y 轴坐标	M		纬度(见 B.4.4)
XCOO	X 轴坐标	M		经度(见 B.4.4)
注:所有子字段值为二进制编码。				

B.6.4.2.9 三维坐标(加深度)字段

三维坐标(加深度)(SG3D)字段见表 B.28。

表 B.28

标识	子字段名	用法	值	注释
YCOO	Y 轴坐标	M		纬度(见 B.4.4)
XCOO	X 轴坐标	M		经度(见 B.4.4)
VE3D	三维水深值	M		水深值(见 B.4.4)
注:所有子字段值为二进制编码。				

B.6.4.2.10 特征记录标识字段

特征记录标识符(FRID)字段见表 B.29。

表 B.29

标识	子字段名	用法	值	注释
RCNM	记录名	M	{100}	= FE
RCID	记录标识号	M		
PRIM	物标几何图元	M	{1} 或{2} 或{3} 或{255}	= 点 = 线 = 区域 = 无几何形状
GRUP	组	M	{1} 或{2}	第一组,见 B.3.10.2 第二组,见 B.3.10.3
OBJL	物标标记	M		物标类用二进制编码

表 B.29(续)

标识	子字段名	用法	值	注释
RVER	记录版本	M		
RUIN	记录更新指令	M	{1} 或{2} 或{3}	= 插入 = 删除 = 修改
注:所有子字段值为二进制编码。				

B.6.4.2.11 特征物标标识字段

特征物标标识(FOID)字段见表 B.30。

表 B.30

标识	子字段名	用法	值	注释
AGEN	生产机构	M		
FIND	特征标识符号	M		
FIDS	特征标识符区分	M		
注:所有子字段值为二进制编码。				

B.6.4.2.12 特征记录属性字段

特征记录属性(ATTF)字段见表 B.31。

表 B.31

标识	子字段名	用法	值	注释
ATTL	属性代码	M		二进制码适于属性的通用
ATVL	属性值			ASCII 码,缺省属性值 = 属性相关但其值未知(见 B.3.5.1)
注:子字段值用规定的 ASCII 或者二进制进行编码。				

B.6.4.2.13 特征记录国家属性字段

特征记录国家属性(NATF)字段见表 B.32。

表 B.32

标识	子字段名	用法	值	注释
ATTL	属性代码	M		二进制码适于属性的通用
ATVL	属性值			ASCII 值,屏蔽属性值 = 属性值被删除
注:子字段值用规定的 ASCII 或者二进制进行编码。				

B.6.4.2.14 特征记录至物标指针控制字段

特征记录至特征物标控制指针(FFPC)字段见表 B.33。

表 B.33

标识	子字段名	用法	值	注释
FFUI	特征物标指针更新指令	M	{1} 或{2} 或{3}	= 插入 = 删除 = 修改

表 B.33(续)

标识	子字段名	用法	值	注释
FFIX	特征物标指针变址	M		
NOPT	特征物标指针数	M		
注:所有子字段值为二进制编码。				

B.6.4.2.15 特征记录至物标指针字段

特征记录至特征物标指针(FFPT)字段见表 B.34。

表 B.34

标识	子字段名	用法	值	注释
LNAM	长名	M		二进制
RIND	关系指示符	M		= 从属,二进制 = 同级,二进制
COMT	注释		{2}或{3}	ASCII
注:子字段值用规定的 ASCII 或者二进制进行编码。				

B.6.4.2.16 特征记录至空间指针控制字段

特征记录至空间记录指针控制(FSPC)字段见表 B.35。

表 B.35

标识	子字段名	用法	值	注释
FSUI	特征到空间记录指针更新指令	M	{1} 或{2} 或{3}	= 插入 = 删除 = 修改
FSIX	特征到空间记录指针变址	M		
NSPT	特征到空间记录指针数	M		
注:所有子字段值为二进制编码。				

B.6.4.2.17 特征记录至空间指针字段

特征记录至空间记录指针(FSPT)字段见表 B.36。

表 B.36

标识	子字段名	用法	值	注释
AME	名称	M		
ORNT	方位	M	{1} 或{2} 或{255}	= 正向 = 反向 = 无
USAG	用法指示符	M	{1} 或{2} 或{3} 或{255}	= 外部 = 内部 = 外部边界被数据集界限所截 = 无
MASK	掩码指示符	M	{1} 或{2} 或{255}	= 屏蔽 = 显示 = 无
注:所有子字段值为二进制编码。				

附 录 C
(规范性附录)
电子航道图物标目录使用方法

C.1 引言

本附录规定了电子航道图(ENC)物标目录的使用方法,本附录应与附录 B 一同使用。

C.2 总则

C.2.1 制图体制

C.2.1.1 水平基准面

一个数据集中的水平基准面,应是唯一的,且应是 WGS-84。由 DSPM 字段中的 HDAT 子字段给出。不得使用元物标 M_HDAT。不可将属性 HORDAT 用于任何空间物标。元物标 M_HOPA 可以用以提供从其他水平基准面到 WGS-84 的转换(见附录 B.4.1)。

C.2.1.2 垂直基准面

垂直基准面适用于属性 HEIGHT 及 ELEVAT。整个数据集的缺省值由 DSPM 字段中的 VDAT 子字段给出。

如果垂直基准面与部分数据集的 VDAT 子字段给出的值不同,就应以元物标 M_VDAT 编码。这些元物标覆盖的区域应是互不兼容的、相互对立的。

元物标:数据垂直基准面(M_VDAT)。

等高线与垂直基准面交叉区有不同的值时,就应在这些区域的边缘划分几个物标。不同的基准面用于纸图,同样,也可用于 ENC。不同的基准面可用于以下方面:

a) 高程点的高度、等高线、陆标;

b) 灯光高度;

c) 竖向净空。

不同的垂直基准面用于不同的高程测量中,缺省值由 VDAT 或适用于前面所列第一组的元物标 M_VDAT 给出。灯光高度及竖向净空涉及的 VERDAT 由专用物标给出。

C.2.1.3 水深基准面

大范围内水深基准面应是一常数,它适用于属性 VALSOU、DRVAL1、DRVAL2 及 VALDCO。数据集的缺省值由 DSPM 字段的水深基准面子字段(SDAT)给出。如果水深基准面与数据集的某部分 SDAT 子字段提供的值不同,就应以元物标 M_SDAT 编码。这些元物标覆盖的区域必定互不兼容,应相互对立。

元物标:水深基准面(M_SDAT)

备注:涉及深度的特定物标不允许使用 VERDAT 属性(物标类 DEPARE、DEPCNT、DEGARE、OBSTRN、SOUNDG、UWTROC、WRECKS)。等深线和深度范围与不同水深基准面相交汇时,应在交汇区域的边缘划分成数个目标。

C.2.1.4 度量单位

一个数据集中的深度及高度度量单位唯一,应是米。它们由 DSPM 字段的 DUNI 子字段及 HUNI 子字段给出。禁止用元物标 M_UNIT。

C.2.2 数据质量描述

C.2.2.1 产品信息和更新信息

ENC 的生产者在文件名和 DSID 的 AGEN 子字段中表明。禁止使用元物标(M_PROD)。

C.2.2.2 更新信息

更新信息由文件名扩展及 DSID 的 EDTN、UPDN、UADT 和 ISDT 给定。

C.2.2.3 水深数据的质量和精度

C.2.2.3.1 一般要求

水深数据的质量、可信性、精度信息由以下各项提供：

a） 用于水深数据质量评估的元物标 M_QUAL；

b） 用于测量附加信息的元物标 M_SREL；

c） 密集水深和特殊物标的属性 QUASOU、SOUACC、TECSOU；

d） 空间物标属性 POSACC 及 QUAPOS。

强制使用元物标 M_QUAL。可选择使用 M_SREL。对专用物标(沉船，障碍物等)或小范围水深可使用属性 QUASOU、SOUACC 和 TECSOU。

C.2.2.3.2 水深数据质量

元物标 M_QUAL 应用以给予航海人员一个全面质量评估的水深数据。整个测区所包含的数据应被互不重叠的元物标 M_QUAL 覆盖。

元物标：数据质量（M_QUAL）

属性说明：DRVAL2 为质量信息适用的最大深度。

备注：属性 CATQUA 及 CATZOC 是相互对立的。CATQUA 提供质量信息，而 CATZOC 提供更多的数量信息。CATZOC 及 CATQUA 的值是由最小精度成分决定的。属性 POSSACC、SOUACC、QUASOU、TECSOU 可用于提高较高精度成分的精度。附加的质量信息可由元物标 M_SREL 提供。M_QUAL 切勿用于扫测区，即使两个物标在一个共用区域，当扫测区属于物标 M_QUAL，并且另外一些水深信息(水深点、等深线、水深范围)处于扫测区时，M_QUAL 属性只能适用于水深信息。

C.2.2.3.3 测量可靠性

测量可靠性通过元物标 M_SREL 编码。用此元物标是非强制性的。

元物标：测量可靠性（M_SREL）

备注：SOUACC 和 TECSOU 编码在 M_QUAL 中。属性 SURATH 用于表示测量来源，见 C.2.2.5.1。

C.2.2.3.4 水深质量

水深质量不同于元物标 M_QUAL 时编码为 QUASOU。

C.2.2.3.5 水深精度

水深精度不同于元物标 M_QUAL 时编码为 SOUACC。

C.2.2.3.6 水深测量技术

水深测量技术不同于元物标 M_QUAL 时编码为 TECSOU。

C.2.2.4 精度

C.2.2.4.1 位置质量

元物标 M_ACCY 用以提供所有非等深特征的位置综合精度。绝不能用于提供水深信息的精度。

元物标：数据精度（M_ACCY）

如果与有关元物标不同时，属性 QUAPOS、POSACC 可应用到任何地理物标的空间物标，属性 QUAPOS 给出定性信息，属性 POSACC 给出定量信息。

C.2.2.4.2 水平精度

横向净空精度（HORCLR）由属性 HORACC 给出。属性 HORACC 只能用于 HORCLR。HORLEN 及 HORWID 的精度无属性表达。

C.2.2.4.3 垂直精度

竖向净空的精度（VERCLR、VERCOP、VERCSA、VERCCL）由属性 VERACC 给出。如果几个竖向净空给出一个物标，则给出的精度是最低的。

C.2.2.5 数据来源

C.2.2.5.1 水深数据来源

用元物标类 M_SREL 对编辑用的测量数据来源的细节进行编码(详见 C.2.2.3.3)。

备注:测量主管单位编码在 SURATH 中而不是 SORIND 中。如果一个点物标(如水深点或沉船)的来源与 M_SREL 给出的不同,而该数据对航海人员有用,则其来源由属性 SORIND 及 SORDAT 编码。

C.2.2.5.2 其他数据来源

如果数据无水深信息的来源,但到对航海人员有用,可在属性 SORIND 及 SORDAT 中编码。

C.2.2.6 编辑比例尺

整个数据值的缺省值是由 DSPM 字段的 CSCL 子字段提供。如果编辑比例尺不同于部分数据集 CSCL 提供的值,编码就应用元物标 M_CSCL。元物标 M_CSCL 所覆盖的区域互不兼容。

元物标:数据编辑比例尺(M_CSCL)

备注:编辑比例尺为超比例尺读数提供参考值。

C.2.2.7 属性显示说明

SCAMIN 属性决定物标显示的最小比例尺。编码时,应考虑物标在该比例尺是否仍为航海所必需的物标。

备注:禁止使用属性 SCAMAX。如果无 SCAMIN,物标应在所有比例尺下显示。

C.2.3 文本信息

可用其他属性为信息编码时,就不能使用 INFORM、NINFOM、TXTDSC 及 NTXTDS。INFORM 及 NINFOM 含有 ASCII 文本信息,禁止格式字符(本部分 7.10 所定义的除外)。TXTDSC 及 NTXTDS 为文件附件名称编码,其参考的文件能包含格式化文本。ENC 的部分的文本文件只应为 ASCII 格式,可以有格式化字符。

C.2.4 颜色和彩色图案

一个物标具有多种颜色时说明如下:

a) 横条纹(COLPAT =1),主色在最上面,次要的颜色从上到下排列;
b) 竖条纹(COLPAT =2),主色在最左面,次要的颜色从左到右排列;
c) 斜条纹(COLPAT =3),主色在最左上方,次要的颜色从最左上方到最右下方排列;
d) 方格(COLPAT =4),主色在最左上方的方格中,次要的颜色沿着最上面一行,从左到右,然后第二行最左面的方格,依此下去,直到最右面底部的方格排列;
e) 边缘条纹(COLPAT =6),主色是边缘条纹,次色是背景色。边缘条与其他图案组合时,边缘条是主色,次色应按照附加图案的定义规则解释;图案不仅含有边缘条纹并有其他图案时,边缘条纹应是 COLPAT 主值。

C.2.5 参考其他出版物

参考其他航海出版物用元物标级 M_NPUB 说明。

元物标:航海出版物信息(M_NPUB)

C.3 磁数据

C.3.1 磁差

一个全球地磁模型在 ECDIS 中被广泛应用之前,磁差应使用物标类 MAGVAR 编码。最低限度应提供与一个时期(即每 5 年)变化的最新资料相一致。

地理物标:磁差(MAGVAR)

C.3.2 异常磁差

地理物标:局部磁力异常(LOCMAG)

备注:如果不能确定区域,可用点物标表示。

C.4 地形

C.4.1 陆地区

红树区或陆地区永远不会被海覆盖,不能以海岸线建筑物编码,应编码成 LNDARE。在编辑范围内不能航行的河流、运河、湖泊、盆地和船坞,应编码在一个 LNDARE 的顶部。陆地区总是第一组的部分,除非有一个点几何图元。

地理物标:陆地区(LNDARE)

备注:地型类由 LNDRGN 描述(见 C.4.7.1)。

C.4.2 垂直测量

C.4.2.1 垂直基准面

C.4.2.2 高度与海拔

对于自然特征(山、岸线和斜坡等),其高度用属性 ELEVAT 编码(图 C.1)。

对人工特征(陆标和建筑物等)或树木则:

a) 物标底部的地平面的高度由属性 ELEVAT(b)编码;

b) 物标最高点的高度由属性 HEIGHT(c)编码;

c) 地平面以上物标的高度由属性 VERLEN(d)编码。

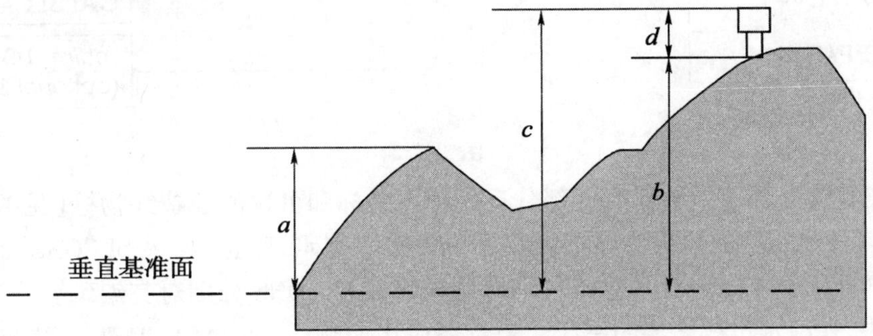

图 C.1

C.4.3 控制点

地理物标:控制点(CTRPNT)

C.4.4 距离标志

地理物标:距离标志(DISMAR)

属性说明:INFORM 为有测量单位的距离值。

C.4.5 岸线

C.4.5.1 一般要求

在所有情况下,岸线的编码是 RIVBNK(线)或 SLCONS(线或区)。这些特征形成陆地区(LNDARE)的边缘。自然岸线段、湖岸段、河岸段用 RIVBNK 编码。人工岸线段、湖岸段、河岸段、运河岸段和港池边缘编码为 SCLONS。若湖泊、江河、运河或港池在编辑范围内不可航行时，其边缘不编码。

C.4.5.2 岸线

地理物标：岸线（BNKLNE）

属性说明：涉及未经测量的岸线空间物标编码为 QUAPOS = 2。

备注：CATBNK 只为岸线本身的性质编码。其他区域物标用以描绘岸线附近的地域（见 C.4.7）。

C.4.5.3 人工岸线

地理物标：岸线建筑物（SLCONS）

属性说明：HORACC：仅与 HORCLR 一起使用。

图 C.2 描述了岸线建筑物，例如防波堤，包括平坦顶部（见图 C.2 中的 abcdlmna）的停泊设施、部分高水位之上的斜面（见图 C.2 中的 nmldefgn）和部分潮间带（见图 C.2 中的 dopqrhgfed）。

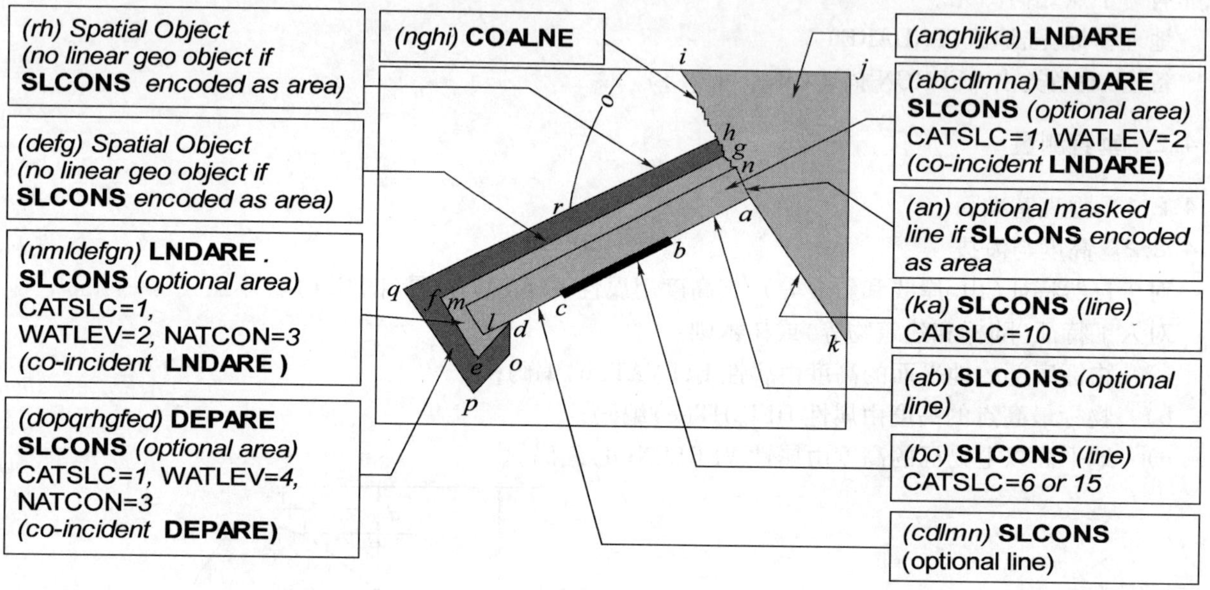

图 C.2

备注：岸线建筑物三部分中的任意一部分都可用面物标和可选的隐蔽线物标（见图 C.2 中的 an）SLCONS 分别编码，岸线建筑物的边界可以用线物标 SLCONS 编码，而且，如果 SLCONS 部分边界有不同的特征（如图 C.2 中的 bc，CATSLC = 6 或 15），则应用线物标 SLCONS 分别对其编码。

在上述例子中，在高水位线之上的岸线建筑物还应用面物标 LNDARE 编码，而潮间带部分还应用面物标 DEPARE 编码。

SLCONS 物标应对结构部分进行描述，其分类基于源数据的表述对属性 CATSLC 和 WATLEV 编码。

如果物标在源数据中仅以文字而非符号描述（如突堤、防波堤和缆桩），应以 CTNARE 物标编码，用属性 INFORM 编码文字信息。

潮间带或水下人工石壁，例如没有附在岸线上的导流堤，应以合适的值对 CATSLC 编码，且 WATLEV = 3 或 WATLEV = 4。

C.4.5.4 整治建筑物

地理物标：整治建筑物（REGSTR）

备注：整治建筑物是稳定或改善河势，调整水流所修建的水工建筑物，亦称河工建筑物。

C.4.6 港口设施

C.4.6.1 港口设备

地理物标：港口设备（HRBFAC）

备注:港口设备根据航行的目的规定为,一个拥有船坞、港池、坞壁设备的区域或是在纸图上用一个符号表示的点(IF10,IU11)。

C.4.6.2 泊位

地理物标:泊位(BERTHS)

属性说明:DRVAL1:泊位最浅水深;

OBJNAM:泊位名称或编号;

INFORM:泊位允许最大吃水。

备注:泊位编码码头有名称的地点。码头本身编码为岸线建筑物(见 C.4.5.3)。小船登陆地点以小型船舶设备编码(见 C.4.6.6)。

C.4.6.3 港务机关

港务机关编码用 BUISGL 的 FUNCTN 编码,即

2:港务局长办公室;

3:海关;

4:检疫站;

11:引航站。

C.4.6.4 检查站

登记、申报或检查货物和旅客的官方场所,编码为:

地理物标:检查站(CHKPNT)

备注:此物标只为其功能编码。此外对有形物标(建筑物、设施……)也可编码。

C.4.6.5 小型船用设施

地理物标:小型船用设施(SMCFAC)

备注:此物标只为其功能编码。此外对有形物标(建筑物、浮码头等)也可编码。

C.4.6.6 船坞

C.4.6.6.1 干船坞

地理物标:干船坞(DRYDOC)

属性说明:DRVAL1:坞门打开时坞内最浅水深;

INFORM:允许最大吃水;

HORACC:仅与 HORCLR 一起使用。

备注:LNDARE 亦适用于干船坞。干船坞的界限不用单独物标编码。

C.4.6.6.2 浮船坞

地理物标:浮船坞(FLODOC)

属性说明:INFORM:允许最大吃水;

HORACC:仅与 HORCLR 一起使用。

备注:浮船坞为第一组的一部分。

C.4.6.6.3 有潮和无潮港池

地理物标:船坞区(DOCARE)

属性说明:CATDOC 可取如下属性值:

1:有潮;

2:无潮(湿船坞)。

HORCLR:进口大小;

HORACC:仅与 HORCLR 一起使用。

备注:假如船坞在编辑范围内是可航的,则被 DEPARE 或 DRGARE 所覆盖。船坞通常近似于物标 SLCONS 或 BNKLNE。假如船坞在编辑范围内是不可航的,则用 LNDARE 覆盖。船坞的边界不能以独立

的物标编码。无潮汐港池的水深的参考基准面可以不同于开阔水域的基准面。如果此区域在编辑范围内是可航的,该基准面值为元物标 M_SDAT 的 VERDAT = 24(地方基准面)。小型船坞区域可能包括在大型船坞区域内,但具有不同的名称或特性。应为此情形编码,DOCARE 可能重叠。

C.4.6.6.4 门

物标类 GATCON 用于控制水流闸门的编码。

地理物标:门(GATCON)

属性说明:DRVAL1:槛上最浅水深;

HORACC:仅与 HORCLR 一起使用;

VERACC:仅与 CERCLR 一起使用;

VERDAT:仅与 VERCLR(非 DRVAL1)HORCLR 一起使用。

C.4.6.6.5 船闸

地理物标:船闸(LOKBSN)

属性说明:HORACC:仅与 HORCLR 一起使用。

备注:如果船闸在编辑范围内是可航的,则被 DEPARE 或 DRGARE 所覆盖。船闸通常与物标 SLCONS邻接。如果闸池在编辑范围内不可航,它由 LNDARE 覆盖。闸池界限不用独立物标编码。闸门以 GATCON 的 CATGAT = 4(闸门)或 3(坞闸)编码。小型船闸可只对闸门而不对闸池编码。

C.4.6.7 系泊绞缆设施和浮码头

C.4.6.7.1 系泊绞缆设施

地理物标:系泊绞缆设施(MORFAC)

属性说明:BOYSHP:只当 CATMOR = 7 时使用。

CATMOR 可取如下属性值:

1:系船柱;

2:漂移系船柱;

3:系缆桩;

4:停泊壁;

5:柱或桩;

6:锚链/钢缆/大缆;

7:系船浮筒。

备注:妨碍航行的柱或桩的残留部分用 OBSTRN 编码,其 CATOBS = 1。如果柱或缆桩对航行无危险用 MORFAC 编码,其 CATMOR = 5,CONDTN = 2。如果一个桩已确认为系缆桩,用 MORFAC 编码,其 CATMOR = 5,否则编码为 PILPNT。

C.4.6.7.2 桩

不用作系泊绞缆设施的桩编码为:

地理物标:桩(PILPNT)

备注:妨碍航行的桩的残余部分用 OBSTRN 编码,其 CATOBS = 1。

C.4.6.7.3 浮码头

地理物标:浮码头(PONTON)

备注:浮码头为第一组的一部分。

C.4.6.8 趸船

长期系泊的报废船编码为 HULKES,趸船编码为 WHAFBT。

地理物标:趸船(WHAFBT)

报废船(HULKES)

备注:区域类报废船归入第一组。

C.4.6.9 船坞边的建筑物和房屋

C.4.6.9.1 中转货棚和仓库

中转货棚及仓库用 BUISGL(见 C.4.8.15),其 FUNCTN = 以及 OBJNAM = 中转货棚名称或编号。

C.4.6.9.2 储木场

木材堆场用 PRDARE(见 C.4.8.13)编码,其 CATPRA =6。

C.4.6.9.3 起重机

地理物标:起重机(CRANES)

属性说明:ORIENT:从真北到起重机悬臂的角距通常垂直于码头;

VERACC:仅与 VERCLR(非 HEIGHT)一起使用;

VERDAT:仅与 VERCLR(非 HEIGHT)一起使用。

备注:起重架或移动式起重机的位置定义为其静止位置。轨道编码为 RAILWAY(见 C.4.8.2)。

C.4.6.10 工程正在施工中和规划中

正在施工或规划的特征应使用与已存在特征相同的方法编码(LNDARE、SLCONS、DRYDOC、LOKBSN、PIPSRL)其中:

CONDTN 可取如下属性值:

1:建造中;

3:改建中;

5:计划建造。

SORDAT:信息的年份或日期。

工程开工前存在的岸线的编码仍是 BNKLNE 或 SLCONS,直到完工。

C.4.6.11 供给站

地理物标:供给站(BUNSTA)

C.4.7 **自然地貌**

C.4.7.1 自然景物

如有必要描述陆地的自然景物或给予某一区域、陆地范围以地理名称则可进行编码。

地理物标:地面地带(LNDRGN)

备注:此物标类有一个与 RIVARE 相似的用途(见 C.8)但只用于陆地范围。

C.4.7.2 等高线,点高程

地理物标:地面高程(LNDELV)

等高线与线空间物标有关联,点高度与点空间物标有关联。

空间物标与近似等高线或点高度有关联时编码为 QUAPOS =4。

C.4.7.3 沼泽地

如果沼泽地朝河的边沿与河岸线吻合,用 BNKLNE 编码,其 CATOCA =8,而对可见的河岸线,空间物标应有属性 QUAPOS =4(近似值)。沼泽区用 NDRGN 编码,其 CATLND =2。

C.4.7.4 沙滩,沙丘

地理物标:倾斜地面(SLOGRD)

属性说明:CATSLO 可取如下属性值:

3:沙堆;

4:山丘。

备注:如果这些地形是沿海岸线的,应建立物标 BNKLNE。如果需要对高度编码,则应建立物标 LNDELV。

C.4.7.5 陡岸

陡岸编码为 SLOGRD 和/或 SLOTOP。

地理物标:倾斜地面(SLOGRD)

属性说明:CATSLO 的属性值为 6。

地理物标:坡顶线(SLOTOP)

属性说明:CATSLO 的属性值为 6。

备注:例如,物标 SLOGRD 用以在大比例尺图上表示陡岸的水平延伸。物标 SLOTOP 用以在小比例尺表示陡岸本身或者在需要表示其高度时以及为离岸线较远的陡岸进行编码时,与 SLOGRD 结合表示陡岸的峰线。陡岸与岸线吻合时,应使用物标 BNKLNE 的 CATBNK = 1 编码。

C.4.7.6 河流

地理物标:河流(RIVERS)

属性说明:STATUS 的属性值为 5。

备注:如在编辑范围内是可航行的,应编码为 DEPARE 或 DRGARE(见 C.5.4.4),而河岸编码为 BNKLNE 或 SLCONS。如有必要,河的名称应编码为 RIVARE。如在编辑范围内河流是不可航的,就应在一个 LNDARE 上面编码为 RIVERS(即河流未在地面形成深凹)。河流名称编码可用 OBJNAM。禁止使用物标类 RIVBANK。

C.4.7.7 急流、瀑布

C.4.7.7.1 急流

地理物标:急流(RAPIDS)

被急流覆盖的区域也被物标 RIVERS 和物标 LNDARE 覆盖。

C.4.7.7.2 瀑布

地理物标:瀑布(WATFAL)

瀑布应被物标 LNDARE 覆盖。

C.4.7.8 湖泊

地理物标:湖泊(LAKARE)

备注:如在编辑范围内湖泊是可航的,应编码为 DEPARE 或 DRGARE(见 C.5.4.4),湖岸应编码为 BNKLNE 或 SLCONS。如有必要湖泊名称应编码为 RIVARE。如在编辑范围内湖泊是不可航的,应在一个 LNDARE 上面编码为 LNKARE(即湖泊未在陆地形成一个深凹)。湖泊名称可用 OBJNAM 编码。禁止使用物标类 LAKSHR。

C.4.7.9 盐田

如盐田向江的边缘与岸线吻合,应用 BNKLNE 编码,其 CATBNK = 2。盐田区在一个 LNDARE 上面用 LNDRGN 编码,其 CATLND = 15(即盐田未在地面形成一个深凹)。

C.4.7.10 植被

地理物标:植被(VEGATN)

属性说明:HEIGHT:植物近似高度。

孤树作为陆标用时,用 VEGATN 编码,其 CATVEG = 13 ~ 21。

红树区用 VEGATN 编码,其 CATVEG = 7。

红树区朝水的边缘用 BNKLNE 编码,其 CATBNK = 6,且空间物标应有性 QUAPOS = 4。

C.4.7.11 熔岩流

熔岩流用 LNDRGN 编码,其 CATLND = 14。

C.4.8 人工地物

C.4.8.1 渠道

地理物标:渠道(CANALS)

属性说明:HORACC:仅与 HORCLR 一起使用。

备注:如在编辑范围内是可航行的,应编码为 DEPARE 或 DEGARE,渠道岸应编码为 BNKLNE 或 SLCONS。如果要求给出渠道名称,则渠道应编码为 RIVARE,属性 CATRIV 为 25。如在编辑范围内渠道是不可航行的,则应在 LNDARE 上编码为 CANALS。渠道名称编码在 OBJNAM。禁止使用物标类CANBNK。

C.4.8.2　铁路

地理物标:铁路(RAILWY)

备注:火车站用 BUISGL 编码,其 FUNCTN = 8。

C.4.8.3　隧道

地理物标:隧道(TUNNEL)

属性说明:VERACC:仅与 VERCLR 一起使用;

HORACC:仅与 HORCLR 一起使用。

备注:在编辑范围内,如隧道内有一可航水道,此一水道与可航渠道同样编码为 DEPARE 或 DRGARE。区域内无 LNDARE 覆盖隧道。在编辑范围内,隧道内无可航水道,此水道按 CANALS 编码。LNDARE 覆盖该隧道。属性 HORACC、HORCLR、VERACC 及 VERCLR 不编码。如隧道内无可航水道(只有铁道、道路……),只能编码为 TUNNEL(非铁路或道路),适当的被 LNDARE、DEPARE 或 DRGARE 所覆盖。

C.4.8.4　路堑和路堤

路堑和路堤同陡岸一样,用 SLOGRD 与 SLOTOP(见 C.4.7.5)编码,其 CATSLO = 1(路堑)或者 2(路堤)。

C.4.8.5　水坝

地理物标:水坝(DAMCON)

备注:编码水坝时在其下面应有一个 LNDARE。水坝可包括任一闸门。闸门也可以单独编码。

C.4.8.6　拦洪坝

若拦洪坝在内可以通航区域中,拦洪坝的固定部分编码为 DAMCON,其 CATDAM = 3(被 LNDARE 覆盖),开启部分编码为 GATCON,其 CATGAT = 2(由 DEPARE 覆盖)。若在编辑范围内,拦洪坝处于不可航区域,闸门不需编码,这种情况下,DAMCON 横贯河面。

C.4.8.7　堤

地理物标:堤(DYKCON)

备注:堤与岸吻合时,应编码为 DYKCON,另外沿着向江一面的边缘应有一条不带 CATSLC 的线型 SLCONS。当 DYKCON 为面状物标时,它下面一定应有 LNDARE。在大比例尺上堤的冠(堤的峰线)可编码为 SLOTOP,其 CATSLO = 2(堤岸)。

C.4.8.8　水利设备

地理物标:水利设备(WATCON)

C.4.8.9　水文测量设备

地理物标:水文测量设备(WATMEA)

备注:测量河流水位、流速、流态等水文特征的设备。

C.4.8.10　升船机

地理物标:升船机(SHPLFT)

C.4.8.11　跨江建筑物

地理物标:跨江建筑物(BTRCTR)

C.4.8.12　路和小路

地理物标:道路(ROADWY)

备注:十字路口(CATROD = 7)不必编码。

C.4.8.13 长堤

地理物标:长堤(CAUSWY)

C.4.8.14 桥梁

地理物标:桥梁(BRIDGE)

属性说明:CATBRG:在可航水域上方应为强制属性;

HORACC:仅与 HORCLR 一起使用;

VERACC:仅与 VERCCL、VERCLR 或 VERCOP 一起使用;

VERDAT:仅与 VERCCL, VERCLR 或 VERCOP 一起使用;

VERCCL:对敞空式桥为强制属性;

VERCLR:对非敞空式桥为强制属性;

VERCOP:对净空高度有限的敞空式桥为强制属性。

备注:在编辑范围内,桥梁下面有水并且可航行时以普通方法编码为 DEPCNT 和 DEPARE 或 DRGARE。如为不可航水道则编码为 LNDARE。通航水域内桥墩如有可能应编码为 PLYONS(见 C.4.8.18),其 CATPYL = 4 或 5。桥上的道路不强制编码。

C.4.8.15 桥梁区域

地理物标:桥梁区(BRGARE)

桥梁区域包括桥梁本身、桥墩及桥梁交通法规适用的整个区域。

C.4.8.16 传送装置

地理物标:传送装置(CONVYR)

属性说明:VERACC:仅与 VERCLR(非 HEIGHT)一起使用;

VERDAT:仅与 VERCLR(非 HEIGHT)一起使用;

VERCLR:在可航水域上方为强制属性。

C.4.8.17 机场

在大比例尺上机场可用以下编码:AIRARE(面),RUNWAY(面或线),BUISGL(面或点),或 LNDMRK(面或点)。至少有一个 AIRARE 或 RUNWAY 应在物标集内。所有这些物标可联合使用一个聚合物标 C_ASSO。在小比例上机场编码为点型的 AIRARE。

地理物标:机场(AIRARE)

备注:如果某些建筑物显而易见,应以独立物标编码。

地理物标:跑道(RUNWAY)

备注:两条交叉的跑道可按一个区域编码。指挥塔编码为 LNDMRK,其 FUNCTN = 39 和 CATMLK = 17。其他建筑物编码为 BUISGL。

C.4.8.18 生产和储藏区

地理物标:生产/仓储区(PRDARE)

属性说明:CATPRA 可取如下属性值:

1:采石场;

2:矿山;

3:储备物资;

4:电站区;

5:精炼厂;

6:木材场;

7:工厂区;

8:油罐场;

9:风力发电场。

备注:如果此区域内有可识别的建筑或设备应编码为 BUISGL、CRANES、LNDMRK、SILTNK。如从江上看得到,采石场的前面应与陡岸编码相同。

C.4.8.19　建筑物区

地理物标:建筑物区(BUAARE)

备注:线形物标(公路、街道、铁路……)穿过建筑物区时不将建筑物区分隔成数个物标,除非这些物标至少有一个不同的属性值。但面状的河流或渠道应将建筑物区分隔成数个物标。禁止使用物标类 SQUARE。

C.4.8.20　建筑物、陆标、油罐、筒仓

建筑物根据外形及用途,可编码为 BUISGL、LNDMRK 或 SILTNK。表 C.1 说明。对它们的编码方法,篱笆编码为 FNCLNE(见 C.4.8.16)。

地理物标:单体建筑(BUISGL)

陆标(LNDMRK)

筒仓/罐(SILTNK)

备注:建筑的废墟或倒坍的陆标以其正常状态相同方式编码,但其 CONDTN = 2。建筑物以面表示时,应用一个主要特征如塔或塔顶指明其真实外形,主要建筑用面物标 BUISGL 编码,具体部分用点物标 LNDMRK 编码,见图 C.3。

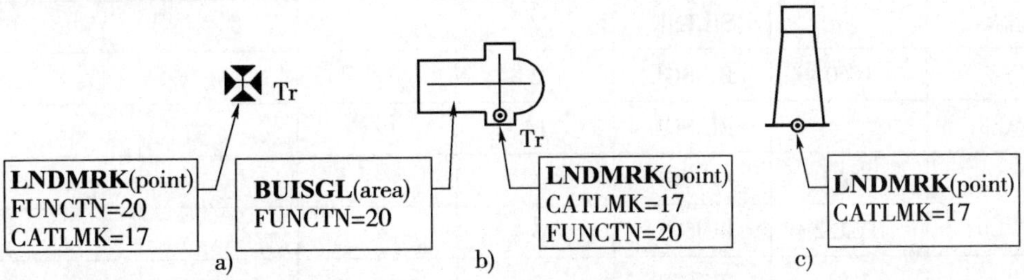

图　C.3

表 C.1

建筑物	INT 1	物标类	FUNCTN	CATLMK	BUISHP	PRODCT	CATSIL
行政机构	IG72	BUISGL	18	/		/	/
银行		BUISGL	13	/		/	/
庙宇	IE16	BUISGL	25	/		/	/
公共汽车站		BUISGL		42	/	/	/
石砌陆标	IQ100	LNDMRL	/	1	/	/	/
墓地	IE19	LNDMRK		2		/	/
小教堂	IE11	BUISGL	21	/		/	/
烟囱	IE22	LNDMRK		3		/	/
教堂	IE10.1	BUISGL	20	/		/	/
教堂穹顶	IE10.4	LNDMRK	20	15	/	/	/
教堂尖顶	IE10.3	LNDMRK	20	20	/	/	/
教堂塔楼	IE10.2	LNDMRK	20	17	/	/	/
钟楼		LNDMRK	38	17	/	/	/
圆柱	IG66	LNDMRK	/	10	/	/	/

表 C.1(续)

建筑物	INT 1	物标类	FUNCTN	CATLMK	BUISHP	PRODCT	CATSIL
通信天线杆		LNDMRK	29	7	/	/	/
通信天线塔		LNDMRK	29	17	/	/	/
指挥塔		LNDMRK	39	17	/	/	/
冷却塔		LNDMRK	35	17	/	/	/
十字架(耶稣像)	IE12	LNDMRK		14	/	/	/
海关	IF61	LNDMRK	3	/	/	/	/
抛物面天线	IE31	LNDMRK		4	/	/	/
建筑物拱顶		LNDMRK		15	/	/	/
教育设施		BUISGL	19	/		/	/
工厂	IG80	BUISGL	16	/		/	/
旗杆	IE27	LNDMRK		5	/	/	/
废气燃烧烟道	IE23	LNDMRK		6	/	/	/
谷物升运器		SILTNK	/	/		/	3
港务长办公室	IF60	BUISGL	2	/		/	/
地区控制总部		BUISGL	14	/		/	/
保健站	IF621	BUISGL	4	/		/	/
医院	IF62.2	BUISGL	5	/		/	/
旅馆	ID6	BUISGL	7	/		/	/
房屋建筑物	IG63	BUISGL		/		/	/
塔形灯塔	IP	LNDMRK	33	17	/	/	/
其他形状灯塔	IP1	BUISGL	33	/		/	/
一般的瞭望站	IG77	BUISGL	28	/		/	/
瞭望塔		LNDMRK	28	17	/	/	/
伊斯兰教堂	IE18	BUISGL	27	/		/	/
旗杆	IG67	LNDMRK		7	/	/	/
纪念碑		LMDMRK		11	/	/	/
微波塔		LNDMRK	34	17	/	/	/
回教尖塔	IE17	LNDMRK	26	20	/	/	/
纪念碑	IE24	LNDMRK		9	/	/	/
锚泊杆	IG69	LNDMRK	40	7	/	/	/
清真寺	IE17	BUISGL	26	/	/	/	/
方尖柱碑		LNDMRK	/	12	/	/	/
观测塔		LNDMRK	36	17	/	/	/
宝塔	IE14	BUISGL	23		/	/	/
引航员瞭望台	IT2	BUISGL	12	/		/	/

表 C.1(续)

建筑物	INT 1	物标类	FUNCTN	CATLMK	BUISHP	PRODCT	CATSIL
引航站	IT3	BUISGL	11	/		/	/
警察局		BUISGL	9	/		/	/
邮局	IF63	BUISGL	6	/		/	/
发电厂	IG88	BUISGL	17	/		/	/
雷达天线罩	IE30.4	LNDMRK	32	15	/	/	/
雷达天线杆	IE30.1	LNDMRK	32	7	/	/	/
雷达天线	IE30.3	LNDMRK		16	/	/	/
雷达天线塔	IE30.2	LNDMRK	32	17	/	/	/
无线电柱形天线	IE28	LNDMRK	31	7	/	/	/
无线电天线塔	IE29	LNDMRK	31	17	/	/	/
火车站	ID13	BUISCL	8	/		/	/
神道教圣地	IE15	BUISCL	24	/		/	/
筒形仓	IE33	SILTNK	/	/	/	/	/
建筑物尖顶		LNDMRK		20	/	/	/
体育场		BUISGL	41	/		/	/
雕像		LNDMRK		13	/	/	/
油柜	IE32	SILTNK		/		/	2
电视天线杆	IE28	LNDMRK	30	7	/	/	/
电视塔	IE29	LNDMRK	30	17	/	/	/
庙宇	IE13	BUISGL	22	/		/	/
报时球塔		LNDMRK	37	17	/	/	/
铁塔	IE20	LNDMRK		17	/	/	/
建筑物塔楼		LNDMRK		17	/	/	/
中转货棚和仔仓库	IF51	BUISGL	15	/		/	/
水塔	IE21	SILTNK	/	/	/	3 或 8	4
水上警察局		BUISGL	10	/		/	/
风车	IE25	LNDMRK		18	/	/	/
风力发电机	IE26	LNDMRK		19	/	/	/

注:符号/表示此属性为无关的,空格表示编码可任意选一值。

C.4.8.21 栅栏

地理物标:栅栏线(FNCLNE)

C.4.8.22 防御建筑物

地理物标:防御工事(FORSTC)

C.4.8.23 支架/桥墩

物理物标:支架/桥墩(PYLONS)

备注:面状的铁塔在可航水域内时,应在第一组内。

C.4.8.24 油障

一种阻止油在水面上流动的装置,编码为:

地理物标:油障(OILBAR)

C.4.8.25　景物、绘图、视图

当有图片或照片可用时,属性 PICREP 用以表示外部图形文件的文件名路径。形成电子航道图部分的图形文件应用 TIFF 格式。如果数据编制者与使用者有私下约定,图形文件也可用其他格式。ECDIS 只能显示 TIFF 格式文件。

C.5　深度

C.5.1　水深基准面

见 C.2.1.3。

C.5.2　等深线

地理物标:等深线(DEPCNT)

属性:INFORM、NINFOM

VALDCO-等深线的值,干出等深线是负值。

干出礁或珊瑚礁的边缘与零米等深线可能重合(见图 C.4)。此边缘以 DEPCNT 的 VALDCO = 0 编码。

DEPCNT 的 VALDCO = 0 建立在一个被水淹没或不淹没物标 SLCONS 与一个永远在水下的区域之间的边界上。(见图 C.2)。

在纸图上,陡峭斜坡区域的等高线有时会简化处理,以使间距很近的轮廓线合并成一条线(见图 C.4 中的 *ab*)。这种情况下等高线轮廓线应以最浅深度编码,并应在相同位置上(见 C.5.4.3)建立一个线性深度区。只要有可能,等高线应与单元边界或其他等高线闭合或相连以便确定闭合区。空间物标与近似等高线联系起来的编码为 QUAPOS = 4。

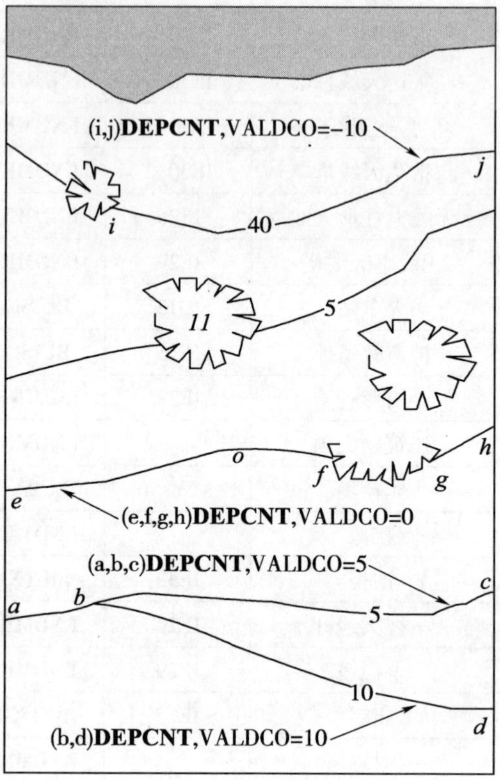

图　C.4

C.5.3　水深

地理物标:水深(SOUNDG)

属性说明:EXPSOU 可取如下属性值:

1:普通情况;

2:曾报告过的某些水深点或危险物,但未能确认,其水深浅于周围正常水深;

3:有稀疏的水深表示出有限区域的深度,缺少等深线。

STATUS 的属性值为 18。

QUASOU:见表 C.2;

SOUACC:见 M_QUAL 的用途;

TECSOU:仅与可信度较差的水深一起使用;

SORDAT:见表 C.2。

表 C.2

水深	M4	INT 1	QUAPOS	QUASOU	备　注
在实际位置	412.1	II10		1	通常 QUAPOS = 10
不在纸图上的实际位置	412.2	II11 II12		1	空间物标编码在实际位置。在 ENC 中实际位置之外未有水深

表 C.2(续)

水深	M4	INT 1	QUAPOS	QUASOU	备　注
测深未到底	412.3	II13		5	
可靠性较差	412.4	II14	4	4	
干出	413	II15		1	负值
可疑	424.4	II2		3	怀疑存在,STATUS 编码为 18
未经证实的报告		II4	9	3	报告年份编码在 SORDAT 中

与障碍物、礁石或珊瑚礁相关的水深点应编码成 UWTROC,其 VALSOU 等于水深值,水深点的几何图形由一个三维数组(经度、纬度、水深)提供。为提高效率,只要所有空间和属性为一组所共有,多个水深点应编码在一个空间物标内,干出的水深点用负值表示。危险线环绕的水深点见 C.6.3。

C.5.4　深度范围

C.5.4.1　地理物标深度范围

江区、高低潮位区以及可通航的河流、湖泊和渠道的部分水域应分成有深度范围的深度区。在所有航行图等深线之间应建立深度范围。DEPARE 是第一组的部分。

地理物标:深度范围(DEPARE)

属性:DRVAL1、DRVAL2、QUASOU、INFORM、NINFOM。

C.5.4.2　深度范围的几何图形

纸图上不闭合的区域,可能有必要用不与线物标相连的边线予以封闭。在一个单元的边界,这是强制的,(见图 C.5)。

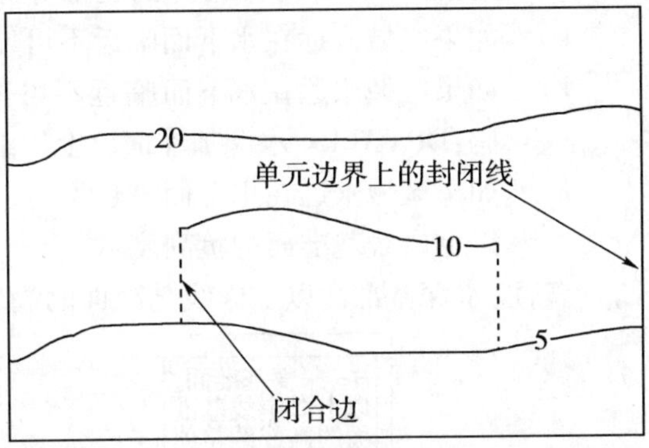

图　C.5

C.5.4.3　深度范围 DRVAL1 和 DRVAL2 的用法

每一区域的 DRVAL1 和 DRVAL2 应用与该区相对应的最浅及最深的水深值编码。这些水深值应从图上正常标绘的等深线值中选取。

整个区域中各深度范围 DEPARE 的 DRVAL1 和 DRVAL2 编码应是连续的且无缝无重叠。因此对于每个深度范围 DEPARE,其 DRVAL1 取与之相邻的第一组中最浅的面物标(DEPARE 或 DGRARE)的最深的水深值(DRVAL2);其 DRVAL2 取与之相邻的最深的面物标(DEPARE 或 DGRARE)中最浅的水深值(DRVAL1)。某些情况下,DRVAL1 和 DRVAL2 可以有相同的取值。如果深度范围 DEPARE 与相邻的第一组中最浅的面物标是 FLODOC、HULKES、LNDARE、PONTON 或 UNSARE,其 DRVAL1 取值为 $-H$。

如果一个干出区域中给出干出高度值但无实际位置,则该干出区域用 DEPARE 编码,其 DRVAL1 和 DRVAL2 取值为标准等深线值或 $-H$,干出高度值在 INFORM 中编码。

在岸线建筑物后面的水域,如果没有通路且实际深度不知,也没有编码为湖、船坞、河、渠道和船闸,则编码为 UNSARE;如果水深已知,则编码为 DEPARE。

图 C.6 给出了与下列情况对应的图示,图中的 1 至 10,分别对应下面的 a 至 j:

a)　如果区域被两条或两条以上等深线所限定(可能包括海岸线):DRVAL1 取最接近并浅于 DRVAL2 的等深线值。DRAVL2 取等深线的最深值;

b)　如果最深水深由一条等深线显示,且最浅水深由水深点显示一个顶点:DRVAL1 所取的等深线值是最接近并浅于水深点的值或水深基准面以上的海岸线基准线的高度值。DRVAL2 取等深线的值;

c)　如果最深水深由水深点显示且最浅水深由等深线显示一个深度:DRVAL1 取等深线的值。DRVAL2 取最接近并深于或等于水深点等深线的值;

d)　如果最浅水深由岸线确定:DRVAL1 等于水深基准面以上海岸基准面的负高度。DRVAL2 取最

浅等深线值;

e) 如果一个区域只被一条等深线界定,不包含水深点,而是一个顶点:DRVAL1 取最接近并浅于标示的等深线的等深线值。DRVAL2 取标示的等深线值;

f) 如果一个区域只被一条等深线界定且无水深点,而它又是一个深凹区:DRVAL1 取所标示的等深线值。DRVAL2 所取的标准等深线值是最接近并深于标示的等深线值;

g) 如果两条或两条以上等深线汇合,则在汇合处应建立 DEPARE 线物标:DRVAL1 取汇合等深线最浅的值。DRVAL2 取汇合等深线最深的值;

h) 如果两条或两条以上等深线与岸线汇合,则在汇合处应建立 EPARE 线:DRVAL1 等于水深基准面以上岸线基准面的高度。DRVAL2 取汇合等深线最深的值;

i) 如果区域的一边被一不完整等深线所界定(如测量未完成区域),而另一边则是正常的等深线:DRVAL1 取最浅的等深线值。DRVAL2 取最深的等深线值;

j) 如果区域被一正常等深线所界定,但含有一条不完整的等深线:DRVAL1 取最浅的正常等深线的值。DRVAL2 取最深的正常等深线值;

k) 如果区域永远在水下而临近不可航水道(RIVERS、CANALS、DOCARE):DRVAL1 取值为零;

l) 如果区域永远在水下而临近不可航水道应建立线物标 DEPARE(此水域的边界可作屏蔽线编码:DRVAL1 = 水深基准面以上岸线基准面的负高度。DRVAL2 = 0;

m) 如果区域永远在水下而临近不可航水道(RIVERS、CANALS、DOCARE):DRVAL1 = 水深基准面以上岸线基准面的负高度。

备注:水深基准面以上岸线基准面的高度可划整到临近较浅的干出等深线。

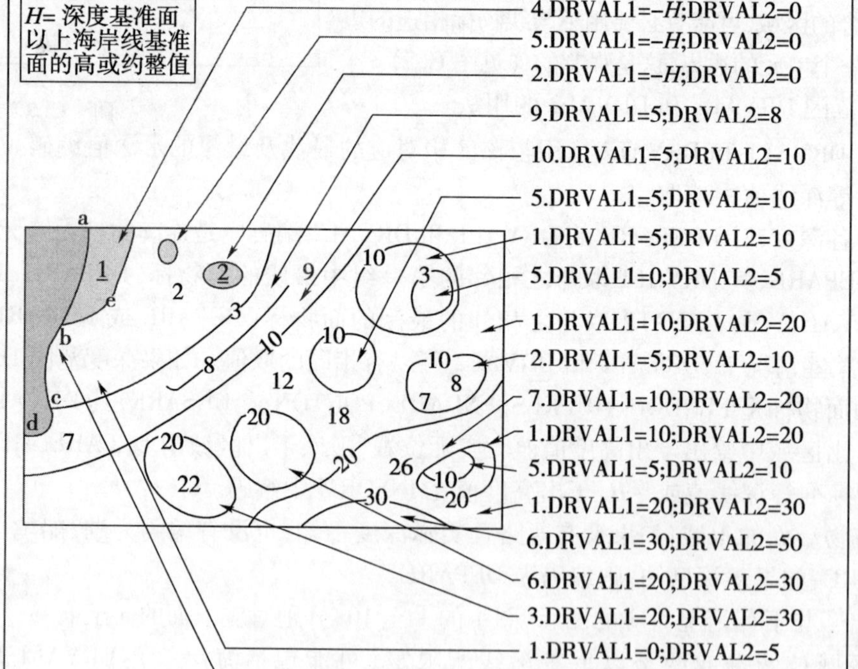

图 C.6

C.5.4.4 河流、运河、湖泊、盆地

如果这些区域在编辑范围内是可航水域,它们被第一组的物标(DEPARE、DRGARE 或 UNSARE)和岸线类型物标(BNKLNE 或 SLCONS)定义。区域物标 RIVARE 用以说明区域的性质及名称。如果在编辑范围内是不可航水域,则用物标 RIVERS、CANALS、LAKARE、DOCARE 或 LOKBSN 描述。这些物标的下面需有一个 LNDARE 物标。禁止使用物标类 CANBNK、LAKSHR 和 RIVBNK(见图 C.6 和图 C.7)。

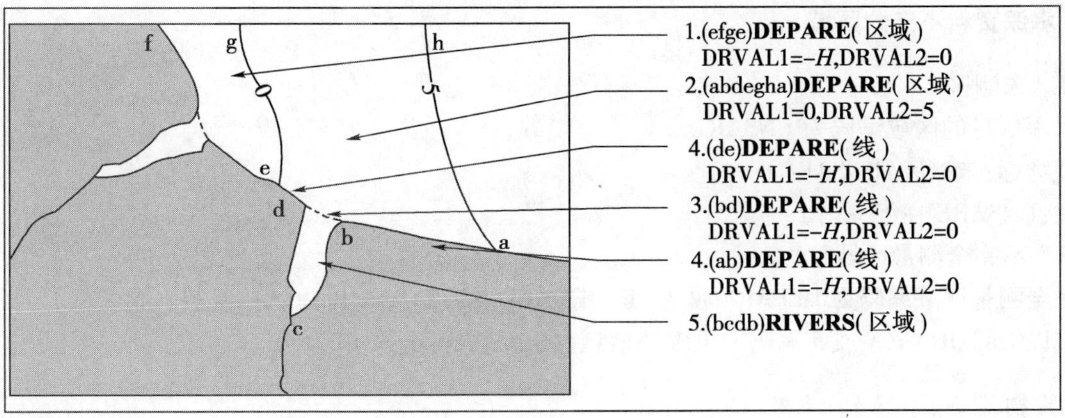

图 C.7

C.5.5 疏浚区

C.5.5.1 地理物标 疏浚区(DRGARE)

属性说明:QUASOU 可取如下属性值:

a) 10:保护的深度;

b) 11:非经常保持。

DRVAL1:疏浚深度;

DRVAL2:可取等深线的值是最接近并深于或等于疏浚深度的值;

SOUACC:见 M_QUAL 的使用;

INFORM:疏浚日期编码,如:Dredged in 2008;

NINFOM:疏浚日期用国家标准语言编码,如疏浚于 2008。

C.5.5.2 疏浚区边界

疏浚区边界由与一条等深线相交的每一条线之间的线物标 DEPARE 覆盖:DRVAL1 取二条等深线相切于疏浚区边线的最浅值。DRVAL2 取疏浚的值。

C.5.6 扫测区

地理物标:扫测区(SWPARE)

属性说明:TECSOU 可取如下属性值:

6:拖索扫测;

8:垂直音响系统扫测。

DRVAL1:扫测深度;

INFORM:最后扫测日期。

QUASOU、SOUACC 及 TECSOU 用于扫测区本身。定点水深质量和等深线用元物标 M_QUAL 描述(见 C.2.2.3.2)。标示在此区域内定点水深及等深线用正常方法由 SOUNDG 及 DEPCNT 编码。尽管无定点水深或等深线,SWPARE 应在 DEPARE 之上。如没有充足的深度信息使 DRVAL1 及 DRVAL2 得以编码,DRVAL1 应为扫测深度,DRVAL2 设为未知。

C.5.7 连续变化区

深度连续变化的区域由物标 CTNARE 描述。警告附注编码于 INFORM 中。这样的区域永远处于 DEPARE 的上面,由水深不足标出的区域用此方法描述。沙纹编码为 SNDWAV(见 C.7.2.1)。

C.5.8 水深资料不充分区域

C.5.8.1 未测区

无水深信息的区域编码为 UNSAR

地理物标:未测区(UNSARE)

备注:UNSARE 在组一内。

C.5.8.2 不完全测量区域

不完全测量区域编码为 DEPARE 覆盖,其 DRVAL1 及 DRVAL2 可为未知覆盖。此区域的元物标 M_QUAL,应以 CATQUA = A 或 5 编码。更多的信息可由元物标 M_SREL 给出。

C.6 危险物

C.6.1 礁石与珊瑚礁

C.6.1.1 明礁(小岛)

面特征由以下编码:

a) 面物标 LNDARE(强制的);

b) 线物标 BNKLNE 或 SLCONS(强制的);

c) 点物标 LNDELV(可选择的)。

点特征由以下编码:

a) 点物标 LNDARE(强制的);

b) 点物标 LNLEV(可选择的)。

C.6.1.2 适淹礁

这类礁石可为淹没、未淹没或可能适淹,也可能永远在水下。

地理物标:暗礁/适淹礁(UWTROC)

属性说明:EXPSOU 可取如下属性值:

1:普通的;

2:礁石最浅水深可能低于周围深度范围的正常水深。

NATSUR 可取如下属性值:

9:礁石;

14:珊瑚礁;

18:圆石。

QUASOU:见表 C.3;

SOUACC:见 M_QUAL 的使用;

STATUS:疑存的;

VALSOU:见表 C.3;

SORDAT:报告年份,用于虽经报告但尚未证实为危险物;

WATLEV:见表 C.3。

表 C.3

礁石或珊瑚礁	INT 1	WATLEV	QUASOU	注　释
深度未知有淹有露礁	IK11	4	2	
深度已知有淹有露礁	IK11	4	除 2 以外任何值	VALSOU 为负值
适淹礁	IK12	5		

表 C.3(续)

礁石或珊瑚礁	INT 1	WATLEV	QUASOU	注　释
深度未知水下礁石	IK13	3	2	
深度已知水下礁石	IK14	3	除 2 以外任何值	

备注：由水深点及水底底质表示的礁石（水下礁石但对水面航行无危险）可用单物标 UWTROC 编码。有淹有露的区域特征编码为 DEPARE。危险线包围的礁石群编码为在一个障碍区（OBSTRN）内的单独 UWTROC。

C.6.2　沉船、险恶地及障碍物

C.6.2.1　沉船

地理物标：沉船（WRECKS）

属性说明：EXPSOU 若 VALSOU 已知，则取如下属性值：

1：若 DRVAL1 < VALSOU ≤ DRVAL2；

2：若 DRVAL1 ≥ VALSOU；

3：若 VALSOU > DRVAL2。

STATUS 的属性值为 13。

CATWRK：见表 C.4；

HEIGHT 若 WATLEV = 2；

QUASOU：见表 C.4；

SOUACC：见 M_QUAL 的使用；

TECSOU：见表 C.4；

WATLEV：见表 C.4。

表 C.4

沉船	M4	INT1	CATWRK	WATLEV	QUASOU	TECSOU
船体或上层建筑任何部位可见	422.2	IK24	5	1 或 2		
有淹有露	422.2	IK24		4		
适淹				5		
高潮仅见船桅	422.5	IK25	4	1		
低潮仅见船桅	422.5	IK25	4	4		
水深已测	422.4	IK26	1 或 2	1 或 3		
水深已测并拖索扫测	422.3	IK27	1 或 2	3	6	6
水深未知可能小于 20m	422.5	IK28	2	3	2	
水深未知可能大于 20m	422.6	IK29	1	3	2	
水深未知但具有安全航行的富余水深	422.7	IK30	1 或 2	3	7	
沉船残骸	422.8	IK31	3			

在真实形状显示的沉船大比例尺图中经常在沉船里面给出沉船水深及高度以标出船壳或上层建筑最高点（桅、烟囱……）。此类特征由下列编码：

a）　面物标 WRECKS 及其所有属性用于沉船最高点；

b）　点物标 LNDELV 用于常干出沉船特征的编码：各特征的种类（桅、烟囱……）可编码于 INFORM 及 NINFOM 中；

c) 点物标 SOUNDG 用于淹没或有淹有露的沉船特征的编码,各特征(烟囱、桅……)类型可编码于 INFORM 及 NINFOM,这意味着这些水深点是分别编码的。

C.6.2.2 障碍物与险恶地

暗礁/适淹礁、树桩、油井盖、扩散器、木笼、鱼苗场、不良锚地、险恶地、冰栅以及锚泊索具都以障碍物编码。

地理物标:障碍物(OBSTRN)

属性说明:EXPSOU 在 VALSOU 为已知时使用如下属性值:

1:若 DRVAL1 < VALSOU ≤ DRVAL2;

2:若 DRVAL1 ≥ ALSOU;

3:若 VALSOU > DRVAL2。

HEIGHT:只限于 WATLEV = 1 或 2;

PRODCT:仅应用于油井盖;

QUASOU:见表 C.5;

SOUACC:见 M_QUAL 的使用;

TESCOU:见表 C.5;

VERLEN:江床以上距离;

WATLEV:见表 C.5。

表 C.5

障碍物	INT1	WATLEV	QUASOU	TECSOU
水深未知	IK40	3 或 4	2	
已知最小水深	IK41	3 或 4	6	
已知深度经拖索扫测	IK42	3	6	6

备注:如危险性水下物标或区域的性质未确知,应编码为 OBSTRN。

C.6.3 危险物

C.6.3.1 点状危险物或孤立水深周围的危险线

一般地讲,包围一个单一的符号或水深点(即 INT1、IK28、IK40 或 IK41 至 IK43.1)的危险线不能编码成分立的区域。只有危险线标示特征的真实形状时,才能以 WRECKS 或 OBSTRN 面物标编码。

C.6.3.2 界定沉船或障碍物的危险线

该区域以面物标 WRECKS 或 OBSTRN 编码(见图 C.8),其属性值来自该区域中的最浅物标。该区域物标是第一组的部分。除了用面物标以外,对此区域内的一个或几个最浅深度的编码,每一个都用点物标描述。

C.6.3.3 界定航行不安全的危险线

纸图上用以限定一个航行不安全区域的危险线,编码为面物标 OBSTRN,其 CATOBS = 6。

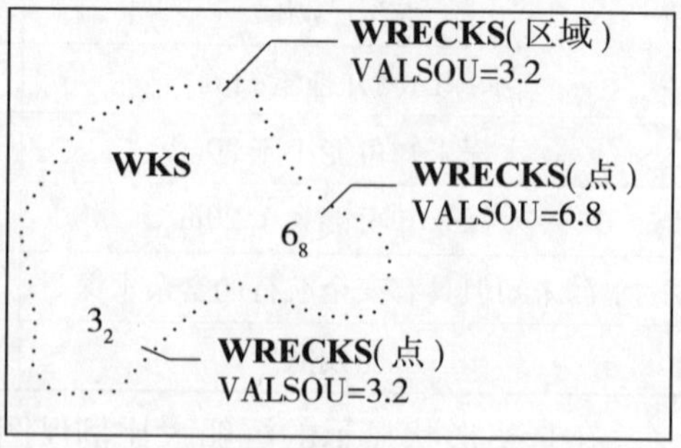

图 C.8

C.6.4 湍流、激流、拍岸浪、漩涡

地理物标:紊流(WATTUR)

备注:冲上海滩的拍岸浪在纸图上用缩略语 Br 表示在危险物附近。在相同位置,编码为 WATTUR,表明该地形造成拍岸浪。

C.6.5 可疑危险物

疑存危险物以空间属性 QUAPOS 和特征属性 QUASOU 及 STATUS 表示(见表 C.6)。

备注:概略位置或疑存位置及疑存障碍物亦可用于险物以外的特征物标(即岸标、浮标等)。变色水表明可能存在浅水区。此时应编码为 CNTARE,用 INFORM 或 TXTDSC 描述警告内容(见 C.6.6)。

表 C.6

疑存危险物	M4	INT1	QUAPOS	QUASOU	STATUS
概略位置	424.1	IB7	4		
位置可疑	424.2	IB8	5		
疑存	424.3	II1			18
可疑水深	424.4	II2		3	
据报危险物	424.5	II3		9	

C.6.6 警告区

警戒区是告诫航海人员应意识到其周围环境会影响航行安全(如连续改变水深的区域等)。
地理物标:警告区(CANTRE)

C.7 江床性质

C.7.1 底质说明

地理物标:江床区(RBDARE)
备注:

a) 混合底质;先应给出的是水底主要性质。当存在相关各种海床底质的对应定性限定术语时,其排列顺序应与其表面描述术语表顺序相同。在表面的特殊性质无限定术语,其表中的位置应留空,并用逗号分界符编码,例如,水底性质细砂、泥及碎贝壳的编码为:NATSUR = 4,1,17,NATQUA = 1,4;
b) 底层物质:底层物质的编码与混合性质的编码方法相同,但以斜线/代替逗号。先给出表层物质,然后是下层物质;
c) 水中珊瑚礁表示为一个区域(IK16):在此区域内可能显示某些点危险物。用 CAIOBS = 6 及 NATSUR = 14,应建立一个 OBSTRN 面物标。点物标 UWTROC 是为每一单点危险物而建立;
d) 硬底:不与属性 NATSUR 关联,用属性 NATQUA = 10;
e) 在纸图上,在潮间带区域内或沿着干出线,表面性质经常用开放线表示而不用闭合区域;这种情况物标 RBDARE 可用线型物标编码;
f) 对航行有危险的礁石编码为 UWTROC,而水底的岩石性质编码为 RBDARE。

C.7.2 特殊底质类型

C.7.2.1 沙纹

地理物标:沙纹(SNDWNV)
VERLEN:水底以上沙纹的幅度。

C.7.2.2 海草/巨型海藻

地理物标:海草/巨型海藻(WEDKLP)

C.7.2.3 喷泉

地理物标:喷泉(SPRING)

C.8 江区

水下特征和海面通常包括高低潮潮位区,可用它们的名称描述(见 M-4-50),并可以由其他地理物标

(如等深线、海岸线……)采用的空间物标来界定。

地理物标:江区/命名水域(RIVARE)

备注:江区应尽可能用其他物标(DEPCNT 或 BNKLNE 等)已存在的线加以界定。必要时,应生成新线以封闭区域或描述一新区域。江区可重叠。该物标类与 LNDRGN 有类似的用途,但只适用于江。

地理物标:滩险(SHLRPS)

C.9 港口规则

C.9.1 港内规则

C.9.1.1 行政港区

地理物标:行政港区(HRBARE)

C.9.1.2 限速

为了防止伴流港内经常限制速度。编码为 RESARE,其 CATREA = 24(无伴流区域)、RESTRN = 13(无伴流)。通常表明限速的物标编码为 BCNSPP 或 BOYSPP,其属性 CATSPN = 25(限速标志)。限速由 INFORM 表示,同时也标明其单位。

C.9.2 锚泊区与禁锚区;系泊区

C.9.2.1 锚泊区

地理物标:锚泊区(ACHARE)

属性说明:OBJNAM:锚地名称或编码;

INFORM:有关锚地类别的附加信息。

备注:对无确定界限的个别推荐锚地相关的空间物标为一个点,其 STATUS = 3。具有多处可系泊的区域(见 M4-31.7)可编码为 ACHARE,其 CATACH = 8 并且为面形的空间物标。系泊浮筒编码见C.9.2.4。

C.9.2.2 锚位

地理物标:锚位(ACHBRT)

属性说明:OBJNAM:锚地编号或名称;

RADIUS:旋回圈半径(米);

INFORM:有关锚地类别的附加信息。

备注:如果锚位以其中心点及旋回圈定义,则与之有关的空间物标为一个点。

C.9.2.3 禁止抛锚区

禁止抛锚或限制抛锚的区域编码为 RESARE(见 C.11.1),其 RESTRN = 1(禁止抛锚)或 2(限制抛锚)。有关限制抛锚的额外信息编码为 INFORM。

C.9.2.4 系泊浮筒

系泊浮筒编码为 MORFAC(见 C.4.6.7.1)其 CATMOR = 7。

C.9.2.5 串接系船设备

一套完整的串接系船设备包括锚泊索具、系泊链、浮筒及在连接链上的系船泊位(见图 C.9)。

a) 锚泊索具编码为 OBSTRN(见 C.6.2.2),其 CATOBS = 9。

b) 系泊链编码为 CBLSUR(见 C.11.5.1),其 CATCBL = 6。

c) 浮筒编码为 MORFTC(见 C.4.6.7.1),其 CATMOR

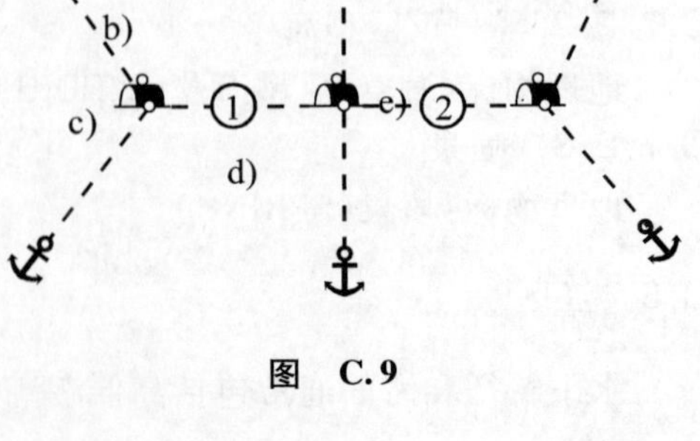

图 C.9

=7。

d) 连接链编码为 MORFAC(见 C.4.6.7.1),其 CATMOR=6。

所有这些物标可联合使用一个集合物标 C_AGGR。

C.10 推荐航路和航线

C.10.1 导航线、安全线、转向线和推荐航路

C.10.1.1 一般要求

导航线、安全航线和转向线可用 NAVLNE、RECTRC 及点助航设备编码。同样适用于视觉及无线电助航设备。这些物标间的关系应予说明(见图 C.10)。

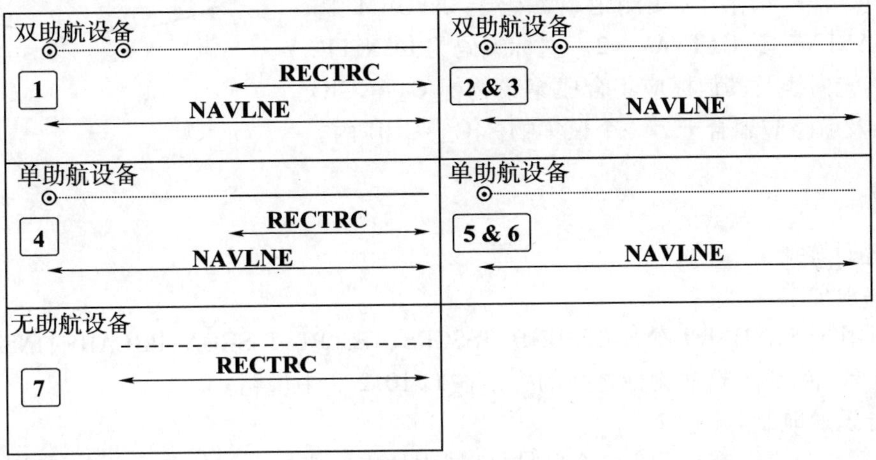

图 C.10

C.10.1.2 导航线和推荐航线

地理物标:导航线(NAVLNE)

属性说明:ORIENT:来自水上的方位值;

INFORM:纸图常用的符号。

地理物标:推荐航线(RECTRC)

属性说明:DRVAL1:最小水深;

INFORM:容许最大吃水。

备注:对 STATUS 不用 3 赋值。在双向推荐航线情况下,只有一个方位值编码为 ORIENT。如果可能是来自向水一面的方位值。如果不能确定向海的方向应使用小于 180°的值。表 C.7 中说明这些物标的用法。

表 C.7

导航线或推荐航线	NAVLNE	RECTRC	助航设施
导航线上的推荐航线	CATNAV = 3	CATTRK = 1	至少 2
导航线上的安全航线	CATNAV = 1	无	至少 2
导航线上的转向线	CATNAV = 2	无	至少 2
在某方位上的推荐航线	CATNAV = 3	CATTRK = 1	1
在某方位上的安全航线	CATNAV = 1	无	1
在一方位上的转向线	CATNAV = 2	无	1
不以任何为基础的推荐航线	无	CATTRK = 2	无

备注:在纸图上,即使助航设备都归并成一个符号,对它们中的每一个应建立一个地理物标,当单向交通时,数字化的方向应反映交通流的方向。

C.10.1.3　距离系统关系

为距离系统编码时,物标 NAVLNE、RECTRC 及助航设备应集合使用一个聚集物标 C_AGGR。此集合物标可以联合使用 C_ASSO 及标有安全航线或叠标导航线的危险物(OBSTRN 和 WRECKS 等)(见图 C.11)。

C.10.1.4　实测距离

如果航路是沿着导航线或是一个方位线航行,编码方法如上所述(见表 C.7 例 1 或例 4)。假如不是,只编码为 NAVLNE,其 CATNAV 无值。任一情形下,实测距离编码于 INFORM 中。转向线编码为 NAVLNE,其 CATNAV = 2。立标编码为 BCNSPP,其 CASPM = 17。转向线及其信标应集合成聚集物标 C_AGGR。这二个集合物标及航路应聚合于另一个聚集物标 C_AGGR 内。

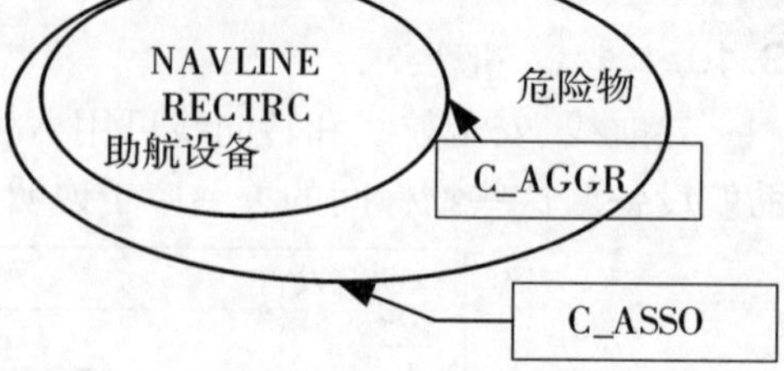

图　C.11

C.10.2　**定线制**

C.10.2.1　分道通航制

C.10.2.1.1　一般要求

分道通航制用 TSELNE、TSEZNE、TSSBND、TSSCRS、TSSLPT、TSSRON、PRCARE、INSZNE、DWRTPT、DWRTCL 及助航标志编码。这些物标之间的关系在 C.10.2.3 中说明。

C.10.2.1.2　分道通航制分道

一条完整的通航分道含有一个或多个区域,区域内的交通流是沿着一定的方向行驶的。每个区域的编码为 TSSLPT。

地理物标:分道通航制分道(TSSLPT)

属性说明:ORIENT 交通流方向。

备注:除了交叉道或环形道的汇合点处,属性 ORIENT 为未知。这是为了避免含有一条通航分道优先于另一条通航分道(见 INT 1 IM22)。INFORM 应附有一个告警文本。

C.10.2.1.3　分道通航制分道边界

通航分道边界用以为通航分道或通航分道制环形道边界编码。

地理物标:分道通航制边界(TSSBND)

C.10.2.1.4　分道通航分隔线

分道通航分隔线用以分隔两个通航分道或是一条通航分道与一个沿岸通航带。

地理物标:分道通航分隔带(TSELNE)

C.10.2.1.5　分道通航制分道分隔带

分道通航分隔带用以隔离二条通航分道或是一条通航分道与一个沿岸通航带或是为环行道中心部分的编码。

地理物标:分道通航分隔带(TSEZNE)

C.10.2.1.6　分道通航制分道交汇处

分道通航制交叉处用以为至少有四条通航分道的交叉口编码(见图 C.12)。

地理物标:分道通航交汇处(TSSCRS)

备注:除了交叉处及环行道的汇合点外的汇合点编码为 TSSLPT(见 C.10.2.1.2 及 10.2.1.7)。物标 TSSCRS 在其中心不与 TSSZNE 重叠。

C.10.2.1.7　分道通航制分道环行道

地理物标:分道通航制环形道(TSSRON)

备注:物标 TSSRON 在其中心不与 TSSZNE 重叠。

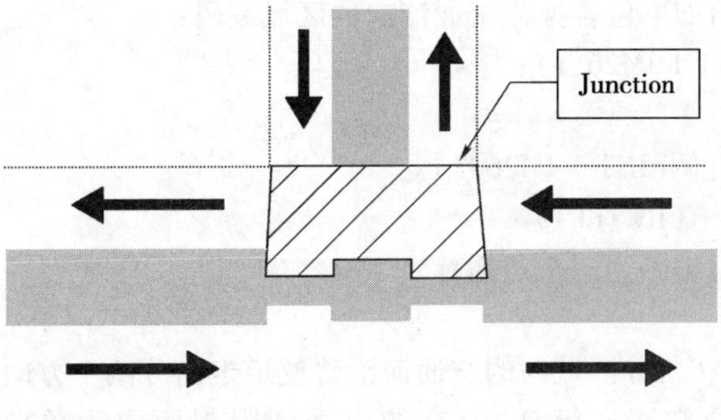

图 C.12

C.10.2.1.8 沿岸通航带

地理物标:近岸交通区(ISTZNE)

C.10.2.1.9 警戒区

地理物标:警戒区(PRCARE)

备注:PRCARE 可与分道通航制其他要素重叠(TSSRON、TSSLPT 和 TSSCRS 等)。

C.10.2.2 深水航道

C.10.2.2.1 深水航道部分

一条完善的深水航道包含一个或多个区域,在其中的交通流是沿着一个规定的方向行驶的,它们中的每一区域编码为 DWRTPT。

地理物标:深水航道部分(DWRTPT)

属性说明:DRVAL1:最浅水深;

OBJNAM:仅应用于个别物标不聚合于聚集物标内;

ORIENT:交通流方向。

备注:此航道由物标 DEPARE 覆盖。深水航道部分可与 TSSLPT 重叠。

C.10.2.2.2 深水航道中心线

地理物标:深水航道中心线(DWRTCL)

属性说明:DRVAL1:最小水深;

OBJNAM:仅应用于个别物标不聚合于聚集物标内。

备注:交通流为单向时,数字化的方向应反映出交通流的方向。

C.10.2.3 分道通航制系统

应为分道通航制系统编码,物标 TSELNE、TSEZNE、TSSBND、TSSCRS、TSSRON、PRCARE、INSZNE、DWRTPT、DWRTCL 及助航物标如果在规定 TSS 或 DW 规范中表出,则这些物标应集合在一个组合物标 C_AGGR 内。

组合物标:集合(C_AGGR)

属性说明:OBJNAM:TSS 或 DW 的名称;

INFORM:有关全部 TSS 或 DW 的正文信息。

备注:组合物标 C_AGGR 可以同样的方法为整个深水航道编码。

C.10.2.4 推荐航路

地理物标:推荐航道中心线(RCRTCL)

属性说明:DRVAL1:最小水深。

备注:交通流为单向时,数字化的方向应反映出交通流的方向。

C.10.2.5 推荐交通流向

物标类 RCTLPT 用以给如下包含推荐交通流向的区域编码:

a) 两个 TSS 之间(INT 1 IM26.1);

b) TSS 的进口;

c) 沿着深水航道的外侧(INT 1 IM26.2)。

地理物标;推荐航道分道(RCTLPT)

备注:区域未限定时,可编码为一个点物标。

C.10.2.6 双向航道

双向航道被分成区域,在所分区域内的交通流沿着航道走向分两个方向流动。其中每一区域编码为 TWRTDT。这些航道部分通常双向流动,但有的也受到限制而成为单向交通流(INT1-IM28.2)(见图C.13)。

地理物标:双向航道分道(TWRTPT)

属性说明:DRAVL1:最小水深。

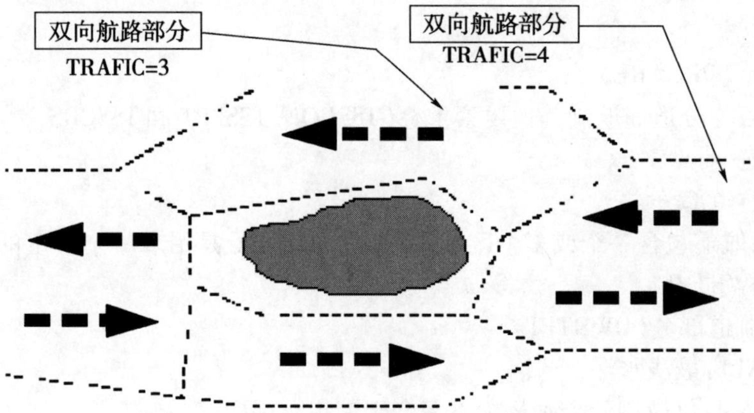

图 C.13

C.10.2.7 避航区

避航区编码为 RESARE,其 RESTRN = 14。助航设备周围的避航区用 CATREA = 12 编码。

C.10.3 轮渡

地理物标:轮渡航路(FERYRT)

C.10.4 航道

地理物标:航道(FAIRWY)

属性说明:DRVAL1:最小水深。

备注:可以建立聚集物标 C_AGGR 或 C_ASSO 将航道与有关的助航设施、推荐航路、疏浚区以及其他规则建立联系。在标示主航道的信标或浮标偏离实际航道范围,可用 INFORM 表示。

C.10.5 船闸航道

地理物标:船闸航道(LCBSRT)

属性说明:DRVAL1:最小水深。

备注:用于引导船舶进出闸的人工航道。

C.11 管制区

C.11.1 一般受限区域

受限区域由 RESARE 或者其他具有属性 RESTRN(ACHARE、CBLARE、DMPGRD、DRGARE、FAIRWY、ICNARE、INSZNE、MIPARE、OSPARE、PIPARE、PRCARE、SPLARE、SUBTLN、TSSCRS、TSSLPT、TSSRON)的物标编码。

受限区域类物标的使用。

地理物标:受限区域(RESARE)

属性说明:CATREA:说明订立规则的原因;

RESTRN:表述限制;

INFORM:规则的简短说明(例如:纸图中的注意事项)。

备注:航海人员应注意影响航行安全的环境区域(例如:连续改变水深的区域……),用物标类 CTNARE(见 C.6.6)编码。该物标类可能被要求能识别与特定物标不直接相关的危险物、风险、规则或通告。

C.11.2 管辖区

C.11.2.1 国家领土

地理物标:行政管理区(ADMARE)

属性说明:JRSDTN 的属性值为 2。

C.11.2.2 关税区

地理物标:关税区(CUSZNE)

C.11.2.3 自由港区

地理物标:自由港区(FRPARE)

C.11.2.4 渔业区

地理物标:渔业区(FSHZNE)

属性说明:INFORM:有关限制的值和单位(一般在 6M 或 12M)

C.11.3 军事演习区、雷区

C.11.3.1 军事演习区

地理物标:军事演习区(MIPARE)

属性说明:CATMPA 可取如下属性值:

2:鱼雷演习区;

3:潜艇演习区;

4:实弹射击危险区;

5:布雷区;

6:小型军用靶场。

C.11.3.2 潜艇通道

地理物标:潜水艇航道(SUBTLN)

C.11.3.3 雷区

雷区编码为 RESARE,其 CATREA = 14,以前版本的雷区编码为 STATUS = 4。

C.11.4 倾废场

地理物标:倾废场(DMPGRD)

属性说明:CATDPG 可取如下属性值:

2:化学废料倾倒区;

3:核废料倾倒区;

4:爆炸废物倾倒区;

5:抛泥场;

6:废船沉船处。

C.11.5 电缆与电缆区

C.11.5.1 江底电缆

地理物标:江底电缆(CBLSUR)

属性说明:CATCBL 可取如下属性值:

1:电力;

3:传输线;

4:电话线;

5:电报线;

6:系泊钢缆/锚链。

CONDTN 可取如下属性值:

1:施工中(敷设阶段);

5:设计施工中(设计阶段)。

STATUS 属性值 4 不再使用(已废弃)。

BURDEP:假如一路电缆埋入的深度不同,电缆应分成数个物标编码。

备注:废弃电缆无需对属性 CATCBL 编码。

C.11.5.2 架空电缆

地理物标:架空电缆(CBLOHD)

属性说明:CONDTN 可取如下属性值:

1:施工中;

5:设计施工中。

VERACC:仅与 VERCLR 或 VERCSA 一起使用;

VERDAT:仅与 VERCLR 或 VERCSA 一起使用;

VERCLR:VERDAT 上面的竖向净空;

VERCSA:VERDAT 上面的安全竖向净空;

VERDAT:仅与 VERCLR 或 VERCSA 一起使用。

备注:电话电缆编码为 CONVYR(见 C.4.8.11),其 CATCON = 1。电缆装有雷达反射器时,应用独立物标 RADRFL 为反射器编码。如果整根电缆雷达可视或编辑比例尺太小不足以示出单一反射器时,将其编码为 CONRAD。

C.11.5.3 江底电缆区

地理物标:电缆区(CBLARE)

属性说明:CATCBL 可取如下属性值:

1:电力线;

3:传输线;

4:电话线;

5:电报线。

STATUS:该属性编码区域的状态而不是区域内的电缆。

C.11.6 管道与管道区

C.11.6.1 江底或陆上管道

地理物标:江底/陆地管道(PIPSRL)

属性说明:CATPIP 可取如下属性值:

2:管道出口;

3:管道入口;

4:下水道;

5:鼓器系统。

CONDTN 可取如下属性值:

1:施工中(铺设阶段);

5:设计施工中(设计阶段)。

STATUS 属性值 4 不再使用(已废弃)。

BURDEP:如一路管道埋入的深度不同,就应分成多个物标编码。

备注:DRVAL1 及 DRVAL2 可用以为管道上面最小及最大水深编码。废弃的管道无需对属性 CATPIP 及 PRODCT 编码。

C.11.6.2 扩散器,木笼

扩散器及木笼编码为 OBSTRN(见 C.6.2.2)。

其:CATOBS 可取如下属性值:

3:扩散器;

4:木笼。

C.11.6.3 架空管道

地理物标:架空管道(PIPOHD)

属性说明:CONDTN 可取如下属性值:

1:施工中;

5:计划施工中。

VERACC:仅与 VERCLR 一起使用;

VERDAT:仅与 VERCLR 一起使用。

备注:废弃的架空管道无需对属性 CATPIP 及 PRODCT 编码。

C.11.6.4 管道区

地理物标:管道区(PIPARE)

属性说明:STATUS:此属性编码区域的状态不是区域内管道。

C.11.7 油田和气田

C.11.7.1 井口

井口编码为 OBSTRN(见 C.6.2.2)。

其:CATOBS 属性值为 2;

STATUS 属性值 4;

VERLEN:井底以上垂直高度。

C.11.7.2 江上平台

地理物标:江上平台(OFRPLF)

属性说明:HEIGHT:仅应用于固定平台,参照垂直基准面;

VERLEN:用于浮动平台,参照海平面。

备注:已拆除平台位置编码为 OBSTRN(见 C.6.2.2),其 CATOBS = 7(险恶地)。平台可配备灯(见 A.12.8)、雾号(见 C.12.5)和直升机平台(见 C.4.8.12)。

C.11.7.3　安全区

安全区编码为 RESARE,其 CATREA = 1。

C.11.7.4　江上作业区

地理物标:江上作业区(ORPARE)

C.11.7.5　火焰

废气燃烧烟道编码为 LNDMRK(见 C.4.8.15),其 CATLMK = 6。近海废气燃烧烟道可与安装它的平台使用同一几何图形。

C.11.8　垃圾倾倒区、疏浚区

垃圾倾倒区编码为 DMPGRD(见 C.11.4),其 CATDPS = 5。疏浚区编码为 RESARE 其 CATREA = 21。

C.11.9　捕鱼设备和养殖区

C.11.9.1　捕鱼设备

地理物标:捕鱼设备(FSHFAC)

属性说明:CATFIF 可取如下属性值:

1:渔栅;

2:渔网;

3:渔堰。

VERLEN:水底以上高度。

C.11.9.2　淡水养殖场

地理物标:淡水养殖场(FSWFAM)

属性说明:CATFFA 可取如下属性值:

1:甲壳类;

2:牡蛎/贻贝;

3:鱼;

4:海藻。

VERLEN:江底以上高度;

VALSOU:为物标最浅水深的编码。

C.11.9.3　鱼苗育苗场

鱼苗育苗场编码为 OBSTRN(见 C.6.2.2)其 CATOBS = 5。

C.11.9.4　渔场

经常进行捕鱼的场所,编码为 FSHGRD。

地理物标:渔场(FSHGRD)

C.11.10　消磁场

消磁场编码为 RESARE(见 A.11.1),其 CATREA = 8。

C.11.11　历史沉船

历史沉船附近受限区域编码为 RESARE(见 C.11.1),其 CATREA = 10。此外,沉船可用沉船物标编码(见 C.6.2.1)。

C.11.12 各类江上区域

C.11.12.1 储木池

地理物标:储木池(LOGPON)

C.11.12.2 焚烧区

地理物标:废物焚烧场(ICNARE)

C.11.12.3 货物过驳区

地理物标:货物过驳区(CTSARE)

C.11.13 停泊区

C.11.13.1 锚泊区(多船舶)

地理物标:锚泊区(ACHARE)

C.11.13.2 锚位(单船)

地理物标:锚位(ACHBRT)

C.11.13.3 停泊区

地理物标:停泊区(BERARE)

备注:停泊区是船舶停泊或临时停泊的区域。

C.12 助航设备

C.12.1 灯塔、航行标志及相互关系

C.12.1.1 助航设备的地理物标

助航设备是由固定的或浮动的装有设备结构物组成的。最普通的结构物标为:BCNCAR、BCNISD、BCNLAT、BCNSAW、BCNSPP、BOYCAR、BOYINB、BOYISD、BOYLAT、BOYSAW、BOYSPP、BUISGL、DAYMAR、LITFLT、LITVES、MORFAC、OFSPLF、BRIDGE、SLCONS、LNDMRK、PILPNT。

设备物标:FOGSIG、LIGHTS、RADSTA、RDOSTA、RETRFL、RTPBCN、SISTAT、SISTAW、TOPMAR、DAYMAR。

雷达反射器用在助航设备上不以单独物标编码。它们用其结构物标的 CONRAD = 3 表示。海难救助站与航海无直接关系,故而不是助航设备的设备物标部分。假如它们与一个助航标志处在相同位置,二者可共用同一空间物标。

C.12.1.2 助航设备关系

如图 C.14 所示,不同物标组成的助航设备应建立它们之间的主、辅关系。助航设备含有一个结构物标时,此物标即为主物标,设备物标为辅物标。当基础结构的特性未知或无结构物标时,可选用一个设备物标作为物标,如果有一个 LIGHTS 时,它就应为首选。助航设备的名称应编码在属性 OBJNAM 内,且可能在主要物标的 NOBJNM 中,无需对每一从属物标重复。如果其名称标绘在物标的结构上,当使用拉丁字母书写时,就应在 OBJNAM 内用同样方法拼写,当不是拉丁字母时,就编码在 NOBJNM 内。组成一个助航设备的所有物标应指向相同的点空间物标。助航设备可与它所标志的物标(受限区域,障碍物等)并入 C_ASSO 内。数个助航设备和数个标志的物标可联结在相同的关系中。

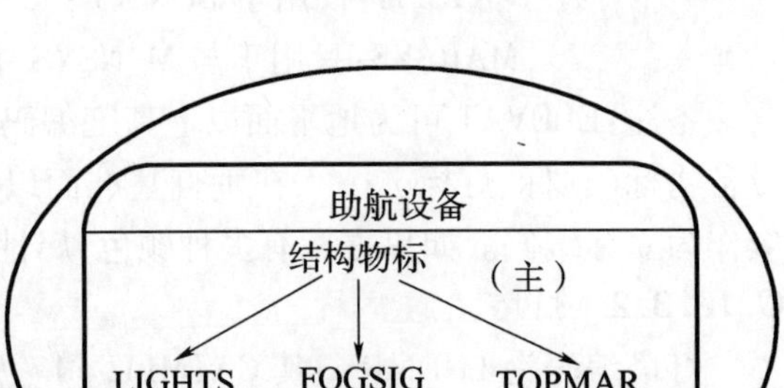

图 C.14

C.12.2 浮标系统与浮标走向

浮标系统与浮标走向用元物标 M_NSYS 编码：

元物标：航行标志系统（M_NSYS）

属性：MARSYS、ORIENT、INFORM、NINFOM

数据集所有的要素应由一个 M_NSYS 元物标所覆盖。这些元物标不得重叠。通常数据集由一个提供基本浮标走向的元物标（a）覆盖。如果在某些区域（b）有着特殊而不明显的走向，则用属性 ORIENT 建立一个 M_NSYS 区域。单一的浮标及信标可以不属通用浮标系统，编码在 MARSYS 中（见图 C.15）。

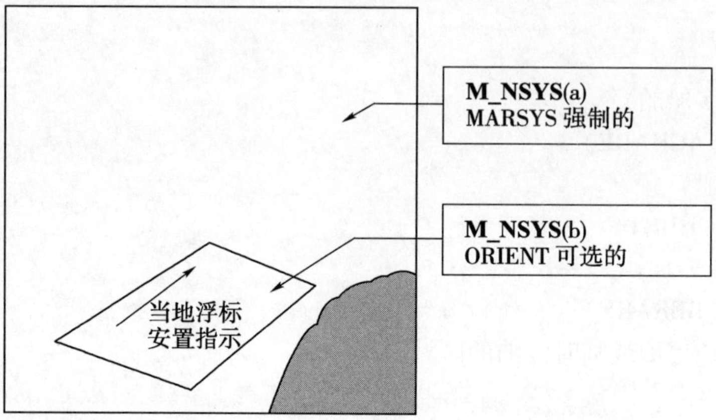

图 C.15

C.12.3 固定标志

C.12.3.1 立标

立标用以下地理物标编码：

a） 方位立标（BCNCAR）

b） 孤立危险物立标（BCNISD）

c） 侧面立标（BCNLAT）

d） 安全水域立标（BCNSAW）

e） 专用/通用立标（BCNSPP）

属性说明：CATCAM：仅用于 BCNCAR；

CATLAM：仅用于 BCNLAT；

CATSPM：仅用于 BCNSPP；

MARSYS：只用于与 M_NSYS 中编码值不同时。

备注：ELEVAT 可为地平面以上高度编码，但只限用于建在陆地上的立标。HEIGHT 为立标，包括其设备物标（顶标、灯标……），在垂直基准面以上总高度编码。堆石标涂有助航标志系统规定的颜色，就应作为立标编码。如果立标有多种颜色，属性 COLOUR 应按 C.2.4 的规定编码。

C.12.3.2 灯塔

灯塔编码为 LNDMRK，其 CATMLK = 17 及 FUNCTN = 33（塔身），或者编码为 BUISGL，其 FUNCTN = 33（其他形状）。

属性说明：ELEVAT、HEIGHT 及 VERLEN 与立标编码方法相同。

C.12.3.3 昼标

地理物标：昼标（DAYMAR）

属性说明：CATSPM 属性值为 16。

备注:属性 ELEVAT、HFIGHT、VERLEN 与立标编码方法相同(见 C.12.3.1)。

表 C.8 列出与固定标相关物标的部分属性取值。表中符号/表示与此属性无关,空白处表示编码人员可任选一数值。

表 C.8

固定标	INT 1	物标类	BCNSHP	CATSPM	其他属性
非永久性辅助标志	IQ90	BCN * * *	1		
	IQ91	BCNLAT	1	/	
	IQ92	BCNLAT	2	/	
堆石标	IQ100	BCN * * *	6		
彩色或白色标志	IQ101	DAYMAR	/		NATCON = 9
具有立标功能的彩色顶标	IQ102.1	DAYMAR	/		NATON = 9
具有导向立标功能的标绘板	IQ102.2	DAYMAR	/	16	NATCON = 9 TOPSHP = 6
立标塔	IQ110	BCN * * *	3		
格状立标	IQ111	BCN * * *	4		
导向立标	IQ120	BCNSPP		16	
安全导航线立标	IQ121	BCNSPP		41	
船速校验立标	IQ122	BCNSPP		17	
电缆接岸立标	IQ123	BCNSPP		6	
接岸排水口立标	IQ123	BCNSPP		8	
管道接岸立标	IQ123	BCNSPP		39	
蔽护立标	IQ124	BCNSPP		44	
射击演习区立标	IQ125	BCNSPP		1	
通告牌	IQ124	BCNSPP			INFORM = board
浮动立标	IP5	BCN * * *	7		

C.12.4 浮动标志

C.12.4.1 浮标

地理物标:方位浮标(BOYCAR)
设施浮标(BOYINB)
孤立危险物浮标(BOYISD)
侧面浮标(BOYLAT)
安全水域浮标(BOYSAW)
专用/通用浮标(BOYSPP)

属性说明:CATCAM:只用于 BOYCAR;
CATINB:只用于 BOYINB;
CATLAM:只用于 BOYLAT;
CATSPM:只用于 BOYSPP
MARSYS:只用于与 M_NSYS 中编码值不同时;
PRODCT:只用于 BOYINB。

备注:浮标在水平面以上的总垂直高度,包括设备物标,可用 VERLEN 编码。浮标如有多种颜色,属性 COLOUR 应按 C.2.4 规定进行编码。

表 C.9 列出与浮标相关物标的部分属性取值。表中符号/表示与此属性无关,空白处表示编码人员可任选一数值。

表 C.9

浮　标	INT1	物标类	BOYSHP	CATSPM	其 他 属 性
系泊浮筒	IQ40	MORFAC		/	CATMOR = 7
油或气装备浮标	IL16	BOYINB	7	/	PRODCT = 1 或 2
射击危险区浮标	IQ50	BOYSPP		1	CATINB = 1 或 2
目标(靶)	IQ51	BOYSPP		2	
标志船	IQ52	BOYSPP		3	
驳船	IQ53	BOYSPP		5	
消磁场浮标	IQ54	BOYSPP		4	
电缆浮标	IQ55	BOYSPP		6	
倾废场浮标	IQ56	BOYSPP		7	
浮标排水口	IQ57	BOYSPP		8	
浮标管道		BOYSPP		39	
超大型浮标	IQ26	BOY * * *	7		
大型自动导航浮标	IQ26	BOYSPP	7	15	
大型浮标的数据采集浮标	IQ58	BOYSPP	7	9	
浮标波浪记录器(或流速仪)	IQ59	BOYSPP		10	INFORM = 波浪记录器
水上飞机锚泊浮标	IQ60	BOYSPP		11	
通航分隔制浮标	IQ61	BOYSPP		19	
游乐区浮标	IQ62	BOYSPP		12	

C.12.4.2　灯浮与灯船

地理物标:灯浮(LITFLT)

灯船(LITVES)

C.12.5　雾号

地理物标:雾号(FOGSIG)

C.12.6　顶标

地理物标:顶标(TOPMAR)

属性说明:VERLEN:不用于有顶标的浮标(见 C.12.4.1)。

C.12.7　反射器

地理物标:反射器(RETRFL)

属性说明:INFORM:叙述显示的字母、模式或数字。

C.12.8　灯

C.12.8.1　灯的描述

灯光的每一扇区以一个物标 LIGHTS 编码。它们都是同一主物标的辅物标。主物标是结构物标或是 LIGHTS 中的一个。

地理物标:灯(LIGHTS)

属性说明:HEIGHT:浮动灯禁止使用;

ORIENT:只用于定向的或波动光栅效应灯;

SECTR1:只用于扇形灯;

SECTR2:只用于扇形灯;

SIGGRP:定光禁止使用;

SIGPER:定光禁止使用;

VERDAT:仅与 HEIGHT 一起使用,只在其值与 VDAT 子字段或 M_VDAT 中编码值不同时使用。

备注:如应为灯光技术(例霓虹灯)的细节编码,属性 INFORM 应予使用。航海聚光灯的目的编码于属性 INFORM 内。

C.12.8.2　灯的类型及功能

灯的类型和功能编码为 CATLIT。

C.12.8.3　灯光节奏

灯光节奏编码为 LITCHR 及 SIGGRP。

C.12.8.4　灯标高度

固定结构的灯标高度以属性 HEIGHT 编码。浮动结构上的灯标在水面以上的高度以描述该结构物标的属性 VERLEN 编码。

C.12.8.5　发光时间和状态

C.12.8.5.1　夜间灯

自日落至日出正常发光的灯以 EXCLIT = 4(夜灯)编码。

C.12.8.5.2　无人看守灯

无人看守灯通常不予编码,但无人看守灯(无人管理)又无备用、无应急措施的可以 STATUS = 17 编码。

C.12.8.5.3　专用灯

因特殊需要而照明的灯,编码为 STATUS = 2(专用灯)。私人管理的灯编码为 STATUS = 2,8(私人管理的灯不经常发光)。

C.12.8.5.4　应急灯

应急灯不以单独物标编码,而编码在主物标 LIGHTS 的 INFORM 内。

C.12.8.5.5　季节性灯

季节性灯以 STATUS = 5 编码,并以 PERSTA 和 PEREND 编码发光时期的起止日期。

C.12.8.5.6　长明灯

24 小时不改变灯质的灯光,可能有 VALNMR 的例外,编码为 EXCLIT = 1。具有日夜不同灯质状态的灯,以两个指向相同点空间物标的物标 LIGHTS 来编码:

a)　一个 LIGHTS 的 EXCLIT = 2(日间灯);

b)　一个 LIGHTS 的 EXCLIT = 4(夜间灯)。

C.12.8.5.7　雾灯

只在有雾时发光的灯,编码为 LIGHTS 其 EXCLIT = 3 及 STATUS = 2。有雾时和能见度正常时灯质不同的雾灯,以两个指向相同点空间物标的物标 LIGHTS 来编码:

a)　一个 LIGHTS 的 EXCLIT = 3(雾灯)及 STATUS = 2;

b)　一个 LIGHTS 的 EXCLIT = 2(日间灯)或 4(夜间灯);

c)　INFORM = 雾中改变灯光的特性。

C.12.8.6　扇形灯和非环照灯

C.12.8.6.1　扇形灯

向海的一面能见到的每一扇形灯用一个物标 LIGHTS 编码。灯光照射不到的扇区不建立物标编码。扇形光的范围编码为 SECTR1 及 SECTR2。

C.12.8.6.2　灯光被障碍物遮蔽

如果一个灯标的灯光在航行区域内一个扇区部分被近岸的障碍物遮蔽(图 C.16a),应编码成几个物标 LIGHTS。岛屿向海的一面被遮蔽的部分扇区(b),编码为 LIGHTS 其 LITVIS = 8(部分遮蔽),并且 INFORM = 仅外面被遮蔽……海上可见到的扇区(a 及 c)以正常方法编码。如果灯光与障碍物之间无可航水域(图 C.16b),该遮蔽的扇区编码为 LIGHTS 其 LITVIS = 3(微光,局部遮蔽)或 7(遮蔽的)。

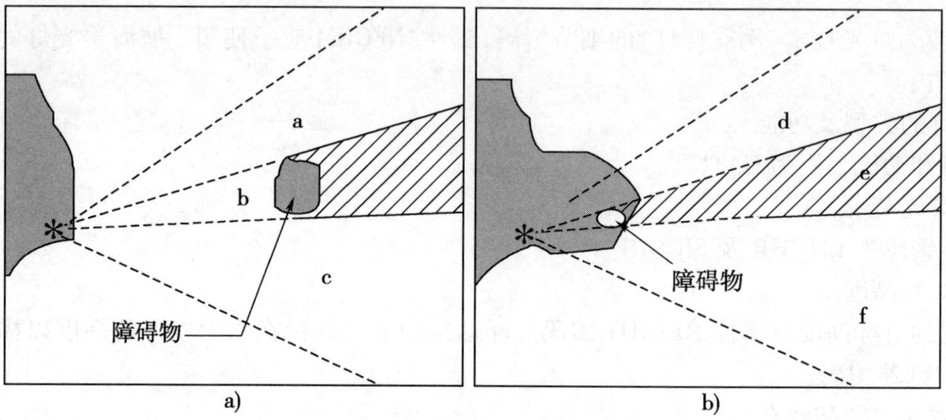

图　C.16

C.12.8.6.3　航道白光扇形区

灯光扇区以正常方法编码。在白光扇区内对应于可连续航行的区域航道,可编码为 FAIRWY(见 C.10.4)。

C.12.8.6.4　导向灯

从海上见到导向灯扇区的导向灯编码为 LIGHTS,

其中:CATLIT 可取如下属性值:

a)　-4,12 前导灯;

b)　-4,13 后导灯;

c)　-4,14 低导灯;

d)　-4,15 高导灯。

备注:除了定向灯外,属性 ORIENT 不用于导向灯,即使在纸图上导向灯合并为一个符号,应至少为它们中的每座灯设置一个物标 LIGHTS。导航线编码方法见 C.10.1。

C.12.8.6.5　指向灯

为标示应遵循的方向的狭窄扇形光区,编码为 LIGHTS,其 CATLIT = 1(指向功能),如果此扇形区的灯光加强了,就以 LITVIS = 4 编码。属性 ORIENT 表示自海上测定指向灯的导航线的方位。推荐航路应按 C.10.1 所述进行编码。

C.12.8.6.6　波纹效应灯

波纹效应灯编码为 LIGHTS,其 CATLIT = 16。属性 ORIENT 表示自海上测定波纹效应灯的导航线的方位。推荐航线应按 C.10.1 所述进行编码。

C.12.8.7　专用灯

专用灯的属性编码见表 C.10。

表 C.10

专用灯	M-4	CATLIT	备　注
辅助灯	471.8	10	
航空灯	476.1	5	
空中障碍灯	476.2	6	
雾灯	477	7	
方位灯	478.1	18	
泛光灯	478.2	8	只用于编码从海上能看到的泛光灯，照明结构以正常方法编码，其 STATUS = 12
同步灯	478.3		STATUS = 15，同步灯可合并于 C-ASSO 内
带状灯	478.5	9	
聚光灯		11	只用于编码从海上能看见的聚光灯，照明特征以正常方法编码，其 STATUS = 12

C.12.8.8　灯结构物

如果水中支撑灯的固定结构物未知，则在灯所在位置对其用无属性的 PILPNT 物标进行编码。

C.12.9　无线电台

C.12.9.1　一般要求

地理物标：无线电台（RDOSTA）

备注：物标 RDOSTA 用以为技术设备编码，与安装它的建筑物或结构物无关。其他信息如频率、传输特性可用属性 INFORM 编码。

C.12.9.2　水上与航空无线电指向标

水上与航空无线电指向标编码为 RDOSTA，

其：CATROS 可取如下属性值：

1：环射（全向的）海上与海上航空无线电指向标；

2：定向无线电指向标；

3：旋转式无线电指向标；

4：康索尔远程无线电指向标。

ORIENT：为定向无线电指向标海上方位的值。

备注：定向无线电指向标的方位线及推荐航路的编码（见 C.10.1）。如果方位线与由灯或其他特征确定的导航线相重合，则导航线和推荐航线不必重复。作用距离系统应集合使用聚集物标 C_AGGR。

C.12.9.3　航空无线电指向标

航空无线电指向标编码为 RDOSTA，其 CATROS = 7 与 INFORM-识别信号。

C.12.9.4　无线电测向台

无线电测向台编码为 RDOSTA，其 CATROS = 5 与 INFORM-识别信号。

C.12.9.5　提供 QTG 服务的海岸无线电台

提供 QTG 服务的海岸无线电台编码 RDOSTA，其 CATROS = 6。

C.12.10　雷达指向标

地理物标：雷达应答器指向标（RTPBCN）

属性说明:CATRTB 可取如下属性值:

1:雷达指向标;

2:雷达信标;

3:导向雷达信标。

SIGGRP:莫尔斯识别字母。

备注:物标 RTPBCN 用以为技术设备编码,与安装它的建筑物或结构物无关(如:立标、灯船、塔……)。导向雷达信标、方位线、推荐航线编码见 C.10.1。如果导航雷达信标与方位线重合并由灯光或其他可见特征和推荐航路确定,则不必重复。作用距离系统应集合使用聚集物标 C_AGGR。扫描周期可编码于 INFORM 内。

C.12.11 雷达监视系统

C.12.11.1 雷达有效作用距离

地理物标:雷达有效作用距离(RADRNG)

备注:RADRNG 为区域状物标。

C.12.11.2 雷达基准线

地理物标:雷达线(RADLNE)

属性说明:ORIENT:自海上的方位值。

C.12.11.3 雷达站

地理物标:雷达站(RADSTA)

属性说明:CATRAS 可取如下属性值:

1:雷达监视站;

2:海岸雷达站。

HEIGHT:雷达发射装置部分的高度。

备注:物标 RADSTA 用以为技术设备本身编码,与安装它的建筑物或结构物无关。建筑物或结构(如天线杆、天线塔、雷达天线罩)编码为 BUISGL 或 LNDMRK。

C.12.12 雷达显见物标

属性说明:CONRAD(雷达上可见)用于物标是否在雷达上可见的情况编码,可取如下属性值:

1:雷达显见;

2:雷达不显见;

3:雷达显见(具有雷达反射器)。

备注:物标无雷达反射器,但雷达上显见,应以 CONRAD = 1 编码。如果点物标安装了雷达反射器,在雷达上显著可见,应使用属性 CONARD 其值为 3。物标类 RADRFL 只用为线状物标(如架空电缆)上的雷达反射器编码。

地理物标:雷达反射器(RADRFL)

C.12.13 无线电报告(呼叫)点

地理物标:无线电呼叫点(RDOCAL)

属性说明:OBJNAM:如字母数字选择器;

ORIENT:在该点交通流的走向;

INFORM:注释。

例如,仅对某种级别的船舶要求用无线电报告。

备注:每一个物标 RDOCAL 只有一个走向(可能是往返方向)。如果同一位置用于另一交通流的走向(非反方向),则应建立一新物标。线状物标 RDOCAL 数字化,应使要求报告的通航方向在右侧。

C.12.14 通信区

地理物标:通信区(COMARE)

C.13 江上服务设施和信号站

C.13.1 引航站

岸上引航站

引航站编码为 BUISGL 或 LNDMRK,其 FUNCTN = 11(引航员办公室)或 12(引航员瞭望台)

引航员登船点

地理物标:引航员登船点(PILBOP)

属性说明:CATPIL 可取如下属性值:

1:从引航巡航艇登船;

2:从直升机登船;

3:自岸上乘船登船。

C.13.2 救助站

地理物标:救助站(RSCSTA)

属性说明:CATRSC 可取如下属性值:

1:配备救生艇的救助站;

2:配备火箭信号的救助站;

3:海难船船员的庇护所;

4:高、低潮间地带行人的庇护所;

5:泊地停靠的救生船。

备注:该物标类用以说明救助站功能。救助站使用的建筑物编码为 BUISGL 或者 LNDMRK。庇护所立标编码为 BCNSPP,其 CATSPM = 44 且无 RSCSTA。

C.13.3 信号站

信号站编码为交通信号站或告警信号站。

地理物标:交通信号站(SISTAT)

属性说明:CATSIT 可取如下属性值:

1:港口管制;

2:进出港;

3:国际港口交通;

4:系泊;

5:船坞;

6:船闸;

7:防洪坝;

8:桥梁通道;

9:疏浚。

备注:标示可航桥梁跨度中心的桥梁灯,编码为 LIGHTS。该物标类用以说明信号站的功能。信号站使用的建筑物编码为 BUISGL 或 LNDMRK。

地理物标:告警信号站(SISTAW)

属性说明:CATSIW 可取如下属性值:

1:危险;

2:海上障碍物;

3:电缆;

4:军事演习;

5:遇难;

6:气象;

7:风暴;

8:冰;

9:报时;

10:潮汐;

11:潮流;

12:验潮仪;

13:潮位尺。

备注:物标类用以说明信号站的功能。信号站使用的建筑物编码为 BUISGL 或 LNDMRK。

C.13.4 港航管理机构

物标:港航管理机构(HABADM)

备注:对内河、航道、航标、船闸及其他设施进行监测、养护以及从事航道建设施工的单位。

C.14 地名

国家的地理名称以属性 OBJNAM 及 NOBJNM 编码,已在电子航道图产品规范(见附录 B.3.11)。禁止使用绘图物标$ TEXTS 及$ NTEXT。如有可能,应用已有的物标(BUAARE,RIVERS,助航标志……)传递这一信息。如果不存在能为地理名称编码的物标,就应建立一个专用物标 ADMARE、RIVARE 或 LNDRGN(见 C.4.7.1 及 C.8)。为了减少数据容量,这些物标可用现存物标的几何图形,例如 RIVARE 可使用 DEPARE 的几何图形。

C.15 组合物标

如果要求明确两个或多个物表的集合或关联关系,应用组合物标 C_AGGR 或 C_ASSO。

集合物标:集合(C_AGGR)

备注:C_AGGR 物标被用于编码功能相关并形成更高级实体的物标之间的联系。

关联物标:关联(C_ASSO)

备注:C_ASSO 物标被用于编码两个或多个物标之间的关联,关联不产生更高级实体。

附 录 D
(规范性附录)
物标目录数据字典产品规范

D.1 引言

D.1.1 概述

数据字典产品规范是一组规则,基于物标目录数据字典交换集编码应遵守这些规则。

D.1.2 规范内容

数据字典产品规范含有一个应用简档,它定义那些用于包含在物标目录中的信息传输的记录、字段和子字段。

D.2 数据准备

D.2.1 个交换集的内容

一个数据字典交换集包括一个有数据字典记录的文件和一个可选的 README. TXT 文本文件。

D.2.2 实现方法

交换集中只能用 ASCII 字符。

D.2.3 压缩

数据字典文件可以用任何压缩算法进行压缩。所用算法的使用应在非压缩处理的 README. TXT 文件中加以描述。

D.2.4 文件命名

数据字典文件应命名为 CHOCDD. XXX,其中 CHOCDD 是强制性文件名,XXX 用以标出交换集所用物标目录的版本号,如 010 即为 1.0 版本。

可选的自述文件应命名为 README. TXT。

D.2.5 存储介质

数据可用远程通信链路传送或存储在任何物理介质上。

D.3 更新

数据字典交换集的内容只能通过直接替换进行更新。交换集中的任何改变都需要生成一个全新的交换集。

D.4 应用简档

D.4.1 概述

应用简档定义了数据字典文件的结构和内容。

D.4.2 文件结构

数据字典文件规定了三种记录、字段和记录顺序，见图 D.1。

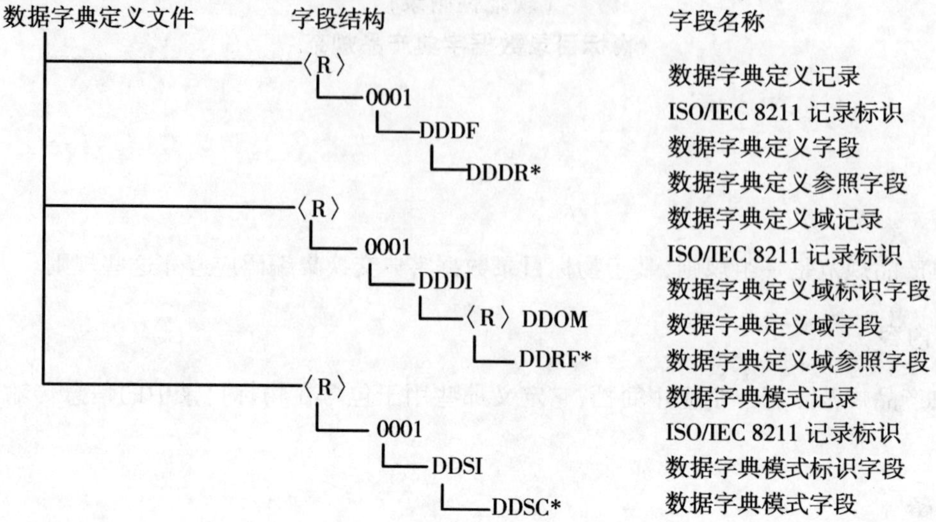

图 D.1

表 D.1 ~ 表 D.7 的表格中，强制使用的子字段在用法栏中标为 M。若该栏为空值，则表示为可选子字段。子字段的预设值在值栏中给出。备注栏中的 OC 表示物标目录，CJ 表示是长江航道局。

D.4.2.1 字段内容

D.4.2.1.1 数据字典定义字段

数据字典定义字段 DDDF 见表 D.1。

表 D.1

标识	子字段名称	用法	值	备注
RCNM	记录名	M	ID	
RCID	记录标识号	M		
OORA	物标或属性	M	O A	用于物标 用于属性
OAAC	物标或属性缩写	M		来自 OC 的缩写（字首）词
OACO	物标或属性代码	M		来自 OC 的数值代码
OALL	物标或属性长标识	M		来自 OC 的长标识
OATY	物标或属性类型	M	M $ G C F N S	元物标 制图物标 地理物标 组合物标 特征属性 特征国家属性 空间属性
DEFN	域值定义	M		来自 OC 的定义
AUTH	授权机构	M		CJ
COMT	注释			

D.4.2.1.2　数据字典定义参照字段

数据字典定义参照字段见表 D.2。

表 D.2

标识	子字段名称	用法	值	备　注
RFTP	参照类型			来自 OC
RFVL	参照值			来自 OC

D.4.2.1.3　数据字典、定义域标识字段

数据字典、定义域标识字段见表 D.3。

表 D.3

标识	子字段名称	用法	值	备　注
RCNM	记录名	M	IO	
RCID	记录标识号	M		
ATLB	属性代码	M		来自 OC 的数值代码
ATDO	属性定义域类型	M	E L F I A S	枚举型 列表型 浮点型 整型 编码字符串 自由文本格式
ADMU	属性定义域度量单位			
ADFT	属性定义域格式			
AUTH	授权机构	M		CJ
COMT	注释			

D.4.2.1.4　数据字典定义域字段

数据字典定义域字段见表 D.4。

表 D.4

标识	子字段名称	用法	值	备　注
RAVA	有效范围或值	M	M N V	DVAL 有最大值 DVAL 有最小值 DVAL 有特定值
DVAL	定义域值	M		来自 OC 的属性值
DVSD	域值简要说明	M		来自 OC 的属性值说明
DEFN	域值定义	M		来自 OC 的属性值定义
AUTH	授权机构	M		CJ

D.4.2.1.5　数据字典定义域参照字段

数据字典定义域参照字段见表 D.5。

表 D.5

标识	子字段名称	用法	值	备　注
RFTP	参照类型			
RFVL	参照值			

D.4.2.1.6　数据字典模式标识字段

数据字典模式标识字段见表 D.6。

表 D.6

标识	子字段名称	用法	值	备　注
RCNM	记录名	M	IS	
RCID	记录标识号	M		
OBLB	物标代码	M		来自 OC 的数值代码

D.4.2.1.7　数据字典模式字段

数据字典模式字段见表 D.7。

表 D.7

标识	子字段名称	用法	值	备　注
ATLB	属性代码	M		来自 OC 的数值代码
ASET	属性集	M	A B C	属性集 A 属性集 B 属性集 C
AUTH	授权机构	M		CJ

参 考 文 献

[1] 中华人民共和国行业标准 JTJ/T 204—96　航道工程基本术语标准. 北京:人民交通出版社,1997.

[2] IHO S-32 国际海道测量词典(5 版).

[3] INT 1:国际海图系列 INT 1 纸海图所用符号、缩写和术语.

[4] M-4:IHO 海图编绘规范.

[5] UKHO NP735 英国 IALA 海上浮标系统(5 版).

ICS 35.240.70
R 07
备案号:

JT

中华人民共和国交通行业标准

JT/T 765.3—2009

长江电子航道图制作规范
第3部分:显示准则

Developing standard for digital hydrographic chart of the Changjiang River
Part 3: Display aspects

2009-12-23 发布　　2010-04-01 实施

中华人民共和国交通运输部　发布

目　次

前　言

JT/T 765—2009《长江电子航道图制作规范》分为五个部分：

——第1部分：术语；

——第2部分：数据传输；

——第3部分：显示准则；

——第4部分：数据有效性检验；

——第5部分：数据保护。

本部分为JT/T 765—2009的第3部分。

本部分对应于国际海道组织（IHO）S-52《ECDIS海图内容与显示规范》（SPECIFICATIONS FOR CHART CONTENT AND DISPLAY ASPECTS OF ECDIS），本部分与S-52的一致性程度为非等效。

本部分的附录B为规范性附录，附录A为资料性附录。

本部分由交通部信息通信及导航标准化技术委员会提出并归口。

本部分起草单位：大连海事大学、长江航务管理局、长江航道局。

本部分主要起草人：赵德鹏、李源惠、李邵喜、但乃越、杜经农、朱业汉、杨大鸣、潘明阳、赵丽宁、胡景峰、郝江凌、李超、王德强、杨晓波、俞建林、万大彬、章娟、刘青、程大炜、曹成、顾网林、李海、董华。

长江电子航道图制作规范
第3部分:显示准则

1 范围

JT/T 765—2009 的本部分规定了长江电子航道图的显示准则,包括长江电子航道图的显示内容、显示模式、符号及航道图改正等各个方面应遵循的法则。

本部分适用于长江电子航道图制作、系统开发、设计和应用,其他内河航道图系统也可参照使用。

2 规范性引用文件

下列文件对于本文件的应用是必不可少的。凡是注日期的引用文件,仅注日期的版本适用于本文件。凡是不注日期的引用文件,其最新版本(包括所有的修改单)适用于本文件。

JT/T 765.1	长江电子航道图制作规范　第1部分:术语
JT/T 765.2—2009	长江电子航道图制作规范　第2部分:数据传输
JT/T 765.4	长江电子航道图制作规范　第4部分:数据有效性检验
JT/T 765.5	长江电子航道图制作规范　第5部分:数据保护
GD01—2000	船舶与海上设施用电气电子设备型式试验指南
IEC 61174	电子航道图显示与信息系统操作与性能要求、测试方法与测试结果
IMO 决议 A.817(19)	电子航道图显示与信息系统性能标准

3 术语和定义

JT/T 765.1　确立的术语和定义适用于 JT/T 765 的本部分。

4 电子航道图的内容和结构

4.1 电子航道图(ENC)内容

4.1.1　ENC 数据应能按照 JT/T 765.2 定义的规则进行生产制作和发送。ENC 最基本的内容应包括在纸质航道图上描绘的、与航行安全有关的所有信息。

4.1.2　ENC 应根据 JT/T 765.2 的附录 B 编码。用光标查询的物标信息,包括物标和属性,应采用公共语言术语以文本形式显示。

4.1.3　目前包含在各种出版物(如灯标)中的某些文本类航道信息也可编入 ENC。

4.2 精度要求

包含在 ENC 中的数据质量标识符可作为重要航道图物标精度的定量评估;与卫星导航位置精度的评估共同使用时,可确定距危险物的安全距离。按照级别,航行人员可知道它使用的信息的质量。

4.3 系统 ENC(SENC)

4.3.1　系统 SENC 作为电子航道图显示与信息系统(ECIDS)的显示格式,可由 ECDIS 生产者自行设计存储格式或数据结构,使系统满足本部分所述的性能要求。

4.3.2 ECDIS 生产者应能接收和转换法定认可的 ENC,并转换为 SENC,包括 ENC 数据和 ENC 改正数据。

4.3.3 转换过程应在 ECDIS 内完成,只允许在接收法定认可 ENC 时做一次转换。

4.3.4 ENC 的正式拷贝应保存在船上。ECDIS 根据该拷贝生成其实际操作所使用的 SENC,同样,ECDIS 可将 ENC 改正数据加到 SENC 上。

4.3.5 SENC 的信息内容应包括 ENC 的全部内容。

4.4 数据的使用与限制

4.4.1 某区域在 ECDIS 的显示覆盖范围内,但该区域无法定认可 ENC(包括某些适于通航的水域),则应给航行人员发出一个指示,告知需要参考纸质图(见附录 B)。

4.4.2 数据的限制如下:

a) 应保持法定认可提供数据的精度,当转换为制造厂商专用格式和结构并用于计算时,也应保持同样的精度;

b) 法定认可的 ENC 制作者负责对 ENC 数据的组织和容量;

c) 制造厂商可使用点压缩或平滑操作来压缩 SENC 中的航道图信息,用此方法产生的以 ENC 比例尺显示的航道图应与 ENC 的显示清晰度相同;

d) 法定认可 ENC 数据以单元结构提供,若此单元结构被修改,则 ECDIS 制造厂商有责任保持单元相关性。

4.4.3 若航行人员没有设定安全等深线,则采用 30m 的默认值;若 SENC 中不存在航行人员设定的安全等深线,其应被默认为是下一个较深的等深线。

4.4.4 若由于源数据的改变而使所用的安全等深线不适用时,则安全等深线应默认为其下一个较深的等深线。对上述任何一种情况,都应告知航行人员。

4.5 导航用途

可针对不同的导航用途(如进港锚泊)编辑 ENC 数据,但各个 ENC 单元应为单一导航用途而编辑。导航用图的类别见 JT/T 765.2—2009 附录 B。

4.6 单元结构和编码

ENC 数据应以单元来组织,单元划分见 JT/T 765.2—2009 附录 B。

5 改正

电子航道图的改正可参照附录 A 推荐的方法。

6 信息的显示

6.1 显示分类

航道图信息显示分类为:

a) 标准显示:指当航道图第一次在 ECDIS 上显示时所显示的 SENC 信息。在航线设计或航路监视时,航行人员可根据需要选择 SENC 提供的信息层次,并可由航行人员加以修改;

b) 显示基础:指不能从显示中删除的,由那些在任何情况下都需要的信息所组成的 SENC 信息层。

它并不满足安全航行的需要(显示基础是标准显示的子集)。

c) 所有其他信息:指不包含在标准显示中的航道图信息,它仅在需要时才显示。

6.2 显示综述

6.2.1 电子航道图颜色、符号、线和文本以及显示的规则和概要设计应符合附录 B 的要求。

6.2.2 对于纸图上不存在的航行必需物标,如航迹、航路点和时间标记等新添物标,其符号和颜色应符合 IEC 61174 要求。

6.3 优先层

显示时,应依据数据的优先次序分层,分层规则如下:

a) ECDIS 可视的警报或指示(如警告、超比例尺显示);

b) 法定认可数据:点、线和面 + 法定认可改正;

c) 人工输入的航行通告和无线电导航警告;

d) ENC 警告;

e) 颜色填充区域的数据;

f) 按需显示的数据;

g) 雷达信息:应配备一个关闭雷达信息选项;

h) 航行人员的数据:点、线和面;

i) 制造厂商的数据:点、线和面;

j) 航行人员颜色填充区域的数据。

以上所列顺序并不表示绘图的顺序,但规定了 $n+1$ 类的信息内容不能覆盖 n 类信息或任何较高类别(即 $n-1$ 等)的信息。

7 制图构架

7.1 水平基准面

水平基准面规定为 WGS-84。

7.2 垂直基准面

垂直基准面应依据制图区域的垂直基准面确定。

7.3 导航用图及比例尺

7.3.1 应清楚地标出航道图数据不同比例尺之间的界线。

7.3.2 在选定导航用图后,如果 ENC 数据不能完全覆盖显示区域,则可根据范围更广的导航用图补充。

7.3.3 导航用图有效数据的图示索引应按需显示。

7.3.4 制造厂商应给航行人员提供使用中间比例尺或在比例尺间进行缩放的能力。

7.3.5 若在 ENC 中定义了 SCAMIN 属性,则 ECDIS 使用此属性,以避免画面杂乱。

7.3.6 在航行中用大比例尺航道图时,比例尺条应作为显示基础的一部分提供。当航道图显示用非大比例尺时,在标准显示的边缘应标出纬度尺。

7.4 度量单位

7.4.1 在 ECDIS 显示上使用的度量单位如下:

a） 位置:经纬度的单位采用度和分;
b） 深度:米;
c） 高度:米;
d） 距离:海里、公里或米;
e） 速度:节。

7.4.2 所用单位应在显示图例中指出。

7.5 图例

应用图形或文本显示来表示一个图例,图例至少包含下列内容:
a） 深度单位;
b） 高度单位;
c） 显示比例尺;
d） 数据质量指示符;
e） 测深或垂直基准面;
f） 水平基准面;
g） 安全深度的值(若使用);
h） 安全等深线的值;
i） 磁差;
j） 目前正在使用的航道图单元的最新改正日期和编号;
k） ENC 发行的版本号和日期;
l） 航道图投影。

8 最低性能要求

8.1 计算

8.1.1 本系统至少能够执行下列计算:
a） 大地坐标与显示坐标的相互转换;
b） 地方基准面与 WGS-84 之间的变换;
c） 两地理位置之间的真实距离和方位;
d） 根据已知位置和距离或方位求另一点的地理位置。

8.1.2 所有计算应根据适当的航道图数据进行。

8.2 电子航道图显示功能

8.2.1 深度单位应始终与航道图一起显示。

8.2.2 下列信息可根据需要与航道图一起显示:
a） 位置数据和时间;
b） 物标描述及其属性(通过光标查询所得);
c） 来自 SENC 的文本信息;
d） 导航计算的结果;
e） ENC 改正的记录。

8.2.3 航行人员手工输入的注记可与航道图一起显示。

8.2.4 在某些情况下,ECDIS 应告知航行人员(用警报或指示的方式)能影响航行安全的特殊危险物或故障和操作上的改变。

8.2.5 应使用北向上或艏向上显示航道图,当使用艏向上显示时,方向宜用合适的时间间隔改变。

8.2.6 可显示除航道图以外的其他附加信息,这些附加信息应与ENC数据有区别。

8.2.7 可灵活调节显示亮度和对比度。

9 基本配置

基本配置要求如下:

a) 单CPU,频率≥1.5GHz;

b) 航道图刷新时间<5s;

c) 数据存储器:内存≥512MB,硬盘≥80GB;

d) 单显示器:尺寸≥15in、真彩色≥256色、分辨率≥1 024×768;

e) 数据输入装置:键盘和光驱;

f) 配备与其他船用设备的接口;

g) 抗震性能:符合GD01—2000要求;

h) 抗电磁干扰:符合GD01—2000要求。

附 录 A
（资料性附录）
电子航道图更新指南

A.1 引言

本附录给出了电子航道图的更新指南，以指导船上用户对电子航道图改正。

A.2 更新模型

A.2.1 一般要求

电子航道图的更新只涉及到电子航道图显示与信息系统（ECDIS）的应用过程，仅与参与数据更新实体之间的信息交换有关，不涉及系统的内部功能。

本模型的范围包括：

a） 规定为 ECDIS 传输电子航道图（ENC）更新信息的传输类型；

b） 为每种传输类型确定终端系统和更新过程内部的接口；

c） 规定接口处的服务内容，服务需要的详细说明。

A.2.2 ENC 更新

ENC 更新不包括新版本 ENC 和改正版 ENC 的发行，只涉及 ENC 更新信息的生产、传播和综合过程。将更新数据填充到 SENC 中是 ENC 更新完成的标志。ENC 更新涉及以下方面：

a） 更新信息处理的实体；

b） 更新信息的存储介质；

c） 更新操作方式；

d） 更新信息的传输程序；

e） 数据库运行，以便综合更新信息和核实已更新的数据库。

A.2.3 更新实体

A.2.3.1 下述实体参与数据更新（见图 A.1）：

a） 原始数据提供者：首次提供信息者（如某一航道测量部门）或者其他信息源（如提供航行警告的地方组织机构）；

b） 发行权威机构：负责将各种信息源提供的更新信息汇集成 ENC 更新数据包，并制定更新数据包的传输方式；

c） 分发者：负责包装、重新包装和将更新数据包传播给用户；

d） 接收者：通常为船上的航行者，或者与 ECDIS 联网的电信接受机；

e） 填充者：负责控制更新信息的填充，如键入更新信息的航行者或 ECDIS 内部的 ENC 更新信息自动处理软件；

f） SENC：最终予以更新的 ECDIS 数据库。

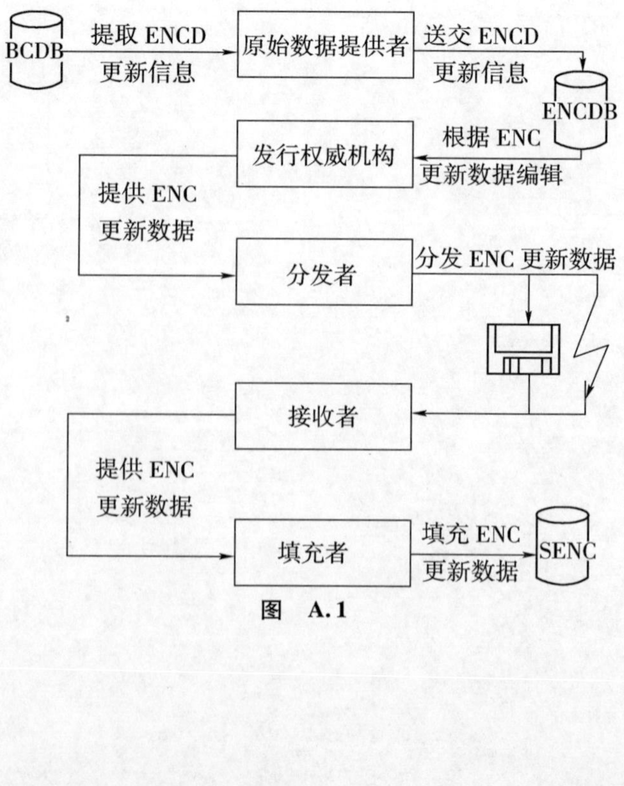

图 A.1

A.2.3.2 原始数据提供者和 SENC 是主要实体,其余实体是过渡实体。

A.2.3.3 实际参与更新过程的实体取决于更新信息传输媒介的性质。

A.2.3.4 不必将实体看作严格分立的组织机构。两个或更多的实体(如原始数据提供者和发行权威机构或者发行权威机构和分发者)可相互重叠。

A.2.4 服务类型

A.2.4.1 计划服务

一种数据发送者和接收者事先已知的,按照固定时间间隔提供的数据更新服务。数据发送日期可双边协议、广播和在法定认可出版物中公布分发者的邮寄时间表等方式加以确定。对于快速传输或在线传输的服务模式,只要遵循事先约定的时间表,则应其视作一种计划服务。

A.2.4.2 应召服务

用户明确请求而提供的更新服务。例如,用户通过拨号方式要求某一法定认可更新数据库传送更新信息,除了数据提供者严格按照事先约定的时间表服务外,任何用户主动要求而发生的数据传送行为均被看作“应召服务”。

A.2.4.3 非常规服务

既不遵循固定时间表,又非用户单独要求而提供的更新服务。例如,发布包含紧急 ENC 信息的航行警告。

A.2.5 更新类型

A.2.5.1 填充类

填充类又分手动更新和自动更新两类。手工更新是由操作人员手工将信息键入 ECDIS,这类更新信息通常未经格式化,不能由机器辨识。因此,应以某种合理的结构键入;自动更新是在 ECDIS 内部将更新信息填充到 SENC 中的更新过程。自动更新又分为全自动更新和半自动更新两类。对于全自动更新,不必任何人员介入即可使更新信息从分发者处直接传入 ECDIS,可通过广播或者 INTERNET 完成传送,在确认或接收过程完毕后,ECDIS 即可自动处理更新信息,并传送给 SENC;对于半自动更新,需要人员介入才能够在传输媒介和 ECDIS 之间建立连通渠道(如插入光盘或建立电话通信线路)的更新方法,在确认或接收过程完毕后,ECDIS 即可自动处理更新信息并传送给 SENC。

A.2.5.2 与数据库相关的类

与数据库相关的类分为综合更新信息和非综合更新信息两类。综合更新信息指改变或取代原有 SENC 信息的更新信息;非综合更新信息(如手工更新信息)指那些并不改变 SENC 中法定认可发布的 ENC 内容的更新信息,仅向 SENC 中添加新信息,可由 ECDIS 软件完成,其方式与从 ENC 中提取数据相同。

A.2.5.3 聚集类

更新信息至少应当以下述类型之一的方式进行聚集:

a) 序列更新信息:自原有更新数据包发行以来新发布的改正信息;

b) 累积更新信息:自从最新版本 ENC 或者自从最新法定认可更新信息被填充到 SENC 以来所发布的全部序列更新信息的总和;

c) 编辑更新信息:自最新版本 ENC 或最新法定认可更新信息被填充到 SENC 以来所发布的,已被编辑成一份独立的综合 ENC 更新图的更新信息。例如,如果自一个 ENC 版本发布以来,某一浮标位置已经发生两次以上变动,那么,更新图中应只记载此浮标的最后位置。编辑更新数据的填充就是在有效的 ENC 版本分发给用户时对该版本进行改正。

A.2.5.4 格式化类

格式化类分为非格式化更新和格式化更新。非格式化更新指采用与标准格式不符的,或者机器无法辨识其格式的更新信息的数据更新;格式化更新指采用与标准格式相符的,机器能够辨识的更新信息的数据更新。

A.3 更新指南具体规则

A.3.1 原始数据提供者规则

原始数据提供者应遵循的规则如下:

a) 更新信息的提供:航道测量部门将 ENC 数据提供给发行权威机构,提供更新信息应负责任与提供 ENC 数据所负责任相同。即所提供的更新信息应能够让发行权威机构清晰地辨认出该条信息中所反映的变化,或所提供的更新信息应能够应用于为满足各种比例尺和各种航行用途的需要而编制的 ENC 数据;

b) 发行更新信息的时间间隔:从某个无线电航行警告的首次广播到相应的航行通告发布的时间间隔不得超过 42 天。参与准备和分发 ENC 更新信息的所有部门均应满足这个要求;

c) 边界区域的更新协调。相邻辖区的航道测量部门应该就影响到边界区域的更新信息的内容和提交方式等问题相互协调;

d) 质量管理:发行权威机构应建立适当的质量管理机制,以保证 ENC 更新信息的生产、管理和分发;

e) 海事安全信息。除了航道测量权威部门提供的信息外,其他部门提供的信息,如海岸无线电警告、地方性航海通告或船运通告等,也会与 ECDIS 有关,应尽可能以有利于手工输入的方式组织这些信息。

A.3.2 发行权威机构规则

发行权威机构应遵循的规则如下:

a) 在 ENC 更新中应负的责任:ENC 的发行权威机构对该份 ENC 的正式更新负有责任;

b) 质量管理:发行权威机构应建立适当的质量管理机制,以保证 ENC 更新信息的生产、管理和分发;

c) 分发网络:发行权威机构负责建立 ENC 更新信息的分发网络;

d) 分发媒介和时间表:为了保证利用硬媒介进行半自动更新的需要,应按正规时间表分发的足够数量的 ENC 更新信息拷贝。船舶通过电信网络从发行权威机构直接获取 ENC 更新信息;

e) 数据的完整性:指物标属性信息的完整性。首先应确保不遗漏任何强制属性,再尽可能填写所有非强制属性。此外,应建立电子航道图审核系统,应按照 JT/T 765.4 规定的检验项目,采用标准化检测程序检测电子航道图数据中不规范或不完整的数据;

f) 其他发行权威机构的可用性:ENC 更新信息应立即使其他发行权威机构可用;

g) 填充方法:法定认可 ENC 更新信息应符合 JT/T 765.2—2009 附录 B 的要求;

h) 可辨别的更新信息:ENC 更新信息应使其反映的变化能够在 ECDIS 显示器上清晰辨认;

i) 识别:每一条更新信息应符合 JT/T 765.2—2009 附录 B 的要求,能被清楚地识别;

j) 无更新信息:如果当前无任何更新信息可供定期发布,应发布零信息消息;

k) 新版 ENC:ENC 新版本的出版应至少在该版本生效日期八周前予以宣布,并至少应在生效日期四周前分发,以保证相关 ECDIS 用户能够及时得到,同时,取代原有旧版本 ENC,并不再发行旧版本的更新信息。

A.3.3 分发者规则

A.3.3.1 一般规则

分发者应遵循的一般规则如下：

a) 分发网络：使用发行权威机构建立的 ENC 更新信息的分发网络；

b) 时间表：从发行权威机构收到的更新信息应在足以支持安全航行的时间间隔内使航行者能够索取到；

c) 质量管理：分发者应该建立适当的质量管理机制，以保证 ENC 更新信息的分发。

A.3.3.2 全自动更新

船舶通过高速电信网络从发行权威机构直接获取 ENC 更新信息。更确切地说，发行权威机构(航道局)把收集来的数据进行处理编辑后放在系统支持平台上，用户可通过电信网络从系统平台上无线下载 ENC 更新数据，如图 A.2 所示。

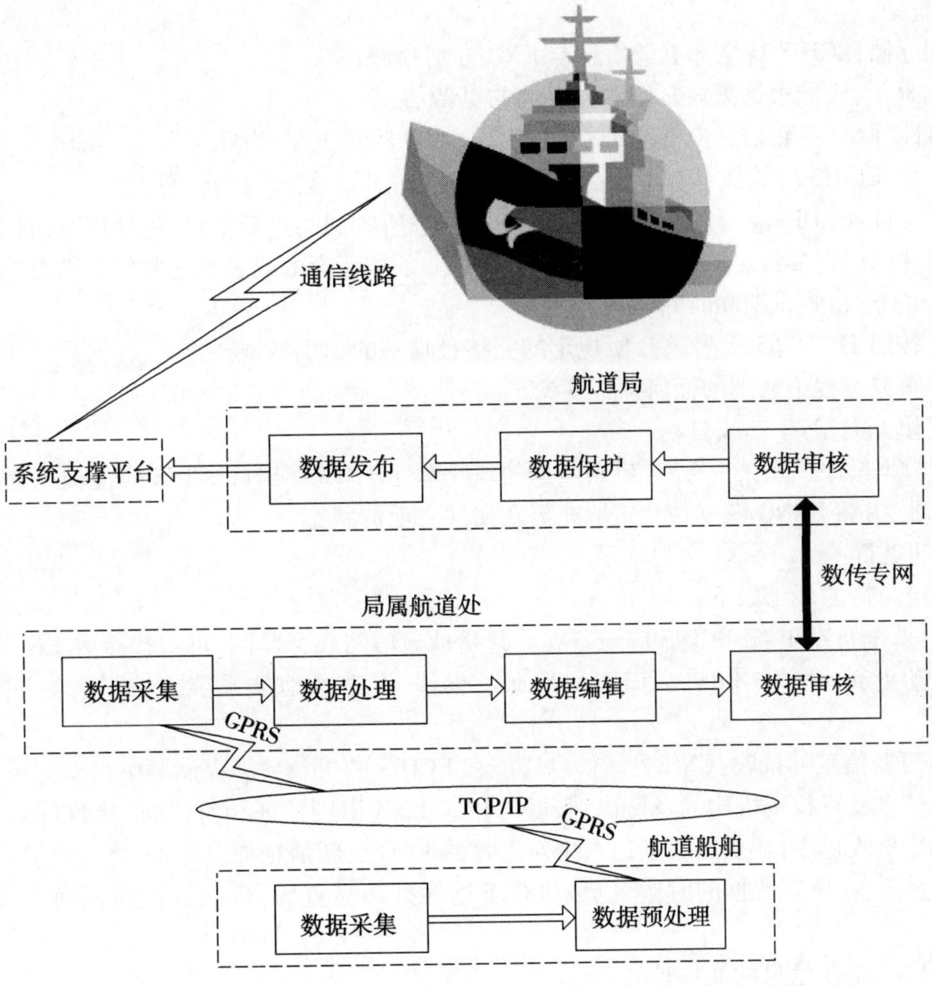

图 A.2

A.3.3.3 半自动更新

半自动更新应遵循的规则如下：

a) 硬媒介：将 ENC 更新信息存储在磁盘上；

b) 电信：应具备通过电信线路从系统支持平台上下载 ENC 更新数据；

c) 更新信息库存：ENC 的分发者应该保持现存 ENC 版本的全部有效更新信息的硬媒介库存；

d) ENC 及其更新信息：在分发某个版本的 ENC 时，应同时分发该版本的全部有效更新信息；

e) 用户友好:保证航行者能够在ECDIS设备上自行完成ENC的半自动更新;
f) 重新包装:分发者可重新包装ENC更新信息,但是不能更改信息的内容。

A.3.4 ECDIS制作人规则

A.3.4.1 一般规则

ECDIS制作人应遵循的一般规则如下:

a) 数据完整性:ECDIS应能够处理ENC更新数据且不能降低ENC的信息内容或者ENC更新数据的质量,所有ENC更新数据应按照JT/T 765.4的规则进行的检验,对外发布的电子航道图要以JT/T 765.5的规定为数据保护方案压缩加密;
b) 填充核实:ECDIS应提供一种方法,以确保更新数据已被正确地填充进SENC;
c) 综合与非综合更新信息的区别:更新信息应能从显示器上清楚地被辨认。一旦被接受,综合更新信息应与ENC数据之间没有任何区别。非综合更新信息(如手工输出的更新信息)应该有所区别;
d) 分别存储:ECDIS将全部更新信息与ENC分别存储;
e) 调出显示:应能根据需要复阅原先存储的更新信息;
f) 兼容性:ENC更新信息应遵循JT/T 765.2—2009附录B的要求;
g) 无干扰:ECDIS应该能够在不受当前操作干扰的情况下接收更新信息;
h) 记录文件:ECDIS应通过一个记录文件随时记录所收到的更新信息,包括填充时间和A.3.2(i)所描述的识别参数。该记录文件应该包括每一条被填充的或者被拒收的更新数据的下述信息:
   1) 填充/拒收日期和时间;
   2) 按照JT/T 765.2附录B所规定的完整且唯一的识别特征;
   3) 填充过程中遇到的任何异常现象;
   4) 填充类型:手动或自动。
i) 更新数据错序。当某一ENC更新数据的填充顺序出现错误时,ECDIS应能向用户报警,终止更新作业,并将SENC恢复到开始填充更新文件之前的状态。

A.3.4.2 自动更新

自动更新应遵循的规则如下:

a) 接口:对全自动更新,ECDIS应该备有公共移动通信网或互联网,可直接接收ENC更新数据;对半自动更新,通过GPRS或CDMA1X通信模块,有选择地从系统支持平台上下载ENC更新数据。
b) ENC更新信息的接收:ENC更新信息应能在ECDIS的更新数据存储器中自动记录;应查验ENC更新信息发行权威机构的身份识别,以与相应ENC识别特征相符;如果接收设备出错,应该能够终止接收程序,在更新数据记录中对无效的ENC更新信息加以标识,将出错情况通知用户。
c) 顺序查验:在填充数据的时候,应该执行下述序列编号查验,以保证按照正确的顺序积累更新信息:
   1) ENC更新信息的文件扩展名;
   2) ENC更新信息的编号;
   3) ENC更新信息中个体记录的更新序列编号;
   4) 参照JT/T 765.2—2009附录B中有关ENC更新信息序列编号方法的详细描述;
d) 一致性检验:将过去未能成功填充的ENC更新信息全部通知航行者;
e) 地理适用性:凡与ECDIS的ENC数据包中所包含的地理单元无关的ENC更新信息均可舍弃;
f) 总结报告:每一份由发行权威机构发布的法定认可更新文件在接收完毕之后均应提交总结报告,其中至少应包括下述内容:

1） 发行权威机构的身份识别；
2） 更新文件的更新编号；
3） 有关地理单元的单元识别特征；
4） 所涉地理单元的版本编号和日期；
5） 有关地理单元中的更新信息数量。

g） ENC 更新信息的复阅：应该能够在显示 SENC 内容时用高亮度显示的方式使得航行者能够复阅所填充的更新信息；
h） 更新信息的修改：航行者对于更新信息的拒收或者修改应用手工更新的方法实现。有异义的更新信息应该在记录文件中被标注为异常信息见 A.3.4.1h；
i） 格式化非综合更新信息。例如，临时性军事演习区，应作为手工更新信息处理。

A.3.5 ECDIS 用户

A.3.5.1 责任

航行者有责任保存一份最新 SENC。

A.3.5.2 合法更新信息

只有法定认可发布的、以数字化格式提供的更新信息才能够被综合进入 SENC。其他一切更新信息或者航行安全信息均应用手工输入。这类附加信息可来自航行通告、地方航行通告、无线电航行警告、船员的注释等。

A.3.5.3 手工更新信息的地位

手工更新信息仅被作为临时性手段，应尽早由权威发行发机构颁布的 ENC 更新信息所取代。

附 录 B
（规范性附录）
电子航道图颜色与符号规范

B.1 引言

本附录规定了长江电子航道图颜色和符号表示的一般要求和方法，详细规定见数字表示库（另行发布）。

B.2 与操作有关的颜色和符号规范

B.2.1 与纸质图的相似性

电子航道图应以纸质图惯用的颜色和符号为基础，也可选择使用简化的颜色和符号。

电子航道图在夜间应设置为黑背景。

B.2.2 物标间的区别

在显示屏上应明确区分各种不同物标（如不同性质的水深、各种类型的浮标立标、航道图上的线与船员标绘的线等），同时还应能区分出不同来源的资料（如法定认可 ENC 信息、人工航道图改正信息、当地信息和驾驶员的注释等）。

区分以上差异的编码方法如下：

a） 不同颜色的面、线和符号；

b） 不同形状的线（如虚线）和面（如单色或带图案的普染区）；

c） 符号；

d） 文字注记；

e） 光标查询；

f） 自动或手动将信息分类设置成开或关；

g） 将信息分离进入不同窗口；

h） 感知判读（如红色的浮标用红色条带表示光弧，用红点线表示计划航线）。

B.2.3 航线计划和航路监视、超前显示

航线计划时，屏幕上显示内容的可辨视距应为 70cm，显示内容应尽量详尽。

航路监视时，屏幕上显示内容的可辨视距应为数米远，显示内容应尽量少用字符。应能快速重绘和刷新显示画面，原画面应一直保留到刷新画面备好为止。

ECDIS 应具备超前显示功能，提供一个小比例尺的超前显示窗口，应主要考虑灯标和未来航路点等物标的显示。

B.2.4 突出重要物标

对重要物标，即显示基础规定的物标，应予以特殊编码（如本船安全等深线颜色应明显区别于其他等深线，并用粗线表示；计划航线用红色和粗点线表示），重要物标应叠加显示在雷达图像上。

B.2.5 SENC 物标与显示类别

SENC 物标与显示类别对应关系见表 B.1。

表 B.1

物标名称	代码	几何形状或属性	条件	显示类别
机场	AIRARE	点、面		other[a]
锚位	ACHBRT	点、面		other

表 B.1(续)

物标名称	代码	几何形状或属性	条件	显示类别
锚泊区	ACHARE	点、面	PS[b]	other
方位立标	BCNCAR	点	在 safe water[c] 内	base[d]
孤立危险物立标	BCNISD	点	在 safe water 内	base
侧面立标	BCNLAT	点	在 safe water 内	base
安全水域立标	BCNSAW	点	在 safe water 内	base
专用/通用立标	BCNSPP	点	在 safe water 内	base
各种类型的立标	BCNaaa	点	不在 safe water 内	standard[e]
各种类型的立标	BCNaaa	立标特性		other
桥梁	BRIDGE	点、线、面	穿过 s. c[f]	base
桥梁	BRIDGE	点、线、面	conspic[g]	standard
桥梁	BRIDGE	点、线、面	不是桥梁的上述情况	other
桥梁	BRIDGE	点、线、面	default[h]	base
单体建筑	BUISGL	点、面	conspic	standard
单体建筑	BUISGL	点、面	非 conspic	other
建筑物区	BUAARE	点、面	在 safe water 内	other
方位浮标	BOYCAR	点	在 safe water 内	base
设施浮标	BOYINB	点	在 safe water 内	base
孤立危险物浮标	BOYISD	点	在 safe water 内	base
侧面浮标	BOYLAT	点	在 safe water 内	base
安全水域浮标	BOYSAW	点	在 safe water 内	base
专用/通用浮标	BOYSPP	点	在 safe water 内	base
各种类型浮标	BOYaaa	点	不在 safe water 内	standard
各种类型浮标	BOYaaa	浮标特性		other
架空电缆	CBLOHD	线	穿过 s. c	base
架空电缆	CBLOHD	线	conspic	standard
架空电缆	CBLOHD	线	不是架空电缆的上述情况	other
架空电缆	CBLOHD	线	default,由船员决定	standard
江底电缆	CBLSUR	线		other
电缆区	CBLARE	面	PS	other
渠道	CANALS	线、面	可通航	standard
渠道	CANALS	线、面	不可通航	other
渠道	CANALS	线、面	default	standard
渠堤	CANBNK	线、面	cstln[i] 组成部分	base
渠堤	CANBNK	线、面	可通航运河	standard
渠堤	CANBNK	线、面	不是渠堤的上述情况	other

表 B.1(续)

物标名称	代　码	几何形状或属性	条　件	显示类别
渠堤	CANBNK	线、面	default	standard
货物过驳区	CTSARE	线、面	PS	other
长堤	CAUSWY	线、面	cstln 组成部分	base
长堤	CAUSWY	线、面	非 cstln	other
长堤	CAUSWY	线、面	default	standard
警告区	CTNARE	线、面	PS	standard
检查站	CHKPNT	点		other
江岸警备站	CGUSTA	点		other
岸线	BNKLNE	线		base
控制点	CTRPNT	点		other
起重机	CRANES	点、面		other
关税区	CUSZNE	面		other
水坝	DAMCON	线、面		other
深水航道部分	DWRTPT	面		base
深水航道中心线	DWRTCL	线		base
深度范围	DEPARE	面	"组 1"[j] 的一部分	base
等深线	DEPCNT	线	s. c	base
等深线	DEPCNT	线	非 s. c	other
距离标志	DISMAR	点		other
船坞区	DOCARE	面		other
疏浚区	DRGARE	面	"组 1"的一部分	base
干船坞	DRYDOC	面		other
倾倒区	DMPGRD	点、面		other
航道	FAIRWY	面		standard
栅栏线	FNCLNE	线		other
轮渡航路	FERYRT	线		other
渔业区	FSHZNE	面	PS	other
捕渔设备	FSHFAC	点、线、面		other
渔场	FSHGRD	面	PS	other
浮船坞	FLODOC	线、面	有效的 cstln 组成部分	base
雾号	FOGSIG	点	辅助导航设备	standard
雾号	FOGSIG	雾号特性		other
防御工事	FORSTC	点、线、面		other
自由港区	FRPARE	面		other
门	GATCON	点、线、面	cstln 的组成部分	base

表 B.1(续)

物标名称	代　码	几何形状或属性	条　件	显示类别
门	GATCON		非 cstln 的组成部分	other
船架(在水底)	GDIDRN	面		other
行政港区	HRBARE	面		other
港口设备	HRBFAC	点、面		other
报废船	HULKES	点、面	有效的 cstln 组成部分	base
废物焚烧场	ICNARE	点、面	在 safe water 内	other
湖泊	LAKARE	点、面	conspic	other
湖岸	LAKSHR	线	default	other
陆地区	LNDARE	点、面	cstln 的组成部分	base
地面高程	LNDELY	点、线		other
地面地带	LNDRGN	面		other
灯标	LIGHTS	点	灯标的"指标"	standard
灯标	LIGHTS	航标特性		other
灯浮	LITFLT	点	在 safe water 内	base
灯浮	LITFLT	点	在 safe water 外	standard
灯浮	LITFLT	航标特性		other
灯浮	LITFLT	点	default	standard
灯船	LITVES	点	半永久性物标,有效的 cstln 组成部分	base
船闸	LOKBSN	面		other
储木池	LOGPON	点、面	在 safe water 内	base
储木池	LOGPON	点、面	在 safe water 外	other
储木池	LOGPON	点、面	default—未必在 safe water	other
淡水养殖场	FSWFAM	点、面		other
军事演习区	MIPARE	点、面	PS	standard
系泊绞缆设施	MORFAC	点、面		other
导航线(如扫测线)	NAVLNE	线	助航标志	standard
障碍物	OBSTRN	点、面	在 safe water 内,而深度小于 s. c	base
障碍物	OBSTRN	点、面	在 safe water 外,或深度大于 s. c	other
江上平台	OFRPLF	点	有效的 cstln 组成部分	base
江上作业区	ORPARE	面	PS	standard
油障	OILBAR	线	穿过 s. c	base
油障	OILBAR	线	不穿过 s. c	other
油障	OILBAR	线	default	other
桩	PILPNT	点	在 safe water 内	base
桩	PILPNT	点	在 safe water 外	other

表 B.1(续)

物标名称	代　码	几何形状或属性	条　件	显示类别
桩	PILPNT	点	default	other
引航员登船点	PILBOP	点		other
架空管道	PIPOHD	线	若不经过可通航水域	other
江底/陆地管道	PIPSRL	线	对航行有危险	standard
江底/陆地管道	PIPSRL	线	对航行无危险	other
江底/陆地管道	PIPSRL	线	default	other
管道区	PIPARE	面	PS	other
浮码头	PONTON	面		other
警戒区	PRCARE	面	交通航线的组成部分	base
支架/桥墩	PYLONS	点、面	在 safe water 内	base
桩	PILPNT	点	在 safe water 外	other
桩	PILPNT	点	default	other
引航员登船点	PILBOP	点		other
架空管道	PIPOHD	线	若不经过可通航水域	other
江底/陆地管道	PIPSRL	线	对航行是危险的	standard
江底/陆地管道	PIPSRL	线	对航行无危险	other
江底/陆地管道	PIPSRL	线	default	other
管道区	PIPARE	面	PS	other
浮码头	PONTON	面		other
警戒区	PRCARE	面	交通航线的组成部分	base
支架/桥墩	PYLONS	点、面	在 safe water 内	base
支架/桥墩	PYLONS	点、面	conspic	standard
支架/桥墩	PYLONS	点、面	不是支架/桥墩的上述情况	other
支架/桥墩	PYLONS	点、面	default	standard
雷达线	RADLNE	线	航道规定部分和助航设备指示	standard
雷达有效作用范围	RADRNG	点	助航设备指示	standard
雷达反射器	RADRFL	点	助航设备指示	standard
雷达应答器	RTPBCN	点	助航设备指示	standard
雷达站	RADSTA	点		other
无线电呼叫点	RDOCAL	点	航行系统的组成部分	base
无线电台	RDOSTA	点		other
铁路	RAILWY	线		other
急流	RAPIDS	面		other
推荐航道中心线	RCRTCL	线	交通航线	base
推荐交通航路分道	RCRLPT	面	交通航线	base

表 B.1(续)

物标名称	代　码	几何形状或属性	条　件	显示类别
推荐航线	RECTRC	线	规定的航道	standard
救助站	RSCSTA	点		other
受限区域	RESARE	面	PS	standard
河流	RIVERS	面	包含 s. c	base
河流	RIVERS	线、面	可通航	standard
河流	RIVERS	线、面	不能通航	other
河流	RIVERS	线、面	default	standard
河岸	RIVBNK	线	可通航:cstln 的组成部分	base
河岸	RIVBNK	线	不可通航	other
河岸	RIVBNK	线	default	standard
跑道	RUNWAY	线	cstln 的组成部分	base
跑道	RUNWAY	线、面	非 cstln 的组成部分	other
沙纹	SNDWAV	点、面		other
江区/命名水域	RIVARE	面		other
水上机场	SPLARE	点、面	PS	standard
江床区	RBDARE	点、面		other
岸线建筑物	SLCONS	线	线为 cstln 的组成部分	base
岸线建筑物	SLCONS	面	面不是 cstln 的组成部分	other
交通信号站	SISTAT	点	助航设备	standard
告警信号站	SISTAW	点	助航设备	standard
坡顶线	SLOTOP	线	conspic	tandard
坡顶线	SLOTOP	线	坡顶线	非 conspic
倾斜地面	SLOGRD	面	倾斜地面	
小型船用设施	SMCFAC	点、面		小型船用设施
水深	SOUNDG	点		水深
喷泉	SPRING	点		喷泉
广场	SQUARE	面		广场
潜水艇航道	SUBTLN	面	军事训练区	潜水艇航道
输电线(缆车)	TETPHC	线		输电线(缆车)
潮路(泥滩中的小河)	TIDEWY	线		潮路(泥滩中的小河)
顶标	TOPMAR	点	助航设备	顶标
分道通航分隔线	TSELNE	线	交通航线	分道通航分隔线
分道通航制边界	TSSBND	线	交通航线	分道通航制边界
分道通航制交汇处	TSSCRS	面	交通航线	分道通航制交汇处
分道通航制分道	TSSLPT	面	交通航线	分道通航制分道

表 B.1(续)

物标名称	代码	几何形状或属性	条件	显示类别
分道通航制环行航道	TSSRON	面	交通航线	分道通航制环行航道
分道通航分隔带	TSEZNE	面	交通航线	分道通航分隔带
双向航道分道	TWRTPT	面	交通航线	双向航道分道
暗礁/适淹礁	UWTROC	点	在 safe water 内,而深度小于 s. c	暗礁/适淹礁
暗礁/适淹礁	UWTROC	点	在 safe water 外,或深度深于 s. c	暗礁/适淹礁
瀑布	WATFAL	点、线	conspic	瀑布
瀑布	WATFAL	点、线	非 conspic	瀑布
紊流	WATTUR	点、线、面		紊流
海草/巨型海藻	WEDKLP	点、面		海草/巨型海藻
沉船	WRECKS	点、面	在 safe water 内, 而深度小于 s. c,选作 s. c	沉船
沉船	WRECKS	点、面	conspic	沉船
沉船	WRECKS	点、面	不在 safe water 内, 或深度大于 s. c,非 conspic	沉船

[a] other,指所有其他信息;
[b] PS,指 ECDIS 性能标准[见 IMO 决议 A.817(19)];
[c] safe water,指由安全等深线确定的安全水域;
[d] base,指显示基础;
[e] standard,指标准显示;
[f] s. c,指安全等深线;
[g] conspic,指可见的或雷达显著物标;
[h] default,指因信息不充分而采用的默认分类;
[i] cstln, 指岸线;
[j] “组 1”,指 ENC 中的第一组物标(见 JT/T 765.2—2009 附录 B)。

B.2.6 线和符号的大小

应避免符号和文本的混乱和叠加。在给定的视距内,所能显示的线和符号的数量要给予限制。宜采用航道图符号简化方案。

B.2.7 白天与夜间显示

白天应使用亮背景色加暗前景色。

夜间应使用暗背景色加亮前景色,且应减弱显示亮度。

夜间宜使用暗背景色限制深度带的色调。深度带分为深于安全深度和浅于安全深度,分别应以不同的色调表示,对夜间无航道图数据的区域,宜用灰色方块图案填充颜色,以区分深水区。

颜色的控制完全由软件实现,应将亮度和对比度控制钮锁住。

B.2.8 ECDIS 显示器的安置

ECDIS 及显示器位置的选择应考虑以下因素:

a) 驾驶员在驾驶台上能清楚地看到显示内容,并可方便地操作控制器;

b) 宜将雷达和 ECDIS 并排摆放；

c) 显示器不能放在驾驶员面对阳光的位置，且避免太阳光直射显示屏。

B.2.9 文本显示

在图形显示中应尽量避免出现文字，重要的文本可以显示，如浮标的编号可设立文本显示区域显示必要的文本，如驾驶的航线、船艏向、警告以及 ECDIS 对用户的交互操作提示等。

B.2.10 危险物标

使用红色表示危险物标。

B.2.11 用户界面

各种型号的 ECDIS 用户界面应具有一致性，操作员界面应尽量简洁，易于操作。

B.3 符号和文本的规范

B.3.1 总则

B.3.1.1 符号和文本的大小与字体

符号和文本的大小应能够在规定的视距内清析可读。符号的最小像素应根据其复杂程度确定，简单符号宜为 12 个像素。

当显示比例变化时，应保持符号和文本大小不变，文本字体应采用直体。字符 ø 禁用。

B.3.1.2 显示方向

显示方向应为北向上，但也可为其他显示方向。如果显示方向为艏向上，则显示方向不宜过于频繁地改变，以避免频繁重写航道图信息而导致图像不稳定。

指北箭头应始终显示。

B.3.1.3 ENC 比例尺索引

应建立 ENC 比例尺索引，以明确给定区域所具有的各比例尺的 ENC。对于不同比例尺 ENC 重叠的区域，ECDIS 应显示出重叠区不同比例尺图的轮廓线。ENC 比例尺索引还可用于航线计划。

B.3.1.4 ENC 数据质量指示器

定量的 ENC 数据质量信息宜以图表方式表示。

B.3.2 新增符号

B.3.2.1 新增符号的类型

ECDIS 新增符号类型有以下四种：

a) 有关安全的 ECDIS 专用符号，如安全等深线、安全等深区和孤立危险物等；

b) 简化的航道图符号，如浮标和立标等。生产商要给驾驶员提供使用传统纸质航道图符号或其他简化符号的选择权；

c) 新增航道图符号和扩展的内河符号，如不同比例尺图幅边界、指北箭头和界限标等；

d) IEC 规定的航行符号，如计划航线和本船符号等。

B.3.2.2 有关安全的 ECDIS 专用符号

B.3.2.2.1 本船安全等深

用粗线表示本船安全等深线，应从 SENC 的等深线中选择。若没有合适的等深线，ECDIS 应选择下一条较深的等深线并给出提示。当船舶驶入新的航道图区域时，若原先的安全等深线已不存在，ECDIS 应再次重复上述步骤。若船员不选择安全等深线，其缺省值为 30m。

B.3.2.2.2 深度带

选取安全等深线及其临近的深水等深线和浅水等深线构成五种深度带如下所示：

a) 深水区：深度深于深水等深线的区域，缺省值为深于30m；
b) 次深水区：深度在深水等深线和安全等深线之间的区域，缺省值为本船安全等深线30m；
c) 次浅水区：深度在安全等深线和浅水等深线之间的区域，缺省值为本船安全等深线2m；
d) 浅水区：深度在浅水等深线和0m等深线之间的区域，缺省值为0m～2m；
e) 潮间带：低水位时露出河床的区域。

当使用夜间显示模式，浅水区与深水区应易于分辨。

B.3.2.2.3 本船安全深度

从SENC中找不到合适的安全等深线时，本船安全深度可作为一种辅助手段。等于或小于安全深度的水深应以比更醒目的方式显示。

B.3.2.2.4 孤立危险物

深度小于安全等深线和安全深度的孤立危险物（如小浅滩、礁石、沉船和障碍物等），其位置在安全等深线或浅水等深线确定的安全水域内，应以特殊符号强调显示。

B.3.2.3 其他新增和简化的ECDIS符号

由纸质图和ECDIS间的差异所需求的新符号如下：

a) 简化的立标和大型灯塔符号（方位标除外）：符号中心为立标所在位置，颜色与浮标所用颜色相同；
b) 简化的浮标符号（方位浮标除外）：用圆圈表示，符号的颜色为浮标的主色，符号中心上的点表示浮标的位置；

无论白天和夜间，都用黑色轮廓线来加强对比度。

具有多种颜色的浮标，其符号应以主色着色，若主色为黑色，应以次主色着色。

圆形浮标符号表示非方位标志的筒形、锥形、球形和柱形浮标，顶标不表示；

c) 水下孤立危险物通用符号：对于深度等于或小于本船安全等深线且位于深水区的礁石、沉船和小浅滩等用红紫色表示；
d) 疏浚区：用以灰色圆点填充区域表示；
e) 在显著雷达回波的河岸（如悬崖和陡岸）：仅用于在ENC中被指定为“雷达显著”的岸线；
f) 禁区：用符号紫红色符号⊖代替文字“禁区”；
g) 警告：用紫红色符号[i]表示SENC的警告区，应用光标查询警告内容并显示，若警告为船员输入的临时通告或无线电导航警告，则用桔红色显示。ECDIS生产商应提供输入警告的功能；
h) 未知物标：若SENC物标找不到对应的表示符号，应用一个紫红色的问号？表示；
i) 信息提供：用紫红色符号[i]表示航道图信息的光标查询点，桔红色用来表示供航行驾驶员进行光标查询的注释，诸如“快艇航道”或“在此处呼叫船长”。生产商应提供此功能；
j) 比例尺图幅边界：表示航道图数据的比例尺改变的区域。ECDIS应提示船员即将发生大的比例尺改变，如航行目的的改变；不必提示同一航行目的的比例尺的改变；
k) 超比例尺显示：用灰色斜线填充的区域图案表示。如果显示超出了较大比例尺图的范围，应显示相邻的较小比例尺图的信息放大显示，当显示放大超过编辑比例尺两倍时，应用超比例显示符号表示；
l) 指北箭头：用指北箭头标定方向；
m) 人工改正：用桔红色标示人工改正以区别于自动改正，人工改正保留原有物标的位置，生产商应提供此功能；
n) 比例尺条：一个代表实地长度的三等分段的竖直尺子，前后两段为桔红色，中间为灰色。它应垂直画在航道图的左边，靠近显示区的边界；

o) 雷达应答器,雷康(Racon):用于区分雷达屏幕上显示的立标和其他无线电立标;

p) 非法定认可数据边界:用紫红色的中间带阴影线的双线表示,以区别法定认可数据和非法定认可数据;

q) 无数据区:白天,用灰色填充图案区表示;夜间,用浅灰色方块填充图案表示;

r) 扩展的长江符号:根据长江特有物标规定了扩展的长江符号表示,见表 B.2。

表 B.2

中文名称	符号代码	符号类型	颜色	横轴心坐标	纵轴心坐标	线宽(mm)	符号
推方位测点	CATCTR09	点	黑	3.0	1.36	0.3	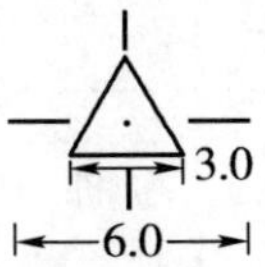
小三角点	CATCTR08	点	黑	1.5	0.86	0.3	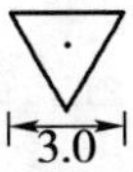
辅助点	CATCTR11	点	黑	0.75	0.75	0.3	
图根点	CATCTR10	点	黑	1.25	1.25	0.3	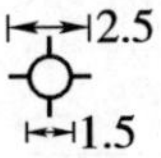
柱形左右通航标	BCNSPP74	点	红、黑	2.0	1.5	0.3	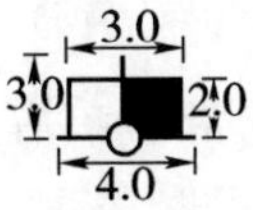
亭	BUIREL57	点	黑	1.5	1.5	0.3	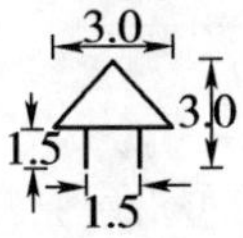
钟、鼓、城楼	BUIREL58	点	黑	1.5	1.5	0.3	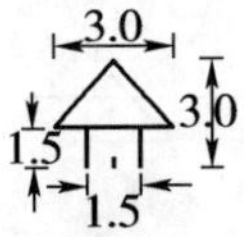
碉堡	FORSTC04	点	黑	2.0	1.5	0.3	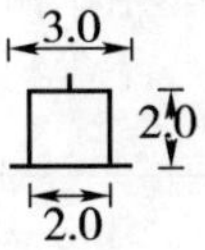
风讯杆 1	POSGEN09	点	黑	2.0	6.0	0.3	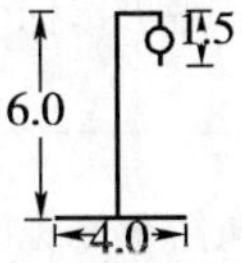
风讯杆 2	POSGEN10	点	黑	2.0	6.0	0.3	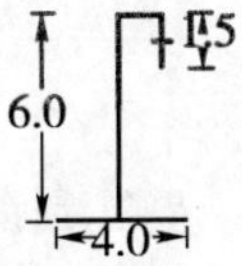
避雷针	BUIREL29	点	黑	1.0	3.0	0.3	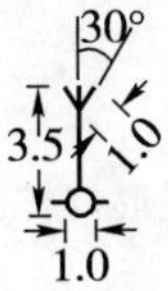

表 B.2(续)

中文名称	符号代码	符号类型	颜色	横轴心坐标	纵轴心坐标	线宽(mm)	符号
信号杆	POSGEN10	点	黑	1.0	4.0	0.3	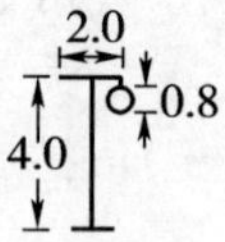
明礁	RIVARE36	点	黑	1.5	1.5	0.3	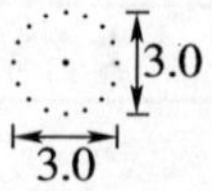
护桩	PILPNT03	点	黑	0.75	0.75	0.3	
独立石	OBSTRN11	点	黑			0.3	
沿岸标(左)	BCNSPP55	点	黑	2.0	6.0	0.3	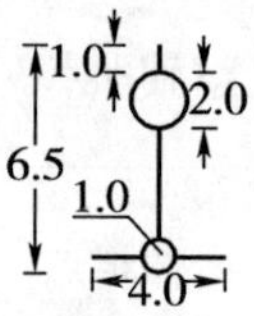
沿岸标(右)	BCNSPP56	点	黑	2.0	6.0	0.3	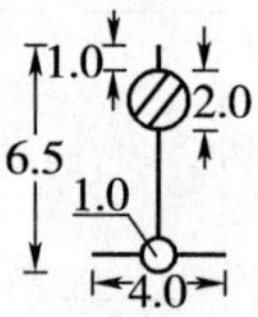
塔型沿岸标(左)	BCNSPP55	点	黑	2.0	6.0	0.3	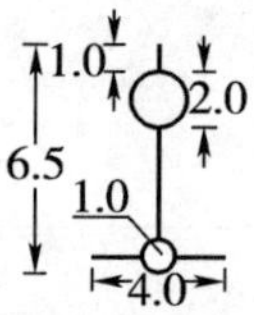
塔型沿岸标(右)	BCNSPP56	点	黑	2.0	6.0	0.3	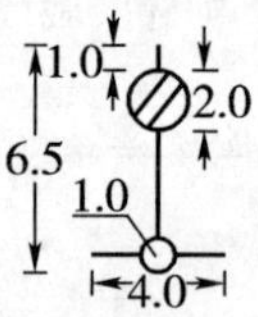
锥、罐形岸标(左)	BCNSPP57	点	黑	1.5	3.0	0.3	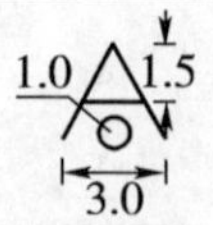
锥、罐形岸标(右)	BCNSPP58	点	黑	1.0	3.0	0.3	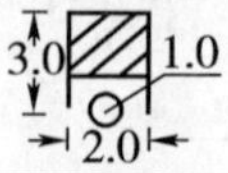
界限浮标	BOYLAT05	点	红、黑	2.0	6.0	0.3	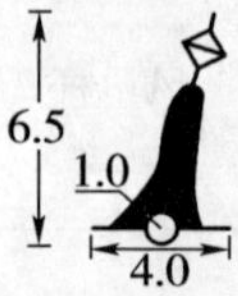
柱形灯桩(左)	BCNGEN04	点	黑	1.0	4.0	0.3	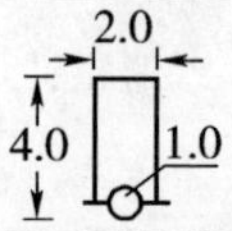

表 B.2(续)

中文名称	符号代码	符号类型	颜色	横轴心坐标	纵轴心坐标	线宽(mm)	符号
柱形灯桩(右)	BCNGEN05	点	黑	2.0	6.0	0.3	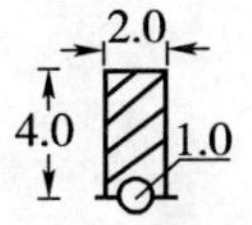
杆形灯桩(左)	BCNGEN06	点	黑	1.0	4.0	0.3	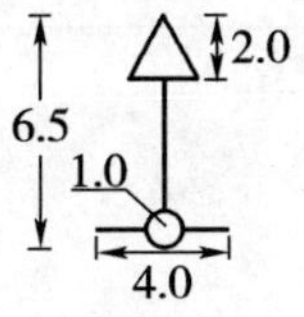
杆形灯桩(右)	BCNGEN07	点	黑	2.0	6.0	0.3	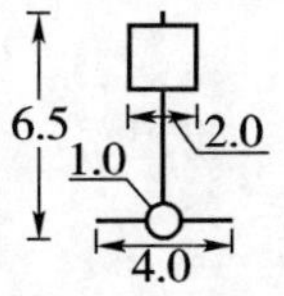
过渡导标 1	BCNSPP59	点	黑	2.0	6.0	0.3	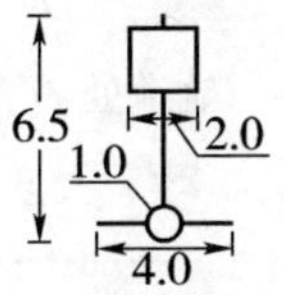
水尺	WATMEA01	点	黑	1.0	4.0	0.3	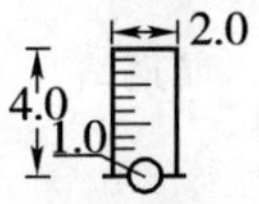
示位标	BCNSPP63	点	黑	2.0	2.0		
通行信号标志	BCNSPP64	点	黑	2.0	6.0	0.3	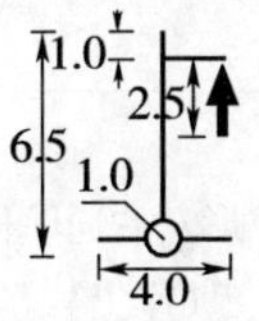
界限标	BCNSPP65	点	黑	2.0	6.0	0.3	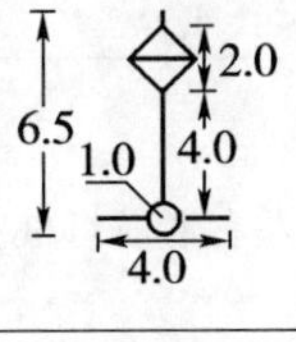
水底管线标	BCNSPP68	点	黑	2.0	6.0	0.3	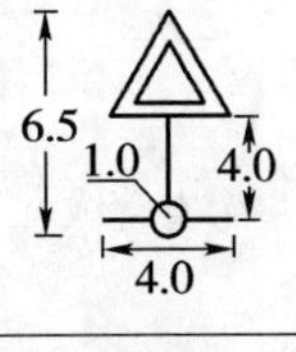
架空管线标	BCNSPP69	点	黑	2.0	6.0	0.3	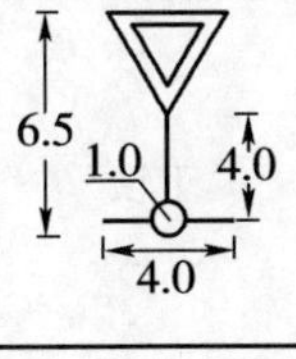

表 B.2(续)

中文名称	符号代码	符号类型	颜色	横轴心坐标	纵轴心坐标	线宽(mm)	符号
独标	BCNSPP70	点	黑	2.0	6.0	0.3	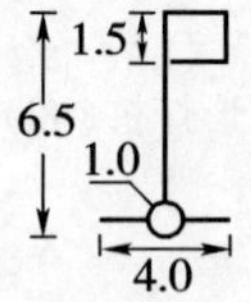
独角标	BCNSPP71	点	黑	2.0	6.0	0.3	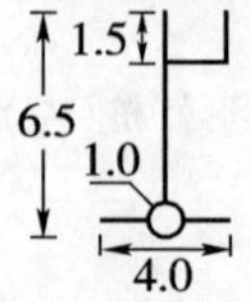
里程数	BCNSPP73	点	红	2.0	2.0	0.3	
航道处	HABADM08	点	黑	1.0	4.0	0.3	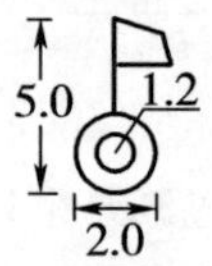
航道站	HABADM09	点	黑	2.0	6.0	0.3	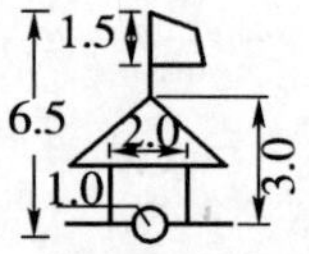
锥形左右通航标	BCNSPP51	点	黑	2.0	4.0	0.3	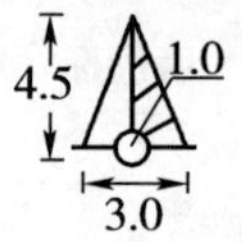
锥形左右通航标(岸上)	BCNSPP52	点	红、黑	2.0	2.5	0.3	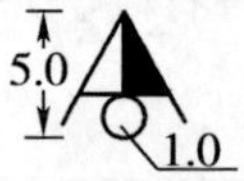
左右通航灯桩	BCNSPP53	点	黑	1.0	4.0	0.3	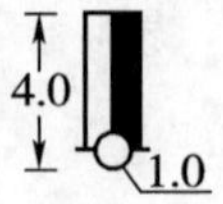
架空管线	CBLUDW02	线	黑	12.25	1.6	0.3	
丁坝	REGSTR01	点	黑	1.5	0.0	0.3	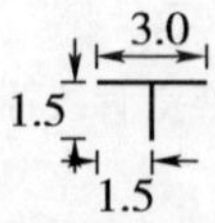

表 B.2(续)

中文名称	符号代码	符号类型	颜色	横轴心坐标	纵轴心坐标	线宽(mm)	符号
航区连接线	BCNSPP72	线	绿	12.25	1.6	0.3	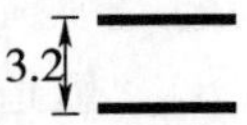
经济林	VEGATN27	面	黑	1.5	3.0	0.3	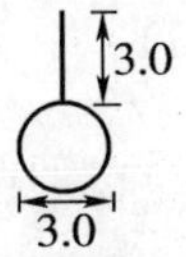
岩石滩	RIVARE35	点	浅黄、黑			0.3	
临时停泊区	BERARE02	面	黑	3.0	2.5	0.3	
停泊区	BERARE01	面	黑	0.0	6.0	0.3	

B.3.3 已有的航道图符号

已有的纸质航道图符号应移植到 ECDIS 中使用,但显示方式应根据操作需要进行改变,如下所列:

a) 航迹和航线颜色:导航线改为紫红色。深水航道用符号化的字符 DW 表示;

b) 灯标的闪光符号、注记和雾号:灯标为夜间标准显示的内容,而白天不需要显示灯标的闪光符号,ECDIS 应提供简单命令来添加或移去闪光符号,也包括注记或雾号。灯标的信息用光标查询获得;

c) 浮标和立标注记:ECDIS 应提供简单命令显示浮标和立标的注记。命令应包含的选项为:

1) 仅显示简化符号;
2) 简化符号加标的编号;
3) 简化符号加闪光;
4) 简化符号加灯质、雷康和雾号特性;
5) 纸图符号加标的编号;
6) 纸图符号加标的颜色、式样、名称或编号和雷康或雾号特性;
7) 纸图符号加闪光;
8) 纸图符号加灯质和雾号;
9) 纸图符号加纸图上的全部信息。

浮标或立标的详细信息可通过光标查询;

d) 雾号:雾号是标准显示的内容,信号的类型应包含在灯标或浮标信息中,可用光标查询;

e) 服务设施:有关引航服务设施的信息,可用光标查询;

f) 小型船舶:小型船舶以快艇符号表示,有关信息可用光标查询。

g) 等深线:ECDIS 不标注等深线的值,安全等深线被突出显示,其他等深线值可用光标查询;

B.3.4 航路监视中文本和查询信息显示

对于航路监视,仅在必要时开窗显示文本和查询信息,主要包括:

a） ECDIS 警告和提示，如已穿越安全等深线等；

b） 航行信息，如时间、地点和纠正航线等；

c） 航道图信息，如本船选定安全等深线；

d） 航道图附加信息；

e） 用户界面应答，如“请换用夜间颜色显示表”；

f） 其他。

B.3.5 辅助显示屏上文本信息显示

辅助显示屏所显示的内容，应避免混乱。

B.3.6 ECDIS 控制面板

对 ECDIS 的控制和用户交互操作的设计，应界面简单，便于操作，系列产品应具有一致性。

B.4 颜色规范

B.4.1 颜色分配

应建立颜色表对颜色进行分配。建立颜色表时，首先选择背景色，然后再选择与之形成鲜明对比的线和符号的颜色，重要的点和线物标颜色应与背景色形成强烈对比。

对颜色和符号的设计，应确保重要的航道图和航行物标在强烈的阳光下和黑暗的夜间都能保持清晰可视。

B.4.2 配色方案

ECDIS 采用表 B.3 规定的 64 种颜色标记为 SENC 物标配色，少数颜色标记仅为一种物标配色，大部分颜色标记用于一组相似物标的配色。

SENC 物标和与电子航道图显示有关的配色方案按照分类分别列在表 B.4 ~ B.11 中。

表 B.3

颜色标记	颜色	用　　途
aplrt	桔红	备用的计划航线
arpa1	绿，短划线	ARPA 物标和矢量
arpa2	绿，实线	危险的 ARPA 物标和矢量
chblk	黑/白（灰）	通用，包括浮标轮廓线
chwht	白/白（灰）	通用，包括多色浮标
chgrd	深灰	通用
chgrf	浅灰	通用
chbrn	棕	陆上建筑区等
chgrn	绿	通用，包括浮标
chred	红	通用，包括浮标
chylw	黄	通用，包括浮标和立标
chmgd	深紫	危险物，重要的紫色航道图物标
chmgf	浅紫	次要的紫色航道图物标

表 B.3(续)

颜色标记	颜色	用　途
chcor	桔红	由航行人员实施的人工航道图改正
cstln	深灰	岸线,包括码头和港池;代替陡峭岸上的安全等深线
cursr	桔红	光标,也用于航行人员选定的电子方位线和可变距离标
depdw	白/黑	深水区的填充色,深度大于航行人员选择的深水等深线
depmd	蓝	较深水域的填充色,深于安全等深线
depms	蓝	较浅水域的填充色,浅于安全等深线
depvs	蓝	浅水区的填充色,浅于浅水等深线
depit	黄绿	低潮线和高潮线之间的潮间带填充色
depsc	深灰	由航行人员选择的本船安全等深线
depcn	灰	其他等深线
dnghl	红	由航行人员采用的重点危险物符号
isdng	深紫	由 ECDIS 根据航行人员选定的安全等深线和安全深度而自动选择的孤立危险物
landa	棕	无建筑物的陆地区域填充色
landf	深棕	对照棕色陆地物标(建筑物、堤坝等)
litrd	红	闪光及光弧
litgn	绿	闪光及光弧
lityw	黄	闪光及光弧
ninfo	桔红	由航行人员加到航道图上的"航行员注释"
nodta	灰	无航道图数据的区域
outlw	蓝	轮廓线颜色,使叠加在水域上的符号更清晰
outll	棕	轮廓线颜色,使叠加在陆地上的符号更清晰
plrte	深红	本船的计划航线
radhi	深绿	强雷达回波,带合成余辉的物标实际位置
radlo	浅绿	弱雷达回波,合成余辉的较早部分
resbl	蓝	保留的符号、线或文本颜色
resyw	黄	保留的符号、线或文本颜色
resgr	灰	保留的符号、线或文本颜色
res04	未规定	保留的符号、线或文本颜色
res05	未规定	保留的符号、线或文本颜色
res06	未规定	保留的符号、线或文本颜色
res07	未规定	保留的符号、线或文本颜色
res08	未规定	为以后应用保留的符号、线或文本颜色
sclbr	桔红,白	1.5n mile 的竖立标准分划尺,约略给出显示范围
sndg1	灰	深度深于航行人员选定的安全深度的水深
sndg2	黑/白	深度等于或小于安全深度的危险水深

表 B.3(续)

颜色标记	颜色	用　途
ships	黑/白	带有速度矢量的本船符号或依比例而定的船形
sytrk	灰	来自次要定位系统的本船航迹
trfcd	深紫	重要的交通航路物标
trfcf	紫	次要的航路物标
trnsp	透明	用于“透明”区域填充,背景色 75% 能穿透显示
uibck	黑/白	用户界面背景
uibdr	灰	区分 ECDIS 操作显示与用户界面的边界
uiafd	蓝	用户界面上填充水颜色的区域
uiaff	棕	用户界面上填充陆地颜色的区域
uinfd	深灰	用于有限的重要的用户界面文本
uinff	灰	用户界面文本
uinfb	蓝	用户界面上符号、线和文本的颜色
uinfg	绿	用户界面上符号、线和文本的颜色
uinfr	红	用户界面上符号、线和文本的颜色
uinfm	紫	用户界面上符号、线和文本的颜色
uinfo	桔红	用户界面上符号、线和文本的颜色

表 B.4

水上自然物标	类型	颜色标记	颜色(白背景/黑背景)
岸线	—	cstln	黑/白
岸线到低潮线间的区域两种深度带	0	depit	黄绿(青绿)
岸线到安全等深线的区域	0	depvs	蓝
深于安全等深线的区域或四种深度带	0	depdw	白/黑
岸线到选定的浅水等深线	0	depvs	深蓝/淡蓝
浅水等深线到安全等深线	0	depms	浅蓝
安全等深线到选定的深水等深线	0	depmd	淡蓝/深蓝
深于选定的深水等深线	0	depdw	白/黑
安全等深线	—	depsc	深灰(粗线)
其他等深线	—	depcn	淡灰
浅于/等于安全深度的水深	*	sndg2	黑/白
深于安全深度的水深	*	sndg1	淡灰(水深数字为清晰的符号)
疏浚航道	0	chgrd	25% 灰网点
疏浚符号	* n	chgrf	灰
航道界线	—	chgrd	灰,虚线
孤立危险物符号	*	isdng	深紫
危险岩石,沉船,障碍物	*	chblk	黑/白

表 B.4(续)

水上自然物标	类型	颜色标记	颜色(白背景/黑背景)
非危险岩石,沉船,障碍物	*	chgrd	灰
岩石滩	0 *	landf	深棕
底质	* n	chgrf	灰色符号——小号灰色字
沙波	*	chgrf	灰
浪花,急流等	* n	chgrf	灰
浮船坞,报废船(大比例尺)	—	chblk	黑/白
灯塔结构	*	chblk	黑/白
系船柱,水中标塔等	*	chblk	黑/白
水池	—	chgrd	深灰
渔栅、渔网、渔场	— *	chgrd	灰
鱼礁,捕捞区	— *	chgrf	淡灰
渔业要求符号	*	chgrf	灰
钻井平台等	* n	chblk	黑/白
水下井口	*	chgrf	灰
水下油、气管道	— *	chgrd	深灰
水下上水,排污管道	— *	chgrf	灰
水下电缆	— *	chgrd	深灰
浮标,立标——全物标海图符号	* n	chblk	黑/白
浮标,立标——简化符号	* n	chblk + ch(nnn)	黑/白轮廓线,用红/绿/黄/黑填充
发光符号	* n	lit(nn)	红,绿,黄
浮标、立标的发光标志	*	chmgf	淡紫
雷达反射器	*	chgrd	灰
雾号	*	chmgf	淡紫
雷达应答器	*	chmgd	深紫(新符号)
无线电台	*	chmgf	淡紫
航道走向(浮标系统的指向)	*	chmgf	淡紫
等磁差线	—	chmgf	紫
性质(浮标、灯标)	n	chgrd	灰,小号字
说明与注释(如“obstn”)	n	chgrd	灰,小号字
等深线表	n	chgrd	灰,小号字,横写
地名	n	chgrf	淡灰,中号或大号字

注:类型含义:0 指区域,—指线,* 指符号,n 指文本。

表 B.5

水上辅助设备与航路物标	类型	颜色标记	颜色(白背景/黑背景)
导航线(航道图上的航线)	—	chmgd	紫
灯弧	—0 *	chgrd + lit(nn)	灰线,彩条(待开发)
交通航路	—0 * n	trfcd	深紫,粗线
分道通航分隔带	0'	trfcf	50% 紫,透明填充
通行方向箭头	*	trfcd	紫,图案填充
深水与沿岸航线	*	trfcd	深紫
其他通航符号	*	trfcf	紫
航道	—	trfcf	紫,粗线
推荐航线	—	trfcf	紫,粗线
雷达线	—	trfcf	紫,粗线
缆索渡船航线	— *	chblk + trfcd	黑/白,加在紫色上粗线
自由机动船航线	— *	trfcd	紫
禁区	— *	trfcd	深紫,粗线
警戒区信息标志	— * *	chmgf	浅紫,粗线
禁区和警戒区图形填充符	*	chmgf	浅紫
引航站	*	chmgf	浅紫
警备站,信号站	*	chmgf	浅紫
边界	— *	chmgf	浅紫
警报	*	chmgd	紫色符号,用光标提取详细内容
警告信息标志	*	chmgf	紫色符号,用光标提取详细内容
注:类型含义:0 指区域,—指线,* 指符号,n 指文本。			

表 B.6

陆 地 物 标	类型	颜色标记	颜色(白背景/黑背景)
自然陆地区域	0	landa	浅棕
自然物标(如森林,沼泽地)	— *	landf	深棕
地形,等高线	—	landf	深棕
岸线	—	chgrd	深灰虚线
自然岸线	—	cstln	黑(白昼)/灰白(夜间)
人工岸线	—	cstln	黑/白(直线)
雷达敏感岸线	—	cstln + chmgd	黑/白,加在紫色的顶部
航行水域上的桥梁	—	cstln	黑/白,粗线
航行水域上的电缆、管道	—	cstln	黑/白,粗线
净空高度	* n	sndg2	黑/白
码头	—	cstln	黑/白,粗线
泊位编号	* n	chmgf	紫

表 B.6(续)

陆 地 物 标	类型	颜色标记	颜色(白背景/黑背景)
起重机	*	chblk	黑/白
港池(区)	0	chbrn	深棕
渔港、小艇船坞符号	*	chmgf	浅紫
陆上导航设施(如灯塔、标志牌)	* n	chblk	黑/白
显示物标	*	chblk	黑/白
非航行区域上的桥梁、电缆等	—	landf	深棕
堤道(栈桥),拦水坝,堰(大比例尺)	—0	landf + chbrn	棕色轮廓线,深棕色填充
堤道(栈桥),拦水坝,堰(小比例尺)	—	landf	深棕
建筑区	0	chbrn	深棕
城镇的轮廓等	—	landf	深棕
建筑物、公路等	— *	landf	深棕
大比例尺图上的建筑物	—0	chbrn + landf	深棕色轮廓线,棕色填充
陆上非主要助航物标的符号(如不显著的教堂)	*	landf	棕
注:类型含义:0 指区域,—指线,* 指符号,n 指文本。			

表 B.7

航 行 物 标	类型	颜色标记	颜色(白背景/黑背景)
船员的警告与信息	*	ninfo	桔红
船员的注释	—n	ninfo	桔经
手工航道图改正	— * n	chcor	桔红
计划航线	—n	plrte	红色粗点线
航向、航路点等	* n	chred	红
转舵	—n	ninfo	桔红
备用航线(包括标记)	— * n	aplrt	桔红虚线
船员强调的危险区	0 *	dnghl	50% 红色填充
依比例缩小的船型	—	ships	黑/白,船体形状
船符(圆)	*	ships	黑/白
航向矢量	—	ships	黑/白
对地的航迹与航速矢量	— *	ships	黑/白
定向方位线	—	ships	黑/白
转向速率箭头	— *	ships	黑/白
航迹	—	ships	黑/白
辅助航迹	—	sytrk	灰
事件标记、时间	* n	ninfo	桔红
位置线、定位	— * n	ninfo	桔红

表 B.7(续)

航行物标	类型	颜色标记	颜色(白背景/黑背景)
任意定位的电子方位线(EBL)	—	ninfo	桔红
任意定位的可变距离标(VRM)	—	ninfo	桔红
平行搜索(VRM 与 EBL)	—	ninfo	桔红
江流矢量	*	ninfo	桔红
光标	—	cursr	桔红
注:类型含义:0 指区域,—指线,* 指符号,n 指文本。			

表 B.8

雷达物标	类型	颜色标记	颜色(白背景/黑背景)
雷达图像	0	radio-radhi	绿,若干种强度
无危险的雷达物标信息	—*	arpa1	绿
危险的雷达物标信息	—*	arpa2	红
注:类型含义:0 指区域,—指线,* 指符号,n 指文本。			

表 B.9

其他来源的信息	类型	颜色标记	颜色(白背景/黑背景)
有关区域的各种信息	0	resgy	灰色透明填充
有关点、线的各种信息	—*n	resb1,resyw	蓝、黄线
其他未定信息		res04-res08	颜色未定
注:类型含义:0 指区域,—指线,* 指符号,n 指文本。			

表 B.10

航道图及相关显示信息	类型	颜色标记	颜色(白背景/黑背景)
标准分划尺(比例尺)	—*	sclbr	桔红
比例尺边界	—	chgrf	灰
概略信息区	0	chgrf	灰色斜线
无航道图数据区	0*	nodta	灰色填充,夜间加灰色方形图案
水深单位改变	—	chmgd	紫
非法定认可数据、数据终点线	—	chred	两条平行红线夹红色阴影线
警告文本(数据等)	n	chgrd	灰,在显示区边缘或窗口
注意事项、通告文本	n		灰,在文本显示区
光标	—	cursr	桔红,与导航光标相同
注:类型含义:0 指区域,—指线,* 指符号,n 指文本。			

表 B.11

用户界面	类型	颜色标记	颜色(白背景/黑背景)
背景	0	uibck	白/黑
边框	—	uibdr	灰
水域的区域填充	0	uiafd	深蓝/淡蓝

表 B.11(续)

用 户 界 面	类型	颜色标记	颜色(白背景/黑背景)
陆地的区域填充	0	uiaff	棕
限定的重要文本	n	uinfd	黑/白
文本	n	uniff	灰
文本	n	uinfr	红
文本	n	uinfg	绿
文本	n	uinfo	桔红
文本	n	uinfb	蓝
文本	n	uinfm	紫
注 1:类型含义:0 指区域,—指线,* 指符号,n 指文本。 **注 2**:如果用户界面和航道图显示在同一屏幕上,则应降低用户界面的颜色和亮度。			

B.4.3 颜色控制

通过颜色控制实现软件调整 ECDIS 的显示亮度。颜色控制应通过选取不同颜色表(见表B.12 ~ B.14)和调节亮度来进行。白天,使用白昼白背景颜色表(见表 B.12),亮度调节可降低 30%;黄昏等相似天气,使用白昼黑背景颜色表(见表 B.13),亮度调节可降低 91%,夜间,使用夜间颜色表(见表 B.14)。

表 B.12

颜色	色度坐标 x	色度坐标 y	流明	颜 色 标 记
黑	0.28	0.31	0.0	sndg2, ships, pstrk, chblk, uinfd.
灰	0.28	0.31	10	depsc, cstln.
灰	0.28	0.31	25	sndg1, depcn, chgrf, sytrk, resgr, uibor, uinff.
灰	0.28	0.31	40	nodta.
白	0.28	0.31	80	depdw, chwht, uibck.
蓝	0.18	0.15	22	resbl, uinfb.
蓝	0.22	0.24	45	depvs, uiafd.
蓝	0.24	0.26	55	depms.
蓝	0.27	0.30	65	depmd.
紫	0.30	0.17	20	isdng, trfcd, chmgd, uinfm.
紫	0.28	0.24	48	trfcf, chmgf.
绿	0.30	0.52	20	radio.
绿	0.30	0.52	60	radhi, chgrn, litgn, uinfg.
黄	0.41	0.47	70	chylw, lityw.
棕	0.45	0.42	15	landf, outll.
棕	0.35	0.39	50	landa, outll, uiaff.
桔红	0.50	0.40	32	cursr, ninfo, chcor, aplrt, sclbr, uinfo.
红	0.58	0.35	18	plrte.
红	0.48	0.30	25	dnghl, chred, litrd, uinfr.

表 B.13

颜色	色度坐标 x	色度坐标 y	流明	颜色标记
白	0.28	0.31	36	ships, pstrk, sndg2, chwht, uinfd.
灰	0.28	0.31	20	depsc, cstln, chgrd, chblk, uibdr.
灰	0.28	0.31	10	sndg1, sytrk, uinff.
灰	0.28	0.31	7.0	depcn, chgrf, nodta, resgr.
黑	0.28	0.31	00	depdw, uibck.
蓝	0.18	0.15	10	resbl, uinfb.
蓝	0.21	0.22	5.0	depvs, uiafd.
蓝	0.23	0.25	3.0	depms.
蓝	0.25	0.29	1.0	depmd.
紫	0.28	0.24	18	isdng, trfcd, chmgd, uinfm.
紫	0.30	0.17	7.0	trfcf, chmgf.
绿	0.31	0.56	20	radhi, chgrn, litgn, uinfg.
绿	0.31	0.56	7.0	radio.
黄	0.41	0.49	24	chylw, lityw.
棕	0.45	0.42	12	landf.
棕	0.39	0.43	8.0	chbrn.
棕	0.35	0.39	5.0	landa, outll, uiaff.
桔红	0.50	0.40	10	cursr, ninfo, chcor, aplrt, sclbr, uinfo.
红	0.58	0.35	8.0	plrte.
红	0.48	0.30	10	dnghl, chred, litrd, uinfr.

表 B.14

颜色	色度坐标 x	色度坐标 y	流明	颜色标记
白	0.28	0.31	5.0	sndg2, uinfd.
灰	0.28	0.31	2.5	depsc, cstln.
灰	0.28	0.31	1.25	sndg1, chgrf, sytrk, depcn.
灰	0.28	0.31	1.2	nodta.
黑	0.28	0.31	00	depdw, uibck.
蓝	0.18	0.15	1.25	resbl, uinfb.
蓝	0.21	0.22	0.8	depvs, uiafd.
紫	0.30	0.17	2.0	isdng, trfcd, trfcf, chmgd, chmgf, uinfm.
绿	0.31	0.56	2.5	radhi, chgrn, litgn, uinfg.
绿	0.31	0.56	0.8	radlo.
黄	0.41	0.49	3.0	chylw, lityw.
棕	0.45	0.42	1.6	landf.
棕	0.35	0.39	0.8	landa, outll.

表 B.14(续)

颜色	色度坐标 x	色度坐标 y	流明	颜色标记
棕	0.39	0.43	1.3	chbrn.
桔红	0.50	0.40	1.25	cursr, sclbr, ninfo, aplrt, chcor, uinfo.
红	0.58	0.35	0.9	plrte.
红	0.48	0.30	1.25	dnghl, chred, litrd, uinfr.

B.4.4 透明填充

区域填充应采用透明填充方法。

ICS 35.240.70
R 07
备案号：

JT

中华人民共和国交通行业标准

JT/T 765.4—2009

长江电子航道图制作规范 第4部分：数据有效性检验

Developing standard for digital hydrographic chart of the Changjiang River Part 4: Validation checks

2009-12-23 发布　　2010-04-01 实施

中华人民共和国交通运输部　发布

目 次

前　言

JT/T 765—2009《长江电子航道图制作规范》分为五个部分：

——第1部分：术语；

——第2部分：数据传输；

——第3部分：显示准则；

——第4部分：数据有效性检验；

——第5部分：数据保护。

本部分为JT/T 765—2009的第4部分。

本部分对应于国际海道组织(IHO)S-58《电子海图数据有效性检验》(RECOMMENDED ENC VALIDATION CHECKS)，本部分与S-58的一致性程度为非等效。

本部分由交通部信息通信及导航标准化技术委员会提出并归口。

本部分起草单位：大连海事大学、长江航务管理局、长江航道局。

本部分主要起草人：赵德鹏、李邵喜、李源惠、但乃越、杜经农、朱业汉、杨大鸣、潘明阳、赵丽宁、胡景峰、郝江凌、李超、王德强、杨晓波、俞建林、万大彬、章娟、刘青、程大炜、曹成、顾网林、李海、董华。

长江电子航道图制作规范
第4部分:数据有效性检验

1 范围

JT/T 765—2009 的本部分规定了长江电子航道图数据的制作和传输规则,包括数据模型、数据结构、物标目录和产品规范等内容。

本部分适用于长江电子航道图制作、系统开发、设计和应用,其他内河航道图系统也可参照使用。

2 规范性引用文件

下列文件对于本文件的应用是必不可少的。凡是注日期的引用文件,仅注日期的版本适用于本文件。凡是不注日期的引用文件,其最新版本(包括所有的修改单)适用于本文件。

GB/T 15273.1 信息处理 八位单字节编码图形字符集 第一部分:拉丁字母一(ISO 8859-1-87,IDT)

JT/T 765.1 长江电子航道图制作规范 第1部分:术语

JT/T 765.2 长江电子航道图制作规范 第2部分:数据传输

JT/T 765.3 长江电子航道图制作规范 第3部分:显示准则

ISO/IEC 8211 信息技术 信息交换用数据描述文件规范

ISO 8601 数据存储和交换形式 信息交换 日期和时间的表示方法

3 术语和定义

JT/T 765.1 确立的术语和定义适用于本部分。

4 电子航道图数据有效性检验列表

4.1 有效性检验非一致性结果分类

有效性检验是检查电子航道图(ENC)数据与 JT/T 765.2 的一致性,对不一致的检验结果分为错误和警告两类。错误用E表示,警告用W表示。

4.2 与数据结构相关的检查

与数据结构相关的检查见表1。

表1

检查项	检 查 内 容	对应 JT/T 765.2—2009 章条号	检验结果
1	检查任何边不冗余(例如两条边共享一个坐标点)	6.2.2.3	W
2	检查所有的 VE 有一个起始节点和一个终止节点	6.2.2.3	E

表1(续)

检查项	检 查 内 容	对应 JT/T 765.2—2009 章条号	检验结果
3	检查记录标识符 NAME 唯一	7.2.2	E
4	检查记录类型标识符 RCNM 仅包含在 JT/T 765.2—2009 表 2 中的值编码	7.2.2.1	E
5	检查记录标识号 RCID 的范围是 $1\sim(2^{32}-2)$	7.2.2.2	E
6	校验每个文件的 CRC	7.3.4	E
7	检查所有物标有合法的 AGEN,FIND 和 FIDS 取值,并且所有特征物标标识唯一	7.4.3.2	E
8	属性编码在单个物标中不能重复	7.4.4、7.4.5 和 7.5.2	E
9	对线物标,ORNT 取 1 或 2,USAG 取 255,MASK 取 1 或 2	7.4.7.2 和 B.3.8	E
10	对点物标,ORNT 取 255,USAG 取 255,MASK 取 255	7.4.7.1	E
11	所有 USAG 等于 3 的边一定被 M_COVR 物标引用	7.4.7.3.3	E
12	除了集合类物标外,所有物标都应具有 FSPT 编码	7.4.7	E
13	对于由多段边组成的线物标,特征记录到空间记录指针字段 FSPT 编码应当连续,并且前一空间记录的终点应当等于后一空间记录的起点	7.4.7.2	W
14	对于由内外环组成的区域物标,内外环无公共点	7.4.7.3	E
15	检查所有区域的闭合性	7.4.7.3.1	E
16	检查区域外环由顺时针编码	7.4.7.3.2	E
17	检查区域内环由逆时针编码	7.4.7.3.2	E
18	检查所有的区域按如下要求定义: a) 只有一个外环(首先被引用的); b) 可以有 0 个或多个内环,这些内环确保是闭合的,连续的,并且具有正确的 USAG 编码	7.4.7.3.2 和 7.4.7.3.3	E
19	任何被 M_COVR 物标应用的边,(USAG)不能被编码成 1 或 2	7.4.7.3.3	W
20	检查几何图元和物标类相一致	7.5.1 和 B.3.3	E
21	检查所有的矢量记录指针 VRPT 被一个矢量记录的边引用	7.5.3	E
22	检查边的首尾节点的正确编码序列	7.5.3.2	E
23	检查仅存在 SG2D 和 SG3D 空间记录	7.5.4	E
24	检查水深的编码类型为 SG3D,具有 X,Y,Z 值	7.5.4.1	E
25	a) 检查边的首节点和尾节点被清晰的编码为连接的节点。 b) 检查连接节点不是边中的一部分。 c) 检查边用矢量记录指针 VRPT 直接引用它们的首/尾节点	7.5.4.4	E
26	检查所有字段、子字段数值在允许范围内: a) 子字段值范围符合 JT/T 765.2—2009 的格式描述; b) 合法的属性值范围。对"float"型的属性值,整数部分的格式声明不必检查	7.7.2.2.1、7.7.3 和 A.3	E

表 1(续)

检查项	检 查 内 容	对应 JT/T 765.2—2009 章条号	检验结果
27	检查所有字段、子字段具有正确的格式编码	7.7.2.2.2	E
28	检查 DSSI 内的记录数描述的正确性	7.7.3.1.2	E
29	检查用来更新 FFPC-NFPT, FSPC-NSPT, SGCG-CCNC, VRPC-NVPT 的子字段编码的索引位置是否有效	7.7.6.5、7.7.6.7、7.7.7.1.3 和 7.7.7.1.5	E
30	检查用来更新 FFPC-FFIX, FSPC-FSIX, SGCG-CCIX, VRPC-VPIX 的子字段编码的索引位置是否有效	7.7.7.1.5、7.7.6.5、7.7.6.7 和 7.7.7.1.3	E
31	对于所有的边,检查所有的 SG2D 坐标均不同于起点和终点坐标	7.7.7.1.6	E
32	检查所有的更新记录引用有效的记录标识 NAME 记录	7.8.3.2	E
33	检查任一属性更新都引用有效的 NAME 记录和属性标签	7.8.3.3	E
34	检查所有的指针索引更新引用有效的 NAME 记录并且索引应在 FFPT, FSPT 和 VRPT 指针字段内	7.8.3.4	E
35	检查更新文件中,记录版本 RVER 是否与被修改记录版本连续	7.8.4.2.1 和 7.8.4.3.1	E
36	对于物标和矢量记录更新的记录,检查是否: a) DELETE:记录不包含更多的字段; b) MODLFY/INSERT:记录应当包含更多的更新信息	7.8.4.2.2 和 7.8.4.3.1	E
37	检查更新和基础数据在同一词级	7.8.4.2.2 a)	E
38	检查一项更新纪录只包含一个 FFPC 字段和一个 VRPC 字段;一个 FSPC 字段和一个 SGCC 范围	7.8.4.2.3、7.8.4.3.2 b)、7.8.4.2.4 和 7.8.4.3.3	E
39	检查边更新后空间线的连续性	7.8.4.3.3	E
40	满足下列条件的两个线物标可以合并在一起: a) 两个物标以同一类编码且属性值相同; b) 用于线物标中的空间边具有相同的空间属性; c) 两个线物标具有一个或两个共用连接节点,并且共用节点是该线物标的开始节点或结束节点; 共用节点不被满足上述 3 条的第三个物标共用	7	W
41	检查所有的区域都是闭合的	逻辑一致	E
42	被组 1 物标应用的边,具有下列之一特征: a) 被 2 个组 1 物标引用,并且在两个物标编码中具有不同的 ORNT 值; b) 被一个具有属性 CATCOV 等于 1 的 M_COVR 物标引用	逻辑一致	E
43	检查所有的 DEPCNT 物标引用空间与组 1 物标相关,除非该物标位于在 UNSARE 或 DRGARE 物标覆盖范围之内	逻辑一致	W
44	除了最深和最浅区域外,所有 DEPARE 物标中属性 DRVAL1 和 DRVAL2 的值也是 DEPCNT 物标中属性 VALDCO 的值	逻辑一致	W

表1(续)

检查项	检 查 内 容	对应 JT/T 765.2—2009 章条号	检验结果
45	检查没有边同时被两个或多个同类线物标引用,除了下面所列中的一些物标,这些物标在几何上有接触但有不同属性值:BERTHS,CBLOHD,CBLSUR,CONVYR,DWRTCL,FERYRT,FSWFAM,MORFAC,NAVLNE,RCRTCL,RECTRC	逻辑一致	W
46	任何具有 DATEND 和 DATSTA 的物标属性编码时 DATEND 等于或晚于 DATSTA	逻辑一致	E
47	检查编译的物标类 LIGHTS 和 RTPBCN 如果具有属性 SECTR1 的编码,就一定要具有取不同值的属性 SECTR2 的编码,反之亦然	逻辑一致	E
48	检查任何具有 SCVAL1 和 SCVAL2 属性编码的 M_SREL 物标,其 SCVAL1 值比 SCVAL2 大(比如 SCVAL1 的属性值比 SCVAL2 的小)	逻辑一致	E
49	检查任何具有 DRVAL1 和 DRVAL2 属性编码的物标,其 DRVAL1 值小于或等于 DRVAL2	逻辑一致	E
50	检查组成物标类 RECTRC 或 NAVLNE 的空间节点都应在一条直线上	逻辑一致	W
51	检查任何边不得被下列状况下的物标同时引用: a) 被物标类 BNKLNE 引用。 b) 被具有属性 WATLEV 等于 2 或未设定的物标类 SLCONS 引用	逻辑一致	W
52	任何 LNDELV 物标(点或线)应当被区域状 LNDARE 物标所覆盖,应当位于线状 LNDARE 物标空间上,应当与点状 LNDARE 物标共享空间。除非 LNDELV 物标被定义在具有属性 WATLEV 等于 1(高水位时部分淹没)或 2(总是干出)的区域状 WRECKS 物标上	C.4.7.2、C.4.7.4、C.6.1.1 和 C.6.2.1	E
53	检查任何 SLOGRD 物标被区域状 LNDARE 物标所覆盖; 检查任何 SLOTOP 物标位于区域状 LNDARE 物标之内或位于其边上	C.4.7.4、C.4.7.5 和 C.4.8.4	E
54	检查任何 CRANES,BUISGL,FORSTC,LNDMRK 或 SILTNK 物标类,以及在主从关系中不是从物标的 DAYMAR 物标类: a) 如果是区域状物标,检查它是否被区域状 LNDARE 物标所覆盖; b) 如果是点类型,那么检查: 1) 它是否位于区域状 LNDARE 物标内; 2) 与点状物标 LNDARE,PONTON,PILPNT,PYLONS,OFRPLF,SLCONS,UWTROC 相一致; 位于线状物标 BNKLNE,DAMCON,BRIDGE,LNDARE,PONTON 或 SLCONS 之上	逻辑一致	W
55	检查没有线或点状 LNDARE 物标位于另一个区域状 LNDARE 物标之内,当其被 LAKARE,RIVERS,DOCARE,LOKBSK 或 CANALS 物标所覆盖的情况除外	逻辑一致	W
56	检查任何 BUAARE 物标被区域状 LNDARE 物标所覆盖	逻辑一致	W

表1(续)

检查项	检 查 内 容	对应 JT/T 765.2—2009 章条号	检验结果
57	对于任何不与 LNDARE 物标或具有属性 CONDTN1 等于 1/3/5 的 SLCONS 物标共享空间的 BNKLNE 物标,检查它没有位于 LNDARE 物标之内或它的两边均没有 LNDARE 物标	逻辑一致	W
58	检查没有线状 RBDARE 物标作为区域状 RBDARE 物标的边界	逻辑一致	W
59	检查没有线状 OBSTRN 物标作为区域状 OBSTRN 物标的边界	逻辑一致	W
60	检查没有 CBLSUR 物标位于区域状 LNDARE 物标之内	逻辑一致	W
61	对于属性 VATLEV 等于 3 的任何物标,有以下几种情形: a) 线状或区域状物标,分为: 1) 它不位于潮间区(指 DRVAL2 小于 2 的等深区)之内或与之重叠; 2) 它不在区域状 LNDARE 之内。 b) 点状物标,分为: 1) 它不在间潮区之内; 2) 它不在区域状 LNDARE 之内; 3) 它不与点状 LNDARE 一致; 4) 它不在线状 LNDARE 之上	逻辑一致	W
62	检查任何区域状 PONTON,HULKES 或 FLODOC 物标类,不与物标类 BNKLNE 或 SLCONS 共享空间,除非这条边也与区域状 LNDARE 物标共享	逻辑一致	W
63	检查没有 RECTRC 物标重叠或与线状/区域状 LNDARE,PONTON,HULKES,FLODOC,SLCONS 物标相交	逻辑一致	E
64	检查没有点状或区域状 ACHARE 物标(除了 CATACH 值 =8 外)位于另一个包含 RESTRN 属性值为 1 的物标其中或与之重叠	逻辑一致	W
65	检查同一空间的 LIGHTS 物标,它们相互重叠,至少有以下属性中的一项编码值不同:CATLIT,EXCLIT,LITCHR,SIGPER 或 SIGGRP。 这项检查不能用于 STATUS 值至少含 4,6,11 中的一个的 LIGHTS 物标	逻辑一致	W
66	检查没有物标完全相同(相同类型,相同属性描述和相同几何描述)	数据结构	W
67	检查物标更新中是否包含对应的文档/图形文件		W
68	检查所有线状 DEPARE 物标与组 1 物标边界一致	逻辑一致	E
69	检查没有区域状物标的边都隐藏(除所有边的 USAG 等于 3 的物标外)。 检查没有线状物标的边隐藏(或 MASK 等于 1)	逻辑一致	W
70	检查物标的主从关系中没有回路(例如没有主物标是它自己的从物标的从物标)	逻辑一致	W
71	检查文本类型的属性值前后不应包含空格	逻辑一致	W
72	检查任何浮动的 DEPCNT 物标(例如没有和组 1 的物标共享边界)这些物标在 DEPARE 物标水域中:DRVAL2 > VALDCO > DRVAL1。 说明:这项检查仅用于 DEPARE 物标的 DRVAL1 和 DRVAL2 被明确编码的情况	逻辑一致	E

表1(续)

检查项	检 查 内 容	对应 JT/T 765.2—2009 章条号	检验结果
73	检查任何浮动的 DEPCNT 物标(例如没有和组1的物标共享边界)这些物标在 DRGARE 物标水域中:VALDCO > DRVAL1。 说明:这项检查只用于 DRGARE 物标的 DRVAL1 属性值被编码的情况	逻辑一致	W
74	检查没有 DEPCNT 物标在 FLODOC, HULKES, LNDARE 或 PONTON 类物标水域内	逻辑一致	E
75	检查没有 DEPCNT 物标与另一个 DEPCNT 物标相交	逻辑一致	E
76	检查任何区域物标的边界不自交	拓扑结构	E
77	检查任何线物标的空间不自交	拓扑结构	W
78	检查区域物标空间正确嵌套。比如,至少可检测下列情况之一: a) 内环的边界完全在内环之内; b) 内环的边界在外环之外; c) 外环的边界在内环之内	拓扑结构	E
79	检查没有一个水深点和另外一个水深点完全相同(相同的位置或不同的深度)	拓扑结构	E
80	检查没有线状物标或区域状物标不止一次引用相同的边	拓扑结构	E
81	检查没有一个点与另一个点相同(连接节点或孤立节点)	拓扑结构	W
82	检查没有物理上孤立节点被标记为是连接节点(反之亦然)	7.2.2.1	E
83	检查 ER 文件中所有的 AGEN 子字段值(在 DSID 和 FOID 区域)和在 EN 文件中的 AGEN 子字段值是相同的	7.4.3.1 和 7.7.3.1.1	E
84	检查任何点状物标(包括水深记录)只引用一个矢量记录	7.4.7.1	W
85	检查退化的边(边只引用一个空间位置)	7.4.7.2	E
86	对区域物标属性,确认 ORNT 等于1或2,USAG 等于1、2或3,MASK 等于1、2或255	7.4.7.3	E
87	检查任何主物标不引用相同的从物标	7.6.3	E
88	检查 DDR 正确性(在目录文件,它只包含目录文件结构的描述。在 EN 文件,它只包含基础单元文件结构的描述;在 ER 文件,它只包含改正单元文件结构的描述)	7.7 和 ISO/IEC 8211	W
89	检查所有属性值的类型是浮点型的,该数字整数部分的值小于或等于在格式声明中给出的数字值(例如 XX.X)	7.7.2.2.1、7.3 和 A.3	W
90	检查任何 ER 文件中,对于 FRID 字段中修改标识 RUIN 等于3的记录,其 FOID 字段在 EN 和 ER 文件中应当相同	7.8.4.2	E

4.3 与 ENC 电子航道图产品规范相关的检查

与 ENC 电子航道产品规范相关检查见表2。

表 2

检查项	检 查 内 容	对应 JT/T 765.2—2009 章条号	检验结果
500	检查所有的数据在航道图单元限制内	B.2.2	E
501	检查航道图单元是否为矩形	B.2.2	E
502	检查数据集文件不超过 5 兆字节的数据	B.2.2	E
503	检查所有的物标有唯一的 FOID	B.3.1	W
504	检查所有 ENC 禁止物标类	B.3.2	E
505	检查所有规定的必备的元物标类	B.3.4	E
506	检查 EN 和 ER 文件中强制的字段是否定义数据(例如 ATTF 字段 ATVL 字段可能丢失属性值)	7.2.1 和 B.3.5.1	E
507	检查所有强制属性	B.3.5.2	E
508	检查对于具有一种以上 COLOUR 编码的物标(除了 LIGHTS)应定义 COLPAT。 检查任何具有 COLPAT 属性的物标不能只定义一个 COLOUR	B.3.5.2 和逻辑一致	E
509	检查下列物标及其强制属性是否定义: ARCSLN:NATION ASLXIS:NATION DEPARE:DAVAL1 和 DRVAL2 DRGARE:DAVAL1 NEWOBJ:CLSDEF 和 CLSNAM SWPARE:DAVAL1 DEPCNT:VALDCO LNDELV:ELEVAT MAGVAR:VALMAG CUSZNE:NATION FSHZNE:NATION STSLNE:NATION TESARE:NATION M_COVR:CATCOV M_CSCL:CSCALE M_QUAL:CATZOC M_SDAT:VERDAT M_VDAT:VERDAT DWRTPT:ORIENT DWRTCL:ORIENT M_NSYS:MARSYS 或 ORIENT RCTLPT:ORIENT 如果上述物标的所列强制属性没有值将无任何意义	B.3.5.2	W
510	检查属性 HORDAT 仅出现在物标类 M_HOPA 中	B.3.5.3	E
511	检查被禁止的属性(DUNITS,HUNITS,RECDAT,RECIND,SCAMAX,PUNITS,CATQUA)没有被使用	B.3.5.3	E

表2(续)

检查项	检 查 内 容	对应 JT/T 765.2—2009 章条号	检验结果
512	检查数字的属性值(如 Float 类型或 Integer 类型)是否使用了非重要数值0	B.3.5.4	E
513	检查每个独立物标的属性值和由元物标定义的通用值具有相同的值	B.3.5.6	E
514	检查所有用 USAG 等于3的边是否 MASK 等于255	B.3.8	E
515	检查所有主从关系是否有效: a) 如果是点状主物标,检查从物标与主物标引用相同的空间点。 b) 如果是线状主物标,检查从物标与主物标引用相同的空间。 c) 如果是区域状主物标,检查从物标是否位于主物标物标空间内或边框上。 应将物标 BRIDGE,CRANES,FLODOC,FORSTC,FSHFAC,HULKES,OBSTRN,PONTON,PYLONS,SILTNK 和 WRECKS 考虑为可能的结构物标,其他的物标在 JT/T 765.2—2009 C.12.1.1 给出	B.3.9、C.12.1.1 和 C.12.1.2	E
516	对于集合类的特征记录: a) 检查是否引用至少两种以上的特征物标。 b) 检查没有引用它自身。 c) 检查 PRIM = 255。 d) 检查每个集合类物标中是由一个主物标,其他都是从物标。 检查如果是对等关系,所有其集合中的物标关系都是对等的	B.3.9 和7.6.2	E
517	检查所有特征物标都归属于正确的组: a) 检查所有组1的物标都是区域状物标,其[FRID]中子字段[GRUP]设置成1。 b) 检查所有组的特征物标,其[FRID]中子字段[GRUP]设置成2	B.3.10	E
518	检查组1的覆盖性和连续性	B.3.10.1	E
519	检查国际字符集的使用符合 ENC 产品规范: a) 检查在 ATTF 字段中的通用文本的词汇级别是0或1,用合适的 DSSI-NATF 进行编码。 b) 检查在 NATF 字段中的通用文本的词汇级别是0或1或2,用合适的 DSSI-NATF 进行编码。 c) 如果属性 NINFOM 和 NPLDST 包含数据,检查相应的 INFORM 和 PILDST 是否含有数据,如没有则报告错误。 d) 如果在 NATF 以外的地方使用词汇级别(2),报告错误。 e) 报告应该包含一个说明和调用次序,如果国际字符集被使用,这样我们可以检查使用的语言。 f) 检查国际字符的使用和 DSSI-AALL/NALL 的编码之间的一致性。 g) 检查对 UT 和 FT 的编码使用了对该字段的指定文字标准。 h) 检查所有本国语言属性被编码在属性记录国家属性 NATF 字段内。 i) 检查所有的特征物标属性(无国家的)被编码在特征记录属性 ATTF 字段内	B.3.11 和 B.3.5.5	E

表2(续)

检查项	检 查 内 容	对应 JT/T 765.2—2009 章条号	检验结果
520	检查任何物标的 OBJNAM 和 NOBJINM 的值是不同的	B.3.11.1	W
521	检查 NOBJNM 如果被编码,那么 OBJNAM 也应该被编码	B.3.11.1	W
522	检查 HDAT = 2(WGS 84)	B.4.1	E
523	检查 DUN1 = 1(米)	B.4.4	E
524	检查 PUN1 = 1(米)	B.4.4	E
525	检查 Coun = 1(纬度/经度)	B.4.4	E
526	检查所有 TXTDSC,NTXTDS 和 PICREP 属性引用的文件存在	B.5.4.1 和 B.5.6.4	E
527	检查目录文件是否存在	B.5.4.1	E
528	检查卷名是否和 ENC 产品规范一致	B.5.4.2	E
529	检查目录结构是否和 ENC 产品规范一致。ENC 的 ENC_ROOT 目录应存在于第一卷中	B.5.4.3	E
530	检查文件名是否和 ENC 产品规范一致	B.5.6.1、B.5.6.2 和 B.5.6.3	E
531	检查在新版或再版时文本和图表文件名是否是唯一的,并且具有扩展名(如.TXT 或.TIF)	B.5.6.4	W
532	检查 DSID-UADT 子字段不用在 ER 文件中	B.5.7	E
533	检查删除的航道图消息中只含有 DSID 字段,并且 EDTN = 0	B.5.7	E
534	检查接受文件中计算出来的 CRC 值是否和传送文件的 CRC 值一致	B.5.9.1	E
535	检查仅有允许重复的字段才能被重复编码	B.6.1.3	E
536	检查目录文件格式是否正确	B.6.2	E
537	检查 CADT-IMPL = BIN	B.6.2.2	E
538	检查 DSID-PROF 子字段值不是 1(EN)就是 2(ER)	B.6.3、B.6.4 和 7.7.3.1.1	E
539	检查 ER 和 EN 文件的强制记录,字段和子字段被定义并包含相关数据。被禁止的记录、区域、数据没被使用	B.6.3 和 B.6.4	E
540	检查每个物标都含有一个有效的物标类编码,该编码被定义在物标类目中	B.3.2	E
541	检查每个属性都含有一个有效的属性类编码,该编码被定义在物标类目	B.3.2	E
542	检查没有物标定义的属性类超出它允许定义的属性列表范围	B.3.2	E
543	检查 M_COVR 元物标提供了整个航道图中无重叠的覆盖	B.3.4	E
544	检查所有的 DEPARE 和 DRGARE 物标被没有间隙和交叠的 M_QUAL 物标覆盖	B.3.4	E
545	检查含有或部分被 DEPCNT, OBSTRN, SOUNDG, UWTROC, WRECKS 物标覆盖的 UNSARE 物标一定被 M_QUAL 物标没有间隙和重叠的覆盖	B.3.4	W
546	检查文本属性值没有使用受限格式字符 C0(GB/T 15273.1),检查删除字符只能在更新机制中使用(在 RUIN = 3 的记录中)	B.3.5.5	E

表2(续)

检查项	检 查 内 容	对应 JT/T 765.2—2009 章条号	检验结果
547	检查任何推荐新值编码的物标,其 INFORM 属性应当包含其枚举型属性的描述	B.3.5.7	E
548	检查组 1 的物标不含有 DATSTA,DATEND,PERSTA,PEREND 属性	B.3.10.1 和逻辑一致	E
549	检查只被 CATCOV = 1 的 M_COVR 物标引用的边,也只和一个组 1 的物标共享	B.3.10.1	E
550	检查基础数据或更新单元数据的顺序是正确的	B.6.1.1	E
551	检查在目录文件(子字段 SLAT,WLON,NLAT,ELON)中目录字段(CATD)给出的数据集文件的限制: a) 基础单元文件的边界和相应基础单元文件中的 M_COVR 地理最边界坐标相一致。 b) 改正文件和它的基础文件的限制是一致的	B.5.6.3、B.6.2.2 和逻辑一致	E
552	检查任何 SIGSEQ 的属性值符合正确的结构(例如内容字符串符合特殊的格式)	A.3	E
553	检查任何含有 SIGSEQ 编码的物标,SIGPER 值等于由 SIGSEQ 描述的明和暗时间之和	A.3 和逻辑一致	E
554	a) 4 和 5,9 中的至少一个; b) 5 和 11; c) 9 和 11; d) 16 和 17; e) 8 和 14	A.3 和逻辑一致	W
555	对于在一个记录集中具有相同的 FOID 的物标,他们应当具有相同的描述(相同的物标类和相同的物标属性),并且是线状或区域状	B.3.1	E
556	对于在一个记录集中具有相同的 FOID 的物标,他们与组合类物标和具有主从关系的物标无关	B.3.1	E

4.4 与 ECDIS 相关的检查

与 ECDIS 相关检查见表 3。

表3

检查项	检 查 内 容	对应 JT/T 765.2—2009 章条号	检验结果
1000	检查文件的扩展名是连续的,直到一个新的基础集版本被发布	B.5.7	E
1001	检查 DSID-UPEN 是否在序列之外	B.5.7	E
1002	检查再版 ENC 中文件扩展名,EDTN,UPDN,UADT 和 ISDN 的用法正确性	B.5.7	E
1003	检查 EDTN 从一个比以前版本更大的数字开始	B.5.7	E
1004	检查基础集的文件名字和重新发布的文件名字是相同的	B.5.7	E

4.5 与 ENC 物标类目使用相关的检查

与 ENC 物标类目使用相关检查见表 4。

表 4

检查项	检 查 内 容	对应 JT/T 765.2—2009 章条号	检验结果
1500	由于逻辑原因,某些区域状物标不能重叠,这些物标如下: a) LNDARE 和 RBDARE。 b) BUAARE 和 LOKBSN,DOCARE,RIVERS,LAKARE 和 CANALS。 c) LNDARE 和 CBLARE	C.4.8.14 和逻辑一致	W
1501	确保空间物标不包含属性 HORDAT	C.2.1.1	E
1502	确保没有这样的物标:属性 VERDAT 有值,而没有下列属性 ELEVAT, HEIGHT, VERCCL, VERCLR, VERCOP 或 VERCSA 的值。M_VDAT 和 M_SDAT 物标除外(限于它们的 QA 测试)	C.2.1.2	W
1503	确保 DSPM 中的 VDAT 值不为空	C.2.1.2	E
1504	确保 M_VDAT 物标的 VERDAT 属性值与 DSPM 中的 VDAP 给出的值不相同	C.2.1.2	E
1505	确保含有和垂直基准相关的属性值、通过 M_VDAT 物标边界的物标是在 M_VDAT 物标的边界被分割	C.2.1.2	E
1506	确保 M_VDAT 物标不互相重合	C.2.1.2	E
1507	确保 M_SDAT 物标不互相重合	C.2.1.3	E
1508	确保 DSPM 中 SDAT 值不空	C.2.1.3	E
1509	确保 SOUNDG 物标和至少包含 VALSOU, VALDCO, WATLEV, EXPSOU, DRVAL1 或 DRVAL2 属性中一个并穿过 M_SDAT 边界的物标都在 M_SDAT 边界被分割	C.2.1.3	E
1510	确保 SOUNDG 物标和至少包含 VALSOU, VALDCO, WATLEV, EXPSOU, DRVAL1 或 DRVAL2 中一个并穿过 M_SDAT 边界的物标都在那个边界分割	C.2.1.3	E
1511	确保 DSPM 中的 HUNI 值为 1	C.2.1.4	E
1512	确保如果物标包含下列属性值:DATEND, DATSTA, PEREND, PERSTA, SORDAT, CPDATE, SUREND 或 SURSTA,那么,这个值应符合 ISO 8601 的格式	C.2.1.5	E
1513	确保任何 STATUS 属性值为 5 的季节性/周期性物标,也应具有 PERSTA 和 PEREND 属性编码,反之亦然	C.2.1.5.1	W
1514	确保如果物标包含 TIMSTA 和 TIMEND 属性值,那么这些值符合 A.3 定义的格式	C.2.1.6	E
1515	确保 DSID 中的 AGEN 值是正确的,并且和字符集文件名的头两个字符是相同的	C.2.2.1	E

表4(续)

检查项	检 查 内 容	对应 JT/T 765.2—2009 章条号	检验结果
1516	确保 DSID 的 EDTN 值是正确的	C.2.2.2	E
1517	确保 DSID 的子字段 UPDN 值是正确的并且等于数据集文件名的扩展,除了重版的情况;在这种情况下,它应当等于最后的更新号	C.2.2.2	E
1518	对于以文件名".000"的数据集,确保 DSID 的子字段 UADT 值正确,在其他情况时该值为空	C.2.2.2	E
1519	确保 DSID 的子字段 ISDT 是正确的,并且对于以文件名".000"结尾的数据集,它大于等于 UADT 子字段	C.2.2.2	E
1520	确保 M_QUAL 物标不包含属性 DRVAL1,除非一个扫测区覆盖整个 M_QUAL 物标	C.2.2.3.1	E
1521	确保含有 DRVAL1 属性值的 M_QUAL 物标同时定义 POSACC 属性值	C.2.2.3.1	E
1522	确保含有 SOUACC 属性值的 M_QUAL 物标也有一个 DRVAL1 属性值	C.2.2.3.1	E
1523	确保在 M_QUAL 覆盖范围内的物标,他们的 TECSOU 的属性值与 M_QUAL 物标的 TECSOU 属性值不同	C.2.2.3.1 和 C.2.2.3.5	E
1524	确保在 M_QUAL 覆盖范围内的物标,他们的 TECSOU 的属性值与 M_QUAL 物标的 SOUACC 或 CATZOC 属性值不同	C.2.2.3.1 和 C.2.2.3.4	E
1525	确保 M_QUAL 物标的 POSACC,SOUACC,QUASOU,TECSOU 属性值,应高于 CATZOC 属性值指示的精度	C.2.2.3.1	E
1526	确保如果 M_QUAL 物标有 SURSTA 属性值,那么它和两次或多次对物标 M_QUAL 覆盖区域测量中的最老的一次相关	C.2.2.3.1	E
1527	确保 DRGARE 物标的 SOUACC 属性值大于 M_QUAL 物标的 CATZOC 属性值指示的精度	C.2.2.3.1	E
1528	确保 UWTROC 物标的 OUACC 属性值大于 M_QUAL 物标的 CATZOC 属性值指示的精度	C.2.2.3.1	E
1529	确保 UWTROC 物标的 SOUACC 属性值大于 M_QUAL 物标的 SOUACC 属性值	C.2.2.3.1	E
1530	确保 WRECKS 物标的 SOUACC 属性大于 M_QUAL 物标的 CATZOC 属性值指示的精度	C.2.2.3.1	E
1531	确保 WRECKS 物标的 SOUACC 属性值大于 M_QUAL 物标的 SOUACC 属性值	C.2.2.3.1	E
1532	确保 OBSTRN 物标的 SOUACC 属性值大于 M_QUAL 物标的 CATZOC 属性值指示的精度	C.2.2.3.1	E
1533	确保 OSBTRN 物标的 SOUACC 属性值大于 M_QUAL 物标的 SOUACC 属性值	C.2.2.3.1	E
1534	确保用在 SOUNDG 上的 QUASOU 属性等于 M_SRL 上的相应值	C.2.2.3.3	E

表 4(续)

检查项	检 查 内 容	对应 JT/T 765.2—2009 章条号	检验结果
1535	确保在 M_ACCY 物标范围内的物标,它的 POSACC 属性值大于 M_ACCY 物标中的 POSACC 属性值	C.2.2.4.1	E
1536	确保 M_ACCY 物标不包含 HORACC,SOUACC,VERACC 属性	C.2.2.4.1	E
1537	确保不包含 HORCLR 属性的物标也不包含 HORACC 属性	C.2.2.4.2	E
1538	检查没有相应的 VERCLR,VERCOP,VERCSA,VERCCL 属性值的物标,它不应该有 VERACC 属性值	C.2.2.4.3	E
1539	确保具有 SORDAT 属性的水深或水道测量的点状物标都有一个相应的 SORIND 属性值,他们的值和覆盖该区域的 M_SREL 物标中的 SORIND 和 SORDAT 属性值不同	C.2.2.5.1	W
1540	确保有 SORIND 属性的非水深物标都有一个相应的 SORDAT 属性值	C.2.2.5.2	W
1541	确保数据集参数字段 DSPM 的数据编辑比例尺子字段 CSCL 的值不为空	C.2.2.6	E
1542	确保 M_CSCL 物标中 CSCALE 属性值与 DSPM 中 CSCL 值不同	C.2.2.6	E
1543	确保两个 M_CSCL 物标不重叠	C.2.2.6	E
1544	确保任何物标的 SCAMIN 属性值应当小于编辑比例尺	C.2.2.7	E
1545	检查没有组 1 物标或元物标被用 SCAMIN 编码	C.2.2.7	E
1546	确保任何作为交换集一部分的文本文件是 ASCII 格式,除了当 DSSI 字段中 NATF 词汇级 NALL 编码为 2 时,国家语言 NTXTDS 属性描述的文件外	C.2.3	E
1547	确保 RIVERS,CANALS,LAKARE,DOCARE,LOKBSN 物标被一个 LNDARE 或 UNSARE 物标所覆盖	C.4.1	E
1548	确保 CTRPNT 物标不包含属性 VERDAT 和 VERACC	C.4.3	E
1549	检查所有区域状 LNDARE 物标,共享至少下列一个物标的部分几何空间: a) 线性物标:BNKLNE,SLCONS,GATCON,DAMCON。 b) 区域物标:M_COVR,GATCON,DAMCON,RIVERS,TUNNEL,DRYDOC,CANALS,LAKARE,LOKBSN,DOCARE,LNDARE。 c) WATLEV = 1、2 或 6 的区域物标:CAUSWY,SLCONS,MORFAC,WRECKS,OBSTRN,PYLONS	C.4.5	W
1550	检查没有 BNKLNE 或 SLCONS 物标的边围绕区域状 RIVERS,CANALS,LAKARE,DOCARE,DRYDOC 或 LOKBSN 物标。除非这条边被 DEPARE,DRGARE,UNSARE,PONTON,FLODOC 或 HULKES 物标以不同于区域状 RIVERS,CANALS,LAKARE,DOCARE,DRYDOC 或 LOKBSN 物标的编码方向引用	C.4.5、C.4.6.6.1 和 C.4.6.6.3	E
1551	确保 BNKLNE 物标不包含属性 VERDAT 和 VERACC	C.4.5.1	E

表4(续)

检查项	检 查 内 容	对应 JT/T 765.2—2009 章条号	检验结果
1552	确保区域状 SLCONS 物标被区域状 LNDARE 或 DEPARE 或 UNSARE 物标覆盖	C.4.5.2	E
1553	确保 WATLEV 属性值为 3,4,5 的任何 SLCONS 物标都被 DEPARE 和 UNSARE 物标所覆盖	C.4.5.2	E
1554	确保 SLCONS 物标不包含属性 VERDAT 和 VERACC	C.4.5.2	E
1555	确保 BERTHS 物标不包含属性 VERDAT	C.4.6.2	E
1556	确保 DRYDOC 物标不包含属性 VERDAT	C.4.6.6.1	E
1557	确保任何 DRYDOC 物标都被区域状 LNDARE 物标覆盖	C.4.6.6.1	E
1558	确保 FLODOC 物标不包含属性 VERDAT 和 VERACC	C.4.6.6.2	E
1559	确保没有 DOCARE 物标和 RIVARE 物标分享同一个地理空间位置	C.4.6.6.3	E
1560	确保没有任何 GATCON 物标定义了 VERDAT 属性,却没有定义 VERCLR 属性	C.4.6.6.4	E
1561	确保区域状 GATCON 物标被一个区域状 DEPARE 或 LNDARE 物标所覆盖	C.4.6.6.4	E
1562	确保没有 LOKBSN 物标和 RIVARE 物标共享同一个地理空间位置	C.4.6.6.5	E
1563	确保 MORFAC 物标不包含属性 VERDAT 和 VERACC	C.4.6.7.1	E
1564	确保 WATLEV 属性值为 1,2,6 的 MORFAC 区域物标被一个 LNDARE 区域物标覆盖	C.4.6.7.1	E
1565	确保 WATLEV 属性值为 1,2,6 的 MORFAC 区域物标被一个 LNDARE 区域物标覆盖	C.4.6.7.1	E
1566	确保 PILPNT 物标不包含属性 VERDAT 和 VERACC	C.4.6.7.2	E
1567	确保 PONTON 物标不包含属性 VERACC	C.4.6.7.3	E
1568	确保 HULKES 物标不包含属性 HORACC 和 VERACC	C.4.6.8	E
1569	检查 CONDTN 属性值为 1,3,5 的任何物标,在 SORDAT 属性中包含年、月、日等日期信息	C.4.6.10	W
1570	检查 LNDRGN 物标部分或完全的被区域状物标 LNDARE 所覆盖(或包含点状或线状 LNDARE 物标)	C.4.7.1	W
1571	检查 LNDELV 物标中不包含 VERDAT 和 VERACC 属性	C.4.7.2	E
1572	检查与具有属性 CATLND 等于 2 的 LNDRGN 物标相邻的 BNKLNE 物标包含属性值等于 8 的 CATCOA 属性,并且 BNKLNE 物标引用的空间需具有属性值等于 4 的 QUAPOS 属性	C.4.7.3	W
1573	检查 SLOGRD 物标中不包含 NATCON 和 NATQUA 属性	C.4.7.4	E
1574	检查 SLOTOP 物标不包含 NATCON,NATQUA,VERACC 和 VERDAT 属性	C.4.7.5	E

表4(续)

检查项	检 查 内 容	对应 JT/T 765.2—2009 章条号	检验结果
1575	确保物标类 SLOTOP 属性 CATSLO 为6的物标不能和 CATBNK 物标共享同一个地理位置	C.4.7.5	W
1576	确保没有 RIVERS 物标和 RIVARE 物标共享同一个空间位置和几何属性	C.4.7.6	E
1577	确保 RAPIDS 不包含属性 VERACC	C.4.7.7.1	E
1578	确保 RAPIDS 或 WATFAL 物标被区域状 RIVERS 和 LNDARE 或 UNSARE 物标所覆盖,或与线状 RIVERS 一致	C.4.7.7.1 和 C.4.7.7.2	E
1579	确保 WATFAL 不包含属性 VERACC	C.4.7.7.2	E
1580	确保 LAKARE 不包含属性 VERACC 和 VERDAT	C.4.7.8	E
1581	确保没有 LAKARE 物标和 RIVARE 物标共享同一个地理空间位置和几何形状	C.4.7.8	E
1582	检查与 CATLND 属性值等于15的 LNDRGN 物标相邻的 CATBNK 物标,它的 CATBNK 属性值为2	C.4.7.9	W
1583	检查与 CATVEG 属性值等于7的 VEGATN 物标相邻的 CATBNK 物标,它的 CATBNK 属性取值7,并且该物标引用的空间具有属性值为4的 QUAPOS 属性	C.4.7.10	W
1584	确保 VEGATN 物标不包含 VERACC 和 VERDAT 属性	C.4.7.10	E
1585	确保没有 CANALS 物标和 RIVARE 物标共享同一个地理空间位置和几何形状	C.4.8.1	E
1586	确保 RAILWY 不包含属性 VERACC	C.4.8.2	E
1587	确保 TUNNELS 不包含属性 VERACC	C.4.8.3	E
1588	确保任何 TUNNEL 物标都被 LNDARE,DEPARE,UNSARE 或 DRGARE 物标所覆盖	C.4.8.3	E
1589	确认对于任何 TUNNEL 物标,包括一个 CANALS 物标,HORACC,HORCLR,VERACC 和 VERCLR 的属性不能被编码	C.4.8.3	E
1590	确认没有一个 TUNNEL 物标的编码中包括其他任何与水道测量无关的物标(如 RAILWY,ROADWY 等)的编码	C.4.8.3	E
1591	确认核对没有 DAMCON 物标包含 VERACC 和 VERDAT 属性	C.4.8.5	E
1592	确认类型区域内的一个 LNDARE 物标覆盖该区域内任何 DAMCON 物标	C.4.8.5	E
1593	确认 DYKCON 物标不包含 VERACC 和 VERDAT 属性	C.4.8.7	E
1594	确认区域状 LNDARE 物标覆盖该区域内任何 DYKCON 物标	C.4.8.7	E
1595	DYKCON 物标与岸线一致时,确认 SLCONS 物标的 CATSLC 属性值未被编码	C.4.8.7	E

表 4(续)

检查项	检 查 内 容	对应 JT/T 765.2—2009 章条号	检验结果
1596	如果一个桥梁物标横跨可航水域,那么该桥梁物标的桥墩应该定义为具有 CATPYL 属性值为 4 或 5 的 PYLONS 物标	C.4.8.14	E
1597	如果用一个集合物标对飞机场的一组组合物标(AIRARE,RUNWAY,BUISGL 和 LNDMRK)进行编码,确保只有 C_ASSO 被使用	C.4.8.17	W
1598	确认 AIRARE 物标不包含 CONVIS 属性	C.4.8.17	E
1599	确认 RUNWAY 物标不包含 CONVIS 属性	C.4.8.17	E
1600	确认 PRDARE 物标不包含 VERDAT 和 VERACC 属性	C.4.8.18	E
1601	确认 BUAARE 物标不包含 VERDAT 和 VERACC 属性	C.4.8.19	E
1602	确认区域状 RIVERS 或 CANALS 物标不与 BUAARE 物标相重叠	C.4.8.19	E
1603	确认 BUISGL 物标不包含 VERDAT 和 VERACC 属性	C.4.8.20	E
1604	确认 SILTNK 物标不包含 VERDAT 和 VERACC 属性	C.4.8.20	E
1605	确认 LNDMRK 物标不包含 VERDAT 和 VERACC 属性	C.4.8.20	E
1606	确认 FNCLNE 物标不包含 VERDAT 和 VERACC 属性	C.4.8.21	E
1607	确认 FORSTC 物标不包含 VERDAT 和 VERACC 属性	C.4.8.22	E
1608	确认 PYLONS 物标不包含 VERDAT 和 VERACC 属性	C.4.8.23	E
1609	确认具有 WATLEV 属性值为 1,2 或 6 的区域状 PYLONS 物标被区域状 LNDARE 物标覆盖	C.4.8.23	E
1610	确认来自 ENC 的图片文件都是 TIFF 格式	C.4.8.25	E
1611	检查 DEPCNT 物标中不包含 VERDAT 属性	C.5.2	E
1612	检查 SOUNDG 物标中不包含 VERDAT 属性	C.5.3	E
1613	确保 UWTROC 物标不与 SOUNDG 物标共享相同的空间位置	C.5.3	E
1614	检查 DEPARE 物标中不包含 VERDAT 和 SOUACC 属性	C.5.4.1	E
1615	检查等深线融合的地方,创建一个线状 DEPARE 物标,并且确认 DEPCNT 物标的 VALDCO 值与物标 DEPARE 的 DRVAL1 值相等	C.5.4.1 和 C.5.4.3	W
1616	检查数据集最外面的区域物标 DEPARE 被线状空间物标包围,而这些线状空间物标与其他地理物标不关联	C.5.4.2(图 C.5)	W
1617	检查整个水域内的 DRVAL1 和 DRVAL2 的连续性,确保其一致、连续	C.5.4.3	W
1618	检查 DRGARE 物标,如果对于 DRVAL2 具有属性值,则该值不应与 DRVAL1 属性值相同	C.5.5	W
1619	检查 DRGARE 物标中不包含 VERDAT 属性	C.5.5	E
1620	检查具有 QUASOU 属性的 DRGARE 物标,属性值应为 10 或 11	C.5.5	E
1621	检查 DRGARE 物标的 SOUACC 属性,该属性的精度不应小于或等于物标 M_QUAL 的 SOUACC	C.5.5 和 C.2.2.3.1	E
1622	检查 SWPARE 物标中不包含 VERDAT 属性	C.5.6	E

表4(续)

检查项	检 查 内 容	对应 JT/T 765.2—2009 章条号	检验结果
1623	检查 SWPARE 物标均被区域状物标 DERARE 或 DRGARE 所覆盖	C.5.6	E
1624	检查与一个 M_QUAL 物标共享相同的地理空间位置和形状的 SWPARE 物标,确认在两个物标上 DRVAL1 的值相同	C.5.6	E
1625	检查当 SWPARE 物标位于一个 SOUACC 被编码的 M_QUAL 物标内时 SOUACC 的值不仅适用于 SWPARE 内的区域同时也适用于其外部的水深点	C.5.6	E
1626	检查 TECSOU 属性被编码的 SWPARE 物标,它的值应该为 6,8 或 13	C.5.6	E
1627	检查如果 SWPARE 物标 SOUACC 属性被编码,那么 SWPARE 物标不与包含 POSACC 属性 M_QUAL 物标共享地理空间位置和形状	C.5.6	E
1628	检查 UWTROC 物标不包含 VERDAT 属性	C.6.1.2	E
1629	检查对于任何 UWTROC 物标的属性值组合应符合表 5: a) "未定义":未编码。 b) "任意值": 1) 对于强制属性:任何预先定义的值或未知的值; 2) 对于可选属性:任何预先定义的值或没有定义的值。 对于每一具体情况,对 QUASOU 和 TECSOU 进行编码时,应该包括一个或多个表 5 中列出的允许使用的属性值。另外,表 5 中未列出的属性也可用于编码	C.6.1.2	W
1630	检查 WRECKS 物标不包含 VERDAT,VERAC 和 VERLEN 属性	C.6.2.1	E
1631	检查 VSLSOU 属性被明确编码的 WRECKS 物标,如果 EXPSOU 的值为 1 或 EXPSOU 未被使用,那么 VSLSOU 的值大于覆盖的 DEPARE 或 DRGARE 物标的 DRVAL1 属性值,并且小于或等于其中之一物标的 DRVAL2 属性值。 当组 1 物标的 DRVAL1 属性和 DRVAL2 属性用不同的属性值被明确编码时,才进行检查	C.6.2.1	E
1632	检查 VSLSOU 属性被明确编码的 WRECKS 物标,如果 EXPSOU 的值为 2,那么 VSLSOU 的值小于或等于覆盖的 DEPARE 或 DRGARE 物标的 DRVAL1 属性值。 当组 1 物标的 DRVAL1 属性没有用"未知"进行编码时,才进行检查	C.6.2.1	E
1633	检查 VSLSOU 属性被明确编码的 WRECKS 物标,如果 EXPSOU 的值为 3,那么 VSLSOU 的值应该为下列情况之一: a) 大于 DEPARE 物标的 DRVAL2 值; b) 当 DEGARE 物标的 DRVAL1 和 DRVAL2 同时被编码时,大于 DEGARE 物标的 DRVAL2 值; c) 当 DEGARE 物标只有 DRVAL1 被编码时,大于 DEGARE 物标的 DRVAL1 的值。 如果 DEPARE 物标的 DRVAL2 值或 DEGARE 物标的 DRVAL1 值没有用"未知"进行编码时,才进行检查	C.6.2.1	E

表4(续)

检查项	检 查 内 容	对应 JT/T 765.2—2009 章条号	检验结果
1634	确认区域物标 WRECKS 和区域状 OBSTRN 被区域状物标 DEPARE、LNDARE、UNSARE 覆盖	C.6.2.1 和 C.6.2.2	E
1635	检查对于任何 WRECKS 物标的属性值组合应符合表6: a) “未定义”:未编码。 b) “任意值”: 1) 对于强制属性:任何预先定义的值或未知的值; 2) 对于可选属性:任何预先定义的值或未定义的值。 对于每一具体情况,对 QUASOU 和 TECSOU 进行编码时,应该包括一个或多个表6中列出的允许使用的属性值。另外,表6未列出的属性也可用于编码	C.6.2.1	W
1636	确认 OBSTRN 物标不包含 VERACC 或 VERDAT 属性	C.6.2.2	E
1637	对于包含了完整的 VALSOU 属性值的 OBSTRN 物标,如果 EXPSOU 的值为1或该属性未被使用时,确认 VALSOU 属性值大于 DERARE 或 DRGARE 物标的 DRVAL1 属性值,并且小于或等于这两个物标的 DRVAL2 属性值。 当第一组物标的 DRVAL1 属性和 DRVAL2 属性用一个具体和不同的属性值被编码时,才进行确认	C.6.2.2	E
1638	对于包含了完整的 VALSOU 属性值的 OBSTRN 物标, 如果 EXPSOU 的值为2或该属性未被使用时,确认 VALSOU 属性值大于 DERARE 或 DRGARE 物标的 DRVAL1 属性值。 当第一组物标的 DRVAL1 属性没有用未知属性值被编码时,才进行检查	C.6.2.2	E
1639	对于包含了完整的 VALSOU 属性值的 OBSTRN 物标, 如果 EXPSOU 的值为3时, 属性 VALSOU 的值: a) 大于 DEPARE 的 DRVAL2,或 b) 当 DEPARE 的 DRVAL1 和 DRVAL2 都被编码,则大于 DEPARE 的 DRVAL2,或 c) 当只有 DEPARE 的 DRVAL1 被编码时,则大于 DEPARE 的 DRVAL1。 当 DEPARE 的 DRVAL2 属性或物标 DRGARE 的 DRVAL1 没有用未知属性编码时,才进行检查	C.6.2.2	E
1640	检查 OBSTRN 物标,当物标不具有属性 CATOBS 值是2或3时,物标不应包含 PRODCT 属性	C.6.2.2	W
1641	根据表7,检查使用多个属性值组合的 OBSTRN 物标: a) “未定义”:未编码。 b) “任意值”: 1) 对于强制属性:任意预定义或未知属性值; 2) 对于非强制性属性:任意预定义或未定义属性值。 对于每一具体情况,对 QUASOU 和 TECSOU 进行编码时,应该包括一个或多个表7中列出的允许使用的属性值。另外,表7未列出的属性也可用于编码	C.6.2.2	W

表4(续)

检查项	检 查 内 容	对应 JT/T 765.2—2009 章条号	检验结果
1642	当区域物标 WRECKS 或 OBSTRN 中包含点物标 WRECKS 或 OBSTRN 时,区域物标的水深属性值相关编码的检查方法类似于最浅水深点物标的检查	C.6.3.2	W
1643	检查线物标,保证线物标和具有相同类和属性值的区域物标在几何上保持一致	逻辑一致	E
1644	检查每个出现在同一个类和属性值的区域物标内的点物标, WRECKS 和 OBSTRN 物标除外	逻辑一致	E
1645	检查 RBDARE 物标: a) 不同的 NATSUR 值要用斜线或逗号区分开,不能使用空格。 b) NTSUR 的属性不能使用斜线或逗号开始或结束。 c) NATSUR 的属性不使用连续的斜线或逗号 。 使用 NATQUA 属性时,NATQUA 和 NATSUR 的属性值的数目和斜线或逗号的数目一致	C.7.1	W
1646	检查位于潮间带区域内的 RBDARE 区域物标,WATLEV 的属性值为 4	C.7.1 e)和 C.7.1 g)	W
1647	检查 SNDWAV 物标不包括 VERACC 属性	C.7.2.1	E
1648	检查 MORFAC 物标不包括 BOYSHP 属性,但当物标包含 CATTRK 属性且该属性值为 7 时除外	C.4.6.7.1	E
1649	检查 RECTRC 物标不包括 VERDAT 和 DRVAL2 属性	C.10.1.1	E
1650	检查每一个包括 E,F,I 或 A 的属性值的物标属性只包含一个值		E
1651	检查具有 ORIENT 属性编码的单向 RECTRC 线物标,ORIENT 的方向要与交通流的方向一致(见 ORIENT 编码规则)	C.10.1.1	E
1652	检查 RECTRC 或 NAVLNE 物标,确保它们属于 C_AGGR 集合物标。除了 CATTRK 属性值等于 2 的 RECTRC 物标,它可能是孤立物标	C.10.1.2	W
1653	检查属于同一 C_AGGA 集合的 RECTRC 或 NAVLNE 物标,具有相同或对应的 ORIENT 属性值	C.10.1.2	W
1654	检查每一个测量距离,它们的穿越线和雷康集合到 C_AGGA 集合物标中,这些集合物标和相应的航道一起又被集合到另外的 C_AGGA 集合物标中	C.10.1.3	E
1655	检查编码为 TSSBND 的物标,它们是航道或分道通航线外边界线	C.10.2.1.2	E
1656	检查编码为 TSELNE 的物标,它们分割下列物标: a) 两航道; b) 航道和近岸通航区	C.10.2.1.3	E
1657	检查编码为 TSEZNE 的物标,它们隔离下列物标: a) 两航道; b) 航道和近岸通航区; c) 环路的中心	C.10.2.1.4	W

表4(续)

检查项	检 查 内 容	对应 JT/T 765.2—2009 章条号	检验结果
1658	检查 TSSCRS 物标,它应包括至少四条航道的交叉	C.10.2.1.5	E
1659	检查 TSSCRS 物标没有与 TSEZNE 交迭	C.10.2.1.5	E
1660	检查 TSSRON 物标没有与 TSEZNE 交迭	C.10.2.1.6	E
1661	检查 DWRTPT 物标,确保其没有包括 VERDAT 和 DRVAL2 属性	C.10.2.2.1	E
1662	检查 DWRTPT 物标,它们被 DEPARE 和/或 DRGARE 物标覆盖	C.10.2.2.1	E
1663	检查包括 OBJNAM 属性编码的 DWRTPT 和 DWRTCL 物标,它们不能够被合并到集合物标中	C.10.2.2.1	W
1664	检查具有 ORIENT 属性值编码的单向 DWRTCL 物标,他们的方向要与交通流的方向一致(见 ORIENT 物标编码规则)	C.10.2.2.2	E
1665	检查 DWRTCL 物标,确保其不包含 VERDAT 和 DRVAL2 属性	C.10.2.2.2	E
1666	检查具有 ORIENT 属性值编码的单向 RCRTCL 物标,他们的方向要与交通流的方向一致(见 ORIENT 物标编码规则)	C.10.2.4	E
1667	检查 RCRTCL 物标,确保其不包含 VERDAT 和 DRVAL2 属性	C.10.2.4	E
1668	检查 TWRTPT 物标,确保其不包含 VERDAT 和 DRVAL2 属性	C.10.2.6	E
1669	检查 FAIRWY 物标,确保其不包含 VERDAT 属性	C.10.4	E
1670	检查 CBLSUR 物标,确保其不包含 VERDAT 属性	C.11.5.1	E
1671	检查包含 STATUS 属性值等于 4 的 CBLSUR 物标,该物标不包含 CATCBL 属性	C.11.5.1	W
1672	检查 CBLSUR 物标,如果属性 CATCBL 被编码,其属性值等于1,4,5,6	C.11.5.1	E
1673	检查包括 VERDAT 属性值的 CBLOHD 物标。至少有一个 VERCLR 或 VERCSA 属性值	C.11.5.2	E
1674	检查 CBLOHD,CBLSUR,PIPSRL,PIPOHD 物标,如果属性 CONDTN 被编码,其属性值取 1 或 5	C.11.5.1、C.11.5.2、C.11.6.1 和 C.11.6.3	E
1675	检查 CBLARE 物标,如果 CATCBL 属性被编码,其值是 1,4,5	C.11.5.3	E
1676	检查 PIPSRL 物标确保其不包括 VERDAT 和 VERACC 属性	C.11.6.1	E
1677	检查 STATUS 属性值为 4 的 PIPSRL 物标不包含 CATPIP 属性	C.11.6.1	W
1678	检查 STATUS 属性值为 4 的 PIPOHD 物标不包含 CATPIP 和 PRODCT 属性	C.11.6.3	E
1679	检查 PIPARE 物标不包含 CONDTN 属性	C.11.6.4	W
1680	检查 OFRPLF 物标不包含 VERDAT 和 VERACC 属性	C.11.7.2	E
1681	检查 ORPARE 物标不包含 VERDAT 属性	C.11.7.4	E
1682	检查 FSHFAC 物标不包含 VERDAT 属性	C.11.9.1	E
1683	检查 FSWFAM 物标不包含 VERDAT 属性	C.11.9.2	E

表4(续)

检查项	检 查 内 容	对应 JT/T 765.2—2009 章条号	检验结果
1684	根据表 8,检查使用多个属性值组合的 FSWFAM 物标: a) "未定义"未编码。 b) "任意值": 1) 强制属性:任意预定义或未知属性值; 2) 非强制性属性:任意预定义或未定义属性值。 对于每一具体情况,对 QUASOU 和 TECSOU 进行编码时,应该包括一个或多个表 8 中列出的允许使用的属性值。另外,表 8 未列出的属性也可用于编码	C.11.9.2	W
1685	检查 RADRFL 物标不隶属于 CONRAD 编码为 3 的助航设施	C.12.1.1	E
1686	检查助航设备设施,这些设备隶属于一个助航结构物标或另外的助航物标。 当结构物标列表中的两个物标(包括 DAYMAR)是助航设施的一部分是,物标 DAYMAR 应被考虑成结构物标。 BRIDGE,CRANES,FLODOC,FORSTC,FSHFAC,HULKES,PONTON,OBSTRN,PYLONS,SILTNK 和 WRECKS 物标应被认为是可能的结构物标,作为 C.12.1.1 中的补充	C.12.1.2 和 C.12.1.1	W
1687	检查所有包含某个助航设施的点物标,指向同一个空间物标	C.12.1.2	E
1688	检查助航设备,不包含与主物标 OBJNAM 属性值相同的 OBJNAM 值	C.12.1.2	W
1689	检查如果助航设备只含有结构物标,这些物标指向同一点空间位置,那么 DAYMAR 物标(如果存在)被定义为主物标,一个 LIGHTS 物标(如果存在)应被定义为主物标	C.12.1.2	W
1690	检查整个数据集区域被一个或多个 M_NSYS 物标覆盖,并定义 MARSYS 属性值以表明采用的航标体系	C.12.2	E
1691	检查包含 MARSYS 值的 M_NSYS 物标,不能覆盖另一个包括 MARSYS 值的 M_NSYS 物标	C.12.2	E
1692	检查包含 ORIENT 值的 M_NSYS 物标,不能覆盖另一个包括 ORIENT 值的 M_NSYS 物标	C.12.2	E
1693	检查构成助航设备(航标或浮标)部分的地理物标,这些助航设备的综合特征包括结构,顶标,灯光,都遵循采用的 IALA 系统(在地理物标的 MARSYS 中给出,如果没有编码,在元物标 M_NSYS 中的 MARSYS 给出)。 这个检查不能用于这样的物标,这些物标包括 MAESYS 的属性值是 9 或 10,或主物标的属性值是 9 或 10 的附属物标。 非强制性物标可以是已编码的或未定义。 强制属性应包括明确的属性值(例如"未知")	C.12.2	W
1694	检查 BCNCAR 物标不包含 VERDAT 和 VERACC 属性	C.12.3.1	E
1695	检查 BCNISD 物标不包含 VERDAT 和 VERACC 属性	C.12.3.1	E
1696	检查 BCNLAT 物标不包含 VERDAT 和 VERACC 属性	C.12.3.1	E
1697	检查 BCNSAW 物标不包含 VERDAT 和 VERACC 属性	C.12.3.1	E

表4(续)

检查项	检 查 内 容	对应 JT/T 765.2—2009 章条号	检验结果
1698	检查 BCNSPP 物标不包含 VERDAT 和 VERACC 属性	C.12.3.1	E
1699	检查 BEACON 物标,它不包括与包含 BEACON 物标的 M_NSYS 物标中相同的 MARSYS 属性值	C.12.3.1	E
1700	检查 DAYMAR 物标不包含 VERDAT 和 VERACC 属性	C.12.3.3	E
1701	检查 BOYCAR 物标中不包含 VERACC 属性	C.12.4.1	E
1702	检查 BOYINB 物标中不包含 VERACC 属性	C.12.4.1	E
1703	检查 BOYISD 物标中不包含 VERACC 属性	C.12.4.1	E
1704	检查 BOYLAT 物标中不包含 VERACC 属性	C.12.4.1	E
1705	检查 BOYSPP 物标中不包含 VERACC 属性	C.12.4.1	E
1706	检查 BOYSAW 物标中不包含 VERACC 属性	C.12.4.1	E
1707	检查 BUOY 物标,它不包括与包含 BUOY 物标的 M_NSYS 物标中相同的 MARSYS 属性值	C.12.4.1	E
1708	检查 LITVES 物标不包含 HORACC 和 VERACC 属性	C.12.4.2	E
1709	检查 LITFLT 物标不包含 HORACC 和 VERACC 属性	C.12.4.2	E
1710	检查 LITFLT 物标不包含 VERACC, VERDAT, VERLEN, HEIGHT 和 MAESYS 属性	C.12.6	E
1711	检查 RETRFL 物标不包含 MARSYS 和 VERACC 属性	C.12.7	E
1712	检查 RETRFL 物标中不包含 VERDAT 属性	C.12.7	E
1713	检查 LIGHTS 物标中不包含 VERACC 属性	C.12.8.1	E
1714	检查附属于浮筒的 LIGHTS 物标,不具有 HEIGHT 属性	C.12.8.1	E
1715	检查 LIGHTS 物标,当物标的 ORIENT 属性值不为 1 或 16 时不应包含 CATLIT 属性	C.12.8.1 和 B.3.5.2	E
1716	检查 LIGHTS 物标,当物标的 LITCHR 属性值不为 1 时不应包含 SIGGRP,SIGPER 和 SIGSEQ 属性	C.12.8.1	E
1717	检查 LIGHTS 物标,这个物标不包含与 M_VDAT 中是相同的 VERDAT 属性值	C.12.8.1	E
1718	检查 LIGHTS 物标,这个物标不包含与垂直基准面子集(VDAT)和数据集参数(DSPM)中给出的相同的 VERDAT 属性值	C.12.8.1	E
1719	检查 LIGHTS 物标,当 CATLIT 属性值为 4,物标不包含 ORIENT 属性值,CATLIT 属性值为 1 时除外	C.12.8.6.4 和 C.12.8.6.5	E
1720	检查 CATLIT 属性值为 19 或 20 的 LIGHTS 物标,物标具有和 MLTYLT 编码中相同的灯数	C.12.8.7	E
1721	检查 CATLIT 属性值为 17 的 LIGHTS 物标,确保不存在处在同样空间位置的其他 LIGHTS 物标	C.12.8.7	E

表4(续)

检查项	检 查 内 容	对应 JT/T 765.2—2009 章条号	检验结果
1722	检查 RDOSTA 物标,如果没有定义 CATROS 属性值为 2,那么就不能定义 ORIENT 属性	C.12.9.1	E
1723	检查 RADSTA 物标不包含 VERDAT 和 VERACC 属性	C.12.11.3	E
1724	检查 RADRFL 物标不包含 VERDAT 和 VERACC 属性	C.12.12	E
1725	检查 RADRFL 物标不被作为点物标或区域物标编码	C.12.12	E
1726	检查 C_ASSO 或 C_AGGR 物标的特征记录到特征物标指针字段的关系指针子字段设置为 3	B.3.9	E
1727	检查 STATUS 属性值为 1 的永久物标,这些物标不应有 PERSTA 和/或 PEREND 编码	逻辑一致	E
1728	当某单元同时使用 M_QUAL 和 M_ACCY 物标时,检查属性值 CATCOV 为 1 的 M_COVR 物标是否无遗漏地,无重叠地覆盖整个区域	C.2.2.4.1	W
1729	检查 PICREP,TXTDSC 和 NTXTDS 属性,它们的属性值应只含有一个文件名	C.2.3 和 C.4.8.25	E
1730	检查符合下列条件的边: a) 它与 WATLEV 属性值为 4 区域物标 RBDARE 共用; b) 它与 DRVAL2 属性值小于或等于 0 的区域物标 DEPARE 或 DRGARE 共用; c) 它与 DRVAL1 属性值大于或等于 0 的区域物标 DEPARE 或 DRGARE 共用,或与一个区域物标 UNSARE 共用; 那么,它也与 VALDCO 属性值为 0 的区域物标 DEPCNT 共用	C.5.2	W
1731	检查 SOUNDG 物标,如果 EXPSOU 的值为 1 或 EXPSOU 未使用,那么水深值都应大于 DRVAL1 且小于或等于 DEPARE 或 DRGARE 物标相交迭的 DRVAL2 值。 只有当重叠的组 1 物标的 DRVAL1 和 DRVAL2 由清晰的且不同的属性值编码,这时检查才适用	C.5.3	W
1732	检查 SOUNDG 物标,如果 EXPSOU 的值为 2,那么水深值都应小于或等于 DEPARE 或 DRGARE 物标相交迭的 DRVAL1 值。 只有当重叠的组 1 物标的 DRVAL1 未被编码为"未知"时,这时检查才适用	C.5.3	W
1733	检查 EXPSOU 属性值为 3 的 SOUNDC 物标,那么水深值应为: a) 大于覆盖的 DEPARE 物标的 DRVAL2; b) 大于覆盖的 DRGARE 物标 DRVAL2,当 DRGARE 的 DRVAL1 和 DRVAL2 属性都被编码; c) 大于覆盖的 DRGARE 物标 DRVAL1,当仅有 DRGARE 的 DRVAL1 属性被编码时。 只有当覆盖的 DEPARE 物标的 DRVAL2 属性或覆盖的 DRGARE 物标 DRVAL1 未被编码为"未知"时,这个检查才适用	C.5.3	W

表4(续)

检查项	检 查 内 容	对应 JT/T 765.2—2009 章条号	检验结果
1734	检查被 DEPCNT 物标和两个区域状 DEPARE(DRVAL1 和 DRVAL2)物标引用的边,但不被线状 DEPARE 引用,这些边: a) (DRVAL2 的最大值) > VALDCO > (DRVAL1 的最小值); b) (DRVAL2 的最小值) = VALDCO ≥ (DRVAL1 的最大值)	C.5.4.3	W
1735	检查具有明确 VALSOU 属性值的 UWTROC 物标。如果 EXPSOU 的值为 1 或 EXPSOU 未被使用,VALSOU 的值大于覆盖区域 DEPARE 和 DRGARE 物标的 DARVAL1 并小于或等于 DARVAL2 属性值。 当覆盖的组 1 物标的 DARVAL1 和 DARVAL2 用清晰且不同的属性值编码,这个检查才适用	C.6.1.2	W
1736	检查具有明确 VALSOU 属性值的 UWTROC 物标。如果 EXPSOU 的值为 2,VALSOU 的值小于或等于覆盖区域的 DEPARE 和 DRGARE 物标的 DARVAL1。 只有当覆盖的组 1 的 DRVAL1 没有被编码成"未知"时,这个检查才适用	C.6.1.2	W
1737	检查具有明确 VALSOU 属性值的 UWTROC 物标。如果 EXPSOU 的值为 3,那么 VALSOU 是: a) 大于覆盖的 DEPARE 物标的 DRVAL2; b) 大于覆盖的 DEPARE 物标的 DRVAL2,当 DRGARE 物标的 DRVAL1 和 DRVAL2 属性均被编码时; c) 大于覆盖的 DEPARE 物标的 DRVAL1,当仅有 DRGARE 物标的 DRVAL1 属性被编码时; d) 只有当覆盖的 DEPARE 物标 的 DRVAL2 或 DRVAL1 属性未被编码成"未知",这个检查才适用	C.6.1.2	W
1738	检查位于 DEPARE,DRGARE,UNSARE 中的设备物标(见 C.12.1): a) 具有助航设备结构作为主物标; b) 作为点 FLODOC,HULKES,LNDARE,PONTON 或 PYLONS 共享同一空间物标; c) 位于线物标 CBLOHD,CONVYR,CATBNK,DAMCON(CATCA 为 3) BRIDGE,FLODOC,LNDARE,MORFAC,PIPOHD,PONTON 或 SLCONS 上; d) 它位于 CONVYR,BRIDGE 区域内	C.12.1.1 和 C.12.8.8	W

1739	检查 LITCHR 属性值为 6,7,9,10,11,28 的 LIGHTS 物标,SIGGRP 属性编码取值如下:
	a) LITCHR = 6,SIGGRP = 1;
	b) LITCHR = 7,SIGGRP = 1;
	c) LITCHR = 9,SIGGRP = 1;
	d) ITCHR = 10,SIGGRP = 1;
	e) LITCHR = 11,SIGGRP = 1;
	f) LITCHR = 28,SIGGRP = 1
		C.12.8.3	W

表 4(续)

检查项	检 查 内 容	对应 JT/T 765.2—2009 章条号	检验结果
1740	检查单元内的所有组合物标指针只关联单元内的物标	C.15	W
1741	检查 CATLIT 属性值为 1 的 LIGHTS 物标,由 SECTR1 和 SECTR2 确定的角度不应大于 10°	C.12.8.6.5	W
1742	检查区域物标 DEPARE,物标的 DRVAL1 与 DRVAL2 属性值不应相同	C.5.4 和逻辑一致	E
1743	检查 RBDARE 物标,如果 NATSUR 属性被编码,那么 NATQUA 相应的属性值被认为是正确的,见表 9	逻辑一致	W
1744	检查具有主从关系且和 LIGHTS 物标(CATLIT 为 6、8 和 9 的除外)有关的物标 BUISGL 或 LNDMRK,未被作为从物标且 FUNCTN 的值为 33	C.12.3.2 和 JT/T 765.2	W
1745	检查 SWPARE 物标互不重叠	逻辑一致	W
1746	检查没有 WATLEV = 4 或 5 的物标覆盖在属性 DRVAL1 ≥0 的 DEPARE 物标上	逻辑一致	W
1747	检查空间物标,其属性 HORDAT、POSACC 或 QUAPOS 没有 unknown 的属性值	逻辑一致	W

表 5

VALSOU	QUASOU	WATLEV	TECSOU	SOUACC
UNKNOWN	2 或未定义	3;4 或 5	未定义	未定义
	2 或未定义	未知	未定义	未定义
<0	1,3,4,6,8,9 或未定义	4	任意值	任意值
	7	4	未定义	未定义
0	1,3,4,6,8,9 或未定义	5	任意值	任意值
	7	5	未定义	未定义
>0	1,3,4,6,8,9 或未定义	3	任意值	任意值
	7	3	未定义	未定义

表 6

VALSOU	WATLEV	CATWRK	QUASOU	HEIGHT	TECSOU	SOUACC
未定义	3 或未知	1,2,3 或未知	2 或未定义	未定义	未定义	未定义
	4 或 5	任意值	2 或未定义	未定义	未定义	未定义
	1 或 2	4 或 5 或未知	未定义	任意值	未定义	未定义
未知	3 或未知	1,2,3 或不编码	2 或未定义	未定义	未定义	未定义
	4 或 5	任意值	2 或未定义	未定义	未定义	未定义
	1 或 2	4 或 5 或不未编码	未定义	任意值	未定义	未定义
< 0	4	任意值	7	未定义	任意值	任意值
	4	任意值	1,3,4,6,8,9 或未定义	未定义	任意值	任意值
0	5	任意值	1,3,4,6,8,9 或未定义	未定义	任意值	任意值
>0	3	1,2,3 或未定义	7	未定义	未定义	未定义
	3	1,2,3 或未定义	1,3,4,6,8,9 或未定义	未定义	任意值	任意值

表 7

VALSOU	WATLEV	QUASOU	TECSOU	SOUACC	HEIGHT
未知	3,4,5 或未知	2 或未定义	未定义	未定义	未定义
	1 或 2	未定义	未定义	未定义	任意值
	7	未定义	未定义	未定义	未定义
VALSOU < 0	4	1,3,4,6,8,9 或未定义	任意值	任意值	未定义
	4	7	未定义	未定义	未定义
VALSOU = 0	5	1,3,4,6,8,9 或未定义	任意值	任意值	未定义
VALSOU > 0	3	1,3,4,6,8,9 或未定义	任意值	任意值	未定义
	3	7	未定义	未定义	未定义

表 8

WATLEV	VALSOU	QUASOU
1,2,5 或 7	未定义	未定义
4	VALSOU < 0	1,3,4,6,7,8,9 或未定义
	未定义或未知	2 或未定义
5	VALSOU = 0	1,3,4,6,8,9 或未定义
	未定义或未知	2 或未定义
3	VALSOU > 0	1,3,4,6,7,8,9 或未定义
	未知	2 或未定义
未知	未知	2 或未定义

表 9

NATSUR	NATQUA									
	1	2	3	4	5	6	7	8	9	10
1					×	×	×		×	×
2					×	×	×			×
3	×	×	×		×	×	×			×
4	×	×	×			×		×	×	×
5	×	×	×					×	×	
6	×	×	×					×	×	
7	×	×	×					×	×	
8								×	×	
9								×	×	
11								×		
14				×						
17	×	×	×	×					×	
18								×	×	

注:用 × 表示可能的属性结合。

4.6 特殊物标类的属性值的检查

特殊物标类的属性值的检查见表10。

表10

检查项	检查内容	符合	种类
2000	检查任意物标其“L”型和“E”型属性值只包括表11中列出的属性值： a) x-y-z 允许的属性值； b) * 在JT/T 765.2—2009 A.3中列出的所有属性值； c) # 属性是强制的，但其值如果未知可以省略； d) (#) 属性是强制的，但其值如果未知不可以省略	逻辑一致	W

表11

属性	属性代码	物标类	物标类代码	允许的属性值
立标形状	2	方位立标	5	*#
立标形状	2	孤立危险立标	6	*#
立标形状	2	侧面立标	7	*#
立标形状	2	安全水域立标	8	*#
立标形状	2	专用/通用立标	9	*#
建筑物形状	3	单体建筑	12	*
建筑物形状	3	筒仓/罐	125	*
浮标形状	4	方位浮标	14	*#
浮标形状	4	设施浮标	15	*#
浮标形状	4	孤立危险浮标	16	*#
浮标形状	4	侧面浮标	17	*#
浮标形状	4	安全水域浮标	18	*#
浮标形状	4	专用/通用浮标	19	*#
浮标形状	4	系泊绞缆设施	84	*
机场类	7	机场	2	*
锚地类	8	锚位	3	*
锚地类	8	锚泊区	4	*
桥梁类	9	桥梁	11	*#
建筑物区类	10	建筑物区	13	*
电缆类	11	电缆区	20	1-4-5(见检查项1707)
电缆类	11	架空电缆	21	1-3-4-5
电缆类	11	江底电缆	26004	1-4-5-6(见检查项1703)
渠道类	12	渠道	23	*
方位标志类	13	方位立标	5	*#
方位标志类	13	方位浮标	14	*#
检查站类	14	检查站	28	*

表11(续)

属　　性	属性代码	物　标　类	物标类代码	允许的属性值
控制点类	16	控制点	33	*
传送装置类	17	传送装置	34	*
有效作用范围类	18	覆盖范围	302	*(#)
起重机类	19	起重机	35	*
水坝类	20	水坝	38	*
距离标志类	21	距离标志	44	*
船坞区类	22	船坞区	45	*
倾废场类	23	倾废场	48	*
栅栏类	24	栅栏线	52	*
渡口类	25	轮渡航路	53	* #
捕鱼设备类	26	捕鱼设备	55	*
雾号类	27	雾号	58	* #
防御工事类	28	防御工事	59	*
门类	29	门	61	*
港口设施类	30	港口设备	64	* #
报废船类	31	报废船	65	*
设施浮标类	33	设施浮标	15	*
地面地带类	34	地面地带	73	* #
陆标类	35	陆标	74	* #
侧面标志类	36	侧面立标	7	* #
灯标类	37	灯标	75	* #
军事演习区类	39	军事演习区	83	*
系泊绞缆设施类	40	系泊绞缆设施	84	* #
导航线类	41	导航线	85	* #
障碍物类	42	障碍物	86	*
油障类	44	油障	89	*
桩类	45	桩	90	*
引航员登船点类	46	引航员登船点	91	*
管道/导管类	47	管道区	92	*
管道/导管类	47	江底/陆地管道	26011	*
受限区域类	56	受限区域	112	* #
道路类	57	道路	116	1-2-3-4-5-6(替代检查项 1621)
跑道类	58	跑道	117	*
岸线建筑物类	60	岸线建筑物	122	*
交通信号站类	61	交通信号站	123	* #

表 11(续)

属　　性	属性代码	物　标　类	物标类代码	允许的属性值
告警信号站类	62	告警信号站	124	* #
筒仓/罐类	63	筒仓/罐	125	*
斜坡类	64	坡顶线	126	*
斜坡类	64	倾斜地面	127	*
小型船用设施类	65	小型船用设备	128	* #
专用标志类	66	专用/通用立标	9	* #
专用标志类	66	专用/通用浮标	19	* #
专用标志类	66	昼标	39	*
分道通航制类	67	近岸交通区	68	*
分道通航制类	67	分道通航分隔线	145	*
分道通航制类	67	分道通航制边界	146	*
分道通航制类	67	分道通航制交汇处	147	*
分道通航制类	67	分道通航制分道	148	*
分道通航制类	67	分道通航制环形道	149	*
分道通航制类	67	分道通航分隔带	150	*
植被类	68	植被	155	* #
紊流类	69	紊流	156	* #
海草/巨型海藻类	70	海草/巨型海藻	158	*
沉船类	71	沉船	159	* #
数据置信度区类	72	数据质量	308	* (#)
颜色	75	方位立标	5	* #
颜色	75	孤立危险立标	6	* #
颜色	75	侧面立标	7	* #
颜色	75	安全水域立标	8	* #
颜色	75	专用/通用立标	9	* #
颜色	75	桥梁	11	*
颜色	75	单体建筑	12	*
颜色	75	方位浮标	14	* #
颜色	75	设施浮标	15	* #
颜色	75	孤立危险物浮标	16	* #
颜色	75	侧面浮标	17	* #
颜色	75	安全水域浮标	18	* #
颜色	75	专用/通用浮标	19	* #
颜色	75	传送装置	34	*
颜色	75	起重机	35	*

表11(续)

属　　性	属性代码	物　标　类	物标类代码	允许的属性值
颜色	75	水坝	38	*
颜色	75	昼标	39	* #
颜色	75	栅栏线	52	*
颜色	75	浮船坞	57	*
颜色	75	报废船	65	*
颜色	75	陆标	74	*
颜色	75	灯标	75	1-3-4-5-6-8-9-10-11-12-13#
颜色	75	灯浮	76	* #
颜色	75	灯船	77	* #
颜色	75	系泊绞缆设施	84	*
颜色	75	桩	90	*
颜色	75	支架/桥墩	98	*
颜色	75	反射器	113	1-3-4-5-6-7-8-9-10-11-12-13
颜色	75	岸线建筑物	122	*
颜色	75	筒仓/罐	125	*
颜色	75	坡顶线	126	*
颜色	75	倾斜地面	127	*
颜色	75	顶标	144	*
颜色	75	岸线	26002	*
颜色	75	跨江建筑物	26003	*
颜色	75	江上平台	26009	*
颜色	75	江床区	26012	*
颜色	75	整治建筑物	26013	*
颜色	75	升船机	26016	*
颜色	75	水利设备	26017	*
颜色	75	水文测量设备	26018	*
彩色图案	76	方位立标	5	* #
彩色图案	76	孤立危险立标	6	* #
彩色图案	76	侧面立标	7	* #
彩色图案	76	安全水域立标	8	* #
彩色图案	76	专用/通用立标	9	* #
彩色图案	76	桥梁	11	* #
彩色图案	76	单体建筑	12	* #
彩色图案	76	方位浮标	14	* #
彩色图案	76	设施浮标	15	* #

表11(续)

属　　性	属性代码	物　标　类	物标类代码	允许的属性值
彩色图案	76	孤立危险物浮标	16	*#
彩色图案	76	侧面浮标	17	*#
彩色图案	76	安全水域浮标	18	*#
彩色图案	76	专用/通用浮标	19	*#
彩色图案	76	传送装置	34	*#
彩色图案	76	起重机	35	*#
彩色图案	76	水坝	38	*#
彩色图案	76	昼标	39	*#
彩色图案	76	栅栏线	52	*#
彩色图案	76	浮船坞	57	*#
彩色图案	76	报废船(趸船)	65	*#
彩色图案	76	陆标	74	*#
彩色图案	76	灯标	75	*#
彩色图案	76	灯浮	76	*#
彩色图案	76	灯船	77	*#
彩色图案	76	系泊绞缆设施	84	*#
彩色图案	76	桩	90	*#
彩色图案	76	支架/桥墩	98	*#
彩色图案	76	反射器	113	*#
彩色图案	76	岸线建筑物	122	*#
彩色图案	76	筒仓/罐	125	*#
彩色图案	76	顶标	144	*#
彩色图案	76	江上平台	26009	*#
彩色图案	76	跨江建筑物	26003	*#
彩色图案	76	整治建筑物	26013	*#
彩色图案	76	升船机	26016	*#
彩色图案	76	水利设备	26017	*#
彩色图案	76	水文测量设备	26018	*#
状态	81	机场	2	1-2-3-5
状态	81	方位立标	5	1-2-5
状态	81	孤立危险立标	6	1-2-5
状态	81	侧面立标	7	1-2-5
状态	81	安全水域立标	8	1-2-5
状态	81	专用/通用立标	9	1-2-5
状态	81	桥梁	11	1-2-5

表11（续）

属　性	属性代码	物　标　类	物标类代码	允许的属性值
状态	81	单体建筑	12	1-2-5
状态	81	建筑物区	13	1-2-5
状态	81	架空电缆	21	1-5（见检查项1706）
状态	81	渠道	23	1-2-3-5
状态	81	长堤	26	1-2-3-5
状态	81	传送装置	34	1-2-5
状态	81	起重机	35	1-2-5
状态	81	水坝	38	1-2-3-5
状态	81	船坞区	45	1-2-3-5
状态	81	干船坞	47	1-2-3-5
状态	81	堤	49	1-2-3-5
状态	81	栅栏线	52	1-2-5
状态	81	浮船坞	57	1-2-3-5
状态	81	防御工事	59	1-2-5
状态	81	门	61	1-2-5
状态	81	港口设备	64	1-2-3-5
状态	81	报废船（趸船）	65	1-2-5
状态	81	陆地区	71	1-3-5
状态	81	陆标	74	1-2-4-5
状态	81	系泊绞缆设施	84	1-2-5
状态	81	油障	89	1-2-5
状态	81	桩	90	1-2-5
状态	81	架空管道	93	1-5（见检查项1706）
状态	81	浮码头	95	1-2-5
状态	81	生产/仓储区	97	1-2-3-5
状态	81	支架/桥墩	98	1-2-5
状态	81	铁路	106	1-3-5
状态	81	跑道	117	1-2-3-5
状态	81	岸线建筑物	122	1-2-3-5
状态	81	筒仓/罐	125	1-2-5
状态	81	隧道	151	1-2-3-5
状态	81	跨江建筑物	26003	1-2-3-5
状态	81	江底电缆	26004	1-5
状态	81	港航管理机构	26006	1-3-5
状态	81	江上平台	26009	1-2-5

表 11(续)

属　　性	属性代码	物　标　类	物标类代码	允许的属性值
状态	81	江上作业区	26010	1-2-3-5
状态	81	江底/陆地管道	26011	1-5
状态	81	整治建筑物	26013	1-2-3-5
状态	81	升船机	26016	1-2-3-5
状态	81	水利设备	26017	1-2-3-5
状态	81	水文测量设备	26018	1-2-3-5
雷达可视	82	方位立标	5	*
雷达可视	82	孤立危险立标	6	*
雷达可视	82	侧面立标	7	*
雷达可视	82	安全水域立标	8	*
雷达可视	82	专用/通用立标	9	*
雷达可视	82	桥梁	11	*
雷达可视	82	单体建筑	12	*
雷达可视	82	建筑物区	13	*
雷达可视	82	方位浮标	14	*
雷达可视	82	设施浮标	15	*
雷达可视	82	孤立危险物浮标	16	*
雷达可视	82	侧面浮标	17	*
雷达可视	82	安全水域浮标	18	*
雷达可视	82	专用/通用浮标	19	*
雷达可视	82	架空电缆	21	*
雷达可视	82	传送装置	34	*
雷达可视	82	起重机	35	*
雷达可视	82	水坝	38	*
雷达可视	82	堤	49	*
雷达可视	82	栅栏线	52	*
雷达可视	82	浮船坞	57	*
雷达可视	82	防御工事	59	*
雷达可视	82	报废船	65	*
雷达可视	82	陆标	74	*
雷达可视	82	灯浮	76	*
雷达可视	82	灯船	77	*
雷达可视	82	系泊绞缆设施	84	*
雷达可视	82	架空管道	93	*
雷达可视	82	浮码头	95	*

表 11(续)

属　　性	属性代码	物　标　类	物标类代码	允许的属性值
雷达可视	82	生产/仓储区	97	*
雷达可视	82	支架/桥墩	98	*
雷达可视	82	岸线建筑物	122	*
雷达可视	82	筒仓/罐	125	*
雷达可视	82	坡顶线	126	*
雷达可视	82	倾斜地面	127	*
雷达可视	82	沉船	159	*
雷达可视	82	岸线	26002	*
雷达可视	82	跨江建筑物	26003	*
雷达可视	82	港航管理机构	26006	*
雷达可视	82	江上平台	26009	*
雷达可视	82	江床区	26012	*
雷达可视	82	整治建筑物	26013	*
雷达可视	82	升船机	26016	*
雷达可视	82	水利设备	26017	*
雷达可视	82	水文测量设备	26018	*
视觉可见	83	方位立标	5	*
视觉可见	83	孤立危险立标	6	*
视觉可见	83	侧面立标	7	*
视觉可见	83	安全水域立标	8	*
视觉可见	83	专用/通用立标	9	*
视觉可见	83	桥梁	11	*
视觉可见	83	单体建筑	12	*
视觉可见	83	建筑物区	13	*
视觉可见	83	架空电缆	21	*
视觉可见	83	传送装置	34	*
视觉可见	83	起重机	35	*
视觉可见	83	水坝	38	*
视觉可见	83	栅栏线	52	*
视觉可见	83	浮船坞	57	*
视觉可见	83	防御工事	59	*
视觉可见	83	报废船	65	*
视觉可见	83	地面高程	72	*
视觉可见	83	陆标	74	* #
视觉可见	83	灯浮	76	*

表 11(续)

属　　性	属性代码	物　标　类	物标类代码	允许的属性值
视觉可见	83	灯船	77	*
视觉可见	83	系泊绞缆设施	84	*
视觉可见	83	桩	90	*
视觉可见	83	架空管道	93	*
视觉可见	83	浮码头	95	*
视觉可见	83	生产/仓储区	97	*
视觉可见	83	支架/桥墩	98	*
视觉可见	83	岸线建筑物	122	*
视觉可见	83	筒仓/罐	125	*
视觉可见	83	坡顶线	126	*
视觉可见	83	倾斜地面	127	*
视觉可见	83	植被	155	*
视觉可见	83	瀑布	157	*
视觉可见	83	沉船	159	*
视觉可见	83	岸线	26002	*
视觉可见	83	跨江建筑物	26003	*
视觉可见	83	港航管理机构	26006	*
视觉可见	83	江上平台	26009	*
视觉可见	83	江床区	26012	*
视觉可见	83	整治建筑物	26013	*
视觉可见	83	升船机	26016	*
视觉可见	83	水利设备	26017	*
视觉可见	83	水文测量设备	26018	*
灯质状态	92	灯标	75	*
水深说明	93	淡水养殖场	26008	*
水深说明	93	障碍物	86	*
水深说明	93	水深	129	*
水深说明	93	暗礁/适淹礁	153	*
水深说明	93	沉船	159	*
功能	94	单体建筑	12	*
功能	94	陆标	74	*
管辖区域	103	行政管理区	1	* #
灯质	107	灯标	75	* #
灯标能见度	108	灯标	75	*
航行标志系统	109	方位立标	5	*

表11(续)

属　性	属性代码	物　标　类	物标类代码	允许的属性值
航行标志系统	109	孤立危险立标	6	*
航行标志系统	109	侧面立标	7	*
航行标志系统	109	安全水域立标	8	*
航行标志系统	109	专用/通用立标	9	*
航行标志系统	109	方位浮标	14	*
航行标志系统	109	设施浮标	15	*
航行标志系统	109	孤立危险物浮标	16	*
航行标志系统	109	侧面浮标	17	*
航行标志系统	109	安全水域浮标	18	*
航行标志系统	109	专用/通用浮标	19	*
航行标志系统	109	灯标	75	*
航行标志系统	109	航行标志系统	306	* #
建筑结构性质	112	方位立标	5	1-2-6-7-8-9
建筑结构性质	112	孤立危险立标	6	1-2-6-7-8-9
建筑结构性质	112	侧面立标	7	1-2-6-7-8-9
建筑结构性质	112	安全水域立标	8	1-2-6-7-8-9
建筑结构性质	112	专用/通用立标	9	1-2-6-7-8-9
建筑结构性质	112	桥梁	11	1-2-4-5-6-7-8-9
建筑结构性质	112	单体建筑	12	1-2-6-7-8-9
建筑结构性质	112	方位浮标	14	6-7-8-9
建筑结构性质	112	设施浮标	15	6-7-8-9
建筑结构性质	112	孤立危险物浮标	16	6-7-8-9
建筑结构性质	112	侧面浮标	17	6-7-8-9
建筑结构性质	112	安全水域浮标	18	6-7-8-9
建筑结构性质	112	专用/通用浮标	19	6-7-8-9
建筑结构性质	112	长堤	26	1-2-3-4-5-6-7
建筑结构性质	112	水坝	38	1-2-3-4-5-6-7-9
建筑结构性质	112	昼标	39	1-2-4-6-7-8-9
建筑结构性质	112	堤	49	1-2-3-4-5-6-7-9
建筑结构性质	112	栅栏线	52	1-2-3-6-7-9
建筑结构性质	112	防御工事	59	1-2-3-6-7-9
建筑结构性质	112	门	61	1-2-6-7-9
建筑结构性质	112	港口设备	64	1-2-3-6-7-9
建筑结构性质	112	陆标	74	1-2-3-6-7-8-9
建筑结构性质	112	灯浮	76	6-7-9

表 11(续)

属　　性	属性代码	物　标　类	物标类代码	允许的属性值
建筑结构性质	112	灯船	77	6-7-9
建筑结构性质	112	系泊绞缆设施	84	1-2-6-7-9
建筑结构性质	112	障碍物	86	1-2-3-6-7-9
建筑结构性质	112	浮码头	95	1-2-6-7-9
建筑结构性质	112	支架/桥墩	98	1-2-6-7-9
建筑结构性质	112	跑道	117	1-2-4-5-6-7-9
建筑结构性质	112	岸线建筑物	122	1-2-3-4-5-6-7-8-9
建筑结构性质	112	筒仓/罐	125	1-2-6-7-8-9
建筑结构性质	112	跨江建筑物	26003	7-9
建筑结构性质	112	港航管理机构	26007	1-2-4-8-9
建筑结构性质	112	江上平台	26009	1-2-6-7-9
建筑结构性质	112	整治建筑物	26013	1-2-4-11-13-14-15
建筑结构性质	112	升船机	26016	2-4-7
建筑结构性质	112	水利设备	26017	1-2-4-7
建筑结构性质	112	水文测量设备	26018	1-2-4-7
表面性质	113	地面地带	73	*
表面性质	113	障碍物	86	*
表面性质	113	坡顶线	126	*
表面性质	113	倾斜地面	127	*
表面性质	113	暗礁/适淹礁	153	9-14-18
表面性质	113	江床区	26012	*#
表面性质限定术语	114	地面地带	73	*
表面性质限定术语	114	障碍物	86	*
表面性质限定术语	114	江床区	26012	*#
表面性质限定术语	114	暗礁/适淹礁	153	4-8-9-10
产品	123	设施浮标	15	1-2-18-19
产品	123	传送装置	34	4-5-6-7-10-11-12-13-14-15-16-17-21-22
产品	123	障碍物	86	1-2
产品	123	管道区	92	1-2-3-7-8-18-19-20
产品	123	架空管道	93	1-2-3-7-8-9-18-19-20-22
产品	123	生产/仓储区	97	*
产品	123	筒仓/罐	125	1-2-3-7-8-9-14-18-19-20-21-22
产品	123	江上平台	26009	1-2

表 11(续)

属　　性	属性代码	物　标　类	物标类代码	允许的属性值
产品	123	江上作业区	26010	1-2-4-6-10-14
产品	123	江底/陆地管道	26011	1-2-3-7-8-9-18-19-20-22
水深质量	125	泊位	10	1-2-3-4
水深质量	125	深水航道中心线	40	1-2-3-4
水深质量	125	深水航道部分	41	1-2-3-4
水深质量	125	深水范围	42	1-2-3-4
水深质量	125	疏浚区	46	10-11（替代检查项 1648）
水深质量	125	干船坞	47	2-3-4-6-7-8-9
水深质量	125	航道	51	1-2-3-4
水深质量	125	门	61	2-3-4-6-7
水深质量	125	淡水养殖场	26006	1-2-3-4-6-7-8-9
水深质量	125	障碍物	86	1-2-3-4-6-7-8-9
水深质量	125	推荐航道中心线	108	1-2-3-4
水深质量	125	推荐航线	109	1-2-3-4-6
水深质量	125	水深	129	1-3-4-5-8-9
水深质量	125	扫测区	134	1-6
水深质量	125	双向航道分道	152	1-2-3-4
水深质量	125	暗礁/适淹礁	153	1-2-3-4-6-7-8-9
水深质量	125	沉船	159	1-2-3-4-6-7-8-9
水深质量	125	测量可靠性	310	1-2-3-4-5-6-7-8-9-10-11
限制	131	锚泊区	4	2-3-4-5-6-8-9-10-11-12-13-15-16-17-18-19-20-21-23-24-27
限制	131	电缆区	20	1-2-3-4-5-6-7-8-9-10-11-12-13-14-16-17-18-19-20-21-22-23-24-25-27
状况	149	渠道	23	1-3-4-6-8-14
状况	149	货物过驳区	25	1-2-3-5-6-7-9
状况	149	长堤	26	1-8-12-14
状况	149	检查站	28	1-2-5-7-9-12-16-17
状况	149	传送装置	34	1-4-6-12
状况	149	起重机	35	1-4-6-12
状况	149	昼标	39	1-4-5-7-8-12
状况	149	深水航道中心线	40	1-3-6-9
状况	149	深水航道部分	41	1-3-6-9
状况	149	船坞区	45	1-4-6-8-14
状况	149	干船坞	47	1-4-6-8-14

表 11(续)

属　性	属性代码	物　标　类	物标类代码	允许的属性值
状况	149	倾废场	48	1-2-4-6-7
状况	149	航道	51	1-3-6-7-9
状况	149	栅栏线	52	1-12
状况	149	轮渡航路	53	1-2-4-5-6-7-8-9
状况	149	渔业区	54	1-5-6-7
状况	149	捕鱼设备	55	1-4-5-6-7-8-12-16-17
状况	149	渔场	56	1-5-6-7-8-14-16-17
状况	149	浮船坞	57	1-4-6-7-8-12
状况	149	雾号	58	1-2-4-5-7-8-15
状况	149	自由港区	60	1-6-8-14
状况	149	门	61	1-4-6-16-17
状况	149	行政港区	63	1-4-6-8-14-16-17
状况	149	港口设备	64	1-4-5-6-7-8-9-12-13-14-16-17
状况	149	废物焚烧区	67	1-2-5-6-7-16-17
状况	149	近岸交通区	68	1-3-6-9-16-17
状况	149	陆地区	71	6-7-8-12-14-16-17-18
状况	149	陆标	74	1-2-4-5-7-8-12-13-14-16-17
状况	149	灯标	75	1-2-4-5-6-7-8-11-14-15-16-17
状况	149	灯浮	76	1-2-4-5-7-8-14-16-17
状况	149	灯船	77	1-2-4-5-7-8-14-16-17
状况	149	船闸	79	1-4-6-8-13-14-16-17
状况	149	储木池	80	1-2-4-5-6-7-8
状况	149	军事演习区	83	1-2-5-6-7-16-17
状况	149	系泊绞缆设施	84	1-2-3-4-5-6-7-8-9-12-14-18
状况	149	导航线	85	1-2-5-7-8-14
状况	149	障碍物	86	1-4-7-8-13-18
状况	149	油障	89	1-2-4-7-8
状况	149	引航员登船点	91	1-2-3-5-6-9-16-17
状况	149	管道区	92	1-4-7
状况	149	架空管道	93	1-4-7-12
状况	149	浮码头	95	1-2-4-5-6-7-8-12-14
状况	149	浮码头	95	1-2-4-5-6-7-8-12-14
状况	149	警戒区	96	1-9
状况	149	生产/仓储区	97	1-4-8
状况	149	雷达线	99	1-2-4-7

表 11(续)

属　　性	属性代码	物　标　类	物标类代码	允许的属性值
状况	149	雷达有效区域	100	1-2-4-7
状况	149	雷达反射器	101	1-4-8
状况	149	雷达站	102	1-2-4-7-8
状况	149	雷达应答器	103	1-2-4-7-8
状况	149	无线电呼叫点	104	1-3-4-5-6-7-9
状况	149	无线电台	105	1-2-4-7-8
状况	149	铁路	106	1-4-6-12
状况	149	推荐航道中心线	108	1-5-6-9
状况	149	推荐航线	109	1-2-5-6-8-9-14（替代检查项 1680）
状况	149	推荐通航分道	110	1-6-9
状况	149	救助站	111	1-2-4-5-7-8-14-16-17
状况	149	受限区域	112	1-2-3-4-5-6-7-9
状况	149	反射器	113	1-4-8
状况	149	河流	114	1-2-5-8-14
状况	149	跑道	117	1-2-4-5-6-8-12-14
状况	149	岸线建筑物	122	1-3-4-6-7-8-9-12-14-16-17
状况	149	交通信号站	123	1-2-4-5-7-8-12-14-15-16-17
状况	149	告警信号站	124	1-2-4-5-7-8-12-14-15-16-17
状况	149	筒仓/罐	125	1-4-12
状况	149	小型船用设备	128	1-2-3-4-5-6-7-8-9-12-14-16-17
状况	149	水深	129	18
状况	149	顶标	144	1-5-7-8-12-14
状况	149	分道通航分隔线	145	1-3-9
状况	149	分道通航制边界	146	1-3-9
状况	149	分道通航制交汇处	147	1-3-6-9
状况	149	分道通航制分道	148	1-3-6-9
状况	149	分道通航制环形道	149	1-3-6-9
状况	149	分道通航分隔带	150	1-3-9
状况	149	隧道	151	1-3-4-6-8-14-16-17
状况	149	双向航道分道	152	1-3-6-9
状况	149	暗礁/适淹礁	153	13-18
状况	149	沉船	159	7-13-18
状况	149	通信区	17055	1-3-4-6-7-9
状况	149	停泊区	26001	1-2-3-5-6-7-8-9-14
状况	149	跨江建筑物	26003	1-2-7-8-16-22

表 11(续)

属　　性	属性代码	物　标　类	物标类代码	允许的属性值
状况	149	江底电缆	26004	1-4-13
状况	149	船闸航道	26008	1-3-6-7-9
状况	149	淡水养殖场	26006	1-2-4-5-6-7-8-14-16-17
状况	149	江上平台	26009	1-2-4-7-8-12-16-17
状况	149	江上作业区	26010	1-4-7-8-12
状况	149	江底/陆地管道	26011	1-4-7-12
状况	149	整治建筑物	26013	1-2-4-11-13-14-15-33-34-35
状况	149	升船机	26016	1-4-6-7-8-19-20-22
状况	149	水利设备	26017	1-2-4-7-26
状况	149	水文测量设备	26018	1-2-4-7-33-34-35
测量类型	153	测量可靠性	310	*
水深测量技术	156	深水航道中心线	40	1-2-3-6-7-8-9-11-13
水深测量技术	156	深水航道部分	41	1-2-3-6-7-8-9-11-13
水深测量技术	156	疏浚区	46	1-2-3-6-7-8-9-11-13
水深测量技术	156	障碍物	86	1-2-3-4-5-6-7-8-9-10-11-12-13
水深测量技术	156	推荐航道中心线	108	1-2-3-6-7-8-9-11-13
水深测量技术	156	推荐航线	109	1-2-3-6-7-8-9-11-13
水深测量技术	156	水深	129	*
水深测量技术	156	扫测区	134	6-8-13(见检查项 1654)
水深测量技术	156	双向航道分道	152	1-2-3-6-7-8-9-10-11-13
水深测量技术	156	暗礁/适淹礁	153	1-2-3-4-5-6-7-8-9-10-11-12-13
水深测量技术	156	沉船	159	1-2-3-4-5-6-7-8-9-10-11-12-13
水深测量技术	156	数据质量	308	*
顶标/昼标形状	171	昼标	39	* #
顶标/昼标形状	171	顶标	144	* #
交通流	172	深水航道中心线	40	* #
交通流	172	深水航道部分	41	* #
交通流	172	航道	51	*
交通流	172	无线电呼叫点	104	* #
交通流	172	推荐航道中心线	108	*
交通流	172	推荐航线	109	* #
交通流	172	双向航道分道	152	* #
垂直基准面	185	桥梁	11	*
垂直基准面	185	架空电缆	21	*
垂直基准面	185	传送装置	34	*

表 11（续）

属　性	属性代码	物　标　类	物标类代码	允许的属性值
垂直基准面	185	起重机	35	*
垂直基准面	185	门	61	*
垂直基准面	185	灯标	75	*
垂直基准面	185	架空管道	93	*
垂直基准面	185	水深基准面	309	*（#）
垂直基准面	185	数据垂直基准面	312	*（#）
水位效应	187	长堤	26	1-2-3-4-5-6
水位效应	187	地面地带	73	1-2-4-6
水位效应	187	淡水养殖场	26006	1-2-3-4-5-7#
水位效应	187	系泊绞缆设施	84	1-2-3-4-5
水位效应	187	障碍物	86	1-2-3-4-5-7#
水位效应	187	支架/桥墩	98	1-2-3-4-5-6
水位效应	187	江床区	26012	3-4-5
水位效应	187	岸线结构物	122	1-2-3-4-5-7
水位效应	187	暗礁/适淹礁	153	3-4-5#
水位效应	187	沉船	159	1-2-3-4-5-7#
水平基准面	400	水平基准面变换参数	304	*#
位置性质	402	测量可靠性	310	*
供给船可用性	17065	供应站	17054	*
供给站类	17067	供应站	17054	*
通信类	17069	无线电呼叫点	104	*
通信类	17069	通信区	17055	*
危险货物类	17055	锚位	3	*
危险货物类	17055	锚泊区	4	*
危险货物类	17055	泊位	10	*
危险货物类	17055	停泊区	26001	*
通信	17073	锚位	3	*
通信	17073	锚泊区	4	*
通信	17073	泊位	10	*
通信	17073	无线电呼叫点	104	*
通信	17073	桥梁区	17053	4
通信	17073	供给站	17054	1-2
冲击方向	17056	无线电呼叫点	104	*
冲击方向	17056	交通信号站	123	*
转载货物	17076	泊位	10	*

表 11（续）

属　性	属性代码	物　标　类	物标类代码	允许的属性值
岸线类	26001	岸线	26002	*
停泊区类	26002	停泊区	26001	*
跨江建筑物类	26003	跨江建筑物	26003	* #
港航管理机构类	26005	港航管理机构	26007	* #
淡水养殖场类	26004	淡水养殖场	26006	*
水文测量设备类	26007	水文测量设备	26018	*
整治建筑物类	26008	整治建筑物	26013	*
江区类	26009	江域/命名水域	26014	* #
江上平台类	26010	江上平台	26009	*
升船机类	26011	升船机	26016	*
水利设备类	26012	水利设备	26017	*
滩险类	26013	滩险	26019	* #

ICS 35.240.70
R 07
备案号:

JT

中华人民共和国交通行业标准

JT/T 765.5—2009

长江电子航道图制作规范
第5部分:数据保护

Developing standard for digital hydrographic chart of the Changjiang River
Part 5: Data protection

2009-12-23 发布　　2010-04-01 实施

中华人民共和国交通运输部　发布

目　次

前　言

JT/T 765—2009《长江电子航道图制作规范》分为五个部分：

——第1部分：术语；

——第2部分：数据传输；

——第3部分：显示准则；

——第4部分：数据有效性检验；

——第5部分：数据保护。

本部分为JT/T 765—2009的第5部分。

本部分对应于国际海道组织（IHO）S-63《IHO数据保护方案》（IHO DATA PROTECTION SCHEME）。本部分与IHO S-63的一致性程度为非等效。

本部分由交通部信息通信及导航标准化技术委员会提出并归口。

本部分起草单位：长江航务管理局、长江航道局、大连海事大学。

本部分主要起草人：但乃越、杜经农、朱业汉、杨大鸣、章娟、刘青、俞建林、万大彬、程大炜、赵德鹏、李源惠、宋良福、曹成、顾网林、李海、董华。

长江电子航道图制作规范 第5部分:数据保护

1 范围

JT/T 765—2009 的本部分规定了长江电子航道图数据保护机制的总体框架、各参与方的交互程序,以及用户许可证、单元许可证的格式和创建程序等相关内容。

本部分适用于长江电子航道图制作、系统开发、设计和应用,其他内河航道图系统也可参照使用。

2 规范性引用文件

下列文件对于本文件的应用是必不可少的。凡是注日期的引用文件,仅注日期的版本适用于本文件。凡是不注日期的引用文件,其最新版本(包括所有的修改单)适用于本文件。

JT/T 765.1 长江电子航道图制作规范 第1部分:术语

3 术语和定义

JT/T 765.1 确立的术语和定义适用于本部分。

4 长江电子航道图数据保护总体框架

4.1 总体要求

长江电子航道图数据保护方案规定了四类参与者,分别为系统管理员、数据服务商、设备制造商、数据用户。

系统管理员为任何加入长江电子航道图数据保护方案的设备制造商分配一对唯一的制造商标识符(M_ID)和制造商密钥(M_KEY)值,并将所有设备制造商的 M_ID 和 M_KEY 记录下来,形成设备制造商信息表。设备制造商为购买其产品的数据用户分配一个唯一的硬件标识符(HW_ID),并用自己的 M_KEY 将其加密后形成用户许可证,随产品一同提供给数据用户。

对于任何加入长江电子航道图数据保护方案的数据服务商,系统管理员向其提供设备制造商信息表,并保证表内容的及时更新。

数据用户需要购买数据服务商的电子航道图时,向其提供自己的用户许可证,数据服务商用单元密钥对电子航道图数据进行加密,并利用用户许可证中的 HW_ID 加密单元密钥,形成单元许可证,将电子航道图和单元许可证发送给数据用户。数据用户收到电子航道图和单元许可证后,利用自己用户许可证中的 HW_ID 对单元许可证解密,得到单元密钥,最后用单元密钥对电子航道图进行解密。

为在上述保护过程中实现身份认证,采用数字证书的方式来进行签名认证。系统管理员创建自己的系统管理员数字证书,并将该证书发布给设备制造商、数据服务商和数据用户。数据服务商创建自己的数据服务商自我签名密钥文件(SSK)并提交给系统管理员,系统管理员核实 SSK 文件后,用自己的私有密钥对数据服务商公开密钥进行签名,生成数据服务商数字证书,并发布给数据服务商。数据服务商在向数据用户发送电子航道图前,先用自己的私有密钥对电子航道图签名,并和数据服务商数字证书结合,形成电子航道图的签名文件,随电子航道图一起提供给数据用户。数据用户收到电子航道图签名文件后,首先利用系统管理员数字证书中的公开密钥来核实数据服务商证书,随后利用数据服务商证书中的公开密钥来核实电子航道图的签名,如果正确,则电子航道图可以使用;否则因不能确认来源而拒绝使用。

4.2 各参与者的职责

4.2.1 系统管理员

系统管理员应根据需要维护方案的正常运行,制作并发布方案根证书,接受设备制造商的申请,并为符合要求的设备制造商创建 M_ID 和 M_KEY 信息。系统管理员还应为数据服务商发放数字证书,在电子航道图发布过程中实现身份认证。系统管理员的主要职责是:

a) 确认设备制造商发送的 M_ID、M_KEY 申请表格;

b) 确认数据服务商发送的数据服务商申请表格;

c) 与设备制造商签订协议书;

d) 与数据服务商签订协议书;

e) 为每个设备制造商创建一一对应的 M_ID 和 M_KEY;

f) 为每个数据服务商创建数据服务商证书;

g) 创建系统管理员数字证书以提供给电子航道图显示与信息系统(ECDIS)用户;

h) 负责管理各种文档,并将系统成员所需文档发送给成员。

4.2.2 数据服务商

数据服务商应负责加密和签署电子航道图(ENC)信息,通过网络或者数据光盘的形式为用户提供更新 ENC 服务。每个江图数据提供商必须符合国家相关的资质规定,并经系统管理员认证通过,具有向用户发布数据的资格。数据服务商的主要职责是:

a) 向系统管理员申请发布 ENC 数据的资格;

b) 与系统管理员签署协议,由系统管理员向其分配 M_ID 和 M_KEY;

c) 创建自己的 SSK 证书文件;

d) 鉴定 ENC 请求用户的合法性;

e) 创建加密 ENC 文件所需的单元密钥;

f) 创建单元许可证文件和元数据文件;

g) 压缩、加密以及签署 ENC 并发送给用户;

h) 产生单元许可证文件和元数据文件,发送给请求用户;

i) 管理加密 ENC 的密钥以及其他用户资料等文档文件。

4.2.3 设备制造商

设备制造商主要负责开发一套电子航道图处理系统(EPS),该系统按照本规范要求具备对 ENC 数据的保护功能。同时,还具备处理保护的 ENC 数据,以便在 ECDIS 平台显示正确的电子航道图数据信息的能力。为了加入长江电子航道图数据保护方案,相应的设备制造商应完成方案的要求,取得资格认证后才能加入本保护方案,并且获取 M_ID 和 M_KEY 来实现他们的系统,提供支持该安全方案的船舶导航产品。设备制造商的主要职责是:

a) 申请制造商资格;

b) 与系统管理员签署协议;

c) 为每台设备创建 HW_ID;

d) 将每个 HW_ID 记录在 HW_ID 登记表中,并且进行管理;

e) 开发符合本规范要求的 EPS 系统;

f) 为电子航道图显示与信息系统(ECDIS)创建用户许可证文件。

4.2.4 数据用户

数据用户是电子航道图信息的使用者,从数据服务商那里接受加以保护的 ENC 信息。ECDIS 用户负责鉴别 ENC 的数字签名和按照保护方案定义的程序对 ENC 进行解密。数据用户的主要职责是:

a) 从系统管理员网站下载系统管理员数字证书,用以鉴别数据服务商的合法性;

b) 向数据服务商提供用户许可证文件,以获得新的 ENC 文件;

c) 管理多个数据服务商各自的用户许可证文件。

5 各参与者的交互程序

5.1 系统管理员创建自己的数字证书

系统管理员创建自己的私有密钥和公有密钥,使用私有密钥对公有密钥进行签名,将签名算法的返回值与公有密钥结合,创建系统管理员数字证书。

5.2 数据服务商加入数据保护体系的基本程序

数据服务商加入数据保护体系的基本程序如下:

a) 数据服务商创建自己的公开密钥、私钥对;

b) 数据服务商创建 SSK 文件;

c) 数据服务商填写“长江电子航道图数据保护系统数据服务商证书请求表”;

d) 数据服务商将申请表、SSK 文件以及数据服务商公开密钥文件发送给系统管理员;

e) 系统管理员通过电话、电子邮件等方式对申请表格和 SSK 文件的来源等进行确认;

f) 系统管理员核实 SSK 文件的格式是否符合本规范要求;

g) 系统管理员利用数据服务商发送的公开密钥文件核实 SSK 文件;

h) 如果对 SSK 文件的鉴别合法,且该数据服务商符合国家相关资质要求,系统管理员创建数据服务商证书;否则,给请求的数据服务商发出错误信息。

5.3 设备制造商加入数据保护体系的基本程序

设备制造商加入数据保护体系的基本程序如下:

a) 设备制造商完成 M_ID/M_KEY 申请表的填写(主要包括设备制造商的详细信息以及请求所需文件);

b) 系统管理员核实 M_ID/M_KEY 表格第一部分(主要核实设备制造商对表格的填写是否完整);

c) 系统管理员核实设备制造商是否签署“长江电子航道图数据保护协议书”;

d) 系统管理员核实设备制造商开发的系统是否符合本规范标准;

e) 系统管理员核实设备制造商没有 M_ID/M_KEY 对(主要确认该申请的设备制造商未曾有过 M_ID/M_KEY,即表明申请者是新的设备制造商);

f) 系统管理员创建 M_ID/M_KEY,并且存储到 M_ID/M_KEY 登记表里;

g) 系统管理员将 M_ID/M_KEY 发送给设备制造商,同时也将这个新的 M_ID/M_KEY 发送给系统内所有的数据服务商。

5.4 数据用户向设备制造商购买新设备的程序

数据用户按如下程序向设备制造商购买设备：

a) 数据用户向设备制造商递交标识身份的用户许可证文件（主要是申请 ENC 文件）；
b) 设备制造商生成一份包含数据用户硬件设备标识 HW_ID 和 M_ID 信息的用户许可证文件；
c) 设备制造商将研制生产的 EPS 系统和新生成的用户许可证文件以及 ECDIS 系统一起发送给数据用户。

5.5 系统管理员与数据用户的交互程序

数据用户按如下程序从系统管理员处获得并验证数字证书：

a) 数据用户从系统管理员获取系统管理员数字证书；
b) 对系统管理员数字证书格式进行核对；
c) 利用系统管理员公开密钥鉴别系统管理员数字证书（比较数字证书包括系统管理员公开密钥与从系统管理员网站获得的公开密钥是否一致）。

5.6 数据用户购买并使用数据服务商提供的电子航道图的程序

数据用户购买并使用数据服务商提供的电子航道图的程序如下：

a) 数据用户向数据服务商递交用户许可证以申请电子航道图文件；
b) 数据服务商从用户许可证中获得 M_ID，并查对从系统管理员那里得到的 M_ID/M_KEY 登记表，找到与该 M_ID 对应的 M_KEY；
c) 数据服务商使用 M_KEY 解密用户许可证，获得数据用户的 HW_ID，用来加密单元密钥；
d) 数据服务商生成单元许可证文件；
e) 数据服务商用 zip 算法压缩电子航道图单元数据，并用单元密钥加密压缩后的数据；
f) 数据服务商利用自己的私有密钥对加密后的电子航道图单元数据进行数字签名；
g) 数据服务商将加密后的电子航道图单元数据、单元许可证文件和数字签名文件一起发送给数据用户；
h) 数据用户核对数据服务商发送的相关文件（主要包括签名文件是否包含签名和证书对，核实签名文件是否符合本规范要求的格式）；
i) 数据用户鉴别签名文件中的数据服务商证书是否合法，如果合法则从签名文件中提取数据服务商公开密钥；
j) 数据用户鉴别电子航道图单元数据的签名文件；
k) 数据用户通过系统软件提取自己机器上的 HW_ID 来解密单元许可证，得到电子航道图数据文件的单元密钥，利用系统解密数据并使用。

6 用户许可证

6.1 M_ID 的格式

M_ID 是四位长度的 16 进制数字（二字节），以 ASCII 码表示。系统管理员应向每个加入长江电子航道图数据保护体系的设备制造商分配一对 M_ID/M_KEY。

6.2 M_KEY 的格式

M_KEY 是 10 位长度的 16 进制数字（五字节）。

6.3 HW_ID 的格式

HW_ID 是五字节的十进制数字,由设备制造商分配给购买其系统的数据用户。设备制造商应为每一个系统指定一个唯一的 HW_ID,建议 HW_ID 以不连续的方式来分配。在用户许可证中 HW_ID 以加密的形式存在。它用 M_KEY 作为加密密钥,利用 Blowfish 算法进行加密。加密以后的 HW_ID 是八字节长的十进制数,被转化成 16 位长度的 16 进制数,以 ASCII 码表示。

6.4 用户许可证的格式

用户许可证为 28 字符长度,用 ASCII 文本书写,其格式和字段长度要求见表 1。

表 1

加密后的 HW_ID	校 验 和	M_ID
16 位 16 进制数	八位 16 进制数	四位 16 进制数

表 1 中每个字段中的 16 进制数均以 ASCII 码表示,其中任何字母字符应大写。用户许可证中的校验和是用 CRC32 算法对加密后的 HW_ID 进行散列计算后得到。该散列计算结果被转化为八位 16 进制数。

用户许可证的示例见表 2。

示例 1:

表 2

加密后的 HW_ID	校 验 和	M_ID
73871727080876A0	7E450C04	3031

示例 1 中用户许可证的最终表现形式为:73871727080876A07E450C043031。

6.5 用户许可证的创建程序

用户许可证的创建程序由系统或者应用程序提供商执行,生成的用户许可证发送给数据用户,当他们请求单元许可证时用来标识他们自己。用户许可证和系统一起交给终端用户。用户许可证的创建过程如下:

a) M_KEY 作为密钥,利用 Blowfish 算法对 HW_ID 进行加密;
b) 将结果转换成 16 位 16 进制字符串,每一个字母都应大写表示;
c) 利用 CRC 32 算法散列上面的 16 位 16 进制字符串;
d) 将 c) 输出的结果转化为八位 16 进制字符串,每一个字母都应大写表示,这就是 Check Sum;
e) 将 d) 输出的结果附加在 b) 的输出结果;
f) 将 M_ID 转化为四位 16 进制字符串,任何字母应以大写表示;
g) 将 f) 的输出结果附加到 e) 的输出结果的后面,这就是用户许可证。

用户许可证创建程序的示例见表 3 和表 4。

示例 2:

表 3

标 示 符	内 容	备 注
HW_ID	3132333438	16 进制表示的 HW_ID
M_KEY	3938373635	16 进制表示的 M_KEY
M_ID	3031	16 进制表示的 M_ID

表4

步　骤	内　容	备　注
步骤a)的输入	3132333438 和 3938373635	16 进制表示的 HW_ID 和 M_KEY
步骤a)的输出	8 位字节	不可打印
步骤c)的输入	73871727080876A0	这是步骤"a"输出的 16 进制字符串表现形式。这个字符串从左到右输入给散列算法,例如 73、87、17…
步骤c)的输出	7E450C04	用 16 进制表示的 CRC32 散列结果
步骤e)的输出	73871727080876A07E450C04	将 CRC32 散列结果附加在加密后的 HW_ID 后
用户许可证	73871727080876A07E450C043031	

6.6 用户许可证的解密程序

用户许可证的解密程序由数据服务商的系统运行。用户许可证的结构在4.2条中定义。

用户许可证的解密程序如下：

a) 从用户许可证中提取 M_ID(四位 16 进制字符)；

b) 从用户许可证中提取校验和(Check Sum,为八位 16 进制字符)；

c) 利用 CRC 32 算法散列加密的 HW_ID(用户许可证中前 16 位字符)；

d) 比较 b)和 c)的输出,如果相同,则该用户许可证是合法的;如果不同,则该用户许可证是不合法的,从而不能获得相应的 HW_ID；

e) 如果用户许可证是合法的,把这个加密的 HW_ID 转换成八位字节；

f) 将 M_KEY 作为解密密钥,利用 Blowfish 算法解密这个加密的 HW_ID,所得结果就是 HW_ID。

用户许可证的解密程序示例见表5和表6。

表5

标　示　符	内　容	备　注
用户许可证	73871727080876A07E450C043031	
M_KEY	3938373635	16 进制的 M_KEY

表6

步　骤	内　容	备　注
步骤a)的输出	3031	提取的 M_ID
步骤b)的输出	7E450C04	提取出来的校验和
步骤c)的输入	73871727080876A0	字节从左到右输出给散列函数,例如 73、87、17…
步骤c)的输出	7E450C04	从加密的 HW_ID 中提取出来的校验和
步骤f)的输出	3132333438	16 进制表示的 HW_ID

7 单元许可证

7.1 一般要求

电子航道图单元数据在发布前应由数据服务商使用单元密钥进行加密,该单元密钥是与该电子航道图单元数据唯一对应的。数据用户必须获得这个密钥才能解密数据。这个单元密钥由数据服务商以加密表格的形式——单元许可证提供给数据用户。一个单元许可证文件可以包括一个或者多个电子航道图的单元密钥。

单元许可证的发布针对指定的 HW_ID,在安装系统之间是不可转换的。加密方案支持能在所有客户之间相互传送的普通加密 CD 形式。

数据服务商通过其得到的用户许可证获得用户的 HW_ID,通过用户的 HW_ID 加密电子航道图单元密钥从而形成单元许可证,这就确保了单元许可证不能在数据用户之间进行传送。终端用户利用它们的 HW_ID 对单元许可证进行解密,以便获得解密电子航道图所需的单元密钥。

发布单元许可证需要两个文件:

a) 包含解密电子航道图所需本质信息的基本许可证文件,在 7.5 条中定义;

b) 包含易于数据管理和解密的补充信息的元许可证文件,在 7.6 条中定义。

客户系统应负责管理来自多个数据服务商的权证文件。来源于某个数据服务商的权证文件不能用来解密来自另一个服务商的电子航道图。

一个单元许可证包括两个加密的单元密钥,即包含当前版本电子航道图解密密钥的单元密钥 1(ECK1),以及用作下一版本电子航道图单元的解密密钥 ECK2。单元许可证里面的 ECK2 使得数据服务商能周期性地改变用于电子航道图下一版本的单元密钥,而无须对其他数据用户发布新的单元许可证。

除了这些密钥以外,单元许可证还包括过期日期(这个日期之后的更新文件不能使用)和单元标识(便于用户在有好几个单元和权证文件的情况下,系统能够将两者相匹配)。

终端用户将单元许可证里面的过期日期与需要解密的电子航道图单元进行比较,如果需要解密的电子航道图单元或者更新文件的生产日期在许可证的过期日期之后。系统将不会使用单元许可证来解密数据,因而防止用户使用过期的电子航道图单元文件或者更新文件。

电子航道图的基本单元或更新文件的发布日期编码包含在电子航道图数据集文件的 DSID-ISDT 子字段里。这些数据文件总是加密的,除非这些文件已经解密,否则发布日期无法得到。为了提供一种获得发布日期而不需要解密这些电子航道图文件的简便机制,DSID-ISDT 字段的内容应被复制到数据集所含文件 CATALOG.031 的 CATD-COMT 字段中,以保障系统能快速检查这个电子航道图信息是否在许可证过期日期之后,而无需解密电子航道图。

示例 3:

CATALOG.031 文件中的 CATD-COMT 编码如下:

VERSION = 1.0, EDTN = 10, UPDN = 0, UADT = 20030224, ISDT = 20030224。

单元许可证以 ASCII 文本的形式书写,任何字母字符都应大写表示,其格式和字段长度见表 7。

表 7

航道图单元名称	过期日期	加密后的 CK1	加密后的 CK2	加密后的校验和
八个字母或数字	八个数字	16 位 16 进制数	16 位 16 进制数	16 位 16 进制数

单元许可证的示例见表 8。

表 8

航道图单元名称	过期日期	加密后的单元密钥 1(ECK1)	加密后的单元密钥 2(ECK2)	加密校验和
NO4D0613	20000830	BEB9BFE3C7C6CE68	B16411FD09F96982	795C77B204F54D48

表 8 中单元许可证最终的表现形式为:

NO4D061320000830BEB9BFE3C7C6CE68B16411FD09F96982795C77B204F54D48

7.2 电子航道图单元名称与过期日期的格式

电子航道图单元名称是八字节的字母数字串,遵循 JT/T 765.2—2009 附录 B 中所定义的单元文件命名规则。在表 8 中单元名字为:NO4D0613。

过期日期的格式应为:年月日(YYYYMMDD),表 8 中过期日期是 20000830(2000 年 8 月 30 日)。

7.3 加密后的单元密钥(ECK1,ECK2)格式

单元密钥是五字节随机数字,使用从用户许可证中获得的数据用户的 HW_ID 进行 Blowfish 加密,然后转化成 16 进制。Blowfish 加密算法将需要加密的数据长度填充成八字节的倍数,加密后单元密钥从五字节长度(10 个 16 进制字符)变为八字节长度(16 个 16 进制字符)。

ECK1 包括电子航道图单元的当前版本的单元密钥。ECK2 包括用于下一版本电子航道图的单元密钥。

ECK1 用于可从数据服务商获得的电子航道图的当前版本。如果电子航道图不能正确解密,ECK2 应该用来解密。如果 ECK2 也不能正确解密,则应从数据服务商获得更新的单元许可证。

表 8 中加密后的 ECK1,ECK2 为:

a) ECK1:BEB9BFE3C7C6CE68

b) ECK2:B16411FD09F96982

7.4 加密校验和的格式

对单元许可证中加密校验和之前的所有字段用 CRC32 算法进行散列计算,然后用 HW_ID 对散列计算的结果进行加密,就得到了加密校验和。加密校验和是 16 位的 16 进制数字。

表 8 中的加密校验和为:795C77B204F54D48

7.5 单元许可证的传输

单元许可证应储存在叫做 ENC. PMT 的文件里面。这个 ENC. PMT 文件包括一个或者几个作为连续纪录存储在该文件中的单元许可证。例如,下面的这个 ENC. PMT 包括两个单元许可证。

示例 4:

NO4D061320000830BEB9BFE3C7C6CE68B16411FD09F96982795C77B204F54D48

GB30401020000830698FFC77EC13C2FF442934F3563E50A4A858D1F973860701

7.6 元许可证文件的定义

7.6.1 元许可证文件总体格式

元许可证文件是针对终端用户的开发者的,用来通知他们数据用户的征订状态,以及帮助开发者理解哪些基于客户征订结束日期和电子航道图版本日期的航道图单元需要解密。PERMIT. TXT 文件的实例如下。

示例 5:

:DATE 20000131 11:11

:VERSION 1

:ENC

GB30401020010110797C4CB45C5B4B7B0BC8A74680E798F2910351530D1FF963,0,2,

GB40401S200101100D0CC631D5B07B04252DAC4A7EC568BFD2C08583E26FF27E,0,3,

GB50401S200101100C9EAA1802FD92628086CE08A71125104F9FDFBE6C9656B5,0,3,

:ECS

在元许可证文件中任何数字字母的字符都应大写。数据服务商应提供如何从存储介质或网络中获得元许可证文件的方法。

以下章条定义了许可证文件中每一部分的内容和格式。

7.6.2 日期和时间

字段与下面的大写表示的标签相同：:DATE

日期以下面的格式描述：YYYYMMDD

时间以下面的格式描述：HH: MM

示例6:

: DATE 20000131 11: 11

7.6.3 版本

字段与下面的大写表示的标签相同 :VERSION

版本数字是一个整数，用来定义元许可证文件的格式版本数字。当前版本应该是1。

示例7:

: VERSION 1

7.6.4 元许可证类型—电子航道图

字段包含来自数据服务商的电子航道图发布证书里面的元许可证的定义。

字段与下面的大写表示的标签相同：ENC

字段里面包含一个或者多个7.6.5条里面定义的单元许可证记录。

7.6.5 单元许可证记录

单元许可证记录的字段组成见表9。

表9

单元许可证记录的字段	备　注
单元许可证	在7.1中定义的单元许可证
服务指示参数	0　代表定期订购的许可证 1　代表单次购买的许可证
EDTN	电子航道图单元的DSID-EDTN参数
Reserved	为将来应用保留的参数字段
Comment	用于注释的文本字段

7.6.6 单元许可证类型

字段包含来自数据服务商电子航道图系统的发布证书里面的元许可证的定义。

字段与下面的大写表示的标签相同 :ECS

字段里面包含一个或者多个7.6.5中定义的单元许可证记录。

7.7 创建单元许可证的程序

创建单元许可证的程序通常由数据服务商执行，用于给特定数据用户创建单元许可证。

以下程序产生符合7.1中定义的单元许可证：

a) 移除电子航道图文件名字中的扩展名，剩下八个字符是单元许可证中的电子航道图单元名字；

b) 将过期日期附加在a)中得到的电子航道图单元名字的后面，格式为YYYYMMDD；

c) 将HW_ID的第一个字节附加到HW_ID的后面形成六个字节的HW_ID(叫做HW_ID6)，这就是创建用于加密电子航道图密钥的48位密钥；

d) 使用c)中得到的HW_ID6作为加密密钥，利用Blowfish算法对单元密钥进行加密，以创建 ECK1；

e） 将 ECK1 转换为 16 位 16 进制字符，任何字母字符都应以大写表示；

f） 将 e)中的结果附加到 b)的后面；

g） 将 HW_ID6 作为密钥，利用 Blowfish 算法，对单元密钥 2(CK2)进行加密，从而创建 ECK2；

h） 将 ECK2 转换为 16 位 16 进制字符，任何字母字符都应以大写表示；

i） 将 h)的输出结果附加到 f)的后面；

j） 利用 CRC32 算法对 i)的输出结果进行散列计算，注意这里的散列计算是在转化为 16 进制字符之后，而用户许可证的散列计算是针对原始的二进制数据；

k） HW_ID6 作为密钥，利用 Blowfish 算法对 j)中的散列结果进行加密；

l） 将 k)中的输出结果转换为 16 位 16 进制字符串，任何字符字母都应大写，这就形成了电子航道图的校验和；

m） 将 l)的输出结果附加到 i)的后面，这就是单元许可证。

示例见表 10 和表 11。

表 10

标 示 符	内 容	备 注
HW_ID	3132333438	5 个字节的 16 进制字符
CK1	C1CB518E9C	5 个字节的 16 进制字符
CK2	421571CC66	5 个字节的 16 进制字符
Cell Name	NO4D0613.000	符合 s57 标准(版本 3.1)的电子航道图单元文件名
Expiry Date	20000830	过期日期

表 11

步 骤	内 容	备 注
步骤 a)的输出	NO4D0613	电子航道图单元名称
步骤 b)的输出	NO4D061320000830	电子航道图单元名 + 过期日期
步骤 c)的输出	313233343831	16 进制字符表示的 HW_ID6
步骤 d)或 e)的输出	BEB9BFE3C7C6CE68	16 进制字符表示的 ECK1
步骤 f)的输出	NO4D061320000830BEB9BFE3C7C6CE68	电子航道图单元名 + 过期日期 + ECK1
步骤 g)或 h)的输出	B16411FD09F96982	16 进制字符表示的 ECK2
步骤 i)的输出	NO4D061320000830BEB9BFE3C7C6CE68 B16411FD09F96982	电子航道图单元名 + 过期日期 + ECK1 + ECK2
步骤 j)的输入	NO4D061320000830BEB9BFE3C7C6CE68 B16411FD09F96982	步骤"i"的输出的 ASCII 值，这些字节从左到右输入给散列函数。例如 NO、4D、06…
步骤 j)的输出	780699093	CRC32 散列计算的结果
步骤 k)的输出	八个字节的不可打印值	加密后的 CRC32 计算结果
步骤 l)的输出	795C77B204F54D48	16 进制字符表示的 CRC32 计算结果
单元许可证	NO4D061320000830BEB9BFE3C7C6CE68 B16411FD09F96982795C77B204F54D48	

7.8 核查单元许可证文件的程序

核查单元许可证文件的程序通常在数据客户系统内执行，由以下步骤组成：

a） 单元许可证在文件 ENC. PMT 和 PERMIT. TXT 里面提供；

b） 数据用户应用程序可以将单元许可证文件储存在任何适当位置，需要注意的是一定应确保应用于同一个电子航道图数据的许可证文件由同一个数据用户提供；

c） 单元许可证中的前八个字符代表它相关的电子航道图单元的单元名字（去掉扩展名字）；

d） ENC. PMT 或 PERMIT. TXT 文件可以包含几个许可证文件。

7.9 核实单元许可证 ENC 校验和的程序

核实单元许可证 ENC 校验和的程序通常由数据用户系统执行，由以下步骤组成：

a） 从单元许可证提取最后的 16 位 16 进制字符（ENC 校验和）；

b） 将上面的 16 位 16 进制字符转化为八个字节；

c） 利用 CRC 32 算法散列执行 a）以后所剩下的字符串；

d） 将 HW_ID 的第一个字节附加到 HW_ID 的后面形成六个字节的 HW_ID（叫做 HW_ID6）；

e） 以 HW_ID6 为密钥，利用 Blowfish 算法加密 c）中的散列结果；

f） 比较 b）和 e）的结果。如果相同，则此单元许可证是合法的；如果不相同，则此单元许可证非法，不能使用。

示例见表 12 和表 13。

表 12

标 示 符	内 容	备 注
HW_ID	3132333438	16 进制字符表示的 HW_ID
单元许可证	NO4D061320000830BEB9BFE3C7C6CE68 B16411FD09F96982795C77B204F54D48	

表 13

步 骤	内 容	备 注
步骤 a）的输出	795C77B204F54D48	16 进制字符
步骤 b）的输出	八个字节的不可打印值	加密后的 CRC32
步骤 c）的输入	NO4D061320000830BEB9BFE3C7C6CE68 B16411FD09F96982	去掉 CRC32 值后的单元许可证
步骤 c）的输出	780699093	CRC32 散列计算结果
步骤 d）的输出	313233343831	HW_ID6
步骤 e）的输出	八个字节的不可打印字符	加密后的 CRC32

7.10 解密单元许可证中单元密钥的程序

这个程序通常由数据用户执行，以提取用以解密电子航道图的单元密钥。由下面的几个步骤组成：

a） 将 HW_ID 的第一个字节附加到 HW_ID 的后面形成六个字节的 HW_ID（叫做 HW_ID6）；

b） 从单元许可证中提取出来 ECK1，并且将之从 16 位 16 进制字符转化为八字节；

c） HW_ID6 作为密钥，利用 Blowfish 算法对 b）的输出结果 ECK1 进行解密，这就是单元密钥 1（CK1）；

d） 从单元许可证中提取出来 ECK2，并且将之从 16 位 16 进制字符转化为八字节；

e） HW_ID6 作为密钥，利用 Blowfish 算法对 d）的输出结果 ECK2 进行解密，这就是单元密钥 2（CK2）。

示例见表 14 和表 15。

表 14

标示符	内容	备注
HW_ID	3132333438	16 进制字符表示的 HW_ID
单元许可证	NO4D061320000830BEB9BFE3C7C6CE68 B16411FD09F96982795C77B204F54D48	

表 15

步骤	内容	备注
步骤 a)的输出	313233343831	HW_ID6
步骤 b)的输出	八个字节不可打印值[a]	加密后的 ECK1
步骤 c)的输出	C1CB518E9C	单元密钥 1 的 16 进制字符
步骤 d)的输出	八个字节不可打印值	加密后的 ECK2
步骤 e)的输出	421571CC66	单元密钥 2 的 16 进制字符
a 没有经过加密的单元密钥是五个字节长度，但经过加密以后的单元密钥在长度上是八字节。这是因为 Blowfish 在加密的时候，将单元密钥填充到八字节长度，而当对它们解密的时候对之进行减充		

8 数字证书

8.1 系统管理员公开密钥和数据服务商公开密钥的格式

系统管理员公开密钥和数据服务商公开密钥都应符合示例 8 所提供示例的格式，结构和次序，用 ASCII 文本表示（见图 1）。

示例 8：

```
//BIG p
D0A0 2D76 D210 58DA 4D91 BBC7 30AC 9186 5CB4 036C CDA4 6B49 4650 16BB 6931 2F12
DF14 A0CC F38E B77C AD84 E6A1 2F2A A0D0 441A 734B 1D2B E944 5D10 BA87 609B 75E3.
//BIG q
8E00 82E3 C046 DFE6 C422 F44C C111 DBF6 ADEE 9467.
//BIG g
B08D 786D 0ED3 4E39 7C6B 3ACF 8843 C3BF BAB1 A44D 0846 BB2A C3EE D432 B270 E710
E083 B239 AF0E A5B8 693B F2FC A03B 6A73 E289 84FF 8623 1394 996F 6263 0845 AA94.
//BIG y
444B BA17 1758 0DAF 71AB 52A5 6CCA 8EAB 4C51 E970 0E37 B17B BB46 C0B9 4A36 F73F
0244 7FBD AE5B 7CA9 3870 5AB9 E9EE 471C E7B0 1004 6DF1 3505 42B3 0332 AE67 69C6.
```

图 1

文件应包括下面四个数据字符串：

“p” 这是第一个数据字符串，共有 32 个字符串块，每块字符串由四个字符组成。

“q” 这是第二个数据字符串，共有 10 个字符串块，每块字符串由四个字符组成。

“g” 这是第三个数据字符串，共有 32 个字符串块，每块字符串由四个字符组成。

“y” 这是第四个数据字符串，共有 32 个字符串块，每块字符串由四个字符组成，它就是数据服务商公开密钥。

每一个数据字符串应遵守下述格式：

a） 前面有一个标题线，标题线在开始处用“//”表示，标题线总是以这种次序出现；

b） 用 16 进制表示（0 ~ 9，A ~ F），任何字母字符均以大写表示；

c） 以点号. 表示结束；

d） 每四个字符之间用空格分开；

e） 每一个数据字符最后有一个线分割符终端（为了增加可读性，一些数据被分成两行）。

8.2 自我签名密钥格式

自我签名密钥由数据服务商创建，然后提交给系统管理员以获得数据服务商证书。自我签名密钥的格式与数据服务商证书的格式相同，但其本质的区别在于，自我签名密钥由数据服务商本身创建，而数据服务商证书由系统管理员创建和发布。

自我签名密钥文件应该按照示例 9 所提供示例的格式、结构和顺序使用 ASCII 文本书写（见图 2）。

示例 9：

```
//Signature part R：
752A  8E5C  3AF5  6CCD  7395  B52E  F672  E404  554F  AAB6.
//Signature part s：
1756  E5C0  F4B6  BC90  4EC6  5F94  DF93  3ADF  68B8  86C4.
//BIG p
D0A0  2D76  D210  58DA  4D91  BBC7  30AC  9186  5CB4  036C  CDA4  6B49  4650  16BB  6931  2F12
DF14  A0CC  F38E  B77C  AD84  E6A1  2F2A  A0D0  441A  734B  1D2B  E944  5D10  BA87  609B  75E3.
//BIG q
8E00  82E3  C046  DFE6  C422  F44C  C111  DBF6  ADEE  9467.
//BIG g
B08D  786D  0ED3  4E39  7C6B  3ACF  8843  C3BF  BAB1  A44D  0846  BB2A  C3EE  D432  B270  E710
E083  B239  AF0E  A5B8  693B  F2FC  A03B  6A73  E289  84FF  8623  1394  996F  6263  0845  AA94.
//BIG y
444B  BA17  1758  0DAF  71AB  52A5  6CCA  8EAB  4C51  E970  0E37  B17B  BB46  C0B9  4A36  F73F
0244  7FBD  AE5B  7CA9  3870  5AB9  E9EE  471C  E7B0  1004  6DF1  3505  42B3  0332  AE67  69C6.
```

图 2

文件应该包括下面六个数据字符串：

“R” 这是第一个数据字符，包括 10 块区域（每区域含四个字符），它是数据服务商公开密钥的数据服务商签名中的“R”元素。

“S” 这是第二个数据字符，包括 10 块区域（每区域含四个字符），它是数据服务商公开密钥的数据服务商签名中的“S”元素。

“p” 这是第三个数据字符，包括 32 块区域（每区域含四个字符）。

“q” 这是第四个数据字符，包括 10 块区域（每区域含四个字符）。

“g” 这是第五个数据字符，包括 32 块区域（每区域含四个字符）。

“y” 这是第四个数据字符，包括 32 块区域（每区域含四个字符），它就是数据服务商公开密钥。

每一个数据字符串应遵守下述格式：

a） 前面有一个标题线，标题线在开始处用“//”表示，标题线总是以这种次序出现；

b） 用 16 进制表示（0 ~ 9，A ~ F），任何字母字符均以大写表示；

c） 以点号. 表示结束；

d） 每四个字符之间用空格分开；

e） 每一个数据字符最后有一个线分割符终端（为了增加可读性，一些数据被分成两行）。

8.3 数据服务商证书的格式定义

数据服务商使用 512 字节的数字签名算法公开密钥。证书文件应该按照示例 10 的格式、结构、顺序使用 ASCII 文本书写(见图 3)。

示例 10:

```
//Signature part R:
8FD6  2AC7  27D2  8D0B  CD27  BDF2  5CC6  9656  10E3  751F.
//Signature part S:
3DE7  DA37  5A40  80FC  4203  5C6E  37DE  A984  2A88  2BDC.
//BIG p
D0A0  2D76  D210  58DA  4D91  BBC7  30AC  9186  5CB4  036C  CDA4 6B49  4650  16BB  6931  2F12
DF14  A0CC  F38E  B77C  AD84  E6A1  2F2A  A0D0  441A  734B  1D2B  E944  5D10  BA87  609B  75E3.
//BIG q
8E00  82E3  C046  DFE6  C422  F44C  C111  DBF6  ADEE  9467.
//BIG g
B08D  786D  0ED3  4E39  7C6B  3ACF  88843  C3BF  BAB1  A44D  0846  BB2A  C3EE  D432  B270  E710
E083  B239  AFDE  A5B8  693B  F2FC  A03B  6A73  E289  84FF  8623  1394  996F  6263  0845  AA94.
//BIG y
444B  BA17  1758  0DAF  71AB  52A5  6CCA  8EAB  4C51  E970  0E37  B17B  BB46  C0B9  4A36  F73F
0244  7FBD  AE5B  7CA9  3870  5AB9  E9EE  471C  E7B0  1004  6DF1  3505  42B3  0332  AE67  69C6.
```

图 3

文件应该包括下面六个数据字符串:

"R"是第一个数据字符,包括 10 块区域(每区域含四个字符),它是数据服务商公开密钥文件里的系统管理员签名的"R"元素。

"S"是第二个数据字符,包括 10 块区域(每区域含四个字符),它是数据服务商公开密钥文件里的系统管理员签名的"S"元素。

"p"是第三个数据字符,包括 32 块区域(每区域含四个字符),它是数据服务商公开密钥里面的"p"元素。

"q"是第四个数据字符,包括 10 块区域(每区域含四个字符),它是数据服务商公开密钥里面的"q"元素。

"g"是第五个数据字符,包括 32 块区域(每区域含四个字符),它是数据服务商公开密钥里面的"g"元素。

"y"是第四个数据字符,包括 32 块区域(每区域含四个字符),它是数据服务商公开密钥里面的"y"元素。

每一个数据字符串应遵守下述格式:

a) 前面有一个标题线,标题线在开始处用"//"表示,标题线总是以这种次序出现;

b) 用 16 进制表示(0 ~ 9,A ~ F),任何字母字符均以大写表示;

c) 以点号. 表示结束;

d) 每四个字符之间用空格分开;

e) 每一个数据字符最后有一个线分割符终端(为了增加可读性,一些数据被分成两行)。

8.4 数字证书的创建程序

8.4.1 生成 SSK 的程序

生成 SSK 的程序通常情况下被数据服务商执行一次,以便创建它自己的 SSK;然后 SSK 被发送到系统管理员,系统管理员使用它用来创建数据服务商证书。程序如下:

a) 使用算法 SHA-1 散列公开密钥文件,文件里面的所有字节都应进行散列;

b) 利用 DSA 数字签名算法通过私有密钥,公开密钥的文件的散列和一个随机字符串实现对公开密钥文件进行签名,这将返回两个签名元素("R"和"S");

c) 将这个自我签名密钥文件以 8.2 条定义的格式书写,然后将公开密钥文件附加到它的后面,这就形成了自我签名密钥文件。

8.4.2 鉴别 SSK 的程序

鉴别 SSK 的程序通常由系统管理员(SA)在创建和发布数据服务商证书之前执行。程序如下:

a) 提取数字签名元素"R"和"S",剩下的就是公开密钥文件内容;

b) 使用算法 SHA-1 散列公开密钥文件,文件里面的所有字节都应进行散列;

c) 核实这个签名,即 a)中移除掉的部分,通过将它、公开密钥文件、公开密钥文件的散列值传递给 DSA 数字签名算法进行,这将返回签名正确与否。

如果签名验证正确,系统管理员将产生数据服务商证书。

8.4.3 创建数据服务商证书的程序

创建数据服务商证书的程序通常由系统管理员在鉴别 SSK 以后创建数据服务商证书时执行。程序如下:

a) 从自我签名密钥文件中舍弃签名元素(即前两个元素以及它们的行头),剩下的就是公开密钥文件;

b) 使用算法 SHA-1 散列公开密钥文件,文件里面的所有字节都应进行散列;

c) 利用 DSA 数字签名算法通过系统管理员私有密钥,公开密钥的文件的散列和一个随机字符串实现对公开密钥文件进行签名,这将返回两个签名元素("R"和"S");

d) 书写"R"和"S"内容到证书文件,然后附加 a)中所得的结果,这就是数据服务商证书。

8.4.4 鉴别数据服务商证书的程序

鉴别数据服务商证书的程序通常在数据服务商使用从系统管理员获得的证书之前进行对其核实时执行。程序如下:

a) 从系统管理员网站获得系统管理员公开密钥;

b) 提取证书中的头两个数据字符,剩下的就是公开密匙文件;

c) 使用算法 SHA-1 散列公开密钥文件,文件里面的所有字节都应进行散列;

d) 核实 b)中移除掉的签名,通过将它,系统管理员公开密钥文件,公开密钥文件的散列值传递给 DSA 数字签名算法进行,这将返回签名正确与否。

如果数据服务商证书签名鉴别结果正确,它的签名元素"R"和"S"将用于构建电子航道图数字签名。

8.4.5 从签名文件中鉴别数据服务商证书的程序

从签名文件中鉴别数据服务商证书的程序通常由数据用户执行,在数据服务公开密钥被提取用于鉴别电子航道图签名之前,使用系统管理员公开密钥鉴别储存在电子航道图签名中的数据服务商证书时使用。鉴定程序如下:

a) 从签名文件中提取出来所期望的签名和证书;

b) 丢弃第一个签名部分(前两个数据字符串和它们的相应行头是电子航道图数据的数据服务签名),留下部分是证书;

c) 提取剩下的签名部分,即从 b)中获得的剩下的文件中的前两个数据字符串,这就是公开密钥文件；

d） 使用算法 SHA-1 散列公开密钥文件，文件里面的所有字节都应进行散列；

e） 通过传递 c）中提取的签名部分、系统管理员公开密钥，以及 d）中获得的公开密钥文件的散列值给 DSA 算法，对 c）中提取的签名部分进行核实，这将返回正确与否。

8.4.6 鉴别系统管理员数字证书的程序

鉴别系统管理员数字证书的程序通常在以下情况下执行：

a） 数据服务商核实系统管理员公开密钥时，该系统管理员公开密钥用于鉴别数据服务商证书；

b） 数据用户核实系统管理员公开密钥时，该系统管理员公开密钥用于鉴别电子航道图数据的数字签名。

程序如下：

a） 手动比较独立安装的系统管理员数字证书中的系统管理员公开密钥和从系统管理员网站上获得的公开密钥；

b） 如果上面的检查失败，系统将不会接受系统管理员数字证书；

c） 相反，如果系统管理员数字证书合法，它所包含的数据服务公开密钥可以用于核实电子航道图签名文件。

8.4.7 更新系统管理员数字证书的程序

系统管理员在下列情况下将会出版和提供一个新的系统管理员数字证书：

a） 当系统管理员数字证书过期的时候，这种情况下证书不应该包括已经变化的公开密钥；

b） 当系统管理员私有密钥出现安全问题的时候，在这种情况下，系统管理员数字证书应该包括一个新的公开密钥。

系统管理员将出版它的新的数字证书，并在系统管理员的网站上公布公开密钥。所有数据服务商和设备制造商将会立即得到通知，将会收到新的数字证书的复制品。

数据服务商和设备制造商共同负责将新的系统管理员数字证书以及新的系统管理员公开密钥通知给数据客户。

当一个新的系统管理员数字证书或者公开密钥发布的时候，通常由该保护方案的所有用户执行该程序。如下执行：

a） 从系统管理员网站上获得新的系统管理员数字证书以及可印刷的系统管理员公开密钥；

b） 应用程序应该下载新的系统管理员数字证书，核对公开密钥是否与印刷的公开密钥一致，只有完成这些操作后，应用程序才认为该管理员公开密钥才是正确的；

c） 使用新发布的证书替代存在的系统管理员数字证书。

8.4.8 创建 PQG 签名参数的程序

创建 PQG 签名参数的程序通常由系统管理员和数据服务商在创建公开和私有密钥对的时候执行。尽管由数据服务商创建的 PQG 参数不必与包含在系统管理员公开密钥和系统管理员数字证书中的一致，但是使用的密钥长度必须一致。

9 数字签名

9.1 数字签名文件格式

数字签名文件的格式与数据服务商证书文件相同。数字签名应该按照示例 11 的格式、结构、顺序使用 ASCII 文本书写（见图 4）。

示例 11：

//Signature part R：

582F 9DE1 FCA6 A6A9 9BF7 CE24 72EF 9DE5 7613 B11C.

46FF 7302 FDF7 CBDF 2193 43B4 337C B6ED E146 E73E.

//BIG p

FCA6 82CE 8E12 CABA 26EF CCF7 110E 526D B078 B05E DECB CD1E B4A2 08F3 AE16

17AE 01F3 5B91 A47E 6DF6 3413 C5E1 2ED0 899B CD13 2ACD 50D9 9151 BDC4 3EE7

3759 2E17.

//BIG q

962E DDCC 369C BA8E BB26 0EE6 B6A1 26D9 346E 38C5.

//BIG q

6784 71B2 7A9C F44E E91A 49C5 147D B1A9 AAF2 44F0 5A43 4D64 8693 1D2D 1427

1B9E 3503 0B71 FD73 DA17 9069 B32E 2935 630E 1C20 6235 4D0D A20A 6C41 6E50

BE79 4CA4.

//BIG y

AA25 DF9E C3CA 96B7 9D01 3ED8 D572 D47C B3F3 80D0 731D EA47 B106 26BA C387 C1FA 3C33

EC55 6845 3744 76BE 5825 6E07 A74D 607F 7A5E 7B7E 3455 71D8 2110 4C8A C4BF.

图 4

数字签名文件应包含下面的六个数据字符串：

“R”这是第一个数据字符，包括 10 块区域（每区域含四个字符），它包含数字签名中的“R”部分。

“S”这是第二个数据字符，包括 10 块区域（每区域含四个字符），它包含数字签名中的“S”部分。

“p”这是第三个数据字符，包括 32 块区域（每区域含四个字符），用来核实数字签名。

“q”这是第四个数据字符，包括 10 块区域（每区域含四个字符），用来核实数字签名。

“g”这是第五个数据字符，包括 32 块区域（每区域含四个字符），用来核实数字签名。

“y”这是第四个数据字符，包括 32 块区域（每区域含四个字符），用来核实数字签名。

每一个数据字符串应遵守下述格式：

a） 前面有一个标题线，标题线在开始处用“//”表示，标题线总是以这种次序出现；

b） 用 16 进制表示（0～9，A～F），任何字母字符均以大写表示；

c） 以点号.表示结束；

d） 每四个字符之间用空格分开；

e） 每一个数据字符最后有一个线分割符终端（为了增加可读性，一些数据被分成两行）。

9.2 电子航道图数字签名文件格式

发布电子航道图信息的数据服务商总是在电子航道图数字签名文件中创建签名/证书对。数据用户需要核实签名文件中的签名/证书对。签名文件必须包括签名和证书对。仅有签名的文件是非法的，因为它不能证明数据服务商的身份。

电子航道图数字签名文件应遵守示例 12 的格式、结构和次序（见图 5）。

示例 12：

//Signature part R：

63E8 A27F 85FB 7553 C80C E201 64E0 FB6A E8FB 20CE.

//Signature part S：

8A66 7CCC 24BA F358 CF3F BAA3 BE84 745B 5C3F 8E27.

//Signature part R：

582F 9DE1 FCA6 A6A9 9BF7 CE24 72EF 9DE5 7613 B11C.

//Signature part S：

46FF 7302 FDF7 CBDF 2193 43B4 337C B6ED E146 E73E.
//BIG p
FCA6 82CE 8E12 CABA 26EF CCF7 110E 526D B078 B05E DECB CD1E B4A2 08F3 AE16
17AE 01F3 5B91 A47E 6DF6 3413 C5E1 2ED0 899B CD13 2ACD 50D9 9151 BDC4 3EE7
3759 2E17.
//BIG q
962E DDCC 369C BA8E BB26 OEE6 B6A1 26D9 346E 38C5.
//BIG g
6784 71B2 7A9C F44E E91A 49C5 147D B1A9 AAF2 44F0 5A43 4D64 8693 1D2D 1427
1B9E 3503 0B71 FD73 DA17 9069 B32E 2935 630E 1C20 6235 4D0D A20A 6C41 6E50
BE79 4CA4.
//BIG y
AA25 DF9E C3CA 96B7 9D01 3ED8 D572 D47C B3F3 80D0 731D EA47 B106 26BA C387 C1FA
3C33 EC55 6845 3744 76BE 5825 6E07 A74D 607F 7A5E 7B7E 3455 71D8 2110 4C8A C4BF.

图 5

文件以下面的次序包含数据字符串：

“R”这是第一个数据字符，包括 10 块区域（每区域含四个字符），它是电子航道图签名中的数据服务商签名的“R”部分。

“S”这是第二个数据字符，包括 10 块区域（每区域含四个字符），它是电子航道图签名中的数据服务商签名的“S”部分。

“R”这是第三个数据字符，包括 10 块区域（每区域含四个字符），它是数据服务商公开密钥中的系统管理员签名的“R”部分。

“S”这是第四个数据提字符，包括 10 块区域（每区域含四个字符），它是数据服务商公开密钥中的系统管理员签名的“S”部分。

“p”这是第五个数据字符，包括 32 块区域（每区域含四个字符）。

“q”这是第四个数据字符，包括 32 块区域（每区域含四个字符）。

“g”这是第五个数据字符，包括 32 块区域（每区域含四个字符）。

“y”这是第四个数据字符，包括 32 块区域（每区域含四个字符），它是数据服务商的公开密钥。

注意：

a） 头两个“R”和“S”数据字符串是数据服务商电子航道图签名；

b） 文件剩下的部分与数据服务商证书一致。

每一个数据字符串应遵守下述格式：

a） 前面有一个标题线，标题线在开始处用“//”表示，标题线总是以这种次序出现；

b） 用 16 进制表示（0 ~ 9，A ~ F），任何字母字符均以大写表示；

c） 以点号. 表示结束；

d） 每四个字符之间用空格分开；

e） 每一个数据字符最后有一个线分割符终端（为了增加可读性，一些数据被分成两行）。

第二个“R”和“S”用来核实数据服务商数字证书（p，q，g，y 字符串）。如果核实成功，数据服务商公开密钥（y 字符串）可以被提取出来，用于核实加密的电子航道图的数字签名（头两个“R”和“S”）。允许数据用户核实系统管理员数字证书，提取数据服务商公开密钥，核实电子航道图数据的数字签名。

9.3 数字签名的创建程序

9.3.1 签名电子航道图文件的程序

签名电子航道图文件的程序由数据服务商执行，以对他们的电子航道图数据文件进行数字签名。在

签名前,电子航道图文件必须被压缩和加密。程序如下:

a) 使用 SHA-1 算法散列所需的电子航道图文件(基本和更新文件),进行散列以前海图单元必须进行压缩和加密,文件里面的所有字节都应被散列;

b) 将 a)中得到的散列值、数据服务商私有密钥和随机字符串传递给 DSA 数字签名算法,将会返回两个签名参数("R"和"S");

c) 写在签名文件里面作为头两个数据的字符串应符合 9.2 所定义的格式,文件的剩下部分由数据服务商证书组成,数据服务商证书包含与用于创建签名的私有密钥相关的公开密钥。

9.3.2 鉴定电子航道图数字签名文件的程序

鉴定电子航道图数字签名文件的程序通常由数据服务商为了核实电子航道图数字签名而执行。它认为数据用户已经鉴别系统管理员证书和签名文件中的数据服务商证书。程序如下:

a) 从与电子航道图文件唯一相关的签名文件中提取签名和证书,剩下的就是数据服务公开密钥文件;

b) 从 a)中的输出结果中提取签名部分(头两个数据字符串以及他们的相应部分),剩下的是证书;

c) 使用 SHA-1 算法散列所需电子航道图文件,文件里面的所有字节都被散列;

d) 核实签名部分,通过传递签名,数据服务公开密钥,电子航道图文件的散列值给 DSA 数字签名算法,将返回正确与否。

如果电子航道图签名鉴定不正确,数据用户将不能解密电子航道图,因为它的来源不能得到核实,如果电子航道图鉴定正确,则电子航道图能被解密。

10 加密

10.1 一般要求

每一个电子航道图单元文件使用一个单元密钥加密。同一个单元密钥可以用来加密电子航道图同一版本的所有更新文件。单元密钥以单元许可证的形式传送给数据用户。

电子航道图数据文件的所有内容应加密,用户许可证和单元许可证也应加密。

10.2、加密电子航道图基本单元文件的程序

加密电子航道图基本单元文件的程序应由数据服务商执行,电子航道图文件应在加密之前被压缩。程序如下:

a) 选择加密所需的单元密钥(参照下面的条件);

b) 使用 a)中得到的单元密钥,利用 Blowfish 算法加密电子航道图文件,形成加密的电子航道图文件。

选择的加密密钥必须遵守下面的条件:

a) 产生电子航道图单元第一版本的 CK1 和 CK2,CK1 用于加密电子航道图单元;

b) 对现有的电子航道图单元的新版本,必须使用现存的 CK2 密钥加密电子航道图,然后现存的 CK2 变成 CK1,然后产生 CK2,用于电子航道图单元的下一版本;

c) 对于电子航道图单元新发布版本必须使用当前的 CK1 进行加密;

d) 更新文件必须使用与应用与基本单元的相同的单元密钥加密。

10.3 解密电子航道图基本单元文件的程序

解密电子航道图基本单元文件的程序通常由数据用户按如下步骤执行:

a) 选择适当的 CK1 或 CK2 作为密钥;

b) 使用 a)中得到的密钥,利用 Blowfish 算法解密加密的电子航道图基本单元文件,从而产生解密后的电子航道图基本单元文件。

10.4 加密电子航道图更新文件的程序

加密电子航道图更新文件的程序通常由数据服务商执行。加密以前必须对电子航道图文件进行压缩。程序如下:

a) 选择用于加密源电子航道图基本单元文件的密钥给更新文件应用;
b) 将 a)中得到的密钥作为密钥,利用 Blowfish 算法加密电子航道图更新文件(电子航道图更新文件在加密之前应该压缩)。

10.5 解密电子航道图更新文件的程序

解密电子航道图更新文件的程序通常由数据用户按如下步骤执行:

a) 选择适当的 CK1 或 CK2 作为密钥;
b) 使用 a)中得到的密钥,利用 Blowfish 算法解密加密的电子航道图更新文件,从而产生解密后的电子航道图更新文件。

10.6 使用基本许可证文件选择单元密钥的程序

使用基本许可证文件选择单元密钥的程序通常由数据用户执行,用于决定使用单元许可证提供的哪一个单元解密。这个程序对电子航道图基本单元和更新单元都适用。使用单元许可证文件来解密时,需要数据用户的应用系统使用试错法来决定使用哪一个单元密钥,这与使用元许可证文件解密时是不同的。程序如下:

a) 将 CK1 作为解密密钥,利用 Blowfish 算法,对电子航道图文件解密;
b) 解压缩电子航道图文件,如果解压成功,则电子航道图文件被解密完毕,可以使用;
c) 如果解密不成功,将 CK2 作为解密密钥,利用 Blowfish 算法,对电子航道图文件解密;
d) 解压缩电子航道图文件,如果解压成功,则电子航道图文件被解密完毕,可以使用;
e) 如果解密再次不成功,这就意味着单元许可证文件中不包括合法的单元密钥;数据客户应该从数据服务商那里获得新的单元许可证。

10.7 使用元许可证文件选择单元密钥

这个程序通常由数据用户执行,用于决定使用哪一个单元许可证提供的单元密钥解密。这个程序对电子航道图基本单元和更新单元都适用。元许可证文件的使用将会减少数据客户应用程序选择适当的单元密钥的试错次数。程序如下:

a) 从 CATALOG.031 文件中 CATD-COMT 字段获得电子航道图文件的版本;
b) 从元许可证文件中的单元许可证记录中获得 EDTN 数字,EDTN 表明应用哪一版本的 CK1;
c) 如果从 a)和 b)中得到的版本数字相同,Ck1 应该用于解密 ENC;CK1 作为解密密钥,利用 Blowfish 算法,解密电子航道图基本单元文件;
d) 如果从 a)中获得的版本数字比 b)中的低,则元许可证文件包含的单元密钥用于电子航道图的更新版本,数据用户应该从数据服务商获得更新版本的电子航道图;
e) 如果从 a)中获得的版本数字比 b)中的高,数据用户可以尝试使用 CK2 解密电子航道图。数据用户也应该从数据服务商那里获得更新的单元许可证。数据用户使用 CK2 作为解密密钥,利用 Blowfish 算法,解密电子航道图基本单元解压所得的电子航道图文件。如果解压成功,则电子航道图文件被解密完毕,可以使用。如果解密不成功,这就意味着单元许可证文件中不包括合法的单元密钥。数据客户应该从数据服务商那里获得新的单元许可证。

电子航道图设备制造商负责确保应用程序适当管理单元许可证。多个数据服务商可以提供相关的单元许可证给一个电子航道图服务。因此应用程序必须能够管理来自多个数据服务商的单元许可证。也可以允许同一个电子航道图单元来源于多个数据提供者,来源于同一个数据服务商的单元许可证不可能用来解密来源于另一个数据服务商的电子航道图。

第一批需严格执行的

Jiaotong Yunshu Xinxihua Biaozhun Huibian

交通运输信息化标准汇编

（第五分册）

本社汇编

人民交通出版社

图书在版编目(CIP)数据

交通运输信息化标准汇编/人民交通出版社编.—北京:人民交通出版社,2011.9

ISBN 978-7-114-09379-1

I.①交… II.①交… III.①交通运输—信息技术—标准—汇编—中国 IV.①U495-65

中国版本图书馆CIP数据核字(2011)第179688号

第一批需严格执行的

书　　名:交通运输信息化标准汇编(第五分册)

著 作 者:本社汇编

责任编辑:李　萍　李　农

出版发行:人民交通出版社

地　　址:(100011)北京市朝阳区安定门外外馆斜街3号

网　　址:http://www.ccpress.com.cn

销售电话:(010)59757969,59757973

总 经 销:人民交通出版社发行部

经　　销:各地新华书店

印　　刷:北京市密东印刷有限公司

开　　本:880×1230　1/16

印　　张:28.25

字　　数:826千

版　　次:2011年9月　第1版

印　　次:2011年9月　第1次印刷

书　　号:ISBN 978-7-114-09379-1

总 定 价:700.00元(共五册)

总 目 次

ICS 03.220.01
R 07

中华人民共和国国家标准

GB/T 1836—1997
idt ISO 6346:1995

集装箱代码、识别和标记

Freight containers—Coding, identification and marking

1997-06-27 发布　　　　1997-12-01 实施

国家技术监督局　发布

目　次

前 言

本标准是根据国际标准化组织 ISO 6346:1995《集装箱代码、识别和标记》进行制定的,在技术内容上和编写上与之等同。所不同的是本标准按照 GB/T 1.1—1993《标准化工作导则 第1单元:标准的起草与表述规则 第1部分:标准编写的基本规定》将 ISO 6346 的格式作了一些变动。

本标准代替了 GB 1836—1985《集装箱标记代号》。

本标准的附录 A、附录 B、附录 C、附录 D、附录 E、附录 F 都是标准的附录。

本标准的附录 G 是提示的附录。

本标准由中华人民共和国铁道部提出。

本标准由全国集装箱标准化技术委员会归口。

本标准起草单位:铁道部标准计量研究所。

本标准主要起草人:费名申。

ISO 前言

国际标准化组织(ISO)是各国国家标准机构(ISO 成员团体)共同组成的世界性联合机构。国际标准的起草工作一般是通过 ISO 所属的各技术委员会进行的。每一成员团体都有权派代表参加其所关心课题的技术委员会。各政府性和非政府性的国际组织,凡与 ISO 有联络关系的也都参加这项工作。ISO 在所有电器标准化方面与国际电工委员会(IEC)保持密切合作。

各技术委员会拟定的国际标准草案,先分发给各成员团体征求意见,至少要有 75% 的成员团体投赞成票才能发布为国际标准。

国际标准 ISO 6346 是由 ISO/TC104 集装箱技术委员会 SC4 第 4 分委员会负责起草的。

ISO 6346 第三版在技术上作了修改后废止并代替了第二版 ISO 6346:1984。

附录 A、B、C、D、E 和 F 都是本标准的一个组成部分,而附录 G 只是标准的参考件。

中华人民共和国国家标准

GB/T 1836—1997
idt ISO 6346:1995
代替 GB 1836—1985

集装箱代码、识别和标记

Freight containers—Coding, identification and marking

1 范围

1.1 本标准规定了集装箱识别系统、尺寸和箱型代码及其相关标记和标记的标打方法等。

本标准规定的识别标记包括:供目视判读所必备的识别标记和供自动设备识别(AEI)及电子数据交换(EDI)用的可择性识别标记。

1.2 本标准适用于已列入 ISO 668、ISO 1496/1 至 1496/5 和 ISO 8323 等项标准的各种集装箱。也适用于未列入本标准第 2 章的其他集装箱和与集装箱有关的其他设备。

注:已按 ISO 6346 过去版本标打标记的集装箱无需另作标记。

1.3 本标准不包括那些非 ISO 政府间协定、国家法规或民间组织所要求任何种类的临时作业标记、永久标志和数据标牌等。

注:某些重要的国际公约所制定涉及集装箱标记的要求未编入本标准,如:

——国际集装箱安全公约(CSC,UN/IMO1992);

——集装箱海关公约(CCC,1956 和 1972 年版);

——国际道路货运公约(TIR 协定)1959 和 1975 年版。

本标准不包括以上条约的具体内容。

本标准不包括罐式集装箱(ISO 1496/3)技术数据的显示,也不包括识别箱内货物的标记以及有关货物安全方面的标记。

2 引用标准

下列标准所包含的条文,通过在本标准中引用而构成为本标准的条文。本标准出版时,所示版本均为有效。所有标准都会被修订,使用本标准的各方应探讨使用下列标准最新版本的可能性。

ISO 668:1988	系列 1 集装箱——分类、尺寸和额定质量
ISO 1496/1:1990	系列 1 集装箱——技术条件和试验方法——第 1 部分:一般货物通用集装箱
ISO 1496/2:1988	系列 1 集装箱——技术条件和试验方法——第 2 部分:保温集装箱
ISO 1496/3:1995	系列 1 集装箱——技术条件和试验方法——第 3 部分:液体、气体和承压干散货罐式集装箱
ISO 1496/4:1991	系列 1 集装箱——技术条件和试验方法——第 4 部分:无压干散货集装箱
ISO 1496/5:1991	系列 1 集装箱——技术条件和试验方法——第 5 部分:平台和台架式集装箱
ISO 8323:1985	系列 1 集装箱——空/陆水联运通用集装箱——技术条件和试验方法
ISO 10374:1991	集装箱——设备的自动识别

3 识别系统和识别标记

3.1 识别系统

识别系统由以下几部分组成,它们必须同时使用:

——箱主代码:3 个拉丁字母;

——设备识别码:1 个拉丁字母;

——箱号:6 位数字;

——校验码:1 位数字。

3.1.1 箱主代码

集装箱箱主代码由经国际集装箱局(BIC)注册的三个大写拉丁字母组成。可按附件 G(提示的附录)所示的国家机构进行登记注册,凡国内设有 BIC 注册机构的国家,可通过该机构在国内注册,也可直接向国际集装箱局登记,其详细地址如下:

Bureau International des Corteneurs

167, rue de Courcelles

75017 Paris, FRANCE

3.1.2 设备识别码

设备识别码是由 1 个大写拉丁字母表示:

——U 表示所有的集装箱;

——J 表示集装箱所配置的挂装设备;

——Z 表示集装箱拖挂车和底盘挂车。

3.1.3 箱号

箱号由 6 位阿拉伯数字组成。如果不足 6 位时,应在前面置 0 以补足 6 位(例如:箱号为 1234 时,则以 001234 表示)。

3.1.4 校验码(核对数字)

校验码是用来检验箱主代码和箱号传递的准确性,可按附录 A(标准的附录)所列的方法,通过箱主代码、设备识别码和箱号来求得。

3.2 识别标记

在 3.1 所列的箱主代码、设备识别码、箱号和校验码均属必备识别标记。它们应按照 6.1 和 6.2.1 所规定的字体大小、字型和布局要求,并按照便于作业人员视读的位置紧凑排列。

4 尺寸和箱型代码及其相关标记

4.1 目的

集装箱的外部尺寸和类型均需在箱体上标出以便识别。对那些在 ISO 1496 中提及的具备从箱顶起吊、搬运和堆码作业等条件的集装箱均应按照 4.2.1 和 4.2.2 的要求标出尺寸和箱型代码。

4.2 尺寸和箱型代码

第 2 章所列各项国际标准中的集装箱标记均属强制性识别标志,必须按 4.2.1 和 4.2.2 的规定标打。

尺寸和箱型代码在箱体上标打时,应作为一个整体使用,不得拆开分列。

尺寸和箱型代码的标打应符合第 6 章的规定。

4.2.1 尺寸代码

集装箱的尺寸(指外部尺寸)代码必须用两位字符表示:

——第 1 位:用数字或拉丁字母表示箱长;

——第 2 位:用数字或拉丁字母表示箱宽和箱高。

上述规定的细节详见附录 D(标准的附录)。

4.2.2 箱型代码

集装箱的箱型及其特征由两位字符表示:

——第 1 位:由 1 个拉丁字母表示箱型;

——第2位:由1个数字表示该型箱的特征。

上述两字符的细节详见附录E。

注:作为交换数据,如果不需要表示具体特征,可按附录E(标准的附录)表格中的组代码(Type group code)示出。

5 作业标记

作业标记不同于上述用于数据传递或其他用途的代码。它标打在箱体上仅是为提供某些信息或视觉的警示。

5.1 必备的作业标记

5.1.1 最大总质量和空箱质量

最大总质量和空箱质量按如下方式在箱体上标出:

最大总质量(MAX GROSS)	00	000	kg
	00	000	1b
空箱质量(TARE)	00	000	kg
	00	000	1b

为安全起见,应按照ISO 1496所包括的第1、2、3、4或5各个部分所列试验要求进行测试,并标出它的最大总质量。

按本标准规定,标打在集装箱上的“最大总质量”应与国际集装箱安全公约(CSC)所列标牌完全一致。

如上所述,质量的单位用kg和1b来表示。

5.1.2 空/陆水联运集装箱标记

所有空/陆水联运集装箱应按附录B(标准的附录)的规定标打标记。

5.1.3 箱顶防电击警示标记

所有装有梯子的集装箱应按附录C(标准的附录)的规定标打箱顶防电击警示标记。

5.1.4 箱高超过2.6m(8ft6in)的集装箱高度标记

所有超过2.6m(8ft6in)高的集装箱均应标打下列必备标记:

a)按附录F(标准的附录)的规定,必须在集装箱两侧标打集装箱高度标记;

b)在箱体每端和每侧角件间的顶梁及上侧梁上标打长度至少为300mm(12in)的黄黑斜条的条形标记,以便在地面或高处能清晰识别(见图5)。

5.2 可择性作业标记(最大净货载)

根据工业上的需要,除了标打集装箱最大总质量和空箱质量外,还可标打最大净货载的数据。具体标打位置如下:

最大总质量(MAX GROSS)	00	000	kg(00	000	1b)
空箱质量(TARE)	00	000	kg(00	000	1b)
净货载(NET)	00	000	kg(00	000	1b)

6 标记的标打方法

6.1 标记的尺寸和颜色

箱主代码、设备识别码、箱号和核对数字的字体高度不得小于100mm(4in)。

最大总质量和空箱质量的字体高度不得小于50mm(2in)。

所有字体的宽度和笔划粗细应匀称,其颜色应与箱体颜色有明显差别。

6.2 标记的排列和位置

本条款适用于“封闭式”箱体。其他箱型也尽可能按“封闭式”箱体布置。

6.2.1 标记的排列

6.2.1.1 必备识别标记

箱主代码、设备识别码、箱号和校验码的排列最好是横向单行排列(见图1)。若因箱体结构的原因不能实现横向单行排列,则可采取竖向排列(见图2)。

尺寸和箱型代码按横向单行排列在箱主代码、设备识别码、箱号和校验码的下面(见图1)。

如果箱主代码、设备识别码、箱号和校验码为竖向排列,则尺寸和箱型代码应在其附近相应排列(见图2和图3)。

对某些专用集装箱,如果按横向单行排列或竖向单行排列有困难时,则可分组按图3和图4的方式排列。

对那些专用箱,如果按单横排或单竖排有困难,而又是按图4方式分组横排时,其尺寸和箱型代码要排在箱主代码等的下面。

尺寸和箱型代码应作为一个整体来示出(见4.2)。

箱主代码与设备识别码紧联一起与箱号之间至少应有一个字符的间隔。箱号与校验码之间也应有一个字符的间隔,校验码应设在方框之内。

例如:

ISO 1496中带有透气孔的通用集装箱,其箱长为6 058mm,箱宽为2 438mm,箱高为2 591mm,箱主注册代码为ABZ,设备识别码为U,箱号为001234,则可按图1至图4所示布置排列。

(箱主代码和设备识别码)	(箱　号)	(校验码)
ABZU	001234	[3]
	22G1	
	(尺寸代码)　(箱型代码)	

图1　必备识别标记——横向排列

(箱主代码)	A		
	B		
	Z		
(设备识别码)	U	2	(尺寸代码)
		2	
(箱号)	0	G	(箱型代码)
	0	1	
	1		
	2		
	3		
	4		
(校验码)	[3]		

图2　必备识别标记——竖向排列

		（箱　号）		
（箱主代码）	A	0	2	（尺寸代码）
	B	0	2	
	Z	1	G	（箱型代码）
（设备识别码）	U	2	1	
		3		
		4		
（校验码）		[3]		

图3　必备识别标记——多柱式竖向排列

（箱主代码和设备识别码）	ABZU
（箱　号）	001
	234
（校验码）	[3]
（尺寸和箱型代码）	22G1

图4　必备识别标记——分组横向排列

6.2.1.2　必备作业标记

集装箱最大总质量和空箱质量应按5.1.1的规定排列。

空/陆水联运集装箱标记应按附录B(标准的附录)的要求示出。箱顶防电击警示标记应按附录C(标准的附录)的要求示出。

箱高超过2.6m的集装箱高度标记应按附录F(标准的附录)的要求示出。

6.2.1.3　可择性作业标记(最大净货载)

需要表示最大净货载时应按5.2的规定示出。

6.2.2　标记的位置

6.2.2.1　必备的识别标记

3.1和4.2所列的箱主代码、设备识别码、箱号、校验码和尺寸与箱型代码等必备标记均应按图所示的位置标示。

6.2.2.2　作业标记

5.1.1所列的最大总质量和空箱质量等必备作业标记应尽量按图5所示的要求示出。

空/陆水联运集装箱的识别标记位置按附录B(标准的附录)的要求示出。

箱顶防电击警示标记的位置按附录C(标准的附录)的要求示出。

集装箱高度警示标记的位置应按附录F(标准的附录)的要求示出。

5.2所列的最大净货载的可择性作业标记也尽量按图5的要求示出。

6.2.2.3　其他标记和装置

在本标准规定外的标记可在不妨碍本标准所列标记的前提下适当安排。

用于自动设备识别(AEI)的码板的位置按 ISO 10374 的规定安排。

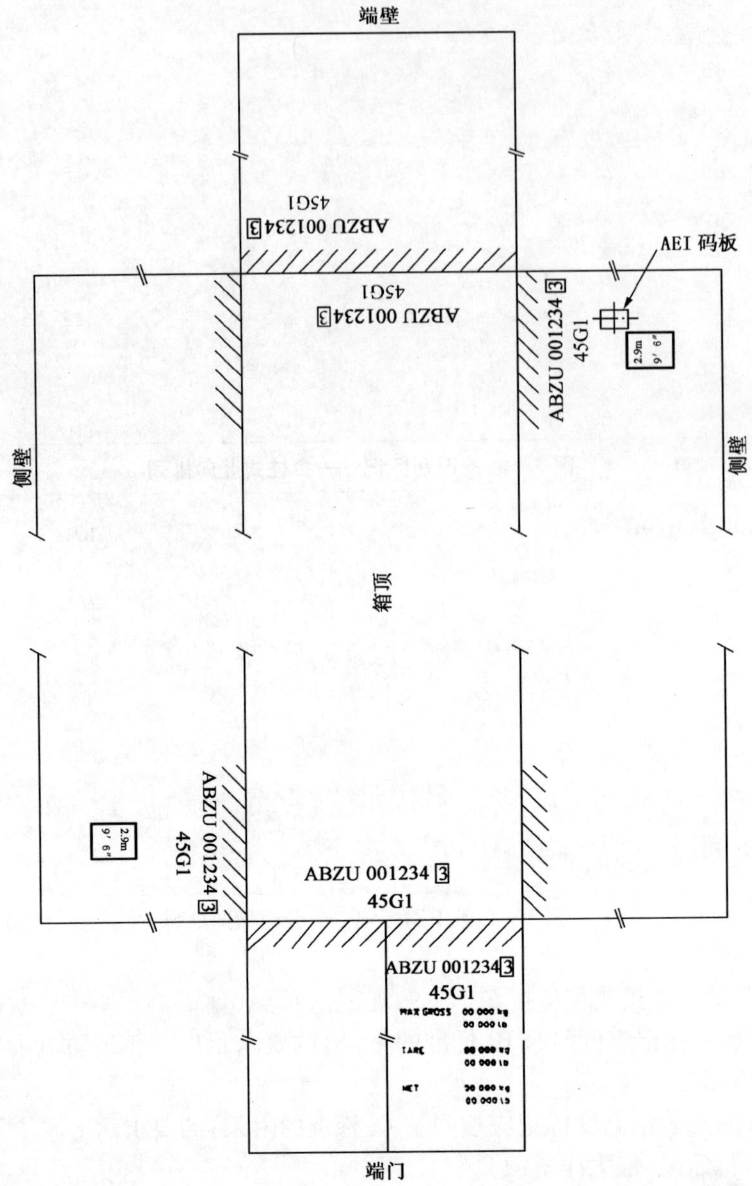

注

1 靠近顶角件标打长度至少为 300mm(12in) 的黄黑斜条的条形标记。

2 在箱顶和箱前（端壁）标打的尺寸和箱型代码是可择性的。

3 设置 AEI 码板是可择性的。

4 净货载 (NET) 标记是可择性的。

图 5　必备的和可择性标记的位置

附 录 A
(标准的附录)
校验码(核对数字)的确定

集装箱识别系统的校验码是按下列 A1 至 A4 规定的程序来确定。A5 仅是校验码的验算示例。

A1 集装箱箱主代码、设备识别码和箱号的等效数值

箱主代码、设备识别码的每个字符和箱号的每个数字均应按表 A1 依次规定出一个等效数值。

表 A1 等 效 数 值

箱主代码/设备识别码				箱 号
字符	等效数值	字符	等效数值	数字或等效数值1)
A	10	N	25	0
B	12	O	26	1
C	13	P	27	2
D	14	Q	28	3
E	15	R	29	4
F	16	S	30	5
G	17	T	31	6
H	18	U	32	7
I	19	V	34	8
J	20	W	35	9
K	21	X	36	
L	23	Y	37	
M	24	Z	38	

1)箱号数字与等效数值完全相同。

注:表中省略了等效数值 11、22 和 33,因它们是模数 11 的倍数(见 A3)。

A2 加权系数

按 A1 确定的每一个等效数值应乘以 $2^0 \sim 2^9$ 的加权系数。加权系数 2^0 用于箱主代码的第一个字符,然后以 2 到 2^9 的乘方依次与其后各等效数值相乘,最后以 2^9 与箱号最后一位数字相乘。

A3 模数

根据 A2 乘积的总和除以模数 11。

A4 校验码

按照 A3 相除后得出的余数,从表 A2 查出的数值即为校验码。

表 A2 校验码

余数	校验码	余数	校验码
10	0	4	4
9	9	3	3
8	8	2	2
7	7	1	1
6	6	0	0
5	5		
注:因余数 10 和 0 的校验码相同,为避免重复,建议不使用余数等于 10 的箱号。			

A5 校验码的验算示例

步骤　　计算

I 箱主代码　　　设备识别码　箱　号

Z	E	P	U	0	0	3	7	2	5

II 等效数值

38	15	27	32	0	0	3	7	2	5

III 加权系数

1	2	4	8	16	32	64	128	256	512

IV 第 II 和第 III 行的乘积

38	30	108	256	0	0	192	896	512	2 560

第 IV 行的乘积之和等于 4 592。

乘积之和除以模数 11 等于 417 $\frac{5}{11}$。

余数是 5,查表 A2 得出校验码正好是 5。

附 录 B

(标准的附录)

空/陆水联运集装箱标记

此标记用于空/陆水联运集装箱并指明其堆码限制。

此标记应设在集装箱端壁、侧壁左上角和顶部的适当位置(见 ISO 8323)。

飞机标记的高度不得小于 130 mm(5in),长度不得小于 360 mm(14in)。堆码标记高度不得小于 280 mm(11in),宽度不得小于 260 mm(10in)。这是一个推荐的尺寸比例。大写字母其高度不得小于 80 mm(3in)。

标记的颜色为黑色。如果标记的颜色与箱体颜色较接近不能清晰显示时,则可选择适当底色,最好用白色作为底色。

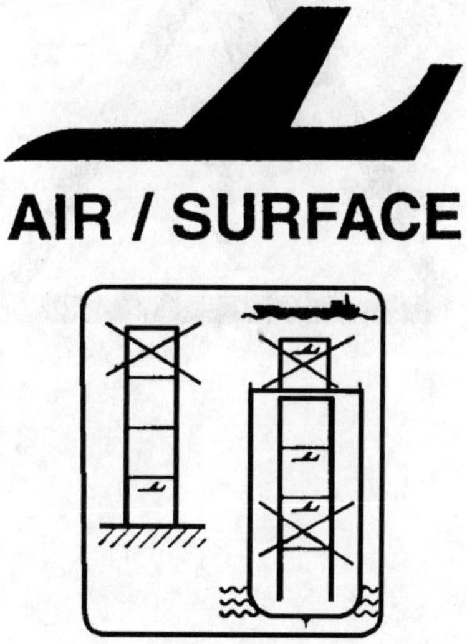

附 录 C
（标准的附录）
箱顶防电击警示标记

凡装有登顶梯子的集装箱均应标打箱顶防电击警示标记，该标记应为黄底黑色标符，并用黑边框圈住（见下图）。

闪电箭头的高度至少为 175 mm(6.875 in)。

警示标记的黑边框外侧每侧长度不得少于 230 mm(9 in)。

标记应设在架设梯子的附近。

附 录 D
（标准的附录）
尺 寸 代 码

由两位字母和数字混合编制的集装箱尺寸代码按下列所述选定。

——第1个字符代表箱长（按表D1选定）；

——第2个字符代表箱宽和箱高（按表D2选定）。

表D1　第1个字符尺寸代码

箱长		代码	箱长		代码
mm	ft in		mm	ft in	
2 991	10	1	7 450	—	D
6 058	20	2	7 820	—	E
9 125	30	3	8 100	—	F
12 192	40	4	12 500	41	G
未定号		5	13 106	43	H
未定号		6	13 600	—	K
未定号		7	13 716	45	L
未定号		8	14 630	48	M
未定号		9	14 935	49	N
7 150		A	16 154	—	P
7 315	24	B	未定号		R
7 430	24 6	C			

表D2　第2个字符尺寸代码

箱高		代码		
		箱宽		
mm	ft in	2 438 mm (8ft)	>2 438mm和≤2 500mm	>2 500mm
2 438	8	0		
2 591	8 6	2	C	L
2 743	9	4	D	M
2 896	9 6	5	E	N
>2 896	>9 6	6	F	P
1 295	4 3	8		
≤1 219	≤4	9		

附 录 E
(标准的附录)
箱 型 代 码

E1 表E1规定了集装箱箱型及其有关特性的识别代码,这些代码主要用于集装箱保有量的统计和作业数据的交换。

要把所有带有各种特性的集装箱全部纳入下表的细代码内是不可能的,总有个别的未被列入,这有待于今后进一步补充和完善。

E2 表E1中的备用号是为某些具有重要特性而尚未列入本箱型代码表的集装箱所预留的。建议在ISO/TC104分委会编定其代码之前,先选用表中适当栏内的最前备用号。

E3 对某些特性尚未确定或不明确的集装箱,可选取表E1中规定的组代码(group code)。

表E1 箱型代码

代码	箱 型	组代码	集装箱主要特性	细代码
G	通用集装箱 ——无通风设备	GP	一端或两端开门	G0
			货物上部空间设有透气孔	G1
			一端或两端开门,加上一侧或两侧全部敞开	G2
			一端或两端开门,加上一侧或两侧部分敞开	G3
			(备用号)	G4
			(备用号)	G5
			(备用号)	G6
			(备用号)	G7
			(备用号)	G8
			(备用号)	G9
V	通风集装箱	VH	无机械通风系统,货物上部和底部空间设有通风口	V0
			(备用号)	V1
			箱体内部设有机械通风系统	V2
			(备用号)	V3
			箱体外部设有机械通风系统	V4
			(备用号)	V5
			(备用号)	V6
			(备用号)	V7
			(备用号)	V8
			(备用号)	V9
B	干散货集装箱 ——无压力,箱式	BU	封闭式	B0
			气密式	B1
			(备用号)	B2
	干散货集装箱 ——有压力	BK	水平卸货,试验压力150kPa[1)]	B3
			水平卸货,试验压力265kPa	B4
			倾斜卸货,试验压力150kPa	B5
			倾斜卸货,试验压力265kPa	B6
			(备用号)	B7
			(备用号)	B8
			(备用号)	B9

表 E1（续）

代码	箱 型	组代码	集装箱主要特性	细代码
S	以货物命名的集装箱	SN	牲畜集装箱	S0
			小汽车集装箱	S1
			活鱼集装箱	S2
			（备用号）	S3
			（备用号）	S4
			（备用号）	S5
			（备用号）	S6
			（备用号）	S7
			（备用号）	S8
			（备用号）	S9
R	保温集装箱			
	——冷藏	RE	机械制冷	R0
	——冷藏和加热	RT	机械制冷和加热	R1
	——自备动力的冷藏和加热集装箱	RS	机械制冷	R2
			机械制冷和加热	R3
			（备用号）	R4
			（备用号）	R5
			（备用号）	R6
			（备用号）	R7
			（备用号）	R8
			（备用号）	R9
H	保温集装箱			
	——设备可拆卸的冷藏和（或）加热的集装箱	HR	设备置于箱体外部，其传热系数 k =0.4W/(m^2 · K)	H0
			设备置于箱体内部	H1
			设备置于箱体外部，其传热系数 k =0.7W/(m^2 · K)	H2
			（备用号）	H3
			（备用号）	H4
	——隔热集装箱	H1	具有隔热性能，其传热系数 k =0.4W/(m^2 · K)	H5
			具有隔热性能，其传热系数 k =0.7W/(m^2 · K)	H6
			（备用号）	H7
			（备用号）	H8
			（备用号）	H9
U	敞顶集装箱	UT	一端或两端开门	U0
			一端或两端开门，加上端框架顶梁可拆卸	U1
			一端或两端开门，加上一侧或两侧开门	U2
			一端或两端开门，加上一侧或两侧开门，加上端框架顶梁可拆卸	U3
			一端或两端开门，加上一侧局部敞开和另一侧全部敞开	U4
			完全敞顶，带固定侧壁和端壁（无门）	U5
			（备用号）	U6
			（备用号）	U7
			（备用号）	U8
			（备用号）	U9

表 E1(续)

代码	箱　型	组代码	集装箱主要特性	细代码
P	平台式集装箱	PL	平台集装箱	P0
	——具有不完整上部结构的台架式集装箱: 固定式	PE	有两个完整和固定的端板	P1
			有固定角柱,带有活动的侧柱或可拆卸的顶梁	P2
	折叠式	PC	有折叠完整的端结构	P3
			有折叠角柱,带有活动的侧柱或可拆卸的顶梁	P4
	——具有完整上部结构的台架式集装箱	PS	顶部和端部敞开(骨架式)	P5
			(备用号)	P6
			(备用号)	P7
			(备用号)	P8
			(备用号)	P9
T	罐式集装箱			
	——用于非危险性液体货	TN	最低试验压力 45kPa[1)]	T0
			最低试验压力 150kPa	T1
			最低试验压力 265kPa	T2
	——用于危险性液体货	TD	最低试验压力 150kPa	T3
			最低试验压力 265kPa	T4
			最低试验压力 400kPa	T5
			最低试验压力 600kPa	T6
	——用于气体货物	TG	最低试验压力 910kPa	T7
			最低试验压力 2200kPa	T8
			最低试验压力(待定)	T9
A	空/陆水联运集装箱	AS		A0

1) 100 kPa(千帕斯卡) = 1 bar(巴) = 10^5 Pa(帕斯卡)
= 10^5 N/ m^2(牛顿/米^2) = 14.5 1bf/in^2(磅力/英寸^2)

附 录 F
（标准的附录）
箱高超过 2.6m(8ft6in)的集装箱高度标记

箱高超过 2.6m(8ft6in)的集装箱高度标记属必备标记。它采用黄底色黑色数字周边围以黑框（见下图）。

标记上部的高度数字以米及其一位小数值(0.1m)标示，此值不得低于箱体的实际高度。

标记下部的高度数字以英制尺寸按英寸取整，但也不得低于箱体的实际高度。为节省版面，英尺和英寸的表达方式以“′”和“″”标示。

沿黑框外缘测得标记尺寸不得小于 155mm×115mm(6 in×4.5 in)，数字的尺寸应尽可能大，字迹要求清晰。

每个集装箱应标打两个这样的标记，标打在距箱顶不超过 1.2m(4 ft)和距右端 0.6m(2 ft)以内处，在集装箱识别标记下方。

附 录 G
（提示的附录）
加入国际集装箱局的国家注册机构

为国际集装箱注册登记的国际性机构是国际集装箱局(BIC)，其地址为：

Bureau International des Conteneurs

167, rue de Courcelles

75017 Paris

FRANCE

各国注册机构在向该国的ISO成员单位咨询后，再由BIC授权。

各国ISO成员组织按BIC的要求对以"U"、"J"和"Z"置尾的代码给予登记。

对那些不在国际流通的非ISO集装箱及其有关设备也要在BIC登记。如果这些箱主拟向其他国家的机构进行登记，则不得使用以"U"、"J"或"Z"为结尾的四位字母代码。

国际集装箱局在实施登记手续时，应按照ISO 6346所规定的箱主代码格式进行。

为便于ISO发布登记情况，国际集装箱局应向ISO/TC104提出关于那些以"U"、"J"和"Z"为字尾的箱主代码的年度报告，它们应在头年发布、重申或注销。

为此，将由国际集装箱局出版"集装箱BIC代码"的年度公报，它将成为官方的并受国际保护的箱主识别代码。

在表G1中列出了在本标准发布之时已被承认的国家注册机构一览表。

表G1 国家注册机构(NRO$_S$)

机构名称	地址	国家或地区
South African Bureau of standards(SABS)	1 Dr Lategan Road, Groenkloof, Private BagX191, Pretoria 0001	南非
Studiengesellschaft für den Kombinierten Verkehr (SGKV)	Borsenplatz 1, 60313 Frankfurt	德国
INTRACON CEDEX	Atlasvej 3, 8270Hoejbjerg	丹麦
Asociación Españ ola de Normalizacion y Certificación(AENOR)	Fernández de la Hoz52, 28010 Madrid	西班牙
Association francaise de normalisation(AFNOR)	Tour Europe, 92049 Paris La Défense Cedex	法国
Lloyd's Register industrial Services	Lloyd's Register House, 29 Wellesley Road, Croy-don CRO 2AJ	英国
Container Affairs Bureau Ltd.	9/F, Unit B, 77—81 Container Port Road, Kwai Chung N.T., Hong Kong	中国香港
Institute for Industrial Research and Standards Division	Ballymun Road, Dublin 9	爱尔兰
Standards Institution of Israel(Sll)	42 Chaim Levanon Street, Tel Aviv 69977	以色列

表 G1(续)

机构名称	地　址	国家或地区
Centro Italiano Studi Containers(CISCO)	Via Caribaldi 4,Genoa 16124	意大利
Arrow Technical Services	1—B Quaker Ridge Road, Suite 123, New Rochelle,NY 10804—2807,USA	墨西哥
Japan Container Association	Room 501,Yaesu—Milsui Bldg. ,2—7—2 Yaesu, Chuo—Ku,Tokyo	日本
Scheepvaart Vereniging Noord	Havengebouw,de Ruytershade 7,1013AA Amster-dam	荷兰
Arrow Technical Services	1—B Quaker Ridge Road, Suite 123, New Rochelle,NY10804—2807	美国
Jugoslovenska Zajednica za Paletjzaeiju	Kralja Milutina 13,Belgrade	南斯拉夫
China Container Industry Association	5 Yuetan Beijie 100861,Beijing	中国

ICS 35.040
L 71

中华人民共和国国家标准

GB/T 17272.1—1998
idt ISO 9711-1:1990

集装箱在船舶上的信息
箱位坐标代码

Information related to containers on board vessels
Bay plan system

1998-03-20 发布　　　　1998-10-01 实施

国家技术监督局 发布

目　　次

前　言

本标准等同采用国际标准 ISO 9711-1:1990《集装箱——集装箱在船舶上的信息——第 1 部分:箱位坐标代码》。

在 GB/T 17272—1998《集装箱在船舶上的信息》总标题下,包括以下两个部分:第 1 部分(GB/T 17272.1)箱位坐标代码;第 2 部分(GB/T 17272.2)电传数据代码。本标准是第 1 部分。

本标准由中华人民共和国交通部提出。

本标准由全国集装箱标准化技术委员会归口。

本标准起草单位:交通部标准计量研究所、中国远洋运输(集团)总公司、铁道部标准计量研究所。

本标准主要起草人:郝喜兰、张扬、汪炜、支守芳、唐瑞英。

ISO 前言

国际标准化组织(ISO)是各国的全国性标准化机构(ISO 成员团体)共同组成的世界性联合机构。国际标准的起草工作一般是通过 ISO 所属的各技术委员会进行的。每一成员团体都有权派代表参加其所关心课题的技术委员会。各政府和非政府性的国际组织,凡与 ISO 有联络关系的也都可参加有关工作。国际标准化组织(ISO)同国际电工委员会(IEC)保持紧密合作。

各技术委员会拟定的国际标准草案,在被 ISO 理事会采纳为国际标准之前,先分发至各成员团体征求意见,根据 ISO 的程序要求在成员团体投票中,赞成票超过 75%时才可作为国际标准正式出版。

国际标准 ISO 9711-1 是由 ISO/TC 104 集装箱技术委员会负责起草的。

ISO 9711 集装箱在船舶上的信息,包括下面两个部分:

第 1 部分:箱位坐标代码;

第 2 部分:电传数据代码。

引 言

由于现代集装箱船舶的快速运转，港口之间运输时间的缩短，仅仅通过空运的方式来传递贸易信息，远远满足不了日常工作的需要。

几个大的集装箱码头和海运公司开始提供传真服务，在很短的时间内对下一个装卸港提供必要的信息和装载计划。在中心调配室里工作的业务人员使用编码传真机向各个港口和传送站传递信息，而且也像铁道系统使用的较为先进的电传信息系统那样，部分船舶已经配上了装载计算机，用于计算船舶在装卸过程中及完成时的弯矩、纵倾和稳性。

中华人民共和国国家标准

集装箱在船舶上的信息 箱位坐标代码

GB/T 17272.1—1998
idt ISO 9711-1:1990

Information related to containers on board vessels
Bay plan system

1 范围

本标准规定了船舶载箱的定位方法。应用这种方法,就能对所载每个集装箱进行空间定位。这样,根据船舶本身的结构参数、箱内装载货物的情况,在船舶起航之前就能对其稳性和纵倾进行计算和分析,并根据船舶到港和离港的顺序,事先通知船舶代理,以便及时地安排本船的装卸作业。

本标准适用于国际标准集装箱在船舶上的定位,非国际标准集装箱也可参照使用。

2 引用标准

下列标准所包含的条文,通过在本标准中引用而构成为本标准的条文。本标准出版时,所示版本均为有效。所有标准都会被修订,使用本标准的各方应探讨使用下列标准最新版本的可能性。

GB/T 1836—1997 集装箱代码、识别和标记

3 箱位坐标代码

箱位坐标是按照以下尺寸模数制定的:

横向:2 438mm(8 ft)

纵向:6 096mm(20 ft)

竖向:1 295mm(4 ft 3 in)

在船舶上的集装箱是按照行、列、层的序列来定位的。

3.1 行号

行号由船首到船尾按自然数顺序排列,用两位阿拉伯数字表示,第一行到第九行需在个位数码之前加零,以凑足两位数。40 ft 箱用偶数顺序编号表示;20 ft 箱则用奇数顺序编号表示。当两个 20 ft 箱共占一个 40 ft 箱位时,前者标在 40 ft 的箱位图上,后者用比前者行号高一档的奇数标在 20 ft 的箱位图上。

3.2 列号

列号以中纵剖面为基准,用两位阿拉伯数字表示,第一列到第九列时需在个位数之前加零。中列为"00",靠左舷用偶数顺序编号表示,靠右舷用奇数顺序编号表示。

3.3 层号

层号以船舶舯剖面内底上表面算起,用两位阿拉伯数字表示,对高度为 $8\frac{1}{2}$ft 的集装箱从 02 开始用偶数顺序编号表示。对于甲板舱盖以上的同等箱型,以舱盖为基准,由下往上,以层号 82 开始顺序编号表示。对于半高箱的层号则用奇数顺序编号来表示。对于处于相同高度的集装箱,采用相同的层号来表示。各箱在船舶上的定位如图 1 所示。

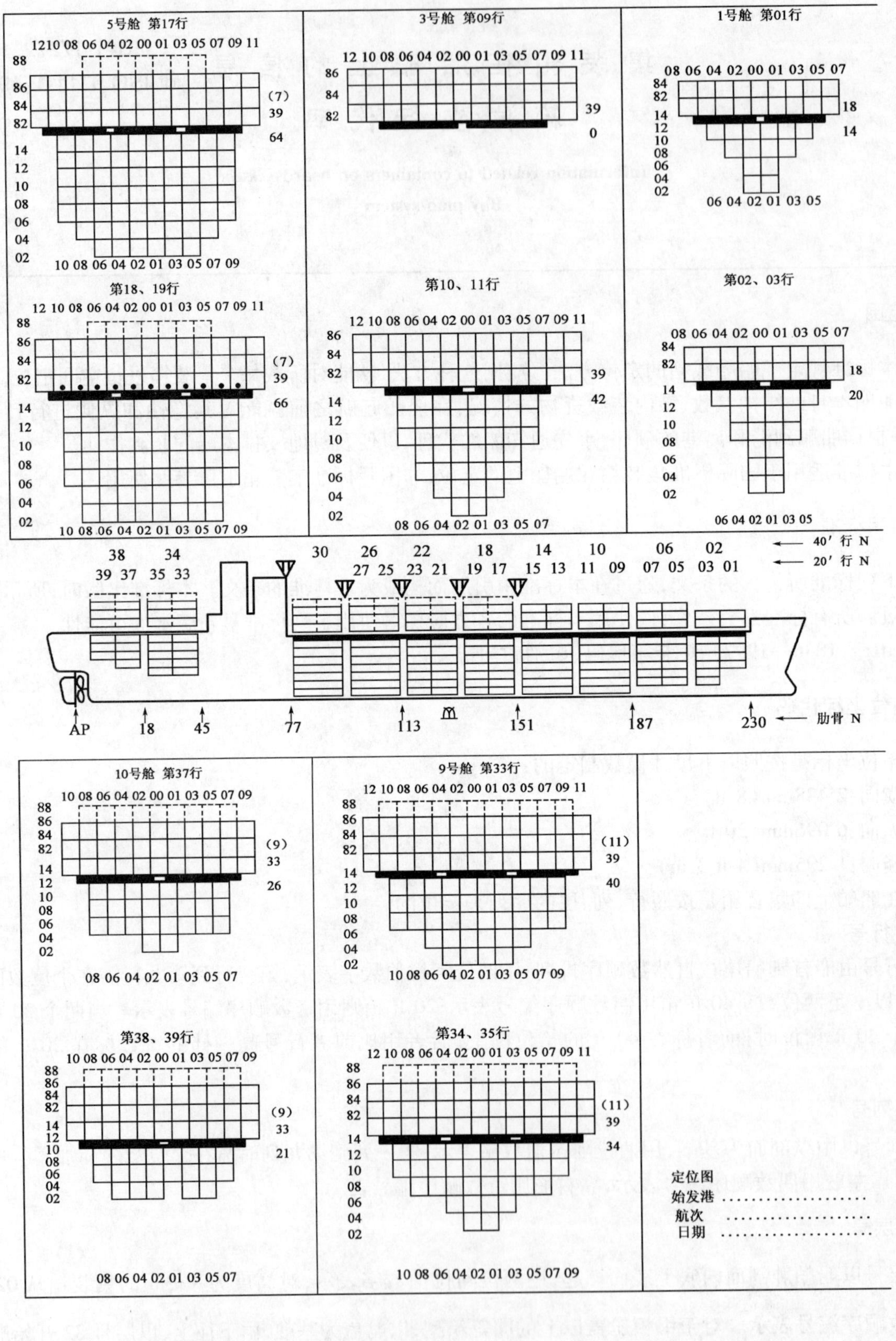

图1 集装箱在船舶上的定位示例

即使集装箱的高度不是按照高度为 $8\frac{1}{2}$ft 标准集装箱模数设计的，其层号仍然不变，这种非标准高度的集装箱，可以按照 GB/T 1836 所列箱体尺寸代码来识别。

ICS 35.040
L 71

中华人民共和国国家标准

GB/T 17272.2—1998
idt ISO 9711-2:1990

集装箱在船舶上的信息电传数据代码

Information related to containers on board vessels —Telex data transmission

1998-03-20 发布　　　　1998-10-01 实施

国家技术监督局　发布

目　次

前　言

本标准等同采用国际标准 ISO 9711－2:1990《集装箱——集装箱在船舶上的信息　第2部分:电传数据代码》,在编写规则上符合 GB/T 1.1—1993 的要求。

在 GB/T 17272—1998《集装箱在船舶上的信息》总标题下,包括以下两个部分:第1部分(GB/T 17272.1)箱位坐标代码;第2部分(GB/T 17272.2)电传数据代码。本标准是第2部分。

本标准的附录 A 是提示的附录

本标准由中华人民共和国交通部提出。

本标准由全国集装箱标准化技术委员会归口。

本标准起草单位:交通部标准计量研究所、中国远洋运输(集团)总公司、铁道部标准计量研究所。

本标准主要起草人:郝喜兰、张扬、汪炜、支守芳、唐瑞英。

ISO 前言

国际标准化组织(ISO)是各国的全国性标准化机构(ISO 成员团体)共同组成的世界性联合机构。国际标准的起草工作一般是通过 ISO 所属的各技术委员会进行的。每一成员团体都有权派代表参加其所关心课题的技术委员会。各政府和非政府性的国际组织,凡与 ISO 有联络关系的也都可参加有关工作。国际标准化组织(ISO)同国际电工委员会(IEC)保持紧密合作。

各技术委员会拟定的国际标准草案,在被 ISO 理事会采纳为国际标准之前,先分发至各成员团体征求意见,根据 ISO 的程序要求在成员团体投票中,赞成票超过 75% 时可以作为国际标准正式出版。

国际标准 ISO 9711-2 是由 ISO/TC 104 集装箱技术委员会负责起草的。

ISO 9711 集装箱在船舶上的配载信息,包括下面两个部分:

第 1 部分:箱位坐标代码;

第 2 部分:电传数据代码。

引　言

由于现代集装箱船舶的快速运转,港口之间运输时间的缩短,仅仅通过空运的方式来传递贸易信息,远远满足不了日常工作的需要。

几个大的集装箱码头和海运公司开始提供传真服务,在很短的时间内对下一个装卸港提供必要的信息和装载计划。在中心调配室里工作的业务人员使用编码传真机向各个港口和传送站传递信息,而且也像铁道系统使用的较为先进的电传信息系统那样,部分船舶已经配上了装载计算机,用于计算船舶在装卸过程中及完成时的弯矩、纵倾和稳性。

ISO 9711 中所列交通运输技术及定位图的部分,是专业技术人员从事这方面工作多年经验的积累。将它们制定成为标准,各码头装卸公司、港务局、海运公司、代理公司以及其他与海运有关的公司都可以使用它。

使用电子数据交换(EDI)的用户,为了交换信息,可以使用 ISO 9711 中被指定的信息和程序。

ISO 9711 将为电子数据交换传输提供详细的技术要求。

中华人民共和国国家标准

GB/T 17272.2—1998
idt ISO 9711-2:1990

集装箱在船舶上的信息 电传数据代码

Information related to containers on board vessels —Telex data transmission

1 范围

本标准规定了船舶装箱计划数据传输所需要的统一代码,通过电传或传真服务,在很短的时间内,把有关信息传递给装船/卸船的所在地。

本标准适用于沿船舶纵向置放并符合国际标准要求的各种标准集装箱,如条件适合,非国际标准集装箱也可参照使用。

2 引用标准

下列标准所包含的条文,通过在本标准中引用而构成为本标准的条文。本标准出版时,所示版本均为有效。所有标准都会被修订,使用本标准的各方应探讨使用下列标准最新版本的可能性。

GB/T 1836—1997	集装箱代码、识别和标记
GB/T 17272.1—1998	集装箱在船舶上的信息　箱位坐标代码
ISO 8601:1988	数据元及交换格式——信息交换——日期和时间的表示方法
IMDG	国际海事组织(IMO)所颁发的国际海运危险货物的规范(1986年)

3 电传数据代码

电传数据代码涉及船舶的全部有关数据,包括吃水、稳性、纵向力矩、到港和离港时间等。

电传数据代码分为两组:

第一组:与船舶有关的数据代码(见3.1)。

第二组:与集装箱和货物有关的数据代码(见3.2和3.3)。

3.1 与船舶有关的数据代码

在第一组中应提供以下信息:

a) 报告的名称,包括箱位坐标代码及其序号;

b) 电文发出的日期及电传代码;

c) 船舶识别

——代码名称(国际呼号);

——经营者(箱主代码,按GB/T 1836);

——航次(由经营者提供);

——发送港(按联合国LoCode[1]);

1) 联合国LoCode对港口名称、机场、国内码头以及其他签发货物报关单的单位作出了具体的规范,详情可查阅:联合国欧洲经济共同体(UN-ECE)、便利贸易、贸易数据指南(TDED);UN－ECE/TDED可以从UN－ECE贸易/WP.4秘书处领取。

——下一次挂港的名称(按联合国 LoCode);

——离港的日期和时间(按 ISO 8601);

——预期抵达的日期和时间(按 ISO 8601)。

表 1 所列为与船舶有关的数据代码示例。

表 1　与船舶有关数据代码示例

项　目	说　明
第 74 行箱号	该行的名称及序号
1988-10-05/0635	日期
DAKE	Koln Express 船舶的国际呼号
DE	德国的 ISO 国家代码
HLCU	GB/T 1836 规定的箱主代码
DO12	航次
DEHAM	汉堡的联合国 LoCode 代码(本示例的始发港)
USNYC	纽约的联合国 LoCode 代码(下一个挂港的名称)
1988-10-06-14:30	离港日期和当地时间
1988-10-10-8:30	预期抵港日期和当地时间

3.2　与集装箱有关的数据

信息报告的第二组列出了与集装箱和货物有关的数据。

在船舶上的箱位坐标如下:

——行号:按 GB/T 17272.1—1998 的 3.1 写在报告的最下行;

——列号:按 GB/T 17272.1—1998 的 3.2 写在报告的最上行,在 3.1 之后;

——层号:按 GB/T 17272.1—1998 的 3.3 写在报告的最左侧。

如果电传格式的宽度[1]不能容纳下列箱位的有关数据,则可分开按两栏示出:

——一栏示出甲板以上的箱位数据;

——二栏示出船舱以内的箱位数据。

箱位表分两页示出:

——一面示出从中纵剖面开始靠左舷的甲板以上和船舱以内的箱位数据;

——另一页示出从中纵剖面开始靠右舷的甲板以上和船舱以内的箱位数据。

3.3　与货物有关的数据

在信息报告中按 GB/T 17272.1—1998 第 3 章的规定,示出它在船舶上的实际位置。报告中分为若干方框,每个方框代表一只集装箱的情况。方框内的每一行容纳 7 位数码,共有 5 行(见图 1 和图 2)。按通常的电传格式,建议方框的尺寸为宽 21mm,高 26mm。

3.4　打印格式

建议在 26mm 框高的下部留有空栏,以供码头管理者标写备注。

如果载运的是半高箱,则按上、下相邻示出。上层箱在计划图的正常位置,下层箱则紧按前者的右下侧。识别代码的表示如表 2 所示。

1)根据国际 CCITT-S5 规定,电传信息的每一行最多不超过 69 个字符。

船舶：dior=“ragna”=stm 船期：0012/船舶预计到港时间02-21-15船舶预计离港时间02-22-15

列	06	04	02	01	03	05
84层		brelnyc 113hlcu 2348763 hlc2022 d41	bre4nyc 113hlcu 2015415 hlc2011 ot	bre4nyc 120mmcu 1765921 hlc2034	bre4nyc 121hlcu 2765931 hlc2022 w015	
82层	bre4nyc 113hlcu 2734793 hlc2011 ot	bre2nyc 125hlcu 2176342 hlc2022 33	bre1nyc 125h1cu 2434451 hlc2011	bre4tam 125h1cu 2067718 oc12012	bre4tam 1241tiu 2734990 oc12012	bre1tam 124hlcu 2443371 hlc2022 d41

甲板上第03行，右/右舷

列	06	04	02	01	03	05
06层	bre4tam 2031tiu 2013648 oc12022 o33	bre4tam 210oclu 2624567 oc12011 c+08+02	bre2tam 213hlcu 2114423 nlc2022 c+08+02	brelbal 210nlcu 2437882 hlc2022 c+08+02	bre2bal 211oclu 2467999 oc12011 ot	brelbal 214mmcu 2011799 hlc2022
04层		bre4bal 213hlcu 2669544 hlc2011	brelbal 220ltiu 2067923 oc12011	bre4bal 225mmcu 2053331 hlc2012	bre2bal 215oclu 2987623 oc12022	
02层			bre4bal 240ilcu 759049 oc12651 *)	bre4bal 223oclu 2834112 oc12021 d33		
01层			bre4bal 228ilcu 769836 oc12651 *)			

舱内第03行，左/右舷

*）对半高箱的示例（见GB/T 17272.1）。

图1 第03行集装箱的有关代码示例

B	R	E	3	N	Y	C
卸货港			工况	装货港		
2	4	0	H	L	C	U
总重			箱主代号			
1	2	3	4	5	6	3
箱号						
H	L	C	2	0	2	2
经营者			尺寸和类型代码			
C	+	1	3	5		
有关货物信息						

图2 对某一集装箱代码的示例

表2　识别代码

<table>
<tr><th>序号</th><th>代码位数</th><th>说　明</th><th>举　例</th></tr>
<tr><td>1</td><td>3</td><td>首行左侧的3位代码表示卸船港，用联合国LoCode，不使用国名前缀</td><td><table><tr><td>B</td><td>R</td><td>E</td><td></td><td></td><td></td><td></td></tr><tr><td></td><td></td><td></td><td></td><td></td><td></td><td></td></tr><tr><td></td><td></td><td></td><td></td><td></td><td></td><td></td></tr><tr><td></td><td></td><td></td><td></td><td></td><td></td><td></td></tr></table></td></tr>
<tr><td>2</td><td>1</td><td>首行第4位标注海运公司集装箱的运输状况，用1位阿拉伯数字表示：
1. 整箱货(FCL)；2. 拼箱货(LCL)；3. 空箱；4. 船舶转运；5. 附加运输方式经预先核准以后，经营者可以根据特别需要使用6至9的数码或字母</td><td><table><tr><td></td><td></td><td></td><td>3</td><td></td><td></td><td></td></tr><tr><td></td><td></td><td></td><td></td><td></td><td></td><td></td></tr><tr><td></td><td></td><td></td><td></td><td></td><td></td><td></td></tr><tr><td></td><td></td><td></td><td></td><td></td><td></td><td></td></tr></table></td></tr>
<tr><td>3</td><td>3</td><td>首行右侧3位代码为装船港，用联合国LoCode，不使用国名前缀</td><td><table><tr><td></td><td></td><td></td><td></td><td>N</td><td>Y</td><td>C</td></tr><tr><td></td><td></td><td></td><td></td><td></td><td></td><td></td></tr><tr><td></td><td></td><td></td><td></td><td></td><td></td><td></td></tr><tr><td></td><td></td><td></td><td></td><td></td><td></td><td></td></tr></table></td></tr>
<tr><td>4</td><td>3</td><td>第2行，左侧3位代码示出集装箱总重，单位为100kg(约值)</td><td><table><tr><td></td><td></td><td></td><td></td><td></td><td></td><td></td></tr><tr><td>2</td><td>4</td><td>0</td><td></td><td></td><td></td><td></td></tr><tr><td></td><td></td><td></td><td></td><td></td><td></td><td></td></tr><tr><td></td><td></td><td></td><td></td><td></td><td></td><td></td></tr></table></td></tr>
<tr><td>5</td><td>4</td><td>第2行后面的4位代码表示箱主代码(按GB/T 1836要求)</td><td><table><tr><td></td><td></td><td></td><td></td><td></td><td></td><td></td></tr><tr><td></td><td></td><td></td><td>H</td><td>L</td><td>C</td><td>U</td></tr><tr><td></td><td></td><td></td><td></td><td></td><td></td><td></td></tr><tr><td></td><td></td><td></td><td></td><td></td><td></td><td></td></tr></table></td></tr>
<tr><td>6</td><td>7</td><td>第3行的7位代码示出箱号及其核对数字(按GB/T 1836要求)</td><td><table><tr><td></td><td></td><td></td><td></td><td></td><td></td><td></td></tr><tr><td></td><td></td><td></td><td></td><td></td><td></td><td></td></tr><tr><td>1</td><td>2</td><td>3</td><td>4</td><td>5</td><td>6</td><td>3</td></tr><tr><td></td><td></td><td></td><td></td><td></td><td></td><td></td></tr></table></td></tr>
<tr><td>7</td><td>3</td><td>第4行左侧3位代码表示集装箱的营运者，如果是箱主自行营运，则示出GB/T 1836所规定箱主代码的前3位码，后面的"U"字省略</td><td><table><tr><td></td><td></td><td></td><td></td><td></td><td></td><td></td></tr><tr><td></td><td></td><td></td><td></td><td></td><td></td><td></td></tr><tr><td></td><td></td><td></td><td></td><td></td><td></td><td></td></tr><tr><td>H</td><td>L</td><td>C</td><td></td><td></td><td></td><td></td></tr></table></td></tr>
<tr><td>8</td><td>4</td><td>第4行随后的4位代码表示箱体尺寸和类型代码(按GB/T 1836要求)</td><td><table><tr><td></td><td></td><td></td><td></td><td></td><td></td><td></td></tr><tr><td></td><td></td><td></td><td></td><td></td><td></td><td></td></tr><tr><td></td><td></td><td></td><td></td><td></td><td></td><td></td></tr><tr><td></td><td></td><td></td><td>2</td><td>0</td><td>2</td><td>2</td></tr></table></td></tr>
</table>

表 2(续)

序　号	代码位数	说　明	举　例
9	最多为7	第5行为箱内货物的有关信息,可填入以下内容: ——危险货物的识别代码; ——冷藏货物的控温范围识别代码; ——尺寸超标货物的识别代码。 a)危险货物 左侧第1位标出“D”系危险货物代码。后面的两位代码表示按IMDG危规划分的危险性等级。 剩下的4位代码留作用于集装箱装运不同品种危险货物时,表示危险性等级之用。 b)冷藏货物的控温范围 装运对温度敏感的货物需要非常精确的控温范围。温度代码“C”表示摄氏温度,随后3位代码表示温度的低限。C+13.5表示温度的低限为+13.5℃。此类对温度非常敏感的货物应控制其高限温度尽可能与低限温度接近。 c)尺寸超标的货物 (1)当货物超宽时,在第4位标“W”,其左侧3位数表示左侧(观察者面向箱门)超出的尺寸;其右侧3位数表示右侧超出的尺寸,单位为cm。 (2)当货物超高时,在首位标“H”,随后的3位数表示超出的尺寸,单位为cm。 (3)当货物既超高又超宽时,前3位数表示超高有关数据,后4位数表示总的超宽有关数据,如H25W080。 d)有关货物的特殊情况,不能用7位代码表示清楚者,则在首位以“×”示之,并需在报告的后面用文字进行描述	D 4 1 C + 1 3 5 0 2 0 W 0 4 5 H 0 3 0 X

附 录 A
(提示的附录)

参 考 文 献

[1] ISO 668:1995 系列1集装箱——分类、外部尺寸和额定值

ICS 55.180.10
A 85

中华人民共和国国家标准

GB/T 17273—2006/ISO 9897:1997
代替 GB/T 17273.1—1998

集装箱　设备数据交换(CEDEX)一般通信代码

Freight containers—Container equipment data exchange(CEDEX)—General communication codes

(ISO 9897:1997,IDT)

2006-03-10 发布　　2006-10-01 实施

中华人民共和国国家质量监督检验检疫总局
中国国家标准化管理委员会　发布

目　次

前　言

本标准等同采用ISO 9897:1997《集装箱　设备数据交换　一般通信代码》,包括其技术勘误表ISO 9897/cor.1:2001。

为便于使用,本标准还做了下列编辑性修改:

a)"本国际标准"一词改为"本标准";

b)删除ISO 9897:1997的前言。

本标准代替GB/T 17273.1—1998《集装箱设备数据交换　通信代码》,与GB/T 17273.1—1998的主要技术差异:

a)修改了总则,增加EDIFACT代码设定规则,去掉第5章和第6章,附录的表格去掉"作业代码"一栏;

b)附录A由原来的信息类别代码改为电文类型代码,去掉CEDEX代码;

c)附录B表中增加五位数字码,与EDIFACT的统一识别代码保持一致;

d)附录C增加10ft和30ft集装箱箱体表面损坏区位划分,去掉杆件的单独规定,增加了集装箱制冷机组、发电机组和罐式集装箱的代码;增加挂车的损伤部位代码;

e)附录D箱损伤类别项目及其代码增加了9项;

f)附录F修箱作业项目及其代码增加了15项;

g)附录K集装箱零部件及其代码增加了357项;

h)附录L拖挂车零部件及其代码增加了66项;

i)附录M中的CEDEX代码根据标准的修改做相应变动,增加了441个代码。

j)删除引言和附录N。

本标准的附录A、附录B、附录C、附录D、附录E、附录F、附录G、附录H、附录K和附录L为规范性附录,附录J和附录M为资料性附录。

本标准由中华人民共和国交通部提出。

本标准由全国集装箱标准化技术委员会(SAC/TC6)归口。

本标准起草单位:交通部科学研究院、中国集装箱工业协会、中国船级社、铁道科学研究院。

本标准主要起草人:张敬轩、齐向春、史艳秋、王海涛。

本标准所代替标准的历次版本发布情况:GB/T 17273.1—1998。

集装箱 设备数据交换(CEDEX) 一般通信代码

1 范围

本标准规定了用于集装箱设备数据交换(CEDEX)的通信代码。

本标准适用于集装箱运营中建立通信联系的业务机构。

2 规范性引用文件

下列文件中的条款通过本标准的引用而成为本标准的条款。凡是注日期的引用文件,其随后所有的修改单(不包括勘误的内容)或修订版均不适用于本标准,然而,鼓励根据本标准达成协议的各方研究是否可使用这些文件的最新版本。凡是不注日期的引用文件,其最新版本适用于本标准。

GB/T 1836 集装箱代码、识别和标记(GB/T 1836—1997,idt ISO 6346:1995)

GB/T 2659 世界各国和地区名称代码(GB/T 2659—2000,eqv ISO 3166-1:1997)

UN/EDIFACT 联合国/电子数据交换

3 总则

在标准中,对集装箱运营中经常起作用的每条信息(数据元)分别给出了代码。每个数据元被赋予了名称和定义,每个数据元包括数字代码以及相应的CEDEX字母代码。代码分别表示不同的状况(如破损、结构、修理状况、位置等)。代码可以在多个不同的代码表中反复使用,但单个代码在每个代码表中只用于表示一个数据元。

数据元是集装箱各结构的短语。使用同一代码在不同的代码表中则代表不同的含义。例如:代码"LS"在附录E材料代码中表示"层压软木板";在集装箱损伤状况代码表中,则表示修理部位,运营中变形或弯曲状况。选择使用的代码包括结构,箱体部位或变形等状况。在CEDEX代码中,采取单词的字头缩写形式,字母"MF"在附录D"箱损伤类别代码"中表示"电机事故"。还有很多相关的数据元,则分别表示集装箱固有的特征和有关运营和管理的主要信息,例如:箱主的姓名、地址等。

从上述例子可以看出,将信息内容通过CEDEX代码传输,比使用普通文字的长度大大缩短。在电文中使用CEDEX代码,还可以使用字母代替数字来进一步缩短长度,从而节省时间和费用。必要时,通过计算机的相应操作,将一条CEDEX编码的信息,转换成通信习惯的普通语言形式打印出来,也可以继续保留其编码的形式。经常使用代码的工作人员,可提高阅读信息代码的技能。实际上,对许多应用人员不要求使用本标准中所规定的全部CEDEX代码,只要求他们掌握和使用集装箱和挂车常用的几种代码。

4 数据元和代码

4.1 数据元

用于表示设备零件、状况、修理方法等的数据元和相应的代码组,见表1所示。

4.2 代码设定

4.2.1 CEDEX 代码

CEDEX所有的代码的设定,均属必备项目。也就是说,应用人员不能单方面使用其他代码,也不能违背现行规定,而采用非本标准4.3注册登记的新代码。

表1 数据元和代码设置

数据元	代码组所在的附录	数据元	代码组所在的附录	数据元	代码组所在的附录
信息类别	A	损伤位置	C	工作量（以标准工时计算）	G
重箱/空箱状况	B	损伤类别	D	修理责任	H
集装箱结构状态	B	材料	E	部位识别和位置	J
集装箱修理状态	B	修理特征	F	集装箱零件	K
集装箱外部涂层	B	计量单位	G	拖挂车零件	L
集装箱内部涂层	B	修理规模尺寸	G		

除此之外，如果本标准中没有包括贸易双方协议用的代码，可按双方协议而定。但在此应郑重指出，所用代码在使用后应立即按4.3规定进行注册。

4.2.2 EDIFACT 代码

该代码为必备，列于附录A中。在此，EDIFACT代码仅作为电传数据交换代码，应用人员不能使用和选择标准规定之外的替换的代码，且应用人员不能再使用GB/T 17273.1—1998（本标准第1版）附录A所列的集装箱代码和电文代码。

注：附录J目前仅作为资料性附录。仅说明最终制定用户手册的方法。

4.3 更新数据元

国际集装箱局（BIC）指定为数据元注册的机构，具体地址：

Bureau International des Containers et du Transport Intermodal (BIC)

167, rue de Courcelles

75017 Paris France

Telefax: +33 1 47 66 08 91

E-mail: bic@bic-code.org

在国际标准化组织/104集装箱技术委员会（ISO/TC 104）成员团体的要求下提出，并经TC 104/SC 4（第4分技术委员会）批准的，附加的数据元补充在表1中。实际注册工作是由TC 104/SC 4/WG 3的专家经过协商完成的。

每一附加的数据元除按规定字母顺序或数字表示的代码外，还应设置一个目前尚未使用的字母代码。

附 录 A
（规范性附录）
电文类型代码

（详见表注及4.2.2的规定）

数字码	名称	说明	EDIFACT代码[a,b]
01050	损伤/维修的评估	对箱破损状况和维修方法的论述，维修方法符合授权机构的认可程序。	DECTIM

a 使用电子数据交换传输。所用的电文已由UN/EDIFACT颁布，本标准所涉及的代码，均有规定。对新的报文类型及有关的EDIFACT代码将由EDIFACT做相应补充。

b UN/EDIFACT控制使用EDIFACT代码和标准电文（包括相应的数据交换传输），其分设机构为：联合国/欧洲经济委员会/WP4（UN/ECE/WP4）。根据国际标准化组织（ISO）通过与联合国/欧洲经济委员会达成的协议同意上述安排。

附 录 B
(规范性附录)
结构状态、修理状态、外部涂层、内部涂层、重/空箱标识的代码

(详见表4.1和4.2)

数 字 码	状 态	说 明	CEDEX代码
B.1 结构修理 外部涂层和内部涂层			
01110	劣	结构、部件、工艺和表面处理的情况很差	B
01120	差	结构、部件、工艺和表面处理的情况较差	P
01130	中	结构、部件、工艺和表面处理的情况中等	M
01140	良	结构、部件、工艺和表面处理的情况较好	G
01150	优	结构、部件、工艺和表面处理的情况甚佳	X
B.2 重/空箱代码			
01160	空箱	未载货的集装箱	E
01170	重箱	已载货的集装箱	F

附 录 C
(规范性附录)
箱损伤部位代码

(详见4.1和4.2的规定)

C.1 位置代码

规定了以下3部分的位置代码:

a) 干货箱、敞顶箱、保温箱、罐式箱及其他:

1)按照以1 200mm×1 200mm(4 ft×4 ft)为区位,来划定20英尺和40英尺集装箱箱体表面损坏之所在;

2)按照600mm×600mm(2 ft×2 ft)为区位,来划定10英尺集装箱箱体表面损坏之所在;

3)按照900mm×900mm(3 ft×3 ft)为区位,来划定30英尺集装箱箱体表面损坏之所在;

b) 对于箱体组成部分的附属设备,例如:制冷机组,罐体的附件和柴油发电机等;

按其特定的功能来识别损坏位置

c) 挂车

详见C.3.1。

C.2 集装箱箱体,制冷机组和发电机组(除拖车外)

集装箱外表的损坏位置,最大可以是整个外表面,最小为600 mm×600 mm(2 ft×2 ft)的区位,甚至是位于其边界的杆件。

对某一特定的损坏区,应用四位代码来表示,它可以识别细长的损坏区位。

C.2.1 第一位代码

第一位代码是用来确定箱体的某一面(即与箱体基本处于直线),或用于确定某种设备的类型(如:发电机组、制冷机组或罐体等),除密闭式和平台式集装箱外。箱各部位代号如下:

——底部(箱底) B
——挂车 C
——门端(即后端) D
——箱外 E
——前端 F
——发电机 G
——箱内 I
——左侧 L
——制冷机组 M
——右侧 R
——罐箱 A
——顶部(箱顶) T
——底架 U
——未定义的部件 N
——整箱(全部箱) X

C.2.2 第二位代码

用来确定箱体某一个面的特定部位。对于竖向的平面,或杆件分为上半和下半,对于水平方向的壁面(如箱顶或箱底),或杆件则分为左半和右半(视察者面对箱门)。

相关的密闭式箱的代码如下：

——整体(顶或底,或从左到右,或中间)	X
——下半部	B
——顶部(上部)	H
——左半部	L
——底部(箱底)	G
——右半部	R
——上半部	T

箱子其他部件的代码如制冷机组,发电机等的代码,第二位代码表示破损的主要位置。

制冷机组相关的部位代码如下：

——压缩机	Q
——冷凝器	K
——电器设备	E
——蒸发器	V
——框架	F
——附件	Z
——导管	P
——调节/控制器	C
——未说明的组合件	N
——整机	X

发电机的相关代码：

——交流发电机	L
——电器设备	E
——发电机(柴油)	D
——框架	F
——燃料系统	U
——附件	Z
——油料系统	O
——未说明的组合件	N
——给水系统	W
——整机	X

罐式集装箱相关的代码：

——通道	A
——框架	F
——加热器	H
——制冷器	I
——装卸口	L
——人孔	M
——标记	D
——附件	Z
——压力容器	P
——安全构件	S
——溢溅盒	B

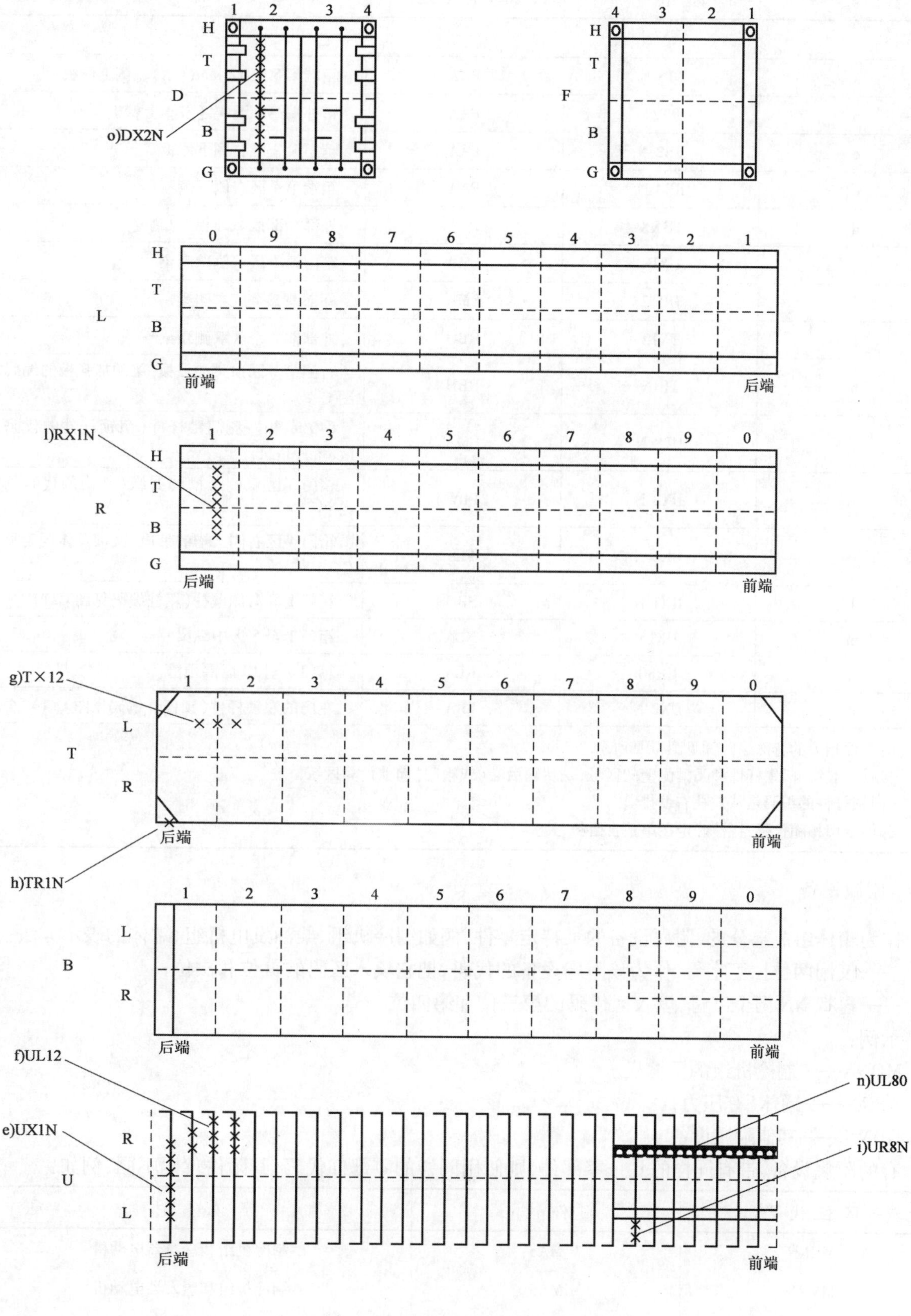

图 C.1　集装箱安装编码示例

参考号	区位码	部件代码	说明
见图 C.1			
a	LT5 N	PAA	箱端第 5 区 12 mm(4 ft)左侧上侧板
b	RT24	PAA	箱外端第 2 至 4 区右侧上壁板
c	RB2 N	PAA	箱门第 2 区右侧下侧板
c	RB4 N	PAA	箱端第 4 区右侧下侧板
d	TRXX	PAA	外部全部区域顶板、双侧壁
e	UXIN	CMA	箱门第 1 区双侧壁底梁
f	UR12	CMA	外部前 2 个区右侧梁[a]
g	TX12	RBO	外部前 2 个区双侧顶梁[a]
h	TRIN	RBH	右侧第 1 区顶梁加强板(梁的加强板的编码见图 C.1)
i	UL8 N	CMA	(40 ft)箱左侧门锁杆件(门锁杆件的代码见 free text field)
j	UX3 N	FLW	箱门 3 区双侧叉槽的翼缘(叉槽的代码见图 C.1)
k	UR4 N	FLS	箱门 4 区右侧叉槽的带边(叉槽具体规定见图 C.1)
l	RX1 N	SBO	箱门 1 区右侧壁柱(箱柱编码见图 C.1)
m	UX15	RLA	箱门 1 至 5 区中纵梁
n	UR80	RLA	箱门 8 至 10 区鹅颈槽
o	DX2 N	LBA	左门的左锁杆件(锁杆件编码见图 C.1)

注:部件相关的特殊编码详见图 C.1 所示。

· 顶梁、底梁、门锁杆件和叉槽侧壁的区号,是从箱后端(或箱门)向前计算区域。

· 门锁杆件的编码是从左往右编排。

[a]部件专用相随代码,将被确定在单独自由符号组

C.3 附属设备

作为箱体组成部分的,附属设备的某特定零件,例如制冷机组、柴油发电机组、罐体的表示方法:

——仅用两位拉丁字母,作为该附属设备的代码,把它填入区码的首位和次位;

——再把 NN 两个字母,填入区代码的第三位和第四位。

示例:

MQNN——制冷机组的压缩机

APNN——罐体(有压力)

GDNN——其他附属设备

有的附属设备,带有同样的几个零部件,则使用同样的零部件代码,其附件代码不同,例如:

区位代码	附件代码	说明
MKNN	MAS	制冷机组和冷凝器电动机
MVNN	MAS	制冷机组和蒸发器电动机
MPNN	VSA	制冷机组和吸入侧电磁阀
ASNN	YTR	罐体的安全阀

C.4 挂车

C.4.1 第一位字母

所有挂车的第一位字母始终是“C”。

C.4.2 第二位字母

第二位字母,是代表挂车的主要部位,具体如下:

——车轴(全宽) A

——缓冲器(后端) B

——车架(主架) F

——框架(加长、可延长的) Y

——主销/格栅/上部结构 K

——支腿装置 G

——左轮 L

——附件 Z

——右轮 R

——驱动架/附加装置 U

——其他零部件 N

——总成 X

C.4.3 第三和第四位字母

在所有的挂车中,第三和第四位字母代码,均为相关的零部件代码(详见第二位区码)在表 C.1 中,对各部件的规定如下:

表 C.1

第二位(代码)	第 三 位	第 四 位
车轴(全宽)(A)	N:未使用 X:轴上的全部轮胎	C:中轴(3 轴挂车) F:前轴 N:无具体规定 R:后轴 X:全部轴
缓冲器(后端)(B)	L:左半部 N:无具体规定 R:右半部 X:双半部	N:未使用
车架(主架)(F)	端部易损伤区(左半部、右半部,或左右全部) 1:左半部端区(如果设有支腿装置时,从后往前看) 2:左半部中间区域(指在端部与支腿装置之间) 3:左半部前端区域(支腿装置的前面部分) 4:右半部分的后端区域 5:右半部分的中间区域 6:右半部前端区 7:左右全部的后端区 8:左右全部的中间区 9:左右全部的前端区 N:无具体规定 X:整个车架结构	主要损伤区: 使用 N 字母来表示破损区,仅限在一个区域时,该代码与第三位码相同

表 C.1(续)

第二位(代码)	第三位	第四位
框架(加长、可延长的)(Y)	L:左半部 N:无具体要求 R:右半部 X:左右全部	F:前端半部 N:无具体规定 R:后端半部 X:左右全部
主销/格栅/上部结构(K.)	L:左半部 N:无具体规定 R:右半部 X:左右全部	F:前半部 N:无具体规定 R:后半部 X:左右全部
支腿装置(G)	L:左半部 N:无具体规定 R:右半部 X:左右全部	N:无具体规定
左轮(L)	I:内侧轮 N:不适用 O:外侧轮 X:内、外双侧轮	C:中轴 F:前轴 N:无具体规定 R:后轴 X:所有的轮
附件(Z)	N:未使用	N:未使用
右轮(R)	I:内侧轮 N:未使用 O:外侧轮 X:内外双侧轮	C:中轴 F:前轴 N:无具体规定 R:后轴 X:所有的轮
驱动架/附加装置(U)	L:左半部 N:无具体规定 R:右半部 X:双半部	F:前半部 N:无具体规定 R:后半部 X:双半部
其他零部件(N)	N:未使用 X:全部零部件	N:未使用 X:全部零部件
总成(X)	X:总成	X:总成

附 录 D
(规范性附录)
箱损伤类别代码

(见4.1和4.2)

数字码	名称	说明	CEDEX代码
04010	胎损	车胎过度磨损	WB
04020	弯曲	杆件,或壁板的过度变形	BT
04030	起拱	细长杆件的中段变形	BW
04040	堵塞	疏水、排出管流出不畅	BK
04050	漏气	车胎漏气不能使用	BL
04060	破损/开裂	零件破损或裂开	BR
04065	凸出	由于内压造成的薄弱部分凸出	BU
04069	烧坏	构件表面被烧坏	BN
04070	烧毁	电气元件被烧坏	BO
04080	脱胎	轮胎与轮毂脱离	TS
04090	承压凹损	杆件沿长度方向出现一串凹陷,有失稳趋向	CL
04100	污染	箱内受污染,在清洗和处理前不宜重装货物	CT
04110	锈蚀	金属表面的氧化现象	CO
04115	破裂	表面部分或全部破裂	CK
04117	开焊	在焊缝处出现裂纹	CW
04120	割伤	箱体被硬物割划的伤痕	CU
04130	胎边磨坏	轮胎受路缘摩擦损坏,不能再用	CB
04140	残屑/充填遗物	遗留在箱内的货物或充填料的残屑	DB
04150	脱层	一般是指层压板的层间开胶	DL
04160	凹陷	杆件受压导致凹痕	DT
04165	污痕	在集装箱内无法清除的污痕	DY
04170	胎破	车胎穿洞	FP
04180	瘪胎	车胎压瘪	FS
04190	冻结	杆件结冻,或受侵蚀	FZ
04200	凿痕	杆件外伤的一种形式	GD
04210	GRP板裂纹	玻璃钢面板中玻璃纤维处开胶	GO
04220	GRP胶合板开裂	玻璃钢和胶隔板复合层的开胶	GP
04230	破洞	箱体表面出现的穿孔	HO
04240	误修	不符合有关标准,或规定的修理	IR
04250	泄漏	设备或部件的严密性不足,导致漏气	LK

续表

数字码	名　称	说　明	CEDEX 代码
04260	松动	零件与配件的松弛现象	LO
04270	低液位	所需液量不足,已低于下限水平	LF
04280	误标	标记和标贴不符合箱主的要求	ML
04290	电机事故	电动机失灵	MF
04300	对位失准	部件,一般是指挂车部件未能对正位置	MA
04310	欠匹配	相邻两个轮胎直径不一,不能配对	MM
04320	丢失	零、配件的短缺	MS
04330	突钉	固定底板的沉头螺钉突出板面	NL
04340	与 ISO 尺寸不符	有关尺寸与现行国际标准不符	NI
04350	与 TIR(CCC)要求不符	设备或配件与 TIR(CCC)规范不符	NT
04355	失效	无法描述具体损伤状况	ZZ
04360	不符合箱主要求	不能满足箱主要求而无法利用	NO
04365	不符合用户要求	设备,或部件不符合客户要求	NV
04370	异味	设备被异味所感染,而不宜继续使用	OR
04380	油饱和	设备表面特别是箱底板的严重油浸	OL
04390	油污	设备表面特别是箱底板的油污染	OS
04400	其他欠缺	不符合箱主要求,或因其他原因而需要修理者	OU
04410	超期服役	需重新检验、试验,或验证者	OD
04420	胀胎	胎内充气过量导致不正常膨胀	OI
04430	充气欠足	胎内充气不足,导致轮胎受损	UI
04440	小孔	设备出现微小穿孔	PH
04445	腐烂	构件已被腐蚀	RO
04450	轮胎压损	轮胎缺气压扁转动,导致损坏	RF
04455	涂写/划痕	可移动的部件(如轴承、活塞等)上面做的记号,刻痕或划伤痕迹	SA
04460	闸皮脱落	刹车用闸皮脱离闸座	SP
04470	短路/断路	在电气系统中出现短路或断路故障	SH
04480	收缩过量	软顶、罩布、顶篷,或底板的收缩过量	SR
04490	拉伸过量	软顶、罩布、顶篷等拉伸过量	SD
04500	轮胎误装	车辆与轮胎不匹配	SW
04510	轮胎不相称	相邻轮胎的不相适应	TU
04520	脱漆	杆件漆膜的脱落	PF
04540	屈曲	杆件受损后变弯	WA
04550	风化	长时间的暴露作业使轮胎失效	WV
04560	伤损和撕裂	在正常使用状态下难免出现的磨损	WT
04570	磨损	部件或轮胎损耗过量而不能继续使用	WN
04580	材料错误	用材不当,应修理或更换	WM

附 录 E
(规范性附录)
材料类别代码

(见4.1和4.2)

数字码	名 称	说 明	CEDEX代码
05000	不明材料	不知道属何种材料	MU
05100	不明钢材	不知道属何种牌号的钢材	SU
05110	碳钢	一般碳素钢	ST
05120	Cor-Ten钢	优质抗锈蚀的钢	SK
05130	隔焰钢	用隔焰炉生产的中等抗锈蚀性能钢材	SM
05140	不锈钢	抗锈蚀的合金钢材	SS
05150	镀层钢	表面镀有防锈层的钢材	SG
05200	不明铝材	不知道何种牌号的铝材	AU
05210	涂层铝材	已有表面涂层的铝材	AP
05300	木材	未标明品种的一般木料	WU
05310	硬木条板	用热带硬木加工成的板条	WH
05320	软木条板	用软木加工成的板条	WS
05330	层压木板	不明品种的层压板条(竖缝)	LU
05340	层压硬木板	层压硬木板条(竖缝)	LH
05350	层压软木板	层压软木板条(竖缝)	LS
05360	胶合板	胶合板块	PP
05370	GRP胶合板	具有玻璃钢增强材料并有表面涂层的胶合板	PG
05380	金属胶合板	具有金属面层的胶合板	PM
05400	塑料	塑料平板	PU
05410	增强塑料	增强纤维的塑料板	PE
05420	不明隔热层	一般材料的隔热层	IS
05430	现场发泡	在现场灌注发泡的隔热层	II
05440	不明橡胶	不明品种的橡胶材料	RU

附　录　F
（规范性附录）
修箱作业的代码

（见4.1和4.2）

数字码	名　称	说　明	CEDEX代码
06010	机械清理及油漆	用喷丸、打砂等机械手段预处理然后再喷漆	AB
06020	调整	调整机件，或整个系统（如刹车部分等）以改善运转状况	AJ
06030	充/放气	向轮胎充气或放气以维持正常的胎内压力	AR
06040	气扫	用压缩空气对零件或设备进行清理	AC
06050	堵严	取掉通风器，并堵严孔洞	BU
06060	牌号	厂商的名字，商标或其他标记	BD
06070	化学清洗	用化学剂对零件进行清洗	CC
06075	除臭	集装箱内应采用中和气味进行除臭处理	DO
06080	疏水	系统内积水排放	DR
06090	疏水和填水	排放系统内积水和重新填满近似的液体	DF
06100	检查和报告	对设备和部件的运转、损伤、异常的检查和再评价，并在完成后提出报告	IP
06110	无缺陷	不存在由于受力，润滑过度，或过热而导致，冻结咬紧或机件卡死的现象	FR
06115	把柄	为便于操作而设置的手柄，但无须维修	HN
06120	填补	对某部件断面的全长和/或全宽予以部分地区切除，再填补一个新段和施焊	IT
06125	安装	即时安装的一个部件	IN
06130	润滑	加润滑油	LC
06135	修改/各式杆件	改造一个部件，使其规格改变	MD
06138	不适用	该类型维修属于不规范的维修	ZZ
06140	断面的局部搭补	对某杆件断面的全长和/或全宽予以切除再搭补一块新板，进行搭接施焊。外表连续焊缝与母体连接；内侧的焊缝可以是连续的，也可以是断续焊，后者未焊处的缝隙要填以密封胶	OP
06150	油漆	喷涂油漆	PA
06155	覆盖	用同样类似材料将其表面覆盖	OX
06160	局部翻新	对设备进行整个，或局部的除锈，并重新喷涂油漆	PR
06170	补板	对某杆件断面的部分长度和/或宽度予以切除，并搭接一块补板，外表施连续焊与母体连接；内侧的焊缝可以是连续的，也可以是断续焊，后者未焊处的缝隙要填以密封胶	PT
06175	补板和垫块	补板详见06170，垫块可以移动或放在隔热层下	PX
06180	预防性维护	按照箱主，或车主的要求进行维护工作	VM

续表

数字码	名　称	说　明	CEDEX 代码
06190	再校正	a)把部件(例如箱门)拆下,或松动紧固件,然后重新适配; b)把底盘挂车正位,并对中	RA
06200	重装	对某机械的部件进行解体、清扫,然后重新装配	RB
06205	重新镀金属层	构件的外层重新镀上金属层	RU
06210	充液	对某系统进行充液	CH
06220	翻新	按照箱主的要求,对箱体表面处理后再重新喷漆	RC
06230	重配	对某些活动件重新调整至适当位置	FT
06240	玻璃修复	对玻璃钢面板表面的开裂,或损坏进行修缮	RG
06250	换标贴	更换新标贴	MK
06260	清除和打扫	清除和打扫碎屑和包装材料	RD
06270	翻新前修理	在翻新之前所做的修理工作	PV
06280 0	清除	a)清除不再需要的标贴、徽记和图示 b)清除不再需要的零件	RM
06290	拆下和重装	修理后的拆装	RR
06295	消除粘胶包装带	修理后应消除粘胶和绳带	GT
06297	清除标记	对没有用的标签、标记、语标和粗刻痕的清除	MV
06300	更换	对某杆件断面的全长和全宽整个拆掉,或更换	RP
06310	改额定值	对标记牌和标贴上有关最大总质量的数据进行更改	RT
06315	重新加固	对松动的部件重新拧紧,或加固	RE
06320	重新布线	对电气零件,或系统重新布线和修理	RW
06325	沙眼	表面(因翻砂气泡造成的)小坑陷	SD
06330	填密封胶	用密封胶对苫布,或罩盖的孔洞进行填补修理	SE
06340	截面拆换	对一个部件上部高和/或宽,包括断面轮廓进行拆除和更换	SN
06345	拆换和垫泡沫板	拆换见 06340 在隔热垫板下移走和更换泡沫板	SF
06350	连接板	对某杆件断面用背板,或复板联接,或铆接	SI
06360	调直	修理并正位	GS
06370	拉直和固位	对某杆件在修理时的拉直和重新固接	RS
06380	调直并施焊	对某杆件予以拉直,并焊接就位	GW
06390	蒸汽清洗	对某些部件如木底板等用高压蒸汽冲洗	SC
06400	表面处理并喷漆	对表面进行清理,并喷漆	PS
06410	清扫	对某些部件的清扫如木底板	WP
06420	充液	充入液体(如油料)至适当液位	TP
06430	水洗	对某些部件如木底板的冲水洗涤	WW
06440	施焊	修理中的焊接作业	WD
06450	磨碎和焊接	经打磨后重新焊接	XW
06500	临时修理	为保护货物安全而进行的临时性修补,可持续到进修理厂前	TR

附 录 G
(规范性附录)
修理部位尺寸、工作量和计量单位的代码

(见4.1和4.2)

G.1 测量单位

数 字 码	名 称	说 明	CEDEX代码
07010	英寸	按英寸测量	INH
07020	英尺	按英尺测量	FOT
07030	毫米	按毫米测量	MMT
07040	厘米	按厘米测量	CMT
07050	米	按米测量	MTR

G.2 修理部位的尺寸

修理部位的尺寸可以通过长度、长×高,或长×宽来表示。

例如:长度　　6

长×宽　　1 500×100

长×宽　　2×1

G.3 工作量

修理工作量,通常以标准工时来反映其难易程度。它由两位数字来表示,占标准工时的百分比。常用的范围,为05至10(05即标准工时的50%;10即标准工时的100%,而15则为标准工时的150%)。

附 录 H
(规范性附录)
责任代码

数字码	名称	说明	CEDEX 代码
08010	制造厂	超出保修期,但仍属制造工艺有待改进者,厂方付费	H
08020	货运站	由于货运站的疏忽,导致对损坏处的弥补措施,站方付费	D
08030	港、站	由于港、站的疏忽,导致对损坏处的弥补措施,港站付费	S
08040	使用者	由使用者支付的修理费用	U
08050	所有者	由所有者支付的修理费用	O
08060	第三方	由第三方支付的修理费用	T
08070	保修	在协议的保修期内,由制造厂负责保修的费用	W
08080	DPP/保险	由保险公司,或按保修条款负责修理的费用	I

附 录 J
（资料性附录）
机构和地址的代码

（见4.1和4.2）

除了本标准所规定的代码之外，对那些参加集装箱商务活动的企业，专门制定了名称和地址代码。

根据标准在指导和技术方面的需要，ISO总部指定由国际集装箱局统筹负责机构和地址代码的安排。联系处为：

167, rue de courcelles

F-75017 Paris, France

Tel: +33-1-47 66 03 90

FAX: +33-1-47 66 08 91

国际集装箱局（BIC）

ISO9 897-1 注册处

机构名称和地址的代码，由5位拉丁字母表示距机构所在地最近的地段码，再加上由4位拉丁字母表示的机构名称代码。

国际集装箱局至少每年将已注册机构的名称和地址代码的刊物印刷和出版一次。

附 录 K
（规范性附录）
集装箱零部件代码

（见4.1和4.2）

除了在本标准的材料代码中有特定要求者外，其他材料均属某种设计和箱型通常采用的品种。

CEDEX 代码括号中所列数码与图例编号相呼应（详见 K.1 至 K.7）。

数字码	零件名称	说明	CEDEX 代码
K.1 一般货物集装箱零部件 K.1.1 顶梁			
10200	顶梁	设于箱顶的横梁，用它来支撑刚性顶板，柔性顶或可移动盖，它们大都属可拆卸的，有的还可以纵向移动，以提供装货空间（ISO 830）	RBO（图 K.2）
10210	顶梁固定件	设于上侧梁处，用以支撑顶梁的零件	RBS（图 K.2）
10220	顶梁支座	设于上侧梁处，用以支撑可移动式顶梁的零件	RBH（图 K.2）
10225	顶梁销件	设于顶梁处，用以固定可拆卸的顶梁零件	RBP
K.1.2 固货装置			
10230	固货装置总成	为限制箱内货物移动而固定在箱体内任何部位并可以通过它与绳、带连接的固定装置	LSA（图 K.1）
10240	缚货杆	用来与绳、带连接起固货作用的短杆	LSB（图 K.1，图 K.2）
10250	缚货环	用来与绳、带连接起固货作用的环	LSR（图 K.1）
K.1.3 角柱			
10260	角结构	位于箱体端框架双侧并与上、下角件相连接而形成的竖向构件	CPA（图 K.2，图 K.3）
10270	挂装发电机组的承接座	装设在角柱下部为挂装发电机而设置的插座	COS（图 K.2）
10280	角件	设在集装箱角部供支承、堆码、搬运和拴固作业用的配件（ISO 830）	CFG（图 K.2，图 K.3）
10290	角柱加强板	用于增强角件与角柱连接处强度的连接板，特别是台架式集装箱上的此类零件	CPG（图 K.1）
10300	角柱内构件	构成复合式后角柱的内柱	CPI（图 K.3）
10310	“J”形角柱	构成复合式后角柱的外柱，它与门铰链连接为箱门提供回转的余地	CPJ（图 K.3）
10320	角柱铰托	作为门铰链的托板，它焊接在后角柱上	CPL（图 K.3）
10330	角柱外构件	构成复合式后角柱的外柱	CPO（图 K.3）
10340	角柱增强板	后角柱的竖向增强筋，一般焊于角柱外侧	CPR（图 K.3）
10350	单式角柱	由独杆构成的角柱一个结构件	CPS（图 K.2）
10360	角柱合成	构成角柱整个断面各零件的总成	CPT（图 K.3）

续表

数字码	零件名称	说明	CEDEX 代码
K.1.4 底梁(包括翼梁)			
10370	底梁总成	构成箱底结构,用以支承底板的各底梁	CMA(图 K.1)
10380	底梁承接板	在底横梁两端,通过焊接、铆钉,或螺钉使之与下侧梁相连接的零件	CMF(图 K.1)
10390	底梁下翼板	构成底梁之下的平板	CML(图 K.1)
10400	底梁上翼板	构成底梁之上的平板	CMU(图 K.1)
10410	底梁腹板	构成底梁之竖向筋板	CMW(图 K.1)
10 420	底框总成	构成底框整个断面各零件的总成	CMS(图 K.1)
10425	支撑梁架悬臂	设置在底侧梁与鹅颈槽之间的短横梁支撑件	CMO
K.1.5 门封胶条			
10430	门封胶条总成	环绕箱门外缘周边并使其固定的各零件之总成	GTA
10440	门封胶条压板	嵌入门封胶条,并使之固定于箱门周边的压板	GRS(图 K.3)
10450	箱门内封条	复式门封的内侧胶条,通常用于隔热式集装箱	GIN(图 K.3)
10460	箱门内/外封条	复式门封的"一体式"内/外胶条,用于隔热式集装箱	GIO(图 K.3)
10470	箱门外封条	复式门封的外侧胶条,通常用于隔热式集装箱	GTO(图 K.3)
K.1.6 门铰链			
10480	铰链总成	使箱门能回转开闭的固定件	HGA(图 K.3)
10485	端框铰链总成	平台式集装箱端框的可折叠部件	EFH
10490	铰链板	固定在门板上并能使销轴套入的零件	HGB(图 K.3)
10500	铰链销	嵌入门铰链与铰托相连接的销轴	HGP(图 K.3)
10505	铰链轴衬套	门铰链的轴套,以便于操作	DHB
K.1.7 门锁机构			
10509	箱门部件	门锁装置包括杆、凸轮和凸轮螺帽以及安装锁的硬件	DGR
10510	锁杆总成	门锁机构的总称,它保证箱门能够关牢	LBA(图 K.3)
10520	锁杆托架	设在门板的上部和下部起着承托锁杆的作用,一般嵌有衬套	LBB(图 K.3)
10530	锁头	箱门的锁固部分,通过杠杆作用锁牢箱门	LBC(图 K.3)
10540	锁杆导套	设在锁杆上/下托架的中间,使锁杆沿其轴线对位	LBG(图 K.3)
10550	锁杆把手	通过持档与锁杆连接,并使之转动的手柄	LBH(图 K.3)
10560	锁杆持档	锁杆及其把手的连接件,与把手相持	LBL(图 K.3)
10570	锁杆	竖向的空心杆轴,其两端焊以锁头	LBR(图 K.3)
10575	锁销	设于角件上,用于加固锁杆构件的螺母	LBN
10576	角件部锁销	装置于平台式集装箱可折叠端框架的角件处,用于加固折叠框架	LPS
10577	端框的机械锁件	设在端框上,用于平台式集装箱可折叠式端框的紧固	LMS
10578	锁销(端框至侧梁)	用于平台式集装箱侧梁与可折叠端框间的紧固	LPP
10580	施封护罩	为保护关封完好而设的保护盖	LBF(图 K.3)

续表

数字码	零件名称	说明	CEDEX 代码
10585	箱门金属板	为平板式结构、包括加强筋、金属件(除外)、箱门密封件	DFA
10586	波纹板式箱门	除门铰链外,整个箱门采用金属波纹板,包括加强筋和其他金属件	DCA
10587	箱门止动手柄	在箱门的框架上安装一个手柄以保证箱门防串动	DRL
10588	左侧箱门的安全销	注:预留,在今后的版本中将给予定义	DSO
10590	门把手总成	使箱门关牢,并按国际海关公约施封的组合件	DHL(图 K.3)
10600	门把手托座	在箱门关闭时把手定位的支座是门把手总成的零件	DHC(图 K.3)
10610	门把手持板	在箱门关闭时使把手限位的挡板	DHR(图 K.3)
10620	箱封孔	设在门把手和持板处的开孔,供关闭用	DCS(图 K.3)
10630	箱门固位栓	使箱门保持全开位置的栓座	DRT(图 K.2 图 K.3)
10635	箱门挡板	位于箱门的一块边板,用于挡住左侧门的开启,除非打开右侧门	DPL
10636	门板铆钉	用于箱门板的铆接	DPR
10640	抗错位装置	对箱门锁杆总成的增强装置,从而限制箱门框架因受挤压而使箱门错位	ARD(图 K.3)
10650	抗错位竖杆	为抗拒箱门框架受挤压导致箱门错位而设在门板背面的竖向"Ω"形断面的竖向支柱	ARO(图 K.3)
10660	抗错拉持板	为抗拒箱门框架因受挤压导致箱门错位而设在右门上下部分与左门相应限位座相持的装置	ARP(图 K.3)
10670	抗错位限板	为抗拒箱门框架因受挤压导致箱门错位而设在左门的横向限位板使之与持板相承	ARS(图 K.3)
10675	错位弹簧	注:预留,在新的版本中将给予定义	FRS
门板 见 K.1.11,壁板 端横梁 见 K.1.13,纵/横梁 K.1.8 木底板			
10680	木底板	木底板的整体结构	FWA(图 K.1)
10690	条形木板	用板条构成的木底板	FPB(图 K.1)
10700	帽形梁	"Ω"形的中纵梁,用以支承胶合板或条板	FHS(图 K.1)
10710	压层板	用木片压制成的层板	FLB(图 K.1)
10720	胶合板	用胶合板制成的底板	FPP(图 K.1)
10730	门口护板	设于集装箱门口处木底板钢质护板	FTP(图 K.1)
10740	钢木组合底板	注:预留在新的版本中将给予定义	FWS
具有隔热性的底板　见 K.5 保温箱的部件 K.1.9 叉槽			
10850	叉槽总成	横贯箱底并与下侧梁相交的增强杆件,用以供叉车的叉齿进行对集装箱的搬运作业	FLA(图 K.1)
10860	叉槽下缘	叉槽杆件的下部翼缘	FLL(图 K.1)

续表

数字码	零件名称	说明	CEDEX 代码
10870	叉槽底板	焊在叉槽两端底部入口处的钢质底板	FLS(图 K.1)
10880	叉槽顶板	焊在叉槽顶部的钢质护板	FLP(图 K.1)
10890	叉槽上缘	叉槽杆件的上部翼缘	FLU(图 K.1)
10900	叉槽腹板	叉槽杆件的腹部,或侧部的竖向筋板	FLW(图 K.1)
10910	叉槽断面	叉槽总成的横断面	FLT(图 K.1)
K.1.10 料口			
10930	出料口总成	用于排出箱内散货的料口	HAD(图 K.3)
10940	进料口总成	用于装入箱内散货的料口	HAL(图 K.2)
10950	料口盖	用于封闭或开启料口的盖板	HCV(图 K.2,图 K.3)
10960	料口封条	设于料口盖上的密封条	HGT(图 K.3)
10970	出料口套管	设于出料口处的导向卸料套管	KDS(图 K.3)
10980	料口盖锁栓	固定在料口盖上的料口锁件之一,用以施加关闭	HHC(图 K.2,图 K.3)
10990	料口盖铰链	固定料口盖板使其能翻转	HHG(图 K.2,图 K.3)
11000	料口盖把手托架	为确保料口盖处于关闭状态的把手定位栓并作为关封施加之所在	HHR(图 K.3)
11010	料口盖施封孔	在料口盖把手,及其托架处的开孔供施加关封用	HCP(图 K.2,图 K.3)
11020	料口盖持板	使料口盖关闭牢固的零件	HLB(图 K.2)
11030	料口盖把手	操纵料口盖启闭的手柄	HLH(图 K.2,图 K.3)
11040	料口盖栓锁机构	使料口盖关闭锁牢的部件	HLM(图 K.2,图 K.3)
K.1.11 壁板			
11200	壁板总成	各种壁板的整体	PAA(图 K.2)
11210	铰链背板	衬托铰链的箱门壁板	PBH(图 K.3)
11240	壁板衬带	用来固定胶合衬板的带状条钢	PFX(图 K.3)
11320	胶合衬板	干货箱和其他箱型的胶合内衬板	PPW(图 K.2)
11330	层压金属板	在金属基板的两个面与胶合板叠压,多用于门板	PPM(图 K.3)
11340	钢质波形板	压成波纹状的钢质壁板	PSC(图 K.2)
11345	钢质平板	压成形的平钢板	PSF
11350	壁板内衬层	整块壁板的内衬面层	PIP(图 K.3)
11360	壁板外敷层	整块壁板的外敷面层	POP(图 K.3)
K.1.12 壁板相关设施			
11380	侧挡柱插座	为支承和插入侧面挡货柱的插座	SBS(图 K.1)
11390	侧挡杆	联接台架箱侧挡柱之间的水平挡杆,用以固货	SBR(图 K.1)
11400	活动端壁	在台架箱端部所设的可卸式端壁,用以固货	PBK(图 K.1)
11410	侧挡柱	插入台架箱下侧梁的竖向挡货柱	STC(图 K.1)
11420	侧挡柱链条	固缚侧挡柱而设的链条	SLC(图 K.1)
11430	侧挡柱链钩	第11440代码中所列侧挡柱链条所用钩栓	SCH(图 K.1)

续表

数字码	零件名称	说明	CEDEX代码
11440	侧挡柱固缚系统	侧开箱对其两侧挡柱间的固缚用的链和钩之总成	SLS(图K.1)
11445	侧挡柱槽板	平台式集装箱底侧梁处设置一个挡板	STP
11450	侧开口总成	用于固货的可拆卸式侧部框架总体	SGA(图K.1)
11460	侧开口框架	侧面开口的框架本身	SGF(图K.1)
11470	侧开中挡网	侧面开口的框架内侧所挂之挡货网	SGM(图K.1)
11480	侧开中框架销	固定侧开口框架的插销	SGP(图K.1)
11490	内壁柱	联接上、下侧/端梁之间的壁板内侧立柱	SPI(图K.1)
11500	外壁柱	联接上、下侧/端梁之间的壁板外侧立柱	SPO(图K.1)
K.1.13 横梁(包括横向和纵向以及槽梁等)			
11510	梁的总成	包括箱底/顶/侧部结构的横向和纵向梁以及鹅颈槽的侧梁等的总体	RLA(图K.1,图K.2)
11520	锁座	焊接在门槛和门楣外板上的承接锁头的支座,用以确保门锁机构处于关牢的位置	RCK(图K.3)
11530	梁的复板	焊接在顶角件附近的增强板,当吊具失配时起到保护箱顶结构的作用	RDP(图K.2)
11540	梁的加强板	设于角件及与纵梁,或横梁的连接处,或是在前后下端梁内侧的增强板	RLG(图K.1,图K.2,图K.3)
11550	梁内封板	设于前、后下端梁内侧的封闭板与11540等效	RIW(图K.3)
11555	梁角加固板	为防止集装箱用旋锁或堆码作业时造成破损,在角件边缘和箱门底梁部位焊接一块加固板	RCI
11560	梁的下翼缘	下侧梁和下端梁断面的下翼缘	RLF(图K.1,图K.3)
11570	梁的上翼缘	上侧梁和下端梁的上翼缘	RUF(图K.3)
11580	梁的腹板	侧梁和端梁的竖向筋板	RLW(图K.1,图K.3)
11585	鹅槽梁	鹅槽的纵梁	RTL
11590	挡雨檐	设于门箱楣顶部的翼檐,用于疏导门框顶部的雨水	RNG(图K.3)
11600	挡柱插座	供活动柱插入插座参见11410	SST(图K.1)
11610	底梁复板	顶梁和底梁的保护板	RUP(图K.3)
11620	横梁断面	横梁的整个断面	RLT(图K.3)
11623	箱门竖向加强板	注:预留,待新版标准给予定义	DSM
11625	底边加强杆	与箱门加固件平行,安装在底边缘	DSB
11626	中向杆	安装在铰接侧垂直于箱门刚性中线的加固杆件	DSC
11627	铰接侧杆边缘	沿箱门垂直中心设置与箱门加固件平行	DSH
11628	箱门刚性铰接顶边缘	水平位于箱门加固件,安装在铰接件顶部	DST
11630	底部支撑板	该角与箱底侧梁相连,以支撑底板边缘受力	FSA
11640	顶部加强板	纵向刚性底板,用于与木质底板相连接	FSP
11650	延伸板的探头	为保护箱顶不遭破损,而设的一块加长平板	HEP
11660	内衬板	复合梁的内衬部分	RLI

续表

数字码	零件名称	说明	CEDEX 代码
11661	外衬板	复合梁的外边部分	RLE
11665	螺帽或可移动的帽盖	在顶横梁处的可移动部件	RRT
11666	系固栓	在加固位置上系固的栓	RHL
11667	铰接手柄装置	用于旋开装置的铰接手柄	RLL
11668	螺栓手柄	可移动的铰接螺栓	HPH
11669	顶部螺栓链	为保护手柄移动顶部杆件时防止滑脱的部件	HPC
11670	弓梁	在驮式起吊作业时,用于加强底侧梁的弓形梁	RPP
K.1.14 箱罩			
11680	箱罩总成	敞顶箱,或侧开门箱封盖用的罩布总体	TNA(图 K.1 , 图 K.2)
11690	顶罩加固带	除了横向顶梁以外的支承顶罩的纵向加固带	TNB(图 K.2)
11700	紧罩胶带	用于束紧箱罩的拉紧胶带,它与罩体上的 TIR 环相接	TNC(图 K.2)
11710	箱罩的关封	在罩体 TIR 束带末端处供加关封的装置	TNS(图 K.2)
11720	箱罩索环	在箱罩周边所设的一组供 TIR 束带用的导环	TNG(图 K.2)
11730	箱罩系带	用于固定顶部和侧壁箱罩的半永久性绳带	TNX(图 K.1)
11735	箱罩销孔	在箱罩上为使用固货销而设制的孔	TPH
11740	TIR 束带	按照 TIR 通关条约要求设置穿过各索环的束带	TIC(图 K.2)
11750	TIR 固罩环	设在箱体上为固缚箱罩上相应环索的零件	TIR(图 K.2)
K.1.15 鹅颈槽			
11760	鹅颈槽总成	在箱体底结构的前端,设在与挂车上鹅颈相适配的凹槽	TUA(图 K.1)
11770	鹅颈槽横梁	支撑鹅颈槽顶板的横梁	TUC(图 K.1)
11780	鹅颈槽顶板	设于鹅颈槽顶部的钢板,它将槽与箱内空间隔开	TUP(图 K.1)
11790	鹅颈槽后梁	设于鹅颈槽后槽的横梁	TUB(图 K.1)
鹅颈槽纵梁(见 K.1.13 梁),鹅颈横翼梁(见 K.1.4 梁)			
K.1.16 透气罩			
11800	透气罩总成	设于箱体侧壁(或端壁)上,供箱内外空气交换的装置	VRA(图 K.2)
11810	透气罩挡板	设于透气罩内为防止海水直入箱内的迷宫挡板	VRB(图 K.2)
11820	透气罩外壳	透气罩的最外部分也是箱体外表面的一部分	VRR(图 K.2)
11830	透气格栅	设于透气罩底部的孔板,或筛网以便空气流通	VRG(图 K.2)
K.1.17 其他			
11840	熏蒸喷管	喷管在端(或底)面板,用来熏蒸集装箱	FUN(图 K.2)
11850	杆件联接件	用焊或粘接将杆件组装在一起	VJT
11860	堆码锥体或链(固定或移动)	锥形体凸出部分置入集装箱角件孔内,用以拴固其顶部集装箱相对应的角件	SCC
11890	(不适用)	(空号不适用的零部件)	ZZZ
K.1.18 紧固件			
11900	紧固件	包括螺钉,螺帽和螺栓	HWR

续表

数字码	零件名称	说明	CEDEX 代码
11910	锁拴	用栓销拴固结构性的扣牢件,类似螺栓	LBT
K.1.19 主要零部件			
12000	货物集装箱	整个集装箱	MCO
12010	侧壁结构	在集装箱的一侧包括角柱和梁构成箱侧壁板的组合件	SAA
12020	端壁结构	集装箱的一端,包括除箱门之外的角柱、梁构成箱的端壁构件	EAA
12030	箱顶结构	如果用弓形顶,包括顶部所有部件	RAA
12040	箱底部结构	箱的整个底部,由底梁、叉槽、鹅颈槽(如提供鹅颈槽时)组成	UAA
12045	可折叠式端框架	平台式集装箱用铰接方式将端框架与底平面相连接且低于箱底平面	DEF
12050	箱门结构(不含附件)	整个箱门包括内衬板,但不包括紧固件和密封件	DAA
12060	(含附件)箱门结构	整个箱门包括内衬板,紧固件和密封条	DAH
K.4 标记及有关件			
K.4.1 ISO 标记			
40010	国家代码	按 GB/T 2659 标注的箱主所注册的国家代码	MCC(图 K.3)
40020	识别标记组	按 GB/T 1836 标注的箱主代码(40040)系列号和核对数字(40050),以及箱型代码(40060)等	MIS(图 K.2)
40030	质量标记	包括最大总质量(额定值)箱体本身质量等	MMI(图 K.3)
40040	箱主代码	按 GB/T 1836 标注的箱主代码	MOC(图 K.3)
40050	系列号及核对数字	按 GB/T 1836 标注的 6 位数字加 1 位核对数字	MSN(图 K.3)
40060	尺寸/箱型代码	按 GB/T 1836 标注设备的尺寸和类型代码	MST(图 K.3)
40070	超高符	按 GB/T 1836 附录—*H* 标注的标记,仅当 H > 2.6 m 时示出	MHT
40072	超高箱特殊标志	在箱顶梁上方标出 1 AAA、1 BBB 和 1 CCC 型箱的标记	MHC
40080	警示符	按 GB/T 1836 附录 C 标注的防顶部电击的符号	MCA
40090	综合标记牌	按 ISO 6359 要求把若干标牌综合在一起成为单牌的标识	MPD
40100	标记—全部标记	设于集装箱上的所有标记	MFS
40110	单字母/单字符标记	采用系列号中的单一字母,或字符	MSD
40115	UIC 标记	在集装箱侧壁打出 UIC 标记的成员,应标打认可国家的代码	MUI
K.4.2 其他标记			
40200	CSC 标牌	按国际集装箱安全公约要求所设的标牌	MPS(图 K.3)
40210	ACEP 标识	按 CSC 持续检验计划要求所设的标识	MCE
40220	船级社标识	经船级社,或其他法定机构认可的标识	MCS
40230	通关标牌	经海关认可的标牌	MPC(图 K.3)
40240	箱主标牌	标示箱主名字的标牌,有时还包括地址	MPO(图 K.3)
40250	制造厂标牌	标示造箱厂名称,编号,以及其他数据的标牌	MPM(图 K.3)

续表

数字码	零件名称	说明	CEDEX 代码
40260	货签标牌	一块黑色标示区,用于标记货物名称	MPL(图 K.2)
40270	货罐标牌	标示罐式集装箱有关数据(包括按国际危险货物运输规则(IMDG)的警示标签标识)的牌子	MPT
40280	木材化学处理标牌	标示箱内裸露木件检疫处理资料的有关牌子	MTT(图 K.3)
40290	其他标记	以上未涉及的其他标记	MRU(图 K.2,图 K.3)
40300	箱主标贴	箱主的专用标贴	MOL(图 K.2,图 K.3)
K.5 保温箱的零部件 K.5.1 通风口			
50010	通风口总成	保温箱体上供冷风/热风进出的开口	AOA(图 K.2)
50020	调节阀拴	阀板关阀时的定位装置(或称钮),详见 50010	VVR(图 K.2)
50030	阀盘	阀孔、阀盘,或阀板,见 50010	VVD(图 K.2)
50040	阀筛	使气流均匀通过的阀筛,有时亦称"定距环",见 50010	VVF(图 K.2)
50050	垫阀	设于阀盘处的垫片,以确保其气密性,见 50010	VVG(图 K.2)
50060	阀柄	开关阀门的操作手柄,见 50010	VVH(图 K.2)
50070	关封处	按通关规划(CCC)在阀柄处设封的地点,见 50010	VVS(图 K.2)
50080	阀环	在阀杆处设置的圆环,供安装阀门用,见 50010	VVI(图 K.2)
50090	阀杆弹簧	使阀门处于开启状态的弹簧,见 50010	VVP(图 K.2)
50100	阀杆	阀杆的升降使阀门启闭,见 50010	VVA(图 K.2)
50110	风口圈	保温箱体上通风口外的座圈,见 50010	PHC(图 K.2)
50120	气调口	为调气目的,而掺入特定气体用的注入口	POM(图 K.2)
50130	气调口塞栓	停止掺入特定气体后堵住气调口的栓塞	PLM(图 K.2)
50135	带气调孔的箱门隔板总成	整个箱门隔板,包含调气孔,密封和轨道	RCM
50136	带气调孔的门隔板	在其上安装密封条防止从箱门处漏气	DCU
50137	可调气的锻带封条断开	气调系统口处的一条箱门隔板	SRS
50138	调气孔、塞的总成	整个调气孔和栓塞等部件,包括门板、气孔和轨道在内的全部组件	POA
K.5.2 空气过滤器			
50150	空气过滤器总成	导入空气进/出口之间的过滤装置	ASA(图 K.2)
50160	过滤舌片	设在过滤筛网后的铰接舌片,舌片压住后不漏气与阀路接通	ASF(图 K.2)
50165	过滤密封垫	过滤器的密封垫以防止漏气	ASG
50170	舌片接板	连接舌片的铰接板	ASH(图 K.2)
50180	过滤器锁	锁定过滤器,避免拆卸	ASL(图 K.2)
50190	过滤片	气流进/出口处的过滤片,保证气流均匀通过	ASP(图 K.2)
50200	过滤限位器	确保过滤器舌片处于适当位置	STF(图 K.2)
K.5.3 风道			

续表

数字码	零件名称	说明	CEDEX 代码
50250	风道	保证在保温箱内的气流通道,使其有效循环	ADU(图 K.2)
K.5.4 T 型轨			
50300	T 形轨总成	保温箱内由四个T形断面铝轨组成的底板以利于气流流动	TFA(图 K.1)
50310	T 形轨端件	在"T"形通风轨后端供横向贯通的铝质通风道	TFC(图 K.1)
50320	T 形轨疏水口	用于保温箱和其他箱型的底部的排水口	TFD(图 K.1)
50322	T 形轨疏水口处的集水器	设在排水口处的盛水装置,用于接收从保温箱内流出的水	TPN
50330	T 形轨端封	T 形轨后端门槛处的密封设施	TFS(图 K.1)
50340	T 形轨前端板	T 形轨前与冷机出风口间的弧形转角板	TFF(图 K.1)
50350	T 形轨侧板	T 形轨两侧与箱体侧壁板间的弧形转角板	TFG(图 K.1)
50360	T 形轨板	T 形底轨的断面	TFP(图 K.1)
50370	T 形轨联接	在T形底轨前/后端顶面设置的条带,以增加横向联接	TFI(图 K.1)
50380	T 形轨导板	将来自制冷机的气流导入T形轨的转角导向板	TFB(图 K.1)
50385	疏水塞组件	箱底板处的疏水器塞和链	DRA
50386	疏水塞	箱底板疏水器的塞子	DRP
50389	底层板	设于保温底板下面的一块平板	PAA
50395	自开式疏水槽	柔性袋状构件,安装于T形疏水器下面,受水压力控制,以便于保温箱内的水流出	DKK
K.5.5 壁板			
50450	壁板周边	保温箱隔热门壁板的周边的封闭设施	PEP(图 K.1,图 K.3)
50460	壁板框	保温箱隔热门板的框架	PAF(图 K.3)
50470	壁板隔条	保温箱隔热层内壁的竖条板使之形成气流通道	PBT(图 K.3)
50480	壁板内衬	保温箱隔热壁板的内衬板	PIC(图 K.2,图 K.3)
50490	隔热材料	隔热层用的材料,通常为泡沫塑料	PIM(图 K.1,图 K.2)
50500	壁板内撑	保温箱壁板的内柱	PIS(图 K.2)
50510	壁板转接件	保温箱的隔热壁板与顶板的转角连接件	PJC(图 K.2)
50520	壁板转接固位件	隔热壁板与顶板转角联接处的固位件	PJP(图 K.2)
50530	壁板外护板	保温箱隔热壁板的外护板	POC(图 K.2,图 K.3)
50540	壁板断面	保温箱隔热壁板的断面组合	PAT(图 K.2,图 K.3)
K.5.6 其他			
50600	挂货轨总成	箱内顶部的纵向轨道及吊钩等,供挂货用	HRA(图 K.2)
50610	挂货吊轨	箱内顶部挂货用的纵向轨道	HRB(图 K.2)
50620	挂货吊钩	箱内顶部吊轨下的吊货钩	HRH(图 K.2)
50630	挂装机组上悬挂装置	在前端梁上设置固定挂装机组装置	CHU
50640	挂装机组下悬挂装置	在前角柱下方设置的用于紧固挂装机组装置	CHL
K.6 制冷机组元件 K.6.1 压缩机			

续表

数字码	零件名称	说明	CEDEX 代码
60010	压缩机总成	制冷压缩机及其电动机的整体	ASY(图 K.4)
60020	开启式压缩机	(非封闭式)(电动机除外)制冷压缩机	QAS(图 K.4)
60030	转动轴	由电动机带动的转轴	SFT(图 K.4)
60033	转轴密封圈	装在转轴与外罩之间的密封装置	QSS
60034	曲轴	将动力传至活塞的轴	CSF
60035	曲轴的轴承	轴承的孔,支撑曲轴定位	BSF
60036	曲轴密封	防止曲轴与轴套间隙漏泄的密封圈	SSF
60040	缸盖	活塞顶部的封盖	CYH(图 K.4)
60050	卸载阀	压缩缸高、低压的侧旁阀,用来达到减载的目的	CYU(图 K.4)
60060	卸载电磁阀	操纵卸载器启闭的电磁阀	CYS(图 K.4)
60070	缸盖垫片	压缩缸顶盖的密封垫片	CYG(图 K.4)
60080	气缸	供一个活塞工作的容腔	CYA(图 K.4)
60090	活塞	在缸体内压缩制冷的滑动栓塞	PTA(图 K.4)
60100	活塞杆	曲轴与活塞的连杆	PTR(图 K.4)
60110	活塞环	环绕活塞的气密环	PTB(图 K.4)
60120	压缩机皮带轮	带动压缩机轴转动的皮带轮	PUQ(图 K.4)
60130	电动机皮带轮	传送电动机轴运动的皮带轮	PUM(图 K.4)
60135	驱动皮带	将扭矩转输到压缩机皮带轮上的张紧装置	DRB(图 K.4)
60140	吸入停止阀	冷剂进口处具有启闭或测压(低压测)功能的阀门	VSU(图 K.4)
60150	排出停止阀	冷剂出口处具有启闭或测压(高压侧)功能的阀门	VDI(图 K.4)
60155	排出停止阀盖	排出停止阀上的设施	VDC
60160	高压继电器	当介质工作压力超过高限时切断系统电源的安全装置	CHP(图 K.4)
60170	低压继电器	当介质工作压力低于低限时切断系统电源的安全装置	CLP(图 K.4)
60175	缓冲器	压缩机组变化状态时的缓冲装置	SNB
60180	低油压继电器	当油压低于最低限时切断系统电源的安全装置	CLO
60190	油泵	向压缩机运动件提供压力润滑的泵	PPO
60200	油位镜	显示油位的玻璃窗	SGO
60210	油池垫片	压缩机机体与润滑油库联接处的密封垫	SGS(图 K.4)
60220	注油口	润滑油注入口	OCH(图 K.4)
60230	其他	未列出的压缩机的其他零部件	QMI(图 K.4)
60240	舌簧阀(或环片阀)	气缸上供冷剂吸入和排出的片	RRV
60245	阀门挡板	在气缸阀门处设置的板	PVA
60250	电动机	指不设在压缩机内的电动机	MAS(图 K.4)
60260	定子	电动机壳内的静态线圈组件	STA(图 K.4)
60270	转子	在定子中转动的线圈组件	ROT(图 K.4)
60280	集流器	将电流导入转子的导电装置	COL(图 K.4)

续表

数 字 码	零 件 名 称	说 明	CEDEX 代码
60290	集流器电刷	集流器上可滑移的炭刷	COB(图 K.4)
60300	轴承	电动机转轴的支承件	BNG(图 K.4)
60310	端子板	电动机上的接线板	TMP
60320	过载保护开关	当电动机过载时切断电路的安全装置	POL
60330	其他	未列出的电动机其他零部件	MIN(图 K.4)
60340	固定装置	把压缩机/电动机组固定在座架上的零件	FIX(图 K.4)
60350	集液罐	吸入管路中积存液态冷剂的容器	QDA
K.6.2 冷凝器—位置:MK.NN			
60510	盘管总成	为增加热交换而排列有序的管束	CAS(图 K.4)
60515	蛇形管	构成管束的一根单独的软管	TSH
60516	冷凝管支柱	用于支撑冷凝管的支柱	CCB
60520	进口管	将气态冷剂导入冷凝器的管子	TIN
60530	出口管	将液态冷剂引出冷凝器的管子	TOU
60540	弯管接头	将一排管联接到另一排管的折返接头	TBE(图 K.4)
60550	直管	供气态冷剂循环的装有肋片的管段	TPI(图 K.4)
60555	管道散热片	管道旁的散热片,或加速热交换的管道	CFI
60560	电动机	带动冷凝器风扇的电动机	MAS(图 K.4)
60570	电机定子	电动机定子的线圈组件	STA(图 K.4)
60580	电机转子	电动机转子的线圈组件	ROT(图 K.4)
60590	集流器	将电流导入转子的导电装置	COL(图 K.4)
60600	集流器电刷	集流器上可滑移的炭刷	COB(图 K.4)
60610	轴承	电动机转轴的支承件	BNG(图 K.4)
60620	端子板	电动机上的接线板	TMP
60630	过载保护开关	当电机过载时切断电路的安全装置	POL
60640	固定装置	把冷凝器风扇和电机固定在座架上的零件	FIX(图 K.4)
60650	风叶片	使大量空气通过冷凝管束的机器	FAN
60680	冷剂进口阀	冷剂入口处的启/闭阀	VFI(图 K.4)
60609	冷剂出口阀	冷剂出口处的启/闭阀	VFO(图 K.4)
60700	进水阀	启闭冷却水进入水冷式冷凝器的阀门	CWA
60710	出水阀	启闭冷却水流出水冷式冷凝器的阀门	VWI(图 K.4)
60720	液位镜	显示液位的玻璃窗	VWO(图 K.4)
60730	其他	未列出的冷凝器的其他零部件	KMI(图 K.4)
K.6.3 蒸发器—位置:MVNN			
60810	盘管总成	为增加热交换而排列有序的管系	CAS(图 K.4)
60820	进口管	将液态冷剂导入蒸发器的进口管系	TIN(图 K.4)
60830	出口管	将气态冷剂引出蒸发器的出口管系	TOU(图 K.4)
60840	弯管接头	不同排的管口折返接头	TBE(图 K.4)
60850	直管	供气态冷剂循环的管直段	TPI(图 K.4)

续表

数字码	零件名称	说明	CEDEX 代码
60855	管道散热片	管道旁的散热片，或加速热交换的管道	CFI
60856	蒸发器盘管加热器	集装箱内加热或除霜时采用的电加热器	HVC(图 K.6)
60857	疏水盘除霜加热器	为疏水盘除霜，或使箱内升温的加热电加热器	HDP(图 K.6)
60858	超热保护开关	加热器工作超出设定温度时的保护开关	KLX(图 K.6)
60859	加热器除霜接水管道	疏水管道除霜的加热器	DTH(图 K.7)
60860	电动机	蒸发器风扇的电动机	MAS(图 K.4)
60861	疏水口化霜加热器	为疏水口的化霜而设置的加热器	DPH
60870	电动机	带动蒸发器风扇的电动机	STA(图 K.4)
60880	电机定子	风扇电动机的定子线圈组件	ROT(图 K.4)
60890	电机转子	风扇电动机的转子线圈组件	COL(图 K.4)
60900	集流器电刷	与集电器上可滑移接触的炭刷	COB(图 K.4)
60910	轴承	电动机转轴的支承件	BNG(图 K.4)
60920	端子板	与电动机相联的接线板	TMP
60930	过载保护开关	当电机过载时切断电路的安全装置	POL
60940	固定装置	把蒸发器风扇和电机固定在底座上的零部件	FIX(图 K.4)
60950	风扇	使大量空气通过蒸发器管系出风机	FAN(图 K.4)
60970	其他	未列出的蒸发器的其他零部件	VMI(图 K.4)
K.6.4 电源—位置：MENN			
61010	460V 插头	机组主电缆联接到电源插座上 460V 的联接插头	EPL
61015	230V 插头	机组主电缆接到电源插座上的 230 伏联接插头	EPE
61020	460 伏电缆	向机组传输 460 伏电能的电缆线	ECB
61025	230 伏电缆	向机组传输 230 伏电能的电缆线	ECC
61026	460 伏电缆指示器外盒	显示 460 伏电缆的标识	ECD
61027	230 伏电缆指示器外盒	显示 230 伏电缆的标识	ECE
61030	主开关	联接制冷机组主电路的启闭装置	SMN(图 K.5)
61040	电压选择开关	与供电电源联接与供电电压相适合的装置	SVS(图 K.5)
61045	电压选择开关旋钮	选择电源电压开关的装置	SVK
61046	电压选择开关的门	在电压选择开关处设置的门	SVD
61047	电压选择开关门铰链	在电压选择开关门上安装的联接装置	SVH
61050	460V 断路器	在电路故障时切断 460 伏电源的安全装置	CBR
61055	230V 断路器	在电路故障时切断 230 伏电源的安全装置	CBB
61060	变压器	将电源电压转换成制冷机能接受电压的转换器	TFM
61070	调相器	调整电源相序与机组一致的调相装置	PRS(图 K.5)
61080	供电端子板	从电源主缆连接的接线板	EPS(图 K.5)
61090	压缩机电容器	供压缩机电机起动用的电容器	CAQ
61100	蒸发风机电容器	容纳蒸发风机起动电流的装置	CAV
61110	冷凝风机电容器	容纳冷凝风机起动电流的装置	CAK

续表

数字码	零件名称	说明	CEDEX 代码
61120	压缩机接触器	按控制器指令接通或切断压缩机电路的装置	CQA(图 K.5)
61130	低转速接触器	按控制器指令把压缩机低转速电路接通,或切断的装置	CQL(图 K.5)
61140	高转速接触器	按控制器指令把压缩机高转速电路接通,或切断的装置	CQH(图 K.5)
61150	蒸发电机接触器	按控制器指令把蒸发器风扇电机电路接通或切断的装置	CVL(图 K.5)
61160	蒸发器风机低速接触器	按控制器指令把蒸发器风机电机低速电路接通或切断的装置	CVL(图 K.5)
61170	蒸发器风机高速接触器	按控制器指令把蒸发器风机电机高速电路接通或切断的装置	CVH(图 K.5)
61180	冷凝器风机接触器	按控制器指令把冷凝器风机电机电路接通或切断的装置	CKA(图 K.5)
61190	冷凝器风机低速接触器	按控制器指令把冷凝器风机电机低速电路接通或切断的装置	CKL(图 K.5)
61200	冷凝器风机高速接触器	按控制器指令把冷凝器风机电机高速电路接通或切断的装置	CKH(图 K.5)
61210	融霜/加热接触器	按控制器指令把加热电阻电路接通或切断的装置	CHR(图 K.5)
61220	调相接触器	按调相系统要求进行相位调换的装置	CPH(图 K.5)
61230	接触器	电气/电子元件的连接点	CON
61240	线路	各电气间的电气线路	WIR(图 K.5)
61250	其他	未列入的其他电源装置	EMI(图 K.4)
K.6.5 调节/控制装置—位置:MCNN			
61410	控制器	制冷机组对重要参数(特别是温度)的控制装置	CTR(图 K.5)
61415	信息处理机控制器	用信息处理集成电路块控制的装置	CPU
61420	温度记录仪	记录保温箱内温度的装置	REC
61425	记录钟	转动记录纸的时钟装置	RCL
61426	机械式记录仪	采用机械方式记录箱内温度的装置	RCR
61430	定时器	设定并控制制冷机组不同工况作业时间长短的装置	TIM(图 K.5)
61435	记录纸	用于记录温度的一种带刻度的纸	RCH
61437	记录纸用电池	注:预留,在新制定的标准中将作具体规定	RCB
61440	记录笔	在记录纸上给出例如温度随时间变化的曲线的笔尖	STY(图 K.5)
61441	记录笔笔杆	与记录纸上相接触的杆	STL
61445	电子数据记录仪	采用电子方式将设备的操作隐患记录下来的仪器	ERD
61450	热敏元件	按照设定温度对箱内温度进行调节的器件	TMT(图 K.5)
61460	记录传感器	使记录仪正确反映箱内温度的调节装置	SRE(图 K.5)
61470	回风温度传感器	反映控制器回风温度的敏感装置	SRA(图 K.5)
61480	送风温度传感器	反映控制器送风温度的敏感装置	SSA(图 K.5)

续表

数字码	零件名称	说明	CEDEX代码
61490	计时器	记录压缩机累计运转小时数的装置	HMT
61500	温度计传感器	将温度信号传给温度计的装置	SSY(图K.5)
61510	温度计插头	把信号联接到温度计上的插头	SYJ(图K.5)
61520	数显传感器(回气)	提供数码显示信号的回气温度传感器	SER
61523	数显传感器(供气)	提供数码显示信号的供气温度传感器	SES
61524	除霜计时器	用于两次除霜间隔时间的计时装置	TDF(图K.6)
61525	手动去霜开关	采用人工手动方式控制除霜的计时开关	SMD(图K.6)
61526	除霜开关	除霜控冷器开关	SDT(图K.6)
61527	冷除霜温度传感器	在温度传感器工作时,周期性控制清除霜的控制装置	EVS
61528	风压开关	利用蒸发器前后风压差来启动化霜作业的装置	APS(图K.6)
61530	除霜继电器	控制蒸发器盘管除霜的继电装置	RDK(图K.5)
61535	除霜选择开关	供除霜选择的开关	DIS
61536	除霜选择开关钮	在除霜选择开关上设置的旋钮	DIK
61540	调相继电器	控制电流相序转换的继电器	RPR
61550	定时继电器	控制制冷机组电气元件投入工作的继电设备	RTM(图K.5)
61560	加热继电器	控制加热电阻工作的继电器	RHR(图K.5)
61570	“正常”继电器	使“正常”指示灯发光,表示箱内温度处于“正常”之内的继电器	RIR(图K.5)
61580	“制冷”继电器	点亮“制冷”指示灯,表示制冷机组处于正常制冷工况的继电器	RFC(图K.5)
61590	暂停制冷继电器	当箱内温度已达到设定温度时使压缩机暂停的继电器	RCU(图K.5)
61600	熄火继电器	控制压缩机熄火阀动作的继电器	RQQ
61610	过载继电器	过载时切断电动机电源的继电器	ROL(图K.5)
61620	减载继电器	当箱内温度即将达到设定值时使之减载的指示灯发光继电器	RPC(图K.5)
61630	电子主板	与各电子板相联的主电子板	BMN(图K.5)
61640	电子操作板	控制各种功能的电子板(包括电源和温度)	BCT(图K.5)
61650	调相电子板	控制电源相序调换的电子板	BPR(图K.5)
61660	调换+控温电子板	控制电源供给及箱内温度的电子板	BMS(图K.5)
61670	时序+电流控制板	控制电动机起动程序及调节阀电流的电子板	BCC(图K.5)
61680	控温电子板	控制箱内温度的电子板	BTC(图K.5)
61690	继电器电子板	与各继电器联接的电子板	BRY(图K.5)
61700	放大电子板	放大各传感器信号的电子板	BAM(图K.5)
61710	风温显示器	显示送风和回风温度的仪表	TDI(图K.5)
61715	模拟控温开关	可模拟控制不同温度的开关	TSS
61720	变压器	使供电电压转变至控制回路电压的变压装置	TRF(图K.5)
61730	熔断器	在控制回路出现故障时或操作时即断路的保险系	FUS(图K.5)
61735	熔断器控制器	控制熔断器的装置	FHD

续表

数字码	零件名称	说明	CEDEX 代码
61740	监视灯	显示制冷机组工作状态的指示灯	LIT(K.5)
61750	远距离监控插座	为远距离监控装置而设的专用插座	SOR(图 K.5)
61755	远距离监控接收电容器	包括和从属的远距离监控接收装置和插座	MRC
61760	远程控制器的插头	联接到远距离监控装置上的插头	MRP(图 K.5)
61765	冷凝器压力开关	控制冷凝器风扇的开关,可根据压缩机压力的变化开启的开关	SPK(图 K.6)
61766	冷却水压力开关	冷凝器接通水冷装置时,冷凝器风扇关闭	SPW(图 K.6)
61770	过载延时开关	允许电机起动程序的装置	SOR(图 K.5)
61775	稳压终端器	与通用电子元器件连接的末端	CRE
61780	接头	电气/电子元件的联接点	CON(图 K.5)
61790	试机开关	能模拟非设定温度试验制冷机组工作的开关	TSW(图 K.5)
61795	温度设定器(数控)	选择设定温度的装置	SPS
61796	数控恒温器	维持所要求温度用的变阻器(包括旋钮)	THE
61800	其他	未列入的其他调节/控制装置	CMI(图 K.4)
K.6.6 删去除霜/加热 K.6.7 管路—部件:MPNN			
62010	注气阀	当压缩机减载式吸入调节阀即将关闭时注入热气使之继续运行的装置	VQA(图 K.6)
62020	注气阀阀体	注气阀的壳体(机械结构)	VQB(图 K.6)
62030	注气阀线圈	控制注气阀动作的电磁线圈	VQS(图 K.6)
62040	吸入调节阀	当压缩机减载时,对吸气进行调节的装置	VMA(图 K.6)
62050	调节阀体	调节阀的壳体	VMB(图 K.6)
62060	调节阀线圈	控制调节阀动作的电磁线圈	VMS(图 K.6)
62070	吸入电磁阀	当箱内温度与设定温度相差甚大时,开启,当接近时关闭的装置	VSA(图 K.6)
62080	电磁阀体	电磁阀的壳体	VSB(图 K.6)
62090	电磁阀线圈	操纵吸入电磁阀的电磁线圈	VSS(图 K.6)
62100	热气调节阀	注入高温冷剂使蒸发器融霜,或减载的装置	VGA
62110	热气调节阀体	热气调节阀的壳体	VGB(图 K.6)
62120	热气调节阀线圈	操纵热气调节阀动作的电磁线圈	VGS(图 K.6)
62130	膨胀阀	使膨胀过程得以在蒸发器内进行并调节冷剂出蒸发器时过热温度的装置	VEX(图 K.6)
62140	感温管	由蒸发器出口处的气温传至膨胀阀的传感器	BOH(图 K.6)
62145	减压阀	压缩机输出压力	PRG
62147	节流阀	通过制冷时的流量控制温度	VTH
62150	热交换器	使回气与液态冷剂进行热交换以提高制冷效率的装置	HEX(图 K.6)
62160	吸入管隔热	减少吸入管系传热扩散的隔热措施	ISL(图 K.6)
62170	供液阀	调节冷凝器流出冷剂流量的装置	VLL(图 K.6)
62180	湿分显示仪	显示冷剂中所含水分的装置	SGI(图 K.6)
62190	干燥过滤器	使冷剂干燥过滤的装置	DRF(图 K.6)

续表

数字码	零件名称	说明	CEDEX 代码
62200	易熔塞	超压时使系统安全的保护装置	FUP
62210	排出压力表	压缩机排出压力指示表	GDI(图 K.6)
62220	吸入压力表	压缩机吸入压力指示表	GSU(图 K.6)
62250	热敏定温器	按所需温度设定的热敏元件装置	KWT
62255	玻璃观察窗	为检查制冷状况而设的窗口	SGL
62260	减震器	制冷机组吸入/排出管路上的饶性减震管段	VIB(图 K.6)
62265	储蓄装置	吸流管中的制冷剂储存盒	ACC
62270	冷剂容量	制冷机组能纳入冷剂的容量	FCH
62280	其他	未列入的其他管路器件	PMI(图 K.4)
K.6.8 机组框架—部件:MFNN			
62510	框架总成	制冷机组的构架	FAS(图 K.7)
62520	蒸发器挡板	活动挡板卸下后能从箱外触及蒸发器	VAP(图 K.7)
62525	加热器挡板	活动挡板卸下后能从箱外触及加热器	HAP
62530	冷凝器隔栅	从外侧设置的防护网罩以保护冷凝器风扇	GLK(图 K.7)
62540	压缩机防护壁	保护压缩机免受震动的隔壁,并可存放电缆	QPG(图 K.7)
62550	蒸发器隔栅	在箱内设置的蒸发器防护网罩	GLI(图 K.7)
62560	内壁板	冷藏箱前端的内壁板	INP(图 K.7)
62570	压缩机底座	固定压缩机的座板	QBS(图 K.7)
62580	紧固件	螺钉、螺帽及螺栓等	HWR(图 K.7)
62590	框架垫片	制冷机组框架与隔热箱体端框的密封垫	GAS(图 K.7)
62600	温度计插口	在机组框架的送风和回风道处开设的温度计插口	TTU(图 K.7)
62610	疏水盘	设在蒸发器下供聚集融霜疏水之用	DPA(图 K.7)
62620	疏水管	将疏水导出制冷机组的排水管	DRN(图 K.7)
62630	换气系统	为冲谈箱内货物呼出的碳酸气导入新鲜空气的装置	ARE
62640	电气箱	装设电力的控制和记录仪等电气装置的箱子	BEA(图 K.7)
62650	电气箱门	电气箱的开闭装置	BED(图 K.7)
62660	电气箱门封	为保证电器箱门安全而设置的密封条	BEG(图 K.7)
62664	电气箱门铰链	用以支撑电气控制箱的铰链	BEH
62665	电子绘图仪	采用金属导线绘制草图的装置	EDX
62666	电子绘图控制器	用于管理电子制图	EDH
62670	控制箱	装设控制器的电气和电子设备箱	BCA(图 K.7)
62680	控制箱门	控制箱的开闭装置	BCD(图 K.7)
60690	控制箱门封	为保证控制箱门安全而设置的密封条	BCG(图 K.7)
62695	控制箱门铰链	用于支撑控制箱的铰接装置	BCH
62696	控制箱门窗	在控制箱上设的一块玻璃窗	BCW
62700	记录仪箱	装有温度记录装置的箱	BRA(图 K.7)
62710	记录仪箱门	记录仪箱的开闭装置	BRD(图 K.7)

续表

数字码	零件名称	说明	CEDEX代码
62720	记录仪箱门封	为保证记录仪箱密性而设置的密封条	BRG(图K.7)
62725	记录仪箱门窗	在记录仪箱门上设的玻璃窗	BRL
62726	记录仪箱铰链	用于支撑记录仪箱门的装置	BRH
62730	记录仪钥匙及链	记录仪计时器上弦工具及其挂链	RKY(图K.7)
62735	记录仪曲线图用的螺帽和链	记录仪记录纸的紧固件	RCC
62736	记录仪的钥匙孔	为保护记录仪的钥匙孔	RKC
62737	箱门铰链处的膨胀阀	用于保护膨胀阀的铰链	TXH
62738	电器元件保护罩	用于高压线周围的保护设置	BES
62740	CO_2 取样堵头	为测量箱内的 CO_2 浓度而采集箱样时所用的开/关装置	COO(图K.7)
62745	文件存储器	袋状或管状的文件存储设备	MDH
62750	标贴	制冷机组上的信息或警示标记	MRK(图K.7)
62760	压缩机上部框架防震垫	压缩机与框架之间的吸震装置设于集装箱上半部	HCU
62770	压缩机下部框架的防震垫	设在压缩机下部与框架之间吸震装置	HCL
62780	其他	未定义的框架其他零部件	FMI(图K.4)
K.6.9 其他—部件 MZNN			
62800	空气过滤器	过滤气体用的主要网状部件	AFP
62810	滤气副件	过滤气体用的附属部件	AFS
62820	气压控制压缩机	采用气压控制的压缩机	CAR
62830	气压控制干燥机	采用气压系统控制的烘干设备	CAD
62840	气压控制加热器	采用气压控制的加热设备	CAH
62850	氧/氮隔离器	隔离氧氮的隔膜	ONS
62860	氧/氮阀门	氧/氮气管路流量调节器	ONV
62870	二氧化碳存储器	二氧化碳气体存储罐	CDY
62880	气压控制器	空气压力系统的电子控制设备	CAC
62890	氧气探测仪	应用气压控制系统检测氧气的设备	OXS
62900	二氧化碳探测仪	采用空气压力控制系统的二氧化碳探测设备	CDS
62910	水探测仪	采用水控制系统检测水变化的装置	SRW
62920	温度传感器	应用气压控制系统检测温度变化的装置	SRT
62930	湿度控制器	控制湿度的装置	HUC
62940	湿度仪	在集装箱内保持湿度在限制范围内的装置	HUM
62950	储水器	储存水的罐体	WTK
62960	乙烯清洗器	清除乙烯气体的过滤装置	ETS
62970	二氧化碳过滤器	清除二氧化碳气体的过滤仪器	CDR
62980	气压控制门开关	当箱门处于开启状态时,气压控制装置和制冷系统停止工作	CAW
K.7 罐式集装箱的零部件			
K.7.1 框架结构—部件:AFNN			

续表

数字码	零件名称	说明	CEDEX 代码
70010	框架系固装置	采用螺丝和螺母将框架结构或步道固定	YFF
70020	框架衬板	框架与压力容器连接之间的腹板	YFS
70030	框架衬板坐垫	与框架衬板连接的焊接托架	YMP
70040	斜支撑件	对角结构杆件	YDR
70050	鞍状架	在框架内支撑压力容器的结构件	YSA
70060	侧缘	压力容器与底框相连接的结构件	YSK
70070	立柱	竖直的端杆件	TVP
70080	框架联接板/加强板	其他支撑架结构	YTG
70090	载荷传递区	平板或交叉梁为运输需要确定的适当内面积	YLT
70100	横向梁	水平的结构件	YHR
K.7.2 压力容器—部件:APNN			
70200	法兰盖	焊到压力容器或管系上的金属圈,在起其上有螺栓孔	YEL
70210	储存容器	为便于减压装置排放而在压力容器底部设置的容器	YSU
70220	壳体	压力容器圆柱形结构	YSH
70230	蒸气排口	罐式箱的蒸气出口结构	YUF
70240	加强环	压力容器外表面焊接环状加强板	YST
70250	封头	压力容器的穹形顶板	YHE
70260	防波板	减少介质震荡的竖向板	YBA
70270	防波板孔	为防波板移动的孔眼	YBH
K.7.3 装/卸货物设施—部件:ALNN			
70300	水平指示器	在地面上用以表示罐箱水平的仪器	YLN
70310	连接器	罐体与外部管接口的装置	YCO
70320	斜管	在顶部安装的通过罐口调节压力的管	YDI
70330	罐顶外部阀组件	罐顶外部供装/卸货物的阀门装置	YEU
70340	底部阀门密封垫	罐体和底下端阀门起密封作用的垫圈	YGA
70350	底部阀门总成	底部第一道内部的底部关闭装置	YFV
70360	阀门外部总成	第二道底部关闭装置	YEV
70370	空气阀	用于排气或增压用的阀门	YAN
70380	盲板	栓接封板块	YBF
70390	脉冲调制阀门总装	缺罐体采用脉冲式调节阀门,承受罐体产生脉冲的阀门装置	YTV
70400	垫片	应用在脉冲与法兰位置之间的部件	YPV
K. 7.4 人孔—部件:AMNN			
70500	人孔盖	封闭人孔的盖板	YMC
70510	人孔垫圈	在人孔盖孔口处用于盖紧用的钢制圈	YMF
70520	人孔盖固定件	盖严人孔盖的紧固装置	YHD
70530	人孔铰链	使人孔盖开、关转动的零件	YMO
70540	人孔总装	包括人孔盖,人孔垫等的全部零部件	YMH
70550	人孔垫	人孔的密封垫	YMG
70560	人孔测尺	测量介质注满量水平的校准杆	YMD
70570	人孔测杆支撑件	附与人孔测尺上的配件	YMR

续表

数字码	零件名称	说明	CEDEX 代码
80100	发动机轴承	发动机内的各轴承	JNB
80110	发动机风扇	发动机冷却用风扇	JNF
80120	发动机球形化油器	发动机燃料系主要部件	JNS
80130	发动机总成	包括各附件在内的发动机整体构成部分	JNA
80140	发动机空气滤清器	进入发动机燃烧室空气的净化部件	JND
80150	发动机气缸顶罩	盖住气缸顶部的零件	JNC
80160	发动机排气弯头	排气管线中的弯形管	JNX
80170	排气管垫片	在排气管上的密封件	JGE
80180	张紧皮带轮	不带动任何部件只用于张力拉紧的皮带轮	JNY
80190	空转轮	安装在张紧皮带轮旁的空转皮带轮	JNI
80200	进气管垫片	在进气管口的密闭件	JGI
80210	消音器/消声器	在排气管上降低噪音的装置	JNM
80220	管道	发动机的各种管道	JDP
80230	活塞总成	活塞和连杆的组合件,包括活塞销	JNP
80240	散热器软管	冷却液进/出水箱的连接软管	JJH
80250	散热器总成	包括各附件在内的整个散热器构成部分	JJR
80260	散热器的减震器	降低散热器振动的装置	JJS
80270	散热器盖	冷却剂加入散热器入口的盖	JJF
80280	防雨帽	防止排气管进水的装置	JNZ
80290	恒温器	冷却器与进水管之间用于调节水温的感应装置	JKD
K.8.2 电器系统:部件 GENN			
80400	二级管振荡器(负电级)	二级管的负级终端	JMN
80410	振荡器励磁机	励磁机磁场在振荡器周围的激活装置	JME
80420	二级管振荡器(正电极)	二级管的正极终端	JMP
80430	电流表	测量电流的装置	JEN
80440	充电电池插头	充电电池正极插头	JEF
80450	充电电池插座	连接充电电池插头的部件	JEB
80460	蓄电池	存储电能的装置	JEO
80470	蓄电池支架	固定蓄电池的金属架	JEJ
80480	蓄电池固位器	蓄电池固定位置的构件	JED
80490	12V 断电器	12V 安全供电装置	JBD
80500	230V 断电器	100/230V 安全供电装置	JBC
80510	460V 断电器	380/460V 安全供电装置	JBA
80520	线路板	标示线路走向并与电气元件连接的板	JBB
80530	主控盒	汇集电线的控制装置	JAB
80540	振荡器电压表	测量主控振荡器电压的仪表	JXM
80550	主控振荡器盖的密封垫	主控振荡器罩的密封件	JEE
80560	主控振荡器整机	全套主控振荡器的零部件	JXA

续表

数字码	零件名称	说明	CEDEX 代码
80570	主控振荡器盒	主控振荡器的外壳	JXB
80580	三向振荡整流器	由 AC 变到 DC 电源的三向转换装置	JXP
80590	振荡器插座	与振荡器插头配套的部件	JXS
80600	振荡器罩	覆盖振荡器整装的外罩	JXC
80610	振荡器电阻	振荡器内部的电阻构件	JXR
80620	二极管整流振荡器	整流振荡器的二极管元件	JXE
80630	电插头	利用电热阻丝产生热量的电器元件	JEG
80640	计时表	发动机运转时间的测量仪表	JEH
80650	230V 插座	190/230V 电线内接口	JET
80660	460V 插座	380/460V 电线内接口	JEU
80670	稳压器	控制电压的装置	JER
80680	继电控制器	控制发电机运转的电源开关装置	JRR
80690	起动电动机	启动发动机用的电动机	JES
80700	起动电动机线圈	在起动电动机内的感应线圈	JEM
80710	水温过高开关	水温过高时用来控制水温的安全装置	JST
80720	水温超高切断开关	水温超高时自动转换热水循环的安全装置	JSH
80730	油压过低开关	机油压力不足时自动控制油压的安全装置	JSL
80740	点火开关	控制发动机启动的电源开关	JSO
80750	起动电动机的开关装置	控制起动电动机工作的操纵装置	JSS
80760	预热起动开关	预热发动机用的控制装置	JSP
80770	金属导线	在无特殊说明时的全部金属线	JEY
K.8.3 机架:部件 GFNN			
80800	盖	用于防雨、防尘密封设置	JAC
80810	口	密封盖上设的开孔	JAD
80820	叉孔	为起吊作业而设的与叉槽相连的部位	JAF
80830	机架结构	支承发动机的构件	JAA
80840	安装销	用于加固机架用的固缚件	JAL
80850	安装夹紧装置	用压力夹紧机架的紧固装置	JAU
80860	金属板	发动机底部用于防泥水的金属板	JAP
K.8.4 交流发电机:部件 GLNN			
80900	交流发电机整机	交流发电机及其附件	JMA
80910	交流发电机轴承	交流发电机转子的支承部件	JMB
80920	交流发电机转子驱动圆盘	交流发电机转子的驱动部件	JMD
80930	交流发电机的转子	发电机内的感应线圈	JMR
80940	交流发电机起动器	固定在电源感应线圈上的部件	JMS
80950	交流发电机	采用交流电的发电机	JEL
K.8.5 润滑系:部件 GONN			

续表

数字码	零件名称	说明	CEDEX 代码
81000	油	润滑油、脂	JOO
81010	储油槽密封垫	在油凹槽处起密闭作用的零件	JGO
81020	油温度计	测量油温度的仪表	JOT
81030	储油凹槽	存储油用的槽形件	JNU
81040	测油水平仪	测量油面的指示器	JOG
81050	油料过滤器	净化油料用的装置	JNL
81060	油压表	测量油压力的仪表	JNG
81070	储油管	油料的柔韧弯曲管道	JDO
K.8.6 燃料系:部件 GUNN			
81100	防冻剂	用于燃油防冻的液体	JOF
81110	柴油	(自由解释)	JOD
81120	发动机燃油过滤器	清除发动机燃油杂质的过滤装置	JFR
81130	测油计	测量油箱内燃油储量的器具	JFG
81140	油温计	测量燃料温度的仪表	JFH
81150	储油管	固定的输油管道	JDD
81160	油箱	储存燃油的容器	JET
81170	手动油泵	手动加油装置	JFP
81180	燃油过滤器	清除燃油杂质的过滤装置	JFF
81190	辅助油料过滤器	燃油燃油杂质的辅助过滤装置	JFS
81200	喷油泵	将燃油高压注入气缸的装置	JFI
81210	喷油嘴	将高压燃油喷射到燃烧室的装置	JFO
K.8.7 冷却系:部件 GWNN			
81300	防冻液(乳化剂)	防止冷却水结冰的乳化液体	JWF
81310	储水管	冷却液流动的水管	JDB
81320	备用水泵	冷却系应急用水泵	JWA
81330	"O"形密封圈	防止水泵漏水的橡胶密封装置	JGW
81340	水温传感器	传感水温的控制开关	JEK
81350	水	冷却液体	JWW
81360	水分离器	将水管内的油净化分离的装置	JWS
81370	水泵	冷却水循环加压的装置	JWP
81380	水温计	测量冷却水温度的仪表	JWK
K.8.8 发电机总成:部件 GXNN			
81400	发电机总成	包括附件在内的发电机组成部分	JXX
K.8.9 发电设备的辅件:部件 GZNN			
81500	线夹	用压力操作的紧固装置	JIC
81510	紧固件	五金工具紧固件	JIF
81520	五金工具	各种各样的紧固工具和一些敲打工具	JAH
81530	标记	用彩釉或油漆标明的信息	JAM
81540	其他附件	发电机总成辅件尚未详细规定的部件	JAO

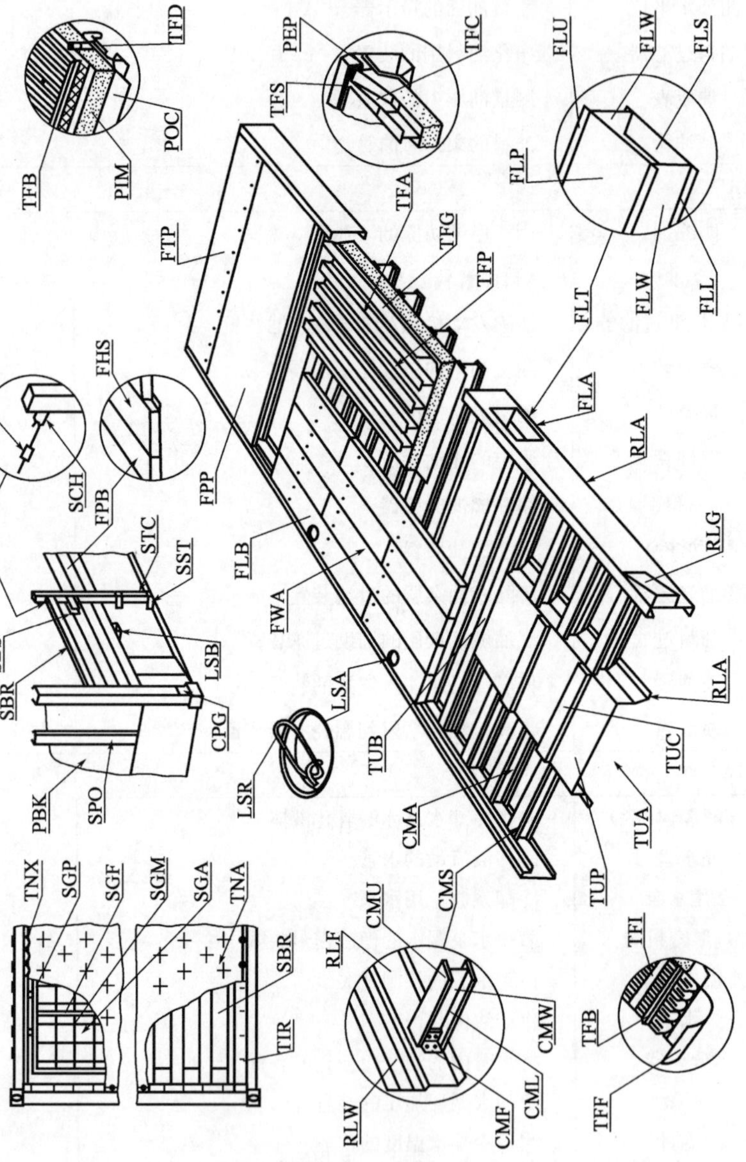
TFD
TFB
PIM
POC
PEP
TFC
TFS
FLU
FLW
FLS
FLP
FLT
FLW
FLL
FTP
TFA
TFG
TFP
FLA
RLA
SLC
FHS
SCH
FPB
SLS
STC
SST
SBS
SBR
LSB
CPG
FPP
FLB
FWA
LSA
LSR
PBK
SPO
TUB
CMA
TUC
TUA
RLG
RLA
TUP
CMS
CMU
RLF
CMW
CML
CMF
RLW
TFI
TFB
TFF
TNX
SGP
SGF
SGM
SGA
TNA
SBR
TIR

图 K.1

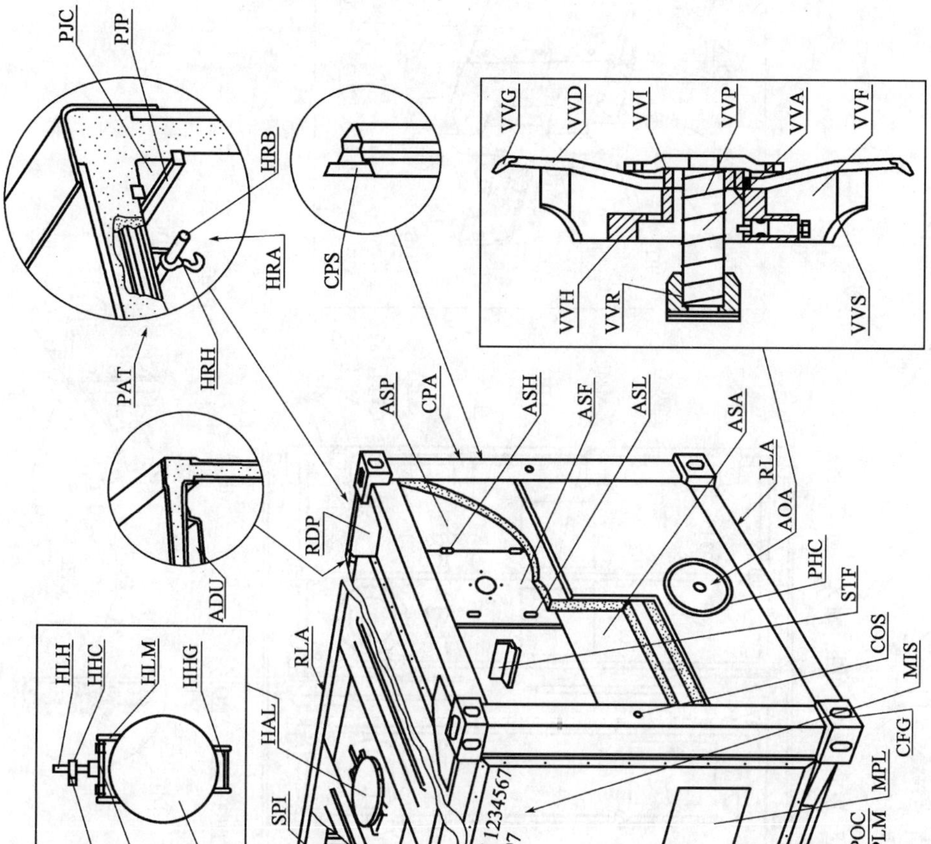
PJC
PJP
HRB
HRA
HRH
PAT
CPS
VVG
VVD
VVI
VVP
VVA
VVF
VVH
VVR
VVS
ASP
CPA
ASH
ASF
ASL
ASA
RLA
AOA
PHC
STF
COS
MIS
CFG
MPL
PLM
POC
PIS
PIM
PLC
PSC
PPW
FUN
DRT
TNS
RMM
RCM
RLG
PAA
MOL
TNC
TIR
TNA
TNB
LSB
RBO
RBH
VRA
RBS
SPI
HAL
RDP
ADU
HLH
HHC
HLM
HHG
HCP
HLB
HCV
VRR
VRB
VRG
TIC
TNG
ISOU 1234567
IS 9897

图 K.2

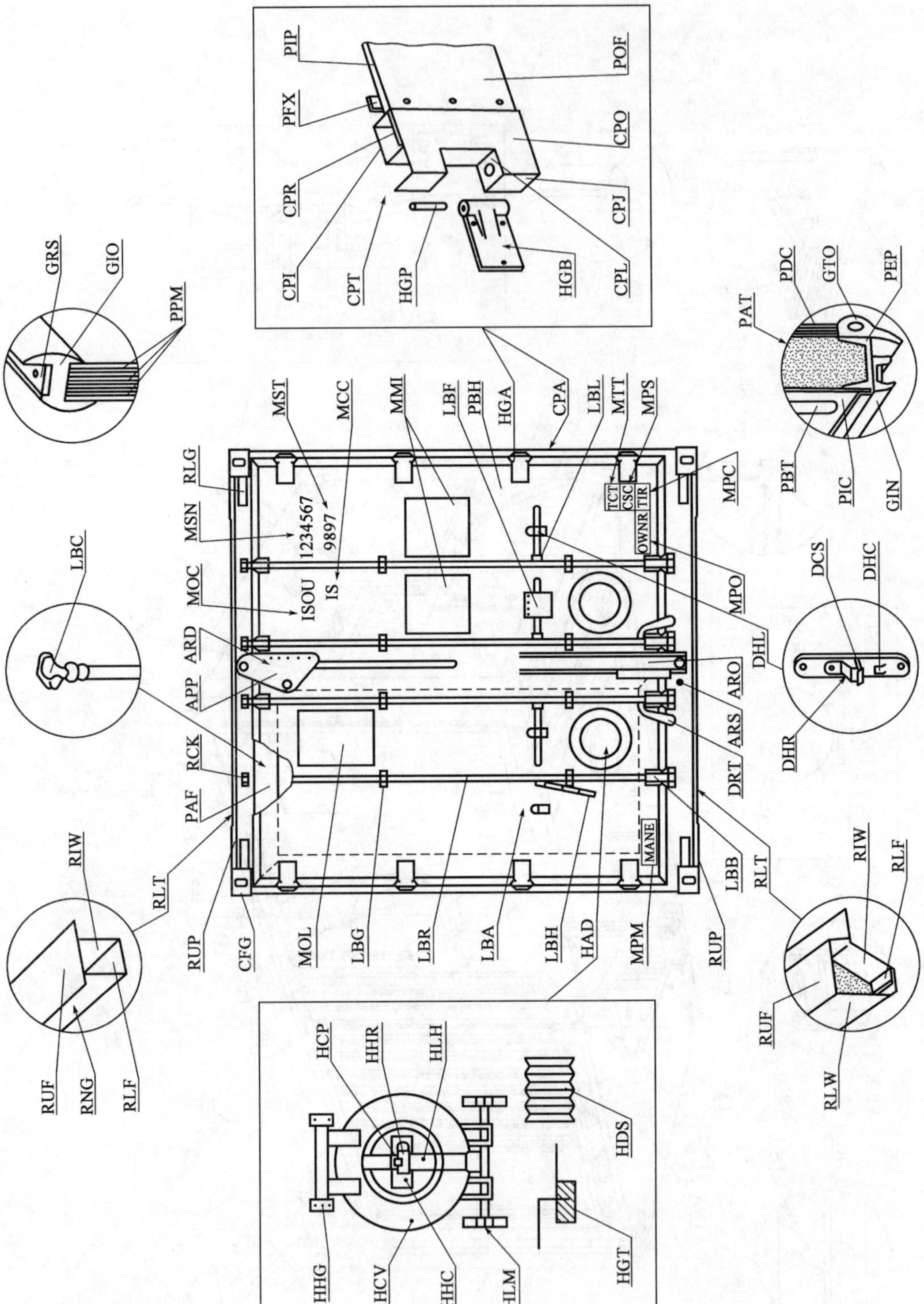
GRS
GIO
PPM
LBC
RIW
RLT
RUF
RNG
RLF
PIP
PFX
CPR
CPI
CPT
HGP
HGB
CPL
CPJ
CPO
POF
RLG
MSN
MOC
ARD
APP
RCK
PAF
RUP
CFG
MOL
LBG
LBR
LBA
LBH
HAD
MPM
MST
MCC
MMI
LBF
PBH
HGA
CPA
LBL
MTT
MPS
MPC
MPO
DHL
ARO
ARS
DRT
LBB
1234567
9897
ISOU
IS
TCT
CSC
TIR
OWNR
MANE
PAT
PDC
GTO
PEP
PBT
PIC
GIN
DCS
DHC
DHR
HCP
HHR
HLH
HDS
HHG
HCV
HHC
HLM
HGT
RLW

图 K.3

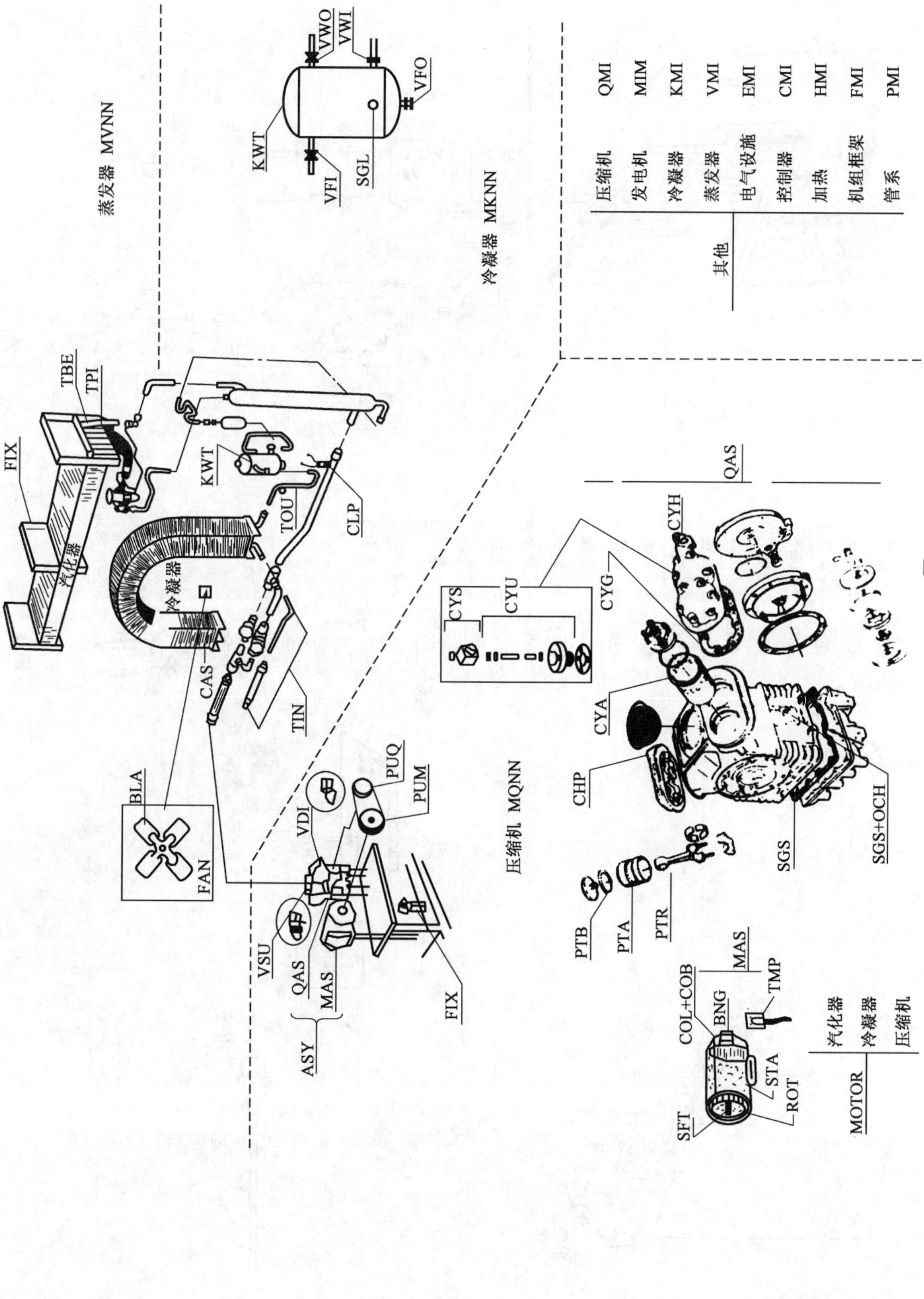

蒸发器 MVNN
VWO
VWI
VFO
KWT
VFI
SGL
冷凝器 MKNN
压缩机 QMI
发电机 MIM
冷凝器 KMI
蒸发器 VMI
电气设施 EMI
控制器 CMI
加热 HMI
机组框架 FMI
管系 PMI
其他
FIX
TBE
TPI
汽化器
冷凝器
KWT
TOU
CLP
CAS
TIN
BLA
FAN
VDI
PUQ
PUM
VSU
QAS
MAS
ASY
FIX
压缩机 MQNN
CYS
CYU
CYG
CYH
QAS
CYA
CHP
PTB
PTA
PTR
SGS
SGS+OCH
SFT
COL+COB
BNG
MAS
TMP
STA
ROT
MOTOR
汽化器
冷凝器
压缩机

图 K.4

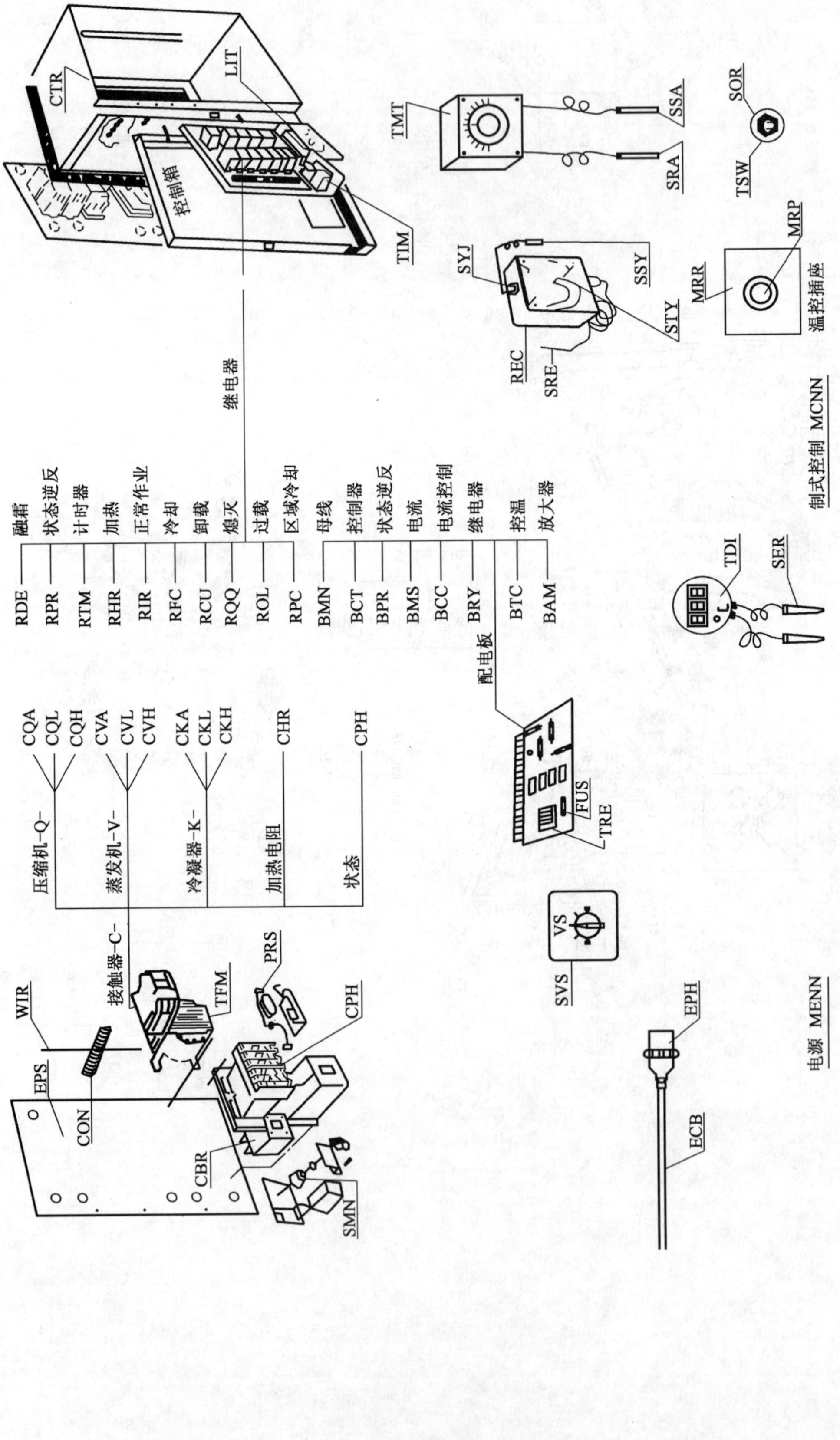
电源 MENN
EPS
WIR
CON
CBR
SMN
接触器-C-
TFM
PRS
CPH
ECB
EPH
SVS
VS
压缩机-Q-
CQA
CQL
CQH
蒸发机-V-
CVA
CVL
CVH
冷凝器-K-
CKA
CKL
CKH
加热电阻
CHR
状态
CPH
配电板
FUS
TRE
RDE 融霜
RPR 状态逆反
RTM 计时器
RHR 加热
RIR 正常作业
RFC 冷却
RCU 卸载
RQQ 熄灭
ROL 过载
RPC 区域冷却
BMN 母线
BCT 控制器
BPR 状态逆反
BMS 电流
BCC 电流控制
BRY 继电器
BTC 控温
BAM 放大器
继电器
控制箱
CTR
LIT
TIM
TMT
SSA
SRA
SYJ
SSY
REC
SRE
STY
TDI
SER
MRR
MRP
SOR
TSW
温控插座
制式控制 MCNN

图 K.5

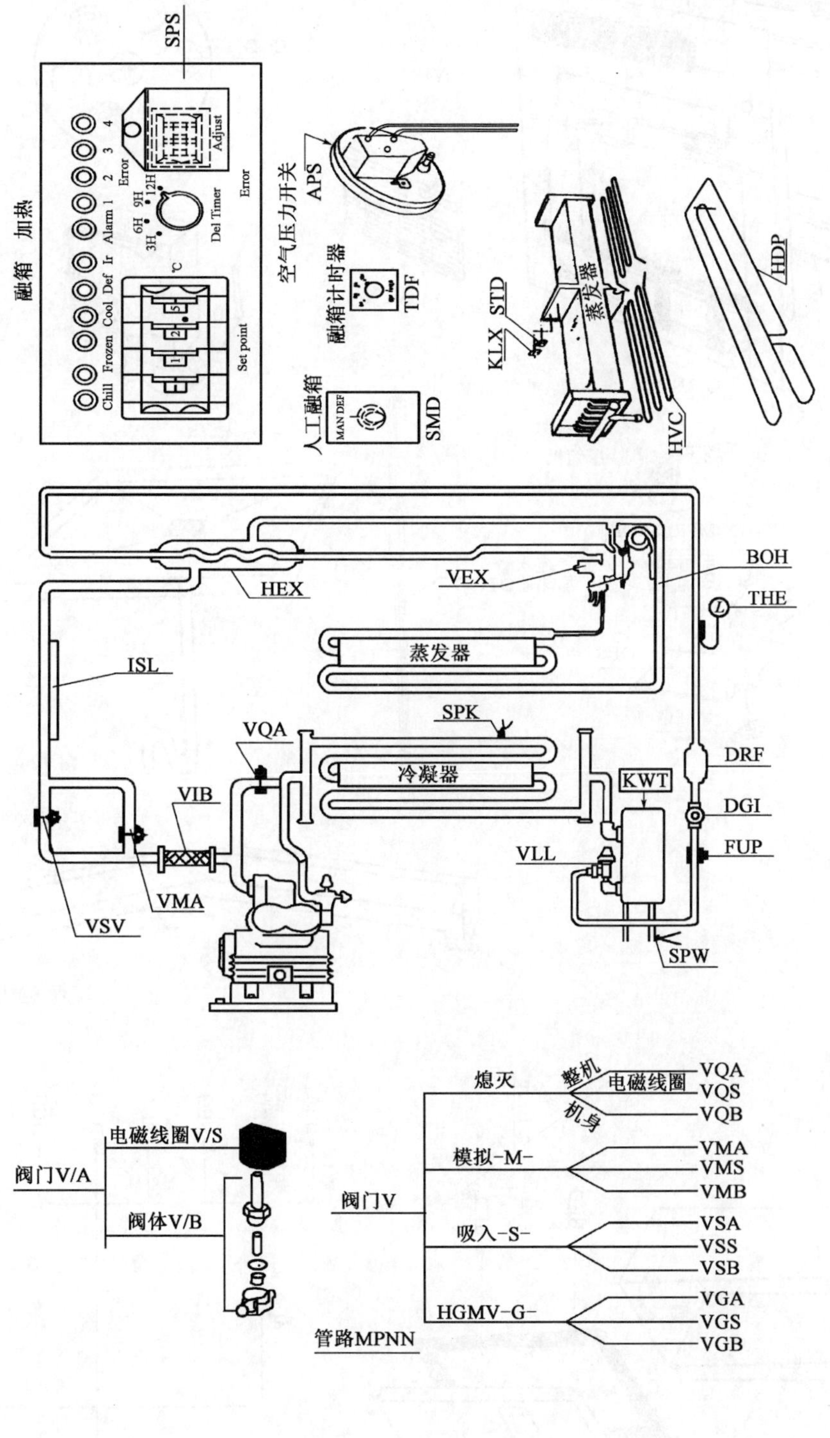
SPS
融箱 加热
Chill Frozen Cool Def Ir Alarm 1 2 3 4
Set point
Del Timer
Error
Adjust
3H 6H 9H 12H
空气压力开关
APS
融箱计时器
TDF
人工融箱
MAN DEF
SMD
KLX STD
蒸发器
HVC
HDP
HEX
VEX
BOH
THE
ISL
蒸发器
SPK
VQA
冷凝器
KWT
DRF
VIB
DGI
FUP
VLL
VMA
VSV
SPW
电磁线圈V/S
阀门V/A
阀体V/B
熄灭
整机
电磁线圈
机身
VQA
VQS
VQB
模拟-M-
VMA
VMS
VMB
阀门V
吸入-S-
VSA
VSS
VSB
HGMV-G-
VGA
VGS
VGB
管路MPNN

图 K.6

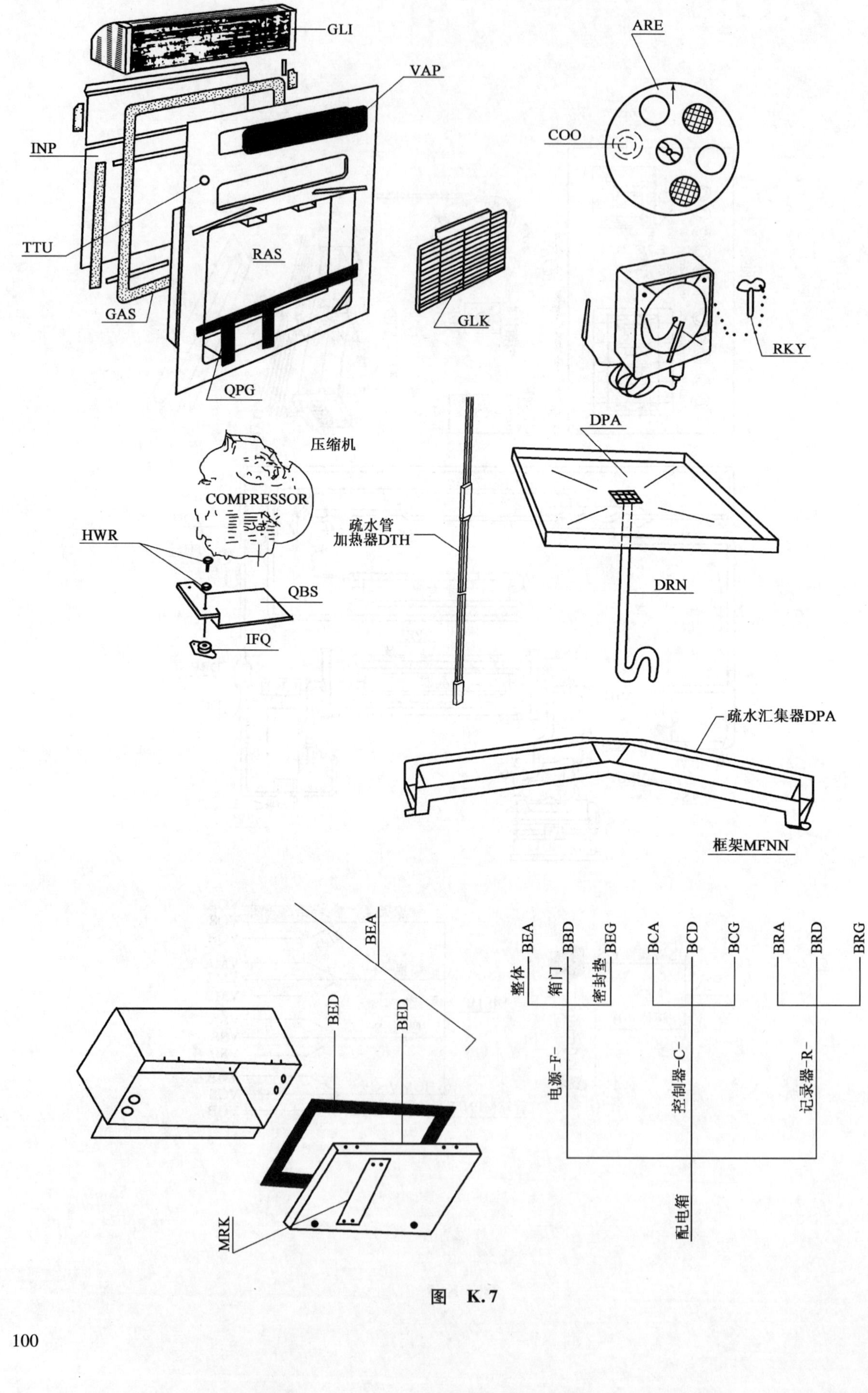
GLI
VAP
ARE
INP
COO
TTU
RAS
GAS
GLK
RKY
QPG
DPA
压缩机
COMPRESSOR
疏水管
加热器DTH
HWR
QBS
DRN
IFQ
疏水汇集器DPA
框架MFNN
BEA
BED
BED
MRK
整体 BEA
箱门 BBD
密封垫 BEG
BCA
BCD
BCG
BRA
BRD
BRG
电源-F-
控制器-C-
记录器-R-
配电箱

图 K.7

附 录 L
（规范性附录）
挂车零部件代码

（见4.1和4.2）

数字码	零件名称	说明	CEDEX代码
90010	气管联接装置	气管系与车体的连接装置亦称“气管接头”，见90310	KAC
90012	气管拉簧	用于拉撑制动蹄片（见90090）和制动管路（90092和90096）的辅助部件，以防它们被车体摩擦而破损	KHS
90014	气控支撑件总成（不含皮碗）	利用柔性橡胶隔膜和牵引空气增压和控制阀调控变压的装置	KAR
90015	橡胶隔膜（皮碗）	制动气室内用以调节气压的柔性气垫，属气控支撑设备	KAB
90016	连接销	用于连接和固定两块制动蹄片的零件，摩擦片用后要更换	KAP
90017	防滑控制器	用电脑控制的防滑部件总成	KSC
90018	防滑构件	与制动系统相匹配，在制动过程中自动控制一个或多个轮胎的转速的装置	KSK
90020	车轴总成	与车轮回转装置相连的矩形式圆形断面的空心管件	KAX
90025	轮轴螺帽	用于轮轴端部的螺帽，可防止轴端被泥水冲刷，其代码亦用于轮轴安全设备代码	KAN
90030	传动轴	与各轮轴相连的传动轴件	KAS
90040	安全防护栏	为防止自行车行人进入挂车连接空挡内的侧向防护装置	KBG
90050	主纵梁	支承挂车负荷的纵向主要受力构件	KBO
90055	纵梁支撑板	防止主纵梁发生摇摆而设的加强板	KGU
90060	制动装置总成	指整个制动系统的构成	KBK
90070	制动蹄副	车轮制动中的一对部件，它可对车轮的转动施以相反的作用力	KBC
90072	制动气室	与制动杆相联接的弹簧制动的工作室	KBM
90074	制动气室推杆	与弹簧制动装置相连接的杆件，（见90780）位于制动气室外	KPR
90076	制动拉杆叉头	指拉杆端部的U型金属卡子，它与制动气室推杆相连接，可调节制动松紧度	KCV
90078	制动拉杆销	穿过制动拉杆底孔的销子，可保护拉杆不脱离	KCP
90080	制动鼓	它是车轮制动装置承受制动的刚性圆筒形部件	KBD
90090	制动蹄片	与车轮一同回转的筒状部件，它通过摩擦片与制动鼓相互作用而使车辆停止	KBH

续表

数 字 码	零 件 名 称	说 明	CEDEX 代码
90092	制动系充气管路	从牵引车的空压机通过挂车制动阀到贮气筒的空气充气管	KBE
90096	制动系操作管路	从牵引车到挂车通过制动阀单管路传输制动信号的贮气管	KSR
90100	制动蹄摩擦片	附在制动蹄片上的摩擦垫,通过它与制动鼓相接触而产生阻力	KBL
90102	紧急制动阀	设在制动系充气管路中上用于在断路情况下快速调节气压而起自动制动作用的阀门装置	KQR
90103	滚筒式制动器	制动器总成中的柱滚动销,带动凸轮轴的S凸轮转动,从而S凸轮使制动蹄与制动鼓分离或接触	KRO
90104	S形制动衬片	空心圆柱体,可降低穿过三角架的制动器S凸抡转动点的摩擦力	KCH
90105	S形凸轮轴	一个成S形的凸轴,通过它转动制动滚筒,使制动蹄张开,用衬片与制动鼓接触产生摩擦阻力	KCS
90106	制动蹄衬片(带环)	弧型加强金属板并衬以摩擦缓冲金属件,在接触制动鼓时可起制动作用	KSE
90108	制动蹄总成(带环)	它包括:两个有衬片的制动蹄,制动滚筒及销轴、弹簧等	KSA
90110	制动连接板	供制动系统固缚的零件,它是一个圆形板,以螺栓或焊缝与车轴相连	KBS
90120	灯泡	供照明用的灯泡	KSG
90130	减震块	防止车体后端受冲击震动的零件	KSP
90132	缓冲器垫片	缓冲器与支柱之间的垫片,它与牌照牌相连	KBF
90134	缓冲器支柱	在缓冲器处的垂直构件	KBU
90136	缓冲器横梁	缓冲器底部的横向构件,与缓冲器支柱相连接	KBQ
90138	挂车整车	整个挂车的组成部分,支腿总成等	MCH
90140	断电器	属电路的保护装置,当过高电压出现时通过感应元件可自动断路	KCB
90150	认可标识	挂车经检验符合标准时,在其左侧贴附的永久性标记(在美国是由国家公路安全管理局颁布此标志)	KCL
90160	装载限界标志灯	装在挂车前、后端并尽可能接近上左和上右的装载限界处的标示灯。它有时与挂车前、后两侧的装载限位灯合并在一起	KLT
90170	防碰箱	在用缆绳拖拉车辆时,为防止触及制动和电气系统零部件造成损坏而设置的箱式结构。亦可称为"连接箱",即90580	KBX
90180	集装箱导位板	设在挂车前端的构件,用来帮助集装箱准确就位作业的导向装置也称"导箱座",即90350	KCG
90185	挂车主框架交叉梁	挂车主框架的横梁	KXM
90188	角撑板/加强板的十字交叉梁	挂车主框架的加强构件与主框架的横梁和主梁相连接	KXG

续表

数字码	零件名称	说明	CEDEX代码
90190	缓冲块	设在挂车尾部的缓冲防护装置(为橡胶、塑料或木质)用来减缓车尾与装卸货物平台之间的冲撞强度	KDP
90200	文件袋(筒)	随车附带文件(或货单等)的存放处,它可能是口袋式或圆筒式	KDH
90210	管道放水阀	设在空气管道的最低处用以释放气体凝结水	KDV
90220	封闭板	制动器气管连接处的密封板,在不使用时可封闭以防尘	KDC
90230	防尘罩	装在制动传动轴外面用塑料或金属做成的罩,以挡住来自路面的杂物和尘土	KDS
90240	防尘盖	用塑料或金属制成的装在齿轮箱上的盖,以挡住来自路面上的杂物和尘土	KDM
90250	电线插座	挂车电线插头用的专用插座,亦称"七脚插头",见90720	KEC
90260	电线盒	为适应不同规格集装箱长度而设的电线缠绕装置,所配电线的长度与12m(40ft)、13.5m(45 ft)和14.5m(48 ft)箱相适应	KEX
90270	紧急制动装置	为挂车制动系中的组成部分,在紧急制动时靠失压或其他方式来实现	KEA
90280	翼板	设在轮胎上方用来防止泥水飞溅和杂物夹入胎槽的构件,亦称"挡泥板",见90570	KFD
90290	气门嘴垫片	用于内胎气门嘴出的衬垫	KFL
90292	伸缩车架导板	控制挂车可伸缩车架的伸缩滚动式限位板	KFS
90296	伸缩车架锁销	在任何选择位置锁定挂车延伸部分而设的机械式销锁装置	KFP
90300	齿轮箱	供挂车支腿起落的齿轮传动装置	KGR
90310	气管接头	(见90010)	KAC
90315	气管接头密封件	阻止管接头漏气的衬垫	KAA
90320	鹅颈	为降低挂车和集装箱的总高度,在挂车前端底架处设置如鹅颈的装置,它与箱体底部的导槽相匹配	KGN
90322	黄油嘴	将润滑脂注入各运动部件的注油嘴	KBZ
90326	润滑油封(轮轴)	给轮轴和支撑轴承范围注入润滑剂的零件	KGS
90330	垫套	连接件中垫入的管状衬垫以减少摩擦,或起到绝缘作用	KGM
90335	五金件	螺钉、螺帽、螺丝等零部件的统称	HWR
90340	牵引销	挂车与牵引车可靠的连接装置,见90630	KHI
90350	导箱座	为集装箱就位起导向作用,见90180	KCG
90360	轴头盖	设在车轴端部的封盖,防止润滑油漏出或外界尘埃进入。该处设有注油孔	KHC
90362	轴头盖润滑剂	轮轴端盖处注入的滑脂	KGH
90366	轴头盖注油孔	轮轴端盖的注油口	KOH
90370	计程器	设在挂车车轮枢轴端部的里程记录表	KHU

续表

数字码	零件名称	说明	CEDEX 代码
90380	警示灯	设在车尾靠上的中部按水平方向横排的3只指示灯	KIC
30390	主销总成	设在半挂车上与牵引车相连接的装置包括销板和销架	KKA
30400	主销	装在半挂车前方与挂车鞍座相连接	KKP
30410	主销板	装在牵引车鞍座上方并支承挂车主销的销板	KKT
90420	主销增强销架	为主销总成的一个部分,它可增强主销的受力强度	KKF
90430	支撑装置	用来支撑半挂车前端并可调节其高度使之与牵引车相适应,以便连挂作业	KLA
90432	支腿轴壳	着地支腿内侧下端,在支腿轮和制动蹄之间的壳状装置	KHA
90436	支腿吊环状支撑杆	固定在着地支腿外侧的吊环式装置	KLZ
90440	支腿齿轮柄	支腿传动齿轮的手柄	KLH
90445	支腿曲轴	着地装置手柄控制的曲轴,用于着地支腿的升降	KKS
90450	支腿齿轮联接轴	使挂车两侧支腿同步升降的联接轴	KLY
90452	支腿内齿轮	在不同速度下使支腿升降的装置	KLJ
90455	支腿安装支架	从支腿到主梁用于支撑主梁的箱式或托架式结构	KLM
90457	支腿轴套	圆柱体,用来加快轴在支腿齿轮总成的转动	KLD
90458	支腿的旋转销	圆形凹槽销用于固定支腿齿轮与轴之间的齿轮系	KLR
90460	支腿座	设在挂车前、后和两支腿之间的支座	KLB
90470	支腿总成	可供升降调节的支撑装置,其外套固定在挂车车架上,内撑在其座上,可用手柄来上下调节	KLL
90480	支腿外套	支座总成的外套	KLO
90490	支腿中撑	支座总成的核心	KLI
90500	支腿基座	支腿总成的基板,把有关载荷传向地面	KLN
90510	支腿底轮	可代替支腿基座的底轮把有关载荷传向地面	KLW
90520	支腿底轮轴	使支座底轮转至基板处的转动轴	KLE
90522	支腿导管帽	支腿端部可盖紧的部件	KLQ
90530	灯镜	挂车上的灯及外光罩,通常为红色,褐色,在车辆牌照处为白色	KLS
90540	牌照	装在挂车两端的车辆登记号牌	KLC
90550	牌照灯	照射牌照的白光灯	KLG
90552	牌照灯总成	灯泡,灯头和照明电线连接板的组合件	KLP
90555	轮胎螺丝	用满负荷力矩施于车轮的螺栓和螺母后,可保持轮胎与轮车圈总成的牢固和安全	KLU
90560	后轮挡泥板	在后轮后方安装的下垂挡板,可防车轮飞溅物向外喷射(见90760)	KMF
90565	支架挡泥板	装于支架或转角处遮挡污物的板	KMB
90570	挡泥板	见90280	KFD

续表

CEDEX 码	数字代号	CEDEX 码	数字代号	CEDEX 码	数字代号	CEDEX 码	数字代号
DPA	62610	FIX	60340	HAP	62525	JAC	80800
DPH	61890	FLA	10850	HCL	62770	JAD	80810
DPL	10635	FLB	10710	HCP	11010	JAF	80820
DPR	10636	FLL	10860	HCU	62760	JAH	81520
DR	06080	FLP	10880	HCV	10950	JAL	80840
DRA	50385	FLS	10870	HDP	61820	JAM	81530
DRB	60135	FLT	10910	HDS	10970	JAO	81540
DRF	62190	FLU	10890	HEP	11650	JAP	80860
DRL	10587	FLW	10900	HEX	62150	JAU	80850
DRN	62660	FMI	62770	HGA	10480	JBA	80510
DRP	50386	FOT	07020	HGB	10490	JBB	80520
DRT	10630	FP	04170	HGP	10500	JBC	80500
DSB	11625	FPB	10690	HGT	10960	JBD	80490
DSC	11626	FPP	10720	HHC	10980	JDB	81310
DSH	11627	FR	06110	HHG	10990	JDD	81150
DSM	11623	FRS	10675	HHR	11000	JDO	81070
DSO	10588	FS	04180	HLB	11020	JDP	80220
DST	11628	FSA	11630	HLH	11030	JED	80480
DT	04160	FSP	11640	HLM	11040	JEE	80550
DTH	61880	FT	06230	HMI	61900	JEF	80440
DY	04165	FTP	10730	HMT	61490	JEG	80630
		FUN	11840	HN	06115	JEH	80640
E	01160	FUP	62200	HO	04230	JEJ	80470
EAA	12020	FUS	61730	HPC	11669	JEK	81340
ECB	61020	FWA	10680	HPH	11668	JEL	80950
ECC	61025	FWS	10740	HRA	50600	JEM	80700
ECD	61026	FZ	04190	HRB	50610	JEN	80430
ECE	61027			HRH	50620	JEO	80460
EDH	62666	G	01140	HUC	62930	JEP	80450
EDX	62665	GAS	62590	HUM	62940	JER	80670
EFH	10485	GD	04200	HVC	61810	JES	80690
EMI	61250	GDI	62210	HWR	90335	JET	80650
EPE	61015	GIN	10450	HWR	11900	JEU	80660
EPL	61010	GIO	10460	HWR	62580	JEY	80770
EPS	61080	GLI	62550			JFF	81180
ERD	61445	GLK	62530	I	08080	JFG	81130
ETS	62960	GO	04210	IFQ	62760	JFH	81140
EVS	61527	GP	04220	II	5430	JFI	81200
		GRS	10440	IN	06125	JFO	81210
F	01170	GS	06360	INH	07010	JFP	81170
FAN		GSU	62220	INP	62560	JFR	81120
FAN	60650	GT	06295	IP	06100	JFS	81190
FAN	60950	GTA	10430	IR	04240	JFT	91160
FAS	62510	GTO	10470	IS	05420	JGC	80050
FCH	62270	GW	06380	ISL	62160	JGE	80170
FHD	61735			IT	06120	JGF	80040
FHS	10700	H	08010			JGH	80060
FIX	60640	HAD	10930	JAA	80830	JGI	80200
FIX	60940	HAL	10940	JAB	80530	JGO	81010

续表

CEDEX 码	数字代号	CEDEX 码	数字代号	CEDEX 码	数字代号	CEDEX 码	数字代号
JGW	81330	JST	80710	KCH	90104	KLG	90550
JIC	81500	JWA	81320	KCL	90150	KLH	90440
JIF	81510	JWF	81300	KCP	90078	KLI	90490
JJF	80270	JWK.	81380	KCS	90105	KLJ	90452
JJH	80240	JWP	81370	KCU	91010	KLL	90470
JJR	80250	JWS	81360	KCV	90076	KLM	90455
JJS	80260	JWW	81350	KDC	90220	KLN	90500
JK. D	80290	JXA	80560	KDH	90200	KLO	90480
JMA	80900	JXB	80570	KDM	90240	KLP	90552
JMB	80910	JXC	80600	KDP	90190	KLQ	90522
JMD	80920	JXE	80620	KDS	90230	KLR	90458
JME	80410	JXM	80540	KDV	90210	KLS	90530
JMN	80400	JXP	80580	KEA	90270	KLT	90160
JMP	80420	JXR	80610	KEB	90912	KLU	90555
JMR	80930	JXS	80590	KEC	90720	KLW	90510
JMS	80940	JXX	81400	KEC	90250	KLX	61830
JNA	80000			KEQ	90810	KLY	90450
JNA	80130	KAA	90315	KEV	90660	KLZ	90436
JNB	80100	KAB	90015	KEX	90260	KMB	90565
JNC	80150	KAC	90010	KFD	90570	KMF	90560
JND	80140	KAC	90310	KFD	90280	KMF	90760
JNE	80090	KAD	90740	KFH	90830	KMI	60730
JNF	80110	KAN	90025	KFL	90290	KMR	90600
JNG	81060	KAP	90016	KFP	90296	KNR	90840
JNH	80070	KAR	90014	KFS	90292	KOH	90366
JNI	80190	KAS	90030	KGH	90362	KOS	90590
JNJ	80030	KAX	90020	KGM	90330	KPL	90620
JNL	81050	KBA	90710	KGN	90320	KPP	90610
JNM	80210	KBC	90070	KGR	90300	KPR	90074
JNP	80230	KBD	90080	KGS	90326	KQH	90820
JNQ	80080	KBE	90092	KGU	90055	KOR	90102
JNR	80010	KBF	90132	KHA	90432	KRB	90685
JNS	80120	KBG	90040	KHB	90855	KRC	90692
JNU	81030	KBH	90090	KHC	90360	KRF	90640
JNV	80020	KBK	90060	KHI	90340	KRG	90650
JNX	80160	KBL	90100	KHI	90630	KRH	90850
JNY	80180	KBM	90072	KHS	90012	KRL	90700
JNZ	80280	KBO	90050	KHU	90370	KRM	90690
JOD	81110	KBP	90130	HIC	90380	KRO	90103
JOF	81100	KBQ	90136	KKA	90390	KSR	90096
JOG	81040	KBS	90110	KKF	90420	KSS	90860
JOO	81000	KBU	90134	KKP	90400	KST	90870
JOT	81020	KBW	90770	KKS	90445	KSU	90790
JRR	80680	KBX	90580	KKT	90410	KSV	90759
JSH	80720	KBX	90170	KLA	90430	KSW	91030
JSL	80730	KBZ	90322	KLB	90460	KSX	90752
JSO	80740	KCB	90140	KLC	90540	KSY	90755
JSP	80760	KCG	90350	KLD	90457	KSZ	90758
JSS	80750	KCG	90180	KLE	90520	KRR	90800

续表

CEDEX 码	数字代号	CEDEX 码	数字代号	CEDEX 码	数字代号	CEDEX 码	数字代号
KRS	90680	LBT	11910	MRC	61755	PG	05370
KRV	90670	LC	06130	MRK	62750	PH	04440
KRX	90696	LF	04270	MRP	61760	PHC	50110
KSA	90108	LH	05340	MRR	61750	PIC	50480
KSB	90780	LIT	61740	MRU	40290	PIM	50490
KSC	90017	LK.	04250	MS	04320	PIP	11350
KSD	90750	LMS	10577	MSD	40110	PIS	50500
KSE	90106	LO	04260	MSN	40050	PJC	50510
KSF	90905	LPP	10578	MST	40060	PJP	50520
KSG	90120	LPS	10576	MTR	07050	PLM	50130
KSH	90970	LS	05350	MTT	40280	PM	05380
KSI	90917	LSA	10230	MU	05000	PMI	62280
KSK	90018	LSB	10240	MUI	40115	POA	50138
KSL	90730	LSR	10250	MV	06297	POC	50530
KSO	90890	LU	05330	MV	06280	POL	60320
KTA	90920					POL	60630
KTB	90960	M	01130	NI	04340	POL	60930
KTC	90930	MA	04300	ML	04330	POM	50120
KTE	93991	MAS	60250	NO	04360	POP	11360
KTH	90990	MAS	60560	NT	04350	PP	05360
KTI	90910	MAS	60860	NV	04365	PPM	11330
KTK	90992	MCA	40080			PPO	60190
KTL	90900	MCC	40010	O	08050	PPW	11320
KTO	90993	MCE	40210	OCH	60220	PR	06160
KTP	90915	MCH	90138	OD	04410	PRG	62145
KTR	90950	MCO	12000	OI	04420	PRS	61070
KTV	90940	MCS	40220	OL	04380	PS	06400
KTW	90980	MD	06135	ONS	62850	PSC	11340
KUB	90880	MDH	62745	ONV	62860	PSF	11395
KUS	90885	MF	04290	OP	06140	PT	06170
KUV	90995	MFS	40100	OR	04370	PTA	60090
KWA	91020	MHC	40072	OS	04390	PTB	60110
KWB	91000	MHT	40070	OU	04400	PTR	60100
KWH	91060	MIM	60330	OX	06155	PU	05400
KWS	91040	MIS	40020	OXS	62890	PUM	60130
KWT	62254	MK	06250			PUQ	60120
KWT	60670	ML	04280	P	01120	PV	06270
KXG	90188	MM	04310	PA	06150	PVA	60245
KXM	90185	MMI	40030	PAA	50389	PX	06175
		MMT	07030	PAA	11200		
LBA	10510	MOC	40040	PAF	50460	QAS	60020
LBB	10520	MOL	40300	PAT	50540	QBS	62570
LBC	10530	MPC	40230	PBH	11210	QDA	60350
LBF	10580	MPD	40090	PBK	11400	QMI	60230
LBG	10540	MPL	40260	PKT	50470	OPG	62540
LBH	10550	MPM	40250	PE	05410	QSS	60033
LBL	10560	MPO	40240	PEP	50450		
LBN	10575	MPS	40200	PF	04520	RA	06190
LBR	10570	MPT	40270	PFX	11240	RAA	12030

续表

CEDEX 码	数字代号	CEDEX 码	数字代号	CEDEX 码	数字代号	CEDEX 码	数字代号
RB	06200	RR	06290	SOR	61770	TFS	50330
RBH	10220	RRM	50390	SP	04460	THE	61796
RBO	10200	RRT	11665	SPI	11490	THE	62250
RBP	10225	RRV	60240	SPK.	60023	TIC	11740
RBS	10210	RS	06370	SPO	11500	TIM	61430
RC	06220	RT	06310	SPS	61795	TIN	60520
RCB	61437	RTL	11585	SPW	62240	TIN	60820
RCC	62735	RTM	61550	SR	04480	TIR	11750
RCH	61435	RU	05440	SRA	61470	TMP	60920
RCI	11555	RU	06205	SRE	61460	TMP	60310
RCK	11520	RUF	11570	SRS	50137	TMP	60620
RCL	61425	RUP	11610	SRT	62920	TMT	61450
RCM	50135	RW	06320	SRW	62910	TNA	11680
RCR	61426			SS	05140	TNB	11690
RCU	61590	S	08030	SSA	61480	TNC	11700
RD	06260	SA	04455	SSF	60036	TNG	11720
RDE	61530	SAA	12010	SST	11600	TNS	11710
RDP	11530	SBR	11390	SSY	61500	TNX	11730
RE	06315	SBS	11380	ST	05110	TOU	60830
REC	61420	SC	06390	STA	60870	TOU	60530
RF	04450	SCC	11860	STA	60260	TOU	60530
RFC	61580	SCH	11430	STA	60570	TP	06420
RG	06240	SD	06325	STC	11410	TPH	11735
RHL	11666	SD	04490	STF	50200	TPI	60850
RHR	61560	SE	06330	STL	61441	TPI	60550
RIR	61570	SER	61520	STP	11445	TPN	50322
RIW	11550	SES	61523	STY	61440	TR	06500
RKC	62736	SF	06345	SU	05100	TRF	61720
RKY	62730	SFT	60030	SVD	61046	TS	04080
RLA	11510	SG	05150	SVH	61047	STH	60515
RLE	11661	SGA	11450	SVK	61045	TSS	61715
RLF	11560	SGF	11460	SVS	61040	TSW	61790
RLG	11540	SGI	62180	SVW	04500	TTU	62600
RLI	11660	SGL	60720	SYJ	61510	TU	04510
RLL	11667	SGL	62255			TUA	11760
RLT	11620	SGM	11470	T	08060	TUB	11790
RLW	11580	SGO	60200	TBE	60540	TUC	11770
RM	06280	SGP	11480	TBE	60840	TUP	11780
RNG	11590	SGS	60210	TDF	61840	TXH	62737
RO	04445	SH	04470	TDI	61710		
ROL	61610	SI	06350	TFA	50300	U	08040
ROT	60580	SK	05120	TFB	50380	UAA	12040
ROT	60880	SLC	11420	TFC	50310	UI	04430
ROT	60270	SLS	11440	TFD	50320		
RP	06300	SM	05130	TFF	50340	VAP	62520
RPC	61620	SMD	61850	TFG	50350	VDC	60155
RPP	11670	SMM	61030	TFI	50370	VDI	60150
RPR	61540	SN	06340	TFM	61060	VEX	62130
RQQ	61600	SNB	60175	TFP	50360	VFI	60680

续表

CEDEX 码	数字代号	CEDEX 码	数字代号	CEDEX 码	数字代号	CEDEX 码	数字代号
VFO	60690	WB	04010	YEM	70890	YPM	71080
VGA	62100	WD	06440	YEU	70330	YPP	71450
VGB	62110	WH	05310	YEV	70360	YPV	70400
VGS	62120	WIR	61240	YEW	71060	YRD	70880
VIB	62260	WM	04580	YEX	70870	YRI	71130
VJT	11850	WN	04570	YFF	70010	YRM	70800
VLL	62170	WP	06410	YFL	70200	YRT	71090
VM	06180	WS	05320	YFR	71010	YRU	70830
VMA	62040	WT	04560	YFS	70020	YSA	70050
VMB	62050	WTK	62950	YFT	70840	YSB	71320
VMI	60970	WU	05300	YFU	71050	YSE	70720
VMS	62060	WV	04550	YFV	70350	YSH	70220
VQA	62010	WW	06430	YGA	70340	YSI	70700
VQB	62020			YHA	71220	YSK	70060
VQS	62030	X	01150	YHD	70520	YSL	70730
VRA	11800	XW	06450	YHE	70250	YSN	70620
VRB	11810			YHR	70100	YSP	71300
VRC	11830	YAA	71100	YIC	70610	YSR	70820
VRR	11820	YAV	70370	IYN	70600	YST	70240
VSA	62070	YBA	70260	YIS	70860	YSU	70210
VSB	62080	YBC	71310	YLA	71230	YSV	70710
VSS	62090	YBF	70380	YLG	71240	YTA	71020
VSU	60140	YBH	70270	YLI	71460	YTG	70080
VTH	62147	YBM	71110	YLN	70300	YTM	70770
VVA	50100	YCC	71420	YLO	71330	YTR	70810
VVD	50030	YCD	70650	YLT	70090	YTS	70630
VVF	50040	YCO	70310	YMA	71440	YTV	70390
VVG	50050	YCS	70640	YMC	70500	YTW	70760
VVH	50060	YCT	71030	YMD	70560	YUF	70230
VVI	50080	YCU	71400	YMF	70510	YUI	71120
VVP	50090	YDH	71430	YMG	70550	YVP	70070
VVR	50020	YDI	70320	YMH	70540	YWA	71200
VVS	50070	YDO	71040	YMO	70530	YWF	71210
VWI	60710	YDR	70040	YMP	70030		
VWO	60720	YDV	70750	YMR	70570	ZZ	06138
		YEA	71070	YMS	71250	ZZ	04355
W	08070	YEC	70850	YOH	70900	ZZZ	11890
WA	04540	YEH	70740	YOM	71000		

ICS 35.040
A 24

中华人民共和国国家标准

GB/T 23831—2009

物流信息分类与代码

Classification and code of logistics information

2009-05-06 发布　　2009-11-01 实施

中华人民共和国国家质量监督检验检疫总局
中国国家标准化管理委员会　发布

目 次

前　言

本标准由全国物流信息管理标准化技术委员会提出并归口。

本标准起草单位:交通部公路科学研究院、宁波电子口岸物流信息有限公司、青岛港(集团)有限公司、北京中交国科物流技术发展有限公司。

本标准主要起草人:唐辉、陈琪明、丁冬聚、张蕾、崔建明、叶静。

物流信息分类与代码

1 范围

本标准规定了物流信息的分类、编码及分类代码。

本标准适用于各级管理部门、物流企业以及相关单位对于物流信息的管理及应用。

2 规范性引用文件

下列文件中的条款通过本标准的引用而成为本标准的条款。凡是注日期的引用文件，其随后所有的修改单(不包括勘误的内容)或修订版均不适用于本标准，然而，鼓励根据本标准达成协议的各方研究是否可使用这些文件的最新版本。凡是不注日期的引用文件，其最新版本适用于本标准。

GB/T 10113—2003 分类与编码通用术语

3 术语和定义

下列术语和定义适用于本标准。

3.1

类 category

具有某种共同属性(或特征)的事物或概念的集合。

[引自 GB/T 10113—2003,2.1.1]

3.2

分类 classification

按照选定的属性(或特征)区分**分类对象**(3.4)，将具有某种共同属性(或特征)的**分类对象**(3.4)集合在一起的过程。

[引自 GB/T 10113—2003,2.1.2]

3.3

信息分类 information classifying

把具有某种共同属性或特征的信息归并在一起，把具有不同属性或特征的信息区别开来的过程。

[引自 GB/T 10113—2003,2.1.3]

3.4

分类对象 objects of classification

被**分类**(3.2)的事物或概念。

[引自 GB/T 10113—2003,2.1.4]

3.5

线分类法 method of linear classification

将**分类对象**(3.4)按选定的若干属性(或特征)，逐次地分为若干层级，每个层级又分为若干类目。同一分支的同层级类目之间构成并列关系，不同层级类目之间构成隶属关系。

[引自 GB/T 10113—2003,2.1.5]

3.6

层次码 layer code

能反映编码对象为隶属关系的代码。

［引自 GB/T 10113—2003,2.2.22］

4 分类

4.1 原则

本标准按物流信息的业务管理及应用所反映的属性分类,遵循以下原则:

a) 科学性

选择物流信息最稳定的本质属性或特征作为分类的基础和依据。

b) 系统性

将选定的物流信息的属性或特征按一定的排列顺序予以系统化,形成一个科学合理的分类体系。

c) 可扩延性

设置收容类目,并且在建立物流信息分类体系和代码编码中充分考虑今后的信息分类与代码的扩充、延拓和细化。

d) 兼容性

与相关标准的相关内容相兼容。

e) 实用性

物流信息分类与代码适应物流信息管理与应用的实际需求。

4.2 方法

物流信息分类采用线分类法。

4.3 结构

按照物流管理与业务的属性或特征逐次地分成相应的四个层级类目,即大类、中类、小类和细类。其中,第一层级设6个大类目,第二层级有58个中类目。物流信息分类的6个大类如下:

——物流综合管理信息;

——物流业务信息;

——物流作业信息;

——物流设施设备信息;

——物流技术信息;

——物流安全信息。

物流信息分类结构示意图见图1。

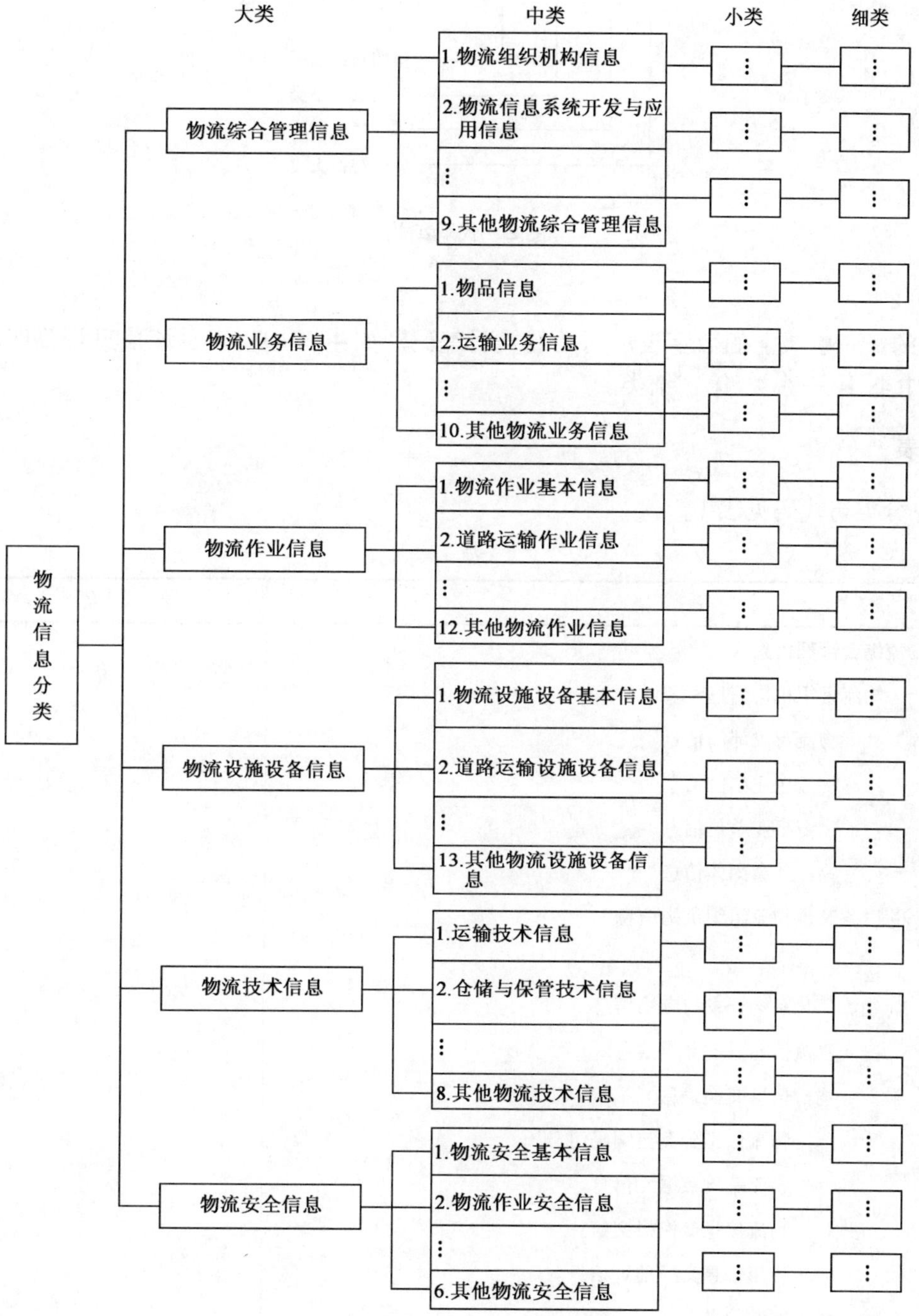

图1 物流信息分类结构示意图

5 编码

5.1 代码结构

物流信息的分类代码采用层次码，分为四层，依次为大类、中类、小类和细类。

代码结构见图2。

5.2 编码方法

5.2.1 物流信息分类类目编码的各层级由1位或2位数字码组成，第一层级编码为1～9，第二、三、四层级编码为01～99，各层级类目编码为递增的，同层级类目的代码要等长。

5.2.2 物流信息分类的各层级类目如果有收容类目时，其编码通常采用末位数字为“9”或后两位数字

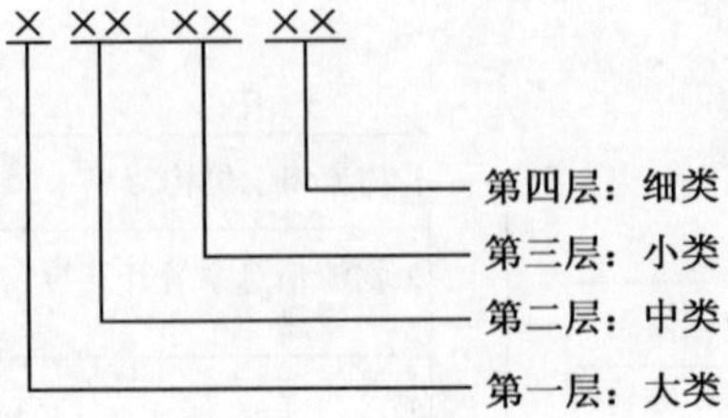

图2　代码结构

为“99”的代码。

5.2.3　代码的每一层级上的数字表示所处的类目编码。如4020103，表示该信息是第四层信息，为第四大类、第二中类、第一小类、第三细类。

6　分类代码表

物流信息分类与代码见表1。

表1

代码	类　目	备　注
1	**物流综合管理信息**	
101	物流组织机构信息	
10101	物流行政部门信息	
10102	物流企业单位信息	
10103	物流事业单位信息	
10104	物流社会团体信息	
10199	其他物流组织机构信息	
102	物流信息系统开发与应用信息	
10201	物流信息系统分类信息	
10202	物流信息交换信息	
1020201	物流信息分类与编码信息	
1020202	物流基础数据元信息	
1020203	物流信息交换报文信息	
1020204	物流信息交换地址信息	
10203	物流网站信息	
10204	物流公共信息平台信息	
1020401	物流公共信息平台公告信息	
1020402	物流公共信息平台交互信息	包括交易信息
1020403	物流公共信息平台服务信息	
1020404	物流公共信息平台动态信息	
1020405	物流公共信息平台广告信息	
103	物流科教、法规、标准及情报信息	

表 1（续）

代码	类　目	备　注
10301	物流科技信息	
10302	物流教育信息	
10303	物流法律与法规信息	
10304	物流标准信息	
10305	物流质量与技术监督信息	
10306	物流情报、文献与档案信息	
104	物流财务与金融信息	
10401	物流企事业单位财务信息	
10402	物流财务流程信息	
10403	物流产权、经营及转让信息	
10404	物流企事业单位融资信息	
10499	其他物流财务与金融信息	
105	物流行政管理信息	
10501	物流政务信息	
10502	物流人事信息	
10503	物流劳资信息	
10504	物流管理规章制度信息	
106	国际与国内物流综合信息	
10601	国际物流综合信息	
10602	国内物流综合信息	
107	物流统计信息	
10701	国家物流统计信息	
10702	区域物流统计信息	
10703	行业物流统计信息	
10704	城市物流统计信息	
10705	宏观物流统计信息	
10706	微观物流统计信息	
10707	社会物流统计信息	
10708	企业物流统计信息	
10709	物流规模统计信息	
10710	物流资源统计信息	
10711	物流需求统计信息	
10712	物流效率统计信息	

表1(续)

代码	类　目	备　注
10713	物流投入统计信息	
10714	物流产出统计信息	
10715	物流成本统计信息	
10716	物流人力资源统计信息	
10799	其他物流统计信息	
108	物流规划与设计信息	
10801	国家物流规划与设计信息	
10802	区域物流规划与设计信息	
10803	行业物流规划与设计信息	
10804	城市物流规划与设计信息	
10805	企业物流规划与设计信息	
199	其他物流综合管理信息	
2	**物流业务信息**	
201	物品信息	
20101	物品基本信息	
20102	物品分类与编码信息	
20103	物品包装信息	
20104	物品计量信息	
20105	物品产地信息	
20106	物品技术参数信息	
20107	物品储存保管要求信息	
20108	物品特殊信息	
2010801	危险品特殊信息	
2010802	易腐食品特殊信息	包括鲜活食品
2010803	贵重品特殊信息	
2010804	特殊物资运输物品信息	
2010899	其他物品特殊信息	
20109	物品附加信息	
20199	其他物品信息	
202	运输业务信息	
20201	运输合同条款及服务要求信息	
20202	预订货运服务信息	
20203	运输阶段及方式信息	

表1(续)

代码	类　目	备　注
20204	运输路线、地点及位置信息	物流过程、作业中相关信息在3中
20205	运输运价、费规、费目及费用信息	
20206	多式联运业务信息	
20299	其他运输业务信息	
203	仓储业务信息	
20301	仓储合同及服务要求信息	
20302	仓储保管方式信息	
20303	仓储保管费用费目信息	
20304	仓储地点及货位信息	
20399	其他仓储业务信息	
204	配送业务信息	
20401	配送合同及服务要求信息	
20402	配送方式方法信息	
20403	配送路线、地点及位置信息	
20404	配送费用费目信息	
20405	配送流程信息	
20499	其他配送业务信息	
205	流通加工业务信息	
20501	流通加工合同及要求信息	
20502	流通加工方式方法信息	
20503	流通加工场所信息	
20504	流通加工流程信息	
20505	流通加工费用费目信息	
20599	其他流通加工业务信息	
206	包装业务信息	
20601	包装单元信息	
20602	包装容器与器具信息	包括包装容器类型等信息
20603	包装材料信息	
20604	包装要求信息	
20699	其他包装业务信息	
207	报关与其他监管信息	
20701	报关信息	
20702	检验检疫信息	

表1(续)

代码	类目	备注
20799	其他监管信息	
208	物流单证信息	
20801	运输单证信息	
20802	仓储单证信息	
20803	配送单证信息	
20804	流通加工单证信息	
20899	其他物流单证信息	
209	物流参与方信息	
20901	参与方分类与编码信息	
20902	参与方基本信息	包括联系信息
2090201	物流客户基本信息	
2090202	提供物流服务方基本信息	
299	其他物流业务信息	
3	**物流作业信息**	
301	物流作业基本信息	
30101	物流作业人员信息	
30102	物流作业统计信息	
302	道路运输作业信息	
30201	道路运输计划调度信息	
30202	道路货运路线班期信息	
30203	装车作业信息	
30204	卸车作业信息	
30205	货运车辆作业动态信息	包括:时间、地点、位置信息等
30299	其他道路运输作业信息	
303	铁路运输作业信息	
30301	铁路运输计划调度信息	
30302	铁路货运编组信息	
30303	铁路装车作业信息	
30304	铁路卸车作业信息	
30305	铁路货运转场作业信息	
30306	铁路运输作业动态信息	

表1(续)

代码	类　目	备　注
30399	其他铁路运输作业信息	
304	水路运输作业信息	
30401	水路运输计划调度信息	
30402	运输船舶配载信息	
30403	运输船舶船期及在航动态信息	
30404	运输船舶燃油及能耗信息	
30405	港口作业信息	
3040501	港口作业计划调度信息	
3040502	船舶引航作业信息	
3040503	装船作业信息	
3040504	卸船作业信息	
3040505	码头堆场作业动态信息	包括进场、出场、搬移等
3040506	码头堆场盘存信息	
3040507	船舶在港作业动态信息	
3040599	其他港口作业信息	
30499	其他水路运输作业信息	
305	航空运输作业信息	
30501	航空运输计划调度信息	
30502	航空货运线路班期信息	
30503	航空货运信息	
30504	航空装货作业信息	
30505	航空卸货作业信息	
30506	航空运输作业动态信息	
30599	其他航空运输作业信息	
306	多式联运作业信息	
307	管道运输作业信息	
308	仓储作业信息	
30801	仓储计划调度信息	
30802	收货信息	
30803	验收信息	
30804	定位信息	
30805	受理信息	

表1(续)

代码	类　目	备　注
30806	备货信息	
30807	发货信息	
30808	仓储堆场作业信息	
30899	其他仓储作业信息	
309	配送作业信息	
30901	配送计划调度信息	
30902	进货信息	包括备货信息
30903	储存信息	
30904	分拣信息	
30905	配货与配装信息	
30906	送货信息	
30999	其他配送作业信息	
310	集装箱场站作业信息	
31001	集装箱进场信息	
31002	集装箱出场信息	
31003	集装箱移动信息	
31004	集装箱装箱信息	
31005	集装箱拆箱信息	
31006	集装箱堆存与盘存信息	
31099	其他集装箱场站作业信息	
311	物流作业相关环境信息	
399	其他物流作业信息	
4	**物流设施设备信息**	
401	物流设施设备基本信息	
40101	物流设施设备拥有情况信息	
40102	物流固定资产及评估信息	
40103	物流设施设备保养维修信息	
402	道路运输设施设备信息	
40201	货运车辆信息	
4020101	货运车辆基本信息	
4020102	货运车辆结构信息	

表1(续)

代码	类目	备注
4020103	货运车辆设备信息	
4020104	货运车辆动力信息	
4020105	货运车辆型号与性能信息	
40202	道路构造物及设施信息	
4020201	道路基本信息	包括道路标识、等级、通行能力等
4020202	道路桥梁、隧道与涵洞信息	
4020203	道路收费站信息	
4020204	道路通信设施信息	
4020205	道路信号和标志信息	
40203	站场设施设备信息	
4020301	集运站信息	
4020302	分装站信息	
4020303	中继站信息	
4020304	集装箱货运站信息	
4020305	零担货运站信息	
4020306	整车货运站信息	
40299	其他道路设施设备信息	
403	铁路运输设施设备信息	
40301	铁路机车信息	
4030101	铁路机车基本信息	
4030102	铁路机车分类及编码信息	
4030103	铁路机车动力信息	
40302	铁路车辆信息	
4030201	铁路车辆基本信息	
4030202	铁路车辆分类及编码信息	
4030203	铁路车辆设备信息	
40303	铁路线路信息	
4030301	铁路线路基本信息	
4030302	铁路桥梁、隧道与涵洞信息	
4030303	铁路信号和标志信息	
40304	铁路车站信息	
4030401	铁路车站基本信息	
4030402	客运站信息	
4030403	货运站信息	
4030404	客货运站信息	
4030405	编组站信息	

表1(续)

代码	类目	备注
4030406	区段站信息	
4030407	中间站信息	
4030408	铁路机修站信息	
4030409	车站货场信息	
40399	其他铁路运输设施设备信息	
404	水路运输设施设备信息	
40401	船舶信息	
4040101	船舶基本信息	
4040102	船舶结构信息	
4040103	船舶设备信息	
4040104	船舶动力信息	
4040105	船舶性能信息	
4040106	船舶维修信息	
40402	港口设施设备信息	
4040201	港口基本信息	
4040202	港口码头、锚地及泊位信息	
4040203	港区货运站、堆场及仓库信息	
4040204	港口装卸机械基本信息	
4040205	港作船舶信息	
40403	航道设施信息	
4040301	航道基本信息	
4040302	船闸、升船机等通航建筑物信息	
4040303	航道枢纽信息	
4040304	航道信号和标志信息	
40499	其他水路设施设备信息	
405	航空运输设施设备信息	
40501	航空器(飞机)信息	
4050101	航空器基本信息	
4050102	航空器结构信息	
4050103	航空器设备信息	
4050104	航空器动力信息	
40502	航空港(机场)信息	
4050201	航空港基本信息	
4050202	航空港货场信息	
40503	航空运输网信息	

表1(续)

代码	类 目	备 注
40599	其他航空运输设施设备信息	
406	管道运输设施设备信息	
40601	管道站信息	
40602	管道设施信息	
40603	管道设备信息	
40604	管道运输辅助系统信息	
40699	其他管道运输设施设备信息	
407	仓储设施信息	
40701	普通仓库信息	
40702	立体仓库信息	
40703	筒仓信息	
40704	储罐信息	
40705	货场信息	
40706	货架信息	
40707	仓储堆场信息	
40799	其他仓储设施信息	
408	配送设备信息	
40801	分拣机分类与编码信息	
40802	分拣机主要技术性能参数信息	
40899	其他配送设备信息	
409	包装设备信息	
40901	填充机械信息	
40902	灌装机械信息	
40903	封口机械信息	
40904	裹包机械信息	
40905	贴标机械信息	
40906	捆扎机械信息	
40907	集装机械信息	
40999	其他包装设备信息	
410	物流装卸搬运设备信息	
41001	起重机设备信息	
4100101	电动葫芦和单梁起重机信息	

表1(续)

代码	类目	备注
4100102	桥式起重机信息	
4100103	门式起重机信息	
4100104	门座式起重机信息	
4100105	汽车起重机和轮胎起重机信息	
4100199	其他起重机信息	
41002	连续输送设备信息	
4100201	带式输送机信息	
4100202	斗式提升机信息	
4100203	螺旋输送机信息	
4100204	辊子输送机信息	
4100205	气力输送机信息	
4100299	其他连续输送机信息	
41003	装卸搬运车辆信息	
4100301	叉车信息	
4100302	跨运车与牵引车信息	
4100303	自动导引搬运车信息	
4100399	其他装卸搬运车辆信息	
41004	专用装卸机械信息	
4100401	装车机与卸车机信息	
4100402	翻车机信息	
4100403	斗轮堆取料机信息	
4100404	装船机和卸船机信息	
4100499	其他专用装卸机械信息	
41005	集装箱装卸搬运机械信息	
4100501	岸边集装箱起重机信息	
4100502	轮胎式集装箱门式起重机信息	
4100503	轨道式集装箱门式起重机信息	
4100504	集装箱正面吊运机信息	
4100505	集装箱跨运车信息	
4100599	其他集装箱装卸搬运机信息	
41099	其他装卸搬运设施设备信息	
411	集装设备信息	
41101	集装箱信息	
4110101	集装箱基本信息	
4110102	集装箱分类与编码信息	
4110103	集装箱技术参数信息	

表1(续)

代码	类　　目	备　　注
4110104	集装箱残损信息	
4110105	冷藏集装箱信息	
41102	托盘信息	
4110201	托盘基本信息	
4110202	托盘分类与编码信息	
41199	其他集装设备信息	
412	计量设备信息	
41201	计量设备基本信息	
41202	计量设备分类与编码信息	
41203	计量设备技术参数信息	
499	其他物流设施设备信息	
5	**物流技术信息**	
501	运输技术信息	
50101	基本运输技术信息	
5010101	道路运输技术信息	
5010102	铁路运输技术信息	
5010103	水路运输技术信息	
5010104	航空运输技术信息	
50102	特殊运输方式技术信息	
5010201	多式联运技术信息	
5010202	集装箱运输技术信息	
5010203	冷藏运输技术信息	
5010204	危险品运输技术信息	
5010299	其他特殊运输方式技术信息	
50103	运输规划技术信息	
5010301	路线优化技术信息	
5010302	车辆调度技术信息	
5010303	船舶与车辆配载技术信息	
5010399	其他运输规划技术信息	
50199	其他运输技术信息	
502	仓储与保管技术信息	
50201	库存控制技术信息	
50202	库存管理技术信息	

表1(续)

代码	类目	备注
50203	商品养护技术信息	
5020301	商品防霉防腐防虫害技术信息	
5020302	易腐食品储存技术信息	包括鲜活食品的储存技术
5020303	金属防锈技术信息	
5020304	高分子商品防老化技术信息	
5020305	仓库温湿度控制与调节技术信息	
5020399	其他商品养护技术信息	
50299	其他仓储与保管技术信息	
503	配送技术信息	
50301	自动分拣系统技术信息	
50302	配送需求计划技术信息	
50399	其他配送技术信息	
504	包装技术信息	
50401	防震包装技术信息	
50402	防锈蚀包装技术信息	
50403	耐低温包装技术信息	
50404	防湿包装技术信息	
50405	防虫害包装技术信息	
50406	真空与充气包装技术信息	
50407	收缩与拉伸包装技术信息	
50408	集合包装信息	
50499	其他包装技术信息	
505	装卸搬运技术信息	
50501	自动化物料搬运信息	
50502	集成化物料搬运信息	
50503	智能型物料搬运信息	
50599	其他装卸搬运技术信息	
506	信息采集处理与监控技术信息	
50601	自动识别和数据采集技术信息	
5060101	射频识别(RFID)技术信息	
5060102	条码技术信息	
5060199	其他自动识别数据采集技术信息	
50602	自动跟踪与监控技术信息	
5060201	地理信息系统信息	

表1(续)

代码	类　目	备　注
5060202	GPS 定位技术信息	
5060203	无线通信技术信息	
5060299	其他自动跟踪与监控技术信息	
50603	电子数据交换(EDI)与处理技术信息	
5060301	基于 UN/EDIFACT 的 EDI 技术信息	
5060302	基于 XML 的 EDI 技术信息	
5060399	其他 EDI 技术信息	
50699	其他信息采集处理与监控技术信息	
507	物流仿真技术信息	
599	其他物流技术信息	
6	**物流安全信息**	
601	物流安全基本信息	
60101	安全管理人员信息	
60102	物流安全管理规范与规章制度信息	
602	物流作业安全信息	包括物流作业事故与事故处理信息
60201	运输作业安全信息	
60202	储存保管作业安全信息	
60203	配送作业安全信息	
60204	流通加工作业安全信息	
60205	包装作业安全信息	
60206	装卸搬运作业安全信息	
60207	集装箱作业安全信息	
60299	其他物流作业安全信息	
603	物流设施设备安全信息	包括设施设备事故与事故处理信息
60301	货运车辆安全信息	
60302	船舶安全信息	
60303	铁路机车车辆安全信息	
60304	飞机安全信息	
60305	管道安全信息	
60306	消防设施设备信息	
60307	防盗设施设备信息	
60308	集装箱安全信息	
60399	其他物流设施设备安全信息	

表 1（续）

代码	类　目	备　注
604	物流突发事件信息	
605	物流应急预案信息	
699	其他物流安全信息	

ICS 35.040;55.020
A 80

中华人民共和国国家标准

GB/T 19946—2005/ISO 15394:2000

包装 用于发货、运输和收货标签的一维条码和二维条码

Packaging—Bar code and two-dimensional symbols for shipping, transport and receiving labels

(ISO 15394:2000,IDT)

2005-10-07 发布 2006-04-01 实施

中华人民共和国国家质量监督检验检疫总局
中国国家标准化管理委员会 发布

目　次

前　　言

本标准等同采用 ISO 15394:2000《包装　用于发货、运输和收货标签的一维条码和二维条码》。

本标准对照 ISO 15394:2000 删除了 ISO 15394:2000 中 5.2.1 关于签发机构和签发代码相关说明以及注释段。

本标准的附录 A 和附录 B 是规范性附录，附录 C、附录 D、附录 E 和附录 F 是资料性附录。

本标准由中华人民共和国交通部提出。

本标准由交通部科技教育司归口。

本标准起草单位：交通部公路科学研究所、中国物品编码中心、武汉理工大学、北京中交国科物流技术发展有限公司。

本标准主要起草人：唐辉、陈继军、魏凤、郭成、曲国翠、吴清、卢瑞文、朱汉民。

引　言

在货物运输和搬运过程中为实现货物跟踪而进行电子数据交换时,需要明确和唯一的标识符连接电子数据与运输单元。

全球范围内广泛使用条码标识的运输标签,存在多种不同标准,每个标准满足特定行业的需求。为提高行业内和行业间运作效率、降低成本,应制定一个通用标准。

使用具有条码标识的运输标签可以推动装运作业自动化。运输标签中的条码信息可以作为访问计算机数据库的关键信息,该数据库包括运输单元的详细信息,可通过 EDI 传送。同时运输标签也可包含贸易双方共同确定的信息。

运输标签可以包含二维条码,用于发送方和接收方传送大量信息,同时也有利于承运人建立货物自动分拣和跟踪系统。

包装　用于发货、运输和收货标签的一维条码和二维条码

1　范围

本标准

——规定了包含一维条码和二维条码的运输单元标签设计最低要求；

——提供了运输单元唯一标识符，实现运输单元跟踪；

——规定了标签中一维条码、二维条码或供人识读字符中的数据表示格式；

——提供了选择条码码制的建议，规定了条码密度等级和质量要求；

——提供了对标签放置、大小以及文字和图形的建议；

——提供了选择标签材料的指南。

2　规范性引用文件

下列文件中的条款通过本标准的引用而成为本标准的条款。凡是注日期的引用文件，其随后所有的修改单（不包括勘误的内容）或修订版均不适用于本标准，然而，鼓励根据本标准达成协议的各方研究是否可使用这些文件的最新版本。凡是不注日期的引用文件，其最新版本适用于本标准。

GB/T 5271.1～5271.15　信息技术　词汇

GB/T 12908　信息技术　自动识别和数据采集技术　条码符号规范　三九条码（GB/T 12908—2002,ISO/IEC 16388:1999,MOD）

GB/T 16828　位置码

GB/T 18247　128条码（GB/T 18347—2001,idt ISO/IEC 15417:2000）

ISO/IEC 15416　信息技术　自动识别和数据采集技术　印刷质量测试规范　一维符号

ISO/IEC 15418　信息技术　EAN/UCC应用标识符和FACT数据标识符及维护

ISO/IEC 15434　信息技术　高容量ADC媒体用的传送语法

ISO/IEC 15438:2001　信息技术　自动识别和数据采集技术　条码符号规范　PDF417

ISO/IEC 16023:2000　信息技术　国际符号表示规范　混合代码

3　术语和定义

GB/T 5271.1～5271.15中确立的及下列术语和定义适用于本标准。

3.1

分拣　sortation

在配送过程中运用自动物料处理系统对包装及货物进行分类、拣送的作业。

4　概念

4.1　原则

使用条码标签的目的是为了便于配送环节中所有参与方，如供应方、承运人、客户以及其他中间商之间实现自动数据交换。一维条码、二维条码以及供人识读信息所包含的数据量取决于贸易伙伴之间的要求。标签与数据库、EDI系统共同使用时，标签中数据量可以大幅减少，可只需要运输单元唯一标识符一条数据。

贸易伙伴往往会有不同的信息需求。一些信息可能对两个或多个贸易伙伴而言是公共信息,而另外一些信息可能只对个别贸易伙伴有用。贸易伙伴可以获得不同时段的信息,例如:

——生产或包装时的特定产品信息;

——订单处理过程中的订单处理信息;

——出货时的运输信息。

上述信息包含一些必要的有效数据元,这些数据元可以表示为一维条码、二维条码(见附录A和附录B)和供人识读形式。

本标准应与定义了各相关参与方可选参数的应用指南结合使用。附录C给出了这些参数的应用指南。

4.2 装载单元和运输包装

为便于货物运输、跟踪和存储,使用托盘、薄衬纸、皮带、互锁装置、粘合剂、热缩塑料包装、包装网等方式捆扎货物作为一个单元,称之为装载单元。装载单元也可以是一个或几个运输包装。为运输和搬运目的,将物品、小包装或者散货组成一个包装单元,称之为运输包装。运输包装和装载单元都可以作为运输单元。

4.3 运输单元唯一标识符

本标准在规范所有标签格式时,要求为每个运输单元分配一个唯一的运输单元标识符。运输单元唯一标识符是访问存储在计算机文件中并可以通过EDI传输信息的关键字。同时所有贸易伙伴都可以使用该标识符获取运输单元本身或运输单元在供应链中实际移动状况的信息,因而可以使系统能随时跟踪单个运输单元。

4.4 标签格式

4.4.1 发货/运输/收货基本标签

在贸易伙伴之间实现EDI时,基本标签应包含满足供应链所有贸易伙伴要求的最小数据集。

基本标签应包含一个运输单元唯一标识符。

除了运输单元唯一标识符,建议在基本标签中提供如下信息:

——“发货方”的名称和地址(在不能交货的情况下可以退回货物);

——“收货方”的名称和地址(用于交付货物);

——承运人数据库的关键字(如果该关键字不是运输单元唯一标识);

——客户数据库的关键字(如果该关键字不是运输单元唯一标识)。

4.4.2 发货/运输/收货扩展标签

实际应用中通过自动通信方式交换电子文档,有时不一定能获取运输单元的搬运信息。因此,除了运输单元标识外,还需要在运输单元上标明相关信息。为便于相关贸易伙伴的识别和处理,各数据字段应以一种标准方式来组织。

当基本标签所包含的信息不能满足贸易各方需求时,应使用扩展标签。扩展标签所包含的信息应由3部分组成:

——承运人段:除了承运人数据库的关键字,还包括一些附加信息,如发货确认和交货指示等;

——客户段:除了客户数据库的关键字,还包括一些附加信息,如客户号码等;

——供应方段:由供应方提供的附加信息,如产品标识、批号、尺寸等。

5 数据内容

5.1 数据表示

5.1.1 一维条码数据

可采用以下3种数据和条码相结合的方式描述:

a) 与ISO/IEC 15418一致的EAN.UCC应用标识符(AIs)只能和UCC/EAN-128(与GB/T 18347

一致的 128 条码子集)结合使用;

b) 与 ISO/IEC 15418 一致的 FACT 数据标识符(DIs)应与 GB/T 12908 的 39 条码结合使用;

c) 与 ISO/IEC 15418 一致的 FACT 数据标识符(DIs)应与符合 GB/T 18347 的 128 条码结合使用。

用户遇到相关情况时可以参考附录 D。

5.1.2 二维条码数据

当贸易各方一致认可时也可以使用二维条码提供相关信息。二维条码的数据语法应符合 ISO/IEC 15434。

5.1.3 供人识读形式数据

以一维条码形式表示的信息应提供供人识读信息。有些信息只能表示为供人识读信息(见 6.3)。

5.2 数据元

5.2.1 运输单元唯一标识符

每一运输单元都应分配一个唯一的标识符。

运输单元唯一标识符应是以下两者之一:

——SSCC,使用“00”应用标识符,以 UCC/EAN-128 表示;

——使用 FACT 数据标识符“J”,以 39 条码或 128 条码表示。

5.2.2 收货地

“收货地”数据元指运输单元将被交付收货方的地址。使用时,该数据元将表示为最多 5 行可供人识读的字符串,而且每个字符串中字母和数字不超过 35 个。也可以用位置码标识(见 GB/T 16828)收货方,此代码以条码或可供人识读形式表示。

5.2.3 发货地

“发货地”数据元指运输单元如出现无法交货的情况时要退回发货方的地址。使用时,该数据元将表示为最多 5 行可供人识读的字符串,而且每个字符串中字母和数字不超过 35 个。也可以用位置码标识(见 GB/T 16828)发货方,此代码以条码或可供人识读形式表示。

5.2.4 承运人数据库关键字

承运人数据库关键字必须与承运人相互协商一致。如果在 5.2.1 规定的运输单元唯一标识符不是承运人数据库的关键字,就要使用下面一个或多个关键字:

——承运人包括服务类别的跟踪号码;

——承运人标识货物的代码;

——承运人标识运输单元的代码。

此数据元可以包含在一维条码或二维条码中,也可以同时表示为两种方式。

5.2.5 客户数据库关键字

客户数据库关键字必须与客户相互协商一致。如果在 5.2.1 规定的运输单元唯一标识符不是客户数据库的关键字,就要使用下面一个或多个关键字:

——客户订购单号;

——部件号;

——看板;

——货物标识符。

此数据元可以包含在一维条码或二维条码中,也可以同时表示为两种方式。

5.2.6 其他数据元

在扩展标签中可以包含更多附加信息,以满足供应方、承运方和客户的需要。

5.3 一维条码中的链接数据字段

5.3.1 使用应用标识符

当几个应用标识符及其数据与一个 UCC/EAN－128 符号链接时，每个可变长度字段后跟随一个 FNC1 字符，最后一个字段除外。这个 FNC1 字符将设定为$^{G}{}_{S}$值通过解码器传输。

5.3.2 使用数据标识符

当几个数据标识符及其数据与一个 39 条码或 128 条码链接时，每个字段后将跟随一个“＋”符号，最后一个字段除外。

5.4 结构化数据文件

结构化数据文件，如交货通知、质量证书、保险凭证等，可以用来支持运输单元或完整的 EDI 报文的处理。这些数据可以用大容量的二维条码来表示。结构数据文件应符合 ISO/IEC 15434 中的语法规则。

6 数据载体

6.1 一维条码符号

6.1.1 码制

一维条码可以用下列码制表示：

——符合 GB/T 12908 的“39 条码”；

——符合 GB/T 18347 的“128 条码”。

注：“UCC/EAN－128”是“128 码”的一个字集。

6.1.2 符合高度

条码符号的最小条高应为 1.27cm。

6.1.3 窄单元尺寸

最小的窄单元尺寸（x 尺寸）应不小于 0.25mm。对于 39 条码和 128 条码的 x 尺寸宜在 0.25mm～0.43mm 的范围内，具体大小取决于标签厂商/打印机的精度。UCC/EAN－128 码的 x 尺寸宜在 0.25mm～0.81mm 的范围内，具体大小取决于标签厂商/打印机的精度。UCC/EAN－128 SSCC 码的 x 尺寸宜在 0.50mm～0.81mm 的范围内，具体大小取决于标签厂商/打印机的精度。

在只需要比表 1(7.3.4)中规定的字符少的情况下，只要满足 6.1.8 规定的条码印刷质量要求和标签推荐宽度，可采用更大的 x 尺寸。

注：当字符尺寸在规定的 x 尺寸范围中处于比较小的值时，特别是 0.25mm～0.33mm 时，需要特别注意该字符应符合质量要求。

6.1.4 “39 条码”符号的宽窄比率

“39 条码”符号单元的宽窄比率(N)应该是 3.0:1，测量比率在 2.4:1～3.2:1 之间。

6.1.5 空白区

印刷时条码左右两侧的空白区不应小于 6.4mm。x 尺寸大于 0.64mm 时条码的空白区不应小于 10x。为保证最小空白区，宜参考所使用打印设备上的产品标签标注参数。

6.1.6 方向

在运输单元上一维条码应呈水平方向。如果参与方都达成一致，条码也可以呈垂直方向。

6.1.7 放置

一维条码应放置在合适的区域以确保扫描时不会相互干扰。

注：在标签上不允许两个以上条码并排。如果两个条码相邻，为减少扫描条码时的互相干扰，不能安排在同一条线上。

6.1.8 一维条码印刷质量

一维条码符号的印刷质量应依据 ISO/IEC 15434 来检测。下列最低符号等级为 1.5/10/660：

——产品制作时的最低印刷质量等级为1.5(C);

——测量孔径为0.250mm(大约为10 mil/0.010 inch);

——检验波长为(660±10)nm。

在应用系统过程中条码应都能解码,因此,质量测试不仅局限于标签制作过程中的检查,而且应该追踪到最后的使用阶段。上述符号质量和检测参数保证了在各种扫描环境中的可扫描性。当客户接收到标签时,标签质量可能低于标签的印刷质量。因此,制作标签时的印刷质量应高于标签使用时的质量。

无监控扫描需要比上述更高的印刷质量等级。因此,本标准应用于这种无监控扫描时,贸易伙伴应共同商定印刷质量要求。

当直接在牛皮纸、瓦楞纸上印刷时,可能达不到本标准的印刷质量要求。如直接在牛皮纸、瓦楞纸上印刷条码时,用户应考虑贸易全过程相关参与方的扫描能力。

6.2 二维条码符号

如果要在标签上以光学可识读符号容纳比一维条码更多的信息,可以使用二维条码。本标准支持两种二维条码,MaxiCode和PDF417。本标准推荐使用MaxiCode用于承运人分拣和跟踪,PDF417用于其他应用。关于二维条码的更多使用信息和使用指南,见附录A以及附录B的B.2和B.3。

6.3 供人识读信息

6.3.1 供人识读编码

为了提供返回输入信息和校验信息,每个一维条码符号都应附加一个供人识读编码。供人识读编码用以描述条码的编码内容。参见附录E中的图E.9。

6.3.2 供人识读说明

除供人识读编码外,对一维条码信息的供人识读说明可能出现在标签的其他区域。参见附录E中的图E.9。

6.3.3 数据区标题

数据区包括条码或供人识读形式表示的信息。数据区标题以可供人识读文本的形式来标识相应的数据区。当一个数据区包含以下信息时,可以去掉数据区标题。

——多个数据元链接的单个一维条码;

——包含多个一维条码符号,可作为单一数据扫描的数据区;

——包含二维条码的数据区。

6.3.4 自由文本和数据

根据贸易伙伴的要求,提供一维条码不包含的其他信息,以供人识读方式表示。

7 标签设计

7.1 一般要求

运输单元唯一标识符是本标准规定的必备数据元,表示运输单元唯一标识符的一维条码应该印刷在标签最下面的区域。

根据配送环节中贸易伙伴的信息需求,对标签数据进行逻辑分类,定义为3个部分:承运人、客户和供应方。标签各部分可以同时印刷在一张标签上,也可以不印刷在同一张标签上。当运输单元的尺寸和结构允许时,这3部分应该按下列顺序从上至下垂直排列:

——承运人部分;

——客户部分;

——供应方部分。

在附录E中提供了标签的例子。附录E中的标签仅仅是个示例,并不代表标签设计的所有可能的选择。

标签的不同部分可能用于不同阶段,以构成完整的标签。

7.2 格式

7.2.1 基本标签格式

除了运输单元唯一标识符外,一个典型的基本标签应包括以下数据区:

——“发货方”地址,可供人识读;

——“收货方”地址,可供人识读;

——“收货方”邮政编码或区域代码,一维条码;

——承运人发货跟踪号(可选),一维条码;

——客户订购单号(可选),一维条码。

在基本标签上以机器可读形式表示的数据仅使用一维条码。

“收货方”地址应该位于“发货方”地址的下方或右方。“发货方”字符应该明显小于“收货方”字符,并且“收货方”区域应易于辨认。

7.2.2 扩展标签格式

扩展标签比基本标签包括更多的信息。除了基本标签包括的信息外,扩展标签还可包括:

——表示其他独立数据元的一维条码;

——表示链接数据元的一维条码;

——二维条码;

——一维条码所对应的供人识读说明;

——仅供人识读的信息;

——图形。

7.2.3 其他数据

本标准不能代替或取代任何已应用的安全和常用标志或标签要求。本标准在其他强制标签要求的基础上适用。也可能需要使用一些空白或特定图形,如安全、危险、质量标志或组织标识等。

7.3 标签尺寸

7.3.1 一般要求

标签的尺寸大小应符合供应链中所有贸易伙伴的数据要求,同时受运输单元尺寸的限制。

上述标签格式并没有规定一个完整标签的固定尺寸。标签的实际尺寸由标签制作者决定。选择标签尺寸时要考虑印刷的数据量、印刷设备的实际字符大小或运输单元的尺寸。

7.3.2 标签高度

标签高度由标签制作者决定。

7.3.3 标签宽度

标签宽度由标签制作者决定。标签宽度由所印刷条码符号的 x 尺寸 和含有最大信息的条码长度所决定。表 2 列出了 x 尺寸和 x 尺寸所对应的标签宽度之间的相互关系,使用表 1 所规定的数据限制。

一些现有的行业标准有其他的数据限制。如果一个交易参与方需要一个 39 条码,数据字段包含比表 1 更多的字符,标签制作者可以选择更宽的标签纸或选取比本标准规定最小 x 尺寸更小的 x 尺寸。

7.3.4 数据限制

单个条码的字符数限制见表 1。

表 1 一维条码符号的最大字符数

标识标准	字符限制
128 条码(数字型)	50 个数字(在字符标识 DI 之后)
128 条码(字母数字型)	27

表 1(续)

标识标准	字符限制
UCC/EAN－128(数字型)	48
UCC/EAN－128(字母数字型)	26
39 条码	19

注 1:对 UCC/EAN－128,字符计数将包含 FNC1 字符和符号校验字符之间的所有字符
注 2:对 39 条码,字符计数将包含起始符和终止符之间的所有字符。

表 2　表 1 规定的最大打印字符限制要求的最小标签宽度

<table>
<tr><th>象形符</th><th>39 条码</th><th>128 条码
(数字)</th><th>128 条码
(字母数字)</th><th>UCC/EAN－128
SSCC</th><th>UCC/EAN－128
(数字)</th><th>UCC/EAN－128
(字母数字)</th></tr>
<tr><td>表 1 中最大字符限制</td><td>19</td><td>50
(单一 DI)</td><td>27</td><td>仅 20</td><td>48</td><td>26</td></tr>
<tr><td>x 尺寸(mm)</td><td colspan="6">最小标签宽度(mm)</td></tr>
<tr><td>0.25</td><td>105</td><td>105</td><td>105</td><td rowspan="4">不推荐</td><td>105</td><td>105</td></tr>
<tr><td>0.33</td><td>148</td><td>148</td><td>148</td><td>148</td><td>148</td></tr>
<tr><td>0.38</td><td>148</td><td>148</td><td>148</td><td>148</td><td>148</td></tr>
<tr><td>0.43</td><td>>148</td><td>148</td><td>>148</td><td>>148</td><td>>148</td></tr>
<tr><td>0.50</td><td colspan="3" rowspan="4">不推荐</td><td>105</td><td>>148</td><td>>148</td></tr>
<tr><td>0.66</td><td>148</td><td>>148</td><td>>148</td></tr>
<tr><td>0.76</td><td>148</td><td>>148</td><td>>148</td></tr>
<tr><td>0.81</td><td>>148</td><td>>148</td><td>>148</td></tr>
</table>

注 1:本表用于指导打印机/使用者在能容纳表 1 规定的最大字符限制的标签纸上打印标签。
注 2:本表中标签宽度仅基于两种标签尺寸(105mm 和 148mm)。
注 3:本表中所有最小标签宽度计算如下:
——起始符和终止符,2.54mm 的打印参数,6.4mm 或大于 10 倍条码 x 尺寸(选择两者较大)的空白区;
——对 UCC/EAN－128 条码,FNC1 字符和符号校验字符;
——对 39 条码,宽窄比率为 3:1 和 1 个 x 尺寸;
——对 128 条码,校验字符。
注 4:UCC/EAN SSCC 条码最小 x 尺寸大于 0.432mm。为了适合 102mm 的标签宽度,这个条码符号应按 UCC/EAN 规范中规定的最小 x 尺寸印刷。

7.4　文字大小

7.4.1　一般要求

文本字符高度与一行所要求的字符数有关。本标准规定了 9 种文字尺寸。标签制作者将根据印刷能力选择与这 9 种文字尺寸对应的实际字符高度。字符应清晰易读。

每行最大文本字符数见表 3。

表 3　字符高度和字符限制

近似字符高度/cm	对整个标签的字符限制(字符数)
2.54	8
1.27	18

表1(续)

近似字符高度/cm	对整个标签的字符限制(字符数)
0.84	28
0.64	34
0.51	42
0.43	48
0.36	59
0.32	68
0.25	77

注:表中文本字符计数限制的计算是基于如下假设:102mm宽的标签,固定宽度字符,所使用的字符尺寸条件下字符清晰易读。

7.4.2 特定的文字尺寸

特定的文字尺寸如下:

——数据区标题不小于0.25cm;

——“发货方”地址不小于0.25cm,并始终小于“收货方”地址的文字大小;

——“收货方”地址不小于0.43cm,并始终大于“发货方”地址的文字大小;

——一维条码符号的相应文字翻译(或供人识读编码)不小于0.25cm;

——重要的供人识读信息(或供人识读说明)不小于0.51cm;

——次要的供人识读信息(文本或描述性信息)不小于0.25cm。

7.5 材料

选择标签材料和在运输单元上粘贴标签的方法时要确保以下几点:

——在标签的有效期内保证标签一直粘贴在运输单元上;

——在标签的有效期内保持标签可读性;

——在标签有效期内保持标签不受环境的影响,如污染、热、光或潮湿等情况;

——满足可处理要求。

8 标签的放置

8.1 一般要求

标签宜贴在不易受破坏的位置。标签宜贴在运输单元的一面,标签上的供人识读信息平行于运输单元自然底部。标签各个边缘到运输单元边缘宜至少有32mm的距离。

在运输单元相邻的两面应贴有同一标签。除了前面章节中提到的客户和供应方信息,货物承运人还可要求将承运人信息放置在运输单元的顶端,并与前述放置要求一致。

8.2 装载单元(托盘)

每一个托盘至少应有一个条码标签。标签应贴在垂直面的右上角,到运输单元每个边缘有至少5cm的距离。标签不应贴于接缝、封条或商标处,这些地方可能干扰标签的扫描。运输单元唯一标识符的底边缘到托盘底边缘应有40cm~80cm的距离。如果托盘高度不足50cm,则标签应贴在托盘尽可能高的地方,见图1。

8.3 运输包装

高度不大于1m的运输包装,运输单元唯一标识符底边到实际包装的底部距离应在2.5cm~7.6cm之间。对高度大于1m的运输包装,建议遵从8.2的规定。

单位为厘米

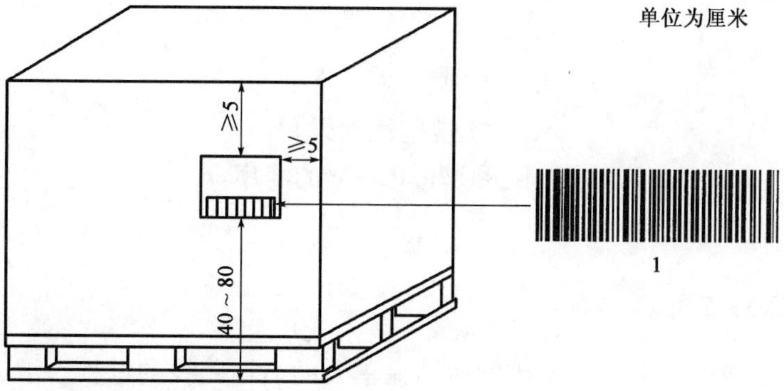

1——运输单元唯一标识符。

图1 托盘标签位置

8.4 其他运输单元

附录F给出了各类运输单元的标签实例。标签的粘贴位置应遵循详尽的应用指南。

附 录 A
(规范性附录)
使用 MaxiCode 的程序

A.1 承运人分拣和跟踪应用

承运人分拣是指在两点或多点间安排发送运输单元的运输路线的过程。承运人跟踪是在承运人的数据库中更新承运人运输的装载单元和运输单元位置的过程。

使用的数据包括用于安排运输单元在多点间的运输路线、确定运输单元位置以及其他用于内部或外部处理与分拣和/或跟踪相关的数据。

当使用一个二维条码来进行承运人分拣和跟踪时,MaxiCode 符号(见 ISO/IEC 16023:2000)可在高速扫描环境中识读。用于承运人分拣和跟踪的 MaxiCode 符号的结构和语法与 ISO/IEC 15434 描述的结构和语法一致。

A.2 数据编码

A.2.1 代码集

当使用 MaxiCode 符号进行信息编码时,建议字符的选择尽可能限于代码集 A(见 ISO/IEC 16023:2000)。

A.2.2 模式

每个 MaxiCode 符号有一个模式。本标准推荐使用 MaxiCode 模式 2 或模式 3,以确保分拣系统在符号损坏的情况下能够对"收货方"邮政编码、"收货方"国家代码和服务等级进行译码(见 ISO/IEC 16023:2000)。

使用何种模式由"收货方"邮政编码和服务等级的数据特征来决定,见表 A.1。

表 A.1 MaxiCode 模式的确定

"收货方"邮政编码	服务等级	使用模式
仅为数字型,最多 9 位字符	数字型	模式 2
文字数字型,最多 6 位字符	数字型	模式 3
与上述不同	数字型	模式 4
上述中任意一种	字母数字型	模式 4

A.3 纠错等级

MaxiCode 有固定的纠错等级。MaxiCode 符号应使用 ISO/IEC 16023:2000 规定的纠错等级。

A.4 窄单元尺寸

MaxiCode 符号不支持不同的 x 尺寸。MaxiCode 符号只有一个 x 尺寸(符号尺寸宽度),所有其他尺寸与 ISO/IEC 16023:2000 一致。

A.5 空白区

在承运人分拣和跟踪应用中,MaxiCode 符号的上下左右的空白区最小为 1mm。

A.6 MaxiCode 符号印刷质量

根据 ISO/IEC 16023:2000 规定的 MaxiCode 符号印刷质量，在承运人分拣和跟踪应用中，最低符号等级是：

——符号印刷时印刷质量等级不小于 2.5(B)；

——光源波长为(660 ± 10)nm。

上述符号质量和测量参数确保在各种扫描环境中能够扫描。当客户接收到标签时，标签质量可能低于标签的印刷质量。因此，制作标签时的印刷质量应高于标签使用时的质量。

当直接在牛皮纸、瓦楞纸上印刷时，难以保证满足本标准的印刷质量要求。用户在试图将 MaxiCode 符号直接印刷在牛皮纸、瓦楞纸上时应考虑到贸易全过程各相关参与方的扫描能力。

A.7 方向和位置

A.7.1 MaxiCode 方向

由于 MaxiCode 码制自身的特点，不需要确定符号方向。

A.7.2 符号放置

如果在 ISO 标签放置符号，MaxiCode 符号应放置在承运人段。图 A.1 为一放置实例。

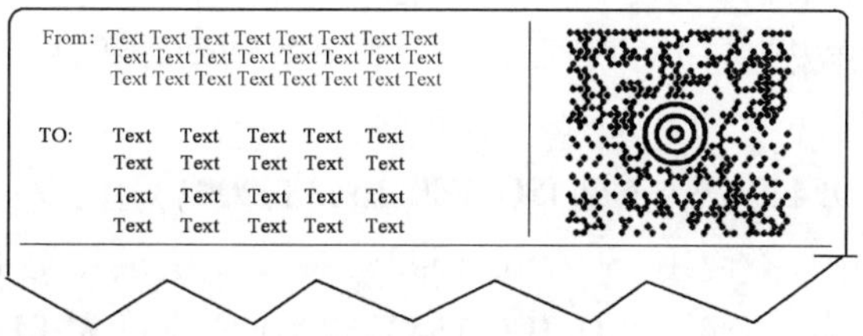

注：此图非实际比例。

图 A.1 标签上放置 MaxiCode 符号

A.7.3 标签放置

标签应放置在运输单元的顶部。

A.8 链接

A.8.1 结构化的附加 MaxiCode 符号的使用

如果数据长度超过一个 MaxiCode 符号能编码的最大数据量，可以使用下列两种结构化的附加符号。本标准推荐使用模式 2 和模式 3。结构化的附加符号遵从 ISO/IEC 16023:2000 的定义，并且：

——在两种符号中都应包含主要信息；

——结构化附加指示符序列应放在次要信息的前两个数据字符中；

——数据的延续信息应包含在第二个符号的次要信息中。

A.8.2 结构化的附加 MaxiCode 符号的印刷

在承运人分拣和跟踪应用中，在单一信息中编码的数据量超出单个符号的编码容量时，印刷系统应能够处理，可自动使用结构化附加符。

符号可以并排印刷。

A.8.3 结构化的附加 MaxiCode 符号的识读

当结构化附加符与模式 2 和模式 3 符号同时使用时，可以从结构化附加符序列中的任何符号解码以获得主要信息。按 ISO/IEC 16023:2000 的附录 B，整个信息将被重建。

附 录 B
（规范性附录）
使用 PDF417 程序

B.1 一般要求

如果下述一条或两条经相互协商作为客户信息内容的一部分，应遵从本附录定义的下述规则：

——发货和收货数据（B.2）可以有效地将标签上所有条码数据放入一个 PDF417 符号中；

——完整的 EDI 报文/交易（B.3）可以使用 PDF417 符号编码。

B.2 发货和收货应用

B.2.1 总则

发货和收货数据可便于分段运输、运输以及货物和原材料的接收。这些数据应印刷在本标准规定的“标签”上。该符号的扫描环境与标签上其他符号的扫描环境相同。在发货和收货应用中使用的 PDF417 符号的结构和语法应与 ISO/IEC 15434 描述的结构和语法一致。

B.2.2 推荐码制

本标准推荐使用 PDF417 码制（见 ISO/IEC 15438:2001）用于发货和收货应用。

在发货和收货应用中，不使用 ISO/IEC 15438:2001 定义的压缩 PDF417。

在发货和收货应用中，不使用 ISO/IEC 15438:2001 定义的宏 PDF417。

B.2.3 纠错等级

在发货和收货应用中，PDF417 符号使用纠错等级 5。

B.2.4 窄单元尺寸

在发货和收货应用中，窄单元尺寸（x 尺寸）范围应在 0.254mm ~ 0.432mm 之间，视标签厂商/打印机的性能而定。如果符号的窄单元 x 尺寸在此范围的低值处于 0.254mm ~ 0.330mm 之间，则需要特别注意满足 B.2.8 中印刷质量的要求。应与 B.2.8 中规定的印刷质量要求一致。

B.2.5 行高

PDF417 符号的最小行高（符号单元的高度）应该是窄单元宽度（x 尺寸）的 3 倍。增加行高可提高扫描性能，但会减少给定空间可编码的字符数。

B.2.6 空白区

对于发货和收货应用，PDF417 符号的上下左右的空白区的最小值为 1mm，计算符号尺寸时要包括空白区。

B.2.7 符号尺寸

对于发货和收货应用，PDF417 符号的高度应不超过 61mm，包括空白区。

对于发货和收货应用，为保证在识读设备可识读的最宽范围内能有效识读，PDF417 符号的印刷宽度不应超过 12 列数据。如果贸易伙伴协商一致，也可以达到 18 列数据宽度。表 B.1 列出了 12 列数据中 PDF417 符号在不同 x 尺寸下（包括空白区）的宽度。关于数据列、符号宽度、字符数和印刷密度的进一步的信息，见 B.4.2 和 B.4.3。

表 B.2 ~ 表 B.8 提供了在 ISO 标签设计中使用 PDF417 符号的应用指南。根据数据内容和印刷过程，PDF417 符号的实际大小可变化。表 B.1 列出的尺寸包含了大多数情况。

表 B.1 使用 12 列数据的最大符号宽度 单位为毫米

x 尺寸	最大宽度(包括空白区)
0.25	71.37
0.33	92.20
0.38	106.17
0.43	119.89

B.2.8 印刷质量

根据 ISO/IEC 15438:2001 来决定 PDF417 符号的印刷质量。对于发货和收货应用,最低的符号等级为 2.5/10/660,即:

——在符号印刷时,推荐的印刷质量等级为 2.5(B);

——测量孔径为 0.250mm(大约 10 mil/0.010 inch);

——光源波长为(660 ± 10)nm。

上述的符号质量和测量参数确保在各种扫描环境下符号可扫描。当客户接收到标签时,标签质量可能低于标签的印刷质量。因此,制作标签时的印刷质量应高于标签使用时的质量。

当直接印刷在牛皮纸、瓦楞纸时,难以保证满足本标准的印刷质量要求。用户在试图将 PDF417 符号直接印刷在牛皮纸、瓦楞纸上时应考虑到贸易全过程各相关参与方的扫描能力。

B.2.9 方向和位置

B.2.9.1 PDF417 方向

PDF417 的条应该与标签的自然底边垂直(见图 B.1)。

B.2.9.2 标签放置

标签的放置见第 8 章

注1:此图非实际比例。

a 到实际包装底部的方向。

图 B.1 标签上 PDF417 符号的方向

B.3 支持文件应用

B.3.1 总则

运输单元的发货、运输和收货通常需要支持文件数据，例如提单、仓单、装箱单、海关数据或者是EDI传输的信息。这些信息不印刷在“标签”上，也不会和标签上的数据在同一环境下扫描。这种应用使用二维条码对数据进行编码来支持发货、收货、运输分拣及跟踪。

B.3.2 推荐码制

本标准推荐使用PDF417码制（支持文件应用见ISO/IEC 15438:2001）。在支持文件应用中用到的PDF417符号的结构和语法与ISO/IEC 15434中规定的结构和语法一致。

B.3.3 纠错等级

在支持文件应用中PDF417符号采用纠错等级5。

B.3.4 窄单元尺寸

本标准推荐在支持文件应用中使用x尺寸为0.254mm的PDF417符号。

B.3.5 行高

PDF417符号的行高（符号单元的高度）应该是窄单元宽度（x尺寸）的3倍。

B.3.6 空白区

对于支持文件应用，PDF417符号的上下左右的空白区最小值为1mm。

B.3.7 印刷质量

采用ISO/IEC 15438:2001确定PDF417符号的质量。对于支持文件应用，最低的符号等级应为2.5/06/660，即：

——在符号印刷时，推荐的印刷质量等级为2.5（B）；

——测量孔径为0.150mm（大约6 mil/0.006 inch）；

——光源波长为（660±10）nm。

在使用0.125mm（大约5mil/0.005inch）孔径校验其他符号的应用中，PDF417符号可以使用0.125mm孔径。

B.3.8 方向和位置

B.3.8.1 方向

所有的PDF417符号应有相同的方向。PDF417的条应与页的实际底边垂直。在支持文件应用中，符号倾斜不超过±5°。

B.3.8.2 放置

在支持文件应用中，所有PDF417符号应放置在文件中合适位置，以确保在文件本身折叠或皱折时符号仍保持清晰。

注：由于文件在印刷后很可能折叠，因此应进行测试来选择合适的符号位置。

B.3.9 符号链接

B.3.9.1 总则

在支持文件应用中，当数据信息所包含的数据量比一个PDF417符号的最大编码容量大时，应采用ISO/IEC 15438:2001定义的PDF417码制的宏PDF417编码。

B.3.9.2 大数据量信息的设计

设计对大数据量信息进行编码的应用系统时，应考虑在单一符号中能编码的数据量。如果包括格式化字符的单一数据信息预计超过大约1 500个字母和数字字符时，应该设计确保构造整个宏PDF417信息的所有链接符号可在一个扫描序列中识读。扫描一个中间符号、一维条码或二维条码，都会中断扫描序列出现无法预期的结果。

B.3.9.3 链接符号的印刷

在支持文件应用中,单一信息中编码的数据量超出单个符号的编码容量时,印刷系统能自动或设置成使用宏 PDF417。除了必备型字段,宏 PDF417 控制块还应包括可选段计数字段以确保宏 PDF417 符号在缓冲或非缓冲模式下都能扫描识读。

B.3.9.4 宏 PDF417 符号的识读

为正确识读宏 PDF 417 符号,解码器的传输协议应与 ISO/IEC 15438:2001 附录 H 中定义的宏 PDF417 一致。解码器应能完全支持 PDF417 的码制标识符选项。

符号可以缓冲或非缓冲模式传输。

每个符号中的数据前应有码制标识符"]L1"。标头表示转义字符与顺序字符已经由识读器插入信息中并由应用程序处理。之后应用程序识别码制标识符,解释转义字符并重组原始信息。ISO/IEC 15438:2001 中规定了转义字符与顺序字符的具体内容,用法以及宏 PDF417 的结构。

B.4 PDF417 符号印刷时需要考虑的事项

B.4.1 总则

印刷与本标准一致的 PDF417 符号时,应考虑几个因素。这些因素决定如何使用 PDF417 的选项。这些因素包括:

——数据要求;

——扫描技术;

——标签区要求;

——打印机技术。

确定使用的 PDF417 选项时,PDF417 印刷软件的开发者和用户应该遵循这些指南。既然没有一种最佳解决方案,有时会采取折中。这些指南确保能印刷有效的符号。此外,还确保考虑了用户的扫描和印刷要求。使用表 B.2 时应考虑以下事项。

B.4.2 标签设计原则

B.4.2.1 最大 x 尺寸的设计

设计在 ISO 标签上放置 PDF417 符号的所需空间时,设计者应设计印刷中使用的最大 x 尺寸。由于标签厂商/打印机最终决定印刷符号的 x 尺寸,在发货/收货应用中可以在 0.254mm ~ 0.432mm 之间任意选择 x 尺寸来印刷 PDF417 符号。

B.4.2.2 最大数据量的设计

确定信息中所需要的字段和每个字段的最大估计长度。在需要格式化时加入附加字符。

B.4.2.3 使用的扫描设备的设计

在选择对 PDF417 符号进行编码的空间时,应考虑可能使用的扫描设备的性能。例如,如果设备可扫描的最大宽度为 7.6cm,则不可能识读 10cm 宽的符号,但是如果设备配置较高于符号宽度,如同一数据编码为 6.6cm 宽度时就能够扫描。

表 B.2 PDF417 符号宽度和字符数

x 尺寸	0.43mm		0.38mm		0.33mm		0.25mm	
字符数	符号(2cm 高)	符号(4cm 高)	符号(2cm 高)	符号(4cm 高)	符号(2cm 高)	符号(4cm 高)	符号(2cm 高)	符号(4cm 高)
50	83.31mm	61.21mm	73.66mm	47.75mm	58.42mm	41.66mm	41.15mm	28.19mm
100	105.16mm	68.58mm	80.26mm	54.36mm	64.01mm	47.24mm	45.47mm	36.83mm
150	119.89mm	75.95mm	93.22mm	60.71mm	75.44mm	52.83mm	49.78mm	36.83mm
200	134.62mm	83.31mm	106.17mm	67.31mm	86.61mm	52.83mm	54.10mm	36.83mm
250	149.35mm	90.68mm	119.13mm	73.66mm	92.20mm	58.42mm	62.74mm	41.15mm

表 B.2(续)

x 尺寸	0.43mm		0.38mm		0.33mm		0.25mm	
字符数	符号(2cm 高)	符号(4cm 高)	符号(2cm 高)	符号(4cm 高)	符号(2cm 高)	符号(4cm 高)	符号(2cm 高)	符号(4cm 高)
300	164.08mm	97.79mm	132.08mm	80.26mm	103.38mm	64.01mm	67.06mm	41.15mm
400	200.66mm	112.52mm	157.99mm	93.22mm	125.98mm	75.44mm	80.01mm	49.78mm
500	230.12mm	127.25mm	183.90mm	106.17mm	142.75mm	81.03mm	88.65mm	54.10mm
750	310.90mm	164.08mm	248.67mm	132.08mm	187.71mm	103.38mm	118.87mm	67.06mm
1 000	391.41mm	208.03mm	313.44mm	164.34mm	238.25mm	125.98mm	144.78mm	80.01mm
1 250	472.19mm	244.60mm	371.60mm	196.85mm	282.96mm	148.34mm	175.01mm	92.96mm
1 500	560.32mm	281.43mm	436.37mm	222.76mm	333.50mm	170.69mm	200.91mm	105.92mm
此表假定: ——宽度包括空白区; ——纠错等级为 5。								

B.4.2.4　在表中查找合适尺寸

表 B.2 给出了使用 0.43mm、0.38mm、0.33mm、0.25mm 几个不同 x 尺寸时,对应于所列的字符数(字母和数字),高度分别为 2cm 和 4cm 的 PDF417 符号的适合宽度。根据表 B.2,先找出应用系统中的预计最大 x 尺寸,然后找出表示该尺寸的字符数。该尺寸是近似值;实际尺寸根据压缩算法和编码数据的属性等因素而变化。

如果可用空间不能容纳最初的字符数,可以考虑选择减少字符数。

B.4.3　在标签上印刷符号

B.4.3.1　总则

在预定义的 ISO 发货标签上印刷 PDF417 符号时,标签厂商/打印机应考虑分配给符号的空间大小。

B.4.3.2　使用 x 尺寸的确定

在发货和收货应用中,除非所有相关贸易伙伴另有约定,本标准推荐印刷 PDF417 符号时不超过 12 个数据列(见图 B.2)。标签上分配给符号的空间大小与此限制结合,可影响符号印刷时 x 尺寸的选择。所用印刷设备的性能决定 x 尺寸的选择。

数据列中包含的编码数据见图 B.2。

1——左行指示符列;

2——数据列;

3——右行指示符列;

4——起始符;

5——终止符。

图 B.2　PDF417 符号示意图

表 B.3～表 B.6 给出了对于给定 x 尺寸，当标签宽度为 102mm 时，PDF417 符号在不同符号宽度条件下能编码的数据列数和字符数（文字与数字）。在表 B.3～表 B.6 中，假定 PDF417 符号 2.5cm 高或 5cm 高。纠错等级定为 5 级。

标签宽度为 102mm。

表 B.3　特定宽度和高度，x 尺寸为 0.25mm 的 PDF417 符号的包括文字与数字的近似字符数

符号高	宽约 38.1mm		宽约 50.8mm		宽约 63.5mm		宽约 76.2mm		宽约 96.5mm	
	mm	数据列	mm	数据列	mm	数据列	mm	数据列	mm	数据列
	36.8	4	49.8	7	62.7	10	75.7	13	93.0	17
2.5cm	56 字符		185 字符		315 字符		445 字符		617 字符	
5cm	293 字符		601 字符		909 字符		1 217 字符		1 535 字符	
注：假定宽度包括空白区。										

表 B.4　特定宽度，x 尺寸为 0.33mm 的 PDF417 符号的包括文字和数字的近似字符数

符号高	宽约 38.1mm		宽约 50.8mm		宽约 63.5mm		宽约 76.2mm		宽约 96.5mm	
	mm	数据列	mm	数据列	mm	数据列	mm	数据列	mm	数据列
	36.1	4	47.2	4	55.8	6	75.4	9	92.2	12
2.5cm	N/A		13 字符		77 字符		175 字符		272 字符	
5cm	41 字符		200 字符		358 字符		596 字符		833 字符	
注：N/A 表示不适用。出现 N/A 时表示在对应标签宽度和纠错等级为 5 的情况下，数据不能编码。										

表 B.5　特定宽度，x 尺寸为 0.38mm 的 PDF417 符号的包括文字和数字的近似字符数

符号高	宽约 38.1mm		宽约 50.8mm		宽约 63.5mm		宽约 76.2mm		宽约 96.5mm	
	mm	数据列	mm	数据列	mm	数据列	mm	数据列	mm	数据列
	34.8	1	47.8	3	60.7	5	73.7	7	93.2	10
2.5cm	N/A		N/A		27 字符		85 字符		171 字符	
5cm	N/A		88 字符		225 字符		362 字符		567 字符	
注：N/A 表示不适用。出现 N/A 时表示在对应标签宽度和纠错等级为 5 的情况下，数据不能编码。										

表 B.6　特定宽度，x 尺寸为 0.43mm 的 PDF417 符号的包括文字和数字的近似字符数

符号高	宽约 38.1mm		宽约 50.8mm		宽约 63.5mm		宽约 76.2mm		宽约 96.5mm	
	mm	数据列	mm	数据列	mm	数据列	mm	数据列	mm	数据列
	31.8	0	45.6	2	61.2	4	75.9	6	90.7	8
2.5cm	N/A		N/A		N/A		34 字符		85 字符	
5cm	N/A		N/A		121 字符		239 字符		358 字符	
注：N/A 表示不适用。出现 N/A 时表示在对应标签宽度和纠错等级为 5 的情况下，数据不能编码。										

表 B.7 和表 B.8 给出了对于给定 x 尺寸，当标签大于 102mm 宽度时，PDF417 符号在不同符号宽度条件下能编码的数据列数和字符数（文字与数字）。要表 B.7 和表 B.8 中，假定 PDF417 符号 2.5cm 或 5cm 高。纠错等级定为 5 级。

标签宽度大于102mm。

表 B.7 特定宽度,x尺寸为0.38mm的PDF417符号的包括文字和数字的近似字符数

符号高	宽约122mm		宽约135mm		宽约147mm	
	mm	数据列	mm	数据列	mm	数据列
	119	14	132	16	145	18
2.5cm	286字符		344字符		401字符	
5cm	841字符		891字符		920字符	

表 B.8 特定宽度,x尺寸为0.43mm的PDF417符号的包括文字和数字的近似字符数

符号高	宽约122mm		宽约135mm		宽约147mm		宽约160mm	
	mm	数据列	mm	数据列	mm	数据列	mm	数据列
	120	12	135	14	142	15	157	17
2.5cm	185字符		236字符		261字符		311字符	
5cm	596字符		715字符		747字符		770字符	
注:假定宽度包括空白区。								

附 录 C

（资料性附录）

起草符合本标准的应用指南或标准时应考虑的问题

C.1 一般要求

本标准规定了各行业在发货和收货标签中应用条码的标准所遵循的框架。本标准定义了最少的和公共的数据元，并规定了数据标识符和码制的选择。符合本标准的应用指南应该更具体。本附录描述了在应用指南中必须规定的内容。

C.2 应用指南

C.2.1 规定应用指南或标准的领域，根据：

——出版和维护应用指南的责任机构（通常是贸易协会、联盟或类似团体）；

——行业部门；

——地域；

——应用指南适用的贸易伙伴类别。

C.2.2 规定可使用的数据表示方法（见5.1.1和5.1.2）：

——UCC/EAN应用标识符；

——FACT数据标识符；

——ISO/IEC 15434允许使用的二维条码的数据格式。

C.2.3 文件结构应说明贸易伙伴是否接受基本和/或扩展标签（见4.4）。

C.2.4 规定数据单元集并定义这些单元是必备还是可选：

a） 运输单元唯一标识符（见5.2.1）的所需数据元遵守如下规定：

——如果使用UCC/EAN应用标识符，所有的供应方都应遵守UCC/EAN系列货运包装箱代码的规则；

——如果使用FACT数据标识符，作为一个组织，应用标准的发布者应保证完全遵守签发机构的责任（ISO/IEC 15459-2:2006规定）并在注册机构注册。所有供应方应遵守应用指南中唯一标识符的原则。

b） 考虑承运人的信息需求，特别是承运人信息的关键字（见5.2.4）；

c） 考虑客户的信息需要，特别是客户信息的关键字（见5.2.5）；

d） 供应方、承运人和客户之间相互协商一致所需要的其他数据（见5.2.6），应深入分析UCC/EAN应用标识符或FACT数据标识符的编码能力

C.2.5 使用FACT数据标识符对运输单元唯一标识符编码时，应说明：

a） 由ISO/IEC JTC 1/SC 31指定唯一的国际注册机构；

b） 注册机构为签发机构分配唯一代码（签发机构代码）；

c） 签发机构控制并为一个组织或个人分配标识符，以确保在签发机构系统内标识符唯一；

d） 组织或个人使用签发机构代码和签发机构所分配独有的标识符为运输单元生成一个使用数据标识符“J”的“牌照”号码。“J”标识符后的数据是签发机构代码，再其后的数据应遵从签发机构规定的格式；应保证“牌照”号码的唯一性，同时在足够长的时间内，该号码不另作他用，直到号码对所有使用者无效。

C.2.6 如果包含二维条码，则规定所选格式。还必须包括附录A和附录B的准确原则。

C.2.7 规定使用何种一维码制。如果从39条码中转换,见附录D。

C.2.8 规定x尺寸(见6.1.3)。理想情况下,根据本标准应该提供0.25mm~0.43mm的尺寸范围。然而,可能特定行业要求更严格的尺寸范围。

C.2.9 规定符号印刷质量等级(见6.1.8,A.6,B.2.8和B.3.7)。理想情况下,应等同于本标准中规定。然而,可能有特定的行业需要,要求不同的符号印刷质量等级。在起草应用指南时,应该考虑下面两种情况的相互影响:

——从应用指南规定的供应方到行业外客户的标签;

——来自行业外的供应方的标签。

在上述两种情况下,应遵从本标准规定的符号印刷质量等级。

C.2.10 规定考虑标签大小(见7.3)和任何特殊标签材料(见7.5)的标签设计(见第7章)。

C.2.11 规定标签放置(见第8章)。如果应用中包括承运人分拣和跟踪数据,MaxiCode符号应放置在运输单元的顶部(见A.7.3)。

附 录 D

(资料性附录)

多码制与多格式系统的影响

D.1 概述

本标准确定的开放式系统,指的是运输单元通过任何承运人在供应方和客户之间的自由移动。各个机构在发货和收货过程中扫描条码标签,这些标签可能采用不符合特定需求但却在供应链其他地方有用的符号,采用这些符号可能影响各个机构。本附录针对这种情况提出解决方法,也提出了在准备转换时必须考虑的选项问题。

本附录描述了ISO/IEC 15424:2000中确定的数据载体/码制标识符的使用。码制标识符是解码器传输数据的前缀。数据载体/码制标识符不在符号中编码。

5.1.1 中规定的选项是:

a) UCC/EAN 128码制的应用标识符;

b) 39条码码制的数据标识符;

c) 128条码码制的数据标识符。

尽管用户倾向于只使用其中一种组合,但扫描系统中可能出现其他组合。因此,可以选择支持单一选项,也可以支持多个选项,这些描述如下。

D.2 单一选项系统

对于在单一选项环境中操作的用户来说,需要考虑下列程序。

——如果单独使用选项a),用户可以在任何解码器中不使用其他码制,包括选项c)中描述的128条码。如果解码器支持码制标识符,主机系统应校验相应的码制标识符,在此规定为]C1,以此表示UCC/EAN-128符号在起始码后第一个位置有FNC1字符。

——如果单独使用选项b),用户可以在任何解码器中不使用其他码制。如果解码器支持码制标识符,主机系统应校验相应的码制标识符,在此规定为]A0。

——如果单独使用选项c),用户应能完全实现使用码制标识符。对于不支持码制标识符的解码器,主机系统不能自动区分a)选项和c)选项。通过使用码制标识符,主机能区分不同的选项并滤除不需要的选项。主机系统应校验相应的码制标识符,在此规定为]C0。

D.3 多个选项系统

如果使用两种或所有选项扫描标签为系统提供信息,用户应完全采用码制标识符。对于不支持码制标识符的解码器,主机系统不会自动区分选项a),b)和c)。通过使用码制标识符,主机能区分不同的选项并滤除不需要的选项。码制标识符与FACT数据标识符或应用标识符结合,能够提供可靠的输入。用户应适当考虑采用附加的、在B.4.3中描述的可靠性特征。

D.4 转换选项——需要考虑的事项

D.4.1 总则

选项间的转换是可行的。实际转换是:

A:FACT DIs 39条码转换为UCC/EAN-128条码

B:FACT DIs 39条码转换为FACT DIs 128条码

C:FACT DIs 128 条码转换为 UCC/EAN－128 条码

转换过程需要一段(通常是大量)时间的并行操作,涉及系统(参见 D.4.2)和设备(参见 D.4.3)。

D.4.2 系统

行业团体和供应方进行任意两选项间转换时必须考虑对客户的责任。公司或行业团体容易假定他们采用的条码标签标准对客户的影响相同,这种处理过于简单化。

如果在 FACT DIs 和 UCC/EAN AIs 间进行转换(例如选项"A"和"C"的转换),支持标签制作的计算机系统、承运人及客户计算机系统必须升级,以便在任何转换之前处理 UCC/EAN 应用标识符。

每个选项转换均要求主机系统软件能识别码制标识符(参见 D.4.3),这些标识符是区分码制和一些选项特征的唯一可靠方式。

这样的转换涉及重大改变,供应方、承运人和客户小组之间必须对这些改变达成一致。否则可能导致成熟系统产生问题,甚至造成数据损坏。

D.4.3 设备

D.4.3.1 印刷

印刷硬件、软件和使用软硬件的用户应该能够使用 FACT 数据标识符和/或 EAN.UCC－128 应用标识符正确产生新格式符号,并生成正确的码制。

D.4.3.2 解码器

为避免自动数据采集错误,能自动识读多个码制的条码识读器应设置成只识读应用系统所需的码制。

解码器必须设置成能识读和传输新旧两种码制的数据,并能传输相关码制标识符。

注:转换选项"C"在新旧标准间要求不同的解码器设置。

不是所有的解码器都能传输码制标识符。在系统中使用不一致的新旧码制的设备可能导致不能正确区分码制。一些解码器可以升级使用,另一些解码器不能升级,必须进行更换。

扫描仪不会受影响,但集成解码器的扫描仪可能受影响。

D.5 管理转换的推荐措施

D.5.1 相关行业团体

负责实施转换的行业团体需要确定供应方、承运人和客户在转换时可能遇到的潜在问题。当供应方准备转换时,应与代表承运人和客户利益的团体联系。行业团体应:

——确定并仔细考虑转换产生的问题;

——调查供应方、承运人和客户以评估设备过时程度;

——调查供应方、承运人和客户以评估数据库需要升级的程度;

——为升级设备和计算机系统提供一个升级途径,切记:需要扫描与新标准一致的符号的用户在引入新标签格式前必须已有适合的系统;

注:这是和初次应用条码系统时通常采用的战略完全不同的实施战略,因为大量标签在扫描实施之前就已存在。

——逐步取消旧标签格式的设计。

D.5.2 标签制作组织

实施标识符标准和/或码制标准转换的供应方应:

——如果转换到 UCC/EAN AIs,确保内部数据库和应用标识符之间的映射软件是正确的;

注:公称数据(例如日期或计量单位编码方式)在 FACT DIs 和 UCC/EAN AIs 间的数据格式可能不同。

——如果转换到 UCC/EAN－128,确保印刷软件和/或硬件完全支持该码制中的选项,包括起始码后第一个位置和其他位置的 FAC1。

——在新格式标签实际发布前进行 128 条码和 UCC/EAN－128 的印刷质量测试。

这些系统测试能够确定是否有升级或替代现有系统和硬件的需要。

D.5.3 标签扫描组织

扫描新格式标签的组织在标签引入前应该采取下列措施:

——确保解码器与 ISO/IEC 15424:2000 中关于 39 条码及 128 条码的数据载体/码制标识符的规定完全一致;

——使用既能校验 FACT 数据标识符也能校验 UCC/EAN 应用标识符的软件;

——使用解析数据格式和长度的软件;

——如果转换到 UCC/EAN AIs,使用将数据由 AI 格式转换成主机的格式要求的软件。

注:因为在 FACT DIs 和 UCC/EAN AIs 间一些数据字段的格式不同,此为必需。

附 录 E
（资料性附录）
标 签 实 例

E.1 基本标签实例

E.1.1 最小基本标签实例

图 E.1 和图 E.2 是最小基本标签的两种格式。

1——字段名；

2——运输单元唯一标识符的符号表示；

3——运输单元唯一标识符的供人识读编码。

注：此图非实际比例。

图 E.1 使用 UCC/EAN-128 牌照的基本标签

1——签发机构代码(IAC)；

2——数据标识符；

3——国家前缀；

4——公司前缀；

5——唯一标识符。

注：此例中UPU的签发机构代码为“J”。

图 E.2 使用“J”数据标识符牌照的基本标签

E.1.2 使用条码符号作为贸易伙伴数据库指针的基本标签实例

如果贸易伙伴达成一致意见，并需要承运人或客户数据库的指针时，推荐使用图 E.3 或图 E.4 的基本标签格式。

1——发送方；

2——接收方；

3——承运人数据库指针；

4——接收方或客户数据库指针；

5——UCC/EAN-128牌照。

注：此图非实际比例。

图 E.3　使用常有承运人和客户数据库指针的 UCC/EAN－128 牌照的基本标签

1——发送方；

2——接收方；

3——承运人数据库指针；

4——接收方或客户数据库指针；

5——30条码DI“J”牌照；

注：此图非实际比例。

图 E.4 使用带有承运人和客户数据库指针的“J”数据标识符牌照的基本标签

E.2 扩展标签

E.2.1 使用条码符号作为贸易伙伴数据库指针的标签实例

如果贸易伙伴达成一致意见,并需要承运人或客户数据库的指针时,推荐使用图 E.5 和图 E.6 的扩展标签格式。

1——发送方;

2——接收方;

3——承运人数据库指针;

4——接收方或客户数据库指针;

5——可选数据;

6——可选数据;

7——UCC/EAN-128牌照。

注:此图非实际比例。

图 E.5 使用带有承运人和客户数据库指针的 UCC/EAN-128 牌照的扩展标签

1——发送方；

2——接收方；

3——承运人数据库指针；

4——接收方或客户数据库指针；

5——可选数据；

6——可选数据；

7——39条码DI“J”牌照。

注：此图非实际比例。

图 E.6　使用带有承运人和客户数据库指针的“J”数据标识符牌照的扩展标签

E.2.2 使用牌照和二维条码表示贸易伙伴附加数据的标签实例

如果贸易伙伴达成一致，贸易伙伴数据需要以二维条码表示时，推荐图E.7、图E.8或图E.9格式。如果现有扫描仪不能识读二维条码，用户应了解扫描二维条码需要不同的扫描仪。

1——发送方；
2——接收方；
3——承运人分拣/跟踪的二维条码；
4——接收方或客户数据的二维条码；
5——UCC/EAN-128牌照。
注：此图非实际比例。

图E.7 使用UCC/EAN-128牌照和二维条码表示贸易伙伴附加数据的标签

图 E.7 中以 MaxiCode 符号编码的数据如下：

一致性指示符	[)>$^{R}{}_{S}$
分拣和跟踪格式标头	01$^{R}{}_{S}$96
承运人数据	352440000$^{R}{}_{S}$840$^{R}{}_{S}$001$^{R}{}_{S}$
承运人数据	963141592653598414098$^{R}{}_{S}$SCAC$^{R}{}_{S}$
承运人数据	5215716587$^{R}{}_{S}$$^{R}{}_{S}480546160^{R}{}_{S}$$^{R}{}_{S}580^{R}{}_{S}$Y
应用标识符格式标头	05$^{R}{}_{S}$
供应方运输单元标识符	00000987560000000115$^{R}{}_{S}$$^{E}{}_{OT}$

图 E.7 中以 PDF417 符号编码的数据如下：

标头	[)>$^{R}{}_{S}$
数据格式“03”格式标头	03003030$^{F}{}_{S}$$^{G}{}_{S}$$^{U}{}_{S}$
发送方名称	N1$^{G}{}_{S}$SF$^{G}{}_{S}$GOOD SUPPLIIER$^{F}{}_{S}$
发送方街道地址	N3$^{G}{}_{S}$3693 LOWLANDER$^{F}{}_{S}$
发送方城市、国家和邮政编码	N4$^{G}{}_{S}$PINEY RAPIDS$^{G}{}_{S}$IA$^{G}{}_{S}$52403$^{F}{}_{S}$
接收方名称	N1$^{G}{}_{S}$ST$^{G}{}_{S}$GOOD CUSTOMER$^{F}{}_{S}$
接收方街道地址	N3$^{G}{}_{S}$2020 VALLEYDALE ROAD$^{F}{}_{S}$
接收方城市、国家和邮政编码	N4$^{G}{}_{S}$BIRMINGHAM$^{G}{}_{S}$AL$^{G}{}_{S}$35244$^{R}{}_{S}$
应用标识符格式标头	05$^{G}{}_{S}$
货物标识符	902S480546160$^{G}{}_{S}$
运输单元标识符(集装箱牌照)	00000987560000000115$^{G}{}_{S}$
承运人发货号码	9631415926535984147098$^{G}{}_{S}$
客户订单号码和行项号	400123456789 +001$^{G}{}_{S}$
SCC - 14(项目代码)和数量(每个)	019009875610001630500$^{G}{}_{S}$
客户产品标识符	241AA00211211$^{G}{}_{S}$
原产地国	904LUS$^{G}{}_{S}$
批号	10MJH110780$^{G}{}_{S}$
纸板箱“共 x 个第 n 个”	9013Q1/3$^{G}{}_{S}$
货物重量	3301263$^{G}{}_{S}$
货物体积	3362165CR$^{G}{}_{S}$
拖车	$^{E}{}_{OT}$

1——发送方；

2——接收方；

3——承运人分拣/跟踪二维条码；

4——接收方或客户数据二维条码；

5——39条码DI “J” 牌照；

注：此图非实际比例。

图 E.8 使用“J”数据标识符牌照和辅助贸易伙伴二维条码的标签

图 E.8MaxiCode 符号编码的承运人数据如下：

标头	[ ) > $^{R}_{S}$
分类和跟踪格式标头	01$^{R}_{S}$96
承运人数据	S－131 89$^{G}_{S}$752$^{G}_{S}$006$^{G}_{S}$MH80312$^{G}_{S}$SCAC$^{G}_{S}$
承运人数据	5215716587$^{G}_{S}$$^{G}_{S}$1JEABCXXXA$^{G}_{S}$$^{G}_{S}580^{G}_{S}Y^{R}_{S}$$^{E}_{OT}$

图 E.8 PDF417 符号编码的客户数据如下：

标头	[ ) > $^{R}_{S}$
数据格式“04”格式标头	04092001$^{F}_{S}$$^{G}_{S}$$^{U}_{S}$
发送方名称和地址	NAD$^{G}_{S}$SF$^{G}_{S}$$^{G}_{S}$$^{G}_{S}$GOOD SUPPLIIER$^{G}_{S}$185MONMOUTH PKW-Y$^{G}_{S}$E. SHORT BRANCH$^{G}_{S}NJ^{G}_{S}$0764－1394$^{G}_{S}USA^{F}_{S}$
接收方名称和地址	NAD$^{G}_{S}$ST$^{G}_{S}$$^{G}_{S}$$^{G}_{S}$TELEFONAKTLEBOLAGET OLAFSSON + PHYSICAL DISTRIBUTION$^{G}_{S}$$^{G}_{S}$$^{G}_{S}$STOCHOLM$^{G}_{S}$$^{G}_{S}$$^{G}_{S}$S－131 89$^{G}_{S}SEK^{F}_{S}$
发送通知号	BGM$^{G}_{S}$351$^{G}_{S}$93－5678ML$^{G}_{S}$9$^{R}_{S}$
数据标识符格式标头	06$^{G}_{S}$
运输单元标识符(集装箱牌照)	JEABCXXXA$^{G}_{S}$
承运人发货号码	12KSCACMH80312$^{G}_{S}$
客户订单号码	KPO505054$^{G}_{S}$
数量(每个)	Q500$^{G}_{S}$
供应方标识符	3V0662742$^{G}_{S}$
客户产品标识签	PAA00211211$^{G}_{S}$
原产地国	4LUS$^{G}_{S}$
批号	1TMJH110780$^{G}_{S}$
纸板箱“共 x 个第 n 个”	13Q1/3$^{G}_{S}$
货物重量	7Q263.2KG$^{G}_{S}$
货物体积	7Q1.65CR$^{G}_{S}$
拖车	$^{E}_{OT}$

1——发送方；

2——接收方；

3——承运人分拣/跟踪二维条码；

4——产品描述；

5——商标；

6——供人识读说明；

7——EAN.UCC号和批号；

8——UCC/EAN-128牌照；

9——供人识读编码。

注：此图非实际比例。

图 E.9　两标签(上为承运人标签，下为供应方标签)

附 录 F
(资料性附录)
标 签 位 置

图 F.1 是各种运输单元贴标签的例子。

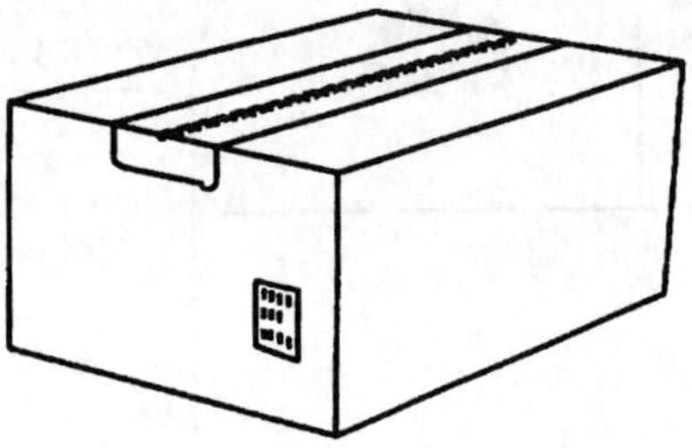

a)有运输包装标签的箱或纸箱

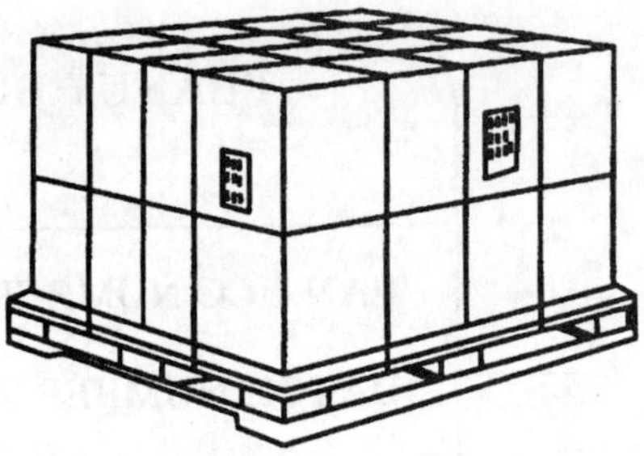

b)有两个装载单元标签的托盘

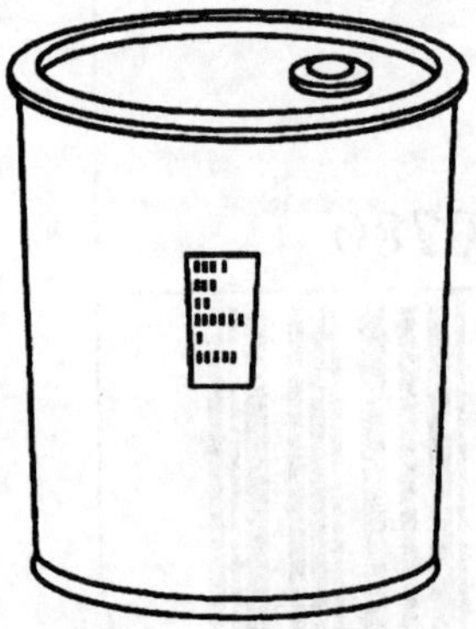

c)桶、筒或圆柱型容器

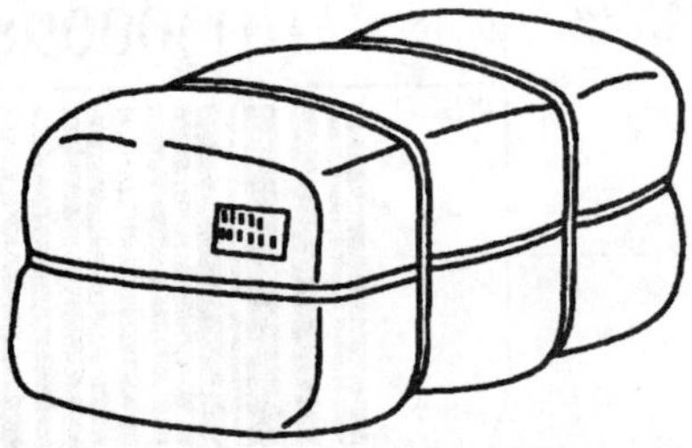

d)包

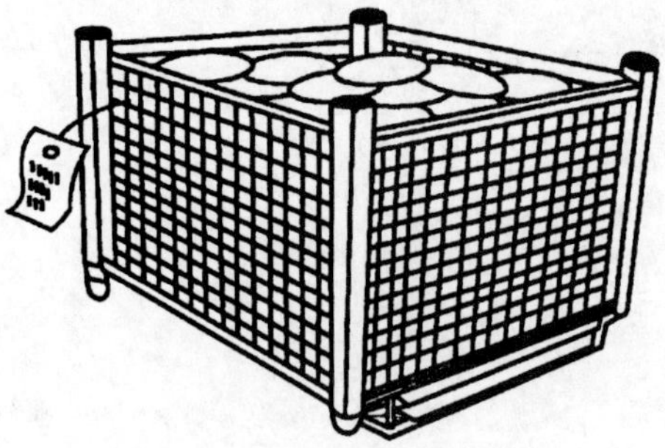

e)筐、金属网眼状容器

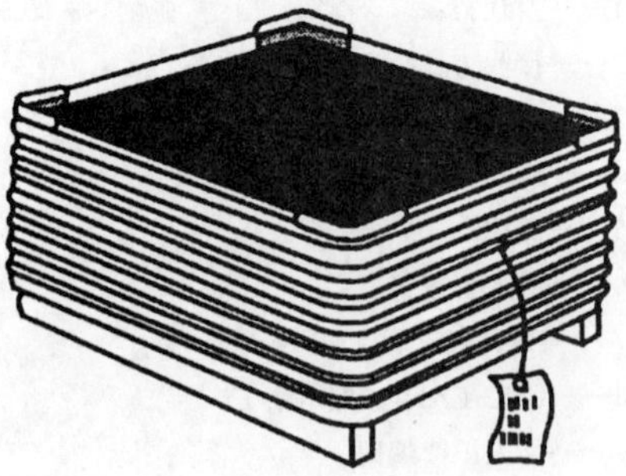

f)金属箱或盆

图 F.1 标签位置

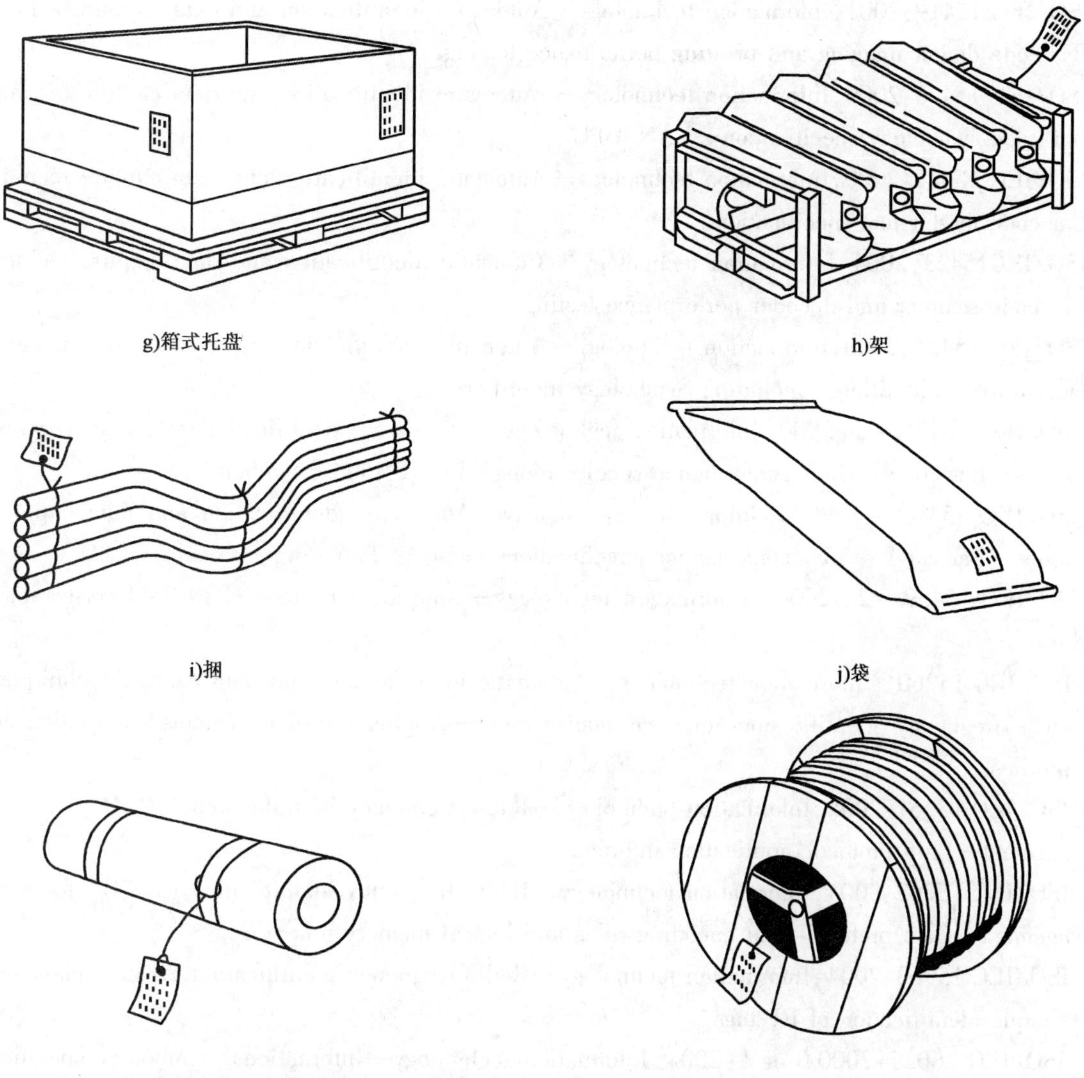

图 F.1　标签位置

参 考 文 献

[1] ISO/IEC 15415:2004, Information technology—Automatic identificatiao and data capture techniques—Bar code print quality test specification—Two - dimensional symbols.

[2] ISO/IEC 15419:2001, Information technology—Automatic identification and data capture techniques—Bar code digital imaging and printing performance testing.

[3] ISO/IEC 15420:2000, Information technology—Automatic identification and data capture techniques—Bar code symbology specification—EAN/UPC.

[4] ISO/IEC 15421:2000, Information technology—Automatic identification and data capture techniques—Bar code master test specification.

[5] ISO/IEC15423:2004, Information technology—Automatic identification and data capture techniques—Bar code scanner and decoder performance testing.

[6] ISO/IEC 15424:2000, Information technology—Automatic identification and data capture techniquse—Data Carrier Identifiers (including Symbology Identifiers).

[7] ISO/IEC 15426 - 1:2000, Information technology—Automatic identification and data capture techniques—Bar code verifier conformance specifications—Part 1: Linear symbols.

[8] ISO/IEC 15426 - 2:2000, Information technology—Automatic identification and data capture techniques—Bar code verifier conformance specifications—Part2: Two - dimensional symbols.

[9] ISO/IEC 15459 - 2: 2006, Information technology—Unique identifiers—Part 2: Registration procedures.

[10] ISO/IEC 15960[1], Information technology—Automatic identification and data capture techniques—Radio - frequency identification for item management—Application requirements/transaction message profiles.

[11] ISO/IEC 15961:2004, Information technology—Radio frequency identification (RFID) for item management—Data protocol: application interfce.

[12] ISO/IEC 15962:2004, Information technology—Radio frequency identification (RFID) for item management—Data protocol: data encoding rules and logical memory functions.

[13] ISO/IEC 15963:2004, Information technology—Radio frequency identification for item management—Unique identification of RF tags.

[14] ISO/IEC 16022:2000/Cor 1:2004, Information technology—International symbology specification—Data matrix.

[15] ISO/IEC 16390: 1999, Information technology—Automatic identification and data capture techniques—Bar code symbology specifications—Interleaved 2 of 5.

[16] ISO/IEC 18000 - 1 ~ 18000 - 4, 18000 - 6 ~ 18000 - 7:2004, Information technology—Radio frequency identification for item management.

[17] ISO/IEC 18004: 2000, Information technology—Automatic identification and data capture techniques—Bar code symbology—QR Code.

[18] ISO/IEC TR 18001:2004, Information technology—Radio frequency identification for item management—Application requirements profiles.

ICS 35.240.99
L 67

中华人民共和国国家标准

GB/T 22263.1—2008

物流公共信息平台应用开发指南 第1部分:基础术语

Application Development Guide of Logistics Public Information Platform—Part 1: Foundation Term

2008-07-28 发布　　　　2009-01-01 实施

中华人民共和国国家质量监督检验检疫总局
中国国家标准化管理委员会　发布

目　次

前　言

GB/T 22263 系列标准在《物流公共信息平台应用开发指南》，分为下列 8 个部分：

——第 1 部分：基础术语；

——第 2 部分：体系架构；

——第 3 部分：主要单证；

——第 4 部分：信息编码规则；

——第 5 部分：业务数据表目录；

——第 6 部分：平台服务管理；

——第 7 部分：软件开发管理；

——第 8 部分：商务协议管理。

本部分为 GB/T 22263 的第 1 部分。

本部分由全国物流信息管理标准化技术委员会提出并归口。

本部分起草单位：北京中交国科物流技术发展有限公司、交通部公路科学研究院、青岛港（集团）有限公司、中信物流公司。

本部分主要起草人：王敏丽、杨晓飞、魏凤、王刚、黄德玉、叶静、张蕾、张军伟、王蕾。

物流公共信息平台应用开发指南
第1部分:基础术语

1 范围

GB/T 22263 的本部分规定了物流公共信息平台应用开发相关的基本概念术语、物流业务术语、物流平台应用术语、物流平台技术术语及其定义。

本部分适用于物流公共信息平台应用开发及相关领域的信息处理和信息交换。

2 缩略语

以下缩略语适用于本部分。

3PL 第三方物流(third party logistics)
GPS 全球定位系统(Globle Positioning System)
ASP 应用服务提供商(Application Service Provider)
FTP 文件传输协议(File Transfer Protocol)
SFTP 简单文件传输协议(Simple File Transfer Protocol)
RNIF RosettaNet 电子商务标准执行框架(RosettaNet Implementation Framework)
EDI 电子数据交换(Electronic Data Interchange)
RFID 射频识别(Radio Frequency Identification)
API 应用程序接口(Application Programming Interface)

3 基本概念术语

3.1

物流 logistics

物品从供应地向接收地的实体流动过程。根据实际需要,将运输、储存、装卸、搬运、包装、流通加工、配送、信息处理等基本功能实施有机结合。

[GB/T 18354—2006 中 2.2]

3.2

物流信息 logistics information

反映物流各种活动内容的知识、资料、图像、数据、文件的总称。

[GB/T 18354—2006 中 2.23]

3.3

物流公共信息平台 logistics public information platform

基于计算机通信网络技术,提供物流信息、技术、设备等资源共享服务的信息平台。

[GB/T 18354—2006 中 5.37]

3.4

电子数据交换 electronic data interchange;EDI

采用标准化的格式,利用计算机网络进行业务数据的传输和处理。

[GB/T 18354—2006 中 5.22]

3.5

企业物流 enterprise logistics

生产和流通企业围绕其经营活动所发生的物流活动。

[GB/T 18354—2006 中 2.25]

3.6

第三方物流 third party logistics (3PL)

独立于供需双方,为客户提供专项或全面的物流系统设计或系统运营的物流服务模式。

[GB/T 18354—2006 中 2.9]

3.7

增值物流服务 value-added logistics service

在完成物流基础功能的基础上,根据客户需求提供的各种延伸业务活动。

[GB/T 18354—2006 中 3.38]

3.8

供应链 supply chain

生产及流通过程中,涉及将产品或服务提供给最终用户所形成的网链结构。

[GB/T 18354—2006 中 2.5]

3.9

条码 bar code

由一组规则排列的条、空及其对应字符组成的,用以表示一定信息的标识。

[GB/T 18354—2006 中 5.3]

3.10

射频识别 radio frequency identification(RFID)

通过射频信号识别目标对象并获取相关数据信息的一种非接触式的自动识别技术。

[GB/T 18354—2006 中 5.20]

3.11

物流单证 logistics document

物流过程中使用的所有单据、票据、凭证的总称。

4 物流业务术语

4.1

物流业务委托 logistics business commission

由委托方将其物流业务以合同的方式委托给受托方(专业的物流公司)运作。

4.2

运输调度 transportation scheduling

对运输活动的设备、工具、方式、路线、人力等资源的选择、安排和优化。

4.3

运输 transportation

用各种运输设备,将货物从一个地点向另一个地点运送。其中包括集中、分配、搬运、中转、装入、卸下、分散等一系列操作。

4.4

储存 storing

指保护、管理、储藏物品。

4.5

流通加工　distribution processing

根据顾客的需要,在流通过程中对产品实施的简单加工作业活动(如包装、分割、计量、分拣、刷标志、拴标签、组装等)的总称。

[GB/T 18354—2006 中4.37]

4.6

配送　distribution

在经济合理区域范围内,根据客户要求,对物品进行拣选、加工、包装、分割、组配等作业,并按时送达指定地点的物流活动。

[GB/T 18354—2006 中2.13]

4.7

报关　customs declaration

进出境运输工具的负责人、进出境货物的所有人、进出口货物的收发货人或其代理人向海关办理运输工具、货物、物品进出境手续的全过程。

[GB/T 18354—2006 中7.8]

4.8

报验　inspection declaration

由进出口货物的收发货人或其代理人向检验检疫机构办理进出境手续的全过程。

5　物流平台应用术语

5.1

增值网　Value added network(VAN)

除了提供通讯服务以外,还提供其他附加的功能和服务(如数据存储转发)的计算机通讯网络。

5.2

物流信息管理　logistics information management

应用现代信息技术和手段完成物流过程中信息的采集、处理、存储、传输和交换,实现对物流信息的有效管理。

5.3

在线应用　on-line application

由应用服务系统和网络通讯系统支撑的应用。

5.4

在线交易　on-line traction

供求双方通过网上进行的交易,通常包括报价、议价、支付、结算等行为。

5.5

在线撮合　on-line matching

通过网上的交易系统,帮助供需双方接洽乃至达成交易的行为。

5.6

电子支付　electronic-payment

交易的当事人,包括买方、卖方和金融机构之间,以在线应用方式实现电子货币支付和资金转移。

5.7

电子订舱　electronic-book

通过在线应用或数据交换的方式进行的订舱活动。

5.8

网上业务申请 on-line business application

通过在线应用或数据交换的方式所进行的各类业务申请活动，通常包括网上保险、网上交税、网上报关、网上报检报验等活动。

5.9

网上采购招标 on-line purchase and bid

通过在线应用或数据交换的方式所进行的采购和招标业务。

5.10

信息发布 information publishing

信息提供者将文字、图表、声像等信息利用预先定制的发布规则在网上公布。

5.11

信息订阅 information subscribing

通过信息服务提供商规定的操作指令或选项订阅服务提供商提供的信息。

5.12

实时数据采集 real-time data capture

通过条码、图像识别、RFID、GPS等多种数据采集手段取得即时数据。

5.13

在线货物跟踪 on-line trace

通过在线应用及时获取和提供货物运输状态、位置和移动轨迹。

5.14

物流应用 logistics application

按照物流服务的需求、作业的规范和管理目标而设计的软件系统，实现数据采集、共享物流信息、业务管理和综合管理等功能。

5.15

应用服务托管 application hosting service

应用软件服务提供商通过应用软件产品租赁为最终用户提供在线服务。

5.16

运输管理系统 transport management system

实现对运输业务信息进行管理与控制的信息系统。通常包括运输工具信息管理、运输调度管理、运输作业管理、运输费用管理以及运输跟踪管理和查询等功能模块。

5.17

仓储管理系统 warehouse management system

实现对货物入库、装卸作业、验收、存货保管、盘点、发货、出库等过程信息进行采集和管理，以及其他诸如账单结算、统计查询等辅助功能的应用系统。

5.18

配送管理系统 distribution management system

实现对配送业务的信息进行采集和管理的应用系统。通常包括订单管理、配车计划、线路优化、货物配载、货物跟踪管理等功能模块。

5.19

货运代理管理系统 freight forwarders management system

实现对货运代理的企业组织和业务信息进行采集和管理的信息系统。通常包括基础信息管理、单证管理、订舱管理、现场作业管理、结算管理、发票管理、业务委托管理、报价管理、报表统计等功能模块。

5.20

物流跟踪管理系统　trace management system

实现对货物和运输工具的位置和状态进行采集和管理的应用系统。通常包括信息发布、单证管理、货物及运输工具的动态信息和历史信息查询等功能模块。

5.21

报送管理系统　declaration management system

实现报关报检等功能的应用系统,通常包括基础资料管理、出口报关/报检管理、进口报关/报检管理、状态监控、报关预警、费率管理、账务管理、考核关系管理等功能模块。

5.22

回收物流管理系统　recycle logistics management system

实现对物品的翻修、退货过程的信息以及周转过程中的回收信息进行管理的应用系统。

5.23

客户管理系统　customers management system

提供客户资料、服务投诉和其他与客户有关的信息,进行维护和查询功能的应用系统。

5.24

结算管理系统　settlement system

实现对物流服务各环节所产生的费用和收入进行结算与管理的应用系统。

5.25

在线交易管理系统　on-line transaction management system

实现对在线交易进行信息服务和管理的应用系统。

5.26

决策支持系统　decision support system

运用多种分析方法、评价指标体系和预测模型以及数据挖掘技术,对积累的历史数据进行分析和预测,并以多种表现方式为决策者提供企业管理参考信息的应用系统。

5.27

企业门户　enterprise portal

企业为加强与内部用户和外部用户(包括客户、供应商、合作伙伴、员工等)的信息管理和沟通,建立的企业信息系统集中化访问和信息共享的门户系统。

6　物流平台技术术语

6.1

工作流　workflow

基于计算机自动化运作的全部或部分业务流程,表现为参与者对文件、信息或任务按照组织规范采取行动,并令其在参与者之间传递和处理。

6.2

工作流管理　workflow management

对工作流过程及其组成活动的定义、创建、调度,以及工作流执行中和用户、外部应用的交互等管理活动。

6.3

工作流引擎　workflow engine

解释工作流过程定义、创建过程实例、控制过程执行、调度各项活动、通过 API 调用应用程序、提供监控和管理功能的工作流驱动机制。

6.4

用户管理 user management

对所有平台的访问者和操作者进行属性、角色、群组、权限、状态等的维护管理。

6.5

门户管理 portal management

对门户网站进行的维护管理,包括门户内容的更新、单点登录、门户界面样式的维护和后台信息系统的链接管理,以及登录用户的资料、认证、操作权限的管理。

6.6

数据访问管理 data access management

提供数据访问权限设置和控制、不同方式的数据加解密管理以及数据加载管理等,确保数据访问的安全和有效。

6.7

消息管理 message management

提供系统内部和系统之间消息流的控制和动态配置机制,实现消息的异步传递、订阅/分发、解释和适配等功能,并确保其有序、安全和可靠的活动。

6.8

安全管理 security management

对信息保密性和可用性所进行的维护活动。

6.9

身份认证管理 authentication management

提供用户身份鉴别的验证功能。

6.10

接口管理 interface management

对电子商务、电子政务和其他物流信息系统进行信息交换的管理。

6.11

平台基础层 foundation layer

用以支持平台服务的包括操作系统、数据库软件、工具软件和必需的硬件、网络等基础运行环境的集合。

6.12

服务支持层 service support layer

为应用软件部署和集成提供支持功能,为平台管理提供公共服务功能的软件集合。

6.13

应用扩展层 application extension layer

包括能部署或集成于平台上的具体物流相关应用软件和多种接口软件的集合。

6.14 扩展接口类型

6.14.1

EDI 接口 EDI interface

支持基于 Internet 方式并符合 AS2 协议的 EDI 数据传输的系统接口。

6.14.2

RNIF 接口 RNIF interface

支持以 XML 为基础的开放式物流标准 RosettaNet 数据传输并符合 RNIF1.1/2.0 的系统接口。

6.14.3

Web Service 接口 Web Service interface

支持在网络上实现互操作的 Web 服务软件系统的接口。

6.14.4

FTP 接口　FTP interface

支持在网络上以文件方式传输数据并符合 FTP/SFTP 协议的系统接口。

6.14.5

电子商务接口　e-commerce interface

支持企业与企业间商务数据传输的接口。

6.14.6

电子政务接口　e-government interface

支持政府部门软件系统政务数据传输的接口。

6.15

电子签名　digital signature

附加在数据单元上的若干鉴别数据，或是对数据单元所作的加密转换，这种数据和转换允许数据接收者用以确认数据来源的不可抵赖性和数据单元的完整性，并保护数据，防止被人为的篡改、伪造。

6.16

通用编码　common code

作为物流公共信息平台标准化管理的重要组成部分，可对外发布的内部通用编码；遵循标准化、唯一性和简明性，并符合国际国内惯例，用于系统设计、系统开发和文档编撰参考。

参 考 文 献

[1] GB/T 11457—2006 信息技术 软件工程术语
[2] GB/T 18354—2006 物流术语

中 文 索 引

英 文 索 引

A

B

C

D

E

F

I

L

M

O

P

R

S

T

U

V

W

ICS 03.220.20;35.240.60
R 07

中华人民共和国国家标准

GB/T 20606—2006

智能运输系统　数据字典要求

Intelligent transport systems—Requirements for data dictionaries

2006-11-07 发布　　2007-04-01 实施

中华人民共和国国家质量监督检验检疫总局
中国国家标准化管理委员会　发布

目　次

前　　言

本标准对应于 IEEE Std 1489—1999《ITS 数据字典的 IEEE 标准》(英文版),与 IEEE Std 1489—1999 一致性程度为非等效。

本标准的附录 A 和附录 B 为规范性附录,附录 C 和附录 D 为资料性附录。

本标准由交通部公路科学研究院国家智能交通系统工程技术研究中心提出。

本标准由全国智能运输系统标准化技术委员会(SAC/TC 268)归口。

本标准起草单位:交通部公路科学研究院国家智能交通系统工程技术研究中心。

本标准主要起草人:李静、张可、柏青、张建通、刘浩、王春燕、贺瑞华。

引　言

本标准作为智能运输系统(ITS)数据字典开发的标准规范,主要是为 ITS 数据字典开发者和用户所用,以指导标准 ITS 数据字典的建立。

本标准主要确定了 ITS 数据字典中所用的概念,支持这些概念的基本框架,用于描述、规范和管理数据字典内容的数据概念集和元属性集,ITS 数据命名规范要求,标准 ITS 值域和 ITS 分类方案。本标准详细说明了 ITS 数据字典中公用的数据概念和元属性集合,以及相应的用于描述、规范和管理所有 ITS 数据的协议和方法。

智能运输系统　数据字典要求

1　范围

本标准规定了智能运输系统(以下简称ITS)数据字典的术语、定义和缩略语、ITS数据字典基本概念、ITS数据字典的元属性以及一致性要求。

本标准用于指导ITS数据字典开发者和用户建立ITS数据字典。

2　规范性引用文件

下列文件中的条款通过本标准的引用而成为本标准的条款。凡是注日期的引用文件,其随后所有的修改单(不包括勘误的内容)或修订版均不适用于本标准,然而,鼓励根据本标准达成协议的各方研究是否可使用这些文件的最新版本。凡是不注日期的引用文件,其最新版本适用于本标准。

GB/T 18391.1—2002　信息技术　数据元的规范与标准化　第1部分:数据元的规范与标准化框架

GB/T 18391.5　信息技术　数据元的规范与标准化　第5部分:数据元的命名和标识原则(GB/T 18391.5—2001,idt ISO/IEC 11179-5:1995)

3　术语、定义和缩略语

3.1　术语和定义

下列术语和定义适用于本标准。

3.1.1

数据字典　data dictionary

涉及其他数据应用和结构的数据的数据库,即用于存储元数据的数据库。[GB/T 18391.1—2002,定义3.13]

3.1.2

数据登记簿　data registry

对某一领域所有数据元素和该领域已经正式列入和建立应用的其他数据概念的逻辑上集中的登记。是该领域的共享数据参考。数据登记簿可包含在任何应用系统中不直接表示为数据元素但有助于信息交换和数据再利用的抽象数据概念,这种信息交换和数据再利用既来自用户的观察,也用于数据元素的转换。

3.1.3

功能域数据字典　functional-area data dictionary

用于标准化同一功能域和同一功能域内应用领域的数据元素句法和语义的数据字典。

注:功能域数据字典的内容包含从特定应用数据字典中提取或合成的内容,主要是以逻辑应用数据元素的形式。

3.1.4

特定应用数据字典　application-specific data dictionary

用于规范特定ITS应用的数据字典。

3.1.5

外来数据字典　foreign data dictionary

非 ITS 领域开发的数据字典。

3.1.6

数据　data

对静态或动态对象的形式化表示,适用于人或机器进行通信、解释或处理。

3.1.7

概念　concept

在一组实体的共性基础上抽象出来的思想。[GB/T 18391.1—2002,定义 3.10]

3.1.8

数据概念　data concept

能以数据形式表示,且与任何特定的表示法无关的一种概念。[GB/T 18391.1—2002,定义 3.15]

3.1.9

数据元素　data element

用一组属性描述定义、标识、表示和允许值的数据单元。[GB/T 18391.1—2002,定义 3.14]

示例:"路线.公交_车站_位置"。

3.1.10

数据元素概念　data element concept

能用物理方式表示的与值域无关的数据元素中所含相关概念的表达。

示例:"路线.公交_车站"。

3.1.11

通配特性域　generic property domain

一个特性和一个值域的配对表达,与任何使之关联的实体类型无关。

示例:"车站_位置"。

3.1.12

实体　entity

任何具体或抽象的事物,包括事物间的联系。[GB/T 18391.1—2002,定义 3.30]

3.1.13

实体类型　entity type

ITS 数据字典中用于表示一个实体的结构。

3.1.14

特性　property

实体的所有个体所共有的某种性质。[GB/T 18391.1—2002,定义 3.48]

示例:"车站",该特性可能与以下实体类型相关:"路线.公交"和"路线.出行者"。

3.1.15

值域　value domain

允许值的集合。[GB/T 18391.1—2002,定义 3.75]

示例:"高速公路车道数",数据类型为整型,有效值范围是 1～99。

3.1.16

属性　attribute

实体的一种特性。

3.1.17

元　meta

表示所述实体的上一层抽象的词。

3.1.18

元属性　meta-attribute

数据概念的文档特征。

3.1.19

元数据 metadata

定义和描述其他数据的数据。

3.1.20

数据类型 data type

基于能在数据元素上进行的操作对用于采集编码数据元素值的字母、数字和(或)符号的分类。

示例:“整型”。

3.1.21

名称 name

人们用作识别数据元素和其他数据概念的手段的索引词。

3.1.22

分类方案 classification scheme

基于实体的共性将其排列或分组。

3.1.23

标识符 identifier

与语言无关的指向特定数据概念的手段。

3.1.24

实例 instance

属于特定实体类型的某一实体的个体值。

3.1.25

语义学 semantics

有关词义注释的语言学分支学科(韦氏)。[GB/T 18391.1—2002,定义 3.64]

3.1.26

句法 syntax

语言表述的结构,以及支配语言结构的规则。字符或字符间的各种关系,这些关系与字符或字符组的含义、解释和使用方式无关。[GB/T 18391.1—2002,定义 3.70]

3.1.27

ASN.1 类型赋值 ASN.1 TypeAsignment(::=)

ASN.1 赋值语句。表示::=左边的项被赋予::=右边的定义。

示例:见附录 D

3.2 缩略语

下列缩略语适用于本标准。

ASC——自适应信号控制器 actuated signal controller

AVI——自动车辆识别 automated vehicle identification

AVL——自动车辆定位 automated vehicle location

DMS——动态信息标志 dynamic message sign

DSRC——专用短程通信 dedicated short range communications

EMS——紧急事件管理系统 emergency management system

ETTM——电子收费和交通管理 electronic toll and traffic management

GIS——地理信息系统 geographic information system

GPS——全球定位系统 global position system

HAR——高速公路咨询广播 highway advisory radio

ITS——智能运输系统 intelligent transport systems

4 ITS 数据字典基本概念

4.1 数据元素

数据元素构成数据字典的基本内容，数据元素应由以下 3 种数据概念组成，见图 1，从其他应用领域中引入的数据元素应进行转换以符合本标准：

——实体类型；

——特性；

——表示类术语。

示例："路线.公交_车站_位置"。

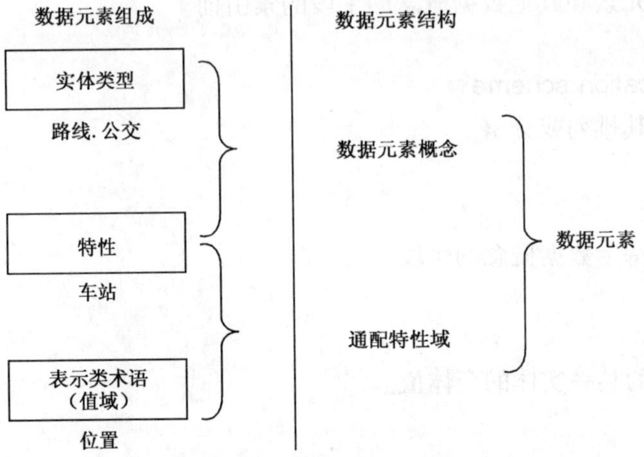

图 1 数据元素组成与结构

4.2 各种数据字典及其之间的关系

4.2.1 通则

本标准确定 3 种数据字典，包括特定应用数据字典，功能域数据字典和 ITS 数据登记簿。

数据字典之间的不同与内容的广泛度和深度、用于描述内容的元属性的数量和形式以及各种数据字典中数据管理与控制水平和程度有关。技术上的区别在于数据字典的目的和用途。

4.2.2 特定应用数据字典

一个基于特定应用的数据字典包括在其物理操作环境下和与其他应用进行交换的 ITS 应用数据元素，例如交通管理功能域中的交通信号控制系统可能有对应于其特定的应用背景的数据元素名称、表示格式等。特定应用数据字典定义的至少是数据元素元属性的最小集合。

注：来自外来数据字典的数据元素可通过相关的 ITS 特定应用数据字典引入 ITS 标准化程序。

4.2.3 功能域数据字典

功能域数据字典应规范给定功能域上应用的数据元素句法和基本语义，功能域数据字典是特定应用数据字典内容上的提取合成，还包括诸如数据元素概念和实体类型的规范。功能域数据字典要求具有本标准所规范数据元素的必选元属性的完整集合。

注：来自外来数据字典的数据元素可通过相关的 ITS 功能域数据字典引入 ITS 标准化程序。

4.2.4 ITS 数据登记簿

ITS 数据登记簿是对所有 ITS 数据元素和 ITS 领域已经正式列入和建立应用的其他数据概念的逻辑上集中的登记，是 ITS 领域的共享（共有）数据参考。ITS 数据登记的目的是通过记录数据概念的准确定义支持 ITS 功能域（即在相关的 ITS 子系统及其应用系统中）数据和数据概念的准确交换和再利用。

ITS 数据登记簿包括所有数据元素和属于各种功能域数据字典主题的其他任何数据概念，以及跨越几个 ITS 功能域的任何一般数据概念。数据登记簿包含对功能域数据字典和一些特定应用数据字典中内容的制定。数据登记簿的内容遵守严格的注册和结构管理过程，以保证其数据内容的质量和完整性。对特定应用数据字典而言，采用和再利用数据登记簿中的数据概念非常有益。

图 2 描述的是以下（数据字典之间的）信息（即数据概念）交换：

——在数据登记簿、功能域数据字典和特定应用数据字典之间；

——在从特定应用数据字典通过功能域数据字典到数据登记簿的信息流中，包含 ITS 数据字典中的外来数据元素；

——在 ITS 数据登记簿和外来数据登记簿的协调（配合）中。

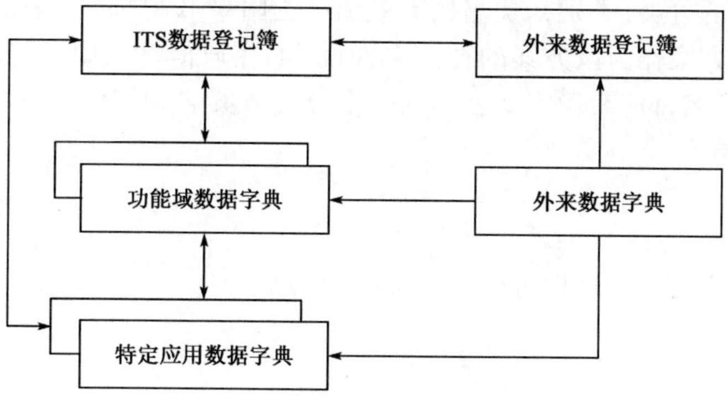

图 2　信息流

5　ITS 数据字典的元属性

5.1　导言

本章是所有 ITS 数据字典中数据概念所要求的元属性的形式规范。元属性（如叙述名）和数据概念（如数据元素、数据元素概念、实体类型、特性、值域）的对应关系见 5.2.2 和 5.3.3 中的表 1 和表 2。

本章是对适合功能域数据字典的元属性的标准规范，每个元属性有一个正式定义加可选的非规范性描述文本、特性说明和非规范性示例（必要或有用时），对各组定义之后，用一张摘要表列出其所用于的数据概念以及这些元属性是否必备、可选、条件选或指定条件选等符号标注。

5.2　基本元属性

这些元属性是在功能域数据字典层次上用于描述所有 ITS 数据概念的基本描述性元属性。

5.2.1　基本元属性规范说明

5.2.1.1　叙述名

定义：用于标识一个数据概念的一个或一组词。

描述：叙述名表明数据概念的意义以便理解其语意，叙述名的构造应遵守附录 A 的规定。

示例：事件_响应计划类型_代码。

5.2.1.2　叙述名语境

定义：指定与该叙述名相关的 ITS 应用领域。

描述：该元属性的合法值为以下 ITS 应用领域名称：管理交通，管理运输，管理紧急事件服务，管理商用车辆，提供驾驶员和出行者服务，提供电子付费，提供车辆监控以及系统规划支持与实施等。如果一个元属性与一个以上的应用领域相关，则将其叙述名语境定为“ITS”。

示例：提供驾驶员和出行者服务。

5.2.1.3　定义

定义：以通俗的语言表达数据概念的本质意义并帮助人们区分其他数据概念的叙述。

示例：术语“事件_响应计划类型_代码”的定义是“用于标识确定为响应公路事件的计划类型的代码”。

5.2.1.4 公式

定义:以数学形式表示数据概念的语意的规则或其他表达式,有时是确定一个值域的合理值的机制。

示例:速度 = 距离/时间。

5.2.1.5 来源

定义:数据概念的来源。

描述:数据元素或其他数据概念的初始来源。

5.2.1.6 类名

定义:将数据元素进行有意义的归类而确定的组名。

描述:对于数据元素的分类(类别),类名的有效值应为附录 B 中所列名称,附录 B 还包括为此而开发的分类方案,其他分类方案作为该方案的补充来使用(如在通信领域中可能有将数据元素作为对象的其他分类方案),每个类名都应有确定此名称的一个分类方案名和相应的分类方案版本,多分类名称的使用规则在附录 B 中给出。

示例:交通控制。

5.2.1.7 分类方案名称

定义:包含类名的分类方案的标识符(如名称或数字)。

示例:ITS 分类方案。

5.2.1.8 分类方案版本

定义:包含类名的分类方案的版本号。

示例:第一版。

5.2.1.9 数据概念类型

定义:对数据概念的分类。

描述:数据概念类型的有效值为:实体类型,特性,值域,数据元素概念,通配特性域和数据元素。

示例:数据元素。

5.2.1.10 关键词

定义:用于搜索、获取或检索一个数据概念的标志词。

描述:关键词来自数据概念的定义,叙述名,类名或与该数据概念相关的其他元属性。

示例:线路,路段,结点。

5.2.1.11 相关数据概念

定义:以某种方式与所述数据概念相关的其他数据概念名称。

示例:与数据元素“事件_响应计划类型_代码”相关的一个数据概念为数据元素“事件_响应计划类型_文本”。

5.2.1.12 关系类型

定义:表达一个数据概念与其相关数据概念的关系实质的词或短语。

描述:对关系的非正式描述信息。

示例:实体类型“事故”和更一般的实体类型“事件”之间的关系类型为“其中一种”或“子类”。

5.2.1.13 备注

定义:与数据概念相关的注释或其他信息。

描述:该元属性的文本内容不受限制。

5.2.1.14 符号名

定义:在应用程序中使用的数据元素名称。

示例:数据元素叙述名“事件_安全_代码”在应用集中的符号名为“INCDNT_Svrty_cd”。

5.2.1.15 符号名惯用法

定义:符号名所对应的应用名称。

示例:交通管理事件监控器。

5.2.1.16　ASN.1 名称

定义:用 ASN.1 和命名规则表示的数据元素名称,在 ITS 业界应是唯一的。

描述:数据元素的报文规格名称。

示例:线路_方向。

5.2.1.17　表示格式

定义:数据元素,通配特性域或与数据交换相关的表示类术语(和适当的值域参考)的逻辑表示形式。

描述:详细的格式依赖于值域的数据类型。

注:用 ASN.1 语法确定最小和最大值。

示例1:"旅行_起航_时间"(数据类型为 IA5 字符串)的表示格式为"HHMMSS.ssss",其中"HH"为"时"(24h 制),"MM"为"分","SS"为"秒",".ssss"为小数秒要求到几位。在"分"的精度适当的情况下,小数秒或小数秒和秒可以省略,"分"不能省略,但可以为零值。

示例2:"事件_响应计划类型_代码"的表示格式可以是非负整型(0~255)。

5.2.1.18　约束

定义:本标准的其他元属性未明确表明的任何限制的任意文本叙述。

描述:可以包括应用硬件和软件约束。

示例:"事件_响应计划类型_代码"应包含可印刷字符。

5.2.1.19　值域

定义:关于数据元素或通配特性域值的一个规范而明确的物理表示格式。

描述:该元属性用来提供值域参考或规范明确的格式。推荐的 ITS 值域参见附录 C。

示例:表示类术语日期可按值域"YYYY-MMDD"表示,其中"YYYY"为年,"MM"为月(01 到 12),"DD"为月中的日(01 到 28,29,30 或 31),根据月份的不同而不同。

5.2.1.20　数据类型

定义:为数据交换规定的数据的类型。

描述:该元属性须为以下数据类型之一:

——布尔型;

——整型;

——位串型;

——八位字符型;

——无效值(空);

——对象标识符型;

——对象描述符型;

——实数型;

——枚举型;

——序列型;

——字符—UTF8 字符型;

——字符—数字字符型;

——字符—IA5 字符型;

——字符—BMP 字符型。

5.2.1.21　表示类术语

定义:某类值域的名称。

描述:推荐的 ITS 表示类术语规范参见附录 C。

示例:"日期"是表示类术语,其值域表示为"YYYY-MMDD"表示,其中"YYYY"为年,四位数,"MM"为月,两位数,"DD"为日,两位数。

5.2.1.22　有效值规则

定义:在应用表示格式(形式)和数据类型等的约束中,表达数据元素,通配特性域,或值域的许可合理实例规则的自然语言文本定义。

描述:有效值规则可以是"从…到…"的范围,也可以是一张表,一个函数或算法。

对于表来说,有效值的集合通过表中所列实例值(如名称,定义或数字)的枚举来确定。

示例1:

交通_咨询_代码::=枚举{

事故　(1)

拥堵　(2)

封闭　(3)

弯道　(4)

警察干预　(5)

天气　(6)

}

示例2:

路线_方向_代码::=IA5String("北"|"南"|"东"|"西"|"未知")。

示例3:"天气_城市缩写词_文本"的有效值规则是"城市名称缩写为三个字母"。由于对城市名称的三字母缩写词没有相应的标准或表示类术语(和值域)参考,所以这是一个须由该数据元素实例创造者自行判断的规则。

示例4:"线路.公路_平均速度公里每小时_比率"的有效值范围是0~100,用ASN.1语法表示为:线路.公路_平均速度公里每小时_比率::=整数(0~100)。

5.2.2　基本元属性摘要表

表1定义了ITS功能域数据字典中的数据概念所要求的5.2.1中给出的基本元属性。功能域数据字典主要是记录数据元素。一个有效的功能域数据字典须并入集合中每个数据元素的所有必选元属性。此外,功能域数据字典还要包含其他数据概念的记录,如实体类型,特性,值域,通配特性域或数据元素概念。

表中第二列给出了元属性定义对应的条款号,接下来的六列给出了可在功能域数据字典中表述的数据概念,最后一列是有关该元属性及其与每个数据概念关系的注释。

在表的每个格中都有一个代码,表示特定行的元属性对于特定列的数据概念属于必选、可选、条件选或指定条件选。这些代码是:

"M"=必选。

"O"=可选。

"C"=条件选。条件选元属性依赖于可选元属性的使用。在使用它们所依赖的可选元属性时,需要条件选元属性。

"I"=指定条件选。指定条件选元属性依赖于独立于其他元属性的"如果"条件。若"如果"条件适用,则有"I"代码的元属性是必选的,否则不适用。

"N/A"=不适用。

表1的注释列解释了每个条件选元属性或指定条件选元属性的性质,并提供了其他解释信息。

表1　基本元属性

元属性	子条款	数据概念						注　释
		数据元素	数据元素概念	通配特性域	实体类型	特性	值域	
叙述名	5.2.1.1	M	I	I	I	I	I	"I"=若数据字典中不包含数据元素数据则需要
叙述名语境	5.2.1.2	M	C	C	C	C	C	"C"=子条款5.2.1.1选定时需要

表1(续)

元属性	子条款	数据概念						注　释
		数据元素	数据元素概念	通配特性域	实体类型	特性	值域	
定义	5.2.1.3	M	C	C	C	C	C	“C”=子条款5.2.1.1选定时需要
公式	5.2.1.4	O	O	O	N/A	O	O	—
来源	5.2.1.5	O	O	O	O	O	O	—
类名	5.2.1.6	M	O	O	O	O	O	数据元素至少需要一个附录B中的类名,允许有多个,规则见附录B
分类方案名称	5.2.1.7	M	C	C	C	C	C	“C”=子条款5.2.1.6选定时需要。允许有多个
分类方案版本	5.2.1.8	M	C	C	C	C	C	“C”=子条款5.2.1.6选定时需要。允许有多个
数据概念类型	5.2.1.9	I	I	I	I	I	I	“I”=若数据字典中不包含数据元素数据则必选
关键词	5.2.1.10	O	O	O	O	O	O	允许有多个
相关数据概念	5.2.1.11	I	I	I	I	I	I	“I”=若确定了相关数据概念则必选允许有多个
关系类型	5.2.1.12	C	C	C	C	C	C	“C”=子条款5.2.1.11有值时需要。允许有多个
备注	5.2.1.13	O	O	O	O	O	O	—
符号名	5.2.1.14	O	N/A	N/A	N/A	N/A	N/A	允许有多个
符号名惯用法	5.2.1.15	C	N/A	N/A	N/A	N/A	N/A	“C”=子条款5.2.1.14选定时需要。允许有多个
ASN.1名称	5.2.1.16	M	N/A	N/A	N/A	N/A	N/A	—
表示格式	5.2.1.17	M	N/A	I	N/A	N/A	I	“I”=若数据字典中有通配特性域或值域则需要
约束	5.2.1.18	O	N/A	N/A	N/A	N/A	N/A	—
值域	5.2.1.19	M	N/A	O	N/A	N/A	N/A	推荐值域参见附录C.2
数据类型	5.2.1.20	M	N/A	I	N/A	N/A	I	“I”=若数据字典中有值域或通配特性域则需要。数据类型值见5.2.1.20
表示类术语	5.2.1.21	M	N/A	O	N/A	N/A	O	推荐表示类术语参见附录C.3
有效值规则	5.2.1.22	M	N/A	C	N/A	N/A	C	有效值规则可表示为范围,表,函数或算法

注:每个元属性只允许有单一值,有“允许有多个”特定标注的除外。

5.3 管理元属性

5.3.1 导言

本条包含ITS数据字典所有管理元属性的定义,包括关于登记、结构管理和管理事务的元属性,用于ITS数据登记的所有内容。当来自某个功能域的数据概念提交上来进行ITS数据登记时,应将该数据概念的特定管理元属性列入该功能域数据字典中,以保证功能域数据字典与ITS数据登记簿之间的一致性和可追溯性。此外,相应功能域数据字典权威部门应选择使用合适的管理元属性来管理其功能域内的数据,这不仅用于数据元素,还用于作为功能域数据字典内容的其他数据概念。5.3.3中的表2,是对各种管理元属性的使用要求的规范说明。

5.3.2 管理元属性规范说明

5.3.2.1 数据概念标识符

定义:一个顺序分配的阿拉伯数字标识符,除序列概念之外无任何其他相关语义。

示例:39371。

5.3.2.2 数据概念版本

定义:表示数据概念的修订或改进的参考,一般不改变数据概念的语义内容或表示格式。

描述:建立的版本用来记录数据概念管理上的或次要的、非语义的/表达上的改变。

示例:第三版。

5.3.2.3 安全等级

定义:与数据概念相关的,使信息免受未经授权者访问的保护级别。

描述:这种保护与允许访问的数据概念的级别有关。

注:大多数安全问题是在特定应用环境中使用数据元素的情况下规范的,但如果是与数据元素或其他数据概念相关的一般安全问题,则安全信息可用该元属性来规范。

示例:用户自主保护级、系统审计保护级、安全标记保护级、结构化保护级、访问验证保护级等。

5.3.2.4 登记状态

定义:按数据概念在管理等级中的状态(或质量级别之间的临时管理状态)对数据概念指定的管理或质量级别。

描述:质量等级的登记状态的合法值为草案、临时认证、认证、临时推荐、推荐,功能域数据字典登记状态的合法默认值为"未登记"。

示例:未登记(未注册)。

5.3.2.5 登记日期

定义:数据概念最初登入ITS数据登记簿的日期,不管登入时它的登记状态如何,功能域数据字典登记日期的合法默认值为"未知"。

示例:19980913。

5.3.2.6 最新变更日期

定义:ITS数据登记簿中所记录的数据概念的最新版本日期。功能域数据字典最新变更日期的合法默认值为"未知"。

示例:19981210。

5.3.2.7 最新变更者

定义:对数据概念进行最新变更者的访问名。功能域数据字典最新变更者的合法默认值为"未知"。

5.3.2.8 登记组织

定义:登记该数据概念的组织介绍。

描述:当功能域数据字典重复使用外来数据字典的一个数据概念时,此元属性记录外来数据概念的来源组织,若功能域数据字典已在ITS数据登记簿中记录,该元属性则记录ITS数据登记组织。其他情况下该元属性置空。功能域数据字典登记组织的合法默认值为"置空"。

示例:ITS登记簿。

5.3.2.9 登记员电话号码

定义:经授权的登记员的电话号码[国家码、地区码(若有的话)、电话号码]。

描述:当一个包含于功能域数据字典的数据概念是已注册数据概念时,该元属性一般是ITS登记员的电话号码;但当在功能域数据字典中重复使用外来数据字典中的数据概念时,该元属性中记录外来数据概念登记员的电话号码。功能域数据字典登记员电话号码的合法默认值为"置空"。

示例:(+86)-10-66888866。

5.3.2.10　管理组织名称

定义:负责该数据概念的组织(机构)。

描述:负责管理所定义的数据主题域内数据概念的指定组织。

示例:ITE ATMS 工作组。

5.3.2.11　管理员电话号码

定义:经授权的数据管理员的电话号码[国家码(若有的话)、地区码(若有的话)、电话号码]。

示例:(+86)-10-66888866。

5.3.2.12　提交组织名称

定义:负责提交数据概念登记建议的组织。

描述:负责对数据概念进行确定、证明(表述)和提出登记建议的指定组织。

示例:交通管理数据字典项目组。

5.3.2.13　提交人电话号码

定义:提交人所在组织的电话号码[国家码(若有的话)、地区码(若有的话)、电话号码]。

示例:(+86)-10-66888866。

5.3.2.14　用户

定义:被授权访问数据字典者的访问名。

5.3.2.15　视域

定义:按照数据的主题域或应用领域对数据字典内容进行的逻辑分组。

示例:电子付费服务。

5.3.2.16　配置基准

定义:为进行数据概念的管理、控制和处理而正式建立的一个数据概念配置项集合。

描述:配置基准控制着数据概念的预备和分发的变化。功能域数据字典配置基准的合法默认值为"置空"。

5.3.2.17　别名

定义:与叙述名不同,但表示同一数据概念的名称。

注:只有必要时才引入别名,可能会非常有用,比如,当多个功能域数据字典并入 ITS 数据登记簿时,同一数据元素(由其语义或含义判断)可能会在不止一个功能域数据字典中出现,但却具有不同的叙述名,这时有必要从中选择一个(或创造一个中性名称)作为主要叙述名,再从剩下的名称中选择一个或几个名称作为别名。

示例:实体类型"小汽车"的一个别名为"轿车"。

5.3.2.18　别名语境

定义:与别名相关的应用领域的确定(指定)。

描述:该元属性的合法值为以下 ITS 应用领域名称:管理交通,管理运输,管理紧急事件服务,管理商用车辆,提供驾驶员和出行者服务,提供电子付费,提供车辆监控以及系统规划支持与实施。如果一个元属性与一个以上的应用领域相关,则将其叙述名语境定为"ITS"。

示例:提供车辆监控。

5.3.2.19　相关团体

定义:数据元素或其他数据概念的变更会影响的 ITS 功能域管理者(组织)。

示例:与数据元素 222948 相关的 ITE TMDD,电话:(+86)-10-66888866。

5.3.3　管理元属性摘要表

表 2 给出了 ITS 功能域数据字典数据概念的管理元属性要求。管理元属性在表的行中给出。表的第二列是定义每个元属性的条款号。接下来的六列是可在功能域数据字典中表述的数据概念,最后一列是有关该元属性及其与每个数据概念关系的注释。

在表的每个格中都有一个代码,表示特定行的元属性对于特定列的数据概念属于必选、可选、条件选或指定条件选。这些代码的释义见 5.2.2。

表2的注释列解释了每个条件选元属性或指定条件选元属性的性质,并提供了其他解释信息。

表2 管理元属性

元属性	子条款	数据概念						注释
		数据元素	数据元素概念	通配特性域	实体类型	特性	值域	
数据概念标识符	5.3.2.1	O	O	O	O	O	O	—
数据概念版本	5.3.2.2	O	O	O	O	O	O	—
安全等级	5.3.2.3	O	O	O	O	O	O	—
登记状态	5.3.2.4	O	O	O	O	O	O	—
登记日期	5.3.2.5	O	O	O	O	O	O	—
最新变更日期	5.3.2.6	O	O	O	O	O	O	—
最新变更者	5.3.2.7	O	O	O	O	O	O	—
登记组织名称	5.3.2.8	I	I	I	I	I		“I”=若来源是外部登记簿则需要
登记员电话号码	5.3.2.9	I	I	I	I	I	I	“I”=若来源是外部登记簿则需要
管理组织名称	5.3.2.10	I	I	I	I	I	I	“I”=若数据概念的注册等级是“认证”或更高则需要
管理员电话号码	5.3.2.11	O	O	O	O	O	O	—
提交组织名称	5.3.2.12	O	O	O	O	O	O	—
提交人电话号码	5.3.2.13	O	O	O	O	O	O	—
用户	5.3.2.14	O	O	O	O	O	O	允许有多个
视域	5.3.2.15	O	O	O	O	O	O	—
配置基准	5.3.2.16	I	I	I	I	I	I	“I”=若数据概念在ITS数据登记簿中处于以下登记状态:“临时认证、认证、临时推荐或推荐”则需要
别名	5.3.2.17	O	O	O	O	O	O	—
别名语境	5.3.2.18	C	C	C	C	C	C	子条款5.3.2.17选定时“C”=需要
相关团体	5.3.2.19	I	I	I	I	I	I	“I”=数据字典的变化会影响到其他的ITS功能域数据字典时需要

6 一致性

任何依据本标准的数据字典都应该执行第5章和附录A、附录B、附录C中所列出的元属性。功能域数据字典应遵循本标准。

在特定应用数据字典、功能域数据字典和ITS数据登记簿中,只要任何附加的元属性不与本标准中所列出的元属性重复,允许使用附加的元属性,见附录D。这种扩展不会影响ITS数据字典或ITS数据登记簿的一致性。

附 录 A
(规范性附录)
命名要求

A.1 命名

叙述名的表述应与数据元素或其他数据概念的定义结合进行。本附录叙述了确定数据元素和其他数据概念的叙述名、组成部分及其缩略语的要求。这些要求适用于整个 ITS 数据领域,并且与 GB/T 18391.5 推荐的命名要求一致。

叙述名是代表数据元素的业务含义的名称。叙述名经常是数据元素定义的梗概。缩略名称主要用作物理名称,亦指应用数据库环境中和应用程序接口或报文中的符号名称、内部名称或访问名称。

A.2 数据概念叙述名格式

A.2.1 制定规则

首先明确表述数据概念组成部分的名称。即,实体类型术语为实体类型名称,特性术语为特性名称(有时指"属性",如果没有明确的值域,属性经常与特性和表示类别混淆),表示类术语用于明确的表示格式。谨慎的表述数据概念或数据元素组成部分的名称(和其他元属性)可促进数据概念叙述名的一致性,有助于防止数据概念叙述名的重复确定(即对相同的数据元素或数据概念有不同的名称)。叙述名应是唯一的。

对数据概念叙述名,其命名规则有很多要求:固有名词、地名和连词都不能在叙述名中出现,在数据概念叙述名中不使用缩略语,除非名称有最大长度参数的要求。

A.2.2 实体类型术语

实体类型术语表示与数据元素相关的实体类型。实体类型是给定语域中需要(用数据元素)表示其信息的事物(如人、地点、过程、特性、对象、概念、关联、状态、事件等)。对于叙述名中的实体类型部分,推荐采用附录 B 分类方案表(表 B.1)中的内容或采用功能域数据字典管理机构制定和保持的较低级别分类法中的内容。

数据元素名称的实体类型结构为:

实体类型.修饰词.修饰词

其中"实体类型"为实体类型名称,"修饰词"为修饰词或进一步对实体类型分类的词。尽管上述结构示例仅给出了两个修饰词,但是可使用任意数量的修饰词。例如,实体类型词"雇员.非全日"是实体类型非全日雇员的名称。

A.2.3 特性术语

特性术语表示所关注的数据元素相关实体类型的信息(即对实体类型"关注的某事")。所关注的信息可为关于实体类型的事实、命题或观察。

数据元素名称特性的结构为:

修饰词 + 特性

其中"特性"为关注信息的根特性词,"修饰词"为修饰词或对关注信息的基本性质进一步分类的词。特性术语可使用任意数量的修饰词。

A.2.4 表示类术语

表示类术语是明确指示数据元素实例值的格式及句法形式的词。

数据元素名称表示类术语须为附录 C.2 推荐的特定表示类名。表示类术语不得包含任何修饰词,例如,表示类术语"date"是日期的特定指示形式和格式的名称。

推荐的表示类术语和相关值域的引用文件在附录C中列出。对于给定的表示类术语,如果附录C只明确列出了一个值域引用文件(例如,数据元素中包含表示类术语“日期”,且附录C对表示类术语“日期”只列了一个值域引用文件),则表示类术语“日期”即指特定的值域。对在附录C中没有对表示类术语规定单一值域的情况,在每个数据元素或通配特性域的值域元属性中,应当用这种表示类术语明确地标识出值域。如果在附录C中没有数据元素或通配特性域所需的表示类术语和相关值域,可使用用户定义的表示类术语及相关值域引用文件。新的表示类术语及相关值域和附录C的已有内容之间不得重复(如,对“日期”不得另行引入值域引用文件,也不得有与日期概念相同的其他表示类术语)。

A.2.5 数据元素名称格式

数据元素名称由实体类型、特性和表示类术语组成。

数据元素名称的结构为:

实体类型.修饰词.修饰词_特性_表示类术语

首先是实体类型,然后是特性(实体类型与特性之间用下划线分隔),再后是表示类术语(特性与表示类术语之间用下划线分隔)。

例如,数据元素名称“雇员.非全日_税前年薪_金额”是记录一位非全日雇员税前年薪的数据元素名称。

注:在报文规范(用ASN.1语法)中出现的数据元素的命名规则不同于ITS数据字典中数据元素叙述名的命名要求。ASN.1名称是数据元素的必选元属性。

A.2.6 数据元素概念名称格式

数据元素概念名称由实体类型和特性组成。

数据元素概念名称的结构为:

实体类型.修饰词.修饰词_特性

首先是实体类型,后跟特性(实体类型与特性之间用下划线分隔)。例如,数据元素概念名称“雇员.非全日_税前年薪”是一位非全日雇员税前年薪的数据元素概念名称。这种数据元素概念可与不同的表示类术语一同使用。例如,确定的值域与表示类术语“文本”或“代码”结合可产生不同的数据元素。

A.2.7 通配特性域名称格式

通配特性域名称由特性与随后的表示类术语组成。

通配特性域名称的结构为:

特性_表示类术语

首先是特性,后跟表示类术语(特性与表示类术语之间用下划线分隔)。例如,通配特性域“税前年薪_金额”是带有表示类术语金额的税前年薪额名称。该通配特性域可用于任何合适的实体类型(如退休人员,顾问等)。

A.3 缩略语

名称往往需要有缩略语,当叙述名长度需要减少形成符号名以适应特定的软件工具或约束环境(例如,计算机辅助软件工程工具,编程语言,数据库管理系统)时,就要用到缩略语规则的补充要求。

缩略语应是唯一的,即一个缩略语应只表示一个数据概念(即数据元素或数据元素名称的组成部分)。这样,如果缩略语的使用导致缩略语与已有缩略语相同,但表示不同的数据概念,则应变更其中一个(或变更两个)缩略语。表示类术语不得缩略。

缩略语不得为普通词。如果缩略语的首字母形成普通词,则应加减字母形成非普通词的缩略语。在名称缩略语中可使用首字母缩合词,首字母缩合词不得进一步缩略并须全部大写。

附 录 B
(规范性附录)
ITS 分类方案

表B.1列出了ITS分类方案中的类别。表格下面按每个类别在表格中的出现顺序给出了这些类别的简要叙述。至少每个数据元素均应将其中一个类作为其类名元属性(见5.2.1.6)的值。ITS本身应作为0级。功能域数据字典可在3级之下创建附加分类级别,但类名元属性应从本附录中出现的分类方案中取得。如果有多个分类适用于一个数据元素,则应对数据元素规定多个类名。当在ITS数据登记簿中加入数据元素的新类名时,应当有新的数据概念版本号(不是新的数据概念标识符或新的数据元素)、最新变更日期、新提交人(如果与以前的提交人不同)。

表B.1 ITS的类别

0级	1级	2级	3级
ITS	运输网络	路网描述/性能	路段
			结点
			交叉口
			干道
			多边形
			空间数据
			交通模型
			其他
		事件	—
		警报通告	—
		其他	—
	交通设施	公交设施	—
		交通管理设施	交通控制设备
			通信网络
			控制中心
			其他
		商用车设施	—
		应急设施	—
		停车设施	—
		设施管理机构	—
		其他	—
	用户信息	出行者信息	交通消息
			非交通性咨询
			天气
			污染状况
			航空/铁路信息
			公交乘客信息

表 B.1(续)

0级	1级	2级	3级
ITS	用户信息	出行者信息	高速公路咨询广播(HAR)
			用户反馈
			其他
		出行引导	路径
			其他
		黄页	—
		其他	—
	系统管理	交通管理	交通控制
			自适应信号控制器(ASC)
			动态信息标志(DMS)
			交通检测器
			匝道调节器
			门控制器
			环境传感器
			摄像头
			视频切换与监测器
			其他设备
		紧急事件救援管理(EMS)	响应
			状态
			应急协调
			呼救信号
			其他
		城市公共交通运营管理	行车时刻表
			(公交运营)控制中心
			公交事件
			场站管理
			其他
		客运管理	—
		货运管理	—
		交通基础设施管理	—
		其他	—
	交通收费	公共交通	收费
		电子收费	电子收费和交通管理(ETTM) 专用短程通信(DSRC)
		其他	—
	车辆	客车	—
		公交车辆	车辆管理(车辆对象)
		车辆探测数据	—

表 B.1(续)

0级	1级	2级	3级
ITS	车辆	车辆自动定位数据(AVL)	—
		车辆自动识别数据(AVI)	—
		其他	—
	其他	—	—

注:"—"表示可以根据实际需求在该级附加分类。

下面叙述了可能分到给定类别中的数据元素类型。但并不意味着对表中所用的ITS基本术语给出定义。

a) 运输网络:该类别包括运输设施的地理信息系统及路网的所有数据。
   1) 网络描述/性能:该数据包括地理信息系统层以及路网特征的性能属性(如路段速度),地理信息系统层描述运输网络的所有特征。
      i) 路段:该属性描述路段及其性能。
      ii) 结点:该属性描述结点及其性能。
      iii) 交叉口:该属性描述道路交叉口。
      iv) 干道:该属性描述道路。
      v) 多边形:该属性描述区域。
      vi) 空间数据:该数据表示路网的位置属性。
      vii) 交通模型:该元素用于交通路网运行建模。
      viii) 其他:描述运输网络的其他特征。
   2) 事件:该数据元素与事件描述有关。
   3) 警报通告:该数据元素与路侧装置发出的警报有关。
   4) 其他:运输网络中的其他数据。
b) 交通设施:该类别包括设施的地理信息系统特征。
   1) 公交设施:公交设施的GIS特征(如公交车站位置)。
   2) 交通管理设施:交通管理设施(如线圈位置)的GIS特征。
      i) 交通控制设备:该装置处理用于协调各交通管理中心的控制信息。
      ii) 通信网络:通常含义上的通信网络。
      iii) 控制中心:该对象与公交车与公交控制中心间的接口有关。
      iv) 其他:其他交通管理设施。
   3) 商用车设施:商用车设施的GIS特征。
   4) 应急设施:应急设施的GIS特征。
   5) 停车设施:停车设施的GIS特征。
   6) 部门(机构):该数据元素与机构识别及来源识别有关。
   7) 其他:其他设施数据。
c) 用户信息:该类别为向出行者提供和用户反馈的信息。
   1) 出行者信息:该类别为出行者相关信息。
      i) 交通消息:经信息服务提供商处理的有关交通的信息,因而在某种程度上不同于交通管理系统发出的信息。
      ii) 非交通性咨询:(可能是信息服务提供商)向用户发送的关于非交通原因的事件信息,以及如何对事件做出反应的信息。
      iii) 天气:关于目前和未来天气状况的信息。

iv) 污染状况:关于当地或地区广泛污染的信息。

v) 航空/铁路信息:关于航空/铁路时刻表和/或目前正点状况的信息。

vi) 公交乘客信息:该数据元素为对车辆自动定位和编排时刻表的基本输入进行处理得到的乘客信息。

vii) 高速公路咨询广播:通过高速公路咨询广播向出行者提供信息。

viii) 用户反馈:从交通信息服务的用户反馈给信息服务提供者的信息。

ix) 其他:交通信息服务的其他相关信息。

2) 出行引导:个性化旅行引导。

i) 路径:个性化路径。

ii) 其他:其他出行引导信息。

3) 黄页:各种形式的黄页数据,静态和实时的。

4) 其他:其他信息。

d) 系统管理:该类别为中心子系统创建和使用的信息。

1) 交通管理:从交管系统向路侧装置或其他交管系统传送的数据。

i) 交通控制:用于交管中心之间协调的控制信息。

ii) 自适应信号控制器:传入和传出自适应信号控制器的数据。

iii) 动态信息标志:来自和发向动态信息标志的数据。

iv) 交通检测器:来自和发向交通检测器的数据。

v) 匝道调节器:来自和发向路侧匝道调节器的数据。

vi) 门控制器:来自和发向门控制器的数据。

vii) 环境传感器:来自和发向环境传感器站点的数据。

viii) 摄像头:该数据用于控制闭路监控。

ix) 视频切换与监测器:来自和发向视频切换及监测设备的数据。

x) 其他设备:来自和发向其他路侧装置的数据。

2) 紧急事件救援管理:包括与紧急事件详情对应的协调数据,如响应和状态。以及出入紧急事件救援管理子系统接口的相关数据。

i) 响应:事件响应的相关数据元素。

ii) 状态:事件状态而不是其上述详情的相关数据元素。

iii) 应急协调:紧急事件救援管理系统、交通管理系统或城市公共交通管理系统等之间的协调数据。

iv) 呼救信号:传给用户的和用户传出的呼救信号状况相关数据。

v) 其他;其他紧急事件救援管理相关数据。

3) 城市公共交通运营管理:该类别为从公交管理子系统传给其他子系统的数据。

i) 行车时刻表:包括公交时刻表非实时计算和公交系统运行的相关数据。

ii) (公交运营)控制中心:包括公交车辆至公交控制中心接口的相关对象。

iii) 公交事件:包括与公交相关的独特的事件信息。

iv) 场站管理:包括传入和传出公交场站管理系统的数据。

v) 其他:城市公交运营管理的其他相关信息。

4) 客运管理:包括客运管理的所有数据。

5) 货运管理:包括货运管理的所有数据。

6) 交通基础设施管理:传入和传出交通基础设施管理子系统的数据。

7) 其他:其他系统管理数据。

e) 交通收费:该类别为电子支付的相关信息。

1） 公共交通：该类别为公共交通的电子支付。
收费：收费与电子费用数据处理的相关对象。
2） 电子收费：该类别为费用的电子支付。
电子收费和交通管理专用短程通信：包括电子收费和交通管理的专用短程通信数据。
3） 其他：其他交通收费数据。

f） 车辆：该类别为所有车辆运营状态数据的相关信息。
1） 客车：客车的相关信息（如车辆识别）。
2） 公交车辆：公交车辆的相关信息。
车辆管理：公交车辆状态和性能参数的相关对象。
3） 车辆探测数据：数据元素，比如车辆定位。
4） 车辆自动定位数据。
5） 车辆自动识别数据。
6） 其他：其他数据。

g） 其他：其他信息。

附 录 C
(资料性附录)
ITS 值域

C.1 总则

在本标准中用明确的抽象(即非物理)枚举法来规定值域,物理表示则通过对抽象枚举内容运用预选的编码规则获得。值域也是通过表示类术语来分类。本附录规定了某些通用值域的引用文件,这些文件应在 ITS 业界中使用。本附录还规定了用于 ITS 业界的数据互换的表示类术语及其缩略语的约束表。

定义:在 ITS 领域中对事物的某些信息的特定而明确的表示值的表达。

C.2 表示类术语及其值域

C.2.1 下列列出了表示类术语(见 5.2.1.21)及其缩略语应用于规范数据元素或通配特性域的值域,也用于命名值域本身。应避免使用任何其他表示类术语。表示类术语的缩略语不得进一步缩略。

C.2.2 某些表示类术语的描述中附有其通用值域的物理表示、编码、含义和/或格式的引用文件源。值域引用文件应用于所述值域的所有相关信息的互换。如果本附录对数据元素的值域未规定合适的引用文件,则可以使用任何合适的值域引用文件。在另外的值域引用文件与下面列出的值域引用文件之间不得有重复(例如,对值域"日期"不得使用另外的值域引用文件):

——金额(amt):以货币单位(如元和分)表达的货币值的数量。该表示类术语的明确值域应为$$$$. cc,这里$$$$表示元所需的有效数字数目,cc 表示分。对非货币数值,使用表示类术语"数量"。

——代码(cd):由字母和数字组成的字符或符号(或字符串或符号串),表示特定的意义,例如,"T" 表示"真","F" 表示"假"。对使用该表示类术语的数据概念或通配特性域,在其值域元属性中应规定适用的明确的值域。

——日期(dt):用数字格式表达的特定日历日。对日期所规定的值域应符合 GB/T 7408,对日期表示类术语不得使用其他值域。

——标识符(id):用来对实体实例进行唯一标识的值。

——图像(img):图示或图片,诸如地图、示意图、图画、动画或图标。对使用该表示类术语的数据概念或通配特性域,在其值域元属性中应规定适用的明确的值域(例如,jpeg, mpeg, gif)。

——位置(lctn):地表、地上或地下的三维地理点。对纬度/经度/高度所规定的值域应符合 GB/T 16831,对位置表示类术语不得使用其他值域。

——号码(nbr):非计算性数字字符串或字母和数字组成的字符串,用来指定数据项,例如,序列号码、电话号码、街道号码、房间号码、社会安全号码。

——百分比(pct):用十进制数乘以 100 的数字格式表达的两数量之比。"百分比"表示类别的明确值域为 999.999,当然,数字整数部分和小数部分都需要有许多有效数字。这种百分比为正整数或负整数。

——数量(qty):用来进行计算操作的非货币性数值。"数量"表示类别的明确值域为所有实数或虚数的集合。

——比率(rt):以一个数量与另一个数量之比表达的数量计量单位,例如,"公里/小时","加仑/小时","美元/日"。"比率" 的明确值域为正整数或负整数。在有效值规则元属性中,应规定使用该表示类术语的数据元素或通配特性域的特定比率。

——声音(snd):有明确的起止点的音频序列。在其值域元属性中,应规定使用该表示类术语的数据元素或通配特性域所适用的明确值域,如"wav."。

——文本(txt):文字、字母、数字、字符串(格式化或未格式化),如街道名,或文件、报文、其他文档的内容。

——协调世界时(utc):在日历日中基于协调世界时的时间特定点,以术语小时、分以及(可选)秒、(可选)十分之一秒表达。

——GPS 时间校正(gps):在日历日中的卫星定位系统时间的特定点,从 1980 年 1 月 5 日夜/1980 年 1 月 6 日晨的 0 时开始,以术语秒表示。它可以与协调世界时不同,因为协调世界时是用跳动的秒的整数定期校正的。

附 录 D
(资料性附录)
ASN.1 信息对象规范

本标准定义了一些(特别是适用于功能域数据字典的)数据概念及其相应的元属性。功能域数据字典应以一致的格式来表述此信息,以方便读者。保证这种一致性的一种方法是将每一个元属性表述为 ASN.1 信息对象。为促进不同的功能域数据字典向一致性文件格式的转换,本附录提供了数据元素信息对象的形式规范,见图 D.1。其他数据可使用类似的信息对象规范表达,在这种规范中,类语句标识数据概念(例如,"VALUE-DOMAIN ::= CLASS"等)。

在本标准发布后,鼓励使用本信息对象规范作为文件编制的基础来开发功能域数据字典。在第 6 章中认可并指出,功能域数据字典可以包含其管理机构为满足本功能域的特殊需要而附加的元属性,任何这种标准元属性的扩充都应添加到规范的结尾。

```
DATA-ELEMENT ::= CLASS
{
    &descriptiveName                 IA5String (SIZE(0..162)),
    &descriptiveNameContext          IA5String(SIZE(0..64)),
    &definition                      IA5String(SIZE(0..65535)),
    &formula                         UTF8String(SIZE(0..255)OPTIONAL,
    &source                          IA5String(SIZE(0..255))OPTIONAL,
    &className                       IA5String(SIZE(0..255)),
    &classificationschemeName        IA5String(SIZE(0..64)),
    &classificationschemeVersion     NumericString(SIZE(0..8)),
    &dataConceptType                 IA5String("Data Element")OPTIONAL,
    &keyword                         IA5String(SIZE(0..255))OPTIONAL,
    &relatedDataConcept              IA5String(SIZE(0..255))OPTIONAL,
    &relationshipType                IA5String(SIZE(0..255))OPTIONAL,
    &remarks                         IA5String(SIZE(0..65535))OPTIONAL,
    &symbolicName                    IA5String(SIZE(0..162))OPTIONAL,
    &symbolicNameUsage               IA5String(SIZE(0..64)),OPTIONAL,
    &aSNName                         IA5String(SIZE(0..64)),
    &representationLayout            IA5String(SIZE(0..65535)),
    &constraints                     IA5String(SIZE(0..65535))OPTIONAL,
    &valueDomain                     IA5String(SZIE(0..64)),
    &DataType,
    &representationClassTerm         IA5String(SIZE(0..64)),
    &validValueRule                  IA5String(SIZE(0..65535))
– the following meta-attributes may be documented for registration within a
functional-area data dictionary:
    &dataConceptIdentifier           INTEGER          UNIQUE      OPTIONAL,
    &dataConceptVersion              INTEGER                      OPTIONAL,
    &securityClass                   IA5String(SIZE(0..255))      OPTIONAL,
    &registrationStatus              IA5String(SIZE(0..64))       OPTIONAL,
    &dataRegistered                  NumericString(SIZE(8))       OPTIONAL,
    &lastChangeData                  NumericString(SIZE(8))       OPTIONAL,
    &lastChangeUser                  IA5String(SIZE(0..255))      OPTIONAL,
    &registrarorganization           IA5String(SIZE(0..255))      OPTIONAL,
    &registrarPhoneNumber            NumericString(SIZE(0..20))   OPTIONAL,
    &steWardOrganizationName         IA5String(SIZE(0..255)),     OPTIONAL,
    &steWardPhoneNumber              NumericString(SIZE(0..20))   OPTIONAL
    &submitterOrganizationName       IA5String(SIZE(0..255))      OPTIONAL
    &submitterPhoneNumber            NumericString(SIZE(0..20))   OPTIONAL
```

图 D.1

```
    &user                              IA5String(SIZE(0..64))        OPTIONAL
    &view                              IA5String(SIZE(0..255))       OPTIONAL
    &configurationBaseline             IA5String(SIZE(0..255))       OPTIONAL
    &synonymousDescriptiveName         IA5String(SIZE(0..64))        OPTIONAL
    &synonymousDescrNameContext        IA5String(SIZE(0..255))       OPTIONAL
    &relevantGroups                    UTF8String(SIZE(0..64))}      OPTIONAL
}
WITH SYNTAX
{
    DESCRIPTIVE NAME                         &descriptiveName
    DESCRIPTIVE NAME CONTEXT                 &descriptiveNameContext
    DEFINITION                               &definition
    [FORMULA                                 &formula]
    [SOURCE                                  &source]
    CLASS NAME                               &className
    CLASSIFICATION SCHEME NAME               &classificationschemeName
    CLASSIFICATION SCHEME VERSION            &classificationschemeVersion
    [DATA CONCEPT TYPE                       &dataConceptType]
    [KEYWORD                                 &keyword]
    [RELATED DATA CONCEPT                    &relatedDataConcept
    [RELATIONSHIP TYPE                       &relationshipType]
    [REMARKS                                 &remarks]
    [SYMBOLIC-NAME                           &symbolicName]
    [SYMBOLIC-NAME-USAGE                     &symbolicNameUsage]
    ASN NAME                                 &aSNName
    REPRESENTATION LAYOUT                    &representationLayout
    [CONSTRAINTS                             &constraints]
    VALUE DOMAIN                             &valueDomain
    DATA TYPE                                &dataType
    REPRESENTATION CLASS TERM                &representationClassTerm
    VALID VALUE RULE                         &validValueRule
    [DATA-CONCEPT-IDENTIFIER                 &dataConceptIdentifier]
    [DATA-CONCEPT-VERSION                    &dataConceptVersion]
    [SECURITY CLASS                          &securityClass]
    [REGISTRATION STATUS                     &registrationStatus]
    [DATE REGISTERED                         &dataRegistered]
    [LAST CHANGE DATE                        &lastChangeDate]
    [LAST CHANGE USER                        &lastChangeUser]
    [REGISTRAR-ORGANIZATION-NAME             &registrarorganization]
    [REGISTRAR-PHONE-NUMBER                  &registrarPhoneNumber]
    [STEWARD-ORGANIZATION-NAME               &steWardOrganizationName]
    [STEWARD-PHONE-NUMBER                    &steWardPhoneNumber]
    [SUBMITTER-ORGANIZATION-NAME             &submitterOrganizationName]
    [SUBMITTER-PHONE-NUMBER                  &submitterPhoneNumber]
    [USER                                    &user]
    [VIEW                                    &view]
    [CONFIGURATION BASE LINE                 &configurationBaseline]
    [SYNONYMOUS-DESCRIPTIVE-NAME             &synonymousDescriptiveName]
    [SYNONYMOUS-NAME-CONTEXT                 &synonymousDescrNameContext]
    [RELEVANT GROUPS                         &relevantGroups]
}
```

图 D.1

参考文献

[1] GB/T 2260—1999 中华人民共和国行政区划代码
[2] GB/T 2261.1—2003 个人基本信息分类与代码 第1部分:人的性别代码
[3] GB/T 2659—2000 世界各国和地区名称代码
[4] GB/T 4880—1991 语种名称代码
[5] GB/T 7408—1994 数据元和交换格式 信息交换 日期和时间表示法
[6] GB/T 10114—1988 县级以下行政区划代码编制规则
[7] GB/T 12406—1996 表示货币和资金的代码
[8] GB 13000.1—1993 信息技术 通用多八位编码字符集(UCS) 第一部分:体系结构与基本多文种平面
[9] GB/T 14395—1993 城市地理要素 城市道路、道路交叉口、街坊、市政工程管线编码结构规则
[10] GB/T 16831—1997 地理点位置的纬度、经度和高程的标准表示法
[11] GB/T 18391.1—2002 信息技术 数据元的规范和标准化 第1部分:数据元的规范和标准化框架(ISO/IEC 11179-1:1999,IDT)
[12] GB/T 18391.2—2003 信息技术 数据元的规范和标准化 第2部分:数据元的分类(ISO/IEC 11179-2:2000,IDT)
[13] GB/T 18391.3—2001 信息技术 数据元的规范和标准化 第3部分:数据元的基本属性(ISO/IEC 11179-3:1994,IDT)
[14] GB/T 18391.4—2001 信息技术 数据元的规范和标准化 第4部分:数据定义的编写规则与指南(ISO/IEC 11179-4:1995,IDT)
[15] GB/T 18391.6—2001 信息技术 数据元的规范和标准化 第6部分:数据元的注册(ISO/IEC 11179-6:1997,IDT)
[16] IEEE 智能运输系统数据字典指南草案,V0.0.2 1997.10.12
[17] IEEE SI 10-1997 使用国际单位制的 IEEE/ASTM 标准
[18] ISO 3166-2:1998 国家及其分区名称的表示代码 第2部分:国家分区代码
[19] ISO 3166-3:1999 国家及其分区名称的表示代码 第3部分:国家曾用名称代码
[20] ISO/IEC FDIS 8824-2:1999 信息技术 抽象语句表示法一:信息对象规范(第2版)
[21] ISO/IEC FDIS 8824-3:1999 信息技术 抽象语句表示法一:约束规范(第2版)
[22] ISO/IEC FDIS 8824-4:1999 信息技术 抽象语句表示法一:ASN.1 规范的参数化(第2版)
[23] SAE J1761—1995 信息报告,ITS 名词和定义
[24] 韦氏新大学词典

ICS 03.220.20;35.240.60
R 07

中华人民共和国国家标准

GB/T 20607—2006

智能运输系统　体系结构　服务

Intelligent transport systems—Architecture—Services

2006-11-07 发布　　2007-04-01 实施

中华人民共和国国家质量监督检验检疫总局
中国国家标准化管理委员会　发布

目　次

前　言

本标准对应于ISO/CD 14813-1:2004《智能运输系统—ITS体系结构参考模型　第1部分:ITS服务领域　服务、子服务》(英文版),与ISO/CD 14813-1:2004一致性程度为非等效。

本标准由全国智能运输系统标准化技术委员会(SAC/TC 268)提出并归口。

本标准主要起草单位:交通部公路科学研究院。

本标准参加起草单位:公安部交通管理研究所、建设部城市交通工程技术中心、同济大学、东南大学。

本标准主要起草人:齐彤岩、杨琪、刘冬梅、黎明、王长君、马林、史其信、王玮、杨晓光。

智能运输系统 体系结构 服务

1 范围

本标准规定了智能运输系统的主要服务领域及服务的一般要求、参考模型及主要内容。

本标准适用于智能运输系统领域的开发、应用和实施,城市轨道、货物联合运输等方面可参照执行。

2 术语和定义

下列术语和定义适用于本标准。

2.1

智能运输系统体系结构 ITS system architecture

描述智能运输系统构成,确定功能模块,模块间交换的信息及通信协议和接口,亦称智能运输系统体系框架,或智能运输系统体系构架。

2.2

智能运输系统用户 ITS user

直接或间接接收或提供智能运输系统服务的人、系统或监测中的环境,可为ITS系统受益者、ITS系统使用者、ITS系统生产或运营者、利用ITS系统的交通管理者。

2.3

智能运输服务主体 ITS service providers

服务的提供者,它与智能运输系统用户是服务与被服务的关系。

2.4

智能运输系统子服务 ITS sub-service

面向一特定智能运输系统用户的产品或行为。

2.5

智能运输系统服务 ITS service

提供于智能运输系统用户的一个或多个相近或互补的子服务。

2.6

智能运输系统服务领域 ITS service domain

包含一个或多个服务的特定应用领域。

3 一般要求

3.1 ITS服务领域

在执行过程中,ITS系统会因某区域机构而变化或可因参与者理解不同而变化。

ITS服务领域是ITS体系结构的最高概括,不描述与ITS系统应用相关的技术和功能。

例如ITS服务领域有:交通管理、交通信息服务、运输管理等。

3.2 ITS服务

一项服务领域包含一个或多个类别的ITS服务。每类ITS服务可包含相关服务的多个实例,这些相关ITS服务实例的组合称为ITS服务。一个ITS服务由一个或多个提供给ITS用户的相近或互补子服务组成。

下面给出ITS服务特征及所含子服务内容:

a) 每项ITS服务均为与道路交通网络管理或信息相关的一特定行为,应从用户、运输方式的角度来划分子服务。

b) 服务的名称应反映所支持行为的类型(如出行前信息)。

c) 服务中的子服务应兼顾服务行为和服务对应的用户或运输方式的性质(如出行前公共交通信息)。

d) 层次表中每一级应在划分水平上保持一致。

3.3 ITS子服务

ITS子服务由面向一特定ITS用户的产品或行为组成,是ITS体系结构/系统的基本组成部分。

在构建ITS体系结构时,应采用统一的方式详细描述ITS子服务。通过分解ITS服务可得到子服务的详细描述。不同的角度可得到不同的描述结果。

4 ITS体系结构服务层次参考模型

表1为ITS体系结构服务层次参考模型。

表1 ITS体系结构服务层次参考模型

服务领域	服务
1 交通管理	1.1 交通动态信息监测
	1.2 交通执法
	1.3 交通控制
	1.4 需求管理
	1.5 交通事件管理
	1.6 交通环境状况监测与控制
	1.7 勤务管理
	1.8 停车管理
	1.9 非机动车行人通行管理
2 电子收费	2.1 电子收费
	2.2 电子收费整合
3 交通信息服务	3.1 出行前信息服务
	3.2 行驶中驾驶员信息服务
	3.3 途中公共交通信息服务
	3.4 路径诱导及导航
	3.5 交通综合信息服务
	3.6 个性化信息服务
4 智能公路与安全辅助驾驶	4.1 智能公路信息提供
	4.2 安全辅助驾驶
	4.3 车辆自动驾驶
	4.4 车队自动运行
5 交通运输安全	5.1 紧急事件救援管理
	5.2 运输安全管理
	5.3 非机动车、行人安全保护
	5.4 交叉口安全管理

表1(续)

服务领域	服务
6 运输管理	6.1 运政管理
	6.2 公交运营管理
	6.3 长途客运运营管理
	6.4 轨道交通运营管理
	6.5 出租车运营管理
	6.6 货物运输运营管理
	6.7 特种运输管理
7 综合运输	7.1 客货运联运管理
	7.2 旅客联运服务
	7.3 货物联运服务
8 交通基础设施管理	8.1 交通基础设施监控与维护
	8.2 路政管理
	8.3 施工区管理
	8.4 高等级公路综合信息管理
9 ITS 数据管理	9.1 数据采集与接入
	9.2 数据检验与存储
	9.3 数据加工处理
	9.4 数据共享与交换
	9.5 数据应用支持
	9.6 历史数据管理
	9.7 数据维护与更新
	9.8 数据安全

5 ITS 服务领域

下面列出了9项ITS服务领域及简要描述：

——交通管理服务领域：对道路路网上车辆、出行者的行为进行有效管理。

——电子收费服务领域：以电子化方式收取交通相关费用。

——交通信息服务领域：以多种信息服务方式向用户提供全方位、综合性交通信息服务。

——智能公路与安全辅助驾驶服务领域：通过向用户提供报警和辅助驾驶或控制车辆运行等措施，加强车辆运行安全和效率。

——交通运输安全服务领域：对如交通事故、自然灾害、恐怖袭击等紧急事件做出响应；保护交通使用者安全，包括弱势人群。

——运输管理服务领域：通过对运输行业，包括城市公共交通、长途客运、货运等的行业管理、运营管理，加强政府行业监管能力，提高客货运输效率与服务水平。

——综合运输服务领域：加快多种运输方式间客/货运衔接转换，可包括对客货联运业务管理、旅客联运服务支持、货物联运支持等内容。

——交通基础设施管理服务领域：通过先进的监测、信息管理等手段，加强交通基础设施运营、管理效率，可包括路政管理、交通基础设施监测与维护、施工区管理、高等级公路综合信息管理等内容。

——ITS数据管理服务领域：为ITS体系结构的数据中心，按一定标准规范对ITS多源异构数据进行接入、存储、处理、交换、分发，并面向应用服务，为实现部门间信息交换共享、信息服务提供支持。

ITS体系结构的内容应适于最终使用，上述9项ITS服务领域的分类并不意味ITS体系结构均应遵循此分类，可根据特定需求进行调整。

6 各服务领域的ITS服务

ITS服务是对第5章服务领域各部分的进一步描述，特别强调一项服务领域中行为类别的不同。下面按照各服务领域进行描述的服务不必强调特定的用户、运输方式或行为的对象；而体系结构的详细程度由服务所包含的子服务决定，以“子服务示例”的形式体现。这不仅使交通运营者可选择与其需求相关的子服务，而且还可定义更切合特定需求的项目或系统的体系结构。

6.1 交通管理服务领域

交通管理服务领域主要强调人、车、物在道路路网上的正常运行，可包括动态监测、基于道路路网实时事件信息的交通控制等决策（自动或人工）以及需求管理、交通执法、勤务管理、停车管理、非机动车及行人管理等内容。

6.1.1 交通动态信息监测

本服务包括利用先进的监测手段，收集道路交通相关信息，为交通管理、交通执法和科学研究等提供数据支持。

子服务例如：

——交通流数据检测；

——交通违章信息监测。

6.1.2 交通执法

本服务包括针对违反交通法规的事件信息，如闯红灯、超速、违章停车等，在不影响交通正常运行的前提下自动或人工执行相应的处理措施。

子服务例如：

——停车法规执行；

——车辆限载；

——环境保护法规执行；

——驾驶员和车辆牌照的管理。

6.1.3 交通控制

本服务包括利用技术和管理手段对交通流进行诱导与控制。包括对城市（如主干道、快速路）和城间（如公路、高速公路）道路等相关设施的控制。如控制方式有信号灯实时控制、感应式快速路/高速公路进出匝道控制、围绕交通事件或施工的动态路线调整、拥堵或交通事件情况下进行潮汐交通流控制（交通流车道方向控制）、可变车速控制。还可包括公共交通车辆和紧急车辆的优先通行控制，道路与铁路交叉口的监控等。

子服务例如：

——交通信号控制；

——特殊车道管理；

——快速路进出口控制；

——匝道控制；

——车速控制；

——区域性交通控制策略的制定和实施；

——交通控制和路线诱导的集成;
——特殊车辆信号优先控制。

6.1.4 需求管理

本服务包括影响出行需求的管理和控制策略的开发和应用。

通过一定的政策策略,如通过价格策略、地区访问控制和区域出入控制等,影响公众的出行需求水平和对不同运输方式的相对需求,以合理调节交通需求增长、出行方式结构和交通流的时空分布。

子服务例如:
——交通需求预测;
——可达性控制管理;
——拥挤价格管理;
——停车的动态控制和价格管理;
——交通环境质量管理。

6.1.5 交通事件管理

本服务根据获取的交通事件信息及道路实时信息,采取相应的交通管理措施,并与相关单位协调,减少事件对道路交通的影响,降低损失。

子服务例如:
——交通事件预防;
——交通事件检测;
——交通事件鉴别;
——应急交通管理措施实施及交通事件信息发布;
——交通事件事后管理;
——交通事件记录。

6.1.6 交通环境状况监测与控制

本服务对道路空气质量进行监测,可包括检测车辆尾气排放、空气质量等,并对超标车辆进行记录管理,其数据可为需求管理提供依据。

子服务例如:
——车辆排放检测与控制;
——交通总体污染控制。

6.1.7 勤务管理

本服务为满足特定活动的交通需求,如国事访问、大型活动等,实行特定的交通管理。可包括执行特殊的交通管制措施,保证特定车辆的顺利、安全通行,同时通知其他出行者,减小交通管制的影响。

子服务例如:
——勤务任务接收;
——勤务管理方案制定;
——勤务任务执行。

6.1.8 停车管理

本服务可包括通过停车需求预测、停车使用监测,管理并有效利用停车资源;记录违反法规的停车行为的相关信息,为执法提供依据。

子服务例如:
——停车设施的监控;
——停车需求的预测;
——停车资源的组织利用;
——违反停车规定的车辆监测。

6.1.9 非机动车、行人通行管理

本服务为根据行人和非机动车的通行特点和需求,结合机动车的通行需求,对行人和非机动车的通行进行一定的优先控制和限制。

子服务例如:

——非机动车、行人优先通行控制;

——非机动车、行人通行限制;

——非机动车、行人违章处罚。

6.2 电子收费服务领域

电子收费服务领域强调以非现金方式为主支付交通服务及设施的使用费用。

6.2.1 电子收费

本服务可包括以电子化的交易方式,向用户收取交通相关费用,如道路、桥梁和隧道通行费用,道路拥堵费用,有偿交通信息服务费用,停车费用,公共交通乘车费用等。

子服务例如:

——路桥隧不停车电子收费;

——路桥隧停车电子收费;

——泊车电子收费;

——公共交通电子收费;

——城市道路拥挤电子收费;

——增值交通信息服务电子收费。

6.2.2 电子收费整合

本服务可包括整合不同区域、不同运输模式间交通相关电子收费业务。

子服务例如:

——高速公路联网电子收费;

——公共交通"一卡通"收费。

6.3 交通信息服务领域

交通信息服务领域强调向出行者提供出行前、出行中所需的全方位、综合性信息。可包括提供静态和动态的交通网络相关信息、合乘计划、出行规划、车辆导航等服务。

6.3.1 出行前信息服务

本服务包括出行者出行前在家、单位、旅店和主要公共场所如购物中心等,通过多种信息终端获取道路交通及公共交通的相关信息,如当前交通状况信息、道路气象信息、主要的交通法规信息、收费信息、与出行者位置相关的公共交通车辆运行状况及位置信息、出行规划信息、合乘信息等。

子服务例如:

——出行规划服务;

——出行参考信息服务;

——合乘信息服务。

6.3.2 行驶中驾驶员信息服务

本服务包括向途中驾驶员提供交通相关信息,可包括施工区、收费、停车、事件、气象及其他运输方式信息等。

子服务例如:

——路网可达性信息服务;

——动态交通状况信息服务;

——停车信息服务;

——途中出行参考信息服务。

6.3.3 途中公共交通信息服务

本服务包括出行者在路边、公交车站、公交场站及公交车辆上，通过多种信息终端获取实时公交服务信息，如公共交通换乘信息等。

子服务例如：

——公共交通换乘信息服务；

——公共交通车辆运行信息服务。

6.3.4 路径诱导及导航

本服务包括向团体或个人提供至终点的最佳路线信息。最佳路线可考虑路网交通信息、公共交通信息并综合多种运输模式信息。

子服务例如：

——路径诱导；

——静态路径导航；

——动态路径导航；

——混合模式路径导航。

6.3.5 交通综合信息服务

本服务包括向出行者提供全面的、综合性的交通信息，可包括多种运输方式信息，与交通相关的停车、运输企业、车辆维修设施、餐饮、住宿、名胜古迹、购物中心等服务信息，交通法律、法规、政策规划及交通常识等。

子服务例如：

——车辆维修设施信息；

——交通法律法规信息。

6.3.6 个性化信息服务

本服务包括提供满足出行者定制需求的信息。其内容可涵盖6.3.1～6.3.5服务。同时能基于个人账户对服务所涉及的各项事宜进行管理。

子服务例如：交通信息短信服务。

6.4 智能公路与安全辅助驾驶服务领域

智能公路与安全辅助驾驶服务领域主要包括通过路侧和车载探测、通信和控制装置、驾驶员辅助支持、车辆运行控制等，加强车辆运行安全与效率。

6.4.1 智能公路信息提供

本服务包括利用道路基础设施和车载探测、通信和控制设备，采集并实时发布相关信息，如交通流、交通事件、车队状态、车辆安全状况、驾驶员身心状态、道路基础设施状态、气象条件等。

子服务例如：

——智能公路交通流状态监测；

——智能公路交通事件监测；

——智能公路车队状态监测；

——智能公路车辆安全状况监测；

——智能公路驾驶员状态监测；

——智能公路基础设施状况监测；

——智能公路气象条件监测；

——智能公路信息发布。

6.4.2 安全辅助驾驶

本服务包括利用道路基础设施、智能通信与信息系统、车辆智能控制系统，对车辆的横向防撞、纵向防撞、交叉口防撞、驾驶员视野拓展、碰撞前乘员保护、邻近车辆预警等提供支持。

子服务例如：
——横向防撞；
——纵向防撞；
——交叉路口防撞；
——视野拓展；
——碰撞前的危险监测及乘员保护；
——邻近车辆预警。

6.4.3 车辆自动驾驶

本服务包括通过道路基础设施、智能通信与信息系统、车辆智能控制系统的支持，实现车辆车道跟踪、车距保持、换道、巡航、定位停车等操作的自动化。

子服务例如：
——车道自动跟踪；
——车距自动保持；
——自动换道；
——自动巡航；
——自动定位停车。

6.4.4 车队自动运行

本服务包括在智能公路信息提供和车辆自动驾驶的基础上，实现多辆车的编组运行，并具备车辆自动核查进入及退出等功能。

子服务例如：
——自动核查进入；
——车辆编组运行；
——自动校验退出。

6.5 交通运输安全服务领域

交通运输安全服务领域强调加强道路路网上的安全管理，包括紧急事件救援管理、客货运输安全管理、非机动车及行人安全管理以及交叉口安全管理等。

6.5.1 紧急事件救援管理

本服务包括利用先进的检测设备和技术手段获取紧急事件信息，协调各部门迅速调集救援资源，实施救援。同时发出警告信息，避免二次事故发生。本服务可与“6.1.3 交通控制”服务相协调。

子服务例如：
——紧急救援请求；
——救援请求响应；
——紧急事件通告；
——紧急车辆调度与优先通行；
——紧急事件跟踪管理。

6.5.2 运输安全管理

本服务包括对交通运输实行过程监控，减少安全隐患；重大事故发生时可自动进行报警，同时提供自救方案；还包括对超载超限、危险品运输进行安全管理。

子服务例如：
——运输车辆及相关设施的安全监控；
——驾驶员的安全监控；
——运输途中紧急事件的报警；
——危险品运输管理；

——超载超限管理。

6.5.3 非机动车、行人安全保护

本服务着重于加强交通弱势群体(如非机动车、行人,特别是老年人、残疾人等)的安全保护,降低其受伤害的几率。本服务可与“6.1.9 非机动车、行人通行管理”服务相协调。

子服务例如:

——无障碍通行和自动引导;

——个人救援请求;

——车辆逼近报警。

6.5.4 交叉口安全管理

本服务通过交叉口监测和警示等设备和手段,如信号控制,减少交叉口的车辆碰撞事故发生,加强出行安全。

子服务例如:

——道路铁路交叉口安全管理;

——道路交叉口安全管理。

6.6 运输管理服务领域

运输管理服务领域强调通过对客货运输、城市公共交通运输的管理,包括行业管理、运营管理等,提高行业监管能力和客货运输效率及服务水平。主要包括运政管理、城市公共交通管理、长途客运管理、货运管理等内容。

6.6.1 运政管理

本服务主要包括整合政府各职能部门功能,实现申请审批、各职能部门间数据交换、异地车辆稽查、各种统计报表上报等,指导交通运输行业发展。

子服务例如:

——道路客运管理;

——道路货运管理;

——道路运输服务管理;

——车辆维修与检测管理;

——运政稽查管理。

6.6.2 公交运营管理

本服务主要强调通过各种技术和手段,加强对城市公交的运营管理。可包括:获取车辆实时位置和状态信息,以调整运行计划;监控公交车辆状态,如乘客实载率、发动机运行状况、轮胎压力等;利用公交计划系统保证不同运输模式(如公交车辆和轻轨)可靠、便捷衔接;对运营人员、运营费用进行管理。还包括提供用户实时租车、叫车服务等。

子服务例如:

——公交基础设施的监视维护;

——公交调度管理;

——公交车辆运行状况监视;

——公交经营计划(如人员管理等);

——公交线网优化调整。

6.6.3 长途客运运营管理

本服务主要强调利用先进技术加强长途客运的运营、管理,可包括异地售票、网络化售票、客运车辆的遇险警示、警报通报等。

子服务例如:

——长途客运站站务管理;

——旅途中旅客信息服务。

6.6.4 城市轨道交通运营管理

本服务主要包括城市轨道交通的自动售检票、列车自动化控制等智能化管理。

子服务例如：

——轨道交通自动售检票；

——轨道交通列车自动化控制。

6.6.5 出租车运营管理

本服务主要包括利用先进技术，进行出租车预约、出租车的安全管理等。

子服务例如：

——出租车预约服务；

——出租车跟踪和安全管理。

6.6.6 货物运输运营管理

本服务主要强调对货物运输的管理。如及时通报货源的情况，合理调度货运车辆，制定完备的运输计划；提供货物查询；加强运输安全等。

子服务例如：

——货物的组织和管理；

——货运车辆组织与调度；

——货运场站的运营管理。

6.6.7 特种运输管理

本服务主要包括对特种运输的管理。如制定特种货物（如危险品以及超重、超大货物）的运输计划，跟踪运输过程，对可能出现的事故及时通报。本服务可与“6.5.2 运输安全管理”服务相协调。

子服务例如：

——路线的事先选定和登记；

——紧急事件的处理预案准备；

——特种运输监测；

——自动通告紧急事件。

6.7 综合运输服务领域

综合运输服务领域主要为客货多式联运提供支持，加快多种运输方式间客/货运衔接转换。

6.7.1 客/货运联运管理

本服务包括在道路、铁路、水运、航空或管道等多种运输方式间进行旅客/货物的数据交换处理，确定客货联运方案，开展客货联合运输；还包括提供客货联运途中运输应急替换方案。

子服务例如：

——旅客联运管理；

——货物联运管理；

——联运替代方案支持。

6.7.2 旅客联运服务

本服务包括为旅客出行提供道路、铁路、水运、航空等多种运输方式联运服务，如提供旅客联运规划服务、途中出行信息服务等。

子服务例如：

——旅客联运旅行规划；

——旅客联运途中信息服务。

6.7.3 货物联运服务

本服务包括为货物提供道路、铁路、水运、航空、管道运输等多种运输方式联运服务，如货物联运计划制定、途中货物跟踪查询等。

子服务例如：

——货物联运计划支持；

——货物联运途中动态跟踪查询。

6.8 交通基础设施管理服务领域

交通基础设施管理服务领域主要包括对交通基础设施建设、运营、维护等进行管理，提高交通基础设施运营、管理效率。

6.8.1 交通基础设施监测与维护

本服务主要对道路路基路面、桥梁隧道基础结构与附属设施、交通工程设施等交通基础设施进行监控维护管理，制订并实施管理维护计划。还包括对影响交通出行的气象及环境条件进行监测，如检测道路气象条件，包括雾、冰、雪、风、雨等；检测交通网络环境条件，如洪水、泥石流、落石等。

子服务例如：

——日常维护保养；

——专项工程养护；

——大修工程管理；

——意外情况下的抢修及应急恢复；

——绿化与环境保护；

——交通工程设施的维护管理（如机电设施、标识标志、交通管理控制设备等）；

——交通气象检测。

6.8.2 路政管理

本服务主要包括采用各种技术和手段加强路产、路权维护管理，进行公路路政的执法。

子服务例如：

——路产保护；

——路权维护；

——路政管理信息通报。

6.8.3 施工区管理

本服务主要包括施工区信息发布，引导施工作业区前后的车流；监控施工范围，对施工作业有效的组织和管理。本服务可与“6.1.3 交通控制”服务相协调。

子服务例如：

——施工区作业标志及设施管理；

——施工区内、外交通监控；

——施工区的信息发布。

6.8.4 高等级公路综合信息管理

本服务主要实现对高等级公路规划建设、综合养护、路政管理、运营管理等主要业务数据库的有效集成，向高等级公路管理的各类用户提供公用管理平台界面。

子服务例如：

——基础设施业务信息共享；

——基础设施业务数据操作；

——发布决策信息。

6.9 ITS 数据管理服务领域

ITS 数据管理服务领域强调对 ITS 多源异构数据进行管理，实现 ITS 数据共享交换，为应用服务提供数据支持。

6.9.1 数据采集与接入

本服务主要包括利用外场设备和其他数据采集设施获取需要的数据，并从政府管理部门、交通运输企业等ITS数据源接入数据。

子服务例如：

——交通流信息采集；

——交通气象信息采集。

6.9.2 数据检验与存储

本服务主要对多源数据的格式、内容等进行自动检验，鉴别错误数据，确保数据完整性，同时按一定标准规范进行存储。

子服务例如：

——数据预处理与校验；

——数据格式规范化。

6.9.3 数据加工处理

本服务主要运用数据分析工具对存储数据进行进一步加工处理，如数据统计、趋势预测、综合分析等，也可根据需要进行特殊的深层次加工处理，提高数据的饱满度和可用性。

子服务例如：

——数据融合；

——数据综合分析。

6.9.4 数据共享与交换

本服务主要为用户提供一定权限的数据交换通道和共享途径。

子服务例如：

——数据共享；

——数据交换。

6.9.5 数据应用支持

本服务主要针对特定应用需要，提取相关数据进行分析处理，为特定应用提供数据支持。

子服务例如：

——交通宏观战略决策数据支持；

——交通管理数据支持；

——公共交通数据支持；

——交通规划数据支持；

——紧急事件管理数据支持；

——交通信息服务数据支持；

——科学研究数据支持。

6.9.6 历史数据管理

本服务主要对需要长期保存的数据进行分类、归档，如交通流量历史数据、道路属性信息、交通管制、公交线路历史数据、客货运历史数据等。

子服务例如：

——历史数据分类；

——历史数据归档。

6.9.7 数据维护与更新

本服务主要包括定期对数据进行检查、修复、备份、补充新数据等常规性维护更新工作，保证数据的完整性、可用性和时效性。

子服务例如：

——数据维护；

——数据更新。

6.9.8 数据安全

本服务主要包括通过用户访问权限控制、身份认证、信息加密等安全保障技术，防止数据丢失、泄密、恶意修改，保证 ITS 数据的保密性、可用性、完整性和可靠性。

子服务例如：数据加密。

ICS 03.220.20
R 04

中华人民共和国国家标准

GB/T 20839—2007

智能运输系统 通用术语

Intelligent transport systems—General terminology

2007-03-19 发布 2007-05-01 实施

中华人民共和国国家质量监督检验检疫总局
中国国家标准化管理委员会 发布

目　　次

前　言

本标准由中华人民共和国交通部提出。

本标准由全国智能运输系统标准化技术委员会(SAC/TC 268)归口。

本标准起草单位:交通部公路科学研究院、公安部交通管理科学研究所、建设部城市交通工程技术中心。

本标准主要起草人:王笑京、张可、刘浩、李斌、张纪升、张北海、杨蕴、黎明、史其信、王长君、杨晓光。

智能运输系统　通用术语

1　范围

本标准规定了智能运输系统领域中的通用术语，包括：基本术语、交通管理、客运管理、货运管理、交通信息服务、智能公路与辅助驾驶、紧急事件与安全、电子收费、专用通信。

本标准适用于智能运输系统及其相关领域的信息服务、信息处理和信息交换。

2　基本术语

2.1

智能运输系统　intelligent transport systems(ITS)

又称智能交通系统，是在较完善的交通基础设施之上，在先进的信息、通信、计算机、自动控制和系统集成等技术前提下，通过先进的交通信息采集与融合技术、交通对象交互以及智能化交通控制与管理等专有技术，加强载运工具、载体和用户之间的联系，提高交通系统的运行效率，减少交通事故，降低环境污染，从而建立一个高效、便捷、安全、环保、舒适的综合交通运输体系。

2.2

智能运输系统体系框架　ITS architecture

为规划、设计、集成ITS系统提供一个共用的体系架构。它是对ITS这一复杂大系统的整体描述，决定了ITS大系统如何构成，定义了ITS的功能需求以及承载这些功能需求的物理实体，并通过信息流把这些功能需求和物理实体联系起来。通常来说，智能运输系统体系框架由用户服务、逻辑框架、物理框架和标准组成。

2.3

交通综合信息平台　comprehensive transport information platform

整合与ITS相关的各部门的公共信息资源，对多来源渠道的交通相关信息进行有效集成、数据融合和综合管理，实现部门间信息资源的共享，为各个ITS应用系统的有效集成提供基础和支持，为政府部门的科学决策提供依据，并以该平台为依托，面向企事业单位和社会公众提供综合性的交通信息服务。

2.4

先进的交通管理系统　advanced transport management systems(ATMS)

为改善路网运行状况，提高道路的有效利用率，减少拥挤程度，降低交通事故的影响，降低油耗，以及减少废气排放等，而建立的一套系统。它利用计算机技术、通信技术、传感器技术、数据管理和融合技术，通过对道路交通设施及其运行状况的监测，掌握交通系统的状况，按照交通系统运行状况和特殊需求（例如，公交优先、预案控制等），生成交通管理及控制方案，通过信号系统、可变信息标志、交通广播等相应的发布设备对交通流进行管理、调节和诱导。

2.5

先进的出行者信息系统　advanced traveler information systems(ATIS)

为了方便出行者制定和调整出行所使用的交通方式、出行路线和出行时间等，提供包括出行前信息、行驶中驾驶员信息、途中公共交通信息、个性化信息、路径诱导及导航信息等服务。

2.6

先进的公共交通系统　advanced public transport systems(APTS)

将现代通信、信息、电子、控制、计算机等高科技技术，集成应用于公共交通系统，实现公共交通调度、运营、管理的信息化、现代化和智能化,为出行者提供更加安全、舒适、便捷的公共交通服务,从而吸引出行者采用公交出行。

2.7

营运车辆管理　commercial vehicle operations(CVO)

利用现代通信、信息、电子、控制、计算机等技术,实现车辆运行状态安全监测、车队运营组织管理、危险品应急响应和电子通关等服务,提高管理效率,减少延误,提高运输生产效率,保障营运车辆的安全。

2.8

先进的车辆控制系统　advanced vehicle control systems

利用车载传感器、车载计算机和控制装置以及安装在路侧或路表的设备,实现车与路之间以及车与车之间的信息交换来检测周围行驶环境的变化情况,进行部分或完全的自动驾驶控制,以达到行车安全和充分利用道路通行能力的系统。

2.9

紧急事件管理　emergency management(EM)

通过先进的技术手段,对发生的紧急事件进行人工或自动检测、处置和管理。根据确认后的紧急事件属性,协调各相关部门,调动救援资源,使道路恢复其通行能力、减少其影响范围。

2.10

智能运输系统成本效益分析　ITS benefit-cost analysis

对智能运输系统项目的经济合理性、技术可行性、社会效益、环境影响和风险做出评价,为项目的可行性研究、实施效果以及方案比较、选择和优化、决策提供科学依据。

3　交通管理

3.1

城市交通管理与控制　urban traffic management and control(UTMC)

运用计算机、通信、传感器和视频等技术对城市道路网络的交通状况、道路状况、气象等进行监测,生成并不断更新交通信息数据库,分析这些交通相关信息,生成交通管理与控制方案,通过信号系统、可变情报板、交通广播等发布设备,对交通流做出相应的管理和诱导的系统。

3.2

高等级公路综合管理　comprehensive high-class highway traffic management

将现代通信、信息、电子、控制、计算机和运筹学等技术有效地集成应用于高等级公路的管理及交通运输服务的收费、监控、通信、路政、紧急事件管理、路面及桥梁管理等相关业务,从而使交通基础设施发挥出最大的效能,降低高等级公路管理成本,提高信息化水平和管理效率。

3.3

交通监控中心　traffic control and surveillance center

通过设置在道路路网中的检测设备及ITS相关系统,采集交通流量、速度、占有率、视频图像等相关的交通数据,生成并更新交通信息数据库,在此基础上对交通信息进行处理和分析,得出交通管理与控制策略;同时,它还负责交通事件和事故的检测和识别,统一指挥事件的处理,降低对交通流的干扰等。

3.4

区域交通控制　area fraffic control

将一定区域内(包括城市道路和公路)的全部交通监测和控制,综合为一个控制中心统一管理下的整体控制系统,根据历史数据及实时检测数据,以区域的全局最优为出发点,以交通信号、可变情报板、车道控制器等为控制手段,实施面向区域的交通协调控制。

3.5

智能交通信号控制　advanced traffic signal control

是区域交通控制的一部分,以提高区域内的车流运行效率,降低交叉口总延误,保障行人过街安全为目标,交通信号灯为手段,实施智能化的控制技术与策略,对该区域或整个城市路口的信号灯进行协调控制。

3.6

自适应信号控制　adaptive signal control

由中央处理计算机依据一定的交通模型,以减少延误时间、停车次数、拥挤程度及油耗等为优化目标函数,对检测器实时传输的交通数据进行分析处理,并进行预测,对各路口信号灯进行配时参数优化,执行交通信号控制。

3.7

公交信号优先　public transport priority

根据公交线路上的车辆和交通情况,在到达交叉口前提出优先通过申请,交通控制系统根据收到的优先通过申请和实时交通状况,为公交车辆提供优化的信号配时,保障公交车辆能优先通过,减少在交叉口的等待延误时间。

3.8

匝道控制　ramp metering

在高速公路、快速道路匝道处以信号控制的方式,通过有效的控制策略最大限度地保障高速公路、快速路的运行服务水平以及事件条件下的安全和快速救援需求。

3.9

特殊车辆监控　special vehicle surveillance and control

按照一定的交通管理要求和车辆运营要求,能够实时监视危险品运输车、超大车辆、超限车辆、海关监管车等特殊车辆的运行情况,了解其位置、运行状态、行驶轨迹等,必要时能够对车辆进行实时调度和控制。

3.10

停车管理　parking management

根据停车设施使用的历史数据和实时情况,对某区域内停车需求进行一定的预测,并依据预测数据给出停车设施的使用方案。在停车设施的运营管理中,利用先进的监控设施和检测设备,了解停车设施的使用情况,并根据这种实时情况对停车资源的利用做出一定的组织,以便更加有效地利用停车资源;对违反规定的停车行为进行监测并记录相关信息。

3.11

公铁交叉口协调管理　highway-rail intersection operation coordination

根据铁路部门提供的列车运行时刻表和维修计划等历史信息,以及实时的列车运行信息,对公铁交叉口进行监控,向驾驶员实时提供安全隐患警告或潜在紧急事件的警告,自动为道路交通提供交叉口关闭信息。

3.12

尾气排放监管　emissions monitoring

通过采取源头控制,加强车辆尾气排放检查力度,禁止排放超标车辆上路;沿途设置尾气排放检测点实时采集尾气排放数据,检测出排放超标的车辆;在车上安装尾气排放检测器,在排放超标时采取出自动报警等监测与控制措施。

4　客运管理

4.1

智能公交调度　intelligent transit dispatch and schedule

利用全球定位系统定位技术、无线通信技术、优化调度技术、系统集成技术等,通过对公交车辆监视,确定公交车辆的位置、运行状态和载客数量等情况,以及当前时刻的交通和道路状况,实现对公交运营车辆的实时监控和可视化调度,提高车辆的满载率和公交系统的运输能力。

4.2

公共交通应急协调调度　coordinated emergency transit dispatch

在紧急情况(例如,自然灾害、气候突变、军事攻击等)下,利用先进的信息、通讯和监控等技术实现救援请求信号的接收和响应,实现公交救援车辆调度并提供接续服务,同时协调各种城市公共交通运输方式(包括轨道交通)之间的联合运输,以保证安全、及时地运送乘客。

4.3

大容量快速公交　bus rapid transit

利用现代公交技术配合智能交通控制和运营管理,为大容量的公交车辆提供专用道路,在交叉口为车辆提供信号优先,保障公交车辆能快速地运送乘客。这是一种介于传统的轨道模式和公交模式之间的新型的地面公交运输系统。

4.4

公交一卡通　E-ticket

为代替现金付费方式,乘客只需要一张电子付费卡,就能在多种交通方式间(例如,公交、轮渡、地铁、轻轨和出租车),以及在停车等相关服务中支付费用。

4.5

电子站牌　electronic bus stop display

设置在公交车站,向候车乘客动态显示正在向本站行驶的运营车辆的状态及当前位置,预计到达时间、换乘信息以及其他公交运营信息的发布栏或显示载体。

4.6

多模式协调　multi-modal coordination

为旅客提供多种公交运输方式(例如,公共汽车、公共电车、地铁、有轨电车等)间和同种运输方式间的时间、地点等换乘信息,利用先进的通信、电子和多媒体网络技术,在路边、公交车站或站台上及公交车辆上等载体,为出行者提供交通信息服务,以方便旅客对其出行路线、方式和时间做出恰当的选择,能顺利地完成公交换乘。

4.7

旅客联运服务　inter-modal passengers transport

为长距离出行的旅客提供联运服务(包括公路、铁路、水运、航空运输等运输方式),包括提供联运旅行规划、联运旅行途中信息服务等内容。

4.8

出租车运营管理　taxi operation and management

利用先进技术,出租车公司和交通管理部门监视在道路系统中运营的出租车的位置、轨迹和载客等运营情况,为出行者提供出租车呼叫服务,并具备遇险自动报警、管理者远程控制等功能。

5　货运管理

5.1

电子通关　electronic clearance

安装了电子标签或其他电子应答系统的载货汽车在行驶状态下接受对其安全状况、注册情况及重量等的检查,对性能安全、注册合法且无明显故障迹象的车辆获准通过检查关卡或卡车称重的通关手续。

5.2

货运车辆自动检测　truck automatic inspection

管理中心、路侧设施接收、处理车辆状况传感器输入的信息以及车辆的自检信息,对货运车辆及其所载货物信息的自动检测。

5.3

动态称重 weigh-in-motion

在不影响车辆正常运行的情况下,测量车辆的实际载重量,为交通管理机构、收费机构、执法机构以及路政机构等提供必要的数据。

5.4

集装箱运输管理 container transport management

根据采集的信息和交通管理要求,对集装箱运输进行管理。根据货源的情况,合理地对货运车辆进行安排和调度,制定完备的运营计划,提高货运的效率和安全,并专门制定对特种货物的运营计划,进行登记申请,对可能发生的紧急事件做预案处理的集装箱运输管理系统。

5.5

货物联运服务 inter-modal freight transport

通过集中收集公路、铁路、水运、航空运输等的货运资源、运输能力等动态信息,为货物的联运提供实时信息服务。

5.6

危险品运输管理 hazardous materials transport management

根据采集的信息和交通管理要求,对危险品运输进行的管理包括:危险品运营计划的制定,运输过程的实时跟踪,事故的预案等管理。

5.7

危险货物自动检测 hazardous cargo automatic inspection

能接收和处理货物状况传感器检测到的信息,向驾驶员、道路使用者与道路管理者发出所装危险品性质及运输路线信息公告,及时发现危险品运输过程中发生的紧急事件,并能发出相应通告信息。

6 交通信息服务

6.1

出行前信息服务 pre-trip information service

利用先进的信息技术,使出行者在出行前可通过多种信息终端,查询当前道路交通及公共交通的相关信息,如出行路径、出行方式、出行时间等,为出行者提供出行建议信息,为出行者的出行提供支持。

6.2

途中驾驶员信息服务 en-route driver information service

在出行途中,通过车载信息单元或者路侧动态交通信息显示装置,为驾驶员提供包括驾驶操作提示、实时交通状况、可选路线、路径诱导、车辆运行状态、事故警告等有助于驾驶员出行的信息服务,并可通过路径诱导系统对车辆进行定位和导航,为驾驶员提供最优行驶路线和辅助驾驶指令。

6.3

途中公共交通信息服务 en-route public transport information service

利用先进的通信、电子和多媒体网络技术,使处在出行途中的出行者在路边、场站内、站台上及车辆内,通过电子站牌、车内电子显示屏、语音提示系统、公交咨询服务电话、个人查询终端等多种媒体获取实时公交出行信息服务,以方便出行者在出行途中能够对出行路线、方式和时间做出恰当的调整。

6.4

个性化信息服务 customized information service

出行者通过交通咨询电话、互联网、手机以及个人便携装置等信息查询方式,提出用户特定的信息需求,得到定制化的、全面的、综合性的交通信息。

6.5

可变情报板 variable message sign, changeable message sign(VMS,CMS)

可变情报板是指设置在道路沿线,动态显示文字、数字或符号,向驾驶员发布最新交通运行状况、道路条件、交通设施使用状况、提供路径诱导、气象和环境条件等交通信息的外场显示板式信息设备。

6.6

可变标志 variable sign

一种显示图案可变的交通标志,包括可变车道控制标志及可变限速标志等。

6.7

路径引导 route guidance

利用先进的信息技术,为驾驶员提供交通管制信息、拥堵信息、道路施工情况、附近停车场、加油站等出行信息,提出建议行驶路线,引导驾驶员选择最佳路径,减少车辆在路网中的滞留时间,从而缓解交通压力。

6.8

车辆导航 vehicle navigation

在应用地理信息系统(GIS)技术、通信技术构造的路网数字化地图的基础上,运用定位技术进行车辆定位,确定最优行驶路线,为出行者提供静态的或实时的最优出行路线信息,并在出行过程中对驾驶员适时地进行路线指引。

6.9

交通广播 traffic broadcast

由广播电台发布,向出行者提供各种诱导信息、气象信息、定位信息等交通信息的无线电广播。

7 智能公路与辅助驾驶

7.1

智能公路系统 intelligent highway system

以公路系统智能化为基础,遵循道路基础设施与车载系统智能协调合作的理念,集成应用现代通信技术、自动控制技术、传感技术以及交通流理论等,实现驾驶员辅助驾驶以及特定条件下自动驾驶功能的系统,从而减少由于人工驾驶引起的交通问题,提高公路系统的安全性和运行效率。

7.2

辅助驾驶 driving assistance

利用传感探测技术、自动控制技术和通信技术,通过车载装置和路边设施的智能探测以及车-车和车-路通信手段,为驾驶员提供信息服务与支持、紧急情况下的预警和控制干预支持等功能,提高驾驶员出行安全和效率。

7.3

自动驾驶 automatic driving

利用传感探测技术、自动控制技术、通信技术和交通流理论等,通过车载装置和路边设施的智能探测、车-车和车-路通信手段、车辆自动操纵控制装置,在特定的道路上实现车辆自动运行。

注:自动驾驶也称为无人驾驶。

7.4

车路协作 vehicle-infrastructure cooperation

从系统的观点出发,基于无线通信技术、传感探测等技术进行车路间信息交互和共享,实现智能在车辆和基础设施之间的合理分配和平衡、车载装置和路上设施的智能协同和配合,达到优化利用系统资源、提高道路交通安全性以及智能公路系统整体功能的目标。

7.5

磁诱导 magnetic guidance

通过车载磁传感器实时检测车辆相对于磁性路标的相对位置和磁性路标编码信息,实现对车辆行驶线路的引导或控制。

7.6

车载雷达　in-vehicle radar

安装在车辆上的,用来探测车辆周边一定距离内静目标或动目标信息的传感器,种类包括毫米波雷达、激光雷达、红外线传感器、超声波传感器等。

7.7

车－车通信　vehicle-vehicle communication

利用现代通信技术实现行驶或静止车辆间的无线信息传输,为车辆间的信息交互、信息共享以及动作协调配合提供支持。

7.8

车－路通信　infrastructure-vehicle communication

利用现代通信技术,实现车载系统与路上设施间的无线信息传输,为实现车路协作提供基本的技术支持。

7.9

横向控制　lateral control

在自动驾驶车辆中,通过调节转向机构,对车辆在车道中的横向位置运动进行的自动控制,包括车道保持和车道变换控制等。

7.10

纵向控制　longitudinal control

对车辆在道路上的纵向运动进行的自动控制,包括车速和制动控制等。

7.11

车道保持　lane keeping

利用先进的车辆导航与诱导技术进行道路标识的有效可靠识别,综合运用车辆横向、纵向的自动控制技术等,实现车辆沿当前车道稳定行驶。

7.12

车道变换　lane changing

基于现代传感、信息和自动控制技术,通过对道路标识和相邻车辆的有效探测识别以及车辆横向、纵向的自动控制技术的综合运用,使车辆从当前车道自动驶入相邻车道。

7.13

车距保持　headway control

基于现代传感、信息和自动控制技术,通过对车辆速度和车辆间距的探测以及车辆纵向运动的自动控制,保持安全、合理的车辆间距行驶。

7.14

自适应巡航控制　adaptive cruise control

按照与前车的距离、自车的运动状态以及驾驶员的操作指令,通过对本车发动机、传动系统或制动器的控制实现与前车保持适当距离,为车辆在公路自由流交通状态下的运行提供纵向控制功能。

7.15

视野增强　vision enhancement

利用车载设备、运输信息和控制技术,通过对车辆周围特殊环境(如在黄昏黑夜、大雾或雾天等环境造成难以看清的障碍物等)的探测并以一定的形式提示告知驾驶员,可以加强驾驶员视觉的可知性,大大提高驾驶员对路况的观察及判断力。

7.16

纵向防撞　longitudinal collision avoidance

利用车载和道路基础设施探测技术、无线通信技术等,探测车辆前后方潜在的碰撞隐患或即将发生的碰撞事件,为驾驶员和周围车辆提供预警等辅助驾驶措施或纵向控制等自动驾驶措施,保持安全的车辆间距,防止车辆间、车辆与其他障碍物间的正面或追尾碰撞。

7.17

横向防撞　lateral collision avoidance

利用车载和道路基础设施探测技术、无线通信技术等,自动识别行车环境(如道路状况、路旁设施、其他车辆等),当车辆变换车道或发生横向偏离时,判别发生横向碰撞的危险程度,为驾驶员和周围车辆提供预警等辅助驾驶措施或横向控制等自动驾驶措施,保持安全的车辆横向间距,防止车辆间、车辆与其他障碍物间的侧面碰撞或侧面刮擦。

7.18

交叉路口防撞　intersection collision avoidance

在车辆即将进入或者通过有信号控制的交叉路口时,利用车载设备及通信系统所获取的信息,及时地将交叉路口的交通状况通知驾驶员,并根据需要辅助驾驶员对车辆进行控制或车辆自动执行防撞措施(其中包括纵向防撞、横向防撞以及纵横向综合防撞)。

7.19

自动公路系统　automated highway system

应用现代传感技术、通信技术、自动控制技术以及检测技术等装备车辆及公路系统,并通过车－路通信和车－车通信,达到自动控制车辆方向、速度、车间距等,从而使汽车以自由个体或编组形式自动行驶在专用车道内。

7.20

车辆自动编队　automated vehicle platoon

利用传感探测技术、自动控制技术和通信技术,通过车载和路边传感装置的智能探测及车－车通信和车－路通信,以及车辆自动操纵控制装置的自动控制,实现车辆间近距离组队跟踪的自动驾驶运行。

8　紧急事件与安全

8.1

交通事件　traffic incident

交通事件是指由于人、车辆、设施、环境之间的不协调导致正常交通秩序的突发性混乱的事件。

8.2

交通事件管理　traffic incident management

通过各种道路流量检测、监视和通信手段,及时获取发生交通事件的信息,协调道路使用者、道路运营管理部门、道路交通管理部门、紧急救援中心、消防队等对事件做出快速响应,避免对道路交通产生过大的影响,从而使损失降为最低的管理。交通事件管理主要包括如下过程:事件的预防、事件的检测、事件的确认、事件的响应、事后管理、事件的记录等。

8.3

紧急事件　emergency

在道路上非周期性、突然发生的使道路通行能力下降或影响交通安全或公共安全的事件,它具有突发性、破坏性和不可预见的特点,主要包括交通事故、车辆故障、货物散落、道路损坏和自然灾害等。

8.4

紧急事件识别　emergency identification

利用安全监控、自动检测等手段,对交通事故、车辆故障、道路损坏、自然灾害等紧急事件进行识别,获取紧急事件状态、事故车辆位置等信息。

8.5

紧急事件通告　emergency notification

紧急事件发生后,系统获取紧急事件信息,并向周围区域、车辆、相关部门及人员等发送的信息。

8.6

紧急事件响应　emergency response

利用现代通信和信号控制技术,在紧急事件发生时,根据当前采集到的实时信息(如紧急车辆的位置、交通状况、事件发生的位置及性质等),由紧急事件管理中心对紧急车辆进行合理调配,并通过控制信号为其提供适当的优先通行信息和路线诱导信息,从而使紧急车辆按最优行驶路线快速、安全到达现场,进行紧急救援活动等的管理。

8.7

危险品应急响应系统　hazardous materials emergency response system

危险品运输车辆发生事故时,能立刻确定事故的性质、地点及所运的危险品种类,估计出可能造成的影响,为执法和应急人员提供及时、准确的危险品种类的信息,以便对事故进行正确处理的系统。

8.8

紧急呼叫　emergency call

当发生紧急事件时,通过车载通讯系统、路侧紧急电话以人工或自动方式向监控中心发送紧急求援信号。

8.9

营运车辆安全监控　CVO safety surveillance and control

通过安装在路侧或营运车辆上的安全检测设备,对轮胎、制动系统、车灯等运营车辆状态、错位、滑移等货物装载以及疲劳、紧张等驾驶员的状况进行监测和分析,在危险的时候,提出预警信号,并在必要的时候进行自动控制。

9　电子收费

9.1

电子收费　electronic toll collection(ETC)

应用先进的技术手段,自动完成电子收费交易,实现在不停车条件下自动收取道路通行费。

9.2

组合式电子收费系统　combined ETC system

采用“两片式电子标签+双界面CPU卡”技术,将CPU卡作为带有IC接口的两片式电子标签的扩展存储介质并兼有通行券及支付介质的功能,从而使电子收费系统与人工非现金收费相结合的一种道路收费系统。该系统中,在设置有电子收费车道的站点,用户可以利用两片式电子标签以不停车的方式通过;在仅设置人工收费车道的站点,用户可以利用双界面CPU卡刷卡付费,以停车的方式通过。

9.3

单车道电子收费　single-lane ETC

在用收费岛或其他设施隔离出来的收费车道,应用电子收费技术自动完成对依次通过车辆的收费处理。

9.4

自由流电子收费　free-flow ETC

在没有物理隔离设施的收费公路上,应用电子收费技术自动完成对多条车道上自由行驶车辆的收费处理,此种方式称为自由流电子收费方式,也称为多车道电子收费方式或全电子收费方式。

9.5

自动车辆分类　automatic vehicle classification

利用安装在车道内和车道周围的各种传感装置测定过往车辆的特性参数，自动判别车辆类型。

9.6

视频稽查系统　video enforcement system

以抓拍图像的方式进行稽查的系统。

9.7

车载单元　on-board unit(OBU)

又称为电子标签、车载设备。安装要车辆内部(风挡玻璃或仪表台上)并且支持利用专用短程通信与路侧设备进行信息交换的设备，分为单片式和双片式电子标签。

9.8

路侧单元　roadside unit(RSU)

又称为电子标签读写器、路侧读写天线、ETC天线、路侧设备。安装在收费车道门架上或收费岛立柱上的用于同过往车辆上的车载设备进行通信的天线及相应的控制设备。

9.9

用户卡　subscriber card

又称为非现金支付卡。在道路收费系统中，作为通行费支付手段的集成电路(IC)卡。根据应用方式的不同可以分为记账卡、储值卡和信用卡等类型。记账卡中记有用户标识等基本信息，每张卡在后台系统中有一对应的账户，电子收费交易时用户可用此卡在收费车道先行记账，消费后相应金额将从用户预付的账户中扣除(预付方式)，或在约定时间与用户一并结算(后付方式)。储值卡在对应的用户账户中预存一定金额，卡中记有用户标识和储值信息。用户可用此卡在收费车道直接支付通行费用，其消费金额将从卡中扣除，同时修改用户后台备份账户中的余额。

9.10

黑名单　black list

禁止通过收费车道的非现金支付卡列表。当用户的预付款余额已经低于其最低使用限额，或其该卡已超过规定的透支限额时，该非现金支付卡将被列入黑名单。持有黑名单非现金支付卡的用户将禁止通过收费车道。

9.11

交易　transaction

在道路收费设施(路侧设备)与用户(车载设备)之间通过专用短程通信进行的，为完成一次电子收费操作所必需的全部信息交换过程。

9.12

电子收费服务提供商　ETC service provider

接受用户的付费并提供相应的电子收费服务给用户的公司、机构或抽象实体。

10　专用通信

10.1

专用短程通信　dedicated short range communication(DSRC)

专门用于道路上行驶中的车辆的、车与车或车与道路之间的、通信距离有限的通信方式，主要包括车载单元与路侧单元以及车载单元之间的信息交换，它是智能运输系统领域中的基础通信技术之一。

10.2

窗口　window

物理媒体被路侧设备分配给路侧设备使用(下行链路窗口)或车载设备使用(公共或专用上行链路

窗口)的时间段。路侧设备发送信息的时段称为下行链路窗口;车载设备可以发送信息的时段称为上行链路窗口。

10.3

专用上行链路窗口 private uplink window

路侧设备分配给一个特定的预先寻址到的车载设备发送信息的时间段。

10.4

公共上行链路窗口 public uplink window

允许任何车载设备传送信息的时段。在该时段内,各个移动设备按照一定规则相互竞争来发送信息。

10.5

信标服务表 beacon service table(BST)

信标服务表定义了车载设备与路侧设备通信所必需的参数集。这些参数包括:传输媒体特征、帧长度、帧间隔长度、上行链路窗口长度、定时参数、计数器参数等。信标服务表由应用层(数据链路层用户)维护。

10.6

车辆服务表 vehicle service table(VST)

车辆服务表是车载设备的初始化内核对信标服务表的应答,它包括信标服务表中提供且已在车载设备中注册的所有服务的标识和进一步通信所使用的配置。

汉语拼音索引

英 语 索 引

ICS 03.220.20
R 07

中华人民共和国国家标准

GB/T 21379—2008

交通管理信息属性分类与编码 城市道路

Classification and coding of the attribute of traffic management information-City rode

2008-02-13 发布　　2008-08-01 实施

中华人民共和国国家质量监督检验检疫总局
中国国家标准化管理委员会　发布

目　　次

前　言

本标准的附录 A 为资料性附录。

本标准由全国智能运输系统标准化技术委员会(SAC/TC 268)提出并归口。

本标准起草单位:北京市公安局公安交通管理局交通科研所、北京四通智能交通系统集成有限公司。

本标准主要起草人:隋亚刚、梁玉庆、孔涛、单海辉、关积珍、王义生、计燕翎、杨劲夫。

交通管理信息属性分类与编码
城市道路

1 范围

本标准规定了城市道路交通管理中的地理要素——路段、道路交叉口、交通设施和重点单位等实体的交通管理信息属性分类与编码。

本标准适用于城市交通管理中路段、道路交叉口、交通设施和重点单位的标识及信息处理与信息交换。

2 规范性引用文件

下列文件中的条款通过本标准的引用而成为本标准的条款。凡是注日期的引用文件,其随后所有的修改单(不包括勘误的内容)或修订版均不适用于本标准,然而,鼓励根据本标准达成协议的各方研究是否可使用这些文件的最新版本。凡是不注日期的引用文件,其最新版本适用于本标准。

GB/T 919 公路等级代码

GB/T 920 公路路面等级与面层类型代码

GB/T 21381 交通管理地理信息实体标识编码规则 城市道路

3 术语和定义

下列术语和定义适用于本标准。

3.1

主道 central lane

道路中部,由沿道路方向的隔离设施形成的仅供机动车行驶的部分。

3.2

辅道 auxiliary lane

同一道路同一方向机动车道有隔离设施的供机动车和非机动车混合行驶的车道。

4 分类编码原则

4.1 分类原则

4.1.1 按交通管理地理信息实体的属性或特征分类。

4.1.2 分类具兼容性,与有关标准协调一致。

4.2 编码原则

4.2.1 每一个信息只有一个编码,一个编码也只唯一表示一个信息。

4.2.2 编码留有扩充空间,用户可根据需要自行扩充编码。

5 路段交通管理属性分类与编码

5.1 分类

按路段交通管理属性分为:功能属性、技术等级、所属行政等级、质地、结构、走向、主辅和管理方法。

5.2 代码结构

路段交通管理属性代码由路段代码和8位管理属性代码组成,结构如下,示例参见表A.1。

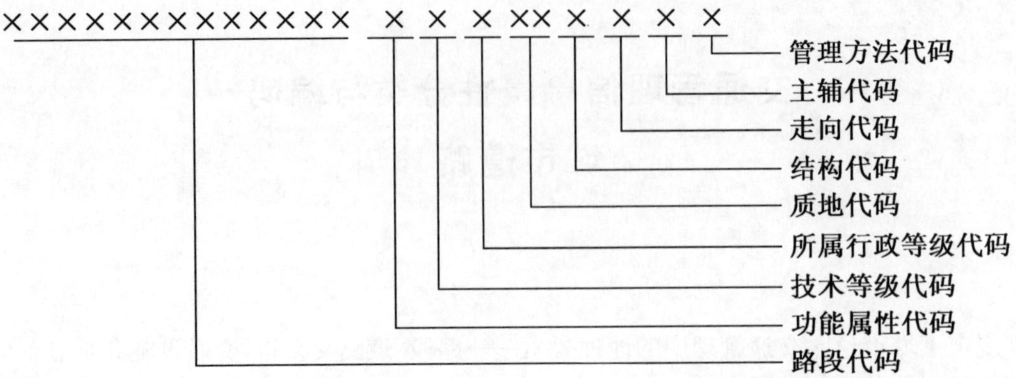

5.3 路段代码

路段代码按 GB/T 21381 的规定。

5.4 路段功能属性代码

路段功能属性分为4类,采用1位数字码表示,见表1。

表1 路段功能属性分类与编码

代 码	名 称	代 码	名 称
1	主干路	3	支路
2	次干路	4	其他道路

5.5 路段技术等级代码

路段技术等级代码按 GB/T 919 规定。

5.6 路段所属行政等级代码

路段所属行政等级代码按 GB/T 919 规定。

5.7 路段质地代码

路段质地代码按 GB/T 920 规定。

在同一路段存在不同质地的情况下,以占大部分路段面积的质地为该路段的路段质地。

5.8 路段结构代码

路段结构分为4类,采用1位数字码表示,见表2。

表2 路段结构分类与编码

代 码	名 称	代 码	名 称
1	一块板	3	三块板
2	二块板	4	四块板

5.9 路段走向代码

路段走向分为4类,采用1位数字码表示,见表3和图1。

表3 路段走向分类编码

代 码	名 称	代 码	名 称
1	东西方向	3	东南西北方向
2	南北方向	4	东北西南方向

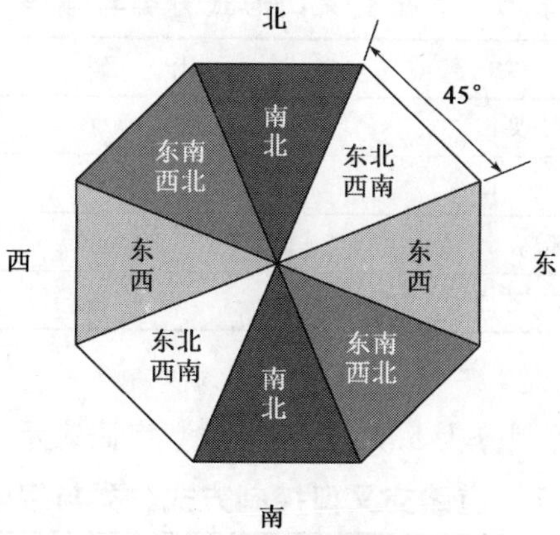

图 1

5.10 路段主辅代码

路段主辅分为两类,采用 1 位数字码表示,见表 4。

表 4 路段主辅分类与编码

代 码	名 称	代 码	名 称
1	区分主辅道	2	不分主辅道

5.11 路段管理方法代码

路段管理方法分为 4 类,采用 1 位数字码表示,见表 5。

表 5 路段管理方法分类编码

代 码	分 类	代 码	分 类
1	标线控制	3	标线、标志混合控制
2	标志控制	4	无标线、标志

6 道路交叉口交通管理属性分类与编码

6.1 分类

按道路交叉口交通管理属性分为:形式、控制方式和信号控制智能度。

6.2 代码结构

道路交叉口交通管理属性代码由道路交叉口代码和 3 位管理属性代码组成,结构如下,示例参见表 A.2。

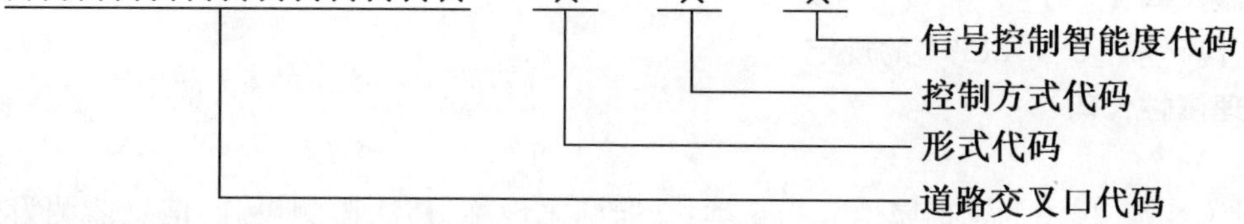

6.3 道路交叉口代码

道路交叉口代码按 GB/T 21381 的规定。

6.4 道路交叉口形式代码

道路交叉口形式分为 7 类,采用 1 位数字码表示,见表 6。

表 6　道路交叉口形式分类与编码

代　码	名　称	代　码	名　称
1	丁字交叉口	5	立体交叉
2	十字交叉口	6	铁路道口
3	环岛	9	其他
4	畸形交叉口		

6.5　道路交叉口控制方式代码

道路交叉口控制方式按物理控制分为 5 类,采用 1 位数字码表示,见表 7。

表 7　道路交叉口控制方式分类与编码

代　码	名　称	代　码	名　称
1	无控制	4	标志标线控制
2	标线控制	5	信号灯控制
3	标志控制		

6.6　道路交叉口信号控制智能度代码

道路交叉口信号控制智能度分为 4 类,采用 1 位数字码表示,见表 8。

表 8　道路交叉口信号控制智能度分类与编码

代　码	名　称	代　码	名　称
1	无灯控	3	干线控制
2	单点控制	4	区域控制

7　交通标志交通管理属性分类与编码

7.1　代码结构

交通标志交通管理属性代码由交通设施代码和 4 位标志管理属性代码组成,结构如下,示例参见表表 A.3 ~ 表 A.7。

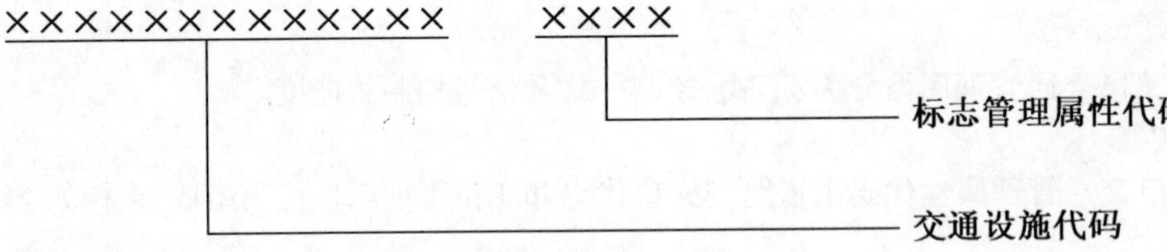

7.2　交通设施代码

交通设施代码按 GB/T 21381 的规定。

7.3　标志管理属性代码

7.3.1　分类

按交通设施特征,标志的管理属性分为 5 类:交通标志设施、违法监测设施、信息监测设施、信息显示设施和信号机。

7.3.2　交通标志设置管理属性代码

7.3.2.1　分类

按交通标志设置交通管理属性分为:功能、设置方式、发光方式和显示变动方式。

7.3.2.2 交通标志功能代码

交通标志按标志的功能分为9类,采用1位数字码表示,见表9。

表9 交通标志功能分类与编码

代码	名称	代码	名称
1	警告标志	6	道路施工安全标志
2	禁令标志	7	辅助标志
3	指示标志	8	组合标志
4	指路标志	9	其他
5	旅游区标志		

7.3.2.3 交通标志设置方式代码

交通标志按设置方式分为6类,采用1位数字码表示,见表10。

表10 交通标志按设置方式分类与编码

代码	名称	代码	名称
1	竖立式标志	4	悬臂式标志
2	悬挂式标志	5	附着式标志
3	门架式标志	6	其他

7.3.2.4 交通标志发光方式代码

交通标志按发光方式分为3类,采用1位数字码表示,见表11。

表11 交通标志按发光方式分类与编码

代码	名称	代码	名称
1	不反光标志	3	其他
2	反光标志		

7.3.2.5 交通标志显示变动方式代码

交通标志按显示变动方式分为两类,采用1位数字码表示,见表12。

表12 交通标志显示按变动方式分类与编码

代码	名称	代码	名称
1	固定标志	2	可变标志

7.3.3 违法监测设施管理属性代码

7.3.3.1 分类

按违法监测设施交通管理属性分为:监测的违法行为、仪器种类、架设方式和通信方式。

7.3.3.2 违法监测设施按监测的违法行为代码

违法监测设施按监测的违法行为分为9类,采用1位数字码表示,见表13。

表13 违章监测设施监测的违法行为分类与编码

代码	名称	代码	名称
1	闯红灯监测设施	6	监测长时间占用紧急停车道的监测设施
2	超速监测设施	7	监测占用公交车道的监测设施
3	进出口监控监测设施	8	超载的监测设施
4	单禁行监测设施	9	其他监测设施
5	监测违法占用非机动车道的监测设施		

7.3.3.3 违法监测设施仪器种类代码

违法监测设施按仪器种类分为8类,采用1位数字码表示,见表14。

表14 违法监测设施仪器种类分类与编码

代码	名称	代码	名称
1	视频	5	超声波
2	激光	6	环行线圈
3	红外	7	组合
4	微波	9	其他

7.3.3.4 违法监测设施架设方式代码

违法监测设施按架设方式分为6类,采用1位数字码表示,见表15。

表15 违法监测设施架设方式分类与编码

代码	名称	代码	名称
1	竖立式	4	悬臂式
2	悬挂式	5	附着式
3	门架式	6	其他

7.3.3.5 违法监测设施通讯方式代码

违法监测设施按照通讯方式分成4类,采用1位数字码表示,见表16。

表16 违法监测设施通讯方式分类与编码

代码	名称	代码	名称
1	有线通信	3	综合
2	无线通信	4	无通信

7.3.4 信息监测设施管理属性代码

7.3.4.1 分类

按信息监测设施交通管理属性分为:监测内容、仪器种类、架设方式和通信方式。

7.3.4.2 信息监测设施的监测内容代码

信息监测设施按信息监测的内容分为8类,采用1位数字码表示,见表17。

表17 信息监测设施监测内容分类与编码

代码	名称	代码	名称
1	监测流量设施	5	监测排队长度设施
2	监测车速设施	6	意外事件监测设施
3	监测牌照设施	7	多种监测内容的监测设施
4	监测车型设施	8	其他监测设施

7.3.4.3 信息监测设施仪器种类代码

信息监测设施按仪器种类分为8类,采用1位数字码表示,见表18。

7.3.4.4 信息监测设施架设方式代码

信息监测设施按架设方式分为7类,采用1位数字码表示,见表19。

表 18 信息监测设施仪器种类分类与编码

代码	名称	代码	名称
1	视频	5	超声波
2	激光	6	环行线圈
3	红外	7	组合
4	微波	9	其他

表 19 信息监测设施架设方式分类与编码

代码	名称	代码	名称
1	竖立式	5	附着式
2	悬挂式	6	埋设式
3	门架式	7	其他
4	悬臂式		

7.3.4.5 信息监测设施通信方式代码

信息监测设施按通讯方式分为4类,采用1位数字码表示,见表20。

表 20 信息监测设施通信方式分类与编码

代码	名称	代码	名称
1	有线通信	3	综合
2	无线通信	4	无通信

7.3.5 信息显示设施管理属性代码

7.3.5.1 分类

按信息显示设施交通管理属性分为:内容、发光方式、安装方式和通讯方式。

7.3.5.2 信息显示设施内容代码

信息显示设施按照内容形式分为3类,采用1位数字码表示,见表21。

表 21 信息显示设施内容分类与编码

代码	名称	代码	名称
1	文字	3	组合
2	图形		

7.3.5.3 信息显示设施发光方式代码

信息显示设施按照发光方式分为3类,采用1位数字码表示,见表22。

表 22 信息显示设施发光方式分类与编码

代码	名称	代码	名称
1	LED	3	其他
2	光纤		

7.3.5.4 信息显示设施安装方式代码

信息显示设施按照安装方式分为5类,采用1位数字码表示,见表23。

表23　信息显示设施安装方式分类与编码

代　码	名　称	代　码	名　称
1	竖立式	4	悬臂式
2	悬挂式	5	附着式
3	门架式		

7.3.5.5　信息显示设施通讯方式代码

信息显示设施按照通讯方式分为4类,采用1位数字码表示,见表24。

表24　信息显示设施通讯方式分类与编码

代　码	名　称	代　码	名　称
1	有线通信	3	综合
2	无线通信	4	无通信

7.3.6　信号机管理属性代码

7.3.6.1　分类

按信号机交通管理属性分为:控制对象、控制方式、通讯方式和控制相位。

7.3.6.2　信号机控制对象代码

信号机按照控制对象分成4类,采用1位数字码表示,见表25。

表25　信号机控制对象分类与编码

代　码	名　称	代　码	名　称
1	控制机动车信号机	3	控制行人信号机
2	控制非机动车信号机	4	混合控制信号机

7.3.6.3　信号机控制方式代码

信号机按照控制方式分成2类,采用1位数字码表示,见表26。

表26　信号机控制方式分类与编码

代　码	名　称	代　码	名　称
1	单点控制机	2	系统控制机

7.3.6.4　信号机通讯方式代码

信号机按照通讯方式分成4类,采用1位数字码表示,见表27。

表27　信号机通讯方式分类与编码

代　码	名　称	代　码	名　称
1	有线通信信号机	3	综合通信信号机
2	无线通信信号机	4	无通信信号机

7.3.6.5　信号机控制相位代码

信号机按照控制相位分成2类,采用1位数字码表示,见表28。

表28　信号机控制相位分类与编码

代　码	名　称	代　码	名　称
1	两相位信号机	2	多相位信号机

8 重点单位交通管理属性分类与编码

8.1 代码结构

重点单位交通管理属性代码由重点单位代码和两位重点单位属性代码组成,结构如下,示例参见表A.8。

```
××××××××××××××    ××
       │           │
       │           └──────────── 重点单位属性代码
       │
       └──────────────────────── 重点单位代码
```

8.2 重点单位代码

重点单位代码按 GB/T 21381 的规定。

8.3 重点单位属性代码

重点单位按其属性分为 21 类,采用两位数字码表示,见表 29。

表 29 重点单位分类与编码

代码	名　　称	说　　明
01	党政机关	中央各级党政机关、民主党派机关;人民解放军、武警部队; 市各级党政机关、民主党派机关; 社会团体(包括各级工会、共青团、妇联、文联、残联、侨联、工商联、红十字会及各类学术团体、协会和宗教团体等); 基层组织(居委会、村委会等); 驻地机构(各外省、市、自治区政府和单位的驻地办事处等); 国家公安部门及所属单位; 市公安局及所属业务局、处、总队、分县局; 基层科、队、所; 社区警务工作站、执法站、巡逻岗亭等; 看押场所(看守所、监狱、劳动教养所、行政拘留所、戒毒所、劳改农场、收容教育所、妇女教养所、少管所等); 各级检察院、法院及其他司法机关
02	企事业单位	国防、军工企事业; 航空航天企事业; 大型厂矿企业; 三资企业(含驻地外商机构及分公司); 一般企事业单位、公司(除三资)
03	新闻机构	广播电台、电视台; 新闻通讯社、报社、杂志、出版社; 影视制作中心、制片厂; 境外驻地新闻机构
04	文化场所	图书馆、档案馆、展览馆、展览中心、博物馆、艺术馆、科技馆、美术馆、纪念馆(堂、祠、碑、坛、故居等)、文物保护单位等; 群众文化场所(文化馆/站、老年活动中心、青少年宫、文化宫、武馆等); 文艺团体(文工团、歌舞团、曲艺团、艺术团等); 宗教场所(教堂、寺、庙、宫、观等)

表29(续)

代码	名　称	说　明
05	医疗卫生	医院(综合医院、专科医院、中医院、门诊部、卫生院/所/站); 急救中心; 卫生防疫中心/站; 整形美容; 疗养院、康复中心; 保健所/站; 药品检验所/室/中心; 动物医院、兽医站; 药店、药房; 其他医疗卫生单位
06	教育单位	大中专院校; 中学;小学; 学前教育(幼儿园、托儿所); 成人教育、职高、技校、艺术学校等; 特殊教育学校; 民办或私立学校; 职业或语言培训学校/中心; 涉外学校(驻地使馆学校、驻地国际学校、中外联合办学学校等)
07	体育场所	体育场馆; 运动俱乐部; 健身房、健身中心; 游泳场; 其他休闲运动场所
08	科研院所	研究院、研究所、设计院
09	外国政府国际组织驻华机构	使馆; 领馆; 其他驻地国际组织、机构
10	金融证券	银行及其分支机构; 证券经纪与交易单位; 信托投资公司; 保险公司及其分支机构; 珠宝店; 涉外金融证券与保险机构
11	商业单位	商场超市(商业广场、商厦、商城、购物中心、百货商店、商场、超市等); 贸易批发市场(综合市场、农贸市场、工业品市场、家具城、建材装饰市场、汽车交易市场、小商品市场、服装批发市场等); 商业网点(专卖店、门市部、销售点、代销点、便利店等点)
12	服务场所	理发、美容美发; 家政服务、职业介绍、人才交流中心、婚介所; 摄影、照相、扩印、图片社; 日用品维修点; 干洗店、洗染店; 旅行社; 交通售票; 其他服务业

表 29(续)

代码	名　称	说　明
13	宾馆饭店	星级宾馆(星级以上的大酒店、宾馆、大饭店等); 一般宾馆(星级以下的宾馆、酒店、饭店、度假村等); 普通旅馆(旅馆、旅店、招待所等); 涉外宾馆饭店
14	餐饮服务	酒店餐馆(不提供住宿的饭店和酒店、酒楼、美食城/宫、餐馆等); 中西式快餐店、料理; 其他餐饮服务场所
15	重要场所	水、电、气、热、邮政、通信等要害部门; 生化厂、炼油厂、煤气站、液化气站、加油站、危险品仓库等重点场所
16	特种行业	刻字印章、废旧金属收购、典当拍卖、小件物品寄存、机动车维修、印刷、旧货交易市场、彩色复印点、旧机动车交易市场、开锁公司等
17	娱乐场所	影剧院(电影院、礼堂、剧院、戏院、音乐厅、杂技场馆等); 俱乐部、夜总会; 洗浴、桑拿、按摩等; 歌舞厅、卡拉 OK 厅、迪厅; 游乐场、电子游艺厅、其他博弈场所; 录像厅、馆; 网吧; 酒吧; 茶馆、咖啡厅等
18	旅游景点	公园(各类公园、动植物园、水族馆等); 文化古迹(遗址、古建筑、陵墓等); 风景区
19	公共交通	长途汽车站、火车站、航空港; 地铁、城铁站; 公共交通汽车、电车站; 货运站; 停车场; 收费站
20	小区楼宇	小区(小区、别墅、花园等); 园区(工业园区、经济开发区、科技园区等); 家属楼、公寓、集体宿舍等; 写字楼、大厦; 平房四合院
21	其他	其他类型的单位

附 录 A
（资料性附录）
编 码 示 例

A.1 路段交通管理属性编码示例参见表 A.1

表 A.1 路段交通管理属性编码示例

代 码	名 称	说 明
1101080101001125101221	北京市海淀区蓝靛厂南路八里庄桥至恩济街东口路段交通管理属性编码	北京市海淀区蓝靛厂南路八里庄桥至恩济街东口路段为快速二级省道，高级路面，一块板，南北走向，不区分主辅道，为标线控制

A.2 道路交叉口交通管理属性编码示例参见表 A.2

表 A.2 道路交叉口交通管理属性编码示例

代 码	名 称	说 明
1101080101006253	北京市海淀区蓝靛厂南路彰化村路交叉口交通管理属性编码	北京市海淀区蓝靛厂南路彰化村路交叉口为十字交叉口，信号灯控制，智能度为区域控制

A.3 交通设施交通管理属性编码示例参见表 A.3～表 A.7

表 A.3 交通标志设置管理属性编码示例

代 码	名 称	说 明
1101080101001A0011121	北京市海淀区蓝靛厂南路八里庄桥至恩济街东口路段上第一个交通标志管理属性编码	北京市海淀区蓝靛厂南路八里庄桥至恩济街东口路段上第一个交通标志为警告标志，竖立式设置，反光标志，显示变动方式为固定式

表 A.4 违法监测设施管理属性编码示例

代 码	名 称	说 明
1101080101001B0011141	北京市海淀区蓝靛厂南路八里庄桥至恩济街东口路段上第一个违法监测设施管理属性编码	北京市海淀区蓝靛厂南路八里庄桥至恩济街东口路段上第一个违法监测设施管理的违法行为为闯红灯，采用视频设备，架设方式为悬臂式，通信方式为有线通信

表 A.5 信息监测设施管理属性编码示例

代 码	名 称	说 明
1101080101001C0021141	北京市海淀区蓝靛厂南路八里庄桥至恩济街东口路段上第二个信息监测设施管理属性编码	北京市海淀区蓝靛厂南路八里庄桥至恩济街东口路段上第二个信息监测设施为监测流量，采用视频设备，架设方式为悬臂式，通讯方式为有线通信

表 A.6 信息显示设施管理属性编码示例

代　码	名　称	说　明
1101080101001D0041141	北京市海淀区蓝靛厂南路八里庄桥至恩济街东口路段上第四个信息显示设施管理属性编码	北京市海淀区蓝靛厂南路八里庄桥至恩济街东口路段上第四个信息显示设施为文字显示,采用LED方式,安装方式为悬臂式,通信方式为有线通信

表 A.7 信号机管理属性编码示例

代　码	名　称	说　明
1101080101001E0014132	北京市海淀区蓝靛厂南路八里庄桥至恩济街东口路段上第一个信号机设施管理属性编码	北京市海淀区蓝靛厂南路八里庄桥至恩济街东口路段上第一个信号机设施控制对象为混合,采用单点控制方式,无通信方式,实行多相位

A.4 重点单位交通管理属性编码示例参见表 A.8

表 A.8 重点单位交通管理属性编码示例

代　码	名　称	说　明
110108010100200218	北京市海淀区蓝靛厂南路恩济街东口至徐庄路东口路段上第二个重点单位管理属性编码	北京市海淀区蓝靛厂南路恩济街东口至徐庄路东口路段上第二个重点单位为旅游景点:玲珑公园

ICS 03.220.20
R 07

中华人民共和国国家标准

GB/T 21381—2008

交通管理地理信息实体标识编码规则 城市道路

Coding rules for entity identification code of traffic management geographical information—City road

2008-02-13 发布 2008-08-01 实施

中华人民共和国国家质量监督检验检疫总局
中国国家标准化管理委员会 发布

目　　次

前　言

本标准的附录 A 为资料性附录。

本标准由全国智能运输系统标准化技术委员会(SAC/TC 268)提出并归口。

本标准起草单位:北京市公安局公安交通管理局交通科研所、北京四通智能交通系统集成有限公司。

本标准主要起草人:隋亚刚、梁玉庆、孔涛、单海辉、关积珍、王义生、计燕翎、杨劲夫。

交通管理地理信息实体标识编码规则
城市道路

1 范围

本标准规定了城市道路交通管理中的地理信息实体编码基本规则、编码基本结构及道路路段、交叉口、道路沿线的交通设施和重点单位等与交通控制管理密切相关的信息实体的编码规则。

本标准适用于全国大、中、小城市在城市交通管理过程中对道路路段、交叉口、道路沿线的交通设施和重点单位等实体的编码及进行标识、信息处理与信息交换。

2 规范性引用文件

下列文件中的条款通过本标准的引用而成为本标准的条款。凡是注日期的引用文件,其随后所有的修改单(不包括勘误的内容)或修订版均不适用于本标准,然而,鼓励根据本标准达成协议的各方研究是否可使用这些文件的最新版本。凡是不注日期的引用文件,其最新版本适用于本标准。

GB/T 2260 中华人民共和国行政区划代码

3 术语和定义

下列术语和定义适用于本标准。

3.1

重点单位 important unit

对交通产生较大影响的单位。

3.2

交通设施 traffic facilities

在道路上用于交通管理、控制、信息监测、违法监测和信息显示等的各种交通设备。

3.3

定位单元 locating unit

能够表明地理空间位置的地理信息实体。

4 编码编制基本规则

4.1 交通管理地理信息实体标识编码采用数字和字母。

4.2 交通管理信息实体编码的定位单元为道路。

4.3 交通管理地理信息实体和其编码之间存在一一对应关系。

5 交通管理地理信息实体标识编码规则

5.1 基本结构

交通管理地理信息实体标识编码由方位代码和信息实体代码组成。

5.2 方位代码

5.2.1 代码结构

方位代码为确定地理位置的定位单元的代码,即道路代码。

方位代码采用10位码,由6位行政区划代码和4位道路顺序代码组成。方位代码结构如下:

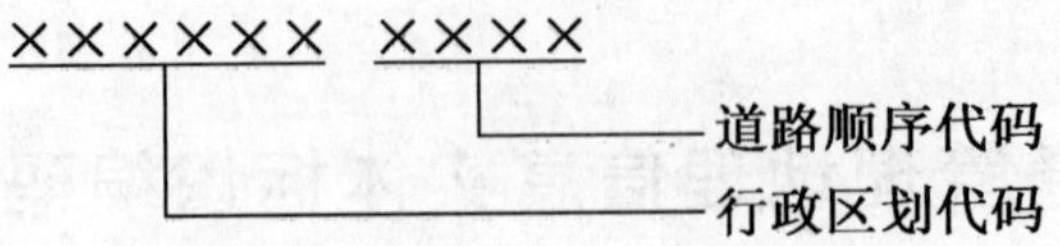

5.2.2　行政区划代码

行政区划代码按 GB/T 2260 表示。

5.2.3　道路顺序代码

5.2.3.1　在本行政区内的道路顺序代码采用 4 位数字表示，按照起点由东向西和由南向北的顺序编号。新修建道路的顺序代码在本行政区内的道路序号之后依次增加。

5.2.3.2　跨越多个行政区的道路的特殊道路，顺序代码采用 1 位字母和 3 位数字组合表示，第一位代码采用字母，不同行政区的同一条道路的顺序代号唯一，且其所在的相同级别的行政区代码用“0”表示，编码示例参见表 A.1。

5.3　信息实体代码

5.3.1　信息实体分类

城市交通管理地理信息实体包括：路段、道路交叉口、交通设施和重点单位等。

5.3.2　路段代码

5.3.2.1　代码结构

路段代码采用 13 位码，由方位代码和路段顺序代码组成。编码示例参见表 A.2。

5.3.2.2　路段顺序代码

路段顺序代码采用 3 位数字码，按同一条道路由起点至终点的路段顺序编码。

5.3.3　道路交叉口代码

5.3.3.1　代码结构

道路交叉口代码采用 13 位码，由方位代码和交叉口顺序代码组成。编码示例参见表 A.3。

5.3.3.2　道路交叉口顺序代码

5.3.3.2.1　道路交叉口顺序代码采用 3 位数字码，按同一条道路由起点至终点的交叉口顺序编号。

5.3.3.2.2　道路交叉口所属方位代码依方位代码的排序进行判定，排序在前的方位代码为道路交叉口所属的方位代码。

5.3.4　交通设施代码

5.3.4.1　代码结构

交通设施代码采用 17 位码，由路段代码、交通设施特征代码和交通设施顺序代码组成。编码示例参见表 A.4。

5.3.4.2　交通设施特征代码

交通设施特征代码采用 1 位字母码，代码见表 1。

表　1

代　码	名　称	代　码	名　称
A	交通标志设置	D	信息显示设施
B	违法监测设施	E	信号机
C	信息监测设施		

5.3.4.3　交通设施顺序代码

交通设施顺序代码采用 3 位数字码，按同一路段由起点至终点的交通设施顺序编码。

5.3.5 重点单位代码

5.3.5.1 代码结构

重点单位编码采用16位码,由路段代码和重点单位顺序代码组成。编码示例参见表A.5。

5.3.5.2 重点单位顺序代码

重点单位顺序代码采用3位数字码,重点单位顺序代码按同一路段由起点至终点的单位顺序编码。

附 录 A
(资料性附录)
编 码 示 例

A.1 特殊道路编码示例参见表 A.1

表 A.1

代　码	名　称
110100A001	北京市二环路长安街沿线

A.2 路段编码示例参见表 A.2

表 A.2

代　码	名　称
1101080101001	北京市海淀区蓝靛厂南路八里庄桥至恩济街东口

A.3 道路交叉口编码示例参见表 A.3

表 A.3

代　码	名　称
1101080101006	北京市海淀区蓝靛厂南路与彰化村路交叉口

A.4 交通设施编码示例参见表 A.4

表 A.4

代　码	名　称
1101080101001A001	北京市海淀区蓝靛厂南路八里庄桥至恩济街东口路段上设置的第一个交通标志
1101080101001B001	北京市海淀区蓝靛厂南路八里庄桥至恩济街东口路段上第一个违法监测设施
1101080101001C003	北京市海淀区蓝靛厂南路八里庄桥至恩济街东口路段上第三个信息监测设施
1101080101001D004	北京市海淀区蓝靛厂南路八里庄桥至恩济街东口路段上第四个信息显示设施
1101080101001E001	北京市海淀区蓝靛厂南路八里庄桥至恩济街东口路段上第一个信号机

A.5 重点单位编码示例参见表 A.5

表 A.5

代　码	名　称
1101080101002002	北京市海淀区蓝靛厂南路恩济街东口至徐庄路东口路段上第二个重点单位(玲珑公园)

ICS 35.100.10
L 79

中华人民共和国国家标准

GB/T 20851.1—2007

电子收费　专用短程通信
第1部分：物理层

Electronic toll collection—Dedicated short range communication—Part 1：Physical layer

2007-03-19 发布　　2007-05-01 实施

中华人民共和国国家质量监督检验检疫总局
中国国家标准化管理委员会　发布

目　　次

前　言

GB/T 20851—2007《电子收费　专用短程通信》分为：

——第1部分：物理层；

——第2部分：数据链路层；

——第3部分：应用层；

——第4部分：设备应用；

——第5部分：物理层主要参数测试方法。

本部分为GB/T 20851—2007的第1部分

本部分由全国智能运输系统标准化技术委员会(SAC/TC 268)提出并归口。

本部分起草单位:交通部公路科学研究院、深圳市金溢科技有限公司。

本部分主要起草人:肖迪、李兴锐、杨蕴、宋向辉、赖展军。

电子收费　专用短程通信
第1部分:物理层

1　范围

本部分规定了用于电子收费(ETC)的专用短程通信(DSRC)物理层的技术要求。

本部分适用于公路电子收费系统,自动车辆识别、车辆出入管理、城市道路收费等领域可参照使用。

2　规范性引用文件

下列文件中的条款通过GB/T 20851的本部分的引用而成为本部分的条款。凡是注日期的引用文件,其随后所有的修改单(不包括勘误的内容)或修订版均不适用于本部分,然而,鼓励根据本部分达成协议的各方研究是否可使用这些文件的最新版本。凡是不注日期的引用文件,其最新版本适用于本部分。

GB/T 9410—1988 移动通信天线通用技术规范

GB/T 13622—1992 无线电管理术语

GB/T 14733.7—1993 电信术语　振荡、信号和相关器件

GB/T 14733.9—1993 电信术语　无线电波传播

GB/T 20839—2007 智能运输系统　通用术语

3　术语和定义

GB/T 9410—1988、GB/T 13622—1992、GB/T 14733.7—1993、GB/T 14733.9—1993 和 GB/T 20839—2007 中确立的以及下列术语和定义适用于本部分。

3.1

唤醒　wakeup

车载单元(OBU)由休眠状态转换为工作状态的过程。

3.2

前导码　preamble

物理层帧信息的前置信号,与链路层无关,可以是调制或者未调制的载波。

3.3

后导码　post-amble

物理层帧信息的后置信号,与链路层无关,可以是调制或者未调制的载波。

4　符号和缩略语

4.1　符号

下列符号适用于本部分。

dBm　表征功率与1 mW的比值,0 dBm = 1 mW

RSUt　路侧单元发射天线

RSUr　路侧单元接收天线

4.2　缩略语

下列缩略语适用于本部分。

ASK　幅移键控(Amplitude Shift Keying)

BER　位误码率(Bit Error Rate)

DSRC　专用短程通信(Dedicated Short Range Communication)

e. i. r. p　等效全向辐射功率(Equivalent Isotropically Radiated Power)

ETC　电子收费(Electronic Toll Collection)

FSK　频移键控(Frequency Shift Keying)

OBU　车载单元(On Board Unit)

RSU　路侧单元(Roadside Unit)

XPD　交叉极化鉴别率(Cross Polarization Discrimination)

5　技术要求

5.1　基本要求

物理层包括上、下行链路的要求。

物理层链路包括 A 和 B 两类要求,A 类主要应满足基本的 ETC 应用,B 类在满足 ETC 应用的基础上,还应满足较高速率数据传输应用。

载波频率、e. i. r. p 和杂散发射的要求应符合有关主管部门规定。

5.2　下行链路

下行链路技术要求见表 1。

表 1　下行链路技术要求

序号	参数		A 类	B 类
1	载波频率	信道 1	5.830 GHz	5.830 GHz
		信道 2	5.840 GHz	5.840 GHz
2	占用带宽		≤5 MHz	≤5 MHz
3	频率容限		$\pm 10 \times 10^{-6}$	$\pm 5 \times 10^{-6}$
4	e. i. r. p		≤ +33 dBm	≤ +33 dBm
5	杂散发射	30 MHz ~ 1 000 MHz	≤ -36 dBm/100 kHz	≤ -36 dBm/100 kHz
		2 400 MHz ~ 2 483.5 MHz	≤ -40 dBm/1 MHz	≤ -40 dBm/1 MHz
		3 400 MHz ~ 3 530 MHz	≤ -40 dBm/1 MHz	≤ -40 dBm/1 MHz
		5 725 MHz ~ 5 850 MHz[a]	≤ -33 dBm/100 kHz	≤ -33 dBm/100 kHz
		其他 1 GHz ~ 20 GHz	≤ -30 dBm/1 MHz	≤ -30 dBm/1 MHz
6	邻道泄漏功率比		-30 dB	-30 dB
7	天线半功率波瓣宽度	水平面	<38°	<38°
		垂直面	<45°	<45°
8	天线极化		右旋圆极化	右旋圆极化
9	XPD	最大增益方向	RSUt≥15 dB	RSUt≥15 dB
		-3 dB 区域	RSUt≥10 dB	RSUt≥10 dB
10	调制方式		ASK	FSK
11	调制系数/调制误差		调制系数:0.5 ~ 0.9	调制误差:-200 kHz ~ +200 kHz
12	频率偏移		—	±512 kHz
13	编码方式		FM0	MANCHESTER

表1(续)

序 号	参 数	A 类	B 类
14	位速率	256kbit/s	1Mbit/s
15	位时钟精度	$\pm100\times10^{-6}$	$\pm20\times10^{-6}$
16	OBU 唤醒方式	15~17 个周期 14kHz 方波[b]	15~17 个周期 14kHz 方波[b]
17	OBU 唤醒时间	<5ms	<5ms
18	OBU 唤醒灵敏度	≤-40dBm	≤-40dBm
19	OBU 接收灵敏度	≤-50dBm	≤-70dBm
20	OBU 接收带宽	5.825GHz~5.845GHz	5.825GHz~5.845GHz
21	BER	10×10^{-6}以内	1×10^{-6}以内
22	前导码	16 位“0”	16 位“0”
23	后导码	最多8位	最多8位

[a] 对应载波2.5倍信道带宽以外。

[b] RSU 强制要求发送该波形;OBU 可选择被该波形唤醒或者被正常通信帧信号唤醒。

5.3 上行链路

上行链路技术要求见表2。

表2 上行链路技术要求

序 号	参 数		A 类	B 类
1	载波频率	信道1	5.790 GHz	5.790 GHz
		信道2	5.800 GHz	5.800 GHz
2	占用带宽		≤5 MHz	≤5 MHz
3	频率容限		$\pm200\times10^{-6}$	$\pm20\times10^{-6}$
4	e.i.r.p		≤+10 dBm	≤+10 dBm
5	杂散发射	30 MHz~1 000 MHz	≤-36 dBm/100 kHz	≤-36 dBm/100 kHz
		2 400 MHz~2 483.5 MHz	≤-40 dBm/1 MHz	≤-40 dBm/1 MHz
		3 400 MHz~3 530 MHz	≤-40 dBm/1 MHz	≤-40 dBm/1 MHz
		5 725 MHz~5 850 MHz[a]	≤-33 dBm/100 kHz	≤-33 dBm/100 kHz
		其他 1 GHz~20 GHz	≤-30 dBm/1 MHz	≤-30 dBm/1 MHz
6	邻道泄漏功率比		30 dB	30 dB
7	天线半功率波瓣宽度		<70°	<70°
8	天线极化		线极化或右旋圆极化	线极化或右旋圆极化
9	XPD	最大增益方向	RSUr≥15 dB	RSUr≥15 dB
		-3 dB 区域	RSUr≥10 dB	RSUr≥10 dB
10	调制方式		ASK	FSK
11	调制系数/调制误差		调制系数:0.5~0.9	调制误差:-200 kHz~+200 kHz
12	频率偏移		—	±512 kHz
13	编码方式		FM0	MANCHESTER
14	位速率		512 kbit/s	1 Mbit/s
15	位时钟精度		$\pm100\times10^{-6}$	$\pm20\times10^{-6}$

表2(续)

序 号	参 数	A 类	B 类
16	RSU接收灵敏度	≤-70 dBm	≤-70 dBm
17	BER	10×10^{-6}以内	1×10^{-6}以内
18	前导码	16位"0"	16位"0"
19	后导码	最多8位	最多8位

[a] 对应载波2.5倍信道带宽以外。

参考文献

[1] 《关于使用5.8 GHz频段频率事宜的通知》.中华人民共和国信息产业部.信部无[2002]277号 2002年7月2日.

ICS 35.100.20
L 79

中华人民共和国国家标准

GB/T 20851.2—2007

电子收费 专用短程通信
第2部分：数据链路层

**Electronic toll collection—Dedicated short range communication—
Part 2: Data link layer**

2007-03-19 发布 2007-05-01 实施

中华人民共和国国家质量监督检验检疫总局
中国国家标准化管理委员会 发布

目　　次

前　言

GB/T 20851—2007《电子收费　专用短程通信》分为：

——第1部分：物理层；

——第2部分：数据链路层；

——第3部分：应用层；

——第4部分：设备应用；

——第5部分：物理层主要参数测试方法。

本部分为GB/T 20851—2007的第2部分

本部分的附录A为资料性附录。

本部分由全国智能运输系统标准化技术委员会(SAC/TC 268)提出并归口。

本部分起草单位:交通部公路科学研究院、深圳市金溢科技有限公司、北京邮电大学。

本部分主要起草人:杨蕴、张北海、刘咏平、陈丙勋、宋向辉、赵荣华。

电子收费 专用短程通信
第2部分:数据链路层

1 范围

本部分规定了电子收费专用短程通信数据链路层的关键参数、通信帧、专用通信链路建立、MAC子层、LLC子层等内容。

本部分适用于公路电子收费系统RSU和OBU间的通信,自动车辆识别、车辆出入管理、城市道路收费等领域可参照使用。

2 规范性引用文件

下列文件中的条款通过GB/T 20851的本部分的引用而成为本部分的条款。凡是注日期的引用文件,其随后所有的修改单(不包括勘误的内容)或修订版均不适用于本部分,然而,鼓励根据本部分达成协议的各方研究是否可使用这些文件的最新版本。凡是不注日期的引用文件,其最新版本适用于本部分。

GB/T 7496—1987 信息处理系统 数据通信 高级数据链路控制规程 帧结构(ISO 3309:1984,IDT)

GB/T 20135—2006 智能运输系统 电子收费 系统框架模型

GB/T 20839—2007 智能运输系统 通用术语

GB/T 20851.1—2007 电子收费 专用短程通信 第1部分:物理层

3 术语、定义

GB/T 20839—2007和GB/T 20851.1—2007中确立的术语和定义适用于本部分。

4 符号和缩略语

4.1 符号

下列符号适用于本部分。

V(RB) 接收成败状态变量

V(RI) 接收序列状态变量

V(SI) 发送序列状态变量

4.2 缩略语

下列缩略语适用于本部分。

ACK 确认(Acknowledge)

ACn 有确认的命令/响应(Acknowledged Command/Response)

BST 信标服务表(Beacon Service Table)

C/R 命令/响应(Command/Response)

F 结束(Final)

FCS 帧校验序列(Frame Check Sequence)

LID 链路标识(Link Identifier)

LLC 逻辑链路控制(Logical Link Control)

LPDU　逻辑链路控制协议数据单元(LLc Protocol Data Unit)

LSDU　逻辑链路控制服务数据单元(LLc Service Data Unit)

LSB　最低有效位(Least Significant Bit)

MSB　最高有效位(Most Significant Bit)

M　修改功能位(Modifier function bit)

MAC　媒体访问控制(Medium Access Control)

OBU　车载单元(On Board Unit)

PDU　协议数据单元(Protocol Data Unit)

P/F　询问/终止(Poll/Final)

R　响应(Response)

RSU　路侧单元(Roadside Unit)

UI　无编号信息(Unnumbered Information)

VST　车辆服务表(Vehicle Service Table)

5　链路层主要参数

链路层主要参数见表1。

表1　链路层主要参数

参　数	参数定义	参数取值
T1	下行链路帧与后面相邻的上行链路帧的最短间隔时间	160μs
T2	上行链路帧与后面相邻下行链路帧的最短间隔时间	32μs
T3	下行链路帧与后面相邻下行链路帧的最短间隔时间	10μs
Tu	时间单位	448μs
N1	专用链路建立请求延时计数器	0~7
N2	第二层帧的最长八位位组数	128
N3	内部传送计数器	—
N4	确认定时器	—
注:本部分对N3、N4的参数取值不做规定。		

6　信息帧

6.1　信息帧格式

数据链路层信息交互应以帧形式进行,帧包含MAC地址、MAC控制域、LPDU(可选)和帧校验几部分。根据LPDU的类型又分为含命令LPDU的帧和含响应LPDU的帧,分别见图1和图2。

不包含LPDU域的帧结构见图3。

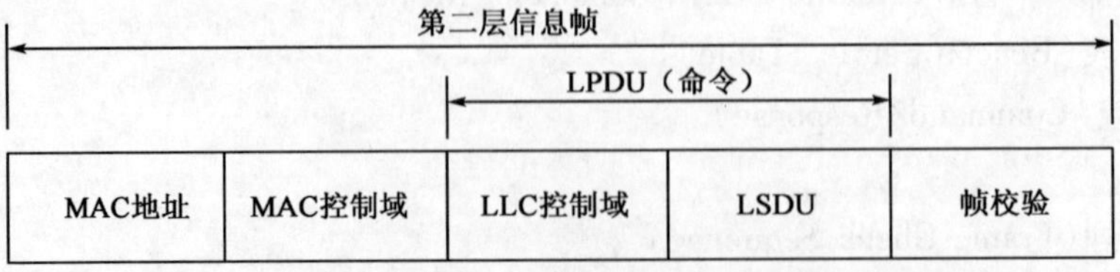

图1　含命令LPDU的信息帧结构

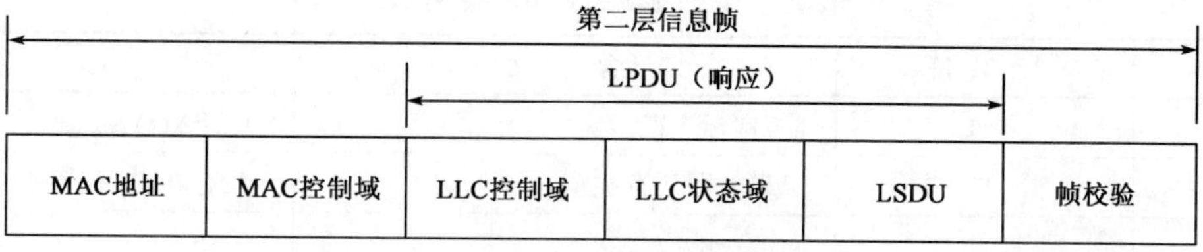

图 2　含响应 LPDU 的信息帧结构

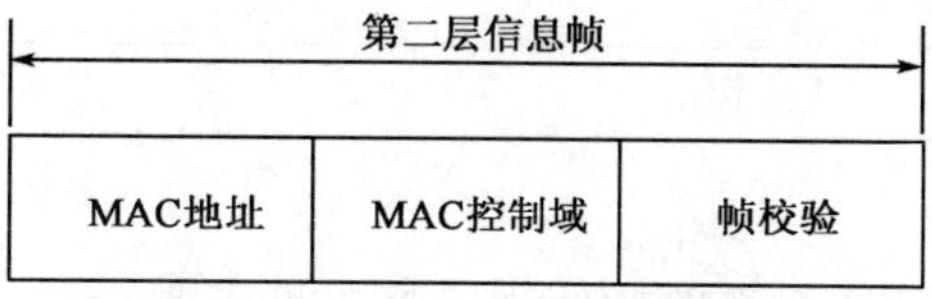

图 3　不包含 LPDU 域的帧结构

6.2　帧封装方式

6.2.1　帧封装格式

信息帧采用同步传输方式，帧封装格式见图 4。

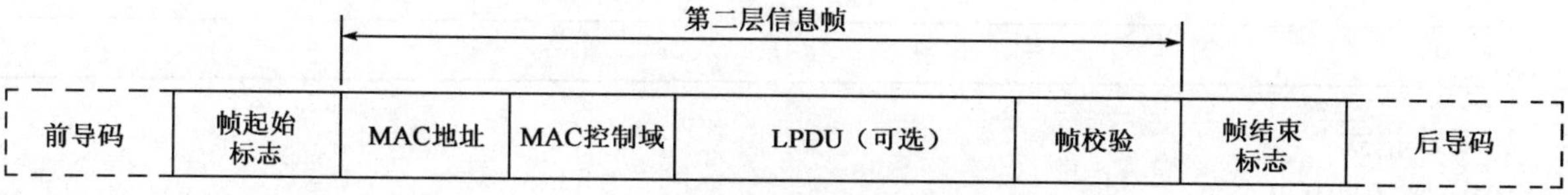

图 4　第二层信息帧封装格式

6.2.2　帧起始标志和帧结束标志

帧起始标志和帧结束标志格式均为二进制序列 0111　1110。

前一帧的帧结束标志不能作为后一帧的帧起始标志。

如果接收端收到多个连续的帧起始标志，则以最后一个作为帧的起始。

6.2.3　前导码和后导码

前导码和后导码的规定见 GB/T 20851.1—2007 的 5.2 和 5.3。

6.2.4　透明传输

帧起始标志和帧结束标志间的信息，不含帧起始标志和帧结束标志，都应进行插 0 处理，过程如下。

发送端连续发送五个“1”后插入一个“0”。

接收端连续收到五个“1”时检查第六个比特。如果第六个比特为“0”，则删除该“0”；如果为“1”，则检查第七个比特。如果第七个比特为“0”，表示起始或者结束标志；如果为“1”，则接收端视该信息帧为无效帧，并舍弃。

6.2.5　MAC 地址

媒体访问地址分为广播 MAC 地址和专用 MAC 地址。广播 MAC 地址用于 RSU 对所有 OBU 的访问；专用 MAC 地址用于对某特定 OBU 的访问。

广播 MAC 地址取值应为 32 位全“1”比特：0xFFFFFFFF；专用 MAC 地址取值应为 32 位非全“1”比特。

6.3　MAC 控制域

6.3.1　下行链路的 MAC 控制域

下行链路的 MAC 控制域由 RSU 发送的帧使用。格式见表 2。

表2　下行链路 MAC 控制域

比特位	标识符	含义	取值
7	D/U	方向标识符	0:下行链路
6	L	LPDU 是否存在	1:存在;0:不存在
5	C/R	命令/响应	0:命令
4	Q	广播信息,只有 MAC 地址为全 1 才有效	0:不寻求建立专用链路; 1:寻求建立专用链路
3-0	—	保留	—

6.3.2 上行链路的 MAC 控制域

上行链路的 MAC 控制域由 OBU 发送的帧使用。格式见表 3。

表3　上行链路 MAC 控制域

比特位	标识符	含义	取值
7	D/U	方向标识符	1:上行链路
6	L	LPDU 是否存在	1:存在;0:不存在
5	C/R	命令/响应	1:响应
4-0	—	保留	—

6.4 LPDU 格式

LPDU 格式见 9.3。

6.5 帧校验序列

帧结束标志前应有 16 比特的 FCS。FCS 的计算范围包括 MAC 地址、MAC 控制域和 LPDU。

FCS 应符合 GB/T 7496—1987 中定义的 16 比特帧校验序列。生成多项式为 $X^{16}+X^{12}+X^{5}+1$,使用的初始值是 0xFFFF。

6.6 比特顺序

帧起始标志、帧结束标志、MAC 地址、MAC 控制域和 LPDU 应先传送 LSB。FCS 应从 MSB 开始传送。

7 专用通信链路建立与撤销

7.1 专用通信链路建立

RSU 与 OBU 之间的通信支持广播和点对点两种方式。

广播方式下,RSU 与 OBU 之间不需要建立专用通信链路,以广播 MAC 地址作为链路标识,所有 OBU 都能接收 RSU 发出的信息。

点对点方式下,RSU 与 OBU 之间需建立专用通信链路,该链路以专用 MAC 地址作为唯一标识。专用链路的建立过程如下:

a) RSU 周期性广播 Q 为 1 的特定信息;
b) 通信区域内 OBU 收到该信息后,随机延时 N1 个时间单位 Tu;
c) OBU 发送包括其 MAC 地址的信息到 RSU;
d) RSU 确认收到合法帧后,登记对应的 OBU MAC 地址,并以该 MAC 地址与对应的 OBU 通信;
e) OBU 收到带本 OBU MAC 地址的下行链路帧后,专用链路建立成功。

7.2 专用通信链路撤销

专用通信链路的撤销以及 RSU 对 OBU MAC 地址的注销,由 RSU 逻辑自行确定。

8 MAC 子层

8.1 MAC 服务原语

MAC 子层面向 LLC 子层提供以下服务原语：

a) MAC. request：LLC 子层发送给 MAC 子层，请求发送一个 LPDU；

b) MAC. indication：MAC 子层发送到 LLC 子层，指示成功收到一个 LPDU。

RSU 与 OBU 中的 MAC 子层服务原语分别为 B-MAC 原语与 M-MAC 原语，见表 4。

表 4 MAC 服务原语

服务原语	条目	描述
B-MAC. request	原型	B-MAC. request(MAC 地址，LPDU)
	功能	LLC 子层发送到 MAC 子层，请求发送一个 LPDU 给 OBU
	参数	MAC 地址：要发送给 OBU 的 MAC 地址，它可以是专用 MAC 地址、广播 MAC 地址； LPDU：链路协议数据单元
B-MAC. indication	原型	B-MAC. indication(MAC 地址，LPDU)
	功能	MAC 子层发送到 LLC 子层，指示成功接收到一个有效帧
	参数	MAC 地址：接收到的帧中 MAC 地址域的内容； LPDU：链路协议数据单元
M-MAC. request	原型	M-MAC. request(MAC 地址，LPDU)
	功能	LLC 子层发送到 MAC 子层以请求发送一个 LPDU 给 RSU
	参数	MAC 地址：OBU 的专用 MAC 地址； LPDU：链路协议数据单元
M-MAC. indication	原型	M-MAC. indication(MAC 地址，LPDU)
	功能	MAC 子层发送到 LLC 子层，指示成功接收到一个有效帧
	参数	MAC 地址：是接收到的帧中 MAC 地址域的内容； LPDU：链路协议数据单元

8.2 MAC 服务描述

8.2.1 RSU MAC 服务

8.2.1.1 专用链路建立

RSU 广播 Q 等于 1 的特定 BST 信息，OBU 以专用 MAC 地址响应该 BST 信息。

RSU 确认收到合法帧后，登记 OBU 的 MAC 地址，并采用该 MAC 地址与 OBU 通信；OBU 端的处理过程见 8.2.2.1。

8.2.1.2 帧接收

8.2.1.2.1 检测帧的有效性

MAC 子层应检查所有接收到的帧的有效性，依据条件如下：

a) 帧起始标志和帧结束标志符合 6.2.2 的规定；

b) 去掉为保持透明性而插入的 0 比特后，该帧包含的比特数应为 8 的整数倍，且不多于 N2 个八位位组；

c) 包含一个有效的专用 MAC 地址，如果已经建立专用链路，则此 MAC 地址应与专用链路的 MAC 地址相符；

d) 包含一个符合要求的 MAC 控制域；

e) 包含一个有效的 FCS。

8.2.1.2.2　信息接收

如果接收到的有效帧的 L 比特为 1,表明该帧包含一个 LPDU。从帧中提取 LPDU 和 MAC 地址域的内容,以 B-MAC. indication 形式传送给 LLC 子层。

如果接收到的有效帧的 L 比特为 0,表明该帧不包含 LPDU。

8.2.1.3　帧发送

RSU MAC 接收 LLC 提供的 LPDU,并根据帧格式构建一个帧,MAC 控制域的 L 比特应置 1,D 比特应置 0,如果为广播信息则根据是否要寻求建立专用链路设置 Q。然后将该帧传送给低层。

8.2.2　OBU MAC 服务

8.2.2.1　专用链路建立

OBU 接收到发自广播 MAC 地址且 Q 等于 1 的广播后,以专用 MAC 地址向 RSU 发送信息。

OBU 收到第一个与自身 MAC 地址相符的下行帧后表示专用链路建立。

8.2.2.2　帧接收

8.2.2.2.1　检测帧的有效性

MAC 子层应检查所有接收到的帧的有效性:

a）帧起始标志和帧结束标志符合 6.2.2 的规定;

b）去掉为保持透明性而插入的 0 比特后,该帧包含的比特数应为 8 的整数倍,且不多于 N2 个八位位组;

c）包含一个有效地址域指示合法 MAC 地址;

d）包含一个符合要求的 MAC 控制域;

e）包含一个有效的 FCS。

8.2.2.2.2　信息接收

如果接收到的有效帧的 L 比特为 1,表明该帧包含一个 LPDU。从帧中提取 LPDU 和 MAC 地址域的内容,以 M-MAC. indication 形式传送给 LLC 子层。

8.2.2.3　帧发送

OBU MAC 接收 LLC 提供的 LPDU,并根据帧格式构建一个帧,MAC 控制域的 L 比特和 D 比特应置 1。然后将该帧传送给低层。

9　LLC 子层

9.1　总则

LLC 产生用于传输的命令 PDU 和响应 PDU,并解释接收的命令 PDU 和响应 PDU。LLC 规定的功能包括:

a）控制信息的初始化;

b）组织数据流;

c）解释接收到的命令 PDU 并生成适当的响应 PDU;

d）LLC 子层的差错控制与差错恢复。

LLC 子层规定对等实体间信息和控制传输的协议进程,其逻辑链路控制操作包括两种类型。

类型 1 操作规定一个具有最小协议复杂度的不确认无连接方式的服务。在上层提供了基本数据恢复和顺序功能时使用此类型操作。

类型 3 操作规定一个确认无连接方式的数据单元交换服务,它允许一个站点在传送数据的同时又请求回传数据。

9.2　LLC 子层服务规范

9.2.1　总则

LLC 子层规定 LLC 子层用户对 LLC 子层所要求的服务,这些服务使 LLC 子层用户可利用 LLC 子层进行数据包交换。

LLC 子层提供两种服务方式:不确认无连接方式和确认无连接方式。

不确认无连接方式:该数据传输服务提供一组方法,使数据链路用户实体可采取不确认的方式交换 LSDU,而无需在数据链路层上建立连接。该数据传输可以是点对点、组播或广播。

确认无连接方式:该数据单元交换服务提供一组方法,使数据链路用户实体可以在不建立数据链路连接的情况下交换 LSDU,并在 LLC 子层进行确认。该数据交换是点对点的。

9.2.2 交互过程概述

9.2.2.1 不确认无连接方式服务

与不确认无连接方式数据传送有关的原语是:

DL-UNITDATA. request

DL-UNITDATA. indication

DL-UNITDATA. request 从 LLC 子层用户传递给 LLC 子层,请求使用不确认无连接方式发送一个 LSDU。

DL-UNITDATA. indication 从 LLC 子层传递给 LLC 子层用户,指示一个 LSDU 的到达。

9.2.2.2 确认无连接方式服务

9.2.2.2.1 确认无连接方式数据传送

与确认无连接方式数据单元传送服务相关的原语是:

DL-DATA-ACK. request

DL-DATA-ACK. indication

DL-DATA-ACK_STATUS. indication

DL-DATA-ACK. request 从 LLC 子层用户传递给 LLC 子层,请求使用确认无连接方式数据单元传送过程发送一个 LSDU。

DL-DATA-ACK. indication 从 LLC 子层传递给 LLC 子层用户,指示一个命令 PDU 的到达,该 PDU 仅被用作再同步时除外。

DL-DATA-ACK-STATUS. indication 从 LLC 子层传递给 LLC 子层用户,传达之前与其对应的 DL-DATA-ACK. request 的执行结果。

9.2.2.2.2 确认无连接方式数据交换

与确认无连接方式数据单元交换服务相关的原语是:

DL-REPLY. request

DL-REPLY. indication

DL-REPLY-STATUS. indication

DL-REPLY. request 从 LLC 子层用户传递给 LLC 子层,请求使用确认无连接方式数据单元交换过程从一个远端站点返回一个 LSDU 或在站点之间交换 LSDU。

DL-REPLY. indication 从 LLC 子层传递给 LLC 子层用户,指示一个命令 PDU 的到达。

DL-REPLY-STATUS. indication 从 LLC 子层传递给 LLC 子层用户,传达之前与其对应的 DL-REPLY. request 的执行结果。

9.2.2.2.3 确认无连接方式待传数据更新

与确认无连接方式待传数据更新服务相关的原语是:

DL-REPLY-UPDATE. request

DL-REPLY-UPDATE-STATUS. indication

DL-REPLY-UPDATE. request 从 LLC 子层用户传递给 LLC 子层,请求 LLC 子层保存一个 LSDU,并且在稍后其他站点请求 LSDU 时发送。

DL-REPLY-UPDATE-STATUS. indication 从 LLC 子层传递给 LLC 子层用户,传达之前与其对应的

DL-REPLY-UPDATE. request 的执行结果。

9.2.3 详细服务规范

9.2.3.1 总则

详细服务规范详细规定 LLC 的服务原语及其参数,显示 LLC 与上层协议层间信息传送关系的逻辑序列图见图 5。

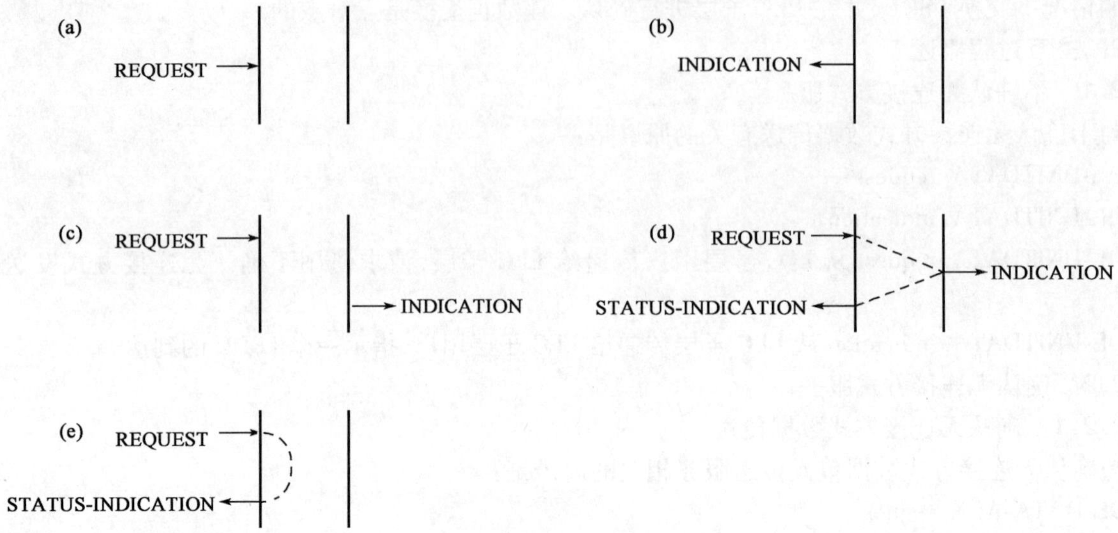

图 5 逻辑序列图

9.2.3.2 DL-UNITDATA. request

不确认无连接方式数据传送服务的服务请求原语。

OBU 的 DL-UNITDATA. request 应提供如下参数:

DL-UNITDATA. request (
LID,
data
)

LID 应指定一个专用 MAC 地址。

RSU 的 DL-UNITDATA. request 应提供如下参数:

DL-UNITDATA. request (
LID,
data,
response request
)

LID 可以指定一个专用或广播 MAC 地址。

"response request"表示是否要求 OBU 立即响应,若要求立即响应,则 RSU 随后等待应答。"response request"参数被直接传递给 MAC 子层。MAC 子层根据"response request"参数设置 Q 比特。

该原语从 LLC 子层用户传递给 LLC 子层,请求采用不确认无连接方式发送一个 LSDU。

9.2.3.3 DL-UNITDATA. indication

不确认无连接方式数据传送服务的服务指示原语。

该原语应提供如下参数:

DL-UNITDATA. indication (
LID,

data

)

LID 在 OBU 端应指定专用 MAC 地址,在 RSU 端可指定专用 MAC 地址或广播 MAC 地址。

该原语从 LLC 子层传递到 LLC 子层用户,指示一个 LSDU 的到达。

9.2.3.4 DL-DATA-ACK. request

确认无连接方式数据传送服务的服务请求原语。

该原语应提供如下参数:

DL-DATA-ACK. request (

LID,

data

)

LID 应指定专用 MAC 地址。

该原语从 LLC 子层用户传递到 LLC 子层,请求使用确认无连接方式传送一个 LSDU。

9.2.3.5 DL-DATA-ACK. indication

确认无连接方式数据传送服务的服务指示原语。

该原语应提供如下参数:

DL-DATA-ACK. indication (

LID,

data

)

LID 应指定一个专用 MAC 地址。

该原语从 LLC 子层传递给 LLC 子层用户,用来指示一个非空、非重复 LSDU 的到达。

9.2.3.6 DL-DATA-ACK-STATUS. indication

确认无连接方式数据传送服务的服务状态指示原语。

该原语应提供如下参数:

DL-DATA-ACK-STATUS. indication (

LID,

status

)

LID 应指定专用 MAC 地址。

“status”指示之前与其对应的数据传送服务请求成功还是失败。

该原语从 LLC 子层传递给 LLC 子层用户,指示之前与其对应的确认无连接方式数据单元传送服务请求成功还是失败。

9.2.3.7 DL-REPLY. request

确认无连接方式数据交换服务的服务请求原语。

该原语应提供如下参数:

DL-REPLY. request (

LID,

data

)

LID 应指定专用 MAC 地址。

该原语从 LLC 子层用户传递给 LLC 子层,请求使用确认无连接方式数据交换过程向远端站点请求预先准备好的 LSDU,或与远端站点交换 LSDU。

9.2.3.8 DL-REPLY. indication

确认无连接方式数据交换服务的服务指示原语。

该原语应提供如下参数：

DL-REPLY. indication (
LID,
data
)

LID 应指定专用 MAC 地址。

该原语从 LLC 子层传递给 LLC 子层用户，指示成功的从远端站点接收到一个对 LSDU 的请求，或指示其与远端站点 LSDU 的交换。

向请求站点传送预先准备好的 LSDU 不应破坏该 LSDU 的原始拷贝。后续任何站点发来的数据请求都会以相同的 LSDU 作为响应，直到使用 DL-REPLY-UPDATE. request 用新的信息替换该 LSDU。

9.2.3.9 DL-REPLY-STATUS. indication

确认无连接方式数据交换服务的服务状态指示原语。

该原语应提供如下参数：

DL-REPLY-STATUS. indication (
LID,
data,
status
)

LID 应指定专用 MAC 地址。

"status"指示之前与其对应的确认无连接方式数据交换请求是成功还是失败。

该原语从 LLC 子层传递给 LLC 子层用户，指示之前与其对应的确认无连接方式数据交换请求是成功还是失败，并将 LSDU 传递给 LLC 子层用户。

9.2.3.10 DL-REPLY-UPDATE. request

应答数据单元准备服务的服务请求原语。

该原语应提供如下参数：

DL-REPLY-UPDATE. request (
LID,
data
)

LID 应指定专用 MAC 地址。

该原语从 LLC 子层用户传递给 LLC 子层，请求 LLC 子层保存一个 LSDU，用于稍后的传送请求。

9.2.3.11 DL-REPLY-UPDATE-STATUS. indication

应答数据单元准备服务的服务确认原语。

该原语应提供如下参数：

DL-REPLY-STATUS. indication (
LID
status
)

LID 应指定专用 MAC 地址。

"status"指示先前相关的应答数据单元准备请求是成功还是失败。

该原语由 LLC 子层传递给 LLC 子层用户，指示之前与其对应的数据单元准备请求是成功还是失败。

9.3 LPDU 结构

9.3.1 LPDU 格式

LPDU 格式见图 6。

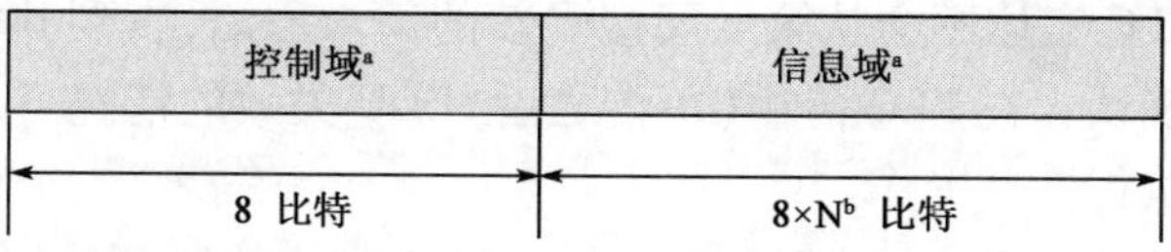

a 控制域见9.3.2.3。

b N为八位位组的个数，是一个大于或等于0的整数。

图6 LPDU 格式

9.3.2 LPDU 元素

9.3.2.1 地址域

LLC 子层和 MAC 子层使用相同的 MAC 地址。

下行链路中的 LID 应指示 LLC 的信息域将要发往的一个或多个目的站点。上行链路中的 LID 应指示发出 LLC 信息域的源站点。

MAC 地址域的格式见 6.2.5。

9.3.2.2 C/R 比特

C/R 比特位于 MAC 控制域的第四比特。如果该比特为 0,表明该 LPDU 是一个命令;如果该比特为 1,表明该 LPDU 是一个响应。

9.3.2.3 LLC 控制域

LLC 控制域应由一个八位位组构成,用来详细定义命令和响应的功能。LLC 控制域的内容见 9.5。

9.3.2.4 信息域

信息域应由若干个(包括 0)八位位组构成。

9.3.2.5 比特顺序

MAC 子层在发送/接收响应和命令时应从 LSB 开始。信息域在传递给 MAC 子层时的比特顺序应与其从第七层接收到的比特顺序相同;信息域在传递给第七层时的比特顺序也应和从 MAC 子层接收到的比特顺序相同。

9.3.2.6 无效 LPDU

当符合下列情况之一时,LPDU 应定为无效。

a)已被 MAC 子层识别出为无效;

b)长度不是整数个八位位组;

c)长度为 0(没有控制域);

d)没有包含有效的命令或响应控制域;

e)包含类型 3 的命令或响应控制域,但 LID 是广播 MAC 地址;

f)包含类型 3 的响应控制域,但在其信息域中没有 ACn 响应状态子域。

9.4 LLC 规定的两类操作

9.4.1 类型 1 操作

通过类型 1 操作,无需建立数据链路连接,就能在 LLC 实体间交换 PDU。在 LLC 子层 PDU 无需被确认,也不应有任何的流控制和差错恢复功能。

9.4.2 类型 3 操作

通过类型 3 操作,无需建立数据链路连接,就能在 LLC 实体间交换 PDU。在 LLC 子层 PDU 都应被确认。确认功能是通过从目的 LLC 返回给源 LLC 一个包含在独立 PDU 中的特定响应来完成的,该 PDU 包含状态信息并且可以包含或不包含用户信息。

在正常的操作中,每一个类型 3 操作的命令 PDU 都应收到一个确认 PDU。源 LLC 出于恢复目的可能会重传一个类型 3 的命令 PDU,但是对于同一个 MAC 地址,LLC 在等待先前的 PDU 的确认时不会传输一个新的类型 3 PDU。LLC 实体不会从第七层接受新的请求原语,直到其收到目的 LLC 实体对先前的"请求"原语的 LPDU 的确认。在 LLC 传输(重传之后)PDU 失败的情况下,这种约束使上层能在重新开始正常的数据传输之前执行恢复操作。

LLC 控制域代码交变机制为连续的 PDU 提供了一个 1 比特的序列号,使接收到命令 PDU 的 LLC 能区分该 PDU 是一个新的 PDU 还是先前接收到的 PDU 的副本。此外,接收确认 PDU 的 LLC 可以确信该确认信息是针对最近一次发送的 PDU 的。超时的确认信息应被忽略。

类型 3 操作定义了状态信息,该信息应由参与信息交换的站点进行维护。每个站点必须维护一个 1 比特序列码用于发送,一个 1 比特序列码用于接收。

类型 3 操作只用于点对点通信。

9.5 LLC 程序元素

9.5.1 控制域格式

控制域格式见图 7。

7	6	5	4	3	2	1	0
M	M	M	P/F	M	M	1	1

图 7 LPDU 控制域

PDU 提供数据链路控制功能和信息传送。

PDU 应该包含一个依照 9.6.2 设定的 P/F 比特。

9.5.2 控制域参数

9.5.2.1 类型 3 操作参数

9.5.2.1.1 V(SI)

发送类型 3 命令时,LLC 应维护一个 V(SI)。该变量被置成所收到的最后一个类型 3 响应 PDU 的控制域代码第八比特的值。V(SI)变量使 LLC 能确认其收到的确认对应于当前"尚未完成"的信息传输,同时使接收方能检测到重复的帧。

V(SI)应在建立一个新的 LID 时创建。

9.5.2.1.2 V(RI)

发送类型 3 命令时,LLC 应维护一个 V(RI)。该变量包含的值与收到的最后一个类型 3 命令的 AC0 或 AC1 控制域代码第八比特相反。V(RI)使 LLC 可以区分所收到的类型 3 命令 PDU 是首次接收到,还是一个先前已收到的 PDU 的重传。

V(RI) 应在建立一个新的 LID 时创建。

9.5.2.1.3 V(RB)

发送类型 3 命令时,LLC 应维护一个 V(RB)。V(RB)指示最后收到的类型 3 命令接收是成功还是失败。V(RB)确保对重复接收到的命令 PDU 的响应和对原始命令 PDU 的响应包含相同的接收状态。如果先前一次接收失败而最近一次接收成功,接收成败状态变量 V(RB)应被改变。

9.5.3 命令和响应

9.5.3.1 概述

9.5.3.2 和 9.5.3.3 分别说明了类型 1 和类型 3 操作的每一种有效的控制域设置所对应的命令和响应集。MAC 控制域中的第四比特 C/R 比特用于区分命令和响应。类型 1 和类型 3 操作的命令和响应见表 5。

表 5　类型 1 和类型 3 操作的命令和响应

命　令	响　应
UI 无编号信息	—
ACn,n = 0 - 有确认无连接信息　序列 0	ACn,n = 0 - 有确认无连接确认　序列 0
ACn,n = 1 - 有确认无连接信息　序列 1	ACn,n = 1 - 有确认无连接确认　序列 1

9.5.3.2　类型 1 操作命令

类型 1 操作命令 PDU 的 LLC 控制域见图 8。

7 (MSB)	6	5	4	3	2	1	0 (LSB)	
0	0	0	P	0	0	1	1	UI命令

图 8　类型 1 操作命令控制域比特分配

下行链路中,UI 命令 PDU 用于发送信息给一个或多个 OBU。上行链路中,UI 命令 PDU 用于向一个 RSU 发送信息。

UI 命令 PDU 可以在目的 LLC 和源 LLC 之间没有预先建立数据链路连接的情况下使用。对于 UI 命令 PDU,不存在 LLC 响应 PDU。

传送命令 PDU 的过程中,如果出现数据链路异常,包含在该 UI 命令 PDU 中的数据可能丢失。

9.5.3.3　类型 3 操作命令和响应

9.5.3.3.1　总则

类型 3 操作命令和响应 PDU 的 LLC 控制域见图 9。

7 (MSB)	6	5	4	3	2	1	0 (LSB)	
0	1	1	P	0	1	1	1	ACn命令，n=0
1	1	1	P	0	1	1	1	ACn命令，n=1
0	1	1	F	0	1	1	1	ACn响应，n=0
1	1	1	F	0	1	1	1	ACn命令，n=1

图 9　类型 3 操作命令和响应的控制域

9.5.3.3.2　ACn 命令

在类型 3 操作中,ACn 命令 PDU 可在没有预先建立数据链路连接的情况下用来发送或请求信息。ACn 命令 PDU 的使用不要求目的和源之间存在数据链路连接。接收到一个 ACn 命令 PDU 后应尽早以 ACn 响应 PDU 进行确认。ACn 命令应使用专用 MAC 地址。ACn 命令 PDU 的信息域可以为空或非空。若为非空,应包含一个 LSDU。

9.5.3.3.3　ACn 响应

在类型 3 操作中,使用 ACn 响应 PDU 应答一个 ACn 命令 PDU。ACn 响应 PDU 应发送给源 LLC,并标识出进行应答的 LLC。ACn 响应 PDU 的信息域应包含一个状态子域(见 9.5.3.4)。

根据 P/F 比特状态和 LSDU 是否为空,ACn 命令 PDU 实现的功能见表 6。

表 6　ACn 命令 PDU 功能表

P	LSDU	功　能
0	空	再同步
0	非空	发送数据

表6(续)

P	LSDU	功　能
1	空	请求数据
1	非空	交换数据

ACn 响应 PDU 实现的功能见表7。

表7　ACn 响应 PDU 功能表

F	LSDU	功　能
0	空	再同步的确认或对接收到数据的确认
0	非空	不允许
1	空	确认,请求的数据无法获得
1	非空	确认,携带了被请求的数据

9.5.3.4　类型3操作的响应信息域

每个 ACn 响应 PDU 的信息域应包含一个状态子域,信息域的其他部分可以为空或非空。如果非空,则必须包含一个 LSDU。ACn 响应信息域格式见图10。

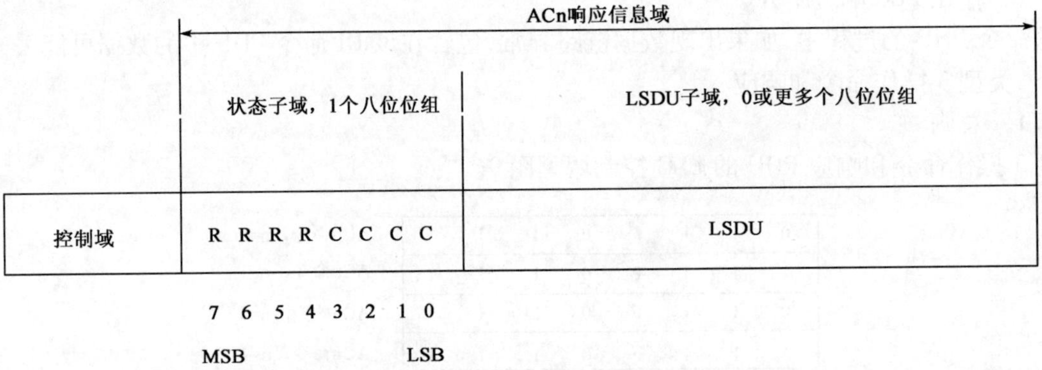

图10　ACn 响应 PDU 信息域

状态子域中 CCCC 部分的返回码,指示了命令 PDU 信息传送的成功或失败,CCCC 的可取值见表8。

表8　ACn 响应状态子域 CCCC 的值

CCCC	助记符	类　型	描　述
0000	OK	成功	收到命令
0001	RS	永久错误	不可执行或未激活的服务
0101	UE	永久错误	LLC 用户接口错误
0110	PE	永久错误	协议错误
0111	IP	永久错误	永久的执行依赖性错误
1001	UN	暂时错误	源暂时不可用
1111	T	暂时错误	暂时的执行依赖性错误
注:所有其他 CCCC 的代码值被保留。			

状态子域中 RRRR 部分返回的代码指示了响应 PDU 信息传送的成功或失败，RRRR 的可取值见表 9。

表 9　ACn 响应状态子域中 RRRR 的值

RRRR	助记符	类型	描述
0000	OK	成功	响应 LSDU 被提交
0001	RS	永久错误	不可执行或未激活的服务
0011	NE	永久错误	没有提交响应 LSDU
0100	NR	成功	没有请求响应 LSDU
0101	UE	永久错误	LLC 用户接口错误
0111	IP	永久错误	永久的执行依赖性错误
1001	UN	暂时错误	源暂时不可用
1111	IT	暂时错误	暂时的执行依赖性错误
注：所有其他 RRRR 的代码值被保留。			

如果响应 PDU 中的 F 比特为 0，则 RRRR 子域应置成“NR”。

9.6　LLC 过程描述

9.6.1　寻址过程

9.6.1.1　类型 1 操作过程

上行链路支持专用 MAC 地址。下行链路支持专用和广播 MAC 地址。

9.6.1.2　类型 3 操作过程

LID 应是专用 MAC 地址。

9.6.2　P/F 比特的使用过程

9.6.2.1　类型 1 操作过程

所有 UI 命令 PDU 发送时 P 比特置 0。

9.6.2.2　类型 3 操作过程

如果一个命令 PDU 没有请求目的 LLC 在对其的确认中返回一个 LSDU，源 LLC 将该 ACn 命令 PDU 的 P 比特置 0。

如果一个命令 PDU 请求目的 LLC 在对其的确认中返回一个 LSDU，源 LLC 将该 ACn 命令 PDU 的 P 比特置 1。如果只希望数据从目的 LLC 传递给源 LLC，可将命令 PDU 的信息域置空。

当发送一个 ACn 响应 PDU 时，目的 LLC 把 F 比特置为与接收到的 ACn 命令 PDU 中的 P 比特相同的值，并且只有当 F 比特为 1 时，该 PDU 才包含一个非空的 LSDU 子域。

9.6.3　链路建立过程

V(SI)、V(RI)和 V(RB)应当在与其相关联的链路建立(撤销)时建立(撤销)。V(SI)创建时的初值应设置为“0”。

9.6.4　信息传送过程

9.6.4.1　类型 1 操作过程

信息的传送应通过发送 P 比特设置为“0”的 UI 命令 PDU 实现。

MAC 控制域中的 C/R 比特用于标识出 PDU 中是否包含一个命令。第二层的 LLC 过程无需对接收到的 UI 命令 PDU 进行确认。

9.6.4.2 类型3操作过程

9.6.4.2.1 发送 ACn 命令

从源 LLC 到响应 LLC 的信息传输应通过发送 ACn 命令实现。发送 LLC 可以在任何时刻向任何接收 LLC 发送 ACn 命令 PDU,只要此发送 LLC 当前没有在等待来自该接收 LLC 的 ACn 响应 PDU。

当从数据链路层用户接收到一个 DL-DATA-ACK. request 时,LLC 将发送一个包含 LSDU 的 ACn 命令 PDU,其 P 比特设置为“0”。

当从数据链路层用户接收到一个 DL-REPLY. request 时,LLC 将发送一个包含 LSDU 的 ACn 命令 PDU,其 P 比特设置为“1”。

当构造 ACn 命令 PDU 时,V(SI)的值被用来确定 PDU 的 LLC 控制域代码。当 V(SI)值为“0”时,LLC 控制域代码将为 ACn,n 等于 0;当 V(SI)值为“1”时,LLC 控制域代码将为 ACn,n 等于 1。

LLC 发送一个命令 PDU 时,将为该传送启动一个确认定时器,同时将一个内部传送计数变量加 1。如果在该确认定时器超时之前没有收到 ACn 响应 PDU,则发送 LLC 将会重新传送该命令,并将内部传送计数变量加 1,复位并重新启动确认定时器。

如果仍没有收到响应 PDU,重新发送过程将反复执行,直到内部传送计数变量的值等于逻辑链路参数 N3,此时失败状态将被报告给数据链路层用户。

9.6.4.2.2 接收 ACn 命令

9.6.4.2.2.1 收到 ACn 命令 PDU 时的比较

当接收到一个 ACn 命令 PDU,LLC 将对 V(RI)与接收到的 LPDU 的 LLC 控制域代码第八比特进行比较。

如果比较的结果是相等,那么认为所接收到的 PDU 是非重发 PDU;否则认为所接收到的 PDU 是最近一次接收到的 ACn 命令 PDU 的一个重发副本。

9.6.4.2.2.2 非重发的 ACn 命令

如果接收到的 LPDU 有效、非空且 P 比特为 0,那么此 LSDU 将由 DL-DATA-ACK. indication 原语传递给数据链路层用户。

如果 P 比特为 1,所请求的应答 LSDU 可得,并且接收到的 LSDU 非空,则所接收到的 LSDU 将在 DL-REPLY. indication 原语中传递给数据链路层用户。

如果 P 比特为 1,所请求的应答 LSDU 不可得,并且接收到的 LSDU 非空,则所接收到的 LSDU 将在 DL-DATA-ACK. indication 原语中传递给数据链路层用户。

V(RI)应被置为接收到的 PDU 中 LLC 控制域代码第八比特的反码。

LLC 应当通过向 ACn 命令 PDU 的发起方发送一个 ACn 响应 PDU 对已收到的非复制 ACn 命令 PDU 进行确认,该 PDU 的 LLC 控制域第八比特被设置为 V(RI)的当前值。

如果接收到的命令 PDU 的 P 比特为“0”,发送的响应 PDU 应将 F 比特设置为“0”,并且其信息域中只包含状态子域。

如果接收到的命令 PDU 的 P 比特为 1,发送的响应 PDU 应将 F 比特设置为 1;并且如果该 LSDU 可得,则在该 PDU 信息域中应包含此 LSDU。

9.6.4.2.2.3 重发的 ACn 命令

除了以下例外情况,收到重发 ACn 命令 PDU 时的 LLC 过程与接收到非重发 PDU 的 LLC 过程相同。

a) 收到一个重发的命令 PDU 将不会对 V(RI)和 V(RB)状态变量产生影响;

b) 不管命令 PDU 中的 P 比特为何值,都不会发送 DL-DATA-ACK. indication 原语;

c) 如果在命令 PDU 中收到了一个 LSDU,将被丢弃。

9.6.4.2.3 发送 ACn 响应

只有收到一个 n 等于 1 的 ACn 命令的时候,n 等于 0 的 ACn 响应 PDU 才会被发出。

只有收到一个 n 等于 0 的 ACn 命令的时候，n 等于 1 的 ACn 响应 PDU 才会被发出。

该响应应被发送到与之相关的命令 PDU 的发送端。

响应 PDU 中的状态子域应指示资源是否空闲可用，使其成功的接收了与之关联的命令 PDU 中的信息域，以及在 F 比特为“1”的情况下，所请求的 LSDU 是否就绪，以在响应 PDU 中被返回。

ACn 响应 PDU 中状态子域 CCCC 部分状态码的设置应参照此前存储在相应 V(RB)状态变量中的接收状态。

9.6.4.2.4　接收确认

当传送一个 ACn 命令 PDU 给某个目的 LLC 后，源 LLC 将期待从该目的 LLC 处收到一个 ACn PDU 形式的确认。

n 等于 0 的 ACn 命令应接收到 n 等于 1 的 ACn 确认，反之亦然。

接收到一个响应 PDU 后，LLC 将对响应 PDU 中 LLC 控制域代码的第八比特和传送序列状态变量 V(SI)的当前值进行比较。

如果比较结果为不等，则认为该响应是有效的，LLC 将停止与之关联的确认定时器，将内部传送计数器复位至“0”。V(SI)状态变量将被取反。

LLC 将发送一个 DL-DATA-ACK-STATUS. indication 原语或者 DL-REPLY-STATUS. indication 原语给数据链路层用户，发送何种原语取决于当前是何种请求原语正在等待确认。当响应数据在 ACn 响应 PDU 中被返回时，包含响应数据的 LSDU 将被传递给数据链路层用户。

LLC 应根据响应 PDU 中状态子域的内容，将状态信息传递给数据链路层用户。

如果响应 PDU 中 LLC 控制域代码的第八比特和传送序列状态变量 V(SI)的当前值的比较结果为相等，则认为该响应 PDU 是无效的。LLC 将不会执行进一步的操作，同时继续等待收到一个有效的 ACn 响应 PDU。确认定时器不会受到任何影响。

9.6.5　逻辑链路参数

9.6.5.1　PDU 中最大八位位组数 N2

N2 是一个逻辑链路参数，它表示一个 PDU 中的八位位组的最大数目。

9.6.5.2　PDU 中最小八位位组数

最小长度的有效命令 PDU 应包含控制域。因此，一个有效命令 PDU 的最小八位位组数应为 1。

最小长度的有效 ACn 响应 PDU 应按序包含控制域和状态子域。因此，一个有效响应 PDU 的最小八位位组数应为 2。

9.6.5.3　信息发送最大次数 N3

N3 是一个逻辑链路参数，它指出了 LLC 为了完成一次信息交换所进行的 ACn 命令 PDU 发送的最大次数。通常，N11 被设置为足够大以克服由于链路错误所造成的 PDU 的丢失。N3 的值也可能设置为 1，这样 LLC 子层就不会将一个 PDU 重新交给 MAC 子层。

9.6.5.4　确认时间 N4

确认时间决定确认定时器的周期，并由此定义源 LLC 期望从目的 LLC 接收到 ACn 响应 PDU 的最大等待时间。确认时间应考虑到 MAC 子层引入的延时，以及定时器的启动是在命令 PDU 传送开始时还是在命令 PDU 传送结束时。正确的操作过程要求此确认时间大于 ACn 命令 PDU 发送与相关的 ACn 响应 PDU 接收之间的正常时间间隔。RSU 和 OBU 中的 N4 取值可能不同。

附 录 A
(资料性附录)
点对点通信初始化过程示例

本附录举例说明的初始化程序,主要针对某些应用中需要 RSU 与 OBU 间建立点对点通信的初始化程序。而有些应用,如 RSU 只是单方向广播讯息,则不需要如此的初始化程序。

RSU 周期性地以 UI 命令广播 BST,同时等待第一个 VST。

OBU 进入通信区时收到 BST 后交由应用层解释,如果解释的结果,显示 OBU 是进入新的通信区,而且能支持该 RSU 的服务项目,则依前面章节所叙述之方法,OBU 延时 N1 个时间单位后,以专用 MAC 地址向 RSU 发送包含 VST 的 UI 命令,并请求建立专用链路。RSU 的 MAC 子层接受此请求后,确认并登记该 MAC 地址,然后根据其专用 MAC 地址作为信息的 MAC 地址来下传信息。

BST/VST 初始化过程示意图见图 A.1 和图 A.2。

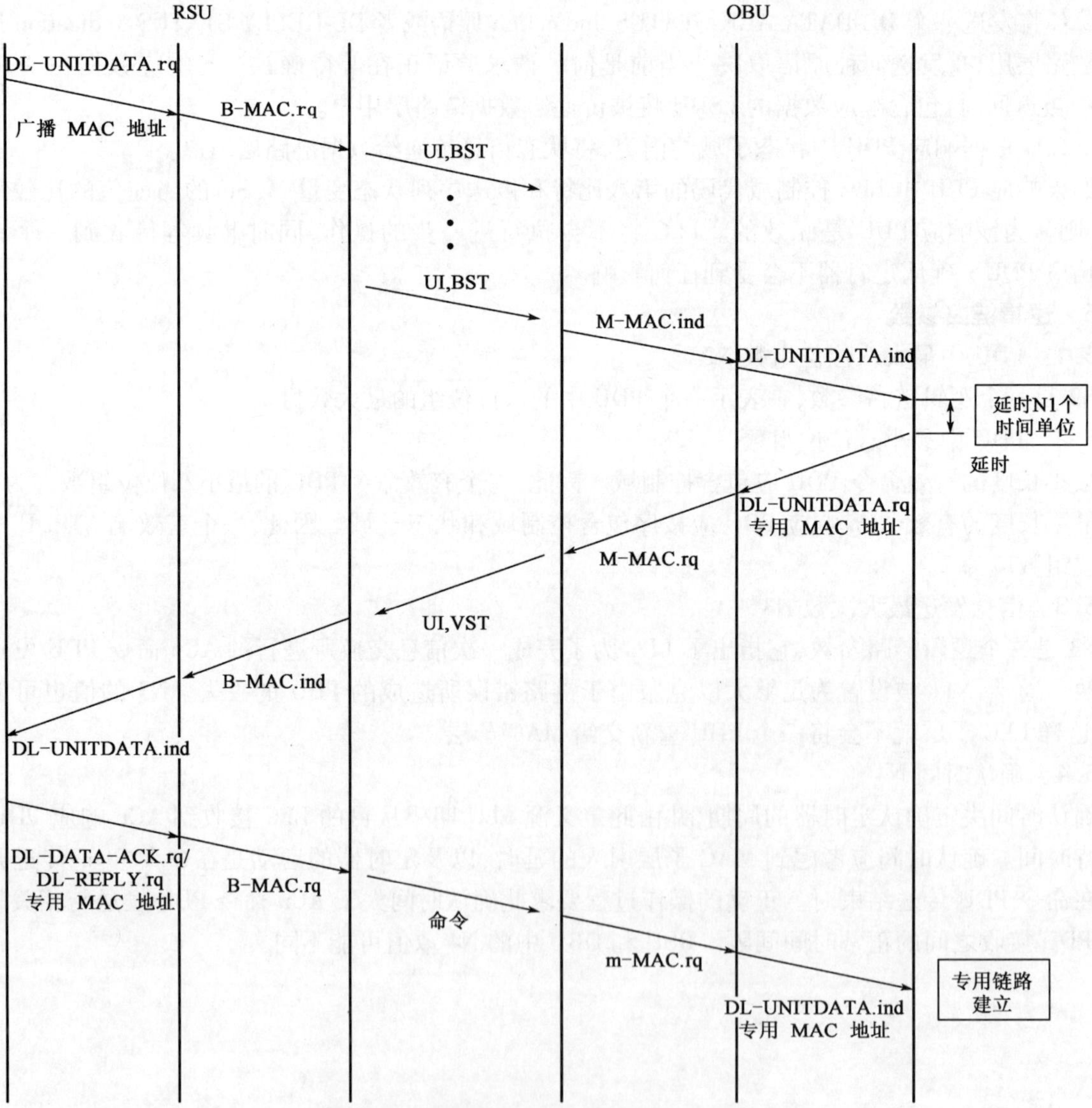

图 A.1 BST/VST 初始化过程(单个 OBU)

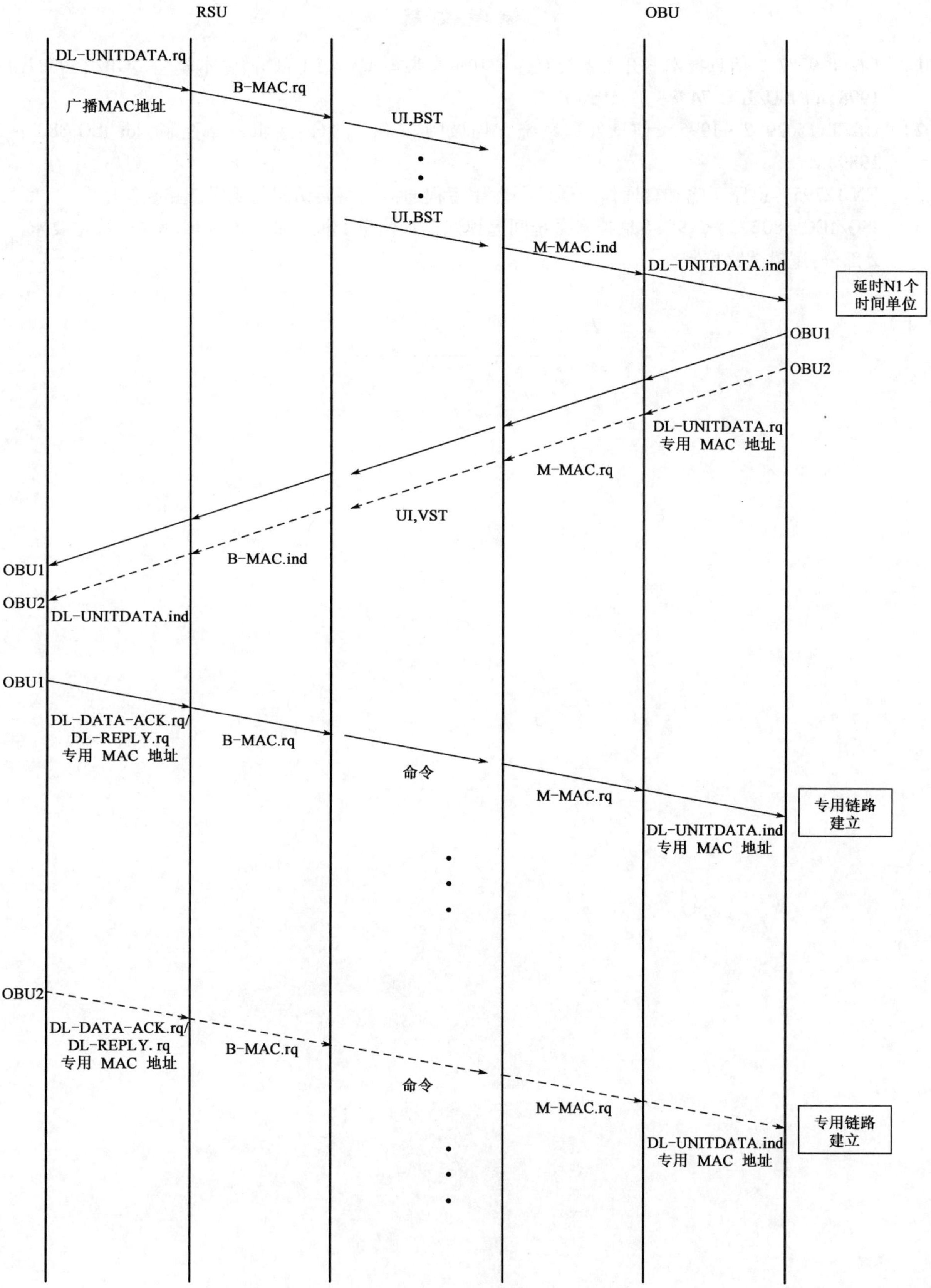

图 A.2 BST/VST 初始化过程(多个 OBU)

参考文献

[1] GB/T 9387.1 信息技术　开放系统互连　基本参考模型　第1部分:基本模型(GB/T 9387.1—1998,idt ISO/IEC 7498—1 :1994)

[2] GB/T 15629.2—1995　信息处理系统　局域网　第2部分:逻辑链路控制(idt ISO 8802—2:1989)

[3] EN 12795　道路运输和交通信息通信　专用短程通信　媒质访问与逻辑链路控制.

[4] ISO/IEC 8802.2—1998 信息技术系统间远程通信和信息交换　局域网和城域网　特定要求　第2部分:逻辑链路控制

ICS 35.100.70
L 79

中华人民共和国国家标准

GB/T 20851.3—2007

电子收费　专用短程通信
第3部分:应用层

**Electronic toll collection—Dedicated short range communication—
Part 3: Application layer**

2007-03-19 发布　　2007-05-01 实施

中华人民共和国国家质量监督检验检疫总局
中国国家标准化管理委员会　发布

目　　次

前　言

GB/T 20851—2007《电子收费　专用短程通信》分为：

——第1部分：物理层；

——第2部分：数据链路层；

——第3部分：应用层；

——第4部分：设备应用；

——第5部分：物理层主要参数测试方法。

本部分为GB/T 20851—2007的第3部分。

本部分的附录A、附录D是规范性附录，附录B、附录C是资料性附录。

本部分由全国智能运输系统标准化技术委员会(SAC/TC 268)提出并归口。

本部分起草单位：交通部公路科学研究院、深圳市金溢科技有限公司。

本部分主要起草人：陈丙勋、宋向辉、刘咏平、杨蕴、张北海、杜水荣、黄伟斌。

电子收费　专用短程通信
第3部分:应用层

1　范围

本部分规定了电子收费(ETC)专用短程通信(DSRC)应用层的核心框架以及传送内核、初始化内核和广播内核提供的基本服务。

本部分适用于公路电子收费系统,自动车辆识别、车辆出入管理、城市道路收费等领域可参照使用。

2　规范性引用文件

下列文件中的条款通过GB/T 20851的本部分的引用而成为本标准的条款。凡是注日期的引用文件,其随后所有的修改单(不包括勘误的内容)或修订版均不适用于本部分,然而,鼓励根据本部分达成协议的各方研究是否可使用这些文件的最新版本。凡是不注日期的引用文件,其最新版本适用于本部分。

GB/T 9387.1—1998　信息技术　开放系统互连　基本参考模型　第1部分:基本模型(idt ISO/IEC 7498-1:1994)

GB/T 16262　信息技术　抽象语法记法一(ASN.1)(GB/T 16262—2006,ISO/IEC 8824:2002,IDT)

GB/T 16263.2　信息技术　ASN.1编码规则　第2部分:紧缩编码规则(PER)规范(GB/T 16263.2—2006,ISO/IEC 8825-2:2002,IDT)

GB/T 20839—2007　智能运输系统 通用术语

GB/T 20851.1—2007　电子收费　专用短程通信　第1部分:物理层

GB/T 20851.2—2007　电子收费　专用短程通信　第2部分:数据链路层

GB/T 20851.4—2007　电子收费　专用短程通信　第4部分:设备应用

3　术语和定义

GB/T 9387.1—1998和GB/T 20839—2007确立的以及下列术语和定义适用于本部分。

3.1　应用　application

DSRC协议服务的用户。

3.2　文件　file

车载单元(OBU)应用数据的基础组织单位,一般多个相关的数据单元组成一个文件。

3.3　文件标识　file identifier

文件的标识号码,同一目录下,文件标识号是唯一的。

3.4　目录标识　directory identifier

明确识别某目录的标志。

3.5　广播　broadcast

路侧单元(RSU)以广播地址发出信息,面向所有OBU且不需要OBU回复的通信应用。

3.6　初始化　initialization

RSU发起的与OBU之间协商彼此通信参数和配置的过程。

3.7　层管理　layer management

提供DSRC通信参数的值以及采集和发布其他控制通信系统所必需的信息,用于支持通信系统的管理。

3.8 配置 profile

有关功能、性能、不同层的设置或应用处理的信息。用一个整型数值来标识。

4 缩略语

下列缩略语适用于本部分。

ADU 应用数据单元(Application Data Unit)
AID 应用标识(Application Identifier)
APDU 应用协议数据单元(Application Protocol Data Unit)
ASDU 应用服务数据单元(Application Service Data Unit)
ASN.1 抽象语法记法一(Abstract Syntax Notation One)
B-KE 广播内核(Broadcast Kernel)
BST 信标服务表(Beacon Service Table)
DID 目录标识(Directory Identifier)
DSRC 专用短程通信(Dedicated Short Range Communication)
ETC 电子收费(Electronic Toll Collection)
FID 文件标识(File Identifier)
IID 启用标识(Invoker Identifier)
I-KE 初始化内核(Initialization Kernel)
L1 DSRC 物理层 (Layer1)
L2 DSRC 数据链路层(Layer2)
L7 DSRC 应用层(Layer7)
LLC 逻辑链路控制(Logical Link Control)
LID 链路标识(Link Identifier)
LPDU 逻辑链路控制协议数据单元(LLC Protocol Data Unit)
LSAP 逻辑链路控制服务访问点(LLC Service Access Point)
LSDU 逻辑链路控制服务数据单元(LLC Service Data Unit)
MAC 媒体访问控制(Medium Access Control)
OBU 车载单元(On Board Unit)
RID 记录标识(Record Identifier)
RSU 路侧单元(Roadside Unit)
SAP 服务访问点(Service Access Point)
SDU 服务数据单元(Service Data Unit)
PDU 协议数据单元(Protocol Data Unit)
PER 紧缩编码规则(Packed Encoding Rules)
PPDU 物理层协议数据单元(Physical layer Protocol Data Unit)
T-APDU 传送-应用协议数据单元(Transfer Application Protocol Data Unit)
T-ASDU 传送-应用服务数据单元(Transfer Application Protocol Data Unit)
T-KE 传送内核(Transfer Kernel)
VST 车辆服务表(Vehicle Service Table)

5 应用层核心架构

应用层核心包含 T-KE、B-KE、I-KE,T-KE 提供 I-KE 以及应用所需的数据传输基础。应用层核心架构见图1。

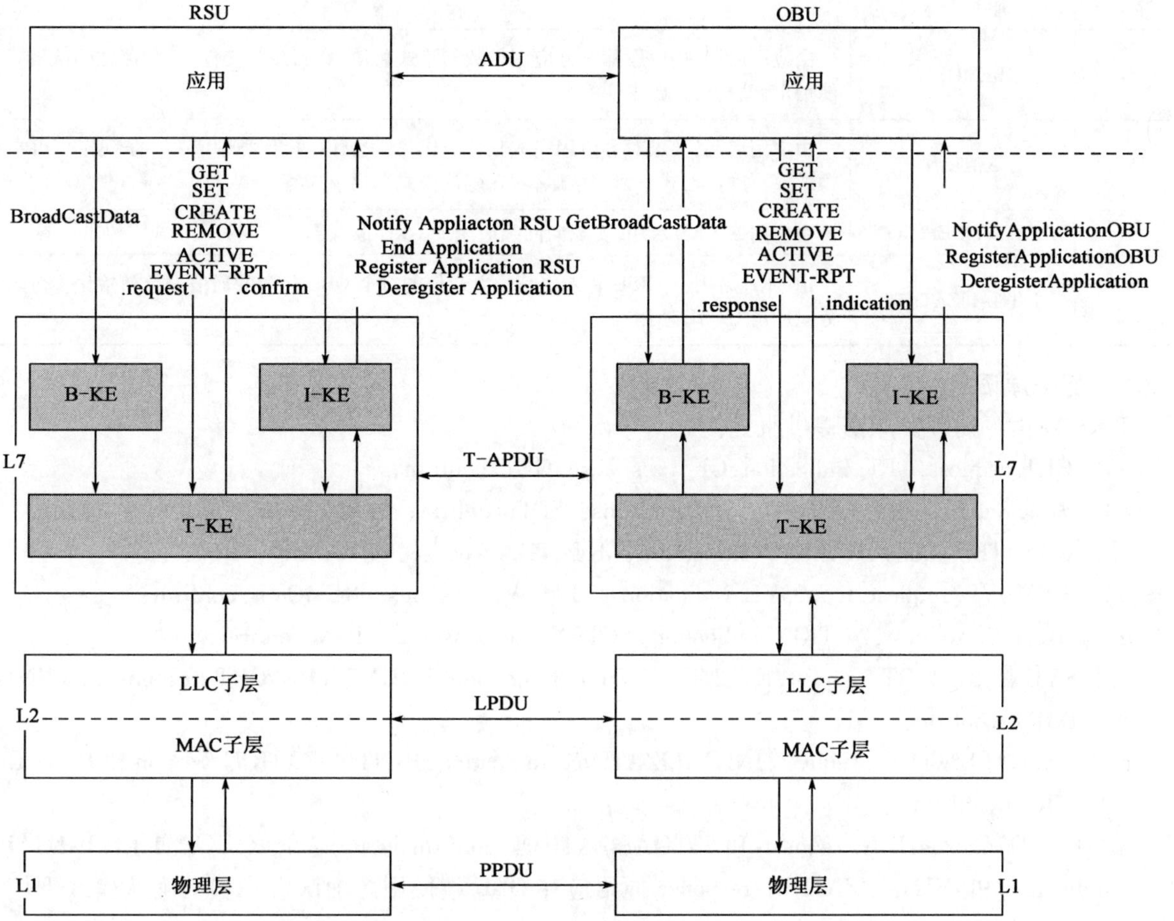

图1 应用层核心架构

6 T-KE

6.1 功能

T-KE 通过将预定义的服务原语转换成 T-APDU 及其逆过程，在两个服务用户之间传送信息，是对传送的具体实现的抽象表示。

6.2 服务

6.2.1 范围

T-KE 应提供表1所列的服务。

表1 T-KE 服务

序号	服　务	服务描述
1	GET	由应用启用，用以读出对方应用信息数据文件。只能在确认模式下才能请求该服务，并要求应答
2	SET	由应用启用，用以更新对方应用信息数据文件。可在确认模式或不确认模式下请求该服务。在确认模式下要求应答
3	CREATE	由应用启用，用以创建对方应用的数据格式化信息（目录与文件）。只能在确认模式下才能请求该服务，并要求应答

表 1(续)

序号	服　务	服务描述
4	REMOVE	由应用启用,用以删除对方应用的数据格式化信息(目录与文件)。只能在确认模式下才能请求该服务,并要求应答
5	ACTION	由应用启用,要求对方应用完成某特定操作。操作由操作类型值进一步限定。可在确认模式或不确认模式下请求该服务,在确认模式下要求应答
6	EVENT-REPORT	由应用或 I-KE 启用,实现向同级应用或 I-KE 报告事件。在确认模式下要求应答
7	INITIALIZATION	由 I-KE 启用,对 RSU 和未与其建立通信的每个 OBU 之间的通信进行初始化。初始化服务只应由 I-KE 使用

6.2.2 服务原语

T-KE 应由下列服务原语提供服务:

a) GET. request, GET. indication, GET. response, GET. confirm;

b) SET. request, SET. indication, SET. response, SET. confirm;

c) CREATE. request, CREATE. indication, CREATE. response, CREATE. confirm;

d) REMOVE. request, REMOVE. indication, REMOVE. response, REMOVE. confirm;

e) ACTION. request, ACTION. indication, ACTION. response, ACTION. confirm;

f) EVENT-REPORT. request, EVENT-REPORT. indication, EVENT – REPORT. response, EVENT-REPORT. confirm;

g) INITIALIZATION. request, INITIALIZATION. indication, INITIALIZATION. response, INITIALIZATION. confirm。

其中:INITIALIZATION. request 和 INITIALIZATION. confirm 原语应在 RSU 端使用,INITIALIZATION. indication 和 INITIALIZATION. response 原语应在 OBU 端使用。确认模式和不确认模式下使用的服务见图 2 和图 3。

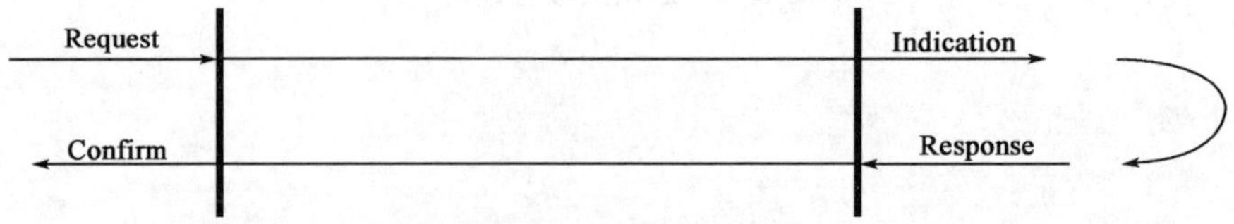

图 2 确认模式下使用的服务

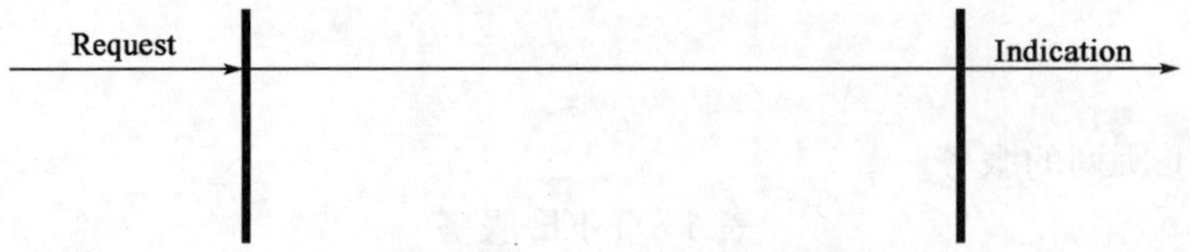

图 3 不确认模式下使用的服务

6.2.3 服务原语格式

服务原语的 T-ASDU 应具有表 2 ~ 表 8 的格式。

表 2 GET 原语

参数名称	英文表示	请求	指示	响应	确认	ASN.1 类型[c]
启用标识	IID	可选	可选	=[a]	=	Dsrc-DID
链路标识	LID	必备	必备	=	=	INTEGER
链接	Chaining	必备	必备	=	=	BOOLEAN

表2(续)

参数名称	英文表示	请求	指示	响应	确认	ASN.1类型[c]
目录标识	DID	必备	必备	IID/DID [b]	IID/DID	Dsrc-DID
访问凭证	AccessCredentials	可选	可选	—	—	OCTET STRING
文件标识	FID	必备	必备	必备	必备	FID
偏移量	Offset	必备	必备	—	—	INTEGER
长度	Length	必备	必备	—	—	INTEGER
数据流控制	FlowControl	必备	必备	必备	可选	INTEGER
文件	FileContent	—	—	可选	可选	File
返回码	Ret	—	—	必备	必备	ReturnStatus

注：对记录型文件，Offset表示记录标识号，Length表示记录内容长度。

a 与相应的请求/指示相同，下同。

b 必备。若出现IID则予以相关指示，否则予以DID的相关指示，下同。

c ASN.1类型见附录A，下同。

表3 SET原语

参数名称	英文表示	请求	指示	响应	确认	ASN.1类型
启用标识	IID	可选	可选	=	=	Dsrc-DID
链路标识	LID	必备	必备	=	=	INTEGER
链接	Chaining	必备	必备	=	=	BOOLEAN
目录标识	DID	必备	必备	IID/DID	IID/DID	DID
访问凭证	AccessCredentials	可选	可选	—	—	OCTET STRING
文件标识	FID	必备	必备	必备	必备	FID
偏移量[a]	Offset	必备	必备	—	—	INTEGER
长度	Length	必备	必备	—	—	INTEGER
文件	FileContent	必备	必备	—	—	File
模式	Mode	必备	必备	—	—	BOOLEAN
数据流控制	FlowControl	必备	必备	必备	可选	INTEGER
返回码	Ret	—	—	必备	必备	ReturnStatus

a 对记录性文件的写入，都是增加记录形式；如果检测到与上一条记录内容相同，则不做操作。

表4 CREATE原语

参数名称	英文表示	请求	指示	响应	确认	ASN.1类型
启用标识	IID	可选	可选	=	=	Dsrc-DID
链路标识	LID	必备	必备	=	=	INTEGER
链接	Chaining	必备	必备	=	=	BOOLEAN
目录标识	DID	必备	必备	IID/DID	IID/DID	Dsrc-DID
访问凭证	AccessCredentials	可选	可选	—	—	OCTET STRING
文件清单	FileList	必备	必备	—	—	FileList
数据流控制	FlowControl	必备	必备	必备	可选	INTEGER
返回码	Ret	—	—	必备	必备	ReturnStatus

注：支持两种文件的创建：二进制文件和记录型文件(可变长记录)。

表5 REMOVE 原语

参数名称	英文表示	请求	指示	响应	确认	ASN.1 类型
启用标识	IID	可选	可选	=	=	Dsrc - DID
链路标识	LID	必备	必备	=	=	INTEGER
链接	Chaining	必备	必备	=	=	BOOLEAN
目录标识	DID	必备	必备	IID/DID	IID/DID	Dsrc - DID
访问凭证	AccessCredentials	可选	可选	—	—	OCTET STRING
文件标识清单	FileIdList	必备	必备	—	—	FileIdList
数据流控制	FlowControl	必备	必备	必备	可选	INTEGER
返回码	Ret	—	—	必备	必备	ReturnStatus

表6 ACTION 原语

参数名称	英文表示	请求	指示	响应	确认	ASN.1 类型
启用标识	IID	可选	可选	=	=	DID
链路标识	LID	必备	必备	=	=	INTEGER
链接	Chaining	必备	必备	=	=	BOOLEAN
目录标识	DID	必备	必备	IID/DID	IID/DID	DID
操作类型	ActionType	必备	必备	—	—	INTEGER(0..127 ,...)
访问凭证	AccessCredentials	可选	可选	—	—	OCTET STRING
操作参数	ActionParameter	可选	可选	—	—	Container
模式	Mode	必备	必备	—	—	BOOLEAN
数据流控制	FlowControl	必备	必备	必备	可选	INTEGER
响应参数	ResponseParameter	—	—	可选	可选	Container
返回码	Ret	—	—	可选	可选	ReturnStatus

表7 EVENT-REPORT 原语

参数名称	英文表示	请求	指示	响应	确认	ASN.1 类型
启用标识	IID	可选	可选	=	=	DID
链路标识	LID	必备	必备	=	=	INTEGER
链接	Chaining	必备	必备	=	=	BOOLEAN
目录标识	DID	必备	必备	IID/DID	IID/DID	DID
事件类型	EventType	必备	必备	—	—	INTEGER(0..127 ,...)
访问凭证	AccessCredentials	可选	可选	—	—	OCTET STRING
事件参数	EventParameter	可选	可选	—	—	Container
模式	Mode	必备	必备	—	—	BOOLEAN
数据流控制	FlowControl	必备	必备	必备	可选	INTEGER
返回码	Ret	—	—	可选	可选	ReturnStatus

表 8　INITIALIZATION 原语

参数名称	英文表示	请求	指示	响应	确认	ASN.1 类型
链路标识	LID	必备	必备	必备	必备	INTEGER
初始化参数	InitializationParameter	必备	必备	必备	必备	BST/VST

6.2.4　参数的设定和释义

6.2.4.1　启用标识

服务启用者所对应的 ASN.1 型专用短程通信目录标识。若响应送达缺省的启用者，则不需要该参数；若使用 IID，应包含响应此原语的 DID。

6.2.4.2　链路标识

OBU 的 I-KE 所选择的 LID；LID 取值与 MAC 地址相同。

6.2.4.3　链接

布尔型参数，若取值为"TRUE"，则执行 6.3.9。

6.2.4.4　目录标识

接收方的 ASN.1 型专用短程通信目录标识，接收方的 T－KE 用 DID 向所述目录提交指示或确认。

6.2.4.5　访问凭证

ASN.1 型八位位组字符串，带有满足访问条件所需的安全性相关信息，用以在指定目录上进行操作。

6.2.4.6　文件标识

接收 GET. indication 的目录的文件标识。访问条件得到满足，文件内容通过 GET. response 和 GET. confirm 送达启用 GET. request 的目录。

6.2.4.7　偏移量

在 GET 服务中是数据内容在二进制文件中的起始位置或者记录型文件的 RID。

在 SET 服务中是数据内容在二进制文件中的起始位置或者记录型文件的 RID。

6.2.4.8　数据流控制

表示基础通信服务行为的参数，由 T-KE 映射到某个 LLC 服务上，LLC 服务见 GB/T 20851.2—2007。数据流控制参数、行为和 LLC 服务之间的关系见表 9。

表 9　数据流控制参数、行为和 LLC 服务间的关系

数据流控制	行　为	LLC 服务
1	无流控制，无应答	不带响应请求的 DL-UNITDATA. request
2	无流控制，有应答	带响应请求的 DL-UNITDATA. request
3	无流控制	DL-UNITDATA. indication
4	流控制，数据单元传输	DL-DATA-ACK. request
5	流控制，数据单元传输	DL-DATA-ACK. indication
6	流控制，数据单元传输状态	DL-DATA-ACK-STATUS. indication
7	流控制，数据单元交换	DL-REPLY. request
8	流控制，数据单元交换	DL-REPLY. indication
9	流控制，数据单元交换状态	DL-REPLY-STATUS. indication
10	流控制，数据单元交换准备	DL-REPLY-UPDATE. request
11	流控制，数据单元交换准备状态	DL-REPLY-UPDATE-STATUS. indication

6.2.4.9 文件、文件清单和文件标识清单

文件是 SET. request/SET. indication 或 GET. response /GET. confirm 发送的文件内容。若访问条件满足，接收 SET. indication 的目录应将文件标识中识别的文件内容修改为文件中给定的内容值。在 GET. response/GET. confirm 的情况下，若访问条件得到满足，收到相应 GET. indication 的目录应将 GET. indication 的文件标识文件内容值发送给启用 GET. request 的目录。

文件清单是包含文件标识和文件长度信息的列表，文件标识清单是文件标识信息的列表。

6.2.4.10 返回码

对服务原语的指示的回答发出的返回代码。预定义的代码如下：

a) NoErro：请求的操作执行成功；
b) AccessDenied：请求的操作由于系统安全性的原因未执行；
c) ArgumentError：文件内容访问失败，原因是未认出规定文件内容，或规定文件内容超出了范围或对文件某些内容不适合，或启用的事件报告不被接收实体支持；
d) ComplexityLimitation：请求的操作由于参数太复杂而未执行；
e) ProcessingFailure：操作处理遇到的一般性失败；
f) Processing：请求的操作正在处理，但结果不能用；
g) ChainingError：请求的操作按 6.3.9 中定义的规则未执行。

6.2.4.11 模式

布尔型参数。若取值为“TRUE”，则服务原语的指示有服务原语的响应。

6.2.4.12 操作类型

用以标识针对接收方目录的特定操作。

6.2.4.13 操作参数

启用 ACTION 操作所需的信息。

6.2.4.14 响应参数

执行 ACTION 操作而产生的结果信息。

6.2.4.15 事件类型

向接收 EVENT-REPORT. indication 的目录提交的消息。

6.2.4.16 事件参数

分别通过 EVENT-REPORT. request 和 EVENT-REPORT. indication 发送消息所需的附加信息。

6.2.4.17 初始化参数

通过初始化服务发送，通信初始化所需的信息。

6.3 协议规程

6.3.1 步骤

T-KE 的传送过程由以下步骤组成，其运行顺序见图 4。

a) 将 SDU 转换为 PDU；
b) 将 PDU 编码；
c) 分段；
d) 八位位组对齐；
e) 多路复用、拼接和 LLC 访问；
f) 解多路复用；
g) 并段；
h) PDU 解码、解拼接和去除插入的“0”位；
i) PDU 转换为 SDU，并按收件人分发。

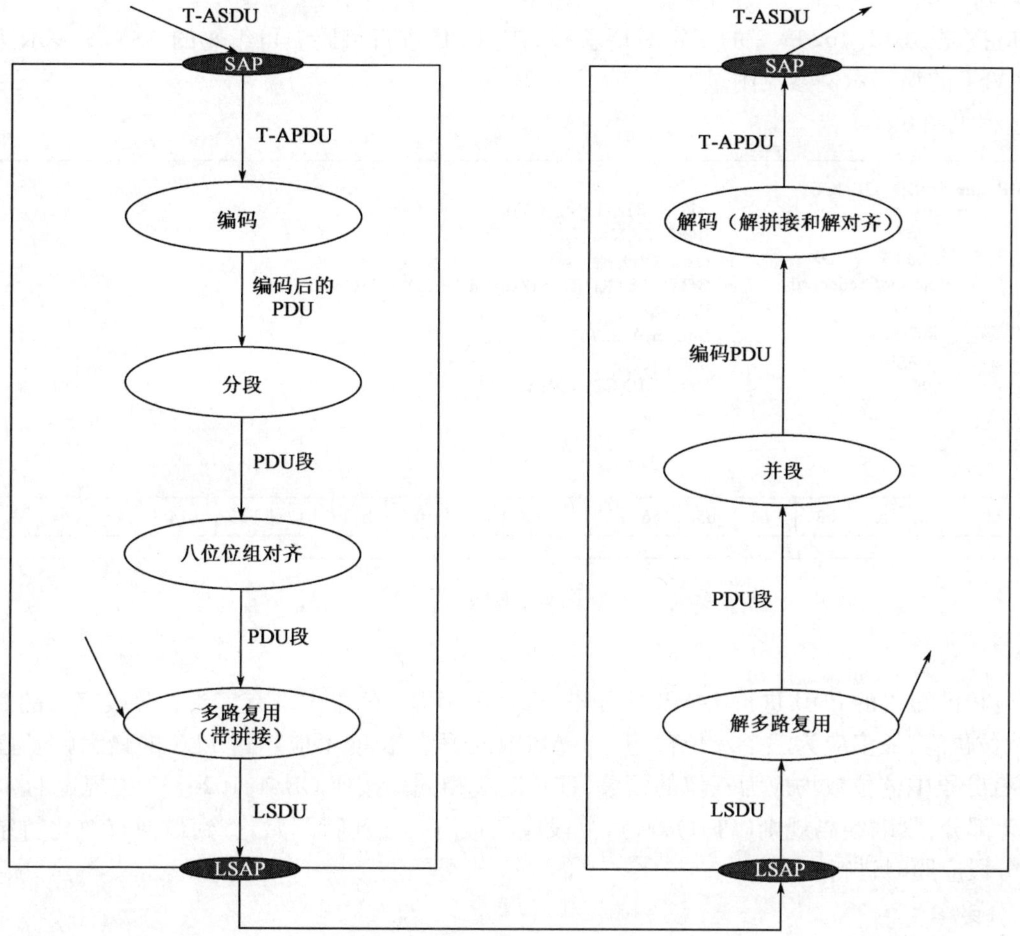

图 4　T-KE 协议

6.3.2　SDU 转换 PDU

T-KE 根据下列规则将请求和响应服务原语转换为 T-APDU：

a）服务请求转换为附录 A 中规定的相应的服务请求 T-APDU；

b）服务响应转换为附录 A 中规定的相应的服务响应 T-APDU；

c）在 T-APDU 中，LID 应被去除，应通过 6.3.7 中规定的每个 LLC 服务原语转交给 LLC。在 INITIALIZATION. request 的情况下，LID 的值应为 0 xFFFFFFFF。

将 SDU 转换为 PDU 的过程见图 5。

```
SET.request(IID,LID,Chaining,DID,AccessCredentials,FID,Offset,Length,Mode,FlowControl)
                                        ↓
Set-Request::=SEQUENCE{
        fill                    BIT STRING (SIZE(1)),
        mode                    BOOLEAN,
        did                     Dsrc-DID,
        accessCredentials       OCTET STRING(SIZE (0..127, ...) )OPIONAL,
        fileid                  FileID,
        offset                  Integer(0..32767,...),
        length                  Integer(0..127,...),
        iid                     Dsrc-DID OPTIONAL
        }
```

图 5　SDU 转换为 PDU

6.3.3 编码

T-KE 应按照 GB/T 16263.2 的规定对请求和响应 PDU 进行编码。可编码的 ASN.1 表示法见附录 A。BST 和 VST 的编码示例参见附录 B。

编码过程见图 6。

```
Set-Request::=SEQUENCE{
        fill                    BIT STRING (SIZE(1)),
        mode                    BOOLEAN,
        did                     Dsrc-DID,
        accessCredentials       OCTET STRING (SIZE(0..127,...))OPTIONAL,
        fileid                  FileID,
        offset                  Integer(0..32767,...),
        length                  Integer(0..127,...),
        iid                     Dsrc-DID OPTIONAL
        }
```

↓

b0	b1	b2	b3	b4	b5	b6	b7	b8	b9	b10	b11	b12	b13	b14	b15	。。。

图 6 编码

6.3.4 分段

T-KE 应将已编码的 PDU 进行 T-APDU 分段，每个 T-APDU 分段中带有字头。分段字头的长度最少应为一个八位位组，最多应为三个八位位组。T-APDU 分段的长度不应超过 LLC 的最大帧长度。除末尾段外，所有分段中的位数均应为八位的倍数，且长度应相同。按照 GB/T 16263.2 中规定的 ASN.1 编码规则 第 2 部分：紧缩编码规则(PER)规范，分段应从最高有效比特开始，直到最低有效比特结束。多个 PDU 的分段应同时进行。

6.3.4.1 分段字头

分段字头的第一个八位位组应为分段中的第一个八位位组。若分段字头中含有多个八位位组，则这些八位位组按升序直接排在第一个八位位组之后。

6.3.4.2 分段字头的结构

分段字头应包含分段指示符、PDU 编号、分段计数器和分段编号扩展指示符组成。相关比特的位置见图 7。各比特按从 7 到 0 的顺序编号，其中 7 是最高有效位，0 是最低有效位。

7	6	5	4	3	2	1	0
分段指示符	PDU编号				分段计数器		扩展指示符

图 7 一个八位位组的分段字头

6.3.4.3 分段指示符

每个分段字头的最高有效位(第 7 位)应为分段指示符。如果该分段是属于同一个 PDU 的一系列分段中的最后一个分段，或该 PDU 未进行分段，则其分段指示符应当为 1。如果已进行分段，且该分段不是消息中最后一个已分段的帧，则其分段指示符应为 0。

6.3.4.4 PDU 编号

第一个八位位组的第 6 至 3 比特表示 PDU 的编号，在接收实体并段时，对每一个 LID 此 PDU 的编号应当是唯一的，对属于同一个 T-APDU 的所有 T-APDU 分段也应如此。

PDU 编号 0000 和 0001 应只由 B-KE 发送的 T-APDU 分段所使用。

6.3.4.5 一个八位位组的分段字头

如果未进行分段处理，或者已进行了分段但只存在编号为0至3的分段时，应使用一个八位位组的分段字头。应使用一个分段计数器来对分段进行标识。第1、2位应为无符号的整数，其中最高有效位为第1个八位位组的第2个比特，最低有效位为第1个八位位组的第1个比特。第0个比特应当设置为1。如果已进行了分段，则应将第一个分段的分段计数器置0，对第二个分段的分段计数器置1，依此类推。如果未进行分段，则应将分段的分段计数器置0。

6.3.4.6 两个八位位组的分段字头

两个八位位组的分段字头应在存在4至511个分段时使用，第一个八位位组的第0比特应设置为0。第一个八位位组的第1、2比特和第二个八位位组的第7至1比特所组成的数应为无符号的整数，其中最高有效位为第一个八位位组的第2比特，最低有效位为第二个八位位组的第1比特。第二个八位位组的第0比特应设置为1。应按6.3.4.5中的规定对分段进行分段编号的分配。

6.3.4.7 三个八位位组的分段字头

三个八位位组的分段字头应在存在512到65 535个分段时使用，第一个八位位组的第0比特应置0。第一个八位位组的第1、2比特、第二个八位位组的第7至1比特以及第三个八位位组的第7至1比特所组成的数应为无符号的整数，其中最高有效位为第一个八位位组的第2比特，最低有效位为第三个八位位组的第1比特。第二个八位位组的第0比特应置0，并且第三个八位位组的第0比特应置1。应按6.3.4.5中的规定对分段进行分段编号的分配。

PDU的分段过程见图8。

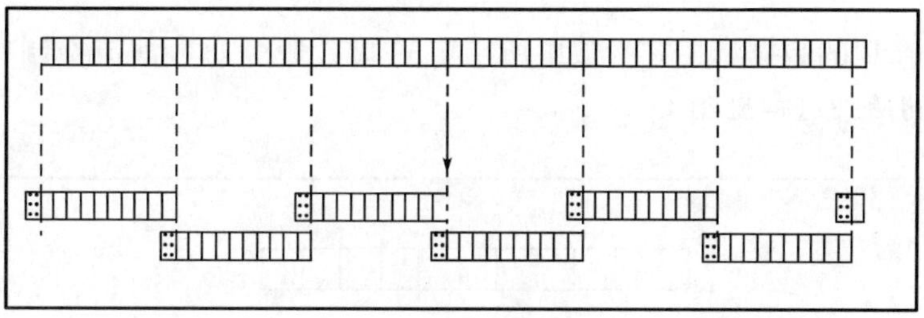

图8 分段

6.3.5 八位位组对齐

八位位组对齐有两种机制：

a) 通过在T-APDU的ASN.1定义中插入填充比特来对齐，见附录A。建议使用“0”作为填充比特；

b) T-KE对分段进行补“0”操作，直到总的比特数达到8的倍数。所插入的“0”的数目应在0~7之间。

八位位组对齐过程见图9。

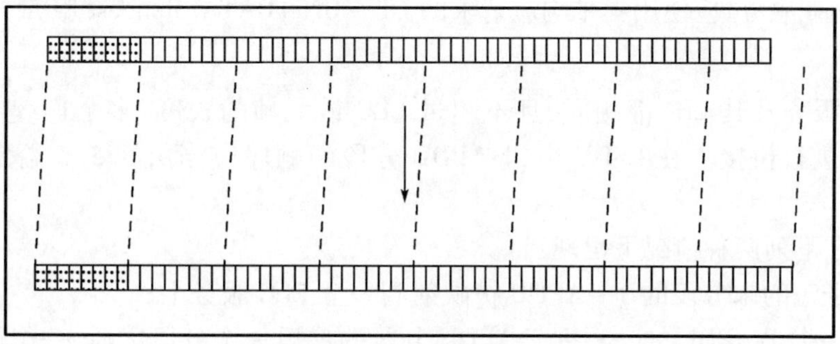

图9 八位位组对齐

6.3.6 多路复用

T-KE 应按照固定优先权队列对 T-APDU 分段进行复用优先权由 I-KE 给出(见 7.3.2 和 7.3.3)。

T-ASDU 分段的复用过程见图 10。

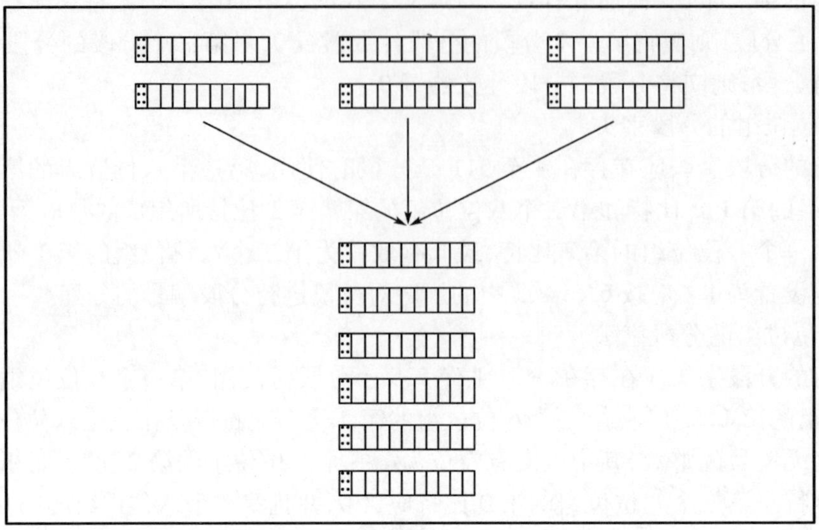

图 10 多路复用

6.3.7 访问 LLC

T-KE 应使用 T-APDU 的数据流控制参数中所指定的 LLC 服务。数据流控制参数应按 6.2.4 中的规定进行解释。LLC 的访问过程见图 11。

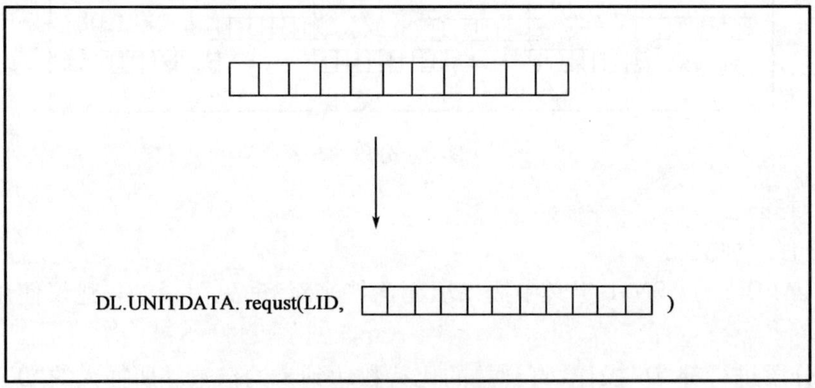

图 11 LLC 的访问

对 INITIALIZATION. request 服务,应使用带有响应请求的 DL – UNITDATA. Request 服务,对于 INITIALIZATION. response 服务,应使用不带响应请求的 DL – UNITDATA. Request 服务。

6.3.8 拼接

如果使用 LLC 服务及其 LID 都相同,且不超过 LLC 最大帧的长度,多个连续 T-APDU 可被映射到一个 LLC 服务上进行拼接。在 LSDU 中,T-APDU 分段的顺序应当由 6.3.6 给定。拼接过程见图 12。

拼接的情况仅在下列两种情况下出现:

a) 一个或多个短的未分段的 T – APDU 被映射到一个 LLC 服务上;

b) 在属于同一个 T-APDU 的一系列 T-APDU 分段的最后一个分段之后,一个或多个短的未分段的 T-APDU 被映射到一个 LLC 服务上。

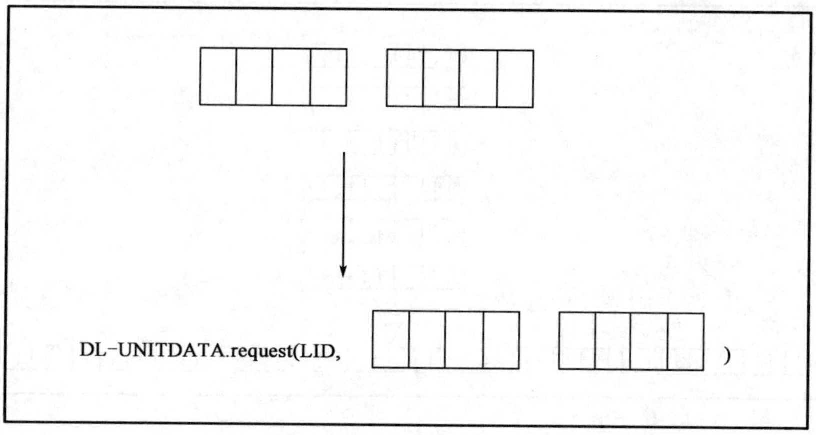

图 12 拼接

6.3.9 带有链接的拼接

有相同 PDU 编号的连续有序拼接的 T-APDU 组成一个链接。

同一个链接的 T-APDU 所调用的操作的执行应取决于链中先前的 T-APDU 所调用的操作是否已成功执行。

如果一个已被链接的 T-APDU 生成的响应带有非"无错误"返回状态,则同一链中后续 T-APDU 所调用的所有操作都不应执行,并且相关的响应均应包含"链接错误"的返回状态。

6.3.10 解复用

T-KE 应根据包含在分段字头中的 PDU 编号,将 LLC 指示原语的数据域中收到的 T-APDU 分段进行解复用。已拼接的分段应按第一个分段字头中的 PDU 编号进行解复用。

解复用的详细过程见图 13。

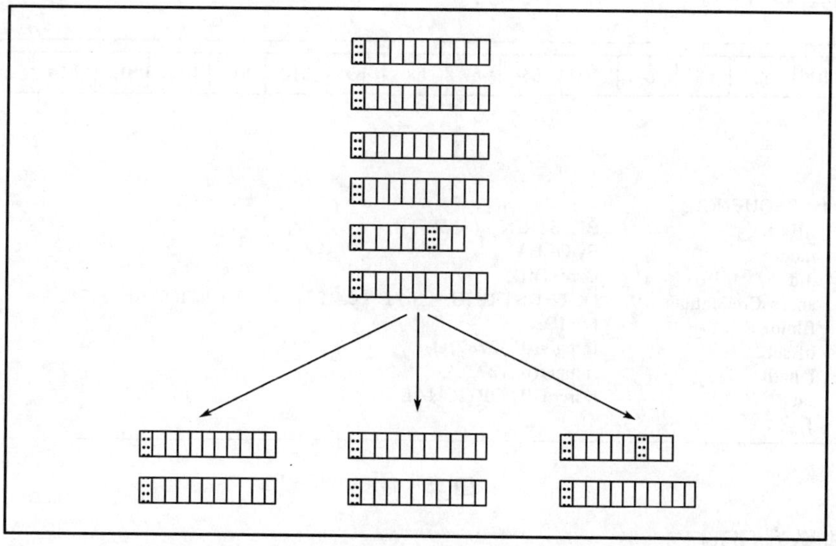

图 13 解复用

6.3.11 并段

T-KE 应将属于一个 T-APDU 的 T-APDU 分段进行并段,方法是根据在分段字头中给出的分段编号,去除分段字头并合并 T-APDU 分段。如果分段字头无效,则应抛弃相应的分段。

并段的详细过程见图 14。

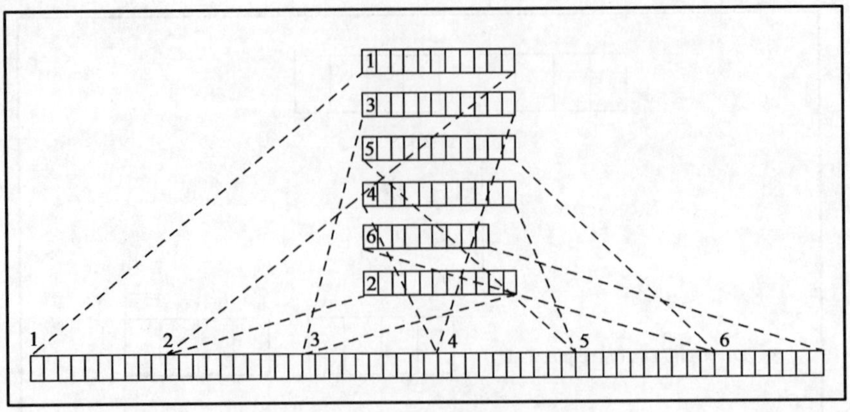

图 14 并段

6.3.12 解码

T-KE 应按照 GB/T 16263.2 中规定的 ASN.1 编码规则 第 2 部分:紧缩编码规则(PER)规范的规定,将已并段的 T-APDU 进行解码。可解码的 ASN.1 类型见附录 A。

1 至 7 比特的拖尾“0”比特的接收不应引起差错。

如果接收到了多于七个拖尾比特,且顺序排列值为“0”的比特的个数不多于 7,则应将这些“0”比特去除(因为这些比特是为了实现八位位组的对齐而被插入的)。如果后续字节第 3 至 1 比特的值为 001, 则该字节应去除。据此规定,剩下的比特应作为 T-APDU 予以解码。

在所有其他情况下,已并段的 T-APDU 都应被抛弃。

如果 T-KE 不能对已并段的 T-APDU 解码,则已并段的 T-APDU 应被抛弃。T-KE 不得对附录 A 中在容器定义中所定义的虚拟 T-APDU 予以解码。

解码的详细过程见图 15。

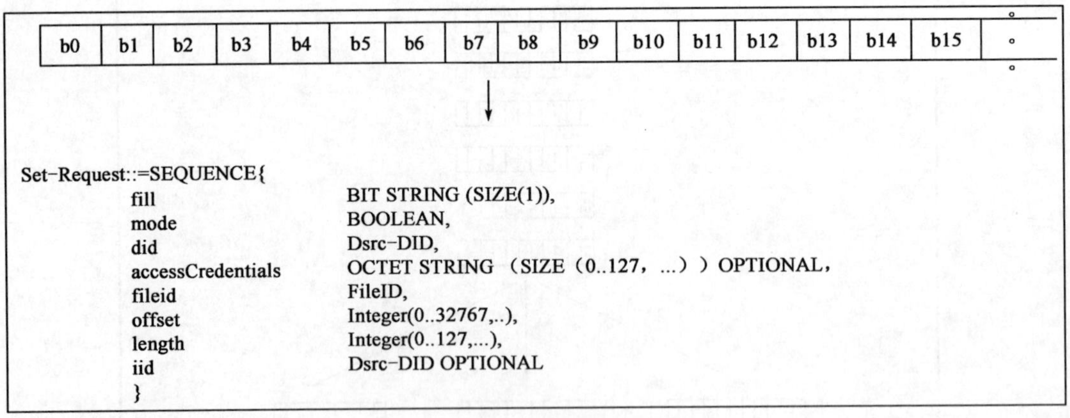

图 15 解码

6.3.13 PDU 转换为 SDU

已解码的 T-APDU 应当根据下列规则来构建 T-ASDU:

a) 服务请求应当转换为相应的服务指示 T-ASDU;

b) 服务响应应当被转换为相应的服务确认 T-ASDU;

c) T-ASDU 应当递交给 T-APDU 的 Dsrc-DID 参数中所寻址到的目录。INITIALIZATION. indication 应递交给 I – KE;

d) 如果所寻址的目录不存在,则 T-ASDU 应当被抛弃;

e) T-KE 应将此 SDU 的 LID 通知给层管理。

PDU 转换为 SDU 的过程见图 16。

```
Set-Request::=SEQUENCE{
        fill                    BIT STRING (SIZE(1)),
        mode                    BOOLEAN,
        dirID                   Dsrc-DID,
        accessCredentials       OCTET STRING(SIZE (0..127, ...) )OPTIONAL,
        filedid                 FileID,
        offset                  INTEGER(0..32767,..),
        length                  INTEGER(0..127,...),
        iid                     Dsrc-DID OPTIONAL
        }
                                    ↓
SET.request(IID,LID,Chaining,DID,AccessCredentials,FID,Offset,Length,Mode,FlowControl)
```

图 16 PDU 转换为 SDU

7 I-KE

7.1 总则

I-KE 应:

a) 通过与同级实体间有关配置或应用的信息交换,实现 OBU 和 RSU 之间通信初始化;

b) 按照 7.3 规定的服务原语提供服务;

c) 按照附录 A 规定的 BST 进行通信的初始化,并将 VST 传送到一个 LLC 服务原语中;

d) 按照附录 A 规定的 VST 进行通信的初始化;

e) 按照 7.4 规定的协议规程和行为进行初始化。

7.2 兼容性管理

A 类和 B 类兼容性管理参见附录 C。

7.3 服务

7.3.1 服务原语

I-KE 应提供的服务表 10。

表 10 I-KE 服务

序号	服务原语	功能说明
1	RegisterApplicationRSU	RSU 端的应用启用服务,实现在 I-KE 应用清单中注册此应用者
2	RegisterApplicationOBU	OBU 端的应用启用的服务,实现在 I-KE 应用清单中注册此应用
3	DeregisterApplication	应用启用的服务,实现对应用清单中相关注册项的删除
4	NotifyApplicationOBU	I-KE 用于通知 OBU 端的应用关于可能的通信参与者的出现情况和 OBU 生成 LID 的情况
5	NotifyApplicationRSU	I-KE 用于通知 RSU 端的应用关于可能的通信参与者和关联 OBU 的 LID 的情况
6	EndApplication	应用启用 EndApplication 服务来通知 I-KE 该应用不再需要 LID

7.3.2 服务原语的格式

服务原语的格式见表 11 ~ 表 16。

表 11 RegisterApplicationRSU 原语

参数名称	英文表示	ASN.1 型	参数说明
应用标识	AID	DSRCApplicationEntityID	—
必备应用	MandatoryApplication	BOOLEAN	—
优先级	Priority	INTEGER	—
目录标识	DID	Dsrc-DID	可选
配置	Profiles	SEQUENCE OF Profile	可选
应用参数	ApplicationParameter	ApplicationContextMark	可选

表 12 RegisterApplicationOBU 原语

参数名称	英文表示	ASN.1 型	参数说明
应用标识	AID	DSRCApplicationEntityID	—
必备应用	MandatoryApplication	BOOLEAN	—
优先级	Priority	INTEGER	—
目录标识	DID	Dsrc-DID	可选
配置	Profiles	SEQUENCE OF Profile	可选
应用参数	ApplicationParameter	ApplicationContextMark	可选

表 13 DeregisterApplication 原语

参数名称	英文表示	ASN.1 型	参数说明
应用标识	AID	DSRCApplicationEntityID	—
目录标识	DID	Dsrc-DID	可选

表 14 NotifyApplicationRSU 原语

参数名称	英文表示	ASN.1 型	参数说明
优先级	Priority	INTEGER	—
目录标识	DID	Dsrc-DID	若 AID 在 VST 中出现
链路标识	LID	INTEGER	—
应用参数	ApplicationParameter	ApplicationContextMark	可选
OBU 配置	obuConfiguration	ObuConfiguration	—

表 15 NotifyApplicationOBU 原语

参数名称	英文表示	ASN.1 型	参数说明
路侧单元标识	RSUID	BeaconID	—
优先级	Priority	INTEGER	—
目录标识	DID	Dsrc-DID	若 AID 在 BST 中出现
链路标识	LID	INTEGER	—
应用参数	ApplicationParameter	ApplicationContextMark	可选

表 16 EndApplication 原语

参数名称	英文表示	ASN.1 型	参数说明
目录标识	DID	Dsrc-DID	—
链路标识	LID	INTEGER	—

7.3.3 参数的设定与释义

7.3.3.1 应用标识

用以识别 DSRC 的应用。

7.3.3.2 必备应用

若应用是必备的，则为“TRUE”，若是可选的，则为“FALSE”。

7.3.3.3 优先级

应用的优先级别。数值越小优先级越高。

7.3.3.4 目录标识

目录标识在：

a) RegisterApplicationRSU 服务中，识别将注册的目录；若为单一缺省应用，应不使用 DID；

b) RegisterApplicationOBU 服务中，识别将注册的目录；

c) NotifyApplication 服务中，将识别同一级别的应用。

7.3.3.5 配置

若有，应列出与应用相关联的配置清单。

7.3.3.6 应用参数

若有，应分别在 NotifyApplicationOBU 或 NotifyApplicationRSU 服务中传送。

7.3.3.7 路侧单元标识

提供服务的 RSU 的识别标识。

7.3.3.8 OBU 配置

指出 NotifyApplicationRSU 中给定的与 LID 相关的 OBU 的配置和状态。

7.3.4 命名和登记

命名和登记的要求见附录 D。

7.4 协议规程

7.4.1 RSU:BST 的重复传输

在 RSU 端，I-KE 应传送附录 A 定义的 BST。应使用 T-KE 带有初始化参数为 BST 的 INITIALIZATION.request 服务。

7.4.2 OBU:BST 的接收和 VST 的传输

在 OBU 端，I-KE 通过 T-KE 的带有初始化参数为 BST 的 INITIALZATION.indication 来接收 BST。只要下列条件之一得到满足：

a) BeaconID 与最近一次收到的 BeaconID 不同；

b) 上一次收到的 BeaconID 与目前收到的 BeaconID 之间的时间超过了 255 秒。

则 OBU 的 I-KE 应包含下列操作：

a) I-KE 应将 BST 中收到的配置告知层管理，则 DSRC 通信以此为缺省配置；

b) I-KE 应将 BST 内 ApplicationList 中给定的 DSRCApplicationEntityIDs 与注册的 DSRCApplicationEntityIDs 比较，如果 BST 内的 DSRCApplicationEntityIDs 是注册的，I-KE 应：

   1) 将 DSRCApplicationEntityIDs 以及 DID 和应用参数（如果在相关的 RegisterApplicationOBU 中出现）加入到 VST 的 ApplicationList 中；

2） 通过 NotifyApplicationOBU 将下列信息通知应用层用户：
   i） 参数 RSUID 是 BST 中给定的 BeaconID；
   ii） 参数 Priority 是在 BST 必备 Application List 中 DSRCApplicationEntityID 的位置；对可选 Application List 中所有的 DSRCApplicationEntityIDs 来说，是必备 Application List 中 DSRCApplicationEntityIDs 的个数加上注册的优先级；
   iii） 参数 LID 是 OBU 的 MAC 地址；
   iv） 参数 ApplicationParameter 若出现，则是 BST 中收到的 ApplicationParameter，否则空缺。
3） I-KE 应通过层管理将已通知的应用优先级通知给 T-KE；
4） I-KE 应从 BST 的 Profile 或 ProfileList 中选择 OBU 所支持的配置，并应当将 VST 中的 Profile 设置为此配置；
5） VST 见附录 A 所示的 ASN.1 定义；
6） I-KE 使用 T-KE 中带有下列设定参数的 INITIALIZATION.response 服务来传送 VST：
   i） LID；
   ii） VST。
7） I-KE 应保存 BeaconID 和时间；
8） I-KE 应保存 VST 的 ApplicationList 和 LID。

7.4.3 RSU：对 VST 的应答

RSU 的 I-KE 应用 T-KE 中带有下列设定参数的 INITIALIZATION.confirm 来接收 VST：

a） LID；
b） VST。

I-KE 应使用带有下列参数的 NotifyApplicationRSU 来通知应用层用户：

a） Priority，对于必备应用中的 DSRCApplicationEntityIDs，是必备应用清单中的位置；对可选应用中 DSRCApplicationEntityIDs，是必备应用中 DSRCApplicationEntityIDs 的个数加上在 nonmandApplications 中的位置；
b） DID，若出现，则是 VST 中的 DID，否则空缺；
c） LID，INITIALIZATION.confirm 中收到的 LID；
d） ApplicationParameter，若出现，则是 VST 中的应用参数，否则空缺；
e） obuConfiguration，VST 中的 ObuConfiguration。

I-KE 应将 LID 和 VST 中给定的配置之间的关系通知给层管理，且在 OBU 与该 LID 的后续通信中使用。

I-KE 应存储 VST 的 ApplicationList 和 INITIALIZATION.confirm 中给定的 LID。

7.4.4 RSU：RegisterApplicationRSU

接收到 RegisterApplicationRSU 原语，RSU 的 I-KE 应向必备或可选应用中分别插入原语中给定的信息。它使用参数“必备应用”和“优先级”中给定的信息。应向 BST 的 ProfileList 中插入配置。

7.4.5 OBU：RegisterApplicationOBU

接收到 RegisterApplicationOBU 原语，OBU 的 I-KE 应将此应用加到已注册的应用清单中。

OBU 的每个目录应具有唯一的 DID（DID = 0 已保留）。

7.4.6 OBU：DeregisterApplication

接收到 DeregisterApplication，I-KE 应将此应用从已注册的应用清单中删除。

7.4.7 RSU：DeregisterApplication

接收到 DeregisterApplication，I-KE 应将注册项从 BST 的应用清单中删除。

7.4.8 RSU:释放应用

接收到 EndApplication,I-KE 应将从 VST 中获得的应用清单移除。若清单为空(如所有应用被删除),I-KE 应向同级 I-KE 传送释放。它应使用带有下列参数的 T-KE 的 EVENT-REPORT. request:

a) IID(空缺);
b) LID;
c) DID 等于 0;
d) EventType 等于 Release(0);
e) EventParameter(空缺);
f) Mode 等于 FALSE;
g) FlowControl 等于 1。

7.4.9 OBU:释放的接收

I-KE 应以带有下列参数的 EVENT-REPORT. indication 来接收释放:

a) IID(空缺);
b) LID;
c) DID 等于 0;
d) EventType 等于 Release(0);
e) EventParameter(空缺);
f) Mode 等于 FALSE。

I-KE 应删除 VST。

8 B-KE

8.1 总则

B-KE 应:

a) 通过 OBU 和 RSU 的广播群组交换,为 RSU 和 OBU 的各种应用实现广播信息分发、收集;
b) 按照 8.2 规定的服务原语提供服务;
c) 按照发送附录 A 中规定广播群组实现通信;
d) 按照 8.3 规定的协议规程实现广播。

8.2 服务

8.2.1 服务原语

B-KE 应由下列服务原语提供服务:

a) BroadcastData:只由 RSU 端的应用启用,实现向 OBU 端的同级应用文件以记录形式广播信息;

b) GetBroadcastData:只由 OBU 端的应用启用,实现对广播数据的获取,包括 GetBroadcastData. resquest 和 GetBroadcastData. confirm。

8.2.2 服务原语的格式

服务原语的格式见表 17 和表 18。

表 17 BroadcastData 原语

参数名称	英文表示	可选/必备	ASN.1 型
目录标识	DID	必备	Dsrc - DID
文件	File	必备	FID
记录	Record	必备	Record

表18 GetBroadcastData 原语

参数名称	英文表示	请求	确认	ASN.1型
目录标识	DID	必备	—	Dsrc - DID
文件标识	FID	必备	—	FID
记录标识	RID	必备	—	INTEGER
记录	Record	—	必备	Record

8.2.3 参数的设定和释义

8.2.3.1 目录标识

接收方的ASN.1型专用短程通信目录标识。

8.2.3.2 文件标识

广播记录所存储文件号,且要求该文件为记录型文件。

8.2.3.3 记录标识

广播信息记录标识号。

8.2.3.4 记录

广播信息记录内容,可变长度。

8.3 协议规程

8.3.1 RSU:广播群组的传输

RSU端的B-KE应定期使用带有下列设定参数的T-KE的SET.request服务来传送附件A中规定的广播群组:

a) IID(空缺);
b) LID是0xFFFFFFFF;
c) DID;
d) FID;
e) Offset等于RID;
f) FileContent等于Record;
g) Mode等于FALSE;
h) FlowControl等于1。

8.3.2 OBU:广播群组的接收

OBU的B-KE应用带有下列参数的T-KE的SET.indication来接收广播群组:

a) IID(空缺);
b) LID等于0xFFFFFFFF;
c) FID;
d) Offset等于RID;
e) FileContent等于Record;
f) Mode等于FALSE。

OBU端的B-KE应将B-KE的新值Record加入广播记录缓冲区中。

8.3.3 RSU:BroadcastData

若广播记录缓冲区的上条记录内容完全相同,则忽略之;否则B-KE应向广播记录缓冲区的内容加入新记录,且当前记录RID为0,以前记录RID逐次加1。

8.3.4 OBU:GetBroadcastData

B-KE应使用GetBroadcastData.request中给定的RID对文件进行获取,并用GetBroadcastData.confirm将获得结果交给有DID的应用。

附 录 A
(规范性附录)
数 据 结 构

A.1 模块的使用

T-KE 应使用 DSRCData 模块和 DSRCtransferData 模块。

注 1:IMPORT 和 EXPORT 机制在 GB/T 16262 中作了标准化。

注 2:本附件规定了数据结构。在使用本附件时,使用者应按相应的系统规定数据结构的详细内容,按规定数据结构在 T-KE 中使用 DSRCData 模块和 DSRCtransferData 模块

A.2 ASN.1 模块

```
DSRCData   DEFINITIONS::= BEGIN
  IMPORTS
  ContainerJ-y   FROM   ApplicationJ     ——此行应对定义容器类型数据的每个应用者给出,
                                         ——J 和 y 应由无歧义的后缀取代。
  RecordJ-y      FROM   ApplicationJ;    ——此行应对定义记录类型数据的每个应用者给出,
                                         ——J 和 y 应由无歧义的后缀取代。
  --EXPORTS everything;

Action-Request::=SEQUENCE{
   mode                    BOOLEAN,
   did                     Dsrc-DID,
   actionType              ActionType,
   accessCredentials       OCTET STRING (SIZE(0..127 ,...)) OPTIONAL,
   actionParameter         Container OPTIONAL,
   iid                     Dsrc-DID OPTIONAL
   }

Action-Response::=SEQUENCE{
   fill                    BIT STRING (SIZE(2)),
   did                     Dsrc-DID,
   responseParameter       Container OPTIONAL,
   iid                     Dsrc-DID OPTIONAL,
   ret                     ReturnStatus
   }

ActionType::=INTEGER(0..127 ,...)
   --在 GB/T 20851.4—2007《电子收费  专用短程通信  第 4 部分:设备应用》中已经定义如下操
作:
   --  0   getSecure
   --  1   setSecure
```

```
    -- 2  getRand
    -- 3  transferChannel
    -- 4  setMMI
    --  (5.. 80)    保留给 DSRC 应用
--  (81..127)  保留给私有应用

ApplicationContextMark::=Container
        (WITH COMPONENTS {octetstring  PRENSENT})
    --ApplicationContextMark 的示例可在 GB/T 20851.4—2007(《电子收费 专用短程通信  第 4 部分:
设备应用》中找到,参考 SysInfoFile 的相关内容。

ApplicationList::=SEQUENCE (SIZE (0..127 ,...)) OF
    SEQUENCE{
        aid                             DSRCApplicationEntityID,
        did                             Dsrc-DID OPTIONAL,
        applicationParameter            ApplicationContextMark OPTIONAL
        }

BeaconID::= SEQUENCE{
    manufacturerID          INTEGER(0..255),
    individuaLID            INTEGER(0..16777215)
}

BroadCastPool::=File

BST::=SEQUENCE{
        fill                    BIT STRING(SIZE(3)),
        rsu                     BeaconID,
        time                    Time,
        profile                 Profile,
        mandapplications        ApplicationList,
        nonmandapplications     ApplicationList OPTIONAL,
        profileList             SEQUENCE (0..127 ,...) OF Profile
        }

Container::=CHOICE{
    integer                     [0]INTEGER,
    bitstring                   [1] BIT STRING,
    octetstring                 [2] OCTET STRING(SIZE(0..127),...),,
    universalString             [3] UniversalString,
    beaconID                    [4] BeaconID,
    t-apdu                      [5] T-APDUs,
    dsrcApplicationEntityId     [6] DSRCApplicationEntityID,
```

```
    dsrc-Ase-Id          [7] Dsrc-DID,
    fileId               [8] FID,
    file                 [9] File,
    broadcastPool        [10] BroadcastPool,
    directory            [11] Directory,
    time                 [12] Time,
    vector               [13] SEQUENCE (0..255) OF INTEGER(0..127 ,...),
    filelist             [14] FileList,
    dummy                [15..96]      --保留为 DSRC 应用,
    private              [97..127]     --保留给私有应用,
    ...
    , contI-x            [i]  ContainerI-x  --此行应对每个进口 ContainerI. x 给出,
                                            --其中 I. x 被相关的后缀取代, i 为从 0
                                            --开始的已登记的标签。
                                            --间隙应由 contI. x [i] BIT STRING 来填充;
}

Create - Request::= SEQUENCE{
    fill                 BIT STRING (SIZE(2)),
    did                  Dsrc-DID,
    accessCredentials    OCTET STRING(SIZE(0..127 ,...)) OPTIONAL,
    filelist             FileList,
    iid                  DsrcApplicationEntityID OPTIONAL
    }

Create - Response::= SEQUENCE{
    fill                 BIT STRING(SIZE(3)),
    did                  Dsrc-DID,
    iid                  Dsrc-DID OPTIONAL,
    ret                  ReturnStatus
    }

Directory::= SEQUENCE (SIZE(0..127 , ...)) OF FID

Dsrc-DID::= INTEGER(0..127 ,...)        --  DirectroyID

DsrcApplicationEntityID::= INTEGER{
    system                          (0),
    electronic-toll-collection      (1),   --  电子应用
    road-tag-station-management     (2),   --  道路标识站应用
    electronic-road-price           (3),   --  城市道路收费
    freight-fleet-management        (4),
    public-transport                (5),
```

```
    traffic-traveller-information              (6),
    traffic-control                            (7),
    parking-management                         (8),
    geographic-road-database                   (9),
    medium-range-preinformation                (10),
    man-manchine-interface                     (11),
    emergency-warning                          (12)
    } (0..31 ,...)
    --(17—28) 保留给 DSRC 应用
    --(28—31) 保留给私有应用

Event-Report-Request::=SEQUENCE{
    mode                      BOOLEAN,
    did                       DirectoryID,
    eventType                 EventType,
    accessCredentials         OCTET STRING (SIZE(0..127 ,...)) OPTIONAL,
    eventParameter            Container OPTIONAL,
    iid                       Dsrc-DID OPTIONAL
    }

Event-Report-Reponse::=SEQUENCE{
    fill                 BIT STRING (SIZE(2)),
    did                  DirectoryID,
    iid                  Dsrc-DID OPTIONAL,
    ret                  ReturnStatus OPTIONAL
    }

EventType::=INTEGER{
    release               (0)
    } (0..127 ,...)
    --(1—80)保留为 DSRC 应用
    --(81—127)保留为自用

FID::= INTEGER(0..127 ,...)

File::= OCTET STRING(SIZE(0..127 , ...))

FileInfo::=SEQUENCE{
    fileID               FID,
    length               INTEGER(0..32767 , ...),
    type                 FileType,                 --文件类型
    accessRights         FileAccessRights          --访问权限
}
```

```
FileAccessRights::= SEQUENCE{
    read            BIT STRING (SIZE (2)),
    write           BIT STRING (SIZE (2)),
    reserved        BIT STRING (SIZE(4))
    }

FileIdList::=SEQUENCE(SIZE(0..127 , ...))OF FID

FileList::=SEQUENCE(SIZE(0..127 , ...)) OF FileInfo

FileType::=INTEGER{
    typeBinary          (0),
    typeRecord          (1)
}(0..127 , ...)

Get-Request::=SEQUENCE{
    fill                BIT STRING (SIZE(2)),
    did                 Dsrc-DID,
    accessCredentials   OCTET STRING(SIZE(0..127 ,...)) OPTIONAL,
    iid                 DsrcApplicationEntityID OPTIONAL,
    fileID              FID,
    offset              INTEGER(0..32767 ,...),
    length              INTEGER(0..127 ,...)
    }

Get-Response::=SEQUENCE{
    fill                BIT STRING (SIZE(2)),
    did                 Dsrc-DID,
    iid                 Dsrc-DID OPTIONAL,
    fileId              FID,
    fileContent         File OPTIONAL,
    ret                 ReturnStatus
    }

Initialization-Request::=BST

Initialization-Response::=VST

NamedFile::=SEQUENCE{
    fileID                  FID,
    fileContent             File
}
```

```
ObuStatus::=SEQUENCE{
    iccPresent          BOOLEAN,        --存在(0),无(1)
    iccType             BIT STRING (SIZE(3)),     --逻辑加密接触卡(X1),CPU 接触卡(X0)
                                                  --逻辑加密非接触卡(1X),CPU 接触卡(0X)
    iccStatus           BOOLEAN,        -- IC 卡正常(0),出错(1)
    locked              BOOLEAN,        -- OBU 未锁(0),被锁(1)
    tampered            BOOLEAN,        -- OBU 未被拆动(0),被拆动(1)
    battery             BOOLEAN,        -- OBU 电池正常(0),电池电量低(1)
    reservedBits        BIT STRING (SIZE(8))
    }

ObuConfiguration::=SEQUENCE{
    macID               INTEGER(0..4294967295),   -- MAC 地址,同时作为 LID。
    equipmentClass      BIT STRING (SIZE(4)),     -- 0 不支持 IC 卡接口 1 支持 IC 卡接口
    equipmentVersion    BIT STRING (SIZE(4)),
    obuStatus           ObuStatus
    }

Profile::=INTEGER(0..127 ,...)
    -- b6 b5 b4 表示配置号;b3 b2 b1 b0 表示配置的所支持的信道号
    -- 00H 配置 0(A 类)的信道 1
    -- 01H 配置 0(A 类)的信道 2
    -- 10H 配置 1(B 类)的信道 1
    -- 11H 配置 1(B 类)的信道 2
    -- (0-80) 保留给 DSRC 应用
    -- (81-127) 保留给私有应用

Record::=SEQUENCE OF Container

Remove-Request::=SEQUENCE{
    fill                BIT STRING (SIZE(2)),
    did                 Dsrc-DID,
    accessCredentials   OCTET STRING(SIZE(0..127 ,...)) OPTIONAL,
    fileIdlist          FileIdList,
    iid                 DsrcApplicationEntityID OPTIONAL
}

Remove-Response::=SEQUENCE{
    fill                BIT STRING(SIZE(3)),
    did                 Dsrc-DID,
    iid                 Dsrc-DID OPTIONAL,
    ret                 ReturnStatus
    }
```

```
ReturnStatus::=INTEGER{
    noError                      (0),
    accessDenied                 (1),
    argumentError                (2),
    complexityLimitation         (3),
    processingFailure            (4),
    processing                   (5),
    chainingError                (6)
    }(0..127 ,...)
    --(7-127)保留给 DSRC 应用

RID::= INTEGER(0..127 ,...)

Set-Request::=SEQUENCE{
    fill                 BIT STRING (SIZE(1)),
    mode                 BOOLEAN,
    did                  Dsrc-DID,
    accessCredentials    OCTET STRING(SIZE(0..127 ,...)) OPTIONAL,
    iid                  Dsrc-DID OPTIONAL,
    fileId               FID,
    offset               INTEGER(0..32767 ,...),
    length               INTEGER(0..127 ,...),
    fileContent          File
    }

Set-Response::=SEQUENCE{
        fill             BIT STRING(SIZE(3)),
        did              Dsrc-DID,
        fileId           FID,
        iid              Dsrc-DID OPTIONAL,
        ret              ReturnStatus
        }

Time::=INTEGER(0..424967295)— 从 1970 年 1 月 1 日 00:00（协调世界时）起,以秒计算的累计总时间。

T-APDUs::= CHOICE{
    action-request         [0] Action-Request,
    action-response        [1] Action-Response,
    create-request         [2] Create-Request,
    create-response        [3] Create-Response,
    remove-request         [4] Remove-Request,
```

```
    remove-response              [5] Remove-Response,
    event-report-request         [6] Event-Report-Request,
    event-report-response        [7] Event-Report-Response,
    set-request                  [8] Set-Request,
    set-response                 [9] Set-Response,
    get-request                  [10] Get-Request,
    get-response                 [11] Get-Response,
    initialization-request       [12] Initialization-Request,
    initialization-response      [13] Initialization-Response
}

VST::=SEQUENCE{
    fill                          BIT STRING (SIZE(4)),
    profile                       Profile,
    applications                  ApplicationList,
    obuConfiguration              ObuConfiguration
    }

END

DSRCtransferData  DEFINITIONS::=  BEGIN
IMPORTS  T-APDUs  FROM  DSRCData;
-- EXPORTS everything;
Message::=   T-APDUs  --消息在 DSRC 链路上传输;

END
```

附 录 B
(资料性附录)
编 码 示 例

B.1 概述

下列示例说明了 ETC 应用中 BST/VST 应用层内容交换的编码情况。

B.2 BST(下行链路)

BST 示例见表 B.1,包含 1 个应用(AID=1 代表 ETC)。

表 B.1 BST 示例

八位位组号	字 段	八位位组中的位 b7							b0	描 述
0	字段字头	1	f	f	f	f	0	0	1	无分段。ffff: PDU 号码。不得设定到 0000 或 0001
1	BST SEQUENCE	1	1	0	0					INITIALIZATION. request
	{									
	Option indicator					0				不显示可选应用
	fill						0	0	0	填充
2	BeaconID INTEGER(0..2^{32}-1)	i	i	i	i	i	i	i	i	
3		i	i	i	i	i	i	i	i	
4		i	i	i	i	i	i	i	i	
5		i	i	i	i	i	i	i	i	
6	Time INTEGER(0..2^{32}-1),	t	t	t	t	t	t	t	t	(MSB) 32 bit UNIX real time.
7		t	t	t	t	t	t	t	t	
8		t	t	t	t	t	t	t	t	
9		t	t	t	t	t	t	t	t	
10	Profile INTEGER(0..127 ,...)	0	p	p	p	c	c	c	c	无扩展,配置值 b6 b5 b4 表示配置号; b3 b2 b1 b0 表示配置的所支持的信道号 00 H A 类信道 1 01 H A 类信道 2 10 H B 类信道 1 11 H B 类信道 2
11	MandApplication SEQUENCE(0..127 ,..) OF	0	n	n	n	n	n	n	n	无扩展,1 个应用,取值 1
	{									

表 B.1（续）

八位位组号	字　段	八位位组中的位 b7							b0	描　述
12	OPTION indicator	0								Dsrc－DID 不显示
	OPTION indicator		0							Parameter 不存在
	DSRCApplicationEntityID			0	0	0	0	0	1	无扩展，AID ＝ 1（ETC）
	}									
13	ProfileList SEQUENCE （0..127 ,...） OF Profile	0	0	0	0	0	0	0	0	无扩展,列表中的配置文件号＝0
	}									

B.3 VST（上行链路）

VST 示例见表 B.2。

表 B.2 VST 示例

八位位组号	字　段	八位位组中的位 b7							b0	描　述
0	字段字头	1	f	f	f	f	0	0	1	无分段。ffff：PDU 号码。不得设定到 0000 或 0001
1	VST SEQUENCE	1	1	0	1					INITIALIZATION. response
	{									
	Fill BIT STRING（SIZE(4)）					0	0	0	0	设为 0
2	Profile INTEGER（0..127 ,...）	0	p	p	p	p	p	p	p	无扩展，配置号
3	Applications SEQUENCE（0..127 ,...）OF									无扩展,1 个应用
4	{									
	OPTION indicator	1								DID 显示
	OPTION indicator		0							Parameter 不存在
	DSRCApplicationEntityID			0	0	0	0	0	1	无扩展，AID ＝ 1（ETC）
5	Dsrc－DID }	e	e	e	e	e	e	e	e	在 OBU 中是唯一的
6	ObuConfiguration SEQUENCE									
	{									
	macID	m	m	m	m	m	m	m	m	MAC 标识（同时作为链路地址）
7		m	m	m	m	m	m	m	m	
8		m	m	m	m	m	m	m	m	
9		m	m	m	m	m	m	m	m	

表 B.2(续)

八位位组号	字段	八位位组中的位 b7							b0	描述
10	equipmentClass	0	0	0	1					设备类型:支持 IC 卡接口
	equipmentVersion					0	0	0	1	设备版本:1
11	ObuStatus	1	0	0	0	0	0	1	0	设备状态:带 IC 卡,被拆动
12		r	r	r	r	r	r	r	r	
	} }									

附　录　C
（资料性附录）
A 类和 B 类兼容性管理

A 类和 B 类的设备通过 BST 实现兼容性管理，兼容性的实现在 RSU 端，即 RSU 支持 A 和 B 类两类协议。A 类和 B 类参见标准 GB/T 20851.1—2007（《电子收费　专用短程通信　第 1 部分：物理层》）。

兼容性设计示例

a）RSU 周期性广播 A-BST 和 B-BST；

b）A 类 OBU 或者 B 类 OBU 响应 VST；

c）RSU 判断 OBU 类型；

d）RSU 与该 OBU 建立专用链路，并按照确定的协议（A 或者 B）进行后续通信。

附 录 D
（规范性附录）
命名和登记

D.1 登记项

DSRC 应用层的 ManufacturerID 和 MAC 地址应以唯一的标识来登记。

D.2 应用标准的定义项

应用标准应保证下列数据项的统一性。

——ActionType:应是操作唯一的标识;

——Dsrc-DID:应是在每个应用中是唯一的;

——EventType:应是事件唯一的通用标识。

ICS 35.200
L 65

中华人民共和国国家标准

GB/T 20851.4—2007

电子收费 专用短程通信
第4部分:设备应用

Electronic toll collection—Dedicated short range communication—
Part 4: Equipment application

2007-03-19 发布 2007-05-01 实施

中华人民共和国国家质量监督检验检疫总局
中国国家标准化管理委员会 发布

目　次

前　言

GB/T 20851—2007《电子收费　专用短程通信》分为：

——第1部分：物理层；

——第2部分：数据链路层；

——第3部分：应用层；

——第4部分：设备应用；

——第5部分：物理层主要参数测试方法。

本部分为GB/T 20851—2007的第4部分。

本部分的附录A为规范性附录，附录B为资料性附录。

本部分由全国智能运输系统标准化技术委员会（SAC/TC 268）提出并归口。

本部分起草单位：交通部公路科学研究院、深圳市金溢科技有限公司。

本部分主要起草人：宋向辉、罗瑞发、陈丙勋、刘咏平、肖迪、杨蕴、谌仪、杨成。

电子收费　专用短程通信
第4部分:设备应用

1　范围

本部分规定了用于电子收费(ETC)的专用短程通信设备的应用总则、技术要求、数据结构、应用接口和应用安全。

本部分适用于公路电子收费系统,自动车辆识别(AVI)、车辆出入管理、城市道路收费等领域可参照使用。

2　规范性引用文件

下列文件中的条款通过GB/T 20851的本部分的引用而成为本部分的条款。凡是注日期的引用文件,其随后所有的修改单(不包括勘误的内容)或修订版均不适用于本部分,然而,鼓励根据本部分达成协议的各方研究是否可使用这些文件的最新版本。凡是不注日期的引用文件,其最新版本适用于本部分。

GB/T 2423	电工电子产品环境试验
GB 4208	外壳防护等级(IP代码)
GB/T 20135—2006	智能运输系统　电子收费　系统框架模型
GB/T 20839—2007	智能运输系统　通用术语
GB/T 20851.1—2007	电子收费　专用短程通信　第1部分:物理层
GB/T 20851.2—2007	电子收费　专用短程通信　第2部分:数据链路层
GB/T 20851.3—2007	电子收费　专用短程通信　第3部分:应用层
JR/T 0025—2005	中国金融集成电路(IC)卡规范
ISO/IEC 7816	识别卡——带触点的集成电路卡
ISO/IEC 14443	识别卡——非接触卡规范

3　术语、定义和缩略语

3.1　术语和定义

GB/T 20135—2006和GB/T 20839—2007中确立的术语适用于本部分。

3.2　缩略语

下列缩略语适用于本部分。

AVI　自动车辆识别(Automatic Vehicle Identification)

DID　目录标识(Directory Identifier)

DSRC　专用短程通信(Dedicated Short Range Communication)

ETC　电子收费(Electronic Toll Collection)

FID　文件标识(File Identifier)

ICC　集成电路卡(Integrate Circuit Card)

MAC　信息鉴别码(Message Authentication Code)

MTC　人工半自动收费(Manual Toll Collection)

OBE　车载设备(On Board Equipment)

PSAM　消费安全访问模块(Payment Security Access Module)

RSE　路侧设备(Roadside Equipment)

TDES　三重数据加密标准(Triple Data Encryption Standard)

4　应用总则

4.1　ETC 系统构成

ETC 系统由前端系统和后台数据库系统组成,前端系统包括车道控制系统、RSE、OBE 以及 ICC。

OBE 应为双片式类型,即应支持 ICC 的读写。在 ETC 应用中,涉及电子支付的功能由 ICC 实现,OBE 提供 ICC 至 RSE 信息转发功能。系统构成见图 1。

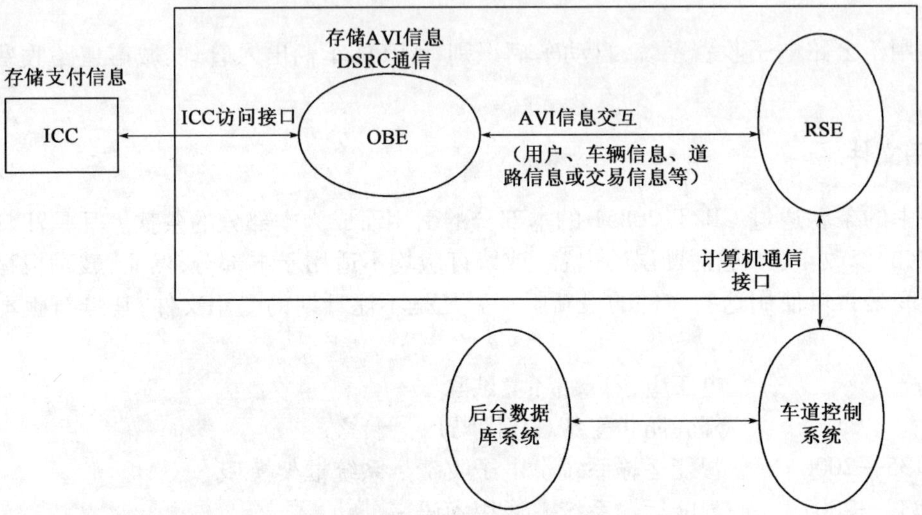

注:方框中的内容为本部分所涉及的内容。

图 1　ETC 系统构成

典型 ETC 交易示例见图 2。

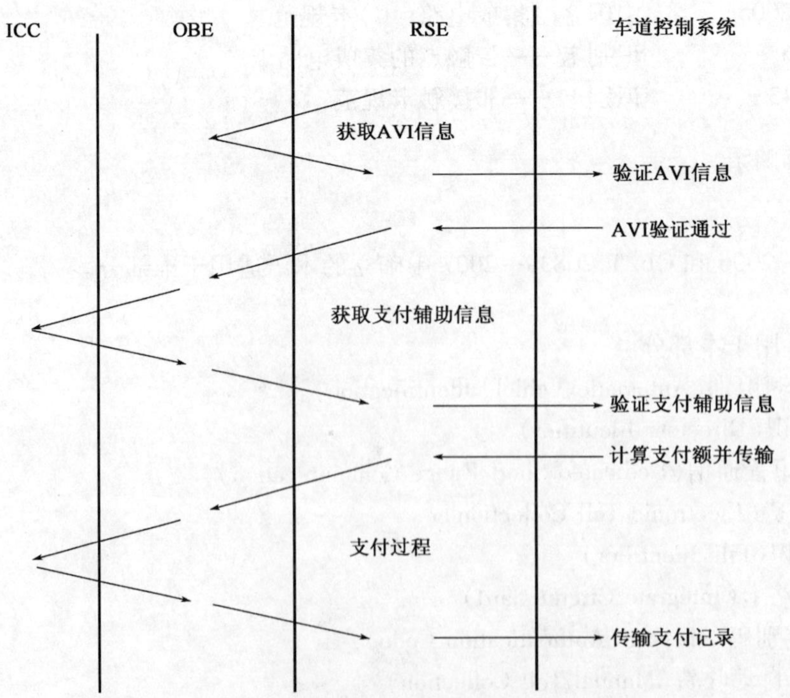

图 2　ETC 交易示例

4.2 OBE 数据一般规定

OBE 内的数据采用目录与文件进行组织。

OBE 内目录分为两类:系统目录及应用目录,系统目录为 OBE 的根目录,只有一个;应用目录是根目录下的子目录,可有多个,一个应用对应一个目录。每个目录下有多个文件,子目录下不应有其他子目录。

文件分为密钥文件和应用文件两类:密钥文件存储用以控制应用数据的安全访问的密钥;应用文件用于存储应用数据。

目录和文件分别以 DID 和 FID 来标识。DID 编号范围为 0x00—0x0F,其中 DID 为 0x00 者为根目录。文件编号 FID 范围为 0x00—0x7F,其中 FID 为 0x00 号者为密钥文件。根目录下的文件为系统文件,应用文件存储于应用目录中。对于 ETC 应用,目录号应为 0x01。

OBE 内的数据组织结构见表 1。

表 1　OBE 数据组织结构表

<table>
<tr><th colspan="3">目录/文件</th><th>文件类型</th><th>ASN.1 数据结构[a]</th></tr>
<tr><td rowspan="7">0x00
根目录</td><td colspan="2">0x00　系统密钥文件</td><td>记录</td><td>SysKeyFile</td></tr>
<tr><td colspan="2">0x01　系统信息文件</td><td>二进制</td><td>SysInfoFile</td></tr>
<tr><td colspan="2">…</td><td>…</td><td>…</td></tr>
<tr><td rowspan="3">0x01　ETC 应用目录</td><td>0x00　ETC 应用密钥文件</td><td>记录</td><td>EtcAppKeyFile</td></tr>
<tr><td>0x01　ETC 应用车辆信息文件</td><td>二进制</td><td>EtcAppVehicleFile</td></tr>
<tr><td>…</td><td>…</td><td>…</td></tr>
<tr><td>… 其他应用目录</td><td>…</td><td>…</td><td>…</td></tr>
<tr><td colspan="5">a ASN.1 数据结构见附录 A。</td></tr>
</table>

4.3 OBE 密钥

密钥分为四类:主控密钥、维护密钥、认证密钥和加密密钥。主控密钥分系统主控密钥和应用主控密钥,系统主控密钥在系统密钥文件中,应用主控密钥在对应的应用密钥文件中。密钥的功能见表 2。

表 2　密 钥 功 能

<table>
<tr><th>密钥类型</th><th>密钥代码</th><th>密钥功能</th><th>应用过程</th></tr>
<tr><td>主控密钥</td><td>0xM0</td><td>(1)认证通过后可创建文件;
(2)对自身进行安全写入;
(3)对同目录下其他密钥的安全写入;
(4)根目录下的主控密钥用于子目录主控密钥的写入</td><td>发行</td></tr>
<tr><td>维护密钥</td><td>0xM1</td><td>本目录文件的安全方式写入</td><td>发行</td></tr>
<tr><td>认证密钥</td><td>0xM2</td><td>本目录文件访问读写权限控制</td><td>交易</td></tr>
<tr><td>加密密钥</td><td>0xM3</td><td>传输过程中数据的加密与解密处理</td><td>交易</td></tr>
<tr><td colspan="4">注:M 为密钥所属的目录编号,如 ETC 应用的主控密钥为 0x10。</td></tr>
</table>

4.4 文件属性

文件访问由密钥控制。

目录和文件的删除与创建在主控密钥的控制下进行。

普通文件(非密钥文件)有四种属性,见表 3。

表3 文件属性

属性	代码	描述
自由	0x00	自由读或写,不需要任何认证或加密处理,传输为明文数据
认证	0x01	认证后可以读或写,传输为明文数据
加密	0x02	读或写的数据内容进行加密处理,传输为密文数据
无权限	0x03	无读或者写的权限

4.5 扩展应用接口

ETC 设备应提供基于 ACTION 服务原语(见 GB/T 20851.3—2007)所扩展的应用接口,见表4。

表4 扩展 ETC 应用接口

操作类型(ActionType)	操作名称	描述
0	GetSecure	安全文件读取,提供 MAC 和安全加密接口
1	SetSecure	安全文件写入,提供 MAC 和安全加密接口
2	GetRand	取随机数,用于安全用途
3	TransferChannel	通道传输,用于向 OBE 部件传输 APDU
4	SetMMI	设置人机界面,规范 OBE 需统一指示的内容

5 关键设备总体技术要求

5.1 OBE 总体技术要求

5.1.1 无线链路通信

OBE 和 RSE 之间的 DSRC 应符合 GB/T 20851.1—2007、GB/T 20851.2—2007、GB/T 20851.3—2007 的相关规定。

5.1.2 安全

OBE 应提供安全访问模块或者达到同样安全等级的芯片,以存放访问控制密钥和 ETC 应用信息等。

OBE 应支持 TDES 算法的数据存取和访问控制。

OBE 中所有初始化数据的写入应采用 TDES 加密方式传输。

OBE 应具备 ICC 读写接口,该接口应符合 ISO/IEC 7816 或 ISO/IEC 14443 TYPE-A 标准的相关规定。

OBE 支持的 ICC 交易流程应符合 JR/T 0025。

5.1.3 信息存储

OBE 内的用户信息存储宜采用数据块的方式,寻址应采用目录树和文件的方式。

OBE 内应具有不小于 1 k 字节作为用户自定义的应用信息存储空间。

5.1.4 部件

5.1.4.1 标准配置部件

OBE 应配置的外部部件:ICC 读写接口、字符显示器、红绿指示灯、蜂鸣器。

5.1.4.2 可选配置部件

OBE 可选的外部部件:扬声器、USB 接口、RS232 串口等有线接口。

5.1.5 防拆卸与恢复

OBE 应具备防止用户拆卸功能,一旦被拆卸,应当立即在 OBE 内的相应信息存储区中设置相应标志字节/标志位。

因拆卸而引起的 ETC 应用失效应能够通过软件设置的方式得到恢复。

5.1.6 应用的更新

OBE 应支持应用更新，更新可采用 DSRC 方式或有线方式。

5.1.7 交易记录

OBE 应支持不少于 50 条最新交易记录的存储，交易记录可采用 DSRC 方式或有线方式读出。

5.1.8 可靠性

OBE 平均无故障时间应大于 50 000h。

5.1.9 平均免维护时间

OBE 平均免维护时间不小于 2 年(按每天 10 次交易计算)。

5.1.10 环境条件

环境条件应符合：

a) 工作温度：一般要求 -25℃ ~ +70℃(寒区 -40℃ ~ +70℃)；

b) 存储温度：-40℃ ~ +70℃；

c) 相对工作湿度：5% ~100%；

d) 静电：8kV；

e) 振动：应符合 GB/T 2423.13；

f) 冲击：应符合 GB/T 2423.6 试验 Eb 和导则。

5.2 RSE 总体技术要求

5.2.1 工作方式

RSE 采用联机工作方式。

RSE 应提供应用层服务原语接口。

5.2.2 无线链路通信

RSE 和 OBE 之间的 DSRC 应符合 GB/T 20851.1—2007、GB/T 20851.2—2007、GB/T 20851.3—2007 的相关规定。

5.2.3 安全

RSE 应内置符合 JR/T 0025 安全交易规范规定的 PSAM 作为安全认证模块，所有的加密和认证过程均通过 PSAM 的方式进行。

PSAM 卡通信速率不低于 56 kbps。单次 TDES 计算时间不大于 250μs。

5.2.4 接口

RSE 应至少具有 RS232、RS485、USB 或以太网方式之一的上位机通信接口。

RSE 应具有符合 ISO/IEC 7816 要求的 PSAM 卡座接口，支持对符合 JR/T 0025 安全交易规范要求的 PSAM 的透明指令操作。

RSE 宜具有 TTL 电平的光电隔离接口。

5.2.5 程序和应用的更新

RSE 应具有通过上位机接口进行在线程序和应用更新的能力。

5.2.6 安装

固定安装方式的 RSE 设备支持户外安装，防护等级应满足 GB 4208 的要求，并可采用路侧或者顶挂方式；宜采用顶挂安装方式，且吊装在车道正中，挂装高度不低于 5.5m。

5.2.7 通信区域

RSE 设备通信区域宽度应可调整在 3.3m 范围内，见图 3。

5.2.8 供电

RSE 设备应采用 220V/50Hz 交流电源供电。

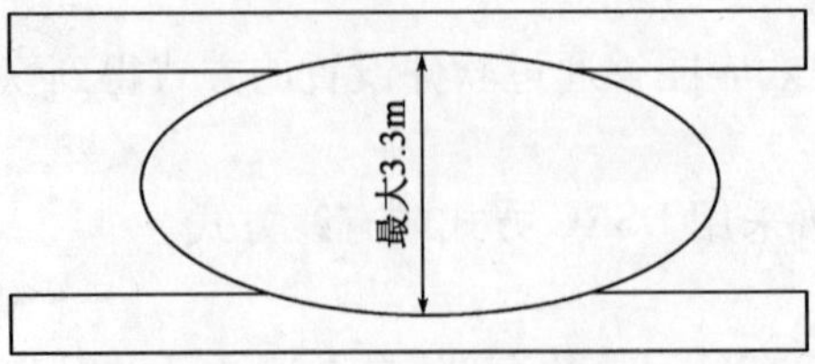

图3 通信区域宽度示意图

5.2.9 可靠性

RSE 平均无故障时间应大于 70 000h。

5.2.10 环境条件

环境条件应符合：

a) 工作温度：一般要求 -20℃ ~ +55℃（寒区 -35℃ ~ +40℃）；
b) 存储温度：-40℃ ~ +85℃；
c) 相对工作湿度：4% ~100%；
d) 静电：8kV；
e) 振动：应符合 GB/T 2423.13；
f) 冲击：应符合 GB/T 2423.6 试验 Eb 和导则；
g) 盐雾：应符合 GB/T 2423.18；
h) 雷击：抗 4kV 10/200μs 雷击。

6 OBE 数据结构

6.1 数据结构与属性

OBE 的数据分为系统数据和应用数据两类，数据结构与属性见表 5。

表5 OBE 数据结构与属性

目录号	文件号	文件名称	ASN.1 数据结构定义	类型	读属性	写属性
0	0	系统密钥文件	SysKeyFile	记录	0x03	0x01
	1	系统信息文件	SysInfoFile	二进制	0x00	0x02
1	0	ETC 应用密钥文件	EtcKeyFile	记录	0x03	0x01
	1	ETC 应用车辆信息文件	EtcVehicleFile	二进制	0x01	0x02
	2	ETC 应用交易记录文件	EtcTransactionFile	记录	0x00	0x00
	3	ETC 应用保留文件	EtcReservedFile	二进制	0x00	0x00
2	0	标识站应用文件	MidStationFile	二进制	0x00	0x00
3	0	城市道路收费应用文件	ErpAppFile	二进制	0x00	0x01
…	…	…	…	…	…	…
15	0	保留	…	…	…	…

6.2 系统数据

6.2.1 系统密钥文件

系统密钥文件的目录号为 0，文件号为 0，ASN.1 定义为 SysKeyFile，系统密钥文件存储 OBE 系统信息安全访问控制密钥，文件内容见表 6。

表6 系统密钥文件

序　　号	字段名称	ASN.1类型	字段内容	密钥代码
1	sysMasterKey	Key	系统主控密钥	0x00
2	sysMaintainKey	Key	系统维护密钥	0x01

6.2.2 系统信息文件

系统信息文件的目录号为0,文件号为1,ASN.1定义为SysInfoFile,存储OBE发行及合同相关信息,文件内容见表7。

表7 系统信息文件

序　　号	字段名称	ASN.1类型	字段内容
1	contractProvider	OCTET STRING (SIZE(8))	服务提供商名称
2	contractType	INTEGER(0..127,...)	协约类型
3	contractVersion	INTEGER(0..127,...)	合同版本
4	contractSerialNumber	ContractSerialNumber	合同序列号
5	contractSignedDate	Date	合同签署日期
6	contractExpiredDate	Date	合同过期日期
7	Reserved	OCTET STRING (SIZE(64))	预留

6.3 ETC应用数据

6.3.1 ETC应用密钥文件

ETC应用密钥文件目录号为1,文件号为0,ASN.1定义为EtcKeyFile,存储OBE的ETC应用数据安全访问控制密钥,文件内容见表8。

表8 ETC应用密钥文件

序　　号	字段名称	ASN.1类型	字段内容	密钥代码
1	etcMasterKey	Key	ETC应用主控密钥	0x10
2	etcMaintainKey	Key	ETC应用维护密钥	0x11
3	etcAccessKey	Key	ETC应用认证密钥	0x12
4	etcEncryptKey	Key	ETC应用加密密钥	0x13
注:etcAccessKey用于认证,etcEncryptKey用于加密和鉴别码计算				

6.3.2 ETC应用车辆信息文件

ETC应用车辆信息文件目录号为1,文件号为1,ASN.1定义为EtcVehicleFile,文件内容见表9。

表9 ETC应用车辆信息文件

序　　号	字段名称	ASN.1类型	字段内容
1	vehicleLicencePlateNumber	OCTET STRING (SIZE(12))	车牌号
2	vehicleLicencePlateColor	OCTET STRING (SIZE(2))	车牌颜色
3	vehicleClass	INTEGER(0..127,...)	车型
4	vehicleUserType	INTEGER(0..127,...)	车辆用户类别
5	vehicleDimensions	VehicleDimensions	车辆尺寸
6	vehicleWheels	INTEGER(0..127,...)	车轮数
7	vehicleAxles	INTEGER(0..127,...)	车轴数
8	vehicleWheelBases	INTEGER(0..65535)	轴距

表9(续)

序号	字段名称	ASN.1类型	字段内容
9	vehicleWeitghtLimits	INTEGER(0..$2^{24}-1$)	车辆载重/座位数
10	vehicleSpecificInfomation	OCTET STRING(SIZE(16))	车辆特征描述
11	VehicleEngineNumber	OCTET STRING(SIZE(16))	车辆发动机号
12	vehicleReserved	OCTET STRING(SIZE(10))	保留字段

6.3.3 ETC应用交易记录文件

ETC应用交易记录文件目录号为1,文件号为2,ASN.1定义为EtcTransactionFile,ETC交易记录空间写满时,记录用先入先出的方式循环进入记录区,文件内容见表10。

表10 ETC应用交易记录文件

序号	字段名称	ASN.1类型	字段内容
1	RecordCount	INTEGER(0..127,...)	记录数
2	Record1 Length	INTEGER(0..127,...)	第一条记录的长度
3	Record1	OCTET STRING (SIZE(Record1 Length))	第一条记录内容
4	Record2 Length	INTEGER(0..127,...)	第二条记录的长度
5	Record2	OCTET STRING (SIZE(Record2 Length))	第二条记录内容
…	…	…	…
$2n$	RecordnLength	INTEGER(0..127,...)	第 n 条记录的长度
$2n+1$	Recordn	OCTET STRING (SIZE(RecordnLength))	第 n 条记录内容

6.3.4 ETC应用保留文件

ETC应用保留文件目录号为1,文件号为3,ASN.1定义为EtcReservedFile,文件预留为OCTET STRING(SIZE(40))。

6.3.5 标识站应用文件

标识站应用文件目录号为2,文件号为0,ASN.1定义为MidStationFile,文件预留为OCTET STRING(SIZE(40))。

6.3.6 城市道路收费应用文件

城市道路收费应用文件目录号为3,文件号为0,ASN.1定义为ErpAppFile,文件预留为OCTET STRING(SIZE(40))。

7 ETC应用接口

7.1 ACTION服务原语

ETC应用在应用层服务原语ACTION之上扩展出ETC应用接口,其中ACTION服务原语如下:

```
Action-Request::=SEQUENCE{
    mode                BOOLEAN,
    did                 Dsrc-DID,
    actionType          ActionType,
    accessCredentials   OCTET STRING (SIZE(0..127 ,...)) OPTIONAL,
    actionParameter     Container OPTIONAL,
    iid                 Dsrc-DID OPTIONAL
    }
```

```
Action-Response::=SEQUENCE{
    fill                    BIT STRING (SIZE(1)),
    did                     Dsrc-DID,
    responseParameter       Container OPTIONAL,
    iid                     Dsrc-DID OPTIONAL,
    ret                     ReturnStatus
    }
ActionType::=INTEGER(0..127 ,...)
    已经定义如下操作:
    -0  GetSecure
    -1  SetSecure
    -2  GetRand
    -3  TransferChannel
    -4  SetMMI
```

ActionType 中,5…80 保留给 DSRC 应用,81…127 保留给私有应用。

7.2 GetSecure 服务原语

7.2.1 功能

GetSecure 用于实现安全的数据读取,并提供可选的认证、加密和信息鉴别的机制。其中:

a) 认证:RSE 端提供访问凭证,OBE 端验证通过后才允许读取;

b) 加密:OBE 端对数据加密后再传输到 RSE 端,RSE 端需对之解密后才可获取原始数据;

c) 信息鉴别:对所传输的数据进行加密运算产生 MAC,随数据后一起传输;RSE 端接收到首先对之进行验证,无误后进行后续处理。

本接口中,a)和 b)为可选项,c)为必备项;对于无需 b)或 c)的情形,需调用 Get 服务实现。

上述三者视安全要求可组合运用。

如果同时出现 b)和 c)的情形,MAC 应基于加密后的信息计算得到。

7.2.2 接口

7.2.2.1 请求(GetSecure. request)

GetSecure. request 参数要求见表 11。

表 11 GetSecure. request 参数要求

参　数	取　值	参 数 说 明
mode	TRUE	确认模式,需应答
did	Dsrc-DID	ETC 应用等于 1
actionType	0	等于 0
accessCredentials	—	可选

actionParameter	GetSecureRq::=SEQUENCE{
	fill BIT STRING (SIZE(7)),
	fileid FID,
	offset INTEGER(0..65535 ,...),
	length INTEGER(0..127 ,...),
	rndRsuForAuthen Rand,
	keyIdForAuthen INTEGER(0..255),
	keyIdForEncrypt INTEGER(0..255)
	OPTIONAL
	}
		
		文件标识
		操作数据起始位置
		操作数据长度
		产生 MAC 用随机数
		产生 MAC 用密钥索引号
		加密密钥索引号

iid	—	不存在

7.2.2.2 应答(GetSecure. response)

GetSecure. response 参数要求见表 12。

表 12 GetSecure. response 参数要求

参 数	取 值	参数说明
did	Dsrc-DID	ETC 应用对应 1

responseParameter	GetSecureRs::=SEQUENCE{
	fileid FID,
	file File,
	Authenticator OCTET STRING (SIZE(8))
	}
		可选
		文件标识
		读取的数据(可能加密)
		鉴别码

iid	—	不存在
ret	ReturnStatus	必备

7.3 SetSecure 服务原语

7.3.1 功能

SetSecure 用于实现安全的数据写入,并提供可选的认证、加密和信息鉴别的机制。其中:

a) 认证:RSE 端提供访问凭证,OBE 端验证通过后才允许读取;

b) 加密:OBE 端对数据加密后再传输到 RSE 端,RSE 端需对之解密后才可获取原始数据;

c) 信息鉴别:对所传输的数据进行加密运算产生信息鉴别码,随数据一起传输;RSE 端接收到首先对之进行验证,无误后进行后续处理。

本接口中,a)和 b)为可选项,c)为必选项;对于无需 b)或 c)的情形,需调用 Set 服务实现。

上述三者示安全要求可组合运用。

如果同时出现 b)和 c)的情形,信息鉴别码应基于加密后的信息计算得到。

7.3.2 接口

7.3.2.1 请求(SetSecure. request)

SetSecure. request 参数要求见表 13。

表 13 SetSecure. request 参数要求

参 数	取 值	参数说明
mode	TRUE	确认模式,需应答
did	Dsrc-DID	ETC 应用等于 1
actionType	1	等于 1
accessCredentials	—	可选

actionParameter	SetSecureRq::=SEQUENCE{
	fill BIT STRING (SIZE(7)),
	fileid FID,
	offset INTEGER(0..65535 ,...),
	length INTEGER(0..127 ,...),
	file File,
	rndRsuForAuthen Rand,
	keyIdForAuthen INTEGER(0..255),
	keyIdForEncrypt INTEGER(0..255) OPTIONAL
	}
		
		文件标识
		操作数据起始位置
		操作数据长度
		数据内容(可能加密)
		产生 MAC 用随机数
		产生 MAC 用密钥索引号
		加密密钥索引号

iid	—	不存在

7.3.2.2 应答(SetSecure. response)

SetSecure. response 参数要求见表 14。

表 14 SetSecure. response 参数要求

参数	取值	参数说明
did	Dsrc-DID	ETC 应用等于 1
responseParameter	—	不存在
iid	—	不存在
ret	ReturnStatus	必备

7.4 GetRand 服务原语

7.4.1 功能

GetRand 服务用于获取 8 字节随机数。

7.4.2 接口

7.4.2.1 请求(Get-Rand. request)

GetRand. request 参数要求见表 15。

表 15 GetRand. request 参数要求

参数	取值	参数说明
mode	TRUE	确认模式,需应答
did	Dsrc-DID	ETC 应用等于 1
actionType	2	等于 2
accessCredentials	—	可选
actionParameter	—	不存在
iid	—	不存在

7.4.2.2 应答(GetRand. response)

GetRand. response 参数要求见表 16。

表 16 GetRand. response 参数要求

参数	取值	参数说明
did	Dsrc-DID	ETC 应用等于 1

responseParameter	GetRandRs::= SEQUENCE {
	rand Rand
	}
		可选
		随机数

iid	—	不存在
ret	ReturnStatus	必备

7.5 TransferChannel 服务原语

7.5.1 功能

为 RSE 与 OBE 部件之间(如 ICC、显示器、蜂鸣器等)通信提供通道传输功能,OBE 充当 RSE 与外部件之间的转发器。已经定义的外部件通道标识号见表 17。

表 17 通道标识号定义表

通道标识号(ChannelID)	名 称	说 明
0	OBE	OBE 本身
1	ICC	ICC
2	SAM	SAM 模块
3	DISPLAY	显示器
4	BEEPER	蜂鸣器
5	SPEAKER	扬声器
6	PRINTER	打印设备
7	SERIAL INTERFACE	串行口
8	USB	USB 接口
9	PARALLEL INTERFACE	并行口

7.5.2 接口

7.5.2.1 请求(TransferChannel. request)

TransferChannel. request 参数要求见表 18。

表 18 TransferChannel. request 参数要求

参 数	取 值	参 数 说 明
mode	TRUE	确认模式,需应答
did	Dsrc-DID	ETC 应用等于 1
actionType	3	等于 3
accessCredentials	—	可选

actionParameter	ChannelRq: : = SEQUENCE{
	channelid ChannelID,
	apdu apduList
	}
		通道标识号
		通道指令数据

iid	—	不存在

7.5.2.2 应答(TransferChannel. response)

TransferChannel. response 参数要求见表 19。

表 19 TransferChannel. response 参数要求

参 数	取 值	参 数 说 明
did	Dsrc-DID	ETC 应用等于 1
responseParameter	ChannelRs: : = SEQUENCE { channelid ChannelID, apdu apduList }	可选 通道标识号 通道应答数据
iid	—	不存在
ret	ReturnStatus	必备

7.6 SetMMI 服务原语

7.6.1 功能

用于规范 OBE 应用人机界面指示的内容,已经要求指示的内容见表 20。

表 20 MMI 标识定义

指示内容标识	名 称	说 明
0	ok	交易处理正常完成
1	error	交易处理异常
2	contactOperator	请联系运营商

7.6.2 接口

7.6.2.1 请求(SetMMI. request)

SetMMI. request 参数要求见表 21。

表 21 SetMMI. request 参数要求

参 数	取 值	参数说明
mode	TRUE	确认模式,需应答
did	Dsrc-DID	ETC 应用等于 1
actionType	4	等于 4
accessCredentials	—	不存在

actionParameter	SetMMIRq: : = INTEGER{
	ok (0),
	nok (1),
	contactOperator (2)
	}
		0:正常
		1:异常
		2:与运营商联系

iid	—	不存在

7.6.2.2 应答(SetMMI. response)

SetMMI. response 参数要求见表 22。

表 22 SetMMI. response 参数定义

参 数	取 值	参数说明
did	Dsrc-DID	ETC 应用对应 1
responseParameter	—	不存在
ret	ReturnStatus	必备

8 ETC 应用安全

8.1 安全方式

主要安全保护手段有:

a) 访问许可:访问数据应提供许可凭证,OBE 验证通过后才允许访问;

b) 信息鉴别:随关键数据一起传送一组鉴别码,RSE 验证后才认为为合法数据;

c) 加密保护:在传输过程中对数据进行加密。

8.2 访问许可

OBE 访问许可认证通过后，RSE 具备访问权限，访问许可见图 4。过程如下：

a） RSE 通过 Get 服务取得 ContractSerialNumber，通过 GetRand 服务或直接从 VST 中获取 RndOBU，RndOBU 宜从 VST 中获取；

b） RSE 利用 MasterAccessKey（主认证密钥，16 字节）和 ContractSerialNumber 分散出临时认证密钥 tmpAccessKey（16 字节），分散算法如下：

tmpAccessKey = TDES（MasterEtcAppAccessKey，ContractSerialNumber）

c） RSE 利用临时密钥 tmpAccessKey 加密 RandOBU（8 字节），产生 accessCredentials，算法如下：

accessCredentials = TDES（tmpAccessKey，RandOBU）

d） RSE 后续指令携带 accessCredentials，发送到 OBE；

e） OBE 利用 AccessKey 和 RndOBU 计算出 tmpAccessCredentials，算法同 c）；

f） OBE 比较 accessCredentials 和 tmpAccessCredentials 是否相等，相等则赋予该 RSE 访问许可权限。

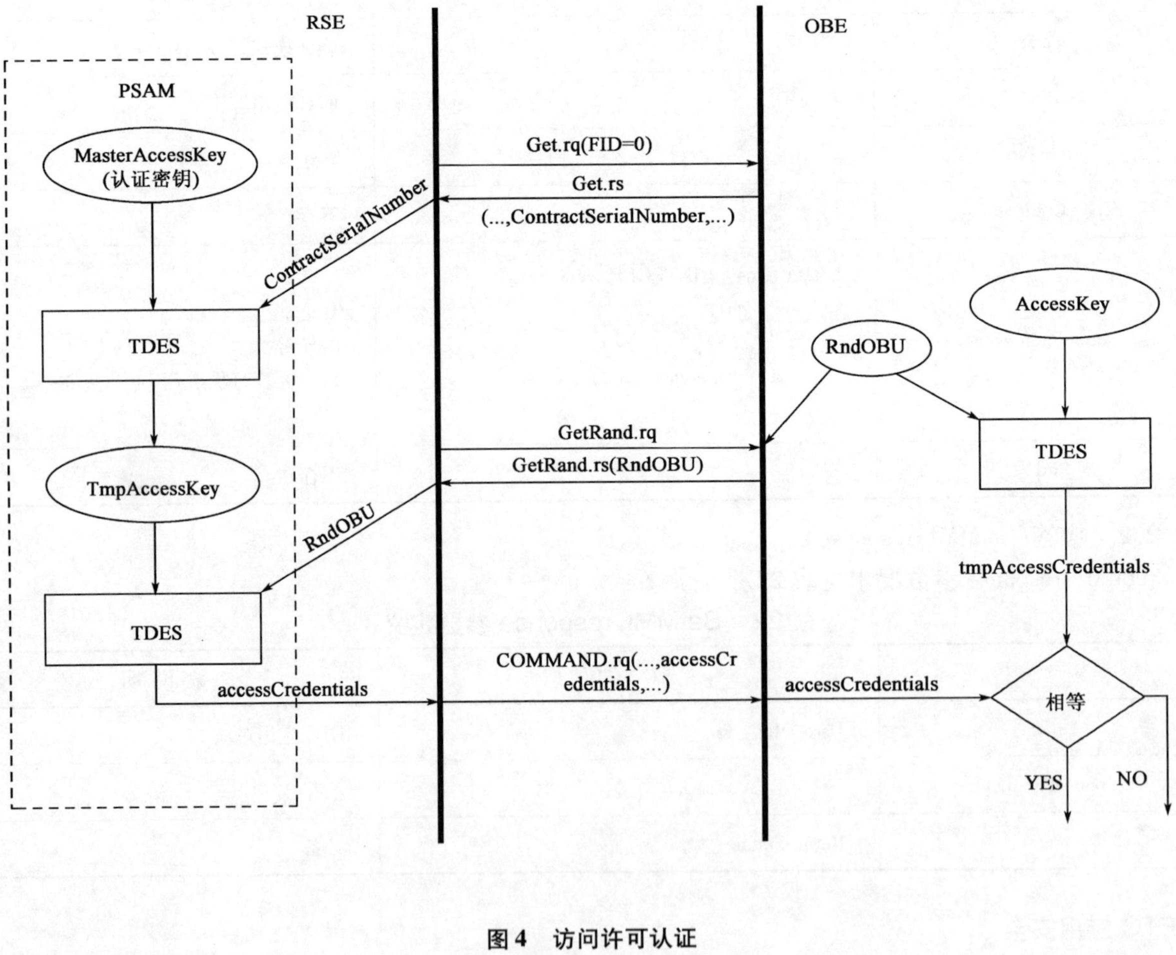

图 4　访问许可认证

8.3 信息鉴别

信息鉴别主要是针对 OBE 信息的鉴别，以鉴别码的方式实现，信息鉴别见图 5。过程如下：

a） RSE 通过 Get 服务取得 ContractSerialNumber；

b） RSE 产生随机数 randRSUForAuthen（8 字节），并随 GetSecure 服务一起发送至 OBE；

c） OBE 利用 EncryptKey（16 字节）对 randRSUForAuthen、File 内容进行 MAC 计算，得出鉴别码

Authenticator 并随 File 一起作为响应参数发往 RSE。其中 MAC 计算方法如下：

1）将 File 内容进行 CRC 计算（多项式 $X^{16}+X^{12}+X^{5}+1$，起始 FFFFH），产生两字节 CRC0 和 CRC1；

2）将 randRSUForAuthen 最低两个字节分别更换为 CRC1，CRC0，形成 8 字节临时数据；

3）利用 EncryptKey 对 8 字节数据进行加密计算产生 Authenticator，算法如下：

Authenticator = TDES（EncryptKey，CRC0||CRC1||randRSUForAuthen（高 6 字节））

d） OBE 在响应中发送 File 和 Authenticator 至 RSE；

e） RSE 利用 ContractSerialNumber 和 MasterEncryptKey 计算出临时密钥 tmpEncryptKey（16 字节），算法如下：

tmpEncryptKey = TDES（MasterEtcAppAuthenKey，ContractSerialNumber）

f） RSE 利用临时密钥 tmpKey、rndRSUForAuthen 及 File，遵循 c）中的算法计算 MAC 码 tmpAuthenticator；

g） RSE 比较 Authenticator 和 tmpAuthenticator，如果结果相等则为合法数据，否则非法。

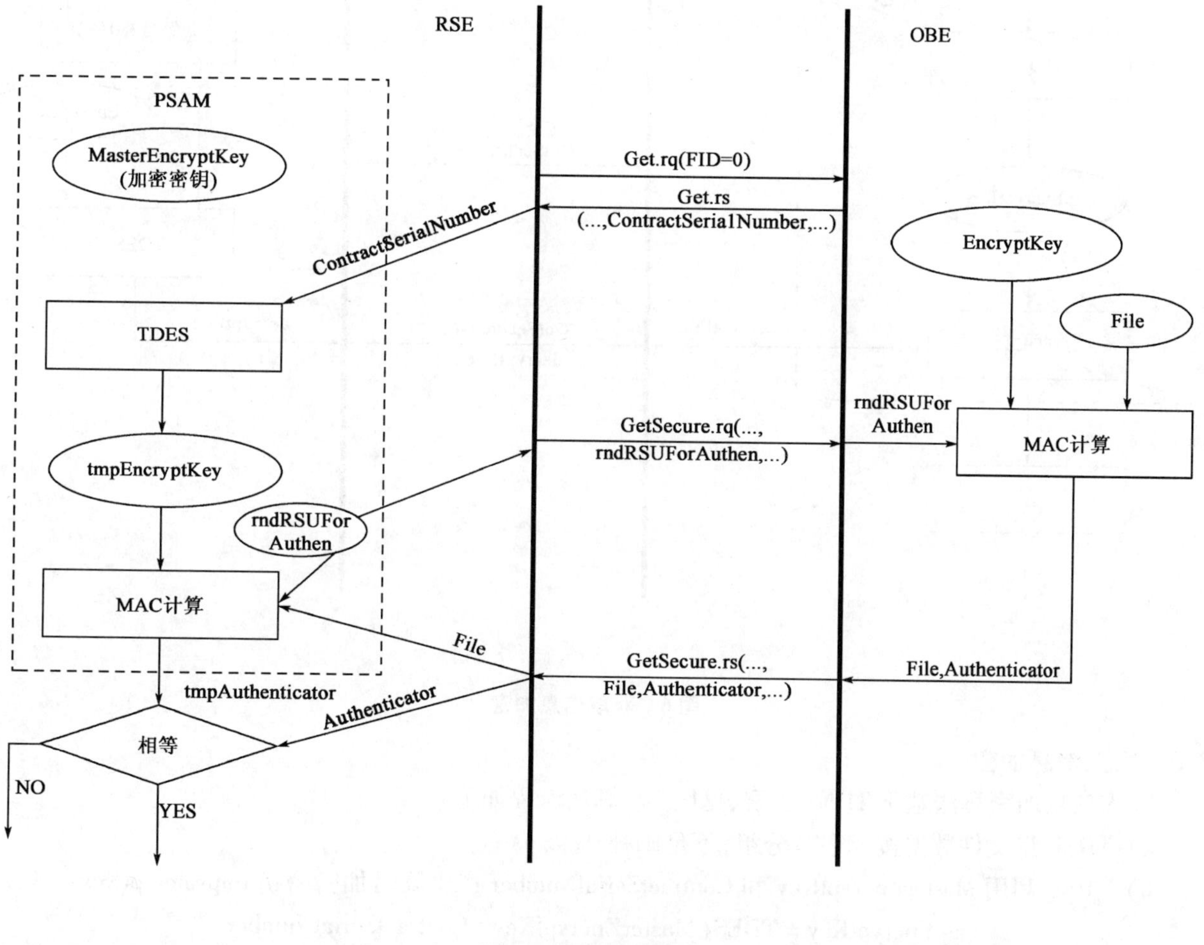

图 5 OBE 信息鉴别

8.4 获取信息加密

获取 OBE 信息加密算法基于 TDES 实现，见图 6。算法流程如下：

a） RSE 发送 GetSecure 服务至 OBE；

b） OBE 将文件数据按 8 字节分组，不足则补 0；

c） OBE 利用 EncryptKey 对上述结果（8 的整数倍长度）进行 TDES 解密，产生解密结果 decrypt-

File,算法如下:

$$decryptFile = TDES^{-1}(EncryptKey, Encrypfile)$$

d) OBE 将 decryptFile 随 GetSecure. rs 发送至 RSE;

e) RSE 利用 MasterEncryptKey 和 ContractSerialNumber 产生临时加密密钥 tmpEncryptKey,算法如下:

$$tmpEncryptKey = TDES(MasterEncryptKey, ContractSerialNumber)$$

f) RSE 利用 tmpEncryptKey 对 decryptFile 加密,结果去掉多余 0 字节后即为所读取数据内容。

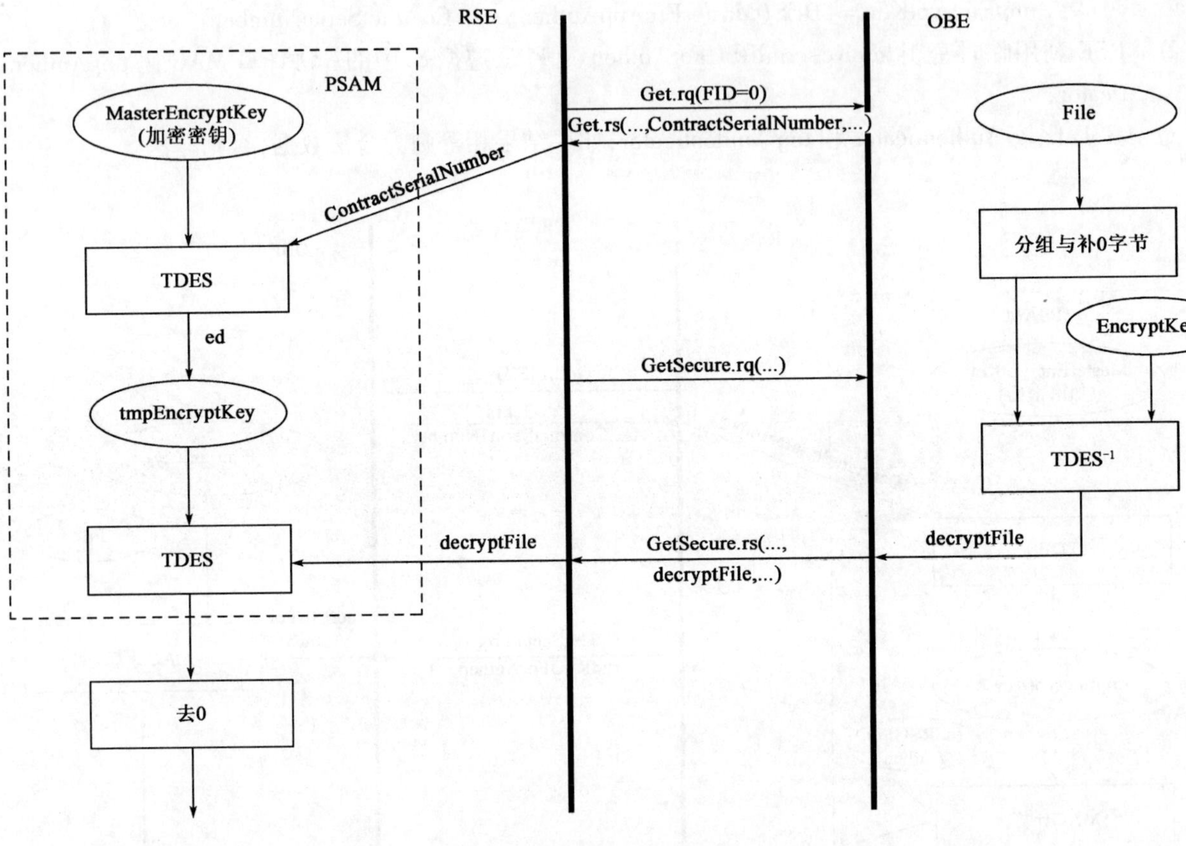

图 6　获取信息加密

8.5 写入信息加密

写入信息加密算法基于 TDES 实现,见图 7。算法流程如下:

a) RSE 将文件数据按 8 字节分组,不足则补 0;

b) RSE 利用 MasterEncryptKey 和 ContractSerialNumber 产生临时加密密钥 tmpEncryptKey:

$$tmpEncryptKey = TDES(MasterEncryptKey, ContractSerialNumber)$$

c) RSE 利用 tmpEncryptKey 对(a)结果加密,加密后的数据 decryptFile 随 SetSecure 服务发送至 OBE;

d) OBE 利用 EncryptKey 对 decriptFile(8 的整数倍长度)进行 TDES 解密,产生解密结果 decryptFile:

$$decryptFile = TDES^{-1}(EncryptKey, Encrypfile)$$

e) OBE 将解密后的数据去掉多余 0 后写入 OBE 文件,并应答 SetSecure。

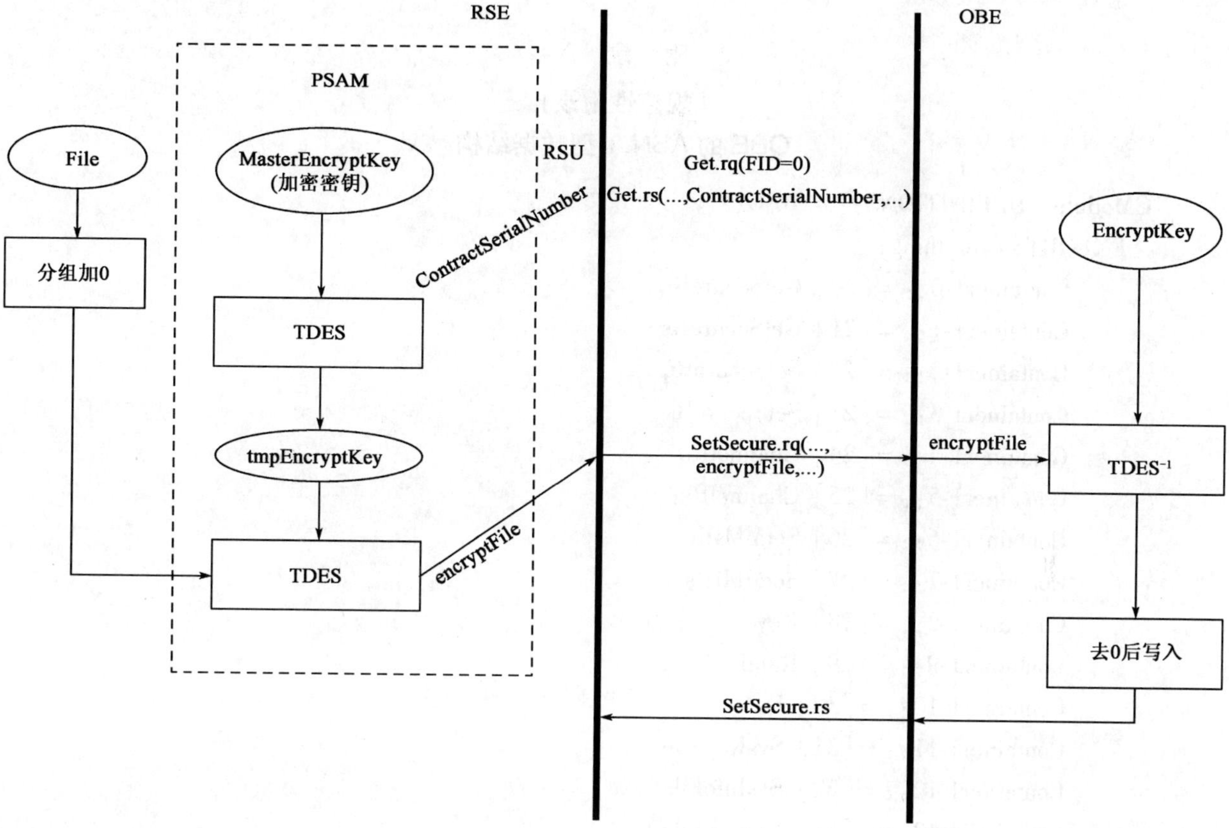
RSE
OBE
PSAM
File
MasterEncryptKey
(加密密钥)
RSU
Get.rq(FID=0)
Get.rs(...,ContractSerialNumber,...)
ContractSerialNumber
EncryptKey
分组加0
TDES
tmpEncryptKey
SetSecure.rq(...,
encryptFile,...)
encryptFile
TDES-1
TDES
encryptFile
去0后写入
SetSecure.rs

图7　写入信息加密

附 录 A
(规范性附录)
OBE 的 ASN.1 型数据结构

```
ETCModule   DEFINITIONS::= BEGIN
  -- EXPORTS everything;
        Container1-0::=[20] GetSecureRq
        Container1-1::=[21] GetSecureRs
        Container1-2::=[22] SetSecureRq
        Container1-3::=[23] SetSecureRs
        Container1-4::=[24] ChannelRq
        Container1-5::=[25] ChannelRs
        Container1-6::=[26] SetMMIRq
        Container1-7::=[27] SetMMIRs
        Container1-8::=[28] Key
        Container1-9::=[29] Rand
        Container1-10::=[30] Date
        Container1-11::=[31] SysKeyFile
        Container1-12::=[32] SysInfoFile
        Container1-13::=[33] EtcKeyFile
        Container1-14::=[34] EtcVehicleFile
        Container1-15::=[35] EtcTransactionFile
        Container1-16::=[36] MidStationFile
        Container1-17::=[37] ErpAPPFile
        Container1-18::=[38] EtcReservedFile

        ChannelID::=INTEGER{
            obe                 (0),
            icc                 (1),
            sam                 (2),
            display             (3),
            beeper              (4),
            printer             (5),
            serialInterface     (6),
            parallelInterface   (7)
            }
        ApduList::=SEQUENCE OF OCTET STRING(0..127)

        ChannelRq::=SEQUENCE{
            channelid               ChannelID,
            apdu                    ApduList
            }
```

```
ChannelRs::=SEQUENCE {
    channelid           ChannelID,
    apdu                ApduList
    }

ContractSerialNumber::=SEQUENCE{
    contractProviderID          OCTET STRING (SIZE(2)),
    contractInividualID         OCTET STRING (SIZE(6))
    }
-- 由统一机构为 contractProviderID 编码

Date::=SEQUENCE{
  year    OCTET STRING(SIZE(2)),       -- BCD 编码,YYYY
  month   OCTET STRING(SIZE(1)),       -- BCD 编码,MM
  day     OCTET STRING(SIZE(1))        -- BCD 编码,DD
  }

EtcKeyFile::=SEQUENCE{
  etcMasterKey              Key,         -- 16 字节密钥
  etcMaintainKey            Key,
  etcAccessKey              Key,
  etcEncryptKey             Key
  }

MidStationFile::=OCTET STRING (SIZE(40))    --具体内容由标识站应用定义
EtcReservedFile::=OCTET STRING (SIZE(40))   --备 ETC 系统扩展用途
EtcTransactionFile::=SEQUENCE OF Record

EtcVehicleFile::=SEQUENCE{
    vehicleLicencePlateNumber       OCTET STRING (SIZE(12)),
    vehicleLicencePlateColor        OCTET STRING (SIZE(2)),
    vehicleClass                    INTEGER(0..127 ,...),
    vehicleUserType                 INTEGER(0..127 ,...),
    vehicleDimensions               VehicleDimensions,
    vehicleWheels                   INTEGER(0..127 ,...),
    vehicleAxles                    INTEGER(0..127 ,...),
    vehicleWheelBases               INTEGER(0..65535),
    vehicleWeightLimits             INTEGER(0..16777215),
    vehicleSpecificInfomation       OCTET STRING (SIZE(16)),
    vehicleEngineNumber             OCTET STRING(SIZE(16)),
    vehicleReserved                 OCTET STRING(SIZE(10))
}
-- vehicleLicencePlateNumber:车牌号码,全牌照(汉字+字母+数字)信息,采用字符型存
```

贮,-- 汉字采用 GB 2312 码,如:“京”编码为“BEA9”。

-- vehicleLicencePlateColor:车牌颜色,二进制编码表示(0-蓝色,1-黄色,2-黑色,3-白)。

-- vehicleClass:车辆类型,1 字节,1-一型车;2-二型车;3-三型车;4-四型车;5-五型车;6-六型-- 车;7 ~ 10:自定义;11 ~ 20:用于计重收费货车车型分类。其中,11-一型车;12-二型车;-- 13-三型车;14-四型车;15-五型车;16-六型车;17 ~ 20:自定义计重货车车型;21 ~ 50:-- 自定义;50 ~ 255:保留给未来使用。

-- vehicleUserType:车辆用户类型,1 字节,0-普通车;6-公务车;8-军警车;10-紧急车;12-免-- 费;14-车队;0 ~ 20 内其他:自定义;21 ~ 255:保留给未来使用。

-- vehicleDimensions:车辆尺寸,二进制分别表示长(2 字节)、宽(1 字节)、高(1 字节)。单位-- 为分米。如 0x012C、0x28、0x1E 表示 30 米长、4 米高、3 米宽。

-- vehicleWheels:车轮数,二进制表示的数目

-- vehicleAxles:车轴数,二进制表示的数目。

-- vehicleWheelbases:轴距,二进制表示,长度为 2 个字节,单位为分米。如 0x28,表示轴距-- 为 4 米。

-- vehicleWeightLimits:车辆载重(货车)或座位数(客车),二进制表示,单位为千克/座。

-- vehicleSpecificInfomation:车辆特征描述,字符用 ASCII 编码表示,汉字用机内码表示,-- 如“奔驰 307”。

-- vehicleEngineNumber:车辆发动机号。

-- VehicleReserved:保留

```
ErpAppFile::= OCTET STRING (SIZE(40))    -- ERP 应用自定义

    GetRandRs::= SEQUENCE {
        rand            Rand            -- 8 字节随机数
        }

    GetSecureRq::= SEQUENCE{
        fill                BIT STRING (SIZE(7)),
        fileid              FID,
        offset              INTEGER(0..65535 ,...),
        length              INTEGER(0..127 ,...),
        rndRsuForAuthen     Rand,
        keyIdForAuthen      INTEGER(0..255),
        keyIdForEncrypt     INTEGER(0..255) OPTIONAL    --如果不选表示不需对数据
                                                          加密
        }

    GetSecureRs::= SEQUENCE    {
        fileid              FID,
        file                File,
        authenticator       OCTET STRING (SIZE(8))
        }

    Key::= OCTET STRING (SIZE(16))
```

```
Rand::=OCTET STRING (SIZE(8))

SetMMIRq::=INTEGER{
    ok                    (0),    --交易正常
    nok                   (1),    --交易异常(通信、设备故障等技术方面异常)
    contactOperator       (2)     --联系运营商(过期、黑名单等管理方面异常)
    }

SetSecureRq::=SEQUENCE{
    fill                  BIT STRING (SIZE(7)),
    fileid                FID,
    offset                INTEGER(0..65535 ,...),
    length                INTEGER(0..127 ,...),
    file                  File,
    rndRsuForAuthen       Rand,
    keyIdForAuthen        INTEGER(0..255),
    keyIdForEncrypt       INTEGER(0..255) OPTIONAL   --如果不选,表示数据没有加
                                                       密
    }

SysInfoFile::= SEQUENCE{
    contractProvider            OCTET STRING (SIZE(8)),
    contractType                INTEGER(0..127 ,...),
    contractVersion             INTEGER(0..127 ,...),
    contractSerialNumber        ContractSerialNumber,
    contractSignedDate          Date,
    contractExpiredDate         Date,
    reserved                    OCTET STRING (SIZE(64))
    }
--contractProvider:服务提供商,ASCII 编码,服务提供商汉字简单描述,如“华北高速”
-- contractType:服务类型,服务提供商所提供的服务种类,由各联网收费区域自定义--(如
  不同费率定义等)
-- contractVersion:服务版本,服务提供商提供的服务版本,由各联网收费区域自定义
-- contractSerialNumber:服务序列号,由服务商编号和个体序列号组成
-- contractSignedDate:合同签署生效日期,BCD 编码 YYYYMMDD
-- contractExpiredDate:合同过期日期,BCD 编码,YYYYMMDD

SysKeyFile::=SEQUENCE{
    sysMasterKey              Key,
    sysMaintainKey            Key
    }
```

```
VehicleDimensions::=SEQUENCE{
    vehicleLength                    INTEGER(0..65535),
    vehicleWidth                     INTEGER(0..255),
    vehicleHeigth                    INTEGER(0..255)
    }
END
```

附 录 B
(资料性附录)
ETC应用交易流程示例

本附录仅给出典型的ETC交易基本流程。

B.1 初始化流程

本部分内容描述了RSE与OBE之间通过BST/VST完成交易初始化的数据流程,初始化流程见图B.1。详细过程如下:

a) RSE按照一定间隔不断发送BST;

b) OBE接收到BST后,向RSE发送VST,完成交易初始化。

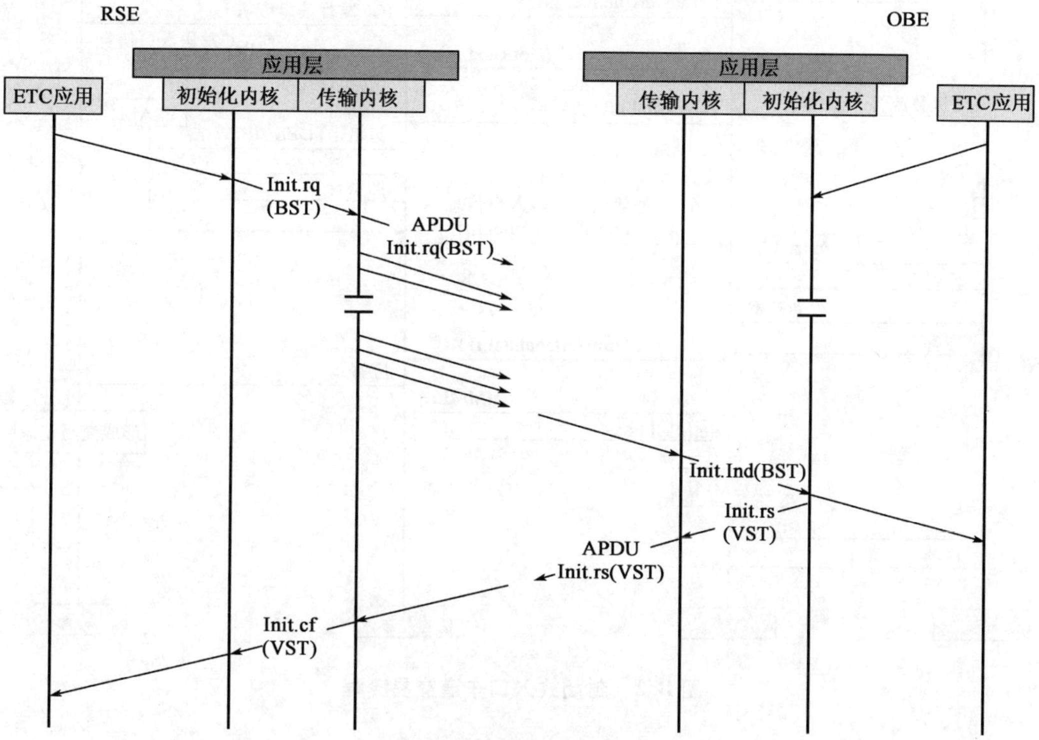

图 B.1 交易初始化流程

B.2 封闭式入口车道交易流程

封闭式入口车道交易流程,不涉及支付过程,但需要向ICC中写入入口信息,见图B.2,主要流程如下:

a) RSE与OBE之间通过BST/VST完成初始化,且VST中带有系统文件信息;

b) RSE通过GetSecure服务读取OBE的车辆信息文件(DID=1 ,FID=1);

c) RSE将系统信息和应用信息转发至计算机系统,计算机系统校验信息的合法性;

d) RSE通过TransferChannel服务读取ICC的基本信息,并将该信息发往计算机,计算机系统验证合法性;

e) 计算机向RSE发送车道入口信息,RSE通过TransferChannel服务发送ICC系列指令将该信息写入ICC;

f) RSE 通过 SetMMI 服务进行人机指示；

g) OBE 关闭 ICC。

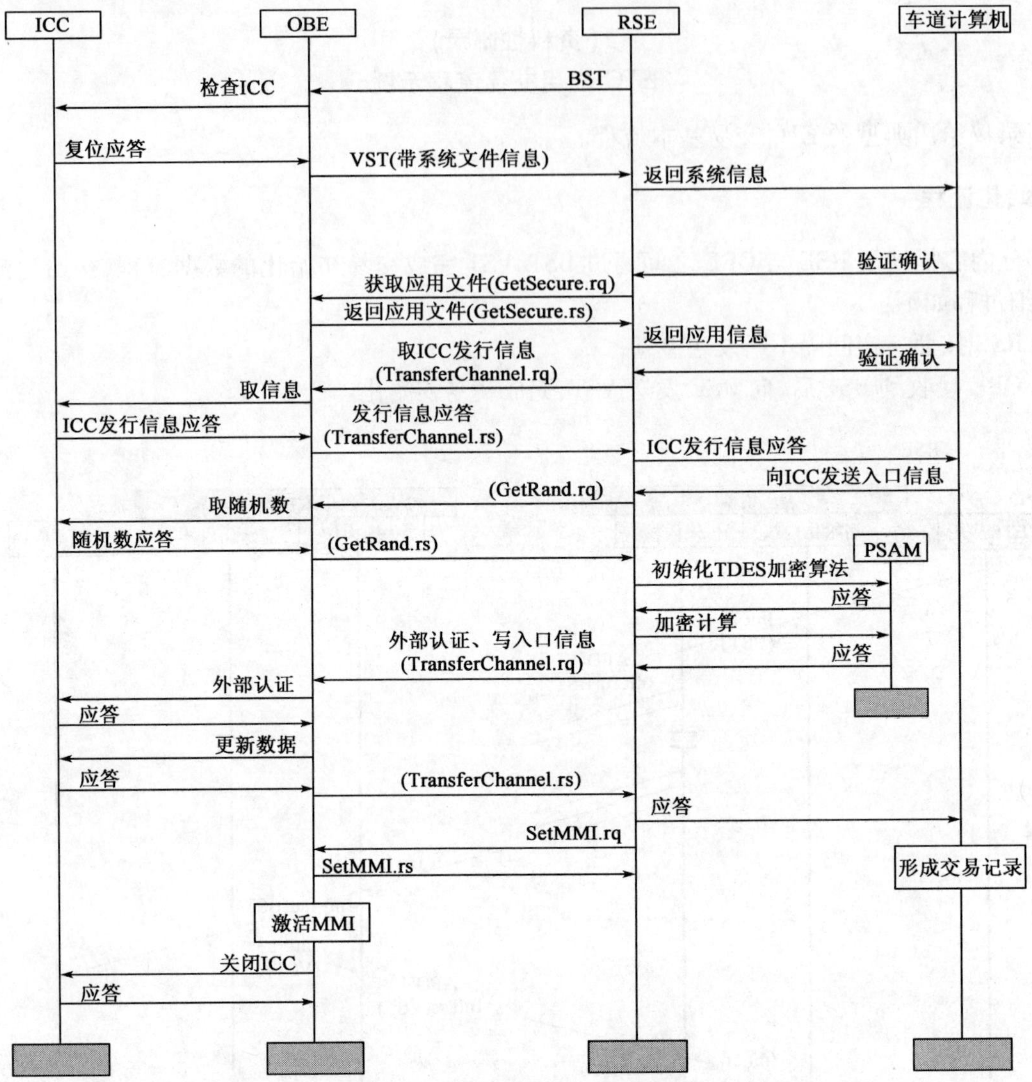

图 B.2 封闭式入口车道交易流程

B.3 封闭式出口车道交易流程

B.3.1 储值交易流程

该流程涉及支付过程,同时需读入口信息,见图 B.3,主要流程如下:

a) RSE 与 OBE 之间通过 BST/VST 完成初始化,且 VST 中带有系统文件信息;

b) RSE 通过 GetSecure 服务读取 OBE 的车辆信息文件(DID = 1 ,FID = 1);

c) RSE 将系统信息和应用信息转发至车道计算机,计算机系统校验信息的合法性;

d) RSE 通过 TransferChannelv 服务发送 ICC 指令读取 ICC 的基本信息和入口信息,并将该信息发往计算机,计算机系统验证合法性;

e) 计算机系统计算费额,并向 RSE 发送费额等出口信息;

f) RSE 通过 TransferChannel 服务发送 ICC 指令,从 ICC 中扣除通行费(记账交易流程不涉及此过程);

g) RSE 通过 TransferChannel 服务发送 ICC 系列指令写出口信息,同时擦除入口信息;

h) 计算机系统形成交易记录,并将记录发送给 RSE;

i) RSE 通过 Set 服务将过车记录写入 OBE;

j) RSE 通过 SetMMI 服务进行人机指示;

k) OBE 关闭 ICC。

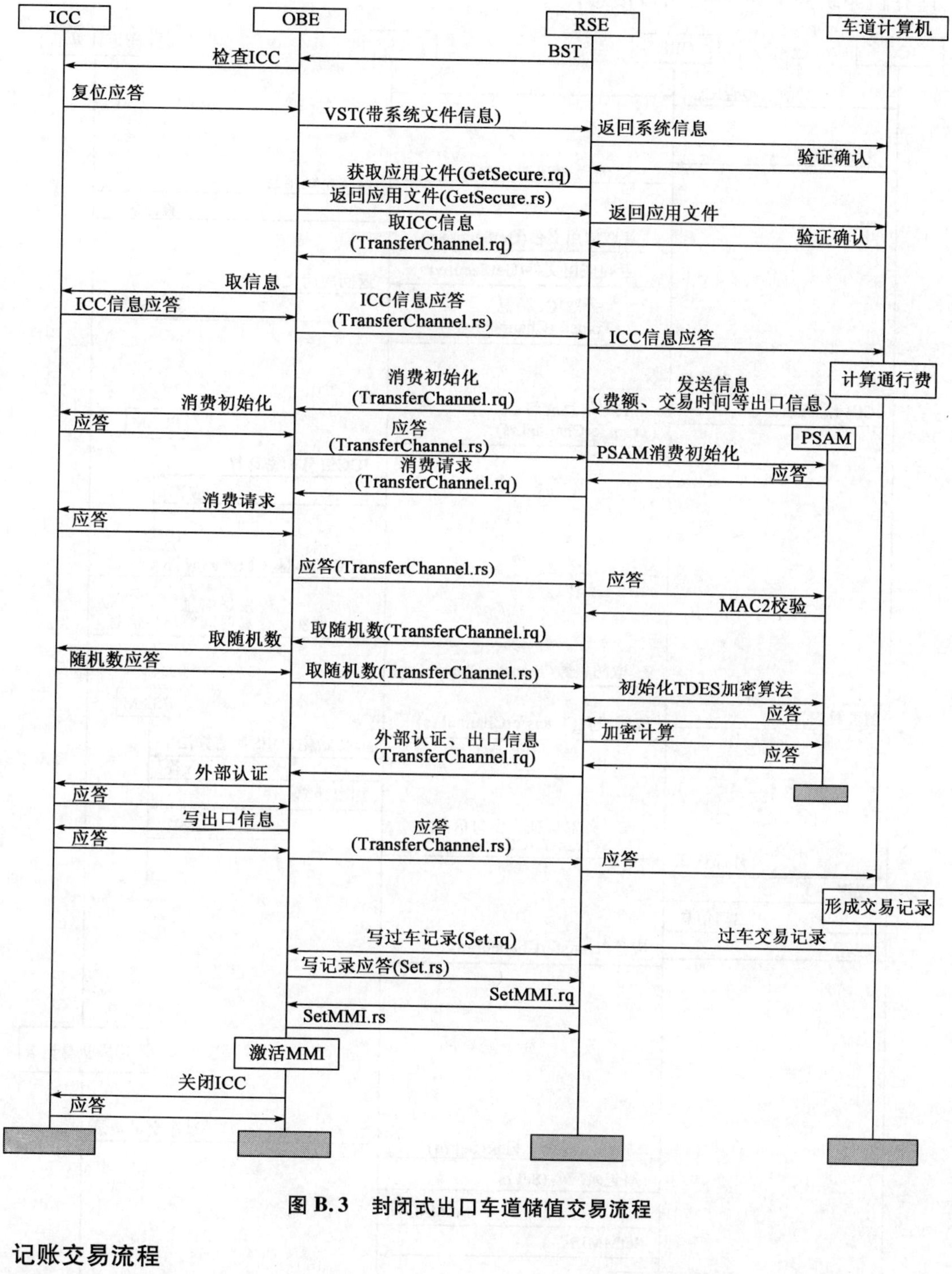

图 B.3 封闭式出口车道储值交易流程

B.3.2 记账交易流程

该流程不涉及支付过程,但需读入口信息,同时需要在 RSE 端对 OBE 和 ICC 信息进行加密,见图 B.4,主要流程如下:

a) RSE 与 OBE 之间通过 BST/VST 完成初始化,且 VST 中带有系统文件信息;

b) RSE 通过 GetSecure 服务读取 OBE 车辆信息文件(DID = 1 ,FID = 1);

c) RSE 将系统信息和应用信息转发至计算机系统,计算机系统校验信息的合法性;

d) RSE 通过 TransferChannel 服务发送 ICC 指令读取 ICC 的基本信息和入口信息；

e) RSE 对从 OBE 和 ICC 上读取的信息进行加密，并将加密信息发往计算机，用以生成过车记录（储值交易流程不涉及该过程）；

f) 计算机系统向 RSE 发送出口信息；

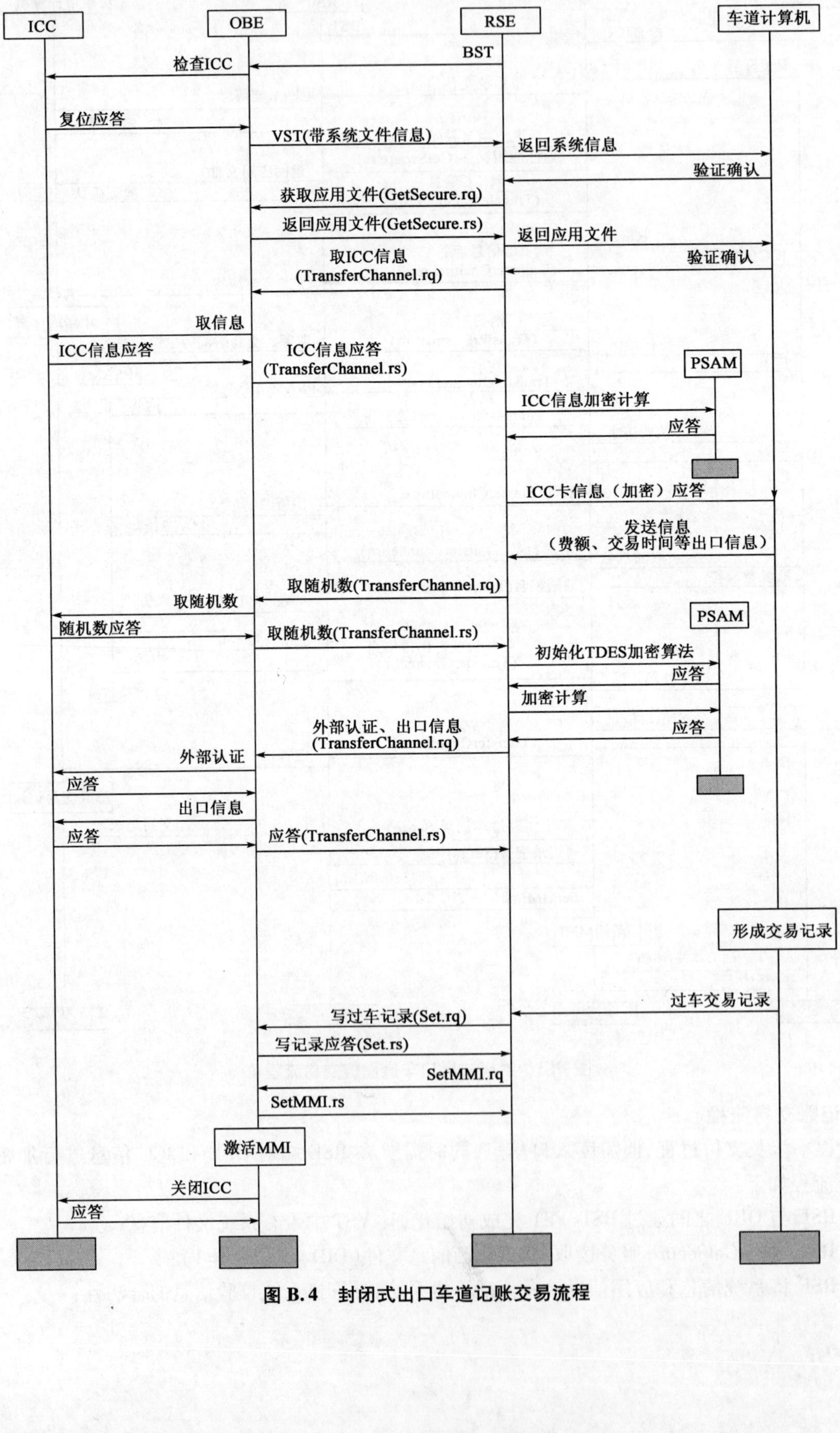

图 B.4 封闭式出口车道记账交易流程

g） RSE 通过 TransferChannel 服务发送 ICC 系列指令写出口信息，同时擦除入口信息；

h） 计算机系统形成交易记录，并将记录发送给 RSE；

i） RSE 通过 Set 服务将过车记录写入 OBE；

j） RSE 通过 SetMMI 服务进行人机指示；

k） OBE 关闭 ICC。

B.4 开放式车道交易流程

B.4.1 储值交易流程

该流程涉及支付过程，但不需判断入口信息，见图 B.5。主要流程如下：

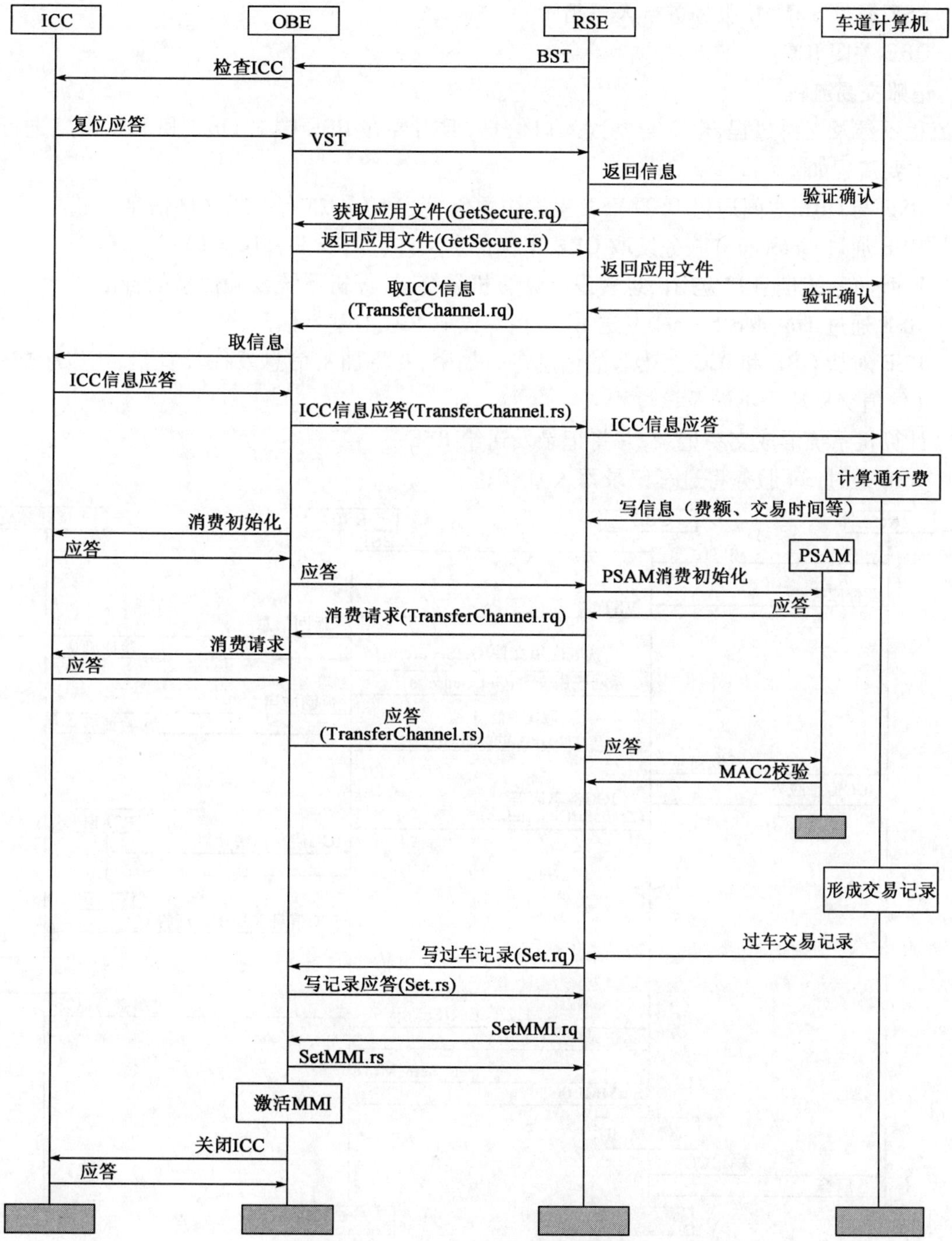

图 B.5 开放式车道储值交易流程

a） RSE 与 OBE 之间通过 BST/VST 完成初始化，且 VST 中带有系统文件信息；

b） RSE 通过 GetSecure 服务读取 OBE 车辆信息文件（DID = 1 ，FID = 1）；

c） RSE 将系统信息和应用信息转发至计算机系统，计算机系统校验信息的合法性；

d） RSE 通过 TransferChannel 服务发送 ICC 指令读取 ICC 的基本信息；

e） 计算机系统计算费额，并向 RSE 发送费额等出口信息；

f） RSE 通过 TransferChannel 服务发送 IC 卡指令，从 ICC 中扣除通行费（记账交易流程不涉及此过程）；

g） 计算机系统形成交易记录，并将记录发送给 RSE；

h） RSE 通过 Set 服务将过车记录写入 OBE；

i） RSE 通过 SetMMI 服务进行人机指示；

j） OBE 关闭 ICC。

B.4.2 记账交易流程

该流程不涉及支付过程，也不需要读入口信息，但需要在 RSE 端对 OBE 和 ICC 信息进行加密，见图 B.6。主要流程如下：

a） RSE 与 OBE 之间通过 BST/VST 完成初始化，且 VST 中带有系统文件信息；

b） RSE 通过 GetSecure 服务读取 OBE 车辆信息文件（DID = 1 ，FID = 1）；

c） RSE 将系统信息和应用信息转发至计算机系统，计算机系统校验信息的合法性；

d） RSE 通过 TransferChannel 发送 IC 卡指令读取 ICC 的基本信息；

e） RSE 对从 OBE 和 ICC 上读取的信息进行加密，并将加密信息发往计算机，用以生成过车记录（储值交易流程不涉及该过程）；

f） 计算机系统形成交易记录，并将记录发送给 RSE；

g） RSE 通过 Set 服务将过车记录写入 OBE；

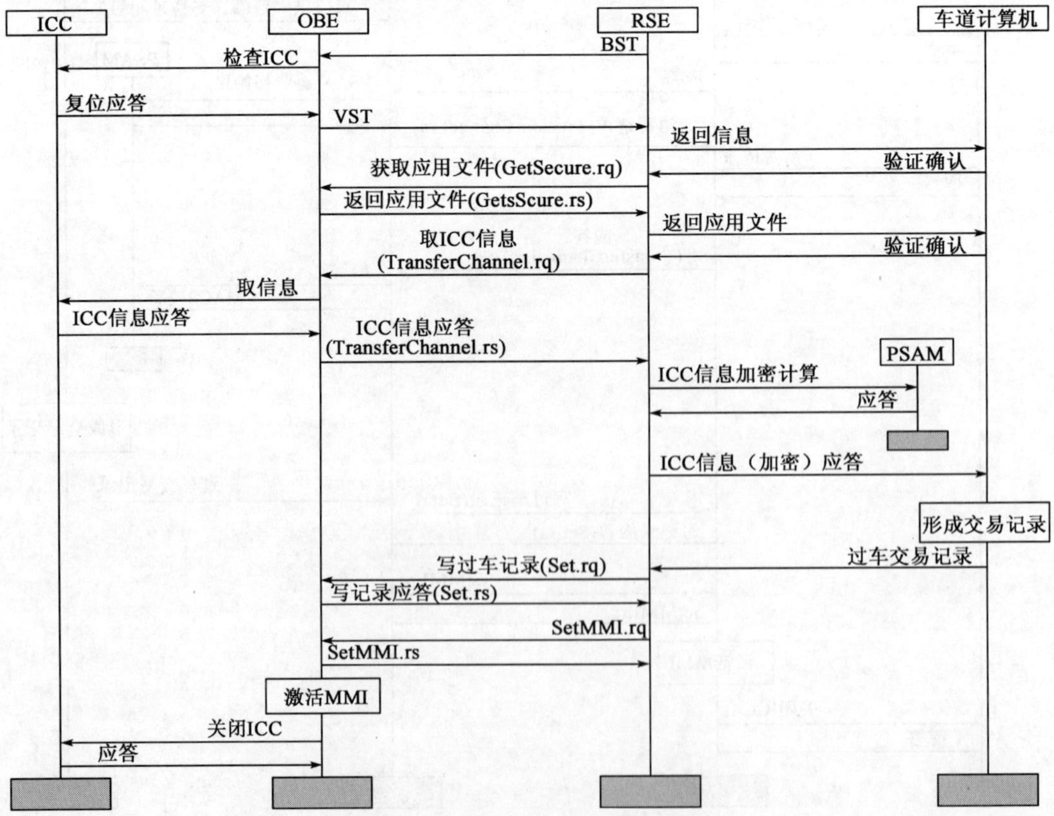

图 B.6 开放式车道记账交易流程

h) RSE 通过 SetMMI 服务进行人机指示；

i) OBE 关闭 ICC。

B.5 合建站交易流程

B.5.1 储值交易流程

该流程涉及支付过程，且在清除旧入口信息的同时写入新的入口信息，见图 B.7。主要流程如下：

a) RSE 与 OBE 之间通过 BST/VST 完成初始化，且 VST 中带有系统文件信息；

b) RSE 通过 GetSecure 服务读取 OBE 车辆信息文件（DID＝1，FID＝1）；

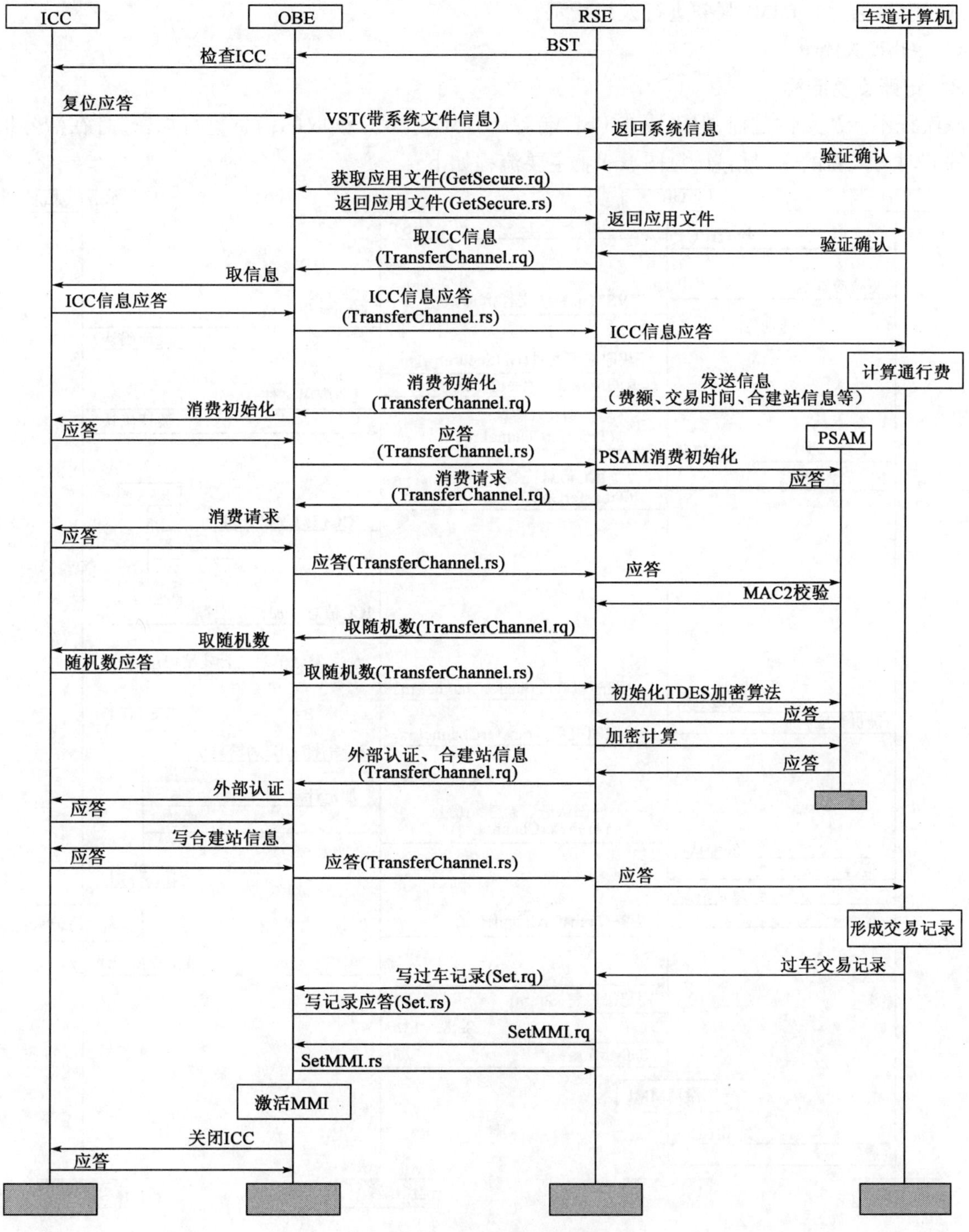

图 B.7 合建站储值交易流程

c） RSE 将系统信息和应用信息转发至计算机系统，计算机系统校验信息的合法性；

d） RSE 通过 TransferChannel 发送 ICC 指令读取 ICC 的基本信息和入口信息，并将该信息发往计算机，计算机系统验证合法性；

e） 计算机系统计算费额，并向 RSE 发送费额等出口信息；

f） RSE 通过 TransferChannel 服务发送 ICC 指令，从 ICC 中扣除通行费（记账交易流程不涉及此过程）；

g） RSE 通过 TransferChannel 服务发送 ICC 指令写入合建站信息；

h） 计算机系统形成交易记录，并将记录发送给 RSE；

i） RSE 通过 Set 服务将过车记录写入 OBE；

j） RSE 通过 SetMMI 服务进行人机指示；

k） OBE 关闭 ICC。

B.5.2 记账交易流程

该流程不涉及支付过程，但需要在 RSE 端对从 OBE 和 ICC 读取的信息进行加密，且在清除旧入口信息的同时写入新的入口信息，见图 B.8。主要流程如下：

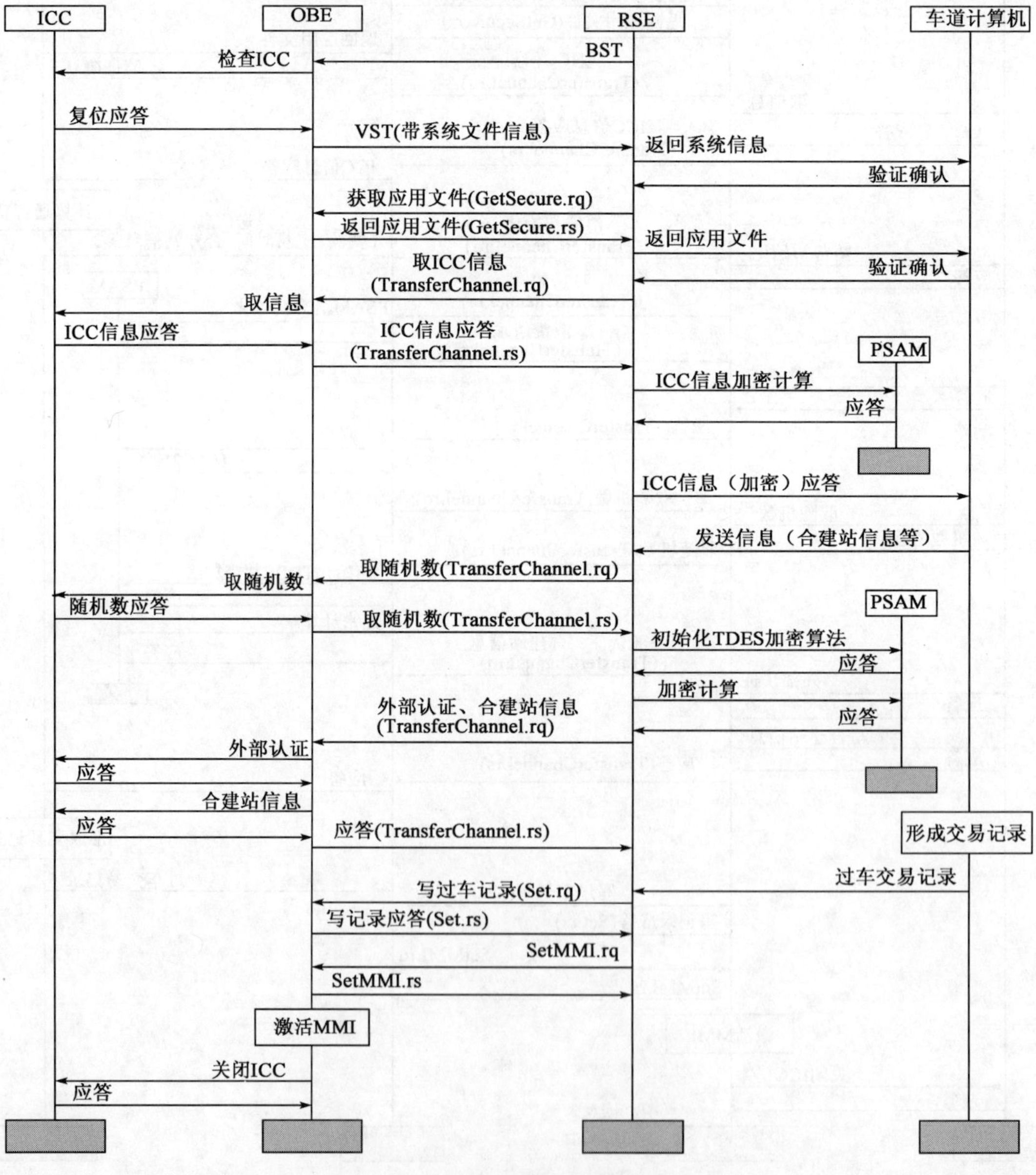

图 B.8 合建站记账交易流程

a) RSE 与 OBE 之间通过 BST/VST 完成初始化，且 VST 中带有系统文件信息；
b) RSE 通过 GetSecure 服务读取 OBE 车辆信息文件(DID = 1 ,FID = 1)；
c) RSE 将系统信息和应用信息转发至计算机系统，计算机系统校验信息的合法性；
d) RSE 通过 TransferChannel 服务发送 ICC 指令读取 ICC 的基本信息和入口信息；
e) RSE 对从 OBE 和 ICC 上读取的信息进行加密，并将加密信息发往计算机，用以生成过车记录(储值交易流程不涉及该过程)；
f) 计算机系统向 RSE 发送出口信息；
g) RSE 通过 TransferChannel 服务发送 ICC 系列指令写入合建站信息；
h) 计算机系统形成交易记录，并将记录发送给 RSE；
i) RSE 通过 Set 服务将过车记录写入 OBE；
j) RSE 通过 SetMMI 服务进行人机指示；
k) OBE 关闭 ICC。

B.6 自动辨识交易流程

描述了 OBE 在实现车辆管理类应用中的交易流程，该流程不涉及支付过程，见图 B.9。主要流程如下：

a) RSE 与 OBE 之间通过 BST/VST 完成初始化，且 VST 中带有系统文件信息；
b) RSE 通过 GetSecure 服务读取 OBE 车辆信息文件(DID = 1 ,FID = 1)；
c) RSE 将 OBE 的系统信息和应用信息转发至计算机系统，计算机系统校验信息的合法性；
d) RSE 通过 SetMMI 服务进行人机指示。

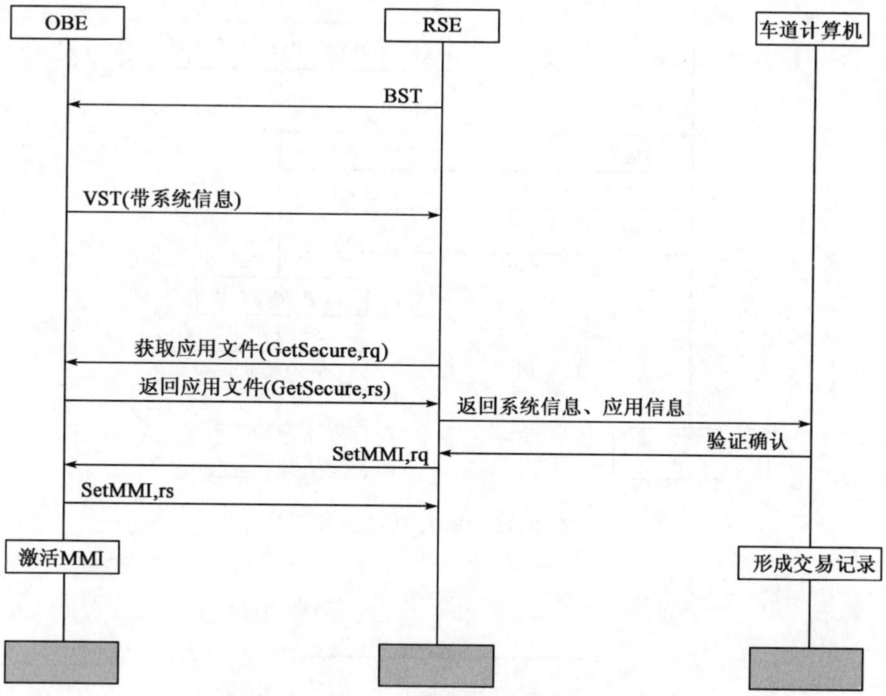

图 B.9 自动辨识交易流程

B.7 广播流程

本部分描述了 RSE 向 OBE 广播信息的交易流程，见图 B.10。RSE 用 BroadcastData 服务向 OBE 发送来自计算机系统的广播信息。

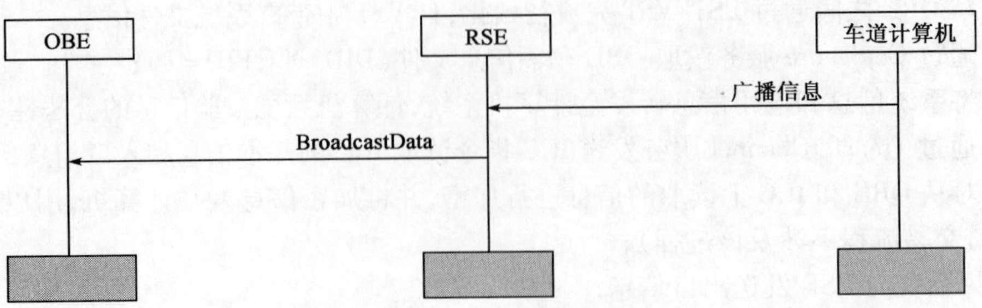

图 B.10 广播流程

B.8 插入 ICC 流程

本部分描述了 ICC 插入 OBE 的流程,见图 B.11。主要流程如下:

a) OBE 在检测到有 ICC 插入时,发送 ICC 打开命令;

b) ICC 发送给 OBE 复位信息,OBE 在收到复位信号后更新 OBE 内有关 ICC 的状态信息;

c) OBE 读取 ICC 内有关 ETC 应用的相关文件,获得卡内余额并更新卡内与卡内余额相关的状态位,同时 OBE 人机界面上予以指示。

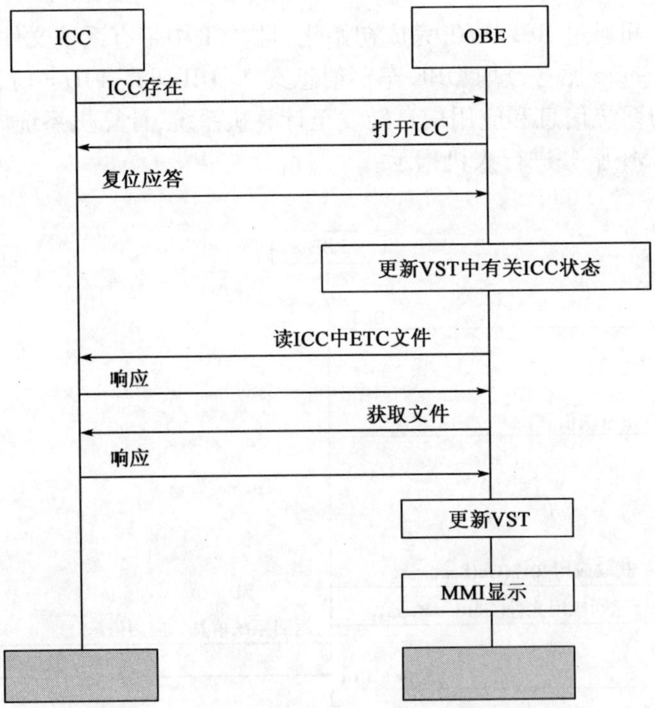

图 B.11 插入 ICC 流程

ICS 35.100.10
L 79

中华人民共和国国家标准

GB/T 20851.5—2007

电子收费 专用短程通信
第5部分:物理层主要参数测试方法

Electronic toll collection—Dedicated short range communication—
Part 5: Test methods of the main parameters in physical layer

2007-03-19 发布 2007-05-01 实施

中华人民共和国国家质量监督检验检疫总局
中国国家标准化管理委员会 发布

目　　次

前　言

GB/T 20851—2007《电子收费　专用短程通信》分为：

——第 1 部分：物理层；

——第 2 部分：数据链路层；

——第 3 部分：应用层；

——第 4 部分：设备应用；

——第 5 部分：物理层主要参数测试方法。

本部分为 GB/T 20851—2007 的第 5 部分。

本部分由交通部提出。

本部分由全国智能运输系统标准化技术委员会（SAC/TC 268）归口。

本部分起草单位：交通部公路科学研究院。

本部分主要起草人：王笑京、肖迪、杨蕴、陈丙勋、仲崇波。

电子收费　专用短程通信
第5部分:物理层主要参数测试方法

1　范围

本部分规定了电子收费(ETC)专用短程通信(DSRC)物理层主要参数的主要测试设备和附件推荐特性、测试条件、测试方法。

本部分适用于电子收费专用短程通信路侧单元(RSU)和车载单元(OBU)物理层主要参数的测试。

2　规范性引用文件

下列文件中的条款通过GB/T 20851的本部分的引用而成为本部分的条款。凡是注日期的引用文件,其随后所有的修改单(不包括勘误的内容)或修订版均不适用于本部分,然而,鼓励根据本部分达成协议的各方研究是否可使用这些文件的最新版本。凡是不注日期的引用文件,其最新版本适用于本部分。

GB 9254—1998　信息技术设备的无线电骚扰限值和测量方法(idt CISPR 22:1997)

GB/T 12190—2006　电磁屏蔽室屏蔽效能的测量方法

GB/T 20851.1—2007　电子收费　专用短程通信　第1部分:物理层

3　符号和缩略语

3.1　符号

下列符号适用于本部分。

dBc　表征功率与载波信号功率的比值

dBm　表征功率与1 mW的比值,0 dBm = 1 mW

e. i. r. p_{con}　杂散等效全向辐射功率

e. i. r. p_{max}　最大等效全向辐射功率

f_c　信号源发射信号中心频率

f_{Tx}　标称载波频率

f_{Txa}　实际载波频率

G_T　测试天线增益

G_{Rx}　被测设备接收天线增益

G_{Tx}　被测设备发射天线增益

m　调制系数

P_{con}　杂散发射功率

P_{cw}　被测设备单频信号功率

P_{cwo}　信号源及测试天线单频信号功率

P_o　信号源输出功率

Δf　载波频率误差

3.2　缩略语

下列缩略语适用于本部分。

DSRC　专用短程通信(Dedicated Short Range Communication)

ETC　电子收费(Electronic Toll Collection)

OBU　车载单元(On Board Unit)

RBW　分辨率带宽(Resolution Band Width)

RSU　路侧单元(Roadside Unit)

VSWR　电压驻波比(Voltage Standing - Wave Ratio)

4　主要测试设备和附件推荐特性

4.1　功率计

—— 功率测量范围:-60 dBm ~ +20 dBm;

—— 频率范围:10 MHz ~ 18 GHz;

—— 功率测量误差:±3 %。

4.2　频率计

—— 频率范围:10 Hz ~ 20 GHz;

—— 频率测量误差:$\pm 10 \times 10^{-9}$。

4.3　微波信号源

—— 频率范围:250 kHz ~ 20 GHz;

—— 频率精度:$f_c \times 100 \times 10^{-9}$;

—— 相噪:小于 -98 dBc/Hz@10 GHz,1 kHz 偏置。

4.4　频谱分析仪

—— 频率范围:3 Hz ~ 26.5 GHz;

—— 动态范围:不小于 70 dB;

—— 分辨率带宽:10 Hz ~ 3 MHz;

—— 背景噪声:不大于 -140 dBm/Hz。

4.5　矢量信号分析仪

—— 频率范围:直流 ~ 6 GHz;

—— 矢量调制分析类型:幅度调制、频率调制和相位调制分析。

4.6　数字示波器

—— 带宽:1 GHz;

—— 采样率:2 Gsa/s;

—— 存储器深度:每通道 2 M 点;

—— 触发方式:边沿、码型、时间/事件延迟和脉冲宽度等。

4.7　测试天线

—— 频率范围:1 GHz ~ 18 GHz;

—— 极化方式:线极化;

—— VSWR:小于 1.5:1;

—— 阻抗:50Ω;

—— 增益:可获取。

5　测试条件

5.1　测试场地及配置

5.1.1　测试场地

辐射测试可在全电波暗室或者自由空间测试场中进行。

全电波暗室的屏蔽效能应符合 GB/T 12190—2006 的要求,归一化场地衰减应符合 GB 9254—1998

的要求。

在全电波暗室中进行测试时，被测设备应处在暗室静区范围内。

自由空间测试场的归一化场地衰减应符合 GB 9254—1998 的要求。

5.1.2 配置

5.1.2.1 传导测试系统配置

传导测试系统由被测设备、测试设备和连接附件组成，连接附件包括连接器、衰减器等。

传导测试的系统配置框图见图 1。

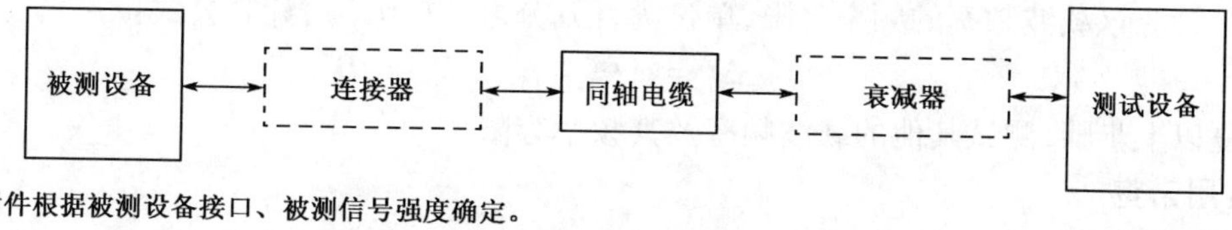

注：连接附件根据被测设备接口、被测信号强度确定。

图 1 传导测试系统配置框图

5.1.2.2 辐射测试系统配置

辐射测试系统由被测设备、测试设备和连接附件组成，连接附件包括同轴电缆、测试天线、连接器、衰减器等。

辐射测试的系统配置框图见图 2。

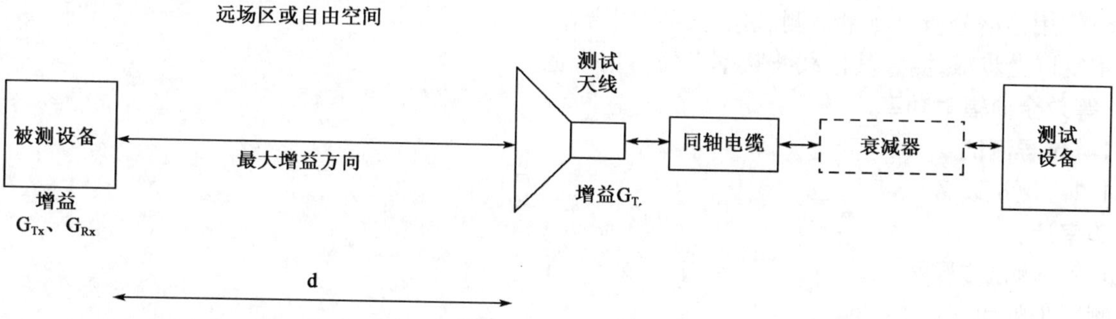

注：连接附件根据被测设备接口、被测信号强度确定。

图 2 辐射测试系统配置框图

被测设备与测试天线间距 d 应满足下式：

$$d \geqslant 2\ D^2/\lambda$$

式中：

D——被测设备天线最大直径；

λ——波长。

被测设备与测试天线距地面高度 h 应满足下式：

$$h \geqslant 4\ D$$

式中：

D——被测设备天线最大直径。

5.2 测试信号

周期为 511 比特的伪随机二进制序列（PN9）。

6 测试方法

6.1 总则

测试过程中能采用传导测试的项目，宜采用传导测试。

6.2 载波频率、频率容限

6.2.1 测试设备

频率计或带有计数器的频谱分析仪。

6.2.2 测试步骤

本测试可在传导或辐射测试条件下完成,测试步骤如下:

a) 设置被测设备发射机工作频率,设置被测设备工作在非调制状态,即载波状态;

b) 用频率计或带有计数器的频谱仪测量被测设备的实际载波频率 f_{Txa};

c) 计算该载波频率的频率容限,单位为百万分之一(10^{-6}),计算公式:

$$\Delta f = |f_{Tx} - f_{Txa}|/f_{Tx} \times 10^{6}$$

重复以上步骤,测试其他的载波频率及其频率容限。

6.3 占用带宽

6.3.1 测试设备

频谱分析仪。

6.3.2 测试步骤

本测试可在传导或辐射测试条件下完成,测试步骤如下:

a) 设置被测设备发射机工作频率,设置被测设备为连续发射测试信号的状态;

b) 将被测设备的发射功率设置为最大值;

c) 用频谱分析仪测量该测试信号的占用带宽;

重复以上步骤,测量其他载波频率下的占用带宽。

6.4 等效全向辐射功率

6.4.1 传导测试

6.4.1.1 测试设备

功率计。

6.4.1.2 测试步骤

测试步骤如下:

a) 设置被测设备发射机工作频率,设置被测设备为非调制状态,即载波状态;

b) 将被测设备的发射功率设置为最大值;

c) 用功率计测量被测设备发射天线端口功率 P_{cw},计算相应的等效全向辐射功率,单位为 dBm,计算公式:

$$\text{e. i. r. p}_{max} = P_{CW} \times G_{Tx}$$

重复以上步骤,测试其他载波频率下的等效全向辐射功率。

6.4.2 辐射测试

6.4.2.1 测试设备

功率计、微波信号源。

6.4.2.2 测试步骤

测试步骤如下:

a) 设置被测设备发射机工作频率,设置被测设备为非调制状态,即载波状态;

b) 将被测设备的发射功率设置为最大值;

c) 用功率计测量功率 P_{cw};

d) 在同样的测试条件下,用微波信号源和已知增益 G_T 的测试天线代替被测设备,并用功率计测量功率 P_{cwo},调整微波信号源的输出功率 P_o,直至 P_{cwo} 等于 P_{cw};

e) 计算相应的等效全向辐射功率,单位为 dBm,计算公式:

$$\text{e. i. r. p}_{max} = P_o \times G_T$$

重复以上步骤测试其他载波频率下的等效全向辐射功率。

6.5 杂散发射

6.5.1 测试设备

频谱分析仪。

6.5.2 测试步骤

6.5.2.1 传导测试

a) 设置被测设备发射机工作频率，设置被测设备为连续发射测试信号的状态；

b) 将被测设备的发射功率设置为最大值；

c) 将被测设备的调制系数设置为其允许范围内的最大值；

d) 按 GB/T 20851.1—2007 中 5.2 和 5.3 的要求分别设置频谱分析仪在各测试频段的 RBW，测量该频段的杂散发射功率 P_{con}；

e) 按照以下公式计算该频段的杂散发射 e. i. r. p_{con}，单位为 dBm，计算公式：

$$e.i.r.p_{con} = P_{con} \times G_{Tx}$$

重复以上步骤测量其他载波频率下的杂散发射。

6.5.2.2 辐射测试

a) 设置被测设备发射机工作频率，设置被测设备为连续发射测试信号的状态；

b) 将被测设备的发射功率设置为最大值；

c) 将被测设备的调制系数设置为其允许范围内的最大值；

d) 按 GB/T 20851.1—2007 中 5.2 和 5.3 的要求分别设置频谱分析仪在各测试频段的 RBW，测量各频段的杂散发射功率 P_{con}；

e) 在同样的测试条件下，用微波信号源和已知增益 G_T 的测试天线代替被测设备，并用频谱分析仪测量功率，调整微波信号源各频段的输出功率 P_o，直至频谱分析仪测得的功率等于 P_{con}；

f) 计算相应各频段的杂散发射 e. i. r. p_{con}，单位为 dBm，计算公式：

$$e.i.r.p_{con} = P_o \times G_T$$

重复以上步骤测试其他载波频率下各频段的杂散发射。

6.6 调制方式、调制系数

6.6.1 测试设备

矢量信号分析仪。

6.6.2 测试步骤

本测试可在辐射或传导测试条件下完成。测试步骤如下：

a) 设置被测设备发射机工作频率，设置被测设备为连续发射测试信号的状态；

b) 将被测设备的发射功率设置为最大值；

c) 将被测设备的调制系数设置为其允许范围内的最小值；

d) 用矢量信号分析仪测量被测设备的调制系数；

e) 改变被测设备发射机工作频率，其余设置不变，测试其他载波频率下的调制系数；

f) 将被测设备的调制系数设置为其允许范围内的最大值；

g) 用矢量信号分析仪测量被测设备的调制系数；

h) 改变被测设备发射机工作频率，其余设置不变，测试其他载波频率下的调制系数。

6.7 位速率

6.7.1 测试设备

数字示波器。

6.7.2 测试步骤

本测试可在传导或辐射测试条件下完成。测试步骤如下：

a) 设置被测设备发射机工作频率,设置被测设备为连续发射测试信号的状态;

b) 将被测设备的发射功率设置为最大值;

c) 将被测设备的调制系数设置为其允许范围内的最大值;

d) 用数字示波器测量位速率。

重复以上步骤测量其他载波频率下的位速率。

6.8 指标要求

被测设备的上述指标应分别符合 GB/T 20851.1—2007 中 5.2、5.3 的要求。

ICS 35.240.60
R 85

中华人民共和国国家标准

GB/T 20135—2006

智能运输系统　电子收费系统框架模型

Intelligent transport systems—Electronic toll collection—system architecture

2006-03-10 发布　　2006-10-01 实施

中华人民共和国国家质量监督检验检疫总局
中国国家标准化管理委员会　发布

目　　次

前　言

本标准主要参考 prENV ISO 17573—1999《道路运输与交通信息技术　电子收费　车辆相关服务系统框架模型》。

本标准的附录 A 和附录 B 都是资料性附录。

本标准由中华人民共和国交通部提出。

本标准由全国智能运输系统标准化技术委员会(SAC/TC 268)归口。

本标准起草单位:广州新软计算机技术有限公司、交通部公路科学研究所、广东联合电子收费股份有限公司。

本标准主要起草人:戴连贵、吴穗湘、罗瑞发、龙开红、张北海、杨光、江运志、刘咏平、周煊。

智能运输系统　电子收费　系统框架模型

1　范围

本标准规定了电子收费系统框架模型的总体架构、逻辑实体和实体间的接口描述，规定了系统中涉及的安全体系。

本标准适用于公路收费系统、城市道路收费系统，停车场收费系统也可参考执行。

2　术语和定义

下列术语和定义适用于本标准。

2.1

电子收费　electronic toll collection

在无人值守的收费车道，应用无线电射频识别及计算机等技术自动完成对通过车辆的识别、收费操作、车道设备控制和收费数据处理的收费方式，也称为全自动电子收费方式、不停车收费方式。〔GB/T 18367—2001，定义 3.18〕

2.2

框架模型　architecture

ETC 系统的主要元素、主要接口和主要功能的全局性描述。

2.3

用户　user

根据合约而享有由 ETC 服务提供商提供的 ETC 服务的实体。它是合约的一方，可能是个人、机构或抽象实体。

2.4

ETC 服务提供商　ETC service provider

为用户提供 ETC 服务的机构或抽象实体。

2.5

支付方式发行机构　payment method issuer

对支付方式负责并提供服务的实体。

2.6

结算机构　clearing operator

负责对用户使用 ETC 后产生的交易流水进行认证、统计、结算，并产生划账指令的实体。

2.7

清算机构　settlement operator

执行划账指令的实体。

2.8

发行服务代理商　issuer & service agent

为用户提供发行、服务（缴费、充值、挂失、解挂、注销等）的实体。

2.9

支付手段　payment means

用户与发行商之间（可能通过发行服务代理商完成）关于允许用户使用特定支付系统的合约表述，

如约定使用信用卡中的账号或电子钱包等进行支付。

2.10

支付模式　payment mode

从时间维度定义的支付的概念,如预先支付、当期支付、事后支付。

2.11

支付范围　payment scope

使用该支付手段的应用领域。

2.12

专用短程通信　dedicated short-range communication

智能运输系统中使用的一种固定设备与移动设备之间的短距离通信方式,主要用于自动收费、自动车辆和设备识别以及交通和旅行者信息服务等方面。

2.13

车载设备　on-board equipment

装在车辆中实现与 RSE 通信、并配合实现特定应用的设备总和。

2.14

车载单元　on-board unit

OBE 的基本组成部分,是 OBE 实现与 RSE 通信的单元。

2.15

路侧读写设备　roadside equipment

安装在电子收费车道路周围,直接对车载设备内的数据进行读写、交换等处理功能的设备总和。

2.16

路侧读写单元　roadside unit

RSE 的基本组成部分,是 RSE 实现与 OBE 通信的单元。

2.17

参与者　actor

与系统、子系统或类交互的外部人员、进程或事务的理想化。

2.18

用例　use case

系统单元提供的外部可感知的功能单元,表达成系统单元和与之交互的一个或多个参与者的消息序列。

2.19

用例图　use case diagram

显示系统中参与者和用例之间关系的图。

2.20

类　class

对共享相同属性、操作、方法、关系和语义的一系列对象集合的描述。

2.21

类图　class diagram

描述类、类型及其内容和关系等声明性(静态)模型元素集合的图。

2.22

交易　transaction

OBE 与 RSE 之间为完成电子收费的信息交换过程,表现为有效性判定、密钥认证、交易数据产生等事件的总和。

2.23

交易流水　transaction data list

交易成功后产生的包含交易金额、交易时间、交易地点、交易对象等交易信息的数据集合。

3 缩略语

下列缩略语适用于本标准。

C/R　质询/回应(Challenge/Response);
CRC　循环冗余码校验(Cyclic Redundancy Check);
DEA　数据加密算法(Data Encryption Algorithm);
DES　数据加密标准(Data Encryption Standard);
DSRC　专用短程通信(Dedicated Short-Range Communication);
ETC　电子收费(Electronic Toll Collection);
FEAL　快速加密算法(Fast Encryption Algorithm);
MAC　信息认证码(Message Authentication Code);
OBE　车载设备(On-Board Equipment);
OBU　车载单元(On-Board Unit);
PKC　公共密钥证书(Pubic Key Certificate);
RSA　一种非对称、公共密钥算法(Rivest,Shamir and Adleman);
RSE　路侧读写设备(Road-Side Equipment);
RSU　路侧读写单元(Road-Side Unit)。

4 总体架构

4.1 ETC 系统概述

ETC 系统由安装在车辆上的车载设备与安装在收费车道的路侧读写设备构成。它们之间进行通信,完成数据交换,实现车辆不停车缴费。安装在车辆上的 OBE 含有 OBU、存储介质等单元。在 ETC 系统中,OBE 有两种:一种把所有单元集成为一体(单片式);另一种包含 OBU 和外部储存介质(两片式)。如 OBE 为两片式,车辆数据可以存储于 OBU 中,用户数据可存储于外部存储介质中。安装在收费车道的 RSE 含有 RSU、计费系统、控制设备等。

ETC 系统的功能是实现自动完成车辆缴费的过程。用户使用约定的支付方式获得 ETC 服务,利用交易流水完成后台统计、结算和管理。

4.2 支付方式

支付方式包括支付手段、支付模式、支付范围。

4.2.1 支付手段

ETC 系统采用电子支付手段,电子支付手段的介质为 OBU 或 IC 卡。如果 OBE 为单片式,OBU 作为电子支付的介质;如果 OBE 为两片式,OBU 和 IC 卡都可作为电子支付手段的介质。

4.2.2 支付模式

ETC 系统的支付模式包括预先支付、当期支付、事后支付。

4.2.2.1　预先支付:在使用该支付介质之前,预先在该支付方式中存有一定金额的通行费。

4.2.2.2　当期支付:使用该支付介质即时支付通行费。

4.2.2.3　事后支付:使用该支付介质后,由结算机构出具应该支付的账单,凭账单支付通行费。

4.2.2.4　当使用 OBU 作为支付手段时,可以采用预先支付或事后支付模式,通常采用事后支付模式。当使用 IC 卡作为支付手段时,可以采用预先支付、当期支付和事后支付作为支付模式。

4.2.3 支付范围

支付范围为:公路收费和城市道路收费。

4.3 基本实体及实体间的关系

4.3.1 在 ETC 系统中,ETC 车道的交易双方是用户与 ETC 服务提供商。

4.3.2 支付方式发行机构对其发行的支付方式负责,授权发行服务代理商发行其支付方式,同时负责与结算机构交换信息,以维护该支付方式的运行。

4.3.3 发行服务代理商面向用户,为用户提供服务。

4.3.4 ETC 服务提供商提供交易后的数据,由结算机构对这些数据进行认证,并给予统计、结算。结算机构发出划账指令,由清算机构对 ETC 服务提供商应得的通行费进行清算。

4.3.5 ETC 系统逻辑框架图见图 1 所示。

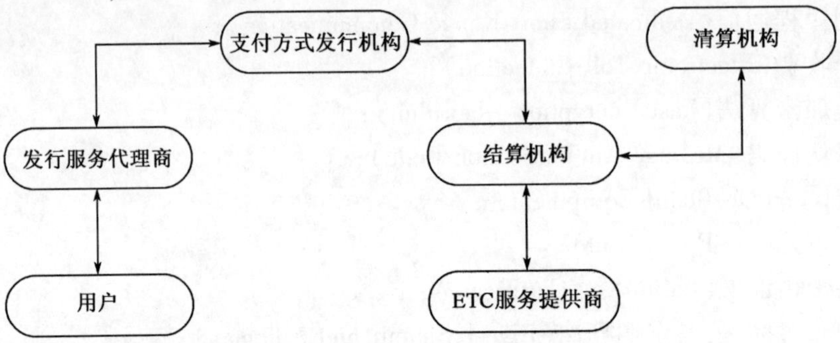

图 1 ETC 系统逻辑框架图

ETC 系统包括如下几个基本实体:

——支付方式发行机构;

——用户;

——ETC 服务提供商;

——发行服务代理商;

——结算机构;

——清算机构。

4.4 各实体的基本功能

4.4.1 支付方式发行机构

支付方式发行机构负责支付方式发行。在 ETC 系统中,它是支付系统的规则制定者和运营者。

4.4.2 用户

用户是 ETC 服务的使用实体。用户在接受 ETC 服务提供商提供的服务之前,应认可支付方式发行机构发行的支付手段,并取得支付手段的介质及相关设备。

4.4.3 ETC 服务提供商

ETC 服务提供商是为用户提供 ETC 服务的实体。ETC 服务提供商向用户提供服务所使用的 OBE 应支持支付方式发行机构所要求的安全体系。

4.4.4 发行服务代理商

发行服务代理商是为用户提供支付手段的发行、服务(缴费、充值、挂失、解挂、注销等)的实体。发行服务代理商应得到支付方式发行机构的授权和认证。

4.4.5 结算机构

结算机构是负责对用户使用 ETC 后产生的数据进行认证、统计、结算,并产生划账指令的实体。结算机构应该对接收的交易流水进行有效性核实,结算时,需要结合发行商提供的挂失注销等信息对用户的有效性进行验证,并控制生成各类黑名单,为 ETC 服务商提供黑名单等运营参数。

4.4.6 清算机构

进行资金、账务清算的实体。

4.5 应用举例

一个典型的应用举例参见附录 A。

5 逻辑实体

逻辑体系使用统一建模语言进行描述,描述的内容包括用例图和类图。

5.1 用例图

用例图主要描述系统的功能需求。

5.1.1 参与者

ETC 系统的参与者主要包括:

——用户;

——ETC 服务提供商;

——支付方式发行机构;

——结算机构;

——清算机构;

——发行服务代理商;

——车辆;

——OBE。

5.1.2 用例

ETC 系统的用例包括:

——管理服务权限;

——交易;

——结算与支付;

——系统控制。

用例描述见表 1 至表 4。

表 1 管理服务权限用例描述

项 目	描 述
用例名	管理服务权限
概要	管理用户使用 ETC 系统的权限
触发	用户申请发行、消费、缴费、充值、挂失、解挂、注销等可能引起用户使用权的变化的事件
参与者	用户 OBE 支付方式发行机构 ETC 服务提供商 发行服务代理商 结算机构
用例描述	持支付方式发行机构发行的支付方式的用户只有当其具有有效权限时,方能在 ETC 服务提供商提供的 ETC 车道通行。有权限的用户,在累次消费后,当支付方式内金额不足以支付通行费或信用额度不足时,用户的权限将被取消。当再次进行充值或缴费后,重新获得该权限。挂失、注销将使用户丧失该权限。 服务权限的管理还包括结算机构下发的运营参数的产生,如黑名单表,该运营参数可能变更用户的权限

表2　交易用例描述

项　目	描　述
用例名	交易
概要	ETC车道软件功能需求
触发	车辆进入ETC车道
参与者	用户 ETC服务提供商 车辆 OBE
用例描述	车辆进入ETC车道,系统对用户的有效性进行充分判定。判定的依据是发行商发行的密钥与结算机构下发的运营参数,这些运营参数来自管理服务权限用例。系统应能自动识别用户是否为黑名单,是否过期,是否本系统卡等。同时,也校验OBE与RSE之间的安全性。该用例还包括车辆检测、车辆识别、车型判定、费率计算、交易流水产生并上传等事件

表3　结算与支付用例描述

项　目	描　述
用例名	结算与支付
概要	ETC服务提供商、支付方式发行机构、结算机构之间的数据结算与资金平衡需求
触发	交易流水产生
参与者	支付方式发行机构 ETC服务提供商 结算机构 清算机构
用例描述	ETC服务提供商凭车道交易产生的交易流水要求结算机构进行结算,结算机构结算完毕后,产生划账指令,清算结构根据该划账指令完成支付方式发行机构、结算机构、ETC服务提供商账务间的资金平衡。各管理机构的管理费用也将按合约在清算机构中完成支付。 结算与支付的数据来自交易用例。结算的结果可能影响用户的服务权限

表4　系统控制用例描述

项　目	描　述
用例名	系统控制
概要	系统的全局性控制
触发	过车事件或异常事件等,如非合约用户强行通过ETC车道。
参与者	用户 ETC服务提供商
用例描述	ETC系统应保证交易的可操作性、安全性、可靠性。如,不允许放行尚未交易成功的车辆等。ETC系统应能对非合约用户和违约行为进行处理。 该用例还包括设备的使用寿命、系统的可维护性等要求。 该用例使用交易用例和管理服务权限用例提供的信息进行控制

5.1.3 用例图

用例图见图2。

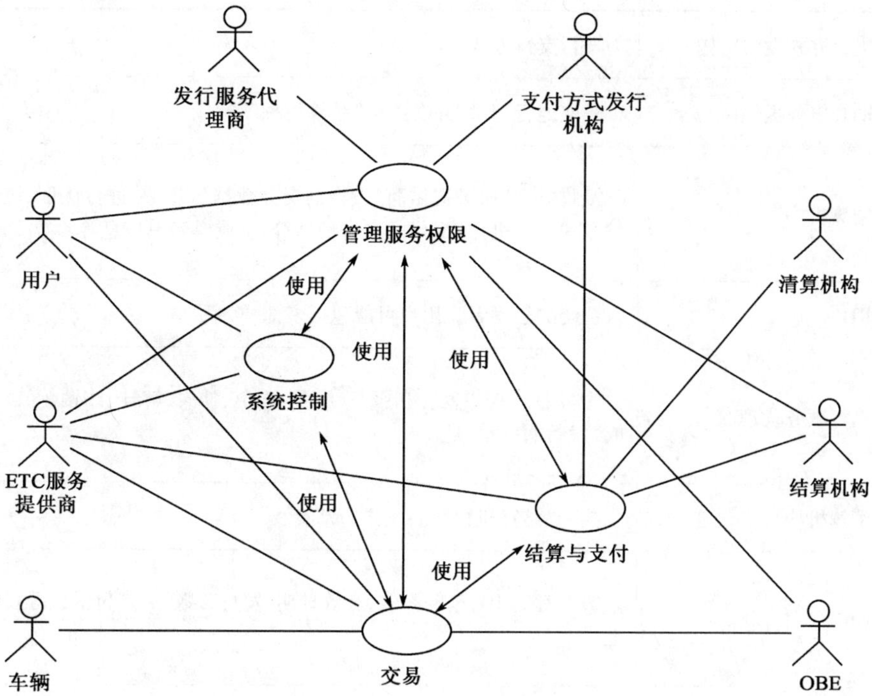

图2 用例图

5.2 类图

类图主要描述系统对象的状态和行为。

5.2.1 类

ETC系统可能包括如下类：

——支付方式发行机构；
——ETC服务提供商；
——结算机构；
——用户；
——发行服务代理商；
——清算机构；
——OBE；
——车辆；
——交易；
——支付方式合约信息；
——ETC用户合约信息；
——发行服务信息；
——用户通行信息；
——交易流水；
——黑名单信息；
——黑名单表；
——费率表。

类说明见表5：

表5 类说明

序号	类	类说明
1	支付方式发行机构	发行支付方式
2	ETC服务提供商	获取通行记录,并发送给“结算机构”
3	结算机构	接收“ETC服务提供商”发来的交易数据信息,并进行认证、统计、结算。结合“支付方式发行机构”提供的支付信息等,生成黑名单信息等参数
4	用户	系统的触发者。用户可能包括多部“车辆”
5	发行服务代理商	为“用户”提供发行和服务(缴费、充值、挂失、解挂、注销等)。发行服务过程中形成“发行服务信息”
6	清算机构	接受“结算机构”指令,进行清算
7	OBE	OBE存有ID、车辆参数、有效日期、发行商数据、支付信息等。OBE安装在“车辆”上
8	车辆	车辆属“用户”拥有,车辆数据写入“OBE”
9	交易	根据“用户通行信息”和“费率表”完成交易,生成“交易流水”
10	支付方式合约信息	关于提供给“用户”的特定支付方式的信息描述
11	ETC用户合约信息	ETC用户信息描述。由“发行服务代理商”在发行过程中写入
12	发行服务信息	发行服务过程中产生。包括发行、缴费、充值、挂失或注销等信息
13	用户通行信息	用户行驶、通行等信息
14	交易流水	“交易”产生交易流水,该流水发往“ETC服务提供商”
15	黑名单信息	完整的黑名单信息最终由“结算机构”统计出
16	黑名单表	根据“黑名单信息”更新黑名单表
17	费率表	费率表直接关联到“交易”的费用。来自“ETC服务提供商”
注:“×××”——为类图中的类。		

5.2.2 类图

类图见图3。类图中描述的属性和方法是必要而非充分的。

6 接口描述

6.1 用户与ETC服务提供商的接口

用户与ETC服务提供商之间的接口框图见图4。该接口主要支持收费流程的实现,包括各参与方

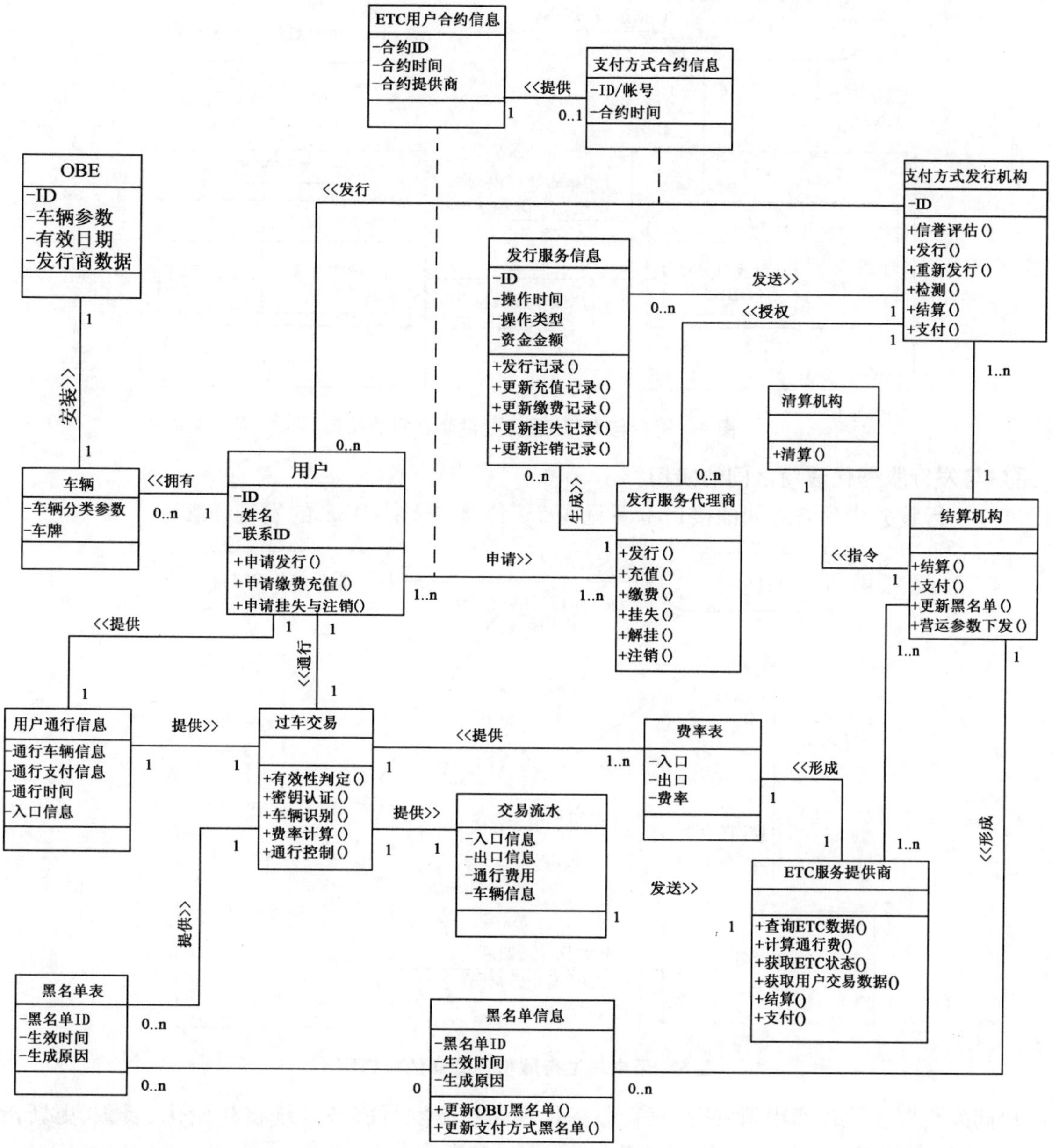

注：---表示依赖关系； —— 表示关联关系；
+ 表示方法(斜体)； - 表示属性；
图框中按类名、属性、方法三层次描述。

图3　类图

(含实体、机构与设备在内)之间的控制、信息交互与信息指示。

OBU与RSU之间相互通信，交换相关协议数据、车辆分类数据、电子钱包或者记帐数据等信息，通信遵循相关的DSRC标准。收费车道设备收集车辆存在、分类、定位、车牌等数据，作为交易的重要依据。

RSE是电子收费车道设备的一个组成部分。ETC服务提供商通过控制或指令数据与收费车道设备交换信息。

OBE安装在车辆上，由OBU和其他相关组件组成。用户与车辆之间通过控制或者指令数据完成交互。

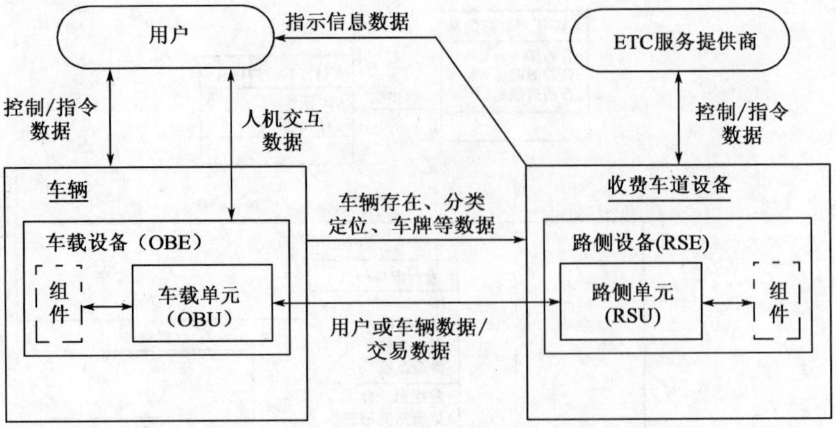

图4　用户与ETC服务提供商之间的接口

6.2　用户与发行服务代理商之间的接口

用户与发行服务代理商之间的接口框图见图5。该接口支持OBE的发行和服务。

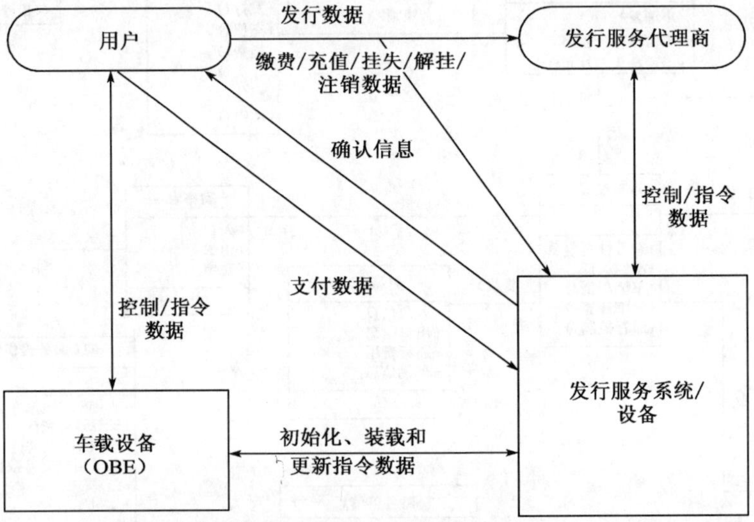

图5　用户与发行服务代理商的接口图

用户向发行服务代理商申请发行，发行服务代理商控制发行服务系统将初始化、装载、更新指令等数据写入OBE，完成发行。写入的数据通常包括用户、车辆等数据。

用户向发行服务代理商申请缴费、充值、挂失、解挂、注销等服务，并通过发行服务系统支付相关费用。发行服务代理商通过发行服务系统向用户提供确认信息。

6.3　其他接口

6.3.1　发行服务代理商与发行商的接口

接口支持两者之间签订、更改或取消代发行协议，并进行相关信息（如发行信息、挂失注销信息、缴费充值信息等）交互。

6.3.2　ETC服务提供商与结算机构的接口

ETC服务提供商向结算机构传送交易信息。结算机构应向ETC服务提供商反馈账务结算信息。账务结算信息来自清算机构。

6.3.3　结算机构与支付方式发行机构的接口

支付方式发行机构向结算机构提供用户数据信息。结算机构应向支付方式发行机构提供账务结算信息。账务结算信息来自清算机构。

6.3.4 结算机构与清算机构之间的接口

结算系统向清算机构发送划账指令,清算机构执行账务的划拨。清算机构应向结算机构发送账务清算信息。

7 安全体系

ETC 系统的安全体系包括交易的安全和数据的安全。构建安全体系应参见附录 B 并全面衡量最新安全技术,慎重采用,确保整个 ETC 系统的安全性。

7.1 交易安全

ETC 系统应当建立严密的密钥体系,作为交易安全的支撑。一方面,密钥随发行写入 OBE(通常存储于 IC 卡)和 RSE(通常存储于 PSAM 卡)中,在车道交易时进行密钥验证;另一方面,密钥本身应当得到保护,应当对保存密钥的介质进行严密的管理,防止泄密。

车道交易时 IC 卡与 PSAM 卡之间的密钥验证应该符合金融交易安全的要求,可能包括内部认证、外部认证等认证过程。

密钥应以密文保存,存储在不可读并有严格安全措施的介质中,应防止泄露、更改、删除。密钥应按等级组织,密钥等级应不少于三级,高一等级的密钥只用户保护下一等级的密钥,最低等级的密钥应用在 IC 卡、PSAM 卡等终端应用介质中。

7.2 数据安全

ETC 系统的数据安全包括数据存储的安全和数据传输的安全。

7.2.1 数据存储安全

ETC 系统应保证各类数据的存储安全,包括交易数据、统计数据、结算数据、发行服务数据等。存储数据的设备本身应当安全,并有备份措施。

系统至少应采取如下安全措施确保数据存储的安全:

a) 访问控制:对 ETC 系统的数据信息和流程操作进行权限控制,防止非法操作。

b) 机密控制:通过信息加密,防止非法或未经许可泄露实体信息,确保各实体隐私不受侵犯。

7.2.2 数据传输安全

ETC 系统应保证各实体间数据传输的安全,包括确保数据在传输过程中不会被监听、篡改、替换、破坏通信。

系统至少应采取如下安全措施确保数据传输的安全:

a) 认证:对接收到的数据进行认可的认证,证明对方身份、数据来源合法。认证的手段包括 MAC 验证、PKC 证书、C/R 认证等。

b) 机密控制:通过信息加密,防止敏感信息被非法监听。加密的手段包括 DEA、FEAL、RSA 等。

c) 数据完整性控制:通过 CRC 校验、MAC 验证等手段,验证接收的数据是否完整。

附　录　A
(资料性附录)
应 用 举 例

某ETC系统中,支付方式发行机构A公司发行两种支付方式:储值卡和记账卡。支付方式的介质为OBE中的IC卡,储值卡采用预先支付模式,记账卡采用事后支付模式。ETC系统服务提供商为管理路桥的业主。A公司同时又为结算机构和发行服务代理商。其所发行的支付方式同时可在停车收费中使用。清算机构为银行。

系统框图,假设如图A.1:

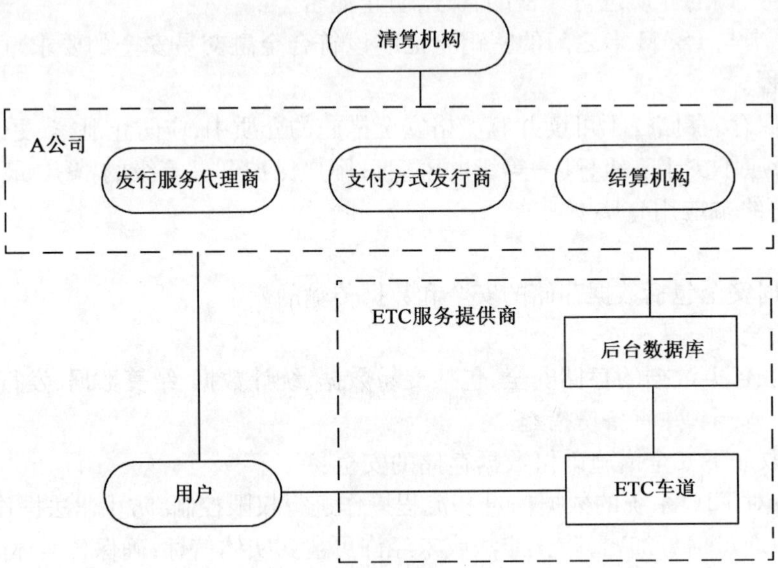

图 A.1　ETC系统逻辑框架应用举例

用户凭A公司发行的储值卡和记账卡可以结合OBU在ETC车道通过。

用户使用流程见如下描述:(假设储值卡用户)

用户向发行服务代理商提出申请。发行服务代理商收集用户及其车辆的数据,代表支付方式发行机构与用户签订合约,根据合约将发行信息写入支付方式中(如车辆数据写入OBU,用户数据写入IC卡中),并将发行数据发送给支付方式发行机构。为能在ETC使用,用户需事先在储值卡中存入一定的通行费金额。发行服务代理商需对充值过程进行充分的安全性验证,充值数据将发送给支付方式发行机构。支付方式发行机构保存该用户数据,并将该用户的资金信息传递给结算机构,供结算机构核算用。

用户使用已存入一定通行费的储值卡可以在承认该支付方式的ETC服务提供商提供的ETC车道不停车通行,产生的通行费直接从储值卡中扣除。ETC服务提供商将交易流水发送给结算机构,要求结算并支付通行费。结算机构定时对交易流水进行结算,并产生划账指令,由清算机构执行支付方式发行机构、结算机构与ETC服务提供商之间的账务平衡。

附 录 B
(资料性附录)
安全体系框架

B.1 安全体系构建的原则

安全体系构建应遵循两个原则:

a) 精简与透明以确保系统高效与互联互通。

b) 完整以涵盖实体各方的所有安全需求,并且力求经济实效。

B.2 安全体系框架模型和概念模型

ETC系统安全体系框架模型见图B.1。

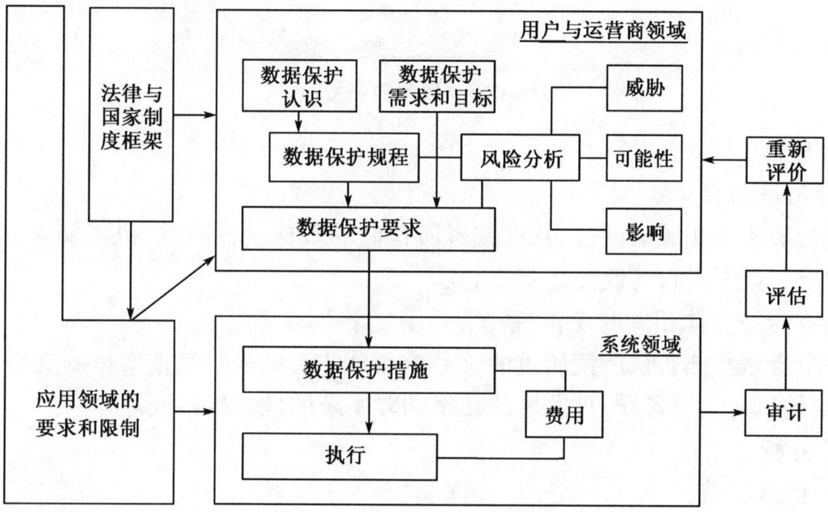

图B.1 ETC系统安全体系框架模型

安全体系的概念模型见图B.2。每个实体自身存在数据安全保护系统;任意相互关联的两个实体之间的通信系统和接口系统也存在相关的数据安全保护系统。各安全系统的构建都以图B.1所示的安全体系框架模型为指导。

图B.2 ETC系统安全体系概念模型

B.3 安全和隐私保护要求和目标

ETC安全体系的数据保护要求和目标如下:

a) 所有的业务行为都应遵守国家法律和制度,并符合相关的行业规范;

b) 不应以未经发行商授权的方式进行支付;

c) 不应在按协议规定不能发生支付的两个实体间发生支付;

d) 对每个实体而言,应符合价值平衡的原则,即所付出的服务与所获取的利益、支付与所获取的服务应平衡；

e) 所有可能发生事故或故障都应有相关的处理和恢复程序，并能提供足够的信息/数据以解决可能出现的冲突。

f) 交易所涉及的各方利益和隐私都应得到保护。

B.4 风险分析

B.4.1 风险分析模型

ETC系统的风险分析模型见图B.3。欺诈方（抽象概念，可能是实体中的一方，也可能来自外界）对各实体本身和实体间的接口都可能存在威胁。

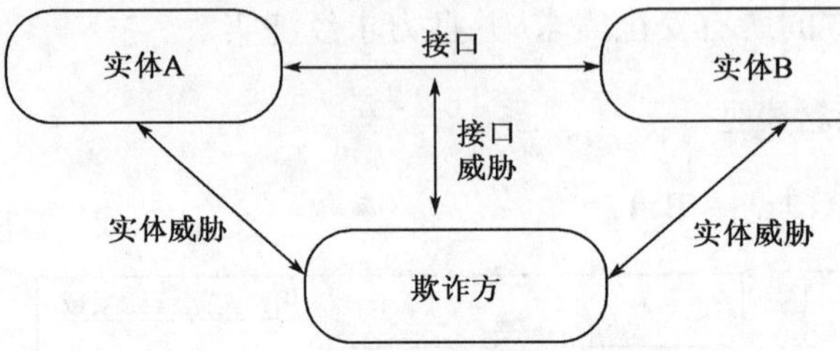

图B.3 风险分析模型

B.4.2 实体风险分析

欺诈方对实体的威胁有：

a) 篡改：对合法实体相关的硬件、软件或者所存储的数据进行篡改，也可能对非法实体相关的硬件、软件或者数据进行篡改使之变得合法；

b) 假冒：假冒合法实体相关的设备/系统，并用之于ETC系统；

c) 否认：一个合法实体否认所使用过的服务或否认收到的来自其他实体的支付。

不同实体领域的风险大小各异，且发生的几率和对系统的危害也不同。

B.4.3 接口风险分析

欺诈方对接口的威胁有：

a) 监听：欺诈实体对接口通信系统或者信息交互内容进行监听，侵犯通信各方实体的隐私；

b) 篡改：篡改通信数据或通信流程，欺骗ETC系统以从中牟利；

c) 替换：替换通信数据或通信流程，欺骗ETC系统以从中牟利；

d) 破坏通信：破坏正常通信，干扰系统运行。

不同接口领域的风险大小各异，且发生的几率和对系统的危害也不同。

B.5 数据保护措施

为了抵御系统可能存在的威胁，安全系统提供如下保护措施：

a) 访问控制：提供对ETC系统的数据信息和流程操作的使用权限控制，以防止非法操作；

b) 认证，分为对等实体认证和数据源认证：

1) 对等实体认证：两个相互通信的对等实体间互相进行的身份合法性确认；

2) 数据源认证：对数据信息来源的确认，确认信息来自合法的对等实体；

c) 机密控制：防止非法或未经许可泄漏实体信息，确保各实体隐私不受侵犯；

d) 数据完整性控制：防止非法修改或获取相关数据。

B.6 数据保护实现方法

数据保护措施应采用一些安全有效的方法实现，每种措施都可能有多种方法实现。

B.6.1 信息认证码(MAC码)

MAC码是以一定的算法对特定信息内容进行计算而出的,通常将其作为数据的防伪标志附属于所传输或者存储的数据中。MAC码的算法可以基于多种标准(如ISO 8731、ISO/IEC 9797、ISO/IEC 10118等),但它们的共同点有两个:

a) 所传输或者存储的数据内容不同,MAC码将不同;

b) 任何无权使用某加密密钥的实体都无法计算出相应的合法MAC码。

MAC码可以用来实现数据源认证和数据完整性控制。

B.6.2 公共密钥证书(PKC)

公共密钥证书算法和MAC码算法的不同之处在于,前者采用非对称加密算法,后者采用对称加密算法。公共密钥证书具备MAC码的所有特性,其算法可基于ISO/IEC 9797或者ISO/IEC 10118(不采用ISO 8731是因为它规定采用对称DES算法)。

非对称密钥算法可以用于实现所有数据保护措施,而且其较于对称密钥算法的优点在于:产生PKC的密钥可以保密,而校验PKC的密钥则可以公开。PKC常用作数字签名(Digital Signatures)。

B.6.3 C/R认证

对等实体间认证时通常通过互发身份认证码的方法进行,但如果欺诈方从某次通信获取到身份认证码,后续的通信将无法得到保障。C/R认证针对这种静态身份认证码的缺陷,采用动态计算身份认证码的方法,每次通信其值都不同,而且通常都将时间因子引入其中,防止欺诈方在后续通信中假冒对等实体。

C/R认证可以基于对称或者非对称的加密算法。

C/R认证用于实现对等实体认证。

B.6.4 信息加密

为了保护实体隐私,采用加密算法对敏感信息进行加密以防止非法监听。常用的信息加密算法有:

a) 数据加密算法(DEA):也称数据加密标准(DES),是一种对称、保密密钥算法;

b) 快速加密算法(FEAL):一种对称、保密密钥算法;

c) RSA:一种非对称、公共密钥算法。

B.7 密钥和密钥管理

B.7.1 密钥

ETC系统的数据保护主要依赖于加/解密技术,密钥是其中最关键的一个部分。

密钥本身也应得到保护以被防止泄漏、更改和删除。

密钥按等级组织,高一等级的密钥只用于保护下一等级的密钥,而最低等级的密钥才用于提供应用的安全保障服务。一个安全系统通常含两种密钥:

a) 用于加密数据的密钥;

b) 用于加密密钥的密钥。

后者的安全级别要高于前者,密钥应存储在不可读并有严格安全控制措施的介质中。

密钥在其生命周期中经历多种状态(如激活、未激活等)和处理过程(如生成、激活、禁止、销毁等)。

B.7.2 密钥管理

密钥管理的目的是为密钥管理服务提供安全保障。密钥管理服务主要包含密钥的生成、登记、认证、注销、发行、存储、归档、恢复、删除、导出和销毁等。

ETC系统中有多个用户使用密钥管理服务,主要有支付方式发行机构和发行服务代理商。

密钥状态转换有赖于ETC系统所采用的安全和加密技术,这意味着采用对称和非对称的加密技术密钥管理方式将不同。

B.7.3 密钥发行

密钥的发行可能在一个安全区域内也可能在两个安全区域之间进行。

在一个安全区域内时，密钥发行可直接在两个需要共享密钥的实体之间进行，或者由一个双方都认可的安全权威机构如密钥发行中心来为他们发行共同的密钥。

在两个不同的安全区域之间时，如果双方都认可其中一区域的权威机构，密钥发行也可通过该权威机构的形式进行，通过此权威机构将密钥发行给另外一个权威机构，然后各权威机构分别控制本安全区域的密钥发行。

参 考 文 献

[1] GB/T 18367—2001 公路收费方式
[2] ISO/IEC 9797 信息技术 安全技术 用块密码算法作密码校验 函数的数据完整性机制
[3] ISO/IEC 10118—1 信息技术 安全技术 散列函数 第1部分:概述
[4] ISO 8731—1 银行业务 认可的消息鉴别算法 第1部分:DEA
[5] ISO 8731—2 银行业务 认可的消息鉴别算法 第2部分:消息鉴别算法

ICS 35.240.60
R 07

中华人民共和国国家标准

GB/T 21394—2008

道路交通信息服务　信息分类与编码

Road traffic information service—Information classifying and coding

2008-02-03 发布　　2008-08-01 实施

中华人民共和国国家质量监督检验检疫总局
中国国家标准化管理委员会　发布

目　次

前　言

本标准由中华人民共和国交通部提出。

本标准由全国智能运输系统标准化技术委员会(SAC/TC 268)归口。

本标准起草单位:交通部公路科学研究院,河南省高速公路联网收费工作领导小组办公室。

本标准主要起草人:杨琪、鲍枫、熊奕宁、王琪琳、张洋、吕培建、赵宏。

道路交通信息服务　信息分类与编码

1　范围

本标准规定了交通信息服务中直接和道路交通相关的信息的分类原则和方法、编码方法及代码表。

本标准适用于智能交通系统及其相关领域的信息处理和信息交换。

2　规范性引用文件

下列文件中的条款通过本标准的引用而成为本标准的条款。凡是注日期的引用文件，其随后所有的修改单(不包括勘误的内容)或修订版均不适用于本标准，然而，鼓励根据本标准达成协议的各方研究是否可使用这些文件的最新版本。凡是不注日期的引用文件，其最新版本适用于本标准。

GB/T 20134　道路交通信息采集　事件信息集

3　术语和定义

下列术语和定义适用于本标准。

3.1

道路交通信息服务　road traffic information service

为出行者提供出行前或出行中有关的道路交通条件、事件及环境等信息的服务。

4　分类原则和方法

4.1　道路交通信息服务中信息按业务属性或特征分类，同时兼顾行政管理的需求。

4.2　分类方法采用线分类法。

4.3　分类应具兼容性，与有关标准协调一致，特别要与已发布的国家级分类编码标准相兼容。

5　编码方法

5.1　每一个编码对象只有一个代码，一个代码也只唯一表示一个编码对象。

5.2　代码应留有空位，当增加新的信息服务项目时，可根据需要加以扩充。

5.3　编码采用数字码。

5.4　编码结构分为两个段，分别为道路交通信息服务信息分类总代码、道路交通信息服务信息分类子代码。代码间用空格隔开。

编码形式如下：

××　××

道路交通信息服务信息分类子代码

道路交通信息服务信息分类总代码

6　代码

6.1　道路交通信息服务信息分类总代码

道路交通信息服务信息分类按业务属性或特征分为道路条件信息、道路交通流信息、停车信息、事件信息、环境信息和其他信息，总代码由两位数字码组成，其代码见表1。

表1　道路交通信息服务信息分类总代码

代　码	名　称	说　明
01	道路条件信息	指道路作为允许社会机动车通行的地方所应满足的条件以及机动车在道路上通行应遵守的规则
02	道路交通流信息	主要描述交通流状态的定性定量特征的物理量(称为交通流参数)的相关信息
03	停车信息	主要指停车场所的相关信息
04	事件信息	主要指不可预见性较强的交通突发事件的相关信息
05	环境信息	主要指影响交通运行安全的相关环境信息
99	其他信息	

6.2　道路交通信息服务信息分类子代码

6.2.1　道路条件信息子代码对应于道路条件信息总代码,由两位数字码组成,见表2。

表2　道路条件信息子代码

代　码	名　称	说　明
01	基本信息	主要包括道路名称、编号、道路位置、管理单位、技术等级、车道数、路面状况和计算行车速度等基本信息
02	交通设施信息	主要指交通信号、交通监测器等设施的相关信息,例如位置信息等
03	道路交通管理信息	主要指实施时间相对较长的交通措施。例如车辆禁限、车辆行驶规定等
04	临时道路交通管制信息	主要指实施时间相对较短、具有临时性质的交通措施。例如禁止通行、禁止某方向通行、禁止掉头、禁止超车、禁止停车、禁止鸣喇叭、限制措施、道路封闭措施等
99	其他信息	

6.2.2　道路交通流信息子代码对应于道路交通流信息总代码,由两位数字码组成,见表3。

表3　道路交通流信息子代码

代　码	名　称	说　明
01	宏观交通流参数信息	描述交通流作为一个整体表现出来的运行状态特征。主要包括交通量、速度、占有率、排队长度等信息
02	微观交通流参数信息	微观交通流参数描述交通流中彼此相关的车辆之间的运行状态特征。主要包括车头时距、车头间距等信息
03	拥挤程度信息	根据宏观交通流参数和微观交通流参数得出的描述交通拥挤程度的相关信息
04	预告、预测信息/引导信息	根据历史数据得出的交通流预测信息
99	其他信息	

6.2.3 停车信息子代码对应于停车信息总代码,由两位数字码组成,见表4。

表4 停车信息子代码

代 码	名 称	说 明
01	停车场基本属性信息	主要包括名称、位置、总车位数、车辆限制信息、服务时间等基本属性信息
02	停车场相关类型信息	主要指地上/地下、路内/路外等类型信息
03	停车场收费标准信息	
04	停车场动态管理信息	主要包括停车场剩余停车位、车辆驶入率、车辆驶出率等动态信息
99	其他停车信息	

6.2.4 事件信息子代码对应于事件信息总代码,由两位数字码组成,见表5。

表5 事件信息子代码

代 码	名 称	说 明
01	道路交通事故信息	具体描述见 GB/T 20134
02	抛锚信息	具体描述见 GB/T 20134
03	道路异常信息	具体描述见 GB/T 20134
04	特殊事件信息	主要指大型集会活动、大范围施工、恐怖事件等相关信息
99	其他事件信息	

6.2.5 环境信息子代码见对应于环境信息总代码,由两位数字码组成,见表6。

表6 环境信息子代码

代 码	名 称	说 明
01	大气污染信息	主要包括碳氢化合物 HC 含量、一氧化碳 CO 含量、氮氧化物 NO_x 含量、SO_x 含量等信息
02	噪声	
03	振动	
04	气象信息	主要包括能见度、温度、湿度、风向、风速、降水量、沙尘、冰雹、雨、雪、雾、结冰等气象信息
05	灾难	主要包括雪崩、泥石流、地震、洪水、火山、火灾、海啸、龙卷风等信息
99	其他环境信息	

6.2.6 其他信息子代码对应于其他信息总代码,由两位数字码组成,见表7。

表7 其他信息子代码

代 码	名 称
99	其他信息

ICS 35.240.60
R 07

中华人民共和国国家标准

GB/T 20133—2006

道路交通信息采集 信息分类与编码

Road traffic information collection—Classification and code of message

2006-03-10 发布

2006-10-01 实施

中华人民共和国国家质量监督检验检疫总局
中国国家标准化管理委员会 发布

目　次

前　言

GB/T 20133《道路交通信息采集　信息分类与编码》和GB/T 20134《道路交通信息采集　事件信息集》均为《道路交通信息采集》系列标准之一。

本标准由中华人民共和国交通部、公安部共同提出。

本标准由全国智能运输系统标准化技术委员会(SAC/TC 268)归口。

本标准起草单位:公安部交通管理科学研究所、交通部公路科学研究所、中国物品编码中心。

本标准主要起草人:王长君、孙正良、王笑京、邱红桐、何利利、袁建华、苑雷、赵永进。

道路交通信息采集　信息分类与编码

1　范围

本标准规定了道路交通信息采集中交通信息的分类编码原则与编码结构，以及信息分类和编码。

本标准适用于道路交通系统及其相关领域的信息采集、处理和信息交换。

2　术语和定义

下列术语和定义适用于本标准。

2.1

道路交通信息采集　road traffic information collection

为获取有关道路交通信息而进行的采集活动。

3　分类编码原则与编码结构

3.1　分类原则

3.1.1　按道路交通信息采集中信息的业务属性或特征分类。

3.1.2　分类具兼容性，与有关标准协调一致。

3.2　编码原则

3.2.1　每一个采集信息只有一个编码，一个编码也只唯一表示一个采集的信息。

3.2.2　编码内组成部分代码各层内留有扩充位，用户可根据需要自行扩充。

3.3　编码结构

编码结构分为两段：

——信息分类总代码为两位数字码；

——信息分类子代码为两位数字码；

编码形式如下：

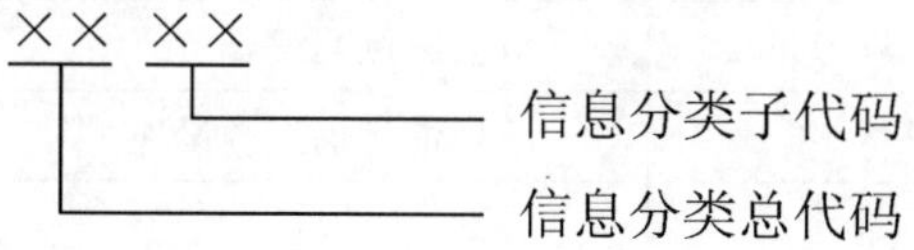

4　信息分类与编码

4.1　信息分类总代码

总代码见表1。

表1　道路交通信息采集信息分类总代码

总　代　码	信　　息	总　代　码	信　　息
01	道路信息	06	车辆信息
02	道路交通设施信息	07	人员信息
03	交通流信息	08	环境信息
04	停车场信息	90	其他
05	事件信息		

4.2 信息分类子代码

4.2.1 道路信息子代码见表2。

表2 道路信息子代码

代码	信息	代码	信息
10	道路形态	22	道路横断面
11	行政区划	30	路面
12	路号	31	路面情况
13	公路数	32	路面类型
14	米数	40	车速限值
15	路名/地点	50	路口、路段管制信息
16	方位	51	时间管制
17	单向路宽	52	方向管制
18	双向路宽	53	载重管制
19	路口、路段类型	54	车型管制
20	道路线型	60	交通控制方式
21	道路类型		

4.2.2 道路交通设施信息子代码见表3。

表3 道路交通设施信息子代码

代码	信息	代码	信息
10	道路交通指挥系统	30	公路交通工程设施
11	指挥控制中心	31	交通安全设施
12	交通流采集设施	32	公路监控设施
13	交通信号控制设施	33	通信设施
14	交通电视监视设施	34	收费设施
15	闯红灯自动记录设施	35	服务设施
16	公路车辆监测记录设施	36	公路沿线供配电设施
17	停车管理设施	37	公路照明设施
18	交通诱导设施	38	智能运输系统设施
19	车辆定位设施		

4.2.3 交通流信息子代码见表4。

表4 交通流信息子代码

代码	信息	代码	信息
10	按时间统计流量	20	按车型统计流量
11	年平均月交通流量	30	时间占有率
12	周平均日交通流量	31	1h 间隔时间占有率
13	日平均小时流量	32	15min 间隔时间占有率
14	小时流量	33	5min 间隔时间占有率
15	15min 流量	40	空间占有率
16	5min 流量	41	1h 间隔空间占有率

表4(续)

代码	信息	代码	信息
42	15min 间隔空间占有率	53	5min 断面平均车速
43	5min 间隔空间占有率	54	断面最高车速
50	速度	60	排队长度
51	1h 断面平均车速	70	阻塞状态
52	15min 断面平均车速		

4.2.4 停车场信息子代码见表5。

表5 停车场信息子代码

代码	信息	代码	信息
10	停车场属性	21	总车位信息
20	车位信息	22	空闲车位信息

4.2.5 事件信息子代码见表6。

表6 事件信息子代码

代码	信息	代码	信息
10	事故信息	21	事故主要原因
11	事故编号	22	事故形态
12	事故时间	30	抛锚信息
13	星期	31	抛锚编号
14	死亡人数	32	抛锚时间
15	重伤人数	33	抛锚主要原因
16	失踪人数	40	道路异常
17	轻伤人数	41	发生时间
18	损坏机动车数	42	主要异常情况
19	损坏非机动车数	50	其他事件
20	事故类型	60	影响交通程度

4.2.6 车辆信息子代码见表7。

表7 车辆信息子代码

代码	信息	代码	信息
10	基本信息	20	车身颜色
11	号牌号码	21	车辆性能
12	档案编号	22	车辆技术状况
13	车辆类型	30	使用性质
14	品牌型号	40	车辆所有人信息
15	车辆识别代号	41	姓名
16	发动机号	42	住址
17	注册登记日期	43	身份证件类型
18	发证日期	44	身份证件号码
19	制造厂名称	45	所有权

表7(续)

代码	信息	代码	信息
50	技术参数	57	货厢内部尺寸
51	总质量	58	后轴钢板弹簧片数
52	整备质量	59	外廓尺寸
53	核定载质量	60	检验记录
54	准牵引总质量	61	燃料种类
55	核定载客	62	排量
56	驾驶室共乘	70	车辆装载物品

4.2.7 人员信息子代码见表8。

表8 人员信息子代码

代码	信息	代码	信息
10	人员基本信息	33	准驾车型
11	人员编号	34	驾龄
12	姓名	35	初次领证日期
13	性别	36	有效起始日期
14	年龄	37	有效期
15	出生日期	38	发证机关
16	交通方式	39	驾驶证号
17	人员类型	40	档案编号
18	出行目的	41	驾驶证副页记录
19	国籍	50	人员事故信息
20	身份证件类型	51	伤害程度
21	身份证件号码	60	人员违法信息
22	地址	61	违法行为
30	驾驶员属性	62	处罚结果
31	驾驶机动车人员类型	90	其他信息
32	驾证种类		

4.2.8 环境信息子代码见表9。

表9 环境信息子代码

代码	信息	代码	信息
10	大气污染信息	40	气象信息
11	CO_2 含量	41	能见度
12	CO 含量	42	温度
13	NO_x 含量	43	湿度
14	SO_x 含量	44	风向
15	HC 含量	45	风速
20	噪声	46	降水量
30	振动	90	其他

4.2.9 其他信息子代码见表10。

表10 其他信息子代码

代码	信息
99	其他

参 考 文 献

[1] GB/T 14395—1993《城市地理要素　城市道路、道路交叉口、街坊、市政工程管线编码结构规则》
[2] GB/T 17734—1999《公路信息分类与代码》
[3] GA 329—2002《全国道路交通管理信息数据库规范》
[4] GA 408.3—2003《道路交通违章管理信息代码 第3部分:交通违章地点编码规则》
[5] JT/T 301—1996《公路交叉口与编码规则》
[6] 国家智能交通工程技术研究中心《中国智能交通体系框架》
[7] 高海龙等著,《紧急事件管理系统的开发》

第一批需严格执行的

Jiaotong Yunshu Xinxihua Biaozhun Huibian

交通运输信息化标准汇编

（第三分册）

本社汇编

人民交通出版社

图书在版编目(CIP)数据

交通运输信息化标准汇编/人民交通出版社编.—北京:人民交通出版社,2011.9

ISBN 978-7-114-09379-1

I.①交… II.①交… III.①交通运输—信息技术—标准—汇编—中国 IV.①U495-65

中国版本图书馆 CIP 数据核字(2011)第 179688 号

第一批需严格执行的

书　　名:**交通运输信息化标准汇编**(第三分册)
著 作 者:本社汇编
责任编辑:李　萍　李　农
出版发行:人民交通出版社
地　　址:(100011)北京市朝阳区安定门外外馆斜街 3 号
网　　址:http://www.ccpress.com.cn
销售电话:(010)59757969,59757973
总 经 销:人民交通出版社发行部
经　　销:各地新华书店
印　　刷:北京市密东印刷有限公司
开　　本:880×1230　1/16
印　　张:32.25
字　　数:944 千
版　　次:2011 年 9 月　第 1 版
印　　次:2011 年 9 月　第 1 次印刷
书　　号:ISBN 978-7-114-09379-1
总 定 价:700.00 元(共五册)

总　目　次

ICS 35.240.180
R 07
备案号:

JT

中华人民共和国交通行业标准

JT/T 697.11—2009

交通信息基础数据元
第11部分:船舶检验信息基础数据元

Basic data element of transportation information
Part 11: Basic data element of ship survey information

2009-02-18 发布　　2009-06-01 实施

中华人民共和国交通运输部　发布

目　　次

前　言

JT/T 697《交通信息基础数据元》分为13部分：

——第1部分:总则；
——第2部分:公路信息基础数据元；
——第3部分:港口信息基础数据元；
——第4部分:航道信息基础数据元；
——第5部分:船舶信息基础数据元；
——第6部分:船员信息基础数据元；
——第7部分:道路运输信息基础数据元；
——第8部分:水路运输信息基础数据元；
——第9部分:建设项目信息基础数据元；
——第10部分:交通统计信息基础数据元；
——第11部分:船舶检验信息基础数据元；
——第12部分:船载客货信息基础数据元；
——第13部分:收费公路信息基础数据元。

本部分为JT/T 697的第11部分。

本部分由交通部科技教育司提出。

本部分由交通部信息通信及导航标准化技术委员会归口。

本部分主要起草单位:中国船级社、中交水运规划设计院有限公司。

本部分主要起草人:李健祥、杜国光、唐菁、田晓平、单学军、张伟、朱珍、张瑞强、黄林杉等。

交通信息基础数据元
第11部分:船舶检验信息基础数据元

1 范围

本部分规定了船舶检验信息基础数据元编制原则和分类、船舶检验信息基础数据元及数据元值域代码集。

本部分适用于交通行业建立船舶检验数据库的主要技术指标和有关信息系统所涉及的船舶检验数据的采集、交换与共享。其他涉及船舶检验相关信息数据项需引用标准的信息系统或文件也可参照本部分执行。

2 规范性引用文件

下列文件中的条款通过本部分的引用而成为本部分的条款。凡是注日期的引用文件，其随后所有的修订单(不包括勘误的内容)或修订版均不适用于本部分。然而，鼓励根据本部分达成协议的各方研究是否可使用这些文件的最新版本。凡是不注日期的引用文件，其最新版本适用于本部分。

GB/T 2659　世界各国和地区名称代码(GB/T 2659—2000/ISO 3166—1:1997 EQV)

JT/T 697.1　交通信息基础数据元　第1部分:总则

JT/T 697.5—2007　交通信息基础数据元　第5部分:船舶信息基础数据元

JT/T 697.8—2007　交通信息基础数据元　第8部分:水路运输信息基础数据元

船舶与海上设施法定检验技术规则(国际航行船舶2008年、国内航行船舶2004年、内河船舶2004年)

3 数据元编制原则和分类

3.1 编制原则

船舶检验信息基础数据元的分类方法、数据元编制规则、数据元值域引用代码编制规则应符合JT/T 697.1的规定。

3.2 分类

3.2.1 根据JT/T 697.1的规定,船舶检验的代码为CJ。

3.2.2 根据船舶检验管理对象和管理业务信息的基本内容和属性,船舶检验信息基础数据元划分为五大类:船舶基本参数信息、证书及文件信息、检验及审核信息、船舶结构设备信息、辅助信息,具体分类见表1。

表1 船舶检验基础数据元分类表

分类编号	名称	章条	分类编号	名称	章条
CJ01	**船舶基本参数信息**	**4.1**	CJ010502	浮油回收船	4.1.5.2
CJ010100	主尺度参数	4.1.1	CJ010503	挖泥船	4.1.5.3
CJ010200	特性参数	4.1.2	CJ010504	起重船	4.1.5.4
CJ010300	登记参数	4.1.3	CJ010505	消防船	4.1.5.5
CJ010400	船级参数	4.1.4	CJ010506	其他工程船	4.1.5.6
CJ0105	工程船补充参数	4.1.5	**CJ02**	**证书及文件信息**	**4.2**
CJ010501	浮船坞	4.1.5.1	CJ0201	船舶检验文件	4.2.1

表1(续)

分类编号	名　　称	章条	分类编号	名　　称	章条
CJ020101	船舶检验证书	4.2.1.1	CJ040409	应急拖带装置	4.4.4.9
CJ020102	船舶检验报告	4.2.1.2	CJ0405	消防设备	4.4.5
CJ020103	船舶必备检验文件资料	4.2.1.3	CJ040501	水灭火系统	4.4.5.1
CJ020200	船舶审核文件	4.2.2	CJ040502	其他固定灭火系统	4.4.5.2
CJ020300	公司审核文件	4.2.3	CJ040503	其他固定灭火系统灭火剂容器	4.4.5.3
CJ0204	船舶保安计划审批文件	4.2.4	CJ040504	探火和报警装置	4.4.5.4
CJ020401	船舶保安计划批准书	4.2.4.1	CJ040505	防火控制示意图展示位置	4.4.5.5
CJ020402	船舶保安证书	4.2.4.2	CJ040506	灭火器	4.4.5.6
CJ020500	产品检验文件	4.2.5	CJ040507	备用灭火剂	4.4.5.7
CJ020600	海工检验文件	4.2.6	CJ040508	其他消防器具	4.4.5.8
CJ020700	图纸资料审批文件	4.2.7	CJ0406	救生设备	4.4.6
CJ03	**检验及审核信息**	**4.3**	CJ040601	救生艇	4.4.6.1
CJ0301	船舶检验	4.3.1	CJ040602	救生浮具	4.4.6.2
CJ030101	船舶检验过程控制	4.3.1.1	CJ040603	气胀式救生环	4.4.6.3
CJ030102	船舶检验状态	4.3.1.2	CJ040604	救生圈	4.4.6.4
CJ030103	船舶检验遗留项目	4.3.1.3	CJ040605	救生衣	4.4.6.5
CJ030200	产品检验	4.3.2	CJ040606	救生筏	4.4.6.6
CJ030300	海工检验	4.3.3	CJ040607	抛绳设备	4.4.6.7
CJ0304	船舶及公司审核	4.3.4	CJ040700	信号设备	4.4.7
CJ030401	船舶审核过程控制	4.3.4.1	CJ040800	航行设备	4.4.8
CJ030402	公司审核过程控制	4.3.4.2	CJ0409	轮机设备	4.4.9
CJ030403	船舶及公司审核不合格项目	4.3.4.3	CJ040901	主机	4.4.9.1
CJ030500	船舶保安计划审批	4.3.5	CJ040902	齿轮箱	4.4.9.2
CJ04	**船舶结构设备信息**	**4.4**	CJ040903	轴系	4.4.9.3
CJ040100	船体总布置情况	4.4.1	CJ040904	推进器	4.4.9.4
CJ040200	船舶稳性	4.4.2	CJ040905	锅炉	4.4.9.5
CJ040300	船舶干舷	4.4.3	CJ040906	空气瓶	4.4.9.6
CJ0404	舾装设备	4.4.4	CJ040907	空压机	4.4.9.7
CJ040401	舾装数	4.4.4.1	CJ0410	电气设备	4.4.10
CJ040402	锚	4.4.4.2	CJ041001	机舱自动化	4.4.10.1
CJ040403	锚机	4.4.4.3	CJ041002	配电系统	4.4.10.2
CJ040404	锚链	4.4.4.4	CJ041003	发电设备	4.4.10.3
CJ040405	绞缆机	4.4.4.5	CJ041004	无线电设备	4.4.10.4
CJ040406	缆绳	4.4.4.6	CJ041005	救生艇筏双向甚高频无线电话	4.4.10.5
CJ040407	舵	4.4.4.7	CJ041006	船舶地面站	4.4.10.6
CJ040408	操舵装置	4.4.4.8	CJ041007	河船无线通信设备	4.4.10.7

表1(续)

分类编号	名　　称	章条	分类编号	名　　称	章条
CJ0411	起重设备	4.4.11	CJ050102	法规	4.5.1.2
CJ041101	起重设备基本信息	4.4.11.1	CJ050103	规范	4.5.1.3
CJ041102	吊杆	4.4.11.2	CJ050104	技术标准	4.5.1.4
CJ041103	起重机	4.4.11.3	CJ050105	检验指南	4.5.1.5
CJ041104	升降机	4.4.11.4	CJ050106	通函	4.5.1.6
CJ041105	跳板	4.4.11.5	CJ050107	须知	4.5.1.7
CJ041106	活动零部件	4.4.11.6	CJ050108	第三方检验技术要求	4.5.1.8
CJ0412	防污染	4.4.12	CJ0502	供方管理	4.5.2
CJ041201	防止油污染	4.4.12.1	CJ050201	船体测厚机构	4.5.2.1
CJ041202	防止生活污水污染	4.4.12.2	CJ050202	灭火系统和设备检测机构	4.5.2.2
CJ041203	防止垃圾污染	4.4.12.3	CJ050203	滑油监测机构	4.5.2.3
CJ041204	防止大气污染	4.4.12.4	CJ050204	无线电专业检测机构	4.5.2.4
CJ041205	防污底系统	4.4.12.5	CJ050205	GMDSS岸基维修机构	4.5.2.5
CJ0413	特种装载	4.4.13	CJ050206	VDR 年度检测机构	4.5.2.6
CJ041301	散装运输有毒物质	4.4.13.1	CJ050207	救生筏站检测机构	4.5.2.7
CJ041302	散装运输液化气体	4.4.13.2	CJ050208	无损探伤检测机构	4.5.2.8
CJ041303	散装运输化学品	4.4.13.3	CJ050209	理化性能试验室	4.5.2.9
CJ041304	危险品适装	4.4.13.4	CJ050210	罗经校核机构	4.5.2.10
CJ041305	甲板特种装载	4.4.13.5	CJ050300	焊工管理	4.5.3
CJ05	**辅助信息**	**4.5**	CJ050400	验船师管理	4.5.4
CJ0501	检验及审核依据	4.5.1	CJ050500	归档管理	4.5.5
CJ050101	公约	4.5.1.1			

4　船舶检验基础数据元集

4.1　船舶基本参数信息

4.1.1　主尺度参数

4.1.1.1　船舶总长(标准)

采用JT/T 697.5—2007的4.1.1.27。

4.1.1.2　船舶型宽(标准)

采用JT/T 697.5—2007的4.1.1.28。

4.1.1.3　船舶型深

采用JT/T 697.5—2007的4.1.1.29。

4.1.1.4　船长

编号:CJ010100001

数据元名称:船长

中文全拼:chuan-chang

定义:《船舶与海上设施法定检验技术规则》船舶构造篇定义的船长。

数据元类型:数字型

数据格式:n..20,4

计量单位:米(m)

4.1.1.5　规范船长

编号:CJ010100002

数据元名称:规范船长

中文全拼:gui-fan-chuan-chang

定义:《钢质海船入级规范》定义的船长。

数据元类型:数字型

数据格式:n..20,4

计量单位:米(m)

4.1.1.6　垂线间长

编号:CJ010100003

数据元名称:垂线间长

中文全拼:chui-xian-jian-chang

定义:《钢质海船入级规范》定义的垂线间长。

数据元类型:数字型

数据格式:n..20,4

计量单位:米(m)

4.1.1.7　满载水线长

采用 JT/T 697.8—2007 的 4.7.5.3。

4.1.1.8　最大船高

编号:CJ010100004

数据元名称:最大船高

中文全拼:zui-da-chuan-gao

定义:船体自基线至最高固定结构最上缘处的高度。

数据元类型:数字型

数据格式:n..20,4

计量单位:米(m)

4.1.1.9　最大船宽

编号:CJ010100005

数据元名称:最大船宽

中文全拼:zui-da-chuan-kuan

定义:船体两侧包括固定附属物在内的最大宽度。

数据元类型:数字型

数据格式:n..20,4

计量单位:米(m)

4.1.1.10　结构吃水

编号:CJ010100006

数据元名称:结构吃水

中文全拼:jie-gou-chi-shui

定义:进行船体结构强度计算时的船舶设计吃水。

数据元类型:数字型

数据格式:n..20,4

计量单位:米(m)

4.1.1.11 空载吃水

编号:CJ010100007

数据元名称:空载吃水

中文全拼:kong-zai-chi-shui

定义:由船底基线量至压载水线的垂直距离。

数据元类型:数字型

数据格式:n..13,3

计量单位:米(m)

4.1.1.12 船舶满载吃水

同义语"满载吃水",采用JT/T 697.8—2007的4.7.1.45。

4.1.2 特性参数

4.1.2.1 海船内河船标识

采用JT/T 697.5—2007的4.1.2.7。

4.1.2.2 船舶种类

采用JT/T 697.5—2007的4.1.1.13。

4.1.2.3 航区代码

采用JT/T 697.5—2007的4.1.1.8。

4.1.2.4 航线类型

采用JT/T 697.5—2007的4.1.2.10。

4.1.2.5 营运限制

采用JT/T 697.5—2007的4.2.7.8。

4.1.2.6 船员人数

采用JT/T 697.5—2007的4.1.2.30。

4.1.2.7 乘客定额

采用JT/T 697.5—2007的4.1.2.4。

4.1.2.8 车位

采用JT/T 697.5—2007的4.1.1.40。

4.1.2.9 箱位

采用JT/T 697.5—2007的4.1.1.38。

4.1.2.10 总吨

同义语"总吨位",采用JT/T 697.5—2007的4.1.1.30。

4.1.2.11 净吨

同义"净吨位",采用JT/T 697.5—2007的4.1.1.31。

4.1.2.12 机动船标志

编号:CJ010200001

数据元名称:机动船标志

中文全拼:ji-dong-chuan-biao-zhi

定义:对机动船、非机动船进行区别的标记。

数据元类型:字符型

数据格式:n1

值域:0-非机动船;1-机动船

4.1.2.13 营运状态代码

编号:CJ010200002

数据元名称:营运状态代码

中文全拼:ying-yun-zhuang-tai-dai-ma

定义:对船舶的现时营运状态进行标识。

数据元类型:字符型

数据格式:n1

值域:见5.5

4.1.2.14 营运海区

编号:CJ010200003

数据元名称:营运海区

中文全拼:ying-yun-hai-qu

定义:船舶配备无线电设备的海区,如"A1"、"A1 + A2"、"A1 + A2 + A3"、"A1 + A2 + A3 + A4"等。

数据元类型:字符型

数据格式:an..20

4.1.2.15 海船航速

编号:CJ010200004

数据元名称:海船航速

中文全拼:hai-chuan-hang-su

定义:海船满载时的设计航速。

数据元类型:数字型

数据格式:n..8,2

计量单位:节(kn)

4.1.2.16 河船航速

编号:CJ010200005

数据元名称:河船航速

中文全拼:he-chuan-hang-su

定义:内河船舶满载时的设计航速。

数据元类型:数字型

数据格式:n..8,2

计量单位:公里/小时(km/h)

4.1.2.17 满载排水量

采用JT/T 697.8—2007的4.7.5.7,定义采用《船舶与海上设施法定检验技术规则》中的相关定义。

4.1.2.18 空载排水量

采用JT/T 697.8—2007的4.7.5.6,定义采用《船舶与海上设施法定检验技术规则》中的相关定义。

4.1.2.19 特种装载工况

编号:CJ010200006

数据元名称:特种装载工况

中文全拼:te-zhong-zhuang-zai-gong-kuang

定义:船舶在何种工况下具有特殊装载的能力。

数据元类型:字符型

数据格式:..ul

4.1.2.20 参考载货量

编号:CJ010200007

数据元名称:参考载货量

中文全拼:can-kao-zai-huo-liang

定义:海船填写夏季干舷时船舶的设计载货量,河船填写满载吃水时船舶的设计载货量。

数据元类型:数字型

数据格式:n..20,4

计量单位:吨(t)

4.1.2.21 装载容量

编号:CJ010200008

数据元名称:装载容量

中文全拼:zhuang-zai-rong-liang

定义:船舶货舱总容积或货物占用空间总容积。

数据元类型:数字型

数据格式:n..20,4

计量单位:立方米(m^3)

4.1.2.22 临时乘客定额

编号:CJ010200009

数据元名称:临时乘客定额

中文全拼:lin-shi-cheng-ke-ding-e

定义:船舶临时核定的允许承载乘客的数量。

数据元类型:数字型

数据格式:n..5

计量单位:位

4.1.2.23 特种人员数

编号:CJ010200010

数据元名称:特种人员数

中文全拼:te-zhong-ren-yuan-shu

定义:船舶核准可载运特种人员的最大数量。

数据元类型:数字型

数据格式:n..5

计量单位:位

4.1.3 登记参数

4.1.3.1 中文船名

采用 JT/T 697.5—2007 的 4.1.1.2。

4.1.3.2 英文船名

采用 JT/T 697.5—2007 的 4.1.1.3。

4.1.3.3 曾用中文船名

采用 JT/T 697.5—2007 的 4.1.1.4。

4.1.3.4 曾用英文船名

采用 JT/T 697.5—2007 的 4.1.1.5。

4.1.3.5 IMO 编号

采用 JT/T 697.5—2007 的 4.1.1.7。

4.1.3.6 船舶呼号

采用 JT/T 697.5—2007 的 4.1.1.6。

4.1.3.7 水上移动通信业务标识

采用 JT/T 697.8—2007 的 4.7.1.51。

4.1.3.8 初次登记号

采用 JT/T 697.5—2007 的 4.1.1.12。

4.1.3.9 船籍港代码

采用 JT/T 697.5—2007 的 4.1.1.9。

4.1.3.10 船公司名称

采用 JT/T 697.5—2007 的 4.1.3.1。

4.1.3.11 经营人

同义语"船舶经营人",采用 JT/T 697.5—2007 的 4.1.3.9。

4.1.3.12 检验机构代码

采用 JT/T 697.5—2007 的 4.2.11.3。

4.1.3.13 船舶建成日期

同义语"船舶建造完工日期",采用 JT/T 697.5—2007 的 4.1.1.26。

4.1.3.14 船舶改建日期

同义语"船舶最近一次重大改建完工日期",采用 JT/T 697.5—2007 的 4.1.1.23。

4.1.3.15 船检登记号

采用 JT/T 697.8—2007 的 4.7.1.14。

4.1.3.16 建造厂编号

编号:CJ010300001

数据元名称:建造厂编号

中文全拼:jian-zao-chang-bian-hao

定义:船舶建造厂的船舶工程自编号。

数据元类型:字符型

数据格式:an..16

4.1.3.17 船旗国

采用 JT/T 697.8—2007 的 4.7.1.18。

4.1.3.18 船旗国代码

编号:CJ010300002

数据元名称:船旗国代码

中文全拼:chuan-qi-guo-dai-ma

定义:船旗国的名称代码。

数据元类型:字符型

数据格式:an2

值域:采用 GB/T 2659 中的两位字母代码。

4.1.3.19 前船旗国

编号:CJ010300003

数据元名称:前船旗国

中文全拼:qian-chuan-qi-guo

定义:船舶转挂中国旗前的船旗国名称。

数据元类型:字符型

数据格式:an..50

值域:采用 GB/T 2659。

4.1.3.20 前船旗国代码

编号:CJ010300004

数据元名称:前船旗国代码

中文全拼:qian-chuan-qi-guo-dai-ma

定义:船舶转挂中国旗前的船旗国名称代码。

数据元类型:字符型

数据格式:an2

值域:采用 GB/T 2659 中的两位字母代码。

4.1.3.21 前检验机构代码

编号:CJ010300005

数据元名称:前检验机构代码

中文全拼:qian-jian-yan-ji-gou-dai-ma

定义:之前对船舶行使检验职能的机构代码。

数据元类型:字符型

数据格式:n4

值域:见 5.3

4.1.3.22 签订建造合同日期

编号:CJ010300006

数据元名称:签订建造合同日期

中文全拼:qian-ding-jian-zao-he-tong-ri-qi

定义:船舶签订建造合同的日期。

数据元类型:日期型

数据格式:YYYYMMDD

4.1.3.23 安放龙骨日期

编号:CJ010300007

数据元名称:安放龙骨日期

中文全拼:an-fang-long-gu-ri-qi

定义:船舶安放龙骨或处于相似建造阶段的日期。

数据元类型:日期型

数据格式:YYYYMMDD

4.1.3.24 造船厂名称

同义语"船舶建造厂",采用 JT/T 697.5—2007 的 4.1.1.24。

4.1.3.25 船舶改建厂

编号:CJ010300008

数据元名称:船舶改建厂

中文全拼:chuan-bo-gai-jian-chang

定义:对船舶进行最近一次重大改建的船厂名称。

数据元类型:字符型

数据格式:an..100

4.1.3.26 安全管理公司名称

编号:CJ010300009

数据元名称:安全管理公司名称
中文全拼:an-quan-guan-li-gong-si-ming-cheng
定义:DOC 证书上所指的船舶管理公司名称。
数据元类型:字符型
数据格式:an..100

4.1.4 船级参数

4.1.4.1 船级登记号

编号:CJ010400001
数据元名称:船级登记号
中文全拼:chuan-ji-deng-ji-hao
定义:船舶入级的登记编号。
数据元类型:字符型
数据格式:an..16

4.1.4.2 所属船级社代码

编号:CJ010400002
数据元名称:所属船级社代码
中文全拼:suo-shu-chuan-ji-she-dai-ma
定义:船舶入级的船级社代码。
数据元类型:字符型
数据格式:n3
值域:见 5.6

4.1.4.3 双重船级的另一船级社代码

编号:CJ010400003
数据元名称:双重船级的另一船级社代码
中文全拼:shuang-chong-chuan-ji-de-ling-yi-chuan-ji-she-dai-ma
定义:按共同规范入双重船级的另一船级社代码。
数据元类型:字符型
数据格式:n3
值域:见 5.6

4.1.4.4 双船级的另一船级社代码

编号:CJ010400004
数据元名称:双船级的另一船级社代码
中文全拼:shuang-chuan-ji-de-ling-yi-chuan-ji-she-dai-ma
定义:船舶按各自规范入级的另一船级社代码。
数据元类型:字符型
数据格式:n3
值域:见 5.6

4.1.4.5 船级符号

编号:CJ010400005
数据元名称:船级符号
中文全拼:chuan-ji-fu-hao
定义:船级社授予的船舶入级符号。
数据元类型:字符型

数据格式:an..30

4.1.4.6 船级附加标志

编号:CJ010400006

数据元名称:船级附加标志

中文全拼:chuan-ji-fu-jia-biao-zhi

定义:船舶入级标志的表述,加注在入级符号之后。

数据元类型:字符型

数据格式:..ul

4.1.4.7 船级状态代码

编号:CJ010400007

数据元名称:船级状态代码

中文全拼:chuan-ji-zhuang-tai-dai-ma

定义:船舶当前船级的状态代码。

数据元类型:字符型

数据格式:n1

值域:见5.7

4.1.5 工程船补充参数

4.1.5.1 浮船坞

4.1.5.1.1 浮船坞类型代码

编号:CJ010501001

数据元名称:浮船坞类型代码

中文全拼:fu-chuan-wu-lei-xing-dai-ma

定义:浮船坞类型的代码标识。

数据元类型:字符型

数据格式:n1

值域:1-整体型;2-分离型

4.1.5.1.2 设计升举能力

编号:CJ010501002

数据元名称:设计升举能力

中文全拼:she-ji-sheng-ju-neng-li

定义:在正常状态下,所设计的浮船坞其预定升举起最重船舶的空载排水量。

数据元类型:数字型

数据格式:n..8,2

计量单位:吨(t)

4.1.5.2 浮油回收船

4.1.5.2.1 浮油装载舱容

编号:CJ010502001

数据元名称:浮油装载舱容

中文全拼:fu-you-zhuang-zai-cang-rong

定义:浮油回收船浮油回收后可装载的总容积。

数据元类型:数字型

数据格式:n..8,2

计量单位:立方米(m^3)

4.1.5.3 挖泥船

4.1.5.3.1 挖泥泵功率

编号:CJ010503001

数据元名称:挖泥泵功率

中文全拼:wa-ni-beng-gong-lv

定义:挖泥船挖泥泵的功率。

数据元类型:数字型

数据格式:n..8,2

计量单位:立方米/秒(m^3/s)

4.1.5.4 起重船

4.1.5.4.1 最大起重能力

编号:CJ010504001

数据元名称:最大起重能力

中文全拼:zui-da-qi-zhong-neng-li

定义:起重船最大的起重能力。

数据元类型:数字型

数据格式:n..8,2

计量单位:吨(t)

4.1.5.5 消防船

4.1.5.5.1 消防炮射程

编号:CJ010505001

数据元名称:消防炮射程

中文全拼:xiao-fang-pao-she-cheng

定义:消防船消防炮的最大射程。

数据元类型:数字型

数据格式:n..8,2

计量单位:米(m)

4.1.5.5.2 消防炮流量

编号:CJ010505002

数据元名称:消防炮流量

中文全拼:xiao-fang-pao-liu-liang

定义:消防炮的最大流量。

数据元类型:数字型

数据格式:n..8,2

计量单位:立方米/秒(m^3/s)

4.1.5.6 其他工程船

4.1.5.6.1 最大施工能力

编号:CJ010506001

数据元名称:最大施工能力

中文全拼:zui-da-shi-gong-neng-li

定义:最大的施工能力。

数据元类型:字符型

数据格式:an..100

4.2 证书及文件信息

4.2.1 船舶检验文件

4.2.1.1 船舶检验证书

4.2.1.1.1 船舶证书代码

同义语“船舶检验证书代码”,采用 JT/T 697.5—2007 的 4.1.3.2,补充代码见 5.8。

4.2.1.1.2 船舶检验证书编号

编号:CJ020101001

数据元名称:船舶检验证书编号

中文全拼:chuan-bo-jian-yan-zheng-shu-bian-hao

定义:船舶检验证书的编号。

数据元类型:字符型

数据格式:an..16

4.2.1.1.3 船舶检验证书到期日期

编号:CJ020101002

数据元名称:船舶检验证书到期日期

中文全拼:chuan-bo-jian-yan-zheng-shu-dao-qi-ri-qi

定义:船舶检验证书有效期的截止日期。

数据元类型:日期型

数据格式:YYYYMMDD

4.2.1.1.4 船舶检验证书发证地点

编号:CJ020101003

数据元名称:船舶检验证书发证地点

中文全拼:chuan-bo-jian-yan-zheng-shu-fa-zheng-di-dian

定义:船舶检验证书发证单位的城市名称。

数据元类型:字符型

数据格式:an..16

4.2.1.1.5 船舶检验证书发证单位

编号:CJ020101004

数据元名称:船舶检验证书发证单位

中文全拼:chuan-bo-jian-yan-zheng-shu-fa-zheng-dan-wei

定义:船舶检验证书签发或签署单位的名称。

数据元类型:字符型

数据格式:an..100

4.2.1.1.6 船舶检验证书发证日期

编号:CJ020101005

数据元名称:船舶检验证书发证日期

中文全拼:chuan-bo-jian-yan-zheng-shu-fa-zheng-ri-qi

定义:船舶检验证书发证的日期。

数据元类型:日期型

数据格式:YYYYMMDD

4.2.1.1.7 船舶检验证书备注

编号:CJ020101006

数据元名称:船舶检验证书备注

中文全拼:chuan-bo-jian-yan-zheng-shu-bei-zhu
定义:船舶检验证书备注栏内容。
数据元类型:字符型
数据格式:..ul

4.2.1.2 船舶检验报告

4.2.1.2.1 船舶检验报告代码

编号:CJ020102001
数据元名称:船舶检验报告代码
中文全拼:chuan-bo-jian-yan-bao-gao-dai-ma
定义:签发或签署的船舶检验报告的代码。
数据元类型:字符型
数据格式:n4
值域:见 5.9

4.2.1.2.2 船舶检验报告编号

编号:CJ020102002
数据元名称:船舶检验报告编号
中文全拼:chuan-bo-jian-yan-bao-gao-bian-hao
定义:船舶检验报告的编号。
数据元类型:字符型
数据格式:an..16

4.2.1.2.3 船舶检验报告签发单位

编号:CJ020102003
数据元名称:船舶检验报告签发单位
中文全拼:chuan-bo-jian-yan-bao-gao-qian-fa-dan-wei
定义:船舶检验报告签发单位的名称。
数据元类型:字符型
数据格式:an..100

4.2.1.2.4 船舶检验报告签发日期

编号:CJ020102004
数据元名称:船舶检验报告签发日期
中文全拼:chuan-bo-jian-yan-bao-gao-qian-fa-ri-qi
定义:船舶检验报告签发的日期。
数据元类型:日期型
数据格式:YYYYMMDD

4.2.1.3 船舶必备检验文件资料

4.2.1.3.1 船舶必备检验文件代码

编号:CJ020103001
数据元名称:船舶必备检验文件代码
中文全拼:chuan-bo-bi-bei-jian-yan-wen-jian-dai-ma
定义:船舶必备检验文件的代码。
数据元类型:字符型
数据格式: an2
值域:见 5.10

4.2.1.3.2 船舶必备检验文件批准号

编号:CJ020103002

数据元名称:船舶必备检验文件批准号

中文全拼:chuan-bo-bi-bei-jian-yan-wen-jian-pi-zhun-hao

定义:船舶必备检验文件资料的批准号。

数据元类型:字符型

数据格式:an..16

4.2.1.3.3 船舶必备检验文件批准单位

编号:CJ020103003

数据元名称:船舶必备检验文件批准单位

中文全拼:chuan-bo-bi-bei-jian-yan-wen-jian-pi-zhun-dan-wei

定义:船舶必备检验文件资料批准机构的名称。

数据元类型:字符型

数据格式:an..100

4.2.1.3.4 船舶必备检验文件批准日期

编号:CJ020103004

数据元名称:船舶必备检验文件批准日期

中文全拼:chuan-bo-bi-bei-jian-yan-wen-jian-pi-zhun-ri-qi

定义:船舶必备检验文件资料的批准日期。

数据元类型:日期型

数据格式:YYYYMMDD

4.2.2 船舶审核文件

4.2.2.1 船舶审核证书名称

编号:CJ020200001

数据元名称:船舶审核证书名称

中文全拼:chuan-bo-shen-he-zheng-shu-ming-cheng

定义:签发或签署的船舶审核证书的名称。

数据元类型:字符型

数据格式:an..100

4.2.2.2 船舶审核证书编号

编号:CJ020200002

数据元名称:船舶审核证书编号

中文全拼:chuan-bo-shen-he-zheng-shu-bian-hao

定义:船舶审核证书的编号。

数据元类型:字符型

数据格式:an..16

4.2.2.3 船舶审核证书到期日期

编号:CJ020200003

数据元名称:船舶审核证书到期日期

中文全拼:chuan-bo-shen-he-zheng-shu-dao-qi-ri-qi

定义:船舶审核证书有效期的截止日期。

数据元类型:日期型

数据格式:YYYYMMDD

4.2.2.4　船舶审核证书发证地点

编号:CJ020200004

数据元名称:船舶审核证书发证地点

中文全拼:chuan-bo-shen-he-zheng-shu-fa-zheng-di-dian

定义:船舶审核证书发证单位的城市名称。

数据元类型:字符型

数据格式:an..16

4.2.2.5　船舶审核证书发证单位

编号:CJ020200005

数据元名称:船舶审核证书发证单位

中文全拼:chuan-bo-shen-he-zheng-shu-fa-zheng-dan-wei

定义:船舶审核证书签发或签署单位的名称。

数据元类型:字符型

数据格式:an..100

4.2.2.6　船舶审核证书发证日期

编号:CJ020200006

数据元名称:船舶审核证书发证日期

中文全拼:chuan-bo-shen-he-zheng-shu-fa-zheng-ri-qi

定义:船舶审核证书发证的日期。

数据元类型:日期型

数据格式:YYYYMMDD

4.2.2.7　船舶审核证书备注

编号:CJ020200007

数据元名称:船舶审核证书备注

中文全拼:chuan-bo-shen-he-zheng-shu-bei-zhu

定义:船舶审核证书备注栏内容。

数据元类型:字符型

数据格式:..ul

4.2.3　公司审核文件

4.2.3.1　公司审核证书名称

编号:CJ020300001

数据元名称:公司审核证书名称

中文全拼:gong-si-shen-he-zheng-shu-ming-cheng

定义:签发或签署的公司审核证书的名称。

数据元类型:字符型

数据格式:an..100

4.2.3.2　公司审核证书编号

编号:CJ020300002

数据元名称:公司审核证书编号

中文全拼:gong-si-shen-he-zheng-shu-bian-hao

定义:公司审核证书的编号。

数据元类型:字符型

数据格式:an..16

4.2.3.3 公司审核证书到期日期

编号:CJ020300003

数据元名称:公司审核证书到期日期

中文全拼:gong-si-shen-he-zheng-shu-dao-qi-ri-qi

定义:公司审核证书有效期的截止日期。

数据元类型:日期型

数据格式:YYYYMMDD

4.2.3.4 公司审核证书发证地点

编号:CJ020300004

数据元名称:公司审核证书发证地点

中文全拼:gong-si-shen-he-zheng-shu-fa-zheng-di-dian

定义:公司审核证书发证单位的城市名称。

数据元类型:字符型

数据格式:an..16

4.2.3.5 公司审核证书发证单位

编号:CJ020300005

数据元名称:公司审核证书发证单位

中文全拼:gong-si-shen-he-zheng-shu-fa-zheng-dan-wei

定义:公司审核证书签发或签署单位的名称。

数据元类型:字符型

数据格式:an..100

4.2.3.6 公司审核证书发证日期

编号:CJ020300006

数据元名称:公司审核证书发证日期

中文全拼:gong-si-shen-he-zheng-shu-fa-zheng-ri-qi

定义:公司审核证书发证的日期。

数据元类型:日期型

数据格式:YYYYMMDD

4.2.3.7 公司审核证书备注

编号:CJ020300007

数据元名称:公司审核证书备注

中文全拼:gong-si-shen-he-zheng-shu-bei-zhu

定义:公司审核证书备注栏内容。

数据元类型:字符型

数据格式:..ul

4.2.4 船舶保安计划审批文件

4.2.4.1 船舶保安计划批准书

4.2.4.1.1 船舶保安计划批准书编号

编号:CJ020401001

数据元名称:船舶保安计划批准书编号

中文全拼:chuan-bo-bao-an-ji-hua-pi-zhun-shu-bian-hao

定义:船舶保安计划批准书的编号。

数据元类型:字符型

数据格式:an..16

4.2.4.1.2 船舶保安计划批准地点

编号:CJ020401002

数据元名称:船舶保安计划批准地点

中文全拼:chuan-bo-bao-an-ji-hua-pi-zhun-di-dian

定义:船舶保安计划批准单位的城市名称。

数据元类型:字符型

数据格式:an..16

4.2.4.1.3 船舶保安计划批准单位

编号:CJ020401003

数据元名称:船舶保安计划批准单位

中文全拼:chuan-bo-bao-an-ji-hua-pi-zhun-dan-wei

定义:船舶保安计划批准单位的名称。

数据元类型:字符型

数据格式:an..100

4.2.4.1.4 船舶保安计划批准日期

编号:CJ020401004

数据元名称:船舶保安计划批准日期

中文全拼:chuan-bo-bao-an-ji-hua-pi-zhun-ri-qi

定义:船舶保安计划批准的日期。

数据元类型:日期型

数据格式:YYYYMMDD

4.2.4.1.5 船舶保安计划批准书备注

编号:CJ020401005

数据元名称:船舶保安计划批准书备注

中文全拼:chuan-bo-bao-an-ji-hua-pi-zhun-shu-bei-zhu

定义:船舶保安计划批准书备注栏内容。

数据元类型:字符型

数据格式:..ul

4.2.4.2 船舶保安证书

4.2.4.2.1 船舶保安证书编号

编号:CJ020402001

数据元名称:船舶保安证书编号

中文全拼:chuan-bo-bao-an-zheng-shu-bian-hao

定义:船舶保安证书的编号。

数据元类型:字符型

数据格式:an..16

4.2.4.2.2 船舶保安证书到期日期

编号:CJ020402002

数据元名称:船舶保安证书到期日期

中文全拼:chuan-bo-bao-an-zheng-shu-dao-qi-ri-qi

定义:船舶保安证书有效期的截止日期。

数据元类型:日期型

数据格式:YYYYMMDD

4.2.4.2.3 船舶保安证书发证地点

编号:CJ020402003

数据元名称:船舶保安证书发证地点

中文全拼:chuan-bo-bao-an-zheng-shu-fa-zheng-di-dian

定义:船舶保安证书发证单位的城市名称。

数据元类型:字符型

数据格式:an..16

4.2.4.2.4 船舶保安证书发证单位

编号:CJ020402004

数据元名称:船舶保安证书发证单位

中文全拼:chuan-bo-bao-an-zheng-shu-fa-zheng-dan-wei

定义:船舶保安证书签发或签署单位的名称。

数据元类型:字符型

数据格式:an..100

4.2.4.2.5 船舶保安证书发证日期

编号:CJ020402005

数据元名称:船舶保安证书发证日期

中文全拼:chuan-bo-bao-an-zheng-shu-fa-zheng-ri-qi

定义:船舶保安证书发证的日期。

数据元类型:日期型

数据格式:YYYYMMDD

4.2.4.2.6 船舶保安证书备注

编号:CJ020402006

数据元名称:船舶保安证书备注

中文全拼:chuan-bo-bao-an-zheng-shu-bei-zhu

定义:船舶保安证书备注栏内容。

数据元类型:字符型

数据格式:..ul

4.2.5 产品检验文件

4.2.5.1 产品证书代码

编号:CJ020500001

数据元名称:产品证书代码

中文全拼:chan-pin-zheng-shu-dai-ma

定义:船用产品证书的代码。

数据元类型:字符型

数据格式:n1

值域:见5.11

4.2.5.2 产品证书编号

编号:CJ020500002

数据元名称:产品证书编号

中文全拼:chan-pin-zheng-shu-bian-hao

定义:船用产品证书的编号。

数据元类型:字符型

数据格式:an..16

4.2.5.3　产品证书发证地点

编号:CJ020500003

数据元名称:产品证书发证地点

中文全拼:chan-pin-zheng-shu-fa-zheng-di-dian

定义:船用产品证书发证单位的城市名称。

数据元类型:字符型

数据格式:an..16

4.2.5.4　产品证书发证单位

编号:CJ020500004

数据元名称:产品证书发证单位

中文全拼:chan-pin-zheng-shu-fa-zheng-dan-wei

定义:船用产品证书签发或签署单位的名称。

数据元类型:字符型

数据格式:an..100

4.2.5.5　产品证书发证日期

编号:CJ020500005

数据元名称:产品证书发证日期

中文全拼:chan-pin-zheng-shu-fa-zheng-ri-qi

定义:船用产品证书发证的日期。

数据元类型:日期型

数据格式:YYYYMMDD

4.2.5.6　产品证书备注

编号:CJ020500006

数据元名称:产品证书备注

中文全拼:chan-pin-zheng-shu-bei-zhu

定义:船用产品证书备注栏内容。

数据元类型:字符型

数据格式:..ul

4.2.6　海工检验文件

4.2.6.1　海工证书名称

编号:CJ020600001

数据元名称:海工证书名称

中文全拼:hai-gong-zheng-shu-ming-cheng

定义:签发或签署的海工证书的名称。

数据元类型:字符型

数据格式:an..100

4.2.6.2　海工证书编号

编号:CJ020600002

数据元名称:海工证书编号

中文全拼:hai-gong-zheng-shu-bian-hao

定义:海工证书的编号。

数据元类型:字符型
数据格式:an..16

4.2.6.3 海工证书到期日期
编号:CJ020600003
数据元名称:海工证书到期日期
中文全拼:hai-gong-zheng-shu-dao-qi-ri-qi
定义:海工证书有效期的截止日期。
数据元类型:日期型
数据格式:YYYYMMDD

4.2.6.4 海工证书发证地点
编号:CJ020600004
数据元名称:海工证书发证地点
中文全拼:hai-gong-zheng-shu-fa-zheng-di-dian
定义:海工证书发证单位的城市名称。
数据元类型:字符型
数据格式:an..16

4.2.6.5 海工证书发证单位
编号:CJ020600005
数据元名称:海工证书发证单位
中文全拼:hai-gong-zheng-shu-fa-zheng-dan-wei
定义:海工证书签发或签署单位的名称。
数据元类型:字符型
数据格式:an..100

4.2.6.6 海工证书发证日期
编号:CJ020600006
数据元名称:海工证书发证日期
中文全拼:hai-gong-zheng-shu-fa-zheng-ri-qi
定义:海工证书发证的日期。
数据元类型:日期型
数据格式:YYYYMMDD

4.2.6.7 海工证书备注
编号:CJ020600007
数据元名称:海工证书备注
中文全拼:hai-gong-zheng-shu-bei-zhu
定义:海工证书备注栏内容。
数据元类型:字符型
数据格式:..ul

4.2.7 图纸资料审批文件

4.2.7.1 图纸项目名称
编号:CJ020700001
数据元名称:图纸项目名称
中文全拼:tu-zhi-xiang-mu-ming-cheng
定义:需要审批图纸项目的名称。

数据元类型:字符型

数据格式:an..300

4.2.7.2 图纸审批号

编号:CJ020700002

数据元名称:图纸审批号

中文全拼:tu-zhi-shen-pi-hao

定义:图纸审查的批准号。

数据元类型:字符型

数据格式:an..16

4.2.7.3 图纸审批单位

编号:CJ020700003

数据元名称:图纸审批单位

中文全拼:tu-zhi-shen-pi-dan-wei

定义:图纸审批单位的名称。

数据元类型:字符型

数据格式:an..100

4.2.7.4 图纸审批日期

编号:CJ020700004

数据元名称:图纸审批日期

中文全拼:tu-zhi-shen-pi-ri-qi

定义:图纸审批的完成日期。

数据元类型:日期型

数据格式:YYYYMMDD

4.3 检验及审核信息

4.3.1 船舶检验

4.3.1.1 船舶检验过程控制

4.3.1.1.1 船舶检验编号

编号:CJ030101001

数据元名称:船舶检验编号

中文全拼:chuan-bo-jian-yan-bian-hao

定义:船舶检验工作控制号。

数据元类型:字符型

数据格式:an..16

4.3.1.1.2 船舶检验地点

编号:CJ030101002

数据元名称:船舶检验地点

中文全拼:chuan-bo-jian-yan-di-dian

定义:船舶检验地点的名称。

数据元类型:字符型

数据格式:an..60

4.3.1.1.3 船舶检验单位

编号:CJ030101003

数据元名称:船舶检验单位

中文全拼:chuan-bo-jian-yan-dan-wei
定义:船舶检验单位的名称。
数据元类型:字符型
数据格式:an..100

4.3.1.1.4 船舶检验种类代码
编号:CJ030101004
数据元名称:船舶检验种类代码
中文全拼:chuan-bo-jian-yan-zhong-lei-dai-ma
定义:本次船舶检验种类的代码。
数据元类型:字符型
数据格式:n4
值域:见5.12

4.3.1.1.5 船舶检验申请日期
编号:CJ030101005
数据元名称:船舶检验申请日期
中文全拼:chuan-bo-jian-yan-shen-qing-ri-qi
定义:实际收到船舶检验申请的日期。
数据元类型:日期型
数据格式:YYYYMMDD

4.3.1.1.6 船舶检验申请单位
编号:CJ030101006
数据元名称:船舶检验申请单位
中文全拼:chuan-bo-jian-yan-shen-qing-dan-wei
定义:船舶检验申请单位的名称。
数据元类型:字符型
数据格式:an..100

4.3.1.1.7 船舶检验申请单位联系方式
编号:CJ030101007
数据元名称:船舶检验申请单位联系方式
中文全拼:chuan-bo-jian-yan-shen-qing-dan-wei-lian-xi-fang-shi
定义:船舶检验申请单位联系人的姓名及电话号码。
数据元类型:字符型
数据格式:an..100

4.3.1.1.8 待检状态代码
编号:CJ030101008
数据元名称:待检状态代码
中文全拼:dai-jian-zhuang-tai-dai-ma
定义:船舶等待检验时的状态标识。
数据元类型:字符型
数据格式:n1
值域:1-漂浮;2-坞内

4.3.1.1.9 船舶检验验船师
编号:CJ030101009

数据元名称:船舶检验验船师

中文全拼:chuan-bo-jian-yan-yan-chuan-shi

定义:执行船舶检验验船师的姓名。

数据元类型:字符型

数据格式:an..30

4.3.1.1.10 船舶检验文件审核人

编号:CJ030101010

数据元名称:船舶检验文件审核人

中文全拼:chuan-bo-jian-yan-wen-jian-shen-he-ren

定义:船舶证书报告等检验文件审核人的姓名。

数据元类型:字符型

数据格式:an..30

4.3.1.1.11 船舶检验开始日期

编号:CJ030101011

数据元名称:船舶检验开始日期

中文全拼:chuan-bo-jian-yan-kai-shi-ri-qi

定义:船舶检验开始登轮的日期。

数据元类型:日期型

数据格式:YYYYMMDD

4.3.1.1.12 船舶检验完成日期

编号:CJ030101012

数据元名称:船舶检验完成日期

中文全拼:chuan-bo-jian-yan-wan-cheng-ri-qi

定义:船舶所有检验完成的日期。

数据元类型:日期型

数据格式:YYYYMMDD

4.3.1.1.13 船舶检验证书寄送日期

编号:CJ030101013

数据元名称:船舶检验证书寄送日期

中文全拼:chuan-bo-jian-yan-zheng-shu-ji-song-ri-qi

定义:船舶检验证书寄送或取走的日期。

数据元类型:日期型

数据格式:YYYYMMDD

4.3.1.2 船舶检验状态

4.3.1.2.1 上次船舶检验日期

编号:CJ030102001

数据元名称:上次船舶检验日期

中文全拼:shang-ci-chuan-bo-jian-yan-ri-qi

定义:上次船舶检验的日期。

数据元类型:日期型

数据格式:YYYYMMDD

4.3.1.2.2 下次船舶检验日期

编号:CJ030102002

数据元名称:下次船舶检验日期
中文全拼:xia-ci-chuan-bo-jian-yan-ri-qi
定义:下次船舶检验的日期。
数据元类型:日期型
数据格式:YYYYMMDD

4.3.1.2.3　下次船舶检验时间区间
编号:CJ030102003
数据元名称:下次船舶检验时间区间
中文全拼:xia-ci-chuan-bo-jian-yan-shi-jian-qu-jian
定义:下次船舶检验的时间区间。
数据元类型:字符型
数据格式:an..20

4.3.1.2.4　船舶检验展期日期
编号:CJ030102004
数据元名称:船舶检验展期日期
中文全拼:chuan-bo-jian-yan-zhan-qi-ri-qi
定义:船舶检验展期的截止日期。
数据元类型:日期型
数据格式:YYYYMMDD

4.3.1.3　船舶检验遗留项目

4.3.1.3.1　遗留项目编号
编号:CJ030103001
数据元名称:遗留项目编号
中文全拼:yi-liu-xiang-mu-bian-hao
定义:船舶检验遗留项目的编号。
数据元类型:字符型
数据格式:an..16

4.3.1.3.2　遗留项目种类代码
编号:CJ030103002
数据元名称:遗留项目种类代码
中文全拼:yi-liu-xiang-mu-zhong-lei-dai-ma
定义:船舶检验遗留项目种类的代码。
数据元类型:字符型
数据格式:n1
值域:见 5.13

4.3.1.3.3　遗留项目内容
编号:CJ030103003
数据元名称:遗留项目内容
中文全拼:yi-liu-xiang-mu-nei-rong
定义:船舶检验遗留项目的内容。
数据元类型:字符型
数据格式:..ul

4.3.1.3.4 遗留项目给出日期

编号:CJ030103004

数据元名称:遗留项目给出日期

中文全拼:yi-liu-xiang-mu-gei-chu-ri-qi

定义:船舶检验遗留项目给出的日期。

数据元类型:日期型

数据格式:YYYYMMDD

4.3.1.3.5 遗留项目到期日期

编号:CJ030103005

数据元名称:遗留项目到期日期

中文全拼:yi-liu-xiang-mu-dao-qi-ri-qi

定义:船舶检验遗留项目的到期日期。

数据元类型:日期型

数据格式:YYYYMMDD

4.3.1.3.6 遗留项目展期日期

编号:CJ030103006

数据元名称:遗留项目展期日期

中文全拼:yi-liu-xiang-mu-zhan-qi-ri-qi

定义:船舶检验遗留项目的展期截止日期。

数据元类型:日期型

数据格式:YYYYMMDD

4.3.1.3.7 遗留项目消除日期

编号:CJ030103007

数据元名称:遗留项目消除日期

中文全拼:yi-liu-xiang-mu-xiao-chu-ri-qi

定义:船舶检验遗留项目的消除日期。

数据元类型:日期型

数据格式:YYYYMMDD

4.3.2 产品检验

4.3.2.1 产品检验编号

编号:CJ030200001

数据元名称:产品检验编号

中文全拼:chan-pin-jian-yan-bian-hao

定义:船用产品检验的工作控制号。

数据元类型:字符型

数据格式:an..16

4.3.2.2 产品名称

编号:CJ030200002

数据元名称:产品名称

中文全拼:chan-pin-ming-cheng

定义:检验船用产品的名称。

数据元类型:字符型

数据格式:an..30

4.3.2.3 产品制造厂名称

编号:CJ030200003

数据元名称:产品制造厂名称

中文全拼:chan-pin-zhi-zao-chang-ming-cheng

定义:船用产品制造厂的名称。

数据元类型:字符型

数据格式:an..100

4.3.2.4 产品检验单位

编号:CJ030200004

数据元名称:产品检验单位

中文全拼:chan-pin-jian-yan-dan-wei

定义:船用产品检验单位的名称。

数据元类型:字符型

数据格式:an..100

4.3.2.5 产品检验种类代码

编号:CJ030200005

数据元名称:产品检验种类代码

中文全拼:chan-pin-jian-yan-zhong-lei-dai-ma

定义:本次船用产品检验种类的代码。

数据元类型:字符型

数据格式:n1

值域:见5.14

4.3.2.6 产品检验验船师

编号:CJ030200006

数据元名称:产品检验验船师

中文全拼:chan-pin-jian-yan-yan-chuan-shi

定义:执行船用产品检验验船师的姓名。

数据元类型:字符型

数据格式:an..30

4.3.2.7 产品检验文件审核人

编号:CJ030200007

数据元名称:产品检验文件审核人

中文全拼:chan-pin-jian-yan-wen-jian-shen-he-ren

定义:船用产品证书报告等检验文件审核人的姓名。

数据元类型:字符型

数据格式:an..30

4.3.2.8 产品检验开始日期

编号:CJ030200008

数据元名称:产品检验开始日期

中文全拼:chan-pin-jian-yan-kai-shi-ri-qi

定义:船用产品检验开始的日期。

数据元类型:日期型

数据格式:YYYYMMDD

4.3.2.9 产品检验完成日期

编号:CJ030200009

数据元名称:产品检验完成日期

中文全拼:chan-pin-jian-yan-wan-cheng-ri-qi

定义:船用产品检验完成的日期。

数据元类型:日期型

数据格式:YYYYMMDD

4.3.3 海工检验

4.3.3.1 海工检验编号

编号:CJ030300001

数据元名称:海工检验编号

中文全拼:hai-gong-jian-yan-bian-hao

定义:海工检验的工作控制号。

数据元类型:字符型

数据格式:an..16

4.3.3.2 海工项目名称

编号:CJ030300002

数据元名称:海工项目名称

中文全拼:hai-gong-xiang-mu-ming-cheng

定义:海工项目的名称。

数据元类型:字符型

数据格式:an..100

4.3.3.3 海工业主名称

编号:CJ030300003

数据元名称:海工业主名称

中文全拼:hai-gong-ye-zhu-ming-cheng

定义:海工项目业主的名称。

数据元类型:字符型

数据格式:an..100

4.3.3.4 海工检验单位

编号:CJ030300004

数据元名称:海工检验单位

中文全拼:hai-gong-jian-yan-dan-wei

定义:海工检验单位的名称。

数据元类型:字符型

数据格式:an..100

4.3.3.5 海工检验种类代码

编号:CJ030300005

数据元名称:海工检验种类代码

中文全拼:hai-gong-jian-yan-zhong-lei-dai-ma

定义:本次海工检验种类的代码。

数据元类型:字符型

数据格式:n1

值域:见5.15

4.3.3.6 海工检验验船师

编号:CJ030300006

数据元名称:海工检验验船师

中文全拼:hai-gong-jian-yan-yan-chuan-shi

定义:执行海工检验验船师的姓名。

数据元类型:字符型

数据格式:an..30

4.3.3.7 海工检验文件审核人

编号:CJ030300007

数据元名称:海工检验文件审核人

中文全拼:hai-gong-jian-yan-wen-jian-shen-he-ren

定义:海工证书报告等检验文件审核人的姓名。

数据元类型:字符型

数据格式:an..30

4.3.3.8 海工检验开始日期

编号:CJ030300008

数据元名称:海工检验开始日期

中文全拼:hai-gong-jian-yan-kai-shi-ri-qi

定义:海工检验开始的日期。

数据元类型:日期型

数据格式:YYYYMMDD

4.3.3.9 海工检验完成日期

编号:CJ030300009

数据元名称:海工检验完成日期

中文全拼:hai-gong-jian-yan-wan-cheng-ri-qi

定义:海工检验完成的日期。

数据元类型:日期型

数据格式:YYYYMMDD

4.3.4 船舶及公司审核

4.3.4.1 船舶审核过程控制

4.3.4.1.1 船舶审核编号

编号:CJ030401001

数据元名称:船舶审核编号

中文全拼:chuan-bo-shen-he-bian-hao

定义:船舶审核的工作控制号。

数据元类型:字符型

数据格式:an..16

4.3.4.1.2 船舶审核业务种类代码

编号:CJ030401002

数据元名称:船舶审核业务种类代码

中文全拼:chuan-bo-shen-he-ye-wu-zhong-lei-dai-ma

定义:船舶审核的业务种类的代码。

数据元类型:字符型

数据格式:n1

值域:见5.16

4.3.4.1.3　船舶审核申请日期

编号:CJ030401003

数据元名称:船舶审核申请日期

中文全拼:chuan-bo-shen-he-shen-qing-ri-qi

定义:实际收到的船舶审核申请的日期。

数据元类型:日期型

数据格式:YYYYMMDD

4.3.4.1.4　船舶审核申请单位

编号:CJ030401004

数据元名称:船舶审核申请单位

中文全拼:chuan-bo-shen-he-shen-qing-dan-wei

定义:船舶审核申请方的公司名称。

数据元类型:字符型

数据格式:an..100

4.3.4.1.5　船舶审核申请单位联系方式

编号:CJ030401005

数据元名称:船舶审核申请单位联系方式

中文全拼:chuan-bo-shen-he-shen-qing-dan-wei-lian-xi-fang-shi

定义:船舶审核申请单位联系人的姓名及电话号码。

数据元类型:字符型

数据格式:an..100

4.3.4.1.6　船舶审核单位

编号:CJ030401006

数据元名称:船舶审核单位

中文全拼:chuan-bo-shen-he-dan-wei

定义:船舶审核单位的名称。

数据元类型:字符型

数据格式:an..100

4.3.4.1.7　船舶审核开始日期

编号:CJ030401007

数据元名称:船舶审核开始日期

中文全拼:chuan-bo-shen-he-kai-shi-ri-qi

定义:船舶审核开始的日期。

数据元类型:日期型

数据格式:YYYYMMDD

4.3.4.1.8　船舶审核完成日期

编号:CJ030401008

数据元名称:船舶审核完成日期

中文全拼:chuan-bo-shen-he-wan-cheng-ri-qi

定义:船舶所有审核完成的日期。

数据元类型:日期型

数据格式:YYYYMMDD

4.3.4.1.9 船舶审核证书寄送日期

编号:CJ030401009

数据元名称:船舶审核证书寄送日期

中文全拼:chuan-bo-shen-he-zheng-shu-ji-song-ri-qi

定义:船舶审核证书寄送或取走的日期。

数据元类型:日期型

数据格式:YYYYMMDD

4.3.4.2 公司审核过程控制

4.3.4.2.1 公司审核编号

编号:CJ030402001

数据元名称:公司审核编号

中文全拼:gong-si-shen-he-bian-hao

定义:公司审核的工作控制号。

数据元类型:字符型

数据格式:an..16

4.3.4.2.2 公司审核业务种类代码

编号:CJ030402002

数据元名称:公司审核业务种类代码

中文全拼:gong-si-shen-he-ye-wu-zhong-lei-dai-ma

定义:公司审核的业务种类代码。

数据元类型:字符型

数据格式:n1

值域:见5.16

4.3.4.2.3 公司审核申请日期

编号:CJ030402003

数据元名称:公司审核申请日期

中文全拼:gong-si-shen-he-shen-qing-ri-qi

定义:实际收到公司审核申请的日期。

数据元类型:日期型

数据格式:YYYYMMDD

4.3.4.2.4 公司审核申请单位

编号:CJ030402004

数据元名称:公司审核申请单位

中文全拼:gong-si-shen-he-shen-qing-dan-wei

定义:公司审核申请方的公司名称。

数据元类型:字符型

数据格式:an..100

4.3.4.2.5 公司审核申请单位联系方式

编号:CJ030402005

数据元名称:公司审核申请单位联系方式

中文全拼:gong-si-shen-he-shen-qing-dan-wei-lian-xi-fang-shi

定义:公司审核申请单位联系人的姓名及电话号码。
数据元类型:字符型
数据格式:an..100

4.3.4.2.6 公司审核单位
编号:CJ030402006
数据元名称:公司审核单位
中文全拼:gong-si-shen-he-dan-wei
定义:公司审核单位的名称。
数据元类型:字符型
数据格式:an..100

4.3.4.2.7 公司审核开始日期
编号:CJ030402007
数据元名称:公司审核开始日期
中文全拼:gong-si-shen-he-kai-shi-ri-qi
定义:公司审核开始的日期。
数据元类型:日期型
数据格式:YYYYMMDD

4.3.4.2.8 公司审核完成日期
编号:CJ030402008
数据元名称:公司审核完成日期
中文全拼:gong-si-shen-he-wan-cheng-ri-qi
定义:公司所有审核完成的日期。
数据元类型:日期型
数据格式:YYYYMMDD

4.3.4.2.9 公司审核证书寄送日期
编号:CJ030402009
数据元名称:公司审核证书寄送日期
中文全拼:gong-si-shen-he-zheng-shu-ji-song-ri-qi
定义:公司审核证书寄送或取走的日期。
数据元类型:日期型
数据格式:YYYYMMDD

4.3.4.3 船舶及公司审核不合格项目

4.3.4.3.1 不合格项内容
编号:CJ030403001
数据元名称:不合格项内容
中文全拼:bu-he-ge-xiang-nei-rong
定义:船舶及公司审核不合格项及观察项的内容。
数据元类型:字符型
数据格式:..ul

4.3.4.3.2 不合格项给出日期
编号:CJ030403002
数据元名称:不合格项给出日期
中文全拼:bu-he-ge-xiang-gei-chu-ri-qi

定义:船舶及公司审核不合格项及观察项给出的日期。
数据元类型:日期型
数据格式:YYYYMMDD

4.3.4.3.3 不合格项有效期
编号:CJ030403003
数据元名称:不合格项有效期
中文全拼:bu-he-ge-xiang-you-xiao-qi
定义:船舶及公司审核不合格项及观察项要求完成整改的日期。
数据元类型:日期型
数据格式:YYYYMMDD

4.3.4.3.4 不合格项整改措施
编号:CJ030403004
数据元名称:不合格项整改措施
中文全拼:bu-he-ge-xiang-zheng-gai-cuo-shi
定义:船舶及公司审核不合格项及观察项的整改措施。
数据元类型:字符型
数据格式:..ul

4.3.4.3.5 不合格项关闭日期
编号:CJ030403005
数据元名称:不合格项关闭日期
中文全拼:bu-he-ge-xiang-guan-bi-ri-qi
定义:船舶及公司审核不合格项及观察项的关闭日期。
数据元类型:日期型
数据格式:YYYYMMDD

4.3.4.3.6 不合格项备注
编号:CJ030403006
数据元名称:不合格项备注
中文全拼:bu-he-ge-xiang-bei-zhu
定义:船舶及公司审核不合格项需要说明的其他情况。
数据元类型:字符型
数据格式:..ul

4.3.5 船舶保安计划审批

4.3.5.1 船舶保安计划审批编号
编号:CJ030500001
数据元名称:船舶保安计划审批编号
中文全拼:chuan-bo-bao-an-ji-hua-shen-pi-bian-hao
定义:船舶保安计划审批的工作控制号。
数据元类型:字符型
数据格式:an..16

4.3.5.2 船舶保安计划审批业务种类
编号:CJ030500002
数据元名称:船舶保安计划审批业务种类
中文全拼:chuan-bo-bao-an-ji-hua-shen-pi-ye-wu-zhong-lei

定义:船舶保安计划审批的业务种类。
数据元类型:字符型
数据格式:n1
值域:见5.16

4.3.5.3　船舶保安计划审批申请日期
编号:CJ030500003
数据元名称:船舶保安计划审批申请日期
中文全拼:chuan-bo-bao-an-ji-hua-shen-pi-shen-qing-ri-qi
定义:实际收到船舶保安计划审批申请的日期。
数据元类型:日期型
数据格式:YYYYMMDD

4.3.5.4　船舶保安计划审批申请单位
编号:CJ030500004
数据元名称:船舶保安计划审批申请单位
中文全拼:chuan-bo-bao-an-ji-hua-shen-pi-shen-qing-dan-wei
定义:船舶保安计划审批申请方的公司名称。
数据元类型:字符型
数据格式:an..100

4.3.5.5　船舶保安计划审批申请单位联系方式
编号:CJ030500005
数据元名称:船舶保安计划审批申请单位联系方式
中文全拼:chuan-bo-bao-an-ji-hua-shen-pi-shen-qing-dan-wei-lian-xi-fang-shi
定义:船舶保安计划审批申请单位联系人的姓名及电话号码。
数据元类型:字符型
数据格式:an..100

4.3.5.6　船舶保安计划审批单位
编号:CJ030500006
数据元名称:船舶保安计划审批单位
中文全拼:chuan-bo-bao-an-ji-hua-shen-pi-dan-wei
定义:船舶保安计划审批单位的名称。
数据元类型:字符型
数据格式:an..100

4.3.5.7　船舶保安计划审批开始日期
编号:CJ030500007
数据元名称:船舶保安计划审批开始日期
中文全拼:chuan-bo-bao-an-ji-hua-shen-pi-kai-shi-ri-qi
定义:船舶保安计划审批开始的日期。
数据元类型:日期型
数据格式:YYYYMMDD

4.3.5.8　船舶保安计划审批完成日期
编号:CJ030500008
数据元名称:船舶保安计划审批完成日期
中文全拼:chuan-bo-bao-an-ji-hua-shen-pi-wan-cheng-ri-qi

定义:船舶保安计划审批完成的日期。
数据元类型:日期型
数据格式:YYYYMMDD

4.3.5.9 船舶保安计划批准书寄送日期
编号:CJ030500009
数据元名称:船舶保安计划批准书寄送日期
中文全拼:chuan-bo-bao-an-ji-hua-pi-zhu-shu-ji-song-ri-qi
定义:船舶保安计划批准书寄送或取走的日期。
数据元类型:日期型
数据格式:YYYYMMDD

4.4 船舶结构设备信息

4.4.1 船体总布置情况

4.4.1.1 船体材料代码
采用 JT/T 697.5—2007 的 4.1.1.14。

4.4.1.2 甲板材料代码
编号:CJ040100001
数据元名称:甲板材料代码
中文全拼:jia-ban-cai-liao-dai-ma
定义:制造船舶甲板所使用材料的代码。
数据元类型:字符型
数据格式:n2
值域:见 5.4

4.4.1.3 甲板层数
采用 JT/T 697.8—2007 的 4.7.5.5。

4.4.1.4 水密横舱壁数
编号:CJ040100002
数据元名称:水密横舱壁数
中文全拼:shui-mi-heng-cang-bi-shu
定义:船舶水密横舱壁的数量。
数据元类型:数字型
数据格式:n5
计量单位:个

4.4.1.5 双层底位置
编号:CJ040100003
数据元名称:双层底位置
中文全拼:shuang-ceng-di-wei-zhi
定义:双层底在船上的布置位置。
数据元类型:字符型
数据格式:..ul

4.4.1.6 船体结构形式代码
编号:CJ040100004
数据元名称:船体结构形式代码
中文全拼:chuan-ti-jie-gou-xing-shi-dai-ma

定义:船体结构形式的代码。
数据元类型:字符型
数据格式:n1
值域:见 5.17

4.4.1.7 补充加强结构

编号:CJ040100005
数据元名称:补充加强结构
中文全拼:bu-chong-jia-qiang-jie-gou
定义:船体补充加强的结构形式,如 B 级冰区加强等。
数据元类型:字符型
数据格式:an..100

4.4.1.8 强力甲板位置

编号:CJ040100006
数据元名称:强力甲板位置
中文全拼:qiang-li-jia-ban-wei-zhi
定义:强力甲板在船上的布置位置。
数据元类型:字符型
数据格式:..ul

4.4.1.9 防撞边舱位置

编号:CJ040100007
数据元名称:防撞边舱位置
中文全拼:fang-zhuang-bian-cang-wei-zhi
定义:防撞边舱在船上的布置位置。
数据元类型:字符型
数据格式:..ul

4.4.1.10 货舱数量

编号:CJ040100008
数据元名称:货舱数量
中文全拼:huo-cang-shu-liang
定义:船舶货舱的数量。
数据元类型:数字型
数据格式:n2
计量单位:个

4.4.1.11 货舱盖形式代码

编号:CJ040100009
数据元名称:货舱盖形式代码
中文全拼:huo-cang-gai-xing-shi-dai-ma
定义:船舶货舱盖形式的代码。
数据元类型:字符型
数据格式:n1
值域:见 5.18

4.4.1.12 直升机平台标志

编号:CJ040100010

数据元名称:直升机平台标志
中文全拼:zhi-sheng-ji-ping-tai-biao-zhi
定义:是否有直升机平台的标志。
数据元类型:字符型
数据格式:n1
值域:0-否;1-是

4.4.2 船舶稳性

4.4.2.1 进水角位置

编号:CJ040200001
数据元名称:进水角位置
中文全拼:jin-shui-jiao-wei-zhi
定义:船舶横倾时水能流入船体内的最低位置。
数据元类型:字符型
数据格式:..ul

4.4.2.2 抗沉性代码

编号:CJ040200002
数据元名称:抗沉性代码
中文全拼:kang-chen-xing-dai-ma
定义:船舶最多在几舱同时进水而保持不沉的标志代码。
数据元类型:字符型
数据格式:n1
值域:1-一舱不沉;2-二舱不沉;3-三舱不沉

4.4.2.3 固定压载数量

编号:CJ040200003
数据元名称:固定压载数量
中文全拼:gu-ding-ya-zai-shu-liang
定义:船舶固定固体压载数量或经过采取盲断措施后的液体压载数量。
数据元类型:数字型
数据格式:n..8,2
计量单位:吨(t)

4.4.2.4 固定压载位置

编号:CJ040200004
数据元名称:固定压载位置
中文全拼:gu-ding-ya-zai-wei-zhi
定义:固定压载的布置位置。
数据元类型:字符型
数据格式:..ul

4.4.3 船舶干舷

4.4.3.1 干舷船长

编号:CJ040300001
数据元名称:干舷船长
中文全拼:gan-xian-chuan-chang
定义:用以核定船舶干舷的船长。

数据元类型:数字型
数据格式:n..20,4
计量单位:米(m)

4.4.3.2 干舷型深

编号:CJ040300002
数据元名称:干舷型深
中文全拼:gan-xian-xing-shen
定义:用以核定船舶干舷的型深。
数据元类型:数字型
数据格式:n..20,4
计量单位:米(m)

4.4.3.3 干舷船标志

编号:CJ040300003
数据元名称:干舷船标志
中文全拼:gan-xian-chuan-biao-zhi
定义:按新船或现有船舶核定干舷的标志。
数据元类型:字符型
数据格式:n1
值域:0-新船;1-现有船舶

4.4.3.4 核定干舷船型代码

编号:CJ040300004
数据元名称:核定干舷船型代码
中文全拼:he-ding-gan-xian-chuan-xing-dai-ma
定义:核定干舷的船舶类型代码。
数据元类型:字符型
数据格式:n1
值域:1-A 型船舶;2-B 型船舶;3-减少干舷的 B 型船舶;4-增加干舷的 B 型船舶

4.4.3.5 热带干舷

编号:CJ040300005
数据元名称:热带干舷
中文全拼:re-dai-gan-xian
定义:根据《船舶与海上设施法定检验技术规则》规定进行计算确定的热带干舷值。
数据元类型:数字型
数据格式:n5
计量单位:毫米(mm)

4.4.3.6 热带载重线高于夏季载重线的距离

编号:CJ040300006
数据元名称:热带载重线高于夏季载重线的距离
中文全拼:re-dai-zai-zhong-xian-gao-yu-xia-ji-zai-zhong-xian-de-ju-li
定义:热带干舷小于夏季干舷的值。
数据元类型:数字型
数据格式:n5
计量单位:毫米(mm)

4.4.3.7 夏季干舷

编号:CJ040300007

数据元名称:夏季干舷

中文全拼:xia-ji-gan-xian

定义:根据《船舶与海上设施法定检验技术规则》规定进行计算确定的夏季干舷值。

数据元类型:数字型

数据格式:n5

计量单位:毫米(mm)

4.4.3.8 冬季干舷

编号:CJ040300008

数据元名称:冬季干舷

中文全拼:dong-ji-gan-xian

定义:根据《船舶与海上设施法定检验技术规则》规定进行计算确定的冬季干舷值。

数据元类型:数字型

数据格式:n5

计量单位:毫米(mm)

4.4.3.9 冬季载重线低于夏季载重线的距离

编号:CJ040300009

数据元名称:冬季载重线低于夏季载重线的距离

中文全拼:dong-ji-zai-zhong-xian-di-yu-xia-ji-zai-zhong-xian-de-ju-li

定义:冬季干舷大于夏季干舷的值。

数据元类型:数字型

数据格式:n5

计量单位:毫米(mm)

4.4.3.10 北大西洋冬季干舷

编号:CJ040300010

数据元名称:北大西洋冬季干舷

中文全拼:bei-da-xi-yang-dong-ji-gan-xian

定义:根据《船舶与海上设施法定检验技术规则》规定进行计算确定的北大西洋冬季干舷值。

数据元类型:数字型

数据格式:n5

计量单位:毫米(mm)

4.4.3.11 北大西洋冬季载重线低于夏季载重线的距离

编号:CJ040300011

数据元名称:北大西洋冬季载重线低于夏季载重线的距离

中文全拼:bei-da-xi-yang-dong-ji-zai-zhong-xian-di-yu-xia-ji-zai-zhong-xian-de-ju-li

定义:北大西洋冬季干舷大于夏季干舷的值。

数据元类型:数字型

数据格式:n5

计量单位:毫米(mm)

4.4.3.12 热带木材干舷

编号:CJ040300012

数据元名称:热带木材干舷

中文全拼:re-dai-mu-cai-gan-xian

定义:根据《船舶与海上设施法定检验技术规则》规定进行计算确定的热带木材干舷值。

数据元类型:数字型

数据格式:n5

计量单位:毫米(mm)

4.4.3.13 热带木材载重线高于夏季木材载重线的距离

编号:CJ040300013

数据元名称:热带木材载重线高于夏季木材载重线的距离

中文全拼:re-dai-mu-cai-zai-zhong-xian-gao-yu-xia-ji-mu-cai-zai-zhong-xian-de-ju-li

定义:热带木材干舷小于夏季木材干舷的值。

数据元类型:数字型

数据格式:n5

计量单位:毫米(mm)

4.4.3.14 夏季木材干舷

编号:CJ040300014

数据元名称:夏季木材干舷

中文全拼:xia-ji-mu-cai-gan-xian

定义:根据《船舶与海上设施法定检验技术规则》规定进行计算确定的夏季木材干舷值。

数据元类型:数字型

数据格式:n5

计量单位:毫米(mm)

4.4.3.15 夏季木材载重线高于夏季载重线的距离

编号:CJ040300015

数据元名称:夏季木材载重线高于夏季载重线的距离

中文全拼:xia-ji-mu-cai-zai-zhong-xian-gao-yu-xia-ji-zai-zhong-xian-de-ju-li

定义:夏季木材干舷小于夏季干舷的值。

数据元类型:数字型

数据格式:n5

计量单位:毫米(mm)

4.4.3.16 冬季木材干舷

编号:CJ040300016

数据元名称:冬季木材干舷

中文全拼:dong-ji-mu-cai-gan-xian

定义:根据《船舶与海上设施法定检验技术规则》规定进行计算确定的冬季木材干舷值。

数据元类型:数字型

数据格式:n5

计量单位:毫米(mm)

4.4.3.17 冬季木材载重线低于夏季木材载重线的距离

编号:CJ040300017

数据元名称:冬季木材载重线低于夏季木材载重线的距离

中文全拼:dong-ji-mu-cai-zai-zhong-xian-di-yu-xia-ji-mu-cai-zai-zhong-xian-de-ju-li

定义:冬季木材干舷大于夏季木材干舷的值。

数据元类型:数字型

数据格式:n5

计量单位:毫米(mm)

4.4.3.18 北大西洋冬季木材干舷

编号:CJ040300018

数据元名称:北大西洋冬季木材干舷

中文全拼:bei-da-xi-yang-dong-ji-mu-cai-gan-xian

定义:根据《船舶与海上设施法定检验技术规则》规定进行计算确定的北大西洋冬季木材干舷值。

数据元类型:数字型

数据格式:n5

计量单位:毫米(mm)

4.4.3.19 北大西洋冬季木材载重线低于夏季木材载重线的距离

编号:CJ040300019

数据元名称:北大西洋冬季木材载重线低于夏季木材载重线的距离

中文全拼:bei-da-xi-yang-dong-ji-mu-cai-zai-zhong-xian-di-yu-xia-ji-mu-cai-zai-zhong-xian-de-ju-li

定义:北大西洋冬季木材干舷大于夏季木材干舷的值。

数据元类型:数字型

数据格式:n5

计量单位:毫米(mm)

4.4.3.20 除木材外各干舷淡水宽限

编号:CJ040300020

数据元名称:除木材外各干舷淡水宽限

中文全拼:chu-mu-cai-wai-ge-gan-xian-dan-shui-kuan-xian

定义:除木材以外各干舷的淡水宽限。

数据元类型:数字型

数据格式:n5

计量单位:毫米(mm)

4.4.3.21 木材各干舷淡水宽限

编号:CJ040300021

数据元名称:木材各干舷淡水宽限

中文全拼:mu-cai-ge-gan-xian-dan-shui-kuan-xian

定义:木材各干舷的淡水宽限。

数据元类型:数字型

数据格式:n5

计量单位:毫米(mm)

4.4.3.22 甲板线上缘至甲板上缘距离

编号:CJ040300022

数据元名称:甲板线上缘至甲板上缘距离

中文全拼:jia-ban-xian-shang-yuan-zhi-jia-ban-shang-yuan-ju-li

定义:船侧甲板线上缘至甲板上缘的距离。

数据元类型:数字型

数据格式:n5

计量单位:毫米(mm)

4.4.3.23 客舱分舱干舷 C1

编号:CJ040300023

数据元名称:客舱分舱干舷 C1

中文全拼:ke-cang-fen-cang-gan-xian-C1

定义:根据《船舶与海上设施法定检验技术规则》规定进行计算确定的 C1 干舷。

数据元类型:数字型

数据格式:n5

计量单位:毫米(mm)

4.4.3.24 客舱分舱干舷 C2

编号:CJ040300024

数据元名称:客舱分舱干舷 C2

中文全拼:ke-cang-fen-cang-gan-xian-C2

定义:根据《船舶与海上设施法定检验技术规则》规定进行计算确定的 C2 干舷。

数据元类型:数字型

数据格式:n5

计量单位:毫米(mm)

4.4.3.25 客舱分舱干舷 C3

编号:CJ040300025

数据元名称:客舱分舱干舷 C3

中文全拼:ke-cang-fen-cang-gan-xian-C3

定义:根据《船舶与海上设施法定检验技术规则》规定进行计算确定的 C3 干舷。

数据元类型:数字型

数据格式:n5

计量单位:毫米(mm)

4.4.3.26 A 级航区干舷

编号:CJ040300026

数据元名称:A 级航区干舷

中文全拼:A-ji-hang-qu-gan-xian

定义:符合 A 级航区要求的干舷值。

数据元类型:数字型

数据格式:n5

计量单位:毫米(mm)

4.4.3.27 B 级航区干舷

编号:CJ040300027

数据元名称:B 级航区干舷

中文全拼:B-ji-hang-qu-gan-xian

定义:符合 B 级航区要求的干舷值。

数据元类型:数字型

数据格式:n5

计量单位:毫米(mm)

4.4.3.28 C 级航区干舷

编号:CJ040300028

数据元名称:C 级航区干舷

中文全拼:C-ji-hang-qu-gan-xian
定义:符合 C 级航区要求的干舷值。
数据元类型:数字型
数据格式:n5
计量单位:毫米(mm)

4.4.3.29 J1 级航段干舷

编号:CJ040300029
数据元名称:J1 级航段干舷
中文全拼:J1-ji-hang-duan-gan-xian
定义:符合 J1 级航段要求的干舷值。
数据元类型:数字型
数据格式:n5
计量单位:毫米(mm)

4.4.3.30 J2 级航段干舷

编号:CJ040300030
数据元名称:J2 级航段干舷
中文全拼:J2-ji-hang-duan-gan-xian
定义:符合 J2 级航段要求的干舷值。
数据元类型:数字型
数据格式:n5
计量单位:毫米(mm)

4.4.4 舾装设备

4.4.4.1 舾装数

编号:CJ040401001
数据元名称:舾装数
中文全拼:xi-zhuang-shu
定义:船舶舾装系数。
数据元类型:数字型
数据格式:n..8,2

4.4.4.2 锚

4.4.4.2.1 锚数量

编号:CJ040402001
数据元名称:锚数量
中文全拼:mao-shu-liang
定义:同一规格形式锚的数量。
数据元类型:数字型
数据格式:n2
计量单位:个

4.4.4.2.2 锚名称代码

编号:CJ040402002
数据元名称:锚名称代码
中文全拼:mao-ming-cheng-dai-ma
定义:按布置位置定义的锚名称的代码。

数据元类型:字符型
数据格式:n1
值域:见 5.19

4.4.4.2.3 锚形式代码

编号:CJ040402003
数据元名称:锚形式代码
中文全拼:mao-xing-shi-dai-ma
定义:锚形式的代码。
数据元类型:字符型
数据格式:n1
值域:见 5.20

4.4.4.2.4 锚重量

编号:CJ040402004
数据元名称:锚重量
中文全拼:mao-zhong-liang
定义:包括锚杆在内的同一规格形式锚重量。
数据元类型:数字型
数据格式:n..8,2
计量单位:千克(kg)

4.4.4.3 锚机

4.4.4.3.1 锚机数量

编号:CJ040403001
数据元名称:锚机数量
中文全拼:mao-ji-shu-liang
定义:实际配备锚机的数量。
数据元类型:数字型
数据格式:n2
计量单位:台

4.4.4.3.2 锚机名称代码

编号:CJ040403002
数据元名称:锚机名称代码
中文全拼:mao-ji-ming-cheng-dai-ma
定义:按布置位置及驱动形式定义的锚机名称的代码。
数据元类型:字符型
数据格式:n1
值域:见 5.21

4.4.4.3.3 锚机型号

编号:CJ040403003
数据元名称:锚机型号
中文全拼:mao-ji-xing-hao
定义:锚机的型号。
数据元类型:字符型
数据格式:an..30

4.4.4.3.4 锚机功率

编号:CJ040403004

数据元名称:锚机功率

中文全拼:mao-ji-gong-lv

定义:锚机的功率。

数据元类型:数字型

数据格式:n..8,2

计量单位:千瓦(kW)

4.4.4.4 锚链

4.4.4.4.1 锚链名称代码

编号:CJ040404001

数据元名称:锚链名称代码

中文全拼:mao-lian-ming-cheng-dai-ma

定义:按布置位置定义锚链名称的代码。

数据元类型:字符型

数据格式:n1

值域:见5.22

4.4.4.4.2 锚链直径

编号:CJ040404002

数据元名称:锚链直径

中文全拼:mao-lian-zhi-jing

定义:锚链的直径。

数据元类型:数字型

数据格式:n..8,2

计量单位:毫米(mm)

4.4.4.4.3 锚链长度

编号:CJ040404003

数据元名称:锚链长度

中文全拼:mao-lian-chang-du

定义:单根锚链的总长度。

数据元类型:数字型

数据格式:n..8,2

计量单位:米(m)

4.4.4.4.4 锚链等级代码

编号:CJ040404004

数据元名称:锚链等级代码

中文全拼:mao-lian-deng-ji-dai-ma

定义:锚链等级的代码。

数据元类型:字符型

数据格式:n1

值域:见5.23

4.4.4.4.5 锚链材料

编号:CJ040404005

数据元名称:锚链材料
中文全拼:mao-lian-cai-liao
定义:制造锚链所用的材料。
数据元类型:字符型
数据格式:an..30

4.4.4.5 绞缆机

4.4.4.5.1 绞缆机形式代码

编号:CJ040405001
数据元名称:绞缆机形式代码
中文全拼:jiao-lan-ji-xing-shi-dai-ma
定义:绞缆机形式的代码。
数据元类型:字符型
数据格式:n1
值域:见5.24

4.4.4.5.2 绞缆机工作负荷

编号:CJ040405002
数据元名称:绞缆机工作负荷
中文全拼:jiao-lan-ji-gong-zuo-fu-he
定义:绞缆机的额定工作载荷。
数据元类型:数字型
数据格式:n..8,2
计量单位:千牛(kN)

4.4.4.5.3 绞缆机位置

编号:CJ040405003
数据元名称:绞缆机位置
中文全拼:jiao-lan-ji-wei-zhi
定义:绞缆机安放在船上所在甲板的位置。
数据元类型:字符型
数据格式:an..100

4.4.4.6 缆绳

4.4.4.6.1 缆绳材料

编号:CJ040406001
数据元名称:缆绳材料
中文全拼:lan-sheng-cai-liao
定义:制造缆绳所用的材料。
数据元类型:字符型
数据格式:an..30

4.4.4.6.2 缆绳直径

编号:CJ040406002
数据元名称:缆绳直径
中文全拼:lan-sheng-zhi-jing
定义:缆绳的直径。
数据元类型:数字型

数据格式:n..8,2

计量单位:毫米(mm)

4.4.4.6.3 缆绳长度

编号:CJ040406003

数据元名称:缆绳长度

中文全拼:lan-sheng-chang-du

定义:相同缆绳的总长度。

数据元类型:数字型

数据格式:n..8,2

计量单位:米(m)

4.4.4.6.4 缆绳构造

编号:CJ040406004

数据元名称:缆绳构造

中文全拼:lan-sheng-gou-zao

定义:缆绳的股数与每股直径(mm)相乘的公式数据。

数据元类型:字符型

数据格式:an..16

4.4.4.6.5 缆绳破断负荷

编号:CJ040406005

数据元名称:缆绳破断负荷

中文全拼:lan-sheng-po-duan-fu-he

定义:缆绳的破断载荷。

数据元类型:数字型

数据格式:n..8,2

计量单位:千牛(kN)

4.4.4.7 舵

4.4.4.7.1 舵数量

编号:CJ040407001

数据元名称:舵数量

中文全拼:duo-shu-liang

定义:船上所有舵的数量。

数据元类型:数字型

数据格式:n2

计量单位:个

4.4.4.7.2 舵名称代码

编号:CJ040407002

数据元名称:舵名称代码

中文全拼:dou-ming-cheng-dai-ma

定义:按布置位置定义的舵名称的代码。

数据元类型:字符型

数据格式:n1

值域:见5.25

4.4.4.7.3 舵类型代码
编号:CJ040407003
数据元名称:舵类型代码
中文全拼:duo-lei-xing-dai-ma
定义:舵类型的代码。
数据元类型:字符型
数据格式:n1
值域:见5.26

4.4.4.7.4 舵面积
编号:CJ040407004
数据元名称:舵面积
中文全拼:duo-mian-ji
定义:每个舵的舵叶面积。
数据元类型:数字型
数据格式:n..8,2
计量单位:平方米(m^2)

4.4.4.7.5 舵杆直径
编号:CJ040407005
数据元名称:舵杆直径
中文全拼:duo-gan-zhi-jing
定义:舵杆在下舵承处的设计直径。
数据元类型:数字型
数据格式:n5
计量单位:毫米(mm)

4.4.4.7.6 舵杆材料
编号:CJ040407006
数据元名称:舵杆材料
中文全拼:duo-gan-cai-liao
定义:舵杆材料的名称。
数据元类型:字符型
数据格式:an..30

4.4.4.8 操舵装置

4.4.4.8.1 主操舵装置形式
编号:CJ040408001
数据元名称:主操舵装置形式
中文全拼:zhu-cao-duo-zhuang-zhi-xing-shi
定义:主操舵装置的形式。
数据元类型:字符型
数据格式:an..30

4.4.4.8.2 应急能源种类代码
编号:CJ040408002
数据元名称:应急能源种类代码
中文全拼:ying-ji-neng-yuan-zhong-lei-dai-ma

定义:应急能源种类的代码。

数据元类型:字符型

数据格式:n1

值域:见 5.27

4.4.4.8.3 辅助操舵装置形式

编号:CJ040408003

数据元名称:辅助操舵装置形式

中文全拼:fu-zhu-cao-duo-zhuang-zhi-xing-shi

定义:辅助操舵装置的形式。

数据元类型:字符型

数据格式:an..30

4.4.4.9 应急拖带装置标志

编号:CJ040409001

数据元名称:应急拖带装置标志

中文全拼:ying-ji-tuo-dai-zhuang-zhi-biao-zhi

定义:是否有应急拖带装置的标志。

数据元类型:字符型

数据格式:n1

值域:0-否;1-是

4.4.5 消防设备

4.4.5.1 水灭火系统

4.4.5.1.1 消防泵类型标志

编号:CJ040501001

数据元名称:消防泵类型标志

中文全拼:xiao-fang-beng-lei-xing-biao-zhi

定义:船用消防泵的类型标志。

数据元类型:字符型

数据格式:n1

值域:0-应急消防泵;1-主消防泵

4.4.5.1.2 消防泵型号

编号:CJ040501002

数据元名称:消防泵型号

中文全拼:xiao-fang-beng-xing-hao

定义:船用消防泵的型号。

数据元类型:字符型

数据格式:an..30

4.4.5.1.3 消防泵排量

编号:CJ040501003

数据元名称:消防泵排量

中文全拼:xiao-fang-beng-pai-liang

定义:同一种船用消防泵的排量。

数据元类型:数字型

数据格式:n..8,2

计量单位:立方米每小时(m^3/h)

4.4.5.1.4　消防泵压头

编号:CJ040501004

数据元名称:消防泵压头

中文全拼:xiao-fang-beng-ya-tou

定义:同一种船用消防泵的压头。

数据元类型:数字型

数据格式:n..8,2

计量单位:兆帕(MPa)

4.4.5.1.5　消防泵数量

编号:CJ040501005

数据元名称:消防泵数量

中文全拼:xiao-fang-beng-shu-liang

定义:同一种船用消防泵的数量。

数据元类型:数字型

数据格式:n5

计量单位:个

4.4.5.1.6　消防泵安装位置

编号:CJ040501006

数据元名称:消防泵安装位置

中文全拼:xiao-fang-beng-an-zhuang-wei-zhi

定义:船用消防泵安装的具体位置。

数据元类型:字符型

数据格式:an..100

4.4.5.1.7　消防栓

编号:CJ040501007

数据元名称:消防栓

中文全拼:xiao-fang-shuan

定义:相同直径的消防栓数量。

数据元类型:数字型

数据格式:n5

计量单位:只

4.4.5.1.8　水枪

编号:CJ040501008

数据元名称:水枪

中文全拼:shui-qiang

定义:相同直径水枪的数量。

数据元类型:数字型

数据格式:n5

计量单位:只

4.4.5.2　其他固定灭火系统

4.4.5.2.1　灭火系统种类

编号:CJ040502001

数据元名称:灭火系统种类

中文全拼:mie-huo-xi-tong-zhong-lei

定义:船舶灭火系统的种类。

数据元类型:字符型

数据格式:an..30

4.4.5.2.2 最大保护舱室名称

编号:CJ040502002

数据元名称:最大保护舱室名称

中文全拼:zui-da-bao-hu-cang-shi-ming-cheng

定义:该固定灭火系统所保护的最大船舶舱室的名称。

数据元类型:字符型

数据格式:an..100

4.4.5.2.3 最大保护舱室容积

编号:CJ040502003

数据元名称:最大保护舱室容积

中文全拼:zui-da-bao-hu-cang-shi-rong-ji

定义:该固定灭火系统所保护的最大船舶舱室的容积。

数据元类型:数字型

数据格式:n..8,2

计量单位:立方米(m^3)

4.4.5.2.4 规范要求灭火剂需要量

编号:CJ040502004

数据元名称:规范要求灭火剂需要量

中文全拼:gui-fan-yao-qiu-mie-huo-ji-xu-yao-liang

定义:规范要求的船舶固定灭火系统灭火剂的需要量。

数据元类型:数字型

数据格式:n..8,2

计量单位:千克(kg)

4.4.5.2.5 灭火系统驱动形式

编号:CJ040502005

数据元名称:灭火系统驱动形式

中文全拼:mie-huo-xi-tong-qu-dong-xing-shi

定义:船舶固定灭火系统驱动的形式。

数据元类型:字符型

数据格式:an..30

4.4.5.2.6 灭火系统保护处所

编号:CJ040502006

数据元名称:灭火系统保护处所

中文全拼:mie-huo-xi-tong-bao-hu-chu-suo

定义:船舶固定灭火系统所保护的处所。

数据元类型:字符型

数据格式:an..200

4.4.5.3 其他固定灭火系统灭火剂容器

4.4.5.3.1　灭火剂容器容积

编号:CJ040503001

数据元名称:灭火剂容器容积

中文全拼:mie-huo-ji-rong-qi-rong-ji

定义:船舶固定灭火系统的灭火剂容器的容积。

数据元类型:数字型

数据格式:n..8,2

计量单位:立方米(m^3)

4.4.5.3.2　灭火剂容器水压试验压力

编号:CJ040503002

数据元名称:灭火剂容器水压试验压力

中文全拼:mie-huo-ji-rong-qi-shui-ya-shi-yan-ya-li

定义:船舶固定灭火系统的灭火剂容器出厂或检修时的水压试验压力。

数据元类型:数字型

数据格式:n..8,2

计量单位:兆帕(MPa)

4.4.5.3.3　灭火剂容器数量

编号:CJ040503003

数据元名称:灭火剂容器数量

中文全拼:mie-huo-ji-rong-qi-shu-liang

定义:参数相同的船舶固定灭火系统灭火剂容器的数量。

数据元类型:数字型

数据格式:n5

计量单位:个

4.4.5.4　探火和报警装置

4.4.5.4.1　探火与报警装置名称标志

编号:CJ040504001

数据元名称:探火与报警装置名称标志

中文全拼:tan-huo-yu-bao-jing-zhuang-zhi-ming-cheng-biao-zhi

定义:船舶探火与报警装置的名称标志。

数据元类型:字符型

数据格式:n1

值域:0-探火器;1-报警器

4.4.5.4.2　探火与报警装置形式

编号:CJ040504002

数据元名称:探火与报警装置形式

中文全拼:tan-huo-yu-bao-jing-zhuang-zhi-xing-shi

定义:船舶探火与报警装置的形式。

数据元类型:字符型

数据格式:an..30

4.4.5.4.3　探火与报警装置安装位置

编号:CJ040504003

数据元名称:探火与报警装置安装位置

中文全拼:tan-huo-yu-bao-jing-zhuang-zhi-an-zhuang-wei-zhi

定义:船舶探火与报警装置具体安装处所的名称。

数据元类型:字符型

数据格式:an..300

4.4.5.4.4 探火与报警装置数量

编号:CJ040504004

数据元名称:探火与报警装置数量

中文全拼:tan-huo-yu-bao-jing-zhuang-zhi-shu-liang

定义:实际船舶探火与报警装置的数量。

数据元类型:数字型

数据格式:n5

计量单位:个

4.4.5.5 防火控制示意图展示位置

编号:CJ040505001

数据元名称:防火控制示意图展示位置

中文全拼:fang-huo-kong-zhi-shi-yi-tu-zhan-shi-wei-zhi

定义:船舶防火控制示意图展示的处所名称。

数据元类型:字符型

数据格式:..ul

4.4.5.6 灭火器

4.4.5.6.1 灭火器种类

编号:CJ040506001

数据元名称:灭火器种类

中文全拼:mie-huo-qi-zhong-lei

定义:同一种类规格船用灭火器的种类。

数据元类型:字符型

数据格式:an..30

4.4.5.6.2 灭火器数量

编号:CJ040506002

数据元名称:灭火器数量

中文全拼:mie-huo-qi-shu-liang

定义:实际配备同一种类规格船用灭火器的数量。

数据元类型:数字型

数据格式:n5

计量单位:个

4.4.5.6.3 灭火器安放位置

编号:CJ040506003

数据元名称:灭火器安放位置

中文全拼:mie-huo-qi-an-fang-wei-zhi

定义:船用灭火器具体安放处所的名称或肋位号。

数据元类型:字符型

数据格式:an..300

4.4.5.7 备用灭火剂

4.4.5.7.1 备用灭火剂种类

编号:CJ040507001

数据元名称:备用灭火剂种类

中文全拼:bei-yong-mie-huo-ji-zhong-lei

定义:备用灭火剂种类或备用手提灭火器规格及种类。

数据元类型:字符型

数据格式:an..30

4.4.5.7.2 备用灭火剂数量

编号:CJ040507002

数据元名称:备用灭火剂数量

中文全拼:bei-yong-mie-huo-ji-shu-liang

定义:实际配备备用灭火剂的数量或灭火器的数量。

数据元类型:数字型

数据格式:n5

计量单位:灭火器为个,灭火剂为升(l)或千克(kg)

4.4.5.7.3 备用灭火剂安装位置

编号:CJ040507003

数据元名称:备用灭火剂安装位置

中文全拼:bei-yong-mie-huo-ji-an-zhuang-wei-zhi

定义:备用灭火剂具体安装处所名称。

数据元类型:字符型

数据格式:an..300

4.4.5.8 其他消防器具

4.4.5.8.1 手提式泡沫枪

编号:CJ040508001

数据元名称:手提式泡沫枪

中文全拼:shou-ti-shi-pao-mo-qiang

定义:船用手提式泡沫枪的实际配备数量。

数据元类型:数字型

数据格式:n5

计量单位:支

4.4.5.8.2 消防员装备

编号:CJ040508002

数据元名称:消防员装备

中文全拼:xiao-fang-yuan-zhuang-bei

定义:船用消防员装备的实际配备数量。

数据元类型:数字型

数据格式:n2

计量单位:套

4.4.5.8.3 太平桶

编号:CJ040508003

数据元名称:太平桶

中文全拼:tai-ping-tong

定义:太平桶的实际配备数量。

数据元类型:数字型

数据格式:n2

计量单位:只

4.4.5.8.4 太平斧

编号:CJ040508004

数据元名称:太平斧

中文全拼:tai-ping-fu

定义:太平斧的实际配备数量。

数据元类型:数字型

数据格式:n2

计量单位:把

4.4.5.8.5 黄沙箱

编号:CJ040508005

数据元名称:黄沙箱

中文全拼:huang-sha-xiang

定义:黄沙箱的实际配备数量。

数据元类型:数字型

数据格式:n2

计量单位:个

4.4.5.8.6 紧急逃生呼吸装置(EEBD)数量

编号:CJ040508006

数据元名称:紧急逃生呼吸装置(EEBD) 数量

中文全拼:jin-ji-tao-sheng-hu-xi-zhuang-zhi(EEBD)-shu-liang

定义:紧急逃生呼吸装置(EEBD)的实际配备数量。

数据元类型:数字型

数据格式:n2

计量单位:套

4.4.5.8.7 紧急逃生呼吸装置(EEBD)位置

编号:CJ040508007

数据元名称:紧急逃生呼吸装置(EEBD) 位置

中文全拼:jin-ji-tao-sheng-hu-xi-zhuang-zhi(EEBD)-wei-zhi

定义:紧急逃生呼吸装置(EEBD)的具体安放处所名称。

数据元类型:字符型

数据格式:an..300

4.4.6 救生设备

4.4.6.1 救生艇

4.4.6.1.1 救生艇名称

编号:CJ040601001

数据元名称:救生艇名称

中文全拼:jiu-sheng-ting-ming-cheng

定义:按布置位置定义的救生艇名称。

数据元类型:字符型

数据格式:an..30

4.4.6.1.2　救生艇定员

编号:CJ040601002

数据元名称:救生艇定员

中文全拼:jiu-sheng-ting-ding-yuan

定义:救生艇的额定乘员人数。

数据元类型:数字型

数据格式:n5

计量单位:位

4.4.6.1.3　救生艇数量

编号:CJ040601003

数据元名称:救生艇数量

中文全拼:jiu-sheng-ting-shu-liang

定义:同类型救生艇的数量。

数据元类型:数字型

数据格式:n5

计量单位:只

4.4.6.1.4　机动艇标志

编号:CJ040601004

数据元名称:机动艇标志

中文全拼:ji-dong-ting-biao-zhi

定义:对机动艇非机动艇进行区别的标记。

数据元类型:字符型

数据格式:n1

值域:0-非机动艇;1-机动艇

4.4.6.1.5　艇降落装置形式

编号:CJ040601005

数据元名称:艇降落装置形式

中文全拼:ting-jiang-luo-zhuang-zhi-xing-shi

定义:艇降落装置的形式。

数据元类型:字符型

数据格式:an..30

4.4.6.1.6　艇架额定工作负荷

编号:CJ040601006

数据元名称:艇架额定工作负荷

中文全拼:ting-jia-e-ding-gong-zuo-fu-he

定义:艇架的额定工作负荷。

数据元类型:数字型

数据格式:n..8,2

计量单位:千牛(kN)

4.4.6.2　救生浮具

4.4.6.2.1　救生浮具形式

编号:CJ040602001

数据元名称:救生浮具形式
中文全拼:jiu-sheng-fu-ju-xing-shi
定义:救生浮具的型号或形式。
数据元类型:字符型
数据格式:an..30

4.4.6.2.2 救生浮具定员

编号:CJ040602002
数据元名称:救生浮具定员
中文全拼:jiu-sheng-fu-ju-ding-yuan
定义:同类型救生浮具的核定载人数。
数据元类型:数字型
数据格式:n5
计量单位:位

4.4.6.2.3 救生浮具数量

编号:CJ040602003
数据元名称:救生浮具数量
中文全拼:jiu-sheng-fu-ju-shu-liang
定义:同类型救生浮具的实际配备数。
数据元类型:数字型
数据格式:n5
计量单位:只

4.4.6.3 气胀式救生环

4.4.6.3.1 气胀式救生环形式

编号:CJ040603001
数据元名称:气胀式救生环形式
中文全拼:qi-zhang-shi-jiu-sheng-huan-xing-shi
定义:气胀式救生环的型号或形式。
数据元类型:字符型
数据格式:an..30

4.4.6.3.2 气胀式救生环数量

编号:CJ040603002
数据元名称:气胀式救生环数量
中文全拼:qi-zhang-shi-jiu-sheng-huan-shu-liang
定义:同类型气胀式救生环的实际配备数。
数据元类型:数字型
数据格式:n5
计量单位:只

4.4.6.4 救生圈

4.4.6.4.1 救生圈形式

编号:CJ040604001
数据元名称:救生圈形式
中文全拼:jiu-sheng-quan-xing-shi
定义:救生圈的型号或形式。

数据元类型:字符型
数据格式:an..30

4.4.6.4.2 救生圈数量
编号:CJ040604002
数据元名称:救生圈数量
中文全拼:jiu-sheng-quan-shu-liang
定义:同类型救生圈的实际配备数。
数据元类型:数字型
数据格式:n5
计量单位:只

4.4.6.5 救生衣

4.4.6.5.1 救生衣形式
编号:CJ040605001
数据元名称:救生衣形式
中文全拼:jiu-sheng-yi-xing-shi
定义:救生衣的型号或形式。
数据元类型:字符型
数据格式:an..30

4.4.6.5.2 救生衣数量
编号:CJ040605002
数据元名称:救生衣数量
中文全拼:jiu-sheng-yi-shu-liang
定义:同类型救生衣的实际配备数。
数据元类型:数字型
数据格式:n5
计量单位:件

4.4.6.6 救生筏

4.4.6.6.1 救生筏形式
编号:CJ040606001
数据元名称:救生筏形式
中文全拼:jiu-sheng-fa-xing-shi
定义:救生筏的型号或形式。
数据元类型:字符型
数据格式:an..30

4.4.6.6.2 救生筏定员
编号:CJ040606002
数据元名称:救生筏定员
中文全拼:jiu-sheng-fa-ding-yuan
定义:同类型救生筏的定载人数。
数据元类型:数字型
数据格式:n5
计量单位:位

4.4.6.6.3 救生筏数量

编号:CJ040606003

数据元名称:救生筏数量

中文全拼:jiu-sheng-fa-shu-liang

定义:该类型救生筏的实际配备数。

数据元类型:数字型

数据格式:n5

计量单位:只

4.4.6.7 抛绳设备

4.4.6.7.1 抛绳设备形式

编号:CJ040607001

数据元名称:抛绳设备形式

中文全拼:pao-sheng-she-bei-xing-shi

定义:抛绳设备的型号或形式。

数据元类型:字符型

数据格式:an..30

4.4.6.7.2 抛绳设备数量

编号:CJ040607002

数据元名称:抛绳设备数量

中文全拼:pao-sheng-she-bei-shu-liang

定义:同类型抛绳设备的实际配备数。

数据元类型:数字型

数据格式:n2

计量单位:套

4.4.7 信号设备

4.4.7.1 信号设备名称

编号:CJ040700001

数据元名称:信号设备名称

中文全拼:xin-hao-she-bei-ming-cheng

定义:船舶信号设备的名称。

数据元类型:字符型

数据格式:an..60

4.4.7.2 信号设备数量

编号:CJ040700002

数据元名称:信号设备数量

中文全拼:xin-hao-she-bei-shu-liang

定义:实际配备的同类型船舶信号设备的数量。

数据元类型:数字型

数据格式:n2

计量单位:台

4.4.8 航行设备

4.4.8.1 航行设备名称

编号:CJ040800001

数据元名称:航行设备名称
中文全拼:hang-xing-she-bei-ming-cheng
定义:船舶航行设备的名称。
数据元类型:字符型
数据格式:an..60

4.4.8.2 航行设备型号

编号:CJ040800002
数据元名称:航行设备型号
中文全拼:hang-xing-she-bei-xing-hao
定义:船舶航行设备的型号。
数据元类型:字符型
数据格式:an..30

4.4.8.3 航行设备数量

编号:CJ040800003
数据元名称:航行设备数量
中文全拼:hang-xing-she-bei-shu-liang
定义:船舶实际配备的同类型航行设备的数量。
数据元类型:数字型
数据格式:n2
计量单位:台

4.4.9 轮机设备

4.4.9.1 主机

4.4.9.1.1 主机型号

编号:CJ040901001
数据元名称:主机型号
中文全拼:zhu-ji-xing-hao
定义:船舶主机的型号。
数据元类型:字符型
数据格式:an..30

4.4.9.1.2 主机类型

编号:CJ040901002
数据元名称:主机类型
中文全拼:zhu-ji-lei-xing
定义:按动力形式区别的船舶主机类型。
数据元类型:字符型
数据格式:an..30

4.4.9.1.3 主机机号

编号:CJ040901003
数据元名称:主机机号
中文全拼:zhu-ji-ji-hao
定义:船舶主机的出厂编号。
数据元类型:字符型
数据格式:an..30

4.4.9.1.4 主机额定功率

编号:CJ040901004

数据元名称:主机额定功率

中文全拼:zhu-ji-e-ding-gong-lv

定义:船舶主机的额定功率。

数据元类型:数字型

数据格式:n..8,2

计量单位:千瓦(kW)

4.4.9.1.5 主机额定转速

编号:CJ040901005

数据元名称:主机额定转速

中文全拼:zhu-ji-e-ding-zhuan-su

定义:船舶主机的额定转速。

数据元类型:数字型

数据格式:n5

计量单位:转/分钟(r/min)

4.4.9.1.6 主机制造日期

编号:CJ040901006

数据元名称:主机制造日期

中文全拼:zhu-ji-zhi-zao-ri-qi

定义:船舶主机的出厂日期。

数据元类型:日期型

数据格式:YYYYMMDD

4.4.9.1.7 主机制造厂

编号:CJ040901007

数据元名称:主机制造厂

中文全拼:zhu-ji-zhi-zao-chang

定义:船舶主机制造厂的名称。

数据元类型:字符型

数据格式:an..100

4.4.9.2 齿轮箱

4.4.9.2.1 齿轮箱型号

编号:CJ040902001

数据元名称:齿轮箱型号

中文全拼:chi-lun-xiang-xing-hao

定义:船用齿轮箱的型号。

数据元类型:字符型

数据格式:an..30

4.4.9.2.2 齿轮箱额定传递能力

编号:CJ040902002

数据元名称:齿轮箱额定传递能力

中文全拼:chi-lun-xiang-e-ding-chuan-di-neng-li

定义:船用齿轮箱的额定传递能力。

数据元类型:数字型

数据格式:n..8,5

计量单位:千瓦/(转·分钟)[kW/(r·min)]

4.4.9.2.3　齿轮箱减速比

编号:CJ040902003

数据元名称:齿轮箱减速比

中文全拼:chi-lun-xiang-jian-su-bi

定义:船用齿轮箱的减速比。

数据元类型:字符型

数据格式:an..16

4.4.9.3　轴系

4.4.9.3.1　轴系名称

编号:CJ040903001

数据元名称:轴系名称

中文全拼:zhou-xi-ming-cheng

定义:船舶推进轴系的名称。

数据元类型:字符型

数据格式:an..30

4.4.9.3.2　轴直径

编号:CJ040903002

数据元名称:轴直径

中文全拼:zhou-zhi-jing

定义:船舶同一种类推进轴的设计直径。

数据元类型:数字型

数据格式:n5

计量单位:毫米(mm)

4.4.9.3.3　轴材料

编号:CJ040903003

数据元名称:轴材料

中文全拼:zhou-cai-liao

定义:船舶推进轴所用材料的具体名称或材料的牌号或代号。

数据元类型:字符型

数据格式:an..30

4.4.9.3.4　轴数量

编号:CJ040903004

数据元名称:轴数量

中文全拼:zhou-shu-liang

定义:船舶推进轴的数量。

数据元类型:数字型

数据格式:n2

计量单位:根

4.4.9.4　推进器

4.4.9.4.1 推进器种类

编号:CJ040904001

数据元名称:推进器种类

中文全拼:tui-jin-qi-zhong-lei

定义:按驱动形式定义的船舶推进器种类。

数据元类型:字符型

数据格式:an..30

4.4.9.4.2 推进器类型代码

编号:CJ040904002

数据元名称:推进器类型代码

中文全拼:tui-jin-qi-lei-xing-dai-ma

定义:按结构形式定义的船舶推进器类型的代码。

数据元类型:字符型

数据格式:n1

值域:见5.28

4.4.9.4.3 螺旋桨材料

编号:CJ040904003

数据元名称:螺旋桨材料

中文全拼:luo-xuan-jiang-cai-liao

定义:船用螺旋桨材料的具体名称或材料的牌号或代号。

数据元类型:字符型

数据格式:an..30

4.4.9.4.4 螺旋桨直径

编号:CJ040904004

数据元名称:螺旋桨直径

中文全拼:luo-xuan-jiang-zhi-jing

定义:船用螺旋桨的设计直径。

数据元类型:数字型

数据格式:n..8,2

计量单位:毫米(mm)

4.4.9.4.5 螺距

编号:CJ040904005

数据元名称:螺距

中文全拼:luo-ju

定义:船用螺旋桨的设计螺距。

数据元类型:数字型

数据格式:n..8,2

计量单位:毫米(mm)

4.4.9.5 锅炉

4.4.9.5.1 锅炉型号

编号:CJ040905001

数据元名称:锅炉型号

中文全拼:guo-lu-xing-hao

定义:船用锅炉的型号。
数据元类型:字符型
数据格式:an..30

4.4.9.5.2 锅炉用途代码
编号:CJ040905002
数据元名称:锅炉用途代码
中文全拼:guo-lu-yong-tu-dai-ma
定义:船用锅炉用途的代码。
数据元类型:字符型
数据格式:n1
值域:见5.29

4.4.9.5.3 锅炉设计压力
编号:CJ040905003
数据元名称:锅炉设计压力
中文全拼:guo-lu-she-ji-ya-li
定义:同类型船用锅炉的设计压力。
数据元类型:数字型
数据格式:n..8,2
计量单位:兆帕(MPa)

4.4.9.5.4 锅炉工作压力
编号:CJ040905004
数据元名称:锅炉工作压力
中文全拼:guo-lu-gong-zuo-ya-li
定义:同类型船用锅炉的工作压力。
数据元类型:数字型
数据格式:n..8,2
计量单位:兆帕(MPa)

4.4.9.5.5 锅炉蒸发量
编号:CJ040905005
数据元名称:锅炉蒸发量
中文全拼:guo-lu-zheng-fa-liang
定义:同类型船用锅炉的蒸发量。
数据元类型:数字型
数据格式:n..8,2
计量单位:千克/小时(kg/h)

4.4.9.5.6 锅炉受热面积
编号:CJ040905006
数据元名称:锅炉受热面积
中文全拼:guo-lu-shou-re-mian-ji
定义:同类型船用锅炉的受热面积。
数据元类型:数字型
数据格式:n..8,2
计量单位:平方米(m^2)

4.4.9.5.7 锅炉燃料种类

编号:CJ040905007

数据元名称:锅炉燃料种类

中文全拼:guo-lu-ran-liao-zhong-lei

定义:同类型船用锅炉燃料的种类。

数据元类型:字符型

数据格式:an..30

4.4.9.5.8 锅炉形式

编号:CJ040905008

数据元名称:锅炉形式

中文全拼:guo-lu-xing-shi

定义:船用锅炉的形式。

数据元类型:字符型

数据格式:an..30

4.4.9.6 空气瓶

4.4.9.6.1 空气瓶容量

编号:CJ040906001

数据元名称:空气瓶容量

中文全拼:kong-qi-ping-rong-liang

定义:船用空气瓶的容积。

数据元类型:数字型

数据格式:n..8,2

计量单位:立方米(m^3)

4.4.9.6.2 空气瓶数量

编号:CJ040906002

数据元名称:空气瓶数量

中文全拼:kong-qi-ping-shu-liang

定义:参数相同的船用空气瓶数量。

数据元类型:数字型

数据格式:n5

计量单位:个

4.4.9.6.3 空气瓶用途代码

编号:CJ040906003

数据元名称:空气瓶用途代码

中文全拼:kong-qi-ping-yong-tu-dai-ma

定义:船用空气瓶用途的代码。

数据元类型:字符型

数据格式:n1

值域:见5.30

4.4.9.6.4 空气瓶设计压力

编号:CJ040906004

数据元名称:空气瓶设计压力

中文全拼:kong-qi-ping-she-ji-ya-li

定义:参数相同的船用空气瓶的设计压力。
数据元类型:数字型
数据格式:n..8,2
计量单位:兆帕(MPa)

4.4.9.6.5 空气瓶工作压力
编号:CJ040906005
数据元名称:空气瓶工作压力
中文全拼:kong-qi-ping-gong-zuo-ya-li
定义:参数相同的船用空气瓶的工作压力。
数据元类型:数字型
数据格式:n..8,2
计量单位:兆帕(MPa)

4.4.9.6.6 空气瓶水压试验压力
编号:CJ040906006
数据元名称:空气瓶水压试验压力
中文全拼:kong-qi-ping-shui-ya-shi-yan-ya-li
定义:参数相同的船用空气瓶的水压试验压力。
数据元类型:数字型
数据格式:n..8,2
计量单位:兆帕(MPa)

4.4.9.7 空压机

4.4.9.7.1 空压机型号
编号:CJ040907001
数据元名称:空压机型号
中文全拼:kong-ya-ji-xing-hao
定义:船用空压机的型号。
数据元类型:字符型
数据格式:an..30

4.4.9.7.2 空压机数量
编号:CJ040907002
数据元名称:空压机数量
中文全拼:kong-ya-ji-shu-liang
定义:参数相同的船用空压机的数量。
数据元类型:数字型
数据格式:n5
计量单位:台

4.4.9.7.3 空压机排量
编号:CJ040907003
数据元名称:空压机排量
中文全拼:kong-ya-ji-pai-liang
定义:参数相同的船用空压机的工作排量。
数据元类型:数字型
数据格式:n..8,2

计量单位:立方米/小时(m^3/h)

4.4.9.7.4 空压机设计工作压力

编号:CJ040907004

数据元名称:空压机设计工作压力

中文全拼:kong-ya-ji-she-ji-gong-zuo-ya-li

定义:参数相同的船用空压机的设计与工作压力。

数据元类型:数字型

数据格式:n..8,2

计量单位:兆帕(MPa)

4.4.9.7.5 空压机安全阀开关压力

编号:CJ040907005

数据元名称:空压机安全阀开关压力

中文全拼:kong-ya-ji-an-quan-fa-kai-guan-ya-li

定义:参数相同的船用空压机的安全阀开启与关闭压力。

数据元类型:数字型

数据格式:n..8,2

计量单位:兆帕(MPa)

4.4.10 电气设备

4.4.10.1 机舱自动化代码

编号:CJ041001001

数据元名称:机舱自动化代码

中文全拼:ji-cang-zi-dong-hua-dai-ma

定义:机舱自动化形式的代码。

数据元类型:字符型

数据格式:n1

值域:见5.31

4.4.10.2 配电系统代码

编号:CJ041002001

数据元名称:配电系统代码

中文全拼:pei-dian-xi-tong-dai-ma

定义:船用配电系统形式的代码。

数据元类型:字符型

数据格式:n2

值域:见5.32

4.4.10.3 发电设备

4.4.10.3.1 发电设备名称

编号:CJ041003001

数据元名称:发电设备名称

中文全拼:fa-dian-she-bei-ming-cheng

定义:船用发电设备的名称。

数据元类型:字符型

数据格式:an..60

4.4.10.3.2 发电机型号
编号:CJ041003002
数据元名称:发电机型号
中文全拼:fa-dian-ji-xing-hao
定义:船用发电机的型号。
数据元类型:字符型
数据格式:an..30

4.4.10.3.3 发电机数量
编号:CJ041003003
数据元名称:发电机数量
中文全拼:fa-dian-ji-shu-liang
定义:船用发电机的数量。
数据元类型:数字型
数据格式:n5
计量单位:台

4.4.10.3.4 发电机额定功率
编号:CJ041003004
数据元名称:发电机额定功率
中文全拼:fa-dian-ji-e-ding-gong-lv
定义:船用发电机的额定功率。
数据元类型:数字型
数据格式:n..8,2
计量单位:千瓦(kW)

4.4.10.3.5 发电机额定转速
编号:CJ041003005
数据元名称:发电机额定转速
中文全拼:fa-dian-ji-e-ding-zhuan-su
定义:船用发电机的额定转速。
数据元类型:数字型
数据格式:n5
计量单位:转/分钟(r/min)

4.4.10.3.6 发电机产品编号
编号:CJ041003006
数据元名称:发电机产品编号
中文全拼:fa-dian-ji-chan-pin-bian-hao
定义:船用发电机的出厂编号。
数据元类型:字符型
数据格式:an..30

4.4.10.3.7 发电机制造日期
编号:CJ041003007
数据元名称:发电机制造日期
中文全拼:fa-dian-ji-zhi-zao-ri-qi
定义:船用发电机的出厂日期。

数据元类型:日期型

数据格式:YYYYMMDD

4.4.10.3.8 发电机制造厂

编号:CJ041003008

数据元名称:发电机制造厂

中文全拼:fa-dian-ji-zhi-zao-chang

定义:船用发电机的制造厂名称。

数据元类型:字符型

数据格式:an..100

4.4.10.3.9 原动机产品编号

编号:CJ041003009

数据元名称:原动机产品编号

中文全拼:yuan-dong-ji-chan-pin-bian-hao

定义:船用发电机原动机的出厂编号。

数据元类型:字符型

数据格式:an..30

4.4.10.3.10 原动机制造日期

编号:CJ041003010

数据元名称:原动机制造日期

中文全拼:yuan-dong-ji-zhi-zao-ri-qi

定义:船用发电机原动机的出厂日期。

数据元类型:日期型

数据格式:YYYYMMDD

4.4.10.3.11 原动机制造厂

编号:CJ041003011

数据元名称:原动机制造厂

中文全拼:yuan-dong-ji-zhi-zao-chang

定义:船用发电机原动机的制造厂名称。

数据元类型:字符型

数据格式:an..100

4.4.10.3.12 额定电流

编号:CJ041003012

数据元名称:额定电流

中文全拼:e-ding-dian-liu

定义:船用发电机的额定输出电流。

数据元类型:数字型

数据格式:n..8,2

计量单位:安(A)

4.4.10.3.13 电流种类标志

编号:CJ041003013

数据元名称:电流种类标志

中文全拼:dian-liu-zhong-lei-biao-zhi

定义:船用发电机输出电流的种类标志。

数据元类型:字符型

数据格式:n1

值域:0-直流;1-交流

4.4.10.3.14 额定电压

编号:CJ041003014

数据元名称:额定电压

中文全拼:e-ding-dian-ya

定义:船用发电机的额定输出电压。

数据元类型:数字型

数据格式:n..8,2

计量单位:伏(V)

4.4.10.3.15 原动机型号

编号:CJ041003015

数据元名称:原动机型号

中文全拼:yuan-dong-ji-xing-hao

定义:船用发电机原动机的型号。

数据元类型:字符型

数据格式:an..30

4.4.10.3.16 原动机数量

编号:CJ041003016

数据元名称:原动机数量

中文全拼:yuan-dong-ji-shu-liang

定义:船用发电机原动机的数量。

数据元类型:数字型

数据格式:n5

计量单位:台

4.4.10.3.17 原动机额定功率

编号:CJ041003017

数据元名称:原动机额定功率

中文全拼:yuan-dong-ji-e-ding-gong-lv

定义:船用发电机原动机的额定功率。

数据元类型:数字型

数据格式:n..8,2

计量单位:千瓦(kW)

4.4.10.3.18 原动机额定转速

编号:CJ041003018

数据元名称:原动机额定转速

中文全拼:yuan-dong-ji-e-ding-zhuan-su

定义:船用发电机原动机的额定转速。

数据元类型:数字型

数据格式:n5

计量单位:转/分钟(r/min)

4.4.10.3.19 配电板形式代码

编号:CJ041003019

数据元名称:配电板形式代码

中文全拼:pei-dian-ban-xing-shi-dai-ma

定义:船用配电板的形式代码。

数据元类型:字符型

数据格式:n1

值域:1-主配电板;2-应急配电板

4.4.10.3.20 配电板屏数

编号:CJ041003020

数据元名称:配电板屏数

中文全拼:pei-dian-ban-ping-shu

定义:船用配电板的屏数。

数据元类型:数字型

数据格式:n5

计量单位:个

4.4.10.3.21 蓄电池组总容量

编号:CJ041003021

数据元名称:蓄电池组总容量

中文全拼:xu-dian-chi-zu-zong-rong-liang

定义:同类型船用蓄电池组的总容量。

数据元类型:字符型

数据格式:n5

计量单位:安·小时(A·h)

4.4.10.4 无线电设备

4.4.10.4.1 无线电设备名称

编号:CJ041004001

数据元名称:无线电设备名称

中文全拼:wu-xian-dian-she-bei-ming-cheng

定义:无线电设备的名称,如"甚高频无线电话"、"中频无线电装置(MF)"、"中/高频无线电装置(MF/HF)"等。

数据元类型:字符型

数据格式:an..100

4.4.10.4.2 无线电设备型号

编号:CJ041004002

数据元名称:无线电设备型号

中文全拼:wu-xian-dian-she-bei-xing-hao

定义:无线电设备的型号。

数据元类型:字符型

数据格式:an..30

4.4.10.5 救生艇筏双向甚高频无线电话

4.4.10.5.1 救生艇筏双向甚高频无线电话型号

编号:CJ041005001

数据元名称:救生艇筏双向甚高频无线电话型号

中文全拼:jiu-sheng-ting-fa-shuang-xiang-shen-gao-pin-wu-xian-dian-hua-xing-hao

定义:救生艇筏双向甚高频无线电话的型号。

数据元类型:字符型

数据格式:an..30

4.4.10.5.2 救生艇筏双向甚高频无线电话机号

编号:CJ041005002

数据元名称:救生艇筏双向甚高频无线电话机号

中文全拼:jiu-sheng-ting-fa-shuang-xiang-shen-gao-pin-wu-xian-dian-hua-ji-hao

定义:救生艇筏双向甚高频无线电话的出厂编号。

数据元类型:字符型

数据格式:an..30

4.4.10.6 船舶地面站

4.4.10.6.1 船舶地面站型号

编号:CJ041006001

数据元名称:船舶地面站型号

中文全拼:chuan-bo-di-mian-zhan-xing-hao

定义:船舶地面站的型号。

数据元类型:字符型

数据格式:an..30

4.4.10.6.2 船舶地面站机号

编号:CJ041006002

数据元名称:船舶地面站机号

中文全拼:chuan-bo-di-mian-zhan-ji-hao

定义:船舶地面站的出厂编号。

数据元类型:字符型

数据格式:an..30

4.4.10.7 河船无线通信设备

4.4.10.7.1 河船无线通信设备名称

编号:CJ041007001

数据元名称:河船无线通信设备名称

中文全拼:he-chuan-wu-xian-tong-xin-she-bei-ming-cheng

定义:河船无线通信设备的名称。

数据元类型:字符型

数据格式:an..100

4.4.10.7.2 河船无线通信设备型号

编号:CJ041007002

数据元名称:河船无线通信设备型号

中文全拼:he-chuan-wu-xian-tong-xin-she-bei-xing-hao

定义:河船无线通信设备的型号。

数据元类型:字符型

数据格式:an..30

4.4.10.7.3 河船无线通信设备数量

编号:CJ041007003

数据元名称:河船无线通信设备数量

中文全拼:he-chuan-wu-xian-tong-xin-she-bei-shu-liang

定义:实际配备的同型号河船无线通信设备数量。

数据元类型:数字型

数据格式:n2

计量单位:台

4.4.10.7.4 河船无线通信设备机号

编号:CJ041007004

数据元名称:河船无线通信设备机号

中文全拼:he-chuan-wu-xian-tong-xin-she-bei-ji-hao

定义:河船无线通信设备的出厂编号。

数据元类型:字符型

数据格式:an..30

4.4.11 起重设备

4.4.11.1 起重设备基本信息

4.4.11.1.1 起重设备数量

编号:CJ041101001

数据元名称:起重设备数量

中文全拼:qi-zhong-she-bei-shu-liang

定义:同类型船用起重设备的数量。

数据元类型:数字型

数据格式:n2

计量单位:套

4.4.11.1.2 起重设备最大安全工作负荷

编号:CJ041101002

数据元名称:起重设备最大安全工作负荷

中文全拼:qi-zhong-she-bei-zui-da-an-quan-gong-zuo-fu-he

定义:同类型船用起重设备的最大安全工作负荷。

数据元类型:数字型

数据格式:n..12,3

计量单位:千牛(kN)

4.4.11.2 吊杆

4.4.11.2.1 吊杆

编号:CJ041102001

数据元名称:吊杆

中文全拼:diao-gan

定义:吊杆的名称及位置。

数据元类型:字符型

数据格式:an..300

4.4.11.2.2 试验时吊杆与水平线的夹角

编号:CJ041102002

数据元名称:试验时吊杆与水平线的夹角
中文全拼:shi-yan-shi-diao-gan-yu-shui-ping-xian-de-jia-jiao
定义:吊重试验时吊杆与水平线的夹角。
数据元类型:字符型
数据格式:an..30
计量单位:度/米(°/m)

4.4.11.2.3 单杆安全工作负荷

编号:CJ041102003
数据元名称:单杆安全工作负荷
中文全拼:dan-gan-an-quan-gong-zuo-fu-he
定义:单杆的安全工作负荷。
数据元类型:数字型
数据格式:n..12,3
计量单位:千牛(kN)

4.4.11.2.4 双杆安全工作负荷

编号:CJ041102004
数据元名称:双杆安全工作负荷
中文全拼:shuang-gan-an-quan-gong-zuo-fu-he
定义:双杆的安全工作负荷。
数据元类型:数字型
数据格式:n..12,3
计量单位:千牛(kN)

4.4.11.2.5 单杆试验负荷

编号:CJ041102005
数据元名称:单杆试验负荷
中文全拼:dan-gan-shi-yan-fu-he
定义:单杆的吊重试验负荷。
数据元类型:数字型
数据格式:n..12,3
计量单位:千牛(kN)

4.4.11.2.6 双杆试验负荷

编号:CJ041102006
数据元名称:双杆试验负荷
中文全拼:shuang-gan-shi-yan-fu-he
定义:双杆的吊重试验负荷。
数据元类型:数字型
数据格式:n..12,3
计量单位:千牛(kN)

4.4.11.3 起重机

4.4.11.3.1 起重机

编号:CJ041103001
数据元名称:起重机
中文全拼:qi-zhong-ji

定义:船用起重机的名称及位置。
数据元类型:字符型
数据格式:an..300

4.4.11.3.2 起重机臂架幅度
编号:CJ041103002
数据元名称:起重机臂架幅度
中文全拼:qi-zhong-ji-bi-jia-fu-du
定义:船用起重机臂架的幅度。
数据元类型:数字型
数据格式:n..12,3
计量单位:度/米(°/m)

4.4.11.3.3 起重机安全工作负荷
编号:CJ041103003
数据元名称:起重机安全工作负荷
中文全拼:qi-zhong-ji-an-quan-gong-zuo-fu-he
定义:同类型船用起重机的安全工作负荷。
数据元类型:数字型
数据格式:n..12,3
计量单位:千牛(kN)

4.4.11.3.4 起重机试验负荷
编号:CJ041103004
数据元名称:起重机试验负荷
中文全拼:qi-zhong-ji-shi-yan-fu-he
定义:同类型船用起重机吊重试验负荷。
数据元类型:数字型
数据格式:n..12,3
计量单位:千牛(kN)

4.4.11.4 升降机

4.4.11.4.1 升降机
编号:CJ041104001
数据元名称:升降机
中文全拼:sheng-jiang-ji
定义:船用升降机的名称及位置。
数据元类型:字符型
数据格式:an..300

4.4.11.4.2 升降机安全工作负荷
编号:CJ041104002
数据元名称:升降机安全工作负荷
中文全拼:sheng-jiang-ji-an-quan-gong-zuo-fu-he
定义:同类型船用升降机的安全工作负荷。
数据元类型:数字型
数据格式:n..12,3
计量单位:千牛(kN)

4.4.11.4.3 升降机试验负荷

编号:CJ041104003

数据元名称:升降机试验负荷

中文全拼:sheng-jiang-ji-shi-yan-fu-he

定义:同类型船用升降机的负重试验负荷。

数据元类型:数字型

数据格式:n..12,3

计量单位:千牛(kN)

4.4.11.5 跳板

4.4.11.5.1 跳板

编号:CJ041105001

数据元名称:跳板

中文全拼:tiao-ban

定义:跳板的名称及位置。

数据元类型:字符型

数据格式:an..300

4.4.11.5.2 跳板安全工作负荷

编号:CJ041105002

数据元名称:跳板安全工作负荷

中文全拼:tiao-ban-an-quan-gong-zuo-fu-he

定义:同类型船舶跳板的安全工作负荷。

数据元类型:数字型

数据格式:n..12,3

计量单位:千牛(kN)

4.4.11.5.3 跳板试验负荷

编号:CJ041105003

数据元名称:跳板试验负荷

中文全拼:tiao-ban-shi-yan-fu-he

定义:同类型船舶跳板的负重试验负荷。

数据元类型:数字型

数据格式:n..12,3

计量单位:千牛(kN)

4.4.11.6 活动零部件

4.4.11.6.1 活动零部件编号

编号:CJ041106001

数据元名称:活动零部件编号

中文全拼:huo-dong-ling-bu-jian-bian-hao

定义:船用起重设备活动零部件的编号。

数据元类型:字符型

数据格式:an..60

4.4.11.6.2 活动零部件名称

编号:CJ041106002

数据元名称:活动零部件名称

中文全拼:huo-dong-ling-bu-jian-ming-cheng
定义:船用起重设备活动零部件的名称。
数据元类型:字符型
数据格式:an..300

4.4.11.6.3 活动零部件规格
编号:CJ041106003
数据元名称:活动零部件规格
中文全拼:huo-dong-ling-bu-jian-gui-ge
定义:同类型船用起重设备活动零部件的规格。
数据元类型:字符型
数据格式:an..300

4.4.11.6.4 活动零部件数量
编号:CJ041106004
数据元名称:活动零部件数量
中文全拼:huo-dong-ling-bu-jian-shu-liang
定义:同类型船用起重设备活动零部件的数量。
数据元类型:数字型
数据格式:n5
计量单位:个

4.4.11.6.5 活动零部件试验日期
编号:CJ041106005
数据元名称:活动零部件试验日期
中文全拼:huo-dong-ling-bu-jian-shi-yan-ri-qi
定义:船用起重设备活动零部件的试验日期。
数据元类型:日期型
数据格式:YYYYMMDD

4.4.11.6.6 活动零部件试验负荷
编号:CJ041106006
数据元名称:活动零部件试验负荷
中文全拼:huo-dong-ling-bu-jian-shi-yan-fu-he
定义:同类型船用起重设备活动零部件的拉力试验负荷。
数据元类型:数字型
数据格式:n..12,3
计量单位:千牛(kN)

4.4.11.6.7 活动零部件安全工作负荷
编号:CJ041106007
数据元名称:活动零部件安全工作负荷
中文全拼:huo-dong-ling-bu-jian-an-quan-gong-zuo-fu-he
定义:同类型船用起重设备活动零部件的安全工作负荷。
数据元类型:数字型
数据格式:n..12,3
计量单位:千牛(kN)

4.4.12 防污染

4.4.12.1　防止油污染

4.4.12.1.1　油水分离设备型号

编号:CJ041201001

数据元名称:油水分离设备型号

中文全拼:you-shui-fen-li-she-bei-xing-hao

定义:船用油水分离设备的型号。

数据元类型:字符型

数据格式:an..30

4.4.12.1.2　油水分离设备排量

编号:CJ041201002

数据元名称:油水分离设备排量

中文全拼:you-shui-fen-li-she-bei-pai-liang

定义:船用油水分离设备的排量。

数据元类型:数字型

数据格式:n..8,2

计量单位:立方米每小时(m^3/h)

4.4.12.1.3　废液排放含油量

编号:CJ041201003

数据元名称:废液排放含油量

中文全拼:fei-ye-pai-fang-han-you-liang

定义:船舶废液排放的含油量。

数据元类型:数字型

数据格式:n..8,2

计量单位:百万分之一(10^{-6})

备注:在船舶防油污术语里,用 ppm 表示 10^{-6}。

4.4.12.1.4　油水分离设备认可标准

编号:CJ041201004

数据元名称:油水分离设备认可标准

中文全拼:you-shui-fen-li-she-bei-ren-ke-biao-zhun

定义:船用油水分离设备的认可标准。

数据元类型:字符型

数据格式:an..30

4.4.12.1.5　油水报警装置型号

编号:CJ041201005

数据元名称:油水报警装置型号

中文全拼:you-shui-bao-jing-zhuang-zhi-xing-hao

定义:船用油水报警装置的型号。

数据元类型:字符型

数据格式:an..30

4.4.12.1.6　油水报警装置安装位置

编号:CJ041201006

数据元名称:油水报警装置安装位置

中文全拼:you-shui-bao-jing-zhuang-zhi-an-zhuang-wei-zhi

定义:船用油水报警装置在实船的安装位置。
数据元类型:字符型
数据格式:an..100

4.4.12.1.7 污油水舱名称
编号:CJ041201007
数据元名称:污油水舱名称
中文全拼:wu-you-shui-cang-ming-cheng
定义:船舶污油水舱的名称。
数据元类型:字符型
数据格式:an..100

4.4.12.1.8 污油水舱位置
编号:CJ041201008
数据元名称:污油水舱位置
中文全拼:wu-you-shui-cang-wei-zhi
定义:船舶污油水舱的布置位置。
数据元类型:字符型
数据格式:an..100

4.4.12.1.9 污油水舱总容积
编号:CJ041201009
数据元名称:污油水舱总容积
中文全拼:wu-you-shui-cang-zong-rong-ji
定义:船舶污油水舱的总容积。
数据元类型:数字型
数据格式:n..8,2
计量单位:立方米(m^3)

4.4.12.1.10 污油水柜名称
编号:CJ041201010
数据元名称:污油水柜名称
中文全拼:wu-you-shui-gui-ming-cheng
定义:船舶污油水柜的名称。
数据元类型:字符型
数据格式:an..100

4.4.12.1.11 污油水柜位置
编号:CJ041201011
数据元名称:污油水柜位置
中文全拼:wu-you-shui-gui-wei-zhi
定义:船舶污油水柜的布置位置。
数据元类型:字符型
数据格式:an..100

4.4.12.1.12 污油水柜总容积
编号:CJ041201012
数据元名称:污油水柜总容积
中文全拼:wu-you-shui-gui-zong-rong-ji

定义:船舶污油水柜的总容积。
数据元类型:数字型
数据格式:n..8,2
计量单位:立方米(m^3)

4.4.12.1.13 污油水舱占货油舱总容积的百分比
编号:CJ041201013
数据元名称:污油水舱占货油舱总容积的百分比
中文全拼:wu-you-shui-cang-zhan-huo-you-cang-zong-rong-ji-de-bai-fen-bi
定义:油船的污油水舱总容积占货油舱总容积的百分比。
数据元类型:数字型
数据格式:n..8,2
计量单位:百分比(%)

4.4.12.1.14 兼作污油水舱的货油舱名称
编号:CJ041201014
数据元名称:兼作污油水舱的货油舱名称
中文全拼:jian-zuo-wu-you-shui-cang-de-huo-you-cang-ming-cheng
定义:油船中兼作污油水舱的货油舱名称。
数据元类型:字符型
数据格式:an..100

4.4.12.2 防止生活污水污染

4.4.12.2.1 生活污水处理装置形式
编号:CJ041202001
数据元名称:生活污水处理装置形式
中文全拼:sheng-huo-wu-shui-chu-li-zhuang-zhi-xing-shi
定义:船舶生活污水处理装置的形式或型号。
数据元类型:字符型
数据格式:an..30

4.4.12.2.2 集污舱总容积
编号:CJ041202002
数据元名称:集污舱总容积
中文全拼:ji-wu-cang-zong-rong-ji
定义:船舶集污舱的总容积。
数据元类型:数字型
数据格式:n..8,2
计量单位:立方米(m^3)

4.4.12.3 防止垃圾污染

4.4.12.3.1 告示牌数量
编号:CJ041203001
数据元名称:告示牌数量
中文全拼:gao-shi-pai-shu-liang
定义:船舶垃圾告示牌总数。
数据元类型:数字型
数据格式:n2

计量单位:个

4.4.12.3.2 告示牌安放位置

编号:CJ041203002

数据元名称:告示牌安放位置

中文全拼:gao-shi-pai-an-fang-wei-zhi

定义:船舶垃圾告示牌的实际安放处所。

数据元类型:字符型

数据格式:an..100

4.4.12.3.3 垃圾容器名称

编号:CJ041203003

数据元名称:垃圾容器名称

中文全拼:la-ji-rong-qi-ming-cheng

定义:船舶垃圾容器的名称。

数据元类型:字符型

数据格式:an..30

4.4.12.3.4 垃圾容器数量

编号:CJ041203004

数据元名称:垃圾容器数量

中文全拼:la-ji-rong-qi-shu-liang

定义:船舶垃圾容器的总数。

数据元类型:数字型

数据格式:n2

计量单位:个

4.4.12.3.5 垃圾容器容量

编号:CJ041203005

数据元名称:垃圾容器容量

中文全拼:la-ji-rong-qi-rong-liang

定义:垃圾容器的总容量。

数据元类型:数字型

数据格式:n..8,2

计量单位:立方米(m^3)

4.4.12.3.6 垃圾处理设备名称

编号:CJ041203006

数据元名称:垃圾处理设备名称

中文全拼:la-ji-chu-li-she-bei-ming-cheng

定义:船舶垃圾处理设备的名称。

数据元类型:字符型

数据格式:an..30

4.4.12.3.7 垃圾处理设备型号

编号:CJ041203007

数据元名称:垃圾处理设备型号

中文全拼:la-ji-chu-li-she-bei-xing-hao

定义:船舶垃圾处理设备的型号。

数据元类型:字符型
数据格式:an..30

4.4.12.3.8 垃圾处理设备处理能力
编号:CJ041203008
数据元名称:垃圾处理设备处理能力
中文全拼:la-ji-chu-li-she-bei-chu-li-neng-li
定义:船舶垃圾处理设备的处理能力。
数据元类型:字符型
数据格式:an..100

4.4.12.4 防止大气污染

4.4.12.4.1 消耗臭氧物质
编号:CJ041204001
数据元名称:消耗臭氧物质
中文全拼:xiao-hao-chou-yang-wu-zhi
定义:满足船舶消耗臭氧物质要求的系统设备情况。
数据元类型:字符型
数据格式:..ul

4.4.12.4.2 氮氧化物
编号:CJ041204002
数据元名称:氮氧化物
中文全拼:dan-yang-hua-wu
定义:符合船舶氮氧化物排放标准的系统设备情况。
数据元类型:字符型
数据格式:..ul

4.4.12.4.3 硫化物
编号:CJ041204003
数据元名称:硫化物
中文全拼:liu-hua-wu
定义:符合船舶硫化物排放标准的情况。
数据元类型:字符型
数据格式:..ul

4.4.12.4.4 挥发性有机化合物
编号:CJ041204004
数据元名称:挥发性有机化合物
中文全拼:hui-fa-xing-you-ji-hua-he-wu
定义:符合船舶挥发性有机化合物排放标准的情况。
数据元类型:字符型
数据格式:..ul

4.4.12.4.5 焚烧炉
编号:CJ041204005
数据元名称:焚烧炉
中文全拼:fen-shao-lu
定义:具有符合要求的船用焚烧炉情况。

数据元类型:字符型

数据格式:..ul

4.4.12.5 防污底系统

4.4.12.5.1 曾使用TBT日期

编号:CJ041205001

数据元名称:曾使用TBT日期

中文全拼:ceng-shi-yong-TBT-ri-qi

定义:船舶之前曾使用有害防污底系统(TBT)的日期。

数据元类型:日期型

数据格式:YYYYMMDD

4.4.12.5.2 清除TBT日期

编号:CJ041205002

数据元名称:清除TBT日期

中文全拼:qing-chu-TBT-ri-qi

定义:船舶实际清除或覆盖TBT的日期。

数据元类型:日期型

数据格式:YYYYMMDD

4.4.12.5.3 清除TBT实施方名称

编号:CJ041205003

数据元名称:清除TBT实施方名称

中文全拼:qing-chu-TBT-shi-shi-fang-ming-cheng

定义:船舶清除或覆盖TBT实施方名称,如船厂名称。

数据元类型:字符型

数据格式:an..100

4.4.13 特种装载

4.4.13.1 散装运输有毒物质

4.4.13.1.1 有毒货品舱号

编号:CJ041301001

数据元名称:有毒货品舱号

中文全拼:you-du-huo-pin-cang-hao

定义:船舶散装运输有毒物质货舱的编号。

数据元类型:字符型

数据格式:an..30

4.4.13.1.2 有毒货品名称

编号:CJ041301002

数据元名称:有毒货品名称

中文全拼:you-du-huo-pin-ming-cheng

定义:船舶货舱装载有毒物质货品的名称。

数据元类型:字符型

数据格式:..ul

4.4.13.1.3 有毒货品装运条件

编号:CJ041301003

数据元名称:有毒货品装运条件

中文全拼:you-du-huo-pin-zhuang-yun-tiao-jian

定义:船舶装运有毒货品的限制条件。

数据元类型:字符型

数据格式:..ul

4.4.13.2 散装运输液化气体

4.4.13.2.1 液化气船船型代码

编号:CJ041302001

数据元名称:液化气船船型代码

中文全拼:ye-hua-qi-chuan-chuan-xing-dai-ma

定义:按散装运输液化气体性质定义的船型代码。

数据元类型:字符型

数据格式:n1

值域:见5.33

4.4.13.2.2 环境气温

编号:CJ041302002

数据元名称:环境气温

中文全拼:huan-jing-qi-wen

定义:符合规范规定的经主管机关接受或要求的船舶环境空气温度。

数据元类型:数字型

数据格式:n..3,2

计量单位:摄氏度(℃)

4.4.13.2.3 环境水温

编号:CJ041302003

数据元名称:环境水温

中文全拼:huan-jing-shui-wen

定义:符合规范规定的经主管机关接受或要求的船舶环境水温。

数据元类型:数字型

数据格式:n..3,2

计量单位:摄氏度(℃)

4.4.13.2.4 液化气液货舱编号

编号:CJ041302004

数据元名称:液化气液货舱编号

中文全拼:ye-hua-qi-ye-huo-cang-bian-hao

定义:船舶液化气液货舱的编号。

数据元类型:字符型

数据格式:an..30

4.4.13.2.5 液货舱形式代码

编号:CJ041302005

数据元名称:液货舱形式代码

中文全拼:ye-huo-cang-xing-shi-dai-ma

定义:船舶液货舱的形式代码。

数据元类型:字符型

数据格式:n1

值域:见5.34

4.4.13.2.6 液货舱总容积

编号:CJ041302006

数据元名称:液货舱总容积

中文全拼:ye-huo-cang-zong-rong-ji

定义:船舶装运液化气货舱的总容积。

数据元类型:数字型

数据格式:n..8,2

计量单位:立方米(m^3)

4.4.13.2.7 液化气货品名称

编号:CJ041302007

数据元名称:液化气货品名称

中文全拼:ye-hua-qi-huo-pin-ming-cheng

定义:船舶货舱可装载液化气货品的名称。

数据元类型:字符型

数据格式:..ul

4.4.13.2.8 液化气装运限制条件

编号:CJ041302008

数据元名称:液化气装运限制条件

中文全拼:ye-hua-qi-zhuang-yun-xian-zhi-tiao-jian

定义:船舶装运该液化气货品的限制条件。

数据元类型:字符型

数据格式:..ul

4.4.13.3 散装运输化学品

4.4.13.3.1 化学品货舱结构形式

编号:CJ041303001

数据元名称:化学品货舱结构形式

中文全拼:hua-xue-pin-huo-cang-jie-gou-xing-shi

定义:按散装运输化学品性质定义的船舶货舱的结构形式。

数据元类型:字符型

数据格式:an..30

4.4.13.3.2 化学品货舱总容积

编号:CJ041303002

数据元名称:化学品货舱总容积

中文全拼:hua-xue-pin-huo-cang-zong-rong-ji

定义:实船化学品货舱的总容积。

数据元类型:数字型

数据格式:n..8,2

计量单位:立方米(m^3)

4.4.13.3.3 化学品舱号

编号:CJ041303003

数据元名称:化学品舱号

中文全拼:hua-xue-pin-cang-hao

定义:船舶化学品货舱的编号。
数据元类型:字符型
数据格式:an..30

4.4.13.3.4 化学品货品名称
编号:CJ041303004
数据元名称:化学品货品名称
中文全拼:hua-xue-pin-huo-pin-ming-cheng
定义:船舶货舱可装载化学品货品的名称。
数据元类型:字符型
数据格式:..ul

4.4.13.3.5 化学品装运限制条件
编号:CJ041303005
数据元名称:化学品装运限制条件
中文全拼:hua-xue-pin-zhuang-yun-xian-zhi-tiao-jian
定义:船舶装运化学品货品的限制条件。
数据元类型:字符型
数据格式:..ul

4.4.13.4 危险品适装

4.4.13.4.1 危险品适装水域
编号:CJ041304001
数据元名称:危险品适装水域
中文全拼:wei-xian-pin-shi-zhuang-shui-yu
定义:危险品证书核定的船舶航区或航线。
数据元类型:字符型
数据格式:an..100

4.4.13.4.2 危险品货品名称
编号:CJ041304002
数据元名称:危险品货品名称
中文全拼:wei-xian-pin-huo-pin-ming-cheng
定义:船舶货舱可装载危险品货品的名称。
数据元类型:字符型
数据格式:..ul

4.4.13.4.3 危险品载货量
编号:CJ041304003
数据元名称:危险品载货量
中文全拼:wei-xian-pin-zai-huo-liang
定义:船舶危险品核定可装载量。
数据元类型:数字型
数据格式:n5
计量单位:吨(t)

4.4.13.4.4 危险品载货处所
编号:CJ041304004
数据元名称:危险品载货处所

中文全拼:wei-xian-pin-zai-huo-chu-suo

定义:船舶核定可装载危险品的处所。

数据元类型:字符型

数据格式:an..100

4.4.13.5　甲板特种装载

4.4.13.5.1　甲板特种载荷

编号:CJ041305001

数据元名称:甲板特种载荷

中文全拼:jia-ban-te-zhong-zai-he

定义:除普通甲板装载以外的船舶特殊装载情况。

数据元类型:字符型

数据格式:..ul

4.5　辅助信息

4.5.1　检验及审核依据

4.5.1.1　公约

4.5.1.1.1　公约名称

编号:CJ050101001

数据元名称:公约名称

中文全拼:gong-yue-ming-cheng

定义:国际公约、规则、决议及其修正案的名称。

数据元类型:字符型

数据格式:an..300

4.5.1.1.2　公约制定机构

编号:CJ050101002

数据元名称:公约制定机构

中文全拼:gong-yue-zhi-ding-ji-gou

定义:公约、规则、决议及其修正案制定机构的名称,如国际海事组织、国际劳工组织等。

数据元类型:字符型

数据格式:an..100

4.5.1.1.3　公约生效日期

编号:CJ050101003

数据元名称:公约生效日期

中文全拼:gong-yue-sheng-xiao-ri-qi

定义:公约、规则、决议及其修正案开始生效的日期。

数据元类型:日期型

数据格式:YYYYMMDD

4.5.1.1.4　公约版本号

编号:CJ050101004

数据元名称:公约版本号

中文全拼:gong-yue-ban-ben-hao

定义:公约、规则、决议及其修正案年份版本号。

数据元类型:字符型

数据格式:an..60

4.5.1.2 法规

4.5.1.2.1 法规名称

编号:CJ050102001

数据元名称:法规名称

中文全拼:fa-gui-ming-cheng

定义:法规及其修改通报的名称。

数据元类型:字符型

数据格式:an..300

4.5.1.2.2 法规制定单位

编号:CJ050102002

数据元名称:法规制定单位

中文全拼:fa-gui-zhi-ding-dan-wei

定义:法规制定单位的名称。

数据元类型:字符型

数据格式:an..100

4.5.1.2.3 法规生效日期

编号:CJ050102003

数据元名称:法规生效日期

中文全拼:fa-gui-sheng-xiao-ri-qi

定义:法规开始生效的日期。

数据元类型:日期型

数据格式:YYYYMMDD

4.5.1.2.4 法规版本号

编号:CJ050102004

数据元名称:法规版本号

中文全拼:fa-gui-ban-ben-hao

定义:法规年份版本号。

数据元类型:字符型

数据格式:an..60

4.5.1.3 规范

4.5.1.3.1 规范名称

编号:CJ050103001

数据元名称:规范名称

中文全拼:gui-fan-ming-cheng

定义:规范及其修改通报的名称。

数据元类型:字符型

数据格式:an..300

4.5.1.3.2 规范制定单位

编号:CJ050103002

数据元名称:规范制定单位

中文全拼:gui-fan-zhi-ding-dan-wei

定义:规范制定单位的名称。

数据元类型:字符型

数据格式:an..100

4.5.1.3.3　规范生效日期

编号:CJ050103003

数据元名称:规范生效日期

中文全拼:gui-fan-sheng-xiao-ri-qi

定义:规范开始生效的日期。

数据元类型:日期型

数据格式:YYYYMMDD

4.5.1.3.4　规范版本号

编号:CJ050103004

数据元名称:规范版本号

中文全拼:gui-fan-ban-ben-hao

定义:规范年份版本号。

数据元类型:字符型

数据格式:an..60

4.5.1.4　技术标准

4.5.1.4.1　标准名称

编号:CJ050104001

数据元名称:标准名称

中文全拼:biao-zhun-ming-cheng

定义:技术标准的名称。

数据元类型:字符型

数据格式:an..300

4.5.1.4.2　标准代号

编号:CJ050104002

数据元名称:标准代号

中文全拼:biao-zhun-dai-hao

定义:技术标准的代号。

数据元类型:字符型

数据格式:an..60

4.5.1.4.3　标准制定单位

编号:CJ050104003

数据元名称:标准制定单位

中文全拼:biao-zhun-zhi-ding-dan-wei

定义:技术标准制定单位的名称。

数据元类型:字符型

数据格式:an..100

4.5.1.4.4　标准生效日期

编号:CJ050104004

数据元名称:标准生效日期

中文全拼:biao-zhun-sheng-xiao-ri-qi

定义:技术标准开始生效的日期。

数据元类型:日期型

数据格式:YYYYMMDD

4.5.1.4.5 标准版本号

编号:CJ050104005

数据元名称:标准版本号

中文全拼:biao-zhun-ban-ben-hao

定义:技术标准修改版本号。

数据元类型:字符型

数据格式:an..60

4.5.1.5 检验指南

4.5.1.5.1 指南名称

编号:CJ050105001

数据元名称:指南名称

中文全拼:zhi-nan-ming-cheng

定义:检验指南的名称。

数据元类型:字符型

数据格式:an..300

4.5.1.5.2 指南制定单位

编号:CJ050105002

数据元名称:指南制定单位

中文全拼:zhi-nan-zhi-ding-dan-wei

定义:检验指南制定单位的名称。

数据元类型:字符型

数据格式:an..100

4.5.1.5.3 指南生效日期

编号:CJ050105003

数据元名称:指南生效日期

中文全拼:zhi-nan-sheng-xiao-ri-qi

定义:检验指南开始生效的日期。

数据元类型:日期型

数据格式:YYYYMMDD

4.5.1.5.4 指南版本号

编号:CJ050105004

数据元名称:指南版本号

中文全拼:zhi-nan-ban-ben-hao

定义:检验指南的年份版本号。

数据元类型:字符型

数据格式:an..60

4.5.1.6 通函

4.5.1.6.1 通函名称

编号:CJ050106001

数据元名称:通函名称

中文全拼:tong-han-ming-cheng

定义:技术通函的名称。

数据元类型:字符型

数据格式:an..300

4.5.1.6.2 通函编号

编号:CJ050106002

数据元名称:通函编号

中文全拼:tong-han-bian-hao

定义:技术通函的编号。

数据元类型:字符型

数据格式:an..60

4.5.1.6.3 通函制定单位

编号:CJ050106003

数据元名称:通函制定单位

中文全拼:tong-han-zhi-ding-dan-wei

定义:技术通函制定单位的名称。

数据元类型:字符型

数据格式:an..100

4.5.1.6.4 通函生效日期

编号:CJ050106004

数据元名称:通函生效日期

中文全拼:tong-han-sheng-xiao-ri-qi

定义:通函开始生效的日期。

数据元类型:日期型

数据格式:YYYYMMDD

4.5.1.7 须知

4.5.1.7.1 须知名称

编号:CJ050107001

数据元名称:须知名称

中文全拼:xu-zhi-ming-cheng

定义:检验须知的名称。

数据元类型:字符型

数据格式:an..300

4.5.1.7.2 须知编号

编号:CJ050107002

数据元名称:须知编号

中文全拼:xu-zhi-bian-hao

定义:检验须知的编号。

数据元类型:字符型

数据格式:an..60

4.5.1.7.3 须知制定单位

编号:CJ050107003

数据元名称:须知制定单位

中文全拼:xu-zhi-zhi-ding-dan-wei

定义:检验须知制定单位的名称。

数据元类型:字符型

数据格式:an..100

4.5.1.7.4 须知生效日期

编号:CJ050107004

数据元名称:须知生效日期

中文全拼:xu-zhi-sheng-xiao-ri-qi

定义:检验须知开始生效的日期。

数据元类型:日期型

数据格式:YYYYMMDD

4.5.1.7.5 须知版本号

编号:CJ050107005

数据元名称:须知版本号

中文全拼:xu-zhi-ban-ben-hao

定义:检验须知修改版本号。

数据元类型:字符型

数据格式:an..60

4.5.1.8 第三方检验技术要求

4.5.1.8.1 第三方检验技术要求名称

编号:CJ050108001

数据元名称:第三方检验技术要求名称

中文全拼:di-san-fang-jian-yan-ji-shu-yao-qiu-ming-cheng

定义:第三方检验技术要求的名称。

数据元类型:字符型

数据格式:an..300

4.5.1.8.2 第三方检验技术要求制定单位

编号:CJ050108002

数据元名称:第三方检验技术要求制定单位

中文全拼:di-san-fang-jian-yan-ji-shu-yao-qiu-zhi-ding-dan-wei

定义:第三方检验技术要求制定单位的名称。

数据元类型:字符型

数据格式:an..100

4.5.2 供方管理

4.5.2.1 船体测厚机构

4.5.2.1.1 船体测厚机构名称

编号:CJ050201001

数据元名称:船体测厚机构名称

中文全拼:chuan-ti-ce-hou-ji-gou-ming-cheng

定义:船体测厚机构的名称。

数据元类型:字符型

数据格式:an..100

4.5.2.1.2 船体测厚机构认可机构

编号:CJ050201002

数据元名称:船体测厚机构认可机构

中文全拼:chuan-ti-ce-hou-ji-gou-ren-ke-ji-gou
定义:船体测厚机构的认可机构名称。
数据元类型:字符型
数据格式:an..100

4.5.2.1.3 船体测厚机构资格证书有效期
编号:CJ050201003
数据元名称:船体测厚机构资格证书有效期
中文全拼:chuan-ti-ce-hou-ji-gou-zi-ge-zheng-shu-you-xiao-qi
定义:认可机构签发的船体测厚机构资格证书有效期的截止日期。
数据元类型:日期型
数据格式:YYYYMMDD

4.5.2.2 灭火系统和设备检测机构

4.5.2.2.1 灭火系统与设备检测机构名称
编号:CJ050202001
数据元名称:灭火系统与设备检测机构名称
中文全拼:mie-huo-xi-tong-yu-she-bei-jian-ce-ji-gou-ming-cheng
定义:灭火系统与设备检测机构的名称。
数据元类型:字符型
数据格式:an..100

4.5.2.2.2 灭火系统与设备检测机构认可机构
编号:CJ050202002
数据元名称:灭火系统与设备检测机构认可机构
中文全拼:mie-huo-xi-tong-yu-she-bei-jian-ce-ji-gou-ren-ke-ji-gou
定义:灭火系统与设备检测机构的认可机构名称。
数据元类型:字符型
数据格式:an..100

4.5.2.2.3 灭火系统与设备检测机构资格证书有效期
编号:CJ050202003
数据元名称:灭火系统与设备检测机构资格证书有效期
中文全拼:mie-huo-xi-tong-yu-she-bei-jian-ce-ji-gou-zi-ge-zheng-shu-you-xiao-qi
定义:认可机构签发的灭火系统与设备检测机构资格证书有效期的截止日期。
数据元类型:日期型
数据格式:YYYYMMDD

4.5.2.3 滑油监测机构

4.5.2.3.1 滑油监测机构名称
编号:CJ050203001
数据元名称:滑油监测机构名称
中文全拼:hua-you-jian-ce-ji-gou-ming-cheng
定义:滑油监测机构的名称。
数据元类型:字符型
数据格式:an..100

4.5.2.3.2 滑油监测机构认可机构
编号:CJ050203002

数据元名称:滑油监测机构认可机构

中文全拼:hua-you-jian-ce-ji-gou-ren-ke-ji-gou

定义:滑油监测机构的认可机构名称。

数据元类型:字符型

数据格式:an..100

4.5.2.3.3 滑油监测机构资格证书有效期

编号:CJ050203003

数据元名称:滑油监测机构资格证书有效期

中文全拼:hua-you-jian-ce-ji-gou-zi-ge-zheng-shu-you-xiao-qi

定义:认可机构签发的滑油监测机构资格证书有效期的截止日期。

数据元类型:日期型

数据格式:YYYYMMDD

4.5.2.4 无线电专业检测机构

4.5.2.4.1 无线电专业检测机构名称

编号:CJ050204001

数据元名称:无线电专业检测机构名称

中文全拼:wu-xian-dian-zhuan-ye-jian-ce-ji-gou-ming-cheng

定义:无线电专业检测机构的名称。

数据元类型:字符型

数据格式:an..100

4.5.2.4.2 无线电专业检测机构认可机构

编号:CJ050204002

数据元名称:无线电专业检测机构认可机构

中文全拼:wu-xian-dian-zhuan-ye-jian-ce-ji-gou-ren-ke-ji-gou

定义:无线电专业检测机构的认可机构名称。

数据元类型:字符型

数据格式:an..100

4.5.2.4.3 无线电专业检测机构资格证书有效期

编号:CJ050204003

数据元名称:无线电专业检测机构资格证书有效期

中文全拼:wu-xian-dian-zhuan-ye-jian-ce-ji-gou-zi-ge-zheng-shu-you-xiao-qi

定义:认可机构签发的无线电专业检测机构资格证书有效期的截止日期。

数据元类型:日期型

数据格式:YYYYMMDD

4.5.2.5 GMDSS 岸基维修机构

4.5.2.5.1 GMDSS 岸基维修机构名称

编号:CJ050205001

数据元名称:GMDSS 岸基维修机构名称

中文全拼:GMDSS-an-ji-wei-xiu-ji-gou-ming-cheng

定义:全球海上遇险与安全系统(GMDSS)岸基维修机构的名称。

数据元类型:字符型

数据格式:an..100

4.5.2.5.2　GMDSS 岸基维修机构认可机构

编号:CJ050205002

数据元名称:GMDSS 岸基维修机构认可机构

中文全拼:GMDSS-an-ji-wei-xiu-ji-gou-ren-ke-ji-gou

定义:GMDSS 岸基维修机构的认可机构名称。

数据元类型:字符型

数据格式:an..100

4.5.2.5.3　GMDSS 岸基维修机构资格证书有效期

编号:CJ050205003

数据元名称:GMDSS 岸基维修机构资格证书有效期

中文全拼:GMDSS-an-ji-wei-xiu-ji-gou-zi-ge-zheng-shu-you-xiao-qi

定义:认可机构签发的 GMDSS 岸基维修机构资格证书有效期的截止日期。

数据元类型:日期型

数据格式:YYYYMMDD

4.5.2.6　VDR 年度检测机构

4.5.2.6.1　VDR 年度检测机构名称

编号:CJ050206001

数据元名称:VDR 年度检测机构名称

中文全拼:VDR-nian-du-jian-ce-ji-gou-ming-cheng

定义:航行数据记录仪(VDR)年度检测机构的名称。

数据元类型:字符型

数据格式:an..100

4.5.2.6.2　VDR 年度检测机构认可机构

编号:CJ050206002

数据元名称:VDR 年度检测机构认可机构

中文全拼:VDR-nian-du-jian-ce-ji-gou-ren-ke-ji-gou

定义:VDR 年度检测机构的认可机构名称。

数据元类型:字符型

数据格式:an..100

4.5.2.6.3　VDR 年度检测机构资格证书有效期

编号:CJ050206003

数据元名称:VDR 年度检测机构资格证书有效期

中文全拼:VDR-nian-du-jian-ce-ji-gou-zi-ge-zheng-shu-you-xiao-qi

定义:认可机构签发的 VDR 年度检测机构资格证书有效期的截止日期。

数据元类型:日期型

数据格式:YYYYMMDD

4.5.2.7　救生筏站检测机构

4.5.2.7.1　救生筏站检测机构名称

编号:CJ050207001

数据元名称:救生筏站检测机构名称

中文全拼:jiu-sheng-fa-zhan-jian-ce-ji-gou-ming-cheng

定义:救生筏站检测机构的名称。

数据元类型:字符型

数据格式:an..100

4.5.2.7.2 救生筏站检测机构认可机构

编号:CJ050207002

数据元名称:救生筏站检测机构认可机构

中文全拼:jiu-sheng-fa-zhan-jian-ce-ji-gou-ren-ke-ji-gou

定义:救生筏站检测机构的认可机构名称。

数据元类型:字符型

数据格式:an..100

4.5.2.7.3 救生筏站检测机构资格证书有效期

编号:CJ050207003

数据元名称:救生筏站检测机构资格证书有效期

中文全拼:jiu-sheng-fa-zhan-jian-ce-ji-gou-zi-ge-zheng-shu-you-xiao-qi

定义:认可机构签发的救生筏站检测机构资格证书有效期的截止日期。

数据元类型:日期型

数据格式:YYYYMMDD

4.5.2.8 无损探伤检测机构

4.5.2.8.1 无损探伤检测机构名称

编号:CJ050208001

数据元名称:无损探伤检测机构名称

中文全拼:wu-sun-tan-shang-jian-ce-ji-gou-ming-cheng

定义:无损探伤检测机构的名称。

数据元类型:字符型

数据格式:an..100

4.5.2.8.2 无损探伤检测机构认可机构

编号:CJ050208002

数据元名称:无损探伤检测机构认可机构

中文全拼:wu-sun-tan-shang-jian-ce-ji-gou-ren-ke-ji-gou

定义:无损探伤检测机构的认可机构名称。

数据元类型:字符型

数据格式:an..100

4.5.2.8.3 无损探伤检测机构资格证书有效期

编号:CJ050208003

数据元名称:无损探伤检测机构资格证书有效期

中文全拼:wu-sun-tan-shang-jian-ce-ji-gou-zi-ge-zheng-shu-you-xiao-qi

定义:认可机构签发的无损探伤检测机构资格证书有效期的截止日期。

数据元类型:日期型

数据格式:YYYYMMDD

4.5.2.9 理化性能试验室

4.5.2.9.1 理化性能试验室名称

编号:CJ050209001

数据元名称:理化性能试验室名称

中文全拼:li-hua-xing-neng-shi-yan-shi-ming-cheng

定义:理化性能试验室的名称。

数据元类型:字符型

数据格式:an..100

4.5.2.9.2 理化性能试验室认可机构

编号:CJ050209002

数据元名称:理化性能试验室认可机构

中文全拼:li-hua-xing-neng-shi-yan-shi-ren-ke-ji-gou

定义:理化性能试验室的认可机构名称。

数据元类型:字符型

数据格式:an..100

4.5.2.9.3 理化性能试验室资格证书有效期

编号:CJ050209003

数据元名称:理化性能试验室资格证书有效期

中文全拼:li-hua-xing-neng-shi-yan-shi-zi-ge-zheng-shu-you-xiao-qi

定义:认可机构签发的理化性能试验室资格证书有效期的截止日期。

数据元类型:日期型

数据格式:YYYYMMDD

4.5.2.10 罗经校核机构

4.5.2.10.1 罗经校核机构名称

编号:CJ050210001

数据元名称:罗经校核机构名称

中文全拼:luo-jing-jiao-he-ji-gou-ming-cheng

定义:罗经校核机构的名称。

数据元类型:字符型

数据格式:an..100

4.5.2.10.2 罗经校核机构认可机构

编号:CJ050210002

数据元名称:罗经校核机构认可机构

中文全拼:luo-jing-jiao-he-ji-gou-ren-ke-ji-gou

定义:罗经校核机构的认可机构名称。

数据元类型:字符型

数据格式:an..100

4.5.2.10.3 罗经校核机构资格证书有效期

编号:CJ050210003

数据元名称:罗经校核机构资格证书有效期

中文全拼:luo-jing-jiao-he-ji-gou-zi-ge-zheng-shu-you-xiao-qi

定义:认可机构签发的罗经校核机构资格证书有效期的截止日期。

数据元类型:日期型

数据格式:YYYYMMDD

4.5.3 焊工管理

4.5.3.1 焊工姓名

编号:CJ050300001

数据元名称:焊工姓名

中文全拼:han-gong-xing-ming

定义:焊工的姓名。
数据元类型:字符型
数据格式:an..30

4.5.3.2 焊接种类
编号:CJ050300002
数据元名称:焊接种类
中文全拼:han-jie-zhong-lei
定义:焊接的种类及其级别。
数据元类型:字符型
数据格式:an..60

4.5.3.3 焊工证发证机构
编号:CJ050300003
数据元名称:焊工证发证机构
中文全拼:han-gong-zheng-fa-zheng-ji-gou
定义:焊工证发证机构的名称。
数据元类型:字符型
数据格式:an..100

4.5.3.4 焊工证有效期
编号:CJ050300004
数据元名称:焊工证有效期
中文全拼:han-gong-zheng-you-xiao-qi
定义:焊工证的有效期的截止日期。
数据元类型:日期型
数据格式:YYYYMMDD

4.5.4 验船师管理

4.5.4.1 验船师姓名
编号:CJ050400001
数据元名称:验船师姓名
中文全拼:yan-chuan-shi-xing-ming
定义:验船师的姓名。
数据元类型:字符型
数据格式:an..30

4.5.4.2 验船师专业
编号:CJ050400002
数据元名称:验船师专业
中文全拼:yan-chuan-shi-zhuan-ye
定义:船检专业。
数据元类型:字符型
数据格式:an..60

4.5.4.3 注册验船师标志
编号:CJ050400003
数据元名称:注册验船师标志
中文全拼:zhu-ce-yan-chuan-shi-biao-zhi

定义:是否拥有国家注册验船师的标志。

数据元类型:字符型

数据格式:n1

值域:0-否;1-是

4.5.5 归档管理

4.5.5.1 案卷名称

编号:CJ050500001

数据元名称:案卷名称

中文全拼:an-juan-ming-cheng

定义:船检业务案卷的名称。

数据元类型:字符型

数据格式:an..300

4.5.5.2 案卷编号

编号:CJ050500002

数据元名称:案卷编号

中文全拼:an-juan-bian-hao

定义:船检业务案卷的编号。

数据元类型:字符型

数据格式:an..60

4.5.5.3 归档单位

编号:CJ050500003

数据元名称:归档单位

中文全拼:gui-dang-dan-wei

定义:船检业务案卷归档单位的名称。

数据元类型:字符型

数据格式:an..100

4.5.5.4 归档日期

编号:CJ050500004

数据元名称:归档日期

中文全拼:gui-dang-ri-qi

定义:船检业务案卷归档的日期。

数据元类型:日期型

数据格式:YYYYMMDD

5 船舶检验基础数据元值域代码集

5.1 航区代码

代码标志为:DM_HQDM,采用 JT/T 697.5—2007 的 5.3。

5.2 航线类型代码

代码标志为:DM_HXLXDM,采用 JT/T 697.5—2007 的 5.11。

5.3 检验机构代码

代码标志为:DM_JYJGDM,采用 JT/T 697.5—2007 的 5.21。

5.4 船体材料代码

代码标志为:DM_CTCLDM,采用 JT/T 697.5—2007 的 5.6。

5.5 营运状态代码

代码标志为:DM_YYZTDM,代码见表2。

表2 营运状态代码

代码	名称	代码	名称
1	营运	3	拆船
2	搁置	4	沉没

5.6 船级社代码

代码标志为:DM_CJSDM,根据东京备忘录编制,常用船级社代码见表3。

表3 船级社代码

代码	名称	代码	名称
906	美国船级社(ABS)	942	日本船级社(NK)
908	中国船级社(CCS)	948	波兰船级社(PRS)
912	法国船级社(BV)	954	意大利船级社(RINA)
918	挪威船级社(DNV)	960	俄罗斯船级社(RS)
924	德国劳氏船级社(GL)	972	印度船级社(IRS)
929	韩国船级社(KR)	999	其他
936	劳氏船级社(LR)		

5.7 船级状态代码

代码标志为:DM_CJZTDM,代码见表4。

表4 船级状态代码

代码	名称	代码	名称
1	授予船级	5	检验中
2	船级暂停	6	申请船级中
3	取消船级	7	临时船级
4	建造中		

5.8 船舶检验证书代码

代码标志为:DM_CBJYZSDM,编码规则同JT/T 697.5—2007的5.15,补充代码见表5。

表5 船舶检验证书代码

代码	名称	代码	名称
0212	河船地效翼船操作许可证书	0221	内河船舶检验证书簿ZSB-1
0213	船舶试航证书	0222	内河船舶检验证书簿ZSB-2
0214	河船地效翼船安全证书	0223	内河小船检验证书
0215	内河气垫船储备浮力证书	0224	川江及三峡库区船舶航行证书
0216	内河船舶防止生活污水污染证书	0299	其他河船证书
0217	京杭运河型船舶航行证书	1216	国内航行船舶入级证书(CSAD)
0218	内河船舶防止空气污染证书	1217	海上船舶检验证书簿
0219	内河船舶防止垃圾污染证书	1218	船舶起重设备证书
0220	内河船舶临时证书	1219	完成特别定期检验证书

表 5(续)

代码	名　　称	代码	名　　称
1299	其他国内航行海船证书	2238	货船无线电安全证书记录簿
2224	船员舱室设备符合证明	2239	客船安全证书记录簿
2225	入级证书(CSA)	2240	高速船安全证书设备记录簿
2226	国际防止生活污水污染符合证明	2241	货船设备安全证书记录簿
2227	国际防止大气污染符合证明	2242	货船无线电安全证书记录簿
2228	CAS 符合证明	2243	船舶航行安全证书记录簿
2229	防止垃圾污染证明	2244	特殊用途船舶安全证书记录簿
2230	船舶起重和起货设备检验簿	2245	防止油污证书设备记录簿(非油轮)
2231	起重设备检验和试验证书	2246	防止油污证书设备记录簿(油轮)
2232	双杆检验和试验证书	2247	国际防止大气污染证书或符合证明记录簿
2233	铁制活动零部件热处理证书	2248	地效翼船安全证书设备记录簿
2234	活动零部件证书	2249	化学品货品表
2235	钢索检验和试验证书	2250	液舱布置图
2236	地效翼船操作许可证书	2299	其他国际航行船舶证书
2237	地效翼船安全证书		

5.9 船舶检验报告代码

代码标志为:DM_CBJYBGDM,代码为四位数字码,结构表示如下,代码见表 6。

```
×  ×××
|   |
|   └──────────── 顺序号
|
└──────────────── 船舶属性分类:1-国际航行船舶;2-国内航行船舶
```

表 6　船舶检验报告代码

代码	名　　称	代码	名　　称
	国际航行船舶部分	1013	VDR 设备进行检测的专用报告(法定)
1001	货船无线电安全详细记录(法定)	1014	S-VDR 设备进行检测的专用报告(法定)
1002	危险货物适装详细认可记录(法定)	1015	货船设备安全详细记录(法定)
1003	国际载重线勘定条件记录(法定)	1016	无线电安全检验项目表(法定)
1004	1969 吨位计算书(法定)	1017	船舶保安警报系统检查项目表(法定)
1005	载重线检验项目表(法定)	1018	货船无线电安全详细记录(法定)
1006	客船安全检验项目表(法定)	1019	危险货物适装详细认可记录(法定)
1007	客船设备安全详细记录(法定)	1020	散装货物适装检验项目表(法定)
1008	高速船安全检验项目表(法定)	1021	船舶航行安全检验项目表(法定)
1009	高速船安全详细认可记录(法定)	1022	特殊用途船舶安全详细记录(法定)
1010	货船构造安全初次检、换证验项目表(法定)	1023	特殊用途船舶安全检验项目表(法定)
1011	货船构造安全年度、期间检验项目表(法定)	1024	防止油污设备详细记录(法定)
1012	货船设备安全检验项目表(法定)	1025	防止油污检验项目表(法定)

表 6(续)

代码	名　称	代码	名　称
1026	防止生活污水污染初次、换证检验项目表(法定)	1061	油轮年度检验报告(船级)
1027	防止大气污染证书检验项目表(法定)	1062	油轮中间检验报告(船级)
1028	船员舱室设备检验项目表(法定)	1063	液化气船(附加)检验报告(船级)
1029	船员舱室设备检验详细认可记录(法定)	1064	散化船(附加)检验报告(船级)
1030	防污底系统纪录(法定)	1065	客船(附加)检验报告(船级)
1031	地效翼船法定检验报告(法定)	1066	挖泥船(附加)检验报告(船级)
1032	进水探测器安装检验报告(法定)	1067	坞内/螺旋桨轴和尾轴检验报告(船级)
1033	特别检验项目表(船体部分)(船级)	1068	锅炉检验报告(船级)
1034	特别检验项目表(轮机部分)(船级)	1069	惰性气体检验报告(船级)
1035	轮机循环检验卡(船级)	1070	滚装船检验报告(船级)
1036	新造船船级检验报告面页(船级)	1071	滚装船首尾门检验项目表(船级)
1037	新造船船体检验项目表(船级)	1072	船体检验项目清单(船级)
1038	新造船机电设备检验项目表(船级)	1073	轮机检验项目清单(船级)
1039	货物冷藏装置检验记录(船级)	1074	装载仪安装检验记录(船级)
1040	新造船冷藏装置检验项目表(船级)	1075	检验报告(空白)(船级)
1041	保持船级检验报告面页(船级)	1076	机损检验报告(船级)
1042	船体年度检验报告(船级)	1077	海损检验报告(船级)
1043	船体中间检验报告(船级)	1078	检验准备会议记录(船级)
1044	船体特别检验报告(船级)	1079	检验准备会议附加记录(船级)
1045	压载舱涂层状况和检验要求汇总表(船级)	1080	早期预报系统报告(船级)
1046	散货船船体年度检验附加报告(船级)	1081	地效翼船入级检验记录(船级)
1047	散货船船体中间检验附加报告(船级)	1082	地效翼船入级检验报告(船级)
1048	普通干货船船体年度检验附加报告(船级)	1999	其他国际航行船舶检验报告
1049	普通干货船船体中间检验附加报告(船级)		**国内航行船舶部分**
1050	油轮、化学品船加强检验计划(船级)	2001	补充记录
1051	散货船加强检验计划(船级)	2002	河船船舶检验报告
1052	散货船、矿砂船状况评估报告(船级)	2003	船级/法定检验报告(河船)
1053	油船、化学品船评估报告(船级)	2004	船级/法定检验报告(初次河船)
1054	轮机船体年度检验报告(船级)	2005	内河小船检验报告
1055	轮机船体中间检验报告(船级)	2006	特别说明检验报告(海船/河船)
1056	轮机船体特别检验报告(船级)	2007	接收营运船舶首次检验附加报告(福建)
1057	高速船检验报告(船级)	2008	接收在(改)建船舶现场复核报告(福建)
1058	轮机计划保养确认报告(船级)	2009	海船船舶检验报告
1059	货物冷藏装置检验报告(船级)	2010	船级/法定检验报告(海船)
1060	可能的 SMS 体系缺陷报告(船级)	2011	船级/法定检验报告(初次海船)

表6(续)

代码	名　　称	代码	名　　称
2012	遗留项目报告(海船/河船)	2021	内河船舶检验报告
2013	小型海船检验报告	2022	河船初次检验记录
2014	海上船舶检验报告	2023	内河小船检验记录
2015	海船初次检验记录	2024	缺陷报告
2016	沿海小船检验记录	2025	小船检验报告
2017	河船初次检验记录	2026	河船检验项目表
2018	海船初次检验记录	2027	海船检验项目表
2019	小型海船检验记录	2028	遗留项目报告
2020	特别说明检验报告	2999	其他国内航行船舶检验报告

5.10　船舶必备检验文件代码

代码标志为:DM_CBBBJYWJDM,代码见表7。

表7　船舶必备检验文件代码

代码	名　　称	代码	名　　称
01	完整稳性手册	10	装载手册
02	破损稳性资料	11	程序和布置手册
03	破损控制图	12	垃圾管理计划
04	破损控制小册子	13	垃圾记录簿
05	海上油污应急计划	14	油类记录簿
06	货物系固手册	15	搜救合作计划
07	安全图或防火控制图	16	加强检验报告案卷
08	谷物稳性资料	17	船上有毒液体物质污染海洋应急计划
09	散货船装卸载小册子	99	其他

5.11　产品证书代码

代码标志为:DM_CPZSDM,代码见表8。

表8　产 品 证 书 代 码

代码	名　　称	代码	名　　称
1	工厂认可证书	3	形式认可证书 B
2	形式认可证书 A	4	产品检验证书

5.12　船舶检验种类代码

代码标志为:DM_CBJYZLDM,代码为四位数字码,结构表示如下,代码见表9。

× ×××

×××——顺序号

×——船舶属性分类:1-国际航行船舶;2-国内航行船舶

表 9 船舶检验种类代码

代码	名称	代码	名称
	国际航行船舶部分	1032	液化气体适装证书年度检验(GC 规则其他现有船)
1001	防污底系统临时检验	1033	液化气体适装证书初次检验(GC 规则其他现有船)
1002	防污底系统初次检验	1034	液化气体适装证书期间检验(GC 规则其他现有船)
1003	防污底系统换证检验	1035	液化气体适装证书换证检验(GC 规则其他现有船)
1004	防止船舶空气污染临时检验	1036	起货设备临时检验
1005	防止船舶空气污染年度检验	1037	吊杆装置年度检查
1006	防止船舶空气污染初次检验	1038	起货设备年度全面检验
1007	防止船舶空气污染期间检验	1039	起货设备负荷试验
1008	防止船舶空气污染换证检验	1040	起货设备四年度全面检验
1009	散装运输危险化学品适装证书附加检验	1041	起货设备初次检验
1010	散装运输危险化学品适装证书年度检验	1042	69 吨位证书临时检验
1011	散装运输危险化学品适装证书初次检验	1043	69 吨位丈量
1012	散装运输危险化学品适装证书期间检验	1044	船级年度检验
1013	散装运输危险化学品适装证书换新检验	1045	锅炉检验
1014	CAS 附加检验	1046	船体循环检验
1015	CAS 初次检验	1047	船体循环检验完成检验
1016	CAS 后续换证检验	1048	轮机循环检验
1017	固体散装货物适装附加检验	1049	轮机循环检验完成检验
1018	固体散装货物适装初次检验	1050	损坏检验
1019	固体散装货物适装换证检验	1051	坞内检验
1020	船员舱室附加检验	1052	营运船舶初次入级检验
1021	船员舱室初次检验	1053	营运船舶冷藏装置初次入级检验
1022	船员舱室定期检验	1054	水下检验
1023	危险品适装证明附加检验	1055	船级中间检验
1024	危险品适装证明初次检验	1056	装货港冷藏装置检验
1025	危险品适装证明换证检验	1057	船级搁置检验
1026	液化气体适装证书临时检验(GC 规则 A329)	1058	重大改建检验
1027	液化气体适装证书年度检验(GC 规则 A329)	1059	建造入级检验
1028	液化气体适装证书初次检验(GC 规则 A329)	1060	冷藏装置建造入级检验
1029	液化气体适装证书期间检验(GC 规则 A329)	1061	船级临时检验
1030	液化气体适装证书换证检验(GC 规则 A329)	1062	维护保养计划
1031	液化气体适装证书临时检验(GC 规则其他现有船)	1063	PMS 年度审核

表 9(续)

代码	名　称	代码	名　称
1064	PMS 初次审核	1099	液化气体适装证书期间检验(GC 规则新船)
1065	PMS 实施检验	1100	液化气体适装证书换证检验(GC 规则新船)
1066	重新入级检验	1101	防止船舶垃圾污染附加检验
1067	修理检验	1102	防止船舶垃圾污染初次检验
1068	SCM 年度检验	1103	高速船安全证书附加检验
1069	船级特别检验船体部分	1104	高速船安全证书初次检验
1070	船级特别检验轮机部分	1105	高速船安全证书期间检验
1071	船级特别检验冷藏部分	1106	高速船安全证书换新检验
1072	转级检验	1107	国际防止船舶空气污染临时检验
1073	螺旋桨轴及尾轴检验,变通检验	1108	国际防止船舶空气污染年度检验
1074	螺旋桨轴及尾轴检验,常规检验	1109	国际防止船舶空气污染初次检验
1075	螺旋桨轴及尾轴检验,部分检验	1110	国际防止船舶空气污染期间检验
1076	国家吨位证书临时检验	1111	国际防止船舶空气污染换证检验
1077	国家吨位丈量	1112	国际散装运输危险化学品适装证书附加检验
1078	CPQ 附加检验	1113	国际散装运输危险化学品适装证书年度检验
1079	CPQ 初次检验	1114	国际散装运输危险化学品适装证书初次检验
1080	CPQ 换证检验	1115	国际散装运输危险化学品适装证书期间检验
1081	CPT 附加检验	1116	国际散装运输危险化学品适装证书换新检验
1082	CPT 初次检验	1117	国际液化气体适装证书临时检验
1083	CPT 换证检验	1118	国际液化气体适装证书年度检验
1084	浮船坞安全证书附加检验	1119	国际液化气体适装证书初次检验
1085	浮船坞安全证书年度检验	1120	国际液化气体适装证书期间检验
1086	浮船坞安全证书初次检验	1121	国际液化气体适装证书换新检验
1087	浮船坞安全证书换证检验	1122	国际防止油污证书附加检验
1088	苏伊士运河吨位证书临时检验	1123	国际防止油污证书年度检验
1089	苏伊士运河吨位丈量	1124	国际防止油污证书初次检验
1090	特别定期检验证书附加检验	1125	国际防止油污证书期间检验
1091	特别定期检验证书换证检验	1126	国际防止油污证书换新检验
1092	地效翼船附加检验	1127	国际防止生活污水证书附加检验
1093	地效翼船初次检验	1128	国际防止生活污水证书初次检验
1094	地效翼船定期检验	1129	国际防止生活污水证书换新检验
1095	地效翼船换证检验	1130	载重线证书附加检验
1096	液化气体适装证书临时检验(GC 规则新船)	1131	载重线证书年度检验
1097	液化气体适装证书年度检验(GC 规则新船)	1132	载重线证书初次检验
1098	液化气体适装证书初次检验(GC 规则新船)	1133	载重线证书换新检验

表 9(续)

代码	名　称	代码	名　称
1134	防止有毒液体污染证书临时检验	1169	特种用途船安全证书定期检验
1135	防止有毒液体污染证书年度检验	1170	特种用途船安全证书换新检验
1136	防止有毒液体污染证书初次检验	1171	货船无线电安全证书附加检验
1137	防止有毒液体污染证书期间检验	1172	货船无线电安全证书初次检验
1138	防止有毒液体污染证书换新检验	1173	货船无线电安全证书定期检验
1139	防止油污证书附加检验	1174	货船无线电安全证书换新检验
1140	防止油污证书年度检验	1999	国际航行船舶其他检验
1141	防止油污证书初次检验		
1142	防止油污证书期间检验		国内航行船舶部分
1143	防止油污证书换新检验	2001	2005 专项治理附加检验
1144	客船安全证书附加检验	2002	CSAD 建造检验
1145	客船安全证书初次检验	2003	CSAD 初次检验
1146	客船安全证书换新检验	2004	CSAD 改建检验
1147	货船构造安全证书附加检验	2005	CSAD 机械计划保养系统检验
1148	货船构造安全年度检验	2006	CSAD 临时检验
1149	船底外部检查	2007	CSAD 年度检验
1150	货船构造安全证书初次检验	2008	CSAD 水下检验
1151	货船构造安全证书中间检验	2009	CSAD 损坏检验
1152	货船构造安全证书换新检验	2010	CSAD 特别检验
1153	货船设备安全证书附加检验	2011	CSAD 坞内检验
1154	货船设备安全证书年度检验	2012	CSAD 修理检验
1155	货船设备安全证书初次检验	2013	CSAD 循环检验
1156	货船设备安全证书定期检验	2014	CSAD 展期检验
1157	货船设备安全证书换新检验	2015	CSAD 中间检验
1158	货船设备安全证书附加检验	2016	CSAD 重大改建检验
1159	船舶航行安全证书附加检验	2017	初次检验
1160	船舶航行安全证书年度检验	2018	初次勘验
1161	船舶航行安全证书初次检验	2019	船底外部检查
1162	船舶航行安全证书换新检验	2020	吊重试验
1163	防止生活污水证书附加检验	2021	附加检验
1164	防止生活污水证书初次检验	2022	复航检验
1165	防止生活污水证书换新检验	2023	改装检验
1166	特种用途船安全证书附加检验	2024	高速船定期检验
1167	特种用途船安全证书年度检验	2025	搁置检验
1168	特种用途船安全证书初次检验	2026	公正检验

表 9(续)

代码	名　称	代码	名　称
2027	锅炉检验	2042	试航检验
2028	换证检验	2043	水下检验
2029	技术鉴定	2044	损坏检验
2030	建造检验	2045	特别定期检验
2031	鉴证检验	2046	拖航检验
2032	临时乘客初次检验	2047	危险品适装初次检验
2033	临时乘客换证检验	2048	危险品适装检验
2034	临时检验	2049	尾轴/螺旋桨检验
2035	年度检验	2050	坞内检验
2036	起货设备初次检验	2051	修理检验
2037	起货设备附加检验	2052	展期检验
2038	起货设备换证检验	2053	中间检验
2039	起货设备年度检验	2054	重大改建检验
2040	起货设备四年度全面检验	2099	国内航行船舶其他检验
2041	起货设备展期检验		

5.13 遗留项目种类代码

代码标志为:DM_YLXMZLDM,代码见表 10。

表 10　遗留项目种类代码

代码	名　称	代码	名　称
1	船级遗留	3	法定遗留
2	船级备忘	4	法定备忘

5.14 产品检验种类代码

代码标志为:DM_CPJYZLDM,代码见表 11。

表 11　产品检验种类代码

代码	名　称	代码	名　称
1	工厂认可	4	认可后产品检验
2	型式认可 A	5	非认可产品个别检验
3	型式认可 B	9	其他

5.15 海工检验种类代码

代码标志为:DM_HGJYZLDM,代码见表 12。

表 12　海工检验种类代码

代码	名　称	代码	名　称
1	第三方建造入级检验	4	法定定期检验
2	保持入级检验	5	法定换证检验
3	法定初次检验	9	其他

5.16 审核业务种类代码

代码标志为:DM_SHYWZLDM,代码见表13。

表13 审核业务种类代码

代码	名称	代码	名称
1	初次审核	5	年度审核
2	附加审核	6	中间审核
3	换证审核	7	初次审批
4	临时审核	8	修改审批

5.17 船体结构形式代码

代码标志为:DM_CTJGXSDM,代码见表14。

表14 船体结构形式代码

代码	名称	代码	名称
1	横骨架式	5	纵骨架式双壳结构
2	纵骨架式	6	纵横混合骨架式双壳结构
3	纵横混合骨架式	9	其他
4	横骨架式双壳结构		

5.18 货舱盖形式代码

代码标志为:DM_HCGXSDM,代码见表15。

表15 货舱盖形式代码

代码	名称	代码	名称
1	一般(无密性要求)	5	钢质风雨密
2	气密	6	钢质箱形
3	风雨密	7	带活动横梁的舱盖
4	水密	9	其他

5.19 锚名称代码

代码标志为:DM_MMCDM,代码见表16。

表16 锚名称代码

代码	名称	代码	名称
1	艏左锚	5	艏锚
2	艏右锚	6	艏主锚
3	艉左锚	7	备用锚
4	艉右锚	8	艉锚

5.20 锚形式代码

代码标志为:DM_MXSDM,代码见表17。

表17 锚形式代码

代码	名称	代码	名称
1	霍尔锚	4	四爪锚
2	海军锚	5	斯贝克锚
3	大抓力锚	9	其他

5.21 锚机名称代码

代码标志为:DM_MJMCDM,代码见表18。

表18 锚机名称代码

代码	名称	代码	名称
1	艏锚机	5	艉左锚机
2	艉锚机	6	艉右锚机
3	艏左锚机	7	人力艏锚机
4	艏右锚机	8	人力艉锚机

5.22 锚链名称代码

代码标志为:DM_MLMCDM,代码见表19。

表19 锚链名称代码

代码	名称	代码	名称
1	艏左锚链	5	艉左锚链
2	艏右锚链	6	艉右锚链
3	艏锚链	7	艉锚链
4	艏主锚链		

5.23 锚链等级代码

代码标志为:DM_MLDJDM,代码见表20。

表20 锚链等级代码

代码	名称	代码	名称
1	AM1 级	3	AM3 级
2	AM2 级	4	BMW 级

5.24 绞缆机形式代码

代码标志为:DM_JLJXSDM,代码见表21。

表21 绞缆机形式代码

代码	名称	代码	名称
1	电动	3	人力
2	液压	9	其他

5.25 舵名称代码

代码标志为:DM_DMCDM,代码见表22。

表22 舵名称代码

代码	名称	代码	名称
1	左舵	4	中舵
2	右舵	5	尾舵
3	主舵		

5.26 舵类型代码

代码标志为:DM_DLXDM,代码见表23。

表23　舵类型代码

代码	名　称	代码	名　称
1	单板舵	4	襟翼舵
2	流线型舵	9	其他
3	组合舵		

5.27　应急能源种类代码

代码标志为:DM_YJNYZLDM,代码见表24。

表24　应急能源种类代码

代码	名　称	代码	名　称
1	应急发电机组	3	蓄能器
2	应急蓄电池组	9	其他

5.28　推进器类型代码

代码标志为:DM_TJQLXDM,代码见表25。

表25　推进器类型代码

代码	名　称	代码	名　称
1	固定式	4	导流管式
2	组合式	5	全方位式
3	可调螺距式	9	其他

5.29　锅炉用途代码

代码标志为:DM_GLYTDM,代码见表26。

表26　锅炉用途代码

代码	名　称	代码	名　称
1	供主机用	4	供生活用
2	供专用机械用	9	其他
3	供暖油用		

5.30　空气瓶用途代码

代码标志为:DM_KQPYTDM,代码见表27。

表27　空气瓶用途代码

代码	名　称	代码	名　称
1	主机启动	4	杂用
2	遥控	5	主机操纵
3	气笛	9	其他

5.31　机舱自动化代码

代码标志为:DM_JCZDHDM,代码见表28。

表28　机舱自动化代码

代码	名　称	代码	名　称
1	机舱监控室	4	驾驶室遥控机舱
2	机舱监视室	9	其他
3	集控机舱		

5.32 配电系统代码

代码标志为:DM_PDXTDM,代码见表29。

表29 配电系统代码

代码	名称	代码	名称
01	直流双线绝缘系统	06	交流单相一线利用船体作回路的单线系统
02	直流负极接地的双线系统	07	交流三相三线绝缘系统
03	直流利用船体作负极回路的单线系统	08	交流三相中性点接地的四线系统
04	交流单相双线绝缘系统	09	交流三相利用船体作中性线回路的三线系统
05	交流单相一线接地的双线系统	99	其他

5.33 液化气船船型代码

代码标志为:DM_YHQCCXDM,代码见表30。

表30 液化气船船型代码

代码	名称	代码	名称
1	1G 型船舶	3	2PG 型船舶
2	2G 型船舶	4	3G 型船舶

5.34 液货舱形式代码

代码标志为:DM_YHCXSDM,代码见表31。

表31 液货舱形式代码

代码	名称	代码	名称
1	整体液货舱	5	A 型独立式液货舱
2	薄膜液货舱	6	B 型独立式液货舱
3	半薄膜储罐式	7	C 型独立式液货舱
4	内部绝热液货舱	9	其他

参 考 文 献

[1] 中国船级社. 钢质海船入级规范(2006 年).

[2] 国际海事组织. 国际海上人命安全公约(2004 年综合文本).

[3] 中华人民共和国海事局. 关于公布各省、自治区、直辖市船舶检验机构名称的通知(海船检[2002]532 号).

[4] 中华人民共和国海事局. 船舶检验证书填写说明(1999 年).

ICS 35.240.180
R 07
备案号：

JT

中华人民共和国交通行业标准

JT/T 697.12—2009

交通信息基础数据元
第12部分：船载客货信息基础数据元

Basic data element of transportation information
Part 12: Basic data element of passenger and cargo information for shipping

2009-02-18 发布 2009-06-01 实施

中华人民共和国交通运输部 发布

目　　次

前　言

JT/T 697《交通信息基础数据元》分为13部分：
——第1部分：总则；
——第2部分：公路信息基础数据元；
——第3部分：港口信息基础数据元；
——第4部分：航道信息基础数据元；
——第5部分：船舶信息基础数据元；
——第6部分：船员信息基础数据元；
——第7部分：道路运输信息基础数据元；
——第8部分：水路运输信息基础数据元；
——第9部分：建设项目信息基础数据元；
——第10部分：交通统计信息基础数据元；
——第11部分：船舶检验信息基础数据元；
——第12部分：船载客货信息基础数据元；
——第13部分：收费公路信息基础数据元。

本部分为JT/T 697 的第12部分。

本部分由交通部科技教育司提出。

本部分由交通部信息通信及导航标准化技术委员会归口。

本部分主要起草单位：中交水运规划设计院有限公司、中华人民共和国海事局。

本部分主要起草人：唐菁、陈永剑、陈韬、胡国丹、许吉翔、李伟、马晓峰等。

交通信息基础数据元
第12部分:船载客货信息基础数据元

1 范围

本部分规定了船载客货信息基础数据元编制原则和分类、船载客货信息基础数据元及数据元值域代码集。

本部分适用于交通水上安全管理工作中对船舶运载的货物和乘客进行监督管理所涉及的运载货物的申报审批、从事危险货物作业的单位及人员的监督管理、危险货物运输中违章行为的监督、检查和处罚等主要技术指标和数据项。其他涉及船载客货相关信息数据项的采集、交换与共享需引用标准的信息系统或文件也可参照本部分执行。

2 规范性引用文件

下列文件中的条款通过在本部分中引用而成为本部分的条款。凡是注日期的引用文件,其随后所有的修订单(不包括勘误的内容)或修订版均不适用于本部分,然而,鼓励根据本部分达成协议的各方研究是否可使用这些文件的最新版本。凡是不注日期的引用文件,其最新版本适用于本部分。

GB/T 1836—1997　集装箱代码、识别和标记(GB/T 1836—1997 ,eqv ISO 6346—1995)

GB/T 2261.1　个人基本信息分类与代码　第1部分:人的性别代码

GB/T 2659　世界各国和地区名称代码(GB/T 2659—2000,eqv ISO 3166-1:1997)

GB/T 7407　中国及世界主要海运贸易港口代码

GB 11714　全国组织机构代码编制规则

GB 12268　危险货物品名表

JT/T 24　中国港口代码

JT/T 697.1—2007　交通信息基础数据元　第1部分:总则

JT/T 697.3—2007　交通信息基础数据元　第3部分:港口信息基础数据元

国际海事组织(IMO)《国际海运危险货物规则》(IMDG CODE)

国际海事组织(IMO)《经1978年议定书修订的〈1973年国际防止船舶造成污染公约〉》(MARPOL 73/78公约)

中华人民共和国海事局《SMS相关证书及审核工作表格编号细则》(海安全[2002]1号)

3 数据元编制原则和分类

3.1 编制原则

船载客货信息基础数据元的分类方法、数据元编制规则、数据元值域引用代码编制规则应符合JT/T 697.1的规定。

3.2 分类

3.2.1 根据JT/T 697.1的规定,船载客货的代码为CZ。

3.2.2 根据船载客货管理对象和管理业务信息的基本内容和属性,保证数据元唯一性,避免冗余的原则,将船载客货信息数据元划分为四大类:基础信息、作业申报信息、检查信息、审核信息。具体分类见表1。

表1　船载客货信息基础数据元分类表

分类编号	名　称	章条	分类编号	名　称	章条
CZ01	**基础信息**	**4.1**	CZ021000	成组件申报信息	4.2.10
CZ0101	货物信息	4.1.1	CZ0211	附件信息	4.2.11
CZ010101	货物基本性质	4.1.1.1	CZ021101	基本清单	4.2.11.1
CZ010102	包件/固体散货危险货物信息	4.1.1.2	CZ021102	船舶适载证书信息	4.2.11.2
CZ010103	散装液货危险货物信息	4.1.1.3	CZ021103	船舶适载证书附加信息	4.2.11.3
CZ010200	船舶基本信息	4.1.2	CZ021104	船舶适载证书图片信息	4.2.11.4
CZ0103	港口码头信息	4.1.3	CZ021105	商检证信息	4.2.11.5
CZ010301	港口信息(包括历史港口)	4.1.3.1	CZ021106	商检证历史记录	4.2.11.6
CZ010302	码头泊位信息	4.1.3.2	CZ021107	添加剂证明	4.2.11.7
CZ010400	单位信息	4.1.4	CZ021108	罐柜船检证书	4.2.11.8
CZ0105	人员信息	4.1.5	CZ021109	集装箱装箱申明书	4.2.11.9
CZ010501	人员基本信息	4.1.5.1	CZ021110	集装箱装箱照片	4.2.11.10
CZ010502	联系信息	4.1.5.2	CZ021200	压载水/污水处置信息	4.2.12
CZ02	**作业申报信息**	**4.2**	CZ021300	新品种评估	4.2.13
CZ020100	申报基本信息	4.2.1	CZ021400	护航申请	4.2.14
CZ020200	提单信息	4.2.2	CZ021500	围油栏防护	4.2.15
CZ020300	航次信息	4.2.3	**CZ03**	**检查信息**	**4.3**
CZ020400	载客信息	4.2.4	CZ030100	一般现场检查	4.3.1
CZ020500	作业信息	4.2.5	CZ030200	集装箱装箱现场检查	4.3.2
CZ020600	液态货申报信息	4.2.6	CZ030300	违章信息	4.3.3
CZ020700	液态货申报装载舱室信息	4.2.7	**CZ04**	**审核信息**	**4.4**
CZ020800	液态货申报洗舱信息	4.2.8	CZ040100	审批信息	4.4.1
CZ020900	包件/固体散货申报信息	4.2.9	CZ040200	油船货物区域要求信息	4.4.2

4　船载客货信息基础数据元

4.1　基础信息

4.1.1　货物信息

4.1.1.1　货物基本性质

4.1.1.1.1　正确运输名称中文

编号:CZ010101001

数据元名称:正确运输名称中文

中文全拼:zheng-que-yun-shu-ming-cheng-zhong-wen

定义:MARPOL 73/78 公约和 SOLAS 公约中界定的“正确运输货物名称”的中文描述。

数据元类型:字符型

数据元格式:an..255

4.1.1.1.2 正确运输名称英文

编号:CZ010101002

数据元名称:正确运输名称英文

中文全拼:zheng-que-yun-shu-ming-cheng-ying-wen

定义: MARPOL 73/78 公约和 SOLAS 公约中界定的“正确运输货物名称”的英文描述。

数据元类型:字符型

数据元格式:an..255

4.1.1.1.3 别名

编号:CZ010101003

数据元名称:别名

中文全拼:bie-ming

定义:货物正式的或规范的名称以外的名称。

数据元类型:字符型

数据元格式:an..255

4.1.1.1.4 缩写

编号:CZ010101004

数据元名称:缩写

中文全拼:suo-xie

定义:货物名称的缩写。

数据元类型:字符型

数据元格式:an..255

4.1.1.1.5 分子式

编号:CZ010101005

数据元名称:分子式

中文全拼: fen-zi-shi

定义:表示物质组成的式子,是指用元素符号表示的物质分子的化学成分。

数据元类型:字符型

数据元格式:an..100

4.1.1.1.6 海洋污染性

编号:CZ010101006

数据元名称:海洋污染性

中文全拼:hai-yang-wu-ran-xing

定义:货物是否具有海洋污染性。

数据元类型:字符型

数据元格式:n1

值域:0-无污染;1-有污染

4.1.1.1.7 是否剧毒品

编号:CZ010101007

数据元名称:是否剧毒品

中文全拼:shi-fou-ju-du-pin

定义:货物是否属于剧毒品。

数据元类型:字符型

数据元格式:n1

值域:0-否;1-是

4.1.1.1.8 是否毒品

编号:CZ010101008

数据元名称:是否毒品

中文全拼:shi-fou-du-pin

定义:货物是否为有毒品。

数据元类型:字符型

数据元格式:n1

值域:0-否;1-是

4.1.1.1.9 闭杯闪点

编号:CZ010101009

数据元名称:闭杯闪点

中文全拼: bi-bei-shan-dian

定义:表示将货物液体试样装入规定的封闭杯内(杯上端有一小出气孔),使试样按要求的升温速率升温。然后按一定的温度间隔用规定的外部点火源快速通过出气孔上方,直至着火为止,将此时的温度记作该货物液体的闭杯闪点。

数据元类型:数字型

数据元格式:n..5,2

计量单位:℃

备注:当货物液体闭杯闪点小于60℃时,应填报闪点温度值。

4.1.1.1.10 熔点

编号:CZ010101011

数据元名称:熔点

中文全拼:rong-dian

定义:晶体融化时的温度。

数据元类型:数字型

数据元格式:n..12,3

计量单位:摄氏度(℃)

4.1.1.1.11 水中溶解度代码

编号:CZ010101011

数据元名称:水中溶解度代码

中文全拼:shui-zhong-rong-jie-du-dai-ma

定义:表示物质在水中溶解程度的代码。

数据元类型:字符型

数据元格式:n1

值域:1-全溶; 2-可溶; 3-微溶; 4-不溶

4.1.1.1.12 液体相对密度

编号:CZ010101012

数据元名称:液体相对密度

中文全拼:ye-ti-xiang-dui-mi-du

定义:反映液体物质相对特性的物理量。

数据元类型:数字型

数据元格式:n..12,3

计量单位:克/立方厘米(g/cm^3)(标准单位)或千克/立方米(kg/m^3)

4.1.1.1.13　液体相对密度单位代码

编号:CZ010101013

数据元名称:液体相对密度单位代码

中文全拼:ye-ti-xiang-dui-mi-du-dan-wei-dai-ma

定义:液体相对密度的计量单位标记代码。

数据元类型:字符型

数据元格式:n1

值域:1-g/cm^3(标准单位); 2-kg/m^3

4.1.1.1.14　黏度

编号:CZ010101014

数据元名称:黏度

中文全拼:nian-du

定义:度量液体货物黏性大小的物理量。即液体受外力作用移动时,其分子之间产生摩擦阻力的程度。

数据元类型:字符型

数据元格式:n..15,3

计量单位:毫帕秒(mPa·s)(标准单位),平方毫米/秒(mm^2/s)或平方米/秒(m^2/s)

4.1.1.1.15　黏度单位代码

编号:CZ010101015

数据元名称:黏度单位代码

中文全拼:nian-du-dan-wei-dai-ma

定义:黏度的计量单位代码。

数据元类型:字符型

数据元格式:n1

值域:1-mPa·s(标准单位); 2-mm^2/s;3-m^2/s

4.1.1.1.16　15℃油类密度

编号:CZ010101016

数据元名称:15℃油类密度

中文全拼:15℃-you-lei-mi-du

定义:油类货物在15℃时的密度。

数据元类型:数字型

数据元格式:n..12,3

计量单位:千克/立方米(kg/m^3)(标准单位)或克/立方厘米(g/cm^3)

4.1.1.1.17　油类密度单位代码

编号:CZ010101017

数据元名称:油类密度单位代码

中文全拼:you-lei-mi-du-dan-wei-dai-ma

定义:油类货物密度的计量单位代码。

数据元类型:数字型

数据元格式:n..12,3

值域:1-kg/m^3(标准单位); 2-g/cm^3

4.1.1.1.18 50℃油类黏度

编号:CZ010101018

数据元名称:50℃油类黏度

中文全拼:50℃-you-lei-nian-du

定义:油类货物在50℃时的黏度。

数据元类型:数字型

数据元格式:n..12,3

计量单位:平方毫米/秒(mm^2/s)

4.1.1.1.19 比重

编号:CZ010101019

数据元名称:比重

中文全拼:bi-zhong

定义:液体单位体积的重量与单位体积标准物质(水)的重量之比。

数据元类型:数字型

数据元格式:n..16,3

4.1.1.1.20 液化温度

编号:CZ010101020

数据元名称:液化温度

中文全拼:ye-hua-wen-du

定义:物质转化为液态的温度。

数据元类型:数字型

数据元格式:n..7,1

计量单位:摄氏度(℃)

4.1.1.1.21 液化压力

编号:CZ010101021

数据元名称:液化压力

中文全拼:ye-hua-ya-li

定义:物质转化为液态的压力。

数据元类型:数字型

数据元格式:n..7,1

计量单位:千帕(kPa)

4.1.1.1.22 可燃上限

编号:CZ010101022

数据元名称:可燃上限

中文全拼:ke-ran-shang-xian

定义:可燃混合物的最大浓度,该浓度以下遇点火源火焰不蔓延。

数据元类型:数字型

数据元格式:n..6,1

计量单位:百分比(%)

4.1.1.1.23 可燃下限

编号:CZ010101023

数据元名称:可燃下限

中文全拼:ke-ran-xia-xian

定义:可燃混合物的最小浓度,该浓度以上遇点火源将发生爆炸。

数据元类型:数字型

数据元格式:n..6,1

计量单位:百分比(%)

4.1.1.1.24 自燃温度

编号:CZ010101024

数据元名称:自燃温度

中文全拼:zi-ran-wen-du

定义:在没有火花和火焰的条件下,物质能够在空气中自燃的最低温度。

数据元类型:数字型

数据元格式:n..6,1

计量单位:摄氏度(℃)

4.1.1.1.25 沸点

编号:CZ010101025

数据元名称:沸点

中文全拼:fei-dian

定义:不同的液态物质沸腾时的温度。

数据元类型:数字型

数据元格式:n..6,1

计量单位:摄氏度(℃)

4.1.1.1.26 蒸气密度

编号:CZ010101026

数据元名称:蒸气密度

中文全拼:zheng-qi-mi-du

定义:单位容积物质的蒸气质量。

数据元类型:数字型

数据元格式:n..12,3

计量单位:千克/立方米(kg/m^3)

4.1.1.1.27 蒸气压力

编号:CZ010101027

数据元名称:蒸气压力

中文全拼:zheng-qi-ya-li

定义:液体蒸发时单位容积的蒸气物质产生的压力。

数据元类型:数字型

数据元格式:n..16,3

计量单位:兆帕(MPa)

4.1.1.1.28 酸度

编号:CZ010101028

数据元名称:酸度

中文全拼:suan-du

定义:把中和100g试样中的酸性物质所需要的OH^-的物质的量$n(OH^-)$用毫摩尔作单位的数值称为酸度。

数据元类型:数字型

数据元格式:n..12,3

计量单位:毫摩尔/克(mmol/g)

4.1.1.1.29 膨胀系数

编号:CZ010101029

数据元名称:膨胀系数

中文全拼:peng-zhang-xi-shu

定义:在一定温度范围内每升高1℃,线尺寸的增加量与其在0℃时长度的比值。

数据元类型:数字型

数据元格式:n..20,3

4.1.1.1.30 阀限值

编号:CZ010101030

数据元名称:阀限值

中文全拼:fa-xian-zhi

定义:可以使几乎所有的工人每天反复接触而不致引起"有害作用"的浓度阀极限值TLV(Threshold Limit Value)。

数据元类型:数字型

数据元格式:n..12,3

计量单位:百万分之(10^{-6})

备注:用ppm表示10^{-6},例如:阀限值为200ppm。

4.1.1.1.31 气味

编号:CZ010101031

数据元名称:气味

中文全拼:qi-wei

定义:对货物气味的描述。

数据元类型:字符型

数据元格式:an..255

4.1.1.1.32 口服半致死量

编号:CZ010101032

数据元名称:口服半致死量

中文全拼:kou-fu-ban-zhi-si-liang

定义:物品口服后,毒性引起半致死量LD_{50}。

数据元类型:数字型

数据元格式:n..6,1

计量单位:百万分之(10^{-6})

备注:同义语"口服",用ppm表示10^{-6}。

4.1.1.1.33 皮触半致死量

编号:CZ010101033

数据元名称:皮触半致死量

中文全拼:pi-chu-ban-zhi-si-liang

定义:物品皮肤接触后,毒性引起半致死量LD_{50}。

数据元类型:数字型

数据元格式:n..6,1

计量单位:百万分之(10^{-6})

备注:同义语"皮触",用 ppm 表示 10^{-6}。

4.1.1.1.34 导电率

编号:CZ010101034

数据元名称:导电率

中文全拼:dao-dian-lv

定义:表示物质导电的性能。

数据元类型:数字型

数据元格式:n..6,1

4.1.1.1.35 货物反应性

编号:CZ010101035

数据元名称:货物反应性

中文全拼:huo-wu-fang-ying-xing

定义:货物与其他物质作用的反应特性的描述。

数据元类型:字符型

数据元格式:an..255

4.1.1.1.36 理化性质和主要危险特性

编号:CZ010101036

数据元名称:理化性质和主要危险特性

中文全拼:li-hua-xing-zhi-he-zhu-yao-wei-xian-te-xing

定义:物质的物理化学性质和主要危险特性。

数据元类型:字符型

数据元格式:an..255

4.1.1.2 包件/固体散货危险货物信息

4.1.1.2.1 联合国危险货物编号

编号:CZ010102001

数据元名称:联合国危险货物编号

中文全拼:lian-he-guo-wei-xian-huo-wu-bian-hao

定义:由联合国危险货物运输专家委员会编制的四位阿拉伯数编号,用以识别一种物质或一类特定物质。

数据元类型:字符型

数据元格式:n4

4.1.1.2.2 国内危险货物编号

编号:CZ010102002

数据元名称:国内危险货物编号

中文全拼:guo-nei-wei-xian-huo-wu-bian-hao

定义:GB 12268 中规定的危险货物编号,简称危规号。

数据元类型:字符型

数据元格式:n4

值域:采用 GB 12268 中规定的危险货物编号

4.1.1.2.3 主危险类别代码

编号:CZ010102003

数据元名称:主危险类别代码

中文全拼:zhu-wei-xian-lei-bie-dai-ma

定义:国际海事组织按危险货物具有的危险性或最主要的危险性划分为9个危险货品类别号。
数据元类型:字符型
数据元格式:an..10
值域:见5.1

4.1.1.2.4 副危险类别代码

编号:CZ010102004
数据元名称: 副危险类别代码
中文全拼:fu-wei-xian-lei-bie-dai-ma
定义:国际海事组织按危险货物具有的副危险性划分的类别号。
数据元类型:字符型
数据元格式:an..10
值域:见5.1

4.1.1.2.5 包装类代码

编号:CZ010102005
数据元名称:包装类代码
中文全拼:bao-zhuang-lei-dai-ma
定义:国际危规规定货物的包装类代码。
数据元类型:字符型
数据元格式:n1
值域:1-I类;2-II类;3-III类;0-其他

4.1.1.2.6 包装标记

编号:CZ010102006
数据元名称:包装标记
中文全拼:bao-zhuang-biao-ji
定义:说明包件货物的包装标记。
数据元类型:字符型
数据元格式:an..250
值域:采用《国际海运危险货物规则》(IMDG CODE)第6部分 包装标记

4.1.1.2.7 积载类

编号:CZ010102007
数据元名称:积载类
中文全拼:ji-zai-lei
定义:按照《国际海运危险货物规则》7.1或《水路危险货物运输规则》规定划分积载类的标记。
数据元类型:字符型
数据元格式:a1

4.1.1.2.8 积载隔离要求

编号:CZ010102008
数据元名称:积载隔离要求
中文全拼:ji-zai-ge-li-yao-qiu
定义:对货物积载隔离要求的描述。
数据元类型:字符型
数据元格式:an..255

4.1.1.2.9 货物特性

编号:CZ010102009

数据元名称:货物特性

中文全拼:huo-wu-te-xing

定义:对货物特性的说明。

数据元类型:字符型

数据元格式:an..255

4.1.1.2.10 是否远离生活区

编号:CZ010102010

数据元名称:是否远离生活区

中文全拼:shi-fou-yuan-li-sheng-huo-qu

定义:表示货物是否需要远离生活区的标记。

数据元类型:字符型

数据元格式:n1

值域:0-否;1-是

4.1.1.2.11 是否远离热源

编号:CZ010102011

数据元名称:是否远离热源

中文全拼:shi-fou-yuan-li-re-yuan

定义:表示货物是否需要远离热源的标记。

数据元类型:字符型

数据元格式:n1

值域:0-否;1-是

4.1.1.2.12 是否远离食品

编号:CZ010102012

数据元名称:是否远离食品

中文全拼:shi-fou-yuan-li-shi-pin

定义:表示货物是否需要远离食品的标记。

数据元类型:字符型

数据元格式:n1

值域:0-否;1-是

4.1.1.2.13 特殊要求

编号:CZ010102013

数据元名称:特殊要求

中文全拼:te-shu-yao-qiu

定义:对货物特殊要求的说明。

数据元类型:字符型

数据元格式:an..255

4.1.1.2.14 限量单位代码

编号:CZ010102014

数据元名称:限量单位代码

中文全拼:xian-liang-dan-wei-dai-ma

定义:根据有关海上运输货物规则及管理要求规定的限量单位的代码。

数据元类型:字符型

数据元格式:n1

值域:1-mL;2-L;3-g;4-kg

4.1.1.2.15　限量

编号:CZ010102015

数据元名称:限量

中文全拼:xian-liang

定义:货物满足该物质在《国际海运危险货物规则》第3.4节限量规定运输相关物质或物品每一内包装认可的最大量。

数据元类型:数字型

数据元格式:n..7,1

备注:0-无限量

4.1.1.2.16　包装导则

编号:CZ010102016

数据元名称:包装导则

中文全拼:bao-zhuang-dao-ze

定义:《国际海运危险货物规则》中规定运输物质或物品可能使用的包件(包括大宗包装)的包装导则。

数据元类型:字符型

数据元格式:an..50

4.1.1.2.17　包装规定

编号:CZ010102017

数据元名称:包装规定

中文全拼:bao-zhuang-gui-ding

定义:《国际海运危险货物规则》中有关包装规定表示的包装(包括大宗包装)。

数据元类型:字符型

数据元格式:an..50

4.1.1.2.18　中型散装容器导则

编号:CZ010102018

数据元名称:中型散装容器导则

中文全拼:zhong-xing-san-zhuang-rong-qi-dao-ze

定义:《国际海运危险货物规则》中规定运输物质或物品可能使用的中型散装容器导则。

数据元类型:字符型

数据元格式:an..30

4.1.1.2.19　中型散装容器规定

编号:CZ010102019

数据元名称:中型散装容器规定

中文全拼:zhong-xing-san-zhuang-rong-qi-gui-ding

定义:《国际海运危险货物规则》中对运输物质或物品可能使用的中型散装容器的规定。

数据元类型:字符型

数据元格式:an..30

4.1.1.2.20　罐柜导则 IMO

编号:CZ010102020

数据元名称:罐柜导则 IMO

中文全拼:guan-gui-dao-ze-IMO

定义:国际海事组织规定运输物质或物品可能使用的罐柜导则。

数据元类型:字符型

数据元格式:an..30

4.1.1.2.21 罐柜导则 UN

编号:CZ010102021

数据元名称:罐柜导则 UN

中文全拼:guan-gui-dao-ze-UN

定义:联合国规定运输物质或物品可能使用的罐柜导则。

数据元类型:字符型

数据元格式:an..10

4.1.1.2.22 罐柜导则规定

编号:CZ010102022

数据元名称:罐柜导则规定

中文全拼:guan-gui-dao-ze-gui-ding

定义:对运输物质或物品可能使用的罐柜导则的规定。

数据元类型:字符型

数据元格式:an..200

4.1.1.2.23 港口要求

编号:CZ010102023

数据元名称:港口要求

中文全拼:gang-kou-yao-qiu

定义:港口对货物包装的要求描述。

数据元类型:字符型

数据元格式:an..200

4.1.1.2.24 经营人要求

编号:CZ010102024

数据元名称:经营人要求

中文全拼:jing-ying-ren-yao-qiu

定义:经营人对货物包装的要求描述。

数据元类型:字符型

数据元格式:an..200

4.1.1.2.25 载运船要求

编号:CZ010102025

数据元名称:载运船要求

中文全拼:zai-yun-chuan-yao-qiu

定义:运输货物对载运船舶的要求描述。

数据元类型:字符型

数据元格式:an..200

4.1.1.2.26 控制温度

编号:CZ010102026

数据元名称:控制温度

中文全拼:kong-zhi-wen-du
定义:控制和防止危险货物发生爆炸、燃烧的温度。
数据元类型:数字型
数据元格式:n..6,1
计量单位:摄氏度(℃)

4.1.1.2.27 应急温度

编号:CZ010102027
数据元名称:应急温度
中文全拼:ying-ji-wen-du
定义:对危险货物采取应急措施时的控制温度。
数据元类型:数字型
数据元格式:n..6,1
计量单位:摄氏度(℃)

4.1.1.2.28 单个容器容量

编号:CZ010102028
数据元名称:单个容器容量
中文全拼:dan-ge-rong-qi-rong-liang
定义:每一个容器的容量。
数据元类型:数字型
数据元格式:n..20,3
计量单位:升(L),立方米(m^3)

4.1.1.2.29 单个包件毛重

编号:CZ010102029
数据元名称:单个包件毛重
中文全拼:dan-ge-bao-jian-mao-zhong
定义:每一个包件连同外皮的全部重量。
数据元类型:数字型
数据元格式:n..20,3
计量单位:千克(kg)

4.1.1.2.30 灭火剂

编号:CZ010102030
数据元名称:灭火剂
中文全拼:mie-huo-ji
定义:货物对发生火灾时要求使用的灭火剂类型或名称的说明。
数据元类型:字符型
数据元格式:an..100

4.1.1.2.31 应急措施编号

编号:CZ010102031
数据元名称:应急措施编号
中文全拼:ying-ji-cuo-shi-bian-hao
定义:与危规编号对应的应急措施的编号。
数据元类型:字符型
数据元格式:an..10

4.1.1.2.32 医疗急救表编号

编号:CZ010102032

数据元名称:医疗急救表编号

中文全拼:yi-liao-ji-jiu-biao-bian-hao

定义:与危规编号对应的应急医疗急救指南的编号。

数据元类型:字符型

数据元格式:an..10

4.1.1.3 散装液货危险货物信息

4.1.1.3.1 危险货物分类代码

编号:CZ010103001

数据元名称:危险货物分类代码

中文全拼:wei-xian-huo-wu-fen-lei-dai-ma

定义:散装危险货物的分类代码。

数据元类型:字符型

数据元格式:n1

值域:1-散装化学品(BULK CHEMICAL);2-液化气(LIQUEFIED GAS);3-散装油类(BULK OIL)

备注:同义语"危险货物种类代码"。

4.1.1.3.2 新分类体系污染类别代码

编号:CZ010103002

数据元名称:新分类体系污染类别代码

中文全拼:xin-fen-lei-ti-xi-wu-ran-lei-bie-dai-ma

定义:根据 MARPOL 73/78 公约 2004 修正案附则 II,按照新分类体系对散装危险货物污染类别的划分代码。

数据元类型:字符型

数据元格式:a..2

值域:采用 MARPOL 73/78 公约 2004 修正案对化学品的污染分类的代码

备注:MARPOL 73/78 公约 2004 修正案对化学品的污染分类,由原先的 A、B、C、D 修正为 X、Y、Z、OS。

4.1.1.3.3 原分类体系污染类别代码

编号:CZ010103003

数据元名称:原分类体系污染类别代码

中文全拼:yuan-fen-lei-ti-xi-wu-ran-lei-bie-dai-ma

定义:根据 MARPOL 73/78 公约附则,按照原分类体系对散装危险货物污染类别的划分代码。

数据元类型:字符型

数据元格式:a..3

值域:A、B、C、D、Ⅲ

4.1.1.3.4 油类性质代码

编号:CZ010103004

数据元名称:油类性质代码

中文全拼:you-lei-xing-zhi-dai-ma

定义:根据 MARPOL 73/78 公约,对运输的油类物质按照其成分划分的油类性质的代码。

数据元类型:字符型

数据元格式:n1

值域:0-原油;1-成品油

4.1.1.3.5　散装液化气性质代码

编号:CZ010103005

数据元名称:散装液化气性质代码

中文全拼:san-zhuang-ye-hua-qi-xing-zhi-dai-ma

定义:表示散装液化气性质的代码。

数据元类型:字符型

数据元格式:n1

值域:1-LNG;2-LPG;3-其他液化气

4.1.1.3.6　危险性标识

编号:CZ010103006

数据元名称:危险性标识

中文全拼:wei-xian-xing-biao-shi

定义:表示散装液货危险性的标识。

数据元类型:字符型

数据元格式:a..3

值域:S、P、S/P

4.1.1.3.7　是否需要添加剂

编号:CZ010103007

数据元名称:是否需要添加剂

中文全拼:shi-fou-xu-yao-tian-jia-ji

定义:说明散装液货是否需要添加剂。

数据元类型:字符型

数据元格式:n1

值域:0-否;1-是

4.1.1.3.8　洗舱系数

编号:CZ010103008

数据元名称:洗舱系数

中文全拼:xi-cang-xi-shu

定义:散装液货的洗舱系数。

数据元类型:数字型

数据元格式:n8,2

4.1.1.3.9　是否船型控制

编号:CZ010103009

数据元名称:是否船型控制

中文全拼:shi-fou-chuan-xing-kong-zhi

定义:说明是否需要船型控制。

数据元类型:字符型

数据元格式:n1

值域:0-否;1-是

4.1.1.3.10　载运条件

编号:CZ010103010

数据元名称:载运条件

中文全拼:zai-yun-tiao-jian

定义:散装液货的载运条件。

数据元类型:字符型

数据元格式:an..100

4.1.1.3.11 特殊要求

编号:CZ010103011

数据元名称:特殊要求

中文全拼:te-shu-yao-qiu

定义:对散装液货的特殊要求。

数据元类型:字符型

数据元格式:an..255

4.1.1.3.12 特殊货物标志

编号:CZ010103012

数据元名称:特殊货物标志

中文全拼:te-shu-huo-wu-biao-zhi

定义:是否为特殊危险货物的标记。

数据元类型:字符型

数据元格式:n1

值域:0-否;1-是

4.1.1.3.13 应急措施

编号:CZ010103013

数据元名称:应急措施

中文全拼:ying-ji-cuo-shi

定义:散装液货发生危险情况时的应急措施。

数据元类型:字符型

数据元格式:an..500

4.1.1.3.14 人员防护

编号:CZ010103014

数据元名称:人员防护

中文全拼:ren-yuan-fang-hu

定义:散装液货载运时对人员的防护措施。

数据元类型:字符型

数据元格式:an..255

4.1.1.3.15 是否需要围油栏防护

编号:CZ010103015

数据元名称:是否需要围油栏防护

中文全拼:shi-fou-xu-yao-wei-you-lan-fang-hu

定义:说明是否需要围油栏防护。

数据元类型:字符型

数据元格式:n1

值域:0-否;1-是

4.1.1.3.16 是否需要 CLC 证书

编号:CZ010103016

数据元名称:是否需要 CLC 证书
中文全拼:shi-fou-xu-yao-CLC-zheng-shu
定义:说明是否需要 CLC 证书。
数据元类型:字符型
数据元格式:n1
值域:0-否;1-是

4.1.2 船舶基本信息

4.1.2.1 船舶编号

编号:CB010100001
数据元名称:船舶编号
中文全拼:chuan-bo-bian-hao
定义:船舶管理部门在办理船舶所有权登记时授予的所有权登记号码。
数据元类型:字符型
数据元格式:an16
备注:同义语"船舶登记号",同 JT/T 697.5—2007 的 4.1.1.1。

4.1.2.2 中文船名

编号:CB010100002
数据元名称:中文船名
中文全拼:zhong-wen-chuan-ming
定义:用中文表述的船舶名称。
数据元类型:字符型
数据元格式:an..100
备注:同 JT/T 697.5—2007 的 4.1.1.2。

4.1.2.3 英文船名

编号:CB010100003
数据元名称:英文船名
中文全拼:ying-wen-chuan-ming
定义:用英文或汉语拼音表述的船舶名称。
数据元类型:字符型
数据元格式:an..200
备注:同 JT/T 697.5—2007 的 4.1.1.3。

4.1.2.4 船舶呼号

编号:CB010100006
数据元名称:船舶呼号
中文全拼:chuan-bo-hu-hao
定义:国际海事组织用于对船舶进行呼叫的代号。是主管机关授予每一个通信站点(船舶、飞行器、救生工具等)的一组字母和数字。通常有四个至五个字符,中国籍的船舶第一个字母是 B,由无线电委员会授予。
数据元类型:字符型
数据元格式:an4..5
备注:同 JT/T 697.5—2007 的 4.1.1.6。

4.1.2.5 IMO 编号

编号:CB010100007

数据元名称:IMO 编号

中文全拼:IMO-bian-hao

定义:按照国际海事组织 A.600 决议授予 100 总吨及以上自航海船的编号。

数据元类型:字符型

数据元格式:an10

备注:同 JT/T 697.5—2007 的 4.1.1.7。

4.1.2.6 初次登记号

编号:CB010100012

数据元名称:初次登记号

中文全拼:chu-ci-deng-ji-hao

定义:船舶初次办理船舶所有权登记时,由船舶管理部门授予的所有权登记号码。

数据元类型:字符型

数据元格式:an16

备注:同 JT/T 697.5—2007 的 4.1.1.12。

4.1.2.7 国籍代码

编号:CB010200001

数据元名称:国籍代码

中文全拼:guo-ji-dai-ma

定义:船舶属于某国家的关系编码。

数据元类型:字符型

数据元格式:an2..3

备注:同 JT/T 697.5—2007 的 4.1.2.1。

4.1.2.8 船舶所有人

编号:CB020100001

数据元名称:船舶所有人

中文全拼:chuan-bo-suo-you-ren

定义:表示船舶归属权的所有(法)人。

数据元类型:字符型

数据元格式:an..30

4.1.2.9 船公司名称

编号:CB010300001

数据元名称:船公司名称

中文全拼:chuan-gong-si-ming-cheng

定义:船公司名字的称谓。

数据元类型:字符型

数据元格式:an..100

备注:同 JT/T 697.5—2007 的 4.1.3.1。

4.1.2.10 船公司代码

编号:CZ010200001

数据元名称:船公司代码

中文全拼:chuan-gong-si-dai-ma

定义:船公司在当地海事局申请初次或临时审核的顺序号。

数据元类型:字符型

数据元格式:n6

值域:采用《SMS 相关证书及审核工作表格编号细则》第二项的规定

4.1.2.11 船公司类型代码

编号:CZ010200002

数据元名称:船公司类型代码

中文全拼:chuan-gong-si-lei-xing-dai-ma

定义:船公司按照航运范围划分的类型代码。

数据元类型:字符型

数据元格式:n1

值域:1-国际航运公司;2-国内航运公司

4.1.2.12 船舶单位属性代码

编号:CZ010200003

数据元名称:船舶单位属性代码

中文全拼:chuan-bo-dan-wei-shu-xing-dai-ma

定义:船舶所属单位的属性代码。

数据元类型:字符型

数据元格式:n1

值域:1-所有人;2-经营人

4.1.2.13 船舶单位代码

编号:CZ010200004

数据元名称:船舶单位代码

中文全拼:chuan-bo-dan-wei-dai-ma

定义:船舶所有权单位的企业代码。

数据元类型:字符型

数据元格式:an9

值域:符合 GB 11714 组织机构代码编制规则

4.1.2.14 船舶单位联系方式

编号:CZ010200005

数据元名称:船舶单位联系方式

中文全拼:chuan-bo-dan-wei-lian-xi-fang-shi

定义:船舶所有权单位的联系方式的描述。

数据元类型:字符型

数据元格式:an..25

4.1.2.15 海船内河船标识

编号:CZ010200006

数据元名称:海船内河船标识

中文全拼:hai-chuan-nei-he-chuan-biao-shi

定义:区别海船和内河船的标识。

数据元类型:字符型

数据元格式:n1

值域:1-海船;2-内河

4.1.2.16 船舶种类

编号:CB010100013

数据元名称:船舶种类

中文全拼:chuan-bo-zhong-lei

定义:将船舶按用途划分的船舶种类的编码或代码。

数据元类型:字符型

数据元格式:n4

备注:同 JT/T 697.5—2007 的 4.1.1.13。

4.1.2.17 安放龙骨日期

编号:CJ010300007

数据元名称:安放龙骨日期

中文全拼:an-fang-long-gu-ri-qi

定义:船舶安放龙骨或处于相似建造阶段的日期。

数据元类型:日期型

数据格式:YYYYMMDD

备注:同义语"船舶建造日期",同 JT/T 697.11—2009 的 4.1.3.23。

4.1.2.18 船舶建成日期

编号:CB010100026

数据元名称:船舶建成日期

中文全拼:chuan-bo-jian-cheng-ri-qi

定义:船舶建造完工的日期。

数据元类型:日期型

数据元格式:YYYYMMDD

备注:同义语"船舶建造完工日期",同 JT/T 697.5—2007 的 4.1.1.26。

4.1.2.19 船舶总长(标准)

编号:CB010100027

数据元名称:船舶总长(标准)

中文全拼:chuan-bo-zong-chang-(biao-zhun)

定义:船舶最前端至最后端之间包括外板和两端永久性固定突出物(如顶推装置等)在内的水平距离。

数据元类型:数字型

数据元格式:n..20,4

计量单位:米(m)

备注:同义语"船舶长度",同 JT/T 697.5—2007 的 4.1.1.27。

4.1.2.20 船舶型宽(标准)

编号:CB010100028

数据元名称:船舶型宽(标准)

中文全拼:chuan-bo-xing-kuan-(biao-zhun)

定义:船体型表面之间垂直于中线面的最大水平距离。

数据元类型:数字型

数据元格式:n..20,4

计量单位:米(m)

备注:同义语"船舶宽度",同 JT/T 697.5—2007 的 4.1.1.28。

4.1.2.21 总吨

编号:CB010100030

数据元名称:总吨

中文全拼:zong-dun

定义:船舶登记证上记载的吨位数,即根据《船舶及海上设施法定检验规则》规定进行丈量确定的船舶总容积计算的吨位数量。

数据元类型:数字型

数据元格式:n..20,4

备注:同义语"总吨位",同 JT/T 697.5—2007 的 4.1.1.30。

4.1.2.22 载重吨

编号:CB010100032

数据元名称:载重吨

中文全拼:zai-zhong-dun

定义:船舶在比重 1.025 的海水中,相应于所勘划的夏季载重线的排水量与该船空船排水量之差。

数据元类型:数字型

数据元格式:n..20,4

计量单位:吨(t)

备注:同 JT/T 697.5—2007 的 4.1.1.32。

4.1.2.23 船舶满载吃水

编号:SY070100021

数据元名称:船舶满载吃水

中文全拼:chuan-bo-man-zai-chi-shui

定义:船舶处于满载排水量状态时的平均吃水。

数据元类型:数字型

数据元格式:n..5

计量单位:米(m)

备注:同义语:"满载吃水",同 JT/T 697.8—2007 的 4.7.1.45。

4.1.2.24 化学品船船型代码

编号:CZ010200007

数据元名称:化学品船船型代码

中文全拼:hua-xue-pin-chuan-chuan-xing-dai-ma

定义:表示化学品船的船型代码。

数据元类型:字符型

数据元格式:n1

值域:1-I 型;2-II 型;3-II/II 型;4-III 型

4.1.2.25 散化舱型代码

编号:CZ010200008

数据元名称:散化舱型代码

中文全拼:san-hua-cang-xing-dai-ma

定义:按照国际散装化学品规则规定的散化舱型的代码。

数据元类型:字符型

数据元格式:an2

值域:1G-独立重力;2G-整体重力;1P-独立压力

4.1.2.26 液货舱透气情况代码

编号:CZ010200009

数据元名称:液货舱透气情况代码

中文全拼:ye-huo-cang-tou-qi-qing-kuang-dai-ma

定义:表示液货舱透气情况的方式的标识。

数据元类型:字符型

数据元格式:an..5

值域:Cont.-控制式;Open.-开式

4.1.2.27 货舱环境控制法代码

编号:CZ010200010

数据元名称:货舱环境控制法代码

中文全拼:huo-cang-huan-jing-kong-zhi-fa-dai-ma

定义:表示货舱环境控制方法标识的代码。

数据元类型:字符型

数据元格式:an..5

值域:Inert-惰性法;Pad-液体或气体充填法;Dry-干燥法;Vent-自然或强力通风法;No-无特殊要求

4.1.2.28 电子设备温度等级代码

编号:CZ010200011

数据元名称:电子设备温度等级代码

中文全拼:dian-zi-she-bei-wen-du-deng-ji-dai-ma

定义:表示船上电子设备温度等级的标识代码。

数据元类型:字符型

数据元格式:an..4

值域:T1、T2、T3、T4、T5、T6、空白

4.1.2.29 电子设备分类代码

编号:CZ010200012

数据元名称:电子设备分类代码

中文全拼:dian-zi-she-bei-fen-lei-dai-ma

定义:表示船上电子设备分类的标识。

数据元类型:字符型

数据元格式:an3

值域:IIA、IIB、IIC

4.1.2.30 电子设备闪点标识

编号:CZ010200013

数据元名称:电子设备闪点标识

中文全拼:dian-zi-she-bei-shan-dian-biao-shi

定义:表示船上电子设备闪点范围的标识。

数据元类型:字符型

数据元格式:n1

值域:0-非易燃货品;1->60;2-<=60

4.1.2.31 液化气测量控制方式代码

编号:CZ010200014

数据元名称:液化气测量控制方式代码

中文全拼:ye-hua-qi-ce-liang-kong-zhi-fang-shi-dai-ma

定义:按照危险货物运输规则最低要求规定,表示液化气危险货物的测量控制方式代码。

数据元类型:字符型

数据元格式:n1

值域:0-I;1-C;2-R

4.1.2.32 散装化学品测量方式代码

编号:CZ010200015

数据元名称:散装化学品测量方式代码

中文全拼:san-zhuang-hua-xue-pin-ce-liang-fang-shi-dai-ma

定义:按照危险货物运输规则最低要求规定,表示散装化学品的测量方式代码。

数据元类型:字符型

数据元格式:n1

值域:0-O(开敞式);1-R(限制式);2-C(封闭式)

4.1.2.33 液化气蒸气探测方式代码

编号:CZ010200016

数据元名称:液化气蒸气探测方式代码

中文全拼:ye-hua-qi-zheng-qi-tan-ce-fang-shi-dai-ma

定义:按照危险货物运输规则最低要求规定的对液化气蒸气探测方式代码。

数据元类型:字符型

数据元格式:an..3

值域:F、T、O、F+T

4.1.2.34 散装化学品蒸气探测方式代码

编号:CZ010200017

数据元名称:散装化学品蒸气探测方式代码

中文全拼:san-zhuang-hua-xue-pin-zheng-qi-tan-ce-fang-shi-dai-ma

定义:按照危险货物运输规则最低要求规定的对散装化学品蒸气探测方式代码。

数据元类型:字符型

数据元格式:an..2

值域:F-易燃蒸气;T-有毒蒸气;NO-无特殊要求

4.1.2.35 防火方式代码

编号:CZ010200018

数据元名称:防火方式代码

中文全拼:fang-huo-fang-shi-dai-ma

定义:按照危险货物运输规则最低要求规定的防火方式代码。

数据元类型:字符型

数据元格式:n1

值域:0-A;1-B;2-C;3-D;4-No

4.1.2.36 有无应急设备

编号:CZ010200019

数据元名称:有无应急设备

中文全拼:you-wu-ying-ji-she-bei

定义:表示是否有应急设备的标志。

数据元类型:字符型

数据元格式:n1

值域:0-否;1-是

4.1.2.37 特殊和操作要求

编号:CZ010200020

数据元名称:特殊和操作要求

中文全拼:te-shu-he-cao-zuo-yao-qiu

定义:船舶特殊要求和操作要求的说明。

数据元类型:字符型

数据元格式:an..100

4.1.2.38 液化气船船型代码

编号:CZ010200021

数据元名称:液化气船船型代码

中文全拼:ye-hua-qi-chuan-chuan-xing-dai-ma

定义:表示液化气船船型标识的代码。

数据元类型:字符型

数据元格式:n1

值域:1-IG 型;2-IIG 型;3-IIG/IIPG 型;4-IIIG 型

4.1.2.39 是否 C 型独立液货舱

编号:CZ010200022

数据元名称:是否 C 型独立液货舱

中文全拼:shi-fou-C-xing-du-li-ye-huo-cang

定义:表示是否为 C 型独立液货舱的标记。

数据元类型:字符型

数据元格式:n1

值域:0-否;1-是

备注:专用于液化气体船。

4.1.2.40 液货舱内蒸气空间控制方法代码

编号:CZ010200023

数据元名称:液货舱内蒸气空间控制方法代码

中文全拼:ye-huo-cang-nei-zheng-qi-kong-jian-kong-zhi-fang-fa-dai-ma

定义:表示液货舱内蒸气空间的控制方法。

数据元类型:字符型

数据元格式:n1

值域:0-无;1-干燥;2-惰化

4.1.2.41 油轮防护结构形式代码

编号:CZ010200024

数据元名称:油轮防护结构形式代码

中文全拼:you-lun-fang-hu-jie-gou-xing-shi-dai-ma

定义:表示油轮防护结构形式的代码。

数据元类型:字符型

数据元格式:n1

值域:1-单壳单底;2-单壳双底/边舱保护(双壳单底);3-双壳双底

4.1.2.42 内贸油轮安全结构代码

编号:CZ010200025

数据元名称:内贸油轮安全结构代码

中文全拼:nei-mao-you-lun-an-quan-jie-gou-dai-ma
定义:表示内贸油轮安全结构适用货物范围代码。
数据元类型:字符型
数据元格式:n1
值域:1-闪点<60℃;2-闪点>=60℃

4.1.2.43 班轮标识
编号:CZ010200026
数据元名称:班轮标识
中文全拼:ban-lun-biao-shi
定义:表示船舶为何种班轮的标识。
数据元类型:字符型
数据元格式:a1
值域:Y-班轮;N-非班轮;H-核心班轮

4.1.2.44 货舱结构形式代码
编号:CZ010200027
数据元名称:货舱结构形式代码
中文全拼:huo-cang-jie-gou-xing-shi-dai-ma
定义:表示货舱结构形式的代码。
数据元类型:字符型
数据元格式:n1
值域:1-通舱;2-2层舱;3-3层舱;4-贝位

4.1.2.45 船舶适载证书是否有效
编号:CZ010200028
数据元名称:船舶适载证书是否有效
中文全拼:chuan-bo-shi-zai-zheng-shu-shi-fou-you-xiao
定义:表示船舶适载证书是否有效的标识。
数据元类型:字符型
数据元格式:n1
值域:0-否;1-是

4.1.2.46 是否受限
编号:CZ010200029
数据元名称:是否受限
中文全拼:shi-fou-shou-xian
定义:表示船舶是否受限的标识。
数据元类型:字符型
数据元格式:n1
值域:0-否;1-是

4.1.3 港口码头信息

4.1.3.1 港口信息

4.1.3.1.1 港口名称
编号:GK010100001
数据元名称:港口名称
中文全拼:gang-kou-ming-cheng

定义:港口的规范化汉字名称。

数据元类型:字符型

数据元格式:an..100

备注:同 JT/T 697.3—2007 的 4.1.1.1。

4.1.3.1.2 港口代码

编号:GK010100002

数据元名称:港口代码

中文全拼:gang-kou-dai-ma

定义:唯一标识港口名称的编码。

数据元类型:字符型

数据元格式:an..6

值域:采用 JT/T 24 或 GB/T 7407

备注:同 JT/T 697.3—2007 的 4.1.1.2,外国港口代码采用 GB/T 7407。

4.1.3.1.3 港口英文名称

编号:CZ010301001

数据元名称:港口英文名称

中文全拼:gang-kou-ying-wen-ming-cheng

定义:港口的规范化英文名称。

数据元类型:字符型

数据元格式:an..100

4.1.3.1.4 港口所属国家名称

编号:CZ010301002

数据元名称:港口所属国家名称

中文全拼:gang-kou-suo-shu-guo-jia-ming-cheng

定义:港口所属国家名称。

数据元类型:字符型

数据元格式:an..100

4.1.3.1.5 港口所属国家代码

编号:CZ010301003

数据元名称:港口所属国家代码

中文全拼:gang-kou-suo-shu-guo-jia-dai-ma

定义:港口所属国家或地区名称代码。

数据元类型:字符型

数据元格式:an2..3

值域:见 5.2

4.1.3.2 码头泊位信息

4.1.3.2.1 码头名称

编号:GK010300001

数据元名称:港口码头名称

中文全拼:gang-kou-ma-tou-ming-cheng

定义:用于停靠船舶,货物装卸的水工建筑物,即码头的规范化汉字名称。

数据元类型:字符型

数据格式:an..100

备注:同义语“港口码头名称”,同 JT/T 697.3—2007 的 4.1.3.1。

4.1.3.2.2　码头代码

编号:GK010300002

数据元名称:码头代码

中文全拼:ma-tou-dai-ma

定义:用于停靠船舶,货物装卸的水工建筑物,即码头的规范化汉字名称的编码。

数据元类型:字符型

数据格式:an..30

备注:同义语“港口码头代码”,同 JT/T 697.3—2007 的 4.1.3.2。

4.1.3.2.3　码头类型代码

编号:CZ010302003

数据元名称:码头类型代码

中文全拼:ma-tou-lei-xing-dai-ma

定义:根据码头用途及货物种类表示码头类型的代码。

数据元类型:字符型

数据元格式:n3

值域:见 5.3

4.1.3.2.4　码头所属水域

编号:CZ010302004

数据元名称:码头所属水域

中文全拼:ma-tou-suo-shu-shui-yu

定义:表示码头所属水域的标记。

数据元类型:字符型

数据元格式:n..2

备注:各港自行确定。

4.1.3.2.5　码头所属海事机构

编号:CZ010302005

数据元名称:码头所属海事机构

中文全拼:ma-tou-suo-shu-hai-shi-ji-gou

定义:码头所属海事机构名称。

数据元类型:字符型

数据元格式:an..100

备注:同义语“码头所在地海事机构”。

4.1.3.2.6　码头泊位名称

编号:GK010300017

数据元名称:码头泊位名称

中文全拼:ma-tou-bo-wei-ming-cheng

定义:停系靠船舶,进行货物装卸和上下旅客地段的规范化汉字名称。

数据元类型:字符型

数据元格式:an..100

备注:同 JT/T 697.3—2007 的 4.1.3.17。

4.1.3.2.7　码头泊位代码

编号:GK010300018

数据元名称:码头泊位代码

中文全拼:ma-tou-bo-wei-dai-ma

定义:停系靠船舶,进行货物装卸和上下旅客地段的名称编码。

数据元类型:字符型

数据元格式:an..30

备注:同 JT/T 697.3—2007 的 4.1.3.18。

4.1.3.2.8 泊位所属码头

编号:CZ010302006

数据元名称:泊位所属码头

中文全拼:bo-wei-suo-shu-ma-tou

定义:泊位所属码头的代码。

数据元类型:字符型

数据元格式:an..3

4.1.3.2.9 靠泊能力

编号:CZ010302007

数据元名称:靠泊能力

中文全拼:kao-bo-neng-li

定义:泊位允许停靠船舶载重吨级的能力。

数据元类型:字符型

数据元格式:an..20

4.1.3.2.10 适靠最小吨位

编号:CZ010302008

数据元名称:适靠最小吨位

中文全拼:shi-kao-zui-xiao-dun-wei

定义:泊位适合停靠最小的船舶载重吨数。

数据元类型:数字型

数据元格式:n16,3

计量单位:吨(t)

4.1.3.2.11 适靠最大吨位

编号:CZ010302009

数据元名称:适靠最大吨位

中文全拼:shi-kao-zui-da-dun-wei

定义:泊位适合停靠最大的船舶载重吨数。

数据元类型:数字型

数据元格式:n16,3

计量单位:吨(t)

4.1.3.2.12 适靠最小长度

编号:CZ010302010

数据元名称:适靠最小长度

中文全拼:shi-kao-zui-xiao-chang-du

定义:泊位适合船舶停靠的最小长度。

数据元类型:数字型

数据元格式:n16,3

计量单位:米(m)

4.1.3.2.13 适靠最大长度

编号:CZ010302011

数据元名称:适靠最大长度

中文全拼:shi-kao-zui-da-chang-du

定义:泊位适合船舶停靠的最大长度。

数据元类型:数字型

数据元格式:n16,3

计量单位:米(m)

4.1.3.2.14 靠泊最大宽度

编号:CZ010302012

数据元名称:靠泊最大宽度

中文全拼:kao-bo-zui-da-kuan-du

定义:泊位适合船舶停靠的最大宽度。

数据元类型:数字型

数据元格式:n16,3

计量单位:米(m)

4.1.3.2.15 码头前沿实际测量水深

编号:GK010300012

数据元名称:码头前沿实际测量水深

中文全拼:ma-tou-qian-yan-shi-ji-ce-liang-shui-shen

定义:码头前沿当地水位零点以下的实际水深。

数据元类型:数字型

数据元格式:n..5,1

计量单位:米(m)

备注:同 JT/T 697.3—2007 的 4.1.3.12。

4.1.3.2.16 口岸开放标志

编号:CZ010302013

数据元名称:口岸开放标志

中文全拼:kou-an-kai-fang-biao-zhi

定义:表示口岸是否开放标志的标记。

数据元类型:字符型

数据元格式:n1

值域:0-否;1-是

4.1.3.2.17 作业品种

编号:CZ010302014

数据元名称:作业品种

中文全拼:zuo-ye-pin-zhong

定义:泊位允许作业的危险货物品种中文名称。

数据元类型:字符型

数据元格式:an..30

备注:指所有危险货物名相关的参考标准中的货物品名称。

4.1.3.2.18 作业类别代码

编号:CZ010302015

数据元名称:作业类别代码

中文全拼:zuo-ye-lei-bie-dai-ma

定义:泊位允许作业的危险货物类别代码。

数据元类型:字符型

数据元格式:an..10

值域:见5.1

4.1.3.2.19 作业限量

编号:CZ010302016

数据元名称:作业限量

中文全拼:zuo-ye-xian-liang

定义:港口码头装卸货物能力限量。

数据元类型:数字型

数据元格式:n16,3

计量单位:TEU或吨(t)

4.1.3.2.20 码头内外贸标志

编号:CZ010302017

数据元名称:码头内外贸标志

中文全拼:ma-tou-nei-wai-mao-biao-zhi

定义:表示码头内外贸的标志。

数据元类型:字符型

数据元格式:n1

值域:0-内贸;1-外贸

4.1.3.2.21 应急设备种类数

编号:CZ010302018

数据元名称:应急设备种类数

中文全拼:ying-ji-she-bei-zhong-lei-shu

定义:码头应急设备种类的数量。

数据元类型:数字型

数据元格式:n..3

4.1.3.2.22 应急设备名称

编号:CZ010302019

数据元名称:应急设备名称。

中文全拼:ying-ji-she-bei-ming-cheng

定义:码头应急设备的名称。

数据元类型:字符型

数据元格式:an..30

4.1.3.2.23 应急设备数量

编号:CZ010302020

数据元名称:应急设备数量。

中文全拼:ying-ji-she-bei-shu-liang

定义:码头应急设备的数量。

数据元类型:数字型

数据元格式:n..23,3

4.1.3.2.24 应急设备数量单位代码

编号:CZ010302021

数据元名称:应急设备数量单位代码

中文全拼:ying-ji-she-bei-shu-liang-dan-wei-dai-ma

定义:码头应急设备数量单位代码。

数据元类型:字符型

数据元格式:an..4

4.1.3.2.25 人员防护能力

编号:CZ010302022

数据元名称:人员防护能力

中文全拼:ren-yuan-fang-hu-neng-li

定义:码头货物装卸时对人员的防护措施的说明。

数据元类型:字符型

数据元格式:an..255

4.1.3.2.26 油污接收能力

编号:CZ010302023

数据元名称:油污接收能力

中文全拼:you-wu-jie-shou-neng-li

定义:码头货物装卸时对油污接收处理能力的说明。

数据元类型:字符型

数据元格式:an..255

4.1.3.2.27 化学品接收能力

编号:CZ010302024

数据元名称:化学品接收能力

中文全拼:hua-xue-pin-jie-shou-neng-li

定义:码头货物装卸时对化学品接收处理能力的说明。

数据元类型:字符型

数据元格式:an..255

4.1.4 单位信息

4.1.4.1 EDI 中心编号

编号:CZ010400001

数据元名称:EDI 中心编号

中文全拼:EDI-zhong-xin-bian-hao

定义:EDI 中心为装货点电子数据注册的编号。

数据元类型:字符型

数据元格式:an..13

备注:如果是充罐点,没有在 EDI 注册,没有 EDI 编号,填备案编号,其余填 EDI 代码。

4.1.4.2 单位备案编号

编号:CZ010400002

数据元名称:单位备案编号

中文全拼:dan-wei-bei-an-bian-hao

定义:单位在海事局备案的编号。

数据元类型:字符型

数据元格式:an6

4.1.4.3 中文单位名称

编号:CZ010400003

数据元名称:中文单位名称

中文全拼:zhong-wen-dan-wei-ming-cheng

定义:用中文描述的单位名称。

数据元类型:字符型

数据元格式:an..100

4.1.4.4 英文单位名称

编号:CZ010400004

数据元名称:英文单位名称

中文全拼:ying-wen-dan-wei-ming-cheng

定义:用英文描述的单位名称。

数据元类型:字符型

数据元格式:an..100

4.1.4.5 组织机构代码

编号:CZ010400005

数据元名称:组织机构代码

中文全拼:zu-zhi-ji-gou-dai-ma

定义:由全国组织机构代码管理中心分配给单位组织机构的代码。

数据元类型:字符型

数据元格式:an9

4.1.4.6 单位从事海事业务范围代码

编号:CZ010400006

数据元名称:单位从事海事业务范围代码

中文全拼:dan-wei-cong-shi-hai-shi-ye-wu-fan-wei-dai-ma

定义:海事主管部门允许单位从事的业务范围的代码。

数据元类型:字符型

数据元格式:n2

值域:见5.4

4.1.4.7 海事业务作业品种范围

编号:CZ010400007

数据元名称:海事业务作业品种范围

中文全拼:hai-shi-ye-wu-zuo-ye-pin-zhong-fan-wei

定义:海事主管部门允许单位从事的业务作业品种范围的描述。

数据元类型:字符型

数据元格式:an..100

4.1.4.8 海事业务作业类别范围

编号:CZ010400008

数据元名称:海事业务作业类别范围

中文全拼:hai-shi-ye-wu-zuo-ye-lei-bie-fan-wei

定义:海事主管部门允许单位从事的业务作业类别范围的描述。

数据元类型:字符型

数据元格式:an..100

4.1.4.9 经营范围

编号:CZ010400009

数据元名称:经营范围

中文全拼:jing-ying-fan-wei

定义:单位的经营范围的描述。

数据元类型:字符型

数据元格式:an..100

备注:经营范围包括作业品种、作业类别、船舶运输等。

4.1.4.10 是否信任

编号:CZ010400010

数据元名称:是否信任

中文全拼:shi-fou-xin-ren

定义:表示单位是否可信的标记。

数据元类型:字符型

数据元格式:n1

值域:0-否;1-是

4.1.4.11 单位类型代码

编号:CZ010400011

数据元名称:单位类型代码

中文全拼:dan-wei-lei-xing-dai-ma

定义:表示单位类型的代码。

数据元类型:字符型

数据元格式:n2

值域:见5.5

4.1.4.12 货主是否能在所有码头作业

编号:CZ010400012

数据元名称:货主是否能在所有码头作业

中文全拼:huo-zhu-shi-fou-neng-zai-suo-you-ma-tou-zuo-ye

定义:表示货主是否能在所有码头作业的标记。

数据元类型:字符型

数据元格式:n1

值域:0-否;1-是

备注:当单位类型是06-收发货人时填写。

4.1.4.13 货主是否能作业所有液态危险货物

编号:CZ010400013

数据元名称:货主是否能作业所有液态危险货物

中文全拼:huo-zhu-shi-fou-neng-zuo-ye-suo-you-ye-tai-wei-xian-huo-wu

定义:表示货主是否能作业所有液态危险货物的标记。

数据元类型:字符型

数据元格式:n1

值域:0-否;1-是

备注:当单位类型是 06-收发货人时填写。

4.1.5 人员信息

4.1.5.1 人员基本信息

4.1.5.1.1 人员备案编号

编号:CZ010501001

数据元名称:人员备案编号

中文全拼:ren-yuan-bei-an-bian-hao

定义:人员在海事局备案的编号。

数据元类型:字符型

数据元格式:an30

4.1.5.1.2 海事执法证编号

编号:CZ010501002

数据元名称:海事执法证编号

中文全拼:hai-shi-zhi-fa-zheng-bian-hao

定义:人员持有海事执法证的编号。

数据元类型:字符型

数据元格式:an30

4.1.5.1.3 用户名称

编号:CZ010501003

数据元名称:用户名称

中文全拼:yong-hu-ming-cheng

定义:用户的名称。

数据元类型:字符型

数据元格式:an..100

4.1.5.1.4 性别代码

编号:CZ010501004

数据元名称:性别代码

中文全拼:xing-bie-dai-ma

定义:表示人员性别的代码。

数据元类型:字符型

数据元格式:n1

值域:见 5.6

4.1.5.1.5 身份证号

编号:CZ010501005

数据元名称:身份证号

中文全拼:shen-fen-zheng-hao

定义:公安部门为个人分配的身份证号码。

数据元类型:字符型

数据元格式:an18

4.1.5.1.6 出生年月

编号:CZ010501006

数据元名称:出生年月

中文全拼:chu-sheng-nian-yue

定义:人的出生年月。

数据元类型:日期型

数据元格式:YYYYMM

4.1.5.1.7　人员属性代码

编号:CZ010501007

数据元名称:人员属性代码

中文全拼:ren-yuan-shu-xing-dai-ma

定义:表示人员属性标记的代码。

数据元类型:字符型

数据元格式:n1

值域:1-海事管理;2-行政相对人

4.1.5.1.8　船长证书编号

编号:CZ010501008

数据元名称:船长证书编号

中文全拼:chuan-zhang-zheng-shu-bian-hao

定义:船长持有的海员证书的编号。

数据元类型:字符型

数据元格式:an..20

4.1.5.1.9　培训单位

编号:CZ010501009

数据元名称:培训单位

中文全拼:pei-xun-dan-wei

定义:人员接受培训的单位名称。

数据元类型:字符型

数据元格式:an..100

4.1.5.1.10　培训日期

编号:CZ010501010

数据元名称:培训日期

中文全拼:pei-xun-ri-qi

定义:人员接受培训的日期。

数据元类型:日期型

数据元格式:YYYYMMDD

4.1.5.1.11　培训地点

编号:CZ010501011

数据元名称:培训地点

中文全拼:pei-xun-di-dian

定义:人员接受培训的地点。

数据元类型:字符型

数据元格式:an..60

4.1.5.1.12　备案日期

编号:CZ010501012

数据元名称:备案日期

中文全拼:bei-an-ri-qi
定义:人员在海事管理部门进行备案的日期。
数据元类型:日期型
数据元格式:YYYYMMDD

4.1.5.1.13 年审日期
编号:CZ010501013
数据元名称:年审日期
中文全拼:nian-shen-ri-qi
定义:证书年审日期。
数据元类型:日期型
数据元格式:YYYYMMDD

4.1.5.1.14 是否有效
编号:CZ010501014
数据元名称:是否有效
中文全拼:shi-fou-you-xiao
定义:证书年审是否有效标记。
数据元类型:字符型
数据元格式:n1
值域:0-否;1-是

4.1.5.1.15 人员从事海事业务范围代码
编号:CZ010501015
数据元名称:人员从事海事业务范围代码
中文全拼:ren-yuan-cong-shi-hai-shi-ye-wu-fan-wei-dai-ma
定义:由海事管理部门认定允许该人员从事的业务范围代码。
数据元类型:字符型
数据元格式:n2
值域:见5.7

4.1.5.1.16 人员备注
编号:CZ010501016
数据元名称:人员备注
中文全拼:ren-yuan-bei-zhu
定义:对人员情况的备注说明。
数据元类型:字符型
数据元格式:an..255

4.1.5.2 联系信息

4.1.5.2.1 联系人
编号:CZ010502001
数据元名称:联系人
中文全拼:lian-xi-ren
定义:联系人姓名。
数据元类型:字符型
数据元格式:an..30

4.1.5.2.2　紧急联系人

编号:CZ010502002

数据元名称:紧急联系人

中文全拼:jin-ji-lian-xi-ren

定义:紧急情况时的联系人姓名。

数据元类型:字符型

数据元格式:an..30

4.1.5.2.3　职务

编号:CZ010502003

数据元名称:职务

中文全拼:zhi-wu

定义:联系人的职务描述。

数据元类型:字符型

数据元格式:an..30

4.1.5.2.4　所属单位

编号:CZ010502004

数据元名称:所属单位

中文全拼:suo-shu-dan-wei

定义:联系人的所属单位名称。

数据元类型:字符型

数据元格式:an..100

4.1.5.2.5　所属部门

编号:CZ010502005

数据元名称:所属部门

中文全拼:suo-shu-bu-men

定义:联系人所属部门的名称。

数据元类型:字符型

数据元格式:an..30

4.1.5.2.6　中文联系地址

编号:CZ010502006

数据元名称:中文联系地址

中文全拼:zhong-wen-lian-xi-di-zhi

定义:联系人的中文联系地址。

数据元类型:字符型

数据元格式:an..60

4.1.5.2.7　英文联系地址

编号:CZ010502007

数据元名称:英文联系地址

中文全拼:ying-wen-lian-xi-di-zhi

定义:联系人的英文联系地址。

数据元类型:字符型

数据元格式:an..60

4.1.5.2.8 联系电话

编号:CZ010502008

数据元名称:联系电话

中文全拼:lian-xi-dian-hua

定义:联系人的联系电话号码。

数据元类型:字符型

数据元格式:an..20

4.1.5.2.9 传真

编号:CZ010502009

数据元名称:传真

中文全拼:chuan-zhen

定义:联系人的传真号码。

数据元类型:字符型

数据元格式:an..20

4.1.5.2.10 邮编

编号:CZ010502010

数据元名称:邮编

中文全拼:you-bian

定义:联系人的通信邮政编码。

数据元类型:字符型

数据元格式:n6

备注:采用国家邮电部门统一分配的全国邮政编码。

4.1.5.2.11 电子邮箱

编号:CZ010502011

数据元名称:电子邮箱

中文全拼:dian-zi-you-xiang

定义:联系人的电子邮箱地址。

数据元类型:字符型

数据元格式:an..60

4.2 作业申报信息

4.2.1 申报基本信息

4.2.1.1 货物申报报文号

编号:CZ020100001

数据元名称:货物申报报文号

中文全拼:huo-wu-shen-bao-bao-wen-hao

定义:货物申报电子报文号。

数据元类型:字符型

数据元格式:an..18

4.2.1.2 申报类型代码

编号:CZ020100002

数据元名称:申报类型代码

中文全拼:shen-bao-lei-xing-dai-ma

定义:表示区分货物适装和船舶适运的申报类型代码。

数据元类型:字符型
数据元格式:n2
值域:见5.8

4.2.1.3 申报入库编号
编号:CZ020100003
数据元名称:申报入库编号
中文全拼:shen-bao-ru-ku-bian-hao
定义:入库的申报单编号。
数据元类型:字符型
数据元格式:an..18

4.2.1.4 客户端编号
编号:CZ020100004
数据元名称:客户端编号
中文全拼:ke-hu-duan-bian-hao
定义:客户端软件生成的编号。
数据元类型:字符型
数据元格式:an..22

4.2.1.5 申报单位编号
编号:CZ020100005
数据元名称:申报单位编号
中文全拼:shen-bao-dan-wei-bian-hao
定义:申报单位在海事管理部门的备案编号。
数据元类型:字符型
数据元格式:an..13

4.2.1.6 申报人编号
编号:CZ020100006
数据元名称:申报人编号
中文全拼:shen-bao-ren-bian-hao
定义:申报人在海事管理部门的备案编号。
数据元类型:字符型
数据元格式:an..13
备注:如果申报类型不是"装箱证明书",则申报人编号必填。

4.2.1.7 报文生成时间
编号:CZ020100007
数据元名称:报文生成时间
中文全拼:bao-wen-sheng-cheng-shi-jian
定义:报文生成的时间。
数据元类型:日期型
数据元格式:YYYYMMDD

4.2.1.8 报文描述
编号:CZ020100008
数据元名称:报文描述
中文全拼:bao-wen-miao-shu

定义:报文内容描述。
数据元类型:字符型
数据元格式:an..60

4.2.1.9 最后接收时间

编号:CZ020100009
数据元名称:最后接收时间
中文全拼:zui-hou-jie-shou-shi-jian
定义:最后接收报文的时间。
数据元类型:日期时间型
数据元格式:YYYYMMDDhhmmss

4.2.1.10 申报状态代码

编号:CZ020100010
数据元名称:申报状态代码
中文全拼:shen-bao-zhuang-tai-dai-ma
定义:表示申报单所处状态的代码。
数据元类型:字符型
数据元格式:n2
值域:见5.9

4.2.1.11 申报结果代码

编号:CZ020100011
数据元名称:申报结果代码
中文全拼:shen-bao-jie-guo-dai-ma
定义:表示申报结果的代码。
数据元类型:字符型
数据元格式:n2
值域:见5.9

4.2.1.12 受理回执号

编号:CZ020100012
数据元名称:受理回执号
中文全拼:shou-li-hui-zhi-hao
定义:受理申报予以回执的编号。
数据元类型:字符型
数据元格式:an15
值域:ACP +4 位年 +2 位月 +2 位日 +4 位流水号;每日流水号从0001 开始

4.2.1.13 审核回执号

编号:CZ020100013
数据元名称:审核回执号
中文全拼:shen-he-hui-zhi-hao
定义:审核申报予以回执的编号。
数据元类型:字符型
数据元格式:an15
值域:ACP +4 位年 +2 位月 +2 位日 +4 位流水号;每日流水号从0001 开始

4.2.1.14 过驳作业申请号

编号:CZ020100014

数据元名称:过驳作业申请号

中文全拼:guo-bo-zuo-ye-shen-qing-hao

定义:申请过驳作业的编号。

数据元类型:字符型

数据元格式:an25

4.2.1.15 处理人编号

编号:CZ020100015

数据元名称:处理人编号

中文全拼:chu-li-ren-bian-hao

定义:申报处理人的编号。

数据元类型:字符型

数据元格式:an15

4.2.1.16 处理时间

编号:CZ020100016

数据元名称:处理时间

中文全拼:chu-li-shi-jian

定义:申报处理的时间。

数据元类型:日期时间型

数据元格式:YYYYMMDDhhmmss

4.2.1.17 查验标记

编号:CZ020100017

数据元名称:查验标记

中文全拼:cha-yan-biao-ji

定义:表示是否需要查验的标记。

数据元类型:字符型

数据元格式:n1

值域:1-查验;2-不查验

4.2.1.18 查验结果

编号:CZ020100018

数据元名称:查验结果

中文全拼:cha-yan-jie-guo

定义:表示查验结果是否通过的标记。

数据元类型:字符型

数据元格式:n1

值域:1-通过;2-未通过

4.2.1.19 具体查验结果描述

编号:CZ020100019

数据元名称:具体查验结果描述

中文全拼:ju-ti-cha-yan-jie-guo-miao-shu

定义:具体查验结果的描述。

数据元类型:字符型

数据元格式:an..255

4.2.1.20　回执结果描述

编号:CZ020100020

数据元名称:回执结果描述

中文全拼:hui-zhi-jie-guo-miao-shu

定义:回执结果的描述。

数据元类型:字符型

数据元格式:an..255

4.2.1.21　原始错误

编号:CZ020100021

数据元名称:原始错误

中文全拼:yuan-shi-cuo-wu

定义:机器自动审核的错误结果。

数据元类型:字符型

数据元格式:an..100

4.2.1.22　申报备注

编号:CZ020100022

数据元名称:申报备注

中文全拼:shen-bao-bei-zhu

定义:申报的备注说明。

数据元类型:字符型

数据元格式:an..255

4.2.2　提单信息

4.2.2.1　提单号

编号:CZ020200001

数据元名称:提单号

中文全拼:ti-dan-hao

定义:用以证明海上货物运输合同和货物已经由承运人接收或者装船,以及承运人保证据以交付货物的单证号。

数据元类型:字符型

数据元格式:an..20

4.2.2.2　内外贸标识

编号:CZ020200002

数据元名称:内外贸标识

中文全拼:nei-wai-mao-biao-shi

定义:表示提单货物所属的内外贸标记。

数据元类型:字符型

数据元格式:n1

值域:0-内贸,1-外贸,2-外籍船内贸

4.2.2.3　货主

编号:CZ020200003

数据元名称:货主

中文全拼:huo-zhu

定义:货物的所有人名称,一般也是进出口企业。

数据元类型:字符型

数据元格式:an..100

4.2.2.4 托运人

编号:CZ020200004

数据元名称:托运人

中文全拼:tuo-yun-ren

定义:与承运人签订运输合同的人的姓名。

数据元类型:字符型

数据元格式:an..30

4.2.2.5 托运单位

编号:CZ020200005

数据元名称:托运单位

中文全拼:tuo-yun-dan-wei

定义:与承运人签订运输合同的单位的名称。

数据元类型:字符型

数据元格式:an..100

4.2.2.6 托运日期

编号:CZ020200006

数据元名称:托运日期

中文全拼:tuo-yun-ri-qi

定义:与承运人签订运输合同的日期。

数据元类型:日期型

数据元格式:YYYYMMDD

4.2.2.7 装货港中文名称

编号:CZ020200007

数据元名称:装货港中文名称

中文全拼:zhuang-huo-gang-zhong-wen-ming-cheng

定义:装货港口的中文名称。

数据元类型:字符型

数据元格式:an..60

4.2.2.8 装货港英文名称

编号:CZ020200008

数据元名称:装货港英文名称

中文全拼:zhuang-huo-gang-ying-wen-ming-cheng

定义:装货港口的英文名称。

数据元类型:字符型

数据元格式:an..60

4.2.2.9 卸货港中文名称

编号:CZ020200009

数据元名称:卸货港中文名称

中文全拼:xie-huo-gang-zhong-wen-ming-cheng

定义:卸货港口的中文名称。

数据元类型:字符型

数据元格式:an..60

4.2.2.10 卸货港英文名称

编号:CZ020200010

数据元名称:卸货港英文名称

中文全拼:xie-huo-gang-ying-wen-ming-cheng

定义:卸货港口的英文名称。

数据元类型:字符型

数据元格式:an..60

4.2.2.11 货物流向代码

编号:CZ020200011

数据元名称:货物流向代码

中文全拼:huo-wu-liu-xiang-dai-ma

定义:运输货物进出港的流转方式。

数据元类型:字符型

数据元格式:n2

值域:见5.10

4.2.2.12 装运形式代码

编号:CZ020200012

数据元名称:装运形式代码

中文全拼:zhuang-yun-xing-shi-dai-ma

定义:表示货物装运形式的代码。

数据元类型:字符型

数据元格式:n1

值域:见5.11

4.2.2.13 过境序号

编号:CZ020200013

数据元名称:过境序号

中文全拼:guo-jing-xu-hao

定义:货物过境顺序号。

数据元类型:数字型

数据元格式:n3

4.2.2.14 过境类型代码

编号:CZ020200014

数据元名称:过境类型代码

中文全拼:guo-jing-lei-xing-dai-ma

定义:货物过境的类型代码。

数据元类型:字符型

数据元格式:n2

值域:16-港内过境;17-码头过境

4.2.2.15 货物净重量

编号:CZ020200015

数据元名称:货物净重量

中文全拼:huo-wu-jing-zhong-liang

定义:去除包装后货物的重量。

数据元类型:数字型

数据元格式:n..16,3

计量单位:吨(t)

4.2.2.16 货物总重量

编号:CZ020200016

数据元名称:货物总重量

中文全拼:huo-wu-zong-zhong-liang

定义:连同包装的货物重量。

数据元类型:数字型

数据元格式:n..20,3

计量单位:吨(t)

备注:同义语“毛重”。

4.2.2.17 托/承运单位属性代码

编号:CZ020200017

数据元名称:托/承运单位属性代码

中文全拼:tuo/cheng-yun-dan-wei-shu-xing-dai-ma

定义:托运或承运单位的属性代码。

数据元类型:字符型

数据元格式:n1

值域:见5.12

4.2.2.18 港口作业属性代码

编号:CZ020200019

数据元名称:港口作业属性代码

中文全拼:gang-kou-zuo-ye-shu-xing-dai-ma

定义:港口作业的属性代码。

数据元类型:字符型

数据元格式:n1

值域:1-装货港;2-卸货港;3-交货地

4.2.2.19 港内驳运目的地

编号:CZ020200019

数据元名称:港内驳运目的地

中文全拼:gang-nei-bo-yun-mu-di-di

定义:港内驳运目的地名称。

数据元类型:字符型

数据元格式:an..30

4.2.2.20 紧急通信联络方式

编号:CZ020200020

数据元名称:紧急通信联络方式

中文全拼:jin-ji-tong-xin-lian-luo-fang-shi

定义:紧急情况时的通信联络方式描述

数据元类型:字符型

数据元格式:an..255

4.2.3 航次信息

4.2.3.1 航次

编号:CB010200028

数据元名称:航次

中文全拼:hang-ci

定义:船舶航行的班次编号。

数据元类型:字符型

数据元格式:an..10

备注:同 JT/T 697.5—2007 的 4.1.2.28。

4.2.3.2 进出港标志

编号:CB010200020

数据元名称:进出港标志

中文全拼:jin-chu-gang-biao-zhi

定义:表示船舶进港、出港特征的记号。

数据元类型:字符型

数据元格式:n1

值域:0-进港;1-出港

备注:同 JT/T 697.5—2007 的 4.1.2.20。

4.2.3.3 港口顺序属性代码

编号:CZ020300001

数据元名称:港口顺序属性代码

中文全拼:gang-kou-shun-xu-shu-xing-dai-ma

定义:表示港口顺序属性标记的代码。

数据元类型:字符型

数据元格式:n1

值域:见 5.14

4.2.3.4 历史港口序号

编号:CZ020300002

数据元名称:历史港口序号

中文全拼:li-shi-gang-kou-xu-hao

定义:船舶已经过的历史港口序号。

数据元类型:字符型

数据元格式:n3

4.2.3.5 历史港口代码

编号:CZ020300003

数据元名称:历史港口代码

中文全拼:li-shi-gang-kou-dai-ma

定义:船舶已经过的历史港口的代码

数据元类型:字符型

数据元格式:an..6

值域:采用 JT/T 24 或 GB/T 7407

备注:国内港口代码按照 JT/T 24,外国港口代码按照 GB/T 7407。

4.2.3.6 起始港

编号:CB030300004

数据元名称:起始港

中文全拼:qi-shi-gang

定义:船舶定期出口许可证所规定起始港的名称。

数据元类型:字符型

数据元格式:an..100

备注:同 JT/T 697.5—2007 的 4.3.3.4。

4.2.3.7 到达港

编号:CB030300006

数据元名称:到达港

中文全拼:dao-da-gang

定义:船舶出口所到达港的名称。

数据元类型:字符型

数据元格式:an..100

备注:同 JT/T 697.5—2007 的 4.3.3.6。

4.2.3.8 起始港英文名称

编号:CB030300008

数据元名称:起始港英文名称

中文全拼:qi-shi-gang-ying-wen-ming-cheng

定义:船舶起始港的英文名称。

数据元类型:字符型

数据元格式:an..100

备注:同 JT/T 697.5—2007 的 4.3.3.8。

4.2.3.9 到达港英文名称

编号:CB030300009

数据元名称:到达港英文名称

中文全拼:dao-da-gang-ying-wen-ming-cheng

定义:船舶到达港的英文名称。

数据元类型:字符型

数据元格式:an..100

备注:同 JT/T 697.5—2007 的 4.3.3.9。

4.2.3.10 离港时间

编号:CZ020300004

数据元名称:离港时间

中文全拼:li-gang-shi-jian

定义:船舶离开港口的时间。

数据元类型:日期时间型

数据元格式:YYYYMMDDhhmmss

4.2.3.11 抵港时间

编号:CZ020300005

数据元名称:抵港时间

中文全拼:di-gang-shi-jian

定义:船舶抵达港口的时间。

数据元类型:日期时间型

数据元格式:YYYYMMDDhhmmss

4.2.3.12 多码头作业标记

编号:CZ020300006

数据元名称:多码头作业标记

中文全拼:duo-ma-tou-zuo-ye-biao-ji

定义:表示多码头作业的标记。

数据元类型:字符型

数据元格式:n1

值域:1-单码头;2-多码头

4.2.3.13 航线性质

编号:CZ020300007

数据元名称:航线性质

中文全拼:hang-xian-xing-zhi

定义:表示航线性质的标记。

数据元类型:字符型

数据元格式:n1

值域:1-国际航线;2-国内航线;3-港澳台

4.2.3.14 事故

编号:CZ020300008

数据元名称:事故

中文全拼:shi-gu

定义:表示船舶是否发生过涉及危险货物的事故标记。

数据元类型:字符型

数据元格式:n1

值域:0 = 否;1 = 是

4.2.4 载客信息

4.2.4.1 客位

编号:CB010100039

数据元名称:客位

中文全拼:ke-wei

定义:船上用于载运旅客的客位数量。

数据元类型:数字型

数据元格式:n..5

计量单位:个

备注:同 JT/T 697.5—2007 的 4.1.1.39。

4.2.4.2 入境旅客总数

编号:CB030200011

数据元名称:入境旅客总数

中文全拼:ru-jing-lv-ke-zong-shu

定义:船舶入关进入港口旅客的总数。

数据元类型:数字型

数据元格式:n1..5

计量单位:人

备注:同义语“进口旅客总数”,同 JT/T 697.5—2007 的 4.3.2.11。

4.2.4.3 入境中国籍男旅客

编号:CB030200012

数据元名称:入境中国籍男旅客

中文全拼:ru-jing-zhong-guo-ji-nan-lv-ke

定义:船上所载中国籍男旅客的人数。

数据元类型:数字型

数据元格式:n1..5

计量单位:人

备注:同义语“进口中国籍男旅客”,同 JT/T 697.5—2007 的 4.3.2.12。

4.2.4.4 入境中国籍女旅客

编号:CB030200013

数据元名称:入境中国籍女旅客

中文全拼:ru-jing-zhong-guo-ji-nv-lv-ke

定义:船上所载中国籍女旅客的人数。

数据元类型:数字型

数据元格式:n1..5

计量单位:人

备注:同义语“进口中国籍女旅客”,同 JT/T 697.5—2007 的 4.3.2.13。

4.2.4.5 入境外国籍男旅客

编号:CB030200014

数据元名称:入境外国籍男旅客

中文全拼:ru-jing-wai-guo-ji-nan-lv-ke

定义:船上所载外国籍男旅客的人数。

数据元类型:数字型

数据元格式:n1..5

计量单位:人

备注:同义语“进口外国籍男旅客”,同 JT/T 697.5—2007 的 4.3.2.14。

4.2.4.6 入境外国籍女旅客

编号:CB030200015

数据元名称:入境外国籍女旅客

中文全拼:ru-jing-wai-guo-ji-nv-lv-ke

定义:船上所载外国籍女旅客的人数。

数据元类型:数字型

数据元格式:n1..5

计量单位:人

备注:同义语“进口外国籍女旅客”,同 JT/T 697.5—2007 的 4.3.2.15。

4.2.4.7 出境旅客总数

编号:CB030200016

数据元名称:出境旅客总数

中文全拼:chu-jing-lv-ke-zong-shu

定义:船舶出关驶出港口时所载旅客的总数。

数据元类型:数字型

数据元格式:n1..5

计量单位:人

备注:同义语“出口旅客总数”,同 JT/T 697.5—2007 的 4.3.2.16。

4.2.4.8 出境中国籍男旅客

编号:CB030200017

数据元名称:出境中国籍男旅客

中文全拼:chu-jing-zhong-guo-ji-nan-lv-ke

定义:船舶出关驶出港口时所载的中国籍男旅客的人数。

数据元类型:数字型

数据元格式:n1..5

计量单位:人

备注:同义语“出口中国籍男旅客”,同 JT/T 697.5—2007 的 4.3.2.17。

4.2.4.9 出境中国籍女旅客

编号:CB030200018

数据元名称:出境中国籍女旅客

中文全拼:chu-jing-zhong-guo-ji-nv-lv-ke

定义:船舶出关驶出港口时所载的中国籍女旅客的人数。

数据元类型:数字型

数据元格式:n1..5

计量单位:人

备注:同义语“出口中国籍女旅客”,同 JT/T 697.5—2007 的 4.3.2.18。

4.2.4.10 出境外国籍男旅客

编号:CB030200019

数据元名称:出境外国籍男旅客

中文全拼:chu-jing-wai-guo-ji-nan-lv-ke

定义:船舶出关驶出港口时所载的外国籍男旅客的人数。

数据元类型:数字型

数据元格式:n1..5

计量单位:人

备注:同义语“出口中国籍男旅客”,同 JT/T 697.5—2007 的 4.3.2.19。

4.2.4.11 出境外国籍女旅客

编号:CB030200020

数据元名称:出境外国籍女旅客

中文全拼:chu-jing-wai-guo-ji-nv-lv-ke

定义:船舶出关驶出港口时所载的外国籍女旅客的人数。

数据元类型:数字型

数据元格式:n1..5

计量单位:人

备注:同义语“出口外国籍女旅客”,同 JT/T 697.5—2007 的 4.3.2.20。

4.2.4.12 过境客

编号:CB030400004

数据元名称:过境客
中文全拼:guo-jing-ke
定义:过境旅客的数量。
数据元类型:数字型
数据元格式:n1..5
计量单位:人
备注:同 JT/T 697.5—2007 的 4.3.4.4。

4.2.4.13 港澳台旅客总数
编号:CZ020400001
数据元名称:港澳台旅客总数
中文全拼:gang-ao-tai-lv-ke-zong-shu
定义:进出香港、澳门和台湾的旅客总人数。
数据元类型:数字型
数据元格式:n1..5
计量单位:人
备注:与港澳台旅客出入境标志关联使用,分别表示出入境香港、澳门或台湾旅客总数;与港澳台地区标识关联使用,可分别表示香港、澳门、台湾籍贯旅客总数。

4.2.4.14 港澳台男旅客
编号:CZ020400002
数据元名称:港澳台男旅客
中文全拼:gang-ao-tai-nan-lv-ke
定义:进出香港、澳门或台湾的男旅客人数。
数据元类型:数字型
数据元格式:n1..5
计量单位:人
备注:与港澳台旅客出入境标志关联使用,分别表示出入境香港、澳门或台湾的男旅客数;与港澳台地区标识关联使用,可分别表示香港、澳门、台湾男旅客数。

4.2.4.15 港澳台女旅客
编号:CZ020400003
数据元名称:港澳台女旅客
中文全拼:gang-ao-tai-nv-lv-ke
定义:进出香港、澳门或台湾的女旅客人数。
数据元类型:数字型
数据元格式:n1..5
计量单位:人
备注:与港澳台旅客出入境标志关联使用,分别表示出入境香港、澳门或台湾的女旅客数;与港澳台地区标识关联使用,可分别表示香港、澳门、台湾女旅客数。

4.2.4.16 港澳台旅客出入境标志
编号:CZ020400004
数据元名称:港澳台旅客出入境标志
中文全拼:gang-ao-tai-lv-ke-chu-ru-jing-biao-zhi
定义:表示旅客出入境港澳台的标志。
数据元类型:字符型

数据元格式:n1

值域:0-出境;1-入境

4.2.4.17 港澳台地区标识

编号:CZ020400005

数据元名称:港澳台地区标识

中文全拼:gang-ao-tai-di-qu-biao-shi

定义:区别旅客所属香港、澳门、台湾行政地区籍贯的标识。

数据元类型:字符型

数据元格式:n1

值域:1-香港;2-澳门;3-台湾

4.2.5 作业信息

4.2.5.1 作业方式代码

编号:CZ020500001

数据元名称:作业方式代码

中文全拼:zuo-ye-fang-shi-dai-ma

定义:货物作业方式的代码。

数据元类型:字符型

数据元格式:n1

值域:1-装;2-卸;3-过驳

4.2.5.2 作业地点属性代码

编号:CZ020500002

数据元名称:作业地点属性代码

中文全拼:zuo-ye-di-dian-shu-xing-dai-ma

定义:码头作业地点属性的代码。

数据元类型:字符型

数据元格式:n1

值域:0-装卸作业点;1-过驳作业点;2-港内驳运目的地

4.2.5.3 作业地点编号

编号:CZ020500003

数据元名称:作业地点编号

中文全拼:zuo-ye-di-dian-bian-hao

定义:作业地点的编号。

数据元类型:字符型

数据元格式:an6

4.2.5.4 作业港序

编号:CZ020500004

数据元名称:作业港序

中文全拼:zuo-ye-gang-xu

定义:港内停靠多个码头的作业港顺序号。

数据元类型:字符型

数据元格式:an6

备注:单码头作业时不需申报。

4.2.5.5　过驳作业经营人代码

编号:CZ020500005

数据元名称:过驳作业经营人代码

中文全拼:guo-bo-zuo-ye-jing-ying-ren-dai-ma

定义:过驳作业经营人的代码。

数据元类型:字符型

数据元格式:an..60

4.2.5.6　过驳艘次

编号:CZ020500006

数据元名称:过驳艘次

中文全拼:guo-bo-sou-ci

定义:过驳的艘次。

数据元类型:数字型

数据元格式:n2

4.2.5.7　过驳形式代码

编号:CZ020500007

数据元名称:过驳形式代码

中文全拼:guo-bo-xing-shi-dai-ma

定义:表示液货过驳形式的代码。

数据元类型:字符型

数据元格式:n1

值域:1-船舶过驳;2-船舶对水上储库过驳

4.2.5.8　过驳方式代码

编号:CZ020500008

数据元名称:过驳方式代码

中文全拼:guo-bo-fang-shi-dai-ma

定义:表示液货过驳方式的代码。

数据元类型:字符型

数据元格式:n1

值域:0-单航次过驳;1-多航次过驳

4.2.5.9　卸驳总数量

编号:CZ020500009

数据元名称:卸驳总数量

中文全拼:xie-bo-zong-shu-liang

定义:货物过驳卸货总数量。

数据元类型:数字型

数据元格式:n..12,3

计量单位:吨(t)

4.2.5.10　一/二程船标志

编号:CZ020500010

数据元名称:一/二程船标志

中文全拼:yi/er-cheng-chuan-biao-zhi

定义:标识受载或卸载船舶的标记。

数据元类型:字符型

数据元格式:n1

值域:1-一程船;2-二程船

4.2.5.11 预计开始作业时间

编号:CZ020500011

数据元名称:预计开始作业时间

中文全拼:yu-ji-kai-shi-zuo-ye-shi-jian

定义:预计开始作业时间。

数据元类型:日期时间型

数据元格式:YYYYMMDDhhmmss

4.2.5.12 预计结束作业时间

编号:CZ020500012

数据元名称:预计结束作业时间

中文全拼:yu-ji-jie-shu-zuo-ye-shi-jian

定义:预计结束作业时间。

数据元类型:日期时间型

数据元格式:YYYYMMDDhhmmss

4.2.5.13 装/卸载船标记

编号:CZ020500013

数据元名称:装/卸载船标记

中文全拼:zhuang/xie-zai-chuan-biao-ji

定义:表示船舶属装载船还是卸载船的标记。

数据元类型:字符型

数据元格式:n1

值域:1-卸载船;2-装载船

4.2.6 液态货申报信息

4.2.6.1 装货舱室编号

编号:CZ020600001

数据元名称:装货舱室编号

中文全拼:zhuang-huo-cang-shi-bian-hao

定义:装载液态货物的船舱编号。

数据元类型:字符型

数据元格式:an..40

值域:"左\中\右"+"-"+"1-20\SLOP"+"-"+"其他详细描述"

备注:值域示例"左-1-","--其他"。

4.2.6.2 实际吃水

编号:CZ020600002

数据元名称:实际吃水

中文全拼:shi-ji-chi-shui

定义:装载液货的船舶的实际吃水深度。

数据元类型:数字型

数据元格式:n11,2

计量单位:米(m)

4.2.6.3 液舱是否惰化

编号:CZ020600003

数据元名称:液舱是否惰化

中文全拼:ye-cang-shi-fou-duo-hua

定义:表示液舱是否惰化的标记。

数据元类型:字符型

数据元格式:n1

值域:0-否;1-是

4.2.6.4 货物运输温度

编号:CZ020600004

数据元名称:货物运输温度

中文全拼:huo-wu-yun-shu-wen-du

定义:货物运输时要求的温度。

数据元类型:数字型

数据元格式:n8,2

计量单位:摄氏度(℃)

4.2.6.5 装卸作业温度

编号:CZ020600005

数据元名称:装卸作业温度

中文全拼:zhuang-xie-zuo-ye-wen-du

定义:对液态货物进行装卸作业的温度。

数据元类型:数字型

数据元格式:n8,2

计量单位:摄氏度(℃)

4.2.6.6 申请免除预洗方式

编号:CZ020600006

数据元名称:申请免除预洗方式

中文全拼:shen-qing-mian-chu-yu-xi-fang-shi

定义:表示申请免除预洗方式的标记。

数据元类型:字符型

数据元格式:n1

值域:1-到下一港处理;2-自然通风处理;3-专用船或舱室

4.2.6.7 清洗液货舱作业是否水洗

编号:CZ020600007

数据元名称:清洗液货舱作业是否水洗

中文全拼:qing-xi-ye-huo-cang-zuo-ye-shi-fou-shui-xi

定义:表示清洗液货舱作业后是否水洗的标记。

数据元类型:字符型

数据元格式:n1

值域:0-否;1-是

4.2.6.8 是否使用清洁剂/添加剂清洗

编号:CZ020600008

数据元名称:是否使用清洁剂/添加剂清洗

中文全拼:shi-fou-shi-yong-qing-jie-ji/tian-jia-ji-qing-xi
定义:表示是否使用清洁剂或添加剂清洗的标记。
数据元类型:字符型
数据元格式:n1
值域:0-否;1-是

4.2.6.9 原油洗舱
编号:CZ020600009
数据元名称:原油洗舱
中文全拼:yuan-you-xi-cang
定义:表示是否做原油洗舱的标记。
数据元类型:字符型
数据元格式:n1
值域:0-否;1-是

4.2.6.10 是否驱气作业
编号:CZ020600010
数据元名称:是否驱气作业
中文全拼:shi-fou-qu-qi-zuo-ye
定义:表示是否进行驱气作业的标记。
数据元类型:字符型
数据元格式:n1
值域:0-否;1-是

4.2.6.11 围油栏防护方式代码
编号:CZ020600011
数据元名称:围油栏防护方式代码
中文全拼:wei-you-lan-fang-hu-fang-shi-dai-ma
定义:表示围油栏防护方式的标记代码。
数据元类型:字符型
数据元格式:n1
值域:1-围护;2-监护

4.2.6.12 围油栏作业队伍备案编号
编号:CZ020600012
数据元名称:围油栏作业队伍备案编号
中文全拼:wei-you-lan-zuo-ye-dui-wu-bei-an-bian-hao
定义:围油栏作业队伍备案编号。
数据元类型:字符型
数据元格式:an..6

4.2.7 液态货申报装载舱室信息

4.2.7.1 横向位置
编号:CZ020700001
数据元名称:横向位置
中文全拼:heng-xiang-wei-zhi
定义:表示液态货申报装载舱室横向位置的标记。
数据元类型:字符型

数据元格式:n2

值域:左、中、右

4.2.7.2 纵向位置

编号:CZ020700002

数据元名称:纵向位置

中文全拼:zong-xiang-wei-zhi

定义:表示液态货申报装载舱室纵向位置的标记。

数据元类型:字符型

数据元格式:n..4

值域:1~20、SLOP

4.2.8 液态货申报洗舱信息

4.2.8.1 洗舱序号

编号:CZ020800001

数据元名称:洗舱序号

中文全拼:xi-cang-xu-hao

定义:洗舱的顺序号。

数据元类型:数字型

数据元格式:n3

4.2.8.2 洗舱舱室

编号:CZ020800002

数据元名称:洗舱舱室

中文全拼:xi-cang-cang-shi

定义:表示洗舱舱室位置的标记。

数据元类型:字符型

数据元格式:an..40

值域:"左\中\右"+"-"+"1-20\SLOP"+"-"+"其他详细描述"

备注:值域示例"左-1-","--其他"。

4.2.8.3 舱室容量

编号:CZ020800003

数据元名称:舱室容量

中文全拼:cang-shi-rong-liang

定义:装载液货的舱室容量。

数据元类型:数字型

数据元格式:n12,1

计量单位:立方米(m^3)

4.2.8.4 洗舱方式

编号:CZ020800004

数据元名称:洗舱方式

中文全拼:xi-cang-fang-shi

定义:表示洗舱方式的标记。

数据元类型:字符型

数据元格式:n1

值域:1-通风;2-机洗;3-其他

4.2.8.5 洗舱介质

编号:CZ020800005

数据元名称:洗舱介质

中文全拼:xi-cang-jie-zhi

定义:洗舱使用的介质名称。

数据元类型:字符型

数据元格式:an..100

4.2.8.6 预计洗舱废液数量

编号:CZ020800006

数据元名称:预计洗舱废液数量

中文全拼:yu-ji-xi-cang-fei-ye-shu-liang

定义:预计洗舱废液的数量。

数据元类型:数字型

数据元格式:n20,3

计量单位:立方米(m^3)、吨(t)

4.2.8.7 拟送处置单位代码

编号:CZ020800007

数据元名称:拟送处置单位代码

中文全拼:ni-song-chu-zhi-dan-wei-dai-ma

定义:拟送处置单位在海事主管部门备案的代码。

数据元类型:字符型

数据元格式:an..6

4.2.8.8 拟送接收单位代码

编号:CZ020800008

数据元名称:拟送接收单位代码

中文全拼:ni-song-jie-shou-dan-wei-dai-ma

定义:拟送接收单位在海事主管部门备案的代码。

数据元类型:字符型

数据元格式:an..6

4.2.9 包件/固体散货申报信息

4.2.9.1 记录标识号

编号:CZ020900001

数据元名称:记录标识号

中文全拼:ji-lu-biao-shi-hao

定义:包件被记录识别的标识号。

数据元类型:数字型

数据元格式:n2

4.2.9.2 包件序号

编号:CZ020900002

数据元名称:包件序号

中文全拼:bao-jian-xu-hao

定义:包件的顺序号。

数据元类型:数字型

数据元格式:n3

4.2.9.3 货物包装标记

编号:CZ020900003

数据元名称:货物包装标记

中文全拼:huo-wu-bao-zhuang-biao-ji

定义:标明包件的 UN 包装标记或包装容器标记。

数据元类型:字符型

数据元格式:an..40

4.2.9.4 包装类型名称

编号:CZ020900004

数据元名称:包装类型名称

中文全拼:bao-zhuang-lei-xing-ming-cheng

定义:表示包件包装类型的规范化中文名称。

数据元类型:字符型

数据元格式:an..30

值域:见 5.14 名称列

备注:如果货物包装标记填写了"UN 包装标记",则本数据可以不填。

4.2.9.5 包装类型代码

编号:CZ020900005

数据元名称:包装类型代码

中文全拼:bao-zhuang-lei-xing-dai-ma

定义:表示包件包装类型的代码。

数据元类型:字符型

数据元格式:an2

值域:见 5.14

4.2.9.6 包件数量

编号:CZ020900006

数据元名称:包件数量

中文全拼:bao-zhuang-shu-liang

定义:危险货物包件的数量。

数据元类型:数字型

数据元格式:n..10

4.2.9.7 限量标记

编号:CZ020900007

数据元名称:限量标记

中文全拼:xian-liang-biao-ji

定义:在包件中的货物是否限量的标记。

数据元类型:字符型

数据元格式:n1

值域:0-否;1-是

4.2.9.8 容器内装净重

编号:CZ020900008

数据元名称:容器内装净重

中文全拼:rong-qi-nei-zhuang-jing-zhong

定义:容器内装载货物的净重量。

数据元类型:数字型

数据元格式:n..20,3

计量单位:千克(kg)、吨(t)

备注:限量时适用。

4.2.9.9 每个包件净重

编号:CZ020900009

数据元名称:每个包件净重

中文全拼:mei-ge-bao-jian-jing-zhong

定义:每个包件的净重量。

数据元类型:数字型

数据元格式:n..20,3

计量单位:千克(kg)、吨(t)

备注:限量时适用。

4.2.9.10 是否含废弃物

编号:CZ020900010

数据元名称:是否含废弃物

中文全拼:shi-fou-han-fei-qi-wu

定义:包件中是否含废弃物的标记。

数据元类型:字符型

数据元格式:n1

值域:0-否;1-是

4.2.9.11 空的但未清洁

编号:CZ020900011

数据元名称:空的但未清洁

中文全拼:kong-de-dan-wei-qing-jie

定义:包件是否为空的但未清洁。

数据元类型:字符型

数据元格式:n1

值域:0-否;1-是

4.2.9.12 积载位置

编号:CZ020900012

数据元名称:积载位置

中文全拼:ji-zai-wei-zhi

定义:货物装载的具体箱号、贝位、尺寸等位置信息。

数据元类型:字符型

数据元格式:an..400

值域:当货物为进港的包件、散货包装、散装固体时,积载位置分3项,第1项为1~99,第2项为左/中/右,第3项为上/中/下/甲板。3项之间用“-”连接,多个积载位置用“;”连接

备注:值域示例“2-左-上;20-右-甲板”。

4.2.10 成组件申报信息

4.2.10.1 记录类型标识
编号:CZ021000001
数据元名称:记录类型标识
中文全拼:ji-lu-lei-xing-biao-shi
定义:成组件货物被记录的类型识别号。
数据元类型:数字型
数据元格式:n2

4.2.10.2 组件类型代码
编号:CZ021000002
数据元名称:组件类型代码
中文全拼:zu-jian-lei-xing-dai-ma
定义:说明被交付装运的危险货物包装为成组件时的具体组件类型代码。
数据元类型:字符型
数据元格式:an3
值域:2.1-集装箱(CONTAINER);2.2-车辆(VEHICLE);2.3-罐柜(PORTABLE TANK)

4.2.10.3 组件识别编号
编号:CZ021000003
数据元名称:组件识别编号
中文全拼:zu-jian-shi-bie-bian-hao
定义:根据组件类型标识组件的编号。
数据元类型:字符型
数据元格式:an..20
备注:标明箱号、罐柜号或其他标识号。

4.2.10.4 是否开敞
编号:CZ021000004
数据元名称:是否开敞
中文全拼:shi-fou-kai-chang
定义:表示组件是否开敞的标记。
数据元类型:字符型
数据元格式:an5
值域:2.1.1-开敞式(OPEN),2.1.2-封闭式(CLOSE)

4.2.10.5 集装箱/罐柜尺寸类型代码
编号:CZ021000005
数据元名称:集装箱/罐柜尺寸类型代码
中文全拼:ji-zhuang-xiang/guan-gui-chi-cun-lei-xing-dai-ma
定义:集装箱或罐柜的标准尺寸类型代码。
数据元类型:字符型
数据元格式:an4
值域:见5.15
备注:集装箱/罐柜必须填写。

4.2.10.6 集装箱/罐柜状态
编号:CZ021000006
数据元名称:集装箱/罐柜状态

中文全拼:ji-zhuang-xiang/guan-gui-zhuang-tai
定义:表示集装箱或罐柜状态的标记。
数据元类型:字符型
数据元格式:a1
值域:F-整;L-拼

4.2.10.7 铅封号

编号:CZ021000007
数据元名称:铅封号
中文全拼:qian-feng-hao
定义:集装箱封箱的铅封号。
数据元类型:字符型
数据元格式:an..10

4.2.10.8 贝位

编号:CZ021000008
数据元名称:贝位
中文全拼:bei-wei
定义:每个集装箱在舱中对应的位置。
数据元类型:数字型
数据元格式:n7
备注:集装箱货进口必选,出口可选(如果放甲板上,最后第二位为是8)。

4.2.10.9 箱内件数

编号:CZ021000009
数据元名称:箱内件数
中文全拼:xiang-nei-jian-shu
定义:箱内的包件数量。
数据元类型:数字型
数据元格式:n6
备注:集装箱货必选。如果是拼箱,描述当前提单、当前品种的箱内件数。

4.2.10.10 组件内货物净重

编号:CZ0210000010
数据元名称:组件内货物净重
中文全拼:zu-jian-nei-huo-wu-jing-zhong
定义:组件内货物的净重量。
数据元类型:数字型
数据元格式:n..10,1
计量单位:千克(kg)
备注:如果是拼箱,描述当前提单、当前品种的组件内的货物净重。

4.2.10.11 组件毛重

编号:CZ021000011
数据元名称:组件毛重
中文全拼:zu-jian-mao-zhong
定义:组件的毛重量。
数据元类型:数字型

数据元格式:n..10,1

计量单位:千克(kg)

4.2.10.12 装箱/充罐作业点

编号:CZ021000012

数据元名称:装箱/充罐作业点

中文全拼:zhuang-xiang/chong-guan-zuo-ye-dian

定义:由海事局发布的装箱/充罐作业地点。

数据元类型:字符型

数据元格式:an..60

备注:集装箱、罐柜必填,海事局会发布这些信息;用户只能从发布的信息中选取。

4.2.10.13 装箱/充罐日期

编号:CZ021000013

数据元名称:装箱/充罐日期

中文全拼:zhuang-xiang/chong-guan-ri-qi

定义:将货物装箱或充罐的日期。

数据元类型:日期型

数据元格式:YYYYMMDD

4.2.10.14 装箱证明书编号

编号:CZ021000014

数据元名称:装箱证明书编号

中文全拼:zhuang-xiang-zheng-ming-shu-bian-hao

定义:由装箱现场检查员填写证明集装箱内所装的每票危险货物已按要求办理危险货物申报的证明书的编号。

数据元类型:字符型

数据元格式:an..30

备注:对于罐柜等不填写。

4.2.10.15 是否拼箱

编号:CZ021000015

数据元名称:是否拼箱

中文全拼:shi-fou-pin-xiang

定义:表示是否拼箱的标记。

数据元类型:字符型

数据元格式:n1

值域:0-否;1-是

4.2.11 附件信息

4.2.11.1 基本清单

4.2.11.1.1 生产单位

编号:CZ021101001

数据元名称:生产单位

中文全拼:sheng-chan-dan-wei

定义:货物的生产单位名称。

数据元类型:字符型

数据元格式:an..100

4.2.11.1.2　鉴定单位

编号:CZ021101002

数据元名称:鉴定单位

中文全拼:jian-ding-dan-wei

定义:对货物危险性进行鉴定的单位名称。

数据元类型:字符型

数据元格式:an..100

4.2.11.1.3　附件类别代码

编号:CZ021101003

数据元名称:附件类别代码

中文全拼:fu-jian-lei-bie-dai-ma

定义:附件类别的标记。

数据元类型:字符型

数据元格式:n1

值域:1-货物附件;2-包装附件;3-船舶附件;4-其他

4.2.11.1.4　附件清单名称

编号:CZ021101004

数据元名称:附件清单名称

中文全拼:fu-jian-qing-dan-ming-cheng

定义:表示附件清单的名称。

数据元类型:字符型

数据元格式:an..60

值域:见5.16的名称列

备注:如果清单中“包件货物信息”的“限量”为是,则提供限量证明书。

4.2.11.1.5　附件清单名称代码

编号:CZ021101005

数据元名称:附件清单名称代码

中文全拼:fu-jian-qing-dan-ming-cheng-dai-ma

定义:表示附件清单名称的代码。

数据元类型:字符型

数据元格式:n1

值域:见5.16

备注:从参数表中选择,如果包件货物信息的“限量”为是,则提供限量证明书。

4.2.11.1.6　附件编号

编号:CZ021101006

数据元名称:附件编号

中文全拼:fu-jian-bian-hao

定义:附件的编号。

数据元类型:字符型

数据元格式:an..30

4.2.11.1.7　附件数量

编号:CZ021101007

数据元名称:附件数量

中文全拼:fu-jian-shu-liang

定义:附件的数量。

数据元类型:数字型

数据元格式:n10

4.2.11.1.8　附件有效期

编号:CZ021101008

数据元名称:附件有效期

中文全拼:fu-jian-you-xiao-qi

定义:附件的有效日期。

数据元类型:日期型

数据元格式:YYYYMMDD

4.2.11.1.9　签发机构

编号:CZ021101009

数据元名称:签发机构

中文全拼:qian-fa-ji-gou

定义:附件的签发机构名称。

数据元类型:字符型

数据元格式:an..100

4.2.11.1.10　附件备注

编号:CZ021101010

数据元名称:附件备注

中文全拼:fu-jian-bei-zhu

定义:附件的备注说明。

数据元类型:字符型

数据元格式:an..255

4.2.11.2　船舶适载证书信息

4.2.11.2.1　船舶适载证书编号

编号:CZ021102001

数据元名称:船舶适载证书编号

中文全拼:chuan-bo-shi-zai-zheng-shu-bian-hao

定义:由船舶检验机构核发的船舶适载证书的编号。

数据元类型:字符型

数据元格式:an..30

4.2.11.2.2　适载证书有效期

编号:CZ021102002

数据元名称:适载证书有效期

中文全拼:shi-zai-zheng-shu-you-xiao-qi

定义:船舶适载证书的有效期。

数据元类型:日期型

数据元格式:YYYYMMDD

4.2.11.2.3　高危险货物有效期

编号:CZ021102003

数据元名称:高危险货物有效期

中文全拼:gao-wei-xian-huo-wu-you-xiao-qi

定义:适载高危险货物的有效期。

数据元类型:日期型

数据元格式:YYYYMMDD

4.2.11.2.4 签发机构

编号:CZ021102004

数据元名称:签发机构

中文全拼:qian-fa-ji-gou

定义:签发船舶适载证书的船检机构名称。

数据元类型:字符型

数据元格式:an..100

4.2.11.3 船舶适载证书附加信息

4.2.11.3.1 适载危险货物类别/副类别代码

编号:CZ021103001

数据元名称:适载危险货物类别/副类别代码

中文全拼:shi-zai-wei-xian-huo-wu-lei-bie/fu-lei-bie-dai-ma

定义:表示适载危险货物的类别或副类别标记。

数据元类型:字符型

数据元格式:an..10

值域:见5.1

4.2.11.3.2 舱室

编号:CZ021103002

数据元名称:舱室

中文全拼:cang-shi

定义:说明船舶舱室情况。

数据元类型:字符型

数据元格式:an..200

4.2.11.3.3 贝位范围

编号:CZ021103003

数据元名称:贝位范围

中文全拼:bei-wei-fan-wei

定义:说明贝位范围。

数据元类型:字符型

数据元格式:an..200

4.2.11.3.4 适载证书备注

编号:CZ021103004

数据元名称:适载证书备注

中文全拼:shi-zai-zheng-shu-bei-zhu

定义:船舶适载证书的附加说明。

数据元类型:字符型

数据元格式:an..255

4.2.11.4 船舶适载证书图片信息

4.2.11.4.1 图片序号

编号:CZ021104001

数据元名称:图片序号

中文全拼:tu-pian-xu-hao

定义:表示图片的顺序号。

数据元类型:数字型

数据元格式:n..4

4.2.11.4.2 图片

编号:CZ021104002

数据元名称:图片

中文全拼:tu-pian

定义:证书的有关图片。

数据元类型:二进制文本

数据元格式:..ul

4.2.11.4.3 图片备注

编号:CZ021104003

数据元名称:图片备注

中文全拼:tu-pian-bei-zhu

定义:船舶适载证书图片的附加说明。

数据元类型:字符型

数据元格式:an..255

4.2.11.5 商检证信息

4.2.11.5.1 商检证编号

编号:CZ021105001

数据元名称:商检证编号

中文全拼:shang-jian-zheng-bian-hao

定义:国家商检管理部门对货物检查后发放的商检证书的编号。

数据元类型:字符型

数据元格式:an..30

4.2.11.5.2 性能证书编号

编号:CZ021105002

数据元名称:性能证书编号

中文全拼:xing-neng-zheng-shu-bian-hao

定义:说明货物性能的证书编号。

数据元类型:字符型

数据元格式:an..25

4.2.11.5.3 商检证总量

编号:CZ021105003

数据元名称:商检证总量

中文全拼:shang-jian-zheng-zong-liang

定义:商检证验证的总量。

数据元类型:数字型

数据元格式:n..8

4.2.11.5.4 商检证已用数量

编号:CZ021105004

数据元名称:商检证已用数量

中文全拼:shang-jian-zheng-yi-yong-shu-liang

定义:商检证已被核销数量。

数据元类型:数字型

数据元格式:n..8

4.2.11.5.5 商检证有效期至

编号:CZ021105005

数据元名称:商检证有效期至

中文全拼:shang-jian-zheng-you-xiao-qi-zhi

定义:商检证的有效截止日期。

数据元类型:日期型

数据元格式:YYYYMMDD

4.2.11.5.6 所有者

编号:CZ021105006

数据元名称:所有者

中文全拼:suo-you-zhe

定义:持有商检证的人或单位的名称。

数据元类型:字符型

数据元格式:an..100

4.2.11.5.7 商检证是否用完

编号:CZ021105007

数据元名称:商检证是否用完

中文全拼:shang-jian-zheng-shi-fou-yong-wan

定义:表示商检证是否用完的标记。

数据元类型:字符型

数据元格式:n1

值域:0-否;1-是

4.2.11.5.8 商检备注

编号:CZ021105008

数据元名称:商检备注

中文全拼:shang-jian-bei-zhu

定义:商检管理部门对货物检查的备注说明。

数据元类型:字符型

数据元格式:an..255

4.2.11.6 商检证历史信息

4.2.11.6.1 变更方式代码

编号:CZ021106001

数据元名称:变更方式代码

中文全拼:bian-gen-fang-shi-dai-ma

定义:变更商检证方式的标记。

数据元类型:字符型

数据元格式:n1

值域:1-手动维护变更,2-业务自动变更

4.2.11.6.2 商检证总量变化状态

编号:CZ021106002

数据元名称:商检证总量变化状态

中文全拼:shang-jian-zheng-zong-liang-bian-hua-zhuang-tai

定义:商检证总量变化状态的描述。

数据元类型:字符型

数据元格式:an..100

4.2.11.6.3 已用数量变化状态

编号:CZ021106003

数据元名称:已用数量变化状态

中文全拼:yi-yong-shu-liang-bian-hua-zhuang-tai

定义:商检证已用数量变化状态的描述。

数据元类型:字符型

数据元格式:an..100

4.2.11.6.4 流转时间

编号:CZ021106004

数据元名称:流转时间

中文全拼:liu-zhuan-shi-jian

定义:商检证的流转时间。

数据元类型:日期时间型

数据元格式:YYYYMMDDhhmmss

4.2.11.6.5 处理人员编号

编号:CZ021106005

数据元名称:处理人员编号

中文全拼:chu-li-ren-yuan-bian-hao

定义:商检证流转中处理人员的编号。

数据元类型:字符型

数据元格式:an..15

4.2.11.6.6 对应申报编号

编号:CZ021106006

数据元名称:对应申报编号

中文全拼:dui-ying-shen-bao-bian-hao

定义:商检证对应的申报编号。

数据元类型:字符型

数据元格式:an..25

备注:手动维护时没有对应编号。

4.2.11.7 添加剂证明

4.2.11.7.1 添加剂名称

编号:CZ021107001

数据元名称:添加剂名称

中文全拼:tian-jia-ji-ming-cheng

定义:添加剂的名称。
数据元类型:字符型
数据元格式:an..60

4.2.11.7.2 加入添加剂数量

编号:CZ021107002
数据元名称:加入添加剂数量
中文全拼:jia-ru-tian-jia-ji-shu-liang
定义:加入的添加剂数量。
数据元类型:字符型
数据元格式:an..30
备注:需标明计量单位。

4.2.11.7.3 加入添加剂日期

编号:CZ021107003
数据元名称:加入添加剂日期
中文全拼:jia-ru-tian-jia-ji-ri-qi
定义:加入的添加剂日期。
数据元类型:日期型
数据元格式:YYYYMMDD

4.2.11.7.4 添加剂有效使用期

编号:CZ021107004
数据元名称:添加剂有效使用期
中文全拼:tian-jia-ji-you-xiao-shi-yong-qi
定义:添加剂有效使用期。
数据元类型:日期型
数据元格式:YYYYMMDD

4.2.11.7.5 影响添加剂温度范围

编号:CZ021107005
数据元名称:影响添加剂温度范围
中文全拼:ying-xiang-tian-jia-ji-wen-du-fan-wei
定义:影响添加剂温度范围的说明。
数据元类型:字符型
数据元格式:an..60

4.2.11.7.6 添加剂过期应采取的措施

编号:CZ021107006
数据元名称:添加剂过期应采取的措施
中文全拼:tian-jia-ji-guo-qi-ying-cai-qu-de-cuo-shi
定义:航行时间超过添加剂有效期时,应采取的措施说明。
数据元类型:字符型
数据元格式:an..255

4.2.11.7.7 生产厂家

编号:CZ021107007
数据元名称:生产厂家
中文全拼:sheng-chan-chang-jia

定义:添加剂生产厂家的名称。

数据元类型:字符型

数据元格式:an..100

4.2.11.7.8 生产日期

编号:CZ021107008

数据元名称:生产日期

中文全拼:sheng-chan-ri-qi

定义:添加剂的生产日期。

数据元类型:日期型

数据元格式:YYYYMMDD

4.2.11.8 罐柜船检证书

4.2.11.8.1 罐柜船检证书编号

编号:CZ021108001

数据元名称:罐柜船检证书编号

中文全拼:guan-gui-chuan-jian-zheng-shu-bian-hao

定义:罐柜船检证书的编号。

数据元类型:字符型

数据元格式:an..30

4.2.11.8.2 首次检验日期

编号:CZ021108002

数据元名称:首次检验日期

中文全拼:shou-ci-jian-yan-ri-qi

定义:对罐柜进行首次检验的日期。

数据元类型:日期型

数据元格式:YYYYMMDD

4.2.11.8.3 年度检验日期

编号:CZ021108003

数据元名称:年度检验日期

中文全拼:nian-du-jian-yan-ri-qi

定义:对罐柜进行年度检验的日期。

数据元类型:日期型

数据元格式:YYYYMMDD

4.2.11.8.4 期间检验日期

编号:CZ021108004

数据元名称:期间检验日期

中文全拼:qi-jian-jian-yan-ri-qi

定义:期间检验日期。

数据元类型:日期型

数据元格式:YYYYMMDD

4.2.11.8.5 特殊检验日期

编号:CZ021108005

数据元名称:特殊检验日期

中文全拼:te-shu-jian-yan-ri-qi

定义:对罐柜进行特殊检验的日期。
数据元类型:日期型
数据元格式:YYYYMMDD

4.2.11.9 集装箱装箱申明书

4.2.11.9.1 装箱申明单编号

编号:CZ021109001
数据元名称:装箱申明单编号
中文全拼:zhuang-xiang-shen-ming-dan-bian-hao
定义:由装箱单位于装箱完毕后随有关装箱证明书送交海事机构查验的集装箱声明单的装箱编号。
数据元类型:字符型
数据元格式:an..30
备注:集装箱货进口无此项,出口填写;对于罐柜等不填写。

4.2.11.9.2 装箱检查员编号

编号:CZ021109002
数据元名称:装箱检查员编号
中文全拼:zhuang-xiang-jian-cha-yuan-bian-hao
定义:装箱检查员的编号。
数据元类型:字符型
数据元格式:an..15

4.2.11.9.3 预定装箱日期

编号:CZ021109003
数据元名称:预定装箱日期
中文全拼:yu-ding-zhuang-xiang-ri-qi
定义:预定装箱的日期。
数据元类型:字符型
数据元格式:an..15

4.2.11.9.4 预定装船日期

编号:CZ021109004
数据元名称:预定装船日期
中文全拼:yu-ding-zhuang-chuan-ri-qi
定义:预定装船的日期。
数据元类型:日期型
数据元格式:YYYYMMDD

4.2.11.10 集装箱装箱照片

4.2.11.10.1 装箱照片 FTP 服务器地址

编号:CZ021110001
数据元名称:装箱照片 FTP 服务器地址
中文全拼:zhuang-xiang-zhao-pian-FTP-fu-wu-qi-di-zhi
定义:装箱照片 FTP 服务器地址。
数据元类型:字符型
数据元格式:an..60

4.2.11.10.2 装箱照片 FTP 端口号

编号:CZ021110002

数据元名称:装箱照片 FTP 端口号

中文全拼:zhuang-xiang-zhao-pian-FTP-duan-kou-hao

定义:装箱照片 FTP 端口编号。

数据元类型:字符型

数据元格式:an..60

4.2.11.10.3 装箱照片 FTP 用户名

编号:CZ021110003

数据元名称:装箱照片 FTP 用户名

中文全拼:zhuang-xiang-zhao-pian-FTP-yong-hu-ming

定义:装箱照片 FTP 用户名称。

数据元类型:字符型

数据元格式:an..100

4.2.11.10.4 装箱照片 FTP 密码

编号:CZ021110004

数据元名称:装箱照片 FTP 密码

中文全拼:zhuang-xiang-zhao-pian-FTP-mi-ma

定义:装箱照片 FTP 密码。

数据元类型:字符型

数据元格式:an..10

4.2.11.10.5 装箱照片 FTP 存放地址

编号:CZ021110005

数据元名称:装箱照片 FTP 存放地址

中文全拼:zhuang-xiang-zhao-pian-FTP-cun-fang-di-zhi

定义:装箱照片 FTP 存放地址。

数据元类型:字符型

数据元格式:an..60

4.2.11.10.6 货申报政策时效

编号:CZ021110006

数据元名称:货申报政策时效

中文全拼:huo-shen-bao-zheng-ce-shi-xiao

定义:货物申报政策有效期限。

数据元类型:数字型

数据元格式:n..3

计量单位:小时(h)

4.2.11.10.7 货申报可接收时效

编号:CZ021110007

数据元名称:货申报可接收时效

中文全拼:huo-shen-bao-ke-jie-shou-shi-xiao

定义:货申报可接收的有效时间。

数据元类型:数字型

数据元格式:n..3

计量单位:小时(h)

4.2.11.10.8 证书重复使用期限

编号:CZ021110008

数据元名称:证书重复使用期限

中文全拼:zheng-shu-chong-fu-shi-yong-qi-xian

定义:证书重复使用的期限。

数据元类型:数字型

数据元格式:n..3

计量单位:小时(h)

4.2.11.10.9 船申报政策时效

编号:CZ021110009

数据元名称:船申报政策时效

中文全拼:chuan-shen-bao-zheng-ce-shi-xiao

定义:船申报政策时效。

数据元类型:数字型

数据元格式:n..3

计量单位:小时(h)

4.2.11.10.10 船申报可接收时效

编号:CZ021110010

数据元名称:船申报可接收时效

中文全拼:chuan-shen-bao-ke-jie-shou-shi-xiao

定义:船申报可接收时效。

数据元类型:数字型

数据元格式:n..3

计量单位:小时(h)

4.2.11.10.11 货申报有效期

编号:CZ021110011

数据元名称:货申报有效期

中文全拼:huo-shen-bao-you-xiao-qi

定义:货申报有效期。

数据元类型:数字型

数据元格式:n..3

计量单位:小时(h)

4.2.12 压载水/污水处置信息

4.2.12.1 压载/污水舱室编号

编号:CZ021200001

数据元名称:压载/污水舱室编号

中文全拼:ya-zai/wu-shui-cang-shi-bian-hao

定义:压载/污水舱室编号。

数据元类型:字符型

数据元格式:an..30

4.2.12.2 压载/污水舱类型代码

编号:CZ021200002

数据元名称:压载/污水舱类型代码

中文全拼:ya-zai/wu-shui-cang-lei-xing-dai-ma

定义:表示压载/污水舱类型的代码。

数据元类型:字符型

数据元格式:n1

值域:见5.17

4.2.12.3 水质种类代码

编号:CZ021200003

数据元名称:水质种类代码

中文全拼:shui-zhi-zhong-lei-dai-ma

定义:压载或洗舱水水质种类的代码。

数据元类型:字符型

数据元格式:n2

值域:见5.18

4.2.12.4 总量

编号:CZ021200004

数据元名称:总量

中文全拼:zong-liang

定义:压载或洗舱水的总量。

数据元类型:数字型

数据元格式:n..20,3

计量单位:吨(t),立方米(m^3)

4.2.12.5 污水排放去向

编号:CZ021200005

数据元名称:污水排放去向

中文全拼:wu-shui-pai-fang-qu-xiang

定义:污水排放去向的标记。

数据元类型:字符型

数据元格式:n1

值域:1-港口接收设施;2-直接排放;3-水上船舶接收;4-留存船上

4.2.12.6 预计排放污水/混合物

编号:CZ021200006

数据元名称:预计排放污水/混合物

中文全拼:yu-ji-pai-fang-wu-shui/hun-he-wu

定义:预计排放污水/混合物的数量。

数据元类型:数字型

数据元格式:n..20,3

计量单位:吨(t)或立方米(m^3)

4.2.12.7 处置备注

编号:CZ021200007

数据元名称:处置备注

中文全拼:chu-zhi-bei-zhu

定义:压载或洗舱水处置的备注说明。

数据元类型:字符型

数据元格式:an..255

4.2.12.8 污水处置单位代码

编号:CZ021200008

数据元名称:污水处置单位代码

中文全拼:wu-shui-chu-zhi-dan-wei-dai-ma

定义:污水处置单位在海事管理部门备案的单位代码。

数据元类型:字符型

数据元格式:an..6

4.2.12.9 接收处理凭证代码

编号:CZ021200009

数据元名称:接收处理凭证代码

中文全拼:jie-shou-chu-li-ping-zheng-dai-ma

定义:接收处理凭证的代码。

数据元类型:字符型

数据元格式:an..30

4.2.13 新品种评估

4.2.13.1 新品种评估编号

编号:CZ021300001

数据元名称:新品种评估编号

中文全拼:xin-pin-zhong-ping-gu-bian-hao

定义:新品种评估后的编号。

数据元类型:字符型

数据元格式:an..18

4.2.13.2 评估申请单位

编号:CZ021300002

数据元名称:评估申请单位

中文全拼:ping-gu-shen-qing-dan-wei

定义:申请新品种评估的单位名称。

数据元类型:字符型

数据元格式:an..100

4.2.13.3 评估日期

编号:CZ021300003

数据元名称:评估日期

中文全拼:ping-gu-ri-qi

定义:对新品种进行评估的日期。

数据元类型:日期型

数据元格式:YYYYMMDD

4.2.13.4 评估类型代码

编号:CZ021300004

数据元名称:评估类型代码

中文全拼:ping-gu-lei-xing-dai-ma

定义:评估类型的标记。

数据元类型:字符型

数据元格式:n1

值域:1-作业;2-过境

4.2.14 护航申请

4.2.14.1 强制护航原因

编号:CZ021400001

数据元名称:强制护航原因

中文全拼:qiang-zhi-hu-hang-yuan-yin

定义:强制护航原因的说明。

数据元类型:字符型

数据元格式:an..255

4.2.14.2 强制护航备注

编号:CZ021400002

数据元名称:强制护航备注

中文全拼:qiang-zhi-hu-hang-bei-zhu

定义:通航处对强制护航申请的备注说明。

数据元类型:字符型

数据元格式:an..255

4.2.14.3 强制护航状态标识

编号:CZ021400003

数据元名称:强制护航状态标识

中文全拼:qiang-zhi-hu-hang-zhuang-tai-biao-shi

定义:强制护航状态标识。

数据元类型:字符型

数据元格式:n1

值域:0-待处理;1-已同意;2-不同意

4.2.14.4 强制护航处理人员

编号:CZ021400004

数据元名称:强制护航处理人员

中文全拼:qiang-zhi-hu-hang-chu-li-ren-yuan

定义:强制护航处理人员的姓名。

数据元类型:字符型

数据元格式:an..30

4.2.14.5 强制护航处理时间

编号:CZ021400005

数据元名称:强制护航处理时间

中文全拼:qiang-zhi-hu-hang-chu-li-shi-jian

定义:强制护航处理的时间。

数据元类型:日期时间型

数据元格式:YYYYMMDDhhmm

4.2.14.6 记录修改人员

编号:CZ021400006

数据元名称:记录修改人员

中文全拼:ji-lu-xiu-gai-ren-yuan

定义:记录修改人员的姓名。
数据元类型:字符型
数据元格式:an..30

4.2.15 围油栏防护

4.2.15.1 围油栏防护方式代码

编号:CZ021500001
数据元名称:围油栏防护方式代码
中文全拼:wei-you-lan-fang-hu-fang-shi-dai-ma
定义:表示围油栏防护方式的标记。
数据元类型:字符型
数据元格式:n1
值域:1-围护;2-监护

4.2.15.2 围油栏作业队伍备案编号

编号:CZ021500002
数据元名称:围油栏作业队伍备案编号
中文全拼:wei-you-lan-zuo-ye-dui-wu-bei-an-bian-hao
定义:围油栏作业队伍备案编号。
数据元类型:字符型
数据元格式:an..6

4.2.15.3 围油栏备注

编号:CZ021500003
数据元名称:围油栏备注
中文全拼:wei-you-lan-bei-zhu
定义:围油栏情况备注说明。
数据元类型:字符型
数据元格式:an..255

4.2.15.4 围油栏查验状态

编号:CZ021500004
数据元名称:围油栏查验状态
中文全拼:wei-you-lan-cha-yan-zhuang-tai
定义:表示围油栏查验状态的标记。
数据元类型:字符型
数据元格式:n1
值域:0-待处理;1-已同意;2-不同意

4.2.15.5 围油栏查验处理人员

编号:CZ021500005
数据元名称:围油栏查验处理人员
中文全拼:wei-you-lan-cha-yan-chu-li-ren-yuan
定义:围油栏查验处理人员的姓名。
数据元类型:字符型
数据元格式:an..30

4.2.15.6 围油栏查验处理时间

编号:CZ021500006

数据元名称:围油栏查验处理时间

中文全拼:wei-you-lan-cha-yan-chu-li-shi-jian

定义:围油栏查验处理时间。

数据元类型:日期时间型

数据元格式:YYYYMMDDhhmmss

4.2.15.7　记录修改人员

编号:CZ021500007

数据元名称:记录修改人员

中文全拼:ji-lu-xiu-gai-ren-yuan

定义:记录修改人员的姓名。

数据元类型:字符型

数据元格式:an..30

4.3　检查信息

4.3.1　一般现场检查

4.3.1.1　检查表编号

编号:CZ030100001

数据元名称:检查表编号

中文全拼:jian-cha-biao-bian-hao

定义:现场检查表的编号。

数据元类型:字符型

数据元格式:an..10

4.3.1.2　检查日期

编号:CZ030100002

数据元名称:检查日期

中文全拼:jian-cha-ri-qi

定义:进行现场检查的日期。

数据元类型:日期型

数据元格式:YYYYMMDD

4.3.1.3　检查类型代码

编号:CZ030100003

数据元名称:检查类型代码

中文全拼:jian-cha-lei-xing-dai-ma

定义:一般现场检查项目的分类代码。

数据元类型:字符型

数据元格式:n1

值域:1-船舶是否超载;2-适载证书;3-人员配备;4-机械设备

4.3.1.4　检查内容名称

编号:CZ030100004

数据元名称:检查内容名称

中文全拼:jian-cha-nei-rong-ming-cheng

定义:现场检查内容的中文名称。

数据元类型:字符型

数据元格式:an..30

4.3.1.5 检查结果代码

编号:CZ030100005

数据元名称:检查结果代码

中文全拼:jian-cha-jie-guo-dai-ma

定义:现场检查结果的标记代码。

数据元类型:字符型

数据元格式:n1

值域:0-不合格;1-合格

4.3.1.6 最终检查结果说明

编号:CZ030100006

数据元名称:最终检查结果说明

中文全拼:zui-zhong-jian-cha-jie-guo-shuo-ming

定义:最终检查结果的说明。

数据元类型:字符型

数据元格式:an..255

4.3.2 集装箱装箱现场检查

4.3.2.1 装箱数量

编号:CZ030200001

数据元名称:装箱数量

中文全拼:zhuang-xiang-shu-liang

定义:货物装箱的自然箱数。

数据元类型:数字型

数据元格式:n4

计量单位:箱

4.3.2.2 检查地点

编号:CZ030200002

数据元名称:检查地点

中文全拼:jian-cha-di-dian

定义:对集装箱进行检查的地点。

数据元类型:字符型

数据元格式:an..60

4.3.2.3 集装箱外表是否无损伤标识

编号:CZ030200003

数据元名称:集装箱外表是否无损伤标识

中文全拼:ji-zhuang-xiang-wai-biao-shi-fou-wu-sun-shang-biao-shi

定义:表示集装箱外表是否无损伤的识别标记。

数据元类型:字符型

数据元格式:n1

值域:0-否;1-是;2-不适用

4.3.2.4 箱门封闭标识

编号:CZ030200004

数据元名称:箱门封闭标识

中文全拼:xiang-men-feng-bi-biao-shi

定义:表示箱门是否封闭的识别标记。

数据元类型:字符型

数据元格式:n1

值域:0-否;1-是;2-不适用

4.3.2.5 箱内干燥标识

编号:CZ030200005

数据元名称:箱内干燥标识

中文全拼:xiang-nei-gan-zao-biao-shi

定义:表示箱内是否干燥的识别记号。

数据元类型:字符型

数据元格式:n1

值域:0-否;1-是;2-不适用

4.3.2.6 箱内无遗留物标识

编号:CZ030200006

数据元名称:箱内无遗留物标识

中文全拼:xiang-nei-wu-yi-liu-wu-biao-shi

定义:表示箱内是否清洁无遗留物的识别记号。

数据元类型:字符型

数据元格式:n1

值域:0-否;1-是;2-不适用

4.3.2.7 箱内无无关危险货物标识

编号:CZ030200007

数据元名称:箱内无无关危险货物标识

中文全拼:xiang-nei-wu-wu-guan-wei-xian-huo-wu-biao-shi

定义:表示箱内是否无无关危险货物的识别记号。

数据元类型:字符型

数据元格式:n1

值域:0-否;1-是;2-不适用

4.3.2.8 相关标志标记是否正确齐备标识

编号:CZ030200008

数据元名称:相关标志标记是否正确齐备标识

中文全拼:xiang-guan-biao-zhi-biao-ji-shi-fou-zheng-que-qi-bei-biao-shi

定义:表示相关标志标记是否正确齐备的识别记号。

数据元类型:字符型

数据元格式:n1

值域:0-否;1-是;2-不适用

4.3.2.9 包装与所装危险货物是否相符标识

编号:CZ030200009

数据元名称:包装与所装危险货物是否相符标识

中文全拼:bao-zhuang-yu-suo-zhuang-wei-xian-huo-wu-shi-fou-xiang-fu-biao-shi

定义:表示包装与所装危险货物是否相符的识别标记。

数据元类型:字符型

数据元格式:n1

值域:0-否;1-是;2-不适用

4.3.2.10 是否在限定作业品种范围标识

编号:CZ030200010

数据元名称:是否在限定作业品种范围标识

中文全拼:shi-fou-zai-xian-ding-zuo-ye-pin-zhong-fan-wei-biao-shi

定义:表示危险货物是否在限定作业品种范围的识别标记。

数据元类型:字符型

数据元格式:n1

值域:0-否;1-是;2-不适用

4.3.2.11 包装是否无损坏撒漏标识

编号:CZ030200011

数据元名称:包装是否无损坏撒漏标识

中文全拼:bao-zhuang-shi-fou-wu-sun-huai-sa-lou-biao-shi

定义:表示危险货物的包装是否无损坏、撒漏、渗漏的识别标记。

数据元类型:字符型

数据元格式:n1

值域:0-否;1-是;2-不适用

4.3.2.12 包件危险货物标志或标记是否正确标识

编号:CZ030200012

数据元名称:包件危险货物标志或标记是否正确标识

中文全拼:bao-jian-wei-xian-huo-wu-biao-zhi-huo-biao-ji-shi-fou-zheng-que-biao-shi

定义:表示包件危险货物的标志或标记是否正确的识别记号。

数据元类型:字符型

数据元格式:n1

值域:0-否;1-是;2-不适用

4.3.2.13 危货是否有合格衬垫标识

编号:CZ030200013

数据元名称:危货是否有合格衬垫标识

中文全拼:wei-huo-shi-fou-you-he-ge-chen-dian-biao-shi

定义:表示危险货物是否有合格衬垫的识别标记。

数据元类型:字符型

数据元格式:n1

值域:0-否;1-是;2-不适用

4.3.2.14 货物是否正确堆码标识

编号:CZ030200014

数据元名称:货物是否正确堆码标识

中文全拼:huo-wu-shi-fou-zheng-que-dui-ma-biao-shi

定义:表示货物是否正确堆码的识别标记。

数据元类型:字符型

数据元格式:n1

值域:0-否;1-是;2-不适用

4.3.2.15 货物是否按规定进行加固标识

编号:CZ030200015

数据元名称:货物是否按规定进行加固标识

中文全拼:huo-wu-shi-fou-an-gui-ding-jin-xing-jia-gu-biao-shi

定义:表示货物是否按规定进行加固的识别标记。

数据元类型:字符型

数据元格式:n1

值域:0-否;1-是;2-不适用

4.3.2.16 是否靠近箱门装载标识

编号:CZ030200016

数据元名称:是否靠近箱门装载标识

中文全拼:shi-fou-kao-jin-xiang-men-zhuang-zai-biao-shi

定义:表明危险货物只占部分货物时,是否靠近箱门装载的识别标记。

数据元类型:字符型

数据元格式:n1

值域:0-否;1-是;2-不适用

4.3.2.17 是否符合隔离要求标识

编号:CZ030200017

数据元名称:是否符合隔离要求标识

中文全拼:shi-fou-fu-he-ge-li-yao-qiu-biao-shi

定义:表示不同货物装载时,是否符合隔离要求的识别标记。

数据元类型:字符型

数据元格式:n1

值域:0-否;1-是;2-不适用

4.3.2.18 箱内是否无不相容货物拼箱积载标识

编号:CZ030200018

数据元名称:箱内是否无不相容货物拼箱积载标识

中文全拼:xiang-nei-shi-fou-wu-bu-xiang-rong-huo-wu-pin-xiang-ji-zai-biao-shi

定义:表示箱内是否无不相容货物拼箱积载的识别标记。

数据元类型:字符型

数据元格式:n1

值域:0-否;1-是;2-不适用

4.3.2.19 是否按规定采取控温措施标识

编号:CZ030200019

数据元名称:是否按规定采取控温措施标识

中文全拼:shi-fou-an-gui-ding-cai-qu-kong-wen-cuo-shi-biao-shi

定义:对有温度控制要求的危货,说明是否按规定采取控温措施的识别标记。

数据元类型:字符型

数据元格式:n1

值域:0-否;1-是;2-不适用

4.3.2.20 是否采取足够的安全防护措施标识

编号:CZ030200020

数据元名称:是否采取足够的安全防护措施标识

中文全拼:shi-fou-cai-qu-zu-gou-de-an-quan-fang-hu-cuo-shi-biao-shi

定义:说明装箱人员是否采取足够的安全防护措施的识别标记。

数据元类型:字符型

数据元格式:n1

值域:0-否;1-是;2-不适用

4.3.2.21 现场是否采取安全防护措施标识

编号:CZ030200021

数据元名称:现场是否采取安全防护措施标识

中文全拼:xian-chang-shi-fou-cai-qu-an-quan-fang-hu-cuo-shi-biao-shi

定义:表明易燃、易爆危险货物装箱时现场是否采取安全防护措施的识别标记。

数据元类型:字符型

数据元格式:n1

值域:0-否;1-是;2-不适用

4.3.2.22 是否轻拿轻放按规定置放标识

编号:CZ030200022

数据元名称:是否轻拿轻放按规定置放标识

中文全拼:shi-fou-qing-na-qing-fang-an-gui-ding-zhi-fang-biao-shi

定义:表示危货搬运时是否轻拿轻放按规定置放的识别标记。

数据元类型:字符型

数据元格式:n1

值域:0-否;1-是;2-不适用

4.3.2.23 是否有装箱检查员进行现场监督检查标识

编号:CZ030200023

数据元名称:是否有装箱检查员进行现场监督检查标识

中文全拼:shi-fou-you-zhuang-xiang-jian-cha-yuan-jin-xing-xian-chang-jian-du-jian-cha-biao-shi

定义:表示装箱作业现场是否有装箱检查员进行现场监督检查的识别标记。

数据元类型:字符型

数据元格式:n1

值域:0-否;1-是;2-不适用

4.3.2.24 是否按规定程序签发有效装箱证明书标识

编号:CZ030200024

数据元名称:是否按规定程序签发有效装箱证明书标识

中文全拼:shi-fou-an-gui-ding-cheng-xu-qian-fa-you-xiao-zhuang-xiang-zheng-ming-shu-biao-shi

定义:表示装箱检察员是否按规定程序签发有效装箱证明书的识别标记。

数据元类型:字符型

数据元格式:n1

值域:0-否;1-是;2-不适用

4.3.2.25 是否与实际装箱内容一致标识

编号:CZ030200025

数据元名称:是否与实际装箱内容一致标识

中文全拼:shi-fou-yu-shi-ji-zhuang-xiang-nei-rong-yi-zhi-biao-shi

定义:表示危货申报单是否与实际装箱内容一致的识别标记。

数据元类型:字符型

数据元格式:n1

值域:0-否;1-是;2-不适用

4.3.2.26　填写格式是否规范标识

编号:CZ030200026

数据元名称:填写格式是否规范标识

中文全拼:tian-xie-ge-shi-shi-fou-gui-fan-biao-shi

定义:表示装箱证明书填写格式是否规范的识别标记。

数据元类型:字符型

数据元格式:n1

值域:0-否;1-是;2-不适用

4.3.2.27　装箱证明书内容是否与实际相符标识

编号:CZ030200027

数据元名称:装箱证明书内容是否与实际相符标识

中文全拼:zhuang-xiang-zheng-ming-shu-nei-rong-shi-fou-yu-shi-ji-xiang-fu-biao-shi

定义:表示装箱证明书内容是否与实际相符的识别标记。

数据元类型:字符型

数据元格式:n1

值域:0-否;1-是;2-不适用

4.3.2.28　罐柜标牌是否完好有效标识

编号:CZ030200028

数据元名称:罐柜标牌是否完好有效标识

中文全拼:guan-gui-biao-pai-shi-fou-wan-hao-you-xiao-biao-shi

定义:表示罐柜标牌是否完好有效的识别标记。

数据元类型:字符型

数据元格式:n1

值域:0-否;1-是;2-不适用

4.3.2.29　固体外表是否无损伤标识

编号:CZ030200029

数据元名称:固体外表是否无损伤标识

中文全拼:gu-ti-wai-biao-shi-fou-wu-sun-shang-biao-shi

定义:表示固体外表是否无损伤的识别标记。

数据元类型:字符型

数据元格式:n1

值域:0-否;1-是;2-不适用

4.3.2.30　罐体各阀门是否密闭标识

编号:CZ030200030

数据元名称:罐体各阀门是否密闭标识

中文全拼:guan-ti-ge-fa-men-shi-fou-mi-bi-biao-shi

定义:表示罐体各阀门是否密闭的识别标记。

数据元类型:字符型

数据元格式:n1

值域:0-否;1-是;2-不适用

4.3.2.31　罐体与罐架是否牢固标识

编号:CZ030200031

数据元名称:罐体与罐架是否牢固标识

中文全拼:guan-ti-yu-guan-jia-shi-fou-lao-gu-biao-shi
定义:表示罐体与罐架是否牢固的识别标记。
数据元类型:字符型
数据元格式:n1
值域:0-否;1-是;2-不适用

4.3.2.32 罐体是否无危险货物标识
编号:CZ030200032
数据元名称:罐体是否无危险货物标识
中文全拼:guan-ti-shi-fou-wu-wei-xian-huo-wu-biao-shi
定义:表示罐体是否无危险货物的识别标记。
数据元类型:字符型
数据元格式:n1
值域:0-否;1-是;2-不适用

4.3.2.33 存在缺陷
编号:CZ030200033
数据元名称:存在缺陷
中文全拼:cun-zai-que-xian
定义:集装箱存在缺陷的简要说明。
数据元类型:字符型
数据元格式:an..255

4.3.2.34 查验日期
编号:CZ030200034
数据元名称:查验日期
中文全拼:cha-yan-ri-qi
定义:对集装箱进行现场查验的日期。
数据元类型:日期型
数据元格式:YYYYMMDD

4.3.3 违章信息

4.3.3.1 违章单位名称
编号:CZ030300001
数据元名称:违章单位名称
中文全拼:wei-zhang-dan-wei-ming-cheng
定义:违章单位的中文名称。
数据元类型:字符型
数据元格式:an..100

4.3.3.2 违章类别代码
编号:CZ030300002
数据元名称:违章类别代码
中文全拼:wei-zhang-lei-bie-dai-ma
定义:表示违章类别的代码。
数据元类型:字符型
数据元格式:n1
值域:0-申报员违章;1-申报单位违章;2-船舶违章

4.3.3.3 违章时间

编号:CZ030300003

数据元名称:违章时间

中文全拼:wei-zhang-shi-jian

定义:违章的时间。

数据元类型:日期时间型

数据元格式:YYYYMMDDhhmmss

4.4 审核信息

4.4.1 审批信息

4.4.1.1 审批单位

编号:CZ040100001

数据元名称:审批单位

中文全拼:shen-pi-dan-wei

定义:对危险货物申报进行审核的单位的中文全称。

数据元类型:字符型

数据元格式:an..100

4.4.1.2 审批日期

编号:CZ040100002

数据元名称:审批日期

中文全拼:shen-pi-ri-qi

定义:对危险货物申报进行审核批准的日期。

数据元类型:日期型

数据元格式:YYYYMMDD

4.4.2 油船货物区域要求信息

4.4.2.1 满足19.1要求标志

编号:CZ040200001

数据元名称:满足19.1要求标志

中文全拼:man-zu-19.1-yao-qiu-biao-zhi

定义:表示油船是否满足第19条第1项要求的标记。

数据元类型:字符型

数据元格式:n1

值域:0-否;1-是

备注:适用于对1996年7月6日或以后交船的载重为600吨及以上的油船的双壳体和双层底的要求。

4.4.2.2 满足20.1要求标志

编号:CZ040200002

数据元名称:满足20.1要求标志

中文全拼:man-zu-20.1-yao-qiu-biao-zhi

定义:表示油船是否满足第20条第1项要求的标记。

数据元类型:字符型

数据元格式:n1

值域:0-否,1-是

备注:适用于MARPOL 73/78公约附则Ⅰ的第1.28.5条所定义,在1996年7月6日以前交船的载重量为5,000吨及以上的油船。

4.4.2.3 满足 20.4 要求标志

编号:CZ040200003

数据元名称:满足 20.4 要求标志

中文全拼:man-zu-20.4-yao-qiu-biao-zhi

定义:表示油船是否满足第 20 条第 4 项要求的标记。

数据元类型:字符型

数据元格式:n1

值域:0-否;1-是

备注:适用于对 2005 年 4 月 5 日或以后或在 20.4 列表中规定的年份交船的油船的双壳体和双层底的要求。

4.4.2.4 满足 20.5 要求标志

编号:CZ040200004

数据元名称:满足 20.5 要求标志

中文全拼:man-zu-20.5-yao-qiu-biao-zhi

定义:表示油船是否满足第 20 条第 5 项要求的标记。

数据元类型:字符型

数据元格式:n1

值域:0-否;1-是

4.4.2.5 满足 20.4 要求的交船日期

编号:CZ040200005

数据元名称:满足 20.4 要求的交船日期

中文全拼:man-zu-20.4-yao-qiu-de-jiao-chuan-ri-qi

定义:允许满足第 20 条第 4 项要求的油船的交船日期。

数据元类型:日期型

数据元格式:YYYYMMDD

4.4.2.6 满足 20.5 要求的营运截止日期

编号:CZ040200006

数据元名称:满足 20.5 要求的营运截止日期

中文全拼:man-zu-20.5-yao-qiu-de-ying-yun-jie-zhi-ri-qi

定义:允许满足第 20 条第 5 项要求的油船的营运截止日期。

数据元类型:日期型

数据元格式:YYYYMMDD

4.4.2.7 是否经过 CAS 状况评估检验

编号:CZ040200007

数据元名称:是否经过 CAS 状况评估检验

中文全拼:shi-fou-jing-guo-CAS-zhuang-kuang-ping-gu-jian-yan

定义:表示是否经过状况评估 CAS 检验的标记。

数据元类型:字符型

数据元格式:n1

值域:0-否;1-是

4.4.2.8 已经过 CAS 状况评估检验有效期至

编号:CZ040200008

数据元名称:已经过 CAS 状况评估检验有效期至

中文全拼:yi-jing-guo-CAS-zhuang-kuang-ping-gu-jian-yan-you-xiao-qi-zhi
定义:已经过状况评估 CAS 检验的有效终止日期。
数据元类型:日期型
数据元格式:YYYYMMDD

5 船载客货信息基础数据元值域代码集

5.1 危险类别代码

代码标识为:DM_WXLBDM,采用 GB 12268。

5.2 世界各国和地区名称代码

代码标识为:DM_SJGGHDQMCDM,采用 GB/T 2659。

5.3 码头类型代码

代码标识为:DM_MTLXDM,根据 JT/T 697.3—2007 的 5.13 编制,代码见表 2。

表2 码头类型代码

代码	名称	代码	名称
100	旅客运输码头	262	动植物油
200	货物运输码头	270	木材码头
210	件杂货码头	280	危险品码头
220	散货码头	281	化学品码头
230	散粮码头	282	液化气体码头
240	煤炭码头	300	多用途码头
250	矿石码头	310	集装箱码头
260	油码头	320	滚装码头
261	石油码头	900	其他

5.4 单位从事海事业务范围代码

代码标识为:DM_DWCSHSYWFWDM,代码见表 3。

表3 单位从事海事业务范围代码

代码	名称	代码	名称
01	外/内贸包件货申报	06	外/内贸过驳申报
02	外/内贸液货货申报	07	集装箱装箱
03	外/内贸包件船申报	08	充罐
04	外/内贸液货船申报	09	围油栏作业
05	外/内贸装箱检查	10	船舶废水接收

5.5 单位类型代码

代码标识为:DM_DWLXDM,代码见表 4。

表4 单位类型代码

代码	名称	代码	名称
01	货代	07	洗舱水接收单位
02	船代	08	码头
03	装箱点	09	洗舱水处置单位
04	充罐点	10	围油栏作业队伍
05	船公司	11	含量证明发证机关
06	收发货人	12	承运人

5.6 性别代码

代码标识为:DM_XBDM,采用 GB/T 2261.1。

5.7 人员从事海事业务范围代码

代码标识为:DM_RYCSHSYWFWDM,代码见表5。

表5 人员从事海事业务范围代码

代码	名称	代码	名称
01	外贸货申报	04	内贸船申报
02	外贸船申报	05	外贸装箱检查
03	内贸货申报	06	内贸装箱检查

5.8 申报类型代码

代码标识为:DM_SBLXDM,代码见表6。

表6 申报类型代码

代码	名称	代码	名称
01	包件货申报	11	内贸包件货申报
02	包件船申报	12	内贸包件船申报
03	包件船开后撤销	13	内贸包件船开后撤销
04	液态货申报	14	内贸液态货申报
05	液态船申报	15	内贸液态船申报
06	液态船开后撤销	16	内贸液态船开后撤销
07	液态码头报备	17	内贸液态码头报备
08	装箱点申报	18	内贸装箱证明书
09	装箱证明书	19	内贸装箱点照片
10	装箱点照片上报		

5.9 申报单状态与结果代码

代码标识为:DM_SBDZTYJGDM,代码见表7。

表7 申报单状态与结果代码

代码	状态名称	结果说明
0	待审	准予受理
1	审核通过	同意进/出港
2	审核不通过	不同意进/出港
3	撤销	
4	待受理	
5	退回申报人	不予受理
6	待检查处理	
7	进一步提供资料	
8	未提交	

5.10 货物流向代码

代码标识为:DM_HWLXDM,代码见表8。

表8 货物流向代码

代码	名称	代码	名称
10	出口	15	内转内
11	进口	16	国际中转
12	过境	17	港内驳运
13	内转外	18	过驳
14	外转内	19	整船货物过境

5.11 装运形式代码

代码标识为:DM_ZYXSDM,代码见表9。

表9 装运形式代码

代码	名称	代码	名称
1	件杂货	5	散货包装
2	罐	6	散货固体
3	柜	7	散货液体
4	车辆		

5.12 托/承运单位属性代码

代码标识为:DM_T/CYDWSXDM,代码见表10。

表10 托/承运单位属性代码

代码	名称	代码	名称
1	货主	5	收货人
2	托运人	6	承运人
3	订舱单位	7	船代理
4	发货人		

5.13 港口顺序属性代码

代码标识为:DM_GKSXSXDM,代码见表11。

表11 港口顺序属性代码

代码	名称	代码	名称
1	始发港	4	目的港
2	上一港	5	最后装危险货港
3	下一港		

5.14 包装类型代码

代码标识为:DM_BZLXDM,根据《国际海运危险货物规则》(IMDG CODE)第6部分 包装类型代码编制,代码见表12。

表 12 包装类型代码

代码	名称	用途
01	圆桶	商检使用证明
02	木琵琶桶	商检使用证明
03	罐	商检使用证明
04	箱	商检使用证明
05	袋	商检使用证明
06	复合包装	商检使用证明
11	中型钢性(固体,重力)	船检证明
21	中型钢性(固体,压力)	船检证明
31	中型钢性(液体)	船检证明
13	中型柔性	商检使用证明
50	大型钢性	商检使用证明
51	大型柔性	商检使用证明
52	小型压力容器	
53	罐柜	
99	其他	

5.15 集装箱尺寸类型代码

代码标识为:DM_JZXCCLXDM,代码采用 GB/T 1836—1997。

5.16 附件清单类别代码

代码标识为:DM_FJQDLBDM,代码见表 13。

表 13 附件清单类型代码

代码	名称	用途说明
01	商检使用证明	包件
02	商检性能证明	包件
03	压力容器证明	包件
04	刚性中型散装容器鉴定证明	包件
05	罐柜检验证明书	组件
06	限量内危险货物证明	包件
07	放射性剂量证明	货物
08	其他包装鉴定证明	包件
09	装箱申明单	包件
10	车载危险品货物证明书	组件
11	集装箱装箱证明书	组件
12	未另列明物质证明书	货物
13	危险货物技术证明书	货物
14	货物含量分析证明书	货物

表13(续)

代码	名称	用途说明
15	其他货物适运证明书	货物
16	海洋污染物证明书	货物
19	洗舱废水接收证明	液货
20	医疗监护措施落实确认书	液货
21	特别定期检验证书	液货
22	船级社或船检船型证明	液货
23	油污损害民事责任保险或其他财务保证证书	液货
24	下一港接收设施情况书面确认	液货
25	经主管机关批准的通风程序	液货
26	温度黏度对照表	液货
27	岸方卸货温度确认书	液货
28	船方卸货温度确认书	液货
29	码头免予强制预洗申明	液货
30	船长免予强制预洗申请	液货
31	CAS 检验符合证明	液货
32	船舶布设围油栏协议书	液货
33	护航申请	液货
34	危险货物含量证明	包件

5.17 压载/污水舱类型代码

代码标识为:DM_YZ/WSCLXDM,代码见表14。

表14 压载/污水舱类型代码

代码	名称	代码	名称
0	专用压载舱	3	首尖舱
1	清洁压载舱	4	淡水舱
2	液货舱	9	其他

5.18 水质种类代码

代码标识为:DM_SZZLDM,代码见表15。

表15 水质种类代码

代码	名称	代码	名称
11	清洁压载水	21	含油洗舱污水
12	含油压载水	22	含化学品污水
13	含化学品压载水	23	舱底水

参考文献

[1] JT/T 697.5—2007　交通信息基础数据元　第5部分:船舶信息基础数据元.
[2] JT/T 697.8—2008　交通信息基础数据元　第8部分:水路运输信息基础数据元.
[3] JT/T 697.11—2009　交通信息基础数据元　第11部分:船舶的检验信息基础数据元.
[4] 国际海事组织(IMO)《1974年国际海上人命安全公约》(SOLAS公约).
[5] 国际海事组织(IMO)《国际散装化学品规则》(IBC CODE).
[6]《水路危险货物运输规则》(中华人民共和国交通部令　第10号　1996年11月4日).

ICS 35.240.180
R 07
备案号:

JT

中华人民共和国交通行业标准

JT/T 697.13—2009

交通信息基础数据元
第13部分:收费公路信息基础数据元

Basic data element of transportation information
Part 13: Basic data element of toll road information

2009-02-18 发布 2009-06-01 实施

中华人民共和国交通运输部 发布

目　　次

前　言

JT/T 697《交通信息基础数据元》分为13部分：

——第1部分：总则；

——第2部分：公路信息基础数据元；

——第3部分：港口信息基础数据元；

——第4部分：航道信息基础数据元；

——第5部分：船舶信息基础数据元；

——第6部分：船员信息基础数据元；

——第7部分：道路运输信息基础数据元；

——第8部分：水路运输信息基础数据元；

——第9部分：建设项目信息基础数据元；

——第10部分：交通统计信息基础数据元；

——第11部分：船舶检验信息基础数据元；

——第12部分：船载客货信息基础数据元；

——第13部分：收费公路信息基础数据元。

本部分为JT/T 697 的第13部分。

本部分由交通部科技教育司提出。

本部分由交通部信息通信及导航标准化技术委员会归口。

本部分主要起草单位：北京市交通信息中心、北京市首都公路发展集团有限公司、北京快通高速路电子收费系统有限公司、中交水运规划设计院有限公司

本部分主要起草人：郭爱思、汪祖云、张明月、刘建峰、王梅、廖珽、王刚、黄建玲、杜勇、唐菁

交通信息基础数据元
第13部分:收费公路信息基础数据元

1 范围

本部分规定了收费公路信息基础数据元编制原则和分类、收费公路信息基础数据元及数据元值域代码集。

本部分适用于交通行业建立收费公路数据库的技术属性数据、收费公路管理统计数据和有关信息系统所涉及的收费公路数据的采集、交换与共享。其他涉及收费公路相关信息数据项需引用标准的信息系统或文件也可参照本部分执行。

2 规范性引用文件

下列文件中的条款通过在本部分中引用而成为本部分的条款。凡是注日期的引用文件,其随后所有的修订单(不包括勘误的内容)或修订版均不适用于本部分,然而,鼓励根据本部分达成协议的各方研究是否可使用这些文件的最新版本。凡是不注日期的引用文件,其最新版本适用于本部分。

GB 917.1—2000　公路路线标志规则　命名、编号和编码

GB/T 18277—2000　公路收费制式

GB/T 18367—2001　公路收费方式

JT/T 132—2003　公路数据库编目编码规则

JT/T 697.1　交通信息基础数据元　第1部分:总则

3 数据元编制原则和分类

3.1 编制原则

收费公路信息基础数据元的分类方法、数据元编制规则、数据元值域引用代码编制规则应符合JT/T 697.1的规定。

3.2 分类

3.2.1 根据JT/T 697.1的规定,收费公路的代码为SG。

3.2.2 根据收费公路管理对象和管理业务信息的基本内容和属性,收费公路信息基础数据元划分为五大类:收费公路基本信息、收费依据和标准、收费人员管理、机电系统、收费公路动态信息等,具体分类见表1。

表1　收费公路信息基础数据元分类表

分类编号	名　称	章条	分类编号	名　称	章条
SG01	**收费公路基本信息**	**4.1**	SG010403	停车港湾	4.1.4.3
SG010100	路线	4.1.1	SG010404	紧急行车道	4.1.4.4
SG010200	路段	4.1.2	SG0105	收费管理设施	4.1.5
SG010300	区间	4.1.3	SG010501	路网管理中心	4.1.5.1
SG0104	道路附属设施	4.1.4	SG010502	路段管理中心	4.1.5.2
SG010401	服务区	4.1.4.1	SG010503	收费站	4.1.5.3
SG010402	加油站	4.1.4.2	SG010504	收费广场	4.1.5.4

表 1(续)

分类编号	名　称	章条	分类编号	名　称	章条
SG010505	收费车道	4.1.5.5	SG040100	机电系统基本信息	4.4.1
SG010506	互通立交	4.1.5.6	SG040200	收费系统	4.4.2
SG010600	公路桥梁	4.1.6	SG040300	通信系统	4.4.3
SG010700	公路隧道	4.1.7	SG040400	监控系统	4.4.4
SG010800	建设资金信息	4.1.8	SG040500	供电系统	4.4.5
SG02	**收费依据和标准**	**4.2**	**SG05**	**收费公路动态信息**	**4.5**
SG020100	收费许可	4.2.1	SG0501	交通量	4.5.1
SG020200	收费标准	4.2.2	SG050101	收费广场交通量	4.5.1.1
SG03	**收费人员管理**	**4.3**	SG050102	断面交通量	4.5.1.2
SG030100	收费人员管理方式	4.3.1	SG050200	收费额	4.5.2
SG030200	班次运行情况	4.3.2	SG050300	车辆平均行驶速度	4.5.3
SG04	**机电系统**	**4.4**	SG050400	道路封闭情况	4.5.4

4　收费公路信息基础数据元

4.1　收费公路基本信息

4.1.1　路线

4.1.1.1　路线代码

编号:GL020100001

数据元名称:路线代码

中文全拼:lu-xian-dai-ma

定义:载有路线线路代码、所属行政区划代码等相关信息,用以标识路线的代码。

数据元类型:字符型

数据格式:an10

值域:见表 2 序号 1

备注:同 JT/T 697.2—2007 的 4.2.1.1。

4.1.1.2　路线全称

编号:GL020100002

数据元名称:路线全称

中文全拼:lu-xian-quan-cheng

定义:交通部、省交通厅(局)、公路局(处)规定的路线名称。

数据元类型:字符型

数据格式:an..60

备注:同 JT/T 697.2—2007 的 4.2.1.2。

4.1.1.3　路线简称

编号:GL020100003

数据元名称:路线简称

中文全拼:lu-xian-jian-cheng

定义:按照交通部、省交通厅(局)、公路局(处)规定的路线名称的简称。

数据元类型:字符型

数据格式:an..10

备注:同 JT/T 697.2—2007 的 4.2.1.3。

4.1.1.4 路线起点桩号

编号:GL020100004

数据元名称:路线起点桩号

中文全拼:lu-xian-qi-dian-zhuang-hao

定义:路线起始点位置的里程桩号。

数据元类型:数字型

数据格式:n..7,3

计量单位:千米(km)

备注:精确到0.001km,同 JT/T 697.2—2007 的 4.2.1.4。

4.1.1.5 路线起点名称

编号:GL020100005

数据元名称:路线起点名称

中文全拼:lu-xian-qi-dian-ming-cheng

定义:县级(含)以上路线的起始点名称及具体乡镇地名。

数据元类型:字符型

数据格式:an..60

备注:同 JT/T 697.2—2007 的 4.2.1.5。

4.1.1.6 路线止点桩号

编号:GL020100006

数据元名称:路线止点桩号

中文全拼:lu-xian-zhi-dian-zhuang-hao

定义:路线终止位置的里程桩号。

数据元类型:数字型

数据格式:n..7,3

计量单位:千米(km)

备注:精确到0.001km,同 JT/T 697.2—2007 的 4.2.1.6。

4.1.1.7 路线止点名称

编号:GL020100007

数据元名称:路线止点名称

中文全拼:lu-xian-zhi-dian-ming-cheng

定义:县级(含)以上路线的终止点名称及具体乡镇地名。

数据元类型:字符型

数据格式:an..60

备注:同 JT/T 697.2—2007 的 4.2.1.7。

4.1.2 路段

4.1.2.1 路段名称

编号:SG010200001

数据元名称:路段名称

中文全拼:lu-duan-ming-cheng

定义:收费公路在某一省(市)行政区域内的名称。

数据元类型:字符型

数据格式:an..60

4.1.2.2 路段编码

编号:SG010200002

数据元名称:路段编码

中文全拼:lu-duan-bian-ma

定义:用于收费系统按路段进行收费数据统计的专用代码。

数据元类型:字符型

数据格式:n2

值域:见5.2

4.1.2.3 路段起点桩号

编号:SG010200003

数据元名称:路段起点桩号

中文全拼:lu-duan-qi-dian-zhuang-hao

定义:路段起始点位置所对应的路线里程桩号。

数据元类型:数字型

数据格式:n..7,3

计量单位:千米(km)

备注:精确到0.001km。

4.1.2.4 路段起点名称

编号:SG010200004

数据元名称:路段起点名称

中文全拼:lu-duan-qi-dian-ming-cheng

定义:路段起始点所对应的名称。

数据元类型:字符型

数据格式:an..60

4.1.2.5 路段止点桩号

编号:SG010200005

数据元名称:路段止点桩号

中文全拼:lu-duan-zhi-dian-zhuang-hao

定义:路段终止点位置所对应的路线里程桩号。

数据元类型:数字型

数据格式:n..7,3

计量单位:千米(km)

备注:精确到0.001km。

4.1.2.6 路段止点名称

编号:SG010200006

数据元名称:路段止点名称

中文全拼:lu-duan-zhi-dian-ming-cheng

定义:路段终止点所对应的名称。

数据元类型:字符型

数据格式:an..60

4.1.2.7 所属路线代码

编号:SG010200007

数据元名称:所属路线代码

中文全拼:suo-shu-lu-xian-dai-ma

定义:路段所属的路线代码。

数据元类型:字符型

数据格式:an10

值域:见表2序号1,同JT/T 697.2—2007的4.2.1.1

4.1.2.8 设计时速

编号:SG010200008

数据元名称:设计时速

中文全拼:she-ji-shi-su

定义:路段设计时限定的最高时速。

数据元类型:数字型

数据格式:n3

计量单位:千米/小时(km/h)

4.1.2.9 设计流量

编号:SG010200009

数据元名称:设计流量

中文全拼:she-ji-liu-liang

定义:单位时间内某个断面双向通车数量。

数据元类型:数字型

数据格式:n5

计量单位:辆次/小时

4.1.3 区间

4.1.3.1 区间名称

编号:SG010300001

数据元名称:区间名称

中文全拼: qu-jian-ming-cheng

定义:路段内某一收费运营单位所辖范围的名称。

数据元类型:字符型

数据格式:an..60

4.1.3.2 区间起点桩号

编号:SG010300002

数据元名称:区间起点桩号

中文全拼:qu-jian-qi-dian-zhuang-hao

定义:路段内区间起始点位置所对应的路线里程桩号。

数据元类型:数字型

数据格式:n..7,3

计量单位:千米(km)

备注:精确到0.001km。

4.1.3.3 区间起点名称

编号:SG010300003

数据元名称:区间起点名称

中文全拼:qu-jian-qi-dian-ming-cheng

定义:路段内区间起始点的名称。

数据元类型:字符型

数据格式:an..60

4.1.3.4 区间止点桩号

编号:SG010300004

数据元名称:区间止点桩号

中文全拼:qu-jian-zhi-dian-zhuang-hao

定义:路段内区间终止点位置所对应的路线里程桩号。

数据元类型:数字型

数据格式:n..7,3

计量单位:千米(km)

备注:精确到0.001km。

4.1.3.5 区间止点名称

编号:SG010300005

数据元名称:区间止点名称

中文全拼:qu-jian-zhi-dian-ming-cheng

定义:路段内区间终止点的名称。

数据元类型:字符型

数据格式:an..60

4.1.3.6 所属路段名称

编号:SG010300006

数据元名称:所属路段名称

中文全拼:suo-shu-lu-duan-ming-cheng

定义:区间所属路段的名称。

数据元类型:字符型

数据格式:an..60

4.1.3.7 收费制式代码

编号:SG010300007

数据元名称:收费制式代码

中文全拼:shou-fei-zhi-shi-dai-ma

定义:根据公路条件划分不同区段作为收费基本单位(各区段内按统一费额收费)的制度及相应收费模式称为收费制式。

数据元类型:数字型

数据格式:n1

值域:见5.3

4.1.3.8 收费方式代码

编号:SG010300008

数据元名称:收费方式代码

中文全拼:shou-fei-fang-shi-dai-ma

定义:采用不同自动化程度的技术进行收费的方法。

数据元类型:数字型

数据格式:n1

值域:见5.4

4.1.3.9　通行券类别代码

编号:SG010300009

数据元名称:通行券类别代码

中文全拼:tong-xing-quan-lei-bie-dai-ma

定义:封闭式收费系统在入口车道向通过车辆(公路使用者)发放的记录有入口收费站名(编号)等入口信息的纸基券或塑料卡。通行券由车辆带到出口收费站后作为缴纳通行费的计费凭证。

数据元类型:数字型

数据格式:n1

值域:见5.5

4.1.3.10　通行票据

编号:SG010300010

数据元名称:通行票据

中文全拼:tong-xing-piao-ju

定义:公路使用者为获取行使收费公路通行权而支付费用的凭证。

数据元类型:数字型

数据格式:n1

值域:1-现场打印;2-预先支付;3-非现场给付

4.1.3.11　支付方式代码

编号:SG010300011

数据元名称:支付方式代码

中文全拼:zhi-fu-fang-shi-dai-ma

定义:车辆通过收费公路时支付通行费方式的代码。

数据元类型:数字型

数据格式:n1

值域:见5.6

4.1.4　道路附属设施

4.1.4.1　服务区

4.1.4.1.1　服务区名称

编号:SG010401001

数据元名称:服务区名称

中文全拼:fu-wu-qu-ming-cheng

定义:收费公路服务区的名称。

数据元类型:字符型

数据格式:an..60

4.1.4.1.2　服务区桩号

编号:SG010401002

数据元名称:服务区桩号

中文全拼:fu-wu-qu-zhuang-hao

定义:服务区所对应的路线里程桩号。

数据元类型:数字型

数据格式:n..7,3

计量单位:千米(km)

备注:精确到0.001km。

4.1.4.1.3　服务区所属路段名称

编号:SG010401003

数据元名称:服务区所属路段名称

中文全拼:fu-wu-qu-suo-shu-lu-duan-ming-cheng

定义:服务区所属路段名称。

数据元类型:字符型

数据格式:an..60

4.1.4.2　加油站

4.1.4.2.1　加油站名称

编号:SG010402001

数据元名称:加油站名称

中文全拼:jia-you-zhan-ming-cheng

定义:加油站的名称。

数据元类型:字符型

数据格式:an..60

4.1.4.2.2　加油站桩号

编号:SG010402002

数据元名称:加油站桩号

中文全拼:jia-you-zhan-zhuang-hao

定义:加油站所对应的路线里程桩号。

数据元类型:数字型

数据格式:n..7,3

计量单位:千米(km)

备注:精确到0.001km。

4.1.4.2.3　加油站所在行驶方向

编号:SG010402003

数据元名称:加油站所在行驶方向

中文全拼:jia-you-zhan-suo-zai-xing-shi-fang-xiang

定义:加油站所在收费公路的行驶方向,分上行(与桩号递增的方向相同)、下行(与桩号递减的方向相同)。

数据元类型:数字型

数据格式:n1

值域:1-上行;2-下行

4.1.4.2.4　加油站所属路段名称

编号:SG010402004

数据元名称:加油站所属路段名称

中文全拼:jia-you-zhan-suo-shu-lu-duan-ming-cheng

定义:加油站所属路段名称。

数据元类型:字符型

数据格式:an..60

4.1.4.3　停车港湾

4.1.4.3.1　停车港湾桩号

编号:SG010403001

数据元名称:停车港湾桩号
中文全拼:ting-che-gang-wan-zhuang-hao
定义:停车港湾所对应的路线里程桩号。
数据元类型:数字型
数据格式:n..7,3
计量单位:千米(km)
备注:精确到0.001km。

4.1.4.3.2 停车港湾所在行驶方向

编号:SG010403002
数据元名称:停车港湾所在行驶方向
中文全拼:ting-che-gang-wan-suo-zai-xing-shi-fang-xiang
定义:停车港湾所在道路的行驶方向,分上行、下行。
数据元类型:数字型
数据格式:n1
值域:1-上行;2-下行

4.1.4.3.3 停车港湾所属路段名称

编号:SG010403003
数据元名称:停车港湾所属路段名称
中文全拼:ting-che-gang-wan-suo-shu-lu-duan-ming-cheng
定义:停车港湾所属路段名称。
数据元类型:字符型
数据格式:an..60

4.1.4.4 紧急行车道

4.1.4.4.1 紧急行车道起点桩号

编号:SG010404001
数据元名称:紧急行车道起点桩号
中文全拼:jin-ji-xing-che-dao-qi-dian-zhuang-hao
定义:紧急行车道起始点位置所对应的路线里程桩号。
数据元类型:数字型
数据格式:n..7,3
计量单位:千米(km)
备注:精确到0.001km。

4.1.4.4.2 紧急行车道止点桩号

编号:SG010404002
数据元名称:紧急行车道止点桩号
中文全拼:jin-ji-xing-che-dao-zhi-dian-zhuang-hao
定义:紧急行车道终止点位置所对应的路线里程桩号。
数据元类型:数字型
数据格式:n..7,3
计量单位:千米(km)
备注:精确到0.001km。

4.1.4.4.3 紧急行车道所在行驶方向

编号:SG010404003

数据元名称:紧急行车道所在行驶方向

中文全拼:jin-ji-xing-che-dao-suo-zai-xing-shi-fang-xiang

定义:紧急行车道所在收费公路的行驶方向,分上行、下行。

数据元类型:数字型

数据格式:n1

值域:1-上行;2-下行

4.1.4.4.4 紧急行车道所属路段名称

编号:SG010404004

数据元名称:紧急行车道所属路段名称

中文全拼:jin-ji-xing-che-dao-suo-shu-lu-duan-ming-cheng

定义:紧急行车道所属路段名称。

数据元类型:字符型

数据格式:an..60

4.1.5 收费管理设施

4.1.5.1 路网管理中心

4.1.5.1.1 路网管理中心名称

编号:SG010501001

数据元名称:路网管理中心名称

中文全拼:lu-wang-guan-li-zhong-xin-ming-cheng

定义:管理多条收费公路路段的管理单位名称。

数据元类型:字符型

数据格式:an..100

4.1.5.1.2 路网管理中心所含路段编码

编号:SG010501002

数据元名称:路网管理中心所含路段编码

中文全拼:lu-wang-guan-li-zhong-xin-suo-han-lu-duan-bian-ma

定义:路网管理中心所管辖的所有路段的编码。

数据元类型:字符型

数据格式:n2

值域:见5.2

4.1.5.1.3 拆分方式代码

编号:SG010501003

数据元名称:拆分方式代码

中文全拼:chai-fen-fang-shi-dai-ma

定义:联网收费公路业主间根据不同方法对通行费收入进行拆分的方式代码。

数据元类型:数字型

数据格式:n1

值域:见5.7

4.1.5.1.4 路径识别方式代码

编号:SG010501004

数据元名称:路径识别方式代码

中文全拼:lu-jing-shi-bie-fang-shi-dai-ma

定义:联网收费公路某一入口到某一出口之间多条可通达路径识别方式的代码。

数据元类型:数字型
数据格式:n1
值域:见5.8

4.1.5.2 路段管理中心

4.1.5.2.1 路段管理中心名称

编号:SG010502001
数据元名称:路段管理中心名称
中文全拼:lu-duan-guan-li-zhong-xin-ming-cheng
定义:管理单个路段的中心单位名称。
数据元类型:字符型
数据格式:an..100

4.1.5.2.2 路段管理中心所属路段编码

编号:SG010502002
数据元名称:路段管理中心所属路段编码
中文全拼:lu-duan-guan-li-zhong-xin-suo-shu-lu-duan-bian-ma
定义:路段管理中心所属路段编码。
数据元类型:字符型
数据格式:n2
值域:见5.2

4.1.5.2.3 路段管理中心所辖区间名称

编号:SG010502003
数据元名称:路段管理中心所辖区间名称
中文全拼:lu-duan-guan-li-zhong-xin-suo-xia-qu-jian-ming-cheng
定义:路段管理中心所管辖的不同运营单位管理区间的名称。
数据元类型:字符型
数据格式:an..60

4.1.5.2.4 路段管理中心桩号

编号:SG010502004
数据元名称:路段管理中心桩号
中文全拼:lu-duan-guan-li-zhong-xin-zhuang-hao
定义:路段管理中心所在位置对应的路线里程桩号。
数据元类型:数字型
数据格式:n..7,3
计量单位:千米(km)
备注:精确到0.001km。

4.1.5.3 收费站

4.1.5.3.1 收费站名称

编号:SG010503001
数据元名称:收费站名称
中文全拼:shou-fei-zhan-ming-cheng
定义:交通主管部门批复的收费站名称。
数据元类型:字符型
数据格式:an..60

4.1.5.3.2 收费站编码

编号:SG010503002

数据元名称:收费站编码

中文全拼:shou-fei-zhan-bian-ma

定义:用于收费系统中收费站的专用代码。

数据元类型:字符型

数据格式:n2

值域:见5.2

4.1.5.3.3 收费站所属区间

编号:SG010503003

数据元名称:收费站所属区间

中文全拼:shou-fei-zhan-suo-shu-qu-jian

定义:收费站所属区间的名称。

数据元类型:字符型

数据格式:an..60

4.1.5.3.4 收费站所属路段编码

编号:SG010503004

数据元名称:收费站所属路段编码

中文全拼:shou-fei-zhan-suo-shu-lu-duan-bian-ma

定义:收费站所属路段编码。

数据元类型:字符型

数据格式:n2

值域:见5.2

4.1.5.3.5 收费站桩号

编号:SG010503005

数据元名称:收费站桩号

中文全拼:shou-fei-zhan-zhuang-hao

定义:收费站所在位置对应的路线里程桩号。

数据元类型:数字型

数据格式:n..7,3

计量单位:千米(km)

备注:精确到0.001km。

4.1.5.3.6 收费站属性代码

编号:SG010503006

数据元名称:收费站属性代码

中文全拼:shou-fei-zhan-shu-xing-dai-ma

定义:表示收费站是主线收费站还是匝道收费站的代码。

数据元类型:数字型

数据格式:n1

值域:1-主线收费站;2-匝道收费站

4.1.5.4 收费广场

4.1.5.4.1 收费广场名称

编号:SG010504001

数据元名称:收费广场名称

中文全拼:shou-fei-guang-chang-ming-cheng

定义:根据收费站名称、出入口属性和行驶方向确定的收费广场名称。

数据元类型:字符型

数据格式:an..60

4.1.5.4.2 收费广场编码

编号:SG010504002

数据元名称:收费广场编码

中文全拼:shou-fei-guang-chang-bian-ma

定义:用于收费系统中收费广场的专用代码。

数据元类型:字符型

数据格式:n2

值域:见5.2

4.1.5.4.3 收费广场属性代码

编号:SG010504003

数据元名称:收费广场属性代码

中文全拼:shou-fei-guang-chang-shu-xing-dai-ma

定义:根据出入口和行驶方向确定的广场属性的代码。

数据元类型:数字型

数据格式:n1

值域:见5.9

4.1.5.4.4 所属收费站编码

编号:SG010504004

数据元名称:所属收费站编码

中文全拼:suo-shu-shou-fei-zhan-bian-ma

定义:收费广场所属收费站编码。

数据元类型:字符型

数据格式:n2

值域:见5.2

4.1.5.5 收费车道

4.1.5.5.1 收费车道编码

编号:SG010505001

数据元名称:收费车道编码

中文全拼:shou-fei-che-dao-bian-ma

定义:用于收费系统中某一条收费车道的专用代码。

数据元类型:字符型

数据格式:n2

值域:见5.2

4.1.5.5.2 所属收费广场编码

编号:SG010505002

数据元名称:所属收费广场编码

中文全拼:suo-shu-shou-fei-guang-chang-bian-ma

定义:收费车道所属收费广场的编码。

数据元类型:字符型

数据格式:n2

值域:见5.2

4.1.5.6 互通立交

4.1.5.6.1 互通立交名称

编号:SG010506001

数据元名称:互通立交名称

中文全拼:hu-tong-li-jiao-ming-cheng

定义:由两条或多条路段立体交叉而形成的互通式立交的名称。

数据元类型:字符型

数据格式:an..60

4.1.5.6.2 互通立交所属路段编码

编号:SG010506002

数据元名称:互通立交所属路段编码

中文全拼:hu-tong-li-jiao-suo-shu-lu-duan-bian-ma

定义:互通立交所属的所有路段编码。

数据元类型:字符型

数据格式:n2

值域:见5.2

4.1.5.6.3 互通立交所属路线桩号

编号:SG010506003

数据元名称:互通立交所属路线桩号

中文全拼:hu-tong-li-jiao-suo-shu-lu-xian-zhuang-hao

定义:互通立交所属的所有路线里程桩号。

数据元类型:数字型

数据格式:n..7,3

计量单位:千米(km)

备注:精确到0.001km。

4.1.5.6.4 相邻收费站名称

编号:SG010506004

数据元名称:相邻收费站名称

中文全拼:xiang-lin-shou-fei-zhan-ming-cheng

定义:互通立交各方向距离最近的收费站名称。

数据元类型:字符型

数据格式:an..60

4.1.5.6.5 互通性

编号:SG010506005

数据元名称:互通性

中文全拼:hu-tong-xing

定义:任意两相邻收费站之间的路径是否可通行。

数据元类型:字符型

数据格式:n2

值域:0-否;1-是

4.1.6 公路桥梁

4.1.6.1 桥梁代码

编号:GL050100001

数据元名称:桥梁代码

中文全拼:qiao-liang-dai-ma

定义:符合 GB 11708 规定的公路桥梁及公路与铁路两用桥梁的规范代码。

数据元类型:字符型

数据格式:an15

值域:见表 2 序号 2

备注:同 JT/T 697.2—2007 的 4.5.1.1。

4.1.6.2 桥梁名称

编号:GL050100002

数据元名称:桥梁名称

中文全拼:qiao-liang-ming-cheng

定义:符合 GB 11708 规定的公路桥梁及公路与铁路两用桥梁的规范全称。

数据元类型:字符型

数据格式:an..60

备注:同 JT/T 697.2—2007 的 4.5.1.2。

4.1.6.3 桥梁中心桩号

编号:GL050100003

数据元名称:桥梁中心桩号

中文全拼:qiao-liang-zhong-xin-zhuang-hao

定义:桥梁中心点的里程桩号。

数据元类型:数字型

数据格式:n..7,3

计量单位:千米(km)

备注:精确到 0.001km,同 JT/T 697.2—2007 的 4.5.1.3。

4.1.6.4 设计荷载等级

编号:GL050100009

数据元名称:设计荷载等级

中文全拼:she-ji-he-zai-deng-ji

定义:桥设计时所采用的车辆荷载标准等级。

数据元类型:数字型

数据格式:n1

值域:见 5.10

备注:同 JT/T 697.2—2007 的 4.5.1.9。

4.1.6.5 桥梁全长

编号:GL050100013

数据元名称:桥梁全长

中文全拼:qiao-liang-quan-chang

定义:两岸桥台翼墙尾端尖的距离或桥面系行车道长度。

数据元类型:数字型

数据格式:n..6,2

计量单位:米(m)

备注:精确到0.01m,同JT/T 697.2—2007的4.5.1.13。

4.1.6.6 桥面全宽

编号:GL050100016

数据元名称:桥面全宽

中文全拼:qiao-mian-quan-kuan

定义:桥梁内外沿之间的宽度。

数据元类型:数字型

数据格式:n..4,2

计量单位:米(m)

备注:精确到0.01m,同JT/T 697.2—2007的4.5.1.16。

4.1.6.7 桥梁竣工日期

编号:GL050100029

数据元名称:桥梁竣工日期

中文全拼:qiao-liang-jun-gong-ri-qi

定义:桥梁竣工验收的日期。

数据元类型:日期型

数据格式:YYYYMMDD

备注:同JT/T 697.2—2007的4.5.1.29。

4.1.6.8 桥梁机电系统代码

编号:SG010600001

数据元名称:桥梁机电系统代码

中文全拼:qiao-liang-ji-dian-xi-tong-dai-ma

定义:用于表示收费公路桥梁机电系统功能的代码。

数据元类型:数字型

数据格式:n1

值域:见5.11

4.1.6.9 最近一次大修日期

编号:SG010600002

数据元名称:最近一次大修日期

中文全拼:zui-jin-yi-ci-da-xiu-ri-qi

定义:桥梁最近一次的大修日期。

数据元类型:日期型

数据格式:YYYYMMDD

4.1.7 公路隧道

4.1.7.1 隧道代码

编号:GL050200001

数据元名称:隧道代码

中文全拼:sui-dao-dai-ma

定义:公路隧道的代码。

数据元类型:字符型

数据格式:an15

值域:见表2序号3

备注:同 JT/T 697.2—2007 的 4.5.2.1。

4.1.7.2 隧道名称

编号:GL050200002

数据元名称:隧道名称

中文全拼:sui-dao-ming-cheng

定义:公路隧道的全称。

数据元类型:字符型

数据格式:an..60

备注:同 JT/T 697.2—2007 的 4.5.2.2。

4.1.7.3 隧道中心桩号

编号:GL050200003

数据元名称:隧道中心桩号

中文全拼:sui-dao-zhong-xin-zhuang-hao

定义:位于隧道中心处的里程桩号。

数据元类型:数字型

数据格式:n..7,3

计量单位:千米(km)

备注:精确到 0.001km,同 JT/T 697.2—2007 的 4.5.2.3。

4.1.7.4 隧道长度

编号:GL050200005

数据元名称:隧道长度

中文全拼:sui-dao-chang-du

定义:由隧道进口至出口洞门端墙墙面之间的距离。

数据元类型:数字型

数据格式:n..5,1

计量单位:米(m)

备注:精确到 0.1 m,同 JT/T 697.2—2007 的 4.5.2.5。

4.1.7.5 隧道净宽

编号:GL050200006

数据元名称:隧道净宽

中文全拼:sui-dao-jing-kuan

定义:隧道洞身内角间的净宽值,为行车道宽与两侧硬路肩宽度之和。

数据元类型:数字型

数据格式:n..4,2

计量单位:米(m)

备注:精确到 0.01 m,同 JT/T 697.2—2007 的 4.5.2.6。

4.1.7.6 隧道净高

编号:GL050200007

数据元名称:隧道净高

中文全拼:sui-dao-jing-gao

定义:隧道穹顶与路中线之间的净高值。

数据元类型:数字型

数据格式:n..4,2

计量单位:米(m)

备注:精确到0.01 m,同JT/T 697.2—2007的4.5.2.7。

4.1.7.7　隧道照明

编号:GL050200015

数据元名称:隧道照明

中文全拼:sui-dao-zhao-ming

定义:隧道内的照明情况。

数据元类型:数字型

数据格式:n1

值域:见表2序号4

备注:同JT/T 697.2—2007的4.5.2.15。

4.1.7.8　隧道设施

编号:GL050200017

数据元名称:隧道设施

中文全拼:sui-dao-she-shi

定义:隧道内通信、监控、检测、消防等设施的类别。

数据元类型:数字型

数据格式:n1

值域:见5.12

备注:同JT/T 697.2—2007的4.5.2.17。

4.1.7.9　隧道竣工日期

编号:GL050200018

数据元名称:隧道竣工日期

中文全拼:sui-dao-jun-gong-ri-qi

定义:隧道的竣工验收日期。

数据元类型:日期型

数据格式:YYYYMMDD

备注:同JT/T 697.2—2007的4.5.2.18。

4.1.7.10　最近一次维修日期

编号:SG010700001

数据元名称:最近一次维修日期

中文全拼:zui-jin-yi-ci-wei-xiu-ri-qi

定义:隧道最近一次维修日期。

数据元类型:日期型

数据格式:YYYYMMDD

4.1.8　建设资金信息

4.1.8.1　融资方式代码

编号:SG010800001

数据元名称:融资方式代码

中文全拼:rong-zi-fang-shi-dai-ma

定义:建设收费公路融资方式的代码。

数据元类型:数字型

数据格式:n1

值域:见5.13

4.1.8.2 计划总投资

编号:JX020100002

数据元名称:计划总投资

中文全拼:ji-hua-zong-tou-zi

定义:建设项目的总计划投资额。

数据元类型:数字型

数据格式:n..8,4

计量单位:亿元

备注:同JT/T 697.9—2009的4.2.1.2。

4.1.8.3 中央投资

编号:JX020100003

数据元名称:中央投资

中文全拼:zhong-yang-tou-zi

定义:建设项目的中央投资额。

数据元类型:数字型

数据格式:n..10

计量单位:万元

备注:同JT/T 697.9—2009的4.2.1.3。

4.1.8.4 国家预算内资金

编号:JX020100004

数据元名称:国家预算内资金

中文全拼:guo-jia-yu-suan-nei-zi-jin

定义:建设项目本年度国家预算内资金额。

数据元类型:数字型

数据格式:n..12,2

计量单位:万元

备注:同JT/T 697.9—2009的4.2.1.4。

4.1.8.5 部专项资金

编号:JX020100005

数据元名称:部专项资金

中文全拼:bu-zhuan-xiang-zi-jin

定义:建设项目本年度的部专项资金额。

数据元类型:数字型

数据格式:n..12,2

计量单位:万元

备注:同JT/T 697.9—2009的4.2.1.5。

4.1.8.6 国内贷款

编号:JX020100006

数据元名称:国内贷款

中文全拼:guo-nei-dai-kuan

定义:建设项目本年度的国内贷款金额。

数据元类型:数字型

数据格式:n..12,2

计量单位:万元

备注:同 JT/T 697.9—2009 的 4.2.1.6。

4.1.8.7 利用外资

编号:JX020100007

数据元名称:利用外资

中文全拼:li-yong-wai-zi

定义:建设项目本年度的利用外资金额。

数据元类型:数字型

数据格式:n..12,2

计量单位:万元

备注:同 JT/T 697.9.9—2009 的 4.2.1.7。

4.1.8.8 地方自筹

编号:JX020100008

数据元名称:地方自筹

中文全拼:di-fang-zi-chou

定义:建设项目本年度的地方自筹金额。

数据元类型:数字型

数据格式:n..12,2

计量单位:万元

备注:同 JT/T 697.9—2009 的 4.2.1.8。

4.1.8.9 企事业单位资金

编号:JX020100009

数据元名称:企事业单位资金

中文全拼:qi-shi-ye-dan-wei-zi-jin

定义:建设项目本年度的企事业单位资金金额。

数据元类型:数字型

数据格式:n..12,2

计量单位:万元

备注:同 JT/T 697.9—2009 的 4.2.1.9。

4.1.8.10 社会资金

编号:JX020100010

数据元名称:社会资金

中文全拼:she-hui-zi-jin

定义:建设项目本年度的社会资金金额,该社会资金是指国家可调节和控制的、已用于或将用于社会再生产过程的、用货币表现的物资财富。

数据元类型:数字型

数据格式:n..12,2

计量单位:万元

备注:同 JT/T 697.9—2009 的 4.2.1.10。

4.1.8.11 其他资金

编号:JX020100011

数据元名称:其他资金

中文全拼:qi-ta-zi-jin

定义:建设项目本年度的除以上来源外的资金额。

数据元类型:数字型

数据格式:n..12,2

计量单位:万元

备注:同 JT/T 697.9—2009 的 4.2.1.11。

4.2 收费依据和标准

4.2.1 收费许可

4.2.1.1 收费许可审批单位名称

编号:SG020100001

数据元名称:收费许可审批单位名称

中文全拼:shou-fei-xu-ke-shen-pi-dan-wei-ming-cheng

定义:收费许可的审批单位名称。

数据元类型:字符型

数据格式:an..100

4.2.1.2 收费许可审批文号

编号:SG020100002

数据元名称:收费许可审批文号

中文全拼:shou-fei-xu-ke-shen-pi-wen-hao

定义:收费许可对应的批文审批文号。

数据元类型:字符型

数据格式:an..60

4.2.1.3 收费许可区间

编号:SG020100003

数据元名称:收费许可区间

中文全拼:shou-fei-xu-ke-qu-jian

定义:收费许可批文中载明的收费区间名称。

数据元类型:字符型

数据格式:an..60

4.2.1.4 开始运营日期

编号:SG020100004

数据元名称:开始运营日期

中文全拼:kai-shi-yun-ying-ri-qi

定义:收费许可批文中载明的开始运营日期。

数据元类型:日期型

数据格式:YYYYMMDD

4.2.1.5 批准收费年限

编号:SG020100005

数据元名称:批准收费年限

中文全拼:pi-zhun-shou-fei-nian-xian

定义:收费许可批文载明的允许收费年限。

数据元类型:数字型

数据格式:n2

4.2.1.6 收费性质代码

编号:SG020100006

数据元名称:收费性质代码

中文全拼:shou-fei-xing-zhi-dai-ma

定义:收费公路收费性质的代码。

数据元类型:数字型

数据格式:n1

值域:见5.14

4.2.1.7 运营单位名称

编号:SG020100007

数据元名称:运营单位名称

中文全拼:yun-ying-dan-wei-ming-cheng

定义:收费许可批文中载明的运营单位名称。

数据元类型:字符型

数据格式:an..100

4.2.2 收费标准

4.2.2.1 收费标准审批单位名称

编号:SG020200001

数据元名称:收费标准审批单位名称

中文全拼:shou-fei-biao-zhun-shen-pi-dan-wei-ming-cheng

定义:收费标准的审批单位名称。

数据元类型:字符型

数据格式:an..100

4.2.2.2 收费标准审批文号

编号:SG020200002

数据元名称:收费标准审批文号

中文全拼:shou-fei-biao-zhun-shen-pi-wen-hao

定义:收费标准对应的批文文号。

数据元类型:字符型

数据格式:an..60

4.2.2.3 收费车型代码

编号:SG020200003

数据元名称:收费车型代码

中文全拼:shou-fei-che-xing-dai-ma

定义:为了使不同公路使用者合理负担通行费,而将车辆分为多种类型的代码。

数据元类型:数字型

数据格式:n1

值域:见5.15

4.2.2.4 收费费率代码

编号:SG020200004

数据元名称:收费费率代码

中文全拼:shou-fei-fei-lv-dai-ma

定义:经主管部门审查批准的各车型单位里程的收费额。

数据元类型:数字型

数据格式:n1

值域:见5.16

4.2.2.5 标准适用区间名称

编号:SG020200005

数据元名称:标准适用区间名称

中文全拼:biao-zhun-shi-yong-qu-jian-ming-cheng

定义:收费标准批文中载明的适用区间名称。

数据元类型:字符型

数据格式:an..60

4.3 收费人员管理

4.3.1 收费人员管理方式

4.3.1.1 收费人员管理方式代码

编号:SG030100001

数据元名称:收费人员管理方式代码

中文全拼:shou-fei-ren-yuan-guan-li-fang-shi-dai-ma

定义:根据收费人员集宿地位置决定的管理方式的代码。

数据元类型:数字型

数据格式:n1

值域:1-集中管理方式;2-收费站管理方式

4.3.2 班次运行情况

4.3.2.1 行政班次数量

编号:SG030200001

数据元名称:行政班次数量

中文全拼:xing-zheng-ban-ci-shu-liang

定义:参与倒班工作的最大班次数量。

数据元类型:数字型

数据格式:n2

4.3.2.2 每日工作班次数量

编号:SG030200002

数据元名称:每日工作班次数量

中文全拼:mei-ri-gong-zuo-ban-ci-shu-liang

定义:将一个日历日划分成若干工作时间段的数量。

数据元类型:数字型

数据格式:n1

4.3.2.3 每日工作班次时间安排

编号:SG030200003

数据元名称:每日工作班次时间安排

中文全拼: mei-ri-gong-zuo-ban-ci-shi-jian-an-pai

定义:将一个日历日划分成若干工作时间段的时间安排。

数据元类型:字符型

数据格式:an..200

4.3.2.4 平均一周工作时间

编号:SG030200004

数据元名称:平均一周工作时间

中文全拼:ping-jun-yi-zhou-gong-zuo-shi-jian

定义:针对某一行政班次一周的工作小时数。

数据元类型:数字型

数据格式:n2

计量单位:小时(h)

4.4 机电系统

4.4.1 机电系统基本信息

4.4.1.1 机电系统开工日期

编号:SG040100001

数据元名称:机电系统开工日期

中文全拼:ji-dian-xi-tong-kai-gong-ri-qi

定义:机电系统建设的开始日期。

数据元类型:日期型

数据格式:YYYYMMDD

4.4.1.2 机电系统竣工日期

编号:SG040100002

数据元名称:机电系统竣工日期

中文全拼:ji-dian-xi-tong-jun-gong-ri-qi

定义:机电系统建设完成日期。

数据元类型:日期型

数据格式:YYYYMMDD

4.4.1.3 机电系统建设单位名称

编号:SG040100003

数据元名称:机电系统建设单位名称

中文全拼:ji-dian-xi-tong-jian-she-dan-wei-ming-cheng

定义:机电系统建设单位的名称。

数据元类型:字符型

数据格式:an..100

4.4.1.4 机电系统设计单位名称

编号:SG040100004

数据元名称:机电系统设计单位名称

中文全拼:ji-dian-xi-tong-she-ji-dan-wei-ming-cheng

定义:机电系统设计单位的名称。

数据元类型:字符型

数据格式:an..100

4.4.1.5 机电系统承建单位名称

编号:SG040100005

数据元名称:机电系统承建单位名称

中文全拼:ji-dian-xi-tong-cheng-jian-dan-wei-ming-cheng

定义:机电系统承建单位的名称。

数据元类型:字符型

数据格式:an..100

4.4.1.6 机电系统监理单位名称

编号:SG040100006

数据元名称:机电系统监理单位名称

中文全拼:ji-dian-xi-tong-jian-li-dan-wei-ming-cheng

定义:机电系统监理单位的名称。

数据元类型:字符型

数据格式:an..100

4.4.1.7 机电系统管理方式代码

编号:SG040100007

数据元名称:机电系统管理方式代码

中文全拼:ji-dian-xi-tong-guan-li-fang-shi-dai-ma

定义:机电系统按层级管理进行分类的方式代码。

数据元类型:数字型

数据格式:n1

值域:见5.17

4.4.1.8 维护维修方式代码

编号:SG040100008

数据元名称:维护维修方式代码

中文全拼:wei-hu-wei-xiu-fang-shi-dai-ma

定义:机电系统维护维修方式的代码。

数据元类型:数字型

数据格式:n1

值域:1-自行维护维修;2-委托维护维修

4.4.2 收费系统

4.4.2.1 电子收费介质发行单位名称

编号:SG040200001

数据元名称:电子收费介质发行单位名称

中文全拼:dian-zi-shou-fei-jie-zhi-fa-xing-dan-wei-ming-cheng

定义:收费公路业主单位认可使用的电子收费介质单位名称。

数据元类型:字符型

数据格式:an..100

4.4.2.2 电子收费清分结算单位名称

编号:SG040200002

数据元名称:电子收费清分结算单位名称

中文全拼:dian-zi-shou-fei-qing-fen-jie-suan-dan-wei-ming-cheng

定义:收费公路业主单位和电子收费介质发行单位共同委托的第三方清分结算服务机构的名称。

数据元类型:字符型

数据格式:an..100

4.4.3 通信系统

4.4.3.1 组网方式

编号:SG040300001

数据元名称:组网方式

中文全拼:zu-wang-fang-shi

定义:通信系统的网络构成方式。

数据元类型:字符型

数据格式:an..200

4.4.3.2 网络传输设备名称

编号:SG040300002

数据元名称:网络传输设备名称

中文全拼:wang-luo-chuan-shu-she-bei-ming-cheng

定义:用于网络传输的主要设备名称,如路由设备、交换设备等设备的名称。

数据元类型:字符型

数据格式:an..100

4.4.3.3 网络传输设备厂家

编号:SG040300003

数据元名称:网络传输设备厂家

中文全拼:wang-luo-chuan-shu-she-bei-chang-jia

定义:网络传输设备厂家名称。

数据元类型:字符型

数据格式:an..100

4.4.3.4 网络传输设备型号

编号:SG040300004

数据元名称:网络传输设备型号

中文全拼:wang-luo-chuan-shu-she-bei-xing-hao

定义:网络传输设备型号。

数据元类型:字符型

数据格式:an..60

4.4.3.5 管理级别代码

编号:SG040300005

数据元名称:管理级别代码

中文全拼:guan-li-ji-bie-dai-ma

定义:根据收费公路不同网络管理层级设置的管理级别代码。

数据元类型:数字型

数据格式:n1

值域:见5.18

4.4.4 监控系统

4.4.4.1 监控设备代码

编号:SG040400001

数据元名称:监控设备代码

中文全拼:jian-kong-she-bei-dai-ma

定义:监控设备的代码。

数据元类型:数字型

数据格式:n1

值域:见 5.19

4.4.4.2 监控设备所属路段名称

编号:SG040400002

数据元名称:监控设备所属路段名称

中文全拼:jian-kong-she-bei-suo-shu-lu-duan-ming-cheng

定义:监控设备所属路段名称。

数据元类型:字符型

数据格式:an..60

4.4.4.3 监控设备对应桩号

编号:SG040400003

数据元名称:监控设备对应桩号

中文全拼:jian-kong-she-bei-dui-ying-zhuang-hao

定义:监控设备对应的路线里程桩号。

数据元类型:数字型

数据格式:n..7,3

计量单位:千米(km)

备注:精确到 0.001km。

4.4.4.4 监控设备所在行驶方向

编号:SG040400004

数据元名称:监控设备所在行驶方向

中文全拼:jian-kong-she-bei-suo-zai-xing-shi-fang-xiang

定义:监控设备所在收费管理的行驶方向。

数据元类型:数字型

数据格式:n1

值域:1-上行;2-下行

4.4.4.5 信息发布方式代码

编号:SG040400005

数据元名称:信息发布方式代码

中文全拼:xin-xi-fa-bu-fang-shi-dai-ma

定义:道路交通诱导信息的发布方式。

数据元类型:数字型

数据格式:n1

值域:见 5.20

4.4.5 供电系统

4.4.5.1 供电保证级别代码

编号:SG040500001

数据元名称:供电保证级别代码

中文全拼:gong-dian-bao-zheng-ji-bie-dai-ma

定义:供电系统供电保证级别的代码。

数据元类型:数字型

数据格式:n1

值域:见 5.21

4.5 收费公路动态信息

4.5.1 交通量

4.5.1.1 收费交通量

4.5.1.1.1 日交通量

编号:SG050101001

数据元名称:日交通量

中文全拼:ri-jiao-tong-liang

定义:收费车道每日通过的车辆数。

数据元类型:数字型

数据格式:n6

计量单位:辆

4.5.1.1.2 收费车辆类别代码

编号:SG050101002

数据元名称:收费车辆类别代码

中文全拼:shou-fei-che-liang-lei-bie-dai-ma

定义:按交费类别对不同车型的车辆进行分类的代码。

数据元类型:数字型

数据格式:n1

值域:1-交费车;2-免费车

4.5.1.2 断面交通量

4.5.1.2.1 断面日交通量

编号:SG050102001

数据元名称:断面日交通量

中文全拼: duan-mian-ri-jiao-tong-liang

定义:断面每日通过车的数量。

数据元类型:数字型

数据格式:n6

计量单位:辆

4.5.1.2.2 断面所在路段名称

编号:SG050102002

数据元名称:断面所在路段名称

中文全拼: duan-mian-suo-zai-lu-duan-ming-cheng

定义:断面所在的路段名称。

数据元类型:字符型

数据格式:an..60

4.5.1.2.3 断面所在行驶方向

编号:SG050102003

数据元名称:断面所在行驶方向

中文全拼: duan-mian-suo-zai-xing-shi-fang-xiang

定义:断面所在收费公路的行驶方向。

数据元类型:数字型

数据格式:n1

值域:1-上行;2-下行

4.5.1.2.4 断面对应桩号

编号:SG050102004

数据元名称:断面对应桩号

中文全拼: duan-mian-dui-ying-zhuang-hao

定义:断面所在位置对应的路线里程桩号。

数据元类型:数字型

数据格式:n..7,3

计量单位:千米(km)

备注:精确到0.001km。

4.5.2 收费额

4.5.2.1 出口收费广场日收费额

编号:SG050200001

数据元名称:出口收费广场日收费额

中文全拼:chu-kou-shou-fei-guang-chang-ri-shou-fei-e

定义:一个出口收费广场每日通行费收入之和。

数据元类型:数字型

数据格式:n10

计量单位:元

4.5.3 车辆平均行驶速度

4.5.3.1 每小时平均行驶速度

编号:SG050300001

数据元名称:每小时平均行驶速度

中文全拼:mei-xiao-shi-ping-jun-xing-shi-su-du

定义:车辆检测器检测到的每小时车辆平均行驶速度。

数据元类型:数字型

数据格式:n3

计量单位:千米/小时(km/h)

4.5.4 道路封闭情况

4.5.4.1 道路封闭开始时间

编号:SG050400001

数据元名称:道路封闭开始时间

中文全拼:dao-lu-feng-bi-kai-shi-shi-jian

定义:道路封闭开始的时间。

数据元类型:日期型

数据格式:YYYYMMDDhhmm

4.5.4.2 道路封闭结束时间

编号:SG050400002

数据元名称:道路封闭结束时间

中文全拼:dao-lu-feng-bi-jie-shu-shi-jian

定义:道路封闭结束后车辆可以通行的开通时间。

数据元类型:日期型

数据格式:YYYYMMDDhhmm

4.5.4.3 道路封闭起点位置

编号:SG050400003

数据元名称:道路封闭起点位置

中文全拼:dao-lu-feng-bi-qi-dian-wei-zhi

定义:道路封闭起始点对应的位置名称。

数据元类型:字符型

数据格式:an..100

4.5.4.4 道路封闭止点位置

编号:SG050400004

数据元名称:道路封闭止点位置

中文全拼:dao-lu-feng-bi-zhi-dian-wei-zhi

定义:道路封闭止点对应的位置名称。

数据元类型:字符型

数据格式:an..100

4.5.4.5 道路封闭原因

编号:SG050400005

数据元名称:道路封闭原因

中文全拼:dao-lu-feng-bi-yuan-yin

定义:道路封闭原因说明,如天气、事故等。

数据元类型:字符型

数据格式:an..60

5 收费公路信息基础数据元值域代码集

5.1 收费公路信息基础数据元值域引用代码

收费公路信息基础数据元值域引用代码见表2。

表2 收费公路信息基础数据元值域引用代码

序号	名　称	代码标识	引用标准
1	公路路线标识代码	DM_GLLXBSDM	GB 917.1—2000 的 6.1.1
2	公路桥梁代码	DM_GLQLDM	JT/T 132—2003 的 5.4.1.1.2
3	公路隧道代码	DM_GLSDDM	JT/T 132—2003 的 5.4.3.1.2
4	公路隧道照明状况代码	DM_GLSDZMZKDM	JT/T 132—2003 的表 41

5.2 路段、收费站、收费广场及收费车道编码规则

路段、收费站、收费广场及收费车道编码规则如下:

×× ×× × × ××

- 收费车道编码,以收费广场为单位,按车辆行驶方向从左向右排列,从01~99升序编码,编码区间为01~99
- 收费广场的出入口属性,奇数代表入口,偶数代表出口。如果在同一收费站,存在相同出入口属性的多个收费广场时,以车辆先行遇到的广场,按奇数或偶数顺序编码
- 收费广场车辆行驶的方向:1-上行,2-下行,3-双向
- 收费站编码,以起止桩号顺序排列,编码区间为01~99
- 路段编码,按升序进行顺序编码,编码区间为01~99

5.3 收费制式代码

代码标识为:DM_SFZSDM,符合 GB/T 18277—2000 第 5 章的规定,代码见表 3。

表 3 收费制式代码

代 码	名 称	代 码	名 称
1	均一制	4	混合式
2	开放式	9	其他
3	封闭式		

5.4 收费方式代码

代码标识为:DM_SFFSDM,符合 GB/T 18367—2001 的 3.14 规定,代码见表 4。

表 4 收费方式代码

代 码	名 称	代 码	名 称
1	人工方式	3	全自动机械收费方式
2	半自动收费方式	4	全自动电子收费方式

5.5 通行券类别代码

代码标识为:DM_TXQLBDM,代码见表 5。

表 5 通行券类别代码

代 码	名 称	代 码	名 称
1	纸制通行券	4	二维条码通行券
2	IC 卡通行券	9	其他
3	磁卡通行券		

5.6 支付方式代码

代码标识为:DM_ZFFSDM,代码见表 6。

表 6 支付方式代码

代 码	名 称	代 码	名 称
1	现金支付	3	预售票
2	电子支付	9	其他

5.7 拆分方式代码

代码标识为:DM_CFFSDM,代码见表 7。

表 7 拆分方式代码

代 码	名 称	代 码	名 称
1	里程拆分	9	其他
2	协议拆分		

5.8 路径识别方式代码

代码标识为:DM_LJSBFSDM,代码见表 8。

表 8　路径识别方式代码

代　码	名　称	代　码	名　称
1	最短路径	9	其他
2	路径识别卡门		

5.9　收费广场属性代码

代码标识为:DM_SFGCSXDM,代码见表 9。

表 9　收费广场属性代码

代　码	名　称	代　码	名　称
1	上行入口	4	上行出口
2	下行入口	5	下行出口
3	双向入口	6	双向出口

5.10　设计荷载等级代码

代码标识为:DM_SJHZDJDM,采用 JT/T 697.2—2007 中的 5.4 ,代码见表 10。

表 10　设计荷载等级代码

代　码	名　称	说　明
1	公路—Ⅰ级	
2	公路—Ⅱ级	
9	其他	原汽—15 级及汽—15 级以下

5.11　桥梁机电系统代码

代码标识为:DM_QLJDXTDM,代码见表 11。

表 11　桥梁机电系统代码

代　码	名　称	代　码	名　称
1	桥梁监控系统	4	桥梁照明系统
2	桥梁通信系统	5	桥梁广播系统
3	桥梁检测系统	9	其他

5.12　隧道设施代码

代码标识为:DM_SDSSDM,代码见表 12。

表 12　隧道设施代码

代　码	名　称	代　码	名　称
1	监控设备	5	照明设施
2	通信设备	6	防雷设施
3	检测设施	7	消防设施
4	通风设施	8	无设备

5.13 融资方式代码

代码标识为:DM_RZFSDM,代码见表13。

表13 融资方式代码

代码	名称	代码	名称
1	贷款	9	其他
2	债券		

5.14 收费性质代码

代码标识为:DM_SFXZDM,代码见表14。

表14 收费性质代码

代码	名称	代码	名称
1	还贷性收费	9	其他
2	经营性收费		

5.15 收费车型代码

代码标识为:DM_SFCXDM,代码见表15。

表15 收费车型代码

代码	名称	代码	名称
1	第一类	4	第四类
2	第二类	5	第五类
3	第三类	9	其他

5.16 收费费率代码

代码标识为:DM_SFFLDM,代码见表16。

表16 收费费率代码

代码	名称	代码	名称
1	第一类车费率	4	第四类车费率
2	第二类车费率	5	第五类车费率
3	第三类车费率	9	其他

5.17 机电系统管理方式代码

代码标识为:DM_JDXTGLFSDM,代码见表17。

表17 机电系统管理方式代码

代码	名称	代码	名称
1	一级管理	5	五级管理
2	二级管理	6	六级管理
3	三级管理	7	七级管理
4	四级管理	8	八级管理

5.18 管理级别代码

代码标识为:DM_GLJBDM,代码见表18。

表18 管理级别代码

代码	名称	代码	名称
1	路段管理分中心	5	省管理中心
2	路段管理中心	6	省际区域管理中心
3	路网管理中心	9	其他
4	区域管理中心		

5.19 监控设备代码

代码标识为:DM_JKSBDM,代码见表19。

表19 监控设备代码

代码	名称	代码	名称
1	道路CCTV摄像机	5	交通事件检测器
2	大型可变信息板	6	气象监测器
3	小型可变信息板	9	其他
4	车辆检测器		

5.20 信息发布方式代码

代码标识为:DM_XXFBFSDM,代码见表20。

表20 信息发布方式代码

代码	名称	代码	名称
1	人工发布	3	自动发布
2	半自动发布	9	其他

5.21 供电保证级别代码

代码标识为:DM_GDBZJBDM,代码见表21。

表21 供电保证级别代码

代码	名称	代码	名称
1	单路市电	3	单路市电和自备电源
2	双路市电	9	其他

参 考 文 献

[1] JT/T 697.2—2007　交通信息基础数据元　第2部分:公路信息基础数据元.
[2] JT/T 697.9—2009　交通信息基础数据元　第9部分:建设项目信息基础数据元.

ICS 03.220.01
R 07
备案号:

JT

中华人民共和国交通行业标准

JT/T 747—2009

交通信息资源核心元数据

Core metadata of transportation information resource

2009-07-23 发布

2009-11-01 实施

中华人民共和国交通运输部 发布

目　次

前　　言

本标准的附录A是规范性附录。

本标准由交通运输部科技司提出。

本标准由交通部信息通信及导航标准化技术委员会归口。

本标准主要起草单位:中交水运规划设计院有限公司、中国交通信息中心有限公司。

本标准主要起草人:唐菁、孙召春、陈永剑、胡国丹、陈韬、马晓峰。

引　言

随着公路水路交通规划、建设、生产、生活和管理过程等领域信息资源的积累及数字化技术应用的不断深入，信息共享与服务已提到议事日程。如何充分利用这些信息资源，如何使用户迅速有效地发现、存取和使用所需的信息已成为亟需解决的问题。为使公路水路交通信息资源核心元数据能够按统一的标准进行说明和描述，特制定本标准。

交通信息资源核心元数据

1 范围

本标准规定了描述交通信息资源特征所需的核心元数据及其表示方式,给出了各核心元数据的语义定义和著录规则,用来描述有关交通信息资源的标识、内容、管理、服务及维护等信息,并给出了元数据的扩展原则与方法。

本标准适用于交通信息资源的编目、建库、发布及共享有关的数据交换和网络查询服务等。

2 规范性引用文件

下列文件中的条款通过本标准的引用而成为本标准的条款。凡是注日期的引用文件,其随后所有的修改单(不包括勘误的内容)或修订版均不适用于本标准,然而,鼓励根据本标准达成协议的各方研究是否可使用这些文件的最新版本。凡是不注日期的引用文件,其最新版本适用于本标准。

GB/T 4880.2　语种名称代码　第2部分:3字母代码(GB/T 4880.2—2000,eqv ISO 639-2:1998)

GB/T 7408—2005　数据元和交换格式　信息交换　日期和时间表示法(ISO 8601:2000 ,IDT)

GB/T 21063.2—2007　政务信息资源目录体系　第2部分:技术要求

GB/T 21063.3—2007　政务信息资源目录体系　第3部分:核心元数据

JT/T 748—2009　公路水路交通信息资源业务分类

JT/T 749—2009　交通信息资源标识符编码规则

RFC 2396　统一资源标识符:通用句法

3 术语和定义

下列术语和定义适用于本标准。

3.1

元数据　metadata

定义和描述其他数据的数据。

注:元数据用于描述数据的内容、覆盖范围、质量、管理方式、数据的所有者、数据的提供方式等有关的信息。

3.2

元数据元素　metadata element

元数据的基本单元,用以描述信息资源某个特性。

注:元数据元素在元数据实体中是唯一的。

3.3

元数据实体　metadata entity

一组描述数据同类特征的元数据元素的集合。

注:元数据实体可以是单个实体,也可以是包括一个或多个实体的聚合实体。

3.4

交通信息资源　transportation information resource

从公路水路交通规划、建设、生产、生活和管理过程中产生的、有利用价值的信息资源。

注:交通信息资源内容主要分布在交通运输行业政府、公路运输、水路运输、民航运输、邮政运输、海事系统、搜救打捞系统等交通行业管理机构及企事业单位中。

4 符合性要求

需要进行元数据交换时,应符合附录 A 规定的格式。

交通行业各部门需要对交通信息资源元数据进行扩展时,应遵循本标准第 7 章的要求。

5 元数据的描述方法

5.1 概述

本标准采用规范化方式来定义和描述交通信息资源核心元数据的元数据实体以及元数据元素,所使用的属性描述包括:中文名称、定义、英文名称、数据类型、值域、短名、注解。

交通信息资源核心元数据 XML Schema 描述应符合附录 A 的规定。

5.2 中文名称

关于元数据元素或元数据实体的中文名称,本标准用 6.2 中各条的标题来表达,例如 6.2.1 “信息资源名称”。

5.3 定义

描述元数据实体或元数据元素的基本内容,给出交通信息资源某个特性的概念和说明。

5.4 英文名称

元数据实体或元数据元素的英文名称,是交通信息资源某个特性的英文名称,一般用英文全称。

所有组成词汇为无缝连写。元数据元素的首词汇全部采用小写字母,其余每个词汇的首字母采用大写;元数据实体的每个词汇的首字母大写。

5.5 数据类型

说明元数据元素的数据类型,对元数据元素的有效值域及允许的有效操作进行了规定。例如,整型、实型、布尔型、字符串、日期等。

5.6 值域

说明元数据元素可以取值的范围。

5.7 短名

元数据元素的英文缩写名称,具体缩写规则应遵循以下规则:

a) 短名在本标准范围内应唯一;

b) 对存在国际或行业领域惯用英文缩写的词汇等元数据实体或元数据元素对象,采取该英文缩写为其标识符;

c) 对于根据英文名称或其他认识自定义的标识符,在保持唯一性的前提下,统一取每个单词前三个字母作为其短名缩写标识。当如此取词不能保证唯一性时,应延展取词位数,通常仅增加一位;如此仍不能保证唯一性时,如前继续延长取词,直至保证唯一性为止;

d) 对于元数据实体的标识短名的写法是,所有组成词汇的缩写为无缝连写,并且每个词汇缩写的首字母大写;

e) 对于元数据元素的短名标识的写法是,所有组成词汇的缩写为无缝连写,首词汇全部采用小写字母,其余每个词汇的缩写的首字母采用大写。

5.8 注解

对元数据元素的含义的进一步解释,包括该元数据元素的约束(必选、可选)和最大出现次数。

5.8.1 约束

说明元数据实体或元数据元素是否必须选取的属性。包括必选、可选:

a) 必选:表明该元数据实体或元数据元素必须选择;

b) 可选:根据实际应用可以选择、也可以不选的元数据实体或元数据元素。已经定义的可选元数据实体和可选元数据元素,可指导部门元数据标准制定人员充分说明其交通信息资源。

可选元数据实体可以包含必选元数据元素,但只当可选实体被选用时才成为必选。如果一个可选元数据实体未被使用,则该实体所包含的元素(包括必选元素)也不选用。

5.8.2 最大出现次数

说明元数据实体或元数据元素可以具有的最大实例数目。只出现一次的用"1"表示,多次重复出现的用"N"表示。允许不为1的固定出现次数用相应的数字表示,如"2"、"3"、"4"等。

6 核心元数据内容

6.1 概述

交通信息资源核心元数据由"信息资源名称"等10个元数据元素和"信息资源提供方"等9个元数据实体构成,共19个元数据元素或实体,其中6个为必选用M标明,13个为可选用O标明,见表1。

表1 交通信息资源核心元数据一览表

序号	名称	类型	约束	描述参见
1	信息资源名称	元数据元素	M	6.2.1
2	信息资源发布日期	元数据元素	O	6.2.2
3	信息资源摘要	元数据元素	M	6.2.3
4	信息资源语种	元数据元素	O	6.2.4
5	数据志说明	元数据元素	O	6.2.5
6	信息资源提供方	元数据实体	M	6.2.6,包括三个元数据元素
7	限制信息	元数据实体	O	6.2.7,包括四个元数据元素
8	关键字说明	元数据实体	O	6.2.8,包括两个元数据元素
9	信息资源分类	元数据实体	M	6.2.9,包括四个元数据元素
10	在线资源链接地址	元数据元素	O	6.2.10
11	信息资源标识符	元数据元素	M	6.2.11
12	时间范围信息	元数据实体	O	6.2.12,包括两个元数据元素
13	空间表示信息	元数据实体	O	6.2.13,包括三个元数据元素
14	坐标系信息	元数据实体	O	6.2.14,包括两个元数据元素
15	服务信息	元数据实体	O	6.2.15,包括两个元数据元素
16	信息资源维护信息	元数据实体	O	6.2.16,包括两个元数据元素
17	元数据标识符	元数据元素	M	6.2.17
18	元数据维护方	元数据元素	O	6.2.18
19	元数据更新日期	元数据元素	O	6.2.19

6.2 交通信息资源核心元数据描述

6.2.1 信息资源名称

定　　义:缩略描述信息资源内容的标题

英文名称:resourceTitle

数据类型:字符串

值　　域:自由文本

短　　名:resTitle

注　　解:必选项;最大出现次数为1

取值示例：××海事局船员数据库

6.2.2 信息资源发布日期

定　　义：信息资源提供方发布共享信息资源的日期

英文名称：dateOfPublication

数据类型：日期型

值　　域：按 GB/T 7408—2005 执行，格式为 CCYY-MM-DD

短　　名：pubDate

注　　解：可选项；最大出现次数为 1

取值示例：2004-05-10

6.2.3 信息资源摘要

定　　义：对资源内容进行概要说明的文字

英文名称：abstract

数据类型：字符串

值　　域：自由文本

短　　名：abstract

注　　解：必选项；最大出现次数为 1

取值示例："××海事局船员数据库"建立××范围内船员个人档案，实现一人一档管理，最大限度地杜绝船员服务资历造假，建立××范围内船员黑名单。包含××范围内海船船员基本信息、服务簿信息、合格证信息、海员证信息和适任证信息等

6.2.4 信息资源语种

定　　义：描述信息资源采用的语言

英文名称：language

数据类型：字符串

值　　域：采用 GB/T 4880.2

短　　名：language

注　　解：可选项，最大出现次数为 N

取值示例：eng、chi

6.2.5 数据志说明

定　　义：资源生产者有关数据志、来源、处理等信息的一般说明

英文名称：statement

数据类型：字符串

值　　域：自由文本

短　　名：statement

注　　解：可选项，最大出现次数为 1

取值示例：××海事局船员数据通过××海事局船员管理系统进行管理统计，包括××海事局管理范围内所有注册登记的船员最新信息记录

6.2.6 信息资源提供方

定　　义：对信息资源的完整性、正确性、真实性等负有责任的交通行业管理部门的名称和地址信息

英文名称：PointOfContact

数据类型：复合型

短　　名：IdPoC

注　　解：必选项；最大出现次数为 N

6.2.6.1 资源提供单位

定　　义:提供信息资源的单位名称

英文名称:organisationName

数据类型:字符串

值　　域:自由文本

短　　名:rpOrgName

注　　解:必选项;最大出现次数为 1

取值示例:××海事局

6.2.6.2 资源提供方地址

定　　义:资源提供单位的物理联系地址

英文名称:address

数据类型:字符串

值　　域:自由文本

短　　名:cntAdd

注　　解:可选项;最大出现次数为 1

取值示例:××省××市××区××大街××号

6.2.6.3 资源提供方电子邮件地址

定　　义:资源提供人或负责单位的电子邮件地址

英文名称:electronicMailAddress

数据类型:字符串

值　　域:自由文本

短　　名:eMailAdd

注　　解:可选项,最大出现次数为 N。采用用户名@域名的格式,如果电子邮件地址有不止一个,电子邮件地址之间用西文符号中的分号(";")分隔

取值示例:user@abc.com; abcguest@msa.gov.cn

6.2.7 资源限制信息

定　　义:管理者对信息资源访问、使用、安全等施加限制所需的信息

英文名称:ConstaintsInformation

数据类型:字符串

短　　名:ConstsInform

注　　解:可选项,最大出现次数为 1

6.2.7.1 使用限制名称

定　　义:为保护隐私权或知识产权,对使用资源施加限制和约束的名称

英文名称:useConstaintsName

数据类型:字符串

值　　域:见表 2"中文名称"列

短　　名:useConstsName

注　　解:必选项,最大出现次数为 1

取值示例:受限制

6.2.7.2 使用限制编码

定　　义:为保护隐私权或知识产权,对使用资源施加的限制和约束的编码

英文名称:useConstaintsCode

数据类型:字符串

值　　域:见表2“代码”列
短　　名:useConstsCode
注　　解:必选项,最大出现次数为1
取值示例:8

6.2.7.3　安全访问限制分级

定　　义:对资源访问处理的限制级别的名称
英文名称:securirtyAccessClassification
数据类型:字符串
值　　域:见表3“中文名称”列
短　　名:secAccClass
注　　解:必选项,最大出现次数为1
取值示例:内部

6.2.7.4　安全访问限制分级编码

定　　义:对资源安全限制级别的编码
英文名称:securirtyAccessClassificationCode
数据类型:字符串
值　　域:见表3“代码”列
短　　名:secAccClassCode
注　　解:必选项,最大出现次数为1
取值示例:3

6.2.8　关键字说明

定　　义:说明共享交通信息资源的关键字内容及其依据
英文名称:DescripriveKeywords
数据类型:复合型
短　　名:DescKeys
注　　解:可选项;最大出现次数为N

6.2.8.1　关键字

定　　义:用于概括共享交通信息资源主要内容的通用词、形式化词或短语
英文名称:keyword
数据类型:字符串
值　　域:自由文本
短　　名:keyword
注　　解:必选项;最大出现次数为N
取值示例:××海事局、船员、信息

6.2.8.2　词典名称

定　　义:关键字所属的专业关键字词典的名称
英文名称:thesaurusName
数据类型:字符串
值　　域:自由文本
短　　名:thesaName
注　　解:可选项;最大出现次数为1

6.2.9　信息资源分类

定　　义:说明信息资源分类方式及其相应的分类信息

英文名称:ResourceCategory

数据类型:复合型

短　　名:ResCat

注　　解:必选项;最大出现次数为 N

6.2.9.1　分类方式

定　　义:说明信息资源所采用的分类方式

英文名称:categroyStandard

数据类型:字符串

值　　域:自由文本,见表4“名称(中文)”列

短　　名:cateStd

注　　解:必选项;最大出现次数为1

取值示例:业务分类

6.2.9.2　分类方式编码

定　　义:分类方式对应的编码

英文名称:categroyStandardCode

数据类型:字符串

值　　域:自由文本,见表4“代码”列

短　　名:cateStdCode

注　　解:必选项;最大出现次数为1

取值示例:002 或 Y

6.2.9.3　类目名称

定　　义:给出对应某种交通信息资源分类方式中某个具体类目的名称

英文名称:categoryName

数据类型:字符串

值　　域:自由文本,交通信息资源业务分类名称取值根据 JT/T 748—2009 表 A.1 中的“名称”列

短　　名:cateName

注　　解:必选项;最大出现次数为1

取值示例:船员管理

6.2.9.4　类目编码

定　　义:类目名称对应的编码

英文名称:categoryCode

数据类型:字符串

值　　域:自由文本,交通业务分类编码取值根据 JT/T 748—2009 表 A.1 中的“代码”列

短　　名:cateCode

注　　解:必选项;最大出现次数为1

取值示例:BG08

6.2.10　在线资源链接地址

定　　义:可以获取共享交通信息资源的网络地址

英文名称:online

数据类型:字符串

值　　域:自由文本,按 RFC 2396 规定

短　　名:onLineSrc

注　　解:可选项;最大出现次数为 N

取值示例:http://www.moc.gov.cn

6.2.11 信息资源标识符

定　　义:交通信息资源的唯一不变的标识编码

英文名称:resourceID

数据类型:字符串

值　　域:自由文本,取值遵循 JT/T 749—2009 第 4 章和第 5 章的规定。

短　　名:resID

注　　解:必选项;最大出现次数为 1

取值示例:100000/YK0003(此标识符说明该信息资源属于交通运输部可公开的业务信息)

6.2.12 时间范围信息

定　　义:交通信息资源的时间覆盖范围

英文名称:TimePeriod

数据类型:复合型

短　　名:TimePeriod

注　　解:可选项,最大出现次数为 1

6.2.12.1 起始时间

定　　义:资源的起始时间

英文名称:beginningDate

数据类型:日期型

值　　域:日期,按 GB/T 7408—2005 执行,格式为 CCYY-MM-DD

短　　名:begDate

注　　解:必选项,最大出现次数为 1

取值示例:2004-05-11

6.2.12.2 结束时间

定　　义:资源的结束时间

英文名称:endingDate

数据类型:日期型

值　　域:日期,按 GB/T 7408—2005 执行,格式为 CCYY-MM-DD

短　　名:endDate

注　　解:必选项,最大出现次数为 1

取值示例:2007-05-10

6.2.13 空间表示信息

定　　义:用于表示基于坐标和地理标识的空间参照信息

英文名称:SpatialRepresentation

数据类型:字符串

短　　名:SpatRep

注　　解:可选项,使用参照对象的约束条件,最大出现次数为使用参照对象的最大出现次数

6.2.13.1 空间范围

定　　义:资源涉及的空间或地理范围

英文名称:spatialDomain

数据类型:字符串

值　　域:自由文本,可参照 GB/T 2260—2002

短　　名:sptDom

注　　解:可选项,最大出现次数为 1

取值示例:山东省

6.2.13.2　大地坐标参照系统名称

定　　义:大地坐标参照系统名称

英文名称:coordinateReferenceSystemIdentifier

数据类型:字符串

值　　域:见表 5 “中文名称”列

短　　名:coorRSID

注　　解:可选项,最大出现次数为 1

取值示例:1954 年北京坐标系

6.2.13.3　垂向坐标参照系统名称

定　　义:垂向坐标参照系统名称

英文名称:verticalReferenceSystemIdentifier

数据类型:字符串

值　　域:见表 6“名称”列

短　　名:verRSID

注　　解:可选项,最大出现次数为 1

6.2.14　坐标系信息

定　　义:有关坐标系统的信息

英文名称:CoordinateSystem

数据类型:字符串

短　　名: CoorSys

注　　解:可选项,使用参照对象的约束条件,最大出现次数为使用参照对象的最大出现次数。

6.2.14.1　坐标系类型名称

定　　义:使用的坐标参照系名称

英文名称:coordinateSystemTypeName

数据类型:字符串

值　　域:自由文本,坐标系类型见表 7 “中文名称”列

短　　名:coorName

注　　解:可选项,最大出现次数为 1

取值示例:大地坐标系(经纬度)

6.2.14.2　坐标系类型编码

定　　义:采用的坐标系类型

英文名称:coordinateSystemTypeCode

数据类型:字符串

值　　域:见表 7 “代码”列

短　　名:coorType

注　　解:可选项,最大出现次数为 1

取值示例:002

6.2.15　服务信息

定　　义:描述信息资源提供者所提供的计算机服务功能接口的基本信息

英文名称:ServiceInformation

数据类型:复合型

短　　名:ServInfo

注　　解:可选项;最大出现次数为1

6.2.15.1　服务地址

定　　义:可以访问服务的网络地址

英文名称:serviceURL

数据类型:字符串

值　　域:自由文本

短　　名:servURL

注　　解:必选项;最大出现次数为1

取值示例:http:// 192.168.0.3:8080/service

注:引用GB/T 21063.3—2007

6.2.15.2　服务类型

定　　义:服务所属的类型

英文名称:serviceType

数据类型:字符串

值　　域:自由文本,见表8"中文名称"列

短　　名:servType

注　　解:必选项;最大出现次数为1

取值示例:目录服务

6.2.16　信息资源维护信息

定　　义:对信息资源数据进行日常维护、更新所需的元数据信息

英文名称:MaintenanceInformation

数据类型:字符串

短　　名:MaintInfo

注　　解:可选项,最大出现次数为N

6.2.16.1　发布日期

定　　义:信息资源发布的日期

英文名称:releaseDate

数据类型:日期型

值　　域:日期,按GB/T 7408—2005的规定执行,格式为CCYY-MM-DD

短　　名:relDate

注　　解:必选项,最大出现次数为N

取值示例:2001-03-09

6.2.16.2　维护更新周期

定　　义:对信息资源数据进行日常维护和更新的频率

英文名称:MaintenanceUpdateFrequency

数据类型:字符串

值　　域:自由文本,见表9

短　　名:mainFreq

注　　解:可选项,最大出现次数为1

取值示例:006表示数据按每季度更新一次

6.2.17　元数据标识符

定　　义:元数据的唯一标识

英文名称:metadataIdentifier

数据类型:字符串

值　　域:自由文本

短　　名:mdId

注　　解:必选项;最大出现次数为1;应是第一个著录项目,标识符须唯一,由字母(含下划线(_)、短划线(-)、点(.)、斜线(/)、逗号(,)和空格( ))或数字组成,一般由系统自动随机产生

取值示例:jtmetadata_ 100000/YK0003(100000/YK0003 对应资源标识符)

6.2.18　元数据维护方

定　　义:对元数据内容负责的交通行业主管部门的名称和地址信息

英文名称:MetadataContact

数据类型:复合型

短　　名:MdContact

注　　解:可选项;最大出现次数为 N

6.2.18.1　元数据联系单位

定　　义:负责元数据维护的单位名称

英文名称:MdorganisationName

数据类型:字符串

值　　域:自由文本

短　　名:MdOrgName

注　　解:必选项;最大出现次数为1

取值示例:××市××局

注:引用 GB/T 21063.3—2007

6.2.18.2　元数据维护方地址

定　　义:与元数据联系人或联系单位联系的物理地址

英文名称:Mdaddress

数据类型:字符串

值　　域:自由文本

短　　名:MdAdd

注　　解:可选项;最大出现次数为1

取值示例:中国××省××市××区××街××号

注:引用 GB/T 21063.3—2007

6.2.19　元数据更新日期

定　　义:更新元数据的日期

英文名称:metadataDateUpdate

数据类型:日期型

值　　域:按 GB/T 7408—2005 执行,格式为 CCYY-MM-DD

短　　名:mdDateUpd

注　　解:可选项;最大出现次数为1

取值示例:2005-05-12

注:引用 GB/T 21063.3—2007

7　元数据的扩展原则与方法

7.1　总体要求

在对本标准定义的元数据内容进行扩展,应包含本标准所定义的核心元数据。

7.2 元数据扩展要求

7.2.1 元数据扩展的类型

允许下列扩展类型：

1） 增加新的元数据元素；

2） 增加新的元数据实体；

3） 建立新的代码表，代替值域为“自由文本”的现有元数据元素的值域；

4） 创建新的代码表元素（对值域为代码表的元数据的值域进行扩充）；

5） 对现有元数据施加更严格的可选性限制；

6） 对现有元数据施加更严格的最大出现次数限制；

7） 缩小现有元数据的值域。

7.2.2 元数据扩展的实施

在扩展元数据之前，应仔细地查阅本标准中现有的元数据及其属性，根据实际需求确认是否缺少适用的元数据。

对于每一个增加的元数据，应按照第5章的规定，采用摘要表示的方式，定义其中文名称、英文名称、数据类型、值域、短名、约束条件以及最大出现次数，最后给出合适的取值示例。

对于新建的代码表和代码表元素，应按照第8章代码表中代码表元素相同的格式，说明代码表中每个值的名称、代码以及定义。

7.2.3 元数据扩展的原则

新建元数据需要遵循以下基本原则：

a） 选取元数据时，既要考虑数据资源单位的数据资源特点以及工作的复杂、难易程度，又要充分满足交通信息资源的利用以及用户查询、提取数据的需要；

b） 选取的元数据不但要满足当前阶段交通行业信息化建设的标准化需求，更应该考虑将来一定时间内可能产生的标准化需求。扩展过程中，可以参考国内和国外先进标准；

c） 新建的元数据不应与本标准定义的元数据中的现有的元数据实体、元素、代码表的名称、定义相冲突；

d） 增加的元数据元素应按照本标准所确定的层次关系进行合理的组织。如果本标准现有的元数据实体无法满足新增元数据的需要，则可以新建元数据实体；

e） 新建的元数据实体可以定义为复合元数据实体，即可以包含现有的和新建的元数据元素作为其组成部分；

f） 允许以代码表替代值域为自由文本的现有元数据元素的值域；

g） 允许增加现有代码表中值的数量；扩充后的代码表应与扩充前的代码表在逻辑上保持一致；

h） 允许对现有的元数据元素的值域进行缩小（例如，在本标准中规定的元数据元素的值域中有七个值，在扩展后可以规定它的值域只包含其中的四个值）；

i） 允许对现有的元数据的可选性和最大出现次数施以更严格的限制（如在本标准中定义为可选的元数据，在扩展后可以是必选的；在本标准中定义为可无限次重复出现的元数据，在扩展后可以是只能出现一次）；

j） 不得扩展本标准所不允许的任何内容。

7.2.4 元数据扩展的方法

对本标准定义的元数据进行扩展时，采用 GB/T 21063.3—2007 中 B.2.4 元数据扩展的方法。

8 核心元数据代码表

8.1 使用限制代码

交通信息资源使用限制代码见表2。

表 2 使用限制代码表

代码	中文名称	英文名称	定义
000	无限制	noRestriction	没有限制
001	版权	copyright	法律批准的作家、作曲家、艺术家、发行者在确定的时间内，对出版、创造或销售文学、戏剧、音乐或艺术品的专有权利，或使用商业印刷品或商标的权利
002	专利权	patent	政府已经批准的制造、出售、使用或特许发明或发现的专门权利
003	专利审查权	patentPending	等待专利权的生产或销售信息
004	商标	trademark	正式注册标识产品的、法律上只限于所有者或厂商使用的名称、符号或其他图案
005	许可证	license	正式许可作某事
006	知识产权	intellectualPropertyRights	从创造活动生产的无形资产的分发或分发控制获得经济的权利
007	受限制	restricted	控制一般的流通或公开
009	其他限制	otherRestriction	未列出的限制

8.2 安全访问限制代码

交通信息资源安全访问限制代码见表 3。

表 3 安全访问限制代码表

代码	汉语拼音代码	中文名称	英文名称	定义
001	GK	公开	disclosure	可以公开
002	NB	内部	confine	一般不公开，限制在一定范围内专用
003	MM	秘密	confidential	受委托者可以使用该信息
004	JM	机密	secret	除经过挑选的一组人员外，对所有的人都保持或必须保持秘密、不为所知或隐藏
005	UM	绝密	topsecret	最高机密
006	WFJ	未分级	unclassified	一般可以公开

8.3 资源分类方式代码

交通信息资源分类方式代码示例见表 4。

表 4 交通信息资源分类方式代码表

数字代码	字母代码	中文名称	英文名称	定义
001	Z	政务主题分类	aTopicCategory	按照描述的内容对资源进行主题分类
002	Y	业务分类	aDomainCategory	按照交通运输行业范畴，以主干业务为描述内容对信息资源进行分类
003	K	科技资源分类	aScienceAndTechnologyCategory	根据信息资源的属性或特征，将其按照交通科技信息资源进行分类

注：本代码表中政务主题分类的值引自 GB/T 21063.3—2007

8.4 大地坐标参照系统名称代码

交通信息资源大地坐标参照系统名称代码见表5。

表5 大地坐标参照系统名称代码表

代码	中文名称	英文名称	说明
001	1954年北京坐标系	BeijingCoordinateSystem	
002	1980年国家大地坐标系	NationalCoordinateSystem	
003	地方独立坐标系	RegionalCoordinateSystem	相对独立于国家坐标系的局部坐标系

8.5 垂向坐标参照系统名称代码

交通信息资源垂向坐标参照系统名称代码见表6。

表6 垂向坐标参照系统名称代码表

代码	名称	说明
100	高程	
101	1956年黄海高程系	1961年以后全国统一采用
102	1985年国家高程系	经国务院批准,国家测绘局于1987年5月26日公布使用
103	地方独立高程系	
200	深度	
201	略最低低潮面(印度大潮低潮面)	1956年前采用
202	理论深度基准面	1956年起采用
300	重力相关	
301	国家1985重力控制网(57网)	重力基准由前苏联引入,属波茨坦重力基准
302	国家重力基本网(85网)	综合性的重力基准
303	维也纳重力基准	世界重力基点:维也纳系统(1900年)
304	波茨坦重力基准	世界重力基点:波茨坦系统(1894~1904年)
305	国际重力基准网1971(IGSN-71)	1971年IUGG决定采用IGSN71代替波茨坦国际重力基准
306	国际绝对重力基准网1971(IAGBN)	
400	相对高度	

8.6 坐标系类型代码

交通信息资源坐标系类型代码见表7。

表7 坐标系类型代码表

代码	中文名称	英文名称	定义
001	笛卡尔坐标系	Cartesian	相互正交于原点的 n 个数轴(n 是任意正整数)组成的 n 维坐标系
002	大地坐标系(经纬度)	Geodetic	用经度和纬度所表示的地面点位置的球面坐标
003	投影坐标系	Projected	由不同的投影方法所形成的坐标系
004	极坐标系	Polar	用某点至极点的距离和方向表示该点位置的坐标系
005	重力相关坐标系	GravityRelated	重力测量及其计算的一种基准

8.7 服务类型代码

交通信息资源服务类型代码示例见表8。

表8 服务类型代码表

代码	中文名称	英文名称	定义
001	目录服务	catalogService	按照GB/T 21063.2—2007 目录服务接口要求建立的目录服务,用于资源发现与定位的服务

注:本代码表引自GB/T 21063.3—2007

8.8 维护和更新频率代码

交通信息资源维护和更新频率代码见表9。

表9 维护和更新频率代码表

代码	中文名称	英文名称	定义
001	连续	Continual	数据重复地和频繁地进行更新
002	按日	Daily	数据每天更新一次
003	按周	Weekly	数据每周更新一次
004	按两周	Fortnightly	数据每两周更新一次
005	按月	Monthly	数据每月更新一次
006	按季	Quarterly	数据每季更新一次
007	按半年	Biannually	数据每半年更新一次
008	按年	Annually	数据每年更新一次
009	按需要	asNeeded	数据按需要更新
010	不固定	irregular	数据不定期更新
011	无计划	noplanned	尚无更新计划
012	未知	unknown	数据维护频率未知
013	按旬	everyTenDays	数据每10天更新一次

附 录 A
(规范性附录)
交通信息资源核心元数据 XML Schema 描述

```
<JTMetadataxmlns="http://www.sinosoft.com.cn/metadata"
xmlns:xsi="http://www.w3.org/2001/XMLSchema-instance"
xs:schemaLocation="http://www.sinosoft.com.cn/JTMetadata">
 <xs:element name="JTMetadata">
   <FieldCode>交通信息资源核心元数据</FieldCode>
 </xs:element>
 <FieldValue>
   <xs:element name="resTitle"type="xs:string">
   <FieldCode>信息资源名称</FieldCode>
     <SimpleValue>
       <StringValue></StringValue>
     </SimpleValue>
   </xs:element>
 </FieldValue>
 <FieldValue>
   <xs:element name="pubDate"type="xs:date">
   <FieldCode>信息资源发布日期</FieldCode>
     <SimpleValue>
       <DateValue></DateValue>
     </SimpleValue>
   </xs:element>
 </FieldValue>
 <FieldValue>
   <xs:element name="abstract"type="xs:string">
     <FieldCode>信息资源摘要</FieldCode>
     <SimpleValue>
       <StringValue></StringValue>
     </SimpleValue>
   </xs:element>
 </FieldValue>
 <FieldValue>
   <xs:element name="language"type="xs:string">
     <FieldCode>信息资源语种</FieldCode>
     <SimpleValue>
       <StringValue></StringValue>
     </SimpleValue>
   </xs:element>
```

```
</FieldValue>
<FieldValue>
  <xs:element name=" statement "type="xs:string">
    <FieldCode>数据志说明</FieldCode>
    <SimpleValue>
       <StringValue></StringValue>
    </SimpleValue>
  </xs:element>
</FieldValue>
<FieldValue>
  <xs:element name=" IdPoC " type="complexType">
   <FieldCode>信息资源提供方</FieldCode>
   <StructValue>
       <FieldValue>
         <xs:element name="rpOrgName" type="xs:string">
         <FieldCode>资源提供单位</FieldCode>
         <SimpleValue>
            <StringValue></StringValue>
         </SimpleValue>
         </xs:element>
       </FieldValue>
       <FieldValue>
         <xs:element name="cntAdd" type="xs:string">
          <FieldCode>资源提供方地址</FieldCode>
          <SimpleValue>
             <StringValue></StringValue>
          </SimpleValue>
         </xs:element>
       </FieldValue>
    </StructValue>
  </xs:element>
</FieldValue>
<FieldValue>
  <xs:element name="eMaiAdd"type="xs:string">
    <FieldCode>资源提供方电子邮件地址</FieldCode>
    <SimpleValue>
       <StringValue></StringValue>
    </SimpleValue>
  </xs:element>
</FieldValue>
<FieldValue>
  <xs:element name=" useconstsInfo " type="complexType">
    <FieldCode>使用限制信息</FieldCode>
```

```
<StructValue>
 <FieldValue>
    <xs:element name=" useConstsName " type="xs:string">
    <FieldCode>资源使用限制名称</FieldCode>
    <SimpleValue>
        <StringValue></StringValue>
    </SimpleValue>
 </xs:element>
 </FieldValue>
 <FieldValue>
    <xs:element name=" useConstsCode " type="xs:string">
    <FieldCode>资源使用限制编码</FieldCode>
    <SimpleValue>
       <StringValue></StringValue>
    </SimpleValue>
 </xs:element>
 </FieldValue>
</StructValue>
</xs:element>
</FieldValue>
<FieldValue>
  <xs:element name=" secAccConstsInfo "type="xs:complexType">
  <FieldCode>资源安全访问限制信息</FieldCode>
   <StructValue>
      <FieldValue>
        <xs:element name="secAccClass" type="xs:string">
          <FieldCode>安全访问限制分级</FieldCode>
          <SimpleValue>
             <StringValue></StringValue>
          </SimpleValue>
          </xs:element>
      </FieldValue>
      <FieldValue>
        <xs:element name=" secAccClassCode" type="xs:string">
          <FieldCode>安全访问限制分级编码 CODE</FieldCode>
          <SimpleValue>
              <StringValue></StringValue>
          </SimpleValue>
        </xs:element>
     </FieldValue>
   </StructValue>
  </xs:element>
</FieldValue>
```

```
<FieldValue>
  <xs:element name="DescKeys" type="xs:complexType">
    <FieldCode>关键字说明</FieldCode>
    <StructValue>
      <FieldValue>
        <xs:element name="keyword" type="xs:string">
          <FieldCode>关键字</FieldCode>
          <SimpleValue>
              <StringValue> </StringValue>
          </SimpleValue>
        </xs:element>
      </FieldValue>
      <FieldValue>
          <xs:element name="thesaName" type="xs:string">
          <FieldCode>辞典名称</FieldCode>
          <SimpleValue>
              <StringValue> </StringValue>
          </SimpleValue>
        </xs:element>
      </FieldValue>
    </StructValue>
  </xs:element>
</FieldValue>
<FieldValue>
  <xs:element name="cateStd" type="complexType">
    <FieldCode>信息资源分类方式</FieldCode>
      <StructValue>
      <FieldValue>
          <xs:element name=" cateStd " type="xs:string">
          <FieldCode>分类方式</FieldCode>
          <SimpleValue>
              <StringValue> </StringValue>
          </SimpleValue>
          </xs:element>
      </FieldValue>
      <FieldValue>
          <xs:element name=" cateStdCode " type="xs:string">
          <FieldCode>分类方式编码</FieldCode>
          <SimpleValue>
              <StringValue> </StringValue>
          </SimpleValue>
          </xs:element>
      </FieldValue>
```

```
        < /StructValue >
      < /xs:element >
    < /FieldValue >
    < FieldValue >
      < xs:element name = " resCat" type = " xs:complexType" >
      < FieldCode >信息资源业务分类 < /FieldCode >
        < StructValue >
          < FieldValue >
            < xs:element name = " cateName"  type = " xs:string" >
            < FieldCode >类目名称 < /FieldCode >
              < SimpleValue >
                < StringValue > < /StringValue >
              < /SimpleValue >
            < /xs:element >
          < /FieldValue >
          < FieldValue >
            < xs:element name = " cateCode"  type = " xs:string" >
              < FieldCode >类目编码 CODE < /FieldCode >
              < SimpleValue >
                < StringValue > < /StringValue >
              < /SimpleValue >
            < /xs:element >
          < /FieldValue >
        < /StructValue >
      < /xs:element >
    < /FieldValue >
    < FieldValue >
      < xs:element name = " onLineSrc" type = " xs:string"  >
        < FieldCode >在线资源链接地址 < /FieldCode >
          < SimpleValue >
            < StringValue > < /StringValue >
          < /SimpleValue >
      < /xs:element >
    < /FieldValue >
    < FieldValue >
      < xs:element name = " resID"  type = " xs:string"  >
        < FieldCode >信息资源标识符 < /FieldCode >
          < SimpleValue >
            < StringValue > < /StringValue >
          < /SimpleValue >
      < /xs:element >
    < /FieldValue >
    < FieldValue >
```

```
  &lt;xs:element name="TimePeriod" type="xs:complexType" &gt;
    &lt;FieldCode&gt;时间范围信息&lt;/FieldCode&gt;
    &lt;StructValue&gt;
      &lt;FieldValue&gt;
        &lt;xs:element name="begDate" type="xs:date" &gt;
         &lt;FieldCode&gt;起始时间&lt;/FieldCode&gt;
         &lt;SimpleValue&gt;
              &lt;StringValue&gt; &lt;/StringValue&gt;
         &lt;/SimpleValue&gt;
        &lt;/xs:element&gt;
      &lt;/FieldValue&gt;
      &lt;FieldValue&gt;
        &lt;xs:element name="endDate" type="xs:date" &gt;
         &lt;FieldCode&gt;结束时间&lt;/FieldCode&gt;
         &lt;SimpleValue&gt;
              &lt;StringValue&gt; &lt;/StringValue&gt;
         &lt;/SimpleValue&gt;
        &lt;/xs:element&gt;
      &lt;/FieldValue&gt;
    &lt;/StructValue&gt;
  &lt;/xs:element&gt;
&lt;/FieldValue&gt;
&lt;FieldValue&gt;
  &lt;xs:element name="spatRep" type="xs:complexType" &gt;
    &lt;FieldCode&gt;空间表示信息&lt;/FieldCode&gt;
    &lt;StructValue&gt;
      &lt;FieldValue&gt;
        &lt;xs:element name="sptDom" type="xs:string" &gt;
          &lt;FieldCode&gt;空间范围&lt;/FieldCode&gt;
          &lt;SimpleValue&gt;
            &lt;StringValue&gt; &lt;/StringValue&gt;
          &lt;/SimpleValue&gt;
        &lt;/xs:element&gt;
      &lt;/FieldValue&gt;
    &lt;/StructValue&gt;
  &lt;/xs:element&gt;
&lt;/FieldValue&gt;
&lt;FieldValue&gt;
  &lt;xs:element name="coorRSID" type="xs:string" &gt;
    &lt;FieldCode&gt;大地坐标参照系统名称&lt;/FieldCode&gt;
    &lt;SimpleValue&gt;
        &lt;StringValue&gt; &lt;/StringValue&gt;
    &lt;/SimpleValue&gt;
```

```
    </xs:element>
  </FieldValue>
  <FieldValue>
    <xs:element name="verRSID" type="xs:string">
      <FieldCode>垂向坐标参照系统名称</FieldCode>
      <SimpleValue>
          <StringValue> </StringValue>
      </SimpleValue>
      </xs:element>
  </FieldValue>
  <FieldValue>
    <xs:element name="coorSys" type="xs: complexType ">
    <FieldCode>坐标系信息</FieldCode>
      <StructValue>
        <FieldValue>
          <xs:element name="coorName" type="xs:string">
          <FieldCode>坐标系类型名称</FieldCode>
          <SimpleValue>
              <StringValue> </StringValue>
          </SimpleValue>
          </xs:element>
        </FieldValue>
        <FieldValue>
          <xs:element name="coorType" type="xs:string">
           <FieldCode>坐标系类型编码</FieldCode>
           <SimpleValue>
                <StringValue> </StringValue>
           </SimpleValue>
           </xs:element>
        </FieldValue>
      </StructValue>
    </xs:element>
  </FieldValue>
  <FieldValue>
   <xs:element name="servURL" type="xs:string">
    <FieldCode>服务地址</FieldCode>
    <SimpleValue>
          <StringValue> </StringValue>
    </SimpleValue>
   </xs:element>
  </FieldValue>
  <FieldValue>
   <xs:element name="servType" type="servTypeCode">
```

```
    < FieldCode >服务类型 </FieldCode >
    < StructValue >
        < FieldValue >
            < FieldCode >服务类型名称 </FieldCode >
            < SimpleValue >
                < StringValue > </StringValue >
            </SimpleValue >
        </FieldValue >
        < FieldValue >
            < FieldCode >服务类型编码 </FieldCode >
            < SimpleValue >
                < StringValue > </StringValue >
            </SimpleValue >
        </FieldValue >
    </StructValue >
  </xs:element >
</FieldValue >
< FieldValue >
< xs:element name = "maintInfo" type = "xs: complexType " >
  < FieldCode >信息资源维护信息 </FieldCode >
    < StructValue >
      < FieldValue >
        < xs:element name = "releaseDate" type = "xs:string" >
        < FieldCode >发布日期 </FieldCode >
        < SimpleValue >
          < DateValue > </DateValue >
        </SimpleValue >
        </xs:element >
      </FieldValue >
      < FieldValue >
        < xs:element name = " MainFreq " type = "xs:string" >
        < FieldCode >维护更新周期 </FieldCode >
        < SimpleValue >
            < StringValue > </StringValue >
        </SimpleValue >
        </xs:element >
      </FieldValue >
    </StructValue >
  </xs:element >
</FieldValue >
< FieldValue >
  < xs:element name = "mdId" type = "xs:string" >
  < FieldCode >元数据标识符 </FieldCode >
```

```
        <SimpleValue>
            <StringValue> </StringValue>
        </SimpleValue>
      </xs:element>
    </FieldValue>
    <FieldValue>
      <xs:element name="MdContact" type="complexType">
      <FieldCode>元数据维护方</FieldCode>
      <StructValue>
          <FieldValue>
            <xs:element name="MdOrgName" type="xs:string">
            <FieldCode>元数据联系单位</FieldCode>
            <SimpleValue>
                <StringValue> </StringValue>
            </SimpleValue>
            </xs:element>
          </FieldValue>
          <FieldValue>
            <xs:element name="MdAdd" type="xs:string">
            <FieldCode>元数据维护方地址</FieldCode>
            <SimpleValue>
                <StringValue> </StringValue>
            </SimpleValue>
            </xs:element>
          </FieldValue>
      </StructValue>
      </xs:element>
    </FieldValue>
    <FieldValue>
      <xs:element name="mdDateUpd" type="xs:string">
      <FieldCode>元数据更新日期</FieldCode>
      <SimpleValue>
          <DateValue> </DateValue>
      </SimpleValue>
      </xs:element>
    </FieldValue>
    </JTMetadata>
```

参考文献

[1] GB/T 2260—2002 中华人民共和国行政区划代码.
[2] GB/T 7156—2003 文献保密等级代码与标识.
[3] GB/T 19710—2005 地理信息 元数据.

ICS 03.220.01
R 07
备案号：

JT

中华人民共和国交通行业标准

JT/T 748—2009

公路水路交通信息资源业务分类

Highway and waterway transportation information resource classification

2009-07-23 发布

2009-11-01 实施

中华人民共和国交通运输部 发布

目　　次

前　言

本标准的附录 A 是规范性附录。

本标准由交通运输部科技司提出。

本标准由交通部信息通信及导航标准化技术委员会归口。

本标准主要起草单位:中交水运规划设计院有限公司、中国交通信息中心有限公司。

本标准主要起草人:唐菁、孙召春、陈永剑、陈韬、胡国丹、马晓峰。

公路水路交通信息资源业务分类

1 范围

本标准按照交通运输行业公路水路业务范畴，规定了交通信息资源目录体系中公路水路交通信息资源的业务主题分类原则和方法，以及业务主题分类类目表。

本标准适用于在建立交通信息资源目录时，为公路运输、水路运输、交通科技和综合事务管理等业务主题进行交通信息资源分类提供依据。

2 规范性引用文件

下列文件中的条款通过本标准的引用而成为本标准的条款。凡是注日期的引用文件，其随后所有的修改单（不包括勘误的内容）或修订版均不适用于本标准，然而，鼓励根据本标准达成协议的各方研究是否可使用这些文件的最新版本。凡是不注日期的引用文件，其最新版本适用于本标准。

GB/T 7027　信息分类和编码的基本原则与方法

GB/T 10113　分类与编码通用术语

GB 18030　信息技术　中文编码字符集

3 术语和定义

GB/T 10113 中确立的术语和定义适用于本标准。

4 分类原则

本标准的业务分类和编码的基本原则与方法遵循 GB/T 7027 的规定，采用混合分类法。分类类目编码使用的英文字符和阿拉伯数字字符遵循 GB 18030 的规定。

分类类目层级深度分为四级，以公路水路交通信息资源涉及的业务范围作为分类依据，分类层级可分级对应。

5 业务分类

5.1 分类类目表

公路水路交通信息资源业务分类包括公路交通、水路交通、交通科技和综合事务管理四个一级类目、20 个二级类目、186 个三级类目和部分四级类目。

公路水路交通信息资源业务分类类目表见附录 A。

5.2 代码结构

本标准的业务分类类目代码采用统一的代码结构，代码编制规则如下：

a）　一级类目表示行业性业务主题，采用一位大写英文字符表示，例如 A、B、C、D 分别代表公路交通、水路交通、交通科技、综合事务管理；

b）　二级类目表示业务领域类主题，采用一位大写英文字符表示二级类目在一级类目下的顺序；

c）　三级类目表示某领域内业务分支主题，采用两位阿拉伯数字反映三级类目在二级类目下的顺序，领域内的综合类目顺序编号一般为“00”，其他类目从 01 开始顺序编号；

d）　四级类目表示业务分支下的专业主题，采用两位阿拉伯数字反映四级类目在三级类目下的顺序，类目顺序从 01 开始顺序编号。

代码结构见图 1。

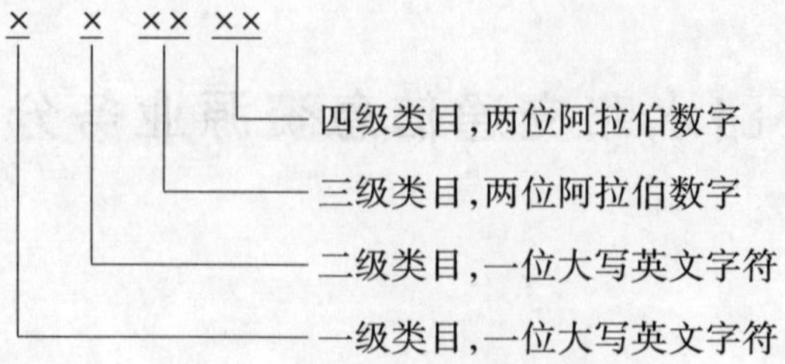

图1 业务分类代码结构图

5.3 扩充原则

可根据实际情况对公路水路交通信息资源业务分类进行分级类目扩充或补充,扩充的类目应符合类目的设置规则,分类代码的配置应符合5.2中的规定,且各级扩充类目均应在现有排列顺序之后或各级类目下的其他项类目之前进行扩充或补充。

附 录 A
(规范性附录)
公路水路交通信息资源业务分类科目表

公路水路交通信息资源业务分类科目表见表 A.1。

表 A.1 公路水路交通信息资源业务分类科目表

代码	名 称	描 述 说 明
A	**公路交通**	**关于公路运输业务领域**
AA	**公路建设**	**关于公路建设方面的业务和管理工作领域**
AA00	综合管理	关于公路建设行业发展规划、方针政策、行业管理综合情况和重大事项等综合管理信息
AA01	公路规划	关于公路建设规划管理的法律法规、方针政策、发展规划等相关信息
AA02	市场管理	关于公路建设与市场管理相关的从业单位信用体系、咨询资质、勘察资质、设计资质、造价资质和施工资质、监理资质、职业资格管理等的规章制度、法律法规、方针政策和管理信息
AA03	项目管理	关于公路建设项目管理的政策法规、建设投资、基本建设程序、合同管理、工程进度、示范工程、竣工验收等相关信息
AA04	造价管理	关于公路建设项目造价管理的规章制度、法律法规、方针政策、造价统计、工程概预算等相关信息
AA05	环境保护	关于公路建设环境保护管理的规章制度、法律法规、方针政策、节能情况等相关信息
AA06	节约用地	关于公路建设节约用地管理的规章制度、法律法规、方针政策等相关信息
AA07	农村公路	关于农村公路建设与管理的规章制度、法律法规、方针政策、技术培训、发展情况、技术标准等相关信息
AA08	工程技术	关于公路建设工程技术管理相关的法律法规、技术政策、标准规范、技术发展情况等相关信息
AA09	技术交流	关于公路建设与管理的国际合作、技术交流、学术交流等相关信息
AA10	招投标管理	关于公路建设项目、设备采购等招投标管理的政策法规、监督执法、结果审批等相关信息
AA11	质量管理	关于公路建设工程质量管理的法律法规、方针政策、工程评奖、交通工业产品等质量管理相关信息
AA12	设计管理	关于公路建设工程勘察设计、技术咨询、施工图设计审批、设计评奖等相关信息

表 A.1(续)

代码	名称	描述说明
AA13	公路工程	关于公路工程建设、实施、利用等方面的业务和管理工作
AA1301	线路工程	关于公路线路工程的线路勘测、线路设计、路面、公路交叉、公路排水、灾害与病害等工程业务、工程技术管理等相关信息
AA1302	路基工程	关于公路路基勘测、设计、施工等工程业务、工程技术、工程使用管理等相关信息
AA1303	桥涵工程	关于桥梁勘测、桥梁设计、桥梁结构、桥梁构件、桥面、桥梁支座、桥墩、桥塔、桥梁基础、桥梁制造、桥梁施工、桥梁试验、涵洞等工程业务、工程技术、工程使用管理等相关信息
AA1304	隧道工程	关于隧道勘测、设计、施工、围岩、支护、通风、照明、防水与排水、病害、试验和隧道安全等工程业务、工程技术、工程使用管理等相关信息
AA1305	渡口工程	关于公路渡口码头勘测、设计、施工等工程业务、工程技术、工程使用管理等相关信息
AA1306	交通工程	关于交通工程的交通服务设施、交通标志、信息控制、设备监控、交通工业产品、交通设施使用等规划、建设、管理等相关信息
AA1307	工程材料	关于工程使用的建筑材料、金属材料、非金属材料、水泥、石料、集料、混凝土、沥青等工程材料信息
AA1308	地下管线	关于公路工程地下管线勘测、设计、施工等工程业务、工程技术、工程使用管理等相关信息
AA1309	施工机械与设备	关于工程施工使用的工程机械类型、动力机械、流体机械、混凝土机械与设备、土工机械、钻探打桩机械、起重运输机械、筑路机械、采掘和石材加工机械、建筑机具、交通工业产品、维修与管理、机械试验等信息
AA1310	材料与结构试验	关于公路工程材料与结构试验等相关信息
AA1311	材料与结构检测	关于公路工程材料与结构的检测等相关信息
AA1312	试验仪器和设备	关于公路工程试验仪器和设备、交通工业产品等相关信息
AA14	安全生产管理	关于公路建设工程施工安全生产管理的规章制度、法律法规、方针政策、专项督查等相关信息
AA99	其他	其他有关公路交通的相关信息
AB	**公路管理**	**关于公路养护与管理方面的业务和管理工作领域**
AB00	综合管理	关于公路养护与管理的政策、法规、办法、标准等信息
AB01	公路养护	关于公路养护与管理的规章制度、法律法规、管理体制、技术政策、公路与桥梁养护、公路与桥梁改造、灾害防治、安保工程、交通工业产品等相关信息
AB02	路政管理	关于公路路政管理、监督检查等方面的规章制度、法律法规、方针政策等信息相关信息

表 A.1(续)

代码	名　　称	描述说明
AB03	收费公路管理	关于收费公路管理的法律法规、方针政策,收费公路管理涉及的收费站、收费系统、收费机等相关信息
AB04	超限超载治理	关于公路超限超载治理管理的规章制度、法律法规、方针政策等相关信息
AB05	绿色通道	关于公路绿色通道管理的规章制度、法律法规、方针政策等相关信息
AB06	公路统计	关于公路统计管理的规章制度、法律法规、方针政策及月度数据、年度报告和专项调查等有关统计数据及其相关信息
AB07	公路出行服务	关于公路出行服务相关的精神文明建设、新闻宣传、道路运输服务和公路出行服务等信息,包括有关指导意见、重要文件、管理办法;各类先进表彰、路况、气象、行车路线、地图等公路出行服务等相关信息
AB08	公路管理设施	关于公路管理设施与设施使用等相关信息
AB09	公路应急管理	关于公路交通应急管理的相关信息
AB99	其他	其他有关公路管理的相关信息
AC	**道路运输**	**关于道路运输生产与管理业务领域**
AC01	旅客运输	关于旅客运输生产与管理业务方面的发展规划、法律法规、方针政策、标准规范、运输生产、功能服务和设施建设等相关信息
AC02	出租汽车运输	关于出租车运输业务与管理方面的发展规划、法律法规、方针政策、标准规范、运输生产、功能服务、设施建设等相关信息
AC03	货物运输	关于普通货物和危险货物运输业务与管理方面的发展规划、法律法规、方针政策、标准规范、运输生产、功能服务、设施建设等相关信息
AC04	汽车运输站场	关于汽车运输站场设施管理、建设的发展规划、法律法规、方针政策、运输设备、站场设施使用等相关信息
AC05	机动车维修	关于机动车维修市场业务与管理方面的发展规划、法律法规、方针政策、标准规范、管理机构、功能服务等相关信息
AC06	机动车驾驶员培训	关于驾驶员培训业务与管理方面的发展规划、法律法规、方针政策、标准规范、功能服务和设施建设等相关信息
AC07	国际道路运输	关于国际道路运输业务与管理方面的发展规划、法律法规、方针政策、标准规范、运输线路、功能服务、设施建设等相关信息
AC08	物流服务	关于物流服务生产与管理等相关信息
AC09	联合运输	关于联合运输生产与管理等相关信息
AC10	运输经营业户	关于运输经营业户的相关信息
AC11	营运车辆管理	关于营运车辆的相关信息

表 A.1(续)

代码	名　称	描述说明
AC12	从业人员管理	关于道路运输从业人员的相关信息
AC13	客运线路管理	关于客运线路的相关信息
AC14	运输安全	关于道路运输安全管理方面的相关信息
AC15	运输执法	关于道路运输行政处罚与执法监督等相关信息
AC16	运价管理	关于运输价格管理的相关信息
AC17	外商投资审批	关于外商投资道路运输业管理等相关信息
AC18	道路运输统计	关于道路运输情况等相关统计信息
AC99	其他	其他有关道路运输的相关信息
B	**水路交通**	**关于水路运输领域**
BA	**水路运输**	**关于水上运输方面的生产业务和管理工作领域**
BA00	综合管理	关于水路运输生产综合情况和重大事项等相关信息
BA01	国内货物运输	关于国内水上货物运输生产相关信息
BA02	国际货物运输	关于国际水上货物运输生产相关信息
BA03	旅客运输	关于水上旅客运输生产相关信息
BA04	集装箱运输	关于集装箱运输、生产等相关信息
BA05	运输经营业户	关于水运经营业户生产运营、功能服务等相关信息
BA06	运输工具	关于水上运输工具船舶、班轮、运输状态等相关信息
BA07	物流服务	关于物流服务生产与管理等相关信息
BA08	港口生产	关于港口生产、装卸设备、工业产品、生产管理、船舶进出港管理、节能减排等相关信息
BA09	港口经营人	关于港口经营人的相关信息
BA10	码头与堆场作业	关于码头与堆场作业方面的信息
BA11	联合运输	关于联合运输生产与管理等相关信息
BA12	国内航运	关于国内航运生产相关信息
BA13	国际航运	关于国际航运生产相关信息
BA14	水运生产统计	关于水路运输生产统计相关信息
BA15	港澳台通航	关于港澳台通航与航运生产相关信息
BA16	水运服务业	关于水运相关服务业的生产、服务等相关信息,包括代理、无船承运、供油、供水、理货、引航、管理公司等
BA17	水路出行服务	关于水路出行服务相关的精神文明建设、新闻宣传、旅客运输服务等信息,包括有关指导意见、重要文件、管理办法;各类先进表彰、气象、航线、班次、地图等水路出行服务等相关信息
BA99	其他	其他有关水路交通的相关信息
BB	**水运建设**	**关于水运建设实施利用等方面的业务和管理工作领域**

表 A.1(续)

代码	名　称	描述说明
BB00	综合管理	关于水运建设行业发展规划、规章、市场准入条件、标准和规范、行业管理综合情况和重大事项等监督管理综合信息
BB01	水运规划	关于沿海港口、内河航道与港口规划、布局、岸线审批等水运建设管理的规章制度、法律法规、方针政策、发展报告等相关信息
BB02	沿海建设	关于沿海水运建设项目、技术改造项目管理相关的政策法规、建设投资、可行性研究与工程评估、工程进度、示范工程、竣工验收、工程建设管理等相关信息
BB0201	沿海港口规划与设计	关于沿海港口工程规划与设计的规章制度、法律法规、技术政策、规划报告、设计文件施工图纸等相关信息
BB0202	沿海港口水工建筑物	关于沿海港口码头、防波堤、护岸、航道、海上灯塔、栈桥、人工岛及平台、海岸与近海工程等水工建筑物结构和形式等工程业务、工程技术和工程管理等相关信息
BB0203	沿海港口陆域工程	关于沿海港口堆场道路、陆域构筑物、筒仓、船坞、船台、滑道、港区铁路、物流园区、加工区、保税区等陆域配套工程业务与技术、工程管理等相关信息
BB0204	沿海水下基础工程	关于沿海港口工程水下地基及基础、水下开挖与清障、水下炸礁、运输管道等工程业务与技术和工程管理等相关信息
BB0205	控制与信息工程	关于沿海港口工程信息控制、设备监控、交通工业产品、信息系统工程等工程业务和工程技术相关信息
BB0206	沿海通信导航工程	关于沿海港口工程中通信、导航、航标等工程业务和工程技术等相关信息
BB0207	沿海港口模型试验	关于沿海港口工程数模、物模等模型试验的相关信息
BB0208	沿海港口施工	关于沿海港口工程施工、施工设备、施工管理等相关信息
BB0209	沿海港口装卸设备	关于沿海港口装卸设备及安装工程方面的设备情况、工程业务、工程技术和工程管理等相关信息
BB0210	沿海工程概预算	关于沿海港口工程投资概预算业务及其管理相关的规章制度、法律法规、技术政策、工程投资预算等相关信息
BB03	内河建设	关于内河水运建设项目、技术改造项目管理相关的政策法规、建设投资、可行性研究与工程评估、工程进度、示范工程、竣工验收、工程建设管理等相关信息
BB0301	内河港口规划与设计	关于内河港口工程规划与设计的法律法规、技术政策、规划报告、设计文件、施工图纸等相关信息
BB0302	内河航道规划与设计	关于内河航道工程规划与设计的法律法规、技术政策、规划报告、设计文件、施工图纸等相关信息
BB0303	内河港口水工建筑物	关于内河港口码头、防波堤、护岸、港区航道、海上灯塔、栈桥、人工岛及平台、海岸与近海工程等水工建筑物结构和形式等工程业务与技术和工程管理等相关信息

表 A.1(续)

代码	名　称	描述说明
BB0304	内河通航建筑工程	关于内河航道工程的通航建筑结构和形式、建筑物、工程用途等工程业务与技术和工程管理等相关信息
BB0305	内河船闸工程	关于内河船闸工程的工程业务与技术和工程管理等相关信息
BB0306	内河过河建筑物工程	关于内河过河建筑物工程的工程业务与技术和工程管理等相关信息
BB0307	内河港口陆域工程	关于内河港口堆场道路、陆域构筑物、筒仓、船坞、船台、滑道、港区铁路、物流园区、加工区、保税区等陆域配套工程业务与技术、工程管理等相关信息
BB0308	内河水下基础工程	关于内河水下基础工程地基处理、水下开挖与清障、水下炸礁、运输管道等工程业务与技术和工程管理等相关信息
BB0309	内河航道整治工程	关于内河航道整治工程的工程业务和工程技术等相关信息
BB0310	渠化工程	关于内河航道工程中渠化工程与水系综合利用的工程业务和工程技术等相关信息
BB0311	疏浚与吹填造地	关于内河航道工程中疏浚与吹填造地等工程业务和工程技术等相关信息
BB0312	内河控制与信息工程	关于内河港口工程以及航道工程中信息控制、设备监控、交通工业产品等工程业务和工程技术相关信息
BB0313	内河通信导航工程	关于内河港口工程中通信、导航、航标等工程业务和工程技术等相关信息
BB0314	导航与助航工程	关于导航与助航设施、航标等工程业务和工程技术等相关信息
BB0315	内河工程模型试验	关于内河港口与航道工程数模、物模等模型试验的相关信息
BB0316	内河工程施工	关于内河港口工程和航道工程施工、施工设备、施工管理等相关信息
BB0317	内河港口装卸设备	关于内河港口装卸设备及安装工程方面的设备情况、工程业务、工程技术和工程管理等相关信息
BB0318	升船机	关于升船机等机械与设备方面的工程业务和工程技术相关信息
BB0319	内河工程概预算	关于内河港口工程投资概预算业务及其管理相关的法律法规、技术政策、工程投资预算等相关信息
BB04	支持保障系统	关于水运支持保障系统建设管理的相关政策法规、建设投资、可行性研究与工程评估、工程进度、示范工程、竣工验收、工程建设管理等相关信息

表 A.1(续)

代码	名　称	描述说明
BB05	技术标准	关于水运工程建设技术标准方面的法律法规、方针政策、标准规范、技术发展等相关信息
BB06	技术交流	关于水运建设与管理的国际合作、技术交流、学术交流等相关信息
BB07	招投标管理	关于水运基本建设项目、设备采购等招投标管理的政策法规、方针政策、监督执法、结果审批等相关信息
BB08	设计管理	关于水运基本建设、技术改造项目的勘察设计、技术咨询、设计审批等管理相关的法律法规、行业政策、设计评奖等相关信息
BB09	工程监理	在水运工程建设中涉及工程监理的法律法规、方针政策、施工监理情况等相关信息
BB10	造价管理	与水运工程建设项目造价管理相关的规章制度、法律法规、方针政策、造价统计等管理信息
BB11	安全质量管理	关于水运建设工程安全质量监督与管理相关的法律法规、方针政策、项目监管、工程评奖、交通工业产品等相关信息
BB12	资质管理	关于水运工程建设与市场管理相关的企业信用体系、咨询资质、勘察资质、设计资质、造价资质和施工单位资质、资信管理、职业资格等管理的规章制度、法律法规、方针政策和管理等相关信息
BB13	施工安全	关于水运工程建设施工安全管理相关的法律法规、方针政策、专项督查等相关信息
BB99	其他	其他有关水运建设的相关信息
BC	**水运管理**	
BC00	综合管理	关于水运行业管理的发展战略、规划、方针政策、标准和规范、行业管理综合情况、重大事项等监督管理综合信息
BC01	运政执法	关于水路运输运政执法管理中的法制建设、法律法规、方针政策、管理机构、行政许可、行政复议、行政处罚、执法监督、年度核查等相关信息
BC02	港政执法	关于港政执法管理中的法制建设、法律法规、方针政策、管理机构、行政许可、行政复议、行政处罚、执法监督、年度核查等相关信息
BC03	航政执法	关于航政执法管理中的法制建设、法律法规、方针政策、管理机构、行政许可、行政复议、行政处罚、执法监督、年度核查等相关信息
BC04	国内运输	关于国内水上运输管理的发展规划、法制建设、法律法规、行业政策、行政许可、市场监管、行政处罚、国家水路重点物资运输、紧急运输、特殊物资运输、运量统计、节能减排等相关信息

表 A.1(续)

代码	名　称	描 述 说 明
BC05	国际运输	关于国际水上运输管理的发展规划、法制建设、法律法规、行业政策、行政许可、市场监管、行政处罚、紧急运输、特殊物资运输、运量统计、节能减排等相关信息
BC06	旅客运输	关于水上旅客运输管理的发展规划、法制建设、规章制度、法律法规、行业政策、行政许可、市场监管、行政处罚、紧急运输、客运质量、运量统计等信息
BC07	集装箱运输	关于集装箱运输管理中的发展规划、法制建设、规章制度、法律法规、方针政策、管理机构、行政许可、行政处罚、国家水路重点物资运输、紧急运输、特殊物资运输、运量统计、节能减排等信息
BC08	运输系统	关于水上运输系统发展战略、规划、工程建设、体系管理、规章制度、法律法规、行业政策、管理机构、行政许可、综合分析等信息
BC09	水运统计	关于水运统计管理的规章制度、法律法规、方针政策及月度数据、年度报告和专项调查等有关水运统计数据及其相关信息
BC10	水运与保险	关于水上运输保险相关的规章制度、法律法规、方针政策、管理机构等信息
BC11	运输经营业户	关于水运经营业户生产运营和管理相关的规章制度、法律法规、行业政策、管理机构、质量评审、功能服务等信息
BC12	从业人员管理	关于水路运输从业人员管理方面的规章制度、法律法规、方针政策、管理机构、功能服务、从业状况等信息
BC13	运输工具管理	关于水上运输工具船舶、班轮、运输状态等管理相关信息
BC14	物流服务管理	关于物流服务管理相关信息
BC15	联合运输管理	关于联合运输管理等相关信息
BC16	国内航运管理	关于国内航运发展战略、政策、规划、法律法规、方针政策、管理机构、行政许可、技术标准等信息
BC17	国际航运管理	关于国际航运的发展战略、法律法规、方针政策、行政许可、技术标准、国际水路运输双边、多边协定和有关国际公约、规则等国际航运管理相关信息
BC18	港澳台通航	关于港澳台通航管理事务的法制建设、法律法规、方针政策、行政许可、技术标准等管理相关信息
BC19	外商投资审批	关于外商投资国际海运、海运辅助企业及外国航商在华设立分支机构和常驻代表机构的管理规章制度、法律法规、方针政策等相关信息
BC20	港口经营管理	关于港口经营管理的法律法规、方针政策、管理机构等相关信息

表 A.1(续)

代码	名　称	描 述 说 明
BC21	港口统计	关于港口统计相关信息
BC22	港口环境与生态影响	关于港口环境、海洋污染、河流污染、生态影响、生态资源与生态保护、环境控制等管理相关信息
BC23	航运线路管理	关于船舶、班轮航运线路管理方面的发展规划、规章制度、法律法规、方针政策、管理机构、线路审批、功能服务和设施建设的规划、发展情况等相关信息
BC24	运价管理	关于水路运输国内客货运输价格、国际海运及海运辅助业价格管理的法制建设、法律法规、行业政策、管理机构等相关信息
BC25	水运服务业管理	关于水运相关服务业的生产、服务、管理等相关信息
BC26	应急管理	关于水上运输应急重点物资运输、紧急运输、特殊物资运输、应急预案等管理相关信息
BC27	航道管理	关于航道管理的法律法规、方针政策、管理机构、行政许可、年度核查等相关信息
BC28	航道统计	关于航道统计相关信息
BC29	船舶管理	关于船舶管理的法律法规、方针政策、管理机构、行政许可、年度核查等相关信息
BC30	船舶统计	关于船舶统计的相关信息
BC31	专项调查	关于港口、航道、船舶等基础设施的专项调查信息
BC99	其他	其他有关水运管理的相关信息
BD	**水路交通安全**	**关于水路交通安全管理业务领域**
BD00	综合管理	关于水上交通安全综合管理和海事政务的法律法规、方针政策、年度检查、行政许可、行政处罚、行政强制等相关信息
BD01	船舶管理	关于水上交通安全船舶管理的相关信息
BD0101	船舶登记管理	关于船舶登记管理的相关信息
BD0102	船舶安检管理	关于船舶安全监督检查的相关信息
BD0103	船舶签证和进出口岸审批	关于船舶签证和进出口岸审批的相关信息
BD0104	船舶诚信管理	关于船舶诚信管理的相关信息
BD0105	危险货物和船舶防污染管理	关于水上交通安全船载危险货物、防止污染和环境保护等管理的法律法规、行业政策、国际公约、作业安全、安全管理等相关信息
BD0106	船舶保安	关于船舶保安的有关公约、规定、导则,船舶保安检查等相关信息
BD02	船舶检验	关于船舶检验管理的的法律法规、国际公约、安全规则、安全检查、安全措施、标志标记、管理机构、动态管理、船舶检验工作等相关信息

表 A.1(续)

代码	名　称	描 述 说 明
BD03	船员管理	关于船员管理的法律法规、国际公约、安全规则、注册登记、考试培训、证书管理、服务机构、管理机构等相关信息
BC0301	船员适任考试和评估管理	关于船员适任考试和评估管理的相关信息
BC0302	船员培训	关于船员培训业务、培训机构管理等相关信息
BC0303	船员服务	关于船员服务业务、服务机构管理等相关信息
BC0304	船员动态跟踪管理	关于船员注册登记、证书发放、海员证发放等动态跟踪管理相关信息
BD04	航运公司安全管理	关于航运公司安全管理的相关信息
BD0401	航运公司安全和防污染监督检查	关于航运公司安全和防污染监督检查的相关信息
BD0402	安全管理体系审核发证管理	关于航运公司安全管理体系审核发证管理的相关信息
BD05	事故与应急	关于水上交通安全事故调查、处理的规章制度、法律法规、国际公约、应急管理等相关信息
BD06	通航安全	关于水上交通通航安全管理的相关信息
BD0601	通航水域规划	关于通航水域规划的相关信息
BD0602	船舶定线制实施	关于船舶定线制实施的相关信息
BD0603	碍航物管理	关于碍航物管理的相关信息
BD0604	水上通航安全形势分析评估	关于水上通航安全形势分析评估的相关信息
BD0605	水上巡航执法	关于水上巡航执法的相关信息
BD0606	船舶交通安全管理	关于船舶交通安全(VTS)管理的相关信息
BD0607	水上水下施工作业管理	关于水上水下施工作业及管理的相关信息
BD0608	海上安全通信和航行通警告管理	关于海上安全通信和航行通警告业务与管理的相关信息
BD07	航测管理	关于航测管理的相关信息
BD0701	航标管理	关于航标设施与航标管理的相关信息
BD0702	测绘管理	关于测绘管理的相关信息
BD08	水上航行	关于水上航行的相关信息
BD0801	航行管理	关于水上航行管理的法制建设、规章制度、法律法规、国际公约、管理规则、管理机构等相关信息
BD0802	航海技术保障	关于航海技术保障方面的航行、航线、航区、水文、气象、波浪、驾驶装置等相关信息
BD0803	航海仪表与设备	关于航海仪表与设备的相关信息
BD0804	船舶驾驶与海上作业	关于航向保持、航向控制、吨位测量、海上补给等船舶驾驶与海上作业的相关信息
BD0805	水上通信与导航	关于水上通信与导航安全、设备、定位等相关信息
BD0806	轮机管理	关于水上航行船舶轮机管理的规章制度、轮机消耗燃料、运营航速等相关信息

表 A.1（续）

代码	名　称	描 述 说 明
BD09	水上搜救	关于水上搜救管理的法律法规、国际公约、安全规则、资质管理、服务机构、管理机构标准规范等相关信息
BD0901	搜救能力建设	关于搜救能力建设、规划部署等相关信息
BD0902	搜救技术	关于水路安全搜救技术与管理等相关信息
BD0903	搜救安全标准	关于水上搜救安全的标准规范等相关信息
BD0904	海难救助	关于海难、海损、救护、搜救等相关信息
BD10	水上救捞	关于水上救捞管理的法律法规、国际公约、安全规则、资质管理、服务机构、管理机构标准规范等相关信息
BD1001	救捞部署	关于水上安全救捞组织部署等相关信息
BD1002	救捞装备	关于水路安全救助船舶、救助飞机、打捞船舶等救捞装备相关信息
BD1003	资质管理	关于水路安全救捞企业资质、潜水员培训机构资质等审核管理相关信息
BD1004	经营管理	关于水路安全救捞经济运行管理、海洋工程、船舶打捞、拖驳船运输等经营管理相关信息
BD1005	船舶打捞	关于海上打捞、沉船和翻船打捞、沉船勘测、船舶破损等相关信息
BD1006	国际公约	关于水上救捞国际公约、安全规则等相关信息
BD11	公安管理	关于水路交通安全的公安管理相关信息
BD12	港口保安	关于水路交通安全的港口保安管理相关信息
BD13	标准规范	关于水上交通安全标准规范的相关信息
BD99	其他	其他有关水路交通安全的相关信息
BE	**国际合作**	**关于水路交通国际合作管理工作领域**
BE01	多边合作	关于水路交通国际多边合作的法律法规、方针政策、组织机构等相关信息
BE02	双边与区域合作	关于水路交通国际双边与区域合作的法律法规、方针政策、组织机构等相关信息
BE99	其他	其他有关水路交通国际合作的相关信息
BF	**港澳台事务**	**关于港、澳、台水路交通业务管理的法律法规、方针政策、组织机构等相关信息**
C	**交通科教**	**关于交通科技领域**
CA	**科技项目**	**关于交通运输科技项目管理工作领域**
CA01	项目管理	关于交通运输科技项目管理的规章制度、法律法规、方针政策、项目情况等相关信息
CA02	国家科技项目	关于交通行业国家级科技项目的相关信息

表 A.1(续)

代码	名称	描述说明
CA03	软科学项目	关于交通行业软科学研究与管理方面的相关项目信息
CA04	基础科学项目	关于交通行业基础科学研究与管理方面的相关项目信息
CA05	联合攻关项目	关于交通行业联合攻关方面的相关项目信息
CA06	西部项目	关于交通行业西部科技方面的相关项目信息
CA07	信息化项目	关于交通行业信息化建设方面的相关项目信息
CA99	其他科技项目	
CB	**科技成果**	**涉及交通运输科技成果管理工作领域**
CB01	成果管理	关于交通科技成果管理的规章制度、法律法规、方针政策、成果申报与登记等相关信息
CB02	成果推广	关于交通科技成果推广、示范应用等信息
CB03	科技奖励	关于交通科技成果奖励的相关信息
CB04	科技文献	关于交通运输行业的科技图书、期刊、论文、科技报告、标准计量文献、专利文献和政策法规等相关信息
CB99	其他科技成果	其他有关交通科技成果的相关信息
CC	**交通信息化**	**关于交通行业信息化管理工作领域**
CC01	行业信息化	关于交通行业信息化管理的规章制度、法律法规、方针政策、管理机构、网站信息服务等相关信息
CC02	公路交通信息化	关于公路交通生产与管理信息化管理的规章制度、法律法规、方针政策、管理机构、生产数据、公路电子口岸等相关信息
CC03	水路交通信息化	关于水路交通生产与管理信息化管理的规章制度、法律法规、方针政策、管理机构、生产数据、水路电子口岸等相关信息
CC99	其他信息化	其他有关交通信息化的相关信息
CD	**标准计量**	**关于交通行业标准与计量管理工作领域**
CD01	行业标准	关于交通行业标准化管理方面的规章制度、法律法规、方针政策、管理机构、标准体系、行业标准、标准培训等相关信息
CD02	标准计量	关于交通行业标准计量管理工作的规章制度、法律法规、方针政策、管理机构、计量标准、计量产品等相关信息
CD99	其他	其他有关交通行业标准计量的相关信息
CE	**基础资源**	**关于交通行业基础设施与人力资源管理工作领域**
CE01	基础设施	关于交通行业各单位仪器仪表设备、实验设施、实验系统等基础设施相关信息
CE02	人力资源	关于交通行业各单位科技人力资源管理的规章制度、法律法规、方针政策、管理机构、专业人才等相关信息

表 A.1(续)

代码	名　称	描 述 说 明
CE03	科研机构	关于交通行业科研机构等相关信息
CE99	其他基础资源	其他有关交通行业基础资源的相关信息
CF	**科技资源**	**关于交通科技信息资源领域的相关信息**
CF01	公路交通科技资源	关于公路交通科技信息资源的相关信息
CF02	水路交通科技资源	关于水路交通科技信息资源的相关信息
CF99	其他科技资源	其他有关交通行业科技资源的相关信息
CG	**科学数据**	**关于公路水路交通科学数据方面的相关信息**
CG01	公路交通科学数据	关于公路交通科学数据的相关信息
CG02	水路交通科学数据	关于水路交通科学数据的相关信息
CG99	其他相关科学数据	其他有关交通行业科学数据的相关信息
CH	**教育与培训**	
CH01	教育培训	关于教育与培训发展战略、规划和政策;交通行业教育与培训、职工教育等管理相关信息
CH02	教学监管	关于指导、监督部直属高校办学方向、教育质量、重点学科、专业建设、教育培训机构的教学管理,以及共建高校、相关专业委员会管理工作等相关信息
CH03	教育统计	关于交通行业教育统计的相关信息
CH04	科技合作	关于国际政府间交通科技合作的相关信息
CH99	其他管理	其他关于交通行业教育与培训的归口管理的相关信息
D	**综合事务管理**	**关于交通行业综合事务管理领域**
DA	**文秘、行政**	**文秘指处理文书文件类秘书 行政指企事业、各种社会团体等的内部管理**
DA00	文秘行政综合类	关于文秘行政综合类信息
DA01	文秘工作	处理文书、文件类的工作
DA02	文种	能概括的表明每一种公文性质、用途的统一规范称谓的信息
DA03	机要、保密	重要而机密、保守秘密的相关信息
DA04	档案	国家机构、社会组织以及个人从事政治、军事、经济、科学、技术、文化、宗教等活动直接形成的对国家和社会有保存价值的各种文字、图表、声像等不同形式的历史记录
DA05	信访工作	接受和处理群众通过信函或面谈方式反映问题的工作
DA06	行政事务	政府机关企事业各种社会团体等的内部执行管理的杂务
DA99	其他事务	
DB	**劳动人事管理**	**关于劳动人事管理业务领域**
DB00	综合管理	关于党和国家有关人事、劳动工资、机构编制等方面的方针、政策、法规、标准和管理办法、事迹表彰与宣传等相关信息

表 A.1(续)

代码	名　称	描 述 说 明
DB01	人事管理	有关工作人员的人事录用、考核、任免、调配、培训、监督、奖惩等信息
DB02	机构编制管理	关于机构编制管理办法、规定和标准,机构体制改革、机构设置、机构调整、更名和人员编制、领导职数的申报、审批工作、单位法人登记等相关信息
DB03	劳动与工资管理	关于劳动定员、职业健康、劳动保险的有关规定、标准和规范,劳动报酬和科技人员等级等相关信息
DB04	福利待遇	关于工作人员生活上的利益和享有的权利及物质报酬等相关信息
DB99	劳动人事其他事务	
DC	**财务管理**	**关于财务管理业务领域**
DC00	财务综合	关于公路、水路交通行业综合性财务会计制度、财税政策、财会监督、统计资料及有关经济事项等相关信息
DC01	预算管理	关于部门预算管理的规章制度、法律法规、组织机构及预算管理工作等相关信息
DC02	会计管理	关于会计管理的规章制度、法律法规、组织机构及会计管理工作等相关信息
DC03	资产管理	关于国有资产管理与监督检查等相关信息。
DC04	审计	关于审计的规章制度、法律法规、组织机构等相关信息
DC99	财务其他事务	其他有关交通行业财务方面的相关信息

ICS 03.220.01
R 07
备案号:

JT

中华人民共和国交通行业标准

JT/T 749—2009

交通信息资源标识符编码规则

Coding rule of transportation information resource symbol

2009-07-23 发布　　2009-11-01 实施

中华人民共和国交通运输部　发布

目　次

前 言

本标准由交通运输部科技司提出。

本标准由交通部信息通信及导航标准化技术委员会归口。

本标准主要起草单位:中交水运规划设计院有限公司、中国交通信息中心有限公司。

本标准主要起草人:唐菁、孙召春、陈永剑、陈韬、胡国丹、马晓峰。

交通信息资源标识符编码规则

1 范围

本标准规定了交通信息资源标识符编码规则，规定了交通信息资源标识符编码的分配和管理办法。

本标准适用于在建立交通信息资源目录时，为交通信息资源元数据标识符提供编码依据。

2 规范性引用文件

下列文件中的条款通过本标准的引用而成为本标准的条款。凡是注日期的引用文件，其随后所有的修改单（不包括勘误的内容）或修订版均不适用于本标准，然而，鼓励根据本标准达成协议的各方研究是否可使用这些文件的最新版本。凡是不注日期的引用文件，其最新版本适用于本标准。

GB/T 2260　中华人民共和国行政区划代码

JT/T 747　交通信息资源核心元数据

3 术语和定义

下列术语和定义适用于本标准。

3.1

编码　coding

按一定规则，将一个集合的元素映射为另一个集合元素的过程。

3.2

信息资源分类　information resource classification

用于说明信息资源分类方式及其相应的分类信息。

3.3

交通信息资源标识符　transportation government information resource identifier

用于唯一标识交通信息资源的一组符号或代码。

4 标识符编码结构

4.1 标识符编码的构成

交通信息资源标识符编码由前段码（六位字母数字）、分隔符和后段码（不定长的字符串）三部分组成。其中，前段码是交通行业政府管理机构编码，分隔符为“/”，后段码包括资源分类代码、资源提供方式代码和无意义顺序数字编号。

4.2 标识符编码的表示形式

标识符编码的表示形式如图1所示。

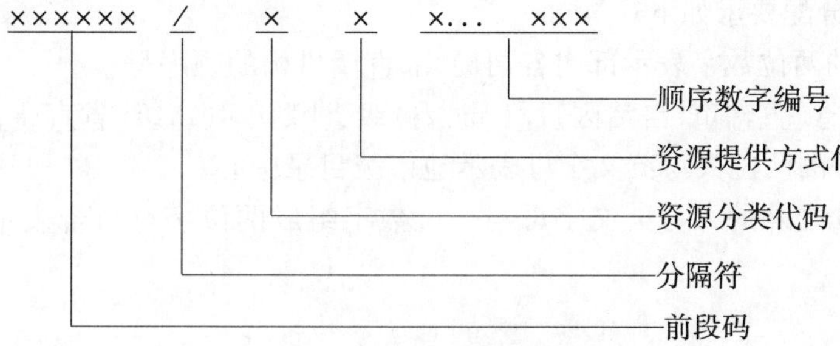

图1　标识符的表示形式

4.3 前段码编码的构成

前段码是交通信息资源编码标识符中的分隔符“/”之前的部分，表示产生或提供交通信息资源的行业政府管理机构的编码。该机构可以是拥有并提供交通信息资源或承担某项业务的管理部门。

前段码共六位，由10个阿拉伯数字(0~9)和大写英文字符“A~Z”中除去“I”和“O”之外的24个字符组成。其中，前段码的第一位应为“1~8”，其他字符保留使用。

4.4 后段码编码的构成

后段码是交通信息资源编码标识符中的分隔符“/”之后的部分，用来对同一实体内部所管理或拥有的信息资源进行唯一标识。后段码由资源分类代码、资源提供方式代码和顺序数字编号三部分组成，后段码构成如下：

a) 后段码第一位表示资源分类的代码，按照JT/T 747中的规定，建议采用业务分类代码，用“Y”表示；

b) 后段码第二位表示资源提供方式代码，用“K”表示公开方式，用“X”表示共享方式，用“Z”表示内部专用方式；

c) 后段码第三位以后采用无意义顺序号，由程序自动生成，建议预留位数不少于四位。

示例：信息资源属于交通运输部业务，并且信息可公开提供，顺序为第三条，其标识符编码表示为：100000/YK0003。

5 标识符的分配与管理

5.1 前段码的分配与管理

5.1.1 前段码分配规则

5.1.1.1 基本原则

交通信息资源目录标识符编码的前段码，原则上由各级目录中心按照5.1.1.2~5.1.1.5的规则统一分配。

5.1.1.2 前段码的第一、二位

前段码的第一、二位主要用于区别各级目录中心节点所在地域，分配要求如下：

a) 交通运输部及部内司局、部直属机构等单位使用“10”；

b) 其他省(直辖市、自治区)和计划单列市级等单位分别使用GB/T 2260中规定的中国行政区划编码的前两位数字。

5.1.1.3 前段码的第三、四位

前段码的第三、四位主要用于区别各级目录中心节点级别，分配要求如下：

a) 以“00”表示交通运输部主节点、部直属机构；

b) 以大写英文字符“T”与“1~9”的一位数字组成的两位字符表示各省(直辖市、自治区)交通厅(局、委)级、计划单列市级的目录中心；

c) 以一位除I、O和T之外的大写英文字母与“1~9”的一位数字组成的两位字符表示其他省直属企事业目录中心。

5.1.1.4 前段码的第五、六位

前段码的第五、六位分配要求如下：

a) 以除“00”之外的两位数字表示部内各司局、部直属机构的顺序号；

b) 以“00”表示各省(直辖市、自治区)厅(局、委)级、计划单列市级、省直属企事业目录中心；

c) 以除I和O之外的两位大写英文字母表示地市级目录中心；

d) 以一位除I和O之外的大写英文字母与一位数字组成两位字符组合表示省厅下属交通企事业单位。

5.1.1.5 前段码分配

前段码使用分配如下：

a) 交通运输部、部内各司局及部直属机构前段码见表1。

表1 交通运输部、部内各司局及部直属机构前段码编码表

名　　称	前段码	名　　称	前段码
交通运输部	100000	中华人民共和国海事局	100030
办公厅	100001	交通部救助打捞局	100031
政策法规司	100002	交通部长江航务管理局	100032
综合规划司	100003	交通部珠江航务管理局	100033
财务司	100004	中国船级社	100034
人事劳动司	100005	交通部基本建设质量监督总站	100035
公路局	100006	交通专业人员资格评价中心	100036
水运局(台湾事务办公室)	100007		
道路运输司(出租汽车行业指导办公室)	100008		
安全监督司(应急办公室)	100009		
科技司	100010		
国际合作司(港澳事务办公室)	100011		
公安局	100012		
机关党委	100013		
离退休干部局	100014		
中国海上搜救中心	100015		

b) 各省、直辖市、自治区、计划单列市等省厅级前段码见表2。

表2 省厅级前段码代码表

名　　称	前段码	名　　称	前段码
北京市交通委员会	11T100	海南省交通厅	46T100
天津市交通委员会	12T100	重庆市交通委员会	50T100
河北省交通运输厅	13T100	四川省交通厅	51T100
山西省交通厅	14T100	贵州省交通运输厅	52T100
内蒙古自治区交通厅	15T100	云南省交通运输厅	53T100
辽宁省交通厅	21T100	西藏自治区交通厅	54T100
吉林省交通运输厅	22T100	陕西省交通厅	61T100
黑龙江省交通厅	23T100	甘肃省交通厅	62T100
上海市交通运输与港口管理局	31T100	青海省交通厅	63T100
江苏省交通厅	32T100	宁夏回族自治区交通厅	64T100
浙江省交通运输厅	33T100	新疆维吾尔自治区交通厅	65T100
安徽省交通厅	34T100	新疆生产建设兵团交通局	65T200
福建省交通厅	35T100	天津市市政工程管理局	12T200
江西省交通运输厅	36T100	大连市交通局	21T200
山东省交通运输厅	37T100	上海市政工程管理局	31T200
河南省交通运输厅	41T100	宁波市交通局	33T200
湖北省交通厅	42T100	青岛市交通委员会	37T200
湖南省交通厅	43T100	厦门市交通委员会	35T200
广东省交通厅	44T100	深圳市交通局	44T200
广西壮族自治区交通厅	45T100		

c） 需要进行交通信息资源目录编制的地市级交通管理部门可按前段码分配规则向交通运输部部级目录中心申请前段码。

5.1.2 前段码管理

各级目录管理者和各级管理部门应在筹建交通信息资源目录体系之初申请前段码，以便在开展目录体系建设时，实现对交通信息资源的唯一标识。

交通信息资源标识符编码采用对部、省、地市三级部门分级管理的方式。主节点为部级目录中心、二级节点为省厅级目录中心和三级节点为地市级的交通行业主管部门目录中心的前段码由交通运输部部级目录中心统一分配和管理。各级目录中心负责确保前段码的唯一性，不得将一个前段码分配给多个实体。

5.2 后段码的分配与管理

5.2.1 后段码分配规则

后段码由拥有前段码的各级交通主管部门自行分配。后段码的编码方案由各主管部门根据4.3中的规则确定，但应保证其唯一性。

5.2.2 后段码管理

后段码由拥有前段码的各级交通主管部门自行管理，并向本级目录中心备案。省级主管部门向部级目录中心备案；省级及以下的主管部门向省级目录中心备案。

ICS 03.220.01;35.240.60
R 07
备案号:

JT

中华人民共和国交通行业标准

JT/T 734—2009

交通科技信息资源共享平台系统建设要求

System requirements of transportation science and technology information resource sharing platform

2009-01-24 发布　　2009-05-01 实施

中华人民共和国交通运输部　发布

目　次

前　言

本标准由交通运输部科技教育司提出并归口。

本标准起草单位:交通部科学研究院。

本标准主要起草人:王辉、郭瑜、张丽、张军、胡明、王枫、周紫君、张垣、罗琦、张亚、林垚。

交通科技信息资源共享平台系统建设要求

1 范围

本标准规定了交通科技信息资源共享平台(以下简称“平台”)系统的内外关系、总体框架及各组成部分的功能和技术要求。

本标准适用于交通科技信息资源共享平台的建设和管理。

2 规范性引用文件

下列文件中的条款通过本标准的引用而成为本标准的条款。凡是注日期的引用文件,其随后所有的修改单(不包括勘误的内容)或修订版均不适用于本标准,然而,鼓励根据本标准达成协议的各方研究是否可使用这些文件的最新版本。凡是不注日期的引用文件,其最新版本适用于本标准。

GB 50174　电子计算机机房设计规范

JT/T 36　交通汉语主题词表编制与标引规则

JT/T 735.1　交通科技信息资源共享平台信息资源建设要求　第1部分:核心元数据

JT/T 735.2　交通科技信息资源共享平台信息资源建设要求　第2部分:分类与编码

JT/T 735.3　交通科技信息资源共享平台信息资源建设要求　第3部分:数据元

3 术语和定义

下列术语和定义适用于本标准。

3.1

交通科技信息资源　transportation science and technology information resource

科技信息资源的重要组成部分,在交通科研、建设、管理和服务中所产生的反映交通科技活动条件、过程、效果的数据和信息以及以此为基础加工、整理形成的数据产品和相关信息。

3.2

平台系统　platform system

组成交通科技信息资源共享平台,支撑交通科技信息资源共享平台运行和服务的软、硬件基础设施。

3.3

交通科技信息资源目录　transportation science and technology information resource catalog

记录交通科技信息资源属性和结构的数据体系。

3.4

交通科技信息资源目录管理体系　transportation science and technology information resource catalog management system

对交通科技信息资源目录进行统一管理的软件系统,提供目录注册、维护等综合管理功能以及目录导航、目录检索、资源定位等服务功能。

3.5

数据交换　data exchange

不同的用户和系统之间在语义层上的信息互通。信息交换涉及信息表示、消息和信息格式转换等内容。

3.6

交通科技管理服务　transportation science and technology management service

对交通科技项目、科技成果、科技人力资源、科技基础条件等进行管理,以及为统计、分析决策等活动提供信息化支撑。

3.7

交通科技信息服务　transportation science and technology information service

针对各类交通科研人员的实际工作需要，提供的交通科技信息资源查询、交通科研问题咨询、技术成果交流交易等服务。

4　平台内外关系

4.1　概述

平台是交通科技创新体系建设的重要任务，是为政府交通主管部门、科研机构、大专院校、企业以及社会公众提供交通科技信息资源服务的科技基础设施，也是国家科技基础条件平台的有机组成部分。平台与行业内外各机构、各部门以及相关信息平台的关系如图1所示。

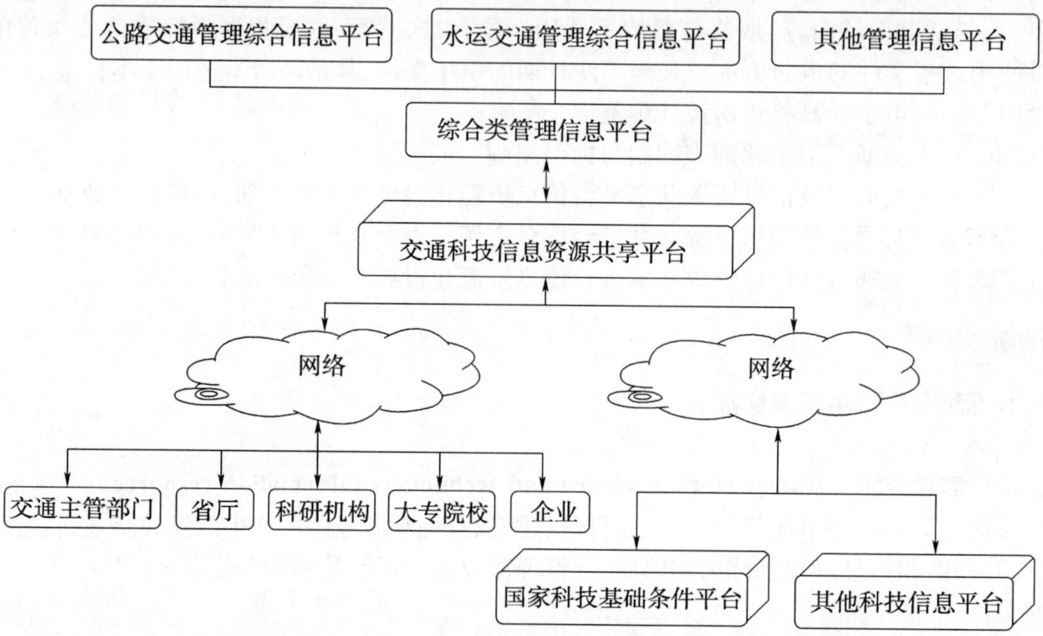

图1　平台与行业内外各机构、各部门以及相关信息平台关系图

4.2　与行业内各机构、各部门及相关信息平台的关系

平台通过交通行业网络，连接各级政府交通主管部门、科研机构、大专院校、企业等，整合行业内各类科技信息资源，实现交通科技管理信息化，提供交通综合科技信息服务。

平台与交通行业的公路交通管理综合信息平台、水运交通管理综合信息平台等综合类管理信息平台相联，共享行业业务数据。

4.3　与行业外相关信息平台的关系

平台通过国家科技基础条件平台与气象、海洋、国土资源、测绘、地震和材料科学等交通相关行业的科技资源平台实现互联互通，提供交通相关领域科技信息资源导航。

平台与国内外相关的社会公益机构、学术研究机构、企业等合作，实现交通科技信息资源共建共享，构建覆盖全国的分布式、社会化、网络化的交通科技信息资源体系。

5　平台总体框架

5.1　概述

交通科技信息资源共享平台总体框架由两级平台、六类交通科技信息资源、一个交通科技信息交换平台、两类应用系统、两大门户网站和三大保障体系组成，如图2所示。

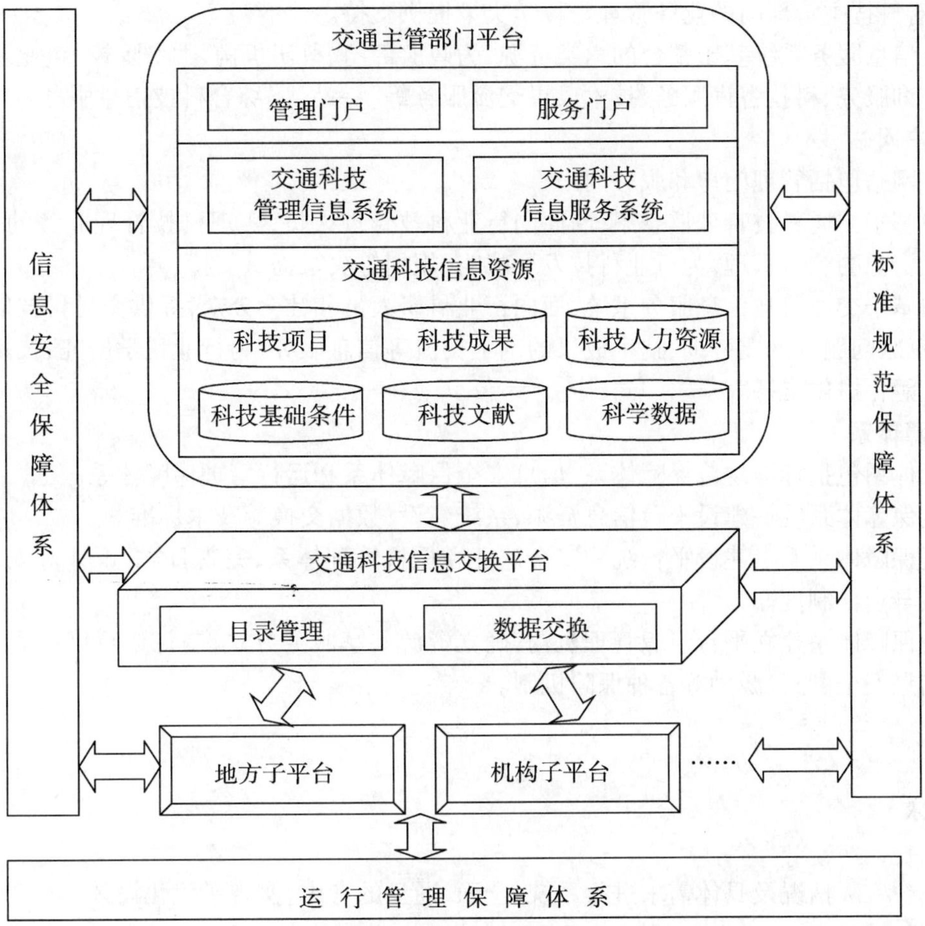

图2　交通科技信息资源共享平台总体框架图

5.2　两级平台

两级平台包括交通主管部门平台和地方或机构子平台。

交通主管部门平台整合主管部门及其直属机构的科技信息资源，为交通主管部门提供科技业务信息化管理服务，为交通行业及社会各界提供信息资源服务。

地方子平台、机构子平台依托地方省厅、科研机构、大专院校、大型企业建立，整合其所辖区域、单位的科技信息资源，建成服务于各机构科技管理部门的科技业务管理系统和服务于科研人员和社会公众的科技信息服务系统。交通主管部门平台与各地方、各单位子平台相互连接、互联互通，共同构成交通行业科技信息资源共享服务体系。

5.3　六类交通科技信息资源

包括科技项目、科技成果、科技人力资源、科技基础条件、科技文献和科学数据六类。

5.4　交通科技信息交换平台

交通科技信息交换平台是构建交通科技信息资源共享网络的基础，包括交通科技信息资源目录管理系统与数据交换体系。

交通科技信息资源目录管理系统实现科技信息资源自动导航。

数据交换体系实现平台与子平台以及各应用系统之间的数据交换。

5.5　两类应用系统

两类应用系统包括交通科技管理信息系统和交通科技信息服务系统。

交通科技管理信息系统针对各级政府科技管理部门的需求，实现科技项目管理、科技成果管理、科技人力资源管理、科技基础条件管理等业务的信息化、自动化处理，实现科技基础信息的综合管理与统计分析，为政府科技主管部门的业务管理与科学决策提供支持。

交通科技信息服务系统基于整合的六类资源，为政府部门、科研机构、大专院校、企业及社会各界提供信息资源查询服务、科技咨询服务、技术成果交流服务等"一站式"综合科技信息服务。

5.6 两大门户网站

两大门户网站包括管理门户和服务门户。

管理门户基于交通科技管理信息系统，面向行业科技管理人员，实现科技管理业务的自动化，提供科技基础信息资源的统一管理，为行业科技发展战略、规划等决策提供支持。

服务门户基于交通科技信息服务系统，面向行业科研人员和社会公众，提供交通科技信息资源的在线查询、科技疑难问题的网上咨询、技术成果的网上交流等信息服务，为行业科学研究、技术开发以及成果推广和创业孵化提供支持。

5.7 三大保障体系

三大保障体系包括标准规范保障体系、信息安全保障体系和运行管理保障体系。

标准规范保障体系统一建设平台信息资源、系统建设、数据交换等技术标准。

信息安全保障体系重点建设平台统一安全认证和授权管理体系，完善日志、审计等安全机制，建立健全资源审核与责任制度。

运行管理保障体系建立平台组织管理机构，确立资源共享服务方式，制订运行维护管理办法，完善资金、人才、信息安全、监督激励等各种保障机制。

6 平台系统

6.1 总体要求

6.1.1 全面性

应对各单位实际情况及具体需求进行系统、全面、通盘的考虑，实现最优化设计。

6.1.2 先进性

应采用先进的设计理念、技术路线和技术体系架构。

6.1.3 可靠性

系统架构可靠、合理，应满足大数据量、大并发用户访问的要求。

6.1.4 稳定性

应采用高可用方案，避免单点隐患，保证不间断服务。

6.1.5 适应性

6.1.5.1 应支持各种主流操作系统平台、WEB 应用服务器和 WEB 服务器。

6.1.5.2 应支持与主流关系数据库系统的无缝集成。

6.1.5.3 应提供规范、多样的应用开发接口。

6.1.6 可扩展性

应支持在原有系统基础上进行方便的功能扩展。

6.1.7 标准性和开放性

支持多种软硬件接口，支持与多种系统互联互通，支持跨平台运行，易于向先进技术的迁移。

6.1.8 高安全性

应采用多种技术手段保障网络安全、数据安全、系统安全和物理安全。

6.1.9 性价比

宜使用成熟的、开源的软件。

6.2 框架

平台系统框架如图 3 所示，包括基础环境、信息资源系统、交通科技信息交换平台、应用系统、门户网站和安全管理系统。

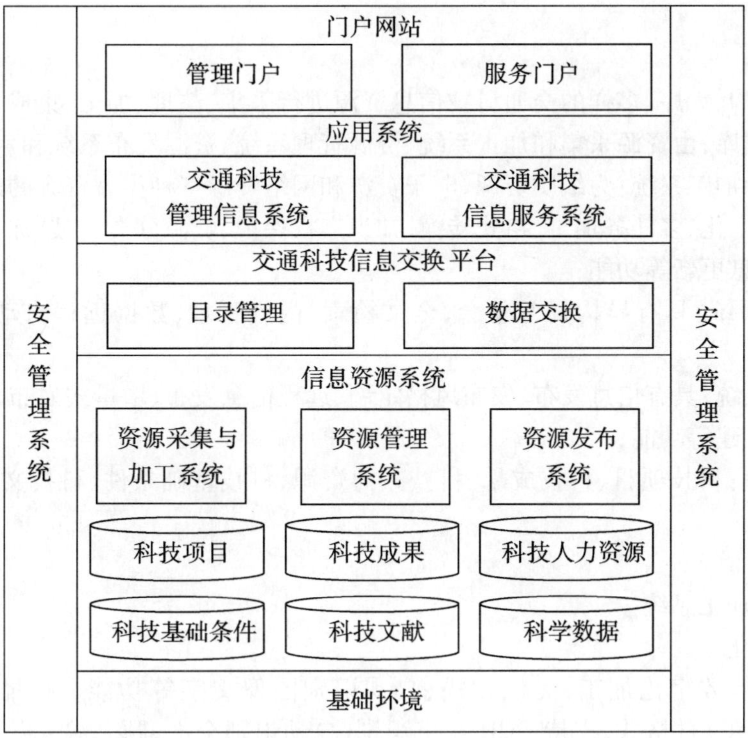

图3　平台系统框架图

7　基础环境

7.1　概述

平台正常运行的基础保障条件，由机房，网络设备、存储设备、主机系统、备份设备等硬件以及操作系统、数据库、应用服务中间件等支撑软件组成。

7.2　基本要求

7.2.1　机房

机房设计和建设应符合 GB 50174 的规定。

7.2.2　网络

7.2.2.1　满足平台资源整合以及科技管理、科技信息服务业务的要求。

7.2.2.2　支持交通主管部门平台与机构或地方子平台的网络互通。

7.2.2.3　充分利用已有的网络资源，与已有网络相互兼容。

7.2.2.4　网络系统安全可靠、可控制和可扩展，具有服务分类和服务质量保障能力。

7.2.2.5　网络使用的 IP 地址分配遵循交通行业信息专网统一的地址规划。

7.2.3　存储设备

应满足平台资源整合和存储要求。

7.2.4　备份设备

应满足平台资源存储和备份要求。

7.2.5　主机系统

应满足平台系统访问量及业务处理要求。

7.2.6　支撑软件

应满足平台应用系统开发要求。

8 信息资源系统

8.1 概述

支持对分散、异构、无序、多样的交通科技信息资源进行采集、整理、加工、集成、整合,形成统一的交通科技信息资源数据库,由资源采集和加工系统、资源管理系统、资源发布系统和六类数据库组成:

——资源采集和加工系统:为纸质资源、电子资源和网络资源三种类型资源的采集和加工提供信息化支持,具有资源数字化、多任务加工、格式转换、知识产权保护、资源分类、主题标引、网络信息采集、网络信息过滤、网络信息更新等功能;

——资源管理系统:具有异构资源整合、全文检索、内容管理、数据远程自动更新和资源调度等功能;

——资源发布系统:具有信息发布、发布风格定制、远程信息发布、增量式发布、动态实时发布、多媒体发布和知识网络构建等功能;

——六类数据库:科技项目、科技成果、科技人力资源、科技基础条件、科技文献、科学数据六类数据库。

8.2 基本要求

8.2.1 资源采集和加工系统

8.2.1.1 资源数字化

对纸制资源进行数字化加工,提供扫描、自动识别图像文字等功能。扫描图像分辨率不低于300DPI,原文采用通用文件格式,支持 OCR 文字识别,自动识别全文、题名等元数据,自动识别图像文字,支持 DC、MARC 等各种开放的元数据标准。

8.2.1.2 多任务加工

提供任务分配和加工权限控制功能,支持 100 人以上分布式分工协作,支持分布式加工、集中存储的加工模式,提供远程原文提交功能。

8.2.1.3 格式转换

根据 JT/T 735.3 的规定,将不规范的数据资源转换为标准格式。

8.2.1.4 资源加载

支持对 WORD、EXCEL、POWERPOINT、RTF、PDF、HTML、XML、TXT、音频、视频等不同类型的文件进行信息抽取,并装载到数据库中。

支持按目录、类型等多种方式一次加载多种类型的文件。

8.2.1.5 知识产权保护

电子资源提供数字签名和数字资源的加密保护功能,提供版权保护功能,能提供在线阅读等使用方式。

8.2.1.6 元数据著录

支持按照 JT/T 735.1 的要求,著录资源元数据信息。

8.2.1.7 资源分类

按照 JT/T 735.2 的要求,对资源进行分类,提供自动分类或计算机辅助分类功能,支持直接拖放分类节点进行记录分类。

8.2.1.8 主题标引

按照 JT/T 36 的要求,对资源进行主题标引,提供自动标引或计算机辅助标引功能。

8.2.1.9 自动链接

支持将数据库与原始文件进行关联,数据发布时自动生成链接。

8.2.1.10 网络信息采集

将远程站点的网页、图片、文档、视频等多种类型资源采集到本地。

8.2.1.11 网络信息过滤

提供全方位的信息过滤功能,包括基于关键词的过滤、基于网络资源类型的过滤、基于内容的过滤等,自动过滤掉无效信息与重复信息。

8.2.1.12 网络信息抽取

采取自动或半自动方式对采集的信息进行内容提取、主题识别、分类、标引等。

8.2.1.13 网络信息更新

定时或实时进行网络信息采集,与数据源站点信息基本保持同步。

8.2.2 资源管理系统

8.2.2.1 异构资源整合

提供资源统一访问网关,支持 Z39.50、OpenURL、OAI 等数据访问协议,实现异构数据资源的统一访问与管理。

8.2.2.2 全文检索

提供结构化与非结构化海量数据管理功能,提供中文智能信息处理功能,集成百万级交通专业概念关系词典,实现全文检索,性能达到以下要求:

a) 速度达百万级文献量毫秒级响应;

b) 支持多种索引方式,包括字段索引、字索引、词索引等;

c) 支持多种检索方式,包括字段检索、组合检索、相似检索、距离检索、同义词扩检等;

d) 查全率和查准率达到实用要求。

8.2.2.3 内容管理

提供数据库管理功能,支持新建、引入、删除、备份、恢复数据库等;提供用户管理功能,支持增加、修改、删除用户以及配置用户角色及数据库访问权限等;提供分类导航功能,支持增加、修改、删除导航以及按分类体系引入内容等;提供记录管理功能,支持对各类数字对象进行增加、删除、修改、检索等。

8.2.2.4 数据远程自动更新

提供分布数据的自动更新与同步功能,支持实时更新、日更新、月更新等多种更新方式。

8.2.2.5 资源调度

提供数据资源基本信息识别与原文定位功能,包括:

a) 提供基于 OpenURL 协议的链接解析,提供原文获取等扩展服务;

b) 提供 OAI 元数据收割、METS 全文获取等功能;

c) 提供通过 DOI 获取全文功能;

d) 提供统一调度服务,实现交通科技信息资源共享平台信息资源的无缝集成;

e) 提供数字资源版本管理功能。

8.2.3 资源发布系统

8.2.3.1 信息发布

提供将信息发布到门户网站功能。

8.2.3.2 发布风格定制

提供多种发布风格,支持针对不同类型的数据库定制发布模板。

8.2.3.3 远程信息发布

提供远程发布信息服务。

8.2.3.4 增量式发布

提供数据库的增量式发布服务。

8.2.3.5 动态实时发布

提供动态实时发布功能。

8.2.3.6 多媒体发布

提供图像、音频、视频等多媒体信息发布服务。

8.2.3.7 信息资源体系组织与构建

将分散、无序的信息资源整合成为相互连接、具有一定体系结构的信息资源体系进行发布，提供引文链接、相似文献链接、元数据链接等功能。

8.2.4 数据库

通过对交通科技信息资源的采集、整理、加工、集成，形成以下六类数据库：

a) 交通科技项目数据库：存储、管理交通科技项目及其相关信息；

b) 交通科技成果数据库：存储、管理交通科技成果及其相关信息；

c) 交通科技人力资源数据库：存储、管理交通领域科研人员、科技管理人员以及其他科技工作者的基本信息及相关信息；

d) 科技基础条件数据库：存储、管理科研机构、仪器设备、实验设施等科技基础条件基本信息及相关信息；

e) 科技文献数据库：存储、管理交通科技文献及其相关信息；

f) 科学数据数据库：存储、管理交通科学数据及其相关信息。

9 交通科技信息交换平台

9.1 概述

交通科技信息资源目录管理系统支持按照 JT/T 735.1 的规定建立资源目录，实现科技信息资源自动导航，具有目录注册、目录发布、目录查询、资源导航、资源定位等功能。

数据交换系统实现平台与子平台以及各应用系统之间的数据交换，具有数据适配、交换规则配置、数据传输和过程监控等功能。

9.2 基本要求

9.2.1 交通科技信息资源目录管理系统

9.2.1.1 目录注册

数据资源建设或制作单位按照 JT/T 735.1 的规定向平台提交资源描述信息，并可对所提交信息及时进行维护。

9.2.1.2 目录发布

将交通科技信息资源目录信息按资源拥有机构、资源类型、学科领域等进行组织，建立索引并发布。

9.2.1.3 资源导航

按照建立的索引，提供资源目录分类别浏览，实现交通科技信息资源导航。

9.2.1.4 目录查询

按不同字段通过关键词检索交通科技信息资源目录。

9.2.1.5 资源定位

根据交通科技信息资源目录信息，连接原文或提供原文获得方式。

9.2.2 数据交换体系

9.2.2.1 技术实现

如图 4 所示，在交通主管部门平台部署交换平台集成器，用于实现交换数据的统一提取与管理。

在各子平台部署前置计算机，前置计算机上安装前置数据库，并开发相应的数据接口，与子平台数据库系统相联，通过定时、手动和触发等方式实现与前置数据库的数据同步。

在各子平台部署交通行业数据交换平台客户端软件，数据交换平台客户端软件提供规则配置、API 接口调用、数据导出等功能，实现从子平台前置数据库中手动或定时进行数据抽取，进而通过消息中间件，向交通主管部门平台进行安全可靠的数据传输。

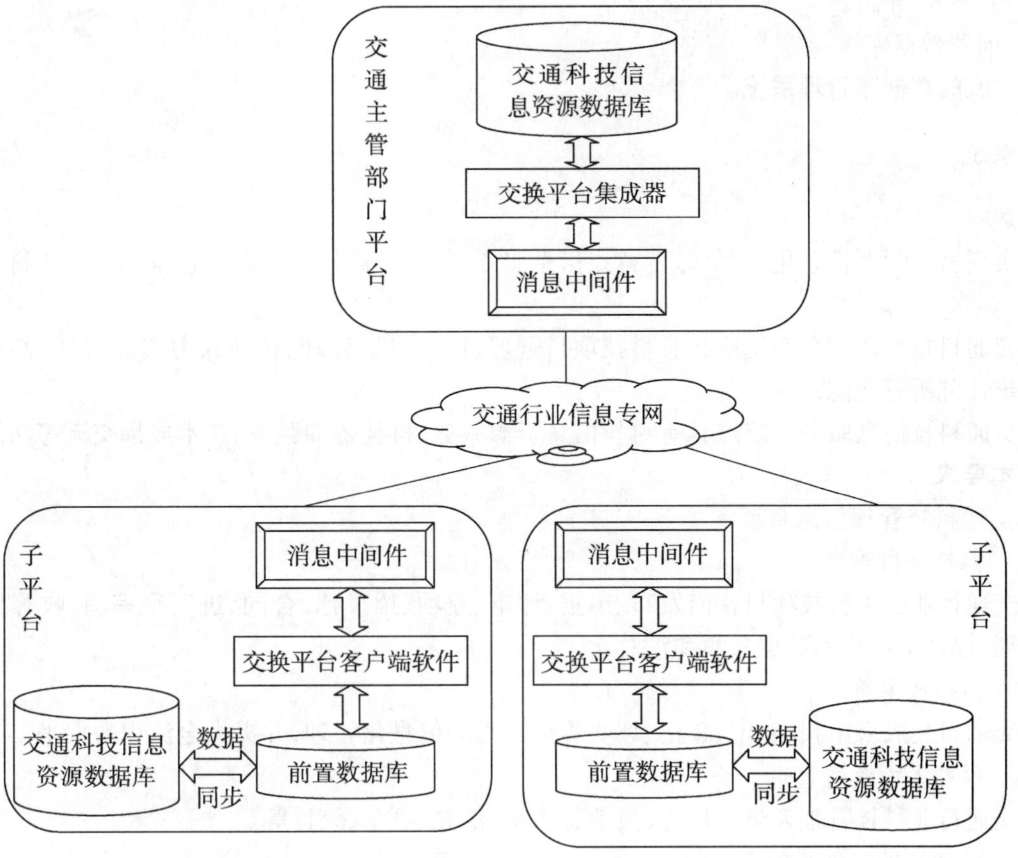

图4 交通科技信息交换平台数据交换体系框架

9.2.2.2 消息中间件

技术要求如下：

a) 支持队列、消息及路由等处理机制，为数据交换提供高效灵活的同步和异步传输处理、存储转发、消息路由等技术支持；

b) 提供点对点、发布/订阅、路由、集群等多种方式的消息传递模式；

c) 提供基于浏览器模式的可视化监控管理；

d) 支持两个交换节点之间多通道链接；

e) 支持断点续传；

f) 支持压缩传输和大文件传输；

g) 支持 XML 和 JMS1.1 规范标准，可与遵循 XML 和 JMS1.1 规范的其他主流应用系统或中间件产品进行无缝集成。

9.2.2.3 交换平台客户端软件

技术要求如下：

a) 支持主流的数据库管理系统。

b) 支持可视化的数据库导入和导出规则配置。

c) 支持源数据库和目标数据库之间数据字段名的映射和字段类型的转换。

d) 支持从源数据库的统计查询或多个表的关联查询的结果集导出到目的数据库。

e) 提供关系数据库适配器、LDAP 适配器、文件适配器等数据适配器，支持基于数据适配器的数据采集和数据加载。

f) 支持自动和手动的数据导入和导出。支持通过触发器和时间戳模式的自动增量导入导出方式;支持手工导入/导出。

9.2.2.4 前置数据库

支持主流的数据库管理系统。

10 应用系统

10.1 概述

支持实现科技管理信息化,提供综合科技信息服务,包括交通科技管理信息系统和交通科技信息服务系统:

——交通科技管理信息系统应具有科技项目管理、科技成果管理、科技人力资源管理、科技基础条件管理和统计分析等功能;

——交通科技信息服务系统应具有科技信息资源服务、科技咨询服务、技术成果交流等功能。

10.2 基本要求

10.2.1 交通科技管理信息系统

10.2.1.1 科技项目管理

提供交通行业各类科技项目指南发布、申报、评审、立项、招投标、合同、进度跟踪、验收等全过程的信息化管理,提供全流程的数据采集和汇总。

10.2.1.2 科技成果管理

提供交通科技成果申报、鉴定、登记、评奖等全过程的信息化管理,并提供全流程数据采集与汇总。

10.2.1.3 科技人力资源管理

提供交通行业科技管理人员、科研人员信息采集、汇总、更新、统计等。

10.2.1.4 科技基础条件管理

提供交通行业科研机构、实验室、仪器设备、实验设施等科技基础条件信息的采集、登记、汇总、更新、统计等。

10.2.1.5 统计分析

提供科技项目、科技成果、科技人力资源、科技基础条件等的统计以及科技基础信息综合分析、对比、发展趋势预测等。

10.2.1.6 其他

为科技管理工作提供其他服务。

10.2.2 交通科技信息服务系统

10.2.2.1 科技信息资源服务

包括以下服务:

——交通科技信息资源分类浏览服务;

——关键词检索、集成检索、组合检索等资源检索服务;

——原文下载、资源传递等信息资源获取服务;

——文献评价,个人或机构承担项目、取得成果、获奖情况汇总等综合统计服务;

——定题跟踪、资源订阅、科技查新、知识产权代理咨询等专题资源服务。

10.2.2.2 科技咨询

为交通行业科研人员解答科学研究、技术开发以及科技信息利用过程中遇到的疑难问题,或提供答案线索,提供 FAQ 查询、在线表单问答、咨询员实时问答、知识库自动推荐答案等服务。

10.2.2.3 技术成果交流

为交通行业技术成果推广提供服务,包括技术成果展示、供需信息发布与查询、在线交流、成果交易、会展播报等。

10.2.2.4 其他

提供其他交通科技信息服务。

11 门户网站

11.1 概述

基于整合的数据库以及交通科技管理信息系统、交通科技信息服务系统两类应用系统，面向用户提供终端展示与服务，包括管理门户网站和服务门户网站。

管理门户网站具有业务办公入口集成、信息发布等功能。

服务门户网站具有科技信息综合查询、服务入口集成、新闻动态发布等功能。

11.2 基本要求

11.2.1 管理门户网站

11.2.1.1 业务办公入口集成

提供项目申报、成果登记、奖励申报、科技人力资源信息采集、科技基础条件资源信息登记等业务在线办理的统一入口。

11.2.1.2 信息发布

提供科技发展相关政策法规、科技动态、业务办理相关事宜、科技计划等信息的发布服务。

11.2.1.3 常用资料下载

提供常用的办事指南、项目建议书、可行性研究报告等资料的下载服务。

11.2.1.4 连接服务门户

提供到服务门户的链接，共享相关数据。

11.2.1.5 其他

提供其他必要的服务。

11.2.2 服务门户网站

11.2.2.1 科技信息综合查询

提供交通科技信息资源共享平台整合的科技项目、科技成果、科技人力资源、科技基础条件、科技文献、科学数据等基本信息的综合查询。

11.2.2.2 各类服务入口集成

分别提供科技咨询、技术成果推广、目录服务等服务的入口。

11.2.2.3 新闻动态

发布交通科技领域的新闻、最新技术成果、获奖信息等。

11.2.2.4 评估反馈

支持个性化日志记录和日志统计，完整记录用户对内容访问的整个过程并进行评价。

11.2.2.5 连接管理门户

提供到管理门户的链接，共享相关数据。

11.2.2.6 其他

提供其他必要的服务。

12 安全管理系统

12.1 环境安全

12.1.1 操作系统

平台系统所使用的操作系统应当关闭所有与业务无关的服务和端口。操作系统的操作权限分配应当满足最小权限原则，并关闭所有不使用的远程操作命令。操作系统应当具有严格的口令管理制度，包括口令字的选择、保管和定期更换等。

12.1.2 数据库

平台系统数据库系统应当关闭所有与业务无关的服务。数据库系统的操作权限分配应该满足最小权限原则，并关闭不使用的远程操作命令。

12.2 认证服务

提供统一身份认证手段，采用等级保护策略，支持单点登录和多种用户身份凭证，实现有效的用户认证与管理，保证用户身份真实可信。

12.3 授权管理

采用集中授权、分级管理的工作模式，提供用户角色定义和划分、权限分配和管理、权限认证等功能。采用基于角色的访问控制策略，能够对用户和角色进行灵活授权。

12.4 数据加密

提供加密存储功能，实现数据库客户端与服务器之间的加密传输和访问控制。

12.5 安全审计

制订审计策略和管理制度，使用安全审计设备，记录、存储、分析与安全活动有关的信息。

12.6 安全备份

重要设备应进行设备备份，通过磁盘、磁带、光盘等介质定期备份平台系统数据。

12.7 病毒防范

在技术和管理两个方面提供支持：

a) 技术方面：应在服务器上安装服务器端防病毒系统，对病毒可能侵入系统的软盘、光盘、网络接口等途径进行控制，定期组织杀灭系统的病毒。

b) 管理方面：应制订防病毒制度和措施、病毒侵害应急计划、构建网络防病毒体系等。

ICS 03.220.01;35.240.60
R 07
备案号:

JT

中华人民共和国交通行业标准

JT/T 735.1—2009

交通科技信息资源共享平台
信息资源建设要求
第1部分:核心元数据

Information resources requirements of transportation science and technology information resource sharing platform
Part 1:Core metadata

2009-01-24 发布　　2009-05-01 实施

中华人民共和国交通运输部　发布

目　次

前　言

JT/T 735《交通科技信息资源共享平台信息资源建设要求》分为三部分：

——第1部分：核心元数据；

——第2部分：分类与编码；

——第3部分：数据元。

本部分为JT/T 735的第1部分。

本部分的附录A是规范性附录。

本部分由交通运输部科技教育司提出并归口。

本部分起草单位：交通部科学研究院。

本部分主要起草人：王辉、郭瑜、周紫君、张丽、张垣、胡明、王枫、张亚、林垚、吴家栖。

交通科技信息资源共享平台信息资源建设要求
第1部分:核心元数据

1 范围

本标准规定了描述交通科技信息资源特征所需的核心元数据、各元数据元素的语义定义和著录规则,以及交通科技信息资源的标识、内容、管理、服务和维护等描述信息。

本标准适用于交通科技信息资源核心元数据的整理、建库、汇编、发布和查询。

2 规范性引用文件

下列文件中的条款通过本标准的引用而成为本标准的条款。凡是注日期的引用文件,其随后所有的修改单(不包括勘误的内容)或修订版均不适用于本标准,然而,鼓励根据本标准达成协议的各方研究是否可使用这些文件的最新版本。凡是不注日期的引用文件,其最新版本适用于本标准。

GB/T 4880.2　语种名称代码 第2部分:3字母代码

GB/T 7408　数据元和交换格式　信息交换日期和时间表示法

JT/T 735.2　交通科技信息资源共享平台信息资源建设要求 第2部分:分类与编码

ISO/IEC 10646　信息技术　通用多八位编码字符集

3 术语和定义

下列术语和定义适用于本标准。

3.1

元数据　metadata

定义和描述其他数据的数据。

3.2

核心元数据　core metadata

描述交通科技信息资源最基本属性,在对各类资源进行加工与管理时,应选择的元数据实体和元数据元素。

3.3

元数据元素　metadata element

元数据的基本单元。

注:元数据元素在元数据实体中是唯一的。

3.4

元数据实体　metadata entity

一组说明数据相关特性的元数据元素。

注:可以包含一个或一个以上的元数据实体。

3.5

元数据集合　metadata set

元数据的集合,由相关的元数据实体和元素组成。

3.6

平台资源　information resource of platform

在交通科技信息资源共享平台建设过程中,为描述各种资源对象而产生的所有电子化的资源。

注：在元数据的描述中，平台资源可简称为资源。

4 元数据元素的属性描述

4.1 中文名称

赋予元数据元素的中文标识。名称是唯一的，以字符串形式表示。

4.2 英文名称

元数据元素的英文名称。元数据实体的英文名称一般用英文全称，所有组成词汇为无缝连写，首词汇全部采用小写字母，其余每个词汇的首字母大写。

4.3 定义

元数据元素的描述，用于清晰区别一种属性与其他属性。定义以字符串形式表示。

4.4 数据类型

允许对元数据元素值进行操作的值域说明。例如：整型、实型、布尔型、字符串和日期等。

4.5 值域

说明元数据元素可以取值的范围。

4.6 约束

说明元数据实体或元数据元素是否应选取的属性，包括必选、可选和条件必选：

a） 必选：表明该元数据实体或元数据元素应选择。

b） 可选：根据实际应用可以选择也可以不选的元数据实体或元数据元素。已经定义的可选元数据实体和可选元数据元素，可指导部门元数据标准制定人员充分说明其资源。如果一个可选元数据实体未被使用，则该实体所包含的元素（包括必选元素）也不选用。可选元数据实体可以有必选元素，但只当可选实体被选用时才成为必选。

c） 条件必选：当满足约束条件中所定义的条件时必须选择。条件必选用于以下三种可能性之一：

——当在多个选项中进行选择时，至少一个选项必选，且应使用；

——当另一个元数据元素已经使用时，选用一个元数据实体或元数据元素；

——当另一个元数据元素已经选择了一个特定值时，选用一个元数据元素。

4.7 出现次数

显示元数据实体或元数据元素出现的次数。该描述符有以下四种情况：

a） 0:1：表示不出现或出现一次；

b） 0:n：表示不出现或出现 n 次；

c） 1:1：表示出现且仅出现一次；

d） 1:n：表示出现一次或 n 次。

4.8 注解

对元数据元素的含义的进一步解释。

5 平台核心元数据

5.1 组成

平台核心元数据由 34 个元数据元素或实体组成，详见表 1。

表 1 平台核心元数据一览表

序 号	名 称	类 型	章 节
1	标识符	元数据元素	5.2.1
2	名称	元数据实体	5.2.2

表1(续)

序　号	名　　称	类　型	章　　节
3	中文名称	元数据元素	5.2.2.1
4	英文名称	元数据元素	5.2.2.2
5	中文全拼	元数据元素	5.2.2.3
6	语种	元数据元素	5.2.3
7	字符集	元数据元素	5.2.4
8	关键词说明	元数据实体	5.2.5
9	关键词	元数据元素	5.2.5.1
10	词典名称	元数据元素	5.2.5.2
11	摘要	元数据元素	5.2.6
12	资源分类	元数据实体	5.2.7
13	类目名称	元数据元素	5.2.7.1
14	类目代码	元数据元素	5.2.7.2
15	分类标准名称	元数据元素	5.2.7.3
16	分类标准版本号	元数据元素	5.2.7.4
17	资源最新更新日期	元数据元素	5.2.8
18	资源负责方	元数据实体	5.2.9
19	负责单位	元数据元素	5.2.9.1
20	负责单位通信地址	元数据元素	5.2.9.2
21	负责单位邮政编码	元数据元素	5.2.9.3
22	负责单位联系人	元数据元素	5.2.9.4
23	负责单位联系人电话	元数据元素	5.2.9.5
24	负责单位联系人电子邮件地址	元数据元素	5.2.9.6
25	负责单位联系人传真	元数据元素	5.2.9.7
26	限制信息	元数据实体	5.2.10
27	使用限制	元数据元素	5.2.10.1
28	安全限制	元数据元素	5.2.10.2
29	服务信息	元数据实体	5.2.11
30	服务方式	元数据元素	5.2.11.1
31	在线服务地址	元数据元素	5.2.11.2
32	元数据标准信息	元数据实体	5.2.12
33	元数据标准名称	元数据元素	5.2.12.1
34	元数据标准版本	元数据元素	5.2.12.2

5.2 核心元数据定义

5.2.1 标识符

中文名称:标识符

英文名称:identifier

定　　义:赋予资源的唯一标识。

数据类型:字符串

值　　域:自由文本

约　　束:必选

出现次数:1:1

注　　解:唯一,由字母[含下划线(_)短划线(-)点(.)斜线(/)]或数字组成。

5.2.2 名称

中文名称:名称

英文名称:resourceTitle
定　　义:赋予资源的名字或称谓。
数据类型:复合型
约　　束:必选
出现次数:1:1

5.2.2.1　中文名称

中文名称:中文名称
英文名称:chineseTitle
定　　义:赋予资源的单个或多个中文字词的指称。
数据类型:字符串
值　　域:自由文本
约　　束:必选
出现次数:1:1

5.2.2.2　英文名称

英文名称:英文名称
英文名称:englishTitle
定　　义:赋予资源的单个或多个英文字词的指称。
数据类型:字符串
值　　域:自由文本
约　　束:必选
出现次数:1:1

5.2.2.3　中文全拼

中文名称:中文全拼
英文名称:chinesePinyin
定　　义:资源中文名称的汉语拼音。
数据类型:字符串
值　　域:自由文本
约　　束:必选
出现次数:1:1

5.2.3　语种

中文名称:语种
英文名称:language
定　　义:资源采用的语言。
数据类型:字符串
值　　域:采用 GB/T 4880.2
约　　束:必选
出现次数:1:n

5.2.4　字符集

中文名称:字符集
英文名称:characterSet
定　　义:使用的字符编码标准全称。
数据类型:字符串
值　　域:按照 A.1

约　　束:可选

出现次数:0:n

5.2.5　关键词说明

中文名称:关键词说明

英文名称:descriptiveKeywords

定　　义:说明共享的交通科技信息资源的关键词内容及其依据。

数据类型:复合型

约　　束:可选

出现次数:0:n

5.2.5.1　关键词

中文名称:关键词

英文名称:keyword

定　　义:用于描述资源主要内容的通用词、形式化词或短语。

数据类型:字符串

值　　域:自由文本

约　　束:必选

出现次数:1:n

5.2.5.2　词典名称

中文名称:词典名称

英文名称:thesaurusName

定　　义:关键词所属的正式注册的词典名,或类似的权威关键词资料名称。

数据类型:字符串

值　　域:自由文本

约　　束:可选

出现次数:0:n

5.2.6　摘要

中文名称:摘要

英文名称:abstract

定　　义:资源内容的简单描述。

数据类型:字符串

值　　域:自由文本

约　　束:必选

出现次数:1:1

5.2.7　资源分类

中文名称:资源分类

英文名称:resourceCategory

定　　义:资源的分类信息。

数据类型:复合型

约　　束:必选

出现次数:1:n

5.2.7.1　类目名称

中文名称:类目名称

英文名称:categoryName

定　　义:用于描述资源主要内容的某个具体类目的名称。
数据类型:字符串
值　　域:自由文本,采用 JT/T 735.2 中表 1 的"类目名称"
约　　束:必选
出现次数:1:1

5.2.7.2 类目代码

中文名称:类目代码
英文名称:categoryCode
定　　义:类目名称对应的代码。
数据类型:字符型
值　　域:自由文本,采用 JT/T 735.2 中表 1 的"类目代码"
约　　束:必选
出现次数:1:1

5.2.7.3 分类标准名称

中文名称:分类标准名称
英文名称:categoryStandardName
定　　义:用于对资源进行分类的分类标准的名称。
数据类型:字符型
值　　域:自由文本
约　　束:必选
出现次数:1:1

5.2.7.4 分类标准版本号

中文名称:分类标准版本号
英文名称:categoryStandardVersion
定　　义:用于对资源进行分类的分类标准的版本号。
数据类型:字符型
值　　域:自由文本
约　　束:必选
出现次数:1:1

5.2.8 资源最新更新日期

中文名称:资源最新更新日期
英文名称:resourceLastUpdatedDate
定　　义:资源负责单位最近一次更新此资源的日期。
数据类型:日期型
值　　域:采用 GB/T 7408,格式为 YYYY-MM-DD
约　　束:必选
出现次数:1:1

5.2.9 资源负责方

中文名称:资源负责方
英文名称:responsibleParty
定　　义:对资源的完整性、正确性、真实性等负有责任的单位的基本信息。
数据类型:复合型
约　　束:必选

出现次数:1:n

5.2.9.1 负责单位

中文名称:负责单位

英文名称:organisationName

定　　义:对资源负责的单位的名称。

数据类型:字符串

值　　域:自由文本

约　　束:必选

出现次数:1:1

5.2.9.2 负责单位通信地址

中文名称:负责单位通信地址

英文名称:address

定　　义:对资源负责的单位所在地的通信地址。

数据类型:字符串

值　　域:自由文本

约　　束:必选

出现次数:1:1

5.2.9.3 负责单位邮政编码

中文名称:负责单位邮政编码

英文名称:postcode

定　　义:对资源负责的单位所在地的邮政编码。

数据类型:字符串

值　　域:自由文本

约　　束:必选

出现次数:1:1

5.2.9.4 负责单位联系人

中文名称:负责单位联系人

英文名称:contactPerson

定　　义:对资源负责的单位联系人的姓名。

数据类型:字符串

值　　域:自由文本

约　　束:必选

出现次数:1:1

5.2.9.5 负责单位联系人电话

中文名称:负责单位联系人电话

英文名称:telephoneNumber

定　　义:对资源负责的单位联系人的电话。

数据类型:字符串

值　　域:自由文本

约　　束:必选

出现次数:1:n

5.2.9.6 负责单位联系人电子邮件地址

中文名称:负责单位联系人电子邮件地址

英文名称:emailAddress

定　义:对资源负责的单位联系人的电子邮件地址。

数据类型:字符串

值　域:自由文本

约　束:必选

出现次数:1:n

注　解:采用用户名@域名的格式,多个电子邮件地址之间用西文符号中的分号(“;”)分隔。

5.2.9.7　负责单位联系人传真

中文名称:负责单位联系人传真

英文名称:fax

定　义:对资源负责的单位联系人的传真。

数据类型:字符串

值　域:自由文本

约　束:可选

出现次数:0:n

5.2.10　限制信息

中文名称:限制信息

英文名称:constraintsInformation

定　义:对资源访问、使用等施加限制所需的信息。

数据类型:复合型

约　束:必选

出现次数:1:1

5.2.10.1　使用限制

中文名称:使用限制

英文名称:useConstraints

定　义:为保护隐私权或知识产权,对使用资源施加的限制和约束。

数据类型:字符串

值　域:按照 A.2,使用表 A.2 中的“代码”列

约　束:必选

出现次数:1:1

5.2.10.2　安全限制

中文名称:安全限制

英文名称:securityClassification

定　义:对资源处理的限制级别。

数据类型:字符串

值　域:按照 A.3,使用表 A.3 中的“代码”列

约　束:必选

出现次数:1:1

5.2.11　服务信息

中文名称:服务信息

英文名称:serviceInformation

定　义:描述交通科技信息资源服务方式、接口等基本信息。

数据类型:复合型

约　　束:可选

出现次数:0:1

5.2.11.1　服务方式

中文名称:服务方式

英文名称:serviceMethod

定　　义:提供资源服务的方式。

数据类型:字符串

值　　域:自由文本,使用表 A.4 中的“代码”列

约　　束:可选

出现次数:0:1

5.2.11.2　在线服务地址

中文名称:在线服务地址

英文名称:serviceURL

定　　义:资源可访问的有效绝对网络地址。

数据类型:字符串

值　　域:自由文本,采用 RFC2396 中统一资源标识符一般句法的规定

约　　束:可选

出现次数:0:1

5.2.12　元数据标准信息

中文名称:元数据标准信息

英文名称:metadataStandardInformation

定　　义:执行的元数据标准的基本信息。

数据类型:复合型

约　　束:可选

出现次数:0:1

5.2.12.1　元数据标准名称

中文名称:元数据标准名称

英文名称:metadataStandardName

定　　义:执行的元数据标准名称。

数据类型:字符串

值　　域:自由文本

约　　束:可选

出现次数:0:1

5.2.12.2　元数据标准版本

中文名称:元数据标准版本

英文名称:metadataStandardVersion

定　　义:执行的元数据标准版本。

数据类型:字符串

值　　域:自由文本

约　　束:可选

出现次数:0:1

附 录 A
(规范性附录)
代 码 表

A.1 字符集代码

代码标识为 DM_ZFJ,代码见表 A.1。

表 A.1 字符集代码表

序 号	名 称	代 码	定 义
1	Ucs2	001	基于 ISO 10646 的 16 - 位变长通用字符转换格式
2	Ucs4	002	基于 ISO 10646 的 32 - 变长通用字符转换格式
3	Ut7	003	基于 ISO 10646 的 7 - 变长通用字符转换格式
4	Utf8	004	基于 ISO 10646 的 8 - 变长通用字符转换格式
5	Utf16	005	基于 ISO 10646 的 16 - 位变长通用字符转换格式
6	Big5	028	用于中国台湾、香港及其他地区的传统汉字代码集
7	GB2312	029	简化汉字代码
8	GBK	030	扩展汉字代码

A.2 使用限制代码

代码标识为 DM_SYXZ,代码见表 A.2。

表 A.2 使用限制代码表

序号	名 称	代码	定 义
1	无限制	000	没有限制
2	版权	001	法律批准的作家、作曲家、艺术家、发行者在确定的时间内,对出版、创作或销售文学、戏剧、音乐、艺术品的专有权利,或使用商业印刷品或商标的权利
3	专利权	002	政府已经批准的制造、出售、使用或特许发明或发现的专门权利
4	专利审查权	003	等待专利权的生产或销售信息
5	商标	004	正式注册标识产品的,法律上只限于所有者或厂商使用的名称、符号或其他图案
6	许可证	005	正式许可做某事
7	知识产权	006	从创造活动生产的无形资产的分发或分发控制获得经济的权利
8	受限制	007	控制一般的流通或公开
9	其他限制	008	未列出的限制

A.3 安全限制代码

代码标识为 DM_AQXZ,参考 GB/T 7156,代码见表 A.3。

表 A.3　安全限制代码表

序号	名称	代码	定　义
1	公开	000	可以公开
2	未分级	001	一般可以公开
3	内部	002	一般不公开
4	秘密	003	受委托者可以使用该信息
5	机密	004	除经过挑选的一组人员外,对所有的人都必须保密
6	绝密	005	最高机密

A.4　服务方式代码

代码标识为 DM_FWFS,代码见表 A.4。

表 A.4　服务方式代码表

序号	名称	代码	定　义
1	在线	001	提供网络在线访问资源服务
2	离线	002	以光盘、纸制资源等方式提供数据服务
……	……	……	……
n	其他	999	其他服务方式

参 考 文 献

[1] 中华人民共和国国家标准 GB/T 7156—2003 文献保密等级代码. 北京:中国标准出版社,2003.

ICS 03.220.01;35.240.60
R 07
备案号:

JT

中华人民共和国交通行业标准

JT/T 735.2—2009

交通科技信息资源共享平台 信息资源建设要求 第2部分:分类与编码

Information resources requirements of transportation science and technology information resource sharing platform Part 2: Data classifying and coding

2009-01-24 发布 2009-05-01 实施

中华人民共和国交通运输部 发布

目　次

前　言

JT/T 735《交通科技信息资源共享平台信息资源建设要求》分为三部分：

——第1部分：核心元数据；

——第2部分：分类与编码；

——第3部分：数据元。

本部分为JT/T 735的第2部分。

本部分的附录A是资料性附录。

本部分由交通运输部科技教育司提出并归口。

本部分起草单位：交通部科学研究院。

本部分主要起草人：张垣、王辉、郭瑜、张丽、吴家栖、周紫君、张亚、胡明、王枫、林垚。

交通科技信息资源共享平台信息资源建设要求
第2部分:分类与编码

1 范围

本标准规定了交通科技信息资源的分类原则、类目划分、编码规则、分类编码表以及分类编码表的使用要求。

本标准适用于对交通科技信息资源进行分类组织,建立资源目录。

2 规范性引用文件

下列文件中的条款通过本标准的引用而成为本标准的条款。凡是注日期的引用文件,其随后所有的修改单(不包括勘误的内容)或修订版均不适用于本标准,然而,鼓励根据本标准达成协议的各方研究是否可使用这些文件的最新版本。凡是不注日期的引用文件,其最新版本适用于本标准。

GB/T 4754　国民经济行业分类

GB/T 13745　学科分类与代码

JT/T 697.1　交通信息基础数据元　第1部分:总则

JT/T 734　交通科技信息资源共享平台系统建设要求

3 术语和定义

JT/T 697.1、JT/T 734确定的以及下列术语和定义适用于本标准。

3.1

交通科技信息资源分类　transportation science and technology information resource classification

根据信息资源的属性或特征,将其按照一定的原则和方法进行区分和归类,并建立起一定的分类体系和排列顺序,以便更好地管理和使用交通科技信息资源。

3.2

交通科技信息资源编码　transportation science and technology information resource coding

在分类的基础上,给信息资源赋予具有一定规律性、计算机容易识别与处理的符号。

3.3

分类对象　classification objects

被分类的事物或概念,在本标准中,从广义上讲,分类对象是交通科技信息资源;从狭义上看,分类对象是具体的科技项目、科技成果、科技人力资源、科研机构、科学数据、科技文献等科技信息,这些信息资源是交通科技信息资源的物理存在形式。

3.4

类目　category

又称类名,是一些在内容上具有共同属性的科技信息资源的总称。类目是交通科技信息资源分类编码的构成单元。

3.5

类目注释　category notes

对类目的说明,用于确定类目的内容范围,指出类目之间的关系,规定需要使用的特殊分类方法。

3.6

类目表　category table

根据类目之间的关系，按照一定的原则组织起来的列表，是整个分类编码的主体，是用以分类数据的依据。

3.7

交通科技信息资源标引　transportation science and technology information resource indexing

分析交通科技信息资源的内容属性及相关外表属性，并用特定语言来表达分析出的属性或特征，从而赋予交通科技信息资源检索标识的过程。

3.8

分类标引　classification indexing

对主题概念进行分析，并将分析的结果转换为分类号标识的过程。

3.9

标引深度　indexing depth

对交通科技信息资源中具有检索意义的内容特征进行分析描述所达到的深度，表现为给予交通科技信息资源的全部标识的数量。

3.10

组配　portfolio

将两个表示简单概念的类目组合成一个复合类目，用来表示一个分类表中未列出的复杂类目。

3.11

专指度　specifically refers degree

标引词表达数据主题的准确程度。在标引信息资源时选用的专指度高的标引词越多，则检索出资源的针对性也就越强，查准率就越高。

3.12

查全率　recall

检出的相关信息量与系统数据库中相关信息总量的比率，反映了该系统数据库中实有的相关信息量在多大程度上能被检索出来。

3.13

查准率　precision

检出的相关信息量与检出信息总量的比率，反映了每次从该系统数据库中实际检出的全部信息中有多少是相关的。

4　分类原则

4.1　科学性

以学科为分类依据，按照交通科技信息资源的属性及其相互间客观存在的逻辑关系以及信息组织的要求进行科学、系统的分类。

4.2　规范性

分类名称应尽量沿用习惯名称，同时保证规范化，避免发生概念混淆或二义性。

4.3　稳定性和继承性

充分考虑与已有或在建的分类和编码方案的兼容，以国内使用多年的各种常规分类为基础，并以各要素最稳定的属性特征为依据，制定分类方案及与之相对应的编码方案。

4.4　完整性和扩展性

分类体系能够容纳交通科技信息资源的多样性，并满足将来可能产生的信息需求。分类在反映交通科技信息资源的属性和资源间的相互关系上保持相对的完整性，在设计代码结构和进行具体编码时留有适当的余地和确定相应的扩充方法。

4.5 实用性

分类方案简便、实用、便于记忆,类目划分符合用户对交通科技信息资源分类的普遍认识,同时兼顾用户检索交通科技信息资源的习惯。

4.6 兼容性

兼顾国内已有分类体系的继承性和实际使用的延续性,并注意提高国际可比性。

4.7 排他性

概念外延的适用范围应是相互排斥、互不相容的,即一个分类只能依据一项标准。

5 类目的划分

5.1 大类

依据交通行业常规的分类方法, 按照 GB/T 13745、GB/T 4754 中有关交通行业类目的设置情况,并参照《中国图书资料分类法》、《中国图书馆图书分类法》、《中国科学院图书馆图书分类法》,考虑交通行业的未来发展,共设置了公路运输、水路运输、相关学科和通用词语四个大类,并为民航运输、邮政运输等运输方式预留了扩展空间。

5.2 中类

参照《交通汉语主题词表》中范畴索引的类目设置,确保交通科技信息资源、相关科技信息资源以及通用资源的归类。

交通科技信息资源分类体系共设置 31 个中类, 详见第 7 章。

5.3 小类

以学科分类体系为主要依据,兼顾交通科技信息资源的来源、存在形式、形成过程、未来需求和方便检索的原则,力求类目设置完整、数量均衡。

交通科技信息资源分类体系共设置 208 个小类,详见第 7 章。

6 编码规则

6.1 编码结构

交通科技信息资源分类编码由标识和类目代码两部分组成。

6.2 标识

为两位英文字母码,用 CF 表示。

6.3 类目代码

采用四位字母与数字混合编码,结构如图 1 所示。

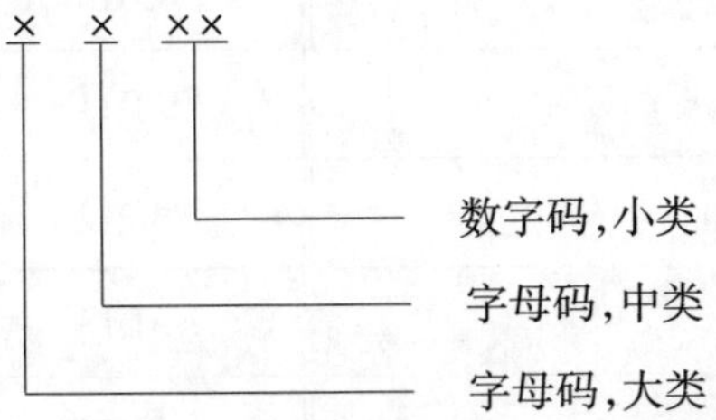

图 1 类目代码结构

6.4 大类

为一位英文字母码,用 A、B、C、D、E、F 分别代表公路运输、水路运输、民航运输、邮政运输、相关学科和通用词语。

6.5 中类

为一位英文字母码,按英文字母表从“A”开始顺排,反映中类在大类下的顺序。

6.6 小类

为两位数字码,从“01”开始依次顺排,反映小类在中类下的顺序。

6.7 代码扩充

本部分的大类、中类和小类在学科发展的基础上进行改动与扩充时,代码设计依据上述码位设计规则。

7 类目代码表

交通科技信息资源类目代码见表1。

表1 交通科技信息资源类目代码表

类目代码	类目名称	类目代码	类目名称
A	公路运输	AC05	公路交叉
AA	道路运输	AC06	公路排水
AA01	汽车运输	AC07	公路养护
AA02	旅客运输	AC08	灾害与病害
AA03	货物运输	AD	桥涵工程
AA04	汽车运输站场设施	AD01	桥
AA05	装卸	AD02	桥梁勘测
AA06	运输质量	AD03	桥梁设计
AA07	汽车及挂车运用指标	AD04	桥梁结构
AA08	汽车运价	AD05	梁
AA09	公路运输企业	AD06	桥梁构件
AA10	公路运输管理	AD07	桥面
AB	公路建设	AD08	桥梁支座
AB01	公路规划	AD09	桥墩
AB02	道路类型	AD10	桥塔
AB03	工程经济	AD11	桥梁基础
AB04	工程监理	AD12	桥梁制造
AC	线路工程	AD13	桥梁施工
AC01	勘测	AD14	桥梁架设
AC02	线路设计	AD15	桥梁养护
AC03	路基	AD16	桥梁试验
AC04	路面	AD17	涵洞

表 1(续)

类目代码	类目名称	类目代码	类目名称
AE	隧道工程	AG11	机械试验
AE01	隧道	AH	材料与结构试验及设备
AE02	隧道勘测	AH01	试验
AE03	隧道设计	AH02	检测
AE04	隧道施工	AH03	试验仪器
AE05	隧道施工机械	AH04	试验设备
AE06	围岩	AI	交通工程
AE07	支护	AI01	基础理论及术语
AE08	隧道通风	AI02	交通规划
AE09	隧道照明	AI03	交通控制与设备
AE10	隧道防水与排水	AI04	交通管理
AE11	隧道病害	AI05	交通安全
AE12	隧道养护	AI06	道路收费系统
AE13	隧道试验	AI07	交通标志与设施
AE14	隧道安全	AJ	城市公共交通
AF	工程材料	AJ01	基本术语
AF01	建筑材料	AJ02	公共交通工具
AF02	金属材料	AJ03	公共交通线路
AF03	非金属材料	AJ04	运营管理
AF04	水泥	AJ05	运营指标
AF05	石料	AK	汽车运用工程
AF06	集料	AK01	公路运输车辆
AF07	混凝土	AK02	公路运输车辆管理
AF08	沥青	AK03	汽车驾驶
AG	施工机械与设备	AK04	汽车使用与维护
AG01	工程机械类型	AK05	汽车修理
AG02	动力机械与流体机械	B	水路运输
AG03	混凝土机械与设备	BA	水路运输
AG04	土木机械	BA01	水运规章与条例
AG05	钻探打桩机械	BA02	旅客运输与货物运输
AG06	起重运输机械	BA03	运输系统
AG07	筑路机械	BA04	水运与保险
AG08	采掘和石材加工机械	BA05	集装箱运输
AG09	建筑机具	BA06	物流与联运
AG10	维修与管理	BA07	码头与堆场作业

表1(续)

类目代码	类目名称	类目代码	类目名称
BA08	港口装卸	BE08	船舶机械、电气、通导与舾装
BA09	水运组织机构与企业组织制度	BE09	船舶试验与试航
BB	水运建设	BE10	造船与船厂
BB01	水运管理体制与机构	BF	航海
BB02	政策与法规	BF01	航行管理与法规
BB03	水运发展预测与规划	BF02	航海技术保证
BB04	水运建设投资	BF03	航海仪表与设备
BB05	可行性研究与工程项目评估	BF04	船舶驾驶与海上作业
BC	港口工程	BF05	水上通信与导航
BC01	港口概况	BF06	船舶管理
BC02	港口工程基础	BF07	轮机管理
BC03	港口水工建筑物	BG	水运经济与管理
BC04	港口规划与设计	BG01	经济与管理科学基础
BC05	港航模型试验	BG02	经济与管理
BC06	港口施工、施工管理与设备	BG03	水运市场
BD	航道工程	BG04	企业经营管理
BD01	航道概况	BG05	企业财务管理
BD02	航道设计	BG06	运价体系与经营指标
BD03	船闸与升船机	BG07	水运企业计划
BD04	疏浚与整治	BH	救助与打捞
BD05	导航与助航设施	BH01	海难救助
BD06	河流渠化与水系综合利用	BH02	救助组织与机构
BE	船舶	BH03	船舶打捞
BE01	运输船舶	BI	水运安全与环境保护
BE02	运输辅助船舶	BI01	货物作业安全
BE03	工程船舶	BI02	港口环境与生态影响
BE04	船舶原理	BI03	港口环境与生态保护
BE05	船舶结构	BI04	船舶安全
BE06	船舶设计	BI05	船舶与环境保护
BE07	船舶规范、检验与证书	BJ	水运统计

表 1（续）

类目代码	类目名称	类目代码	类目名称
BJ01	统计技术基础	EG03	材料力学
BJ02	水上运输统计	EG04	结构力学
BJ03	港口统计	EG05	弹性力学
BJ04	航道统计	EG06	土力学与岩体力学
BJ05	船舶统计	EG07	水力学与流体学
C	民航运输	EG08	空气动力学与振动学
D	邮政运输	EG09	材料性能
E	相关学科	EG10	力学性能试验
EA	数学	EG11	荷载
EB	物理学	EG12	结构分析
EC	化学	EH	建筑工程
EC01	基础化学	EH01	基础工程
EC02	化学反应	EH02	爆破工程
EC03	分析化学	EH03	市政工程
EC04	高聚化学	EH04	房屋建筑
EC05	化合物	EH05	水利工程
ED	地球科学	EI	环境科学
ED01	地质学	EI01	环境科学
ED02	地震学	EI02	环境污染
ED03	气候学	EI03	环境监测
EE	生物学与农业科学	EI04	污染防治
EE01	生物学	EI05	环境保护
EE02	生物工程	EI06	废物综合利用
EE03	动物学、植物学	EI07	绿化规划
EF	电子学	EJ	能源
EF01	电工基础	EJ01	动力工程
EF02	自动化	EJ02	能源
EF03	电子计算机	EJ03	燃料
EF04	电子学	F	通用词语
EG	工程力学	FA00	概念
EG01	工程力学	FB00	理论、学说、法则、标准
EG02	力学性质	FC00	性质、现象、状态

表1(续)

类目代码	类目名称	类目代码	类目名称
FD00	过程、操作、行为、方法	FH00	形状、尺寸与方位
FE00	工业技术、工艺与装置	FI00	数据与度量
FF00	试验、检验、研究	FJ00	地理名词、时间、机构
FG00	构件、配件、元件	Z	其他

8 分类编码表的使用

交通科技信息资源分类与编码标准的使用方法参照附录A。

附 录 A
（资料性附录）
交通科技信息资源分类与编码标准的使用方法

A.1 标引规则

A.1.1 以交通科技信息资源的学科属性为主要标准

首先以科技信息资源的学科属性为主要标准，只有在不适于以学科属性为区分标准时才考虑其他方面的性质。

A.1.2 掌握分类的系统性、等级性和逻辑性

凡能归入某一类目的交通科技信息资源，应带有其上位类的属性。

A.1.3 保持同类科技信息资源相对集中

将内容相同的交通科技信息资源归入同一个类目。对于个别难以确定类目的资源，可以通过讨论，建立分类规范文档，人为将其集中到某类目。

A.1.4 应符合专指要求

应将交通科技信息资源分入恰如其分的类目。应区分综合性与专业性的交通科技信息资源内容，将专业性的交通科技信息资源归入相应类目。

A.1.5 入“相关学科”和“通用词语”类原则

当主题在分类中找不到为它专列的类目，但可以判断它是某一类目的同位类时，可分入与其同位的“相关学科”和“通用词语”类。

A.1.6 不应单凭科技信息资源名称分类

应对交通科技信息资源内容认真进行分析，再确定其归属类目，防止简单地仅从交通科技信息资源的名称就判断其内容、进行分类。

A.1.7 正确处理单主题、多主题交通科技信息资源的分类

对多主题交通科技信息资源的分类，应利用组配技术，充分揭示资源的内容。

A.2 标引步骤

A.2.1 内容分析

对交通科技信息资源的各种特征进行分析，掌握其内容特征（事物、问题、研究对象、专业领域等概念）和外部特征（理论、方法、手段、过程、地理、时间等概念），确定内容特征及其相互关系。

A.2.2 查表归类

根据交通科技信息资源所反映的内容特征、外部特征以及主题概念之间的关系，依据类目表和类目注释，找到准确的分类代码；如果需要，再配以相应的组配分类代码。

A.2.3 标注分类代码

将交通科技信息资源相应的分类代码，标注在规定位置上。

A.2.4 复核

由专人或标引人员相互间对标引的专指度和深度进行校对、审核，以保证分类标引的质量。

A.3 组配技术的使用

A.3.1 组配技术

在交通科技信息资源的分类过程中，采用组配技术将分类表中两个或两个以上表达简单主题概念的类目，按照一定的规则组合成一个复合类目，用来描述分类表中没有的复杂的概念。组配技术分为以下两种：

a） 交叉组配：两个或两个以上具有概念交叉关系的类目所进行的组配，其结果表达一个专指

类目；

b） 方面组配:由一个表示事物的类目和另一个表示事物某个属性或某个方面的类目所进行的组配,其结果表达一个相对复杂的专指类目。

A.3.2 一般要求

组配标引时优先考虑交叉组配。参与组配的类目应是与主题概念关系最密切、最邻近的类目。组配结果要求所表达的概念清楚、确切,只能表达一个单一的概念。

如果无法用组配方法表达主题概念时,可选用最直接的上位类或相关类标引。

A.3.3 使用要点

A.3.3.1 组配技术的表达方式是通过组配符号“:”将两个或两个以上类号连接在一起。

A.3.3.2 交通科技信息资源内容的主题之间具有并列关系、比较关系时直接用相关类目组配。

A.3.3.3 当采用组配技术对交通科技信息资源内容中新主题进行标引时,组配的类目应选择最恰当的类目级别。

A.3.3.4 如果类目下有注释,应首先按照注释的要求进行分类标引,不宜随意使用组配技术。

A.4 分类标引中若干问题的处理

A.4.1 没有单独列类的主题概念如何确定类目

将其归入同位类的“其他”类,如果找不到同位类,则根据该主题概念的隶属关系确定类目。

A.4.2 综合性交通科技信息资源的分类

依据研究对象、主要的应用领域、应用的理论方法和学科的渊源关系归入相关的类目。

A.4.3 新学科、新主题科技信息资源的分类

A.4.3.1 衍化分化生成的交通科技信息资源,一般情况下归到最近的上位类。

A.4.3.2 交叉形成的新学科、新主题,如果内容隶属的重点不突出,则应用两个学科主题组配,否则归入重点隶属的类目。

A.4.3.3 没有明显的继承和交叉关系的新学科、新主题归入相近的类目或归入能概括该主题的上位类目。

A.5 分类标引示例

A.5.1 范例一:科技项目“公路路基结构抗震设计方法研究”

通过分析该科技项目资源的内容,应该属于“公路运输—线路工程—路基”,分类编码为:CFAC03。

A.5.2 范例二:科技成果“公路隧道的渗漏机理与整治技术研究”

通过分析该科技成果资源的内容,应该属于“公路运输—隧道工程—隧道防水与排水”,分类编码为:CFAE01。

A.5.3 范例三:科技文献“公路路网规划概述”

通过分析该科技文献的内容,包含“公路路网”和“公路规划”两个相关且有交叉的主题概念,分别可以归入“公路运输—线路工程”、“公路运输—公路建设—公路规划”类目,因而采用交叉组配技术,分类标引为:“线路工程:公路规划”,分类编码为:“CFAC:CFAB01”。

A.5.4 范例四:科技文献“公路运输业如何融入物流”

通过分析该科技文献的内容,包含“公路运输”和“物流”两个主题概念,两个主题概念没有交叉,分别属于“公路运输”、“水路运输—物流与联运”领域,采用方面组配技术,分类标引为:“公路运输:物流与联运”,分类编码为:“CFAA:CFBA06”。

参 考 文 献

[1] 交通部科学研究院. 交通汉语主题词表. 北京:人民交通出版社,2007.
[2] 中国科学院图书馆图书分类法修订委员会. 中国科学院图书馆图书分类法(第三版). 北京:科学出版社,1994.
[3] 中国图书馆分类法编辑委员会. 中国图书馆分类法(第四版). 北京:北京图书馆出版社,1999.
[4] 中国图书资料分类法编辑委员会. 中国图书资料分类法(第四版). 北京:科学技术文献出版社,2000.

ICS 03.220.01;35.240.60
R 07
备案号:

JT

中华人民共和国交通行业标准

JT/T 735.3—2009

交通科技信息资源共享平台
信息资源建设要求
第3部分:数据元

Information resources requirements of transportation science and technology information resource sharing platform
Part 3: Data element

2009-01-24 发布　　　　2009-05-01 实施

中华人民共和国交通运输部　发布

目　次

前　言

JT/T 735《交通科技信息资源共享平台信息资源建设要求》分为三部分:

——第1部分:核心元数据;

——第2部分:分类与编码;

——第3部分:数据元。

本部分为JT/T 735的第3部分。

本部分由交通部科技教育司提出并归口。

本部分起草单位:交通部科学研究院。

本部分主要起草人:王辉、郭瑜、王枫、胡明、张丽、乔志平、周紫君、张垣、张亚、林垚、吴家栖。

交通科技信息资源共享平台信息资源建设要求 第3部分:数据元

1 范围

JT/T 735 的本部分规定了交通科技信息资源数据元编制原则和分类、交通科技信息资源数据元及数据元值域代码集。

本部分适用于交通科技信息资源共享平台建设中科技项目、科技成果、科技人力资源、科技基础条件、科技文献等信息资源的处理、交换与共享以及交通科技信息资源共享平台应用系统的建设。

2 规范性引用文件

下列文件中的条款通过 JT/T 735 的本部分的引用而成为本部分的条款。凡是注日期的引用文件，其随后所有的修改单(不包括勘误的内容)或修订版均不适用于本部分，然而，鼓励根据本部分达成协议的各方研究是否可使用这些文件的最新版本。凡是不注日期的引用文件，其最新版本适用于本部分。

GB/T 2260—2007 中华人民共和国行政区划代码
GB/T 2261.1—2003 个人基本信息分类与代码 第1部分: 人的性别代码
GB/T 2659—2000 世界各国和地区名称代码
GB/T 4658—2006 学历代码
GB/T 4754—2002 国民经济行业分类
GB/T 4762—1984 政治面貌代码
GB/T 4880.1—2005 语种名称代码 第1部分:2 字母代码
GB/T 6864—2003 中华人民共和国学位代码
GB/T 8561—2001 专业技术职务代码
GB/T 12407—2008 职务级别代码
GB/T 13745 学科分类与代码
GB/T 16835—1997 高等学校本科、专科专业名称代码
GB/T 17295 国际贸易用计量单位代码
GB/T 18391.1 信息技术 数据元的规范与标准化 第1部分:数据元的规范与标准化框架
GB/T 18391.3 信息技术 数据元的规范与标准化 第3部分:数据元的基本属性
GB/T 19488.1 电子政务数据元 第1部分:设计和管理规范
JT/T 483 交通科技报告编写规则
JT/T 697.1 交通信息基础数据元 第1部分:总则
JT/T 735.2—2009 交通科技信息资源共享平台信息资源建设要求 第2部分:分类与编码

3 术语和定义

GB/T 18391.1 确定的内容以及下列术语和定义适用于 JT/T 735 的本部分。

3.1

数据元分类 classification of data element

根据交通行业科技管理业务基础信息内容的属性或特征,将数据元按业务和服务领域进行区分和归类,并建立起一定的分类体系和排列顺序。

3.2

数据元值域　value domain of data element

允许值的集合。交通科技信息资源数据元的值域允许采用三种代码标准,第一种是国际或国家已经发布的标准,第二种是已经发布的交通行业标准,第三种是 JT/T 735 各部分制定的代码标准。

3.3

注册机构　registration authority

经授权对数据元实施注册、维护和管理功能的组织。

4　数据元编制原则

4.1　数据元属性

按照 GB/T 18391.3 和 GB/T 19488.1 的规定,数据元属性包括标识符、中文名称、中文全拼、英文名称、版本、注册机构、同义名称、定义、应用约束、关系、表示词、数据类型、数据格式、值域、计量单位、状态、提交机构、备注。

数据元属性约束条件规定见表 1。每个数据元的属性内容只列出不为空的属性项。

表 1　数据元属性约束条件规定

数据元属性	约束	出现次数	数据元属性	约束	出现次数
标识符	M	1:1	关系	O	0:n
中文名称	M	1:1	数据类型	M	1:1
英文名称	M	0:1	数据格式	O	1:1
中文全拼	O	1:1	值域	M	1:1
版本	M	1:1	计量单位	O	0:1
注册机构	M	1:1	状态	M	1:1
同义名称	O	0:1	提交机构	O	0:1
定义	M	1:1	备注	O	0:1
应用约束	O	0:1			

注 1:约束(M、O)分别代表:

M:必选(Mandatory,M)——数据元的核心内容,适用于各种被描述对象,是数据元应包含的实体或元素;

O:可选(Optional,O)——该实体或元素是可选的,由用户决定是否将其包含在数据元中。

注 2:出现次数:

0:表示可不出现;

1:表示出现并且不重复使用;

n:表示可重复使用。

4.2　数据元命名规则

符合 JT/T 697.1。

4.3　标识符

标识符为在一个注册机构内,由注册机构分配的、与语言无关的数据元的唯一标识符号。

标识符在本部分中反映数据元在数据元集中的排列位置,长度为十一位,标识符结构如图 1 所示。

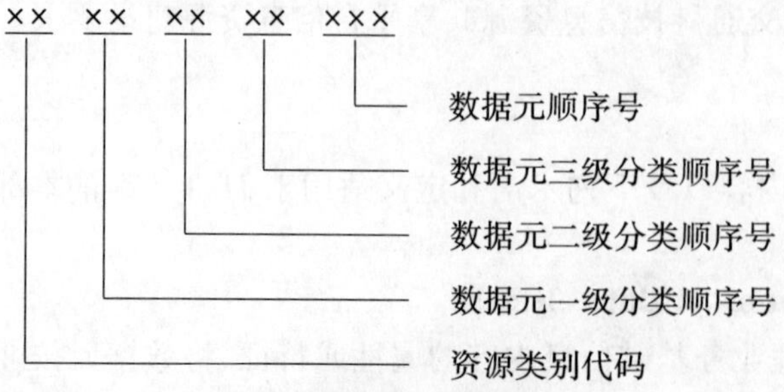

图 1　数据元标识符结构

资源类别代码由资源类别名称或简称的汉语拼音第一个字母缩写组成,具体规定见表2。

表2　资源类别代码

资源类别	字母代码	资源类别	字母代码
公共数据	GG	科技人力资源	RL
科技项目	XM	科技基础条件	JC
科技成果	CG	科技文献	WX

数据元一、二、三级分类顺序号均由数字组成,从左向右顺序排列,每级分类顺序号从01开始,无某级分类的,则该级编号为00,该级分类名称为空。

数据元顺序号代表某一级分类下的数据元的序号,从001开始顺序编码。

4.4　中文名称

数据元中文名称为数据元的单个或多个中文字词的指称。

4.5　英文名称

数据元英文名称为赋予数据元的单个或多个英文字词的指称。英文名称应符合以下词法规则:

规则1:名词仅用单数形式,动词(若有的话)为现在时。

规则2:名称的各个成分间和多个词之间用空格分隔,不允许用特殊字符。

规则3:名称中所有单词是组合在一起的。

规则4:允许使用缩写词、首字母缩略词和大写首字母。

4.6　中文全拼

数据元中文全拼为数据元中文名称的汉语拼音,拼音中间使用连字符"-"连接,并全部使用小写。

4.7　版本

数据元版本为在一个注册机构内的一系列逐渐完善的数据元规范中,某个数据元规范发布的标识。本部分所规定的数据元,无特殊说明时,其版本均为V1.0。

4.8　注册机构

本部分所规定的数据元,无特殊说明时,其注册机构均为交通主管部门。

4.9　同义名称

数据元同义名称为一个数据元在应用环境下的不同称谓。

4.10　定义

数据元定义为表达一个数据元的本质特性并使其区别于所有其他数据元的陈述。

4.11　应用约束

数据元应用约束为数据元在实际应用中的相关约束。

4.12　关系

数据元关系为当前数据元与其他相关的数据元之间关系的一种描述。数据元的几种基本关系及其表示格式如表3所示。

表3　数据元的基本关系及其表示格式

关系中文名称	关系表示符	关系描述
派生关系	Derive-from	描述了数据元之间的继承关系,一个较为专用的数据元是由一个较为通用的数据元加上某些限定词派生而来
组成关系	Compose-of	描述了整体和部分的关系,一个数据元由另外若干个数据元组成
替代关系	Replace-of	描述了数据元之间的替代关系
连用关系	Link-with	描述了一个数据元与另外若干数据元一起使用的情况

4.13 数据类型

数据元数据类型用于表示数据元的符号、字符或其他表示的类型。数据元的数据类型可能取值列表如表4所示。

表4 数据类型可能取值列表

数据类型	说明
字符型(string)	通过字符形式表达的值的类型
数字型(number)	通过从0~9数字形式表达的值的类型
日期型(date)	通过YYYYMMDD的形式表达的值的类型,符合GB/T 7408
日期时间型(datetime)	通过YYYYMMDDhhmmss的形式表达的值的类型,符合GB/T 7408
布尔型(boolean)	两个且只有两个表明条件的值,如Ture/False
二进制型(binary)	上述无法表示的其他数据类型,比如图像、音频等

4.14 数据格式

数据元格式为该数据元从业务的角度规定的数据元的格式需求,包括所允许的最大和/或最小字符长度,数据元内容的表示格式等(一个汉字占两个字符)。数据格式中使用的字符含义如下:

a =字母字符;

n =数字字符;

an =字母数字字符;

m(m=自然数) =定长m个字符(字符集默认为GB 2312);

..ul =长度不确定的文本;

YYYYMMDDhhmmss ="YYYY"表示年份,"MM"表示月份,"DD"表示日期,"hh"表示小时,"mm"表示分钟,"ss"表示秒,可以视实际情况组成使用;

, =区分数字字符个数与小数点后数字位数的分隔符,即","前为数字字符个数,","后为小数点后数字字符个数。

如果"数据类型"是"二进制",在本属性中应标识出二进制的具体格式,如"JPEG"。

4.15 值域

数据元值域为交通科技信息资源数据元值域引用代码的集合。

数据元值域采用以下三种代码:

——国际或国家已经发布的标准中规定的代码;

——已经发布的交通行业标准中规定的代码;

——本部分制定的代码。

本部分制定的代码集用"DM_代码名的拼音缩写标识"标记。当遇有代码名的拼音缩写相同情况时,通过适当增加代码名中某字的拼音全拼的办法予以区别。代码集标记主要用于交通科技信息资源数据元值域引用。

4.16 计量单位

数据元计量单位为属于数值型的数据元值的计量单位。详见GB/T 17295中的计量单位的名称。

4.17 状态

数据元状态为数据元在其注册的全生存期内所处状态的标示。

本部分所规定的数据元,无特殊说明时,其状态均为"试用"。

4.18 提交机构

数据元提交机构为提出对数据元进行增加、变更(导致版本变更)或废止的组织或组织内的部门。

4.19 备注

数据元备注为数据元的补充描述或说明。

5 数据元分类

本部分按照资源分类，分别编制每类资源的数据元。每类资源数据元下，再根据信息的基本内容和属性进行划分。本部分编制了公共数据、交通科技项目、交通科技成果、交通科技人力资源、交通科技基础条件、交通科技文献资源的数据元，其分类如表5所示。

表5 交通科技信息资源数据元分类

分类编号	名 称	章 节	分类编号	名 称	章 节
GG	公共数据元	6.1	RL04	外语语言能力信息	6.4.5
GG01	位置信息	6.1.1	RL05	专业培训信息	6.4.6
GG02	交通行业单位信息	6.1.2	RL06	工作履历信息	6.4.7
XM	交通科技项目数据元	6.2	RL07	奖励和荣誉信息	6.4.8
XM01	交通科技项目基本信息	6.2.1	RL08	科研成果信息	6.4.9
XM02	交通科技项目申报	6.2.2	JC	科技基础条件数据元	6.5
XM03	交通科技项目评审	6.2.3	JC01	交通行业科研机构	6.5.1
XM04	交通科技立项项目信息	6.2.4	JC02	交通行业实验室信息	6.5.2
XM05	交通科技项目执行	6.2.5	JC03	交通行业实验室仪器设备	6.5.3
XM06	交通科技项目验收	6.2.6	JC04	交通行业实验室实验设施	6.5.4
XM07	交通科技项目经费	6.2.7	JC05	交通行业实验室实验系统	6.5.5
CG	交通科技成果数据元	6.3	WX	交通科技文献数据元	6.6
CG01	科技成果基础信息	6.3.1	WX01	交通科技文献基础信息	6.6.1
CG02	科技成果完成人	6.3.2	WX02	交通科技图书	6.6.2
CG03	科技成果评价情况	6.3.3	WX03	交通科技期刊论文	6.6.3
CG04	科技成果应用情况	6.3.4	WX04	交通学位论文	6.6.4
RL	科技人力资源数据元	6.4	WX05	交通会议论文	6.6.5
RL01	科技人力资源基础信息	6.4.1	WX06	交通专利	6.6.6
RL02	担任社会职务信息	6.4.2	WX07	交通行业标准	6.6.7
RL03	专业技术职务信息	6.4.3	WX08	交通科技报告	6.6.8
RL04	教育培训信息	6.4.4			

6 数据元集

6.1 公共数据元

6.1.1 位置信息

6.1.1.1 所在地行政区划代码

标识符：GG010000001

中文名称：所在地行政区划代码

中文全拼：suo－zai－di－xing－zheng－qu－hua－dai－ma

定义：所在地区的行政区划代码。

数据元类型：字符型

数据格式：n6

值域：见GB/T 2260。

6.1.1.2 通信地址

标识符：GG010000002

中文名称：通信地址

中文全拼：tong－xin－di－zhi

定义:通信地址。
应用约束:必选
数据元类型:字符型
数据格式:an..100

6.1.1.3 邮政编码

标识符:GG010000003
中文名称:邮政编码
中文全拼: you - zheng - bian - ma
定义:邮政编码。
应用约束:必选
数据元类型:数字型
数据格式:n6

6.1.1.4 联系电话

标识符:GG010000004
中文名称:联系电话
中文全拼:lian - xi - dian - hua
定义:电话号码(含区号)。
应用约束:必选
数据元类型:字符型
数据格式:an..18

6.1.1.5 传真

标识符:GG010000005
中文名称:传真
中文全拼:chuan - zhen
定义:传真号码(含区号)。
应用约束:可选
数据元类型:字符型
数据格式:an..18

6.1.1.6 电子邮箱

标识符:GG010000006
中文名称:电子邮箱
中文全拼:dian - zi - you - xiang
定义:电子邮箱。
应用约束:必选
数据元类型:字符型
数据格式:an..50

6.1.2 交通行业单位信息

6.1.2.1 交通行业单位类别

标识符:GG020000001
中文名称:交通行业单位类别
中文全拼:jiao - tong - hang - ye - dan - wei - lei - bie
定义:单位类别。
应用约束:必选

数据元类型:字符型

数据格式:a2

值域:见表6。

6.1.2.2 交通行业单位名称

标识符:GG020000002

中文名称:交通行业单位名称

中文全拼:jiao - tong - hang - ye - dan - wei - ming - cheng

定义:单位名称。

应用约束:必选

数据元类型:字符型

数据格式:an..100

关系:与交通行业单位类别连用。

6.1.2.3 交通行业单位性质

标识符:GG020000003

中文名称:交通行业单位性质

中文全拼:jiao - tong - hang - ye - dan - wei - xing - zhi

定义:单位性质。

应用约束:必选,单选

数据元类型:字符型

数据格式:a2

值域:见表7。

关系:与交通行业单位类别连用。

6.1.2.4 交通行业单位主管部门

标识符:GG020000004

中文名称:交通行业单位主管部门

中文全拼:jiao - tong - hang - ye - dan - wei - zhu - guan - bu - men

定义:单位主管部门的名称。

应用约束:可选

数据元类型:字符型

数据格式:an..100

关系:与交通行业单位类别连用。

6.1.2.5 交通行业单位组织机构代码

标识符:GG020000005

中文名称:交通行业单位组织机构代码

中文全拼: jiao - tong - hang - ye - dan - wei - zu - zhi - ji - gou - dai - ma

定义:单位的组织机构代码。

应用约束:可选

数据元类型:字符型

数据格式:an10

关系:与交通行业单位类别连用。

6.1.2.6 交通行业单位法人性质

标识符:GG020000006

中文名称:交通行业单位法人性质

中文全拼：jiao - tong - hang - ye - dan - wei - fa - ren - xing - zhi

定义:交通行业单位法人性质。

应用约束:必选

数据元类型:字符型

数据格式:a2

值域:见表8。

关系:与交通行业单位类别连用。

6.1.2.7 交通行业单位法人代表

标识符:GG020000007

中文名称:交通行业单位法人代表

中文全拼:jiao - tong - hang - ye - dan - wei - fa - ren - dai - biao

定义:法人代表的姓名。

应用约束:必选

数据元类型:字符型

数据格式:an..30

关系:与交通行业单位类别连用。

6.1.2.8 交通行业单位开户名称

标识符:GG020000008

中文名称:交通行业单位开户名称

中文全拼:jiao - tong - hang - ye - dan - wei - kai - hu - ming - cheng

定义:单位在银行开户的名称。

应用约束:可选

数据元类型:字符型

数据格式:an..100

关系:与交通行业单位类别连用。

6.1.2.9 交通行业单位开户银行

标识符:GG020000009

中文名称:交通行业单位开户银行

中文全拼:jiao - tong - hang - ye - dan - wei - kai - hu - yin - hang

定义:单位开户的银行名称。

应用约束:可选

数据元类型:字符型

数据格式:an..100

关系:与交通行业单位类别连用。

6.1.2.10 交通行业单位银行账号

标识符:GG020000010

中文名称:交通行业单位银行账号

中文全拼:jiao - tong - hang - ye - dan - wei - yin - hang - zhang - hao

定义:交通行业单位银行账号。

应用约束:可选

数据元类型:字符型

数据格式:an..18

关系:与交通行业单位类别连用。

6.2 交通科技项目数据元

6.2.1 交通科技项目基本信息

6.2.1.1 交通科技项目阶段分类

标识符:XM010000001

中文名称:交通科技项目阶段分类

中文全拼:jiao - tong - ke - ji - xiang - mu - jie - duan - fen - lei

定义:交通科技项目阶段分类。

应用约束:必选

数据元类型:字符型

数据格式:a2

值域:见表9。

6.2.1.2 交通科技项目编号

标识符:XM010000002

中文名称:交通科技项目编号

中文全拼:jiao - tong - ke - ji - xiang - mu - bian - hao

定义:交通科技项目编号。

应用约束:必选

数据元类型:字符型

数据格式:an..20

关系:与交通科技项目阶段分类连用。

6.2.1.3 交通科技项目名称

标识符:XM010000003

中文名称:交通科技项目名称

中文全拼:jiao - tong - ke - ji - xiang - mu - ming - cheng

定义:项目名称。

应用约束:必选

数据元类型:字符型

数据格式:an..100

关系:与交通科技项目阶段分类连用。

6.2.1.4 交通科技项目来源

标识符:XM010000004

中文名称:交通科技项目来源

中文全拼:jiao - tong - ke - ji - xiang - mu - lai - yuan

定义:交通科技项目来源。

应用约束:必选

数据元类型:字符型

数据格式:a2

值域:见表10。

关系:与交通科技项目阶段分类连用。

6.2.1.5 交通科技项目类别

标识符:XM010000005

中文名称:交通科技项目类别

中文全拼:jiao - tong - ke - ji - xiang - mu - lei - bie

定义:申报项目的类别。

应用约束:必选,单选

数据元类型:字符型

数据格式:a2

值域:见表 11。

关系:与交通科技项目阶段分类连用。

6.2.1.6　交通科技项目概述

标识符:XM010000006

中文名称:交通科技项目概述

中文全拼:jiao – tong – ke – ji – xiang – mu – gai – shu

定义:项目概括介绍。

应用约束:必选

数据元类型:字符型

数据格式:.. ul

关系:与交通科技项目阶段分类连用。

6.2.1.7　交通科技项目主要研究内容

标识符:XM010000007

中文名称:交通科技项目主要研究内容

中文全拼:jiao – tong – ke – ji – xiang – mu – zhu – yao – yan – jiu – nei – rong

定义:项目的主要研究内容。

应用约束:必选

数据元类型:字符型

数据格式:.. ul

关系:与交通科技项目阶段分类连用。

6.2.1.8　交通科技项目考核指标

标识符:XM010000008

中文名称:交通科技项目考核指标

中文全拼:jiao – tong – ke – ji – xiang – mu – kao – he – zhi – biao

定义:项目的考核指标。

应用约束:必选

数据元类型:字符型

数据格式:.. ul

关系:与交通科技项目阶段分类连用。

6.2.1.9　交通科技项目起始时间

标识符:XM010000009

中文名称:交通科技项目起始时间

中文全拼:jiao – tong – ke – ji – xiang – mu – qi – shi – shi – jian

定义:项目的开始时间。

应用约束:必选

数据元类型:日期

数据格式:YYYYMMDD

关系:与交通科技项目阶段分类连用。

6.2.1.10 交通科技项目截止时间

标识符:XM010000010

中文名称:交通科技项目截止时间

中文全拼:jiao – tong – ke – ji – xiang – mu – jie – zhi – shi – jian

定义:项目的截止时间。

应用约束:必选

数据元类型:日期

数据格式:YYYYMMDD

6.2.2 交通科技项目概况

6.2.2.1 交通科技项目背景和必要性

标识符:XM020000001

中文名称:交通科技项目背景和必要性

中文全拼:jiao – tong – ke – ji – xiang – mu – bei – jing – he – bi – yao – xing

定义:项目的背景和必要性。

应用约束:必选

数据元类型:字符型

数据格式:..ul

6.2.2.2 交通科技项目前期科研和工作基础

标识符:XM020000002

中文名称:交通科技项目前期科研和工作基础

中文全拼:jiao – tong – ke – ji – xiang – mu – qian – qi – ke – yan – he – gong – zuo – ji – chu

定义:项目前期科研和工作基础。

应用约束:必选

数据元类型:字符型

数据格式:..ul

6.2.2.3 交通科技项目实施内容地点和期限

标识符:XM020000003

中文名称:交通科技项目实施内容地点和期限

中文全拼:jiao – tong – ke – ji – xiang – mu – shi – shi – nei – rong – di – dian – he – qi – xian

定义:项目实施内容、地点和期限。

应用约束:必选

数据元类型:字符型

数据格式:..ul

6.2.2.4 交通科技项目依托工程情况及其他必要支撑条件

标识符:XM020000004

中文名称:交通科技项目依托工程情况及其他必要支撑条件

中文全拼:jiao – tong – ke – ji – xiang – mu – yi – tuo – gong – cheng – qing – kuang – ji – qi – ta – bi – yao – zhi – cheng – tiao – jian

定义:项目依托工程情况及其他必要支撑条件。

应用约束:可选

数据元类型:字符型

数据格式:..ul

6.2.2.5 交通科技项目预期目标及经济社会效益

标识符:XM020000005

中文名称:交通科技项目预期目标及经济社会效益

中文全拼:jiao – tong – ke – ji – xiang – mu – yu – qi – mu – biao – ji – jing – ji – she – hui – xiao – yi

定义:项目预期目标及经济社会效益。

应用约束:必选

数据元类型:字符型

数据格式:..ul

6.2.3 交通科技项目评审

6.2.3.1 交通科技项目评价指标内容

标识符:XM030000001

中文名称:交通科技项目评价指标内容

中文全拼:jiao – tong – ke – ji – xiang – mu – ping – jia – zhi – biao – nei – rong

定义:项目评价的指标项。

应用约束:必选

数据元类型:字符型

数据格式:an..100

6.2.3.2 交通科技项目评价指标说明

标识符:XM030000002

中文名称:交通科技项目评价指标说明

中文全拼:jiao – tong – ke – ji – xiang – mu – ping – jia – zhi – biao – shuo – ming

定义:各评价指标项目的评分说明。

应用约束:必选

数据元类型:字符型

数据格式:an..100

关系:与交通科技项目评价指标内容连用。

6.2.3.3 交通科技项目评价分数

标识符:XM030000003

中文名称:交通科技项目评价分数

中文全拼:jiao – tong – ke – ji – xiang – mu – ping – jia – fen – shu

定义:各评价指标项的分数。

应用约束:必选

数据元类型:数字型

数据格式:n..6

关系:与交通科技项目评价指标内容连用。

6.2.3.4 交通科技项目评价指标权重

标识符:XM030000004

中文名称:交通科技项目评价指标权重

中文全拼:jiao – tong – ke – ji – xiang – mu – ping – jia – zhi – biao – quan – zhong

定义:各评价指标项所占的权重。

应用约束:必选

数据元类型:数字型

数据格式:n..2

计量单位:百分比

关系:与交通科技项目评价指标内容连用。

6.2.3.5 交通科技项目评审类别

标识符:XM030000005

中文名称:交通科技项目评审类别

中文全拼:jiao – tong – ke – ji – xiang – mu – ping – shen – lei – bie

定义:项目评审的类别。

应用约束:必选

数据元类型:字符型

数据格式:a2

值域: 见表12。

6.2.3.6 交通科技项目评审意见

标识符:XM030000006

中文名称:交通科技项目评审意见

中文全拼:jiao – tong – ke – ji – xiang – mu – ping – shen – yi – jian

定义:项目的评审意见。

应用约束:必选

数据元类型:字符型

数据格式:. . ul

关系:与交通科技项目评审类别连用。

6.2.3.7 交通科技项目评审日期

标识符:XM030000007

中文名称:交通科技项目评审日期

中文全拼:jiao – tong – ke – ji – xiang – mu – ping – shen – ri – qi

定义:项目评审的日期。

应用约束:必选

数据元类型:日期型

数据格式:YYYYMMDD

关系:与交通科技项目评审类别连用。

6.2.4 交通科技立项项目信息

6.2.4.1 交通科技项目密级

标识符:XM040000001

中文名称:交通科技项目密级

中文全拼:jiao – tong – ke – ji – xiang – mu – mi – ji

定义:项目密级。

应用约束:必选

数据元类型:字符型

数据格式:a2

值域:见表13。

6.2.4.2 交通科技项目活动类型

标识符:XM040000002

中文名称:交通科技项目活动类型

中文全拼:jiao – tong – ke – ji – xiang – mu – huo – dong – lei – xing

定义:项目活动类型。

应用约束:必选

数据元类型:字符型

数据格式:a2

值域:见表14。

6.2.4.3 交通科技项目所属技术领域

标识符:XM040000003

中文名称:交通科技项目所属技术领域

中文全拼:jiao – tong – ke – ji – xiang – mu – suo – shu – ji – shu – ling – yu

定义:项目所属技术领域。

应用约束:必选

数据元类型:字符型

数据格式:a2

值域:见表15。

6.2.4.4 交通科技项目技术来源

标识符:XM040000004

中文名称:交通科技项目技术来源

中文全拼:jiao – tong – ke – ji – xiang – mu – ji – shu – lai – yuan

定义:项目技术来源。

应用约束:必选

数据元类型:字符型

数据格式:a2

值域:见表16。

6.2.4.5 交通科技项目参加单位数

标识符:XM040000005

中文名称:交通科技项目参加单位数

中文全拼:jiao – tong – ke – ji – xiang – mu – can – jia – dan – wei – shu

定义:项目参加单位的总数。

数据元类型:数字型

数据格式:n..10

6.2.5 交通科技项目执行

6.2.5.1 交通科技项目计划安排

标识符:XM050000001

中文名称:交通科技项目计划安排

中文全拼:jiao – tong – ke – ji – xiang – mu – ji – hua – an – pai

定义:项目计划安排。

应用约束:必选

数据元类型:字符型

数据格式:..ul

6.2.5.2 交通科技项目进展情况

标识符:XM050000002

中文名称:交通科技项目进展情况

中文全拼:jiao – tong – ke – ji – xiang – mu – jin – zhan – qing – kuang

定义:项目执行的进展情况。
应用约束:必选
数据元类型:字符型
数据格式: a2
值域:见表 17。

6.2.5.3 交通科技项目未正常进展原因
标识符:XM050000003
中文名称:交通科技项目未正常进展原因
中文全拼:jiao – tong – ke – ji – xiang – mu – wei – zheng – chang – jin – zhan – yuan – yin
定义:项目没有按计划正常进行的原因。
应用约束:可选
数据元类型:字符型
数据格式:a2
值域:见表 18。
关系:与项目进展情况连用。
备注:项目按计划进行或进度超前属于项目正常进展,为空值。

6.2.5.4 交通科技项目内容调整情况
标识符:XM050000004
中文名称:交通科技项目内容调整情况
中文全拼:jiao – tong – ke – ji – xiang – mu – nei – rong – tiao – zheng – qing – kuang
定义:项目内容调整的情况。
应用约束:可选
数据元类型:字符型
数据格式:a2
值域:见表 19。

6.2.5.5 交通科技项目试验仪器设备使用情况
标识符:XM050000005
中文名称:交通科技项目试验仪器设备使用情况
中文全拼:jiao – tong – ke – ji – xiang – mu – shi – yan – yi – qi – she – bei – shi – yong – qing – kuang
定义:项目试验仪器设备使用情况。
应用约束:可选
数据元类型:字符型
数据格式:. . ul

6.2.5.6 交通科技项目依托工程进展情况
标识符:XM050000006
中文名称:交通科技项目依托工程进展情况
中文全拼:jiao – tong – ke – ji – xiang – mu – yi – tuo – gong – cheng – jin – zhan – qing – kuang
定义:项目依托工程进展情况。
应用约束:可选
数据元类型:字符型
数据格式:. . ul

6.2.5.7 交通科技项目组与依托单位协作情况
标识符:XM050000007

中文名称:交通科技项目组与依托单位协作情况

中文全拼:jiao - tong - ke - ji - xiang - mu - zu - yu - yi - tuo - dan - wei - xie - zuo - qing - kuang

定义:项目组与依托单位及人员研究工作开展情况。

应用约束:可选

数据元类型:字符型

数据格式:..ul

6.2.5.8　交通科技项目研究质量

标识符:XM050000008

中文名称:交通科技项目研究质量

中文全拼:jiao - tong - ke - ji - xiang - mu - yan - jiu - zhi - liang

定义:对项目研究质量的评价。

应用约束:可选

数据元类型:字符型

数据格式:a2

值域:见表20。

6.2.5.9　交通科技项目存在问题

标识符:XM050000009

中文名称:交通科技项目存在问题

中文全拼:jiao - tong - ke - ji - xiang - mu - cun - zai - wen - ti

定义:项目存在问题。

应用约束:必选

数据元类型:字符型

数据格式:..ul

6.2.5.10　交通科技项目改进措施

标识符:XM050000010

中文名称:交通科技项目改进措施

中文全拼:jiao - tong - ke - ji - xiang - mu - gai - jin - cuo - shi

定义:项目执行改进措施。

应用约束:必选

数据元类型:字符型

数据格式:..ul

6.2.5.11　交通科技项目承担单位意见

标识符:XM050000011

中文名称:交通科技项目承担单位意见

中文全拼:jiao - tong - ke - ji - xiang - mu - cheng - dan - dan - wei - yi - jian

定义:项目承担单位意见。

应用约束:必选

数据元类型:字符型

数据格式:..ul

6.2.5.12　交通科技项目保证方意见

标识符:XM050000012

中文名称:交通科技项目保证方意见

中文全拼:jiao - tong - ke - ji - xiang - mu - bao - zheng - fang - yi - jian

定义:项目保证方意见。

应用约束:必选

数据元类型:字符型

数据格式:..ul

6.2.5.13 交通科技项目投入研究工作量

标识符:XM050000013

中文名称:交通科技项目投入研究工作量

中文全拼:jiao – tong – ke – ji – xiang – mu – tou – ru – yan – jiu – gong – zuo – liang

定义:项目执行以来投入研究的工作量。

应用约束:必选

数据元类型:数字型

数据格式:n..10

计量单位:人月

6.2.5.14 交通科技项目参加研究工作人员数量

标识符:XM050000014

中文名称:参加研究工作人员数量

中文全拼:can – jia – yan – jiu – gong – zuo – ren – yuan – shu – liang

定义:项目执行以来参加研究工作的人员总数。

应用约束:必选

数据元类型:数字型

数据格式:n..10

计量单位:人

6.2.5.15 交通科技项目参加研究工作高级职称人员数量

标识符:XM050000015

中文名称:参加研究工作高级职称人员数量

中文全拼:can – jia – yan – jiu – gong – zuo – gao – ji – zhi – cheng – ren – yuan – shu – liang

定义:项目执行以来参加研究工作的具备高级职称人员的数量。

应用约束:必选

数据元类型:数字型

数据格式:n..10

计量单位:人

6.2.5.16 交通科技项目参加研究工作中级职称人员数量

标识符:XM050000016

中文名称:参加研究工作中级职称人员数量

中文全拼:can – jia – yan – jiu – gong – zuo – zhong – ji – zhi – cheng – ren – yuan – shu – liang

定义:项目执行以来参加研究工作的具备中级职称人员的数量。

应用约束:必选

数据元类型:数字型

数据格式:n..10

计量单位:人

6.2.5.17 交通科技项目参加研究工作初级职称人员数量

标识符:XM050000017

中文名称:参加研究工作初级职称人员数量

中文全拼:can - jia - yan - jiu - gong - zuo - chu - ji - zhi - cheng - ren - yuan - shu - liang

定义:项目执行以来参加研究工作的具备初级职称人员的数量。

应用约束:必选

数据元类型:数字型

数据格式:n..10

计量单位:人

6.2.5.18 培养博士学位人员数

标识符:XM050000018

中文名称:培养博士学位人员数

中文全拼: pei - yang - bo - shi - xue - wei - ren - yuan - shu

定义:项目研究过程中培养的获得博士学位人员数量。

应用约束:可选

数据元类型:数字型

数据格式:n..10

计量单位:人

6.2.5.19 培养硕士学位人员数

标识符:XM050000019

中文名称:培养硕士学位人员数

中文全拼: pei - yang - shuo - shi - xue - wei - ren - yuan - shu

定义:项目研究过程中培养的获得硕士学位人员数量。

应用约束:可选

数据元类型:数字型

数据格式:n..10

计量单位:人

6.2.5.20 初级晋升中级人员数

标识符:XM050000020

中文名称:初级晋升中级人员数

中文全拼:chu - ji - jin - sheng - zhong - ji - ren - yuan - shu

定义:项目研究过程中初级职称晋升中级职称的人员数量。

应用约束:可选

数据元类型:数字型

数据格式:n..10

计量单位:人

6.2.5.21 中级晋升高级人员数

标识符:XM050000021

中文名称:中级晋升高级人员数

中文全拼:zhong - ji - jin - sheng - gao - ji - ren - yuan - shu

定义:项目研究过程中中级职称晋升高级职称的人员数量。

应用约束:可选

数据元类型:数字型

数据格式:n..10

计量单位:人

6.2.5.22 交通科技项目取得成果数量

标识符:XM050000022

中文名称:交通科技项目取得成果数量

中文全拼:jiao – tong – ke – ji – xiang – mu – qu – de – cheng – guo – shu – liang

定义:项目执行到该阶段已经取得的成果数量。

应用约束:必选

数据元类型:数字型

数据格式:n..10

计量单位:件

6.2.5.23 交通科技项目获得专利数量

标识符:XM050000023

中文名称:交通科技项目获得专利数量

中文全拼:jiao – tong – ke – ji – xiang – mu – huo – de – zhuan – li – shu – liang

定义:项目执行到该阶段已经获得的专利的数量。

应用约束:必选

数据元类型:数字型

数据格式:n..10

计量单位:件

6.2.6 交通科技项目验收

6.2.6.1 交通科技项目申请验收日期

标识符:XM060000001

中文名称:交通科技项目申请验收日期

中文全拼:jiao – tong – ke – ji – xiang – mu – shen – qing – yan – shou – ri – qi

定义:申请验收时间。

应用约束:必选

数据元类型:日期型

数据格式:YYYYMMDD

6.2.6.2 交通科技项目验收日期

标识符:XM060000002

中文名称:交通科技项目验收日期

中文全拼:jiao – tong – ke – ji – xiang – mu – yan – shou – ri – qi

定义:申请验收时间。

应用约束:必选

数据元类型:日期型

数据格式:YYYYMMDD

6.2.6.3 交通科技项目验收技术文件清单

标识符:XM060000003

中文名称:交通科技项目验收技术文件清单

中文全拼:jiao – tong – ke – ji – xiang – mu – yan – shou – ji – shu – wen – jian – qing – dan

定义:验收时需要提交的技术文件清单。

应用约束:必选

数据元类型:字符型

数据格式:..ul

6.2.6.4 交通科技项目验收意见

标识符:XM060000004

中文名称:交通科技项目验收意见

中文全拼:jiao – tong – ke – ji – xiang – mu – yan – shou – yi – jian

定义:项目验收意见。

应用约束:必选

数据元类型:字符型

数据格式:..ul

6.2.7 交通科技项目经费

6.2.7.1 交通科技项目经费来源类别

标识符:XM070000001

中文名称:交通科技项目经费来源类别

中文全拼:jiao – tong – ke – ji – xiang – mu – jing – fei – lai – yuan – lei – bie

定义:项目经费来源的类别。

应用约束:必选

数据元类型:字符型

数据格式:a3

值域:见表21。

6.2.7.2 交通科技项目经费支出类别

标识符:XM070000002

中文名称:交通科技项目经费支出类别

中文全拼:jiao – tong – ke – ji – xiang – mu – jing – fei – zhi – chu – lei – bie

定义:项目经费支出的类别。

应用约束:必选

数据元类型:字符型

数据格式:a2

值域:见表22。

6.2.7.3 交通科技项目申请总经费

标识符:XM070000003

中文名称:交通科技项目申请总经费

中文全拼:jiao – tong – ke – ji – xiang – mu – shen – qing – zong – jing – fei

定义:项目的总经费。

应用约束:必选

数据元类型:数字型

数据格式:n..10,2

计量单位:万元

6.2.7.4 交通科技项目申请经费明细

标识符:XM070000004

中文名称:交通科技项目申请经费明细

中文全拼:jiao – tong – ke – ji – xiang – mu – shen – qing – jing – fei – ming – xi

定义:申请的各项经费数额。

应用约束:必选

数据元类型:数字型

数据格式:n..10,2

计量单位:万元

关系:与交通科技项目经费来源分类连用。

6.2.7.5　交通科技项目经费来源预算总额

标识符:XM070000005

中文名称:交通科技项目经费来源预算总额

中文全拼:jiao - tong - ke - ji - xiang - mu - jing - fei - lai - yuan - yu - suan - zong - e

定义:任务书(合同)约定的各项经费来源预算总和。

应用约束:必选

数据元类型:数字型

数据格式:n..10,2

计量单位:万元

6.2.7.6　交通科技项目经费来源预算明细

标识符:XM070000006

中文名称:交通科技项目经费来源预算明细

中文全拼:jiao - tong - ke - ji - xiang - mu - jing - fei - lai - yuan - yu - suan - ming - xi

定义:任务书(合同)约定的每项经费来源预算数额。

应用约束:必选

数据元类型:数字型

数据格式:n..10,2

计量单位:万元

关系:与交通科技项目经费来源分类连用。

6.2.7.7　交通科技项目经费支出预算总额

标识符:XM070000007

中文名称:交通科技项目经费支出预算总额

中文全拼:jiao - tong - ke - ji - xiang - mu - jing - fei - zhi - chu - yu - suan - zong - e

定义:任务书(合同)约定的各项经费支出预算总和。

应用约束:必选

数据元类型:数字型

数据格式:n..10,2

计量单位:万元

6.2.7.8　交通科技项目经费支出预算明细

标识符:XM070000008

中文名称:交通科技项目经费支出预算明细

中文全拼:jiao - tong - ke - ji - xiang - mu - jing - fei - zhi - chu - yu - suan - ming - xi

定义:任务书(合同)约定的每项经费支出预算数额。

应用约束:必选

数据元类型:数字型

数据格式:n..10,2

计量单位:万元

关系:与交通科技项目经费支出分类连用。

6.2.7.9　交通科技项目经费实际收入总额

标识符:XM070000009

中文名称:交通科技项目经费实际收入总额
中文全拼:jiao – tong – ke – ji – xiang – mu – jing – fei – shi – ji – shou – ru – zong – e
定义:已经到位的各项经费总和。
应用约束:必选
数据元类型:数字型
数据格式:n..10,2
计量单位:万元

6.2.7.10 交通科技项目经费实际收入明细
标识符:XM070000010
中文名称:交通科技项目经费实际收入明细
中文全拼:jiao – tong – ke – ji – xiang – mu – jing – fei – shi – ji – shou – ru – ming – xi
定义:已经到位的各项经费数额。
应用约束:必选
数据元类型:数字型
数据格式:n..10,2
计量单位:万元
关系:与交通科技项目经费来源分类连用。

6.2.7.11 交通科技项目经费实际支出总额
标识符:XM070000011
中文名称:交通科技项目经费实际支出总额
中文全拼:jiao – tong – ke – ji – xiang – mu – jing – fei – shi – ji – zhi – chu – zong – e
定义:各项经费实际支出总和。
应用约束:必选
数据元类型:数字型
数据格式:n..10,2
计量单位:万元

6.2.7.12 交通科技项目经费实际支出明细
标识符:XM070000012
中文名称:交通科技项目经费实际支出明细
中文全拼:jiao – tong – ke – ji – xiang – mu – jing – fei – shi – ji – zhi – chu – ming – xi
定义:实际支出的各项费用的数额。
应用约束:必选
数据元类型:数字型
数据格式:n..10,2
计量单位:万元
关系:与交通科技项目经费支出分类连用。

6.2.7.13 交通科技项目经费拨付年度
标识符:XM070000013
中文名称:交通科技项目经费拨付年度
中文全拼:jiao – tong – ke – ji – xiang – mu – jing – fei – bo – fu – nian – du
定义:项目执行年度。
应用约束:必选
数据元类型:数字型

数据格式:n4

6.2.7.14 交通科技项目经费年度拨款金额

标识符:XM070000014

中文名称:交通科技项目经费年度拨款金额

中文全拼:jiao – tong – ke – ji – xiang – mu – jing – fei – nian – du – bo – kuan – jin – e

定义:预算的该项目执行年度拨款金额。

应用约束:必选

数据元类型:数字型

数据格式:n..10,2

计量单位:万元

关系:与交通科技项目经费来源分类连用。

6.2.7.15 交通科技项目经费使用及管理情况说明

标识符:XM070000015

中文名称:项目经费使用及管理情况说明

中文全拼:xiang – mu – jing – fei – shi – yong – ji – guan – li – qing – kuang – shuo – ming

定义:项目经费使用及管理情况说明。

应用约束:必选

数据元类型:字符型

数据格式:..ul

状态:试用

6.3 交通科技成果数据元

6.3.1 交通科技成果基础信息

6.3.1.1 交通科技成果管理编号

标识符:CG010000001

中文名称:交通科技成果管理编号

中文全拼:jiao – tong – ke – ji – cheng – guo – guan – li – bian – hao

定义:科技成果管理机构用于成果管理的唯一标识符。

应用约束:可选

数据元类型:字符型

数据格式:an..20

6.3.1.2 交通科技成果名称

标识符:CG010000002

中文名称:交通科技成果名称

中文全拼:jiao – tong – ke – ji – cheng – guo – ming – cheng

定义:课题立项名称或项目鉴定、验收等评价后的名称。

应用约束:必选

数据元类型:字符型

数据格式:an..100

6.3.1.3 交通科技成果推荐单位

标识符:CG010000003

中文名称:交通科技成果推荐单位

中文全拼:jiao – tong – ke – ji – cheng – guo – tui – jian – dan – wei

定义:将该项成果推荐到省、自治区、直辖市、计划单列市、副省级城市和国务院有关部门科技成果管理机构的单位。

应用约束:可选

数据元类型:字符型

数据格式:an..100

6.3.1.4 交通科技成果登记日期

标识符:CG010000004

中文名称:交通科技成果登记日期

中文全拼:jiao – tong – ke – ji – cheng – guo – deng – ji – ri – qi

定义:登记成果的日期。

应用约束:必选

数据元类型:日期型

数据格式:YYMMDD

6.3.1.5 交通科技成果密级

标识符:CG010000005

中文名称:交通科技成果密级

中文全拼:jiao – tong – ke – ji – cheng – guo – mi – ji

定义:成果的保密密级。

应用约束:必选

数据元类型:字符型

数据格式:a2

值域:见表23。

6.3.1.6 交通科技成果属性

标识符:CG010000006

中文名称:交通科技成果属性

中文全拼:jiao – tong – ke – ji – cheng – guo – shu – xing

定义:成果研究的性质。

应用约束:必选,单选

数据元类型:字符型

数据格式:a2

值域:见表24。

6.3.1.7 交通科技成果关键词

标识符:CG010000007

中文名称:交通科技成果关键词

中文全拼:jiao – tong – ke – ji – cheng – guo – guan – jian – ci

定义:描述成果信息的关键词。

应用约束:必选,最多填写3个

数据元类型:字符型

数据格式:an..50

6.3.1.8 交通科技成果体现形式

标识符:CG010000008

中文名称:交通科技成果体现形式

中文全拼:jiao – tong – ke – ji – cheng – guo – ti – xian – xing – shi

定义:研究成果最终展现形式。

应用约束:必选,多项

数据元类型:字符型

数据格式:a2

值域:见表 25。

6.3.1.9 交通科技成果水平

标识符:CG010000009

中文名称:交通科技成果水平

中文全拼:jiao - tong - ke - ji - cheng - guo - shui - ping

定义:根据鉴定结论填写的成果水平。

应用约束:必选,单选

数据元类型:字符型

数据格式:a2

值域:见表 26。

6.3.1.10 交通科技成果获奖情况

标识符:CG010000010

中文名称:交通科技成果获奖情况

中文全拼:jiao - tong - ke - ji - cheng - guo - huo - jiang - qing - kuang

定义:成果获得奖励的情况。

应用约束:可选

数据元类型:字符型

数据格式:..ul

6.3.1.11 交通科技成果所处阶段

标识符:CG010000011

中文名称:交通科技成果所处阶段

中文全拼:jiao - tong - ke - ji - cheng - guo - suo - chu - jie - duan

定义:成果实际所处的阶段。

应用约束:必选

数据元类型:字符型

数据格式:a2

值域:见表 27。

6.3.1.12 交通科技成果研究形式

标识符:CG010000012

中文名称:交通科技成果研究形式

中文全拼:jiao - tong - ke - ji - cheng - guo - yan - jiu - xing - shi

定义:成果研究的形式。

应用约束:必选

数据元类型:字符型

数据格式:a2

值域:见表 28。

6.3.1.13 交通科技成果转让范围

标识符:CG010000013

中文名称:交通科技成果转让范围

中文全拼:jiao - tong - ke - ji - cheng - guo - zhuan - rang - fan - wei

定义:成果允许转让范围。

应用约束:必选

数据元类型:字符型

数据格式:a2

值域:见表29。

6.3.1.14 交通科技学科分类号

标识符:CG010000014

中文名称:交通科技学科分类号

中文全拼:jiao – tong – ke – ji – xue – ke – fen – lei – hao

定义:成果所属的学科领域的分类号码。

应用约束:可选,最多填2个

数据元类型:字符型

数据格式:an..10

值域:见 GB/T 13745。

6.3.1.15 交通科技成果中图分类号

标识符:CG010000015

中文名称:交通科技成果中图分类号

中文全拼:jiao – tong – ke – ji – cheng – guo – zhong – tu – fen – lei – hao

定义:根据《中国图书馆分类法》确定的成果所属学科领域的分类代码。

应用约束:可选,最多填2个

数据元类型:字符型

数据格式:an..10

值域:见《中国图书馆分类法》(第四版)。

6.3.1.16 交通科技成果所属高新科技领域

标识符:CG010000016

中文名称:交通科技成果所属高新科技领域

中文全拼:jiao – tong – ke – ji – cheng – guo – suo – shu – gao – xin – ke – ji – ling – yu

定义:成果所属的高新科学技术领域。

应用约束:可选,多项

数据元类型:字符型

数据格式:a2

值域:见表30。

6.3.1.17 交通科技成果主要应用行业

标识符:CG010000017

中文名称:交通科技成果主要应用行业

中文全拼:jiao – tong – ke – ji – cheng – guo – zhu – yao – ying – yong – hang – ye

定义:成果主要应用的行业领域。

应用约束:必选,多项

数据元类型:字符型

数据格式:an..10

值域:见 GB/T 4754 – 2002 第5章代码表。

6.3.1.18 交通科技成果简要技术说明与应用前景

标识符:CG010000018

中文名称:简要技术说明与应用前景
中文全拼:jian – yao – ji – shu – shuo – ming – yu – ying – yong – qian – jing
定义:成果技术及应用前景的简要说明和介绍。
应用约束:必选
数据元类型:字符型
数据格式:..ul

6.3.1.19 交通科技成果公告内容
标识符:CG010000019
中文名称:交通科技成果公告内容
中文全拼:jiao – tong – ke – ji – cheng – guo – gong – gao – nei – rong
定义:成果公告的内容。
应用约束:必选
数据元类型:字符型
数据格式:..ul

6.3.2 交通科技成果完成人情况

6.3.2.1 是否为留学归国人员
标识符:CG020000001
中文名称:是否为留学归国
中文全拼:shi – fou – wei – liu – xue – gui – guo
定义:成果完成人是否为留学归国人员。
应用约束:必选
数据元类型:布尔型
值域:Ture/False

6.3.2.2 对成果创造性贡献情况
标识符:CG020000002
中文名称:对成果创造性贡献情况
中文全拼:dui – cheng – guo – chuang – zao – xing – gong – xian – qing – kuang
定义:完成人在成果研发过程中发挥的主要作用、做出的主要贡献。
应用约束:必选
数据元类型:字符型
数据格式:..ul

6.3.3 交通科技成果评价情况

6.3.3.1 交通科技成果评价基本信息

6.3.3.1.1 交通科技成果评价方式
标识符:CG030100001
中文名称:交通科技成果评价方式
中文全拼:jiao – tong – ke – ji – cheng – guo – ping – jia – fang – shi
定义:科技成果评价采用的形式。
应用约束:必选
数据元类型:字符型
数据格式:a2
值域:见表31。

6.3.3.1.2　交通科技成果评价单位

标识符:CG030100002

中文名称:交通科技成果评价单位

中文全拼:jiao – tong – ke – ji – cheng – guo – ping – jia – dan – wei

定义:对成果作出评价结论的单位。

应用约束:必选

数据元类型:字符型

数据格式:an..100

6.3.3.1.3　交通科技成果评价日期

标识符:CG030100003

中文名称:交通科技成果评价日期

中文全拼:jiao – tong – ke – ji – cheng – guo – ping – jia – ri – qi

定义:组织评价单位签署评价意见的日期。

应用约束:必选

数据元类型:日期型

数据格式:YYYYMMDD

6.3.3.1.4　交通科技成果评价等级

标识符:CG030100004

中文名称:交通科技成果评价等级

中文全拼:jiao – tong – ke – ji – cheng – guo – ping – jia – deng – ji

定义:科技成果评价的等级。

应用约束:必选

数据元类型:字符型

数据格式:an..100

6.3.3.1.5　交通科技成果评价报告编号

标识符:CG030100005

中文名称:交通科技成果评价报告编号

中文全拼:jiao – tong – ke – ji　cheng – guo – ping – jia – bao – gao – bian – hao

定义:成果通过评价时组织评价单位提交的评价报告上的编号。

应用约束:必选

数据元类型:字符型

数据格式:an..20

6.3.3.2　交通科技成果鉴定证书

6.3.3.2.1　交通科技成果鉴定证书号

标识符:CG030200001

中文名称:交通科技成果鉴定证书号

中文全拼:jiao – tong – ke – ji – cheng – guo – jian – ding – zheng – shu – hao

定义:成果鉴定证书的编号。

应用约束:必选

数据元类型:字符型

数据格式:an..20

6.3.3.2.2　交通科技成果鉴定证书颁发机构

标识符:CG030200002

中文名称:交通科技成果鉴定证书颁发机构

中文全拼:jiao – tong – ke – ji – cheng – guo – jian – ding – zheng – shu – ban – fa – ji – gou

定义:颁发成果鉴定证书的机构名称。

应用约束:必选

数据元类型:字符型

数据格式:an..100

6.3.3.2.3 交通科技成果鉴定批准日期

标识符:CG030200003

中文名称:交通科技成果鉴定批准日期

中文全拼:jiao – tong – ke – ji – cheng – guo – jian – ding – pi – zhun – ri – qi

定义:成果鉴定的批准时间。

应用约束:必选

数据元类型:日期型

数据格式:YYYYMMDD

6.3.3.2.4 交通科技成果推广应用前景与措施

标识符:CG030200004

中文名称:交通科技成果推广应用前景与措施

中文全拼:jiao – tong – ke – ji – cheng – guo – tui – guang – ying – yong – qian – jing – yu – cuo – shi

定义:成果推广应用前景与措施。

应用约束:必选

数据元类型:字符型

数据格式:..ul

6.3.3.2.5 交通科技成果主要技术文献目录及来源

标识符:CG030200005

中文名称:交通科技成果主要技术文献目录及来源

中文全拼:jiao – tong – ke – ji – cheng – guo – zhu – yao – ji – shu – wen – xian – mu – lu – ji – lai – yuan

定义:成果主要的技术文献目录及来源。

应用约束:可选

数据元类型:字符型

数据格式:..ul

6.3.3.2.6 交通科技成果鉴定委员会专家测试报告

标识符:CG030200006

中文名称:交通科技成果鉴定委员会专家测试报告

中文全拼:jiao – tong – ke – ji – cheng – guo – jian – ding – wei – yuan – hui – zhuan – jia – ce – shi – bao – gao

定义:成果鉴定委员会专家测试报告。

应用约束:可选

数据元类型:字符型

数据格式:..ul

6.3.3.2.7 交通科技成果鉴定意见

标识符:CG030200007

中文名称:交通科技成果鉴定意见

中文全拼:jiao – tong – ke – ji – cheng – guo – jian – ding – yi – jian

定义:专家委员会给予成果的鉴定意见。

应用约束:必选

数据元类型:字符型

数据格式:..ul

6.3.4　交通科技成果应用情况

6.3.4.1　交通科技成果知识产权形式

标识符:CG040000001

中文名称:交通科技成果知识产权形式

中文全拼:jiao – tong – ke – ji – cheng – guo – zhi – shi – chan – quan – xing – shi

定义:成果表现的知识产权形式。

应用约束:可选

数据元类型:字符型

数据格式:a2

值域:见表32。

6.3.4.2　交通科技成果应用状态

标识符:CG040000002

中文名称:交通科技成果应用状态

中文全拼:jiao – tong – ke – ji – cheng – guo – ying – yong – zhuang – tai

定义:成果的应用状态。

应用约束:必选

数据元类型:字符型

数据格式:a2

值域:见表33。

6.3.4.3　交通科技成果已转让企业数

标识符:CG040000003

中文名称:交通科技成果已转让企业数

中文全拼:jiao – tong – ke – ji – cheng – guo – yi – zhuan – rang – qi – ye – shu

定义:签定成果转让协议(合同)的受让单位个数。

应用约束:可选

数据元类型:数字型

数据格式:n1..5

计量单位:个

6.3.4.4　交通科技成果技术转让收入

标识符:CG040000004

中文名称:交通科技成果技术转让收入

中文全拼:jiao – tong – ke – ji – cheng – guo – ji – shu – zhuan – rang – shou – ru

定义:受让单位支付的全部技术转让费用。

应用约束:可选

数据元类型:数字型

数据格式:n..10,2

计量单位:万元

6.3.4.5　交通科技成果知识产权技术转让收入

标识符:CG040000005

中文名称:交通科技成果知识产权技术转让收入

中文全拼:jiao－tong－ke－ji－cheng－guo－zhi－shi－chan－quan－ji－shu－zhuan－rang－shou－ru

定义:成果表现的知识产权形式。

应用约束:可选

数据元类型:数字型

数据格式:n..10,2

计量单位:万元

6.3.4.6 交通科技成果自行转化净利润

标识符:CG040000006

中文名称:交通科技成果自行转化净利润

中文全拼:jiao－tong－ke－ji－cheng－guo－zi－xing－zhuan－hua－jing－li－run

定义:成果应用后累计所获得的净利润(不包括出口创汇所折算的收入)。

应用约束:可选

数据元类型:数字型

数据格式:n..10,2

计量单位:万元

6.3.4.7 交通科技成果自行转化实交税金

标识符:CG040000007

中文名称:交通科技成果自行转化实交税金

中文全拼:jiao－tong－ke－ji－cheng－guo－zi－xing－zhuan－hua－shi－jiao－shui－jin

定义:成果应用后累计向税务部门实际交纳的产品销售税、附加税。

应用约束:可选

数据元类型:数字型

数据格式:n..10,2

计量单位:万元

6.3.4.8 交通科技成果自行转化出口创汇

标识符:CG040000008

中文名称:交通科技成果自行转化出口创汇

中文全拼:jiao－tong－ke－ji－cheng－guo－zi－xing－zhuan－hua－chu－kou－chuang－hui

定义:成果应用后累计出口创汇(折成人民币填报)。

计量单位:万元

数据元类型:数字型

数据格式:n..10,2

计量单位:万元

6.3.4.9 交通科技成果自行转化节约资金

标识符:CG040000009

中文名称:交通科技成果自行转化节约资金

中文全拼:jiao－tong－ke－ji－cheng－guo－zi－xing－zhuan－hua－jie－yue－zi－jin

定义:成果应用后,由于投资减少,原材料、动力和燃料消耗降低等所节约的资金。

应用约束:可选

数据元类型:数字型

数据格式:n..10,2

计量单位:万元

6.3.4.10 交通科技成果推广形式

标识符:CG040000010

中文名称:交通科技成果推广形式

中文全拼:jiao – tong – ke – ji – cheng – guo – tui – guang – xing – shi

定义:成果推广的形式。

应用约束:必选

数据元类型:字符型

数据格式:a2

值域:见表34。

6.3.4.11 交通科技成果预计达产投资

标识符:CG040000011

中文名称:交通科技成果预计达产投资

中文全拼:jiao – tong – ke – ji – cheng – guo – yu – ji – da – chan – tou – zi

定义:成果达到规模化生产时,按当前的费用水平预计需投入的全部资金。

应用约束:必选

数据元类型:数字型

数据格式:n..10,2

计量单位:万元

6.3.4.12 交通科技成果预计达产利润

标识符:CG040000012

中文名称:交通科技成果预计达产利润

中文全拼:jiao – tong – ke – ji – cheng – guo – yu – ji – da – chan – li – run

定义:成果达到规模化生产后,按当前的市场情况预计年度产生的利润。

应用约束:必选

数据元类型:数字型

数据格式:n..10,2

计量单位:万元

6.3.4.13 交通科技成果未应用或停用原因

标识符:CG040000013

中文名称:交通科技成果未应用或停用原因

中文全拼:jiao – tong – ke – ji – cheng – guo – wei – ying – yong – huo – ting – yong – yuan – yin

定义:成果未应用或停用的原因。

应用约束:可选

数据元类型:字符型

数据格式:a2

值域:见表35。

6.4 交通科技人力资源数据元

6.4.1 交通科技人力资源基础信息

6.4.1.1 交通科技人员类别

标识符:RL010000001

中文名称:交通科技人员类别

中文全拼:jiao – tong – ke – ji – ren – yuan – lei – bie

定义:科技人员的类别。

应用约束:必选

数据元类型:字符型

数据格式:a3

值域:见表 36。

6.4.1.2 交通科技人员姓名

标识符:RL010000002

中文名称:交通科技人员姓名

中文全拼:jiao - tong - ke - ji - ren - yuan - xing - ming

定义:科技人员姓名。

应用约束:必选

数据元类型:字符型

数据格式:an..30

关系:与科技人员类别连用。

6.4.1.3 交通科技人员身份证号

标识符:RL010000003

中文名称:交通科技人员身份证号

中文全拼:jiao - tong - ke - ji - ren - yuan - shen - fen - zheng - hao

定义:科技人员身份证号。

应用约束:必选

数据元类型:字符型

数据格式:an15..18

关系:与科技人员类别连用。

6.4.1.4 交通科技人员职务级别

标识符:RL010000004

中文名称:交通科技人员职务级别

中文全拼:jiao - tong - ke - ji - ren - yuan - zhi - wu - ji - bie

定义:科技人员职务级别。

应用约束:可选

数据元类型:字符型

数据格式:a3

值域:见 GB/T 12407—2008 中表 1。

关系:与科技人员类别连用。

6.4.1.5 交通科技人员专业技术职务

标识符:RL010000005

中文名称:交通科技人员专业技术职务

中文全拼:jiao - tong - ke - ji - ren - yuan - zhuan - ye - ji - shu - zhi - wu

定义:科技人员专业技术职务。

应用约束:必选

数据元类型:字符型

数据格式:a3

值域:见 GB/T 8561—2001 中表 1。

关系:与科技人员类别连用。

6.4.1.6　交通科技人员所学专业

标识符:RL010000006

中文名称:交通科技人员所学专业

中文全拼:jiao – tong – ke – ji – ren – yuan – suo – xue – zhuan – ye

定义:科技人员所学专业名称。

应用约束:必选

数据元类型:字符型

数据格式:an..6

值域:见 GB/T 16835—1997 第 4 章代码表。

关系:与科技人员类别连用。

6.4.1.7　交通科技人员现从事专业

标识符:RL010000007

中文名称:交通科技人员现从事专业

中文全拼:jiao – tong – ke – ji – ren – yuan – xian – cong – shi – zhuan – ye

定义:科技人员所从事的专业名称。

应用约束:必选

数据元类型:字符型

数据格式:a..30

关系:与科技人员类别连用。

6.4.1.8　交通科技人员最高学历

标识符:RL010000008

中文名称:交通科技人员学历

中文全拼:jiao – tong – ke – ji – ren – yuan – xue – li

定义:交通科技人员的最高学历。

应用约束:必选

数据元类型:字符型

数据格式:a2

值域:见 GB/T 4658—2006 中表 1。

关系:与科技人员类别连用。

6.4.1.9　交通科技人员学位

标识符:RL010000009

中文名称:交通科技人员学位

中文全拼:jiao – tong – ke – ji – ren – yuan – xue – wei

定义:交通科技人员的最高学位。

应用约束:必选

数据元类型:字符型

数据格式:an..3

值域:见 GB/T 6864—2003 中表 1。

关系:与科技人员类别连用。

6.4.1.10　交通科技人员性别

标识符:RL010000010

中文名称:交通科技人员性别

中文全拼:jiao – tong – ke – ji – ren – yuan – xing – bie

定义:性别。
应用约束:必选
数据元类型:字符型
数据格式:a1
值域:见 GB/T 2261.1—2003 中表 1。
关系:与科技人员类别连用。

6.4.1.11 交通科技人员出生日期
标识符:RL010000011
中文名称:交通科技人员出生日期
中文全拼:jiao – tong – ke – ji – ren – yuan – chu – sheng – ri – qi
定义:出生日期。
应用约束:必选
数据元类型:日期型
数据格式:YYYYMMDD

6.4.1.12 交通科技人员籍贯
标识符:RL010000012
中文名称:交通科技人员籍贯
中文全拼:jiao – tong – ke – ji – ren – yuan – ji – guan
定义:籍贯。
应用约束:可选
数据元类型:字符型
数据格式:n6
值域:见 GB/T 2260—2007 中表 1 至表 32。
关系:与科技人员类别连用。

6.4.1.13 交通科技人员政治面貌
标识符:RL010000013
中文名称:交通科技人员政治面貌
中文全拼:jiao – tong – ke – ji – ren – yuan – zheng – zhi – mian – mao
定义:性别。
应用约束:可选
数据元类型:字符型
数据格式:a2
值域:见 GB/T 4762—1984 第 2 章代码表。
关系:与科技人员类别连用。

6.4.2 交通科技人员担任社会职务信息

6.4.2.1 交通科技人员任职单位名称
标识符:RL020000001
中文名称:交通科技人员任职单位名称
中文全拼:jiao – tong – ke – ji – ren – yuan – ren – zhi – dan – wei – ming – cheng
定义:任职单位名称。
应用约束:必选
数据元类型:字符型
数据格式:an..100

6.4.2.2 交通科技人员任职单位所属行业

标识符:RL020000002

中文名称:交通科技人员任职单位所属行业

中文全拼:jiao – tong – ke – ji – ren – yuan – ren – zhi – dan – wei – suo – shu – hang – ye

定义:手机电话号码。

应用约束:必选

数据元类型:字符型

数据格式:an..10

值域:见 GB/T 4754—2002 第 5 章代码表。

6.4.2.3 交通科技人员担任社会职务名称

标识符:RL020000003

中文名称:交通科技人员担任社会职务名称

中文全拼:jiao – tong – ke – ji – ren – yuan – dan – ren – she – hui – zhi – wu – ming – cheng

定义:担任职务的名称。

应用约束:必选

数据元类型:字符型

数据格式:an..30

6.4.2.4 交通科技人员社会职务任职日期

标识符:RL020000004

中文名称:交通科技人员社会职务任职日期

中文全拼:jiao – tong – ke – ji – ren – yuan – she – hui – zhi – wu – ren – zhi – ri – qi

定义:开始担任该职务的时间。

应用约束:必选

数据元类型:日期型

数据格式:YYYYMMDD

6.4.2.5 交通科技人员社会职务级别

标识符:RL020000005

中文名称:交通科技人员社会职务级别

中文全拼:jiao – tong – ke – ji – ren – yuan – she – hui – zhi – wu – ji – bie

定义:担任职务的级别。

应用约束:可选

数据元类型:字符型

数据格式:a3

值域:见 GB/T 12407—2008 中表 1。

6.4.2.6 交通科技人员社会职务任职状态

标识符:RL020000006

中文名称:交通科技人员社会职务任职状态

中文全拼:jiao – tong – ke – ji – ren – yuan – she – hui – zhi – wu – ren – zhi – zhuang – tai

定义:当前任职状态。

应用约束:必选

数据元类型:字符型

数据格式:a2

值域:见表 37。

6.4.3 交通科技人员专业技术职务信息

6.4.3.1 交通科技人员专业技术职务

标识符:RL030000001

中文名称:交通科技人员专业技术职务

中文全拼:jiao – tong – ke – ji – ren – yuan – zhuan – ye – ji – shu – zhi – wu

定义:专业技术职务。

应用约束:必选

数据元类型:字符型

数据格式:a3

值域:见 GB/T 8561—2001 中表 1。

6.4.3.2 交通科技人员专业技术职务取得日期

标识符:RL030000002

中文名称:交通科技人员专业技术职务取得日期

中文全拼:jiao – tong – ke – ji – ren – yuan – zhuan – ye – ji – shu – zhi – wu – qu – de – ri – qi

定义:取得该专业技术职务的日期。

应用约束:必选

数据元类型:数字型

数据格式:YYYYMMDD

6.4.3.3 交通科技人员专业技术职务评委会或发证机关

标识符:RL030000003

中文名称:交通科技人员专业技术职务评委会或发证机关

中文全拼:jiao – tong – ke – ji – ren – yuan – zhuan – ye – ji – shu – zhi – wu – ping – wei – hui – huo – fa – zheng – ji – guan

定义:专业技术职务取得的评审委员会名称或颁发相关证书的单位名称。

应用约束:必选

数据元类型:字符型

数据格式:an..100

6.4.3.4 交通科技人员专业技术职务取得途径

标识符:RL030000004

中文名称:交通科技人员专业技术职务取得途径

中文全拼:jiao – tong – ke – ji – ren – yuan – zhuan – ye – ji – shu – zhi – wu – qu – de – tu – jing

定义:专业技术职务取得途径。

应用约束:必选

数据元类型:字符型

数据格式:a2

值域:见表 38。

6.4.3.5 交通科技人员专业技术职务证书编号

标识符:RL030000005

中文名称:交通科技人员专业技术职务证书编号

中文全拼:jiao – tong – ke – ji – ren – yuan – zhuan – ye – ji – shu – zhi – wu – zheng – shu – bian – hao

定义:专业技术职务或职业资格的证书编号。

应用约束:必选

数据元类型:字符型

数据格式:an..20

6.4.4 交通科技人员教育培训信息

6.4.4.1 交通科技人员教育培训经历信息

6.4.4.1.1 交通科技人员教育培训入学日期

标识符:RL040100001

中文名称:交通科技人员教育培训入学日期

中文全拼:jiao – tong – ke – ji – ren – yuan – jiao – yu – pei – xun – ru – xue – ri – qi

定义:入学的时间。

应用约束:必选

数据元类型:日期型

数据格式:YYYYMMDD

6.4.4.1.2 交通科技人员教育培训毕(结)业日期

标识符:RL040100002

中文名称:交通科技人员教育培训毕(结)业日期

中文全拼:jiao – tong – ke – ji – ren – yuan – jiao – yu – pei – xun – bi(jie) – ye – ri – qi

定义:毕业(或结业)的日期。

应用约束:必选

数据元类型:日期型

数据格式:YYYYMMDD

6.4.4.1.3 交通科技人员教育培训学历

标识符:RL040100003

中文名称:交通科技人员教育培训学历

中文全拼:jiao – tong – ke – ji – ren – yuan – jiao – yu – pei – xun – xue – li

定义:参加教育培训的学历。

应用约束:必选

数据元类型:字符型

数据格式:a2

值域:见 GB/T 4658—2006 中表 1。

6.4.4.1.4 交通科技人员教育培训学制

标识符:RL040100004

中文名称:交通科技人员教育培训学制

中文全拼:jiao – tong – ke – ji – ren – yuan – jiao – yu – pei – xun – xue – zhi

定义:参加教育培训的学制。

应用约束:必选

数据元类型:数字型

数据格式:n2,1

计量单位:年

6.4.4.1.5 交通科技人员教育培训学校名称

标识符:RL040100005

中文名称:交通科技人员教育培训学校名称

中文全拼:jiao – tong – ke – ji – ren – yuan – jiao – yu – pei – xun – xue – xiao – ming – cheng

定义:学校名称。

应用约束:必选

数据元类型:字符型

数据格式:an..100

6.4.4.1.6 交通科技人员教育培训专业名称

标识符:RL040100006

中文名称:交通科技人员教育培训专业名称

中文全拼:jiao - tong - ke - ji - ren - yuan - jiao - yu - pei - xun - zhuan - ye - ming - cheng

定义:所学习的学科专业名称。

应用约束:必选

数据元类型:字符型

数据格式:an..30

6.4.4.1.7 交通科技人员教育培训学习方式

标识符:RL040100007

中文名称:交通科技人员教育培训学习方式

中文全拼:jiao - tong - ke - ji - ren - yuan - jiao - yu - pei - xun - xue - xi - fang - shi

定义:参加教育培训的学习方式。

应用约束:必选

数据元类型:字符型

数据格式:a2

值域:见表39。

6.4.4.2 交通科技人员所获学位信息

6.4.4.2.1 交通科技人员所获学位名称

标识符:RL040200001

中文名称:交通科技人员所获学位名称

中文全拼:jiao - tong - ke - ji - ren - yuan - suo - huo - xue - wei - ming - cheng

定义:所获得的学位的名称。

应用约束:必选

数据元类型:字符型

数据格式:an..3

值域:见GB/T 6864—2003中表1。

6.4.4.2.2 交通科技人员学位授予日期

标识符:RL040200002

中文名称:交通科技人员学位授予日期

中文全拼:jiao - tong - ke - ji - ren - yuan - xue - wei - shou - yu - ri - qi

定义:学位授予日期。

应用约束:必选

数据元类型:日期型

数据格式: YYYYMMDD

6.4.4.2.3 交通科技人员学位授予学校

标识符:RL040200003

中文名称:交通科技人员学位授予学校

中文全拼:jiao - tong - ke - ji - ren - yuan - xue - wei - shou - yu - xue - xiao

定义:学位授予学校名称。

应用约束:必选

数据元类型:字符型

数据格式:an..100

6.4.5 交通科技人员外语语言能力信息

6.4.5.1 交通科技人员掌握语种名称

标识符:RL050000001

中文名称:交通科技人员掌握语种名称

中文全拼:jiao-tong-ke-ji-ren-yuan-zhang-wo-yu-zhong-ming-cheng

定义:掌握的语种名称。

应用约束:必选

数据元类型:字符型

数据格式:a2

值域:见 GB/T 4880.1—2005 中表 1 至表 4。

6.4.5.2 交通科技人员语种熟练程度

标识符:RL050000002

中文名称:交通科技人员语种熟练程度

中文全拼:jiao-tong-ke-ji-ren-yuan-yu-zhong-shu-lian-cheng-du

定义:掌握语种的熟练程度。

应用约束:必选

数据元类型:字符型

数据格式:a2

值域:见表 40。

关系:与掌握语种连用

6.4.5.3 交通科技人员参加语言能力考试日期

标识符:RL050000003

中文名称:交通科技人员参加语言能力考试日期

中文全拼:jiao-tong-ke-ji-ren-yuan-can-jia-yu-yan-neng-li-kao-shi-ri-qi

定义:参加语言能力考试的时间。

应用约束:可选

数据元类型:日期型

数据格式:YYYYMMDD

6.4.5.4 交通科技人员语言能力证书名称

标识符:RL050000004

中文名称:交通科技人员语言能力证书名称

中文全拼:jiao-tong-ke-ji-ren-yuan-yu-yan-neng-li-zheng-shu-ming-cheng

定义:获得的语言能力证书的名称。

应用约束:可选

数据元类型:字符型

数据格式:an..100

6.4.5.5 交通科技人员语言能力证书颁发机构

标识符:RL050000005

中文名称:交通科技人员语言能力证书颁发机构

中文全拼:jiao-tong-ke-ji-ren-yuan-yu-yan-neng-li-zheng-shu-ban-fa-ji-gou

定义:获得的语言能力证书的颁发机构。

应用约束:可选

数据元类型:字符型

数据格式:an..100

6.4.6 交通科技人员专业培训信息

6.4.6.1 交通科技人员参加专业培训时间

标识符:RL060000001

中文名称:交通科技人员参加专业培训时间

中文全拼:jiao－tong－ke－ji－ren－yuan－can－jia－zhuan－ye－pei－xun－shi－jian

定义:参加专业培训的时间段。

应用约束:必选

数据元类型:字符型

数据格式:an..60

6.4.6.2 交通科技人员参加专业培训主办单位

标识符:RL060000002

中文名称:交通科技人员参加专业培训主办单位

中文全拼:jiao－tong－ke－ji－ren－yuan－can－jia－zhuan－ye－pei－xun－zhu－ban－dan－wei

定义:参加的专业培训的主办单位。

应用约束:必选

数据元类型:字符型

数据格式:an..100

6.4.6.3 交通科技人员参加专业培训项目

标识符:RL060000003

中文名称:交通科技人员参加专业培训项目

中文全拼: jiao－tong－ke－ji－ren－yuan－can－jia－zhuan－ye－pei－xun－xiang－mu

定义:参加专业培训的项目的名称。

应用约束:必选

数据元类型:字符型

数据格式:an..100

6.4.6.4 交通科技人员参加专业培训完成情况

标识符:RL060000003

中文名称:交通科技人员参加专业培训完成情况

中文全拼:jiao－tong－ke－ji－ren－yuan－can－jia－pei－xun－wan－cheng－qing－kuang

定义:参加专业培训完成的情况。

应用约束:必选

数据元类型:字符型

数据格式:an..200

6.4.7 交通科技人员工作履历信息

6.4.7.1 交通科技人员工作起始时间

标识符:RL070000001

中文名称:交通科技人员工作起始时间

中文全拼:jiao－tong－ke－ji－ren－yuan－gong－zuo－qi－shi－shi－jian

定义:工作起始时间。

应用约束:必选

数据元类型:日期型

数据格式:YYYYMMDD

6.4.7.2 交通科技人员工作截止时间

标识符:RL070000002

中文名称:交通科技人员工作截止时间

中文全拼:jiao – tong – ke – ji – ren – yuan – gong – zuo – jie – zhi – shi – jian

定义:工作截止时间。

应用约束:必选

数据元类型:日期型

数据格式:YYYYMMDD

6.4.7.3 交通科技人员工作单位及部门

标识符:RL070000003

中文名称:交通科技人员工作单位及部门

中文全拼:jiao – tong – ke – ji – ren – yuan – gong – zuo – dan – wei – ji – bu – men

定义:工作单位及部门。

应用约束:必选

数据元类型:字符型

数据格式:an..100

6.4.7.4 交通科技人员从事专业

标识符:RL070000004

中文名称:交通科技人员从事专业

中文全拼:jiao – tong – ke – ji – ren – yuan – cong – shi – zhuan – ye

定义:从事专业的名称。

应用约束:必选

数据元类型:字符型

数据格式:an..30

6.4.8 交通科技人员获得奖励和荣誉信息

6.4.8.1 交通科技人员所获科技奖励信息

6.4.8.1.1 交通科技人员所获科技奖励日期

标识符:RL080100001

中文名称:交通科技人员所获科技奖励日期

中文全拼:jiao – tong – ke – ji – ren – yuan – suo – huo – ke – ji – jiang – li – ri – qi

定义:获得奖励的日期。

应用约束:必选

数据元类型:日期型

数据格式:YYYYMMDD

6.4.8.1.2 交通科技人员所获科技奖励名称

标识符:RL080100002

中文名称:交通科技人员所获科技奖励名称

中文全拼:jiao – tong – ke – ji – ren – yuan – suo – huo – ke – ji – jiang – li – ming – cheng

定义:获得的奖励的名称。

应用约束:必选

数据元类型:字符型

数据格式:an..100

6.4.8.1.3 交通科技人员所获科技奖励颁发机构

标识符:RL080100003

中文名称:交通科技人员所获科技奖励颁发机构

中文全拼:jiao - tong - ke - ji - ren - yuan - suo - huo - ke - ji - jiang - li - ban - fa - ji - gou

定义:授予奖励的机构名称。

应用约束:必选

数据元类型:字符型

数据格式:an..100

6.4.8.2 交通科技人员所获荣誉信息

6.4.8.2.1 交通科技人员所获荣誉称号授予时间

标识符:RL080200001

中文名称:交通科技人员所获荣誉称号授予时间

中文全拼:jiao - tong - ke - ji - ren - yuan - suo - huo - rong - yu - cheng - hao - shou - yu - shi - jian

定义:获得荣誉称号的年度。

应用约束:必选

数据元类型:数字型

数据格式:n4

6.4.8.2.2 交通科技人员所获荣誉称号名称

标识符:RL080200002

中文名称:交通科技人员所获荣誉称号名称

中文全拼: jiao - tong - ke - ji - ren - yuan - suo - huo - rong - yu - cheng - hao - ming - cheng

定义:获得荣誉称号的名称。

应用约束:必选

数据元类型:字符型

数据格式:an..100

6.4.8.2.3 交通科技人员所获荣誉称号授予机构

标识符:RL080200003

中文名称:交通科技人员所获荣誉称号授予机构

中文全拼:jiao - tong - ke - ji - ren - yuan - suo - huo - rong - yu - cheng - hao - shou - yu - ji - gou

定义:获得荣誉称号的批准机关。

应用约束:必选

数据元类型:字符型

数据格式:an..100

6.4.9 交通科技人员科研成果信息

6.4.9.1 交通科技人员所获专利信息

符合 JT/T 735 的本部分 6.6.6 交通专利数据元的规则。

6.4.9.2 交通科技人员发表论著信息

符合 JT/T 735 的本部分 6.6.2 交通科技图书数据元的规则。

6.4.9.3 交通科技人员发表论文信息

符合 JT/T 735 的本部分 6.6.3 交通科技期刊论文数据元的规则。

6.5 交通科技基础条件数据元

6.5.1 交通行业科研机构

6.5.1.1 交通行业科研机构在职人数

标识符:JC010000001

中文名称:交通行业科研机构在职人数

中文全拼:jiao – tong – hang – ye – ke – yan – ji – gou – zai – zhi – ren – shu

定义:科研机构在职人员总数。

应用约束:必选

数据元类型:数字型

数据格式:n..6

6.5.1.2 交通行业科研机构本科以上人员数

标识符:JC010000002

中文名称:交通行业科研机构本科以上人员数

中文全拼:jiao – tong – hang – ye – ke – yan – ji – gou – ben – ke – yi – shang – ren – yuan – shu

定义:科研机构学历在本科以上在职人员数。

应用约束:必选

数据元类型:数字型

数据格式:n..6

6.5.1.3 交通行业科研机构中级职称以上人员数

标识符:JC010000003

中文名称:交通行业科研机构中级职称以上人员数

中文全拼:jiao – tong – hang – ye – ke – yan – ji – gou – zhong – ji – zhi – cheng – yi – shang – ren – yuan – shu

定义:科研机构职称在中级以上在职人员数。

应用约束:必选

数据元类型:数字型

数据格式:n..6

6.5.1.4 交通行业科研机构高级职称以上人员数

标识符:JC010000004

中文名称:交通行业科研机构高级职称以上人员数

中文全拼:jiao – tong – hang – ye – ke – yan – ji – gou – gao – ji – zhi – cheng – yi – shang – ren – yuan – shu

定义:科研机构职称在高级以上在职人员数。

应用约束:必选

数据元类型:数字型

数据格式:n..6

6.5.1.5 交通行业科研机构承担并完成的国家科技计划项目基本情况

标识符:JC010000005

中文名称:交通行业科研机构承担并完成的国家科技计划项目基本情况

中文全拼:jiao – tong – hang – ye – ke – yan – ji – gou – cheng – dan – bing – wan – cheng – de – guo – jia – ke – ji – ji – hua – xiang – mu – ji – ben – qing – kuang

定义:科研机构承担并完成的国家科技计划项目基本信息。

数据元类型:字符型

数据格式:an..2000

6.5.1.6 交通行业科研机构主持和参与制定的国际、国家、行业标准情况

标识符:JC010000006

中文名称:交通行业科研机构主持和参与制定的国际、国家、行业标准情况

中文全拼:jiao – tong – hang – ye – ke – yan – ji – gou – zhu – chi – he – can – yu – zhi – ding – de – guo – ji – guo – jia – hang – ye – biao – zhun – qing – kuang

定义:科研机构主持和参与制定的国际、国家、行业标准情况。

应用约束:必选

数据元类型:字符型

数据格式:an..2000

6.5.1.7 交通行业科研机构获国家自然科学、技术发明、科技进步奖项目情况

标识符:JC010000007

中文名称:交通行业科研机构获国家自然科学、技术发明、科技进步奖项目情况

中文全拼:jiao – tong – hang – ye – ke – yan – ji – gou – huo – guo – jia – zi – ran – ke – xue – ji – shu – fa – ming – ke – ji – jin – bu – jiang – xiang – mu – qing – kuang

定义:科研机构获国家自然科学、技术发明、科技进步奖项目情况。

应用约束:必选

数据元类型:字符型

数据格式:an..2000

6.5.1.8 交通行业科研机构有效发明专利数量

标识符:JC010000008

中文名称:交通行业科研机构有效发明专利数量

中文全拼:jiao – tong – hang – ye – ke – yan – ji – gou – you – xiao – fa – ming – zhuan – li – shu – liang

定义:科研机构拥有的有效发明专利数量。

应用约束:必选

数据元类型:数字型

数据格式:n..6

6.5.1.9 交通行业科研机构研究领域

标识符:JC010000009

中文名称:交通行业科研机构研究领域

中文全拼:jiao – tong – hang – ye – ke – yan – ji – gou – yan – jiu – ling – yu

定义:科研机构主要研究领域或研究方向。

应用约束:必选

数据元类型:字符型

数据格式:an..100

6.5.2 交通行业实验室信息

6.5.2.1 交通行业实验室基础信息

6.5.2.1.1 交通行业实验室中文名称

标识符:JC020100001

中文名称:交通行业实验室中文名称

中文全拼:jiao – tong – hang – ye – shi – yan – shi – zhong – wen – ming – cheng

定义:实验室的中文名称。

应用约束:必选

数据元类型:字符型

数据格式:an..100

6.5.2.1.2　交通行业实验室英文名称

标识符:JC020100002

中文名称:交通行业实验室英文名称

中文全拼:jiao – tong – hang – ye – shi – yan – shi – ying – wen – ming – cheng

定义:实验室的英文名称。

应用约束:可选

数据元类型:字符型

数据格式:an..100

6.5.2.1.3　交通行业实验室类别

标识符:JC020100003

中文名称:交通行业实验室类别

中文全拼:jiao – tong – hang – ye – shi – yan – shi – lei – bie

定义:实验室的类别。

应用约束:必选

数据元类型:字符型

数据格式:a2

值域:见表 41。

6.5.2.1.4　交通行业实验室建成时间

标识符:JC020100004

中文名称:交通行业实验室建成时间

中文全拼:jiao – tong – hang – ye – shi – yan – shi – jian – cheng – shi – jian

定义:实验室建成的时间。

应用约束:可选

数据元类型:日期型

数据格式:YYYYMMDD

6.5.2.1.5　交通行业实验室研究方向

标识符:JC020100005

中文名称:交通行业实验室研究方向

中文全拼:jiao – tong – hang – ye – shi – yan – shi – yan – jiu – fang – xiang

定义:实验室主要研究领域和研究方向。

应用约束:必选

数据元类型:字符型

数据格式:..ul

6.5.2.1.6　交通行业实验室占地面积

标识符:JC020100006

中文名称:交通行业实验室占地面积

中文全拼:jiao – tong – hang – ye – shi – yan – shi – zhan – di – mian – ji

定义:实验室占地面积。

应用约束:必选

数据元类型:数字型

数据格式:n..9,2

计量单位:平方米

6.5.2.1.7　交通行业实验室设备总值

标识符:JC020100007

中文名称:交通行业实验室设备总值

中文全拼:jiao – tong – hang – ye – shi – yan – shi – she – bei – zong – zhi

定义:实验室拥有的仪器设备、实验设施等资产的总值。

应用约束:必选

数据元类型:数字型

数据格式:n..10,2

计量单位:万元

6.5.2.1.8　交通行业实验室研究人员总数

标识符:JC020100008

中文名称:交通行业实验室研究人员总数

中文全拼:jiao – tong – hang – ye – shi – yan – shi – yan – jiu – ren – yuan – zong – shu

定义:实验室研究人员的总数。

应用约束:必选

数据元类型:数字型

数据格式:n..5

计量单位:人

6.5.2.2　交通行业重点实验室认定信息

6.5.2.2.1　交通行业重点实验室批准认定时间

标识符:JC020200001

中文名称:交通行业重点实验室批准认定时间

中文全拼:jiao – tong – hang – ye – zhong – dian – shi – yan – shi – pi – zhun – ren – ding – shi – jian

定义:批准认定为重点实验室日期。

应用约束:可选

数据元类型:日期型

数据格式:YYYYMMDD

6.5.2.2.2　交通行业重点实验室批准认定机构

标识符:JC020200002

中文名称:交通行业重点实验室批准认定机构

中文全拼:jiao – tong – hang – ye – zhong – dian – shi – yan – shi – pi – zhun – ren – ding – ji – gou

定义:重点实验室的批准认定机构名称。

应用约束:可选

数据元类型:字符型

数据格式:an..100

6.5.3　交通行业实验室仪器设备

6.5.3.1　交通行业实验室仪器设备名称

标识符:JC030000001

中文名称:交通行业实验室仪器设备名称

中文全拼:jiao – tong – hang – ye – shi – yan – shi – yi – qi – she – bei – ming – cheng

定义:仪器设备名称。

应用约束:必选

数据元类型:字符型

数据格式:an..100

6.5.3.2　交通行业实验室仪器设备所属类别

标识符:JC030000002

中文名称:交通行业实验室仪器设备所属类别

中文全拼:jiao – tong – hang – ye – shi – yan – shi – yi – qi – she – bei – suo – shu – lei – bie

定义:仪器设备所属的类别。

应用约束:必选

数据元类型:字符型

数据格式:a2

值域:见表42。

6.5.3.3　交通行业实验室仪器设备规格型号

标识符:JC030000003

中文名称:交通行业实验室仪器设备规格型号

中文全拼:jiao – tong – hang – ye – shi – yan – shi – yi – qi – she – bei – gui – ge – xing – hao

定义:仪器设备的规格型号。

应用约束:必选

数据元类型:字符型

数据格式:an..100

6.5.3.4　交通行业实验室仪器设备应用领域

标识符:JC030000004

中文名称:交通行业实验室仪器设备应用领域

中文全拼:jiao – tong – hang – ye – shi – yan – shi – yi – qi – she – bei – ying – yong – ling – yu

定义:仪器设备的主要应用领域。

应用约束:必选

数据元类型:字符型

数据格式:an..6

值域:见 JT/T 735.2 – 2009 中表1。

6.5.3.5　交通行业实验室仪器设备技术指标

标识符:JC030000005

中文名称:交通行业实验室仪器设备技术指标

中文全拼:jiao – tong – hang – ye – shi – yan – shi – yi – qi – she – bei – ji – shu – zhi – biao

定义:仪器设备的技术指标。

应用约束:必选

数据元类型:字符型

数据格式:..ul

6.5.3.6　交通行业实验室仪器设备功能、应用范围及主要特色

标识符:JC030000006

中文名称:交通行业实验室仪器设备功能、应用范围及主要特色

中文全拼:jiao – tong – hang – ye – shi – yan – shi – yi – qi – she – bei – gong – neng – ying – yong – fan – wei – ji – zhu – yao – te – se

定义:仪器设备的功能及应用范围。

应用约束:必选

数据元类型:字符型

数据格式:. . ul

6.5.3.7 交通行业实验室仪器设备生产厂家

标识符:JC030000007

中文名称:交通行业实验室仪器设备生产厂家

中文全拼:jiao – tong – hang – ye – shi – yan – shi – yi – qi – she – bei – sheng – chan – chang – jia

定义:仪器设备生产厂家。

应用约束:必选

数据元类型:字符型

数据格式:an. . 100

6.5.3.8 交通行业实验室仪器设备出厂日期

标识符:JC030000008

中文名称:交通行业实验室仪器设备出厂日期

中文全拼:jiao – tong – hang – ye – shi – yan – shi – yi – qi – she – bei – chu – chang – ri – qi

定义:仪器设备出厂日期。

应用约束:可选

数据元类型:日期型

数据格式:YYYYMMDD

6.5.3.9 交通行业实验室仪器设备购置日期

标识符:JC030000009

中文名称:交通行业实验室仪器设备购置日期

中文全拼:jiao – tong – hang – ye – shi – yan – shi – yi – qi – she – bei – gou – zhi – ri – qi

定义:仪器设备购置日期。

应用约束:必选

数据元类型:日期型

数据格式:YYYYMMDD

6.5.3.10 交通行业实验室仪器设备保有单位

标识符:JC030000010

中文名称:交通行业实验室仪器设备保有单位

中文全拼:jiao – tong – hang – ye – shi – yan – shi – yi – qi – she – bei – bao – you – dan – wei

定义:仪器设备保有单位名称。

应用约束:必选

数据元类型:字符型

数据格式:an. . 100

6.5.3.11 交通行业实验室仪器设备购置价格

标识符:JC030000011

中文名称:交通行业实验室仪器设备购置价格

中文全拼:jiao – tong – hang – ye – shi – yan – shi – yi – qi – she – bei – gou – zhi – jia – ge

定义:购买或制造仪器设备所实际支付的金额。

应用约束:必选

数据元类型:数字型

数据格式:n. . 10,2

计量单位:万元

6.5.3.12 交通行业实验室仪器设备数量

标识符:JC030000012

中文名称:交通行业实验室仪器设备数量

中文全拼:jiao – tong – hang – ye – shi – yan – shi – yi – qi – she – bei – shu – liang

定义:仪器设备数量。

应用约束:必选

数据元类型:数字型

数据格式:n..4

计量单位:台/件

6.5.3.13 交通行业实验室仪器设备技术状况

标识符:JC030000013

中文名称:交通行业实验室仪器设备技术状况

中文全拼:jiao – tong – hang – ye – shi – yan – shi – yi – qi – she – bei – ji – shu – zhuang – kuang

定义:仪器设备当前的技术状况。

应用约束:必选

数据元类型:字符型

数据格式:a2

值域:见表43。

6.5.3.14 交通行业实验室仪器设备使用情况

标识符:JC030000014

中文名称:交通行业实验室仪器设备使用情况

中文全拼:jiao – tong – hang – ye – shi – yan – shi – yi – qi – she – bei – shi – yong – qing – kuang

定义:仪器设备使用情况的总体评价。

应用约束:必选

数据元类型:字符型

数据格式:..ul

6.5.4 交通行业实验室实验设施

6.5.4.1 交通行业实验室实验设施名称

标识符:JC040000001

中文名称:交通行业实验室实验设施名称

中文全拼:jiao – tong – hang – ye – shi – yan – shi – shi – yan – she – shi – ming – cheng

定义:实验设施名称。

应用约束:必选

数据元类型:字符型

数据格式:an..100

6.5.4.2 交通行业实验室实验设施主要组成

标识符:JC040000002

中文名称:交通行业实验室实验设施主要组成

中文全拼:jiao – tong – hang – ye – shi – yan – shi – shi – yan – she – shi – zhu – yao – zu – cheng

定义:组成实验设施的主要仪器设备的名称。

应用约束:必选

数据元类型:字符型

数据格式:an..1000

6.5.4.3 交通行业实验室实验设施应用领域

标识符:JC040000003

中文名称:交通行业实验室实验设施应用领域

中文全拼:jiao – tong – hang – ye – shi – yan – shi – shi – yan – she – shi – ying – yong – ling – yu

定义:实验设施的主要应用领域。

应用约束:必选

数据元类型:字符型

数据格式:an..6

值域:见 JT/T 735.2—2009 中表 1。

6.5.4.4 交通行业实验室实验设施技术指标

标识符:JC040000004

中文名称:交通行业实验室实验设施主要技术指标

中文全拼:jiao – tong – hang – ye – shi – yan – shi – shi – yan – she – shi – zhu – yao – ji – shu – zhi – biao

定义:实验设施主要技术指标。

应用约束:必选

数据元类型:字符型

数据格式:..ul

6.5.4.5 交通行业实验室实验设施功能、应用范围及主要特色

标识符:JC040000005

中文名称:交通行业实验室实验设施功能、应用范围及主要特色

中文全拼:jiao – tong – hang – ye – shi – yan – shi – shi – yan – she – shi – gong – neng – ying – yong – fan – Wei – ji – zhu – yao – te – se

定义:仪器设备的功能及应用范围。

应用约束:必选

数据元类型:字符型

数据格式:..ul

6.5.4.6 交通行业实验室实验设施代表性实验

标识符:JC040000006

中文名称:交通行业实验室实验设施代表性实验

中文全拼:jiao – tong – hang – ye – shi – yan – shi – shi – yan – she – shi – dai – biao – xing – shi – yan

定义:实验设施曾经应用过的具有代表性、有影响力的实验名称。

应用约束:必选

数据元类型:字符型

数据格式:.ul

6.5.4.7 交通行业实验室实验设施技术状况

标识符:JC040000007

中文名称:交通行业实验室实验设施技术状况

中文全拼:jiao – tong – hang – ye – shi – yan – shi – shi – yan – she – shi – ji – shu – zhuang – kuang

定义:实验设施当前的技术状况。

应用约束:必选

数据元类型:字符型

数据格式:a2

值域:见表 43。

6.5.4.8　交通行业实验室实验设施使用情况
标识符:JC040000008
中文名称:交通行业实验室实验设施使用情况
中文全拼:jiao – tong – hang – ye – shi – yan – shi – shi – yan – she – shi – shi – yong – qing – kuang
定义:实验设施使用情况的总体评价。
应用约束:必选
数据元类型:字符型
数据格式:..ul

6.5.5　交通行业实验室实验系统

6.5.5.1　交通行业实验室实验系统名称
标识符:JC050000001
中文名称:交通行业实验室实验系统名称
中文全拼:jiao – tong – hang – ye – shi – yan – shi – shi – yan – xi – tong – ming – cheng
定义:实验系统名称。
应用约束:必选
数据元类型:字符型
数据格式:an..100

6.5.5.2　交通行业实验室实验系统主要组成
标识符:JC050000002
中文名称:交通行业实验室实验系统主要组成
中文全拼:jiao – tong – hang – ye – shi – yan – shi – shi – yan – xi – tong – zhu – yao – zu – cheng
定义:组成实验系统的主要仪器设备、实验设施等的名称。
应用约束:必选
数据元类型:字符型
数据格式:an..1000

6.5.5.3　交通行业实验室实验系统应用领域
标识符:JC050000003
中文名称:交通行业实验室实验系统应用领域
中文全拼:jiao – tong – hang – ye – shi – yan – shi – shi – yan – xi – tong – ying – yong – ling – yu
定义:实验系统的主要应用领域。
应用约束:必选
数据元类型:字符型
数据格式:an..6
值域:见 JT/T 735.2—2009 中表 1。

6.5.5.4　交通行业实验室实验系统技术指标
标识符:JC050000004
中文名称:交通行业实验室实验系统技术指标
中文全拼:jiao – tong – hang – ye – shi – yan – shi – shi – yan – xi – tong – ji – shu – zhi – biao
定义:实验系统的主要技术指标。
应用约束:必选
数据元类型:字符型
数据格式:..ul

6.5.5.5 交通行业实验室实验系统功能、应用范围及主要特色

标识符:JC050000005

中文名称:交通行业实验室实验系统功能、应用范围及主要特色

中文全拼:jiao – tong – hang – ye – shi – yan – shi – shi – yan – xi – tong – gong – neng – ying – yong – fan – wei – ji – zhu – yao – te – se

定义:实验系统的功能及应用范围。

应用约束:必选

数据元类型:字符型

数据格式:.. ul

6.5.5.6 交通行业实验室实验系统代表性实验

标识符:JC050000006

中文名称:交通行业实验室实验系统代表性实验

中文全拼:jiao – tong – hang – ye – shi – yan – shi – shi – yan – xi – tong – dai – biao – xing – shi – yan

定义:实验系统曾经实验过的具有代表性、有影响力的实验名称。

应用约束:必选

数据元类型:字符型

数据格式:.. ul

6.5.5.7 交通行业实验室实验系统技术状况

标识符:JC050000007

中文名称:交通行业实验室实验系统技术状况

中文全拼:jiao – tong – hang – ye – shi – yan – shi – shi – yan – xi – tong – ji – shu – zhuang – kuang

定义:实验系统当前的技术状况。

应用约束:必选

数据元类型:字符型

数据格式:a2

值域:见表43。

6.5.5.8 交通行业实验室实验系统使用情况

标识符:JC050000008

中文名称:交通行业实验室实验系统使用情况

中文全拼:jiao – tong – hang – ye – shi – yan – shi – shi – yan – xi – tong – shi – yong – qing – kuang

定义:实验系统使用情况的总体评价。

应用约束:必选

数据元类型:字符型

数据格式:. ul

6.6 交通科技文献数据元

6.6.1 交通科技文献基础信息

6.6.1.1 交通科技文献类别

标识符:WX010000001

中文名称:交通科技文献类别

中文全拼:jiao – tong – ke – ji – wen – xian – lei – bie

定义:科技文献的类别。

应用约束:必选

数据元类型:字符型

数据格式:a2

值域:见表44。

6.6.1.2 交通科技文献正题名

标识符:WX010000002

中文名称:交通科技文献正题名

中文全拼:jiao - tong - ke - ji - wen - xian - zheng - ti - ming

同义名称:主要题名

定义:科技文献的主要题名。

应用约束:必选

数据元类型:字符型

数据格式:an..100

关系:与科技文献类别连用。

6.6.1.3 交通科技文献并列题名

标识符:WX010000003

中文名称:交通科技文献并列题名

中文全拼:jiao - tong - ke - ji - wen - xian - bing - lie - ti - ming

同义名称:并列题名

定义:科技文献用两种或两种以上的语言文字互相并列、对照的题名。

应用约束:必选

数据元类型:字符型

数据格式:an..100

关系:与科技文献类别连用。

6.6.1.4 交通科技文献副题名

标识符:WX010000004

中文名称:交通科技文献副题名

中文全拼:jiao - tong - ke - ji - wen - xian - fu - ti - ming

定义:解释或从属于正题名的另一题名。

应用约束:可选

数据元类型:字符型

数据格式:an..100

关系:与科技文献类别连用。

6.6.1.5 交通科技文献中文题名

标识符:WX010000005

中文名称:交通科技文献中文题名

中文全拼:jiao - tong - ke - ji - wen - xian - zhong - wen - ti - ming

定义:科技文献的中文题名。

应用约束:可选

数据元类型:字符型

数据格式:an..100

关系:与科技文献类别连用。

6.6.1.6 交通科技文献英文题名

标识符:WX010000006

中文名称:交通科技文献英文题名

中文全拼:jiao – tong – ke – ji – wen – xian – ying – wen – ti – ming

定义:科技文献的英文题名。

应用约束:可选

数据元类型:字符型

数据格式:an..100

关系:与科技文献类别连用。

6.6.1.7　交通科技文献作者

标识符:WX010000007

中文名称:交通科技文献作者

中文全拼:jiao – tong – ke – ji – wen – xian – zuo – zhe

定义:交通科技文献的作者姓名。

应用约束:必选

数据元类型:字符型

数据格式:an..30

关系:与科技文献类别连用。

6.6.1.8　交通科技文献作者单位

标识符:WX010000008

中文名称:交通科技文献作者单位

中文全拼:jiao – tong – ke – ji – wen – xian – zuo – zhe – dan – wei

定义:科技文献作者的工作单位名称。

应用约束:必选

数据元类型:字符型

数据格式:an..100

关系:与科技文献类别连用。

6.6.1.9　交通科技文献国别

标识符:WX010000009

中文名称:交通科技文献国别

中文全拼:jiao – tong – ke – ji – wen – xian – guo – bie

定义:科技文献的国别。

应用约束:必选

数据元类型:字符型

数据格式:a3

值域:见 GB/T 2659—2000 中表 1。

关系:与科技文献类别连用。

6.6.1.10　交通科技文献正文语种

标识符:WX010000010

中文名称:交通科技文献正文语种

中文全拼:jiao – tong – ke – ji – wen – xian – zheng – wen – yu – zhong

定义:科技文献正文所使用的语种。

应用约束:必选

数据元类型:字符型

数据格式:a2

值域:见 GB/T 4880.1—2005 中表 1 至表 4。

关系:与科技文献类别连用。

6.6.1.11 交通科技文献中文摘要

标识符:WX010000011

中文名称:交通科技文献中文摘要

中文全拼:jiao - tong - ke - ji - wen - xian - zhong - wen - zhai - yao

同义名称:中文文摘

定义:用中文编写的科技文献内容的简要说明。

应用约束:可选

数据元类型:字符型

数据格式:an..1000

关系:与科技文献类别连用。

6.6.1.12 交通科技文献英文摘要

标识符:WX010000012

中文名称:交通科技文献英文摘要

中文全拼:jiao - tong - ke - ji - wen - xian - ying - wen - zhai - yao

同义名称:英文文摘

定义:用英文编写的科技文献内容的简要说明。

应用约束:可选

数据元类型:字符型

数据格式:an..3000

关系:与科技文献类别连用。

6.6.1.13 交通科技文献中文关键词

标识符:WX010000013

中文名称:交通科技文献中文关键词

中文全拼:jiao - tong - ke - ji - wen - xian - zhong - wen - guan - jian - ci

定义:用中文编写的能够表达科技文献内容的词语。

应用约束:可选

数据元类型:字符型

数据格式:an..30

关系:与科技文献类别连用。

6.6.1.14 交通科技文献英文关键词

标识符:WX010000014

中文名称:交通科技文献英文关键词

中文全拼:jiao - tong - ke - ji - wen - xian - ying - wen - guan - jian - ci

定义:用英文编写的能够表达科技文献内容的词语。

应用约束:可选

数据元类型:字符型

数据格式:an..30

关系:与科技文献类别连用。

6.6.1.15 交通科技文献主题词

标识符:WX010000015

中文名称:交通科技文献主题词

中文全拼:jiao - tong - ke - ji - wen - xian - zhu - ti - ci

定义:表达科技文献内容的规范化词语。

应用约束:可选

数据元类型:字符型

数据格式:an..30

值域:见《交通汉语主题词表》的主题词。

关系:与科技文献类别连用。

6.6.1.16 交通科技文献学科分类号

标识符:WX010000016

中文名称:交通科技文献学科分类号

中文全拼:jiao - tong - ke - ji - wen - xian - xue - ke - fen - lei - hao

定义:科技文献所属学科领域。

应用约束:可选

数据元类型:字符型

数据格式:an..6

值域:见 JT/T 735.2—2009 中表 1。

关系:与科技文献类别连用。

6.6.2 交通科技图书

6.6.2.1 交通科技图书出版地

标识符:WX020000001

中文名称:交通科技图书出版地

中文全拼:jiao - tong - ke - ji - tu - shu - chu - ban - di

定义:交通科技图书著录出版者所在地的名称。

应用约束:必选

数据元类型:字符型

数据格式:an..60

6.6.2.2 交通科技图书出版者

标识符:WX020000002

中文名称:交通科技图书出版者

中文全拼:jiao - tong - ke - ji - tu - shu - chu - ban - zhe

定义:交通科技图书著录出版者的名称。

应用约束:必选

数据元类型:字符型

数据格式:an..60

6.6.2.3 交通科技图书出版日期

标识符:WX020000003

中文名称:交通科技图书出版日期

中文全拼:jiao - tong - ke - ji - tu - shu - chu - ban - ri - qi

定义:交通科技图书出版的日期。

应用约束:必选

数据元类型:日期型

数据格式:YYYYMMDD

6.6.2.4 交通科技图书版次

标识符:WX020000004

中文名称:交通科技图书版次
中文全拼:jiao - tong - ke - ji - tu - shu - ban - ci
定义:交通科技图书出版的次数。
应用约束:必选
数据元类型:字符型
数据格式:an..30

6.6.2.5 交通科技图书卷册数

标识符:WX020000005
中文名称:交通科技图书卷册数
中文全拼:jiao - tong - ke - ji - tu - shu - juan - ce - shu
定义:多卷交通科技图书的总册数。
应用约束:可选
数据元类型:字符型
数据格式:n..9
计量单位:册

6.6.2.6 交通科技图书页数

标识符:WX020000006
中文名称:交通科技图书页数
中文全拼:jiao - tong - ke - ji - tu - shu - ye - shu
定义:交通科技图书的总页数。
应用约束:可选
数据元类型:字符型
数据格式:n..9
计量单位:页

6.6.2.7 交通科技图书开本

标识符:WX020000007
中文名称:交通科技图书开本
中文全拼:jiao - tong - ke - ji - tu - shu - kai - ben
定义:交通科技图书的尺寸。
应用约束:可选
数据元类型:字符型
数据格式:n..10,2
计量单位:厘米

6.6.2.8 交通科技图书图及其他形态细节

标识符:WX020000008
中文名称:交通科技图书图及其他形态细节
中文全拼:jiao - tong - ke - ji - tu - shu - tu - ji - qi - ta - xing - tai - xi - jie
定义:交通科技图书的插图类型以及其他形态的名称。
应用约束:可选
数据元类型:字符型
数据格式:an..300

6.6.2.9 交通科技图书国际文献标准编号

标识符:WX020000009

中文名称:交通科技图书国际文献标准编号

中文全拼:jiao - tong - ke - ji - tu - shu - guo - ji - wen - xian - biao - zhun - bian - hao

同义名称:ISBN 号

定义:交通科技图书国际文献标准编号。

应用约束:必选

数据元类型:字符型

数据格式:an..60

6.6.2.10 交通科技图书中图分类号

标识符:WX020000010

中文名称:交通科技图书中图分类号

中文全拼:jiao - tong - ke - ji - tu - shu - zhong - tu - fen - lei - hao

定义:按照《中国图书馆分类法》对科技图书进行分类所指定的分类代码。

应用约束:必选

数据元类型:字符型

数据格式:an..10

值域:见《中国图书馆分类法》(第四版)。

6.6.2.11 交通科技图书价格

标识符:WX020000011

中文名称:交通科技图书价格

中文全拼:jiao - tong - ke - ji - tu - shu - jia - ge

定义:交通科技图书的价格。

应用约束:可选

数据元类型:数字型

数据格式:n..9,2

计量单位:元

6.6.2.12 交通科技图书附注

标识符:WX020000012

中文名称:交通科技图书附注

中文全拼:jiao - tong - ke - ji - tu - shu - fu - zhu

定义:交通科技图书的附注。

应用约束:可选

数据元类型:数字型

数据格式:an..500

6.6.3 交通科技期刊论文

6.6.3.1 交通科技期刊论文发表刊物名称

标识符:WX030000001

中文名称:交通科技期刊论文发表刊物名称

中文全拼:jiao - tong - ke - ji - qi - kan - lun - wen - fa - biao - kan - wu - ming - cheng

定义:发表该论文的交通科技期刊的名称。

应用约束:必选

数据元类型:字符型

数据格式:an..100

6.6.3.2 交通科技期刊论文发表刊物类型

标识符:WX030000002

中文名称:交通科技期刊论文发表刊物类型

中文全拼:jiao – tong – ke – ji – qi – kan – lun – wen – fa – biao – kan – wu – lei – xing

定义:发表该论文的交通科技期刊类型。

应用约束:必选

数据元类型:字符型

数据格式:a2

值域:见表 45。

6.6.3.3 交通科技期刊论文发表卷号

标识符:WX030000003

中文名称:交通科技期刊论文发表卷号

中文全拼:jiao – tong – ke – ji – qi – kan – lun – wen – fa – biao – juan – hao

定义:发表该论文的交通科技期刊的卷号。

应用约束:必选

数据元类型:字符型

数据格式:an..30

6.6.3.4 交通科技期刊论文发表期号

标识符:WX030000004

中文名称:交通科技期刊论文发表期号

中文全拼:jiao – tong – ke – ji – qi – kan – lun – wen – fa – biao – qi – hao

定义:发表该论文的交通科技期刊的期号。

应用约束:必选

数据元类型:字符型

数据格式:an..30

6.6.3.5 交通科技期刊论文出版年

标识符:WX030000005

中文名称:交通科技期刊论文出版年

中文全拼:jiao – tong – ke – ji – qi – kan – lun – wen – chu – ban – nian

定义:交通科技期刊论文出版年。

应用约束:必选

数据元类型:数字型

数据格式:n4

6.6.3.6 交通科技期刊论文发表页码

标识符:WX030000006

中文名称:交通科技期刊论文发表页码

中文全拼:jiao – tong – ke – ji – qi – kan – lun – wen – fa – biao – ye – ma

定义:期刊刊载论文的页码。

应用约束:必选

数据元类型:字符型

数据格式:an..30

6.6.3.7 交通科技期刊论文收录情况

标识符:WX030000007

中文名称:交通科技期刊论文收录情况
中文全拼:jiao – tong – ke – ji – qi – kan – lun – wen – shou – lu – qing – kuang
定义:交通科技期刊论文被检索系统收录情况。
应用约束:必选
数据元类型:字符型
数据格式:a2
值域:见表46。

6.6.4 交通学位论文

6.6.4.1 交通学位论文专业名称
标识符:WX040000001
中文名称:交通学位论文专业名称
中文全拼:jiao – tong – xue – wei – lun – wen – zhuan – ye – ming – cheng
定义:交通学位论文的专业名称。
应用约束:必选
数据元类型:数字型
数据格式:an..30

6.6.4.2 交通学位论文年度
标识符:WX040000002
中文名称:交通学位论文年度
中文全拼:jiao – tong – xue – wei – lun – wen – nian – du
定义:交通学位论文的年度。
应用约束:必选
数据元类型:数字型
数据格式:n4

6.6.4.3 交通学位论文作者的学位名称
标识符:WX040000003
中文名称:交通学位论文作者的学位名称
中文全拼:jiao – tong – xue – wei – lun – wen – zuo – zhe – de – xue – wei – ming – cheng
定义:授予学位的名称。
应用约束:必选
数据元类型:字符型
数据格式:an..3
值域:见GB/T 6864—2003中表1。

6.6.4.4 交通学位论文作者的学位授予单位
标识符:WX040000004
中文名称:交通学位论文作者的学位授予单位
中文全拼:jiao – tong – xue – wei – lun – wen – zuo – zhe – de – xue – wei – shou – yu – dan – wei
定义:授予学位单位的名称。
应用约束:必选
数据元类型:字符型
数据格式:an..100

6.6.4.5 交通学位论文作者的导师姓名
标识符:WX040000005

中文名称:交通学位论文作者的导师姓名
中文全拼:jiao – tong – xue – wei – lun – wen – zuo – zhe – de – dao – shi – xing – ming
定义:学位论文作者的导师的姓名。
应用约束:必选
数据元类型:字符型
数据格式:an..30

6.6.4.6 交通学位论文作者的导师单位
标识符:WX040000006
中文名称:交通学位论文作者的导师单位
中文全拼:jiao – tong – xue – wei – lun – wen – zuo – zhe – de – dao – shi – dan – wei
定义:学位论文作者的导师当前工作单位名称。
应用约束:必选
数据元类型:字符型
数据格式:an..100

6.6.5 交通会议论文

6.6.5.1 交通会议论文来源会议名称
标识符:WX050000001
中文名称:交通会议论文来源会议名称
中文全拼:jiao – tong – hui – yi – lun – wen – lai – yuan – hui – yi – ming – cheng
定义:会议论文来源的会议名称。
应用约束:必选
数据元类型:字符型
数据格式:an..100

6.6.5.2 交通会议论文来源会议召开时间
标识符:WX050000002
中文名称:交通会议论文来源会议召开时间
中文全拼:jiao – tong – hui – yi – lun – wen – lai – yuan – hui – yi – zhao – kai – shi – jian
定义:会议论文来源的会议的召开时间。
应用约束:必选
数据元类型:日期型
数据格式:YYYYMMDDDD

6.6.5.3 交通会议论文来源会议召开地点
标识符:WX050000003
中文名称:交通会议论文来源会议召开地点
中文全拼:jiao – tong – hui – yi – lun – wen – lai – yuan – hui – yi – zhao – kai – di – dian
定义:会议论文来源会议的召开地点。
应用约束:必选
数据元类型:字符型
数据格式:an..100

6.6.5.4 交通会议论文来源会议届次
标识符:WX050000004
中文名称:交通会议论文来源会议届次
中文全拼:jiao – tong – hui – yi – lun – wen – lai – yuan – hui – yi – jie – ci

定义:会议论文来源会议召开的届次。

应用约束:必选

数据元类型:字符型

数据格式:an..30

6.6.5.5 交通会议论文来源会议主办单位

标识符:WX050000005

中文名称:交通会议论文来源会议主办单位

中文全拼:jiao - tong - hui - yi - lun - wen - lai - yuan - hui - yi - zhu - ban - dan - wei

定义:会议论文来源会议的主办单位。

应用约束:必选

数据元类型:字符型

数据格式:an..100

6.6.5.6 交通会议论文来源会议录名称

标识符:WX050000006

中文名称:交通会议论文来源会议录名称

中文全拼:jiao - tong - hui - yi - lun - wen - lai - yuan - hui - yi - lu - ming - cheng

定义:交通会议论文来源的会议录的名称。

应用约束:必选

数据元类型:字符型

数据格式:an..100

6.6.5.7 交通会议论文来源会议录出版年

标识符:WX050000007

中文名称:交通会议论文来源会议录出版年

中文全拼:jiao - tong - hui - yi - lun - wen - lai - yuan - hui - yi - lu - chu - ban - nian

定义:交通会议论文来源的会议录出版的年份。

应用约束:必选

数据元类型:数字型

数据格式:n4

6.6.5.8 交通会议论文发表页码

标识符:WX050000008

中文名称:交通会议论文发表页码

中文全拼:jiao - tong - hui - yi - lun - wen - fa - biao - ye - ma

定义:会议论文在会议录中发表的页码。

应用约束:必选

数据元类型:字符型

数据格式:an..30

6.6.6 交通专利

6.6.6.1 交通专利申请日

标识符:WX060000001

中文名称:交通专利申请日

中文全拼:jiao - tong - zhuan - li - shen - qing - ri

定义:申请注册专利的日期。

应用约束:必选

数据元类型:日期型

数据格式:YYYYMMDD

6.6.6.2　交通专利申请号

标识符:WX060000002

中文名称:交通专利申请号

中文全拼:jiao - tong - zhuan - li - shen - qing - hao

定义:专利的申请注册号。

应用约束:必选

数据元类型:字符型

数据格式:an..20

6.6.6.3　交通专利公开(公告)日

标识符:WX060000003

中文名称:交通专利公开(公告)日

中文全拼: jiao - tong - zhuan - li - gong - kai -(gong - gao)- ri

定义:出版已授权的专利说明书的时间。

应用约束:必选

数据元类型:日期型

数据格式:YYYYMMDD

6.6.6.4　交通专利公开(公告)号

标识符:WX060000004

中文名称:交通专利公开(公告)号

中文全拼:jiao - tong - zhuan - li - gong - kai -(gong - gao)- hao

定义:出版已授权的专利说明书的文献号。

应用约束:必选

数据元类型:字符型

数据格式:an..20

6.6.6.5　交通专利类型

标识符:WX060000005

中文名称:交通专利类型

中文全拼:jiao - tong - zhuan - li - lei - xing

定义:专利类型。

应用约束:必选

数据元类型:字符型

数据格式:a2

值域:见表47。

6.6.6.6　交通专利主分类号

标识符:WX060000006

中文名称:交通专利主分类号

中文全拼:jiao - tong - zhuan - li - zhu - fen - lei - hao

定义:专利的国际专利主分类号。

应用约束:必选

数据元类型:字符型

数据格式:an..10

值域:见《国际专利分类表》(IPC)

6.6.6.7 交通专利分类号

标识符:WX060000007

中文名称:交通专利分类号

中文全拼:jiao - tong - zhuan - li - fen - lei - hao

定义:专利的国际专利分类号。

应用约束:必选

数据元类型:字符型

数据格式:an..10

值域:见《国际专利分类表》(IPC)

6.6.6.8 交通专利国家代码

标识符:WX060000008

中文名称:交通专利国家代码

中文全拼:jiao - tong - zhuan - li - guo - jia - dai - ma

定义:专利国家代码。

应用约束:必选

数据元类型:字符型

数据格式:an2

值域:见 ST.10/C 的专利文献首页中双字母国家代码的使用标准。

6.6.6.9 交通专利优先权

标识符:WX060000009

中文名称:交通专利优先权

中文全拼:jiao - tong - zhuan - li - you - xian - quan

定义:享有优先权的专利编号。

应用约束:必选

数据元类型:字符型

数据格式:an..20

6.6.6.10 交通申请专利权人

标识符:WX060000010

中文名称:交通申请专利权人

中文全拼:jiao - tong - shen - qing - zhuan - li - quan - ren

定义:申请专利权人或单位的名称。

应用约束:必选

数据元类型:字符型

数据格式:an..100

6.6.6.11 交通专利申请人地址

标识符:WX060000011

中文名称:交通专利申请人地址

中文全拼:jiao - tong - zhuan - li - shen - qing - ren - di - zhi

定义:专利申请人的通信地址。

应用约束:必选

数据元类型:字符型

数据格式:an.100

6.6.6.12　交通专利发明设计人
标识符:WX060000012
中文名称:交通专利发明设计人
中文全拼:jiao - tong - zhuan - li - fa - ming - she - ji - ren
定义:专利发明设计人的姓名。
应用约束:必选
数据元类型:字符型
数据格式:an..100

6.6.6.13　交通专利代理机构
标识符:WX060000013
中文名称:交通专利代理机构
中文全拼:jiao - tong - zhuan - li - dai - li - ji - gou
定义:专利代理机构的名称。
数据元类型:字符型
数据格式:an..100

6.6.6.14　交通专利代理人
标识符:WX060000014
中文名称:交通专利代理人
中文全拼:jiao - tong - zhuan - li - dai - li - ren
定义:专利代理人的姓名。
数据元类型:字符型
数据格式:an..30

6.6.6.15　交通专利权利要求
标识符:WX060000015
中文名称:交通专利权利要求
中文全拼:jiao - tong - zhuan - li - quan - li - yao - qiu
定义:专利的权利要求。
应用约束:必选
数据元类型:字符型
数据格式:..ul

6.6.6.16　交通专利法律状态公告日
标识符:WX060000016
中文名称:交通专利法律状态公告日
中文全拼:jiao - tong - zhuan - li - fa - lv - zhuang - tai - gong - gao - ri
定义:专利法律状态公告的时间。
应用约束:必选
数据元类型:日期型
数据格式:YYYYMMDD

6.6.6.17　交通专利法律状态
标识符:WX060000017
中文名称:交通专利法律状态
中文全拼:jiao - tong - zhuan - li - fa - lv - zhuang - tai
定义:专利当前所处的状态。

应用约束:必选

数据元类型:字符型

数据格式:a2

值域:见表48。

6.6.7 交通行业标准

6.6.7.1 交通行业标准号

标识符:WX070000001

中文名称:交通标准号

中文全拼:jiao – tong – biao – zhun – hao

定义:标准号。

应用约束:必选

数据元类型:字符型

数据格式:an..20

6.6.7.2 交通行业标准的国际标准分类号

标识符:WX070000002

中文名称:交通行业标准的国际标准分类号

中文全拼:jiao – tong – hang – ye – biao – zhun – de – guo – ji – biao – zhun – fen – lei – hao

定义:依国际标准化组织(ISO)规定填写的标准分类号。

应用约束:必选

数据元类型:字符型

数据格式:an..10

值域:见《国际标准分类法》。

6.6.7.3 交通行业标准的中国标准分类号

标识符:WX070000003

中文名称:交通行业标准的中国标准分类号

中文全拼:jiao – tong – hang – ye – biao – zhun – de – zhong – guo – biao – zhun – fen – lei – hao

定义:依《中国标准文献分类法》填写的标准分类号。

应用约束:必选

数据元类型:字符型

数据格式:an..10

值域:见《中国标准文献分类法》。

6.6.7.4 交通行业标准发布日期

标识符:WX070000004

中文名称:交通行业标准发布日期

中文全拼:jiao – tong – hang – ye – biao – zhun – fa – bu – ri – qi

定义:标准发布日期。

应用约束:必选

数据元类型:日期型

数据格式:YYYYMMDD

6.6.7.5 交通行业标准实施日期

标识符:WX070000005

中文名称:交通行业标准实施日期

中文全拼:jiao – tong – hang – ye – biao – zhun – shi – shi – ri – qi

定义:标准实施日期。
应用约束:必选
数据元类型:日期型
数据格式:YYYYMMDD

6.6.7.6 交通行业标准起草单位

标识符:WX070000006
中文名称:交通行业标准起草单位
中文全拼:jiao - tong - hang - ye - biao - zhun - qi - cao - dan - wei
定义:标准起草单位。
应用约束:必选
数据元类型:字符型
数据格式:an..100

6.6.7.7 交通行业标准起草人

标识符:WX070000007
中文名称:交通行业标准起草人
中文全拼:jiao - tong - hang - ye - biao - zhun - qi - cao - ren
定义:标准起草人的姓名。
应用约束:必选
数据元类型:字符型
数据格式:an..30

6.6.7.8 交通行业标准归口单位

标识符:WX070000008
中文名称:交通行业标准归口单位
中文全拼:jiao - tong - hang - ye - biao - zhun - gui - kou - dan - wei
定义:标准归口单位的名称。
应用约束:必选
数据元类型:字符型
数据格式:an..100

6.6.7.9 被替代标准号

标识符:WX070000009
中文名称:被替代标准号
中文全拼:bei - ti - dai - biao - zhun - hao
定义:被该标准替代的标准号。
应用约束:可选
数据元类型:字符型
数据格式:an..20

6.6.8 交通科技报告

6.6.8.1 交通科技报告编号

标识符:WX080000001
中文名称:交通编号
中文全拼:jiao - tong - bian - hao
定义:交通运输部科技管理部门归档时填写的纳入部报告系列的编号。
应用约束:必选

数据元类型:字符型

数据格式:an..100

6.6.8.2 交通科技报告编写单位编号

标识符:WX080000002

中文名称:交通科技报告编写单位编号

中文全拼:jiao－tong－ke－ji－bao－gao－bian－xie－dan－wei－bian－hao

定义:主管部门给定的各单位的编号。

应用约束:可选

数据元类型:字符型

数据格式:an..100

6.6.8.3 交通科技报告第一完成单位

标识符:WX080000003

中文名称:交通科技报告第一完成单位

中文全拼:jiao－tong－ke－ji－bao－gao－di－yi－wan－cheng－dan－wei

定义:交通科技报告的第一完成单位。

应用约束:必选

数据元类型:字符型

数据格式:an..100

6.6.8.4 交通科技报告密级

标识符:WX080000004

中文名称:交通科技报告密级

中文全拼:jiao－tong－ke－ji－bao－gao－mi－ji

定义:交通科技报告的保密级别。

应用约束:必选

数据元类型:字符型

数据格式:a2

值域:见表49。

6.6.8.5 交通科技报告的中图分类号

标识符:WX080000005

中文名称:中图分类号

中文全拼:zhong－tu－fen－lei－hao

定义:根据《中国图书馆分类法》确定的科技报告所属学科领域的分类代码。

应用约束:可选

数据元类型:字符型

数据格式:an..10

值域:见《中国图书馆分类法》(第四版)。

6.6.8.6 交通科技报告来源项目名称

标识符:WX080000006

中文名称:交通科技报告来源项目名称

中文全拼:jiao－tong－ke－ji－bao－gao－lai－yuan－xiang－mu－ming－cheng

定义:产生交通科技报告的项目的名称。

应用约束:必选

数据元类型:字符型

数据格式:an..100

6.6.8.7 交通科技报告来源项目合同号

标识符:WX080000007

中文名称:交通科技报告来源项目合同号

中文全拼:jiao – tong – ke – ji – bao – gao – lai – yuan – xiang – mu – he – tong – hao

定义:产生交通科技报告的项目合同书上的编号。

应用约束:必选

数据元类型:字符型

数据格式:an..100

6.6.8.8 交通科技报告来源项目起止年限

标识符:WX080000008

中文名称:交通科技报告来源项目起止年限

中文全拼:jiao – tong – ke – ji – bao – gao – lai – yuan – xiang – mu – qi – zhi – nian – xian

定义:交通科技报告来源项目的起止年限。

应用约束:必选

数据元类型:字符型

数据格式:an..100

6.6.8.9 交通科技报告来源项目来源

标识符:WX080000009

中文名称:交通科技报告来源项目来源

中文全拼:jiao – tong – ke – ji – bao – gao – lai – yuan – xiang – mu – lai – yuan

定义:交通科技报告来源项目的来源。

应用约束:必选

数据元类型:字符型

数据格式:a2

值域:见表 10。

6.6.8.10 交通科技报告来源项目负责人

标识符:WX080000010

中文名称:交通科技报告来源项目负责人

中文全拼:jiao – tong – ke – ji – bao – gao – lai – yuan – xiang – mu – fu – ze – ren

定义:交通科技报告来源项目负责人的姓名。

应用约束:必选

数据元类型:字符型

数据格式:an..30

6.6.8.11 交通科技报告来源项目参加人

标识符:WX080000011

中文名称:交通科技报告来源项目参加人

中文全拼:jiao – tong – ke – ji – bao – gao – lai – yuan – xiang – mu – can – jia – ren

定义:交通科技报告来源项目参加人的姓名。

应用约束:必选

数据元类型:字符型

数据格式:an..30

7 交通科技信息资源数据元值域代码集

7.1 交通行业单位类别代码

代码标识:DM_JTHYDWLB,代码见表6。

表6 交通行业单位类别代码

代码	名 称	代码	名 称
01	项目承担单位	21	实验室
02	项目申报单位	22	仪器设备保有单位
03	项目参加单位	23	实验设施保有单位
04	项目保证方	24	实验系统保有单位
…	…	25	实验室依托单位
11	成果第一完成单位	…	…
12	成果合作完成单位	99	其他
…	…		

7.2 单位属性代码

代码标识:DM_JTHYDWLB,代码见表7。

表7 单位属性代码

代码	名 称	代码	名 称
01	科研机构	…	…
02	大专院校	99	其他
03	交通企业		

7.3 法人性质代码

代码标识为:DM_FRXZ,代码见表8。

表8 法人性质代码

代码	名 称	代码	名 称
01	事业法人	…	…
02	企业法人	99	其他

7.4 交通科技项目阶段代码

代码标识:DM_JTKJXMJD,代码见表9。

表9 交通科技项目阶段代码

代码	阶 段 名 称	代码	阶 段 名 称
01	建议书阶段	04	研究大纲阶段
02	可行性研究阶段	…	…
03	任务书(合同)阶段	99	其他

7.5 科技项目来源代码

代码标识:DM_KJXMLY,代码见表10。

表 10　科技项目来源代码

代码	名　称	代码	名　称
11	交通运输部	23	省级科技部门
12	部海事局	…	…
13	部救捞局	29	其他省级政府部门
14	部长江航务管理局	31	市级交通局
15	部珠江航务管理局	32	其他市级交通部门
16	部长江口航道管理局	33	市级科技部门
17	科技部	…	…
…	…	39	其他市级政府部门
19	其他国家级政府部门	41	企业
21	省级交通厅(局、委)	…	…
22	其他省级交通部门	99	其他

7.6　科技项目类别代码

代码标识:DM_KJXMLB,代码见表 11。

表 11　科技项目类别代码

代码	名　称	代码	名　称
01	新材料研究	06	交通软科学研究
02	新技术研究	07	交通信息化研究
03	新工艺研究	…	…
04	新产品研究	99	其他
05	成果推广		

7.7　科技项目评审类别

代码标识:DM_KJXMPSLB,代码见表 12。

表 12　科技项目评审类别代码

代码	名　称	代码	名　称
01	可行性研究报告评审	05	鉴定
02	研究大纲评审	…	…
03	验收预审评审	99	其他
04	验收评审		

7.8　科技项目密级

代码标识:DM_KJXMMJ,代码见表 13。

表 13　科技项目密级代码

代码	名　称	代码	名　称
01	绝密	04	公开
02	机密	…	…
03	秘密	99	其他

7.9 科技项目活动类型

代码标识:DM_KJXMHDLX,代码见表14。

表14 科技项目活动类型代码

代码	名　称	代码	名　称
01	基础研究	04	产业化开发
02	应用开发	…	…
03	应用基础研究	99	其他

7.10 项目所属技术领域

代码标识:DM_XMSSJSLY,代码见表15。

表15 项目所属技术领域代码

代码	名　称	代码	名　称
01	信息	07	资源
02	材料	08	环境
03	自动化	09	社会事业
04	能源	…	…
05	交通	99	其他
06	农业		

7.11 项目技术来源

代码标识:DM_XMJSLY,代码见表16。

表16 项目技术来源代码

代码	名　称	代码	名　称
01	国内技术	…	…
02	本单位自主研发	99	其他
03	国外技术		

7.12 科技项目进展情况代码

代码标识:DM_KJXMJZQK,代码见表17。

表17 科技项目进展情况代码

代码	名　称	代码	名　称
01	按计划执行	05	申请撤销
02	进度超前	…	…
03	拖延	99	其他
04	停顿		

7.13 科技项目拖延、停顿或申请撤销原因代码

代码标识:DM_KJXMTYYY,代码见表18。

表 18　科技项目拖延、停顿或申请撤销原因代码

代码	名　称	代码	名　称
01	技术变化	07	市场变化
02	计划性调整	08	技术骨干变动
03	设备、材料不落实	09	立题不当
04	协作关系影响	10	不可抗拒因素
05	拨款不到位	…	…
06	贷款不落实	99	其他

7.14　科技项目内容调整情况代码

代码标识:DM_KJXMNRTZ,代码见表 19。

表 19　科技项目内容调整情况代码

代码	名　称	代码	名　称
01	调整目标	05	调整计划进度
02	调整技术路线	…	…
03	调整技术骨干	99	其他
04	调整资金投入		

7.15　科技项目研究质量代码

代码标识:DM_KJXMYJZL,代码见表 20。

表 20　科技项目研究质量代码

代码	名　称	代码	名　称
01	非常好	04	不好
02	好	…	…
03	一般	99	其他

7.16　项目经费来源类别代码

代码标识:DM_XMJFLYLB,代码见表 21。

表 21　项目经费来源类别代码

代码	名　称	代码	名　称
1	政府拨款	133	其他市级政府部门
11	国家拨款	…	…
111	交通运输部拨款	14	市级以下政府拨款
112	科技部拨款	2	自有资金
113	其他国家级政府部门拨款	3	贷款
…	…	4	社会资金
12	省级政府拨款	41	国外资金
121	省级交通部门拨款	42	企业资金
122	省级科技管理部门拨款	…	…
123	其他省级政府部门	5	依托工程配套资金
…	…	51	单独立项资金
13	市级政府拨款	…	…
131	市级交通部门拨款	9	其他
132	市级科技管理部门拨款		

7.17 项目经费支出类别代码

代码标识:DM_XMJFZCLB,代码见表22。

表22 项目经费支出类别代码

代码	名称	代码	名称
1	人员支出费	31	材料支出费
11	课题负责人	32	燃料及动力支出费
12	主要研究人员	33	试验支出费
…	…	34	会议支出费
2	设备费	35	差旅支出费
21	购置费	…	…
22	试制费	4	项目管理费
…	…	…	…
3	相关业务费	9	其他

7.18 科技成果密级代码

代码标识:DM_KJCGMJ,代码见表23。

表23 科技成果密级代码

代码	名称	代码	名称
01	非密	05	未定密
02	秘密	…	…
03	机密	99	其他
04	绝密		

7.19 科技成果属性代码

代码标识:DM_KJCGSX,参照中华人民共和国科学技术部《科技成果登记表》,代码见表24。

表24 科技成果属性代码

代码	名称	说明
01	原始性创新	指前人尚未发明或尚未公开的、运用科学技术知识做出的、具有先进性和创造性,并在国民经济建设中产生显著经济效益或社会效益的新技术、新设备、新材料类成果
02	国外引进消化吸收创新	指在国家有计划、有重点、有选择地引进国外先进技术、先进设备的基础上,结合国家经济发展的需要进行技术创新,取得的新技术、新设备类成果
03	国内技术二次开发	指在国内已经研发取得的、并在经济建设中应用的技术、设备、材料的基础上,再次开发的新技术、新设备、新材料类成果
…	…	…
99	其他	

7.20 科技成果体现形式代码

代码标识:DM_KJCGTXXS,参照中华人民共和国科学技术部《科技成果登记表》,代码见表25。

表 25　科技成果体现形式代码

代码	名　称	代码	名　称
01	新技术	09	国际标准
02	新工艺	10	国家标准
03	新产品	11	行业标准
04	新材料	12	地方标准
05	新装备	13	企业标准
06	农业、生物新品种	14	其他
07	矿产新品种	…	…
08	其他应用技术	99	其他

7.21　科技成果水平代码

代码标识：DM_KJCGSP，参照中华人民共和国科学技术部《科技成果登记表》，代码见表 26。

表 26　科技成果水平代码

代码	名　称	代码	名　称
01	国际领先	05	国内一般
02	国际先进	…	…
03	国内领先	99	其他
04	国内先进		

7.22　科技成果所处阶段代码

代码标识：DM_KJCGSCJD，参照中华人民共和国科学技术部《科技成果登记表》，代码见表 27。

表 27　科技成果所处阶段代码

代码	名　称	说　明
01	初期阶段	指实验室、小试等初期阶段的研究成果
02	中期阶段	指新产品、新工艺、新生产过程直接用于生产前，为从技术上进一步改进产品、工艺或生产过程而进行的中间试验（中试）；为进行产品定型设计，获取生产所需技术参数而制备的样机、试样；为广泛推广而作的示范；为达到成熟应用阶段、广泛推广而进行的阶段性研究成果
03	成熟应用阶段	指工业化生产、正式（或可正式）投入应用的成果

7.23　科技成果研究形式代码

代码标识：DM_KJCGYJXS，参照中华人民共和国科学技术部《科技成果登记表》，代码见表 28。

表 28　科技成果研究形式代码

代码	名　称	代码	名　称
01	独立研究	05	其他
02	与企业合作	…	…
03	与院校或院所合作	99	其他
04	与国外合作		

7.24 科技成果转让范围代码

代码标识:DM_KJCGZRFW,参照中华人民共和国科学技术部《科技成果登记表》,代码见表29。

表29 科技成果转让范围代码

代码	名称	代码	名称
01	允许出口	04	其他
02	限国内转让	…	…
03	不转让	99	其他

7.25 科技成果所属高新科技领域代码

代码标识:DM_KJCGSSGXKJLY,参照中华人民共和国科学技术部《科技成果登记表》,代码见表30。

表30 科技成果所属高新科技领域代码

代码	名称	说明
01	电子信息	包括计算机、外部设备、网络,光、微电子元器件,广播电视技术产品,通信设备及产品,专用工艺生产设备及测试仪表
02	软件	包括系统软件,支撑软件,应用软件,网管及计费系统
03	航空航天	包括航空器及配套产品、航空设备,火箭,航天器
04	光机电一体化	包括自动化机械及设备,高性能、智能化仪器仪表
05	新材料	包括金属材料,无机非金属材料,有机高分子材料及制品,复合材料
06	新能源与高效节能	包括新型能源及装备,高效节能产品
07	环境保护	包括大气污染防治设备,水污染防治设备,固体废弃物处理设备,环境监测仪器,噪声振动、电磁辐射放射性污染防治设备
08	地球、空间与海洋	包括能源、矿产资源的勘探开发设备,基础及工程测量和地球物理观测设备,空间环境要素监测设备,大型工程基础稳定性勘探及监测设备,海洋监测仪器
…	…	…
99	其他	…

7.26 科技成果评价方式代码

代码名称:DM_KJCGPJFS,参照中华人民共和国科学技术部《科技成果登记表》,代码见表31。

表31 科技成果评价方式代码

代码	名称	代码	名称
01	鉴定	05	知识产权
02	验收	…	…
03	行业准入	99	其他
04	评估		

7.27 科技成果知识产权形式代码

代码名称:DM_KJCGZSCQXS,参照中华人民共和国科学技术部《科技成果登记表》,代码见表32。

表32　科技成果知识产权形式代码

代码	名　　称	代码	名　　称
01	专利	…	…
02	软件著作权	99	其他
03	其他		

7.28　科技成果应用状态代码

代码名称:DM_KJCGYYZT,参照中华人民共和国科学技术部《科技成果登记表》,代码见表33。

表33　科技成果应用状态代码

代码	名　　称	说　　明
01	稳定应用	成果正式投入应用或生产后连续使用、间歇使用
02	应用后停用	成果投入生产应用后,被扬弃不再使用
03	未应用	成果完成后,既未进行自我转化,也未进行转让生产,处于闲置状态
…	…	…
99	其他	…

7.29　科技成果推广形式代码

代码名称:DM_KJCGTGXS,参照中华人民共和国科学技术部《科技成果登记表》,代码见表34。

表34　科技成果推广形式代码

代码	名　　称	代码	名　　称
01	产权转让	05	技术服务
02	资金入股	…	…
03	技术入股	99	其他
04	合作开发		

7.30　科技成果未应用或停用原因代码

代码名称:DM_KJCGWYYHTYYY,参照中华人民共和国科学技术部《科技成果登记表》,代码见表35。

表35　科技成果未应用或停用原因代码

代码	名　　称	代码	名　　称
01	资金问题	05	政治因素
02	技术问题	…	…
03	市场问题	99	其他
04	管理问题		

7.31　科技人员类别代码

代码标识:DM_JTKJRYLB ,代码见表36。

表 36 科技人员类别代码

代码	名　称	代码	名　称
1	项目相关人员	22	成果完成人
11	项目负责人	221	成果第一完成人
12	项目参加人	222	成果参加完成人
13	项目评审委员会	23	成果联系人
131	项目评审委员会主任委员	…	…
132	项目评审委员会副主任委员	3	实验室相关人员
133	项目评审委员会委员	31	实验室负责人
14	项目联系人	32	仪器设备联系人
…	…	33	实验系统联系人
2	成果相关人员	34	实验设施联系人
21	成果鉴定委员会	…	…
211	成果鉴定委员会主任委员	9	其他
212	成果鉴定委员会副主任委员		
213	成果鉴定委员会委员		

7.32 在岗状态代码

代码名称:DM_ZGZT,代码见表37。

表 37 在岗状态代码

代码	名　称	代码	名　称
01	在岗	06	停职留薪
02	退休	07	停薪停职
03	离休	08	在校生
04	离退休后返聘	…	…
05	停薪留职	99	其他

7.33 专业技术职务取得途径代码

代码名称:DM_ZYJSZWQDTJ,代码见表38。

表 38 专业技术职务取得途径代码

代码	名　称	代码	名　称
01	评审	…	…
02	考试	99	其他
03	特批		

7.34 学习方式代码

代码名称:DM_XXFS,代码见表39。

表 39 学习方式代码

代码	名　称	代码	名　称
01	全日制	…	…
02	业余	99	其他
03	函授		

7.35 掌握语种熟练程度代码

代码名称:DM_ZWYZSLCD,代码见表40。

表40 掌握语种熟练程度代码

代码	名 称	代码	名 称
01	精通	04	一般
02	熟练	…	…
03	良好	99	其他

7.36 实验室类别代码

代码名称:DM_SYSLB,代码见表41。

表41 实验室类别代码

代码	名 称	代码	名 称
01	国家(重点)实验室	…	…
02	行业(重点)实验室	99	其他
03	省级(重点)实验室		

7.37 仪器设备类别代码

代码名称:DM_YQSBLB,代码见表42。

表42 仪器设备类别代码

代码	名 称	代码	名 称
01	10万元以上大中型仪器设备	…	…
02	优势仪器设备	99	其他

7.38 仪器设备技术状况代码

代码名称:DM_YQSBJSZK,代码见表43。

表43 仪器设备技术状况代码

代码	名 称	代码	名 称
01	正常	…	…
02	检修	99	其他
03	升级		

7.39 科技文献类别

代码标识:DM_KJWXLB,代码见表44。

表44 科技文献类别代码

代码	名 称	代码	名 称
01	科技图书	07	科技报告
02	科技期刊	08	政府出版物
03	专利	09	产品资料
04	会议论文	…	…
05	学位论文	99	其他文献
06	标准文献		

7.40 交通科技期刊类型

代码名称:DM_JTKJQKLX,代码见表45。

表45 交通科技期刊类型代码

代码	名　称	代码	名　称
01	核心期刊	99	其他
…	…		

7.41 论文收录情况

代码名称:DM_LWSLQK,代码见表46。

表46 论文收录情况代码

代码	名　称	代码	名　称
01	SCI 收录	…	…
02	EI 收录	99	其他
03	ISTP 收录		

7.42 专利类型代码

代码名称:DM_ZLLX,代码见表47。

表47 专利类型代码

代码	名　称	代码	名　称
01	发明专利	…	…
02	实用新型专利	99	其他
03	外观设计专利		

7.43 专利法律状态类型代码

代码名称:DM_ZLFLZTLX,代码见表48。

表48 专利法律状态类型代码

代码	名　称	代码	名　称
01	公开	05	专利权有效期续展
02	授权	…	…
03	××更正	99	其他
04	专利权终止		

7.44 科技报告密级

代码名称:DM_KJBGMJ,按照 JT/T 483,代码见表49。

表49 科技报告密级代码

代码	名　称	代码	名　称
01	机密	04	公开
02	秘密	…	…
03	内部	99	其他

参 考 文 献

[1] WIPO ST.10/C.专利文献著录项目数据的表示,2005.
[2] 交通部科学研究院.交通汉语主题词表.北京:人民交通出版社,2007.
[3] 国际标准化管理委员会.国际标准分类法 ICS.北京:中国标准出版社,2003.
[4] 世界知识产权组织编著.国际专利分类表.北京:(知识产权)专利文献出版社,2006.
[5] 国家技术监督局编.中国标准文献分类法.北京:中国标准出版社,1999.
[6] 中国图书馆分类法编辑委员会编.中国图书馆分类法(第四版).北京:中国图书馆出版社,1999.

ICS 35.240.60;03.220.20
R 07
备案号:

JT

中华人民共和国交通行业标准

JT/T 785—2010

道路运输管理与服务系统
数据交换接口

Data exchange interface of road transport management and service system

2010-08-20 发布 2010-11-01 实施

中华人民共和国交通运输部 发布

目　次

前　言

本标准按照 GB/T 1.1—2009 给出的规则起草。

本标准由交通部信息通信及导航标准化技术委员会提出并归口。

本标准起草单位:交通运输部科学研究院。

本标准主要起草人:李洪囤、张夕珂、刘礼勇、刘常军、韩亮、孟繁礼、邢文龙、王松涛、周祥军、石海涛。

道路运输管理与服务系统数据交换接口

1 范围

本标准规定了道路运输管理与服务系统开发的数据交换接口要求和结构。

本标准适用于交通运输行业建立道路运输管理信息系统及数据库等的系统设计与应用开发。交通运输行业其他管理系统应用开发中涉及道路运输信息的可参照执行。

2 规范性引用文件

下列文件对于本文件的应用是必不可少的。凡是注日期的引用文件，仅所注日期的版本适用于本文件。凡是不注日期的引用文件，其最新版本（包括所有的修改单）适用于本文件。

GB/T 2260 中华人民共和国行政区划代码
GB/T 3304 中国各民族名称的罗马字母拼写法和代码
GB/T 4658 学历代码
GB/T 8561 专业技术职务代码
GB/T 10114 县级以下行政区划代码编制规则
GB 11714 全国组织机构代码编制规则
GB/T 12402 经济类型分类与代码
JT/T 200 汽车客运站级别划分和建设要求
JT/T 415—2006 道路运输电子政务平台编目编码规则

3 数据交换接口要求

3.1 基本要求

以满足数据交换的需求为目标：

——保证数据交换的完整性、准确性、便捷性和可扩展性；

——数据库表应精简，表关系应简单。

道路运输管理与服务系统应用系统开发模块设置可参考附录 A。

3.2 主键编码规则

每个表的主键应采用统一的编码规则，主键数据类型为 18 位阿拉伯数字，由六位行政区划代码和 12 位序列号构成。其中，六位行政区划代码取自 GB/T 2260。12 位的递增序列号，初始值为“000000000001”。

示例：吉林省长春市的运政系统数据交换主键（初始值）为 220100000000000001。

4 数据库表与表结构

4.1 数据库表清单

数据库表清单见表 1。

表1 数据库表清单

序号	代 码	名 称	注 释
1	TA01_OWNER	经营业户基础信息	经营业户从事道路运输行业经营的基础指标信息
2	TA01_MGRAREA	业户经营范围	经营业户许可的经营范围,包括行业类别和经营范围
3	TA01_KYOWNER	道路旅客运输经营业户	经营业户从事道路旅客运输经营的特有指标信息
4	TA01_HYOWNER	道路货物运输经营业户	经营业户从事道路货物运输经营的特有指标信息
5	TA01_JPOWNER	机动车驾驶培训经营业户	经营业户从事道路货物运输经营的特有指标信息
6	TA01_WXOWNER	机动车维修经营业户	经营业户从事机动车维修经营的特有指标信息
7	TA01_ZCKYOWNER	客运站经营业户	经营业户从事客运站经营的特有指标信息
8	TA01_ZCHYOWNER	货运站经营业户	经营业户从事货运站(场)经营的特有指标信息
9	TA01_JCOWNER	汽车综合性能检测站	经营业户从事汽车综合性能检测站经营的特有指标信息
10	TB01_VEHICLE	营运车辆	营运车辆的指标信息
11	TC01_KY_BASICROUTE	物理线路信息	道路运输管理机构规划的客运线路基础指标信息
12	TC02_KY_OWNERROUTE	经营线路	经营业户许可经营的客运线路指标信息
13	TE01_EMPLOYEE	从业人员	道路运输行业从业人员的指标信息
14	TF01_JC_NEWCASE	稽查	道路运输管理机构在执法过程中,对经营业户、营运车辆、从业人员处罚的违章指标信息
15	TF01_JC_NEWCASE_YD	稽查异地	各省收到由平台转发的异地稽查数据放入此表,异地违章可以从此表查询
16	TA01_ORGAN	道路运输管理机构	属于字典表,道路运输管理机构编码定义,交通运输主管部门统一规定省级道路运输管理机构的代码,市级和县级道路运输管理机构的代码由省统一编写
17	TB_ZIPCODE	行政区划	属于字典表,符合 GB/T 2260,每年根据民政部门的更新作调整。统一维护,标准化
18	TB_ZIPCODE2	乡镇行政区划	属于字典表,各省定义的乡镇、村一级的行政区划编码及名称,各省自行编码、更新作调整维护。编码长度为12位,前六位为对应 GB/T 2260 和 GB/T 10114 定义的区划编码,后六位为各省定义的乡镇、村两级区划编码,每三位为一级。如有不同编码方案,要以本方案为准进行编码转换。此表数据各省需向上交换到部交换平台数据库
19	TB_DRAWER	系统字典	属于字典表,JT/T 415—2006 及相关行标、国标中定义的编码规范,编码定义

4.2 数据库表说明

以下各表格表头含义说明如下:

——代码:字段(表)代码,即在数据库中的物理名称;

——名称:字段(表)中文名称;

——数据类型:字段数据类型,按照标准 SQL 的规范对数据类型和长度进行描述;

——主键:标识该字段是否为"主键",如果是主键,则相应表格画"√",否则为空;

——外键：标识该字段是否为"外键"，如果是外键，则相应表格画"√"，否则为空；

——强制：标识该字段是否为"必填字段"，如果是必填，则相应表格画"√"，否则为空；对于非必填，仅是根据目前的数据情况和应用需求确定，对于可以取得数据的项应在今后不断补充完善；

——要求：字段含义及取值要求或其他需要说明的问题。

数据库设计文档应遵循以上标准，具体文档结构参照附录B。

4.3 表结构

4.3.1 经营业户基础信息表（TA01_OWNER）

经营业户基础信息表字段组成要求见表2。

表2 经营业户基础信息表

名 称	代 码	数据类型	主键	外键	强制	要 求
业户ID	ID_OWNER	NUMERIC(18)	√		√	符合本标准3.2
业户名称	OWNERNAME	VARCHAR(100)			√	从事道路运输经营活动的个人或单位名称
组织机构代码	COMPID	VARCHAR(10)				符合GB 11714
上级企业名称	PARENTNAME	VARCHAR(100)				
上级企业经营许可证号	PMCERTID	VARCHAR(12)				
业户地址	OWNERADDR	VARCHAR(100)			√	道路运输业户所在的地址
邮政编码	ZIP	VARCHAR(6)				道路运输业户所在地的邮政编码
行政区划代码	ZIPCODE	NUMERIC(6)			√	道路运输业户所在行政区域的名称代码，符合GB/T 2260。在行政机构表中对应取值：ZIPCODE编码
经济类型	ECONTYPE	CHAR(3)			√	道路运输业户所属经济类型的分类，符合GB/T 12402。在字典表中对应：CLASSCODE = 1109000000类别；取值：STDCODE（标准代码）
经营负责人	DEALPRINCIPAL	VARCHAR(30)				业户经营负责人姓名。如是企业应填写法人代表姓名
电话号码	PTTEL	VARCHAR(30)				业户经营负责人电话
传真号码	FAX	VARCHAR(30)				业户经营负责人传真
电子邮件	EMAIL	VARCHAR(100)				业户经营负责人电子邮件地址
经营范围	MGRAREA	VARCHAR(500)			√	道路运输业户从事道路运输经营活动的经营范围，符合JT/T 415—2006的5.2.4。字典表中对应：CLASSCODE = 1214000000类别；取值：STDNAME。将所有经营范围组成一个字符串，多个经营范围间用半角","分隔
经营许可证字	MCERTWORD	VARCHAR(10)			√	符合JT/T 415—2006的5.2.2（省）道路运输经营许可证（地市）字别：一至三位汉字

表 2(续)

名 称	代 码	数 据 类 型	主键	外键	强制	要 求
经营许可证号	MCERTID	VARCHAR(12)			√	符合 JT/T 415—2006 的 5.2.2 道路运输业户取得道路运输经营许可的证书编号
有效期起	FIRSTDATE	DATE			√	批准从事道路运输经营活动的开始日期
有效期止	EXPIREDATE	DATE			√	批准从事道路运输经营活动的截止日期
发证机关	CHECKGRANTORGAN	VARCHAR(100)			√	颁发道路运输经营许可证的机构名称。取自:道路运输管理机构(TA01_ORGAN)
核发日期	CHECKGRANTDATE	DATE			√	道路运输业户的道路运输经营许可证发放时的日期
户籍地运管机构名称	ORIGORGAN	VARCHAR(100)				业户注册地的运输管理机构名称取自:道路运输管理机构(TA01_ORGAN)表中字段 ORGANNAME
户籍地运管机构代码	ORIGID_ORGAN	VARCHAR(18)				符合 JT/T 415—2006 的 5.1.7。取自:道路运输管理机构(TA01_ORGAN)表中字段 ORGANCODE
经营状态	STATE	CHAR(1)			√	符合 JT/T 415—2006 的 5.3.1。在字典表中对应:CLASSCODE = 1212000000 类别;取值:STDCODE(标准代码)
中方经营者	CMANAGER	VARCHAR(200)				从事道路运输的合资企业中方经营机构的名称。如果有多个中方经营者,中间使用半角“,”分隔
外方经营者	FMANAGER	VARCHAR(200)				从事道路运输的合资企业外方经营机构的名称。如果有多个外方经营者,中间使用半角“,”分隔
中方注册资金	REGCAPITAL	NUMERIC(9,2)				经营业户的中方注册资金数值,单位为万元
外方注册资金	FREGCAPITAL	NUMERIC(9,2)				经营业户的外方注册资金数值,单位为万元

4.3.2 业户经营范围表(TA01_MGRAREA)

业户经营范围表字段组成要求见表 3。

表 3 业户经营范围表

名 称	代 码	数 据 类 型	主键	外键	强制	要 求
业户 ID	ID_OWNER	NUMERIC(18)	√	√	√	符合本标准 3.2
经营范围 ID	ID_MGRAREA	NUMERIC(18)	√		√	符合本标准 3.2
条目编码	ITEMCODE	NUMERIC(10)			√	经营业户基础信息中“经营范围”数据按半角“,”拆分后生成“经营范围”对应的编码

表3(续)

名　称	代　码	数据类型	主键	外键	强制	要　　求
经营范围	MGRAREA	VARCHAR(100)			√	经营业户基础信息中“经营范围”数据按半角“,”拆分后生成“经营范围”。在字典表中对应: CLASSCODE = 1214000000 类别;取值:STDNAME
行业大类编码	ITEMCODE2	NUMERIC(10)			√	在字典表中对应: CLASSCODE = 1214000000 类别; 取值: 大类 ITEMCODE 编码
行业大类	MGRSORT	VARCHAR(100)			√	在字典表中对应: CLASSCODE = 1214000000 类别;取值:大类 STDNAME
行业小类编码	ITEMCODE3	NUMERIC(10)			√	在字典表中对应: CLASSCODE = 1214000000 类别; 取值: 小类 ITEMCODE 编码
行业小类	MGRSORT2	VARCHAR(100)			√	在字典表中对应: CLASSCODE = 1214000000 类别;取值:小类 STDNAME

4.3.3 道路旅客运输经营业户表(TA01_KYOWNER)

道路旅客运输经营业户表字段组成要求见表4。

表4 道路旅客运输经营业户表

名　称	代　码	数据类型	主键	外键	强制	要　　求
业户 ID	ID_OWNER	NUMERIC(18)	√	√	√	符合本标准 3.2
企业等级	APTITUDE	CHAR(1)				对道路运输业户的综合评价。符合 JT/T 415—2006 的 5.3.3。在字典表中对应:CLASSCODE = 1309000000 类别;取值:STDCODE(标准代码)
企业等级评定机构	ASSESSORGN	VARCHAR(100)				对道路运输业户进行年度评定的机构名称
企业等级评定日期	ASSESSDATE	DATE				道路运输业户年度评定时的日期
质量信誉考核结果	QCEXAMIERESULT	CHAR(1)				符合 JT/T 415—2006 的 5.3.2。在字典表中对应:CLASSCODE = 1321000000 类别;取值:STDCODE(标准代码)
考核分数	SCORE	SMALLINT				诚信考核的总分
质量信誉考核机构	QCCHECKORGAN	VARCHAR(100)				对道路运输业户进行经营质量信誉考核的机构名称
质量信誉考核日期	REGDATE	DATE				对道路运输业户经营质量信誉考核的日期

4.3.4 道路货物运输经营业户表(TA01_HYOWNER)

道路货物运输经营业户表字段组成要求见表5。

表5 道路货物运输经营业户表

名 称	代 码	数据类型	主键	外键	强制	要 求
业户ID	ID_OWNER	NUMERIC(18)	√	√	√	符合本标准3.2
企业等级	APTITUDE	CHAR(1)				对道路运输业户的综合评价。符合JT/T 415—2006的5.3.3。在字典表中对应:CLASSCODE = 1309000000类别;取值:STDCODE(标准代码)
企业等级评定机构	ASSESSORGN	VARCHAR(100)				对道路运输业户进行年度评定的机构名称
企业等级评定日期	ASSESSDATE	DATE				道路运输业户年度评定时的日期
质量信誉考核结果	QCEXAMIERESULT	CHAR(1)				符合JT/T 415—2006的5.3.2。在字典表中对应:CLASSCODE = 1321000000类别;取值:STDCODE(标准代码)
考核分数	SCORE	SMALLINT				诚信考核的总分
质量信誉考核机构	QCCHECKORGAN	VARCHAR(100)				对道路运输业户进行经营质量信誉考核的机构名称
质量信誉考核日期	REGDATE	DATE				对道路运输业户经营质量信誉考核的日期

4.3.5 机动车驾驶培训经营业户表(TA01_JPOWNER)

机动车驾驶培训经营业户表字段组成要求见表6。

表6 机动车驾驶培训经营业户表

名 称	代 码	数据类型	主键	外键	强制	要 求
业户ID	ID_OWNER	NUMERIC(18)	√	√	√	符合本标准3.2
质量信誉考核结果	QCEXAMIERESULT	CHAR(1)				符合JT/T 415—2006的5.3.2。在字典表中对应:CLASSCODE = 1321000000类别;取值:STDCODE(标准代码)
考核分数	SCORE	SMALLINT				诚信考核的总分
质量信誉考核机构	QCCHECKORGAN	VARCHAR(100)				对道路运输业户进行经营质量信誉考核的机构名称
质量信誉考核日期	REGDATE	DATE				对道路运输业户经营质量信誉考核的日期

4.3.6 机动车维修经营业户表(TA01_WXOWNER)

机动车维修经营业户表字段组成要求见表7。

表7　机动车维修经营业户表

名称	代码	数据类型	主键	外键	强制	要求
业户 ID	ID_OWNER	NUMERIC(18)	√	√	√	符合本标准 3.2
机动车维修标志牌号	WXBRANDID	VARCHAR(10)				维修业户的机动车维修标志牌编号
质量信誉考核结果	QCEXAMIERESULT	CHAR(1)				符合 JT/T 415—2006 的 5.3.2。在字典表中对应:CLASSCODE = 1321000000 类别;取值:STDCODE
考核分数	SCORE	SMALLINT				诚信考核的总分
质量信誉考核机构	QCCHECKORGAN	VARCHAR(100)				对道路运输业户进行经营质量信誉考核的机构名称
质量信誉考核日期	REGDATE	DATE				对道路运输业户经营质量信誉考核的日期
维修场地面积	WXCDMJ	NUMERIC(5)				单位为平方米,保留整数
主要维修设备	ZYWXSB	VARCHAR(500)				填写主要设备名称,多台设备以“,”分隔
维修业户等级	WXYHDJ	CHAR(1)				1:一类汽车维修;2:二类汽车维修;3:三类汽车维修;4:一类摩托车维修;5:二类摩托车维修;6:其他机动车维修

4.3.7　客运站经营业户表(TA01_ZCKYOWNER)

客运站经营业户表字段组成要求见表8。

表8　客运站经营业户表

名称	代码	数据类型	主键	外键	强制	要求
业户 ID	ID_OWNER	NUMERIC(18)	√	√	√	符合本标准 3.2
客运站代码	ZCKYID	VARCHAR(10)				符合 JT/T 415—2006 的 5.3.4
客运站级别	ZCKYLEVEL	CHAR(1)				符合 JT/T 415—2006 的 5.3.6。在字典表中对应:CLASSCODE = 1301000000 类别;取值:STDCODE(标准代码)
客运站地址	ZCKYADDR	VARCHAR(100)				客运站坐落地的地址
质量信誉考核结果	QCEXAMIERESULT	CHAR(1)				符合 JT/T 415—2006 的 5.3.2。在字典表中对应:CLASSCODE = 1321000000 类别;取值:STDCODE(标准代码)
考核分数	SCORE	SMALLINT				诚信考核的总分
质量信誉考核机构	QCCHECKORGAN	VARCHAR(100)				对道路运输业户进行经营质量信誉考核的机构名称
质量信誉考核日期	REGDATE	DATE				对道路运输业户经营质量信誉考核的日期

4.3.8　货运站经营业户表(TA01_ZCHYOWNER)

货运站经营业户表字段组成要求见表9。

表9　货运站经营业户表

名　称	代　码	数据类型	主键	外键	强制	要　求
业户 ID	ID_OWNER	NUMERIC(18)	√	√	√	符合本标准 3.2
货运站代码	ZCHYID	VARCHAR(10)				
货运站级别	ZCHYLEVEL	CHAR(1)				符合 JT/T 415—2006 的 5.3.8。在字典表中对应:CLASSCODE = 1302000000 类别;取值:STDCODE(标准代码)
货运站地址	ZCHYADDR	VARCHAR(100)				
质量信誉考核结果	QCEXAMIERESULT	CHAR(1)				符合 JT/T 415—2006 的 5.3.2。在字典表中对应:CLASSCODE = 1321000000 类别;取值:STDCODE(标准代码)。站场质量信誉考核结果,即服务质量等级
考核分数	SCORE	SMALLINT				诚信考核的总分
质量信誉考核机构	QCCHECKORGAN	VARCHAR(100)				对道路运输业户进行经营质量信誉考核的机构名称
质量信誉考核日期	REGDATE	DATE				对道路运输业户经营质量信誉考核的日期

4.3.9　汽车综合性能检测站表(TA01_JCOWNER)

汽车综合性能检测站表字段组成要求见表10。

表10　汽车综合性能检测站表

名　称	代　码	数据类型	主键	外键	强制	要　求
业户 ID	ID_OWNER	NUMERIC(18)	√	√	√	
检测站类别	JCCHECKTYPE	CHAR(1)				汽车综合性能检测站分类。符合 JT/T415—2006 的 5.3.9。在字典表中对应: CLASSCODE = 1322000000 类别;取值:STDCODE(标准代码)

4.3.10　营运车辆表(TB01_VEHICLE)

营运车辆表字段组成要求见表11。

表11　营运车辆表

名　称	代　码	数据类型	主键	外键	强制	要　求
业户 ID	ID_OWNER	NUMERIC(18)	√	√	√	符合本标准 3.2
车辆 ID	ID_VEHICLE	NUMERIC(18)	√		√	符合本标准 3.2
车牌颜色	VCLIDCOLOR	CHAR(1)			√	机动车牌照的颜色。符合 JT/T 415—2006 的 5.4.13。在字典表中对应:CLASSCODE = 1402000000 类别;取值:STDCODE(标准代码)

表 11(续)

名 称	代 码	数据类型	主键	外键	强制	要 求
车辆(挂车)号牌	VEHICLEID	VARCHAR(12)			√	公安车管部门核发的机动车牌照号码。车牌照号码中不设分隔符号,所有字母数字连续保存,如:京 CJ6789,不要保存为"京 C-J6789"或"京 C · J6789"
厂牌	MTYPE	VARCHAR(50)				机动车出厂的厂牌
型号	MTYPE1	VARCHAR(50)				机动车出厂的型号
车辆类型	VCLTYPE	CHAR(2)			√	符合 JT/T 415—2006 的 5.4.9。在字典表中对应:CLASSCODE = 1401000000 类别;取值:STDCODE(标准代码)
车身颜色	BODYCOLOR	VARCHAR(10)			√	符合 GB/T 3181。在字典表中对应:CLASSCODE = 1411000000 类别;取值:STDNAME
发动机号	ENGINEID	VARCHAR(40)				机动车发动机的铭号
车架号	CHASSISID	VARCHAR(40)				机动车车架的铭号
车辆识别代码(VIN)	VCLVINID	VARCHAR(17)			√	机动车制造厂家为识别车辆而为其指定的唯一一组由字母和数字组成的编码
燃料类型	FUELTYPE	CHAR(1)				符合 JT/T 415—2006 的 5.4.6。在字典表中对应:CLASSCODE = 1403000000 类别;取值:STDCODE(标准代码)
出厂日期	OUTMILLDATE	DATE				机动车生产出厂时的日期
车辆照片	VCLPIC	BLOB(5000000)				机动车正面照片
轴距	WHEELBASE	NUMERIC(6)				单位为毫米(mm)
车长	VCLLENGTH	NUMERIC(6)				单位为毫米(mm)
车高	VCLHEIGHT	NUMERIC(6)				单位为毫米(mm)
车宽	VCLWIDTH	NUMERIC(6)				单位为毫米(mm)
车轴数	AXLENUM	NUMERIC(6)				单位为根
准牵引总质量	TRACTION	NUMERIC(7)				单位为千克(kg)
道路运输证字	CCERTWORD	VARCHAR(10)			√	符合 JT/T 415—2006 的 5.4.1。(省)道路运输经营许可证(地市)字别:一至三位汉字
道路运输证号	CCERTID	VARCHAR(12)			√	符合 JT/T 415—2006 的 5.4.1 证件编码
发证机构	GRANTORGAN	VARCHAR(100)			√	发放道路运输证的机构名称。符合 JT/T 415—2006 的 5.1.7
有效期起	FIRSTDATE	DATE			√	批准从事道路运输经营活动的开始日期
有效期止	EXPIREDATE	DATE			√	批准从事道路运输经营活动的截止日期

表 11(续)

名　称	代　码	数 据 类 型	主键	外键	强制	要　求
经营范围	MGRAREA	VARCHAR(150)			√	车辆从事道路运输的经营范围。符合 JT/T 415—2006 的 5.2.4。在字典表中对应:CLASSCODE = 1214000000 类别;取值:STDNAME。将所有的经营范围组合成一个字符串,多个经营范围间用半角“,”分隔
车辆营运状态	CCERTSTATE	CHAR(1)			√	进行营业性运输的机动车当前的状况。符合 JT/T 415—2006 的 5.4.6。在字典表中对应:CLASSCODE = 1408000000 类别;取值:STDCODE(标准代码)
二级维护状态	SECMAINSTATE	CHAR(1)				机动车是否已进行二级维护的状态。符合 JT/T 415—2006 的 5.4.3。在字典表中对应:CLASSCODE = 1410000000 类别;取值:STDCODE(标准代码)
车辆技术等级	VCLTECRANK	CHAR(1)				符合 JT/T 415—2006 的 5.4.2。在字典表中对应:CLASSCODE = 1404000000 类别;取值:STDCODE(标准代码)
年度审验状态	CHECKRESULT	CHAR(1)				符合 JT/T 415—2006 的 5.4.4。在字典表中对应:CLASSCODE = 1110000000 类别;取值:STDCODE(标准代码)
是否安装行驶记录仪	F_RCDINSTALLED	SMALLINT				0:否;1:是
是否安装定位系统	F_RECORD	SMALLINT				0:否;1:是
行车记录仪安装状态	FIXRECSTATE	CHAR(1)				符合 JT/T 415—2006 的 5.1.10。在字典表中对应:CLASSCODE = 1421000000 类别;取值:STDCODE(标准代码)
定位系统安装状态	FIXGISSTATE	CHAR(1)				符合 JT/T 415—2006 的 5.1.10。在字典表中对应:CLASSCODE = 1422000000 类别;取值:STDCODE(标准代码)
道路客运经营许可证明编号	MCERTNOTE	VARCHAR(30)				道路运输管理机构颁发的道路客运班经营许可证明编号
客车等级	VCLRANK	CHAR(1)				符合 JT/T 415—2006 的 5.4.8。在字典表中对应:CLASSCODE = 1412000000 类别;取值:STDCODE(标准代码)
核定载客位	SEAT	NUMERIC(6)			√	单位为座
承运人责任保险投保金额	CARRIERINSMONEY	NUMERIC(9,2)				单位为万元

表 11(续)

名 称	代 码	数据类型	主键	外键	强制	要 求
承运人责任保险投保日期	CARRIERINSDATE	DATE				
承运人责任保险有效期起	CARRIERINS DATEFIRST	DATE				
承运人责任保险有效期至	CARRIERINS DATEEND	DATE				
车辆(挂车)吨位	TON	NUMERIC(6,2)			√	单位为吨(t)
车辆箱位	VCLSECTS	NUMERIC(6)				单位为 TEU
罐体容积	POTCUBAGE	NUMERIC(6,2)				单位为立方米(m^3)
危险货物承运人责任保险投保金额	WHCARRIER INSMONEY	NUMERIC(9,2)				单位为万元
危险货物承运人责任保险投保日期	WHCARRIER INSDATE	DATE				
危险货物承运人责任保险有效期起	WHCARRIER INSFIRSTDATE	DATE				
危险货物承运人责任保险有效期至	WHCARRIER INSENDDATE	DATE				

4.3.11 物理线路信息表(TC01_KY_BASICROUTE)

物理线路信息表字段组成要求见表 12。

表 12 物理线路信息表

名 称	代 码	数据类型	主键	外键	强制	要 求
线路 ID	ID_ROUTE	NUMERIC(18)	√		√	
线路编码	ROUTECODE	VARCHAR(25)				符合 JT/T 415—2006 的 5.2.9
线路名称	ROUTENAME	VARCHAR(100)			√	
经营区域	RUNAREA	CHAR(1)			√	符合 JT/T 415—2006 的 5.2.7。在字典表中对应:CLASSCODE = 1202030000 类别;取值:STDCODE(标准代码)
线路类型	ROUTETYPE	CHAR(1)			√	符合 JT/T 415—2006 的 5.2.8。在字典表中对应:CLASSCODE = 1202090000 类别;取值:STDCODE(标准代码)
途经主要地点	MAINADDR	VARCHAR(200)				多个途经地点时以半角“,”分隔
起点行政区划代码	ORIGZIPAREAID	NUMERIC(12)			√	符合 GB/T 2260。在行政机构表中对应取值:ZIPCODE 编码 GB/T 2260(六位)+GB 10114(六位)
起点行政区划名称	ORIGZIPAREA	VARCHAR(50)			√	

表 12（续）

名　称	代　码	数据类型	主键	外键	强制	要　求
讫点行政区划代码	DESTZIPAREAID	NUMERIC(12)			√	在行政机构表中对应取值：ZIPCODE 编码 GB/T 2260（六位）+ GB 10114（六位）
讫点行政区划名称	DESTZIPAREA	VARCHAR(50)			√	
线路里程	ROUTEMILE	NUMERIC(6,1)				单位为公里(km)
高速里程	HIGHSPEEDMILE	NUMERIC(6,1)				单位为公里(km)
状态	STATE	CHAR(1)			√	取值范围为 1-有效或 0-无效，存储状态代码

4.3.12　经营线路表（TC02_KY_OWNERROUTE）

经营线路表字段组成要求见表 13。

表 13　经营线路表

名　称	代　码	数据类型	主键	外键	强制	要　求
业户 ID	ID_OWNER	NUMERIC(18)	√	√	√	
经营线路 ID	ID_ROUTEO	NUMERIC(18)	√		√	
线路 ID	ID_ROUTE	NUMERIC(18)		√	√	
班车类别	VCLSORT	CHAR(1)			√	符合 JT/T 415—2006 的 5.2.5。在字典表中对应：CLASSCODE = 1202070000 类别；取值：STDCODE(标准代码)
起点站名	ORIGSTATION	VARCHAR(50)			√	客运线路始发客运站名称
讫点站名	DESTSTATION	VARCHAR(50)			√	客运线路终到客运站名称
途中停靠站点	MAINSTATION	VARCHAR(200)				途中停靠站点，之间用半角“,”进行分隔
途经主要地点	MAINADDR	VARCHAR(200)				地点之间用半角“,”进行分隔
日发班次	NUMOFRUN	NUMERIC(6,2)			√	客运线路日发班次，单位为班次
投入的车辆总数	VEHICLENUMS	NUMERIC(6)				单位为辆
投入车辆的座位总数	VEHICLESEATNUMS	NUMERIC(6)				单位为座
线路牌总数	RBRANDNUM	NUMERIC(6)				单位为张
许可机构	ORGANNAME	VARCHAR(100)				
有效起始日期	FIRSTDATE	DATE				
有效截止日期	EXPIREDATE	DATE				
营运状态	STATE	CHAR(1)			√	符合 JT/T 415—2006 的 5.2.10。在字典表中对应：CLASSCODE = 1211000000 类别；取值：STDCODE(标准代码)

4.3.13 从业人员表(TE01_EMPLOYEE)

从业人员表字段组成要求见表14。

表14 从业人员表

名称	代码	数据类型	主键	外键	强制	要求
人员ID	ID_EMPLOYEE	NUMERIC(18)	√		√	符合本标准3.2
业户ID	ID_OWNER	NUMERIC(18)		√		符合本标准3.2
姓名	NAME	VARCHAR(30)			√	
性别	PTSEX	VARCHAR(12)				填写"男"或"女"
出生日期	BIRTHDAY	DATE				
身份证号码	PTIDCARD	VARCHAR(18)			√	
照片	PIC_EMP	BLOB(5000000)				
民族	FOLK	CHAR(2)				符合GB/T 3304。在字典表中对应:CLASSCODE = 1103000000类别;取值:STDCODE(标准代码)
联系电话	TEL	VARCHAR(30)				
联系地址	PTADDR	VARCHAR(100)				
文化程度	DIPLOMA	CHAR(2)				符合GB/T 4658。在字典表中对应:CLASSCODE = 1902000000类别;取值:STDCODE(标准代码)
技术职称	TITLE	CHAR(1)				符合GB/T 8561。在字典表中对应:CLASSCODE = 1909000000类别;取值:STDCODE(标准代码)
人员类别	EMPTYPE	VARCHAR(60)			√	在字典表中对应:CLASSCODE = 1925000000类别;取值:STDCODE(标准代码)。有的类别组合成一个字符串,多个类别间用半角","分隔
从业资格类别	ECERTTYPE	VARCHAR(100)			√	符合JT/T 415—2006的5.9.8。在字典表中对应:CLASSCODE = 1904060000类别;取值:STDCODE(标准代码)。将所有的从业资格类别组合成一个字符串,多个类别间用半角","分隔
从业资格证号	ID_ECERT	VARCHAR(19)			√	从业人员的身份证号码
从业资格证初领时间	FIRSTDATEE	DATE			√	
从业资格证发放时间	ECERTGRANTDATE	DATE			√	
证件有效期至	CERTENDATE	DATE			√	
发证机关	GRANTORGAN	VARCHAR(100)			√	

表 14(续)

名 称	代 码	数 据 类 型	主键	外键	强制	要 求
证照状态	DRLIENCESTAT	CHAR(1)			√	符合 JT/T 415—2006 的 5.5.2。在字典表中对应:CLASSCODE = 1507000000 类别;取值:STDCODE(标准代码)
诚信考核等级	HONESTCHKLVL	CHAR(1)				符合 JT/T 415—2006 的 5.5.2。在字典表中对应:CLASSCODE = 1924000000 类别;取值:STDCODE(标准代码)
诚信考核日期	HONESTCHKDATE	DATE				
诚信考核机构	HONESTCHK ORGAN	VARCHAR(100)				
驾驶证号	DRIVERLICENSE	VARCHAR(18)				
准驾车型	DRIVERTYPE	CHAR(2)				从业人员的驾驶证中注明的准驾车型编码。符合 JT/T 415—2006 的 5.4.10。在字典表中对应:CLASSCODE = 1921000000 类别;取值:STDCODE(标准代码)。 补充接口定义:如果驾驶员有多个准驾车型,中间使用半角“,”分隔
驾驶证初领时间	DRLIENCEDATE	DATE				从业人员初领驾驶证的时间
准教类别	PTLTYPE	CHAR(1)				机动车驾驶培训教练员可从事的教学范围。符合 JT/T 415—2006 的 5.9.12。在字典表中对应:CLASSCODE = 1922000000 类别;取值:STDCODE(标准代码)。 补充接口定义:如果教练员有多个准教类别,中间使用半角“,”分隔
准教车型	PTLVCLS	CHAR(2)				机动车驾驶培训教练员可从事培训的车型。符合 JT/T 415—2006 的 5.4.10。在字典表中对应:CLASSCODE = 1923000000 类别;取值:STDCODE(标准代码)。 补充接口定义:如果教练员有多个准教车型,中间使用半角“,”分隔
专业技术等级	PROGRADE	CHAR(1)				维修技术人员的专业技术等级。符合 JT/T 415—2006 的 5.9.16。在字典表中对应:CLASSCODE = 1910000000 类别;取值:STDCODE(标准代码)
专业技术证书发放时间	PROLIENCEDATE	DATE				维修技术人员的专业技术证书发放时间
继续教育情况	CONTEDUINFO	VARCHAR(2000)				从业人员接受继续教育的经历及获取的相关证书情况描述

表 14(续)

名 称	代 码	数 据 类 型	主键	外键	强制	要 求
从业状态	WORKSTATE	CHAR(1)			√	在字典表中对应:CLASSCODE = 1915000000 类别;取值:STDCODE(标准代码)

4.3.14 稽查表(TF01_JC_NEWCASE)

稽查表字段组成要求见表 15。

表 15 稽查表

名 称	代 码	数 据 类 型	主键	外键	强制	要 求
案件 ID	ID_CASE	NUMERIC(18)	√		√	符合本标准 3.2
案件登记号	CASEID	NUMERIC(17)				符合 JT/T 415—2006 的 5.7.1
案件来源	CASESOURCE	CHAR(1)				道路运输行业稽查机关处理的稽查案件的来源渠道分类。符合 JT/T 415—2006 的 5.7.10。在字典表中对应:CLASSCODE = 1701000000 类别;取值:STDCODE(标准代码)
案件状态	CASESTATE	CHAR(1)				符合 JT/T 415—2006 的 5.7.16.3。在字典表中对应:CLASSCODE = 1713000000 类别;取值:STDCODE(标准代码)新增四项编码。历史数据按照案件处理执行顺序编码,如果把新增的四项内容插入中间环节,所有编码都要调整,势必造成工作混乱,所以新增的状态直接排列在原有状态代码之后,由此将产生数据实际录入时选择案件状态不方便,建议应用系统开发时进行处理
处罚执行状态	IMPSTATE	CHAR(1)			√	符合 JT/T 415—2006 的 5.7.17.3。在字典表中对应:CLASSCODE = 1716000000 类别;取值:STDCODE(标准代码)
稽查对象	CASEOBJ	CHAR(1)			√	符合 JT/T 415—2006 的 5.7.3.3。在字典表中对应:CLASSCODE = 1711000000 类别;取值:STDCODE(标准代码)
稽查程序类型	CASETYPE	CHAR(1)				符合 JT/T 415—2006 的 5.7.11.3。在字典表中对应:CLASSCODE = 1712000000 类别;取值:STDCODE(标准代码)
当事人	PARTY	VARCHAR(30)			√	违法当事人
性别	PTSEX	VARCHAR(12)				填写"男"或"女"
年龄	PTAGE	NUMERIC(6)				周岁
身份证号码	PTIDCARD	VARCHAR(18)				

表 15(续)

名　称	代　码	数据类型	主键	外键	强制	要　　求
从业资格类别	ECERTTYPE	VARCHAR(100)				违法当事人的从业资格类别。符合 JT/T415—2006 的 5.9.8。在字典表中对应:CLASSCODE = 1904060000 类别;取值:STDCODE(标准代码)。 将所有的从业资格类别组合成一个字符串,多个从业资格类别间用半角","分隔
从业资格证号	ID_ECERT	VARCHAR(19)			√	违法当事人的从业资格证号。符合 JT/T415—2006 的 5.9.11。 补充规定:对于没有相关证件的,根据编码规则,前六位仍为行政区划编码,之后的各位均为"0"
住址	PTADDR	VARCHAR(100)				
电话	PTTEL	VARCHAR(30)				联系人电话
业户(单位)名称	OWNERNAME	VARCHAR(100)				违法车辆的所属业户名称
业户(单位)地址	OWNERADDR	VARCHAR(100)				违法车辆的所属业户地址
经营许可证字	MCERTWORD	VARCHAR(10)				道路运输经营许可的字别
经营许可证号	MCERTID	VARCHAR(12)			√	道路运输业户取得道路运输经营许可的证书编号。补充规定:对于没有相关证件的,根据编码规则,前六位仍为行政区划编码,之后的各位均为"0"
车辆(挂车)号牌	VEHICLEID	VARCHAR(12)			√	公安车管部门核发的机动车牌照号码。对于不涉及车辆的稽查信息,填写"非车辆";对于没有号牌的车辆违法信息,填写"无牌"
车牌颜色	VCLIDCOLOR	CHAR(1)			√	符合 JT/T 415—2006 的 5.4.13。在字典表中对应:CLASSCODE = 1402000000 类别;取值:STDCODE(标准代码)。 对于不涉及车辆的稽查信息,填写"f";对于没有号牌的车辆违法信息,填写"0"
道路运输证字	CCERTWORD	VARCHAR(10)			√	符合 JT/T 415—2006 的 5.4.1。 对于不涉及车辆的稽查信息,填写"非车辆";对于没有道路运输证的车辆违法信息,填写"无证"
道路运输证号	CCERTID	VARCHAR(12)			√	办理道路运输证时行业主管部门签发的证书编号。符合 JT/T 415—2006 的 5.4.2。 补充规定:对于没有相关证件的,根据编码规则,前六位仍为行政区划编码,之后的各位均为"0"

表 15(续)

名 称	代 码	数据类型	主键	外键	强制	要 求
车籍地运管机构	ORIORGAN	VARCHAR(100)			√	违法车辆的车籍地运管机构的名称。取自:道路运输管理机构(TA01_ORGAN)表中字段 ORGANNAME。对于不涉及车辆的稽查信息,填写"非车辆"
违法时间	BKLAWTIME	DATE			√	
违法地点	BKLAWSITE	VARCHAR(100)			√	
法律法规名称	BKLAWITEM	VARCHAR(500)				符合 JT/T 415—2006 的 5.7.4。在字典表中对应:CLASSCODE = 1731000000 类别;取值:STDCODE(标准代码)
条、款、项	LAWINDEX	VARCHAR(30)				符合 JT/T 415—2006 的 5.7.5
违法内容	BKLAWNOTE	VARCHAR(500)				
车辆暂扣凭证号	ID_DETAINEDVCL	VARCHAR(30)				
证件暂扣凭证号	CERTMONVOUCHERID	VARCHAR(30)				
处罚决定类型	PUNISHTYPE	CHAR(2)				道路运输行业稽查机关处理稽查案件的处理决定类型。符合 JT/T 415—2006 的 5.7.13。在字典表中对应:CLASSCODE = 1722000000 类别;取值:STDCODE(标准代码)
处罚决定日期	PUNISHDATE	DATE				
罚款金额	PUNISHMONEY	NUMERIC(9,2)				单位为元
吊销证件类别	CERTTYPE	CHAR(3)				符合 JT/T 415—2006 的 5.5.1。在字典表中对应:CLASSCODE = 1521000000 类别;取值:STDCODE(标准代码)
整顿(改)时限	REDDLIMIT	NUMERIC(3)				单位为天
执法机构	EXEORGAN	VARCHAR(100)				

4.3.15 异地稽查表(TF01_JC_NEWCASE_YD)

此表由部交换平台反馈,不需要各省自行填写。异地稽查表字段组成要求见表 16。

表 16 异地稽查表

名 称	代 码	数据类型	主键	外键	强制	要 求
案件 ID	ID_CASE	NUMERIC(18)	√		√	
案件登记号	CASEID	NUMERIC(17)				
案件来源	CASESOURCE	CHAR(1)				
案件状态	CASESTATE	CHAR(1)				
处罚执行状态	IMPSTATE	CHAR(1)			√	

表16(续)

名称	代码	数据类型	主键	外键	强制	要求
稽查对象	CASEOBJ	CHAR(1)			√	
稽查程序类型	CASETYPE	CHAR(1)				
当事人	PARTY	VARCHAR(30)			√	
性别	PTSEX	VARCHAR(12)				
年龄	PTAGE	NUMERIC(6)				
身份证号码	PTIDCARD	VARCHAR(18)				
从业资格类别	ECERTTYPE	VARCHAR(100)				
从业资格证号	ID_ECERT	VARCHAR(19)			√	
住址	PTADDR	VARCHAR(100)				
电话	PTTEL	VARCHAR(30)				
业户(单位)名称	OWNERNAME	VARCHAR(100)				
业户(单位)地址	OWNERADDR	VARCHAR(100)				
经营许可证字	MCERTWORD	VARCHAR(10)				
经营许可证号	MCERTID	VARCHAR(12)			√	
车辆(挂车)号牌	VEHICLEID	VARCHAR(12)			√	
车牌颜色	VCLIDCOLOR	CHAR(1)			√	
道路运输证字	CCERTWORD	VARCHAR(10)			√	
道路运输证号	CCERTID	VARCHAR(12)			√	
车籍地运管机构	ORIORGAN	VARCHAR(100)			√	
违法时间	BKLAWTIME	DATE			√	
违法地点	BKLAWSITE	VARCHAR(100)			√	
法律法规名称	BKLAWITEM	CHAR(2)			√	
条、款、项	LAWINDEX	VARCHAR(30)			√	
违法内容	BKLAWNOTE	VARCHAR(500)				
车辆暂扣凭证号	ID_DETAINEDVCL	VARCHAR(30)				
证件暂扣凭证号	CERTMONVOUCHERID	VARCHAR(30)				
处罚决定类型	PUNISHTYPE	CHAR(2)				
处罚决定日期	PUNISHDATE	DATE				
罚款金额	PUNISHMONEY	NUMERIC(9,2)				
吊销证件类别	CERTTYPE	CHAR(3)				
整顿(改)时限	REDDLIMIT	NUMERIC(3)				
执法机构	EXEORGAN	VARCHAR(100)				
时间戳	TIMEFLAG	DATE				

4.3.16 道路运输管理机构表(TA01_ORGAN)

道路运输管理机构表字段组成要求见表17。

表17 道路运输管理机构表

名 称	代 码	数据类型	主键	外键	强制	要 求
运输管理机构ID	ORGAN_ID	NUMERIC(18)	√		√	符合本标准3.2
运输管理机构代码	ORGANCODE	VARCHAR(8)			√	符合JT/T 415—2006的5.1.7
运输管理机构名称	ORGANNAME	VARCHAR(100)			√	
机构地址	ORGANADDR	VARCHAR(100)				
行政区划代码	ZIPCODE	NUMERIC(6)			√	符合GB/T 2260。 在行政机构表中对应取值:ZIPCODE编码
行政区划名称	DISTRICT	VARCHAR(50)				
机构电话	ORGANTEL	VARCHAR(30)				
机构传真	ORGANFAX	VARCHAR(30)				
应急值班电话	EMERGENCYTEL	VARCHAR(30)				
投诉电话	CASTTEL	VARCHAR(30)				
机构负责人	CORPORATION	VARCHAR(30)				
邮政编码	ZIP	VARCHAR(6)				
上级道路运输管理机构代码	PARENTORGAN CODE	VARCHAR(8)				取自道路运输管理机构(TA01_ORGAN)表中字段ORGAN_ID
状态	STATE	CHAR(1)			√	取值范围为1-有效或0-无效,存储状态代码

4.3.17 行政区划表(TB_ZIPCODE)

行政区划表字段组成要求见表18。

表18 行政区划表

名 称	代 码	数据类型	主键	外键	强制	要 求
行政区划代码	ZIPCODE	NUMERIC(6)	√		√	在行政机构表中对应取值:ZIPCODE编码
行政区划名称	DISTRICT	VARCHAR(50)			√	
上级区划代码	PARENTZIP	NUMERIC(6)				
状态	STATE	CHAR(1)			√	存储状态代码,1-有效或0-无效
备注	REMARK	VARCHAR(200)				

4.3.18 乡镇行政区划表(TB_ZIPCODE2)

乡镇行政区划表字段组成要求见表19。

表 19　乡镇行政区划表

名　称	代　码	数据类型	主键	外键	强制	要　求
行政区划代码	ZIPCODE	NUMERIC(12)	√		√	在行政机构表中对应取值：ZIPCODE 编码
行政区划名称	DISTRICT	VARCHAR(50)			√	
上级区划代码	PARENTZIP	NUMERIC(12)				
状态	STATE	CHAR(1)			√	存储状态代码，1-有效或 0-无效
备注	REMARK	VARCHAR(200)				

4.3.19　系统字典表(TB_DRAWER)

系统字典表字段组成要求见表 20(具体内容参见附录 C)。

表 20　系统字典表

名　称	代　码	数据类型	主键	外键	强制	要　求
抽屉表 ID	ID_DRAWER	NUMERIC(18)	√		√	符合本标准 3.2
条目编码	ITEMCODE	NUMERIC(10)			√	
分类编码	CLASSCODE	NUMERIC(10)			√	
标准代码	STDCODE	VARCHAR(10)				
标准代码名称	STDNAME	VARCHAR(100)			√	
有效性	F_VALIDITY	SMALLINT				
默认标志	F_DEFAULT	SMALLINT				
是否允许修改	F_ALLOWEDIT	SMALLINT				0：否；1：是
是否允许增加子项	F_ADDCHILD	SMALLINT				0：否；1：是
排序号	ORDERNO	NUMERIC(4)				
备注	REMARK	VARCHAR(200)				

附　录　A
（资料性附录）
基本功能模块结构

相关行业的运政管理系统应具备以下功能模块(图 A.1 ~ 图 A.8)。所列功能为系统应具备的基本功能,各单位可以根据需要进行扩展。

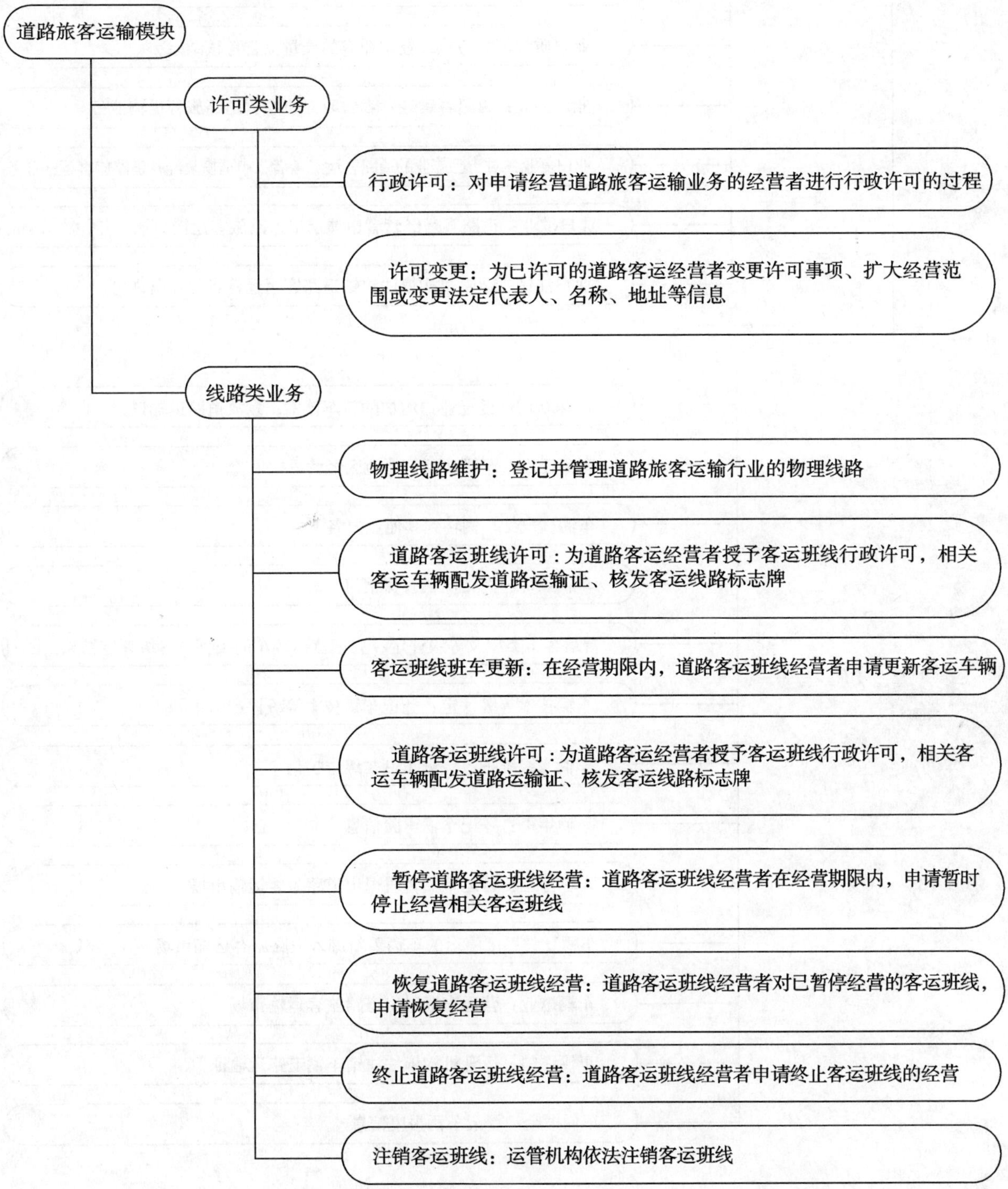

图　A.1

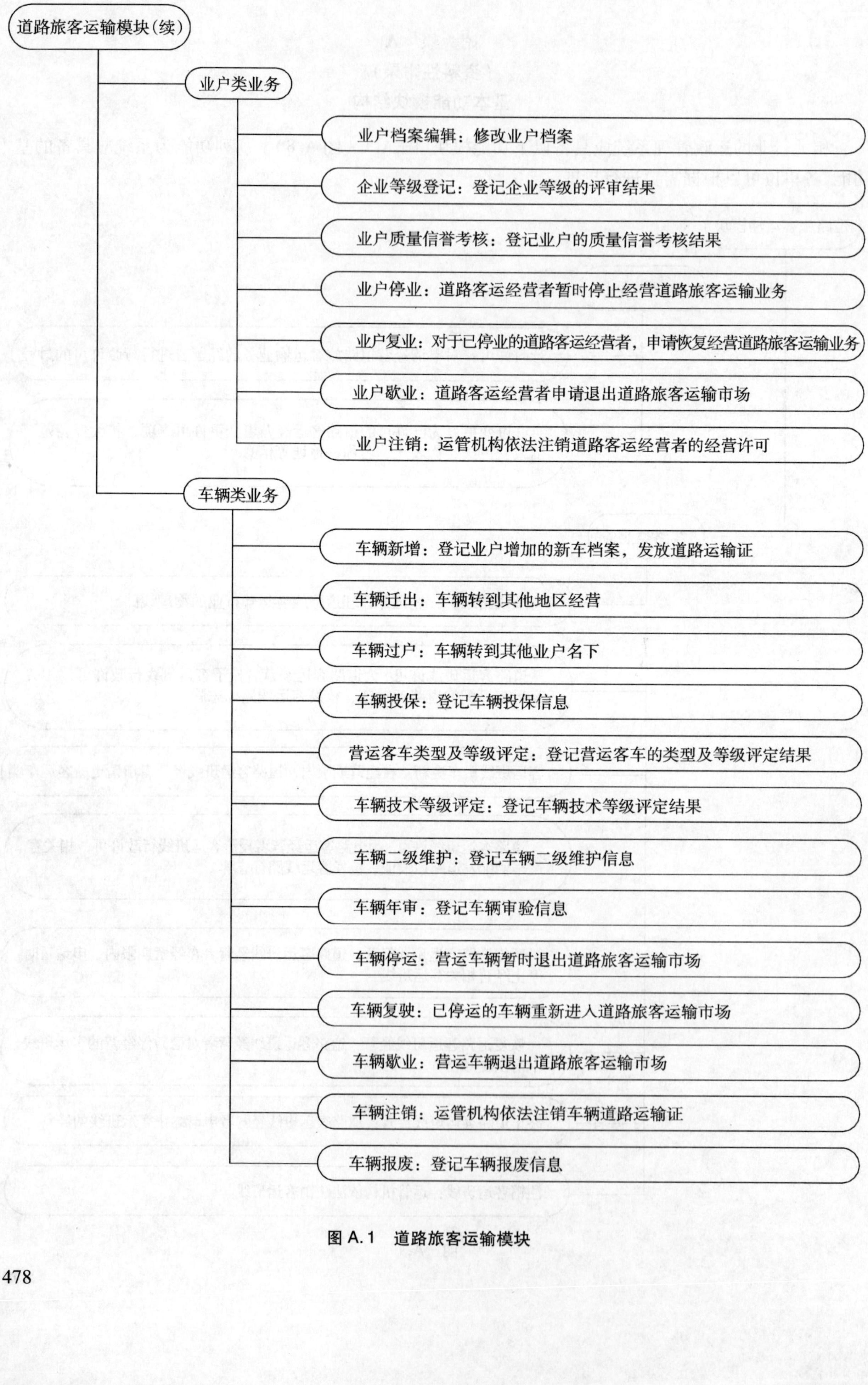

图 A.1　道路旅客运输模块

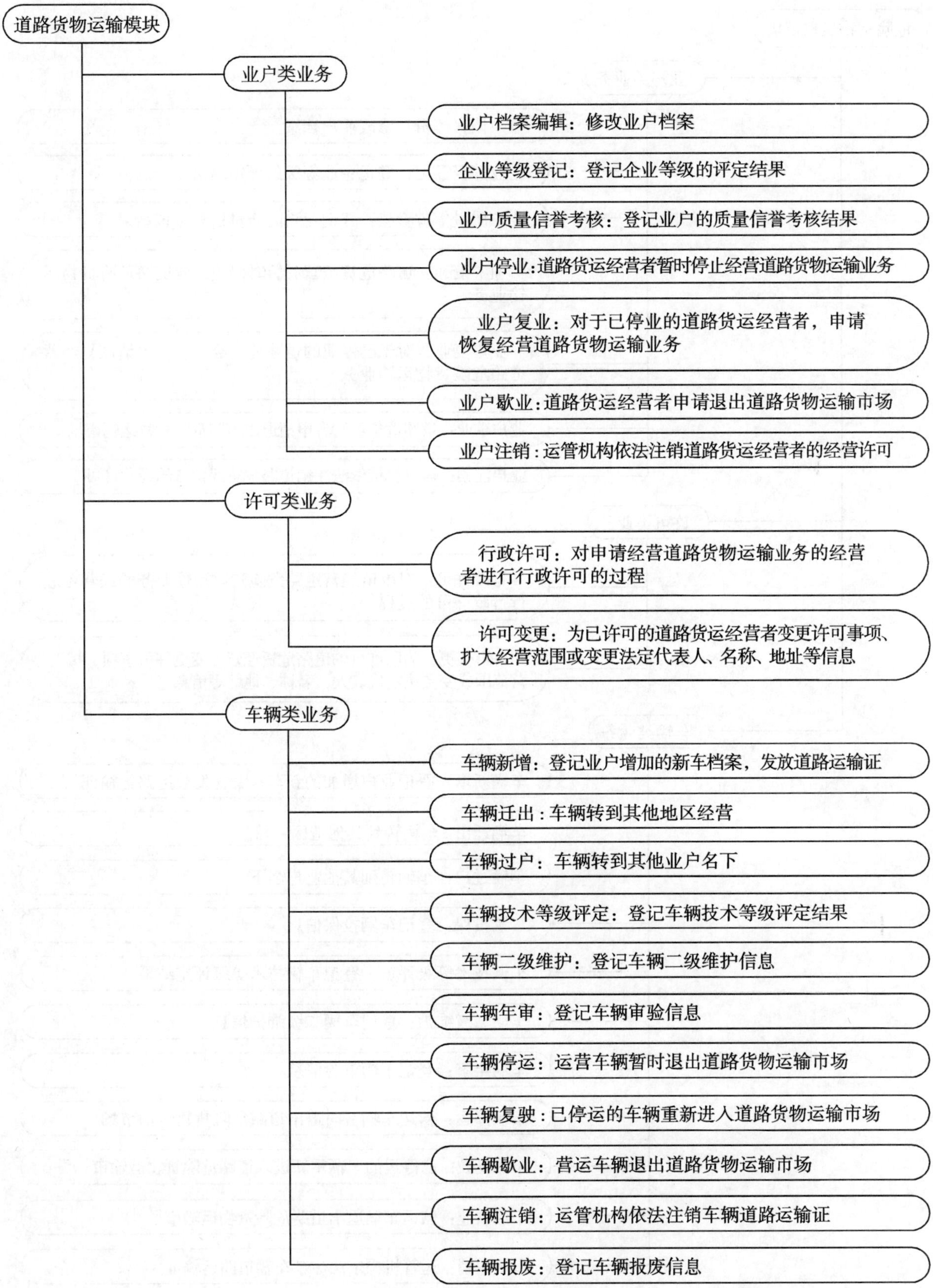

图 A.2　道路货物运输模块

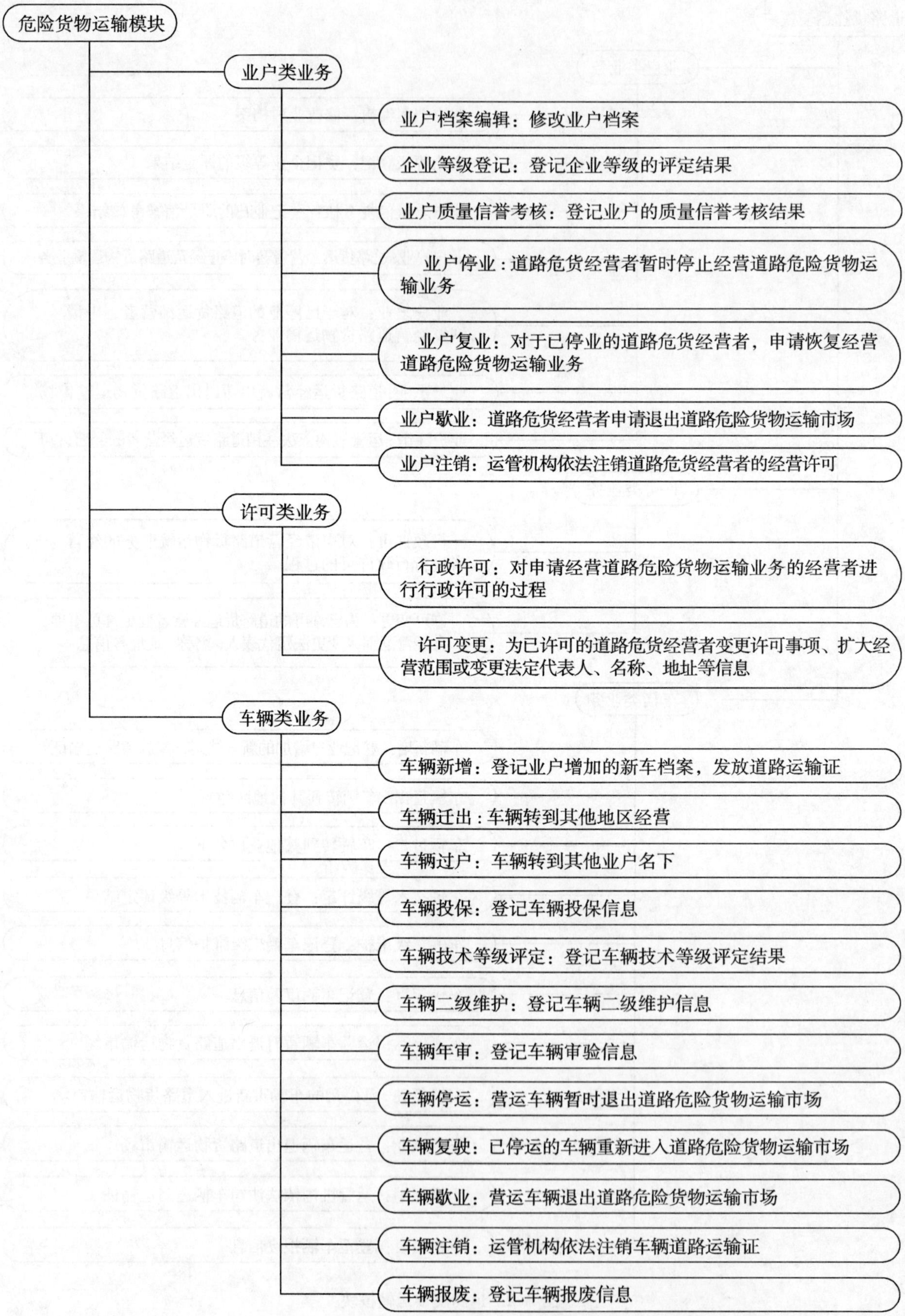

图 A.3　危险货物运输模块

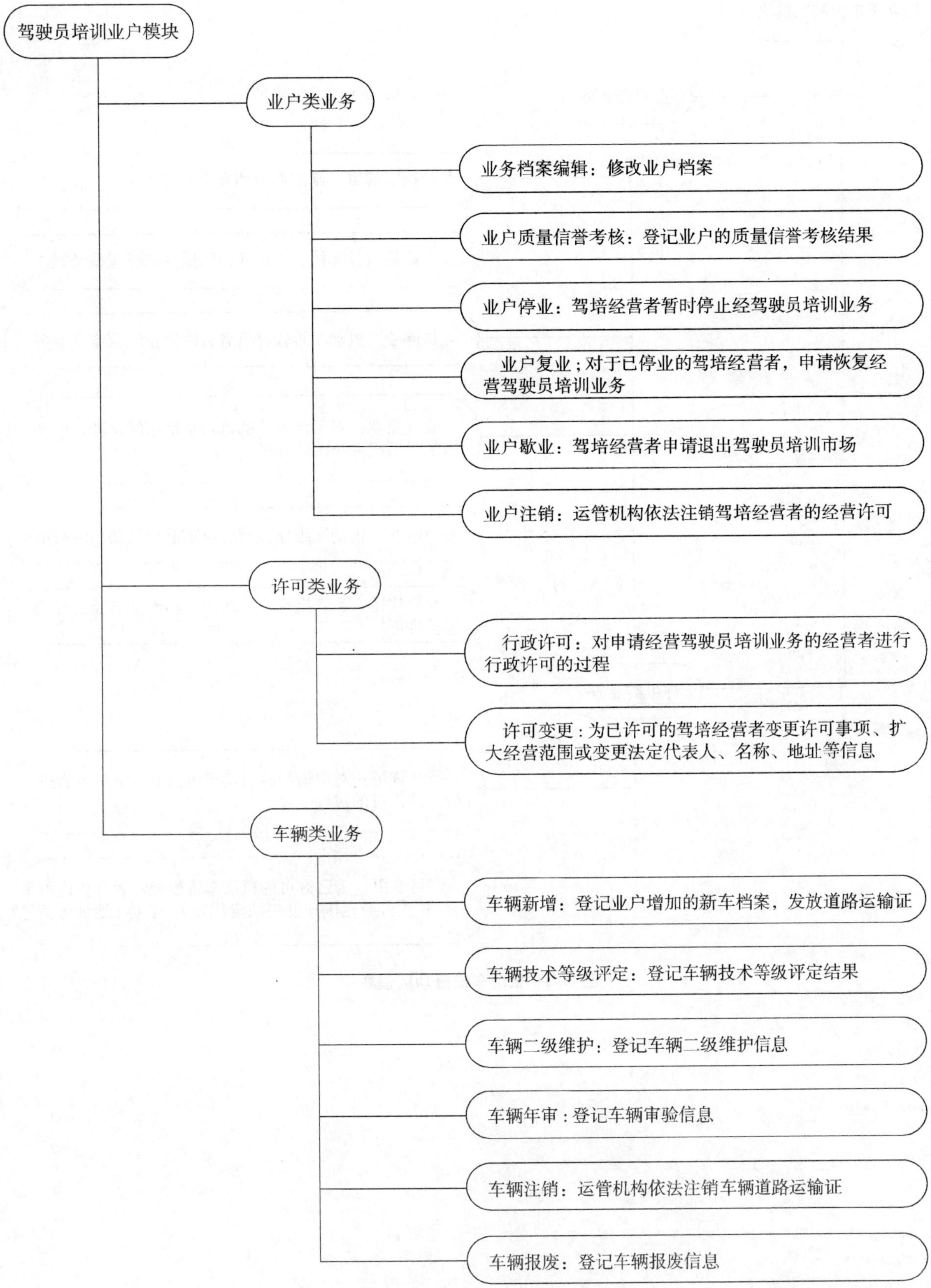

图 A.4　驾驶员培训业户模块

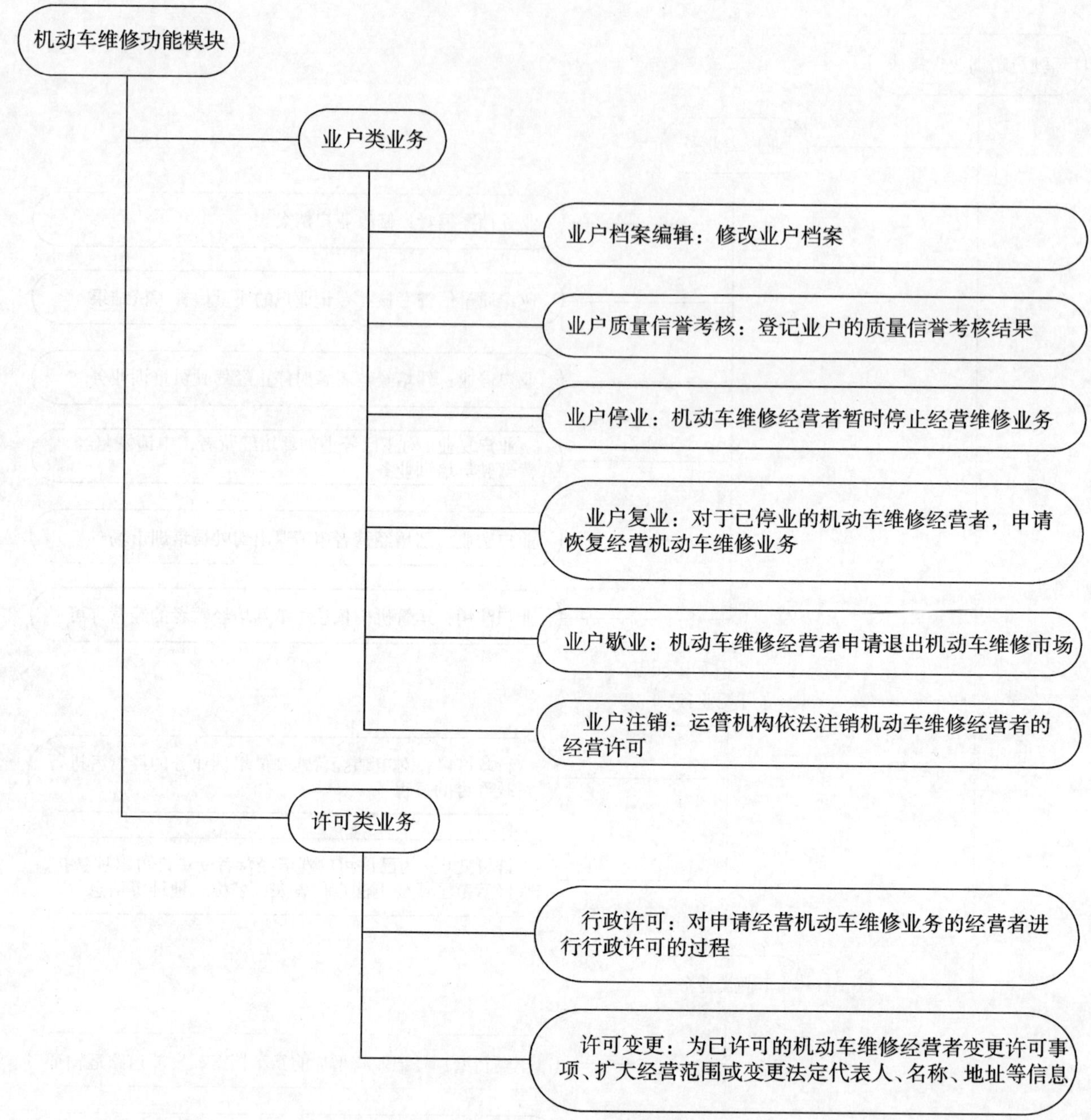

图 A.5　机动车维修功能模块

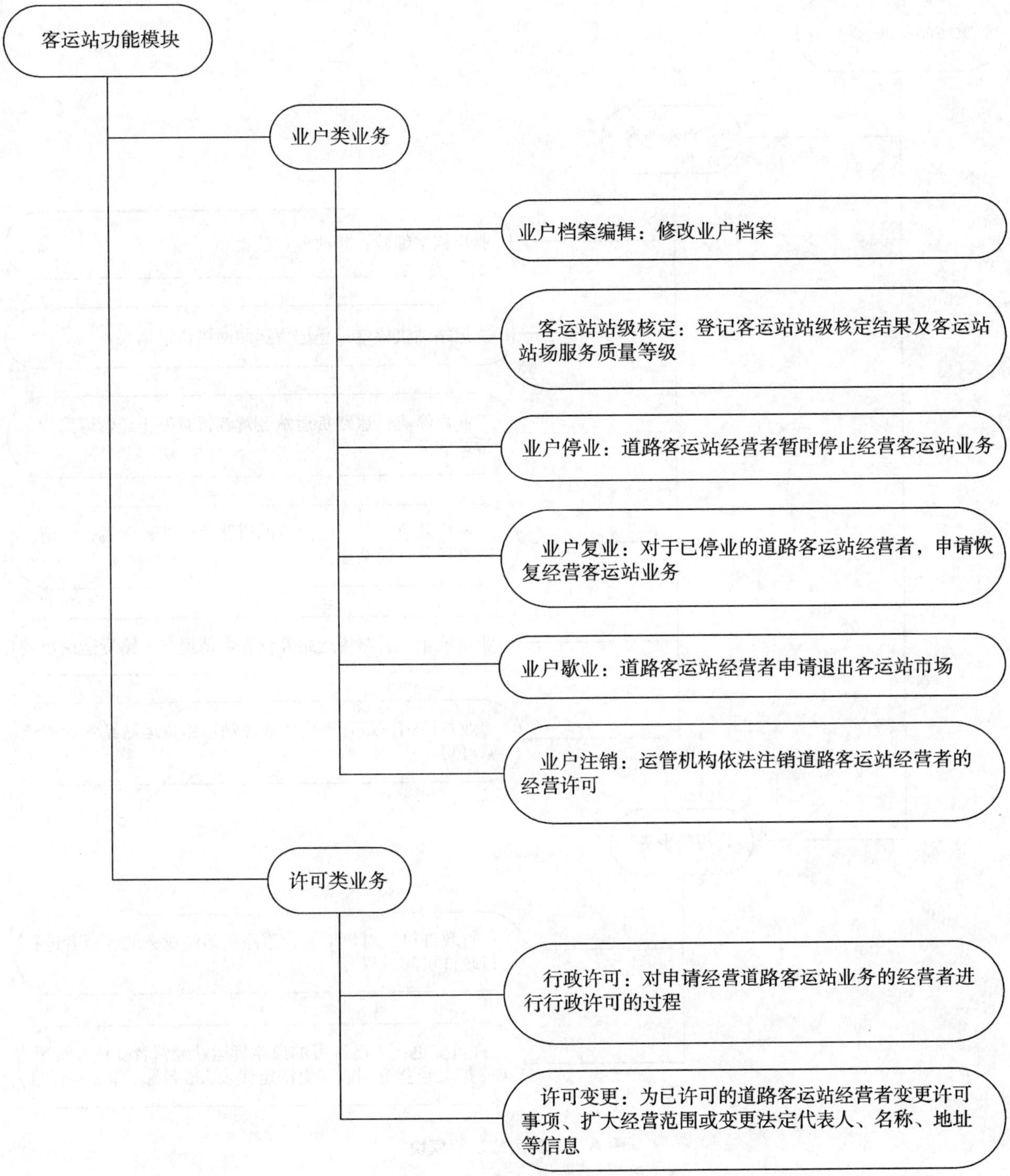
客运站功能模块
业户类业务
业户档案编辑：修改业户档案
客运站站级核定：登记客运站站级核定结果及客运站站场服务质量等级
业户停业：道路客运站经营者暂时停止经营客运站业务
业户复业：对于已停业的道路客运站经营者，申请恢复经营客运站业务
业户歇业：道路客运站经营者申请退出客运站市场
业户注销：运管机构依法注销道路客运站经营者的经营许可
许可类业务
行政许可：对申请经营道路客运站业务的经营者进行行政许可的过程
许可变更：为已许可的道路客运站经营者变更许可事项、扩大经营范围或变更法定代表人、名称、地址等信息

图 A.6　客运站功能模块

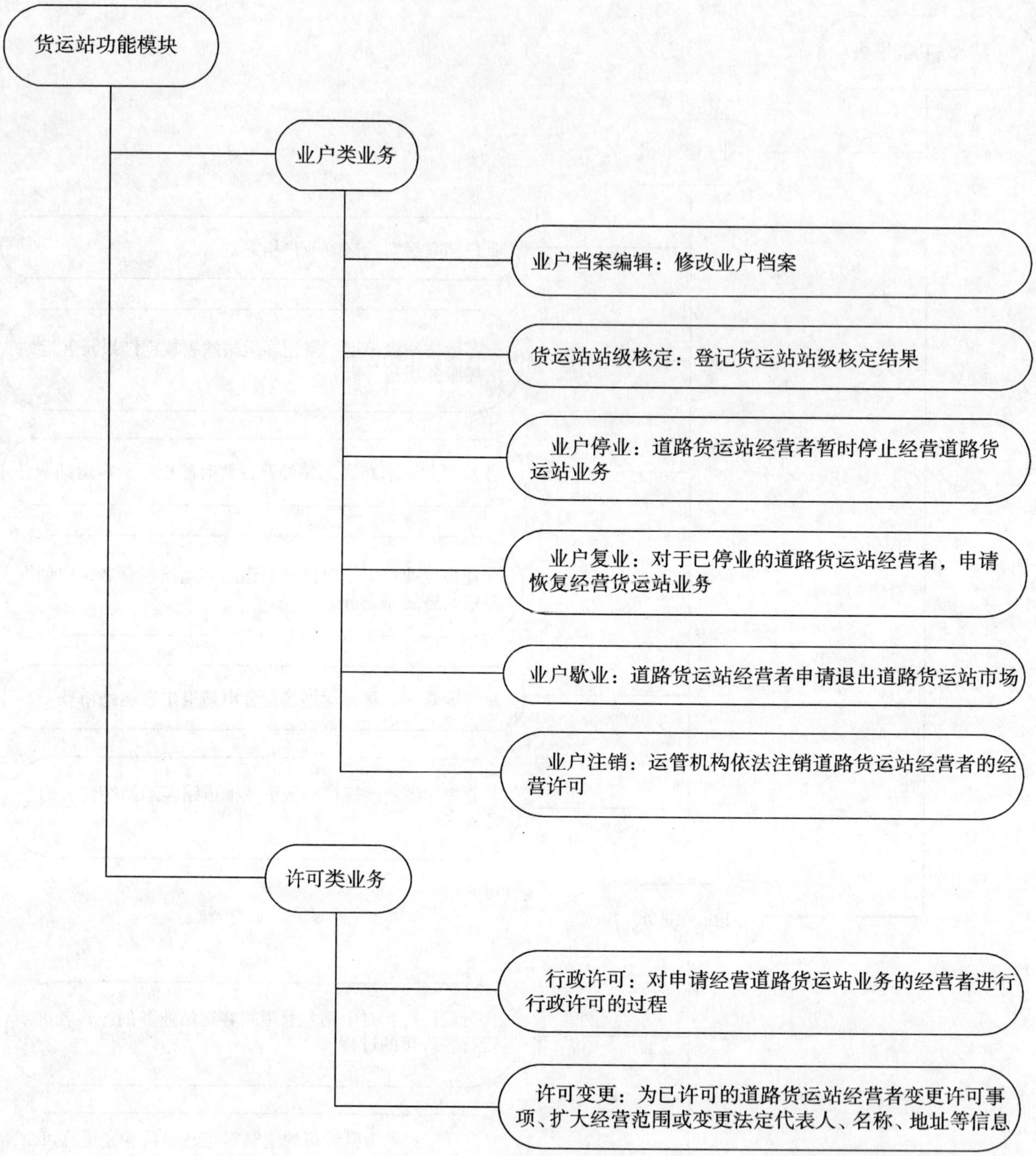
货运站功能模块
业户类业务
业户档案编辑：修改业户档案
货运站站级核定：登记货运站站级核定结果
业户停业：道路货运站经营者暂时停止经营道路货运站业务
业户复业：对于已停业的道路货运站经营者，申请恢复经营货运站业务
业户歇业：道路货运站经营者申请退出道路货运站市场
业户注销：运管机构依法注销道路货运站经营者的经营许可
许可类业务
行政许可：对申请经营道路货运站业务的经营者进行行政许可的过程
许可变更：为已许可的道路货运站经营者变更许可事项、扩大经营范围或变更法定代表人、名称、地址等信息

图 A.7　货运站功能模块

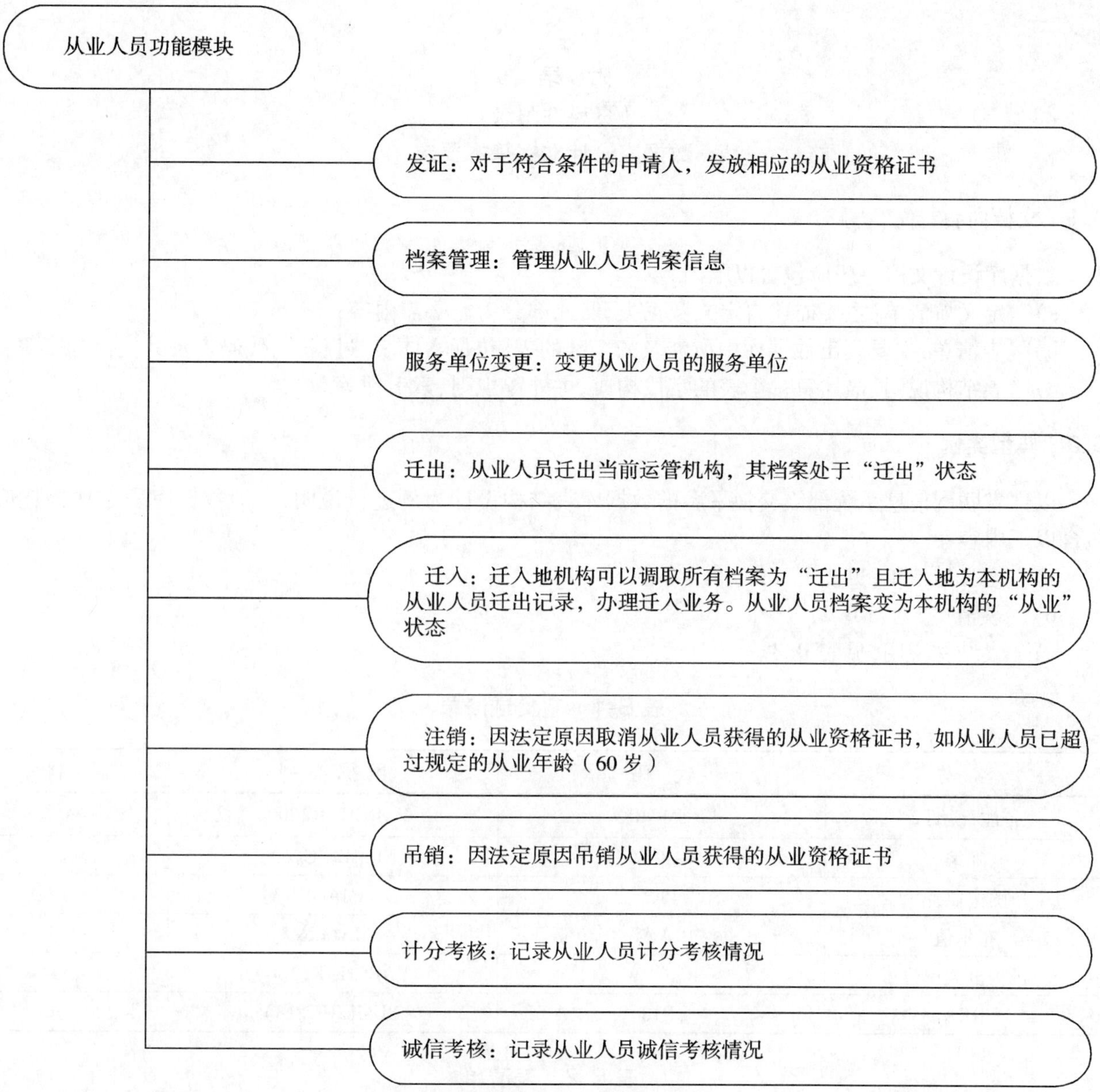

图 A.8　从业人员功能模块

附　录　B
（资料性附录）
数据库设计文档基本要求

B.1　文档内容

数据库设计文档一般应包含以下内容：

a）　定义域清单：主要描述自定义数据类型，此部分为非必需内容；

b）　表清单：主要列出数据库中所涉及的全部的表，包括实体表、过程表、代码表及其他控制表等；

c）　表结构说明：描述每一个表的字段构成、主外键规则、索引项等。

B.2　典型实例

以部省联网信息系统部级交换平台的数据库表结构设计为例进行说明，一般数据库表结构描述应包含以下内容：

a）　定义域清单，见表B.1；

b）　表清单，见表B.2；

c）　表结构说明，见表B.3。

表B.1　定义域清单

名　称	代　码	数据类型	强　制
备注/说明2	REMARK	VARCHAR(200)	
邮编	PostCode	NUMERIC(6)	
图像照片	PIC	IMAGE	
布尔值	BLVAL	SMALLINT	
机构机关单位	JGJGDW	VARCHAR(100)	
ID18	ID18	NUMERIC(18)	

表B.2　表清单

代　码	名　称	注　释
TA01_OWNER	经营业户基础信息	
TA01_ORGAN	道路运输管理机构	字典表。 道路运输管理机构编码定义：部统一编写了省级道路运输管理机构的代码，市级和县级道路运输管理机构的代码由省统一编写
TB_ZIPCODE	行政区划表	字典表。 国标定义的行政区划编码及名称，每年根据民政部门的更新作调整

表B.3　表结构说明

名称	代　码	数据元编号	数据类型	主键	外键	强制	注　释
业户ID	ID_OWNER		NUMERIC(18)	√		√	通过“主键表”表（TB_PKey）统一维护

表 B.3(续)

名称	代码	数据元编号	数据类型	主键	外键	强制	注　释
业户名称	OWNERNAME	DY010401001	VARCHAR(100)			√	从事道路运输经营活动的个人或单位名称
经营范围	MGRAREA	DY020500007	VARCHAR(500)			√	道路运输业户从事道路运输经营活动的经营范围。符合 JT/T 415—2006 的 5.2.4。 在字典表中对应:CLASSCODE = 1214000000 类别;取值:STDNAME。将所有的经营范围组合成一个字符串,多个经营范围间用半角“,”分隔
本表以“经营业户基础信息”表(TA01_OWNER)为例。							

附　录　C
（资料性附录）
字典表

字典表见表 C.1。

表 C.1　字典表

ITEMCODE	CLASSCODE	STDCODE	STDNAME
1100000000	0		基本类
1103000000	1100000000		民族名称
1103010000	1103000000	1	汉族
1103020000	1103000000	2	蒙古族
1103030000	1103000000	3	回族
1103040000	1103000000	4	藏族
1103050000	1103000000	5	维吾尔族
1103060000	1103000000	6	苗族
1103070000	1103000000	7	彝族
1103080000	1103000000	8	壮族
1103090000	1103000000	9	布依族
1103100000	1103000000	10	朝鲜族
1103110000	1103000000	11	满族
1103120000	1103000000	12	侗族
1103130000	1103000000	13	瑶族
1103140000	1103000000	14	白族
1103150000	1103000000	15	土家族
1103160000	1103000000	16	哈尼族
1103170000	1103000000	17	哈萨克族
1103180000	1103000000	18	傣族
1103190000	1103000000	19	黎族
1103200000	1103000000	20	傈僳族
1103210000	1103000000	21	佤族
1103220000	1103000000	22	畲族
1103230000	1103000000	23	高山族
1103240000	1103000000	24	拉祜族
1103250000	1103000000	25	水族
1103260000	1103000000	26	东乡族
1103270000	1103000000	27	纳西族

表 C.1(续)

ITEMCODE	CLASSCODE	STDCODE	STDNAME
1103280000	1103000000	28	景颇族
1103290000	1103000000	29	柯尔克孜族
1103300000	1103000000	30	土族
1103310000	1103000000	31	达斡尔族
1103320000	1103000000	32	仫佬族
1103330000	1103000000	33	羌族
1103340000	1103000000	34	布朗族
1103350000	1103000000	35	撒拉族
1103360000	1103000000	36	毛南族
1103370000	1103000000	37	仡佬族
1103380000	1103000000	38	锡伯族
1103390000	1103000000	39	阿昌族
1103400000	1103000000	40	普米族
1103410000	1103000000	41	塔吉克族
1103420000	1103000000	42	怒族
1103430000	1103000000	43	乌孜别克族
1103440000	1103000000	44	俄罗斯族
1103450000	1103000000	45	鄂温克族
1103460000	1103000000	46	德昂族
1103470000	1103000000	47	保安族
1103480000	1103000000	48	裕固族
1103490000	1103000000	49	京族
1103500000	1103000000	50	塔塔尔族
1103510000	1103000000	51	独龙族
1103520000	1103000000	52	鄂伦春族
1103530000	1103000000	53	赫哲族
1103540000	1103000000	54	门巴族
1103550000	1103000000	55	珞巴族
1103560000	1103000000	56	基诺族
1103970000	1103000000	97	其他
1103980000	1103000000	98	外国血统中国籍人士
1106000000	1100000000		单位性质
1106010000	1106000000	10	政府机关
1106020000	1106000000	20	企业

表 C.1(续)

ITEMCODE	CLASSCODE	STDCODE	STDNAME
1106030000	1106000000	30	事业单位
1106040000	1106000000	40	社会团体
1107000000	1100000000		行业类别
1107010000	1107000000	010	道路旅客运输
1107010100	1107010000	011	班车客运
1107010200	1107010000	012	包车客运
1107010300	1107010000	013	定线旅游
1107010400	1107010000	014	非定线旅游
1107020000	1107000000	020	道路货物运输
1107020100	1107020000	021	道路普通货物运输
1107020200	1107020000	022	货物专用运输
1107020300	1107020000	023	大型物件运输
1107030000	1107000000	030	道路危险货物运输
1107030100	1107030000	031	营运性危险货物运输
1107030200	1107030000	032	非经营性危险货物运输
1107040000	1107000000	040	机动车维修
1107040100	1107040000	041	汽车维修
1107040200	1107040000	042	危险货物运输车辆维修
1107040300	1107040000	043	摩托车维修
1107040400	1107040000	044	其他机动车维修
1107050000	1107000000	050	机动车驾驶员培训
1107050100	1107050000	051	普通机动车驾驶员培训
1107050200	1107050000	052	道路运输驾驶员从业资格培训
1107050300	1107050000	053	机动车驾驶员培训教练场
1107060000	1107000000	060	站场服务
1107060100	1107060000	061	道路旅客运输站
1107060200	1107060000	062	道路货运站(场)
1107070000	1107000000	070	国际道路运输
1107070100	1107070000	071	国际道路旅客运输
1107070200	1107070000	072	国际道路货物运输
1107080000	1107000000	080	公交运输
1107080100	1107080000	081	公交运输
1107090000	1107000000	090	出租运输
1107090100	1107090000	091	客运出租运输

表 C.1（续）

ITEMCODE	CLASSCODE	STDCODE	STDNAME
1107090200	1107090000	092	货运出租运输
1107100000	1107000000	100	汽车租赁
1107100100	1107100000	101	客运汽车租赁
1107100200	1107100000	102	货运汽车租赁
1109000000	1100000000		经济类别
1109010000	1109000000	100	内资
1109010100	1109000000	110	国有全资
1109010200	1109000000	120	集体全资
1109010300	1109000000	130	股份合作
1109010400	1109000000	140	联营
1109010401	1109000000	141	国有联营
1109010402	1109000000	142	集体联营
1109010403	1109000000	143	国有与集体联营
1109010404	1109000000	149	其他联营
1109010500	1109000000	150	有限责任（公司）
1109010501	1109000000	151	国有独资（公司）
1109010502	1109000000	159	其他有限责任（公司）
1109010600	1109000000	160	股份有限（公司）
1109010700	1109000000	170	私有
1109010701	1109000000	171	私有独资
1109010702	1109000000	172	私有合伙
1109010703	1109000000	173	私营有限责任（公司）
1109010704	1109000000	174	私营股份有限（公司）
1109010705	1109000000	175	个体经营
1109010709	1109000000	179	其他私有
1109010900	1109000000	190	其他内资
1109020000	1109000000	200	港、澳、台投资
1109030000	1109000000	300	国外投资
1109090000	1109000000	900	其他
1109230000	1109000000	210	内地和港、澳、台合资
1109240000	1109000000	220	内地和港、澳、台合作
1109250000	1109000000	230	港、澳、台独资
1109260000	1109000000	240	港、澳、台投资股份有限（公司）
1109270000	1109000000	290	其他港、澳、台投资

表 C.1(续)

ITEMCODE	CLASSCODE	STDCODE	STDNAME
1109290000	1109000000	310	中外合资
1109300000	1109000000	320	中外合作
1109310000	1109000000	330	外资
1109320000	1109000000	340	国外投资股份有限(公司)
1109330000	1109000000	390	其他国外投资
1110000000	1100000000		年审状态
1110010000	1110000000	0	未年审
1110020000	1110000000	1	年审合格
1110030000	1110000000	2	年审不合格
1200000000	0		运输类
1202000000	1200000000		线路类
1202030000	1202000000		经营区域
1202030100	1202030000	1	县内
1202030200	1202030000	2	县际
1202030300	1202030000	3	市际
1202030400	1202030000	4	省际
1202030500	1202030000	5	国际
1202070000	1202000000		班车类别
1202070100	1202070000	1	普通
1202070200	1202070000	2	直达
1202070300	1202070000	9	其他
1202080000	1202000000		经营方式
1202080100	1202080000	1	公车公营
1202080200	1202080000	2	承包
1202080300	1202080000	3	挂靠
1202080400	1202080000	9	其他
1202090000	1202000000		线路类型
1202090100	1202090000	1	一类客运班线
1202090200	1202090000	2	二类客运班线
1202090300	1202090000	3	三类客运班线
1202090400	1202090000	4	四类客运班线
1207000000	1200000000		机动车维修类别
1207010000	1207000000	11	一类汽车维修
1207020000	1207000000	12	二类汽车维修

表 C.1(续)

ITEMCODE	CLASSCODE	STDCODE	STDNAME
1207030000	1207000000	13	三类汽车维修
1207040000	1207000000	21	一类摩托车维修
1207050000	1207000000	22	二类摩托车维修
1207060000	1207000000	23	三类摩托车维修
1207070000	1207000000	31	其他机动车维修
1211000000	1200000000		线路状态(线路营运状态)
1211010000	1211000000	1	营运
1211020000	1211000000	2	停运
1211030000	1211000000	3	终止
1211040000	1211000000	4	注销
1211050000	1211000000	9	其他
1212000000	1200000000		业户状态(经营状态)
1212010000	1212000000	1	营业
1212020000	1212000000	2	停业
1212030000	1212000000	3	整改
1212040000	1212000000	4	停业整顿
1212050000	1212000000	5	歇业
1212060000	1212000000	6	注销
1212070000	1212000000	9	其他
1214000000	1200000000		经营范围
1214010000	1214000000	01000	道路旅客运输
1214010100	1214010000	01100	班车客运
1214010101	1214010100	01101	县内班车客运
1214010102	1214010100	01102	县际班车客运
1214010103	1214010100	01103	市际班车客运
1214010104	1214010100	01104	省际班车客运
1214010200	1214010000	01200	包车客运
1214010201	1214010200	01201	县内包车客运
1214010202	1214010200	01202	县际包车客运
1214010203	1214010200	01203	市际包车客运
1214010204	1214010200	01204	省际包车客运
1214010300	1214010000	01300	定线旅游
1214010301	1214010300	01301	县内定线旅游
1214010302	1214010300	01302	县际定线旅游

表 C.1(续)

ITEMCODE	CLASSCODE	STDCODE	STDNAME
1214010303	1214010300	01303	市际定线旅游
1214010304	1214010300	01304	省际定线旅游
1214010400	1214010000	01400	非定线旅游
1214010401	1214010400	01401	县内非定线旅游
1214010402	1214010400	01402	县际非定线旅游
1214010403	1214010400	01403	市际非定线旅游
1214010404	1214010400	01404	省际非定线旅游
1214020000	1214000000	02000	道路普通货运
1214020100	1214020000	02100	道路普通货物运输
1214020101	1214020100	02101	道路普通货物运输
1214020102	1214020100	02102	搬家运输
1214020200	1214020000	02200	货物专用运输
1214020201	1214020200	02201	货物专用运输(集装箱)
1214020202	1214020200	02202	货物专用运输(冷藏保鲜设备)
1214020203	1214020200	02203	货物专用运输(罐式容器)
1214020300	1214020000	02300	大型物件运输
1214020301	1214020300	02301	大型物件运输(一类)
1214020302	1214020300	02302	大型物件运输(二类)
1214020303	1214020300	02303	大型物件运输(三类)
1214020304	1214020300	02304	大型物件运输(四类)
1214030000	1214000000	03000	道路危险货物运输
1214030100	1214030000	03100	经营性道路危险货物运输
1214030101	1214030100	03111	危险货物运输(1 类 1 项)
1214030102	1214030100	03112	危险货物运输(1 类 2 项)
1214030103	1214030100	03113	危险货物运输(1 类 3 项)
1214030104	1214030100	03114	危险货物运输(1 类 4 项)
1214030105	1214030100	03115	危险货物运输(1 类 5 项)
1214030106	1214030100	03116	危险货物运输(1 类 6 项)
1214030107	1214030100	03121	危险货物运输(2 类 1 项)
1214030108	1214030100	03122	危险货物运输(2 类 2 项)
1214030109	1214030100	03123	危险货物运输(2 类 3 项)
1214030110	1214030100	03131	危险货物运输(3 类)
1214030111	1214030100	03141	危险货物运输(4 类 1 项)
1214030112	1214030100	03142	危险货物运输(4 类 2 项)

表 C.1(续)

ITEMCODE	CLASSCODE	STDCODE	STDNAME
1214030113	1214030100	03143	危险货物运输(4类3项)
1214030114	1214030100	03151	危险货物运输(5类1项)
1214030115	1214030100	03152	危险货物运输(5类2项)
1214030116	1214030100	03161	危险货物运输(6类1项)
1214030117	1214030100	03162	危险货物运输(6类2项)
1214030118	1214030100	03170	危险货物运输(7类)
1214030119	1214030100	03181	危险货物运输(8类)
1214030120	1214030100	03191	危险货物运输(9类)
1214030200	1214030000	03200	非经营性危险货物运输
1214030201	1214030200	03211	危险货物运输(1类1项)
1214030202	1214030200	03212	危险货物运输(1类2项)
1214030203	1214030200	03213	危险货物运输(1类3项)
1214030204	1214030200	03214	危险货物运输(1类4项)
1214030205	1214030200	03215	危险货物运输(1类5项)
1214030206	1214030200	03216	危险货物运输(1类6项)
1214030207	1214030200	03221	危险货物运输(2类1项)
1214030208	1214030200	03222	危险货物运输(2类2项)
1214030209	1214030200	03223	危险货物运输(2类3项)
1214030210	1214030200	03231	危险货物运输(3类)
1214030211	1214030200	03241	危险货物运输(4类1项)
1214030212	1214030200	03242	危险货物运输(4类2项)
1214030213	1214030200	03243	危险货物运输(4类3项)
1214030214	1214030200	03251	危险货物运输(5类1项)
1214030215	1214030200	03252	危险货物运输(5类2项)
1214030216	1214030200	03261	危险货物运输(6类1项)
1214030217	1214030200	03262	危险货物运输(6类2项)
1214030218	1214030200	03270	危险货物运输(7类)
1214030219	1214030200	03281	危险货物运输(8类)
1214030220	1214030200	03291	危险货物运输(9类)
1214040000	1214000000	04000	机动车维修
1214040100	1214040000	04100	一类汽车维修
1214040101	1214040100	04101	大中型客车维修
1214040102	1214040100	04102	大中型货车维修
1214040103	1214040100	04103	小型车辆维修

表 C.1(续)

ITEMCODE	CLASSCODE	STDCODE	STDNAME
1214040104	1214040100	04104	危险货物运输车辆维修
1214040200	1214040000	04200	二类汽车维修
1214040201	1214040200	04201	大中型客车维修
1214040202	1214040200	04202	大中型货车维修
1214040203	1214040200	04203	小型车辆维修
1214040300	1214040000	04300	三类汽车维修
1214040301	1214040300	04301	发动机维修
1214040302	1214040300	04302	车身维修
1214040303	1214040300	04303	电气系统维修
1214040304	1214040300	04304	自动变速器维修
1214040305	1214040300	04305	车身清洁维护
1214040306	1214040300	04306	涂漆
1214040307	1214040300	04307	轮胎动平衡及修补
1214040308	1214040300	04308	四轮定位检测调整
1214040309	1214040300	04309	供油系统维护及油品更换
1214040310	1214040300	04310	喷油泵和喷油嘴维修
1214040311	1214040300	04311	曲轴修磨
1214040312	1214040300	04312	汽缸镗磨
1214040313	1214040300	04313	散热器(水箱)修理
1214040314	1214040300	04314	空调维修
1214040315	1214040300	04315	车辆装潢(篷布、坐垫及内饰)
1214040316	1214040300	04316	车辆玻璃安装
1214040400	1214040000	04400	一类摩托车维修
1214040401	1214040400	04401	总成大修
1214040402	1214040400	04402	维护
1214040403	1214040400	04403	小修
1214040500	1214040000	04500	二类摩托车维修
1214040501	1214040500	04501	维护
1214040502	1214040500	04502	小修
1214040600	1214040000	04600	其他机动车维修
1214040601	1214040600	04601	其他机动车维修
1214050000	1214000000	05000	机动车驾驶员培训
1214050100	1214050000	05100	普通机动车驾驶员培训
1214050101	1214050100	05111	A1

表 C.1(续)

ITEMCODE	CLASSCODE	STDCODE	STDNAME
1214050102	1214050100	05112	A2
1214050103	1214050100	05113	A3
1214050104	1214050100	05121	B1
1214050105	1214050100	05122	B2
1214050106	1214050100	05131	C1
1214050107	1214050100	05132	C2
1214050108	1214050100	05133	C3
1214050109	1214050100	05134	C4
1214050110	1214050100	05140	D
1214050111	1214050100	05150	E
1214050112	1214050100	05160	F
1214050113	1214050100	05170	M
1214050200	1214050000	05200	道路运输驾驶员从业资格培训
1214050201	1214050200	05201	道路运输驾驶员从业资格培训(客运)
1214050202	1214050200	05202	道路运输驾驶员从业资格培训(货运)
1214050203	1214050200	05203	道路运输驾驶员从业资格培训(危险货运)
1214050204	1214050200	05204	道路运输驾驶员从业资格培训(其他)
1214050300	1214050000	05300	机动车驾驶员培训教练场
1214050301	1214050300	05301	机动车驾驶员培训教练场
1214060000	1214000000	06000	站场服务
1214060100	1214060000	06100	道路旅客运输站
1214060101	1214060100	06101	道路旅客运输站
1214060200	1214060000	06200	道路货运站(场)
1214060201	1214060200	06201	道路货运站(场)
1214070000	1214000000	07000	国际道路运输
1214070100	1214070000	07100	国际道路旅客运输
1214070101	1214070100	07101	定期国际道路旅客运输
1214070102	1214070100	07102	不定期国际道路旅客运输
1214070200	1214070000	07200	国际道路货物运输
1214070201	1214070200	07201	国际道路货物运输
1214070202	1214070200	07202	国际道路危险货物运输
1214080000	1214000000	08000	城市公交
1214080100	1214080000	08100	城市公交
1214080101	1214080100	08101	城市公交

表 C.1(续)

ITEMCODE	CLASSCODE	STDCODE	STDNAME
1214090000	1214000000	09000	出租运输
1214090100	1214090000	09100	客运出租运输
1214090101	1214090100	09101	客运出租运输
1214090200	1214090000	09200	货运出租运输
1214090201	1214090200	09201	货运出租运输
1214100000	1214000000	10000	汽车租赁
1214100100	1214100000	10100	客运汽车租赁
1214100101	1214100100	10101	客运汽车租赁
1214100200	1214100000	10200	货运汽车租赁
1214100201	1214100200	10201	货运汽车租赁
1300000000	0		业户类
1301000000	1300000000		客运站级别
1301010000	1301000000	1	一级站
1301020000	1301000000	2	二级站
1301030000	1301000000	3	三级站
1301040000	1301000000	4	四级站
1301050000	1301000000	5	五级站
1301090000	1301000000	9	未评定
1302000000	1300000000		货运站级别
1302010000	1302000000	1	一级站
1302020000	1302000000	2	二级站
1302030000	1302000000	3	三级站
1302040000	1302000000	4	四级站
1302050000	1302000000	5	未评定
1309000000	1300000000		企业等级
1309010000	1309000000	0	未评定
1309020000	1309000000	1	一级企业
1309030000	1309000000	2	二级企业
1309040000	1309000000	3	三级企业
1309050000	1309000000	4	四级企业
1309060000	1309000000	5	五级企业
1309070000	1309000000	9	其他
1321000000	1300000000		质量信誉考核结果
1321010000	1321000000	0	未考核

表 C.1(续)

ITEMCODE	CLASSCODE	STDCODE	STDNAME
1321020000	1321000000	1	优良(AAA)
1321030000	1321000000	2	合格(AA)
1321040000	1321000000	3	基本合格(A)
1321050000	1321000000	4	不合格(B)
1322000000	1300000000		检测站类别
1322010000	1322000000	1	A 级站
1322020000	1322000000	4	B 级站
1400000000	0		车辆类
1401000000	1400000000		车辆类型
1401010000	1401000000	10	客车
1401010100	1401010000	11	大型客车
1401010200	1401010000	12	中型客车
1401010300	1401010000	13	小型客车
1401010400	1401010000	14	轿车
1401010500	1401010000	15	大型卧铺客车
1401010600	1401010000	16	中型卧铺客车
1401010700	1401010000	17	特大型客车
1401020000	1401000000	20	普通货车
1401020100	1401020000	21	大型普通货车
1401020200	1401020000	22	中型普通货车
1401020300	1401020000	23	小型普通货车
1401030000	1401000000	30	专用运输车
1401030100	1401030000	31	集装箱车
1401030200	1401030000	32	大件运输车
1401030300	1401030000	33	保温冷藏车
1401030400	1401030000	34	商品车运输专用车辆
1401030500	1401030000	35	罐车
1401030600	1401030000	36	牵引车
1401030700	1401030000	37	挂车
1401030800	1401030000	38	平板车
1401030900	1401030000	39	其他专用车
1401040000	1401000000	40	危险品运输车
1401050000	1401000000	50	农用车
1401060000	1401000000	60	拖拉机

表 C.1(续)

ITEMCODE	CLASSCODE	STDCODE	STDNAME
1401060100	1401060000	61	轮式拖拉机
1401060200	1401060000	62	手扶拖拉机
1401060300	1401060000	63	履带拖拉机
1401060400	1401060000	64	特种拖拉机
1401090000	1401000000	90	其他车辆
1402000000	1400000000		车牌颜色
1402010000	1402000000	1	蓝色
1402020000	1402000000	2	黄色
1402030000	1402000000	3	黑色
1402040000	1402000000	4	白色
1402040000	1402000000	5	农黄
1402090000	1402000000	9	其他
1403000000	1400000000		燃料类型
1403010000	1403000000	1	汽油
1403020000	1403000000	2	柴油
1403030000	1403000000	3	天然气
1403040000	1403000000	4	液化气
1403050000	1403000000	5	电动
1403060000	1403000000	6	双燃料
1403900000	1403000000	9	其他
1404000000	1400000000		车辆技术等级
1404010000	1404000000	0	未评定
1404020000	1404000000	1	一级
1404030000	1404000000	2	二级
1404040000	1404000000	3	三级
1404050000	1404000000	9	未达标
1408000000	1400000000		车辆状态
1408010000	1408000000	10	营运
1408020000	1408000000	21	停运
1408030000	1408000000	22	挂失
1408040000	1408000000	31	迁出(过户)
1408050000	1408000000	32	迁出(转籍)
1408070000	1408000000	33	报废
1408080000	1408000000	34	歇业

表 C.1(续)

ITEMCODE	CLASSCODE	STDCODE	STDNAME
1408090000	1408000000	80	注销
1408100000	1408000000	90	其他
1410000000	1400000000		二级维护状态
1410010000	1410000000	0	未维护
1410020000	1410000000	1	已维护
1411000000	1400000000		车身颜色
1411010000	1411000000		淡紫
1411020000	1411000000		紫
1411030000	1411000000		深(铁)蓝
1411040000	1411000000		深(酞)蓝
1411050000	1411000000		中(铁)蓝
1411060000	1411000000		中(酞)蓝
1411070000	1411000000		海蓝
1411080000	1411000000		淡(酞)蓝
1411090000	1411000000		淡(铁)蓝
1411100000	1411000000		蓝灰
1411110000	1411000000		天(酞)蓝
1411120000	1411000000		天(铁)蓝
1411130000	1411000000		孔雀蓝
1411140000	1411000000		深灰
1411150000	1411000000		中灰
1411160000	1411000000		淡灰
1411170000	1411000000		银灰
1411180000	1411000000		海灰
1411190000	1411000000		淡天(酞)蓝
1411200000	1411000000		淡青
1411210000	1411000000		稚蓝
1411220000	1411000000		宝石蓝
1411230000	1411000000		鲜蓝
1411240000	1411000000		淡海(铁)蓝
1411250000	1411000000		中海(铁)蓝
1411260000	1411000000		深海(铁)蓝
1411270000	1411000000		景蓝
1411280000	1411000000		艳蓝

表 C.1(续)

ITEMCODE	CLASSCODE	STDCODE	STDNAME
1411290000	1411000000		中绿灰
1411300000	1411000000		宝绿
1411310000	1411000000		鲜绿
1411320000	1411000000		淡湖绿
1411330000	1411000000		湖绿
1411340000	1411000000		苹果绿
1411350000	1411000000		淡绿
1411360000	1411000000		艳绿
1411370000	1411000000		中绿
1411380000	1411000000		深绿
1411390000	1411000000		橄榄绿
1411400000	1411000000		蛋壳绿
1411410000	1411000000		淡苹果绿
1411420000	1411000000		深豆绿
1411430000	1411000000		飞机灰
1411440000	1411000000		豆绿
1411450000	1411000000		纺绿
1411460000	1411000000		橄榄灰
1411470000	1411000000		草绿
1411480000	1411000000		褐绿
1411490000	1411000000		军车绿
1411500000	1411000000		豆蔻绿
1411510000	1411000000		果(酞)绿
1411520000	1411000000		冰灰
1411530000	1411000000		机床灰
1411540000	1411000000		玉灰
1411550000	1411000000		驼灰
1411560000	1411000000		珍珠
1411570000	1411000000		奶油
1411580000	1411000000		象牙
1411590000	1411000000		柠黄
1411600000	1411000000		淡黄
1411610000	1411000000		中黄
1411620000	1411000000		深黄

表 C.1(续)

ITEMCODE	CLASSCODE	STDCODE	STDNAME
1411630000	1411000000		铁黄
1411640000	1411000000		军黄
1411650000	1411000000		乳白
1411660000	1411000000		米黄
1411670000	1411000000		淡黄灰
1411680000	1411000000		淡棕
1411690000	1411000000		赭黄
1411700000	1411000000		紫棕
1411710000	1411000000		橘黄
1411720000	1411000000		棕
1411730000	1411000000		棕黄
1411740000	1411000000		深棕黄
1411750000	1411000000		铁红
1411760000	1411000000		朱红
1411770000	1411000000		大红
1411780000	1411000000		紫红
1411790000	1411000000		橘红
1411800000	1411000000		粉红
1411810000	1411000000		淡粉红
1411820000	1411000000		玫瑰红
1411830000	1411000000		淡玫瑰红
1412000000	1400000000		客车等级
1412010000	1412000000	1	普通级
1412020000	1412000000	2	中级
1412030000	1412000000	3	高一级
1412040000	1412000000	4	高二级
1412050000	1412000000	5	高三级
1421000000	1400000000		行车记录仪安装状态
1421010000	1421000000	0	未配备
1421020000	1421000000	1	配备齐全有效
1421030000	1421000000	2	配备未齐全有效
1422000000	1400000000		定位系统安装状态
1422010000	1422000000	0	未配备
1422020000	1422000000	1	配备齐全有效

表 C.1(续)

ITEMCODE	CLASSCODE	STDCODE	STDNAME
1422030000	1422000000	2	配备未齐全有效
1423000000	1400000000		投保状态
1423010000	1423000000	0	未投保
1423020000	1423000000	1	已投保
1423030000	1423000000	2	已投保(未达到标准)
1500000000	0		票证牌类
1507000000	1500000000		牌证状态(证照状态)
1507010000	1507000000	1	有效
1507020000	1507000000	2	无效
1521000000	1500000000		证照类别
1521010000	1521000000	100	道路运输经营许可证
1521010100	1521010000	110	道路运输经营许可证正本
1521010200	1521010000	120	道路运输经营许可证副本
1521020000	1521000000	200	车辆营运证(道路运输证核新版证件)
1521020100	1521020000	210	道路运输证
1521020200	1521020000	220	车辆暂扣证明
1521020300	1521020000	230	车辆年审标贴
1521020400	1521020000	240	国际汽车运输行车许可证
1521020401	1521020400	241	A 种行车许可证
1521020402	1521020400	242	B 种行车许可证
1521020403	1521020400	243	C 种行车许可证
1521030000	1521000000	300	经营线路标志牌
1521030100	1521030000	310	班车客运标志牌
1521030101	1521030100	311	县内班车客运标志牌
1521030102	1521030100	312	县际班车客运标志牌
1521030103	1521030100	313	市际班车客运标志牌
1521030104	1521030100	314	省际班车客运标志牌
1521030200	1521030000	320	包车客运标志牌
1521030201	1521030200	321	县内包车客运标志牌
1521030202	1521030200	322	县际包车客运标志牌
1521030203	1521030200	323	市际包车客运标志牌
1521030204	1521030200	324	省际包车客运标志牌
1521030300	1521030000	330	临时客运标志牌
1521030301	1521030300	331	县内临时客运标志牌

表 C.1(续)

ITEMCODE	CLASSCODE	STDCODE	STDNAME
1521030302	1521030300	332	县际临时客运标志牌
1521030303	1521030300	333	市际临时客运标志牌
1521030304	1521030300	334	省际临时客运标志牌
1521030400	1521030000	340	道路客运班线经营许可证明
1521040000	1521000000	400	从业资格证
1521040100	1521040000	410	道路从业运输人员资格证
1521040200	1521040000	420	教练员证
1521040300	1521040000	430	维修技工证
1521040400	1521040000	440	质检员证
1521040500	1521040000	450	总质检员证
1521040600	1521040000	460	价格结算员证
1521040700	1521040000	470	考核员证
1521090000	152100000	900	其他
1700000000	0		稽查类
1701000000	1700000000		案件来源
1701010000	1701000000	1	路检路查
1701020000	1701000000	2	户检户查
1701030000	1701000000	3	投诉举报
1701040000	1701000000	4	媒体曝光
1701050000	1701000000	9	其他
1711000000	1700000000		稽查对象
1711000001	1711000000	1	业户
1711000002	1711000000	2	车辆
1711000003	1711000000	3	从业人员
1712000000	1700000000		稽查程序类型
1712000001	1712000000	1	简易程序
1712000002	1712000000	2	一般程序
1713000000	1700000000		案件状态
1713000001	1713000000	1	行政立案
1713000002	1713000000	2	调查取证
1713000003	1713000000	3	听证处理
1713000004	1713000000	4	处罚决定
1713000005	1713000000	5	处罚执行
1713000006	1713000000	6	结案处理

表 C.1(续)

ITEMCODE	CLASSCODE	STDCODE	STDNAME
1713000007	1713000000	7	“案件审批”
1713000008	1713000000	8	“陈诉申辩”
1713000009	1713000000	9	“复议诉讼”
1713000010	1713000000	a	“撤销案件”
1714000000	1700000000		结案状态
1714000001	1714000000	1	已结案
1714000002	1714000000	2	积案
1715000000	1700000000		是否异地稽查数据
1715000001	1715000000	1	异地
1715000002	1715000000	2	本地
1716000000	1700000000		处罚执行状态
1716000001	1716000000	1	已执行
1716000002	1716000000	2	未执行
1717000000	1700000000		稽查处理状态
1717010000	1717000000	0	未违章
1717020000	1717000000	1	违章已处理
1717030000	1717000000	2	违章未处理
1722000000	1700000000		处罚决定类型
1722010000	1722000000	10	撤销
1722010100	1722010000	11	违章不成立撤销
1722010200	1722010000	12	违章轻微撤销
1722020000	1722000000	20	处罚
1722020100	1722020000	21	警告
1722020200	1722020000	22	收缴有关证件
1722020300	1722020000	23	没收非法所得
1722020400	1722020000	24	罚款
1722020500	1722020000	25	整改
1722020600	1722020000	26	停业整顿
1722020700	1722020000	27	吊销
1722020800	1722020000	29	其他
1722030000	1722000000	30	移送司法机关处理
1731000000	1700000000		法律法规名称
1731010000	1731000000	10	国家法律法规
1731020000	1731000000	11	中华人民共和国行政许可法

表 C.1(续)

ITEMCODE	CLASSCODE	STDCODE	STDNAME
1731030000	1731000000	12	中华人民共和国行政处罚法
1731040000	1731000000	13	中华人民共和国道路运输条例
1731050000	1731000000	20	交通部法律法规
1731060000	1731000000	21	道路旅客运输及客运站管理规定
1731070000	1731000000	22	道路货物运输及站场管理规定
1731080000	1731000000	23	道路危险货物运输管理规定
1731090000	1731000000	24	机动车维修管理规定
1731100000	1731000000	25	机动车驾驶员培训管理规定
1731110000	1731000000	26	道路运输从业人员管理规定
1731120000	1731000000	27	国际道路运输管理规定
1731130000	1731000000	50	地方法规
1731140000	1731000000	90	其他法律法规
1800000000	0		财务类
1809000000	1800000000		规费缴纳状态
1809010000	1809000000	0	未缴纳
1809020000	1809000000	1	缴纳
1900000000	0		人员类
1902000000	1900000000		文化程度分类
1902010000	1902000000	11	研究生毕业
1902020000	1902000000	19	研究生肄业
1902030000	1902000000	21	大学毕业
1902040000	1902000000	28	相当大学毕业
1902050000	1902000000	29	大学肄业
1902060000	1902000000	31	专科毕业
1902070000	1902000000	38	相当专科毕业
1902080000	1902000000	39	专科肄业
1902090000	1902000000	41	中专毕业
1902100000	1902000000	42	中技毕业
1902110000	1902000000	48	相当中专/中技毕业
1902120000	1902000000	49	中专/中技肄业
1902130000	1902000000	51	技校毕业
1902140000	1902000000	59	技校肄业
1902150000	1902000000	61	高中毕业
1902160000	1902000000	62	职高毕业

表 C.1(续)

ITEMCODE	CLASSCODE	STDCODE	STDNAME
1902170000	1902000000	63	农业高中毕业
1902180000	1902000000	68	相当高中毕业
1902190000	1902000000	69	高中肄业
1902200000	1902000000	71	初中毕业
1902210000	1902000000	72	职业初中毕业
1902220000	1902000000	73	农业初中毕业
1902230000	1902000000	78	相当初中毕业
1902240000	1902000000	79	初中肄业
1902250000	1902000000	81	小学毕业
1902260000	1902000000	88	相当小学毕业
1902270000	1902000000	89	小学肄业
1902280000	1902000000	90	文盲或半文盲
1904060000	1900000000		从业资格类别
1904060100	1904060000	1	经营性道路客货运输驾驶员
1904060101	1904060100	101	道路旅客运输驾驶员
1904060102	1904060100	102	道路货物运输驾驶员
1904060200	1904060000	2	道路危险货物运输从业人员
1904060201	1904060200	201	道路危险货物运输驾驶员
1904060202	1904060200	202	道路危险货物运输装卸管理人员
1904060203	1904060200	203	道路危险货物运输押运人员
1904060300	1904060000	3	机动车维修技术人员
1904060301	1904060300	301	技术负责人
1904060302	1904060300	302	质量检验员
1904060303	1904060300	303	机修
1904060304	1904060300	304	电器
1904060305	1904060300	305	钣金
1904060306	1904060300	306	涂漆
1904060307	1904060300	307	车辆技术评估(含检测)
1904060400	1904060000	4	机动车驾驶培训教练员
1904060401	1904060400	401	理论教练员
1904060402	1904060400	402	驾驶操作教练员
1904060403	1904060400	403	道路客货运输驾驶员从业资格培训教练员
1904060404	1904060400	404	危险货物运输驾驶员从业资格培训教练员
1904060500	1904060000	5	道路运输经理人

表 C.1(续)

ITEMCODE	CLASSCODE	STDCODE	STDNAME
1904060501	1904060500	501	道路客货运输企业管理人员
1904060502	1904060500	502	道路客货运输站(场)管理人员
1904060503	1904060500	503	机动车驾驶员培训机构管理人员
1904060504	1904060500	504	机动车维修企业管理人员
1904060505	1904060500	505	机动车检测企业管理人员
1904060900	1904060000	9	其他道路运输从业人员
1904060901	1904060900	901	道路客运乘务员
1904060902	1904060900	902	机动车驾驶员培训机构教学负责人
1904060903	1904060900	903	机动车驾驶员培训机构结业考核人员
1904060904	1904060900	904	机动车维修企业价格结算员
1904060905	1904060900	905	机动车维修企业业务接待员
1909000000	1900000000		专业技术职称
1909010000	1909000000	1	初级
1909020000	1909000000	2	中级
1909030000	1909000000	3	高级
1909040000	1909000000	4	技师
1909050000	1909000000	5	高级技师
1909060000	1909000000	9	其他
1910000000	1900000000		工人技术等级
1910010000	1910000000	1	初级
1910020000	1910000000	2	中级
1910030000	1910000000	3	高级
1910040000	1910000000	4	技师
1910050000	1910000000	5	高级技师
1910900000	1910000000	9	其他
1915000000	1900000000		从业状态
1915010000	1915000000	1	从业
1915020000	1915000000	2	待业
1915030000	1915000000	9	注销
1921000000	1900000000		准驾车型
1921010000	1921000000	A1	大型客车
1921020000	1921000000	A2	牵引车
1921030000	1921000000	A3	城市公交车
1921040000	1921000000	B1	中型客车

表 C.1(续)

ITEMCODE	CLASSCODE	STDCODE	STDNAME
1921050000	1921000000	B2	大型货车
1921060000	1921000000	C1	小型汽车
1921070000	1921000000	C2	小型自动挡汽车
1921080000	1921000000	C3	低速载货汽车
1921090000	1921000000	C4	三轮汽车
1921100000	1921000000	D	普通三轮摩托车
1921110000	1921000000	E	普通二轮摩托车
1921120000	1921000000	F	轻便摩托车
1921130000	1921000000	M	轮式自行机械车
1921140000	1921000000	N	无轨电车
1921150000	1921000000	P	有轨电车
1922000000	1900000000		准教类别
1922010000	1922000000	1	理论教练员
1922020000	1922000000	2	驾驶操作教练员
1922030000	1922000000	3	道路客货运输驾驶员从业资格培训教练员
1922040000	1922000000	4	危险货物运输驾驶员从业资格培训教练员
1923000000	1900000000		准教车型
1923010000	1923000000	A1	大型客车
1923020000	1923000000	A2	牵引车
1923030000	1923000000	A3	城市公交车
1923040000	1923000000	B1	中型客车
1923050000	1923000000	B2	大型货车
1923060000	1923000000	C1	小型汽车
1923070000	1923000000	C2	小型自动挡汽车
1923080000	1923000000	C3	低速载货汽车
1923090000	1923000000	C4	三轮汽车
1923100000	1923000000	D	普通三轮摩托车
1923110000	1923000000	E	普通二轮摩托车
1923120000	1923000000	F	轻便摩托车
1923130000	1923000000	M	轮式自行机械车
1923140000	1923000000	N	无轨电车
1923150000	1923000000	P	有轨电车
1924000000	1900000000		诚信考核等级
1924010000	1924000000	1	优良(AAA)

表 C.1(续)

ITEMCODE	CLASSCODE	STDCODE	STDNAME
1924020000	1924000000	2	合格(AA)
1924030000	1924000000	3	基本合格(A)
1924040000	1924000000	4	不合格(B)
1924050000	1924000000	5	未考核
1925000000	1900000000		人员类别
1925010000	1925000000	1	经营性道路客货运输驾驶员
1925020000	1925000000	2	道路危险货物运输从业人员
1925030000	1925000000	3	机动车维修技术人员
1925040000	1925000000	4	机动车驾驶培训教练员
1925050000	1925000000	5	道路运输经理人
1925090000	1925000000	9	其他道路运输从业人员
2000000000	0		文书类
8000000000	0		其他类